LE
DICTIONAIRE
DES ARTS
ET
DES SCIENCES,

De M. D. C. de l'Académie Françoise.

Nouvelle Edition revûë , corrigée , & augmentée par M. **** de l'Academie Royale des Sciences.

TOME PREMIER.
A—L

A PARIS;
Chez ROLLIN PERE, au Lion d'Or, Quay des Augustins.

M D C C X X X I I.
AVEC PRIVILEGE DE SA MAJESTE.

LE
DICTIONAIRE
DES ARTS
ET
DES SCIENCES,
TOME PREMIER.

A—L

PREFACE.

LE Dictionaire qui fut imprimé en Hollande en 1688. ayant fait voir le goût du Public pour la connoissance des termes des Arts, quelques Particuliers de l'Académie Françoise n'ont pû souffrir ce que publioient les partisans de l'Auteur, qu'avec quelque exactitude qu'elle fît le sien, il seroit toûjours moins recherché, parce qu'il ne contient que les mots de l'usage ordinaire de la langue, au lieu que l'autre est universel, & qu'outre ces mêmes mots, il explique fort au long les termes des Arts. Ainsi on commença à examiner ce Dictionaire, & en cherchant le mot *Barometre*, on eut de la peine à le trouver, parce qu'on le cherchoit dans son ordre naturel après *Barlong*, & avant *Baron*, qui est l'endroit où il devoit être. Cependant l'Auteur l'a placé après *Barriere*, & a écrit *Barrometre*, sans faire réfléxion qu'il vient du Grec βάϱος, Poids, qui n'a point un double ϱ.

Cela ne donneroit pas sujet de conclure que la langue Grecque lui fût inconnue, si lorsqu'il explique *Estiomene*, terme de Medecine, il n'avoit dit que c'est un mot que l'on a pris de l'Arabe. Jamais terminaison ne fut moins Arabe. *Estiomene* est un mot Grec, ἐσϑιόμϵνος, participe passif d'ἐσϑίϵιν, Manger, dévorer.

Il a confondu de même la langue Espagnole & l'Italienne, en disant que *Media noche* est un terme venu depuis peu d'Italie. C'est un mot entierement Espagnol, & on

ã ij

dit *Mezza notte* en Italien. En parlant de *Vare*, forte de
mefure d'Efpagne, il écrit *Varre*, & place ce mot après
Varlope, fans fonger qu'il vient du mot Efpagnol *Vara*,
Verge, baguette, qui s'écrit feulement avec une *r*.

On veut bien paffer par deffus ces fautes ; mais il y en a
a quantité d'autres qui embarraffent beaucoup davantage. Voici par exemple ce qu'il dit fur le mot *Thonnine.*
Chair de Thon coupée & falée. La Thonnine la plus maigre eft la
meilleure. Dans les Jours caniculaires il fait dangereux d'en
manger, à caufe que les Thons font alors picqués d'un certain ai-
guillon, comme une mouche, qui les rend fi furieux, qu'il les fait
quelquefois fauter dans les Vaiffeaux. Perfonne n'a pû comprendre comment la Thonnine, qui eft de la chair de
Thon qu'on aura coupée & falée fort long-tems avant les
Jours Caniculaires, peut devenir dangereufe à ceux qui
en mangent pendant ces jours-là. Il a confondu ce que
Matthiole a dit des Thons, & non pas de la Thonnine,
que durant les Jours Caniculaires les Thons ont un certain aiguillon qui les agite, comme celui des Taons tourmente les bœufs, ce qui les oblige quelquefois à fe lancer hors de l'eau & à fe jetter dans les Vaiffeaux ; qu'alors
ils font venimeux, & qu'il feroit fort dangereux d'en
manger. Cela n'a rien de commun avec la Thonnine,
qu'on peut manger en tout tems fans aucun péril.

Quelle méprife n'a-t-il point faite quand il a parlé du
Tamarin, qui eft un petit fruit aigrelet, ou une forte de
datte fauvage qui vient des Indes, & dont on fe fert
à divers ufages dans la Medecine ? Voici ce qu'il en a
dit, en citant Diofcoride. *Fruit à noyau que porte un arbre*
des Indes, femblable aux dattes. Il croît dans les eaux mortes.
Il porte fon fruit comme une fleur cotonnée. Il y en a de domeſti-
que & de fauvage. Le domeſtique porte fon fruit comme une noix
de galle. Diofcoride a dit tout cela, à l'exception de *Fruit*
à noyau que porte un arbre des Indes, femblable aux dattes ;
mais il l'a dit du Tamarifc qu'il dit être un arbre vulgaire, & connu de tous, & non pas du Tamarin, dont
il n'a parlé en aucune forte. *Tamarin & Tamarifc*
font deux chofes differentes, & l'Académie Françoife

les a très-bien diftinguées dans fon Dictionaire, en difant que le Tamarin eft une forte de datte fauvage qui
vient des Indes Orientales, & le Tamarifc une forte
de plante, ou de petit arbre, dont le fruit, le bois &
l'écorce fervent à divers ufages dans la Medecine. Ainfi
le Tamarin n'eft ni comme une fleur cotonnée ni comme une noix de galle, ce qui ne convient qu'au fruit
du Tamarifc, comme l'a marqué Diofcoride. Les Tamarins, que l'on appelle auffi *Tamarindes*, font des fruits
qui viennent fur de grands arbres branchus dans des
gouffes brunes & tannées, & puifque Diofcoride n'en
a rien dit non plus que de la Caffe & des Girofles, il
y a grande apparence que de fon tems, qui étoit celui
d'Antoine & de Cleopatre, dont on tient qu'il fut le
Medecin, le commerce dans les Indes n'étoit pas commun.

On feroit trop long fi on rapportoit les autres fautes
qu'on a remarquées dans cet Ouvrage, comme de dire
que la Zedoaire eft une graine, quoique ce foit une
racine, ainfi que tous les Auteurs en conviennent.
Tant de perfonnes s'en font apperçûes, qu'on en parle-
roit inutilement. Les plaintes qui en ont été faites, &
quantité de matieres traitées imparfaitement, ayant
fait connoître l'avantage que le Public pourroit recevoir d'un Dictionaire des Arts & des Sciences qui fût
& plus ample & plus correct, on refolut de s'appliquer
fans aucun relâche à ramaffer tout ce qui en a été écrit
jufqu'ici de plus curieux, afin que ceux qui fouhaite-
roient cette forte de fupplément à l'Ouvrage de l'Académie, euffent fujet d'être fatisfaits. C'eft dans cette
vûe qu'on a travaillé, & l'on peut dire qu'il n'y a point
de matiere que l'on n'ait pris foin d'étendre, en y ajoûtant une infinité d'articles nouveaux qu'on ne trouve
point dans le Dictionaire, prétendu Univerfel.

On n'a rien cité d'aucun Auteur, qu'on n'ait confulté l'original, & c'eft dans la fource que l'on a puifé
tout ce qu'on a dit des Plantes dont Diofcoride &
Matthiole ont écrit. On ne s'eft pas contenté d'en fai-

ã iij

re la defcription , on a crû devoir marquer quel en eſt l'uſage , afin que l'utilité fe trouve jointe au plaifir de la lecture , ce qui ne fe trouve pas dans l'autre Dictionaire. Le même motif a fait qu'on s'eſt étendu ſur la Medecine , & le Sçavant Ettmuller en a fourni de longues remarques.

On s'eſt auſſi attaché à donner comme un abregé de l'hiſtoire naturelle des animaux , des oifeaux & des poiſſons , non ſeulement de ceux qui nous font connus , mais encore de quantité d'autres que les Voyageurs ont vûs dans les pays les plus éloignés.

Tous les Ordres , tant Religieux que Militaires , ſont ici décrits avec le tems de leur inſtitution ; & ce qui leur eſt ordonné par leurs Statuts. On a ſuivi la même methode pour tous les Hereſiarques, afin de contenter ceux qui veulent ſçavoir l'origine & le progrès des diverſes hereſies qui ont affligé l'Egliſe. On n'a pas oublié les Dignités & les Charges tant anciennes que modernes , & on en a fait connoître les diverſes dépendances.

Comme la lecture des livres du vieux langage , eſt une lecture qui plaît à beaucoup de gens , on a expliqué un fort grand nombre de vieux mots , à quoi on a ajoûté des exemples , ou du Roman de la Rofe , ou des plus anciens Poëtes.

Quand on a parlé de mots qui appartiennent à l'Anatomie , comme *Cœur* , *Cerveau* , & autres ſemblables , ou qu'il a été queſtion de quelques termes qui ont leur principale ſignification dans l'uſage commun de la Langue , comme *Buiſſon* , *Noyau* , *Ouye* , on s'eſt ſervi des définitions de l'Académie ſans y ajoûter aucun exemple , pour en donner une première notion ; & afin de faire connoître qu'elles ſont tirées du Dictionaire de l'Académie , aux ſentimens de laquelle on s'attache entierement , on les a fait imprimer en caractere Italique avec ces lettres Capitales , A C A D. F R.

Outre quantité de livres qu'on a lûs exprès avec grande attention ſur les diverſes matieres dont ce Dictionaire eſt compoſé , on s'eſt ſervi des lumieres de plu fieurs Académiciens , & des plus habiles dans chaque Art. On a fuivi pour les termes de Chymie un petit Dictionaire manufcrit de feu Monfieur Perault, Docteur en Medecine de la Faculté de Paris , & l'un des plus grands ornemens de l'Académie des Sciences. L'excellent ouvrage de Monfieur Felibien fur l'Architecture , la Sculpture & la Peinture , a été auffi d'un fort grand fecours, quand il a fallu parler des termes qui dépendent de ces Arts. Enfin on n'a épargné ni foins ni peines pour ne laiffer rien à fouhaiter au Lecteur de ce qu'il pourroit apprendre dans tous les autres Dictionaires , & même dans les plus anciens , dont on a confervé les termes, parce que le langage que l'on parloit du tems de Nicot n'eft pas encore aujourd'hui fans grace.

On ne peut fe défendre d'avouer que quelque application que l'on ait eue dans ce grand travail , il eft impoffible qu'on ne foit tombé dans quelques fautes, foit pour n'avoir pas affés bien compris les termes de certains Arts, foit pour n'en avoir pas donné des idées affés nettes , & qui puiffent empêcher qu'on ne tombe dans l'erreur , foit même parce que les Auteurs qu'on a fuivis ont pû fe tromper eux-mêmes. Comme il n'y a que le Public qui fçache décider de tout parfaitement , c'eft à lui feul à donner les corrections & les augmentations qu'il jugera à propos qu'on faffe.

La difficulté de perfectionner cet Ouvrage a empêché Libraires de donner plûtôt cette feconde Édition. Elle eft augmentée de beaucoup de Termes qui manquoient dans la premiere. On n'a pas oublié de confulter, pour rendre cet Ouvrage plus complet, les plus habiles dans chaque Art, qui ont contribué de leurs lumieres à l'enrichir, en donnant les noms & l'ufage de tous les inftrumens les plus neceffaires aux Arts. Un Académicien celebre & refpectable à tous les Sçavans de nos jours par fa profonde érudition, a bien voulu faire part de fes continuelles meditations fur toutes les matieres que renferment les Mathematiques , en donnant une

plus ample explication de tous les Termes qui conviennent à cette fcience & dont le nombre eft tellement
augmenté dans cette prefente Edition , qu'il ne laiffe
rien à defirer fur cette matiere.

DICTIONAIRE

DICTIONAIRE
UNIVERSEL
DES TERMES DES ARTS ET DES SCIENCES.

BADA f. m. Animal farouche du païs de Benguela , dans la baſſe Ethiopie. Il eſt gros comme un poulain de deux ans. Sa queue eſt ſemblable à celle d'un bœuf , quoiqu'elle ne ſoit pas ſi longue , & il a du crin comme un cheval, auquel il reſſemble par la tête , l'ayant toutefois plus plate & plus courte. Son poil eſt plus épais & plus rude ; ſes pieds ſont fendus comme ceux du cerf , mais beaucoup plus gros. Il a deux cornes , l'une ſur le front , l'autre ſur la nuque. Celle du front eſt unie , longue de trois , ou quatre pieds , épaiſſe vers la racine comme la jambe d'un homme , pointue par le bout,& droite quand l'Abada eſt encore fort jeune ; mais à meſure qu'il croît , elle ſe recourbe en devant comme les défenſes d'un Elephant. On dit que cet Animal la plonge dans l'eau de tems en tems pour en chaſſer le venin qui pourroit y être. La corne qu'il a ſur la nuque eſt plus courte & plus plate que celle du front. La couleur en eſt noire ou d'un brun enfoncé , & la limure blanche. Quoique l'Abada coure fort legerement , il ne ſçauroit toûjours éviter les traits des Negres qui le pourſuivent pour avoir ſa corne , qu'on eſtime un très-bon préſervatif. Il y a de ces cornes qui agiſſent avec plus d'efficace les unes que les autres , ſelon l'âge qu'ont ces animaux quand on les tue. On fait un cataplaſme de leurs os , réduits en poudre & mêlez avec de l'eau , & on l'applique ſur les parties où l'on ſent quelque douleur. Ce remede attire au dehors les impuretés qui cauſoient le

mal , & quand le corps en eſt tout-à-fait purgé , ce même onguent referme les ouvertures qu'il a faites.

ABADIR. Nom que les Mythologiſtes donnent à une pierre qu'on preſenta à Saturne enveloppée dans des linges , & qu'il avala croyant manger un fils dont ſa femme Ops venoit d'accoucher. Il ne vouloit point élever d'enfans , à cauſe qu'il avoit ſçû du Deſtin que l'un d'entr'eux le détrôneroit. Lactance Firmien dit que la pierre Abadir étoit le Dieu *Terminus*. Heſichius eſt du même ſentiment , & Pauſanias rapporte qu'on la gardoit à Delphes dans le Temple d'Apollon. Selon Papias le mot Abadir a autrefois ſignifié *Dieu*.

ABAISER. v. a. Vieux mot. Appaiſer.
Pallas qui la noiſe abaiſa.

ABAISSE. ſ. f. Terme de Patiſſier. Pâte dont on a fait le deſſous d'une piéce de patiſſerie.

ABANDONNER. v. a. On dit en termes de Fauconnerie , *Abandonner un oiſeau* , pour dire , Le mettre libre en campagne.

On le dit auſſi d'un oiſeau qu'on laiſſe aller quand on veut s'en défaire entierement.

ABAQUE. ſ. m. Terme d'Architecture. On appelle ainſi la table quarrée , qui fait le couronnement du chapiteau des colonnes , & qui dans celles de l'ordre Corinthien , repreſente cette eſpéce de tuile quarrée , qui couvre la corbeille ou le panier qu'on feint environné de feuilles. Il ſignifie auſſi un bufet ſur lequel on arange les vaſes dans un feſtin. Ce mot vient du Grec ἄϐαξ ou ἀϐάκιον.

ABASSI. ſ. m. Sorte de monnoye qui a cours en Orient , & qui vaut environ deux réales d'Eſpagne.

ABATEIS. ſ. m. Vieux mot. Forêt.

ABAT-JOUR. ſ. m. Sorte de fenêtre embraſée de

haut en bas, par laquelle on reçoit un jour d'en-haut, qui éclaire les lieux bas, tels que sont les offices sous terre, & d'autres endroits où l'on ne peut recevoir le jour par des croisées faites à l'ordinaire.

On appelle aussi *Abat-jours* certaines fenêtres de Marchands, qui par un faux jour qu'ils font venir dans leurs magasins, font paroître sur leurs étofes un lustre qu'elles n'ont pas.

ABALOURDIR. v. a. Vieux mot. Abrutir, étourdir, rendre stupide.

ABAZE'E. s. f. Certaine fête des Païens qu'on prétend que Denys, fils de Captio Roi d'Asie, ait instituée. Ce nom, qui veut dire *Taciturne*, lui fut donné à cause que pour satisfaire à la Religion, il falloit la celebrer dans le silence, & y paroître mélancolique. On appelle aussi cette fête *Sabaxie*.

ABB

ABBAISSER. v. a. Terme de Fauconnerie. On dit *abbaisser l'oiseau*, pour dire, Retrancher à un oiseau qui devient trop gras, quelque chose du past qu'on a accoûtumé de lui donner, afin de le mettre en état de bien voler.

On dit en termes de Jardinage, *Abbaisser une branche*, pour dire, La couper proche du tronc.

ABBAISSE', E'E. adj. On dit en termes de Blason, *Vol Abbaissé*, en parlant du vol des Aigles, & en general du vol des oiseaux, lorsque le bout de leurs aîles, au lieu de tendre vers les angles ou le chef de l'écu, descend vers la pointe, ou que les aîles sont pliées.

On dit aussi, *Pal abbaissé*, *Chevron abbaissé*, *Bande abbaissée*, lorsque la pointe finit au cœur ou au-dessous de l'écu sans monter plus haut.

On dit encore dans le Blason, qu'*Une piece est abbaissée*, lorsqu'elle est au-dessous de la situation où elle doit être, comme le chef ou la fasce. Le chef qui a accoûtumé d'occuper le tiers de l'écu le plus haut, peut être abbaissé sous un autre chef de Concession, de Patronage, de Religion, &c. & la fasce peut être abbaissée de même quand on la place plus bas que le tiers du milieu de l'écu, qui est sa situation ordinaire.

ABBAISSEUR. adj. Les Medecins appellent *Muscle abbaisseur*, le second muscle des yeux qui les fait mouvoir en bas.

ABBATANT. s. m. Terme de Marchand de drap. Maniere de dessus de table qu'on éleve au fond d'une boutique & à chaque bout des magasins, & qui s'éleve ou s'abbat selon le jour que l'on veut donner au lieu où l'on vend la marchandise.

ABBATE'E. s. f. Terme de Marine. On s'en sert en parlant du mouvement d'un Vaisseau en pane, qui arrive de lui-même jusqu'à un certain point, après quoi il revient au vent.

ABBAT-FAIM. s. m. Grosse piece de viande, ou piece de resistance qu'on sert au commencement du repas.

ABBATIS. s. m. Il signifie generalement plusieurs choses abbatues ou démolies, & on dit en ce sens, *Abbatis d'arbres*, *abbatis de maisons*.

Les Experts, en cas de malversation, jugent de la quantité du bois par les Abbatis. C'est aussi le bois qu'on emploie sans être scié, mais seulement équarré, on l'appelle autrement, *Bois de brix*.

Abbatis signifie en termes de chasse les petits chemins que les jeunes loups ont accoûtumé de faire, lorsqu'en allant souvent aux lieux où ils sont nourris, ils abbatent l'herbe. Salnove dans sa

Venerie Royale dit que quand la louve & le loup chassent ensemble, ils font un plus grand abbatis de bestiaux : ainsi il entend par *Abbatis*, les bêtes tuées par les vieux loups. On dit aussi qu'*Un Chasseur a fait un grand abbatis de gibier*, pour dire, qu'il en a tué beaucoup.

Les Bouchers appellent *Abbatis* les cuirs, graisses, tripes & autres menues choses des bêtes qu'ils ont tuées. C'est environ dans le même sens qu'on dit, *Faire des potages d'abbatis d'agneau*, *de poulet d'inde*, &c. pour dire, Les faire avec des issues, des bouts d'aîles, des foyes, &c.

Abbatis signifie encore les pierres que ceux qui travaillent aux carrieres détachent & font tomber.

ABBATRE. v. a. On dit, *Abbatre un cheval*, pour le couper. *Abbatre un cochon*, pour le languyer, ou pour le saigner.

Les Bouchers disent, *Abbatre le cuir d'un bœuf ou d'une autre bête*, pour dire, Lui ôter, lui enlever le cuir avec un couteau.

Abbatre. Terme de Marine. Dériver. On dit qu'*Un Vaisseau abbat*, quand la force des courans ou des marées l'écarte de sa vraie route.

On dit aussi d'un Pilote, qu'*Il abbat son Vaisseau d'un quart de rumb*, lorsque pour changer sa course, il gouverne sur un autre rumb que celui de sa route.

On dit aussi, *Faire abbatre un Vaisseau*, pour dire, Le faire obéir au vent lorsqu'il est sur ses voiles, ou qu'il presente trop le devant au lieu d'où vient le vent. *Le Vaisseau abbat*, c'est-à-dire, Le Vaisseau obéit au vent pour arriver.

On dit aussi, *Le Vaisseau abbat*, pour dire que L'ancre a quitté le fond, & que le Vaisseau arrive au vent.

On dit encore *Abbatre un Vaisseau*, pour dire, Le mettre sur le côté, lorsqu'il y a quelque chose à faire à la carene ou à quelque autre endroit qu'il faut mettre hors de l'eau pour y travailler.

ABBAT-VENT. s. m. Charpente que l'on couvre ordinairement d'ardoise, & que l'on met dans les ouvertures des clochers, afin d'empêcher la pluie d'entrer, d'abbatre le vent, & de renvoyer le son des cloches en bas, qui sans cela se dissiperoit en l'air.

ABBATURES. s. f. p. Terme de Venerie qu'on emploie pour signifier les foulures d'un cerf; c'est-à-dire, le menu bois, la fougere & les broussailles que le cerf qui passe abbat du bas de son ventre. *On connoît par où le cerf a passé en voyant ses abbatures*.

ABBEC. s. m. Viande, ou autre appât que les Pêcheurs attachent à l'hameçon pour attirer les poissons. Il est vieux.

ABBECHER. v. a. Donner la bechée à un oiseau qui ne peut encore manger de lui-même.

On dit aussi en termes de Fauconnerie, *Abbecher l'oiseau*, pour dire, Le mettre en appetit en lui donnant une partie du past ordinaire, afin de le faire voler un peu après.

ABBE'E. s. f. Ce mot n'est en usage que dans quelques Provinces, & signifie l'Ouverture par où l'on fait couler l'eau d'un ruisseau ou d'une riviere, pour faire moudre un moulin, & que l'on ferme pour la détourner quand il n'est plus necessaire que la roue tourne.

A B D

ABDOMEN. s. m. Ce mot est Latin, & les Medecins s'en servent pour signifier la partie interieure du bas ventre , qui est depuis les cuisses jusqu'au diaphragme.

ABDUCTEUR. adj. Les Medecins appellent *Muscle abducteur* le quatriéme muscle des yeux qui les fait mouvoir en dehors , en sorte qu'on regarde de côté comme par mépris. On donne aussi l'épithete d'*Abducteur* aux muscles du pouce , & d'autres parties du corps qu'on peut mouvoir en dehors. Ce mot vient du Latin *Abducere*, Emmener.

ABE

ABÉILLÉ. s. f. Grosse mouche qui vole , & qui a un aiguillon fort piquant. Elle ne se forme point de corruption , comme dit Furetiere. C'est elle qui fait la cire & le miel. Le Roi des Abeilles est femelle , & on tient qu'il jette environ six mille œufs par an. Il a les jambes courtes , les aîles droites , & est deux fois plus gros que les autres. Le gouvernement des Abeilles , aussi-bien que leur œconomie , passe pour une des merveilles de la nature. Elles ne piquent jamais , qu'elles ne laissent leur aiguillon dans la playe , ce qui est cause de leur mort , parce que l'effort qu'elles font , rompt leurs intestins. Il y en a de sauvages , & ce que rapporte le Pere du Tertre, Missionnaire Dominicain , dans son Histoire des Antilles, en est une preuve. Il dit qu'il a fait ce qu'il a pû pour en apprivoiser en ce Païs-là , sans qu'il ait pû en venir à bout. Il fit scier le tronc d'un arbre où il y avoit une ruche ; il le mit sur une souche qu'il environna de cendres pour le garantir des Fourmis ; mais tout cela ne servit de rien. Elles ne demeurerent dans la ruche qu'autant de tems qu'il leur en fallut pour enlever tout ce qui étoit dedans , & quand elles l'eurent vuidée , elles l'abandonnerent entierement. Il ajoûte que ces Abeilles sont la moitié plus petites que celles de France , & qu'elles n'ont point du tout d'aiguillon. Elles font leur petit ménage dans des arbres creux , & leur miel se trouve dans de petites bouteilles de cire , grosses comme des œufs de pigeon. Chacune de ces bouteilles tient un peu plus qu'une demi-once de miel fort clair & bien épuré. Sa couleur est d'ambre, & il a un goût fort aromatique. Les plus abondantes ruches ne rendent que cinq ou six livres de miel , & environ trois livres de cire noire , plus molle que celle de l'Europe , & qui ne sçauroit être blanchie , quelque industrie que l'on y puisse apporter. Ceux qui ont écrit de l'Ethiopie , rapportent qu'il s'y trouve un très-grand nombre d'Abeilles , sur-tout de petites Abeilles noires , qui font d'excellent miel , & dont la cire est d'une blancheur extraordinaire. Elles n'ont point d'aiguillon , ce qui fait que manquant d'armes pour se défendre , elles se cachent dans des creux de la terre , où elles entrent par des petits trous qu'elles ont l'adresse de boucher si-tôt que quelqu'un paroît. Pour cela elles se mettent quatre ou cinq au trou , & ajustent leurs têtes en sorte qu'étant à niveau l'une de l'autre , & avec la terre , on ne les découvre point. Nicod fait venir *Abeille* du Latin *Apes* ou *Apicula* , & les Latins ont donné le nom d'*Apes* aux Abeilles, parce qu'elles naissent sans pieds.

ABELIENS. s. m. Heretiques d'Afrique dans le Diocèse d'Hippone. Ils furent ainsi nommés, parce qu'ils suivoient la doctrine d'un certain Abel, qui disoit que la solide vertu consistoit à se marier , & à demeurer ensuite dans la continence. Ils tenoient aussi pour illegitimes tous les enfans qu'on

n'adoptoit pas. On leur fit connoître l'erreur & la superstition de leur creance, & ils rentrerent dans le sein de l'Eglise. On leur donna aussi le nom d'*Abelomites*.

ABELISER. v. a. Vieux mot. Charmer ; ravir.
Si m'abelisoit & séoit.

ABERHAVRE. s. m. Vieux mot. Embouchure de riviere. C'est delà qu'est venu le mot de *Havre.*

ABI

AB-INTESTAT. Terme de Jurisprudence. On appelle *Heritier ab-intestat* , Celui qui herite d'un homme qui est mort sans avoir fait de testament.

ABL

ABLAB. s. m. Arbrisseau de la hauteur d'un sep de vigne, dont les rameaux s'étendent de même. Il croît en Egypte & subsiste un siecle , également vert en hiver & en été. Ses feuilles ressemblent à celles de nos Féves de Turquie , & ses fleurs , qu'il porte deux fois l'année , au Printems & en Automne , n'en different pas beaucoup. Cette plante a pour fruit des féves noires, rougeâtres , marquetées de brun , qui sont bonnes contre la toux , & contre la rétention d'urine. Elles sont renfermées dans des gousses longues & larges , & servent de nourriture aux Egyptiens.

ABLAIS. s. m. On appelle ainsi dans quelques Coûtumes la dépouille des bleds ; & dans les lieux qui y sont assujettis, il faut donner caution au Seigneur des droits qu'il a sur les fruits & ablais saisis avant qu'il soit permis de les enlever. On fait venir ce mot du Latin *Ablata*; Choses emportées.

ABLE. s. m. Petit poisson de riviere , environ de la grandeur d'un doigt. Il a le dos vert , & le ventre blanc. Son écaille sert à faire du vernis blanc dont on contrefait les perles. On l'appelle aussi *Ablette* , & en Latin *Alburnus.* Quelques - uns font venir ce mot d'*Albus* ; Blanc , en transposant les deux lettres b. & l.

ABLERET. s. m. Terme de pêche. Sorte de filet quarré que l'on attache au bout d'une perche , & avec quoi on pêche des Ables , & d'autres petits poissons de cette nature.

ABLUTION. s. f. Ce terme est particulier aux Religieux qui portent des habits blancs , & il se dit de l'action de les nettoyer & de les blanchir.

On appelle aussi *Ablution*, en termes de Medecine , La préparation qui se fait d'un medicament , afin de le purger des mauvaises qualités qu'il pourroit avoir.

ABO

ABOILAGE. s. m. Vieux mot qui se trouve encore dans quelques Coûtumes , & qui signifie Un Droit de Seigneur sur les Abeilles. On a dit aussi *Aboile*, pour dire , Abeille.

ABONDANCE. s. f. Vin fort trempé qu'on donne aux Ecoliers Pensionnaires.

ABONNER. v. a. Vieux mot. On a dit *Abonner un heritage*, pour dire , Y mettre des bornes : Cela est venu de ce qu'on disoit autrefois *Bonnes* pour Bornes.

ABONNIR. v. a. Terme de Potier. On dit *Abonnir le carreau* , pour dire , Le secher à demi, le mettre en état de rebattre.

ABORDAGE. s. m. Terme de Marine dont on sç

fert en parlant d'un Vaiſſeau qui en heurte un autre, ou par accident, ou exprés, pour tâcher de l'enlever.

ABORDER. v. a. Terme de Marine. On dit *Aborder un Vaiſſeau de bout au corps*, pour dire, Mettre l'éperon dans le flanc d'un Vaiſſeau, & on dit de deux Vaiſſeaux qui s'approchant en droiture s'enferrent par leurs éperons, qu'*Ils s'abordent de franc étable*.

On dit en termes de Fauconnerie, *Aborder la remiſe ſous le vent*, Lorſque la perdrix pouſſée par l'oiſeau a gagné quelque buiſſon, & cela ſe fait afin que les chiens puiſſent mieux ſentir la perdrix qui s'eſt cachée dans la haye.

ABORENER. v. a. Vieux mot. Dédaigner, haïr.

ABORIGENES. ſ. m. Nom qui fut donné à d'anciens peuples d'Italie, comme étant ſans origine. Il y a diverſes opinions là-deſſus. Selon Genebrard, c'étoit de ces peuples infideles chaſſés par Joſué de la terre de Chanaan. D'autres prétendent qu'ils ſont venus d'Arcadie, & qu'on les nomma Aborigenes, comme ayant été les Auteurs de leur race. Quelques-uns leur donnent Saturne pour leur premier Roi, & il y en a qui diſent que Janus avant Saturne, ayant gardé ceux de ſes ſujets qui avoient de la vertu, renvoya les autres qu'il appella *Aborigenes*, comme gens qu'il abhorroit. Ceux-ci vinrent au-delà du Tibre, & furent nommés Latins, du nom de leur Roi Latinus. Ils prirent le parti d'Enée, lorſqu'il vint en Italie, & qu'il combattit Turnus, & l'on prétend que Rome a été bâtie dans le païs même qu'ils habitoient.

ABOUEMENT. ſ. m. Terme de Menuiſerie. On appelle *Aſſemblage d'Abouement*, Celui où la plus grande partie de la piece eſt quarrée, & la moindre partie à onglet.

ABOUGRI. adj. On appelle *Bois abougri*, Certains bois qui ſont de mauvaiſe venue, & dont le tronc eſt court, raboteux & plein de nœuds. Le bois abougri n'eſt pas propre à être employé dans les ouvrages. On dit auſſi *rabougri*.

Ce terme a fait le ſujet d'un procès criminel entre le P. Quatremaire Benedictin, & Gabriel Naudé, qui avoit appellé le premier *Moine Abougri*.

ABOUQUEMENT. ſ. m. Ce mot n'eſt en uſage qu'en fait de ſalines. On fait un abouquement lorſque dans le tems qu'il reſte encore du ſel dans la maſſe, on met ſur ce vieux ſel le nouveau ſel qu'on délivre.

ABOUQUER. v. a. Faire une addition de nouveau ſel ſur le vieux.

ABOUT. ſ. m. Terme de Charpenterie. Le bout & l'extrêmité de toutes les pieces que les Charpentiers ont miſes en œuvre. On appelle *About des liens, Tournices, Guettes & Eperons*, Le bout du tenon qui eſt tant ſoit peu coupé à l'équerre, ſuivant la pente du joint ou l'épaulement du tenon.

ABOUTE', E'E. adj. Terme de Blaſon. Il ſe dit de quatre hermines, lorſque les bouts ſe répondent & qu'ils ſe joignent en croix. On dit *d'argent à quatre queues d'hermines en croix, & aboutées en cœur*.

ABOUTIR. v. a. On dit en termes de Plombier *Aboutir une corniche ou quelqu'autre ſaillie d'Architecture & de Sculpture de bois*, pour dire, La revêtir de tables minces de plomb blanchi. Il y en a qui diſent *Amboutir*. On ſe ſert pour cela de coins & autres outils, mais de telle ſorte que l'épaiſſeur du métal n'empêche pas que le profil ne ſe conſerve.

ABOUTISSANT. ſ. m. On dit en termes de Palais, *Donner une déclaration d'heritages par tenans & aboutiſſans*, pour dire, En déſigner les bornes & les limites de tous côtés. En pluſieurs Coûtumes on dit *Tenans & Aboutans*.

ABOUTISSEMENT. ſ. m. Terme de Coûture. On dit, *Mettre un aboutiſſement à une piece d'étofe*, pour dire, Coudre un morceau d'étofe avec un autre, qui n'étoit pas aſſés long pour aller juſqu'où l'on vouloit.

ABOYEUR. adj. Terme de Chaſſeur. On appelle *Chiens aboyeurs*, Une ſorte de Chiens qui aboyent devant le Sanglier, ſans qu'ils l'approchent.

ABR

ABRAXAS. Nom que quelques Heretiques donnoient à Dieu. Ils tiroient des erreurs fort ridicules des ſept lettres de ce mot, leſquelles forment dans le Grec le nombre de trois cens ſoixante & cinq. Ils ſe vantoient d'avoir reçû leur doctrine des Apôtres & diſoient que J. C. n'avoit pas fait le monde; mais qu'il étoit venu ſur la terre comme un fantôme, y ayant été envoyé par cet Abraxas. Saint Auguſtin en refutant leurs abominables opinions a fait voir tout le myſtere des ſept lettres dont ce nom eſt compoſé. C'eſt delà ſans doute qu'eſt venu le mot barbare *Abracadabra*. On prétend que c'étoit une inſcription qui ſervoit de caractere pour guerir differentes maladies, & pour chaſſer les demons. L'Auteur de ce Caractere vivoit du tems de l'Empereur Adrien. C'étoit un Heretique qui reconnoiſſoit un Dieu ſouverain qu'il appelloit *Abracax*, & dont il faiſoit dépendre pluſieurs autres Dieux & ſept Anges qui préſidoient aux ſept Cieux. Il leur attribuoit autant de vertus qu'il y a de jours dans l'an, & débitoit d'autres rêveries de même nature.

ABREGE'. ſ. m. Terme d'Organiſte. Il ſe dit d'une certaine réduction des touches du clavier de l'Orgue, afin que chaque touche qui n'a que deux pieds de long, ſe rapporte à chaque ſoupape des ſommiers, qui ont depuis quatre pieds juſqu'à ſix pieds de longueur. Cela ſe fait par pluſieurs barreaux, pointes & chevilles, & par là une marche du clavier fait ſouvent parler un tuyau fort éloigné. Quand le clavier eſt tardif à donner le vent aux tuyaux, & qu'il faut enfoncer beaucoup de touches, c'eſt une marque que les Abregés ne ſont pas bien faits.

ABREVIATEUR. ſ. m. Terme de Banque. On appelle ainſi un Officier du ſecond banc de la Chancellerie de Rome, qui dreſſe la minute des Bulles & des Signatures qui s'écrivent avec des mots abregé.

ABREUVE'. v. a. Terme de Verniſſeur. Faire boire. On dit dans ce ſens que *La premiere couche de vernis ne ſe met que pour abreuver le bois*.

On dit, *Abreuver un tonneau*, afin de l'étancher.

ABREUVOIR. ſ. m. Terme de Maçons. Ils donnent ce nom à certaines ouvertures qu'ils laiſſent entre les joints des groſſes pierres de taille, pour y faire entrer du mortier.

ABRI. ſ. m. Terme de Marine. Mouillage à couvert du vent.

Sole ſub ardenti reſonant arbuſta cicadis.
Virg. Eccl. II. 13.

ABRICONER. v. a. Vieux mot. Charlataner, proprement Faire donner quelqu'un dans le panneau comme un ſot. En Italien *Bricone* veut dire

Un fot. Il eſt dit dans un vieux Poëte en parlant d'Uliſſe qui obligea Clytemneſtre à conſentir
que ſa fille fût ſacrifiée ,

Bien ſot la mere abriconer.

ABRICOT. ſ. m. Sorte de fruit moins rond qu'o-
vale , & d'un goût fort agreable. Il y en a de
pluſieurs fortes , qui different toutefois plûtôt en
groſſeur qu'en eſpece , ce qui arrive quelquefois par la bonté du terroir ou par artifice : car
plus un abricot eſt enté , plus il devient gros.
Tous abricots jauniſſent en mûriſſant , ce qui ,
au rapport de Mathiole , les fait appeller à Rome *Chryſomele* , comme qui diroit , Pommes d'or.
Ils mûriſſent au mois de Juin , & pour cela les
Latins les appellent *Mala præcocia* , Fruits hâtifs.
Galien dit qu'ils ne different guere des Pêches ni
en eſpece ni en proprieté , & qu'ils ne ſe corrompent pas ſi-tôt dans l'eſtomac , quoique l'experience ait montré le contraire aux modernes
Medecins. L'arbre qui les porte , & que l'on appelle *Abricotier* , devient rarement bien grand.
Ses feuilles ſont ſemblables à celles du Tremble ,
cependant plus grandes & plus vertes , pointues
quelque peu au bout , & dentelées en leur circonference. Elles ſortent quatre à quatre,ou cinq
à cinq. L'Abricotier jette des fleurs blanches ,
ainſi que le Cerizier. C'eſt delà que ſort le fruit
qui a un peu de rouge d'un côté quand il commence à mûrir. Au-dedans il a un os dans lequel
eſt un noyau , qui en quelques-uns ſe trouve amer
comme aux pêches , & en d'autres doux comme
aux amandes. L'huile qu'on en tire eſt bonne
aux ardeurs & aux inflammations des hemorroides. Elle guerit auſſi les enflures des ulceres & s'
appaiſe les douleurs des oreilles. Quelques - uns
font venir *Abricot* du Grec ἁβρὸς , Mol , délicat.
ABRIER. v. a. Vieux mot. Proteger , défendre.
ABRIEVER. v. n. Vieux mot. Arriver.
ABROTONE. ſ. f. Herbe ou plante qui rend de
l'odeur & qui eſt fibreuſe. Elle vient mieux dans
une terre maigre & ſeche que dans une autre. Il
y a de deux fortes d'Abrotone , le mâle & la femelle. Selon Theophraſte , le mâle eſt l'herbe qui
eſt toûjours verdoyante. M. Callard de la Duquerie fait venir le mot d'*Abrotone* du Grec ἄβρωτον ,
formé de la particule privative ἀ , & de βρῶσις
Manger , pour ſignifier , Qui ne ſe mange point ,
à cauſe qu'on ne ſe ſert point de cette herbe
dans les mets.

ABS

ABSCISSE. adj. f. On ſouſentend *Signe*. Terme de
Géometrie. C'eſt la partie du diametre d'une
Courbe , compriſe entre l'extrémité où ce diametre coupe la courbe , & une *Ordonnée* à ce même diametre. Voyez ORDONNE'E. Comme un
diametre peut avoir une infinité d'Ordonnées ,
chaque Ordonnée a ſon Abſciſſe correſpondan-
te , qui ſe prend depuis elle juſqu'à l'extrémité
du diametre. Ordonnée & Abſciſſe ſont deux termes neceſſairement relatifs. Abſciſſe vient d'*Ab-
ſciſſa* , coupée.
ABSCONSER. v. a. Vieux mot. Cacher , du Latin *Abſcondere* , d'où les Italiens ont fait *Naſcon-
dere* , pour ſignifier la même choſe.
ABSIDES. Voyez APSIDES.
ABSINTHE. ſ. m. Plante medecinale. Il y a de quatre ſortes d'Abſinthe , le Santonique , le Marin , autrement *Seriphium* , le vulgaire qui eſt le grand
Pontique , & le petit , qui eſt le petit Pontique.
Quelques-uns croient que le vulgaire eſt le Pontique des anciens , & par conſequent le Romain.

Celui-là a ſa tige fort branchue. Ses feuilles ſont
blanches & découpées , & ſes fleurs dorées & petites. Sa graine eſt ronde , & diſpoſée comme une
grape de raiſin. L'abſinthe , qu'on appelle Santonique , eſt ſemblable à l'Aluine , mais il a bien moins
de graine. Comme il a beaucoup d'aſtriction , on
s'en ſert pour fortifier les viſceres affoiblis. Outre
ſon amertume , la nitroſité dont il participe eſt
cauſe qu'il purge la matiere bilieuſe contenuë au
ventricule & au foye. Il tuë les vers , même en
l'appliquant exterieurement. On fait du vin d'Abſinthe & de l'eau d'abſinthe. Tout abſinthe inciſe
& attenuë , déterge , reſiſte aux venins , eſt appe-
ritif , provoque les mois , les urines & les ſueurs ,
& tout cela avec quelque aſtriction. C'eſt pourquoi
il eſt fort bon pour le foye , pour la rate & pour
l'eſtomac. On ne ſe ſert que des feuilles & des
ſommités de cette plante. On fait venir le mot
Abſinthe de la particule privative ἀ , & de ψίνθος
Délectation , comme qui diroit *ſans délectation* , à
cauſe que cette plante eſt extrêmement amere.
ABSOLUTION. ſ. f. Terme de Breviaire. Courte
priere que dit celui qui officie , à chaque Nocturne des Matines , avant les Benedictions & les Leçons.
   On nomme ainſi les Prieres qu'on dit en Carême
aux Féries II. IV. & VI. Ces Prieres ſont les ſept
Pſeaumes de la Penitence , les Litanies des Saints
& quelques Oraiſons.
   Le Pape ou le Grand-Penitencier en fait une le
Jeudi-Saint où l'on lit la Bulle *in Cœna Domini.*
   On appelle auſſi *Abſolutions* , Les encenſemens
& les aſperſions d'eau-benite qu'on fait ſur les corps
des Princes , & autres perſonnes d'une dignité éminente , qu'on enterre avec de grandes cérémonies.
ABSTERGER. v. a. Les Medecins & les Chirurgiens
ſe ſervent de ce mot , lorſqu'ils parlent d'une playe ,
pour dire , Nettoyer.
ABSTERSIF , *Abſterſive.* adj. On appelle en Medecine , *Medicament abſterſif , purgation abſterſive* ,
Un medicament , une purgation qui nettoye. Du
Latin *Abſtergere* , Nettoyer.
ABSTINENS. ſ. m. p. Heretiques qui s'éleverent
dans les Gaules & en Eſpagne , tandis que les Empereurs Maximien & Diocletien faiſoient de ſi
grandes perſecutions à l'Egliſe. On les appelloit
ainſi à cauſe de l'abſtinence qu'ils faiſoient du mariage & de l'uſage des viandes qu'ils prétendoient
venir du demon. Ils nioient que le Saint-Eſprit fût
Dieu , & ils le mettoient au rang des creatures.
Cette ſecte d'Abſtinens que le Cardinal Baronius
ſemble croire être les mêmes que les Hieracites ,
étoit ſortie de l'abominable aſſemblée des Gnoſtiques & des Manichéens.
ABSTRACT. ſ. m. Terme de Philoſophie oppoſé à
Concret. C'eſt une qualité , un accident , une mode que l'on détache par la penſée d'un ſujet auquel
ils ſont réellement attachés. Ainſi la rondeur eſt un
Abſtract quand elle eſt conſiderée en elle-même
ſans être attachée à aucun corps. *Rond* eſt un Concret , parce qu'il exprime en même-tems & la rondeur & un ſujet , auquel elle eſt attachée. Voyez
CONCRET. Ce mot vient du Latin , *Abſtrahere* ,
Retirer.
ABSUS. ſ. m. Herbe qui croît en Egypte à la hauteur d'une paume ou de quatre doigts. Ses feuilles
reſſemblent à celles du triolet , & ſes fleurs blanches , & d'un jaune pâle , produiſent une ſemence
noire , renfermée dans de petites cellules.

ABU

ABUTER. v. n. Vieux mot. Viſer , comme

qui diroit , Tirer au but.

ABY

ABYSME. f. m. Terme de Blason. Le Pere Menestrier dit qu'*Abysme* est le milieu & le centre de l'écu , quand on suppose que l'écu est rempli de trois, quatre ou plusieurs figures , qui étant élevées en relief , font de ce milieu une espece d'Abysme, & qu'autant de fois que l'on commence à blasonner par d'autres figures que par celles du milieu, celle qui est au milieu est dite , *Etre en abysme.* On voit par là que le milieu de l'écu n'est appellé *Abysme* , que quand il y a d'autres pieces , au milieu desquelles une plus petite est abysmée, comme le bâton alezé de Bourbon.

Abysme , a une signification particuliere chés les Chandeliers , qui donnent ce nom à un Vaisseau fait en prisme triangulaire renversé. Ils fondent leur suif dedans , & font leur chandelle en y trempant plusieurs fois leur méche.

ACA

ACACALIS. f. m. Fruit d'un Arbrisseau qui croît en Egypte , & qui est semblable à la graine de Tamarisc. Dioscore dit que son infusion entre dans les medicamens qu'on ordonne pour éclaircir la vûe , mais Mathiole ne connoît point cette graine.

ACACIA. f. m. Arbre fort haut, qui a des épines, la feuille menue & un peu longue : ses fleurs sont blanches, & jettent une odeur fort agreable. Il n'y en a point qui pousse plus de bois & en moins de tems. Depuis environ quarante années qu'on l'a mis en vogue en France, on en fait de belles allées dans la plûpart des Jardins. Il y a un autre Acacia, de la semence duquel on tire le suc, & c'est ce que les Apothicaires nomment *Suc d'Acacia.* Il en est de deux sortes, Le vrai Acacia & l'Acacia Germanique. *Le vrai Acacia* est un suc tiré par expression d'un arbrisseau épineux qui croît en Egypte , & qui porte le nom d'Acacia. Lorsqu'on a seché ce suc à l'ombre, il est noirâtre si on l'a tiré d'une semence qui fût mûre , & rougeâtre ou bien jaunâtre , si elle n'étoit pas mûre. Quelques-uns tirent ce suc des feuilles de le suc, & du fruit ensemble. L'*Acacia Germanique* est un suc tiré par expression des prunelles sauvages , & réduit , soit au feu ou au soleil , en consistance facile. On garde ce suc mis en tablettes, pour le substituer dans le besoin au vrai Acacia, qui est celui qui doit entrer dans la composition de la Theriaque, toutes les fois qu'on ordonne simplement l'Acacia. Ce vrai Acacia pour être bon , ne doit pas être tout-à-fait noir , mais d'un rouge assés beau, quoiqu'un peu haut en couleur, d'une substance facile, compacte & pesante. Il faut cependant qu'on puisse le rompre facilement en frappant dessus avec un marteau , & que ce qui se rompt paroisse au-dedans luisant, net & beau. Quelques-uns tirent le mot d'*Acacia* du Grec ἀκάζω. Etre aigu en forme de pointe , ou de ἀκὶ , pointe d'une chose aigue, à cause que l'Aracia qui croît en Egypte est fort épineux.

ACADE'MIE. f. f. Lieu où s'assemblent des gens de lettres ou d'autres personnes qui font profession de quelqu'un des Arts Liberaux , comme la Peinture , la Sculpture , &c. On donna ce nom d'Académie à une Maison où Platon enseignoit la Philosophie dans un des Fauxbourgs d'Athénes , à cause qu'elle étoit l'heritage d'un Athénien appellé *Academus* , qui vivoit du tems de Thesée. Plutarque le nomme *Echedémus* , & dit que l'Ecole de Platon fut nommée *Echedemie* , & que Cimon l'embellit par des fontaines qu'il y fit venir,

& par des bocages & des allées d'arbres qu'on y dressa pour la commodité des Philosophes , qui furent nommés Académiciens. Speusippus, neveu de Platon, enseigna sa doctrine après sa mort dans la même Ecole , & Xenocrate , Polemon , Cratès & Crantor ses successeurs , n'y changerent rien , mais Arcesilas qui les suivit y reforma quelque chose , & fonda par sa reforme ce qu'on appella *La seconde Académie.* Son Disciple Lacidès en fut le chef , & Carneades qui vint après lui , prit une partie de ses sentimens. Depuis Platon tous les lieux où se font assemblés des gens de Lettres ont été nommés Académies , & ce fut ainsi que l'on nomma une Maison de campagne qu'avoit Ciceron près de Puteole. Il y écrivit les Questions qu'il appelle Académiques. Le Fauxbourg d'Athénes où étoit la celebre école de Platon, fut appellé indifféremment le Ceramique , & le Fauxbourg de l'Académie. Comme dans ce siecle chaque Etat travaille à faire refleurir les beaux arts & les Sciences, il s'est établi quantité d'Académies en Europe , & sur-tout en Italie , où il y en a dans un grand nombre de Villes sous differens noms.

ACAJOU. f. m. Arbre de l'Amerique qui croît jusqu'à une telle grandeur, qu'on tire communement de son tronc des canots ou petites barques toutes d'une piece, larges de cinq à six pieds, & longues de plus de quarante. Son bois est rouge, sans aubier , leger , plus tendre que le sapin , & ne coule pas au fonds de l'eau comme la plûpart des bois de ce païs-là. Il ne laisse pas de durer aussi long-tems; le ver ne s'y attache jamais , & comme il ne se pourrit pas aisément dans l'eau, on en fait de l'essente dont on couvre les maisons. Son écorce ressemble à celle du Chêne , & quand on l'incise en tems sec, il en sort de la gomme semblable à la gomme Arabique. Il porte de grands bouquets de fleurs ligneuses au milieu desquelles est une espece de gland canelé, dont les Perroquets font leur nourriture. Quand ils ont mangé de cette graine , leur chair a le goût de l'ail. Ses feuilles sont faites comme celles du Frêne. Cet arbre s'appelle *Acajou rouge.* Il y en a un autre qu'on appelle *Acajou blanc* , à cause que son bois est blanc. Il est fort tendre quand on le coupe , mais dès qu'il est sec, il devient si dur que le marteau a peine à y faire entrer un clou. Il est sujet au ver , & dure moins que l'Acajou rouge. Il ne croît que dans des lieux humides , & il y en a de plus gros que le corps d'un homme. Ces arbres ne portent point de fruit.

Il y a aussi un Acajou qui en porte. Ce fruit qui est jaune & rouge par les endroits où le soleil a donné , est fait en façon de petite poire, & à la grosseur d'un œuf. Tout le dedans n'est qu'une filasse spongieuse , & remplie d'un suc si acre, & si astringent qu'il prend à la gorge quand il est vert, mais lorsqu'il a atteint sa maturité , il est très-délicieux. Il n'y a aucune graine dedans; mais au bout du fruit on voit une maniere de noix , faite comme un rognon de liévre, & de la même grosseur. Sa couleur est de gris cendré, & elle est couverte d'une double écorce , dont l'entre-deux est une matiere poreuse , pleine d'une huile caustique. On s'en sert pour guerir les dartres, & elle est encore bonne à faire tomber les cors des pieds. Le noyau de cette noix est gros comme une amande , & fortifie l'estomac lorsqu'il est mangé à jeun. Le vin qu'on fait de ce fruit est délicieux , & soulage les maux de rate. Il est blanc comme du lait étant fait nouvellement , & lorsqu'il a bouilli de soi-même quelque-tems dans le vaisseau, il devient très-agreable. Le suc qui sort de ce fruit quand il est vert, a cela de particulier, que les taches qu'il fait sur le linge, ne peuvent s'ôter que quand l'arbre pousse de nouvelles fleurs. Alors ces taches se dissipent d'elles-mêmes. Cette sorte d'Acajou n'est qu'un petit arbre dont les branches panchent un peu vers la terre. Elles ont de grandes feuilles qui approchent de celles du Noyer, mais qui sont plus larges, plus rondes, plus fortes & plus luisantes, & rendent une odeur plus agreable. Celle de ses fleurs est ravissante quand elles s'ouvrent le matin. Elles sont petites, d'une couleur purpurine & ramassée en bouquets.

ACANTHE. s. f. Plante que l'on appelle autrement *Branche Ursine*, ou *Branque Ursine*, & dont la tige qui est lissée & de la grosseur d'un doigt, a deux coudées de hauteur. Ses feuilles qui sont grasses, lissées & noirâtres, sont plus larges & plus longues que les feuilles des Laitues. Elle en a par intervalles auprès de sa cime de petites qui sont en façon de coquille, longuettes & piquantes. Sa tête est comme une houppe ou un bouquet. Il y a de deux sortes d'Acanthe, la Domestique qui est cultivée & sans épines, & la Sauvage, qui est épineuse. Sa qualité qui est chaude & seche, la fait mettre au rang des herbes émollientes. On ne se sert que de ses feuilles dans la Medecine, & l'usage en est plus externe qu'interne. Le mot d'*Acanthe* est venu du Grec *αχη*, pointe, épine.

Acanthe est aussi un terme d'Architecture, & l'on nomme ainsi un ornement qui a la figure de l'Acanthe qu'on met dans le chapiteau de la colonne Corinthienne. Ainsi on dit qu'*Un chapiteau est taillé à feuilles d'Acanthe*, pour dire, qu'On y a representé les feuilles de cette plante. Cela est venu de ce qu'un Architecte en ayant vû une autour d'un panier ou d'une corbeille, s'avisa d'en faire l'ornement d'un chapiteau. On tient que les Sculpteurs Grecs se sont servis de l'Acanthe domestique pour faire les ornemens de leurs Ouvrages, & que les Sculpteurs Gothiques ont imité l'Acanthe sauvage dans les Chapiteaux de leurs colonnes.

ACAPATLI. s. m. Plante de la nouvelle Espagne qui porte le poivre long. Elle a son tronc contourné à la façon des sarments, & ce tronc a des feuilles qui ressemblent à celles du poivre blanc, mais plus longues & aigues. Elles sont odorantes, d'un goût piquant & acre, chaudes & seches au troisième degré. Son fruit est rond & long, & sa graine ne mûrit jamais assés sur la plante, ni ne vient à la perfection qu'il faudroit pour être propre à être semée. Cela est cause qu'on la cueille si-tôt qu'on voit qu'elle commence à rougir. On la met au Soleil, où elle mûrit, & on la garde de cette maniere. On la mange seche & verte, & elle donne un bon goût aux viandes, pourvû qu'on ne les approche pas du feu après qu'on l'y a mêlée, car si on les en approche, elle perd son goût & sa vertu.

A C C

ACCASTILLAGE. s. m. Terme usité dans la Marine, quand on parle des châteaux qui sont sur l'avant ou sur l'arriere du Vaisseau.

ACCASTILLE', E'E. adj. On appelle *Un vaisseau accastillé*, Celui qui a un château sur son avant & un autre sur son arriere.

ACCELERATION. s. f. Terme de Physique, qui se dit des mouvemens dont la vitesse s'augmente à chaque moment. Par exemple. Les corps pesans qui tombent acquierent toûjours une nouvelle vitesse, & Galilée tient que l'acceleration de leur mouvement se fait selon la suite naturelle des nombres impairs 1. 3. 5. 7. &c. en sorte que si un corps pesant parcourt un certain espace dans un certain tems comme dans une minute, dans la seconde minute il parcourera un espace triple du premier, dans la troisième minute un espace cinq fois plus grand, &c. Or les nombres quarrés dans leur suite naturelle 1. 4. 9. 15. 25. &c. se forment de l'addition continuelle des nombres impairs, de sorte que 1. premier nombre impair est aussi premier nombre quarré, 1. & 3. font 4. second nombre quarré, 1. & 3. & 5. font 9. troisième nombre quarré, &c. il s'ensuit que les espaces parcourus par le corps pesant dans l'instant de sa chute, sont des nombres quarrés dans toutes les divisions qu'on en peut faire par des tems égaux, & que ces tems égaux sont les racines de ces quarrés. Par exemple. Si le corps pesant a fait l'espace d'un pied dans la première minute, il en a fait quatre au bout de la seconde, 9. au bout de la troisième, 16. au bout de la quatrième, &c.

Au mouvement acceleré s'oppose le mouvement *retardé* ou *diminué*, qui peut toûjours être suivant les mêmes proportions, que l'autre est acceleré, & à tous deux s'oppose le mouvement *uniforme* par lequel un corps parcourt en tems égaux des espaces égaux. Voyez MOUVEMENT.

On dit aussi, Accelerer la saison des métaux, la végétation des plantes par des sels.

ACCEPTILATION. s. f. On ne se sert de ce mot qu'en expliquant la Jurisprudence des Romains. Il signifioit parmi eux une declaration par laquelle un creancier renonçoit à demander jamais rien de ce que lui devoit son débiteur.

ACCIDENT. s. m. Ce mot dans l'usage commun, veut dire, Malheur, ce qui arrive de fâcheux; mais en terme de Medecine il veut dire Symptome, c'est-à-dire ce qui arrive de nouveau à un malade, tant en bien qu'en mal.

Accident est aussi un terme de Philosophie, & signifie ce qui n'est pas essentiel à la substance, ce qui peut être ou n'être pas dans un sujet, sans qu'il cesse d'être ce qu'il est. Ainsi la blancheur & la rondeur sont des accidens d'une substance, parce qu'elle peut être ce qu'elle est sans être blanche ni ronde.

ACCLAMPER. v. a. Terme de Marine. Fortifier un mât en y attachant des pieces de bois, afin qu'il resiste davantage au vent.

ACCOINTER. v. a. Vieux mot qui a été dit pour Hanter quelqu'un, faire société avec lui. C'est de là qu'a été fait *Accointance*. M. Ménage fait venir ce mot d'*Adcomitare*.

ACCOLADE. s. f. Ceremonie qui a donné le nom à la plus ancienne de toutes les Chevaleries, & qui consiste à embrasser les Chevaliers quand on les reçoit. Pour en connoître l'ancienneté, il ne faut que lire Gregoire de Tours, qui rapporte que lorsque les Rois de France de la premiere race donnoient le baudrier & la ceinture dorée aux Chevaliers, ils les baisoient à la joue gauche, en proferant ces paroles. *Au nom du Pere & du Fils & du S. Esprit*. Après l'Accolade le Prince donnoit un petit coup du plat d'une épée sur l'épaule du Chevalier, qui entroit par là dans la profession de la guerre, & étoit appelé Chevalier d'armes. Les éperons qu'il portoit étoient dorés, à la difference de l'Ecuyer, qui ne les avoit qu'argentés.

ACCOLE', E'E. adj. Terme de Blafon. Il a un fort grand ufage dans le Blafon ; & le Pere Meneftrier remarque qu'on le prend en quatre fens differens. Le premier eft, quand on parle de deux chofes qui font attenantes & jointes enfemble, comme les écus de France & de Navarre, qui font *accolés* fous une même couronne pour les armoiries de nos Rois. Les fufées, les lofanges & les macles font auffi cenfées être accolées, quand elles fe touchent de leurs flancs ou de leurs pointes, quoiqu'elles ne rempliffent pas tout l'écu. Le fecond fens d'*accolé* eft quand on le dit des chiens, des vaches ou autres animaux qui ont des colliers, ou des cygnes & des aigles qui ont des couronnes paffées dans le col. Le troifiéme eft quand on parle d'une chofe qui eft entortillée à une autre, comme d'un fep de vigne à un échalas, d'un ferpent à une colonne ou à un arbre ; & le quatriéme fens où *accolé* peut être employé, c'eft quand on parle des clefs, bâtons, maffes, épées, bannieres, & chofes pareilles qui font paffées en fautoir derriere l'écu.

ACCOLER. v. a. Terme de Pratique. Marquer par un trait de plume en marge d'un compte, d'une déclaration de dépens, qu'on doit comprendre divers articles fous un même jugement, dans une même fupputation.

On dit auffi *Accoler*, en parlant des feps de vigne qu'on lie autour des échalas ou des branches d'arbre que l'on attache à des efpaliers.

On dit encore *Accoler une piece de bois*, pour la guinder. *Accoler deux pieces de charpente.*

ACCOMPAGNE', E'E. adj. Terme de Blafon. Il fe dit de quelques pieces honorables, comme la croix, le chevron, la fafce, le pairle, lorfqu'elles ont d'autres pieces en féantes partitions. On dit que *La croix eft accompagnée de quatre étoiles, de feize alerions, de vingt billettes,* quand les quatre cantons qu'elle laiffe vuides dans l'écu font également remplis de ces chofes. Le chevron peut être accompagné de trois croiffans ou de trois rofes, deux en chef, & une en pointe ; la fafce de deux lofanges, l'une en chef, & l'autre en pointe, ou de quatre aiglettes, deux en chef & deux en pointe ; le pairle de trois pieces femblables, une en chef & deux aux flancs ; & le fautoir de quatre, la premiere en chef, la feconde en pointe, & les deux autres aux flancs.

ACCOMPAGNEMENT. f. m. Ornemens qu'on met autour de l'écu, comme les fupports, le cimier, le pavillon.

ACCON. f. m. Petit bateau à fond plat, fort connu dans le païs d'Aunis, où l'on s'en fert pour aller fur les vafes après que la mer s'eft retirée.

ACCORDER. v. n. On dit en termes de Marine, *Accorde,* & c'eft un commandement qu'on fait quand on veut obliger l'équipage de la chaloupe à nager enfemble.

ACCORDOIR. f. m. Petit inftrument dont on fe fert pour accorder une orgue ou un clavefin. Lorfqu'on veut faire defcendre les tuyaux d'une orgue à de certains tons, on les affuble en les preffant avec l'accordoir, qui eft fait en forme de petit cone, jufqu'à ce qu'on les ait rendus affés étroits pour cela ; & l'on pouffe la pointe du cone dans le tuyau, quand on le veut élargir & le faire monter.

L'accordoir du clavefin eft une maniere de petit matteau.

ACCORDS. f. m. p. On appelle ainfi en termes de

Marine deux grandes pieces de bois qui fervent à foûtenir un navire, tant qu'il demeure dans le chantier où on le conftruit.

ACCORER. v. a. Terme de Marine. Soûtenir quelque chofe qu'il eft neceffaire d'appuyer.

ACCORNE', E'E. adj. Terme de Blafon. Il fe dit de tout animal qui eft marqué dans l'écu, quand fes cornes font d'autres couleurs que l'animal, *Teftes de vache de fable accornées d'argent.*

ACCOSTE', E'E. adj. Terme de Blafon, dont on fe fert en parlant de toutes les pieces de longueur mifes en pal, c'eft-à-dire, occupant le tiers de l'écu de haut en bas par le milieu, ou mifes en bande, ce qui veut dire, occupant diagonalement le tiers de l'écu de droite à gauche, quand elles ont d'autres pieces à leurs côtés. Le pal eft dit *accofté de fix annelets,* quand il y en a trois d'un côté, & autant de l'autre ; & la bande eft dite *accoftée,* quand les pieces qui font à fes côtés font couchées du même fens, & qu'il y en a le même nombre de chaque côté. Lorfqu'on emploie des befans, des tourteaux, des rofes, des annelets, qui font des pieces rondes, on peut dire *accompagné,* au lieu d'*accofté.*

ACCOSTER. v. a. Terme de Mer. Approcher une chofe d'une autre. *Accofter une manœuvre.* On dit, *Accofter les huniers, accofter les perroquets,* pour dire, Faire toucher les coins ou les pointes des huniers, des perroquets, à la poulie qui eft mife pour cela au haut des vergues. On dit, *Accofte à bord,* quand on veut obliger un petit vaiffeau à s'approcher d'un plus grand.

ACCOTAR. f. m. Terme de Marine. Piece de bordage que l'on endente fur le haut du Vaiffeau entre les membres, afin d'empêcher que l'eau n'y tombe.

ACCOTOIR. f. m. Morceau de bois plat attaché dans les Confeffionnaux, pour fervir d'appui au Confeffeur. Il y en a auffi dans les chaifes des Porteurs, pour appuyer ceux qui fe font porter en chaife.

ACCOUDOIR. f. m. Les Architectes emploient ce mot pour fignifier, Appui. On fait ordinairement des Accoudoirs entre les Piedeftaux.

On met fur les terraffes dans les jardins des murs en Accoudoir, de peites hayes taillées en Accoudoir.

Accoudoir fe dit auffi de l'endroit inferieur de l'ouverture d'une fenêtre fur lequel on peut s'appuyer, & qui ne paffe guerela hauteur de la ceinture.

ACCOUPLE', E'E. adj. On appelle en termes d'Architecture, *Colomnes accouplées,* Les colomnes qui font trois à deux, & qui fe touchent prefque par leurs chapiteaux & par leurs bafes. Il y a auffi des *Pilaftres accouplez.*

ACCOUVER. v. n. Les poules & les cannes s'accouvent, quand elles commencent à couver leurs œufs.

ACCROCHER. v. a. Terme de Marine. Arrêter un Vaiffeau, en y jettant le grapin pour venir à l'abordage.

ACCROUPI, IE. adj. Terme de Blafon. On s'en fert en parlant du lion & des autres animaux fauvages, quand ils font affis. Il fe dit auffi des lievres & des lapins qui ne courent pas & qui femblent avoir le corps ramaffé. *D'azur au dragon accroupi d'argent.*

ACCULE', E'E. adj. Terme de Blafon. On dit, *Cheval acculé,* quand il eft cabré en arriere & fur le cul.

On dit auffi que *Deux canons font acculez,* quand leurs culaffes font oppofées l'une à l'autre.

ACCULER. v. n. Terme de Manege. M. Guiller dans fes Arts de l'homme d'épée, fait voir qu'en difant

difant qu'*Un cheval acoule*, *s'accule*, on n'entend
pas dans les Académies un cheval, qui s'arrêtant,
lorſqu'on le tire en arriere, ſe jette & s'abandonne
ne ſur la croupe avec déſordre ; mais un cheval
qui maniant ſur les voltes, ne va pas aſſés en
avant à chacun de ſes mouvemens ; ce qui fait
que ſes épaules n'embraſſent pas aſſés de terrein
& que ſa croupe s'approche trop du centre de la
volte.

En termes de chaſſe, on dit, *Acculer des renards.*

ACCULS. ſ. m. p. On appelle *Acculs*, en termes
de chaſſe, les bouts des forêts & des grands bois.

ACE

ACEPHALES. ſ. m. Heretiques, qui s'éleverent vers
l'an 482. On tient qu'ils ſuivirent les erreurs de
Pierre Mogus, Evêque d'Alexandrie, & que lorſqu'il eut feint de ſouſcrire au Concile de Chalcedoine, qui avoit condamné ceux qui nioient comme eux qu'il y eût deux natures en JESUS-CHRIST,
ils l'abandonnerent. Le mot eſt Grec ἀκέφαλος,
& vient de la particule privative *a*, & de κεφαλὴ,
Tête, comme qui diroit *ſans tête*. Ils eurent ce
nom, à cauſe qu'ils s'éleverent ſans avoir de Chef.

ACERBE. adj. Terme de Phyſique. Il ſe dit de certains corps *ſavoureux*, qui outre qu'ils ont des
parties longues, roides & pointues, ce qui les
rend *acides*, ont encore ces parties engagées dans
un ſſouffre groſſier, qui rend leurs ſurfaces hériſſées
de petits poils recourbés, & propres à s'attacher fortement à la langue. Ainſi la ſaveur acerbe eſt une eſpece de l'acide. Voyez SAVEUR. Les
coins & les fruits qui ne ſont pas mûrs, ſont acerbes. Ce mot eſt tout Latin, *acerbus*, que l'on prétend venir du Grec ἀκὴς, pointe auſſi bien que
acidus.

ACERER. v. a. Terme de Taillandier. Mettre de
l'acier avec du fer. *Acerer un burin*, c'eſt mettre
de l'acier à la pointe. *Acerer un couteau*, c'eſt y
en mettre au tranchant ; & *Acerer une enclume*
c'eſt couvrir d'acier toute une enclume.

ACESINE', E'E adj. Vieux mot. Qui eſt bien en embonpoint. *Belle gente & aceſinée.*

ACESMEMENT. Vieux mot. Ornement. Il vient
d'*Aceſmer*, Orner, autre vieux mot.

> *La pucelle au corps aceſmé,*
> *Quand m'euſt l'huys deſermé.*

On a dit auſſi *Aceſmes*, *aſchenes*, *aſcheſmes* &
achemes, pour dire, des atours de femme. *Quand
la Déeſſe eut mis bas ſes habits & achemes, qu'elle
eut deſſeublé coiffe, guimple, atour, & autre ac-
couſtrement de feſte.*

ACETABULE. ſ. m. Terme de Medecine. Cavité
d'un os, ou embouchure, dans laquelle eſt reçue
la tête d'un autre os.

ACETABULUM. ſ. m. Sorte de plante, appellée
autrement *Umbilicus Veneris*. Il y en a de deux
ſortes, l'une dont les feuilles ſont creuſes, & tournées comme un acetabule ou une cuëiller. Sa graine
eſt dans de petites tiges qui ſortent du milieu de
ces feuilles, & ſa racine eſt ronde comme une olive. L'autre jette une tige menuë, & produit des
fleurs ſemblables à celles de Mille-pertuis. Cette
plante a les feuilles larges, graſſes, fort épaiſſes,
entaſſées vers la racine, & faites en forme de cuëiller. Sa graine, qui eſt un peu graſſe, a les mêmes
proprietés que la Joubarbe.

À CH

ACHE. ſ. f. Eſpece de perſil, dont les fleurs ſont
Tome I.

blanches. C'eſt la même choſe que le Celeri. Il y
en a de quatre ſortes. L'Ache de Macedoine, l'A-
che de jardin, qui eſt le perſil ordinaire, l'Ache
de montagne, & l'Ache qu'on appelle de marais,
parce qu'elle y croît parmi la Berle. Cette derniere
eſt celle des Apoticaires, & que l'on doit employer, lorſqu'on ordonne ſimplement l'Ache. On
ſe ſert moins ordinairement des feuilles, que de
la racine & de la ſemence. La racine eſt miſe au
rang des cinq racines aperitives majeures, & ſa
ſemence eſt l'une des quatre ſemences chaudes
mineures. Leur uſage eſt plus pour l'interieur que
pour l'exterieur ; & comme les feuilles ont moins
de vertu que la racine, la racine en a moins que
la ſemence. On fait venir le mot d'Ache du Latin *Apium*, & on veut qu'*Apium* vienne d'*Apex*,
à cauſe que les anciens mettoient des
couronnes d'Ache ſur le ſommet de la tête, ou
d'*Apes*, Abeille, parce qu'on croit que les Abeilles ſe plaiſent à ſuccer cette herbe.

Ache Royale. Plante qui fleurit tous les ans, &
qui pouſſe une fleur blanche ou jaune au bout de
la tige.

ACHEMENS. ſ. m. p. Terme de Blaſon. Lambrequins ou chaperons d'étoffe découpez, qui enveloppent le caſque & l'écu. Ils ſont d'ordinaire des
mêmes émaux que les armoiries.

ACHEMINE', E'E. adj. Terme de manege. On dit
qu'*Un cheval eſt acheminé*, quand on lui voit des
diſpoſitions à être dreſſé, & qu'il a déja été monté, dégourdi & rompu.

ACHETIFVER. Vieux mot. Captiver.

ACHEVE', E'E, adj. On dit en termes de manege,
qu'*Un cheval eſt achevé*, pour dire, qu'il eſt dreſſé & confirmé dans un air particulier, en ſorte
qu'il ne manque point à faire un certain manege.

ACHEVOIR. ſ. m. En certains lieux, en parlant
d'une toile ou d'une étoffe, on dit qu'elle eſt à
l'Achevoir, quand il n'en reſte que peu d'aunes
à faire.

ACHIOTL.ſ. m. Arbre de la nouvelle Eſpagne que
quelques-uns nomment *Changuarica*, & d'autres
Pamagna. Cet arbre, ſelon François Ximenes,
reſſemble en grandeur, en tronc & en forme, à
l'oranger. Ses feuilles ſont la couleur & l'âpreté de
celles de l'orme, & il a ſon écorce, ſon tronc &
ſes branches d'un roux tirant ſur le vert. Ses fleurs
ſont grandes d'une couleur blanche pourprine, &
diſtinguée en cinq feuilles en façon d'étoile. Son
fruit eſt de la grandeur d'une petite amande verte,
quadrangulaire, & s'ouvre étant mûr. Les grains
qu'il contient ſont comme ceux des raiſins, mais
beaucoup plus ronds. Les Sauvages font grand cas
de cet arbre, & le plantent autour de leurs habitations. Il demeure verd toute l'année, & porte
ſon fruit au Printems. C'eſt en ce tems qu'on a de
coûtume de le tailler, à cauſe du feu qu'on tire
de ſon bois, comme d'un caillou. Son écorce eſt
bonne à faire des cordes qui ſont plus fortes que
celles que l'on fait avec du chanvre. Sa ſemence
eſt propre à faire la teinture cramoiſi-rouge,
dont non ſeulement les Peintres ſe ſervent, mais
auſſi les Medecins, parce qu'elle eſt de qualité
froide. Buë avec quelque eau de la même qualité, ou appliquée au dehors, elle tempere l'ardeur
de la fievre, & arrête la dyſſenterie. On la mêle
fort utilement dans toutes les potions refrigerantes.

ACHITH. ſ. m. Plante qui croît dans l'Iſle de Madagaſcar, & qui traîne par terre, comme le ſep de
la vigne, dont elle eſt une eſpece. Ses feuilles toûjours vertes, & qui ne tombent jamais, ſont rondes, aiguës au bout & dentelées comme celles du

B

fierre. Elle porte un fruit que ceux du pays appellent *Voachits*. Il mûrit au mois de Décembre, de Janvier & de Fevrier, & est gros comme un raisin qui n'a pas encore atteint sa maturité.

ACHOISON. f. f. Vieux mot. Occafion, loifir. On a dit auffi *Achaifon*. Ainfi on trouve dans Patelin,

   Vous ne voudriez jamais trouver d'autre Achai-
     fon,
     De venir boire en ma maifon.

Il a fignifié auffi, Vexation, tribut injuftement impofé.

A C I

ACIDE. f. m. Terme de Phyfique & de Chimie. Ce mot n'a été pris d'abord que pour fignifier une efpece de *Saveur*, telle qu'eft celle des Cittrons, des Oranges, des Tamarins, &c. Il vient du Latin *Acidus*, formé du Grec *axis Pointe*, parce que cette faveur eft celle de toutes qui picque le plus la langue, & conformément à cette fenfation, les Phyficiens ont imaginé avec beaucoup de vraifemblance que la faveur acide eft caufée par de petits corps, qui ont des figures longues, roides, pointues & tranchantes, à peu près comme de petites lances. De-là les Chimiftes ont tranfporté le mot d'*Acide*, à tous les *Efprits* ou *Sels* qu'ils ont conçus devoir être de cette figure, & comme ils ont imaginé d'autres fels poreux & fpongieux, qu'ils ont nommés *Alkali*, (Voyez ALKALI) dont les figures difpofent les Acides à s'unir avec eux, & que de là on peut tirer le principe de toutes les *fermentations*, (*Voyez FERMENTATION) il y a prefentement plufieurs Philofophes qui mettent dans tous les mixtes des Acides ou des Alkali, & qui par leur moyen expliquent une infinité d'effets. Dès que les Acides mis en liqueur rencontrent un corps qui contient des Alkali, ils fermentent avec ces Alkali, & par confequent *diffolvent le corps*. On regarde les Acides comme le principe *actif*, & les Alkali comme le principe *paffif* de la fermentation. C'eft pourquoi les Chimiftes appellent l'Acide *Suc potentiel & diffolvant*. Il y a une infinité d'acides differens & de differens alkali; car ces deux mots n'ont qu'une idée très-generale, & ne fignifient que deux fels qui ont leurs figures un tel rapport, que l'un agit facilement fur l'autre & s'y unit, ainfi un acide n'eft pas l'acide de tout Alkali, ni un Alkali n'eft pas l'Alkali de tout acide, & on pretend même que quelquefois l'Acide d'un Alkali eft l'Alkali d'un autre Acide. A *Acide* pris pour une faveur s'oppofe *acre* ou *amer*, (Voyez SAVEUR) & à *Acide* pris pour un principe chimerique s'oppofe toûjours *Alkali*. Il eft vrai que ces deux oppofitions n'en font quafi qu'une; car on pretend que la plûpart des fels acres ou amers font Alkali.

ACIER f. m. Fer affiné, & celui de tous les metaux qui eft fufceptible d'une plus grande dureté. M. Felibien en fait connoître de cinq fortes; le Soret ou Clameci, l'acier de Piémont, l'acier d'Allemagne, l'acier de Carme & l'acier de grain.

Le petit *Acier* commun, appellé *Soret*, le *Clameci* ou *Limofin*, fe vend par carreaux ou billes de quatre pouces de long, ou environ; & pour être bon, les carreaux en doivent être nets, fans pailles ni furchauffures, enforte que dans la caffe que l'on en fait par enhaut, il paroiffe net, & ait un grain blanc & delié.

L'*Acier* qui vient du Piémont eft un peu plus gros que le Clameci. Il doit être clair & net, &

fans veines noires, avoir le grain menu & blanc, & fe caffer aifément par le bout qui eft trempé, lorfqu'on frappe contre quelque piece de fer, ou contre un autre carreau d'acier. Quand il a ces marques de bonté, il eft propre à faire des outils pour couper du pain, de la chair, de la corne, du bois, du papier, & autres chofes femblables. Il vient auffi de Piémont un Acier artificiel que l'on fait avec de menues pieces de fer. On les met lit fur lit dans un grand creufet, ou pot de terre, avec un couvercle par deffus, fi bien luté, qu'aucune fumée n'en puiffe fortir. On met ce pot dans un fourneau qui n'eft fait que pour cela, & on fe fert d'un charbon de bois pilé & fraîchement fait. Il faut afiner deux fois cet acier pour le rendre bon, & alors il eft propre à travailler à la terre, & à acerer des marteaux & autres outils dont on travaille avec violence.

L'*Acier* qui vient d'Allemagne eft par petites barres quarrées de fept à huit pieds de long. Quand il eft fans pailles, furchauffures, veines noires, fourures de fer, on peut fe tenir fûr qu'il eft bon. On en fait des refforts de ferrures, d'arquebufes, & autres refforts, des arcs d'arbalêtres & des épées.

L'*Acier* de Carme, ou à la rofe, vient encore d'Allemagne. On en apporte auffi de Hongrie. On peut s'affurer auffi fur fa bonté lorfqu'il eft fouple à la main tout le long des barres, fans pailles ni furchauffures, & qu'en le caffant on y découvre une tache prefque noire tirant fur le violet, qui traverfe prefque la barre de tous côtés. Il doit encore avoir le grain fort délié & fans pailles ni apparence de fer. Cet acier, qui eft le meilleur qu'on employe en France, eft propre pour faire des cifeaux à couper le fer à froid, des burins, des cifelets, des faux, des outils à couper la pierre, la corne, le papier, le bois, &c.

L'*Acier* de grain, autrement Acier de Motte ou de Moudragon, eft un Acier par groffes maffes en forme de grands pains plats que l'on apporte d'Efpagne. Ces maffes ont quelquefois plus de dix-huit pouces de diametre, & depuis deux jufqu'à cinq pouces d'épaiffeur. Cet Acier eft bon, lorfqu'en le caffant on voit qu'il eft fans veines noires ni apparence de fer, & qu'il a le grain délié & de couleur prefque jaune. Etant bien affiné, il eft bon à faire des cifeaux pour couper le fer à froid. On en peut auffi acerer des marteaux & autres outils avec lefquels on travaille à des ouvrages penibles, comme à couper le marbre & la pierre.

Outre ces cinq fortes d'Acier, dont parle M. Felibien, il y a encore celui que l'on appelle *Acier de Damas*, parce qu'il vient de Damas, ville de Syrie. Son grain eft fi fin, qu'il coupe le fer fans être trempé.

A C O E

ACOEMETES. f. m. Religieux dont la Congregation fut inftituée à Conftantinople en 499. fous l'Epifcopat de Gennade. Ce mot eft Grec; ἀκοίμητος, & veut dire, Qui ne dort point, de la lettre α, particule privative, & de κοιμάω, Je dors, ou je fais dormir. Le nom d'Acoemetes leur fut donné, à caufe qu'ils avoient établi une priere perpetuelle pendant la nuit, qu'ils paffoient entiere à chanter les louanges de Dieu, en fe fuccedant les uns aux autres dans cette pieufe fonction. Ils s'oppoferent avec beaucoup de courage à Acacius de Conftantinople, qui par un motif d'ambition s'étoit revolté contre l'Eglife. Dans le fixieme fiecle ils embrafferent les fentimens des Nefto-

riens, & l'Empereur Justinien les fit condamner à
Constantinople. Cela fut cause qu'ils envoyerent
deux de leurs Moines à Rome, où ils crurent
devoir être mieux traités ; mais le Concile que le
Pape Jean II. fit assembler en 532. définit tout le
contraire de l'opinion qu'ils soutenoient.

ACOLALAN, f. m. Petit insecte qui se trouve dans
l'Isle de Madagascar, moins puant qu'une punaise,
mais qui lui ressemble. Il se multiplie en peu de
tems, & devient enfin de la grosseur du pouce.
Quand il est en cet état il prend des aîles. Les petits se tiennent en grand nombre dans les maisons
& dans les cabannes ; & se glissent dans les armoi-
res, où ils rongent tout ce qu'ils rencontrent, &
principalement les habits.

ACOMAS. f. m. Sorte d'arbre des plus gros & des
plus hauts qu'il y ait dans les Antilles, & le meilleur pour les bâtimens. Il ne croît guere que dans
les terres sablonneuses ; & des Voyageurs rapportent qu'ils en ont vû des poutres de dix-huit pouces en quarré & de soixante pieds de longueur. L'é-
corce de cet arbre est grise & tachée de blanc en
plusieurs endroits, & ressemble en épaisseur à celle du chêne. Son bois, qui ne coule point à fond,
quoiqu'il soit dur & pesant, est beau & jaune
comme le buis nouvellement travaillé ; mais le
tems le fait souvent ternir & le rend blanchâtre.
Ses feuilles sont longues & larges, & séparées d'u-
ne petite côte blanche par le milieu. Le fruit qu'il
porte est jaune comme de l'or & ressemble à une
olive, mais le noyau en est plus gros. Quoique ce
fruit soit amer au goût & désagreable, les ramiers
ne laissent pas d'en être friands. Il y a deux autres sortes d'Acomas ; l'un qu'on appelle *Acomas*
bâtard, & qui croît à la capesterre de la Guade-
louppe. Il n'est ni si beau ni si haut que le premier, & on s'en sert moins dans les bâtimens ; &
le second, qui se trouve aux environs de la grande
ance, ne differe du plus haut, qu'en ce qu'il a le
cœur rouge comme du bois de Bresil.

ACOMMICHER. v. a. Vieux mot. Communier. On
lit dans Froissard, *Et fit le Roi dire grand planté*
de Messes, pour acommicher ceux qui devotion en
avoien. Ce mot veut dire proprement, Manger ensemble de la même miche, ou du même pain.

ACOMPARAGER. Vieux mot Comparer.

ACONIT. f. m. Herbe venimeuse, dont la tige
est longue d'un empan, & la racine semblable à la
queue du scorpion. Sa semence est un poison ; elle
est enfermée dans son sommet, qui a la forme d'un
heaume. Il y a deux sortes d'Aconit venimeux.
On appelle l'un *Pardalianches*, c'est-à-dire, qui fait
mourir les Pantheres & les Leopards. L'autre est
appellé *Cynoctomum* & *Lycoctonum*, c'est-à-dire,
qui tue les chiens, les loups & les renards. Cet Aconit étant chaud & sec au-delà du quatriéme degré,
il ne se peut qu'il ne cause de très-dangereux effets,
quand il est pris interieurement. Aussi s'il arrive
quelquefois qu'on s'en serve en Medecine, c'est
comme septique & toûjours exterieurement.

Il y a aussi un Aconit salutifere, qu'on nomme
Anthora, comme si c'étoit le contrepoison d'une
plante venimeuse appellée *Thora*. Ses qualités sont
d'être chaud & sec, mais moins que l'autre Aconit.
Il est cordial & amer au goût, & sa principale vertu est de resister aux maladies malignes, à la peste
même, & aux piquûres & morsures des bêtes venimeuses. Quelques-uns font venir *Aconit* du nom
d'une Ville de Bithinie appellée Acone, aux environs de laquelle l'Aconit se trouve en abondance.

ACONTIAS. f. m. Espece de serpent, long de
trois pieds, & qui a un peu plus d'un pouce de

Tome I.

grosseur. Il y en a quantité en Calabre & en Sicile.
Sa tête est fort grosse & d'une couleur cendrée.
Celle du reste de son corps est assés obscure à l'exception du ventre qui ne l'est pas tant. Il s'entortille sur un arbre, & s'élance de là sur un homme
avec tant de violence, qu'il semble égaler la vitesse
d'une fleche. C'est de là qu'il a pris le nom d'A-
contias, du Grec ἀκόντιον, qui veut dire Javelot.

ACORUS. f. m. Il y a deux sortes d'*Acorus*, le
vrai & le faux. Le vrai *Acorus* est une racine qu'on
nous apporte de Lithuanie ou de Tartarie. Les
feuilles en sont longues, & ressemblent à celles de
l'Iris. Cette racine, qui est fort nouée, & de la
grosseur du petit doigt, rampe presque à fleur de
terre, & cherche sa nourriture par des filamens
qu'elle a au-dessous. Sa couleur est blanche, tirant
sur le rouge. Elle est d'une substance fort rare &
legere, d'un goût un peu acre, & rend une odeur
assés agreable, quoiqu'elle soit forte. Les Apothicaires l'appellent *Calamus aromaticus*, qui est un
roseau, parce que le vrai *Acorus* est mis souvent
en sa place. Le faux *Acorus* n'est autre chose que
le Glayeul aquatique dont les fleurs sont jaunes,
& qu'on appelle par cette raison *Gladiolus luteus*.
La difference est fort grande entre les deux. Le faux
desseche sans échauffer, & est astringent. C'est pourquoi il faut bien prendre garde à ne s'en pas servir au lieu du vrai, qui étant aperitif, fortifie l'estomac, le foie & la rate, rompt la pierre, & cor-
robore les nerfs & les jointures.

ACOUTI. f. m. Petit animal des Isles de l'Amerique, dont le poil est roux & rude comme celui
d'un cochon de trois mois, & qui a le corps, l'a-
gilité & les dents d'un liévre, mais la queue pelée
& plus courte. Sa tête approche de celle d'un rat,
& ses oreilles sont courtes & arrondies. Il a six orteils onglés aux jambes de derriere, qui n'ont aucun poil, & à celles de devant il n'en a que quatre. Il se retire dans des arbres creux, & se nourrit
de racines d'arbres. La femelle porte deux ou trois
fois l'année, & n'a jamais que deux petits à la fois.
Elle leur fait sucer son lait deux ou trois jours dans
un petit lit d'herbes ou de mousse, qu'elle a soin de
dresser sous un buisson, quand elle sent qu'elle est
prête à mettre bas. Ensuite elle les transporte dans
ces creux d'arbres où les Acoutis vont passer la nuit,
& leur apporte dequoi s'y nourrir, jusqu'à ce qu'ils
soient en état d'en aller chercher eux-mêmes. Ces
animaux sentent fort la venaison, & ont la chair
extrêmement dure. Les Habitans des Isles où ils se
trouvent, ont presque tous de petits chiens qu'ils
dressent à les chasser. Ces chiens les poursuivent
jusques dans le creux des arbres, où les chasseurs les enfument. Ce petit animal s'apprivoise. On
lui apprend à marcher sur les pates de derriere, &
à prendre, avec celles de devant la viande, ou le fruit
qu'on lui presente, & il mange ce qu'on lui donne
à la maniere des Singes.

ACQ

ACQUERAUX. f. m. p. Instrument de guerre dont
on se servoit autrefois pour jetter des pierres.

ACQUIT. f. m. Terme des Joueurs de Billard. C'est
le premier coup des Joueurs en commençant la
partie, ou après une bille faite. On dit, *Donnez vo-*
tre Acquit. Voilà un bon Acquit, quand il est en
passe ou à couvert.

ACR

ACRIDOPHAGES. f. m. p. On a appellé ainsi certains Peuples d'Ethiopie, du Grec ἀκρίς, Sauterelle,
& de φαγεῖν, Manger, à cause qu'ils ne vivoient

que de ces infectes. Diodore de Sicile dit que rien n'égaloit la legereté qu'ils avoient dans la course; mais qu'ils ne vivoient jamais au-delà de leur quatriéme année.

ACRONYQUE. adj. Terme d'Aſtronomie. Il ſignifie, Qui ſe fait, qui arrive au moment que la nuit commence, que le Soleil ſe couche. Ainſi on dit qu'il ſe lever ou le coucher d'un aſtre eſt acronyque, lorſqu'il ſe leve ou ſe couche préciſément au coucher du Soleil. Ce mot vient de ἀκρόνυχος, veſpertinus, qui eſt à l'entrée de la nuit. ἀκρόνυχος, vient de ἄκρος, extremus, & νὺξ nox.

A Acronyque on oppoſe Coſmique, qui ſe fait au lever du Soleil, de κόσμος monde, parce qu'il ſemble que le lever du Soleil eſt le renouvellement du monde. Il eſt neceſſaire qu'un aſtre qui a un lever acronyque, ait un coucher coſmique, & que celui qui a un lever coſmique ait un coucher acronyque.

Ces deux ſortes de lever ou de coucher joints avec le lever ou le coucher heliaque, dont il eſt parlé à ſon ordre, ſont trois eſpeces de lever ou de coucher qu'on appelle Poëtiques, parce que les Poëtes s'en ſont plus ſouvent ſervis que les Aſtronomes pour marquer les tems & les ſaiſons. Voyez COSMIQUE & HELIAQUE.

ACROTERE. ſ. m. Terme d'Architecture. Petits piedeſtaux poſés ſur le milieu & aux deux extrémités d'un fronton, & ſur leſquels les figures ſont poſées. M. Felibien dit que ceux des côtés doivent avoir de hauteur la moitié de celle d'un fronton, & celui du milieu une huitiéme partie de plus. Il ajoûte que le mot Grec ἀκρωτήριον, ſignifiant generalement toute extrêmité, veut dire dans les bâtimens les amortiſſemens des toits, de même que dans les navires les éperons, qu'on appelloit Roſtres.

Acroteres ſignifie auſſi les Promontoires ou lieux élevés qu'on voit de loin quand on eſt ſur mer.

ACT

ACTION. ſ. f. On donne en termes de manége l'action de bouche à un cheval; & cette action de bouche n'eſt autre choſe que l'agitation de ſa langue & de ſa machoire, lorſqu'en mâchant le mords, il ſe tient la bouche fraîche.

ACU

ACUDIA. ſ. m. Petit animal des Indes Occidentales, dont il eſt fait mention dans l'Hiſtoire d'Herrera. Il eſt un peu plus petit qu'un moineau, & fait comme un eſcargot. Il rend une fort grande clarté par le moyen de quatre étoiles qu'il a; deux proche des yeux, & deux autres ſous les aîles. Il y a de l'humidité dans ces étoiles; & ſi quelqu'un s'en frotte la main ou le viſage, il paroît brillant tant qu'elle dure. Les Indiens, qui avant l'arrivée des Eſpagnols n'avoient point l'uſage des chandelles de ſuif, ni de cire, ſe ſervoient de cette humidité pour s'éclairer la nuit dans ce qu'ils avoient à faire.

ACUITZEHUARIRA. ſ. m. Plante fort conſiderable des Indes Occidentales dans la Province de Mechoacan. Ses feuilles ſont ſemblables à la Parelle, & viennent de la racine même. Ses jettons ſont hauts d'une paume & demie & fort tendres, & il y naît au ſommet de petites fleurs d'un blanc rougiſſant, aſſemblées en rond. Sa racine, qui eſt ronde, reſſemble à une petite pomme de coing, & eſt blanche au-dedans, & d'un jaune doré au-dehors. On s'en ſert principalement en Medecine. Elle eſt d'une faculté temperée, tirant un peu au froid & à l'humide, & d'un goût doux & agreable. L'eau

qu'on en extrait, bûe en telle quantité qu'on veut, amortit l'ardeur des fiévres, fortifie le cœur, & eſt un excellent antidote contre les venins, & contre la morſure des animaux dangereux, comme ſcorpions & autres. Elle appaiſe auſſi la douleur des reins & de la poitrine, diſſout les tumeurs du goſier, & tempere l'acrimonie de l'urine. Quelques-uns appellent cette plante, Chipahuatzil & Zozotaquan, & les Eſpagnols l'appellent l'Ennemie des venins, à cauſe de ſa vertu ſinguliere.

ACUT. adj. Ce mot n'a d'uſage que dans l'Imprimerie, où l'on dit un é acut, pour dire un é marqué d'un accent aigu, comme dans aimé, pour le diſtinguer de l'e final d'aime, où il ne faut point d'accent ſur l'e, qui n'eſt point ouvert.

ADA

ADAMITES, ou ADAMIENS. ſ. m. p. Heretiques qui ont pris leur nom d'Adam, dont ils voulurent imiter la nudité avant le peché, prétendant qu'ayant été réparé par la mort de JESUS-CHRIST, les hommes devoient être rétablis dans l'état de l'innocence originelle. Ils ſuivoient en cela les erreurs de Prodicus, qui les portoit à commettre les actions les plus déteſtables. Ils étoient tout nuds dans leurs Temples, où ils ſe permettoient les plus honteuſes proſtitutions. Ils rejettoient la priere, & avoient beaucoup d'opinions de la Secte des Gnoſtiques. Un nommé Tandeme aïant renouvellé l'hereſie des Adamites à Anvers, il y fut ſuivi d'un grand nombre de Soldats, qui donnant le nom de choſes ſpirituelles à des actions brutales, faiſoient toutes ſortes de violences aux filles & aux femmes. Elle fut portée en Bohême par un appellé Pikard, qui quitta la Flandre, & qui ſe faiſant nommer le Second Adam, & embraſſer ſes opinions à quantité de perſonnes de l'un & de l'autre ſexe. On tient qu'il y a encore de ces malheureux en Pologne, auſſi-bien qu'en Angleterre, où ils ne s'aſſemblent que de nuit, & n'apprennent que ces mots, Jure, parjure, & ne découvre point le ſecret.

ADARCA. ſ. f. Ecume ſalée qui s'amaſſe dans les marais au tems de ſechereſſe, & qui s'attache aux herbes & aux roſeaux. Cette drogue eſt ſeche & tellement chaude, qu'elle a une vertu cauſtique. Comme elle a les mêmes proprietés que la moutarde, elle produit les mêmes effets.

ADD

ADDEXTRE', E'E. adj. Terme de Blaſon. On le dit des pieces qui en ont une autre à leur droite. Pal addextré d'un lion, c'eſt-à-dire, qui n'a qu'un lion ſur le flanc droit.

ADDITION. ſ. f. La premiere regle de l'Arithmetique, par laquelle on apprend à trouver la ſomme totale de pluſieurs nombres aſſemblés. Il y a une Addition ſimple & une Addition compoſée. La ſimple eſt la maniere d'ajoûter enſemble pluſieurs choſes d'une même eſpece, comme des livres avec des livres, & des ſols avec des ſols; & la compoſée eſt la maniere de trouver la ſomme de pluſieurs choſes qui ne ſont pas de la même eſpece, comme lorſqu'on ajoûte des livres, des ſols & des deniers à des livres. Ce mot vient du Latin, Addere, Ajoûter.

ADDITIONNER. v. a. Ne faire qu'une ſomme de pluſieurs ſommes. Ainſi en additionnant on trouve que ces quatre nombres 2. 5. 8. & 9. étant mis enſemble, font une ſomme totale de 24.

ADDONNER. v. n. Terme de Marine. On dit que Le Vent addonne, lorſqu'ayant été contraire, il commence à devenir favorable.

ADDOSSE', E'E. adj. Terme de Blason. Il se dit de deux animaux rampans, qui ont le dos addossé l'un contre l'autre. *Lions addossés.* On le dit generalement de tout ce qui est de longueur, & qui a deux faces differentes. *Clefs addossées,* c'est-à-dire, qui ont leurs pannetons tournés en dehors, l'un d'un côté, & l'autre de l'autre. *Haches addossées, marteaux addossés.*

On appelle en termes d'Architecture, *Colomne addossée,* une colonne qui tient au mur par le tiers ou par le quart de son diametre.

ADDUCTEUR. adj. Les Medecins appellent *Muscle adducteur* le troisième muscle des yeux, qui les fait mouvoir du côté du nés, comme les amenant de ce côté-là. Ce mot vient du Latin *Adducere,* Amener.

A D E

ADENT. s. m. Mot dont les Menuisiers & les Charpentiers se servent, & qui signifie certaines entailles ou emboëtures, faites en forme de dents, pour mieux lier & assembler des pieces de bois.

En Province on dit d'un homme tout courbé, *qu'il est tout Adent.*

ADE'S. adv. Vieux mot. Aussi-tôt, incontinent.

Et tout adès le regardant. Il vient de l'Italien, *adesso,* qui a été formé du Latin, *ad ipsum.* On a sousentendu *tempus.*

ADESSENAIRES. s. m. p. Heretiques qui s'éleverent au siecle passé. Leurs erreurs étoient sur le Sacrement de l'Eucharistie, mais ils ne s'accordoient pas entr'eux dans ce qu'ils pensoient. Les uns tenoient que le Corps de JESUS-CHRIST étoit au pain; les autres qu'il étoit avec le pain; quelques-uns qu'il étoit à l'entour du pain, & d'autres qu'il étoit sous le pain.

A D I

ADIANTUM. s. m. Sorte de plante : il y en a de deux sortes. Le blanc qui est le commun, & le noir qui est le meilleur. C'est un des cinq Capillaires, & on doit entendre le noir quand on met simplement le mot d'*Adiantum.* Il ne differe du blanc qu'en ce qu'il a ses petites branches plus noirâtres & ses feuilles plus vertes. Ses qualités sont d'être chaud & sec, mais modérément. Les Arabes lui attribuent une petite faculté purgative, qui consiste en son humidité aqueuse, subtile & superficielle, participante d'un peu de chaleur, ce que l'*Adiantum* blanc n'a pas. Ce dernier est encore appellé *Salvia vita,* ou *ruta muraria,* & le noir, *Capillus Veneris officinarum.* En Grec ἀδίαντος de la particule privative α, & de διαίνω, Humecter, à cause que ses fleurs paroissent toûjours seches, quoiqu'on ait versé de l'eau dessus.

ADIAPHORISTES. s. m. Nom qui fut donné vers l'an 1525. à ceux qui suivoient les opinions de Melancton, & en 1548. à certains Lutheriens relâchés, qui en soûtenant la creance de Luther, ne laissoient pas de s'attacher aux décisions de l'Eglise & aux constitutions des Conciles & des Papes. Ce mot vient du Grec ἀδιάφορος, Etre indifferent.

ADIEU-VA. Terme de Marine. On s'en sert lorsque voulant faire virer le Vaisseau pour changer de route, on en donne avis à l'équipage.

ADIM-MAIN. s. m. Sorte d'Animal privé qu'on trouve en Afrique. Il est de la grandeur d'un moïen veau, & ressemble à un mouton.

ADIPEUX, EUSE. adj. Les Medecins se servent quelquefois de ce mot pour dire, Gras, & ils disent dans ce sens, *Membrane Adipeuse.*

ADIRER. v. a. Vieux mot. Egarer. *Les rames de la*

barque étoient adirées. Il s'est dit aussi pour Rayer. *Son nom est adiré de l'état des Officiers.*

La Coûtume de Berri, *tit.* 9. *art.* 28. employe ce mot pour signifier *Déchirer.* Le Code Marchand, *tit.* 5. *art.* 18. & 19. pour dire des lettres de change perdues, dit *des lettres de change adirées.*

ADITION. s. f. Terme de Jurisprudence. Acceptation d'une heredité. L'adition d'heredité est necessaire pour la validité de certains actes. Ce mot vient du Latin *Adire,* Aborder, aller trouver.

ADIVE. s. f. Animal qui naît en Afrique. M. d'Ablancourt, qui en parle dans son Marmol, dit qu'il est un peu plus grand qu'un Renard & de même poil, & qu'il en a les finesses. Il hurle comme un chien, & le lion ne le peut souffrir.

A D O

ADOUBER. v. a. Terme usité parmi les Joüeurs de Tric-trac & des Eschecs. Il ne se dit gueres qu'en cette phrase, *J'adoube,* pour faire entendre qu'on touche une piece sans avoir dessein de la joüer.

ADOUCIR. v. a. On employe ce mot en Peinture pour dire, Mêler les couleurs avec un pinceau fait de poil de porc, de chien, ou de blereau, & qui est sans pointe. On dit, *Adoucir un dessein lavé & fait à la plume,* pour dire, *En affoiblir la teinte.* On dit encore, *Adoucir,* lorsqu'on change quelque trait trop rude, pour donner plus de douceur à l'air d'un visage.

On adoucit le fer à force de le chauffer ou de le limer; l'ardoise avec la brique & le tufe; le cuivre avec le charbon; l'argent avec la pierre de ponce; le bois avec l'aprêle, la peau de chien de mer; le blanc à dorer avec la brosse & le linge mouillé.

ADOUCISSEMENT. s. m. Terme de Peinture. On dit qu'il y a de l'adoucissement dans un visage, lorsque les couleurs sont bien noyées les unes avec les autres, qu'il n'y a point de rudesse dans les traits, & qu'ils ne sont pas tranchés.

ADOUE'ES. adj. Terme de Fauconnerie. On dit que *Les Perdrix sont adoüées,* quand elles sont pariées & accouplées.

ADOULE', E'E. adj. Vieux mot. Dolent, triste.

A D R

ADRIANISTES. s. m. p. Nom qui fut donné à des Heretiques qu'infecterent les erreurs de Simon le Magicien, ou de ses Disciples. On donna ce même nom dans le dernier siecle aux sectateurs d'Adrien Hamstedius, qui enseigna en Zelande & ensuite en Angleterre, que le Sauveur n'avoit fondé la Religion Chrétienne que dans de certaines circonstances, & qu'on pouvoit garder les Enfans quelques années sans les baptiser. Il recevoit toutes les erreurs des Anabaptistes. Ceux qui ont donné dans les sentimens d'Adrien de Bourg, Ministre Calviniste en Hollande, ont aussi eu le nom d'*Adrianistes.*

A D V

ADVENTIF. adj. Terme de Jurisprudence. On appelle particulierement *Biens adventifs,* Les biens qui arrivent à une femme pendant son mariage; c'est-à-dire, qui sont au-delà de ses deniers dotaux.

ADVERTANCE. s. f. Vieux mot. Avertissement.

ADVERTIN. s. m. Vieux mot. Fantaisie, boutade.

ADVEST. s. m. Vieux mot. Fruits pendans par les racines. Ce mot se trouve dans la Chronique de Flandre. On a dit aussi, *Advesture.*

ADVISEMENT. s. m. Vieux mot. Avis.

Je suis de cet advisement,
Que loyauté leur soit gardée.

AEG

ÆGIPTIAC. f. m. Drogue excellente pour nettoyer les vieux ulceres, en ôter la pourriture, & ronger la chair morte. On l'appelle ainfi à caufe de fa couleur noire.

AEO

ÆOLIPYLE. f. m. On le fait auffi féminin. Boule d'airain qui eft creufe, & qui n'a qu'un petit trou par lequel on fait entrer autant d'eau qu'elle en peut contenir, après qu'on l'a chauffée pour rarefier l'air qui eft dedans. On la remet enfuite devant le feu, où fi-tôt qu'elle eft échauffée, elle envoie un vent impetueux qui fert à le fouffler & à chaffer la fumée. Delà vient fon nom, qui fignifie à mettre, *Porte d'Eole*, qui eft le Dieu des Vents, Ἀἰόλου πύλη. On écrit auffi *Eolipyle*. Voyez ce mot.

AER

ÆRE. f. f. Quelques-uns écrivent *Ere*. Terme de Chronologie. Il a été introduit par les Auteurs Efpagnols pour marquer le tems où eft arrivé quelque chofe d'extraordinaire ou de remarquable. On tient que ce qui donna occafion à l'Ære que l'on appelle d'Efpagne, fut un tribut que l'Empereur Augufte impofa aux Efpagnols, & que le mot *Ære*, fut formé du mot Latin *ære*. L'Edit de ce tribut fut publié à Tarragone en Efpagne trentehuit ans avant la naiffance du Sauveur ; ce qui eft caufe que l'Ære d'Efpagne précede de ce même nombre d'années l'Ære Chrétienne. On s'en eft fervi generalement en ce Royaume, jufqu'à l'an 1351. que l'on commença à y compter par les années de Jesus-Christ. Les autres Ères dont les Chronologues font le plus de mention, font celle de Nabonaffar, premier Roi des Chaldéens ou des Babyloniens, depuis le démembrement de l'Affyrie, & celle des Grecs Seleucides. La plûpart mettent la premiere le 26. Février de l'an 3306. du monde, & l'autre eft fixée en l'an 442. de Rome.

AES

AESIER. v. a. Vieux mot. Réjouir. Il vient d'*Aife*, & *aife* vient d'*agio* Italien, qui a été formé d'*otium. Otio, atio, agio*.

AESMER. v. a. Vieux mot. Comparer, Eftimer.

Ains le pooit on aëfmer,
A chant de Serene de mer.

Il a été auffi employé comme neutre dans le fens de Préfumer, conjecturer, & on trouve dans Villehardouin. *Qui dit & aëfmerent qu'il y avoit quatre cens Chevaliers.* Il vient du mot *Efme*, qui a voulu dire, *Effai*, épreuve. Efme vient d'*Examen*. On pourroit dire auffi avec vraifemblance, qu'*aëfmer* vient d'*exiftimare*, *eftimare*, *adeftimare*.

ÆS-USTUM. f. m. Cuivre brûlé. On en fait entrer dans la compofition de la couleur verte, & il fert à plufieurs ufages dans la Medecine. Le cuivre fe brûle en le calcinant, ce qui fe fait de deux fortes. Ou bien on le calcine en *crocus* comme le fer, en le reduifant en limaille & le mettant fur une tuile bordée, où il faut le tenir fept ou huit jours au feu de reverbere, ou bien on le calcine en le reduifant en lames & le ftratifiant avec du fouffre en poudre dans un pot qu'on ne craigne point que le feu caffe. Ce pot doit avoir un trou au milieu de fon couvercle, afin que le foufre puiffe s'exhaler.

AET

AETHIOPIS. f. f. Plante dont les feuilles font femblables au Bouillon, velues, fort épaiffes, & difpofées en rond vers la racine. Sa tige eft quarrée & âpre, & reffemble à celle de la Meliffe, étant toute garnie de concavités & d'ailes. Sa graine eft groffe comme celle d'Orobus, & croît toûjours double dans une même bourfe. L'Æthiopis jette plufieurs racines, qui viennent toutes d'un même tronc. Elles font longues, maffives, vifqueufes & pâteufes au goût. Diofcoride dit que cette plante croît abondamment au mont Ida près de Troye, & qu'elle eft bonne à ceux qui crachent le fang, aux fciatiques & aux pleurefies.

AETITE. f. f. Pierre qui fe trouve fouvent dans les nids d'Aigle, & que par cette raifon on appelle *Pierre d'Aigle*, du Grec ἀετὸς Aigle. Selon Pline il y en a de quatre fortes. La premiere qui naît en Afrique, & qui eft plus molle & plus petite que les autres, renferme dans fa cavité une terre blanche & argilleufe. Il appelle celle-là femelle. Celle qu'il appelle mâle, & qui eft plus dure & plus groffe que la premiere, eft rougeâtre & fe trouve en Arabie. Elle renferme une autre pierre fort dure, & reffemble prefque à une noix de galle. La troifiéme eft fort tendre, & fe trouve en Chypre. Elle eft femblable à l'Aëtite femelle ; mais un peu plus groffe. La derniere qui a pris le nom de *Taphycata* du lieu d'où elle vient, eft ronde, blanche & fort molle, & refonne fort quand on la remue, à caufe d'une autre pierre qu'elle contient,& qu'on nomme *Calinus*. La propriété de cette forte de pierre, c'eft d'avancer l'accouchement fi on l'attache à la cuiffe d'une femme, & de le retarder en la lui mettant dans le fein.

AETIENS. f. m. Heretiques qui fuivoient les fentimens d'Arius & d'Aëce, furnommé l'Athée, & qui furent appellés *Purs Ariens*. Ils eurent le nom d'*Eunoméens*, à caufe qu'ils embrafferent l'impieté d'Eunome, le plus infigne difciple d'Aëce. Celui de *Diffemblables* qui leur fut auffi donné, vint de ce qu'ils croyoient que le Fils étoit diffemblable à fon Pere en effence & en tout le refte. Ils tenoient leurs affemblées dans des lieux fecrets, & leur Secte n'ayant trouvé aucun appui à la Cour, elle s'éteignit en peu de tems.

AFE

AFEULER. v. a. D'autres difent *affuler*. Se mettre fur la tête quelque efpece de coifure.

Il prend fon chapeau, & l'afeule.

Il vient du Latin *Infula*,forte de coifure. *Infulare*.

AFEURER. v. a. Vieux mot. Mettre à certain prix, taxer, eftimer. On a dit auffi *Aforer*, du Latin *Forum*, Marché.

AFICHIER. v. n. p. S'*afichier* on s'*aficher*. S'affurer, fe confier.

Celui qui en trefors s'affiche.

AFEUBER. v. a. Vieux mot. Couvrir, revêtir d'habits. On dit auffi *Afeubler* & *Afibler*, du Latin *Affibulare*, Mettre quelque forte d'habit qui s'attache avec une boucle, *fibula*, comme font les chapes d'Eglife.

AFF

AFFAITAGE. f. m. Terme de Fauconnerie. Soin qu'on fe donne pour bien dreffer un oifeau de proie.

AFFAITER. v. a. Apprivoifer un oifeau fauvage, le rendre familier, & faire en forte qu'il revienne fur le poing ou au leurre quand on l'a laiffé voler.

On dit aussi *Affaiter un Oiseau*, pour dire, L'introduire au vol, le curer, & en avoir tous les soins qu'il faut pour le tenir en santé.

AFFAITIER. v. a. Vieux mot. Raccommoder. *Et lui demandez de ce truit qu'il emporte, & vous dira qu'il en veut ses soliers affaiter, quand il seroit dépecés.* On a dit aussi *s'affaitier*, pour dire, S'instruire, se rendre sçavant, car de plusieurs langues s'estoit fait affaitier*, d'où vient qu'on a dit *Aff.itté*, pour bien appris, bien élevé.

Jean li Nivelois fut moult bien affaitiés.

AFFALER. v. a. Terme de Marine. On dit *Affaler une manœuvre*, pour dire, La faire baisser. Ainsi *Affale* est un commandement qu'on fait quand on veut qu'on abaisse quelque chose. On dit qu'*Un Vaisseau est affalé à une côte, sur la côte*, pour dire, que La force du vent le contraint de se tenir près de terre, ou que faute de vent il ne sçauroit s'élever au large.

AFFEBLOYER. v. a. Vieux mot. Affoiblir.

AFFERENTE. adj. f. Terme de Palais. On appelle *Part afferente*, La part qui appartient à un Heritier dans une succession qu'on partage en plusieurs lots. Ce mot vient du Latin *Afferre*, Apporter.

AFFERIR. v. n. Vieux mot. Appartenir. On a dit, *Ce qui lui affiert*, pour dire, Ce qui lui convient.

AFFICHER. v. a. Terme de Cordonnier. Couper les extrêmités du cuir quand il est sur la forme. On dit dans ce sens, *Afficher une paire de semelles.*

AFFIER. v. a. Terme d'Agriculture. Planter, provigner des arbres en sion ou en bouture; c'est-à-dire, en bouts de plantes ou d'arbres mis dans la terre pour prendre racine.

AFFILIATION. s. f. Terme usité chès les Religieux. C'est un Brevet qu'on donne à des Seculiers pour avoir part aux prieres d'une Communauté Reguliere. On dit, *Ce Religieux est de l'affiliation de l'Abbaye de . . . . Ce Dominicain est affilié à la Maison de . . . .* quoiqu'il n'y demeure pas, mais il est en droit d'y aller quand il voudra.

AFFINER. v. a. Tuer. Vieux mot. On trouve dans un ancien Poëte en parlant d'Achille.

Il ne pooit être affinés,
Fors par la plante seulement.

On dit parmi les Cordiers, *Affiner le chanvre*, pour dire, Passer le chanvre par l'affinoir, afin de le faire devenir plus fin. Ce même mot est en usage parmi les Relieurs, & ils disent, *Affiner le carton*, pour dire, Le renforcer.

On dit sur la mer, que *Le tems affine*, pour dire, qu'il n'est plus si sombre, & que l'air commence à s'éclaircir. En ce sens il est neutre.

AFFINOIR. s. m. Terme de Cordier. Seran dont les bouches sont petites, & près à près. On fait passer le chanvre au travers pour l'affiner.

AFFIQUET. s. m. Petit bois proprement tourné, qui sert à tenir les aiguilles à faire l'estame. Les femmes se mettent à la ceinture.

AFFOLE, E'E. adj. On appelle en termes de mer, *Boussole affolée, aiguille affolée*, Une aiguille défectueuse, & qui a été touchée d'un aiman qui ne l'anime pas. Comme cet aiman ne lui donne point sa veritable direction, elle indique mal le Nord, quoique dans le parage où est le Vaisseau, il n'y ait point de variation.

AFFONDER, S'AFFONDER. v. n. p. Vieux mot. S'enfoncer.

S'il peut se plonge & affonde,
Souventesfois en mer profonde.

AFFORAGE. s. m. Ce mot peut venir de *Foras*, marchandise étrangere, ou de *Forum*. Prix d'une chose venale mis par autorité de Justice. Ce mot se

trouve dans une Ordonnance de la Ville de Paris, où il est dit que le prix des vins étrangers doit être fixé par les Echevins avant qu'on le puisse vendre, & qu'il faut qu'on en fasse mention dans l'acte d'*Afforage.*

Il signifie aussi le Droit Seigneurial qu'on paye au Seigneur, afin de pouvoir vendre du vin ou quelque autre liqueur dans son fief, en quoi on est obligé de se regler sur la taxe que ses Officiers en font.

AFFOUAGEMENT. s. m. L'état ou département qui se fait dans les Païs où les Tailles sont réelles, afin de faciliter la levée des impositions, en reglant le nombre des feux de chaque Paroisse. *Une telle Vignerie est comptée pour tant de feux dans cet affouagement.*

AFFOURCHER. v. a. Jetter une ancre à la mer dans une telle distance, que son cable fasse une maniere de fourche avec le cable d'une premiere ancre qu'on y a déja jettée. Ainsi on appelle *Ancre d'affourche* celle qui est jettée de cette sorte après la premiere.

C'est aussi un terme de menuiserie, pour signifier un double assemblage de deux pieces de bois, avec une languette & une rainure de l'un dans l'autre.

AFFOURRAGER. v. a. Donner de la paille aux moutons, aux bestiaux pour vivre, leur donner du fourage. On dit aussi *Affourrer.*

AFFRETEMENT. s. m. Terme de Marine qui est en usage sur l'Ocean, pour signifier le prix que l'on paye pour le louage de quelque Vaisseau. Ainsi *Affreter*, signifie donner une certaine somme au Proprietaire du Vaisseau pour s'en servir pendant un voyage, & on dit *Affreteur*, pour dire, Celui qui affrete.

AFFRIANDER. v. a. Terme de Fauconnerie. On dit, *Affriander un oiseau*, pour dire, Le faire revenir sur le leurre à force de lui donner de bons pasts.

AFFRONTE', E'E. adj. Terme de Blason. *Lions affrontés*, pour dire, Deux lions qui sont opposés de front. Il se dit aussi d'autres Animaux. *De gueules à deux levrettes affrontées d'argent.*

AFFUST. s. m. Sorte de chariot étroit & renforcé, dont on se sert à pointer le canon quand on le tire, ou à conduire les pieces d'Artillerie quand on les transporte. M. Guillet qui explique les choses avec une entiere précision, dit que l'*Affust* n'est monté que sur deux roues quand il est logé sur une batterie; mais que quand on le fait marcher en campagne on y ajoûte deux autres roues sur le devant plus basses que les deux roues de derriere. Ces sortes d'affusts consistent en deux fortes & longues pieces de charpente qui en font les côtés, & qui sont entretenues l'une avec l'autre par d'autres pieces de bois mises de travers & assemblées par des mortaises. Vers l'extrêmité où l'on place le canon, sont deux ouvertures où l'on emboîte les deux pieces de bras de canon, qui sont vers la moitié de sa longueur. Les quatre roues sur lesquelles on monte l'Affust des mortiers, sont chacune d'une seule piece, & n'ont point de rais.

On appelle *Affust de bord*, L'affust d'un canon qui sert sur les Vaisseaux.

Affust se dit encore en termes de Chasse, d'Un lieu caché, où l'on se met pour attendre le gibier, avec un fusil tout prêt à tirer.

AFFUSTAGE. s. m. Soin qu'on prend de tout ce qui regarde le canon pour le braquer, & pour le disposer à tirer. Il se dit aussi des pieces que l'on applique aux fontaines jallissantes lorsqu'on en veut diversifier le jet.

Affustage, signifie aussi chès les Ouvriers, La fourniture de toutes sortes d'outils necessaires, & en ce sens on dit qu'*Un affustage est complet* , pour dire , qu'Il n'y manque rien.

AFFUSTER. v. a. On dit , *Affuster un canon* , pour dire , Le mettre en état de tirer. Les Ouvriers disent, *Affuster leurs outils* , pour dire , Les aiguiser. On dit qu'*Un Ouvrier est bien affusté* , pour dire , qu'Il a tout son affustage , tous les outils près de lui. Quelques Peintres se servent de ce même mot dans le même sens, & disent , *Affuster un crayon* , pour dire , L'aiguiser.

A G A

AGACE. s. f. Nom qu'on donne à une espece de Pie dont les plumes sont plus noires que celles des autres.

AGACEMENT. s. m. Alteration des gencives, qui se relâchent. Ce qui cause alteration peut passer même jusques dans les nerfs, dans les alveoles ; c'est une humeur acre , qui au lieu d'être astringente produit un effet tout contraire.

AGALLOCHUM. s. m. Sorte de bois qu'on nous apporte des Indes , seulement par petites pieces , car il est rare qu'il en vienne en France de gros morceaux. Il est marqueté de plusieurs couleurs , odorant , & a quelque acrimonie pour le goût. La solidité de sa substance fait qu'il est malaisé à brûler , & quand on le brûle il en sort beaucoup de suc. Ce qui le couvre se peut plûtôt appeller une peau qu'une écorce. Il est très-bon pour les maladies de cœur. On l'appelle communément *Bois d'Aloès*.

AGAPES. s. f. p. Nom qui a été donné aux festins que les Chrétiens faisoient dans la primitive Eglise , en memoire de la derniere Cene que le Fils de Dieu avoit faite avec ses Disciples. Il vient du Grec ἀγάπη , qui signifie Amitié , dilection , parce que ces Festins étoient comme des festins d'amour & de charité. On les faisoit dans les Eglises après qu'on avoit reçu la sainte Communion. La dépense en étoit faite par les riches , qui y convioient les pauvres. Les abus qui s'y commirent, obligerent les Prélats à les défendre dans les Eglises , & ensuite ailleurs. Tertullien , & d'autres des anciens Peres parlent fort souvent de ces Agapes , qui s'observoient principalement dans les naissances, dans les mariages & dans les funerailles.

AGAPETES. s. f. p. Nom de Vierges qui vivoient ensemble dans la primitive Eglise , comme étant unies par la charité. On les appelloit Religieuses , quoiqu'elles ne fissent point de vœux ; & comme elles tenoient des Maisons où elles recevoient les passans sous un faux prétexte d'hospitalité, les abus que l'on reconnut qui se glissoient dans cette association , furent cause que le Concile General de Latran , abolit cette assemblée de Vierges sous Innocent II.

On donna ce même nom d'*Agapetes* à une Secte d'Heretiques , sortie d'une femme d'Espagne nommée Agape , qui vivoit avec un certain Elpidius dans toutes sortes de desordres , sous couleur d'une association spirituelle. Les crimes où plusieurs autres personnes entroient sous ce même prétexte , ayant été découverts , firent bientôt abolir cette malheureuse Secte.

AGARIC. s. m. Maniere de Champignon ou de Potiron qui naît sur le tronc de l'arbre que l'on appelle en françois, Melese. C'est le seul qui soit propre à être pris interieurement, car cette même excroissance se trouve sur les Sapins , sur la Torche , & sur la Pesse sauvage. L'Agaric vient dans la Provin-

ce de Sarmatie , nommée Agarie , qui lui a donné son nom. Il y en a de deux sortes , le mâle , qui est ordinairement jaunâtre , massif , pesant , compacte & tenace , & la femelle qui est beaucoup meilleure que le mâle , pourvû qu'elle ne ressemble point à du bois , & qu'elle ne soit ni longue , ni dure , ni pesante. Pour être bonne , il faut qu'elle soit bien blanche , legere , friable , douce au goût d'abord, & un peu après amere. Outre l'Agaric de Sarmatie , on en trouve de fort bon sur les Montagnes de Trente , & sur celles du haut Dauphiné. C'est un des plus excellens purgatifs de la Medecine , quoiqu'il n'ait pas grande force , & qu'on ne le donne jamais seul.

AGATE. s. f. Pierre précieuse ordinairement de couleur rouge , sur laquelle la nature semble avoir pris soin de graver plusieurs choses differentes qui y paroissent.On voit dans des forêts dans quelques-unes, des hommes ou des chevaux dans les autres , & plusieurs choses semblables. On tient qu'on lui a donné le nom d'Agate , sur ce qu'on a trouvé la premiere auprès du fleuve Achates dans la Sicile. Elle est un fort bon remede contre les piquûres des scorpions & des araignées ; & on dit que par un instinct naturel les aigles en mettent dans leurs nids , afin que par là leurs aiglons soient garantis de toutes sortes de poisons. On prétend aussi que cette pierre fortifie la vûe.

Agate est encore un instrument de tireur d'or. On l'appelle ainsi , à cause que dans le milieu de cet instrument il y a une Agate qui sert à rebrunir l'or.

A G E

AGE. s. m. La durée ordinaire de la vie. Acad. Fr.

Age se dit aussi du cheval dont on connoît le progrès de ses premieres années , soit par le nombre de ses dents , selon le changement que l'on y remarque, soit par des marques noires qui viennent dessus , ou par les nœuds de sa queue , par lesquels pourtant on ne peut juger avec une entiere certitude. Un cheval qui pousse les pinces doit avoir deux ans & demi. Celui qui met les dents mitoyennes , fait connoître qu'il approche de quatre ans. Quand il pousse les crochers, c'est une marque assurée qu'il en a quatre ; & dès qu'on lui voit les coins trop longs & décharnés , on peut s'assurer qu'il passe sept ans. Quand il cesse de marquer, on dit qu'il n'a plus d'âge.

Age se dit encore des cerfs; & M. de Selincourt dit dans son Parfait Chasseur, qu'on juge du nombre de leurs années , non seulement par l'ouverture de la tête , par la grosseur du marrein , par les rayeures plus creuses , par les perlures plus grosses , par les andouilliers , quand ils sont plus près des meules , par la largeur du talon du pied de devant , & par la petitesse du pied de derriere , mais encore par le méjuger, c'est-à-dire, quand le pied de derriere n'entre point juste dans celui de devant.

A G H

AGHAIS. s. m. Vieux mot. Acquêt. On a dit aussi *Aghaister* , pour dire, Faire acquêt. On trouve dans quelques Coûtumes , *Profiter d'un marché à aghais* , c'est-à-dire , que Ce marché se faisoit de telle maniere , que le vendeur devoit livrer sa denrée dans un certain tems, & l'acheteur les deniers de son achat dans le même tems. Ainsi le vendeur & l'acheteur devoient *aghaister* , c'est-à-dire, observer le jour du terme, afin de ne le pas laisser écouler sans que le vendeur eût livré , si c'étoit lui qui vouloit profiter du marché à aghais , ou que l'acheteur eût payé ,

payé, s'il trouvoit le marché avantageux ; & au refus de la partie, on consignoit en justice, & on faisoit signifier cette consignation.

AGN

AGNATION. s. f. Terme de Jurisprudence purement Latin, qui signifie, selon le Droit Romain, Le lien de parenté en ligne masculine.

AGNOITES. s. m. p. Heretiques, dont il y a eu de deux sortes en deux divers tems. Les uns s'éleverent vers l'an 370. sous le Pontificat de Damase, & suivoient les erreurs de Theophrone de Cappadoce. Elles consistoient particulierement à dire que Dieu n'avoit rien de fixe dans sa science, ne pouvant connoître le passé que par memoire, & n'ayant que la préscience pour le futur ; ce qu'ils appelloient une connoissance vague. Les autres à qui l'on donna ce même nom d'Agnoïtes, à cause qu'ils croyoient que le Fils de Dieu ignoroit le jour du jugement, s'éleverent dans le sixiéme siecle. Themiste, Diacre d'Alexandrie, dont ils suivoient les erreurs, & qui les fit aussi appeller Themistiens, se fondoit, pour les soûtenir, sur ce que Notre-Seigneur dit dans saint Marc, que Personne ne sçait ces choses là, hormis le Pere. L'explication que S. Ambroise & S. Augustin donnent à ce passage, c'est que le Fils de Dieu ne les vouloit pas apprendre aux Apôtres. Le mot d'Agnoïtes vient du Grec ἀγνοεῖν, Ignorer.

AGNUS-CASTUS. s. m. Arbrisseau qui devient arbre quand il est cultivé, & qui produit de petits scions pliables, aussi malaisés à rompre que le saule. Ses feuilles sont semblables à celles du franc osier, mais elles rendent une odeur plus agreable. Il y en a de deux sortes ; le grand, qui devient arbre comme le saule, & qui jette une fleur blanche mêlée d'un peu de couleur de pourpre ; l'autre, qu'on appelle le petit, a ses feuilles plus blanches & plus velues ; & pour la fleur, elle est entierement de couleur de pourpre. Sa semence, qui est toute ronde, ressemble au petit Cardamome. Elle est d'usage dans la Medecine, aussi-bien que les fleurs & la feuille ; & l'on tient que ceux qui s'en servent interieurement ou exterieurement, conservent leur chasteté avec moins de peine ; ce qui lui a fait donner le surnom de Chaste.

AGO

AGONALES. s. f. p. Fêtes qui se celebroient chés les Romains à l'honneur de Janus dans le mois de Janvier, appellées ainsi du mot Grec ἀγών, qui veut dire Combat ou joûte. Il y en a qui croient qu'elles se faisoient pour les Dieux Agoniens, que les Païens avoient accoûtumé d'invoquer dans les entreprises importantes. D'autres prétendent qu'on les celebroit au mont Agon, nommé depuis Quirinal, d'où elles ont eu le nom d'Agonales.

AGONYCLITES. s. m. p. Heretiques que Sanderus dit s'être élevés dans le huitiéme siecle. Ils prétendoient qu'il ne falloit point se mettre à genoux pour prier Dieu ; & c'est delà qu'ils ont pris leur nom, de la particule privative α, de γόνυ, Genou, & de κλίνω, Plier, fléchir.

AGORANOME. s. m. Magistrat qui chés les Atheniens donnoit ses ordres, afin que tout ce qui se débitoit dans les marchés, y fût vendu avec poids & mesure. Ce mot est Grec, ἀγορανόμος, & est fait de ἀγορά, Marché, & de νέμω, Distribuer.

AGR

AGRAIRE. adj. f. Nom qui fut donné à une Loi des Romains, que Spurius Cassius publia, touchant le

Tome I.

partage des terres qui étoient prises sur les ennemis. La Loi Agraire. Jule César & Nerva en publierent deux autres, qu'on nomma aussi Loix Agraires, & qui furent faits seulement pour les limites des champs. Ce mot vient du Latin Ager, Champ.

AGRAFE. s. f. C'est un mot dont se servent les vaniers, & qui signifie l'osier tortillé qui tient le bord d'une hotte.

AGRE'ER. v. a. Terme de Marine. Agréer un Vaisseau, c'est le mettre en état de faire voyage, en y plaçant toutes les manœuvres, poulies, & autres choses dont il doit être garni. Les Marchands disent aussi entr'eux, Agréer un Navire, pour dire L'accepter.

AGREEUR. s. m. Celui qui fournit à un Vaisseau tout ce qu'il lui faut pour le mettre en mer. C'est aussi celui qui a soin de mettre tout en ordre, tant pour les cordages, que pour les voiles, poulies, &c.

AGRESTE. adj. Il se dit du sel de certains fruits verts & acres, qui ont un goût sauvage, c'est-à-dire désagreable & fâcheux. Ce mot vient du Grec ἄγριος, dans le sens que ἀ ἄγρια, c'est-à-dire, les choses vertes & acres sont opposées, τοῖς μέρεσι, aux choses douces. C'est par cette raison que les Latins appellent Le verjus, Agresta.

AGREZ. s. m. p. Tous les cordages, toutes les voiles, & autres choses qui sont necessaires pour garnir un Vaisseau. On dit aussi Agreils.

AGRIER, ou Agriere. s. m. Droit que les Seigneurs prennent sur les terres labourables. Droit d'Agriere. On l'appelle ainsi en de certaines Coûtumes, & Droit de Champart en d'autres.

AGRIOTE. s. f. Sorte de cerises qui ne sont pas si douces que les cerises communes, & qui sont plus grosses.

AGRIPAUME. s. f. Plante presque semblable à l'ortie, excepté qu'elle a ses feuilles plus chiquetées tout à l'entour, & celles d'en bas plus rondes. Sa tige, qui est quarrée, les produit deux à deux par certains intervalles. Ses fleurs sont rouges tirant sur le blanc, & ressemblent à celles de l'ortie puante. Elles sont neanmoins plus petites, & sortant du pié des feuilles, elles environnent la tige, ainsi qu'on voit au Marrube. Sa racine, dont il en sort plusieurs autres, est rouge & blafarde. Cette herbe croît par tout le long des chemins & des hayes, & autour des murailles des Villes. Matthiole dit qu'elle est si amere au goût, qu'on la peut juger chaude au second degré & seche au troisiéme. Quelques Modernes la tiennent singuliere pour les maladies du cœur, d'où elle a pris le nom de Cardiaque, ou Cardiobotanum ; mais sa puanteur fait que plusieurs doutent qu'elle soit cordiale. Elle est bonne aux spasmes, aux paralysies, & aux opilations qui viennent de causes froides. Elle évacue les flegmes qui sont dans la poitrine, fait mourir les vers & provoque l'urine & les mois. Réduite en poudre, & bûe avec du vin, elle facilite l'accouchement. On l'appelle Agripaume, comme si on disoit Acripalma.

AGU

AGUAPA. s. m. Sorte d'arbre des Indes Occidentales, dont l'ombre est si dangereuse, que s'il arrive qu'un Espagnol s'endorme dessous, il enfle d'une maniere extraordinaire ; & si c'est un Negre nud, il creve. C'est ce que Laët en dit.

AGUILLANNEUF. s. m. Mot composé de plusieurs, & qui est venu d'une cérémonie prise apparemment des anciens Druides, qui après avoir cueilli le Gui du Chêne avec beaucoup de superstitions le consa-

C

croient & le diftribuoient an peuple le premier jour de l'année. A leur imitation on crioit autrefois, *An gui l'an neuf* ; ce qui étoit annoncer la nouvelle année, où l'on fe réjouiffoit d'être heureufement entré. On a dit delà *Aguillanneuf.*

AGYNNIENS. f. m. p. Sorte d'Heretiques qui prétendoient que Dieu n'avoit pas permis l'ufage des viandes & du mariage. Ils s'éleverent dans le feptiéme fiecle, tandis que le Pape Servius tenoit le S. Siege. Ce mot vient de la particule privative *a*, & du Grec *γυνη*, Femme, comme qui diroit, *Sans femme.*

AHA

AHAN. f. m. Refpiration précipitée, comme fi l'on repetoit plufieurs fois Ahan, ce qui fe remarque mieux dans les chiens qui ont couru qui haletent.

Ahan. Peine du corps, grand effort, tel que celui que font ceux qu'ifendent du bois, ou qui levent quelque pefant fardeau. Ce mot eft un de ceux, qui fe forment du fon de la chofe qu'ils fignifient. *Suer d'ahan.*

AHANABLE. adj. Vieux mot. On difoit autrefois *Terre ahanable*, pour dire, Terre labourable, & *Ahaner la terre*, pour dire, La labourer.

AHE

AHERDRE, *s'aberáre*. v. n. p. Vieux mot. S'attacher :

> *Ceux qui ne s'y voudront aherdre,*
> *La vie leur conviendra perdre.*

On a dit auffi *Aberder*, du Latin *Adharere*. On écrivoit auffi *Aërder* & *aërdre*, fans h.

AHEURTE', E'E. adj. Vieux mot. Obftiné, opiniâtre.

AHO

AHONTER. v. a. Vieux mot. Faire affront. On a dit auffi, *Ahonté*, pour dire, Qui eft fans honte.

> *Car lecherie eft tant montée,*
> *Que trop pourroit être ahontée.*

AHOUAI. f. m. Arbre du Brefil qui fent fi mauvais quand on le coupe, qu'à peine en peut-on fupporter l'odeur. Il eft de la grandeur d'un poirier, a les feuilles toûjours vertes, femblables à celles de nos pommiers, & porte un fruit gros comme une châtaigne, qui en figure approche fort du Δ des Grecs. Le noyau de ce fruit eft fort venimeux, la coque en eft fort dure & fonnante. Les Sauvages s'en fervent au lieu de fonnettes, & s'en environnent les bras & les jambes pour ornement. Ils attachent ces mêmes fruits à leurs haches, maffues & autres inftrumens.

AHU

AHURIR. v. a. Vieux mot. Mettre quelqu'un en peine, le rendre interdit en l'étonnant.

AIA

AIABUTIPITA. f. m. Arbriffeau du Brefil, de la hauteur de cinq ou fix palmes. Il porte un fruit noir, femblable aux amandes, dont on tire une huile de même couleur. Les Sauvages fe fervent d'ordinaire de cette huile pour frotter les membres de ceux à qui quelque mal a ôté les forces.

AID

AIDANCE. f. f. Vieux mot. Aide, fecours.

> *Et vous li ferez en aidance.*

AIDE. f. m. Il fe dit de celui qui foulage quelqu'un dans fon emploi ; & on le dit en diverfes fonctions. Dans l'Art Militaire on appelle *Aide de Camp*, Celui qui reçoit & porte les ordres des Officiers Ge-

neraux, felon les diverfes occafions où il eft neceffaire de fe fervir de lui dans le Camp. On appelle *Aide-Major*, Celui qui foulage le Major dans fes fonctions, ou qui les remplit en fon abfence. Il n'y a qu'un feul Major pour les quatre Compagnies des Gardes du Corps, & il a fous lui deux Aides-Majors. Il en eft de même de chaque Place de guerre, qui n'a qu'un Major, à qui plus ou moins d'Aides-Majors répondent, felon qu'elle eft plus ou moins importante. Les Regimens de Cavalerie n'ont qu'un feul Aide-Major, & ceux d'Infanterie en ont deux, c'eft-à-dire, un Aide-Major pour chaque Regiment de Cavalerie, & deux pour chacun de ceux d'Infanterie. Le Regiment des Gardes en a quatre.

Aides. f. f. p. Terme de manege. Les fecours & les foûtiens que le cavalier tire des effets doux & moderés de la bride, de l'éperon, du caveçon, du poinçon, de la gaule, de l'action des jambes, du mouvement des cuiffes, & du fon de la langue. Ce font les termes dont M. Guillet fe fert pour expliquer ce que c'eft que les *Aides*. Ainfi on dit d'un cheval, qu'*Il connoit*, qu'*il prend finement les Aides*, qu'*il obéit*, qu'*il répond aux Aides.*

On dit auffi qu'*Un cheval a les Aides fines*, pour dire, qu'Il prend les Aides avec beaucoup de facilité & une grande vigueur.

On dit encore qu'*Un Cavalier donne les Aides extrêmement fines*, pour dire, qu'Il anime le cheval à propos, & qu'il le foûtient à point nommé, pour lui faire marquer fes tems & fes mouvemens avec juftefle.

AIDEAU. f. m. Morceau de bois d'environ trois piés de long, qu'on paffe dans les bouts des barres d'une charette pour charroyer du bois, & pour foûtenir des charges élevées.

AIDER. v. a. C'eft encore un terme de Manege, qui fignifie, Soûtenir ou fecourir un cheval, pour contribuer à le faire travailler à propos, en forte qu'il marque fes tems avec juftefle. On dit dans ce fens, *Aider un cheval du talon droit, de la rêne droite, de la jambe droite.*

AIE

AIE. f. f. Vieux mot. Aide.

> *Que ja ne vous faudroit d'aie.*

AIG

AIGLE. f. f. Oifeau de rapine, grand & fort, & qui vole avec beaucoup de rapidité. Les Aigles ont les jambes jaunes, courtes & couvertes d'écailles. Leur bec eft long, noir par le bout, bleuâtre par le milieu, & crochu comme leurs ongles qui font fort grands. Elles ont ordinairement leur plumage châtain, brun, roux & blanc, & regardent fixement le Soleil ; ce qui eft caufe qu'on appelle de bons yeux, *des yeux d'Aigle.*

AIGLE-BLANC. Ordre de Chevalerie de Pologne. Uladiflaüs V. furnommé Lokter, l'inftitua en 1325. lorfqu'il maria fon fils Cafimir le Grand avec Anne fille du Duc de Lithuanie. Ceux qui étoient de cet Ordre, portoient une chaîne d'or à un Aigle couronné d'argent, & pendant fur l'eftomac. Ce qui obligea de prendre l'Aigle pour enfeigne de cet Ordre, fut un nid d'Aiglons que trouverent les premiers Rois de Pologne, en faifant creufer les fondemens de la Ville de Gnefne.

AIGLETTES. f. f. p. Terme dont on fe fert dans le Blafon, quand il y plufieurs Aigles dans un écu. Elles y paroiffent avec bec & jambes, & font fort fouvent becquées & membrées d'une autre couleur, ou d'un autre métal que le gros du corps.

AIGLEURE. ſ. f. Terme de Fauconnerie. Taches rouſſes ſemées ſur le deſſus du corps de l'oiſeau, & dont ſon plumage eſt tout bigarré.

AIGRE de cetre. ſ. m. Breuvage aigret qu'on fait avec du citron & du ſucre.

AIGREFIN. ſ. m. Eſpece de gros merlan, qui eſt un poiſſon de mer. On l'appelle en Latin ſecorarius.

AIGREMOINE. ſ. m. Plante fort connue, qu'on nomme dans les Boutiques Agrimonia ou Eupatoria, à cauſe de ſon Inventeur, qu'on appelloit Eupator. Elle a d'excellentes qualitez, qui font qu'on s'en ſert dans les tiſanes. Elle eſt abſterſive, ouvre les obſtructions du foye, & remedie à toutes ſortes de flux de ventre, & aux ardeurs d'urine.

AIGRETTE. ſ. f. Eſpece de petit Heron blanc dont la voix eſt aigre, & qui frequente le bord des rivieres. Belon qui a fait la deſcription de cet oiſeau, dit qu'il a le bec long, droit & pointu, que ſon col eſt long & courbé, que ſes jambes, qu'il a longues, ſont de couleur cendrée & ſes piés noirs & grands, & que ſur le dos & à côté des ailes, il a des plumes blanches, fines & déliées. Ces plumes-là ſont fort cheres.

AIGREUR. ſ. f. Indiſpoſition, qui fait ſentir dans l'eſtomac des pointillemens par une indigeſtion, qui cauſe des nauſées à cauſe d'une bile irritée & abondante, c'eſt très-ſouvent la ſuite d'une débauche.

AIGU. adj. Il ſe joint à Angle en termes de Géometrie; & quand on dit Angle aigu, on entend un angle qui a moins de quatre-vingt-dix degrés. On appelle auſſi Triangle aigu, le triangle dont les trois angles ſont aigus.

AIGUADE. ſ. f. Vieux terme de Marine, qui a été en uſage, pour ſignifier le renouvellement de proviſion d'eau douce, quand dans un voyage de long cours on pouvoit deſcendre en quelque lieu propre pour le faire. Ce n'eſt plus qu'au Levant qu'on dit encore, Faire aiguade, pour dire, Faire de l'eau.

Aiguade ſe dit auſſi du lieu où les Vaiſſeaux envoient l'équipage faire de l'eau.

AIGUAIL. ſ. m. Parmi les Chaſſeurs, c'eſt la roſée qui tombe le matin dans les prés & dans les campagnes ſur la verdure. Ainſi l'on dit que les chiens d'Aiguail ne valent rien dans le haut du jour, & que les chiens du haut jour ne ſont pas bons dans l'Aiguail.

AIGUE. ſ. f. Vieux mot. Eau.

AIGUE-MARINE. ſ. f. Pierre précieuſe qui naît le long des Côtes, & à laquelle le flux & reflux donne ſa couleur, qui eſt d'un vert de mer. Cette pierre eſt auſſi dure que l'Ametyſte Orientale.

AIGUILLE. ſ. f. Terme de Marine. Partie de l'éperon d'un Vaiſſeau, qui eſt compriſe entre la Gorgere & les Porte-vergues. C'eſt auſſi la partie qui fait une grande ſaillie en mer.

On appelle Aiguilles de Tré ou de Trévier, les aiguilles dont on ſe ſert pour coudre les voiles. Il y en a de trois ſortes. Aiguilles de couſture, c'eſt-à-dire, de ce qu'on a calfaté dans la diſtance qui ſe trouve entre deux bordages; Aiguilles d'œillets, c'eſt-à-dire des boucles qu'on fait au bout de certaines cordes, & Aiguilles de ralingues, qui ſont les cordes que l'on emploie pour ourlet aux voiles.

On appelle Aiguille aimantée, la verge déliée de fer poſée ſur une pointe de cuivre au milieu de la Bouſſole, & qui marque ſur le Cercle gradué l'arc ou le degré compris entre le Cercle Meridien & la route que fait le Vaiſſeau; parce que cette aiguille ſe tourne toûjours au Midi & au Nord, & par ce moyen ſert de ſûre guide aux Pilotes dans les voyages de long cours.

Tome I.

Aiguille eſt auſſi une longue piece de bois en arc-boutant, avec laquelle les Charpentiers appuyent le mât d'un Vaiſſeau, quand on lui donne carene.

On donne le nom d'Aiguilles à des pieces de bois, qui ſervent à caller le fuſt d'un preſſoir dans les jumelles de derriere.

On appelle encore Aiguilles diverſes pieces de bois poſées à plomb, qui ſervent à fermer les pertuis des rivieres, pour arrêter l'eau. On les leve quand on veut faire paſſer des bateaux.

Aiguille. Terme de Fauconnerie. Sorte de maladie de Faucon, cauſée par de petits vers qui s'engendrant dans ſa chair, ſont fort dangereux pour cet oiſeau.

Il y a de petits bateaux de Pêcheurs en Guienne, qu'on appelle Aiguilles.

Aiguille. Petit poiſſon de mer, appellé ainſi, à cauſe qu'étant long & menu par ſa partie de devant, il a quelque ſorte de reſſemblance avec une aiguille.

AIGUILLETTE. ſ. f. Terme de Manége. Il n'a d'uſage que dans cette phraſe, Noüer l'aiguillette. Cela ſe dit d'un cheval ſauteur, lorſqu'il s'épare, & qu'il rue entierement du train de derriere, en ſorte qu'il allonge les deux jambes également, & de toute leur étenduë.

On diſoit autrefois, Courir l'Aiguillette, en parlant d'une proſtituée, parce que, ſelon Paſquier, anciennement les femmes débauchées portoient une aiguillette ſur l'épaule.

AIGUISE', E'E adj. Terme de Blaſon. Il ſe dit de toutes les pieces dont les bouts peuvent être aigus, comme le pal, la croix, le ſautoir. Porter d'or à trois pals aiguiſés de gueules.

AIL

AIL. ſ. m. Plante de la nature de l'oignon, & dont l'odeur eſt très-forte. Il y a l'ail domeſtique, qui eſt celui des jardins. Dioſcoride dit que celui d'Egypte n'a qu'une tête comme le porreau, que cette tête eſt douce, petite, & tirant ſur le pourpre; que ceux qui croiſſent ailleurs ſont gros & blancs, & ont pluſieurs côtes. Theophraſte dit qu'on plante les Aux par côtes vers la mi-Mars & après; que les uns ſont bientôt mûrs, quelquefois en moins de deux mois, & d'autres ſont plus long-tems à mûrir. Il ajoûte qu'on peut auſſi ſemer l'ail, mais qu'il eſt fort tardif; que dans la premiere année qu'il croit, il ſe tête comme le porreau, que l'année ſuivante il commence à prendre côtes, & que la troiſiéme année il eſt parfaitement mûr. L'Ail ſauvage, qu'on appelle Serpentin, croît par tout, principalement aux collines & dans les hautes montagnes. Il n'a qu'une tête ſans côte; & quoiqu'il ſoit ſemblable à l'ail des jardins en goût & en odeur, il eſt beaucoup moindre. Il a ſa tige plus grêle & ſes feuilles plus étroites. Il jette à la tête de ſa cime une fleur incarnate, de laquelle ſort une graine noire. Celui qu'on appelle *impérando*, c'eſt-à-dire, Ail de Cerf, eſt ſemblable à ce dernier.

AILE. ſ. f. Terme d'Anatomie, dont on ſe ſert en parlant de pluſieurs parties du corps. Les deux cartilages qui ſont aux côtés du nés, & qui forment les narines, s'appellent Ailes, ou ailerons, & on donne le même nom d'ailerons ou d'ailes, au haut des oreilles.

Ailes, en termes de Manege, ſe dit des pieces de bois miſes aux côtés de la lance, pour la charger vers la poignée.

On ſe ſert du même mot d'Ailes en parlant des branches ou des feuilles qui pouſſent à côté l'une

C ij

de l'autre fur les tiges des arbres ou des plantes.

Aile. Terme de fortification. Il fe dit des longs côtés des ouvrages à corne ou couronnés, des tenailles & de femblables dehors, c'eft-à-dire, des remparts & des parapets, dont ils font bornés fur la droite & fur la gauche, depuis leur gorge jufqu'à leur tête. Ces côtés ou ailes peuvent être flanqués, ou du corps de la Place, s'ils en font peu éloignés, ou de quelques redans, ou d'une traverfe, que l'on fait dans leur foffé.

On dit parmi les ouvriers, *Les Ailes d'une fiche ou d'un couplet*. Ce font deux petits morceaux de fer, rendus mobiles par le moyen de leurs charnieres. Ils fervent à foûtenir & à faire mouvoir une porte, une fenêtre ou un volet brifé.

Ce que l'on appelle *Ailes de lucarne*, font les deux côtés qui pofent fur des chevrons.

Aile. Terme de Vitrier. Petite bande de plomb fort déliée, qui fert à engager les lofanges du verre dans les paneaux des vitres, & qui fait qu'elles y demeurent fermes.

AILE', e'e. adj. Terme de Blafon. Il fe dit de toutes les pieces aufquelles on donne des ailes contre leur nature, comme d'un lion, d'un leopard. Il fe dit encore de tous les animaux volatils qui ont des ailes d'un autre émail ou couleur que le refte de leur corps. *D'azur au Taureau ailé & élancé d'or. De gueules au Grifon d'or ailé d'argent.*

AILERON. f. m. Planches de bois fur lefquelles l'eau d'un ruiffeau ou d'une riviere tombe, & en tombant fait tourner la roüe d'un moulin à eau.

On appelle en Architecture *Aileron de lucarne*, des efpeces de Confoles en amortiffement, qui font aux côtés d'une Lucarne, & *Ailerons de portail*, des Confoles avec enroulemens de plufieurs manieres, qui fervent pour raccorder le fecond ordre d'un portail avec le premier.

AILEURES. f. m. Nicod dit que ce font deux gros folivaux dans les Navires, qu'ils ont vingt piés de longueur, & font portés le long du pont fur les traverfins, faifant un quarré avec ces traverfins. Ce quarré eft la fenêtre ou le trou par lequel on reçoit le bateau dans le Navire.

AILLER. f. m. C'eft felon Nicod un grand filet qu'on étend fur le blé dans les campagnes, pour prendre des cailles. Il eft vert ou blanc, felon la couleur du blé. Il croit qu'on a dit *Ailler*, au lieu de *Cailler*.

AILLIER. f. m. Vieux mot. Sorte d'oifeau de rapine.

Si comme aigles, ailliers & écoufles.

Borel préfume que le mot *Alerion*, dont on fe fert dans les armoiries, eft venu d'*Aillier*.

AIM

AIMANT. f. m. Pierre qu'on appelle Heraclienne ou Herculienne, à caufe de fa grande force qui lui fait attirer le fer. Cette vertu lui fait auffi donner le nom de *Syderitis*, qui vient de celui qu'a le fer en Grec. Outre cette admirable vertu qui fe trouve en cette pierre, elle a encore cela de particulier, qu'elle tourne toûjours du côté du Nord; ce qui la rend neceffaire pour la navigation, & la fait appeller *Lapis nauticus*. Il y a un Aimant mâle & un Aimant femelle. Le mâle eft maffif, peu pefant, bleuâtre en couleur, & attire le fer plus fortement que l'autre. On nous l'apporte des Indes & d'Ethiopie. L'Aimant femelle eft roux tirant fur le noir, & vient d'Allemagne, où il fe trouve proche des mines de fer. Il en naît auffi en quelques endroits d'Italie. Pour bien conferver l'Aimant, il faut le tenir dans la limaille de fer. Il a auffi des

vertus particulieres pour la Medecine; & quand il eft dans la préparation requife, il entre dans l'Emplâtre Divin, & en d'autres medicamens. M. Menage dérive *Aimant* de *Adamante*, ablatif de *Adamas*, dont on s'eft fervi en cette fignification. D'autres veulent qu'on ait appellé cette pierre *Aimant*, à caufe de l'amour qu'elle a pour le fer & pour le Pole.

AIN

AIN. f. m. Vieux mot. Hameçon. On l'a dit au lieu de *Haim*, venant de *Hamus*.

Li un prend le poiffon à l'ain.

AINC. adv. Vieux mot. Jamais.

Après Lot Quitekins qui ainc n'ama François.

Ce mot a pû venir du Latin *Unquam*, Jamais.

AINE. f. f. La partie du corps où la cuiffe eft jointe au ventre. Il y a dans l'Aine une glande où fe forment les bubons qui marquent la pefte, & ceux qui font caufés par le mal Venerien.

AINS. Vieux mot. Avant. On le joignoit à la particule *Que*, pour dire, Avant que.

Ains qu'en puiffe à chef venir.

Il a été dit auffi pour *Au contraire*, & l'on a dit encore *Qui ains ains*, pour dire, A qui mieux mieux. On le trouve encore dans la fignification de *Plûtôt que*, ou fimplement *Plûtôt*, auffi-bien que *Ainçois*, autre vieux mot, dont Marot s'eft fervi pour dire, Plûtôt.

Ainçois feront femblables aux feftus.

On prétend que le mot *Ainé* vient de là, parce qu'on a dit autrefois *Ainfné*, ne faifant qu'un mot de ces deux mots, *Ains né*, qui vouloient dire, Plûtôt né, né avant les autres.

Ains, vient de l'Italien *Antis*, qui a été fait d'*Ante*.

AJO

AJOURE', e'e. adj. Terme de Blafon. Il fe prend pour une ouverture du Chef, lorfqu'elle touche le bout de l'écu; il n'importe qu'elle foit ronde ou quarrée, ou faite en croiffant. On l'emploie auffi en parlant des jours d'une maifon ou d'une tour, lorfqu'ils font d'un autre émail. *De fable à la croix anchrée d'argent, ajourée en cœur en quarré; ce qui veut dire, Ouverte au milieu. De gueules à la tour d'argent, donjonnée de fable, ouverte & ajourée de gueules.*

AIR

AIR. f. m. Terme de manege. Cadence, liberté de mouvement qui répond à la difpofition naturelle d'un cheval, & qui le fait manier avec mefure & juftefle. Ainfi on dit, qu'*Un cheval prend l'air des courbettes*, qu'il fe prefente à *l'air des Caprioles*, pour dire, qu'il a de la difpofition à ces fortes d'airs.

On dit auffi qu'*Un Cavalier a bien rencontré l'air d'un cheval*, quand le cheval manie bien terre à terre. M. Guillet dit qu'en general on ne compte ni le pas, ni le trot, ni le galop au nombre des airs.

On dit auffi qu'*Un cheval n'a point d'air naturel* pour dire, qu'il plie fort peu les jambes de devant quand il galope.

On appelle *Airs relevés*, Les mouvemens d'un cheval qui s'éleve plus haut qu'au terre à terre, & qui manie à courbettes, à croupades, à balotades & à caprioles.

Air Terme de Peinture. On dit qu'*Un Peintre donne de beaux airs de tête à ses figures*, pour dire que les visages qu'il fait ont un bel air. On dit aussi qu'*Il y a de l'air dans un Tableau*, pour dire, que la couleur de tous les corps est diminuée selon les differens degrés d'éloignement.

Air, ou plûtôt *aïr*, a été dit aussi autrefois pour Colere, impetuosité :

  Si va le Chevalier ferir
   Sur son écu de grand aïr.

Ce mot venoit du Latin, *Ira*, Colere, d'où vient qu'on a dit s'*Airer*, pour, se mettre en colere.

AIRE. f. m. Nid où les Faucons font leurs petits fauconneaux. C'est d'ordinaire un rocher ou un precipice qu'ils choisissent pour cela. On appelle aussi *Aire*, le nid des Autours, quoiqu'ils le fassent sur des arbres.

Aire. Terme de Geometrie. Superficie, ou espace enfermé entre plusieurs lignes, ou en quelque figure que ce soit. Ce qui fait l'égalité des figures, c'est l'égalité de leurs *Aires*. Deux parallelogrammes dont l'un a cinq piés de longueur, & six de largeur, & l'autre trois piés de longueur, & dix de largeur, sont égaux, parce que l'aire de l'un & de l'autre est de trente piés. Du reste leurs *Circuits*, ou *Perimetres* ne font pas égaux. Voyez ces mots.

On dit, *Aire de plancher*, non seulement pour signifier la charge qu'on met sur les solives d'un plancher, mais aussi une couche de plâtre que l'on met sur un plancher que l'on ne veut point couvrir de carreau. *Aire de moilon*, se dit d'une petite fondation au rès de chaussée sur laquelle on pose les dales de pierre, ou le carreau. Ce qu'on appelle *Aire de chaux & de ciment*, est un massif de certaine épaisseur, en forme de chape, qui sert à conserver le dessus des voutes à l'air. Il y a aussi une *Aire de recoupes*, qui sert à affermir les allées des Jardins. C'est une épaisseur de recoupes de pierre, qui est de huit ou neuf pouces.

Aire de vent. On dit aussi, *Aire de vent.* Terme de Marine. On appelle ainsi celui des trente-deux Vents marqués sur le compas de mer, qui souffle sur une ligne, ou sur division du même compas. Comme le cercle de la boussole, où l'horison n'est divisé par les Vents qu'en 32, chaque division ou aire de vent, vaut 11. degrés ¼. *Rumbes* est la même chose qu'Aire de Vent.

Aire, au feminin, se dit du lieu où l'on bat le blé.

AIRE'E. f. f. Terme usité à la campagne, pour signifier la quantité de gerbes qu'on met à la fois dans l'Aire ; ou le nombre des gens qu'on y employe. C'est de-là qu'en Anjou, Poitou, & Diocese de Nantes, la plûpart des noms des maisons de campagne finissent en *iere*.

AIRER. v. n. Ce verbe n'a d'usage qu'en parlant des Faucons ou des Autours qui font leurs nids. *Les Faucons airent dans les rochers.*

A I S

AISSADE f. f. Terme de mer. On appelle *Aissade de pouppe*, l'endroit où la pouppe commence à se retrecir.

AISSELIER. f. m. Terme de Menuiserie. C'est une piece de bois qu'on assemble dans un chevron & dans la rainure, pour cintrer ou former des quartiers dans une charpente à lambrisser.

AISSELLE. f. f. *Le creux, le pli d'entre le bras & le corps.* ACAD. FR. Il n'y a point de plus dangereuses apostumes que celles qui se forment sous les Aisselles, à cause de la proximité du cœur. M. Mé-

nage fait venir ce mot d'*Ascella*, qu'on a dit pour *Axilla*, & qui signifie la même chose.

On appelle *Aisselle*, en termes de Botanique, l'endroit d'une plante où une feuille se joint à sa branche, ou une petite branche à une plus grosse ; ce qui fait une fourche representant une aisselle renversée.

On dit *Aisselle d'un four*, pour designer le tour de la voute jusqu'environ les deux tiers ; le dessus se nomme *Chapelle*.

AISSIL. f. m. Vieux mot. Vinaigre.

AISSIN. f. m. Vieux mot. Certaine mesure de froment, du Latin *Assinus*, selon du Cange.

A I T

AITIOLOGIE. f. f. Partie de la Medecine qui traite des diverses causes des maladies. Ce mot est Grec, αἰτιολογία, & est formé de αἰτία, Cause, & de λόγος, Discours.

A I U

AIURATIBIRA. f. m. Arbrisseau du Bresil, qui porte un fruit rouge. Les Sauvages en tirent une huile de même couleur, dont ils ont accoûtumé de s'oindre le corps.

AJUSTER. v. a. Les Chasseurs disent, *Il ajuste le gibier*, pour signifier qu'il se prepare à le tirer juste, à ne point manquer son coup.

En termes de Manége on dit, *Ajuster un cheval sur les voltes à toutes sortes d'aires de Manége.*

AJUSTOIR. f. m. Petite balance dont on se sert pour peser & ajuster les monnoyes avant que de leur donner la marque. Les Flancs qui ont été coupés le long d'une lame, soit d'or, d'argent, ou de cuivre, & qui sont des ronds de la grandeur & épaisseur que doit avoir l'espece, sont mis dans cet Ajustoir, où l'on connoît ceux qui sont forts ou foibles.

AJUTAGES. f. m. p. Pieces de fer blanc ou de cuivre, que le Fontainier ajoûte au bout d'un tuyau de Fontaine, pour en faire sortir de l'eau selon la figure dont est la piece ajoûtée. Il y a des ajutages qui forment des fleurs de lys, & d'autres font paroître des vases de differentes façons. Il y en a aussi qui sont à vis, & d'autres sans vis.

A L A

ALAIS. f. m. Oiseau de proye propre pour voler les Perdrix. Il vient d'Orient. Il y en a aussi de fort bons qu'on apporte du Perou.

ALAISE. f. f. On appelle ainsi dans un panneau d'assemblage la planche la plus étroite qu'on y met pour le remplir.

ALAMATOU. f. m. Espece de prune noire de l'Isle de Madagascar, qui en a le goût quand elle est mûre. Au lieu de noyau elle a dix ou douze pepins fort petits en forme de pierre plate. Ces prunes croissent sur un petit arbrisseau qui a ses feuilles semblables à celles de nos Pruniers. On en trouve en abondance aux environs d'un Port auquel les François par cette raison ont donné le nom de *Port aux Prunes*. Il y a encore une autre sorte d'*Alamatou*, qui est gros comme une prune sauvage, & qui a le goût des figues. Les Habitans l'appellent *Alamatou-Issaye*. Si on mange trop de ce fruit, qui a aussi de petits pepins au lieu de noyau, on a de grandes douleurs d'estomac.

ALAN. f. m. Terme de Venerie. Espece de Dogue

dont il y a de trois fortes. Celui qu'on appelle *Alan gentil* , eft de la taille d'un Levrier. Il y en a un autre appellé *Alan Vautré* , qui tire fur la mâtin : on s'en fert pour la chaffe des Sangliers & des Ours. Le troifiéme eft l'*Alan de Boucherie*. Celui-là n'eft propre qu'à garder les maifons , & à conduire les bœufs quand les Bouchers en amenent.

ALARGUER. v. n. Terme de Marine. Il fe dit d'un Vaiffeau qui fe met au large , & s'éloigne de la côte.

ALATERNE. f. m. Sorte de Fileria toûjours verd , & qui a les feuilles fort liffées. On en fait les paliffades & les bofquets dans les Jardins.

A L B

ALBANOIS. f. m. p. Heretiques qui s'étant élevés dans le huitiéme fiecle , renouvellérent la plûpart des erreurs des Manichéens. Ils établiffoient deux Principes , l'un bon , Auteur du bien & du nouveau Teftament , & l'autre mauvais , Auteur de l'ancien Teftament , ce qui les obligeoit à traiter de faux tout ce qu'on dit Abraham & Moïfe. Ils prétendoient que le monde fût de toute éternité , que le Fils de Dieu avoit apporté un corps du Ciel , & que l'homme ayant la puiffance de donner le Saint-Efprit , les Sacremens n'étoient autre chofe que des fuperftitions.

ALBASTRE. f. m. Pierre que plufieurs rapportent au marbre blanc. Elle eft pourtant bien moins dure que le marbre , & fignifée à tailler qu'on peut la couper avec un couteau. Elle s'endurcit à l'air comme tous les autres marbres , parce qu'alors elle fe dépouille peu à peu de l'humidité qu'elle avoit retenue de la terre. Il y a de plufieurs fortes d'Albâtre felon leurs differentes couleurs. Le blanc qui eft le plus beau eft auffi le plus commun. On en fait des ftatues & de petits vafes. Diofcoride dit que l'Albâtre étant brûlé & mêlé avec de la poix ou de la refine , diffout toutes fortes de duretés , & que fi on le mêle avec du Cerat , il adoucit les maux d'eftomac , comprime & refferre les gencives.

ALBERGE. f. f. Efpece de Pefche jaune , dont la chair eft ferme , & qui eft bonne à manger avant que les autres Pefches foient dans leur maturité. On appelle *Albergier* , l'Arbre qui les porte.

ALBERGER. v. a. Terme de pratique. Aliener un heritage pour les droits d'entrée.

ALBICORE. f. m. Sorte de poiffon plus grand que le Maquereau , mais qui en approche affés pour le goût , & la couleur. Il fe trouve dans la mer Oceane , où il fait la chaffe aux poiffons volants.

ALBIGEOIS. f. m. p. Heretiques qui renouvellerent la Doctrine des Manichéens , & qui des Montagnes de Dauphiné & de Savoye où ils s'étoient refugiés , s'étant répandus dans le Diocefe d'Albi en Languedoc , s'y cantonnerent , & prirent de là le nom d'*Albigeois*. Selon eux il y avoit deux principes de toutes chofes , Dieu qui avoit créé les ames , & le Diable qui avoit créé les corps. Comme le ridicule entêtement où ils étoient touchant la metempficofe , leur faifoit nier la refurrection , ils rejettoient la priere pour les morts ; l'Enfer & le Purgatoire. Ils prétendoient que le Redempteur des hommes n'avoit été au monde que fpirituellement en la perfonne de Saint Paul , & nioient qu'il fût né en Bethléem & qu'il eût fouffert fur le Calvaire. Cette Secte qui répandit d'abord fes erreurs dans tout le Languedoc , fut découverte en 1176. mais les foudres de l'Eglife que lança le Concile

de Latran n'ayant pû les étouffer , il y fallut employer le fer & le feu. On courut aux armes , & la Croifade fut publiée , en 1210. On fit divers Sieges , on donna divers Combats , & la guerre que Louis VIII. Roi de France fit aux Albigeois , ne finit qu'en 1228. lorfque Raimond le Jeune X. du nom , Comte de Touloufe , fe reconcilia à l'Eglife. La paix qu'il fit avec Saint Louis , fut caufe que tous ceux qui étoient de fon parti renoncerent à cette abominable doctrine.

ALBIQUE. f. f. Efpece de craye , ou terre blanchâtre , graffe & vifqueufe. Elle reffemble en quelque façon à la terre Sigillée. Il y en a à Vendôme dans un endroit des foffés , & on la nomme *Babine*. Ce mot vient du Latin *Albus* Blanc.

ALBRENE' , E'E. adj. Il fe dit de tous les Oifeaux qui n'ont point le pennage entier à leurs ailes , ou qui font rompus dans leur pennage.

ALBRENT. f. m. Jeune Canard fauvage , qui dans le mois de Novembre devient Canardeau , & fur la fin de l'année Canard. Quelques-uns écrivent , *Alebran*. On dit de là *Albrener* , pour dire , Chaffer aux Canards. Nicod fait venir le mot d'*Albrent* du Grec , βρίδος qui fignifie. Un Canard.

A L C

ALCANNA. f. f. Quelques-uns donnent ce nom au Troêne appellé *Liguftrum* par les Latins ; & felon les Arabes *Alcanna* eft la colle de poiffon nommée autrement l'*Ichtyocolla*.

ALCANTARA. Ordre Militaire d'Efpagne , appellé ainfi d'une Ville de ce nom , qui eft fur le Tage dans l'Eftramadure , & qui fut prife fur les Maures en 1212. par Alfonfe IX. Roi de Caftille. Ce Prince la donna d'abord en garde aux Chevaliers de Calatrava , & deux ans après elle fut remife aux Chevaliers qu'on appelloit du Poirier. C'étoit un Ordre que Gomés Farnand avoit inftitué l'an 1170. & qui avoit été approuvé fept ans après fous la Regle de faint Benoît par le Pape Alexandre III. Les Chevaliers du Poirier ne poffederent pas plûtôt la Ville d'Alcantara , qu'ils s'appellerent *Chevaliers d'Alcantara* , & prirent la croix verte ou de finople Fleurdelifée. Après la défaite des Maures & la prife de Grenade , la Maîtrife de cet Ordre & celle de Calatrava furent unies à la Couronne de Caftille fous le Regne de Ferdinand & d'Ifabelle , & les Chevaliers d'Alcantara ayant demandé permiffion de fe marier , elle leur fut accordée en 1540.

ALCHIMILLE. f. f. Plante que l'on appelle autrement *Pied de Lion*. Elle reffemble à la Mauve par fes feuilles , qui font toutefois plus dures , plus retirées , & comparties en angles dentelés tout à l'entour ; de forte que quand on étend une de ces feuilles , on lui voit la figure d'une étoile , ce qui lui a fait donner le nom de *Stella* & de *Stellaria*. Sa tige eft menue & haute de demi-coudée. Il en fort de petites branches qui ont à leur cime de petites fleurs pâles. Ces fleurs font faites en forme d'étoiles , ainfi que fes feuilles. Cette plante qui croît dans les Prés & dans les Montagnes , a la propriété de reftraindre & de confolider , & eft bonne pour arrêter le fang lorfqu'il coule en abondance.

ALCORAN. f. m. Livre de la Loi Mahometane , écrit en parchemin fait de peau de mouton , divifé en quatre parties , & compofé en vers Arabes. On peut dire que c'eft un galimatias continuel , & fans aucun ordre. Il y a des titres fort extravagans dans la plûpart des Chapitres , comme *des Mouches, des Araignées*, & autres femblables. Les

Mahometans ont une si grande veneration pour ce Livre, que si un Chrétien ou un Juif l'avoit touché, il seroit puni de mort, à moins qu'il ne voulût changer de Religion. Ils sont persuadés que tous les Anges ensemble n'en pourroient faire un pareil, & prétendent que l'Ange Gabriel l'a apporté à leur Prophete Mahomet, écrit sur du parchemin fait de la peau du Mouton qu'Abraham sacrifia en la place de son fils Isaac. Cet Imposteur y parle tantôt en sa personne, & tantôt en celle de Dieu. On y marque sept Paradis que Mahomet a vûs tous, le premier de fin argent, le second d'or, le troisiéme de pierres précieuses, le quatriéme d'émeraudes, le cinquiéme de cristal, le sixiéme de couleur de feu, & le septiéme, un Jardin délicieux, arrosé de fontaines & de rivieres de lait, de miel & de vin. Ce Jardin est rempli d'arbres toûjours verts & chargés de pommes dont les pepins se changent en des niles d'une beauté ravissante, & qui sont si douces, que si l'une d'elles avoit craché dans la mer, ses eaux n'auroient plus aucune amertume. Le mot d'*Alcoran* est Arabe, & signifie, *Le recueil des préceptes.*

ALCYON. s. m. Oiseau qui hante la mer & les marécages. Il est gros comme une caille, & fait son nid parmi les roseaux. Son plumage est bleu, vert & rouge, & il a les jambes & les piés carrés & le bec tranchant. Quand il est mort, on le prend par le bec avec un filet, & il a toujours le ventre tourné du côté du vent. Voyez MARTINET *Pêcheur.* Quelques-uns lui donnent ce nom.

ALCYONIUM. s. m. Ecume de mer. Dioscoride en établit de cinq sortes. La premiere est verte, de fâcheuse odeur, âpre au goût, pesante, & sent le poisson. Elle ressemble à une éponge, aussi bien que la seconde, qui est trouée, caverneuse, legere, & dont l'odeur approche de celle de la mousse de mer, que l'on appelle *Algue.* La troisiéme qui a la forme de petits vers, est plus rouge que les autres. C'est l'*Alcyonium Milesianum.* La quatriéme est sans nulle odeur, & faite en façon de Champignon; & la cinquiéme qui est fort legere, a plusieurs concavités & ressemble à la laine grasse. Pline veut que cette écume soit faite du nid des Alcyons; mais le sentiment de Matthiole est qu'on l'a appellée ainsi, à cause que ces Oiseaux ont accoûtumé de faire leur nid sur l'amas de cette écume lorsqu'elle flotte sur l'eau. Les deux premieres especes sont bonnes aux dartes & aux feux volans. La troisiéme, qui est la plus subtile de toutes, s'emploie pour les maux des reins, pour l'hydropisie, pour le mal de rate, & sert à ceux qui ont de la peine à uriner. La quatriéme ayant plus de chaleur que les autres, est propre à brûler le poil & à blanchir les dents; & la cinquiéme, quoique plus foible en ses operations; a la même qualité que la troisiéme. Selon Galien toutes écumes de mer sont abstersives & resolutives, ayant une qualité acre & une vertu chaude, les unes plus que les autres, selon qu'elles sont plus ou moins subtiles en leurs parties.

ALD

ALDERMAN. s. m. Terme de dignité, qui s'applique présentement en Angleterre aux Magistrats & aux Gouverneurs des Villes & des Provinces. Il s'est dit auparavant des Sénateurs, Comtes ou Barons.

ALE

ALECTORIENNE. s. f. Sorte de pierre qu'on trouve dans le gosier des vieux Coqs, & qu'on a nommée ainsi du mot Grec αλεκτρυων, qui veut dire,

Coq. Elle a la vertu de résister aux venins.
ALEINS. Vieux mot. Si-tôt.
Vers li s'en vet aleins qu'il puet.

ALEMBIC. s. m. Ce mot, lorsqu'il est pris largement, se dit de plusieurs choses, comme des Cucurbites, des Retortes, des Pots de verre, & d'un instrument de cuivre à trois piés, qu'on nomme ordinairement *Chapelle.* Quand on le prend dans sa signification étroite, il veut dire un Vase à bec propre à distiller, joint à un autre Vase qui s'applique au haut du Fourneau. Les Alembics communs, faits de plomb ou de cuivre étamé, sont de ce genre, aussi-bien que ceux de terre ou de verre, qui ont une pointe par le haut, & qui par le bas ont la forme d'un clocher. On en voit pourtant qui sont faits en rond & qui sont pointus. Ils sont entourés d'un autre vaisseau que l'on appelle le *Refrigerant,* & on les nomme *Capitella* ou *Pilei* ; c'est-à-dire, *Chapiteaux.* On appelle *Conceptaculum,* le Vase où est la matiere qu'on veut distiller, & sur lequel on met l'Alembic. Les Conceptacles sont fort differents, soit pour la grandeur, soit pour la figure. Il y en a qui sont fort ventrus, d'autres mediocres, & d'autres aussi petits qu'une noix. Quant à la figure, quelques-uns sont droits comme les Phioles & les Vessies, dites en Latin *Ampulla & Vesica,* & d'autres courbés comme les Retortes & les Cornemuses. L'*Alembic à bec* est un Vaisseau qui a l'embouchure étroite, & proportionnée au matras qui le porte, & l'*Alembic aveugle* ou *sans bec,* est celui qui a le bec tortueux en forme de serpent, ce qui le fait appeller *Retorte* ou *Serpentin.* On se sert des vases droits pour distiller les racines, les semences, les feuilles, les fleurs & les choses aromatiques qui s'élevent aisément en haut, & on emploie les Vases courbés pour distiller les gommes, les resines, les graisses, & les autres choses qui ne s'élevent en haut qu'avec peine. On fait venir Alembic de l'article *Al* des Arabes, & du Grec ἄμβιξ, Sorte de Vase.

ALERION. s. m. Terme de Blason. Aiglette qui n'a ni bec ni ongles.

ALESE', E'E. adj. Terme de Blason. Il se dit de toutes les pieces honorables, comme d'un chef, d'une fasce, d'une bande, qui ne touchent pas les deux bords, ou les deux flancs de l'écu. De même la Croix ou le Sautoir qui ne touchent pas les bords de leurs quatre extrêmités, sont dits, *Pieces alesées. Il porte d'argent à la fasce alesée de gueules.*

ALERTE. adv. Terme de guerre. Pour appeller les Soldats du corps-de-garde, la sentinelle crie : *Alerte.*

ALETHE. s. m. Sorte d'Oiseau de proye qui vient des Indes, & qui est propre à voler les Perdrix. Quelques-uns le confondent avec l'Alais. Il porte un nom Grec qui signifie, Veritable, ἀληθὴς, comme qui diroit, Que ces oiseaux ne manquent jamais à ce qu'on attend d'eux.

ALETTE. s. f. On appelle *Alettes* les côtés d'un Trumeau qui est entre deux arcades, & dans le milieu duquel est un pilastre ou une colomne, de sorte qu'*Alette* est proprement ce qui reste du trumeau entre le vuide de l'arc & la colomne.

ALEVIN. s. m. Menu poisson dont on peuple les Etangs, les Marais & les Rivieres.

ALEVINAGE. s. m. On appelle ainsi le menu poisson qui ne seroit pas bon à vendre, & que les Pêcheurs rejettent dans l'eau pour peupler quand ils en ont pris dans leurs filets. On dit, *Aleviner un Etang,* pour dire, Y jetter de l'Alevin afin de le peupler de poisson.

ALEXANDRIN. adj. Epithete qu'on donne aux vers dont les masculins sont de douze syllabes & les feminins de treize. On les a nommés *Alexandrins*, d'un vieux Poëte François, appellé Alexandre de Paris, qui s'est servi de cette mesure de Vers.

ALEXIPHARMAQUE. f. m. Médicament qui a une vertu particuliere pour résister aux venins. Il y en a d'in ernes qui remedient à la peste, aux fiévres malignes, & aux poisons pris au-dedans, & d'autres externes que l'on applique pour la morsure & la piquûre des bêtes venimeuses. Ce mot est Grec, ἀλεξιφάρμακον, & vient de ἀλεξειν, Donner secours, & de φάρμακον, Remede, médicament.

ALEXITERE. f. m. C'est la même chose qu'Alexipharmaque, si ce n'est que les médicamens externes qui remedient aux venins sont dits proprement *Alexiteres*,& les internes *Alexipharmaques*. Le mot Grec ἀλεξτήριος veut dire, Qui défend, qui donne remede.

ALEZAN, ANE. adj. Il se dit du poil d'un Cheval qui a une couleur roussâtre. Les Chevaux qui ont le poil alezan, ont le crin blanc ou roux, à la difference des Chevaux bais dont le crin est noir. Il y a un Alezan brûlé & un alezan clair, selon que la couleur de ce poil est plus ou moins obscure. L'*Alezan brûlé* est la marque d'un bon Cheval. L'*Alezan clair* avec les extrêmités lavées, c'est-à-dire, qui a le poil des extrêmités plus déchargé que le reste, est moins estimé, parce que c'est une marque de foiblesse. On dit *Alzan* quand on le prend substantivement, pour dire, Un Cheval de poil alezan. *Il étoit monté sur un Alzan*. M. Ménage veut que ce mot vienne d'*Alazan*, que les Espagnols ont pris de l'Arabe *Alhesan*, qui veut dire, Cheval courageux & de bonne race. Il y en a qui le font venir de *Aza*, qui signifie, Couleur enfumée, & de l'article *al*. D'autres le dérivent par corruption d'*Aleran*, prétendant que la vitesse de ces Chevaux fait dire qu'ils ont des ailes.

ALF

ALFIERE. f. m. Nom Espagnol qui est devenu François. On le donne aux Officiers Espagnols ou Flamands qui servent en qualité de Porte-Enseigne.

ALG

ALGALIE. f. f. Mot qui est tiré de l'Arabe, & qui signifie, Une sonde creuse, dont les Chirurgiens se servent pour faire pisser ceux qui sont travaillés d'une rétention d'urine ; & pour les hydropisies.

ALGAROT. f. m. Poudre qui se fait avec le beurre d'antimoine. C'est un puissant émetique, que quelques-uns appellent, *Esprit de Vitriol Philosophique*.

ALGEBRE. f. f. Mathematique universelle qui considere la grandeur ou la quantité en general, sans la déterminer, ni aux nombres comme l'Arithmetique, ni aux lignes, comme la Géometrie. C'est pour cela que l'Algebre se sert de lettres dans l'expression des grandeurs, & ces lettres representent également & selon qu'on le veut des nombres ou des lignes, A. peut être un nombre ou une ligne, si c'est un nombre AA. est ce nombre multiplié par lui-même, si c'est une ligne, AA. en est le quarré. Si A. valoit 2. ou 3. ou 4. &c. AA. vaudra 4. ou 9. ou 16. &c. Si A étoit un pouce ou 12. lignes, qui est la même chose, AA est un pouce quarré, ou 144. lignes. Cette maniere de representer les grandeurs par ces images, ou *especes* a fait nommer l'Algebre *specieuse*, & comme la methode en est très-simple & très-generale, elle a de grands avan-

tages. Ce qui ne se pourroit démontrer que par de longs circuits en Arithmetique ou en Géometrie, se démontre en Algebre avec peu de lettres. Les operations d'Algebre s'appellent *Equations*, parce que dans les questions qui y sont proposées, il s'agit de trouver l'égalité ou le rapport d'une ou de plusieurs grandeurs inconnues avec quelquesunes qui sont connues. On les represente toutes par des lettres, & après les avoir comparées de diverses manieres, on parvient enfin à l'égalité des inconnues avec les connues, ce qui est la solution du Problême proposé. Le plus ancien Auteur que nous ayons de l'Algebre, est Diophante, que M. Stevin de Bruges, & après lui, plusieurs autres celebres Géometres ont commenté. M. Ménage fait venir le mot de l'Arabe *Algebra*, qui signifie le rétablissement d'un os rompu. D'autres le font venir d'un Arabe nommé *Geber*, que l'on prétend en avoir été l'inventeur ou du moins le restaurateur chès les modernes.

ALGORITHME. f. m. Operations sur les nombres, qui sont appellées autrement *Regles d'Arithmetique*. Les principales sont l'Addition, la Soustraction, la Multiplication, & la Division. C'est de celles-là que les autres Operations ou Regles d'Arithmetique sont composées, comme les Regles de Proportion, d'Alliage, & l'Extraction des racines.

ALGUASIL. f. m. Sergent. Les Espagnols ont pris ce mot des Arabes, pour signifier, Un Officier de Justice qui met en execution les ordres qu'il reçoit du Magistrat. On s'en sert depuis quelque tems en France.

ALGUE. f. f. Sorte d'herbe qui ne croit qu'au bord de la mer. Il y en a de large, & d'autre un peu longue.

ALH

ALHIDADE. f. f. Regle mobile sur le centre d'un Astrolabe, d'un demi-cercle, ou d'un quart de cercle gradué. La ligne de cette regle, qui passe toûjours par le centre de la graduation, est appellée *Ligne fiducielle*. Aux extrêmités de la même regle sont élevées deux pinnules, ayant chacune perpendiculairement sur la ligne fiducielle un petit trou que l'on appelle *Dioptre*. C'est à travers ces trous qu'on observe un astre, une pointe de clocher, ou tout autre objet éloigné, dont on veut connoître la distance par l'angle de son élevation sur l'horison, la ligne fiducielle marquant les degrés & les minutes de cet angle sur le limbe ou bord de l'instrument. Depuis quelques années les Alhidades sont garnies d'une lunette, ayant au-dedans deux brins de soye plate, posés en croix au foyer du verre objectif, c'est-à-dire, à l'endroit où l'image de l'objet se forme. Les Astronomes modernes y trouvent de grands avantages par dessus l'usage des Dioptres, à cause que par la lunette ils découvrent plus loin & plus précisément le point de l'objet qui tombe sur l'entrecroisement des deux brins de soye, qui est dans l'arc de la lunette.

ALI

ALICA. f. f. Selon Galien, c'est une espece de blé fort nourrissant, & qui engendre des humeurs visqueuses & gluantes. Dioscoride dit que l'Alica se fait d'espeautre double, qu'il est de meilleure nourriture que le ris & plus utile à l'estomac; mais que toutefois il resserre plus le ventre. Pline rapporte que les anciens faisoient l'Alica d'espeautre, de craye & de plâtre, ce que Matthiole a peine à comprendre, à cause que le plâtre étant dans le corps, serre tellement tous les conduits, qu'enfin il étouffe

la

la perfonne. Cela lui fait croire que les Anciens, après avoir donné la couleur à l'Alica avec la craye & le plâtre, le lavoient avant que de le mettre cuire. Galien qui en fait grand cas, dit qu'il ne fe faifoit pas feulement d'efpeautre double, mais auffi de toutes fortes de blés.

ALICHON. f. m. Planche de bois fur laquelle il faut que l'eau tombe pour faire tourner une roue de moulin à eau. C'eft la même chofe qu'*Afleron*.

ALICONDE. f. m. Arbre fort commun dans la Province d'Ilamba de la Baffe Ethiopie. Il y en a qui ont leur tronc épais de dix, douze & quinze braffes; mais comme les racines de cet arbre s'étendant en long de côté & d'autre, ont à peine un pié de profondeur, il ne faut qu'un vent un peu impétueux pour le renverfer. Le fruit qu'il porte eft femblable aux noix de Coco, à la referve qu'il eft un peu plus ovale. Le cerneau n'en vaut rien, & les Negres ne le font moudre pour le manger que dans une grande extrèmité. Le bois n'eft pas même bon à brûler; mais on bat l'écorce, après quoi on la file comme du chanvre, & on en fait de la toile.

ALIGNER. v. a. On dit en termes de Venerie, qu'*Un loup aligne une louve*, pour dire, qu'Il la couvre.

ALIQUANTE. adj. f. Terme de Mathematique. Partie d'un tout qui étant prife quelque nombre de fois que ce foit, ne fe mefure point exactement, & demeure au-deffous, ou va au-deffus. Trois eft une partie aliquante de treize, car étant pris quatre fois il eft au-deffous de treize, & étant pris cinq fois il eft au-deffus. Sept eft partie aliquante de vingt, &c. A *Aliquante* s'oppofe *Aliquote*. Voyez A L I-QUOTE.

ALIQUOTE. adj. f. On ne s'en fert qu'en Geometrie & en Arithmetique, où l'on appelle *Parties aliquotes* celles qui font comprifes plufieurs fois exactement dans un nombre ou dans quelque quantité. Quatre eft une partie aliquote de huit, parce qu'il eft compris deux fois dans ce nombre, & feize a pour parties aliquotes 1. 2. 4. & 8. Un eft une partie aliquote de tous les nombres, parce que tout nombre eft l'unité repetée un certain nombre de fois précifément.

ALISE'S. adj. p. On appelle fur mer, *Vents Alifés*, certains vents fixes & réglés, qui foufflent conftamment d'un certain endroit de l'horifon. Tel eft le vent d'Eft qui fouffle continuellement entre les deux Tropiques, & que l'on croit être caufé par le mouvement circulaire de la Terre, & par la rarefaction perpetuelle & violente de l'Air fous la Zone Torride. Les Phyficiens prouvent que ces deux caufes doivent donner à l'Air un cours d'Orient en Occident. Ils prouvent auffi que le Vent général d'Eft doit recevoir des variations qui cauferont un Nord-Eft, & un Sud-Eft reglés fous la Zone Torride, & ce font des Vents qu'on appelle proprement *Alifés*. On y pourroit mettre auffi le Vent d'Oueft qui fouffle régulierement hors des Tropiques de part & d'autre jufqu'au 40°. degré de latitude. On le croit caufé principalement par le reflux d'air qui doit s'enfuivre de ce vent d'Eft qui regne entre les Tropiques. Le vent d'Eft qu'on eft fûr de trouver entre les Tropiques, fait qu'on y tombe le plûtôt que l'on peut, quand on va d'ici en Amerique, qui eft à notre Occident, & au contraire pour revenir d'Amerique en Europe, on fe dégage des Tropiques, afin de rencontrer le vent d'Oueft.

Ces vents ne foufflent régulierement que fur les grandes mers, parce que fur la terre ou fur des mers trop proche des terres, ils reçoivent une infini-

Tome I.

té de variations par les fermentations de la terre, par la fituation des côtes, & plufieurs autres caufes particulieres.

Quelques-uns prétendent que le mot d'*Alifés* vient de *Lifiere*, parce que ces vents regnent dans un certain efpace qui fait fur le globe une efpece de bande ou de lifiere.

ALIS, ALISE. adj. Vieux mot. Uni.
Vifage eut bel, doulx & alis.

ALISIER. f. m. Arbre fort grand, qui produit un fruit plus gros que le poivre, doux, bon à manger, propre à l'eftomac, & qui refferre le ventre. C'eft auffi que Diofcoride en parle. Le vrai Alifier, dit Theophrafte, eft de la grandeur d'un poirier ou un peu moindre. Sa feuille eft dentelée tout alentour, prefque comme celle de l'yeufe. Son bois eft de la couleur du cerifier, fort dur & pefant, & il y en a plufieurs fortes qui fe connoiffent par la diverfité de leurs fruits. Ce fruit eft gros comme une Féve, & mûrit comme le raifin. Il eft de la couleur de la Cornfe & en a le goût. L'Alifier qui le produit fans noyau au-dedans, eft préféré à tous autres, non feulement par le bon goût de fon fruit, mais à caufe qu'il eft vineux & fort plein de jus. On en tire du vin femblable à du vin miellé. Cornelius Nepos dit qu'il ne dure que dix jours. Il n'y a point d'arbre qui foit plus branchu, ni qui ait fes branches plus longues & plus maffives, de forte qu'on les croiroit être des arbres entiers. L'Alifier s'appelle autrement *Lotus*. Pline font en marquer la durée, dit que de fon tems on voyoit encore un Lotus à Rome en la Place de Diane Lucina, & qu'il y avoit été p'anté l'an que la Ville étoit demeurée fans Magiftrat; c'eft-à-dire, l'an 369. de fa fondation; de forte qu'il pouvoit avoir quatre cens cinquante ans. Il y en avoit un autre beaucoup plus vieux, qu'on appelloit *Lotus Capillata*, à caufe qu'anciennement on y attachoit les cheveux des Vierges qu'on faifoit Veftales. Le même Pline dit que le fruit de ces arbres tient à une longue queue comme les Cerifes; qu'il eft vert au commencement, puis blanc jaunâtre, & fe charge enfuite d'une couleur rouge, & qu'enfin étant mûr, il devient noir, & eft d'affés bon goût à manger.

ALISMA. f. m. Plante qui a fes feuilles femblables au Plantain, excepté qu'elles font plus étroites, & recourbées contre terre. Sa tige eft fimple, menue, & de la hauteur d'une coudée, ayant fes Chapiteaux en façon des Thyrfes des Anciens. Ses racines font menues comme celles de l'Ellebore noir, acres, odorantes, & quelque peu graffes. L'Alifma fe plaît aux lieux aquatiques. Sa racine prife en breuvage guerit les dyffenteries, refferre le ventre, provoque le flux menftrual, & étant enduite, elle appaife toutes manieres & enflûres. Galien affûre avoir éprouvé que l'écume de fa décoction prife en breuvage rompt & diminue la gravelle, ainfi que les pierres qui font aux reins. Pline dit qu'il y a une autre efpece d'Alifma qui croît parmi les Forêts. Il eft plus noir, & a fes feuilles plus grandes.

A L K

ALKALI. f. m. Sel vuide & poreux, tiré de la décoction d'une plante que les Arabes appellent *Kali*. Voyez KALI. Ils ont ajoûté à fon nom leur article *Al*. Comme ce Sel par la figure que nous lui avons attribuée eft propre à recevoir ceux qui ont des figures longues & pointues que l'on appelle *Acides*, (Voyez ACIDE) & qu'en les recevant il embarraffe neceffairement leurs pointes, & émouffe leur action, ce qui s'appelle les *abforber* & les *mortifier*, on a fait de ce mot d'*Alkali*, qui ne fignifioit que le Sel

D

d'une certaine plante, un mot générique qui signifie tous les sels que l'on conçoit comme poreux & spongieux, & qui sont propres à absorber des Acides de quelque espece qu'ils soient, car le mot d'Acide est devenu aussi très-general. Acide & Alkali sont deux termes qui se répondent toûjours, chaque espece d'acide a ses alkali sur lesquels il agit, & chaque espece d'alkali a ses acides qu'il reçoit, & dont il s'empreigne. De l'action des acides sur les alkali resulte la fermentation. Voyez FERMENTATION.

ALKALISER. v. a. Tirer le sel de tous les végétaux & mineraux après qu'ils ont été calcinés par le moyen de la lessive. Ce qui se fait en versant de l'eau plusieurs fois dessus, en sorte qu'elle s'empreigne de leur sel.

ALKEKENGI. s. m. Sorte de Solanum, que les Arabes & après eux les Apothicaires appellent ainsi, dont les feuilles ressemblent à celles de la Morelle, excepté qu'elles sont plus larges, plus fermes, moins noirâtres & un peu âpres. Ses tiges sont souples & se recourbent lorsqu'elles sont grandes. Il en sort des fleurs blanches comme du Solanum des Jardins. Ces fleurs laissent quelques vessies, grosses comme une noix, & quelquefois plus, larges au pié, pointues à la cîme, & comparties par huit côtés distantes également, lesquelles sont vertes d'abord, & à leur maturité deviennent roussâtres, contenant au-dedans au bas de la vessie, des perles rousses & vineuses, lissées, polies, & de la grosseur d'un grain de raisin. Leur goût est amer, & ces perles sont toutes remplies d'une petite graine blanche, & fort singuliere à la difficulté d'urine & pour en appaiser l'inflammation. On les foule aussi parmi les raisins mûrs, & après les avoir laissé bouillir quelques jours, on en tire du vin, qui étant pris au poids de quatre onces, purge les reins, & fait sortir la gravelle. Les Latins appellent cette sorte de Solanum Halicacaria, & les Grecs ἀνοιϰόϰϰος.

ALKERMES. s. m. Terme de Medecine dont on se sert en parlant d'une confection qui est plus chaude que la Theriaque. Elle est faite du fruit ou de la graine d'un Arbrisseau que l'on appelle Kermes. On y mêle des feuilles d'or, ce qui la rend rouge & brillante.

ALKOOL. s. m. Mot Arabe, connu dans la Pharmacie, pour signifier un Esprit de vin bien rectifié, & séparé de son phlegme.

ALKOOLISER. v. a. Réduire les matieres solides en une poudre très-subtile & impalpable, & purifier les esprits & les essences des impuretés & du phlegme qu'ils pourroient avoir.

ALL

ALLANTOIDE. adj. On appelle en termes de Medecine, Membrane allantoïde, certaine Membrane qui enveloppe une partie du fœtus, commeune ceinture depuis le cartilage xiphoïde jusqu'au dessous des flancs seulement. Cette membrane ne se trouve point au fœtus humain, & il y en a qui assûrent qu'elle n'est que dans les animaux qui ruminent. On l'appelle Allantoïde, à cause de la ressemblance qu'elle a avec une andouille, du Grec ἀλλᾶς, Andouille, & de εἶδος, Forme, figure.

ALLASCHIR, s'ALLASCHIR. v. n. p. Vieux mot. Perdre cœur, devenir lâche.

ALLEGE. s. f. Bateau vuide qu'on attache à la queue d'un autre plus grand, afin d'y mettre une partie de sa charge, s'il arrivoit que son trop grand poids le mît en quelque danger. Les grands bateaux qui sont bien chargés, ont toûjours une Allege à leur

suite, pour les soulager, s'il en est besoin.

Allege est aussi un terme de Maçonnerie, & se dit dans les croisées de ce qui est entre les piedroits, jusqu'à l'appui, & dont l'épaisseur n'est pas si grande que le reste du mur.

ALLEGER. v. a. Terme de Marine. Il se dit d'un cable le long duquel on attache plusieurs morceaux de bois qui le font flotter, & qui empêchent qu'il ne touche sur des roches, s'il y en a au fond de l'eau.

On dit aussi, Alleger les Carguefonds, ou les Carguebouilines; ce qui se fait par ceux qui sont sur les vergues, en allegeant, ou mettant ces sortes de manœuvres en l'état où elles doivent être lorsque l'on s'en veut servir.

ALLEGERIR. v. a. On dit en termes de Manege, Allegerir un cheval, pour dire, Faire qu'il devienne plus libre & plus leger du devant que du derriere. Quelques-uns disent aussi, Allegir.

ALLELUYA. s. m. Sorte de Trefle que les Grecs appellent ὀξυτρίφυλλον. Il a un goût sûr & brusc, & ses feuilles sont pâles, menues & faites en cœur. Il vient aux lieux ombrageux, jettant d'une seule racine plusieurs petites tiges rondes & minces. Au bout de chacune de ces tiges, il y a trois feuilles, qui sont molles, d'une figure semblable à celle du cœur, recourbées vers leur queue, à la maniere des champignons, & aigres au goût. Ses fleurs sont blanchâtres, & ont cinq pointes disposées en forme d'étoile. Chaque fleur a sa queue à part. Sa racine est roussâtre & écaillée. Toute la plante est refrigerative comme l'oseille; & si l'on en mange, elle éteint la soif & appaise les ardeurs de l'estomac. L'eau qu'on en distille, prise en breuvage, est singuliere aux fiévres aigues, à quoi son jus pris en sucre est encore plus efficace. Il est bon tout seul, si on l'enduit sur les érésipeles & autres inflammations. On tient qu'on a nommé cette plante Alleluya, à cause qu'elle fleurit vers le tems de Pâques, qui est celui où l'on chante Alleluia. Ce mot, selon l'Hebreu, veut dire, Loüez le Seigneur.

ALLEMANDE. s. f. Piece de Musique qu'on joue à quatre tems lents, sur le lut, sur le clavessin & sur de semblables instrumens. Elle commence toûjours par une crochue hors de mesure.

ALLER. v. n. Se mouvoir d'un lieu à un autre, marcher. ACAD. FR. On dit en termes de Marine, Aller au plus près du vent, pour dire, Cingler à six quarts de vent près de l'aire d'où il vient. C'est la même chose qu'Aller au lof, aller à la bouline, ce qui veut dire, Chercher l'avantage du vent. On dit aussi, Aller à grasse bouline, pour dire, Courir sans que la bouline du vent soit entierement halée; Aller proche du Vent, pour dire, Se servir d'un vent qui semble contraire à la route, & le prendre de biais, en mettant les voltes de côté par le moyen des boulines; Aller de bout au vent, pour dire, A vent contraire; & Aller vent largue, pour dire, Ayant le vent par le travers & cinglant où l'on a dessein d'aller, sans que les boulines soient halées. On dit encore Aller entre deux écoutes, pour dire, Aller vent en pouppe; Aller à trait & à rame, pour dire, Avec les voiles & les rames. Aller à mât & à cordes, pour dire, Aller ayant toutes les voiles & les vergues baissées à cause de la fureur du vent, & Aller terre à terre, pour dire, Naviger en côtoyant le rivage.

Aller, est aussi un terme de Venerie, & entre dans cette phrase, Aller sur soi, pour dire, Revenir sur ses erres, sur ses pas.

Ce verbe est quelquefois substantif masculin. L'Aller pour le venir. Termes en grand usage par mi les Meuniers. C'eſt quand on paye la marchandiſe & qu'on en reprend d'autre à credit, & qu'en la p yant on en reprend encore.

ALLEURE. ſ. f. Terme de Manége. On dit qu'*Un cheval a de belles alleures*, pour dire, qu'il a la marche belle. On dit auſſi qu'*Un cheval a l'alleure froide*, pour dire, qu'il ne plie pas aſſés le genouil, & qu'il raſe le tapis, faute de lever aſſés les jambes.

ALLIAIRE. ſ. f. Herbe qui croît auprès des hayes & le long des champs, & dont les feuilles, quand elles commencent à venir, ſont rondes comme celles de la violette de Mars. Venant à croître, elles ont une maniere de dentelure tout à l'entour ; ce qui les fait reſſembler un peu à celles de Meliſſe, quoiqu'elles ſoient plus liſſées & plus larges du côté de la tige. Quand on les frotte entre deux doigts, ou qu'on les met à la bouche, elles ont l'odeur & le goût des aulx ; ce qui a fait donner le nom d'Alliaire à cette plante, du Latin *Allium*, ail. Elle a ſa tige ronde & haute de deux coudées, & ſes fleurs blanches. Sa graine eſt petite & noire, & renfermée dans de petites gouſſes ſemblables à celles d'Eryſimon. Sa racine eſt longuette, & a la même odeur que ſes feuilles. Sa graine réduite & appliquée par deſſous en façon de cataplaſme, eſt propre à faire revenir les femmes qui ſont travaillées des maux de mere.

ALLIANCE. ſ. f. On appelle ainſi chés les Orfévres une ſorte de bague où il y a un fil d'or & un fil d'argent.

ALLOCATION. ſ. f. Terme qui n'a d'uſage qu'en parlant de compte. *Pourſuivre, obtenir l'allocation de certains articles dans un compte*, c'eſt-à-dire, Demander, faire qu'ils ſoient alloués & paſſés en compte.

ALLONGE. ſ. f. Terme de Marine. Piece de bois ou membre d'un Vaiſſeau, dont on ſe ſert pour en allonger un autre. Il y a une premiere & ſeconde allonge, l'une qui s'empatte avec la varangue & avec le genouil de fond, & l'autre qui eſt placée ſur cette premiere, & que l'on empatte avec le bout du haut du genouil de fond.

On appelle, *Allonge de revers*, L'allonge qui acheve la hauteur du côté du Vaiſſeau.

On appelle *Allonges d'eſcubiers*, des pieces de bois plattes, dans leſquelles on fait les trous où les cables du Vaiſſeau doivent paſſer.

Allonge de Porque, eſt une piece de bois qui allonge une autre groſſe piece de bois, qu'on appelle *Porque*, & qui a la même rondeur que celles qui ſervent de membres au Vaiſſeau.

On dit auſſi *Allonges de tréport*. Ce ſont deux allonges qu'on met au-deſſus des eſtains. L'*Allonge de pouppe* eſt la derniere piece de bois au plus haut. Celle-là étant aſſemblée avec le bout ſuperieur de l'étan bord, forme le haut de la pouppe.

Allonge ſe dit encore d'un nerf de bœuf tortillé, garni au bout d'un crochet de fer, où les Bouchers attachent la viande.

ALLONGER. v. a. Terme de Marine. On dit, *Allonger un cable*, pour dire, l'Etendre ſur le pont juſqu'à un certain endroit, ou pour le bitter, ou pour mouiller l'ancre.

On dit auſſi *Allonger une manœuvre*, pour dire, l'Etendre en quelque endroit, afin qu'on s'en ſerve, s'il en eſt beſoin.

On dit encore, *Allonger la terre*, pour dire, Aller le long de la terre.

ALLONGE', E'E. adj. On dit d'un chien de chaſſe, qu'*Il eſt allongé*, Lorſqu'il a les doigts du pié étendus par quelque bleſſure qui a été aux nerfs.

Tome I.

On dit auſſi, qu'*Un oiſeau eſt allongé*, pour dire, que Ses pennes ſont entieres, & auſſi longues qu'elles doivent être.

ALLOUE'. ſ. m. En Bretagne c'eſt le Lieutenant d'un Siege Royal.

Alloué. Terme en uſage chés les Artiſans. Il ſe dit d'un Compagnon, qui après que le tems de ſon apprentiſſage eſt expiré, s'engage pour un certain tems à ſervir le Maître.

ALLUCHON. ſ. m. Eſpece de dent ou de pointe qui entre dans les fuſeaux ou dans la lanterne des moulins, & autres machines qu'on fait mouvoir par des roues.

ALLUME', E'E. adj. Terme de Blaſon. Il ſe dit des yeux d'un animal, quand ils ſont d'un autre émail que ſon corps. On le dit auſſi d'un bucher ardent & d'un flambeau dont la flamme n'eſt point de même couleur. *D'azur à trois flambeaux d'or, allumés de gueules.*

ALM

ALMADIE. ſ. f. Petite barque, dont les Sauvages de la côte d'Afrique ſe ſervent. Elle eſt longue de quatre braſſes, faite ordinairement d'écorce de bois. On appelle auſſi *Almadie*, un Vaiſſeau des Indes, qui a de longueur quatre-vingts piés, & ſix ou ſept de largeur. Le derriere de ce Vaiſſeau eſt quarré.

ALMANDINE. ſ. f. Eſpece de rubis qui eſt plus tendre & plus leger que le rubis d'Orient, & dont la couleur tire ſur celle du Grenat que ſur la couleur du vrai rubis.

ALMUCANTARA. ſ. m. Terme d'Aſtronomie. Cercles paralleles à l'horiſon, qu'on s'imagine paſſer par tous les degrés du Meridien, & aller toûjours en diminuant de part & d'autre de l'horiſon juſqu'aux deux Poles de ce grand cercle, qui ſont auſſi les leurs, c'eſt-à-dire, au *Zenith* & au *Nadir*. Ces cercles ſont appellés *cercles de hauteur*, parce qu'ils marquent la hauteur des aſtres ſur l'horiſon. Un aſtre qui eſt dans le dixiéme, dans le vingtiéme Almucantara, à dix, vingt degrés d'élévation. Ce mot *Almucantara* eſt Arabe. Il y en a qui diſent *Almicantaraths*.

ALO

ALOE', E'E. adj. Vieux mot. Loué.

Et deſloûent les aloés.

Pour dire, Ils ôtent la louange à ceux qui ſont eſtimés. On a dit auſſi *Aloſer* & *Alonſer*, pour dire Louer.

ALOES. ſ. m. Plante dont, ſelon Dioſcoride, les feuilles ſont ſemblables à la Squille. Elles ſont courtes, épaiſſes, graſſes, un peu larges, rondes, s'ouvrant en arriere, dentelées deçà & delà par intervalles de biais, en forme de pointes & de petites épines courtes. Sa tige eſt preſque ſemblable à celle de l'aphrodille. Sa fleur eſt blanche, & a la graine comme celle d'Aſphodelus. Toute cette plante eſt puante & fort amere. Elle eſt attachée à une ſeule racine, comme à un pal. L'Aloës croît en grande abondance aux Indes, où il eſt fort gras. Auſſi en apporte-t-on le jus épaiſſi. Pour être bon, il faut qu'il ſoit roux, gras, pur, luiſant, fort amer, facile à ſe diſſoudre, friable & de bonne odeur. Il y en a de trois ſortes, le Succotrin, l'Hepatique & le Caballin. Ce dernier eſt fort impur, & ne peut ſervir que pour les chevaux. Pluſieurs confondent les deux autres, & croient que l'Aloës Hepatique & le Succotrin ne different que de nom. Dioſcoride dit qu'on trouve deux ſucs d'Aloës, l'un ſablon-

D ij

neux qui semble être la fondriere du pur Aloës, c'est-à-dire, le Caballin, & l'autre fait comme le foye, dont il a la couleur aussi-bien que la figure; ce qui l'a fait nommer *Hepatique*. On l'appelle aussi *Succotrin*, ou à cause de sa couleur qui tire sur le citrin, comme si on vouloit dire *Suc citrin*, ou à cause que le plus excellent Aloës nous est apporté de l'Isle de Soccotra ou Succotra. Les proprietés de l'Aloës sont de purger doucement les humeurs, tant bilieuses, que pituiteuses de l'estomac, en le fortifiant, de tuer & chasser les vers, & de resister à la corruption, quand on en prend au-dedans. Etant appliqué, il condense, restraint, desseche & consolide les playes. Vossius fait venir le mot *Aloës* de l'Hebreu *ahalot*, que les Grecs ont traduit ἀλόη. D'autres le font venir de ἅλς, La mer, à cause qu'il croît aussi beaucoup d'Aloës aux côtes de la mer d'Asie & d'Arabie.

A L O G I E N S. s. m. p. Heretiques, qui nioient que JESUS-CHRIST fût le Verbe ou la Parole, & par consequent qu'il fût Dieu. Ils rejettoient l'Evangile de S. Jean & son Apocalypse, comme étant de Cerinthus; ce qui étoit ridicule, puisque Cerinthus nioit la divinité de JESUS-CHRIST, établie par saint Jean, qui écrit, que la Parole étoit Dieu. Le nom d'*Alogiens*, qui leur fut donné, vient de la particule privative α, & de λόγος, Verbe ou Parole.

A L O I G N E. s. f. Nom que l'on donne en termes de Marine à ce qu'on appelle autrement *Bouée*. C'est un morceau de bois ou de liege qu'on attache à quelque rocher, ou autre lieu, & qui en flottant sur l'eau marque l'endroit où l'on a laissé tomber l'ancre.

On disoit autrefois *Aloigne*, pour dire, Délai, retardement.

Donc le dirai-je sans aloigne.

On a dit aussi *Aloiguer*, pour Allonger.

Ce fu el mois de May que le tems s'aloigna.

A L O P E C I E. s. f. Sorte de maladie qui fait tomber les cheveux, & quelquefois les sourcils & la barbe; ce qui la fait appeler *Pelade*, en notre langue. Le nom d'*Alopecie* vient du mot Grec ἀλώπηξ, Renard; & les Medecins ont nommé ainsi cette maladie, à cause que cet animal est sujet dans sa vieillesse à une certaine galle qui lui fait tomber le poil.

A L O S E. s. f. Sorte de poisson de mer qui ressemble à la Sardine, mais qui est beaucoup plus gros. Elle a ordinairement un pié & demi de longueur ou vingt pouces. Les Aloses entrent au Printems & en Eté dans les rivieres d'eau douce, où elles s'engraissent. Celles de mer sont seches & sans aucun suc. En Latin *Alausa*, d'où a été fait *Alose*. Quelques-uns le font venir du Grec ἅλς, qui veut dire, Sel, à cause que l'Alose aime tant le sel, qu'elle suit plus de trois cens lieues en terre les bateaux qui en sont chargés.

A L O U E T T E. s. m. Petit oiseau qui est gris & bon à manger, & dont le chant est fort agreable. Il couve trois fois l'année, en Mai, Juillet & Août, & éleve ses petits en quatorze ou quinze jours. Il vit environ dix ans. Il y a de deux sortes d'Alouettes, l'une huppée qui a sur sa tête une crête de plume comme le Paon, & qui se nourrit en terre. L'autre sorte vit en troupe, & est de même pennage. Cette derniere est peut-être l'oiseau appelé *Alouette de mer*. Cet oiseau ressemble à l'Alouette de terre, excepté qu'il est un peu plus gros, plus brun par dessus le corps, & plus blanc par dessous le ventre. Parmi les Alouettes, le mâle chante le mieux. C'est lui qui le premier annonce l'Eté. M.

Ménage fait venir ce mot d'*Alaudetta*, diminutif d'*Alauda*, mot que prirent les Romains de l'ancien Gaulois, quand Jules César leva des Soldats en France, qu'on appella *Alouettes*, à cause de la figure de leurs casques, qui au rapport de Suetone, ressembloient à des Alouettes huppées. On disoit autrefois *Aloue*, pour Allouette.

Plutôt passons que le vol d'une Aloue.

ALOURDIR. v. a. Vieux mot. Etourdir, rendre la tête lourde à force de faire du bruit.

Qu'ils alourdent de vers, d'allegresse vous privent.

A L P

ALPHABET. Terme de Doreur sur cuir. Petits fers qui servent à écrire en lettres d'or sur le dos d'un livre, le titre de ce même livre.

ALPHANET. s. m. Oiseau de proye qui sert au vol de la Perdrix. Il est très-doux & fort agreable. On tient qu'il a eu ce nom parmi les Grecs, de la premiere lettre de leur Alphabet. Comme il vient de Tunis en Barbarie, les François l'appellent *Tunissien*.

ALPISTE. s. f. Sorte de graine, dont la figure est ovale. Elle est pâle & tire sur la couleur Isabelle.

A L T

ALTERES. s. f. p. Vieux mot. Inquietudes d'esprit, passions vehementes.

ALTERNE', E'E. adj. On dit dans le Blason, que *Deux quartiers sont alternés*, quand leur situation est telle, qu'ils se répondent en alternative, comme dans l'écartelé, où le premier quartier & le quatriéme sont d'ordinaire de même nature.

ALTERNES. adj. m. p. Terme de Géometrie. On appelle *Angles alternes* les deux angles faits des deux côtés differens, & l'un au haut l'autre au bas d'une ligne droite comprise entre deux paralleles. Les angles alternes sont égaux.

ALTIMETRIE. s. f. On appelle ainsi la partie de la Géometrie pratique qui donne des regles pour la mesure des lignes, soit en profondeur, soit en hauteur. Ce mot est composé du Latin *Altus*, Haut, & du Grec μέτρειν, Mesurer.

A L U

ALUCHER. v. a. Vieux mot. Allumer.

Luxure est un peché que gloutonnie alluche,
Et si le fait flamber plus sec que seche buche.

ALUDEL. s. m. Terme de Chimie, dont on se sert pour faire entendre plusieurs pots ou tuyaux de terre, qu'on met les uns sur les autres. On en a besoin pour les operations Chimiques qui se font avec le feu. Ces pots ou tuyaux sont faits de maniere qu'ils vont en étrecissant par le haut.

ALVEOLE. s. m. Trou dans les gencives, où les dents sont enfoncées. On donne ce même nom aux rayons ou gâteaux que les mouches à miel font dans les ruches.

Alveole se dit aussi des petits creux où les bouts des tuyaux du gland, des noisettes & de quelques fleurs sont comme attachés.

A L U N. s. m. Suc concret mineral. Il est moins astringent & plus piquant que le vitriol, & de couleur blanche. Il y a un Alun naturel, & un Alun qui se fait par artifice. Le naturel est celui qu'on laisse tel qu'il se trouve dans les mines, & on en voit de trois sortes, le rond, le liquide & le siéle. Ce dernier est nommé autrement le *Scissile*, ou de *Grenaille*, & quelques-uns l'appellent encore, *Alun de plume*. L'artificiel est l'*Alun de roche*, & l'*Alun succrin* ou *saccharin*. Les curieux qui voudront sçavoir comment l'Alun de roche se fait, pourront consulter Matthiole sur Dioscoride, qui le décrit fort au long. On l'appelle *de roche*, à cause qu'on le tire d'une mine aussi dure que la pierre. C'est celui-là qu'on entend, lorsque l'on parle simplement d'Alun dans les boutiques. Le Succrin ou Saccharin a tiré son nom de la ressemblance qu'il a avec le sucre blanc. Il se fait de l'Alun de roche en mine, qu'on mêle avec des blancs d'œufs & de l'eau rose. Il y a un autre Alun qui se fait de l'herbe *Soda* ou *Kali*, & que l'on appelle *Catinum*, mais il doit plûtôt passer pour un sel, que pour une espece d'Alun. Outre l'Alun de lie de vin desséchée & brûlée, & l'Alun écaillé qui se fait de la pierre speculaire écaillée, il y a l'*Alun de plume*, qui est acre, mordicant & incombustible. Plusieurs le prennent pour la pierre *Amiantus*, qui ne se consume jamais au feu, & qui a, comme le bois, plusieurs veines qui vont les unes sur les autres. L'alun est bon pour consumer les excroissances de chair, & les autres superfluités des ulceres & des playes. Il sert aussi aux Teinturiers, en disposant les étofes à recevoir la couleur, & à leur donner la vivacité; d'où vient qu'on fait venir *Alun de Lumen*, Lumiere, à cause que c'est l'Alun qui donne l'éclat aux couleurs.

ALUNER. v. a. Faire tremper dans l'alun ou dans un bain d'Alun. On ne sçauroit guere teindre d'étofes sans les aluner.

ALUYNE. s. f. Dioscoride établit trois especes d'Aluyne, l'Aluyne commune, la petite Aluyne, qu'il appelle *Seriphium*, & la Santolique, dont les montagnes de Savoye & du Dauphiné sont pleines. L'Aluyne commune a sa tige fort branchue, ses feuilles blanches & découpées, comme l'Artemisia, ses fleurs dorées & petites, une graine ronde & entassée en maniere de grappe de raisin, & sa racine fort éparpillée. Cette racine est pourtant forte comme du bois. L'Aluyne & l'Absinthe sont la même chose. Voyez ABSINTHE.

ALY.

ALYPUM. s. m. Herbe rougeâtre fort abondante en menus jettons, lesquels sont garnis de menues feuilles. Elle a plusieurs fleurs qui sont tendres & legeres. Sa racine, semblable à celle de la bete, est grêle, & pleine d'un jus mordant & picquant. Sa graine sert à évacuer la mélancolie, si la prenant on y joint autant de celle d'Epithymum, à laquelle elle ressemble, & un peu de sel & de vinaigre; mais elle écorche & blesse quelque peu les intestins. C'est de cette qualité qu'elle a pris le nom de ἄλυπον, comme qui diroit, Sans chagrin, sans fâcherie, de la particule privative α, & de λύπη Fâcherie, douleur. Selon Actuarius l'Alypum n'est autre chose que le Turbit blanc des Apothicaires, qui s'apporte du Levant. Dioscoride dit qu'il croît en grande abondance le long de la mer Lybique & ailleurs.

ALYSSUM. s. m. Petite herbe qui produit une seule tige un peu âpre, ayant les feuilles rondes & son fruit fait en maniere d'un double écusson, au-dedans duquel est une graine un peu large. Il croît aux montagnes & dans les lieux âpres. Galien dit que cette herbe a été appellée ἄλυσσον, parce qu'elle est singuliere à ceux qui sont mordus des chiens enragés. Suivant quoi ce mot doit avoir été fait de λύσσα, qui signifie Rage. M. Callard de la Duquerie le fait venir de ἀλύω, qu'il explique par, Avoir l'esprit troublé, ou être saisi de rage.

AMA

AMACOZTIC. s. m. Grand arbre de la Nouvelle

Espagne, dont les feuilles, semblables au lierre, sont larges, épaisses, purpurées, & presque faites en cœur. Le fruit qu'il porte ressemble à une petite figue. Il est de couleur pourprée, & plein de semences petites & rouges. Il y en a qui nomment cet arbre *Texcalamalt*, & d'autres *Tepeamalt*.

AMADES. s. m. On appelle ainsi dans le Blason trois listes plates paralleles, dont chacune est large comme le tiers de la fasce. Elles traversent l'écu dans la même situation, sans toucher aux bords d'un côté ni d'autre.

AMADOTE. s. f. Sorte de poire plus ronde que longue, seche à manger, & sans aucun musc. Sa couleur est jaune. L'Arbre qui porte ce fruit est aussi appellé *Amadote*. Monsieur Ménage rapporte avoir sçû d'un Président de la Chambre des Comptes de Dijon, qu'une femme appellée Dame Oudet, ayant eu la premiere de ces poires, les Bourguignons les appellerent *Damoudos*, d'où a été fait *Amadote*.

AMAIGRIR. v. a. On dit en termes de Charpenterie, *Amaigrir l'arrête d'une piece de bois*, pour dire, La rendre aigue. On dit dans le même sens, *Amaigrir une pierre.*

En parlant d'une figure de terre nouvellement faite qui vient à secher, on dit parmi les Sculpteurs qu'*Elle s'amaigrit.* Cela veut dire que les parties se resserrent en sechant, & deviennent moins nourries.

AMALGATION. s. f. Correction du métal incorporé avec le Mercure. C'est une operation chimique qui sert à réduire les métaux parfaits en de très-menues parties. Lorsque les métaux sont incorporés ensemble, on fait exhaler à petit feu le Mercure, qui les laissant réduits en poudre au fond du creuset, les rend plus propres à être dissous en liqueur par les menstrues. C'est par ce moyen que les Orfévres & les Doreurs font que l'or devient fluide, & qu'il peut s'étendre sur les ouvrages qu'ils veulent dorer. On dit aussi *Amalgame*. Quelques-uns font venir ce mot de *Gama* mot Arabe, qui signifie Pâte.

AMALGAMER. v. a. Calciner quelque métal, par le moyen du vif-argent ou du mercure vulgaire, à l'exception du fer & du cuivre, qui étant trop impurs & trop terrestres, n'ont point assés de rapport avec le vif-argent, dont la substance est pure & subtile.

AMANDE. s. f. Semence de tous les arbres à noyau, enfermée dans une écorce fort dure. C'est aussi un fruit particulier enfermé dans un gros noyau, & ce noyau est sous une pélure qui s'entre-ouvre, & se détache du fruit vers le mois d'Août. Il y a de deux sortes d'Amande: les douces, qui sont temperées en chaleur & ont la vertu d'attenuer & de soulager les incommodités qui surviennent aux reins & aux poumons; & les ameres, dont la qualité est de mondifier les parties internes, & d'évacuer les humeurs contenues aux poumons & dans la poitrine. Elles purgent aussi le foye des grosses & visqueuses humeurs qui oppilent les extrémités de ses veines. On tire de l'huile des unes & des autres. Celle qui se tire des Amandes douces sans feu, est fort estimée, & on la peut prendre par la bouche. Après avoir choisi les Amandes, parmi lesquelles il faut prendre garde qu'il n'y en ait ni de rancies ni de vieilles, on les dépouille de leur peau avec de l'eau tiede, & on les seche dans un linge, après quoi on les réduit en pâte, en les pilant dans un mortier avec un pilon de bois. On met cette pâte dans quelque sachet d'étamine claire, & on exprime l'huile tout doucement à la presse. Il y a d'autres manieres de peler les Amandes qu'avec l'eau tiede, soit en les faisant tremper six heures dans l'eau froide, afin d'en pouvoir ôter aisément la peau avec la main, & les mettant ensuite secher trois ou quatre heures entre deux linges, soit en les tenant avec du son dans une poësle sur un petit feu, & les remuant avec la main jusqu'à ce que l'écorce se soit mise en pieces par la chaleur, après quoi on les crible pour en séparer le son, ce qui étant fait, on ôte toute leur écorce, en les frottant rudement dans un sac de toile neuve. Selon Mesué, on tire l'huile d'Amandes douces avec le feu de deux manieres, l'une en tenant dans un lieu chaud les Amandes pelées, & cela, cinq heures ou environ; l'autre en les faisant cuire une heure au bain-marie ou sur de la cendre chaude. On tire l'huile des Amandes ameres en les pilant dans un mortier de marbre avec un pilon de bois. Il faut les avoir bien mondées auparavant, & n'en prendre que de seches. Lorsqu'on les a réduites en pâte à force de les piler, on les chauffe au bain-marie, ce qui se fait en les mettant dans un vase de verre, mis dans un autre vase plein d'eau bouillante sur le feu, & ensuite, on se sert d'un sac d'étamine ou de toile, pour en tirer l'huile chaudement à la presse. Celle d'Amandes douces adoucit l'âpreté du gosier, des reins, du poumon & des parties externes, & celle d'Amandes ameres est bonne pour les obstructions du foye & des autres visceres, & pour amollir toutes duretés particulieres, & sur-tout celles des nerfs.

AMANDE est aussi un petit morceau de cristal taillé en figure d'Amande, dont sont composés la plûpart des lustres.

AMANDE'. s. m. Composition qui se fait avec deux onces d'Amandes sans écorce. Après qu'on les a pilées, on les dissout dans huit ou dix onces de décoction d'orge mondé, ou dans l'eau de veau ou de poulet que l'on passe dans un linge. On y mêle un peu de sucre avec de l'eau rose. Les Dames s'en servent pour entretenir leur embonpoint.

AMANDIER. s. m. Arbre assés grand, dont l'écorce est raboteuse, & le tronc gros, court & droit. Il approche fort du Pêcher, & lui ressemble surtout par les feuilles. Il n'a fort souvent qu'une racine qui ne s'étend point par d'autres, & qui est seulement profonde en terre. L'Amande qui est son fruit, est faite en forme de cœur. Elle est couverte d'une double écorce, dont la derniere est un noyau âpre & dur.

AMARANTE. s. f. Fleur d'un rouge très-vif, & qui vient en forme d'épi. Elle garde toûjours sa couleur, même quand elle est fort seche, & si on la met à l'eau, elle reverdit. Sa tige est grosse & roussâtre, & ses feuilles sont plus grandes que celles du Basilic. On appelle aussi cette Fleur *Passe-velours* ou *Fleur d'amour*, & elle a été nommée *Amarante* de la particule privative α, & de μαραίνω, Flêtrir, d'où a été fait αμαραντος, Qui ne flêtrit point.

Le nom d'*Amarante* est encore donné à une plante qu'on appelle *Amarante tricolor*. C'est une plante qui ne fleurit point, mais ses feuilles sont fort belles, & c'est en cela que consiste sa beauté.

AMARANTINE. s. f. Sorte d'Anemones à grandes feuilles. Leur couleur est d'un rouge blafard, & la pluche d'un Amarante brun.

AMARQUE. s. f. Marque d'un tonneau flotant ou d'un mât qu'on éleve sur un banc, afin que les Vaisseaux qui font route s'éloignent du parage où ils la voient. C'est ce qu'on appelle autrement *Balise* & *Bauée*.

AMARRAGE. s. f. Ancrage ou mouillage des Vaisseaux. Il signifie aussi l'endroit où une corde mise en double est liée par une petite, ce qui s'étend à deux grosses cordes séparées, qu'une plus petite lie l'une avec l'autre.

AMARRE. s. f. Terme de Marine. Grosse ou menue corde qui sert à tenir ou à lier quelque chose. On dit d'un Vaisseau qu'*Il a ses trois Amarres dehors*, pour dire, qu'il a mouillé ses trois ancres. On dit aussi, *Larguer une Amarre*, pour dire, Détacher une corde.

Amarre est aussi un terme de Charpenterie, & se dit de deux morceaux de bois appliqués quarrement, contre une plus grande piece. Ils sont taillés en bossage par dessus, c'est-à-dire, que leurs extrémités sont moins relevées, & dans le milieu ils ont une ouverture, où l'on fait passer le bout d'un treuil ou moulinet. Ces Amarres sont appellées à Paris, *Jovieres*, par les Charpentiers.

AMARRER. v. a. Terme de Marine. Attacher, lier quelque chose avec des cordages. On dit, *Amarre Tribord*, ou *Amarre bas bord*, Lorsqu'on veut donner ordre d'attacher quelque Manœuvre à droite ou à gauche.

AMASEMENTS. s. m. p. Terme de quelques Coûtumes, Edifices, Bâtimens, Maison.

AMASSETTE. s. f. Morceau de cuir, de corne, de bois, avec lequel on amasse les couleurs quand on les broye.

AMATELOTER. v. a. Terme de mer, qui signifie, Associer les Matelots deux à deux, afin que chacun serve à son tour, & qu'ils se puissent soulager l'un l'autre.

AMATIR. v. a. Oter le poli à l'or ou à l'argent, rendre l'or ou de l'argent mat. On dit presque toûjours *Blanchir* pour l'argent.

AMAUROSE. s. f. Maladie des yeux. Elle consiste en ce que l'œil est entierement privé de sa fonction, quoiqu'il n'y paroisse aucun mal, & que la prunelle demeure entiere, sans être chargée en façon quelconque. Ce mot est Grec αμαύρωσις, Hebetation, obscurcissement.

AMB

AMBAITINGA. s. m. Arbre sauvage du Bresil qui se trouve dans les Forêts de Pins, & qu'on ne sçauroit dire ni Pin ni Cyprès. Il est droit comme le dernier, & haut comme l'autre. Au haut de cet Arbre croissent certaines vessies, qui étant rompues laissent couler goute à goute une liqueur admirable, que les Indiens recueillent avec grand soin dans des coquilles, & qui a toutes les vertus du baume. Ils appellent cette liqueur *Abicqua*, & sont plusieurs pendant quelques jours à n'en rassembler que fort peu. Elle consolide très-bien les playes & appaise les douleurs engendrées d'une matiere froide & venteuse.

AMBAYBA. s. m. Arbre des Indes Occidentales semblable au Figuier, mais qui ne croît pas si haut. Il vient presque toûjours parmi les haliers & dans les champs qui ont été cultivés, & jamais dans les forêts. La superficie interieure de cet Arbre étant raclée & mise sur les playes fraiches, avec l'écorce liée par dessus, les guerit fort promptement. Ses feuilles sont si rudes que l'on s'en sert à polir le bois.

AMBLE. s. m. Train d'un cheval ou alleure, dont le mouvement se fait par les deux jambes d'un même côté, qui s'étant levées & posées en un même tems, sont suivies des deux jambes de l'autre côté, ce qui continue alternativement. Monsieur Guillet, qui définit ainsi l'Amble, ajoûte que c'est la premiere alleure des petits Poulains, & qu'ils la quittent dès qu'ils ont assés de force pour pouvoir trotter. Il dit encore que les Ecuyers qui ne veulent que le pas, le trot & le galop dans les manéges, en bannissent l'Amble parce qu'on peut mettre un Cheval du trot facilement qu'on l'arrête, au lieu qu'il faut necessairement qu'on l'arrête quand on le veut mettre de l'Amble au galop, ce qu'on ne peut faire sans perdre un tems, & sans interrompre la justesse du manége. Monsieur Ménage dérive le mot d'Amble du Latin *Ambulare*, Marcher. Aucuns, dit Nicod, le veulent tirer du verbe Grec ἀμπλύειν, parce que les Ambliers ou Maîtres d'Amb'e, avec des cordes attachées en contre-croix aux piés du cheval, lui rompent & retardent ses alleures naturelles, mais ils se trompent en disant cela.

On dit qu'*Un Cheval est franc d'Amble*, Lorsqu'étant mené en main avec le licou, il va bien l'Amble.

AMBLYGONE. s. m. On appelle ainsi en Geometrie un Angle obtus, ou qui a plus de quatrevingt-dix degrés. On dit aussi *Triangle Amblygone*, pour dire, Qui a un angle plus grand que le droit. Ce mot vient du Grec ἀμβλὺς, Obtus & de γωνία, Angle.

AMBLYOPIE. s. f. Hebetation, ou éblouissement continuel de la vûe, sans qu'il paroisse qu'il y ait rien d'offensé dans l'œil. Ce mot est Grec ἀμβλυωπία, & est formé de ἀμβλὺς Obtus, & de ὄπτομαι, Je vois.

AMBOUTIR. v. a. On dit, *Amboutir une piece de métal*, pour dire, La rendre convexe d'un côté, & concave de l'autre. Ainsi *Plaque d'or ou d'argent Amboutie*, veut dire Une plaque, qui est relevée d'un côté, & concave de l'autre. L'outil s'appelle *Boute-rolle*.

Amboutir, signifie aussi mettre du coton, de la laine ou de la soye entre deux toiles piquées.

AMBOUTISSOIR. s. m. Morceau de fer creux & quarré, dont les Serruriers se servent pour former la tête des gros cloux qui sont faits en champignon.

AMBRE. s. m. Espece de bitume, dont il y a de deux sortes, l'un appellé *Ambre jaune*, & l'autre *Ambre* simplement, ou *Ambre gris*. L'ambre jaune, qui est appellé par les Latins *Succinum*, par les Grecs ἤλεκτρον, & par les Arabes *Karabé*, est au sentiment de Pline, un suc d'Arbre, comme de Pin, Bedre, ou Peuplier; mais ceux qui en jugent le mieux, tiennent que c'est un veritable mineral, ou bitume formé comme les autres d'une exhalaison aërienne, grasse, & qui lui donne la couleur qu'il a. Ils disent que comme cette sorte de bitume surnage aux eaux de la mer & de quelques rivieres, où celles qui s'y rendent de divers lieux soûterrains la charient, la matiere dont elle est formée, & que la chaleur qui la digere & la cuit a rendue lente & gluante, venant à être condensée par le froid, enferme avec soi des mouches, des fourmis, & autres corps étrangers. Il y a du Succin de deux couleurs, l'un blanc qui est odorant & leger, & qu'on estime le plus, comme étant d'une matiere plus pure. L'autre est jaune, & plusieurs l'appellent *Succinum falernum*, à cause qu'il tire sur la couleur de cette sorte de vin. On l'estime lorsqu'il est transparent, d'une couleur extrêmement claire, qu'il a une odeur de Romarin, & qu'il attire la paille. Les Chimistes ne se servent que du blanc pour faire l'huile d'Ambre, & ils le regardent comme engendré du plus pur bitume de la mer. Il se trouve particulierement au

bord de la mer Baltique & des autres mers Septentrionales. Il a deux facultés differentes; l'une astringente qui est dans son huile, & l'autre aperitive, qui est dans son sel volatil, & dans sa partie spiritueuse. La Chimie trouve le moyen de séparer facilement ces deux substances l'une de l'autre. Ceux qui voudront sçavoir comment on prépare l'huile d'Ambre n'ont qu'à consulter Glaser. Elle est bonne aux maladies du cerveau, comme au vertige, à l'epilepsie idiopathique, à la paralysie, aux suffocations de matrice, & à la suppression d'urine. Le même Glaser apprend comment il s'en faut servir dans ces divers maux.

L'*Ambre gris*, selon Avicenne, est un bitume qui découle de quelques fontaines dans la mer, où surnageant, & se condensant peu à peu, il est poussé au bord par le vent. C'est-là qu'il se mêle à de petites coquilles & à quelques autres corps étrangers semblables. La digestion parfaite de sa matiere & du mélange exact des quatre qualités, se connoît par son agréable odeur. Il se trouve fort abondamment en Orient, où la chaleur du soleil étant plus vaporeuse, digere plus parfaitement la matiere élementaire des choses qui y sont produites. On fait trois differences principales de l'Ambre gris. La premiere sorte qui est rousse & grasse, vient de l'Isle de Ceylan, & celle-là est la meilleure de toutes. La seconde nous est apportée de Sechra, qui est un lieu maritime de l'Arabie Heureuse. Sa couleur est blanchâtre, marquetée de noir. La troisiéme, qui est la pire de toutes, est appellée *Ambre renard*. Sa couleur est noire. Elle se trouve dans le ventre des poissons qui la revomissent après qu'ils l'ont engloutie. Le bon Ambre gris, doit être cendré ou tirant sur le blanc, leger, & sans nulle ordure. Si on le pique avec une aiguille il en rend une liqueur oleagineuse, d'une odeur très-agreable. Il se trouve en quantité sur le rivage des Isles Maldives, & ses bonnes qualités le font entrer en plusieurs compositions considerables, telles que celles de la Confection d'Alchermés & d'Hyacinte. Comme la qualité qu'il tient du bitume l'empêche de se mêler aisément avec les liqueurs aqueuses, on en vient à bout en le réduisant en essence, qui est un confortatif excellent. Voyez Glaser sur la maniere dont cette essence se fait. Selon M. Ménage, *Ambre* vient de l'Italien *Ambra*, derivé de l'Arabe *Ambar*.

AMBRETTE. s. f. Plante fibreuse, nommée autrement Fleur du Grand Seigneur. Elle fleurit en Juillet & en Août, & a eu le nom d'*Ambretie*, parce qu'elle sert à parfumer.

AMBROISIENS. s. m. p. Heretiques nommés ainsi d'un certain Ambroise, qui méprisant les Livres sacrés de l'Ecriture, prétendoit avoir des Revelations divines qu'il debitoit à ses Sectateurs.

AMBROSIE. s. f. Herbe fort branchue, qui a l'odeur du Vin, & dont les feuilles sont faites comme celles de la rue. Elle porte de petits boutons en forme de grappes de raisin qui ne fleurissent point. Sa racine est longue d'un pié & demi, & assés menue. Il y a de l'Ambrosie mâle & de l'Ambrosie femelle.

On appelle aussi *Ambrosie* certaine preparation de médicamens fort agréables au goût, & qui operent sans incommoder. Il y en a de diverses sortes, de confortatifs, d'aperitifs, de laxatifs, & autres. Plusieurs croyent que les Anciens ont donné le nom d'*Ambrosia* à cette plante, à cause qu'elle conserve long-tems les hommes en leur verdeur. Ils le font venir de la particule privative α, & de βροτός, Homme, mortel, d'où vient que les

Poëtes ont feint que l'Ambrosie étoit le manger des Dieux.

AME

AME. s. f. *Principe de la vie dans le corps organisé.*
ACAD. FR. On appelle *Ame* dans les figures de stuc, la premiere forme qu'on donne en les ébauchant, avant qu'on les couvre de stuc pour les finir. On donne aussi le nom d'*Ame* aux figures de plâtre ou de terre qui servent à former celles qu'on jette en quelque métal.

Ame dans quelques Instrumens de Musique à cordes, est une petite pieces de bois droite qu'on met dans le corps de l'Instrument environ sous le chevalet, afin d'en fortifier le son.

Ame Se dit aussi du creux du canon où l'on met la poudre, & par où l'on tire.

AMENCE. s. f. Vieux mot. Folie, du Latin *Amens*, Fou.

AMENER. v. a. Terme de Marine. Abaisser, mettre bas. On dit dans ce sens, *Amener les voiles*, *les huniers, amener le Pavillon.* On dit aussi *Amener un Vaisseau, une terre*, pour dire S'en approcher, se trouver vis-à-vis.

AMETHYSTE. s. f. Pierre precieuse qui paroît d'abord de couleur de vin, & ensuite violette. Les plus dures viennent des Regions Orientales, sçavoir des Indes, d'Arabie, d'Armenie, d'Ethiopie, &c. Il y en a aussi d'Occidentales qui sont plus molles, & qui tiennent moins de la couleur pourprée. Elles ne sont pas si estimées que les autres. Quelques-uns prétendent que cette pierre portée empêche qu'on ne s'enyvre, & que c'est de là qu'elle a pris son nom, de la particule privative *a*, & de μεθυειν, Etre yvre.

AMI

AMIANTE. s. m. M. de Meuve dans son Apparat Medico-Pharmaco-Chimique, dit que c'est une drogue qui n'est connue que de nom, & dont la vertu est entierement inconnue. Il ajoûte que les plus habiles n'ont encore pû décider, si c'est cette même pierre que les Latins appellent *Amiantus*, qui est blanchâtre tirant sur le verd, & que quelques-uns nomment *Alun scissile*, quoiqu'elle en soit bien differente, puisque cet Alun jetté dans le feu s'y consume, au lieu que la Pierre Amiante est incombustible. *Amiantus*, selon Thophraste, est un certain arbre; selon Silvaticus, ce n'est que du verre cuit, & si l'on en croit Manlius, c'est du plâtre brûlé. Il y en a d'autres qui tiennent que c'est le Talc ou la pierre speculaire, qui entre dans la composition de l'onguent citrin, aussi-bien que l'Alun de plume, dont on se sert ordinairement dans cet onguent au lieu de la pierre *Amiantus*. Ce mot est Grec αμιαντος, & veut dire, Pur, qui n'est point souillé, à cause que cette pierre n'est point gâtée dans le feu.

AMIDON. s. m. Pâte qu'on peut faire de plusieurs sortes de grains. Le meilleur Amidon est celui qu'on fait de froment. Quand on l'a mollifié en l'arrosant d'eau cinq ou six fois, on fait écouler cette eau peu à peu sans la presser, de peur que ce qui est comme la creme du blé ne sorte. Après cela on le pétrit avec les piés, & on le broye en mettant toûjours de l'eau dessus, puis avec un crible on ôte le son qui nage sur l'eau. Ce qui reste au fond est l'Amidon, qu'on fait bien secher dans des paniers ou corbeilles, & on le met ensuite au soleil sur des toiles neuves. L'Amidon est astringent, pectoral & emplastique. Ses qualités sont d'être

humide & froid. En Grec αμυλον, à cause qu'il se fait sans meule.

AMIRAL. s. m. Chef qui commande les forces Maritimes d'un Etat. L'Amiral de France pour marque de sa dignité, porte à ses armes deux Ancres d'or passées en sautoir derriere l'écu. Le Vaisseau qu'il monte arbore le Pavillon quarré blanc au grand Mât, & porte quatre fanaux. Ce Chef de la Marine a de grands avantages, entre lesquels est celui d'avoir le dixiéme de toutes les prises faites en mer, & sur les Greves sous Pavillon & Commission de France. Il a aussi le dixiéme des rançons, & une Jurisdiction établie sous son autorité aux Tables de Marbre, & en plusieurs autres Sieges particuliers pour la police Navale. Le premier Amiral de France dont on ait connoissance par l'Histoire, est Florent de Varennes en 1270. Il y a eu depuis ce tems-là quarante-huit Amiraux jusqu'à Henri de Montmorenci II. du nom, qui se démit de cette Charge en 1626. entre les mains du Roi Louis XIII. qui la supprima, établissant Armand-Jean du Plessis Cardinal, Duc de Richelieu, Grand Maître, Chef & Sur-Intendant General de la Navigation & du Commerce de France. Louis XIV. rétablit la Charge d'Amiral en 1669. en faveur de Louis de Bourbon, Comte de Vermandois, legitimé de France. La plus commune opinion est que le nom d'*Amiral* vient d'*Amir* ou *Emir*, mot Arabe qui veut dire, Seigneur, Prince. Nicod dit que dans les anciens Romans & dans les Histoires des guerres d'Outremer, on trouve *Amiraux* au pluriel, pour signifier Chefs & Colonels dans une armée.

AMM

AMMI. s. m. Graine presque ronde, menue, & un peu longuette, qui ressemble à des grains de sable, d'où elle a tiré son nom. Les Apoticaires l'appellent *Ammiselinum* ou *Cuminum Æthiopicum.* La plante qui la porte est assés haute & pousse plusieurs rameaux, au haut desquels viennent de petites fleurs blanches. Elle a ses feuilles petites & étroites, & semblables à celle de l'Anet. Le meilleur Ammi vient du Levant. Il n'y a que la semence de cette plante qui soit en usage dans la Medecine. On la fait entrer dans la Theriaque après l'avoir bien préparée. Elle est incise, elle est aperitive, & à une vertu singuliere contre la morsure des serpens. On la met au rang des quatre semences chaudes mineures.

AMMODYTE. s. m. Serpent long d'une coudée, qui est de couleur de sable, & tout moucheté de taches noires. Il est tout semblable à une Vipere, excepté qu'il a la tête & les mandibules plus larges. Sa queue est fort dure & fendue par dessus. Ceux qui sont mordus de ce Serpent meurent en fort peu de tems, sur-tout quand ils sont mordus des Ammodytes femelles. On peut l'avoir appellé ainsi de αμμος, Sable, à cause de sa couleur.

AMMONIAC. s. m. Gomme d'un arbre de ce même nom, & duquel on coupe les extremités dans la saison de l'Eté. La liqueur qu'on en recueille s'endurcit & se convertit en gomme. Dioscoride n'est pas du sentiment de Pline, qui appelle l'Arbre d'où elle vient *Metopium.* Il veut que l'Ammoniac ne vienne pas d'un arbre, mais d'une plante ferulacée qui porte le nom d'*Agasylis.* Pour être bon il faut qu'il soit sans mélange d'aucunes ordures, grommeleux comme l'encens, & que son odeur approche de celle du Castor. Il faut encore qu'il soit amer au goût, qu'il s'amolisse quand on

le

le manie entre les doigts , & qu'il foit de couleur jaune au dehors & blanche au dedans. Quand il eft fait de cette façon, Diofcoride l'appelle *Thrauf-ma* , & il nomme *Phyrama* celui qui a du mélange. Selon Glafer, l'efprit & l'huile qu'on en peut tirer ont des effets merveilleux. Comme les vertus que poffede cet efprit ne procedent que du fel volatil qu'il contient, & qu'il eft mêlé d'un acide qui empêche fon activité, il enfeigne dans fon Traité de Chimie comment il faut féparer ces deux efprits qui peuvent produire des effets tout differens. Pline veut que l'*Ammoniac* ait pris fon nom du Temple de Jupiter Ammon , autour duquel étoit l'arbre, d'où il diftilloit en forme de gomme. D'autres font venir ce mot du Grec άμμος , Sable , à caufe que felon le même Pline, l'Ammoniac croît & diftille dans les fablonnieres de cette partie d'Afrique, qui eft au deffous de l'Ethiopie.

AMN

AMNIOS. f. m. Terme de Medecine. Seconde taye ou membrane qui enveloppe immediatement le fœtus , & dont la fubftance eft plus déliée que celle du Chorion. Ce mot eft Grec άμνιος , & on a nommé ainfi cette membrane, de άμνος , qui veut dire , *Agneau* , apparemment parce qu'elle reffemble à une membrane d'agneau.

AMO

AMOISE. f. f. On appelle *Amoife* en termes de Charpenterie , les pieces de bois qui embraffent les foufaîtes , liens & les poinçons à l'endroit des affemblages , & qui fervent à les affermir. On les joint l'un à l'autre par des chevilles de bois qui traverfent de part en part.

AMOISTIR. v. a. Vieux mot. Mouiller. C'eft de là qu'eft venu , Moiteur.

AMOLETTES. f. f. p. Terme de Marine, qui fignifie les trous où l'on paffe les barres du Cabeftan & du Virevau.

AMOLIER. v. a. Vieux mot. Adoucir.
Quand vit que pour beau fupplier
Ne le pouvoit amolier.

AMOME. f. m. Arbre qui croît dans les Indes & dans les Pays Orientaux , & dont le bois eft rougeâtre & fort odorant. Sa feuille reffemble à celle de la Coulevrée , & il a une petite fleur comme le Violier blanc. Il porte des gouffes rondes , liffées , extrêmement entaffées , & de la groffeur des grains de raifin. Elles font de couleur blanche cendrée , & remplies de grains purpurins prefque quarrés, joints enfemble , & faifant une forme ronde. Ils ne laiffent pas d'être féparés par de petites membranes très-déliées. L'*Amome* a un goût âcre, mordicant , & eft d'une odeur très-penetrante. Il entre dans la compofition de la Theriaque. Pour s'en fervir on en ouvre les gouffes & on les frotte legerement dans les mains , afin d'en feparer les petites pellicules , qu'on fait envoler fort aifément en vanant le tout fur le papier. Des grains qui demeurent il faut choifir ceux qui font pefans , bien nourris , vifs en couleur , & fort aromatiques. Les noirs & ceux que l'on voit ridés & mal nourris, font à rejetter. L'*Amome* eft aperitif , & chaffe la pierre. Diofcoride le tient aftringent , & fort bon pour les gouteux. Ses qualités font d'être chaud & fec. Quelques-uns font venir *Amome* , du Grec άμωμος , Excellent, irreprehenfible.

AMONCELER. v. a. Terme dont on fe fert encore quelquefois dans le Manége. Ainfi l'on dit d'un
Tome I.

Cheval, qu'*Il s'amoncelle*, pour dire , qu'il eft bien enfemble , qu'il eft bien fous lui , en forte qu'en marchant , il approche fes piés de derriere de ceux de devant, & que fes hanches foutiennent en quelque façon fes épaules.

AMONT. f. m. Terme ufité parmi les Bateliers de la Loire , pour marquer le Couchant. Le Diction. de Trevoux dit l'*Orient*.

AMORCE. f. f. L'amorce pour les armes à feu , n'eft autre chofe qu'un peu de poudre qu'on met dans le baffinet d'une arme à feu , ou à la lumiere d'une piece d'Artillerie. Pour ce qui regarde les Bombes , Carcaffes , Grenades , Petards , Boulets creux , & autres machines à feu , l'*Amorce* eft une compofition de poudre fine , de falpêtre & de foufre que l'on pile à part , & qu'on mêle enfuite enfemble , après quoi on les détrempe avec de l'huile de Petrol , & l'on en fait une pâte que l'on feche à l'ombre , & dont on fe fert à charger les fufées pour l'amorce de ces machines.

On appelle auffi *Amorce* , les méches foufrées que l'on attache aux Grenades , ou à des Sauciffes, avec lefquels le feu prend aux Mines.

AMORCER. v. a. Terme de Serrurier. On dit *Amorcer le fer* , pour dire , Oter quelque chofe du fer avant que de le percer entierement.

AMORCOIR. f. m. Certain outil de Charon , Charpentier & Menuifier, dont ils fe fervent en commençant les trous qu'ils veulent faire dans le bois. On appelle auffi en general *Amorçoirs* toutes les petites Tarieres avec lefquelles on commence à percer le bois. C'eft le plus fouvent un Cizeau.

AMORTISSEMENT. f. m. Terme d'Architecture. Ce qui finit & termine un ouvrage d'Architecture ou de Menuiferie. Si une bafe , un zocle , un rouleau , ou quelque autre membre d'Architecture , au lieu de tomber perpendiculairement & à plomb, vient à s'élargir par en bas en cavet & en forme de demi-fcotie , on dit qu'*Il defcend & qu'il s'élargit en forme d'amortiffement.*

On garnit un fautereau de Claveffin pour amortir le tremblement qui en fait le fon.

AMP

AMPELITE. adj. Qui n'a d'ufage qu'en cette phrafe , *Terre Ampelite.* Diofcoride dit que la meilleure eft celle qui eft noire , & faite en façon de longs charbons de pefte. Etant pilée elle fe fond auffi-tôt dans l'huile. La moindre eft blanche & cendrée , & ne fe réfout point. Elle eft refrigerative & refolutive. On s'en fert pour donner de la couleur aux fourcils , & pour noircir les cheveux. On en enduit les vignes quand elles veulent bourgeonner , afin de faire mourir les Chenilles. C'eft pour cela qu'on l'a nommé *Ampelite* , du Grec άμπελος Vigne. On l'appelle auffi *Pharmacite*, à caufe qu'elle eft fort medicinale. Elle eft tellement chargée de bitume , que Pline dit qu'elle eft entierement femblable au bitume.

AMPHIDROMIE. f. f. Sorte de fête que les anciens Payens celebroient dans leur maifon le cinquiéme jour après la naiffance d'un enfant. Les femmes qui avoient été prefentes à l'accouchement , prenoient l'enfant des mains de la Sage-Femme , & couroient en rond autour de la chambre , le tenant entre leurs bras ; après quoi elles fe lavoient les mains , & la nourice qu'on avoit choifie en prenoit le foin. La fête finiffoit par un grand Feftin qui étoit fuivi de petits prefens que les parens & les amis de l'enfant faifoient à ces femmes. Ce mot eft Grec άμφιδρομία & vient d'άμφι , Au-

E

AMP

tour, & de δρόμος, Course.

AMPHIPOLES. f. m. Magiftrats qui furent établis à Syracufe par Timoleon, après qu'il en eut chaffé Denys le Tyran, vers l'an 411. de Rome. Le Gouvernement & la Police de cette grande Ville les regardoit, & ils y ont maintenu leur autorité plus de trois cens ans.

AMPHIPROSTYLE. f. m. Sorte de Temple des Anciens, appellé ainfi, parce qu'il avoit des colomnes devant & derriere, du Grec ἀμφὶ, qui fignifie, Des deux côtés, & de πρόπυλα, Rang, façade de colomnes.

AMPHISBENE. f. m. Serpent qui va en avant, & en arriere, fans être plus menu par la queue, que par la tête. Il mort par l'une & par l'autre, ce qui le fait appeller Serpent à deux têtes. Ses piqueures font venimeufes, mais elles ne font point mortelles. On dit qu'il fe trouve des Amphifbenes dans les deferts de Lybie. Ce Serpent a pris le nom du Grec ἀμφὶς, De côté & d'autre, & de βαίνειν, Aller.

AMPHISCIENS. f. m. Terme de Geographie. Nom qu'on donne aux Habitans de la Zone torride, à caufe que le Soleil dans le Meridien étant tantôt Meridional, tantôt Septentrional à leur égard, leurs ombres méridiennes vont tantôt au Midi, tantôt au Septentrion. Voyez HETEROSCIENS & PERISCIENS. Ce mot vient du Grec ἀμφὶ, Auteur, & de σκιὰ, Ombre.

AMPHISIERE. f. m. Serpent ou Dragon qui a deux ailes. On le repréfente fouvent dans les Armoiries. Du Grec ἀμφὶς, De chaque côté, & de πτερὸν, Aile.

AMPLIER. v. a. Vieux mot. Amplifier.

AMPLITUDE. f. f. Terme d'Aftronomie. Diftance prife fur l'horifon du point où un aftre fe leve ou fe couche, au point du lever ou du coucher Equinoctial. Ainfi il y a amplitude Ortive ou Orientale, & Amplitude occative, ou Occafe, ou Occidentale, felon que l'on confidere le lever ou le coucher d'un Aftre. De cette amplitude, foit ortive, foit occafe, eft ou Meridionale ou Septentrionale, felon que l'Aftre s'eft levé ou couché de l'un ou de l'autre côté de l'Equateur. L'amplitude orientale du Soleil s'appelle quelquefois fimplement Orient du Soleil, & l'occidentale, Occident du Soleil.

AMPOULLE. f. f. Petites enflures pleines de vent qui fe font fur l'eau lorfqu'elle eft batue de la pluye. Ce mot vient d'Ampulla, qui fignifie en Latin Bouteille, & c'eft de là qu'on a appellé la fainte Ampoulle, certaine petite phiole venue du Ciel, où il y a de l'huile dont on fe fert pour facrer nos Rois. Il y a eu un Ordre de Chevalerie appellé l'Ordre de la fainte Ampoulle. Il fut inftitué par Clovis Premier, ou par l'un des Rois de France de la premiere race, en memoire de cette phiole pleine de baume facré, apportée du Ciel à faint Remi par une Colombe au baptême du même Clovis qui en fut facré, la grande foule ayant fait que le Diacre qui portoit l'Eglife ne put paffer. La marque qui faifoit connoître les Chevaliers de cet Ordre étoit une croix d'or anglée & émaillée d'argent qu'ils portoient au bas d'un ruban noir. Elle étoit chargée d'une Colombe tenant en fon bec une phiole que recevoit une main mouvante de carnation. L'Image de faint Remi étoit dans le revers de cette médaille. Ces Chevaliers font quatre Barons, Feudataires de l'Eglife de Reims, qui dans la ceremonie du Sacre de nos Rois portent le dais fous lequel la fainte Ampoulle eft portée en proceffion. Ce mot vient du Latin Ampulla, vaiffeau qui a le col long & étroit.

AMU

AMULETE. f. m. Sorte de medicament, qui par une faculté occulte, a le pouvoir de guerir plufieurs maladies quand on le porte fur foi ou pendu au col. Il y a deux fortes d'Amuletes, dont l'un ne confifte qu'en caracteres, en figures & en paroles, & il eft rejetté par les Medecins comme ridicule. L'autre qui fe fait avec les fimples qu'on attache au col ou à quelque autre partie du corps, eft reçû parmi eux comme merveilleux & infaillible, & non feulement il guerit divers maux, mais preferve de plufieurs maladies, dont l'effet eft empêché par la vertu des medicamens qui le compofent.

AMURCA. f. f. On fe fert de ce mot dans la Pharmacie, pour fignifier la lie des olives preffurées. L'Amurca cuite dans un vaiffeau de cuivre jufqu'à ce qu'elle foit épaiffie, comme le miel, eft aftringente. On fait venir ce mot du Grec ἀμόργη, Lie d'huile.

AMURE. f. f. Terme de Marine. Trou que l'on pratique dans le plat bord d'un Vaiffeau, & dans la gorgere de l'éperon, & où l'on arrête les cordages dont on fe fert pour bander les voiles.

On appelle Amure d'une voile. La manœuvre qui fert à l'amurer, & Dogue d'Amure, un trou fait dans le côté du Vaiffeau. Les Amures des voiles d'Etai font de fimples cordes, & l'Armure d'Artimont eft un Palanquin, & quelquefois une corde fimple.

AMURER. v. a. Bander & roidir les cordages qui tiennent au point d'enbas de la grande voile & de la voile de Mifaine, qu'on appelle Baffes voiles, On dit Amurer la grande voile, pour dire, Mettre vers le vent le point de la voile à toucher le trou appellé Dogue d'Amure; Amurer tout bas, pour dire, Mettre le plus bas qu'on peut les voiles que l'on amure. Lorfque l'on dit fimplement, Amure, c'eft un ordre que l'on donne, par lequel on fait entendre qu'on veut faire route au plus près du vent, ou aller vent largue.

ANA

ANABAPTISTE. f. m. Heretiques qui ne conferent le Sacrement du Baptême qu'à ceux qui ont atteint l'âge de raifon, & qui rebaptifent les enfans, ce qui leur a fait donner le nom de Rebaptifans. On n'eft pas d'accord fur l'Auteur de cette fecte. Quelques-uns difent que cette herefie vient de Luther, & les autres l'imputent à Carloftade, à Zuingle ou à Melancton. Outre l'erreur qui regarde le Baptême, les Anabaptiftes rejettent le Myftere de l'Incarnation, auffi bien que la doctrine de la Realité & de la Meffe. Thomas Muntzer qui enfeignoit cès erreurs, & qui fe vantoit vers l'an 1524. d'une Revelation par laquelle le Saint Efprit lui ordonnoit d'établir un nouveau Royaume à JESUS-CHRIST avec le glaive de Gedeon, qu'il affuroit que Dieu même lui avoit remis entre les mains, fit revolter les Payfans d'Allemagne contre leurs Princes, & cette guerre, qu'on appella des Ruſteaux, coûta la vie à plus de cent mille de ces malheureux. Ceux qui refterent reprirent les armes dix ans après dans la Vveftphalie, fe faifirent de Munfter, & élurent pour leur Roi un jeune homme de vingt-quatre ans, Tailleur de profeffion, qui portoit le nom de Jean de Leiden, parce qu'il étoit de Leiden en Hollande. Il enfeignoit la doctrine des Anabaptiftes qu'il prétendoit lui avoir été revelée du Ciel, & dont les principaux points étoient la communauté des biens, & la pluralité des femmes qui devoient auffi être communes. Cet Imposteur fut pris en 1535. & reçût la peine qui lui étoit dûe. Quelques Heretiques de la primitive Eglise avoient donné dans la même erreur touchant le Baptême, & les Cataphryges, les Novatiens & les Donatistes, rebaptisoient ceux qu'ils venoient à bout de pervertir. Le mot d'Anabaptiste vient de la particule reduplicative ἀνὰ & de βαπτίζω Plonger dans l'eau

ANACALIFE. s. m. Sorte de Bête qui rampe & qui croît entre l'écorce des arbres pourris & vermoulus. Elle se trouve dans l'Isle de Madagascar, & est aussi longue que la paume de la main, pleine de jambes comme une chenille, plate, & grêle, & ayant la peau fort dure. Les piqueures qu'elle fait sont fort venimeuses, & causent les mêmes accidens que celles du scorpion, de sorte qu'on en meurt bientôt après si on neglige à y apporter les mêmes remedes.

ANACALYPTERIE. s. f. Fête que les anciens Payens celebroient après les nôces, le premier jour qu'il étoit permis à l'épouse de se laisser voir à tout le monde, en ôtant son voile. Alors les Parens & les amis lui faisoient les presens accoûtumez. Ce mot est Grec ἀνακαλυπτήριον, & vient du verbe ἀνακαλύπτειν, Découvrir.

ANACANDEF. s. m. Espece de petit serpent de l'Isle de Madagascar, qui n'est pas plus gros que le tuyau d'une plume. Il se glisse dans le fondement de ceux qui vont à la selle, & il s'y fourre de telle maniere qu'on a grande peine à l'en tirer. Il ronge les intestins de la personne, à laquelle il cause des douleurs insupportables, qui sont bientôt suivies de la mort.

ANACARDE. s. m. Fruit d'un certain arbre qui croît dans les Indes Orientales, & qui represente le cœur par sa couleur & par sa figure, principalement quand il est sec. Aussi a-t'il pris son nom du Grec καρδία, Cœur. Les Anacardes sont cephaliques & servent à fortifier les nerfs; mais comme ils brulent le sang, & qu'à force d'échauffer le corps ils causent la fiévre, il faut user d'une grande circonspection pour s'en servir. Quelques-uns les comptent parmi les poisons.

ANACONTS. s. m. Arbre qui croît dans l'Isle de Madagascar, & qui porte un fruit un peu plus long que le doigt. Ce fruit, qui est de couleur cendrée, contient un suc blanc & doux, qui est propre à faire cailler le lait. Les feuilles de l'arbre ressemblent à celles du poirier.

ANAGALLIS. s. f. Petite herbe fort branchue qui rampe par terre, & jette sa tige quarrée & ses feuilles petites & rondes, semblables à celles de la Parietaire. Il y en a de deux sortes. L'Anagallis terrestre & l'Anagallis aquatique. L'Anagallis terrestre est encore divisée en mâle & en femelle. Le mâle que quelques-uns appellent *Morsus gallinæ*, les autres *Corallina Ægineta*, & d'autres, *Molachia Serapionis*, ou *Corcorus Plinii*, porte une fleur rouge. Celle de la femelle est bleue. Il s'en trouve encore une autre dont la fleur est jaune, mais elle n'est d'aucun usage en Medecine. L'Anagallis terrestre est chaude, seche, amere, un peu astringente & attractive. On la tient un remede propre pour la morsure d'un chien enragé. Le suc de l'Anagallis femelle, tiré par les narines, purge le cerveau, & comme il est detersif & mordicant, il est propre pour ôter la cataracte des yeux. L'Anagallis aquatique est ce qu'on nomme Berle. Voyez BERLE.

ANAGOGIQUE. adj. Qui éleve l'esprit aux choses divines. *Il y a des sens mystiques, Anagogiques & autres dans l'Ecriture.* Ce mot est Grec ἀναγωγικός,
Tome I.

qui éleve. Mystique.

ANAGYRIS. s. f. Plante fort puante qui est haute comme un arbre, & qui a ses branches & ses feuilles semblables à l'*Agnus castus*. Ses fleurs ressemblent à celles du chou, & elle porte sa graine dans des gousses assés grandes. Cette graine est ronde, dure, de differentes couleurs, faite en maniere de roignons, & s'endurcit & mûrit avec le raisin. Ses feuilles broyées & appliquées lorsqu'elles sont tendres repercutent toutes sortes de tumeurs. Il les faut prendre en breuvage au poids d'une dragme avec du vin cuit, & pour faire sortir l'enfant & pour attirer l'arriere-faix. On les pend au col des femmes qui sont en travail, mais incontinent après qu'elles sont délivrées, il les faut ôter. Matthiole dit que quoique les anciens n'ayent fait mention que d'une espece d'Anagyris, qui est celle de Dioscoride, il y en a une autre dans les environs de Trente que l'on appelle *Eghelo*. Sa fleur est jaune, & semblable à celle de la grande Anagyris. Cette plante étant défleurie produit de certaines gousses dans lesquelles est enfermée une graine noirâtre, longuette, & faite en façon de phaseole. Ceux qui en mangent quelquefois sans y prendre garde, vomissent jusques au sang. Le bois de la plante est fort dur, & on en fait de bons échalas pour mettre aux vignes meilleurs que tous ceux d'un autre bois. Celui-là est jaune au dehors, & noir au dedans.

ANALEMME. s. m. Terme de Mathematique. Espece de representation ou projection de tous les cercles de la Sphère sur une surface plate que l'on suppose être le plan d'un grand Cercle. L'Astrolabe est fondé sur l'Analemme. On peut croire que ce mot vient d'ἀναλαμβάνειν dans le sens de *prendre entre ses mains*, parce que la Sphère representée en plat est beaucoup plus aisée à croire entre ses mains & plus commode que si elle étoit de relief, comme elle doit être naturellement. Voyez PROJECTION.

ANALEPTIQUE. s. m. Medicament propre à rétablir l'habitude du corps, que le défaut de nourriture ou la longueur d'une maladie a attenuée. C'est une espece de restauratif, avec cette difference, que les Analeptiques regardent le rétablissement de l'habitude du corps, au lieu que les Restauratifs servent à rétablir les forces qu'un extrême abattement a réduites en langueur. Ce mot est Grec ἀναληπτικός & vient d'ἀναλαμβάνειν, Refaire, conforter.

ANALYSE. s. f. Methode dont on se sert en Mathematique & principalement dans l'Algebre, pour découvrir la possibilité ou l'impossibilité, la verité ou la fausseté d'une proposition. A *Analyse*, qui veut dire Résolution, on oppose la *Synthese* ou composition, methode toute contraire. Leur difference consiste en ce que l'Analyse examine la question proposée, sans supposer aucunes connoissances que celles qui sont accordées par les suppositions même de la question, & en profitant de ce peu de connoissances, autant qu'il est possible, elle en acquiert de nouvelles, & découvre même des principes généraux, qui produisent enfin la résolution de la question, & de toutes les questions semblables que l'on peut proposer. Au lieu que la Synthese ne résout les questions qu'en se servant de connoissances qu'elle prend ailleurs, & en établissant d'abord ces principes généraux que l'Analyse ne découvre qu'à la fin. Si cette question étoit proposée; *Trouver deux grandeurs dont la somme & la difference sont données*. En operant par la voie Analytique, on parviendroit bientôt à ce

E ij

principe général, *Que la moitié de la somme de deux grandeurs , plus la moitié de leur différence est égale à la plus grande , & que cette même moitié de leur somme, moins la moitié de leur différence est égale à la plus petite* , après quoi la question seroit bien aisée à résoudre. Mais si la question étant proposée, on sçavoit d'ailleurs *que la moitié de la somme, &c.* & que l'on se servît de ce principe général pour trouver les deux grandeurs demandées, cela s'appelleroit operer par la voie Synthétique. Ainsi l'on voit que l'ordre de la Synthése est contraire à celui de l'Analyse , & que l'une commence par où l'autre finit. On ne peut pas employer également ces deux methodes en toutes sortes d'occasions. L'Analyse est plus propre pour découvrir les verités , & la Synthése l'est ordinairement davantage pour se mettre dans leur jour , & en faire un corps de sciences ἀνάλυσις, veut dire résolution.

Analyse se dit aussi en Chimie, de la résolution qui se fait des corps mixtes en leurs principes chimiques , en leurs sels , leur huile , leur terre , &c.

ANANAS. s. m. Fruit le plus délicieux de toutes les Indes. Il croît sur une tige ronde , grosse de deux pouces , haute d'un pié & demi , & revêtue de quinze ou seize feuilles , qui sont de la longueur de celles des Cardes, de la largeur de la paume de la main , & de la figure des feuilles de l'Aloës. Elles sont pointues par le bout comme celles du Glayeul , un peu cavées par le milieu, & armées des deux côtés de petites épines qui sont fort pointues. Ce fruit au commencement n'est pas si gros que le poing , & il parvient quelquefois à la grosseur d'un Melon. Sa forme est à peu près semblable à une Pomme de pin. Son écorce relevée de petits compartimens en maniere d'écailles , d'un vert pâle, bordé d'incarnat , est chargée en dehors de plusieurs petites fleurs , qui selon les differens aspects du soleil , prennent autant de couleurs qu'on en voit dans l'Arc-en-Ciel. Ces fleurs tombent en partie , à mesure que le fruit mûrit; mais ce qui le fait sur-tout admirer , c'est qu'il est couronné d'un gros bouquet tissu de fleurs & de plusieurs feuilles solides & dentelées, d'un rouge vif & luisant. La chair ou la poulpe de ce fruit est un peu fibreuse , mais elle se resout toute en suc dans la bouche , & a un goût si élevé qu'on peut dire qu'elle a tout ensemble celui de la Pomme, de la Pêche, du Coing & du Muscadet. Le germe par lequel le fruit peut être perpetué , ne consiste pas en sa racine, ou en une petite graine rousse qui se rencontre souvent en sa poulpe , mais en la guirlande dont il est couvert. Si-tôt qu'elle est mise en terre elle prend racine , & pousse des feuilles , produisant un fruit nouveau au bout de l'année. Souvent ces fruits sont chargés de trois bouquets , qui chacun la vertu de conserver leur espece ; mais chaque tige ne porte du fruit qu'une seule fois. Les habitans des Antilles distinguent trois especes d'Ananas. Le premier qui est le gros Ananas blanc , a quelquefois quinze ou seize pouces de hauteur , & huit ou dix pouces de diametre. Sa chair est blanche & fibreuse : & son écorce devient jaune comme de l'or quand il est mûr. L'odeur qu'il exhale est ravissante & approche fort de celle du Coing ; mais elle est beaucoup plus douce. Quoique plus beau & plus gros que les deux autres , il n'a pas le goût si élevé , & fait plûtôt saigner les gencives. Le second , qui est semblable à un Pain de sucre en porte le nom. Il a les feuilles un peu plus étroites & plus longues que le premier , & le goût meilleur ; mais il fait aussi saigner les gencives quand on en mange

beaucoup. Le troisiéme est appellé Pomme de Reinette. C'est le plus petit comme le plus excellent. Il n'agace presque point les dents , & ne fait jamais saigner la bouche , à moins qu'on n'en mange excessivement. On fait un vin de son suc , qui vaut presque de la Malvoisie , & qui a la force d'enyvrer. Il se tourne quand on le conserve plus de trois semaines , & semble être tout-à-fait gâté. Si on a patience autant de tems , il revient en son entier , & même plus fort. Lorsqu'on en use modérément , il recrée le cœur , arrête les nausées de l'estomac , & est bon aux suppressions d'urine.

ANASTOMOTIQUE. s. m. Médicament qui dilate & ouvre les orifices des vaisseaux , & qui fait sortir le sang des veines par sa chaleur & par son acrimonie. La sauge , le cyclame , l'ail & le porreau sont de ce genre. Ce mot est Grec ἀναςμωτικὸς, Qui ouvre un conduit , un canal.

ANATRON. s. m. Suc nitreux condensé contre les murailles des lieux soûterrains , c'est-à-dire , le sel & le suc des pierres dont ces voutes sont composées, lavé par l'eau qui les pénétre & congelé par le froid. Il différe extrêmement de l'écume du Nitre appellé Aphronitrum , avec lequel il y a quelques-uns qui le confondent , puisque l'Aphronitrum doit être friable, très-leger, écumeux, mordicant & de couleur purpurée ; ce qui ne convient en aucune sorte à l'Anatron. C'est le sentiment de Dioscoride.

ANAZE. s. m. Arbre de l'Isle de Madagascar qui est gros au pié, & qui va en s'aiguisant vers le bout en forme de pyramide. Son fruit est plein d'une moëlle blanche , remplie au-dedans de pepins durs qui ressemblent aux pignons. Cette moëlle a le goût du Tartre.

ANB

ANBOUTOU. s. m. Petite plante semblable au lin qui se trouve dans l'Isle de Madagascar. Elle est d'un goût un peu stiptique joint avec quelque amertume. On en mange en tems de famine pour se conserver les forces à cause qu'elle est corroborative. Cette herbe machée noircit les dents , les lévres & les gencives , & fait avoir une haleine douce.

ANC

ANCELLE. s. f. Vieux mot. Servante , du Latin *Ancilla.*
Si prient Dieu , & sa très-douce Ancelle.

ANCESSORS. s. m. p. Vieux mot. Ancêtres , par syncope du Latin *Antecessores.*
Pour remembrer des Ancessors ,
Les faits & les dits & les morts.
On a dit aussi *Ancessorie* , pour dire , Ancienneté.

ANCETTE. s. f. L'on appelle en termes de mer *Ancettes de bouline* , Les bouts de cordes qu'on joint à la ralingue de la voile. On s'en sert pour y passer d'autres cordes que l'on nomme *Pattes de bouline*, & le plus long de ces bouts de corde , n'excede pas un pié & demi. On dit autrement *Cobes de Bouline.*

ANCHE. s. f. Petite languette qui sert à donner le vent aux Musettes , aux Hautbois , aux Cornemuses , & à quelques tuyaux d'Orgue. Elle est faite ordinairement de deux pieces de canne, qui sont jointes de si près , qu'il n'y a entre les deux qu'une fort petite fente pour laisser passer le vent.

Anche est un terme de Meunier , & se dit d'un conduit de bois par où la farine tombe dans la huche.

Anche , se dit aussi en terme de Vigneron du conduit de bois par où coule le vin du pressoir.

Vendre le vin à l'anche, c'eſt le vendre en moût, en entonnant.

ANCHE', E'E. adj. Terme de Blaſon. Courbé. *De gueules, à la bande anchée d'argent.*

ANCHIE. prep. Vieux mot. Avant. Il a ſignifié la même choſe qu'*Ainçois.*

ANCHOLIE. ſ. m. Plante que Matthiole dit venir aux montagnes, ayant ſes feuilles chiquetées à l'entour, preſque de la même ſorte que le Coriandre, & ſemblable à la grande Chelidoine, pour laquelle quelques-uns la prennent. Elle ſe jette en tige vers le mois de Juin, & elle en produit beaucoup. Ces tiges ſont grêles & minces, & il en ſort des fleurs, aux unes purpurines, aux autres blanches, & aux autres dorées. Elles ſont faites en façon d'étoiles, & de ces fleurs pendent quatre petits cornets recourbés en haut, d'où proviennent de nouveau certains petits chapiteaux longuets, comme ceux du Melanthium, qui portent une graine tanée. Cette graine, au rapport de quelques Simpliſtes, priſe en breuvage au poids d'une dragme dans du vin de Candie, en y ajoûtant un peu de ſafran, guérit la jauniſſe. Il faut auſſi-tôt faire ſuer celui qui l'a priſe. Les Païſans l'appellent *Gans de Notre-Dame.*

ANCON. ſ. m. Arme ancienne qu'on appelloit autrement *Franciſque.* Borel dit que ce mot peut être venu du Latin *uncus*, Croc.

ANCRE. ſ. f. Groſſe piece de fer, courbée par un bout, & dont les deux pointes ou pattes aboutiſſent en arc de chaque côté. Elle eſt compoſée de pluſieurs parties, qui ſont la verge, les pattes, la croiſée & l'arganeau, & on s'en ſert pour arrêter un vaiſſeau ou ſur la mer, ou ſur les rivieres. On appelle *Maitreſſe* Ancre, la plus grande & la plus groſſe de toutes les Ancres du vaiſſeau. L'*Ancre à touër* eſt la plus petite; on ne s'en ſert guere que dans les rades, lorſque l'on veut changer un navire d'un endroit à l'autre. Il y a auſſi une Ancre moyenne, qu'on appelle *Ancre d'affourche.* C'eſt celle que l'on mouille oppoſée à une autre Ancre. On appelle encore, *Ancre à la veille*, celle qui eſt prête à être mouillée. Lorſqu'il y a deux Ancres mouillées l'une vers la terre, & l'autre vers la mer, on appelle la premiere, *Ancre du large*, & l'autre, *Ancre de terre.* On dit auſſi *Ancre de flot* & *Ancre de Juſſant*, lorſqu'on parle de deux Ancres mouillées de telle ſorte, que l'une étant oppoſée à l'autre, elles tiennent le vaiſſeau contre la force du flux & du reflux de la mer.

On dit *Brider l'Ancre*, pour dire, Faire en ſorte par le moyen des planches qu'on met à ſes pattes, que le fer ne puiſſe creuſer ni élargir le ſable; *Gouverner ſur l'Ancre*, pour dire, Virer le vaiſſeau pour déſancrer avec moins de peine; & *Faire venir l'Ancre à pic*, pour dire, Remettre le cable dans un vaiſſeau qui ſe prépare à partir, en ſorte qu'il n'en reſte que ce qu'il en faut pour aller à plomb du navire juſqu'à l'Ancre.

On dit auſſi que l'*Ancre a chaſſé*, quand par de grands coups de vent, ou par la force de quelque courant, l'Ancre laboure le fond où elle a été jettée. Quand on dit que l'*Ancre a quitté, qu'elle eſt derapée*, on entend que l'Ancre, qui étoit au fond de l'eau pour arrêter le navire, ne tient plus au ſable, & lorſqu'on dit que l'*Ancre eſt au boſſoir*, on fait entendre que ſon grand anneau de fer a truché le Boſſoir. Ce mot vient du Latin *Anchora.*

Ancre eſt auſſi un terme d'Architecture, & ſignifie dans les bâtimens les pieces de fer, qui ont en-haut la forme d'une Ancre, & qui ſervent à tenir les encoignûres des gros murs. On s'en ſert auſſi à tenir plus fermes les murailles aux endroits où les poutres portent deſſus en dehors. C'eſt encore avec quoi l'on entretient des cheminées qui ſont ſur les croupes des maiſons; on les met au bout des tirans.

ANCRE, E'E. adj. Il ſe dit dans le Blaſon des Croix & des ſautoirs qui ſe diviſent en deux. Cela vient de ce qu'ils reſſemblent à une ancre par la maniere dont ils ſont tournés. *Il porte d'or au ſautoir ancré d'azur.*

ANCRER. v. n. Terme de Marine. Jetter l'Ancre. Ce verbe eſt actif parmi les Imprimeurs en taille-douce, & ils diſent, *Ancrer une planche*, pour dire, Mettre de l'ancre deſſus.

ANCRIER. ſ. m. Terme d'Imprimeur. Morceau de bois ou de pierre, mediocrement large, qui eſt ſur le derriere de la preſſe, & qui ſert à mettre l'ancre pour toucher les formes.

AND

ANDA. ſ. m. Grand arbre qui croît dans le Breſil, & dont le bois eſt utile à pluſieurs choſes. Le fruit qu'il porte rend une huile dont les Sauvages ont accoûtumé de s'oindre le corps. Ils ſe ſervent de ſon écorce quand ils veulent prendre du poiſſon. Sa vertu eſt telle, que l'eau dans laquelle elle a trempé, endort toutes ſortes d'animaux.

ANDAILLOTS. ſ. m. Terme de Marine. Anneaux qu'on met de beau tems ſur le grand Etai, & dont on ſe ſert pour amarrer la voile.

ANDAIN. ſ. m. Etendue en longueur d'un pré qu'on fauche ſur la largeur de ce qui peut être coupé d'herbe par un faucheur à chaque pas qu'il avance. Les uns font venir ce mot de l'Italien *Andare*, parce que l'Andain ſe fait en marchant; les autres du Latin, *Antes Antium*, qui ſignifie les ſillons & rangs de vignes, qui ſont ſemblables aux andains de pré. Selon du Cange il vient d'*Andena*, mot de la baſſe latinité, pour ſignifier l'eſpace compris entre les jambes équarquillées d'un homme.

ANDOUILLERS. ſ. m. p. Petites cornes appellées *Chevilles* qui ſortent du marrain d'un cerf. Les premiers ſont les plus proches du bas de la tête, que l'on appelle *La meule*, & les autres ſont enſuite.

ANDRE'. Saint André du Chardon. Ordre de Chevalerie, qui a été autrefois inſtitué en Ecoſſe. Ceux qui en étoient, portoient un collier d'or, ſemé de fleurs de chardon & de feuilles de rue, avec ces mots latins pour Deviſe, *Nemo me impune laceſſit.* On y voyoit pendre un ſautoir ou croix de S. André. On tient que quand Achaïus eut fait alliance avec Charlemagne, il prît pour Deviſe le chardon & la rue, avec des mots qui ſignifioient en langage du païs, *Il défend ma défenſe*, & qu'enſuite il inſtitua cet Ordre. Quelques-uns en attribuent l'établiſſement à Jacques IV. & diſent que ſur l'exemple de Jean Duc de Bourgogne, qui avoit pris ſaint André pour protecteur de l'Ordre de la Toiſon d'or, il avoit voulu mettre le ſien ſous la protection de ce même Apôtre. D'autres prétendent qu'il l'a ſeulement renouvellé.

ANDROSACES. ſ. f. Herbe amere qui croît aux lieux maritimes, ſelon ce qu'en dit Dioſcoride. Elle jette certains joncs menus & ſans feuilles, & à leur cime elle produit de petites gouſſes, où ſa graine eſt enfermée. L'herbe priſe avec du vin au poids de deux dragmes, évacue abondamment l'eau qui cauſe l'hydropiſie.

ANDROSÆMUM. ſ. m. Plante que Dioſcoride dit differer de l'Hypericum & d'Aſcyrum, en ce que les jettons qu'elle produit, ſont menus & branchus:

Leur couleur est rouge : & pour ses feuilles, elles sont comme celles de la ruë, mais trois fois plus grandes. Ces feuilles froissées entre les doigts rendent un jus semblable au sang humain ; ce qui a fait prendre à cette plante le nom de ἀνδρόσαιμον, comme qui diroit ἀνδρὸς αἷμα, le sang d'un homme. A sa cime sont plusieurs concavités d'ailes, disposées deçà & delà, autour desquelles il y a de petites fleurs jaunes. Sa graine, que contiennent certains petits vases, ressemble à celle du pavot noir, & est toute rayée. Pilée & prise en breuvage au poids de deux dragmes, elle purge le ventre de tous excremens bilieux, & est singuliere aux Sciatiques. L'herbe enduite étanche le sang, & on s'en sert utilement aux brûlures.

ANDUI. adv. Vieux mot. Ensemble.

Si sommes andui envoyés.

ANE

ANECDOTES. s. f. Memoires qui n'ont point paru au jour, & où sont dévelopées les plus secrettes actions des Princes. Procope a donné ce nom à son Histoire secrette. Ce mot est Grec, ἀνέκδοτα, & veut dire, Qui n'a point été rendu public.

ANEMONE. s. f. Fleur Printaniere que l'on appelle en Latin *Herba venti*, à cause qu'elle ne s'épanouït que quand le vent soufle ; ou *Flos Adonis*, parce que les Poëtes disent que cette fleur a été produite du sang d'Adonis. Il y a des Anemones de jardin, & des Anemones sauvages ; & l'on en voit quantité de l'uhe & de l'autre sorte, qu'on ne sçauroit distinguer que par la couleur & par la multiplicité de leurs feuilles. Il en est de rouges, de blanches, de bleues, quelques-unes violettes, & d'autres qui tirent sur le rouge. Les Anemones sauvages sont plus souvent employées dans la Medecine, & particulierement celle qui porte le nom d'*Herba venti*. Lorsque Galien en parle, il dit qu'il n'y a aucune sorte d'Anemone qui n'ait une vertu acre, abstersive, attractive & désoppilative, & que leur racine mâchée purge le phlegme du cerveau, ainsi que leur suc tiré par le nés. Ce mot vient du Grec ἄνεμος, Vent.

ANEMOSCOPE. s. m. Machine qui montre le vent qui souffle. Une girouette donne le mouvement au-dedans de la machine à un pié non canelé & à un rouet qui s'y engraine, & ces deux pieces suivant le mouvement de la girouette font tourner au-dehors une aiguille sur un cadran où les noms des vents sont marquez. Anemoscope vient d'ἄνεμος, vent & de σκοπέω, je regarde, je considere.

ANETE. s. f. Vieux mot. Canard. Il vient du Latin *Anas*, qui veut dire la même chose.

Tâte se l'Anete pond.

ANETH. s. m. Plante qui a ses tiges branchues & hautes d'une coudée & demie, & dont la semence est plate & odorante. Elle porte des fleurs jaunes en bouquet. Il y a l'Aneth de jardin & l'Aneth sauvage, & dans l'un & l'autre on distingue le grand & le petit. On se sert de sa graine en Medecine, plus que de ses fleurs & de ses feuilles. L'Aneth attenuë & incise ; & lorsqu'il est pris interieurement, il provoque les urines, & appaise les douleurs de ventre. Les feuilles sont bonnes pour concilier le sommeil. Ces mêmes feuilles, ainsi que les fleurs, servent à exciter le vomissement, & la graine fait mourir les vers & rompt la pierre. On dérive le mot d'Aneth de ἄνω, En haut, & de θέω, Courir, à cause que l'Aneth croît fort promptement. Il y a encore l'Aneth tortueux, appellé *Meû*. Voyez MEON.

ANEURISME. s. m. Terme de Medecine. Tumeur molle qui obéit au toucher, & qui s'engendre de sang & d'esprits épandus sous la chair par la relaxation ou la dilatation d'une artere. Selon Galien il se fait un Aneurisme quand l'artere est ouverte par anastomose. L'Aneurisme se fait aussi quand celui qui saigne ouvre une artere au lieu d'une veine. Ce mot est Grec ἀνεύρισμα, & se trouve écrit ainsi par abus, au lieu de ἀνεύρυσμα, puisqu'il vient du verbe ἀνευρύνω, Dilater.

ANF

ANFORGES. s. f. p. Vieux mot, dont on s'est servi pour signifier ces deux grandes gibecieres que les Marchands portent à cheval, de l'Espagnol *Alforja*, qui a la même signification.

ANG

ANGE. s. m. *Creature purement spirituelle.* Acad. Fr. Ce mot vient du Grec ἄγγελος, Messager, Député.

Ange se dit encore d'une sorte de poisson de mer qui approche fort de la Raye pour la figure, mais qui est plus gros, & qui a la chair plus dure.

On appelle aussi *Anges*, certains petits moucherons qui naissent du vin & du vinaigre.

Il y a dans l'Artillerie une espece de boulet de canon que l'on appelle *Ange*. Il est fendu en deux, & chaque moitié est attachée par une chaîne de fer. Ces boulets sont d'un grand usage sur la mer, où l'on s'en sert pour rompre les mâts, les cordages & les manœuvres des Vaisseaux des Ennemis.

ANGELIQUE. s. f. Sorte d'hypocras fait de vins exquis.

Angelique est aussi une Plante, que l'on appelle autrement *Radix Spiritus sancti*. Sa tige est haute environ de trois coudées, & sa racine, qu'elle a ronde & longue d'un pié, est de la grosseur du pouce. Ses feuilles sont larges & dentelées, & ses fleurs jaunes. On ne se sert que de sa racine, & quelquefois de sa graine qui est ronde, plate & odoriferante. On lui a donné le nom d'*Angelique*, à cause des excellentes proprietés qu'elle a contre les poisons & contre la peste. Il y en a de jardin, & une autre sauvage, qu'on divise en grande & en petite. La derniere est dite *Erratique*. Outre les proprietés que l'on vient de dire, elle a celles d'être pectorale & sudorifique, de recréer les esprits, de servir en gargarisme à purger le cerveau, & d'aider à faire sortir un enfant du ventre de la mere.

Il y a une autre *Angelique* d'Acadie, dont la fleur est jaune, & la racine noire & touffue. Elle a plusieurs tiges creuses, anguleuses, & de la hauteur d'un pié & demi, avec des branches qui naissent des aisselles des feuilles. A l'extrêmité de chaque branche est une petite ombelle, composée de plusieurs bouquets de fleurs jaunes très-petites. Ces fleurs ont cinq feuilles qui naissent d'un pericarpe vert, de la grosseur de la tête d'une épingle. Cette Plante est acre, amere & aromatique, & l'odeur en est fort differente de celle de l'Angelique ordinaire. Elle a sa graine brune, cannelée, & à peu près comme celle du Carvi.

Angelique, se dit aussi d'une sorte d'anemone blanche, à pluche gris de lin.

Il y a encore une autre *Angelique* qu'on appelle *Imperiale*, (*Imperatoria.*) Elle a la feuille comme le Fraisier & ne croît pas davantage.

ANGELIQUES. s. m. Heretiques du troisiéme siecle, ainsi nommez, selon S. Epiphane, ou parce qu'ils croyoient que les Anges avoient fait le monde, ou parce qu'ils se vantoient de mener une vie assés pure pour pouvoir être nommée Angelique. Saint Au-

guftin croit qu'ils eurent ce nom, à caufe qu'ils adoroient les Efprits bienheureux.

ANGELITES. f. m. Autres Heretiques qui fuivoient
les erreurs de Sabellius. On les appella ainfi à caufe qu'ils tenoient leurs Affemblées dans un certain
lieu d'Alexandrie, nommé Agelius, ou Angelius.

ANGELOT. f. m. Sorte de petit fromage en cœur,
fort gras & fort bon, qu'on fait au Païs de Brai
en Normandie.

On a auffi nommé *Angelot*, Une forte de Monnoye qui avoit cours fous le regne de S. Louis, &
qui valoit un écu d'or fin. Il y en a eu de moindre
prix. On y voyoit l'image de S. Michel, tenant une
épée à la main droite, & à la gauche un écu chargé
de trois Fleurs de lis, & un ferpent à fes piés. On
en a fait d'autres avec la figure d'un Ange portant
les écus de France & d'Angleterre. Ceux-là valoient
quinze fols, & furent battus du tems de Henri VI.
Roi d'Angleterre.

ANGEMMÉ. f. m. Terme de Blafon. Fleur imaginaire qui a fix feuilles femblables à celles de la
Quinte-feuille, fi ce n'eft qu'elles font arrondies,
& non pas pointues. Plufieurs croient que ce font
des rofes d'ornement, faites de rubans, de broderies ou de perles. Ce mot vient de l'Italien *Ingem-
mare*, qui veut dire; Orner de pierreries. On dit
auffi *Angene* & *Angenin*.

ANGHIVE. f. m. Arbre qui croît dans l'Ifle de Madagafcar. Il y en a de deux fortes. Le grand Anghive produit fon fruit de à peu près d'un
œuf de poule. Ce fruit eft d'un excellent goût, &
d'un rouge d'écarlate. Celui du petit Anghive n'eft
pas plus gros que font les grofeilles. La décoction
des racines de cet arbre guérit de l'ardeur d'urine &
de la gravelle.

ANGLE. f. m. Concours de deux lignes qui fe rencontrent à un point, non directement. La grandeur
de l'Angle ne dépend point de la longueur des lignes qui le forment, mais de la quantité d'un arc
de cercle qui paffe entre elles, ce cercle ayant le
point de l'Angle pour centre, & il n'importe qu'on
le faffe plus grand ou plus petit. Tout cercle étant
également divifé en 360. degrés, quand l'arc qui
paffe entre les deux lignes qui font l'Angle, a 90.
degrés, l'Angle eft *droit*, quand il en a plus de
90. il eft *obtus*, quand il en a moins, il eft *aigu*.
Tout Angle eft *plan* ou *folide* : le *plan* eft formé par
la rencontre de deux lignes, ou de deux fuperficies planes, ce qui eft la même chofe. Le *folide* eft
fait de trois fuperficies planes. L'Angle plan eft ou
Rectiligne, ou *Curviligne*, ou *Mixte*. Le Rectiligne eft formé de deux lignes droites, le Curviligne de deux courbes, par exemple de deux arcs
de cercle qui fe coupent, tel eft l'Angle *Sphérique*,
le *Mixte* eft fait d'une ligne droite & d'une courbe.

Il y a encore plufieurs fortes d'Angles en matiere de Fortification, fçavoir l'angle du cercle, l'angle de la figure intérieure, l'angle du polygone,
l'angle flanqué ou pointe du Baftion, l'angle flanquant, ou angle de tenaille, l'angle de l'épaule,
l'angle diminué, l'angle faillant ou fortant, ou angle vif, & l'angle rentrant ou angle mort. M. Felibien a parlé de tous ces Angles dans fon excellent
Ouvrage des Principes de l'Architecture; & voici
ce qu'il en dit.

L'*Angle du centre* eft celui qui fe fait au centre
de la Place par le concours de deux prochains
rayons, tirés des angles de la figure. L'*Angle de la
figure intérieure*, eft celui qui fe fait au centre du
Baftion, par la rencontre des côtés intérieurs de
la figure. L'*Angle du Polygone*, ou *de la figure exterieure*, celui qui fe fait à la pointe du Baftion, par

la rencontre des deux côtés extérieurs, ou Bafes du
Polygone. L'*Angle flanqué* eft la pointe du Baftion
entre les deux faces; on peut dire auffi l'Angle flanqué d'une Demi-lune. L'*Angle flanquant*, eft celui qui fe fait par la rencontre des deux lignes de
défenfe razantes, c'eft-à-dire, des deux faces du Baftion prolongé. L'*Angle de l'épaule*, celui que font
les lignes de la face & du flanc. L'*Angle diminué*,
celui qui fe fait par la rencontre du côté extérieur
du Polygone & de la face du Baftion. L'*Angle faillant*, celui qui préfente la pointe vers la campagne;
& l'*Angle rentrant*, celui qui la préfente vers la
Place.

Le même M. Felibien fait remarquer que tous
les Angles font vifibles ou invifibles; que les vifibles
font les angles flanqués, ceux de l'épaule ou du
Baftion, auffi-bien que ceux des Demi-lunes & autres dehors, & que les invifibles, & qui ne fervent
que pour la conftruction, font les Angles de la figure du centre, les Angles flanquans & les Angles
diminués.

Dans la difpofition d'une Armée, on appelle *Angles d'un Bataillon*, les hommes des ailes qui terminent les rangs & les files. Les chefs de files, qui
font aux extrémités du front, font les angles de la
tête; & les ferrefiles, par qui les deux ailes du
côté de la queue font bornées, forment les angles
de la queue.

On dit en termes de guerre, *Emouffer les Angles
d'un Bataillon*, quand on en retranche les quatre
encoignures, & qu'on fait en forte que les chefs
de files & les ferrefiles des angles fe trouvent difpofés de telle maniere, qu'ils forment un angle obtus
& émouffé, qui approche d'une feule ligne droite.
Cette difpofition fait un Bataillon octogone d'un Bataillon qui étoit quarré auparavant; & donne moyen
de préfenter les armes par tout, & de faire feu de
tous côtés. M. Guillet, qui nous apprend que cette
maniere de former un Bataillon, eft aujourd'hui negligée, nous en donne les raifons, & fait voir en
même-tems les avantages qu'on en recevoit, lorfqu'elle étoit en ufage. On peut voir là-deffus fon excellent livre des Arts de l'homme d'épée.

Les Architectes appellent *Angles de défenfe*, Les
éperons qui font aux piles des ponts de pierre; ce
qui s'appelle auffi *Avant-bec*.

ANGLE', E'E. adj. Terme de Blafon. Il fe dit de la
croix & du fautoir, quand il y a des figures longues
à pointes, qui font mouvantes de ces Angles. D'argent au pal d'azur, chargé d'une croix d'or, anglée
de rayons à trois pointes de même.

ANGLET. f. m. Petite cavité que l'on a fouillée en
angle droit. Les cavités qui féparent les boffages
ou les pierres de refend, & celles que forment
dans la pierre & dans le marbre les caracteres gravés de la plûpart des Infcriptions, peuvent être appellés *Anglets*.

ANGLEUX, EUSE, adj. On appelle *Noix Angleu-
fes*, celles qu'on ne peut arracher de leur coque que
par morceaux, & avec beaucoup de peine.

ANGLOIS. f. m. Vieux mot. Creancier.

*Et aujourd'hui je fai folliciter
Tous mes Anglois pour mes dettes parfaire.*

Borel fur ce mot, dit qu'il faut qu'il foit demeuré
en France, depuis qu'elle fut prife par les Anglois,
lefquels étoient les feuls qui pouvoient prêter aux
François fubjugués, leur prêtant de leurs propres
biens.

ANGUILLE. f. f. Poiffon d'eau douce, long & mé-
nu, gliffant hors des mains de ceux qui le prennent. Il eft couvert d'une peau, & n'a point d'é-
cailles. Il a la bouche affés grande & garnie de pe-

tites dents avec deux nageoires auprès des ouies. Sa chair est gluante, visqueuse, difficile à digerer, & par consequent peu saine. On ne trouve ni lait ni œuf dans les Anguilles. Au mois de Mai dans le tems du frai on les trouve toutes formées & bien vives dans le ventre des Goujons. Il n'y a que la graisse de l'Anguille qui soit bonne pour l'usage de la Medecine. On s'en sert dans toutes les douleurs qui proviennent d'humeurs chaudes. En Latin *Anguilla*, d'*Angues*, Serpent, à cause de la ressemblance.

ANGUILLE'E. s. f. Terme de Marine. Entailles faites dans toutes les pieces de bois dont le fond de calle d'un Vaisseau est composé. Ces entailles servent à faire couler l'eau de la poupe & de la proue jusques aux pompes. Quelques-uns les appellent *Anguilliers*.

ANGUILLOMEUX. adj. Vieux mot. Fin, rusé, du Latin, *Anguis*, Serpent, à cause que le serpent trompa Eve.

ANGULAIRE. adj. Qui a des angles. On appelle *Colomne Angulaire*, celle qui est isolée à l'encoignûre d'un Porche, ou engagée au coin d'un bâtiment en retour d'équerre. Une colomne qui flanque un angle aigu ou obtus d'une figure à plusieurs côtés, est aussi nommée *Angulaire*.

On dit aussi *Pilastre Angulaire*, pour dire, Un Pilastre qui cantonne l'encoignûre ou l'angle d'un bâtiment.

ANI

ANILLES. s. f. p. Vieux mot. Potences dont se servent les personnes impotentes ou décrepites, pour se soûtenir quand elles marchent. Ce mot vient du Latin *Anus*, Vieille.

C'est aussi un fer de cette figure (☰) où passe la barre qui fait tourner la meule d'un moulin.

On nomme ainsi la manivelle d'un rouet à filer; la poignée, qui est de bois & mobile s'appelle *Canette*.

ANIMATION. s. f. Terme de Medecine. On dit que l'Animation du Fœtus, c'est-à-dire, le tems où l'ame est infuse dans le corps de l'homme, n'arrive que quarante jours après qu'il est formé.

ANIME. s. f. Espece d'armûre ancienne, ayant les lames de travers, longues & larges, qui font obéir les harnois au mouvement & plient du corps. Nicod dit qu'il est croyable qu'on lui a donné ce nom, à cause que le harnois conserve l'ame, c'est-à-dire la vie, que les Italiens appellent *Anima*.

On appelle dans la Pharmacie *Gomme anime*, Certaine gomme jaunâtre & transparente, qui distille par l'incision qu'on fait à quelques arbres que la Nouvelle Espagne produit. Elle ressemble à l'encens, mais ses larmes sont beaucoup plus grosses. Pour être bonne, il faut qu'elle soit blanchâtre ou jaunâtre, citrine au-dedans, lorsqu'on la rompt, d'un goût & d'une odeur agreable, & qu'elle soit aisée à fondre sur les charbons. Elle se dissout dans l'esprit de vin bien rectifié, ou dans l'huile, comme les autres resines, & après qu'on l'a mêlée avec d'autres médicamens dans des coifes odorantes, on s'en sert pour couvrir & fortifier la tête. Il y a deux autres sortes de Gomme-Anime, mais qui étant de moindre vertu, sont peu en usage. L'une ressemble en quelque sorte à la myrrhe. Quelques-uns croient qu'elle est le *Minea* de Galien, & l'*Anymea* de Dioscoride. L'autre Gomme-Anime qui est en petites larmes, est moins jaunâtre & moins transparente que celle qui vient de la Nouvelle Espagne. On nous l'apporte des Indes. L'Arbre d'où distille l'Anime, est un arbre moyen, dont les feuilles ressemblent au Prunelier, & qui a ses

fruits semblables aux glands. Ils contiennent un noyau blanc dedans & couvert d'une certaine salive coulante & resineuse. Les Espagnols l'appellent en Amerique *Incenso de las Indias*, à cause que cette resine est fort semblable à l'encens des Anciens, & les autres le nomment *Anime*.

ANIME', E'E. adj. On se sert de ce terme dans le Blason, lorsqu'on parle d'un cheval qui paroît être dans quelque sorte d'action. On le dit aussi de sa tête seule. *D'azur à une tête de cheval d'or animée, & bridée de sable.*

ANIS. s. m. Plante dont les feuilles ressemblent à celles de l'Ache, excepté qu'elles sont moins entaillées; c'est-à-dire, celles qui sont contre terre, les feuilles de la cime l'étant beaucoup plus. Sa tige qui est ronde, haute d'une coudée & fort branchue, porte un bouquet blanc, qui a une odeur de miel, & d'où sort une graine longuette, dont le goût a quelque chose d'amer & de piquant, & tout ensemble de doux. Pour bien choisir l'Anis, il faut qu'il soit bien nourri, mediocrement vert & d'un goût doux, agreable & un peu piquant. On ne se sert que de sa semence dans la Medecine, les autres parties n'étant point d'usage. On fait de l'huile d'Anis par expression. Elle est claire & verdâtre, & garde l'odeur avec le goût de l'Anis.

ANN

ANNA. s. m. Petite bête du Perou que les Espagnols nomment *Zorriva*. Ces Animaux sentent si mauvais que quand ils entrent de nuit dans les Villages, la puanteur qu'ils exhalent se fait sentir dans les maisons, quoique les fenêtres soient fermées. Il est impossible de supporter cette odeur de cent pas loin. Heureusement ces bêtes sont rares.

ANNATE. s. f. Droit que prend le Pape sur tous les grands Benefices Consistoriaux, & de valeur de vingt-quatre Ducats de revenu. Il se paye ordinairement selon la taxe qui en a été faite à Rome dans les Livres de la Chambre Apostolique, & qui est le plus souvent une année du revenu du Benefice. Les uns mettent l'Institution des Annates en 1260. & les autres sous le Pontificat de Jean XXII. vers l'an 1316. La plus commune opinion est que ce fut Boniface IX. qui les établit. Le Concile de Bâle tenu en 1431. défendit les Annates, & ordonna qu'on accorderoit au Pape pour subvenir aux affaires de l'Eglise, & à l'entretien des Cardinaux; que cependant les Prélats payeroient la moitié de la taxe qu'on avoit accoûtumé de faire, & seulement pour provision: lequel payement se feroit, non pas avant que les Bulles eussent été accordées, mais après qu'on auroit joui du Benefice une année. Le Concile de Bourges où se trouva Charles VII. en 1438. reçût le Decret de celui de Bâle contre les Annates, & ce Prince accorda au Pape une taxe mediocre pendant sa vie sur les Benefices qui seroient vacans, & cela en consideration des besoins pressans de la Cour de Rome. Le mot *Annate* vient du Latin. *Annata.*

ANNEAU. s. m. Cercle fait d'une matiere solide, dont on se sert pour attacher quelque chose. Il y a dans tous les Ports & dans tous les Quais des Anneaux de fer pour attacher des bateaux. L'*Anneau d'une clef* est le bout qu'on tient d'une clef quand on s'en sert pour ouvrir une porte. *Anneau de corde*, est ce qui sert à faire un nœud coulant.

On appelle en termes de mer, *Anneaux de Vergues*, deux petits anneaux de fer mis ensemble dans de petites crampes qu'on enfonce de distance en distance dans les deux grandes Vergues. L'un de ces anneaux est employé à tenir les garcettes qui servent

servent à plier les voiles ; & pour arrêter les mêmes garcettes , on en passe le bout dans l'autre anneau.

On appelle aussi *Anneaux de Sabords*, certaines boucles de fer mediocrement grosses,dont on se sert pour fermer & amarrer les mantelets des Sabords.

L'*Anneau Astronomique*, est un petit anneau de métal , gradué , qui a une alhidade avec quoi l'on prend les hauteurs des astres , & l'on fait des operations d'Altimetrie. En Astronomie on appelle *Anneau de Saturne* une apparence reglée de Saturne , qui après avoir paru à peu près rond paroît ovale , & comme ayant de part & d'autre deux petites anses, ensuite la figure ovale, & les anses augmentent toûjours jusqu'à un certain point. Pour expliquer ce Phénomène , on a supposé que Saturne , outre ses cinq *Satellites* qui se meuvent autour de lui , étoit environné d'un anneau , à peu près comme un Globe artificiel l'est d'un horison large de deux ou trois doigts. Si l'on regarde ce Globe de loin , & de façon que le plan de l'horison étant continué passe par l'œil du spectateur , le Globe paroîtra rond , si ce n'est qu'il sera un peu plus long dans le sens du diametre parallele aux deux yeux du spectateur. Si cette situation change , & que l'œil soit élevé sur le plan de cet horison , le Globe paroîtra encore plus long dans le sens que nous venons de dire , & plus l'œil sera élevé sur ce plan , plus le Globle sera ovale. Il en va de même de Saturne , & c'est ce qui a fait imaginer l'Anneau. Il est difficile de conjecturer ce que ce peut être. Quelques-uns disent que c'est un cercle de Satellites.

ANNE'E. s. f. Espace de tems pendant lequel le Soleil ou une autre planete parcourt par son mouvement propre le Zodiaque entier. Quand on dit simplement année , on entend d'ordinaire celle du Soleil. L'*année Astronomique* est de 365. jours 5. heures 49. minutes , mais comme ces fractions ne peuvent entrer dans l'*Année civile* ou *politique*, où il ne faut que des nombres entiers de jours ; delà vient une des difficultés de faire un bon Calendrier. Voyez CALENDRIER. L'*Année Astronomique* s'appelle aussi *Tropique* , de τρέπω, *retourner* , parce que le Soleil revient précisément au même point du Zodiaque d'où il étoit parti. L'*Année Solaire* est une année civile reglée par rapport au mouvement du Soleil , & l'*Année Lunaire* est aussi une année civile reglée par rapport au mouvement de la Lune , & composée de douze mois Synodiques. Voyez MOIS. L'année Lunaire prise sans fractions est de 354. jours , & par consequent elle est de 11. jours moindre que l'année Solaire qui prise aussi sans fractions est de 365. jours , ces 11. jours de difference font l'*Epacte*. Voyez EPACTE. Il y a *Année commune & Bissextile* ou *Embolismique* ou *Intercalaire*. Voyez CALENDRIER. EMBOLISMIQUE. INTERCALAIRE. Il y a aussi *Année cave & pleine.* Voyez CAVE.On dit encore *Année Julienne.*Voyez CALENDRIER. Ce mot vient du Latin *Annus*,qui anciennement a signifié *cercle* , d'où est venu le diminutif *Annulus* , (Anneau). On a donné le nom d'*Annus* , parce qu'elle revient en cercle. *Annus* a été fait du vieux mot Latin *am*, alentour , formé du Grec ἀμφί

ANNELET. s. m. Terme de Blason. Petit anneau tout rond.

ANNELETS , en termes d'Architecture sont de petits membres quarrés , nommés autrement *Listeaux* ou *Filets* , que l'on met au Chapiteau Dorique, audessous du quart de rond. On appelle aussi *Anneaux* les petites Astragales.

ANNICHILER. v. a. Vieux mot. Réduire au neant , *Tome I.*

du Latin , *Nihil* , Rien.

ANNILLE. s. f. C'est proprement un fer de Moulin , & on l'a nommé ainsi à cause qu'il se met comme un anneau autour des moyeux , afin de les fortifier. Ces Annilles étant souvent faites en forme de croix ancrée , on a nommé ces sortes de croix *Annilles* dans le Blason.

ANNONA. s. m. Grand arbre de la nouvelle Espagne , nommé ainsi par les Espagnols. Ceux du Païs l'appellent *Quauhtzapotl.* Ses feuilles ressemblent à celles de l'Oranger , quoique plus étroites. Ses fleurs sont blanches , d'une odeur douce , & divisées en trois angles. Le fruit de cet arbre est bigarré de marques rouges & vertes, de la grosseur d'un Melon de l'Amerique. Au-dedans il est rempli de petits noyaux noirs. Sa chair approche du mets délicat appellé *Manjar blanc* , mais elle nourrit moins , & engendre de mauvaises humeurs. Les graines du fruit arrêtent le flux de ventre.

ANNONCHALIR , s'ANNONCHALIR. v. n. p. Vieux mot. Perdre courage , tomber dans une maniere d'indolence , de langueur.

ANNONCIADE. s. f. Ordre de Servantes ou Serviteurs de la Vierge. Il commença vers l'an 1232. & saint Philippe Benizi ou Benini en est reconnu le Fondateur. Il se joignit à sept Marchands de Florence , dont le principal étoit Bonfils de Monaldis, qu'une vocation particuliere avoit obligés de se retirer au Mont Senere près la même Ville. De semblables Congregations furent ensuite établies à Venise & à Marseille. Jeanne , Reine de France , fille de Louis XI. établit à Bourges sous ce même nom la Regle d'un second Ordre , sous douze articles qui regardent douze Vertus de la Vierge. Ce second Ordre d'Annonciade fut approuvé par les Papes Jule II. & Leon X. La Reine Jeanne étoit femme de Louis XII. par qui elle consentit d'être répudiée avec la dispense d'Alexandre XI. Marie-Victoire Fornari , morte en 1617. a fondé un troisième Ordre d'Annonciade , appellé autrement *des Celestes* , qui a été approuvé par le saint Siege , & dont il y a plusieurs Monasteres en France. C'étoit une Veuve de Genes , qui s'étoit rendue recommandable par la sainteté de sa vie. Elles sont vêtues de bleu avec un Scapulaire rouge fort large. Il y a eu aussi une Société de l'Annonciade fondée à Rome par le Cardinal Jean de Turrecremata , pour marier les pauvres filles.

L'Ordre de Chevalerie, appellé *de l'Annonciade*, est un Ordre de Savoye. Amé V. dit le Comte Verd , institua celui du Lac d'Amour en 1355. Ceux qui en étoient portoient un Collier formé de roses blanches & rouges , que joignoient des lacs d'amour entrelassés de ces quatre lettres F. E. R. T. Depuis , Charles dit le Bon , consacra cet Ordre à l'Amour Divin , qui dans le Mystere de l'Incarnation a uni le Verbe à notre chair , & il en fit l'Ordre de l'Annonciade , dont l'Image pend pour medaille au bas du Collier , que quatre lacs d'amour environnent.

ANNULAIRE. ● n'a guere d'usage que joint avec *doigt* , & ● pelle *Doigt annulaire* , le quatrième doigt de la main , à cause que c'est celui où l'on met le plus souvent des anneaux , du Latin *Annulus* , Anneau.

ANNUS. s. m. Racine du Perou , longue & grosse comme le pouce. Elle est d'un goût amer , & les Indiens la mangent cuite. Ils tiennent qu'elle ôte la puissance d'engendrer.

ANO

ANODYNS. s. m. Remedes qui par leur chaleur

F

moderée adouciſſent & appaiſent les douleurs. On les appelle auſſi *Paregoriques*, d'un mot Grec qui ſignifie Conſolée, & quelquefois *Lyſiponia*, d'un autre mot Grec, qui veut dire, Qui délivre de tout travail. Il y en a d'Hypnotiques qui provoquent le ſommeil, & de Narcotiques, qui ôtant le ſenti-ment, empêchent que l'eſprit animal ne vienne juſqu'à la partie affligée. Les autres que l'on appel-le proprement *Anodyns*, ſont ceux qui par une humi-dité temperée, & par une ſubſtance ſubtile s'in-ſinuent dans la partie, & appaiſent la douleur en y fomentant la chaleur naturelle. Il y en a de deux ſortes ; les uns temperés, qui n'excedent en aucu-ne qualité, & que l'on applique exterieurement ſur la partie qui ſouffre, comme l'oignon de Lis, la racine de Guimauve, les feuilles de Mauve, Vio-lettes & Sureau, l'huile des fleurs du Bouillon blanc, les ſemences du Lin & de Senegré bouillies dans du lait, les jaunes d'œufs, &c. Les autres qui approchent fort des temperés, ſont chauds, & humides au premier dégré, comme l'Aneth, les fleurs de Camomille & de Melilot. Ce mot eſt Grec ν ἀ δὺνα, de la particule privative, & de ὀ δὺν, Douleur.

ANOLI. ſ. m. Sorte de Lezard qui ſe rencontre dans le grand cul de ſac de l'Iſle de la Guadeloupe, auſſi-bien que dans toutes les autres Iſles. Il a un pié ou un pié & demi de longueur, & les plus gros n'atteignent jamais la groſſeur du bras. Ces Lezards ont le ventre de couleur de gris cendré, le dos tanné tirant ſur le roux, le tout rayé de bleu, la tête toute marquetée de bleu, de vert & de gris, & le bec un peu afilé. Ils ſe retirent dans les trous de la terre, d'où la grande chaleur du jour les fait ſortir, & pendant la nuit ils font un bruit plus pénétrant que n'eſt celui des Cigales. Ils vivent des os & des aretes qu'on jette devant la porte des ca-fes, & paiſſent quelquefois l'herbe, principalement les potageres. Si on en tue quelques-uns, les autres les mettent en pieces, & les mangent.

ANOMALIE. ſ. f. Terme d'Aſtronomie. Arc du Zo-diaque compris entre l'Apogée de l'Excentrique d'u-ne Planete, & le lieu de cette Planete. Comme ce lieu peut être double, *le vrai & le moyen*, (Voyez LIEU, & MOYEN,) l'Anomalie d'une Planete qui eſt la diſtance de l'Apogée à l'un ou à l'autre lieu, eſt double auſſi ; *la vraye & la moyenne*. Les Anomalies ſervent à trouver les *Proſtapherſes*, puiſ-que la Proſtapherſe n'eſt autre choſe que la diffe-rence de l'Anomalie vraye & de la moyenne, & peut-être eſt-ce delà que l'Anomalie eſt auſſi appel-lée *Argument*, parce qu'elle eſt le *ſujet* ou la *mar-que* de ce qu'il y a à faire pour égaler le moyen mouvement au vrai, ce qui ſe fait par la Proſta-pherſe. Voyez PROSTAPHERESE, & MOYEN.

On appelle auſſi *Anomalie* la diſtance de la Planete à l'Apogée de ſon Epicycle. Voyez EPICY-CLE. Le mot d'Anomalie vient de ἀνωμαλία, irré-*gularité*, de *à* privatif, & de *νόμος*, Loi, parce qu'elle eſt fondée ſur l'inégalité apparente du mou-vement de la Planete dans ſon Excentrique. Voyez EXCENTRIQUE.

ANOME'ENS. ſ. m. Nom que l'on donna aux purs Ariens dans le quatriéme ſiecle. Comme ils te-noient que le Fils de Dieu étoit diſſemblable à ſon Pere en eſſence, & de tout le reſte, on les nomma auſſi *Diſſemblables*, ce que ſignifie le mot Grec ἀνόμοιος.

ANORDIE. ſ. f. On appelle ainſi des tempêtes de vent de Nord, qui s'élevent en certains tems dans les Iſles du Mexique, & aux côtes de la Nouvel-le Eſpagne.

ANORME', E'E. adj. Vieux mot. Extraordinaire, contre la regle commune, du Latin *Norma*, Re-gle. On a dit auſſi, Anormal.

Tu dois ſçavoir que les fiers animaux,
Qui en leur vie ont fait cas anormaux.

ANR

ANRAMATICO. ſ. m. Plante qui croît dans l'Iſle de Madagaſcar, juſqu'à la hauteur de deux cou-dées, & qui au bout de ſes feuilles longues d'une paume, pouſſe une fleur creuſe ; & un fruit en for-me d'un petit vaſe, avec un couvercle par deſſus, ce qui eſt aſſés particulier. Ces fleurs ſont pleines d'eau après la pluye, & chacune en peut conte-nir environ un demi ſextier. Cette plante eſt de deux ſortes ; les unes fleuriſſent rouges, & les autres jaunes.

ANS

ANSE. ſ. f. Terme de Marine. Eſpece de Baye qui n'eſt pas profonde. Enfoncement de mer entre deux pointes de terre.

On appelle en termes d'Architecture, *Anſes de panier* les arcs ou voûtes ſurbaiſſées.

ANSEATIQUE. adj. On appelle *Villes Anſeatiques* certaines Villes de la Hanſe Teutonique, c'eſt-à-dire, Villes d'Allemagne maritimes ſituées ſur des Rivieres navigables, qui ſe ſont communi-qué leurs privileges avec leur droit de Bourgeoi-ſie. Lubeck eſt la principale. Ces Villes s'aſſocie-rent pour le Commerce en 1254. & firent entr'el-les une Ligue offenſive & défenſive. Les uns font venir ce mot de l'Allemand, *An zée*, qui veut di-re, Proche de la mer. Les autres le dérivent de *Hanſe*, qui ſignifie Alliance, & ils écrivent *Han-ſeatiques*.

ANSPECT. ſ. m. Les Matelots uſent de ce mot pour dire, *Un Levier*.

ANSPESADE. ſ. f. Bas Officier d'Infanterie deſti-né à ſoulager le Caporal qu'il reconnoît au-deſſus de lui. Il eſt au nombre des hautes payes, & n'eſt exempte ordinairement de faction, ſi ce n'eſt des rondes & des ſentinelles perdues. Il y a cinq Anſ-peſades dans chaque Compagnie.

ANT

ANTAMBA. ſ. m. Sorte de bête de la grandeur d'un gros chien, qui ſe trouve dans l'Iſle de Madagaſ-car. On la voit fort rarement, à cauſe qu'elle ſe tient ſur des Montagnes où il ne va jamais perſon-ne. Les Negres diſent qu'elle reſſemble à un Leo-pard, & qu'elle a la tête ronde. Elle dévore les hommes & les animaux.

ANTAN. ſ. m. Vieux mot. L'année précedente.
Mais où ſont les neiges d'antan.
Il vient du Latin *Ante annum*.

ANTANAIRE. adj. On appelle en termes de Faucon-nerie, *Oiſeau Antanaire*, celui qui a ſon pennage de l'année précedente, ſans avoir mué.

ANTALIUM. ſ. m. Drogue qui entre dans la com-poſition de l'onguent Citrin, & qui n'a guere d'au-tre uſage dans la Medecine. Ce n'eſt qu'un petit tuyau marin, dur comme une coquille, & dont le dedans qui eſt poli & creux enferme un petit poiſ-ſon. Ce tuyau eſt cannelé en-dehors, & Pline l'ap-pelle *Dactylus* ou *Digitus*, à cauſe qu'il eſt long com-me le petit doigt. D'autres croyent que ce nom lui eſt donné par la reſſemblance de couleur qu'il a avec un ongle du doigt.

ANTARCTIQUE. adj. m. C'eſt le nom du Pole op-poſé au Pole Arctique. Voyez ARCTIQUE & POLE. Nous ne voyons jamais le Pole Antarctique dans la position de la sphére où nous sommes.

ANTE. f. f. Vieux mot. Tante, du Latin *Antiqua* ou *Amita*.

> *Qui fut fiere de fa belle Ante.*

ANTE. f. f. Piece de bois qui est attachée avec des liens de fer aux volants des moulins à vent. .

Antes sont des Pilastres que les anciens mettoient aux coins des murs de leurs Temples. On appelle aussi generalement *Antes* les jambes de force qui sortent peu à peu hors du mur.

ANTE-EVANGELIUM. f. m. Terme particulier au Diocese d'Angers. C'est une Antienne que le Diacre entonne à l'Autel avant de partir pour aller chanter l'Evangile. C'est ordinairement l'Antienne de *Benedictus.*

ANTENNE. f. f. Longue piece de bois suspendue de travers à une poulie au haut du mât d'un Vaisseau, & à laquelle la voile est attachée.

ANTESTATURE. f. f. Terme de Fortification. Traverse ou petit retranchement que l'on fait avec des palissades ou avec des sacs à terre, & dont on se couvre à la hâte, pour disputer aux ennemis ce qui reste d'un terrain dont ils ont gagné quelque partie. Ce mot vient de *Ante stare,* Etre devant.

ANTHERA. f. f. On appelle ainsi en termes de Medecine le jaune qui est dedans & au milieu de la rose. L'Anthera est plus astringente que la rose même. Dioscoride, Galien & quelques autres ont donné ce nom à une composition dont on se sert pour les ulceres de la bouche & des gencives. Elle n'est plus en usage.

ANTHOS. f. m. Ce mot est Grec, & veut dire, Fleur en general. Cependant tous les Apothicaires entendent par là la Fleur de Rosmarin, comme étant la plus considerable de toutes les fleurs, & meritant d'être appellée Fleur par excellence.

ANTHROPOMORPHITES. f. m. Heretiques qui ont soûtenu que Dieu avoit une forme humaine, sur laquelle il avoit créé l'homme à son image. Ils celebroient la Pâque à la maniere des Juifs. On les a aussi appellés *Andiens*, à cause qu'ils suivoient les opinions d'un certain Andée. Ce mot *Anthropomorphites* vient du Grec ἄνθρωπος, Homme, & de μορφή, Forme.

ANTHYLLIS. f. f. Plante dont Dioscoride dit qu'il y a de deux especes. L'une, fort semblable à la Lentille, a ses feuilles molles, ses branches dressées & de la hauteur d'un palme. Elle croît aux terroirs salés & bien exposés au soleil, & est d'un goût qui tient quelque peu du sel. Sa racine est petite & menue. L'autre espece d'Anthyllis ressemble à l'Ive muscate, en son feuillage & en ses branches, qui neanmoins sont plus âpres, plus velues & plus petites. Sa fleur est rouge & puante, & sa racine comme celle de Chicorée. Galien dit que les deux especes d'Anthyllis sont moyennement dessicatives & fort propres à consolider des ulceres & des playes; mais que celle qui ressemble à l'Ive muscate est un peu plus subtile que l'autre, & fort bonne à ceux qui ont le haut mal.

ANTIADIAPHORISTES. f. m. On a appellé ainsi certains rigides Lutheriens qui rejettoient les céremonies de l'Eglise, & ne vouloient point qu'on reconnût la jurisdiction des Evêques.

ANTIDICOMARIENS. f. m. Heretiques de la secte d'Helvidius, qui vivoit sous Theodose le Grand 355. ans après JESUS-CHRIST. Ils soûtenoient les erreurs contre la pureté de la Mere de Dieu, & prétendoient qu'après la naissance du Sauveur du monde, elle avoit eu d'autres enfans de saint Joseph. Ce mot vient du Grec ἀντιδικῶνος, Accusateur, à

Tome I.

partie adverse dans un procès. On les a nommés aussi *Antimarites.*

ANTIDOTE. f. m. Remede qu'on donne ordinairement contre les poisons, contre la peste, ou contre les morsures des bêtes venimeuses. Quand ces remedes sont pris au-dedans on les appelle *Alexipharmaques*, & appliqués au-dehors on les nomme *Alexiteres.* Ils sont composés de poudres corroboratives, ou d'autres poudres magistrales, qui sont cardiaques, ou qui resistent aux venins. On les démele dans quelque liqueur propre pour cela, & l'on en fait certaines confections molles, appellées tantôt *Antidotes humides*, tantôt *Opiates*, & tantôt *Confections cordiales*, dont les unes servent à recréer les esprits & les parties vitales, les autres sont alteratives & somniferes, & les autres theriacales. On les nomme aussi *Electuaires mols*, à la distinction des solides. On ne laisse pas d'appeller improprement *Antidotes* tous les remedes composés qu'on donne indifferemment contre toutes sortes de maladies. Ce mot vient du Grec ἀντὶ, Contre, & de δίδωμι, Je donne, parce qu'il se donne contre les poisons.

ANTIE. adj. Vieux mot. Ancienne.

> *En une grand forêt antie.*

ANTIMOINE. f. m. Mineral de couleur noire, qui est rempli de veines luisantes comme un fer poli, & qui tient de la nature du métal & de la pierre. Il se fond au feu & se pulverise. Le meilleur vient de Hongrie, & a un soufre plus pur & imbu de la terre dont se fait l'or. Il y en a de deux sortes, le mâle, qui est plus grossier, sablonneux & plein d'écailles, & qui pese moins, à cause qu'il ne participe pas tant du métal que la femelle, qui est fort luisante, rayée, friable, & qui par des conditions toutes contraires à celles du mâle, merite de lui être préferée. On peut connoître si l'Antimoine est bon, en le frottant contre un papier teint de couleur jaune, après qu'on l'a bien uni avec une dent de Sanglier. Si ce qui a été frotté devient rouge, c'est une marque assurée de sa bonté. On peut encore en être certain par une autre experience, qui est d'imbiber quelques dragmes d'Antimoine bien pulverisées dans le plus fort esprit de vinaigre qu'on puisse trouver. On le laisse ensuite évaporer sur une lame de fer ou de terre sur un feu lent; & l'évaporation étant faite, si la poudre d'Antimoine demeure rouge, on ne doit point douter qu'elle ne soit bonne. La préparation la plus ordinaire de l'Antimoine se fait en prenant, par exemple, une livre de nitre purifié, & une autre livre de bon antimoine. On les pulverise grossierement chacun à part, après quoi on les mêle, & on les verse cueillerée à cueillerée dans un pot de terre, ou dans un mortier de fonte, entre les charbons ardens. La premiere cueillerée étant versée, on prend un charbon allumé, avec lequel on embrase cette matiere. Comme elle est incontinent toute en feu, on se sert d'une verge de fer pour la remuer; & lorsque la flamme est appaisée, on verse une seconde cueillerée de matiere qui s'enflamme d'elle-même. On la remue comme l'autre, jusqu'à ce qu'elle s'embrase entierement, & qu'elle se convertisse en une poudre rougeâtre, qui à cause de cette couleur est nommée *Crocus.* Alors on retire le mortier du feu. On pulverise la matiere, & on l'édulcore deux ou trois fois avec de l'eau tiede, en la filtrant par le papier gris. Cela étant fait, on met secher la poudre, pour s'en servir quand la necessité le demande. Les Chymistes appellent l'Antimoine préparé *Crocus Metallorum*, Safran des métaux, à cause que sa couleur rougeâtre, tirant sur le jaune, est la

couleur du fafran, & que l'Antimoine eft mis au
rang des métaux. On l'appelle aufli vulgairement
Foye d'Antimoine, parce qu'avant qu'on le mette
en poudre, il a une couleur qui approche de celle
du foye. On fe fert de l'Antimoine préparé pour
faire le vin que l'on appelle Emetique. L'Antimoine préparé eft un excellent remede contre les Epi-
lepfies, les Apoplexies, les douleurs de tête, &
fur-tout contre celles qui font caufées par les vapeurs qu'envoient les parties baffes. Il emporte les
fiévres intermittentes les plus opiniâtres, & même
les continues, quand elles font longues ; & on
s'en peut fervir dans toutes les occafions où le vomiffement paroît neceffaire. Il eft dangereux d'en
prendre dans les maladies de la poitrine, fi ce n'eft
à l'afthme inveteré, lorfqu'il provient d'une matiere pituiteufe épaiffie. Il y a encore l'*Antimoine
Diaphoretique*, qui fe fait d'Antimoine préparé. Sa
proprieté eft de provoquer les fueurs, & c'eft delà
qu'il a été furnommé *Diaphoretique*. Le mot *Antimoine* vient du Latin *Antimonium* ; & il n'y a
nulle apparence de verité au conte qu'on fait d'un
Moine Allemand qui cherchant la pierre Philofophale, jetta aux pourceaux de l'antimoine, dont il
fe fervoit pour avancer la perfection des métaux.
Ayant reconnu que ces animaux après en avoir
mangé, en furent purgés très-violemment, & en
devinrent enfuite bien plus gras, il crut que fes
Confreres fe porteroient beaucoup mieux, s'il les
purgeoit de la même forte. L'effai qu'il en fit fur
malheureux, puifqu'ils en moururent tous. On
veut que ce mineral ait été delà nommé Antimoine, du Grec ἀντὶ, Contre, comme qui diroit, *Contraire aux Moines*.

ANTIMONIENS. f. m. Heretiques, qui felon Pontanus, eurent pour Auteur un certain *Joannes Agricola* en 1535. Ils furent ainfi nommés, parce qu'ils
rejettoient la Loi, de ἀντὶ, Contre, & de νόμος, Loi,
laquelle Loi ils difoient n'être neceffaire en aucune forte fous l'Evangile, ni pour la conduite, ni
au regard de l'amendement. Ils prétendoient que
les bonnes œuvres n'avancent point la beatitude,
& que les méchantes n'empêchent point que l'on
n'y parvienne ; que Dieu ne punit jamais les enfans pour leurs pechés, & que ce n'eft pas aufli à
caufe de leurs pechés qu'il châtie quelquefois une
nation ; que le meurtre, l'adultere & l'yvrognerie
font des pechés dans les impies, mais non pas
dans les enfans de grace, & que perfonne ne
doit s'inquieter en fa confcience pour quelque peché. Ils débitoient plufieurs autres rêveries de cette nature.

ANTIPATHES. f. m. Efpece de Corail, dont parle Diofcoride. Il dit qu'il eft noir & fait en maniere
d'arbre, mais plus branchu, & ayant les mêmes proprietés que le Corail.

ANTIPODES. f. m. p. Ceux qui font à deux endroits du Globe terreftre diametralement oppofés.
Ils font fous les deux demi-cercles differens du même Meridien, & fous des paralleles également é-
loignés de l'Equateur des deux côtés. Delà vient
que les uns ont le jour quand les autres ont la nuit,
& qu'ils ont les faifons contraires les uns aux autres. Ce mot eft Grec, ἀντίποδες, *qui ont les piés oppofés les uns aux autres*. Voyez ANTOECIENS &
PERIOECIENS.

ANTIQUE, à *l'Antique*. On emploie ce mot dans
le Blafon, en parlant des chofes qui ne font pas de
l'ufage moderne, comme des Couronnes à pointes
de rayons, des Coëffures anciennes, Grecques &
Romaines, des vêtemens, des bâtimens, des niches Gotiques, &c. *D'argent au bufte de More de*

fable, couronné d'or à l'antique. D'azur à trois fers
de l'ance à l'antique.

ANTIRRHINUM. f. m. Plante qui a fes tiges & fes
feuilles femblables à celles de l'Anagallis. Sa fleur
eft rouge, & reffemble à celle du Violier, quoiqu'elle foit moindre. Sa graine eft comme un mufle
de veau. Diofcoride qui en fait ainfi la defcription,
ajoûte qu'on tient que fi on fe frotte d'Antirrhinum
avec de l'huile de lis, il embellit la perfonne, &
qu'en le portant pendu fur foi, on ne peut être ni
enforcelé ni empoifonné. Theophrafte veut que
cette plante reffemble à l'Aparine ; ce qui fait croire à Matthiole que les Exemplaires de Diofcoride
& de Theophrafte ont été corrompus en cet endroit, parce qu'il a vû quatre fortes d'Antirrhinum, dont aucun n'avoit les feuilles femblables ni
à l'Anagallis, ni à l'Aparine. Même la diverfité des
fleurs fuit celle des plantes, puifqu'elles font purpurines en l'un, qu'elles approchent de cette couleur en l'autre, & qu'il y en a où elles font blanches. Toutes ces fortes d'Antirrhinum portent cependant une graine affés femblable au mufle de
veau. Il dit que la plante eft fi ennemie des fcorpions, qu'en la voyant feulement, ils demeurent
aufli-tôt comme endormis & fans force.

ANTISPODE. f. m. Faux Spode que les Medecins
mettent en la place du vrai Spodium, qui eft difficile à recouvrer. Diofcoride dit que pour faire les
médicamens fuppletifs, que l'on appelle *Antifpodes*, on met des feuilles de Myrthe avec leurs fleurs,
& des Myrtiles qui ne foient pas encore mûrs,
dans un pot de terre crue, ayant un couvercle per-
tuifé. On laiffe ce pot dans la fournaife, jufqu'à ce
qu'il foit parfaitement cuit ; après quoi on remet
ces cendres de Myrthe en un autre pot cru, couvert
comme l'autre, & on le fait cuire comme apara-
vant. Le tout étant bien brûlé, on prend les cendres, on les lave bien, & on les garde pour s'en
fervir dans l'occafion. On peut faire la même chofe avec une branche d'olivier fauvage qui aura fon
fruit, ou d'olivier domeftique étant en fleur, ou
avec des pommes de coing mifes en pieces & émon-
dées de leur graine. Les Antifpodes fe font aufli
de noix de galle, ou de drapeaux déchirés, ou de
mûres blanches & vertes qui ayent été fechées au
Soleil, ou de terebenthine, ou de lentifque, ou de
feuilles tendres de ronce, ou de branches de bouis,
ou de cyprès bâtard qui fera en fleur. Quelques-
uns fe fervent de feuilles de figuier feches, & préparées comme celles de myrthe, & d'autres de colle de taureau.

ANTITACTES. f. m. Heretiques ainfi nommés du
mot Grec ἀντιτάσσομαι, Je repugne, je m'oppofe. En
effet, ils fuivoient des opinions fi particulieres &
fi oppofées à celles de tous les autres, qu'ils
croyoient, non feulement que le peché n'étoit pas
mauvais, mais qu'en commettant toutes fortes d'a-
bominations on meritoit des récompenfes. Ces Heretiques étoient fortis de la déteftable fecte des
Gnoftiques

ANTOECIENS. f. m. p. Ceux qui habitent fous le
même demi-cercle de Meridien, & fous des paralleles également éloignés de l'Equateur des deux côtés. Ils ont le jour en même-tems, mais ils ont les
faifons contraires les uns aux autres. Ce mot vient
de ἀντὶ, vis-à-vis, & de οἶκος, maifon, comme fi
on difoit, *qui habitent vis-à-vis*. Voyez ANTI-
PODES & PERIOECIENS.

ANTOIT. f. m. Inftrument courbé de fer, dont on
fe fert en conftruifant un Navire, pour faire approcher les bordages près des membres, & les uns près
des autres.

ANTORA. f. f. Plante qui est un merveilleux préservatif contre les venins, & dont la tige est haute d'un palme & demi, quelquefois d'une coudée. Cette tige est ronde & ferme, & il en sort deçà & delà par intervalles, des feuilles minces & fort découpées. Sa cime est très-chargée de fleurs, qui font purpurines, & ressemblent à celles de Napellus, excepté qu'elles font moindres. L'Antora, ou plûtôt *Antitora*, produit deux racines, longuettes comme deux olives, & plus grandes quelquefois, noires dehors & blanches dedans, comme le nard des montagnes. Cette Plante croît avec le Napellus aux montagnes de Gennes & de Piémont; ce qui fait que Matthiole ne s'éloigne pas de croire que c'est la Zedoaria d'Avicennes, parce qu'Avicennes écrit que la Zedoaria vient avec le Napellus, & à ses racines comme l'Aristoloche ronde.

AOR

AORER. v. a. Vieux mot. Prier. On a appellé le Vendredi faint, *Le Vendredi aoré*, & M. Ménage croit que ce mot venoit de *Adoratus*, Adoré, à cause qu'on va ce jour-là adorer la Croix. On a dit aussi *Aourer*, pour Adorer.

  Et la belle que j'aour
  Qui sur toutes à beauté & valour.

On a dit encore *Aourner*.
  Et le Vendredi faint & aourné.

AORTE. f. f. Terme de Medecine. On appelle ainsi la grande artere qui sort du ventricule gauche du cœur, pour porter le sang dans tout le corps. Ce mot est Grec, *αορτη*, & il se trouve dans Aristote où il s'explique par *Vena dextra spina*. Xenophon s'est servi du mot *αορτη*, pour dire, De petits coffres où l'on enferme des hardes.

AOUSTERELLE. f. f. Vieux mot. Sauterelle. Borel dit qu'on l'a peut-être appellée ainsi du mois d'Août:
  Je te raemplirai d'hommes comme d'aousterelles.

APA

APARAGER. Vieux mot. Comparer.
  Donc Ajax à moi s'aparage.
APARISSABLEMENT. adv. Vieux mot. Manifestement.
APATICHER. v. n. Vieux mot. Imposer un tribut pour le pastis. On a dit aussi *Apatisser*. Borel croit que ce mot a signifié Aller manger; & il en apporte cet exemple, *Et délibera de soi apaticher à la garnison plus prochaine.*
APATURIES. f. f. On a appellé ainsi certaines Fêtes que les Athéniens celebroient à l'honneur de Bacchus. D'autres prétendent que ces Fêtes se faisoient à l'honneur de Jupiter & de Pallas.

APE

APERITIF. adj. On fait de ce mot un nom substantif pluriel en termes de Medecine, & on appelle *Aperitifs*, Les médicamens qui ouvrent les orifices des vaisseaux & tous les conduits des parties interieures, & qui dilatent & débouchent les arteres, comme les racines de chiendent, de chicorée, de capres, la fumeterre, l'absynthe, les capillaires, les noyaux de pêche, l'ammoniac, la canelle. Les Aperitifs doivent non-seulement être chauds, mais avoir une substance grossiere. Ce mot vient du Latin *Aperire*, Ouvrir.
APERTISE. f. f. Vieux mot. On trouve *Apertise d'armes* dans Froissard, pour dire, Dexterité, capacité.

APH

APHELIE. f. m. Terme qui se dit d'une Planete lorsqu'elle est dans sa plus grande distance du Soleil, du Grec *απο*, & de *ηλιος*, Soleil. Cela suppose que le cercle qu'elle décrit autour du Soleil, n'a pas cet astre pour centre, & alors l'Aphelie est dans le mouvement des Planetes rapporté au Soleil, ce qu'est *Apogée* dans le mouvement rapporté à la terre. Voyez APOGE'E. A *Aphelie*, s'oppose *Perihelie*. Voyez PERIHELIE.
APHRODILLE. f. f. Plante qui jette beaucoup de feuilles dès sa racine, & qui les a un peu plus longues & plus étroites que le porreau. Leur enfonçure est si éminente, qu'on remarque qu'elle est triangulaire. Sa tige est lissée, de la hauteur d'une coudée, & quelquefois davantage, & porte à la cime une fleur qu'on appelle *Anthericon*. Ses racines font longuettes, rondes, semblables au gland, & d'un goût piquant & amer. Elles échauffent, & prises en breuvage, provoquent l'urine & le flux menstrual. Pline dit que l'Aphrodille jette plus de racines qu'aucune autre plante, & que l'on trouve quelquefois plus de quatre-vingts bulbes attachés ensemble.
APHRONITRE. f. m. Fleur ou écume du Nitre, c'est-à-dire, ce que le Nitre a de plus subtil & de plus leger, de *αφρος*, Ecume, & de *νιτρον*, Nitre. Il y avoit anciennement l'*Aphronitre naturel*, qui se faisoit dans les Nitrieres, lorsque la rosée venoit à tomber dessus, dans le tems qu'elles étoient prêtes à produire, & l'*Aphronitre artificiel*. Ce dernier se faisoit en mettant quelques couvertures sur les Nitrieres, pour les fomenter quand elles étoient prêtes à produire. Les Nitrieres s'étant perdues par succession de tems, on ne trouve plus aujourd'hui ni l'un ni l'autre; mais quand l'Aphronitre est demandé dans quelque recette, on peut lui substituer le Salpêtre, qui n'est autre chose qu'un Nitre artificiel. Il y a aussi une espece de Nitre que Mesvé appelle *Fleur de muraille*, & qui est un Salpêtre naturel. On en voit de si blanc, de si leger, & de si subtil en de certaines maisons aux murailles qui sont fort en haut, qu'il a toutes les marques de l'Aphronitre, de sorte que ne lui étant inferieur en aucune qualité, il peut bien être mis en sa place.

API

APIOS. f. m. Plante dont les tiges jettent du lait, & font rougeâtres & menues comme joncs, sortant fort peu hors de terre. Elle croît en l'Isle de Candie. Ses fleurs font petites & semblables à celles de la rue, mais plus longues & plus étroites. Elles paroissent lorsque le Printems commence, & ont une certaine ligne blanche qui passe par le milieu, le long de la feuille. Sa racine est noire en dehors, blanche au-dedans, & faite en façon de poire, d'où la plante a pris son nom, du Grec *απιος*, qui veut dire Poire. La partie superieure de cette racine purge par dessus, & celle d'en bas purge par dessous. Il y a un *Apios bâtard*, que Matthiole dit être haut d'une coudée, jettant force tiges qui traînent à terre comme celles de la vesse. Ses feuilles font longuettes & un peu âpres. Ses fleurs font purpurines & odorantes; & quand elles viennent à tomber, elles laissent de petites gousses, dans lesquelles est la graine. Il a trois ou quatre racines attachées comme à un fil. Elles font noires dehors, blanches dedans, & semblables à de petites poires ou figues, que les Allemans nomment *Noix de terre*, & qui ne font aucunement laxatives. Cette

F iij

plante vient par tout en Bohême , & principalement dans les vignes.

APL

APLANER. v. a. Terme qui eſt en uſage parmi ceux qui travaillent aux couvertures , pour dire , Faire venir avec des chardons la laine à la couverture. L'ouvrier qui eſt employé à ce travail s'appelle *Aplaneur*.

APLESTER. v. a. On ſe ſert de ce mot en termes de mer , pour dire , Déplier , étendre les voiles , les mettre en état de recevoir le vent quand on eſt prêt de partir. Quelques-uns diſent *Aplaiſtrer*.

APLOMB. Ce mot qui ſignifie perpendiculairement quand il eſt adverbe , c'eſt-à-dire , quand la particule *a* eſt ſéparée de *Plomb* , eſt un nom ſubſtantif que les Ouvriers ont mis en uſage. Ainſi ils diſent , qu'*Une muraille conſerve bien ſon aplomb* , pour dire qu'Elle eſt bien droite.

APO

APOCRISIAIRE. ſ. m. Mot Grec ἀποκρισιάριος , qui a d'abord ſignifié un Envoyé , un Agent. Celui qui portoit les demandes ou les réponſes de quelque Prince. Enſuite on n'appella *Apocriſiaires* , que ceux que députoit ou envoyoit une Egliſe. Les Monaſteres avoient des Apocriſiaires , qui faiſoient les mêmes fonctions que font aujourd'hui les Threſoriers. Quelques-uns ont dit *Apocriſaire*.

APOCROUSTIQUES. ſ. m. Médicamens qui empêchent que l'humeur n'influe ſur une partie , ou qui rejettent celle qui vient d'y influer , & qui n'y eſt pas encore arrêtée. La lentille de marais , l'endive , la morelle , le plantin , les feuilles de chêne , de myrthe , l'écorce de grenade , les racines de quintefeuille , la terre ſigillée , le ſang de dragon , l'acacia & pluſieurs autres ſont de cette nature. Ce mot eſt Grec , ἀποκρουστικὰ , & vient de ἀποκρύω , Repouſſer.

APOCYNUM. ſ. m. Arbriſſeau qui jette de grands ſarmens , puants , pliables comme l'oſier , & fort difficiles à rompre. Sa feuille eſt ſemblable à celle du lierre , mais plus molle , plus pointue au bout , & ayant une odeur fâcheuſe & peſante. Il ſort un jus jaune de cette feuille. L'Apocynum , que quelques-uns appellent *Cynocrambé* , ou *Chou de chien* , produit des gouſſes comme la féve , longues d'un doigt , & faites en maniere de veſſie. Ces gouſſes enferment une graine dure , petite & noire. Les feuilles de cet arbriſſeau incorporées en graiſſe , & données aux chiens , loups , renards & pantheres , les font mourir. A peine en ont-ils mangé , que leurs anches tombent en paralyſie. Ce mot vient de ἀπὸ , & de κύων , Chien.

APODICTIQUE. adj. Terme de Logique. On appelle *Argument Apodictique* , un argument convainquant & démonſtratif. Ce mot eſt Grec , ἀπο δείκνυος , & vient du verbe ἀποδείκνυμι , Je montre , je fais connoître.

APOGE'E. ſ. m. Terme d'Aſtronomie. Point de l'Excentrique d'une Planete. Voyez (EXCEN TRIQUE ,) le plus éloigné de la terre. Il vient de ἀπὸ , loin , & de γαῖα terre. Ce Point eſt l'une des extrêmités de la *Ligne des Apſides* (Voyez APSIDES) dans la Theorie des Planetes , auſquelles on donne un *Epicycle*. Voyez EPICYCLE. On conſidere l'Apogée de l'Epicycle auſſi bien que celui de l'Excentrique. L'Apogée s'oppoſe au *Perigée*. Voyez PERIGE'E.

L'Apogée des Planetes n'eſt pas toûjours au même point du Zodiaque , ni par conſequent le Perigée. Ces deux points diametralement oppoſés ſe meuvent dans le Zodiaque , ou ſelon la ſuite des Signes , ou contre la ſuite des Signes , ou plus vîte , ou plus lentement , ſelon les differentes Planetes. L'Apogée du Soleil ſe meut ſelon la ſuite des Signes d'environ une minute en un an. Il eſt preſentement dans le commencement du Cancer , & par conſequent le Perigée dans le commencement du Capricorne. L'Apogée de la Lune ſe meut contre la ſuite des Signes de plus de 11. degrés par jour. Cela s'appelle *Mouvement de l'Apogée*.

APOLTRONNIR. v. a. Il ſe dit d'un oiſeau en termes de Fauconnerie , lorſqu'on lui coupe les ongles des pouces , qui ſont les doigts de derriere & les clefs de ſa main ; ce qui lui ravale le courage , & fait qu'il n'eſt plus propre pour le grand gibier.

APONEUROSE. ſ. f. Terme de Medecine. C'eſt proprement une extenſion de nerf ou de tendon en maniere de membrane. Ce mot eſt Grec , ἀπονεύρωσις , de ἀπὸ & de νεῦρον , Nerf.

APOPHLEGMATISMES. ſ. m. Medicamens qui étant long-tems mâchés attirent la pituite du cerveau. Leur uſage , qui eſt fort bon quand on ſe ſent la tête peſante , ou qu'on eſt atteint de quelque maladie froide des oreilles & des yeux , eſt fort contraire aux fluxions qui tombent ſur la gorge & ſur les poumons. Ce mot eſt formé du Grec ἀπὸ , & de φλέγμα , Pituite. C'eſt la même choſe que *Maſticatoire*.

APOPHYGE. ſ. f. Terme dont on ſe ſert en Architecture , pour dire , L'endroit où la colomne ſort de ſa baſe , & où elle commence à monter & à échapper en haut ; ce qui fait que les Ouvriers nomment cet endroit *Eſcape* ; *congé*. Ce mot eſt Grec , ἀποφυγὴ , & veut dire , Fuite.

APOPHYSE. ſ. f. Terme de Medecine. Partie d'un os qui ſort de l'os même , & qui avance ſur la ſurface unie. Ce mot eſt Grec , ἀπόφυσις , & veut dire ce qui eſt né ſur quelque autre choſe de ἀπὸ , & de φύω , Je produis , j'engendre. Il y a des *Apophiſes mammillaires*. Ce ſont certaines petites boſſettes qui reſſemblent à des bouts de mammelle , ou au pis d'une vache. Ces petites boſſettes naiſſent des ventricules anterieurs du cerveau , & vont aux os cribleux des narines , qu'on croit être les organes de l'odorat.

APOPLEXIE. ſ. f. Obſtruction du principe des nerfs , qui tout à coup prive de mouvement & de ſentiment toutes les parties du corps. Ce mot eſt Grec , ἀποπληξία , & vient de ἀπὸ , & de πλήσσω , Frapper. La cauſe de l'Apoplexie eſt une pituite épaiſſe & froide , qui rempliſſant tout à coup les ventricules du cerveau , bouche ou étreſſit les arteres du cerveau , par lequel l'eſprit y monte du cœur , & cet eſprit venant à manquer , il ne peut plus y avoir dequoi fournir de ſentiment ni de mouvement aux nerfs.

APORE. ſ. m. Terme de Mathematique. Problême qui , quoique poſſible , eſt ſi difficile à réſoudre , qu'il n'a pas encore été réſolu. Ainſi on peut dire que la Quadrature du Cercle eſt un Apore. Quelques-uns font venir ce mot du Grec ἄπορος , qui veut dire , Où il n'y a point de chemin.

APOSIOPESE. ſ. f. Terme de Rhetorique , Figure qui ſe fait lorſqu'en feignant de ne vouloir rien dire d'une choſe , on ne laiſſe pas d'en parler en peu de mots. Ce mot eſt Grec , ἀποσιώπησις , Reticence , & vient de ἀποσιωπάω , Je me tais.

APOSTOLIQUES. ſ. m. Heretiques qui s'éleverent

contre l'Eglife vers le milieu du troifiéme fiecle. C'étoit une fecte fortie des Cathares & des Encratites. Ils faifoient profeffion de ne fe point marier, & de renoncer aux richeffes, comme les Apôtres. On les appelloit auffi *Apotactiques*. Il y a eu encore une autre fecte d'Heretiques dans le douzième fiecle, appellés *Faux Apoftoliques*. Ils prétendoient compofer le vrai & le feul corps de l'Eglife, & défendoient l'ufage de plufieurs fortes de viandes, à la façon des Manichéens. Ils difoient qu'il n'y avoit point de Purgatoire, & qu'il étoit inutile de baptifer les enfans, d'invoquer les Saints, & de prier pour les morts. Ils improuvoient auffi le mariage, & menoient avec eux des femmes addonnées à la débauche.

APOSTIS. f. m. p. Terme de Marine. On appelle ainfi deux longues pieces de bois de huit pouces en quarré, un peu abaiffées, l'une le long de la bande droite, & l'autre le long de la bande gauche d'une galere depuis l'efpale jufqu'à la conille. L'une & l'autre de ces pieces de bois porte toutes les rames de la Chiourme par le moyen d'une groffe corde.

APOTOME. f. m. & f. Terme d'Algebre. Difference de deux grandeurs incommenfurables, dont l'une eft retranchée de l'autre. Voyez INCOMMENSURABLE. Ainfi 4. moins la racine de 5. eft un Apotome. Voyez RACINE. On oppofoit anciennement Binome à Apotome, parce que le Binome étoit formé de l'Addition, & l'Apotome du retranchement de deux grandeurs incommenfurables. Voyez BINOME. Mais préfentement on ne fe fert prefque plus du mot d'Apotome, & Binome fignifie tous les deux, parce que ce font toûjours dex grandeurs incommenfurables, foit que l'une foit ajoûtée ou retranchée de l'autre. Apotome vient de ἀποτομη, retranchement de ἀποτεμνω, couper, feparer.

APOYOMATLI. f. m. Herbe de la Floride dont les feuilles font femblables à celles des porreaux, mais plus longues & plus déliées. Elle a fon tuyau comme le jonc, plein de moëlle, noueux & haut d'une coudée & demie, fa fleur petite & étroite, & fa racine déliée, fort longue, pleine par intervalles de nœuds ou boffettes rondes & velues, qui étant coupées & expofées au Soleil, s'endurciffent de telle forte, qu'on les perce fort facilement. Auffi en fait-on des chapelets, qui ne font pas moins eftimés en ce pays-là, qu'en Efpagne où on les porte. Cette racine a une faveur aromatique prefque comme le Galanga, & vient aux bords des rivieres & des lieux humides. Les Sauvages broyent l'herbe entre deux pierres, & fe frottent tout le corps avec fon fuc, quand ils fe veulent laver; ce qu'ils font fouvent, perfuadés qu'en fortifiant la chair, elle lui communique fon odeur. Les Efpagnols, ainfi qu'eux, en font une poudre qu'ils prennent avec du vin fort utilement comme la pierre des reins. Elle émeut puiffamment l'urine & évacue tous les excremens, qui ordinairement bouchent les conduits. Cette herbe broyée & prife en bouillon, appaife les douleurs de la poitrine; & appliquée en emplâtre, elle fortifie l'eftomac, & guerit les affections de matrice.

APOZEME. f. m. Decoction faite avec racines, bois, écorces, feuilles, fleurs, femences, & autres parties des plantes, afin de preparer les humeurs à la purgation. On s'en fert auffi quelquefois pour évacuer ces mêmes humeurs. L'Apozeme eft different du Julep, en ce que le Julep fe fait avec des eaux diftillées. Ce mot eft Grec ἀπόζεμα, & vient de ἀπόζεω, Je ceffe de bouillir.

APPARAUX. f. m. p. Terme de Marine dont on fe fert en parlant des Agrés d'un Vaiffeau, & de toutes les chofes qui font neceffaires pour mettre à la voile. L'Artillerie y eft comprife, mais non pas les vivres & l'équipage.

APPAREIL. f. m. Terme de Maçonnerie. Hauteur d'une pierre, ou fon épaiffeur entre deux lits. On dit *de 'Une pierre eft de grand appareil*, pour dire, qu'Elle eft bien épaiffe. On dit auffi *Mettre des pierres de même appareil*, pour dire, Les mettre de même hauteur.

On appelle en termes de mer, *Appareil de Pompe*, le pifton de la Pompe.

On appelle en Chirurgie *le grand Appareil* tout ce qu'on prepare pour faire l'operation de la taille, & extraire la pierre de la veffie.

Appareil eft auffi un petit ais attaché à de longues perches, dont on fe fert pour retenir l'eau à la porte d'un Moulin, & le coulant dans les feuillures de l'aiguille.

APPAREILLER. v. n. Difpofer toutes chofes dans un Vaiffeau pour partir bientôt, mettre à la voile. On dit qu'*Une voile eft appareillée*, pour dire, qu'Elle eft déployée & mife en état de recevoir le vent.

On dit auffi qu'*Une pierre eft appareillée*, pour dire, qu'Elle eft tracée felon les mefures qui en ont été données afin de la joindre avec d'autres, fuivant le deffein qu'on a arrêté.

APPAREILLEUR. f. m. Celui qui trace les pierres & qui les marque avant que les Tailleurs commencent à y travailler.

APPARENCE. f. f. *L'exterieur, ce qui paroît au dehors*, ACAD. FR.

On appelle *Apparence*, en termes de Perfpective, un point du tableau, par où paffe une ligne droite, qui eft menée du point propofé de l'objet à l'œil. Voyez PERSPECTIVE. Et en termes d'Optique, *l'Apparence fimple & directe d'un objet*, veut dire, Celle qui fe fait en ligne droite, n'étant fujette ni à la reflexion, ni à la refraction. En termes d'Aftronomie, *Apparences* fe dit de tout ce qu'on a découvert par les obfervations anciennes & nouvelles des mouvemens du Ciel & des Aftres. On les appelle autrement *Phenomenes*.

APPARITEUR. f. m. Mot que l'on a fait du Latin *Apparitor*, & qui n'a d'ufage qu'en parlant des Sergens des Officialités.

APPAUME', E'E. adj. Terme de Blafon. Il fe dit de la main ouverte dont on voit le dedans que l'on appelle là paume. *De fable à trois mains droites levées & appaumées d'argent*.

APPENDICE. f. m. Terme de Medecine. Il fe dit de ce qui eft en quelque façon détaché d'une autre partie, comme le bout de l'oreille, à l'égard de la joue. Il fe trouve des Appendices membraneux de differente figure dans la plûpart des parties interieures du corps. Ce mot vient du Latin *Appendix*, qui fignifie, Ce qui eft de l'appartenance, de la dépendance de quelque chofe, & comme acceffoire.

APPLANIR. v. a. Rendre de niveau. Ainfi on dit, *Applanir une piece de bois*, pour dire, Faire que la fuperficie d'une piece de bois foit unie.

APPLIQUE. f. f. Ouvrage par lequel on enchaffe une chofe fur une autre. Les ouvrages de rapport, & ceux de marqueterie font de cette efpece. En Orfévrerie, tout ce qui s'affemble par charnieres, goupilles, couliffes, vis ou autrement, s'appelle

Piece d'applique.

APPLIQUE'E. f. f. Terme de Géometrie. On sous-entend *ligne*. Quelques Géometres appellent *appli-quées*, ce que l'on appelle plus communément *or-données*. Voyez ORDONNE'ES. Ce sont des li-gnes paralleles entre elles tirées à tous les points du diametre d'une courbe, & terminées de part & d'autre par la courbe, ou, comme on le prend plus ordinairement terminées d'un côté par la courbe, & de l'autre par le diametre auquel elles sont ap-pliquées.

APPOINTE'. f. m. M. Guillet dit sur ce mot qu'un Appointé est un Soldat d'Infanterie, qui ayant ser-vi long-tems & fait des actions de bravoure, a me-rité une paye au-dessus de celle des simples Sol-dats, & qui attend son tour pour avoir la sol-de de haute paye. Il ajoûte que les Appointés ayant été supprimés de tous les Regimens, depuis que chaque Compagnie a été réduite à cinquante hommes, le seul Regiment des Gardes a conservé quarante Appointés par Compagnie, sur les cent cinquante Soldats dont chacune de ces Compagnies est composée. Il fait encore remarquer que les Ca-pitaines & les Lieutenans appointés étoient des Officiers des six vieux Regimens & des six petits Vieux, qui sans resider dans le Regiment, ne lais-soient pas d'être entretenus. Les appointemens qu'on leur a payés jusqu'en 1670. auquel tems leurs places furent supprimées, ont été donnés au Lieu-tenant Colonel, & aux trois premiers Capitaines du Regiment.

APPOINTE', e'e. adj. Terme de Blason dont on se sert en parlant des choses qui se touchent par les pointes comme deux chevrons opposés, trois épées, ou trois flêches mises en pairle. *De gueules à deux épées d'argent, appointées en pile vers la pointe de l'écu.*

APPREST. f. m. Ce mot est en usage parmi beau-coup d'Artisans, mais il se dit particulierement des Gommes & autres drogues que les Chapeliers met-tent dans leurs Chapeaux. On dit en ce sens, *Cha-peau sans apprêt.*

Apprêt, est un terme de Tonnelier. C'est un pe-tit morceau de bois taillé en coin, qu'on chasse en-tre le cercle & la douve pour serrer le joint ou le fond.

Apprêt. Se dit aussi de la couleur que les Vitriers mettent sur le verre. Ainsi on dit, *Sçavoir l'apprêt des couleurs*, pour dire, Sçavoir peindre sur le verre.

APPRE'TEUR. f. m. Ouvrier qui sçait colorer le verre.

APPROCHER. v. n. On dit en termes de Sculptu-re, *Approcher à la pointe*, *à la double pointe*, *ap-procher au ciseau*, lorsqu'après que le bloc de mar-bre est dégrossi, on emploie des outils plus déliés pour achever la figure.

On dit aussi *Approcher*, en termes de Monnoye, lorsqu'on ajuste les flans ou carreaux pour les ren-dre du poids qu'ils doivent avoir.

APPROCHES. f. f. p. On appelle ainsi en termes de Fortification, des chemins qu'on creuse dans ter-re, & dont on éleve les deux bords ; on leur a donné ce nom à cause que par le moyen de ces chemins on peut approcher d'une Forteresse sans crainte d'être vû de l'Ennemi. Les chemins que les Assiegés creusent dans terre pour interrompre ceux des Assiegeans sont appellés *Contre-appro-ches.*

On appelle aussi *Ligne d'approche*, le travail fait pour gagner à couvert le fossé ou le corps d'une Place qu'on assiege.

APPROXIMATION. f. f. Terme d'Algebre. Les racines *sourdes*, par exemple la racine quarrée de douze, ou la racine cubique de dix-huit, ne pou-vant être exprimées par nombres, (Voyez INCOM-MENSURABLE.) QUARRE', & SOURD, on trou-ve cependant des nombres qui en approchent toû-jours de plus en plus à l'infini, sans y pouvoir ja-mais arriver, de sorte que la difference qu'il y au-ra entre ces nombres & les racines sourdes sera moindre que toute grandeur donnée. L'operation par laquelle on trouve ces nombres qui approchent toûjours de plus en plus, s'appelle *Approximation de racines.* L'approximation se peut faire ou *en-des-sous ou en-dessus*, c'est-à-dire qu'on peut approcher de la racine sourde ou par un nombre qui sera toû-jours plus petit qu'elle, quoiqu'il croisse toûjours, ou par un nombre qui sera toûjours plus grand, quoiqu'il diminue toûjours.

APPUI. f. m. Pierre ou éclat de bois en forme de coin, que les Ouvriers mettent sous leurs pinces ou leviers pour remuer un fardeau. Ils l'appellent aussi *Cale.*

Appui, se dit aussi des pieces de bois, du fer ou des pierres qui sont à hauteur d'appui, le long des rampes des escaliers, & qui couvrent les balustres.

On appelle *Appui de fenétre*, ce qui en est l'ac-coudoir.

On appelle en termes de Manége, *Appui de main*, le sentiment reciproque qui se fait par le moyen de la bride entre la bouche du Cheval & la main du Cavalier.

On dit qu'*Un Cheval a l'appui fin*, pour dire, qu'il a la bouche fine & délicate, & bien capable d'obéir à la bride. On dit au contraire qu'*Un Che-val a l'appui sourd*, pour dire, qu'Encore qu'il ait la bouche bonne, il a la langue si grosse, qu'à cause de son épaisseur le mords ne va pas jusqu'au vif des barres. On dit encore qu'*Un Cheval n'a point d'appui*, qu'il est sans appui, pour dire, qu'Il craint l'embouchûre, & qu'il ne sçauroit souffrir que le mords appuye sur les parties de la bouche. On dit aussi qu'*Un Cheval a trop d'appui*, pour dire, qu'Il s'abandonne trop sur le mords. On dit encore d'un Cheval, qu'*Il a l'appui à pleine main*, pour dire, qu'Il a l'appui ferme, sans que pourtant il pese à la main. Et quand on dit qu'*Il a l'appui au-delà de pleine main*, ou *plus qu'à pleine main*, on veut dire, Que quoiqu'il saille un peu de for-ce pour l'arrêter, c'est toutefois de telle maniere qu'il ne force pas la main.

APPUYE-MAIN. f. m. Bâton, ou baguette de trois à quatre piés de longueur, avec laquelle les Peintres soûtiennent leur main lorsqu'ils travaillent.

A P R

APRETADOR. f. m. Ornement de femmes où l'on fait entrer des pierreries mises en œuvre. Ce mot est purement Espagnol, & vient d'*apretar*, qui en cette Langue signifie, Presser, serrer.

A PRISE. f. f. On dit en termes de Palais, *Une sommaire Aprise*, pour dire, Un verbal, une de-scription, une estimation d'un fond, pour en con-noître l'état present & la valeur. Ce mot vient du Latin *Apretiare*. On en a tiré *Aprisia*, qui se trouve dans les anciens Arrêts, & de *Aprisia*, on a fait *Aprise.*

A P S

APSIDES. f. f. p. Quelques-uns écrivent *Absides*, Termes d'Astronomie. Ce sont les deux points de l'Excentrique d'une Planete appellée *Apogée* & *Pe-rigée*. Ce diametre qui joint l'un à l'autre, & qui passe par le centre du monde & par celui de l'Ex-centrique,

centrique, s'appelle *la ligne des Apſides.* Ce mot vient du Grec ἄψις, voûte, courbure de roue ou d'arc, parce que les deux extrêmités du cercle Excentrique repreſentent cette courbure. Voyez EXCENTRIQUE. LONGITUDES. APOGE'E, & PERIGE'E.

A Q U

AQUACATE. ſ. m. Arbre qui croît dans la nouvelle Eſpagne, & que les Eſpagnols appellent ainſi. Ses feuilles reſſemblent à celles de l'Oranger, mais elles ſont plus vertes, plus grandes & plus rudes. Sa fleur eſt petite, & d'un blanc tirant ſur le jaune. Son fruit a la figure d'un œuf, mais il eſt un peu plus long, noir par dehors, & quelquefois d'un vert brun. Le goût en eſt agreable. Il a un noyau leger, rude & ſolide, gros & plus long qu'un œuf de ramier, & d'un goût ſemblable à celui des amandes ameres.

AQUARIENS. ſ. m. Heretiques ainſi appellés du mot Latin *Aqua,* Eau, à cauſe qu'ils n'offroient que de l'eau dans le ſacrifice de l'Autel. Ils avoient donné dans cette erreur, les Fideles qui ne s'aſſembloient que de nuit pour celebrer les ſacrés Myſteres, ſe contentoient d'uſer d'eau dans l'oblation Euchariſtique, contre l'Inſtitution divine, de crainte que le matin l'odeur du vin ne les découvrît. Cela arriva au troiſiéme ſiecle vers l'an 247.

AQUILICES. ſ. m. Sacrifice que les Romains avoient accoûtumé de faire à Jupiter lorſqu'ils vouloient avoir de la pluye, ce qui faiſoit donner le nom d'*Aquiliens* ou d'*Aquiliciens* aux Prêtres qui ſe faiſoient ces ſacrifices.

AQUIQUI. ſ. m. Eſpece de Singe qu'on trouve dans le Breſil, & qui eſt beaucoup plus grand que les autres. Il eſt d'un poil noir, & a une barbe fort longue au menton. Parmi ceux de cette eſpece il en naît quelquefois un mâle, de couleur rouſsâtre, que les Sauvages appellent *Le Roi des Singes.* Il a la face aſſés blanche & la barbe ſi bien agencée qu'on la croiroit faite avec des ciſeaux. On dit qu'il monte ſouvent ſur un arbre, comme s'il vouloit haranguer, & qu'il crie ſi haut d'une voix enrouée, qu'il ſe fait entendre de fort loin, ayant pour cela au-deſſous du palais une organe faite d'une membrane, petite, mais forte, groſſe comme un œuf, & qui s'étend fort facilement. En criant il jette une groſſe écume, qu'un petit Singe, aſſis auprès de lui, a ſoin d'eſſuyer.

A R A

ARABIQUES. ſ. m. Heretiques qui enſeignoient que les ames des hommes mourant avec leurs corps, reſſuſcitoient auſſi avec eux. Ils parurent en Arabie au commencement du troiſiéme ſiecle, & le ſecond Concile d'Arabie ayant été aſſemblé contre eux, ils renoncerent à leurs erreurs, & firent profeſſion de la Foi Catholique.

ARACA. ſ. f. Sorte de petite Poire du Breſil. Il y en a de couleur jaunâtre, de rouges, & quelquefois de vertes. Ce fruit eſt fort agreable au goût à cauſe qu'il eſt aigre, & l'arbre qui le produit le porte tous les mois.

ARACADEP. ſ. m. Sorte de poiſſon qui ſe pêche dans les mers du Breſil. Il eſt plat, & rend en cuiſant une certaine graiſſe jaunâtre qui lui ſert de ſauſſe. Sa chair eſt fort bonne.

ARÆOMETRE. ſ. m. Ampoule de verre leſtée de vif-argent, dont on ſe ſert pour ſçavoir ce que peſent les liqueurs. Elle a un col fort étroit, qui eſt diviſé en parties égales, ſelon toute ſa longueur. *Tome I.*

gueur. Quand on a des liqueurs à comparer, on plonge cet Inſtrument dedans, & celle dans laquelle il enfonce plus avant eſt toûjours la plus legere. L'Aræometre eſt décrit dans les Eſſais de l'Académie de Florence, de la maniere qu'on le vient de marquer. On le fait d'une autre ſorte à Paris. Il a un col fort court, & diviſé en-dedans par un grand rouleau de papier blanc avec quelques lignes tranſverſales qui ſont éloignées également l'une de l'autre. Ce col eſt évaſé par le haut en forme de baſſin plat, qu'on charge de quelque poids afin qu'il puiſſe enfoncer plûtôt, & on fait l'obſervation de la même ſorte qu'il a été dit. Le mot d'Aræometre vient du Grec ἀραιός, Tenve, mince, & de μέτρον, Meſurer.

ARÆOSTYLE. ſ. m. Edifice dont les colomnes ſont loin à loin.

ARAIGNE'E. ſ. f. Petit Inſecte vénimeux, auquel ceux qui en font la deſcription donnent des cornes, ſituées de telle ſorte au-deſſous de la poitrine, qu'on a de la peine à les diſtinguer de ſes piés, qui ſont an nombre de dix ſelon les uns, & de huit ou ſix, ſelon les autres. On lui donne auſſi des pinces, des ongles & des dents qui ſont plûtôt des aiguillons que des dents. C'eſt par le moyen de ces aiguillons que les Araignées inſinuent leur venin. Quelques-uns veulent qu'elles ayent ſix yeux, & les autres juſqu'à huit. Le Pere du Tertre dit qu'il en a vû de toutes ſortes dans les Antilles, & qu'elles ont preſque toutes de petites bourſes d'une étoffe qui ſemble être un cuir extrêmement délicat. Elles y pondent leurs œufs, & ſe tiennent deſſus pour les couver, ou pour les garantir des autres petits inſectes qui les mangeroient. Il ajoûte qu'il en a trouvé dans les bois, qui étoient toutes plates, larges d'un pouce, & longues d'un pouce & demi, & qui n'avoient que l'épaiſſeur d'un teſton; la partie anterieure étoit faite comme un écuſſon diviſé par petits carreaux, & le ventre étoit un ovale rayé par deſſus. Elles étoient entierement griſes, & avoient les jambes fort longues, dures & heriſſées comme les grifes d'un Cerf volant. Il fait enſuite la deſcription d'une Araignée monſtrueuſe qui ſe trouve dans l'Iſle de la Martinique. Sa partie poſterieure qui paroît être le ventre, eſt de la groſſeur d'un œuf de poule, toute velue, d'un poil noir, heriſſé & aſſés long. La partie anterieure eſt un peu plus courte, & moins épaiſſe. Au milieu du dos eſt une petite ouverture ronde où l'on pourroit mettre un poix, toute environnée d'un poil un peu plus long que celui du corps. De chaque côté de cette partie anterieure ſortent cinq piés velus, plus longs que les doigts. Chaque pié a quatre jointures ſans celle qui le joint au corps, & il a de plus une petite pince de corne rouſſe & fort dure. Ces Araignées ont deux petits yeux noirs, luiſans, & dans la gueule deux dents de la longueur de la moitié d'une épingle, courbées & affilées comme des aiguilles. Elles ſifflent de même que toutes les autres Araignées, & font une petite bourſe grande comme la coque d'un œuf. La premiere peau eſt une maniere de cuir fort délicat, & le dedans eſt rempli d'une filaſſe douce comme de la ſoye, & ſur laquelle elles laiſſent repoſer leurs œufs. Elles tiennent cette bourſe ſous leur ventre, & la portent par tout avec elles. On apprehende cette Araignée, & les habitans aſſurent qu'elle eſt plus à craindre que les Viperes de cette même Iſle. Si on l'irrite, elle jette un venin ſubtil qui rendroit un homme aveugle s'il en tomboit dans ſes yeux. Son poil eſt tel, que ſi on le touche lorſqu'elle eſt vi-

G

vante , il pique & brûle prefque comme des orties. Si on la prend, & qu'elle fe fente ferrée , elle pouffe un aiguillon plus petit que celui d'une Abeille , mais dont la piquûre eft fi dangereufe, qu'il n'y a que le petit Cancre de mer appliqué qui puiffe empêcher que l'on n'en meurt. On derive *Araignée* du Grec ἀράχνη, qu'on pretend venir de ἀραιὸς, Mince , délié , à caufe que la toile d'Araignée eft très-déliée.

Il y a auffi une *Araignée de mer*. C'eft une efpece d'Ecreviffe couverte de deux fort dures écailles, dont celle du devant eft boffée à la maniere d'un plat , un peu épaiffe , ronde autour du front , & taillée en demi-lune où elle fe joint à l'autre. Le dehors eft élevé par boffettes ou pointes obtufes difpofées par rang. L'écaille de derriere plus déliée que n'eft celle de devant , eft en forme de lofange, dentelée des deux côtés , & picotée par de petits trous. Sa queue furpaffe en longueur le refte du corps , & eft dentelée de pointes fort dures depuis le milieu jufqu'au bout. Elle a plufieurs jambes comme les Cancres. Les huit premieres font plus courtes que les autres , les deux qui fuivent font plus longues , & les deux d'après plus courtes. Cette forte d'Ecreviffe n'a point de nageoires , mais elle a de chaque côté un petit os qui eft comme une rame avec laquelle on croit qu'elle nage. Il y a auprès de fa gueule deux petites pattes dont elle fe fert pour mâcher. Sous le teft de deffous elle a quelques petites veffies qui s'enflent comme font les gorges des Grenouilles. On en voit de differente groffeur , & il en eft dont la queue eft longue de plus d'un pié. Elles fe plaifent aux rivages , & aux lieux qui ne font gueres profonds. On les prend particulierement à l'embouchure des Rivieres.

Araignée , en terme d'Art Militaire eft un travail par branches , détours ou rameaux que fait le Mineur fous terre , lorfque le roc ou quelque autre obftacle qu'il rencontre , l'empêchent de faire la chambre de la mine à l'endroit qu'il s'étoit propofé , il fe voit contraint de s'écarter par plufieurs branches , dont chacune eft terminée par de petits fourneaux. Afin qu'ils puiffent jouer tous à la fois on y fait aller le feu par des trainées de poudre plus ou moins lentes , felon que chaque fourneau eft plus ou moins proche de la trainée ou fauciffe principale qui commence à l'ouverture du travail.

Araignée , eft auffi un terme de Marine , & fignifie certaines poulies particulieres par où viennent paffer des cordages à plufieurs branches qui reprefentent une toile d'Araignée.

On appelle *Araignée* en terme d'Aftronomie , la derniere platine de l'Aftrolabe qui eft percée à jour , où font marquées plufieurs étoiles fixes , & qu'on pofe fur toutes les autres quand on a quelque operation à faire. On l'appelle *Araignée* ou *Aranée* , parce qu'étant découpée & partagée en plufieurs petites portions de cercle , elle reprefente quoique fort imparfaitement une toile d'Araignée.

Araignée , fe dit encore d'un crocher de fer à plufieurs branches qu'on attache à une corde pour tirer d'un puis des feaux, qui fe font détachés de la chaîne. On ne dit plus en Anjou comme du tems de Ménage *Irentaigne* , mais *Iraigne*.

ARAMBER. v. a. Terme de Marine. Accrocher un Bâtiment pour venir à l'abordage , foit qu'on employe le grapin , foit d'une autre forte.

ARANATA f. m. Animal qui fe trouve aux Indes, & qui eft de la grandeur d'un Chien de chaffe. Il

a une longue barbe de bouc , & fe fait entendre de loin par un cri horrible. Il monte au haut des arbres avec beaucoup de legereté , & fe nourrit des fruits qu'il y trouve.

ARANTELES. f. f. p. Terme de Venerie. Il fe dit des filandres qui fe trouvent au pié du cerf , & on leur donne ce nom à caufe qu'elles reffemblent à une toile d'Araignée.

ARASE'. E'E. adj. On appelle *Platebande arafée* , une Platebande dont les claveaux font à têtes égales en hauteur , fans faire liaifon avec les affifes de deffus. On dit auffi *Porte arafée* , pour dire , Une porte de Menuiferie , dont l'affemblage eft tout uni fans faillie.

ARASEMENT. f. m. Derniere affife d'un mur qui eft arrivé à hauteur de couronnement , ou que des raifons particulieres ont fait ceffer à une certaine hauteur de niveau.

ARASER. v. a. Mettre les pierres d'une muraille d'une égale hauteur. On arafe de niveau lorfque les affifes de maçonnerie font conduites horifontalement.

ARASES. f. f. p. Pierres plus hautes ou plus baffes que les autres cours d'affife , pour parvenir à une certaine hauteur. Telle eft celle d'un cours de plinthe , ou celles des cimaifes d'un entablement.

ARATICUPANA. f. m. Arbre du Brefil , a peu-près grand comme un Oranger. Ses feuilles reffemblent à celles du Citronnier , & le fruit qu'il porte eft gros comme une Pomme de pin, odorante & d'un goût fort agreable. Il y en a de plufieurs efpeces, & une entre autres qu'on appelle *Araticupanania*. Son fruit eft très-froid & auffi nuifible que le poifon , fi on en mange fouvent. Le bois de cet Arbre eft auffi leger que du liege , de forte qu'on peut l'employer aux mêmes ufages.

ARB

ARBALESTE. f. f. Ce mot eft en ufage fur la mer, & fignifie un Inftrument gradué qui fert à faire trouver la hauteur du Soleil & des autres Aftres fur l'horifon. On l'appelle auffi *Arc-baleftrille*.

ARBALESTER. v a. Appuyer un édifice avec des Arbaleftiers ou forces.

ARBALESTIERS. f. m. p. Pieces de bois qui fervent à la charpente d'un bâtiment , & à foutenir la couverture. On les appelle auffi *Petites forces*. Il y en a qui difent *Arbaleftriers*.

ARBALESTRIERE. f. f. Terme de Marine. On dit *Arbaleftriere d'une Galere* , pour dire , Le pofte où combattent les Soldars , le long des courroirs & des apoftis. C'eft d'ordinaire derriere une pavefade.

ARBORER. v. a. On dit en termes de Marine , *Arborer le Pavillon* , pour dire , Déployer & montrer le Pavillon. On dit *Arborer* , pour dire , élever un Mât , & *Defarborer* , pour dire, Couper, abbattre un Mât.

ARBOUSIER. f. m. Arbre grand comme un Coignier , & qui jette beaucoup d'ombre. Il eft vert toute l'année , fleurit en Juillet , & a une écorce auffi deliée que celle du Tamarin. Ses fleurs qui n'ont qu'une feule queue , tiennent enfemble comme les raifins. Ses feuilles fervent à la preparation des cuirs , & font moyennes entre celles du Laurier & de l'Yeufe. On appelle fon fruit *Arboufe*. Il n'a point de noyau , & eft de la groffeur d'une prune. Matthiole dit que les Arboufiers de Tofcane ont leurs feuilles femblables à celles du Laurier , ou de l'Yeufe , mais plus courtes & plus maffives , dentelées tout à l'entour , tirant plus fur le blanc

que fur le vert, avec une côte rouge en leur milieu ; que l'écorce du tronc eft faite à écailles,
rougeâtre & âpre à manier ; que les fleurs de cet
arbre qui font blanches & petites, & femblables
au Muguet, tiennent l'une à l'autre ; que le fruit
qu'il porte eft rond & grand comme une Corme,
vert d'abord, enfuite jaune & enfin rouge lorfqu'il a atteint fa maturité ; qu'il eft fans noyau,
& fait environ comme une fraife ; qu'il a un
goût âpre & fade, & pique la langue & le palais, d'une certaine fubftance dont il eft couvert
qui femble être des arêtes. Quelques-uns font
de l'eau de feuilles d'Arboufier, & la donnent à
ceux qui font frappés de la pefte, comme un remede très-fingulier, en y mêlant l'os du cœur d'un
Cerf. En Latin *Arbucus.*

ARBRE f. m. Le premier & le plus grand des Vegetaux, qui pouffe de groffes racines, une groffe
tige & de groffes branches. On en voit un nombre
prefque infini de differentes efpeces, fruitiers ou
autres. Chacun a fon nom particulier, & il eft parlé
de la plûpart dans leur ordre alphabetique. Il y en
a pourtant quelques-uns qu'on n'y fçauroit mettre,
à caufe qu'ils n'ont point d'autre nom que celui
que leur fait donner quelque qualité extraordinaire qu'on découvre dans ces Arbres, comme
un certain Arbriffeau qui croît dans les Ifles de
l'Amerique, & qui eft nommé par les Habitans,
Arbre de Baume. Ses feuilles ne different de celles
de la Sauge, qu'en ce qu'elles font un peu plus
jaunes, plus épaiffes, plus farineufes, & qu'elles
n'ont point d'odeur. Lorfqu'on en arrache quelqu'u-
ne, il fort de l'arbre & de la queue de cette feuille une goute d'une liqueur vifqueufe, quoique
tranfparente, jaune comme de l'ambre, un peu
amere, aftringente au goût & fans nulle odeur.
Cette liqueur guerit en moins de vingt-quatre
heures toutes les playes nouvellement faites fans
qu'elles viennent à fuppuration. Elle nettoie auffi
& guerit en peu de tems les vieux ulceres. On
prend foin de l'amaffer, & on ne l'eftime pas moins
que le Baume du Perou. On la conferve dans de
petites phioles.

Il y a dans la Guadeloupe un autre Arbriffeau,
qui croît gros & haut comme un Coignaffier, &
qu'on a nommé *Bois de Chandelle* à caufe qu'il
eft tout rempli d'une gomme graffe, qui brûle
comme de l'huile. L'odeur qu'elle exhale eft fort
agréable ; & plus le bois de cet arbre eft vieux, plus
il fent bon. Son écorce eft noire & rude, & il a
fes feuilles deux fois auffi larges que celles du Laurier, plus épaiffes & plus graffes, & arrondies par
le haut. Ses branches font tortues, noueufes &
mal difpofées, & quoiqu'il en ait fouvent quelques-unes de pourries, & que même la moitié de
l'arbre le foit quelquefois, le refte demeure vert,
& garde une bonne odeur, en forte que le cœur
eft toûjours incorruptible. Il fleurit & pouffe fa graine comme le bois de Sandal, & ne fe trouve que
le long de la mer. Les Sauvages expriment le fuc
de la feconde écorce, & le retenant dans du coton,
ils le diftilent dans les yeux enflâmés & chaffieux,
& ne manquent point à les guerir.

On trouve dans la même Ifle un autre Arbre,
qui croît gros & haut comme un grand poirier,
& dont la racine produit un effet des plus furpre-
nans. Le bois de cet arbre qui eft affés dur & jaune, eft extrêmement tortu, ce qui eft caufe qu'on
ne fçauroit l'employer dans les bâtimens. Il eft
fort chargé de feuilles, qui font prefque femblables
à celles des pois communs. Elles font auffi larges
& trois à trois fur chaque queue ; mais elles font

Tome I.

plus épaiffes, veloutées, & d'un vert de mer. Quant
à la racine, lorfqu'on l'a tirée de la terre, on la
dépouille de fon écorce qui eft fort épaiffe, & a-
près qu'on l'a bien pilée jufqu'à ce qu'elle devienne comme du tan moulu, on la met dans des facs,
qu'on lave dans une riviere, en forte que l'eau
prenne la couleur du tan. Dès que les poiffons ont
goûté de l'eau rouffie de ce fuc, ils montrent leur
tête, & comme s'ils fe fentoient tout brûlés, ils
viennent gagner le rivage & fauter à terre où ils
expirent, après avoir quelque tems nagé fur le dos,
fur le ventre, de côté & de travers, avant que de
fe réfoudre à fortir de l'eau.

L'Arbre appellé *Crocs de Chien*, à caufe qu'il accroche & arrête les Chiens tout court quand ils
vont chaffer, pouffe des branches qui fe traînent
jufques fur les plus hauts Arbres de cette même
Ifle. Il eft armé de petites épines faites en forme
de crochets. Ses feuilles font affés femblables à celles du Prunier, mais il en a peu. Il porte des fruits
jaunes, gros comme de petites prunelles, jette une
gomme rouge & affés dure. Les Habitans font des
cerceaux de fon bois.

Il croît auffi en plufieurs endroits des Ifles de
l'Amerique, mais particulierement fur les roches &
dans les lieux fecs & pierreux, un Arbre fi tendre,
qu'il fuffit de le branler pour faire caffer fes branches. Sa hauteur eft de deux piques. Il eft gros comme
jambe depuis le bas jufqu'en haut, & l'extrêmité
de fes branches qui font fort courtes, eft plus groffe que le milieu. Au bout de chacune, il porte
une vingtaine de fleurs blanches, d'affés bonne
odeur, & qui font femblables à celles du Jafmin,
quoiqu'elles foient bien plus grandes. A la chûte de ces fleurs, & au même endroit où elles tombent, il croît quinze ou vingt feuilles longues de
deux piés & larges de quatre doigts qui finiffent en pointe. En incifant cet Arbre en plufieurs
endroits, on en fait fortir une grande quantité de
lait, & c'eft de là que les Habitans l'ont appellé
Arbre Laiteux, mais comme ce lait eft fort cauftique, on néglige d'en avoir, parce qu'il eft dangereux.

Tous les voyageurs parlent encore d'un arbre qui
croît dans les Antilles en grande abondance, le
long de la mer, aux lieux les plus fecs & les plus
arides, & que les habitans nomment *Arbre aux
favonnettes*, à caufe qu'ils fe fervent de fon fruit
au lieu de favon. Ce fruit eft jaune, gros & rond
comme une cerife, & vient par grappes. Il a une
fubftance claire & gluante comme de la gomme
Arabique qui n'eft pas encore figée. Son noyau eft
noir & rond, de la groffeur d'une moyenne balle
de piftolet, & d'un goût meilleur que celui des
avelines. On en fait des chapelets plus beaux que
l'on n'en pourroit faire d'ébene. Cet Arbre pouffe
un gros tronc, ordinairement de deux ou trois
piés, & fe fourche dès fa racine, en forte qu'il fe
fépare en plufieurs branches, chacune defquelles
fait un affés bel arbre, haut d'une pique ou d'une
pique & demie. Il a une écorce grife & rude, &
fon bois eft blanc & auffi dur que du fer. Ses feuilles reffemblent à celles du Pêcher, & pour fon
fruit il eft fi amer, que pas un oifeau n'en mange. Il fait brouer & écumer l'eau, comme fait le
favon, & a la vertu de dégraiffer & de blanchir le
linge : mais il ne faut pas s'en fervir fouvent, parce qu'il le brûle en le dégraiffant.

Il croît un autre Arbre aux Indes dans les montagnes de la Province de Nicaragua, que l'on appelle *Arbre des foudures.* Ses feuilles pilées & appliquées en forme d'emplâtre, confolident & peu

G ij

de tems les os caffés ; & cela vient de leur qualité glutineuse, froide & aftringente.

L'*Arbre trifte de jour*, ainfi nommé dans les Indes, parce qu'il ne fleurit que de nuit, eft de la grandeur d'un prunier, & a des branches d'une aune de long. Il en jette une infinité qui font fort menues, & diftinguées en plufieurs nœuds. Chaque nœud pouffe deux feuilles femblables à celles de nos pruniers, excepté qu'elles font auffi douces que celles de la fauge, & couvertes d'un fort beau blanc. Chaque feuille a fon bouton qui s'ouvre pour pouffer quatre petites têtes qui ont chacune quatre feuilles rondes, & de chaque tête fortent cinq fleurs qui font comme un bouquet, en forte que la cinquiéme fe trouve placée au milieu des quatre autres. Ces fleurs font blanches comme la neige, un peu plus groffes que la fleur d'orange, & naiffent dès que le Soleil eft couché, avec tant de promptitude, que leur production fe fait à vûe d'œil. Cette fécondité dure jufqu'à ce que le retour du Soleil faffe tomber les fleurs & les feuilles, dont l'arbre eft alors fi bien dépouillé, qu'on n'y voit plus d'apparence de verdure. Quand on l'a coupé à la racine, il ne lui faut qu'un mois pour repouffer. Comme fes fleurs jettent une odeur très-agréable, les Indiens ont foin de les ramaffer, & c'eft pour cela qu'ils plantent ordinairement cette forte d'arbre proche les maifons. Il s'en trouve dans l'Ifle de Sumatra, & il eft appellé *Arbol trifte de dia* par les Portugais.

On appelle *Arbres de Liziere*, en termes d'eaux & forêts, ceux qu'on laiffe dans les ventes entre deux piés corniers, pour fervir de bornes à la coupe qui eft permife.

Arbre fufté, eft en termes de Blafon, l'arbre dont le tronc eft d'un autre émail que les branches ; & *Arbre englanté*, celui dont le fruit eft auffi d'un autre émail.

En termes de Charpenterie & d'Architecture, on appelle *Arbre*, une groffe piece de bois ou de fer qui tourne fur un pivot, comme dans les machines des monnoyes, où celle qui demeurant ferme en foutient d'autres, comme dans les Grues, où le rancher tourne fur un poinçon qui eft au bout de l'arbre.

On appelle *Arbre de meule*, Le fer qui paffe au travers de quelque meule ou de quelque machine, & qui fert à la faire tourner.

ARC

ARC. f. m. Ce mot fe dit de toutes les chofes qui fe font en ligne courbe. Ainfi on appelle *Arcs* ou *Arceaux*, Les voutes des portes & des fenêtres qui font cintrées, & non pas quarrées.

On dit auffi *L'arc* ou *l'Arceau d'une voute*, pour marquer fa courbure, & le cintre qu'elle fait.

On appelle *Arc de carroffe*, La piece de fer courbée en arc, par laquelle la fleche eft jointe au train de devant ; & ce qui caufe qu'un carroffe peut tourner facilement en un fort petit efpace.

Arc Terme de Geometrie. Partie de la circonference ou periphérie d'un cercle qui eft divifé en 360. degrés. Si l'Arc en contient 180. c'eft un demi cercle ; & la ligne, qui joint les extrêmités de l'Arc, eft un diametre, parce qu'il paffe par le centre. Si l'arc contient 90. degrés, on l'appelle *Quart de Cercle*, parce que les deux lignes tirant du centre à fes deux extrêmités, comprennent la quatriéme partie du cercle, & forment un angle droit au centre. Si l'Arc ne contient que foixante degrés, on l'appelle *Sextant*, parce qu'il contient la fixiéme partie du cercle, & de fa circonference.

Enfin toute partie de la circonference du cercle eft appellée *Arc*, & on ajoûte le nombre de degrés qu'il en comprend. La ligne, qui joint les extrêmités d'un Arc, s'appelle *Corde*, prenant le nom de la reffemblance qu'elle a avec un arc débandé. C'eft pourquoi la ligne droite élevée perpendiculairement du milieu de la corde jufques au milieu de l'Arc, eft appellée quelquefois *Fleche*.

Arc Diurne, en termes de Sphere, eft la partie de la circonference de tout cercle parallele à l'Equateur, & qui eft au deffus de l'horifon. On appelle auffi *Arc Diurne*, La durée du tems qu'emploie le Soleil, ou un Aftre, depuis fon lever jufqu'à fon coucher ; & cette durée ou longueur du jour artificiel fe compte par le nombre des degrés de l'Equateur qui paffent fur l'horifon. On appelle auffi *Arc Semidiurne*, un arc dont la durée eft le tems qu'emploie le Soleil, ou tout Aftre, depuis l'horifon jufqu'au cercle meridien, ou depuis le cercle meridien jufqu'à l'horifon du côté de l'Occident.

Arc Nocturne & *Seminocturne* font les parties des cercles parallales à l'Equateur, qui font plongées fous l'horifon.

On appelle *Arc de l'élevation du Pole*, Les degrés comptés fur le cercle Meridien depuis l'horifon jufqu'au pole. Ainfi on dit qu'à Paris l'élevation du pole eft de 48. degrés & 52. minutes.

Arc des Signes, en Horographie, ou Gnomonique, eft une ligne courbe hyperbolique tracée fur le plan d'un cadran ou horloge folaire, décrit & peint fur le plan d'un horloge horifontal ou vertical contre les murailles. On y marque fix arcs de fignes ou lignes courbes hyperboliques, dont trois ont leurs cornes tournées d'un côté, & les autres du côté oppofé. Ainfi dans l'horloge horifontal les arcs des trois fignes méridionaux font tournés vers le Septentrion, & les trois arcs des fignes Septentrionaux font tournés du côté du Midi ; & au contraire dans les horloges verticaux peints fur les murailles, les arcs Septentrionaux tournent en bas vers la terre, & les Meridionaux tournent en haut vers le Ciel. Entre ces fix lignes ou arcs de fignes, eft une ligne droite, qui eft la fection que feroit le plan du cercle équinoctial fur le plan du cadran. C'eft pourquoi cette ligne droite eft appellée équinoctiale, & fert pour l'arc des premiers points des fignes du Belier & de la Balance. Ainfi l'ombre de la pointe du ftyle de l'horloge parcourt cette ligne droite les jours des Equinoxes du Printems & de l'Automne. Cette même ombre parcourt les arcs des fignes le jour que le Soleil entre dans le premier degré de ces fignes. Les deux arcs extrêmes font les arcs de l'Ecreviffe & du Capricorne, ou des deux Tropiques ; de forte que l'ombre de la pointe du ftyle parcourt ces deux lignes courbes le jour que le Soleil entre dans le premier degré de ces deux fignes ; ce qui arrive au plus petit jour de l'Hiver, lorfque le Soleil commence à retourner vers nous ; & au plus grand jour de l'Eté, lorfque le Soleil commence à defcendre vers le Midi, en s'éloignant de nous.

On dit en termes d'Aftronomie, *Arc de Direction*, de *Retrogradation*, d'*Afcenfion*, &c. Voyez ces mots. Enfin dans toutes les parties des Mathematiques le mot d'*arc* fe joint à une infinité de mots differens, qui marquent les effets ou les ufages que l'on confidere dans differens cercles.

ARC-EN-CIEL. Meteore. Voyez IRIS.

ARCADE. f. f. Voute courbée en arc. On dit *Les Arcades d'un pont*, en parlant des grandes ouvertures cintrées qui font entre les piles.

Arcade, en parlant d'un foulier de femme, fe dit

du deſſous d'un talon de bois coupé en arc.

ARCANNE. ſ. f. Mineral, ou eſpece de craye rouge, dont les Charpentiers ſe ſervent pour teindre les cordeaux avec leſquels ils marquent leur bois.

ARCASSE. ſ. f. Terme de Marine. Ce qui eſt contenu entre les deux eſtains, c'eſt-à-dire, entre les deux pieces de bois qui forment le rond de l'arriere d'un Vaiſſeau.

Arcaſſe ſe dit auſſi de la piece de bois qui enferme le rouet d'une poulie.

ARCBOUTANT. ſ. m. Ce qui ſoûtient, ce qui appuye. Les arcs ou demi arcs qui appuyent & ſoûtiennent une muraille, tels que ceux qu'on voit aux côtés des grandes Egliſes, qu'on dit des *Arcsboutans*.

On appelle *Arcs-boutans de carroſſe*, Les huit pieces de fer qui ſont des deux côtés des moutons pour les ſoûtenir.

Arc-boutant ſignifie auſſi la barre d'une porte qui pend de la muraille, & qui va appuyer contre le milieu de la porte.

ARCHECAPELAIN. ſ. m. Vieux mot. Chancelier, ſelon Ragueau.

ARCHE'E. ſ. f. Les Chimiſtes appellent ainſi le feu qu'ils prétendent être au centre de la terre, pour ſervir de principe à la vie des végétaux, & par le moyen duquel ils s'imaginent que les métaux & les mineraux ſe cuiſent.

On appelle *Archée*, la jambe d'un cheval un peu courbée pour avoir travaillé trop jeune.

ARCHEGAYE. ſ. m. Ancienne machine de guerre que l'on jettoit ſur les ennemis. Ce mot eſt employé par Froiſſard.

ARCHET. ſ. m. Morceau de fer ou d'acier qui plie en faiſant reſſort, dont les Serruriers & autres ouvriers ſe ſervent pour tourner ou pour percer leur beſogne. Il y a une corde attachée à chaque bout, par le moyen de laquelle on fait mouvoir ce morceau de fer en rond.

On appelle auſſi *Archet*, Une petite ſcie faite ſeulement de fil de laiton, avec laquelle on coupe les pierres dures & précieuſes, en jettant de l'eau & de l'émeril deſſus.

ARCHIDIACRE. ſ. m. C'étoit autrefois le premier des Diacres. Aujourd'hui, c'eſt un Officier Eccleſiaſtique, qui répond à l'Archevêque, ou à l'Evêque de la capacité des Ordinans qu'il lui preſente dans les Ordinations. Il lui preſente auſſi les Eccleſiaſtiques que choiſiſſent ceux qui ont droit de preſenter pour de certains Benefices, & met preſque par tout en poſſeſſion les Titulaires des Egliſes Paroiſſiales. Lorſqu'il fait les viſites dans les Paroiſſes du Dioceſe, il a juriſdiction ſur les matieres proviſionnelles, & qui ſe jugent ſur le champ. Il y a de certains lieux où les Archidiacres ſont Curés de toutes les Egliſes vacantes & litigieuſes. Ils partagent avec l'Evêque le droit de Déport, c'eſt-à-dire le droit de faire deſſervir les Cures, & d'en retirer les fruits.

ARCHIE. ſ. f. Vieux mot. Voute, ou trait d'arc.

A deux Archies ou à mains.

ARCHIERE. ſ. f. Vieux mot. Bandouliere, carquois.

La nel beſaſſe pour l'Archiere,
Ne pour l'arc, ne pour le brandon.

Ce mot a auſſi ſignifié le trou des murailles par où l'on jettoit des fléches.

ARCHIPEL. ſ. m. Les Géographes appellent ainſi une certaine étendue de mer que quantité d'Iſles entrecoupent. On l'appelle auſſi *Archipelague*. La mer qui baigne les Iſles Philippines eſt appellée *Grand Archipel*, ou *Archipelague de S. Lazare*; & celle qui embraſſe les Iſles Maldives, *Archipelague des*

Maldives. Ce mot vient du Latin *Pelagus*, qui ſignifie proprement Haute mer.

ARCHIPOMPE. ſ. f. Terme de Marine. Retranchement quarré qui eſt fait de planches à fond de calle pour y conſerver les pompes. Les boulets de canon ſe mettent d'ordinaire dans le même lieu.

ARCHIPRESTRE. ſ. m. C'étoit autrefois le plus ancien des Prêtres, & on le chargeoit du ſoin des veuves, des orphelins & des paſſans. C'eſt aujourd'hui une Eccleſiaſtique, ou une maniere de Doyen, au-deſſus des ſimples Prêtres. Il y a les Archiprêtres de Ville, qui ſont Doyens des Curés qui demeurent dans les Villes, & les Archiprêtres Ruraux, qui ſont Doyens des Curés de la campagne. Les Mandemens des Archevêques & des Evêques leur ſont adreſſés, pour les faire tenir à toutes les Egliſes qui ſont renfermées dans l'étendue de leur Archiprêtré.

ARCHIPRESTRE'. ſ. m. Dignité & Charge de l'Archiprêtre. Il ſe dit auſſi de l'étendue de Païs où l'Archiprêtre exerce ſa Charge.

ARCHITRAVE. ſ. f. C'eſt ce que les Grecs nomment *Epiſtyle*, & qu'on appelle ordinairement *Poitrail*, c'eſt-à-dire la partie de la colomne qui eſt au-deſſus du chapiteau, & au-deſſous de la friſe. Les Architectes font ce mot maſculin, & ils appellent *Architrave mutilé*, Celui dont la ſaillie eſt retranchée, & qui eſt araſé avec la friſe, pour recevoir une inſcription. Ils diſent auſſi *Architrave coupé*, pour dire, Celui qui eſt interrompu dans une décoration, pour faciliter l'exhauſſement des croiſées d'entablement, étant d'une grande hauteur. Ce mot vient du Grec *ἀρχὶς*, Principal, & du Latin *Trabs*, Poutre, comme qui diroit *La maîtreſſe poutre*.

ARCHITRICLIN. ſ. m. Vieux mot. Maître d'hôtel, du Grec *ἀρχιτρίκλινος*, qui veut dire, Celui qui prend ſoin de préparer un feſtin.

ARCHIVIOLE. ſ. f. Eſpece de claveſſin ſur lequel eſt appliqué un jeu de violes, par le moyen d'une roue tournante avec ſa manivelle parallele à celle des vielles.

ARCHIVOLTE. ſ. m. Terme d'Architecture. On appelle ainſi le Bandeau orné de moulures, qui portant ſur les impoſtes, regne à la tête des vouſſoirs d'une Arcade. Il eſt different ſelon les ordres, n'ayant au Toſcan qu'une ſimple faſce, deux faſces couronnées au Dorique & à l'Ionique, & les mêmes moulures que l'architrave dans l'ordre Corinthien & le Compoſite. On appelle *Archivolte retourné*, celui dont le bandeau au lieu de finir retourne ſur l'impoſte où il ſe joint à un autre bandeau, & *Archivolte ruſtique*, celui qui a ſes moulures interrompues par une clef, & par des boſſages ſimples ou ruſtiques, ce qui eſt cauſe que de deux Vouſſoirs, l'un eſt en boſſage. On fait venir ce mot d'*Archivolte* du Latin, *Arcus volutus*, Arc contourné.

ARCHONTE. ſ. m. Magiſtrat d'Athénes, à qui étoit déferé le gouvernement de la Ville. On établir les Archontes après la mort de Codrus, & on les fit perpetuels au commencement. Ils finirent par Alcmeon en la ſixiéme Olympiade, & Chorops, qui poſſeda après lui cette même dignité, l'eut ſeulement pour dix ans. Il y en eut depuis vers la vingt-deuxiéme Olympiade, qui ne gouvernerent la Ville que pendant un an. Ce mot vient du Grec *ἄρχων*, Prince, Chef.

ARCHONTIQUES. ſ. m. Heretiques qui s'éleverent vers l'an 175. & qui entre beaucoup d'erreurs ſoûtenoient que le monde avoir été créé par les Archanges. C'eſt delà que quelques-uns croyent qu'ils ont pris leur nom. Outre tous les Sacremens qu'ils fupprimoient, ils nioient la refurrection des morts, & mettoient la redemption parfaite en une connoiffance chimerique. Une de leurs principales réveries étoit que le Dieu Sabaoth avoit engendré le diable, dont Abel & Caïn étoient nés par Eve, & qu'il exerçoit une tyrannie cruelle dans le feptiéme Ciel. Ils fe fervoient de certains livres de leur façon, pour défendre leurs impoftures, & ils appelloient ces livres *Revelations des Prophétes.*

ARCHURE. f. f. Pieces de menuiferie qui font audevant des meules d'un moulin, & qui fe démontent quand on a befoin de les rebatre.

ARÇON. f. m. On appelle *Arçons* dans une felle, Les deux morceaux de bois tournés en cintre, qui lui donnent la forme, & la tiennent en état.

Arçon eft auffi un inftrument de quatre ou cinq piés, fait en archet de violon, dont les Chapeliers fe fervent pour arçonner la laine.

ARÇONNER. v. a. Mot en ufage parmi les Chapeliers, pour dire, Faire voler la laine avec l'arçon.

ARCOT. f. m. Cuivre rouge mêlé avec la Calamine, qu'on allie avec le plomb, pour en faire ce qu'on appelle *Potin.*

ARCTIQUE. adj. m. C'eft le nom de celui des deux Poles du Monde où eft la conftellation de l'Ourfe, appellé en Grec ἄρκτος. Le Pole Arctique eft toûjours élevé fur notre horifon. Le Pole oppofé s'appelle *Antarctique.* Voyez POLE.

ARCTIUM. f. m. Plante dont les feuilles font femblables au Bouillon, fi ce n'eft qu'elles font plus rondes & plus velues. Elle a fa tige longue & molle, fa graine petite & faite comme celle du Cumin, & fa racine tendre, blanche & douce. La décoction de fa racine & de fa graine cuites dans du vin, eft fort bonne au mal de dents, fi on la tient dans la bouche; & fa fomentation eft finguliere pour les brûlures & les mules aux talons. Elle eft propre auffi aux fciatiques & à ceux qui ne peuvent uriner que goute à goute, étant prife en breuvage avec du vin. C'eft le fentiment de Diofcoride & de Galien.

ARD

ARDENT. f. m. Météore, ou Feu follet, formé de quelques exhalaifons graffes, qui s'élevent & s'enflamment dans les lieux marécageux. Pline dit que quand on en voyoit deux, les anciens les nommoient Caftor & Pollux, & les tenoient d'un heureux augure; au lieu que l'augure étoit funefte quand il n'en paroiffoit qu'un. Celui-là étoit appellé Helene.

ARDENT, ENTE. adj. Terme de Blafon, qui fe dit d'un charbon allumé. *D'azur à quatre bandes d'argent chargées de charbons de fable, ardents de gueules.*

On appelle en termes de mer *Vaiffeau ardent,* Celui qui a fon inclination à s'approcher du vent.

ARDOISE. f. f. Sorte de pierre tendre & d'un bleu fort brun, que l'on coupe en feuilles déliées, & dont on fe fert au lieu de tuile pour la couverture des maifons. La plus belle & la meilleure ardoife, dont on fe ferve à Paris, eft celle qui vient d'Angers. Il y en a de trois fortes, la fine, la forte & la quarrée forte. La noire, la rouffe, font de plus de durée. Les Ardoifieres d'Angers font belles à voir, mais elles font d'un grand coût. En 1723. Verri Receveur donna l'avis à M. le Contrôleur General d'y établir un impôt. Le Sieur Pocquet de Livonniere, Confeiller au Préfidial, & fon fils, Profeffeur du Droit François, drefferent des Memoires qui détournerent cet orage, qui eût fait abandonner les Ardoifieres.

ARDURE. f. f. Vieux mot. Colere.
Tant eft Juno plene d'ardure,
Il a auffi fignifié Amour.
Ne la doigna Narciffus regarder,
Dont fecha toute d'ardure.

ARE

ARECA. f. m. Fruit fameux des Indes, qui vient à un grand arbre droit, délié & rond. Le brou qui l'envelope eft uni par dehors, & raboteux & velu par dedans, comme celui du cocos; & le fruit n'eft pas plus gros qu'une noix, mais fon noyau eft de la groffeur d'une mufcade, à laquelle il reffemble non feulement par dehors, mais auffi par les veines qu'on y voit quand on le coupe. Quand ce fruit eft encore tendre, il a au centre ou au cœur, felon ce qu'en dit M. de la Loubere dans fon livre du Royaume de Siam, une fubftance grifâtre qui eft auffi molle que la bouillie. A mefure qu'il feche, il devient plus jaune & plus dur, & la fubftance molle qu'il a au cœur, fe durcit auffi. Il eft toûjours fort amer, & point dégoûtant. Les Siamois, après l'avoir ouvert en quatre parties avec un couteau, en prennent un quartier à chaque fois, & ils le mâchent avec une feuille de Betel. On la roule, pour la mettre plus aifément dans la bouche; & on met fur chacune tant foit peu de chaux, faite avec des coquillages, & rougie par artifice. C'eft pourquoi les Indiens portent toûjours de cette forte de chaux dans une fort petite taffe de porcelaine, & en mettent fi peu fur chaque feuille, qu'ils en confument pas beaucoup en un jour, quoiqu'ils ufent fans ceffe de l'Areca, qui lorfqu'il eft encore tendre, fe confume entierement à mefure qu'on le mâche. Le fec laiffe toûjours quelque mare. L'effet fenfible de cette forte de noix & de la feuille de Betel, eft de faire beaucoup cracher, fi on n'aime mieux en avaler le fuc. On ne doute point aux Indes que l'Areca n'emporte tout ce que les genfives peuvent avoir de mal fain, & ne fortifie l'eftomac, foit à caufe du fuc qu'on avale quand on veut, & qui peut avoir cette vertu, foit à caufe des humidités fuperflues que l'on crache. Comme l'Areca & le Betel font cracher rouge, même indépendamment de la chaux rouge qu'on y mêle, ils laiffent une teinture vermeille fur les lévres & fur les dents. Elle fe paffe fur les lévres, mais peu à peu elle s'épaiffit fur les dents jufqu'à la noirceur; ce qui oblige les gens qui fe piquent de propreté à noircir leurs dents, parce qu'autrement la craffe de l'Areca & du Betel, mêlée avec la blancheur naturelle des dents, fait un effet défagreable, qui eft remarqué dans le menu peuple. Les Indiens, qui font leurs délices de cette drogue, s'en abftiennent ordinairement lorfqu'ils font dans l'affliction, & même lorfque les Mahometans font leur jeûne. Les Siamois l'appellent *Plou* en leur langue.

AREGER, s'AREGER. v. n. p. Vieux mot. S'arranger.
Et s'aregerent li conroi,
Moult bellement l'un de lés l'autre.

ARENER. v. n. On fe fert de ce mot en parlant d'une poutre ou d'un plancher qui s'affaiffe à caufe du trop de charge qu'il a.

AREOPAGE. f. m. Sénat d'Athénes, que l'on établit près de cette Ville, fur le haut d'une colline vers l'an 2545. du monde. On tient qu'il fut appellé ainfi du mot ἄρης, qui eft le nom que les Grecs donnoient à Mars, & de πάγος, Colline, à caufe que ce Dieu y fut accufé le premier par Neptune, dont il avoit tué le fils appellé Halicrohonius. Ceux dont ce Sénat étoit compofé, étoient perpetuels & les premiers de la Ville. Ils ne jugeoient que de nuit, soit pour être moins distraits en examinant les affaires sur lesquelles ils avoient à prononcer, soit pour se mettre à couvert de la haine ou de la pitié que les differens objets étoient capables de leur faire prendre.

AREOPAGITE. s. m. Sénateur de l'Aréopage. Les Auteurs ne sont pas d'accord du nombre de ces Magistrats. Les uns disent qu'il n'étoit que de trente-un. Les autres y en ajoûtent encore vingt, & il y en a qui le font monter jusques à cinq cens. Cela fait voir qu'il n'a pas toûjours été le même.

AREOTECTONIQUE. s. f. La partie de l'Architecture militaire, qui regarde l'attaque & le combat. Ce mot vient de ἄρης, Guerre, & de τεκτονικη, Art de bâtir.

AREOTIQUE. s. m. Médicament qui ouvre les porosités du cuir & les rend plus larges ; ce qui fait que les vapeurs qui y sont contenues, sont plus aisées à se dissiper. Ces sortes de médicamens, qui sont l'Althæa, la Mercuriale, les fleurs de Camomille, de Melilot, de Sureau, la semence de lin, les figues seches, & autres de même nature, se mettent au rang des Anodyns, & il y en a qui les appellent *Resolutifs débiles.*

ARER. v. a. Terme de mer. Entraîner l'ancre qui étant mouillée dans un mauvais fonds, est contrainte par la force du flot de lâcher prise, & de se traîner en labourant le sable. Ce mot vient du Latin *Arare,* Labourer.

ARESCUEL. s. m. Vieux mot. Manche.
   Une lance rude à merveille
   Lui ont eus en poing d'être mise,
   Et il l'a par l'arescuel prise.

ARESGNER. v. a. Vieux mot. Arrêter un cheval par les rênes.
   Si on a cheval aresgné.

ARESTE. s. f. Angle de quelque corps. On dit qu'*Une poutre ou une au re piece de bois est à vive Arê-te,*pour dire qu'*Elle est bien équarrie,*& que les angles en sont bien marqués. Le bord d'une enclume est aussi nommé *Arête.* On appelle encore *Arête* l'élevation qui regne le long de la lame d'une épée. Les Orfévres se servent de ce même mot, pour dire la partie de la cueiller qui est élevée sur le cueilleron. On dit de même *Arête de plat,* arête d'assiette, pour dire, L'extrèmité du bord du plat ou de l'assiette qui est du côté du fond. Les queues des chevaux s'appellent aussi *Arêtes,* quand elles sont dégarnies de poil.

ARESTIERE. s. f. Enduit de plâtre ou de mortier, par lequel les Couvreurs suppléent au défaut de la tuile dans les endroits de la couverture d'un pavillon où sont les Arestiers de bois.

ARESTIERS. s. m. p. Pieces de bois un peu plus grosses que les chevrons de ferme, qui prennent des angles d'un bâtiment, pour faire la couverture en pavillon ou en croupe.

ARG

ARGANEAU. s. m. Gros anneau de fer qui se trouve aux platbords, aux batteries & aux ancres d'un Vaisseau, & où l'on attache des cordages.

ARGEMONE. s. f. Herbe dont les feuilles ressemblent à celles de l'Anemone, & sont chiquetées de même. Elle jette une fleur rouge, & produit à la cime de ses tiges des têtes semblables à celles du pavot sauvage, excepté qu'elles sont plus longues & plus larges au-dessus. Sa racine est ronde, & on en tire un jus jaune comme safran, qui est acre & mordant au goût. Cette herbe est abstersive & resolutive, & a la propriété d'ôter de petites

taches blanches qui viennent aux yeux. Ses feuilles enduites appaisent toutes sortes d'inflammations. Le mot d'*Argemone* vient du Grec ἄργεμον, Blancheur dans l'œil, à cause de la vertu qu'elle a d'y remedier.

ARGENT. s. m. Le plus noble de tous les métaux après l'or, avec lequel il y a cette difference pour la matiere, que l'argent se forme d'une exhalaison plus grossiere que celle de l'or ; & comme sa matiere est moins digerée, elle a une humidité qui s'exhale plus facilement. Il arrive delà qu'il diminue quelque peu, & se brûle avec le soufre, si on y en mêle lorsqu'il est fondu. Il est plus poreux que l'or, & par consequent moins pesant, quoiqu'il le soit plus que tous les autres métaux, à l'exception du plomb, dont la matiere grossiere étant très-humide, est fort peu poreuse, à cause que cette grande humidité occupe la place de l'air, qui rend les autres métaux plus legers, en remplissant leurs porosités. Il y a des mines d'argent en plusieurs lieux ; & selon Pline, la veine d'argent est comme une terre, tantôt rousse, & tantôt cendrée. D'autres tiennent qu'elle a comme de petits cheveux d'argent attachés. Les Chimistes donnent le nom de *Lune* à l'argent, non seulement à cause du rapport de sa couleur, qui est fort blanche, mais aussi parce qu'on en tire d'excellens remedes pour les maladies du cerveau, qui par sympathie reçoit aisément les impressions de la Lune. Ils en font diverses préparations, comme la teinture d'argent ou de Lune, le sel ou vitriol de Lune, & la Lune caustique, ou pierre infernale; les deux premieres pour des remedes à prendre interieurement, & la derniere pour être appliquée exterieurement. L'argent de coupelle, c'est-à-dire, qui a été purifié par la coupelle, est le plus fin ; & cette purification se fait ainsi. On prend une bonne coupelle, faite d'osselets de mouton calcinés, ou de cendre commune lavée, qui n'a plus son sel alkali. Après qu'on l'a mise dans un petit fourneau, & couverte d'une tuile, on fait dessus & autour un feu moderé au commencement, afin que la coupelle s'échauffe peu à peu sans se fendre ; & quand on voit qu'elle est rouge, on y met du plomb qu'on laisse bien fondre & bouillir, jusqu'à ce que la coupelle s'en imbibe. Ensuite on y met l'argent, mais quatre fois moins qu'il n'y a de plomb, avec lequel il se fond facilement. On continue le feu jusqu'à ce que le plomb soit exhalé, & qu'il ait entraîné avec soi les métaux imparfaits qui étoient mêlés avec l'argent, ou par l'artifice des hommes, ou parce que naturellement l'argent se trouve dans les mines avec des matieres impures. Cela étant fait, l'argent se congele, & demeure seul & très-pur sur la coupelle. De quelque maniere qu'il soit préparé, il fortifie specifiquement le cerveau, & sert de remede aux maladies qui y ont leur siege, comme l'apoplexie, l'épilepsie, la manie, &c. Il soulage aussi le cœur dans les palpitations, & Dioscoride lui donne une vertu contre le venin de l'Aconit.

On appelle *Argent trait,* l'argent passé par la filiere & dont on fait des cordons d'argent, & on appelle *Argent mat,* celui qui n'est pas poli. L'argent qui n'est pas au titre requis est appelé *Argent bas.* La litarge d'argent est une des matieres necessaires pour peindre le verre en couleur.

Argent, Dans le Blason veut dire le Blanc, & on le represente par un écu tout uni sans nulle hachûre.

ARGENTINE. s. f. Sorte de plante qui croît dans les lieux humides, & qui est assés semblable à l'Agrimoine sauvage, mais qui a ses feuilles plus velues. Elles font vertes au-deſſus & blanches au-deſſous, comme ſa racine eſt verte en-dedans & rouge en-dehors. Elle jette de petites branches qui traïnent à terre, & produit des fleurs jaunes qui reſſemblent aux Baſſinets des Jardins, & qui tiennent à une ſimple queue. Toute la plante étant aſtrigente & deſſicative, eſt bonne à ſouder les playes fraîches, à arrêter le flux de ventre, & à guerir les ulceres de la bouche. Elle raffermit les dents qui branlent, en appaiſe la douleur, & reſſerre les gencives. On l'appelle en Latin *Potentilla*, *argentina*, ou *anſerina*. Ce dernier nom lui eſt donné à cauſe que les Oyes appellées en Latin *Anſeres*, mangent beaucoup de cette herbe.

ARGOT. ſ. m. Les Jardiniers appellent ainſi le bois qui eſt au-deſſus de l'œil, & qui faute d'être recouvert par ſa pouſſe, demeure inutile & meurt.

ARGOUSIN. ſ. m. Officier de Galere qui veille ſur les Forçats, & qui, ſelon l'occaſion, a ſoin de leur ôter & de leur remettre leurs chaînes. Il veille auſſi pour empêcher leur évaſion. Il y a un *Sous-Argouſin*, qui eſt l'aide de cet Officier.

ARGUE. ſ. f. Machine compoſée d'un gros pivot & de barres de bois, dont les Tireurs d'or ſe ſervent. Ils étendent une corde tout autour, & ils l'attachent avec des tenailles groſſes & courtes, à une autre machine, appellée *La tête de l'argue*. Ils y mettent une filiere, au travers de laquelle ils tirent les bouts d'or & d'argent pour les dégroſſer.

ARGUER. v. n. Vieux mot. Argumenter.

Obiete & ſolt, & puis argue.

ARGUMENT. ſ. m. Terme d'Aſtronomie. C'eſt la même choſe qu'Anomalie. Voyez ANOMALIE.

ARI.

ARIANISME. ſ. m. Ce qui concerne les erreurs que ſoûtenoit Arius. Il aſſûroit que le Fils de Dieu avoit été tiré du neant; que ſon Pere l'ayant créé avant tous les tems & tous les ſiecles, lui avoit communiqué toute ſa ſplendeur & toute ſa gloire par cette création, & qu'ainſi n'ayant pas été de toute éternité, il ne pouvoit être égal à ſon Pere. Cette abominable doctrine ayant trouvé de puiſſans Protecteurs, le Concile de Nicée, qui eſt le premier Concile General qui ait été tenu dans l'Egliſe, fut aſſemblé en 325. & Arius eut l'effronterie d'y paroître en preſence de l'Empereur Conſtantin, & de trois cens dix-huit Evêques qui y vinrent de tous les endroits du monde. Il y ſoûtint que Dieu n'avoit pas toûjours été Pere, puiſqu'il y avoit eu un tems où ſon Fils n'avoit pas été, & que ce Fils étant creature muable par ſa nature, il devoit être mis au rang des autres ouvrages de Dieu. Après de longues diſputes, on publia une Profeſſion de Foi, dans laquelle on définit que JESUS-CHRIST notre Seigneur eſt Fils de Dieu, né Fils unique de ſon Pere; c'eſt-à-dire, de la ſubſtance de ſon Pere, Dieu de Dieu, Lumiere de Lumiere, Vrai Dieu du Vrai Dieu, qui n'a pas été fait, mais engendré, & qui eſt conſubſtantiel au Pere, ayant la même ſubſtance que lui. Après cela on prononça anathême contre Arius qui fut envoyé en exil, d'où ayant été rappellé cinq ans après par les intrigues des Euſebiens, il preſenta à Conſtantin une Profeſſion de Foi, dreſſée d'une maniere ſi artificieuſe, qu'il y cachoit le venin de l'hereſie ſous la ſimplicité des paroles de l'Ecriture. Enfin ſur le point d'être reçu dans l'Egliſe, contre le ſentiment de ſaint Alexandre, Evêque de Conſtantinople, en paſſant dans cette Ville, en un endroit où il y avoit une colomne de porphyre, il ſe ſentit preſſé tout d'un coup d'une neceſſité naturelle, & s'étant mis à

l'écart pour ſe ſoulager, il y vuida les boiaux, le foye, la rate & le ſang. Une mort ſi malheureuſe qui arriva l'an 336. ne put obliger ſes Sectateurs à renoncer à ſa déteſtable doctrine.

ARIENS. ſ. m. Quelques-uns écrivent auſſi *Arriens*, Heretiques, Sectateurs des impietés d'Arius, après la mort duquel & celle de l'Empereur Conſtantin, ils ſurprirent l'eſprit de Conſtance qui ſe déclara pour eux. Ils attaquerent tous les Prélats Orthodoxes, & pour autoriſer leur doctrine, ils célébrerent les Conciles d'Antioche, de Conſtantinople, de Tyr, d'Arles, de Céſarée, de Milan, & pluſieurs autres. Ce fut avec tant de ſuccès qu'ils ceſſerent de ſe déguiſer, ſans plus chercher de détour à prêcher leur hereſie. Ce grand ſuccès fit leur perte par la diviſion qui ſe mit entr'eux, ce qui forma d'abord deux partis, l'un d'*Ariens purs*, qui ſuivoient aveuglément la doctrine d'Arius, & l'autre de *Semi-Ariens*, qui pour adoucir la malignité de ſes ſentimens, reconnoiſſoient que le Fils étoit ſemblable à ſon Pere, au moins par grace. Les Gots d'Italie & ceux d'Eſpagne, les Vandales, les Bourguignons & les Lombards reçurent l'Arianiſme, contre lequel le grand Theodoſe & d'autres Empereurs publierent de ſeveres loix. Cette hereſie dont quelques-uns mettent le commencement en 316. & d'autres en 321. ſe renouvella au XVI. ſiecle dans les blaſphêmes abominables des Sociniens.

ARINDRATO. ſ. m. Arbre de l'Iſle de Madagaſcar. Son bois pourri rend une odeur merveilleuſe quand on le fait brûler, ce qui le rend fort propre pour les parfums.

ARISARUM. ſ. m. Petite herbe qui a la racine groſſe comme une olive, & qui eſt plus forte & plus aiguë que celle d'Arum. Etant enduite, elle reprime les ulceres corroſifs. On en fait des collyres fort bons aux fiſtules. Pline dit que l'Ariſarum croît en Egypte, & qu'il eſt ſemblable à l'Arum, mais moindre en racines & en feuilles, quoique ſa racine ſoit groſſe comme une olive.

ARISTOLOCHE. ſ. f. Plante d'un grand uſage dans la Medecine, & dont il y a de quatre ſortes, la longue, la ronde, la Clematite, & la Piſtoloche. Les plus conſiderables ſont la longue & la ronde. L'*Ariſtoloche longue* a une fleur rouge, & de mauvaiſe odeur, qui venant à ſe flétrir prend la forme d'une poire. Ses feuilles ſont longues, & elle jette des branches déliées qui ſont de la grandeur d'un palme. L'*Ariſtoloche ronde* a des feuilles molles ſemblables au lierre, & qui ont une acrimonie odorante. Les fleurs de la *Clematite* reſſemblent à celles de la Rue, & elle a des branches déliées, toutes garnies de feuilles rondes comme celles de la Joubarbe. Ses racines ſont longues & minces, & leur écorce qui eſt épaiſſe & odorante, eſt propre à donner du corps & de l'odeur aux parfums que l'on prépare. *La Piſtoloche* qui a encore plus de vertus que les trois autres, étoit inconnue aux anciens. Elle eſt preferée à la Clematite dans la compoſition de la Theriaque, non ſeulement à cauſe que ſa racine eſt plus tenue que celle de toutes les autres Ariſtoloches (& c'eſt la tenue qu'Andromachus demande pour cette compoſition,) mais parce qu'elle a le même goût, la même couleur, & la même odeur que la longue & la ronde qui ſont les plus eſtimées. Leur racine eſt la ſeule partie de cette plante dont on ſe ſerve dans la Medecine. La ronde diſſout le ſang caillé, & déterge, étant employée au-dehors, & même au-dedans. Elle eſt plus vulneraire que la longue, qui étant priſe interieurement attenue, ouvre & déterge,

terge , & appli quée exterieurement attire & fait
mourir les vers. L'une & l'autre eft bonne à évacuer les lochies & les arriere-faix des femmes nouvellement accouchées , & à provoquer les mois
fupprimés. Ce mot vient de ἄριος , Très-bon , &
de λόχια , L'arriere-faix.

ARM

ARMAND. f. m. Terme de Manége. Efpece de
bouillie préparée pour un Cheval malade , & compofée de diverfes drogues , pour lui redonner de
l'appetit & des forces. On met cette bouillie fur le
bout d'un nerf de bœuf qu'on fourre enfuite dans
le gofier du cheval.

ARMADILLE. f. f. On appelle ainfi certain nombre
de Vaiffeaux qui font comme une petite Flote , &
que Sa Majefté Catholique entretient armés dans la
Nouvelle Efpagne pour garder la Côte.

ARMATEUR. f. m. Nom que l'on donne au Commandant d'un Vaiffeau armé en guerre pour courir
fur ceux du parti contraire.

ARMATURE. f. f. On fe fert de ce mot dans l'Architecture , pour fignifier les barres , clefs, boulons ,
étriers , & autres liens de fer , dont on fe fert pour
fortifier une poutre éclatée , & pour retenir un grand
affemblage de Charpente.

ARME', E E. part. Terme de Blafon. Il fe dit des ongles des lions , des grifons, des aigles & autres, comme auffi des flèches qui ont leurs pointes d'autre couleur que le fuft. Il fe dit encore d'un Soldat & d'un
Cavalier. *D'or au lion de fable , armé & lampaffé de
gueules.*

Poiffon armé. Il y a le long de toutes les Côtes
des Indes Occidentales diverfes fortes de poiffons,
qui n'ont point d'autre nom que celui de *Poiffons
armés* , à caufe qu'ils font tout couverts de petites
pointes groffes & longues comme des fers d'aiguillettes , & pointues comme les aiguilles. Ils les dreffent, baiffent & portent de biais comme bon leur
femble felon leurs befoins. Ce poiffon dans l'ordinaire eft prefque tout rond , de la groffeur d'un
balon , n'ayant qu'un moignon de queue qui le
rende different d'une boule. Il n'a point de tête ,
mais il a les yeux attachés au ventre , & deux petites pierres blanches fort dures & larges d'un
pouce au lieu de dents. Ce font comme deux petites meules , avec lefquelles il moud , caffe & é-
crafe les cancres de mer , & les petits coquillages
dont il fait fa nourriture. Quoique ce poiffon foit
quelquefois de la groffeur d'un boiffeau , il n'y a
pas plus à manger dans tout fon corps qu'à un
petit maquereau. On lui trouve dans le ventre
une bourfe remplie de vent , de laquelle on fait
une colle la plus forte & la plus tenace que puiffe faire. Il y a encore d'autres poiffons de même nature qui ne different guere de celui-ci ,
qu'en la fituation ou en la longueur de leurs pointes. Quelques-uns font en forme de grandes é-
toiles , d'autres plus menues , & d'autres plus courtes. La pêche de ce poiffon eft fort agreable. On
attache à un petit hameçon d'acier , comme d'un
morceau de cancre de mer au bout de la ligne
qu'on lui jette. Il s'en approche auffi-tôt , mais il
entre en défiance en voyant la ligne , & fait mille
caracoles autour de l'hameçon qu'il goûte quelquefois fans le ferrer , puis le lâche tout à coup, en
fe frottant contre , & le frappant de fa queue. Enfin s'il voit que la ligne ne branle point , il fe jette brufquement deffus , avalant l'appât avec l'hameçon , & tâchant de fuir enfuite ; mais le Pêcheur
qui tire la ligne lui faifant fentir qu'il ne fçauroit
s'échapper , il dreffe & heriffe toutes les pointes

Tome I.

dont il eft armé , & s'enfle de vent. Il s'élance en
avant , à droit & à gauche , comme pour fe venger de fes ennemis avec fes armes , qu'il baiffe
tout-à-fait enfuite , devenant flafque comme un
gand mouillé. Lorfqu'on l'a tiré à terre , il fe heriffe tout de nouveau , en forte que ne pouvant
le prendre par aucune partie de fon corps , on eft
obligé de le porter avec le bout de la ligne à quelques pas du rivage , où il expire peu de tems
après.

ARMEMENT. f. m. Il fignifie en termes de Marine
un certain nombre de Vaiffeaux qu'on veut armer.
On prepare un grand armement. Il fe dit auffi de l'é-
quipement des Vaiffeaux de guerre & de la diftribution ou embarquement des Troupes qui doivent
monter chaque Vaiffeau. On donne auffi quelquefois le nom d'*Armement* à l'équipage. *Tout l'Armement murmura de ce projet.*

On appelle *Etat d'Armement* , la Lifte que la
Cour envoie , dans laquelle font marqués tous les
Vaiffeaux , Officiers Majors & Officiers Mariniers
qu'on deftine pour armer. On dit encore *Etat d'Armement* , pour fignifier le nombre , la qualité & les
proportions des agrés , apparaux & munitions qui
doivent être employés aux Vaiffeaux que l'on a deffein d'armer.

ARMENIENNE. f. f. Sorte de pierre précieufe, qui
approche du lapis , mais qui eft plus tendre & qui
n'a aucune veine d'or. On l'emploie dans les ouvrages , & on s'en fert dans la Medecine. On lui
donne auffi le nom de *Vert d'azur* , à caufe que cette pierre a du vert mêlé avec du bleu.

ARMER. v. a. On dit en terme de mer *Armer un Vaiffeau* , pour dire , L'équiper de vivres , munitions ,
foldats , matelots , & autres chofes neceffaires, pour
faire voyage & pour combattre.

On dit *Armer les avirons* , pour dire , Mettre les
avirons fur le bord de la chaloupe tout prêts à
fervir.

On dit , *Armer un canon* , pour dire , Mettre le
boulet dans un canon.

On dit d'un cheval qu'*Il s'arme* , pour dire , qu'Il
baiffe la tête, & courbe fon encolure jufqu'à appuyer
les branches de la bride contre fon poitrail , pour fe
défendre d'obéir à l'embouchure. On dit auffi qu'*Un
Cheval arme fes lévres* , pour dire , qu'en couvrant
fes barres avec fes lévres , il rend l'appui du mords
fourd & trop ferme. Quand on dit d'un Cheval ,
que *La lévre arme la barre* , cela veut dire , que La
lévre couvre la barre.

On dit en matiere de bâtimens , *Armer une poutre de bandes de fer* , pour dire , Garnis & fortifier
une poutre avec du fer. On dit auffi qu'*Une cloifon
eft armée de lattes* , pour dire , qu'Elle eft couverte
de lattes , ou contre-lattée.

On dit encore *Armer une pierre d'aimant* , pour
dire , l'Enchaffer dans du fer , ou la mettre dans de
la limaille , & la fufpendre felon fes poles afin qu'elle conferve fa vertu.

ARMES. f. f. p. Tout ce qui fert à fe défendre de
fon ennemi ou à le combattre. Voici dans quels
termes en parle Nicod. *Armes , tantôt fignifie les
bâtons de guerre offenfifs que nous appellons Armes
offenfives , comme épées , dagues ,poignards , maffes ,
haches , becs de faucon , lances , halebardes , javelines , arbalêtes , hacquebutes & femblables bâtons de
guerre. Il vient ce mot de Armus , Latin , qui fignifie ce que contiennent les épaules & les bras , étant
appellés Arma les bâtons que l'homme de guerre
portoit pendant ab armis , c'eft-à-dire , des épaules
par un baudrier porté en écharpe ou autrement. Nous
ufons de ce mot , Si ont fait les Latins auffi , un peu*

H

plus largement pour toute sorte d'armes offensives, ores qu'elles ne soient portées pendant de l'épaule. Le mot est aussi prins pour Armes défensives, qu'on dit habillemens de guerre, comme corselets, heaumes, hauberts, mailles, plastrons, & autres pieces de couverture de l'homme d'armes. On prend aussi ce mot pour le Blason, Enseigne, Connoissance, Devise, ou Emprinse d'un Gentilhomme, & la raison du mot en cette signification est, de ce que telles Emprinses, Devises, Connoissances, & Blasons étoient peintes au milieu des Ecus de guerre (comme elles le sont toutes parts où les armes des Gentilshommes sont representées) lesquels pendebant ab armis, ainsi que tous Chevaliers les portent pendantes de l'épaule par une courroye. On les appelle aussi en cette façon Armoiries. Sicile Heraut du Roi d'Arragon en son Traité d'Armoiries. Alexandre le Grand, pour exhausser le nom & la vaillance de ses Capitaines, & avoir vaillans & victorieux combattans, à ce qu'ils eussent plus grand & noble vouloir, hardement & courage sur ses ennemis, leur donna Enseignes, Bannieres, Pennons & Tuniques, selon le hardement, prouesse & vaillance d'un chacun. Et sont maintenant icelles Enseignes & Devises nommées Armes, que portent és batailles & faits d'armes les Empereurs, Rois, Princes, Chevaliers, Ecuyers, & tous nobles Combattans issus de noble consanguinité. Hagium au Traité des Herauts. Et comme se fait à present aux Seigneurs des Devises nommées Armes, que de present portent és batailles & en fait d'armes les Rois, Empereurs, Princes, & Gentilshommes qui sont de plusieurs couleurs & métaux. Les Agatyrses de Nation Scythiens au recit de Pomponius Mela, liv. 2. chap. 1. peignoient certaines Enseignes en leurs visages & personnes, non pas par devises, ains par aucunes marques qui ne se pouvoient effacer, usitées en ces Marches-là, & tant plus aucun étoit d'ancienne race, de tant plus de celles marques il chargeoit son corps, ce qui lui étoit signe de noblesse.

Tout ce qui est rapporté ici par Nicod nous fait connoître l'ancienneté des Armoiries. On en fait presentement un ornement de Sculpture qu'on met aux endroits les plus apparens d'un bâtiment pour faire connoître celui qui l'a fait bâtir, & cet ornement s'appelle Armes, ou Armoiries.

ARMILLAIRE. adj. Les Astronomes appellent Sphere Armillaire, un Instrument de Mathematique, qui est composé de plusieurs cercles de carton ou de cuivre, entre-lassés les uns dans les autres avec un petit globe au milieu. Ces lignes & ces cercles servent à representer sensiblement à nos yeux, & à expliquer la constitution du Ciel & les mouvemens des Astres. Ce mot vient du Latin Armilla, Bracelet, parce que tous ces cercles sont comme des bracelets mis les uns dans les autres.

ARMILLE. s. f. On appelle Armilles en termes d'Architecture les Astragales qui sont au haut & bas des colomnes, & qui representent des cercles & des anneaux. On leur a donné ce nom à cause de la ressemblance qu'elles ont aux bracelets que l'on mettoit autrefois autour du bras.

ARMINIENS. s. m. Heretiques, Sectateurs des opinions d'Arminius, autrement Remonstrans. Sa doctrine est contenue en cinq Chapitres, dont le principal regarde la prédestination. Il la publia & se fit chef de parti, étant Professeur de Theologie en l'Université de Leyden. Elle fut désapprouvée par les Protestans, mais cela n'empêcha pas que ceux qu'il en avoit infectés ne continuassent à la soûtenir après sa mort qui arriva en 1609. On la

condamna dans le Synode de Dordrech sans qu'on pût les retenir. On fut contraint d'en venir aux armes, & les supplices, l'exil & les défenses les plus rigoureuses n'ayant pû les dissiper, ils ont continué de s'assembler en Hollande, où ils ont enfin obtenu le libre exercice de leur Religion, excepté à Leyden & Harlem.

ARMOGAN. s. m. Les Pilotes se servent de ce mot, pour dire, Le beau tems qui est propre pour naviger.

ARMOISE. s. f. Plante dont il y a de deux sortes, la grande & la petite. La grande Armoise a sa tige & sa fleur d'un rouge tirant sur le pourpre, & la petite l'a d'un vert tirant sur le vert ou sur le pâle. La rouge est préferée à la blanche. Il n'y a guere que ses feuilles dont on se serve dans la Medecine, & sur-tout des sommités accompagnées de sa graine. Les proprietés de cette plante sont d'être aperitive & resolutive, de provoquer les mois & de dissoudre le sang caillé. On l'appelle en Latin Artemisia, & quelques-uns croyent qu'elle tire ce nom d'Artemisia, femme de Mausolus, Roi de Carie.

ARMON. s. m. On appelle Armons dans le train d'un Carosse, deux pieces de bois un peu courbes, qui d'un côté prennent sur l'essieu de devant, & qui de l'autre aboutissent au timon. Ces pieces de bois soutiennent une cheville, sur laquelle le timon est mobile, afin de le lever quand on veut.

ARMONIAC. s. m. Sel volatil & artificiel que les Chimistes appellent Aquila volans. Il se fait avec de la suye de cheminée & du sang d'homme ou de bête. Il y a des lieux où on le fait avec une livre de sang humain, deux livres de sel commun, & de l'eau commune. Quelques Voyageurs rapportent qu'il s'en trouve de naturel dans certains Pays Orientaux. Ils disent que c'est une espece d'écume qui sort de la terre en des endroits où il y a de vieilles cavernes ou des creux de roche, & qu'après qu'on en a tiré cette écume, on la cuit à la maniere du Salpêtre. Les Anciens ont connu un autre Armoniac naturel. Il se trouvoit dans les sables d'Arabie ou de Lybie, & ce n'étoit que l'urine congelée des Chameaux qui alloient au Temple de Jupiter Ammon, appellé ainsi du Grec ἄμμος, Sable, à cause des sables qu'il falloit passer pour arriver à ce Temple. C'est pour cela que quelques-uns ont nommé ce sel Ammoniac au lieu d'Armoniac, quoiqu'Ammoniac ait sa signification particuliere.

ARMOSIE. s. f. Vieux mot. Harmonie.

ARMOYE'. s'e. adj. Vieux mot. Blasonné, qu'on porte pour armoiries. On lit dans Froissard, Et delez lui estoit Messire Jean le Barrois, à pennon armoyé de ses armes.

ARMURE. s. f. Se dit d'un Carelet à pêcher composé de la perche & de gaules qu'on appelle en larmes, & qui le tiennent tendu.

ARMURIER. s. m. Artisan qui forge & fait les armes propres à couvrir le corps.

Il se dit aussi de ceux qui font des Pistolets, Arquebuses, Fusils & autres armes à feu portatives : Enfin de ceux qui les vendent. Ceux d'Angers sont en réputation. Fauchet, L. II. de la Discipline Militaire, rapporte un trait tiré d'un Journal d'un Curé de cette Ville, qui porte qu'en 1475. Louis XI. fit faire à Angers & autres bonnes Villes des ferremens de guerre appellés Scalebardes, des Piques, des dagues, & autres Ferremens, qui furent portés à Orleans.

ARN

ARNABO. s. m. Grand Arbre qui croît aux parties

Orientales , ayant les feuilles longues , vertes & jaunâtres comme celles des faux , & l'écorce de ses branches de même couleur. Serapio qui en parle ainsi , dit qu'il sent le Citron & ne porte point de fruit. Egineta dit qu'il entre dans la composition des onguens aromatiques , à cause de sa bonne odeur.

ARNODE. s. m. Les Grecs appelloient *Arnodes* , ceux d'entr'eux que la necessité obligeoit d'aller dans les Assemblées & dans les Festins reciter des vers d'Homere , ce qu'ils faisoient en tenant une branche de laurier à la main , & pour recompense on leur donnoit un Agneau , qui dans leur langue est nommé ἀρνός. C'est de ce mot & de celui de ὠδὴ , Chant , qu'ils prenoient le nom d'*Arnodes*.

ARO

AROMATE. s. m. On appelle *Aromates* , toutes les plantes ou épiceries. On les divise en simples & en composés. Les simples sont le musc , l'ambre gris , la Canelle , le Macis , la *Cassia lignea* , le Safran , le Camphre , le Gingembre , &c. Et les composés la Gallia Moschata , le Diamargaritum & autres.

AROMATICUM. s. m. Poudre toute composée de drogues aromatiques. Il y en a de deux sortes , l'*Aromaticum caryophyllatum* , & l'*Aromaticum rosatum*. Il entre dans le premier dix-huit ingrediens tous aromatiques , & on l'appelle *Caryophyllatum* , à cause des girofles qui en font la base , & que l'on y met en plus grande quantité qu'aucune autre drogue. Cette poudre a la vertu de fortifier le cœur & tous les visceres du bas ventre. Elle dissipe les vents , arrête les nausées , & empêche la putrefaction des humeurs dans le ventricule. L'*Aromaticum* appellé *Rosatum* , à cause des roses qui y dominent par leur quantité , & que l'on y met au commencement , est composé de quinze ingrediens , qui sont aussi tous aromatiques ; sçavoir les Roses rouges , la Canelle , le Macis , les Girofles , la Reglisse , la Gomme Arabique & la Gomme Tragacanthe , le Santal Citrin , le Bois d'Aloës , la Muscade , l'Ambre , le Musc , le petit Galanga , le Nard Indique , & le grand Cardamomum. Cette derniere poudre est bonne à fortifier l'estomac ; elle aide à la digestion , & consume les humeurs superflues.

AROMATISATION. s. f. Action de mêler des Aromates dans les Medicamens dont on augmente la vertu en les rendant agreables à l'odorat & au goût.

AROMATISER. v. a. Mettre des Aromates dans quelque composition , ce qui fait qu'elle rejouit & renforce les esprits vitaux & animaux , & le cœur même. Cela se fait en enfermant dans un nouet l'Aromate dont on a dessein de se servir; on le coule après qu'on lui a donné un leger bouillon.

ARONDE. s. f. Vieux mot. Hirondelle. Il s'est conservé dans cette façon de parler des Charpentiers, *Queue d'Aronde* , qui est une certaine entaillûre dans le bois , faite comme la queue d'une Hirondelle , étroite par un bout qui est en dedans , & large par l'autre qui est en dehors.

On dit en termes de fortification , qu'*Un ouvrage à corne est fait à queue d'Aronde* , lorsqu'il est étroit par la gorge , & plus couvert par les faces, & tout au contraire qu'*Il est fait à contre-queue d'Aronde* , lorsqu'il est plus étroit par les faces, & que la gorge est plus ouverte pour couvrir une grande courtine.

Tome I.

ARONDELLE. s. f. On appelle en termes de mer les Brigantins , les Pinaces & autres Vaisseaux mediocres & legers , *des Arondelles de mer*.

AROTES. s. m. Les Syracusains nommoient ainsi ceux qui étant de libre condition , ne laissoient pas de servir , parce qu'ils n'avoient pas assés de bien pour subsister par eux-mêmes.

AROUGHCUN. s. m. Animal que les Sauvages de la Virginie appellent ainsi , & qui ne differe du Castor , qu'en ce qu'il se nourrit entre les arbres à la maniere de l'Ecureuil.

ARP

ARPAILLEUR. s. m. Nom qu'on donne à ceux qui tâchent à découvrir les mines , & qui cherchent l'or parmi les mottes de terre , & sur les bords des rivieres.

ARQ

ARQUER. v. n. Se courber en arc. Il n'a guere d'usage que dans le participe. Ainsi en termes de Charpenterie , une poutre ou une autre piece de bois qui est courbée naturellement ou par le trop grand poids qu'elle soûtient , s'appelle *Poutre arquée*. On dit aussi que *La quille d'un Vaisseau est arquée* , quand quelque violent effort lui fait perdre sa figure accoutumée. Cet effort se fait , ou lorsqu'on met le Vaisseau à l'eau , ou lorsqu'il échoue.

On dit encore d'un Cheval , qu'*Il a les jambes arquées* , quand ses genoux sont courbés en arc , ce qui ne se dit que quand le travail lui a ruiné les jambes.

ARQUERAGE. s. m. Vieux mot. Droit ancien par lequel on étoit tenu de faire un soldat au Seigneur, comme qui diroit Archerage. On a dit aussi *Archarage* & *Archairage*.

ARQUOY. s. m. Vieux mot. Parure , ajustement.
   Quand ils voyent ces pucelettes
   En admenez & en arquoy.

ARR

ARRACHE' , E'E. adj. Terme de Blason. Il se dit des arbres & autres plantes dont les racines paroissent. On s'en sert aussi en parlant des têtes & membres d'animaux , qui n'étant pas coupés net , ont divers lambeaux , encore sanglans ou non sanglans ; ce qui fait connoître qu'on a arraché ses membres par force. *D'argent à un arbre de sinople arraché* ; *d'azur à trois têtes de lion arrachées de gueules*.

ARRACHEMENT. s. m. Terme de Maçonnerie. Pierre qu'on ôte d'un mur pour y en mettre d'autres qui servent de liaison avec un autre mur que l'on veut bâtir.

ARRAMER. v. a. On se sert de ce mot parmi les Drappiers , Façonniers & Foulons , quoique la chose leur soit défendue par les Statuts , pour dire, Tirer & allonger une piece de drap ou de serge mise exprès pour cela sur le rouleau ; ce qui est cause qu'elle accourcit & étressit dans la suite.

ARRAMIR. v. a. vieux mot. Promettre.
   Molt les oyssez arramir
   Serement faire , & foy plevir.

ARRAS. s. m. Sorte de Perroquet qui se trouve dans la Guadeloupe & dans quelques Isles voisines, & qui est d'un tiers plus grand que les autres. Il a la tête , le col , le ventre & le dessus du dos de couleur de feu , & les aîles mêlées de plumes jau-

H ij

nes , de couleur d'azur & de rouge cramoifi. Sa queue eſt longue d'un pié & demi & toute rouge, de ſorte qu'il n'y a rien de plus beau que de voir dix ou douze Arras ſur un arbre vert. Les ſauvages prennent plaiſir à ſe parer des plumes de la queue de cet oiſeau , & non ſeulement ils en mettent dans leurs cheveux , mais ils s'en paſſent dans le gras des oreilles & dans l'entredeux des narines. L'Arras vit de graines & de quelques fruits qui croiſſent ſur les arbres. Il a le ton de la voix fort & perçant , & ne vole jamais qu'il ne criaille. Il n'eſt pas aiſé à s'effrayer ; au contraire on en tue quelquefois pluſieurs dans un même arbre , ſans que le bruit des coups de fuſil oblige les autres qui y ſont perchés à s'envoler. Leur chair eſt fort dure , & on l'eſtime mal ſaine , ſi elle n'eſt pas veneneuſe. Le mâle & la femelle ſe quittent très-rarement , & font leurs petits une ou deux fois l'année. Pour cela ils font un trou avec leur bec dans la ſouche d'un grand arbre , & leur nid ne conſiſte qu'en quelques plumes qui tombent de leur corps. Ils pondent deux œufs de la groſſeur de ceux de pigeon , & marquetés comme les œufs de perdrix. Les autres Perroquets font leurs nids de même ſorte , mais il y en a dont les œufs ſont verts. Lorſqu'on tire leurs petits du nid , ils ont deux petits vers tout vivans dans les narines , & un autre dans une petite bube qui leur vient ſur la tête. Ces vers meurent d'eux-mêmes , lorſque ces oiſeaux commencent à être couverts de plumes. Les Arras vivent plus que les hommes , & il en eſt peu qui ne ſoient ſujets au mal caduc. On les voit ſerrer les bâtons ſur leſquels ils ſont perchés , tomber la tête en bas, ſe debattre & écumer. Quand les Sauvages veulent en prendre de vivans , ils s'en approchent doucement à la faveur des arbres , dans le tems qu'ils mangent à terre les fruits qu'ils ont fait tomber ; puis tout à coup ils ſe mettent à courir ; en frappant des mains , & rempliſſant l'air de hurlemens. Ces oiſeaux ſurpris , au lieu de ſe ſervir de leurs aîles pour ſe tirer du peril , ſe mettent ſur la défenſive en ſe couchant ſur le dos ; en ſorte que les Sauvages craignant leur bec & leurs ongles , n'oſent faire autre choſe que de ſe tenir tout à l'entour en continuant leurs cris , juſqu'à ce que l'un d'eux ait pû mettre un gros bâton ſur le ventre de l'oiſeau , qui s'en ſaiſit auſſi-tôt avec ſon bec & ſes grifes. Pendant ce tems ils le lient ſur le bâton , & en font enſuite tout ce qu'ils veulent. Ils les apprivoiſent quelquefois , & ils leur apprennent à parler.

ARRAYER. v. a. Vieux mot. Rencontrer.

Se danger pourray arrayer.

ARREST. ſ. m. Petit morceau de fer , qui dans les armes à feu empêche qu'elles ne ſe lâchent. On appelle auſſi *Arreſt* , Les pieces qui dans les choſes qui vont par reſſort , ſont cauſe que les mouvemens ne ſe font qu'en certains tems & en certaine quantité.

Arreſt eſt auſſi un terme de Manege , & ſignifie la pauſe que fait le cheval en diſcontinuant de cheminer. On dit *Former l'arreſt d'un cheval*, pour dire, L'arrêter ſur les hanches. Il y a auſſi le *demi-arreſt*, qui n'eſt autre choſe qu'un arreſt qui n'eſt pas achevé ; ce qui arrive lorſque le cheval reprend & continue ſon galop ſans faire ni peſades ni courbettes.

Arreſt ſe dit encore de l'action du chien qui s'arrête lorſqu'il ſent la perdrix ou le gibier.

On appelle encore *Arreſt* en termes de Couture le fil redoublé que les Tailleurs mettent aux fentes ou extrêmités des habits pour les arrêter , en ſorte qu'elles ne ſe puiſſent rompre ni deſcendre ; & les nœuds qu'ils font.

ARRESTE - BOEUF. ſ. f. Plante qui produit des branches qui ſont de la hauteur d'un palme , & pleines de nœuds. Selon Matthiole elle croît dans les lieux cultivés & non cultivés , & ſur-tout dans les lieux ſecs. Ses feuilles ſont petites & menues comme celles des lentilles & reſſemblent aux feuilles de la rue ou du melilot. Ses fleurs ſont quelquefois rouges tirant ſur le blanc , & quelquefois jaunes. Il y en a dont les branches ſont toutes armées d'épines piquantes & d'autres qui n'ont point d'épines. Ce n'eſt que de ſa racine qu'on ſe ſert dans la Medecine. On la met au rang des cinq racines aperitives mineures , & Galien dit que ſon écorce eſt très-utile , étant abſterſive & inciſive , & ne faiſant pas ſeulement uriner , mais auſſi rongeant la pierre. Sa decoction faite avec de l'eau & du vinaigre , ſert à appaiſer les douleurs de dents , lorſqu'on s'en lave la bouche. On appelle cette plante *Arreſte-bœuf*, *Reſtaboüis*, ou *Remora aratri*, à cauſe que ſes racines ſont ſi fortes , qu'elles arrêtent les bœufs qui tirent la charrue. On l'appelle auſſi *Bugrane*, *Ononis* ou *Anonis*, & *Acutella*.

ARRESTE´ , E´E. adj. Terme de Blaſon. Il ſe dit des animaux qui ſont ſur leurs quatre piés , lorſque l'un avance devant l'autre. On les appelle *Paſſans*, lorſqu'ils ſont dans cette poſture. *D'azur un lion leopardé d'or , arrêté & appuyé de la pate droite de devant ſur un tronc de même.*

On appelle dans la Peinture *Deſſeins arrêtés*, Ceux dont les contours des figures ſont achevés , en ſorte que toutes leurs parties étant bien deſſinées & recherchées , il n'y a plus rien à retoucher.

ARRESTER. v. a. Il ſe dit en termes de Venerie , & de Couture dans la même ſignification que le mot d'*Arreſt*. Les Maçons diſent auſſi *Arrêter une pierre*, lorſqu'après qu'elle a été bien miſe à plomb ou à niveau , on met du mortier , afin qu'elle y demeure toûjours.

ARRESTES. ſ. f. p. Gales & tumeurs qui viennent ſur les nerfs des jambes de derriere d'un cheval , entre le jaret & le paturon.

ARRIERE. ſ. m. Pouppe ou derriere d'un Vaiſſeau , On dit , *Paſſer à l'arriere d'un Vaiſſeau* , pour dire, Laiſſer paſſer devant un autre Vaiſſeau , & ſe mettre à ſa ſuite. On dit auſſi *Avoir vent arriere* , pour dire, Prendre le vent par pouppe. C'eſt ce qui fait dire par maniere de proverbe, *Vent arriere fait trouver la mer unie*, pour dire, que Lorſqu'on a le vent en pouppe , on ne s'apperçoit point que la mer ſoit agitée.

Arriere , s'eſt dit anciennement pour , Derechef.

Souvent boit & renfante arriere ,
Tant que plus clair eſt que criſtal.

On a dit auſſi *Arriers* dans un même ſens.

ARRIERE-CORPS. ſ. m. Parties d'un bâtiment qui ſont le contraire de l'Avant-corps , c'eſt-à-dire , qui ont le moins de ſaillie ſur la face.

ARRIERE-MAIN. ſ. m. Se dit au Jeu de la Paûme d'un coup pouſſé du revers de la raquette ou du batoir. *Voila un bel arriere-main.*

Quelquefois il ſe dit d'un ſoufflet donné du revers de la main.

ARRIERE-PANAGE. ſ. m. On ſe ſert de ce mot en matiere des eaux & forêts pour ſignifier le tems où il eſt permis de laiſſer les beſtiaux dans la forêt, après que celui du panage eſt expiré.

ARRIERER. v. n. Vieux mot. Retourner en arriere. *Li Duc qui ne penſoit nul mal , retourna arriere; & quand il fut arriere chils qui eſtoient armez ſous leurs cappes , ſaillirent & occhiſrent.*

ARRIERE-VOUSSURE. ſ. f. Eſpece de voute miſe au derriere d'un tableau , d'une porte , d'une fenêtre, ou de quelque autre ouverture, & qui sert de couronnement à l'embrasure.

ARRIMAGE. ſ. m. On appelle en termes de Marine, *l'Arrimage d'un Vaiſſeau*, l'Arrangement des futailles que l'on met à fond de calle, ou pour l'eau, ou pour le vin.

ARRIMER. v. a. Mettre quelque choſe en ordre dans un Vaiſſeau, l'arranger.

ARRISSER. v. a. Terme de mer. Amener, abaiſſer les vergues pour les attacher ſur les bords du Navire. On dit qu'*Un Vaiſſeau a arriſſé ſes huniers, ſes perroquets*, pour dire, qu'il a abaiſſé ces ſortes de voiles.

ARRIVER. v. n. Terme de Marine. Obéir au vent. On dit *Arriver ſur un Vaiſſeau*, pour dire, Aller à un Vaiſſeau en obéïſſant au vent, ou en pouſſant la barre du gouvernail ſous le vent, afin de le prendre en poupe. On dit auſſi, *Arrive, n'arrive pas, arrive tout*, qui ſont trois divers commandemens que l'on fait au Timonnier ; le premier pour lui faire pouſſer le gouvernail à obéïr au vent, ou à mettre vent en poupe ; le ſecond, pour l'obliger à gouverner plus vers le vent, ou à tenir plus le vent ; & le troiſiéme, afin qu'il pouſſe la barre du gouvernail tout à bord, pour mieux arriver.

ARROBE. ſ. f. Mot purement Eſpagnol, que l'on a rendu François, & qui ſe dit en terme de mer, du poids de trente-une livres.

ARROCHE. ſ. f. Herbe qui fleurit jaune, & pouſſe en fort peu de tems. Ses feuilles, qui ſont larges vers la tige, vont toûjours en diminuant vers la pointe. Elles ſont pleines de jus, graſſes & d'un vert tirant ſur le jaune. Les tiges de cette plante ſont rouges, & montent quelquefois juſqu'à la hauteur de quatre coudées. Il en ſort diverſes branches, chargées d'une graine que renferment de petites bourſes. Il y a de deux ſortes d'Arroches, l'une qu'on cultive & qui croît dans les jardins, & l'autre qui vient d'elle-même dans les champs. Il n'y a que les feuilles & la graine de l'Arroche qui ſoient d'uſage dans la Medecine. Elle eſt miſe au rang des herbes émollientes, & d'une qualité qui la rend propre à lâcher le ventre. Quelques-uns ſe ſervent de ſa racine & de ſa graine pour provoquer le vomiſſement. La graine eſt fort bonne pour deterger & faire mourir les vers. Cette plante nommée en Latin *Attriplex*, nuit aux herbes qui ſont auprès.

ARRONDI, IE. adj. Terme de Blaſon. Il ſe dit des boules & autres choſes qui ſont rondes naturellement, & qui paroiſſent de relief par le moyen de certains traits en armoiries, qui en font voir l'arrondiſſement. *De gueules au miroir arrondi d'argent*,

ARRONDIR. v. a. On emploie ce mot pour toute ſorte de Manege qui ſe fait en rond. Ainſi on dit *Arrondir un cheval*, pour dire, Dreſſer un cheval à manier rondement au trot, au galop, ou autrement ; ce qui ſe fait en l'accoûtumant à porter les épaules & les hanches uniment & rondement dans un grand ou petit rond, ſans qu'il ſe traverſe ou ſe jette de côté.

On dit auſſi *Arrondir une figure*, pour dire, Lui donner du relief, en ſorte que tous les membres ſoient bien arrondis. Quand c'eſt une figure faite en peinture ou avec du crayon, on l'arrondit par le moyen des jours & des ombres.

ARROUTER. v. a. Vieux mot. Aſſembler.

Autref Garin furent tuit arrouté.

Il a été dit auſſi pour, Mettre en train.

ARRUMER. v. a. Terme de Marine. Placer & ar-

ranger avec ſoin la cargaiſon d'un Vaiſſeau. On appelle *Vaiſſeau mal arrumé*, Un Vaiſſeau qui n'eſt pas à ſon plomb qui le fait tenir droit ſur bout, ce qui eſt cauſe que les poinçons ſe déplacent, & roulant vers la pente, s'enfoncent du heurt les uns les autres. On dit auſſi *Arruner*.

ARRUMEUR. ſ. m. Petit Officier établi ſur un Port, que le Marchand Chargeur paye. Sa fonction eſt de ranger les marchandiſes dans un Vaiſſeau, & ſur-tout celles qui ſont en tonneaux & en danger de coulage. Les Arrumeurs ſont particulierement employés en Guienne.

ARS

ARS. ſ. m. Veines où l'on ſaigne les chevaux, dont il y en a une au bas de chaque épaule, & une autre au plat des cuiſſes dans les membres de derriere. Ainſi on dit, qu'*On a ſaigné un cheval des quatre ars*, pour dire, qu'Un cheval a été ſaigné des quatre membres.

ARS, ARSE. adj. Vieux mot. Brûlé. On a dit auſſi *Arſure*, pour Brûlure, du Latin *Ardere*, Brûler.

ARSENAL. ſ. m. On appelle *Arſenal de Marine*, Un Port où le Roi tient de ſes Officiers de Marine, avec des Vaiſſeaux, & toutes les choſes dont on peut avoir beſoin pour les armer.

ARSENIC. ſ. m. Mineral fort cauſtique, que les Grecs appellent ἀρσενικὸν, & les Latins *Auripigmentum*. Par le mot d'Arſenic on entend vulgairement l'Orpiment ſublimé pluſieurs fois avec le ſel, qui par ce moyen degenere en une maſſe très-pure & criſtalline. Il y a de trois ſortes d'arſenic, & tous les trois ſont ſeptiques ; le jaune qui eſt l'Orpiment, le rouge qui eſt le Sandaraque, & le blanc qui eſt le Reagal. Ils ſont tous tirés des mêmes mines, & ont une extrème acrimonie de chaleur qui détruit les principes de la vie. Il y a auſſi de deux ſortes d'Orpiment. La meilleure a des écailles qui paroiſſent entaſſées les unes ſur les autres, & qui ſe ſeparent facilement ſans aucun mélange d'une autre matiere. L'autre eſt en petits morceaux en forme de gland, & moins pure. Sa couleur, qui eſt plus rouge, a du rapport à la Sandaraque, & on ne leve pas cette ſeconde eſpece par écailles ſi facilement que l'autre. C'eſt celle dont ſe ſervent les Orfevres, & on l'appelle proprement *Riſagallum*. La Sandaraque eſt une eſpece d'arſenic naturel qui ſe trouve dans les mêmes mines d'argent ou d'or que l'Orpiment, & n'eſt autre choſe qu'un Orpiment plus cuit & plus digeré par la chaleur ; ce qui lui fait prendre la couleur rouge. On n'en peut douter, puiſque l'Orpiment brûlé devient tout-à-fait ſemblable à la Sandaraque. Auſſi quand il eſt ainſi brûlé, on l'appelle *Sandaraque artificielle*, & on le ſubſtitue à la naturelle, parce qu'il eſt mal-aiſé d'en trouver de pure, ſans être mêlée de quelque portion d'Orpiment ; ce qui fait qu'elle eſt plus rouge en un endroit qu'en l'autre, & même cailleuſe en quelqu'une de ſes parties. Tous ces mineraux ſont chauds & ſecs au-delà du quatriéme degré, & ont une qualité corroſive & ennemie de l'humide radical & de la chaleur naturelle, de ſorte que ſi quelqu'un en avoit pris par mégarde, il ne pourroit éviter de mourir, ſi on n'y remedioit promptement. Ce qu'on peut faire pour cela, c'eſt d'avoir recours aux choſes graſſes & huileuſes, & aux medicamens épiceraſtiques, comme les bouillons gras, le lait & le beurre, qu'il faut prendre par haut & par bas, tant pour provoquer le vomiſſement, qu'afin de tenir le ventre libre. Quoique l'Arſenic ſoit un poiſon fort ſubtil & fort preſent, il ne laiſſe pas d'avoir des facultés dont on peut tirer quelque utilité dans la Medecine. Il peut servir à la guerison de la peste & d'autres maladies malignes, comme la mauvaise galle & le cancer, pourvû qu'il soit très-bien préparé, & qu'on ait en l'employant toute la précaution qui peut être neceffaire. On le mêle auffi quelquefois parmi les médicamens externes, & sur-tout lorfqu'on veut ronger une châir fuperflue ; mais la quantité en doit être fort petite. On s'en fert encore exterieurement, lorfqu'on est incommodé du poil de quelque partie, qu'on feroit bien-aife de faire tomber. Les préparations principales de ce Mineral font, felon Glafer. le regule, l'huile cauftique, la liqueur & la poudre fixe. Il dit que le fuccès en peut être heureux pour le dehors ; mais il ne confeille pas de s'en fervir interieurement, la nature nous fourniffant d'autres remedes moins dangereux. L'Arfenic blanc, qu'on appelle fimplement Arfenic, est celui qu'on met le plus en ufage dans la Medecine. Le jaune est employé rarement, & le rouge prefque jamais.

ARSIN. adjectif, qui n'est en ufage que joint avec Bois. On appelle *Bois arfins*, des bois où le feu a été mis, ou par malice, ou par accident. Ce mot vient d'*Ardere*, Brûler.

ARSIS. f. m. Nom que les Vignerons donnent au vin, qui a été nourri de trop de chaleur, qui lui donne du feu & un goût de rôti.

ART

ARTEMON. f. m. Troifiéme mouffle qui est au bas de la machine appellée *Polyfpafte*, laquelle machine fert à élever des fardeaux en peu de tems par le moyen de trois mouffles qui contiennent plufieurs poulies. Les Grecs appellent cette troifiéme mouffle ἐπάγων.

ARTEMONIENS. f. m. Nom que l'on donna aux difciples de l'herefiarque Artemon, qui s'éleva fur la fin du troifiéme fiecle, & qui, en niant la divinité de JESUS-CHRIST, foûtenoit qu'il n'avoit eu que de legers avantages fur les Prophetes. Les Artemoniens s'étant joints aux Theodotiens, difoient que leur doctrine avoit toûjours été la croyance de l'Eglife jufques au tems du Pape Victor : mais que Zephirin fon fucceffeur, qui combattit leurs erreurs, avoit commencé à s'en éloigner.

ARTER. v. n. Vieux mot. Arrêter.
Quand en un lieu étoient artés.

ARTERE. f. f. Terme d'Anatomie. Vaiffeau rond, long & creux comme un tuyau, compofé d'une double tunique qui est deftinée par la nature à porter le fang fpiritueux élabouré dans le ventricule gauche du cœur, afin de temperer & d'entretenir la chaleur de chacune des parties du corps. Il y a trois principales Arteres, fçavoir la *trachée Artere*, qui est âpre, raboteufe & cartilagineufe, & qu'on a nommée ainfi, du Grec τραχεῖα, à caufe de fon inégalité. C'est le conduit par où paffe l'air dans le poumon quand on refpire. Cette artere est compofée de deux differentes fubftances, l'une molle & l'autre dure. La feconde artere, qui a fa tunique fort mince, comme ont les veines, est appellée *Artere veineufe*. Elle fort du ventricule gauche du cœur, dont les rameaux s'étendent dans la chair des poumons, & c'est un furgeon de la veine-cave. La troifiéme s'appelle *Aorte*, ou *la grande artere*. Elle fort du ventricule gauche du cœur, & fe divife en *Afcendante* & en *Defcendante*, comme les veines, prenant prefque par tout les mêmes noms que les veines qu'elle accompagne. Ainfi il y a divers rameaux, tant de l'artere afcendante, que de la defcendante. Après la mort des animaux, on trouve toûjours leurs arteres vuides de fang, encore que les veines en foient remplies. En Grec ἀρτηρία, que quelques-uns font venir de μαχία τὸ ἀέρα τηρεῖν, à caufe que l'artere garde l'air qu'elle reçoit, & puis le rejette.

ARTHRITIQUE. f. f. Plante fort commune & fort connue, appellée ainfi, à caufe qu'elle est bonne pour la goute, que les Grecs nomment ἀρθρῖτις. C'est la même plante que *Primula veris*. On appelle *Arthritiques*, les médicamens qui font propres à remedier aux incommoditès des joinures, tels que la Marjolaine, la Betoine, le Chamæpithys, le Primula veris, le Rofmarin, la Lavande, le Stœchas, la Sauge, le Caftoreum, les Lombrics, &c.

ARTHRODIE. f. f. Terme de Medecine. Il fe dit d'une joinure des os, qui encore qu'ils ayent la tête plate, ne laiffent pas d'être mobiles fur leurs furfaces. La joinure de la mâchoire avec l'os des temples est de cette nature. Ce mot vient du Grec ἄρθρον, Jointure.

ARTICHAUT. f. m. Plante dont la tige est droite, & au bout de laquelle tige fe forme une efpece de pomme, compofée de quantité de feuilles dont la pointe est piquante. Ce qu'elle renferme dans le bas est bon à manger, & s'appelle *Cul d'Artichaut*. Il y a de deux fortes d'artichaut ; le fauvage, qui n'est autre chofe que le Bedegar ou l'Epine blanche de Diofcoride ; & l'artichaut de jardin, dont il y a auffi de deux fortes, fçavoir celui dont la pomme feule est bonne à manger, & celui d'Efpagne, dont on ne mange que les tiges, qu'on blanchit par artifice. C'est ce qu'on appelle *Cardons d'Efpagne*. L'artichaut est fec & humide, & engendre un fuc bilieux & mélancolique, fur-tout lorfqu'il devient dur. On tient que quand on a bû fa racine cuite dans le vin, elle entraîne avec les urines la mauvaife odeur des aiffelles & de tout le corps.

ARTICULAIRE. adj. Les Medecins appellent *Maladie Articulaire*, Une maladie qui affige & altere particulierement la fubftance des articles. Elle est caufée par une matiere virulente ; & c'est ce qu'on appelle communément *Goute*. Ce mot vient du Latin *Articulus*, Joinure, diminutif de *artus*, membre, ou jointure, quoiqu'il ait plus rarement cette derniere fignification.

ARTICULATION. f. f. On appelle en termes d'Anatomie, *Articulation d'os*, La compofition naturelle de deux os dont les bouts s'entretouchent. On fe fert auffi du même mot en parlant de la conjonction de deux chofes, qui étant attachées l'une à l'autre fort étroitement, ne laiffent pas de pouvoir être pliées. Ainfi *l'articulation d'un rafoir*, *d'une lancette*, est l'endroit qui fert à plier ces inftrumens.

ARTICULER. v. a. On dit en termes de Palais, *Articuler fa demande*, pour dire, Mettre fa demande par articles. Il fe dit auffi en Medecine, lorfqu'on parle de la jonction des membres, *Cet os s'articule avec cet autre*. On dit d'une figure de relief ou de peinture, que *Les parties en font bien articulées*, pour dire qu'Elles font bien marquées.

ARTILLER. v. a. Vieux mot. Fortifier, rendre fort.
Que moult étoit bien batillés,
Si fort & fi bien artillés,
Qu'il ne croinoit ne Roi ne Comte.

ARTILLEUX, EUSE. adj. Vieux mot. Fin, rufé, artificieux.
Elle est hardie & artilleufe.

Et trop en ire studieuse.

ARTIMON. f. m. Le mât d'un Navire, qui est placé le plus près de la pouppe. Ce mât n'a qu'une brisûre , & ne porte point de perroquets. La voile d'Artimon est faite en tiers point , au lieu que les autres sont à trait quarré. La vergue d'Artimon est toûjours couchée de biais sur le mât , sans se traverser quarrément , qui est la situation des autres vergues sur les autres mâts.

ARTISIEN. f. m. Vieux mot. Artisan.

ARTISON. f. m. Petit ver qui s'engendre dans le bois , sur-tout dans une douve de tonneau par où le vin se perd. Il est dangereux , quand il se trouve sous un cercle.

ARTOTHYRITES. f. m. Heretiques du deuxiéme siecle , sortis de la secte de Montanus. Ils se servoient de pain & de fromage dans l'Eucharistie , à cause que nos premiers Peres offrirent des fruits de la terre & des brebis , & que Dieu accepta l'offrande d'Abel , qui étoit le fruit de ses brebis d'où vient le fromage, qu'ils tenoient bien plus agreable que le vin. Ils corrompoient l'Ecriture, & admettoient les femmes à la Prêtrise. Ce nom d'*Artothyrites* leur fut donné du Grec , ἄρτος , Pain , & de τυρός , Fromage.

ARU

ARUM. f. m. Plante dont les feuilles ressemblent à la Serpentine, quoiqu'elles soient plus longues & moins tachées. Sa tige est haute d'une paume , rougeâtre & faite en maniere d'un pilon , d'où sort une graine jaune comme le safran. Sa racine est blanche & semblable à celle de la Serpentine , mais moins forte & moins mordante , étant mangée cuite. Cette racine , ainsi que la graine & les feuilles de la plante , a les mêmes proprietés que la Serpentine. Matthiole dit que l'Arum croît ordinairement en Toscane , en Goritie & par toute la France aux bords des fossés & le long des hayes. Il ajoûte que sa tige jette à sa cime un couvercle long de douze doigts , pointu par le bout , dans lequel se nourrit le fruit. Ce couvercle venant à tomber , on voit la figure d'un pilon , jaune comme l'or , avec les encoignûres & la graine de couleur de safran , laquelle environne le bas en maniere de couronne. Elle devient verte en peu de tems , & rousse lorsqu'elle est mûre , ayant presque la grosseur de quelques perles , & un goût de vin. Elle s'amoncelle autour de la tige , ainsi que le froment d'Inde. Sa racine est blanche, bulbeuse, longuette, & a beaucoup de capillamens, comme l'Ellebore, d'un goût piquant. L'Arum , qui croît en Bohéme , est beaucoup moindre , & a ses feuilles & sa racine plus minces que celui d'Italie.

ARY

ARYTÆNOIDE. adj. Les Medecins appellent *Cartilage Arytænoide* , Un des cartilages du Larinx qui forme une espece d'anche comme celle des flutes & des orgues. Elle sert à rendre la voix , ou plus grave , ou plus aigue. Ce mot vient de ἀρύταινα. Sorte de Vase qu'Eustatius met au nombre de ceux dont les Anciens se servoient au bain, & de εἶδος, Forme , à cause que ce cartilage represente la figure de son bec.

ARZ

ARZEL. adj. On appelle *Cheval Arzel* , celui qui a une marque blanche au pié de derriere du côté droit. Il y a des gens superstitieux qui ne voudroient pas monter un Cheval arzel dans un jour de combat , parce qu'ils sont persuadés que cette marque présage quelque malheur.

ASA

ASARINE. f. f. Plante que Matthiole dit venir aux montagnes de Bohéme , & être appellée *Asarina* , à cause qu'elle ressemble beaucoup à l'Asarum. Elle se traîne par terre , & jette une feuille plus ronde & plus âpre que celle de l'Asarum , étant un peu dentelée. Sa tige est velue , & ses fleurs sont jaunes comme celles de la Camomille , moindres toutefois & odorantes. Ses racines sont minces , longues, & à fleur de terre , ayant un goût aigu avec une petite amertume qui les rend d'un temperament chaud & sec. Cette Plante est quelque peu abstersive , mais fort dessiccative, incisive & aperitive. Prise en breuvage au poids d'une dragme avec de l'eau miellée, elle lâche le ventre , & fait sortir les flegmes noirs & pourris. Elle est singuliere à ceux qui ne peuvent uriner que goute à goute , & fait mourir les vers qui s'engendrent dans le ventre.

ASARUM. f. m. Petite plante qui a ses tiges fort courtes , anguleuses & tendres. Ses fleurs sont en forme de clochettes & odorantes , & sortent près de la racine parmi les feuilles qui sont vertes , rondes & pointues par le bout , à peu près comme celles du lierre , mais plus petites , plus rondes , & faites en forme d'oreille. L'Asarum demeure toûjours verdoyant , & ne laisse pas de jetter de nouvelles feuilles au Printems avec ses petites fleurs. Il croît dans les lieux montagneux & couverts de bois , auprès des noisetiers. Sa racine , qui est déliée , tendre , anguleuse , nouée , recourbée & blancheâtre , est la seule partie de cette Plante dont on se serve en Medecine. Elle a une odeur forte & un goût acre & un peu amer. Il faut choisir la plus blanche , la plus saine & la mieux nourrie , & la cueillir dans un beau tems , vers la pleine Lune , dès qu'elle commence à pousser ses nouvelles feuilles. Après qu'on l'a bi.. lavée , on la nettoye doucement avec un couteau , & on en retranche ses filamens & toutes ses autres superfluités ; après quoi on la fait secher en un lieu aëré , loin des rayons du Soleil , sur un tamis renversé. Elle n'est bonne que pendant un an ; & pour connoître si elle est recente , on doit voir si elle a un goût piquant , & quelque peu astringent. Il faut aussi qu'elle ait une odeur fort pénétrante. Ces qualités sont d'attenuer , de resoudre , de désopiler , & de guerir la dureté du foye & de la rate , & les maladies qui en proviennent. On la pulverise grossierement quand il ne faut que purger , mais elle doit être pulverisée fort subtilement , lorsqu'il s'agit de provoquer les urines. On appelle communément cette plante *Cabaret.*

ASC

ASCARIDES. f. f. Petite vermine qui s'attache au fondement , & dont ceux qu'elle attaque sont fort tourmentés.

ASCENDANT. f. m. Terme d'Astrologie. On appelle *Ascendant d'une Nativité* , Le Signe du Zodiaque qui monte sur l'horison au point de la naissance de quelqu'un. Les Astrologues disent aussi *Signes ascendans.* Ce sont ceux qui montent sur l'horison depuis la partie la plus basse du Ciel jusqu'à celle où ils sont dans leur plus haute élevation.

ASCENDRE. v. n. Vieux mot. Monter, du Latin, *Ascendere.*

ASCENSION. f. f. Terme d'Astronomie. On compare ordinairement le mouvement des astres au Zodiaque sous lequel ils se meuvent, mais quand on veut le comparer à l'Equateur, on prend l'arc de ce cercle depuis la section Vornale selon l'ordre des signes, jusqu'au point qui se leve ou se couche avec un astre, & cet arc de l'Equateur s'appelle l'*Ascension* ou la *Descension* de l'astre en general. Mais comme le vrai point par lequel un astre répond à l'Equateur, est celui où le cercle de Déclinaison de cet astre coupe l'Equateur, Voyez DECLINAISON,) il arrive que ce point là n'est pas celui qui se leve ou qui se couche avec l'astre, horsmis dans la sphére droite ou quand l'astre se leve ou se couche son cercle, de Déclinaison, le confond necessairement avec l'horison, & par consequent l'astre, & le point de l'Equateur par où ce cercle passe sont à l'horison en même-tems. Alors l'arc de l'Equateur compris entre *Aries* & le point de l'Equateur qui se leve ou se couche avec l'astre, est *Ascension* ou *Descension* droite. Mais dans la sphére oblique où le cercle de Déclinaison ne se confond jamais avec l'horison, le point qu'il marque dans l'Equateur se leve plûtôt ou plus tard que l'astre, & l'arc de l'Equateur compris entre ce point & celui qui se leve ou se couche effectivement avec l'astre, s'appelle *Difference Ascensionnelle* ou *Descensionnelle*. Cette *Ascension* ou *Descension*, dans laquelle le point de l'Equateur qui se leve ou se couche avec l'astre n'est pas celui que marque le cercle de Déclinaison, s'appelle *Oblique*, parce qu'elle arrive dans la sphére oblique, & elle est plus ou moins oblique, selon que la sphére l'est plus ou moins.

On appelle *mouvement d'un astre en Ascension droite* l'arc de l'Equateur compris entre en *Aries*, & le point où l'Equateur est coupé par le cercle de Déclinaison de cet astre.

ASCETIQUE. f. m. On donne ce nom à plusieurs livres de dévotion, & il vient du mot Grec ἀσκεσις, qui signifie *Exercer*, parce que par le moyen de ces sortes de Traités l'ame s'exerce dans la méditation des grandeurs de Dieu.

ASCIENS. f. m. On appelle ainsi ceux qui n'ont point d'ombre à Midi, parce que le Soleil est à leur Zenith. Ce mot vient de la particule privative *a*, & de σκιά, Ombre, comme qui diroit, *Sans ombre*. Ce sont les Peuples qui habitent la Zone Torride. Cela leur arrive deux fois l'année.

ASCLEPIAS. f. m. Plante qui croît dans les montagnes, & qui produit de longues branches & plusieurs racines menues & odorantes. Elle a ses feuilles longues & semblables à celles du lierre. Sa fleur est puante, & sa graine ressemble à celle de *Securidaca*. C'est le sentiment de Dioscoride ; ce qui oblige Matthiole à dire que ceux qui prennent l'*Hedera terrestris*, & le *Vincetoxicum*, pour l'Asclepias, se trompent, puisque l'*Hedera terrestris* se trouve presque dans tous les grands chemins, se traînant toûjours par terre, & ayant ses feuilles rondes, âpres & un peu dentelées à l'entour ; ce qui ne convient point à l'Asclepias, & que le *Vincetoxicum* n'a ni les feuilles ni les racines odorantes, & que sa graine n'a point de méchante odeur. L'Asclepias est bon contre les poisons, & pour les rompures, quand on est tombé d'en haut, en prenant la poudre de ses racines avec du vin.

ASCODROGILES. f. m. Heretiques du huitiéme siecle. Ils se prétendoient remplis du Paraclet de Montanus, & introduisant les Bacchanales dans les Eglises, ils y avoient une peau de bouc remplie de vin, autour de laquelle ils faisoient la procession en disant qu'ils élevoient les vaisseaux sans corruption, dont le Fils de Dieu a parlé dans l'Evangile. C'est la même chose que ceux qu'on appelle *Ascites*, qui se vantoient d'être les nouvelles bouteilles de l'Evangile, qui étoient remplies de vin nouveau. Ils tenoient qu'il étoit necessaire que ces bouteilles fussent portées par tous les vrais Chrétiens ; en quoi ils faisoient consister le principal de leur Religion. Le nom des uns & des autres vient du Grec ἀσκός, qui signifie une Bouteille de cuir à porter du vin dedans.

ASCYRUM. f. m. Espece de Millepertuis, qui n'en differe que par la grandeur, parce qu'il produit plus de rejettons. Ces rejettons sont de couleur rouge, & plus grands & plus branchus que ceux d'Hypericum. Il a ses feuilles menues & ses fleurs jaunes. Sa graine est semblable à celle de Millepertuis, & a un goût de résine. Si on la froisse entre les mains, elle jette un jus aussi rouge que du sang. Prise en breuvage en un sextier d'eau mêlée, elle est bonne pour les Sciatiques, à cause qu'elle évacue abondamment les superfluités bilieuses ; mais il faut toûjours continuer d'en boire, jusqu'à ce qu'on soit tout-à-fait gueri.

ASN

ASNE. f. m. Animal lent, paresseux, mélancolique & patient, qui vit environ trente ans. La femelle porte douze mois. La graisse & la moëlle qu'on tire de cet animal, sont d'usage dans la Medecine. Elles sont chaudes & humides, & l'on s'en sert pour effacer les cicatrices. Il y a un *Asne sauvage* qui se trouve dans les deserts de l'Afrique. Il est gris ou marqueté de noir & de blanc, & se nourrit d'herbes & de choux. Il court d'une vîtesse extraordinaire. On tient que sa moëlle est un remede admirable pour la goute.

Asne, est aussi une espece d'Estau, dont plusieurs artisans se servent pour tenir leurs bois ou leurs pierres, quand ils les fendent. Cette machine, qui est comme une petite boutique pour travailler, est particulierement en usage parmi les Ouvriers de Marqueterie. Elle consiste en une maniere de selle à trois piés, dont la table de dessus est bordée tout autour. Deux morceaux de bois qui sont debout, forment l'estau au milieu de cette table. L'une des machoires de l'estau est attachée assés fortement sur la selle, pour être immobile, & l'autre se meut comme on veut par le moyen d'une corde qui passe au travers d'une charniere, où elle est seulement arrêtée. Un des bouts de la corde est attaché à un morceau de bois, qui s'appuye & fait ressort contre cette machoire, quand on met le pié sur une marche qui est sous la selle, où l'autre bout de la corde est attaché. Cet étau sert à tenir les feuilles de bois, lorsqu'on les lie & contourne avec les petites scies de marqueterie. Les Tonneliers s'en servent pour tenir les pieces du fond, quand ils les dressent sur leur tour en biseau pour les faire entrer dans le Jable.

Asne, se dit encore d'une espece de coffre que les Relieurs appellent *Porte-presse*, & dans lequel tombe tout ce qu'ils rognent des Livres.

ASNE'E. f. f. Terme dont on se sert en quelques Provinces, pour signifier un arpent de terre, c'est-à-dire, la valeur de cent mesures quarrées de celles qui sont en usage dans le Pays.

ASP

ASPALATH. f. m. Bois d'un petit arbre épineux, pesant, massif, oleagineux, acre & amer. Il est odorant,

odorant, & d'une couleur purpurine & marquetée. C'est en cela seulement qu'il differe du bois d'Aloës, qui est d'une couleur plus obscure; car il en approche pour l'odeur, la pesanteur, & la forme, & il a presque les mêmes vertus. Les Modernes en nomment de quatre sortes, l'un dont l'écorce est de couleur de cendre, & le bois de couleur de pourpre, un autre qui est de couleur de bouis, un troisiéme, blanchâtre, qui a un petit lit de couleur citrine, & un quatriéme qui est rouge, & que l'on appelle *Lignum Rhodium*, Bois de Rose. Il n'y a que le second & le troisiéme qui se trouvent dans les Boutiques, & comme ils sont rares, quelques-uns leur substituent la semence d'*Agnus Castus*, d'autres les Santaux, & d'autres le Zedoaire, mais le bois d'Aloës est le substitut qui lui convient le mieux. L'Aspalath est chaud & sec avec astriction. Sa décoction prise interieurement arrête le ventre & appaise le flux de sang. Quand on l'a fait bouillir dans le vin, il est admirable pour les ulceres malins qui viennent dans la bouche.

ASPARAGE. s. f. Vieux mot, du Latin *Asparagus*. *La coûtume fait jadis en Boëcie, que les bonnes & honnêtes Matrones approchantes pour devoir coucher la nouvelle Mariée, lui faisoient un chapelet sur la tête de branches de Asparages âpres & mal gracieux, voulans dire qu'il falloit endurer les rudesses du mari.* Ceci est tiré d'un ancien Manuscrit. On a dit aussi *Asperague*.

ASPERGE. s. f. Plante dont il y a de trois sortes, l'une qu'on cultive & qui croît dans les Jardins. L'extrémité de celle-là est bonne à manger quand elle est verte & avant qu'elle soit montée en graine. Il y en a une autre sauvage appellée *Corruda*, qui croît dans les champs, & une autre qu'on trouve dans les marais. Celle qui croît dans les Jardins produit des tiges tendres, lisses, rondes, sans feuilles, & grosses comme le doigt. L'asperge sauvage lui ressemble entierement, si ce n'est qu'étant amere, elle est bien moins agreable au goût. La racine & la graine de cette plante sont particulierement en usage dans la Medecine, aussi bien que les sommités appellées *Turiones* en Latin, & qui servent à provoquer les urines. On s'en sert aussi en gargarisme pour affermir les gencives, & pour adoucir les douleurs de dents. Leur racine qui est hepatique & nephretique, attenue la bile crasse, & est tellement aperitive, qu'on la met au rang des racines aperitives majeures.

ASPERSOIR. s. m. Maniere de bâton de métal ou de bois leger, proprement tourné, de la longueur d'un pié & demi, au bout duquel sont attachés plusieurs brins de poil pour prendre de l'eau benite, & pour en répandre sur le peuple.

ASPHODELE. s. f. Plante nommée autrement *Aphrodille*, dont les feuilles ressemblent à celles du grand Porreau. Ses racines sont rondes, longuetes, semblables au gland, & d'un goût piquant & mordicant. On l'appelle en Latin *Hastularegia*, à cause de la ressemblance qu'elle a avec un Sceptre Royal dans le tems qu'elle fleurit. Sa racine a quelquefois jusqu'à quatre-vingts bulbes, & on s'en sert dans la Medecine tant interieurement qu'exterieurement. Elle est chaude & seche, & abstersive, & resolutive selon Galien, qui dit que lorsqu'on a brûlé cette plante, sa cendre est encore plus chaude, plus seche & plus subtile, & même plus digestive, ce qui rend cette cendre fort propre pour faire renaître le poil tombé par l'alopecie. Ce mot vient du Grec ἀσφόδελος. On a fait en Anjou du pain de sa racine en 1710. Il y en a de jaune dont la fleur est violette & blanche, on la nomme, *Asphodelus pi-*

Tome I.

ramidalis.

ASPIC. s. m. Petit Serpent de couleur cendrée, dont il se trouve une grande quantité en Afrique, & aux Païs chauds. Il a trois ou quatre coudées de longueur, quatre dents, la peau rude, & les yeux étincelans. La piquûre de l'Aspic n'est pas plus grosse que celle que fait la pointe d'une aiguille. Le mâle en fait deux, la femelle quatre, & le venin de ce Serpent fait congeler le sang aux veines & aux arteres. Matthiole tient qu'il y a trois sortes d'Aspics. Le premier s'appelle *Ptyas*, du mot Grec πτύω, Cracher, à cause qu'il jette son venin au loin comme s'il crachoit. On nomme le second *Chelidonien*, de χελιδών, Hirondelle, parce qu'il a le dos noir, & le ventre blanc comme cet oiseau. Ceux qui sont piqués de cette sorte d'Aspic, meurent aussi-tôt. Le troisiéme est appellé *Cherseen*, & on lui donne ce nom de χίρσος, Terre, à cause qu'il se nourrit loin de la mer. Il y a une quatriéme sorte d'Aspic, que l'on appelle *Aspic sourd*. Il a quatre piés comme un lesard, des taches jaunes sur une peau grise, & c'est le plus à craindre de tous.

Aspic. Ancienne piece d'Artillerie. C'est une demi-coulevrine bâtarde, qui tire douze livres de boulet.

Aspic, est aussi une plante dont il y a plusieurs especes. M. Felibien dit que celle qu'on nomme *Nardus Celtica*, est notre Lavande. Elle s'éleve en forme d'épis, au bout desquels elle jette ses fleurs, dont on fait une huile propre pour les Peintres, que nous appellons par corruption *Huile d'Aspic*, au lieu de dire, Huile de Spic, *Oleum de Spica*.

ASPRE. s. m. Petite monnoye de Turquie dont il faut cinquante pour faire un écu de la nôtre. On s'en sert pour les Spahis & les Janissaires.

APRESLE. s. f. Herbe qui a ses feuilles fort rudes, & de la tige de laquelle les Ouvriers se servent pour polir le bois, & pour écurer l'airain & la vaisselle. Elle croît dans les lieux aquatiques, & fort en hauteur, quand elle trouve à s'attacher à des arbres. Les tiges qu'elle jette sont creuses, nouées, rougeâtres & fort rudes à toucher, & il y a tout à l'entour grand nombre de feuilles aussi minces que le jonc.

ASPRESSE. s. f. Vieux mot. Apreté.

ASS

ASSA. s. f. Sorte de gomme dont il y a de deux sortes, l'*Assa dulcis*, qui est le Benjoin, & l'*Assa fœtida*, appellée par quelques-uns *Laser Medicum fœtidum*, qui est le suc ou la larme du Laser ou du *Silphium*, qui croît dans la Medie, dans la Lybie ou dans la Syrie, & non du *Laserpitium* de Dioscoride, dont les Medecins ne connoissent point le suc. On tire la larme de l'*Assa fœtida*, par incision de sa racine ou du tronc de l'arbre. Pour la bien choisir dans les boutiques, il faut prendre celle qui est pure, nette, transparente & qui a presque l'odeur de l'ail. Celle qui est trouble & impure, est sophistiquée par du son ou de la farine qu'on y a mêlés, & il la faut rejetter. Quelques merveilles que l'on publie de l'*Assa fœtida*, on ne s'en sert guere qu'en de certaines maladies de femmes. Elle est chaude au troisiéme degré.

ASSAPANICK. s. m. Petit animal de la Virginie, qui en élargissant les jambes, & en étendant sa peau comme si c'étoit des ailes, vole quelquefois un quart de lieue loin. Les Anglois l'appellent *Ecureuil volant*.

ASSASSINIENS. s. m. Nom qu'on a donné à de certains Peuples qui habitoient dix ou douze Villes

I

près de Tyr dans la Phenicie. Leur coûtume étoit de se choisir parmi eux un Roi qu'ils appelloient l'*Ancien* ou *le Vieil de la Montagne*. Ils embrasserent les erreurs de Mahomet, & ils nourrissoient des jeunes gens, dont ils faisoient mourir ceux qu'il leur plaisoit. Il y a beaucoup d'apparence que c'est delà qu'ils ont pris leur nom. Les Templiers à qui ils payoient tribut, refuserent de les en décharger, quoiqu'ils offrissent de suivre la Religion Chrétienne, si les Templiers vouloient renoncer à ce tribut. Ce refus causa la perte du Royaume de Jerusalem. Les Assassiniens formoient comme un Ordre de Chevalerie Mahometine, & vivoient dans toutes sortes de plaisirs & de délices, ce qui leur faisoit appeler *Paradis* le lieu où ils demeuroient. La croyance où ils étoient que dans l'autre vie ils goûteroient encore des plaisirs bien plus solides, faisoit qu'ils s'exposoient aux plus grands dangers sans aucune repugnance, si-tôt qu'ils avoient reçû les ordres de leur Ancien. Ils assassinerent en 1231. Louis de Baviere, à qui l'Empereur Frideric II. avoit donné le Palatinat en 1215. Le premier Concile de Lyon tenu en 1245. excommunia tous ceux qui s'oient se ranger de leur parti, & douze ans après les Tartares qui les défirent sous leur Roi Allan, se rendirent maîtres de leurs Villes, & firent mourir le Vieil de la Montagne.

ASSARDRE. v. a. Vieux mot. Assaillir. On trouve *Assarroient*, pour Assailliroient, & *Assals*, pour Assauts.

ASSATION. s. f. Terme de Pharmacie. Espece de coction ou préparation des médicamens qui se fait dans leur propre humidité, sur une huile échauffée ou ardente, ou sur un verre & autre chose semblable. Il y a differens degrés d'assation selon la qualité de la substance & l'assiette de la vertu des médicamens. Si la substance du médicament qu'on veut rôtir est rare, & qu'il ait sa vertu à la superficie, l'assation doit être legere, mais il faut la faire forte si la substance est dense & que la vertu soit dans le profond. Si tout y est mediocre, l'assation le sera de même. On fait cette assation par plusieurs raisons, pour reprimer la violence du médicament, pour augmenter ses qualités trop foibles, pour en dissiper l'humidité superflue, pour le dessecher afin de le mettre mieux en poudre, & quand un médicament a deux vertus principales, on fait l'assation pour en prendre l'une & laisser l'autre. Ce mot vient du Latin *Assare*, Rôtir.

ASSAZOE'. s. f. Herbe qui croît dans l'Abyssinie, & qui a tant de vertu contre le venin des Serpens, qu'elle les rend comme morts aussi-tôt qu'on les en touche, de sorte qu'il ne faut que manger de sa racine pour ne rien craindre des plus dangereux. Aussi a-t'on vû des Ethiopiens, qui s'étant munis de cette racine, manioient sans crainte, & faisoient mourir les plus venimeux de ces animaux quand il leur plaisoit. Peut-être que les Psylles, Nation d'Afrique, qu'on dit qui manioient toutes sortes de Serpens sans en recevoir aucun dommage, avoient connoissance de cette herbe, & s'en servoient comme d'un secret particulier, parce qu'ils gagnoient leur vie à montrer pour de l'argent des animaux venimeux qui les mordoient, sans que la morsure eût aucune suite qui les pût incommoder. On tient que les Viperes même tombent dans un si grand assoupissement lorsqu'elles passent sous l'ombre de l'herbe *Assazoé*, qu'on peut les manier sans aucun danger.

ASSECUTION. s. f. Obtention. Ce mot n'a d'usage qu'en parlant d'un Benefice qu'on obtient. Ainsi quand se trouve de l'incompatibilité entre deux Benefices, on dit que *L'un vaque par l'assecution de l'autre*. Ce mot vient du Latin *Assequi*, Obtenir.

ASSECHER. v. n. On dit qu'*Une terre*, qu'*une reche asseche*, lorsqu'on la peut voir après que la mer s'est retirée.

ASSEEUR. s. m. Habitant d'un Bourg ou d'un Village, élû par la Communauté pour faire des Roles dans lesquels il cotise chaque particulier selon ses facultés, pour faire ensuite la collecte de la taille, & des autres Impositions, conjointement avec les autres Asséeurs & Collecteurs que l'assembiée des Habitans a nommés.

ASSEIER. v. a. Vieux mot. Assieger. On trouve *Assist* & *Assistrent*, pour, Il assiegea, ils assiegerent. *Sennacherib assist à la parfin Jerusalem*. On a dit aussi *assis*, pour Assiegés.

ASSEMBLAGE. s. m. Il se dit des Ouvrages que les Charpentiers & les Menuisiers font de plusieurs pieces. Il y a trois sortes d'assemblages ; *le quarré*, qui est le plus simple ; l'*Assemblage à onglet*, quand les pieces, au lieu d'être coupées quarrément, le font diagonalement ou en triangle ; & l'*Assemblage d'abouement*. C'est celui dont la plus grande partie de la piece est quarrée, & la moindre à onglet. On fait encore des *Assemblages à queue d'aronde*, à queue percée, & à queue perdue. Cette derniere est la meilleure, parce qu'elle est à onglet. Les assemblages pour les grandes portes cocheres se font avec des panneaux que l'on applique en-dehors, & qui sont attachés par des clouds retenus par derriere, & des croix de S. André.

ASSENTATEUR. s. m. Vieux mot. Flateur, complaisant, du Latin *Assentari*, Flater.

ASSEOIR. v. n. On dit en termes de Manége, *Asseoir un cheval sur ses hanches*, pour dire, Lui faire plier les hanches en le galopant ou en l'arrêtant.

ASSERTEUR. s. m. Ce mot n'est guere en usage que dans ces deux phrases, *Asserteur de la verité*, *asserteur de la liberté publique*, pour dire, Un homme qui soûtient la verité, qui défend la liberté publique en toutes rencontres. Ce mot vient du Latin *Asserere*, Soûtenir, assûrer.

ASSERTION. s. f. Terme dont l'usage est renfermé dans le Dogmatique, & qui signifie une Proposition que l'on établit pour vraie, & qu'on s'offre de défendre en public.

ASSESSEUR. s. m. Officier de Justice gradué, qui sert ordinairement de conseil à un Juge d'épée de la Maréchaussée, & qui assiste aux jugemens des Procès. Il y a deux Asséseurs en plusieurs Sieges, l'un Criminel, & l'autre Civil.

ASSETTE. s. f. Outil de Couvreur, dont il se sert pour dresser les lattes. On l'appelle autrement *Hachette*. C'est un marteau qui a une tête plate d'un côté, & un large tranchant de l'autre.

ASSEURANCE, ou *Police d'assûrance*. s. f. Contrat maritime, par lequel un Particulier s'engage à prendre sur lui & à reparer toutes les pertes & tous les dommages qui arriveront à un Vaisseau, ou à son chargement pendant un voyage, en stipulant une somme que le Proprietaire lui paye d'avance, & qui pour cela est appellée *Prime*.

ASSEURE'. s. m. Celui qui a fait assûrer le Vaisseau, ou la partie de la marchandise qui lui appartient dans le Vaisseau.

ASSEURER. v. a. Prendre sur soi le péril de la navigation d'un Vaisseau, moyennant certaine somme ; répondre des marchandises que les autres exposent sur la mer à la grosse avanture.

On dit sur mer, *Assurer la hauteur*, & c'est un terme dont se servent quelques Pilotes, qui donnent beaucoup d'horifon à l'Arcbaleſtrille, afin d'attendre que le ſoleil monte, pour le mieux obſerver lorſqu'il abaiſſe.

ASSIETTE. ſ. f. Ce mot s'emploie en differentes nieres de parler. On dit qu'*Un piedeſtal n'a pas aſſés d'aſſiette pour quelque figure*, pour dire, qu'Il n'a pas aſſés de largeur pour la figure. On dit auſſi qu'*Un rempart a aſſés d'aſſiette*, pour dire, qu'Il a aſſés de talus pour empêcher qu'il ne s'éboule. On dit encore qu'*Une Place eſt forte d'aſſiette*, pour dire, qu'Elle a été bâtie dans un terrain qui la rend forte par ſa ſituation. *Faire l'aſſiette des Tailles*, c'eſt regler ce que chaque Communauté, ou chaque habitant en doit payer.

Aſſiette, eſt auſſi une compoſition qui ſe couche ſur le bois pour le dorer. Elle ſe fait de bol d'Armenie, de Sanguine, de mine de plomb broyés enſemble avec d'autres drogues, ſur leſquelles on verſe de la colle de parchemin, qu'on paſſe au travers d'un linge, en le remuant bien avec les drogues juſqu'à ce qu'elles ſoient bien détrempées.

Les Paveurs diſent, qu'*Une aſſiette de pavé eſt miſe en plein ſable*, pour dire que, Le pavé eſt mis du ſens où il doit être ſur le ſable.

On dit en termes des Eaux & Forêts, qu'*On fait l'aſſiette des ventes*, pour dire, que Les Officiers vont marquer aux Marchands les bois dont on leur a vendu la coupe.

On dit auſſi quelquefois en termes de Juriſprudence, *Aſſiette de rente*, quand la jouiſſance d'un heritage eſt donnée au Creancier avec la Seigneurie entiere & abſolue.

On dit en termes de Manége, *Donner l'aſſiette, faire prendre une bonne aſſiette à un Cavalier*, pour dire, Le mettre en une ſituation convenable ſur la ſelle. On dit auſſi qu'*Un Cavalier ne perd jamais l'aſſiette*, pour dire, qu'Il demeure toûjours dans le milieu de la ſelle, ſans pancher ſon corps plus d'un côté que de l'autre.

On dit en termes de mer, qu'*Un Vaiſſeau eſt dans ſon aſſiette*, pour dire, qu'Il eſt dans la ſituation où il peut le mieux ſiller.

ASSIGNAT. ſ. m. Il ſe dit lorſqu'une rente eſt aſſignée nommément ſur un heritage qui demeure en la poſſeſſion du débiteur, & c'eſt proprement la deſtination particuliere de cet heritage au payement annuel de la rente. *L'aſſignat d'un douaire, d'une dot.*

ASSIGNATION. ſ. f. Terme de Finance. Ordonnance ou Mandement pour faire payer une dette ſur un certain fond. On dit auſſi que l'*Aſſignation d'un douaire a été faite ſur telle maiſon*, pour dire, que Cette maiſon demeure particulierement affectée & hypotequée au payement de ce douaire.

ASSIMILATION. ſ. f. On dit en termes de Phyſique, que *Le changement de l'aliment en la ſubſtance de l'animal par aſſimilation des parties, eſt ce qui fait la nourriture*, ce qui veut dire, que Les Parties ſont rendues ſemblables par ce changement.

ASSIS. adj. Terme de Blaſon. Il ſe dit de tous les animaux domeſtiques qui ſont peints ſur leur cul, comme les chiens, les chats & autres. *De gueules au chien braque aſſis d'argent.*

ASSISE. ſ. f. On appelle ainſi les rangs de pierres de taille, dont les murs ſont compoſés. La premiere aſſiſe eſt celle que l'on appelle en Latin *Muri fundamentum.*

Aſſiſes, au pluriel eſt un terme de Palais, qui ſignifie la ſéance extraordinaire d'un Juge ſuperieur dans les ſieges inferieurs qui dépendent de ſa Juriſdiction. Il la fait en de certains tems pour voir

Tome I.

ſi les Officiers ſubalternes s'acquittent de leur devoir, & pour recevoir les plaintes qu'on pourroit faire contre eux, & cela s'appelle *Tenir les Aſſiſes.*

ASSOMMÉ, ÉE. adj. Vieux mot. Endormi, de *Somme*, qui veut dire, Sommeil.

Il eſt un petit applommé,
Helas ! il eſt ſi aſſommé.

ASSOMMOIR. ſ. m. Pient ais chargé d'une pierre, qu'on tend avec un appas & une languette pour prendre des rats, &c.

ASSOMPTION. ſ. f. On appelle ainſi en termes de Logique la Mineure ou la ſeconde Propoſition d'un ſyllogiſme. C'eſt même quelquefois la Conſequence qu'on tire des propoſitions dont un argument eſt compoſé, & en ce ſens on dit, que *Quoique les prémiſſes ſoient vraies, l'aſſomption ne laiſſe pas d'être captieuſe.*

ASSONDRER. v. a. Vieux mot. Borel dit qu'il ſemble dénoter, *Aſſurer* ou *Abſoudre.*

Mais paſſer ne pouvons ſe cil ne nous aſſondre.

ASSOUPLIR. v. a. Terme de Manége. Rendre toutes les parties du corps d'un Cheval plus ſouples, lui faire plier le col, les épaules, les côtes en le montant, & en le faiſant trotter & galopper.

ASSOUVAGER. v. a. Vieux mot. Soulager, appaiſer.

Mais moult m'aſſouvagea l'ointure.

On a dit auſſi *Aſſoager.*

ASSUJETTIR. v. a. On dit en termes de Marine, *Aſſujettir un mât ou quelque autre piece de bois*, pour dire, l'Arrêter de telle ſorte que ce mât ou cette piece de bois n'ait plus aucun mouvement.

AST

ASTATHYIENS. ſ. m. Heretiques, attachés aux erreurs d'un certain Sergius, qui ſuivoit les impoſtures des Manichéens, au commencement du neuviéme ſiecle. L'Empereur Michel Curopalate fit des Ordonnances très-ſeveres contre leurs deſſeins, qui avoient été favoriſés par Nicephore ſon prédéceſſeur.

ASTELLE. ſ. f. Les Chirurgiens appellent ainſi ce qui leur ſert avec les bandages à lier les fractures des os. Ils ſe ſervent de diverſes matieres pour faire les aſtelles. Les uns le font de papiers collés enſemble, ou de bois fort mince ; les autres de cuir de ſemelles de ſouliers, ou d'écorces d'arbres & ſurtout de l'écorce de Ferule, & les autres, de barres de fer blanc ou de plomb, ou d'autre matiere ſemblable pourvû qu'elle ſoit dure & fléxible. Ces Aſtelles s'appliquent ſur les os luxés ou fracturés, pour les tenir fermes après qu'on les a remis, juſqu'à ce qu'ils ſoient tout-à-fait conſolidés.

ASTERISME. ſ. m. Aſſemblage de pluſieurs Etoiles dans le Firmament, auſquelles les Aſtrologues ont donné une certaine figure dans leur imagination. Le mot vient du Grec ἀςήρ, Etoile.

ASTERISQUE. ſ. m. Petite marque en forme d'étoile, qu'on met dans les Livres imprimés ou manuſcrits, pour ſervir de renvoi à ce qui eſt contenu dans la marge.

ASTHMÉ. adj. On appelle *Aſthmé*, en termes de Fauconnerie un Oiſeau pantois qui a le poumon enflé, & qui ne peut avoir ſon haleine.

ASTINE. ſ. f. Vieux mot. Querelle.

Agamemnon vit la aſtine,
Qui peut monter à grande haine.

ASTIO. ſ. m. Os ou corne où les Cordonniers & les Savetiers mettent de la graiſſe pour leurs alênes.

ASTRAGALE. ſ. m. Terme d'Architecture. Pe-

I ij

ûts membres ronds qui se mettent aux corniches, aux architraves, & aux chambranles, appellés ainsi du Grec ἀσφραγὰλος, Talon, à cause de la ressemblance qu'ils ont à la rondeur du talon. On leur donne aussi le nom de *Chapellet*, & cela vient de ce que les Ouvriers ont accoûtumé de les tailler en forme de petites boules, ou grains de chapeler enfilés.

Astragale, est aussi un terme d'Artillerie, & signifie un petit membre rond, qui est éloigné de demi-pié de la bouche du canon, & qui regne autour de la piece proche le collet.

Les Medecins appellent *Astragale*, le premier os dont le tarse ou la premiere partie du petit pié est composée.

Les anciens Botaniques ont appellé *Astragale*, une plante qui est une espece de poix sauvage, dont la fleur est rouge, & la racine ronde & grande comme un raifort. Il s'en trouve une autre de ce même nom en Canada. Elle a ses branches noueuses, de la sommité desquelles sortent en forme d'épi, des fleurs vertes tirant sur le jaune.

ASTRINGENS. s. m. Médicamens qui arrêtent toutes les évacuations excessives. Il y en a de simples & de composés, que l'on mêle selon l'art, pour en faire des apozemes, non seulement astringens & incrassans, mais rafraîchissans & fortifians. Les simples sont les racines du grand *Symphytum* & du *Sigillum Salomonis*, la Sanicle, l'écorce moyenne du chêne, l'Osmonde royale, la bourse de Pasteur, le centinode, la queue de cheval, les deux consodes, l'ortie non piquante, les semences de pourpier, de plantain, de pavot, de myrtilles, de coings & de sumach, les fleurs de Nenuphar, les roses, les Balanstes & l'ecorce de grenade. Les composés sont les sirops de coings, de grenades, de roses seches, le julep Alexandrin, avec les Trochisques de spodio & ceux de terre sigillée. Les Astringens sont aussi appellés *Styptiques*. Les Teinturiers appellent *Materiaux astringens*, L'écorce d'aulne, de grenade, de chêne en seve, de pommier sauvage, la sciïeure de chêne, les coques de noix, la racine de noyer, les gales & le sumac. Ce mot vient du Latin *Astringere*, Resserrer.

ASTROLABE. s. m. Instrument Astronomique, autrement nommé *Planisphére*, où tous les cercles de la sphére sont representés selon leur projection sur le plan d'un seul. Voyez PROJECTION. Dans la construction des Astrolabes on prend pour plan de *projection* le plan de l'horison d'un lieu, ou celui d'un Meridien. Cela fait deux especes d'Astrolabes. Les premiers sont appellés *Horisontaux*, les seconds *Universels*, parce que leur usage n'est pas borné à un certain lieu comme celui des Astrolabes horisontaux. Tout Astrolabe a une alhidade avec deux pinnules pour prendre les hauteurs des astres, & dela vient le mot d'Astrolabe, de ἄςɛον astre, & λαμϐάνειν prendre, si ce n'est qu'on aime mieux tirer cette étymologie de ce que l'Astrolabe contient plusieurs astres representés sur son *Aranée* ou *Aï aignée*, qui est une espece de roue mobile où sont les signes du Zodiaque, & plusieurs autres *fixes* placées selon leurs *longitudes* & *latitudes*, ce qui sert pour trouver astronomiquement les heures, & déterminer l'état du Ciel à chaque moment. Au lieu des Azimuths & des autres cercles de la sphére, qui sont décrits sur les Astrolabes des Mathematiciens, M. Guillet dit que ceux des Pilotes n'ont que trois ou quatre cercles concentriques, l'un est divisé en quatre quarts de vonante, pour prendre hauteur; l'autre en 365. parties, pour marquer les jours de l'année; & l'autre en douze fois trente degrés, pour marquer les signes du Zodiaque. Il ajoûte que l'instrument est de cuivre, afin que par sa pesanteur il soit sur son plomb, & que la ligne horisontale se trouve mieux de niveau.

A S Y

ASYMPTOTE. adj. Terme de Géometrie. On appelle *Lignes asymptotes*, Deux lignes, qui étant prolongées, s'approchent de plus en plus : mais quand elles seroient prolongées à l'infini, elles ne se toucheroient jamais, ne pouvant faire angle ni concourir à un même point. L'*Hyperbole*, (Voyez HYPERBOLE,) a deux diametres, l'un d'un côté, l'autre de l'autre, que l'on nomme ses *Asymptotes*, parce que l'Hyperbole prolongée s'ouvrant toûjours de plus en plus, & s'approchant toûjours de ces deux diametres, elle ne peut jamais les rencontrer, ce qui paroît un paradoxe. Ainsi quelque petite que soit une ligne que l'on puisse donner, on en trouvera encore une plus petite & plus petite à l'infini entre une Hyperbole, & son Asymptote. Les deux Hyperboles opposées ont les mêmes Asymptotes. Entre les sections coniques il n'y a que l'Hyperbole qui ait des Asymptotes, mais on peut trouver une infinité d'autres courbes, qui en auront aussi. On appelle *Paraboles*, ou *Hyperboles Asymptotes*, ou *Asymptotiques*, celles qui sont tellement disposées l'une au-dedans de l'autre, & sur un même plan, qu'elles ne se peuvent jamais joindre quoiqu'elles s'approchent toûjours. Ce mot est Grec, ἀσύμπτωτος, Qui ne tombe point avec, & est formé de la particule privative *a*, de *σὺν*, Avec, & de *πίπτειν*, Tomber.

A T A

ATABALE. s. m. Espece de tambour, qui est en usage parmi les Maures.

ATABULE. s. f. On appelle ainsi un certain vent qui regne dans la Pouille, & dont le souffle trop violent apporte souvent du dommage aux arbres & aux plantes.

ATAINE. s. f. Vieux mot. Querelle, dispute.
Pour leur joye tristesse, pour leur paix ataine.
On a dit aussi *Ataineux*, pour dire, Querelleux.

ATAMADAULET. s. m. Nom que l'on donne à celui qui fait les fonctions de premier Ministre en Perse. C'est la même chose que Grand Visir en Turquie.

ATANT. adv. Vieux mot. Alors.

ATARGIER. v. n. Vieux mot. Tarder.

A T E

ATERRAGE. s. m. Mot que les gens de Marine ont mis en usage, pour signifier l'endroit où l'on vient reconnoître la terre en revenant de quelque voyage.

ATERRIR. v. n. Quelques Pilotes se servent de ce mot, pour dire, Prendre terre en quelque lieu.

ATTERRISSEMENT. s. m. Terme de Jurisprudence. Accroissement de terre qui se fait lorsqu'une riviere prenant son cours d'un autre côté, donne de nouvelles terres à celui dont elle bornoit les heritages. C'est ce qu'on appelle en Latin *Alluvium*.

A T H

ATHANOR. s. m. Grand fourneau immobile, de brique ou de terre, dont se servent les Chimistes. On met le charbon dans une tour qu'il a au milieu, & ce charbon communique sa chaleur par des canaux ou des ouvertures qui sont aux côtés du foyer à plusieurs vaisseaux voisins, où l'on fait differentes operations en même-tems. Ce fourneau ne peut donner assés de chaleur pour celles qui demandent un feu violent : mais il est fort commode pour les operations qui ne peuvent être faites que par un feu moderé. Le mot *Athanor* est venu des Arabes, qui entendent par *Tanarron*, Un four ou fourneau. Celui-ci n'oblige pas à autant de soins que font les autres fourneaux, à cause que quand on a rempli la tour de charbon, il est assés longtems à se consumer. C'est pourquoi on l'appelle *Piger Henricus*. Borel veut qu'il vienne de *Atta*, qui signifie Fournaise.

ATI

ATINCTER. v. a. Vieux mot. Ajuster, orner.
   Besoin sera que je l'atincte,
   Comme si ce fut pour un Comte.

ATL

ATLANTE. Nom que les Grecs donnoient aux figures ausquelles ils faisoient porter des fardeaux dans l'Architecture. Ce mot vient d'*Atlas*, que les Poëtes ont feint soûtenir le Ciel de ses épaules.

ATLAS. s. m. Quelques-uns font de ce nom un terme de Medecine, & appellent ainsi la premiere vertebre du col qui supporte la tête.

Atlas est aussi un livre de Géographie universelle en plusieurs volumes, où sont contenues toutes les cartes du monde.

ATLE. s. m. Arbre qui ressemble au tamarin & à la bruyere, & qui croît en divers lieux de l'Europe. C'est une plante aussi haute que les Oliviers, & qui dans le Sahid vient de la hauteur d'un chêne. Elle a ses feuilles beaucoup plus longues & plus étroites que celles de la bruyere, & porte fort peu de fruits. Ces fruits sont de la grosseur d'une noix verte, durs sans cerneau, & à peu près semblables aux gales de chêne. On fait du charbon du bois de cet arbre, & on s'en sert dans toute l'Egypte & dans l'Arabie. L'Atle est d'un grand usage dans la Medecine pour plusieurs remedes. Ses feuilles font épanouir la rate, & le suc est bon pour les maux veneriens.

ATMOSPHERE. s. f. Terme de Physique. La sphére des vapeurs, de ἀτμὸς, Vapeur, fait de ἄω, Je souffle, & σφαῖρα, Globe. C'est l'amas de toutes les vapeurs & exhalaisons de la terre terrestre, qui ne s'élevent que jusqu'à une certaine hauteur, & qui l'enveloppent de tous côtés. Tout cela forme autour de la terre une sphére qui lui est exactement concentrique, & dont la superficie exterieure doit dans son état naturel être parfaitement de niveau. Il s'y doit faire des refractions, des rayons qui la pénétrent. Voyez REFRACTION. Les rayons du Soleil tombant sur cette superficie convexe se réfléchissent sur les parties solides, d'autant plus facilement, qu'ils tombent brusquement, & comme en hiver leur incidence est beaucoup plus oblique qu'en été, il s'en réfléchit beaucoup davantage, & par consequent il en vient moins à nous, ce qui est la principale cause de la difference de l'hiver & de l'été, car ce ne peut être le different éloignement du Soleil, puisqu'il est en hiver plus proche de la terre, étant dans son perigée, & comme la terre n'est qu'un point à son égard, la distance qu'il y a de plus de notre Zenith à lui, ne peut être comptée pour rien.

ATO

ATOLE. s. m. Mays moulu, pêtri, & détrempé dans de l'eau, & bouilli à la façon d'une bouillie fort claire, ou plûtôt de l'amydon. Il est fort en usage chés les Indiens, qui le donnent sans crainte tant aux malades qu'aux sains, & à toutes sortes de personnes, de quelque complexion qu'elles soient. Il provoque l'urine en nettoyant les conduits.

ATOME. s. m. Terme de Physique. Nom qui a été donné par Epicure & ses Sectateurs, aux premieres & plus petites parties de la matiere, qu'ils supposent *indivisibles*, & essentiellement *dures*, & dont ils prétendent que le different assemblage combiné avec le plus ou le moins de *vuide* forme tous les differens corps de l'univers. Atome a été fait de l'*a* privatif & de τέμνω, couper. Les autres Philosophes, entre lesquels sont les Cartésiens, prétendent que les atomes sont une chimere, & que la matiere est divisible à l'infini, ce qui paroît être prouvé par la Geometrie.

Atome est aussi le nom qu'on a donné à un animal qui est si petit, que le plus excellent microscope ne le fait pas paroître plus gros qu'un grain de sable extrêmement délié. On peut juger par là de sa petitesse, puisqu'avec un microscope un grain de sable nous paroît de la grosseur d'une noix ordinaire. On a découvert plusieurs piés dans ce petit animal, qui a le dos blanc & plein d'écailles.

ATOURNER. v. a. Vieux mot. Orner. Ragueau appelle *Atournés* des Solliciteurs de procès.

ATR

ATRE. s. m. Le devant de la cheminée ou le contre-cœur.

ATROBAMENT. s. m. Vieux mot. Invention.

ATROPHIE. s. f. Sorte de maladie, qui fait que le corps, ou l'une de ses parties, ne prend point de nourriture, Ce mot est Grec, ἀτροφία, & fait de la particule privative *a*, & de τρέφω, Nourrir.

ATT

ATTACHE. s. f. Terme de Charpenterie. Grosse piece de bois qui est plantée au milieu d'un moulin à vent pour le soûtenir, & autour de laquelle le moulin tourne.

On appelle aussi *Attaches*, De petits morceaux de plomb avec lesquels l'on attache les verges de fer aux panneaux des vitres.

ATTAQUE. s. f. Terme de siege. Travail que font les Assiegeans par des tranchées, des sappes, des galeries & des bréches, afin d'emporter une Place par quelques-uns de ses côtés.

On appelle *Fausse attaque*, Celle dont on ne pousse pas le travail avec vigueur, mais seulement pour obliger les ennemis à faire diversion & à partager leurs forces ; ce qui favorise les veritables attaques.

On dit *Emporter une Place par de droites attaques*, pour dire, l'Emporter dans les formes & par des travaux reglés, sans l'insulter brusquement.

ATTEINTE. s. f. On dit en parlant de quelque course de bague, qu'*Un de ceux qui ont couru a une atteinte*, pour dire, qu'il a seulement touché la bague avec sa lance, & qu'il n'a point mis dedans.

Atteinte est aussi une blessure qu'un cheval, qui en fuit un autre de trop près, lui fait aux piés de derriere. On dit qu'*Un cheval s'est donné une atteinte*, quand il s'est donné lui-même un coup par un des piés de devant ou de derriere qui donne sur le pié de côté, ou bien par un des piés de derriere qui entame la couronne du pié de devant.

ATTELAGE. s. m. Chevaux ou autres animaux destinés à tirer. *Voilà un bel attelage de six chevaux.*

On dit encore en un autre sens: *Ce cheval est bon*

pour l'attelage, pour marquer qu'il est propre à tirer.

ATTELLE. s. f. Peau ais fort délié dont se servent les Chirurgiens, en le liant autour d'un membre où il y a quelque fracture, afin de le tenir en état, jusqu'à une entiere guerison.

On appelle aussi *Attelles*, Les morceaux de bois qu'on met au-devant du collier des chevaux qui servent à la charrue ou à tirer les charrettes.

On appelle encore *Attelle*, en termes de Potier, Le morceau de bois qu'on se met au doigt, pour lever la poterie qu'on fait sur la roue.

ATTELOIRE. s. f. Cheville qu'on met dans les limons pour y arrêter les traits des chevaux de charroi.

ATTENE', E'E. Vieux mot. Appaisé.

Si sont courcés ou attenés.

ATTENERIR. v. a. Vieux mot. Attenuer.

ATTENIR. v. n. Vieux mot. Etre parent.

ATTENTATOIRE. adj. On dit en termes de Palais, qu'*Une Sentence est attentatoire*; pour dire, qu'Elle a été rendue au préjudice d'un renvoi ou des défenses des Juges Superieurs.

ATTENUATIF. s. m. On dit en termes de Medecine, *Attenuatifs & Incisifs*, pour dire, des Médicamens qui divisent, dissolvent, extenuent & mettent en pieces, les uns les humeurs crasses, & les autres les humeurs viscides & glutineuses, afin qu'elles se dissipent ensuite par elles-mêmes, ou qu'elles soient jettées au-dehors par la force des attractifs. Les médicamens de ce genre sont l'hyssope, la marjolaine, l'origan, le romarin, le laurier & les bayes de laurier, le marrube, la rue, le poulliot, le *Centarium minus*, l'arum, le vinaigre, la canelle, le suc de limons, les cappres, &c.

ATTENUATION. s. f. Terme de Palais. On appelle *Défenses par attenuation*, Celles que donne l'accusé, pour amoindrir & pour excuser son crime. On donnoit autrefois cette sorte de défense, mais c'est une forme de proceder que l'Ordonnance de 1670. a abrogée.

ATTOLLON. s. m. Amas de plusieurs petites Isles qui sont presque jointes ensemble. Les Isles Maldives, qui sont au nombre de plus de douze mille, selon quelques-uns, sont séparées en treize parties principales, appellées *Attollons* par les Insulaires. Ces Isles sont situées vers la pointe de la presqu'Isle de l'Inde, au-deçà du Golfe de Bengala. Il y a douze grands Détroits qui détachent un Attollon d'avec l'autre, & de fort petits canaux, où la mer est basse, séparent les Isles.

ATTOMBISSEUR. s. m. Ce mot n'a d'usage que dans la Fauconnerie, en parlant de celui des oiseaux qui donne la premiere attaque à un heron dans son vol.

ATTRACTIFS. s. m. Médicamens qu'on applique pour attirer les humeurs & les esprits du dedans du corps à la superficie. Il y en a qui attirent si fort les humeurs & les esprits, qu'ils enflent le cuir, & le rendent rouge comme l'écarlatte. Ces Attractifs sont le pyrethre, la racine d'arum, celle de canne, l'anemone, l'aristoloche longue & ronde, la moutarde, les oignons, l'ail, le *lepidium*, le renoncule, le *sagapenum*, le levain, les cantharides, l'ammoniac, la fiente de pigeon & celle d'oye. Ce mot vient du Latin *Attrahere*, Attirer.

ATTRACTYLIS. s. m. Carthame sauvage, dont il y a de deux sortes; l'un qui ne differe du Carthame privé qu'en ce qu'il a la tige plus droite, & qu'il produit une graine noire, assés grosse & amere; & l'autre qu'on appelle *Attractylis hirsutior*, & qui n'est autre chose que le chardon benit.

ATTRAPE. s. m. Ce terme est usitée sur la mer, & il se dit d'une corde qui empêche que le Vaisseau ne se couche quand on le carene.

ATTREMPE'. adj. On dit en termes de Fauconnerie *Oiseau attrempé*, pour dire, Qui n'est ni maigre ni gras. C'est la qualité d'un bon Oiseau.

ATTREMPER. v. a. Terme d'Artisan. Donner la trempe au fer.

AVA

AVACHIR. v. n. Vieux mot. Devenir poltron.

AVAGE. s. m. On appelle *Droit d'avage*, Un droit que le Bourreau leve sur diverses sortes de marchandises les jours de marché.

AVAL. s. m. On dit entre Marchands, *Donner, mettre son aval à une lettre*, pour dire, Souscrire une lettre ou billet de change, en sorte qu'on est obligé d'en payer le contenu, en cas que ceux sur qui la lettre est tirée ne l'acquittent point. Ce mot a formé le verbe *Avaler*, qui signifie dans le même sens, Mettre sa souscription à un billet de change, & s'en faire caution.

AVALIES. s. f. On appelle ainsi les laines dont on fait les trames de beaucoup d'étofes. Ces laines proviennent des peaux de mouton, de l'abatis des Bouchers, lorsqu'ils les vendent aux Megissiers. Les laines de toison ne s'emploient qu'à faire les chaînes.

AVALOIRE. s. f. La partie du harnois d'un cheval de trait qui pose sur sa croupe & sur ses cuisses.

AVALURE. s. f. On appelle ainsi en termes de Manége, La defectuosité d'une nouvelle corne molle & raboteuse qui croît aux piés d'un cheval quand il fait quartier neuf.

AVANCEMENT D'HOIRIE. s. m. Terme de pratique pour signifier ce qu'on donne par avance à un fils ou à un heritier.

AVANT. s. m. On dit *L'avant d'un Vaisseau*, pour dire, Le devant d'un Vaisseau, la proue.

On dit que *Le vent vient de l'avant*, pour dire, qu'Il souffle du lieu où l'on veut aller.

On dit aussi qu'*Un Vaisseau est trop sur l'avant*, pour dire, qu'Il a l'avant trop plongé dans l'eau.

On dit en termes de Manége, qu'*Un cheval est beau de la main en avant*, pour dire, qu'Il a la tête ou l'encolure plus belle que la croupe.

AVANTAGE. s. m. C'est en termes de mer ce qu'on appelle autrement *Poulaine* ou *Eperon*, c'est-à-dire, la partie de l'avant d'un Vaisseau qui est en saillie sur l'étrave.

Avantage est aussi un terme du jeu de la paume, où quand les joueurs ont chacun trente de quelqu'un des jeux de la partie, celui qui gagne ensuite le premier coup, a l'avantage, qui est la même chose que quarante-cinq. On dit aussi de celui qui gagne le premier jeu, après que les joueurs ont chacun deux jeux, ou quatre jeux d'une partie de quatre ou de six, qu'*Il a l'avantage de jeux*, pour dire qu'il a trois jeux de quatre, ou cinq jeux de six.

AVANTBEC. s. m. On donne ce nom aux angles ou éperons qui sont aux piles des ponts de pierre. Outre le corps quarré de Maçonnerie, chaque pile a deux Avantbecs, l'un appellé *Avantbec d'amont l'eau*, & l'autre, *Avantbec d'aval l'eau*. Le premier est celui qui est opposé au fil de l'eau, & l'autre celui d'au-dessous. La partie qui excede au-delà du corps quarré de la pile, s'appelle *Saillie de l'Avantbec*.

AVANTBRAS. s. m. On appelle ainsi en termes de Medecine, La partie du bras qui est depuis le coude jusqu'au poignet.

AVANTCOEUR. f. m. Maladie de cheval. C'eft une tumeur contre nature, de figure ronde, & groffe à peu près comme la moitié du poing. Elle eft caufée par une humeur fanguine & bilieufe, & fe forme à la poitrine du cheval vis-à-vis du cœur. On l'appelle auffi *Anticœur.*

AVANTCORPS. f. m. Terme d'Architecture. Ce font les parties d'un bâtiment qui ont plus de faillie fur la face.

AVANTFOSSE'. f. m. Profondeur pleine d'eau, dont la contrefcarpe eft environnée du côté de la campagne, & qui regne le long du pié du glacis.

AVANTGARDE. f. f. Premiere ligne d'une armée rangée en bataille.

AVANTMAIN. f. m. Se dit au jeu de la Paûme d'un coup pouffé du devant de la raquette ou du batoir.

AVANT-PESCHE. f. f. Pêche précoce.

AVANT-PIEU. f. m. Bout de poutrelle qu'on met fur la couronne d'un pieu, afin que lorfqu'on le bat à la fonnette, il puiffe être tenu à plomb. On donne ce même nom d'*Avant-pieu* à une efpece de pinfe pointue, dont on fe fert pour faire des trous quand on veut planter des jalons, des piquets & des échalas de treillage, fur-tout dans une terre trop ferme, ou qui eft couverte d'une aire de recoupes.

AVANT-TRAIN. f. m. On appelle ainfi les deux roues qu'on ajoûte aux deux de derriere de l'affût d'un canon, quand on le fait marcher en campagne.

AVANTURINE. f. f. Pierre prétieufe, dont la couleur eft jaunâtre, & qui eft remplie de plufieurs points d'or qui la font briller. On appelle auffi *Avanturine,* Une forte de verre mêlé avec de la limaille de cuivre, qui le fait briller comme s'il y avoit de petits grains d'or. La Provence produit une efpece d'Aventurine, qui étant caffée fait un fable doré qui brille au Soleil. On s'en fert en ce Païs-là pour fabler les allées des jardins.

AVARIE. f. f. Dommage qui arrive à un Vaiffeau, ou aux marchandifes dont il eft chargé, coût, dépenfe imprévûë qu'on eft obligé de faire pendant un voyage. On dit *Avarie fimple,* quand le dommage arrive aux marchandifes par leur propre vice, comme fi quelque dégât y arrive par pourriture, par mouillure d'eau, ou autrement. L'*Avarie ordinaire* eft ce qu'il coûte pour emballer, enfoncer, charrier les marchandifes & les affûrer. Il y a des *Avaries communes* ; & c'eft tout ce qui arrive par la tempête, ou par la faute du maître du Navire pour pilotage, touage, ancrage, &c. & ce qu'il en coûte eft reparti au fol la livre entre les proprietaires du Vaiffeau & ceux à qui appartiennent les marchandifes. On appelle *Groffe Avarie,* Le dommage qu'on eft obligé de fouffrir quand la tempête contraint de jetter les marchandifes à la mer, de couper des cables, voiles ou mâts, &c. *Avarie* eft auffi un droit que chaque Vaiffeau paye pour l'entretien du Port où il mouille.

AVASTE. Mot ufité fur la mer, pour dire, C'eft affés, arrêtés-vous.

A U B

AUBE. f. f. Terme de mer. Intervalle du tems qu'il y a depuis le foupé de l'équipage jufqu'à ce que l'on prenne le premier quart.
    Aube eft dans un moulin une petite planche attachée aux coyaux fur la jante de la roue, qui le fait tourner en refiftant à l'eau qui la pouffe. On la nomme autrement *Auvage.*

AUBERE. adj. Terme de Manége. On appelle *Cheval aubere,* Un cheval qui a le poil blanc varié par tout le corps de poil alezan & de poil bai. Ces fortes de chevaux font fujets à perdre la vûë, & ont peu de fenfibilité aux flancs & à la bouche. Un cheval aubere s'appelle autrement *Cheval poil de fleur de pêcher,* ou *Cheval poil de mille fleurs.*

AUBERGES. f. f. Efpece de pêche. En Latin *Auberica.*

AUBERON. f. m. Petit morceau de fer rivé au moraillon qui entre dans une ferrure, & au travers duquel paffe le pêne.

AUBERONNIERE. f. f. Bande de fer, fur laquelle l'auberon eft rivé. Il y a quelquefois plufieurs auberons fur une même auberonniere, comme aux coffres forts.

AUBESPIN. f. m. On dit auffi *Aubefpine.* Petit arbre dont les branches font pleines d'épines, & qui fe rencontre fouvent parmi les buiffons & les hayes. Il a l'écorce âpre & écailleufe, & porte un fruit rouge & fans aucun fuc. Ce fruit enferme un noyau, & quelquefois il s'y en trouve plufieurs. On tient que quand il eft mûr, il fert à lâcher le ventre. Les Merles s'en nourriffent l'hiver. Ses fleurs font blanches, chiquetées & entretaillées comme celles de l'ache, mais plus grandes. Il pouffe en terre des racines fort profondes. Il y a une autre Aubefpine, dont parle Diofcoride. Voyez ESPINE BLANCHE.

AUBIER. f. m. Partie blanche & molle qui eft entre le vif de l'arbre & l'écorce. On l'appelle auffi *Aubour,* du mot *Alburnum* de Pline, qui dit que dans les écorces des arbres il fe rencontre une humeur qui leur tient lieu de fang, les corps des arbres étant compofés, comme ceux des animaux, de peau, de fang, de chair, de nerfs, de veines, d'os & de moëlle. Ainfi l'Aubier eft comme la graiffe fous l'écorce, laquelle écorce reprefente la peau des animaux. Le bois où il s'en trouve beaucoup n'eft point propre pour les bâtimens, à caufe qu'il s'y engendre des vers qui le pourriffent, & qui gâtent non feulement la partie où ils s'attachent, mais auffi l'autre bois qui touche celui où il y a de l'aubier.
    On appelle auffi *Aubier,* Une efpece d'arbre qui reffemble au cornouiller, & dont le Bois eft fort dur. Il porte fon fruit en grappe.

AUBIFOIN. f. m. Petite plante, dont les feuilles font longues, velues & blafardes. Quelques-uns mettent l'Aubifoin au rang des chicorées. Il n'a qu'une feule racine fort chevelue, & jette plufieurs tiges cotonneufes, hautes environ de deux coudées, à la cime defquelles fortent des fleurs bleues, qui le font nommer *Bleuet.* Ces fleurs font crenelées à l'entour. On l'appelle auffi *Blavelle,* à caufe qu'il croît dans les blés. La graine de cette plante eft écailleufe. Il fe trouve un autre *Aubifoin* dans le Levant. Il a une fleur jaune à cornets qui approche de l'œillet, & croît en abondance parmi les blés de Syrie.

AUBIN. f. m. On appelle ainfi le blanc de l'œuf. *Aubin* eft auffi un terme de Manége. On dit qu'*Un cheval va l'aubin,* pour dire qu'il a un train rompu qui tient de l'amble & du galop.

AUBINET, *faint Aubinet.* Terme de Marine. Pont de cordes qui eft fupporté par des bouts de mâts pofés en travers fur le platbord à l'avant des Vaiffeaux marchands. Le Saint-Aubinet couvre leurs cuifines, leurs marchandifes & leurs perfonnes. On l'ôte d'ordinaire quand il fait des coups de vent, à caufe qu'il empêche de manœuvrer.

AUBRIER. f. m. Oifeau de proye qui vole fort haut, & que l'on confond avec le Hobereau. Les uns tiennent qu'on lui a donné ce nom à caufe qu'il marche fur les arbres, & les autres à caufe de la

couleur de son pennage qui est aubere, c'est-à-dire,
semblable à celle d'un cheval aubere.

AUD

AUDEENS, ou AUDIENS. s. m. Heretiques qui
suivirent les erreurs d'Audée, qu'ils eurent pour
Chef. Il étoit de Mesopotamie, & vivoit sous l'Empereur Valentinien, 338. ans après JESUS-CHRIST.
Le zele qu'il avoit pour la gloire de Dieu le fit crier
fortement contre la mauvaise vie de quelques Ecclesiastiques; & la haine qu'ils conçurent contre lui
leur ayant fait trouver les moyens de le chasser, il
chercha à se venger de cet affront, & forma un
schisme. Lorsqu'il se fut séparé de l'Eglise, il se fit
créer Evêque par ses Sectateurs, & fut exilé par
l'Empereur Constance jusques dans la Scythie. Il
imitoit les Juifs dans la celebration de la Pâque, &
enseignoit que Dieu avoit une figure humaine, sur
laquelle il avoit créé l'homme à son image. Ces Au-
déens croyoient que les tenebres, l'eau & le feu n'a-
voient point eu de commencement, & ils les faisoient la source de toutes choses. Ils permettoient à
toutes sortes de Chrétiens de venir à la Cene, & même aux impies & impenitens.

AUDIENCIER. adj. On appelle Huissier Audiencier, Celui qui sert à ouvrir l'Audience & fermer
les portes, à rapporter les causes appellées, & à faire faire silence. Le Grand Audiencier est un grand
Officier de Chancellerie. Il y en a quatre qui rapportent les Lettres d'importance à M. le Chancelier, comme celles de Noblesse & autres. Ce sont
les Audienciers de la petite Chancellerie qui mettent
la taxe au haut des Lettres.

AUDITEUR. s. m. Nom de plusieurs Officiers qui
sont commis pour ouir des comptes ou des plaidoi-
ries. Les Auditeurs des Comptes sont des Officiers
de la Chambre des Comptes, créés pour examiner
& arrêter les comptes des Finances du Roi, & pour
faire rapport à la Chambre des difficultés qui s'y
rencontrent. Il y a des Juges Auditeurs du Châtelet. Ce sont des Juges Subalternes, qui jugent à
l'Audience toutes les Causes au-dessous de vingt-
cinq livres.

On appelle Auditeur de Rote, Un Officier nommé par le Roi, pour être un des Juges du Tribunal de la Rote à Rome. Il y a un Auditeur de la
Chambre à Rome. C'est le Juge de la Cour Romaine, dont l'autorité s'étend au spirituel sur toutes
sortes de personnes, Citoyens, Etrangers, Prélats
& Princes. Il connoît de toutes les appellations de
l'Etat Ecclesiastique, & même de tous les contrats où
l'on s'est soûmis aux censures Ecclesiastiques, & il a
droit de les fulminer en cas de désobéissance.

AUDITIF. adj. Qui appartient à l'ouïe. On appelle
en termes d'Anatomie, Nerf auditif, Le nerf qui
vient dans l'oreille. Il est de la cinquième conjugaison. Ce mot vient du Latin Audire, Ouir, que
quelques-uns font venir du Grec αὐδὴ, Voix.

AVE

AVELINE. s. f. Fruit rond, enfermé dans une coque assés dure, & qui est une espece de noisette.
Comme les avelines ont des qualités qui approchent de celles des amandes douces, on les substi-
tue en leur place dans la Medecine. Elles adoucissent les douleurs de la poitrine & des reins, & sont
alexipharmaques : mais leur substance solide & terrestre les rend difficiles à digerer, & elles font mal
à la tête, à cause qu'elles sont chaudes & seches.
On les appelle en Latin Avellana, comme si on disoit Abellina, d'un Village de la Campanie nommé

Abella, où elles viennent en abondance.

AVENAGE. s. m. Droit qu'un Seigneur censier perçoit en avoine.

AVENANT. adj. Terme de Coûtume. On appelle en
Normandie, Mariage avenant, ce qui appartient à
une fille des biens de la succession de son pere, pour
la marier selon la qualité dont elle est, les filles ne
pouvant avoir le tiers des biens, selon la Coûtume,
que quand les freres refusent de les marier à des personnes convenables. Ce mot vient du Latin Adve-
nire, Avenir, arriver.

AVENTICE. adj. On dit en Pays de Droit Ecrit,
Biens aventices, pour dire, Les biens qui viennent
d'ailleurs que des successions de pere ou de mere,
d'ayeul ou d'ayeule.

AVER. adj. Vieux mot. Avare.
Fols sont les avers & les chiches.
On a dit aussi au feminin, Avere.
De leur avere hipocrisie.

AVERNE. s. m. Nom que les Poëtes donnent à l'Enfer. Il vient d'un lac autrefois de la Campanie en
Italie, nommé Avernus, maintenant dans la terre
de Labour proche de Bayes. On l'a nommé Avernus du Grec ἄορνος, comme qui diroit Sans oiseau, à
cause qu'il exhaloit des vapeurs si corrompues, qu'elles faisoient mourir les oiseaux qui voloient dessus ;
ce qui a donné lieu de dire que c'étoit une des descentes de l'Enfer : outre que l'on assûroit qu'on n'a-
voit jamais pû trouver le fond de ce lac.

AVERTI. part. On dit qu'Un cheval marche un pas
averti, un pas écouté, pour dire qu'il marche un
pas d'école, un pas reglé & soûtenu.

AVERTISSEMENT. s. m. Terme de Palais. Ecritures que font les Avocats en premiere Instance, pour
instruire les Juges, en leur expliquant le fait, &
en déduisant les moyens qui servent à soûtenir le
droit.

AVERTISSEUR. s. m. Officier qui avertit quand le
Roi veut diner.

AVESPREMENT. s. m. Vieux mot. Le soir.

AVEUER. v. a. Terme de Fauconnerie. Bien voir
& discerner la perdrix au partir qu'elle fait. Ce mot
a été fait de Vue.

AVEUGLETÉ. s. f. Vieux mot. Aveuglement.

AUG

AUGE. s. f. Ustensile dont se servent les Maçons
pour gacher leur plâtre.
On appelle aussi Auges, certaines rigoles de bois
ou de pierre qui servent ordinairement à faire tomber l'eau d'un reservoir sur la roue d'un moulin,
pour la faire tourner.

AUGEE. s. f. C'est autant que peut contenir une auge de Maçon. Il ne faut qu'une augée de plâtre pour
boucher ce trou-là.

AUGET. s. m. Bassin des goutieres de plomb aux
grands bâtimens.

AUGMENT. s. m. Augment coûtumier ou de droit,
Celui qui est accordé à la femme, outre sa dot, en
Pays de Droit Ecrit, en cas que le mari meurt avant
elle.

AUGURE. s. m. On appelloit Augures parmi les
Romains ceux qui par autorité publique observoient
le vol, le chant & le manger des oiseaux, pour en
tirer des présages. Cet art leur étoit venu des Toscans, qui l'avoient eu des Grecs, & ceux-ci des
Chaldéens. Quand ils vouloient prendre les augures, ils choisissoient un lieu découvert & d'où la vûe
fût libre de toutes parts. Là, l'Augure après avoir
fait les divisions du Ciel avec la vûe, se marquoit
avec un bâton courbé par le bout, qu'on appelloit

pelloit *Lituus*, & cela fait, il ſe couvroit la tête, & prenoit garde à tout ce qu'il voyoit dans les eſpaces qu'il s'étoit marqués. Sur cela il décidoit les queſtions qui lui avoient été propoſées. Il y eut premiérement trois Augures, puis on en fit quatre, tous Patriciens, & en 454. de la fondation de Rome, on en créa cinq Plebeïens ; ce qui faiſoit le nombre de neuf.

AUGUSTIN. ſ. m. Religieux qui ſuit la Regle de S. Auguſtin. Ce ſaint Docteur, qui nâquit à Tagaſte, Ville de Numidie en Afrique en 354. & qui mourut en 430. vivoit en commun avec les Clercs, ſelon les regles que les Apôtres avoient établies. C'eſt ce qui a été la ſource féconde de tant de Chanoines Reguliers qu'on a toûjours vûs dans l'Egliſe. Ils ſont vêtus de blanc avec un rochet de toile, & n'ont que la chape noire. Il y a auſſi des Religieux que l'on appelle *Auguſtins*, ou *Hermites de S. Auguſtin*. Ils ſont vêtus de noir, & font un des quatre Ordres des Mendians. Ils ont commencé ſous le Pontificat d'Alexandre IV. qui par ſes Conſtitutions de l'an 1256. aſſembla diverſes Congregations d'Hermites qui vivoient à la campagne, & leur donna les Regles de S. Auguſtin, & Lanfranc Septala de Milan pour leur premier General. Cet Ordre s'eſt diviſé en pluſieurs branches, les Hermites de S. Paul, les Jeronimitains, les Religieux de S. Ambroiſe, les Religieux de ſainte Brigitte, & les Freres de la Charité, ſuivant tous cette même Regle. Il a fait auſſi la Reforme des Auguſtins Déchauſſés, dont le Pere Thomas de Jeſus, de la Maiſon d'Andrada, jetta les premiers fondemens en Portugal en 1574. Elle fut approuvée quatorze ans après par un Chapitre tenu à Tolede, où préſida le General de l'Ordre. Louis de Leon l'établit en Eſpagne, & le Pere André Diés en Italie. Le Pere François Amet l'apporta en France. Les Auguſtins Déchauſſés, appellés à Paris communément *Petits Peres*, ont une groſſe robe noire, ceinte d'une ceinture de cuir, & un manteau court de même étoffe par deſſus, avec un capuce. On compte juſqu'à ſoixante Ordres Religieux ou Congregations qui ſuivent la Regle de S. Auguſtin. Il y a auſſi des Religieuſes Auguſtines.

On appelle *Saint Auguſtin*, en termes d'Imprimerie, le caractere qui eſt moins gros que celui que l'on nomme Gros Romain, & qui l'eſt plus que celui qu'on appelle Cicero.

AUGUSTINIENS. ſ. m. Heretiques du dernier ſiecle, diſciples d'un Sacramentaire nommé Auguſtin, qui enſeignoient en Bohême, que perſonne n'alloit en Paradis ou en Enfer avant le dernier Jugement, & que la nature humaine de JESUS-CHRIST n'étoit pas encore montée au Ciel.

AVI

AVIAUX. ſ. m. Vieux mot. Borel croit qu'il a ſignifié les Ornieres des chemins, & en donne pour exemple ce vers du Roman de la Roſe.

     Et ſaillir hors de vos aviaux.

Il apporte un autre exemple, dans lequel il croit que l'Auteur par *Faire les aviaux*, a entendu, Se réjouir, faire la vie.

     Et en autres dons enſement,
     Dont tu peux faire tes viaux,
     Et te déduire ſi tu viaux.

AVILER. v. n. Vieux mot. Devenir à un prix plus bas.

     Il me ſemble que tout avile.

AVILLONS. ſ. m. Terme de Fauconnerie, dont on ſe ſert en parlant des ſerres du pouce de l'oiſeau de proye, ou du derriere des mains. On dit

Tome I.

auſſi *Avillonner*, quand l'oiſeau donne des ſerres de derriere.

AVIS. ſ. m. Ordre Militaire de Portugal, établi par Alfonſe I. qui reconnoiſſant qu'il n'avoit conquis la Ville d'Evora ſur les Maures en 1147. que par un ſecours particulier de la Vierge, la donna en garde à des Chevaliers qui ſe ſignalerent ſous le nom de *Confreres de ſainte Marie d'Evora*. Ils eurent quelque tems après Ferdinand Montereiro pour Grand-Maître, & reçurent les regles de Cîteaux. Jean Civita, Abbé de cet Ordre, leur dreſſa en 1162. des Conſtitutions particulieres, & en 1204. le Pape Innocent IV. approuva cet Ordre, qui fut appellé *Avis*, du nom d'un Château que Sanche I. leur donna avec d'autres Places, en reconnoiſſance des ſervices importans que ces Chevaliers lui rendoient en toutes ſortes d'occaſions. Ils avoient l'habit blanc de Cîteaux, & portoient d'or à la Croix fleurdeliſée de ſinople, accompagnée en pointe de deux oiſeaux affrontés de ſable ; ce qui étoit une alluſion au mot Latin *Avis*, qui veut dire, Oiſeau. Rodriguès Garcias de Aça, Grand-Maître de l'Ordre de Calatrava en Eſpagne, du conſentement de ſes Chevaliers, donna à ceux de l'Ordre d'Avis pluſieurs Places qu'ils avoient en Portugal, & cela obligea les derniers qui voulurent répondre à une ſi grande honnêteté & s'unir à eux plus particulierement, en ſe ſoûmettant à l'Ordre de Calatrava. Mais enfin ils refuſerent abſolument de le reconnoître ſous leur Grand-Maître Jean de Portugal, fils naturel de Pierre dit le Juſticier, qui après la mort de ſon frere Ferdinand, arrivée en 1383. fut mis ſur le Trône, au préjudice de Beatrix, fille unique de ce Roi, mariée à Jean I. Roi de Caſtille, & merita le beau nom de pere de la Patrie. Le Pape Urbain VI. le diſpenſa de ſon vœu de Religion en 1387. & il eut entre autres enfans de Philippe, fille de Jean ſurnommé le Grand, Duc de Lanclaſtre, Ferdinand, qui fut fait Grand Maître de l'Ordre d'Avis, & qui mourut en ôtage parmi les Saraſins en 1443.

AVISER. v. a. Terme que les Chaſſeurs ont adopté pour ſignifier, *Appercevoir*. Ils diſent. *J'aviſe le gibier. J'aviſe un liévre au gite.*

AVIVER. v. a. Donner de la vivacité, rendre la matiere plus fraîche & plus nette, & en ce ſens on ſe ſert de ce mot en differentes rencontres, quand on parle de joindre les métaux & de les ſouder enſemble.

On dit, *Aviver une figure de bronze*, quand on a deſſein de la dorer, pour dire, La nettoyer, la gratter legerement avec un burin, ou la frotter avec de la pierre de ponce, afin qu'elle ſoit plus propre à recevoir la feuille d'or, que l'on applique deſſus, après avoir chauffé la figure, ce qu'on réitere juſqu'à quatre fois.

On dit auſſi *Aviver des poutres* ou *des ſolives*, pour dire, Les rendre à vive arête.

AVIVES. ſ. f. p. Glands qui s'enflent quelquefois à côté du goſier du Cheval, & qui l'empêchant de reſpirer, le mettent en danger de mourir ſi on n'y remedie promptement. Comme un Cheval qui boit étant échauffé gagne les avives ; on fait dériver ce mot *Ab aquis vivis*, c'eſt-à-dire, Des eaux vives.

AUL

AULIQUE. ſ. f. Acte que ſoûtient un jeune Theologien, quand quelqu'un doit prendre le bonnet de Docteur, & qui n'ayant point de matiere déterminée, eſt compoſé du Traité que le Soûtenant poſſede le mieux. On l'appelle *Aulique*, du mot Latin *aula*, qui veut dire, Salle, à cauſe qu'il ſe ſoûtient dans la grande ſalle de l'Archevêché de Pa-

K

ris. Cet Acte commence par une harangue du Chancelier de Notre-Dame à celui qu'on doit recevoir Docteur, & en finissant cette harangue, il lui donne le Bonnet. Le jeune Docteur lui fait ensuite son compliment, & préside à l'Acte.

Aulique, est aussi adjectif, & il s'employe en parlant de quelques Officiers de l'Empire, qu'on appelle *Conseillers Auliques de l'Empereur.*

AULNE. s. m. Arbre fort droit & fort haut qui a plusieurs branches qu'on rompt quand on les veut plier, & qui vient dans les lieux humides & marécageux. Il a ses feuilles rondes, & semblables à celles du poirier, mais plus garnies de nerfs & plus larges. Son bois est rouge lorsqu'il est dépouillé de son écorce, qui est rouge brune, & sert aux Tanneurs & aux Teinturiers. Il porte un petit fruit rond, qui en peu de tems devient noir dans les eaux où il tombe.

AULNE'E. s. f. Plante dont les fleurs sont jaunes, & qui a les feuilles comme le Bouillon mâle, mais plus longues & plus âpres. Les Medecins l'appellent *Enula Campana* ou *Helenium*. Elle croît dans les endroits secs & dans les montagnes, & il y a des lieux où elle ne jette point de tige. Sa racine est blanchâtre & quelquefois tire sur le roux. Elle est odorante & un peu piquante au goût. Selon Galien, la racine de l'Aulnée est très-utile, & n'échauffe point d'abord, de sorte qu'on ne peut pas dire qu'elle est entierement chaude & seche, comme le poivre noir & blanc. Elle a une certaine humidité superflue, ce qui la fait employer avec raison dans les électuaires qu'on ordonne pour tirer de l'estomac & du poumon les grosses humeurs épaisses & gluantes qui y sont.

AULRE. Pronom relatif, Vieux mot. Autre.

     Si je n'eusse joué du croc,
     Et vécu d'autre que du mien.

AUM

AUMAILLE. Vieux mot. Brebis. Il s'est pris aussi pour toute sorte de bétail à cornes.

AUMAIRE. s. f. Vieux mot. Armoire.

AUMOSNE. s. f. *Ce que l'on donne aux Pauvres pour l'amour de Dieu.* ACAD. FR. On appelle *Aumônes fieffées*, les Fondations faites aux Eglises par les Rois.

AUMONIERE. s. f. Vieux mot. Petite bourse ou sorte de gibeciere propre à tenir des aumônes.

     Et peint au ceint une aumôniere,
     Qui moult est prétieuse & chiere.

AVO

AVOCASSIE. s. f. Vieux mot. Art de plaider.

AVOCAT. s. m. Celui qui est préposé pour la défense des Parties qui plaident. On n'est reçû Avocat qu'après qu'on a fait trois années d'étude, dont la premiere commence à dix-huit ans, & qu'on a pris les degrés de Licence dans une Faculté de Droit. Il faut aussi avoir subi deux fois l'examen. Ceux qui ont 17. ans, & qu'on reconnoît capables, sont dispensés des trois ans d'étude. L'Ordonnance de Charles V. en 1364. oblige les Avocats à se charger de la cause du pauvre comme de celle du riche. Par l'Ordonnance de 1539. lorsqu'ils se presentent pour plaider devant les Juges, il leur est enjoint d'avoir en main les pieces qui établissent leur droit, & que s'ils lisent, ce soit sans déguisement. Celle de François I. de 1556. leur défend de donner conseil aux deux Parties. Celle de 1560. aux Etats d'Orleans, leur ordonne de se départir des mauvaises Causes, & par un Arrêt du Conseil donné en 1546. ils sont obligés avant qu'ils plaident de se

communiquer leurs sacs afin de pouvoir convenir des faits.

On appelle *Avocats Generaux*, ceux à qui les Causes où le Roi & le Public ont interêt sont communiquées par les Avocats des Parties. Ils en rendent compte à la Cour, & même donnent leurs conclusions à l'Audience après que les Avocats ont plaidé. *Les Avocats du Roi*, sont des Substituts des Avocats Generaux dans les Jurisdictions inferieures. L'*Avocat Fiscal*, est un Officier qui fut établi par l'Empereur Adrien, pour défendre la cause du fisc en toutes sortes de Tribunaux, & l'*Avocat Consistorial*, est un Officier de la Cour de Rome que l'on a intimé pour y plaider sur les oppositions qu'on forme aux Provisions des Benefices. Ils sont au nombre de dix.

AVOIER. v. a. Vieux mot. Mettre en chemin.

AVOINE. s. f. Espece de menu grain qu'on fait manger aux Chevaux. On appelle aussi *Avoine*, un grain qu'on recueille en Juin vers le Canada dans les petites rivieres, dont le fond est de base. Il croît au bout de la tige d'une herbe qui s'éleve de deux piés au-dessus de l'eau, & est gros comme l'avoine de France, mais une fois aussi long. La farine qu'il rend plus abondamment n'est pas moins estimée que le ris.

AVOLE'. adj. Vieux mot. Etourdi, qui ne prend conseil que de lui-même, du Grec ἄβουλος, Qui est sans conseil.

AVOUE'. s. m. Nom qu'on donnoit autrefois au Défenseur des droits d'une Eglise. Il y avoit des *Avoués* pour les Eglises Cathedrales & pour les Abbayes. Les Causes des Eglises n'étoient d'abord défendues que par des Ecoliers ou par des Avocats, mais l'obligation où les Nobles se virent d'employer la force des armes pour les défendre, leur fit prendre la qualité d'*Avoués*. On donnoit ce même nom aux Tuteurs, & generalement à tous ceux qui entreprenoient la défense de quelqu'un, même par la voie du combat singulier. Ce mot vient d'*Advocatus*, comme qui diroit, Appellé au secours.

AVOUTRE. s. m. Vieux mot. Bâtard, du Latin *Adulter*. On a dit aussi *Avoitre* & *Avoultre*, pour dire, Illegitime.

     Luxure confont tout là où elle s'avoultre,
     Car maint droit heritier désherite tout outre,
     Et herite à grand tort maint bâtard, maint
     avoultre.

AVOUTRIE. s. f. Vieux mot. Adultere.

     La vilenie le diffame,
     Et l'avoutrie de sa femme.

On a dit aussi *Avoutire.*

AUR

AURA. s. m. Oiseau appellé ainsi par les Mexicains, & que ceux de la Nouvelle Espagne nomment *Cozquauhth*. Il est grand comme une poule d'Egypte, & ses plumes sont noires par tout le corps, excepté au col & autour de la poitrine, où ce noir est rougissant. Ses ailes ont avec le noir un mélange de couleur cendrée, purpurine & fauve. Il a les ongles recourbés, le bec semblable aux Perroquets, rouge au bout; les trous des narines ouverts, les yeux noirs, les prunelles fauves, les paupieres de couleur rouge, & le front avec un peu de poil crespé, comme celui des Negres, & rempli de rides qu'il fronce & ouvre ainsi que font les Coqs d'Inde. Sa queue est semblable à celle d'un Aigle, noire dessus & cendrée dessous. Il vole presque toûjours, & c'est une chose qu'on a peine à croire qu'il puisse voler contre le vent, quelque violent qu'il soit. Il vit de rats, de lezards & de serpents,

& fent fort mauvais. Auffi ne peut-on manger fa chair.

AUREA ALEXANDRINA. f. f. Sorte d'Opiat qui eſt un veritable antidote. Il a pris ſon nom de l'or qui y entre, & ſon furnom d'un excellent Medecin nommé Alexandre qui l'a inventé. Cet Opiat eſt compoſé d'un fort grand nombre d'ingrediens, qui ont des qualités admirables, ſur leſquelles on peut voir Myrepſius. Sa baſe eſt l'opium dont la vertu refrigerante & narcotique eſt augmentée par le Juſquiaume blanc & par l'écorce de la Mandragore. On ne doit s'en ſervir non plus que des autres Opiats qui reçoivent l'Opium, que ſix mois après qu'il eſt compoſé. Un an après il commence à entrer dans ſa force juſqu'à quatre, & s'y maintient juſques à huit ou dix, enſuite il diminue peu à peu. Bauderon qui eſtime fort cet Opiat, dit qu'il eſt propre à toutes les maladies froides du cerveau, des poumons, de l'eſtomac, des inteſtins, du foye, de la rate, des reins, de la veſſie, de la matrice & des jointures, & que ceux qui ont pris l'habitude d'en uſer, ne ſont jamais ſujets à l'apoplexie ni à la colique.

AURILLAS. Terme de Manége dont on ſe ſert en parlant des Chevaux qui ont de grandes oreilles & qui les ſecouent ſouvent. Ce mot vient du Latin *Auris*, Oreille.

AURISLAGE. f. m. Droit qui ſe perçoit ſur les ruches des mouches à miel.

AURONNE. f. f. Plante qui eſt toûjours verte, & dont les fleurs ſont blanches ou jaunes. Il y en a de deux ſortes, le mâle qui a ſes branches menuës & ſarmenteuſes comme l'Aluyne, & qu'on appelle en Latin *Abrotanum*, ou *Herba Camphorata*. L'Auronne femelle jette ſes branches comme un arbre, & à ſes feuilles chiquetées fort menu, comme celles de l'Abſynthe Marin. Elle eſt appellée *Cupreſſus* ou *Cypariſſus hortenſis* ou *Chamæpariſſus*. Quelques-uns l'appellent auſſi *Santolina*. Les Medecins ne ſe ſervent que des feuilles & des ſommités de cette plante, qui étant chaude & ſeche au troiſiéme degré, eſt inciſive & attenuative. Ainſi elle provoque les mois & les urines, fait mourir les vers, & rompt la pierre, quoiqu'elle ſoit legerement aſtringente. Elle reſiſte à la peſte & aux venins, & étant appliquée elle eſt propre à guerir l'alopecie, & à deſſecher & fortifier les os. Dioſcoride dit que la graine priſe en breuvage avec de l'eau, eſt bonne pour la gueriſon de la ſciatique.

A U S

AUSSIERE. f. f. Terme de Marine. Groſſe corde à trois tourons.

AUSTERE. adj. Terme de Phyſique. Il ſe dit de certains corps qui ont une ſaveur âpre & rude, comme des fruits encore verds. L'Auſtere n'eſt que l'*Acerbe* un peu moins fort, (Voyez ACERBE.) Il vient d'*Auſterus* fait du Grec ἀυϛηρὸς, qui ſignifie proprement cette eſpece de ſaveur, car elle deſſeche la langue, & ἀυϛηρὸς vient de ἀω, Je ſeche.

A U T

AUTEL, ELLE. adj. Vieux mot. Pareil, ſemblable. *Treſtout en autelle maniere.*

AUTHENTIQUER. v. a. On dit en termes de Palais, *Authentiquer une femme*, pour dire, La déclarer convaincue d'adultere, & ſelon la diſpoſition de l'authentique, *Sed hodiè*, la condamner à être raſée & miſe dans un Couvent. Ce mot vient du Grec ἀυθεντία, Pouvoir, autorité.

AUTIER. f. m. Vieux mot. Autel.

AUTOGRAPHE. f. m. Terme purement Grec, qui

Tome I.

veut dire, L'original de quelque compoſition qu'on a écrite ſoi-même. Il vient de ἀυτὸς, Lui-même, & de γϱάφω, Ecrire.

AUTORISATION. f. f. Terme de Palais. Pouvoir que donne le mari à ſa femme pour l'autoriſer à paſſer quelque acte. *Le défaut d'autoriſation par le mari rend nulle l'obligation que fait une femme.*

AUTOUR. Oiſeau de poing, le plus grand de tous après le Gerfaut. Il a la tête petite, le bec long, les aîles courtes, la queuë longue & large, les ſerres noires & les jambes hautes. Ses yeux ſont profonds, ayant une rondeur noire, & il eſt tout ſemé de taches jaunes ſur une couleur fauve. On appelle *Aires*, les nids des Autours. Ils les font dans les forêts & dans les montagnes. L'Autour eſt femelle & le Tiercelet en eſt le mâle. Il y a divers Autours; le *bel Autour*, qui eſt court, bien curé, bas aſſis, & a les mahures larges; *Autour Fourcheret*, qui eſt de moyenne taille entre formé & tiercelet; l'*Autour paſſager*, celui qu'on prend au paſſage avec le filet ou autrement, & l'*Autour niais*, celui qui ſe laiſſe prendre ſur les branches, lorſqu'il ne ſait encore que voleter.

AUTOURSERIE. f. f. Art de dreſſer & de faire voler les Autours.

AUTOURSIER. f. m. Celui qui dreſſe & fait voler les Autours.

AUTRESI. Conjonction. Vieux mot. Auſſi, pareillement. On a dit *Auxi* & *Axiex*, dans le même ſens.

> *Godefrois de Ligny,*
> *Des yex & du cuer la convoye,*
> *Mais axiex fu corte la joye.*

AUTRETANT. adj. Vieux mot. Autant.

AUTRETEL. Vieux mot. De même.

> *A tous diſoit que ſes fil ere,*
> *Autretel diſoit la Bregiere.*

AUTRUCHE. f. f. Grand Oiſeau qui tient quelque choſe de l'Oye, & qui vit dans les campagnes d'Afrique. Il a le bec court & pointu, la langue petite & adherente comme les poiſſons, les cuiſſes groſſes, ſans plumes, couvertes d'une peau blanche un peu rougeâtre, les jambes armées par devant de grandes écailles en table, les piés fendus & compoſés ſeulement de deux doigts fort grands & écaillés avec des ongles. L'Autruche a l'œil en ovale avec de grands cils, & la paupiere d'enhaut mobile, ce que n'ont pas les autres Oiſeaux. Elle a auſſi une paupiere au-dedans comme la plûpart des brutes. La peau de ſon col eſt de chair livide couverte d'un fin duvet, clair ſemé & luiſant, qui reſſemble plus à du poil qu'à de la plume. Toutes ſes plumes ſont molles & effilées come le duvet, auſſi ne lui ſervent-elles ni à voler, ni à la vêtir. Celles dont elle a le corps couvert ſont noires, blanches & griſes. Les grandes qui ſortent des aîles & de la queuë, ſont ordinairement blanches, & on s'en ſert pour l'ornement des chapeaux, des lits & des dais. Celles du rang d'après ſont noires, & les plumes qui lui garniſſent le dos & le ventre ſont noires ou blanches. Elle n'en a point aux flancs, non plus qu'aux cuiſſes & au-deſſous des aîles, dont chacune a au bout deux eſpeces d'ergots, longs d'un pouce, creux, & qui ſemblent être de la corne. Ce ſont comme des aiguillons de Porc-épic. Elle ſe ſert de ſes aîles, non pas pour voler, mais pour aider à ſa courſe quand les chaſſeurs la pourſuivent. Il n'y a que les Africains qui puiſſent entreprendre cette chaſſe, parce qu'il n'y a qu'eux qui puiſſent pouſſer un cheval de la viteſſe qu'ils font. Ils ont entr'autres de grands Barbes harpés comme levriers, ſur leſquels ils ſe tiennent en

K ij

selle, comme s'ils y étoient collés. Les Autruches qu'ils trouvent par troupes dans les plaines, tâchent aussi-tôt de regagner les montagnes, & à la faveur de leurs ailes, font des détours brusques, qui obligent les Chasseurs à tourner si court & à faire des contre-tems si violens, qu'il seroit impossible à tout autre qu'eux de les souffrir sans être porté par terre. Ce qui fait prendre les Autruches, c'est qu'ils lâchent après elles des levriers qui les arrêtent un peu, & leur donnent par là le tems de les joindre. Ils amenent vives celles qui demeurent prises avec des fourches faites exprès. Ils vendent ces plumes fort cherement à ceux qui se mêlent d'en faire trafic. Il y en a de grises, de blanches & de noires, & de mêlées. Les mâles sont blancs ou noirs, & comme leurs plumes sont plus larges & mieux fournies, que les bouts en sont plus touffus & les soyes plus fines, elles sont bien plus estimées que les plumes des femelles, qui sont presque toutes mêlées de gris, de blanc & de noir. On ne fait cette chasse qu'après que ces Oiseaux ont mué, & que leur plumage est sec, parce que s'il étoit encore en sang, la plume ne vaudroit rien. Dans le tems que les Autruches sont en état d'être poussées, tous les Seigneurs du Pays font des parties pour venir dans les plaines où elles se trouvent. Elles sont fort communes au Perou, & les Sauvages en mangent la chair. Leurs œufs sont bons, mais difficiles à digerer. Vers le Cap de Bonne-Esperance on en a vû de si grosses, qu'une seule auroit suffi pour sept hommes. Il y a des Relations qui portent que quand l'Autruche connoît que ses œufs sont prêts à éclorre, elle en casse quatre, & que les vers qui s'y engendrent lorsqu'ils se corrompent, servent de nourriture à leurs petits. Elles avalent le fer, non pas pour le digerer & pour s'en nourrir, comme ont crû les Anciens, mais pour aider à broyer leur nourriture. On tient même qu'elles meurent quand elles en ont beaucoup avalé. Quelques-uns écrivent Austruche, comme venant d'Avis struthio.

AUV

AUVER. v. a. Vieux mot. Avoir.

AUVERNAS. s. m. Vin fort rouge & fumeux qui vient d'Orleans, & qui est fait des raisins noirs de ce même nom, à cause que le plant est venu d'Auvergne. Il n'est bon à boire que dans l'arriere saison. Les Cabaretiers en mettent dans leurs vins blancs quand ils veulent leur donner de la couleur.

AVUSTE. s. m. On appelle ainsi en termes de mer, le nœud de deux cordes, dont on attache l'une au bout de l'autre. On dit aussi Ajuste.

AVUSTER. v. a. Attacher deux cordes l'une au bout de l'autre. Quelques-uns disent Ajuster.

AUZ

AUZUBA. Arbre spacieux & d'une matiere ferme & utile, qui croît dans l'Isle appellée Hispaniole. Il porte un fruit fort doux, semblable aux poires Apianes ou Muscadelle, mais d'un suc de lait, comme celui des Figues non mûres, ce qui le rend fort désagreable au goût, à moins qu'on ne l'ait trempé dans l'eau pour lui faire perdre ce suc.

AXE

AXE. s. m. Ligne qui passe par le centre d'un globe & qui est immobile pendant que le globe tourne, ou est supposé tourner sur elle. Les deux extrêmités de l'Axe sont les Poles, (Voyez POLE.) Plus généralement encore, toute ligne qui seroit immo-

bile dans quelque corps que ce soit qui tourneroit en rond, est son Axe. Ainsi un Cone, un Cylindre ont un Axe. (Voyez CONE, & CYLINDRE.) Il y a diverses sortes d'Axes, que l'on appelle en Géometrie, Déterminés, Indéterminés, Conjuguès. (Voyez HYPERBOLE, & ELLIPSE.) On se sert de ce même terme en Optique, & on dit Axe optique, pour faire entendre celui de tous les rayons envoyés d'un objet à l'œil qui y tombe perpendiculairement, & qui par consequent passe par le centre de l'œil, dont la figure est presque spherique, & qui ne souffre aucune réfraction. Chacun des deux yeux a son Axe optique qui vient du même point de l'objet, & delà vient que l'objet paroît simple, quoiqu'il forme deux images, une dans chaque œil, c'est que l'ame rapporte au même endroit précisément deux sensations toutes semblables qu'elle a par les deux axes optiques. Nous jugeons aussi de la distance d'un objet par la grandeur de l'angle que font entre eux les deux axes optiques partis d'un même point de cet objet. Plus il est proche, plus cet angle est grand.

On appelle aussi Axe en optique le rayon qui est au milieu de chaque Pinceau optique, soit qu'il tombe perpendiculairement sur l'œil, ou qu'il n'y tombe pas. Voyez PINCEAU.

On appelle Axe de Cadran, une ligne droite tirée du centre du Cadran par le bout du style.

Axe, en termes d'Architecture est, selon Vitruve, dans la volute Jonique le bord ou filet qui en termine la partie laterale. Dans la colomne torse on appelle Axe spiral, l'Axe tourné en vis, pour en tracer les circonvolutions au-dehors. Ce mot vient du Latin Axis, Aissieu, & Axis vient du Grec, ἄξων, qui signifie la même chose.

AXI

AXILLAIRE. adj. Terme d'Anatomie. On appelle Rameau axillaire, un fameux rameau d'une des veines sousclavieres qui va aux aisselles. Il se divise en trois veines, qui sont la Thoracique, la Basilique & la Cephalique. Ce mot vient du Latin Axilla, Aisselle.

AXO

AXOLOTL. s. m. Poisson sans écaille, qui se nourrit dans le lac au milieu duquel la ville de Merique est située. Il a quatre piés comme les Lezards, & est gros d'un pouce, long d'un palme, & bigarré de petites marques sous le ventre. Du milieu du corps jusqu'à la queue, qu'il a longue & déliée, il va insensiblement en diminuant. Ses piés qui lui servent pour nager, sont divisés en quatre doigts ainsi que ceux des Grenouilles. Il a la tête fort grosse à proportion du reste du corps, la gueule noire & toûjours ouverte, & ce qu'il y a de plus étonnant, c'est qu'il a une matrice semblable à celle des femmes, qui le rend sujet au flux menstrual. Ce poisson est bon à manger, & du même goût que les Anguilles. Les Espagnols l'appellent Juguete de aqua.

AXONGE. s. f. Graisse d'homme qui se prépare avec toutes sortes d'herbes fines, & qui a une grande vertu pour les humeurs froides.

On dit aussi Axuange, qui est la graisse la plus molle & la plus humide du corps des animaux. C'est ce qu'on appelle de l'oing, & l'on s'en sert pour graisser l'aisseu des roues. Elle differe du lard & du suif, en ce que le lard est une graisse ferme, & le suif une graisse molle. Ce mot vient du Grec ἄξουγγιον, Graisse.

AYR

AYR. f. m. Arbre du Bresil, semblable à la Palme par ses feuilles, mais dont le tronc est armé tout autour d'épines aigues en forme d'aiguilles. Il porte un fruit d'une moyenne grosseur, au milieu duquel est un noyau blanc comme neige, mais qui n'a que la beauté, n'étant pas bon à manger. Quelques-uns prennent cet Arbre pour une espece d'ébene. Son bois est fort noir, dur & si pesant qu'il va aussi-tôt au fond de l'eau. Les Sauvages en munissent le bout de leurs flèches, & en accommodent aussi leurs massues.

AZA

AZAZIMIT. f. m. Pierre qui a la même vertu que la terre sigillée. On la tire d'une mine qui se trouve au Royaume de Cananor, & les habitans s'en servent contre la fièvre, le flux de sang, l'indigestion, & même contre les morsures envenimées.

AZE

AZEBRO. f. m. Espece de Cheval sauvage qui a de l'air d'un Mulet, & qui se trouve dans la basse Ethiopie. Sa peau est mouchetée de blanc, de noir, & d'une couleur qui tient du rouge & du bleu. Ces animaux sont fort legers à la course, & outre qu'il est malaisé de les prendre vifs, on ne les sçauroit apprivoiser qu'avec de grands soins. Un Portugais a été pourtant assés heureux pour en prendre quatre. Il les mena en Portugal & en fit present au Roi qui les fit atteler à son Carrosse.

AZEROLE. f. f. Fruit aigre & sec que porte l'Azerolier. Il est rouge & gros comme une Cerise, & assés agreable au goût quand il est mûr.

AZEROLIER. f. m. Arbre sauvage & épineux, dont les feuilles sont fort larges. On le greffe sur l'Epine blanche, sur le Cognacier & sur le Sauvageon de Poirier. Il y en a un qui vient de Canada qui a de très-grandes feuilles & de très-longues épines, & un autre blanc qui vient de Florence, & dont la couleur du fruit qu'il porte le fait seulement differer de l'autre.

AZI

AZIMUTH. f. m. Terme tiré de l'Arabe, dont on se sert en Astronomie. On appelle *Azimuths*, des cercles tirés par tous les points de l'horison, & se coupans tous au Zenith & au Nadir qui sont les Poles de l'horison. Par consequent les Azimuths coupent l'horison à angles droits, (Voyez POLE.) & chaque Azimuth a ses Poles dans l'horison à 90. degrés des deux points où il le coupe. Le Meridien est un Azimuth, & il est coupé à angles droits par l'Azimuth qui passe par les points du lever & du coucher équinoctial, & qui est appellé *premier Azimuth* ou *premier vertical*, car tous les Azimuths sont appellés *cercles verticaux*, parce qu'ils passent par le Zenith. Comme chacun passe par deux points opposés de l'horison, il doit y en avoir 180. & de plus chaque horison different a ses Azimuths, & il y a une infinité d'horisons. (Voyez HORISON.) L'élevation des astres sur l'horison, & leur distance du Zenith, se prennent sur les Azimuths. Les Azimuths coupent les Almucantaraths à angles droits, & quand on sçait dans quel Almucantarath & dans quel Azimuth est un astre, l'intersection de ces deux cercles est son lieu. (Voyez ALMUCANTARA.)

Les 180. Azimuths de chaque horison, se comptent depuis le premier, en tournant d'abord de l'Orient au Midi.

AZIMUTHAL. adj. On appelle *Cercle Azimuthal*, un Azimuth, & *Cadran Azimuthal*, celui dont le style est à angle droit sur le plan de l'horison.

AZO

AZONVALALA. f. m. Petit fruit rouge de l'Isle de Madagascar, gros comme une groseille ronge, & d'un goût fort agreable. Il est sans suc, & croît sur un petit Arbrisseau entre des buissons.

AZOUFA. f. f. Sorte de bête que Vincent le Blanc rapporte qu'on trouve au Royaume de Casubi. Ces Bêtes se tiennent ordinairement dans les Cimetieres, où elles déterrent les morts, de la chair desquels elles se repaissent. Il dit qu'il en a vû beaucoup à Fez, à Maroc & en d'autres lieux d'Afrique, où ces Animaux sont appellés *Chicali*.

AZOT. f. m. Les Chimistes donnent ce nom à la matiere premiere des métaux.

AZU

AZUR. f. m. Couleur bleue, dont les Peintres se servent, & que les Arabes appellent *Lazul*, à cause qu'elle se fait d'une pierre, nommée *Lapis lazuli*. Ils confondent cette pierre avec la pierre Armenienne, parce qu'elles ont les mêmes proprietés, étant toutes deux purgatives & vomitives. D'ailleurs leur couleur est presque semblable, & on les trouve ensemble dans les mines d'argent d'où elles se tirent. Il y a pourtant cette difference, que la pierre Armenienne est marquetée de verd & de noir, & que l'autre est toute parsemée d'or. Aussi la pierre d'azur qui vient du Levant, prise dans la mine d'or de ce Pays-là, où elle contracte quelque louable vertu de ce précieux métal, est à preferer à l'Armenienne qu'on apporte presentement d'Allemagne, comme autrefois d'Armenie. Il faut que cette derniere, pour être bonne, soit polie, friable, & d'un verd bleu; ce qui fait que les Peintres lui donnent le nom de *Verd d'azur*, & l'autre doit être pesante & polie, reluisante de petites paillettes d'or, & d'une couleur azurée, qui devient plus bleue en la brûlant. Cette couleur étant mieux empreinte resiste davantage au feu. On tient qu'elle est bonne pour la vûe, & rend l'esprit gai quand on la porte sur soi, & qu'étant preparée & prise au-dedans, elle purge fortement les humeurs mélancoliques. L'Azur des Peintres s'appelle aussi *Outre-mer*, & on lui donne ce nom, ou à cause qu'il est d'un bleu plus fort que celui de la mer, ou parce qu'il vient des lieux situés au-delà de la mer. Il y a un *Azur factice*, dont M. Felibien nous apprend la composition. Il se fait avec une once de saphre, quatre onces de sable blanc, & une once de mine de plomb. Le tout ayant été broyé ensemble dans un mortier de bronze, on le met au feu de charbon vif dans un creuset couvert environ une heure, après quoi on le retire, & lorsqu'il est refroidi on le broye à sec dans le même mortier, puis on y ajoûte une quatriéme partie de salpêtre, & on le remet au feu de la même sorte pendant deux heures. On le retire de nouveau & on le broye comme auparavant, & après qu'on y a encore ajoûté une sixiéme partie de salpêtre, on le remet au feu pour la troisiéme fois, & on l'y laisse deux heures & demie ou environ. Cela étant fait, on tire la couleur toute chaude avec

K iij

un outil de fer , à caufe qu'elle eft fort gluante & difficile à avoir. On doit luter les creufets dans cette forte de calcination , y en ayant peu qui ayent la force de refifter au grand feu qu'il faut pour la faire.

On appelle auffi *Azur* , le Bleu du Blafon , qui eft une de fes quatre couleurs ; on le reprefente par des traits tirés horifontalement.

A Z Y

AZYGOS. f. f. Terme de Medecine. Veine qui fe trouve feulement du côté droit , & qui eft le troi-fiéme rameau du tronc afcendant de la veine-cave qui a huit rejettons , qui vont également vers le côté gauche , & vers le côté droit , nourriffant les huit côtes d'enbas , & ne laiffant pas de diftribuer un fort grand nombre de petits rameaux à l'œfo-phage. Les Grecs l'appellent ἄζυγος φλέψ , de la par-ticule privative α , & de ζεύγνυμι , Je joins ; en François , *Veine fans pair.*

B

BAA

B AAL. f. m. Nom de l'Idole des Babyloniens, Affyriens, Chaldéens, Ammonites, & autres anciens Peuples Orientaux, qui l'avoient reçûë de Ninus. Ce Prince éleva des ftatuës à fon pere Bel; & pour lui rendre les honneurs divins, il lui fit bâtir des Temples, où il ordonna des Prêtres & des facrifices, en lui donnant le nom de *Baal*. Ce mot veut dire Seigneur & Défenfeur. On l'appella auffi *Beelphegor*, *Beelzebut* & *Baalim*, à caufe des lieux particuliers où il étoit adoré, comme fur le mont Phegor. L'Ecriture parle fouvent de cette Idole, que les Juifs adorerent plufieurs fois malgré le commandement que Dieu leur avoit fait de la détruire, quand ils feroient arrivés dans la Terre de Promiffion. Achab, Roi d'Ifraël, lui avoit dreffé des Temples, & il fut fuivi en cela de plufieurs Souverains Hebreux; ce qui leur attira fort fouvent la colere du Seigneur.

BAANITES. f. m. Heretiques, Sectateurs de Baanes qui femoit les erreurs des Manichéens au commencement du neuviéme fiecle. Il fe difoit Difciple d'Epaphrodite.

BAARAS. f. m. Racine merveilleufe qui, felon Jofephe Liv. 7. de la Guerre des Juifs, croît dans la vallée qui environne la Ville de Macheron, du côté du Septentrion, dans un lieu nommé auffi Baaras. Sa couleur reffemble à celle du feu, & elle étincelle le foir, jettant fans ceffe comme une étoile. Il n'eft pas facile de la cueillir à la main, puifqu'elle recule & fuit fous terre quand on veut la prendre, & qu'on ne peut l'arrêter qu'en jettant deffus, ou de l'urine de femme, ou de fon flux menftrual. On tient pour certain, ajoûte Jofephe, que perfonne ne la fçauroit toucher fans mourir, à moins qu'on ne porte de cette même racine pendante en fa m... Toutefois on la peut prendre d'une autre façon fans aucun danger. Il faut la déchauffer tout autour, en forte qu'il refte fort peu de cette racine dans la terre; après quoi on y attache un chien, qui voulant fuivre fon maître, l'arrache fans peine. Ce chien meurt prefque auffi-tôt, & alors il n'y a plus aucun danger à la manier. Ce qui fait qu'on fouhaite avoir cette racine, c'eft que fi on l'applique aux malades qui font poffedés des mauvais Efprits, elle a la propriété de les guerir. Voilà ce qu'en dit Jofephe. Il y a des Naturaliftes qui prétendent que cette racine fe nourrit d'une terre & d'une humeur bitumineufe, qui eft caufe que lorfqu'on fe hazarde à la tirer de terre, fa racine envoye une forte odeur de bitume qui fuffoque la perfonne qui l'arrache. Ils veulent que ce foit par cette même raifon qu'elle étincelle de nuit, la matiere bitumineufe dont elle eft nourrie participant de la nature du foufre, & s'enflamant par la qualité contraire de l'air froid du mont Liban, où ils difent qu'elle fe trouve; de forte qu'elle rend de la clarté, jufqu'à ce que la flame qu'elle produit ceffe quand les rayons du Soleil ont un peu échauffé l'air. On tient qu'on commence à voir cette ra-

cine qu'au mois de Mai, lorfque la neige eft fonduë. Le jour venu, l'herbe devient invifible, & les feuilles qu'on a envelopées dans un linge, ne s'y trouvent plus.

BAB

BABILLARD. adj. On appelle en termes de chaffe *Chien babillard*, Celui qui crie hors des voies, & le plus fouvent d'ardeur. On dit plûtôt leger de gueule.

BAC

BACALAS. f. m. Terme de Marine. On appelle ainfi des pieces de bois qui ont environ quatre piés & demi de longueur. On les cloue fur la couverture de la pouppe d'un Vaiffeau, & elles fe continuent jufqu'aux cordelettes.

BACCALAUREAT. f. m. Degré de Bachelier. C'eft le premier de ceux que l'on donne dans les Univerfitez, pour la Théologie, pour la Medecine, & pour le Droit Civil & Canon.

BACCHANALES. f. f. p. Fêtes qui étoient celebrées par les Payens en l'honneur du Dieu Bacchus. Il s'y commettoit de fi grandes infamies, que les Romains en ayant reconnu les abus, les fupprimerent, 568. ans après que leur Ville eut été bâtie. C'étoient des femmes qui en faifoient les cérémonies, & elles s'emportoient fans honte aux plus condamnables égaremens, qui étoient autorifés par une efpece de fureur dont il paroiffoit qu'elles fuffent poffedées. On les appelloit *Bacchantes*. Lorfqu'elles celebroient cette Fête, elles couroient la nuit, accompagnées de joueurs de cymbales, de clairons & de tambours, & vêtues de peaux de tygres & de pantheres; les unes toutes échevelées tenant des torches à la main, & faifant des cris horribles, les autres couronnées de pampres & de lierre, avec un thyrfe à la main. Les hommes ordinairement étoient vêtus en Satyres.

BACCHARIS. f. m. Sorte d'herbe qui produit beaucoup de feuilles, & dont on fe fert à faire des bouquets de chapeaux. On l'appelle *Gands de Nôtre-Dame*. Sa fleur eft odorante, & d'un rouge tirant fur le blanc. Diofcoride dit que fes feuilles font âpres & de moyenne grandeur, entre la violette de Mars & le bouillon. Sa tige, dont il fort plufieurs rejettons, eft anguleufe, & de la hauteur d'une coudée. Cette herbe croît dans les lieux fangeux & âpres; auffi eft-elle aigue & mordante. Ses racines font femblables à celles de l'Ellebore noir, & ont une odeur qui approche de celle de la canelle. Leur décoction défopile les conduits, & on tient que fes feuilles étant aftringentes, font bonnes aux fluxions & aux caterres.

BACHA. f. m. Quelques-uns difent *Baffa*. La plûpart de ceux qui ont demeuré à Conftantinople, affûrent qu'il faut prononcer *Pacha*, qui eft un titre d'honneur, au lieu que *Bacha* n'eft pas plus que fi nous difions *Maître François*, *Maître Pierre*; mais l'ufage n'a point encore établi *Pacha* en France. C'eft un Officier de Turquie qui commande dans une Province. On appelle *Bacha de la mer*, Celui qui commande les troupes maritimes du Grand Seigneur.

BACHELIER. f. m. On donnoit ce nom dans le vieux langage à celui qui avoit vaincu un homme dans un tournoi la premiere fois qu'il s'étoit battu en fa vie ; & on l'appelloit ainfi de *Bacillus*, qui fignifie un Bâton, parce que le prix qu'il remportoit étoit une branche de laurier ; ce qui a fait dire à quelques autres, avec beaucoup de raifon, que ce mot vient de *Baccha-lauri*, à caufe de cette même branche de laurier que l'on donnoit à tous ceux qui étoient paffés maîtres en toutes fortes de profeffions, & qu'on appelloit auffi *Bacheliers*. Aujourd'hui on ne les appelle plus que Maîtres, & le nom de *Bachelier* ne fe donne qu'à celui qui après avoir employé cinq ans à étudier, tant en Philofophie qu'en Theologie, a fait un Acte de Tentative en Sorbonne. On appelle auffi *Bachelier en Droit Canon*, Celui qui après trois ans d'étude en Droit Canon, fuivant l'Edit du Roi de 1679. a foûtenu un Acte dans les formes preferites par la Faculté. On donne encore le nom de *Bachelier* à celui qui ayant étudié deux ans en Medecine, & étant depuis quatre ans Maître-és-Arts de l'Univerfité de Paris, fubit l'examen general ; après quoi il est revêtu de la fourure, pour entrer enfuite en Licence. Les fils des Docteurs de l'Ecole de Paris, qui ont étudié deux ans en Medecine, fe prefentent quand ils veulent à l'examen de Bachelier ; mais les Medecins qui ne font pas de cette Faculté, ne s'y peuvent faire recevoir qu'après avoir été huit ans Docteurs dans une autre.

Bachelier, parmi les anciens Nobles François, étoit un jeune Gentilhomme, qui n'ayant pas moyen de lever baniere, tenoit rang entre le Chevalier & l'Ecuyer, parce qu'il marchoit fous celle d'autrui. Ce nom lui fut donné de ce qu'on appelloit en ce tems-là *Bacele* ou *Bachele*, Une Châtelenie ou Seigneurie tenue par celui qui n'avoit pas encore droit de Chevalier ni de Baniere.

Bachelier étoit auffi autrefois celui qui recherchoit une jeune fille, qui dans le vieux langage étoit appellée *Bachette* ou *Bachelotte*, comme qui diroit *Bacheliere*, c'eft-à-dire, celle qui fait fon apprentiffage dans le monde.

BACHEVALEUREUX. adj. Vieux mot. Guerrier.

BACICOTER. Vieux mot. Tromper.

BACINET. f. m. Sorte d'arme ancienne. On trouve dans Monftrelet, *Y avoit fix banieres & deux cens bacinets, fix cens bibaux ou petaux*. Selon Fauchet, ces bacinets étoient des chapeaux de fer affés legers, que portoient les foldats qu'on appelloit *Bacinets*, du nom de cette forte de chapeaux. Ainfi on difoit *fix cens Bacinets*, comme on dit quelquefois, *Il y avoit cent Cuiraffes*, pour dire, Cent hommes armés de cuiraffes.

BACON. f. m. Vieux mot qui eft encore en ufage dans quelques Provinces, & qui fignifie Poiffon falé. M. Ménage veut que ce foit du lard. Quelques-uns croyent que l'on appelle *Bacon*, tout ce qui eft feché à la fumée, & que c'eft delà qu'on dit *Boucané*.

BACULAMETRIE. f. f. Science par laquelle on apprend à mefurer les lignes acceffibles & inacceffibles fur la terre avec un ou plufieurs bâtons. Ce mot vient du Latin *Baculus*, Bâton, & du Grec μετρέω, Mefurer.

BAD

BADELAIRE. f. m. Vieux mot qui s'eft confervé dans le Blafon, & qui fignifie une Epée faite en fabre, c'eft-à-dire, courte, large & recourbée. On croit que ce mot vient de *Baltearis*, à caufe qu'un

baudrier étoit autrefois appellé *Baudel* ; d'où vient que quelques-uns difent *Baudelaire*.

BADIGEON. f. m. Plâtre mêlé avec de la même pierre dont les Sculpteurs en pierre ont fait quelque figure, & qu'ils ont fait mettre en poudre. Ils le détrempent dans une febile ou jatte de bois, & s'en fervent à remplir les petits trous & à reparer les défauts qui fe trouvent dans la pierre. *Badigeon* eft auffi un terme de Maçonnerie, & fignifie un mortier fait de recoupes de pierres de taille. On en enduit le plâtre, afin de le faire reffembler à de la pierre de taille, par la couleur qu'il en prend.

BAE

BAER. v. n. Vieux mot. Ouvrir la bouche. Dans Gilles de Viez-maifons,

Je ne voi pas comment on peut baer,
Ne attendre à plus haut mufarále.

BAG

BAGNOLOIS. f. m. Heretiques du huitiéme fiecle, qui rejettoient l'ancien Teftament & une partie du nouveau, & qui foûtenoient que le monde avoit été de toute éternité ; que Dieu ne prévoit rien de foi, & qu'il ne crée point de nouvelles ames. On les appelle auffi *Bajolois*.

BAGUE. f. f. Terme de Marine. Petite corde mife en rond, & dont on fe fert à faire la bordure d'un œil de pie ou œillet de voile.

BAGUENAUDIER. f. m. Arbre qui vit long-tems, & qui jette d'abord des gouffes rouges. Ces gouffes qui en font le fruit, & que l'on appelle *Baguenaudes*, deviennent enfuite blanchâtres, & fe rempliffent de vent : de forte qu'étant preffées, elles font affés grand bruit en crevant. Durant les trois premieres années cet arbre ne produit qu'un feul rejetton : mais il commence enfuite à jetter fes branches, & il eft arbre parfait à fa quatriéme année. Sa feuille eft femblable à celle du Senegré. Quelques Modernes prétendent qu'il a les mêmes qualités que le Sené, mais fe croyant bien plus foible, ils veulent qu'on double la doze. Cet arbre s'appelle en Latin *Colutea* ; & Fuchfius, auffibien que Matthiole, dit qu'il ne faut pas le confondre avec le *Colytea*, qui eft un autre arbre tout different.

BAGUENAUDE. f. m. Vieux mot qui fignifioit autrefois une forte de Poëfie fort mal rimée, & qui étoit toute mafculine. Il y a grande apparence que l'on a tiré delà le mot de *Baguenauder*, pour dire, S'amufer à faire des chofes vaines & frivoles.

BAGUER. v. a. Terme dont les Couturieres fe fervent, & qui fignifie, Faire tenir les plis d'un habit avec de grands fils.

BAGUETTE. f. f. On appelle *Baguettes de tambour*, Deux petits bâtons bien tournés, & qui ont environ un pié & demi de longueur, avec quoi on bat la caiffe.

Baguette eft auffi ce que les Peintres appellent *Appui-main*, c'eft-à-dire, Un petit bâton qu'ils appuyent fur leur toile, pour foûtenir leur main, tandis qu'avec le pinceau ils appliquent les couleurs.

Baguette eft encore dans l'Architecture, Une petite moulure ronde, & faite comme une verge qu'on appelle *Chapelet*, lorfqu'elle eft taillée par petits grains ronds.

On appelle *Baguette de fufée*, Une petite piece de bois qu'on attache à la fufée. Elle lui fert de contrepoids ; & pour cela il faut qu'elle foit d'un poids égal à la fufée, fans quoi elle ne monteroit pas en l'air.

On

On appelle encore *Baguette de fufil*, ou d'une autre arme à feu, La longue verge de bois que l'on
fourre dans le fuft, & qui fert à les charger.

BAH

BAHUT. f. m. Coffre dont le couvercle eft arrondi. C'eft delà qu'on dit, en termes de Maçonnerie, qu'*Une pierre eft taillée en bahut*, pour dire,
qu'Elle eft un peu arrondie par deffus. Celles qu'on
voit au-deffus des parapets des quais & des ponts,
font de cette forte.

BAI

BAI, BAIE. adj. Il ne fe dit que de la couleur du poil
d'un cheval. *Poil bai, couleur baie*, C'eft celle qu'on
appelle vulgairement rouge, & qui tient de la couleur de châtaigne. Il y a le poil bai brun & le poil
bai clair; & cela dépend de ce qu'il eft plus ou
moins chargé. Bai à miroir, Voyez MIROUETTE.
La difference qu'il y a entre un cheval bai & un
cheval alezan, c'eft que le premier a le crin noir,
& l'autre roux ou blanc. Selon M. Ménage, ce mot
vient de *Baius* Latin, fait du Grec *ςαιος*, fignifiant
un rameau de palme, qui eft bai en fa couleur.
BAIGU, UE. adj. Terme de Manége. Quelques-uns
écrivent *Bégu*. On dit qu'*Un cheval eft baigu*, lorfqu'il marque naturellement & fans aucun artifice à
toutes les dents de devant jufqu'à fa vieilleffe,
c'eft-à-dire, quand il y conferve un petit enfoncement avec la marque noire qui s'y forme fur les
cinq ans & demi, appellée *Germe de féve*, & qui
s'efface dans les autres chevaux à fept ou huit ans;
de forte qu'un cheval baigue, qui en a douze ou
quinze, a les marques d'un cheval qui n'en a pas
encore fix. Pour l'ordinaire le creux eft rempli aux
pinces, c'eft-à-dire, aux quatre dents de devant de
la bouche d'un cheval, deux à la machoire fuperieure, & deux à l'inferieure, & la marque eft effacée fur les fix ans, à caufe que la dent eft ufée.
Vers ce même âge, elle s'efface à demi aux dents
mitoyennes; & quand le cheval a huit ans, elle
eft effacée aux coins: mais lorfque d'un cheval baigu
a commencé à marquer, il marque toûjours également à toutes les dents, à caufe qu'étant plus dures que celles des autres chevaux, elles ne font point
fujettes à s'ufer. Ce qui empêche qu'on ne fe trompe aux chevaux baigus, c'eft qu'encore qu'ils marquent à toutes les dents de devant, ils les ont longues, jaunes, craffeufes & décharnées: au lieu que
s'ils n'étoient point baigus, ils les auroient courtes,
nettes & blanches.
BAIL. f. m. Vieux mot qui fignifie *Don*; & c'est ce qui fait
qu'on appelle encore *Bailleur*, Celui qui dans un
contrat donne à loyer ou à rente. Il y a diverfes
fortes de baux. *Bail à loyer*, eft quand on donne
une maifon, ou une portion de maifon, pour en
jouir par le preneur pendant neuf années au plus,
moyennant une fomme payable par chaque année.
Le Bail à ferme eft la même chofe. On appelle
Bail d'heritages, Le traité ou la vente que l'on fait de
quelques terres, dont on abandonne le fond à la
charge d'une rente ou redevance. *Bail emphiteoti-
que* eft un Traité par lequel un proprietaire donne
pour un tems, à titre d'emphiteofe, fon heritage
inculte, & fans rapport, à la charge que le preneur
le fera valoir & lui en payera une rente annuelle.
On dit auffi *Bail Judiciaire*; & c'eft celui dont un
Confeiller Commiffaire fait l'adjudication au Parquet de la Cour, & qui fe fait par le Juge à l'Audience dans les autres Jurifdictions.

Bail fignifie Gardien en quelques Coûtumes; &
c'eft ce qui avoit fait *Baillie*, qui fignifioit autrefois, Tutelle, garde, regence, gouvernement.
Etre en la baillie de quelqu'un. Ce mot a auffi formé celui de *Bailliftre*, qui vouloit dire autrefois Tuteur.
BAILE. f. m. Nom que l'on donne aux Ambaffadeurs
de Venife qui refident à Conftantinople. Ce mot
vient du Latin *Bajulus*, qu'on a dit d'abord d'un
Pere nourricier qui porte fon nourriffon; & comme
il a été enfuite étendu aux Pedagogues, & fur-tout
à ceux des Princes, on a dit *Baile* en ce fens, comme pour dire, Qui porte les ordres de la République. Ce qui donne lieu de le croire, c'eft que du
Cange dit que *Bajulare* dans la baffe Latinité fignifioit *Officium gerere*.
BAILLE. f. f. Efpece de petite cuve dont on fe fert fur
la mer à divers ufages, & particulierement à mettre
le breuvage que l'on donne aux Matelots.
BAILLES, dans le vieux langage a fignifié *Barricades*; d'où vient qu'on lit dans Froiffard, *Il fit charpenter des bailles, & les affeoir au travers de la rue*.
Villehardouin a dit *Bailles des murs*, pour dire, Les
courtines.
BAILLIF, ou BAILLI. f. m. On appelloit anciennement *Bailli du Palais*, Le Gouverneur ou Concier-
ge de la maifon des Rois, & il avoit une Jurifdiction Civile & Criminelle, dont on a depuis limité
le territoire dans l'enclos du Palais. Les Baillis font
aujourd'hui des Juges Royaux qui ont des Lieutenans de robe longue; & ces Lieutenans connoiffent
des appellations des Prévôts Royaux & des Seigneurs
Haut-Jufticiers de leur reffort.
BAILLON. f. m. Mot en ufage parmi les Religieux
de certains Ordres. On entend par là un petit bâton
qu'on leur fait porter à la bouche, pour les punir
d'avoir rompu le filence.
BAILLONNE', E'E. part. Terme de Blafon. Il fe dit
d'un chien, d'un lion, ou autre animal qu'on peint
avec un bâton entre les dents. *D'argent au lion de
fable baillonné de gueules.*
BAIN. f. m. On appelle *Bains* par excellence les eaux
chaudes & minerales qui font ordonnées pour la
fanté, comme *les bains de Bourbon, les bains de Vichi*,
&c. Les Anciens appelloient leurs bains *Therme*,
& ils étoient compofés de divers appartemens qu'on
deftinoit à plufieurs ufages. Ils nommoient *Caldarium*, Ceux où ils prenoient foin d'échauffer l'air.
C'eft ce que nous appellons *Etuves*,
   Bains fe dit auffi des médicamens externes préparés avec de l'eau, où l'on fait bouillir des medicamens fimples. On y ajoûte quelquefois du vin, du
lait, ou d'autres liqueurs, pour prendre le bain.
   Lorfqu'on dit fimplement *Bain*, on entend celui qu'on appelle en Latin *Balneum & Lavacrum*.
Il y en a de trois fortes. Le premier eft nommé
Caldarium, le fecond *Frigidarium*, & le troifiéme
Tepidarium. Le premier deffeche, difcute & refferre
le cuir. Il augmente la chaleur & enflâme les efprits; & après qu'il a épuifé toute l'humidité, il
rend à la fin le corps froid & fec. Le fecond con-
ftipe les pores, empêche la trop grande diffipation
de la triple fubftance, & fait retirer la chaleur, &
& même les humeurs au-dedans. On ne doit fe fervir d'aucun des deux qu'en certaines maladies, &
par l'avis d'un habile Medecin. Le dernier eft le
meilleur. Il échauffe actuellement, aide à la coction en fomentant la chaleur naturelle, & hâte la
diftribution des alimens cuits comme il faut.
   Il y a auffi diverfes fortes de Bains parmi les Chimiftes, felon les differentes coctions, diftillations,
ou autres operations qu'ils font fur des matieres pro-

L

pres à entretenir une chaleur douce. On appelle *Bain de cendres*, quand la cucurbite où sont les matieres qu'on veut distiller, est sur les cendres, & qu'on met du feu dessous; *Bain de sable ou de limailles*, quand on y met du sable ou des limailles de fer; & *Bain-Marie*, lorsqu'on met la cucurbite sur de l'eau chaude.

On dit en termes de Monnoye, que l'*Or, l'argent est en bain*, pour dire, que l'Or & l'argent est entierement fondu.

Les Teinturiers se servent du mot de *Bain*, en parlant d'une cuve pleine d'eau & de drogues qui servent à la teinture, & dans laquelle ils trempent ou font bouillir les étoffes qu'ils veulent teindre.

On dit en termes de Maçonnerie, qu'*Une court est pavée à bain de mortier*, pour dire, qu'On y a mis du mortier en abondance.

On appelle *Bain, Chevaliers du Bain*, Un Ordre Militaire qui a été établi en Angleterre, & ce nom leur fut donné, à cause que leur coûtume étoit de se baigner avant qu'ils reçussent les éperons d'or. Richard II. en fit quatre en la conquête d'Irlande, & Henri IV. quarante-six. Ils portoient un écu de soye bleue celeste en broderie, chargé de trois couronnes avec ces mots *Trois en un*, pour marquer les trois Vertus Theologales.

BAJOIRE. s. f. Medaille ou monnoye qui a une empreinte de deux têtes en profil, dont l'une avance sur l'autre. On en voit de Louis & de Carloman, & de plusieurs autres. Il y en a qui tiennent qu'on a dit *Bajoire* au lieu de *Baisoire*, à cause que les joues de ces deux têtes étant jointes l'une à l'autre, semblent se baiser.

BAJONIERS. s. m. Vieux mot. Arbalestriers. Borel croit qu'on le appelloit ainsi, à cause qu'on faisoit de meilleures arbalètes à Baïonne, que l'on n'en faisoit ailleurs.

BAIOQUE. s. f. Petite monnoye d'Italie. Il en faut dix pour un Jule.

BAJOU. s. m. On appelle ainsi la plus haute des planches ou des barres du gouvernail d'un bateau foncet. Elle est posée immediatement sous la casse de la masse du gouvernail.

BAJOUE. s. f. Ce qui tient lieu des joues dans la tête d'un cochon. *Servir une bajoue en ragoût.*

On appelle *Bajoues ou Coussinets*, les éminences ou Bossages qui tiennent aux jumelles d'une machine nommée *Tireplomb*, dont les Vitriers se servent à fendre le plomb qu'il employent pour les vitres.

BAISEURE. s. f. L'endroit d'un pain qui ayant touché à un autre dans le four, n'est pas si cuit que le reste. C'est ce qu'on appelle à Paris *Biseau*.

BAL

BALAI. s. m. Les Serruriers appellent *Balai*, & autrement *escouvette*, Ce qui leur sert pour arroser le fer, & pour ramasser le charbon.

On appelle en termes de Fauconnerie la queue des oiseaux *Balai*; celle des chiens a le même nom en terme de Venerie.

Ceux qui navigent sur l'Ocean, appellent le Vent de Nordoüest *le Balai du Ciel*, à cause qu'il nettoye le ciel de nuages. M. Ménage dit que le mot de *Balai* vient de *Valletus*, diminutif de *Vallus*, parce qu'un Balai est emmanché au bout d'un bâton. D'autres le dérivent de *Betula*, qui veut dire Bouleau; & du Cange le fait venir de *Balais*, qui a signifié la même chose dans la basse Latinité, ajoutant qu'on a dit aussi *Balaïum*.

BALAIS. Mot qui ne se dit qu'étant joint avec *Ru-*

bis. On appelle *Rubis balais*, Un rubis dont la couleur est d'un rouge naturel mêlé avec un peu de cerulé.

BALANCE. s. f. On se sert de deux sortes de balances pour connoître l'égalité ou la difference de la pesanteur des corps graves; l'une que les Latins appellent *Statera*, n'a qu'un bassin, & c'est celle que nous appellons *Peson*. Elle est composée d'un levier ou fleau mobile sur un centre suspendu vers l'une de ses extrémités. Les corps graves ayant été attachés du côté gauche, on mesure leur pesanteur par les points qui sont marqués sur le fleau, à l'endroit où s'arrête en équilibre un poids mobile, qu'on fait courir vers la droite le long du plus grand côté. L'autre balance, que les Latins appellent *Libra*, est composée de l'anse par où on la tient, du traversin, ou fleau, au bout duquel il y a deux plats ou bassins attachés & suspendus, & de la languette.

On appelle *Balances fines*, De petites Balances avec lesquelles les Affineurs pesent l'or, & *Balances sourdes*, les Balances dont on se sert dans les monnoyes. Elles ont les deux bouts de leur fleau plus bas que leur clou, & leur chasse ou chape soûtenue en l'air par une grande lanterne, que les Ouvriers nomment *Guignole*. Le mot de *Balance* vient de *Bislancia*, au lieu de *Bislanx*.

On appelle, en termes de Monnoye, *Balances d'essai*. Les balances dont les Essayeurs se servent pour faire la matiere dont ils doivent faire l'essai. Elles sont suspendues dans une grande lanterne, afin que l'air ne les agitant pas, les pesées puissent être plus justes. Il y a de ces sortes de balances qui sont si fines, que la milliéme partie d'un grain les fait trebucher.

BALANCER. v. n. Terme de chasse. Il se dit de la Bête qui est courue, & qui se jette tantôt d'un côté & tantôt d'un autre. Il se dit aussi du Limier qui poursuit la Bête, & qui ne tient pas une voie juste.

BALANCIER. s. m. Roue ou verge de fer d'une horloge ou d'une montre, qui en se mouvant sur un pivot, modere ou arrête le mouvement du ressort, & l'empêche de se lâcher tout d'un coup. On appelle aussi *Balancier*, Une maniere de petite verge de fer qui est au haut d'un Tourne-broche, & par le moyen de laquelle on le gouverne.

On appelle *Balancier à monnoyer*, Celui auquel les quarrés à monnoyer, qu'on appelle Coins, sont attachés. Celui de l'effigie est en dessous du Balancier dans une boëte quarrée, garnie de vis & d'écroues, pour le serrer & le tenir en état; & l'autre est en dessus dans une semblable boëte, garnie de même vis & d'écroues, pour retenir le quarré à monnoyer. Le flan étant posé sur le quarré d'effigie, on tourne à l'instant la barre du balancier, qui fait tourner la vis qui y est enclavée. La vis entre dans l'écroue qui est au corps du balancier, & la barre fait ainsi tourner la vis avec tant de force, que poussant l'autre quarré sur celui de l'effigie, le flan violemment pressé par les deux quarrés, en reçoit les empreintes d'un seul coup en un moment. M. Boisard, qui en parle en ces termes, a donné la figure de ce balancier dans son Traité des Monnoyes.

On appelle en termes de mer *Balancier de compas*, Un double cercle de laiton, par lequel l'affut du dedans de la boussole est tenu en équilibre. On dit aussi *Balancier de lampe*, & on entend par là Un cercle de fer qui est mobile, & qui tient la lampe de l'habitacle en équilibre.

BALANCINE. s. f. Manœuvre frappée par un bout à la tête du mât, & qui passe dans une poulie

au bout de la vergue. On s'en sert pour tenir la vergue en balance, lorsqu'elle est dans sa situation naturelle, ou pour la tenir haute & basse, selon qu'il
est à propos. On appelle *Balancine de chaloupe*, La
manœuvre qui soutient le gui.

BALANT. s. m. Terme de Marine. On appelle *Le
balant d'une manœuvre*, La partie qui n'est point
halée. Il se dit aussi de la manœuvre même, lorsqu'elle n'est point employée. On dit *Tenir le balant
d'une manœuvre*, pour dire, L'amarrer d'une telle
sorte, qu'elle ne balance point.

BALAOU. s. m. Petit poisson long comme une
sardine, & fort commun dans la Martinique. Il a le
bec d'un cartilage assez fort à la machoire inferieure. Ce bec est menu & pointu comme une aiguille,
& de la longueur du doigt. On prend les Balaous à
la faveur d'un flambeau, & on a pour cela de petites foines faites avec des hameçons redressés. Ils
n'ont pas plûtôt apperçu cette lueur, qu'ils environnent le canot à milliers, & l'on en darde autant
que l'on veut avec ses foines. Il y en a qui se servent d'un rets autour d'un cercle, pour en prendre
un plus grand nombre. Ce poisson a la chair ferme,
delicate & de bon goût.

BALAST. s. m. Terme de Marine. Amas de cailloux & de sable que l'on met à fond de cale, afin
que le Vaisseau entrant dans l'eau par ce poids, demeure en assiette. c'est ce qu'on appelle autrement
Lest ou *Quintillage*.

BALAUSTES. s. f. p. Fleurs du Grenadier sauvage, qui ne sont suivies d'aucun fruit. Elles sont sto-
machiques & hepatiques, & leur qualité astringente fait qu'elles arrêtent le flux de sang & toutes sortes de flux de ventre.

BALCONS. s. m. p. Terme de mer. Galeries couvertes ou découvertes l'on fait au derriere & aux
côtés de certains Vaisseaux, pour l'ornement ou
pour la commodité. On les appelle autrement *Sar-
dins*. Le mot de *Balcon* vient de l'Italien *Balcone*,
qui veut dire, Une avance hors du logis pour mieux
voir sur une place. M. Menage dit qu'il a été fait
du Latin *Balcus*, ou de l'Allemand *Balck*, qui veut
dire, Poutre. Covarruvias le dérive du Grec βάλλω,
qui signifie, Jetter, & prétend que les Balcons sont
proprement des avances ou petites tours sur les portes des Citadelles, & qu'autrefois on jettoit de là
toutes sortes de traits sur les ennemis.

BALDACHIN. s. m. Mot qui vient de l'Italien
Baldachino, & qui signifie le Dais qu'on porte sur le
Saint Sacrement, ou sur la tête du Pape dans les
grandes Ceremonies. Il se dit aussi d'un ouvrage
d'Architecture élevé en forme de Dais sur plusieurs
colomnes, pour servir de couverture à un Autel.

BALE'. s. m. Vieux mot. Galerie. Roman de la
Rose.

Elle est dehors araonnée,
D'un balé qui vet tout autour,
S'il qu'entre li balé & la tour, &c.

BALEINE. s. f. Poisson d'une grosseur extraordinaire. La nourriture des Baleines est une eau ou écume qu'elles sçavent extraire de la mer. On tient
qu'elles vivent aussi d'un petit insecte appelé *Gueld*
par les Basques. C'est le *Psillus Marinus*, ou la Puce de mer, que l'on trouve abondamment dans le
Nord, & dont se nourrit le gros poisson. Elles ont
cela de particulier qu'elles engendrent comme les
Animaux terrestres. Leurs petits s'appellent *Balei-
nons*, & elles n'en portent que deux à la fois, qu'elles ont grand soin de nourrir à la mamelle. On assure que la plûpart des Baleines ont dans la gueule
des fanons ou barbes au lieu de dents. Ces barbes
sont larges d'un empan, & longues de quinze piés

Tome I.

plus ou moins, & finissent en franges, faites par le
bout comme des soyes de pourceau. Elles sont en-
chassées par enhaut dans le palais, & rangées en
ordre selon leur differente grandeur. C'est ce qui
leur sert à dilater & à restraindre leurs joues qui
sont d'une capacité si étendue qu'elles peuvent contenir le Baleinon nouvellement né, quand l'orage
les oblige à le vouloir garantir de sa violence. On a
écrit qu'il se trouve des Baleines dont le corps pourroit couvrir quatre arpens de terre ; mais le Pere du
Tertre dit qu'en plus de douze mille lieues de mer
qu'il a faites, il n'en a point vû qui parût avoir
plus de cinquante ou soixante piés de longueur. Elles paroissent fort frequemment le long
des Isles de l'Amerique, depuis Mars jusqu'à la fin
de Mai, & sont en chaleur pendant ce tems-là.
On les voit nager, sur-tout le matin, le long de
la Côte, deux, trois, & quatre ensemble, soufflant, & comme seringuant par les naseaux deux
petits fleuves d'eau, qu'elles poussent en l'air haut
de deux piques. L'effort qu'elles font, est accompagné d'une espece de meuglement qu'on entend
d'un quart de lieue. Quand deux mâles se rencontrent auprès d'une femelle, ils se joignent, & dans
le combat qu'ils se livrent, ils se frappent si rudement des ailes & de la queue contre la mer, &
avec un si grand bruit, qu'on diroit de deux Navires qui sont aux prises à coups de canon. Voici
ce qu'écrit Garcie, touchant la pêche ou capture
des Baleines par les Sauvages de l'Amerique. Le
Sauvage voyant venir la Baleine vers la Côte, prépare deux tampons de bois, se fournit d'une massue,
& comme il nage avec toute l'adresse possible, il
va au-devant de l'animal, & se jettant sur son cou,
lui laisse pousser son premier jet d'eau. Il prévient
le second, & à grands coups de massue, il fourre
un de ces tampons dans un des naseaux de la Baleine, qui se plonge aussi-tôt au plus profond de la
mer, entraînant avec lui le Sauvage qui la tient
fortement embrassée. La Baleine qui a besoin de
respirer remonte sur l'eau, & donne le tems au Sauvage de lui enfoncer son autre tampon dans l'autre naseau ; ce qui l'oblige à se replonger au fond
de la mer, où elle s'étouffe faute de pouvoir faire
évacuation de ses eaux pour respirer. Les Baleines
grasses rendent une fort grande quantité d'huile,
qui sert à divers usages, & qui a une qualité merveilleuse. C'est que lorsqu'elle est toute bouillante,
on y peut tremper la main sans qu'on se brûle. Il
y a une espece de Baleines qui n'ont point de fanons
dans la gueule, mais seulement de petites dents.
Les Basques en tirent la drogue, appelée *Semence
de Baleine* ; elle n'est rien autre chose que le cerveau de cet animal. Ils la puisent dans le crane, &
en remplissent des tonneaux. Il y en a qui croyent
que le *Sperma ceti* ou *la semence de Baleine* des Apo-
tiquaires, ne vient point de cet animal, & ce qui
les oblige à le croire, c'est qu'il se trouve de cette
drogue en des lieux où jamais il n'a paru de Baleine.
Ainsi ils prétendent que c'est une espece de bitume
fort gras, formé de l'exhalaison d'une terre sulfu-
rée, qui se communique à la mer, ou de quelques
parcelles de soufre, mêlangées avec du sel marin ;
& que ces parcelles s'amassant ensemble quand
la mer est agitée, s'unissent comme un peloton
de graisse. On se sert de la semence de Baleine pour
humecter, resoudre & adoucir, de sorte qu'on l'emploie avec succès dans toutes les coliques communes des intestins, & dans les douleurs dont sont attaquées les femmes nouvellement accouchées. On
l'applique aussi anterieurement, & on en oint les
cicatrices de la petite verole pour les remplir de chair.

On fait venir le mot de Baleine de φάλαινα, qui est le nom que les Grecs lui donnent. Quelques-uns le dérivent de βάλλω, Jetter, à cause de l'eau qu'elles jettent fort haut en soufflant.

On appelle *Baleine* ou *Monstre marin*, en termes de Cosmographie, une des quinze constellations Meridionales ou Australes.

BALERIE. f. f. Vieux mot. Danse.

Et baleries & Keroles,
Et vit Violes & Citoles.

BALEVRE. f. f. Terme d'Architecture. Ce qui passe d'une pierre plus que d'une autre, près d'un joint dans le parement d'un mur, & que l'on retaille en ragreant. On appelle aussi *Balevre*, un éclat près d'un joint, crevé à cause qu'il étoit trop serré. Ce mot vient du Latin *Bislabra*, Qui a deux lévres. Borel croit qu'on s'est autrefois servi de ce mot pour signifier les joues ou les machoires, & en rapporte ce vers pour exemple,

Perçoivent bras, têtes & balévres.

BALISE. f. f. Marque qui fait connoître les lieux dangereux dans la mer, comme rochers, terres ou sables cachés sous l'eau, afin que les Vaisseaux les évitent. Ce sont quelquefois de petits mâts qu'on plante à terre ou dans l'eau, vis-à-vis de ces rochers ou sables, & quelquefois des tonneaux qui nagent sur l'eau, & qui sont attachés par une chaîne de fer à de grosses pierres que l'on jette au fond.

Balise, se dit aussi de l'espace qu'on est obligé de laisser le long des rivages des rivieres pour la halée des bateaux.

BALISIER. f. m. Sorte de plante des Indes, dont il y a de quatre sortes, deux petits, qui portent tous deux des fleurs jaunes & rouges, & dont la graine sert à faire de petits chapellets qui sont assés beaux. Les Auteurs en ont écrit sous le nom de Canne d'Inde, & de *Flos cancri*. Les deux autres ne different de ceux-ci qu'en grandeur & en la façon de leurs fleurs. La hauteur de ces Balisiers est d'une demi-pique. Ils jettent des tiges aussi grosses que le bras, & ont leurs feuilles larges de deux piés, & longues de sept à huit, polies, mais toutes marquées de rayes traversantes comme si on les avoit plissées exprès. Du milieu de leur tige sort une fleur, large quelquefois comme les deux mains, & longue comme le bras, avec un double rang de petits bassins qui s'emboitent l'un dans l'autre jusqu'au bout. La fleur de l'un est rouge, & celle de l'autre est jaune; & les feuilles de ces deux especes de Balisier servent aux Sauvages, non seulement à empaqueter leur farine, leur pain, & tout leur petit bagage, quand ils vont à la campagne : mais encore à couvrir les petits auvents dont ils se servent pour se mettre à l'abri du vent & de la pluye, quand ils sont arrivés en quelque lieu où il n'y a point de logement.

BALISTE. f. f. Machine de guerre dont se servoient les Anciens pour jetter des pierres. Elle se bandoit de la même maniere que les Catapultes, qui differoient des Balistes en ce qu'elles servoient à lancer des javelots. Pour la Baliste, c'étoit une grande piece de bois, balancée en sorte que le plus gros bout tiroit à bas par un contrepoids, qui faisoit lancer par l'autre bout de très-grosses pierres.

BALIVAGE. f. m. Terme dont les Officiers des Eaux & Forêts se servent. Ainsi on dit qu'*Avant que de faire l'adjudication des bois, ils en font le Balivage*, pour dire, qu'Ils marquent les Baliveaux qu'on doit laisser sur chaque arpent de bois qui est à couper, pour les laisser croître en haute fustaye.

BALIVEAU. f. m. Chêne, Châtaigner ou Hêtre

au-dessous de quarante ans. On est obligé par les Ordonnances d'en laisser seize de l'âge du bois dans chaque arpent de taillis qu'on coupe, outre tous les anciens & les modernes. Ceux qu'on appelle modernes sont les Baliveaux qui ont été reservés des dernieres coupes jusqu'à soixante ou quatre-vingts ans. On donne le nom d'*Etalons* & de *Lais*, à ceux qui sont de l'âge d'une ou de deux coupes ; c'est-à-dire, qui ont été laissés depuis deux coupes d'un taillis. Le mot de Baliveau vient de *Bacillus*, petit bâton ou verge. On dit *Baliveau sur souche*, ou *sur brin*, pour dire, Le maître brin d'une souche qui est de belle venue, & que l'on a reservée dans une coupe.

BALLE. f. f. Corps sphérique de fer ou de plomb pour la charge des armes à feu. On se sert dans l'Artillerie de balles ramées & de balles à feu. *La balle ramée* est composée de deux balles qu'un fil d'archal en forme de vis joint l'une avec l'autre. Ce qui en rend l'effet extrêmement dangereux, c'est qu'en sortant du canon ces deux balles se séparent, & occupent un plus grand espace. On appelle aussi sur mer *Balles* ou *boulets à deux têtes*, deux boulets de canon qui tiennent aux deux bouts d'une barre de fer, longue depuis huit jusqu'à quatorze pouces. On s'en sert pour couper les manœuvres d'un Vaisseau ennemi. *La balle à feu* est composée d'une livre de salpêtre, & d'une pareille quantité de soufre pulverisé, d'une demi-livre de poudre fine, de deux onces de borax & d'une once de camfre. On mêle le tout ensemble, & on le détrempe avec de l'huile de Petrol jusqu'à ce qu'il soit en consistance de pâte. On en fait ensuite une boule, grosse environ comme une grenade, & on l'enveloppe d'étoupes goudronnées. Ensuite on y fait un trou où l'on met de l'étoupin ou de l'amorce lente qu'on allume lorsqu'on veut jetter la balle à feu, ou sur les fascines, ou sur les travaux où les ennemis pour empêcher leurs travaux. Cette balle met le feu par tout où elle s'arrête. Ce mot, selon M. Ménage, vient de *Palla*, d'où l'on a fait aussi *Ballon* & *Balloter*. Nicod le fait venir du Grec βάλλω, Je jette, & du Cange de l'Anglois, *Ball*.

Balles, en termes d'Imprimerie, sont deux tampons de cuir avec lesquels on prend l'encre. On les frotte l'une contre l'autre après qu'on y en a mis de l'encre en un faut, & ensuite on les fait toucher sur les formes ou sur les planches, où elles en laissent autant qu'il est necessaire qu'il y en ait pour marquer la feuille qu'on veut imprimer.

On appelle aussi *Balle*, une petite paille fort déliée qui sert d'enveloppe au grain de blé étant encore dans l'épi, & qui s'en sépare quand on le bat ou qu'on le vanne.

BALOIRE. f. f. On appelle ainsi de longues pieces de bois, qui lorsque l'on construit un Vaisseau, lui donnent la forme qu'il doit avoir.

BALON. f. m. Espece de Brigantin qu'on mene à la nage avec des rames, & qui est fort en usage dans le Royaume de Siam. Ce sont de petits bâtimens faits d'un seul arbre, d'une longueur extraordinaire, & qui ont le devant & le derriere de Sculpture fort élevés. Il y en a de dorés, où l'on met jusqu'à cent cinquante Rameurs de chaque côté.

BALOTADE. f. f. Terme de Manége. Saut qu'on fait faire à un Cheval entre deux piliers, & qui consiste en ce qu'ayant les quatre piés en l'air, il ne montre que les fers des piés de derriere, sans qu'il s'épare ni détache la ruade. Ce Manége differe de celui des caprioles, où le Cheval s'épare de toute sa force, & noue l'aiguillette. Il differe aussi des croupades où le Cheval retire ses piés de derriere sous lui.

BALOTE. f. f. Petit bulletin, dont on fe fert pour donner fa voix dans les élections que l'on remet au hazard.

BALSAMINE. f. f. Nom que les Herboriftes donnent au *Geranium* ou *Roftrum Gruis*, & dont Dioſcoride met feulement deux efpeces, quoique Fuchſius en compte fix, & Dodoneus huit. La premiere a les feuilles femblables à la Pafſefleur, mais plus profondément chiquetées, & l'autre a fes branches hautes d'un pié & demi, fort menues & fort velues. Les feuilles de cette derniere efpece refſemblent à celles de la Mauve, jettant de petits boutons faits en forme de tête de Grue avec le bec, ce qui lui a fait donner le nom de *Geranium*, à cauſe que le mot Grec γεράνιος, veut dire, Une Grue. On l'appelle encore *Roftrum Ciconiæ* ou *Herba Roberti*. Le même Dioſcoride dit que la racine de *Geranium* de la premiere efpece eft ronde en quelque façon, & douce à manger, & qu'elle refout les enflûres de la matrice, quand on la prend en breuvage au poids d'une dragme avec du vin, & que l'autre efpece n'eft d'aucun ufage en Medecine. Matthiole dit que plufieurs Herboriftes en font grand cas, & qu'ils la donnent à boire pour fouder les playes interieures du corps, & auſſi tout guerir les fiftules interieures. Quelques-uns d'entre eux la nomment *Momordica*.

BALUSTRE. f. m. Efpece de petite colomne qu'on a coûtume de mettre fous des appuis ou pour faire des clôtures. M. Felibien fait venir ce mot de *Balauftrum*, que d'autres appellent *Balauftium*, & qui fignifie le Calice de la fleur de Grenade, à cauſe que le baluftre lui refſemble.

On appelle *Baluftres du Chapiteau de la colomne Ionique*, la partie laterale du rouleau qui fait la Volute. Vitruve la nomme *Pulvinata*, par la refſemblance qu'elle a à un oreiller.

On appelle *Baluftres de ferrures*, de peûtes pieces de fer en forme de baluftres, qui tombent fur l'entrée de la clef, & fervent à la couvrir. Elles fervent encore à attacher les ferrures.

On appelle auſſi *Baluftres*, parmi les Orfévres, Les parties de leurs ouvrages qu'ils façonnent en baluftres, comme le pilier d'un gueridon, la tige d'un chandelier.

Baluftre eft encore une petite colomne de bois au doffier d'une chaife roulante.

BALZANE. f. f. Marque de poil blanc qui vient aux piés de plufieurs chevaux noirs ou bais, depuis le boulet juſqu'au fabort, devant & derriere. Quelques-uns prétendent que *Balzane* veut dire, La marque blanche, & qu'on appelle *Balzan*, Le cheval qui a cette marque. On diftingue le cheval en *Balzan travat* (c'eft celui qui a le poil blanc aux deux piés d'un même côté, l'un devant, l'autre derriere) en *Balzan traftravat* (c'eft celui qui a ce même poil blanc aux deux piés qui fe regardent en croix de S. André) & en *Balzan des quatre piés*. Ces mots ne font plus guere d'ufage.

BAM

BAMBIAYA. f. m. Sorte d'oifeau qu'on voit fort communément dans l'Ifle de Cuba. Il effleure la terre plûtôt qu'il ne vole ; ce qui fait que les Indiens chaſſent ces oifeaux comme les bêtes fauvages. Leur chair ternit le brouet, quand on les cuit, ainſi que fait le fafran. Elle eft d'un goût agreable, & qui approche de celui des Faifans.

BAMBOCHE. f. f. Petite canne pleine de nœuds qui vient des Indes.

BAMBOUC. f. m. Bois dont on fait les cannes appellées *Bamboches*. Les cannes dont ce bois eft compoſé font quelquefois fort groſſes & fort toufues.

BAN

BAN. f. m. On appelle *Ban à vin*, Le droit dont quelques Seigneurs jouiſſent, de pouvoir vendre leur vin à l'excluſion des habitans qui font dans leur territoire. Ils n'ont droit que quarante jours, pendant lefquels ils doivent fe hâter de vendre celui de leur crû. Ce droit n'a pas été abrogé mais feulement limité par l'Ordonnance de 1680. On appelle *Moulin à ban, Four à ban, Preſſoir à ban*, le moulin, le four & le preſſoir où les Seigneurs des grands Fiefs obligent les habitans de leurs Seigneuries d'aller moudre & cuire & d'apporter leur vendange. Ce droit fe nomme *Droit de bannée*, & ceux qui y font obligés s'appellent *Sujets Banniers*.

BANANIER. f. m. Arbre des Indes qui croît fur les montagnes où il y a des fources. Le Pere du Tertre, qui en a vû dans les Ifles de l'Amerique, prétend que c'eft une plante, & fe fonde fur ce qu'il ne s'y trouve aucun arbre qui n'ait du bois & des branches, & il n'y en a point dans le Bananier. Sa racine eft une groſſe bulbe ronde, maſſive & blanche, tirant à la couleur de chair ; & il en fort un tronc vert, poli & liſſe, haut de feize à dix-huit paumes, droit comme une flèche, gros comme la cuiſſe, & fans aucune feuille juſqu'à fa racine. Ce tronc eft compoſé d'une feule écorce poreuſe, fibreuſe, & prefque de même fubftance que l'oignon, roulée juſqu'à fa parfaite groſſeur. Il a quinze ou vingt feuilles à fa cime, longues de fept à huit piés, & large d'un pié & demi. Au milieu de chaque feuille eft une groſſe côte ou nervûre, qui va d'un bout juſqu'à l'autre. Ces feuilles font rayées par le travers, comme celles du Balifier ; mais fi frêles, que le vent les découpe toutes juſqu'à la nervûre. De la cime de ce tronc & du milieu de toutes ces feuilles fort une façon de tige, groſſe comme le bras, & longue de cinq ou fix piés, toute en compartimens par divers endroits. Cette tige eft plus dure & plus forte que le refte de la plante. Sur les huit ou dix plus gros nœuds il y a quelquefois juſqu'à deux cens figues. Sur la tige qui fe termine à un pié & demi du fruit, eft une groſſe maſſe de petites fleurs blanches arrangées fort près à près & à double rang, & chaque rangée de fleurs eft couverte d'une grande feuille violette faite comme une coquille un peu pointue. Ces fleurs ne venant jamais en fruit, ne font bonnes qu'à confire en vinaigre comme des capres. Les Habitans appellent cette tige chargée de fon fruit, *Un regime de figues*. Ces figues font groſſes comme un œuf, à fix quarrés, & longues environ de quatre ou cinq pouces. Elles font vertes avant que d'être mûres, & jaunes comme de l'or dans leur parfaite maturité. La chair de ce fruit eft fort délicate, & plus molle que celle des abricots mûrs. Quand on le coupe, on voit une croix imprimée fur chaque tronçon. Le tronc ne porte qu'un regime de figues ou de bananes, & feche fur le pié quand on a cueilli le fruit : mais pour un tronc que l'on coupe, la racine en pouſſe fix autres ; ainſi l'on en peut avoir abondamment toute l'année. On en fait des confitures fans fucre, qui ne cedent en rien à nos figues de Provence. Il ne faut pour cela que les fendre en quatre, & les faire fecher au four, ou au Soleil fur une cloye. L'eau, dont le tronc fpongieux de cette plante eft rempli, eft extrêmement froide, & l'on s'en fert avec fuccès contre toutes fortes d'inflammations. Quelques-uns ont trouvé ce fruit fi beau & fi délicat, qu'ils fe font imaginé que c'étoit celui du Paradis terreftre, dont Dieu avoit défendu à Adam & à Eve de manger ; de forte qu'ils le nomment *Figuier d'Adam*, ou *Pommier de Paradis*. Sa feuille du moins fe trouve affés large pour avoir pû couvrir leur nudité. La grappe eft d'ordinaire la charge d'un homme, & quelquefois il faut la mettre fur un levier, & la porter à deux fur fes épaules.

BANARBAN. f. m. Vieux mot. Charrois que les Vaffaux font obligés de faire pour leur Seigneur.

BANARDS. f. m. p. Vieux mot, Gardes des fruits. Borel dit qu'en Languedoc on les appelle *Bandiers*.

BANC. f. m. Terme de Marine. Siege dans une Galere, où quatre ou cinq rameurs font de rang, & tirent une même rame. Il y a trente-deux bancs dans les Galeres, & ce nombre de bancs en fait la difference avec les autres Vaiffeaux à rames.

On appelle *Bancs de Chaloupes*, Les bancs qui font joints autour de l'arriere de la chaloupe en-dedans, pour la commodité de ceux qui y font.

On appelle auffi *Banc*, Un lit de pierre, ou un étage dans les carrieres. Celui d'en-haut, qui eft foûtenu par des piliers que l'on y laiffe d'efpace en efpace, fe nomme *Le Banc du Ciel*.

BANCHE. f. f. On appelle ainfi un fonds de roches tendres & unies qui font dans la mer en de certains lieux.

BANCLOCHE. f. f. Vieux mot. Alarme fonnée par la cloche.

BANDAGE. f. m. Terme de Maréchal. On appelle *Bandages*, Les bandes de fer que l'on attache avec de gros clouds aux jantes des roues de carroffe ou de charrette. On le dit auffi des ferremens qui lient ou fortifient les pieces d'une machine. On appelle encore *Bandage*, Les pieces qui fervent à bander une arbalète, ou autres chofes qui font reffort.

BANDE. f. f. Morceau de fer battu en long qui fert à lier ou à renforcer quelque chofe.

En parlant de la felle d'un cheva, on dit *Bandes de felle*, & ce font deux pieces de fer plattes & de la largeur de trois doigts. On en cloue une aux arçons de chaque côté, pour les tenir dans la fituation qui forme la felle. L'arçon de devant a une autre petite bande qu'on appelle *Bande de garot*. On dit, *Mettre un arçon fur bande*, pour dire, Clouer les deux bouts de chaque bande à chaque côté de l'arçon.

On appelle *Bandes*, en termes d'Imprimerie, les pieces de bois lefquelles roule le train de la preffe.

Bandes fe dit en Architecture, de plufieurs membres unis qui reprefentent des bandes ou des lifieres, comme les frifes, les architraves, & autres pieces moindres.

Bandes de Tremie, Sont des barres de fer, qui étant attachées fur les deux folives d'encheveftrure, fervent aux cheminées à porter l'atre entre la muraille & le chevestre. D'autres fervent à porter les languettes qui féparent les tuyaux.

Bandes, Sont auffi des barres de fer plattes & percées tout du long, qu'on attache contre une porte avec des clouds rivés en-dedans, ou avec un crampon qui paffe par deffus le coller de la bande, & qui traverfant la porte eft rivé fur le bois de l'autre côté. On appelle *Bandes Flamandes*, Deux barres de fer foudées l'une contre l'autre, & repliées en rond, pour faire paffer le gond. Après qu'elles font foudées, on les ouvre & on les fepare l'une de l'autre, autant que la porte a d'épaiffeur, puis on les courbe quarrément pour les faire joindre des deux côtés contre la porte. On met quelquefois des feuil-

lages fur ces fortes de bandes.

On appelle *Bande de carreaux*, Plufieurs carreaux de fuite, & en forme de bande.

Bande, en termes de Blafon, eft une piece honorable qui occupe diagonalement le tiers de l'écu par le milieu de droite à gauche.

On dit en termes de mer, *De la bande d'un tel aire de vent*, pour dire, D'un tel côté. On dit auffi, *Mettre un Vaiffeau à la bande*, pour dire, Le faire pancher fur un côté, afin qu'on le puiffe radouber de l'autre.

Bandes étoient autrefois des Soldats qui portoient des bandes. C'eft delà qu'on dit encore quelquefois, *De vieilles Bandes*, pour dire, De vieilles troupes de Soldats. On appelle *Prévôt des Bandes*, Le Juge des Soldats du Regiment des Gardes.

Bande eft auffi un Ordre Militaire d'Efpagne, dont la memoire n'eft confervée aujourd'hui que fur les portraits des Grands du Pays, ou par ce qu'en dit l Hiftoire. Alfonfe XI. Roi de Caftille, qui l'établit en 1332. en fut le Chef & le Grand Maître, & fes Succeffeurs prirent cette même qualité. Les Chevaliers de la Bande portoient fur l'épaule droite une écharpe rouge qui étoit nouée fur le bras gauche ; & c'eft delà qu'ils prenoient leur nom. Les jeunes hommes qui avoient porté les armes dix ans, ou qui avoient fervi à la Cour, pouvoient feuls qui puffent prétendre à être reçûs dans cet Ordre. On croit que les Chevaliers de S. Jacques, qui portent une croix rouge, ont fuccedé à ceux-ci.

BANDE', E'E. adj. Terme de Blafon qui fe dit de tout l'écu, lorfqu'il eft couvert de bandes, ou d'une piece bandée, comme le chef, le pal, la fafce. *Bandé d'or & de gueules ; d'argent à la fafce bandée d'or & de gueules*.

BANDEAU. f. m. On appelle ainfi en termes d'Architecture, L'Architrave qui part d'une impofte à l'autre, autour d'une porte, d'une fenêtre, ou de quelque autre ouverture faite en arc. Les Ouvriers fe fervent auffi quelquefois du terme de *Bandeau*, en parlant des chambranles des portes ou fenêtres quarrées.

BANDELETTE. f. f. Ornement d'Architecture, que l'on appelle auffi *Regle*. La Bandelette eft plus grande que le Lifteau, & plus petite que la Platte-bande.

BANDER. v. a. Terme de Marine. On dit *Bander une voile*, pour dire, Coudre des morceaux de toile de travers, ou diagonalement, afin qu'elle dure plus long-tems.

C'eft auffi un terme de Fauconnerie ; & l'on dit d'un oifeau, qu'*Il bande au vent*, pour dire, qu'Il fe tient fur les chiens en faifant la crefferelle.

BANDEREAU. f. m. On appelle *Bandereau*, Le cordon qui fert à pendre la trompette au col de celui qui en fonne.

BANDINS. f. m. Terme de Marine. Endroits où l'on s'appuye quand on eft debout dans la pouppe. Ils fortent dehors d'une toife, ou environ, & foûtiennent les grandes confoles, formées d'ordinaire en Amazones, en Hercules, ou d'une autre forme, en forme de banc fermé par dehors de petits baluftres.

BANDON. f. m. Vieux mot. Enfeigne à laquelle on fe doit ranger.

Et de mener à fon bandon,
Si comme bêtes en langon.

BANDOULIERS. f. m. p. Borel dit que ce font des voleurs du Pays de Foix & des Monts Pyrenées, appellés ainfi, à caufe qu'ils vont en bande, ou felon quelques-uns, comme qui diroit, *Ban de voliers*. C'eft delà, ajoûte-t-il, qu'eft venu le nom de la Bandouliere , que nos Moufquetaires portent.

BANJANS. f. m. Sorte de Gentils des Indes , qui croyent la tranfmigration des ames comme le premier article de leur foi , & qui ont une veneration particuliere pour les vaches , fur ce qu'ils font perfuadés que les ames des hommes de la plus grande probité & des plus honnêtes femmes paffent dans le corps de ces animaux,qu'ils eftiment les meilleurs de toutes les creatures. Ils prétendent au contraire que les ames des méchans paffent dans le corps des autres bêtes , comme celles des yvrognes dans le corps des pourceaux , & ainfi du refte. Ils croyent auffi que ces ames logées de la forte fe perpetuent en paffant tous les jours du corps d'une bête en celui d'une autre de la même efpece , & cela jufqu'à l'infini ; ce qui fait qu'ils s'imaginent que le monde fera éternel. S'ils voyent une mouche , ils difent qu'elle a peut-être été l'ame de quelque femme coquette ; & l'entêtement où ils font de la metempfycofe les empêche de tuer les bêtes même qui leur font le plus de mal. La peur qu'ils ont de la moindre communication avec les Étrangers , les oblige à caffer leurs pots , fi quelqu'un d'une autre Religion y a bû , ou les a touchés , & à faire écouler toute l'eau d'un étang , fi un étranger s'y eft lavé. Ils portent même fi loin leurs fcrupules , que s'il arrive qu'ils fe foient touchés entre eux , ils fe lavent & fe purifient avant que de boire ou de manger. Il y a auffi des Banjans dans le Royaume de Narfingue. On les y appelle *Baneanes* , & ils ont foin des ceremonies de la Religion de ce peuple. Ils obfervent fi étroitement la défenfe de manger d'aucun animal qui ait eu vie , qu'ils rachetent les oifeaux que l'on a pris , afin de les remetre en liberté. Ils leur donnent même à boire de l'eau fucrée , ainfi qu'aux fourmis , par principe de charité. Ils ne mangent ni navets ni aulx , ne boivent ni vin ni autre forte de breuvage des Indes , & fe mortifient par de grands jeûnes , prenant feulement le foir un peu de fucre avec du lait , & paffant quelquefois deux ou trois jours fans manger.

BANIER , ere. adj. Vieux mot. Commun.

> *Mort eft à tous commune ,*
> *Mort eft à tous baniere.*

BANILLES. f, f. Petite gouffe longue , étroite , & remplie d'un fuc mielleux & de bonne odeur. Ces gouffes viennent d'une plante affés haute qui a de petites feuilles , & elles font pleines d'une petite femence prefque imperceptible, qu'on fait entrer dans la compofition du chocolat , & qui eft la principale chofe qui fert à lui donner du goût & de la force.

BANLEURE. f. f. Vieux mot. Levre.

> *Les yex crues , en par fon glicez ,*
> *Vis pafle , banlevres farchies.*

BANNE. f. f. Efpece de grande manne faite de branchages , dans laquelle on met le charbon qu'on amene à Paris par charrui. On appelle auffi *Bannes* , De grands facs de toile , où les particuliers font mettre le blé ou l'avoine qu'ils font venir à Paris par bateau pour leur provifion.

BANNERET. f. m. On appelloit autrefois ainfi tout Seigneur qui avoit droit de faire lever banniere , c'eft-à-dire , qui pouvoir faire affembler fes Vaffaux quand l'Arriere-ban étoit convoqué , pour en compofer une Compagnie de gens de cheval. Ceux de la haute Nobleffe pouvoient feuls avoir le titre de Banneret. Leur banniere étoit quarrée , & dans l'origine ce titre étoit perfonnel , en forte qu'il falloit l'obtenir par fa valeur. Depuis il devint hereditaire , & paffa à ceux qui avoient un fief

de Banneret , quoiqu'il ne fût pas encore en âge de lever banniere. Du Tillet veut que le Banneret ait été celui qui avoit un nombre fuffifant de Gentils-hommes pour en faire une Compagnie de Gendarmes , qu'il entretenoit à fes dépens ; & felon Ragueau , le Chevalier Banneret devoit avoir du moins dix Vaffaux , & affés de bien pour entretenir une Compagnie de gens à cheval ; ce qui lui donnoit droit de lever banniere , quoiqu'il n'eût qu'un fief fans dignité , & qu'il ne fût ni Vicomte , ni Baron , ni Châtelain. Il y a eu auffi des *Ecuyers bannerets.* Ceux-là differoient des *Chevaliers bannerets* , en ce que leurs éperons étoient blancs , au lieu que les Chevaliers les portoient dorés. Ces Ecuyers bannerets ne laiffoient pas d'avoir droit de lever banniere à caufe des fiefs qu'ils poffedoient.

BANNETON. f. m. Efpece de coffre fermant à clef que conftruifent les Pêcheurs fur les rivieres , pour y pouvoir garder leur poiffon. Il eft percé dans l'eau , & leur fert de refervoir. On dit auffi *Batereau* , *Bafcule.*

BANNIE. f. f. On appelle *Temps de Bannie* , Celui où il eft défendu de mener le bêtail dans les prairies. Ce mot vient de *Bannir* , qui fignifie Publier. On dit auffi *Banne* , pour Banage & banalité, c'eft-à-dire , droit de ban. De-là eft venu *Four banal* , où l'on fe rend au fon du cor ou autre cri. Auffi appelloit-on autrefois *Bannier* , Un Trompete ou Avertiffeur public , & l'on difoit *Oft banni* , pour dire , Une Armée de Vaffaux qui avoit ordre de fe trouver à certain lieu affigné.

BANNIERE. f. f. Etendard d'un Vaiffeau qui fert à marquer la nation dont il eft. On appelle *Banniere de partance* , Le pavillon que l'on met à la pouppe d'un Vaiffeau , pour faire connoître à l'équipage qui eft à terre , qu'il eft têms de venir s'embarquer. La *Banniere de combat* , eft le Pavillon rouge , & la banniere blanche que l'Amiral fait arborer en pouppe quand il veut prendre avis fur quelque chofe , s'appelle *Banniere de confeil.* La Banniere blanche eft auffi la banniere de paix. La Banniere de France étoit autrefois toute parfemée de fleurs de lys. Il y avoit auffi la *Banniere de S. Denys* , qu'on appelloit *Oriflame.* On ne la portoit dans les armées que lorfqu'il y avoit une grande néceffité de fe faire. Pâquier fait venir ce mot de *Ban* , vieux mot qui fignifioit la publication qui étoit faite pour obliger les Vaffaux d'aller à la guerre. Nicod veut qu'il vienne de *Ban* Allemand , qui fignifie heritage ou champ , à caufe que les feuls Seigneurs de fiefs portoient banniere. Selon Borel , il vient de *Ban* , cri public , quoiqu'il dife que quelques-uns le derivent de *Panniere* , qu'on a dit par corruption au lieu de Banniere, Panniere , venant de *Pannus* , qui veut dire Drap , parce que c'étoit de drap que l'on faifoit les Bannieres au commencement ; ce qui faifoit appeller *Pans* , *pennons* , ou *pannonceaux* , les Bannieres des Barons & des Capitaines particuliers , comme qui dit des *Morceaux d'étoffe.* M. Menage dit que ce mot vient de *Bandum* , Latin & croit qu'on a dit Banniere pour Bandiere.

BANQUE. f. f. Ce mot , outre l'ufage general pour le trafic d'argent qu'on fait remettre d'une Ville à une autre par des lettres de change , & pour le lieu où s'exerce ce trafic , fe dit en differens jeux , comme à l'hoca & à la baffette , du fond de celui qui étant maître du jeu , fe charge de payer ceux qui gagneront. Banque vient de l'Italien *Banca* , fait de *Banco* , qui étoit un fiege où ceux qui faifoient la fonction de Banquier , s'affeoient dans les Places de commerce.

BANQUE'. f. m. Terme de Mer. Ce mot se dit substantivement en parlant d'un Navire qui va pêcher de la morue sur le grand Banc ; & on l'appelle *Un banqué*. On dit aussi qu'*On est banqué* ou *débanqué*, pour dire, Que l'on est sur le grand banc, ou hors du grand banc.

BANQUEROUTE. f. f. Déroute des affaires d'un négociant qui cesse de payer. Il se dit de l'Italien *Banca rotta*, comme qui diroit *Banque rompue* ; & c'est par cette raison qu'on donne le nom de Banqueroutier à tous ceux qui font faillite. Les Loix prononcent la peine de mort contre les banqueroutiers frauduleux, lorsqu'on justifie la fraude, comme d'avoir supposé des creanciers, déclaré plus qu'il n'est dû aux vrais creanciers, ou diverti leurs effets, pour ne point payer leurs dettes. A l'égard de ceux qui manquent par un malheur, ou par le naufrage d'un Vaisseau, ou parce qu'on leur a fait banqueroute à eux-mêmes, les creanciers les peuvent retenir en prison, à moins qu'ils ne soient reçûs au benefice de cession, ou qu'ils passent des contrats d'atermoyement ou d'abandonnement, qui s'homologuent en Justice.

BANQUET. f. m. Petite partie de la bride d'un cheval, qui est au dessous de l'œil. Elle est arrondie comme une petite verge, & assemble les extrêmités de l'embouchure avec la branche, en sorte que le chaperon ou le fonceau cache le banquet.

BANQUETTE. f. f. Petite élevation de terre en forme de degrés, qui étant au pié du parapet du côté de la Place, donne moyen aux Mousquetaires qui montent dessus, de découvrir la contrescarpe & de tirer sur les ennemis. La banquette est haute d'un pié & demi, & large à peu près de trois.

On appelle aussi *Banquette*, Le chemin relevé, comme sont les côtés du Pont neuf de Paris, & d'autres ponts pour la commodité de ceux qui vont à pié.

BANQUIER. f. m. Négociant, qui par le moyen des lettres de change qu'il donne, fait tenir de l'argent d'une Ville en l'autre. Les Banquiers étoient appellés chés les Romains, *Argentarii*, à cause qu'ils n'avoient point d'autre soin que celui de faire profiter l'argent des particuliers qu'ils négocioient. Comme on permettoit alors l'usure, ils avoient des comptoirs dans toutes les Places publiques, & ils y recevoient l'argent des uns pour le prêter aux autres avec interet. Presentement il n'y a point de Banquiers préposés pour faire profiter l'argent de personne : mais comme ils ont des correspondances sûres d'une Ville à l'autre, ou aux Pays étrangers, on s'adresse à eux pour faire tenir les sommes dont on a besoin en quelque endroit ; ce qui se fait par des lettres de change qui se tirent de Place en Place, moyennant une legere remise appellée *Le Change*, pour les indemniser des sommes qu'ils sont obligés d'avoir dans leurs caisses.

On appelle *Banquiers en Cour de Rome*, Ceux qui à l'exclusion des autres ont pouvoir de faire solliciter & obtenir par leurs correspondans à Rome toutes les Bulles, Dispenses & autres Actes qui s'expedient à la Daterie du Pape. Ils sont créés en titre d'Office formé & hereditaire par un Edit du mois de Mars 1673. Ces Banquiers doivent leur origine aux Guelphes, qui se refugierent à Avignon & dans les terres d'obéïssance du tems des guerres civiles. La faveur où ils étoient auprès des Papes, pour avoir pris leur parti, fit qu'ils se mêlerent de faire obtenir des Expeditions de Cour de Rome, & les grosses usures les ayant enfin rendus odieux, on les appella *Carsins* ou *Coarsins*, à cause que Jean XXII. qui occupoit le saint Siege dans le

tems que ces usuriers avoient le plus de pouvoir, étoit de Cahors, Ville de Querci. Ce nom de *Coarsin* a été aussi donné à tous les Banquiers & Usuriers, & on les appelle *Coarcini*, *Caturcini*, *Caursini*, *Corsini* en plusieurs titres Latins. Quelques-uns tiennent que c'est de là qu'on a dit par une maniere de proverbe, *Il l'a enlevé comme un corps saint*, au lieu de dire, *comme un Caorsin*, à cause que ces Usuriers traitoient ceux qui leur devoient avec tant de cruauté, qu'ils les enlevoient & les faisoient mettre en prison.

On appelle aussi *Banquier*, au jeu de Hoca & de la Bassette, Celui qui a le fond devant lui, & qui doit payer ceux qui gagnent.

BAP

BAPTESME. f. m. On donne ce nom sur mer à une ceremonie ancienne que pratique l'Equipage d'un Vaisseau envers ceux qui passent la premiere fois sous le Tropique ou la Ligne. La ceremonie consiste à jetter des seaux d'eau sur eux, lorsqu'ils traversent leurs rangs pour aller d'un bout du Vaisseau à l'autre. On s'en exempte en donnant quelque argent aux Matelots : mais ceux qui n'en peuvent ou n'en veulent pas donner, ne manquent point à être mouillés, & c'est ce qu'ils appellent *Baptême*.

BAPTISER. v. a. On dit *Baptiser un Vaisseau*, pour dire, Le benir avant qu'on le mette à l'eau.

BAPTOYER. v. a. Vieux mot. Baptiser.

BAR

BAR. f. m. Civiere extrêmement forte, dont on se sert à porter des pierres & autres matériaux necessaires aux Ouvriers. On dit qu'*Un bar est armé de ses torches de nattes*, quand on met de la natte sur le bar, pour poser les pierres, afin d'empêcher qu'elles ne s'écornent. Plusieurs disent *Bard* ; & c'est de là que vient *Débarder* & *Débardeur*.

Bar, en termes de Blason, est un barbeau. Quand il y en a deux dans les armoiries, on les represente couchés & addossés.

BARATERIE. f. f. Malversation, tromperie ou déguisement de marchandises fait par le Patron d'un Navire. Il y en a qui disent aussi *Barat*, vieux mot qui a été employé pour signifier toute sorte de tromperie. On a dit aussi *Barater* & *Bareter* pour Tromper.

Et loix apprennent tricherie.
Baratent le siecle & enguisent.

On a dit aussi *Barateur* & *Baratresse*, pour Trompeur & trompeuse.

C'est celle qui les tricheurs,
Fait & cause les barateurs.

BARATTE. f. f. Vaisseau de bois, en forme de long baril, plus large en bas que par en haut, où l'on bat la crême pour faire le beurre.

BARBACANE. f. f. On appelle ainsi en termes de guerre, La fente ou petite ouverture qu'on fait dans les murs des Châteaux & Forteresses, afin de pouvoir être à couvert des armes à feu, lorsqu'on tire sur les ennemis. Quelques-uns prennent ce mot pour toute sorte de couverture contre les ennemis, & non pas seulement, comme d'autres font, pour un parapet de bois crenelé. *Barbacane* est aussi un terme d'Architecture, & se dit des ouvertures faites dans les murs d'espace en espace, pour laisser entrer & sortir les eaux, principalement quand on tire sur les ennemis. Quelques-uns prennent ce mot murailles soûtiennent les terrasses. On les appelle autrement *Ventouses*.

BARBE.

BARBE. f. m. Cheval amené de Barbarie, qui eſt d'u-
ne taille fort menue, & qui a les jambes déchar-
gées. Ces chevaux conſervent leur vigueur juſqu'à
la fin. C'eſt ce qui fait dire qu'ils meurent, mais
qu'ils ne vieilliſſent jamais. Auſſi on en fait des
étalons, & les poulains qui en naiſſent ſont appellés *Echapez de Barbe*. Les Africains, qui peuvent
ſeuls chaſſer aux Autruches, ont de grands Barbes
harpés comme levriers, qui courent d'une ſi grande vîteſſe, qu'ils vont requerir les mâles des Autruches, qui ſe détachent devant les autres pour
gagner le fort; & ils les tournent ſi bien, qu'ils
les arrêtent & en viennent à bout. Les chevaux qui
ont cette vîteſſe extraordinaire, ſe vendent parmi eux juſqu'à la ſomme de dix mille livres. Ils
les nourriſſent à part, ne leur donnant que de certains grains & de la pâtée, mais en fort petite quantité. Auſſi ſont-ils ſeulement en chair, ſans être gras.
Ce qui contribue à la grande vîteſſe de ces Barbes,
c'eſt que les Africains étant petits & legers, ne
peſent preſque rien ſur leurs chevaux, qu'ils n'ils
chargent ni de groſſes ſelles, ni de brides, comme
les autres Nations. Ils n'ont que de petites couvertures avec des ſangles qui y ſont couſues, & de
petits étriers attachés à un petit pommeau fait exprès, qui les ſoûtient, & de très-petites brides,
avec un petit poitrail pour empêcher que la couverture ne coule; le tout fait en martingale pour
tenir les ſangles: car ces ſortes de chevaux n'ont
point de ventre. Lorſque le Barbe eſt ſanglé, non
pas par excès, il court ſous l'homme comme s'il
étoit en liberté, & qu'il ne portât perſonne. Ces
chevaux ne ſont point ferrés, & n'y ayant rien qui
les charge, ils s'étendent de toutes leurs forces.

BARBE. f. f. Petites arêtes ou cartilages qui ſervent
de nageoires aux poiſſons plats comme aux Turbots, aux Barbues, aux Solles. On appelle *Barbe
de baleine*, ce qui lui tombe ſur les machoires. Ce
ſont des bandes plattes & pliantes, que les femmes font mettre dans leurs corps de jupes pour les
rendre fermes.

On appelle communément *Barbe de Coq* la hair
rouge qu'on lui voit au deſſous du bec.

Barbe, dans un cheval eſt la partie de deſſous &
du dehors de ſa machoire inferieure, qui eſt au deſſus du menton, & qui porte la gourmette de la
bride. On l'appelle auſſi *Souſbarbe*. On dit auſſi
Barbes, en parlant de certaines excroiſſances de
chair, qui viennent dans le canal de la bouche &
ſous la langue d'un cheval; ce qui l'empêche de
boire. Il y en a qui les nomment *Barbillons*.

Barbes, dans un Vaiſſeau, ſont les parties du bordage de l'avant à l'endroit, où l'eſtrave eſt aſſemblée avec la quille.

On appelle *Sainte Barbe*, la chambre des Canonniers, à cauſe qu'ils ont choiſi ſainte Barbe pour Pa-
trone. C'eſt un retranchement de l'arriere du Vaiſſeau, qui eſt au deſſous de la chambre du Capitaine, & au deſſus de la ſoute. Les Vaiſſeaux de
guerre ont d'ordinaire deux ſabords. On l'appelle
autrement *Gardiennerie*; à cauſe que le Maître Canonnier y met une partie de ce qui regarde les uſ-
tenciles de ſon artillerie.

On dit en termes de Guerre *Tirer en barbe*, pour
dire, Tirer le canon au deſſus de la hauteur du
parapet, qui en ce cas ne doit être haut que de
trois piés & demi. Quand on veut tirer de cette
ſorte, on ne pointe point le canon par l'ouverture
des embraſures.

On appelle *Barbe* dans une Comete, les rayons
qu'elle darde vers l'endroit du Ciel où elle paroît
portée par ſon propre mouvement.

Tome I.

Barbe, ſe dit auſſi des hauteurs ou pièces enlevées ſur le pêne d'une ſerrure qui avancent, & que
prend la clef pour les faire aller. *Barbes perdues*, ſe
dit encore d'un ſecret mis à une ſerrure, par le moyen
duquel elle s'ouvre en pouſſant ou tirant la clef.

On appelle *Barbes* dans les Monnoyes, les petites pointes ou filets qui y paroiſſent, avant qu'on
les ait frottées ou polies.

BARBE', E'E. adj. Ce mot s'emploie dans le Blaſon
en parlant des Coqs & des Dauphins, lorſque leur
barbe eſt d'un autre émail. *D'azur au coq d'or, cre-
ſté & barbé de gueules.*

BARBEAU. f. m. Poiſſon de riviere qui n'a point de
dents, & dont la chair eſt blanche & mollaſſe. Il
a le dos vert & jaune, le ventre blanc, le muſeau
pointu, aux côtés duquel il y a deux barbillons qui
pendent; ce qui lui a fait donner le nom de Barbeau. On l'a appellé autrefois *Bar*, & ce nom lui
eſt encore demeuré dans le blaſon. Le Barbeau n'eſt
bon que quand il eſt vieux. Matthiole dit qu'il ſe
faut garder des œufs de Barbeau, parce qu'ils ſont
venimeux; & que c'eſt ſe mettre en danger de mort
que d'en trop manger. On appelle ce poiſſon en
Latin *Mugil fluviatilis*.

On appelle auſſi *Barbeau*, une petite fleur bleue
qui croît dans les blés. Les enfans en entrelaſſent
les queues pour en faire des couronnes.

BARBEBOUC. f. f. Plante nommée en Latin, *Bar-
bula hirci*, qu'on mange en ſalade pendant l'hy-
ver. Sa fleur qui eſt jaune & qui approche fort de
celle du Piſſenlis, ſort d'un bouton qui s'épanouit
dans le beau tems, & de la cime de ce bouton
pend une barbe follette, blanche & aſſés grande,
d'où cette plante a tiré ſon nom. Sa feuille reſſemble à la feuille du ſafran, mais elle eſt plus longue
& plus large.

BARBELE', E'E, adj. On appelle *Fleches barbelées*,
celles qui ont des dents ou des pointes dans leur
ferrure.

BARBELOTE. f. f. Vieux mot. Inſecte qui ſe tient
dans les fontaines. Ce mot ſe trouve dans le Roman de la Roſe.

BARBETTE. f. f. Sorte de guimpe de Religieuſe.

BARBEYER. v. n. Terme de Marine, dont on ſe
ſert pour faire entendre que le vent paſſe à côté de
la voile, & ne fait que la raſer, ſans donner dedans
& la remplir.

BARBILLON. f. m. Superfluité de chair qui vient
dans le canal à la bouche d'un Cheval, dans l'intervalle qui ſepare les barres, & qui eſt ſous la langue. C'eſt la même choſe que *Barbe*.

On appelle auſſi *Barbillon* en termes de Fauconnerie, une maladie de la langue de l'oiſeau. Elle eſt
cauſée par un rhume chaud qui tombe ſur les glandes, & les fait enfler.

BARBOTE. f. f. Poiſſon de lac & de riviere. Il a le
bec & la queue pointus, & de la machoire baſſe il
lui pend un barbillon.

BARBOTINE. f. f. Sorte de poudre qu'on donne
aux enfans pour faire mourir les vers qu'ils ont
dans le corps, on la fait ordinairement de graine
d'Abſynthe fort amere. Les Apoticaires & les Medecins l'appellent *Semen contra vermes*; & ceux qui
ont écrit l'hiſtoire des Plantes la nomment *Semen
ſanctum* ou *ſantolinum*. Quelques-uns prétendent
que la veritable Barbotine eſt la graine d'une plante que l'on appelle en Latin *Tanaſſetum*. Elle fleurit jaune, a une tige aſſés haute & les feuilles un
peu crêpées.

BARBU, UE. adj. On appelle *Une Comete barbue*,
lorſque la lueur blanche qui a de coûtume d'en faire
la queue, paroît en ſa partie interieure, entre ſon

M

corps & celui du Soleil , comme fi c'étoit une barbe.

BARBUE. f. f. Poiſſon large & plat , fort bon à manger , & qui eſt du genre des Turbots , auſquels il reſſemble , excepté qu'il n'a point d'aiguillon , & qu'il a la chair plus molle.

BARBUTE. f. m. Vieux mot. Homme armé , que l'on appelloit ainſi à cauſe que ſon habillement de tête avoit une mentonniere.

BARCALON. f. m. Nom que l'on donne à celui qui fait les fonctions de premier Miniſtre dans la Cour du Roi de Siam.

BARCES. f. f. Sorte de canons qui ſont aujourd'hui de peu d'uſage , & qui autrefois étoient fort communs ſur mer. Ils reſſemblent aux faucons & fauconneaux , mais ils ſont plus courts , plus renforcés de metal , & ont un plus grand calibre.

BARDANE. f. f. Plante qui croît ſur le bord des prés & des terres labourées. Elle eſt fort connuë ſous le nom de *Glouteren*. Elle a ſes feuilles larges , & porte une graine , qui verte ou ſeche s'attache ſi fort aux habits de ceux qui paſſent , qu'on a de la peine à l'arracher. Il y en a de deux ſortes , la grande & la petite. La grande appellée *Lappa major* , par quelques-uns , & par d'autres *Perſonata* , *perſonaria* & *Arcium* , eſt deterſive & aſtringente , ce qui la rend vulneraire. On s'en ſert dans l'aſthme , dans le crachement de ſang , & dans la tumeur de la rate & d'autres parties. On tient que ſa graine eſt très-bonne pour la pierre ; & quelquefois on emploie ſes feuilles avec ſuccès ſur les vieilles playes & ſur les jointures diſloquées. La petite Bardane croît volontiers dans les prés humides & pleins d'eau. On l'appelle autrement *Lappa minor* , *Xanthium* & *Strumaria*. Elle échauffe & eſt amere au goût & un peu âcre. Ses feuilles exterieurement appliquées ôtent le feu d'un cancer enflamé , & ſa racine ſert à diſcuter les hemorroïdes & toutes ſortes de tumeurs ; ce qui lui a donné le nom de *Strumaria* , du Latin *Struma* , Ecrouelle , apoſtume qui vient ſous la gorge.

BARDÉ , E'E. part. Terme de Blaſon. Il ſe dit d'un Cheval qui eſt caparaçonné. *De ſable au Cavalier d'or , le cheval bardé d'argent.*

BARDE. f. f. Vieux mot. Armure d'un Cheval de gens armés de toutes pieces.

Barde , ſe dit auſſi d'une longue ſelle , qu'on appelle en quelques endroits *Panneau*. Elle n'a ni fer ni bois , ni arçons , & elle eſt faite de groſſe toile piquée avec de la bourre.

BARDEAU. f. m. Petit ais mince & court , dont on ſe ſert à couvrir des maiſons en la Beauce & ailleurs , au lieu d'ardoiſes & de tuiles. *Un millier de Bardeau. Une maiſon couverte de Bardeau.*

BARDELLE. f. f. Sorte de ſelle en forme de ſelle à piquer. On s'en ſert fort peu en France ; mais en Italie on trotte les Poulains en bardelle. Il n'entre ni cuir , ni bois , ni fer dans cette ſelle , qui eſt faite ſeulement d'une toile garnie de paille. C'eſt preſque la même choſe que *Barde*.

BARDES. f. m. Nom que les anciens Gaulois donnoient aux Poëtes qui faiſoient des vers à la louange des grands Perſonnages. Bochart veut que ce mot vienne de *Parat* , qui ſignifie en Hebreu, Chanter. Les autres pretendent que ce nom leur fut donné de Bardus I. cinquiéme Roi des Gaules , qui vivoit vers l'an du monde 2140. & qui aimoit les vers avec paſſion , juſqu'à ſe divertir à en faire. Selon Diodore de Sicile, les Bardes étoient dans une ſi grande veneration parmi les Peuples , qu'ils arrêtoient par leur chant la fureur des gens de guerre. On croit que ce qu'on appelle encore aujourd'hui *Montbard* ou *Montbarri* , eſt le lieu qu'ils

habitoient. C'eſt une montagne du pays Auxois en Bourgogne.

BARDESANISTES. f. m. Heretiques qui tenoient que toutes choſes , & Dieu même , étoient ſujettes à une neceſſité qui étoit indiſpenſable , & que la malice ou la bonté dépendoient entierement des étoiles. Ils ôtoient par là toute ſorte de liberté tant à Dieu qu'aux hommes. Ils furent nommés *Bardeſaniſtes* , d'un Bardeſanes Syrien qui vivoit ſous l'Empereur Verus , cent quarante-quatre ans après JESUS-CHRIST.

BARDEURS. f. Nom qu'on donne à ceux qui traînent les pierres ſur les petits chariots , dans les grands Atteliers des Maçons.

BARDOT. f. m. Petit mulet qu'on emploie à porter le bagage.

BARET. f. m. Le cri d'un Rhinocerot ou d'un Elephant.

BARDIS. f. m. Bâtardeau fait de planches ſur le haut du bord d'un Vaiſſeau , pour empêcher l'eau d'entrer ſur le pont , lorſqu'on couche ce Vaiſſeau ſur le côté pour le radouber.

BARGE. f. f. Poiſſon ſemblable aux Carlets , mais qui a le bec moins long. On a dit autrefois *Barge* , pour dire , Une barque , un eſquif.

BARGNAGE. f. m. Vieux mot. Corps de la Nobleſſe.

Li Rois ſi mande à ſon Bargnage ,
Pour conſeil guerre qu'il feroit.

Ce mot vient de *Baronage* , autre vieux mot , qui veut dire la même choſe. On a dit auſſi *Bernage* & *Barnage*.

BARICACE. f. f. Vieux mot. Fondriere , précipice au pié des montagnes.

BARIL. f. m. On dit en termes de mer , *Baril de Galere* , pour dire , Un baril qu'un homme peut porter plein d'eau , & dont il ſe ſert pour en remplir les bariques que l'on ne peut tranſporter ou à la fontaine ou à la riviere. On appelle *Baril de quart* , le baril de Galere qu'on donne plein d'eau le ſoir à ceux qui doivent faire le quart de la nuit. *Baril de poudre* , eſt ſur mer cent livres de poudre peſant miſes dans un baril , & on appelle *Baril à bourſe* , un baril couvert de cuir , où le Canonnier met de la poudre fine. On l'appelle ainſi à cauſe qu'il ſe ferme comme une bourſe.

Baril à feu , en termes de guerre , eſt une barique remplie de grenades , d'étoupes , roche à feu , futailles , toiles goudronnées , & de tout ce qui eſt le plus propre à prendre feu. On y fait deux trous auſquels on poſe de l'étoupin , pour communiquer le feu en-dedans , & on fait rouler cette barique ſur de longues planches bordées , afin de brûler les travaux des Aſſiegeans , quand leurs approches ſont dans le foſſé. On appelle auſſi les barils à feu des *Bariques foudroyantes.*

BARILLAGE. f. m. Quand on dit , *Les Ordonnances des Aides défendent le Barillage* , on veut faire entendre qu'il n'eſt point permis de faire arriver du vin en petits barils ou vaiſſeaux moindres que d'un huitiéme de muid , à la reſerve des vins de liqueur qui viennent en caiſſe.

BARITONISER. v. a. Vieux mot. Chanter.

Pan onques mieux ne baritoniſa ,
Diapaſon au ſon de ſes muſettes.

BARILLARD. f. m. Officier de Galere qui a le ſoin du vin & de l'eau.

BARILLET. f. m. Piece dans laquelle eſt le grand reſſort d'une Montre , & qui ſert à la faire marcher lorſqu'on remonte la fuſée , ou à faire aller le grand reſſort , quand la Montre eſt ſans fuſée. Le tambour qui ſert à faire jouer une Orgue , ou un Claveſſin tout ſeul, s'appelle auſſi *Barillet*. Cela ſe fait par le moyen de pluſieurs pointes ou crochets arrangés ſur ſa ſurface, en telle ſorte que ces pointes ſe remuant par le moyen d'un reſſort ou d'une manivelle, accrochent les touches. On appelle encore *Barillet* dans une pompe, le tuyau dans lequel le piſton va & vient.

BARLANC. ſ. m. Vieux mot. Jeu du berlan.

BARNABITES. ſ. m. Religieux de la Congregation des Clercs Reguliers de ſaint Paul. Ils ont divers Colleges en Italie, & quelques-uns en France & en Savoye. Cette Congregation commença à s'établir par les ſoins de Jacques-Antoine Morigias & de Barthelemi Ferrera de Milan, auſquels ſe joignit François Maria Zacharie de Cremone. Ils avoient été inſtruits par un celebre Prédicateur qu'on appelloit Zeraphin, qui les exhorta à lire avec aſſiduité les Epîtres de ſaint Paul, ce qui leur fit prendre le nom de *Clercs de ſaint Paul*. Cette Congregation fut approuvée par les Papes Clement VII. & Paul III. & on les appella Barnabites, à cauſe de la devotion particuliere qu'ils avoient à un ſaint Barnabé, Fondateur de l'Egliſe de Milan. Quelques autres croyent que ce fut à cauſe qu'ils firent leurs premiers exercices dans une Egliſe qui étoit dédiée à ce Saint.

BARNEZ. ſ. m. Vieux mot. Corps de la Nobleſſe.

Je vous donrai un fief voyant tout mon Barnez.

BAROMETRE. ſ. m. Inſtrument dont on ſe ſert pour connoître la legereté ou la peſanteur de l'air, d'où on lui a fait le nom de *Barometre*, de βάρος, Poids, & μετρέω, Meſurer. L'experience du vuide, faite d'abord par Torricelli, a donné naiſſance à cet Inſtrument. Torricelli prenoit un tuyau de verre long de plus de 30. pouces, & le rempliſſoit entierement de vif-argent. Enſuite fermant bien du doigt le bout du tuyau par où il avoit verſé le mercure, il le tournoit du côté d'en-bas, & plongeoit ce bout du tuyau dans un vaiſſeau où étoit d'autre vif-argent. Il retiroit le doigt, & auſſi-tôt on voyoit deſcendre le mercure du tuyau, & comme il devoit faire naturellement par ſa peſanteur; mais, ce qui ſurprit beaucoup d'abord, il ne deſcendoit que juſqu'à la hauteur de 27. ou 28. pouces, & s'arrêtoit toûjours là, laiſſant tout le haut du tuyau vuide. Pour expliquer ce Phénomene, on imagina que l'air devoit être peſant, que comme il peſoit de tous côtés ſur la ſurface du mercure qui étoit dans le vaiſſeau, il s'oppoſoit à la chûte de celui du tuyau, qui ne pouvoit tomber ſans élever celui du vaiſſeau, qu'il n'y avoit aucun air au haut du tuyau qui pût agir ſur le mercure, & le faire tomber, qu'ainſi le mercure du tuyau, n'étoit ſoûtenu que par la reſiſtance que l'air exterieur faiſoit à ſa chûte, & que par conſequent le mercure du tuyau & l'air exterieur étoient en équilibre, & qu'une colonne de mercure de 28. pouces, peſoit autant qu'une colonne d'air dans toute ſa hauteur, quelle que fût cette hauteur qui n'étoit pas encore connue. Comme on tourna de bien des façons une experience ſi importante, on laiſſa un tuyau avec ſon mercure ſuſpendu à 28. pouces, & plongé par un bout dans un vaiſſeau plein de vif-argent, on l'obſerva long-tems en cet état ſans y toucher, & l'on vit que dans les tems de pluye, ou quelque tems avant qu'il plût, le mercure du tuyau baiſſoit un peu, qu'au contraire il hauſſoit dans le beau tems, ou avant que le beau tems vînt. On jugea delà que l'air étoit plus peſant lorſqu'il étoit ſerain, & plus leger lorſqu'il étoit nubileux & pluvieux, ce que les Phyſiciens expliquent differemment. On remarqua auſſi que les grands vents quoique ſans pluye, faiſoient à peu près le même effet

que la pluye ſur le mercure. On laiſſa donc ce tuyau en experience continuelle, & on le mit ſur une platine de bois, où l'on marqua les degrés de ſes differentes élevations, & ce que ſignifioient ces degrés par rapport à la conſtitution de l'air. C'eſt-là ce qu'on appelle *Barometre*. Mais comme la difference d'élevation du mercure n'eſt guere que de deux pouces, & que dans une ſi petite étendue les petits changemens ſont difficiles à appercevoir, M. Huygens imagina de faire un tuyau double, recourbé par le bas, dont une branche contînt le mercure ſuſpendu, avec l'eſpace vuide d'air au haut, & l'autre ouverte par le bout d'en-haut fût d'un diametre beaucoup plus petit, par exemple 14. fois, afin que quand le mercure deſcendroit d'une ligne dans la groſſe branche, il montât de 14. dans l'autre, & ainſi de tous les autres, changemens qui ſeroient 14. fois plus ſenſibles dans ce *Barometre double*, que dans le premier qu'on appella *ſimple*. Afin d'épargner la quantité de mercure qu'il eût fallu pour remplir une branche de 30. pouces de hauteur, & de 14. lignes de diametre, on ne l'a fait de cette groſſeur qu'à ſes deux extrêmités; au-deſſous du vuide, & à l'endroit où finit le mercure. Là, on verſe un peu d'eau ſeconde & colorée qui au moindre changement du mercure, s'éleve ou deſcend très-ſenſiblement dans un petit tuyau d'environ une ligne de diametre. Il faut regarder le Barometre double comme une balance, où d'un côté eſt une colonne de mercure, & de l'autre une colonne d'air. Quelque peu qu'on ajoûte ou qu'on ôte à l'un de ces poids qui ſont en équilibre, l'autre monte ou deſcend.

BARON. ſ. m. Qualité ancienne & honorable parmi la Nobleſſe. M. Richelet dit qu'il a premierement ſignifié un homme fort & vaillant qui étoit auprès de la perſonne du Roi; & qu'enſuite on a entendu par ce mot un homme noble qui a la terre releve du Prince; & enfin un Seigneur qui eſt au-deſſus des Seigneurs Châtelains. Borel l'explique par Haut-Seigneur, venant du vieux mot *Ber* ou *Bers*, qui veut dire la même choſe, d'où eſt venu *Bernage*, *Barnage*, & *Fief de Haut-Ber*. D'autres font venir ce mot de *Barrus*, Elephant, à cauſe que les Barons ſont ceux qui ont du pouvoir, & d'autres croyent que ſa veritable origine eſt le mot Eſpagnol *Varon*, Homme vigoureux, vaillant & noble. Il y en a qui veulent qu'il vienne du Grec βάρος, Poids, autorité, grandeur & puiſſance. Nicod ſans s'arrêter à ces differentes étymologies, dit que ce mot *Baron* ſe trouve employé en quelques anciens Auteurs pour tout homme noble & Seigneur de titre, & par conſequent *Baronnie*, pour toute la Nobleſſe & Aſſemblée des Vaſſaux & Gendarmerie d'un Prince; de ſorte que quand le Roi leur parloit dans un combat, il concluoit par ces termes: *Attant, mes Barons, qui me rendra mon Ennemi mort ou prins, je lui croîtrai ſon honneur d'une bonne Ville*. Dans les Etats généraux & Aſſemblées où étoient pluſieurs Ducs, Marquis, Comtes & autres Seigneurs & Gentilshommes, il les appelloit, *Seigneurs Barons*. On lit ces mots dans pluſieurs Auteurs fort anciens, *Avec le Roi étoient maints hauts Barons, & maints Chevaliers & Gentilshommes*; de ſorte qu'il ſemble que par *Barons*, on a entendu des Seigneurs de titre ſans aucune difference; ſçavoir, Ducs, Marquis & Comtes. Ce mot a été depuis reſtraint au Seigneurs ſuperieurs aux Châtelains, & inferieurs aux Vicomtes, ou immediatement ſuperieurs aux Bannerets. Nicod ajoûte à ceci: *La marque la plus commune du Baron eſt avoir trois Châtellenies ou deux avec Ville close, Abbaye, Prieuré Conventuel ou College, avec Forêts enclavées dedans sa Baronnie, combien qu'aucuns ont laissé par écrit que pour être créé à Baron, il faut que le Chevalier ou Ecuyer, qui après avoir longuement servi & suivi les guerres, demande d'être fait Baron, ait la terre de quatre bacelets, c'est-à-dire, de quatre Châtellenies terriennes, en toute Justice; & partant ait terre assés pour tenir cinquante hommes d'armes, & les Archers & Arbalestriers qui y appartiennent pour accompagner sa bannière, & que le Roi à la première bataille où ledit Chevalier ou Ecuyer se trouve, ou bien le Conétable ou les Maréchaux, lui coupent les queues du pennon à ses Armes qu'il aura apporté, & qu'il se trouve à une deuxiéme, & acquiere le nom de Banneret; & à la troisiéme bataille après, il prend le nom & titre de Baron.* Le mème Nicod rapporte que d'autres écrivent autrement, disant: *Que le Chevalier ou Ecuyer noble de toutes ces quatre lignées, ayant la terre de deux Chevaliers ou Ecuyers Bacheliers, & son patrimoine ou acquis, tant qu'il suffise pour aller accompagné de quatre ou cinq nobles hommes à douze ou à seize chevaux, peut licitement demander à son Roi ou Prince à la première bataille où il se trouvera, ou en un jour solemnel de fête après le service divin, étant sondit Roi ou Prince séant en chaire, & lui à genoux, que la queue du pennon soit coupée & fait bannière, ce qui lui étant octroyé, il devient Banneret, & que s'il augmente par après sa Seigneurie, tant qu'il ait sous lui un Banneret ou six Chevaliers Bacheliers chacun de six cens francs de vente, alors il peut par le congé de sondit Roi ou Prince, se nommer & intituler Baron.* Les Moscovites après les *Knés*, qui veut dire autant que Ducs, n'ont point d'autre degré de Noblesse que les *Boiarons*, qu'ils prennent pour tous Chevaliers & Gentilshommes, & ce mot se rapporte assés à notre ancien Baron. Dans les premiers tems de la Monarchie Françoise, on appelloit *Hauts Barons* ceux qui tenoient une des quatre principales Baronnies de France; sçavoir, Couci, Craon, Sulli & Beaujeu. Les Barons en Angleterre sont Lords ou Seigneurs de la Maison haute, soit que leur naissance leur donne ce droit, soit que le Roi les éleve à ce haut rang pour récompense de quelque service. Les Espagnols nomment *Varones*, les hommes illustres, mâles ou vigoureux, & ce nom comme remarque Nicod, ne l'emporte pas moins sur *Hombre*, que *Vir* sur *Homo* parmi les Latins, & ἀνὴρ sur ἄνθρωπος parmi les Grecs.

Dans la basse Latinité on a appellé *Barons*, des gens de Journée & de travail, parce qu'ils doivent être plus robustes que les autres. *Baron* a aussi signifié Mari, à cause que les femmes appellent leurs maris leurs hommes.

Si me recevés à Baron.

Il y a dans l'Histoire des Albigeois, *Una ceascuna moller age le seo Baron.*

BARQUE. s. f. Bâtiment dont les plus grands ne passent guere deux cens tonneaux. Ceux-là ont sur le pont un suzain qui vient jusques au grand mât. Outre le grand mât les Barques en ont deux autres, un de misaine & un d'artimon. Toutes celles de la Mediterranée sont appareillées à voiles latines ou à tiers points.

Barque, se dit aussi d'un Vaisseau moyen sans hune, qui sert à porter des munitions, à charger ou à décharger un grand Navire s'il est trop chargé. On appelle *Barques d'avis*, celle qu'on envoie porter des nouvelles, soit dans un lieu éloigné, soit d'un Vaisseau en un autre.

Barque longue, est un bâtiment qui n'a point de

pont, & qui étant plus long & plus bas de bord que les Barques ordinaires, est aigu par son avant, & va à voiles & à rames. Il a le gabarit d'une Chaloupe, & est appellé *Double Chaloupe* en beaucoup d'endroits.

On dit sur mer *Barque droite*, pour avertir ceux qui sont dans une Chaloupe, de se mettre également, afin qu'elle soit droite sur l'eau.

On appelle *Barque en fagot*, tout le bois qu'il faut pour faire une Barque, qu'on porte taillé dans un Vaisseau, & qu'on assemble quand on est au lieu où l'on en a besoin.

BARQUEROLE. s. f. Vaisseau mediocre de voiture sans aucun mât, qui ne va qu'à la rade de beau tems, sans aller jamais en haute mer. On dit aussi *Baranette*.

BARQUETTE. s. f. Petite armoire portative & legere; il y a plusieurs étages. Elle sert à porter les mets chés des Officiers de la Maison du Roi dont la cuisine est éloignée du Château.

C'est aussi une espece de Patisserie en forme de Barque.

BARRAGE. s. m. Droit établi pour la refection des ponts & passages, sur-tout du pavé. On l'appelle ainsi à cause de la barre qui traversant le chemin, empêche que les charrettes, chariots, mulets & autres bêtes chargées qui doivent ce droit, ne passent sans avoir payé. On appelle aussi *Barrager*, celui qui reçoit ce droit.

BARRAUDE. s. f. Terme d'Architecture en Anjou. On appelle ainsi Une pierre de Tuf double. Olivier Barraut, Trésorier de Bretagne est le premier, qui en ait employé dans le bel Hôtel qu'il fit bâtir en Anjou en 1497. aujourd'hui occupé par le Seminaire de cette Ville.

BARRE. s. f. Terme de mer qui se joint avec plusieurs autres mots. On appelle *Barre d'Arcasse*, ou autrement *Lisse de Hourdi*, une piece de bois placée de travers sur le haut de l'estambot, & aussi longue que l'arriere du Vaisseau est large. *Barre de pont*, est une autre barre d'arcasse sur laquelle on pose le bout du pont du Vaisseau. Elle est parallele, & presque semblable à la Lisse de Hourdi. *La Barre d'Arcasse du couronnement*, est une longue piece de bois qui lie le haut du Vaisseau par son couronnement. On appelle *Barres de cabestan*, certaines pieces de bois quarrées qui servent à faire virer le cabestan, & *Barres d'escoutilles*, des bandes de fer dont on se sert pour fermer les escoutilles des Vaisseaux. On appelle *Barre de gouvernail*, autrement *Goussit*, une longue piece de bois qui entrant d'un bout dans le gouvernail, sert à le faire mouvoir, & qu'une cheville de fer qui lui est attachée, fait entrer de l'autre dans une boucle aussi de fer. *Les barres de hune*, sont des pieces de bois qui servent à porter les hunes. Il y en a quatre, & on les pose à la dixiéme partie de la hauteur du mât sur deux autres pieces de bois que l'on nomme *Jautereaux*. Il y a encore dans un Vaisseau la barre de pompe & les barres de cuisine. *La barre de pompe*, est une longue barre de fer trouée en quarré par le bout, pour emboîter la cueiller de pompe. Cette barre est emmanchée comme une tariere. *Les barres de cuisine*, sont aussi des barres de fer, qui servent à soûtenir les chaudieres qu'on met sur le feu. Elles sont posées de long & de travers des cuisines d'un Vaisseau. On appelle *Demi-barres*, des barres de cabestan à l'Angloise, qui n'entrent que jusqu'à la moitié du cabestan.

On dit qu'*On a la barre du gouvernail tout à bord*, quand elle est poussée jusque contre le côté du Vaisseau, ou aussi loin qu'elle peut aller.

On dit, *Pousse la barre à arriver*, ou *à venir au*

vent, lorsqu'on veut ordonner au Timonnier de pousser la barre du gouvernail au vent, en sorte que le vent donne à plein dans les voiles pour arriver, ou de la pousser sous le vent, afin de faire venir le Vaisseau au lof.

On dit d'un Vaisseau, qu'*Il a toûjours la barre à arriver*, pour dire, qu'Il est trop ardent à chercher le vent; & on dit au contraire, qu'*Un Vaisseau a toûjours la barre à venir au vent*, pour dire, qu'Il n'arrive point, & qu'il faut toûjours tenir la barre à venir du lof.

On appelle *Port de barre*, un Port dont les bancs ou les rochers empêchent l'entrée, de sorte que les Vaisseaux n'y peuvent entrer que lorsque la mer est haute.

La *barre* est aussi un certain flot particulier à la riviere de Seine. Ce flot est haut environ de deux piés, & vient fort impetueusement avec le flux de la mer, ce qui le rend dangereux pour les bateaux.

On appelle *Barre*, en termes de Ceinturier, la bande de cuir qui sert aux sangles & aux ceinturons.

Le bâton ou cerceau qui est sous le fond d'un panier, s'appelle *Barre de panier*.

On nomme *Barre*, en termes de Tonnelier, une Douve, qui se pose sur le fonds d'un Tonneau à l'équerre de la foncaille, & est serrée par les deux bouts avec des chevilles chassées dans le jable ou peigne de Tonneau, pour maintenir le fonds: De-là vient qu'on dit, *Le vin est à la barre*, pour dire, que le Tonneau est à moitié vuide.

Barre. Vieux mot. Exception.

On appelle *Barre d'un Tour*, une barre de bois, qui est au-dessus des deux jumelles dont le Tour ordinaire est composé. Cette barre, selon ce que M. Fe bien en a écrit, est d'environ dix-huit lignes ou deux pouces d'épaisseur, & de quatre pouces de large, & va tout du long, étant soûtenue par les bras des poupées, qui s'approchent & s'éloignent comme on veut. Elle est posée de champ, & un peu moins élevée que les pointes des poupées, & sert d'appui pour les outils lorsqu'on travaille, & que l'on coupe le bois. Elle est aussi percée en quelques endroits, pour y pouvoir mettre des supports & des clavettes qui soûtiennent les pieces qu'on tourne, qui ont trop de portée.

Barre, en termes de Blason, est une piece honorab' qui occupe diagonalement le tiers de l'Ecu par le milieu, de gauche à droite. On dit *Barre* dans le même sens que *bande*, & il se dit des pieces couvertes de barres qui vont aussi diagonalement de gauche à droite. *Barré d'or & de gueules*.

Barre de la Cour, se dit d'un lieu fort proche de l'Auditoire, où autrefois il y avoit une barre pour séparer les Conseillers, commis pour faire les adjudications & regler les appointemens, d'avec les Procureurs. Les exceptions & fins de non-recevoir s'appelloient aussi autrefois *Barre*. Elles étoient proposées par les Défendeurs dès le commencement de l'Instance, & on leur donnoit ce nom, à cause qu'elles étoient comme des barres pour retenir les Plaideurs, & les empêcher d'aller plus avant. Il y a quelques Jurisdictions Subalternes où l'on se sert encore de ce nom de *Barre*, & on appelle la Jurisdiction temporelle du Chapitre de Paris, *La Barre du Chapitre Notre-Dame*. M. Ménage fait venir le mot de *Barre*, du Latin *Vara*, qui signifie, Un pieu, & Nicod le dérive de l'Hebreu *Beriah*, qui veut dire, Un levier.

On appelle *Barres de la bouche d'un cheval*, les parties exterieures de la bouche du cheval qui font une espece de gensive sans aucunes dents. C'est l'endroit de la bouche où se doit faire l'appui du mords, & il est entre les dents macherieres & les crochets de part & d'autre de la bouche, en sorte que la partie de la gensive qui est au-dessous & à côté des barres, garde le nom de gensive.

On dit que *La levre d'un cheval arme la barre*, pour dire, qu'Elle la couvre.

On dit en termes de Chasse, *Armes de la Barre*, pour dire, Les défenses d'un Sanglier; & on appelle certaines bandes noires, dont la queue de l'éprevier est traversée, *Barres de la queue de l'éprevier*.

BARRÉ, ÉE. adj. On appelle en termes de Medecine *Os barré*, L'os qui s'ouvre, selon quelques-uns, lorsque les femmes accouchent.

On appelle *Freres barrés*, des Carmes, ou plutôt des Religieux de S. Jean, à cause qu'ils portoient des habits barrés de differentes couleurs, & faits en bande. Il y en avoit un Couvent auprès de Castres, au lieu appellé *La Barradiere*, qui apparemment a pris ce nom de celui que l'on donnoit à ces sortes de Religieux. Comme ils étoient reclus, il y en a qui veulent qu'ils ayent été appellés *Barrés*, à cause des barreaux de leurs grilles: & cela est vrai-semblable, puisqu'on les appelloit *Fratres barrati* ou *Clathrati*, & que *Clathrum* signifie Une grille ou un chassis.

BARREAU. s. m. Terme d'Imprimerie. Morceau de fer qui tient à l'arbre de la presse, ayant un manche de bois. Il sert à faire tourner la vis, afin de serrer les formes avec la platine qui y est attachée.

BARRER. v. a. Terme de Manége. On dit *Barrer la veine d'un cheval*, pour dire, Se faire deux jambes, & autres parties, une operation qui puisse arrêter le cours des humeurs malignes qui s'y jettent. Pour cela on ouvre le cuir qui est au-dessus de la veine; & après l'avoir dégagée & liée dessus & dessous, on la coupe entre les deux ligatures.

Barrer est aussi un terme de Lutier, & on dit *Barrer un lut*, pour dire, Y mettre les barres qui lui sont necessaires.

BARRETTE. s. f. Bonnet qui est en usage en Italie, & qu'on appelle *Barreta*. On donne la Barrette aux Cardinaux. Quelques-uns tiennent que c'étoit autrefois une coiffure fort serrée sur la tête, faite de toile très-fine, qui n'a été portée d'abord que par les Papes. Depuis on a donné ce nom au Bonnet des Docteurs, & à quelques autres coiffures dont on s'est servi en Italie. Borel l'explique d'un bonnet d'enfant, qu'on a aussi appellé *Birete* ou *Birrete*; & il ajoûte que l'on dit aussi *Barret* en Languedoc, à cause que ce bonnet est barré de passemens. M. Ménage fait venir ces mots de *Biretta*, diminutif de *Birrus*, qui a été employé par les Latins pour une espece de chapeau.

BARRIERE. s. f. On appelle *Barrieres*, en termes de Fortification, De gros pieux hauts environ de quatre piés, & plantés à huit ou dix piés l'un de l'autre. Ils sont percés par les bouts; ce qui donne lieu de faire courir par ces trous une grosse traverse qui sert à arrêter ceux qui voudroient entrer avec promptitude. On met ces Barrieres aux premieres avenues d'une Place, aux Esplanades, aux Demi-Lunes, &c. On en met aussi aux passages des hommes de pié & de cheval. Il y en a qui tournent sur un pivot.

BARRIT. s. m. Cri de l'Elephant. M. de Selincourt dans son Parfait Chasseur l'appelle *Baret*, & dit que c'est aussi le cri du Rhinocerot. Ce mot vient peut-être de ce qu'il y a des Auteurs Latins qui ont appellé l'Elephant *Barrus*.

BARROIEMENT. s. m. Terme de Pratique, qui

veut dire, Un délai de procedures.

BARROST. f. m. Terme de Marine. Pieces de bois qui servent à soûtenir les ponts d'un Vaisseau, & qui le traversent d'un flanc à l'autre.

On appelle *Barrots* ou *Barrotins de Caillebotis*, De petites pieces de bois qui servent à faire les Caillebotis, & ausquelles on donne la tonture de la largeur du pont du Vaisseau.

On dit qu'*Un Vaisseau est barroté*, quand le fond de calle est tout rempli, ou rempli jusqu'aux barrots.

BARROYER. v. n. Vieux mot, qui dans l'ancienne Pratique signifioit, Faire des Procedures & instruire des Procès dans certains délais. Il ne se dit plus presentement que par raillerie, en parlant de quelques jeunes Avocats qui hantent le Barreau, & plaident fort mal & rarement.

BAS

BAS, BASSE. adj. Il se joint à divers substantifs en termes de mer. Ainsi on dit *Bas fond*, pour dire, Un fond où il y a peu d'eau, & où la crainte qu'on a d'échouer, oblige à prendre des Pilotes du Pays, pour être guidé.

On appelle *Bas-bord*, Le côté gauche du Navire, c'est-à-dire, celui qu'on a à sa gauche lorsqu'on est à la pouppe, & qu'on regarde la proue. Il est opposé à Stribord, qui en est le côté droit.

On dit *Bas-bord tout*, Quand on veut ordonner au Timonnier de pousser toute la barre du gouvernail à gauche.

Vaisseau de bas-bord, est une Galere, ou tout autre bâtiment qui n'a qu'un pont, qui va à voiles & à rames, & dont le bordage est bas.

On appelle *Basses voiles*, La grande voile & la voile de misaine.

En termes de mer, les parties du Vaisseau qui sont au-dessous, s'appellent *Les bas*.

On dit *Mettre bas le pavillon*, pour dire, Abaisser le pavillon pour saluer un Vaisseau plus puissant, ou pour se rendre.

On dit encore sur mer, *Donner un bas de soye*, pour dire, Mettre quelqu'un dans des menotes qui sont attachées à une barre de fer, pour le punir de quelque faute commise.

On appelle en termes de Medecine, *Le bas ventre*, Ce qui est au-dessous de la poitrine jusqu'aux cuisses.

En termes de Fauconnerie, *Un oiseau bas* est un oiseau maigre & décharné; & on dit en termes de Chasse, qu'*Un cerf a mis bas*, pour dire, que Son bois est tombé. On dit *Bas voler* ou *bavoler à tire d'aile*, En parlant de la perdrix ou d'autres oiseaux qui n'ont pas le vol hautain.

En termes de Guerre, on appelle *Place basse*, La casemate ou le flanc retiré qui sert à défendre le fossé. On appelle *Basse enceinte*, Une largeur de deux à trois toises de terrain, prises sur le rés de chaussée, autour du pié du rempart, du côté de la campagne. C'est ce qu'on appelle autrement *Fausse-braye*, dont l'usage est de défendre le fossé. Elle est séparée de la berme & du bord du fossé par un parapet dont elle est couverte.

BASSE-COUR. f. f. Cour, qui sert au ménage d'une maison de campagne. On y éleve des volailles de toute sorte. *Basse-cour bien vive*, *bien garnie*.

On appelle *Nouvelles de la Basse-cour*, des Nouvelles fausses, mal fondées, ridicules.

BASANE. f. f. Peau de mouton préparée, dont on se sert ordinairement à couvrir des Livres. Il faut s'y bien connoître pour distinguer les relieures de veau & de basane, quand elle est bien apprêtée.

BASBORDÉS. f. m. Terme de Marine. On appelle ainsi la partie de l'Equipage qui doit faire le quart de Bas-bord.

BASCULE. f. f. Machine qui sert à divers usages. Il y en a par le moyen desquelles on tire de l'eau. Ce sont des pieces de bois soûtenues par le milieu, ou autrement, sur un aissieu qui demeure ferme. En pesant sur l'un des bouts on fait hausser l'autre; ce qui fait élever l'eau. On appelle aussi *Bascules*, Une espece de serrure à secret, à cause qu'elles se baissent & se haussent.

On appelle *Bascule de moulin à vent*, La piece de bois qui abat le frein d'un moulin, & qui sert à l'arrêter. On appelle encore *Bascule de comptoir*, La petite plaque de fer qui hausse & baisse sur les comptoirs des Marchands, & par où ils y font tomber l'argent qu'ils reçoivent.

BASE. f. f. Ce qui sert comme de premier fondement hors le rès de chaussée, pour soutenir toute sorte de corps ou d'édifice.

En termes d'Architecture on appelle *La base de la colomne*, La partie qui est au dessous du fust, & qui pose sur le Piedestal ou Zocle, quand il y en a.

Les Geometres donnent le nom de *Base* au côté du triangle opposé à un angle déterminé L'hypotenuse est la base de l'angle droit. Quand un triangle a un côté horisontal, on l'appelle simplement *Base*, & alors on dit *la base d'un triangle* par opposition à sa hauteur, que l'on imagine comme une ligne verticale. On dit aussi dans le même sens *la base d'un parallelogramme*, pour dire, *sa ligne horisontale*.

Dans les solides, *la base d'un Cone*, *d'un Cylindre*, *d'un Prisme*, *d'une Pyramide*, *&c.* est le plan le plus bas qui termine ces Corps. Voyez ces mots.

Quelques-uns appellent *Base*, en termes de Fortification, Le côté exterieur du Polygone, c'est-à-dire, sa ligne imaginaire, qui part de l'angle flanqué d'un Bastion à celui qui lui est opposé. Ce mot vient de βάσις, Pas, lieu où l'on marche; ce qui appuye, qui soutient. βάσις, vient de βαίνω, Je marche.

BASILAIRE. adj. Les Medecins appellent *Glandule basilaire*, La glandule qui sert à faire couler dans les narines la pituite dont le cerveau se décharge.

BASILE. f. m. L'Ordre Religieux appelé *de saint Basile*, est le plus ancien de tous. Il a tiré son nom de saint Basile surnommé le Grand, qui après avoir fait ses études à Athenes vers l'an 345. alla visiter les Moines d'Egypte, de Syrie & de Palestine, & se retira ensuite dans les deserts de Pont, où il écrivit ses admirables Regles de la Vie Monastique, qui furent suivies par ces fameux solitaires, avec lesquels il avoit vécu depuis l'an 357. jusqu'en 362. Depuis, la mort d'Eusebe étant arrivée, il fut choisi malgré lui pour son successeur dans le gouvernement de l'Eglise de Césarée en Cappadoce. L'Ordre de saint Basile a été très-florissant dans l'Orient, & encore aujourd'hui presque tous les Religieux qui y sont le suivent la Regle. Il passa en Occident vers l'an 1057. & fut reformé en 1569. par le Pape Gregoire XIII. qui mit les Religieux d'Italie, d'Espagne & de Sicile sous une même Congregation.

BASILIC. f. m. Serpent que l'on dit qui tue par ses regards. Les Anciens sont partagés là-dessus. Les uns ont écrit qu'il faisoit mourir tous les animaux par son sifflement; & d'autres, que c'étoit par son haleine ou par sa morsure. Il y en a qui pretendent qu'il soit engendré de l'œuf d'un vieux coq. Cette diversité d'opinions fait dire à Matthiole, qu'il croit que tout ce que les Auteurs en ont publié est fabuleux. Il rapporte le fentiment de Galien, felon lequel le Bafilic eft jaunâtre, & a fur la tête trois petites éminences marquées de taches blanchâtres en forme de couronne ; ce qui l'a fait appeller le Roi des Serpens. Pline, après avoir dit qu'auprès de la fontaine Nigris en Ethiopie, il y a un ferpent appellé *Catoblepas*, affés petit, ayant la tête pefante, en forte qu'il eft obligé de la porter toûjours contre terre, ajoûte qu'il fait mourir tous ceux qui le regardent, en quoi, dit-il, il a la propriété du Bafilic. Si on l'en veut croire, ce ferpent naît en Cyrene, long feulement de douze doigts, & ayant fur la tête une tache blanche en forme de diadême. Il met en fuite les autres ferpens par fon fifflement, & ne rampe point comme eux, en faifant des plis, mais il s'éleve de la moitié du corps & marche droit. Il fait mourir touteles plantes par où il paffe, non feulement en les touchant, mais par la vapeur de fon haleine qui brûle les herbes & rompt les pierres. Les Belettes font les ennemies du Bafilic, & elles l'étouffent par leur odeur, lorfqu'elles peuvent entrer dans fa taniere. Matthiole raconte plufieurs autres chofes du Bafilic, qu'il témoigne ne pas croire ; & quand Diofcoride traite de ce ferpent, il en parle fur le rapport d'Erafiftratus, dont il ne veut pas fe faire garand. Selon cet Erafiftratus, les morfures du Bafilic font une playe jaune comme de l'or fin ; & pour y remedier, il faut prendre une dragme de *Caftorium*, avec du vin ou du jus de pavot.

Bafilic. Sorte de plante odoriferante qui eft fort connue, & qu'on appelle *Ocymum*, du Grec ὄκυς, Qui eft prompt, vîte, leger, à caufe que dès le troifiéme jour qu'elle a été femée, & même quelquefois plûtôt, elle commence à fortir de terre, Son agreable odeur lui a fait donner le nom de *Bafilicum*, du mot Grec βασιλεύς, Roi, comme qui diroit, Digne de la maifon des Rois. Cette odeur, qui approche de celle du citron, la fait auffi appeller *Ocymum citratum*, quoiqu'il y en ait qui prétendent qu'on l'appelle ainfi, de ce qu'elle tient de l'odeur de la Meliffe, que les Latins nomment *Citrago*. Il y a quatre fortes de Bafilic, trois domeftiques, & un fauvage, dit *Acinus*, qui, felon Diofcoride, a fes branches menues, dures & feches. Pline prétend que cette derniere plante differe du Bafilic, en ce que fes branches & fes feuilles font velues ; ce qui n'eft point dans les autres. Des trois qui font domeftiques, il y en a un qui a les feuilles plus petites que les deux autres, & qu'on appelle par cette raifon *Bafilicum minus*. Ceux qui ont des feuilles larges, montent jufqu'à la hauteur d'une coudée. Ils ont beaucoup de branches fort déliées, & leurs feuilles reffemblent à celles de la Mercuriale quoique plus petites. Leurs fleurs font blanches, tirant quelquefois au violet. La graine en eft noire & fort petite. L'ufage de cette plante eft de diffiper les vents, de provoquer les urines, & d'adoucir la trifteffe des atrabilaires. Quelques-uns tiennent qu'il eft dangereux d'en prendre interieurement, prétendent qu'abondant en humidité excrementeufe, elle eft nuifible à l'eftomac & aux yeux, & peut rendre fous ceux qui en ufent.

On appelloit autrefois *Bafilic*, en termes de Guerre, Une efpece de canon beaucoup plus gros que les autres, que quelques-uns ont nommé *Doubles couleuvrines*. Ce canon portoit jufqu'à cent foixante livres de balle.

BASILICUM. f. m. Onguent Royal qui fert dans la Pharmacie à confolider les playes. On l'appel-

le anffi *Tetrapharmacum* ; c'eft-à-dire, ônguent compofé de quatre medicamens, qui font la poix, la refine, l'huile, & la cire. Ce mot vient de βασιλεύς, Roi, à caufe de fa vertu.

BASILIQUE. f. f. C'étoit autrefois une Maifon Royale, ou fimplement une grande Salle. Depuis, on a appellé ainfi non feulement les Salles où la juftice étoit rendue par les Souverains, mais les Temples & les Eglifes. Ces Salles, qui avoient été faites d'abord pour la magnificence des Palais, & dans lefquelles on a depuis rendu la juftice, avoient deux rangs de colomnes, qui faifoient comme une grande nef au milieu, & deux ailes à côté. Il y avoit des galeries fur ces ailes.

Les Medecins nomment *Bafilique*, Une veine qui naiffant du rameau axillaire va au milieu du pli du coude. Elle a deux rameaux, dont les furgeons s'étendent jufques aux doigts de la main. Ces rameaux defcendent, l'un le long du grand focile, & l'autre le long du petit focile.

BASME. f. m. Vieux mot. Baume.

Dont le tombeau ne fent que bafme.

BASOCHE. f. f. Communauté des Clercs du Parlement de Paris, qui a pour armes trois écritoires d'or en champ d'azur. Cet établiffement eft fort ancien, & a plufieurs privileges. L'un des principaux eft de tenir une jurifdiction pour vuider les differends qui arrivent entre les Clercs, & regler leur difcipline. Les Jugemens qu'ils rendent ne laiffent pas d'être Souverains, & on les appelle Arrêts. Il y a un Treforier, un Chancelier, des Avocats, & d'autres Officiers. M. Ménage dit que Bafoche vient de *Bafilica*, & que les Bafochiens s'appellent *Bafilicani*. D'autres prétendent qu'il vient du verbe Grec βαζοχέω, qui fignifie Parler d'une maniere goguenarde, & qui eft formé de βάζειν, qui veut dire fimplement Parler. Il eft certain que quoiqu'on ait accordé beaucoup de privileges aux Clercs de la Bafoche, ce n'a été que pour leur donner de l'émulation, & que ce qui fe paffe entr'eux eft un jeu d'efprit, qui en les exerçant agreablement, contribue à les rendre capables d'une profeffion plus ferieufe. Les Officiers de cette Jurifdiction ont foin de faire planter le Mai du Palais.

BASQUE. f. f. Terme d'Architecture. Piece de plomb qui eft au droit des arreftieres & fous les épics ou amortiffemens, appellée ainfi, à caufe qu'elle eft coupée en forme de bafque de pourpoint.

BASQUINE. f. f. Vieux mot. Sorte de robe fort ample, qui par le moyen d'un cercle fe tenoit ouverte & étendue

BASQUINER. v. a. Vieux mot. Enforceler, du Grec βασκαίνειν, qui veut dire la même chofe.

BAS-RELIEF. f. m. Terme de Sculpture. Ouvrage où les figures ne paroiffent pas entieres ; étant artachées à un fond d'où elles ne fortent qu'en partie. C'eft ce qu'on appelle auffi *Baffe-tailles*. Ces fortes d'ouvrages furent inventés par les Anciens pour reprefenter des hiftoires, & faire comme des tableaux, dont ils puffent orner les theatres, les arcs de triomphe & leurs autres édifices. M. Felibien dit qu'il y a des bas-reliefs, dans lefquels les figures qui font fur le devant, paroiffent prefque de relief, que dans les autres elles ne font qu'en demi-boffe, & d'un relief beaucoup moindre, & que dans la troifiéme efpece elles font encore bien moins élevées, & ont peu de relief, à la maniere des Vafes, des Camaïeux, des Médailles & des pieces de monnoye.

BASSE. f. f. Pente douce d'une petite éminence par où

l'on fait defcendre plufieurs fois un cheval, en le mettant au petit galop, afin de lui apprendre à plier les hanches, & à former fon arrêt avec les aides du gras des jambes, du foutien de la bride & du caveçon. On l'appelle autrement *Calade.*

BASSETTE. f. f. Sorte de jeu de cartes qui a été fort commun en France depuis quelque tems, & qui nous eft venu de Venife. On le joue avec un jeu entier de cartes que tient celui qui a le fond de l'argent, pour payer tous ceux qui gagnent, & qu'on appelle *Banquier.* Chaque joueur prend une carte, fur laquelle il couche ce qu'il veut. Le Banquier en tire deux à la fois. Quand ces deux cartes fe trouvent pareilles à l'une de celles des autres joueurs, la premiere le fait gagner, la feconde le fait perdre.

BASSIER. f. m. Vieux mot. Pupille.
L'âge ifuel court, va volant maintes pats,
De baffier qu'il étoit il eft devenu gars.

BASSILLE. f. f. Herbe branchue & feuillue de tous côtés, haute d'une coudée, & qui croît dans les lieux pierreux & maritimes. Diofcoride qui en parle ainfi, ajoûte que fes feuilles font blanchâtres comme celles du pourpier, quoique plus longues & plus larges, & que leur goût eft falé. Elle jette trois ou quatre racines qui ont bonne odeur, & qui font groffes comme le doigt. Sa fleur eft blanche, & fa graine reffemble à celle du rofmarin, étant molle, ronde & odorante. Quand elle eft feche elle fe rompt, & a au-dedans un noyau femblable au grain de froment. Galien dit que la Baffille a un goût un peu falé & amer, & une vertu defficative & abfterfive. On l'appelle autrement *Crête marine,* ou *Fenouil marin,* & en Latin *Crithmum* ou *Crithamum.*

BASSIN. f. m. *Efpece de grand plat rond en ovale.* ACAD. FR. Les Chapeliers appellent *Baffin,* Une plaque de cuivre ou de fer dont ils fe fervent pour fabriquer un chapeau; ce qui leur fait dire, *Mettre un chapeau fur le Baffin,* quand ils le fabriquent, ou qu'ils le remettent en forme.

On appelle *Baffin de balance,* Un cuivre façonné en forme de plat creux & fans bord, attaché avec des cordes, dont on fe fert pour pefer.

On appelle *Baffin* dans les Atteliers, un lieu qu'on prepare pour y éteindre la chaux, pour y faire du mortier.

Baffin fe dit auffi des lieux qu'on prepare dans les jardins pour y recevoir les eaux des fources & des fontaines jailliffantes. Il fe dit de même d'un grand Refervoir d'eaux que l'on amaffe pour nourrir des canaux & des éclufes.

On appelle encore *Baffin,* Le lieu où font les Vaiffeaux dans les Ports de mer; & il fe dit même d'un petit Port particulier pratiqué dans un plus grand, où l'on radoube les Vaiffeaux.

Baffin fe dit auffi de plufieurs chofes en termes d'Anatomie; fçavoir de la capacité que forment l'os anonyme & l'os facré, & qui contient la veffie, la matrice & les inteftins; de la Glande pituitaire qui fe trouve dans le cerveau fous la troifiéme ventricule, & qui recevant les fuperfluités du cerveau, les fait diftiller dans le palais; & enfin d'une feconde cavité qui eft dans l'oreille, derriere la membrane qu'on appelle le Tambour.

BASSINE. f. f. Baffin large & profond dont les Chimiftes & les Apoticaires fe fervent, & qu'ils mettent fur des fourneaux pour faire des infufions, des decoctions, & autres operations qui les regardent.

BASSINET. f. m. Petite fleur jaune qui croît dans les prés en abondance. On cultive auffi cette fleur

& on l'appelle *Baffinet double.*

On appelloit autrefois *Baffinet,* Une maniere de chapeau de fer, ou habillement de tête, que portoient les gens de guerre; ce qui faifoit dire qu'il y avoit un tel nombre de *Baffinets* dans une armée pour dire qu'il y avoit un tel nombre de gens d'armes.

On donne auffi le nom de *Baffinet* à la partie fuperieure d'un chandelier d'Eglife, fur laquelle tombe la cire.

Baffinet, en termes de Medecine, eft une petite cavité qui fe trouve au milieu du rein.

BASSON. f. m. Inftrument de Mufique à vent & à anches, qui fe brife en deux parties pour être porté plus commodément. Sa patte a prefque neuf pouces de diametre, & on bouche fes trous qui font au nombre d'onze, avec des boëtes & des clefs, comme aux autres grandes flutes. Il eft appelé *Baffon,* à caufe qu'il fert de baffe aux concerts de mufique & de haut-bois.

BASTAGE. f. m. Droit que perçoivent quelques Seigneurs fur les chevaux de bât.

BASTARD. f. m. Terme de Marine. Corde qui fert à tenir & à lier un affemblage de bigots & de ragues, & qui les amarre fur le mât proche la vergue.

Baftard, eft encore un terme de Fauconnerie, & il fe dit d'un Oifeau, qui tient de deux efpeces, comme de Sacre & de Lanier.

BASTARDE. f. f. La plus grande des voiles d'une Galere. Comme de vent frais les voiles ordinaires fuffifent, on ne porte la Bâtarde que quand il y a peu de vent.

Bâtarde, fe dit auffi d'une efpece de canon de moyenne grandeur, & que l'on traîne plus aifément que les autres. C'eft pour cela qu'on la place fur les avenues, pour incommoder l'ennemi dans fon paffage. Elle eft encore propre pour être chargée à cartouche, & tirée en plate campagne dans le combat. On s'en peut auffi fervir pour démonter les batteries des affiegés, en lui dreffant une plateforme proche de la Contrefcarpe.

BASTARDIERE. f. f. Terme de Jardinier. Plant d'arbres tout greffés, qu'on éleve dans des Pepinieres, d'où on les déplante pour les mettre en efpalier.

BASTE. f. m. Terme du jeu de l'Hombre. C'eft l'as de trefle, qui eft l'une des trois cartes qu'on appelle Matadors, & la plus haute des triomphes après l'Efpadille & la Manille, en quelque couleur qu'on joue.

BASTE. f. m. Efpece de bas, qui n'eft que de bourre entre deux toiles piquées, en ufage chés les Meuniers de Bretagne & d'Anjou.

BASTIDE. f. f. Ce mot a fignifié autrefois *Maifon,* & il n'eft plus en ufage qu'en Provence & dans les Pays voifins, où on s'en fert pour dire, *Une maifon de plaifance.* Tout eft plein de baftides auprès de Marfeille.

BASTILLE, e'e. Terme de Blafon. Il fe dit des pieces qui ont des creneaux renverfés en autel qui regardent la pointe de l'écu. *D'argent, à trois lofanges d'azur, au chef coufu d'or, baftillé de trois pieces.* On difoit autrefois *Baftonné & Batillé.*
Qui moult étoit bien batillés.

BASTINGUE. f. f. Terme de Marine. L'S fe prononce. Bande d'étofe ou de toile qu'on tend le long du plat bord des Vaiffeaux de guerre, & qui eft foûtenue par des pieces de bois mifes debout, que l'on appelle *Pontilles,* afin de cacher ce qui fe paffe fur le pont pendant le combat. On dit auffi *baftinguerre.* C'eft la même chofe que *Pavois.*

BASTION. f. m. L'S fe prononce. Groffe maffe de terre,

terre, revêtue quelquefois de pierre, & qui étant ordinairement élevée sur un angle de la figure, y forme une gorge, deux flancs & deux faces. On appelle *Bastions pleins* ou *solides*, Ceux qui ont leur terrain égal à la hauteur du rempart, sans aucun espace vuide vers le centre, & *bastions vuides*, Ceux qui ont un rempart & un parapet qui regne seulement autour de leurs flancs & de leurs faces, laissant un espace vuide vers le centre, & un terrain si bas, que s'il arrive qu'on emporte le rempart, on ne sçauroit faire de retranchement vers ce centre, qui ne soit sous le feu des assiegeans. Il y a aussi un bastion plat & un bastion coupé. *Le bastion plat* est celui qu'on a construit sur une ligne droite, & *le bastion coupé* est celui qui vers la pointe fait un angle rentrant. Ce dernier est aussi nommé *Bastion à tenaille*. On appelle *Demi-bastion*, Une piece de fortification qui n'a qu'une face & un flanc.

BASTON. s. m. Terme d'Architecture. Membre rond que l'on appelle aussi *Tore*. Il se dit d'un gros anneau ou d'une moulure en saillie, qui est un ornement de la base des colomnes.

Bâton. Terme de Blason. Tiers d'une bande mis dans le même sens que se met la bande. On ne l'appelle *bâton* que quand il est brisure.

Bâton de Pavillon ou *d'Enseigne*, *bâton de girouette*, *bâton de flame*. Termes de mer. *Bâton de pavillon* est un petit mâtereau qui sert à arborer le Pavillon. *Bâton de girouette* est un autre mâtereau très-petit, où est plantée la verge de fer qui tient la girouette; & *le bâton de flame* est un bâton qui n'est long qu'autant que la flame est large par le haut. C'est ce bâton qui la tient au haut du mât. On appelle *Bâtons à Vadel*, Certains bâtons où l'on attache les pans, c'est-à-dire, les bouchons d'étoupe, dont se sert le calfateur à goudronner le Vaisseau.

Bâton de Jacob. Terme de Géometrie. Instrument composé de deux regles divisées en deux parties égales qui se coupent à angles droits, & qui sont mobiles dans une charniere qui les tient fermes. On s'en sert à prendre les hauteurs ou les distances par les angles, & il y a des pinnules aux extremités, pour faire les observations justes. On donne ce même nom à l'Arbaleste ou Arbalestrille dont on se sert sur mer pour trouver la hauteur du Soleil & des autres Astres sur l'horison.

On appelle *Bâton à gands*, Une maniere de grand fuseau dont se servent les Gantiers pour enformer les gands quand ils sont faits.

On appelle *Bâtons rompus*, Certaines pieces de compartimens dans des vitres & autres ouvrages, comme aussi, Une maniere de tapisserie, où l'on represente plusieurs bâtons qui sont rompus & entremêlés les uns dans les autres.

BASTONNE'E. s. f. On appelle *Bâtonnée d'eau*, La quantité d'eau qu'on puise à la pompe chaque fois qu'on fait jouer sa brimballe.

BASTONNER. v. a. Terme de Palais. Marquer quelques lignes d'un acte ou d'une piece, en tirant des lignes au-dessous, pour avertir que ces endroits doivent être lûs, & qu'ils contiennent quelque clause essentielle.

BASTONNIER. s. m. Celui qui a en garde pendant quelque tems le bâton d'une Confrairie, & qui le porte ou le suit aux Processions.

Bâtonnier est aussi, en termes de Palais, un ancien Avocat que l'on choisit tous les ans, selon l'ordre du tableau, pour être le Chef de la Communauté des Avocats & des Procureurs. Il est le maître de leur Chapelle & de leur Confrairie. Il préside au

Tome I.

siege qu'ils tiennent pour l'entretenement de la discipline du Palais & des Reglemens, & c'est à lui qu'appartient la commission des Charges des Juges inferieurs qui sont interdits, tant que leur interdiction dure.

BASTUDE. s. f. L'S se prononce. Espece de filet dont on se sert pour pêcher dans les étangs salés. Il en est fait mention dans l'Ordonnance.

BAT

BAT. s. m. Ce mot n'est plus en usage que dans la cuisine du Roi, où en parlant d'un poisson qui merite qu'on l'estime, on dit *qu'Il a tant de pouces entre œil & bat*, pour dire, entre la queue & la tête.

BATAIL. s. m. Longue piece de fer suspendue au milieu d'une cloche, contre laquelle elle frappe, & la fait sonner, quand on tire la corde où la cloche est attachée. On dit autrement *Battant*, & selon du Cange ce mot vient de *Batallum*, qui a été dit dans la basse Latinité pour signifier cette même piece de fer que nous appellons *Batail*.

BATAILLE', E'E. adj. Il se dit dans le Blason en parlant d'une cloche dont le batail est d'un autre émail que la cloche n'est. *D'azur à une cloche d'argent bataillé de sable*.

BATAILLIERES. Adj. Vieux mot. Vaillant, bon soldat. On a dit aussi *Batailleureux* & *batuillereusement*, pour dire Vaillamment.

On nomme *Bataillieres*, Une petite corde, qui fait jouer le traquet d'un Moulin.

BATAYOLES. s. f. p. Terme de Marine. Pieces quarrées de bois, hautes de trois piés, & qui ont environ quatre pouces d'épaisseur. On les attache à plomb par le dedans aux bacalas que l'on cloue sur la couverture de la poupe du Vaisseau.

BATEAU. s. m. Terme de Menuiserie. Bois assemblé pour faire le corps d'un carrosse, qu'on garnit ensuite par dedans & par dehors de cuir & d'étofes.

BATELE', E'E. adj. C'est la même chose que *Bataillé* en termes de Blason.

BATEUL. s. m. Partie du harnois des bêtes à somme, qui leur bat sur la croupe.

BATISTE. s. f. Toile très-déliée & très-claire. On en fait des rabats, & des surplis.

BATRACHITE. s. f. Pierre qui se trouve dans les grenouilles, appellée ainsi de βάτραχος, mot Grec qui veut dire une grenouille. Les Medecins disent qu'elle a la force de resister au venin.

BATTANT. s. m. C'est la même chose que *Batail* dans une cloche, c'est-à-dire, un morceau de fer gros & rond par le bout qui bat contre la cloche pour la faire sonner, & plus délié par celui d'enhaut, qui est attaché à un anneau qu'on appelle *La beliere*, & qui le tient suspendu.

Battant, se dit aussi d'un morceau de fer plat, qui s'éleve ou qui s'abaisse, selon que l'on veut ouvrir ou fermer une porte. On l'appelle *Battant de loquet*.

Battant, signifie encore le volet d'un comptoir de Marchand ou de Banquier, qui se leve & qui s'abaisse.

Battant est la partie d'un métier de Rubanier, où il y a des dents d'acier, avec quoi on travaille & on bat le velouté.

On appelle *Battans* dans les portes ou fenêtres de menuiserie, Les maîtresses pieces d'assemblage des côtés où sont les serrures.

Battant, en termes de mer, veut dire, La longueur du Pavillon qui voltige en l'air.

BATTE. s. f. Sorte de grosse massue quarrée, avec laquelle les Maçons battent les gravois. C'est aussi

N

un morceau de bois en façon de forme de chapeau, entouré d'un lien de fer avec un manche, dont les Cimentiers se servent pour battre les nilots & les grès, & en faire du ciment.

Batte est aussi un terme de Potier, & signifie Une maniere de battoir de sept pouces en quarré, pour battre le quarreau.

Les Tapissiers appellent *Batte*, Des bâtons au bout desquels il y a des cordes, & dont on se sert pour battre la bourre. Le morceau de fer plat dont se servent les Vaniers pour frapper sur les mane-quins & sur les hottes, est aussi appellé *Batte*.

Dans le battoir avec lequel on joue à la paume, la partie qui frappe & reçoit la balle, a encore le nom de *Batte*.

Les Bouchers appellent *Batte-à-bœuf*, Un bâton gros & court avec quoi ils battent les bœufs & les veaux qu'ils ont tués.

On appelle *Batte-à-beurre*, Un bâton rond, & long environ de deux piés & demi, dont le bout est enchassé à une maniere de tranchoir, avec quoi on bat & crême jusqu'à ce qu'elle se forme en beurre.

Batte, parmi les Blanchisseuses de Paris, se dit d'un petit banc à quatre piés au bord de la riviere de Seine, sur quoi elles savonnent & battent leur linge.

Battes se dit des parties d'une selle à piquer, éle-vées sur les arçons de devant & de derriere, pour faire que le cavalier se tienne ferme, & que les se-cousses du cheval ne l'ébranlent point. On dit dans ce sens, *Chausser la batte*, pour dire, Mettre le liege de la selle dans la batte, afin de la tenir en état. On se sert encore du mot de liege, à cause que cette partie de la selle qui est aujourd'hui de bois, étoit autrefois de liege.

BATTE'E. s. f. Ce que les Relieurs & Marchands Pa-petiers battent à la fois de papier, ou d'un livre en b'anc, sur la pierre à battre.

BATTELEMENT. s. m. Extrêmité d'une couverture de maison qui tombe dans la goutiere.

BATTEMENT. s. m. Ce mot se dit du tambour en termes de guerre, & il y a plusieurs sortes de batte-ment. On appelle *Battement du bâton rond*, Celui qui se fait quand les deux bâtons frappent l'un après l'autre; *Battement du bâton rompu*, quand chaque main frappe deux coups tout de suite; *Battement du bâton mêlé*, lorsque chaque main bat tantôt une fois & tantôt deux; & *Battement de retraite*, quand les deux bâtons battent ensemble.

On nomme *Battement*, Un marteau & une en-clume faits exprès pour affuter des faux. On dit, *Une paire de Battemens*.

BATTERIE. s. f. Terme de guerre. Lieu où l'on pla-ce les canons pour tirer sur l'ennemi. La platte-for-me sur laquelle on les met est faite de planches qui soûtiennent le rouage des affûts, & qui empêchent que la pesanteur du canon ne le fasse enfoncer dans les terres. Elle panche un peu vers le parapet, afin de diminuer le recul des pieces. Il faut que les bat-teries d'un camp soient bordées d'un fossé par le pié avec des palissades, d'un parapet par en haut, percé d'autant d'embrasures qu'il y a de canons, & de deux redoutes sur les ailes, ou de quelques places d'armes qui puissent couvrir les troupes qu'on destine à les défendre.

Il y a plusieurs sortes de batteries. *Batterie enter-rée ou ruinante*, est celle dont la platte-forme est enfoncée dans le rets de chaussée; ce qui oblige à faire des taillades ou coupures dans les terres, vis-à-vis la bouche du canon, pour lui servir d'embrasu-res. Ces batteries enterrées se font ordinairement

lorsque l'on commence les approches pour ruiner les parapets de la Place. On appelle *Batterie croisée*, Celle qui se fait de deux batteries assés éloignées l'une de l'autre, & qui tirent sur le même endroit, en sorte que le boulet de la seconde de ces batte-ries acheve d'abbatre ce qu'a ébranlé le boulet de la premiere.

On dit encore *Batterie en écharpe*, *batterie d'en-filade*, & *batterie de revers*. La premiere de ces bat-teries est celle qui bat un corps obliquement par bricoles, de travers ou de côté; la seconde, celle dont les coups rasent toute la longueur d'une ligne droite; & la derniere, qu'on appelle encore *Batte-rie meurtriere*, est celle qui prend à dos & bat par derriere.

Batterie se dit aussi, en termes de mer, d'une quantité de canons mis de l'avant à l'arriere des deux côtés du Vaisseau. Les plus grands Vaisseaux ont trois batteries. La premiere est celle qui est la plus basse ou la moins élevée sur l'eau. La seconde est au-dessus de la premiere, c'est-à-dire, au se-cond pont; & la troisiéme est sur le dernier pont.

On dit *Batterie & demie*, lorsqu'on parle d'un Vaisseau qui n'a du canon que le long d'un pont & à la moitié de l'autre.

Batterie trop basse, Se dit d'un Vaisseau qui a son premier pont & ses sabords trop près de l'eau.

On dit, *Mettre la batterie dehors*, pour dire, Met-tre les canons aux sabords; & *Mettre la batterie de-dans*, pour dire, Oter les canons des sabords, pour les remettre dans le Vaisseau.

Batterie, dans les Atteliers, se dit d'une hie ou autre machine avec laquelle on enfonce les pilotis lorsqu'on bat les ponts.

BATTOLOGIE. s. f. Vice du discours, quand on repete plusieurs fois la même chose, ou qu'on dit plusieurs choses vaines & frivoles, qui ne convien-nent point au sujet qu'on traite. Ce mot est Grec βαττολογια, & vient du nom de Battus, méchant Poë-te, qui dans ses hymnes ou chants repetoit presque toûjours la même chose.

BATTRE. v. a. Terme d'Artisan. Forger ou frapper avec le marteau. Ainsi on dit, *Battre le fer à la forge*. On dit aussi *Battre de l'or ou de l'argent*, pour dire, Passer les filets d'or ou d'argent sur les mou-lins pour les applatir.

On dit qu'*Un cheval bat à la main*, pour dire, qu'Il n'a pas la tête ferme, qu'il leve le nés, & le secoue tout à coup pour ne se pas soûmettre à la bride.

On dit dans les mêmes termes de Manége, qu'*Un cheval bat la poudre*, *bat la poussiere*, pour dire, Qu'à chaque tems, à chaque mouvement il ne fait pas assés de chemin avec ses jambes de devant. *Battre la poudre au terre à terre*; c'est quand le che-val n'embrasse pas assés de terrain avec les épau-les, & qu'il fait tous ses tems trop courts. *Battre la poudre aux courbettes*, se dit quand un cheval hâte trop ses courbettes & les fait trop basses, & *battre la poudre au pas*; c'est quand il avance peu, & qu'il va un pas trop court. On dit encore qu'*Un cheval bat du flanc*, pour dire, qu'il devient poussif.

Battre, est aussi un terme de chasse, & on dit; *Battre le bois*, *battre la plaine*, pour dire, étendre les Veneurs par le bois, par la campagne, pour faire lever & sortir le gibier. *Battre à route*, c'est battre les buissons avec la houssine pour lancer la bête. On dit, *Battre le ruisseau*, pour dire, Nager quand la bête qui est poursuivie se jette dans l'eau pour se sauver. On dit aussi d'un oiseau qu'*Il bat de l'aile*, lorsqu'il agite fortement ses ailes pour se

ſoûtenir en battant l'air.

Battre par camarades. Terme de guerre, dont on ſe ſert quand pluſieurs pieces de canon tirent ſur un même corps tout à la fois ; ſoit qu'elles ſoient de diverſes batteries, ſoit qu'elles ſoient de la mê-me. Il y a pour les Tambours diverſes manieres de battre la caiſſe. *Battre aux champs, battre le pre-mier,* c'eſt avertir un corps particulier d'Infanterie qu'il y a ordre de marcher, & *Battre la Generale,* ſe dit quand l'ordre s'étend ſur toute l'Infanterie d'une armée. *Battre le ſecond, battre l'aſſemblée,* c'eſt avertir les ſoldats d'aller au drapeau. On dit, *Battre la marche,* pour dire, Faire la batterie ordonnée quand les Troupes commencent à marcher, & *Battre le dernier,* pour dire, Faire celle qui aver-tit d'aller à la levée du drapeau. *Battre la charge, battre la guerre ;* c'eſt faire la batterie ordonnée pour aller à l'ennemi. *Battre la retraite,* ſe dit de la batterie ordonnée après le combat ; ou de celle qui ſe fait le ſoir dans les lieux de garniſon pour avertir les ſoldats de ſe retirer dans leurs caſernes. *Battre la Diane,* c'eſt battre la caiſſe d'une cer-taine maniere pour réveiller les ſoldats au point du jour. On dit encore, *Battre la fricaſſée,* pour dire, Battre avec précipitation & en tumulte, afin d'appeller promptement les ſoldats, lorſqu'une per-ſonne d'un haut rang paſſe ſans qu'on l'ait prévû de-vant le corps de garde, & qu'on ſe trouve obligé de faire la parade.

Battre, en termes de Maître à Danſer, c'eſt fai-re un mouvement figuré avec le pié.

BATTU. ſ. m. Les Tireurs d'or appellent *Battu,* un trait d'or ou d'argent doré qui eſt écaché.

BATTUE. ſ. f. Terme de Chaſſe. On dit, *Faire la battue,* pour dire, Battre les buiſſons avec la houſ-ſine pour en faire ſortir le gibier.

BATTURE. ſ. f. Fond mêlé de ſable, de roche ou de pierre qui s'éleve vers la ſurface de l'eau. On l'appelle autrement *Baſſe.*

On appelle auſſi *Batture,* une maniere de dorer qui n'eſt ni à détrempe ni à huile, & qui n'eſt bon-ne que pour donner des rehauts ou hachures ſur les tableaux à détrempe & à freſque, & pour faire des filets ſur du ſtuc. L'or qu'on y employe ne ſe peut brunir comme à détrempe, ni être de durée com-me à huile. On détrempe du miel avec de l'eau de colle & un peu de vinaigre, qui ſert à faire cou-ler le miel. On en fait une couche qui demeure, graſſe & glutineuſe, à cauſe du miel qui aſpire l'or, & qui étant mis ſur quelque corps, s'y attache for-tement.

BATTUS. ſ. m. p. Nom que l'on donne à certains Pénitens d'Italie & de Provence, qui par devotion ſe donnent une rude diſcipline en public en de cer-tains tems.

BAU

BAU. ſ. m. Piéce de bois, qui avec pluſieurs autres ſemblables miſes au travers d'un Vaiſſeau, d'un flanc à l'autre, en affermir le bordage & ſoûtient les ponts, comme une poutre ſoûtient le plancher d'une maiſon. Le bout de chaque Bau porte ſur des pieces de charpenterie d'une figure triangulaire, qui en fait la liaiſon avec les planches qui font le lam-bris du dedans du Vaiſſeau. On appelle *Bau de lof,* celui qui eſt le dernier vers l'avant ſur l'extrêmité ; *Bau de dalle,* celui qui eſt le dernier vers l'arriere ; & *Maître bau,* celui qui étant le plus long des Baux, donne par ſa longueur la plus grande largeur du Vaiſſeau. On appelle *Faux baux,* de pareilles pie-ces de bois qui ſont miſes de ſix piés en ſix piés ſous

Tome I.

le premier tillac des grands Vaiſſeaux, pour fortifier le fond du bâtiment.

BAUBE. adj. Vieux mot. Begue. On trouve dans les vieilles Chroniques, *Louis le Baube,* pour Louis le Begue. On dit auſſi *Bauboyer,* pour Begayer.

BAUBIS. ſ. m. Eſpece de chiens Anglois qui aiment naturellement à chaſſer les bêtes puantes, comme les Renards & les Sangliers. Ils ſont la plûpart com-me des Barbets à demi-poil, plus longs & plus bas de terre que les autres chiens ; fort épais, d'une gorge effroyable, qui heurlent ſur la voie, & qu'on n'en ſçauroit faire ſortir qu'avec peine, parce qu'ils ont le nés dur, & qu'ils reprennent difficilement la voie quand ils l'ont quittée.

BAUCALE. ſ. m. Vieux mot. Vaſe à rafraîchir, du Grec βαύκαλις. C'eſt delà qu'eſt venu *Bocal.*

BAUCENT. Vieux mot. Sorte de cheval. *Le cheval ſus quoi il ſeoit, étoit un baucent de Quaſtele,* pour dire, Un cheval de Caſtille.

BAUD. ſ. m. Eſpece de chien courant, à qui ce nom a été donné, à cauſe que ſa race vient d'une chien-ne de Barbarie, appellée *Baude.* La plûpart de ces chiens ſont blancs, & tout d'une couleur. Comme ils courent ordinairement le cerf, on les appelle *Chiens cerfs,* & quelques-uns les appellent auſſi *Chiens muets,* parce que le cerf venant au change, ils ne diſent mot juſqu'à ce qu'il en ſoit hors. Ces ſortes de chiens ſont bons chaſſeurs, requerans, forcenans, & de haut nés.

BAUDE. adj. Joyeux.

> *Leurs filles ſe trouverent baudes,*
> *Le maſculin étoit Bault, Bals & Baux.*
> *Fu liés, baux & joyaux.*

On a dit auſſi *Bauderie,* pour, Joie.

BAUDES. ſ. f. Terme de Marine. Ce ſont des pier-res que l'on attache aux filets des Madragues.

BAUDET. ſ. m. Les Scieurs de long appellent *Bau-dets,* les treteaux ſur leſquels ils poſent leurs bois quand ils les veulent ſcier.

Baudet, eſt auſſi un lit de ſangles.

BAUDIR. v. a. Terme de Chaſſe. Exciter les chiens à la courſe en leur parlant. *Baudir les chiens à pro-pos.* On dit auſſi *Rebaudir.* Les Chaſſeurs diſent en-core, *Baudir un faucon après un heron,* pour dire, L'encourager au combat.

BAVE. ſ. f. Vieux mot. Moquerie.

> *Qui ſçavez ſi bien les manieres,*
> *En diſant mainte bonne bave.*

On a dit auſſi *Bavernes,* & *baver* a été dit pour, Se moquer, tenir des diſcours de raillerie.

BAVER. v. n. Les Plombiers ſe ſervent de ce mot, en parlant des tuyaux qui ne jettent pas l'eau droite. *Tuyau qui bave.*

BAVETTE. ſ. f. Terme d'Architecture. Bande de plomb dont les bords & les devants des chênaux ſont couverts. On la met auſſi ſur les grandes cou-vertures d'ardoiſe, au-deſſous des bourſeaux.

BAVEURE. ſ. f. Petites traces des joints de pieces de moule qu'on ôte à la lime & au rifloir ſur le métal, & avec le ciſeau ſur le plâtre.

BAVEUSE. ſ. f. Poiſſon de mer qu'on a appellé ainſi à cauſe qu'il ſe couvre de la bave qu'il jette. Il eſt brun ſur le dos & moucheté.

BAUME. ſ. m. Arbriſſeau qui ne croît jamais plus haut de deux coudées. Ses feuilles qui approchent fort de celles de la ruë, tombent tous les ans au mois de Decembre, & reviennent vers le milieu du Printems. Ils portent des fleurs ſemblables à celles du petit jaſmin, après leſquelles vient une petite graine aromatique que l'on appelle *Carpo balſa-mum,* c'eſt-à-dire, fruit du Baûme. Cette graine en ſent mediocrement le ſuc, tire ſur le jaune, & eſt

N ij

mordicante & âcre au goût. Quelques-uns difent que cet arbriffeau ne croît qu'en Egypte, & dans une certaine vallée de Judée. Le fuc qu'on en tire s'appelle *Balfameleon*, comme qui diroit *Balfami oleum*, ou *opobalfamum*. Il y a differentes opinions touchant la maniere dont on le tire. Theophrafte & Diofcoride difent que ce fuc fe recueille dans les jours caniculaires, en égratignant l'arbre avec des grifes de fer ; qu'il fort goute à goute, & en fi petite quantité, que chaque année on n'en peut remplir que fix ou fept conges, dont chacune pefe environ neuf livres, & qu'il s'achete au lieu où il naît, le double poids de l'argent. Pline dit au contraire, qu'il faut incifer l'écorce avec un inftrument tranchant de verre, de pierre ou d'os, parce que l'arbre mourroit fi on l'entamoit avec le fer. Pour éprouver le bon Baume, il faut qu'il foit frais, aifé à diffoudre, uni, aftringent, un peu piquant au goût & de couleur jaune ou rouffe. Il faut encore qu'il ait l'odeur forte & pénétrante ; qu'il ne tache point le drap fur lequel il aura été verfé ; qu'il caille le lait fi on en jette dedans ; qu'il fe fonde incontinent qu'on l'aura mis dans de l'eau, & qu'il lui faffe prendre la couleur de lait ; ce que ne fait point le Baume fophiftiqué, qui laiffe une tache fur le drap, & qui nage comme l'huile au-deffus de l'eau. Il y a de deux fortes de Baume, le naturel & l'artificiel. Le naturel fe divife en quatre efpeces, qui font le Baume fimplement appellé Baume, le Baume du Perou, le Baume de Tolut, & le Baume qu'on nomme Baume nouveau. Le *Baume fimple*, autrement le vrai Opobalfame, eft une refine liquide, jaunâtre, tranfparente & d'une odeur qui approche de la Terebenthine, mais beaucoup plus agreable. Elle eft d'un goût un peu amer & piquant & diffile de l'arbriffeau décrit ci-deffus, quand on en a entamé l'écorce ; comme auffi de fes petites branches taillées. Lorfqu'on la prend en breuvage, elle provoque l'urine, & eft bonne à ceux qui ne peuvent avoir leur haleine. Elle fert de contrepoifon prife avec du lait, à ceux qui a été mordu d'un ferpent, ou qu'on a bû ou mangé de l'aconit. On la fait entrer dans les onguents faits pour les laffitudes, & dans les emplâtres & préfervatifs. Le *Baume du Perou*, eft un fuc tiré d'un arbre grand comme un grenadier, & dont les feuilles reffemblent à celles de l'ortie. Monard qui en rend ce témoignage, en diftingue de deux fortes ; l'un découle des incifions qu'on fait à cet arbre. Cette liqueur eft blanchâtre, tenace & vifqueufe ; mais fa rareté & la difficulté qui fe trouve à la tirer, empêche qu'il ne nous en vienne. Les Indiens pour compofer l'autre Baume, prennent dans une chaudiere les branches & le tronc de l'arbre, hachés fort menu, avec beaucoup d'eau. Lorfque le tout a fuffifamment bouilli, ils le laiffent refroidir & ramaffent l'huile qui nage au-deffus. Cette huile eft de couleur noire, rougeâtre, fort odiferante, & c'eft le Baume dont nous fervons ordinairement. Etant appliqué, il adoucit les douleurs qui proviennent d'humeurs froides : il diffipe les humeurs aqueufes, fortifie les nerfs & le cerveau, guerit les goutes crampes, amollit la rate endurcie, & aide fort aux gouteux. Dans la Chirurgie, il eft bon aux playes récentes, non feulement en confolidant, mais encore en échauffant & en diffipant ce qui eft nuifible. On s'en fert auffi pour les contufions invétérées, & même pour celles des nerfs. Le *Baume de Tolut*, eft un fuc qu'on tire en incifant l'écorce d'un arbre, fait à peu près comme un petit pin, & qui croît dans une Province de l'Amerique. Sa couleur eft rouge tirant fur le doré. Il eft

---

de confiftance moyenne, fort gluant & adherent, d'une faveur douce & agreable, & jette une odeur qui approche de celle du limon. Il a les mêmes proprietés que le vrai Baume. Outre qu'on s'en fert dans l'afthme, dans la phtifie & dans la crudité d'eftomac ; il eft bon pour confolider les playes, pour les coupures de nerfs, contufions & piquûres. S'il y a des os rompus, il jette hors les efquilles. Le *Baume nouveau*, que plufieurs prennent pour le Baume du Perou, eft une efpece de Baume naturel, tiré des fommités & des fruits femblables à des raifins, que porte un arbre qui croît dans les Indes. Cet arbre qui eft environ de la hauteur de deux hommes, a de larges feuilles, plus vertes au-deffus qu'au-deffous. Elles font attachées par des queues rouges, & une groffe côte en divife le milieu. Ce Baume eft prefque femblable tant en fa couleur qu'en fes autres qualités, au Baume de Tolut, & d'une confiftance de miel épais.

Il eft certain que le vrai arbre du Baume eft originaire d'Arabie, où il en croît une infinité auprès de la Meque & de Medine, fur les montagnes, dans la plaine & fur le fable. De ces lieux fteriles on les tranfplante en des terres fertiles. Les Pelerins qui vont vifiter le Tombeau de Mahomet apportent de ces arbres au travers de la mer Rouge ; & quand ces arbres viennent à mourir, ils en apportent d'autres par la même voie. La Reine de Saba en ayant apporté un en Judée, quand elle eut envie de voir Salomon, lui en fit prefent ; & c'eft de là que font venus tous ceux qu'on y voit. Depuis quelque tems les Arabes ayant reconnu le grand profit qu'on peut tirer des Baumiers, ont pris grand foin de les conferver & de les multiplier : de forte qu'il y en a maintenant un grand nombre de vergers, & qu'on en fait toûjours de nouveaux, avec la permiffion du Souverain : car il n'y a perfonne qui ofe fans fon ordre, femer ou planter cet arbre, prendre les fleurs, couper les branches ni cueillir les fruits. Le Baumier eft de la figure de l'*Agnus caftus*, & haut comme le Troëne. Ses feuilles qui font en fort petit nombre, reffemblent à celles de la rue, & ont leur couleur d'un vert tirant fur le blanc. Elles ne tombent point en hiver. Les branches font longues, droites, menues, & chargées de peu de feuilles. Elles pendent trois cinq ou fept enfemble comme celles du maftic. Les rameaux font odoriferans, gommeux & s'attachent aux doigts quand on les touche. Les fleurs qui font petites & femblables à celles de l'Acacia, pendent chacune à fa tige en maniere de couronne, & ont une odeur très-agreable, mais qui dure peu. On y trouve une graine enfermée entre de petites feuilles, d'un noir tirant un peu fur le rouge, & qui fent fort bon. Elle eft de la forme & de la groffeur du fruit de Terebinthe, épaiffe au milieu, & fe termine en pointe. Au-dedans de cette graine eft une liqueur jaune comme le miel, un peu plus forte & amere au goût. Le bois du Baumier eft leger, gommeux, & paroît rouge au-dehors. Le Baume qui eft la gomme de cet Arbre, diftille des fentes du tronc. Si-tôt qu'il fent l'air il devient jaunâtre, enfuite vert, puis d'un jaune doré, & enfin d'un jaune brun, ou de couleur de miel. L'odeur en eft fi forte & fi pénétrante au fortir de l'écorce, que non feulement elle fait mal à la tête, mais caufe fouvent des faignemens de nés. Elle fe change infenfiblement en une autre odeur plus douce. Le Baume nouvellement diftillé eft clair ; qu'on de tems après il devient trouble, & fort épais étant vieux. Alors il n'eft prefque plus d'aucun ufage. Les Egyptiens s'en fervent pour toutes fortes de maladies caufées

par des humeurs froides ou par quelque venin. Si on en prend par jour le poids d'une dragme, il est souverain contre la peste. Il est fort aperitif , & distillé bien chaud goute à goute dans les yeux & dans les oreilles , il rétablit la vûe & l'ouie. Les femmes d'Egypte s'en servent contre la sterilité , & le prennent par la bouche , ou en reçoivent la fumée dans la matrice. Il tient le teint frais , & garantit des rides celles qui s'en frottent. Il y a des femmes qui en font un si bon usage, qu'elles paroissent toûjours belles & jeunes. Pour cela elles se mettent dans un bain chaud, & quand la chaleur a pénétré tout leur corps, elles mettent plusieurs fois du Baume sur leur sein & sur leur visage , & demeurent dans le bain encore une heure ainsi embaumées, afin que le baume ait le tems d'agir. Elles réïterent cette onction , & quand elle est achevée, elles se frottent avec de l'huile d'amande amere , & se lavent plusieurs jours de suite avec de l'eau extraite des fleurs de féve. Les Egyptiens employent la graine & les rameaux du Baumier dans les mêmes maladies, où le Baume est bon , en prenant deux dragmes de la poudre dans la décoction de Nard. La même vertu du Baume est attribuée au bois & à la semence. Le Baume opere pourtant plus fortement que la graine , & la graine a un peu plus de vertu que le bois.

Le *Baume artificiel* , est un Baume qui par la tenuité de sa substance , par sa chaleur , par sa faculté dessechante , & par plusieurs autres bonnes qualités , est presque aussi bon que le Baume naturel ; en sorte qu'on ne fait point difficulté de s'en servir lorsque l'autre manque. On le compose de divers médicamens, tous balsamiques, partie par distillation , & partie par décoction.

On appelle *Baume du Samaritain*, de l'huile commune mê ée & cuite avec du vin, à cause qu'on croit que c'est d'un pareil remede que se servit le Samaritain de l'Evangile.

Il y a des Chimistes qui prétendent que le Baume ne soit autre chose que du sel commun extraite par l'art. Lorsqu'ils l'ont fait dissoudre à l'humide , & que sa résolution bien clarifiée a été mise dans du fumier de cheval , pour la purifier pendant quelques mois, ils la font distiller fortement avec le feu de sable. Il en monte une précieuse onctuosité , dans laquelle les choses les plus corruptibles étant trempées , ne sont plus sujetes à corruption , & demeureront éternellement entieres.

Baume, est aussi une petite herbe odoriferante que l'on met à la salade.

BAVOCHE'. s. m. Terme de Peinture. Contour qui n'est pas couché nettement.

BAVOIS. s. m. Terme de Monnoyes. On appelle ainsi le tableau ou la feuille de compte , où est contenu le fondement de l'évaluation des droits de Seigneuriage, Foiblage, Echarceté & Brassage, selon le prix courant que l'Ordonnance du Roi attribue à l'or, argent & billon , en œuvre & hors œuvre.

BAY

BAYE. s. f. Terme de Maçonnerie. Ouverture qu'on laisse dans les murs que l'on éleve pour mettre une porte ou une croisée. C'est aussi un terme de mer, & l'on dit , *Les bayes d'un Vaisseau* , pour dire , Les ouvertures qui sont en sa charpente, comme celles des écoutilles , les trous par où les mâts passent.

Baye , se dit aussi de la graine ou du fruit de certains Arbres , comme de l'If , du Laurier , du Houx, du Lierre.

BAYETTE. s. f. Sorte d'étoffe qui est une revêche de Flandre ou d'Angleterre.

BAZ

BAZAR. s. m. Terme usité parmi les Orientaux, sur-tout dans la Perse , pour signifier , Une sorte de rue longue , large & voutée , à la hauteur de quarante ou cinquante piés , & qui est destinée pour le commerce.

BDE

BDELLIUM. s. m. Gomme d'un arbre épineux qui croît dans l'Arabie , dans les Indes & dans la Medie. Il y a de trois differentes sortes de Bdellium. Le premier appellé *Saracenic* , & qu'on nous apporte d'Arabie, est meilleur que les deux autres. Il est pur, sans aucun mêlange de corps étranger , même de bois , & d'écorce, mol & gras quand on le frotte entre les doigts. Il se fond fort aisément, & a beaucoup d'amertume au goût. Le second appellé *Scythique* est resineux & noirâtre ; & le troisième , que l'on nomme *Indique* , est acre , plein d'ordures & formé en gros pains & masses. Il n'y a guere que le premier dont on se serve dans les compositions , & sur-tout en celle du Mithridat. Il n'a besoin pour cela d'aucune préparation. Il suffit qu'il soit en larmes & bien choisi. Selon Galien, le *Bdellium* Scythique, qui est le plus noir & le plus gommeux, a une grande vertu pour amollir. Celui d'Arabie pris en breuvage rompt & diminue la pierre des reins. Exterieurement , il discute les hergnes , amollit les duretés & les nœuds des nerfs ; ce qui fait qu'il est fort en usage dans les emplâtres styptiques.

BEA

BEANCE. s. f. Vieux mot. Felicité , du Latin *Beatus* , Heureux. On a dit aussi Beer, de *Beare*, Rendre heureux.

BEAUPRE'. s. m. Mât couché sur l'éperon à la proue d'un Vaisseau, celui qui étant le plus avancé sur la proue est incliné sur la poulaine.

On dit qu'*Un Vaisseau en suit un autre , beaupré sur pouppe* , pour dire , qu'il est le plus près qu'il se peut de l'arriere d'un autre Vaisseau.

On appelle *Petit beaupré* , Le petroquet du beaupré , c'est-à-dire , le mât qui est arboré sur les hunes du beaupré. On l'appelle aussi *Tourmentin*.

BEAUREVOIR. s. m. Terme de chasse dont on se sert quand le Limier bande fort sur la botte & sur le trait étant dans les voies.

BEC

BEC. s. m. On donne ce nom dans l'Architecture aux masses de pierre de taille disposées en angles saillans qui couvrent les piles d'un pont de pierre. Ceux qui sont opposés au fil de l'eau s'appellent *Avant-becs* , & on nomme *Arriere-becs* , Les autres qui sont de l'autre côté.

On appelle *Becs* , en termes de Blason , Les pendans du Lambel. Autrefois ils étoient faits en pointes ou en rateaux , & presentement ils ont la figure des goutes qui sont au dessous des Triglyphes en Architecture.

Bec d'âne , Est un outil dont les Menuisiers se servent. Les Serruriers appellent *Bec d'âne croche* , Certain instrument dont ils se servent pour serrer

N iij

les fiches dans le bois.

Bec de canne. Autre outil servant aux Menuisiers Il y a aussi de petites serrures à ressort , qu'on appelle *Bec de canne.* Les Chirurgiens nomment encore *Bec de canne* , Une sorte de pincettes , qui a son extrémité large , ronde & dentelée , pour mieux prendre une balle qu'ils veulent tirer du corps de quelqu'un.

Bec de corbin. Instrument de Chirurgie fait en forme de tenailles ou pincettes , qui a un bec long recourbé & arondi en pointes semblables à celle du bec des corbeaux. Il est plus ou moins large , selon l'ouverture des playes d'où l'on veut tirer des corps étrangers & nuisibles.

C'est aussi l'outil d'un Serrurier qui lui sert à poser ses ouvrages.

On appelle aussi *Bec de corbin* , Une petite piece de fer , soudée à la pince d'un fer de cheval Elle est large d'un pouce , & longue de trois ou quatre , & fait une saillie en avant ; ce qui empêche qu'un cheval boiteux n'appuye ou ne marche sur la pince.

Bec de grue coudé , Autre instrument de Chirurgie fait en forme de pincettes courbées & dentelées par le bout. On s'en sert pour tirer des esquilles d'os fracturés , des balles , dragées , &c.

Bec de cigne , Instrument qui s'ouvre à vis pour faire la dilatation d'une playe , tandis qu'avec le Bec de grue on en tire des corps étrangers.

Bec de lezard. On appelle ainsi des pincettes applaties , qui font une espece dé tire balles.

Bec de Perroquet. Tenaille incisive qui sert à guérir les playes du crane.

Bec de Grue ou *Bec de Cigogne.* Plante qui rend une bonne odeur , & qui est semblable aux mauves. Ses fleurs sont rougeâtres , & elle jette au bout de ses tiges plusieurs boutons qui ont du rapport à un bec de Grue. Voyez BALSAMINE.

BECCAFIGUE. s. f. Petit oiseau qui est une espece d'ortolan , & que l'on appelle ainsi à cause qu'il se nourrit de figues dans le tems qu'elles sont mûres. Il siffle agréablement , a quelque chose du chant de la Fauvette & du Rossignol , & vit jusques à dix ans. La plûpart disent *Becfigue.*

BECCARD. s. m. Sorte de Saumon. Selon quelques-uns , c'est la femelle du Saumon , & elle a le bec plus crochu que le mâle. Selon d'autres , c'est un Saumon du Printems qui devient Beccard sur la fin de l'Eté , dans lequel les Saumons sont bien moins bons , que quand ils commencent à être de saison.

BECCASSE. s. f. Oiseau de passage qui est très-bon à manger. Il est marqueté de gris , a le bec fort long , & on le voit en hiver.

Il y a une sorte d'oiseau plus gros qu'un canard , ayant le bec long de quatre doigts , que l'on appelle *Beccasse de mer.* Sa tête est noire , ainsi que le cou , le dessus de l'estomac & le bout de la queue. Le dessus du corps & des ailes est de couleur de fumée. Les côtés avec le milieu des ailes & de la queue sont blancs , & il a les jambes grosses & rougeâtres , & trois doigts à chaque pié.

Beccasse , Se dit aussi d'un poisson de mer qui a le bec pointu & fait en aiguille. Il n'a point de dents , mais ses machoires coupent comme feroit une scie.

Les Vaniers appellent *Beccasse* , Un outil de fer en forme de cou & de bec à Beccasse , dont ils se servent pour enverger les vans & les hottes.

BECCASSINE. s. f. Oiseau passager qui est plus petit que la Beccasse , & qui a le bec long & noir au bout. Il est fort bon à manger. Cet oiseau est comme roux & marqueté de petites taches , & a

les doigts noirs & longs.

BECQUÉ , E'E. adj. Terme de Blason. Il se dit des oiseaux dont le bec est d'un autre émail que le corps. *D'azur au Grifon d'or becqué d'argent.*

BECQUERELLE. s. f. Vieux mot. Brocard.
Puis il parle des maquerelles.
Des barats & des becquerelles.

BECQUILLON. s. m. On se sert de ce mot en termes de Fauconnerie , lorsqu'on parle du bec des menus oiseaux.

BECUNE. s. f. Poisson fort semblable à un brochet, qui a quelquefois plus de huit piés de longueur , & qui est gros à proportion. Il est gourmand & hardi , & se lance de furie contre les hommes s'il en apperçoit dans l'eau. Sa chair a le même goût que celle du brochet ; mais il est fort dangereux d'en manger , si auparavant on n'a regardé ses dents & goûté de son foye. S'il a les dents blanches & le foye doux , on en peut manger en assurance ; mais s'il les a tant soit peu noircies , & le foye amer ou acre , on n'en doit non plus goûter que si c'étoit du poison. Les Habitans des Isles de l'Amerique, où se trouve ce poisson , attribuent cela à la Mancenille qui tombe dans la mer , & dont la Becune se repaît.

Il y a une autre sorte de *Becune* si grosse & si longue , qu'on peut mesurer quatre bons piés entre la queue & la tête , & douze pouces dans la largeur de chaque côté qui répond aux ouyes. Sa tête est presque comme celle d'un pourceau , avec deux gros yeux qui sont fort luisans. Elle a la queue divisée en deux , des nageoires aux côtés & au dessous du ventre , & une empennure haute & relevée par degrés comme une crête , qui commençant au sommet de la tête , s'étend tout le long du dos jusques auprès de la queue. Les François qui sont aux Isles appellent cette sorte de Becune *Beccasse de mer* ; à cause de la figure de son bec , qui est presque pareille à celui d'une beccasse , excepté que la partie d'en haut est plus longue de beaucoup que celle d'en bas , & que ce poisson remue l'une & l'autre machoire avec une égale facilité. Outre ce bec long & solide qui le distingue entre les autres poissons , il a encore deux especes de cornes dures , noires & longues d'un pié & demi , qui pendent au dessous de son gosier. Il les peut cacher dans une enfonçûre qui est sous son ventre , & leur sert de gaine. Il n'a point d'écailles , mais il est couvert d'une peau rude , noirâtre sur le dos, blanche sur le ventre , & grise aux côtés. Sa chair est moins délicate que celle de la vraie Becune , mais on en peut manger sans peril.

BED

BEDAINE. s. f. Vieux mot. Boulet , d'où vient que l'on disoit autrefois, *Jetter bedaines.* C'étoient certains instrumens gros & courts qu'on appelloit aussi *Be dondaines.*

BEDEGAR. s. m. Nom que les Arabes & les Apoticaires donnent à une plante qui croît dans les forêts & dans les montagnes , & qui a ses feuilles semblables au Chamæleon blanc , mais plus blanches , plus étroites & un peu piquantes & rudes. Sa tige est haute de deux coudées & davantage , & a plus d'un pouce de grosseur. Elle est blanche & creuse au-dedans , & produit à sa cime une tête semblable à un herisson marin , quoique plus petite & longuette. Ses fleurs sont purpurines ou incarnates , & sa graine ressemble au safran bâtard. On l'appelle en langue vulgaire *Epine blanche* , & même *Artichaut sauvage* , à cause de la ressem-

blance qu'elle a en quelque façon à un artichaut de jardin. Dioscoride qui en parle ainsi, dit que sa racine prise en breuvage est bonne à ceux qui crachent le sang, ou qui sont travaillés de douleurs de ventre & d'estomac ; ce qui est aussi l'opinion de Galien. Il ajoûte que sa graine prise de même en breuvage remedie aux convulsions des petits enfans, & à ceux que des serpens ont mordus. Borel dit que selon les Modernes, le Bedegar est une éponge qui se trouve sur l'Eglantier ou rosier sauvage, qui est fort propre aux dyssenteries, qu'on l'appelle *Rose de Bedegar*, & en Languedoc *un Garrabié*, ce qui a donné lieu à une maniere de proverbe, dans cette Province, où l'on dit de ceux qui n'aiment personne, *Amoureux comme un Garrabié*, à cause que c'est un arbrisseau fort épineux, qui ne s'attache aux habits que pour les arracher.

BEDON s. m. Vieux mot. Sorte de cloche ou tambour.

Leurs cloches, bedons, menestriers.

BEDOUAN. s. m. Vieux mot. Blereau.

BEF

BEFROI. s. m. Terme de Blason. Nom donné par les Rois d'armes & par les Herauts à un écu vairé ou composé de trois tire de vair à cause qu'il a la forme des cloches qui servent à sonner à l'effroi. Quand on dit simplement *Befroi*, on doit entendre qu'il est composé d'argent & d'azur.

Befroi autrefois signifioit proprement la Charpente qui porte une cloche dans un clocher. Il a été pris aussi pour Clocher, suivant ces deux vers de Perceval.

Lors a une cloche vûe,
En un petit befroy la ved.

On disoit aussi *Berfroi*, *beffroit* & *beffrai*. On lit dans Froissard, *Firent des beffrois de merroin à trois étages assis sur quatre roues.* Ces beffrois étoient des Tours de bois qu'on faisoit pour découvrir ce qui se passoit dans les Villes assiegées, ou pour asseoir des machines qui pussent agir de haut en bas. Ce même mot a signifié Prison, parce qu'ordinairement on mettoit les prisonniers dans des Tours ; ce qui se pratique encore aujourd'hui en divers lieux.

Si lui dit, Mon ami, le tien corps mourir doit.
Mais si faire voulois ce que l'on te diroit,
Tu serois delivré, & mis hors de befroit.

M. Ménage croit que quand on dit *Sonner le befroi*, cela veut dire l'Effroi, & il fait venir ce mot de *Bée* & *Effroi*, comme qui crieroit à haute voix sur une Tour qu'il faut promptement courir aux armes ; ce qui a pû être pratiqué avant qu'on eût inventé les cloches. On en use encore aujourd'hui de cette sorte en Turquie, pour avertir le peuple de l'heure qu'il est. On ne peut pourtant douter qu'on n'ait pris *Beffroi* pour Cloche, puisque Villon a dit dans son Testament,

Le gros Beffroi qui est de voirre.
Quand de sonner est à son erre.

BEG

BEGAYER. v. n. Terme de Manege. On dit qu'*Un cheval begaye*, pour dire qu'il bat à la main, c'est-à-dire, qu'il branle la tête & secoue la bride.

BEGUINS, ou *Beguards*. s. m. Secte d'Heretiques qui ont eu beaucoup de partisans en Allemagne, où ils s'éleverent dans le treiziéme siecle. Quoiqu'ils portassent l'habit de Moines, & qu'ils menassent une vie solitaire, ils ne gardoient point le celibat, & soûtenoient des erreurs très-pernicieuses, com-

me de dire, que l'homme peut acquerir en cette vie la beatitude finale, avec tous les degrés de perfection dont il doit jouir dans le Ciel ; que toute nature intellectuelle est dès lors heureuse sans le secours de la grace, & que celui qui est dans cette perfection, non seulement doit se dispenser de rendre obéïssance à son Souverain, de jeûner, de prier, & de faire de bonnes œuvres ; mais qu'il ne doit pas communier ni porter honneur au Saint Sacrement, parce qu'ils disoient que cela donnoit sujet de reconnoître en soi quelque imperfection.

BEGUINES. s. f. Societés de Filles dont il y avoit de deux sortes. Les premieres ne faisoient point de vœux, & suivoient les erreurs des Beguards & de Marguerite Porreta, condamnées par plusieurs Conciles. Les autres vivoient sous les Constitutions qu'elles avoient reçûes de sainte Begga, sœur de sainte Gertrude, ou selon d'autres, d'un saint Prêtre appellé Laurent Begha. On voit encore aujourd'hui dans les Pays-Bas de ces Religieuses qui vivent fort saintement, & il y a même à Rouen un Couvent de Filles qu'on nomme *Beguines*.

BEH

BEHEN, ou *Ben.* s. m. Quelques-uns disent qu'il y a de la difference entre ces deux mots ; d'autres n'y en mettent point, & établissent de trois sortes de Ben ou Behen. La premiere n'est autre chose que ces noisettes dont les Parfumeurs tirent une huile qui ne devenant jamais rance, est très-legere & subtile, & n'a aucune odeur d'elle-même ; ce qui la rend propre à en recevoir de toutes sortes. La seconde est le Ben des Arabes. Serapion dit que c'est une racine odorante de la grosseur de la petite carotte, que ce Ben vient d'Armenie, & qu'il y en a de blanc & de rouge. La troisiéme est le Ben bâtard, & c'est celui des Apothicaires. L'arbre qui porte les noisettes, qui sont la premiere espece du Ben, est semblable au Tamarisc, & croît en Egypte, en Ethiopie & en Arabie. Son fruit est gros comme une aveine, & son noyau broyé comme on fait les amandes ameres, rend une liqueur dont on se sert au lieu d'huile dans les onguents précieux. Cette liqueur, quand le Ben est bien pilé, est fort bonne dans les medicamens abstersifs, & qui sont faits pour l'âpreté de la peau. Les meilleures noix de Ben sont celles qui sont pleines, fraîches, blanches & fort aisées à peler. Le Ben pris au poids d'une dragme consume la rate, comme qu'en rapporte Dioscoride. Le Ben des Arabes fortifie, engraisse & remedie aux tremblemens.

BEHISTRE. s. f. Vieux mot. Tempête.

BEHORDER. v. n. Vieux mot. Caqueter, parler trop. On le trouve aussi employé dans la signification de *Passer le tems à se réjouir.*

BEHOURDE. Vieux mot. Joûte. On a dit aussi *Behourdier*, pour signifier un choc de lances ; & *Behourdi* d'un Joûteur, qui dans un Tournois a reçû un coup qui l'a étourdi.

BEHOURT. s. m. Vieux mot. Espece de Balcon.

BEI

BEJAUNNE. s. m. Terme de Fauconnerie. On donne ce nom aux Oiseaux niais & tous jeunes, qui ne sçavent encore rien faire, & aux jeunes Ecoliers qui arrivent dans les Universités, & qui payoient *jus Beiauni.* Vide *Hist. Univers. Paris.*

BEID *el ossar* ou *essar.* s. m. Plante qui croît en Egypte, dans un lieu marécageux à cause du Nil, près du Village de Martarea. On en transporte en Europe, où elle germe & fleurit dans les jardins, mais elle n'y porte point de fruit. Cette plante pousse beaucoup de racines, d'où sortent plusieurs branches & rejettons, de la hauteur à peu près d'un homme. Ses feuilles sont deux à deux, larges, fort épaisses, & finissent en ellipse ou œuf. Une maniere de lait distille des feuilles tendres de la tige & des rameaux, quand on les rompt. Ce lait se caille dans les pays chauds. Les fleurs sont de couleur de safran, tirant un peu sur le rouge, & servent de pâtures aux abeilles. Elles croissent par faisseaux au haut des branches, & pendent à de longues queues en forme de couronne tournée vers la terre. Une espece de coton aussi doux que la soye, couvre la semence. On en fait une mèche qui prend feu à la moindre étincelle. Le fruit est entouré du même coton, qui sert à faire des matelas & des coussins. Le lait que rend cette Plante n'est pas inutile, & l'on s'en sert quelquefois pour corroyer les peaux, & en faire tomber le poil. Ce même lait est un excellent remede contre la teigne, la galle & autres petites tumeurs qui se forment sur la peau. Les feuilles cuites dans l'eau, ou crues, étant appliquées sur les tumeurs froides, ont une vertu qui les guerit.

BEL

BELANDRE. s. m. Quelques-uns disent *Belande*. Terme de Marine. Petit bâtiment fort plat de varangue, & qui a son appareil de mâts & de voiles semblable à celui d'un Heu. La couverte ou le tillac de ce petit bâtiment s'éleve de proüe en pouppe d'un demi-pié plus que le plat-bord. Ainsi entre le plat-bord & le Tillac il y a un espace d'environ un pié & demi qui regne en bas, tant à Stribord qu'à Basbord. Les Belandres servent au transport des marchandises, & les plus grandes, qui sont de quatre-vingts tonneaux, se peuvent conduire par trois ou quatre personnes. Elles vont à la bouline comme le Heu, & ont des semelles pour cela.

BELETTE. s. f. Petit animal fin & prévoyant, qui a le gosier blanc, le dos rouge & le museau étroit. Quoiqu'il soit petit de corps, il est hardi & cruel, & fait la guerre aux pigeons. Pline en met de deux especes, l'une qu'on voit dans les buissons & dans les hayes, & qu'il appelle *Mustelle sauvage*; & l'autre qui hante les maisons, & qu'il nomme *Fouine*. Selon le même Pline, la Belette combat le serpent, ayant auparavant mangé de la rue. Elle fait mourir le Basilic, & si elle a un œil crevé par quelque accident, elle recouvre la vûe, ainsi que fait le Lezard. Aristote dit que la Belette aime si fort ses petits, qu'elle les tient souvent en sa bouche pour les transporter d'un lieu en un autre; ce qui a fait dire que cet animal faisoit ses petits par la bouche. La cendre de la Belette incorporée dans de l'eau, appliquée sur le front, ôte les douleurs de tête; & si on la jette dans les yeux, elle guerit les cataractes.

BELIC. Terme de Blason, que l'on employe quelquefois au lieu de gueules, pour signifier couleur rouge. On dit aussi *belif*.

BELIER. s. m. Machine de guerre fort en usage chés les Anciens. C'étoit une grande poutre de bois, ferrée par le bout gros & massif & suspendue par deux chaînes. Ils s'en servoient pour battre les tours & les murailles des Villes. Ce ne fut d'abord qu'une piece de bois que plusieurs hommes tenoient entre leurs bras, & dont ils donnoient de grands coups contre la muraille. Vitruve attribue l'invention du Belier aux Carthaginois, lorsqu'ils assie-

geoient Cadis. M. Felibien dit qu'il y avoit trois sortes de beliers, les uns qu'on suspendoit à des cordes, les autres qui couloient sur des rouleaux, & les autres que soûtenoient sur leurs bras ceux qui les faisoient agir.

On appelle aussi *Belier*, une piece de bois qu'on couche sur les quarreaux d'un pressoir sur laquelle porte le fust.

BELIERE. s. f. Anneau par lequel le battant d'une cloche est suspendu. On appelle aussi *Beliere*, L'anneau qui est au-dedans du dessus d'une lampe d'Eglise.

BELIN, adj. Vieux mot. Sot.

    Avoir qu'à point tant soit beugle ou belin.

Il a été pris aussi pour Mouton.

    Qui de la toison de belin
    En lieu de manteau sobelin, &c.

BELLE. s. f. Terme de Marine. La partie du pont d'en haut qui regne entre les haubans de Misaine & ceux d'Artimon. Comme elle a son bordage & son platbord moins élevé que le reste de l'avant & de l'arriere, elle laisse cet endroit du pont presque à découvert par les flancs; ce qui est cause que c'est par la belle qu'on vient ordinairement à l'abordage.

BELLE DE NUIT. s. f. Plante qui porte des fleurs rouges ou jaunes. On l'appelle ainsi à cause qu'elle se ferme de jour, & qu'elle fleurit & s'ouvre la nuit.

BELVEDER. s. m. Matthiole dit que c'est une Plante qui a ses feuilles semblables à celles du lin, & que ses branches servent à faire des balais. Les Apothicaires en font souvent l'ornement de leurs boutiques.

BELOCE. s. f. Vieux mot. Chose très-peu considerable. Dans Mehun au Codicille.

    Qui pour l'amour d'une femme ne donne une beloce.

BELUDE, *Belue*. s. f. Vieux mot. Bête feroce, du Latin *Bellua*.

    Degeneré de bien peu de value,
    Et converti en forme de belue.

BEN

BENARDE. s. f. Espece de serrure qui s'ouvre des deux côtés, & qui est garnie d'une, deux ou trois planches fendues qui passent dans la clef. Afin que la clef fasse arrêt sans passer outre, on fait dans la tige une entaille plus grosse au milieu & au derriere du paneton, que par le devant. Cet arrêt porte sur l'une des planches: ce qui fait que la serrure s'ouvre librement des deux côtés.

BENEDICTE. s. m. Terme de Pharmacie Electuaire mol purgatif, composé de vingt-quatre ingrediens, sans y comprendre le miel. Nicolas de Salerne en est l'Auteur. On l'appelle *Benedicte* à cause qu'il purge benignement la pituite de toutes parts, même des jointures.

BENEDICTINS. s. m. Religieux vêtus d'un ample froc noir à grandes & larges manches, avec un capuchon qui leur couvre la tête, & qui finissant en pointe, pend sur le derriere du froc. Cet Ordre, l'un des plus illustres qui soient dans l'Eglise, & celui qui a eu le plus de grands Hommes, de Saints & d'Ecrivains celebres, a été fondé par saint Benoît & établi sur le Mont-Cassin, d'où vers l'an 529. il chassa le diable, qu'on y adoroit dans un vieux Temple d'Apollon. Selon sa Chronique, on compte quarante Papes de cet Ordre, deux cens Cardinaux, cinquante Patriarches, seize cens Archevêques, quatre mille six cens Evêques, quatre Empereurs, douze Imperatrices, quarante-
six

fix Rois, quarante & un Reines, & trois mille fix cens Saints canonifés. De faints Perfonnages ont fouvent renouvellé la feveur de l'obfervance reguliere en reformant l'Odre, & cette reforme fut commencée vers l'an 946 par faint Odon Abbé de Cluni, d'où eft venu la Congregation de Cluni. Celle de fainte Juftine de Padoue & du Mont-Caffin s'eft établie en Italie en 1408. & on l'a renouvellée en 1504. Celle de S. Maur en France a commencé en 1621.

BENEDICTINES. f. f. Religieufes habillées de noir, qui fuivent les Regles étolies dans l'Ordre de faint Benoît.

BENEFICE. f. m. Chage fpirituelle avec certain revenu que l'Eglife dome à celui qui eft tonfuré ou dans les Ordres, afin de le faire fubfifter en fervant Dieu. Il y a des Benefices fimples, & des Benefices à charge d'ams. *Le Benefice fimple* eft celui qui peut être poffedé par un Clerc tonfuré, quoiqu'il n'ait encore que fept ans. On l'obtient fur une fimple fignature de Rome, & il n'oblige qu'à reciter le Breviaire. *Le Benefice à charge d'ames* eft un Benefice qui olige à être Prêtre, comme un Evêché, une Cue, & à prendre foin des ames de ceux qui font foumis à cet Evêché, à cette Cure. On appelle *Benefice en titre ou en regle*, Celui qu'un Religieux pofede; & *Benefice feculier*, Celui qui fe doit donnerà un feculier. Toutes les Cures font prefque de cenombre. *Un Benefice fecularifé* eft celui qui n'aiant été autrefois poffedé que par des Reguliers, ommence à être poffedé par des Seculiers, fur ce que le Pape a trouvé à propos d'en changer l'éta. *Benefice en Commande*, étoit autrefois le déport d'un Benefice entre les mains de celui qui ne pouvoit canoniquement le tenir en titre. Lorfqu'il n vaquoit quelqu'un qui ne pouvoit être aifément rempli, on commettoit un Oeconome feculier qu en percevoit les fruits, & en rendoit compte au fucceffeur de celui qui avoit laiffé le Benefice vacant. Dans la fuite des tems, comme ces Oecommes, qui étoient Ecclefiaftiques, rendoient des fervices confiderables aux Eglifes dont l'adminiftration leur étoit commife, on trouva jufte de leur donner les fruits, mais feulement pour un tems, comme de fix mois, ou d'une année, jufqu'à ce qu'on eût fait choix d'un fujet capable. Enfin par les Concordats qui ont été faits entre les Papes & les Princes temporels, on a difpenfé les feculiers de la regle, & en appellant *Commande* ce qui eft un vrai Titre, on leur confere à perpetuité des Benefice Reguliers, & ils font prefentement Titulaires, & jouiffent de tous les privileges du Clergé, au lieu qu'ils étoient autrefois chargés d'un dépôt avec le feul titre d'Oeconomes. On appelle *Benefice confiftorial*, Celui qui eft à la nomination du Rôi, & fe préconife à Rome en plein Confiftoire. Ce font les Archevêchés, les Evêchés & les Abbayes dont il faut avoir des Bulles. Il y a encore une forte de *Buefice* qu'on appelle *Manuel*. C'eft celui qui dépend d'une Abbaye, & qu'on envoie deffervir par un Religieux. Ce Religieux eft amovible, & le Superieur le change quand il lui plaît.

Benefice, eft auffi un teme de Jurifprudence, qui fe joint avec divers mots. *Benefice d'inventaire*, eft un remede que la Loi a irroduit en faveur des heritiers, en forte que l'heritier par Benefice d'inventaire n'eft tenu des dettes du défunt qu'à proportion de l'avantage que la fucceffion lui apporte. C'eft pour cela que l'on en fait inventaire, pour en rendre compte s'il en eft befoin. On appelle *Benefice de ceffion*, quand on reçoit un débiteur à abandon-

Tome I.

ner tous fes biens à fes creanciers fans nulle referve, après quoi on lui donne la liberté, s'il n'eft arrêté pour les cas refervés par les Ordonnances. *Benefice d'âge*, c'eft lorfqu'un Mineur obtient des Lettres du Prince, par lefquelles il eft declaré émancipé, en forte qu'il a le pouvoir de gouverner fon revenu depuis dix-huit ans jufqu'à fa pleine majorité.

BENEFIQUE. adj. Bienfaifant. Ce mot ne s'emploie qu'en parlant des Aftres aufquels on attribue des influences favorables. *Une Plante benefique.*

BENEISON, ou *Beneiçon*. f. f. Vieux mot Benediction. On a dit auffi *Benoyer*, pour Benir.

BENEURETE'. f. f. Vieux mot. Bonheur. On a dit auffi *Beneuré* & *Beneurté*, pour Bienheureux.

BENJOIN. f. m. Gomme de couleur jaune mife en pain, d'une odeur fort agreable, facile à rompre & à fondre. Elle découle d'un arbre étranger extrêmement haut, & Matthiole prouve que ce ne peut être le *Lazer*, comme il l'avoit crû lui-même avant que d'y avoir fait affés de réfléxion. On l'appelle en Latin *Benjoinum, Benzoinum, Belzoinum, Benzoum*, ou *Ben-Judaum*, & quelques-uns l'appellent *Affa dulcis*. Il y a de trois fortes de Benjoin. Le premier eft tacheté de marques blanchâtres, & a comme des coups d'ongles, qui font qu'il reffemble à des amandes rompues; ce qui l'a fait appeller *Amygdaloides*. Les deux autres fortes de Benjoin font noires. L'un a moins d'odeur que l'autre, qui eft très-odoriferant, & qui fe recueille fur les jeunes arbres qui portent le Benjoin. Cette troifième forte vient de Sumatra, & les Habitans l'appellent *Benjoin de boninas*. L'*Amygdaloides* eft le meilleur. Pour être bon, il doit être rougeâtre, pur & clair, recent, de bonne odeur; & la fumée qui en fort quand on le brûle, doit fentir le bois d'Aloës. Le Benjoin incife, attenue, refifte aux venins & fortifie le cerveau, le cœur & la matrice. Etant mis en poudre, il entre dans tous les Medicamens Cephaliques, tant internes qu'externes.

BENNE. f. f. Petit vaiffeau qui fert à charger les bêtes de fomme, pour tranfporter des grains ou autres chofes. Sa capacité eft de deux minots de Paris, ou environ, & il fert de mefure en plufieurs Provinces. Ce mot peut venir de *Benna*, qui au rapport de Borel étoit une forte de chariot des anciens Gaulois. Il parle felon Feftus, de ce c'eft delà qu'eft venu le mot de *Combennones*, pour dire, Compagnons de chariot, & *Benneau* ou *Bennel*, que Monf. trelet emploie pour un Tombereau.

BENOISTE. f. f. Ce mot n'a été d'abord qu'un Adjectif, fervant d'épithete à la pierre Philofophale; mais prefentement la plûpart des Chimiftes en font un Subftantif, en appellant la pierre Philofophale abfolument *La Benoîte.*

BEO

BEORI. f. m. Animal à quatre piés des Indes Occidentales, qui fe trouve dans la Province de Verapaz. Il eft femblable à un veau, mais il a les jambes plus courtes, & les piés articulés comme l'Elephant. Ceux de devant ont cinq orteils, & ceux de derriere quatre. Il a la tête longue, le front étroit, les yeux petits pour fa grandeur, le mufeau long d'un palme, qui lui pend comme une trompe, les oreilles aigues, le cou retiré, la queue courte, couverte d'un peu de poil, & la peau fort épaiffe, en forte qu'il eft difficile de l'empoigner de la main, ou de la percer avec un fer. Cet animal vit d'herbes fauvages, & quand il s'eft fâché, il fe dreffe, & ouvrant la gueule il montre fes dents qui font comme celles d'un pourceau. S'il arrive

O

qu'il fe fente trop rempli de fang il s'ouvre les veines en fe frottant contre des pierres. Les Efpagnols
l'appellent *Danta*.

BER

BER. f. m. Vieux mot. Seigneur.
Li Ber fe fent à mort playé.
On a dit auffi *Haltber*,pour dire,Grand Seigneur.
C'eft delà que nous eft venu Fief de *Hautber*. On
a dit auffi *Bernage*, pour dire, Suite, équipage,
train d'un grand Seigneur.

BERBERIS. f. m. Arbriffeau, Epine-vinette, qui porte un petit fruit rouge d'un goût très-aigu.

BERCEAU. f. m. Terme d'Architecture. Voute qui
forme un demi-cercle entier. On l'appelle autrement, *Hemicycle* ou *voute en berceau*. Si la voute
eft plus baffe qu'un demi-cercle, on l'appelle *Berceau furbaiffé* : & quand fa concavité paffe en hauteur, & excede la longueur, ou le diametre du demi-cercle, cela s'appelle *Berceau furhauffé*.

On appelle *Berceaux rampans*, Ceux qui ne font
pas paralleles à l'horifon, comme les voutes & les
defcentes des caves ; & *Berceaux à lunettes*, ceux
où l'on pratique des jours, & y faifant fur les côtés
ou dans les flancs des ouvertures en arc, ou d'autres ouvertures qui ne vont pas jufques au haut de la
voute. *Berceaux biaifans* font ceux qui tombent fur
un plan biais, & qui font des angles obliques & inégaux, & *Berceaux biais & rampans*, ceux qui biai-
fent & rampent tout enfemble.

On appelle dans les Jardins, *Berceau de verdure*, une Allée où les branches des arbres entrelaffées
les unes dans les autres donnent du couvert ; *Berceau de treillage*, une Allée couverte en cintre, faite de barreaux de fer & d'échalas maillés, & garnis
de chevrefeuille, de jafmin commun ou de vigne
vierge ; & *Berceau d'eau*, une Allée où plufieurs
rangs de jets d'eau, en s'inclinant les uns vers les autres, reprefentent un berceau.

Berceau. Terme d'Imprimerie. Partie de la Preffe qui roule fur les bandes, où le marbre eft enclavé.

BERCELLES. f. f. Petit inftrument fait de laiton, &
qui aboutit d'un côté en de petites pincettes, & de
l'autre en une petite pelle. Les Orfévres s'en fervent à travailler en diamans, & autres menus ouvrages.

BERCHE. f. f. Terme de Marine. On appelle ainfi
de petites pieces de canon de fonte verte. Il y en a
auffi de fer fondu qu'on appelle *Barces*. Ces fortes
de canons ne font plus guere en ufage. Borel dit
que *Berche*, eft une forte d'Artillerie ancienne, &
que l'on s'en fert encore dans les Navires.

BERGAMOTTE. f. f. Poire verte & ronde. Quel-
ques-uns prétendent qu'elle a pris fon nom de Ber-
game, Ville d'Italie. M. Ménage dérive ce mot, du
Turc *Bergamot*, & dit qu'il fignifie Poire du
Seigneur, *Ber*, fignifiant Seigneur, & *Armout*,
Poire.

BERGE. f. f. Bord efcarpé d'une riviere, bord affés
élevé pour garantir la campagne d'être inondée. On
appelle auffi en termes de mer *Berges*, les grands
rochers relevés à pic & droitement. Quelques-uns
les nomment *Barges*.

BERGERONNETTE. f. f. Petit oifeau blanc & noir,
qui fréquente les rivieres. On l'appelle autrement
Hochequeue.

BERIL. f. m. Pierre précieufe, femblable au criftal,
& dont il fe trouve de groffes pieces qui fervent à
faire de fort beaux vafes. M. Felibien dit qu'il y en
a beaucoup à Cambaya, à Martaban, au Pegu &
dans l'Ifle de Zeilan.

BERLE. f. f. Plante dont la tige eft droite, & qui
croît auprès des ruiffeaux. Ses fleurs qui font blanches, portent une graine qu'on trouve enfermée
en de petites gouffes cornues. Il y a de deux fortes
de Berle, l'une grande qui a les feuilles larges &
rondes, & l'autre petite, qui les a longues & étroites. Ces plantes échauffent & humectent moderement, & font diuretiques, hyfteriques, & lithotri-
tiques. On leur donne plufieurs noms en Latin fçavoir, *Bevula*, *Laver*, *Sium*, *Beccabunga*, & *Anagallis aquatica*.

BERME. f. f. Terme de Fortification. Efpace de trois,
quatre ou cinq piés, felon la hauteur qu'on laiffe en
dehors entre le pié du rempart, & l'efcarpe du foffé
pour recevoir la terre qui s'éboule. On l'appelle autrement *Relais*, *Retraite*, *Lifiere*, ou *Pas de fouris*.
On a de coûtume pour plus de précaution de palif-
fader les Bermes.

BERNARDINS. f. m. Ordre de Religieux qui
fuivent la Regle de faint Benoît, & qui ayant été
d'abord reformés par Robert, Abbé de Molême,
l'ont été enfuite par faint Bernard, Abbé de Clairvaux ; ce qui les a fait nommer *Bernardins*. Ils ont
une robe blanche, avec un fcapulaire noir, & en
officiant, ils font vêtus d'une coule ample & large
qui eft toute blanche. Cette coule a de grandes manches avec un chaperon blanc.

Le Dictionnaire Univerfel dit qu'il y a cinq Abbayes Chefs-d'Ordre de faint Bernard. Il avance
faux. 1. On ne dit point *Ordre de faint Bernard*,
mais, *Ordre de Cîteaux*. 2. Clairvaux, Pontigni,
La Ferté, Morimond ne font point Chefs-d'Ordre,
mais Chefs des Filiations de l'Ordre de Cîteaux.
Les Abbés de ces Monafteres vifitent le premier,
mais il faut qu'ils foient tous quatre enfemble : l'Abbé de Cîteaux les vifite feul.

BERNARDINES. f. f. Religieufes qui font habillées comme les Bernardins, & fuivent la même
Regle.

BERNE. Terme de Marine. On dit, *Mettre le
Pavillon en Berne*, pour dire, Le faire courir le long
de fon bâton par le moyen de fon iffas, & le tenir ferlé. Quoiqu'on mette le Pavillon en berne
pour appelier en chaloupe, c'eft en general un fignal que donnent les Vaiffeaux Pavillons aux Vaiffeaux inferieurs, pour les faire venir à bord de leur
Pavillon.

BERSAULT. f. m. Vieux mot. But.
*A mon cœur dont il fit berfault,
Bailla nouvel & fier affault.*

BERTOUDER. v. a. Vieux mot. Tondre irrégulie-
rement.

BERTRESCHE', E'E. Vieux mot. Fortifié. On lit
dans Froiffard, *Un Château bien bertrefché*.

BES

BESAIGUE. f. m. Barre de fer acerée par les deux
bouts, dont l'un eft bec d'âne, & l'autre planché
à bifeau. Elle a une poignée de fer au milieu, & les
Charpentiers s'en fervent particulierement pour
faire des tenons & des mortoifes. Nicod dérive ce
mot de *Bis acuta*, deux fois aigue, à caufe de fes
deux taillans. Borel remarque que le mot *Bés* qui
vient de *bis*, fignifiant deux, n'a pas fait feulement
Befaigue, deux fois aigue, ou à deux tai lans ; mais
encore *Beffon*, c'eft-à-dire, Deux hommes, de *bes
home*, *Befcles* de *bis oculi*, comme qui diroit, Deux
yeux, *Beface*, deux facs, & *balance* de *bis*, & de
lanx.

Befaigue, eft auffi une efpece de marteau fervant
aux Vitriers, & dont la paume eft pointue.

BESAS. f. m. Terme de Trictrac, qui se dit de deux as, ou deux points seuls que l'on amene en deux dés. C'est encore un mot venu de *bes*, pour *bis*. On dit indifferemment *besas* & *ambesas*. Ce dernier vient d'*Ambo*, qui signifie, Tous deux, l'un & l'autre.

BESANT. f. m. Monnoye ancienne d'or, valant cinquante livres, selon Ragueau. La rançon du Roi saint Louis en fut payée; & le Sire de Joinville rapporte qu'on en demanda deux cens mille, qui devoient valoir cinquante sols chacun, puisque ces deux cens mille besans faisoient la somme de cinq cens mille livres. Le Besant n'est pourtant apprecié qu'à vingt sols dans plusieurs titres d'abonnemens de fief. On prétend que ce mot vient d'une espece de monnoye que les Empereurs firent battre du tems que Constantinople s'appelloit Bisance. Elle étoit d'or pur ou de vingt-quatre Karats. Dans le sacre des Rois, on en presente treize à la Messe, & Henri II. en battre exprès un pareil nombre pour cette cérémonie. On les appella *Bisantins*, & ils valoient un double ducat la piece.

Besant, est en termes de Blason, une piece d'or ou d'argent sans marque. Elle est ronde & plate, & les Paladins François en mirent sur leur Ecu, pour faire connoître qu'ils avoient fait le voyage de la Terre-Sainte. *D'azur à trois besans d'or.*

BESANTE', E'E adj. Il se dit dans le Blason d'une piece chargée de Besans. *De gueules à la bordure besantée d'or.*

BESCU. adj. Vieux mot. Borel croit qu'il signifie, Qui a deux pointes aigues. *Bâtons bescus comme bistardes.*

BESIE-DHERI. f. m. Sorte de poires appellées ainsi à cause qu'elles ont été trouvées dans la forêt de Heri, qui est en Bretagne, entre Rennes & Nantes. La poire de Besied-heri est plus ronde que longue, elle a la peau fine & colorée. Voyez BEZIER.

BESTE. f. f. Terme de Chasse qui se dit absolument du gros gibier. *Lancer la bête.* On appelle les Sangliers *Bêtes noires*, & les Cerfs *Bêtes fauves*. On les distingue encore par d'autres noms, & on donne aux cerfs, aux chevreuils & autres celui de *Bêtes de brout*, & on appelle le sanglier, le blereau, le renard, l'ours, le loup, la loutre, &c. des *Bêtes mordantes*.

Bête, est aussi un jeu de cartes, où trois, quatre & cinq personnes jouent ensemble, après qu'on a ôté les petites cartes, & presque toûjours les six & les sept. On en donne cinq à chacun de ceux qui jouent, & quand celui qui a fait jouer ne gagne pas, il paye autant d'argent qu'il en auroit pû gagner, & on dit alors, qu'*Il a fait la bête*. Il y a souvent plusieurs bêtes sur le jeu. Si celui qui a fait la bête a fait une regagne, on dit, qu'*Il remonte sur sa bête*.

BESTION. f. m. Terme de Marine. Bec ou pointe de l'éperon à l'avant des portevergues. On l'a appellé ainsi à cause qu'il porte ordinairement la figure d'une bête; & comme on y emploie souvent celle d'un lion, quelques-uns l'appellent *Le lion*, au lieu de dire, *Le Bestion*.

BESTORS, BESTORTE. adj. Vieux mot. Traversé de chemins obliques.

Et tant fit les chemins bestors.

BESTOURNER. v. a. Vieux mot. Renverser.

Mes or vendent les Jugemens,
Et bestournent les erremens.

Il a été pris aussi pour, Tourmenter l'esprit, le mettre hors de son assiette. On lit dans Alain Charier: *Par leurs paroles épouventables & très-perceans*
Tome I.

le cœur & la pensée, m'avoit ja ces trois derroyées & séditieuses de caresses bestourné le sens & aveuglé la raison.

BET

BETE. f. f. Plante fort commune dont il y a de deux sortes, la blanche & la rouge. La blanche n'est autre chose que la poirée, & on se sert ordinairement de ses feuilles pour mettre dans la décoction des lavemens émolliens, & assés souvent dans les potages; ce qui fait mettre au rang des herbes émollientes & potagères. On se sert aussi des côtes de cette sorte de Bete, qui, quoique bien assaisonnées, sont toûjours très-indigestes, & font un sang grossier & mélancolique. La rouge est ce qu'on appelle *Beterave*. On en mange les racines fricassées ou en salade; & elles ne sont pas moins indigestes que les cardes. Selon Galien, la Bete tient du nitre en ses qualités, & cela fait qu'elle est resolutive & abstersive, & purge par le nés. Il ajoûte qu'étant cuite, elle perd toute sa nitrosité, & prend une vertu contraire aux apostumes chaudes. Pline dit qu'on trouve des Betes sauvages, & qu'on les appelle *Limonium*.

BETEL. f. m. Plante fort estimée dans les Indes, & semblable à l'arbre qui porte le poivre; mais si foible qu'elle a toûjours besoin d'être appuyée. Son fruit consiste en sa feuille qui se peut garder long-tems. Selon Matthiole c'est la même chose que le Thembul ou Tember des Arabes & des Perses, qui en mangent continuellement, même dans leurs plus grandes occupations, parce qu'ils sont persuadés qu'il contribue fort à la santé. Il dit que quand on en mange trop, il fait perdre le sens, ce qui est cause que les femmes qui sont obligées de se brûler après la mort de leurs maris, en mangent en fort grande quantité; afin de se mettre hors d'elles-mêmes & en état de ne rien sentir. Le Betel échauffe l'estomac, donne une couleur rouge au visage & aux lévres, fortifie les dents & les rend noires comme du jayet. Ses feuilles sont semblables à celles du lierre, mais beaucoup plus tendres. On les broye avec une noix assés dure, qui approche de la noix muscade; & quand on en a sucé le suc, qui est de couleur de sang, on le crache. Les Indiens sont fort soigneux de s'en nettoyer les dents. Ils en mâchent à toute heure, & s'en donnent reciproquement les uns aux autres en se rencontrant sur les chemins; de sorte qu'il seroit honteux à un Indien de n'en porter pas sur soi.

BETHLEMITES. f. m. Sorte de Moines qui se sont d'abord établis à Cambridge, Ville d'Angleterre en 1257. Ils étoient vêtus comme les Dominicains, & portoient une Etoile rouge sur leur poitrine, de la figure d'une Comete, en memoire de l'Etoile qui parut à la naissance de JESUS-CHRIST.

BETOINE. f. f. Plante qui jette une tige menue & quarrée, de la hauteur d'un peu plus d'une coudée. À la cime de cette tige elle produit sa graine en façon d'épi, comme fait la Sarriette. Ses feuilles approchent de celles du chêne. Elles sont longues, molles, odorantes & chiquetées tout autour. Celles qui sont le plus près de sa racine, qui est menue comme la racine de l'Ellebore, sont plus grandes que les autres. Matthiole a remarqué qu'en Italie, quand on veut bien estimer une personne, on dit, *Il est vertueux comme la Betoine.* Le mot de *Virtuoso* chés les Italiens, est pris pour, Habile en quelque art, en quelque science; ce qui fait connoître que la Betoine a de grandes proprietés. Cette Plante que les Grecs appellent ψυχότροφον, parce qu'elle

O ij

croît dans les lieux humides, eſt amere & un peu
acre. Elle attenue, diſcute, fortifie le cerveau, le
foye, la rate & la matrice. Elle eſt bonne aux morſures de toutes ſortes de bêtes, & étant appliquée
ſur les jointures, elle diſſipe le reſte des humeurs
& des douleurs que la goutte ou quelque autre fluxion y a attirées. Quelques-uns ſe ſervent de ſa racine pour provoquer le vomiſſement.

BETUSE. ſ. m. Tonneau ouvert ſur le côté avec une
fermeture à charniere où les Palfreniers conſervent
l'avoine. On en a pour charrier du poiſſon d'un étang
à l'autre, quand on leve le peuple.

BEV

BEVEAU. ſ. m. Inſtrument qui eſt une eſpece de ſau-
terelle, dont les deux regles, ou ſeulement une, ſont
courbes en dehors ou en dedans. On s'en ſert pour
tranſporter un angle mixtiligne d'un lieu dans un
autre.

BEY

BEYUPURA. ſ. m. Poiſſon de la mer du Breſil, qui
eſt fort gras, d'un bon goût & ſain, & long de ſix
ou ſept paumes. Il a le dos noir & le ventre blanc,
& approche fort de l'eſtourgeon de Portugal. On le
prend avec l'hameçon dans la pleine mer.

BEZ

BEZET. ſ. m. Coup de dés où l'on amene deux as.
C'eſt la même choſe au jeu du trictac que Bezas,
& Ambſas.

BEZIER. ſ. m. Poirier ſauvage, qui porte beaucoup
de fruit fort menu, & fort âpre. Les Poires s'appellent Beſies, Bezialles. On en peut faire un bon fruit
en les entant telles que ſont les Beſies-dheri & de
l'Echaſſiere.

BEZOARD. ſ. m. Pierre medicinale ſervant d'un
excellent contrepoiſon, & qui ſe trouve dans l'eſtomac & autres cavités internes d'une maniere de
bouc des Indes Orientales, qui reſſemble en partie
à un cerf, & en partie à une chévre. Matthiole
nomme cette pierre Beſahar, & dit qu'elle a une
vertu ſpeciale contre toutes ſortes de poiſons, en
ſorte qu'elle les ſurmonte, non ſeulement quand
on la prend en breuvage, mais auſſi quand on la
porte ſur ſoi de telle maniere, qu'elle puiſſe toucher la chair nue du côté gauche; qu'il y en a de
pluſieurs ſortes; la rouſſe, qui eſt la plus ſinguliere,
& une autre poudreuſe qui eſt blanche tirant ſur le
verd. Il ajoûte que Raſis, qui avoit experimenté
la vertu de cette pierre ſur une perſonne qui avoit
bû du Napellus, rapporte qu'il l'a trouvée rouſſe,
blanchâtre, legere, & qui reluiſoit comme du
feu. Il dit encore qu'Abdalanarach qui en parle,
avoit vû la même pierre Beſahar entre les mains
des enfans d'Almirama, grand obſervateur de la
Loi de Dieu, pour laquelle il avoit donné en échan-
ge une fort belle maiſon qu'il avoit à Cordoue;
que cette pierre avoit une ſi grande vertu, que non
ſeulement en la prenant en breuvage au poids de
douze grains, mais en l'appliquant ſur les playes
& ſur les morſures des bêtes les plus venimeuſes,
elle guériſſoit ſur l'heure, & faiſoit ſortir le poiſon
par la ſueur; qu'elle faiſoit les mêmes effets, en
la tenant en ſa bouche & la ſuçant quelque tems.
Matthiole finit ce qu'il raconte de cette pierre, en
diſant qu'il y en a qui veulent que dans les coins
des yeux des Cerfs il s'engendre une certaine pierre qui a preſque les mêmes proprietés que le Beſahar; que dans le Levant les Cerfs preſſés de

vieilleſſe mangent des ſerpens pour ſe rajeunir; que
pour ſurmonter la malignité de leur venin, ils ſe
vont jetter dans l'eau après qu'ils les ont mangés,
& tiennent ſeulement la tête dehors; que tandis
qu'ils ſont en cet état, il leur dégoute des yeux
une humeur viſqueuſe, qui s'endurciſſant enſuite au
Soleil, forme une pierre en façon de gland, & que
ceux qui connoiſſent la nature de ces Cerfs, prennent garde à cette pierre, pour la ramaſſer quand
elle leur tombe après qu'ils ſont hors de l'eau. Il ne
donne pas cela pour une choſe ſi vraie, qu'il ne
ſoit permis de ne la pas croire. Quelques-uns font
venir le mot de Bezahar, de l'Hebreu Bel, qui ſignifie Maître, & de Zaard, qui veut dire Venin,
comme qui diroit Maitre du venin. D'autres prétendent qu'il vient du mot Indien Bezaard, qui eſt
le nom que l'on donne à l'animal qui produit la
pierre. Elle eſt de differentes couleurs, tantôt plus
obſcure & plus noirâtre, ſouvent plus pâle & tannée; ce qui eſt cauſé non ſeulement par la difference du temperament des Animaux qui la produiſent, mais encore par les diverſes qualités des alimens dont ils ſe nourriſſent. Il y a de deux ſortes
de Bezoard, l'Oriental & l'Occidental. Le premier
vient des contrées qui ſont au Levant; & pour être
bon, il doit être de couleur noire, verdâtre, tout
formé en écailles fort déliées & polies, que l'on
enleve les unes après les autres en les rompant. Ces
écailles doivent être toutes ſemblables, & avoir au-
dedans quelques pailles, quelque terre, ou autre
corps étranger. On éprouve ſa bonté de trois manieres; l'une ſi on frotte la pierre de bezoard avec
de l'eau où il y a de la chaux vive, & que par ce
moyen elle devienne jaunâtre; l'autre, ſi après
qu'on a frotté du papier avec de la craye blanche
ou de la ceruſe, la pierre de bezoard, qu'on paſſe
ſur ce papier, y marque des lignes vertes; & la troiſiéme, qui eſt le ſigne le plus aſſuré de tous, ſi
elle garantit de la mort ceux qui en prennent par
la bouche quand ils ont été empoiſonnés. Le Bezoard Occidental, qui vient de l'Amerique & du
Perou, eſt beaucoup inferieur à l'Oriental, qui eſt
formé dans le corps d'un animal, qui en paiſſant
diverſes herbes aromatiques, fait contracter à la
pierre de plus excellentes qualités. Il ſe trouve en
differens animaux particuliers à ce pays-là, comme
dans les Guanacos, les Jachos, les Vicunnas, les
Taraguas, & dans les uns il eſt gros comme une
noiſette, dans les autres comme une noix, & dans
quelques-uns comme un œuf de poule. Il y en a de
figure ovale, de ronds, & d'autres qui ſont preſque
plats. La couleur en eſt cendrée dans les uns, & extrêmement obſcure dans les autres. Il ſe trouve
quelquefois trois ou quatre de ces pierres dans le
même animal. Cette ſorte de bezoard eſt moins
luiſant que l'autre, fort peu odorant, & il a des
écailles plus épaiſſes & plus plâtreuſes. On falſifie
le bezoard. Les uns le font avec de la craye, des
cendres, des coquilles, du ſang deſſeché, & de petites pierres de bezoard pulveriſées, en incorporant
le tout enſemble; & les autres, en ſe ſervant de cinabre, d'antimoine, & de vif-argent mêlés enſemble à l'aide du feu; mais cette falſification, bien
loin d'avoir quelque utilité, ne peut apporter qu'un
notable préjudice à ceux qui s'y laiſſeroient tromper. Quelques-uns prétendent qu'en Perſe il ſe trouve un Bezoard dans le corps des Singes, & qu'il eſt
ſi fort, que deux de ſes grains font autant d'effet
que le Bezoard ordinaire qui eſt produit dans le
corps des chévres. Laët rapporte que dans la Nouvelle Eſpagne il y a une ſorte de chevreaux appellés Theotlatlmazames, dans leſquels ſe trouve le

bezoard. Ils font de la grandeur d'une moyenne chèvre, ou un peu plus grands, d'un poil de couleur leonine, & blancs aux côtés. Ils ont les cornes longues auprès de la tête, divifées en quelques branches petites, rondes & fort pointues. Il fe trouve dans cette même Province des pierres foffiles, que les Arabes nomment auffi *Bezoard*, principalement dans la riviere de Detzhuatlan. Ils leur ont donné ce nom, à caufe que ces pierres ont la même vertu que le Bezoard. On en voit de differentes efpeces & formes, que les eaux emportent du haut des montagnes.

Il y a un *Bezoard Mineral*, appellé ainfi à caufe de fes qualités bezoardiques. C'eft, felon les Chimiftes, une poudre émetique corrigée avec l'efprit de nitre, & parfaitement adoucie par plufieurs lotions, qui en ôtant la vertu purgative de l'antimoine, la convertiffent en diaphoretique. Les mêmes Chimiftes appellent *Bezoard Jovial*, La chaux d'eftaim, & l'efprit de nitre diftillé & évaporé. On prétend qu'il n'y ait point de meilleur remede pour les maux de matrice.

BIA

BIAIS. f. m. Les Maçons difent *Biais gras*, & *Biais maigre*, pour exprimer deux angles qui font inégaux entre eux. C'eft ce qu'en Géometrie on appelle Angle obtus & Angle aigu. Ils fe fervent auffi de *Biais par tête*, *Biais par dérobement*, *Biais par équarriffement*, pour marquer la coupe de quelques pierres. On dit *Biais paffé*, lorfque dans les bâtimens certaines fujettions obligent à faire des portes ou des fenêtres en biais; & cela s'appelle ainfi, à caufe du trait géometrique dont le trait fe fait ou par équarriffement, ou par panneaux. On dit, *Corne de bœuf*, ou *Corne de vache*, quand les ouvertures ou les paffages que l'on fait de cette forte, font feulement de biais d'un côté.

BIALTE'. f. f. Vieux mot. Beauté. On a dit auffi *Bieux*, *biau* & *biax*, pour dire Beau.

BIAN. Corvée dans les Coûtumes d'Anjou, de Poitou, d'Angoumois, & de S. Jean d'Angeli.

BIC

BICHE. f. f. La femelle d'un Cerf. Elle eft d'une couleur tirant fur le bai-rouge, court d'une très-grande viteffe, a la vûe fort bonne, & ne porte point de bois fur fa tête. Les biches font en rut aux mois d'Août & de Septembre, portent huit mois, & ne font d'ordinaire qu'un feul fan.

BICHET. f. m. Mefure de grains qui eft particulierement en ufage dans le Lyonnois & en Bourgogne. Elle contient à peu près un minot de Paris, & fe dit tant de la mefure, que du blé qui y eft mefuré. Les anciens Titres font connoître qu'il falloit deux Bichets pour faire une hemine ou deux quartaux. Il y en a d'autres par lefquels on trouve que le Bichet contenoir deux quartes, que chaque quarte contenoir deux boiffeaux, & le boiffeau vingt écuelles. On dit auffi un *Bichet de terre*, pour dire Autant de terre qu'un Bichet de blé en peut femer.

BICHON. f. m. Sorte de petit Chien, qui a le poil long & le nés court.

C'eft auffi un terme de Toilette, quand les Femmes ont les cheveux coupés & frifés.

BICOQ. f. m. Terme de Mechanique. Troifiéme piece qu'on ajoûte aux deux pieces de bois dont eft compofée la machine appellée *Chèvre*. Quand il n'y a point de mur contre lequel ces deux pieces de bois puiffent être dreffées, on emploie le Bicoq pour les foûtenir. On l'appelle auffi *Pié de Chèvre*.

BICOQUE. f. f. On traite ainfi, Une petite Ville aifée à attaquer; Une mauvaife hôtellerie; Une Maifon de campagne negligée. C'eft auffi le nom d'une Ville de Lombardie que prit François I. en 1522.

BICOQUETS. f. m. Vieux mot. Sorte de parure de femme.

BID

BIDEAUX. f. m. Vieux mot. Soldats à pié felon Ragueau & Froiffard. Ils font appeliés *Bibaux* par Monftrelet.

BIDET. f. m. Petit cheval.

On nomme *Bidet*, Un petit établi de Menuifier, qui eft portatif.

BIDON. f. m. Balle de plomb ou de fer, allongée en cilindre pour tirer en forêt. Il porte plus loin & plus droit que la balle.

On appelle *Bidon* Une efpece de Vaiffeau de bois en forme de feau renverfé, contenant quatre ou cinq pintes. On s'en fert fur mer à mettre la boiffon de chaque plat de l'Equipage.

BIE

BIERE. f. f. Boiffon faite d'orge, de froment, d'avoine ou autre bié; à quoi on ajoûte du houblon, pour lui faire prendre le goût du vin. On les braffe long-tems, & on les fait cuire dans des chaudieres. Matthiole croit que le *Zythum* & le *Curmi* des Anciens n'étoient autre chofe que la Biere dont on ufe en Allemagne, en Flandre, en France, & en plufieurs autres regions de l'Europe, & qu'il n'y avoit de difference entre le *Zythum* & le *Curmi*, qu'en la diverfité de la faire, qui augmentoit ou diminuoit la propriété de ces breuvages. En effet, ajoûte-t-il, quoique toutes les Bieres fe faffent d'orge, elles ont differens goûts, felon qu'elles font braffées. Les unes font douces & agreables à boire, & il y en a d'autres ameres & âpres. Les unes font troubles, & les autres claires. Il dit encore qu'en Baviere les Braffeurs avant que de braffer leurs Bieres, trempent l'orge & le froment en décoction de houblon, qu'ils gardent tant de foin, qu'il y a une grande peine établie contre ceux qui les coupent. On le feme & le cultive, comme on fait ici les vignes, & dans la faifon on en cueille la fleur & le fruit, pour mettre tremper dans leur décoction le blé dont ils font la Biere. Non feulement cela fait enfler & lever leur grain, mais il prend le goût du vin; ce qui le rend bien plus doux à boire. Les Angʼois, pour rendre leur Biere plus agreable, lorfqu'elle eft braffée, jettent du fucre, des cloude de girofle & de la canelle dans les tonneaux. Les Flamans y jettent du miel & des épices. La Biere enyvre ainfi que le vin, & cette yvreffe dure même plus long-tems, à caufe que la Biere étant plus materielle, eft plus difficile à digerer que le vin. Il eft défendu par Arrêt du Grand-Confeil aux Boulangers de mettre dans leur pain de levûre de Biere autre que fraîche & non corrompue.

BIEVRE. f. m. Efpece de Loutre ou de Caftor qui vit fur terre & dans l'eau. Sa tête reffemble à celle d'un rat, & fa peau eft pleine de poils mous & drus. Il a les yeux, les dents & la langue comme les a un cochon, & on diroit d'un barbet à voir fon mufeau. Cet animal a les piés de devant femblables à ceux d'un Singe, & fes piés de derriere font faits comme ceux d'une Oye. Il a au-deçà & au-delà de fes parties naturelles deux tumeurs dont il fortune liqueur qui eft utile dans la Médecine.

O iiij

Bievre est auffi une efpece d'Oifeau de riviere, qui a le bec long, menu, dentelé & crochu par le bout, & qui eft de la groffeur d'une moyenne Oye fauvage. Sa tête eft groffe & de couleur fauve, avec une crête fur le cou, & il a le deffus du dos cendré tirant fur la couleur plombée, le ventre prefque blanc, & les piés rougeâtres.

BIEZ. f. m. Canal qui renferme & conduit des eaux dans quelque élevation, d'où elles tombent fur la roue d'un moulin. On appelle *Arrierebiez*, Les Biez qui font au-delà en remontant.

BIG

BIGARRADE. f. f. Sorte d'Orange fur la peau de laquelle on voit plufieurs pointes & excref-cences.

BIGARRE', x'e. adj. Terme de Blafon. Il fe dit du Papillon, &c de tout ce qui a diverfes couleurs. *De gueules à un papillon d'argent miraillé & bigarré de fable.*

BIGARREAU. f. m. Groffe cerife qu'on a appellée ainfi à caufe qu'elle eft bigarrée de noir, de rouge & de blanc. L'arbre qui la porte eft nommé *Bigarreautier*. Le Bigarreau a la chair plus ferme que la cerife, & la figure moins ronde. Elle reffemble à celle des guignes.

BIGLE. f. m. Efpece de Chien de chaffe qui vient d'Angleterre,& dont on fe fert pour les lapins & les liévres.

BIGORNE. f. f. Bout d'une enclume qui finit en pointe, & qui fert à tourner les groffes pieces en rond.

BIGORNEAU. f. m. Petite bigorne. Le Bigorneau a un bout quarré & l'autre rond, pour tourner les rouets & autres petites pieces.

BIGORNER. v. a. Arrondir un morceau de fer, ou les anneaux des clefs, fur la partie de l'enclume appellée *Bigorne.*

BIGOT. f. m. Terme de Marine. Petite piece de bois percée de deux ou trois trous, par où l'on paffe le bâtard pour la compofition du racage. Il y en a de differentes longueurs.

BIGOTERE. f. f. Broffe de poche que l'on enferme dans un petit étui, & dont on fe fert pour retrouffer la mouftache de la barbe. Elle eft prefentement fort peu en ufage, à caufe que peu de perfonnes laiffent aujourd'hui croître leur barbe. Il y a trente ou quarante ans qu'on faifoit auffi des Bigoteres d'un morceau de cuir. Ceux qui portoient une barbe retrouffée, l'attachoient la nuit pour la tenir en état. Ce mot vient de l'Efpagnol *Bigote* ou *Vigote*, qui fignifie Mouftache de la barbe. Quelques-uns difent *Bigotelle.*

BIGUE. f. f. Groffe & longue piece de bois que l'on paffe dans les fabords fur côtés des Vaiffeaux, lorfqu'il y a quelque chofe à faire pour les foulever, ou pour les coucher. On appelle auffi *Bigues*, Les Mâts qui foûtiennent celui d'une machine à mâter.

BIJ

BIJON. f. m. Refine que la Meleze produit, & que les Apothicaires fubftituent au lieu de la Terebenthine.

BIL

BILAN. f. m. Petit livre de Marchand ou de Banquier dans lequel ils écrivent d'un côté leurs dettes actives, & de l'autre leurs dettes paffives. Ce mot eft dérivé du Latin *Bilanx*, qui veut dire *Balance*, à caufe que ce livre leur fert à balancer leurs gains

& leurs pertes, c'eft-à-dire, à voir au jufte & en peu de tems s'ils ont plus gagné que perdu. Bilan ou *balance* eft auffi l'arrêté ou la clôture de l'Inventaire d'un Marchand, où l'on a écrit vis-à-vis tout ce qu'il doit & tout ce qui lui eft dû.

BILBOQUET. f. m. Terme de Doreur. Morceau d'étofe fine attachée à un petit morceau de bois quarré, pour prendre l'or & le mettre dans les endroits les plus difficiles, comme dans les filets quarrés, dans les gorges, & dans les autres lieux creux.

BILLE. f. f. Gros bâton de bouis, dont les Emballeurs fe fervent pour ferrer les cordes de leurs ballots. On s'en fert auffi à ferrer les charges des mulets.

Bille, eft auffi une piece d'étofe qui lie les deux bouts d'une chappe d'Eglife fur le devant. On appelle *Bille d'acier*, Un morceau quarré & marqué d'un fer doux & écumé, qu'on prepare en forte qu'il lui refte un grain menu.

On appelle *Bille*, Un gros tronçon de bois, propre à débiter, foit de fente, foit de fciage. On les coupe tous de même hauteur.

Bille. Terme de mer. Il fe dit d'un bout de menu cordage où il y a une boucle & un nœud. Son ufage eft de tenir le grand écouet aux premiers des grands haubans, lorfqu'il ne fert pas.

BILLER. v. a. Terme de Voiturier par eau. Atteler des chevaux deux à deux pour tirer quelque bateau. Les mots de *Bille* & de *Biller* viennent de *Billus*, qui dans la baffe Latinité a fignifié un gros bâton; de forte que *Biller*, c'eft attacher la corde du bateau aux billes ou bâtons qui font au derriere des chevaux qui tirent. Borel veut que *Bille* fignifiant un bâton, vienne de *Vilis*, c'eft-à-dire Chofe vile.

BILLETTE. f. f. Petite Enfeigne en forme de barillet, que l'on met aux lieux où l'on doit peage, afin que les Voituriers foient avertis qu'il leur eft défendu de paffer fans avoir payé les droits, foit au Roi, foit aux Seigneurs qui font obligés d'entretenir les chemins.

Billette. Terme de Blafon. Piece folide faite en forme de quarré long, dont on charge l'écu. Quand le plus long côté des Billettes eft couché par terre fur l'écu, & que le plus petit eft à plomb, on les appelle *Billettes couchées* ou *renverfées*. C'étoient autrefois des pieces d'étofe d'or, d'argent ou de couleur. On les coufoit par intervalles fur les habits, pour leur fervir d'ornement, & on les a depuis tranfportées fur les écus. *D'azur à quatre billettes.*

BILLETE', x'e. adj. Il fe dit du champ femé de billettes. *D'azur au lion d'or, l'écu billeté de même.*

On appelle *Marchandifes billetées*, Celles fur lefquelles on a mis des billets ou des étiquettes qui contiennent un numero relatif à ceux des livres ou de l'Inventaire d'un Marchand.

BILLON. f. m. Terme de Monnoye. Alliage ou mélange fait de telle forte, qu'il y a avec l'or & l'argent plus de cuivre que les Ordonnances pour le titre des monnoyes ne le portent. Ainfi les louis d'or étant au titre de vingt-deux Karats, & ceux d'argent à onze deniers, on appelle. *Billon d'or* celui qui eft à vingt-un Karats & au-deffous, & *Billon d'argent*, celui qui eft à dix deniers & au-deffous. Il y a auffi fortes de *Billon d'argent*. L'un eft nommé *Haut billon*, & c'eft celui qui eft à dix deniers de fin, & au-deffous.jufqu'à cinq deniers. On appelle l'autre *Bas billon*, & c'eft celui qui fe trouve au-deffous de cinq deniers de fin, comme nos douzains & autres efpeces de pareil titre.

Billon fignifie auffi Toutes fortes de monnoyes

décriées, de quelque titre qu'elles puissent être ; & en ce sens on dit , *Envoyer la monnoye au billon*, *ordonner que la monnoye sera mise au feu pour billon*, pour dire que la monnoye étant décriée , & n'ayant plus aucun cours , elle sera fondue , & la matiere remise sous les coins , pour en fabriquer de nouvelles especes.

Billon se dit encore du bas argent qu'on affine avec la casse d'Orfévre , comme l'autre argent, mais sans eau forte. Covarruvias dérive ce mot du Latin *Vellus*, Toison, à cause que les Romains marquoient sur leurs monnoyes de cuivre la figure d'une brebis. M. Ménage le fait venir de *Binio* , qui signifie Un denier; & du Cange croit qu'on a dit *Billon* , à cause que c'est de l'or ou de l'argent mis en masse ou en bille , sans avoir encore été forgé. Bouteroue veut qu'il vienne du Latin *Bulla* , qui a signifié autrefois les Sceaux & les matrices qui servoient à former les coins des monnoyes.

BILLONNER. v. n. *Substituer des especes défectueuses en la place des bonnes.* ACAD. FR. M. Boisard rapporte neuf differentes manieres de billonner. I. Quand on achete ou qu'on change la monnoye pour moins qu'elle n'a cours , afin de la remettre à un plus haut prix. II. Quand les Receveurs & Collecteurs n'envoient au Tresor Royal que des especes de bilion & de cuivre , au lieu des bonnes especes d'or, & d'argent que les contribuables leur ont apportées , ou lorsqu'ils retiennent les pesantes , & ne font leurs payemens qu'en especes legeres. III. Quand les changeurs qui ont changé des especes défectueuses & décriées , les remettent dans le commerce. IV. Quand n'ayant voulu recevoir les especes qu'au prix de l'Ordonnance , ne les veut exposer qu'au prix qu'elles ont par le surhaussement du peuple. V. Quand on trafique des monnoyes étrangeres & décriées , & qu'on leur donne cours dans le Royaume. VI. Quand les Marchands se transportent sur les ports de mer pour y acheter les especes à deniers comptans plus qu'elles ne valent , ou qu'ils stipulent que leurs marchandises leur seront payées en ces especes, pour les passer ensuite de ville en ville , jusques aux Places frontieres , à la faveur du commerce , & les transporter de cette sorte dans les Pays étrangers , ou que ces mêmes Marchands les vendent aux Orfévres du Royaume, qui les achetent à tel prix qu'on veut , à cause qu'ils se sauvent sur les façons , en les employant dans leurs ouvrages. VII. Quand on choisit les especes les plus pesantes pour les fondre. VIII. Quand on change les especes qu'on a reçues , & qu'on fait les payemens avec d'autres qu'on a achetées. IX. Quand on recherche des especes d'or ou d'argent dans une Province , & qu'on en donne quelque benefice, afin de les remettre à plus haut prix dans une autre. Par les Ordonnances de 1559. & de 1577. la peine de mort est établie contre les Billonneurs , & par celles de 1574. 1578. & 1629. Confiscation de corps & de biens.

BILLOT. s. m. Morceau de bois gros & court , sur quoi les Tourneurs travaillent. Il se dit aussi du morceau de bois sur quoi on pose une enclume. On l'appelle encore *Billot*, Ce que l'on met sous les pinces ou leviers pour mouvoir quelque fardeau. Ce qui sert aux Serruriers pour tourner les rouleaux, a pareillement le nom de *Billot*.

Billots , en termes de mer, sont des pieces de bois courtes , qu'on met entre les fourcats des Vaisseaux, pour les garnir en les construisant.

Billot, Terme de Courrier de chevaux. Bâton que l'on met le long des flancs des chevaux neufs que l'on amene de quelque Pays étranger , & qui sert

à les conduire à la file les uns des autres.

On appelle aussi *Billots* , Certains droits qui se levent sur le vin. Ce mot est particulierement en usage en Bretagne , où ces droits se levent ou par le Roi , ou par quelques Seigneurs ou Villes.

BIM

BIMAUVE. s. f. Espece de mauve sauvage , dont les feuilles chiquetées approchent de celles de la Verveine. Elle produit trois ou quatre tiges qui ont l'écorce comme le chanvre , & jette six ou sept racines blanches & larges , longues fort souvent d'une coudée. Sa fleur est petite & semblable à la rose. Elle a les mêmes proprietés de la mauve , qui sont d'échauffer avec modération , d'amollir , de resoudre , & de conduire les tumeurs & apostumes à maturité. On l'appelle en Latin *Bis-malva* ou *Alcea*.

BIMBELOT , ou *Bimblot*. s. m. Tout ce qui peut servir de jouet aux enfans , petites machines de carte ou de bois, moulinet , carrosse , &c.

BIMBELOTIER. s. m. Ouvrier qui fait des bimbelots. Quelques-uns disent *Bimbloquier*.

BIN

BINAIRE. adj. de tout genre. On appelle *Nombre binaire* , Celui qui est composé de deux unités ; & en Musique *Mesure binaire* , Celle que l'on bat également dans le lever & dans le baisser de la main.

BINARD. s. m. Espece de chariot ayant quatre roues égales dans leur hauteur , & un plancher fait de grosses pieces de bois plus hautque les roues , & plus large que l'essieu n'est long : on pose dessus les colonnes & grosses pierres qu'on veut transporter.

BINDELLE. s. f. Vieux mot , qui s'est dit d'une sorte de manches anciennes.

Cousant mes manches à bindelle.

On a dit aussi *Bidelle*.

BINET. s. m. Petit morceau de laiton plat , délié , & large comme un écu , avec une queue qu'on met dans le creux du chandelier. Ce morceau de laiton a au milieu une pointe de fer où l'on fiche le bout de chandelle qui reste encore à brûler.

BINOCLE. s. m. Terme de Dioptrique. Communément les lunettes de longue vûe ou Telescopes n'ont qu'un tuyau , & on ne voit les objets que d'un œil. Mais quelquesPhilosophes ont cru que la vision seroit plus parfaite avec une lunette composée de deux tuyaux parfaitement semblables en tout, & qui feroient ensemble le même angle que les deux axes optiques, au moyen de quoi on verroit avec les deux yeux en même tems. C'est cette nouvelle sorte de lunette qu'ils ont appellée *Binocle* à la difference de la lunette ordinaire qu'ils nomment *Monocle*.

BINOME. s. m. Terme d'Algebre. Grandeur formée de l'addition de deux grandeurs incommensurables entr'elles. Ainsi 3. plus la racine de 5. est un Binome , ou une plus grande quantité de grandeurs incommensurables entre elles , le tout s'appelle *Trinome* , *quatrinome* , *Multinome* , ou *Polynome* , & lorsqu'on ajoûte au Binome ou Trinome , &c. de nouvelles grandeurs , si elles sont incommensurables à quelques-unes de celles qui y sont déja , on ne change point le nom de Binome , ou de Trinome , &c. Enfin on ne compte dans les Polynomes pour grandeurs differentes que celles qui font incommenfurables à toutes les autres.

BIR

BIRETTE. f. f. Bonnet en forme de calle de Laquais, que l'on fait porter aux Novices Jefuites pendant leur Noviciat.

BIS

BISCACHO. f. m. Sorte d'animal du Perou. Sa chair eft femblable à celle de nos lapins, & il a la queue longue comme un Ecureuil.

BISCUIT. f. m. Pain fort deffeché que l'on fait cuire deux fois pour les petites traverfées de mer. Quand on le prépare pour quelque voyage de long cours, on le fait cuire quatre fois ; & cela fe fait fix mois avant qu'on s'embarque. Le bifcuit qu'on charge fur les Vaiffeaux du Roi, eft de farine de froment épurée de fon & de pâte bien levée, & l'on dit, *Aller faire du bifcuit*, pour dire, En aller faire provifion.

Bifcuit eft auffi un terme de Teinture. Il eft défendu aux Teinturiers de faire aucun bifcuit ni faux noir, c'eft-à-dire, entre deux galles, vieille & neuve.

BISE. f. f. Vent fec & froid, qui dans le cœur de l'hiver regne & fouffle entre l'Eft & le Septentrion. La Bife eft un vent très-dangereux fur la Mediterranée. On donne le nom de *Bife* à un poiffon qui approche fort du Ton.

Bife fe dit auffi d'un petit pain qu'on donne le matin aux Penfionnaires dans plufieurs Colleges de Paris.

BISEAU. f. m. Terme de Coutelier. Ce qui eft coupé en talus fur le dos du rafoir, & au bas de la partie du rafoir qui eft immediatement après le talon. On appelle auffi *Bifeau* ce qui tient & arrête la pierre d'une bague dans le chaton.

Bifeau. Outil qui fert aux Tourneurs & à d'autres Ouvriers. On dit qu'*Un fermoir eft à deux bifeaux*, pour dire que les côtés font affutés également pour couper.

Les Organiftes appellent *Bifeau*, un petit morceau d'étain ou de plomb, dont eft couvert le pié du tuyau, & qui aide à faire réfonner l'orgue.

Bifeaux, en termes d'imprimerie font certains morceaux de bois en glacis qui fervent à entourer les pages.

BISER. v. n. Terme d'Agriculture. Devenir bis. Les Laboureurs difent, que *Les blés bifent toûjours*, pour dire, qu'on ne recueille jamais du froment fi pur que l'on en feme.

BISET. f. m. Pain bis-blanc qu'on donne aux écoliers pour leur déjeuner. C'eft la même chofe que *Bife*.

BISETTE. f. f. Petite dentelle de peu de valeur que les Païfanes portent pour leur ufage.

BISLINGUA. f. f. Plante qui pouffe force rejettons, & qui produit à fa cime des manieres de langues qu'on voit fortir de fes feuilles. Ces feuilles font picquantes & femblables au Brufcus, La *Biflingua* croît ordinairement dans les Alpes de la Ligurie, & dans les montagnes remplies de forêts, Elle eft hyfterique, & on l'emploie particulierement pour remedier aux incommodités de la matrice. On lui a donné le nom de *Biflingua*, à caufe des langues qui fortent d'entre fes feuilles. On l'appelle encore, *Lingua equina, Hippogloffum, & Bonifacia.*

BISMUTH. f. m. Mineral fulphureux & terreftre, compofé de la premiere matiere de l'étain qui eft encore imparfait. On le trouve dans les mines ou auprès des mines de ce métal. Il eft d'une fubftance fort dure, aigre, pefante, & caffante. Lorfqu'il fe caffe, il fait voir plufieurs petites fubftances polies comme glace, ce qui le fait appeller *Etain de glace*. Il a un grain gros, poli, blanc & éclatant ; & comme il furpaffe tous les autres Marcaffites en blancheur & en beauté, quelques-uns l'appellent *Marcaffite* par excellence. On ne s'en fert guere que pour l'exterieur, à caufe d'un fel arfenical qu'il contient, & qui le rend dangereux fi on le prend interieurement. Ses préparations principales font le Magiftere & les Fleurs. Son précipité eft un magiftere fort blanc, qui mêlé avec des pommades & des auls, fait une forte de fard propre à embellir le teint des femmes, & à rendre la peau plus douce. Les fleurs qu'on en tire font bonnes à effacer les taches du vifage ; & c'eft une maniere de blanc de perle. Il y a auffi un *Bifmuth artificiel* Pour le faire on réduit l'étain en petites lames & petits morceaux qu'on cimente par une mixtion de tartre blanc, de falpêtre & d'arfenic ftratifié dans un creufet à feu nud.

BISON. f. m. Terme de Blafon. C'eft la même chofe que *Bufte. Tête de bifon couronné.*

BISSE. f. f. Terme de Blafon. Efpece particuliere de ferpent, qu'on appelle *Bifcia* en Italie. Quelques-uns veulent que ce foit de fon fiflement qu'on lui ait donné ce nom. D'autres difent qu'il vient du mot François *bis*, qui fignifie, Gris-cendré, à caufe que les ferpens de cette forte font prefque tous de cette couleur.

BISTORTE. f. f. Plante qui croît dans les hautes montagnes, & dont les feuilles, qui font pointues & rouffatres lorfqu'elles commencent à fortir, prennent enfuite la forme de celles de la Parelle, fi ce n'eft qu'elles font plus liffées, un peu rouges pardeffus, & comme bleues au deffous, & en ondes tout autour. Sa tige eft ronde, mince, haute d'une coudée, & produit des feuilles plus petites que les autres. Elle a une fleur à fa cime faite en maniere d'épi, de couleur rouge tirant fur le purpurin, & il en fort une graine femblable à celle de l'ofeille. Sa racine eft tendre, pleine de jus, couverte d'une écorce noirâtre, & entortillée comme un ferpent couché fur fon ventre ; ce qui lui a fait donner le nom de *Biftorta*. On l'appelle encore *Columbina ferpentaria* & *Dracunculus major*. Matthiole fait voir qu'on n'a pas raifon de la confondre avec la plante appellée *Britannica*, qui a fes feuilles noires & velues, & fa racine menue & courte. La Biftorte eft aftringente, vulneraire, rue les vers, & fortifie la matrice, fur-tout la racine. Elle refifte à la pourriture, aux venins, & aux maladies peftilentielles.

BISTORD. f. m. Terme de Marine. Menue corde à deux fils, dont on fe fert pour faire des enflechures.

BISTOURNE'. adj. On appelle *Cheval biftourné*, un cheval qui fans être coupé a été rendu impuiffant, comme les hongres, à force de lui tordre & tourner les tefticules avec violence, ce qui les deffeche & prive de nourriture.

BISTRE. f. f. Suye bien détrempée dont les Peintres fe fervent lorfqu'ils veulent faire ce qu'on appelle le *Deffein* dans la Peinture ; c'eft-à-dire, exprimer quelque fujet, tel qu'ils l'ont formé dans leur imagination. Il y en a qui au lieu de Biftre, employent pour cela avec les traits de la plume un peu de lavis fait avec de l'encre de la Chine ; d'autres de la fanguine, & d'autres de la pierre noire.

BIT

BITTER. v. a. Il n'a d'ufage que dans cette phrafe, *Bitter le cable*, pour dire, Rouler le cable autour des bittes, & l'y arrêter.

BITTES. f. f. On appelle ainfi en termes de mer, deux fortes pieces de bois, longues & quarrées. Elles font pofées debout fur les varangues, l'une à ftribord, & l'autre à bas bord, & une autre piece de bois qui regne entre les deux, & que l'on appelle Traverfin, les affermit & les entretient l'une avec l'autre. L'ufage des Bittes eft de tenir les cables lorfqu'on mouille les ancres, ou qu'on amarre le Vaiffeau dans le Port. Il y en a de grandes & de petites. Les grandes font à l'arriere du mât de mifaine, & ne s'élevent que jufqu'entre deux ponts, où elles fervent à amarrer le cable, qu'on roule autour de chacune. Les petites, qui font; les unes vers la mifaine, & les autres vers le grand mât, s'élevent jufque fur le dernier pont, & elles y fervent à amarrer les écoutes des deux huniers. On dit, *Filer le cable fur les bittes*, pour dire Lâcher le cable qui étoit roulé autour des bittes.

BITTON. f. m. Piece de bois ronde & haute de deux piés & demi, par où l'on attache une Galere en terre. On appelle auffi *Bittons*, de petites bittes qu'on met proche les mâts d'un Vaiffeau, pour lancer ou amarrer quelque manœuvre.

BITTONNIERES. f. f. Canaux ou égoûts qui regnent à fond de cale de proue à pouppe, à côté de la carlingue, pour conduire les eaux à la pompe. On les appelle auffi *Vitonnieres*.

BITUME. f. m. Efpece de graiffe de la terre qui s'enflâme fort aifément lorfqu'on la prefente au feu, & qui eft formée d'une exhalaifon aërienne & graffe, condenfée premierement en liqueur oleagneufe, & qui après une plus grande digeftion faite par la chaleur, acquiert par le froid une plus folide confiftance. Il y en a de liquide & de folide. Le Bitume liquide eft de deux fortes, l'un blanc, & tellement inflammable, qu'il attire à foi le feu, encore qu'il en foit affés éloigné. On lui donne le nom de *Naphta*, & on tient que c'eft la partie la plus fubtile du Bitume de Babylone. L'autre qui eft noir & plus groffier ne s'allume pas aifément, & on l'appelle *Petreolum*, à caufe qu'il diftille des pierres en quelques lieux d'Italie. Il s'en trouve auffi en Sicile qui furnage aux eaux de quelques fontaines. Le folide acquiert la confiftance que l'on y remarque par la partie terreftre dont il eft formé. Il y en a de foffiles, comme le jayet, le charbon de pierre, & la terre Ampelite, qui, quoiqu'ils participent beaucoup du Bitume, comme on le connoît par leur odeur, tiennent beaucoup plus de la pierre & de la terre. Il y en a 'auffi de non foffiles ; fçavoir l'ambre gris, l'ambre jaune, & le Bitume de Judée, qu'on appelle auffi Bitume de Babylone ou de Sodome. Diofcoride dit que ce dernier eft le plus excellent de tous ; que pour être bon il faut qu'il foit luifant, de couleur de pourpre, fort pefant, & d'une odeur forte, & qu'il ne vaut rien quand il eft noir, & mêlé d'ordures. Ce qui le rend fi pefant, quoiqu'il foit aërien, c'eft l'union très-étroite de fes parties, qui empêche l'air d'y penetrer, comme nous voyons que toutes les chofes deviennent pefantes par la condenfation. Toutes les efpeces de Bitume font remollitives, difcuffives, remedient aux relaxations & fuffocations de matrice, foit par fuffumigation, foit en l'appliquant ou en le flairant.

Tome I.

BIV

BIVIAIRE. Adj. de tout genre. Il fe dit d'une place où deux chemins aboutiffent. *Place croifée bivaire.*

BIVOYE. f. f. chemin fourchu qui tend à deux lieux differents. Ces deux derniers mots viennent de *Bivium*, Latin. Borel dit qu'on appel'oit autrefois *Bivoye*, la Garde extraordinaire d'un camp.

BLA

BLAIREAU. f. m. Petit animal fort puant, qui fe terre, & qui vit de fruits & de charognes, Il augmente chaque année d'un trou fous la queue, & on connoît fon âge par là. On l'appelle autrement *Taiffon.*

BLAIRIE. f. f. Droit que perçoivent les Seigneurs hauts Jufticiers à caufe de la permiffion qu'ils donnent aux Habitans de faire pâturer leurs Beftiaux fur les terres & prairies dépouillées, ou dans les bois & heritages qui ne font point clos.

BLAISE. Saint Blaise. f. m. Ordre Militaire que les Rois d'Armenie établirent à l'honneur de ce Saint, comme étant le Patron de leur Royaume. L'habit des Chevaliers étoit bleu, & ils portoient une Croix d'or qui fervoit de brifure au lion d'Armenie.

BLANC. f. m. Cou'eur dont on fe fert pour peindre à fraifque, & qui fe fait avec de la chaux éteinte depuis long tems & de la poudre de marbre blanc, prefque autant de l'un que de l'autre. On n'y met quelquefois, qu'une quatriéme partie de poudre de marbre, le blanc noirciffant quand il y en a trop ; cela dépend de la qualité de la chaux.

On appelle *Blanc en bour*, un Enduit fait de terre, & qu'on recouvre de chaux.

On appelle *Blanc de craye*, du Plâtre broyé avec de la colle de gands. On en imprime la toile fur laquelle on veut peindre.

On appelle *Blanc de plomb*, un blanc qui fe tire du plomb que l'on enterre. Au bout de plufieurs années de ce plomb même il fe forme des écailles qui changent & deviennent un fort beau blanc. Ce blanc qui fubfifte en peinture, a toujours une mauvaife qualité, que l'huile corrige en le broyant fur la pierre :

Il y a dans la peinture une maniere de peindre qui s'appelle *Peindre de blanc & de noir*, Elle fe conferve à l'air, & ne fe fait qu'à fraifque. Pour cela, on détrempe du mortier de chaux & de fable à l'ordinaire, auquel on mêle de la paille brulée pour lui faire prendre une couleur noirâtre. De ce mortier on fait un enduit bien uni que l'on couvre d'une couche de chaux & de fable, ou d'un enduit bien blanc & bien poli : après quoi on ponce les cartons deffus pour deffiner ce qu'on veut, & le graver enfuite avec un fer pointu. Le fer découvrant l'enduit ou blanc de chaux qui cache le premier enduit compofé de noir, fait que l'ouvrage paroît comme deffiné à la plume & avec du noir. Lorfqu'il eft achevé, on paffe une teinte d'eau un peu obfcure, fur tout le blanc qui fert de fond ; & cela fe fait afin de détacher davantage les figures, enforte qu'elles paroiffent comme celles qu'on lave fur du papier. Si on ne reprefente que quelques grotefques ou feuillages, on ne fait qu'ombrer un peu le fond avec cette eau auprès des contours qui doivent porter ombre. M. Felibien dit que les Italiens appellent cette maniere de peindre *Sgraffio*, qui fignifie *Egratigné*, à caufe que ce n'eft proprement qu'on deffein égratigné.

P

On appelle *Blanc pour dorer*, un Blanc qui se fait avec du plâtre bien battu qu'on sasse dans des étamis bien fins. On le noye d'eau pour l'affiner le plus que l'on peut, & l'on en forme des pains qu'on fait bien secher. On dit dans ce sens *Infuser du blanc*, quand le bois ayant été preparé avec de la colle seulement, on prend de cette même colle toute chaude, que l'on passe dans un linge, & qu'on y met du blanc écrasé en telle quantité qu'il paroisse rempli de toute la colle.

Blanc de ceruse de Venise, est une Couleur dont on se sert pour peindre en miniature.

Blanc-rhasis. Espece de pommade dont la base est de ceruse. On l'appelle ainsi à cause qu'elle vient d'un Medecin, nommé Rhasis. Le vulgaire dit *Blanc-raisin*.

Blanc, se dit aussi d'une ancienne monnoye qui a valu cinq deniers, d'où vient que l'on dit encore *Six-blancs*, pour dire, Deux sols six deniers. Il y a eu des *Grands blancs au Soleil* de Louis XI. & de Charles VIII. C'étoient des sous qui valoient treize deniers; ce qui les a fait appeller aussi *Treizains*. On a vû depuis des *Pieces de six blancs*, que l'on nommoit *Nesles*, à cause qu'il se faisoit en la Tour de Nesle à Paris. Cette monnoye avoit le nom de *Sous blancs*, parce qu'elle étoit blanche, à la difference d'une autre monnoye de moindre valeur, qu'on appelloit *Sous nerets*, à cause qu'elle étoit noire.

BLANCHE. s. f. Note de Musique qui a un peu de blanc à la tête avec une queue.

Blanches. Terme de piquet & de hoc. Douze cartes sans Rois, Dames ni Valets.

BLANC-MANTEAUX. s. m. Nom que l'on donna aux Religieux de la Congregation des Serfs de sainte Marie Mere de JESUS-CHRIST. Elle fut instituée à Marseille dans le Monastere de sainte Marie des Arenes, & le Pape Alexandre IV. la confirma en 1225. Ce même nom de Blanc-Manteaux fut donné aux Religieux Guillemites, & il a été conservé par ceux de la Congregation de saint Maur, qui possedent aujourd'hui le Couvent qu'on leur donna à Paris en 1268.

BLANCHET. s. m. Morceau de drap blanc que les Imprimeurs mettent entre le petit & le grand Tympan, & qui sert à faire imprimer les lettres.

BLANCHIMENT. s. m. Les Orfevres appellent ainsi un Baquet où il y a de l'eau forte pour blanchir de la vaisselle.

Blanchiment est aussi en termes de Monnoye une façon que l'on donne aux flancs avant que de les marquer. Pour cela on les fait bouillir dans de l'eau commune avec le sel, le tartre ou gravelée, & après qu'on les a lavés & sechés on les essuye.

BLANCHIR. v. a. Terme de Monnoye. Faire bouillir les flancs dans de l'eau forte, mêlée avec de l'eau commune, & les jetter ensuite dans de l'eau fraîche, après quoi on les sablonne, & on les jette dans un crible de fer pour en ôter les barbes.

Blanchir, est aussi un terme de Serrurier. On dit *Blanchir des targettes*, pour dire, les bien nettoyer avec la lime, ensorte qu'il n'y demeure aucune rache noire, & les rendre blanches avec de l'estamure.

Les Menuisiers appellent *Blanchir*, Raboter des ais de leur longueur, comme pour faire des cloisons ou autres ouvrages.

BLANDIR. v. n. Vieux mot. Amadouer, flatter, du Latin, *Blandiri*. On a dit aussi *Blandisces*, pour Flatterie, & *Blandissant*, pour dire, Qui flatte, ce qui fait qu'on lit dans Marot.

Vueilles, Seigneur, ces levres blandissantes,
Tout au travers pour jamais inciser.

BLANQUETTE. s. f. Sorte de vin blanc qui vient de Gascogne, & qui a un goût délicat. *Blanquette*, se dit aussi d'une espece de biere blanche.

Blanquette. Espece de petite poire d'été, de taille un peu longue.

BLASON. s. m. *Armoirie, assemblage de tout ce qui compose l'écu armorial.* ACAD FR. Ce mot a été pris autrefois pour l'écu même : ce qui a fait dire à Perceval.

Et se couvrent de lors Blasons.

Il a signifié aussi Louange, & on a dit *Le Blason de la Rose*, pour dire, Un Poëme fait à la louange de la rose. Ainsi Borel le fait venir de *Laus*, Louange, & de *Sonare*, Resonner en mettant un B devant. M. Ménage derive *Blason* de *Latio*, comme qui diroit Portement, à cause que les Chevaliers portoient le Blason sur leurs écus. La plus commune opinion est qu'il vient de l'Allemand *Blasen*, Sonner du cor, à cause que dans les anciens Tournois ceux qui se presentoient à la lice, sonnoient du cor pour avertir de leur arrivée. Les Herauts ensuite sonnoient de leurs trompes, après quoi ils blasonnoient les armes des Chevaliers qui vouloient combattre, & les décrivoient à haute voix, en y ajoûtant quelques louanges sur leurs exploits & sur leurs faits d'armes; ce qui est cause que *Blasonner*, a signifié quelquefois louer.

Je l'ai armé & blasonné.

Il a signifié plus souvent médire, & *Blason* même a été pris pour Médisance ou trait satirique; d'où vient qu'anciennement en donnant l'Ordre de l'Ecu aux Chevaliers, on leur ordonnoit de ne pas souffrir que l'on blasonnât des Dames.

BLASTENGE. s. f. Vieux mot. Ressentiment.

Indignation de blastenge.

BLE

BLE'. s. m. Plante qui dans son épi produit la graine dont on fait le pain. On appelle *Blé* par excellence, ou *Blé froment*, celui qui est de pur froment; & *Blé meteil*, celui où il y a du segle mêlé. Le *Blé de Turquie*, est une plante qui porte son fruit en gros bouton, & qui ne vient qu'en des lieux où la terre ne sçauroit produire de froment. Le *blé noir*, qu'on appelle aussi *Blé Sarrasin*, vient en graine noire, a des fleurs rouges, & sa plante qui croît dans les plus mauvaises terres, & à travers les cailloux les plus épais, ne monte pas en épi. On en fait du pain fort noir. On appelle *Petits blés*, l'orge, l'avoine, les poix, les vesses, & autres grains que l'on seme au mois de Mars, & qu'on appelle autrement *Les Mars* ou *les Tremois*. Quelques-uns dérivent ce mot de *Bladus* ou *Bladum*, qui veut dire, Fruit ou semence; & d'autres du Saxon *Blad*, qui signifie la même chose. Il y en a qui le font venir du Grec βλάθος, qui signifie germe.

BLEIME. s. f. Sorte de maladie de cheval qui consiste en une inflammation qu'un sang meurtri cause dans la partie anterieure du sabot vers le talon entre le petit pié & la sole.

BLETTE. s. f. Espece de plante, qui se mange comme les autres herbes potageres, & qui selon Dioscoride, n'a aucune vertu medicinale. Il y en a de deux sortes, l'une blanche & l'autre rouge; & toutes les deux croissent ordinairement dans les jardins. Les Blettes rouges sont d'un rouge si vif, qu'on les croiroit teintes en écarlatte, quoiqu'avec le tems elles prennent une couleur purpurine. Leur racine jette un jus rouge, & elles ont leurs feuil-

les & leurs tiges femblables à celles du paffevelours. Il y a une autre forte de Blette rouge que
Mathiole nomme *Grande Blette*. Outre qu'elle eft
prefque de la grandeur d'un Arbriffeau, elle a fes
feuilles beaucoup plus grandes que l'autre, & jette une grande fleur qui a force épis rouges comme le paffevelours, & dont la cime regarde en
bas. Sa tige eft ferme & rude, & groffe comme
le bras. Les feuilles des Blettes blanches font femblables à celles des rouges ; mais plus larges & de
couleur blafarde. Leurs graines & leurs fleurs font
en maniere de grappes qui fortent entre les feuilles & les branches. On l'appelle *Blitum* en Latin,
du Grec βλίτον.

BLEU. f. m. Couleur d'azur. On fe fert en peinture
d'un bleu artificiel, fait de fable, de fel, de nitre
& de limaille de cuivre. La belle couleur bleue
qui eft naturelle, fe fait de *Lapis azuli*. Les Peintres emploient une autre couleur bleue que l'on
fait en Flandre ; mais comme elle verdit aifément,
ils ne s'en fervent que dans les payfages. On l'appelle *Cendre verte*.

Il y a un *Bleu de forge* dont on fe fert dans les
grottes, c'eft-à-dire pour la fabrique du dedans
des grottes ; à quoi M. Felibien dit qu'on emploie
l'écume de fer, les émaux qui fortent des Verreries,
& celui qu'on prend aux forges, appellé *Bleu de
forge*.

On dit *fervir une carpe*, ou *un brochet au bleu* ;
quand on les a mis au court-bouillon, & qu'avec
le vinaigre chaud, on leur donne une couleur fur
l'écaille pour les fervir fur une ferviette & les manger à l'huile.

BLEUIR. v. n. *Faire bleuir le fer*, c'eft lui donner
un certain degré de feu. Quand on veut dorer en
feuille quelque figure de bronze, on la fait chauffer pour y appliquer les feuilles d'or ; & comme
alors la figure prend une couleur de gris bleuâtre,
les Ouvriers appellent cela *La faire bleuir*.

BLI

BLIAUX. f. m. Sorte de jufte-au-corps ancien.
Ses manteaux fu & fes bliaux,
D'une porpre d'or eftelée.

BLIN f. m Terme de Marine. Piece de bois quarrée,
où diverfes barres font clouées de travers à angle
droit, en forte que plufieurs hommes en la maniant enfemble, peuvent agir de concert pour faire entrer des coins de bois fur la quille d'un Vaiffeau, lorfqu'on veut le mettre à l'eau. On fe fert
auffi du *Blin* pour affembler des mâts de plufieurs
pieces. Il y a des blins qui ont des cordes paffées au
lieu de barres, afin d'enfoncer les coins dans l'enfoncement du deffous du Vaiffeau, à quoi le Blin à
barres ne feroit pas propre.

BLINDE. f. f. Terme de fortification. On appelle
Blindes, des Pieces de bois mifes de travers, d'un
des côtés de la tranchée à l'autre, ou des Défenfes
faites de branches entrelaffées, qui fervent
à foûtenir des fafcines ou des clayes chargées de
terre, afin de couvrir les Travailleurs par enhaut.
On s'en fert ordinairement quand le travail eft vers
le glacis, & que la tranchée fe pouffe de front vers
la place. Ce mot eft Flamand, & fignifie *Chandelier*. Les *Chandeliers* qui fe font avec deux pieux
debout pour foûtenir des planches traverfées de
l'un à l'autre, ou des fafcines par le moyen de
quelques chevilles paffées dans des pieux, font differens des Blindes en ce qu'ils fervent pour fe couvrir par le devant, au lieu qu'on emploie les Blindes pour fe couvrir par le deffus. D'autres veulent

Tome I.

que *Blinde*, vienne du Hollandois *Blind*, qui veut
dire, Aveugle, ou de l'Anglois *Blid*, forte de machine de guerre.

BLINDER. v. a. On dit, *Blinder une tranchée*, pour
dire, La couvrir avec des blindes.

BLO

BLOC. f. m. Terme de Marine. Maniere de billot,
taillé à peu près en quarré, & percé en mortoife
pour embraffer le tenon des mâts ou le bâton du
pavillon. Quelques-uns difent *Blot*. On l'appelle autrement *Chouquet* ou *tête de More*.

Bloc ou *Roc d'Iffas*. Terme de Marine. Groffe
piece de bois, mife debout fur la carlingue. Elle s'é-
leve de là fur le pont, & elle a dans le bout d'enhaut trois ou quatre rouets de poulie fur un même
aiffieu, fur quoi paffent les grandes driffes, ce qui
la fait appeller auffi *Sep de driffe*.

Bloc de marbre. Piece de marbre telle qu'elle
fort de la carriere, & à laquelle l'Ouvrier n'a encore donné aucune forme.

Bloc de plomb. Efpece de billot tout rond, haut
de trois pouces, & qui en a près de fix de diametre.
Ceux qui gravent en creux pofent leurs ouvrages
fur ce Bloc de plomb, lorfqu'ils travaillent avec les
cifelets & le marteau.

Bloc, eft auffi un terme de Fauconnerie, & il fe
dit de la perche fur laquelle on met l'oifeau de proye.
On la garnit ordinairement de drap.

C'eft auffi un grand quarreau de fix pouces pour
les fours, les cheminées & les cuifines. Le Bloc
doit pefer deux livres.

BLOCAGE. f. m. Vieux mot. Muraille. On a dit auffi
Blocaille.

BLOCAL. f. m. Vieux mot. Barricade. On a dit auffi
Bloquil. Ces mots ont fait *Blocus* & *Bloquer*.

BLOCHET. f. m. Piece de bois qui fert à entretenir les chevrons de croupe, & le jambettes des
couvertures, & que les Charpentiers pofent fur
les fablieres des croupes & des longs pans. On
appelle *Blochet d'Areftier*, celui qui étant pofé à
l'encognûre d'une croupe, reçoit le tenon du
pié de l'Areftier dans fa mortoife. On dit, *Etablir & traîner les Blochets*, pour dire, Etablir les
entrails deffus. On dit encore, que *Les Blochets font
travers à mordans ou mors d'âne & queue d'aronde*,
pour dire qu'ils font affemblés de ces diverfes manieres.

Blochet, fe dit auffi d'une piece de bois qu'on met
fous la panne au deffus du gouffet qui tient à tenons
& à mortoifes.

BLOQUER. v. a. Terme de Marine. Mettre de la
bourre fur du goudron entre deux bordages, quand
on foufle, ou que l'on double un Vaiffeau.

Bloquer. Terme de Maçonnerie. Lever les murs de
moilon d'une grande épaiffeur le long des tranchées, fans qu'on les aligne au cordeau comme on
fait les murs de pierres feches. On dit encore *Bloquer*, pour dire, Remplir les vuides de moilon &
de mortier fans ordre. C'eft ce qu'on pratique pour
les ouvrages fondés dans l'eau.

Bloquer, fe dit auffi en termes d'Imprimerie,
quand le Compofiteur n'ayant point affés de lettres, en met une renverfée en la place de celle qui
lui manque, en attendant que quelque forme ait
été diftribuée pour lui en fournir.

On dit encore *Bloquer*, en termes de Fauconnerie, quand l'oifeau a remis la perdrix, & qu'il la
tient à fon avantage, ce qui arrive lorfqu'il a gagné le haut ou quelque arbre prochain. On dit auffi
que *l'Oifeau fe bloque*, lorfqu'il pend en l'air, &

P ij

qu'il s'y tient sans battre de l'aile.

BLOT. f. m. Terme de Fauconnerie. Petit chevalet de bois où se repose l'oiseau.

C'est aussi un instrument dont on se sert dans la Navigation, pour estimer le chemin du Vaisseau. Le Blot est une piece de bois longue d'un demi pié, large de deux pouces, & coupée par les bouts en forme de nacelle. On y met du blomb pour jetter le Blot, & faire qu'il se tienne plus immobile sur la mer. On le jette derriere la pouppe attaché à une corde, & à mesure que le Vaisseau avance, on file cette corde, & l'on voit combien il en faut filer de toises pendant un certain nombre de minutes ou de secondes. C'est-là la mesure de la vitesse avec laquelle le Vaisseau s'éloigne du Blot & du chemin qu'il fait. Cinquante toises en une minute donnent pour une heure 3000. toises ou une lieue.

BLU

BLUET. f. m. Sorte de Plante & de fleur bleue qui croît dans les blés. Les Latins l'appellent *Cyanus*, du mot Grec κύανος; Qui est de couleur bleue. Pline parle de cette fleur sous le nom de *Cyanus*.

BOB

BOBAN. f. m. Vieux mot. Somptuosité, vanités du monde, selon ces deux vers de l'Epitaphe d'Armoise de Lautrec, qui se trouve dans le livre de Borel, des Antiquités de Castres.

Veuillant li paradis acquerre,
A tots bobans fit aspre guerre,

On a dit aussi *Bobancier*, pour dire, Vain.

Tant la treuve orgueilleuse & fiere.
Et surcuidée & bobanciere.

Ces mots ont fait *Bobander*, qui a été dit pour Piaffer.

Li chaperons partis, longue robe vergie,
Sont li aornement dont bobande clergie.

BOBECHE. f. f. Partie superieure d'un flambeau ou d'un chandelier qui est creuse, & où l'on met la chandelle ou la bougie. Les Taillandiers en fer blanc appellent aussi *Bobeche*, une petite Machine de fer blanc, ronde & avec un bord, qui se met dans les flambeaux pour empêcher, lorsque la chandelle est trop menue, qu'elle ne chancelle dans leur embouchure.

BOBINE. f. f. Instrument long d'un demi-pié tout au plus, tourné en rond, cylindrique, percé & mobile sur deux pivots, avec des rebords à chaque bout, autour duquel s'arrange le fil, la soye, ou le trait d'or ou d'argent. M. Menage fait venir ce mot du Latin *Bombina*, fait du Grec βόμβυξ, Ver à soye,

BOBINER. v. m. Terme de Tisserand. Devider du fil sur la Bobine.

BOC

BOCAL. m. Vase de terre ou d'autre chose. ACAD. FR. Ce mot vient du Grec βαύκαλις, sorte de Vase sans anse, dont on a fait le vieux mot François *Baucale*, qui signifioit, Vase à rafraîchir.

On appelle, *Instrument à bocal* ceux que l'on embouche pour exciter quelque son. Ils n'ont que deux trous, celui par où l'on pousse le vent, & celui par où il sort, comme les trompes & cors de chasse, les trompettes & saquebutes. Les cors des vachers & des postillons qui sont faits de cornes de belier ou de bœuf, sont aussi des instrumens à *Bocal*. On appelle aussi *Bocal*, la petite partie de

l'instrument qui sert à l'emboucher. Elle est faite d'argent, de cuivre, d'yvoire ou de bois.

BOCHU. adj. Vieux mot. Bossu.

BOD

BODON. f. m. Vieux mot. Bouton.

BODRUCHE. f. f. Parchemin fort délié, qui sert principa'ement à battre l'or qu'on réduit en feuille. Il se fait de la premiere peau qu'on leve sur les boyaux d'un bœuf.

BOE

BOEL. f. m. Vieux mot. Boyau. On a dit *Boële*, pour dire, Tous les intestins, du mot *Voies*, selon Borel, parce que les boyaux servent de voie aux viandes & aux excrements.

Par les flancs l'a si porfendu,
Que la boele li chei.

BOEUF. f. f. Taureau que l'on a châtré pour l'engraisser & le rendre propre au labourage. On appelle *Bœuf marin*, un autre animal qui ressemble au bœuf, & qui se nourrit dans l'eau. On en trouve dans le Nil & dans le Niger, selon ce que rapporte M. d'Ablancourt dans son Marmol. Cet animal est de la grandeur d'une genisse de six mois, & a la peau extrêmement dure, mais la chair fort bonne. Il y a aux Indes un *Bœuf sauvage*, qui est très-grand. Ceux qui en parlent, disent qu'il craint tellement de perdre quelqu'un de ses poi's, que quand il se trouve embarassée autour de quelque arbre, il y demeure plûtôt que de faire effort pour s'en tirer.

BOF

BOFFUMER. v. n. p. Vieux mot. Se mettre si fort en colere qu'on en paroisse bouffi.

Se maitre Olivier se boffume,
Ou s'il vent faire le vereux.

BOFU. f. m. Vieux mot. Sorte d'étoffe. Perceval a dit en parlant des Tisserans,

Ains tissent pailes & bofus,

BOG

BOGUE. f. f. Sorte de drogue ou d'arbre.

Le feu puisse brûler la bogue,
Le châtaignier & la châtaigne.

BOI

BOIASSE. f. f. Vieux mot. Femme peu considerable, Artisane.

Soit Clercs, soit lais, soit homme ou femme,
Sires, Sergens, Boiasse ou Dame.

BOIS. f. m. Ce mot s'employe par les Charpentiers en plusieurs manieres de parler. Ils appellent *Bois d'émail*, Celui qui est fendu & scié du centre à la circonference: & *Bois roulé*, Celui qu'ont battu les vents pendant qu'il étoit en seve, en sorte que les crues de chaque année n'ayant point fait corps ensemble, sont demeurées de leur épaisseur, sans aucune liaison. Ces sortes de bois ne sont bons à mettre en œuvre que pour de petits ouvrages.

Bois refait & mis à l'équerre, est du Bois bien équarri, c'est-à-dire, qui de flache qu'il étoit est dressé au cordeau sur ses faces. Ainsi *des pieces de bois refaites & dressées sur toutes les faces*, sont celles qui sont bien équarries. On dit, *Mettre une piece de bois sur son fort*, quand elle bombe un peu, &

qu'on met le bombement en haut. On dit *Enligner le bois avec une regle*, pour dire, Mettre les pieces fur une même ligne. On dit, *Mettre les pieces de bois en leur raifon*, quand en mettant en chantier les pieces de bois qui doivent fervir à un bâtiment, on met chaque morceau en fa place. On dit auffi, *Piquer les bois fuivant le devers qui s'y trouve*; ce qui fe fait avec le plomb percé en triangle.

Bois ruftiques, font les bois de racines, comme d'olivier, de noyer, & autres qui ont des nœuds. Les Menuifiers qui travaillent de placage, les emploient dans les ouvrages de rapport.

Les Charpentiers appellent *Bois affoiblis*, Ceux qu'on a taillés en cintre, & qui font toifés exprès de la grandeur de leur boffage; & ils appellent *Bois courbes*, Les bois qu'on a rendus courbes, & qui font toifés de la grandeur de leur plein cintre.

On dit *Bois en grume*, pour dire, Du bois qui eft avec fon écorce, & dont on a feulement ôté les branches, fans en avoir équarri la tige. Les pilotis & plufieurs bois de charronnages & d'ouvrages, font des bois en grume.

On appelle *Bois de brin ou de tige*, Celui dont les quatre doffes flaches ont été ôtées pour l'équarrir. *Bois m'plat*, Celui qui eft beaucoup plus large qu'épais, comme les membranes pour la Menuiferie; *Bois lavé*, Celui dont on a la befaigue en ôte tous les traits de la fcie; *Bois doverfé*, ou *gauche*, Celui qui n'eft pas droit par rapport à fes angles & à fes côtés; *Bois gelif*, Celui qui a des fentes qui lui font venues par la gelée; & *Bois de refend*, Celui dont on fait du merrain, des lates, des échalas. Il eft appelé ainfi à caufe qu'il fe refend par éclats.

On appelle *Bois d'échantillon*, Des pieces de bois de certaines longueurs & groffeurs ordinaires, telles qu'on les trouve dans les chantiers des Marchands; & *Bois apparent*, Celui qu'on ne recouvre point de plâtre après qu'on l'a mis en œuvre dans les planchers, cloifons, &c.

On appelle parmi le bois à brûler *Bois de corde*, Le bois qui eft au-deffous de dix-fept pouces de groffeur. Il eft fait ordinairement de branchage ou de taillis, & doit être de fix pouces tout au moins. Il fe vend à la membrure, qui a quatre piés de haut fur quatre de large. Il doit avoir trois piés & demi de long, en y comprenant la taille. On l'appelle *Bois de corde*, à caufe qu'il n'y a pas encore long-tems que l'on fe fervoit de cordes à Paris pour le mefurer. Le *bois de compte*, Eft celui qui a plus de dix-fept pouces de groffeur. Pour faire une voye de bois de compte, il faut qu'il y ait foixante-deux buches, & ces buches doivent être droites, & d'une telle groffeur, qu'elles rempliffent les trois anneaux qui compofent la voye de bois par les Ordonnances de la Ville. On appelle *Bois en chantier*, Le bois qui eft en pile & en magafin.

Il y a plufieurs autres efpeces de bois propres à brûler. *Le bois flotté*, eft celui qu'on lie avec des rouettes & des perches, & que l'on amene en train fur des rivieres. *Le bois perdu*, eft le bois qu'on jette dans les petites rivieres qui n'ont pas affés d'eau pour porter ni trains ni bateaux, & qu'on va recueillir & mettre en trains aux lieux où ces rivieres commencent à porter. On appelle *Bois canars*, Ceux qui demeurent au fond de l'eau, ou qui s'arrêtent au bord des ruiffeaux où l'on a jetté un flot de bois à bois perdu, c'eft-à-dire, où l'on a jetté une certaine quantité de bois bûche à bûche pour le laiffer aller au courant de l'eau. Après que ces bûches font arrivées au lieu où le ruiffeau eft devenu une riviere

propre à porter bateau, les Marchands peuvent faire pêcher leurs bois canars pendant quarante jours, fans rien payer. Les bois que le flot amene droit au Port où l'on a foin de les recueillir, font appellés *Bois volans*, & ceux que les inondations portent dans les prés & dans les terres, s'appellent *Bois échapés*. Le bois *neuf*, eft celui qu'on apporte dans des bateaux, fans qu'il ait trempé dans l'eau; & *le bois pelard* eft du bois menu & rond, dont on a ôté l'écorce pour faire du tan. On appelle *Bois de monle*, ou *de quartier*, Du bois qui eft mefuré, & qui doit avoir dix-huit pouces d'épaiffeur; & *Bois de gravier*, Un bois qui croît dans des endroits pierreux, & qui vient demi-flotté du Nivernois & de Bourgogne.

Le Bois en étant, appellé ainfi en termes d'eaux & forêts, eft celui qui étant debout & fur pié, prend fon accroiffement fur la terre, c'eft-à-dire, celui qui vit & s'accroît dans fon état naturel. On appelle *Bois d'entrée*, Le bois qui eft entre vert & fec, dont les arbres ont les têtes, ou quelques branches feches, & d'autres vertes. *Le bois vif* eft celui qui porte du fruit & pouffe des branches & des feuilles; & *Le bois gifant*, Le bois qui eft abattu & couché par terre.

On dit *Bois-mort*, & *Mort-bois*. Le premier eft celui qui eft feché fur pié & n'a plus de feve. Quant au Mort-bois, il y en a neuf efpeces défignées dans la Charte Normande que Louis X. accorda en 1313. fçavoir faux, marfaux, épines, puifnes, aulnes, fureau, genêt, geniévre & ronces. Le Mort-bois, que quelques-uns prétendent avoir été appellé ainfi au lieu de *Manbois* ou de *mauvais bois*, n'eft point fujet au tiers & danger. *Le bois blanc* eft le bois leger & peu folide, qui tenant de la nature de l'Aubier, fe corrompt facilement, comme le Tremble, le Bouleau, le Peuplier, &c. *Le bois rouge*, eft celui qui s'échauffe & qui eft fujet à fe pourrir.

On appelle *Bois qui fe tourmente*, Le bois qui n'étant pas fec quand on l'emploie, ne manque jamais de fe déjetter; & on appelle *Bois fain & net*, Celui qui n'a ni gales, ni fiftules, ni nœuds vicieux.

Les Charpentiers appellent *Un cent de bois*, Cent fois foixante-douze pouces de bois en longueur, ou une piece qui a douze piés de long fur fix pouces de largeur & d'épaiffeur. Ainfi on compte quelquefois une feule poutre pour quinze ou vingt pieces de bois.

On trouve dans les Antilles de certains arbres appellés *Bois épineux*. Il y en a de quatre fortes, deux blancs & deux jaunes. Le premier, qui eft le plus grand de tous, croît & groffit fi promptement, que fi on fiche un bâton gros comme le bras dans une bonne terre, il ne lui faut que trois ou quatre ans pour furpaffer en hauteur nos plus grands chênes; & la groffeur en eft telle, que deux hommes ne le fçauroient embraffer. Il eft fort branchu & fait grande ombre, à caufe de la quantité de fes feuilles, qui font fort femblables à celles du Manioc. Il s'en dépouille tous les ans, & avant que d'en pouffer aucune, il porte fruit une forte de petite calebaffe groffe comme un œuf & longue comme le doigt, toute remplie d'un coton gris-brun, & doux comme de la foye. L'écorce de cet arbre eft verte & épaiffe, & elle eft armée de certaines excrefcences larges environ d'un pouce, & hautes de même, qui fe terminent en de petites pointes aigues comme des aiguilles; & c'eft pour cela que ces arbres ont le nom de *Bois épineux*. Celui-ci eft appellé par les Habitans *Fromage de Hol-*

lande , à caufe que fon bois eft le plus tendre de tous les bois qui foient dans les Ifles. Le fecond Bois épineux blanc croît fort haut & fort droit , & n'eft jamais plus gros que le corps d'un homme. Il eft moins épineux que le premier , & a fon écorce grife , mince & feche. Son bois , qui eft auffi blanc que celui du Pin , fert à faire des rames pour les chaloupes & pour les canots. Comme il eft fort fujet aux vers , on s'en fert peu à bâtir. Ses feuilles , qui reffemblent à celles du Pêcher , font un peu plus larges & plus courtes. Des deux Bois épineux jaunes , l'un croît de la hauteur & de la groffeur d'un chêne , & a fous chacune de fes feuilles deux ou trois petites épines. Son écorce eft bife & affés rude , & moins épineufe que les autres. Son bois eft jaune & prefque auffi dur que le bouis. Il n'y a point dans tout le pays d'arbre plus propre à bâtir , quoiqu'il s'en trouve fort peu qui ayent le cœur fain. L'autre Bois épineux jaune ne croît guere plus haut & plus gros qu'un Prunier. Son écorce eft amere comme fiel. Elle eft noirâtre au-dehors & jaune au-dedans comme de l'or , & teint en jaune comme du fafran ou de la rhubarbe. Cet arbre eft plus épineux que tous les autres , mais fi fes épines font plus aigues , elles font auffi plus petites.

On appelle *Bois de rofe* dans la Guadeloupe , ce qui eft appellé Bois de Cypre dans la Martinique. C'eft un arbre qui croît fort haut & fort droit , & qui a fes feuilles longues comme celles du Châtaigner , mais plus fouples , velues & blanchâtres. Il porte de gros bouquets de petites fleurs blanches , & enfuite de petites graines noires & liffées. Son écorce eft blanchâtre & prefque femblable à celle des jeunes chênes. Après qu'on a mis ce bois en œuvre , on le prendroit pour du noyer , tant le rapport en eft grand. Il eft bon à bâtir. Lorfqu'on le travaille , il exhale une odeur fort agreable , & qui paffe de beaucoup celle des rofes. Elle fe diffipe avec le tems , mais pour la renouveller il ne faut que couper ou frotter bien fort le bois.

Il y a auffi un bois dans les mêmes Ifles , que l'on appelle *Bois vert*. Il croît en buiffon comme les épines blanches , & eft fort chargé de petites feuilles vertes & liffées qui approchent fort de celles du bouis , quoiqu'un peu plus grandes. On n'en voit guere de plus gros que la cuiffe. Il a toûjours un pouce ou deux d'aubier blanc , & fon écorce eft groffe & polie. Tout le cœur de ce bois eft vert , fort brun , & même plus noir que vert , mêlé de quelques veines jaunes. Les Teinturiers s'en fervent pour teindre en vert naiffant. Il fe polit comme de l'ébene , & noircit fi bien avec le tems , que les Ebeniftes le font paffer pour de vraie ébene.

Le bois à petites feuilles , Eft un arbre qui fe trouve dans les lieux humides & dans toutes les terres graffes de ces mêmes Ifles. On l'appelle ainfi à caufe qu'il eft tout chargé de petites feuilles affés femblables à celles du bouis. Toutes ces feuilles , qui font attachées à petites queues fort menues , tremblent dès le moindre vent qu'il fait. L'écorce de cet arbre eft jafpée comme celle du bois d'Inde , qui eft une efpece de laurier qui croît exceffivement gros , mais de tems en tems la petite écorce fe leve & fe roule comme de la canelle , Tous les arbres de cette efpece font gros , hauts , droits , pleins & maffifs , & les bâtimens que l'on en fait font de fort longue durée.

Il y a encore dans les mêmes Ifles *des bois rouges* de toutes fortes , dont la plûpart égalent en beauté celui du Brefil. Tous ces bois font pleins , maffifs , pefans , & coulent à fond , & comme il y en a plufieurs que l'on tient incorruptibles , on en pourroit

faire de très-beaux ouvrages de Menuiferie.

On trouve un autre arbre , qu'on appelle *Bois de fer* , à caufe de fa grande dureté. Il eft auffi gros que le corps d'un homme , & croît jufqu'à une pique & demie de hauteur. Il a quantité de petites feuilles , & porte un grand nombre de bouquets de fleurs femblables à celles du Lilac , & même plus belles. Ces bouquets font en telle abondance , qu'il femble que l'arbre ne foit chargé que de fleurs. Son écorce eft prefque femblable à celle de l'érable , mais plus dure & un peu plus grife. Tout l'aubier eft jaune & fort dur jufques vers le cœur , qu'il a fort petit , & de couleur de fer rouillé. Quoique cet arbre foit tellement dur , que les haches de la meilleure trempe rebrouffent deffus en le frappant , il ne vaut rien à bâtir , à caufe qu'il eft trop fujet aux vers.

Le bois de couleuvre eft une plante qui croît dans les lieux humides , & qui par de petites chevelures de racines , s'attache aux arbres qu'elle rencontre , & s'éleve jufqu'au haut en ferpentant. Son bois n'a pour l'ordinaire qu'un pouce ou deux de groffeur. Il eft vert en quelques endroits , & en d'autres gris mêlé de noir , tortu , & fi femblable à une couleuvre , qu'on prend fes tronçons pour des ferpens quand on les voit dans un lieu obfcur. Ses feuilles , qui font auffi grandes que celles de la Serpentine , n'ont aucune découpure lorfqu'elles commencent à pouffer , mais il s'y fait de petites cicatrices , comme fi on les avoit percées avec un couteau , & ces cicatrices divifent les bords de la feuille , à mefure qu'elles s'augmentent. On affure qu'elle eft fouveraine contre les morfures des ferpens , & qu'ils meurent par fon feul attouchement. Le Pere du Tertre rapporte que fur le bord de la riviere du Fort S. Pierre dans la Martinique , il en a vû fept ou huit , dont quelques-uns étoient comme le bras , morts fur les tiges de cette Plante.

On trouve encore dans la plûpart de ces Ifles un arbriffeau appellé *Bois de Corail* , à caufe qu'il porte une graine rouge comme du corail. Elle croît par bouquets à l'extrêmité de fes branches , qui en reçoivent un fort grand éclat. Ces petits grains ont une petite marque noire à l'un des bouts , & on s'en fert pour faire des braffelets.

Bois Nephritique. Nom que les Efpagnols donnent à un arbriffeau de la Nouvelle Efpagne , qui croît quelquefois auffi haut qu'un arbre. Ils l'ont appellé ainfi à caufe de fon bois qui teint l'eau en bleu , & cette eau étant bûe raffraîchit , nettoye les reins & la veffie , & tempere l'acrimonie de l'urine. Ceux du pays appellent cet arbriffeau *Coatl* , & quelques autres *Tlapalès patli*. Son tronc eft gros & fans nœuds , femblable au Poirier. Ses feuilles font à peu près comme celles des chiches , mais non pas fi grandes. Ses fleurs font petites , longues , jaunes , & difpofées en forme d'épis. La plante eft froide & humide , encore qu'elle approche un peu d'un moyen temperament.

Bois , eft auffi un terme collectif dont on fe fert pour fignifier un lieu planté d'arbres non fruitiers. Il y en a de plufieurs fortes. *Le bois de haute fuftaye* eft celui qui eft parvenu à fa plus grande hauteur. Il eft reputé immeuble , & les Ufufruitiers ne peuvent l'abbatre. *Le bois de haut revenu* , eft celui qui eft de demi-fuftaye , c'eft-à-dire , qui a quarante ou foixante ans. On appelle *Bois fur le retour* , Un Bois trop vieux qui commence à fe corrompre , & qui a plus de deux cens ans à l'égard des chênes. *Le bois taillis* , eft le bois qui eft au-deffous de quarante ans , & qu'on met en coupes ordinaires. Quand il va au-delà , c'eft une fuftaye fur taillis. On appelle un petit Taillis que l'on peut couper avec un petit ferrement, *Bois à fauxillon* ; & le bois qu'on a défendu de couper, à cause qu'ayant été reconnu de belle venue dans quelque triage, on a trouvé à propos de le conserver & de le laisser croître jusqu'à ce qu'on en ait besoin, s'appelle *Bois en défends*. On dit qu'*Un bois est jugé défendable*, quand le Juge a donné permission d'y faire entrer les bestiaux en panage.

Bois en pueil, est un terme de coûtume. Il veut dire un Bois nouvellement coupé, & qui n'a pas encore trois ans.

On appelle *Bois Marmenteaux*, les Bois qui sont autour d'un Parterre ou d'une maison pour leur servir d'ornement, & ausquels on ne touche point. On les appelle aussi *Bois de touche*.

Les Jardiniers appellent *Bois*, Les petites branches ou rejettons que les arbres poussent.

On emploie quelquefois le mot de *Bois tortu*, pour dire La vigne.

On appelle *Bois de lit*, Les pans, les colomnes, le dossier, les tringles & les petits ais sur lesquels on met la paillasse. *Bois de raquette*, Est tout le bois qui compose la raquette.

On dit en termes de mer, *Faire du bois*, pour dire, Faire sa provision de bois pour le tems que l'on doit être à la mer.

On dit qu'*Un Vaisseau a reçu des coups en bois dans un combat*, pour dire qu'il a reçu ces coups dans ses bas, & non dans les hauts.

On dit *Bois de scie*, en parlant d'une piece de bois dont on a coupé le fil pour lui donner une figure angulaire ou quarrée.

Bois de tête. Terme d'Imprimerie. Ce sont les petites pieces de bois que les imprimeurs mettent dans les chassis au-dessus des pages, pour tenir les formes serrées. Ils appellent *Bois de fond*, Les bois qui se mettent entre les pages.

Bois de Cerf, en termes de Venerie, est ce qu'on appelle autrement *Corne de Cerf*. On dit qu'*Un Cerf a touché au bois*, pour dire qu'En se frottant contre un arbre, il a dépouillé la peau de sa tête.

Bois de Briz. Voyez ABBATIS.

BOISDEUX. adj. Vieux mot. Traître, dissimulé. On a dit aussi *Boiseur* dans le même sens.

Le cuer ot boiseor & faux.

BOISDIE. Vieux mot. Tromperie raillerie.

Il li convient sa folie
Guerpir, puisque sans boisdie
Se met en votre baillie.

Il a signifié aussi Méchanceté, perfidie, & il est dit dans la Bible Historiaux MS. de Caïn qui tua Abel.

Et l'occit par boisdie & trahison.

BOISSEAU. s. m. On appelle *Boisseau de Poterie*, Un corps rond & creux de terre cuite, & fait en forme de boisseau qui n'a point de fond. On forme la chausse d'une aisance en emboîtant plusieurs de ces boisseaux les uns dans les autres. Les Boutonniers appellent *Boisseau*, Un gros coussin sur lequel ils font des tresses, du cordon rond, &c.

BOISSELE'E. s. f. La quantité de grain ou d'autre chose qu'on a de coûtume de mesurer dans un boisseau, & qui peut y être mesurée. *Boisselée* est aussi une certaine mesure de terres dont on se sert en plusieurs Provinces. Cette mesure consiste en autant de terre qu'il en faut pour contenir la semence du grain dont un boisseau est rempli. Huit boisselées font un arpent de Paris, ou environ.

BOISSELIER. s. m. Celui qui fait ou vend des boisseaux, des seaux, des pelles & autres ouvrages.

BOISTE. s. f. Vase fait d'un bois extrêmement mince, qui se ferme avec un couvercle. M. Ména-

ge dérive ce mot de *Buxuleta*, diminutif de *Buxula*, qui a été fait de *Buxus*, & il en apporte pour raison que la plûpart des Boîtes sont faites de bouis. Selon du Cange, ce mot vient de *Buxis*, *buxida*, *bossida*, & *bustula*, qu'on a employés au même sens dans la basse Latinité. Plusieurs écrivent *Boîte*.

Boîte est aussi un terme de Monnoye, & se dit des petits coffres où l'on met le monnoyes qu'on a essayées, afin de les envoyer à la Cour des Monnoyes, où l'on en fait un nouvel essai. Ce sont les Gardes des Monnoyes qui font ces boîtes. De vingt pieces d'or ils doivent y en mettre une sans choix ; & de dix-huit marcs de pieces d'argent une autre, qui servent d'échantillon pour les faire juger. L'endroit où l'on met le quarré des médailles, quand on les marque, s'appelle aussi *Boîte à la Monnoye*. Cette Boîte est d'acier, & l'on y fait tenir fermes les quarrés qu'on met dedans, par le moyen des vis qui les serrent.

On appelle *Boîtes d'un villebrequin*, Le morceau de bois dans lequel on met la méche.

On nomme aussi *Boîtes*, Les ais ou planches qui servent pour couvrir & revêtir des pieces de bois, poutres, solives ou autres.

Les Vitriers ont aussi une *Boîte* parmi leurs outils. Ils y mettent la poix resine en poudre, pour faire tenir la soudure.

On appelle *Boîte de montre*, Une petite boîte de métal, où l'on met une montre de poche.

Boîte de roue, en termes de Charron, est le trou du moyeu où l'on met l'aissieu.

Boîte de navette, en termes de Tisserand, est la partie de la navette où l'on met la trême.

Boîte à foret. C'est où les Serruriers & les Couteliers mettent le foret quand ils veulent percer.

Les Imprimeurs en Taille-douce appellent *Boîte*, Un morceau de bois fait en forme d'arc, qui par dedans est garni de fer blanc pour faire tourner le rouleau.

On appelle *Boîte à poivre*, Une maniere de vase de fer blanc, qui est partagé en petits quarrés, dans lesquels on met le poivre, les cloux de girofle & la muscade.

Boîte est aussi un terme d'Anatomie. C'est l'endroit où les os sont emboîtés l'un dans l'autre.

On appelle dans un Navire *Boîte du gouvernail*, La piece de bois percée, au travers de laquelle passe le timon ou la barre.

On appelle *Boîte*, en termes d'Artillerie, Un petit Mortier de fer qui a sept ou huit pouces de hauteur. Après qu'on l'a chargé de poudre jusqu'au haut, on le bouche avec un fort tampon de bois, pour tirer dans des occasions de réjouissances publiques, afin qu'on en puisse ouïr le bruit de plus loin. Le bouton qui est au bout de la hampe des escouvillons qui servent à nettoyer & à rafraîchir le canon, s'appelle aussi *Boîte*.

Boîte à pierrier. Corps cylindrique & concave, ou espece d'estui de bronze ou de fer rempli de poudre, avec une anse de fer & une lumiere qui répond à cette poudre. On met cette Boîte ainsi chargée dans le pierrier par la culasse, derriere le reste de la charge, qu'elle chasse aussi-tôt qu'elle a pris feu.

BOISTIER. s. m. Maniere de petite boîte qui est divisée en plusieurs quarrés, & où les Chirurgiens mettent plusieurs sortes d'onguents qu'ils portent sur eux.

BOITE. s. f. Petit vin qu'on donne à boire aux valets en quelques Provinces. On le fait en jettant plusieurs seaux d'eau sur le marc du raisin, avant qu'on l'ait entierement pressuré. On l'appelle ordinairement de la *Piquette*. *Boîte*, est Ce qu'un Pêcheur à la ligne met à l'hameçon.

BOITEUX. adj. Terme de Manége. On dit d'un cheval, qu'*Il est boiteux de l'oreille, boiteux de la bride*, lorsqu'en boitant au pas ou au trot, les mouvemens qu'il fait de la tête marquent tous les tems qu'il boite.

BOITURE. s. f. Vieux mot. Débauche qu'on fait à boire.

> *Qui boivent pourpoint & chere,*
> *Puisque boiture y est si chere.*

BOL

BOL. s. m. Sorte de médicament purgatif qui s'avale par morceaux. Il est de consistance de miel en forme d'opiat, & ces morceaux sont enfermés dans du pain à chanter. On les donne à ceux qui ayant besoin d'être purgés, ne peuvent prendre de medecine sans vomir incontinent, ou à qui les pilulles sont nuisibles à cause de la secheresse du tems, ou parce que le temperament de la personne est trop chaud. Ce Bol ou *Bolus* se fait de toutes sortes de purgatifs; & quelquefois pour en corriger la violence, ou pour les rendre plus agreables au goût, & même pour fortifier certaines parties, on y mêle des alteratifs & des aromatiques.

Bol d'Armenie. Espéce de terre dont la couleur est pâle tirant sur le jaune. Elle a pris son nom de l'Armenie, où elle se trouve. Galien dit que le Bol d'Armenie, pour être bon, doit être pâle & aromatique, & fondre sur la langue comme du beurre, quand on l'a mâché. S'il est sablonneux, c'est un défaut. Il est fort desiccatif. Il incrasse, repercute, restreint, fait mourir les vers, & a la vertu d'arrêter le sang. Le Bol d'Armenie s'emploie aussi par les Doreurs, quand ils veulent faire l'assiette de l'or.

BOM

BOMBARDE. s. f. Piece d'Artillerie ancienne, que quelques-uns ont appellée *Basilic*. Elle étoit grosse & courte, & avoit une ouverture fort large. On s'en servoit pour tirer de gros boulets de pierre. Il y en a eu qui ont porté jusqu'à trois cens livres de balle, & on ne les pouvoit tirer qu'en les balançant sur des cordages que soûtenoient des grues de charpente, dont nous ne connoissons non plus aujourd'hui l'usage, que celui de cette sorte d'Artillerie.

BOMBASIN. s. m. Double Basin qu'on apporte de Lyon. C'est une futaine à deux envers croisée doublement.

BOMBE. s. f. Gros boulet de fer, creux en dedans, & qui a deux anses à côté de la lumiere, sur laquelle on met une fusée après qu'on l'a rempli de feux d'artifice & de poudre. Les bombes se tirent dans un mortier qui est monté sur un affût, & qu'on place sur sa platte-forme couverte de Madriers. On y met ensuite la quantité de poudre que l'on juge necessaire, & la bombe par dessus. On se sert d'étoupes, & de terre grasse pour fermer le vuide ou l'entredeux qui peut rester entre la bombe, le mortier & la poudre, & on met un tampon par dessus la bombe. Après cela le Canonnier donne l'élevation qu'il faut au mortier, pour la chasser à l'endroit où il veut qu'elle tombe; ce qui étant fait, il commence à mettre le feu à la fusée de la Bombe avec une méche allumée qu'il tient d'une main; & aussitôt qu'elle a pris, il porte une autre méche sur l'amorce du mortier, qui mettant le feu à la poudre du dedans, chasse la Bombe en l'air, & la fait

aller au lieu où il veut qu'elle cause du desordre. On dit *Bombe foudroyante* & *Bombe flamboyante*. La premiere est celle qui tue, qui brise & fracasse tout; & l'autre, une Bombe qui n'étant remplie que de feux d'artifice, sert seulement à éclairer. M. Blondel a remarqué que l'usage des Bombes n'est pas ancien, & que les premieres qu'on ait vûes, furent jettées dans la Ville de Vvactendonch en Gueldres. Cependant on tient que quelque tems auparavant, c'est-à-dire, en 1588. un Habitant de Venlo s'en étoit servi aux feux d'artifice, & qu'en s'exerçant à ces sortes de feux, il en étoit tombé une sur Venlo, qui avoit causé un si grand embrasement, qu'une partie de la Ville avoit été brûlée.

BOMBE, E'E. adj. Il se dit d'un trait de portion circulaire fort platte, comme celui qui se fait sur la base d'un triangle équilateral, dont l'angle au sommet est le centre.

On appelle *Bois bombé*, Celui qui est fait en arc, & un peu courbe naturellement.

L'*Arriere voußure Bombée* de porte ou de fenêtre, autrement *de S. Antoine*, est quarrée au linçoir & s'élargit toûjours dans la hauteur sur un trait très-difficile.

BOMBEMENT. s. m. Terme d'Architecture. Curvité, renflement, convexité.

BOMBER. v. a. Faire un trait plus ou moins renflé.

BOMERIE. s. f. Interêt des deniers prêtés entre Marchands sur la quille d'un Vaisseau, ou sur les marchandises qui y sont chargées, moyennant quoi le creancier se soûmet aux risques de la mer ou de la guerre. Cela s'appelle autrement *Prêt à la grosse avanture*. Comme l'argent que l'on prête, & qui rapporte quelquefois vingt-cinq pour cent, n'est prêté pour l'ordinaire que sur la quille du Vaisseau, qui en Flamand s'appelle *Bomé*, on a appellé ce prêt *Bomerie*.

BON

BONAVOGLIE. s. m. Terme de mer. Celui qui s'engage volontairement à tirer la rame, sous de certaines conditions de récompense.

BONBANC. s. m. Sorte de pierre fort blanche qui se tire des carrieres qui sont aux environs de Paris. Le Bonbanc se mouline, & ne resiste pas beaucoup au fardeau, mais il subsiste lorsqu'il n'est ni à l'humidité ni au-dehors. Celui qui a un lit coquilleux, & quelques molieres, est le meilleur. Il a depuis quinze pouces jusqu'à vingt-quatre de hauteur, & on s'en sert aux façades de dedans des bâtimens, & pour faire des rampes & des appuis. On en tire aussi des colomnes.

BONCHRESTIEN. s. m. Poire fort grosse, que l'on appelle en Latin, *Pyrum Panchrestum*. Il y a du Bonchrétien d'été qu'il faut manger presque aussi-tôt qu'il est meur. Le Bonchrétien d'hiver est fort estimé à cause qu'il est de garde.

BONS-HOMMES. s. m. Religieux que le Prince Edmond établit en Angleterre en 1259. Ils portoient un habit bleu, & professoient la Regle de saint Augustin. Quelques-uns croyent que leur Institut étoit celui du bienheureux Jean le Bon, qui vivoit en ce tems-là; ce qui les faisoit appeller *Bons-hommes*. On donne ce même nom à un Couvent de Minimes, aux environs de Paris, & on l'a nommé ainsi à cause que Louis XI. appelloit *Bon-homme*, saint François de Paule, Fondateur de cet Ordre. On appelle aussi *Bons-hommes*, certains Religieux de l'Ordre de Grammont, qui avoient une Maison dans le bois de Vincennes, où les Minimes ont été premierement

ment introduits. Les Heretiques Albigeois ont été auffi appellés *Bons-hommes*.

BONCON. f. m. Vieux mot. Bale qu'on jettoit avec les Arcs. Il y a dans le Roman de la Rofe en parlant d'une montagne.

Si haute que nulle arbalête ,
Tant fut fort , ne de traire prête ,
Ne treroit ne boncon ne vire.

BONDE. f. m. Arbre d'une grandeur prodigieufe, qui fe trouve au Royaume de Quoja , & qui furpaffe en hauteur tous les autres arbres des forêts. Il a plus de fix ou fept braffes d'épaiffeur, & fon écorce toute heriffée d'épines épaiffes. Son bois eft huileux , & l'on en fait des canots , des cueillers , des plats & des chaifes. On fait d'excellent favon avec fes cendres qu'on paffe en leffive , & que l'on mêle avec de vieille huile de dattes. Les planches qu'on tire des racines de cet arbre , qui paroiffent cinq ou fix piés au-deffus de terre , fervent à faire des portes & autres chofes femblables. On en coupe des rameaux qu'on plante dans les confins des Villages pour les féparer. Ces racines prennent fort facilement , & en peu de tems elles deviennent de grands arbres.

BONDON. f. m. Morceau de bois , dont on bouche le trou d'un tonneau. *Mettre un bondon. Oter le bondon.*

BONDRE'E. f. f. Oifeau de rapine , qui a le ventre blanc , marqueté de plufieurs taches longues , & de couleur brune , & la queue fort large. Son dos eft d'une couleur affés obfcure , & fa tête eft groffe & plate. Il a le col fort garni de plumes , mais court ainfi que le bec. Aldrovandus qui parle de cet oifeau, lui donne trois tefticules , ce qui le fait nommer en Latin *Buteo triorchis.*

BONGOMILES. f. m. Heretiques du douzième fiecle , qui s'attachant aux erreurs de Bafile Medecin, ne vouloient point reconnoître le myftere de la Trinité. Ils n'admettoient que fept livres de l'Ecriture , & rejettoient ceux de Moyfe. Ils regardoient la Meffe comme un facrifice des démons , & prétendoient que l'Ange Gabriel s'étoit incarné , & que Dieu avoit la forme humaine. Ils ajoûtoient que le monde avoit été créé par les mauvais Anges; & méprifant la Liturgie de l'Eglife , ils enfeignoient qu'il n'y avoit pas de réfurrection que par la converfion du péché , & que les hommes pouvoient bien feindre dans la Religion. Ils ajoûtoient à cela beaucoup d'autres impoftures, croyant concevoir le Verbe & l'enfanter de même que la Sainte Vierge. Ils méprifoient la Croix à caufe que Jesus-Christ y étoit mort.

BONIFIER. v. a. Terme de Marine. On dit , *Bonifier une Baleine* , pour dire , Defpecer une Baleine , en fondre le lard fur la gréve , & en tirer tout ce qu'il y a de bon.

BONITE. f. f. Poiffon qui fe pêche plus fouvent en haute mer que le long des côtes. Il eft gros, rond , & à environ deux piés de long en ovale , en y comprenant la tête , auprès de laquelle on voit deux grands ailerons pointus , pareils à ceux du Marfouin. Depuis ces ailerons eft une ligne d'écaille tirée jufques à la queue qui eft fourchue. Il y en a deux autres au-deffous , une au bas du ventre , & une inégalement grande , depuis le milieu du dos jufqu'à la queue. La Bonite eft demi chair & demi poiffon. Ce qui eft proche de la groffe arrête , qui eft la feule qu'elle ait , eft une chair comme celle du Marfouin; mais beaucoup plus tendre & de meilleur goût. Elle eft feche & ferme , & d'une fort bonne nourriture. La mer eft quelquefois toute couverte de ces fortes de poiffons , qu'on voit fau-

Tome I.

tet dix ou douze piés de haut. On fe fert alors de harpons & de tridens pour les prendre. On la prend auffi avec des hameçons qui ne font que de la groffeur du petit doigt. On y met deux plu mes de pigeon blanc que l'on enveloppe de petits liges , & l'on attache la ligne à une vergue ; en nom que l'hameçon qui a la forme d'un petit poiffo vo lant fautille dans l'eau. La Bonité qui n'eft pafmoins ennemie des poiffons volans que la Dorade jette auffi-tôt deffus , & fe prend à l'hameçon.

BONNEAU. f. m. Terme de Marine. Morceau de bois ou de liege, qui flottant fur l'eau, marque les ancres mouillées dans les ports , ou laiffées dans les rades. C'eft quelquefois un baril relié de fer. On l'appelle autrement *Gaviteau & Hoirin.*

BONNET. f. m. On appelle ainfi le fecond ventricule du bœuf & des autres animaux qui ruminent. Après qu'ils ont ruminé , les alimens tombent dans ce fecond ventricule , où ils font une nouvelle digeftion, & delà ils tombent dans la caillette où fe fait le chile.

On appelle en termes de guerre *Bonnet à Prêtre* , un dehors ou une piece détachée , qui forme à la tête deux angles rentrans , & trois faillans. Ce qui la fait différer de la double tenaille , c'eft que fes côtés font en queue d'aronde , au lieu d'être paralleles , & ont moins de terrain en-dedans , c'eft-à-dire , vers la gorge , qu'ils n'en occupent du côté de la campagne.

BONNETTE. f. f. Terme de Fortification. Ouvrage que l'on conftruit au-delà de la contrefcarpe , en maniere de petit corps de garde avancé. Il a deux faces qui forment un angle faillant, fait comme un petit ravelin fans aucun foffé. Sa hauteur eft de trois piés , & il eft bordé d'une palliffade qui en a encore une autre , à la diftance de dix ou douze pas. On l'appelle autrement *Fléche.*

Bonnette , eft auffi un terme de mer. On appelle ainfi de petites voiles dont on fe fert lorfqu'il y a peu de vent , ou pour agrandir celles du Vaiffeau, ou pour y en mettre un plus grand nombre. Il y en a que l'on appelle *Bonnettes maillées*. Elles ont deux ou trois piés de hauteur , & fervent à allonger les baffes voiles , pour aller plus vîte quand il fait beau tems. On les attache à des mailles ; c'eft-à-dire , à des œillets qui font près de la ralingue , après quoi on amarre les écoutes au point des Bonnettes. Il y en a d'autres que l'on appelle *Bonnettes en étui* , à caufe qu'elles ont la figure d'un étui. On les met par le bout le plus étroit à chaque extrèmité de la grande vergue , fur des pieces de bois qu'on nomme Boutedehors. Ainfi elles regnent le long des côtés de la grande voile. On appelle *Bonnette lardée*, celle que l'on a piquée avec du fil de voile , & lardée d'étoupe , dans la vûe de s'en fervir pour boucher une voie d'eau , lorfqu'elle fe trouve en un endroit du Vaiffeau qu'on ne fçauroit découvrir.

BONZES. f. m. Prêtres & Docteurs des Japonois. Ils font divifés en plufieurs fectes , qui , quoique contraires en opinions , s'accordent toutes à nier la Providence de Dieu , & l'immortalité des ames. Ils ne débitent ces impiétés qu'aux principaux du Pays , & entretiennent le Peuple des peines de l'autre vie. Ils vivent prefque tous en commun dans des maifons magnifiques , fans fe pouvoir marier ; non plus que les Bonzes Religieufes , qui font habillées différemment. Ils ont diverfes Univerfités , dont la plus célèbre eft celle de Frenojama , à neuf milles de Meaco , principale Ville de ce Royaume-là. Un Roi du Japon choifit cet endroit il y a huit cens ans ou environ , pour y bâtir trois mille huit cens Tem-

Q

ples, avec leurs Couvens de Bonzes qu'il fit difperfer en differentes valées : & afin que rien ne pût les détourner de l'étude , il fit auffi bâtir deux Villages au pié de la montagne de Frenojama , d'où ils tiroient toutes leurs commodités. La direction de cette Univerfité qui étoit fort riche , n'étoit donnée qu'aux fils ou aux parens fort proches du Roi. Les Bonzes qui y faifoient leur féjour , jouïssoient prefque d'un tiers du Royaume de Vome, & étoient comme les maîtres dans celui de Meaco. Le tems qui change & qui détruit tout, fit enfin réduire ces Temples à huit cens ; & ces Bonzes abandonnerent l'étude pour prendre les armes. Ils entrerent dans Meaco en 1535. & brûlerent prefque entierement la Ville. Leurs violences qu'ils continuerent jufqu'en 1551. obligerent un Roi du Japon à chercher à s'en venger. Il attaqua leur Montagne, fit mourir tous ceux qu'il prit , & renverfa plus de la moitié des Temples qui leur étoient demeurés. Quelques autres Prêtres des Indes & de la Chine font auffi appellés *Bonzes.*

BOO

BOOPE. f. m. Poiffon de mer du Brefil. Il a la figure & la grandeur des Tons d'Efpagne. On le coupe comme les Turbots , & on le fale. Sa graiffe reffemble au lard, & on en fait une certaine huile. On a appellé ces poiffons *Boopes,* à caufe que leurs yeux font des yeux de bœuf, du Grec βῦς, Bœuf, & de ψ, Face , afpect.

BOR

B ORAX. f. m. Suc mineral concret, ou humeur qui découle des mines , & qui fe congele de lui-même. Le Borax prend fa couleur de la mine d'où il fort ; le jaune dans la mine d'or, le blanc dans celle d'argent, le noir dans la mine de plomb , & le vert dans la mine de bronze. Ce dernier eft le meilleur pour les Apothicaires, & le jaune pour les Orfévres. Ils l'appellent *Chryfocolla ,* comme qui diroit *Colle d'or,*à caufe de l'ufage qu'ils en font pour fouder l'or. On s'en fert auffi pour fouder l'argent & le cuivre. M. Felibien dit qu'on le tire d'une Montagne qui eft à cent lieues de Cambayette, qu'il croît auffi aux environs de Guzarate, entre Bengala & Cambaya , & que les Habitans l'appellent *Tincal* ou *Tincar.* Diofcoride défend de fe fervir du Borax, qu'après qu'on l'a broyé, & lavé en forte qu'il n'y refte aucune ordure. On le fait fecher enfuite,& on le garde ainfi jufqu'au befoin. Il échauffe & deffeche moderement , empêche les excrefcences des chairs , & les confume en les rongeant peu à peu. Il eft dangereux de s'en fervir interieurement à caufe de fon acrimonie. Le Borax fe fait auffi par artifice , & il y en a de trois fortes. L'une fe fait en répandant de l'eau fur la mine pendant tout l'hiver , jufqu'au mois de Juin, qu'on détourne l'eau pour laiffer fecher la mine. Ainfi ce Borax n'eft proprement qu'une mine petrifiée. L'autre eft faite d'alun de roche , de nitre, & autres ingrediens, & c'eft celui que l'on fait paffer pour le Borax de Venife. Le troifiéme fe fait avec de l'urine de petits enfans , remuée longtems au Soleil d'été dans un mortier de bronze avec un pilon de même matiere qu'à confiftance d'onguent.

On appelle auffi *Borax* , certaine pierre qui eft dans la tête des crapauts. On veut que ce foit effectivement un os de leur tête, qui fe petrifie avec le tems; mais beaucoup en doutent.

BORBORITES. f. m. Secte des Gnoftiques dans le

fecond fiecle. Ceux qui en étoient , outre qu'ils admettoient toutes les ordures de ces Heretiques , nioient encore le Jugement dernier. On appelle *Mennonites* en Hollande , ceux que l'on appelle ailleurs *Anabaptiftes* , & ces Mennonites font divifés en diverfes fectes , dont l'une eft celle des Mennonites de Frife , nommés *Borborite* ou *Stercorarii* , à caufe qu'ils admettent dans leur communion ceux qui ont été rejettés par les autres Mennonites , & font fi relâchés dans leur difcipline, que les perfonnes les plus impures ne leur femblent pas indignes d'être de leur focieté.

BORD. f. m. Ce mot , qui en termes de Marine fignifie *Vaiffeau , Navire ,* s'emploie en differentes manieres de parler. On dit *Etre à bord* , pour dire, Etre au Vaiffeau ; *Renverfer , tourner le bord* , pour dire , Revirer , naviger fur un autre air de vent : *Venir à bord* , pour dire, Se joindre dans un Vaiffeau , ou joindre un Vaiffeau : *Rendre le bord ,* pour dire , Venir mouiller dans une Rade , dans un Port : *Courir bord fur bord* , pour dire, Courir fur diverfes routes pour ne s'éloigner que le moins qu'on peut ; c'eft-à-dire , Louvier & gouverner tantôt à ftribord, tantôt à bas bord : *Faire un bord , une bordée ,* pour dire, Faire une route , courre à la mer jufqu'à un certain lieu : *Courir même bord que l'ennemi* , pour dire, Gouverner à ftribord ou à bas bord, felon qu'il y gouverne lui-même : *Mettre à l'autre bord* , pour dire , Virer : *Tenir bord fur bord* , pour dire, Courir d'un côté & d'autre au plus près du vent , en attendant quelque chofe : *De bord à bord* , pour dire , Autant fur un côté du Vaiffeau , que fur l'autre , ou bien , de part & d'autre de la droite route.

On dit de deux Vaiffeaux , qu'*Ils font bord à bord* , pour dire , qu'Ils font près l'un de l'autre de l'avant en arriere. On dit auffi, *Un bord qui allonge* , pour dire, que La bordée que l'on court lorfque le vent eft contraire , fert à la route. On dit encore que *l'on a fait un bon bord* , pour dire , que L'on a gagné ou avancé à fa route étant au plus près du vent.

Bord à la terre , bord au large. Termes qu'on emploie lorfqu'on parle d'un Vaiffeau qui court à la mer , & recourt à terre.

On appelle *Bord de baffin* , la tablette de marbre ou de pierre, ou le cordon de gazon ou de rocaille , qui pofe fur le petit mur circulaire, quarré , ou à pans d'un baffin d'eau.

BORDAGE. f. m. Revêtement de planches de chêne , qui couvrent les membres d'un Vaiffeau , ou qui fervent à en faire le deffus. On dit , *Bordage de tant de pouces* , pour dire, qu'Il a tant de pouces d'épaiffeur.

Bordage. Terme de Coûtume. Droit Seigneurial dû fur une loge ou maifon baillée pour faire les vils fervices du Seigneur , fans qu'elle puiffe être vendue , donnée ni engagée par ceux qui doivent ce droit. Ce mot vient de *Borde* , qui vouloit dire autrefois , Une petite maifon de campagne , comme on appelloit *Bordier* , celui qui la tenoit à ferme.

BORDAYER. v. n. Terme de Marine. Gouverner tantôt d'un côté , tantôt d'un autre , lorfque le vent ne permet pas de gouverner à route. Il fignifie auffi Faire des bordées. Quelques-uns difent *Bordeger.*

BORDE. f. f. Vieux mot. Métairie. Grange.

N'es-tu plus or recors de la borde araigneufe ,
Dont jadis te mis hors ?

On a dit auffi *Bourde ,* & ce mot fignifioit Une logette , une maifonnette.

Ne trouverés meshui ne bourde ne maifon.

Borel croit que c'eft delà qu'eft venu le mot de

Bordel, comme voulant dire, Un lieu miserable. On s'est encore servi du mot de Bourdette dans le même sens.

Et tout fut mis à dampnement,
Fors la bourdette seulement.

BORDE'E, E'E. adj. Terme de Blason. Il se dit des pieces, comme croix, bandes, gonfanons & autres, autour desquelles il y a quelque filet d'une couleur differente. *D'or, à la bande dor bordée de guenles.*

BORDE'E. s. f. Cours d'un Navire depuis un revirement jusqu'à l'autre. *Faire diverses bordées.* On dit *Courir plusieurs bordées*, pour dire, Revirer souvent, & *Courir à la même bordée*, pour dire, Courir un même air de vent qu'un autre Vaisseau, ou courir du même côté que l'on a déja couru. On dit aussi *Venir à sa bordée*, pour dire, Mener le Vaisseau jusqu'au lieu où l'on a dessein d'aller, sans que le vent oblige à changer de route; & *Courir à petites bordées*, pour dire, Ne pas courir loin d'un côté ou d'autre. On dit, *Faire la grande bordée*, lorsqu'étant dans une rade on y veut faire le quart comme à la mer; & *Faire la petite bordée*, lorsque dans une Rade on partage les quarts en deux parties pour faire le service ou le quart. On dit encore *Envoyer une bordée, donner la bordée*, pour dire, Tirer sur un autre Navire tous les canons que l'on a dans son Vaisseau.

BORDELAGE. s. m. Vieux mot, par lequel on entend un domaine ou une metairie de campagne, chargé de quelque redevance que des gens de condition servile avoient accoûtumé de tenir, & qui rapportoit que'que revenu.

BORDEMENT. s. m. Terme de Peinture en émail. M. Felibien s'en est servi en disant; *Pour employer les émaux clairs on les broye seulement avec de l'eau; car ils ne peuvent pas souffrir l'huile comme les émaux épais, on les couche à plat, bordés du métal sur lequel on les met. On fait quelquefois des ouvrages qui sont tout en champ d'émail & sans Bordement; ce qui est assés difficile, à cause que les émaux clairs en se parfondant se mêlent ensemble, & que les couleurs se confondent, principalement quand les pieces sont petites.*

BORDER. v. a. Terme de Marine. On dit, *Border un Vaisseau*, Couvrir ses membres de bordages, *Border en carvelle*, pour dire, Faire que les bordages se touchent à côté l'un de l'autre; & *Border à quin*, pour dire, Border en sorte que l'extrémité d'un bordage passe sur l'autre.

On dit, *Border une voile*, pour dire, L'étendre par en bas en tirant les cordages qu'on appelle Ecoutes, en sorte qu'elle puisse retenir le vent. On dit aussi, *Border une écoute*, pour dire, La tirer jusqu'à ce qu'on fasse toucher le coin de la voile à un certain point; & *Border les écoutes arriere*, pour dire, Haler les deux écoutes de chaque voile afin d'aller vent en pouppe. On dit encore *Border l'artimon*, pour dire, Haler l'écoute d'artimon, à toucher une poulie qui est mise sur le haut de l'arriere du Vaisseau.

Il y a divers commandemens qui se font sur mer, comme *Borde plat*, pour faire border les écoutes autant qu'il se peut; *Borde & brasse*, pour faire, border les écoutes & brasser les vergues; *Borde la grande écoute, borde la misaine, borde la civadiere, borde le grand perroquet, le petit perroquet de misaine ou d'avant,&c.* ce qui se dit pour faire border les écoutes chacunes en particulier. Quelques-uns disent, *Borde l'écoute d'une telle voile.*

Border, veut dire aussi, Suivre un Vaisseau de côté pour l'observer & le reconnoître. Il y en a qui

Tome I.

disent encore *Border un Vaisseau*, pour dire, Venir à l'abordage d'un Vaisseau; mais cette maniere de parler est impropre.

Les Bateliers disent, *Border les avirons*, pour dire, Mettre les avirons dans les tourets du bachot afin de nager.

On dit encore, *Border un lit*, pour dire, Faire que les bords de la couverture entrent dans le bois du lit, lorsqu'on fait le lit.

Border la haye. Terme de guerre. Il se dit d'une certaine maniere de tirer, quand les Mousquetaires ayant à soûtenir de la Cavalerie qui les attaque, n'ont point de piquiers avec eux, pour se fraiser, & arrêter le choc des chevaux. Alors des trois rangs qui sont commandés pour faire feu, sur cette Cavalerie, ceux du premier se mettent un genouil en terre, ceux du second se courbent pour tirer par dessus l'épaule des premiers,& les troisiémes se tiennent tout droit; de sorte qu'en tirant tous à la fois dans cette situation, ils ne courent aucun risque de se blesser les uns les autres. On dit aussi, *Border la haye*, pour dire, Ranger la haye; mais on parle improprement.

On dit en termes de Jardinage, *Border une allée*, pour dire, Planter une bordure de bouis ou de fines herbes dans un parterre, pour séparer la planche ou la platebande des carreaux d'avec l'allée.

BORDIER. adj. On appelle *Vaisseau bordier*, celui qui a un côté plus fort que l'autre.

BORDIGUE. s. f. Espace retranché par des roseaux ou des cannes sur le bord de la mer, pour y prendre du poisson.

BORDOYER. v. a. Terme de Peinture en émail. M. Felibien s'en est servi dans le chapitre qui en traite, où il dit, *Les émaux clairs mis sur un bas or plombent & deviennent louches, c'est-à-dire, qu'il y a un certain noir comme une fumée, qui obscurcit la couleur de l'émail, ôte de sa vivacité, & la bordoye, se rangeant tout autour comme si c'étoit du plomb noir.*

BORDURE. s. f. Terme d'Architecture. Profil en relief, rond ou ovale, qui sert à renfermer quelque tableau, bas relief ou panneau de compartiment. Il est fort souvent taillé de sculpture. Les bordures quarrées ont le nom de Quadres.

Bordure, parmi les Doreurs sur cuir, Se dit des ornemens qui sont au haut & au bas du livre, immediatement après les filets du premier & du dernier bouquet.

On appelle aussi *Bordure*, en termes de Boisselier, Un cerceau de la largeur de trois doigts, qu'on met au haut & au bas d'un seau pour le tenir ferme.

Bordure de pavé. Terme de Paveur. On appelle ainsi les deux rangs de pierre dure & rustique, qui retiennent les dernieres morces; & qui font les bords du pavé d'une chaussée.

Bordure. Terme de Blason. Sorte de brisure faite comme un passement, qui environne l'écu, au bord duquel cette brisure est mise de plat. La largeur de la bordure doit être de la sixiéme partie de l'écu. *De guenles à la bordure d'hermines.*

BOREAL, ALE. adj. Qui est du côté du Septentrion. *Vent boreal.*

BORGNE. adj. Terme de Medecine, qui se dit du premier des trois gros boyaux. C'est où se ramasse le chile le plus subtil. Il y demeure long-tems, afin que les veines du mesentere le sucent plus aisément.

BORGUE. s. f. Sorte de panier, avec lequel les Pêcheurs bouchent l'ouverture qui est au fond d'un bouchot du côté de la mer.

BORNE. f. f. Pierre qui fert de limite à un heritage. Les Arpenteurs qui plantent les bornes aux encoignures des terres, font obligés de mettre des
témoins deffous, ou à certaine diftance. Ces témoins
font des tuileaux ou autres marques, & ces bornes
& témoins des heritages qui leur font contigus,
empêchent que par fucceffion de tems les particuliers n'anticipent fur les voies publiques.

On appelle *Borne de bâtiment*, Une maniere de
cone tronqué de pierre dure à hauteur d'appui à
l'encoignure ou au-devant d'un mur de face, pour
empêcher que les carroffes & les charrois ne l'endommagent. Quand une place qui eft au-devant
d'un bâtiment fur une voie publique, eft renfermée par ces bornes, elles font connoître que cette
place appartient au particulier par qui elles ont été
plantées.

Borne de cirque, Étoit chés les Anciens une pierre en maniere de cone. Elle fervoit de but chés les
Grecs, pour terminer la longueur de la ftade; &
chés les Romains elle regloit la courfe des chevaux
dans les hippodromes & dans les cirques.

Bornes de vitres, chés les Vitriers, Sont des pieces de verre hexagones barlongues, qu'ils font entrer dans les compartimens de vitres. Il y en a de
couchées, d'autres accouplées & d'autres qui font
debout.

BORNOYER. v. a. Juger d'un coup d'œil fi une
ligne eft droite, pour ériger un mur droit, ou planter des arbres d'alignement. On dit d'un Tailleur
de pierre, qu'*Il bornoye un pavement de pierre*, pour
dire, qu'Il juge à l'œil s'il eft droit & bien dégauchi.

BORRELISTES. f. m. Heretiques de Hollande, qui
ont pris leur nom de Borreel, Chef de leur Secte,
homme très-fçavant, fur-tout dans les langues Hebraïque, Grecque & Latine. Il étoit frere de M.
Borreel, Ambaffadeur des Etats auprès du Roi. Leur
maniere de vivre eft très-fevere; & comme leur
plus grand foin eft de s'acquitter de tous les devoirs
des vrais Chrétiens, ils emploient la meilleure partie de leurs biens à faire l'aumône. Ils n'admettent ni l'ufage des Sacremens, ni les prieres publiques, ni aucune des autres fonctions exterieures
du Service divin; & prétendent que de toutes les
Eglifes qui font ou qui ont été établies dans le monde depuis la mort des Apôtres, ou de leurs premiers Succeffeurs, il n'y en a aucune qui ait gardé la pure doctrine qu'ils ont prêchée. La raifon
qu'ils en donnent, c'eft qu'ils ont fouffert que des
Docteurs, qui ne font pas infaillibles, & qui veulent faire paffer leurs confeffions, leurs catechif-
mes, leurs liturgies & leurs fermons pour la pure
parole de Dieu, quoique ce ne foient que des ouvrages des hommes, ayent expliqué, & par confequent corrompu cette Parole de Dieu infaillible,
qui eft contenue dans l'Ancien & le Nouveau Teftament. Ainfi ils difent qu'en la lifant, il n'y faut
ajoûter aucune explication des hommes; & fur ce
principe, s'il fe trouvoit quelque affemblée qui
admit la feule lecture de la parole de Dieu, ils
foûtiennent qu'on devroit recevoir dans fa communion tous ceux qui reconnoîtroient la Sainte
Ecriture pour être cette parole, quels qu'ils puffent
être d'ailleurs.

BORROUW. f. m. Arbre d'une groffeur ordinaire,
& qui n'eft épais que d'une braffe. Il croît au
Royaume de Quoja. Les épines dont fon écorce eft
couverte, font crochues comme les griffes d'un oifeau, & quand on y fait quelque incifion, il en fort
un fuc blanc qui fait aller extrêmement à la felle, &
dont on fe fert quand les autres remedes font fans

force. Ses feuilles font fort épaiffes, & étant preffées, elles rendent le même fuc. Le bois de cet arbre eft fi frèle, qu'il ne vaut rien à brûler.

BOS

BOS. f. m. Vieux mot. Bois, forêt.
N'y a nul qui de faim ne muire,
De ceux qui ont en bos été.
On a dit auffi *Bofches*.

BOSEL. f. m. Groffe moulûre ronde qui eft à la bafe
des colomnes, en forme d'anneau ou de bourrelet.

BOSPHORE. f. m. Terme de Geographie. Longueur
de mer entre deux terres, par laquelle deux conti-
nents font féparés, & par où un golphe & une mer,
ou bien deux mers, peuvent avoir communication,
comme le Bofphore de Thrace, qui eft appellé aujourd'hui *Détroit de Conftantinople*, ou *Canal de la
mer Noire*; ce qui fait voir que *Détroit* & *Bofphore*
font la même chofe, quoiqu'on fe ferve ordinairement du mot de *Détroit* ou de *Canal*.

BOSQUILINE. f. f. Vieux mot. Terre pleine de bois
& d'eaux.

BOSSAGE. f. m. Terme d'Architecture. Pierre qui
a quelque faillie, & qu'on pofe en place fans la
tailler en élevant quelque édifice, pour y tailler enfuite quelque ouvrage. On appelle auffi *Boffages*,
certaines pierres avancées qu'on laiffe au-deffous
des couffinets d'un arc ou d'une voute, afin qu'elles
tiennent lieu de corbeaux pour porter les cintres;
ce qui exempte de faire des trous de boulin. *Boffage*
eft encore le nom que l'on donne à certaines boffes
qu'on laiffe aux tambours des colomnes de plufieurs
pieces. On conferve par là les arêtes de leurs joints
de lit, qui fans cela pourroient être émouffées par
les brayers & autres cordages. On appelle *Boffages*,
ou autrement *Pierres de refend*, Les pierres qui paroiffent exceder le nud du mur, à caufe qu'il y a des
enfoncemens ou canaux quarrés qui en marquent les
joints de lit. Il y a differentes fortes de Boffages. Le
Ruftique vermiculé, eft celui qui eft pointillé en tor-
tillis, & le *Boffage ruftique* celui qui eft arrondi, &
dont les paremens paroiffent bruts, ou font pointil-
lés également.

Le *Boffage* dont les arêtes font arondies, s'appelle *Boffage arrondi*, & celui qui lorfqu'il eft cham-
fraîné & joint à un autre de même maniere, forme
un angle droit, s'appelle *Boffage à anglet*.

Le *Boffage à chamfrain*, eft celui dont l'arête eft
rabatue, & qui au lieu de fe joindre avec un autre,
laiffe un petit canal d'une certaine longueur; & on
appelle *Boffage quarderonné avec liftel*, celui qui eft
fait comme un panneau en faillie, bordé d'un quart
de rond, & renfermé dans un liftel.

On appelle *Boffage ravalé*, Celui qu'un autre
boffage fépare par un canal quarré, & qui a une table bordée d'un liftel, & fouillée en dedans de certaine profondeur; *Boffage continu*, Celui qui eft
continué dans l'étendue d'un mur de face, fans être
interrompu par autre chofe que par des chambranles, ou corps où il va terminer; *Boffage à cavet*,
Celui dont un cavet entre deux filets termine la
faillie; *Boffage en pointe de diamant*, Celui qui a
quatre glacis dans fon parement, & ces glacis terminent à un point quand il eft quarré, & à une
arête quand il eft barlong; *Boffage à doucine*, Celui qui a fon arête rabatue & moulée d'une doucine;
Boffage en liaifon, Celui que féparent des joints
montans, auffi larges & auffi renfoncés que ceux de
lit, & qui repréfente les carreaux & les boutiffes.
Les *Boffages mêlés*, font ceux qui étant de deux
hauteurs differentes, font mêlés alternativement,

& qui repréſentent les aſſiſes de haut & de bas appareil.

Les Charpentiers appellent *Boſſage*, La rondeur de boſſe que font les bois courbes & cintrés. Les petites boſſes quarrées qu'ils laiſſent aux poinçons, arbres de grues & autres pieces de bois pour arrêter les moiſes, ont auſſi parmi eux le nom de *Boſſage*.

BOSSE. ſ. f. Petit boſſage laiſſé dans le parement d'une pierre par l'ouvrier, pour faire connoître que l'on n'en a pas toiſé la taille.

On appelle *Boſſe de pavé*, Une petite éminence ſur le pavement d'un revers ou d'une chauſſée de pavé. Cela vient, ou de ce qu'on n'en a pas affermi la forme également, ou de ce que la peſanteur des charrois a fait quelque flache.

On dit en Sculpture, *Ouvrage relevé en boſſe*, *Ouvrage à ronde-boſſe*, pour dire, Un ouvrage de relief, dont toutes les parties ſont iſolées, & ont leur véritable rondeur, comme les figures. *Demi-boſſe*, eſt un bas relief, qui a ſes parties ſaillantes & détachées. On dit en Peinture, *Travailler d'après la boſſe*, pour dire, Deſſiner une figure de relief.

On appelle *Vaiſſelle en boſſe*, La vaiſſelle qui n'eſt pas unie & toute plate, comme des pots, des pintes, des flacons, &c. qui ont plus de largeur par le bas, qu'ils n'en ont par l'ouverture. *Des baſſins relevés en boſſe*, ſont ceux qui ſont iſolés, & où il y a des figures de bas relief.

On appelle *Serrure à boſſe*, ou *Boſſelle*, Une ſerrure qu'on attache par dehors avec des cloux, & qui ſe ferme avec un morailon.

La premiere pouſſée du bois d'un Cerf qui a mis bas, eſt auſſi appellée *Boſſe*.

Boſſe. Terme de tripot. L'endroit du tripot où la muraille fait un angle obtus, en ſorte que le joueur a peine à juger la balle, quand elle y donne.

Boſſe. Terme d'Artillerie. Bouteille de verre fort mince, remplie de quatre ou cinq livres de poudre, au col de laquelle, après qu'on l'a bien bouchée, on met quatre ou cinq méches qui pendent en bas. On lui attache enſuite une corde longue de deux à trois piés, qui ſert pour la jetter; & quand la bouteille vient à ſe briſer, elle met le feu à tout ce qu'elle rencontre.

Boſſe. Terme de Marine. Bout de corde d'une mediocre longueur, ayant un cul de porc double à chaque bout. Son uſage eſt de rejoindre une manœuvre qu'un coup de canon aura coupée, ou qui aura été rompue par quelque accident.

On appelle *Boſſes à aiguillettes* ou *à raban*, Les boſſes qui ſont bout le cable, c'eſt-à-dire, qui ont au bout une petite corde qui ſert à ſaiſir le cable. *Les Boſſes à fouet*, ſont celles qui étant treſſées par le bout, vont juſqu'à la pointe en diminuant, & la *Boſſe du Boſſoir*, eſt la manœuvre qui ſert à tirer l'ancre hors de l'eau, pour l'amener au boſſoir, lorſqu'elle paroît.

On appelle *Boſſes de chaloupe*, Les cordes dont on ſe ſert pour amarrer les chaloupes.

On dit, *Prendre une boſſe*, pour dire, Amarrer une boſſe à quelque manœuvre.

BOSSEMAN. ſ. m. Officier de Marine, dont le ſoin eſt de boſſer les cables, & de mouiller & de relever les ancres.

BOSSER. v. a. Terme de Marine. On dit *Boſſer l'ancre*, pour dire, Amarrer la boſſe qui ſaiſit le cable lorſque l'ancre eſt à la mer, tirer l'ancre pour la mettre ſur le boſſoir.

BOSSETTE. ſ. f. Petit rond élevé en boſſe, mis aux deux côtés d'un mords de cheval.

BOSSOIR. ſ. m. Terme de Marine. Poutre ou piece de bois avec une ou deux poulies, qui eſt en

ſaillie à l'avant du Vaiſſeau, au-deſſous de l'éperon. Son uſage eſt de ſoûtenir l'ancre & de la tenir prête à mouiller, ou bien à l'y poſer, quand on l'a tirée de l'eau. Comme les boſſoirs, qu'on appelle auſſi *Boſſeurs*, ſont en ſaillie, c'eſt-à-dire, de ſix à neuf piés hors le Vaiſſeau, cela eſt cauſe que lorſqu'on a deſſein de mouiller, l'ancre tombe à l'eau, ſans qu'on ait à craindre que le franc bordage en ſoit offenſé.

BOT

BOT. ſ. m. Petit Vaiſſeau dont on ſe ſert aux Indes Orientales. Il eſt mâté en heu, & n'eſt point ponté. Un nomme auſſi *Bot*, Certain gros bateau Flamand. C'eſt delà que vient *Paquet-bot*, qu'on dit en parlant des Lettres d'Angleterre qu'on reçoit en France par le moyen d'un bateau qui les apporte de Douvre à Calais. Borel, après avoir dit que *Bot* ſignifioit autrefois un trou en terre, ou une foſſette à jouer aux noix, du Latin *Buttum*, d'où ſont venus *Pot* & *Sabot*, à cauſe de leur cavité, ajoûte que *Bot* vouloit dire auſſi Difforme; ce qui a fait dire *Piébot*, pour Contrefait, & d'où eſt venu le nom de *Botte*, à cauſe que la botte rend le pié gros & mal fait. Il dit encore que *Bot & Botte* ſignifioient autrefois Crapaut, à cauſe que le crapaut s'enfle & ſe rend difforme.

BOTANIQUE. ſ. f. Art qui dépend de l'agriculture, & qui enſeigne à connoître & à cultiver les plantes. C'eſt encore la partie de la Medecine qui s'attache à examiner la vertu & les differentes qualités des plantes, pour s'en ſervir à guerir les maladies. Ce mot eſt auſſi adjectif, *Medecin botanique*, *experience botanique*. Il vient du Grec βοτάνη, qui ſignifie Herbe.

BOTANISTE. ſ. m. Celui qui ſçait la Botanique.

BOTEREL. ſ. m. Vieux mot. Crapaut.

> *Lezards & botereaux*,
> *Qui ſe trayent de leurs piés*.

Il a ſignifié auſſi un Vautour, comme ſi on diſoit *Voterel*, venant du Latin *Vultur*.

> *Comment le geſier Titius*
> *Se hâtent boterel manger*.

BOTRUSSES. ſ. f. p. Vieux mot. Sorte de viande épiſſée.

> *Boudins, andouilles & botruſſes*.

BOTTE. ſ. f. Terme de Mercier. Quinze onces de ſoye font une botte de ſoye. On dit auſſi *Marchand de ſoye en bottes*; ce qui s'entend ſeulement des ſoyes qui ne ſont point ouvrées. On appelle auſſi *Bottes*, de petits rouleaux de la longueur environ d'un pié, que les Merciers & autres Marchands font pendre à leurs Boutiques, pour leur ſervir d'étalage.

On dit auſſi *Botte* dans les Provinces de France qui tirent vers le Midi & vers l'Italie, pour ſignifier certain Vaiſſeau à tenir du vin, grand environ comme un muid.

Botte. Terme de Chaſſe. Longe avec laquelle on mene le Limier au bois.

Botte. Terme d'eſcrime. Eſtocade, coup que l'on porte avec un fleuret.

Botte, Se dit auſſi dans le tems de neige, de celle qui s'attache aux talons des ſouliers de ceux qui marchent. Il ſe dit pareillement de la terre graſſe qui s'y attache de la même ſorte.

BOV

BOVARD. ſ. m. Terme de Monnoye. Gros marteau,

pefant feize livres , qui feroit à bouer les monnoyes quand on les travailloit au marteau. Il ne differoit du Flattoir qu'en ce qu'il étoit plus gros &
plus racourci.

On appelle *Bonard* , Un jeune bœuf coupé à la
difference du Taureau.

BOUCAN. f. m. Loge couverte de manieres de
clayes, que les Caraibes, Peuples des Antilles,nom-
ment en leur langue *Barbacoa*, & qui ferment cette loge tout autour. Il y a vingt ou trente bâtons
gros comme le poignet , & longs de fept à huit
piés , rangés fur des travers à demi pié l'un de
l'autre. Les Boucaniers y mettent la viande de Sanglier , qu'ils ont préparée le jour precedent après
être revenus de la chaffe , en la coupant par aiguillettes longues d'une braffe ou plus , & la fau-
poudrant enfuite de fel batu fort menu. Ils font
force fumée deffous , & pour cela ils brûlent toutes les peaux des Sangliers qu'ils tuent , ainfi que
leurs offemens tirés de la chair , afin que la fumée
foit plus épaiffe ; ce qui vaut mieux que le bois feul,
le fel volatil de ces peaux & de ces os ayant beaucoup plus de fympatie avec la viande à laquelle il
vient s'attacher , que n'en a le fel volatil du bois,
qui monte avec la fumée. Le plus mal habile des
Boucaniers demeure dans le Boucan , pour faire
fumer la viande & apprêter à manger aux autres.

BOUCANER. v. a. faire fumer de la viande , ou
la faire cuire à la maniere des Sauvages. Les Boucaniers qui font boucaner la viande , font à l'égard
des animaux ce que les Caraibes ont accoûtumé de
faire à l'égard des hommes , qu'ils coupent par pieces , lorfqu'ils ont fait quelques prifonniers de guerre , & dont ils mettent enfuite les morceaux fur des
clayes , fous lefquelles ils font du feu.

BOUCANIER. f. m. Celui qui fait boucaner la
viande. Les premiers qui ont commencé à fe faire
Boucaniers étoient habitans des Antilles , & avoient
converfé avec les Sauvages. Il y en a de deux fortes. Les uns chaffent feulement aux bœufs , & ce
font ceux-là qui paffent pour vrais Boucaniers. Ils
ont une meute de vingt-cinq à trente chiens , &
parmi ces chiens un ou deux Venteurs qui découvrent l'animal. Leurs armes font des fufils longs
de quatre piés , c'eft-à-dire , le canon , dont la
monture eft faite autrement que celle de nos fufils
ordinaires de chaffe. Ils font tous d'un calibre , &
tirent une bale de feize à la livre. Tout l'habillement des Boucaniers confifte feulement en deux
chemifes , un haut-de-chauffe, une cafaque, le tout,
de groffe toile , & un bonnet d'un cul de chapeau ,
ou de drap , où il y a un bord devant le vifage. Ils
ont avec cela une petite tente de toile fine , qu'ils
portent avec eux en forme de bandouliere. Ils couchent dans les bois où ils fe trouvent , & dreffent
leur tente pour dormir deffous , afin d'empêcher
que les moucherons ne les tourmentent. Ils s'affo-
cient dix ou douze enfemble , chacun avec fes valets , pour aller chaffer en un quartier , & y étant
arrivés ils fe difent les uns aux autres où ils vont ;
& s'il leur paroît qu'il y ait trop de peril , ils ne fe
féparent point. Le maître va devant , fuivi des valets & de tous les chiens , à l'exception du Venteur
ou Brac , qui va chercher le Taureau. Il n'en a pas
plûtôt trouvé un , qu'il aboye trois ou quatre fois,
& les autres chiens courent en même tems où ils
l'entendent. Le maître & les valets courent de
même , & étant venus où eft le Taureau , chacun
s'approche d'un arbre pour fe garantir de fa furie,
s'il arrivoit que le maître ne le tuât pas du premier coup. Si-tôt qu'il eft bas , celui qui en eft le
plus près lui va couper le jaret , pour empêcher

qu'il ne fe releve. Cela étant fait le maître en
tire les quatre gros os qu'il caffe , pour en fucer la
moëlle toute chaude , & ayant donné un morceau
de viande à fon Venteur , il laiffe là un de fes valets pour achever d'écorcher la bête , & en porter
le cuir au Boucan. Il empêche les autres chiens de
manger , à caufe qu'ils n'auroient plus de courage
pour la chaffe , & il la pourfuit jufqu'à ce qu'il ait
chargé tous fes valets de chacun un cuir , & que
lui-même en ait un air en. Etant revenus au lieu d'où
ils font partis , ils étendent chacun un de ces cuirs
fur la terre , & l'y attachent avec un grand nombre de chevilles , qui le tiennent étendu , le dedans
de la peau en haut ; après quoi ils frottent le cuir
de cendres battues avec du fel , afin qu'il feche plûtôt ; ce qui arrive en fort peu de jours. Les autres
Boucaniers ne chaffent qu'aux fangliers , dont ils
falent & fument la viande dans le Boucan , pour la
vendre aux Habitans. Cette viande étant fumée ,
a un fi bon goût , qu'on la peut manger en fortant de ce Boucan , fans la faire cuire. Elle eft vermeille comme la rofe , & a une odeur admirable :
mais elle demeure peu de tems en cet état. Six mois
après qu'elle a été boucanée , il ne lui refte plus aucun autre goût que celui du fel. Quand ils ont amaffé de cette maniere un certain nombre de viande ,
ils la mettent en paquets ou en balots , & vendent
chaque paquet fix pieces de huit.

BOUCAUT. f. m. Vieux mot. Sorte de vaiffeau ou
de tonneau. On dit auffi *Bouchel* , pour dire , Un
Baril de vin.

Il y a des rivieres qui s'embouchent à la mer , ou
dans les Lacs qui prennent en leurs embouchures
le nom de *Boucant* , comme les embouchures des
rivieres des Bafques & des Landes.

BOUCHARDE. f. f. Outil de bon acier par
le bas & fait en plufieurs pointes de diamans , fortes & pointues de court. Il fert aux Sculpteurs en
marbre , lorfqu'ils veulent faire un trou d'égale
largeur , à quoi les outils tranchans fe feroient pas
propres. On frappe fur la Boucharde avec la maffe,
& fes pointes mettent le marbre en poudre , en le
meurtriffant. Cette poudre fort par le moyen de l'eau
qu'on verfe de tems en tems par le trou à mefure
qu'on le creufe ; ce qui empêche le fer de s'échauffer , & l'outil de perdre fa trempe. Ceux qui travaillent avec la Boucharde , la paffent dans un morceau de cuir percé qui bouche le trou , & qui eft
caufe qu'en frappant fur cet outil , l'eau ne fçauroit
leur rejallir au vifage.

BOUCHE. f. f. Ce mot ne fe dit pas feulement de
l'homme , il fe dit auffi du cheval , & fignifie la
partie du corps par laquelle il prend fa nourriture.
*Bouche fine , tendre , legere & loyale , bouche fraiche
& écumante , bouche forte , defefperée , ruinée.*

On dit qu'*Un cheval a la bouche chatouilleufe*, pour
dire qu'il craint trop le mords. On dit qu'il *a la
bouche égarée* , pour dire qu'il n'eft plus fenfible aux
barres , qu'il bat à la main , & qu'il ne veut point
fe foumettre au mords.

On dit *Bouche à pleine main* , en parlant de la
bouche d'un cheval , qui fans avoir le fentiment fin
& délicat des bouches excellentes , a pourtant l'appui affuré , & fouffre qu'on tourne la main un peu
ferme , fans que le cheval pefe fur le mords , &
qu'il y refifte. On dit auffi *Bouche au delà de pleine
main , plus qu'à pleine main* , en parlant de la bouche d'un cheval qui a de la peine à obéir.

Bouche,Terme d'Organifte. Ouverture d'un tuyau
qui donne libre entrée au vent. On l'appelle ainfi à
caufe qu'on dit que les tuyaux parlent. Elle eft large
de la quatriéme ou cinquiéme partie de fa groffeur.

Bouche, se dit encore des ouvertures par lesquelles les rivieres déchargent leurs eaux dans la mer. *Les sept bouches du Nil.*

On dit d'un vassal, en termes du Palais, qu'il *doit la bouche & les mains à son Seigneur*, pour dire, qu'il lui doit un hommage, aveu & soumission, & cette soumission consiste à lui baiser les mains.

BOUCHER. v. a. On dit en termes de Dorure, *Boucher d'or moulu*, pour dire, Ramender avec de l'or moulu les petits défauts que l'on trouve encore à l'or après qu'on l'a bruni. L'or moulu se met dans une petite coquille avec un peu de gomme arabique, & il n'y a point de meilleur moyen pour faire quelque chose de propre, pourvû que l'endroit gâté ne soit pas grand.

BOUCHET. s. m. Breuvage composé d'eau & de sucre avec un peu de canelle. On fait bouillir l'eau quelque tems avant que d'y ajoûter le sucre, dont on ne doit mettre que la huitiéme ou la dixiéme partie ; après quoi on fait cuire le tout ensemble, en l'aromatisant d'un peu de canelle. Cette boisson que l'on appelle autrement *Hippocras d'eau*, est fort salutaire, & on en peut user même dans la fiévre. Elle ne refroidit point l'estomac, comme fait l'eau crue, & elle échauffe moins que le vin.

BOUCHETURE. s. f. Tout ce qui sert à fermer & à boucher un heritage, comme pré, vigne, jardin ; en sorte que les bêtes ne puissent trouver d'ouverture pour y entrer.

BOUCHIN. s. m. Terme de Marine. Partie la plus large du Vaisseau, à prendre cette largeur de dehors en dehors. Ainsi cela se trouve toûjours à stribord & à basbord du grand mât, à cause que le maître ban & la maîtresse côte sont en cet endroit. On dit qu'*Un bâtiment est plus court de varangue, & plus petit de bouchin qu'un autre*, pour dire, qu'il est plus rond par la quille, & plus étroit de bordage.

BOUCHON. s. m. Terme de Jardinage. Lieu où se forment les chenilles, & où elles se conservent pendant l'hiver.

BOUCHOT. s. m. On appelle ainsi une maniere de parc que l'on fait avec des clayes, pour pêcher, sur les côtes de la mer.

BOUCIQUAUT. adj. Vieux mot. Mercenaire qui fait tout pour de l'argent.

BOUCLE. s. f. Gros anneau de fer ou de bronze, attaché à une porte cochere pour y servir de heurtoir. On appelle aussi *Boucles*, de petits ornemens qui ont la forme d'anneaux, & qui sont lassés sur une moulure ronde.

Boucle, en termes de Marine, signifie clef ou prison. Ainsi on dit, *Mettre un matelot sous boucle, le tenir sous boucle*, pour dire, Le mettre sous clef, le tenir en prison.

On appelle aussi *Boucle*, Un petit os avec une pointe que porte la Raye, poisson de mer.

BOUCLE, E'E. adj. Terme de Blason. Il se dit en parlant du collier d'un Levrier ou d'un autre chien qui a des boucles. *D'azur au Levrier rampant d'argent, accolé de gueules & bouclé d'or.*

BOUCLER. v. a. Parmi les Chasseurs, on dit, *Faire boucler un Renard*, pour dire, le faire sortir de son terrier avec des chiens ou un Blereau ; *un Lapin* avec des Furets.

BOUCLIER. s. m. Arme défensive qui se porte sur le bras, & dont on se couvre une partie du corps. Borel dit que *Targe, Ecu, Pavois, Rondelle* sont presque la même chose que Bouclier, dont le nom est venu de *Bucularium*, à cause des boucles & bosses de fer dont les Boucliers étoient gar-

nis, & qu'on appelloit *Bubula, bulla*, & *umbones*. On joignoit les Boucliers les uns aux autres par dessus la tête ; quand on vouloit s'approcher d'un mur pour le sapper. Cela s'appelloit *Faire la tortue*, & c'est qui a fait dire au Poëte, *Junctaque um bone phalanges*. Ces boucliers étoient quelquefois si grands, qu'on les faisoit porter devant soi, à cause qu'un homme armé n'en auroit pû soûtenir le poids. Ils pouvoient couvrir le corps entier, & c'est pour cela qu'Homere, dans la description qu'il fait de celui d'Ajax, dit qu'il étoit comme une Tour.

Bouclier, dans l'Architecture est un ornement qui sert pour les frises, les trophées, &c. On appelle *Bouclier naval*, un ovale qui est couché avec deux enroulemens.

BOUDELLE. s. f. Espece de plume qui se tire du bout de l'aîle des oyes. On a dit *Budellus* au même sens dans la basse Latinité, & c'est de là que du Cange dérive *Boudelle*.

BOUDIN. s. m. Quelques-uns appellent ainsi dans l'Architecture le tore de la base d'une colomne.

On appelle *Ressort à Boudin*, en termes de Serrurerie, certain Ressort delicat qui sert dans une serrure à repousser le demi tour du pêne. Ce ressort est plus souple que ceux qui se font avec la jumelle. On donne aussi le nom de *Ressort à boudin*, à un Fil d'archal tourné en helice dans quelque tuyau, qui se lâche avec effort quand il a été pressé.

Les Verriers appellent *Boudin*, le nœud ou l'éminence qui se rencontre au milieu d'un rond de verre dont les Vitriers se servent.

On appelle encore *Boudin*, une espece de Fusée dont se servent les Mineurs, & dans laquelle ils font entrer des étoupes, & autres matieres susceptibles de feu.

BOUDINEURE. s. f. Terme de Marine. Enveloppe dont on garnit l'arganeau de l'ancre, & qui se fait avec de vieux cordages qu'on met tout autour pour empêcher le cable de se pourrir.

BOUÉE. s. f. Terme de Marine. Enseigne ou marque qu'on attache à un cordage appellé *Orin*. Ce cordage tient à l'ancre par un de ses bouts, & par l'autre à la Bouée, qui flottant sur l'eau, indique l'endroit où l'ancre est mouillée.

On appelle *Bouée de bout de mât*, Celle qui est faite du bout d'un mât ou d'une seule piece de bois. *Bouée de baril* est celle qui est faite avec des douves, & qui est foncée & reliée comme un baril ; & *Bouée de liege*, est une troisiéme espece de ces sortes de marques, faite de plusieurs pieces de liege que des cordes tiennent liées ensemble.

BOUEMENT. Ce mot se joint avec celui d'assemblage, & on appelle *Assemblage à bouement*, celui qui ne differe du quarré, qui se fait quarrément, qu'en ce que les demi-épaisseur du bois, ou à tenon & mortoise, qu'en ce que la moulure qu'il porte à son parement est coupée en anglet.

BOUER. v. a. Terme de Monnoye. Il se dit de la huitiéme façon que l'on donnoit aux monnoyes qu'on fabriquoit au marteau. On frappoit sur un bloc de flans entassé, & ce bloc s'affaissant tout à coup, faisoit joindre, couper & toucher d'assiette les deniers de monnoyage, afin de les faire couler plus facilement au compte & à la main. Par l'Ordonnance il est enjoint de reperer deux fois cette façon, & de recuire & de rechausser les flans à chacune de ces façons, & de bouer une troisiéme fois sans recuire. Cela étant fait, l'Ouvrier met les flans entre les mains du Maître pour les blanchir.

BOUFAGE. adj. Vieux mot. Qui mange trop, du

Grec βλαξ. On a dit aussi *Bouffard.*

BOUFETTE. s. f. Houpe de laine qui pend sur le nez, & à côté de la bride d'un cheval de harnois.

BOUFFER. v. a. Vieux mot. Chasser. Villon en parlant de gens morts, a dit,

De cette vie sont bouffez.

BOUGE. s. m. Terme de Charpenterie. Place de bois, qui courbe en quelque endroit, & qui a du bombement.

Les Tonneliers appellent *Bouge,* le milieu de leur futaille ; c'est-à-dire, la partie qui en est la plus élevée & la plus grosse ; & selon les Potiers d'étain, *Bouge,* est le demi-cercle qui est autour du fond de l'assiete. Villon s'est servi du mot de *Bouges,* pour dire quelque partie de l'habillement.

Je donne l'envers de mes bouges ,
Pour tous les matins les torcher.

BOUGEOIR. s. m. Petit chandelier qui a un manche pour le porter à la main, & dans lequel on met une bougie. Quand un Prélat officie , le plus ancien de ses Aumôniers porte le Bougeoir.

BOUGEON. s. m. Vieux mot. Fleche qui a une tête.

BOUGRAN. s. m. Toile forte & gommée , qui étant mise dans les doublures du corps des habillements , fait qu'ils se soûtiennent & conservent mieux leur forme. Du Cange prétend que l'on ait dit autrefois Bouqueran, & fait venir ce mot de *Boquerannus, Bucaranum, & Buchiranum,* qui ont été dits dans la basse Latinité, pour signifier la même chose.

BOUILLARD. s. m. Quelques-uns nomment ainsi sur la mer, certain nuage qui donne du vent & de la p'uye.

BOUILLE. s. f. Terme de Pesche. Longue perche qui est grosse par le bout en forme de rabot , & avec laquelle on remue la vase. Cela est cause que l'eau étant remuée , le poisson entre plus facilement dans les filets.

BOUILLER. v. m. Terme qui se trouve dans les Ordonnances des Eaux & Forêts , & qui signifie , Se servir de bouilles pour pescher.

BOUILLITOIRE. s. m. Terme de Monnoye. On dit *Donner le bouillitoire,* pour dire , Jetter les flans dans le Bouillitoire ; & les y faire bouillir pour les nettoyer jusqu'à ce qu'ils soient devenus tout à fait blancs.

BOUILLOIR. s. m. Terme de Monnoye. Vaisseau de cuivre, dans lequel il y a de l'eau bouillante avec un sel commun, & du tartre de Montpellier ou gravelée , & où l'on jette les flans qu'on a laissé refroidir dans un crible de cuivre rouge , après qu'ils ont été assés recuits. On les fait bouillir dans ce Bouilloir pour les décrasser , après quoi on les jette dans un autre Bouilloir , rempli de même que le premier , où on les fait encore bouillir pour achever de les nettoyer.

BOUILLON. s. m. Jet d'eau assés gros, mais qui s'éléve de peu de hauteur en forme de source vive, & qui retombe presque aussi-tôt qu'il est sorti du tuyau. On se sert de ces jets d'eau pour garnir les cascades, rigoles, gargouilles, &c.

Bouillon. Terme de Manége. Excrescence de chair qui vient sur la fourchette du pié d'un cheval ou à côté. Les chevaux de Manége qui ne se mouillent point le pié , sont sujets à cette excrescence , qui est de la grosseur d'une cerise , & qui les fait boiter fort bas.

Bouillon. Sorte de plante , appellée en Latin, *Verbascum,* & que les Apoticaires nomment *Tapsus Barbatus.* Il y en a de deux sortes , le blanc & le noir. Dioscoride divise encore le blanc en deux

---

especes ; sçavoir le mâle & la femelle , & dit que les feuilles du *Bouillon femelle* ressemblent aux feuilles du chou , quoiqu'elles soient plus blanches, plus larges & plus velues. Sa tige qui est haute d'une coudée , est aussi un peu velue & blanche. Ses fleurs sont blanches & blaffardes , & il a sa graine noire. Sa racine est longue , piquante au goût , & de la grosseur du doigt. Le *Bouillon mâle* est plus haut , & a sa tige & ses feuilles blanches , mais plus menuës. Le *Bouillon noir* ne differe du blanc qu'en ce que ses feuilles sont plus larges & plus noires. Il y a aussi un *Bouillon sauvage,* dont les feuilles sont semblables à la sauge. Ses rejettons sont hauts , & aussi durs que le bois , & produisent des branches comme le Marrube. Le plus fin or n'est pas plus jaune que le sont ses fleurs. Dioscoride prétend qu'il y a encore deux especes de *Verbascum,* qui sont petits & velus , & dont les feuilles sont rondes. Il en est une troisiéme espece appellée *Lychnitis,* qui jettent trois ou quatre feuilles velues , épaisses & si grasses , que l'on s'en peut servir dans les lampes au lieu de lumignon. Matthiole dit que tous les Bouillons sont astringents & desiccatifs & singuliers pour les maladies du fondement , & que les feuilles du Bouillon blanc femelle, concassées entre deux pierres , si on les applique sur l'enclouure d'un cheval qu'on aura nettoyé auparavant , l'en guerissent promptement & l'empêchent de boiter. Il dit aussi que le suc de la racine de Bouillon qui n'a pas encore porté tige , pris en malvoisie au poids de deux dragmes , guerit les fiévres quartes , selon ce que rapporte Arnaldus , si on s'en sert dans le moment de l'accès , & si on continue ce breuvage trois ou quatre soirs.

BOUIS s. m. Arbre dont le bois est de substance solide & compacte , & de couleur blanche sur le jaune. Sa feuille ressemble à celle du Mirte , mais elle est plus grasse , plus verte & plus ronde, & ne tombe point en hiver comme ce de d'autres arbres. Sa fleur même est verte , & son fruit roux. Il y a des palissades , des allées & des labyrintes faits de Bouis. Les bordures des parterres sont d'un bouis nain qu'il faut tondre tous les ans. Comme son bois est fort dur , & qu'il n'est jamais pourri ni vermoulu , on en fait des boules de mail , des piques & plusieurs autres ouvrages. Ce bois est si lourd qu'il va au fond de l'eau , & ne nage point dessus. Il a pour la Medecine les propriétés du Gayac , & l'experience fait voir qu'il est sudorifique , les Chimistes tirant de son bois un esprit acide , qui par la voie des sueurs ou de l'insensible transpiration , chasse toutes les humeurs putrides. Ils en tirent aussi une huile fort aromatique. Outre que cette huile produit les mêmes effets, elle resiste à la corruption des parties. Elle appaise aussi le mal des dents, si avec un cure-dent qui en est trempé , on met de cette huile dans la racine de la dent. Quelques-uns lui donnent une vertu narcotique , & veulent que ce soit par cette raison qu'elle appaise les douleurs. Plusieurs disent *Buis.*

Les Cordonniers appellent *Bouis,* un petit Instrument du bois de cet arbre , avec quoi ils lissent les talons de leurs souliers.

BOULE. s. f. Bois tourné en forme ronde , & qui sert à soutenir quelque ouvrage de Menuiserie ou de Tourneur. *Boule d'armoire de cabinets , Boule de gueridon de table.*

On appelle en termes d'Architecture , *Boule d'amortissement,* tout corps spherique qui se met à la pointe d'un clocher , ou sur la lanterne d'un dôme , auquel cette Boule est proportionnée. On en met aussi au bas des rampes , & sur

des

des piedeftaux dans des jardins.

BOULEAU. f. m. Arbre qui croît aux lieux froids, & où la neige demeure long-tems. C'eſt pour cela qu'il y en a une grande quantité dans la Bohême. Sa feuille reſſemble à celle du Tremble ; mais elle eſt plus âpre par-deſſus, plus verre & crenelée tout autour. Il ne porte point de fruit, & jette feulement de petits floquets comme le coudre. Si on perce ſon tronc, il en ſort une eau qui a la proprieté de rompre la pierre tant aux reins qu'à la veſſie. Cette eau ôte les taches du viſage, & rend la peau belle. Elle guerit auſſi les ulceres de la bouche. Le Bouleau eſt mis au rang des bois blancs, & a ſon écorce de differentes couleurs. Il a pluſieurs branches d'où ſortent des verges qui pendent contre terre, & dont l'on fait des balais. Son bois eſt leger, & propre à faire des cercles des paniers, & des corbeilles. Matthiole dit que les Ananiens, non feulement font de bon charbon de leurs bouleaux, pour s'en ſervir dans les forges à cuire les mines ; mais que leur écorce entortillée & liée enſemble leur ſert de flambeau ; que cette écorce étant graſſe & gluante, brûle comme une torche, & jette une reſine & graiſſe noire comme poix, & que peut-être on n'appelle le Bouleau *Betula*, qu'à cauſe du bitume & de la graiſſe dont il eſt plein. Les Italiens l'appellent *Bedollo*.

BOULER. v. a. Vieux mot. Bouillir.

Ceux fuſtent, battent, lient, pendent,
Noyent, ardent, grillent & boulent.

BOULET. f. m. Balle de fer dont on charge le canon. Parmi les canons de batterie, il y en a qui portent depuis vingt-quatre juſqu'à trente-ſix livres de boulet. On appelle *Boulet rouge*, Celui que l'on fait rougir dans une forge, & qu'on met dans le canon, afin que s'il y a des matieres combuſtibles aux lieux où il tombe, il puiſſe y mettre le feu. Le *Boulet long & creux* eſt celui dont le diametre eſt proportionné au calibre du canon qui le doit chaſſer. Sa figure eſt longue & creuſe, & il a une lumiere à une de ſes extrèmités. L'uſage de cette lumiere eſt d'y mettre le feu ; ce que l'on fait en y paſſant une méche ſouffrée, qui s'allume lorſque le boulet ſort du canon, enſorte que ce boulet creve lorſqu'il eſt dans la terre, & produit le même effet qu'un petit fourneau.

On appelle *Boulet à chaine*, deux Boulets joints enſemble par une chaîne qui a trois à quatre piés de longueur. On en charge un canon, & quand on le tire, l'effet de ces deux boulets eſt d'autant plus grand, ſur-tout dans un combat, que la chaine embraſſe, & ſépare tout ce qu'elle rencontre. Les *Boulets à branche*, ſont auſſi deux Boulets joints enſemble, mais par une barre de fer, longue de cinq à ſix pouces. Ce qu'on appelle *Boulet à deux têtes*, ou autrement *Ange*, n'eſt autre choſe qu'un Boulet feparé en deux moitiés, qu'une chaîne ou une barre de fer joint enſemble. Ces deux moitiés ſe ſéparent ſi-tôt qu'elles ſont hors du canon, & font preſque le même effet que les Boulets à chaine. On s'en ſert ſur la mer pour couper les cables, les mâts & les voiles.

Boulet. Terme de manége. Jointure dans la jambe du cheval au deſſus du pâturon. Elle lui ſert comme de ſecond genouil aux jambes de devant, & à celles de derriere elle lui tientlieu d'un ſecond jaret. C'eſt au Boulet que les entorſes ſe font, & il vient des crevaſſes au deſſous des Boulets de derriere.

BOULETE', E'E adj. On appelle *Cheval bouleté*, Celui dont par un excès de travail le boulet s'étant jetté en avant, s'eſt mis hors de ſa ſituation naturelle. Cela arrive beaucoup plus qu'aux autres à

Tome I.

ceux qui ſont trop court jointés.

BOULI. f. m. ſorte de pot où les Siamois préparent leur Thé. Ils ont des Boulis faits d'un cuivre rouge, étamés en dedans. L'eau y bout en un inſtant, à cauſe que ce cuivre eſt extrêmement mince. Il vient du Japon, & eſt fort aiſé à mettre en œuvre. Ils ont auſſi des Boulis de terre rouge, qui eſt ſans goût, quoique ſans vernis.

BOULIER. f. m. Filet qui ſert aux Pêcheurs ſur les Côtes de la Méditerranée, & qu'ils tendent aux embouchures des Etangs ſalés. Il eſt fait comme une Seine.

BOULIMIE. f. f. Grande, exceſſive faim. Mot purement Grec, qui ſignifie ; *Une faim de bœuf*. C'eſt auſſi une maladie de chevaux.

BOULIN. f. m. Piece de bois que les Maçons ſcellent dans les murs pour échaffauder. Ils appellent *Trous de Boulin*, les trous qui reſtent des échaffaudages, à cauſe de la reſſemblance qu'ils ont avec les boulins où les pigeons nichent dans les colombiers. C'eſt pour cela que Vitruve les appelle *Columbaria*.

BOULINE. f. f. Terme de Marine. On appelle *Boulines*, de longues cordes ſimples, qui tiennent chacune à deux autres plus courtes. Celles-ci qu'on nomme *Pattes de bouline*, tiennent encore à de plus courtes, qui ſont épiſſées à la ralingue de la voile. L'uſage de la Bouline eſt de porter la voile de biais, afin qu'elle puiſſe prendre l'avantage d'un vent de côté ; quand le vent arriere, & le vent largue manquent pour faire le cours qu'on ſe propoſe. On appelle *Bouline de revers*, Celle des deux Boulines qui eſt ſous le vent, & qui eſt larguée.

On dit, *Haler ſur les boulines*, pour dire, Bander les boulines, afin que le vent donnant mieux dans la voile, le Vaiſſeau coure près du port ; & l'on dit *Avoir les boulines halées*, pour dire, Les avoir roidies afin de bien tenir le vent.

On appelle *Vent de bouline*, un Vent qui eſt éloigné du lieu de la route de cinq aires de vent, & qui par ſon biaiſement fait que le Vaiſſeau panche ſur le flanc.

On dit, *Aller à la bouline*, pour dire, Se ſervir d'un vent qui ſemble contraire à la route, & le prendre de biais en mettant les voiles de côté ; ce que l'on fait par le moyen des Boulines. On dit auſſi *Aller à graſſe Bouline*, ou *à bouline graſſe*, pour dire, Se ſervir d'un vent compris entre le vent de bouline, & le vent largue ; & cet air de vent doit être éloigné du lieu de la route, par un intervalle de ſix à ſept pointes.

BOULINER. v. n. Prendre le vent de côté.

BOULINGRIN. f. m. Eſpece de parterre fait de pieces de gazon en compartimens de differentes figures, avec une bordure en glacis, & des arbres verts à ſes encognûres & autres endroits. Les Anglois nous ont donné l'invention de ces Boulingrins, & en ont fourni le nom, *Boule*, voulant dire, Rond en leur langue ; & *Grain*, Pré ou gazon. Afin que le gazon des Boulingrins ſoit plus velouté, on le tond quatre fois l'année.

BOULINIER. f. m. C'eſt une piece de bois miſe dans les Boulines, pour faire un échafaut aux Maçons.

BOULINIER. adj. On dit d'un Vaiſſeau qu'*Il eſt bon boulinier*, *méchant boulinier*, ſelon qu'il va bien ou mal, lorſque les boulines ſont halées.

BOULON. f. m. Groſſe cheville de fer, ayant une tête ronde à un bout, & à l'autre une ouverture dans laquelle on paſſe un morceau de fer qu'on nomme *Clavette*. Les Boulons ſervent à ſoûtenir des poutres ou des tirans de bois, & à les attacher

R

au poinçon. On s'en sert aussi pour tenir les grandes barres de fer ou de bois qu'on met aux portes cocheres.

Boulon, est une Piece ronde de fer ou de cuivre qui sert de noyau pour faire les tuyaux de plomb sans soudure. Elle est un peu plus longue que le moule, & de la grosseur que doit être le diametre du dedans du tuyau. On appelle aussi *Boulon*, la masse, le poids, ou peson de la balance Romaine.

Boulons, en termes d'Artillerie, sont des Branches de fer, dont l'usage est de joindre & d'assurer les flasques; c'est-à-dire les deux plus longues & plus grosses pieces qui forment les côtés de l'affût, & au dessus desquelles on pose le canon.

BOULONNER. v. n. Arrêter avec des Boulons.

BOUNE. s. f. Vieux mot. Borne, du Grec βουνος, Colline, eminence. On a dit aussi *Bourne*.

BOUQUERAN. s. m. Vieux mot. Etoffe qu'on croit avoir été faite de poil de chevre, comme le camelot du Chameau. On lit Bible historiaux en l'Apocalypse : *La grande putain a pouvoir de soi vestir de Bouqueran blanc.*

BOUQUET. s. m. Terme de Doreur sur cuir. Fer dont on se sert pour poser le bouquet dont on fait un ornement sur le dos des livres qu'on relie en veau. Les Maquignons appellent aussi *Bouquet*, la paille qu'ils mettent à la queue & aux crins des chevaux qu'ils veulent vendre.

Bouquet. Terme de Venerie. Le mâle parmi les lievres. On s'en sert aussi parlant d'un chevreau, comme étant un diminutif de Bouc.

BOUQUETIER. s. m. Vase de fayence en ovale, où l'on met des fleurs en maniere de bouquet.

BOUQUETIN. s. m. Bouc sauvage, qui se trouve dans les Alpes du Dauphiné & de la Savoye, & dans le Pays des Grisons. Cet animal est fort chaud, & se tient presque toûjours sur la glace. Il est fait comme le Chamois; mais ses cornes sont plus larges & plus longues. Son sang est tellement chaud, qu'on tient que si on en boit, il a la vertu de dissoudre le sang caillé. Il est souverain pour la pleuresie, & se garde tant qu'on veut en maniere de gomme seche. Les Cornes du Bouquetin sont grandes & par petits nœuds.

BOUQUINER. v. n. Chercher de vieux livres, qu'on trouve fripés chés des Libraires, qui font cette sorte de négoce. *Bouquiner* se dit aussi du lievre qui tient la haze dans le tems qu'il est en amour.

BOURBE. s. f. On appelle *Bourbes*, Certaines eaux minerales qu'on dit qui guerissent quelques maladies de goutteux ou d'impotens. On dit dans ce sens *Les Bourbes de Barrege.*

BOURBELIER. s. m. La partie du Sanglier qu'on nomme Poitrine dans les autres animaux. Ce mot vient apparemment de ce qu'ils se veautrent dans la bourbe.

BOURCER. v. a. Terme de Marine. On dit *Bourcer une voile*, pour dire, Ne mettre dehors qu'une partie de la voile, & la trousser à mi mât ou au tiers du mât, par le moyen des cordes destinées à cet usage. Cela se fait quand on veut prendre moins de vent, afin de retarder le cours du Vaisseau.

BOURCET. s. m. Terme de la Manche, qui signifie, la Voile de misaine. *Mât de misaine & mât de bourcet* sont la même chose.

BOURDAINE. s. f. Arbrisseau commun dans les forêts. Il a l'écorce brune & ne sert gueres qu'à faire des paniers & des alumettes.

BOURDE. s. f. Vieux mot. Bâton qui est gros au bout, &

potence dont se servent les infirmes.

Tant de bourdes de ces boiteux,
Qu'en dites-vous ? Ce sont des bourdes.

Bourde. Terme de Marine. Voile que l'on met quand le tems est temperé.

BOURDELAGE. s. m. Terme de Coûtume. Selon la Coûtume de Nivernois, c'est une redevance dûe au Seigneur en argent, blé, plume ou volaile, ou de deux de ces trois choses. En Bourbonnois le droit de Bourdelage est de même qualité que celui de taille réelle. Le détenteur est appelé *Bourdelier*, & on donne ce même nom à l'heritage, à la redevance & au contrat.

Bourdelage, est aussi un vieux mot, qui signifié Paillardise.

BOURDER. v. n. Vieux mot. Se moquer, dire des sornettes, des bourdes, des mensonges.

Car certes sans bourder,
N'y voise nul, s'il ne pense lâcher.

BOURDON. s. m. Baton fait au tour, que portent les Pelerins, & qui a un fer pointu par en bas, & une pomme au haut & au milieu. M. Ménage le fait venir du Latin *Burdo*, Ane, ou mulet, à cause qu'il aide à marcher. *Bourdon* a signifié aussi autrefois certaines lances grosses & creuses, qu'on appelloit autrement *Bourdonasses.*

Bourdon, veut dire en parlant d'Orgues, le jeu qui a les plus gros tuyaux, & qui fait la basse. Il est de bois & bouché, & est accordé à l'unisson avec la montre. Il y a dans l'Orgue un second Bourdon fait en forme de flute, qui est à l'octave de la montre ou du premier bourdon, & qui peut être d'étain ou de bois. Il est de quatre piés quand il est bouché, & de huit étant ouvert. On appelle aussi *Bourdon*, les Basses de quelques autres Instrumens, comme des flutes ou chalumeaux, des cornemuses & des musettes, dont le vent ne sort que par la patte.

Bourdon, se dit aussi d'une grosse Mouche guespe qui fait beaucoup de bruit en volant, & dont Svvammerdam décrit huit especes. Elle est ennemie des Abeilles.

Bourdon, Terme d'Imprimerie. Il se dit de la faute que commet celui qui compose, lorsqu'il omet quelques mots de sa copie.

Quelques-uns appellent les trois étoiles de la constellation d'Orion, *Les trois bourdons*. Les Paysans les appellent *Les trois Rois*, & supposent que chacun d'eux a eu un bourdon, lorsqu'il a fait son pelerinage en Bethléem.

BOURDONNE', e'e adj. Terme de Blason. Il se dit d'une Croix dont les branches sont arondies comme des bâtons de pelerins. *D'or à la croix bourdonnée de gueules.*

BOURGEOIS. s. m. On appelle ainsi, en termes de mer, le Proprietaire d'un Navire, soit qu'il l'ait eu par achat, soit que le Vaisseau ait été construit à ses dépens. Ce mot est venu du stile de la hanse Teutonique, à cause qu'en Allemagne il n'y a que les Bourgeois des Villes Anseatiques qui puissent avoir ou faire construire des Vaisseaux. En ce pays-là on appelle *Bourgeois*, tous les seigneurs & proprietaires de Navire.

On appelle à Paris *Garde Bourgeoise*, Un droit qu'on y a établi à l'imitation de la Garde Noble. Suivant ce droit, le pere & la mere, l'ayeul ou l'ayeule perçoivent à leur profit le revenu des biens de leurs enfans pendant leur minorité, sans qu'on les puisse obliger de leur en rendre aucun compte. Ils sont seulement tenus de les entretenir selon leur état. On appelle aussi *Garde bourgeoise*, La garde qui se fait par les Bourgeois dans quelque endroit de leur Ville.

BOURNAL. f. m. Vieux mot qui est encore en usage en quelques endroits de la campagne. Il signifie un rayon de miel.

BOURON. f. m. Vieux mot qui signifie Cabane.

BOURRACHE. f. f. Plante fort connue, dont la tige est haute d'une coudée, creuse, pleine d'épines, & fort branchue. Ses feuilles sont larges, longuettes & âpres. On y voit dessus de petites vessies garnies d'épines minces qui rendent toute la plante piquante & veluë. Ses fleurs sont disposées en étoiles, de couleur bleuë, quelquefois blanches. Du milieu de ses fleurs il sort une pointe noire qui est sans épines. La graine de la Bourrache est noire & cannelée, & sa racine qui est blanche, tendre & de la grosseur d'un pouce, a un goût visqueux & douçâtre. Plusieurs confondent cette plante avec la Buglose. Elle vient d'elle-même dans les jardins en telle abondance, qu'on a de la peine à l'en déraciner tout-à-fait. On l'appelle communément *Bourroche*, mais les Medecins l'appellent *Bourrache*, & même *Borrache* ; en Latin *Borrago*. On se sert de toute la plante en Medecine, à l'exception de sa graine. Elle est aperitive & cardiaque, & l'on met sa fleur au rang des quatre fleurs cordiales. On s'en sert aussi bien que de ses feuilles, dans toutes les maladies qui sont causées par l'atrabile.

BOURRAS. f. m. Vieux mot. Sorte de gros drap de méchante étoffe, comme qui diroit de bourre.

Son habit fut en surquanie,
Honnête & sans villenie,
Mais elle ne fut de bourras.

BOURRE. f. f. Terme de Teinturier. Il se dit d'une certaine nuance, qui est la même que celle du rouge cramoisi.

On appelle *Bourre-lanice*, La laine qu'on tire des draps quand on les prepare avec le chardon de Bonnetier, & *Bourre-Tontisse*, celle que l'on tire des draps qui passent par les mains des Tondeurs. Cette derniere est la moindre. On appelle *Bourre de soye*, La soye de rebut ou imparfaite qui se tire avec le peigne, lorsque le coton est devidé.

BOURRÉE. f. f. Fagot composé de menues branches fort susceptibles du feu. Il a aussi signifié autrefois Une poignée de verges, de saules, &c. ce qui a fait croire à Borel, que le mot *Bourreau* est venu delà, à cause qu'il fustige avec ces verges.

Bourrée est aussi un Air de Musique à deux tems qui a deux parties égales, chacune de huit mesures. La premiere n'en peut avoir que quatre, pourvû qu'on la joue deux fois. On ne la recommence point quand elle en a huit, mais la seconde se joue toûjours deux fois. La Bourrée commence par une crochue, ou par une noire hors de mesure.

BOURRELET. f. m. Terme d'Artillerie. On appelle ainsi dans le canon la partie du métal arrondie qui regne autour de la piece près de la bouche.

Bourrelet, ou *Bourlet*, signifie aussi, en termes de Marine, de grosses cordes que l'on entrelasse autour du mât de misaine, du mât d'artimon & du grand mât, pour tenir la vergue dans un combat quand on craint que les manœuvres qui la tiennent ne soient coupées.

Bourrelet est aussi un terme de Jardinage, & il se dit quand la greffe se joint mal avec le sauvageon, & qu'elle devient plus grosse qu'il n'est. Cela arrive souvent sur le coignassier ; ce qui vient de ce que le sujet a moins de séve que l'arbre posé dessus.

On se sert encore du terme de *Bourrelet* dans le Blason, & il signifie un Tour de livrée rempli de

bourre & tourné en maniere de corde. Ce Tour de livrée que les anciens Chevaliers portoient dans les tournois, étoit, ou de la couleur des émaux de l'écu, ou de celles que l'on voyoit ordinairement aux Chevaliers. Les Dames-mêmes leur attachoient ces livrées sur leurs casques, & à cause de cela on les appelloit *Les faveurs des Dames*. On les fait entrer encore aujourd'hui dans les ornemens de l'écu.

Bourrelet, étoit autrefois une partie de l'habillement de tête qui servoit à la coiffure des hommes & des femmes, ou une espece de cordon qui servoit d'arrêt au chaperon, & qui le serroit sur la tête.

BOURRIQUE. f. f. Petite machine faite d'ais, dont se servent les Couvreurs en travaillant sur les couvertures. Ils l'accrochent aux lates, & mettent l'ardoise dessus, pour l'employer à mesure qu'ils en ont besoin.

BOURRIQUET. f. m. Sorte de civiere qui sert aux Maçons à élever des moilons ou autres materiaux dans des baquets avec des grues, quand le bâtiment a beaucoup de hauteur.

BOURRIR. v. n. Terme de Chasse. On use de ce mot en parlant du bruit que font les perdrix avec leurs ailes, & sur-tout, les perdrix rouges, quand elles partent d'un lieu.

BOURRU, uë. adj. Les Medecins appellent *Plantes bourrues*, Celles dont la graine, par trop de maturité, est emportée par le moindre vent, tant les parties en sont menues & petites. Plusieurs chardons croissent dans les blés, dont la graine est de cette nature.

BOURSAUT. f. m. Espece de Saule que l'on appelle en Latin *Salix fatua*.

BOURSE. f. f. Lieu où les Marchands & les Banquiers s'assemblent dans plusieurs Villes pour y conferer de leurs affaires. La premiere Place des Négocians qu'on ait appellée ainsi, a été à Bruges. Elle prit ce nom d'un grand Hôtel bâti par un Seigneur de la noble famille de la Bourse, dont on voit encore les armoiries gravées sur le couronnement du portail, qui sont trois Bourses. Comme le lieu où s'assembloient les gens de commerce, étoit devant cet Hôtel, il fut appellé *La Bourse* ; & de cette Ville, celebre autrefois par le trafic, on a transporté ce nom aux Places d'Amsterdam, d'Anvers, de Rouen, de Londres, &c.

On appelle *Bourses de Corporaux* dans les Sacristies, Le carton ou la boîte dans laquelle on met les Corporaux qui servent à la Messe.

On parle par *Bourses* dans le Levant, & on dit, *Il fut obligé de payer tant de bourses*, pour dire, Une telle quantité d'argent. Chaque bourse est de cinq cens écus.

Bourse, Se dit dans les Colleges de l'Université de Paris, d'une maniere de Benefice ou Fondation faite pour entretenir de pauvres Ecoliers dans les études pendant cinq ou six années. Elles sont à la nomination des Fondateurs, & il y en a qui valent jusqu'à cent écus. Ceux qui en jouissent s'appellent Boursiers.

Bourse, en termes d'Anatomie, veut dire Petite vessie. *La bourse du fiel*.

Bourse, en termes de Chasse, est l'extrémité d'un filet qui est faite en façon de poche, & dans laquelle le poisson ou le gibier s'embarrasse, en sorte qu'il n'en sçauroit plus sortir.

On dit aussi *Bourse*, en termes de Jardinage, & on nomme ainsi le Bouton qui fleurit sur l'arbre pour faire du fruit.

Bourse de Pasteur. Petite herbe, appellée ainsi à cause de la ressemblance que ses feuilles ont avec la

figure d'une bourse. Elles font de quelque ufage dans
la Medecine, & on ne fe fert ordinairement d'aucune autre partie de cette plante, qui eft aftringente,
& qui repercute & arrête le fang; ce qui la fait nommer *Sanguinaria*. On l'appelle auffi *Burfa* ou *Pera
Paftoris*, *Capfula* ou *Crifpula*.

BOURSEAU. f. m. Quelques-uns difent *Bourfaut*.
Gros membre rond fait de plomb, qui regne dans les
grands bâtimens, au haut des toits couverts d'ardoife. On appelle *Bourfeau rond*, Certain outil dont les
Plombiers fe fervent pour battre.

BOUSE. f. f. Terme de Blafon. Il fe dit d'une maniere de chanteplûre avec laquelle on puife de l'eau en
Angleterre. C'eft une piece dont quelques Seigneurs
ont chargé l'écu de leurs armes.

BOUSIN. f. m. Terme de Maçonnerie. Le deffus des
pierres qui fortent des carrieres. C'eft une efpece de
croûte de terre qui n'eft pas encore petrifiée. Ce deffus tient du fouchet, & n'étant bon qu'à abattre, les
Maçons l'ôtent, lorfqu'ils équarriffent les pierres. On
dit auffi *Bourfin*.

BOUSSOLE. f. f. Inftrument fait en façon de boîte,
fervant à renfermer une aiguille frottée d'aimant,
qui fe tourne toûjours vers les Poles, à la referve
de quelque déclinaifon qu'elle fait en divers endroits. Voyez DECLINAISON. Le bord de la
bouffole porte d'ordinaire deux differentes divifions. L'une eft de trois cens foixante parties égales,
qui eft la divifion ordinaire du cercle; & l'autre qui
eft au-deffous, eft de trente-deux parties qui marquent les trente-deux Rumbs ou airs de vent, nommés *Traits de vent*, & *Pointes de compas* par quelques-uns. Il y en a qui prétendent que les Chinois
ont inventé la bouffole, & que l'invention en fut
apportée de la Chine par un Venitien appellé Marc
Paul vers l'an 1260. Ce qui donne lieu à la conjecture, c'eft qu'on en fervoit au commencement
à la maniere de ces peuples, qui la font encore
flotter fur un petit morceau de liege. Ceux d'Amal-
phi, Bourg du Royaume de Naples, s'attribuent ce
fecret, & affurent qu'un certain Jean Gira trouva
la Bouffole vers l'an 1300. La fleur-de-lis que toutes les Nations mettent fur la rofe au point du
Nord favorife leur prétention, car les François
poffedoient alors le Royaume de Naples, & les
fleurs-de-lis en font encore les armes. Il faut que
l'aiguille foit faite d'une platine fort mince de bon
acier en maniere de lofange, & vuidée de telle maniere qu'il n'y ait que les extrémités qui en reftent,
avec un diametre au milieu, fur lequel la chapelle
doit être appuyée. Il faut que cette aiguille, pour
être animée, foit touchée par une pierre d'aimant
fort genereufe, & que la partie qu'on veut faire
tourner au Nord, le foit par le Pole du Sud de la
pierre. M. Ménage veut que *Bouffole* vienne de *Buxula*, à caufe de la reffemblance qu'elle a avec une
boîte. On appelle *Bouffole affolée*, Celle dont l'aiguille eft défectueufe, à caufe qu'elle a été frottée
d'un aimant qui ne lui a point donné fa veritable
direction.

On appelle encore la Bouffole, *Compas de
mer*. Voyez COMPAS.

On appelle *Bouffole de Cadran*, Une boîte avec
une aiguille au centre du Cadran, pour montrer
l'heure, & les parties du monde.

BOUT. f. m. Terme de Ceinturier. Petite plaque d'argent que l'on met au bout des boucles d'un baudrier, afin de leur donner plus de grace.

Les Tireurs d'or appellent *Bout d'or*, Un bâton
d'argent doré, & *Bout d'argent*, Un gros bâton d'argent fin. Ils les paffent par la filiere, pour faire des
filets d'or & d'argent.

On appelle, en termes de Marine, *Bout de vergue*, La partie de la vergue qui excede la largeur de
la voile, & qui fert quand on prend les ris. On appelle auffi *Bout de lof*, ou *Bout-lof*, Une piece de
bois ronde ou à pans, qu'on met au-devant des Vaiffeaux de charge qui n'ont point d'éperon. Elle fert à
tenir les armures de mifaine.

On dit, en termes de mer, *Avoir le vent de bout*,
pour dire, Avoir le vent contraire; & *Aller de bout
au vent*, pour dire, Aller contre le vent. On dit
encore, *Donner de bout en terre*, pour dire, Courre
droit en terre; & *Aborder un Vaiffeau de bout au
corps*, pour dire, Mettre l'éperon dans le flanc d'un
Vaiffeau.

BOUTANS. f. m. p. Pieces de bois qui pouffent &
arcboutent. Ce font auffi des piliers de pierre qui
arcboutent contre une muraille. On appelle cette
forte de chaine de pierre qui appuye une muraille,
une terraffe, *Pilier boutant*; & ce mot *Boutant*, vient
du vieux mot *Bouter*, qui vouloit dire *Pouffer*.

BOUTARGUE. f. f. Sorte de mets qui excite à boire, & qui fe fait avec des œufs de poiffons falés.
M. Ménage fait venir ce mot de ώα ταριχά, Oeufs
affaifonnés de fel.

BOUT-DEHORS. f. m. p. Pieces de bois longues &
rondes, qu'on met au bout des vergues du grand
mât & du mât de mifaine, pour porter des bonnettes en étui, ou coutelas, quand le vent eft foible, & qu'on veut chaffer fur l'ennemi. On appelle
auffi *Bout-dehors*, Un petit mât qui fert à la machine à mâter, pour mettre les chouquets & les hunes
en place. On donne encore le nom de *Bout-dehors*
à de longues perches ou pieces de bois dont on fe
fert pour repouffer un brûlot dans un combat, lorfqu'il veut venir à l'abordage, ou pour empêcher
dans un mouillage que deux Vaiffeaux, que le
vent fait dériver l'un fur l'autre, ne puiffent s'endommager.

Bout de Quiévre. Voyez BOUTEUX.

BOUTE. f. f. Terme de Marine. Moitié de tonneau
en maniere de baquet. On y met le breuvage qui
eft diftribué chaque jour à l'Equipage. On l'appelle
auffi *Baille*. On appelle encore *Boutes*, De grandes
futailles où l'on met l'eau douce que l'on embarque
en faifant voyage.

BOUTE'. adj. Terme de Manége. On appelle *Cheval
bouté*, Celui qui a les jambes droites depuis le genouil jufqu'à la couronne.

BOUTE-DEHORS. f. m. Terme de Marine. Longue
piece de bois que l'on garnit d'un crampon de fer
par le bout, & dont on fe fert pour tenir l'ancre é-
loignée du navire quand on la leve, afin que l'avant
du bordage n'en puiffe être endommagé. On l'appelle auffi *Minor* & *Défenfe*.

BOUTE'E. f. f. Terme d'Architecture. Sorte d'ouvrage qui foûtient la pouffée d'une muraille, d'une
voute, d'une terraffe. On dit qu'*Un édifice a befoin
de grande boutée*, pour dire qu'Il a befoin d'arcs-
boutans pour le pouffer, afin de tenir l'œuvre ferrée.
C'eft à caufe de cela que les grandes Eglifes ont des
arcsboutans & des piliers boutans.

BOUTE-FEU. f. m. Bâton, à l'extrémité duquel eft
une fourchette garnie d'une mêche allumée par les
deux bouts, pour mettre le feu à la lumiere du canon.
On appelle auffi *Boute-feu*, l'Officier d'Artillerie qui
eft chargé de mettre le feu au canon.

BOUTEILLE. f. f. Terme de Marine. Saillie de
charpente que l'on met pour ornement fur les côtés de l'arriere d'un Vaiffeau. Sa largeur n'eft
que de deux piés jufqu'à deux piés & demi, &
elle a la figure d'une moitié de fanal coupé de haut
en bas.

BOUTER. v. n. On dit en termes de mer , *Bouter de lof* , pour dire , Prendre l'avantage du vent , bouliner , ferrer au vent.

Bouter , dans le vieux langage, a fignifié *Pouffer*.

BOUTERIL. f. m. Vieux mot. Nombril.

BOUTEROLLE. f. f. Terme de Serrurier. Maniere d'ouverture & de fente dans une clef. C'eft où paffent les rouets & les gardes des ferrures.

On appelle auffi *Bouterolle* , ou fimplement *Bout* , Certain outil de fer ou de cuivre , qui a une petite tête ronde comme un bouton , & dont fe fervent ceux qui gravent fur les pierres dures.

BOUTEUX. f. m. Petit filet attaché à un bâton fourchu, dont on fe fert fur les côtes de l'Ocean, & que les Pêcheurs pouffent devant eux fur les fables. On l'appelle autrement *Bout de Quiévre* , & on s'en fert fur les côtes de l'Ocean pour prendre une efpece d'écreviffe , appellée *Crevete* & *Salicot*.

BOUTIS. f. m. Terrain où les bêtes noires ont fouillé avec le bout de leur nés. Lieux où les Sangliers font des creux pour chercher des racines.

BOUTISSE. f. f. Terme de Maçonnerie. On dit qu'*Une pierre eft mife en boutiffe* , pour dire , que Sa plus grande longueur traverfe le mur. La difference qu'il y a entre le carreau & la pierre mife en boutiffe , c'eft qu'elle prefente moins de parement , & a plus de queue.

BOUTOIR. f. m. Inftrument d'acier garni d'un manche de bois , dont les Maréchaux fe fervent pour parer le pié d'un cheval, ou pour en couper la corne. Il eft recourbé vers le manche ; & large de quatre doigts.

Boutoir fignifie auffi , en termes de Chaffe , le bout du grouin d'un Sanglier , le bout du nés des bêtes noires. Il y en a qui difent *Boutoi*.

BOUTON. f. m. Terme de Chirurgie. Inftrument de fer rond par le bout , & qu'on applique tout rouge fur certaines playes pour les guerir. Les Maréchaux fe fervent auffi de Boutons de feu pour le farcin.

Bouton. Terme de guerre. Petit corps rond qu'on met au bout d'une arme à feu , pour fervir de mire , & tirer plus droit.

* On appelle *Bouton* , en termes de Manége , La boucle de cuir qui coule le long des rênes , & où elles font enfilées. On dit *Mettre un cheval fous le bouton* , pour dire , Abaiffer cette boucle de cuir fur le col du cheval , lorfqu'on eft defcendu , jufqu'à ce que la bride ramene fa tête en bon état.

Les Lutiers appellent *Bouton* , Un morceau de bois tourné en forme de gros bouton,où la queue du violon eft attachée.

Les Serruriers appellent *Bouton* , Un morceau de fer qui fert aux ferrures dans les chambres à faire mouvoir le pêne. On appelle auffi *Bouton* , Ce qui a une tête ronde dans les verrouils , & empêche qu'ils ne fortent des targettes. On nomme encore *Bouton* une poignée qui eft attachée au milieu d'une porte , & qui fert à la tirer & à la fermer. Il y en a de fimples & de cifelés , les uns & les autres avec rofettes.

Ceux qui effayent l'or appellent *Boutons* , Les petites parties d'or ou d'argent qu'on leur fournit , pour effayer à quel titre font ces métaux. Ces petites parties font groffes comme un bouton , & pefent dix-huit grains pour l'ordinaire.

Les faux dés , les dés chargés s'appellent auffi *Boutons* dans les Académies de jeu.

On appelle en termes de Marine *Bouton d'efcouvillon* , Une piece de bois tournée , fur laquelle on cloue quelque morceau de la peau d'un mouton , en mettant la laine en-dehors. Elle fert à nettoyer l'ame d'un canon après qu'il a tiré. *Bouton de cueiller de canon* , eft auffi un bout de bois tourné , fur lequel une cueiller de cuivre eft clouée. On l'employe à retirer les gargouffes de l'ame du canon.

BOUTONNE', E'E. adj. Terme de Blafon. Il fe dit du milieu des rofes & des autres fleurs, qui eft d'un autre émail que la fleur. *D'argent à trois rofes de gueules boutonnées d'or.* Il fe dit auffi d'un rofier qui a des boutons , & des fleurs de lis épanouies.

BOUTONNIER. f. m. Vieux mot. Ronce.

BOUTURE. f. f. Bout de plante ou d'arbre qui prend racine après qu'on l'a planté dans la terre , & qui pouffe en haut des branches avec des feuilles. Il y a des arbres qui viennent de *Bouture* , comme le figuier , le coignaffier , le peuplier & le faule.

Bouture. Terme d'Orfévre. Eau préparée , lefcive faite avec du fel de tartre pour blanchir l'argent. La coûtume qu'on a prife de blanchir l'argent au feu , a mis cette eau prefque hors d'ufage.

Bouture , dans les monnoyes , eft une drogue compofée de lie de vin feche efmiée de fel , &c. On s'en fert à blanchir les efpeces.

BOUVEMENT. f. m. Outil de Menuiferie qui fert à pouffer une doucine.

BOUVET. f. m. Sorte de rabot dont les Menuifiers fe fervent. Il y en a à rainures & à languettes , pour pouffer des rainures & faire des languettes , lorfque l'on veut emboîter & affembler des ais. Il y en a d'autres qu'on appelle *Bouvets à fourchement* ; & on fe fert de ceux-là pour faire en même-tems les deux jouées & la languette qui entrent dans la rainure.

BOY

BOYAU. f. m. Terme de guerre. Foffé particulier féparé de la tranchée , qui en ferpentant va envelopper differens terrains , & qui eft tiré parallele aux ouvrages, & aux défenfes du corps de la Place, afin d'en éviter l'enfilade. Quand on fait deux attaques qui font proches , les boyaux communiquent quelquefois d'une tranchée à l'autre. Ils fervent de ligne de contrevallation , non feulement pour empêcher les forties , mais encore pour affûrer les Travailleurs.

On dit en termes de Manége , qu'*Un cheval a beaucoup de boyau* , pour dire qu'Il a beaucoup de flanc , & les côtes amples , longues , bien tournées , fans qu'elles foient ni ferrées , ni plattes. On dit auffi qu'*Un cheval eft étroit de boyau* , pour dire qu'Il n'a point de corps. Borel dit que *Boyau* vient de *Voyeau* , qui fignifioit autrefois Une voie étroite & longue ; d'où la plaine de Long-Boyau a tiré fon nom. Il ajoûte qu'on appellé *Boyaux* , Les inteftins des animaux , à caufe qu'ils fervent de voie aux alimens & aux excremens.

BOYAUTIER. f. m. Artifan qui prépare les cordes faites de boyau , foit pour les inftrumens , foit pour les raquettes.

BOYCININGA. f. m. Sorte de ferpent du Brefil , appellé ainfi d'une fonnette que la nature a attachée à la queue , & qu'il apporte en naiffant. Il a quelquefois dix ou douze palmes de longueur , & fe gliffe d'une fi grande vîteffe , qu'il femble voler. Quoiqu'il foit fort venimeux , il nuit rarement aux hommes , à caufe du bruit que fait fa fonnete , qui les avertit de fe détourner. Il y en a une plus petite efpece , qui eft noire & d'un venin fort pernicieux. Les Sauvages l'appellent *Boyciningpeba*. On trouve plufieurs autres ferpens dans le Brefil , fçavoir le *Boycupecanga* , qui eft une couleuvre fort groffe &

tachetée fur le dos de certaines marques ; le *Boyti-*
mapua ; comme qui diroit Serpent au long muſeau.
Il eſt long & rond , & ne vit que de grenouilles.
Les Sauvages croient que ſi on frotte avec ce ſerpent les reins des femmes ſteriles , elles deviennent
fécondes. Le *Boyuna* eſt une couleuvre noire, déliée
& longue, qui rend une fort méchante odeur, comme
les renards. C'eſt ce que Laët rapporte.

BOYE. ſ. f. Pluſieurs ſe ſervent de ce mot ſur la mer,
au lieu de *Bouée* ou *Baliſe.*

BOYER. ſ. m. Chaloupe Flamande. Elle eſt mâtée en
Fourche , & a deux femelles , qui font qu'elle va
mieux à la bouline , & qu'elle ne dérive point.

BOYE'S. ſ. m. Prêtres de l'Amerique , dont les Sauvages ſe ſervent pour évoquer les Divinités qu'ils
reconnoiſſent ; ce qu'ils font ou pour demander à
être vengés de ceux qui leur ont fait quelque outrage , ou pour être gueris d'une maladie qui les
tourmente , ou enfin pour faire chaſſer quelque Eſprit malin. Ils les conſultent auſſi quelquefois ſur
l'évenement de leurs guerres. Chaque Boyé a ſon
Dieu particulier , qu'il évoque par le chant de quelques paroles accompagnées de la fumée du tabac
qu'ils font brûler comme un parfum qui lui plaît ,
& dont l'odeur ſert à l'attirer. C'eſt toûjours durant la nuit & dans les tenebres. Quand ces Sauvages ont recours à leur Boyé , ſur un mal qu'ils
ſouffrent , ce Boyé leur dit que c'eſt le Dieu d'un
tel ou d'un tel qui les fait ſouffrir ainſi , & delà
viennent les haines & les cruelles vengeances qu'ils
exercent contre ceux dont on leur a dit que le
Dieu leur eſt contraire.

BOZ

BOZINE. ſ. f. Vieux mot. Trompette.

BRA

BRACHET. ſ. m. Sorte de chien de chaſſe. Borel
dit qu'on l'a appellé ainſi à cauſe qu'il a les piés
courts.

    Se vit venir une biche & ſon brachet après ,
    Qui la ſuivoit molt iſnellement.

On a dit auſſi autrefois *Brachet* , pour dire , Bracelet.

BRACHIAL. adj. Terme de Medecine. On appelle
Muſcle brachial, Un muſcle qui fait mouvoir le bras,
du Latin , *Brachium* , Bras.

BRACHITES. ſ. m. Sorte d'Heretiques qui s'éleverent dans le troiſiéme ſiecle. Ils donnerent dans les
erreurs de Manés & des Gnoſtiques.

BRACHMANES. ſ. m. Secte de Philoſophes des
Indiens , qui vivoient en partie dans les bois , où
ils s'adonnoient à la connoiſſance des Aſtres &
de la Nature ; & en partie dans les Villes , où ils
étoient appellés pour donner des conſeils aux
Princes , & pour enſeigner la Morale aux Peuples.
Ils montroient un fort grand mépris pour les ri-
cheſſes , auſſi-bien que pour la mort , & étoient
perſuadés que les ames des hommes paſſoient dans
les corps des brutes , & ſur-tout des bœufs. Les anciens Philoſophes alloient ſouvent dans les Indes
pour les conſulter , & il y en a qui tiennent que Pythagore avoit reçû d'eux l'opinion de la metemp-
ſycoſe.

BRACON. ſ. m. Vieux mot. Appui , conſole , potence ; ce qui vient de Branche d'arbre.

BRACONIER. ſ. m. Borel rapporte cet exemple de
Froiſſard , *Que chacun trouſſât derriere ſoi un Bra-*
conier. Il dit qu'il croit que ce mot ſignifioit Coupeur
de bois , à cauſe de *Bracon* qui a été dit pour Bran-

che d'arbre.

BRAGUE. ſ. f. Terme de Marine. Corde qu'on
fait paſſer au travers des affûts du canon , & qu'on
amarre par les bouts à deux boucles de fer qui ſont
de chaque côté des ſabords. Les Bragues ſervent à
retenir les affûts du canon , & empêchent qu'en reculant ils n'aillent frapper juſqu'à l'autre bord du
Vaiſſeau.

BRAHIN. adj. Vieux mot. Sterile. R. de la Roſe :
    Camoyers qui brahin être doïvent ,
    Y floriſſent , & fruit rechoevent.

BRAMER. v. n. On dit que *Les Cerfs brament* ,
pour dire qu'ils crient. Borel dit que *Bram* , qui ſignifioit *Grand cri* en langue Gothique , vient du
Grec βρέμω , d'où eſt venu le mot de Languedoc
Brama, qui veut dire *Crier fort*, ce qui a donné lieu
à dire *Bramer* , en parlant du cri des cerfs & des
ânes.

BRAMINS. ſ. m. Prêtres de la Religion des Indiens
Idolâtres , ſucceſſeurs des anciens Brachmanes , &
qui font la premiere race des Banjans. La connoiſſance qu'ils ont de l'Aſtrologie eſt telle , qu'ils ne
manquent pas d'une minute à prédire les éclipſes.
Quelques-uns d'entre eux reconnoiſſent un Dieu
qui fait connoître ſa toutepuiſſance , en ce qu'il a
mille yeux , mille bras , & autant de piés. Ils diſent
que leur Prophéte leur a donné quatre livres de la
part de Dieu , il y a ſix mille ans ; que deux de ces
livres qui ſont cachetés , ne ſeront jamais ouverts ,
& qu'il n'y a que ceux qui profeſſent leur doctrine à qui il ſoit permis de lire les deux autres ; qu'il
y a ſept cieux , & que Dieu eſt aſſis ſur le ſeptiéme.
Ils lui donnent une place , d'où on le peut voir
comme de loin à travers un nuage , & veulent
que les actions particulieres des hommes lui ſoient
indifferentes , parce qu'elles ne meritent point
qu'il en prenne connoiſſance. Ils ne doutent pas
qu'il n'y ait des demons , mais ils les croient ſi bien
enchaînés , qu'ils ne ſçauroient leur faire de mal.
Ils appellent un homme *Adam* parmi eux , en memoire du premier homme, & diſent que lorſqu'il alloit manger du fruit défendu , après que ſa femme
en eut mangé , la main de Dieu le prit au goſier , &
empêcha le morceau de paſſer plus bas ; que la boſſe
que les hommes ont en cet endroit , & qu'ils appellent *Pomme d'Adam* , vient delà , & que les femmes en ſont exemptes.

Il y a auſſi des Prêtres appellés *Bramins* au Royaume de Narſingue. Ceux-ci ſont diviſés en deux
Sectes. Ceux de la premiere ſe marient , & demeurent dans les Villes. Les autres s'appellent Io-
ques , & ne ſe marient jamais. Ils vivent d'aumônes , & exercent de grandes auſterités , voyageant
dans les Indes en façon de Pelerins , & s'abſtenant de toutes ſortes à plaiſirs charnels. Ils font
quelquefois des Proceſſions de quatre cens lieues.
& ils y menent des Villes & des Villages entiers.
Lorſque le débordement de quelque riviere les arrête , ils nourriſſent les peuples d'une maniere qui
paſſe pour miraculeuſe , en leur donnant tout ce
qu'ils demandent, ſans qu'ils ayent fait aucune proviſion. Après un certain tems d'une vie auſtere ,
on les croit incapables de peché ; & comme ils ſont
alors exempts de toutes les Loix , ils s'abandonnent
à toutes les ſaletés imaginables. Ces Bramins adorent un certain Parabramme & trois de ſes fils , en
l'honneur deſquels ils portent trois chardons au
col. Ils adorent auſſi les Singes & les Elephans , &
ſur-tout les bœufs & les vaches , dans les corps deſquels ils croient que les ames des morts paſſent ,
plûtôt que dans ceux des autres. C'eſt pour cela
qu'ils s'eſtiment bienheureux lorſqu'en mourant ils

peuvent tenir la queue d'une vache. Ils difent que Dieu eft noir, & à caufe de cela ils eftiment cette couleur plus qu'une autre. C'eft ce qui fait que toutes leurs Idoles font fi noires. Ils font croire que leurs Dieux font grands mangeurs, & par ce moyen ils font bonne chere, en profitant des offrandes que ce Peuple credule fait tous les jours deux fois aux Idoles. Quelques Voyageurs appellent ces Prêtres *Bramines* & *Bramens*.

BRAN de fcie. C'eft la poudre du bois qu'on fcie.

Farine de Diable s'en va en bran.

BRANCARD. f. m. Machine qui fe fait par affemblage de plufieurs fortes pieces de charpente. Elle fert à tranfporter des fardeaux d'une pefanteur extraordinaire, & fur-tout des pierres, que l'on empêche par là de fe caffer ou de s'écorner.

On appelle auffi *Brancards* deux pieces de bois pliant, qui joignent le train de derriere d'une chaife roulante au train de devant, & qui aboutiffant à un arc, font l'office de la fléche d'un carroffe. On pofe quelquefois la chaife deffus, & on la fufpend quelquefois fur des confoles.

BRANCE. f. f. Vieux mot, que Borel dit fignifier une forte de froment très-pur, que Pline a appelé *Sandalum*. Il ajoûte que c'eft auffi une forte d'épée, & qu'en cette fignification on a dit encore *Branc* & *Brans*.

Mon branc je mets jus du fourreau.

BRANCHE. f. f. On appelle en Architecture *Branches d'Ogives*, les Arcs d'une voute, qui traverfant diagonalement d'un ang'e à un autre, forment une croix entre les autres arcs qui font fur les côtés du quarré, dont 'es arcs font les diagonales. Quelquesunes de ces branches détachées des pendentifs de la douelle, en rachetent d'autres fufpendus, d'où pend quelque cul de lampe.

Branche de tranchée. C'eft ce qu'on appelle autrement *Boyau de tranchée*. Voyez BOYAU.

On appelle en termes de Manége *Branches de la bride*, deux pieces de fer courbées, qui dans l'intervalle de l'une à l'autre, portent l'embouchure, les chainetes & la gourmette. Ces pieces de fer répondent d'un côté à la têtiere, & de l'autre aux rênes, & fervent à tenir la tête du cheval fujette. On dit, *Branche hardie*, en parlant de celle qui ramene. On forgeoit autrefois une branche pour relever, qu'on appelloit *Branche flaque*. Elle n'eft plus en ufage.

Les Potiers d'étain appellent *Branche de flambeau*, toute la partie du flambeau, qui s'é'eve audeffus du pié, jufqu'à l'endroit où l'on met la chandelle.

Les deux grands bâtons de devant les crochets d'un Crocheteur, & qui pofent fur fon dos, font appellés *Branches de crochet*.

On appelle *Branche*, dans une trompette, une forte de tuyau qui eft le long du pavillon, & qui y porte le vent.

On donne encore le nom de *Branche* à la verge ou piece de bois ou de fer, qui fert de fleau dans la balance Romaine, le long de laquelle le contrepoids eft mobile.

Le mot de *Branches* a été dit autrefois pour Hanches.

Petits tetins, branches charnues.

BRANCHE-URSINE. f. f. Quelques-uns difent *Branque urfine*. Plante dont il y a de deux fortes, la domeftique qui croît aux jardins, & la fauvage qui fe trouve dans les lieux pierreux, & auprès des eaux courantes. Ses feuilles font plus larges & plus longues que celles de la laine, noirâtres, graffes, liffées & chiquetées comme les feuilles de la Ro-

quette. Sa tige eft liffée, haute de deux coudées, groffe d'un doigt, & a par intervalles auprès de la cime, certaines petites feuilles longuettes & piquantes, faites en maniere de longues coquilles, d'où fort une fleur blanche. Sa graine eft longue & jaune, & fa racine eft longue, rouge, gluante & baveufe. Voilà ce qu'en dit Diofcoride. Les Latins appellent cette plante *Pederota* & *Marmoraria*. Quoique les Herboriftes conviennent tous que c'eft le vrai *Acanthus*, Matthiole a peine à être de ce fentiment. On la met au rang des herbes emollientes, & fon ufage eft p'us externe qu'interne. On ne fe fert que de fes feuilles.

BRANCHER. v. n. Terme de Chaffe. On s'en fert lorfqu'on parle d'un jeune oifeau de proye qui fe pofe fur la branche d'un arbre. On dit auffi qu'*Un oifeau branche* & *prend le bouton de l'arbre*, pour dire, qu'il fe perche fur la cime.

BRANCHIER. adj. m. On appelle *Oifeau branchier*, un jeune Oifeau de proie qui commence à fortir du nid, & qui n'ayant pas encore affés de force, vole feulement de branche en branche.

BRANCHIES. f. f. p. Les Medecins Grecs ont appellé ainfi les ouies des poiffons. Ce font des parties compofées de cartilages & de membranes, en forme de feuillets, qui leur fervent comme de poumons.

BRANDEBOURG. f. f. Sorte de groffe Cafaque, dont on s'eft fervi en France dans ces dernieres années. Elle a des manches bien plus longues que les bras, & va environ jufqu'à mi-jambe.

BRANDES. f. f. p. Terme de Chaffeur. Rameaux d'arbres. *Une forêt couverte de brandes.*

BRANDIR. v. a. Terme de Charpenterie. On dit *Brandir un chevron fur la panne*, pour dire, Mettre le chevron fur la panne, le percer ainfi que la panne, & paffer une cheville de bois quarré, au travers de tous les deux. Il ne faut pas que cette cheville foit ronde. *Chevron brandi fur la panne*, veut dire, Chevillé fur la panne.

Brandir, eft auffi un vieux mot qui autrefois vouloit dire, Sécouer. Cela venoit d'une groffe épée que les anciens Chevaliers portoient, & qu'ils manioient à deux mains. Cette épée s'appelloit *Brand*.

BRANDON. f. m. Vieux mot, qui a fignifié Torche & branche d'arbre, à caufe que les branches de certains arbres, comme le fapin, dont le bois brûle fans être couvert de cire, fervoient de torches aux Payfans, qui vient qu'ils nomment encore *Brandons*, des flambeaux de paille, dont ils fe fervent la nuit pour s'éclairer.

On dit en termes de Palais, *Brandons* & *pannonceaux*. Ce font des morceaux de paille que l'on attache à la porte des Saifis avec les armes du Seigneur, pour faire connoître que les chofes font à vendre en Juftice. On appelle auffi *Brandons*, des piques ou bâtons que l'on p'ante dans un champ, afin d'avertir que l'on a faifi les fruits qui pendent par les racines. On a dit *Brandonner* dans l'ancienne Pratique, pour dire, Saifir.

BRANSLE. f. m. Terme de Marine. Morceau de toile, long de fix piés & large de trois, que l'on fufpend par les quatre coins entre les ponts d'un Vaiffeau, & où l'on fait coucher un foldat ou un matelot. On appelle *Branfle matelaffé*, une efpece de matelas qui eft fait en branfle. Quand on veut faire détendre tous les Branfles d'entre les ponts, afin de fe préparer au combat, ou pour quelque autre chofe, on dit *Branfle-bas* ou *For-branfle*.

BRANSLER. v. n. Terme de Fauconnerie. Il fe dit du Faucon qui fe tient en haut au premier degré fur la tête du Fauconnier ; en forte qu'il tourne & remue fes ailes en branflant. On dit delà qu'*Un oifeau eft à la branfloire* , pour dire , qu'il eft haut , & tourne en branflant.

BRANSLOIRE. f. f. Petite chaine dont les Taillandiers , & Maréchaux fe fervent pour faire aller les foufflets de leurs forges.

BRAQUE. f. m. Sorte de chien de Chaffe qui eft bon quêteur , & qui excelle par l'odorat. On a dit aussi *Brac* ; & autrefois on a dit *Braquet.*

BRAQUES. f. m. p. Les pinces d'une écreviffe.

BRAQUEMART. f. m. Vieux mot. Epée ou couteau court ; de βραχὺς , Court , bref ; & de μάχαιρα , Epée , felon Fauchet.

BRAQUEMENT. f. m. C'eft le devant du train d'un caroffe , fous le fiege du cocher , & fur le premier effieu , affemblé avec la cheville ouvriere.

BRAS. f. m. Terme de Manége. Partie de la jambe de devant d'un cheval , depuis le bas de l'épaule jufqu'au genouil. On dit d'un cheval qui a un beau mouvement , qu'*Il plie bien le bras* , pour dire , qu'il plie bien l'épaule.

On appelle en Architecture , *Bras d'un bâtiment* , les Corps de logis qui font à côté du grand.

Les Charpentiers appellent *Bras de chevres* , deux Pieces de bois qui font à côté du poinçon d'une chévre , & qui lui fervent de bras pour appuyer contre les murailles. On dit *Bras de civiere* , *de bar* , *ou autres engins à porter des materiaux.* Il y a aufli dans les tours des Tourneurs *des bras de poupées* , qui s'approchent & s'éloignent comme on veut. Les deux côtés du fleau d'une balance ont aufli le nom de *bras.*

Bras. Terme de mer. Cordages qui font amarrés au bout de la vergue , pour la gouverner felon le vent. On dit *Tenir un bras* , pour dire , Haler & amarrer un des cordages. On appelle *Bras d'ancre* , la moitié de la croifée de l'ancre. On appelle *Bon bras* , quand on braffe au vent , en forte que le vent ne foit pas au plus près.

On appelle les nageoires de la Baleine , *Bras d'une Baleine.*

BRASER. v. a. Joindre deux pieces de fer l'une contre l'autre , de telle maniere qu'elles ne remuent en aucune forte , & enfuite les faire tenir ensemble avec de la foudure ; ce qui fe fait en prenant du laiton le plus jaune & le plus mince qui fe peut trouver. On le coupe par petits morceaux , qu'on met dedans & autour des pieces qu'on veut brafer. On couvre ces pieces , ou de papier ou de linge attaché avec un fil , après quoi on prend de la terre franche. Si elle eft trop graffe , on y ajoûte un peu de fable & d'écaille de fer , avec un peu de fiente de cheval & de bourre qu'on bat avec un bâton. Le petit gravois qui eft dans la terre en étant ôté , on détrempe le tout ensemble avec de l'eau claire , en confiftance de pâte , dont on couvre l'ouvrage de l'épaiffeur de deux jufqu'à fix lignes , felon fa groffeur. On le mouille lorfqu'il eft couvert , & l'on met de l'écaille de fer par deffus , afin de fecher un peu l'eau , & empêcher que la terre ne fe fende au feu ; puis l'ayant chauffée pendant quelque tems , on tourne l'ouvrage plufieurs fois pour ne le laiffer pas trop chauffer d'un côté : ce que l'on fait jufques à ce qu'une flâme ou fumée bleue & violette qui fort de la terre , faffe connoître que le laiton eft fondu , & qu'il coule également par tous les endroits où l'on veut qu'il aille. Alors on ôte du feu & on le tourne doucement de tous les côtés jufqu'à ce qu'il foit un peu refroidi , & que le laiton ne coule plus. Si ce font quelques pieces délicates que l'on veut brafer , on les peut lier enfemble avec

un petit fil de fer , puis on prend du laiton qu'on met fur la piece fans la couvrir de terre ; & quand on l'a mouillée avec de l'eau claire , on y met du borax en poudre qu'on fait fecher doucement devant le feu. Lorfque le borax eft fec , on le met fur le feu , & en approchant le charbon de tous côtés , on en met un par deffus. Ce charbon ne doit point toucher la piece , mais feulement la chauffer , jufqu'à ce que l'on voye fondre & couler le laiton ; ce qui arrive en fort peu de tems par le moyen du Borax. On fe fert encore pour brafer , d'une foudure dont un tiers eft de laiton , & les deux autres d'argent fin.

BRASSAGE. f. m. Terme de Monnoye. Legere fomme d'argent que le Roi permet de prendre au fermier des Monnoyes , fur chaque marc d'or, d'argent, de billon, ou de cuivre mis en œuvre , pour les frais de leur fabrication. Le Maître en a la moitié pour le déchet de la fonte , le charbon, &c. & l'autre moitié s'emploie au payement des ouvriers.

BRASSE. f. f. *Mefure de la longueur de deux bras étendus.* ACAD. FR. Cette mefure fait à peu près la longueur de fix piés de Roi. On fe fert de la Braffe à Florence , à Luques & en plufieurs autres lieux , pour mefurer des étoffes. C'eft un mot qui eft de peu d'ufage fur terre , fi ce n'eft pour dire , *Une braffe de corde.* On mefure par braffes la profondeur des rivieres & des mers , & quelquefois des mines & des puits qu'on creufe dans les montagnes, & alors la Braffe eft la longueur de deux aunes de Paris.

BRASSER. v. a. Terme de Marine. Se fervir des bras ; c'eft-à-dire , des manœuvres avec lefquelles on gouverne les vergues. On dit *Braffer les vergues* , pour dire , Mettre les vergues horifontalement de l'avant à l'arriere , en maniant les manœuvres ; & *Braffer les voiles fur le mât* , Manœuvrer les voiles de telle maniere que le vent fe mette deffus , au lieu d'être dedans , *Braffer au vent* , c'eft Manœuvrer les vergues du côté d'où vient le vent ; & *Braffer fous le vent* , c'eft les manœuvrer du côté qui eft oppofé à celui du vent. On dit encore *Braffer à porter* , *à faire fervir* , pour dire , Braffer les vergues en forte que le vent donne dans les voiles ; *Braffer à contre* , pour dire , Braffer le bras du vent , & faire que le vent donne fur les voiles. Cela fe pratique ordinairement lorfqu'on veut le mettre fur la voile de mifaine. On dit aufli *Bracher* & *Braffeyer.*

Braffer eft aufli un terme de gens qui travaillent en métal , & fignifie , Mêler des chofes liquides en les remuant en rond ; ce qui fe fait pour allier l'or, l'argent & le cuivre quand ils font fondus dans un creufet , afin qu'il y ait un mélange égal dans chaque partie.

On dit encore , *Braffer* en matiere de pêche. C'eft agiter , troubler l'eau avec des bouloirs , afin que le poiffon donne dans les filets que le Pêcheur a tendus.

BRASSICOURT. f. m. Terme de Manége. On s'en fert lorfque l'on veut parler d'un cheval , dont les jambes de devant font courbées en arc naturellement. On dit aufli *Brachicourt.* Les chevaux qui font courbées à force de travailler , s'appellent *Chevaux argués.*

BRASSIN. f. m. Vaiffeau où les Braffeurs font leurs bieres. Ce mot fignifioit autrefois Affaire.

Soit Philofophe ou Medecin ,
Il n'entend rien en tel braffin.

BRASSOIR. f. m. Terme de Monnoye. Maniere de canne de terre cuite , avec laquelle on braffe l'or en bain. On la fait bien chauffer , fans quoi l'or petilleroit

leroit & s'écarteroit. A l'egard de l'argent on se sert d'un Brassoir de fer, à cause qu'il n'y a pas le même inconvenient qu'à l'or, qui s'aigriroit si le Brassoir étoit de fer, & non pas de terre.

BRAY. s. m. Composition de gomme ou de resine, & d'autres matieres gluantes, avec lesquelles on fait un corps dur, sec & noirâtre. On appelle *Brai gras*, certaine composition dans laquelle on fait entrer de l'humeur propre à nourrir le bois, & à retenir l'étoupe dont on garnit les coûtures des Vaisseaux qui vont à la mer. Il y a moins d'humeur dans le *Brai sec*. Borel dit que le mot de *Brai*, signifioit autrefois de la poix, & qu'il a été dit de *Bretia* ou *Brutia*, Region fertile en poix.

BRAYE. s. f. Linge dont se enveloppe le derriere des enfans nouvellement vêtus. On appelloit autrefois *Braye*, une espece de haut-de-chausses, ou de sayes courts. On a dit aussi *Brayel*, & on entendoit par là des Calçons. *Et mit sang de bataille en son brayel & en ses chausses.* Selon du Cange c'étoit la partie de l'habit qui couvroit les cuisses, du Latin *Braca*, ou *Bracca*, parce qu'elle étoit courte. Quelques-uns font venir ce mot de l'Hebreu *Berec*, qu'ils expliquent par Genouil, à cause que cet habit va jusqu'au genoux. Saumaise le dérive du Grec βραχὺς, Court.

Braye, Morceau de grosse toile poissée ou de cuir goudronné, dont on se sert à fermer quelque ouverture, soit celle par où passe la barre du gouvernail, soit celles qui sont entre les mâts & les ponts d'un Vaisseau. L'usage des Brayes est d'empecher que la pluie & les vagues en coulant au pié du mât ne tombent à fond de cale.

On a appellé autrefois *Braye*, une espece de bastion, comme on le voit par une ancienne inscription du Château de Vincennes.

Qui parsit en briéves saisons,
Tours, ponts, brayes, fossés, maisons.

C'est delà que vient une *Fausse braye*, qui en termes de Fortification signifie une largeur de deux à trois toises de terrain, prise sur les rés de chaussée, autour du pié du rempart du côté de la campagne. On l'appelle autrement *Basse enceinte*, Un parapet qui la couvre, la sépare de la berme & du bord du fossé.

On dit aussi *Braye*, en termes d'Imprimerie, en parlant d'un morceau de parchemin qu'on cole au grand Timpan, quand il est usé.

Brayes. Termes de Charpenterie. Pieces de bois que l'on met sur le pailler d'un moulin à vent pour soulager les meules.

Braye. Etançon, piece de bois à contre-bouter une muraille panchée.

C'est aussi un Instrument de bois de quatre piés de long pour broyer les lins & les chanvres, composé de la selle, & de quatre coûteaux où s'engrainent les rainures du brayon.

BRAYER. v. a. Terme de mer. On dit *Brayer un Vaisseau*, *brayer les coûtures d'un Vaisseau*, pour dire, Appliquer du brai bouilli, du goudron, &c. pour remedier aux voies d'eau, en remplissant & en resserrant les jointures de son bordage.

BRAYER. s. m. Cordages qui se joignent à un crochet de fer, & qui servent à élever le bourriquet avec lequel on porte le moilon & le mortier au haut des grands édifices.

Brayer, est aussi un terme de Balancier, & il se dit du petit morceau de fer qui passe dans les trous qui sont au bas de la chasse du trebuchet & des balances, & qui sert à la tenir en état.

On se sert encore du mot de *Brayer*, en Fauconnerie, & il signifie le cul d'un oiseau de proye. Lorsque le Brayer lui tombe bien bas le long de la queue, & qu'il est bien émaillé à l'entour de taches noires ou rousses, c'est une marque de la bonté de l'oiseau.

BRAYON. s. m. Terme dont se servent les Chasseurs en parlant de ce qui sert à prendre les bêtes puantes qui ruinent les garennes.

Les Imprimeurs appellent aussi *Brayon*, Ce qui sert à broyer l'ancre avec le noir.

BRE

BREANT. s. m. Petit oiseau qui a le bec court & gros. Il est d'un vert brun & comme gris, avec quelques marques jaunes sur l'extremité des gros tuyaux de ses ailes.

BREBIS. s. f. Animal à quatre piés, couvert de laine, & qui est la femelle du belier. On tient que la brebis haït les ours, le corbeau, l'aigle, le serpent, les chenilles & les abeilles. Elle vit neuf ou dix ans. Il y a dans le Perou une sorte de Brebis, tant sauvages que domestiques, qui approchent de la forme d'un chameau, à la reserve qu'elles sont sans bosse. Elles sont plus grandes que les Brebis de l'Europe, & hautes le plus souvent d'une aune d'Espagne. Elles ont le col long & rond, & la levre d'en-haut fendue. Quand quelqu'un les a fâchées, elles s'en vengent en jettant de l'écume contre lui par cette fente. Les privées sont d'ordinaire blanches ou noires, & quelquefois de couleur cendrée. Les sauvages sont rougeâtres ou fauves, & couvertes d'une laine, longue, legere, luisante, & qui est beaucoup plus chere que celle des autres. On en fait un certain drap dont le lustre approche fort de celui du camelot. Leur chair est plus seche que celle de nos Brebis. Ceux du Pays leur passent des cordes dans les oreilles qu'ils leur percent pour les conduire sans peine: car quand on les laisse libres, elles courent d'une fort grande vitesse, sur-tout les sauvages, qui sont aussi legeres que les chevaux. M. Ménage fait venir ce mot de *Vervex*, Mouton, les Latins ayant tiré de là *Berbix*, dont ils se sont servis dans cette même signification.

BRECHE. s. f. Terme de guerre. Debris de quelqu'une des parties d'une enceinte. On dit *Voir en breche*, pour dire, Découvrir la bréche de telle maniere que l'on puisse faire feu dessus pour la défendre.

Breche. Sorte de marbre fort dur qu'on tire des Pyrenées. Le fond en est noir avec des taches & des veines blanches. Il est aussi mêlé de veines jaunes, & ressemble à differens caillous congelés & joints ensemble. Ce marbre, dont on a tiré des pieces de plus de vingt piés de long, prend un poli merveilleux.

BREDINDIN. s. f. Terme de Marine. Manœuvre qui passe dans une poulie simple, amarrée au grand étai & par le moyen de laquelle on enleve de mediocres fardeaux pour les mettre dans le navire.

BREF. s. m. Lettre que le Pape écrit à un Roi, à un Prince, ou à quelques Magistrats sur des affaires publiques. Il y a des Officiers à Rome qu'on appelle *Secretaires des Brefs*. Ceux qui s'expedient par la Daterie & Secretairerie, sont écrits sur du parchemin, & on les scelle de cire rouge au Sceau du Pêcheur. C'est un cachet sur une bague où l'on voit saint Pierre dans une barque en état de Pêcheur. Il faut que le Pape soit present quand on l'applique.

Bref, Se dit en Bretagne d'un congé qu'on est obligé de prendre pour se mettre en mer. Il y en a

Tome I.   S

de trois sortes. *Le bref de sauveté*, qui exempte du droit de bris *Le bref de conduite*, qu'on prend pour être conduit hors des dangers de la Côte, & *le Bref de Victuailles*, qui donne la liberté d'acheter des vivres.

BREGIN. s. m. Espece de filet dont les mailles sont fort étroites, & qui est en usage sur la Méditerranée. Il est attaché à un petit batteau, & traîné sur les sables.

BREHAGNE. adj. Vieux mot. Sterile. On a dit aussi *Brehenne* & *Braheigne*, comme dans le Roman de la Rose, en parlant de deux forêts.

L'une est braheigne qui rien ne porte,
L'autre en fruit porter se déporte.

Rageau dérive ce mot de l'Anglois *Barraine*, qui veut dire la même chose, & du Cange de *Brana*, qui veut dire Jument sterile.

On disoit autrefois *Brehaineté*, pour sterilité.

BREHIS. s. f. Bête qui n'a qu'une corne sur le front, & qui se trouve dans l'isle de Madagascar. Elle est fort sauvage, aussi grosse qu'une chevre, & se tient particulierement dans la Province d'Anfianache.

BREME. s. f. Poisson de lac ou de riviere, qui ressemble à une carpe, mais dont les écailles sont plus grandes. Il a le corps plat, la tête petite, avec deux nageoires auprès des ouies, & deux autres au milieu du ventre. Sa chair est molle, grasse & excrementeuse. Il y a aussi un poisson de mer long d'une coudée, qu'on appelle *Breme*. Il a le corps large & de couleurs differentes. On l'appelle *Aurata* en Latin, à cause qu'il a tout le tour des yeux doré. Son dos est d'un bleu tirant sur le noir. Ses côtés sont argentés, & son ventre est de couleur de lait.

BREQUIN. s. m. Outil d'Artisan pour percer le bois ou la pierre tendre. C'est la même chose que *Villebrequin*.

BRESIL. s. m. Bois rouge & pesant, appellé ainsi de la Province du Bresil en Amerique, d'où il nous a été apporté. Il est fort sec, & pesille beaucoup dans le feu, sa secheresse est cause qu'il fait fort peu de fumée. Quelques Teinturiers s'en servent pour les teintures, & on l'appelle *Une fausse couleur*, à cause que son rouge est très-facile à s'évaporer.

BRESILLER. v. a Teindre avec du bresil.

BRESSIN. s. m. Terme de Marine. Cordage qui sert à jetter & à amener une vergue ou une voile. On appelle aussi sur mer des crocs de fer *Bressins*.

BRESTE. Chasse aux petits oiseaux qu'on prend à la glu avec un appas.

BRESTER. v. n. Vieux mot. Crier, clabauder.

Ne pour crier, ne pour brester.

BRETAUDER. v. a. On s'est servi de ce mot pour dire, Tondre inegalement. Aujourd'hui il n'est plus en usage que dans le burlesque, pour dire, Couper à quelqu'un les cheveux plus courts qu'il n'a de coûtume de les porter. Quelques-uns veulent qu'il signifie aussi, Couper les oreilles à un cheval.

BRETELLE. s. f. Espece de hotte, dont Borel fait venir le nom du mot Grec *φέρειν*, qui veut dire *Charger*. On appelle aussi *Bretelles*, les Sangles de corde ou de cuir qui sont aux hottes & aux crochets des Crocheteurs, & qu'ils se passent aux bras lorsqu'ils portent des fardeaux. On donne le même nom à celles qui servent pour traîner les brouettes, & pour porter les civieres.

On appelle aussi *Bretelle*, en termes de Rubanier, Le tissu, qui soûtient le corps du Rubanier qui travaille, pour empêcher qu'il ne tombe en dedans.

On nomme aussi *Bretelles*, des Galons de fil pour attacher le haut de chausses aux enfans & des

vieillards, qui ont les hanches basses, ou aux hommes trop gras.

BRETELLER. v. a. Dresser le parement d'une pierre, ou gratter un mur avec un risflard, ou avec un autre outil qui a des dents.

BRETESCHE. s. f. Vieux mot. Marche-pié. Corridor.

Mainte pucelle iluec avoit
Dessus la bretesche montée.

Il a signifié aussi un lieu élevé dans les forteresses, comme le parapet, les crenaux.

Quand en haut en croix seriez,
Pour prêcher dessus la bretesche.

BRETESSES. Terme de Blason. Il se dit d'une rangée de creneaux sur une fasce, bande ou pal, ou sur les côtés d'un blason de platte figure. On dit encore *Bretessé*, en parlant des pieces crenelées haut & bas en alternative. *d'Azur à la bande bretessée d'or.*

BRETON. s. m. Coquille blanche & inégale, qui s'employe aux ouvrages de rocailles.

BRETTE'. e'e. adj. Les Maçons appellent *Truelles brettées*, celles qui ont des dents, & dont ils se servent pour dresser les enduits de plâtre. Les Tailleurs de pierre ont aussi des *marteaux brettés*, c'est-à-dire, qui ont plusieurs dents ou petites pointes. Ces marteaux leur servent à dresser les paremens des pierres.

BRETTER. v. a. Maniere de travailler, soit de cire, soit de terre, parmi les Sculpteurs. Degrossir un modelle avec un ébauchoir de bois qui a des dents par un bout, en ôtant seulement la terre ou la cire, & laissant les traits sur l'ouvrage. On dit aussi, *Bretteler*, dans le même sens.

BRETTURE. s. f. Denteleure qui est aux extrémités de plusieurs outils d'Artisans, comme truelles, marteaux, &c. On appelle aussi *Brettures*, Les traits que le Sculpteur laisse sur un ouvrage qu'il dégrossit avec l'ébauchoir bretté.

BREVE. s. f. Terme de Musique. Note blanche qui vaut deux mesures, & qui est figurée comme un quarré sans queue.

Breve, est aussi un mot en usage dans les monnoyes, pour marquer le poids des flans que le Maître donne au Prévôt des Ouvriers pour ajuster, ou aux Monnoyeurs pour monnoyer; & parce que le Prévôt & le Maître sont obligés d'en faire un bref état sur leurs Registres, c'est de là que l'on prétend qu'est venu le mot de *Breve*. Les flans étant ajustés, le Prévôt les remet entre les mains du Maître, avec ceux qui ont été rebutés comme foibles, & les limailles, le tout poids pour poids, comme il s'en étoit chargé; & cela s'appelle *Rendre la breve*. Dans la suite on paye au Prévôt deux sols pour marc d'or, & un sol pour marc d'argent, sur le pié de ce qui est passé de net en délivrance, pour être distribués à ceux qui ont ajusté la Breve à proportion de leur travail.

BREVET. s. m. Terme de Marine. Ecrit sous seing privé, par lequel le Maître d'un Vaisseau reconnoît avoir chargé telles marchandises dans son bord, lesquelles il s'oblige de porter au lieu dont on est convenu. C'est ce qu'on appelle *Connoissement* sur l'Ocean, & *Police de chargement* sur la Méditerranée.

BREUIL. s. m. Terme de Marine. Corde qui sert à trousser les voiles. On l'appelle autrement *Cargue-fond*.

Breuil, se dit, en termes d'Eaux & Forêts, d'un bois taillis, ou d'un buisson qui est fermé de murs ou de hayes, & où les bêtes ont accoûtumé de se retirer. On trouve aussi *Breil*, dans le même sens.

BREUILLER. v. a. On dit en termes de mer, *Breuiller* ou *Broniller les voiles*, pour dire, Carguer, trousser les voiles.

BREUVAGE. f. m. On appelle ainsi le mélange égal de vin & d'eau que l'on fait sur mer pour la boisson de l'Equipage.

BRI

BRICOLE. f. f. Sorte de fronde ancienne. Elle étoit faite de cuir, & on s'en servoit pour jetter des bales de plomb & des pierres.

BRICON. f. m. Vieux mot. Coquin, miserable, malotru.

BRIDE. f. f. *Frein, ce qui sert à gouverner un cheval.* ACAD. FR. On appelle en termes de Manége. *Main de la bride*, La main gauche du Cavalier ; & *Coup de bride*, L'espece de châtiment que le Cavalier donne à un cheval en secouant une rène lorsque le cheval ne veut point tourner. On dit d'un cheval, qu'*Il boit la bride*, lorsque son mords remontant trop haut, lui fait froncer les levres, & se déplace de dessus les barres où se fait l'appui.

BRIDER. v. a. *Mettre la bride à un cheval, à un mulet.* ACAD. FR. On dit en termes de mer, *Brider l'ancre*, pour dire, Envelopper les pattes de l'ancre avec deux planches, afin d'empêcher que le fer de la patte ne creuse & n'élargisse le sable, lorsqu'on se trouve obligé de mouiller dans un mauvais fonds.

On dit en Fauconnerie. *Brider les serres d'un Oiseau*, pour dire, Lier une serre de chaque main de l'oiseau, afin qu'il ne puisse emporter sa proye.

BRIDON. f. m. Espece de bride legere pour les jeunes chevaux, & ordinairement pour les chevaux Anglois. *On meneroit ce cheval avec un bridon.* On s'en sert aussi pour mener les chevaux à l'abreuvoir, ou les mettre au pilier en les pansant, ou les mettre au filet.

BRIGADE. f. f. Partie ou division d'un corps de gens de guerre, Cavalerie ou Infanterie. Il y a deux sortes de Brigades. La Brigade de l'Armée est indifferemment un corps de Cavalerie composé de dix à douze Escadrons, ou un corps d'Infanterie de cinq à six Bataillons. Il y a quatre Brigades de l'une, & quatre de l'autre, & ordinairement on divise une Armée en huit brigades. La Brigade d'une Compagnie de Cavalerie est la troisiéme partie de la Compagnie, quand elle est seulement de cinquante Maîtres ; & c'en est la sixiéme partie, quand elle est de cent. Du Cange fait venir ce mot de *Brigands*, que Borel dit avoir été une sorte de Soldats anciens à pié, appellés ainsi de *Bragantes*, dont parle Lipse, *Duo millia Bragantum.*

BRIGADIER. f. m. Celui qui commande une Brigade de gens de guerre. On appelle *Brigadier d'Armée*, Un Officier qui commande la quatriéme partie de la Cavalerie ou de l'Infanterie d'une Armée, & qui marche immediatement après le Maréchal de Camp, & le *Brigadier d'une Compagnie de Cavalerie*, est celui qui commande une des Brigades de la Compagnie.

BRIGANDINE. f. f. Armure ancienne faite de lames de fer jointes, & qui servoit de cuirasse. Ou l'appelloit autrement *Brugne.* Le mot de *Brigand* est venu de là. Les Brigands furent originairement des Soldats que la Ville de Paris soudoya en 1356. pendant que le Roi Jean étoit prisonnier en Angleterre. Ils étoient armés de Brigandines, & comme ils firent quantité de voleries, on a appellé *Tome I.*

Brigands tous les voleurs qui détroussent les Voyageurs sur les grands chemins.

BRIGANTIN. f. m. Petit bâtiment leger que l'on arme en course, qui va à la voile & à la rame, qui ne porte point couverte, & qui est moins grand que la Galiote. Il est de douze ou de quinze bancs, & d'autant de rames, un seul homme à chacune. Tous les Matelots y sont soldats, & couchent leurs mousquets chacun sous sa rame.

BRIGNOLE. f. f. Sorte de fort bonne prune que l'on fait secher, & qui est appellée ainsi à cause de la Ville de Brignole en Provence, d'où on nous l'envoie.

BRILLANT. adj. Terme de Manége. On appelle *Cheval brillant*, Un cheval qui a l'encolure relevée, un beau mouvement, les hanches excellentes, & qui mâche son mords de bonne grace.

BRILLER. v. n. Terme de Chasse. On dit que *des Chiens brillent*, lorsqu'ils quêtent dans une plaine ; *Briller* est aussi Chasser de nuit aux oiseaux à la lumiere.

BRIMBALE. f. f. Levier qui a sept à huit piés de longueur, & qui sert à tirer l'eau de la Pompe. Quelques-uns disent *Brinqueballe.*

BRIN. f. m. Jet de bois. On dit qu'*Un plancher est fait de bois de brin*, pour dire, qu'il est fait de troncs d'arbres qui ne sont point sciés, mais seulement équarris ; & c'est dans ce sens qu'on dit qu'*Une pique est faite d'un brin de bois.*

On appelle, en termes de Charpenterie, *Pan de bois à brin de fougere*, Une disposition de petits Potelets assemblés diagonalement à tenons & à mortoises dans les intervalles de plusieurs pôteaux à plomb ; & ce nom lui est donné à cause de la ressemblance qu'elle a avec des branches de fougere, dont le brin fait cet effet.

Brin, en termes de Chasse, est le plus haut du buisson où se tient l'Oiseau.

On appelle *Brin de plume*, en termes de Plumacier, la petite pointe de la plume.

BRIOINE. f. f. Plante fort connue, dont il y a de deux sortes. L'une porte des bayes noires, & l'autre en porte de rouges. Cette derniere est preferable à l'autre, & on la doit cueillir au Printems, lorsque les feuilles commencent à pousser. On ne se sert dans la Medecine que des racines de cette plante, qui est émolliente, aperitive, bonne pour la rate & pour provoquer les mois. Elle purge les serosités & les humeurs pituiteuses, tire per haut & par bas les eaux des hydropiques, & empêche la suffocation de la matrice.

BRION. f. m. Terme de Marine. Allonge de l'étrave qui la termine par le haut, & qui vient jusqu'à la hauteur de l'éperon. On dit aussi *Brion.* On a dit *Brion* dans le vieux langage, pour signifier la Mousse de chêne.

BRIQUE. f. f. Terre grasse & rougeâtre qu'on fait cuire au four après qu'elle a été pâitrie & moulée de certaine grandeur & épaisseur, & qu'on l'a séchée au Soleil pendant quelque tems. Elle sert au-dedans des murs qui doivent être revêtus de pierre ou de marbre, & au-dehors de ceux dont elle fait le parement des panneaux. La *demi-brique*, que l'on appelle autrement *Brique de Chantignole*, ou *Brique d'échantillon*, n'a qu'un pouce d'épaisseur sur la même grandeur que la Brique entiere, qui a huit pouces de long sur quatre de large. Elle sert à paver entre les bordures de pierre, & à faire des atres & des contre-cœurs de cheminées. La *Brique crue* est celle qui se fait de terre blanchâtre comme la craye, & qu'on laisse secher cinq années avant que de s'en servir.

On appelle *Briques en liaison*, Celles qui sont posées sur le plat enliées de leur moitié les unes avec les autres, & maçonnées avec du mortier ou du plâtre ; *Briques de champ*, Celles qui sont posées sur le côté pour servir de pavé, & *Briques en épi*, Celles qui sont posées diagonalement sur le côté, en maniere de point de Hongrie.

Il y a une *Huile de brique* fort dessicative & fort estimée, que font les Chimistes avec des Briques toutes rouges & enflâmées. Ils les broyent & les éteignent dans de l'huile commune, & mettant le tout dans une cucurbite, ils en tirent cette huile si recommandable, appellée par eux *Oleum Philosophorum*, & par les Apothicaires, *Oleum de lateribus*.

BRIQUET. s. m. Espece de couplet où la charniere ne paroît pas comme elle fait aux autres couplets, où elle forme un demi-cylindre des deux côtés.

BRIQUETER. v. a. Contrefaire la brique, en faisant un enduit de plâtre mêlé avec de l'ocre rouge ; & pendant qu'il est tout frais employé, tracer les joints profondément, & ensuite les remplir avec du plâtre au sas.

On dit *Briqueté*, pour dire, Qui est fait de brique, qui est disposé en façon de brique.

BRIQUETERIE. s. f. Lieu où l'on fait la brique.

BRIQUETIER. s. m. Celui qui fait ou qui vend de la brique.

BRIS. s. m. Mot qui se dit des Vaisseaux qui échouent, ou qui viennent se rompre sur les bancs & les rochers qui sont sur les Côtes, d'où l'on dit *Droit de Bris*. C'est un droit qui appartient au Seigneur du lieu où s'est fait le Bris. Les anciens Gaulois l'avoient établi, parce qu'ils traitoient d'ennemis tous les Etrangers. Les Romains en abrogerent l'usage, qui fut rétabli sur le declin de l'Empire, à cause de l'incursion des Nations qui ravageoient les rivages de la Gaule. Enfin les Ducs de Bretagne, sollicités par S. Louis, changerent cette rigueur, & moyennant quelque taxe, ils accorderent des Brefs ou Congés, que prenoient ceux qui avoient à naviger sur leurs Côtes. Le Bris n'a plus de lieu en France, non plus qu'en Italie, en Espagne, en Angleterre & en Allemagne, si ce n'est contre les Pyrates & contre les Ennemis de la Foi & de l'Etat. L'Empereur Andronic fut le premier qui par un Edit qu'on executa, fit défense de piller les Vaisseaux brisés ou échoués ; ce que l'on faisoit auparavant avec beaucoup de rigueur sur toutes les Côtes de l'Empire.

Bris. Terme de Blason. Il se dit d'une de ces happes de fer à queue pattée, dont l'usage est de soûtenir les portes sur leurs pivots, & de les faire rouler sur leurs gonds ; & comme la plûpart des fenêtres & des portes sont brisées en deux par le moyen de deux de ces happes, dont les bouts entrent en pivot l'un dans l'autre, on les nomme *Bris*. Les vieux Blasonneurs appellent *Bris d'huis*, les pivots sur lesquels se meuvent les portes ou fenêtres brisées, quand ils sont representés sur l'écu.

BRISANT. s. m. Pointe de rocher qui s'éleve jusqu'à la surface de l'eau, & où les Vaisseaux se brisent. On appelle aussi *Brisant*, le rejaillissement de la mer, que son propre poids & la force du vent fait élever contre des rochers & contre les Côtes.

BRISE. s. f. Terme de Marine. Nom que les Americains donnent à un vent qui vient de la mer sur les dix heures du matin. Ils appellent *Brise carabinée*, Une Brise forcée, ou un vent qui souffle avec grande violence.

On appelle aussi *Brises*, De petits vents frais qui viennent de terre sur le soir, & qui finissent lorsque le Soleil se leve. Ils ne sont guere sensibles qu'aux Bâtimens qui rangent la Côte.

BRISE', x'e. adj. Il se dit des portes & des volets, qui étant coupés se replient pour tenir moins de place. *Porte brisée*, *volet brisé*. On dit aussi, *Une table brisée*, *un bois de lit brisé*. *Equerre brisée*, *Regle brisée*, est une équerre, une regle qu'on plie par le moyen d'une charniere. Il y a aussi *des aunes brisées*. On appelle *Canon brisé*, Le canon d'un fusil qui est coupé en deux, & que l'on assemble dans le besoin par le moyen d'une vis.

Brisé, dans le Blason, se dit des chevrons dont la pointe est déjointe. *D'or à trois chevrons brisés de sable*.

BRISECOU. s. m. Défaut dans un escalier, comme une marche plus ou moins haute que les autres, un giron plus ou moins large, un palier tournant trop étroit, &c. On lui a donné ce nom à cause que toutes ces choses donnent occasion de tomber, & qu'en tombant dans un escalier on peut se rompre le cou.

BRISE'ES. s. f. p. Chemins dans les bois que les Veneurs marquent avec des branches rompues, qu'ils y jettent, afin de pouvoir reconnoître leur enceinte. On dit *Frapper aux brisées*, quand le Veneur, qui a fait son rapport, va laisser courre.

BRISE-GLACE. s. m. Rang de pieux en maniere d'avantbec devant une palée de pont de bois. Ces pieux étant d'une grandeur inegale, en sorte que le plus petit sert d'éperon, sont recouverts d'un chapeau posé en rampant, pour briser les glaces & conserver la palée.

BRISER. v. n. Terme de mer. On dit que *La mer brise*, quand les houles viennent battre, viennent se rompre avec violence sur les Côtes, sur quelque rocher, sur quelque banc. On a dit *Brinser* dans le vieux langage.

Briser, est aussi un terme de Chasse, & il signifie Rompre des branches, & les laisser pour marques dans le lieu qu'on veut retrouver.

On dit aussi *Briser*, dans le Blason, & il signifie, Charger un écu de brisures, comme lambel, bordure, &c. C'est ce que font les cadets, pour être distingués des aînés qui portent les armes pleines.

BRISEUR. s. m. Celui qui brise. On appelle *Briseur de sel*, Certain Officier sur le Port de Paris, qui découvre le sel dans les bateaux, le brise & le met en tas, pour faire un chemin à ceux qui doivent le mesurer & le porter. On appelle aussi *Briseur de sel*, Celui qui avec un pic brise le sel dans les greniers quand il est trop sec, pour le rendre plus propre à mettre dans les minots.

BRISEURE. s. f. Terme de Blason. Pieces ou figures qu'on ajoûte aux armoiries, comme le lambel, le cottice, le bâton, &c. pour distinguer les cadets & les bâtards d'avec les aînés & les fils legitimes.

BRIS-IMAGES. s. m. p. Heretiques qui s'éleverent au commencement du huitiéme siecle contre les saintes Images de JESUS-CHRIST, de la Vierge & des Saints. On les nomme autrement *Iconomaques* & *Iconoclastes*.

BRISIS. s. m. Terme d'Architecture. La partie superieure dans les combles coupés, & qui va jusques au faîte. On appelle aussi *Brisis*, dans un comble coupé, l'endroit où le vrai comble se joint au faîte.

BRISOIR. s. m. Instrument de bois quarré, & avec des dents, qui sert à briser le chanvre.

BRIX. s. m. Vieux mot. Rupture.

BRO

BROC. ſ. m. Sorte de vaiſſeau qui a le ventre aſſés gros, & qui eſt propre à contenir du vin & de l'eau, &c. Il eſt fort en uſage chés les Cabaretiers.

C'eſt auſſi une broche de fer long emmanchée, & de grand uſage à la campagne.

BROCARD. ſ. m. On appelle *Brocard de droit*, un lieu commun qui ſouffre pluſieurs contradictions.

BROCATELLE. ſ. f. Sorte de marbre, facile à tra-vailler, & qui prend un beau poli. On l'appelle communément *Brocatelle d'Eſpagne*, à cauſe qu'il vient de Tortoſe en Andalouſie, où on le tire d'une carriere antique. Ce marbre eſt mêlé par petites nuances de couleurs, iſabelle, jaune, rouge, pâle & gris. Il y a auſſi de la Brocatelle antique, qu'on tiroit de Grece près d'Andrinople.

BROCCOLI. ſ. m. Sorte de petits choux verts qu'on mange en ſalade.

BROCEREUX. adj. Vieux mot. On a dit, *Lieux broce reux*, pour dire, Un lieu plein de bois & de broſſailles. Et, *Bois broce reux*, pour dire, Un bois plein de nœuds,

BROCHANT. adj. Terme de Blaſon. Il ſe dit des pieces qui paſſent ſur d'autres. *Burelé d'azur à trois chevrons de gueules, brochant ſur le tout.*

BROCHE. ſ. f. C'eſt chés les Brodeurs un outil ſur lequel ils mettent les étoffes & les ſoyes retorſes, & propres à broder. Les Rubaniers, les Fileuſes au rouet appellent *Broche*, un fer délié paſſé au travers du roquetin, de la bobine, & de l'épinglier, lorſ-qu'on file au rouet. *Broche*, chés les Cordonniers, eſt l'outil avec lequel ils brochent les talons. En termes de Balancier, on appelle *Broche*, les petits morceaux de fer ronds qui paſſent au travers de la virole du peſon. *Broche*, eſt auſſi un petit bâton où les Chan-deliers font pendre leurs mèches & leurs chandel-les. La baguette où l'on ſuſpend des harengs pour les faire égouter eſt encore appellée *Broche*.

Broche, ſe dit auſſi d'un petit morceau de bois ar-rondi que l'on met au fond d'une futaille pour en tirer du vin. Ainſi l'on dit, *Mettre une futaille en broche*, pour dire, Y mettre une broche, une fon-taine.

Broche, eſt auſſi la pointe de fer qui eſt au milieu d'une feuille de carton où l'on viſe, en tirant de l'arc ou de l'arquebuſe, En ce ſens on dit *Faire un coup de broche*, pour dire, Toucher la broche.

On appelle *Broches*, certaines aiguilles longues de fil de fer, avec quoi on tricote des bas. On s'en ſert auſſi pour faire des rubans, d'où eſt venu *le ruban à double broche*.

On appelle *Broche d'une ſerrure*, la Pointe de fer qui eſt dans la ſerrure, & qui entre dans la fourure de la clef.

On appelle *Broches rondes*, des morceaux de fer ronds, dont les Serruriers ſe ſervent pour faire des couplets, des fiches, & pour tourner pluſieurs pie-ces à chaud & à froid. Il y a auſſi des *Broches quar-rées*, ſur leſquelles on tourne des pieces.

Broche, en termes d'Imprimerie, eſt une barre de fer à laquelle eſt attachée la manivelle, qui ſert à faire rouler le train de la preſſe ſur les bandes.

Broches. Terme de Chaſſe. On donne ce nom aux défenſes d'un ſanglier.

BROCHE'E. ſ. f. Terme de Rotiſſeur. La quantité de viande qui peut cuire à la fois à une broche. Les Chandeliers appellent auſſi *Brochée*, la quantité de méches qui peuvent tenir au petit bâton qu'ils ap-pellent *Broche*.

BROCHER. v. a. Terme de Maréchal. Paſſer un clou au travers de la corne & du fer du cheval pour le ferrer.

Les Cordonniers diſent *Brocher un talon*, pour dire, L'attacher avec des clous. On dit en termes de Cordier, *Brocher le tourret*, pour dire, Mettre le Boulon au travers du tourret. *Brocher un bas*, veut dire, Travailler à des bas avec des aiguilles à tricoter. *Brocher*, ſignifie auſſi parmi les Couvreurs, Mettre de la tuile en pile entre les chevrons.

Brocher, eſt auſſi un terme de Blaſon, & on dit que des *Chevrons brochent ſur des burelles*, pour di-re, qu'ils paſſent dans l'écu ſur des burelles.

Brocher, eſt encore un terme des Relieurs. C'eſt coudre un Livre ſans le faire relier. Lorſque le Li-vre eſt couvert de papier bleu, ou marbré, on le nomme *Brochure*.

BROCHET ſ. f. Poiſſon blanc & long, qui eſt de lac, d'étang & de riviere. Il eſt fort goulu, & man-ge les autres. Sa chair eſt ferme & dure, lorſqu'on l'a pris dans quelque grand lac ou dans un fleuve; mais elle eſt d'un fort mauvais ſuc, & viſqueuſe lorſqu'il a été nourri dans un étang. Sa machoire réduite en poudre, a une faculté lithontriptique. *Brochet carreau*, eſt un gros brochet, qui a plus de dix-huit pouces entre œil & bat.

Brochet de terre. Sorte de lezard qui ſe trouve en pluſieurs des Iſles des Antilles de l'Amerique, & qui a la figure, la hure & la peau de nos Brochets de riviere; ce qui lui a fait donner le nom de *Brochet de terre*. Au lieu de nageoires, il a quatre piés; mais qui ſont ſi foibles, qu'il ſe traîne ſur la terre en ſerpentant comme une couleuvre. Les plus grands de ces lezards n'ont que quinze pouces de longueur, & ils ſont gros à proportion. Leur peau eſt couver-te de petites écailles fort luiſantes, & de couleur de gris argenté. Ils ne ſe montrent preſque jamais qu'à l'entrée de la nuit, pendant laquelle ils font un bruit effroyable de deſſous les rochers & du fond des cavernes, où ils ſe tiennent. Le ſon qu'ils rendent, eſt un ſon beaucoup plus fort & déſagreable que celui des grenouilles, & des crapaux, & ce ſon varie ſelon la diverſité des lieux où ils ſont cachés.

BROCHETTE. ſ. f. Petit morceau de bois pointu par un bout afin de percer de la viande, & de la faire tenir ferme à la broche.

Brochette, eſt auſſi une maniere de petit cylindre de bois ou de laiton, ſur lequel les Fondeurs mar-quent les differentes épaiſſeurs des cloches.

Les Imprimeurs appellent *Brochettes*, ce qui ſert à tenir la friſquette ſur le grand Timpan.

BROCHEUR. ſ. m. Ouvrier qui fait des bas avec des aiguilles à tricoter.

BROCHOIR. ſ. m. Marteau dont ſe ſert le Maré-chal pour cogner les clous dans le pié du cheval qu'il ferre.

BRODEQUIN. ſ. m. *Eſpece de chauſſure qui cou-vre le pié, & une partie de la jambe.* ACAD. FR. Cette chauſſure eſt à l'antique, & il n'y a plus au-jourd'hui que les Comediens qui s'en ſervent.

On appelle auſſi *Brodequin*, une ſorte de Torture que l'on fait ſouffrir aux criminels dont on veut ſça-voir quelque choſe avant de les juger. Elle conſiſte en trois ais forts & épais que l'on ſerre avec des vis. On en met un entre les jambes de celui que l'on veut faire parler, & l'on met les deux autres ais, l'un d'un côté d'une jambe & l'autre du côté de l'autre. On ſerre enſuite les vis, qui preſſant les jambes du criminel, lui fait craquer ſes os, & lui fait ſouffrir une douleur très-ſenſible.

BRODERIE. ſ. f. On appelle ainſi dans un parterre compoſé de branches de feuillages avec fleurons, fleurs, tigettes, culots, &c. le tout tracé à la manie-

re des Brodeurs, & formé par des traits de bouis
nain, qui renferment de la terre noire, afin de détacher du fond qui eft fablé. Il y a des pieces de Broderie que l'on interrompt diverfement. On fe fert
pour cela, ou d'une platebande en enroulement de
fleurs & d'arbriffeaux, ou d'un maffif tournant fait
de bouis ou de gazon.

BROILLOT. f. m. Vieux mot. Petit bois ou brof-
faille appellé ainfi, parce qu'on avoit accoûtumé de
les brûler, afin de les défricher. Dans Merlin.

Et demanda embuchement en un broillot.

On a dit auffi *Braillot* & *bruillet.*

BRONCHES. f. m. Mot Grec dont les Medecins fe
fervent pour fignifier les tuyaux de la trachée artere. Ces tuyaux font répandus dans tout le poumon,
& c'eft par là que l'air entre pour la refpiration. Ils
difent auffi *Bronchies.*

BRONCHIQUE. adj. Terme de Medecine. Il fe dit
des mufcles qui font mouvoir le larinx, & on
les appelle ainfi à caufe qu'ils s'étendent fur les
côtés de la trachée artere, nommée par les Grecs
βρέγχος.

BRONZE. f. m. Ceux qui travaillent en bronze le
font feminin. Sorte de métal, compofé moitié de
cuivre, & l'autre moitié de laiton ou cuivre jaune,
dont on fond en cire perdue, des figures, des bas
reliefs & des ornemens. Les Egyptiens que l'on
croit avoir été les Inventeurs de cet art, ne mettoient qu'un tiers de cuivre rouge; les deux autres
tiers étoient de laiton. Il y a la *Fleur de bronze*
qui fe fait, felon Diofcoride, quand le Bronze fondu s'écoule par les canaux où l'on veut qu'il aille.
Ceux qui font employés à ce travail voulant repur-
ger le Bronze, jettent deffus la plus claire eau qu'ils
peuvent trouver afin de le refroidir. De ce con-
gelement ainfi fait, il arrive que le Bronze jette
cette fleur qui eft aftringente, & propre à reprimer
toute excrefcence de chair, & même à ôter l'é-
blouiffement qui vient aux yeux; quoiqu'elle foit
fort mordante. Matthiole dit qu'il a fouvent cueilli de la Fleur de Bronze auprès de Trente aux
fourneaux de Bronze, ce qu'il faifoit de cette maniere. Quand il voyoit le Bronze entierement fondu & prêt à tirer, il attendoit qu'il fût écoulé & à
demi pris, & alors il jettoit deffus de l'eau claire &
froide qui caufoit une fort grande fumée, au-deffous de laquelle il tenoit une platine de fer, qu'il n'ô-
toit point de deffous cette vapeur, qu'elle ne fût
tout-à-fait paffée. Cela fait, il trouvoit fur fa platine la Fleur de Bronze, que la vapeur avoit fait tomber. Elle étoit femblable aux graines de millet, &
fes grains avoient une couleur luifante & rougeâtre :
car ce qu'il y avoit de plus fubtil dans l'airain, étoit
porté en haut par la vapeur, & ayant fenti la froideur de l'air, il fe convertiffoit aifément en ces petits grains. Il ajoûte que les Apothicaires ne s'en
fervent point, & qu'en fa place ils emploient le
Verd de gris. Quant à l'*Ecaille de bronze*, Diofcoride dit que celle qui fort des cloux de cuivre dont
on ufe aux forges, faute groffe, rouffe & maffive,
eft fort bonne. Elle eft aftringente, attenuante, re-
percuffive & corrofive; elle reprime les ulceres corrofifs, & fait cicatrifer les autres ulceres, principalement quand elle s'enrouille après qu'on l'a arro-
fée de vinaigre; mais celle qui eft faite de vieille
ferraille de bronze ou de cuivre blanc, ne vaut rien.
Le marc ou *la lie de bronze*, n'eft autre chofe que
ce qui fe trouve au fond de la fournaife, après qu'on
a jetté de l'eau froide fur le Bronze fondu, pour en
cueillir la fleur ; & qu'on a jetté le Bronze hors du
fourneau. Les Medecins l'appellent *Diphryges*, du
mot Grec διφρύγὴς, qui veut dire, Deux fois cuit.

Galien dit que le *Diphryges* eft compofé de qualités
& proprietés mêlées, ayant une aftriction moyenne,
& une moyenne acrimonie, & qu'ainfi il eft fort propre à guerir les ulceres malins & difficiles à cicatrifer.

BRONZER. v. a. Imiter le bronze; ce que l'on
fait avec la purpurine du cuivre broyé, ou des
feuilles de cuivre qu'on applique comme des feuilles d'or.

BROQUART. f. m. Terme de Venerie. Il fe dit du
chevreuil ou d'un cerf d'un an.

BROSSE. f. f. Efpece de pinceau pour les Peintres.
Il eft fait de poil de cochon. Les Doreurs ont auffi
leurs *Broffes*. Elles font de poil de fanglier, & leur
fervent à coucher la colle fur le bois fur lequel ils
veulent dorer. Il y a encore d'autres Broffes dont fe
fervent les Vitriers à nettoyer leurs vitres, & les
Ouvriers qui travaillent de ftuc. Ceux-ci en ont
de grandes & de petites. Les Imprimeurs fe fervent
auffi de grandes Broffes, faites de poil de fanglier,
pour laver les formes avec de la leffive, quand elles
font tirées.

On appelle *Broffes* au pluriel, les Bruyeres ou
broffailles des terres incultes, où il vient des plantes
fauvages. Il fe dit auffi du menu bois ou des arbuftes
peu élevés, ou méchantes tailles qui font au bord
de la forêt.

BROU. f. m. Ecorce qui eft fur le coco, comme il y
en a une fur nos noix. Celle du Coco a trois doigts
d'épaiffeur, & on peut mettre fes fibres en corde.
Cela eft caufe que les Siamois n'ayant point de chanvre, font leurs cordages de Brou de coco.

BROUAILLES. f. f. p. Inteftins de poiffons ou de
volailles que vuident les Cuifiniers, lorfqu'ils les
apprêtent pour manger.

BROUHAHA. f. m. Bruit qui s'eleve dans une Affemblée qui affifte à quelque fpectacle, ou qui écoute un difcours public, pour témoigner l'admiration
qu'on a de quelque endroit dont on eft frappé.

BROUILLAMINI. f. m. Terre rouge & vifqueufe,
naturellement feche, & qui a peu d'odeur & de
faveur. Quelques-uns affûrent qu'elle fait un meilleur effet contre le venin que la terre figillée. Il y
en a qui la confondent avec le Bol d'Armenie, prétendant que ce mot s'eft fait par corruption de *Boli
Armenici*. Elle eft d'un affés grand ufage dans la
Medecine, & propre auffi pour les Peintres & pour
les Potiers. Les uns s'en fervent pour attacher l'or
aux ornemens de leurs peintures, & les autres pour
teindre leurs pots en couleur rouge.

Brouillamini eft auffi un mot burlefque pour fignifier quelque chofe d'obfcur & d'embarraffé. *Il y
a là du brouillamini.*

BROUILLER. v. a. *Mettre pêle mêle, mêler.* ACAD.
FR. *Brouiller un cheval*, en termes de Manége,
c'eft en montant un cheval, le mettre hors d'état
de fe bien manier, faute d'être bien uni deffus, ou
de n'être pas le maître de fes jambes. On dit auffi
qu'*Un cheval fe brouille*, lorfqu'étant recherché
pour quelque manége, il fe précipite, fe traverfe,
fe défunit par inquietude, ou parce qu'il a les aides
trop fines.

Brouiller, eft auffi un terme de Plumacier, & fignifie, Mêler enfemble le poil de plufieurs plumes,
dont chacune a une couleur differente.

BROUNISTES. f. m. Heretiques qui ont plufieurs
grandes Affemblées en Hollande, & qui fe font féparés de toutes les autres Eglifes Reformées, les
eftimant corrompues, non pas pour les dogmes de
la Foi, mais pour la forme du gouvernement. Ils
ne condamnent pas moins celui qu'on appelle
Epifcopal, que celui des Presbyteriens, par des

Confiftoires,par des Claffes & par des Synodes. Ce qui les empêche de fe joindre à l'Eglife Catholique, c'eft qu'ils difent que l'on y tolere des pecheurs, avec qui il ne faudroit point communier, & que dans la part.cipation des Sacremens, les bons contractent de l'impureté de la communion des méchans. Ils condamnent la benediction des mariages que font les Miniftres dans les Eglifes, & foûtiennent qu'étant un contrat politique, c'eft au Magiftrat Civil à le confirmer. Ils ne veu'ent point qu'on baptife les enfans de ceux qui ne font point membres de l'Eglife, ou qui negligent de prendre le foin qu'on doit avoir des enfans baptifés, & rejettent tous les foimulaires des prieres. Quant à l'Oraifon Dominicale, ils prétendent qu'elle ne doit point être recitée comme une priere, nous ayant été donnée feulement pour nous fervir de mode.e dans toutes celles que nous prefentons à Dieu.

BROUIR. v. n. Terme d'Agriculture. Il fe dit de la bruine & de la ge ée qui gâte 'es boutons des arbres, des blés & des vignes. Il vient d'un vieux mot François qui fignifioit brû.er.

BROUT. f. m. C'eft la même chofe que Brou. Ecorces vertes des noix qu'on 'aiffe pourrir dans un muid, & que l'on prepare enfuite en les faifant bouillir avec de l'eau, pour mettre le bois en couleur de noyer.

BROUTE', e'e. adj. On appelle Bois broutés ou avortés, Les bois tortus & mal faits, qui n'étant pas de be'e venue, doivent être recepés. On les nomme auffi Bois rabougris & abougris.

BROUTILLES. f. f. p. Menues branches qui reftent dans une forêt après qu'on a retranché le bois de corde. On fait des fagots de ces brouti'les.

BROYE. f. f. inftrument dont on fe fert à la campagne pour rompre le chanvre,afin de e tailler p'us fac'ement. C'eft auffi un terme de Blafon, & il fe dit de certa ns feftons qu'on trouve dans quelques Armoiries pofés en fituations differentes. Le Pere Menêtrier dit que les Ang'ois le nomment Barnacles; que 'a Maifon de Broye 'es a portés par a''ufion à fon nom, & que cel'e de Joinville y ajoûta un chef avec un lion naiffant.

BROYER. v. a. Terme de Peinture. On dit Broyer les couleurs pour dire, les Mettre fur la pierre, & les réduire en poudre avec la mo ette. On y met enfuite de l'huile de noix ou de lin pour les détremper, ou bien de l'eau quand c'eft à détremp. Lorfqu'on les mêle avec le couteau fur la pa ette, cela ne s'appelle pas Broyer, mais Détremper les couleurs, & en faire le mé'ange.

BRU

BRUG. f. m. Vieux mot. Pont. Il a auffi fignifié un Donjon, une Tour. On trouve Brig dans le même fens.

BRUCNE. f. m. Vieux mot. Baudrier.

BRUGNON. f. m. Fruit qui ne quitte point le noyau & dont la peau eft rouge & fort dé'iée. Il tient un peu de 'a Pêche, & de la chair pleine d'eau. Le goût en eft fort exquis. Ce fruit mûrit au mois de Septembre. Quelques-uns difent Brignon.

BRUINE. f. f. Petite p'uye compofée de goutes très-petites. M. Rohaut dit dans fa l'hyfique, que ces goutes font caufées par l'air, qui étant mediocrement échauffé, s'app'ique au-deffous d'une nue fort rare.

BRULOT. f. m. Vaiffeau conftruit du bois des vieux navires, & que l'on fait fort leger, afin qu'il aille

bien à la voile. On le remplit de feux d'artifice & des matieres les p'us combuftib'es; & on s'en fert pour brû'er que'que Vaiffeau ennemi. On l'appelle auffi N vire forcier.

Brulot. Sorte de machine dont fe fervoi nt les Anciens pour lancer des dards. Ils y attachoient une matiere combuftible qu'on allumoit quand on les vou'oit darder.

BRUMAL, ale. adj. On appelle en Aftronomie, Solftice brumal, le Solftice d'hiver qui arrive dans le Capricoine. Il y a auffi des P antes que les Jardiniers appel'ent Brumales, à caufe qu'elles viennent dans l'hiver.

BRUME. f. f. Brouil'ard de mer. On dit fur la mer, que Dans la brume tout le monde eft matelot, parce que dans le tems d'un brouillard épais, chacun dit fon fentiment pour la route.

BRUNETE. f. f. Vieux mot. Drap noir ou obfcur.
Me faut trois quartiers de brunete.

BRUNIR. v. a. Po'ir l'or & l'argent. On fe fert pour cela d'une dent de 'oup ou de chien, ou bien d'un caillou que l'on appelle Pierre de fanguine. On mouille cette pierre dans du vinaigre lorfqu'on brunit l'or fur les autres métaux; mais il faut bien fe garder de la mouiller, non p'us que la dent de loup, quand on brunit l'or en feuilles fur les couches à détrempe. On dit auffi Brunir, en termes de Re ieur, pour dire, Polir la tête, la queue & la tranche d'un livre, à force de frotter deffus avec la dent de chien.

Brunir, eft auffi un terme de Chaffe, & fe dit des Cerfs, qui après qu'ils ont fait tomber aux frayons la peau qui couvre le Revenu, vont aux charbonnieres, ou aux terres rougeâtres, où leurs bois prennent de la couleur & fe teignent.

BRUNISSOIR. f. m. Outil qui fert pour brunir & pour polir. Il eft compofé d'une dent de loup ou de chien, ou d'une pierre fanguine mife au bout d'un manche de fer ou de bois. Il y a auffi des Bruniffoirs d'acier dont plufieurs Ouvriers fe fervent. Les Bruniffoirs des Graveurs en cuivre font longs de fix pouces ou environ. L'un des bouts eft fait en triangle, & tranche des trois côtés, pour ratiffer fur le cuivre, s'il en eft befoin. On appelle ce bout Grattoir; l'autre bout, que l'on nomme Bruniffoir, a la figure d'un cuir, doit la pointe eft allongée, ronde & un peu p'ate. Il fert à polir le cuivre, à réparer les fartes. & à adoucir les traits. Les Serruriers ont auffi des Bruniffoirs. Les uns font droits pour brunir le fer; les autres font croches, & ils s'en fervent pour po'ir les anneaux des clefs. Il y en a d'autres qui font demi ronds, pour étamer avec de l'étain.

BRUNISSURE. f. f. Terme de ●●●●. On s'en fert pour dire, La po iffure des têtes des Cerfs.

BRUSC. f. m. Pointe de Houb!on ou d'Aiglantier. Petit arbr.ffeau,que les Grecs ont appellé Myrracantha, ou Oxymyrfine, qui veut dire, Myrte piquante. Il a les feui'les femblab es à celles du myrthe, mais p'us rudes, plus dures & p'us pointues, & fans nulle odeur. Il porte des bayes rouges, qui étant mûres font rondes, & fortent d'entre les feuilles, ayant au-dedans un noyau fort dur. Il jette de fa racine des branches hautes d'une coudée & fort feui'lues. Ces branches font foup es, mais font ma'aifées à rompre. 'a racine eft un peu amere, & reffemb'e à ce'e du chiendent. Elle eft l'une des cinq racines aperitives majeures,& c'eft la feule partie de cette p'ante dont on fe ferve en Medecine. Le Brufc croît dans les 'ieux incultes & raboteux. Il eft hepatique, & romot 'a pierre, qu'il fait jetter dehors. Les Latins l'appellent Rufcus, & quelques-uns lui donnent le nom de *Petit houx*. On l'appelle auffi *Murina fpina*, à caufe que fes feuilles étant attachées à de la viande, ou à quelque autre mangeaille, pique les fouris, & les empêche de s'en approcher.

BRUTIER. f. m. Oifeau de proye, qu'on ne peut dreffer ni au poing ni au leurre, & qui vit aux champs de toutes fortes de vermines. Quelques-uns le confondent avec le Butor & la Bufe.

BRUYERE. f. f. Arbre femblable au Tamarifc : felon Diofcoride, mais beaucoup moindre, qui jette force branches, & dont la fleur & la feuille appliquée eft un remede contre les piquûres des ferpens. Il dit que le miel que les mouches font de fa fleur n'eft pas en eftime. Pline en parle de la même forte, & ajoûte feulement, qu'elle eft de même couleur & de même feuillage que le Romarin, & que le miel que les mouches font de fes fleurs, eft appelé Ericien, comme étant fait de bruyere, du mot Grec *igan*, qui veut dire Bruyere : car cet arbriffeau fleurit deux fois l'année, au commencement du Printems & en Automne ; & c'eft dans cette derniere faifon que les abeilles cueillent leur miel fur fes fleurs, à caufe qu'elles durent pendant tout l'Automne jufqu'à l'Hiver, & que la Bruyere eft alors la feul plante parmi les forêts, qui en produife. Matthiole dit que la Bruyere en Tofcane eft plus grande que la Bruyere ordinaire, & que ceux du pays l'appellent *Scopa*, à caufe qu'ils en font des balais. Il fait enfuite la defcription d'une plante qu'on trouve dans les montagnes qui bornent le Royaume de Bohême du côté de la Silefie, ayant fes feuilles fort femblables à la Bruyere. Il dit qu'elle produit des grains purpurins de la groffeur de ceux du genevre, tendres, mols, vifqueux par dedans, ayant une chair femblable à la prune, que fes branches font dures comme bois, d'un noir tirant fur le roux, fouples & pliables ; que l'ayant cueillie au mois d'Août, lorfqu'elle n'avoit que fes grains, il ne peut dire comment font faites ces fleurs ; & que n'ayant point d'autre nom à donner à cette Plante, il l'appela *Bruyere Baccifere*. Le même Matthiole affure qu'il a connu plufieurs perfonnes qui ont été gueries de la pierre, & l'ont jettée par petites pieces, en prenant foir & matin pendant trente jours, trois heures avant le repos, l'eau dans laquelle avoit cuit la Bruyere. Il faut prendre cette eau tiéde au poids de cinq onces, & après cela fe baigner fouvent en la décoction de Bruyere, & pendant le bain être affis fur la Bruyere cuite. Galien dit que l'Erica, qui eft la Bruyere, a la vertu de réfoudre par la tranfpiration des pores, & qu'on fert principalement de fes fleurs & de fes feuilles.

Bruyere, eft auffi un nom general qu'on donne, non feulement à plufieurs petites plantes fauvages qui croiffent fans culture dans les terres abandonnées, mais encore à ces mêmes terres incultes où viennent ces méchans arbres. Il y a grande apparence que ce mot vient du vieux mot *Bruyer*, dérivé du Latin *Urere*, pour dire, Brûler, à caufe qu'on brûle les Bruyeres quand on les veut défricher pour en faire des terres à blé.

BUA

BUANDERIE. f. f. Efpece de falle au rès de chauffée, où il y a un fourneau & des cuviers pour faire la leffive. Il s'en trouve dans toutes les Communautés & dans la plûpart des maifons de campagne. En beaucoup de Provinces les Blanchiffeufes s'appellent *Buandieres*.

BUB

BUBERON. f. m. Petit vafe avec un petit goulot, dont on fe fert pour donner à boire aux enfans qui font à la mammelle. Il y en a de grés & de fayence, d'autres de métal. Les Orfévres & Poitiers d'étain appellent auffi *Buberon*, Une maniere de tuyau qui eft dans le vaiffeau qu'ils appellent Vinaigrier. C'eft par où le vinaigre coule quand on en verfe.

BUC

BUCCINATEUR. adj. Les Medecins appellent *Mufcle Buccinateur*, Un des neuf mufcles des levres du mot Latin *Buccina*, Trompette, à caufe que ce mufcle fert à emboucher la trompette.

BUCENTAURE. f. m. Nom d'une maniere de Galion dont fe fert la Seigneurie de Venife, lorfqu'elle fait la ceremonie d'époufer la mer ; ce qu'elle fait tous les ans le jour de l'Afcenfion.

BUCHE. f. m. Efpece de Flibot dont les Hollandois fe fervent pour la pêche du hareng.

BUCHER. f. m. C'eft l'endroit de la cuifine où l'on met le bois.

BOUCHERON. f. m. Celui qui travaille à abattre du bois dans les forêts.

On appelloit ainfi autrefois les Marchands de bois. On voit dans les Regiftres de l'Hôtel de Ville d'Angers qu'on affermoit les amendes des Bouchers, Boulangers, Bucherons & Poiffonniers.

BUCOLIQUE. adj. de tout g. Paftoral, qui appartient aux Pafteurs, dont les principaux font ceux qui ont foin des Bœufs. Les Grecs les appellent *Buxikas*, de *Bus*, qui veut dire Bœuf. On appelle *Bucoliques*, les Eglogues de Virgile, où il fait parler les Bergers.

BUE

BUE'E. f. f. Mot qui eft encore en ufage dans les Provinces pour fignifier *Leffive*. Selon M. Ménage, ce mot vient de *Bucata*, diminutif de *Buca*, qui veut dire, Trou, à caufe que la leffive fe fait par le trou d'une cuve. D'autres le font venir du Latin *Buere*, d'où l'on a fait le vieux mot *Buer*, dont on fe fervoit pour fignifier, faire la leffive, fuivant ces deux vers.

Car quoi, elles filent & buent.
Et de tout l'Hôtel ont la cure.

BUEF. f. m. Vieux mot. Bœuf. On a dit auffi Buës.
BUENS. adj. Vieux mot. Qui eft accommodé à fon aife.

Qui lors étoient riches & buens.

BUF

BUFFET. f. m. Grande table dans un Veftibule ou une falle à manger, avec des gradins en maniere de credence. On y dreffe les vafes, les baffins & les criftaux, tant pour le fervice de la table, que pour faire paroître la magnificence de ceux qui ont ces Buffets. Il y en a qui font renfermés par une baluftrade d'appui. Les Buffets des Cardinaux & des Princes font fous un dais d'étoffe. On appelle *Buffet d'eau*, dans un jardin, Une table de marbre où plufieurs gradins font élevés en pyramides, avec des garnitures de vafes de cuivre doré. Chacun de ces vafes eft formé pour l'eau ; ce qui les fait paroître de criftal garni de vermeil.

On appelle auffi Buffet. La menuiferie d'un jeu d'orgue fur laquelle les tuyaux font pofés. Il y a le

grand

grand Buffet, qui eſt celui du grand jeu, & le *petit Buffet*, que l'on appelle autrement *Poſitif*. C'eſt celui du petit jeu qui eſt au devant du grand.

BUFFETER. v. a. Terme de Fauconnerie. Donner en paſſant contre la tête d'un plus fort, comme contre le Duc, contre l'Aigle, ou contre la tête du lievre, quand on le fait battre aux Oiſeaux. Il ſe dit auſſi des Voituriers, qui percent les tonneaux avec un foret, & appliquent la bouche contre le tonneau, afin d'y boire. Ainſi dans ce ſens *Buffeter* ſignifie, Boire au tonneau. Ce mot, ſelon du Cange, vient de *Buffetagium*. On appelloit ainſi un Impôt mis ſur le vin qui ſe buvoit dans les tavernes, par corruption de *Beuvetage*. Borel dit qu'en vieux langage, *Buffeter quelqu'un*, c'étoit le tourmenter & l'exciter, & qu'on trouve dans une traduction du Nouveau Teſtament, *j'avois un Ange de Satan qui me buffetoit*. Ce mot a pû venir de ce que Buffe ſignifioit autrefois Un ſoufflet, dont il donne pour exemple, *Leur baillant une buffe grande*.

BUFFETEUR. ſ. m. Voiturier qui boit aux tonneaux, en les perçant ſur les grands chemins.

BUFFOY. ſ. m. Vieux mot. Vanité, orgueil.

> *La cointerie & les buffois,*
> *L'envoiſerie & les noblois.*

On a dit auſſi, *Sans buffoi*, pour dire, ſans moquerie.

> *Et qui ſimplement ſans buffoi,*
> *Sans fallace & ſans fiction.*

BUFLE. ſ. m. Animal ſauvage qui reſſemble au bœuf, quoiqu'il ſoit plus long & plus haut. On vient à bout de l'apprivoiſer, & on le fait travailler en divers pays. Il eſt fort maigre, & a le poil court, & très-noir. Il en a peu à la queue, mais beaucoup ſur le devant de la tête, qu'il a petite, en comparaiſon du corps, qui eſt fort gros auſſi-bien que les cuiſſes, qu'il a courtes, & le col gros & long à proportion. Ses cornes ſont noires & larges. Sa peau eſt fort dure, & ſon mugiſſement beaucoup plus horrible que celui du taureau. Il ne ſçauroit voir de l'écarlate qu'il ne ſe mette en fureur. Il ſe trouve force Bufles au Royaume de Congo. Ils ont la peau rouge, & les cornes noires comme de la poix. C'eſt une méchante bête, fort dangereuſe quand une bleſſure l'a miſe en furie. Ainſi quand on chaſſe au Bufle, on a beſoin de choiſir un lieu de ſureté, d'où l'on puiſſe tirer ſur cet animal. On dit que ſon haleine eſt ſi venimeuſe, que ſi un bœuf mange de l'herbe dans l'endroit où le Bufle vient de paître il meurt ſur le champ. Sa chair eſt rude & groſſiere. Les Portugais la coupent par tranches, & la font ſecher pour en nourrir leurs eſclaves.

Les Bufles ſont appellés *Boucles* en termes de Blaſon, à cauſe qu'on les repreſente avec une boucle,

BUG

BUGLE. ſ. m. Vieux mot. Bœuf.

> *Ainſi qu'on fait au Bugle ou au Pourcel.*

C'eſt de là que vient *Bugler* ou *beugler*, pour dire, Mugir.

BUGLOSE. ſ. f. Herbe qui ſe mange, & qui eſt connue de tout le monde. Elle devient haute & fleurit bleu en forme de violette. On l'appelle ainſi des mots Grecs *Bus*, Bœuf, & γλῶσσα, Langue, à cauſe que ſes feuilles ſont ſemblables à une langue de bœuf, tant en leur figure qu'en leur âpreté. Tous les Simpliſtes diſent que la Bourroche des jardins, & qui croît d'elle-même par les champs, eſt le vrai *Bugloſſum* de Dioſcoride, & non la Bugloſe commune, dont les Apoticaires ont accoû-

Tome I.

tumé de ſe ſervir. Matthiole tient que la Bourroche & la Bugloſe ſont differentes en figure & en eſpece, quoiqu'il demeure d'accord qu'il ne s'en faut guere qu'elles n'ayent les mêmes proprietés. Il ajoûte que la feuille de la Bugloſe commune eſt plus grande que celle de la bourroche, qu'elle eſt velue, âpre & chargée de petites épines ; que ſa tige eſt haute d'une coudée & demie, ronde & pareillement épineuſe, d'où ſortent pluſieurs branches qui tendent vers la cime, que ſes fleurs ſont purpurines, & moindres que celles de la bourroche, & qu'elles contiennent une graine noire ; que ſa racine eſt en tout & par tout ſemblable à celle de la bourroche, ſi ce n'eſt que ſon écorce eſt plus groſſe & plus graſſe ; qu'on trouve trois eſpeces de Bugloſe, une qui croît aux jardins, & deux ſauvages ; que celle des jardins a ſes feuilles plus longues & plus larges que celles de la bourroche ; que des ſauvages l'une a les feuilles grandes & porte des fleurs purpurines, & que l'autre a ſes feuilles plus étroites, & ſes fleurs noirâtres. Dioſcoride décrit une *Bugloſe ſauvage*, qui a ſes feuilles fort longues & âpres, un peu menuës, & ſemblables à celles d'Orchanete. Elles ſont rougeâtres, graſſes & ont de petites pointes. Cette plante produit pluſieurs petites tiges minces & menues, & jette d'un côté & d'autre de petites feuilles noires & éparpillées en maniere d'ailes qui ſont fort petites à leur cime. Elle porte des fleurs rouges & incarnates parmi ſes feuilles, & il en ſort une graine noire qui eſt enfermée dans de petites bourſes velues & piquantes. Cette graine eſt ſemblable à une tête de vipere ; ce qui a cauſé que la bugloſe ſauvage a pris le nom d'*Echinum*, à cauſe que les Grecs nomment la Vipere ἔχις. Ce peut être auſſi parce qu'elle eſt un remede pour guerir des morſures de viperes. On la nomme auſſi *Alcibium* ou *Alcibiacum*, d'un certain Alcibius, qui dormant dans une cour, fut mordu au deſſous du genouil par une vipere. S'étant éveillé par la morſure, il prit de la Bugloſe ſauvage, qu'il mâcha, & en avala le jus ; après quoi il mit le marc de cette herbe ſur ſa playe, & fut gueri. La vertu qu'elle a contre les viperes n'étoit point connue auparavant, & Nicander dit qu'on lui donna le nom d'*Alcibium*, à cauſe qu'il fut le premier qui s'en ſervit. Paul Ægineta dit qu'elle n'eſt pas ſeulement bonne pour ceux qui ſont mordus des ſerpens, mais qu'elle empêche qu'ils n'approchent d'une perſonne qui en auroit bû le jus. Quant à la Bugloſe commune, on ſe ſert en Medecine de ſes fleurs & de ſes feuilles, & ſurtout de ſa racine. Cette plante eſt aperitive & cardiaque, & elle incraſſe la bile trop tenuë. Sa fleur eſt miſe au rang des quatre fleurs cordiales communes.

BUGRANE. ſ. f. Plante qui a ſes feuilles menues & petites comme celles des lentilles, & fort ſemblables aux feuilles de la Rue ou du Melilot. C'eſt la même choſe qu'*Arrête-bœuf*. Voyez ARRESTE-BOEUF.

BUH

BUHOTS. ſ. m. Plumes d'oye peintes que les Plumaciers mettent ſur leurs boutiques pour ſervir de montre.

BUI

BUISINE. ſ. f. Vieux mot. Borel dit que ſelon le *Catholicum parvum*, ancien Dictionnaire ; Buiſine veut dire Siſtre : mais il croit que c'eſt une eſpece

T

de hautbois ou une maniere de trompette, comme le dénote ce mot qui vient de *Buccina*, & celui-ci de *bucca* & de *cano*. Il ajoute que *Buisiner* signifioit autrefois, Sonner de la Trompette, & il en rapporte pour exemple ce qui se trouve dans une ancienne version de l'Apocalypse, où il est dit, *Et quand le septième Ange commencera à buisiner*

BUISSON. s. m. Hallier, touffe d'arbrisseaux sauvages, épineux. ACAD. FR. On appelle *Buisson ardent*, un Arbrisseau toûjours vert qui fleurit blanc en Mai : Son fruit est rouge, & demeure sur l'arbre pendant tout l'hiver.

Buisson, en termes de Jardinage, se dit des arbres qu'on a de coûtume de planter dans les bandes des parterres le long des sentiers. On les taille de figure ronde ou quarrée, platte par dessus, ou de telle maniere qu'on le veut.

Buisson-ardent. Voyez PYRACHANTA.

On appelle *Buisson*, Un petit bois de haute futaye ou de taillis. Les Maîtres des Eaux & Forêts donnent aussi ce nom à un bois, lorsqu'il ne contient que trente ou quarante arpens.

Les arbres nains des jardins sont appellés *Arbres en buisson*, à la difference des grands arbres fruitiers, que l'on appelle *A plein vent*.

On dit en termes de Chasse que *Les Cerfs prennent buisson*, pour dire, qu'Ils vont choisir quelque lieu secret pour faire leurs têtes quand ils ont mis bas. Les Chasseurs disent aussi, *Trouver buisson creux*, lorsqu'il arrive qu'on ne trouve rien, ou qu'un Cerf s'en est allé de l'enceinte.

BUISSONNIER. s. m. Office de Ville, ou Garde de la navigation, qui est obligé d'avertir les Echevins des contraventions que l'on fait aux Réglemens. Il doit dresser des procès verbaux de l'état des ponts & des rivieres, des moulins, pertuis, &c.

BUL

BULBE. s. f. Oignon de plante. Il y en a qui produisent des fleurs, comme les Oignons de lis, de narcisse, d'hyacinthes, de tulipes, &c. & d'autres qui servent à la cuisine, & même à la Medecine, comme les poireaux, les oignons & les échalottes. Dioscoride, qui ne fait aucune description des Bulbes, d'où Matthiole infere qu'elles devoient être fort connues des Anciens, dit qu'il y en a une bonne à manger, & que celle qui est amere, & faite comme la squille, est meilleure à l'estomac que les autres. Il parle aussi d'une *Bulbe vomitive*, qui a les feuilles plus souples & beaucoup plus longues que les Bulbes qu'on mange, quoique sa racine soit semblable. Cette racine mangée ou prise en breuvage, guerit les douleurs de la vessie & provoque le vomissement. Matthiole veut que les Bulbes soient aujourd'hui entierement inconnues, & il assure que personne ne lui en a pû trouver une seule plante, qui fût vraie & legitime. Ainsi il met les ciboules & les échalotes au rang des oignons, & non des bulbes; & il se fonde en cela sur l'autorité de Theophraste. Galien dit que la Bulbe qu'on mange est froide & grosse, de difficile digestion; qu'elle engendre un sang gros & visqueux, & que cette Bulbe vomitive est de temperature plus chaude que l'autre.

BULBEUX, EUSE. adj. On appelle *Plantes bulbeuses*, Celles qui ont des racines fibreuses ou ligamenteuses avec des oignons.

BULLE. s. f. *Lettres expediées en parchemin & scellées en plomb*. ACAD. FR. On expedie des Bulles en Espagne pour toutes sortes de Benefices; on

n'en a en France que pour les Evêchés, Abbayes, Dignités & Prieurés Conventuels. La Bulle étoit autrefois un ornement de ceux qui triomphoient, & on la faisoit porter aux jeunes enfans Romains, pour les exciter à la vertu. Quelques-uns font venir *Bulle*, du Grec βουλή, Conseil, à cause qu'on délibére avant que de faire les expeditions. D'autres le dérivent de *Bullare*, Cacheter des lettres; de *Bulla*, Ampoule ou vessie que forme l'eau. On a autrefois appellé *Bulles*, beaucoup de choses faisant bosse, comme les têtes des clous & les marques de plomb que l'on met aux draps; mais surtout les sceaux attachés aux Patentes & Lettres des Princes, & les matrices dont se servoit pour les former, à cause du rapport qu'elles avoient avec ces têtes de clous.

On appelle *Bulle d'Or*, une Ordonnance faite en 1356. par l'Empereur Charles IV. touchant la forme de l'élection des Empereurs. Elle s'observe encore aujourd'hui, & on a nommé cette Ordonnance *Bulle d'Or*, à cause qu'elle est scellée d'un sceau d'or que l'on y a attaché. On se servoit de Bulles d'or chés les Empereurs dès le temps de Louis le Debonnaire, & on en scelloit les Actes de consequence, comme lorsqu'il s'agissoit de concession de Privileges pour les Eglises.

Il y a une *Bulle* appellée *In cœna Domini*, qui se trouve dans la Pratique Beneficiaire de Rebuffe. C'est une Bulle qui contient plusieurs excommunications & cas reservés. On la lit à Rome tous les ans le Jeudi Saint, mais elle n'est pas reçue en France.

BUP

BUPHTALMUM, s. m. Plante que quelques-uns appellent Cachla, & dont les rejettons sont grêles & tendres, & les feuilles semblables au fenouil. Sa fleur est jaune, & plus grande que celle de la Camomille. Elle est faite en maniere d'œil; ce qui a donné le nom à cette Plante, du mot Grec βοῦς, qui veut dire, Bœuf, & de ὀφθαλμός, qui signifie Oeil, Elle croît autour des châteaux, & parmi les champs. Galien dit que le Buphtalmum a ses fleurs semblables à celles de la Camomille, c'est-à-dire, de cette espece de Camomille qui les a jaunes, qu'elles sont plus grandes, plus acres & fort resolutives; de sorte qu'étant incorporées en cerot elles guerissent toutes sortes de tumeurs & de duretés. On tient que si une personne ayant la jaunisse, prenoit de ces fleurs en breuvage au sortir du bain, elles lui rendroient sa couleur accoûtumée.

BUPLEURUM. s. m. Petite plante que Pline dit avoir sa tige d'une coudée, & plusieurs feuilles fort longues. Il ajoute que sa semence est bonne contre les playes que font les serpens. M. de Meuve qui l'appelle *Bupleurus* ou *auricula leporis*, dit qu'elle est toute semblable à l'oreille d'un lievre, d'où elle a pris son nom; qu'elle est chaude, seche, & lithontriptique, & qu'on ne se sert que de ses feuilles en Medecine.

BUPRESTE. s. f. Sorte de Mouches du genre des Cantharides, qui étant mangée par quelque animal puissant, avec l'herbe sous laquelle elle est cachée, les fait enfler & mourir ensuite. Elle a pris son nom de βοῦς, qui veut dire un *Bœuf*, & de πρήθω, qui signifie enflamer. Ceux qui ont avalé des Buprestes ont les mêmes accidens que s'ils avoient avalé des Cantharides. Ils sentent une grande douleur à l'estomac & au ventre, qui leur tirent comme s'ils étoient hydropiques. Ils ont aussi un goût puant & semblable au Nitre. Toute la peau de leur

corps eft bandée & étendue, & il leur arrive fuppreffion d'urine.

BUR

BURAIL. f. m. Efpece de ferge ou de ratine. Il y en a de liffé & de croifé, & un autre d'éotupes.

BURAL. f. m. Sorte de groffe étoffe grife, dont les Capucins & autres Religieux font habillés.

BURATINE. f. f. Efpece de papeline, qu'on paffe fous la calandre. Sa trême eft de groffe laine, & elle a fa chaîne d'une foye fort déliée. Quelquesuns difent *Buratin*. Tous ces mots viennent de *Bu-re*, qui eft une étoffe velue, de couleur rouffe ou grifâtre, que Borel dérive du Grec ωρρος, qui veut dire, Roux ou de bourre. C'eft un poil detaché de la peau de divers animaux; d'où vient qu'on appelle un âne *Bourrique*, à caufe qu'il a un poil de cette nature, & de couleur rouffe ou grisâtre.

BUREAU. f. m. Sorte de table fur laquelle les gens d'affaires ou d'étude écrivent, & qui eft garnie de tiroirs dans lefquels ils enferment leurs papiers.

BURELE', E'E adj. Terme de Blafon. Il fe dit de l'écu rempli de longues liftes de flanc à flanc jufqu'au nombre de dix, douze, ou plus, à nombre égal, & de deux émaux differens *Burfé d'argent & d'azur*, à la bande de gueules, brochant fur le tout.

BURGAU. f. m. Sorte de Limaçon de mer, fort commun dans les mers des Antilles, qui font bordées de rochers. Il y en a de deux fortes. Les uns croiffent quelquefois jufqu'à la groffeur du poing; mais d'ordinaire ils n'excedent pas la moitié. C'eft leur corps que les Ouvriers en nacre tirent cette belle nacre, qu'ils appellent *La Burgandine*, & qui eft plus eftimée que celle des perles. Le dehors de cette coque eft brun, gris, noir & blanc; & quand on lui a ôté toute fa craffe, en la paffant par la meule douce, par l'efprit de vinaigre, de fel, ou de l'eau feconde, elle devient une coquille argentée & entrelaffée de taches d'un noir luifant, d'un vert gris, & d'une grifaille fi luftrée, que tout l'artifice d'un émailieur n'en peut approcher. Le Poiffon qui eft dans cette coque a une écaille ronde, noire, & mince comme une feuille de papier, attachée à fa tête; mais qui eft plus dure & plus forte que de la corne, avec laquelle il a l'adreffe d'en boucher fi bien le trou, qu'on ne l'en fçauroit tirer dehors ni lui faire aucun dommage fans rompre la coque. On l'en tire aifément quand il eft cuit; mais avant que de l'ôter, il faut en ôter un certain boudin amer que l'on dit être fievreux. On ne mange guere que ce qui eft tourné en limaçon. Cela eft rempli d'une maffe verte que quelques-uns croient être fes excremens, & d'autres les herbes qu'il a mangées, & qu'il n'a pas eu encore le tems de digerer. Il y a un autre Burgau plus délicatement ouvragé que le premier. Il eft plat par le deffous, & a un petit trou dentelé qui va depuis le milieu jufqu'au haut de la coque, tout en tournant comme un limaçon. Quoique cette coque foit de la largeur d'un écu blanc, elle n'a qu'un pouce de hauteur. Ce Burgau qui eft coloré de vert au deffus de fa nacre, eft fi artiftement gravé, qu'il eft le plus eftimé de tous ceux qui viennent des Ifles.

BURGRAVE. f. m. Juge & Châtelain de quelque Ville ou de quelque Château en Allemagne. Ce mot eft compofé de *Burg*, qui fignifie Ville ou Bourg, & de *Graven*, qui veut dire, Comte ou Juge. On appelle les *Comtes* en Latin *Comites*, à caufe qu'anciennement la Juftice s'adminiftroit à la

Tome I.

Cour, & que ces Juges accompagnoient toûjours l'Empereur. Après cela, ce même nom fut donné à ceux qui adminiftroient la Juftice dans les Villes & dans les Provinces, parce que les principaux y étoient envoyés de la Cour & de la fuite des Empereurs. Quelques-uns croyent que *Burgrave* en Allemagne, foit ce que nous appellons Viguiers ou Vicomtes, & les Efpagnols *Adelantados*. Il y en a qui difent qu'il y avoir quatre Burgraves; fçavoir de Nuremberg, de Magdebourg, de Strombourg & de Reinek; mais ces deux derniers ne font pas reconnus pour tels, le Château de Strombourg appartenant à l'Electeur Palatin, & Reinek étant venu par droit de fucceffion aux Comtes d'Iffembourg, qui ne prennent pas ce titre. L'Electeur de Brandebourg porte encore celui de Burgrave de Nuremberg. Celui de Magdebourg appartient à l'Electeur de Saxe, qui en porte les armes & le nom. Il y a quelques autres Burgraves, comme ceux de Kirkemberg, de Donau & de Fridberg; mais ils ne font pas égaux aux premiers.

BURIN. f. m. Outil d'acier dont il y a de diverfes fortes, felon les ouvrages qu'on veut faire. On en pouffe la pointe avec la main pour graver fur le cuivre & fur les autres métaux. Les Serruriers ont des Burins, plats, d'autres coulans, qui font quarrés & en lofanges pour graver; & d'autres propres à piquer les rapes. Ils fe fervent des Burins plats pour fendre les panetons des clefs; & c'eft avec ces fortes de Burins, qu'ils coupent & emportent le fer à froid lorfqu'il s'y trouve des grains.

BURON. f. m. Vieux mot, qui vouloit dire autrefois un lieu de retraite. Borel dit qu'il vient de βιων, qui fignifie en Grec *Maifon*. Quelques-uns veulent qu'il vienne de *Boire*, comme qui diroit, *Beuron*, à caufe que le mot de *Buron*, s'appliquoit aux lieux où l'on fe retiroit pour boire & pour manger.

BURSAL, ALE. adj. Qui regarde la bourfe. On appelle *Edit burfal*, un Edit fait pour exiger de l'argent; & *Peine burfale*, une peine pecuniaire qu'on impofe.

BUS

BUSE. f. f. Oifeau de rapine, qui eft de couleur noirâtre, & qu'il eft impoffible de dreffer. Il a toûjours faim, crie inceffamment, dépeuple les Garennes, & mange les poules & les poiffons.

BUSETE. f. f. Vieux mot. Cornet, de *Buccina*.
Pythagoras oncques n'organifa,
Diapente de fi douces bufetes.

BUST. f. m. Terme de Blafon. Image d'une tête avec la poitrine, mais fans bras. Quelques-unes difent *Bus*. On dit *Bufte*, dans le langage ordinaire, & c'eft une figure de Sculpture en plein relief, qui reprefente feulement le vifage & les épaules. Il fe dit auffi du tronc du corps d'un homme, depuis le col jufqu'aux épaules. M. Ménage fait venir ce mot de *Bufo* ou *Bufque*, à caufe que les femmes ont leurs bufcs en cet endroit du corps, que les Italiens appellent *Bufto*. Quelques-uns le dérivent de *Bruft*, qui en Allemand veut dire *Eftomach*. En parlant d'une Antique, on dit que *La tête eft de marbre, & le bufte de bronze, ou de porphire*. On entend alors par ce mot de bufte, les épaules & l'eftomach.

BUT

BUTE. f. f. Il fe dit en termes de Blafon du fer dont les Maréchaux fe fervent pour couper la corne des chevaux. Le Pere Meneftrier dit que la Maifon de Butet en Savoye en porte trois en poignée.

T ij

On appelle aussi *Bute* , le Jeu des Chevaliers de l'arquebuse. Il se dit encore de la maison où ils tirent. *Poudre de bute* est de la poudre à canon fort fine , dont ceux qui tirent au blanc pour le prix , se servent à charger leurs arquebuses ; ce qu'ils font ordinairement sur une bute qui est un lieu un peu élevé.

BUTE'E s. f. Terme de Maçonnerie. Massif de pierre dure , qui aux deux extrémités d'un pont soûtient la chaussée , & resiste à la poussée des arcades. On l'appelle aussi *Bute* & *Culée*.

BUTER. v. a. Contretenir , empêcher la poussée d'un mur , ou l'écartement d'une voûte , par le moyen d'un arc ou pilier butant. On dit *Buter un arbre* , quand après qu'on l'a planté à demeure , on l'assûre avec des motes de terre autour de son pié , pour l'entretenir à plomb jusqu'à ce que la terre se soit affermie en s'affaissant.

BUTIERE. s. f. Sorte d'arquebuse qui ne differe des autres qu'en ce qu'elle est plus grande & plus pesante. Les Chevaliers de l'arquebuse s'en servent pour tirer l'oiseau.

BUTIREUX , EUSE ; adj. On appelle dans le lait *Partie butireuse* , La partie grasse dont se fait le beurre.

BUTOR. s. m. Gros oiseau qui est une espece de Heron ; poltron & faineant , & qui a les plumes rouanées , & marquetées de taches brunes par le travers. Celles dont son col est entouré sont pâles , distinguées de taches noires , & il en a de noires au haut de sa tête. Son bec est droit & long de quatre doigts , gros comme le doigt ; tranchant par les bords & pointu par le bout. La couleur en est entre-cendrée & plombée. Son col est long d'un pié & demi , & il a les ailes grandes , chacune desquelles est formée de vingt-quatre grosses plumes. Ses jambes qui sont longues de deux piés participent du jaune & du plombé , & sa queue est courte. Il a de grands doigts aux piés , les ongles noirs & grands , & sur-tout l'érgot qui est le plus long. On l'appelle *Bos Taurus* , à cause que quand il met son bec dans l'eau ou dans la boue , il fait un bruit qu'on entend de demi-lieue , & qui est pareille au mugissement d'un Taureau. C'est de là que lui est venu le nom de *Butor*. Quand cet oiseau attaque quelqu'un il tâche de lui crever les yeux.

BUTTE' , E'E. adj. On appelle *Chien butté* , en termes de Chasse , Un chien à qui la jointure des jambes de devant grossit.

BUTURE. s. f. Terme de Chasse. Grosseur qui arrive à la jointure au dessus du pié du chien. On se sert de ce terme quand cette jointure grossit tellement , qu'il lui tombe des glaires qui font qu'il devient boiteux. Les pointures d'épine leur causent souvent ce mal.

BUV

BUVEAU. s. m. Instrument qui ressemble à une équerre , mais dont les branches se ferment & s'ouvrent comme on veut , pour prendre & tracer des angles de toutes sortes, au lieu que les branches de l'équerre sont immobiles , & à droite ligne; ce qui n'est pas dans le Buveau , qui les a quelquefois bombées & d'une forme ronde. Quelquefois aussi l'une est droite & l'autre bombée. D'autres fois ces branches sont courbées ou creuses en dedans , & d'autres fois il n'y en a qu'une qui soit courbée & creuse , ou même la moitié d'une. On l'appelle aussi *Beveau*.

BUY

BUY. adj. Vieux mot. Vuide.

BUYE. s. f. Vieux mot. Cruche ou vaisseau à mettre de l'eau. On dit aussi *Buire*.

C

AAOBETINGA. f. f. Petite herbe qui fe trouve au Brefil, & dont les feuilles, qu'elle jette en petit nombre de la racine même, font blanchâtres par deffous & vertes par deffus. Elle porte de petites fleurs comme noifettes, & fes racines & fes feuilles pilées fervent à confolider les playes. Si on met les feuilles entieres fur les bleffures, elles s'y attachent fortement.

CAAROBA. f. f. Arbre fort commun dans les Indes Occidentales, dont les feuilles quelque peu mâchées guerifent les puftules de verole fi on les applique deffus. On tient que le bois de l'arbre a la même vertu contre cette maladie, qu'a la racine de la Chine. On emploie fes fleurs à compofer une conferve pour le même ufage.

CAB

CABALE. f. f. Science fecrette que les Hebreux prétendent avoir par tradition & revelation divine, & par laquelle ils expliquent tous les mifteres de l'ancienne Loi, les fecrets du nom ineffable de Dieu, les Hierarchies céleftes, la fcience des Nombres, &c. On la divife ordinairement en quatre fortes de claffes, qui font autant de differentes manieres d'expliquer l'Hebreu. La premiere, explique toutes chofes par les nombres. La feconde, eft la maniere de feindre toutes les lettres d'un mot comme autant de capitales, comme nous voyons les quatre lettres du titre de la Croix J. N. R. J. La troifiéme, confifte à changer l'ordre des lettres des mots, & la quatriéme à ôter certaines lettres pour en fubftituer d'autres, & expliquer des mifteres inconnus. Les Cabaliftes divifent encore leur fcience en Theoretique & en pratique. La premiere n'eft autre chofe que la fpeculation & la recherche de ces mifteres: & l'autre comprend les Talifmans, la connoiffance des Aftres, la pierre philofophale, & peut-être la Magie, dans laquelle tombent plufieurs Juifs entêtés de Cabale, lorfqu'ils abufent du nom de Dieu & des Anges pour faire des chofes qui paffent le pouvoir de la nature. L'origine de la Cabale paroît venir de la philofophie de Pythagore & de Platon, compilée avec le Judaïfme, par quelques Juifs qui ont répandu fur le tout une infinité de rêveries où la fuperftition & l'oifiveté les ont plongés. Ces fuperftitions cabaliftiques trouvoient aifément du credit chés les Heretiques des premiers fiecles, dont les Valentiniens, & les Bafilidiens étoient du nombre. On voit encore des Agathes de ces derniers avec des medailles gravées de figures hieroglifiques, qui ont beaucoup de rapport aux Talifmans des Juifs. Il y a auffi de leur façon de ces figures, appellées Amuletum en Latin, que l'on eftimoit un remede préfervatif contre toutes fortes de maux, mais particuliere-

ment contre les enchantemens, en l'attachant au cou des enfans, & même des animaux. Le mot de Cabale eft tiré de l'Hebreu Kibbel, qui veut dire, Traditions; de forte qu'on peut dire en general des Cabaliftes, que ce font gens qui fe font principalement attachés à la tradition des Anciens, ou plûtôt à la fecrette & obfcure fcience des Juifs.

CABANE. f. f. Terme de Marine. Petit logement de planches pratiqué à l'arriere ou le long des côtés d'un Vaiffeau, pour coucher les Pilotes & autres Officiers. Ce petit réduit eft long de fix piés, & large de deux & demi, & comme il n'en a que trois de hauteur, on n'y peut être debout.

On appelle auffi, Cabane, un Bateau couvert & à fond plat, avec lequel on navige fur la riviere de Loire. M. Ménage dit, que ce mot vient de Capanna, dont les Italiens fe fervent, pour fignifier une logette couverte de chaume, & qu'ils ont pris du Grec καπάνη, qui veut dire Creche.

Les Bateliers appellent auffi Cabane, des cerceaux pliés en forme d'arc, & couverts d'une toile que l'on nomme Banne.

On appelle Cabane de Berger, Une maniere de petite chambre faite de planches, que l'on fait aller d'un lieu à l'autre par le moyen de quatre roulettes qui la foûtiennent.

CABASSER. v. a. Vieux mot, du Grec κόψις, que Suidas a employé, pour dire, Celui qui trompe par fes fineffes.

Journellement chacun fon cas pourchaffe,
Noifes y font, on y trompe & cabaffe.

CABARET. f. m. Petite plante, qui croît dans des lieux montagneux couverts de bois, auprès des Noiferiers; & qui, quoiqu'elle foit toûjours verdoyante, ne laiffe pas de jetter au Printems de nouvelles feuilles avec de petites fleurs. Voyez ASARUM.

CABASSET. f. m. Vieux mot qui fignifioit autrefois Cafque, & que Borel dérive de l'Hebreu Coba, qui veut dire la même chofe. C'eft delà, dit-il, que vient Cabas, qui eft un panier de jonc où l'on met des figues, parce qu'il a la même figure, & eft fait comme une coëffe. Il peut auffi venir de Cab, qui fignifie Tête en Languedoc; d'où l'on a dit Cabeffal, qui eft un torchon qu'on met fur fa tête, pour foûtenir les fardeaux que l'on y porte. Il y a grande apparence que tous ces mots viennent de Caput, qui veut dire Tête en Latin, & qui a fait le mot de Cabeça Efpagnol, pour fignifier la même chofe.

CABAT. f. m. Vieux mot qui fignifioit une certaine mefure de blé. Il vient du Grec κάβος, qui veut dire la même chofe, & qu'Hefychius explique auffi pour une mefure de vin.

CABESTAN. f. m. Terme de Marine. Machine de bois reliée de fer, faite en forme d'effieu ou de pivot pofé perpendiculairement fur le pont d'un Vaiffeau, & que des barres de bois paffées en travers par le haut de l'effieu, font tourner en rond. Ces barres étant conduites à force de bras, font rouler autour de cet essieu un cable, au bout duquel sont attachés les gros fardeaux qu'on veut enlever. L'usage ordinaire du Cabestan est de tirer l'ancre du fond de la mer pour la remettre en la place qui lui est destinée dans le Vaisseau.

On appelle *Cabestan double*, Celui où l'on peut doubler les forces pour travailler; ce qu'on fait en mettant des gens sur les deux ponts pour les faire virer. Il est posé sur le premier pont entre le grand mât & l'écoutille des vivres vers l'artimon, & s'éleve jusqu'à quatre ou cinq piés de hauteur au-dessus du second pont. C'est sur ce second pont qu'est posé le Cabestan simple, entre la grande écoutille & l'écoutille de la fosse aux cables. Il sert à faire isser les mâts des hunes & les grandes voiles, où l'on n'a pas besoin de tant de forces qu'il en faut pour élever les ancres.

On appelle *Cabestan à l'Angloise*, Celui où l'on n'emploie que des demi-barres, & qui à cause de cela n'est percé qu'à moitié. Il est plus renflé que les Cabestans ordinaires. Il y a aussi un *Cabestan volant*. C'est celui qu'on peut transporter d'un lieu à un autre. On dit *Virer au Cabestan, pousser au Cabestan*, pour dire Faire jouer le Cabestan.

On dit aussi, *Envoyer les Pages au Cabestan*, pour dire, Ordonner que les garçons du Vaisseau qui ont commis quelque faute, aillent au lieu où ils doivent être châtiés.

CABILLE. s. f. Troupe, ou manière de Tribu, comme parmi les Bangebres & les Beduins dans l'Arabie, & parmi les Arabes, qui vivent par Cabilles, c'est-à-dire, par tribus, par troupes.

CABILLOTS. s. m. p. Terme de Marine. Petits bouts de bois qu'on met au bout de plusieurs herses qui tiennent aux grands haubans. Leur usage est de tenir certaines poulies du vaisseau. On appelle aussi *Cabillots*, de petites chevilles de bois qui tiennent aux choquets avec une ligne, & qui servent à tenir la balancine de vergue de hune, quand les perroquets sont serrés.

CABINET. s. m. Ce mot dans son usage ordinaire se prend ou pour une armoire à serrer tout ce qu'on veut, ou pour une petite pièce d'un appartement dont on se sert à plusieurs usages. On appelle *Cabinet de tableaux*, une pièce ornée de tableaux de bons maîtres qui y sont rangés avec symmetrie, & accompagnés de plusieurs curiosités, bustes, & figures de bronze ou de marbre. Cette pièce est toûjours au bout d'un appartement, & il y en a quelquefois plusieurs de suite qu'on appelle toutes ensemble *Cabinet ou galerie*. *Cabinet de glaces*, est un Cabinet, qui a pour ornement principal un lambris de revêtement fait de miroirs qui multiplient les objets en réfléchissant, & augmentent la lumière. *Cabinet de marqueterie*, n'est qu'une armoire en manière de buffet que l'on met pour ornement dans les beaux appartemens. Ces sortes de Cabinets ont une décoration d'Architecture, étant faits avec colomnes, pilastres, termes & semblables ornemens de bois de differentes couleurs, de pierres de rapport, lapis, Agathes & autres.

Les jardins ont aussi leurs Cabinets, mais ce qu'on appelle proprement *Cabinet de jardin*, est un petit bâtiment isolé en forme de pavillon. Il doit être ouvert de tous côtés, & c'est où l'on se retire pour prendre le frais. On appelle *Cabinet de treillage*, un petit Berceau quarré, rond ou à pans, composé de barreaux de fer maillé d'échalas, & couvert de chevrefeuille; & *Cabinet de verdure*, une autre manière de Berceau qui n'est fait que par des branches d'arbres entrelassées les unes dans les autres.

Cabinet d'orgues. Petite orgue portative. C'est une

espèce de positif composé, dont le nombre des jeux est reglé par la volonté du maître.

CABLE. s. m. Grosse corde faite de trois hansieres dont chacune a trois tourons. Il sert à tenir un Vaisseau en rade ou en quelque autre lieu. On appelle aussi *Cable*, les Cordes qui servent à remonter les bateaux, & à élever de gros fardeaux dans les bâtimens par le moyen des poulies. Il y a ordinairement quatre Cables dans les grands Vaisseaux, & le plus gros s'appelle *Maistre Cable*. Ce *maistre Cable* étant long de six-vingts brasses, cela est cause que le mot de *Cable* se prend aussi pour cette mesure; de sorte que quand on dit qu'*On mouilla à deux, à trois cables d'un autre Vaisseau*, on veut dire à deux cents quarante, ou à trois cents soixante brasses de ce Vaisseau. On dit *Couper, tailler le Cable*, pour dire, Le couper à coups de hache sur l'écubier, & abandonner l'ancre afin de mettre plus vîte à la voile, soit pour éviter d'être surpris du gros tems, soit dans le dessein de chasser sur l'ennemi. On dit *Bitter le Cable*, pour dire, Le rouler & l'arrêter autour des bittes. *Louer au Cable*, C'est le mettre en rond en maniere de cerceau, pour le tenir prêt à le filer & en donner ce qu'il faut pour la commodité du mouillage. On dit aussi, *Donner le Cable à un Vaisseau*, pour dire, Secourir un Vaisseau qui est incommodé ou pesant à la voile, ce qu'on fait en le touant, ou en le remorquant par l'arriere d'un autre Vaisseau. On dit encore, que *Les Cables ont un demi-tour ou un tour*, lorsqu'un Vaisseau qui est mouillé & affourché a fait un tour ou deux, en obéissant au vent ou au courant de la mer, en sorte qu'il ait croisé ou cordonné près des écubiers les cables qui les tiennent. On dit encore, qu'*Un Cable apique*, lorsque le Vaisseau approchant de l'ancre qui est mouillée, le Cable commence à se roidir, pour être à pic, c'est-à-dire, perpendiculaire.

CABLE', E'E. adj. Terme de Blason. Il se dit d'une croix faite de cordes ou de Cables tortillés. Le mot de *Cable*, selon Nicod, vient de l'Hebreu *Chebel*, ou de son pluriel *Chebalim*, qui veut dire, corde. Du Cange, le dérive de l'Arabe *Habl*, qui veut dire aussi Corde, ou de *Habala* Lier. D'autres le font venir de *Capulum*, que M. Ménage croit avoir été dit pour *Cabulum*, venu du Grec κάμιλος *Funis*, Corde, *quod eo indomita jumenta comprehendantur*.

CABLEAU. s. m. Quelques-uns se servent de ce mot pour dire le diminutif d'un cable, c'est-à-dire, la corde qui sert ordinairement d'amarre à la Chaloupe d'un Vaisseau.

CABLER. v. a. Terme de Cordier. Assembler plusieurs fils & les tortiller afin de n'en faire qu'une corde. *Cabler de la ficelle*.

CABOCHE. s. f. Vieux clou à tête, tel que ceux qu'on tire des piés des chevaux quand ils sont usés, & qu'ils ne peuvent plus servir. C'est aussi cette sorte de petit clou à tête que les Porteurs de chaise font mettre sous leurs souliers, afin que cela les empêche de glisser en marchant sur le pavé.

CABOCHIENS. s. m. On nomma ainsi certains Mutins de Paris, du tems de Charles VI. du nom d'un Boucher appellé *Caboche*, qui étoit leur chef. On les appella aussi *Caboches*.

CABOCHON. s. m. Terme de Jouaillier. Pierre précieuse qui n'est que polie, & qu'on a encore laissée telle qu'elle étoit quand on l'a trouvée, c'est-à-dire, à laquelle on a seulement ôté ce qu'elle avoit de brut, sans lui avoir donné aucune figure particuliere. On dit sur-tout, *Rubis Cabochon*.

CABOTER. v. n. Aller de port en port, naviger le long des côtes.

CAB CAC

CABRE. f. f. On appelle *Cabres*, en termes de Marine, de gros Boutons ronds, joints par le haut, & posés proche les apoftis aux extrêmités du côté d'une Galere.

CABRER. v. n. Terme de Manége. On dit, *Faire cabrer un cheval*, pour dire, Faire qu'un cheval fe leve tout haut fur les piés de derriere, comme s'il alloit fe renverfer. Cela arrive aux chevaux fougueux ou vicieux quand on leur tire trop la bride.

CABRIL. f. m. Le petit d'une Chévre. Quelques-uns donnent auffi ce nom à un jeune Chevreau.

CABRIONS. f. m. p. Pieces de bois qu'on met derriere les affûts des canons quand la mer eft groffe, afin d'empêcher qu'ils ne brifent leurs bragues & leurs palans.

CABRON. f. m. Peau d'une jeune Chévre ou d'un Cabril. Ce cuir eft propre à faire des gans.

CABUIA. f. m. Herbe qui croît aux Indes Occidentales dans la Province de Panama. Ses feuilles reffemblent au chardon ou à l'Iris, quoique plus larges, plus épaiffes & plus vertes. Les Sauvages font des cordes de cette herbe, & du filet affés beau & fort. Ils la font rouir fous l'eau des ruiffeaux pendant quelques jours, & l'ayant fait enfuite fecher au Soleil, ils la froiffent avec un bâton jufqu'à ce qu'il n'y demeure que le feul brin, comme au lin, après quoi ils le filent ou tordent en corde. Ces filets font fi forts, qu'en les tirant & retirant, ainfi qu'une fcie, fur des chaînes de fer, ils viennent à bout de les couper; ils mettent feulement du fable fort fin deffus.

CAC

CACALIA. f. f. Sorte d'herbe qui croît aux montagnes, & que Diofcoride dit produire de grandes feuilles blanches, du milieu defquelles fort une tige droite & blanche, qui porte une fleur femblable à celle du Rouvre ou de l'Olivier. Il rapporte les proprietés de cette herbe, dont Galien parle fous le nom de Cancanum. Quelques-uns l'appellent *Leontica*. Pline dit que c'eft une graine qui reffemble à de petites perles,& qui fe trouve dans les montagnes parmi de grandes feuilles. Matthiole avoue qu'il n'en a jamais vû, quoiqu'il l'ait fort fouvent cherchée dans les lieux où elle doit croître.

CACAOYER. f. m. Arbre qui croît dans les Indes Occidentales & qui produit le Chocolat, & que les Efpagnols nomment *Cacao*. Cet arbre eft de la hauteur d'un Cerifier, & en approche pour la reffemblance. Son fruit eft une certaine gouffe qui croît en fon tronc de la groffeur d'un concombre, & qui eft fait de la même forte, fi ce n'eft qu'il commence & finit en pointe. Le dedans de cette gouffe, qui a un demidoigt d'épaiffeur, forme un tiffu de fibres blanches & fort fucculentes, un peu acide, & fort bon à étancher la foif. Dans le milieu de ces fibres font dix ou douze & jufqu'à quatorze grains, gros comme le pouce. Leur couleur eft violette, & ils font fecs comme un gland de chêne. Il y a une petite écorce qui couvre ce grain; & lorfqu'il eft ouvert, il n'eft pas comme les amandes qui fe féparent en deux. Il fe divife en cinq ou fix petites pieces qui font jointes ensemble inégalement. Au milieu de ces pieces fe trouve un petit pignon qui a le germe fort tendre & fort difficile à conferver; & c'eft de cette femence que les Efpagnols font le Chocolat. Le commerce qu'ils en font eft fi confiderable, qu'il y en a qui tirent plus de vingt mille écus tous les ans d'un feul jardin planté de ces arbres. Quand ils veulent avoir de la femence pour les produire, ils laiffent mûrir & fecher parfaitement les gouffes qui la contiennent, & qui étant vertes en croiffant deviennent jaunes quand elles mûriffent; après quoi ils ôtent la femence de ces gouffes, & la font fecher à l'ombre avec un grand foin. Lorfqu'elle eft feche, ils préparent un carreau de terre, & y plantent les grains de Cacao diftans un peu l'un de l'autre. Comme l'ardeur du Soleil leur pourroit nuire,ils entourent & couvrent de palmiftes ce carreau de terre pendant le jour, & le laiffent découvert pendant la nuit, afin que la rofée humecte la terre. Ils continuent d'en ufer ainfi jufqu'à ce que cette femence ait produit de petits arbres de la hauteur de deux piés. Pendant qu'ils parviennent à cette hauteur, on prépare un autre lieu au bord de quelque riviere dans un pays plat & humide, pour y tranfplanter ces arbres. Non feulement la terre en doit être bonne, mais il faut auffi qu'elle foit un peu mêlée de fable. Ce lieu étant préparé de cette forte, on y plante des rangées de Bananiers, à la même diftance l'une de l'autre qu'on veut qu'il y ait entre chaque Cacaoyer. Ces Bananiers n'ont pas plûtôt pris racine, qu'on plante un arbre de Cacao au pié de chacun, & cela fe fait afin d'empêcher l'ardeur du Soleil de nuire à ces petits arbres, qui étant trop tendres & trop délicats pour la fouffrir, en font préfervés par l'ombre que jettent les Bananiers. Lorfqu'ils ont la groffeur du bras ou environ, ce qui arrive au plûtard deux ans après qu'on les a plantés, on arrache tous les Bananiers, pour laiffer les Cacaoyers feuls, & ils rapportent ordinairement du fruit deux fois l'année, fçavoir dans le mois de Mars & dans le mois de Septembre. Les Efpagnols font un grand commerce de cette femence de Cacao, qui eft fi précieufe, qu'on s'en fert au lieu de monnoye en plufieurs endroits de l'Amerique. On en donne douze à quatorze grains pour une Reale d'Efpagne.

CACHE. f. f. Lieu où l'on met les chofes que l'on ne veut point que l'on trouve. Les Serruriers appellent *Cache-entrée d'une ferrure*, Une petite piece de fer qui couvre l'entrée.

CACHIER. v. a. Vieux mot. Chaffer.

CACHOU. f. m. Suc d'un arbre des Indes que ceux du Brefil appellent Bajous, & qui eft grand comme un grenadier. Sa feuille eft d'un verd clair & fa fleur blanche & prefque femblable à celle de l'Oranger. Le fruit qu'il porte a le même nom que l'arbre, & la propriété qu'il a d'être bon à l'eftomac le fait eftimer. Il eft fort jaune, de bonne fenteur, fpongieux au-dedans, plein d'un fuc douceâtre & aftringent, & a la forme d'une groffe pomme. Il croît deux fois en un an au Royaume de Cochin, & ce n'eft que dans les jardins qu'on le cultive. On coupe le bois de cet arbre en petits morceaux que l'on fait bouillir, & l'eau dans laquelle bout ce bois s'étant épaiffie, forme une efpece de gomme qu'on feche & qu'on envoie en Europe. On l'y met en petits grains après y avoir mêlé du mufc & de l'ambre, & c'eft ce qu'on appelle *Cachou*. Ces grains fervent à parfumer l'haleine. Quant au vrai Cachou,il eft bon pour les dents & l'eftomac.

CACHRYS. f. m. Fruit d'une certaine efpece de Romarin, felon Diofcoride. Les Grecs l'appellent indifferemment καχρυς & χρυχρυς. Il a une vertu chaude & defficative, ce qui le fait employer aux médicamens abfterfifs. On l'applique fur le front contre les fluxions des yeux, mais il faut l'ôter le troifiéme jour. Matthiole dit que *Cachrys* ne fignifie pas feulement la graine de Romarin, mais auffi les chatons des arbres qui ne peuvent être appellés proprement ni feuilles ni fleurs, & qui toutefois précedent le fruit, & tombent quand il vient, comme on le peut voir aux Coudres & aux Noisettiers, qui ont des chattons semblables au poivre noir, aux Noyers & aux Chênes.

CACIQUE. f. m. Nom general que donnent les Espagnols à tous les Princes & Seigneurs de toutes les terres de l'Amerique. Les Chefs des Tartares vagabonds s'appellent aussi *Caciques*.

CACOZELE. f. m. Terme dont on s'est servi pour signifier, un Zele indiscret & hors de saison. Il n'est plus guere en usage. Il vient du Grec *κακος*, Méchant, & de *ζηλος*, qui outre Emulation & jalousie, veut dire, Une affection ardente pour ce qui regarde le culte divin.

CACUMINE. f. m. Vieux mot. Sommité, du Latin *Cacumen*.

> *Cantharides faulce vermine*
> *Habitent en la cacumine*
> *Des frênes dessus la prairie.*

CAD

CADASTRE. f. m. Registre public où l'on écrit ce que chacun doit pour sa taille dans les Provinces où elle est réelle. Ragueau le dérive de *Capitularium*, comme si on avoit dû appeler ce livre *Capdastre*. M. Ménage le fait venir de *Catasto*, mot Italien, & de *àvattare*, qui doit avoir été fait de *ad* & de *quotus*, parce qu'il sert à quotiser. Borel dit qu'il vient de *Cadun*, qui veut dire, Chacun en Languedoc, qui est le *Cada uno* des Espagnols, parce que c'est la quotité de chacun. Il fait remarquer qu'anciennement la taille & les Cadastres ne s'écrivoient que sur des verges ou pieces de bois marquées avec un couteau, comme les tailles qu'on fait aujourd'hui avec les Boulangers & les Cabaretiers, qui sont deux morceaux de bois divisés également. L'Acheteur & le Vendeur gardent chacun une de ces pieces, & ils les rassemblent quand ils y veulent faire de nouvelles marques. Comme cela est entaillé avec un couteau, on l'appelle Taille. Il ajoûte qu'en certains Villages de Languedoc il y a encore de grosses pieces de bois appellées *Songs*, c'est-à-dire, Souchés, qui servent de Cadastres, & qu'il a fallu une charrette pour les porter à Montpellier, à cause de quelques procès intentés à la Chambre des Comptes.

CADEAU. f. m. Grand trait de plume & hardi que font les Maîtres Ecrivains pour servir d'ornement aux exemples qu'ils donnent à leurs Ecoliers. On le dit aussi des figures qu'on forme quelquefois en badinant avec une baguette sur des cendres ou sur du sable. M. Ménage fait venir ce mot de *Catillum*, qu'on a fait de *Catena*, Chaine. Il y en a qui le dérivent de *Caducée*, à cause qu'on se sert d'une baguette pour faire des traits sur le sable.

CADELER. v. a. Vieux mot. Conduire. Il s'est dit des Baillis & Sénéchaux qui conduisoient les Troupes de leurs Sénéchaussées.

> *Et mande à Alexandre qu'il cadele les gris.*

On a dit aussi *Chadeler*.

> *La vertu de Dieu les chadele & guie.*

CADENAS. f. m. Espece de serrure portative qu'on applique à des portes, à des coffres, à des valises & à d'autres choses. Elle est enfermée dans des boules ou plaques de fer, & a un anneau par lequel on peut l'accrocher dans d'autres anneaux ou chaines de fer; ce qui fait que ce mot vient de *Catenacium*, ou de l'Italien *Catenaccio*, Petite chaine. Il y en a qui écrivent *Cadenat*. On fait des cadenas en rond, en cœur, en triangle & en écusson.

On en fait aussi de plats, de quarrés, en forme de gland & en baluftre. Les ronds sont les plus communs.

Cadenas, est aussi une espece de coffret d'or ou de vermeil doré, où l'on met la cueiller, la fourchette & le couteau, & que l'on sert à la table du Roi, des Princes & des Ducs & Pairs. L'un des côtés en est retroussé & élevé de deux doigts, & il y a un couvercle qui sert à mettre du sel, du sucre & du poivre.

CADENCE. f. f. Terme de Musique. Il se dit d'une espece de conclusion de chant qui se fait de toutes les parties ensemble en divers endroits de chaque Piece. Toute cadence se fait en deux tems. On appelle *Cadence parfaite*, celle dont le premier tems est une quinte ou une tierce majeure, & le second une octave ou un Unisson, le Dessus procedant par degrés conjoints, & la Basse descendant par une Quinte. Comme elle contente mieux l'oreille que les autres, cela lui a fait donner le nom de *Parfaite*. On s'en sert principalement sur la fin de la Piece. Il y a une autre espece de *Cadence parfaite*, qui l'est pourtant moins que cette premiere. C'est quand le premier tems est une Sixte majeure, & le second une Octave; les deux parties procedant par degrés conjoints & par mouvement contraire. On l'emploie fort rarement pour finir tout-à-fait la Piece. La *Cadence imparfaite*, appellée ainsi à cause que l'oreille, au lieu d'acquiescer à cette sorte de conclusion, attend encore que l'on continue le chant, est quand le dernier tems n'est pas à l'Octave ni à l'Unisson, mais à la Sixte ou à la Tierce; ce qui se fait quand la Basse, au lieu de descendre par la Quinte, ne se fait que par la Tierce, ou quand en descendant par la Quinte, ou en montant par la Quarte, elle fait que le Dessus une Octave au premier tems, & une Tierce majeure au second. On appelle *Cadence rompue*, quand la Basse monte d'une seconde, mineure ou majeure, au lieu de descendre à la Quinte, où l'oreille l'attend; & *Cadence suspendue*, quand les deux parties demeurent à la Quinte sans achever la cadence.

Cadence, se dit aussi en termes de danse, lorsqu'en dansant, les pas & mouvemens du corps suivent les notes & les mesures des Instrumens, de sorte que la Cadence est à la fin d'un tems ou d'une mesure. Ainsi on dit, *Entrer en cadence, sortir de cadence*, pour dire, Suivre, ou ne pas suivre les mouvemens marqués par le violon. *Cadence* vient du Latin *Cadere*, Cheoir.

Cadence. Terme de Manége. Proportion & mesure égale qu'un cheval dressé doit garder dans tous ses mouvemens, lorsqu'il manie avec justesse au galop, ou terre à terre & dans les airs. Ainsi on dit qu'*Un cheval manie toûjours la même cadence, qu'il suit sa cadence, entretient sa cadence, n'interrompt point sa cadence, ne change point sa cadence*, pour dire qu'Il observe regulierement son terrain, en sorte qu'un de ses tems n'en embrasse pas plus que l'autre, & que ses mouvemens se soûtiennent toûjours également.

CADENE. f. f. On appelle en termes de mer, *Cadene de hauban*, Une chaine de fer au bout de laquelle on met un cap de mouton pour servir à rider les haubans.

CADI. f. Nom qu'on donne aux Juges parmi les Turcs.

CADIS. f. m. C'est une non valeur des droits du Roi par l'insolvabilité des cottises ou la faculté des Receveurs.

CADMIE, ou *Calamine*. Il y en a de deux sortes,

la

la naturelle & l'artificielle. La Cadmie naturelle, que les Allemans appellent *Pierre Calaminaire*, est une pierre fort peu dure, de couleur jaunâtre, & qui rend une fumée jaune quand on la brûle. Elle fond facilement avec l'airain, auquel les Fondeurs l'ajoûtent pour en faire le laiton. On la trouve en Allemagne & en Italie proche les mines de plomb. Il semble par là qu'elle doive tenir du métal, quoiqu'elle en soit tout-à-fait exempte. Cette sorte de Cadmie est appellée *Cobaltum*. Elle a une qualité si corrosive, qu'elle ronge les piés & les mains de ceux qui travaillent dans les mines. Pline dit que la Calamine, qui est la pierre minerale dont se fait le bronze, n'est utile qu'aux Forgerons, & n'est d'aucun usage pour la Medecine que lorsque de naturelle qu'elle étoit, elle est devenue artificielle. Galien est d'un avis contraire, & croit qu'on s'en peut servir au défaut de l'autre; ce qui s'entend de celle qui est bien & dûement préparée. La Cadmie ou Calamine artificielle se fait des étincelles & vapeurs du bronze lorsqu'il est dans les fournaises où on le fond. Il y en a de huit sortes, la *Capnite*, qui est la plus subtile, & qui se forme à la bouche de la fournaise par où sort la flâme. La *Botryte*, qui s'attache aux voutes, en forme de grappe de raisin, est plus pesante que la Capnite, & il y en a de deux couleurs. La cendrée est la moindre. La rouge est la plus propre au mal des yeux. La troisiéme s'attache aux murailles des fournaises, n'ayant pû monter à cause de sa pesanteur. On l'appelle *Placite* ou *Placodes*, à cause qu'elle a une croûte épaisse. Dioscoride dit qu'elle est environnée de certains cercles qui lui servent presque de ceinture, d'où elle a pris aussi le nom de *Zonite*. L'*Onychite* est toute bleue, ayant au-dedans certaines marques comme la Calsidoine. L'*Ostracite*, quoique la plus crasseuse & la moins purifiée de toutes, ne laisse pas d'être fort bonne à guerir des playes. La *Calamite*, appellée ainsi de la ressemblance qu'elle a avec les roseaux, se prend autour des perches de fer, avec lesquelles on remue la matiere de bronze qui est dans la fournaise. Le *Pompholix*, ou vraie Tuthie, & le *Spode*, ou Tuthie imparfaite, sont les deux sortes de Cadmie ou de Calamine artificielle, qui sont le plus en usage & les plus communes dans les Boutiques des Apothicaires. Voyez POMPHOLIX & SPODIUM.

CADOLE. f. m. Loquet d'une porte, qui est une petite piece de fer aussi longue que le pêne, à l'exception qu'il n'y a point de barbe. Ce loquet se met sous l'entrée de la clef, & il est piqué dans le bord du Palastre, pour se hausser & pour se baisser dans un mantonnet posé à la feuillure de la porte, lequel se ferme quand on la tire, & s'ouvre par dehors avec un bouton ou une coquille, & par le dedans avec la queue du bouton.

CADRAN. f. m. Horloge, qui fait connoître les heures au moyen de l'ombre d'un stile. Voyez QUADRAN. Ce mot signifie aussi par extension la décoration exterieure d'une horloge avec des ornemens d'architecture, de sculpture, ou de peinture. On appelle *Cadran anemonique*, celui qui marque le vent qui souffle, (Voyez ANEMOSCOPE) & *Cadran hydraulique* celui qui fait connoître les heures par le mouvement de l'eau. Voyez HYDRAULIQUE.

Cadran, est aussi un terme de Lapidaire, & signifie, Une maniere d'étau ou de main de fer qui sert à tenir les diamans quand on les taille, afin de changer leur situation selon les differentes faces qu'il leur veut donner. Quant aux autres pierres fines, on se sert d'un Cadran de bois pour les tenir sur la roue quand on les taille; ce qui se fait en tournant un moulin qui fait agir une roue de cuivre, pendant que de l'autre main on forme la pierre mastiquée ou encimentée sur un bâton qui se joint dans l'instrument de bois, appellé *Cadran* ou *quadrant*, à cause qu'il est composé de plusieurs pieces qui quadrent ensemble, & se meuvent avec des vis, qui en faisant tourner le bâton forment les differentes figures qu'on veut que la pierre prenne.

CADRE. f. m. Bordure quarrée qui enferme un tableau, un bas relief, un panneau de compartiment. On appelle aussi *Cadres*, mais abusivement, Les bordures rondes & ovales. *Cadre de cheminée*, est la partie du manteau d'une cheminée, où l'on peut mettre un tableau. On appelle *Cadres de platfond*, Des renfoncemens causés par les intervalles quarrés des poûtres dans les platfonds qui sont lambrissés avec de la sculpture, de la peinture & de la dorure. *Le Cadre de Maçonnerie*, est une maniere de bordure de pierre, qui dans les compartimens des murs de face & les platsfonds renferme des tables; & l'on appelle *Cadre de Charpente*, l'Assemblage quarré de quatre pieces de bois, qui en faisant l'ouverture de l'enfoncement d'une lanterne, donne du jour dans un sallon ou un escalier. Le *Cadre à double parement*, est celui dont le profil est different ou semblable devant & derriere une porte à placard.

On appelle *Cadre*, en termes de mer, Un quarré fait de quatre pieces de bois mediocrement grosses, mises en quarré long, & entrelassées de petites cordes. Il sert à y mettre un matelas sur lequel on se couche.

C Æ C

CÆCALE. adj. Terme de Medecine. On appelle *Veine cacale*, le Vaisseau qui sortant du rameau mesenterique, va à l'intestin appellé *Cacum*.

CAF

CAFFE'. f. m. Plante qui croît abondamment dans le Royaume d'Yemen, qui fait partie de l'Arabie Heureuse. Il y a des Auteurs qui tiennent qu'elle croît aussi aux environs de la Mecque. Ses feuilles approchent assés de celles du Cerisier, & encore davantage de celles de l'Evonime, qu'on nomme autrement Fusin ou Bonnet de Prêtre. Elles sont pourtant plus dures & plus épaisses, & demeurent toûjours vertes. La tige de cette plante est faite à peu près comme celles de nos Féves domestiques. Son fruit, qui est presque du goût & de la consistance des Féverolles, est renfermé au nombre de deux grains dans une petite espece de gousse. Cette plante est appellée par les Egyptiens *Elkarie*, & par les Arabes, *Cachua*; & il y a beaucoup d'apparence que c'est par cette raison qu'ils ont donné le nom de *Caova* à sa teinture, qui est leur plus ordinaire & leur plus délicieuse boisson. Cette teinture a pourtant été plus generalement appellée *Caphé* ou *Caffé*, & c'est un nom qu'on donne aussi aujourd'hui indistinctement à sa drogue. Les Turcs l'appellent ordinairement *Cahué*. Quant à la graine qu'il porte, elle a tant de solidité, qu'on ne peut ni l'amollir ni la cuire, soit en la faisant tremper, soit en la faisant bouillir dans de l'eau; de sorte que s'il étoit possible de tirer de toute sa substance une espece d'aliment, il seroit beaucoup plus pesant & plus indigeste que les ragoûts qu'on peut faire avec nos Féves. Le *Caffé*, qui est insipide lorsqu'il est encore en graine, ne laisse pas d'avoir beaucoup d'amertume & d'affliction après qu'on l'a préparé. Il faut pour cela que la graine qu'on choisit soit fort nette, c'est-à-dire, sans aucune addition de corps étrangers, & qu'elle soit aussi nouvelle qu'on la peut avoir, de quoi on est suffisamment assûré, si elle est bien entiere & bien odorante, & si elle a un œil grisâtre. Il est aisé de connoître si elle est surannée, en ce qu'elle a ordinairement quelques grains vermoulus ; & qu'outre qu'elle ne sent presque rien, elle est encore, ou trop brune, ou trop blanche. La torrefaction de cette graine se fait pour la plûpart en la mettant sur un feu de charbon dans une terrine de terre vernissée, & on la remue continuellement avec un instrument de fer jusqu'à ce qu'elle soit à demi-brûlée ou à peu près, ce qui lui donne une couleur tannée fort obscure. Alors on la tire du feu, & on la prepare en poudre, dont on met une cueillerée sur trois tasses d'eau. Il ne faut mettre cette poudre dans la Caffetiere que quand l'eau commence à bouillir, & il faut empêcher que l'écume qui monte incontinent après ce premier bouillon, ne se répande hors de la Caffetiere, à quoi on remedie en la tenant bien bouchée, & en la remuant de moment à autre ; ce qui sert à faire rentrer dans la liqueur les parties subtiles qui s'élevent pendant l'ébullition au-dessus de sa superficie. On ne doit faire bouillir cette poudre qu'environ la troisiéme partie d'un quart d'heure, à cause qu'une trop longue ébullition force toûjours quelques parties volatiles à s'échaper par les jointures du couvercle. On avale, ou plûtôt on hume ce breuvage fort chaud & à petits traits pour ne se pas brûler ; & pour en adoucir le goût qui est amer & sent le brûlé, on y met du sucre & du girofle. Il est aujourd'hui si usité dans l'Europe, que dans la seule Ville de Londres, il y a plus de trois mille maisons destinées à boire du Caffé, & où tout le jour, & pendant une partie de la nuit, on voit quantité de bûveurs dans de grandes salles. Quoique le Caffé dans son effet le plus ordinaire, serve à corriger toutes sortes d'intemperies, il y a des gens qui se sentent échauffés par son usage, & d'autres qui n'en peuvent boire sans souffrir des indigestions, & se sentir universellement affoiblis. Quelques Auteurs tiennent que le Caffé est chaud, & qu'il ne convient qu'à des flegmatiques. D'autres le prétendent froid, & disent qu'il n'est bon que pour les sanguins & les bilieux : & d'autres veulent, qu'étant de qualité temperée, il soit generalement utile à toutes sortes de personnes. Ce qu'il y a de certain, c'est qu'encore qu'il y ait peu d'alimens ou de médicamens si bons que le Caffé, à le prendre en general, il se trouve indifferemment entre les bilieux, les sanguins, les pituiteux & les mélancoliques, de certaines gens à qui il est propre, & d'autres à qui il fait plûtôt du mal que du bien. Ainsi chacun doit examiner dans les Premiers essais qu'il en fait, s'il n'a point des dispositions interieures & inconnuës qui empêchent ce breuvage de lui être utile.

CAG

CAGE. s. f. Terme d'Architecture. Enceinte d'un bâtiment. Dans ce sens, on appelle Cage, le corps d'un moulin à vent, garni de ses planches & de ses poteaux. On appelle Cage d'escalier, les murs où pans de bois qui l'enferment. Cage de croisée, est le bâti de menuiserie qui porte en avance au-dehors la fermeture de croisée, & ce qu'on appelle Cage de clocher, est un assemblage de charpente qu'on revêt ordinairement de plomb, & qui est compris de-puis la chaise sur laquelle il pose, jusqu'au rouet ou la base de la fléche d'un clocher. Les Orfévres donnent aussi le nom de Cage, aux fils d'archal qui sont travaillés presque en forme de grande Cage, & où ils enferment leurs marchandises. M. Ménage fait venir ce mot de Cavia, qu'on a dit pour Cavea, Lieu où l'on enfermoit les bêtes sauvages. Ce mot a été transporté des aux Cages où l'on enferme les oiseaux.

Cage, se dit aussi d'un treillis d'osier qu'on met devant les fenêtres en forme de jalousie, pour voir sans être vû ce qui se passe au-dehors. On donne ce même nom aux Vaisseaux d'osier ou garnis de toile qui servent de gardemanger ; & l'on appelle aussi Cages ou Cagerottes, les Formes où l'on fait les petits fromages, & dont le fond qui est d'osier en laisse écouler le lait clair.

Cage, se dit encore en termes de mer d'une espece d'Echauguette qui est faite en cage à la cime du mât d'un Vaisseau. On lui donne le nom de Hune sur l'Ocean, & celui de Gabie sur la Mediterranée.

Les Horlogers appellent Cage de montre, les deux Platines d'une montre jointes par quatre piliers qui enferment un espace disposé à recevoir les roues & les ressorts.

CAGIER. s. m. Terme de Fauconnerie. Celui qui porte des Faucons, des Sacres, des Laniers, & autres oiseaux à vendre.

CAGNE. s. f. Vieux mot. Chienne.

CAGOUILLE. s. f. Terme de Marine. Volute qui fait un ornement au haut du bout de l'éperon d'un Vaisseau.

CAGUESANGUE. s. f. Dyssenterie, maniere de peste qui cause un flux de ventre qui ulcere & corrode les intestins, en sorte que le malade jette par les selles comme une raclure de boyaux, ce qu'il ne fait qu'avec de rudes épreintes. La matiere en est de differentes couleurs, & quelquefois c'est du sang tout pur. Ce mot n'est guere en usage que dans cette maniere d'interpretation, La Caguesangue lui puisse venir. Il est composé de Cacare, & de Sanguis.

CAH

CAHIERE. s. f. Vieux mot qui parmi le peuple a signifié une grande chaise à bras.

CAI

CAIC. s. m. Nom que l'on donne sur mer à l'esquif qui est destiné pour une Galere.

CAIE. s. f. Banc de sable ou de roche, couvert d'une vase épaisse ou de quantité d'herbages. Beaucoup de petits bâtimens s'y échouent, mais la plûpart s'en relevent sans danger. Quelques-uns écrivent Cayes, & appellent ces bancs de sable, Roches molles.

CAILLE. Oiseau de plumage grivelé, qui est assés commun, & fort estimé pour la cuisine en toutes sortes de pays, si ce n'est aux lieux où il y a grand nombre d'Ellebore. Les Cailles aiment à s'en nourrir ; ce qui est cause que beaucoup de ceux qui en mangent en ces lieux-là, se trouvent surpris d'épilepsie, & tombent en convulsion. C'est un oiseau de passage, qui est de chaude complexion, & qui se tient dans les blés. Il est meilleur en Automne que dans une autre saison, à cause qu'il est plus gras, & la jeune Caille est plus estimée que la vieille.

CAILLEBOTTIS. s. m. Terme de Marine. Espece de treillis fait de petites pieces de bois entrelassées,

& mises à angle droit. Elles font bordées par des hiloires, & on les place au milieu des ponts des Vaiſſeaux. Les Caillebottis ſervent non ſeulement à donner de l'air à l'entre-deux des ponts, mais encore à faire exhaler par ces ſortes de treillis la fumée du canon qui tire ſur le tillac.

CAILLOT-ROSAT. ſ. m. Sorte de poire aſſés eſtimée, & que quelques-uns appellent auſſi *Poire d'eau roſe*. Elle eſt griſâtre, pierreuſe, un peu ronde, & d'un goût ſucré.

CAIMACAN. ſ. m. Nom de dignité parmi les Turcs. Il y a un Caïmacan qui réſide à Conſtantinople, & un autre qui eſt toûjours auprès du Grand Viſir. Le Caïmacan de Conſtantinople en eſt proprement que le Gouverneur, & le Caïmacan du Grand Viſir eſt ſon Lieutenant.

CAIMAND. ſ. m. Vieux mot. Gueux qui va de porte en porte.

CAINITES. ſ. m. Heretiques qui parurent dans le ſecond ſiecle, & qui prirent leur nom de Cain qu'ils prétendoient avoir été formé par une vertu celeſte, & bien plus puiſſante que celle par laquelle Abel l'avoit été. Ils ſoûtenoient que ſi on n'éprouvoit toutes choſes en contentant ſa luxure par les actions les plus infames, il étoit impoſſible d'être ſauvé. Selon eux il y avoit un grand nombre d'Anges, qu'ils reconnoiſſoient ſous des noms barbares, & à chacun deſquels ils attribuoient un peché particulier, ce qui étoit cauſe que quand ils vouloient commettre quelque méchante action, ils invoquoient l'Ange qu'ils faiſoient préſider à cette ſorte de crime. Ils ſe ſervoient d'un livre de leur façon, qui avoit pour titre *Aſcenſion de S. Paul au Ciel*. Dans ce livre étoient contenus toutes ſortes de blaſphèmes, & d'impuretés abominables, comme ſi ce ſaint Apôtre les eût entendues pendant ſon raviſſement. Ils avoient auſſi un Evangile qui portoit le nom de Judas, & ils honoroient ce traître Diſciple d'un culte particulier, auſſi-bien que Cain, Coré, Dathan, Abiron & les Sodomites. Les Cainites ſont auſſi appellés *Caïans*.

CAJOLER. v. n. Quelques-uns employent ce mot pour dire, Mener un Vaiſſeau contre le vent dans le courant d'une riviere.

CAJOU. ſ. m. Fruit du Breſil où il eſt fort eſtimé pour ſon bon goût, & parce qu'il eſt utile à l'eſtomac. Ce fruit eſt comme une groſſe pomme, fort jaune & odorant, ſpongieux au-dedans & plein de ſuc, ſans aucuns grains & d'un goût douçâtre. On peut dire qu'il a une double naiſſance en une même année, puiſqu'après que la fleur eſt flétrie, il vient une groſſe féve, entre laquelle & la fleur on voit groſſir quelque choſe qui reſſemble à une pomme, & qui attire le ſuc de la féve. Plus la pomme croît, plus la féve diminue juſqu'à ce que le Cajou qui eſt cette pomme, ſoit parvenu à ſon entiere maturité, ce qui ſe connoît à ſa couleur jaune ou rouſſe, & à ſon odeur. La féve ſe cueille avec le fruit, & y demeure attachée. Elle eſt de la forme d'un roignon de liévre, d'une couleur cendrée, & quelquefois d'un gris de cendre rougiſſant. Elle a deux écorces, entre leſquelles eſt une matiere ſpongieuſe, pleine d'une huile fort âpre & chaude, & au-dedans il y a un noyau blanc bon à manger, couvert d'une pellicule cendrée que l'on ôte. On dit qu'il n'y a rien de meilleur pour guerir les dartres. L'Arbre qui porte ce fruit, eſt auſſi grand que le Grenadier; ſa feuille eſt d'un vert clair & épaiſſe; ſa fleur qui eſt blanche & preſque ſemblable à celle de l'Oranger a plus de feuilles, & eſt d'une odeur moins agreable. Son bois rend une gomme qui eſt bonne pour les Peintres, & on ſe ſert de ſon

écorce à teindre le fil de coton.

CAIQUE. ſ. f. Petit bâteau du Levant.

CAIRE. ſ. f. Vieux mot. Viſage.
    Quand un homme eſt mince de Caire.
Borel le fait venir du Latin *Caro*, Chair. Les Eſpagnols diſent *Cara*, pour dire, Viſage.

CAISSE. ſ. f. Renfoncement quarré qui eſt dans chaque intervalle des modillons du platfond de la Corniche Corinthienne, & qui renferme une roſe. On appelle auſſi *Panneaux*, ces mêmes renfoncemens, & ils ſont de differentes figures dans les compartimens des voutes & des platfonds.

On appelle *Caiſſes de jardin*, des Vaiſſeaux quarrés de bois, où l'on met des Orangers, des Jaſmins, des Grenadiers, & autres Arbres, pour les tranſporter quand l'Hiver commence, & les mettre dans des ſerres.

On appelle auſſi *Caiſſe de poulie*, dans un Navire, un Mouſſe de poulie.

CAISSON. ſ. m. On appelle *Caiſſons* ſur mer, les coffres qui ſont attachés ſur le revers de l'arriere d'un Vaiſſeau.

Caiſſon de vivres, eſt une maniere de grand coffre avec un couvercle qui eſt ferré & en d'os d'âne. On y enferme le pain de munition dont on a beſoin pour la ſubſiſtance de l'armée. On ſe ſert auſſi de Caiſſons pour porter les munitions de l'artillerie.

On appelle *Caiſſon de bombes*, Une petite caiſſe de bois, remplie de poudre, ou de quelques bombes qu'on y enferme quelquefois juſques au nombre de ſix, ſelon l'execution que l'on medite. Comme cette Caiſſe eſt propre à être enterrée en peu de tems, on s'en ſert pour chaſſer l'Ennemi d'un poſte dont il s'eſt ſaiſi nouvellement, ou dont il prétend ſe rendre maître. Il y a une ſauciſſe qui répond au Caiſſon, & c'eſt par là qu'on y met le feu.

CAJUTES. ſ. f. Les gens de mer appellent ainſi les lits des Vaiſſeaux, qui ſont la plûpart emboîtés autour du Navire.

CAL

CALADE. ſ. f. Terme de manége. Declin ou pente d'un terrain élevé, par où l'on fait deſcendre pluſieurs fois un cheval au petit galop le devant en l'air, afin de lui apprendre à plier les hanches & à former ſon arrêt; ce qu'on lui enſeigne en employant à propos les aides du gras des jambes, du ſoûtien de la bride & du caveçon. C'eſt la même choſe que l'on entend par le mot de *Paſſe*.

CALAF. ſ. m. Eſpece de Saule qui croît en pluſieurs endroits de l'Egypte, ſur-tout dans les lieux humides. Ses feuilles ſont larges d'un doigt, & longues de deux, & les fleurs ſortent d'entre le tronc & la tige de ces feuilles. Elles ſont en très-grande quantité, blanches, cotonnées & rendent beaucoup d'odeur. On en fait une eau appellée par les Egyptiens *Machalaf*. Ils l'eſtiment ſouveraine contre toute ſorte de venin, & comme elle fortifie le cœur, on tient qu'ils ont donné le nom de *Calaf* à l'Arbre, à cauſe que ce mot ſignifie Cœur en Arabe. D'autres diſent qu'ils l'ont appellé ainſi, parce que ſon fruit a la figure d'un cœur quand il commence à paroître.

CALAMBA. ſ. m. Nom que donnent les Indiens à ce que les Droguiſtes appellent, *Lignum Aloïs*, & les Portugais *Palo d'Aguila*. C'eſt un Arbre qui vient en fort grande quantité en Malaca, Sumatra, Camboya, & ailleurs. Il eſt un peu plus grand que l'Olivier auquel il reſſemble. Le bois ne ſent rien quand il eſt vert, mais à meſure qu'il ſeche, ſon odeur s'augmente. Le plus brun & le plus peſant eſt le meilleur, & l'on connoît ſa bonté par l'huile qui en ſort quand on l'approche du feu. Les Indiens qui l'employent à embellir leurs cabinets, s'en ſervent principalement dans la Medecine. Ce bois, lorſqu'il eſt réduit en poudre, & pris dans du vin, on dans un bouillon, fortifie l'eſtomac, arrête les vomiſſemens, & guerit la dyſſenterie, & la pleureſie. Le bois que les Portugais appellent *Calamba ſauvage*, ou *Aguila brava*, eſt moins bon que l'autre. Les Indiens s'en ſervent principalement aux funerailles de leurs Bramans, & en font du feu pour brûler leurs corps.

CALAMENT. ſ. m. Plante qui croît volontiers dans les pays chauds, où les chemins, les bois & les lieux incultes en ſont remplis, auſſi bien que les montagnes. Elle produit pluſieurs rejettons anguleux dès ſa racine, & a ſes feuilles rondes, quelque peu pointues, de couleur verte, pâle, & quelquefois un peu marquetées de blanc. Ses fleurs ſont plus petites que celles du Romarin, mais elles en approchent pour la couleur, & ſortent de divers endroits parmi les feuilles le long de la tige. Il n'y a que la racine d'inutile dans toute cette plante, qui eſt d'un goût pénétrant, & a une odeur forte & aromatique. On n'emploie pourtant ordinairement que ſes ſommités que l'on cueille en un beau jour, & lorſqu'elles ſont bien fleuries. On doit avoir ſoin auſſitôt après de les envelopper dans du papier, & de les ſerrer en un lieu aëré, loin des rayons du ſoleil. Lorſqu'elles ſont ſeches, il faut rejetter ce qui s'y trouve de tige, & ne reſerver que les feuilles & les fleurs, que l'on met dans une boîte pour s'en ſervir au beſoin. Le Calament des Montagnes eſt beaucoup meilleur que celui des plaines, Comme il eſt aperitif, il provoque les mois & les urines, & eſt d'ailleurs cephalique & ſplenique. Il fait mourir les vers, & ſi on l'applique ſur les jointures, il diſſipe les reſtes des humeurs & des douleurs cauſées par les goutes & autres fluxions. Dioſcoride dit qu'étant brûlé & étendu par terre, il fait fuir les ſerpents. Il y a un autre Calament, qui s'appelle *Nepetha*, & qui a l'odeur du Poulliot. C'eſt celui que les Apothicaires nomment *Calamentum communis uſus*.

CALAMINE. ſ. f. Pierre ou terre bitumineuſe, qui ſe trouve en France & au pays de Liege, & qui donne la teinture jaune au cuivre rouge. L'alliage des métaux pour les belles ſtatues de bronze, ſe fait moitié de cuivre rouge, & l'autre moitié de laiton, & le laiton ſe fait avec du cuivre rouge & la Calamine. Voyez CADMIE.

CALAMITE. ſ. f. Une des huit ſortes de Cadmie artificielle, qui ſe prend autour des perches de fer, avec leſquelles on remue la matiere de bronze qui eſt dans la fournaiſe. Lorſqu'elle eſt bien ſecouée, elle repreſente la forme d'une canne ou roſeau fendu par le milieu; & c'eſt delà qu'on lui a donné le nom de *Calamite*, du Latin *Calamus*, Roſeau. Ce mot a auſſi ſignifié proprement une Grenouille verte, à cauſe que la Grenouille ſe plaît parmi les roſeaux, & on a auſſi appellé *Calamite* l'Aiguille aimantée, parce qu'avant que l'on eût trouvé l'invention de la ſuſpendre ſur un pivot, on la tenoit enfermée dans une phiole de verre à demi pleine d'eau, la faiſant floter ſur l'eau par le moyen de deux fêtus, comme ſi c'eût été une petite Grenouille.

CALANDRE. ſ. f. Machine compoſée de deux gros rouleaux de bois, ſur leſquels on fait aller & venir un fort gros poids, qui eſt quelquefois de cinquante ou de ſoixante milliers, pour preſſer les draps & autres étoffes qui ſont roulées autour de

ces deux rouleaux, & pour les rendre polies, unies & liſſées. On les met entre deux gros madriers de bois dur, large, épais & fort poli. Celui qui eſt deſſous ſert de baſe, & une roue pareille à celle des grues, rend le madrier de deſſus mobile. Il y a un cable attaché à un tour dont ſon axe eſt compoſé. La partie de deſſus eſt d'un poids prodigieux, & c'eſt cette peſanteur, qui fait les ondes ſur les étoffes qui ſont autour des rouleaux, telles qu'on les voit ſur le tabis & ſur les moëres. Cela ſe fait par le moyen d'une legere gravûre que contiennent ces rouleaux. On les met & on les ôte en inclinant un peu la machine. Borel en diſant que *Calandrer*, veut dire, Tabiſer un taffetas, nous apprend que la machine avec laquelle on le fait, s'appelle *Calandre*, à cauſe qu'elle fait des marques ſemblables à celles des plumes des oiſeaux du même nom. L'oiſeau que l'on appelle *Calandre*, eſt une ſorte de groſſe Allouette qui n'a point de crête, & qui a comme un collier de plumes noires.

Calandre, eſt auſſi un petit inſecte noir qui ſe fourre dans le blé, & qui le ronge dans les greniers.

CALANGUE. ſ. f. Terme de Marine. Abri ſur la Côte derriere quelque hauteur, où de petits bâtimens peuvent être à couvert des vents & des flots.

CALATRAVA. Ordre Militaire en Eſpagne, inſtitué ſous le regne de Sanche III. Roi de Caſtille. Ce Prince ayant conquis le Château de Calatrava, qui étoit une place forte, appartenante aux Maures d'Andalouſie, le donna aux Chevaliers Templiers, qui le lui rendirent ne ſe ſentant point aſſés de courage pour le défendre; ce qui fut entrepris par Dom Raimond, natif de Bureva dans la Navarre, Abbé du Monaſtere de ſainte Marie de Hitero de l'Ordre de Cîteaux, & par pluſieurs autres perſonnes conſiderables, auſquels ce même Roi donna ce Château: de ſorte que l'Ordre fut établi en 1158. Il s'augmenta fort ſous Alphonſe le Noble, Roi de Caſtille; ce qui obligea les Chevaliers à demander des Grands Maîtres, dont le premier fut Dom Garcia Redon. La premiere Maiſon de cet Ordre fut à Calatrava. Le Pape Alexandre III. l'ayant approuvé en 1164. Innocent III. le confirma en 1198. Les Chevaliers portoient au commencement la robe & le ſcapulaire blanc, comme les Religieux de Cîteaux; mais le Pape Benoît XIII. leur donna permiſſion de ſe diſpenſer de cet habit; & Paul III. leur accorda celle de ſe marier une fois. Leurs armes ſont d'or, à la croix fleurdeliſée de gueules, ou de ſinople, ſelon quelques-uns, accoſtée en pointe de deux menotes d'azur. Ils portent de même ſur l'eſtomac une Croix rouge qui leur tient lieu de Deviſe. Ils ont changé de Grands-Maîtres juſqu'à Dom Garcia Lopez de Pardilla, après la mort duquel arrivée en 1489. Ferdinand & Iſabelle trouverent à propos d'annexer la grande Maîtriſe de Calatrava à la Couronne de Caſtille, à quoi Innocent VIII. conſentit. Il y a encore preſentement en Eſpagne quatre-vingts Commanderies de cet Ordre.

CALCAMAR. ſ. m. Oiſeau du Breſil, de la groſſeur d'un pigeon. Il ne vole point, mais avec ſes piés, & ſes moignons d'aîles, il fend les ondes de la mer avec beaucoup de viteſſe. C'eſt-là que les Sauvages ſont perſuadés qu'il pond & qu'il couve. Il annonce également le calme & la pluye; & en ce tems-là on en voit un ſi grand nombre autour des Navires, que les Mariniers s'en trouvent importunés.

CALCET. ſ. m. Terme de mer. Aſſemblage de planches élevé & cloué ſur le haut des arbres d'une Galere , & qui fert à renfermer les poulies de bronze qui font deftinées au mouvement des antennes.

CALCINER. v. a. Réduire en chaux ou en poudre par le feu actuel , qui eft le feu ordinaire que l'on entretient par les matieres combuftibles , comme bois , charbon , &c. ou par le feu potentiel , qui eft celui des eaux fortes & des efprits corrofifs. La calcination convient plus aux mineraux qu'aux végétaux & aux animaux que l'on peut réduire en cendres par une fimple combuftion ; au lieu que les métaux & les mineraux demandent des feux très-actifs & très-violens. *Calciner* vient du mot Latin *Calx* , Chaux.

CALCUL. f. m. Terme de Medecine. Pierre qui s'engendre au corps humain , & particulierement dans les reins & dans la veffie. Elle eft appelée *Ludus* par quelques-uns. De très-celebres Auteurs, & entre autres Paracelfe , tiennent que cette pierre eft très-bonne à réfoudre & à jetter hors le tartre , qui eft contenu dans toutes les parties du corps, & même les plus groffes pierres, & par confequent à déboucher toutes les obftructions qui en font la caufe.

CALE. f. m. La partie la plus baffe d'un Navire qui entre dans l'eau fous le franc tillac. Elle s'étend de pouppe en proue, & c'eft dans un bâtiment de mer, ce qu'une cave eft dans un bâtiment de terre. On appelle *Fond de cale*, le lieu où l'on met les munitions & les marchandifes.

Cale eft auffi une forte d'eftrapade marine à laquelle on condamne ceux de l'équipage , qui font convaincus d'avoir volé, blafphemé ou excité quelque revolte. Il y a la Cale ordinaire & la Cale feche. Lorfque l'on donne *la Cale ordinaire* , on conduit le criminel vers le platbord au-deffous de la grande Vergue, & là on le fait affeoir fur un bâton qu'on lui paffe entre les jambes. Afin de fe foulager , il embraffe un cordage auquel ce bâton eft attaché, & qui répond à une poulie fufpendue à un des bouts de la vergue. Cependant trois ou quatre Matelots iffent cette corde le plus promptement qu'ils peuvent , jufqu'à ce qu'ils ayent guindé le patient à la hauteur de la vergue, après quoi ils lâchent le cordage tout à coup, ce qui le précipite dans la mer. Quelquefois quand le crime eft tel qu'il fait condamner celui que l'on veut punir , à une chûte plus rapide , on lui attache un boulet de canon aux piés. Ce fupplice fe réitere jufqu'à cinq fois, felon que la fentence le porte. On l'appelle *Cale feche* , quand le criminel eft fufpendu à une corde racourcie qui ne defcendant qu'à quelques piés de la furface de l'eau , empêche qu'il ne plonge dans la mer. Ce châtiment eft rendu public par un coup de canon qu'on tire , pour avertir tous ceux de l'Efcadre ou de la Flotte d'en être les fpectateurs.

Cale , eft auffi un abri fur la Côte , derriere quelque petit terrain élevé , qui peut tenir de petits bâtimens à couvert du vent & de la fureur des flots. Quelques-uns difent *Calangue*. On appelle encore *Cale* , un lieu fait en talus, où l'on monte, & d'où l'on defcend fans marche.

Cale , fe dit encore d'un plomb dont on fe fert à faire enfoncer l'hameçon au fond de l'eau dans la pêche de la morue.

Les Artifans nomment *Cale* , un morceau de bois ou d'autre chofe fort mince , qu'ils mettent entre deux pierres ou pieces de bois , afin d'en remplir le vuide & de les preffer. *Cale* chés les Menuifiers eft auffi un petit morceau de bois qu'ils mettent fous le pié de quelque ouvrage , & qui fert à le hauffer & à le tenir ferme.

C'eft encore un gros anneau de fer fur lequel les Ouvriers en fer percent leur ouvrage à chaud.

CALEBAS. f. m. Cordage qui fert à guinder & à amener les vergues des pacfis. Il eft amarré par un bout au racage de l'un des pacfis, & par l'autre à un arganeau qui eft au pié du mât. Quelques-uns écrivent *Cal-bas*, & d'autres *Carquebas*. *Calebas* eft auffi un petit Palan , dont on fe fert à la mer pour rider le grand étai.

CALEBASSE. f. f. Sorte de fruit froid , qui croît en maniere de Citrouille. Il fignifie auffi une maniere de bouteille faite de l'écorce d'une courge ou d'une calebaffe vuidée & fechée.

CALEBASSIER. f. m. Arbre des Antilles , qui croît de la groffeur & de la forme d'un gros pommier , mais il eft plus bas , plus branchu, & plus abondant en feuilles. Ses feuilles reffemblent à une langue de chien , & fortent immediatement des branches fans aucune queue. Elles font d'un vert luifant au foleil , & fes fleurs qui viennent autour du tronc de l'arbre auffi-bien que fur les branches , font d'un gris verdâtre & picotées de noir , quelquefois de violet. A ces fleurs fuccedent les fruits, dont on ne fçauroit déterminer la grandeur , puifqu'ils vont depuis la groffeur d'une petite poire , jufqu'à celle de la plus groffe citrouille. Il y en a de toutes façons , de ronds , de longs , de quarrés , en poires & en ovale. Ce fruit eft vert & poli quand il eft fur l'arbre , il eft gris lorfqu'il eft fec. Son écorce eft de l'épaiffeur d'une piece de trente fols ; mais d'un bois fort & très-difficile à rompre. Tout le dedans eft une poulpe ou chair blanche, dans laquelle font de petites graines plates en forme de cœur, qui produifent le même arbre. On vuide aifément cette poulpe en faifant par le haut un petit trou grand comme pour fourrer le doigt, & en remuant dedans avec un bâton ; mais il eft encore plus facile d'en venir à bout en faifant bouillir ce fruit : car tout ce qui eft dedans s'étant amoli , en fort fans aucune peine. Les fruits de cet arbre ont tous cela de commun , que leur écorce eft dure , épaiffe, & d'une épaiffeur & d'une folidité qui donne moyen de s'en fervir au lieu de bouteilles, de baffins , de coupes , de plats, d'écuelles, & de tous les autres petits vaiffeaux qui font neceffaires au ménage. Les Indiens poliffent cette écorce , & l'émaillent d'une maniere fi agreable avec du Roucou, de l'Indigo & plufieurs autres couleurs, qu'il n'y a perfonne qui ne puiffe manger & boire fans aucun dégoût dans ces diverfes fortes de vaiffelle, qu'ils en font. La poulpe du fruit eft un fouverain remede contre la brûlure, & appliquée en fronteau, elle appaife les douleurs de tête que caufe la grande ardeur du foleil.

CALEBOTIN. f. m. Efpece de picotin ou de cul de chapeau où les Cordonniers mettent leur fil & leurs alenes.

CALEMAR. f. m. Caffe ou canon d'une écritoire portative , où les Ecoliers mettent des plumes & un canif. Il n'a guere d'ufage hors du College.

CALEMBA. f. m. Bois odoriferant , qui vient des Indes où il eft fort rare. On le vend trente & quarante Jacobus la livre au Japon. On s'en fert pour parfumer les chambres & les habits, comme on fe fert ici de l'encens. Il paffe pour un excellent cordial , & c'eft un remede chés les Chinois dans l'épuifement d'efprits & dans la paralyfie. C'eft la même chofe que le *Calamba*, & plufieurs le prennent pour ce qu'on appelle *Lignum Paradifi*. On l'apporte de Cambodie & de Siam, & il s'en trouve de flotant aux bords de la mer ou du Gange. Comme les Indiens font perfuadés que le G..nge vient du Paradis terreftre , ils croient auffi que ce bois en vient. Pyrard rapporte qu'il fe trouve auffi du Calemba aux Maldives.

CALENDES. f. f. p. Premier jour de chaque mois, felon les Romains , qui difoient ; Cela fe fit aux Calendes de Mars , pour dire , Le premier jour de Mars. Ce mot eft venu de ce que le Pontife déclaroit à haute voix le premier jour de chaque mois, fi les Nones feroient le cinquiéme ou le feptiéme Elles étoient toûjours le feptiéme dans les mois de Mars , Mai , Juillet & Octobre , & le cinquiéme dans les huit autres mois. Cette maniere de compter eft encore aujourd'hui en ufage dans la Chancellerie de Rome , & on date toutes les Provifions des Benefices des Calendes de Janvier, de Fevrier, &c. quand elles font accodées les premiers jours de ces mêmes mois. Ce qui embaraffe davantage, c'eft quand on trouve des Lettres datées par exemple , Decimo feptimo Calendas Januarii, ce qui fembleroit devoir dire en notre langage , le 17. des Calendes de Janvier , & qui voulant dire le 17. avant les Calendes de Janvier , marque le feiziéme de Decembre. Pour lever cet embarras, & trouver tout d'un coup quel jour eft celui qu'on date en Latin Decimo feptimo Calendas Januarii , & qui veut dire en François, le 17. avant les Calendes de Janvier , il faut ajoûter le nombre de deux aux jours du mois de Decembre qui precede Janvier, & qui a trente & un jours. Ce nombre de deux étant ajoûté , vous aurez celui de trente - trois Otez-en dix-fept qui eft le nombre de la date Latine , il vous reftera feize ; & vous marquera que le jour de cette date eft le feiziéme de Decembre, que vous trouverez être le dix-feptiéme avant les Calendes de Janvier : car comptez depuis le 16. de Decembre jufqu'au 30. vous trouverez en ôtant 30. de 33. que ce jour-là fera le troifiéme avant les Calendes de Janvier , & par confequent le 31. où l'on doit dater , Pridie Calendas Januarii , c'eft-à-dire, le jour qui precede les Calendes de Janvier , fera effectivement celui qui precedera le premier jour de Janvier , lequel premier jour les Romains appellent le jour des Calendes. De même fi vous voulez dater une lettre Latine felon cet ufage , par exemple , du 20. de Septembre , ajoûtez le nombre de deux aux jours du mois de Septembre qui en a trente , & vous aurez trente-deux. Otez vingt de ce nombre, il vous reftera douze ; ce qui vous fera connoître tout d'un coup, qu'il faut que vous datiés votre Lettre , Duodecimo Calendas Octobris , qui veut dire , Le douziéme jour avant les Calendes d'Octobre.

CALENDRIER. f. m. Livre ou table , qui contient l'ordre des jours , des femaines & des mois , avec la marque des Fêtes qu'on eft obligé de celebrer pendant l'année qu'on appelle Civile & qui eft celle que regle le Calendrier , ne peut être compofé de jours entiers , & les fractions de demi jours , d'heures & de minutes n'y peuvent entrer ; mais au contraire il y a de ces fractions dans l'année Aftronomique,(Voyez ANNE'E.) & le Calendrier travaille à reparer cette inégalité , parce qu'on veut que de certains tems de l'année civile, de certaines fêtes, &c. répondent toûjours aux mêmes parties du cours du Soleil. L'année Aftronomique étant de 365. jours 5. heures 49. minutes , les Anciens négligerent ces heures & ces minutes , & ne compterent dans leur année civile que 365. jours. Comme elle étoit plus courte que l'Aftronomique de près de 6. heures , l'Aftronomique avançoit tous les ans de ces 6. heures , & au bout de quatre ans, l'Equinoxe par exemple , étoit plus avancé d'un jour , & par confequent les Equinoxes & les Solftices fe trouvoient fucceffi-

vement dans tous les jours de l'année , & ne revenoient aux mêmes points qu'au bout de 1460. ans, ce qui caufoit une extrême confufion. Le Calendrier Romain n'étoit pas en meilleur état lorfqu'il fut reformé par l'ordre & les foins de Jule Céfar , qui étant Conful pour la troifiéme fois avec Marcus Æmilius , réfolut de rétablir l'année Romaine , qui étoit toute renverfée par la faute des Pontifes. Ainfi en ajoûtant quelques jours intercalaires, il ordonna que l'année 708. depuis la fondation de Rome feroit de 445. jours; de forte que l'année fuivante , fut la premiere de celles qu'on appelle Juliennes , c'eft-à-dire , reformées par Jule Céfar. Cette année 708. comme le dit Suetone , fut de quinze mois. Jule Céfar ayant ajoûté aux douze mois ordinaires , le mois appellé Merkedonius , qui s'infera entre le 23. & le 24. Février , & ayant diftribué en deux autres mois foixante & fept jours de furcroît entre Novembre & Decembre , pour faire que cette année qui fut nommée l'Année de confufion, eût 445. jours par le moyen de l'augmentation de ces quatre-vingt-dix jours. Afin qu'un pareil renverfement n'arrivât plus , il ordonna par le confeil de Sofigenes, très-fçavant Mathematicien d'Alexandrie en Egypte, que l'année Romaine , qui n'avoit eu jufqu'là que trois cens cinquante-cinq jours , en auroit à l'avenir trois cens foixante & cinq , & fix heures , & que l'on diftribueroit les dix jours entiers qu'il ajoûtoit , à quelques mois qui en avoient moins qu'ils n'en ont prefentement. Cela fut caufe qu'on donna deux jours de plus à Janvier , & autant à Août & à Decembre , qui n'en avoient que vingt-neuf jufqu'à ce tems-là. Ainfi ces trois mois furent chacun de trente & un jours , comme l'étoient déja Mars , Juillet & Octobre. Avril , Juin , Septembre & Novembre , qui n'avoient eu pareillement que vingt-neuf jours , en eurent chacun trente. Il ordonné de plus , que de quatre ans en quatre ans on intercaleroit un jour compofé de ces quarts de jour , ou quatre fois fix heures , qui fe trouvent de plus pendant le cours de quatre ans, & qui compofent juftement un jour. On appella ce jour Biffextil , à caufe qu'on le plaçoit entre le 23. de Février & le 24. du même mois , ce qui faifoit dire deux fois , Sexto Calendas Martias , la premiere pour ce jour furnumeraire , qui dans cette année Biffextile eft le 24. de Février , & la feconde , pour le 25. qui eft le veritable Sexto Calendas Martias , jour où les Chrétiens celebrent la fête de faint Mathias ; mais Jule Céfar en retranchant l'erreur des Egyptiens qui n'avoient compté pour rien les fractions de l'année aftronomique fe trompa auffi , parce qu'il les compta pour plus qu'elles ne valoient. Ces 5. heures 49. minutes ne valent pas 6. heures , ainfi l'année Civile étoit plus longue que l'Aftronomique, qui par confequent rouloit & retrogradoit toûjours quoique très-lentement , parce que l'erreur étoit legere. Ces 11. minutes négligées produifoient en 6. ans 1. heure 6. minutes , & par confequent un jour entier en près de 131. ans , d'où il arrivoit qu'en cet efpace de tems , l'Equinoxe qui avoit été fixée au 21. Mars par le Concile de Nicée en 325. defcendoit d'un jour , & fe trouvoit au 20. Mars, enfuite en 131 ans , il defcendoit encore d'un jour , enforte qu'à la fin du fiecle paffé il fe trouvoit à l'onziéme Mars. Cela fut caufe que le Pape Gregoire XIII. reforma le Calendrier , qui de fon nom fut appellé Gregorien , & retrancha dix jours du mois de Mars de l'an 1581. afin de remettre le commencement de l'année Aftronomique ou Tropique au 21. Mars, comme elle y étoit du tems du Conci-

le de Nicée, & pour empêcher que le défordre caufé par les 11. minutes négligées, n'arrivât encore à
l'avenir, ce Pape ordonna que dorênavant chaque centiéme année qui fuivra, & qui devroit être
Biffextile, perdra ce jour intercalaire, excepté dans
la quatriéme centaine, où l'année aura foixante &
fix jours. Ainfi l'année 1800. ne fera point Biffextile, non plus que l'année 1900. mais l'année 2000. fera Biffextile. La raifon de cette Ordonnance eft que l'an Julien ne furmonte pas d'un
jour entier l'année Tropique en cent ans, mais
feulement en cent trente & un, & de trois jours
en trois cens quatre vingt-treize années.

CALENGE. f. m. Vieux mot., qui n'a plus d'ufage,
quoiqu'il fe trouve fort fouvent dans les Coûtumes
pour dire, Débat, conteftation, plainte criminelle
en Juftice. *Calengé*, fe trouve auffi pour fignifier
un Criminel, contre qui il y a prife de corps.

CALENGIER. v. a. Vieux mot qui felon Borel a
fignifié quelquefois, Blâmer, débattre, contredi-
re, & quelquefois louer. Dans le premier fens, il
croit qu'il venoit de *Calumniare*, & dans celui de
louer, il le derive de *κάλος*, qui veut dire Beau.
On difoit auffi *Chalonger* & *Chalenger*. On a auffi
employé *Calenger*, pour dire, Barguigner; & on
fe fert encore de ce mot en Normandie. On a dit
auffi *Calenge*, pour dire, Blâme, plainte criminelle.

> *Et fon prifé prud'homme,*
> *Ia n'y mettez calenge.*

CALER. v. a. Terme de marine. On dit, *Caler les*
voiles, pour dire, Abaiffer les voiles avec les vergues, en les faifant courir le long du mât. On
dit à prefent plûtôt *Amener les voiles*, que *Caler*
les voiles.

Caler, fe dit auffi en termes de Menuiferie, &
fignifie, Mettre un morceau de bois fous quelque
ouvrage de Menuiferie, afin de le tenir ferme.

Caler, s'emploie encore, lorfque l'on veut arrêter la pofe pour une pierre, pour dire, Mettre
une cale de bois mince qui détermine la largeur
du joint pour la ficher avec facilité.

Caler, a été autrefois, pour, Se taire.

> *Moy cependant de me caler,*
> *Car que fert prefcher & parler*
> *A ventre qui n'a point d'oreilles ?*

Les Efpagnols fe fervent du mot de *Caler*, pour dire, Se taire.

CALFAS. f. m. Radoub d'un Navire, qui fe fait
lorfqu'on en bouche les trous, & qu'on les enduit de fuif, de poix, de goudron, afin d'empêcher qu'il ne faffe pas eau.

On appelle auffi *Calfas*, l'Officier de l'Equipage
qui a foin de donner le radoub aux Vaiffeaux incommodés.

CALFAT. f. m. Inftrument qui fert au Calfas pour
calfater un Vaiffeau. On appelle *Calfat à fret*, Certain inftrument qui a le bout à demi-rond, & avec
lequel on cherche autour des têtes de clou & des
chevilles, s'il n'y a point quelques ouvertures, afin
d'y pouffer des étoupes pour les boucher. Il y a un
Calfat fimple, qui eft un inftrument plus large que
le premier, & un peu coupant. On s'en fert à faire entrer l'étoupe jufqu'au fond de la couture. Le
Calfat double eft rayé, & paroît comme double
par le bout. On s'en fert à rabattre les coutures.

CALFATAGE. f. m. On fe fert de ce terme en parlant de l'étoupe qui a été mife à force dans la couture d'un Vaiffeau.

CALFATER. v. a. Boucher les fentes des jointures
& le débris du bordage ou des membres d'un Vaiffeau, avec ce qui peut être propre à le tenir fain

& étanché; en forte qu'il ne puiffe y entrer d'eau.
On fe fert pour cela de planches, de pieces de
bois, de plaques de plomb, d'étoupes & autres
matieres. On dit auffi *Calfader*,

On dit *Calfater les fabords*, pour dire, Emplir
d'étoupe le vuide du tour des fabords, comme les
coutures du Vaiffeau. On ne le fait que quand on
eft obligé de tenir la mer.

CALFATEUR. f. m. Officier de l'Equipage, dont le
foin eft d'examiner le corps du Bariment tous les
foirs & les matins, afin de voir s'il ne fe fait point
quelque voie d'eau, & de l'arrêter. C'eft lui auffi
qui doit donner le radoub aux Vaiffeaux qu'il voit
en avoir befoin.

CALFATIN. f. m. On appelle ainfi en termes de mer
Celui qui fert le calfat.

CALIBRE. f. m. Largeur de la bouche d'un canon,
ouverture d'un moufquet & de toute autre arme à
feu, par où la balle entre & fort.

On dit qu'*Un boulet*, qu'*une bale eft de calibre*,
pour dire, qu'Elle eft proportionnée à la groffeur de
la piece pour laquelle elle eft deftinée. *Balle de gros,*
de petit calibre. M. Ménage fait venir ce mot du Latin *Æquilibrium.*

On appelle auffi *Calibre*, Un inftrument de cuivre
ou de bois qui fert aux Ingenieurs à feu pour leur
faire trouver l'ouverture d'un canon ou d'un mortier de la largeur qu'il la faut pour le boulet dont
ils le veulent charger.

Calibre. Terme d'Architecture. Etendue d'une chofe en grandeur & en groffeur. On dit dans ce fens,
qu'*Une colomne de marbre eft de même Calibre qu'-*
une autre colomne qui fera de pierre, pour dire, qu'-
Elle a la même diametre, la même hauteur.

Calibre, eft auffi un bout d'ais entaillé par le milieu ou un panneau de carton découpé fur le trait
de plufieurs pieces, dont les Charpentiers &
les Menuifiers fe fervent pour prendre des mefures. C'eft encore un morceau de bois, coupé en
creux, à angle droit, pour refaire le bois d'équerre;
ce qui veut dire, Le mettre d'équerre.

Les Serruriers ont auffi un Inftrument de fer
qu'ils nomment *Calibre*. Ils s'en fervent pour voir
fi les forêts vont droit quand ils forent les tiges
des clefs, & pour les arondir. Ils ont pareillement
des *Calibres*, pour prendre la groffeur des verrouils,
des targetes.

Calibre, eft encore un profil de bois, de tole ou
de cuivre chantourné en dedans, pour trainer les
corniches & cadres de plâtre & de ftuc.

Calibre, Terme de Marine. Modele qu'on fait pour
la conftruction d'un Vaiffeau, & fur lequel on
prend fa longueur, fa largeur & toutes fes proportions.

Les Horlogers appellent *Calibre*, l'Efpace qu'ils
ménagent entre les deux platines d'une montre qui
en font la cage, afin d'y mettre les roues & fes
pieces difpofées de telle forte, qu'elles ne fe puiffent nuire les unes aux autres.

CALIBRER. v. a. Faire de calibre. On dit *Calibrer*
des boulets de canon, pour dire, Les paffer dans un
Inftrument de cuivre ou de bois, appellé *Calibre*,
afin qu'ils foient proportionnés à la groffeur des
canons.

CALICE. f. m. Terme de Fleurifte. Le haut de certaines fleurs, comme de la Tulipe, de l'Imperiale
& autres, dont les feuilles forment une efpece de
coupe ou de calice.

On appelle auffi *Calice*, La partie exterieure qui
environne le feuillage & le cœur de la fleur, foit
qu'elle foit tout d'une piece, comme on le voit aux
œillets, foit que l'enveloppe foit féparée en plufieurs

parties, comme dans les roses.

CALINGUE. s. f. Longue piece de bois égale, qui est attachée dans le fond d'un Vaisseau par dedans sur toute la longueur de la quille. C'est la même chose que *Contre-quille*. On dit aussi, *Carlingue*.

CALIORNE. s. f. Gros cordage passé dans deux moufles à trois poulies, dont on se sert pour guinder & lever de gros fardeaux. On l'attache quelquefois à une poulie sous la hune de misaine, & quelquefois au grand étai sur la grande quille.

CALLEVILLE. s. f. Sorte de pomme assés grosse. Il y en a de rouges & de blanches. Les plus estimées sont celles dont la chair est tachetée de rouge en dedans.

CALLISTINS. s. m. On appelle ainsi ceux de Prague, qui s'opposerent aux Thaborites dans le quinziéme siecle. Quelques-uns les ont nommés *Calixtins*. Ils s'accordoient en tout à la doctrine de l'Eglise Romaine, à l'exception du retranchement de la Coupe. On prétend qu'il y a encore des Calixtins en Pologne.

CALME. s. m. Cessation entiere de vent. On dit sur mer, *Calme tout plat*, pour dire, qu'il ne fait point du tout de vent. *Etre pris de calme, tomber dans le calme*, c'est Demeurer sans aucun vent, en sorte qu'on ne va plus qu'au gré du courant de la mer. On dit aussi, *Il calme, il commence à calmer*, pour dire que Le vent diminue.

CALONIERE. s. f. Petit tuyau de Sureau ou de quelque autre bois creux, dont se servent les enfans pour jetter des pois ou des tampons de papier mâché, ce qu'ils font en faisant entrer un bâton par le derriere, & le poussant avec violence. C'est pour eux une maniere de sarbatane.

CALOT. s. m. Morceau de bois pour caler une piece de charpente, & la mettre droit sur son chantier.

CALOTE. s. f. On appelle en termes d'Arquebusier, *Calote de pistolet*, Une maniere de petite plaque de fer poli, qui est au bout de la poignée du pistolet.

CALOYER. s. m. Moine ou Religieux Grec qui suit la Regle de saint Basile. Ces sortes de Religieux vivent la plûpart du travail de leurs mains, & menent une vie très-dure & très-penitente, ne mangeant jamais de viande, & faisant quatre Carêmes, outre plusieurs autres jeûnes de l'Eglise Grecque; qu'ils observent. Il y en a qui ne mangent qu'une fois en trois jours, & qui sont même quelquefois encore plus long-tems sans manger pendant les sept semaines de leur principal Carême. Leur habillement est fort chetif, & ils ne portent jamais de linge. Ils sont extrémement charitables, & beaucoup de Voyageurs rapportent qu'il n'y a ni desordre ni scandale parmi eux. Le Mont Athos, où il y en a jusques à cinq mille, est comme le Noviciat de tout l'Orient. On l'appelle *La Montagne sainte*, à cause qu'il n'est habité que par des Caloyers, qui sont divisés en vingt-quatre Monasteres. Ils y sont d'une regularité si exacte, qu'ils s'attirent même la veneration des Turcs. Deux de ces Monasteres sont très-considerables. On appelle l'un *Untopedi*, & l'autre *Agia laura*. On y voit de très-belles Reliques, qu'on vient visiter de toutes parts. Les Eglises y sont richement ornées, & bâties superbement. On prend tous les Evêques du nombre des Religieux, & leur Ordination ne les dispense point d'observer les vœux de la vie Religieuse, c'est-à-dire, le celibat, outre lequel les Evêques gardent encore l'abstinence des viandes, fussent ils prêts de mourir. Il y a aussi beaucoup de Caloyers dans les Isles de l'Archipelague, & en general ils jouissent du libre exercice de leur Reli-

gion, comme tous les autres Grecs, en payant tribut au Turc. On donne aussi quelquefois le nom de *Caloyer* aux Dervis ou Religieux Turcs.

CALQUER. v. a. Terme de Peintre ou de Graveur. Copier un dessein trait pour trait sur une muraille ou autrement. Cela se fait en frottant le dessein par derriere avec de la sanguine ou de la pierre de mine. Ensuite avec une pointe qu'on passe ou qu'on presse dessus, on fait que la couleur marque sur la muraille, sur du papier, ou sur autre chose. Ce mot vient de l'Italien *Calcare*, qui veut dire, Contre-tirer.

CALVANIER. s. m. Terme dont on se sert dans quelques Provinces, pour signifier un homme de journée qu'on employe dans le tems de la moisson à tasser les gerbes dans la grange.

CALVARDINE. s. f. Vieux mot. Perruque.
Mais qu'il ait une calvardine,
Avec cela c'est un grand homme.
Borel fait venir ce mot de *Calvus*, Chauve, à cause que les perruques sont necessaires aux personnes chauves, & ont été inventées pour eux.

CALVINISTES s. m. Heretiques du dernier siecle, qui suivent la doctrine de Calvin. Leurs principales erreurs sont contre le Sacrifice de la Messe, le merite des bonnes œuvres, la présence réelle du Corps du Fils de Dieu dans le Sacrement adorable de l'Autel, le nombre & l'efficace des Sacremens, parmi lesquels ils n'admettent que le Baptême & la Cene, les Conseils Evangeliques, les vœux de Religion & les vœux particuliers, & la justification. Le Pere Gautier leur attribue cent heresies dans sa Chronologie, & le Pere François Feuardant, Docteur de Paris, en parlant de leurs erreurs en marque mille quatre cens dans un Ouvrage auquel il a donné pour titre *Theomachia Calvinistica*.

CALYPHE. s. m. Celui qui possede la principale Dignité Ecclesiastique chés les Sarasins. Vincent le Blanc rapporte dans ses Voyages, que le Calyphe de Bagdet, quoiqu'il ne soit plus que de nom, retient toutefois encore le droit ancien d'adopter & de confirmer les Rois d'Arabie, d'Assyrie & autres; ce qui fut cause que Solyman même, en passant par Babylone, voulut pour la forme prendre les marques de l'Empire de sa main. Nicod, après avoir dit que *Calyphe* est un nom de dignité & d'Office, ajoûte; *De tel nom étoient au premier & d'ancienneté appellés les Seigneurs & Dominateurs du grand Caire, qui fut jadis Babylon, en laquelle Ville, qui est la Capitale d'Egypte, y a encore une race & maison grandement noble, appellée, les Calyphes, qui se dient être de l'estoc & du sang des anciens Seigneurs de ladite Ville, & l'aisné de ladite race jouit du privilege de couronner le Soldan dudit Caire ou Babylon, de la Couronne Imperiale sur tous les peuples Mahumetans, après qu'il a été sacré à Prestre selon leur Religion.* Calyphe est un mot Arabe qui veut dire, Successeur & heritier. C'étoit une Dignité hereditaire.

CAM

CAMAGNE. Terme de Marine, qui veut dire la même chose que *Cajute*, c'est-à-dire, Un lit de Vaisseau, dont la plûpart sont emboîtés autour du Navire.

CAMAIL. s. m. Terme de blason. Espece de lambrequin qui couvroit les casques & les écus des anciens Chevaliers. Quelques-uns dérivent ce mot de *Camelaucius*, qui étoit une petite couverture de tête, faite de camelot, & d'autres le font venir de

Cap

Cap de maille, à cause qu'il y avoit autrefois des couvertures de tête faites de maille. L'ancienne histoire marque des Chevaliers armés de Camails. Il y a grande apparence que ces Camails étoient à peu près les haussecols de nos derniers tems, & que les Camails des Evêques ont été nommés ainsi par la ressemblance.

CAMAYEU. f. m. Ouvrage de Peinture dans lequel on n'emploie qu'une seule couleur, & où les jours sont observés ainsi que les ombres, sur un fond d'or ou d'azure. Les Anciens nommoient ces Peintures μονοχρώματα. Les plus riches Camayeux sont rehaussés d'or ou de bronze par hachures. On appelle aussi *Camayeu*, toute pierre dont les couleurs naturelles augmentent le relief qu'on y taille en le détachant du fond. Les tableaux qui imitent les Onices, les Agathes, les Sardoines & autres pierres taillées en creux, ou de relief, sont appellés *Camayeux* par les Peintres, à cause que les Lapidaires nomment aussi Camayeux ces sortes de pierres ainsi taillées. Ce mot peut venir du Grec χαμαὶ, qui veut dire *Bas*, à cause qu'on y represente ordinairement des bas reliefs.

CAMALDOLI. f. m. Ordre Religieux, fondé sur la fin du dixiéme siecle par saint Romuald, qui donna à ses Moines les Regles de saint Benoît, avec quelques Constitutions particulieres ; & leur fit porter un habit blanc, à cause d'une vision qu'il avoit eue de plusieurs personnes vêtues de la même sorte, qui montoient par une é.helle dont le bout touchoit au Ciel. Saint Romuald étoit de Ravenne, d'une Maison fort illustre ; mais la pureté de ses mœurs, & la vie exemplaire qu'il menoit, le firent considerer encore plus que sa naissance. Il commença vers l'an 1009. à bâtir dans les Monts Apennins près d'Arezzo, ce celebre Monastere, appellé *Camaldoli*, qui a donné le nom à tout l'Ordre. Il n'y a guere de solitude plus affreuse. Ce lieu s'appelloit *Campo Maldoli* & apparemment il avoit tiré ce nom de celui du Seigneur à qui cette terre appartenoit. Ce Monastere est dans la Romandiole de l'Etat de Florence au deçà de l'Arne, & il y a un petit Bourg de ce même nom. Nous n'avons en France qu'un Convent de Camaldules ou de Camaldolides, qui est auprès de Gros-bois, & un autre en Bretagne. Un de leurs Statuts porte que leurs Maisons seront éloignées de cinq lieues au moins des grandes Villes. La vie qu'ils menent est d'une austerité surprenante. La Congregation des Hermites de saint Romuald, ou du Mont de la Couronne, est une branche de celui de Camaldoli, avec lequel cette Congregation fut unie en 1532. L'établissement en avoit été commencé douze ans auparavant par Paul Justinien de Venise, qui fonda le principal Monastere dans l'Apennin, en un lieu nommé le Mont de la Couronne, à dix milles de Perouse. Il en dédia l'Eglise en 1555. sous le nom de S. Sauveur.

CAMBISTE. Terme de negoce. Celui qui fournit ou qui accepte des lettres de change.

CAMBOUIS f. m. Outre la signification de Graisse noire qui sort du moyeu de la roue & vient au bout de l'essieu des charretes, ce mot veut encore dire Une composition faite avec les écorces des racines d'ormeaux, battues avec de la graisse de bouc & du vieux oing, & du fiel de bœuf. Cette sorte de Cambouis sert à étancher les tonneaux qui suintent, à graisser les vis des pressoirs, & à quelques autres usages. On fait venir ce mot de *Canubium*, qui est une espece de glu ou de colle.

CAMBRÉ, x'e adj. Creux, concave, & courbé. M. Ménage fait venir ce mot de *Camuratus*, fait de

Camurus, qui autrefois vouloit dire Courbé. Il y en a qui le dérivent de *Camera*, qui signifioit *Voute*, & dont on a fait le mot de *Chambre*, parce qu'anciennement on faisoit les chambres en voute. Du Cange dit que ce mot a été fait de *Camberta*, sorte d'arbrisseau qui vient courbe, & qui est appellé *Cambrek* par les Allemans.

CAMBRER. v. a. Terme de Menuiserie. Courber les membrures, planches & autres pieces de bois, pour quelque ouvrage cintré. La Cambrure se fait en presentant au feu des pieces de bois, qu'on a ébauchées en dedans, & les laissant entretenues quelque tems par les outils que les Menuisiers appellent *Sergens*.

CAMEADE. f. f. Plante dont la graine est verte d'abord, & qui ensuite devenant rouge, est noire quand elle est seche. On appelle aussi cette même plante, *Bois gentil*, & *Poivre des montagnes*.

CAMELEON. f. m. Petit animal terrestre qui a la tete sans col comme les poissons, mais qui l'a plus grosse & plus large qu'un lezard, quoiqu'il soit fait de la même sorte. Il a la queue longue comme celle d'une taupe, & quatre piés, en chacun desquels il y a trois doigts. Il marche peu à peu & son mouvement n'est pas moins tardif que celui de la Tortue. Quelques-uns tiennent qu'il ne se nourrit que d'air & des rayons du Soleil qu'il reçoit à gueule ouverte. Cependant on écrit de ce petit animal, qu'il darde sa langue sur les mouches, qui s'y trouvent attrapées, comme si elles étoient prises sur de la glu. Elle est faite de chair blanche, ronde & applatie par le bout, où elle est creuse & ouverte, & elle s'allonge aussi promptement qu'elle se retire. Le Cameleon a le museau long & taillé en pointe obtuse, à dos aigu, la peau plissée & hérissée comme une scie, depuis le défaut de la tête sur laquelle on voit une maniere de crête, jusqu'au dernier nœud de la queue qu'il a plate. Il n'a point d'oreilles, & ne reçoit ni ne produit aucun son. Deux petites ouvertures qu'il a dans la tête lui tiennent lieu de narines, & une ligne presque imperceptible joint les deux machoires. Il a les yeux assés gros, & l'iris en est isabelle, bordée d'un cercle d'or. Il n'a point de poil, mais des taches sur la peau qui prennent la couleur du lieu où il se rencontre : quand il est en repos à l'ombre, il paroît d'un gris bleuâtre. Ce gris se change en un gris plus brun & tirant sur le minime, quand il s'expose au Soleil, & ses parties les moins éclairées se changent en differentes couleurs, qui forment des taches grandes à peu près comme la moitié du doigt. Les grains de sa peau qui ne sont point éclairés, sont semblables à des draps mêlés de plusieurs couleurs Si on le manie, il paroît marqueté de taches brunes qui tirent sur le verd, & s'il est mis sous un chapeau noir, il semble être violet. Ceux qui l'enveloppent dans un linge, l'en retirent blanchâtre après deux ou trois minutes : mais cet effet n'est pas infaillible, & il ne prend point la couleur des autres étoffes où l'on peut l'envelopper. Sa couleur ne change pas même entiere, mais seulement en quelques parties de son corps. Quelques-uns qui prétendent avoir observé cet animal, disent que lorsqu'il est au Soleil, il paroît vert, quoiqu'il soit en lieu où il n'y ait ni herbes ni arbres, & qu'il paroît noir à la chandelle, encore qu'on le mette sur du papier blanc. Ils disent encore que si on l'enferme dans une boëte, il devient vert & jaune, & qu'il n'est susceptible que de ces quatre couleurs. On en trouve en Arabie & en Mexique, & ceux-ici n'ont que six pouces. On en voit en Egypte qui

Tome I.

X

ont onze & douze pouces en y comprenant là queue. Pline a dit qu'il y avoit des Cameleons auſſi grands que des Crocodiles, mais cela ne ſe trouve pas vrai, non plus que ce que dit Solin de l'antipathie du corbeau qui meurt auſſi-tôt qu'il a mangé de la chair de Cameleon. Selon quelques Modernes, le Cameleon, pour éviter les ſerpens montre ſur un arbre, d'où il les épie, & les fait mourir en faiſant tomber ſa bave ſur eux.

CAMELEOPARD. ſ. m. Animal qui ſe trouve dans l'Abyſſinie. Il n'eſt pas ſi gros que l'Elephant, mais il eſt beaucoup plus haut. On l'appelle ainſi à cauſe qu'il a la tête & le cou comme les Chameaux, & qu'il eſt tacheté ainſi que le Leopard, mais il l'eſt de taches blanches ſur un fond rouſſâtre. Il a la queue fort petite ; ce qui le fait appeller par les Ethiopiens, *Firatakacin*, c'eſt-à-dire, Queue menue. Les Italiens le nomment *Giraffa*, de l'Arabe *Zurafa*.

CAMELOT. ſ. m. Etoffe de Chameau. Le Camelot fleuré à la preſſe ſe nomme *Camelot gauffré*.

CAMION. ſ. m. Sorte de petite charrette ou haquet que traînent deux hommes, & dont on ſe ſert pour transporter des balots de marchandiſes d'un quartier d'une Ville dans une autre.

CAMOMILLE. ſ. f. Petite plante qui croît le long des ſentiers dans les lieux âpres, & que l'on cueille au Printems. Sa tige, qui eſt de la hauteur d'un palme, a pluſieurs concavitéz, d'où ſortent diverſes branches avec pluſieurs ailerons. Ses feuilles ſont fort menues & petites, & jettent des têtes rondes. Dioſcoride dit qu'il y en a de trois eſpeces, dont toute la difference eſt dans les fleurs, qui ſont toutes jaunes au milieu, mais qui different en ce que les unes ſont environnées en dehors de feuilles blanches, les autres de feuilles rouges, & les dernieres de feuilles jaunes. Matthiole dit que les Apoticaires n'employent point d'autre Camomille que celle qui a ſa fleur jaune au dedans & environnée au dehors de feuilles blanches. Celle-ci ſent bon, & ſe trouve ordinairement dans les blés. Les deux autres eſpeces ſont connues [de peu de gens, & par conſequent beaucoup moins communes. Les Sages d'Egypte dédiérent cette herbe au Soleil la tenant pour un ſingulier remede contre les fiévres. Selon Galien elle n'eſt bonne que pour celles qui procedent d'une humeur bilieuſe ou melancolique. Il dit qu'elle eſt réſolutive, ſubtiliante & laxative, étant compoſée de parties ſubtiles. On ne fait guere de lavemens ni de fomentations où les fleurs de Camomille n'entrent, ſur-tout lorſque l'on veut adoucir quelques douleurs de colique, ou amolir quelque humeur pour la faire ſuppurer. On l'appelle *Chamæmelum*, *Anthemis*, ou *Leucanthemum Dioſcoridis*.

CAMP. ſ. m. Terrain ſpacieux où une Armée plante le piquet, dreſſe des tentes, & fait des huttes pour ſe loger. Quoiqu'on s'y couvre quelquefois d'un retranchement, on ſe contente ſouvent de choiſir une aſſiette avantageuſe. On choiſit toûjours pour faire la tête du camp, le terrain qui fait face vers la campagne où l'on monte le Biouac.

On appelle *Camp volant*, une petite Armée compoſée de quatre, cinq ou ſix mille hommes, & quelquefois d'un plus grand nombre, tant Infanterie, que Cavalerie pour tenir la campagne, & faire divers mouvemens, afin d'empêcher les Ennemis de s'attacher à quelque entrepriſe. Le mot de *Camp* ſe prend pour l'armée même, dans les noms qu'on donne à quelques principaux Officiers, comme *Maréchal de Camp*, *Meſtre de Camp*, *Aide de Camp*.

CAMPAGNE. ſ. f. Eſpace de tems pendant lequel on a coûtume chaque année de tenir les Troupes en Corps d'Armée. On dit, qu'*Un homme a fait vingt Campagnes*, pour dire, qu'il a paſſé vingt années dans le ſervice. On dit, *Tenir la Campagne*, *être maître de la Campagne*, pour dire, Avoir un Corps d'Armée dans un pays, & empêcher les Ennemis de paroître. On dit à peu près dans le même ſens, *Mettre en Campagne*, pour dire, Faire ſortir les Troupes des lieux où elles ſont en quartier d'hiver, pour les aſſembler, & les mettre en Corps d'Armée.

On appelle, *Piece de Campagne*, un Canon, qui n'étant que d'une groſſeur mediocre, peut ſuivre facilement une Armée dans ſa marche. On ſe ſert de ces ſortes de Canons dans les batailles & à la tête d'un Camp.

On dit auſſi en termes de Chaſſe, *Battre la Campagne*, lorſque les Chaſſeurs occupent un grand eſpace dans quelque plaine pour en faire lever le Gibier. On dit auſſi *Battre la Campagne*, en parlant des batteurs d'eſtrade qui vont découvrir ce que font les Ennemis.

CAMPANE. ſ. f. Ouvrage de ſoye, d'or, d'argent filé, où il pend ordinairement des manieres de petites cloches, faites de la même matiere. On en met aux pentes d'un lit, aux imperiales des caroſſes & à d'autres endroits où l'on veut mettre de riches crêpines. Ce mot vient du Latin *Campana*, qui veut dire, Cloche.

· *Campane*, eſt auſſi un ornement de Sculpture, d'où pendent des houpes en forme de petites cloches. On met de ces ſortes d'ornemens à un Dais d'Autel, de Trône, ou de Chaire de Predicateur.

Campane. Terme d'Architecture. Corps du Chapiteau Corinthien, & du Chapiteau Compoſite, appellé ainſi à cauſe de la reſſemblance qu'il a avec une cloche renverſée Il reſſemble auſſi à une corbeille, autour de laquelle les feuilles naiſſent, L'Abaque, ou tailloir eſt au deſſus de la Campane, laquelle eſt appellée *Tambour* ou *Vaſe* par les Ouvriers. Le rebord qui touche au tailloir ſe nomme *Levre*.

On appelle *Campane de comble*, des Ornemens de plomb chantournés & évidés, que l'on met au bas du faîte & du briſis d'un comble.

CAMPANELLE. ſ. f. Sorte de fleur blanche, rouge, bleue ou couleur de gris de lin, qu'on appelle ainſi parce qu'elle eſt faite en façon de petite cloche. Elle fleurit pendant quatre mois depuis Juin juſqu'en Septembre.

CAMPANINI. ſ. m. Sorte de marbre qui ſe trouve dans les montagnes de Carrare, où il y en a de noirs, d'autres tirant ſur le gris, d'autres mêlés de rouge, & d'autres qui ont des veines griſes. Celui que les Italiens appellent *Campanini*, a reçu ce nom à cauſe qu'il reſonne quand on le travaille, & rend un ſon fort aigu, en quoi il reſſemble à une cloche. Il eſt naturellement dur, & s'éclate plus aiſément que les autres.

CAMPATOIS. ſ. m. Secte d'Heretiques, qui s'éleverent contre l'Egliſe dans le quatrième ſiecle, Leur doctrine étoit la même que ſuivoient les Donatiſtes & les Circoncellions. Ils ſont appellés *Montois* par S. Jerôme dans ce qu'il a écrit contre les Luciferiens.

CAMPEMENT. ſ. m. Terme de guerre. Logement d'une Armée dans ſes quartiers. Outre l'avantage de l'aſſiete, chaque quartier doit avoir la commodité des eaux & des fourrages, avec la facilité de ſe retrancher & être diſpoſé de telle ſorte que les Troupes faſſent front par dehors.

CAMPHRE. f. m. Gomme refineufe, qui diftille d'un arbre extrémement haut & large. Cet arbre croît aux Indes dans les montagnes maritimes & dans l'Ifle de Borneo, & on en fait de grands coffres qu'on apporte du Japon. Il y a de deux fortes de Camphre. L'un eft celui de Borneo, qui ayant été cuit & épuré par la chaleur du Soleil, ou par le feu, contracte une couleur fort blanche. C'eft celui qu'on eftime le meilleur, & il nous en vient affés rarement. L'autre eft le Camphre de la Chine. On nous l'apporte en Europe tout crud en pains; & comme il n'a point paffé par le feu, il eft reputé groffier & l'eft en effet. Le vrai Camphre doit être blanc, criftallin, pur, d'odeur penetrante & friable. On connoît celui qui eft falfifié, en ce qu'il rotit mis dans un pain chaud au fortir du four, il rôtit, & le veritable fond. Il eft excellent pour refifter aux venins & à la pourriture, & même pour corriger l'air en tems de pefte. Il eft auffi diuretique, cephalique & ftomachique lorfqu'on le mêle avec d'autres medicamens legerement aftringents. Il leur fert de vehicule; mais on doit prendre garde que le Camphre ni les médicamens où il entre ne conviennent point aux femmes groffes ni à ceux qui ont l'eftomach foible. Quelques-uns tiennent que l'huile de Camphre, tirée par diftillation a une faculté narcotique. Ce qu'il y a de fort particulier dans le Camphre c'eft qu'il retient & conferve un feu inextinguible qui brûle dans l'eau, fur la glace & dans la neige. Cela vient de ce qu'il eft d'une nature fort tenve & graffe; de forte que fi on en jette dans un baffin fur de l'eau-de-vie, & qu'après les avoir fait bouillir dans quelque lieu étroit & bien fermé, jufqu'à-ce qu'ils foient tout-à-fait évaporez, on y entre avec un flambeau allumé, tout cet air renfermé conçoit le feu auffi-tôt, & ce feu paroît comme un éclair fans caufer aucun dommage.

CAMPOIS. f. m. Heretiques qui parurent dans le même fiecle que les Campatois, & qui s'attachoient aux erreurs des Ariens. Quoiqu'ils fiffent profeffion de demeurer dans la Communion de l'Eglife, ils ne laiffoient pas de croire trois fubftances dans la Trinité, & dans la doctrine de certains Errans, qui au lieu de croire une même fubftance ou effence en trois Perfonnes divines, y foutenoient trois hypoftafes ou fubftances.

CAN

CANADE. f. f. Terme de Marine. Nom que donnent les Portugais à la mefure de vin ou d'eau que l'on diftribue par jour à chacun de l'équipage.

CANAL. f. m. Terme d'Architecture. Partie un peu creufée qui eft fous le tailloir après le lifteau, & pofée fur l'échine ou ove dans le Chapiteau Ionique, & qui fe contourne de chaque côté pour faire les volutes.

On appelle *Canal de larmier*, le Platfond creufé d'une corniche qui fait la mouchette pendante.

On appelle *Canal de jardin*, une Piece d'eau fort longue qui eft revêtue de pierre ou de gazon.

CANAUX au pluriel font des efpeces de cannelures fur une face ou fous un larmier, qui font quelquefois remplies de rofeaux ou de fleurons. On les nomme autrement *Portiques*. On donne auffi le nom de Canaux aux cavités droites ou torfes, dont on orne les tigettes des Caulicoles d'un Chapiteau.

Canal eft auffi en termes d'Arquebufier, le creux qui eft fous le fuft d'un fufil, d'un piftolet, &c. où fe met la Baguette.

On appelle auffi *Canal*, dans la bouche du cheval, la Concavité qui fe rencontre au milieu de la ma-

Tome I.

choire inferieure, & qui eft deftinée à placer la langue. Les barres la bornent de part & d'autre, & elle va fe terminer aux dents machelieres. Les Barbes ou barbillons croiffent dans ce Canal.

CANARD. f. m. Oifeau aquatique, qui eft le mâle de la Cane. Il y en a de deux fortes, le Canard privé & domeftique, qui eft peu eftimé, & qu'on nomme *Barbotteur*, à caufe qu'il trempe prefque toûjours fon bec dans la bourbe. Les Canards fauvages qu'on nomme *Oifeaux de riviere*, volent ordinairement en troupe l'hiver fur les étangs. La chair des uns & des autres eft humide, vifqueufe, phlegmatique, excrementeufe, & on ne la digere pas aifément. La graiffe de Canard ne laiffe pas d'être bonne dans la Medecine. Elle amollit, digere & refout. On s'en fert particulierement pour les douleurs tant internes qu'externes du côté, des joinures, & dans une intemperie froide des nerfs.

On appelle auffi *Canards*, les Chiens qui ont le poil épais & frifé que l'on dreffe à aller querir dans l'eau, les Canards & autres Oifeaux qu'on y a tués.

On appelle *Bois canard*, les pieces de bois qui s'arrêtent dans les ruiffeaux où on les fait floter à bois perdu. Les Ordonnances donnent quarante jours aux Marchands pour faire pêcher leurs bois canards.

CANARDIERE. f. f. Petit lieu couvert que l'on prépare dans un marais ou dans un étang, & dans lequel celui qui chaffe aux Canards, ne peut être vû. Il en peut tuer delà beaucoup par le moyen d'un Canard privé & des rets faillans.

CANARIES. f. f. p. Sorte d'ancienne danfe, dans laquelle on s'approche, & on fe recul les uns des autres, en faifant plufieurs paffages bizarres, & en remuant fort vîte les piés. Quelques-uns tiennent que cette danfe a été nommée ainfi, comme venant des Ifles qu'on appelle Canaries; & d'autres veulent qu'elle vienne d'un balet où les Danfeurs étoient habillés en Rois de Mauritanie. On danfe les Canaries fur un air de mufique qui eft à trois tems, dont chaque mefure commence prefque toûjours par une note pointée. La derniere mefure de chaque couplet eft compofée de deux Notes, dont la premiere fait les deux tiers de la mefure. On a donné auffi à cet air le nom de *Canarie*.

CANASTRE. f. m. Sorte de coffre de cuir, femblable à nos manequins, fait de peaux de bœuf qui font feches, dont les Efpagnols fe fervent dans les Indes. On mange ce cuir faute d'autre nourriture, en le faifant tremper dans de l'eau, & en le battant entre deux pierres. Enfuite après en avoir gratté le poil avec des couteaux, on le met rôtir fur le feu & on l'avale haché en petits morceaux.

CANCAMUM. f. m. Larme d'un arbre qui croît en Arabie, & qui reffemble en quelque forte à la myrrhe. C'eft là ce qu'en dit Diofcoride, qui ajoûte que le goût en eft fâcheux, & qu'on s'en fervoit autrefois à parfumer les robes & les vêtemens. Cette forte de gomme ne fe trouve plus aujourd'hui. Les uns croient que c'eft la Lacque; les autres, la Gomme anime; d'autres le Benjoin, & d'autres difent qu'elle nous eft entierement inconnue.

CANCELLE. f. m. Sorte de petit Cancre, dont la couleur eft rouffe, & qui fe prend avec les petits poiffons. Selon Ariftote, il reffemble à l'Araignée, excepté qu'il a fon devant plus ample & plus large, ainfi que ce qui eft fous fa tête & fa poitrine. Il a deux petites cornes rouffâtres & minces, au-deffous defquelles font deux gros yeux qui ne fe retirent point comme ceux des Cancres. Plus bas eft un os environné de petits poils qui lui fervent de

X ij

mouftache. Il a par devant deux piés fourchés dont il se sert pour porter à sa bouche ce qu'il mange. Il en a deux autres de chaque côté avec un autre petit qui fait le tiers au milieu, & tous ces piés sont comme des branches, qui font qu'on appelle aussi ces animaux des *Branchues*. Ælian dans son histoire des Animaux dit que les petits Cancres qu'on appelle *Cancelli*, naissent tout nuds sans écailles ni coquilles; mais qu'ils en cherchent pour s'en servir comme d'une maison, & que lorsqu'ils ont trouvé quelque coquille vuide, soit de Pourpre, ou de Turbin, ils entrent dedans, & s'y accommodent, jusqu'à ce qu'étant devenus trop gros, ils soient obligés d'en chercher une plus grande. Il dit encore qu'il y a souvent combat entr'eux pour ces sortes de maisons, & que les plus forts font la loi aux plus foibles, & les en dépouillent.

CANCRE. s. m. Poisson d'eau douce, d'étang ou de mer, qui a le corps rond, & couvert de croûte ou de coque dure. Il a deux bras fourchus, & quatre piés de chaque côté. Selon Rondelet, il n'a point de queue, ou s'il en a une, il la tient serrée. Cela se rapporte à ce qu'Aristote dit que le Cancre est le seul de tous les poissons à écaille qui ne soit point gouverné par sa queue. Matthiole dit que les cancres sont fort communs à Venise, où ils sont appellés *Molecca*, parce que ce poisson est fort mol lorsqu'il est hors de son écaille. Il dit encore que presque toutes les rivieres & les ruisseaux de Toscane en sont pleines, & que les gens de Marine, appellent les mâles *Granci*, & les femelles *Macinettes*. Il met aussi au nombre des Cancres les *Maies*, qu'on appelle *Grancevoles* en Italie, & les *Squaranchons*, qu'on y appelle *Granciporro*. La cendre des Cancres de rivieres brûlés, prise en breuvage avec de la racine de Gentiane, & autres semblables, est un singulier remede pour les morsures des chiens enragés. Les Cancres marins n'ont pas la même efficace. Quelques-uns tiennent, que si on prenoit dix Cancres de mer ou de riviere broyés avec une poignée de Basilic, & qu'on les posât en quelque lieu où il y eût des Scorpions, ils s'y assembleroient tous.

CANDE'. s. m. En plusieurs endroits c'est la même chose que Confluant. Ainsi on appelle *Candé*, l'embouchure où la Vienne se joint à la Loire. On dit *Condé* en d'autres endroits, & *Cognac* en d'autres.

CANDELABRE. s. m. Mot tiré du Latin *Candelabrum*, pour dire, Un grand Chandelier de salle à plusieurs branches, fait à la maniere des anciens.

On en met dans les grands chœurs à 3. 5. & 7. branches. Celui de saint Pierre d'Angers est gravé dans le Voyage Liturgique du sieur Moleon.

Candelabre, est aussi un Chandelier en forme de grand balustre qu'on met pour amortissement à l'entour d'un dôme; on voit ces sortes de Candelabres aux dômes de la Sorbonne, & du Val de Grace à Paris.

CANDELETTE. s. f. Terme de Marine. Corde garnie d'un crampon de fer, dont on se sert à mettre l'ancre sur les bosseurs, lorsqu'elle est sortie de l'eau.

CANDIR. v. n. pass. Furetiere dit que les confitures, qui ne sont pas bien cuites, se candissent; elles se candissent pour être trop cuites & se chancissent ou se démissent pour ne l'être pas assés, ou pour être en un lieu humide.

CANDOU. s. m. Arbre gros comme un noyer qui croît aux Maldives, & qui ne porte aucun fruit. Sa feuille approche de celle du Tremble. On s'en sert comme d'un fusil en ce pays-là; sa propriété étant telle, que quoiqu'il soit plus mol & plus leger que

le liege, on en fait sortir du feu en le frottant contre un autre arbre de même nature.

CANE. s. m. La femelle du Canard. Oiseau aquatique, qui incline le corps deçà & delà en marchant, & qui se nourrit près des moulins, des étangs & des marais. Il y a aussi une *Cane de mer*. C'est un oiseau de couleur tannée, avec un colier blanc autour du cou, qui a le bec un peu long & noir, & les jambes noires.

CANEPETIERE. s. f. Oiseau de campagne, plus petit qu'une Outarde, mais qui lui ressemble beaucoup. Sa chair n'est pas moins délicieuse à manger que le Faisan.

CANEPIN. s. m. Peau fort déliée qu'on leve de dessus la peau du mouton, après qu'on l'a laissée quelque peu dans de la chaux. On en fait des éventails, & des gands de femmes que l'on appelle autrement Gands de cuir de poule. Les Chirurgiens s'en servent pour éprouver leurs lancettes.

Canepin est aussi une petite pelure bien déliée, qu'on prend du dehors de l'écorce du Bouleau, ou au-dedans de l'écorce du Tilleul. Les Anciens se servoient de cette pelure pour écrire.

CANETER. v. n. Il se dit de ceux qui marchent en inclinant le corps deçà & delà comme font les Canes.

CANETTE. s. f. Terme de Blason. On s'en sert en parlant des petites canes, qui se representent comme les Merlettes avec les ailes serrées. La difference est qu'elles ont bec & jambes, ce que n'ont pas les Merlettes.

CANIDE. s. m. Sorte de Perroquet qui se trouve dans les Antilles, & que la beauté de son plumage fait fort estimer. Il est de la grosseur d'un Faisan, & toutes les plumes qu'il a sous le ventre, sous les ailes & sous le col, sont de couleur d'aurore tabisée. Il a le dessus du dos & la moitié des ailes d'un bleu celeste, & très-vif, la queue & les grandes plumes des ailes entremêlées d'un incarnain fort éclatant, diversifié d'un bleu comme le dessus du dos, d'un vert naissant & d'un noir luisant, & sa tête couverte d'un petit duvet de couleur de rose, marqueté de vert, de jaune, & de bleu mourant, qui s'étend en ondes jusqu'aux dos. Ses paupieres sont jaunes, & la prunelle de ses yeux jaune & rouge. On voit sur sa tête comme une toque de plumes d'un rouge vermeil, bordée de plusieurs autres plumes plus petites de couleur de gris de perles.

CANIF. s. Espece de petit couteau, dont la lame est fort étroite & pointue pour tailler les plumes, & dont les Tailleurs se servent pour couper les boutonnieres. Quelques-uns prononcent Ganif.

CANIVEAUX. s. m. p. On appelle ainsi les plus gros pavés, qui sont assis alternativement avec les contrejumelles, & qui traversent le milieu du ruisseau d'une rue où les chariots passent.

CANNE. s. f. Mesure Romaine, qui est composée de dix palmes. Ce sont six piés onze pouces de Roi. C'est aussi une mesure qui a cours en Provence & en Languedoc, & qui contient une aune de Paris & deux tiers. La Canne de Toulouse en contient une aune & demie.

Canne est aussi un arbre qui vient en forme de roseau. Il y en a de fort hauts, & d'un bois extrêmement serré, dont on fait quelquefois des mâts en Orient. La Canne se forme de plusieurs feuilles larges, qui s'entortillent ensemble en croissant à la maniere des épis de blé. En general on connoît trois sortes de Cannes, la Canne commune, la Canne odorante, la Canne qui porte le sucre.

La Canne commune, n'est autre chose que le Roseau commun qui croît dans les eaux & dans les endroits marécageux. Les Medecins se servent de sa racine, qui est chaude & seche, & fort attractive.

La Canne odorante, est une plante qui vient dans les Indes, & qui est mise au rang des Roseaux. C'est ce que les Droguistes & Apothicaires appellent *Calamus aromaticus*, auquel ils substituent l'*Acorus verus*. Il est acre, cephalique, stomachique, hepatique, hysterique & diuretique.

La Canne qui porte le sucre, est une plante de sept ou huit piés, fort grosse, pleine de nœuds, entourée de plusieurs feuilles longues, étroites & cannelées. Cette plante est spongieuse, moëlleuse & remplie au-dedans d'un suc très-doux, qu'on fait distiller en forme de larmes, en faisant une incision à son écorce. On tire aussi du suc par élixation de la moële, jusqu'à ce que toute la liqueur soit épaissie au fond du vaisseau en forme de sel. Les racines de cette sorte de canne ressemblent à celles des cannes communes; mais elles ont moins de bois, & sont plus douces & plus succulentes. Ces racines poussent des rejettons, qui étant transplantés n'ont point de peine à reprendre, & ont à la fin la grandeur des autres cannes.

On appelle aussi *Cannes*, certaines especes de grands roseaux qu'on employe en Italie & en Levant, au lieu de dosses pour garnir les travées entre les cintres lorsque l'on construit des voutes.

CANNELADE. s. f. Terme de Fauconnerie. Sorte de curée qu'on prépare pour le vol du heron. Elle se fait avec du sucre, de la cannelle, & de la moële de cet oiseau. Les Fauconniers la donnent à leurs oiseaux pour les échauffer à ce vol.

CANNELE', s'n. adj. On appelle *Colomne cannelé*, la colomne qui a des cannelures. Ce mot est aussi en usage dans le Blason, & se dit de l'engrelûre dont les dos sont en-dehors & les pointes en-dedans, de même, que les cannelures des colomnes en architecture.

On dit aussi *Cannelé* en termes de Teinture, pour dire, Qui est de couleur de cannelle.

CANNELER. v. a. Terme d'Architecture. Tailler de petits canaux du haut en bas du fust des colomnes, pilastres, graines de terme, &c. On dira aussi *Canneler*, pour dire, Faire de petites cavités en rond dans des co'omnes, celles des Triglyphes sont en triangle, & autres ornemens d'Architecture.

CANNELLE. s. f. Ecorce d'un arbre qui est grand & gros comme un Oranger, & qui croît naturellement & sans culture dans l'Isle de Ceilan, & dans d'autres lieux des Indes Orientales. Cet Arbre a plusieurs branches longues, fort droites & fort épaisses, bien arrangées, avec des nœuds, dont il sort encore de petits rameaux couverts de feuilles assés grandes. Ces feuilles ressemblent à celles du Laurier cerisier, & sont attachées deux à deux par de petites queues. Elles sont un peu plus longues vers leur pié, & se terminent en pointe. Chacune a trois ou quatre nerfs en long. Ces petits rameaux poussent plusieurs petites fleurs blanches & de bonne odeur, & après ces fleurs naissent des fruits qui sont de la grosseur & de la figure d'une olive. Ils sont verts d'abord, & deviennent noirs & reluisans lorsqu'ils ont atteint leur maturité. Le bois de cet arbre n'a aucun goût, & n'envoye aucune odeur. Sa principale vertu est dans son écorce, qui semble être double lorsqu'elle est recente. Elle a sa superficie grisâtre, fort odorante & aromatique, & le dedans est de la couleur ordinaire de la cannelle. On pourroit alors diviser en deux écorces de differente couleur; mais étant sechées ensemble, elles sont inséparables, & passent pour la même écorce,

la couleur grisâtre de la superficie, se changeant en la couleur ordinaire, à mesure qu'elle seche. La Cannelle pour être bonne doit être d'un goût piquant & fort agreable, & avoir une couleur rousse & assés vive. Ses qualités sont d'échauffer & de dessecher. Elle est de parties subtiles, & a une forte acrimonie au goût avec une legere astriction; ce qui fait qu'elle découpe & dissout les superfluités du corps. On trouve dans les Indes Occidentales une autre sorte de Cannelle, qui vient d'un Arbre grand comme l'olivier. Il produit certaines bourresses avec leurs fleurs, qui étant broyées, ont en quelque sorte le goût & l'odeur de la Cannelle d'Orient.

On appelle aussi *Cannelle*, la fontaine qu'on met à un muid, pour en tirer la liqueur lorsqu'il est en perce.

CANNELURE. s. f. Cavités à plomb, arrondies par les deux bouts qui sont autour du fust d'une colomne. Ce mot vient de *Canal*, à cause que les Cannelures sont comme un canal le long des colomnes, ou du mot de *Cannes* ou roseaux qui les remplissent. Elles different dans l'ordre Dorique de celles des autres ordres, en ce qu'elles sont moins profondes & qu'il n'y a point de listel qui les sépare; ce qui les fait appeller *Cannelures à vive arrête*. Il n'y en a pas même un si grand nombre aux colomnes Doriques qu'aux autres. Vitruve n'y en met que vingt; mais cela ne s'observe point presentement. On en met vingt-quatre indifferemment à tous les ordres, & jusqu'à vingt huit & trente-deux à l'ordre Corinthien. On appelle *Cannelures ornées*, celles qui dans la longueur du fust, ou depuis le tiers d'en bas, ont de petites branches de laurier, de lierre, de chêne, &c. ou qui ont des fleurons & autres ornemens qui le plus souvent sortent des roseaux; *Cannelures torses*, celles qui tournent en vis autour du fust d'une colomne; *Cannelures avec rudentures*, celles que l'on voit remplies de bâtons, de roseaux ou de cables jusqu'au tiers du fust; *Cannelures de gaine de terme ou de consoles*, celles qui ne sont pas si étroites par le haut que par le bas, & *Cannelures à côtés*, celles qui ont des baguettes ou astragales aux côtés ou au-dessus, & que des listels de certaine largeur séparent. *Les cannelures plates*, sont celles qui sont en maniere de pans coupés au nombre de seize, comme à l'ébauche d'une colomne Dorique, ou qui sont creusées quarrement dans le tiers du bas d'un fust, en maniere de demi-bastions ou petites faces.

CANON. s. m. Piece d'Artillerie, faite de fer ou de fonte. Elle est creuse en forme de tuyau, & porte environ dix piés & demi de long, & six pouces quatre lignes de calibre. Le Canon ordinaire des batteries d'aujourd'hui ne passe pas vingt-quatre livres de balle. La charge de poudre pour chaque piece, doit avoir à peu près la moitié du poids de son boulet, & il faut pour le servir deux Canoniers avec trois Chargeurs. Quand on l'a placée sur une batterie, il peut tirer par heure dix à douze coups, & quelquefois jusqu'à quinze ou seize. Après qu'elle a tiré trente coups, on prend pour la rafraîchir deux pintes de vinaigre, qu'on mêle avec quatre pintes d'eau, & qu'on met dans l'ame après avoir bien bouché la lumiere. Sans cette précaution elle seroit en risque de crever, ou de s'éventer. Le Canon commun, dont le boulet pese trente-trois livres, est de la premiere & vieille espece, & celui de la nouvelle en pese trente-six. Il sert à battre en ruine; mais comme il est très-pesant & difficile à traîner, on l'employe d'ordinaire pour un assaut en le chargeant à cartouche, afin de battre & de découvrir de loin, foit pour attaquer quand on fait les premieres approches, ou pour fe défendre en fe plaçant fur un cavalier. Les autres efpeces de canon dont on fe fert fur terre, & fur-tout en France, font la Coulevrine, la Bâtarde, la Moyenne & le Faucon & le Fauconnier. Ces deux dernieces pieces d'Artillerie font les plus faciles à être fervies, & on les appelle communement *Pieces de campagne*, parce qu'elles fuivent toûjours l'armée en campagne. La facilité qu'il y a de les charger promptement, fait qu'on s'en fert plûtôt que des autres, outre qu'il ne faut pas tant de foin pour les conduire, & qu'étant prêtes en fort peu de tems, leurs décharges font plus frequentes. Les Canons des Vaiffeaux, qui font plus pefans de métal que ceux de terre, à caufe de l'effort que reçoivent les pieces fur mer par la neceffité où l'on fe trouve de les charger quelquefois à deux boulets, font montés fur des affûts femblables à ceux des Mortiers. Il y a quatre petites roues, chacune d'une piece qui les portent, & ces roues n'ont point de rais. La Dra-gue & le Palan fervent à affoiblir le recul, & à remettre la piece en batterie. On dit *Canon à la ferre*, pour dire, Un Canon qui eft faifi en-dedans, & dont la volée porte contre le haut du fabord. *Canon aux fabords*, font ceux qui font mis en état d'être tirés. On appelle *Canon allongé contre le bord*, Celui qui eft faifi de long contre le côté du Vaiffeau ; & *Canon détapé*, Celui qui eft débouché, ou dont la tape eft hors de la bouche du Canon. *Canon démaré*, eft un canon qui a rompu les cordes qui l'amarroient ; & *Canon démonté*, eft celui qui eft hors de deffus fon affût, ou dont l'affût s'eft rompu par accident.

Canon, eft auffi la partie des fufils, moufquets, piftolets, &c. où l'on met la charge de poudre & de plomb ; & en ce fens on appelle *Canon rayé*, un Canon qui a dedans quelques cannelures, & dans lequel on enfonce une balle à force, ce qui fait tirer plus droit.

Canon, en termes de Serrurier, eft une efpece de tuyau de fer qui eft dans les ferrures, & par où entre le bout de la clef, quand il n'eft pas forée. C'eft auffi la partie d'une clef qui eft forée, & qui joint l'anneau.

Canon, eft auffi une forte d'embouchure pour un cheval, & n'eft autre chofe, qu'un fer d'une longueur arrondie, forgé de telle forte, qu'il s'éleve peu à peu vers le milieu, & monte vers le palais, afin que le vuide qui eft au-deffous, donne un peu de liberté à la langue du cheval. Ce Canon eft quelquefois compofé de deux pieces qui fe plient au milieu, & quelquefois d'une feule qui ne plie point, comme le canon à trompe.

On appelle auffi *Canon*, une efpece de tuyau qui entre dans le corps d'un Arrofoir, & au bout duquel eft la pomme pleine de petits trous, par où l'on fait fortir l'eau pour arrofer.

On dit encore *Canon à devider*. C'eft une maniere de petit bâton tourné avec des rebords, où prefque à fon extrémité il y a un trou pour mettre la broche du rochet.

Canon dans un cheval, eft la partie de la jambe du train de devant, comprife entre le genouil & la feconde jointure du pié, qu'on appelle le Boulet.

Canon, eft auffi un terme d'Imprimeur, & fignifie une forte de caractere dont on fe fert pour l'impreffion. *Il faut imprimer cela de gros Canon, de petit Canon.* Ces caracteres font avant le gros Romain & le Parangon.

Canon, fe dit auffi parmi les Architectes, d'une gouriere de plomb, faite avec des feuillages & en

forme de canon.

On appelle *Canon de goutiere*, des Bouts de tuyaux de cuivre ou de plomb par où les eaux de pluie fe répandent au-delà d'un cheneau & d'une cymaife par les gargouilles.

Canon, eft auffi le tuyau d'une plume dont on fe fert pour écrire.

CANONNIERE. f. f. Sorte de tente de toile à deux mâts pour repofer les Canonniers. C'eft auffi une Ouverture qu'on laiffe dans les gros murs pour faire écouler les eaux. Les enfans appellent *Canonniere*, un Morceau de fureau vuidé, long d'un demi-pié, où ils mettent des manieres de bales qu'ils font de papier maché, & qu'ils fe jettent les uns contre les autres, en les faifant fortir avec force, par le moyen d'un bâton qu'ils font entrer dans la canonniere.

CANOT. f. m. Petite chaloupe, petit bateau deftiné au fervice d'un grand bâtiment. On appelle *Canot de bois*, dans les Pays étrangers, un Canot fait d'un feul arbre que l'on a creufé. Il y a auffi des *Canots de fauvages*, & des *Canots d'écorce*. Ce font de petits bateaux faits d'écorce d'arbre, dont fe fervent les Sauvages de l'Amerique Septentrionale. Ceux de Canada les font d'écorce de bouleau, & affés grands quelquefois pour contenir quatre ou cinq perfonnes. On dit *Canot jaloux*, pour dire, Un Canot qui a le côté foible.

CANTAL. f. m. Sorte de bon fromage, auquel on croit qu'une montagne d'Auvergne a donné le nom.

CANTALABRE. f. m. Chambranle ou bordure fimple d'une porte ou d'une croifée. Ce mot n'eft en ufage que parmi les Ouvriers.

CANTANETE. f. f. On appelle *Cantanetes*, en termes de mer, Deux petites ouvertures rondes, entre lefquelles eft le gouvernail. C'eft par où le Gavon reçoit la lumiere.

CANTHARIDE. f. f. Sorte d'infecte, qui a des piés & des ailes comme les mouches, & qui eft de couleur verte, fort luifante, & qui tire affés fur le violet. Les Cantharides fe forment d'une efpece de vermiffeaux, qui naiffent d'une certaine humeur attachée & inherante aux blés & aux feuilles du frêne & du peuplier. Parmi celles qui s'y trouvent on choifit les Cantharides, qui étant de differentes couleurs, ont fur les ailes des lignes jaunes tranfverfales. Il faut auffi pour être choifies, qu'elles foient épaiffes & recentes. On les fait mourir en les mettant au-deffus de la vapeur d'un très-fort vinaigre que l'on fait bouillir exprès ; après quoi on les fait fecher, & elles fe gardent environ deux ans fans perdre rien de leurs qualités. Ces qualités font d'être très-acres, corrofives & ulceratives ; ce qui les fait mettre au rang des poifons. Ainfi on ne les doit employer qu'extérieurement, pour exciter des veffies fur le cuir, lorfque l'on veut attirer du dedans au dehors, & détourner une fluxion qui tombe fur quelque partie confiderable. On s'en fert auffi en forme de veficatoire, pour ouvrir quelque apoftume fuperficielle. On tient qu'elles appaifent le mal de dents, étant appliquées à la temple ou fous l'oreille. Quoiqu'elles foient venimeufes, & particulierement ennemies de la veffie, on ne laiffe pas quelquefois d'en faire prendre interieurement deux ou trois grains ; mais il faut pour cela qu'elles foient bien corrigées & purgées de leurs têtes, de leurs piés & de leurs ailes. Ce qui rend cette grande précaution neceffaire, c'eft qu'ayant une chaleur exceffive, & une faculté corrofive & mordicante, elles rongent les inteftins, enflament le foye, & exulcerent la veffie, en forte que l'ardeur d'uriner qu'elles caufent, fait piffer le fang tout clair. Marthiole dit que les Cantharides ont pris leur nom du Grec *xalSapos*, qui felon Ariftophane, veut dire l'animal qu'on appelle en Latin *Scarabæus*, & en François *Fouillemerde*.

CANTHUS. f. m. Terme de Medecine. Le coin ou l'angle de l'œil. On appelle *Grand Canthus*, celui qui eft auprès du nés, & *Petit Canthus*, le coin qui eft vers la temple. Ce mot vient du Grec *xanSos*, qui veut dire la même chose.

CANTIBAI. Nom que les Charpentiers & Menuifiers donnent aux doffes ou pieces de bois, qui font pleines de fentes & qui ne valent guere.

CANTINE. f. f. Petit coffre qui eft divifé en plufieurs cellules, & dans lequel on met des bouteilles pour les tranfporter. On l'appelle autrement *Cave*.

C'eft aufli un Cabaret privilégié pour les troupes en garnifon, en quartier d'hiver, ou en campagne, où l'on ne paye pas tant de droits.

CANTON. f. m. Terme de Blafon. Partie quarrée de l'écu, un peu plus petite que le quartier. On appelle aufli *Cantons*, les efpaces que laiffent les croix & les fautoirs.

CANTONNE', E'E. adj. Il fe dit dans le Blafon, lorfque les efpaces que les croix & les fautoirs laiffent vuides, font remplis de quelques figures. *De gueules à la croix d'argent, cantonnée de quatre coquilles de même*.

Cantonné, eft aufli un terme d'Architecture, & lorfque l'encoignûre d'un bâtiment eft ornée d'un pilaftre ou d'une colonne angulaire, ou de chaines en liaifon de pierre de refend, ou de boffages, ou enfin de quelque autre corps qui excede le nu du mur, on dit que *Le bâtiment eft cantonné*.

CANTONNIERE. f. f. Terme de Tapiffier. Morceau d'étoffe, large d'un quartier & demi, dont la colomne du pié du lit eft couverte.

CAP

CAP. f. m. Terme de Marine. Avant d'un Vaiffeau. On dit *Mettre le cap, porter le cap à terre ou au large*, pour dire, Mettre la proue du Vaiffeau du côté de la terre ou de la mer. *Porter le cap au vent*, c'eft Prefenter le cap au vent. *Avoir le cap à marée*, fe dit lorfque le Vaiffeau prefente l'avant au courant de la mer.

On appelle aufli *Cap*, une pointe ou langue de terre qui s'avance dans la mer, & l'on dit, *Doubler le cap, parer le cap*, pour dire, Paffer de l'autre côté du cap.

On appelle *Cap de Mouton*, un petit Billot de bois, taillé en façon de poulie, percé par trois endroits, & ayant tout autour une corde à chaque trou. Les bords en font moins épais que le milieu, & il y a tout autour une bande de fer qui les fortifie, afin d'empêcher que le bois n'éclate. Il y a ordinairement treize douzaines de Caps de Mouton pour équiper un Vaiffeau, & douze douzaines de poulies. *Le Cap de Mouton*, qu'on appelle *de Martinet*, a la figure d'un ovale, où les lignes du Martinet font paffées. Ce qu'on appelle *Caps de mouton à croc*, font de petits Caps de Mouton, où il y a un croc de fer pour accrocher au côté d'une chaloupe. C'eft-là qu'on a coûtume de les faire fervir pour retenir les haubans.

Cap de More, eft une autre forte de Billot qui embraffe le tenon des mâts, ou le bâton de pavillon. Il eft percé en mortoife, & taillé à peu près en quarré. On l'appelle aufli *Tête de More*.

On appelle en termes de Manége, *Cheval Cap de More*, un cheval de poil rouan, & qui outre fon mêlange de poil gris & bai, à la tête & les extrémités noires.

CAPARAÇON. f. m. Couverture de toile ou de treillis, que l'on met fur un cheval lorfqu'il eft à l'écurie. Les Caparaçons des chevaux de main font de drap, ornés & chargés des armes ou des chiffres du Maître. C'étoit autrefois une armure de fer dont on couvroit le cheval de bataille.

CAPE. f. f. Terme de Marine. La grande voile qu'on met au grand mât. On l'appelle autrement *Le grand Pacfi*. On dit *Etre à la Cape*, pour dire, Ne porter que la grande voile bordée & amurée tout arriere. On met aufli à la Cape avec la mifaine & l'artimon.

On appelle *Cape de Bearn*, un habillement de gros drap, court, fans manches, & au derriere duquel il y a une capuchon. C'étoit autrefois un gros manteau de campagne, dont la partie fuperieure étoit taillée de telle maniere, que l'on y pouvoit fourrer la tête.

CAPEER. v. n. Aller à la cape, mettre le Vaiffeau à la cape; c'eft-à-dire, Ferler toutes les voiles, & faire fervir feulement la grande voile, & en portant le gouvernail fous le vent, mettre le Vaiffeau au côté à travers, pour le laiffer aller à la dérive. Cela fe fait quand on fe veut maintenir long-tems dans un parage, foit dans un gros tems, foit de nuit, lorfqu'on eft près d'une Côte que l'on n'a pas encore reconnue. On dit aufli *Capeyer*.

CAPELER. v. a. Terme de mer. On dit, *Capeler les haubans*, pour dire, Paffer les haubans par deffus la tête du mât pour les mettre en place.

CAPELET. f. m. Terme de Manége. Enflure qui vient à l'extrémité du jarret d'un cheval, au train de derriere, & qui eft groffe à peu près comme un éteuf.

CAPELINE. f. f. Bonnet couvert de plumes au deffus duquel il y a une petite aigrette. C'eft aufli un chapeau galant, que les femmes portent par ornement à la chaffe, au bal & en mafcarade. Il eft à grands bords, & fait ordinairement de paille, doublée de taffetas ou de fatin avec des plumes. Ce n'eft quelquefois qu'un fimple bonnet de velours bien garni de plumes. On a appellé dans le Blafon *Capeline*, une efpece de Lambrequin que les anciens Chevaliers portoient fur leur tête; ce qui a fait dire *Homme de capeline*, pour fignifier, Un homme hardi, refolu, &. déterminé à bien combattre.

CAPENDU. f. m. Pomme de la même figure des pommes de Reinette; mais plus douceâtre, & qui n'a pas le goût fi aigret. Quelques-uns prétendent qu'il faut dire *Courtpendu*, à caufe que cette pomme a la queue fort courte.

CAPILLAIRE. f. m. Nom qu'on donne à certaines herbes dont on fait des fyrops bons pour le rhume. On les appelle ainfi, parce qu'elles croiffent en filets aufli déliés que les cheveux. Il y a de cinq fortes de Capillaires; l'*Adianthum nigrum*, l'*Adianthum album*; le *Salvia-Vita*, que quelques-uns appellent *Ruta muraria*, & d'autres *Saxifraga*; le *Polytrichum aureum*, & l'*Afplenium* ou *Scolopendrium*, qui eft le Ceterach des Apothicaires. Il y a encore d'autres Simples, fçavoir l'*Hemionitis*, & la *Rorida*, autrement *Ros Solis*, qu'on appelle *Capillaires*, mais plus improprement que ces cinq premieres fortes. Les Capillaires croiffent ordinairement dans les fentes des rochers & dans les lieux raboteux & pleins de pierres. Ils ne portent ni fleurs ni graine., & on ne fe fert que de leurs feuilles, qui font attachées à leurs petits troncs. Ils nettoyent la poitrine & l'eftomac, défopilent le foye & la rate, purifient le fang, & étant broyés en huile, ils font bons pour raffermir les cheveux qui tombent.

Capillaire, fe dit auffi de certaines veines & arteres, qui font auffi déliées que des cheveux. Elles jettent peu de fang, & quand elles font crevées, on a beaucoup de peine à les étancher.

On appelle auffi *Fracture Capillaire* en Chirurgie, Une fracture qui eft fi petite, qu'on n'a pas moins de peine à l'appercevoir, qu'on en a à voir un cheveu.

CAPILLATURE. f. f. Les Medecins Botaniques emploient ce mot, auffi-bien que celui de *Capillament*, lorfqu'ils parlent des plantes qui ont des feuilles ou des racines qu'on pourroit dire des efpeces de cheveux, tant elles font déliées.

CAPILLUS VENERIS. f. m. C'eft l'*Adianthum nigrum*, que les Grecs appellent πολύτριχον ou καλλίτριχον, & les Latins *Cincinnalis*, *Capillus terræ*, *fupercilium terræ*, & *Crinita*. Il a de petites feuilles un peu chiquetées à la cime, & qui font femblables à celles du Coriandre. Les petites branches qui les portent font noires, fort menues & de la hauteur d'un palme. Il ne jette ni tige, ni fleur, ni graine, & fa racine n'eft d'aucun ufage. La décoction de l'herbe eft bonne à ceux qui ont peine à refpirer, ou à uriner. Elle eft propre auffi à la rate & à la jauniffe.

CAPION. f. m. Terme de Marine. Nom dont les Levantins fe fervent, appellant l'eftrave, *Capion de proue*, & l'eftambord, *Capion de pouppe*.

On dit *Capion à Capion*, pour fignifier, La diftance de l'extrêmité de la pouppe à celle de la proue.

CAPISCOL. f. m. Nom qui eft donné au Chef ou Doyen en plufieurs Chapitres & Eglifes Cathedrales ou Collegiales. Du Cange dit que ç'a été auffi une Charge militaire. Borel explique ce mot par *Maître d'Ecole*. Il vient en ce fens de *Caput Schole*.

CAPITAINE. f. m. *Chef d'une Compagnie de gens de guerre, foit à pié, foit à cheval*. ACAD. FR. Lorfque la Compagnie marche, le Capitaine a toûjours fon pofte à la tête. On appelle *Capitaine-Lieutenant*, Celui qui commande une Compagnie d'Ordonnance, comme une Compagnie de Gendarmes, ou une Compagnie de Chevaulegers du Roi, de la Reine, de Monfeigneur le Dauphin & de Monfieur, qui font les Capitaines de ces Compagnies. Il y a auffi un Capitaine-Lieutenant dans chacune des deux Compagnies des Moufquetaires du Roi. *Capitane des Gardes*, eft l'Officier qui commande une des quatre Compagnies des Gardes à cheval qui ont l'honneur de fervir auprès de la perfonne du Roi, & *Capitaine aux Gardes*, Celui qui commande une des Compagnies d'Infanterie qui compofent le Regiment des Gardes Françoifes. On dit *Capitaine en fecond*, pour dire, Celui qui commande une partie d'une Compagnie, quand elle eft trop forte d'hommes. Cette place fe donne toûjours à des Capitaines reformés, afin de leur faire avoir une efpece de commandement. On appelle *Capitaine en pié*, Un Officier dont on a confervé la Charge ou la Compagnie lorfque l'on a reformé les Troupes; *Capitaine Reformé*, Celui dont l'on a fupprimé la place & la Charge, & *Capitaine Reformé en pié*, Un Meftre de Camp dont on a réduit le Regiment en Compagnie franche. *Capitaine d'Armes*, eft un Officier établi dans chaque Compagnie Suiffe, dont la fonction eft de veiller fur les armes de la Compagnie, de donner fes or-

dres afin qu'elles foient toûjours en bon état, & d'en diftribuer de nouvelles, fe'on les occafions. Il y a auffi des Capitaines d'armes fur mer. Ils fervent au-deffous des Enfeignes fur les Navires de guerre. *Capitaine en pié*, eft un Capitaine du grand Etat, qui a fa Commiffion du Roi pour commander un Vaiffeau. On appelle *Capitaines de Fregate legere*, *de Galiote*, *de Brûlot*, les Officiers qui commandent ces fortes de bâtimens. Ils font tous tirés du petit Etat. Le *Capitaine de Plûte*, qui en eft auffi tiré, eft un Officier de Marine qui monte un Vaiffeau du Roi, chargé des chofes neceffaires pour l'armée. On dit, *Capitaine des Matelots*, en parlant de l'Officier Marinier qui leur commande fous le Maître de l'Equipage. *Capitaine de Port*, eft celui que l'on établit dans quelque Port confiderable, où il y a un Arfenal de Marine. Il y commande une garde pour la fûreté de toutes chofes, & outre le foin qu'il a de l'amarrage des Vaiffeaux du Roi, il a celui d'obliger tous les Navires qui arrivent à rendre les faluts accoûtumés. On donne auffi le nom de *Capitaines* aux Concierges ou Gouverneurs des Maifons Royales, à ceux qui commandent les Gardes des Chaffes, les Archers des Gabelles, & les Milices des Bourgeois dans les Villes qui font diftribuées par Compagnies. Les *Capitaines Gardes-Côtes*, font ceux qui commandent la Milice que l'on établit pour garder les Côtes, & pour empêcher les Ennemis de faire quelque defcente.

Capitaine. Sorte de poiffon qui fe pêche le long des Côtes & des Ifles de l'Amerique. On l'appelle ainfi à caufe qu'il eft fort rouge, & qu'il a fur le dos une empennure qui fe leve comme un grand pennache. Il eft armé de grandes pointes piquantes comme des aiguilles, & il a deux aïlerons ou nageoires de même façon, dont il fe fert pour fe battre contre les autres poiffons. Il a du rapport avec la carpe, étant couvert d'écailles comme elle, mais il eft beaucoup plus grand & plus gros. Sa chair eft blanche, de bon goût & fort nourriffante. On en pêche qui ont trois grands piés de long & dix pouces d'épaiffeur.

CAPITALE. f. f. Terme de guerre. On appelle *Capitale de Baftion*, Une ligne qui eft tirée depuis l'angle de la figure jufqu'à l'angle flanqué, ou depuis la pointe du Baftion jufqu'au milieu de la gorge. Les Capitales ont depuis trente-cinq jufqu'à quarante toifes, c'eft-à-dire, depuis la pointe du Baftion jufqu'à l'endroit où fe rencontrent les deux demigorges.

CAPITANE. f. f. Terme de Marine. On appelle *Galere Capitane*, la principale Galere non feulement des Puiffances Maritimes, & des Etats Souverains qui n'ont pas titre de Royaume, mais auffi de quelques Royaumes annexés à un plus grand. Depuis la fuppreffion de la Charge de Capitaine General de nos Galeres que poffedoit le Marquis Hippolite Centurion, qui en 1669. avoit mis la France en poffeffion de fept Galeres qui étoient à lui, nous n'avons plus eu de Galere Capitane. La principale a été nommée *Reale*, & la feconde *Patronne*. La Capitane porte trois fanaux, pofés en ligne courbe, & non pas en ligne droite, comme ceux de la Reale.

CAPITATION. f. f. Impofition, droit qui fe leve par tête, eu égard à ce que chaque perfonne peut gagner par fon induftrie & par fon travail. Les premieres Capitations furent impofées en France fous le nom de *Fouages*, & elles duroient feulement un an. On les nomma *Tailles* fous Charles VII. lorfqu'elles lorfqu'elles devinrent perpetuelles.

CAPITEL. f. m. On appelle ainfi le plus clair & le plus liquide d'une leffive compofée de cendres, d'eau & de chaux vive, c'eft-à-dire, ce qui fort le premier par un petit trou qui eft au bas du vaiffeau où la leffive a été enfermée pendant trois jours. Le Capitel entre dans la compofition du favon, tant blanc que noir.

CAPITOLE. f. m. Nom que l'on donna à la fameufe Forterefle de Rome, où l'on bâtit un Temple à Jupiter, qui fut appellé de-là *Jupiter Capitolin*. Les premiers fondemens en furent jettés l'an 139. de Rome par Tarquin l'ancien, & ce fut Tarquin le Superbe qui la fit achever l'an 221. On la nomma Capitole, du mot Latin *Caput*, à caufe d'une tête qu'on y trouva en creufant les fondemens de ce Temple. Le Capitole fut brûlé fous Vitellius, & Vefpafien le fit rebâtir dans le tems de la deftruction du Temple de Jerufalem. Le feu du Ciel l'ayant encore brûlé fous l'Empire de Tite, Domitien le fit rebâtir tout de nouveau avec plus de pompe, & ordonna des jeux que l'on celebroit tous les cinq ans. C'eft où les Chrétiens ont bâti depuis une Eglife appellée *Ara cœli*, en l'honneur de la Vierge. Les principaux Temples des Colonies des Romains ont été auffi nommés *Capitoles*. Il y en avoit en Jerufalem, à Carthage, à Conftantinople, à Cologne, à Tréves, à Narbonne, à Autun, à Pamiers, à Nîmes, à Befançon, à Rheims & à Toulouse. On voit encore aujourd'hui celui de Toulouse. C'eft delà qu'eft venu le nom de *Capitouls*, qu'on donne aux premiers Magiftrats de Police de cette Ville, qui ont la même fonction que les Confuls & les Echevins l'ont ailleurs, parce que c'étoit le lieu où ils s'affembloient.

CAPITON. f. m. Ce qui refte après qu'on a devidé toute la foye de la coque d'un ver, c'eft-à-dire, ce que l'on en peut encore tirer avec le peigne, pour le filer. C'eft le plus gros de la foye. On l'appelle Bourre, & l'on en fait les plus gros ouvrages.

CAPITULAIRE. adj. Il fe dit d'un acte qui fe paffe dans un Chapitre de Chevaliers, ou de Religieux. Il eft auffi fubftantif, & on dit les *Capitulaires* de Charlemagne ou des autres Rois fes Succeffeurs, pour fignifier d'anciennes regles que l'on obfervoit du tems de ces Princes, & qu'on regardoit comme Loix inviolables. Elles étoient faites dans des Etats generaux, ou dans des Conciles par autorité des Princes & avec le confentement des Peuples. On les appelloit *Capitulaires*, à caufe qu'on les diftinguoit par Sections ou Chapitres.

CAPOC. f. m. Efpece douate fort fine, & fi courte, qu'on ne le fçauroit filer. Elle eft en ufage chés les Siamois, & leur tient lieu de duvet. On appelle Capoquier, l'Arbre qui la donne.

CAPOLIN. f. m. Arbre moyen qui croît dans le Mexique, ayant fes feuilles femblables à celles des Amandiers ou des Cerifiers, entrecoupées de petites dents. Ses fleurs pendent par grappes, & il en naît des fruits tels que nos Cerises, tant pour la forme & groffeur, que pour les noyaux. Le goût qui en eft fort agreable, approche bien plus des mûres. Ce fruit a un grand défaut, qui eft de rendre l'haleine puante.

CAPON. f. m. Terme de Marine. Machine compofée d'une corde & d'une groffe poulie, à quoi l'on joint un gros croc de fer, dont l'ufage eft de lever l'ancre lorfqu'elle eft mouillée, & de faifir le cordage qui répond de l'arganeau à la bouée.

CAPONNER. v. a. On dit *Caponner l'ancre*, pour dire, Accrocher l'arganeau de l'ancre avec le croc de

eapon, pour la tirer au boffoir.

CAPONNIERE. f. f. Logement couvert, que l'on creufe dans le fond d'un foffé fec, pour y loger des Soldats.

CAPORAL. f. m. Bas Officier d'Infanterie, qui commande une Efcouade. C'eft à lui à pofer & à faire relever les Sentinelles. Il reçoit auffi le mot des Rondes qui paffent auprès de fon Corps de Garde. Il y a trois Caporaux dans chaque Compagnie, & ils font qualifiés de Hautes payes.

CAPOSER. v. n. Terme de Marine. Mettre le Navire à la cape. On capofe en amarrant le gouvernail bien ferme, pour fuivre l'abandon du vent.

CAPOT. f. m. Habillement fait en forme de robe capuchonnée, que mettent les gens de mer par-deffus leur habit accoutumé contre l'injure du tems. C'eft auffi une efpece de Cape ancienne, qui aboutit par devant en forme de Scapulaire arrondi. La pofterité fera étonnée de voir que les femmes ont pris cet hideux habillement en 1710.

CAPRE. f. m. Vaiffeau que l'on arme en courfe.

CAPRE. f. f. Fruit vert & aigret qu'on mange ordinairement en falade, & qu'on met auffi dans plufieurs ragoûts. C'eft le fruit du Caprier dont on prend les boutons avant qu'ils s'ouvrent, & on les confit au fel & au vinaigre. Celles de Genes font les plus exquifes. Diofcoride dit que ce fruit vient en maniere d'olive, & produit une fleur blanche quand il s'ouvre; que cette fleur étant tombée laiffe une petite boule femblable à un gland, & qu'au-dedans il y a de petits grains rouges qui reffemblent à ceux des grenades. On cueille ces fleurs avant qu'elles foient épanouies, puis on les confit au fel & au vinaigre; & c'eft ce qu'on appelle *Capres confites*. On s'en fert en Medecine, mais pour cela il les faut faire tremper dans de l'eau quelque tems avant que de s'en fervir, pour leur faire perdre l'acrimonie que le fel & le vinaigre ont pû leur faire acquerir. Elles font de parties fort fubtiles; ce qui fait qu'elles donnent peu de nourriture au corps. Etant bien deffechées, elles ouvrent l'appetit mangées en falade, purgent & nettoyent les phlegmes qui font dans l'eftomac, & défopilent le foye & la rate, pourvû qu'on les mange avec l'huile & le vinaigre avant toute autre viande. Selon Diofcoride, elles font meilleures à l'eftomac cuites que crues. Les groffes qui ont plus de fuc & plus de chair, font beaucoup meilleures que les menues, quoique les menues foient d'un goût plus agreable, à caufe qu'elles font plus abreuvées de vinaigre. Il y a de l'huile de Capres qui fe fait par infufion de Capres & de Spleniques avec le vin blanc, l'huile & le vinaigre. Cette huile remedie aux incommodités de la rate, pour lefquelles elle eft compofée exprès, en l'appliquant chaudement fur la region de cette partie.

CAPRIER. f. m. Arbre branchu qui porte des Capres, & qui rampant par terre, s'éparpille comme en rond. Il a des épines, ainfi que la ronce, & ces épines fe recourbent à la maniere d'un hameçon. Ses feuilles font rondes, & reffemblent à celles du Coigner. Cet arbre produit beaucoup de racines, qui font grandes & dures comme du bois. Elles font d'ufage en Medecine. On en fepare l'écorce après qu'on les a coupées, & on les garde pour le befoin. Elles font de faveur aigre, âpre & affés amere; ce qui fait qu'elles échauffent, détergent, mondifient, incifent, refolvent & refferrent. Elles font fort bonnes contre les enflures & duretés de la rate, foit qu'on les prenne interieurement, foit qu'on les applique exterieurement avec les autres remedes qu'on croit convenir au mal. On met cette rá-

                                                       Y

cine au nombre des cinq racines aperitives mineures. Le Caprier croît dans les terres maigres & legeres, dans les lieux âpres, & auprès des mazures & vieilles ruines.

CAPRIOLE. f. f. Terme de Manége. Saut que le cheval fait en une place, sans aller en avant ni s'élancer. Dans ce saut, que l'on appelle autrement *Saut de ferme à ferme*, il montre les fers & détache des ruades. On dit dans ce sens, qu'*Un cheval se presente de lui-même à caprioles*, se met de lui-même à caprioles, lorsqu'il fait des sauts égaux, & dans la main, c'est-à-dire, sans forcer la main, & sans peser sur la bride. M. Ménage dit que Capriole vient de *Capreolare*, qui a été fait de *Capreolus*.

CAPRON. f. m. Morceau de drap fait en ovale, que portent les Capucins pendant leur Noviciat. Il pend environ un pié de long par derriere leur dos & par devant leur estomac.

CAPSE. f. f. Petite boëte de cuivre ou de fer blanc, où les Docteurs mettent leurs suffrages, par lesquels ils admettent ou refusent ceux qui sont examinés pour l'Acte de Tentative ou pour la Licence.

CAPSULAIRE. adj. de tout g. Les Medecins nomment *Veine capsulaire*, Certaine veine qui est un rameau de la sousclaviere. Elle va par le pericarde, & rencontre les diaphragmatiques.

CAPSULE. f. f. Terme de Chimie. Vaisseau de terre fait en forme de terrine échancrée. On s'en sert pour y mettre des matieres sur lesquelles on fait, par le feu, des operations violentes. Ce mot vient de *Capsula*, qui veut dire, Une petite caisse.

On appelle dans la Medecine, *Capsule de la veine-porte*, Certaine membrane qui envelope les rameaux de l'artere Celiaque. Ces rameaux se distribuent dans le foye conjointement avec ceux que la Veine-porte y jette aussi.

Les Botanistes se servent aussi du mot de *Capsule* en parlant du lieu où la graine est enfermée, comme dans les poires & les pommes qui ont une petice envelope semblable à une petite bourse. Cette envelope qui enferme les pepins, s'appelle *Capsule*.

CAPTAL. f. m. Vieux mot. Capitaine. On a dit *Captal de buts*, suivant ce que rapporte Borel, pour *Caput bugii*, c'est-à-dire, Chef des Habitans. Il dit que cette epithete est particulierement attribuée à la Maison d'Epernon.

CAPTURE. f. f. Terme de Gabelle. On dit sel de capture dans les dépôts.

CAPUCE. f. m. Morceau d'étofe qui couvre la tête des Augustins Déchaussés & de la plûpart des Religieux de S. François, & qui d'ordinaire est fait en pointe. Les Feuillans se servent aussi du mot de *Capuce*.

CAPUCINS. f. m. Religieux de l'Ordre de saint François de la plus étroite Observance. On les a nommés ainsi à cause de la forme extraordinaire de leur capuchon, qui est fort pointu. Quelques-uns ont osé écrire, que Bernardin Ochin ou Okin, qui apostasia si honteusement, fut leur Fondateur; ce qui est très-faux. Il est vrai qu'il contribua beaucoup à établir une si sainte Congregation, dont il devint General, mais il n'en a point été l'Instituteur. Matthieu de Basci, Frere Mineur Observantin du Duché de Spolete, & Religieux au Couvent de Montefalconi, ayant assûré en 1525. que Dieu lui avoit ordonné d'embrasser une pauvreté plus étroite, obtint du Pape la permission de se retirer en solitude. Quelques autres animés du même zele, allerent le joindre dans cette retraite, & le Duc de

Florence leur ayant donné un hermitage dans ses terres. Cette Congregation fut approuvée par le Pape Clement VII. Le Pape Paul III. la confirma en 1535. & leur donna un Vicaire General avec des Superieurs, en leur permettant de s'étendre dans tous les lieux où ils croiroient pouvoir s'établir. On tient que la Duchesse Catherine Cibo fit bâtir à Camerino le premier Couvent de cet Institut. Les Capucins n'ont été reçus en France que sous le regne de Charles IX. Le plus ancien Couvent qu'ils y ont, est celui de Meudon proche Paris, bâti par les soins du Cardinal de Lorraine. Henri III. leur fit construire celui qu'ils ont à Paris ruë S. Honoré. Il étoit alors dans le Fauxbourg. Ils ont dix Provinces en ce Royaume, & un fort grand nombre de Monasteres. Leur habit est d'un gros drap gris avec un manteau de même couleur, & ils n'en portent aucun qui n'ait quelque piece. Ils vont avec des sandales, & portent une ceinture de crin sur leur robe. Il y a des Religieuses du même Ordre, qu'on appelle *Capucines*.

CAQ

CAQUE. f. m. Petit tonneau où l'on met les harengs. *Le Caque sent toujours le hareng.*

CAQUEROLLE. f. f. Petit poëlon de cuivre à trois piés, ayant une longue queue qui sert à l'approcher du feu, & que l'on tient quand on veut secouer les fricassées, ou autres mets qu'on a coûtume de faire cuire dedans. On dit aussi *Caqueroliere*.

CAQUETER. v. n. On emploie ce mot en parlant du bruit que font les Poules quand elles veulent pondre. C'est aussi un mot de chasse, & l'on dit, qu'*Un Chien caquette*, pour dire, qu'Il aboye mal à propos & hors des voies.

CAQUETOIRE. f. f. Sorte de petit fauteuil dans lequel on se met auprès du feu. On l'appelle ainsi à cause qu'il semble qu'on y est assis à son aise pour caqueter.

CAR

CARABE'. f. m. Espece d'Ambre blanc, qui entre en la composition du beau vernis de la Chine.

CARABIN. f. m. Les Carabins étoient autrefois des Cavaliers qu'on armoit de Carabines, & dont on faisoit des Compagnies entieres pour la garde des Officiers generaux de l'armée. On en faisoit aussi quelquefois des Regimens que commandoit un Mestre de Camp. Ils servoient particulierement à se saisir des passages, & à insulter les Ennemis dans leurs postes. Lorsque l'on donnoit quelque bataille, ils combattoient sur les ailes de la premiere ligne sur le front des Dragons & des Cravates. Aujourd'hui dans toutes les Compagnies de Chevaux-Legers, il y a ordinairement deux Carabins. Ce sont deux Cavaliers armés chacun d'une Carabine, qui suivent les Brigadiers de la Compagnie.

CARABINE. f. f. Arme à feu très-peu en usage presentement, & qui a été autrefois fort à la mode. Comme son rouet, qu'on ne connoît plus aujourd'hui, la rendoit embarrassante, on a peu à peu negligé de s'en servir, & on l'a réduite à porter une platine semblable à celle d'un fusil qui a la batterie rayée. La Carabine est longue à peu près comme un mousqueton. Elle a son calibre rayé au-dedans, & on ne la peut charger qu'en pressant la bale avec violence par le moyen d'une baguette de fer; ce qui donne quelquefois beaucoup de peine à ceux qui n'ont pas accoûtumé de charger cette forte d'arme. Elle porte presque autant qu'un canon à cause que la bale est poussée fortement dans l'ame de la piece, ce qui est cause que lorsqu'elle fort par le moyen de la poudre, elle prend plûtôt la figure longue & rayée que la ronde, & sépare l'air plus facilement. Elle est moins grosse que la bale du fusil.

CARACOL. s. m. Terme de Manége. Piste oblique & tracée par des demi-ronds, en changeant de main de l'un à l'autre sans observer de terrain reglé. Ce mot est venu des Espagnols, qui appellent ainsi le mouvement militaire que fait un escadron, lorsqu'étant au combat, le premier rang se partage au demi-rang si-tôt qu'il a fait le coup de pistolet; en sorte que le demi-rang de main droite soit à droit, & celui de main gauche soit à gauche, pour gagner la queue de l'escadron, en tournant à côté des ailes. Chaque rang, dès qu'il a fait feu, pratique la même chose; & ils nomment *Caracol*, le tour qui se fait pour passer de la tête à la queue.

Caracol. Terme d'Architecture. Escalier fait en rond dont toutes les marches sont gironnées.

CARACOLER. v. n. Marcher en formant des demi-ronds.

CARACORE. s. f. Sorte de Galere qui est en usage parmi les Habitans des Moluques. Elle est fort étroite à l'égard de sa longueur, & vogue avec plus de vitesse que les nôtres.

CARAGNE. s. f. Resine grasse & oleagineuse qui ressemble en couleur & en odeur à la Tacahamaca. Il y en a de deux sortes; l'une qui est plus pure que la commune. Celle-ci vient du Pays de Carthage dans les Indes Occidentales, d'où elle nous est apportée plus claire que l'eau de roche. Les Indiens s'en servent dans les humeurs, & dans toutes sortes de douleurs.

CARAGUATA. s. m. Sorte de Chardon qui vient au Bresil. Il porte un fruit jaune, long d'un doigt, qui étant mis cru en la bouche, écorche les lévres, & ne fait aucun mal quand il est bouilli. Il fait neanmoins avorter les femmes grosses. Il y en a un autre de même espece, dont les feuilles sont larges, & quelquefois longues de deux ou trois brasses. Son fruit est comme le Nana ou Anana, mais insipide. Ses feuilles broyées & bien frottées, fournissent un lin très-délié & très-fort, dont les Sauvages font leurs rets à pêcher.

CARAGUE. s. m. Animal du Bresil semblable à un Renard, mais plus petit, & qui sent bien plus mauvais. Les Caragues sont de couleur brune, & ont un sac qui leur pend sous le ventre, où ils portent leurs petits, qui sont quelquefois six ou sept d'une portée. Ils les nourrissent jusqu'à ce qu'ils sçachent manger. Cet animal va de nuit, & est ennemi des Oiseaux, sur-tout des Poulets.

CARAITES. s. m. Sorte d'Heretiques parmi les Juifs, à qui les Rabanistes, par malice ou par ignorance, imposent beaucoup de choses. L'origine de cette secte est rapportée au huitiéme siecle après la publication du Talmud, le nom de Caraite n'ayant point été odieux parmi les Juifs avant ce tems-là, puisqu'au contraire on entendoit alors par le nom de *Caraï*, un homme consommé dans l'étude de l'Ecriture sainte. Comme les Juifs de ce siecle là débitoient une infinité de réveries sous le nom specieux de Tradition de Moïse, quoiqu'elles ne fussent fondées la plûpart que sur ce que disoient quelques Docteurs, qui vouloient faire passer leurs décisions particulieres pour des Oracles prononcés sur la montagne de Sinaï, les plus éclairés d'entr'eux

s'y opposerent, & furent traités de Samaritains & de Saducéens par ceux qui s'attachoient au Talmud, non pas qu'ils le fussent en effet, mais parce qu'ils les imitoient sur le fait de la tradition dont ils ne vouloient point convenir. Les Caraites distinguent les traditions constantes & certaines de celles qui sont fausses & douteuses, & déferent à la doctrine des Anciens, quand elle n'a point varié, & qu'elle se trouve conforme à de bons Ecrits, qui n'ont point suivi le caprice des hommes, & qui sont approuvés de tous les Juifs. Suivant ce principe, ils reçoivent tous les Livres de la Bible qui sont dans le Canon Juif, & même ponctués comme ils le sont aujourd'hui. Quant à leur Theologie, elle ne differe de celle des autres Juifs qu'en ce qu'elle est plus pure & plus éloignée de la superstition. Du reste, leur creance touchant la nature de l'ame & de l'autre vie est entierement conforme à celle des Juifs, & dans ce qui regarde leurs ceremonies, ils rejettent toutes les Constitutions du Misma & du Talmud, si elles ne sont conformes à l'Ecriture, qu'ils expliquent par elle-même, ce qui suit par ce qui précede, rejettant tout ce qui ne leur est point enseigné par la raison, & par une tradition constante. Il y a de ces Caraites à Constantinople, au Caire, & en d'autres endroits du Levant, même en Moscovie, où ils vivent à leur maniere, & se disent Juifs, ayant leurs ceremonies & leurs Synagogues. Ils prétendent être les seuls qui observent veritablement la loi de Moyse, & appellent les Juifs qui ne suivent pas leur opinion *Rabbanins*, ou Sectateurs des Rabins. Ceux-ci les haïssent mortellement, & ne veulent ni s'allier ni converser avec eux, les traitant de bâtards, parce, disent-ils, qu'ils ne suivent aucune des Constitutions des Rabins dans les mariages, les répudiations & les purifications des Femmes.

CARAMEL. s. m. Drogue qui est bonne pour le rhûme, & qui consiste particulierement en du sucre fort cuit.

CARAMOUSSAL. s. m. Vaisseau Marchand de Turquie, & qui a la pouppe fort élévée. Cette sorte de bâtiment n'a ni misaine, ni perroquets que le seul tourmentin, & porte seulement un beaupré, un petit artimon, & un grand mât. Ce mât avec son hune s'éleve à une hauteur extraordinaire, & il n'y a que des gallaubans & un étai, répondant de l'extrêmité superieure du mât de hune à la moitié du tourmentin, qui le tiennent en assiette. Sa grande voile porte ordinairement une bonnette maillée.

CARANGUE. s. f. Poisson blanc & plat, qui a les deux yeux aux deux côtés de la tête. Il est long de deux & quelquefois de trois piés, large de dix-huit à vingt pouces, & épais de six. La Carangue à des empennures inégales sur le dos, deux nageoires pointues assés proche de la tête, & la queue fourchue. Il y en a une telle quantité dans les mers des Isles des Antilles, qu'on les voit tous les matins sauter en l'air à centaines, & poursuivre les petits poissons jusques à terre; la nuit elles entrent dans les rivieres, où on les pêche communément. Leur force est si grande, qu'elles rompent souvent des lignes aussi grosses que les doigts. Ce poisson vaut mieux que le Turbot, & le goût en est plus savoureux. Un potage fait avec une tête de Carangue, semble être un veritable consommé de viande.

CARAQUE. s. f. Nom que les Portugais donnent aux Vaisseaux qu'ils envoient au Bresil & aux Indes Orientales. Ils les appellent *Naos* par excellence, comme qui diroit absolument *Navires*. Ce sont de grands Vaisseaux ronds de combat, plus étroits par le haut que par le bas, qui ont quelquefois sept

ou huit planchers, & fur lefquels on peut loger jufqu'à deux mille hommes. Ils font peu en ufage prefentement; mais ils s'en fervoient autrefois auffi bien
en guerre qu'en marchandifes. La Caraque étoit du
port de deux mille tonneaux.

CARAVANE. f. f. Troupe de Voyageurs, Marchands ou Pelerins, qui s'affemblent dans les Pays
du Levant pour marcher de compagnie, & traverfer les deferts & les mers avec une efcorte plus commodement & plus fûrement. Il y en a quatre differentes qui vont tous les ans à la Meque, pour fatisfaire au cinquiéme commandement de l'Alcoran, qui oblige tous les Mahometans d'aller une
fois en leur vie vifiter le fepulchre de Mahomet.
La premiere, part de Damas où les Pelerins de l'A-
fie & de l'Europe fe trouvent. La feconde, part du
Caire, qui fert pour les Mahometans de Barbarie.
La troifiéme, part de Zibith, Place fituée à l'embouchure de la mer Rouge, où ceux de l'Arabie & des
Ifles des Indes s'affemblent: & la quatriéme, part
de Babylone, de Chaldée, où fe trouvent les Perfans & les Indiens. Toutes ces Caravanes vont en
grandes troupes, à caufe des courfes continuelles que
font les Arabes. Quelquefois il fe rencontre jufqu'à
foixante & dix mille Pelerins. Chacun d'ordinaire
a fon Chameau où il eft affis d'un côté & fon bagage de l'autre. Il y a de ces animaux de fondation
entretenus par les perfonnes riches, pour la commodité des pauvres, dont ils portent la provifion.
Comme la Caravane qui va par mer d'Alexandrie à
Conftantinople, a été fouvent enlevée par les Chevaliers de Malte, on s'eft fervi de ce mot pour fignifier les premieres courfes que les jeunes Chevaliers font contre les Turcs. Ainfi l'on dit, *Aller*
en Caravane, *faire une Caravane*, pour dire, Faire
une Campagne fur mer, en allant croifer fur les
Turcs.

CARAVANSERA. f. m. Grand bâtiment public deftiné à loger les Voyageurs. Il y en a un très-grand
nombre en plufieurs endroits de l'Orient, fondés
par la charité de quelques Mahometans, qui eft fi
grande, qu'il s'en trouve quelques-uns, comme ceux
de Schiras & de Cafbin en Perfe, qui ont coûté plus
de foixante mille écus. Les Turcs les appellent
Imarets, & les Indiens *Serays*. Ces logemens font
faits en forme de Halles, où il y a des galeries divifées en plufieurs arcades. Ils font ouverts à tous
venans, de quelque Religion qu'on foit, fans que
l'on s'informe ni de leur pays ni de leurs affaires,
& chacun y eft reçu qu'il lui en coûte aucune
chofe. Les Voyageurs & les bêtes de voiture paffent là commodement les grandes chaleurs, & s'y
repofent.

CARAUDER. v. n. Vieux mot. Se réjouir. On a dit
auffi *Caraude*, pour dire, Soye.

　　Il a en fon cuer fort Caraude,
　　Puifqu'en amours fiert & touche.

CARAVELLE. Petit bâtiment Portugais, rond de
bordage, & court de varangue. Il porte jufqu'à
quatre voiles latines, outre les bourfets & les bonnettes en étui. Ces voiles font faites en triangle
ou à oreille de liévre, & leur bout d'en bas n'eft
guere plus élevé que les autres fournitures du Vaiffeau. Au plus bas font de groffes pieces de bois comme un mât. Elles font vis-à-vis l'une de l'autre aux
côtés de la Caravelle, & s'amenuifent peu à peu en
haut. Cette forte de bâtiment n'a point de hune,
& le bois qui traverfe le mât eft feulement attaché
près de fon fommet. Ce mot peut venir du Grec
καράβιον qu'on rend en Latin par le mot *Navicula*,
Petit navire.

CARAULDE. f. f. Vieux mot. Sorciere, qui a le

vifage défiguré, de *Cara* Vifage.

　　Comme elle a été en preffe
　　De Sorcieres & de Carauldes.

CARBASES. f. f. Vieux mot. Voiles, du Latin
Carbafus, Lin.

CARBATINE. f. f. Peaux de bêtes nouvellement é-
corchées. On trouve ce mot dans la traduction de la
Retraite des dix mille, où d'Ablancourt dit, *Ils eu-*
rent les jambes écorchées, *parce qu'ils portoient des*
Carbatines, *faute de fouliers*.

CARBET. f. m. Grande Cafe commune que font
les Sauvages des Antilles au milieu de toutes leurs
Cafes. Elle a toûjours foixante ou quatre-vingts piés
de longueur, & eft compofée de grandes fourches, hautes de dix-huit ou vingt piés, plantées
en terre. Sur ces fourches, ils pofent un Latanier
ou un autre Arbre tout droit, fur lequel ils ajuf-
tent des chevrons qui viennent toucher la terre, &
ils les couvrent de rofeaux ou de feuilles de Latanier; ce qui eft caufe qu'il fait fort obfcur dans ces
Carbets, où il ne vient aucune clarté que par la
porte, laquelle eft fi baffe qu'on n'y peut entrer fans
fe courber. Au côté de ce Carbet qui eft fait en
ovale, il y a une petite porte particuliere par où ils
prétendent que le Diable entre quand il a été appellé par leur Boyé, & il n'y a que lui feul qui paffe
par cette porte.

CARBONELLE. f. m. Efpece de gros phlegmon ou
bubon fort enflâmé, & qui eft ordinairement pefti-
lentiel. C'eft ce que le Peuple appelle *Charbon*, &
les Medecins *Anthrax*.

CARBOUILLON. f. m. Droit des Salines de Normandie, qui confifte en la quatriéme partie du prix
du fel blanc fabriqué dans les Salines.

CARCAN. f. m. Vieux mot. Collier ou chaine de
pierreries que les Femmes portoient autrefois fur la
gorge. C'eft prefentement un Collier de fer attaché à un poteau dans une place publique, où l'on
fait entrer le cou de ceux qui ont fait des fautes
que l'on juge dignes de cette marque d'infamie. On
les y laiffe ainfi pendant quelques heures expofés à
la rifée de tous ceux qui paffent. On l'a appellé
Carcanium, ou *Colliftrigium* dans la baffe Latinité.
Quelques-uns font venir le mot de Carcan du Grec
κερχάνιον qu'Oribafius met entre les efpeces de laqs,
ou de chaines.

CARCAPULI. f. m. Fruit de l'Ifle de Java, qui eft
gros comme une Cerife. Il en a le goût, & l'Arbre qui le produit reffemble à nos Cerifiers. Il y
en a de plufieurs efpeces; les uns blancs, les autres rouges bruns, & d'autres qui font d'un fort
beau nacarat.

CARCAS. f. m. Vieux mot. Carquois.

　　Quand amours & oui mon cas,
　　Il remit fa fleche au carcas.

CARCASSE. f. f. Machine à feu, compofée de deux
cercles de fer, qui en fe croifant forment une maniere d'ovale. On met une bombe au milieu de ces
deux cercles, qui contiennent en dedans une efpece de fac de toile goudronnée, remplie d'étoupes,
frottées d'huile & de goudron, de grenades, de canons de piftolet chargés, de feu d'artifice, & autres
chofes de cette nature. Lorfqu'on a donné cette forme à la Carcaffe, on la met dans une lanterne, qui
a une plaque de fer à chacune de fes extrêmités, &
des branches qui font auffi de fer les entretenant de
haut en bas, les joignent enfemble. Il y a une anfe
propre à lever la machine au-deffus d'une des plaques, & la lumiere eft à l'autre. On jette les Carcaffes de la même forte qu'on jette les Bombes, & leur
feu dure plus d'une demi-heure. Les cercles de fer
qui les environnent reprefentent en quelque façon

la Carcaſſe d'un Cadavre, & c'eſt delà que cette ſorte de machine a pris ſon nom.

On appelle, *Carcaſſe de Navire*, le corps d'un Vaiſſeau qui n'eſt point bordé.

CARDAMOME. ſ. m. Plante aromatique & medicinale. Il y en a trois ſortes, le grand, le moyen & le petit, & la graine de tous les trois eſt encloſe en des follicules ou petites bourſes toutes differentes. Matthiole dit que celles du grand ont la forme d'une figue ; que leur écorce eſt ſemblable à la premiere couverture des dattes, avec quelques filamens en long ; qu'elles ſont farcies d'une graine rougeâtre, compartie au-dedans, comme les Grenades par petites pellicules blanchâtres qui couvrent auſſi la graine ; qu'elle eſt appellée *Melegette* par quelques-uns, à cauſe qu'elle reſſemble au Millet Indique, qu'on appelle *Melega* en quelques lieux d'Italie, & qu'elle eſt aigue au goût & fort odorante, ce qui eſt cauſe que pluſieurs lui donnent le nom de *Graine de Paradis*. Les gouſſes du Cardamome moyen ſont beaucoup moindres que celles du grand. Elles ſont en triangle, aſſés longues & pleines d'une graine anguleuſe, purpurée ; acre & mordicante. Celles du petit qui ont auſſi la forme triangulaire, ſont encore plus petites que les gouſſes du moyen. Les grains en ſont auſſi purpurins & anguleux. Tous ces Cardamomes croiſſent dans les Indes, en Calecut, en Malavar, & ailleurs ; mais le petit eſt preferable aux deux autres, & les ſurpaſſe de beaucoup en goût, en odeur, & en vertu. Pour le bien choiſir, il faut prendre les gouſſes les plus peſantes, & les mieux remplies, & en rejettant les grains noirs, ridés & mal nourris, ne retenir que les plus maſſifs, les plus aromatiques & les plus vifs en couleur. Ces grains doivent être nettoyés, non ſeulement de leurs gouſſes, mais de toutes pellicules, & de toutes autres ſuperfluités. Le Cardamome eſt diuretique, attractif, cephalique, cardiaque & hyſterique. Il entre dans le Mithridat, dans la Theriaque, & en d'autres compoſitions conſiderables.

CARDASSE. ſ. f. Eſpece de peigne propre à faire du capiton, & avec lequel on tire la bourre de la ſoye.

CARDE. ſ. f. Côte qui eſt au milieu des feuilles de quelques plantes, comme, de la poirée & de l'artichaut, & qui eſt bonne à manger.

On donne ce même nom de *Carde*, à un peigne de Cardeur. C'eſt un morceau de bois plat & quarré, qui eſt large environ d'un demi-pié, & plus long que large. Il a pluſieurs fils d'archal courbés en façon de crocs, & mis par rangées pour carder la laine.

CARDIAQUE. ſ. f. Plante dont la tige eſt quarrée, & produit ſes feuilles deux à deux. Ses fleurs ſont rouges tirant ſur le blanc, & ſemblables à celles de l'ortie puante. C'eſt la même choſe qu'Agripaume. Voyez AGRIPAUME.

CARDINAL. ſ. m. Nom qu'on a donné à ceux qui ſont comme les Coadjuteurs & les Conſeillers du Pape. S. Pierre, qui reçût de JESUS-CHRIST le pouvoir dont les Souverains Pontifes ſes Succeſſeurs jouiſſent encore preſentement, eut pour aides de ſon miniſtere ſaint Marc l'Evangeliſte, Lin, Clet, Clement, & Anaclet qui lui ſuccederent. Le Papé Clet fut le premier qui inſtitua vingt-cinq Prêtres Titulaires, & Anaclet établit ſept Diacres en memoire de ceux que les Apôtres avoient établis en la naiſſance de l'Egliſe. Ce furent les premiers titres des Cardinaux. Cette inſtitution fut confirmée par Evariſte, qui fit le département des Paroiſſes, que l'on avoit aſſignées à ces Conſeillers des Papes.

Saint Higin diſtingua les ordres du Clergé vers l'an 156. & depuis les Egliſes Principales de Rome avec celles qui ſont hors la Ville, furent données pour titre aux Evêques Cardinaux au nombre de huit. On les reduiſit enſuite à ſix, & l'on aſſigna aux Prêtres Cardinaux les autres Paroiſſes & Cimeteres de Rome, pour y adminiſtrer les Sacremens, & avoir ſoin de la ſepulture des Fideles & des Martyts. Le ſoin de l'entretien des Neceſſiteux, des Orphelins & des Veuves, fut commis aux Cardinaux Diacres, & l'on appelloit *Diacones* toutes les Chapelles qui étoient unies aux Hôpitaux. Le ſixiéme Canon fait mention des Cardinaux Diacres qu'on limit au nombre de ſept. On en a depuis multiplié tellement les titres, qu'il y en a aujourd'hui ſix d'Evêques Cardinaux ; cinquante-deux de Prêtres, & quatorze de Diacres. Ils n'ont tous porté la pourpre qu'au Concile de Lyon, tenu ſous Innocent IV. en 1245. Ce Pontife que l'Empereur Frederic II. perſecutoit, leur avoit donné le Bonnet & le Chapeau rouge, afin que cette couleur les fit ſouvenir qu'ils devoient toûjours ſe tenir prêts à verſer leur ſang pour la défenſe de la veritable Egliſe. Ce fut Boniface VIII. comme le rapportent quelques-uns, qui leur donna la Robe de pourpre ; marque principale de leur dignité, & en 1464. Paul II. y ajouta la Calote rouge & le Cheval blanc au frein doré, & à la houſſe de pourpre. *Cardinaliſer quelqu'un*, veut dire, ſelon l'ancien uſage de l'Egliſe, donner à quelqu'un un titre ou d'Evêque, ou de Curé.

Cardinal. Sorte d'Oiſeau qui eſt gros comme un petit Perroquet. Il a le corps rouge ainſi que le bec.

CARDON. ſ. m. Sorte de plante, dont la tige eſt bonne à manger. Elle reſſemble à un artichaut. Le Cardon d'Eſpagne porte fruit & graine comme l'artichaut. Ses feuilles ſont plus étroites, un peu piquantes, & a le fruit plus petit.

CARENAGE. ſ. m. Lieu commode proche du rivage de la mer, pour donner la carene à des Vaiſſeaux. On dit *Cranage* par corruption.

CARENE. ſ. f. Longue & groſſe piece de bois, où pluſieurs pieces miſes bout à bout l'une de l'autre, & qui regnent par dehors dans la plus baſſe partie du Vaiſſeau, de proue à poupe, afin de ſervir de fondement au corps du Navire. On prend ſouvent le mot de *Carene* plus generalement, & on entend par là toute la partie du bordage, qui eſt compriſe depuis la quille juſqu'à la ligne de l'eau. *Donner la Carene à un Vaiſſeau* ; *mettre un Vaiſſeau en Carene* ; c'eſt dans ce ſens general, Donner le radoub à un Vaiſſeau. Quantité de Matelots diſent par corruption, *Mettre un Vaiſſeau en Cran*.

CARENER. v. a. Mettre en carene ou à la Carene, *Carener un Vaiſſeau*. Cela ſe fait en mettant le Navire ſur le côté, & en l'appuyant ſur un ponton ; afin qu'il preſente aux Calfateurs la partie qui a beſoin d'être carenée.

CARET. ſ. m. Sorte de Tortue que ceux qui diſtinguent les Tortues en trois eſpeces, établiſſent pour la troiſiéme ; c'eſt la plus petite de toutes les trois : La chair n'en eſt pas ſi bonne que celle de la Tortue Franche, mais on la prefere dans les Antilles à celle de la Kaoüane qui eſt la ſeconde. Cette Tortue differe des autres non ſeulement en groſſeur, mais en ce qu'elle poſe ſes œufs dans le gravier qui eſt mêlé de petits cailloux, & non dans le ſable. Ces œufs ſont fort délicats. Quelques-uns tiennent que cette eſpece de tortue eſt ſi vigoureuſe, que ſon écaille lui étant ôtée, il lui en renaît une autre en peu de tems ſi on la remet incontinent en la mer.

L'abondance du Caret fe trouve en la peninfule de Jucatan, & en plufieurs petites Ifles qui font dans le Golphe d'Hondures. L'huile qu'on en tire eft excellente pour guerir toutes fortes de gouttes qui proviennent des caufes froides. On s'en fert auffi avec fuccés pour fortifier les nerfs, & pour appaifer les douleurs des reins & toutes les fluxions froides. Ce qui fait particulierement eftimer cette Tortue, c'eft l'écaille qu'elle porte fur le dos. Toute la dépouille d'un Caret confifte en treize feuilles huit plates, & cinq en dos d'âne. Des huit plates, il y en a quatre grandes qui doivent porter jufqu'à un pié de hauteur & fept pouces de largeur. Quelques-unes de ces Tortues portent jufques à fix livres de feuilles. Le beau Caret doit être épais, clair, transparent, de couleur d'antimoine, & jafpé de blanc & de minime. Pour lever ces feuilles de deffus la grande écaille, qui eft proprement la maifon de la tortue, après en avoir tiré toute la chair, on fait du feu fous cette maniere de plaftron, fur lequel les feuilles font attachées; & quand elles viennent à fentir le chaud, elles fe levent fort facilement avec la pointe d'un couteau. On en fait des peignes, des boëtes, des coupes, & autres ouvrages qui font de grand prix. On a remarqué que le Caret vient reconnoître la terre dix-fept jours avant qu'il ponde fes œufs; de forte que fi en fuivant un train de Caret quand on le rencontre, on ne trouve point fes œufs, on peut revenir dix-fept jours après, & on ne manque jamais de l'attraper.

CARGAISON. f. f. Marchandife qu'on charge dans un Vaiffeau. Il fe dit auffi de la facture des marchandifes qui font chargées dans un Vaiffeau.

CARGUE. f. f. On appelle ainfi toute forte de manœuvre qui fert à faire approcher les voiles près des vergues, foit qu'on les veuille laiffer en cet état, foit qu'on ait deffein enfuite de les ferrer. Il faut remarquer que quoique l'on dife *une Cargue* au feminin, ce mot devient mafculin, lorfqu'il eft joint avec un autre, comme *le Cargue point*, *le Cargue bouline*.

Il y a auffi des *Cargues d'Artimon*, & quand on parle de ces fortes de Cargues, on dit *les Cargues du vent*, & *les Cargues deffous le vent*. Les unes font du côté d'où le vent vient, & les autres du côté oppofé.

On dit, *Mettre les baffes voiles fur les Cargues*, *mettre les huniers fur leurs cargues*, pour dire, Se fervir des Cargues pour les trouffer en bas.

CARGUE A VÛE. Petite manœuvre paffée dans une poulie fous la grande hune, & qui eft frappée à la ralingue de fa voile, pour la lever lorfqu'on veut voir par deffous. Cette manœuvre n'eft d'ufage que dans de certains Vaiffeaux.

CARGUE-BAS. f. m. Cordage dont on fe fert pour lever en haut, ou pour abaiffer les vergues des pacfis. L'un des bouts de ce Cordage eft amarré au racage de l'un des pacfis, & l'autre à un arganeau qui eft au vent au pié du mât. C'eft la même chofe que *Calebas*.

CARGUE-BOULINE. f. m. Corde qu'on appelle autrement *Contrefanon*. Elle s'amarre au milieu du côté de la voile vers les pates de la bouline & fert à trouffer le côté de la voile.

CARGUE-FOND. f. m. Corde amarrée au milieu du bas de la voile. C'eft par le moyen de cette corde qu'on en releve ou trouffe le fond.

CARGUE-POINT- f. m. Corde qui étant amarrée aux angles du bas de la voile, fert à la trouffer vers la vergue.

C A R G U E R. v. a. Terme de Marine. On dit *Carguer la voile*, pour dire, La trouffer & l'ac-

courcir par le moyen des Cargues, qui la levent en haut, & qui l'approchent de la vergue jufqu'à mi-mât, ou jufqu'au tiers du mât, plus ou moins, felon qu'on veut porter plus ou moins de voiles, eu égard au vent. On dit auffi, *Carguer les pointes de quelque voile*, pour dire, Les plier de telle forte que le vent ne puiffe être reçu que dans les fonds.

CARGUEUR. f. m. Poulie, qui fert particulierement pour amener & guinder le perroquet. On la met tantôt au tenon du perroquet, & tantôt à fon chouquet ou à fes pattes.

CARIATIDES. f. f. p. Terme d'Architecture. Figures de Femmes vêtues de longues robes, dont on fe fert dans quelques bâtimens, au lieu de colomnes. Ces figures foûtiennent l'entablement. Vitruve attribue cet Ordre des Cariatides, qui n'eft autre que l'Ordre Ionique, à la ruine des Habitans de Carie, Ville du Peloponnefe. qui ayant été vaincus par les Grecs, furent tous paffés au fil de l'épée. Les Vainqueurs emmenérent les femmes captives; & afin que la pofterité fe foûvint de leur vengeance, ils reprefenterent dans les édifices publics qui furent bâtis enfuite, l'image de ces malheureufes, qui en fervant de colomnes paroiffoient chargées d'un pefant fardeau, qui étoit comme la punition dont les avoit rendues dignes le crime de leurs maris, qui s'étoient unis avec les Perfes pour faire la guerre à leur propre Nation.

CARIE. f. f. Sorte de mal qui corrompt & mange les os & les dents. Il fe forme dans les os, lorfqu'ils font froiffés, fendus, fracturés, en forte que la chair ne les couvre plus. Ils s'alterent en cet état, & le fang & leur propre nourriture fe deffechent par l'air exterieur qui les touche; ce qu'ils ne peuvent long-tems endurer fans que la Carie y vienne. La fanie qui croupit long-tems deffus, s'imbibe dans leur fubftance, & les pourrit & carie de la même forte.

CARIE', r'e. adj. Les Charpentiers appellent *Bois Carié*, celui qui eft piqué des vers.

CARILLON. f. m. On appelle *Fer de Carillon*, Un petit fer qui n'a que huit à neuf lignes en quarré.

CARISEL. f. m. Groffe toile claire, qui eft une maniere de Canevas dont on fe fert pour travailler en tapifferie. Il y a du Carifel blanc, & du Carifel teint, & on le nomme autrement *Crefeau*.

CARITATIF. adj. Vieux mot. Charitable.

CARLINE. f. f. Plante, dont felon Diofcoride les feuilles font femblables à celles du Silybus ou de l'artichaut, mais plus rudes & plus piquantes, & plus roides que celles de la Chardonnette, qui eft le Chamæleon noir, au lieu que la Carline eft le Chameleon blanc. Cette plante n'a point de tige, mais au milieu de fes feuilles, elle jette une maniere de pomme épineufe, qui reffemble à un Heriffon de mer, ou à la tête d'un artichaut quand il eft en fleur. Ses fleurs font incarnates & purpurines, & fa graine eft femblable à celle du fafran fauvage. Sa racine eft affés groffe, blanche par dedans & un peu aromatique. Elle eft douce au goût, & d'une odeur forte. On fe fert de fes feuilles & de fa racine pour faire fortir les vers qui s'engendrent dans le ventre, & quand on les mêle avec du vin, ce breuvage eft bon contre le venin des ferpens. Matthiole dit que cette plante a été nommée *Carline*, à caufe qu'on croit qu'elle fut revelée divinement à Charlemagne, comme étant propre à chaffer la pefte de fon camp, & il ajoûte que puifque Diofcoride & Gallien affurent qu'elle fait mourir les vers, & refifte au venin des ferpens, il ne doit pas être furprenant qu'elle foit un remede contre la pefte.

CARLINGUE. f. f. Terme de Marine. On appelle ainfi la plus longue & la plus groffe piece de bois qui foit employée dans le fond de cale d'un Vaiffeau. Comme on a pofé fur toutes les varangues elle fert à les lier avec la quille, ce qui fait que plufieurs l'appellent *Contrequille*. Le pié du grand mât pofe deffus, & la piece de bois que l'on met encore au pié de chaque mât, porte le même nom de *Carlingue*.

CARME. f. m. Ordre Religieux qui commença dans le douziéme fiecle, & qui tire fon nom du Mont Carmel, où Aimeric, Legat du faint Siege en Orient fous Alexandre III. & Patriarche d'Antioche, mit certains Pelerins qui* vivoient en divers Hermitages de Syrie, expofés aux courfes & à la violence des Barbares. Après qu'il eut pris foin de les réunir, en les faifant habiter fur le Mont facré, qui fut autrefois la retraite des Propheres Elie & Elifée, ils reçurent des Regles en 1205. d'Albert, Patriarche de Jerufalem, natif du Diocefe d'Amiens, & Arriere-petit neveu de Pierre l'Hermite, & ces Regles furent confirmées en 1207. par le Pape Honoré III. Ils prirent d'abord un habit blanc, avec un manteau chamarré de plufieurs bandes par en bas, & ayant reçu ordre par le Pape Honoré IV. de changer ce vêtement, qui paroiffoit peu conforme à leur état, ils prirent un manteau blanc, & un habit minime deffous. Ils pafferent en Europe vers l'an 1238. & ils ont fept Provinces en France. Cet Ordre eft un des quatre Mendians, & la devotion du Scapulaire, & la vifion de Simon Stock à qui il fut donné par la Vierge, font rendu celebre.

Carmes Déchauffez, Congregation Religieufe qui fut établie dans le feiziéme fiecle. On les a nommés ainfi à caufe de la profeffion que font ces Religieux d'aller piés nuds. Le Pape Eugene IV. ayant trouvé à propos de mitiger la feverité des Regles des Carmes vers l'an 1440. cette mitigation les mit dans un tel relâchement, que fainte Therefe, qui étoit Religieufe de cet Ordre dans le Couvent d'Avila en Caftille, lieu de fa naiffance, entreprit de les remettre dans leur premiere aufterité. Elle commença par les Filles, & étant affiftée du Pere Antoine de Jefus, & du Pere Jean de la Croix, tous deux Carmes, elle vint à bout d'y remettre auffi les hommes. Ils eurent leur premier Couvent près la même Ville d'Avila. Le Pape Gregoire XIII. ayant confirmé cette Réforme en 1590. Clement VIII. les fépara des Mitigés en 1573. & leur accorda d'avoir leur Province à part, & de fe choifir des Superieurs d'entr'eux. Ils vinrent en France vers l'an 1605. & ils y ont plus de quarante Couvents. Le premier Monaftere qu'ils y eurent, qui eft celui du Fauxbourg faint Germain à Paris, fut bâti en 1601. Cette Réforme des Carmes Déchauffés, eft divifée en deux Congregations, qui ont chacune leur General, & leurs Conftitutions particulieres. Celle d'Efpagne comprend dix Provinces, & dans celle d'Italie font compris tous les Couvents établis hors des Etats du Roi Catholique.

Carme, On appelle *acier de Carme*, Certain acier qu'on apporte d'Allemagne & de Hongrie. Il eft très-bon à faire des cifeaux pour couper le fer à froid, des burins, des cifelets, des faux, des outils à couper la pierre, la corne, papier, le bois & autres chofes. Pour connoître s'il eft bon, il faut le choifir fouple à la main tout au long des barres fans pailles ni furchauffures. On doit à la caffe y voir une tache prefque noire dans le milieu, tirant fur le violet, & il faut que cette tache traverfe prefque la barre de tous côtés.

CARMEL, ou *Notre-Dame du Mont-Carmel*. Or-

dre Militaire que le Roi Henri IV. rétablit en 1608. & que l'on appelle encore *de Saint Lazare*. Il fut compofé de cent Gentilshommes du Royaume, qui en tems de guerre devoient toûjours marcher près de nos Rois pour la garde de leurs perfonnes. Philibert de Nereftan, choifi pour Grand Maître de cet Ordre, en fit le ferment entre les mains de ce Prince en prefence de toute fa Cour, lui jurant fidelité & à tous fes fucceffeurs Rois de France. Le Roi lui mit enfuite le Collier & le Manteau à la Croix de ce même Ordre, qui fut approuvé par le Pape Paul V. ou rétabli en celui de faint Lazare, que le Pape Innocent VIII. avoir uni à celui de Malthe. Ce Collier étoit un ruban tanné, d'où pendoit une croix d'or, fur laquelle l'Image de la Vierge étoit gravée avec des rayons d'or tout autour. Henri IV. fouhaita que cet Ordre ne fût compofé que de François, pour le diftinguer de celui de faint Lazare de Savoye, qui n'eft que pour les Savoifiens & Italiens.

CARMELITES. f. f. Religieufes qui fuivent les Regles des Carmes, & dont fainte Therefe a rendu l'Ordre celebre. Le Cardinal de Berule les avoit attirées en France deux ans avant que les Carmes Déchauffés s'y fuffent venus établir.

CARMIN. f. m. Couleur rouge fort vive, dont fe fervent ceux qui peignent en miniature. On bat du bois de Brefil & de Fernambouc dans un mortier avec de la couleur d'or, le tout trempé dans du vinaigre blanc, & on fait fecher l'écume qui en foit après avoir bouilli. C'eft ce qui fait le Carmin. On en fait auffi d'une autre forte où l'on fait entrer de la cochenille & de l'alun de Rome qui eft rougeâtre.

CARMINATIF, IVE. adj. Terme de Medecine. On appelle *Medicamens Carminatifs*, ceux dont fe fervent les Apoticaires pour diffiper les vents dans les coliques & autres maladies flatueufes. Ce mot eft auffi fubftantif, & vient du Latin *Carminare*, qui veut dire, Peigner les cheveux ou carder de la laine; ce qui ne fe fait pas tout à coup, mais peu à peu. De la même forte les Carminatifs ne font leurs effets que lentement. La matiere des Carminatifs eft la même que celle des Diaphoretiques. Ce qu'on appelle *Les quatre fleurs Carminatives*, font celles de Camomile, de Melilot, de Matricaire & d'Anet.

CARNACIERE. f. f. Petit fac de toile ou de filet, que les Tireurs portent à leur ceinture pour mettre le gibier.

CARNAGE. f. m. Carcaffe de cheval que l'on traîne autour des bois, pour faire venir les loups & les renards fur la pifte. On dit *Faire carnage aux chiens*, pour dire, Leur donner à manger de la chair de quelque animal.

CARNAL. f. m. Vieux mot. Chair. *Si qu'il lui trancha une paume du carnal de la cuiffe*.

CARNATION. f. m. Terme de Peinture. On s'en fert pour reprefenter toutes les parties nues & fans draperie, qui reprefentent de la chair dans un tableau. *Ce Peintre a une belle carnation*.

Il fe dit auffi dans le Blafon de toutes les parties du corps de l'homme, reprefentées au naturel, fur. tout du vifage, des mains & des piés.

CARNAU. f. m. Terme de Marine, Angle que fait la voile vers la proue.

CARNE'. ÉE. adj. Terme de Fleurifte. Qui eft de couleur clair-vive. *Anemone carnée. Fleur nuée de carné.*

CARNEAU. f. m. Nos Anciens appelloient *Carneaux*, les embrafures qui font dans les parapets, & qui ont des ouvertures dans lefquelles on pointe le canon pour le tirer à la campagne ou dans le foſſé. C'étoit par ces Carneaux qu'on tiroit les flêches à couvert, avant que le mouſquet eût été mis en uſage.

CARNET. ſ. m. Terme de Négoce. Petit livre où un Marchand tient un compte de tout ce qu'il doit, & où il marque le tems où il faut qu'il paye, afin de tenir de l'argent prêt.

CAROBE. ſ. f. Sorte de poids qui peſe vingt minutes.

CAROLUS. ſ. m. Monnoye hors d'uſage, qui a valu dix deniers, & qui étoit marquée d'un K, à cauſe qu'elle avoit été fabriquée ſous le regne de Charles VIII. Roi de France. Nicod ſur ce mot *Carolus*, rapporte ceux-ci de Nicole Gilles en la Vie de Charles VIII. *Et s'en alla ledit Roi Charles viſiter ſon pays de Picardie, où il fut honorablement reçu, & fit faire monnoye d'argent nouvelle, de dix deniers la piece, qu'on appelle* Karolus. *Le premier coing de laquelle fut la croix couronnée en ſes quatre branches avec une fleur de Lys, & ce letrier* Pro Pomœrio (*s'il faut ainſi dire*) *d'icelle monnoye,* Sit nomen Domini benedictum. *Et en la pile, ladite lettre* K, *couronnée & coſtoyée de deux fleurs de lys, avec ce letrier,* Karolus Francorum Rex. *Et regnes ſucceſſifs de Louis XII. & François I. demeurant ledit nom de Karolus, comme fait encore à ladite eſpece de monnoye, & leſdits letriers d'icelle, la croix en a été alterée au coing dudit Roi Louis, en ce que la premiere lettre de ſon nom a occupé les anglets, droit à haut, & bas à ſeneſtre d'icelle croix, & à la pile, au lieu deſdites deux fleurs de lys ont ſuccedé deux lettres. Et au coing dudit Roi François, la croix en a été alterée, en ce qu'elle a été recroiſetée & ſans couronne, qui ſont toutes méprinſes ou plûtôt ignorances, & trop hardies licences des Maîtres des Monnoyes, auſquels n'eſt licite varier le coing premierement impoſé par le Prince Souverain à la nouvelle monnoye, ſans Edit & Ordonnance de lui : conſidéré que ledit coing eſt la forme publique de la monnoye, dépendante de la ſeule autorité du Prince. En cas de trop moindre importance, n'eſt-il permis à aucun faire mutation de nom ſans lettres de ſon Souverain.* Il y a eu auſſi des pieces d'or d'Angleterre valant treize livres quinze ſols qu'on appelloit *Carolus.*

CARON. ſ. m. Terme de Charcuitier. Bande de lard d'où l'on a ôté le maigre.

CARONCULES. ſ. m. Terme de Medecine. Petites chairs glanduleuſes, qui ſont dans le canthus de l'œil, & en pluſieurs autres parties du corps.

CAROTE. ſ. m. Racine qui eſt une eſpece de Panais. Il y en a de rouges, de blanches & de jaunes, & l'une & l'autre eſt douceâtre. Les feuilles de la Carote ſont ſemblables au fenouil, quoique plus petites & plus menues. Elle a la hauteur d'un palme dans ſa tige, & ſon bouquet ſemblable à celui du Coriandre. La fleur en eſt blanche, ainſi que la graine qui eſt forte & velue, & de bonne odeur quand on la mâche. Il s'en trouve une ſeconde eſpece ſemblable au perſil ſauvage, & une troiſiéme qui reſſemble au coriandre, & qui a la graine comme le cumin ou l'aneth.

CAROTIDE, adj. Terme de Medecine. Nom qu'on donne à une artere du col, qui venant du rameau droit ſous clavier, monte le long des côtés de l'artere trachée avec la jugulaire interne. On dérive ce mot du Grec *κάρτιον*, ou *κάρη*, qui veut dire, Tête à cauſe que les arteres carotides portent le ſang à la tête.

CAROUGE. ſ. m. Arbre qui croît aſſés haut, & dont les branches s'étendent plus en largeur qu'en

longueur. Son écorce eſt cendrée, tirant ſur le pers comme celle de lotus. Sa feuille reſſemble à celle de frène ; mais elle eſt plus large, plus dure, & plus ronde. Cet Arbre fleurit au commencement du Printems, & porte ſon fruit en Eté & tout l'Automne. C'eſt une maniere de ceriſe qui lâche le ventre lorſqu'elle eſt fraîche, & qui reſſerre étant ſeche. Ses gouſſes fraîchement priſes ſur l'arbre, ont une fâcheuſe odeur, qu'elles perdent étant ſechées ſur des clayes. Alors elles ſont fort bonnes à manger. On les trouve remplies d'un jus de miel, & ſur-tout celles qui viennent aux regions Orientales.

CARPASUM. ſ. m. Plante dont le jus pris en breuvage, endort la perſonne & l'étouffe incontinent. Les remedes contre cette ſorte de poiſon ſont ſemblables à ceux dont on ſe ſert contre la cigue. C'eſt tout ce que Dioſcoride dit ; ſur quoi Matthiole avoue qu'il ne ſçait ce que c'eſt que Carpaſum, les Grecs ni les Arabes n'en ayant rien dit qui le puiſſe faire conjecturer. Ægineta ſuivant Dioſcoride l'appelle *Carpeſia* ; ce qui a fait croire à pluſieurs que *Carpaſum Carpeſia* & *Carpeſium,* ſont mêmes plantées ; ce qui ne peut être, puiſque le Carpeſium n'eſt point venimeux, & que Galien lui attribue les mêmes proprietés qu'à la Valerienne.

CARPE. ſ. f. Poiſſon d'eau douce, ſoit de lac, ſoit de riviere, & qui eſt couvert de grandes & larges écailles. Il eſt brun lorſqu'il eſt jeune, & jaunâtre quand il eſt vieux. La Carpe vit d'herbe & de limon, & n'a point de dents. Celle qui eſt laitée eſt le mâle, & la femelle a toûjours le ventre plein d'œufs, parce qu'elle a des petits cinq ou ſix fois l'an. La chair, qui forme le palais de ce poiſſon eſt nommée improprement *Langue de Carpe,* puiſqu'elle n'a point de langue.

On appelle *Saut de carpe,* le ſaut que font les Baladins après qu'ils ont plié tout le corps, & joint la tête à leurs piés. Cela vient de ce que la Carpe, quand on la tire de l'eau, fait un pareil ſaut, pour tâcher à ſe tirer des filets.

CARPE. ſ. m. Terme de Medecine. Le poignet ou la partie qui eſt entre le bras & la paume de la main. Il eſt compoſé de huit os diſtribués en deux rangs. Celui de derriere eſt joint aux deux fotils par des cartilages & des ligamens, & celui de devant, aux quatre os du metacarpe. Le pié a auſſi un carpe, qui y fait la même choſe que fait le Carpe à la main.

CARPEAU. ſ. m. Petite carpe. On dit auſſi *Carpillon.* On l'appelle ſur la Loire *Penard,* quand il eſt de 14. à 15. pouces.

CARPESIUM. ſ. m. Selon Galien le Carpeſium eſt ſemblable à ce qu'on appelle Phu, non ſeulement au goût, mais auſſi en vertu & proprieté. Toutefois ſon odeur eſt plus ſubtile, quoiqu'elle ne le ſoit pas aſſés pour s'en devoir ſervir au defaut de la canelle qui eſt bien plus forte. Il nettoye & déſopile mieux les entrailles que le phu, provoque l'urine & décharge les reins de gravelle. Il y en a de deux ſortes, l'un Laërtien, & l'autre Pontique, & tous deux prennent leur nom des Montagnes où ils croiſſent. Ce ſont de petits ſarmens ſemblables aux verges du Cinnamome. Le Pontique eſt le meilleur. Pluſieurs tiennent pour certain, fondés ſur l'autorité d'Avicenne, de Serapion & d'Auctarius, que les grains rouges que porte le houx, & que les Apoticaires appellent ordinairement *Cubebes,* ſont le vrai *Carpeſium,*

CARPETTES. ſ. f. On donne ce nom à de gros draps rayés que l'on appelle autrement *Tapis à emballer.*

CARPIN. ſ. m. Plante que Matthiole dit être fort
connue

connue en Italie, & qui a ses feuilles presque semblables à l'orme, mais plus minces. Elle croît dans les forêts entre les chênes, & d'autres arbres sauvages. Son tronc est haut, couvert d'une écorce blanchâtre, & un peu rude & âpre. Elle jette quantité de branches, fortes, bien garnies de feuilles, & qui forment de l'ombrage en s'étendant. De ces feuilles pendent de petites queues, ausquelles quelques autres petites feuilles un peu pâles & grosses en maniere de vessie, sont attachées à fleur de raisin. Elles sont de forme triangulaire, & au milieu sortent de petites têtes comme de poix chiches, où la graine est contenue. Les racines de cette plante sont fermes & grosses, & son bois est blanc, solide & visqueux. Les Villageois d'Italie s'en servent pour faire le joug des bœufs. Le même Matthiole après avoir fait cette description du Carpin, ajoûte qu'il a peine à croire que ce soit le même dont Pline & Theophraste ont fait mention, & il marque la difference qu'il trouve entre l'un & l'autre.

CARPOBALSAMUM. f. m. Fruit de l'arbrisseau appellé *Baume*. Il est fort semblable en grosseur, en figure & en couleur à celui du Terebinthe, & un petit calyce l'attache à la plante. Il y a aussi une petite membrane rougeâtre qui le couvre ; & au dedans sont d'autres tuniques plus épaisses, sous lesquelles sa semence est contenue. Elle est pleine d'un suc jaune & mielleux, dont le goût est un peu acre, & l'odeur aromatique à peu près comme le Baume. Le Carpobalsamum qui est ridé, sec & sans suc, est à rejetter, & on ne doit choisir que celui qui est recent, & rempli de suc. Comme il tient de la nature du Baume, il tient aussi de ses qualités. Ce mot est Grec, formé de καρπός, Fruit, & de βάλσαμος, Baume.

CARPOCRATIENS. f. m. Heretiques sectateurs de Carpocrates ; qui nâquit en Alexandrie en Egypte, & fleurit du tems de l'Empereur Antoninus Pius, vers l'an 109. Il tenoit qu'il y avoit deux Dieux qui étoient contraires l'un à l'autre, que la loi & les bonnes œuvres n'étoient pas necessaires à ceux qui avoient la foi, & que ce n'est qu'en faisant du mal que l'homme échape à la fureur des Esprits malins. C'est ce qui faisoit qu'ils s'adonnoient à la magie & à une vie dépravée. Ils disoient aussi que JESUS-CHRIST n'étoit qu'homme, né comme un autre, de Joseph & de Marie ; qu'il n'y avoit que son ame montée au Ciel, & que Carpocrates étoit un bien meilleur homme que lui. Ils croyoient la transmigration des ames, nioient la resurrection, & disoient que ce monde n'avoit pas été créé de Dieu, mais de Satan.

CARPOT. f. m. C'est la quatriéme partie de la Vendange, que prend le Bailleur du fonds : le Preneur, qui plante la vigne & l'entretient prend trois parts.

On dit *Complant* ou vignes au quart. On en voit des vestiges dans un ancien titre rapporté par Dominicy, *de Prærog. allod. in fine* vineas quartales

CARRE'. f. m. Morceau d'acier qui est fait en forme de dé, & dans lequel ce doit être en relief dans une médaille est gravé en creux.

CARREAU. f. m. Pierre dont la largeur est plus grande au parement, qu'elle n'est de queue dans le mur. Elle est posée alternativement avec la boutisse pour faire liaison.

On dit *Carreaux de pierre*, quand il n'y en a que deux ou trois à la voie. S'il y en a un plus grand nombre, on dit *Libe* ou *Libage*, & s'il n'y a qu'un carreau, on dit, *Quartier de pierre*.

Carreau de plancher. Il y en a de trois sortes qui

Tome I.

sont faits de terre cuite. Les grands ont sept pouces en quarré, & servent à paver des Jeux de paume, des âtres, des cuisines, & des terrasses. Les Carreaux moyens servent aux étages d'enbas. Ils sont ordinairement quarrés & à six pans, & ont six pouces de diametre. Les petits quarreaux s'emploient dans les étages d'enhaut, à cause qu'ils chargent moins, & que les plus petits sont les plus beaux. Il y a aussi du *Petit Carreau* à huit pans de quatre à cinq pouces. Le compartiment en est fait de telle sorte, qu'au milieu de quatre on en met diagonalement un plus petit quarré & vernissé.

Carreau vernissé, est un grand Carreau plombé, qu'on met dans les écuries, au dessus des mangeoires des chevaux, ce qui les empêche de lécher le mur. On fait aussi du petit Carreau vernissé pour les compartiments.

Carreau de Fayence ou *de Hollande*. Il sert à faire des foyers & à revêtir les jambages de cheminée, & a ordinairement quatre pouces en quarré. On l'emploie aussi à paver & à revêtir des grottes, des salles, des bains, &c.

Carreau de parquet. Petit ais en quarré. Il en faut plusieurs pour remplir la carcasse d'une feuille de parquet.

On appelle *Carreau de verre*, Une piéce de verre quarrée, mise en plomb ou en bois.

Carreau de parterre, est un espace quarré ou figuré avec une bordure de bouis nain, & rempli de fleurs ou de gazon dans le compartiment d'un parterre de pieces coupées. On a appellé *Carreau de broderie*, un Carreau qui faisant partie d'un parterre, renfermoit une broderie de traits de bouis. On ne voit plus guere de ces sortes de Carreaux. *Carreau de potager*, est celui qui fait partie d'un jardin potager, & qui est semée de legumes avec une bordure de fines herbes.

Les Serruriers appellent *Gros Carreaux*, des especes de grosses limes taillées rudes, pour ébaucher & limer le fer à froid. Il y a aussi de *Gros demi-Carreaux*, qui servent au même usage. *Les Carreaux doux & les demi-Carreaux* sont des limes douces.

Carreau, est aussi un terme de Monnoye, & il se dit des Pieces d'or ou d'argent qu'on taille pour fabriquer les especes. Cette fabrique se fait au marteau, & on lui donne jusqu'à huit façons, qui sont *de tailler carreaux, de battre* ou *frapper carreaux, de recuire carreaux*, &c. & après ces huit façons, les Carreaux sont appellés *Flans* ou *Especes*.

Carreau, chés les tailleurs est un fer plat, & rond par un bout qu'ils font chauffer, après quoi ils le passent sur les coutures pour applatir les lisieres.

Carreau, se dit aussi en termes de mer. C'est un diminutif de Precinte, qui tient le Vaisseau tout autour par les hauts. On appelle aussi *Carreaux*, certaines pieces de bois, qui font le haut des côtés d'une chaloupe.

On appelle *Brochet Carreau*, un Brochet qui passe en grosseur les poissons communs de cette espece.

CARRELET. f. m. Sorte de poisson de mer plat & qui est taillé en maniere de losange. Il est blanc d'un côté & grisâtre de l'autre, avec de petites taches rouges.

C'est aussi un Filet à pêche ; quelquefois de cinq à six piés de grandeur, d'autrefois davantage. Il est emmanché au bout de quatre gaules au bout d'une perche forte. En Anjou on se sert de Carrelets à revers, pour prendre les Saumons & les Aloses.

Z

Carrelet, est aussi une grosse aiguille à quatre carnes dont les Cordonniers, Selliers, & autres qui travaillent au cuir se servent.

CARRELETTES. s. f. Limes qui servent à limer & à polir le fer. On se sert des grosses Carrelettes pour limer & dresser les grosses pieces après qu'on y a fait passer le carreau ou demi-Carreau, & les Carrelettes sont des limes douces.

CARRET. s. m. On appelle *Fil de carret*, Un fil tiré de l'un des cordons de quelque vieux cable coupé par morceaux. On s'en sert sur mer quand on veut raccommoder quelque manœuvre rompue.

CARRIERE. s. f. Lieu que l'on a creusé fort avant dans quelque champ, & d'où l'on tire de la pierre pour bâtir. On trouve jusqu'à deux ciels ou bancs de ciel dans de certaines Carrieres à douze ou quinze piés l'un de l'autre. On les a nommées ainsi du mot de *Carreaux*, ou grosses pierres que l'on en tire.

Carriere, en terme de Manege, est un terrain propre à faire courre un cheval. Il signifie aussi la course même du cheval, pourvû qu'elle n'aille point au delà de deux cens pas. On dit qu'*Un cheval ne fournit pas sa carriere*, pour dire, qu'il n'acheve pas sa course avec la même vitesse qu'il l'a commencée.

Carriere, en Fauconnerie, est la montée de l'oiseau d'environ soixante toises Quand il monte davantage, on dit *Double carriere*, & *demi-carriere* quand il monte moins.

CARROUS. s. m. On a dit autrefois, *Faire carrous*, pour dire, Faire débauche de vin. M. Ménage fait venir ce mot de l'Allemand *Carhaus*, qui veut dire, Tout vuidé. Borel le dérive de Grec χαρα, Joie. Quelques-uns disent encore, *Faire carrousse*, pour dire, Faire bonne chere & se réjouir.

CARTAHU. s. m. Manœuvre qu'on passe dans une poulie au haut des mâts, & qui sert à hisser les autres manœuvres ou quelque autre chose.

CARTAME. s. m. Plante dont les feuilles sont longues, âpres, piquantes & chiquetées tout autour. Elle a sa tige haute d'un pié &demi, & ses chapiteaux épineux & de la grosseur d'une grosse Olive. Sa graine, qui est la partie dont on se sert le plus en Medecine, est blanche, longuette & anguleuse. Le Cartame s'appelle aussi *Cnicus* ou *Crocus sylvestris*, à cause de la ressemblance de ses fleurs avec celles du safran. Il y en a de deux sortes, celui des jardins, & le sauvage appellé *Attractylis* ou *Fusus agrestis*. Ce dernier se divise aussi en deux especes. L'un qui est le simple Attractylis, ressemble fort au Cartame des jardins, si ce n'est qu'il a la tige plus droite, & que la graine qu'il produit est noire, assés grosse & amere. L'autre, qu'on appelle *Attractylis hirsutior*, est le Chardon benit. La semence du Cartame, pour être bonne, doit être blanche, grande, polie, anguleuse & pleine de moële. Il faut aussi qu'elle ait l'écorce subtile, & qu'elle ne soit point surannée. Elle purge par haut & par bas les serosités & la pituite visqueuse, dissipe les vents, & délivre de toutes obstructions. Elle est aussi très-bonne pour les maladies du poumon & de la poitrine; & parce qu'elle est contraire à l'estomac, on la corrige ordinairement par le moyen du cardamome, de l'anis & du gingembre.

CARTE. s. f. Il y a des Cartes de *Geographie*, de *Chorographie* & de *Topographie*, Voyez ces mots. Il y a aussi des *Cartes d'Hydrographie*, ou *Cartes Marines*, qui sont de differentes especes. Voyez HYDROGRAPHIE.

Donner à un General la Carte blanche, c'est lui donner le pouvoir d'agir, comme il juge à propos, sans ordre précis.

CARTELLE. s. f. Terme de Charpenterie. Il se dit des grosses planches qui servent aux moulins à porter les meules, ou à d'autres usages, comme à faire les planchers qui sont à côté. On se sert du même mot de *Cartelle* dans une façon de debiter les bois qui sont recherchés, comme les Frênes & les Erables loupeux & nouailleux, qu'on met par petites planches, épaisses de trois jusqu'à cinq pouces, pour servir aux Ebenistes.

CARTAYER. v. a. Terme de Cocher & de Chartier. C'est lorsqu'ils ne font pas rouler leurs charetes & carosses dans les vieilles ornieres, ou quand dans une rue, ils laissent le ruisseau au milieu & entre les chevaux. Il y a de l'adresse & quelquefois du danger à cartayer. Voyez QUARTER.

CARTON. s. m. Dessein qu'un Peintre fait sur du fort papier pour calquer le trait d'un tableau sur un endroit frais avant que de le peindre à fraisque. On appelle aussi *Carton*, le dessein coloré qui sert pour travailler la Mosaïque.

Carton, est encore un contour chantourné sur une feuille de carton ou de fer blanc, pour tracer les profils des corniches & pour lever les panneaux de dessus l'épure.

CARTOUCHE. s. m. Ornement de Sculpture en façon de table avec des enroulemens. Ce mot vient de *Charta*, à cause que les Cartouches representent des rouleaux de cartes coupées & tortillées. On y met des inscriptions; ce qui a été leur premier usage.

Cartouche, en termes de guerre, est un Rouleau creux en forme d'étui, quelquefois de gros papier, & quelquefois de carton, pour enveloper la charge d'une arme à feu. C'est aussi une boëte ronde faite de fer blanc, & remplie de petites bales & de menue ferraille, que l'on ajoûte à la poudre dont on charge le canon, pour le tirer quand les ennemis veulent venir à l'assaut. Cette boëte est haute d'un demi-pié, & occupe la place du boulet dans la piece, au calibre de laquelle son diametre est proportionné.

CARTULAIRE. s. m. Registres où sont contenus les Titres d'une Abbaye ou d'un Monastere.

CARVI. s. m. Plante assés semblable au panais sauvage, qui croît fort communément dans les prés & les côteaux. Elle jette d'une seule racine plusieurs tiges quadrangulaires d'une coudée de hauteur, à un bouquet garni de fleurs blanches, d'où sort une graine noirâtre, anguleuse, & un peu plus longue que la graine de l'anis. Ses racines sont en grand nombre sur un même pié, longues & d'un goût âcre & amer. Pline a nommé cette plante *Carium*, & Dioscoride *Carum*, à cause qu'il croît d'excellent Carvi dans une Province appellée Carie. Sa semence, qui est mise au rang des quatre Semences chaudes majeures, est la seule partie dont les Medecins se servent. Dioscoride lui donne les mêmes proprietez qu'à l'anis. Elle resout toutes sortes de ventositez, & fait uriner.

CARYOCOSTINUM. s. m. Electuaire mol, composé de cloux de girofle, de costus blanc, de gingembre, de cumin, d'hermodactes, de diagrede & de miel. Pour bien faire le mélange de ces Ingrediens, il faut pulveriser ensemble les racines, les girofles & le cumin. Pour le diagrede, on le pulverise à part. Cela étant fait, on écume le miel avec du vin blanc, puis on le cuit en sirop, & on le pese au triple de la poudre qu'on y détrempe avec un pilon , en ôtant le vaiſſeau de deſſus le feu , & enfin le diagrede. Le tout refroidi , on le garde , pour s'en ſervir au beſoin. Cet Electuaire eſt bon pour les goutes bilieuſes.

CARYOPHYLLATA. ſ. f. Plante qui croît le long des chemins & auprès des buiſſons. Ses feuilles ſont un peu âpres , velues & diviſées en trois à la cime de leur queue. Elles ſortent plus bas deux à deux & en moindre forme , ſont toutes dentelées à l'entour. Sa tige eſt branchue , ronde , aſſés me- nue , haute d'une coudée & demie , nouée & un peu âpre. Ses fleurs ſont jaunes & ſemblables à celles de la Quinte-feuille , d'où il ſort de petites têtes velues où la graine eſt renfermée. Elle a for- ce racines minces & rouſſâtres , qui ont l'odeur du girofle ; & c'eſt de la qu'elle a pris ſon nom. Il y a une autre ſorte de *Caryophyllata* qui croît aux montagnes. Ses feuilles ſont plus groſſes , plus crê- pues & plus velues que celles de l'autre , & elle en jette pluſieurs de ſa racine même qui ſont attachées à de longues queues , & dentelées tout autour. Elles ſe jettent à terre , ſont fort rudes à ma- nier. Ses tiges ſont minces , & on y voit peu de feuilles. Elles n'en ont que de fort petites. Il ne ſort qu'une ſeule fleur de ſa ſommité ; mais fort agreable à voir. Elle eſt jaune , & trois fois plus grande que celle de l'autre Caryophyllata. Sa ra- cine eſt de la groſſeur du petit doigt , ſans aucunes fibres , aſtringente au goût , & ſent le girofle. On ne ſe ſert que de la racine de cette plante. Elle n'a pas ſeulement la faculté d'attenuer , de reſoudre & de reſtreindre , mais encore de fortifier. On la croit cephalique & cardiaque. Elle eſt auſſi vulneraire , bonne pour les yeux , & propre à deſſecher les ca- terres , & à diſſoudre & reſoudre le ſang caillé.

CAS

CASCADE. ſ. f. Toute chûte d'eau , ſoit qu'elle ſoit naturelle par le panchant du lieu , ſoit qu'elle ſoit faite par artifice , comme ſont pluſieurs ouvrages de Maçonnerie qu'on fait dans les jardins & dans les grottes , afin que l'eau tombe de haut en bas par diverſes chûtes. Ce mot vient de l'Italien *Caſ- care* , Tomber.

CASCANE. ſ. f. Terme de fortification. Enfonce- ment ſous terre en forme de puits , d'où ſort une galerie qui eſt auſſi conduite ſous terre , pour éven- ter la mine de l'ennemi.

CASEMATE. ſ. f. Puits & rameaux que l'on fait dans le rameau du Baſtion , juſqu'à ce qu'on en- tende travailler le mineur & qu'on évente les mi- nes. On appelle auſſi *Caſemates* , des places ou bat- teries voutées l'une ſur l'autre , faites dans les flancs pour y loger le canon. L'uſage en eſt aſſés rare pré- ſentement , & on a ceſſé de s'en ſervir , à cauſe que les batteries des aſſaillans enterroient l'artille- rie de ces Caſemates dans la ruine des voutes.

CASERNE. ſ. f. Grand bâtiment à pluſieurs petites chambres qui tiennent enſemble , & qui ſont bâ- ties ſur le Rempart des Villes de guerre , pour y loger les Soldats de la Garniſon.

CASILLEUX. adj. Nom que les Vitriers donnent au verre , lorſqu'il ſe caſſe en pluſieurs morceaux quand ils y appliquent le diamant pour le couper. Cela arrive à celui qu'on a retiré trop tôt du four- neau , où il n'a pas eu aſſés de recuite.

CASQUE. ſ. m. Arme defenſive qui couvre la tête & le col du Cavalier. On a dit auſſi *Caſquet* , com- me le montre Nicod en rapportant ces mots d'une Ordonnance de François I. touchant les ſervices que ſont obligés de rendre ceux qui tiennent des fiefs

Tome I.

du Roi : *Et celui qui tiendra fief de deux ou trois cens livres de revenu par an fera un homme de pié avec le corps de hallecret , le caſque & la pique.* Il ajoûte que ce mot vient de l'Eſpagnol *Caſco* , qui veut dire , Le têt de la tête ; comme de *Tête* en François on a dit *Teſtiere* , pour dire un ha- billement de fer de tête. M. Ménage fait venir *Caſque* de *Caſſicum* ou *Caſſicus* , diminutif de *Caſſis* , Heaume.

Caſque , en termes de Blaſon , eſt ce qui ſe met au deſſus de l'écu pour ſon principal ornement , & que l'on appelle *Timbre.* C'eſt la vraie marque de Chevalerie. Les Caſques ſont diſtingués non ſeule- ment par la matiere ; mais auſſi par la forme & la ſituation. Ceux des Rois ſont d'or , ceux des Prin- ces & des grands Seigneurs d'argent & ceux des ſimples Gentilshommes d'acier poli. Il y en a d'ou- verts , comme ceux des Souverains , & d'autres à demi-fermés & à divers nombres de grilles que l'on compte pour marquer les divers degrés de qua- lité. Les moindres ſont ceux qui ſont tout-à-fait fermés. Quand ils le ſont en profil , c'eſt la marque d'un ſimple Gentilhomme , ou d'un homme de for- tune qui s'eſt ſignalé par ſes actions. Si le Caſque fermé eſt placé de front , il fait connoître une no- bleſſe nouvelle ; mais que des actions éclatantes ont fait acquerir. Le Caſque grillé qui eſt en profil , eſt celui d'un Gentilhomme qui n'a vûe ſur ſes Sujets , au lieu que s'il eſt grillé & de front , il marque un Capitaine qui a commandement ſur ſes Troupes. Les Seigneurs qui ont de grands fiefs dépendans du Roi , portent le Caſque ouvert & de profil , & il n'y a que les Souverains qui les por- tent ouverts & de front. Avant le dernier ſiecle tous les Caſques étoient fermés.

Caſque , ſe dit auſſi d'une ſorte de groſſe coquil- le que fournit la mer des Indes , & qu'employent les Rocailleurs parmi les autres coquilles dont ils font des grottes. On l'appelle ainſi à cauſe de ſa figure. Ce coquillage paroît doublé par dedans & ſur les bords , qui ſont épais , plats & dentelés , d'un ſatin incarnat fort luiſant. Par le dehors il eſt façonné d'une agreable ruſtique , relevée de plu- ſieurs petites boſſes qui ſont entrelaſſées de mille compartimens ſur leſquels on voit ondoyer un pen- nache de diverſes rares couleurs. C'eſt ainſi qu'en parle M. de Rochefort dans la deſcription qu'il en fait.

CASSAILLE. ſ. f. Terme de Laboureur. Il ſe dit de la levée des gueres , lorſqu'il faut caſſer & ou- vrir la terre pour lui donner ſon premier labour.

CASSATION. ſ. f. Terme de Pratique. Acte de Juſtice qui caſſe & annule des procedures.

CASSAVE. ſ. f. Sorte de pain dont ſe nourriſſent les Habitans des Antilles ; & ce qu'il y a de ſurpre- nant , c'eſt qu'il eſt fait de la racine d'une plante qu'ils appellent *Maniot* , & dont le ſuc eſt un poi- ſon ſi mortel , qu'il tueroit un homme qui en au- roit avalé une ſeule cueillerée. Pour faire la Caſſa- ve , on ratiſſe des racines de Manioc , comme l'on fait les navets , après quoi on les égruge ſur des rapes de cuivre percées , qui ont un pié & demi de haut & huit ou dix pouces de largeur. Ces ra- pes ſont attachées ſur des planches , dont on met le bas dans un vaiſſeau , & en appuyant le haut contre l'eſtomac , on frotte à deux mains la racine ſur la rape , & tout le marc tombe dans le vaiſſeau. Quand tout eſt égrugé ou rapé , on le met à la preſſe dans des ſacs de toile , & on en exprime tout le ſuc , en ſorte qu'il n'y a que la farine qui demeure. Quand elle eſt bien ſeche , on la paſſe au travers d'une maniere de crible à petits trous quarrés & fort drus , que l'on appelle *Hebechet* , & que les Sauvages font ou avec des queues de Latanier, ou avec l'écorce du Solaman. Après cela ils font du feu fous une platine de terre cuite , & lorf-qu'elle eft bien chaude , ils étendent fur toute fa largeur l'épaiffeur d'un doigt de farine , qui venant à s'échauffer , fe lie & fe cuit. Etant cuite d'un côté , on la retourne de l'autre ; ce qui la fait cui-re tout-à-fait , & la rend d'un très-bon goût à manger. Les Efpagnols & les Portugais font fecher cette farine dans le four , & la gardent deux ou trois ans , pour en faire des provifions dans leurs Forterefles.

CASSE. f. f. Fruit qui vient aux Indes , fait en for-me d'un long bâton , dont la moëlle fert à purger & à rafraîchir. Diofcoride , ni aucun des anciens Grecs n'en ont parlé ; mais Matthiole , qui prend foin de rapporter ce que les Auteurs Arabes en ont écrit , dit que l'arbre qui porte les gouffes de la Caffe , doit être mis au rang des plus grands ar-bres, & qu'il a fon écorce de couleur cendrée. La matiere de fon bois eft fort folide. Ce qui eft vers l'écorce tire à la couleur du bouis , mais le dedans eft noir & maflif comme l'ébene. Ce bois étant vert a une mauvaife odeur, qu'il n'a plus quand il eft fec. Il jette des feuilles comme le Carouge, mais plus pointues , & fes racines font grandes comme celles du Noyer. Les gouffes qui pendent aux branches font affés longues , rondes & maffi-ves. En mûriffant , elles font de couleur rouge ti-rant fur le noir , & renferment une moëlle noire , douce & épaiffe comme la crême. Cette moëlle n'eft pas tout de fuite dans ces gouffes , comme la moëlle eft dans les os. Elle eft enchaffée dans de petits caiffons , qu'un grand nombre de petites peaux ligneufes féparent. Entre chaque écaille fe trouve une graine dure , & qui reffemble fi fort à la graine de Carouge , qu'il eft prefque impoffible de diftinguer l'une d'avec l'autre. On appelle cette Caffe *Siliqua Ægyptiaca* , ou *Siliqua Indica* , parce que la meilleure croît en Egypte ou dans les Indes. Elle amollit le ventre & purge la bile & la pituite en lavant. Elle eft bonne fur les bilieux , pour les maladies chaudes & feches , pour la poitrine & les reins , fur-tout fi le tems eft chaud ; mais elle eft nuifible à ceux qui ont le ventre lâche & humide , fi elle n'eft corrigée par la Rhubarbe , le Maftic , ou les Myrobalans rôtis. On s'en fert auffi exterieure-ment , & étant appliquée fur une partie affligée de douleurs par inflammation , elle en adoucit les acci-dens ; ce qui la fait mettre au rang des Medicamens épicerafliques.

Caffe Aromatique , en Latin *Caffia lignea* , *Caffia odorata* , ou *Xilocaffia*. Ce n'eft autre chofe que l'é-corce d'un arbre fauvage qui vient de foi-même & fans culture dans les Indes Orientales. Il n'y a prefque point de difference entre l'arbre de la Ca-nelle & celui qui porte la *Caffia lignea*. Les Hol-landois & les Portugais affurent qu'ils viennent tous deux pêle mêle dans l'Ifle de Zeïlan , & qu'ils naiffent de la même grandeur , groffeur & figure, foit pour les branches, foit pour les feuilles. Les écorces font auffi de même couleur & de mê-me forme , & fe recueillent & fe fechent l'une comme l'autre. Leur goût eft piquant & aromati-que. Toute la difference qui fe trouve entre ces deux écorces , c'eft que la *Caffia lignea*, dont il y en a de fort déliée , devient gluante dans la bou-che lorfqu'on la mâche , & s'y détrempe & lique-fie peu à peu , fans y laiffer aucun bois , au lieu que la Canelle y laiffe toûjours le fien. Elle produit les mêmes effets que la Canelle , & même avec

plus d'avantage ; & on ne s'en fert moins , qu'à caufe qu'elle eft plus rare , & par confequent plus chere.

Caffe , fe dit de la partie d'une écritoire portative , où l'on renferme les plumes.

Caffe , en termes d'Imprimerie , eft un grand quarré plus long que large , pofé fur des treteaux , & divifé en plufieurs petits quarrés , dans chacun defquels les Imprimeurs mettent tout ce qu'il y a de caracteres de la même lettre , afin que les Com-pofiteurs les puiffent trouver fans peine , à mefure qu'ils en ont befoin.

Caffe , eft auffi un terme d'Orfévre , & fignifie Un vafe fait de cendres de leffive & d'os pilés , qui fert à affiner & à féparer l'or & l'argent.

On appelle en termes de Monnoye, *Caffe d'affi-nage* , Une coupelle où l'on affine les matieres d'argent. La caffe eft faite de recoupes de pierres de taille les plus dures , de charbon & de grais bien pilés , & de cendres leffivées. Il y a un cou-vercle de grais fur cette caffe , afin d'entretenir la chaleur des matieres fondues , & ce couvercle a une ouverture par où l'on jette du charbon à même fin fur ces matieres fondues. On affine les caffes en les concaffant environ de la groffeur d'un œuf de pi-geon, après quoi on les appelle *Matieres*. On fe fert auffi quelquefois de petites Caffes faites de même matiere que la caffe de la manche,& de même gran-deur & figure que les cueillerons de ces fortes de cueillers , pour y laiffer fixer les métaux. On fait ces Caffes fort près de la manche pour les chauffer. On y met auffi du charbon , afin qu'en les échauffant da-vantage , on empêche que les métaux qu'on y verfe ne petillent & ne s'écartent.

Caffe. Terme d'Architecture. Efpace qui eft entre les modillons des corniches , dans lequel il y a or-dinairement des rofes taillées. Ces Caffes , que l'on appelle auffi *Quaiffes* , doivent être quarrées dans tous les ordres , & il faut que les modillons ayent la moitié de la largeur du champ des Caffes.

On appelle *Caffe* , en termes de Charpenterie , La partie du gouvernail d'un bateau foncet, qui fort en dehors du Vaiffeau , & par laquelle toutes les planches en font foûtenues jufques au fafran.

CASSENOLLE. f. f. Drogue qui fert aux Teinturiers, & qui eft la même chofe que la Noix de galle qui vient fur quelques chênes.

CASSETIN. f. m. Terme d'Imprimerie. L'un des pe-tits quarrés d'une caffe d'Imprimerie , dans lequel on met tous les caracteres d'une même lettre.

CASSIDOINE. f. f. Pierre minerale & précieufe dont on fait des vafes que l'antiquité a fort efti-més. Cette pierre a un jour fort trouble , & fem-ble polie & liffée plûtôt que luifante. On fait cas de celles qui font comme purpurines tirant fur le blanc , & mêlées tirant fur la couleur de feu. On eftime fort auffi celles qui ont une nuée approchan-te de l'Arc-en-ciel , avec des veines graffes. Les blaffardes font les moindres , & celles qui ont quel-que glace ou des porreaux & grains de mailles font.

CASSIER. f. m. Arbre dont les feuilles font pref-que femblables à celles de l'Acacia que l'on voit en France , mais deux fois plus grandes , plus fortes & plus écartées. Le Caffier du Levant a fes fleurs jaunes , des tuyaux de la longueur d'un pié & de-mi , & de la groffeur d'un pouce. Celui de l'Ame-rique fleurit gris de lin , ou couleur de fleurs de Pêcher , & produit des tuyaux longs de deux piés , & ayant deux ou trois fois la groffeur des autres. Il fe dépouille de fes feuilles tous les ans une fois , & alors il fe couvre entierement de grands bouquets de fleurs, longs d'un pié en forme de pennache, de couleur de fleurs de Pêcher. Sur chaque bouquet il croît tout au plus un ou deux bâtons de casse. Ces bâtons ont la forme de ceux du Levant, mais ils sont longs de plus de deux piés & presque gros comme le bras. L'écorce en est basanée, rude, & fort difficile à rompre. Les petites séparations qui sont dedans, sont aussi très-dures. Ainsi on a de la peine à la monder & à en tirer la moëlle. Quand elle est recente, elle est fort semblable à la Casse du Levant, soit à la couleur, qui n'est pas pourtant si noire, soit au goût qui est un peu gras & douçâtre, à peu près comme les Pruneaux, soit à l'effet purgatif, si ce n'est qu'en causant des tranchées elle ne purge pas avec la même facilité. Son fruit, qui est noir, de mauvais goût, entre dans le remede contre la rage.

CASSINE. f. f. Petite maison à la campagne. Ce nom a été d'abord donné à l'habitation d'un Hermite qui s'est retiré dans quelque lieu solitaire. On a dit autrefois *Cassine* & *Castine*, pour dire, Debat. Querelle.

CASSOLETTE. f. f. Vase de cuivre ou d'argent où l'on fait brûler des pastilles & d'autres odeurs agreables pour exhaler.

Cassolette, en termes d'Architecture, est une maniere de vase de Sculpture avec des flâmes ou de la fumée qui sert d'amortissement, & qui se fait le plus souvent isolé.

CASSOORWAN. f. m. Petit poisson rare qui se trouve aux Indes Occidentales. Il est un peu plus gros qu'un Anchois, mais beaucoup meilleur, & a deux prunelles dans chaque œil, de sorte que lorsqu'il nage, il en tient l'une au-dessus & l'autre au-dessous de l'eau. Il a le dos plat avec l'épine & les côtes rondes, presque à la façon de celles de l'homme.

CASTAGNETTE. f. f. Instrument à batterie composé de deux petits ronds de bois de Prunier ou de Hêtre, sec & creusé en maniere de cueiller, dont on met les concavités l'une sur l'autre. On attache ces deux ronds de bois au pouce avec une corde quand on veut jouer des Castagnettes, & on les bat de tems en tems avec le doigt du milieu ou l'annulaire, pour marquer les mouvemens & les cadences dans une Sarabande ou quelque autre danse. Les Castagnettes sont d'un fort grand usage en Espagne ; aussi ce mot est-il Espagnol, *Castannetas*, formé de *Castanna*, Châtaigne, à cause de la ressemblance qu'a cet instrument avec des châtaignes.

CASTELOGNE. f. f. Couverture de lit qui est faite de laine très-fine. Ce mot vient de *Casta lana*, parce que ces sortes de couvertures se font ordinairement de la toison des agneaux.

CARTOR. f. m. Animal amphibie qui vit tantôt sur la terre, & tantôt dans les rivieres, & qu'on ne sçauroit apprivoiser. Sa nourriture est de feuilles & d'écorces d'arbres. Il a la tête assés semblable à celle d'un rat de montagne, les dents fort tranchantes & le corps court & massif. Ses pattes de devant sont faites presque comme celles d'un Blereau, & ses piés de derriere ont la forme de ceux d'une Oye, les doigts, qui sont au nombre de cinq, en étant joints par une membrane. La queue de Castor tient plus de la nature du poisson que des animaux terrestres. Elle est plate, large de trois ou quatre doigts, longue d'un pié ou environ, épaisse d'un pouce de couleur grise & dénuée de tout poil. Elle a plusieurs nœuds en forme de vertebres, & est échancrée à son commencement ; ce qui est cause qu'on peut attacher l'animal par là. Il s'en sert pour nager avec les piés de derriere. Il s'en fait

aussi une maniere de battoir pour battre le mortier avec lequel il se bâtit une loge, qui a quelquefois jusqu'à trois étages. Sa peau est fort velue, & la partie la plus cottonnée de son poil est d'un grand usage pour en faire des chapeaux. A côté de l'aine on lui voit deux tumeurs, entre lesquelles sont ses parties naturelles. On tient que le Castor a une grande finesse, & qu'il aime éperdument ses petits. Tout le derriere de son corps passe pour être poisson, & on a le goût. Il n'est pas vrai, comme ont dit les Anciens, qu'il s'attache les testicules quand il est chassé, pour ne pas tomber entre les mains des Chasseurs. Les Castors dans la Virginie sont de la grandeur d'un chien d'eau. Ils ont les jambes courtes, les piés de devant semblables à ceux d'un chien, les piés de derriere à ceux d'un cygne, la queue large & faite en forme de raquette, nue & sans aucun poil. Les Sauvages estiment beaucoup la chair de Castor.

CASTOREUM. f. m. Sorte de médicament qui n'est autre chose que les testicules du Castor, qui étant coupés & bien nettoyés de tout ce qui peut être superflu, sont desséchés d'eux-mêmes, & gardés suspendus dans un lieu, où le Soleil n'entre point. On falsifie le *Castoreum*, en mêlant de la poudre de Castor avec des pommes d'*Opoponax*, & de *Sagapenum*. Ce mêlange étant fait, on en remplit des vessies en forme de testicules. On s'apperçoit de la tromperie en observant que la veritable partie charnue des testicules du Castor, est pleine de fibres & de pellicules naturelles, ce qui n'est point dans les testicules contrefaits. Le *Castoreum* pour être bon, doit avoir une odeur forte & desagreable, un goût acre & mordicant, & être d'une substance fragile. Il est hysterique, cephalique, nevritique & arthritique. On le prend en forme de pillule, & il s'applique exterieurement sur les jointures, pour emporter les restes des humeurs & des douleurs, que les fluxions y ont causées.

CAT

CATACHRESE. f. m. Terme de Grammaire. Espece de metaphore, qui consiste à se servir d'un mot qui n'est pas tout-à-fait propre à la chose dont on parle quand on n'en sçauroit trouver qui l'explique mieux. Ainsi on appellera Parricide celui qui aura tué son ami en trahison, quoique ce mot ne convienne qu'à un Fils dénaturé, qui auroit tué son Pere. Ce mot vient du Grec καταχρήσεως, J'abuse.

CATACOMBES. f. f. p. Cimetieres soûterrains qui se trouvent en Italie, & qui sont faits en maniere de grottes. C'étoit-là que les Chrétiens se cachoient pendant la persecution de la primitive Eglise. Ils y enterroient ceux d'entr'eux qui avoient souffert le martyre ; & on tire de ces Sepulchres les Reliques qu'on envoie maintenant dans tous les Royaumes Catholiques, après que le Pape les a baptisées du nom de quelque Saint. Quelques-uns dérivent ce mot de ce qu'autrefois on disoit κατὰ, pour *Ad*, de sorte que *Catatumbas* vouloit dire, *ad tumbas*, qui est le nom que du Cange dit qu'on a donné à plusieurs Cimetieres.

CATAFALQUE. f. m. Echaffaut ou élevation. C'est proprement une décoration d'Architecture, de Sculpture & de Peinture, établie dans une Eglise sur un bâti de charpenterie pour representer un cercueil dans une pompe funebre. Ce mot vient de l'Italien *Catafalco*, qui veut dire, Un Echaffaut.

CATAGMATIQUES. f. m. p. Médicamens

Z iij

propres à fouder les os rompus, & à faire venir le calus plus promptement. Ces médicamens font le bol d'Armenie, la gomme tragacanthe, l'ofteocolle, les noix de Cypres, l'encens, la farine folle, l'aloës & l'acacia. Ce mot vient du Grec καταγμα, Fiactu:e.

CATALEPSIE. f. f. Terme de Medecine. Sorte de mal, qui ne differe de l'apoplexie, qu'en ce que ceux qui en font atteints, conservent la respiration libre & aisée. En Grec καταληψις que les Medecins modernes expliquent en Latin par *Congelatio*. Ils appellent autrement ce mal κατοχος & κατοχη.

CATANANCE. f. f. Plante dont il y a de deux especes. L'une dont la racine est aussi menue qu'un jonc, a les feuilles longues & semblables au Coronopus, & jette six ou sept boutons, au-dedans desquels est une semence faite comme celle d'Orobus. L'autre est de la grosseur d'une petite pomme, & a la racine grosse comme une petite olive. Ses feuilles ressemblent aussi à celles de l'Olivier, & ont la même couleur. Elles font molles, chiquetées, & panchent en bas. Sa graine qui est petite, rouge, percée en plusieurs endroits & attachée à de petites verges, est faite comme un pois chiche. Dioscoride, qui fait cette description, ajoûte que les deux Catanancés font propres à causer de l'amour, & que les Femmes de Thessalie ont accoûtumé de s'en servir. Matthiole avoue qu'il ne connoît ni l'une ni l'autre, & refute Ruellius, qui veut que la Bistorta soit la seconde espece de Catanance.

CATAPASME. f. m. Poudre avec laquelle on saupoudre les ulceres. Elle differe du Diapasme & de l'Empafme; comme on le peut voir dans la signification de ces deux mots. Catapasme vient du mot Grec καταπασσω, Arroser.

CATAPHRYGES. f. m. Heretiques du second siecle qui prirent leur nom de ce que leurs Auteurs étoient Phrygiens. Ils préferoient leurs Docteurs aux anciens Prophetes, & corrompant la forme du Baptême, ils le conféroient aux Morts. Ils piquoient les petits enfans avec des aiguilles, & employoient leur sang pour faire le pain Eucharistique. Comme ces enfans expiroient souvent dans les douleurs, les Cataphryges les invoquoient comme étant en possession de la beatitude pour avoir souffert le martyre, & mettoient au nombre de leurs Prêtres ceux qui n'étoient pas morts dans ces tourmens.

CATAPLASME. f. m. Médicament fait en forme de bouillie, qui s'applique exterieurement pour ramollir, faire suppurer & appaiser les douleurs. Il se fait, ou d'herbes vertes, de racines, de fleurs, & de semences cuites dans une liqueur convenable, & broyées ensuite & passées à travers un tamis, en y ajoûtant des farines, des graisses & des huiles, qui lui font avoir une consistance molle; ou de farines cuites dans quelque liqueur avec du miel, de l'huile & du beurre. Quelques-uns appellent cette derniere sorte de Cataplasme *Pulticula*; comme, qui diroit petite Bouillie. Ce mot vient du verbe Grec καταπλασσω, Enduire.

CATAPUCE. f. f. Plante, dont il y a de deux sortes; la grande, & la petite. La premiere, que l'on appelle autrement, *Palma Christi*, *Regium gramen*, ou *Ricinus*, devient grande comme un arbre, & aussi haute qu'un petit Figuier. Ses feuilles font comme les feuilles du Plane, mais plus grandes, plus noires, & plus lissées. Ses branches, ainsi que son tronc, font creuses comme un roseau. L'huile qu'on fait de sa graine, & qui est appellée *Cicinum* par les Grecs & les Latins, est bonne pour éclairer & pour faire des emplâtres, & ne vaut rien à manger. La petite Catapuce qu'on appelle *Espurge*, est une espece de

Tithymale. Voyez ESPURGE.

CATAPULTE. f. f. Machine qui étoit en usage chés les Anciens, & par le moyen de laquelle ils lançoient des javelots longs de douze & quinze piés sur les Ennemis. On tient que l'invention de cette machine étoit venue des Syriens. On l'a nommée Catapulte, du mot Grec καταπελτης.

CATARACTE. Terme de Medecine. Alteration de l'humeur cristaline de l'œil, qui ayant entierement perdu sa transparence, est devenu opaque, ou dans toute sa masse, ou au moins dans une partie de son épaisseur; en sorte qu'il se forme une taye ou petite peau sur la prunelle. Cette taye que cause une concretion d'humeurs entre la cornée & le cristalin, se peut lever avec une aiguille. On tient que l'invention en a été fournie par une Chévre, qui en se frottant contre des épines, abbattit une taye qu'elle avoit sur l'œil, ce qui lui fit recouvrer la vûë. Ce mot est Grec καταρραχτης & vient du verbe καταρρεσσιν, Couler, tomber avec violence.

Cataractes, au pluriel, Se dit d'une grande abondance d'eaux qui tombent d'enhaut; d'où vient qu'on appelle *Cataractes*, Les sauts que fait le Nil lorsqu'il tombe de dessus des rochers escarpés.

On a appellé aussi *Cataractes*, Les portes grillées & treillissées, mêmes les herses & sarrasines, que l'on fait tomber par des coulisses, lorsqu'on le croit necessaire. Les portes treillissées des prisons ont encore été appellées *Cataractes*, ce qui a fait appeller un Geolier *Cataractarius*.

CATECHUMENE. f. m. Nom que les Saints Peres ont donné à ceux qui se préparant à recevoir le Baptême, se faisoient instruire des mysteres de la foi, & des principaux préceptes du Christianisme. En Grec κατηχουμενος, qui est enseigné, du Verbe κατηχεω, J'instruis de bouche, de vive voix.

CATEUX. adj. Bouteiller rapporte qu'on appelle ainsi en Picardie certains biens qui sont meubles & immeubles. Les blés font de cette nature. On les met au rang des immeubles, & on ne les compte point entre les fruits jusqu'au quinziéme de Mai, & après ce tems ils sont reputés meubles.

CATHÆRETIQUES. f. m. Sorte de médicamens qui rongent & consument doucement la chair superflue sur laquelle on les applique, & qui la remettent dans sa superficie naturelle, ce qui les fait appeller par quelques-uns *Sarcophages*, c'est-à-dire, qui mangent la chair. Les plus doux font l'aloës, la cendre de chêne & de figuier, l'alun, la racine de brioine, & de l'ellebore noir, l'antimoine calciné, & le plomb brûlé. Les plus chauds font l'airain brûlé, la chaux vive, le Mercure précipité, le vitriol calciné, le sublimé, & l'esprit de souphre. Ce mot vient du Grec καθαιρετικος, Qui reprime, qui renverse.

CATHARES. f. m. Nom que prirent dans le troisiéme siecle les Heretiques qui suivoient les erreurs de Montanus, du Grec καθαρος, Pur, pour faire connoître qu'ils n'avoient aucune part au crime de ceux à qui les tourmens faisoient renier la foi; de sorte qu'ils ne les vouloient point recevoir à penitence. La prétendue pureté dont ils affectoient de faire profession les obligeoit à porter des robes blanches, & ils nioient qu'il fût au pouvoir de l'Eglise de remettre les pechés.

CATHARTIQUE. adj. Purgatif. Terme de Medecine. Il se dit des remedes ou potions qui purgent. Il y a deux sortes de Cathartiques; les uns qui purgent pas bas, qu'on appelle *Dejectoires*, & les *Vomitoires*, qui purgent par haut. Les Dejectoires purgent proprement & improprement. Ceux qui purgent proprement tirent du corps les humeurs vicieufes, & qui leur font familieres, & ceux qui purgent improprement, jettent dehors pêle-mêle les humeurs telles qu'ils les rencontrent. La Catapuce, l'antimoine, & autres femblables font de ce genre. Les Cathartiques dejeĉtoires ont differens noms felon qu'ils purgent la bile, la mélancolie, la pituite, & les ferofités. Ce mot vient du Grec καθαίρειν, Purger.

CATHETE. f. m. Terme de Catoptrique. Ligne droite qui eft tirée par le point de réfléxion perpendiculairement au plan d'un miroir. On appelle *Cathete d'incidence*, Une ligne droite tirée d'un point de l'objet perpendiculairement à la ligne réfléchiffante, & *Cathete de l'œil*, ou *Cathete de réfléxion*, Une ligne droite tirée de l'œil perpendiculairement à la même ligne réfléchiffante.

Cathete, en termes d'Architecture, fe dit de la ligne que l'on fuppofe traverfer à plomb le milieu d'un corps cylindrique, comme d'un baluftre ou d'une colomne. On le dit auffi dans le chapiteau Ionique de la ligne qui tombant à plomb, paffe par le centre ou œil de la volute. Ce mot vient du Grec κάθετος, qui veut dire, Le plomb d'un Maçon ou d'un Charpentier.

CATHOLICON. f. m. Electuaire, mol, purgatif, appellé ainfi du Grec καθόλικον, qui veut dire Univerfel, à caufe qu'il convient à toutes fortes de maladies, & qu'il n'eft nuifible dans aucune. *Nicolaus Salernitanus* en eft l'Auteur;& pour le diftinguer des autres compofitions de Catholicon, dont *Nicolaus Mirepfius* en décrit deux qui ne font plus en ufage, fans celui de Fernel que les Apothicaires tiennent rarement dans leurs boutiques, on l'appelle *Catholicon Nicolai*. C'eft celui que l'on employe lorfqu'on ordonne fimplement le Catholicon. Il y en a de fimple & de compofé, dont toute la difference eft qu'on met double poids de fené & de rhubarbe dans le compofé, & qu'on en fait infufer une partie dans le polypode, & dans les autres ingrediens qu'on y fait entrer au nombre de quinze, fans le fucre blanc. Le Catholicon de Fernel eft compofé de vingt-neuf ingrediens, fans y comprendre l'hydromel ni le miel, & fans y compter le fené qu'une feule fois, quoiqu'il s'y rencontre deux fois; fçavoir en infufion & en poudre. Il purge univerfellement la bile, la pituite & la mélancolie de tout le corps, auffi-bien que le Catholicon de Nicolas, & on peut le donner à toutes fortes de perfonnes, enfans, vieillards, femmes groffes, quand même on auroit la fiévre.

CATICHES. On appelle ainfi en termes de chaffe, les Trous où fe vont cacher les Loutres quand on les pourfuit.

CATIN. f. m. Vieux mot. Plat, du Latin *Catinus*, qui veut dire la même chofe.

CATOPTRIQUE. f. f. Seconde partie de l'Optique, qui a pour objet la vifion faite par les rayons qui ne vont pas directement, de l'objet à l'œil, mais qui n'y arrivent que par la réfléxion de quelque autre corps, comme d'un miroir. Voyez OPTIQUE & VISION. Tous les effets des Miroirs appartiennent à la Catoptrique.

Catoptrique, eft auffi adjectif, & on appelle *Cadran Catoptrique*, Celui qui marque les heures par un rayon réfléchi, foit que ce Cadran foit dans une chambre, ou dans une autre lieu. Ce mot vient de κάτοπτρον, Miroir, ou du verbe κατοπτρίζειν, qui veut dire, Rendre des Images, réfléchir comme fait un miroir.

CATTEROLES. Trous que les Lapins creufent en terre pour y faire leurs petits, & qu'ils rebouchent tous les jours jufqu'à ce qu'ils fortent.

CAVALÇADOUR. f. m. Mot qui n'eft en ufage qu'avec le mot d'*Ecuyer*, & qui fignifie dans les Maifons Royales, Celui qui commande l'Ecurie des Chevaux de la perfonne. *Ecuyer Calvacadour, de l'Ecurie de la Reine, de Monfieur, de Madame, &c.*

CAVALERISSE. f. m. Mot dont on s'eft fervi autrefois, pour fignifier celui qui avoit beaucoup d'habileté pour bien dreffer & gouverner des Chevaux. Il vient de l'Italien, & on l'employoit, comme étant plus expreffif que le mot d'Ecuyer, qui fignifie differentes chofes en notre langue.

CAVALIER. f. m. Terme de Manége. Celui qui entend les chevaux, & qui pratique l'art de les monter.

Cavalier. Terme de fortification. Elevation de terres, dont la maffe eft quelquefois de figure ronde, & quelquefois en quarré long. Son fommet eft en plate forme, bordé d'un parapet, afin de pouvoir couvrir le canon qu'on y met en batterie. On a foin d'en proportionner la hauteur à celle du terrain qui lui eft oppofé du côté des ennemis; & l'on donne d'ordinaire quinze ou dix-huit piés au-deffus du terreplain du rempart aux Cavaliers que l'on fait fur l'enceinte d'une Place, foit dans la gorge du baftion, foit vers le milieu de la courtine. Leur largeur dépend du nombre des pieces qu'on y veut loger. On obferve pour cela de donner dix ou douze piés de diftance entre chaque piece, afin que ceux qui fervent le canon ayent plus de commodité à le tirer.

CAVALQUET. f. m. Certaine maniere de fonner de la trompette à la guerre. On s'en fert lorfque l'armée approche des Villes, ou qu'on la fait paffer par dedans. Il y a un *Cavalquet fimple* & un *Cavalquet double*.

CAUCOBABDITES. f. m. Sorte d'Heretiques qui fuivoient les erreurs des Acephales, & qui s'élevérent dans le fixiéme fiecle. Ils prirent ce nom d'un certain lieu, où ils firent leurs premieres Affemblées.

CAUDE'. æ. adj. Terme de Blafon. Il fe dit des Cometes & des Etoiles qui ont une queue. *D'azur, à une étoile caudée d'or*. Ce mot vient du Latin *Cauda*, Queue.

CAVE. f. f. Lieu fouterrain. On appelle *fable de Cave*, celui qu'on tire des puits & des ouvertures que l'on fait dans la campagne. Ce mot vient du Latin *Cavea*, Lieu creux.

On appelle auffi *Cave*, une maniere de bouteille d'argent ou de vermeil doré, qui enferme de l'eau de fleurs, foit d'orange ou autres, & que l'on met fur la toilette des Dames.

Cave, eft auffi adjectif, & les Medecins nomment *Veine cave*, la plus groffe de toutes les veines qui fortant des parties gibbeufes du foye, épand fes rameaux prefque par toutes les parties du corps. Au fortir du foye fon tronc fe divife en deux parties, l'une qui defcend & l'autre qui monte. Elles fe diftribuent en divers autres rameaux.

Cave, eft auffi un terme de Chronologie, qui s'oppofe à *Plein*, le Mois Lunaire Synodique eft de 29. jours 12. heures 44 minutes. Pour ôter cette fraction, on fait ces Mois là alternativement de 29. jours, & de 30. moyennant quoi les 12. heures qu'on ôte à l'un, on les donne à l'autre & il y a égalité, fuppofé que l'on ne compte pour rien les 44. minutes. Le Mois de 29. jours eft appellé *Cave*, c'eft-à-dire creux, diminué & celui de 30. s'appelle *Plein*. Il en va de même des Années dont quelques-unes par des raisons semblables sont plus longues, que d'autres de la même espece, ce qui fait que les unes sont pleines, les autres caves. L'Année Lunaire commune est quelquefois de 353. jours, & ordinairement de 354.

CAVER. v. n. Terme de Vitrier. Evider dans un morceau de verre de couleur, afin d'y enchasser d'autres de differentes couleurs, que l'on retient avec du plomb de chef-d'œuvre. Cela ne se pratique guere que pour les chef-d'œuvres de Vitrerie. On se sert du diamant & du gresoir pour caver, & il faut les conduire avec adresse, sans quoi on feroit des langues & étoiles qui casseroient la piece.

CAVESSE DE MORE. Terme de Manége. On appelle *Cheval cap de More*, ou *Cavesse de More*, un cheval qui ayant par tout le corps du poil gris ou blanc, semé fort épais sur un poil bai alezan, ou noir, a la tête & les extrémités noires.

CAVESSON. s. m. Espece de muserolle, qui en serrant le nés du cheval & le contraignant, aide à le dompter & à le dresser. Elle est quelquefois plate, & quelquefois torse, & il y en a de cuir, de corde & de fer. Le Cavesson de fer, qui est un demi-cercle, ou une bande tournée en arc, faite de deux ou trois pieces assemblées par des charnieres, conserve & épargne la bouche des jeunes chevaux qu'on dresse. Ceux qui sont de cuir ou de corde servent lorsque l'on met les chevaux entre deux piliers. On appelle *Cavesson à figuette* ou *Cavesson mordant*, un Cavesson creux par le milieu, & dentelé en façon de scie par les deux bords de sa concavité, pour piquer le nés d'un cheval qui est dur de tête. Le *Cavesson camare*, est presentement banni des Académies. Il étoit garni de petites pointes très-aigues qui tourmentoient le cheval excessivement. Tous les Cavessons de fer, de quelque espece qu'ils soient, sont garnis de trois anneaux, & montés de têtieres, de soûgorge & de deux longes.

CAVET. s. m. Terme d'Architecture. Membre creux ou moulure rentrante, qui est faite de la quatrième partie d'un cercle, & qui entre dans les ornemens des corniches. On l'employe aussi dans ceux des bordures de Menuiserie.

CAVIAT. s. m. Sorte de mets qui se fait d'œufs d'émurgeon, que l'on saupoudre de sel, & qu'on expose ensuite au soleil, en les remuant plusieurs fois le jour.

CAVIN. s. m. Terme de guerre. Lieu creux, propre à favoriser les approches d'une place, dans lequel on peut s'avancer à couvert vers les ennemis, comme si l'on étoit dans une tranchée.

CAULICOLE. s. m. Terme d'Architecture. Les Caulicoles du Chapiteau Corinthien, sont les petites branches qui naissent des quatre principales, & qui se courbent au-dessous des volutes, les plus grandes aux angles & cornes de l'abaque, & les autres dans le milieu, au-dessous des roses qui ornent l'abaque. Ce mot vient du Latin *Caulin*, qui veut dire, La principale tige des arbres, d'où sortent les feuilles & les autres petits rameaux.

CAURIOLE. M. Felibien remarque qu'on trouve ce mot dans la Traduction que M. de Cambrai a faite de Palladio, & qu'il s'en est servi pour expliquer un ornement dans l'Architecture, qui s'appelle ordinairement des Postes. Palladio le nomme *Cauriola*; & comme ce mot signifie aussi *Chèvre sauvage*, on peut présumer que les Italiens ont donné ce nom à cet ornement à cause qu'il ressemble en quelque façon à des cornes de chèvres.

CAUSTIQUES. s. m. Médicamens plus forts & plus puissans que ne sont les Escharotiques, qui font seulement une croûte épaisse à la peau, au lieu que ceux-ci pénetrent même la chair qui est au-dessous. L'airain brûlé, l'orpiment, la chaux vive & le vitriol sont du nombre des Caustiques, aussi-bien que la cendre de figuier & de frêne, la cendre de lie de vinaigre sel de lessive dont on fait le savon, l'arsenic & le mercure sublimé. Ce mot vient du Grec καίω, Brûler.

On appelle en Catoptrique, *signe Caustique* une Courbe formée par tous les points où se coupent plusieurs rayons réfléchis, que l'on suppose avant la réfléxion être venus d'un même point. Cette ligne est appellée Caustique, parce que c'est là que les rayons plus serrés les uns contre les autres ont la force de brûler. Quelquefois cette ligne se réduit toute en un point. Ce qui dépend de la figure du corps qui a fait la réfléxion, & alors la Caustique n'est proprement que le Foyer. Voyez FOYER.

CAUTELE. s. f. Caution. On se sert de ce mot en certains cas; comme quand un Prêtre est interdit ou excommunié par une sentence, on dit que s'il veut déduire ses causes d'appel, afin d'être capable de dire la Messe, il est obligé d'obtenir des *Lettres d'absolution à cautele.*

CAUTERE. s. m. Terme de Chirurgie. Remede brûlant dont on se sert pour guerir un ulcere, ou la carie des os, ou pour détourner quelques mauvaises humeurs. Il y a le *Cautere actuel* & le *Cautere potentiel.* Le premier s'applique plus rarement que l'autre à cause de sa violence. C'est un bouton de feu ou de fer rougi, que l'on met sur la partie, comme aux fistules lachrimales. On l'applique aussi aux chevaux sur les boutons de farcin. Le *Cautere potentiel*, est un Médicament composé d'ingredient si brûlans, qu'ils vont au-delà du quatrième degré de chaleur. Il se fait d'ordinaire avec une lessive de cendre de roseaux, de figuier, de chêne, de viorne, de hêtre, de lie de vinaigre, de tartre brûlé, de tiges de fèves, de tithymale, d'orme, & de chaux vive. On y dissout du nitre, de l'alun, du vitriol, de l'axonge de verre, du chalcitis, du sel armoniac, du savon noir, &c. après quoi on presse cette lessive à travers un linge fort délié; puis on la fait bouillir dans un vase d'airain, jusqu'à ce que s'étant épaissi, elle s'endurcisse en forme de sel ou de pierre. On l'applique en diverses parties du corps, aux bras, aux jambes, & même à la tête, non seulement pour ouvrir un abcès profond, mais encore pour résoudre ou pour faire diversion des humeurs. Ce mot vient aussi du Grec καίω, Brûler.

CAY

CAYAPIA. s. f. Herbe du Bresil, dont les feuilles rendent une odeur semblable à celle des feuilles de figuier. Sa racine est déliée & distinguée au milieu d'un certain nœud, qui étant broyée & bûe avce de l'eau, a la vertu de résister au venin des serpens, & de garantir ceux qui sont blessés de fléches empoisonnées.

CAYES. s. f. Terme de Marine. Roches cachées sous l'eau, bancs de sable couverts d'herbages ou d'une vase si épaisse, que les petits bâtimens sont en péril de s'y échouer.

CAYON. s. m. Vieux mot. Ayeul.
Lantelot le bon Roi Boheme
Où est-il ? où est son cayon.

CEA

CEAU. s. m. Vieux mot. Ciel.
De ruses y ot grand monceau.
Si belles n'avoit sous le ceau.

CED.

CEDON. f. m. Petite plante baffe, dont la feuille est longue & chiquetée tout autour comme une fcie.Elle fleurit blanc & en pyramide, mais qui ne fleurit qu'une feule fois. On l'appelle *Cedum folio ferrato.* Il y a auffi un *Cedon arborefcens*, qui eft une forte de petit arbre boifeux.

CEDRAT. f. m. Efpece de Citronnier dont le fruit eft de bonne odeur.

CEDRE.f. m. Matthiole rapporte fur un ancien exemplaire de Diofcoride, que le Cedre eft un grand arbre qui a fon fruit comme le Cyprès, mais beaucoup plus grand, & qu'il y a une autre forte de Cedre, petit, épineux comme le genévre, & portant un fruit de la groffeur du Myrthe. Les Cedres du Liban font entierement femblables au fapin, que les Grecs appellent ἐλάτη. C'eft pour cela que Pline appelle le grand Cedre *Cedrelaté*, comme qui diroit *Cedre-fapin.* L'écorce de cet arbre, qui eft très-grand, eft polie, liffée & fans mouffe, excepté la partie qui eft depuis la cime jufqu'aux premieres branches, où l'écorce eft âpre. La couleur en eft femblable à celle du Lotus. Les branches qui environnent l'arbre prefque depuis le bas jufqu'à la cime en façon de roue, font par efpaces en diminuant toûjours en haut; ce qui lui donne la forme de pyramide. Ses feuilles font menues, & reffemblent à celles du Pin ou de la Melefe. Elles font pourtant plus courtes, & ne piquent point. Il produit pour fruit des pommes qui font femblables à celles des peffes, mais plus longues, plus dures, plus nourries, & qui tiennent fi fort à leurs queues, qu'on a de la peine à les arracher. Le cœur du Cedre eft extrêmement dur & odorant, & eft rouge comme celui de la Melefe. En general, toute la matiere de fon bois eft dure; ce qui a fait croire aux Anciens qu'il étoit incorruptible. La verité eft qu'il eft amer, & que les vers, qui aiment les chofes douces, ne l'attaquent point. Le Cedre eft toûjours vert, & croît dans les rochers & les lieux froids, & particulierement fur les montagnes. Si on lui taille la cime, il meurt, fans regermer, comme font le Pin, la Melefe, le Cyprès & plufieurs autres arbres. Quant au moindre Cedre, divers Auteurs en mettent auffi de deux efpeces, l'une de Lycie, & l'autre de Phenicie. Tous ces Cedres font femblables au Genévre, & feulement differens en feuilles. Celui de Phenicie les a tout-à-fait femblables au Genévre, aigues & piquantes; & à caufe de cela on l'appelle *Oxycedre.* Celui de Lycie les a plus petites, plus épaiffes & moins épineufes. Son écorce eft rougeâtre, & fes branches fe peuvent plier comme l'ofier. Ces efpeces de Cedre portent du fruit en tout tems, mais celui de l'Oxycedre eft plus grand & plus beau à voir. Cet arbre eft appellé Cedre, du Grec κέδρος, qui vient de καίω, pour καύω, Je brûle, à caufe que fon bois étant refineux, s'enflame aifément.

CEDRIE. f. f. Refine qui fort du Cedre, & qui confume les corps morts, parce qu'elle en deffeche & confume les humeurs fuperflues, fans endommager les parties folides. Elle fert auffi à putrefier les chairs molles & délicates, fans qu'on en fouffre aucune douleur. Cette refine, pour être bonne, doit être graffe, épaiffe, tranfparente, d'une odeur forte; & quand on la verfe, il faut qu'elle tombe également goute à goute, fans couler trop vîte.

CEI

CEINTES. f. f. Terme de Marine. Longues pieces

de bois qu'on met bout à bout l'une de l'autre en maniere de ceinture dans le corps du bordage d'un Vaiffeau, pour faire la liaifon des membres & pieces de Charpenterie, dont le corps du bâtiment eft formé. C'eft ce qu'on appelle autrement *Carreau* & *Preceinte.* On dit auffi *Chainte.*

CEINTURE. f. f. Terme d'Atchitecture. Petit lifteau qui eft au haut & au bas d'une colomne.

Ceinture, eft auffi, dans le chapiteau Ionique, l'ourlet du côté du profil ou baluftre, ou le liftel du parement de la volure. C'eft ce que Vitruve nomme *Baltheus.* On l'appelle autrement *Echarpe.*

On appelle encore *Ceinture*, Un gros cordon de pierre qui environne les murailles des Villes & des Fortereffes.

Ceinture, fe dit auffi de certains rangs de feuilles de refend de métal, qu'on pofe en maniere de couronne fur un Aftragale, & qui fur une colomne torfe ne fervent pas moins à feparer la partie cannelée d'avec celle qui a des ornemens, qu'à cacher les joints des jets d'une colomne de bronze, ou les tronçons d'une colomne de marbre.

Ceinture de la Reine. Droit fort ancien qui fe leve tous les trois ans à Paris, & qui étoit deftiné à l'entretien de la Maifon de la Reine. Il n'étoit d'abord que de trois deniers pour muid de vin, & de fix deniers pour chaque queue, mais il a été augmenté depuis & étendu fur d'autres denrées.

Ceinture de Venus. Terme de Chiromance. Ligne qui commençant entre le fecond & le troifiéme doigt, traverfe le mont de ces doigts, & va finir vers le petit doigt en forme de demi-cercle.

CEL

CEL. Pronom relatif. Vieux mot. Cel.
Cel Chevalier deffus cel charme.

CELATE. f. m. Vieux mot. Heaume. On l'a appellé ainfi du mot Latin, *Calatus*, Gravé, à caufe que l'on y faifoit graver les figures des têtes & dépouilles des animaux qu'on avoit vaincus.

CELEEMENT. adv. Vieux mot. Secrettement, en cachette. On dit auffi, *A la celée.*

CELERI. f. m. Sorte d'herbe que l'on cultive dans les jardins, & que l'on mange en falade.

C'eft de Lache cultivée, terme Italien, en Latin *Apium*, & Lache fe nomme *Apraria.* Le Perfil de Macedoine avec lequel Furetiere confond le Celeri,eft bien different de feuillage, mais à la qualité à peu près égale, chaude & d'un goût piquant, tirant fur le goût de Poivre.

CELESTIEL, ELLE. adj. Vieux mot. Celefte.

CELESTIN, f. m. Ordre Religieux qui a pour fon Fondateur le Pape Celeftin V. dont il a tiré fon nom. Avant que d'être mis fur la chaire de S. Pierre, il s'étoit retiré dans la folitude, d'où il vint à Rome prendre l'Ordre de Prêtrife. Enfuite s'étant fait Religieux de S. Benoît, il alla vers l'an 1239. dans une des grottes de Montmorron; qui le fit appeller Pierre de Morron ou de Mourrhon. Il paffa quinze ans après au Mont Majella, & l'on y bâtit le Monaftere du S. Efprit. Ce fut là qu'il établit fon Ordre, que Gregoire X. approuva l'an 1273.au fecond Concile General de Lyon,où ce faint Hermite vint à pié. Le Pape lui donna le nom de *Congregation de S. Damien*, & ce nom fut changé en celui de *Celeftins*, que les Religieux de cet Ordre gardent encore aujourd'hui, lorfque Pierre de Mourrhon fut élevé au Pontificat après Nicolas IV. fous le nom de Celeftin V. Il y en a qui difent que cette Congregation avoit été établie vers l'an 1078. par le Cardinal Pierre Damien; &

que les Religieux portoient un Scapulaire bleu, d'où on leur donna le nom de Celestins. Ils portent presentement une robe blanche & un Scapulaire noir avec des manches grandes & larges. Les Monasteres qu'ils ont en France sont au nombre de vingt & un.

CELIAQUE. s. m. Nom que donnent les Medecins à celui qui est attaqué d'une espece de flux de ventre, dans lequel les excrements sortent unis & égaux, presque en forme de chile, & non pas tout cruds, comme ils sortent à la Lienterie. Cela provient de l'obstruction du mesentere, ou de l'imparfaite distribution du chile, dont la foiblesse de la faculté attractive est la cause. Ce mot vient du Grec κοιλία, Ventre. Les Grecs appellent cette maladie κοιλιακὴ νόσος ; ce qui fait que les Medecins le nomment aussi Celiaque.

CELIBATAIRE. s. m. Homme qui garde le Celibat. L'Auteur de l'Histoire de Paris dans son Glossaire des vieux mots, met celui-ci ; & ne cite neanmoins qu'un Procès Verbal fait par M. l'Abbé le Gendre au College de Rheims, où il ordonne qu'il n'y aura que des Celibataires logés. Ce terme vaut mieux que celui de Garçon, qui a bien d'autres significations, & qui est bas.

CELICOLES. s. m. Certains Errans contre qui l'Empereur Honorius fit publier des Rescrits particuliers vers l'an 408. pour les condamner avec les Payens & les Heretiques. Ils prenoient ce nom, comme se disant Serviteurs du Ciel. Le Code Theodosien leur donne le titre de Juifs, & cela fait croire que c'étoient des Apostats, qui ayant quitté la Religion Chrétienne, avoient embrassé le Judaïsme, sans vouloir prendre le nom de Juifs, au Patriarche desquels ils ne se soûmettoient pas, à cause que ce nom étoit devenu trop odieux. Leurs Superieurs s'appelloient Majeurs. Les Juifs avoient été aussi appellés Celicoles, & ils avoient eu ce nom de ce qu'ils adoroient les Astres du Ciel & les Anges. C'est une erreur que Clement Alexandrin leur reproche.

CELLERAGE. s. m. Droit Seigneurial qui se leve quand le vin est mis dans le cellier.

CELLERERIE. s. f. Charge de celui qui est Cellerier. Exercer la Cellererie.

CELLERIER. s. m. Celui d'un Ordre Religieux qui étant chargé de tout le temporel, a soin de donner aux Officiers subalternes tout ce qui est necessaire pour les provisions & la nourriture du Couvent. Il y a aussi des Cellerieres parmi les Religieuses.

CELLULE. s. f. Ce mot qui signifie proprement la chambre ou la petite maison d'un Religieux, se dit des differens trous où les mouches à miel se retirent dans les ruches. On le dit des petites cavités séparées qui sont dans le cerveau. On appelle encore Cellules, les petits carrés qui sont dans des casses d'Imprimerie, & où l'on sépare plusieurs choses pour ne les pas mettre en confusion.

CEM

CEMENTER. v. n. Terme de Chimie. Calciner par immersion en voie seche, ce qui se fait quand on stratifie ce qu'on veut calciner avec le menstrue. C'est ce qu'on appelle proprement Cementer. Ceci a lieu quand on veut calciner quelque métal qu'on divise en petites lamelles, & que l'on place par couches avec quelques sels. On met le tout sur le feu, afin que les sels venant à se dissoudre, rendent leurs esprits acides, qui corrodent le métal. On purifie l'or de cette maniere, & quelques autres métaux.

CEMENTATION. s. f. Operation par le moyen de laquelle on purifie l'or. Ce mot vient de Cæmentum, Ciment.

CEMBEL. s. m. Vieux mot qui veut dire une maniere de Tournoi ou de danse, comme on le pratique dans les Villages de Languedoc.

Li Chevalier qui nouvel sont
De cel Cembel li meiller sont.

Borel dit que ce mot peut venir de Cymbalum, sorte de cloche avec laquelle on appelloit à l'assemblée ceux qui vouloient y venir.

CEMISE. s. f. Vieux mot. Chemise.

Ne pour guimples ne pour gonnelles
Ne pour cemises ne pelices.

CEN

CENACLE. s. m. Les anciens appelloient ainsi la Salle où ils mangeoient, & c'étoit ordinairement le lieu le plus élevé de la maison. On l'appelloit Triclinium, c'est-à-dire, Lieu à trois lits. La coûtume des anciens étant de manger couchés, il y avoit au milieu de cette salle une table quarrée longue, avec trois lits en maniere de larges formes. Ces formes étoient au-devant de trois côtés de la table, & le quatriéme demeuroit vuide. C'étoit par où le service se faisoit. Constantin avoit fait bâtir un Cenacle à Rome pour y nourrir les pauvres, & on en voit encore aujourd'hui les restes qui sont ornés de quelque Mosaïque.

CENAILLE. s. m. Vieux mot. Lieu où l'on soupe, du Latin Cænaculum.

CENCHRUS. s. m. Sorte de serpent, dont Dioscoride dit que les morsures sont semblables à celles des viperes. Entre autres remedes qu'il enseigne pour les guerir, il propose la graine de laitue, & celle de lin enduites sur la playe. Ces morsures causent un ulcere pourri. La chair s'enfle, comme aux hydropiques, & tombe ensuite par lambeaux.

CENDAL. s. m. Borel dit que c'est une sorte de couleur qu'il croit avoir pris son nom du bois de Sandal, dont il y a de trois sortes, de rouge, de blanc & de citroü. Il dit dans un autre endroit que Cendal vient de Sindon, & Sindon, de la Ville de Sidon ; & il ajoûte en parlant de l'Oriflâme ou Etendard de S. Denys, qu'on l'avoit nommé ainsi, à cause de la couleur de flâme d'or, qui étoit empreinte au Cendal dont cette Banniere étoit, ce qui marque que Cendal étoit aussi une étoffe.

CENDRE. s. f. Ce qui reste du bois brûlé. C'est une matiere composée de qualités contraires, tenant en partie du terrestre, & en partie du fuligineux. Ses parties fuligineuses sont si subtiles, qu'elles se perdent avec l'eau que l'on fait couler par dessus la cendre. Quoique Dioscoride prétende que toutes les cendres soient astringentes, Matthiole est d'un sentiment contraire, & dit que si cela est veritable dans celles qui sont faites d'un bois où il y a quelque acerbité ou âpreté, comme dans le chêne, le fau, le lentisque, la même chose ne se peut dire des cendres qui se font d'un bois où cette même âpreté ne se trouve point ; mais plûtôt une grande acrimonie, jointe à une vertu caustique & brûlante, tels que sont le figuier, le tithymale, & autres semblables qui ne tiennent rien de l'astringent.

Cendre gravelée, est une cendre faite de tartre brûlé. Elle est pyrotique, & sert à plusieurs autres usages.

Cendre verte, est une couleur bleue, qui se fait en Flandre, & dont les Peintres se servent dans les Paysages, à cause qu'elle verdit aisément. Ils ne l'employent point ailleurs.

Cendre de plomb. C'eſt du plomb en grains fort menus, dont on charge les fuſils, quand on veut tirer au menu gibier.

Cendrée. Terme de Plombier. Ecume du plomb. On appelle auſſi *Cendrée*, la plus petite dragée de plomb dont on ſe ſert pour tirer ſur les moineaux, & autre petit gibier.

CENDREUX. adj. On appelle *Fer cendreux*, le fer qui étant poli n'eſt pas plus clair qu'il étoit auparavant, ſur-tout s'il s'y rencontre des taches griſes deſſus, comme s'il y avoit des cendres mêlées. Ce fer qui eſt par là plus difficile à polir, & à mettre en bon luſtre, n'eſt pas ſi ſujet à ſe rouiller, à cauſe qu'il tient un peu de la nature du plomb.

CENDRIER. ſ. m. Partie du fourneau ou du rechaud où tombent les cendres. On appelle auſſi *Cendrier*, celui qui fait des cendres dans les forêts, ou le Marchand qui en fait trafic. Selon Borel, *Cendrier* eſt un homme vain. Il fait venir ce mot dans le ſens de *Ciniflo.*

CENELLE. ſ. f. Fruit du houx qui eſt petit & rouge. Borel qui explique ainſi ce mot ſur ces deux vers de l'Ovide manuſcrit,

Ne priſe pas une cenelle,
Votre richeſſe & votre avoir.

dit qu'en Languedoc on appelle encore ce fruit des *Sanelles*, & que pour montrer le peu de cas qu'on fait d'une choſe, on dit en ce Pays-là, *qu'on ne la priſe pas une Sanelle.*

CENOBITE. ſ. m. Religieux qui vit dans un Couvent ou en commun dans l'obſervance de certaines Regles. Ce mot vient du Grec κοινὸς, Commun, & de βίος, Vie.

CENOTAPHE. ſ. m. Tombeau vuide que l'on eleve pour une perſonne dont le corps a été perdu dans une bataille ou dans un naufrage. Les Latins l'ont appellé *Sepulcrum inane.* Ce mot vient du Grec κενοτάφιον, qui eſt fait de κενὸς, Vuide, & de τάφος, Sepulchre.

CENS. ſ. m. Redevance dont un heritage eſt chargé envers le Seigneur de Fief dont il dépend. Il ſe paye en argent, en grain, volaille ou autres eſpeces, ſelon qu'il eſt porté par le titre, & faute de payement le Seigneur peut ſaiſir les fruits, à la charge d'en rendre compte. Il y a même des lieux où la Coûtume permet qu'il faſſe payer une amende à ſon redevable. Ce droit eſt ſi bien acquis au Seigneur direct, qu'il eſt impreſcriptible à ſon égard, pourvû qu'il ait un titre, quand même il ſe ſeroit paſſé plus de cent ans ſans que le Cens eût été perçû. Au contraire il peut preſcrire contre les autres, quoiqu'il n'ait point de titre, pourvû qu'il ait perçû pendant le tems que la Coûtume a déterminé; parce que ſuivant l'ancienne regle, *Nulle terre ſans Seigneur*, on ne préſume point qu'il puiſſe y en avoir une qui ſoit libre & allodiale, ſans un titre qui le faſſe voir bien clairement, ce qui eſt cauſe que celui qui ſe dit le Seigneur direct n'a beſoin d'aucune preuve, lorſqu'il a été reconnu pendant trente ans. Il n'y a que la quotité du Cens qui ſe peut preſcrire, & jamais la qualité. Quoique le Seigneur ſe ſoit content de recevoir le Cens en argent pendant trente & même quarante années, ſi ſon titre porte qu'il doit être payé en grain ou en volaille, il peut contraindre ſon redevable à le payer de cette maniere; mais ſi pouvant par ce même titre demander vingt deniers par arpent, il n'en a reçû que douze pendant trente années; il s'eſt impoſé la loi de ne pouvoir plus en demander davantage, & il faut qu'il s'y ſoûmette. On appelle *Gros Cens*, celui qui ſe paye en bloc pour toutes les terres qui

Tome I.

ont été données, & *Menu Cens*, celui qui eſt ſéparé par arpent ou par quelque autre meſure. Le *Surcens* eſt celui qui a été impoſé depuis la premiere conceſſion, & *Croix de Cens*, eſt la monnoye dont on paye le Cens; parce qu'autrefois toute la monnoye étoit marquée d'une croix. Ce mot vient du Latin *Cenſus*; & *Cenſus* vient de *Cenſere*, Priſer, eſtimer, à cauſe que les Cenſeurs à Rome, appellés d'abord *Cenſores*, & enſuite *Cenſitores*, eſtimoient de tems en tems les biens des particuliers pour impoſer les tributs à proportion de leurs facultés, ce qui ſe faiſoit par tête. A l'exemple des Romains qui ne pouvant conſerver toutes les terres dont leurs Victoires les rendoient les Maîtres, les laiſſoient aux Vaincus à la charge d'un tribut annuel, les Villes & les Communautés qui poſſedoient des terres incultes, les donnoient à des particuliers pour en jouir à perpetuité, en payant chaque année le Cens dont on convenoit; & dans la ſuite les particuliers faiſant entr'eux les mêmes conventions, introduiſirent les baux à cens & à rente.

CENSE. ſ. f. Petite Métairie que l'on donne à ferme. On dit *Donner à cenſe*, pour dire, Affermer moyennant une redevance annuelle.

CENSEUR. ſ. m. Nom que les Romains donnoient à certains Magiſtrats, qui avoient ſoin de la reforme des mœurs, & de la police. Ils furent créés l'an 311. de Rome, lorſque le Sénat eut obſervé que la forte application que les Conſuls ne pouvoient ſe diſpenſer d'avoir pour les expeditions militaires, les empêchoit de veiller auſſi exactement aux autres affaires privées. Les Cenſeurs eſtimoient les biens, dégradoient les Sénateurs, & prenoient garde à ce qui ſe paſſoit dans les familles, tant pour la dépenſe qui s'y faiſoit, que pour l'éducation des enfans & l'adminiſtration des biens. Chacun leur étoit ſoumis, puiſqu'ils avoient droit de reprendre tout le monde. La coûtume étoit d'en élire deux, l'un de Famille Patricienne, & l'autre de Famille populaire. Cela ſe faiſoit tous les cinq ans, & quand l'un des deux monroit dans le tems de ſon emploi, on faiſoit ſortir l'autre de charge, & on en éliſoit deux nouveaux. Les deux premiers qui poſſederent cette dignité, furent L. Papyrius Magellanus, & L. Sempronius Atratinus.

Cenſeurs Royaux. Tribunal établi par M. le Chancelier Pontchartrain, compoſé de Sçavans dans toutes les Sciences, auſquels on donne 800. livres chacun, aſſignées ſur le ſceau pour l'examen & l'approbation des Livres, qu'il faut preſenter pour obtenir un Privilege.

CENTAURE'E. ſ. f. Plante medicinale dont il y a de deux ſortes, la grande & la petite. La grande Centaurée qui croît dans les Alpes & dans les vallées expoſées au Soleil, dans la Pouille & dans la Savoye, n'eſt autre choſe que le Rhapontic. La petite Centaurée eſt plus en uſage que la grande, & entre dans la compoſition de la Theriaque. C'eſt une fort petite plante qu'on trouve dans les lieux humides des montagnes & des plaines, & que quelques-uns appellent *Fel terre*, à cauſe qu'elle eſt très-amere. On l'appelle Centaurée du Centaure Chiron dont on prétend que cette herbe ait gueri la playe du pié. Sa tige eſt déliée & quarrée, & elle a ſes feuilles longuettes, qui ſe terminent en pointe, & qui ſont d'un vert tirant ſur le jaune. Ses fleurs ſont petites, d'un rouge qui approche du gris de lin, & viennent en maniere de bouquets qu'on envelope de papier blanc, & qu'enſuite on fait ſecher hors des rayons du Soleil dans un lieu bien aëré.

CENTINODE. ſ. m. Petite plante, appellée ainſi à cauſe de la quantité de nœuds, qui ſont dans ſes petits troncs, ce qui la fait auffi appeller *Renoüée*. Elle eft fi longue & fi pliante, qu'il femble qu'on en pourroit faire une courroye, d'où elle a pris auffi le nom de *Corrigiola*. Le Centinode mâle jette plufieurs branches menuës, tendres, & noüées, qui traînent par terre, ainfi que fait le Chiendent. Ses feuilles font femblables à celles de la ruë, mais plus longues & plus molles. Il porte fa graine fous chacune de ces feuilles ; & c'eft delà que les Latins l'ont nommé *Seminalis*, & les Grecs *Polygonum*. Il naît dans les lieux incultes, arides & joignant les grands chemins, & jette une fleur blanche ou rouge. Diofcoride dit que fon jus pris en breuvage eft bon à ceux qui crachent le fang, & qui ne peuvent uriner que goute à goute. Cette faculté qu'il a d'arrêter le fang, fait auffi nommer la plante *Sanguinalis* & *Sanguinaria*. On ne fe fert que du tronc garni de fes feuilles. Le Centinode femelle produit une feule tige, femblable au rofeau lorfqu'il eft encore jeune & tendre, & partagée en plufieurs nœuds qui font entaffés les uns dans les autres comme une trompette. Autour de ces grands nœuds font de certaines pointes pareilles aux petites feuilles de pignet. Cette plante qui croît auprès des ruiffeaux, eft bonne aux mêmes chofes que le Centinode mâle, quoiqu'avec un peu moins de vertu, mais la racine en eft inutile.

CENTRAL. adj. Les Chimiftes appellent *Feu central*, Le feu qui fe trouve, felon eux, dans le Centre de la terre. Ils fe perfuadent que ce feu pouffe les fumées ou vapeurs qui font les métaux & les mineraux, & qu'en les cuifant il fert à leur donner leur perfection. C'eft ce qu'ils appellent autrement *L'archée*. On appelle auffi *Point central*, le point du milieu d'une figure circulaire.

CENTRE. f. m. C'eft proprement le point qui dans un cercle eft également éloigné de tous les points de la circonference. Il vient du Grec κέντρον, qui fignifie la même chofe, & κέντρον vient de κεντέω, Je picque, apparemment parce que le centre eft le point que l'on picque avec la pointe immobile du compas quand on décrit le cercle. *Le centre d'une fphere* eft un point également éloigné de tous les points de fa furface. Les *Polygones* ou *Polyedres* réguliers, ont pour centre celui du cercle ou de la fphere où ils peuvent être infcrits. Plufieurs figures ont un centre par quelque reffemblance ou Analogie au centre d'un cercle. Ainfi quoique l'*Ellipfe* n'ait aucun point également éloigné de tous les points de fa circonference, fon centre eft le point qui divife tous fes diametres en deux parties égales, comme ceux d'un cercle font divifés par le centre. L'*Hyperbole* a un centre même hors d'elle, & qui ne reffemble au centre d'un cercle qu'en ce que tous les diametres de l'hyperbole s'y réüniffent. Voyez HYPERBOLE.

En Aftronomie, en Mechanique, &c. on appelle *centre de mouvement* le point autour duquel fe fait un mouvement circulaire. On dit auffi en Méchanique *centre de mouvement reciproque*. Voyez VIBRATION.

On appelle *centre de gravité* le point par où un corps étant fufpendu feroit en équilibre de tous côtés.

En termes de Gnomonique, on appelle *centre du Quadran* le point où aboutiffent toutes les lignes ou cercles horaires. Ce point reprefente toûjours l'un des Poles du monde où tous les Meridiens qui font les cercles horaires, fe réüniffent. Il y a des Quadrans fans centre, & ce font ceux qui ne peuvent reprefenter aucun des deux Poles fur leur plan, parce que les deux Poles étant compris dans leur plan prolongé, ils ne peuvent rayon-

ner deffus, & y envoyer leur image. Voyez QUADRAN. Tels font tous les *Quadrans horifontaux de la fphere droite*, & tous nos *Meridiens* & *Polaires*. Dans ces Quadrans les lignes horaires font paralleles entre elles, & toutes perpendiculaires à la ligne qui reprefente l'Equateur. Dans un Quadran horifontal, le centre doit être éloigné du pié du ftyle, (Voyez STYLE.) d'une ligne qui reprefente l'arc du complement de l'élevation du Pole, & dans les verticaux cette diftance doit valoir l'arc de l'élevation du Pole.

On appelle *Centre du Baftion*, en termes d'Architecture militaire, Le point où les deux demigorges fe rencontrent.

On appelle auffi *Centre du Bataillon*, le Milieu du bataillon, & dans ce fens on dit, *Vuider ou quarrer le Centre du bataillon*, pour dire, felon l'ancienne methode de former les bataillons, Pratiquer un terrain de figure quarrée dans le milieu des Piquiers, afin que les Moufquetaires, les drapeaux & les bagages, y puiffent être à couvert, quand des Troupes plus nombreufes attaquent le bataillon.

CENTUMVIR. f. m. Magiftrat de l'ancienne Rome établi pour juger des differends qui furvenoient parmi le Peuple. On élifoit trois perfonnes de chaque Tribu pour remplir cette charge, & le Peuple étoit divifé en trente-cinq Tribus.

CENTURION. f. m. Officier Romain qui avoit le commandement fur cent foldats.

CEP

CEP. f. m. Pié de vigne. M. Ménage dérive ce mot de *Cippus*, Tronc ; & d'autres le font venir de *Capo* ou de *Capus*. Ce mot pris au plurel fe dit des fers que l'on met aux mains ou aux piés des Prifonniers. *Cheps* fe trouve auffi dans les vieux titres, & fignifie Prifon, ce qui a fait appeller un cachot, un *Chep* à mettre malfaicteurs. On a dit auffi *Chepier*, ou *Cheper*, pour Prifonnier. Voici ce qu'a dit Nicod là-deffus. *Cep* eft un inftrument de deux pieces de bois entaillées fur le bord en même endroit, lefquelles jointes détiennent les piés, ou les mains, ou les quatre enfemble du malfaicteur qui y eft mis. C'étoit au premier une maniere de prifon & détention des criminels, tant que leur procès leur fût parfait jufques à jugement definitif inclufivement ; & celui qui en avoit la garde & le regard, étoit appellé *Ceppier*, que nous appellons Geolier. Depuis on a ufé pour une punition infamatoire ; fi qu'il y a eu des *Ceps*, les entaillures defquels détenoient le col du condamné à fubir l'ignominie du *Cep*, prefque ainfi que fait aujourd'hui le Carcan. Selon ce, on difoit, *Etre condamné ou mis aux Ceps*, c'eft-à-dire, à l'ignominie des *Ceps* ; ce qui eft dit en plurier, parce que le Cep eft fait de deux pieces de bois ainfi mortaifées que dit eft, lefquelles jointes font retenuës par un lien de fer ou autre chofe, tant qu'on les veuille déferrer & ouvrir.

CEPÆA. f. f. Plante femblable au Pourpier, qui a fes feuilles plus noires, & la racine menuë. Diofcoride dit qu'étant prifes en breuvage, elles font bonnes à ceux qui ne peuvent uriner que goute à goute, principalement fi on les boit avec la décoction de la racine Myacanthon, ou afperge fauvage.

CEPHALALGIE. f. f. Les Medecins donnent ce nom à toutes les douleurs de têtes. Il eft compofé de deux mots Grecs, κεφαλή, Tête, & ἄλγος, Douleur.

CEPHALIQUE. adj. Les Medecins appellent *Veine Cephalique*, la Veine du bras qu'on ouvre ordinairement à ceux qu'on veut foulager dans les douleurs de tête.

On appelle aussi *Cephaliques*, Certains médicamens propres pour la tête. Il y a des Cephaliques chauds & secs, comme sont la betoine, la sauge, la marjolaine, le romarin, le styrac, le serpolet, la semence de fenoüil, les girofles, le galanga, le gui de chêne, & plusieurs autres. Il y a aussi des Cephaliques froids & humides, & ce sont les roses, la laitue, la nymphe, la violette, le pavot, les semences d'oseille, de courge & de pavot. Ce mot vient aussi du Grec κεφαλὴ, Tête.

CER

CERANT. s. m. Vieux mot. Petite monnoye, ou autre chose de fort peu de consequence.

Poures devins & pain querant,
Et je nous vailleant un Cerant.

CERASTES. s. m. Espece de serpent qui se trouve en Afrique, & que plusieurs Auteurs dignes de foi asseurent avoir deux cornes, comme les limasses, ce qui lui a fait donner le nom de Cerastes de κέρας, Corne. Aëtius dit que ce Serpent a une coudée de long, & qu'il n'en a jamais plus de deux. Il ajoûte qu'il a le corps de couleur de sablon, & toutes les parties voisines du ventre chargées d'écailles ; qu'il rampe de biais, & que quand il marche, il semble qu'il siffle. Solin rapporte que ces sortes de serpens ont quatre cornes sur la tête, & que comme ils tiennent tout le reste de leur corps caché dans le sablon, les oiseaux qui prennent ces cornes pour une viande qu'ils peuvent manger, s'approchent sans crainte & leur servent de pâture. Dioscoride dit que les morsures des Cerastes font enfler la playe, qu'elles y engendrent une dureté accompagnée de plusieurs vessies ; que la fange qui en sort est quelquefois noire, & quelquefois pâle, & qu'on n'y sçauroit remedier qu'en coupant la partie blessée, ou ôtant du moins toute la chair vive qui est autour.

CERAT. s. m. Médicament que l'on applique au déhors, & qui est de consistance moyenne entre l'onguent & l'emplâtre. Il est composé de cire fondue avec trois ou quatre fois autant d'huile, à quoi on ajoute ordinairement des gommes & des poudres de plusieurs mineraux. On y met un peu plus de cire & de poudre qu'aux onguents, & moins qu'aux emplâtres, afin qu'il séjourne plus long-tems sur la partie que les premiers, & qu'ils ne l'incommodent pas tant que les autres. Il y en a de plusieurs especes selon leurs qualitez.

Le *Cerat* appellé *Unguentum album refrigerans Galeni*, n'est composé que de cire blanche lavée, d'huile rosat omphacin, & d'un peu de vinaigre rosat. Il est bon à toutes les intemperies chaudes, aux eresipelles, aux hernes & aux charbons. On s'en sert aussi pour liniment aux hypochondres de ceux qui sont travaillés de fiévres aigues.

Le *Cerat* appellé *Emplastrum arnoglossi*, est composé du grand plantin, nommé par les Grecs ἀρνόγλωσσον, de pain bis & de lentilles, à quoi Avicenne ajoûte les galles. Il rafraîchit, repercute & digere moderément.

Le *Cerat*, *Emplastrum de crusta panis Montagnana*, est fait de croûte de pain rôtie & trempée dans le vinaigre, des huiles de coings & de mastic, des poudres de mastic, de mente, de santal blanc, de corail rouge, de santal rouge, de spode & de farine d'orge. Il fortifie l'estomac, & a une astriction qui arrête le vomissement.

Le *Cerat* appellé *Oesipatum* est composé de mastic, de terebentine, de saffran, de styrax calamite, de nard indique, d'ammoniac & de resine, ou-

tre l'oesipe, la cire, & les huiles de camomille & d'iris. Il amollit & digere les humeurs de la rate, du foye, de la matrice, des nerfs, des jointures, & autres parties.

Le *Cerat Santalin* est composé des roses rouges, du bol d'Armenie, des trois santaux, du spode & du camfre, sans compter la cire blanche, & l'huile rosat. Il appaise les phlegmons, & toutes les intemperies chaudes de l'estomac, du foye, & autres parties.

Le *Cerat stomachique*, est composé de mastic, de roses d'absynthe pontique & de nard indique, sans la cire jaune, & l'huile rosat complet. Il fortifie le ventricule & le foye, consume les vents, aide à la coction, cuit les humeurs crues, & arrête le vomissement. Le mot de Cerat vient de κηρὸς, Cire.

CERATION. s. m. Terme de Chimie. Disposition d'une matiere pour la rendre propre à être fondue & liquefiée quand elle ne l'est point par elle-même ; ce qui se fait afin qu'elle puisse penetrer dans les métaux ou autres corps solides avec plus de facilité.

CERCEAU. s. m. Sorte de filet avec lequel on prend des oiseaux aux abreuvoirs.

On appelle *Cerceaux*, en termes de Fauconnerie, les pennes du bout de l'aîle des Oiseaux de proye. Les Autours & les Eperviers en ont trois ; les Laniers, les Sacres, & les Faucons, n'en ont qu'un.

On nomme les liens d'un tonneau *Cerceaux*. On dit aussi *Cercles*.

Cerceau ..... de pois ou féves, qui montent fort haut, & dont les .... les vont quelquefois jusqu'à dix pouces de long.

CERCELLE. s. f. Oiseau aquatique, qui est de la forme du Canard, mais bien plus petit. On dit aussi *Cercerelle*.

CERCHE. s. f. Cercle dont on se sert pour donner la forme à des voutes & la diminution qu'elles doivent avoir, ainsi qu'à toutes les choses dont la forme est circulaire. On s'en sert aussi pour arrondir des colomnes. On dit *Cercle d'une voute*, pour dire, La rondeur d'une voute *Cercles ralongées*, *surbaissées ou surhaussées*. Voyez CHERCHE.

CERCLE. s. m. Terme de Geometrie. Figure comprise sous une seule ligne qui a un point au milieu appellé *Centre*. Voyez CENTRE. Les lignes que l'on tire de ce point à sa circonference, sont toutes égales. Tout Cercle se divise en trois cens soixante parties, appellées *Degrez*. Ces parties sont toûjours proportionnelles, c'est-à-dire, plus grandes dans les grands Cercles, & plus petites dans les petits. Cent quatre-vingt Degrés sont le demi-Cercle, quatre-vingt-dix le quart de Cercle.

Le Cercle est une ligne courbe que l'on n'a pû mesurer que par les lignes droites que l'on a fait dégenerer en cette courbe, c'est pourquoi on l'a imaginé comme un Polygone infini qui devient le Cercle même où il est inscrit, (Voyez POLYGONE.) & comme les Peripheries ou circuits des Polygones semblables, qui ne sont que la somme de leurs côtés, sont en même raison que les rayons des Cercles où ils sont inscrits, & que ces mêmes Polygones quant à leur aire ou à l'espace qu'ils contiennent, sont en raison doublée des rayons des cercles où ils sont inscrits, on a conclu que les Cercles qui sont toûjours des Polygones semblables, puisqu'on les suppose infinis, ont leurs circonferences en même raison que leurs rayons ; & sont eux-mêmes en raison doublée de ces mêmes rayons ; de sorte qu'un Cercle dont le rayon est double du rayon d'un autre, est quatre fois plus

A a iij

grand, & a sa circonference une fois plus grande. Dans un même Cercle la raison du diametre à la circonference est à peu près comme 7. à 22.

Dans la Sphère, on appelle *Grand Cercle*, celui où se fait le plus grand mouvement, quand le Globe tourne, ou celui qui se feroit, si le Globe tournoit en ce sens-là. Ce Cercle a toûjours le même centre que la Sphere, & par consequent tous les grands cercles qu'on y peut imaginer ont le même centre qu'elle. Un grand Cercle a toujours ses *Poles* qui sont de tous côtés éloignés de sa circonference de 90. degrés. Voyez POLE. Il a aussi son *Axe*. Voyez. AXE.

Le mot de *Cercle* vient de *Circulus*, diminutif de *Circus* qui avoit signifié la même chose chés les anciens Latins. Dans la suite *Circus* ne s'employa presque plus que pour un lieu où se faisoient de certains Jeux, parce qu'effectivement ce lieu étoit ovale, ce qui approche de la figure ronde. Le sens des Prépositions *Circum* & *Circa* confirme celui de *Circus*. Il paroît cependant que *Circus* quoique peu en usage chés les Romains pour dire *Cercle*, a passé jusqu'à nous dans ce sens, puisqu'assurément il a fait *Cerche* & *Cherche* qui ont la même idée. Voyez ces mots.

Cercle de fer, est un lien de fer en rond que les Architectes font mettre au bout d'une piece de bois, afin d'empêcher qu'elle ne s'éclate. On en met aussi aux colomnes qui sont en délit, & que le grand fardeau qu'elles soûtiennent a fait casser.

Cercles à feu. Machines de guerre. Ce sont deux ou trois grands Cercles de bois ●●●●● ensemble avec du fil d'archal, & auto●●●●●● on met plusieurs grenades, canons de pi●●●●● chargés & autres choses de cette nature, le tout entouré d'étoupin & de feu d'artifice. On y met le feu, & on fait rouler cette machine sur les travaux des Assiégeans. Les Cercles à feu se font encore d'une autre maniere. On fait une espece de grande sphere avec trois Cercles que l'on choisit forts, & de la même grandeur; ce qui se fait en les entrelassant les uns avec les autres, & les unissant également. Par ce moyen il se forme un globe vuide que l'on entoure de feux d'artifice attachés aux cercles avec du fil d'archal. On met le feu à cette machine en la faisant rouler sur les assiegeans.

CERCLE', B'E. adj. Terme de Blason. Il se dit des tonneaux reliés de Cercles. *De gueules à trois barillets couchez d'or, cerclez de sable.*

CERF. s. m. Animal sauvage très-leger à la course, & qui vit fort long-tems. Sa femelle s'appelle Biche. Le Cerf a le devant de la tête plat, sur laquelle il porte un grand bois qu'il met bas tous les ans vers le mois d'Avril. Il est rouge bai, de la grandeur d'un bidet, & a les yeux grands, le cou long, les cuisses menues, la queue courte & les piés fourchus. Il aime le Francolin, & haït l'Aigle, le Vautour, le Belier, les Chiens, & les Tygres. On dit qu'il n'a point de fiel, & qu'on lui trouve un os dans le cœur. Cet os n'est autre chose que le contours des arteres dans la base de son cœur, que le tems fait endurcir & degenerer en os. On le tient merveilleux pour conserver un enfant dans le ventre de sa mere, & on le donne aux femmes grosses depuis un scrupule jusqu'à une dragme. Il a aussi une vertu specifique pour fortifier le cœur, &pour le défendre de toute malignité. La moëlle & la graisse de Cerf sont bonnes pour amollir les humeurs, pour resserrer les playes, & pour guerir les mules qui viennent aux talons. Les petits que font les Biches s'appellent *Faons*; & c'est le nom qu'a cet animal, soit mâle ou femelle, la premiere année.

La seconde année les mâles s'appellent *Daguets*, & *Cerfs à leur premiere tête* pendant la troisiéme. Ils sont *Cerfs à leur seconde* ou *troisiéme tête*, dans leur quatrième ou cinquième année. A six ans, ils sont *Cerfs de dix cors jeunement*; à sept, *Cerfs de dix cors*; à huit, *grands Cerfs*; & à neuf, *grands vieux Cerfs*; après quoi leur tête n'augmente plus. On connoît leur âge à la grosseur du marrain, à la profondeur des rayes qu'il a aux meules, aux andouillers qui en sont le plus près, à la quantité des chevilles, sur-tout au haut de leurs têtes, qui sont les unes couronnées, & les autres à ramures. Le Cerf met bas tous les ans, & son bois lui tombe par de gros vers blancs qui lui rongent la racine dans la tête. Lorsque le bois est tombé, de ces mêmes vers s'engendre une grosse masse de chair qu'on nomme *le Revenu*; puis peu à peu la tête s'allonge, les meules se forment, & la tête se couvre d'une peau qu'il frotte contre les Arbres. Cela s'appelle *Frayer*, & l'on connoît la hauteur d'un Cerf à celle des lieux où il a frayé. Quand toute cette peau est tombée, il brunit son bois dans les charbonnieres, dans des terres noires ou roussâtres. Les Cerfs choisissent les lieux les plus bas & les plus ombrageux, afin d'éviter les mouches, & ils ne vont que de nuit aux viandis, comme n'osant se montrer jusqu'à ce qu'ils ayent recouvert leurs cornes. Aristote dit que la branchure gauche du Cerf n'a pû encore être trouvée, & qu'il l'enterre, & la cache comme étant propre à la medecine, ce qui a fait dire en parlant des choses difficiles à trouver qu'*elles sont où le Cerf a posé sa tête*. Les Cerfs ont la moitié de leur tête à la mi-Mai, plûtôt ou plus tard, selon que le climat est plus ou moins chaud, ou qu'ils sont plus jeunes ou plus vieux. Il faut remarquer que tous les Cerfs d'un pareil âge se mettent ensemble, les Daguets avec les Daguets, les Cerfs de dix cors jeunement avec leurs semblables, & ainsi des autres. Ils ne se separent qu'au Printems pour prendre buisson & faire leurs têtes. Le Cerf est d'un temperament chaud & sec, & d'un naturel très-violent & colere, sur-tout dans le tems de sa chaleur, & où l'on a trouvé quelquefois des Cerfs qui se battoient avec tant de furie, que leurs têtes demeuroient croisées & embarassées l'une dans l'autre, sans qu'on pût les separer. Ce tems commence à la fin du mois d'Août, & continue tous les autres mois suivans. Les Lieux où ils se joignent avec les biches sont infectez d'une si forte senteur, qu'elle frappe encore l'odorat huit jours après. Il se trouve un Cerf dans le Canada qui a quatre piés de haut & trois piés de bois. Ses Andouillers ont un pié, & il en a six à chaque perche. Aux Indes Orientales il y a des Cerfs privés que les Bergers menent paître à la campagne, & qu'ils ramenent le soir. Le lait des biches sert à faire du fromage.

On appelle en termes de Manége, *Mal de Cerf*, Une espece de rhumatisme qui tombe sur les machoires d'un cheval, & sur les autres parties du train de devant; ce qui est cause qu'il ne peut marcher. Les parties du train de derriere sont quelquefois affectées du même mal.

Cerf sommé, en termes de blason, veut dire Un Cerf ramé de neuf, dix ou onze cors, & quelquefois sans nombre.

CERF-VOLANT. s. m. Sorte d'insecte volant qu'on appelle ainsi à cause de la ressemblance qu'il a avec le Cerf par ses cornes dentelées. Il n'y a que le mâle qui en ait. Comme elles sont mobiles & peuvent s'approcher l'une de l'autre, il s'en sert pour pincer. Ses aîles sont pliées & renfermées dans une espèce d'étui qui s'ouvre quand il veut voler. Sa langue est une maniere de trompe avec laquelle il prend une humidité qui découle des arbres, & dont ce petit animal se nourrit. On rapporte de la Virginie qu'il s'y trouve un *Cerf-volant*, qui en chantant fait retentir tout le bois, tant son chant est fort & aigu.

CERFEUIL. s. m. Plante frêle & tendre que l'on cultive dans les Jardins, & qui d'une seule queue jette six feuilles comme le persil commun, & incisées à l'entour. Elle a des tiges hautes de demicoudée, grosses, roussâtres, noüées, creuses, à la cime de petits bouquets garnis de fleurs blanches, d'où sortent de petites cornes droites & tendres, plusieurs d'une même queue, velues, pointues & roussâtres. Ces cornes enferment une graine longuette & de couleur à demi enfumée. Toute la plante est douce & odorante, & donne un meilleur goût aux autres herbes potageres avec lesquelles elle est mise. Sa racine est courte, & éraillée en plusieurs capillaures. C'est ce qu'en dit Matthiole, qui n'est point d'accord avec ceux qui veulent que le Cerfeuil soit le *Gingidium* dont parle Dioscoride, & ou il dit être semblable à la Pastenade sauvage. On ne se sert dans la Medecine que de la graine & des feuilles, qui sont autant sudorifiques que cette graine est diuretique. Le Cerfeuil est discussif, dissout & resout le sang caillé, & est fort agreable à l'estomac.

CERIACA. s. m. Arbre qui fleurit blanc. Les fleurs qu'il porte ressemblent à la feuille appellée Etoile.

CERISE. s. f. Petit fruit d'un arbre qui a ses feuilles semblables au Mesplier, mais plus larges & dentelées à l'entour. Il jette des fleurs blanches en maniere de raisin, d'où sort ce fruit qui est rouge & attaché à une longue queue, pliable comme le jonc. L'os qui est dedans, est gros comme un poix, & quelquefois davantage, & enferme un noyau un peu amer. Son bois a quantité de petites fibres, & l'écorce fort lissée. Il y a plusieurs sortes de Cerises, les unes ameres, les autres âpres, & d'autres qui n'ont point de goût. Pline dit qu'elles étoient autrefois fort rares en Italie, & que Lucullus fut le premier qui y en fit apporter de Pont, après avoir vaincu le Roi Mithridate. Matthiole ajoute que le Cerisier a trouvé le terroir si favorable, que non seulement les arbres de cette espece qu'on a pris soin, d'y planter se sont peuplés, mais que la terre, comme pleine de l'humeur de ce fruit, en a produit une infinité de plantes aux montagnes, plaines, vallons & forêts, sans culture ni semence. Il dit que les meilleures Cerises qu'on y trouve sont celles que l'on appelle en Toscane *Marchianes* & *Duracines*, dont les unes sont plus grosses, les autres moindres, d'autres rouges & noires, d'autres tirant sur le blanc. Celles que Pline appelle *Juliana*, & les Toscans *Aquaivole*, ne sont en aucune estime, étant si tendres & si délicates, que si on ne les mange sur l'arbre, elles se corrompent aussi-tôt à les porter, & n'ont pas même presque de goût à cause du trop d'aquosité qu'elles ont. Tous Cerisiers perdent leur naturel, si on les fume, & au contraire ils augmentent en bonté, si on enterre autour de leur pié les branchages qu'on en coupe, & qu'on les y laisse pourrir. En general, il y a des Cerises douces qui tendent à l'humidité, & qui étant contraires à l'estomac, engendrent quantité de vers & d'humeurs putrides dans le bas ventre; ce qui en empêche l'usage dans la Medecine. Il y en a d'autres acides qui sont astringentes & utiles à un esto-

mac chaud. Elles désopilent le foye, lâchent le ventre, temperent l'ardeur de la bile, & par leur acidité empêchent la pourriture. La gomme du Cerisier & les noyaux de Cerise ont la faculté de rompre la pierre, & selon quelques Modernes, les fleurs du même arbre ont les mêmes proprietés que celles du Pêcher.

CERQUEMANEUR. s. m. Expert & Maître Juré que l'on employe pour planter des bornes d'heritage, ou pour les rasseoir & replanter. Il a aussi la qualité de Juge dans les differends qui surviennent sur cette matiere; ce qui lui fait avoir des Sergents & un Greffier à sa suite. Il en est fait mention dans plusieurs Coûtumes du Hainaut, & il y en a encore en Picardie & en Flandre.

CERTIFICATEUR. s. m. Avocat ou Procureur Praticien qui certifie des criées. Selon l'Ordonnance, il faut le témoignage de dix Praticiens pour certifier les criées, & on a créé pour y suppléer deux Certificateurs au Châtelet de Paris, qui sont en titre d'Office.

CERTIFICATION. s. f. Terme de Palais. Acte par lequel dix anciens Avocats ou Procureurs d'un Siege Royal certifient que les saisies & les criées d'un Decret ont été faites avec toutes les formes & solemnités que requierent la Coûtume & l'Ordonnance; après quoi le Juge donne sa Sentence pour la certification des criées. On appelle aussi *Certification*, en termes de finances, l'attestation que mettent un comptable & un financier au bas d'un registre ou d'un compte, par laquelle ils affirment que tout ce que le compte ou le registre contient est veritable.

CERVAISON. s. f. On dit en termes de Chasse, que *Le Cerf est en cervaison*, pour dire, qu'il est gras & bon à chasser.

CERVEAU. s. m. *La partie interieure de la tête, contenuë dans le crane, laquelle est le principe du mouvement & du sentiment.* ACAD. FR. Le Cerveau est composé de deux substances, l'une grise & l'autre blanche. Le grand nombre de vaisseaux & la liqueur qu'ils renferment, causent cette couleur grise; de sorte que si le sang est rouge ou vermeil, elle est plus transparente & plus claire; & s'il est épais & grossier, elle paroit livide tirant sur le noir. Il y en a qui tiennent que cette substance n'est qu'un composé d'une infinité de petites glandes pressées & arrangées les unes contre les autres, qu'on découvre mieux dans un cerveau à demi cuit, que quand il est crud ou tout-à-fait cuit. Toutes les glandes ayant un vaisseau particulier, celles-ci en ont un qui est le nerf. La substance blanche, qui a cette couleur à cause qu'elle a peu de vaisseaux, & que la liqueur qu'ils contiennent est transparente & claire, est formée de toutes les fibres nerveuses qui sortent de chaque grain glanduleux dont la partie superieure du cerveau est composée. Cette substance est immediatement sous l'anfractueuse. Plusieurs parties se découvrent dans la region moyenne du cerveau, & ces parties sont les deux ventricules superieures avec le troisiéme qui est au milieu des deux, le *Septum lucidum*, le *Plexus* Choroïde, la glande pineale & le cervelet. Les deux ventricules superieurs sont formés des deux productions rondes qui s'élevant de la moëlle allongée ou de la base du cerveau, forment une espece de berceau, & ont la figure d'un Croissant, étant plus grands vers la partie posterieure, que vers l'anterieure. Le *Septum lucidum*, que sa transparence a fait appeller ainsi, est une cloison moyenne, composée de fibres blanches extrêmement molles, par laquelle sont séparés les deux ventricules anterieurs & superieurs. Le *Plexus* Chôroïde eft au milieu de ces deux ventricules, compofé de plufieurs arteres très-déliées, qui viennent de la Carotide interieure & des veines qui verfent le refidu du fang dans le quatriéme Sinus de la dure-mere. Le troifiéme ventricule, placé au milieu des deux autres, a deux conduits, l'un anterieur, qui décharge les ferofités contenues dans le Cerveau fur la glande pituitaire, & l'autre pofterieur qui va au quatriéme ventricule, qui eft placé dans le cervelet, & environné devant & derriere de l'Apophyfe appellée *Vermiculaire.* La glande pineale, qui eft compofée d'une fubftance dure & jaunâtre, couverte d'une membrane très-fine & très-déliée, a fa fituation à l'entrée du canal, qui va du troifiéme au quatriéme ventricule. Il y a encore la voute à trois piliers. C'eft la partie inferieure blanche où les ventricules fe joignent. De ces trois piliers l'un eft anterieur, & les deux autres pofterieurs. Ces derniers fe recourbant en demi-cercle, embraffent les deux Apophyfes appellées *Optiques,* & remontant anterieurement, ils s'uniffent pour former le pillier anterieur. Le Cerveau eft enfermé dans une cavité offeufe, & recouvert de deux membranes, qui font la dure-mere & la pie-mere. Tout ceci eft pris de la defcription du Cerveau, faite par M. Drouin, Maître Chirurgien de l'Hôpital General. Les Animaux farouches, ainfi que la plûpart des poiffons, ont le Cerveau très-petit. Il y a quelques années que l'on fit dans l'Académie des Sciences l'anatomie d'un Crocodile long de dix-huit pouces, & on ne lui en trouva pas plus d'un pouce dans la tête. Ce mot de *Cerveau* vient du Latin *Cerebrum,* fait du Grec *κάρα,* Tête, comme fi on difoit *Carabrum.*

Cerveau. Terme de Fondeur. La partie fuperieure de la cloche qui fe courbe en forme de timbre.

CERVELAS. f. m. *Efpece de groffe & courte fauciffe, remplie de chair de pourceau fort falée & épiffée.* ACAD. FR.

Cervelas, fe dit auffi d'un inftrument à anche & à vent, qui a cinq pouces de long. Sa partie fuperieure a huit trous qui le percent tout du long jufqu'auprès de fa bafe, & qui fe communiquant, ne font qu'un feul canal continu. Cela eft caufe que le *Cervelas harmonique* va auffi bas qu'un Inftrument qui feroit huit fois auffi long, ou qui auroit trois piés & demi.

CERVELET. f. m. Terme d'Anatomie. Partie de derriere du cerveau. Le Cervelet a plus de largeur qu'il n'a d'épaiffeur ni de longueur, & il eft fait comme une boule un peu plate, & enveloppé de la pie & de la dure-mere, à l'exception du bas, où il eft continu avec le cerveau. Il femble qu'il lui ferve d'aide, & qu'il faffe la liaifon avec la moëlle de l'épine. Il eft de couleur cendrée, & a fa fubftance plus dure, plus épaiffe, & dix fois moindre que le cerveau. Des quatre parties qui le compofent, les deux laterales reffemblent à deux boules appliquées l'une contre l'autre. On appelle *Vermiformes,* les deux qui font placées au milieu, à caufe qu'elles reffemblent à quelques rejettons faits en forme de vers. La moindre bleffure au Cervelet ou à la moëlle de l'épine, fait auffi-tôt mourir l'animal. Il n'en eft pas ainfi du cerveau, dont on peut retrancher une partie fans danger.

CERVELIERE. f. f. Efpece de cafque ou arme défenfive de la tête, dont fe fervoient les anciens Chevaliers.

CERVELLE. f. f. *La partie molle du cerveau.* ACAD. FR. On tient que l'homme a plus de cervelle qu'aucun autre animal, à proportion de fon corps,

& que même il en a plus que n'en ont deux bœufs.

Furetiere, & après lui le Dictionaire Univerfel dit mal à propos qu'Un Boucher d'un coup de maffue, fait fauter la Cervelle d'un bœuf. Il la mortifie, l'affaîte, & le fait mourir en le faignant, on ne le frappe que parce que fans cela on ne le pourroit tenir pour le faigner. On faigne les veaux fans les frapper. Le coup fait cailler le fang avec la cervelle & cela eft dégoutant. Sans frapper, la chair conferve fa blancheur.

On appelle *Cervelle de Palmier,* Une maniere de moëlle douce qu'on trouve au haut du Palmier.

CERVICALE. adj. f. Les Médecins appellent *Veine cervicale,* un Rameau d'une des veines fouclavieres, qui monte par le col au cerveau, & qui jette p ufieurs rameaux dans les parties voifines.

CERVOISE f. f. Biere. Borel dit que c'eft un mot de l'ancien Gaulois felon Pline, & qu'il eft venu de celui de *Ceres,* inventrice des b'és, parce que le breuvage fe fait avec de l'eau & de l'orge. Les Grecs l'appellent ζύθος. La Cervoife ou Biere qui n'eft faite que d'orge & d'un peu de houblon, eft la moins chaude de toutes, & la plus propre à defalterer. Celle où l'on fait entrer de l'avoine avec l'orge eft un peu plus chaude, & celle qui eft faite d'orge & de froment, l'eft encore davantage. Comme elle nourrit plus que le vin, elle eft de plus groffe fubftance, & plus difficile à digerer. Etant mal cuite, ou nouvellement faite, elle caufe des obftructions, le mal de tête, la colique, la gravelle & l'ardeur d'urine. Si elle eft trop vieille, ou qu'elle tire fur l'aigre, elle offenfe les parties nerveufes & l'eftomac, & engendre un mauvais fuc.

CERUSE. f. f. Rouillure de plomb qui eft très-blanche. La Cerufe fe forme à la vapeur du vinaigre en fufpendant au deffus quelques lames de plomb; ce qui eft caufe que la matiere qui s'en diffout, & demeure attachée à la fuperficie, ou tombe dans le vinaigre qui eft au deffous, & que l'on coule pour l'en tirer. Après cela on la fait fecher, puis l'ayant pilée, on la paffe par le tamis. Il y en a de deux fortes, la *Cerufe commune,* qui eft le blanc de plomb, & la *Cerufe fine,* qui eft le Blanc d'Efpagne, faite avec du plâtre cuit & broyé. Cette derniere fe tire de l'étain, & c'eft celle avec laquelle les Dames fe fardent. Elle leur gâte l'haleine & les dents, leur fait des rides, & leur caufe plufieurs autres incommodités. La Cerufe prife par dedans eft une efpece de poifon, & appliquée au dehors c'eft un medicament qui repercute & qui arrête le fang. Elle a pris fon nom du Grec *κηρός,* à caufe qu'elle reffemble fort à la cire.

CES

CESARIEN, ENNE. adj. On dit en termes de Chirurgie; *Faire l'operation Céfarienne,* quand on tire un enfant du ventre de fa mere en faifant incifion. Tous ceux qui font venus au monde de cette maniere, comme Céfar, Scipion l'Africain & Manlius, ont été nommés *Cefares* & *Cefones, à cefo matris utero;* & c'eft de là qu'on a dit, *Opération Céfarienne,*

CESTE. f. m. Terme Poëtique. Ceinture que les Poëtes & les Peintres attribuent à Venus & à Junon. C'étoit proprement chés les Anciens la Ceinture que le mari délioit à celle qu'il avoit époufée quand il l'amenoit dans fa maifon.

Cefte, veut dire auffi un gros gantelet de cuir, dont
les

les anciens Athletes se servoient lorsqu'ils combattoient à coups de poing dans les jeux publics. Ce
gantelet n'étoit autre chose, qu'une longe de cuir,
garnie de clous de plomb, ou de fer, dont ils s'en-
tourroient la main en forme de liens croisés, &
même le poignet & une partie du bras, pour empêcher qu'ils ne fussent demis ou rompus.

CESURE. s. f. Terme Poëtique. Repos qui se doit
trouver après la sixième syllabe des grands vers
François qui en ont douze, ou après la quatrième
de ceux qui n'en ont que dix. Il ne faut point de
Cesure dans les vers de huit syllabes. La Cesure
dans les vers Latins est la syllabe qui reste après le
second ou troisiéme pié. Ce mot vient de *Cadere*,
Couper.

CET

CETACE'E. adj. qui s'applique aux monstres & gros
poissons de la mer qui approchent de la grosseur
de la baleine. *Les Orbes & les Soufleurs sont des
poissons cetacées.*

CETERACH s. m. Plante qui jette plusieurs feuilles
semblables à la Scolopendre, & qui sortent toutes d'une racine. Elles sont chiquetées comme celles du Polypode, rousses & velues dessous, & vertes dessus. Le Ceterach croît aux lieux pleins d'ombre, parmi les rochers & aux murailles, & il ne
jette ni fleur, ni tige, ni graine. Dioscoride dit que
quelques-uns l'appellent *Splenium*, & d'autres *Hai-
monium* ; que la décoction de ses feuilles faite avec
du vinaigre, & prise en breuvage l'espace de quarante jours, consume la rate, & qu'il est bon à ceux
qui ne peuvent uriner que goute à goute, ou qui
ont la jaunisse. Matthiole veut que le Ceterach soit
la vraie Scolopendre ; mais la Scolopendre & *Lingua Cervina* sont la même chose & non pas le
Ceterach.

CHA

CHABLAGE. s. m. La peine & le travail de celui
qui chable.

CHABLEAU. s. m. Longue corde moyennement grosse, qui sert à tirer & à remonter les bateaux sur
la riviere.

CHABLER. v. a. Attacher un fardeau à un cable,
le haler & l'enlever, comme l'on fait dans les atteliers.

CHABLEUR. s. m. Officier de la Ville, commis sur
les rivieres pour faire partir les coches & les bateaux. Il est obligé de les faire passer par les pertuis, sous les ponts, & autres passages difficiles.

CHABLIS. s. m. Bois abattu par les vents dans les
forêts. Les Maîtres des Eaux & Forêts s'y transportent après les grands orages, & font dresser un
procès verbal du nombre des Chablis, pour en faire la vente ensuite.

CHABLOTS. s. m. p. Petits cordages avec quoi les
Maçons attachent les pieces de bois qu'ils nomment *Echasses*.

CHABOT. s. m. Petit poisson qui se trouve dans les
ruisseaux & dans les rivieres. Il a la tête grande,
large & plate, depuis laquelle il diminue de
grosseur jusqu'à la queue. Borel dit que *Chabot*,
vient de *Capito*, à cause de la grosseur de la tête de
ce poisson, & que ce mot est encore en usage dans
les armoiries.

Furetiere & ses Scholiastes l'appellent *Rhombus*.
Ils se trompent, Rhombus signifie Turbot. C'est
aussi un jeu d'enfans : Toupie ferrée qu'on fait tourner avec une corde.

Tome I.

CHACELAS. s. m. Sorte de raisin blanc, qui est
le plus doux de tous les raisins.

CHACONNE. s. f. Piece de Musique en triple, qui
doit toûjours être composée sur un mode, qui ait
la tierce majeure, & avoir une cadence ou un repos à la quatriéme mesure. Elle doit aussi commencer toûjours sur le second tems de la premiere mesure. Ce mot vient de l'Italien *Cecone*, Gros Aveugle, à cause que le mouvement en fut inventé par
un Aveugle.

CHACOS. s. m. Sorte d'arbre qui ne se trouve que
dans le Perou. Il naît comme un arbrisseau d'un
fort beau verd, ayant les feuilles rondes & déliées,
& porte un fruit plat d'un côté, rond & long de
l'autre, de couleur cendrée, d'un goût agreable &
sans aigreur, & contenant une semence fort menue, que les Habitans estiment fort. Elle provoque l'urine & fait sortir la gravelle & la pierre des
reins. Ce qu'elle a de plus particulier, c'est qu'on
tient que si on use de cette semence, la pierre diminue dans la vessie, lorsqu'elle est encore molle,
& qu'elle peut être diminuée par quelque medicament.

CHAER. v. n. Vieux mot. Tomber. On a dit aussi
Chaoir & *Chair*.

CHAGRIN. s. m. Certain cuir fait de peau de cheval, d'âne ou de mulet. On n'y emploie que le
derriere de la bête, & celui de l'âne a le plus beau
grain. On l'y fait paroître avec des grains de moutarde qu'on presse dessus. Borel dit que *Chagrin*,
vient de *Chat* & de *grain*, c'est-à-dire, du Chat marin, dont la peau est appellé *Chagrin*, à cause qu'-
elle est toute couverte de petits grains, tellement
rudes qu'on en peut polir le bois.

CHAIAR. s. m. Espece de Melon d'Egypte qui ne
sent que l'eau, & dont le goût est desagreable. Ses
feuilles & ses tiges sont peu differentes des nôtres,
mais sa semence est bien plus rafraîchissante, le
fruit est plus ovale & plus épais au milieu.

CHAINS. Vieux mot. Ceans.

CHAISE. s. f. Ce mot se dit en termes de Charpenterie, de quatre pieces de bois, sur lesquelles la cage d'un moulin à vent est assise. C'est sur ces pieces de bois que sa queue la fait tourner.

On dit aussi *Chaise de roue*. C'est sur quoi la roue
des Couteliers est posée.

Chaise, est encore un terme de Fief. Il se dit en
partage de fief noble, de quatre arpens de terre qui
sont autour d'un Château hors les fossés. Ces quatre arpens appartiennent par preciput à l'aîné,
& c'est ce qu'on appelle à Paris, *Le vol du
Chapon*,

CHAISNE. s. f. *Espece de lien composé d'anneaux qui
sont entrelassés les uns dans les autres*, ACAD. FR.

On appelle en termes d'Architecture, *Chaine de
pierres de taille*, Une pile de pierres mises les unes
sur les autres, en liaison pour fortifier une muraille, ou pour soutenir des poutres, & on appelle
Chaine d'encoignûre, celle qui est au coin d'un
avant-corps ou d'un pavillon.

Chaine en liaison. Ce sont certains bossages ou
refends qu'on met dans les murs d'espace en espace, ou aux encoignûres d'un bâtiment pour le
cantonner. Ils sont en façon de carreaux & de
boutisses.

Chaine de fer, Assemblage de plusieurs barres de
fer liées bout à bout par clavettes ou crochets, qui
étant mises dans l'épaisseur des murs des bâtimens
neufs, servent à les entretenir. On les met aussi autour des vieux, pour les retenir quand ils mena-
cent ruine.

Chaine de bronze ou de fer. C'est une espece de

B b

barriere faite de plusieurs chaines, attachées au devant des portes & places des Palais, à des bornes qu'on espace également. L'usage de cette chaine est d'en empêcher l'entrée.

Chaine de Port. Ce sont plusieurs chaines de fer tendues au devant d'un Port, afin que les Vaisseaux n'y puissent entrer. Elles portent sur des piles d'espace en espace, lorsque la bouche du Port est grande.

Chaines de Vergues. On appelle ainsi sur mer certaines chaines de fer qu'on tient dans la hune du Vaisseau, & dont on se sert dans le combat à tenir les vergues, lorsqu'il arrive que le canon coupe les manœuvres qui les tiennent.

Chaine d'Arpenteur. Mesure longue d'une certaine quantité de perches ou de toises, dont les Arpenteurs se servent pour mesurer les superficies, & les Architectes les hauteurs. Elle est faite de plusieurs morceaux de fil de laiton ou de fer, & il y a des anneaux qui marquent les perches ou toises. Comme cette chaine n'est sujette ni à s'estendre ni à se racourcir, elle est bien plus sûre que le cordeau.

Chaine, est aussi un terme de Tisseran. Ce sont des fils estendus en long sur le métier, à travers desquels on passe la treme portée par la navette pour faire de la toile. Il faut aussi une *Chaine* pour faire du ruban, & toute sorte d'étoffe.

Les Charetiers appellent *Chaine d'avaloire*, la Chaine qui est attachée au limon.

CHAINEAU. s. m. Terme de Couvreur & de Plombier. Gouttiere ou conduit de plomb, par lequel les eaux qui tombent des toits sont portées dans les cuvettes. Les pieces de fer qui le soutiennent sont appellées *Crochets à chaineaux*. On donne aussi le nom de *Chaineau*, aux Rigoles qui sont taillées dans la pierre & sur la corniche des grands bâtimens, & qui servent à même usage.

CHAINETTE. s. f. On appelle ainsi dans les montres, la petite chaine qu'on y fait servir au lieu de corde.

Les Eperonniers appellent *Chainettes*, les petites chaines qui servent à tenir les branches de l'embouchure en état.

Chainettes, se dit encore en termes de Bourrelier. Ce sont des bandes de cuir, cousues les unes sur les autres. Elles sont passées dans un rond de cuir, au bout du timon du carrosse, & servent à faire reculer.

On appelle *Chainette*, la Ceinture du haut de chausse.

CHAINETIER. s. m. Ouvrier qui fait des agraffes, & de toute sorte de petites chaines pour pendre des clefs, & pour attacher des chiens.

CHAIRE, ou CHAISE. s. f. Siege ayant ordinairement un dossier, & quelquefois des bras. Ces deux mots ne se mettent par toûjours indifferemment, on dit seulement Chaire du Saint Siege, & d'un Siege Episcopal. *La Chaire Apostolique. L'Evêque étant dans sa Chaire.*

On appelle Chaire & *Chaise*, mais plus ordinairement *Chaire*, ce Siege d'où les Prédicateurs prêchent, & d'où les Professeurs enseignent. Des autres sieges on dit seulement *Chaise*.

Chaise percée, est un siege où l'on se met pour faire ses nécessités naturelles. On l'appelle chés les Princes, *Chaise d'affaires*.

On appelle aussi *Chaise*, une espece de siege fermé & couvert dans lequel on se fait porter par deux hommes.

Enfin on appelle *Chaise roulante*, Une voiture à deux roues, traînée ou par un homme, & alors on la nomme *Roulette*, ou par un cheval. Et ab-

solument *Chaise* un petit Carrosse, pour deux personnes.

CHAL. s. m. Vieux mot, qui a signifié Chevalier. C'est de là qu'est venu *Senechal*, comme qui diroit Vieux Chevalier, du mot Latin *Senex*, Vieillard, & de *Chal*

CHALAND. s. m. Bateau plat, moyennement grand, qui est fort leger, & qu'on fait aller souvent à la voile. On s'en sert pour amener à Paris les marchandises qui descendent par la riviere. Borel derive ce mot du Grec χαλὸς, qui veut dire, Bois, & prétend que c'est de là que vient Chaloupe, & le pain Chaland de Paris.

CHALASTIQUES. s. f. Medicamens dont la chaleur temperée adoucit & conforte la partie sur laquelle on les applique. En les prenant plus étroitement, on les peut nommer des medicamens, qui relâchent & soulagent la partie, lorsqu'elle est tendue jusqu'à causer de la douleur. L'œsipe, la graisse, le beurre, & autres qui n'ont nul excés de qualité, sont de cette espece. Ce mot est purement Grec χαλαστικὸς, Qui a la vertu de relâcher, & vient de χαλάω, Je relâche.

CHALCEDOINE. s. f. Sorte d'Agate tirant sur le jaune ou sur le bleu. On en trouve de noirâtres; mais l'asûrée est orientale & la meilleure. On estime moins les autres. Cette pierre est propre à estre gravée.

CHALCEDOINEUX, EUSE. adj. Terme de Jouaillier. Il se dit d'un défaut qui se rencontre en plusieurs pierres précieuses, où en les tournant on découvre quelques taches blanches, comme en la Chalcedoine. Les Rubis & les Grenats, où il se trouve quelque couleur de lair mêlée, sont dits *Chalcedoineux*, & cela diminue beaucoup de leur prix.

CHALCIDIQUE. s. f. Ce mot qui est dans Vitruve, est expliqué fort differemment. Les uns entendent par *Chalcidique*, de grandes Salles où se rendoit la Justice; & les autres, des lieux particuliers où les Payens feignoient que leurs Dieux venoient manger. Ce mot vient de Kalcis, Ville en Grece ou en Syrie, où l'on prétend que l'on ait bâti les premieres Salles de cette nature, ou du Grec χαλκὸς, Airain, & de οἶκος, Maison.

CHALCITIS. s. m. Mineral semblable à l'airain, friable & non dur, ou suc vitriolique concret, qui se forme par une assés grande adustion. Dioscoride dit que le meilleur Chalcitis est celui qui tire au bronze, & qui est frêle, n'étant ni vieux, ni pierreux; qu'il a une vertu chaude & abstersive qui mondifie toutes les ordures qui viennent aux coins des yeux, & que sa poudre guerit & nettoye toutes les defectuosités des gencives, & reprime les ulceres corrosifs. Il y a fort peu de difference en origine & en vertu entre le Chalcitis, le Misi & se Sori. Elle ne consiste que dans la tenuité ou grossiereté de leur substance. Galien & plusieurs autres croyent qu'ils se trouvent tous trois dans les mines de cuivre, & qu'avec le tems ils dégenerent & se changent l'un en l'autre. Le Chalcitis doit être rouge comme le cuivre, avec des veines jaunes & luisantes au dedans. Il doit aussi avoir le goût du Vitriol, se fondre au feu lorsqu'on le met seul dans un creuset, & se dissoudre aisément dans les liqueurs aqueuses. Il est si chaud, qu'il est caustique & escharotique. Il y a peu d'occasions où l'on s'en serve interieurement à cause de sa qualité acre & mordicante. Il ne laisse pas d'entrer dans la composition de la Theriaque, pourvû qu'il soit preparé.

CHALDEENS. s. m. Philosophes de Babylone, qui

croyoient que le Monde n'avoit point eu de commencement , & qu'il n'auroit point de fin. Ils faisoient profession de montrer le mouvement des Astres , assurant que leurs Ancêtres s'étoient attachés à l'étude de cette science depuis quarante-trois mille ans , & qu'ils se l'étoient communiqué de generation en generation. Ils étoient divisés communément en deux Sectes , dont chacune avoit en particulier des opinions differentes. L'une étoit de ceux que l'on appelloit *Orchenes* , & l'autre des *Borsippenes*. Ils avoient parmi eux des Mages, qui se mêloient de faire des horoscopes & d'évoquer les démons ; ce qu'ils ne faisoient jamais sans s'y être preparés par de longues abstinences & des lustrations particulieres. On croit que les Egyptiens avoient appris quantité de choses de ces Philosophes.

CHALEMELER. v. a. Vieux mot. Faire danser au son de la flûte.

> *Et tint un frestel de rosiaux ,*
> *Si Chalemeloit les danziaux.*

On a dit aussi *Chalemel* pour Chalumeau.

> *Li Chalemel de Cornouaille.*

CHALINQUE. s. f. Petit Vaisseau de Indes , qui n'a des membres que dans le fond , & qui n'est guere plus long que large. On ne se sert point de cloux à le construire , & les bordages de ses hauts ne sont cousus qu'avec du fil de Caret , fait de Cocos ou d'étoupe de noix de Palme.

CHALOIR. v. n. Vieux mot. Se soucier. On trouve *Cheussit* , pour Il s'en soucia.

CHALONGE. s. m. Vieux mot. Tromperie , Barguignement.

> *Si la doit avoir sans chalonge ,*
> *Cuidez-vous bien que le vous donge ?*

On a dit aussi Chalange dans le même sens.

CHALLUA. s. m. Sorte de poisson sans écaille , qui se trouve dans les rivieres du Perou. Il a la tête longue & plate comme celle d'un crapaut , la gueule fort grande , & il est d'un fort bon goût , & de bonne nourriture.

CHALONS. s. m. Terme de pêche. Grand filet dont les côtés sont attachés au bout de deux petits bateaux , & que les Pêcheurs traînent dans les rivieres à l'aide ces bateaux.

CHALOUPE. s. f. Petit Bâtiment de mer destiné au service & à la communication des grands Vaisseaux , & dans lequel on fait de petites traversées. On met trois Matelots dans chaque Chaloupe , le Maître qui la gouverne , le Têrier qui tire la rame devant , & l'Arrimier qui tire au milieu. Borel dérive ce mot de Chalan , qu'il croit venir de ἄξων , Bois.

On appelle, *Doubles Chaloupes* , de petits Vaisseaux. dont il y en a de pontés , & d'autres qui ont seulement des courcives.

Chaloupe bonne de nage , est celle qui est facile à manier , & qui passe où marche bien avec les avirons.

Chaloupe armée , est une Chaloupe équipée du nombre de Matelots qu'il faut pour la nager , & dans laquelle on a fait entrer la quantité de soldats qui sont necessaires pour une expédition.

On dit, *Avoir la Chaloupe à la toue* , pour dire , L'avoir amarrée à bord , & la faire tirer par le Vaisseau , lorsqu'il est sous voiles.

CHALUMEAU. s. m. Tuyau de paille. C'est aussi une flûte de Berger.

Chalumeau. Terme d'Orfevre. Petit tuyau creux , fait de laiton ou de cuivre qui sert à souder.

CHAM. s. m. Titre qui est donné aux Princes Souverains de Tartarie , comme qui diroit Empereur ;

Tome I.

ce que ce mot signifie en langue Sclavonne.

CHAMÆCISSUS. s. m. Plante qui a ses feuilles semblables au Lierre , mais plus longues & menues , & qui produit directement dès sa racine cinq ou six rameaux de la longueur de deux demi-doigts qui en sont fort garnis. Sa fleur est semblable à celle du Violier , quoique plus menue & plus blanche. Galien dit qu'elle a un goût très-amer , & qu'elle est bonne à désopiler le foye , & à soulager dans les sciatiques. Le Chamæcissus croît parmi les terres cultivées ; & sa racine qui est blanche & menue , n'est d'aucun usage dans la Medecine. Fuchsius veut que l'*Hedera terrestris* , soit le vrai Chamæcissus , & Matthiole fait voir le contraire. Ce mot vient de χαμαὶ , A terre , & de κισσὸς , Lierre.

CHAMÆDRYS. s. m. Petite plante , haute à peu près comme la main , qui vient abondamment où elle croît , c'est-à-dire , dans les plaines & sur les montagnes , & que l'on cultive même dans les Jardins. Elle a ses feuilles longuettes , & dentelées , acres & ameres , & ses fleurs purpurines & d'une odeur assez agreable. Elles sortent parmi les feuilles tout le long & autour de la tige , qui est fort petite , & s'étend peu en longueur. On ne se sert en Medecine que des feuilles & des fleurs ; mais on emploie ses sommités dans la Theriaque. La Chamædris est splenitique & hepatique. Il degorge & provoque la sueur. Il a pris son nom du Grec χαμαὶ , A terre , & de δρῦς , Chêne , à cause de la conformité qu'ont ses feuilles avec celles des grands Chênes.

CHAMÆLEON. s. m. Plante dont il y a de deux sortes , le blanc & le noir. Le Chamæleon blanc est expliqué dans la diction *Carline*. Le noir que l'on appelle autrement *Chardonnette* , a ses feuilles semblables à l'artichaut ; mais plus déliées , & quelque peu rouges. Sa tige est rougeâtre , grosse comme le doigt , & à un palme de hauteur. Il a dans son chapiteau des fleurs épineuses , menues , & de diverses couleurs , comme celles du Vacier. Sa racine qui est grosse , noire & massive , devient jaune lorsqu'elle est mise en rouelles , & si on la mâche elle pique la langue. Dioscoride dit que cette racine broyée & enduite avec un peu de couperose , graisse & huile de cedre , fait tomber la rogne & la gratelle , & que sa décoction appaise la douleur des dents , si on s'en lave la bouche. Sa fleur sert à faire cailler le lait pour faire des fromages.

CHAMÆLEUCE. s. f. Herbe verdoyante , qui a ses feuilles & ses surgeons recourbés , & dont les fleurs sont faites en façon de roses. Elle est bonne aux douleurs des reins. Matthiole dit , que la Chamæleuce est même chose que ce que Pline appelle *Chamæopeuce.*

CHAMÆOPITYS. s. m. Petite plante rampante , couverte de quantité de feuilles longuettes , étroites & vertes , un peu divisées , fort entassées & aucunement velues , & qui produit plusieurs rejettons de la longueur de la main. Ses fleurs sont petites & de couleur de citron , & sortent parmi ses feuilles. Cette plante est hepatique , & lithontriptique , & remedie à la piquûre des Scorpions. On l'appelle *Chamæpitys* , à cause de la conformité non seulement de ses feuilles avec celles du grand Pin , mais encore de son odeur. Ce mot vient du Grec χαμαὶ , A terre , & de πίτυς , Pin.

CHAMÆSYCE. s. m. Plante qui ne jette ni tige ni fleur , & dont les branches sont rondes , longues de quatre doigts , pleines de lait & couchées par terre. Elle a ses feuilles comme la lentille , petites , menues , & entierement semblables à celles du peplus. Il y a une graine ronde au dessous. Elle croît

Bb ij

aux lieux pierreux , & dans les côteaux fangeux. Galien dit qu'elle a une vertu acre , mordante , absterfive , & que les plus tendres de fes branches pilées & appliquées en maniere de cataplafme , & même leur jus , ôtent les cors & toutes fortes de verrues ; qu'étant appliquées avec du miel , elles nettoyent les groffes cicatrices des yeux , & font fort propres aux fuffufions , & aux cataractes qui commencent à venir. Ce mot eft Grec , καψαλέου.

CHAMBELLAGE. f. m. Droit que le Vaffal doit au Seigneur feodal en certaines mutations. Ce n'eft pas par tout le même droit, & il differe felon les lieux. Le premier Huiffier de la Chambre des Comptes reçoit auffi un droit de Chambellage de ceux qui y font foi & hommage. Cela vient de ce que le Chambellan du Roi en avoit un fur tous les Vaffaux qui relevoient nuement de la Couronne, & ce droit lui étoit dû à caufe qu'il les introduifoit dans la chambre du Prince, où fe tenant à côté de lui, il difoit à celui qui fe prefentoit : *Vous devenez. homme du Roi de tel Fief que vous connoiffez. tenir de fa Couronne.* Le manteau du Vaffal appartenoit au Chambellan , & par Ordonnance du Roi Philippe de l'an 1272. le moindre Vaffal qui faifoit hommage au Roi , donnoit vingt fols au Chambellan. Ceux qui avoient cent livres de revenu, lui donnoient cinquante fols. Ceux qui en avoient cinq cens , lui donnoient cent fols , & les Evêques , Abbés & Barons dix livres parifis.

CHAMBELLAN. f. m. Officier de la Chambre du Roi, de Monfieur , &c. On dit , *Le Grand Chambellan* , pour dire , Le premier Officier de la Chambre. Autrefois le Chambellan gardoit le Trefor du Roi , faifoit l'office de Maître d'Hôtel , d'Ecuyer tranchant , de Gentilhomme fervant , & avoit plufieurs beaux droits fur tous les Marchands. La dépouille & les habits du Prince lui appartenoient ; & comme il en devoit changer neuf fois chaque jour , & que ce lui eût été une grande incommodité de fe deshabiller fi fouvent , on faifoit en argent une eftimation de ce droit. Le Chambellan tire la bote du Roi , & le déchauffe le jour de fon Sacre , & lorfqu'il tient les Etats en fon lit de Juftice , il eft affis à fes piés. Ce mot vient de *Camera,* Chambre. Borel rapporte qu'on difoit auffi *Chambrelan* , & que c'étoit proprement un Gentilhomme qui couchoit dans la Chambre du Roi , & aux piés de fon lit en l'abfence de la Reine. Il ajoute qu'il y avoit de petits Chambellans qui mettoient la nappe.

Il y a auffi un *Grand Chambellan* à Rome. C'eft comme le Prefet du Trefor Romain ou le Sur-Intendant des Finances. Il a foin du gouvernement de la Ville & des édifices publics. Il prefide au Patrimoine de l'Eglife & au fifc , & fait les aumônes du revenu de l'Eglife. Quand le S. Siege demeure vacant , il loge à l'appartement du Pape, marche avec la garde Suiffe, & donne fes ordres pour l'affemblée du Conclave. Il y a auffi à Rome une charge de *Chambellan du facré College.* Ce font les plus anciens Cardinaux qui l'exercent tour à tour pendant un an. Ce Chambellan a foin du revenu du facré Collége , & lorfqu'un autre lui a fuccedé dans cet emploi , il diftribue à chacun des Cardinaux tout ce qui peut leur appartenir.

CHAMBRANLE. f. m. Ornement de Menuiferie ou de pierre, qui borde les trois côtés des portes, des fenêtres & des cheminées. Il eft different felon les ordres , & à trois parties , le haut qu'on appelle *La traverfe* , & les deux côtés qui font appellés *Montans.* Quand le Chambranle eft fimple & fans moulure, il a le nom de *Bandeau.*

Chambranle à gru , eft celui qui porte fur un appui de croifée fans plinthe : & on appelle *Chambranle à croffettes*, celui qui a des oreillons à fes encognûres.

CHAMBRE. f. f. Principale piece d'un appartement. Ce mot vient de *Camera* , Voute , quoique l'on appelle *Chambres* indifferemment , celles qui font voutées , & celles qui ont un plancher plat. On faifoit autrefois la plûpart des chambres voutées en arc de Cloître.

Chambre Apoftolique , eft une Jurifdiction à Rome , où l'on traite les affaires qui concernent le Trefor ou le domaine de l'Eglife du Pape. Furetiere infinue qu'il n'y a de Chambre Ecclefiaftique qu'à Paris : il y en a dans prefque toutes les Metropoles.

Chambre Imperiale , eft auffi une Jurifdiction qui fe tient à Spire , & où l'on juge les differends des Princes & des Villes de l'Empire d'Allemagne.

Chambre de Juftice , établie de tems en tems pour réprimer les vexations des Financiers. Il y en a peu qui ayent eu un fuccès avantageux à l'Etat.

Chambre noire. C'eft dans les Couvents le lieu où l'on fe retire par devotion. *Chambre noire,* fe dit encore du lieu où l'on enferme un Religieux ou une Religieufe qui a manqué , pour y faire pénitence.

Chambre clofe. Terme d'Optique. Chambre , ou Vaiffeau bien fermé de toutes parts , & où l'on ne laiffe entrer les rayons du Soleil que par une petite ouverture , par laquelle ils vont peindre fur le mur oppofé , fur un papier , les Images de tout ce qui eft au-dehors.

Chambre du mortier. Efpace creux de la piece , qui contient la poudre , & où va fe terminer la lumiere.

Chambre , en termes de Fonderie , eft un vuide qui demeure dans un canon , ou dans une Cloche qu'on a fondue , & où le métal n'a pas coulé.

Chambre, fe dit auffi du vuide qu'on pratique dans une felle de cheval , d'un bât , d'un collier , d'où l'on retire un peu de la bourre pour empêcher que la felle ne porte fur le cheval, lorfqu'il eft foulé ou bleffé en quelque endroit.

Chambre de port. Partie du baffin d'un Port de mer , la plus retirée & la moins profonde. C'eft-là qu'on retire les Vaiffeaux défarmés pour les reparer & les calfater.

Chambres des Vaiffeaux , font les lieux où couchent les Officiers Majors. On appelle *Grande Chambre*, celle qui eft prife fur l'arriere du fecond pont du Vaiffeau, & *Chambre du Confeil*, celle qui eft aux gros Vaiffeaux au-deffus de la Grand'Chambre.

Chambre des Canoniers , Etage , ou retranchement de l'arriere du Vaiffeau au-deffus de la foute , & au-deffous de la Chambre du Capitaine; les Vaiffeaux de guerre y ont d'ordinaire deux fabords.

Chambre aux voiles. Lieu où l'on met les voiles , pour en changer quand il eft befoin.

Chambre d'éclufe. Efpece de canal compris entre les deux portes d'une éclufe.

Chambre de mine. Terme de guerre. Lieu où l'on met la poudre qui fait jouer la mine. C'eft un vuide de cinq à fix pié cubes qu'on charge d'un millier de poudre ou environ.

Chambre , en termes de Tifferand , eft une fente de peigne par où deux fils paffent.

Les Vitriers appellent auffi *Chambre*, le creux qui eft dans la verge de plomb où ils placent le verre , lorfqu'ils font les panneaux de vitre.

CHAMBRÉ, É'E. adj. On dit , *Canon chambré,* pour dire , Un canon qui n'a pas été bien fondu , & qu'il eft dangereux de tirer, à caufe des fentes & crevasses qui sont en dedans, & qui pourroient le faire crever.

CHAMBRE'E. s. f. Nom collectif qui se dit de plusieurs personnes qui logent dans une même Chambre. *Toute la Chambrée sortit si-tôt qu'on entendit le tumulte.*

Chambrée, signifie aussi, L'argent qu'on reçoit à la representation, d'une Comedie, d'un Opera, ou de quelque autre spectacle.

CHAMBRELAN. s. m. Ouvrier qui n'osant ouvrir boutique, à cause qu'il n'est pas maître, travaille en chambre.

CHAMBRER. v. n. Terme de guerre dont on se sert en parlant de plusieurs personnes qui logent ensemble sous une même tente ou dans une même caserne.

Chambrer est aussi actif, & les Selliers disent, *Chambrer une selle*, pour dire, Y faire de petits creux, & en tirer la bourre, quand le cheval est blessé, de peur que la selle, en posant dessus, ne le blesse encore davantage.

CHAMEAU. s. m. Animal fort commun en Orient, & qui a une bosse sur le dos, & quelquefois deux. Il ne sert point à tirer, mais il est bon à la charge, & porte ordinairement dix mille pesant. Il se baisse pour la recevoir, à quoi on l'accoûtume si-tôt qu'il est né, en lui pliant les quatre piés sous le ventre, & lui mettant sur le dos un tapis, dont on charge les bords de grosses pierres qui l'empêchent de se relever. On le laisse ainsi pendant vingt jours. Il a le pié large & solide, & qui n'est couvert que d'une simple peau. Il passe jusqu'à dix & douze jours sans manger ni boire. Quand il est en chaleur, il se retire à part avec sa femelle, & la couvre tout le jour. Elle porte son fruit onze mois. Une petite baguette sert d'étrille pour panser le Chameau, on frappe sur lui avec la baguette, & on en ôte ainsi la poussiere. Il hait le cheval, le lion & le ton; & par le moyen d'un grand ventricule qu'il a, il garde long-tems de l'eau dans son estomac, pour se rafraîchir. On trouve autour de ce ventricule un grand nombre de sacs enfermés entre ses tuniques, & on croit que ces animaux y mettent leur eau en reserve. Ils vivent cinquante ans selon quelques-uns, & jusqu'à cent selon les autres.

On appelle aussi absolument *Chameau*, le poil de cet animal filé en forme de laine très-déliée. Les Ferandiniers s'en servent dans leurs ouvrages.

CHAMELIER. s. m. Celui qui panse & qui conduit des chameaux. On donne ce même nom à tous les Marchands qui en font trafic. On prétend que le premier mêtier qu'exerça Mahomet, fut celui de Chamelier.

CHAMES. s. f. p. Especes de moules. Dioscoride dit que le potage des Chames cuites en peu d'eau est bon à lâcher le ventre. Il y en a de tant de sortes, que Matthiole avoue qu'il est difficile de les distinguer. Elles sont couvertes d'une coquille legere; & on les trouve souvent ouvertes & baillantes au bord de la mer sur le gravier.

CHAMFRAIN. s. m. Ce qui est compris dans le devant de la tête du cheval, depuis le dessous des oreilles jusqu'au nés en descendant par l'intervalle des deux sourcils. M. Ménage dérive ce mot de *Camus*, Bride, licol, & de *Frænum*, Frein.

On appelle *Chamfrain blanc* ou *Belle-face*, Une marque blanche qui descend depuis le front du cheval jusqu'auprès du nés.

Quelques-uns appellent aussi *Chamfrain*, l'Armure du cheval qui couvre cette partie, lorsque le cheval est sous un Cavalier armé de toutes pieces.

Les morceaux de cuir ou d'étoffe dont cette même partie est ouverte, & les bouquets de plumes qu'on met sur la tête des chevaux, s'appellent encore *Chamfrain*.

C'est aussi une étoffe noire qu'on met sur le front des chevaux, lorsqu'on est en deüil.

Chamfrain. Terme d'Architecture. Pan qui se fait en rabattant l'arrête d'une pierre ou d'une piece de bois.

CHAMFRAINER. v. a. Terme de Menuiserie. On dit, *Chamfrainer un morceau de bois*, pour dire, Le couper de telle sorte, que s'il est quarré comme le bord d'une planche, on abatte une des aretes, & qu'on le coupe jusqu'à l'autre arête; ce qui se fait lorsqu'on ôte tout le bois depuis le dessus de la planche en biaisant. Il y a chez les Serruriers des Tenailles à Chamfrainer pour tenir dans l'étau les pieces qu'on veut chamfrainer.

CHAMICO. s. m. Sorte de semence du Perou, semblable à celle des oignons, mais dont la vertu est telle, que si l'on boit l'eau dans laquelle elle aura bouilli seule, ou avec du vin, elle provoque un dormir de vingt-quatre heures; & si quelqu'un l'a bûe en riant ou en pleurant, il demeure fort long-tems dans ce même état.

CHAMOIS. s. m. Sorte de Chévre sauvage qui se plaît sur le plus haut des rochers & des montagnes. Elle est plus grande & a les jambes plus longues que les Chévres ordinaires, mais son poil est plus court. Cet animal en a de deux sortes. Le petit qui est caché sous le grand, est fin, ondé & frisé. Une partie de ce poil est de couleur de Minime brun, & le reste est d'un blanc sale & roussâtre. Il a deux cornes noires & recourbées qui lui sortent au-devant du front, & qui sont longues de neuf ou dix doigts. Ses yeux sont rouges, sa queue est courte & ronde, & ses oreilles ont cinq pouces de longueur. Sa lévre superieure est fendue comme au liévre, & il a le pié fourché & creusé par dessous. Il marche par ses ongles, & court fort vîte. Sa peau étant passée proprement, est chaude & douce sur la chair. On en fait des gands, des camisoles & des caleçons.

On appelle aussi *Chamois*, Une couleur qui tire sur l'isabelle. Les Curieux de Tulippes en font grand état.

CHAMP. s. m. Terme de Peinture. Fond d'un tableau ou d'une medaille, où il n'y a rien de peint ni de gravé.

On dit qu'*Une draperie ou un morceau de bâtiment sert de champ à une figure*, quand cette figure est peinte sur le bâtiment ou la draperie.

On dit, *Mettre des solives de champ*, pour dire, Les poser sur la partie la moins large, en sorte qu'une solive qui a six pouces d'un sens & quatre de l'autre, est mise de champ, si elle est posée sur la partie de quatre. Il en est de même de toutes autres pieces de bois équarries, que l'on doit mettre de champ, pour leur donner plus de force & empêcher qu'elles plient.

Champ, en termes de Méchaniques, se dit de ce qui est posé horisontalement. Ainsi on dit que *Les sablieres se couchent de champ*. On appelle *Roüe de champ*, dans une montre, la troisiéme roüe qui fait mouvoir celle de rencontre; & cela vient de ce qu'elle est posée horisontalement. Les dents de cette roüe sont perpendiculaires.

Champ. Terme de Blason. Le fond de l'écu, séparé des pieces dont les Armoiries sont composées. Quand le champ est de couleur, l'assiette doit être de métal.

On appelle *Champ*, dans un peigne, Le milieu

du peigne d'où fortent les dents de chaque côté.

Champs Elifées ou *Elifiens*. Cimetieres où les Payens enterroient leurs morts féparément dans des tombeaux de pierre. On en voit encore des reftes entre la Ville d'Arles & le Couvent des Minimes de la Craux en Provence.

CHAMPAGNE. f. f. Terme de Blafon. C'eft l'efpace en bas d'un tiers de l'écu. Le Pere Menêtrier dit que *la Champagne* eft rare en Armoiries.

CHAMPANE. f. f. Bâtiment des Indes de foixante à quatre-vingts tonneaux, qui eft fait fans cloux & fans aucuns ferremens. Cette forte de Bâtiment, dont les bordages font emboîtés, n'a que des courcives, & les membres n'en font coufus qu'avec des chevilles de bois.

CHAMPE', E'E. adj. Terme de Blafon dont on fe fert quand on ne veut expliquer que laqualité du champ. *Telle Famille a pour Armoiries un lion d'or champé de gueules.*

CHAMPIGNON. f. m. Maniere de petit potiron rond & blanc par deffus, feuilleté en-dedans, & tirant fur le rouge. Il vient de lui-même en fort peu de tems dans les champs & dans les prés, particulierement en Automne. Il s'éleve fur une fimple queue fans racine. On en fait venir auffi fur des couches de fumier, en les arrofant avec l'eau dans laquelle ont bouilli d'autres Champignons. On s'en fert dans les ragoûts, où ils font d'un fort bon goût. Selon Diofcoride il y en a de venimeux. Ce font ceux qui croiffent, ou au pié d'un arbre qui produit de mauvais fruits, ou auprès d'un trou qui fert de retraite à un ferpent, ou enfin dans un lieu où il y a du fer enrouillé ou du drap pourri. On les reconnoît pour être dangereux & à rejetter, en ce qu'ils ont quelque ordure ou quelque bave épaiffe au-deffus, & qu'ils fe pourriffent & fe moififfent auffi-tôt qu'ils font cueillis. Ceux que l'on peut manger fans aucun péril, font fi mal-aifés à digerer, à caufe de leur extrême froideur & humidité, que le plus fouvent on les rend entiers. Ils nourriffent fort, mais cette nourriture eft dangereufe & très-flegmatique, & fi on en mange trop, & qu'on ne les digere pas bien, ils caufent un grand dévoyement d'eftomac, & fuffoquent même quelquefois. C'eft ce qui a fait dire à Galien, qu'ils tiennent un peu de la nature des poifons. Les groffes & vifqueufes humeurs qu'ils engendrent, bouchent fi bien les orifices des arteres, que les efprits y demeurant enfermés, ceux qui en ont trop mangé, étouffent. Pour les rendre moins dangereux, lorfqu'on les apprête, il faut les affaifonner de cloux de girofles, mufcade, poivre, & autres chofes femblables. Matthiole dit qu'il croît auffi de bons Champignons aux troncs des arbres qui ne portent point de mauvais fruits, & qu'il en a vû & cueilli aux troncs des Melefes qui croiffoient avec l'Agaric, & qui pefoient jufqu'à trente livres, étant jaunes comme fin or, & découpés dans l'entour. M. Ménage dérive *Champignon* de *Campinio*, à caufe qu'il naît de lui-même dans les champs. On a dit *Champagnol*, pour, Champignon dans le vieux langage.

Champignon, eft auffi un terme de Medecine, & Galien donne ce nom aux excrefcences qui viennent aux paupieres, aux parties honteufes & à la tête, quand le têt a été trépané ou rompu, & que les pellicules du cerveau ont été bleffées. Il ajoûte qu'il y a certaines tumeurs faites en façon de Champignons, qui fortent hors des fractures des os. C'eft ce qui eft caufe qu'on les nomme *Champignons.*

Champignon. Efpece de coupe renverfée, dont le

deffus eft taillé d'écailles. Son ufage eft, aux fontaines jailliffantes, de faire bouillonner l'eau d'un jet ou d'une gerbe en tombant.

CHAMPISTEAUX. adj. Vieux mot. Brufque, qui fe met en colere pour peu de chofe.
Ou bien nourrir un tas de Champifteaux.

CHANCEL, ou *Chanceau*. f. m. Partie du Chœur d'une Eglife, où fe mettent les Miniftres fervant à la Meffe. C'eft celle qui eft entre le Maître Autel & la baluftrade qui l'enferme. Ce mot vient de *Cancellus*, qui veut dire, Toute forte de treillis ou de barres croifées, de bois ou de fer.

CHANCELIER. f. m. Magiftrat qui eft Chef de la Juftice, & qui eft commis par le Roi pour la rendre à fes Sujets avec la même puiffance qu'il feroit lui-même. Cette Dignité eft très-éminente en France. Les Chanceliers s'appelloient *Referendaires* fous nos premiers Rois, du Latin *Referre*, Rapporter, parce qu'ils avoient foin de rapporter au Roi les Requêtes, Placets & autres Lettres. Le nom de Chancelier vient de *Cancellus*, Chaffis, grille, parce qu'il fignoit en un lieu grillé fous nos Rois de la feconde race, pour n'être point incommodé de la foule, ou de ce qu'il faifoit une grille à fon feing, comme font encore les Secretaires du Roi, ou à caufe des lignes en croix qu'il paffoit fur les Lettres qui étoient rejettées, du mot *Canceller*, qui vient de l'Italien *Cancellare*, Effacer, pour dire, Annuller un Contrat, comme qui diroit, Y faire une grille d'ancre, ou paffer des lignes en croix fur l'écriture. Depuis qu'on a établi les Parlemens, la Dignité de Chancelier eft devenue beaucoup plus confiderable. Il préfide aux Confeils du Roi; & lorfque Sa Majefté va tenir fon lit de Juftice au Parlement, il y expofe fes volontés, & eft affis à main gauche devant Elle. Les premiers Chanceliers de France que l'on connoît, font Aurelien & Anachalus fous le Roi Clovis.

CHANCIL. f. m. Vieux mot. Sorte de toile.
Chemife & brayes de Chancil,
Et chauffes teintes en brefil.

CHANCRE. f. m. Terme de Jardinage. Maladie qui furvient à l'arbre, & qui en fait mourir la peau. On l'arrête en faifant des incifions tout à l'entour jufqu'au bois avec la pointe d'un couteau. On peut dire que cette maladie reffemble à la dartre qui vient fur le corps de l'homme.

CHANDELIER. f. m. *Inftrument, uftenfile qui fert à mettre de la chandelle allumée.* ACAD. FR.

Chandelier, eft auffi un terme de Fortification. Les Chandeliers fe font avec deux pieux debout qui foûtiennent des planches mifes de travers de l'un à l'autre, ou des fafcines, par le moyen des chevilles paffées dans les pieux. La difference qu'il y a entre les Chandeliers & les Blindes, c'eft que les premiers fervent à fe couvrir par le devant, & qu'on fe couvre par le deffus avec les autres.

Chandeliers de Perriers dans un Vaiffeau, font des pieces de bois reliées, & trouées en long. Le pivot de fer fur quoi tourne le Perrier eft pofé deffus. Ce que l'on appelle *Chandelier de fer de perrier*, eft une fourche de fer avec deux anneaux, dont les deux tourillons des Perriers font foûtenus. Cette fourche tourne fur un pivot dans un chandelier de bois. Le pivot fur lequel le Perrier tombe, eft auffi nommé *Chandelier de fer de Perrier.*

On appelle *Chandeliers de Pouppe*, deux Fourches de fer qui fervent à foûtenir le mât, la voile, & tout ce qui eft de la Chaloupe quand les avirons la font aller.

Chandeliers d'Echelles, font des Chandeliers de fer à tête ronde, qu'on met des deux côtés de chaque échelle. On y amarre des cordes qu'on laisse traîner jusqu'à l'eau, & qui servent à soulager ceux qui montent dans le Vaisseau, ou qui en descendent.

Chandeliers de lisse. On appelle ainsi les Chandeliers qu'on met dans les listes, sur le haut des côtés des Vaisseaux, & autour de l'ouverture par où passe la manuelle du gouvernail.

Chandelier de Fanal. Grand fer avec un pivot sur lequel on pose un Fanal de pouppe.

Chandelier d'eau. Fontaine dont on éleve le jet sur un pié, en maniere de gros baluftre, qui porte un petit baffin, d'où l'eau retombe dans un plus grand au niveau des allées, ou avec un bord de pierre ou de marbre au-deffus du fable.

Les Jardiniers difent, *Faire le Chandelier*, lorfqu'avec leur serpette, ils nettoyent toutes les petites branches qui font une plus grande, afin de la laiffer dégarnie.

CHANEL. f. m. Vieux mot. Canal ou lit de riviere.

CHANGER. v. a. Ce mot a plufieurs ufages en termes de mer, & l'on dit *Changer les voiles*, pour dire, Mettre un côté de la voile au vent au lieu de l'autre. On dit auffi *Changer les voiles de l'avant*, pour dire, Braffer tout-à-fait les voiles de mifaine du côté du vent ; ce qui fe fait afin qu'il donne deffus, & que le Vaiffeau étant abattu par là, on puiffe le remettre en route. On dit encore *Changer de bord*, pour dire, Mettre un côté du Vaiffeau au vent pour l'autre, afin de changer de route, & *Changer l'amure d'artimon d'un côté du Vaiffeau à l'autre*, pour dire, De deffous le vent où l'amure d'artimon étoit, la paffer au vent. *Changer le quart*, c'eft, Faire entrer une moitié de l'équipage en fervice en la place de celle qui étoit de garde, & que cette autre moitié doit relever.

On dit en termes de Manége, *Changer un Cheval* ou *Changer de main*, pour dire, Tourner & porter la tête de fon cheval d'une main à l'autre ; c'eft-à-dire, De droit à gauche, ou de gauche à droit.

CHANLATE. f. f. Petite piece de bois, comme une forte late de fciage, qu'on pofe fur l'extrémité des chevrons d'une couverture, du même fens que les lates, pour foûtenir les tuiles de l'égoût d'un comble. En relevant fur le bout les dernieres tuiles, qui par ce moyen jettent les eaux de pluye plus loin du mur, elle empêche qu'elles ne le gâtent.

CHANLETE. f. f. Vieux mot. Petite tuile de toit.

CHANTEAU. f. m. *Morceau coupé d'un grand pain.* ACAD. FR. *Chanteau*, en termes de Tailleur, fe dit des grandes pieces d'étoffes que l'on rentroit au bas d'un manteau.

Les Tonneliers appellent *Chanteau*, la derniere piece du fond d'un muid.

CHANTELAGE. f. m. Droit qui eft dû au Seigneur, pour le vin qu'on vend en gros ou à broche fur le chantier du cellier ou de la cave.

CHANTEPLEURE. f. f. *Sorte d'entonnoir à longue queue, à long tuyau, qui eft percé de plufieurs trous par le bout d'enbas pour faire couler quelque chofe dans un muid de vin fans le troubler.* ACAD. FRANÇOISE.

Chantepleure fe dit auffi d'une fente qu'on laiffe dans les murailles conftruites proche de quelque eau courante, afin que fi elle déborde, elle puiffe entrer dans le clos, & en fortir, fans aucun dommage du mur, qui feroit trop foible pour lui refifter, fi cette ouverture ne lui donnoit pas paffage.

CHANTERELLE. f. f. *La corde d'un lut, d'un violon, & autres femblables Inftrumens, qui eft la plus*

délíée, & qui a le fon le plus clair. ACAD. FR.

On appelle auffi *Chanterelle*, l'Oifeau que l'Oifeleur met dans une cage pour fervir d'appeau aux autres qu'il veut attirer dans les pieges qu'on leur a tendus. La femelle de perdrix pofée au bout des fillons où l'on a tendu des filets & des paffées, s'appelle plus particulierement *Chanterelle*.

On appelle ainfi la Corde que le bourreau met au col d'un homme qu'il va pendre.

CHANTERRES. f. m. Nom qu'on donnoit aux anciens Poëtes, parce qu'ils chantoient les faits des Heros. Ils alloient reciter leurs Poëmes chés les grands Seigneurs, afin d'en avoir quelque récompenfe, ou ils les joüoient fur leurs Inftrumens de Mufique. On tient qu'Homere alloit ainfi reciter fon Iliade.

A fon hôtel fi fied, fi fut joyaux & liés,
Un Chanterre le dit d'Alexandre à fes piés.

CHANTIER. f. m. Groffe piece de bois qui fert de chevalet à un Charpentier, pour en porter ou en élever une autre, afin qu'il la taille & la façonne.

Chantier, eft auffi un exhauffement fait fur le bord de la mer avec de groffes pieces de bois, pour foûtenir la quille d'un Vaiffeau, ou la folle des bâtimens qui n'ont point de quille, lorfque l'on travaille à les conftruire.

Chantier d'Atelier, eft non feulement l'efpace où l'on décharge & où l'on taille la pierre près d'un bâtiment que l'on conftruit ; mais auffi le lieu où les Charpentiers taillent & affemblent le bois, pour les ouvrages qu'ils ont entrepris. On dit que *Les pierres font en chantier*, pour dire, qu'Elles font au lieu où on les taille.

CHANTIGNOLE. f. f. Efpece de brique, que l'on appelle autrement *Brique d'échantillon*. Ce n'eft qu'une *demi-brique*, qui eft beaucoup moins épaiffe que la brique entiere. Elle a pourtant huit pouces de long, & quatre de large comme l'autre.

Chantignoles, en termes de Charpenterie, eft une piece de bois fous un ruffeau, entaillée & chevillée fur une force de ferme, pour porter les panes de la couverture d'un bâtiment.

CHANTOURNE. f. m. C'eft un ornement de galons par compartimens, qu'on met au doffier d'un lit : on y brode quelquefois les armes du Maître.

CHANTOURNER. v. a. Evider en dedans une piece de bois, de fer, ou de plomb, ou la couper en dehors fuivant un profil ou un deffein.

CHANVRE. f. m. Plante dont les feuilles rendent une odeur puante. Ses tiges font hautes & creufes. Sa graine eft bon, & fois, quand elle eft fraîche, eft bon aux douleurs d'oreille en la diftillant dedans. Le chanvre eft diftingué en Mâle & Femelle. Le Mâle, qui femble être un Arbriffeau, produit de fa tige une fort grande quantité de branches. Matthiole dit que de fon tronc on fait du charbon, dont on fe fert à faire de la poudre à canon. Le Chanvre femelle a fes tiges plus minces, ne jette aucunes branches, & ne porte point de graines. Ses feuilles, quoique femblables à celles du Frêne, font pourtant moindres, plus grêles, & un peu dentelées. Elles font plus grandes & plus noires au mâle, & fortent cinq à cinq, ou fix à fix d'une feule queue. Cette plante n'a qu'une feule racine, & à beaucoup de capillaures. Les feuilles font bonnes pour la brulure, & la graine, pour la toux & la jauniffe. Elle fait mourir les vers ; mais elle eft mauvaife en ce qu'elle remplit le cerveau de vapeurs. Diofcoride dit qu'il y a un *Chanvre fauvage*, qui a fes tiges de la hauteur d'une coudée, & femblables à la Guimauve, mais moindres, plus noires

& plus âpres. Sa graine & sa racine sont aussi semblables à celles de la Guimauve, & sa fleur est comme celle de Lychnis tirant sur le rouge. Ses feuilles ressemblent à celles du Chanvre commun, & sont un peu plus rudes & plus noires. Autour de l'écorce du Chanvre sont quantité de petits filets, dont on fait de la filasse, & ensuite de la toile. On en fait aussi des cordes.

CHAPE. f. f. Vieux mot, qui a signifié une Robe, d'où est venu *Chapeau* & *Chaperon*, à cause que cette robe avoit un chaperon pour mettre à la tête.

Elle eut d'une chape fourrée,
Si bien de ce je me records,
Assemblé & vêtu son cors.

On lit dans l'Histoire de Saint Louis, de Joinville. *Le pauvre Chevalier ne fût mie ébahie, mais empoigne le Bourgeois par sa Chape, bien étroit, & lui dit qu'il ne le laisseroit point aller.* Quelques-uns font venir ce mot de *Capella* ou *Capra*, parce qu'anciennement les étoffes étoient de poil de chévre. Borel dit que ce qu'on a appellé *Chape de saint Martin*, n'est pas l'Oriflâme, comme la plûpart l'ont crû, & que c'étoit l'Etendart de France, dont les Ducs d'Anjou étoient gardiens, comme grands Sénéchaux de France.

Chape, en termes d'Orfévre, est la partie de la boucle où est le bouton, & qui est un peu plate & large. Les faiseurs de Baudriers appellent aussi *Chape*, Le morceau de cuir qui tient les boucles du devant & celles du remontant du baudrier. Le dessus d'un fourneau de Chimie, a aussi le nom de *Chape*.

Chapes, se dit encore des planches dans lesquelles se fichent les tuyaux d'orgues, parce qu'elles servent de couverture au sommier où se fait la distribution du vent. On nomme aussi *Chapes*, Les grandes pieces de plâtre que les Fondeurs mettent pour couvrir les petites pieces qui forment leurs moules.

Chape ou Pluvial. Ornement précieux des Ecclesiastiques. C'étoit autrefois un manteau contre la pluie. Les grandes Fêtes tout le Chœur est chapé à la grande Messe, parce qu'on faisoit une station éloignée.

Chape, est aussi un vêtement qu'on met sous le Domino. Il est fort commode pour se garantir du froid : les Chanoines la doublent de velours. Un Arrêt, au rapport de M. Brillon, l'a défendue aux Officiers du bas Chœur.

CHAPE', E'E. adj. Terme de Blason. Il se dit de l'écu qui s'ouvre en chape ou en pavillon depuis le milieu du chef jusqu'au milieu des flans. *D'argent chapé de gueules.*

CHAPEAU. f. m. *Coëffure, habillement de tête pour homme, qui a une forme & des bords.* ACAD. FR.

Chapeau. Terme d'Architecture. On appelle ainsi la derniere piece qui termine un pan de bois, & qui porte un chamfrain pour le couronner, & recevoir une corniche de plâtre.

Chapeau d'étaye. Morceau de bois qu'on met au bout d'une étaye.

Chapeau d'escalier. Piece qui sert d'appui tout au haut d'un escalier de charpente.

Chapeau de lucarne. Piece de bois assemblée sur les poteaux, qui fait la fermeture d'une lucarne.

Chapeau de fil de pieux. Piece de bois que des chevilles de fer tiennent attachée sur les couronnes d'un fil de pieux.

CHAPELET. f. m. *Certain nombre de grains enfilés sur lesquels on dit des Ave Maria & des Pater, à l'honneur de la Vierge.* ACAD. FR.

Chapelet. Terme d'Architecture. Baguette taillée par petits grains ronds, que l'on emploie dans les ornemens. Il y en a de plusieurs sortes, de fleurons, de grelots, d'olives, de patenôtres.

Chapelet, en termes de Chirurgie, est un rang de pustules malignes qui viennent au front.

Chapelet de marons. Plusieurs marons enfilés ensemble, comme sont les grains d'un Chapelet.

On appelle *Chapelet*, en termes de Manége, une paire d'étrivieres garnies de leurs étriers, que l'on ajuste au point du Cavalier, & qui s'attachent ensuite au pommeau de la selle par une maniere de boucle de cuir qui les joint en haut. Cela épargne la peine de les allonger ou de les accourcir, lorsque l'on monte differens chevaux.

Chapelet, en termes de Méchanique, est une enchainure de planches ou de pots qu'on fait mouvoir pour élever des eaux, secher des marais, & vuider des bâtardeaux.

CHAPELLE. f. f. *Petit édifice consacré à Dieu.* ACAD. FR.

Chapelle. Terme de Chimie. Instrument qui sert à distiller, & qui est le couvercle de l'alembic.

On appelle *Chapelle*, certain petit chapiteau de cuivre dont est couvert le pivot de l'aiguille aimantée dans une boussole.

Chapelle. Terme de Marine. Revirement inopiné du Vaisseau. On dit, *Faire Chapelle*, pour dire, Virer malgré soi. Cela arrive, quand le timonnier gouverne mal, & que par son imprudence le Vaisseau est venu trop au vent. On fait aussi Chapelle, ou par la force des courans, ou lorsque pendant un calme, on n'a pû reconnoître le peu de vent qui regne. Quand cela est arrivé, il faut reprendre le vent, & remettre le Vaisseau.

CHAPERON. f. m. Ancien habillement de tête, tant pour les hommes que pour les femmes. Borel en parle amplement, & dit que selon Pasquier, les plus grands portoient le Chaperon sur leurs têtes. L'usage s'en perdit peu à peu, & ne demeura qu'aux gens de robe longue. On en couvroit la tête comme d'une coëffe. Le bourrelet l'environnoit sur le derriere, & on retroussoit le reste sur le sommet. On se mettoit aussi autour du front & du col les côtés du Chaperon qui pendoient en bas. Cela étant ensuite trouvé incommode, on en retrancha les pendans, & on ne laissa presque que le bourrelet, qui étant mis sur la tête forma comme un bonnet rond. Ce fut l'origine des bonnets, qu'un certain Patrouillet commença à faire quarrés. Tout le monde portoit des Chaperons, tant les pauvres que les riches, & on saluoit en les levant, on les reculant en arriere ; en sorte que le front fût découvert. C'étoit ce que faisoient les Procureurs en plaidant ; & c'est un usage qu'ont gardé les Moines qui saluent encore aujourd'hui de cette sorte. Ce qui prouve que tout le monde en portoit, est un passage d'Alain Chartier, qui dit qu'en 1447. *Charles VII. fit commandement à tous hommes de porter une Croix sur leur robe ou Chaperon.* Montrelet dit dans son premier Tome, que *la Reine Isabelle haïssoit Jean Torel de ce que lui parlant il ne levoit son Chaperon.* Ces paroles font connoître, qu'on le levoit en parlant ; mais cela ne se faisoit que par les hommes, & non par les femmes. Après qu'on eut aboli l'usage de porter des Chaperons sur la tête, on les porta quelque tems sur l'épaule comme present enfermement les Consuls de plusieurs Villes. On en portoit de toutes couleurs, mais selon Beloi, les Magistrats avoient le Chaperon rouge, fourré de peaux blanches, & les Avocats en avoient un noir fourré de même, que l'on appelloit *Capulare.* Depuis, les gens de robe l'ont mis sur l'épaule, l'épaule, & les Chanoines fur le bras, ce qu'ils appellent *Aumuſſe*. Les Chaperons de femmes commençant à être moins en uſage, celles qui avoient de la naiſſance, furent les premieres à les quitter. Les femmes de baſſe condition les garderent encore quelque tems; & enfin elles ne firent plus que porter une bande de velours, ou de ſatin ſur leur bonnet; ce que les femmes de bons Bourgeois faiſoient encore il y a quarante-cinq ou cinquante ans. M. Ménage dit que Chaperon eſt venu de *Capperone*, qui a été fait de *Cappa*. C'eſt delà qu'on a dit dans le ſtile bas, *Chapperonner quelqu'un*, pour dire, Bonneter quelqu'un, lui faire bien des reverences & des ſollicitations, dans l'eſperance d'en obtenir quelque choſe.

Chaperon. Ornement que les Docteurs ou Licenciés aux Arts, en Theologie, Juriſprudence, Medecine, portent ſur l'épaule gauche, qui marque les degrés de l'Univerſité. Il eſt de la même forme que le Chaperon dont les anciens couvroient leur tête, & different ſelon l'ordre des degrés. Il eſt même de differente couleur ſelon les diverſes facultés.

Chaperon eſt auſſi le devant d'une robe de deuil. C'eſt ſeulement dans les grandes Cérémonies que l'on s'en ſert aujourd'hui. Il cache entierement le viſage, & on le laiſſe pendre preſque ſur les genoux.

Chaperon eſt encore une eſpece de Camail qui couvre la tête, les épaules & l'eſtomac de certains Religieux, comme Mathurins, Bernardins, Auguſtins, &c. Il ſe termine en pointe, & deſcend fort bas par derriere.

On appelle auſſi *Chaperon*, le deſſus de la tête de certains Oiſeaux; mais il ſe dit plus particulierement d'un morceau d'étoffe qui couvre la tête d'un Oiſeau de proie, afin qu'il ne puiſſe voir. On dit en ce ſens *Chaperonner*, & *Déchaperonner un Oiſeau*.

Chaperon. Terme de Sellier. Sorte de couverture qui ſe renverſe ſur la poignée des piſtolets, pour empêcher que la pluie ne les gâte en tombant deſſus.

Chaperon. Terme d'Eperonnier. On ſe ſert de ce mot en parlant des Embouchures à eſcache, & de toutes les autres qui ne ſont pas à canon. C'eſt le fond qui terminant l'embouchûre, l'aſſemble avec la branche du côté du banquet. Le Chaperon eſt rond aux embouchûres qui ſont à eſcache; il eſt en ovale aux autres.

On appelle auſſi *Chaperon*, Un ornement en broderie qui eſt au derriere d'une Chape d'Egliſe.

Chaperon. Terme d'Architecture. On appelle ainſi le haut d'une muraille, qui eſt fait en talus avec un ou deux égoûts. Il en a deux quand le mur eſt mitoyen, & n'en a qu'un quand il appartient à un ſeul proprietaire. Alors la chûte des eaux eſt toute de ſon côté. *Chaperon en bahu*, eſt celui dont le contour eſt bombé.

Le deſſus d'une potence, s'appelle *Chaperon de potence*, & celui d'une preſſe à imprimer des eſtampes, *Chaperon de preſſe*.

CHAPERONNER. v. a. Terme d'Architecture. Faire un Chaperon. On le recouvre quelquefois de plomb, de tuile, d'ardoiſe, & quelquefois on le fait de dales de pierre.

CHAPERONNIER. adj. On appelle *Oiſeau Chaperonnier*, *Oiſeau bon Chaperonnier*, l'Oiſeau de proie qui porte patiemment le Chaperon.

CHAPIER. ſ. m. C'eſt une grande Armoire où l'on garde dans les Sacriſties les Chapes tendues ou pliées.

Tome I.

CHAPIN. ſ. m. Vieux mot, que Borel croit avoir ſignifié Chapeau.

Aller ſans chauſſes & Chapin.

Ce pourroit avoir été une eſpece de ſoulier.

CHAPITEAU. ſ. m. Le couronnement ou la partie ſuperieure d'une colomne. Ceux qui ſont ſans ornemens, comme le Toſcan & le Dorique, dont l'un qui eſt le plus ſimple, a ſon tailloir quarré, & ſans moulures; & l'autre ſon tailloir couronné d'un talon & de trois annelets ſous l'ove, s'appellent *Chapiteaux de moulure*, & tous ceux où il y a des feuilles & des ornemens taillés s'appellent *Chapiteaux de Sculpture*. Le plus agreable de tous eſt le *Chapiteau Corinthien*. Il eſt orné de deux rangs de feuilles, avec huit grandes & huit petites volutes, qui ſont poſées contre un corps que l'on appelle *Tambour*. On rapporte pour origine de ce Chapiteau que la nourrice d'une jeune Fille morte dans ſes plus belles années, étant allée la pleurer au lieu de ſa ſepulture, y porta dans une corbeille ou panier d'oſier certains petits vaſes que cette jeune perſonne avoit fort aimés pendant ſa vie. Elle y laiſſa ce panier couvert d'une tuile, & une racine d'Acanthe s'étant par hazard trouvée deſſous, la plante quelque tems après pouſſa ſes tiges à l'entour; & comme à meſure qu'elles croiſſoient, la tuile qui débordoit au-deſſus de ce panier, empêchoit les feuilles de monter en haut, elles ſe courboient vers la terre. Callimachus, excellent Sculpteur, paſſa par là, & voyant l'agreable effet que faiſoient ces feuilles, il les deſſina avec le panier; & pour en faire l'ornement du Chapiteau Corinthien, il donna des meſures qui furent ſuivies par les Ouvriers de ce tems-là. *Chapiteau*, vient du mot Latin *Capitellum*, qui veut dire, le Sommet de quelque choſe que ce puiſſe être. Le *Chapiteau Ionique*, eſt diſtingué par ſes volutes & ſes oves; le *Compoſite* par les deux rangs de feuilles qui ſont au Corinthien, & par les volutes de l'Ionique; & l'*Attique* a des feuilles de refend dans le gorgerin.

On appelle *Chapiteaux ſymboliques*, ceux qui ſont ornés d'attributs de Divinités, comme les Chapiteaux antiques où l'on voit des Aigles pour Jupiter, & des Lyres pour Apollon, ou qui portent les armes & les Deviſes d'une Nation, d'une dignité, &c. Le *Chapiteau-colomne*, eſt celui dont le plan eſt rond, & le *Chapiteau Pilaſtre*, celui qui eſt quarré par ſon plan ou ſur une ligne droite. On appelle *Chapiteau Angulaire*, celui qui porte un retour d'entablement, à l'encoignure d'un avant-corps; & *Chapiteau refendu*, celui dont la ſculpture de feuilles eſt terminée. Il eſt encore des Chapiteaux de pluſieurs ſortes. Il y en a de *pliés*, tels que celui d'un pilaſtre, qui eſt dans un angle rentrant droit ou obtus; d'*ecraſés*, qui étant trop bas ſont hors de la proportion antique; de *galbés*, c'eſt-à-dire, dont on n'a fait qu'ébaucher les feuilles; de *mutilés*, qui ſont ceux, qui étant trop près d'un corps ou d'un angle, n'ont pas autant de ſaillie d'un côté qu'ils en ont de l'autre.

On appelle auſſi *Chapiteau de lanterne*, la couverture qu'on met pour terminer une lanterne de dome, & qui eſt faite tantôt en cloche, tantôt en coupole, & quelquefois en adouciſſement; *Chapiteau de triglyphe*, Une platebande ſur le triglyphe, & quelquefois le triglyphe même qui ſert de Chapiteau à un pilaſtre Dorique; *Chapiteau de baluſtre*, la partie qui fait le couronnement d'un baluſtre, & *Chapiteau de niche*, Une eſpece de petit dais qu'on met au-deſſus d'une niche peu profonde, & qui couvre une ſtatue ſur un cu de lampe en encorbellement.

On appelle encore *Chapiteau*, la Corniche d'un Cabinet, ou le petit fronton ou ornement que l'on met dessus, & en general, *Chapiteau* est ce qui sert à couvrir quelque chose.

On appelle *Chapiteau de moulin*, la couverture qui tourne verticalement sur la tour ronde d'un moulin, afin que les volants puissent recevoir le vent, & qui est faite en forme de cone.

Chapiteau se dit aussi, d'un morceau de carte taillé en forme de cone renversé, & que l'on met au milieu des torches qu'on porte aux Processions, afin que la cire qui en coule tombe dedans.

Chapiteau, se dit aussi de la couverture d'un mur, & c'est la même chose que *Chaperon*.

CHAPLE. s. m. Vieux mot. Combat. *Messire Gauvai qui venoit au Chaple.* On a dit aussi *Chaployer*, pour dire, Donner des coups d'épée l'un sur l'autre.

CHAPUIS. s. m. Vieux mot. Charpentier.

On a dit *Chapuiser engins*, pour dire, Charpenter des machines de guerre.

CHAR. s. m. Sorte de voiture où il y a plusieurs places pour s'asseoir. Les Anciens combattoient dedans, & ils en avoient de differentes manieres, & entre autres d'une sorte où ils portoient l'enseigne fichée. Ces Chars étoient grands, & contenoient plusieurs hommes armés. On les appelloit *Caroccio*, c'est-à-dire, grand Char; & c'est delà que vient le mot de *Carrosse*. On y portoit aussi une cloche au lieu de tambour. Cette maniere de combattre dans des chariots est fort ancienne; & les Latins, & les Grecs, & même les Hebreux s'en sont servis. Il y en avoit d'une autre sorte. Les roues en étoient garnies de couteaux, de rasoirs & de faucilles, & en les poussant dans les Troupes ennemies, on y faisoit beaucoup de ravage. On trouve le mot de *Charroye* dans le vieux langage, & il veut dire, *Le Chariot du Diable*, qu'on croyoit passer la nuit en l'air avec grand bruit. On appelloit cela *Le Chariot du Roi Artus*. On ajoûte encore foi à cette sorte de conte au Pays de Foix, où les Habitans appellent ce Chariot *Lou carré*, & assûrent que le Roi Artus vient prendre les bœufs de leurs étables; ce qu'ils estiment à un bonheur pour leur bétail, qu'ils prétendent en devenir plus gras. Quand leurs bœufs ont été employés à tirer ce char, ils disent qu'ils leur trouvent le lendemain de la cire sur les cornes. Borel dit que c'est delà qu'est venu le mot d'*Enarta*, qui en leur langue veut dire Enchanter, à cause que, selon eux, le Roi Artus étoit un grand Magicien, qu'ils croyent passer encore souvent en l'air, criant après ses lévriers.

CHARBON. s. m. Bois allumé qu'on fait cuire, & que l'on éteint avant qu'il soit réduit en cendre. Le Charbon se fait dans les Forêts de plusieurs moyennes branches d'arbres, arrangées en pyramide dans une grande fosse que l'on fait exprès. On n'y laisse qu'une petite ouverture par laquelle on met le feu, & que l'on bouche quand le bois est assés consumé. La noirceur du Charbon vient de la quantité de ses pores. Le feu qu'on en fait est très-violent.

On appelle *Charbon de terre*, Une sorte de terre minerale, fossile & fort noire, dont les Ouvriers qui travaillent en fer se servent dans leurs forges. Presque toute l'Angleterre est pleine de cette espece de charbon, & il y en a des mines en Nivernois & en Bourgogne, & en Anjou.

Les Peintres & les Graveurs se servent du *Charbon de Garais*, pour faire leurs esquisses. On le fait dans un canon de pistolet, que l'on met au feu pour faire brûler du bois de saule, & le convertir

en Charbon. Le fruit du Garais est quarré avec quatre noyaux; quand il est cuit dans un canon on l'appelle *Fusin*.

Charbon est aussi en termes de Chimie, ce qui reste des plantes dans le Vaisseau distillatoire, lorsque le feu ne sçauroit plus rien pousser dans le recipiend.

Charbon se dit encore d'une tumeur pestilentielle, qui vient d'ordinaire aux aisselles & aux aines. Cette tumeur ou pustule se fait d'un sang gros, noir & corrompu, qui a une qualité maligne. Elle n'a au commencement que la grosseur d'un grain de mil, & croissant en peu de tems en figure ronde & pointue, elle cause une douleur qu'on a peine à supporter. Une petite vessie y est enfermée, & si on l'ouvre, on y trouve dessous, une chair brûlée comme si on y avoit mis un Charbon. La chair d'alentour est de diverses couleurs, rouge, brune, perse, violette, plombée & noirâtre, ayant toutefois une lueur étincelante, comme de la poix noire enflâmée.

CHARCUTIS. s. m. Vieux mot. Grand massacre qui se fait dans un combat.

CHARDON. s. m. Le Chardon à carder, qu'on appelle *Dipsacus*, ou *Virga pastoris*, est une plante épineuse, dont la tige est haute & piquante, & qui a ses feuilles semblables à celles de la Laitue. Elles sont aussi piquantes & longues, disposées deux à deux par chaque nœud, & embrassent la tige. Au milieu de leur dos, dedans & dehors, sont certaines ampoules piquantes & épineuses. Il y a entre les feuilles une concavité où s'amasse l'eau qui tombe de la pluie ou de la rosée. C'est ce qui lui a fait donner le nom Grec de δίψακος, qui signifie Altéré. Au sommet de chaque tige il jette de longues têtes qui sont épineuses, & qui deviennent blanches lorsqu'elles sont seches. Si on les fend jusqu'à la moëlle, on trouve dedans de petits vers. Voilà la description que Dioscoride en fait. Matthiole dit que ces vers trouvés dans les têtes de ce chardon, étant pendus au cou, sont bons pour la fiévre quarte, & qu'ils sont singuliers pour prendre du poisson à la ligne. Il ajoûte que cette sorte de Chardons se trouve dans tous les lieux où il y a drapperie, à cause que les Drappiers peignent & cardent leurs draps avec les têtes qu'il jette, & que c'est ce que les Apoticaires nomment *Virga Pastoris major*. Ils montrent aussi, dit-il, une petite *Virga pastoris*, qui lui est presque semblable, quoique sa tige ne soit ni si piquante, ni si cannelée que celle du Chardon à carder, que ses feuilles soient plus foibles, & que ses têtes, qui sont chevelues, & semblent des flocs de soye verte, soient beaucoup moindres, n'étant pas plus grosses que des olives. Galien dit que la racine du Chardon à carder est dessiccative & quelque peu abstersive; & Dioscoride, qu'étant pelée & cuire avec du vin jusqu'à ce que la décoction soit épaisse comme cire, elle guerit toutes sortes de crevasses & de fistules du fondement, si on l'applique dessus. Il faut garder ce médicament dans une boëte de cuivre.

Chardon benit. Espece de Carthame ou de Cnicus sauvage qui produit de petites branches molles & pliantes, & qui sont couchées sur terre. Toute la plante est extrêmement amere, & à cause de plusieurs vertus qu'elle a dans la Medecine, on l'a nommée en Latin *Carduus benedictus*. Le Chardon benit est cordial & sudorifique. Il appaise les douleurs de reins & de côté, tue les vers, résiste aux venins, & est un fort bon remede pour les maladies pestilentielles. Sa graine sert à désopiler le foye.

On trouve de l'eau de Chardon benit chés tous les Apoticaires. Elle est sudorifique, & l'une des quatre eaux cordiales communes.

Chardon Notre-Dame. Plante qui jette de grandes feuilles grasses, dentelées & garnies de petites épines tout à l'entour. Elles sont outre cela semées de taches blanches ; ce qui a fait appeller cette sorte de Chardon, *Chardon laité.* Sa tige est de deux ou trois coudées de haut, ronde, épineuse, branchue, & jettant à son sommet de petites têtes piquantes, qui vers le milieu de l'été portent, comme l'Artichaut, des fleurs purpurines & capilleuses, d'où sort une graine semblable à celle du Chardon, & qui est remplie de bourre. Il vient dans les lieux non cultivés, & sa racine est forte, profonde en terre, & d'une grande amertume. La décoction de cette racine, prise en breuvage, désopile le soye, les conduits, & fait uriner. Elle est aussi singuliere pour l'hydropisie, jaunisse & douleurs de reins.

Parmi plusieurs especes de *Chardons épineux* qui se trouvent dans les Antilles de l'Amerique, il y en a un très-particulier, tant dans sa façon de croître, que dans sa forme. Cette plante naît sur les branches des arbres, ausquels elle s'attache par de petits filamens de racines, qui ne prennent nourriture que de la crasse, de l'humidité ou de la substance de l'écorce à laquelle elle s'attache. Elle rampe bien loin sur les arbrisseaux & sur les rochers, & n'a aucunes feuilles que ses tiges, qui naissent confusément l'une de l'autre. Elles sont à trois quarres, chacune large d'un pouce, de substance d'Anacardes, toutes pleines d'un suc visqueux & insipide, & parsemées toutes de petites étoiles menues & piquantes comme des aiguilles. De l'extrémité de ses branches, & quelquefois du milieu naît une fleur blanche qui croît dans les eaux. Par dessus cette fleur il y a quantité d'autres petites feuilles blanches & vertes, fort étroites, longues deux fois comme la fleur, dont elle est entierement entourée. Son odeur est extrêmement agreable ; & après qu'elle est tombée, il croît un fruit qui avec le tems devient gros comme un œuf d'oye. Son écorce est de couleur de pourpre, épaisse & forte comme un cuir, sur laquelle on voit de petites excrescences vertes en façon de feuilles. Il est tout rempli d'une chair blanche comme neige, si ce n'est proche de l'écorce, de la couleur de laquelle elle tient un peu. Cette chair est toute mêlée de petites graines noires comme celle du pourpier. Ce fruit, qui est l'un des plus excellens de l'Amerique, rafraîchit beaucoup, & il fleurit vers Avril. Il n'a besoin que d'un mois pour atteindre sa perfection.

Chardon. Terme de Serrurier. On appelle *Chardons,* Des pointes de fer qui sont faites en façon de dards, & qu'on met au haut des balustrades de fer, ou d'une grille, pour empêcher qu'on ne passe par dessus.

Chardon, ou *Notre-Dame du Chardon.* Ordre militaire, dont Louis II. surnommé le Bon, Duc de Bourbon, fut l'Instituteur. Le premier jour de l'année 1369. ce Prince dit aux principaux Gentilshommes de ses Terres, qu'il avoit fait assembler, qu'il vouloit leur faire present d'un Ordre, dit *De l'écu d'or,* qui avoit une bande de perles avec ces mots, *Allen, allen,* par lesquels on entendoit qu'il falloit s'unir pour le Service de Dieu & pour la défense de la Patrie. Il épousa ensuite Anne Dauphine, fille unique de Beraud Comte de Clermont, & fit la premiere ceremonie de cet Ordre dans l'Eglise de Moulins le jour de la Chandeleur. Les Chevaliers qui le composoient étoient renommés en

Tome I.

noblesse & en valeur, & au nombre de vingt-six, & le Prince, & les Ducs de Bourbon ses Successeurs en devoient être les Chefs. Leurs Statuts les obligeoient à porter une ceinture de couleur bleuecéleste, doublée de satin rouge & brodée d'or, & au-dessus le mot *Esperance* en même broderie. Cette ceinture se fermoit à boucle avec des ardillons de fin or, ébarbillonnés & déchiquetés d'un émail vert, comme la tête d'un chardon. Ce Prince renoir table ouverte à ces Chevaliers le jour de la Purification, & aux autres grandes Fêtes, & ils étoient vêtus de soutanes de damas incarnat, avec des manches larges, ceintes de leurs ceintures. Ils avoient un grand manteau de bleu-céleste, doublé de satin rouge, & par derriere le grand collier de l'Ordre d'or, qui étoit fermé à boucles & ardillons d'or. Son poids étoit de dix marcs, & le mot *Esperance* se voyoit écrit en lettres capitales à l'antique dans les losanges dont ce collier étoit composé, aussi-bien que de demi-losanges à double orle émaillées de vert, percées à jour, & remplies de fleurs de lis d'or. L'Image de la Vierge entourée d'un Soleil d'or leur pendoit sur l'estomac dans une ovale qui étoit au bout du collier. Cette Image étoit couronnée de douze étoiles d'argent, & sous ses piés un Croissant de même, & au bout une tête de chardon émaillé de vert. Ces mêmes Chevaliers avoient un chapeau de velours vert, rebrassé de pannes de soye cramoisie, sur lequel étoit l'écu d'or à la Devise, *Allen, allen.*

CHARDONNERET. s. m. Petit oiseau plus petit que le moineau, & que l'on estime pour la douceur de son chant, & pour la beauté de son plumage. Il vit environ quinze ans, & il est sujet à des vertiges. Le mâle a la tête plus longue & plus noire que la femelle. Il a aussi la gorge noire, au lieu que la femelle l'a blanche & la tête ronde, avec des ailes cendrées. Il entre du jaune dans les couleurs de cet oiseau, qu'on nomme *Chardonneret,* à cause qu'on le voit ordinairement sur les épines & sur les chardons, dont il mange la graine. Les Grecs l'appellent *Acanthis* d'ἀκανθα, Epine, & les Latins le nomment *Carduelis,* de *Carduus,* Chardon.

CHARDONNETTE. s. f. Petite herbe, qui n'est autre chose que le Chamæleon noir. Voyez CHAMÆLEON.

CHARENSON. s. m. Petit insecte qui s'engendre dans le grain de blé, & qui s'y nourrit. Il en mange toute la farine, sans y laisser que le son. Ces insectes sont faits comme des punaises, & se multiplient de telle sorte, qu'on est obligé de vendre le blé d'un grenier dès qu'on s'apperçoit qu'ils s'y engendrent. Ce mot vient du Grec χαράσσειν, Caver.

On traite en quelque lieux de Charansonnier, celui qui garde ses blés dans des tems de disette, qui en attend ou augmente la cherté. Les Loix Romaines les appellent *Dardanarii.*

CHARGE. s. f. Faix, fardeau que porte une personne, un animal, un Vaisseau, un mur, un plancher, ou autre chose semblable. ACAD. FR.

Charge. Maçonnerie d'une certaine épaisseur, que l'on met sur les solives & ais d'entrevous, ou sur le hourdi d'un plancher, pour recevoir le carreau ou l'aire de plâtre.

Charge, est aussi un terme de Maréchal, & signifie, Une espece de cataplasme qui a la consistance d'une bouillie épaisse, & que l'on applique sur les enflures & foulures des chevaux & sur les efforts d'épaule. On en frotte les parties incommodées, &

l'on couvre enfuite cette compofition avec du papier brouillard.

Charge, eft en termes de Guerre , un Etui de bois couvert de veau , où les Moufquetaires Fantaffins mettent la charge de poudre , & qui pend à leur ceinture.

Charge, eft auffi le Battement de tambour , ou le fon de trompette qui avertit le foldat qu'il faut charger l'Ennemi.

Charge. Terme de Jardinage. Bourfe ou œil à fleur. Quand les arbres ont beaucoup de ces charges , & qu'ils rapportent beaucoup de fruit, ont dit qu'*Ils chargent beaucoup.*

Charge , fe dit auffi du Charme que les Sorciers mettent en quelque lieu pour y faire leurs empoifonnemens & leurs malefices. Selon ce qui s'en trouve dans quelques-unes de leurs dépofitions , c'eft un pot de terre neuf vernifié , qu'on n'a ni acheté ni marchandé , dans lequel ils mettent du fang de mouton & de fa laine. Ils y ajoûtent du poil de plufieurs bêtes , & quantité d'herbes & de poifons. Tout cela étant brouillé enfemble avec beaucoup de ceremonies fuperftitieufes , en proferant plufieurs paroles & invocations des Demons , ils mettent ce pot dans un lieu fecret d'une bergerie , ou d'un autre endroit où ils ont deffein d'exercer le malefice , & ils l'arrofent alors avec un peu de vinaigre , felon l'effet qu'ils attendent de ce fort. Il dure un certain tems , & ne peut être levé que par celui qui l'a mis, ou par quelque fuperieur qui caufera la mort du premier.

CHARGE', E'E. adj. Terme de Blafon. Il fe dit de toutes fortes de pieces fur lefquelles il y en a d'autres. *De gueules au Chef d'argent , chargé de trois coquilles de fable.*

On appelle *Couleur chargée* , Une couleur trop forte , qui tire vers le plus obfcur de la même nuance ; & on dit *Ecriture chargée* , en parlant de celle où il y a trop d'encre.

On appelle *Piftole chargée* , Une piftole à laquelle on a ajoûté de l'or, ou quelque autre métal , pour la rendre pefante de legere qu'elle étoit.

On dit d'un Vaiffeau , qu'*Il eft chargé à la côte* , pour dire, qu'Il a été forcé par le gros vent à fe tenir près de terre.

On dit fur l'Ocean, qu'*Un Vaiffeau eft chargé à cueillette* , pour dire, que Sa charge a été faite de l'amas de diverfes marchandifes, que le Maître a cherchées , & qu'il a reçues de plufieurs particuliers pour faire fa carguaifon. On dit fur la Mediterranée dans le même fens, *Chargé au quintal.*

CHARGEMENT. f. m. Terme de Marine. Charge d'un Vaiffeau , les marchandifes chargées dans un Vaiffeau marchand. On dit auffi *Carguaifon.*

CHARGEOIR. f. m. Inftrument de Canonnier, par le moyen duquel il met la poudre dans l'ame de la piece , & la bale lorfque l'on charge un canon fur mer.

CHARGER. v. a. On dit en termes de Mer, *Charger en grenier* , pour dire , Charger un Vaiffeau dans fon fond de cale, comme du fel que l'on jetteroit au fond fans précaution : car pour charger en grenier, il faut que la marchandife ne foit ni en futaille ni en balots.

CHARGEURE. f. f. Terme de Blafon. Il fe dit en parlant des pieces qui en chargent d'autres. La chargeure diminue moins la nobleffe des Armes que ne fait la brifure.

CHARIER. v. a. *Voiturer dans une charrette.* ACADEMIE FR.

On dit en termes de Fauconnerie, qu'*Un Oifeau de proye charie un Perdreau* , pour dire , qu'Il le

pourchaffe. On le dit auffi de l'Oifeau qui emporte fa proye, & ne revient point quand on le reclame.

CHARITE'. f. f. Ordre Religieux que le B. Jean de Dieu a inftitué pour fecourir les malades. Il étoit Portugais , & ayant été touché extraordinairement dans un Sermon du celebre Jean d'Avila , il fe retira dans l'Hôpital de Grenade , où il jetta les premiers fondemens de fon Inftitut , qui fut approuvé en 1520. par le Pape Leon X. Ce ne fut d'abord qu'une Société , à laquelle les Regles de faint Auguftin furent données pour les Sœurs Converfes. Pie V. lui accorda quelques priviloges , & en 1617. Paul V. confirma cet Inftitut , comme un Ordre Religieux , où non feulement les trois vœux ordinaires fe font , mais encore un quatriéme , qui eft de fe confacrer entierement au fervice des pauvres malades. Les Religieux ne s'appliquent à aucune étude, & ne recherchent point les Ordres facrés ; de forte qu'il n'y a parmi eux de Prêtres que ce qu'il en faut pour dire la Meffe dans l'Eglife & aux malades , fans qu'ils puiffent parvenir à aucune Dignité de l'Ordre. Le B. Jean de Dieu alloit tous les jours à la quête , & crioit à haute voix , *Faites bien* , *mes freres* , *pour l'amour de Dieu* ; ce qui fait que les Italiens nomment ces Religieux , *Fate ben* , *Fratelli.*

Charité Chrétienne. Ordre que le Roi Henri III. inftitua pour les pauvres Soldats qui feroient eftropiés à la guerre , & dont fa mort arrivée trop promptement empêcha les fuites. Ce Prince ordonna que fur le manteau de ceux qu'on recevroit en cet Ordre il y auroit au côté gauche une croix anchrée de fatin blanc en broderie, orlée & brodée de bleu celefte , & au milieu de la même croix une lozange de fatin bleu celefte, chargée d'une fleur de lis d'or, avec ces paroles en broderie d'or, *Pour avoir fidélement fervi.*

Charité de la fainte Vierge. Ordre Religieux fous la Regle de S. Auguftin, dont les Papes Bonifaces VIII. & Clement VI. approuverent l'Inftitut. Il fut fait par Gui , Seigneur de Joinville , qui en fonda le premier Monaftere ou Hôpital à Boucheraumont dans le Diocefe de Châlons en Champagne. On donna aux Religieux de cet Ordre le Monaftere des Billettes , où font aujourd'hui les Carmes.

Charité des Femmes. Sorte d'Hôtel-Dieu où l'on ne reçoit que de pauvres femmes & de pauvres filles , que les Religieufes Hofpitalieres fervent avec beaucoup de foin & de zele. Il y a trois Charités de Femmes à Paris.

Charité , fe dit auffi de l'Affemblée de quelques Dames devotes , établie fous l'autorité de l'Evêque pour avoir foin des pauvres d'une Paroiffe , leur faire porter de la nourriture & des remedes quand ils font malades , & avoir foin qu'on leur adminiftre les Sacremens au tems de leur mort, & qu'on les enterre. Chaque Charité de Paroiffe a fa Treforiere & fes Sœurs, qu'on appelle *Sœurs de la Charité.* Ce font de bonnes filles habillées d'une groffe étoffe grife , qui ont foin de porter aux malades ce qui leur eft neceffaire. Les Dames font Superieures d'ordinaire tour à tour. Il y a auffi à Paris une *Charité des pauvres honteux*, compofée du Curé de la Paroiffe & des Marguilliers , qui difpofent d'un certain fond qui leur vient des quêtes qu'on fait pour les pauvres honteux dans chaque Paroiffe , ou de quelques legs pieux , qui leur donnent de tems en tems quelque petite fomme , qui fert à les faire fubfifter.

CHARME. f. m. Arbre de haute fuftaye , qui reffemble en quelque forte à l'érable , & dont le bois eft très-dur. Il croît en fort peu de tems, & pousse des branches dès sa racine. On en fait d'agreables palissades dans les allées des Jardins. On l'appelle en Latin *Carpinus*, d'où quelques-uns croyent que le mot de *Charme*, a été fait par corruption.

CHARMILLE. f. f. Plant des charmes qu'on éleve & qu'on vend à ceux qui veulent faire des palissades de charmes.

CHARMIE. f. f. Vieux mot. Chemise.
Si li deshaille sa charmie ,
Et voit ses beaux crins blondoyans.

CHARNAIGRES. f. m. On appelle ainsi, en termes de Chasse, Une espece de chiens mestifs, qui chassent de gueule, qui rident, & qui forcent les lapins dans les broussailles.

CHARNEUX, EUSE. adj. Terme de Medecine. On appelle *Parties charneuses*, Celles qui sont composées principalement de chair, comme les joues & les fesses.

CHARNIER, f. m. Vaisseau de terre, de marbre ou de bois, où l'on sale les porcs & autres viandes à conserver. Quand les Paysans ont tué secretement une bête fauve, ils la mettent au Charnier. On dit aussi *Saloir*.

On appelle aussi *Charnier* des Bottes d'échalas dont on se sert pour ficher les vignes.

CHARNIERE. f. f. On appelle ainsi deux pieces de fer ou d'autre métal qui s'enclavent & entrent l'une dans l'autre, & qui étant percées se joignent ensemble avec une rivure qui les traverse, en sorte qu'elles peuvent se mouvoir en rond sans se séparer, tournant sur un même centre.

Charniere, se dit aussi, d'un Outil dont se servent ceux qui gravent sur des pierres dures. Il est fait en maniere de virole, & sert à enlever les pieces.

On appelle aussi quelquefois *Charniere*, une Fauconniere, où le Fauconnier porte son leurre, & la chair dont il l'acharné.

CHAROSTIER. adj. Vieux mot. Carnassier.

CHAROY. f. m. Terme de mer. Grande Chaloupe qui est relevée de deux fargues de toile pour porter la morue en Terre-Neuve.

CHARPENTIER. f. m. Oiseau qui n'est pas plus gros qu'une Alouette, & qui se trouve dans l'Isle de S. Domingue. On l'appelle ainsi à cause de la force qu'il a de percer un Palmiste jusqu'au cœur, pour en tirer la moëlle qui est plein. Quoique le bois de cet arbre soit si dur que les meilleurs instruments rebroussent dessus, il ne lui faut qu'un jour pour cela. Son bec est pointu, & long d'un bon pouce.

CHARTE-PARTIE. f. f. Terme de Marine. Acte conventionnel que fait le Proprietaire d'un Vaisseau avec un Marchand qui veut le charger de ses marchandises pour les Pays Etrangers. Il doit contenir le nom & le port du Vaisseau, celui du Maître & de l'Affreteur, le prix du fret, & les autres conditions, selon que les parties en sont demeurées d'accord. On tient que ce mot a été fait, de ce que *per medium Carta incidebatur, & sic fiebat Carta partita*, à cause qu'on n'avoit accoûtumé d'expedier qu'un seul Acte de la convention, au tems que les Notaires étoient moins communs, & cet Acte qui étoit coupé en deux, & dont on donnoit une moitié à chaque partie, étoit rassemblé au rétour, & on connoissoit en mettant ensemble les deux moitiés, si chacun avoit satisfait à ses obligations. La Charte partie se fait pour l'entier affrettement du Navire, & pour le retour aussi bien que pour l'aller, ce qui la distingue du Connoissement, qui ne se fait que pour une partie de la charge, & seulement pour l'aller ou pour le retour.

CHARTIL. f. m. Grande Charrette fort longue, dans laquelle les Paysans vont prendre leurs Gerbées dans le champ, & les apportent en la grange. On appelle aussi *Chartil*, Certain lieu couvert dans une basse-cour, où l'on met les charrues, herses, charrettes, & autres choses propres au labour, afin qu'elles ne demeurent pas exposées à la pluie.

CHARTON. f. m. Vieux mot. Cocher ou Chartier.

CHARTRE. f. f. Vieux titre ou enseignement qu'on garde pour la défense des droits d'un Etat, d'une Communauté ou de quelque Seigneurie. On appelle *Chartre Normande*, un titre fort ancien, qui contient plusieurs privileges que les Rois Jean, Philippe & Charles ont accordés aux Habitans de Normandie dès l'an 1461. & dont le titre originaire & primitif est du 19. Mars 1313. & a été accordé par Louis X. surnommé *Hutin*.

Chartre, signifioit autrefois *Prison*.
On être mis contre droiture ,
Comme saint Paul en Chartre obscure.

Quelques-uns croyent que c'est delà qu'on a nommé *Chartre*, une maladie qui fait tomber en langueur, & qui maigrit insensiblement ceux qui en sont attaqués. C'est un des effets de la prison, qui en causant beaucoup de tristesse, cause aussi de la maigreur.

CHARTREUX. f. m. Ordre Religieux, fondé en 1084. par S. Bruno, natif de Cologne, & Chanoine de Rheims. La resolution qu'il prit de quitter le monde, l'obligea d'aller communiquer son dessein à saint Hugues, Evêque de Grenoble, qui lui indiqua pour retraite une affreuse Montagne de Dauphiné en un lieu appellé *Chartreuse*, d'où cet Ordre a pris son nom. Il y alla avec quelques Compagnons qui l'avoient suivi, & mourut dans la Calabre en 1101. sans avoir laissé aucunes Regles à son Ordre, qui ne laissa pas de se maintenir dans une étroite observance, jusqu'à ce que le huitiéme General, appellé Basile, en recueillit les Coûtumes, dont il forma les Constitutions, que le S. Siege approuva, & qui ont été suivies toûjours depuis avec une telle exactitude, qu'il n'y est encore arrivé aucun changement. Les Chartreux gardent une clôture perpetuelle, portent toûjours le cilice, & outre l'abstinence de chair qu'ils ne rompent pas même dans les plus fâcheuses maladies, ils observent un jeûne & un silence presque continuel. Leur General prend le titre de *Prieur de la Chartreuse*. C'est la grande Chartreuse qui est auprès de Grenoble, où il tient tous les ans le Chapitre general. Ils portent un habit blanc avec une chape noire qui le couvre. Leur Regle est composée de celle de saint Jérôme, de S. Cassian, & de S. Benoît. Cet Ordre si renommé pour sa sainteté, a donné six Cardinaux à l'Eglise, deux Patriarches, quinze Archevêques, & un grand nombre d'Evêques.

CHARTREUSE. f. f. Couvent de Chartreux à Paris. C'est un grand Hermitage avec avant-cour pour les domestiques & les gens du dehors qui y mangent de la viande. Les Femmes même y peuvent entrer, & vont faire leurs prieres dans une petite Chapelle. L'Eglise qui est au-dedans consiste en un Chœur des Peres plus grand que celui où les Freres entendent l'Office, & qui sert de nef à ce premier Chœur. Il y a d'un côté plusieurs Chapelles particulieres où les Peres disent la Messe à une même heure, & de l'autre est un petit Cloître fermé de vitres. Ce Cloître est joint par un bout de corridor à un autre Cloître fort grand, au milieu duquel est le

Cimetiere. Il est tout environné de cellules où les Religieux se retirent séparés les uns des autres, & dont chacune a une petite fenêtre par laquelle celui qui est chargé de ce soin leur porte leur portion. Quand on la retrouve au même lieu, c'est une marque que le Religieux est malade. Ces cellules sont toutes au rés de chaussée & contigües, & chacune a son jardin particulier avec sa fontaine. Il y a communauté pour le Refectoire & pour le Chapitre. Un grand clos de murailles enferme la basse-cour, & tous les autres lieux du Couvent.

On appelle *la Grande Chartreuse*, un Couvent de Chartreux à deux lieues de Grenoble. Furetiere la place mal à cinq lieues.

Il y a aussi des filles du même Ordre qui sont les seules, qui reçoivent la consecration de vierges outre les Religieuses du Rouvrai d'Angers.

CHARTRIER. s. m. Lieu où l'on garde les Chartres d'une Abbaye, d'une Communauté, d'une Seigneurie. On le dit aussi de celui qui en est le Gardien, & dans les Couvents il y a un Religieux Chartrier.

CHAS. s. m. Terme de Maçon. Pièce de cuivre quarrée ayant diametralement une pièce de métal ronde qu'on appelle *Plomb*. Cette pièce ronde pend d'une ligne qui passe au travers du Chas, & sert aux Maçons pour plomber les murs, & voir s'ils sont droits.

CHASSE. s. f. Terme de Marine. Fuite ou retraite précipitée. On dit *Prendre Chasse*, pour dire, Prendre la fuite; *Donner Chasse*, pour dire, Contraindre de fuir; & *Soûtenir Chasse*, pour dire, Se battre en retraite.

Chasse de proue. Canons logés à l'avant, avec lesquels on bat par dessus l'éperon, en tirant sur les Vaisseaux qui font retraite, ou qui sont à l'avant.

Chasse. Terme de Mechanique. Mouvement de vibration qui fait agir. Il faut qu'une scie à scier du marbre ou de la pierre ait depuis un pié jusqu'à dix-huit pouces de Chasse, c'est-à-dire, plus de longueur au-delà du bloc que l'on doit scier.

On appelle *Chasse* dans une boucle, la partie où est le bouton, & *Chasse* dans une lunette est toute la corne où le verre est enchassé.

Chasse. Terme de Balancier. Morceau de fer, attaché avec un clou au milieu du fleau de la balance ou du trebuchet. Il sert à tenir les balances ou le trebuchet lorsqu'on y veut peser quelque chose.

Chasse. Est un morceau de bois quarré de quatre à cinq pouces dont se servent les Tonneliers pour appuyer sur les cerceaux en les frappant sur la chasse avec la tête du Hachereau. On dit aussi *Chassoir*.

Ce sont aussi des pieces de bois assemblées fort juste, qui servent à frapper le fil du Tisserand par le moyen de la Lame.

Chasse quarrée. Espece de Marteau qui est quarré & aceré par un bout. Il sert aux Serruriers pour entailler quarrément les pieces sur le quarré de l'enclume.

Chasse ronde & demi-ronde. Autres especes de Marteau dont les Serruriers se servent pour enlever & entailler les mêmes pieces. Ils en ont aussi pour faire les hayves des clefs.

Chasse-avant. s. m. C'est dans les grands Atteliers celui qui conduit & qui fait marcher les Ouvriers & les chariots.

CHASSEMARE. s. f. Vieux mot. Cochemare, Sorciere.

Elle chasse les Loups-garous,
Et les Chassmares de nuit.

CHASSER. v. a. Terme d'Ouvrier. Pousser en frappant, comme quand un Tonnelier frappe sur un cerceau afin qu'il serre les douves du tonneau où il le met, ou lorsque les Menuisiers chassent à force une cheville dans un trou.

Chasser. Terme de Marine. On dit *Chasser sur un Vaisseau*, pour dire, Courir sur un Vaisseau, & le contraindre de fuir. On dit qu'*Un Vaisseau chasse sur ses anchres*, ou absolument qu'*il chasse*, lorsqu'il a mouillé dans un fond de mauvaise tenue où l'anchre n'a pas bien mordu le terrain, en sorte qu'étant entraîné par la force des courans, ou celle du vent, elle est contrainte d'arer.

Chasser, est aussi un terme de Manége, & l'on dit *Chasser un cheval en avant*, pour dire, Le faire avancer en l'aidant du pincer ou du gras des jambes.

CHASSIS. s. m. Ouvrage de Menuiserie qui enferme, qui entoure, ou supporte quelque chose. *Chassis de table*, est le bois sur lequel le dessus de la table pose. Il y a pour les fenêtres differentes sortes de chassis. On appelle *Chassis à panneaux*, ou à *carreaux*, celui qui est rempli de panneaux de bornes en plomb, ou qui est garni de grands carreaux de verre en plomb ou en papier, & que des croisillons de petit bois partagent. Il y a aussi des *Chassis à pointe de diamant*, des *Chassis à fiches*, & des *Chassis à coulisse*. Les premiers sont des Chassis dont les petits bois se croisent à onglet; les seconds sont ceux dont la moitié se hausse sur l'autre, & les derniers sont des chassis qui s'ouvrent comme les volets, & plûtôt en dedans qu'en dehors. On appelle *Chassis double*, un Chassis de verre ou de papier collé, que l'on met durant l'hiver devant un Chassis ordinaire. Il est aussi appellé *Contre-Chassis*. Il y a encore des *Chassis doubles* pour les Serres & Orangeries. Ils sont de papier collé des deux côtés & calfeutrés. M. Menage dit que *Chassis* a été fait de *Capsilium*, diminutif de *Capsum*. que l'on a dit pour *Capsa*. *Chassis d'osier*, est une clôture d'osier qu'on met devant les fenêtres de certains lieux, pour empêcher qu'on ne casse les vitres à coups de pierre. *Chassis dormant*. Terme de Menuiserie. Bâti retenu dans la feuillure avec des pates, & dans lequel la fermeture mobile d'une baye, est ferré à demeure. *Chassis dormant*, est encore celui que l'on scele en plâtre pour empêcher qu'on ne l'ouvre, & par lequel on reçoit un jour de coûtume.

Chassis de jardin. Bâti de bois de chêne peint de vert à l'huile, & garni de panneaux de vitres. On en dispose deux ou un plus grand nombre dans les jardins, & ils sont en maniere de comble à deux égouts. Chacune des extrêmités est bouchée d'un panneau triangulaire sur les couches, les platebandes & les pepinieres, ce qui sert à garantir les plantes du froid, & à faire avancer les fleurs & les fruits.

Chassis de fer, est non seulement le pourtour dormant qui reçoit le battement d'une porte de fer; mais encore ce qui en retient les barres & traverses des ventaux.

On appelle *Chassis de pierre*, Une dale de pierre qui en reçoit une autre en feuillure. Elle sert aux Aqueducs, Regards, & Cloaques pour y travailler, & aux fosses d'aisance pour les vuider. On perce cette dale en rond ou quarrement.

Chassis, se dit aussi de ce qui borde un moule à jetter les tables de plomb. Ce Chassis est de deux à trois pouces d'épaisseur. Il excede d'un pouce ou deux, & renferme le sable qui est sur la table.

On appelle encore *Chassis*, Un métier sur lequel on étend de l'étoffe pour broder, des reseaux pour y faire des dentelles, ou des matelats pour les piquer.

Chaſſis, eſt auſſi un terme d'Imprimerie. C'eſt un grand carré compoſé de quatre bandes de fer. On enferme dans ſon vuide les caractères de plomb. qu'on arrange ſelon l'ordre où doivent être les pages que ces caractères forment, & on le ſerre de tous côtés avec des coins.

CHASSOIR. ſ. m. Morceau de bois que le Tonnelier met ſur le cerceau & ſur lequel il frappe avec un maillet, afin de faire avancer le cerceau ſur la futaille.

CHASSOIRE. ſ. f. Terme d'Autourſerie. Baguette que portent les Autourſiers.

CHASTAIGNE. ſ. f. Fruit d'un grand arbre nommé *Châtaignier*, auquel on ne voit ni vermine ni araignée qui s'attachent. Cet arbre croît plus volontiers aux montagnes & lieux ombragés, qu'en ceux qui ſont expoſés au Soleil. Son bois eſt bon à bâtir; mais non à brûler. On en fait non ſeulemant des poutres, ſoliveaux, ais & échalas, mais auſſi des douves de tonneaux & des cercles pour les relier. La Châtaigne a une bourre fort piquante, qui couvre une écorce brune, & ſous cette écorce eſt une petite membrane, & enfin une pulpe fort blanche & bonne à manger, & à faire de la bouillie. Matthiole dit que les Montagnards ſe nourriſſent de Châtaignes tout l'hiver faute de blé. Ils les mettent premierement ſecher ſur des clayes à la fumée, après quoi ils les pelent, & les ayant fait moudre, ils en font du pain, comme on en feroit d'une autre farine. On les appelle *Caſtanea*, en Latin. Selon Dioſcoride les Châtaignes ſont aſtringentes, & reſſerrent ainſi que les autres glands, & ſur-tout la petite peau qui eſt entre la chair & l'écorce. Elles ſont difficiles à digerer, engendrent un ſang groſſier, cauſent des ventoſités & font mal à la tête ſi on en mange trop.

Matthiole parle d'une autre ſorte de Châtaigne inconnuë aux Anciens, qui vient dans les regions Occidentales. L'arbre qui la produit eſt aſſés grand & jette des feuilles ſemblables à celles de la Quintefeuille, diviſées en ſix parties, en la maniere des feuilles de *Palma Chriſti*, juſqu'à la queuë, qui eſt longue & déliée. Ses heriſſons qui viennent au ſommet de l'arbre ſont de couleur rouſſe, & de la groſſeur du fruit de nos Châtaigniers communs; mais avec une peau plus dure. Leurs épines ſont rares, fortes, fermes & jaunâtres. Chaque heriſſon ne contient qu'une Châtaigne, qui a le même goût que les nôtres, excepté qu'elle eſt plus douce, mais qui eſt plus groſſe, plus ronde & couverte d'une écorce noirâtre par tout, ſi ce n'eſt en la partie de devant, par où elle demeure attachée à la peau intérieure du heriſſon, & où l'on voit une marque blanche faite en cœur, telle qu'en la graine de l'Alkakengi rampant. Cette écorce eſt forte & ſimple, & n'a dedans aucune ſeconde écorce. Ceux de Conſtantinople appellent ces Châtaignes *Chevalines*, à cauſe qu'elles ſont bonnes à guerir les chevaux pouſſifs, lorſqu'on leur en donne à manger.

CHASTEAU. ſ. m. Maiſon Royale ou Seigneuriale, bâtie avec des foſſés & pont-levis, en maniere de forttereſſe.

Château d'avant ou *de proue*, en termes de mer, eſt l'exhauſſement qui eſt à la prouë des grands Vaiſſeaux, au deſſus du dernier pont vers la miſaine, & *Château d'arriere* ou *de pouppe*, eſt toute l'élevation qui regne à la pouppe au deſſus du dernier pont. On appelle autrement le premier *Gaillard d'avant*, & l'autre *Gaillard d'arriere*.

Château d'eau, eſt un corps de bâtiment qui ne renferme que des reſervoirs, & qui a une ſimple dé-

coration de croiſées feintes.

On appelle en termes de Blaſon *Château fondu*, un Château repreſenté ſeulement en ſa partie d'enhaut, & dont il ſemble que celle d'enbas ſoit coupée. Il doit être compoſé du moins de deux tours, avec un logement au milieu.

CHASTELAIN. ſ. m. C'étoit autrefois un Seigneur qui avoit droit de Château ou de Maiſon forte; & pour faire la Châtellenie, il falloit que dans la Seigneurie & Juriſdiction du Châtelain, il y eût une Abbaye ou Prieuré Conventuel, Four bannal, & autres droits. Aujourd'hui on appelle *Châtelain*, le Seigneur d'une terre qui a un degré d'élevation au deſſus d'une Seigneurie ordinaire.

On appelle auſſi *Châtelain*, un Juge, un Officier qui rend la juſtice dans l'étenduë de la terre d'un Seigneur Châtelain.

CHASTELE', E'E. adj. Terme de Blaſon. Il ſe dit d'une bordure & d'un lambel, chargés de huit ou neuf Châteaux. *Au lambel de gueules, chaſtelé de neuf pieces d'or.*

CHASTELET. ſ. m. On appelloit ainſi autrefois de petits Châteaux ou Forttereſſes, où les Seigneurs Châtelains logeoient. Preſentement les Châtelets de Paris ſont les priſons de la Juriſdiction du Prévôt de Paris. Elle eſt établie au grand Châtelet, & compoſée d'un Lieutenant Civil, d'un Lieutenant de Police, d'un Lieutenant Criminel, d'un Lieutenant Particulier, d'un Procureur, & de deux Avocats du Roi, de pluſieurs Subſtituts & de Commiſſaires; ce qui forme un Préſidial, où l'on juge les Cauſes, dont la connoiſſance appartient aux Préſidiaux. On appelle auſſi *Châtelet*, à Orleans & à Montpellier, le lieu où ſe tient le Préſidial.

CHASTIMENT. ſ. m. *Puniſion, correction, peine que l'on fait ſouffrir à celui qui a failli*, ACAD. FR.

On appelle *Châtiment* dans le Manège les effets des Aides, lorſqu'elles ſont données à un cheval avec rudeſſe; c'eſt-à-dire lorſqu'on le pique, & le fouette, pour l'obliger d'obéïr.

CHASTOYER v. a. Vieux mot. Châtier, corriger, punir.

CHAT. ſ. m. Petit animal domeſtique, qui a les yeux étincelans & ſemblables à ceux du lion, auquel il reſſemble encore dans les pattes, les dents, & la langue. Il vit de ſouris, & de toute ſorte de chair, & pour ſa couleur, il eſt ordinairement gris ou noir, gris & blanc, ou noir & blanc. Matthiole dit que ceux qui mangent de la cervelle de Chat, deviennent comme hebetés, & qu'elle leur cauſe de continuels vertiges. Il ajoûte que la cervelle des Chats n'eſt pas ſeulement ce qu'ils ont de venimeux; mais que leur ſouffle, leur poil & leurs regards ſont extrémement à craindre. Il rapporte ſur cela, qu'il a vû des gens, qui pour avoir eu long-tems un Chat couché avec eux, ſont devenus phtiſiques & élancés. Quelques-uns attribuent cet effet à une qualité maligne qui doit être dans les yeux du Chat, ce qui arrive à quelques perſonnes qui tremblent auſſi-tôt qu'ils en voyent un; mais cela ne peut venir que d'une antipathie naturelle, puiſque ces mêmes perſonnes entrent dans la même peur, à entendre ſeulement miauler un Chat ſans le voir. Ce mot de Chat vient de *Catus*, ou *Cattus*, qu'on trouve dans les anciennes Gloſes, & que M. Ménage dérive de κάττα, qui ſignifie dans Suidas κατωιλάλος ἔκπους, c'eſt-à-dire, Chat domeſtique. Les Relations nous apprennent qu'il y a des Chats ſauvages dans les Indes d'une eſpece fort extraordinaire. Ils ont une membrane fort large, qui s'étend le long des côtés du pié de derriere au pié de devant, par le moyen de laquelle ils peuvent voler en la dépliant. Elle est plissée & retroussée quand ils marchent. Il y a aussi quelque chose de bien singulier dans ce qu'on nous dit d'une autre espece de Chat qui sont aux Indes. Ils ont une poche à leur côté, où ils mettent leurs petits, qu'ils portent toûjours avec eux, sans qu'on s'apperçoive de cette charge, ni qu'elle les empêche de sauter & de courir.

Chats harets. Terme de Chasse. On appelle ainsi les Chats sauvages, qui se retirent dans les bois, & qui font un grand dégât de lapins dans les garennes.

On appelle *Sirop de pié de Chat,* Un certain Sirop, fait avec une petite herbe rouge, qui par sa figure represente le pié d'un chat.

On dit en termes de Jardinage *Couper les branches d'un arbre en dos de chat,* pour dire, Leur faire faire un coude commun aux espaliers.

Chat. Sorte de Vaisseau du Nord, qui ordinairement n'a qu'un pont. Il a le col rond, & porte des mâts de hune, quoiqu'il n'ait ni hunes ni barres de hunes.

CHAT-HUANT. s. m. Oiseau nocturne, & que l'on tient de mauvaise augure. Il est tanné, & roux, & a comme une couronne de plumes qui lui entoure le dessus des yeux, & qui lui prenant par les deux côtés de la tête, & par le dessous de la gorge, lui fait une espece de collier. Il est de la figure d'une Chouette, & grand comme un petit Aigle. Il a les yeux enfoncés & noirs, & voit parfaitement bien la nuit. Son bec est blanc, ainsi que le dessous de son ventre, qui est tacheté de noir. Il a le dos moucheté de taches blanches, les ongles crochus & les jambes couvertes de plumes. Sa tête est semblable à celle d'un Chat. Il prend les souris, & crie fort haut la nuit, ce qui a fait dire à M. Ménage, que *Chathuant,* vient de *Cattus ululans,* & comme se disoit autrefois *Huer,* pour Crier, *Chathuant,* selon lui, est la même chose que *Chat qui hue.* Du Cange dérive ce mot de *Cancenna* ou *Cavannus,* qui a été dit au même sens dans la basse Latinité. Nicod n'est pas du sentiment de M. Ménage sur l'étymologie de *Chat-huant.* Voici ce qu'il dit : *Chahuant est une espece d'oiseau qui va voletant & huant de nuit, duquel Chant-huant il est ainsi nommé : car son chant est que hu & cri piteux, pour laquelle cause les Latins l'ont appellé* Ulula, *tiré, comme Servius dit, de ce mot Grec ὀλολύζει, qui vaut autant que pleurer, gemir & hurler, comme si vous disiez,* Chahurlant. *Ils l'ont aussi appellé* Noctua, *parce qu'il ne chante & ne erre que la nuit. Ils l'ont aussi appellé* Bubo, *par onomatopée, representant le chant d'icelui par ce nom, & disent que cet oiseau est feral & funebre, pour être tenebreux & nocturne & effrayant, & à ceste occasion tenoit-on anciennement son chant pour presage de calamité future, même par mort de maladie. Il est hay à merveilles des autres oiseaux, lesquels pour être diurnes, c'est-à-dire, errans & voletans par jour, & en avoir la rencontre ordinaire de ce dit Chahuant, & pour l'aspect hideux de lui, le hayent & poursuivent à coups de bec & de griffes quand ils le trouvent, faisant tous un escadron combattant contre lui, ausquels, comme Pline dit au Livre* 10. *Chapitre* 17. *il resiste par se coucher à l'envers, & se reservant ses pieds, si qu'il demeure presque couvert de son bec & de ses griffes ou serres, laquelle inimitié étant apperçuë par les Oiseleurs, se servent dudit Chahuant pour attraper ceux qui viennent à la mêlée contre icelui. De ce que dessus se voit que de l'appeller* Chat-huant, *& pour la difficulté de la prolation Françoise en l'aspiration* H.

après la consone, dire que Chahuant, est fait de Chat-huant il n'y a pas raison grande, vû que cette particule Cha, est ailleurs commune au François, comme en ces mots Chatouille, Chafouré, Chafouyn, esquels le mot de Chat n'a que voir.

Il y a pendant la nuit presque dans toutes les Isles des Antilles de l'Amerique une sorte de Chathuants, qui jettent un cri fort lugubre, comme qui crieroit *Au Canot,* ce qui est cause que les habitans les ont appellés *Canots.* Ils font ouir ce mot, si distinctement, que ceux qui sont proche de la mer, ont souvent couru sur le bord du rivage, persuadés que ce cri venoit de quelque malheureux, dont les canots étoient en peril d'être cassés contre les roches; & qui prioient qu'on les secourût. Ces Chathuans ne sont pas plus gros quedes Tourterelles, mais ils ressemblent entierement aux Hiboux en leur plumage. Ils ont deux ou trois petites plumes aux deux côtés de la tête, qui semblent être deux oreilles.

CHAT-PARD. s. m. Animal feroce, que l'on ne connoît que parce qu'on en a disséqué un à l'Académie Royale des Sciences. Il étoit beaucoup plus petit que le Leopard, mais bien plus grand que le Chat, auquel il étoit semblable, à l'exception du col & des barbes qu'il avoit un peu plus courtes. Sa hauteur étoit d'un pié & demi, & sa longueur d'un pié & davantage, depuis le bout du museau jusqu'au commencement de la queue. Il avoit le poil roux, le ventre isabelle, le dessous de la mâchoire blanc ainsi que la gorge, avec des taches noires par tout. Ces taches étoient longues sur le dos, & rondes sur le ventre & sur les pattes. On croit cet Animal engendré de deux especes.

CHATE. s. f. Barque ronde de hanches & d'épaules, & dont les moindres sont de soixante tonneaux. Elle est rase, sans accastillage, & appareillée à deux mâts, dont les voiles portent des bonnetes maillées. On s'en sert à transporter du canon, ou ce qu'il faut pour charger un Vaisseau.

Chate, est aussi le nom qu'on donne à une espece de Concombre qui se trouve en differens endroits de l'Egypte, & qui est très-agreable au goût & facile à digerer. Il est different des nôtres, en grandeur & en couleur, & a ses feuilles plus molles, plus petites, plus blanches, plus douces & plus rondes. Son écorce est plus unie & plus ronde, & le fruit, dont on se sert dans les fiévres chaudes & autres maladies, est plus long & plus vert que nos Concombres d'Europe.

CHATELET. s. m. Terme de Rubanier. La partie du metier du Rubanier, qui soûtient les ardoises & les hautelices.

CHATON. s. m. La tête d'une bague, d'un poinçon dans laquelle une pierre precieuse est enchassée. Selon Nicod, c'est un sous-diminutif de *Chasse, Capsa,* en Latin, *dont l'ainé diminutif,* dit-il, est Chasseton, Capsula, *& par syncope* Chaston, *que le François prononce,* Chaton.

On appelle aussi *Chaton,* le Verd dont la coquille de la noisette est enveloppée pendant qu'elle est sur le noisetier.

CHATOUILLER. v. a. *Causer en certaines parties du corps par un attouchement leger, une émotion, un tressaillement, qui provoque ordinairement à rire.* ACAD. FR. Nicod fait venir *Chatouiller,* du Latin *Catulire,* qui se dit d'un chien qui se demange, ou de *Catouiller,* pour *Tatouiller,* de *Titillare.*

On dit en termes de Monnoye, *Chatouiller le remede,* quand le Maître approche extrémement du remede tout entier sans neanmoins l'exceder.

CHATOUILLEUX, EUSE. adj. *Qui est fort sensible au chatouillement.* ACAD. FR.

On

On dit en termes de Manege *Cheval chatouilleux* pour lignifier celui qui étant trop fenfible à l'éperon , y refifte en quelque forte, fe jettant deffus , lorſqu'on approche l'éperon du poil pour le pinſer.

CHAU. adj. Vieux mot. Tombé, venant de Chaïr, Cheoir.

CHAUDE. ſ. f. Terme d'Orfevre , dont on ſe ſert en parlant du métal qu'on tire du feu pour le forger. *Donner une chaude à la beſogne.* On dit en termes de Serrurier , *Donner une chaude ſuante à un morceau de fer* , pour dire , Le chauffer ſi fort qu'il commence à fondre , en forte qu'il dégoute quand on le tire du feu.

On dit en termes de Monnoye, *Battre la chaude*, pour dire , Battre les lingots d'or ſur l'enclume à coups de marteau , après qu'on les a tirés du moule ; ce qui ſe fait avant qu'on ne le donne aux Ouvriers.

CHAUDERON. ſ. m. On appelle dans un Vaiſſeau *Chanderon de pompe* , Une pièce de plomb ou de cuivre , faite en maniere de Chauderon , qui eſt troué en pluſieurs endroits , & qui embraſſant le bout d'enbas de la pompe , empêche qu'il n'y entre des ordures.

CHAUDIER. v. n. Terme de Chaſſe. Entrer en chaleur. Ce mot ſe dit des lices & des levrettes. Il y a une forte de nourriture par le moyen de laquelle les lices chaudient en fort peu de tems.

CHAUDIERE. ſ. f. *Grand Vaiſſeau de cuivre pour y faire cuire, bouillir, chauffer quelque choſe.* ACAD. FR.

On dit en termes de mer , *Faire chaudiere*, pour dire , Faire à manger pour l'équipage.

CHAUFAGE. ſ. m. On appelle ainſi en termes de mer , des bourrées de menu bois , dont on ſe ſert à chauffer le fond d'un Vaiſſeau pendant qu'on lui donne la carenne.

CHAUFER. v. a. Donner de la chaleur. On dit en termes de mer , *Chaufer un Vaiſſeau* , pour dire , Chaufer le fond d'un Vaiſſeau , lorſqu'il eſt hors de l'eau , afin d'en découvrir les défectuoſités s'il en a quelqu'une , & de le bien nettoyer. On dit auſſi *Chaufer un bordage* , pour dire , Le chaufer avec quelque menu bois , afin qu'il prenne la forme qu'on lui veut donner en le conſtruiſant , & *Chaufer les ſoutes* , pour dire , Les ſecher , afin que le pain ait moins de peine à s'y conſerver.

CHAUFOUR. ſ. m. Grand four où l'on cuit la chaux. On appelle auſſi *Chaufour* , le lieu couvert où on le conſerve.

CHAUFOURNIER. ſ. m. Ouvrier qui fait la chaux. *Chaufournier* , eſt auſſi le Marchand qui vend la chaux.

CHAUFRETTE. ſ. f. Petit coffre de bois troué par le deſſus & les côtés , où l'on met de la braiſe , pour chauffer les piés qu'on met deſſus dans le tems de l'hiver.

CHAUFURE. ſ. f. Quand du fer ou du cuivre a quelque défaut , cauſé par le feu , cela eſt ſujet à s'écailler , & à faire des pailles.

CHAVIET. ſ. m. Vieux mot. Le chevet du lit.

CHAUSSE ſ. f. *Partie de vêtement qui couvre les cuiſſes , ou les jambes , ou les piés.* ACAD. FR.

On appelle *Chauſſe d'aiſance* , le tuyau d'un privé. On le fait de plomb ou de pierre , percée en rond ou quarrément , & d'ordinaire de boiſſeaux de poterie.

CHAUSSE' , E'E adj. On dit en termes de Manege , qu'*Un Cheval eſt chauſſé trop haut* , pour dire , que Les marques blanches qu'il a aux piés montent trop haut ſur ſes jambes.

Chauſſé eſt auſſi un terme de Blaſon , & il ſe dit

Tome I.

d'une eſpece de chevron plein & maſſif , qui étant renverſé touche de ſa pointe celle de l'écu ; ce qui fait que le champ de l'écu lui ſert comme de chauſſe ou de vêtement qui l'entoure de bas en haut *De gueules , à trois pals d'argent , chauſſé d'or.*

CHAUSSE'E. ſ. f. On appelle *Chauſſée de pavé* , l'Eſpace cambré , qui eſt entre deux revers dans une large rue.

CHAUSSE-PIE'. ſ. m. Morceau de cuir dont les Cordonniers ſe ſerv ent pour chauſſer ceux à qui ils apportent des ſouliers.

CHAUSSER. v. a. *Mettre ou prendre des chauſſons , des bas ou des ſouliers.* ACAD. FR.

On dit , *Chauſſer les éperons* , en parlant d'une ceremonie dans laquelle le Roi ou le Grand Maître de l'Ordre ceint lui-même l'épée au côté à celui que l'on reçoit Chevalier , & lui met aux piés les éperons.

On dit en termes de Jardinage , *Chauſſer des arbres* , pour dire , Mettre au pié de la terre nouvelle , ou du fumier , pour les faire porter davantage.

Chauſſer la grande ſerre de l'Oiſeau , ſe dit , en termes de Fauconnerie , lorſqu'on entrave l'ongle du gros doigt d'un petit morceau de peau.

CHAUSSE-TRAPE ſ. f. *Fer à quatre pointes aigues & fortes, dont l'une ſe trouve toûjours en haut, ſequel on ſeme aux avenues dans les gués pour enferrer les hommes & les chevaux.* ACAD. FR. Nicod décrit la Chauſſe-trape par les mots ſuivans. *Petit engin de fer à quatre pointes, dont les trois premieres l'appuyent , & la quatrième eſt dreſſée amont & eſt celle qui pique. Ceux qui fuyent s'en ſervent, en ſemant pluſieurs par où ils s'évadent , & même à l'heure noԃurne , à ce que ceux qui les pourſuivent s'enferrent courant après eux , & ſe bleſſent les piés , ou de leurs chevaux , ou ſoient détenus , de crainte de s'enferrer , & par ce moyen puiſſent les fuyards prendre la garite. Ainſi eſt dit és Annales de Nicole Giles , que les Aſſaſſinateurs du Duc d'Orleans , ſe retrayant à l'Hôtel du Duc de Bourgogne , jettoient derriere eux en fuyant pluſieurs Chauſſes-trapes , où bien pour empêcher l'abord de la Cavalerie des Ennemis , comme fit Darius , & les Romains contre les chars à faux des Rois Antiochus & Mithridates, où pour empêcher les ſaillies des Aſſiegés ; ce que faire fut conſeillé à Scipion Æmilian , tenant une Ville aſſiegée.*

On appelle *Chauſſes-trapes* , en terme de Chaſſe, des pieges à prendre des loups & autres bêtes.

CHAUVESOURIS. ſ. f. Petit oiſeau qui reſſemble à une ſouris , & qui ne vole que le ſoir & le matin. Il a des dents & une langue avec des aîles ſans plumes qui ſont ſeulement de peau & de cartilage. Chaque pié eſt compoſé de cinq doigts , & ſes ongles ſont crochus , mais il n'a ni bec ni plumes. Il ſe ſert des deux piés de devant pour voler , & ne s'apprivoiſe jamais. Il vit de mouches & de choſes graſſes , comme de chandelle , de graiſſe & de chair. Les Relations des Indes nous apprennent qu'on y voit des Chauveſouris groſſes comme des Corbeaux , qui ont la tête d'un renard , & les aîles longues d'un pié & demi. Elles ont de petites agraffes aux nœuds de leurs aîles , qui leur donnent moyen de ſe pendre aux arbres pour ſe repoſer. Il y a auſſi des Chauveſouris à la Chine , qui ſont groſſes comme des poules , & dont la chair eſt fort délicate. Celles du Breſil piquent à l'oreille , où elles impriment une petite morſure dont on a bien de la peine à étancher le ſang.

CHAUVIR v. n. Dreſſer les oreilles. Il ne ſe dit que des Anes , des Mulets , & autres animaux, qui ont les oreilles longues & pointues.

CHAUX. f. f. Pierre cuite qui eft extrémement blanche & facile à mettre en poudre & à s'enflamer, en jettant de l'eau deffus. La meilleure chaux eft celle qui eft faite de marbre ou des pierres les plus dures. Celle-là eft très-bonne pour les ouvrages de maçonnerie, mais celle qui eft faite de pierre fpongieufe eft plus propre pour les enduits. Pour connoître fi la Chaux eft bonne, il faut qu'elle foit pefante; qu'elle fonne comme un pot de terre cuit, que fa fumée foit fort épaiffe & s'éleve incontinent en haut, lorfque la Chaux eft mouillée & qu'elle fe lie au rabot quand on la détrempe. *La Chaux vive* eft celle qui bout dans le baffin où on la détrempe, & *la Chaux éteinte* ou *fufée*, eft celle qu'on délaye avec de l'eau dans un baffin, & que l'on referve pour faire du mortier. C'eft de là qu'on dit, *Fufer de la Chaux*, pour dire, La détremper. La chaux eft tellement acre & mordicante, qu'étant prife interieurement, elle paffe pour un poifon très-fubtil, puifqu'elle ronge, enflâme & brûle les entrailles, d'où s'enfuivent des accidents très-fâcheux. On appelle *Eau de Chaux*, l'Eau dans laquelle la Chaux a été éteinte & lavée plufieurs fois.

Chaux, fe dit auffi en Chimie. C'eft une efpece de cendre ou poudre menue qui refte des métaux ou minéraux que l'on a laiffés long-tems en un feu très-violent. *La Chaux d'airain* eft l'*Æs uftum* des Droguiftes, & *la Chaux d'étain*, eft ce qu'on appelle *Potée*. On s'en fert à polir les miroirs d'acier.

CHAYENE. f. f. Vieux mot. Chaine.

CHAZINZARIENS. f. m. Heretiques d'Arménie qui ne fouffroient que la Croix pour toutes Images. Ils coconnoiffoient deux natures en JESUS-CHRIST; mais en fuyant les erreurs d'Eutichès, ils tomboient dans celles de Neftorius, puifqu'ils établiffoient deux perfonnes dans le Sauveur. Ils font encore accufés d'avoir obfervé un jeûne annuel au jour de la mort d'un certain Chien que l'on appelloit *Artziburtzus*. Leur faux Docteur Sergius employoit ce Chien pour les avertir de fon arrivée. Ces Heretiques parurent dans le cinquiéme fiecle, & prirent le nom de *Chazinzariens*, de celui de *Chazus*, qui veut dire Croix. On les appelloit auffi *Staurolatres*, de Σταυρός, Croix, & de λατρεύειν, Réverer.

CHE

CHEABLE. adj. Vieux mot. Qui tombe.

CHEANTE. f. f. Vieux mot. Chûte.
Menace toûjours trebuchante,
Prête de recevoir cheante.

CHEAUS. f. m. Nom que l'on donne, en termes de Chaffe, aux petits de la Louve, & même aux petits des chiens & des renards.

CHECHINQUAMIN. f. m. Petit fruit de la Virginie, qui eft très-prifé par les Sauvages. Il eft fort femblable aux glands, fi ce n'eft qu'il a des écailles comme des noifettes.

CHEENS. Vieux mot. Ceans.

CHEFVETAINE. f. m. Vieux mot. Capitaine.

CHEF. f. m. Terme de Blafon. Piece honorable qui occupe le tiers le plus haut de l'écu. On dit *Chef abaiffé*, quand il eft détaché du bout fuperieur de l'écu par la couleur du champ qui le furmonte, & qui le retreffit du tiers de fa hauteur; & *Chef furmonté*, quand une autre couleur que celle du champ le fépare du bord. S'il a un chevron, un pal, une bande qui le touche de même couleur qu'il eft, on dit, *Chef chevronné*, *Chef palé*, *Chef bandé*. On l'appelle *Chef retrait*, ou *Chef romp*, lorfqu'il eft

moindre que la troifiéme partie de l'écu. On dit *Chef coufu*, pour dire, Un Chef qui eft de couleur auffi bien que le champ de l'écu, quoiqu'elle foit differente.

CHEGROS. f. m. Filet enduit de poix, dont les Bourreliers, Savetiers & autres fe fervent pour coudre & attacher les cuirs.

CHELIDOINE. f. f. Plante medicinale. Il y en a de deux fortes. La grande Chelidoine a fa tige délicate & grêle, & fes branches font garnies de feuilles femblables à celles de la Ranoncule, mais plus tendres & plus bleues. Auprès de chaque feuille elle produit une fleur femblable au violier blanc, & jette un lait jaune qui eft mordant, aigu & aucunement amer & puant. La hauteur de cette plante eft d'une coudée ou plus. Sa racine eft fimple & feule par le haut, mais par le bas elle jette plufieurs petites racines jaunes. Sa graine, qui eft plus groffe que la graine de pavot, eft enfermée dans de petites gouffes minces & faites en pointe, & qui reffemblent à celles du pavot cornu. On ne fe fert guere des feuilles en Medecine. La Chelidoine eft acre & amere. Elle incife, attenue, purge la bile par les felles & par les urines, & a la vertu d'éclaircir la vûe. Diofcoride dit qu'on l'a appellée *Chelidonium* à caufe qu'elle commence à fortir de terre dans le tems que les hirondelles viennent. χελιδών, eft un mot Grec qui fignifie *Hirondelle*. Il dit encore que quelques-uns croient que les hirondelles fe fervent de cette plante pour rendre la vûe à leurs petits. Mathiole fe moque de ceux qui ignorant ce que veut dire fon nom Grec *Chelidonium*, l'appellent *Cœli donum*, Don du Ciel. On lui donne auffi en François le nom d'*Eclaire*, ou de *Felongne*.

La petite Chelidoine, autrement *Petite Eclaire*, eft une petite herbe qui n'a point de tige, & qui jette les feuilles dès fa racine. Ces feuilles font molles, graffetes, & femblables à celles du Lierre, quoique moindres & plus rondes. Elle a plufieurs petites racines qui fortent d'un même durillon, & qui font amaffées en maniere de grains de froment qui font en monceau. Trois ou quatre de ces petites racines s'étendent pourtant en long. Cette herbe croît auprès des Etangs & des eaux courantes, & produit une fleur jaune qui tient à une queue déliée & mince. Diofcoride dit qu'elle eft fort acre & mordante; de forte qu'elle ulcere & écorche le deffus de la peau; qu'elle emporte rognes & gratelles; & que le jus de fes racines tiré par le nez purge le cerveau.

CHELONITE. f. f. Pierre qui fe trouve dans le ventre des jeunes hirondelles, & que l'on croit bonne pour le mal caduc. Il y a une autre *Chelonite*, qu'on trouve aux tortues des Indes, & que quelques-uns confondent avec la crapodine. Elle a la vertu de refifter au venin.

CHEMIER. f. m. Vieux mot qui eft employé dans les Coûtumes. Il veut dire, l'Aîné d'une famille noble ou celui qui le reprefente dans un partage de fiefs, comme fi on difoit *Chef premier*.

CHEMIN. f. m. *Voie, route, efpace, par lequel on va d'un lieu à un autre*. ACAD. FR.

On appelle *Chemin couvert*, en termes de guerre, Un efpace de quatre à cinq toifes de large qui regne tout autour d'une Place & des demi-lunes. On l'appelle autrement *Corridor*. Il a fon parapet qui eft élevé fur le niveau de la campagne avec fes banquettes & fon glacis, qui depuis la hauteur du parapet, doit fuivre le parapet de la place jufques à fe perdre infenfiblement dans la campagne.

Chemin des rondes, Efpace qu'on laiffe pour le paffage des rondes, entre le rempart & la muraille le d'une Ville de guerre. On ne s'en fert prefque plus, à caufe que n'ayant qu'un parapet d'un pié d'épaiffeur , il eft d'abord renverfé par le canon des Affiegeans.

Chemin des Carrieres. Les Maçons appellent ainfi les puits qu'ils font dans les carrieres pour en tirer de la pierre , & on dit en ce fens , *Ouvrir les Chemins* , pour dire, Percer les carrieres.

Chemin , fe dit auffi d'une fuite de Chantiers ou de groffes folives, fur lefquels les Tonneliers , ou ceux qui ont droit de décharger le vin fur les Ports des Villes , roulent les tonneaux du bateau jufques à terre.

CHEMINE'E. f. f. L'endroit où l'on fait le feu dans une maifon. La Cheminée a plufieurs parties , fçavoir fon atre ou foyer , fon contrecœur , fon manteau , fa hotte , fes piédroits , fa montée & fon tuyau. L'atre ou le foyer , eft l'endroit garni de carreaux de brique ou de pavé , où l'on allume le feu. Le contrecœur eft une plaque de fer de fonte, pofée contre la partie de la muraille qui eft auprès de l'atre pour la conferver. Les Piédroits font ce qui foutient le manteau de la cheminée , & ce manteau eft la partie du tuyau qui eft dans la chambre, & qui a fouvent divers ornemens d'Architecture & & de Menuiferie. La partie de dedans s'appelle la hotte de la Cheminée , & le tuyau eft le canal de pierre , de brique ou de plâtre , qui s'éleve par deffus les toits, & par où la fumée s'échappe. On appelle *Cheminée ifolée* , celle qui au milieu d'un Chauffoir confifte feulement en une hotte que des foupentes de fer foutiennent en l'air , ou qui eft portée par quatre colomnes. *Cheminée adoffée,* celle qui eft pofée contre le mur, ou le tuyau de quelque autre cheminée. *Cheminée afleurée,* celle qui a l'architecture de fon manteau en faillie , & dont le tuyau & l'atre font pris dans l'épaiffeur du mur, & *Cheminée en hotte* , celle qui a fon manteau porté en faillie par des corbeaux de pierre & fort large par le bas. L'ouverture des tuyaux de Cheminée ne doit être ni trop grande ni trop petite , & cela engage à obferver un jufte milieu en les faifant. Si le tuyau eft trop grand, l'air & le vent y trouveront trop d'efpace ; & comme ils peuvent y être agités , il eft à craindre qu'ils ne chaffent la fumée en bas , & ne l'empêchent de monter & de fortir aifément. S'il eft trop petit, la fumée n'aura pas la liberté du paffage , & s'engorgera & rentrera dans la chambre. C'eft ce qui a fait dire à M. Felibien , que l'ouverture des tuyaux ordinaires ne doit être que de deux à trois piés en un fens , & de fix à neuf pouces en l'autre , & qu'il faut avoir égard aux lieux. Il dit encore que le haut de la hotte qui fe joint au tuyau, doit être un peu plus étroit , afin que s'il arrive que la fumée foit repouffée en bas , elle rencontre cet empêchement, qui ne la laiffe point rentrer dans la chambre. Quoique quelques-uns faffent le tuyau tortu , afin que la fumée ne forte pas fi facilement , il trouve que le meilleur eft de faire toûjours les Cheminées plus étroites en bas , en forte qu'elles s'élargiffent en montant , à caufe que le feu pouffe plus aifément la fumée en haut lorfqu'elle eft refferrée en bas , & qu'en montant, elle trouve plus d'efpace pour fe dégager & pour fortir , ce qui fait qu'elle ne fe rabat pas fi-tôt dans la chambre.

On dit auffi *Cheminée en faillie,* & *Cheminée angulaire.* L'une eft celle qui a fon manteau en dehors, & fon contrecœur qui afleure le nû du mur. L'autre eft une cheminée faite dans l'angle d'une chambre, & qui a fon plan circulaire. Il y en a de cette derniere forte dans quelques Villes du Nord. Il y en a

Tome I.

auffi qui ont feulement leur hotte , & qui quelquefois n'ont point de jambages. Ce font les cheminées de cuifine.

On appelle *Cheminée à l'Angloife* , une petite Cheminée à trois pans par fon plan, & qui eft fermée en anfe de panier.

On dit *Cheminée de fourneau,* pour dire. L'ouverture faite aux quatre coins & au milieu d'un petit fourneau quarré de brique , dont fe fert pour cuire les couleurs , & mettre le verre au feu après qu'il eft peint. Cette ouverture doit être d'environ deux pouces de diametre.

CHEMISE. f. f. Terme de fortification. Revêtement de muraille qu'on donne à un baftion ou à quelqu'autre ouvrage de terre pour le foûtenir. Ce mot commence à n'être plus en ufage. On dit *Ouvrage revêtu.*

On appelle *Chemife de maille* , Un corps de Chemife fait de plufieurs mailles ou anneaux de fer. C'eft une maniere d'arme défenfive qu'on met fous le jufte-au-corps.

Chemife à feu ou *Chemife fouffrée.* Pieces de vieilles voiles de differentes grandeurs qu'on trempe dans une compofition d'huile de petrole , de camfre , & d'autres matieres combuftibles , que l'on attache avec quatre clouds au bordage du Vaiffeau ennemi qu'on veut brûler , & où l'on met enfuite le feu avec une meche.

Chemife de Chartres , eft une petite Médaille que rapportent ceux qui vont en pelerinage à Notre-Dame de Chartres. Elle a deux petits ailerons, faits en maniere de Chemife.

CHENAL. f. m. Courant d'eau , qui eft une maniere de Riviere que bornent les terres de chaque côté , foit naturelles , foit artificielles , & dans lequel un Vaiffeau peut paffer.

CHENALER. v. n. Chercher un paffage dans la mer, en un lieu où il y a peu d'eau , en fuivant ou rangeant les finuofités d'un Chenal foit par le fecours des balifes foit par celui de la fonde.

CHENEVI. f. m. Petite graine qui eft la femence du chanvre. On en nourrit la plûpart des Oifeaux qui font en cage , & ils en font fort friands. On en fait de l'huile à brûler & quelquefois à peindre faute d'huile de noix & de lin.

CHENEVIERE. f. f. Lieu où il y a du Chanvre pendant par les racines.

CHENEVOTE. f. f. Petite parcelle d'un tuyau de Chanvre, quand il eft fec & dépouillé de ce qu'on en tire.

CHENILLE. f. f. Infecte venimeux du genre des vers. Il ronge les feuilles des arbres , & fe change enfin en papillon. Il n'y a que le mâle qui ait des aîles. La Chenille a fur le corps quatre parties blanches tirant fur le jaune & deux efpeces de bouquets de plume noire aux environs de la tête. Sa peau eft parfemée de petits poils bruns , féparés les uns des autres, & entre lefquels on découvre de petites plumes dont les couleurs font fort agreables. Elle a feize piés , fix au devant, huit au milieu , & deux derriere. Elle marche en fe ramaffant & fe rallongeant enfuite. Ariftote dit que les Chenilles s'engendrent fur les feuilles des herbes , & principalement fur celles de chou, qu'il vient d'abord fur la feuille de petits grains moindres que ceux de millet , que ces grains fe changent en petits vers, qui croiffent fi vite qu'en moins de trois jours , ils deviennent petites Chenilles ; que quand les Chenilles font vieilles , elles changent de forme , & prenant une écaille de couleur d'or , ce qui les fait appeller *Dorées* ; qu'étant ainfi elles font fans mouvement , fi ce n'eft qu'on fent trembler je ne fçai

D d ij

quoi dans l'écaille en les touchant , & que cette écaille venant à se rompre quelque tems après , il en sort de petites bêtes qui volent & qu'on nomme *Papillons*. Le mâle a des aîles extrêmement vîtes , des cornes fort belles , & le corps bien fait ; ce qui manque à la femelle , qui a le corps gros & fort mal fait. Malgré l'opinion d'Aristote , qui veut que les Chenilles s'engendrent d'elles-mêmes sur des feuilles d'herbes ; il est certain que les Papillons produits par les Chenilles dorées , font de petits œufs blancs dont ensuite les Chenilles sortent , de même que les Vers à soye. Pline dit que les Chenilles ne gâteront rien dans un Jardin , où l'on aura mis sur un bâton une tête de Jument , ou un Cancre de rivière. Matthiole parle des *Chenilles des Pins* , qui font leurs nids au sommet des branches de ces arbres-là , où on les voit à milliers , velues & roussâtres avec plusieurs petites peaux dont elles sont revêtues. Il dit que ces nids où elles se cachent dans les vallées d'Ananie & de Fleme auprès de Trente , sont fort grands , & qu'ils en peuvent tenir plus de mille ; que les pellicules dont elles sont enveloppées ressemblent à de fins draps de soye , & sont encore plus minces , & qu'étant appliquées elles sont bonnes à étancher le sang. M. Ménage tient que *Chenille* vient de *Canicula* , à cause de la ressemblance que quelques-unes ont avec de petits Chiens.

Chenille. Espece d'ornement de soye qu'on met sur des habits & sur des jupes de femme , appellé ainsi à cause qu'il a la figure de Chenille.

Chenille. Plante qui porte une maniere de vesse ou de poix en forme de Chenille.

CHEOITE. s. f. Vieux mot. Chûte.

CHEPTEIL. s. m. Bail d'un Maître qui donne à un Fermier un certain nombre de Bœufs , ou de Brebis , à condition de les nourrir , & de lui en rendre un pareil nombre à la fin du bail , en partageant par moitié le croît de tout le profit. Ce mot vient de *Capitale* , qui se trouve dans les Coûtumes , & on a dit *Chepteil* , parce que le Chepteil est composé de plusieurs chefs de bêtes qui forment un capital. Du Cange fait venir ce mot de *Catallum* , qu'on a dit pour *Capitale* , d'où l'on a fait *Chaptel Chatel* , & *Catel*.

CHEPU. s. m. Terme de Tonnelier , Billot de bois , élevé de deux ou trois piés sur lequel on bûche d'autre bois qui n'est pas solide.

CHERCHE. s. f. Tout ce qui ne se peut décrire d'un seul trait de compas , mais que des points recherchés décrivent. Les panneaux , ou especes de moules qui servent à former le cintre des voutes & à donner la figure aux voussoirs , s'appellent *Cherches* , Voyez CHERCHE.

On dit , *La Cherche d'un Escalier* , pour dire , Le cintre , & l'on appelle *Cherche surbaissée* , celle qui n'est pas si élevée que la moitié de sa base. La *Cherche surhaussée* , est la ligne d'un plan circulaire ralongée dans son élevation. Les Geometres nomment ces Cherches *Demi cylindres* , ou *demi spherodes*.

CHERCHE-FICHE. s. m. Espece de poinçon de fer pointu & rond. Il est propre aux Serruriers qui l'appellent aussi *Cherchepointe* , & qui s'en servent pour trouver le trou des fiches.

CHERCHEURS. s. m. Heretiques de Hollande , tels qu'il y en a eu autrefois en Angleterre qu'on a connus sous ce nom. Ils avouent une vraie Religion que JESUS-CHRIST nous a revelée en sa parole ; mais ils la cherchent , & soûtiennent que cette veritable Religion que nous devons professer , n'est aucune de celles qui sont établies parmi les Chrétiens.

Ils les condamnent toutes en general , trouvant qu'il y a beaucoup de choses qui manquent à chacune en particulier. Ils lisent les saintes Ecritures avec grande attention sans se déterminer à aucun choix , & montrent un zele ardent à prier Dieu de les éclairer par ses lumieres , afin qu'ils puissent avoir la connoissance de la Religion qu'il veut qu'ils embrassent pour suivre ses commandemens , & acquerir la felicité eternelle.

CHERE. s. f. Vieux mot. Visage.

Que ressemblés-vous bien de chere ,
Et du tout à votre bon pere.

On trouve en un autre endroit , *En faisant une chere fade* , pour dire , En faisant mauvaise mine.

On a dit aussi *Chiere*.

Dégratigner toute la Chiere.

CHERER. v. n. Vieux mot. Se réjouir. C'est delà qu'on a dit autrefois *Cheriste* , pour dire , Qui fait bonne chere.

CHERIF. s. m. Celui qui est revêtu d'une certaine dignité chés les Arabes & les Maures. Le Cherif doit succeder au Caliphe. On appelle aussi *Cherif* , une sorte de monnoye d'or de Turquie , qu'on prend à Marseille pour quatre livres dix sols.

CHERSONESE. s. f. Terre que la mer environne à l'exception d'un seul endroit par où elle est jointe au continent. C'est ce que les anciens Geographes ont nommé *Peninsule* , ou *Presqu'isle*. La *Chersonese Taurique* , est celebre dans les écrits des Grecs. On a donné au Jutland , qui appartient au Roi de Danemark le nom de *Chersonese Cymbrique* , à cause des Cymbres qui l'ont habité. Ce mot vient de χέρσος , & de νῆσος , Isle.

CHERUBIN. s. m. Tête d'enfant avec des aîles , dont on orne assés souvent les clefs des Arcs.

Cherubin. Ordre Militaire de Suede , appellé autrement , Des Seraphins. On tient que ce fut Magnus IV. qui l'institua en 1334. Charles IX. Roi de Suede l'abolit , lorsqu'il bannit la Religion Catholique de son Royaume. Le collier de cet Ordre étoit composé de Cherubins d'or émaillés de rouge , & de Croix Patriarchales aussi d'or , mais sans émail , en memoire du Siege Metropolitain d'Upsale. Il y avoit une ovale de même émaillée d'azur , avec un nom de JESUS en or qui pendoit au bout de ce collier , & dans la pointe de l'ovale étoient quatre petits clous émaillés de blanc & de noir , pour marquer la passion du Sauveur.

CHERUI. s. m. Racine commune & bonne à manger. C'est une espece de Panais , qu'on cultive dans les jardins. Elle est de bon goût , fortifie l'estomac , & provoque à uriner. Sa graine a aussi la vertu de provoquer l'urine , de dissiper les vents , & d'appaiser les tranchées de ventre.

CHESAL. s. m. Vieux mot. Maison , Eglise. Il vient du Latin *Casula* , d'où est venu le nom de l'Abbaye de Chaise-Dieu , en Latin *Casa Dei*.

CHESNE. s. m. Arbre fort dur qui a le tronc droit ; il croît fort haut & en étendue. Ses feuilles sont grandes & larges , & son écorce est âpre , crevassée par le bas & lisse par le haut. Il y a plusieurs especes de chêne , entre lesquelles on met le *Rouvre* & l'*Yeuse*. Il n'y a point de meilleur bois pour bâtir depuis cinquante ans jusqu'à cent soixante. Il dure jusqu'à six cens ans sans dégenerer , & jusqu'à quinze cens ans employé en pilotis. Theophraste dit que c'est un miracle de nature que tout ce que le Chêne porte outre le gland , qui est son fruit ordinaire. Il produit une petite galle noire & refineuse , & une autre qui ressemble à une mûre , mais qui est très-dure & fort mal-aisée à rompre.

On trouve fort peu de celle-là. Il produit encore une autre forte de galle, qui en croiſſant forme en la partie de deſſus une dureté pertuilée ſemblable à une tête de taureau. Au-dedans eſt un noyau fait comme un noyau d'olive. Il ſort auſſi de cet arbre une certaine pelote, plus dure qu'un noyau, & toute environnée d'une maniere de laine molle, appellée par quelques-uns *Le poil du Chêne*, & dont on ſe ſert à faire des méches pour les lampes. On y trouve auſſi une autre ſorte de pelote mouſſue qui ne ſert à rien. Aux ailerons de ſes branches eſt une galle ſans queue. Elle eſt creuſe, de differentes couleurs, & ſe tient à ſa concavité même. Cette galle eſt blanche en quelques parties de ſes concavités; en d'autres elle eſt marquetée de petites taches noires, & luiſante & blanche dans l'une de ſes moitiés, avec de petites marquetures noires; mais elle eſt noire & tire ſur le pourri lorſqu'elle eſt ouverte. Le Chêne produit encore une pierre, qui eſt rouge ordinairement, d'une pelote longue, ſerrée & faite naturellement de feuilles repliées & entortillées, ſur le dos deſquelles ſe forme une galle blanche & humide, pendant qu'elle eſt encore tendre. Au-dedans de cette galle on trouve quelquefois des mouches. Dioſcoride dit que toutes feuilles de Chêne pilées & broyées ſoulagent les enflures & fortifient les parties, en quelque endroit que ce ſoit; & Matthiole, que l'eau des premiers rejettons de ſes feuilles, lorſqu'elles commencent à bourjonner, paſſée en alembic de verre au bainmarie, reſtreint & arrête toutes fluxions du foye, & rompt la pierre & la gravelle des reins. Selon M. Ménage *Chêne* vient de *Quernus*, que l'on a dit pour *Quercus*. La valeur des grands Hommes étoit recompenſée chés les Anciens par des Couronnes de Chêne.

CHESNEAU. ſ. m. Canal de plomb où tombent toutes les eaux de la couverture d'une maiſon, & d'où elles vont ſe décharger dans le tuyau de deſcente. On appelle auſſi *Chêneau*, dans les grands Edifices, une Rigole taillée dans la pierre qui fait la corniche, dont les eaux vont ſe rendre aux gargouilles. *Chêneaux à bord*, ſont ceux qui étant ſeulement rebordés par l'extrémité, laiſſent voir les crochets de fer qui les retiennent; & *Chêneaux à bavette*, ceux dont les crochets ſont cachés par une bande de plomb qui en recouvre le devant.

CHEST. Pronom. Vieux mot. Ce.
M'entremis de cheſt œuvre faite,

CHETIFVOISON. ſ. f. Vieux mot. Captivité.
Si enfans ſont menés en chetifvoiſon,
On l'a dit auſſi pour, Miſere.

CHETRON. ſ. m. Petite layette qui eſt au haut d'un des côtés d'un coffre. Elle eſt faite en maniere de tiroir, & c'eſt où l'on met à part les choſes qu'on veut ſéparer du reſte de ce qui eſt dans le coffre, afin qu'en l'ouvrant on les trouve ſous ſa main.

CHEVAGE. ſ. m. Droit qui ſe levoit autrefois ſur certains Chefs de famille.

CHEVAL. ſ. m. Animal à quatre piés qui hannit. Il s'en trouve de ſauvages dans l'iſle de S. Domingue, qui apparemment ont dégeneré, n'étant pas ſi beaux que ceux d'Eſpagne, quoiqu'ils viennent de leur race. Ils ont la tête fort groſſe, auſſi-bien que les jambes, qui ſont même raboteuſes, les oreilles & le col long. On en voit quelquefois des troupes de cinq cens enſemble qui courent, & qui lorſqu'ils voient un homme, ont accoûtumé de s'arrêter tous. L'un d'eux ſe détache pour s'en approcher; & quand il en eſt à une portée de piſtolet, il ſe met à ſoufler des naſeaux & à courir, &

il eſt ſuivi en même-tems de tous les autres. Les Habitans & les Chaſſeurs s'en ſervent pour porter leurs cuirs, & ils les prennent en tendant des lacs de corde aſſés forts ſur les routes par où ils ſçavent qu'ils doivent paſſer. Il y en a qui s'y étranglent en s'y prenant par le col. Lorſqu'on les a pris, on les attache à un arbre, & on les y laiſſe deux jours ſans manger, ni boire; après quoi on leur donne à boire & à manger, & ils deviennent enſuite auſſi doux que ſi jamais ils n'avoient été ſauvages. Il y a eu des Boucaniers qui s'en étant ſervis quelque tems, les ont laiſſé aller dans les bois, faute d'avoir de quoi les nourrir, & deux ou trois mois après, ces chevaux les rencontrant, ſe venoient flater, & ſe laiſſoient prendre. On en tue ſouvent, afin d'en avoir la graiſſe. On la leve de la criniere & du ventre, & on la fait fondre pour s'en ſervir au lieu d'huile à brûler.

Ariſtote parle d'un Cheval aquatique qui ſe trouve en Egypte, ayant le crin comme le cheval, la corne du pié comme les bœufs, & le muſle refroncé. Il a un talon, comme en ont les animaux qui ont le pié fourché, & les dents lui ſortent un peu hors de la bouche. Sa queue eſt comme celle du Sanglier. Il a la grandeur d'un Ane, & hannit comme un Cheval. Le cuir qu'il a ſur le dos eſt ſi épais, qu'on en fait des boucliers & des cuiraſſes. Le Cheval aquatique que les Grecs ont appellé *Hippopotame*, du Grec ἵππος, Cheval, & de ποταμός, Fleuve, ne ſe trouvoit pas ſeulement dans le Nil, mais en un fleuve d'Afrique nommé *Pamborus*, & dans un autre des Indes, appellé *Indus*. C'eſt ce que témoignent Strabon, Pline & Solin. Ammian Marcellin aſſure qu'il eſt impoſſible de plus trouver de vrais Chevaux aquatiques, parce qu'on les a ſi fort pourſuivis, qu'on les a contraints de ſe retirer vers les Blemmyes. Cet animal eſt ſi fin & ſi ruſé, que lorſqu'on a pris à la piſte après qu'il a remarqué ſon viandis, il y va à reculons, afin qu'on ne puiſſe lui dreſſer des pieges à ſon retour. Le premier qui en ait fait voir à Rome, fut Marcus Scaurus, pendant qu'il étoit Edile. Il y en amena un en vie, & cinq Crocodiles. On tient que le Cheval aquatique ſe ſentant chargé d'humeurs, ſe promene ſur les rivages du Nil, où il cherche quelque taillis de roſeaux; & que quand il a trouvé un tronçon de canne qui ſoit bien pointu, il fait ſi bien, en étendant ſa cuiſſe deſſus, qu'il s'ouvre une veine, qu'il ne referme avec de la fange que quand il connoît qu'il s'eſt tiré aſſés de ſang pour ſe ſoulager.

Barboza rapporte qu'il a vû un fort grand nombre de Chevaux aquatiques à Gafale. Ils venoient ſouvent à bord, & ſe replongeoient dans la mer enſuite. D'autres Auteurs en parlent diverſement, & ſelon eux, cet animal ne reſſemble point du tout au Cheval. Ses jambes ſont ſemblables à celles de l'Ours. On en a vû un qui avoit treize piés de long, quatre & demi de hauteur, & trois & demi d'épaiſſeur. Ses jambes avoient trois piés de circuit, la pate douze pouces de large, & chaque ongle trois manieres de doigts. Sa tête étoit de deux piés & demi de largeur, longue de trois, & en avoit neuf de tour. Son nés étoit charnu & retrouſſé. Il avoit les yeux petits, larges d'un pouce & longs de deux, les oreilles petites, courtes, longues de trois pouces, les ongles fendus en quatre, & la queue ſemblable au pourceau. Il étoit fort gras par tout le corps, & ſes narines, ayant deux pouces & demi de profondeur, alloient en ſerpentant. Son muſeau avoit beaucoup de rapport avec le muſeau d'une Lionne. Il l'avoit velu, bien que tout le reſte de son corps fût sans aucun poil. Il avoit six grandes dents dans la machoire de desfous. Les deux plus avancées étoient longues & épaisfes de demi pié , & larges de deux piés & demi. On lui voyoit de chaque côté sept dents machelieres courtes & bien serrées, & il y en avoit autant dans la machoire de desfus. Ses dents avoient la dureté d'une pierre à feu ; de sorte qu'en les frappant avec un couteau , on en faisoit sortir plusieurs étincelles. Pierre Vanden Broch rapporte que dans son Voyage d'Angole , étant dans le pays de Lovvange , il y vit paître quatre Chevaux marins , semblables à de gros Busles. Leur peau étoit presque aussi luisante que celle des lapins. Ils avoient une tête de Jument , les oreilles courtes , les narines larges , deux défenses crochues comme celles des Sangliers, les jambes courtes , les piés faits comme les feuilles de Pas-d'âne , & ils hannisfoient comme des Chevaux. La vûe des Matelots les fit arrêter , après quoi ils se retirerent au petit pas dans la mer. Ils levoient quelquefois le nés au-desfus de l'eau , & s'y replongeoient si-tôt qu'ils appercevoient les Mariniers. On fit ce qu'on put pour en tuer quelqu'un , mais il ne fut pas possible d'en venir à bout. Le mot de *Cheval* vient de *Caballus* , qui autrefois signifioit Cheval de bagage; & Nicod le fait venir *ex eo quod ungulis terram calcet.*

Cheval de frise. Terme de Fortification. Grosse solive quarrée, qui a de longueur dix ou douze piés , & qui est traversée par trois rangs de pieux de bois d'environ dix à douze piés qui se croisent , & dont les bouts font armés de pointes de fer. M. Felibien dit que le Cheval de frise peut servir de barriere à une avenue , étant balancé horifontalement sur un pieu qui le supporte sous le milieu , en sorte qu'on le puisse fermer & ouvrir ; mais que son principal usage est pour en mettre plusieurs attachés les uns aux autres , aux postes où l'on apprehende quelque surprise de Cavalerie , tant en campagne , qu'aux plus faciles avenues d'une Place asfiegée, & hors la portée du pistolet au-delà du Chemin couvert , pour recevoir & couvrir ceux qui font les sorties , & pour arrêter la Cavalerie & l'Infanterie des Ennemis.

Cheval de terre. Grand vuide rempli de terre, que rencontrent dans un bloc ceux qu'on employe à tirer les marbres des carrieres.

Cheval ou Poulain gai , est en termes de Blason, un Cheval peint nud sans bride ni col. *Cheval effrayé ou cabré ,* Celui qui est peint rampant. *Cheval animé ,* Celui dont l'œil est d'un autre émail, & *Cheval armé ,* Celui dont le pié qu'il employe à se défendre , est particulierement d'un autre émail.

CHEVALEMENT. s. m. Sorte d'étaye, faite d'une ou de deux pieces de bois. Elle est couverte d'une tête & posée en arcboutant sur une couche , & sert à retenir en l'air quelque bâtiment ou des pans de murs , afin de les reprendre sous œuvre , ou à remettre des poutres, & à faire d'autres ouvrages.

CHEVALER. v. n. On se sert de ce mot pour signifier l'action des jambes de devant d'un Cheval qui passege sur les voltes. Ainsi on dit qu'*Il chevale,* lorsqu'en passegeant au pas ou au trot , sa jambe de devant de dehors enjambe sur l'autre de devant à tous les seconds rems.

Chevaler , signifie aussi , Se servir de chevalets pour soûtenir quelque bâtiment ou quelque mur qu'on reprend par desfous œuvre.

CHEVALERIE. s. f. Haute & ancienne Noblesse , issue des anciens Chevaliers, dont les exercices &

les jeux étoient les joustes & les tournois. On peut distinguer la Chevalerie en quatre especes. *La Chevalerie Militaire ,* est celle qui s'acqueroit autrefois par de hauts faits d'armes , & que ceux qui en étoient trouvés dignes ne recevoient qu'avec beaucoup de cérémonie. On leur ceignoit l'épée , on leur chausfoit des éperons dorés , & ce n'étoit qu'à eux qu'il étoit permis de porter un harnois doré. *La Chevalerie Reguliere ,* est celle où l'on fait profession de prendre un certain habit, de porter les armes contre les Infidelles , de favoriser les voyages des Pelerins aux Lieux saints , &c. *La Chevalerie Honoraire ,* est celle que les Princes communiquent aux autres Princes & aux personnes les plus considerables de leurs Cours , & *La Chevalerie Sociale ,* celle qui n'est ni confirmée par des Papes, ni reglée par des Statuts qui soient de durée.

CHEVALET. s. m. Terme de Charpenterie. Piece de bois assemblée en travers sur deux autres pieces à plomb , pour soûtenir des planches qui font des manieres de ponts , sur lesquels on passe une petite riviere. On appelle aussi *Chevalets,* les étayes qu'on met aux bâtimens qu'on veut reprendre sous œuvres ; & en general tout ce qui sert à la plûpart des Artisans à tenir leur besogne en l'air , afin qu'ils travaillent plus facilement. *Chevalet ,* est chés les Peintres un instrument de bois sur lequel ils posent leurs tableaux quand ils travaillent. C'est chés les Lutiers un petit morceau de bois qui soûtient les cordes sur la table de l'Instrument de Musique ; dans l'Epinette , qui est attaché sur la table de cet Instrument , & qui borne la longueur des cordes. Chés les Imprimeurs , c'est un morceau de bois qui porte le timpan ; chés les Serruriers , une petite machine de fer sur laquelle ils mettent la forêt pour percer le fer; chés les Tanneurs , une piece de bois ronde & creuse , qui a quatre ou cinq piés de longueur , & sur laquelle ils quiossent leurs cuirs ; chés les Meuniers , un morceau de bois qui tient une corde , soûtenant l'auget de la tremie ; & chés les Cordiers , une espece de haute selle à cinq piés dont ils se servent pour soûtenir la sangle, lorsqu'ils en font.

Chevalet , se dit aussi du pié sur lequel les Sculpteurs posent leur modelle. C'est aussi un échaffaut de Couvreurs , & en termes de Pilotes , le clou qui attache l'alhidade à l'astrolabe. On appelle encore *Chevalets,* les Treteaux qui servent pour scier de long ; & on donne ce même nom aux deux noues d'une lucarne , ou aux enfoncemens de deux combles qui se rencontrent.

Chevalet , est encore une maniere de cheval de bois dont le dos est fait en talus. Quand on veut punir un soldat de garnison qui a fait quelque faute , on le met sur le chevalet , & on lui attache des boulets de canon aux piés , ou autre chose de cette nature.

Chevalet. Terme de Marine. Machine avec un rouleau mobile qui sert à passer des cables d'un lieu à un autre.

CHEVALEUREUX , EUSE. adj. Vieux mot. On a dit *Faits Chevaleureux ,* en parlant des grands exploits des Chevaliers , soit dans les tournois , soit à la guerre.

CHEVALIER. s. m. Nom qu'on ne donnoit autrefois qu'à ceux qui avoient fait des actions signalees, & qu'on distinguoit par une marque de l'Ordre où l'on vouloit bien les recevoir. Il y en a eu de beaucoup de sortes , dont les plus renommés ont été *les Chevaliers de la Table ronde.* C'étoient des personnes qui faisoient toute leur gloire de défendre leurs Maîtresfes, & de se battre contre leurs

Rivaux. Cet Ordre que l'on prétend établi par le Roi Artus en 1252. étoit composé de cent Chevaliers, & d'un pareil nombre de Dames qui mangeoient à une table ronde, pour éviter les differends du haut bout. Les Rois leur faisoient un present d'armes, après qu'ils avoient donné des preuves de leur valeur. Vifried II. Comte de Barcelone, reçût sur son Ecu doré les armes de son Roi, après une sanglante bataille, où il avoit fait tout ce qu'on pouvoit attendre du plus vaillant homme. Lorsque l'on eut gagné la victoire, le Roi à qui il avoit sauvé la vie, trempa la main dans ses playes, & avec ses quatre doigts teints de son sang, il lui fit quatre pals de gueules sur le champ d'or de son Ecu, en lui disant : *Questas feran las tuas armas*. Ces Ordres de Chevaliers ont pris leur source parmi les Romains, où il y en avoit de plusieurs sortes. Les uns portoient un Collier, & s'appelloient *Torquati* ; les autres avoient un Anneau, &c. Nicod après avoir dit que le mot de Chevalier signifie proprement quiconque est à cheval, ou va à cheval, ajoûte : *Il est prins plus étroitement pour celui qui est orné & décoré par le Roi, ou autre ayant droit de ce faire, des armes & ornemens de Chevalier, en quoi anciennement étoient usitées les cérémonies de raser tout le poil au nouveau Chevalier, le baigner au baing, le coucher dans un lit de parement, le vêtir de pourpoint de couleur cramoisie, le chausser de chausses de brunette, le ceindre de baudrier & d'épée, ou le lui pendre en écharpe de l'épaule droite descendant sur le côté gauche, lui chausser les éperons dorés, le faire veiller en une Chapelle, lui donner l'accolée, ou lui frapper de son estoc nud sur l'épaule ; mais à present presque toutes lesdites cérémonies sont desusitées. Selon cela, on trouve ces phrases, Chevalier d'accolée, Chevalier aux éperons dorés, Chevalier de bataille, de rencontre & d'assaut, qui est la plus honorable facture de Chevalier, ores que pour l'urgence & précipitation de l'occasion occurrante, bien peu desdites cérémonies y fussent observées, & les faisoit en telles occasions volontiers le Roi, parce que l'Ordre nouvellement par eux reçû les obligeoit à faire plus grand devoir, & effort de leurs personnes esdites batailles, rencontres & assauts, que s'ils n'eussent reçû l'Ordre de Chevalerie.*

Chevalier. Oiseau aquatique, qui est un peu plus gros qu'un pigeon. Il y en a de deux sortes, le rouge, & le noir. Le Chevalier rouge, est blanc sous le ventre, & rouge & cendré ; & le Chevalier noir est noir & cendré. Cet oiseau a le bec long, & on l'a nommé *Chevalier*, à cause qu'il a les jambes si hautes qu'il paroît comme à cheval.

Chevalier. Piece du jeu des Eschets qui saute par dessus les autres. On la fait toûjours aller de blanc en noir, & de noir en blanc.

CHEVANCE. s. f. Vieux mot, qui se trouve encore dans quelques Coûtumes. Il signifioit autrefois le bien d'une personne.

CHEVANTON. s. m. Vieux mot. Tison.
Attisent au four Chevantons ,
Pour cuire flancs , flanges , flammusses.

CHEVAUCHE'E. s. f. Vieux mot. Course.

CHEVAUCHER. v. n. Vieux mot. Galoper.
Et chevaucherent deux à deux ,
Tout droit vers le gué perilleux.
On a dit aussi *Chevalcher*.

Chevaucher, est aussi un terme d'Artisan, & il se dit des pieces qui se mettent ou qui se croisent l'une sur l'autre. *Cette solive doit chevaucher davantage dans le mur*. Il faut que les ardoises chevauchent les unes sur les autres.

CHEVAULEGER. s. m. Homme de guerre qui combat à cheval. C'est proprement ce que l'on appelle *Un Maitre* ou *un Cavalier*. Comme le nom de Gendarme étoit autrefois affecté à des Cavaliers armés pesamment de pié en cap, on nomma *Chevaulegers* ceux qui étoient équippés plus legerement. Il y a quatre Compagnies de Chevaulegers qui n'entrent jamais en corps de Regiment. Ce sont les Chevaulegers de la garde du Roi, ceux de la Reine, ceux de Monseigneur le Dauphin, & ceux de Monsieur. Un Capitaine-Lieutenant commande chacune de ces Compagnies, appellées *Compagnies d'Ordonnance*, & le Roi ou les Princes qui donnent le nom, en sont les Capitaines.

CHEVECAILLE. s. f. Vieux mot. Tresse de cheveux, d'où vient qu'on trouve dans l'ancienne Poësie.
Et pour tenir la chevecaille ,
Un fermeil d'or au col li baille.

CHEVECAGNE. s. m. Vieux mot. Cavalerie.

CHEVECEL. s. m. Vieux mot. Chevet, oreiller.
Il ot en lieu de chevecel ,
Sous son chef d'herbe un grand moncel.

CHEVECINE. s. f. Vieux mot. Chevestre.

CHEVELE'. E E'. Terme de Blason. Il se dit d'une tête dont les cheveux sont d'un autre émail. *D'azur à la face d'argent, accompagnée de trois têtes de fille chevelées d'or.*

CHEVELU, UE. adj. On appelle *Racine chevelue*, Une racine qui pousse plusieurs petits brins, & on appelle *Chevelure*, dans les racines des herbes, les petits brins ou petits jets que fait la racine.

CHEVER. v. n. Terme de Jouaillier. On dit *Chever une pierre*, pour dire, La cerner & accreuser par dessous, afin de diminuer sa couleur quand elle est trop forte.

CHEVESCHE. s. f. Espece d'oiseau nocturne qu'on tient être de mauvaise augure. C'est la même chose que Chouete. M. Ménage dit que *Chevêche*, vient de *Cavecca*, que l'on a fait de *Capo*.

CHEVESTRE. s. m. Piece de bois d'un plancher, retenu par les solives d'enchevestrure, & qui sert à soûtenir les soliveaux qui s'emmanchent dedans, avec des tenons à mordant ou des renforts, afin de laisser une ouverture pour les tuyaux de cheminée, & empêcher que l'atre ne pose sur du bois, à cause du danger du feu.

C'est aussi le côté d'un Pressoir assemblé avec les deux solives.

CHEVET. s. m. On appelle *Chevet d'Eglise*, la partie anterieure d'une Eglise, qui en termine le Chœur, & qui est le plus souvent circulaire. Le Chevet de l'Eglise de saint Denys, est la partie qui est derriere le Chœur, & où l'on monte par plusieurs degrés.

Chevet de canon. On appelle ainsi en termes de mer, un gros billot de bois de sapin ou de peuplier, qui étant mis dans le derriere de l'affust du canon, en soûtient la culasse.

Chevet. Rebords de plomb que les Plombiers mettent au bout des chêneaux, ou proche des godets. Ils servent à arrêter l'eau, & empêchent qu'elle ne bave le long de la couverture.

Chevet, a été employé dans le vieux langage pour signifier la tête. Il est dit en parlant de saint Jean-Baptiste.
Que Herodes fit marturer ,
Li chevet de sleve trencher.

CHEVETAIN, ou *Chevetain*. s. m. Vieux mot. *Chef* ou *Capitaine*. Il se trouve dans Villehardouin, Froissard & Fauchet.

CHEVETEAU. s. m. Grosse piece de bois de travers où est engravée la couette sur laquelle tourne le Tourillon d'un arbre de Moulin : elle est posée sur une masse de maçonnerie.

CHEVILLE. s. f. Morceau de bois ou de fer, rond ou quarré, qui va en diminuant, & dont on se sert pour boucher un trou, ou pour joindre des assemblages. On appelle *Chevilles coulisses*, celles qu'on applique & qu'on ôte quand on veut. *La cheville ouvriere d'un carrosse*, est une grosse cheville de fer, sur laquelle tourne le train de devant & qui l'attache à la fléche.

On appelle *Chevilles de Pompe*, dans un Navire, une cheville de fer mobile, qui sert à assembler la brinquebale avec la vergue de pompe, & on appelle *Chevilles de potence de pompe*, certaines chevilles de fer qui passent dans les deux branches de la potence de la pompe, & dont l'usage est de tenir les brinquebales. Elles ont environ un pié de longueur. *Cheville d'affut*, est une autre cheville de fer qui fait la liaison de tout l'affut du canon qu'elle traverse. Il y en a où sont aussi des boucles de fer, & on les appelle *Chevilles à oreilles*. Les chevilles de fer en bois, où il y a des boucles, s'appellent *Chevilles à grille & à boucle*, & les *Chevilles à croc*, sont celles qui ont des crocs & qui sont aux côtés des sabords pour y amarrer les canons. *Les chevilles à tête de diamant* ou à *tête ronde*, sont celles dont la tête ne sçauroit entrer dans le bois du Vaisseau à cause de la grosseur, & celles dont la tête entre dans le bois, sont appellées *Chevilles à tête perdue*. Toutes ces chevilles sont de fer.

On appelle *Chevilles* ou *Chevillures*, les andouilliers qui sortent de la perche de la tête du cerf, du daim & du chevreuil.

CHEVILLÉ', 'E. part. Terme de Blason. Il se dit des ramures d'une corne de cerf. *Chevillé de tant de cors*. *D'or au demi bois de cerf, chevillé de cinq dagues ou cors de sable*.

On dit en termes de Venerie, *Une tête de cerf bien chevillée*, pour dire, Une tête qui a beaucoup de pointes & de cornichons rangés en bel ordre.

CHEVILLETTE. s. f. Terme de Relieur. Petit morceau de cuivre plat & troué sous le cou-soir, & où l'on attache les nerfs des livres qu'on coud.

CHEVILLON. s. m. Les Tourneurs appellent *Chevillon*, un petit bâton de bois tourné au dos des chaises de paille. C'est aussi en termes de Ferandinier, un bâton long de deux piés, sur quoi on leve la soye de dessus l'ourdissoir.

CHEVILLOT. s. m. Petite piece de bois tournée, dont on se sert quand on veut lancer les manœuvres le long des côtés d'un Vaisseau.

CHEVISSANCE. s. f. Vieux mot. *Composition faite avec aucun*, dit Nicod, *par solution, atermoyement, novation ou autrement, sur quelque differend, debts ou obligation*.

CHEVRE. s. f. Animal domestique à quatre piés, qui est la femelle du Bouc, qui broute & qui se nourrit d'herbes & de feuilles. Ses cornes sont longues & aigues, son museau plat, & sa queue fort courte. On tient que la Chévre est si lascive, qu'à sept mois elle s'accouple avec son mâle. Elle se plaît avec les brebis & haït le loup, l'éléphant, & l'oiseau appellé *Tette-Chévre*. Outre le lait & le petit lait que l'on tire de la Chévre, & qui sont d'un grand usage, Dioscoride dit que la fiente des Chévres nourries dans les montagnes, bûe avec du vin, guérit la jaunisse, & que bûe avec des choses aromatiques, elle provoque les mois, & fait sortir les enfans du ventre de la mere. Selon Matthiole, la fiente de Chévre est resolutive & aigue, en sorte qu'elle n'est pas seulement convenable aux dure-

tés & nodosités de la rate, à quoi les Medecins ont accoûtumé de l'employer, mais aussi aux duretés des autres parties du corps. Galien assure qu'il s'en est servi avec succès en une nodosité inveterée qui étoit au genouil d'un homme, à la verité robuste & de forte complexion. Quoiqu'elle fût fort difficile à resoudre, il y appliqua seulement de la fiente de Chévre avec de la farine d'orge, le tout démêlé avec de l'eau & le vinaigre, & il la guerit. Il marque que ce médicament pourroit n'être pas bon aux petits enfans & aux femmes délicates, parce qu'il seroit trop pénétrant. Les fientes de Chévre sont bonnes aussi à la pelade, & en tout ce qui a besoin d'être abstergé, comme les gratelles, les dartres rouges, les feux volages, & le mal appellé Mal de S. Mein. *Chévre* vient de *Capra*, qui selon Varron a été dit au lieu de *Carpa*, de *Carpere*, Brouter. Il y a des Chévres en grand nombre autour d'Alexandrie, qui ont des oreilles qui leur pendent jusqu'à terre, & qui sont retroussées au bout de la largeur de quatre doigts.

Chévre sauvage. Animal dont le mâle est de la grandeur d'un grand Veau, & qui se trouve en Afrique. Son poil est gros & rude comme le crin d'un Cheval, & si long, qu'il traîne à terre. On voit aussi des Chévres sauvages en Egypte. Elles courent ordinairement par troupes dans les forêts, & les Habitans en tuent grand nombre à coups de mousquet. Leur poil & leur queue ressemblent au poil & à la queue des Chameaux, & leurs piés de devant, qui sont plus courts que ceux de derriere, sont faits comme ceux des liévres. Leur voix est pareille à celle des Chévres communes. Elles sont sans barbe, & leur cou est long & fort noir. Elles montent avec bien plus de vitesse qu'elles ne peuvent descendre; & rien n'approche en rase campagne de la rapidité de leur course. Leurs cornes sont droites, un peu recourbées au bout. Celles des mâles sont plus grandes que celles des femelles.

Chévre. Machine d'Architectes & de Charpentiers, par le moyen de laquelle on tire avec la cable des pierres & des poutres par une baye de croisée. Elle est composée de deux pieces de bois qui servent de bras pour appuyer contre les murailles. Il y a une clef & une clavette qui les joint, & par en bas elles s'écartent l'une de l'autre, & sont assemblées en deux differens endroits avec deux entre-toises. Le trenil est au milieu de ces entre-toises avec deux leviers qui servent de moulinet pour tourner le cable au bout duquel la poulie est attachée. Quand il n'y a point de mur, contre lequel on puisse appuyer les deux premieres pieces, on y en ajoûte une troisiéme qui sert à les soûtenir, & que l'on appelle *Bicoq*, ou *Pié-de-Chévre*.

Chévre. C'est aussi ce qui, dans les Moulins à soye, avec le coquet tient la Fusée.

CHEVREAU. s. m. Le petit d'une Chévre, autrement *Cabril*. Les Anciens l'appelloient *Chévrel*, à cause qu'ils prononçoient en *el* tout ce que nous prononçons en *eau*, *Châtel, bel*, &c. pour dire Château, beau. Borel dit sur cela, qu'il a lû dans un ancien Auteur, qu'en parlant de quelqu'un il emploie ces termes, *Il print un mourcel de pel de Chevrel*.

CHEVRE-FEUILLE. s. m. Arbrisseau que Dioscoride appelle *Periclymenum*, & qui pousse ses tiges sans branches, produisant par intervalles de petites feuilles blanchâtres. Il ressemble au lierre pour sa feuille & pour ses grains, & croît non seulement dans les jardins, mais parmi les buissons & dans les forêts, où il embrasse si étroitement les arbres

qu'il

qu'il rencontre, qu'il semble entrer dans le bois. C'est ce qui a donné lieu aux Italiens de l'appeller *Vincibosco*. Les Latins le nomment *Sylva mater*, *Volucrum majus*, *matrisylva*, & *Lilium inter spinas*. Sa fleur est blanche, tirant quelquefois sur le jaune, & assés semblable à la fleur de Féve. Lorsqu'elle est bien épanouie, elle tombe sur la feuille, & jette une odeur extrêmement agreable. Aussi aime-t'on à faire des berceaux & des palissades de Chevre-feuille. Sa graine est fort dure & difficile à arracher. Elle est attachée à certains petits rejettons qui sortent d'entre ses feuilles. On se sert ordinairement de toute la plante, à l'exception de sa racine, qui est ronde & grosse. Selon Galien, sa graine & ses feuilles prises en breuvage ont une vertu si chaude, que si on continue trop à en boire, elles rendent l'urine saigneuse, quoique d'abord elles provoquent seulement à uriner. Elles sont bonnes aussi à ceux qui sont travaillés de la rate, ou qui ont la respiration difficile. La vraie prise est le poids d'une dragme avec du vin. La graine est aussi dessiccative. Quelques-uns disent que les femmes qui en boivent trop long-tems, deviennent steriles. Dioscoride met pour cela le terme de trente-sept jours. Le Chevre-feuille empêche le hoquet, facilite l'enfantement, rompt la pierre, & efface les taches de rousseur qui viennent sur le visage. On appelloit autrefois cet arbrisseau *Chievrebour*.

CHEVRETTE. s. f. Pot de fayence qui a un goulot, & dans lequel les Apothicaires mettent des syrops.

CHEVREUIL. s. m. Bête fauve qui vit dans les bois, & dont en la chassant on ne connoît le mâle d'avec la femelle que par la tête. Cette femelle s'appelle *Chevrelle* ou *Chevrette*. Il n'y a point d'animal qui soit de meilleure fuite, ni qui exerce davantage les Chasseurs que le Chevreuil. Il ressemble au Cerf; mais il est plus petit, s'apprivoise plus aisément, & ne fait point de mal de son bois. Les femelles portent deux ou trois petits, & les Chevreuils ne vont point au change. Au contraire, ils les secourent & les gardent quand elles sont pleines, & après qu'elles ont mis bas, ils leur aident à élever leurs Faons, jusqu'à ce qu'ils soient assés forts pour les pouvoir suivre.

CHEVRIE. s. f. Vieux mot. Cornemuse, musette.

CHEVRON. s. m. Piece de bois de sciage de quatre pouces, sur laquelle on attache les lates à tuile ou ardoise, & qui servent pour la couverture des bâtimens. Les Chevrons qui sont posés du côté des croupes, s'appellent *Chevrons de croupes* ou *d'aretier*, ou *Empanons*, & ceux qui sont dans la plus longue étendue d'un bâtiment, *Chevron de long pan*. Les *Chevrons cintrés*, sont ceux qui sont courbés, & assemblés dans les liernes d'un Dome; & ceux qui ne suivent pas dans les liernes, & qui sont les plus petits d'un Dome, sont appellés *Chevrons de remplage*. M. Ménage tire le mot de *Chevron*, de *Caprone*, fait de *Caper* ou *Capreolus*, qui se trouve en cette signification dans Vitruve.

Chevron. Terme de Blason. L'une des Pieces les plus honorables de l'Ecu, composée de deux bandes plates qui sont attachées en haut par la tête, & qui s'élargissent en bas en maniere de compas à demi ouvert. On appelle *Chevron coupé*, Celui qui a sa pointe coupée, & *Chevron rompu*, Celui dont une des branches est séparée en deux pieces. On l'appelle *Chevron ondé*, quand ses pointes vont en ondes, & *Chevron parti*, quand l'émail de ses branches est different, & que la couleur est

Tome I.

oppofée au métal. *Chevron renversé*, est Celui dont la pointe est vers celle de l'écu & les branches vers le Chef; & *Chevron abaissé*, Celui dont la pointe n'approche pas du bord du chef de l'écu, & qui va seulement jusqu'à l'abîme ou aux environs. *Chevron ployé*, se dit de celui dont les branches sont courbes. *Chevron alaisé*, de celui qui ne parvient pas jusqu'aux extrêmités de l'écu, & *Chevron brisé* ou *éclaté*, de celui qui a la pointe d'en haut fendue, en sorte que les pieces ne se touchent que par un de leurs angles. On dit *Chevrons appointés*, pour dire, Des Chevrons qui portent leurs pointes au cœur de l'écu, & qui sont opposés l'un à l'autre; ce qui fait qu'il y en a un renversé, & l'autre droit.

CHEVRONNE', E'E. On appelle *Ecu chevronné*, l'Ecu qui est rempli de chevrons en nombre égal de métal & de couleur; & *Pal chevronné*, Celui qui est rempli de chevrons. *De gueules au Pal chevronné d'or & de gueules*.

CHEUTE. s. f. On appelle ainsi dans un jardin, le Raccommodement de deux terrains inégaux, qui se fait par des perrons de gason en glacis.

On dit, *Chûte de festons & d'ornemens*, Lorsqu'on parle de certains bouquets pendans de fleurs ou de fruits qu'on met dans des ravalemens de montans, pilastres & panneaux de compartimens de lambris.

On dit, *Chûte d'eau*, pour dire, l'Eau qui tombe par degrés dans les grottes & dans les jardins où l'on a fait pour cela des ouvrages de Maçonnerie. Il se dit aussi de l'eau qui tombe comme par degrés dans les lieux qui lui fournissent une pente naturelle. *La chûte d'un toit*, en est la pente, l'égoût, que l'on appelle en Latin, *Stillicidium*.

CHI.

CHIANTZOTZOLLI. s. m. Herbe qui croît dans la nouvelle Mexique, ayant ses feuilles semblables au lierre, les tuyaux quadrangulaires de la hauteur d'un palme & demi, les fleurs blanches & délicates, couvertes d'un petit vase dans lequel s'engendre une semence blanche comme lente, qui est froide ou moderément chaude & salée. Quand elle est confite avec du sucre, on en fait des potions fort propres à rafraîchir, ausquelles on mêle ordinairement des amandes nettoyées, ou de la semence de melon & autres. On mêle aussi cette semence réduite en pâte avec du Mays rôti & broyé, qui se garde long-tems sans se corrompre.

CHIAOUX. s. m. Officier de la Porte du Grand Seigneur, qui fait l'office d'Huissier, & qui porte des armes offensives & défensives. Il assigne les particuliers, peut accommoder leurs differends, & les Prisonniers de distinction sont mis en sa garde. Ce sont ordinairement des Chiaoux que le Grand Seigneur envoie en Ambassade dans les Cours des autres Princes.

CHICABAUT. s. m. Terme de Marine. Longue & grosse piece de bois qui est vers l'avant d'un petit Vaisseau, & qui lui sert d'éperon ou de poulaine. On dit aussi *Chicambaut*, & Nicod en parle ainsi. *Chicambault en fait de Navires, est une piece de bois de quinze piés de long, ronde, & de la grosseur du faux du corps d'un homme, attachée d'un bout & par le dedans du Navire avec des amarres au masterel, yssant par la piece hors le Navire entre la fleche & la lice, & courboyant jusques à un pié & demi de fleur d'eau, & servant d'amairer la misaine & le beaupré, quand ledit Navire va à orse ou à la bouline; qui est tout un; car au bout d'icelui qui affleure l'eau, y a*

E e

un crochet de fer, & une petite corde appellée Bour-
fin pour amurer ledit beaupré ou cevadere, & un
peu plus au-dedans y a un tacquet de bois bien cloué,
auquel y a deux trous par où passent deux cordes qu'on
appelle Couets, servants à amurer ladite misaine,
tenant ledit Bourfier à la corniere dudit beaupré d'un
bout, & lesdits couets tenant aussi d'un bout à la cor-
niere de ladite misaine; ce qui sert pour les deux bords
du boulinage, & tant ledit bourfin que les couets te-
nants à l'autre bout au château devant pour amurer
lesdits deux voiles comme on veut.

CHICANER. v. a. *User de détours, de subtilités*
captieuses. ACAD. FR.

On dit en termes de mer, *Chicaner le vent*, pour
dire, Prendre le vent en louviant, en faisant plusieurs bordées, tantôt d'un côté, tantôt d'un
autre.

CHICHE. s. m. Sorte de pois que l'on appelle en
Latin *Cicer.* Leur plante est de la hauteur d'une coudée, & produit de longues feuilles dentelées blanchâtres & velues, qui ont une tige dure, courbe, &
fournie de force branches, qui poussent des fleurs
presque purpurines. Il sort de ces fleurs de petites
gousses bien garnies qui aboutissent en pointe. Sa
racine est dure comme du bois, chevelue, &
profonde en terre. Il y a de deux sortes de pois
chiches, le domestique qu'on seme, & le sauvage
qui vient de lui-même dans les champs. Le domestique se divise en blanc, en rouge & en noir. Ils
ont assés de rapport entr'eux à l'égard des feuilles,
mais ils sont fort differens à l'égard de la semence. Ils échauffent & dessechent au premier degré.
Ils ont aussi la vertu de déterger, & particulierement leur farine, dont on se sert souvent dans les
cataplasmes.

CHICORACE'ES. s. f. Plantes qui ont grand rapport en vertus avec la Chicorée. Ce sont entr'autres
toutes les especes de Chondrilles, d'Intybes, de
Hieraciums, & même de laitues sauvages, avec le
Sonchus & le *Taraxacum.*

CHICORE'E. s. f. Herbe rafraîchissante, que l'on
mange cuite ou crue, en salade ou en potage. Il y
a de deux sortes de Chicorée, celle de jardin, &
la Chicorée sauvage, & de chacune de ces deux
especes, il y en a encore de deux sortes. De la sauvage, l'une est appellée *Picris*, à cause de son amertume, & l'autre a ses feuilles plus larges & de meilleur goût que la Chicorée des jardins, dont l'une a
sa feuille large & semblable à la laitue, & s'appelle par quelques-uns *Endivia hortensis.* L'autre qui a
sa feuille plus étroite est amere au goût. La Chicorée blanche se seme ordinairement dans les jardins.
Elle a ses feuilles plus larges que la sauvage, polies, lissées, & assés semblables à la Chicorée verte
que l'on seme aussi dans les jardins. Elle est de meilleur goût que la sauvage qui croît par tout, & dont
les feuilles sont crenelées, étroites, âpres & ameres.
Les Jardiniers couvrent leurs Chicorées de terre &
de sable pendant l'hiver, pour les rendre blanches
& tendres, & ils l'ont fait après avoir remarqué que
les Chicorées sauvages ayant été couvertes de terre par les inondations, ne conservoient plus leur
amertume, & étoient devenues tendres & blanches. Toute chicorée domestique s'appelle *Seris*, en
Latin *quia seritur*, à cause qu'on la seme. La Chicorée est hepatique & stomachique, & attenue la bile crasse. Quand on en ordonne la racine, les fleurs
& les feuilles, on entend parler tant de la racine de
la domestique, que des feuilles & des fleurs de la
sauvage.

CHIEN. s. m. Animal domestique, fidele, reconnoissant, & qui est propre à diverses choses. Il naît

aveugle,& vit à peu près douze ou quinze ans. Il est
l'ennemi des Loups & des Crocodiles. Il y a plusieurs especes de Chiens pour la chasse & qui ont
differens noms. Il n'y en a point de meilleurs pour
le Chevreuil que les *Chiens barreurs.* On appelle
Chiens trouveurs, ceux qui vont requerir un Renard, quand il y auroit vingt-quatre heures qu'il
seroit passé. *Chien secret*, est un Limier qui pousse
la voie sans appeller. *Chien babillard*, celui qui
crie hors la voie. *Chien menteur*, celui qui cele la
voie pour gagner le devant; *Chien vicieux*, qui s'é-
carte toûjours de la meute & chasse tout ce qu'il
rencontre. *Chien sage*, qui chasse bien & qui tourne juste; *Chien de bonne creance*, *de bonne affaire*,
celui qui est docile & obéïssant; *Chien de tête* ou
d'entreprise, un Chien qui est hardi & vigoureux.
Leur nom le plus commun pour la chasse est celui
de *Chiens courants*; sur quoi Nicod dit, *Chiens cou-*
rants ne sont pas appellés tous Chiens, desquels on se
sert à la chasse pour courir & prendre le gibier, car
ni les Espagneux, ni les Levriers, ni les Limiers, ni
les Vautres ne sont entendus par ce nom, ains ceux qui
sont de moyenne grandeur, ayants les naseaux gros
& ouverts, le front & la tête large & grosse, les
lévres ondées & pendantes, les yeux gros, noirs, ou
vermeils, les oreilles larges, épaisses & abbatues,
long museau & gros, desquels on fait les meutes pour
le Cerf, & autre bête rousse ou fauve; ainsi appellés,
pource qu'étant hallés à leur chasse, ils la poursui-
vent, & courent incessamment après, tant qu'ils la
rendent aux abbois. Les meutes se font de tels Chiens,
qui sont ou blancs qu'on appelle Greffiers, ou fauves,
ou gris, ou noirs qu'on nomme, de Saint Hubert.
Chiens de saint Hubert, sont communément puissans
de corsages, les jambes basses & courtes, de haut nés,
chassans de forlonge, ne craignant eaux ne froidures,
desirans les bêtes puantes. Il en est toutefois de tous
poils, tant est souvent mêlée leur race, Canes Huber-
tini, ainsi appellés, parce que les Abbés de saint Hu-
bert en ont toûjours gardé la race.

On dit qu'*un Chien a le nés dur*, pour dire, qu'Il
rentre malaisément dans la voie & qu'il reprend
lentement; qu'*Il est de haut nés*, pour dire, qu'Il
va requerir sur le haut du jour: &, qu'*Il a le nés*
fin, pour dire, qu'Il chasse bien dans la poussiere &
dans les chaleurs. On dit aussi, qu'*un Chien a belle*
gorge, pour dire, qu'Il crie bien & qu'il a la voix
grosse & forte. On dit qu'*Il aboye*, quand il sent le
gibier ou quelque chose d'extraordinaire; qu'*Il jap-*
pe, lorsqu'il crie au moindre bruit qu'il entend, &
qu'*Il hurle*, lorsqu'il sent des Loups, ou une Chienne chaude qu'il ne sçauroit joindre. On dit encore,
que *le Chien fonne*, pour dire, qu'Ayant trouvé la
trace il appelle au bon chemin.

Il y a diverses sortes de Chiens qu'on éleve pour
le plaisir des Dames, comme Bichons, Doguins,
Epagneuls. On les trouvera dans leur ordre alphabetique. Les *Chiens de Boulogne*, sont assés semblables aux Epagneuls, & ont le nés fort camus.
On leur a donné ce nom à cause que c'est une espece qui vient de Boulogne la Grasse. *Chien de Bar-*
barie, ou *Chien Turc*, est une autre espece de Chien,
qui n'a aucun poil que sur le haut de la tête. Elle
vient des pays chauds.

Chien de mer. Poisson long qui a le museau pointu, & la bouche armée de dents. Il y en a de plusieurs especes. Le grand Chien de mer, appellé κεν-
ναξίας par Hesichius, a quatre ou cinq rangs de
dents à chaque machoire. Elles sont fort tranchantes & pointues, & quelques-unes ont un pouce de
longueur. On ne croit pas pourtant qu'il s'en serve à manger sa proye, à cause qu'on a trouvé des

hommes tout entiers dans le ventre de cès sortes dè poiſſons.

Chien. Terme d'Artiſan. Barre de fer quarrée, qui a un crochet en bas & un autre qui monte & deſcend le long de la barre. C'eſt ce que les Menuiſiers & quelques autres Ouvriers appellent *Sergent*. Les Tonneliers qui ſe ſervent beaucoup de cet outil lui donnent le nom de *Chien*, parce qu'il ſerre, & mord fortement le bois. Ils appellent *Chienne*, une autre ſorte de crochet qu'ils ont, qui tire, & qui pouſſe en même-tems.

CHIENDENT. Herbe qui jette quantité de racines, dont on ſe ſert dans les infuſions & décoctions. Elles ſont rafraîchiſſantes, & miſes au rang des cinq racines aperitives mineures. Le Chiendent eſt bon pour les obſtructions du foye, de la rate & des ureteres, & même pour le crachement du ſang. Il y en a une eſpece dont les feuilles ſont rampantes, d'un verd fort clair, & faites en pointes comme les dents canines, ce qui lui a fait donner le nom de *Dent de Chien*, ou *Chiendent*. Cette plante a beaucoup de nœuds, qui en s'approchant de terre, jettent des racines. L'autre eſpece de Chiendent eſt d'un vert plus foncé. Ses feuilles ſont étroites, & à fleur ſeulement de terre environ d'un pié. C'eſt l'herbe la plus commune, & on l'a nommée ſimplement *Herbe*, en Latin *Gramen*. Elle jette beaucoup de racines, & c'eſt ce qui fait les gaſons.

CHIERE. ſ. f. Vieux mot qui ſignifioit autrefois *Viſage*, & que l'on a dit au lieu de *Chere*, comme on a dit *Chief*, au lieu de *Chef*. Borel dit qu'il vient de *Cara*, vieux mot, qui en Latin ſignifie auſſi *Viſage*, ſelon Corippus; ce qui vient du Grec χάρη, qui veut dire, Tête. C'eſt delà que viennent les mots *Accarer*, Mettre en face; & *Acariaſtre*, qui a le viſage refrogné. Les Eſpagnols diſent *Cara*, pour dire, Viſage.

CHIFFRE. ſ. m. Ce mot vient de l'Hebreu, *Sephira*, qui veut dire Nombre. Il y a le Chiffre Arabe, & le Chiffre Romain. Le Chiffre Arabe eſt celui dont on ſe ſert en Arithmetique, & il eſt figuré de cette ſorte 1730. Les Arabes reconnoiſſent que ces caractères leur ſont venus des Indiens, & ils les appellent Figures Indiennes. Le Chiffre Romain eſt celui qu'on marque par certaines Lettres Capitales de l'Alphabet. M. DC. XXX. L'origine de ce Chiffre vient de ce qu'on a compté d'abord par les doigts; de ſorte qu'on a mis un I pour un, II pour 2, III pour 3, & IIII pour 4; parce que cela repreſente les quatre doigts de la main, ſur leſquels on a accoûtumé de compter. Le Chiffre 5. eſt marqué par V. à cauſe qu'en comptant par les doigts, il doit être marqué avec le cinquiéme doigt qui eſt le pouce, & le pouce eſt formé comme un V. avec le doigt *Index*. Deux V. joints par la pointe forment un X. ce qui le fait valoir dix. On met une L. pour cinquante; un C. pour cent, D. & IƆ. pour cinq cens, M. & CIƆ. pour mille. Cela vient de ce qu'anciennement on faiſoit une M. comme ſi un I. avoit une anſe de chaque côté; ce qui a été ſéparé avec le tems en trois parties de cette maniere CIƆ. Ces trois parties ne ſont que l'ancienne M; de ſorte que c'eſt toûjours une M. qui ſignifie Mille, parce que c'eſt la premiere lettre du mot Latin *Mille*. Le D. vaut cinq cens, parce que ſi dans les deux lettres IƆ, qui ſont la moitié de l'ancienne M. on joint l'I. au Ɔ. retourné, cela formera un D. Le C. valoit cent, à cauſe que c'eſt la premiere lettre de *Centum*: & comme les Anciens faiſoient leur C. comme notre E. capital, qui n'avoit point de barre au milieu, en coupant cette

ſorte de C. en deux, la moitié forme un L. qui doit valoir cinquante, comme étant la moitié du C. qui vaut cent.

Chiffre. Ornement d'Architecture qui eſt fait de l'entrelaſſement de quelques lettres fleuronnées en bas relief ou à jour. C'eſt auſſi un ornement dans la Menuiſerie, la Serrurerie, & les Ouvrages de bouis.

CHILIASTES. ſ. m. Heretiques qui croyoient qu'après le Jugement univerſel, les Prédeſtinés demeureroient mille ans ſur la terre, où ils goûteroient toutes ſortes de plaiſirs. Cette opinion, dont Papias, qui vivoit dans le ſecond ſiecle, eſt crû Auteur, fut condamnée par le Pape Damaſe dans un Synode qu'on tint à Rome contre les Appollinariſtes. Ce Papias avoit été Diſciple de ſaint Jean l'Evangeliſte, & Evêque de Hierapolis; & comme ſon nom avoit de l'autorité, pluſieurs Peres de l'Egliſe ſe ſont attachés à ce ſentiment qu'ils fondoient ſur un paſſage de l'Apocalypſe. Le mot de Chiliaſte vient de χίλια, qui veut dire *Mille*, d'où vient que ces Heretiques ont été auſſi nommés *Millenaires*.

CHIMERE. ſ. f. Figure imaginaire qu'on fait ſur le. Monſtre fabuleux que Bellerophon vainquit, & que l'on feint avoir eu la tête & l'eſtomach de Lion, le ventre d'une Chévre, & la queue d'un Dragon. On en voit de pluſieurs ſortes, qui dans l'Architecture Gothique ſervent de Corbeaux & de Gargouilles, & qui ne ſont que des productions des Sculpteurs ignorans de ce tems-là.

CHINA. ſ. me. Racine qui nous eſt apportée d'une Province de la Chine où elle ſe trouve, & d'où elle a pris ſon nom. Il y en a de deux ſortes, celle du Levant, & celle du Ponant, que l'on nous apporte du Perou & de la nouvelle Eſpagne. La premiere, eſt de couleur rouge ou noirâtre au-dehors, & blanchâtre ou rougeâtre au-dedans, & celle qui vient du Ponant eſt au-dedans de couleur plus rouſſe. Matthiole dit qu'on trouve cette racine toute tirée ſur la greve de la mer, & que les flots l'y apportent des Marais où elle croît; qu'elle eſt de matiere ſpongieuſe comme celle du roſeau, & que l'Empereur Charles - Quint s'en eſt ſervi long-tems pour la ſciatique. La meilleure eſt celle qui eſt fraîche & ferme, plus rouſſe en couleur, & qui n'eſt ni vermoulüe ni chancie. Elle remedie aux incommodités du foye & de la poitrine, & par conſequent à l'hydropiſie & à l'aſthme. Sa faculté eſt augmentée ſi on la mêle avec le gayac & la ſalſepareille.

CHINCILLA. ſ. m. Petit Animal qui ſe trouve dans le Perou, & qu'on y eſtime fort, auſſi bien que dans les Pays voiſins, à cauſe de la beauté de ſon poil, qui eſt fort leger & fort poli; de ſorte que ſa peau ſurpaſſe celle de tous les autres animaux. Il eſt de couleur brune, & de la groſſeur d'un écureuil.

CHIQUE. ſ. f. Sorte de petite bête qui ſe trouve dans toutes les Iſles des Antilles de l'Amerique, & que l'on croit engendrée de la pouſſiere la plus déliée & la plus échauffée du Soleil. Les Chiques ne ſont gueres plus groſſes que des cirons, & reſſemblent à de petites puces, dont on peut dire qu'elles ſont une eſpece, puiſqu'elles ſautent comme elles. Elles ſe fichent dans la chair avec une démangeaiſon douloureuſe qui fait ſouvent perdre patience. D'ordinaire elles s'attachent au-deſſous des ongles des piés, qui eſt un endroit fort ſenſible, autour des talons & au côté de la plante des piés, & ſe cachent entierement dans la chair, où elles groſſiſſent en deux ou trois jours comme de petits pois; de ſorte que pour les tirer, il faut décerner la chair tout autour avec des épingles , des aiguilles ou un canif , ce qu'on ne peut faire sans douleur. Lorsque la Chique est tirée il demeure un trou , qui quelquefois s'apostume , & où il se forme un ulcere malin très-difficile à guerir , particulierement si l'on rompt ou déchire la Chique , & qu'une partie de sa peau demeure dans le trou. Quand on ne se hâte point de les tirer , elles le remplissent de lentes , desquelles viennent autant de Chiques , qui toutes prennent place auprès du lieu où elles sont nées , ce qui fait qu'il s'y en amasse par centaines , qui endommagent tellement les piés qu'elles font garder le lit , ou tout au moins aller au bâton. Ces petites bêtes n'attaquent pas seulement les hommes , mais les Singes , les Chiens & les Chats ; ce qui n'est pas pourtant ordinaire. Pour s'en garantir , il faut se frotter les piés avec des feuilles de petun broyées,& d'autres herbes ameres ; sur-tout le Roncou est la peste aux Chiques. Ces petits cirons sont les mêmes que ceux du Bresil appellent *Tous* , & quelques autres Indiens *Nigas*.

CHIRAGRE. s. m. Nom que l'on donne à celui qui a la goute aux mains. On appelle aussi *Chiragre* , la maladie ou la goute qui travaille la partie exterieure de la main , où les jointures & les ligamens des doigts ; & en ce sens le mot de Chiragre est feminin. Il vient du Grec χειραγρα , qui signifie la même chose , & qui est formé de χειρ , Main , & de ἄγρα , Chasse, capture, comme voulant dire ἡ ἄγρα χειρος.

On appelle aussi *Chiragre* , en termes de Fauconnerie,une maladie qui vient aux mains des Oiseaux, & qui est causée par l'amas de quelques mauvaises humeurs.

CHIROGRAPHAIRE. adj. On appelle *Creancier Chirographaire* , celui dont la dette n'est fondée que sur une écriture privée , & sans aucun acte de Justice. Comme les dettes de cette nature n'ont point d'hypotheque sur les biens immeubles , elles viennent seulement par contribution , & au marc la livre sur les effets mobiliaires. Ce mot vient de χειρ,Main, & de γράφω , Ecrire.

CHL

CHLOROSIS. s. m. Sorte de maladie que l'on appelle autrement , *La fiévre blanche* , *la fiévre des filles* , ou *la jauniste blanche*. Les filles qui en sont attaquées ont le teint pâle , ou plûtôt livide , avec un certain cercle violet au-dessous des yeux. Elles sont tristes & inquietes sans aucune cause. Leurs mois ne font pas toûjours supprimés & ne s'arrêtent que dans le progrès de la maladie. On a dit *Chlorosis* , pour χλωρότης , qui veut dire , Verdeur, de χλόη , Herbe , d'où l'on a fait χλωρος , χλωρος , & par contraction χλωρος , Vert. Hippocrate a employé χλωρότης , pour dire , Pâleur.

CHO

CHOC. s. m. Terme de Chapelier. Instrument de cuivre pour mettre la ficelle au lien du chapeau.

CHOCOLATE. s. m. Confection , ou mélange de drogues dont la base est le Cacao , & dont on fait un breuvage , qu'on boit fort chaud , & que l'on prétend entretenir la chaleur de l'estomac , & aider à la digestion. Avant qu'on eût découvert le nouveau monde , les Americains avoient une sorte d'aliment composé , qu'ils mangeoient en pâte ou conserve seche , & qu'ils bûvoient en liqueur , de sorte qu'il servoit tout ensemble à les rassasier & à les désalterer. Ils l'appelloient *Chocolate* ou *Choco-*

latl , à cause que *Choco* veut dire , Son, dans leur langue, & *Atte* ou *Atle* , Eau ; & qu'en préparant cette liqueur , ils l'agitoient avec un instrument de bois qu'on remue à faire du bruit. Le Cacao a toûjours fait parmi eux l'essentiel de la pâte de Chocolat ; & outre le sucre qui a aussi toûjours été employé pour donner du corps à cette pâte , ils y ajoûtoient un suc épaissi qu'on tire du fruit de l'Achiote , des amandes du Coco ou Palmier des Indes en petite quantité , des Noisettes Americaines, avec du Mays en assés forte dose , & de la fleur d'Oresevala. Les Espagnols ayant pris racine dans les Indes , découvrirent qu'une certaine plante de la nouvelle Espagne , produisoit une goulse aromatique , dont ils se servirent pour la confection du Chocolat, en supprimant les Ingrediens des Americains. Cette Plante que les Indiens nomment *Tlixochtl* , & dont ils apppellent les goulses *Mecafulhil* , est une herbe qui rampe le long des Arbres. Ses feuilles sont semblables à celles du plantain , mais plus longues & plus épaisses. Les Espagnols en appellerent les goulses *Vanilles*,à cause qu'elles sont fort longues & fort étroites , & qu'en leur langue *Vanilla* veut dire petite gaine. Elles renferment une forte de petits grains très-menus , mêlés avec une espece de pulpe noirâtre , balsamique , & fort odorante ; ce qui rend le Chocolat extrêmement savoureux , & lui communique des proprietés admirables contre la plûpart des maladies de poitrine , & contre les venefices & poisons. Aussi , dit-on ordinairement, que la poudre de Vanille est l'ame du Chocolat, que les Espagnols ne composeroient plus qu'avec cette goulse , le Sucre & le Cacao , y ajoûtant seulement un peu de poivre d'Inde. Ils y mêlerent ensuite la canelle , les girofles , le musc, & l'ambre-gris. Le Chocolat bien préparé , & pris avec le sirop de Vanilles à differentes heures du jour, & sur-tout le soir en se mettant au lit , à la quantité de deux prises , suspend le mouvement immoderé de la matiere du rhûme & des fluxions de poitrine , émousse les parties salines & irritantes de la serosité qui cause la toux , éteint les inflammations de la gorge & de la plevre , & calment les differentes causes des insomnies. Il est aussi d'un fort grand secours pour amortir la bile épanchée qui provoque le vomissement , & qui fait les coliques bilieuses , le *Colera morbus* , la dyssenterie & la diarrhée. On ne peut gueres être assûré de la bonté du Chocolat qu'en le faisant préparer chés soi , & il n'en faut faire provision que pour deux ans , puisqu'il commence à dégenerer même avant ce terme. On le conserve en l'enveloppant dans du papier gris , & en le mettant ainsi envelopé dans une boëte , qu'il faut placer dans une autre boëte qui soit en lieu sec.

CHOCOLATIERE. s. f. Vase de métal , dans lequel on délaye le Chocolat avec un moulinet, & où on le fait cuire. Ce Vaisseau est fait en maniere de Coquemar.

CHOERM. s. m. Vieux mot. Porc. On a dit aussi *Goerm*. Borel veut que ce soit delà que vient *Gorret* , du Grec χοιρος , qui veut dire aussi , un Porc.

CHOINE. s. m. Nom que les Sauvages du Bresil donnent à un arbre d'une moyenne hauteur , dont les feuilles , pour la forme & pour le vert, sont semblables à celles du Laurier. Il porte des pommes grosses comme la tête d'un enfant , & qui sont à peu près de la figure des œufs d'Autruche. Elles ne valent rien à manger. L'écorce en est ligneuse & fort dure. Les Sauvages en font des vases & autres ustenciles de ménage.

CHOINTE. adj. Vieux mot dont on s'est servi pour

dire, Gentille, ajuſtée. *Chambrette belle & chointe.*
On a dit auſſi *Cointe.*

CHOISON. ſ. f. Diminutif d'*Achoiſon*, qui vouloit
dire autrefois, Deſſein, cauſe, occaſion.

Di moi la choiſon de ta voye.

CHOLAGOGUES. ſ. m. Médicamens qui purgent la
bile par bas. Il y en a de ſimples & de compoſés, &
leur activité en fait trouver de trois ſortes dans les
uns & dans les autres, de benins, de mediocres &
de malins. Les benins ſont ceux qui nettoyent ſeulement la premiere region, comme la manne, la
caſſe, les tamarins, les prunes, l'eupatoire, les roſes, la fume-terre, les fleurs de Pêcher, &c. Les
mediocres ſont l'aloës & la rhubarbe, & les violens
la ſcammonée. Ce mot vient de χολὴ, Bile, & du
verbe ἄγω, Amener.

CHOMMAGE. ſ. m. Etat de ce qui demeure ſans
agir pendant un certain tems. On déduit le Chommage aux Ouvriers qui manquent à ſe trouver dans
un Attelier. Suivant l'Ordonnance, quand le paſſage des trains ou des bateaux empêche les moulins
de moudre pendant vingt-quatre heures, leur
Chommage eſt reglé à quarante ſols.

CHONDRILLE. ſ. f. Eſpece de Chicorée ſauvage,
dont la tige, les fleurs, les feuilles & la graine
ſont un peu plus minces. Sur ſes branches ſe trouve une gomme groſſe comme une féve, que Dioſcoride dit avoir la vertu de provoquer efficacement
les fleurs des femmes, ſi étant piſée & mêlée avec
de la myrrhe, on l'applique dans un linge en la
partie ſecrette, environ de la groſſeur d'une olive.
Cette plante croît ſur les levées de foſſés, & le
long des grands chemins, & quoiqu'elle ſoit fort
amere, on ne laiſſe pas de la manger en ſalade. Il
y a une autre eſpece de Chondrille, dont la feuille
eſt longue & traîne par terre, & qui ſemble avoir
été rongée à l'entour. Sa tige eſt pleine de lait, &
a une vertu maturative, ainſi que ſes feuilles. Sa
racine eſt déliée, ronde, liſſée, bien nourrie, jaunâtre & pleine d'humeur. Cette plante vient dans
les terres graſſes & bien cultivées, & on la nomme
Latrainola en Italie, à cauſe de la quantité de lait
qu'elle a.

CHOPINETTE. ſ. f. On appelle en termes de mer,
Chopinette de pompe, un petit Cylindre qu'on arrête fixe dans le corps de la pompe, un peu au-deſſous
de l'endroit où deſcend la heuſe. Il eſt percé au milieu, & une ſoupape en couvre le trou.

CHOQUER. v. a. Donner un choc, heurter. On
dit en termes de mer, *Choquer la tournevire*, pour
dire, Rehauſſer la tournevire ſur le cabeſtan, afin
d'empêcher qu'elle ne ſe croiſe, ou qu'elle ne s'em-
barraſſe lorſqu'on la vire.

CHORION. ſ. m. Taye ou membrane nerveuſe &
forte, dont le fœtus eſt envelopé, & qui adhere à la
matrice par le moyen des veines & des arteres umbilicales. Ce mot eſt Grec χόριον, & ſe dit tant des
animaux que de l'homme. Hippocrate écrit χωρίον,
qui veut dire Lieu, habitation, à cauſe qu'il eſt
comme la demeure du fœtus. Quelques-uns le dérivent de χωρέω, Je vais, je pars, à cauſe qu'il vient
avec le fœtus.

CHOROBATE. ſ. m. Niveau. Voyez NIVEAU.
Ce mot de Chorobate a été fait de χωριβάτης, de
χωρὶς, Lieu, & βαίνω, Marcher, parcourir, parce
que quand on veut niveler un lieu, on le parcourt
avec le niveau.

CHOROGRAPHIE. ſ. f. Science qui donne les con-
noiſſances neceſſaires pour faire une carte particuliere de quelque Province. Ce mot vient de χώρα,
Region, & de γράφω, J'écris, d'où l'on a fait

χωρογραφεῖν, pour dire, Décrire les lieux de quelque Pays.

CHOROÏDE. adj. Terme de Medecine. On appelle
Membrane Choroïde, Celle qui envelope l'enfant
dans le ventre de la mere. Il ſe dit auſſi de la petite membrane dont le cerveau eſt envelopé, & on
l'appelle κιοειδὴς, à cauſe de la reſſemblance qu'elle
a avec le Chorion. La troiſiéme tunique de l'œil,
qui eſt celle où eſt la prunelle & l'iris, s'appelle
auſſi *Choroïde*. Cette Choroïde eſt entierement noire dans l'homme; mais elle a une couleur fort éclatante dans les yeux des Lions, des Chameaux,
des Ours, des Bœufs, des Brebis, des Cerfs,
des Chiens, des Chats, & de la plûpart des
Poiſſons.

Quelques-uns prétendent que la viſion ſe fait
ſur la Choroïde & non pas ſur la retine, & en apportent pour preuve cette experience. On met un
morceau de papier blanc à la hauteur de ſes yeux
pour ſervir de point fixe, & à deux piés delà on en
attache un autre au côté droit. Enſuite on ſe met
vis-à-vis du premier papier, on s'en éloigne peu à
peu, & quand on en eſt à la diſtance de dix piés le
ſecond papier diſparoît entierement, quoique l'on
voye encore tout ce qui eſt autour de lui; or il eſt
certain que dans ce cas-là, l'image de ce papier
qu'on ne voit plus, tombe ſur un endroit de l'œil
où la retine ſe trouve encore, mais où la Choroïde manque. On peut répondre à cela que ce défaut de viſion vient de ce que l'endroit de la retine
où l'image tombe a plus de troncs d'arteres & de ve-
nes que de filets du nerf optique, & par conſequent n'eſt pas propre à cauſer un ſentiment.

CHOU. ſ. m. Herbe potagere que l'on cultive dans
les jardins. Dioſcoride fait mention de *Choux ſauvages*, qui croiſſent la plûpart aux lieux maritimes,
hauts & difficiles à monter, & qui ſont ſemblables
aux choux des jardins, ſi ce n'eſt qu'ils ſont plus
blancs, plus velus & plus amers. Il parle auſſi du
Chou marin, entierement different du Chou des jardins, ayant ſes feuilles longues, déliées, & ſemblables à la ſarraſine ronde. Chaque feuille ſort des
tiges & branches qui ſont rouges, & elles n'ont
qu'une queue comme le lierre. Ce Chou a fort peu
de jus, mais il eſt blanc, ſalé & amer, & de ſubſtance épaiſſe & graſſe. Il eſt fort contraire à l'eſtomac, & lâche le ventre, & on le met cuire avec
de la chair fort graſſe, à cauſe de ſa grande acrimonie. Entre pluſieurs eſpeces de Choux, Pline
met les *Choux Sabelliques*, qu'il dit avoir les feuilles ſi crêpes, qu'à cauſe de leur groſſeur, leur tige
demeure petite. Toutefois, ajoûte-t'il, ce ſont les
plus doux de tous. Il parle auſſi d'une autre ſorte de
Choux qui ont la tête groſſe, & une infinité de
feuilles, dont les uns ſont ronds comme une boule,
& les autres larges, plats & muſculeux. Il dit qu'il
n'y a Chou qui ait la tête plus groſſe que celui-
ci après le *Chou Tritien*, qui l'a quelquefois groſſe
d'un pié en rondeur, quoiqu'il ſoit plus tardif à jetter ſa cime. Toutes ces marques conviennent à
nos *Choux Cabus*. Les Choux ſont ennemis de la
vigne, en ſorte que ſi l'on en plante un au pié
d'un ſep, le ſep ſe reculera. Tout Chou deſſeche,
abſterge & digere ſans acrimonie, & il n'y a que
ſa graine qui ſoit en uſage dans la Medecine. On
ſe ſert d'ordinaire de celle du Chou commun pour
faire mourir les vers, & de celle du Chou rouge,
pour remedier aux maux de poitrine, ſur-tout à la
toux. Le Chou s'appelle *Braſſica* ou *Caulis* en Latin,
& χράμβη en Grec.

On trouve dans les Iſles de l'Amerique des Choux
appellés *Choux Karaïbes*, dont les racines ſont groſ-

ses comme la tête , rondes & massives. Ces racines sont de couleur de chair par dehors & jaunes par dedans, & l'odeur n'en est pas moins douce que celle des violettes. Elles poussent des tiges & des feuilles qui sont fort semblables à la grande Serpentine. Si on les rompt , aussi-bien que les racines , il en sort un lait qui est assés doux. On se sert des feuilles au lieu de Choux dans le potage ; elles se fondent & s'amollissent au premier bouillon , comme de l'oseille. Les racines , qu'on met aussi dans le pot, s'amollissent & rendent le potage épais , comme si on y avoit mis une poignée de farine. Il s'y trouve une autre espece de Choux, que les Habitans nomment *Choux poivrés.* Leurs feuilles sont un peu plus longues que celles des autres , & ils portent une fleur blanche. Il est extrêmement difficile de les discerner ; & comme on les met souvent dans le potage au lieu des autres, on ne s'en apperçoit qu'en les mangeant , à cause qu'ils brûlent la bouche & le gosier. Même si l'on en mange beaucoup , ils donnent le flux de bouche.

CHOUCAS. s. f. Espece de Corneille grise. Elle a le bec & le pié rouges , & .c'est celle qu'on appelle *M antelée.* Furetiere dit qu'on l'appelle *Grolle.* La Grolle a les piés & le bec noirs.

CHOUETTE. s. f. Oiseau de nuit , qui est une espece de hibou. Il est de couleur cendrée , & de la grandeur d'un pigeon ramier. Il fait son nid dans le creux des arbres , ou dans les trous des murailles. La Chouette paroît à la pointe du jour , ou quand la nuit commence à venir. Elle est ennemie des petits oiseaux, & se nourrit de lesards, de souris & de grenouilles.

CHOUQUET. s. m. Terme de mer. Grosse piece de bois dont on se sert pour couvrir la tête du mât , ou pour empêcher que la pluie ne tombe dessus. Cette piece de bois est plate, de figure quarrée par le dessous , & ronde par le dessus. Il y a un Chouquet à chaque brisure des mâts au-dessus des barres de hune , & son usage est d'emboiter un mât à côté de l'autre.

CHR

CHRIST. s. m. Ordre Militaire de Portugal , que le Roi Denys I. fonda vers l'an 1318. pour animer sa Noblesse contre les Mores, & que le Pape Jean XXII. confirma deux ans après. Ce Pape donna aux Chevaliers de cet Ordre la Regle de S. Benoît, & Alexandre VI. leur permit depuis de se marier. Il leur ordonna par leurs Statuts , qu'ils seroient vêtus de noir, & qu'ils porteroient sur la poitrine une Croix Patriarchale de gueules chargée d'une autre d'argent. Ce furent les Armes que cet Ordre prit. Dom Gilles Martinés en fut le premier Grand-Maître. Ils eurent leur premiere Maison à Castro Marin , & depuis à Tomar , qui étoit plus voisine des Mores d'Andalousie & d'Estramadure. Cet Ordre a été uni inséparablement depuis à la Couronne de Portugal , & les Rois en ont pris le titre d'Administrateurs perpetuels.

CHRISTOLYTES. s. m. Nom qu'on a donné à certains Errans du sixiéme siecle , qui prétendoient que quand JESUS-CHRIST étoit descendu aux Enfers , il y avoit laissé le corps & l'ame , & n'étoit monté au Ciel qu'avec sa seule divinité. Ce mot est formé du nom de CHRIST, & de λύω, Delier, comme s'ils avoient délié l'humanité du Fils du Dieu d'avec sa divinité.

CHROMATIQUE. adj. Terme de Musique. C'est le second de ses trois genres qui abonde en demi-tons. On l'a appellé ainsi de χρῶμα, Couleur, à cause que les Grecs avoient accoûtumé de le marquer par des caractéres de couleur. On tient que Timothée Milesien inventa le genre Chromatique du tems d'Alexandre le Grand , & que les Spartiates le bannirent, à cause que n'ayant accoûtumé d'user que du genre diatonique, ils trouvoient le Chromatique une Musique trop molle. Les genres Chromatiques ne contiennent que les moindres degrés diatoniques.

CHRYSANTHEMUM. s. m. Herbe tendre qui produit grand nombre de branches , & qui a ses tiges lissées , polies & revêtues de feuilles fort déchiquetées. Ses fleurs sont jaunes & fort luisantes , & étant broyées & incorporées en cerot, elles sont bonnes à resoudre les apostumes grasses. Dioscoride dit qu'en bûvant toûjours ses fleurs à l'issue du bain , quand on le continue pendant quelque tems , elles rendent la couleur à ceux qui sont atteints de jaunisse. Cette herbe croît autour des Châteaux , & on en mange les tiges comme on feroit une autre herbe des jardins. *Chrysanthemum* est un mot fait de χρυσος. Or, & de ἄνθεμον, Fleur à cause de l'éclat de ses fleurs jaunes.

CHRYSOCOLLE. s. f. Pierre precieuse qui est de couleur d'or & de figure quarrée. Pline dit qu'elle se rencontre aux Indes , & qu'elle a la vertu de l'aimant , & même celle d'attirer l'or.

Chrysocolle , est aussi un Mineral qui se trouve dans les mines d'or , d'argent , de cuivre & de plomb. On l'appelle ainsi du mot Grec χρυσοκόλλα, fait de χρυσος , à cause qu'il sert à souder l'or , & même l'argent & le cuivre. Voyez BORAX.

CHRYSOCOME. s. f. Plante , qui produit ses rejettons hauts d'un palme , & qui a sa chevelure faite en boutons & en corymbes. Sa racine , qui est aussi mince que celle du Souchet , est velue comme celle de l'Ellebore noir. Le goût en est assés bon ; il est doux tirant sur l'âpre. Cette plante croît aux lieux pierreux & remplis d'ombre. Sa racine est chaude , astringente & propre à ceux qui ont le foye ou le poumon chaud & enflammé. Ce mot est Grec χρυσοκόμη. Galien dit que quelques-uns l'appellent χρυσῖτιν , & que sa racine abonde en acrimonie & en astriction ; ce qui est cause qu'on ne s'en sert gueres. Elle est inconnue à Matthiole.

CHRYSOGONUM. s. m. Dioscoride dit que le *Chrysogonum* est fort épais dans son branchage qu'il a ses feuilles comme le Chêne , & la fleur semblable au *Verbascum* ; que sa racine est faite en façon de rave , rouge dedans & noire dehors , & qu'étant pilée & appliquée avec du vinaigre , elle est fort bonne aux morsures des Musaraignes. Ce mot est Grec χρυσόγονον. Matthiole avoue qu'il n'a jamais vû de *Chrysogonum*, ni sçû qu'on en ait trouvé en Italie.

CHRYSOLITHE. s. f. Pierre precieuse & transparente de couleur d'or mêlée de vert , qui jette un beau feu. C'étoit autrefois la pierre la plus estimée de toutes. Les Abyssins la trouverent par hazard en l'Isle Topases. La Chrysolite fine tire sur le vert gai de la mer , ou au jus pressuré des feuilles de porreau. Cette pierre est la plus grosse de toutes , & la seule qui se taille à la mine. Le nom qu'elle a vient de χρυσος , Or , & de λίθος, Pierre.

CHRYSOPEE. s. f. Les Chimistes appellent ainsi l'art de faire la pierre Philosophale , de χρυσος, Or , & de ποιεῖν, Faire.

CHU

CHUPIRE. s. m. Nom que les Mechoacains donnent

à un arbre qui eſt ſemblable au Laurier. Ce mot veut dire, *Plante de feu*. Il eſt agreable à voir. Ses feuilles qui ſurpaſſent en grandeur & en largeur celles de l'Amandier, ſont compoſées comme les Roſes; de ſorte qu'on le prendroit pour le Rhododendron de Dioſcoride. Son ſuc eſt rouge. Les Sauvages aſſurent qu'il évacue les humeurs pituiteuſes à ceux qui ſont travaillés de cachexie, ſurtout ſi le mal vient de cauſe froide. Il y en a pourtant qui croient cette plante venimeuſe & mortelle à l'homme. Elle ſe plaît dans les lieux humides. Les Mexicains l'appellent *Quauhtepatli*.

CHUPIRI. ſ. m. Arbriſſeau des Indes Occidentales qui croît dans la Province de Mechoacan. Il jette une racine groſſe & longue, qui au dehors eſt d'une couleur entre jaune & blanc, & au dedans un peu rouſſe. Il en naît quelques troncs & pluſieurs rameaux déliés, d'un verd obſcur, & qui tire ſur le bleu. Ils ſont ronds & longs, polis, pleins de feuilles, à la façon de celles des Orangers, mais plus grandes. Ses fleurs ſont jaunes & étoilées. Il n'a nulle odeur ni ſaveur que l'on remarque. Les naturels du Pays eſtiment fort cette plante, qu'ils appellent auſſi *Charapeti*. Ils s'en ſervent pour les débilités de nerfs, la galle, & autres maux opiniâtres du corps, qui ne veulent ceder à aucun remede.

CHUTE'ENS. ſ. m. Peuples d'une Province de Perſe appellée *Chuta*, à cauſe du fleuve *Chut*, & qui ayant été envoyés pour habiter la Samarie, qui étoit deſerte depuis que Salmanaſar en avoit fait eſclaves les habitans, prirent le nom de Samaritains. Dieu ayant permis qu'un grand nombre de lions ſortiſſent des deſerts & en dévoraſſent une partie, pour les punir de ce qu'ils avoient apporté leurs Idoles qu'ils adoroient à la façon des Gentils; le Roi d'Aſſyrie prit ſoin de les faire inſtruire dans la Religion des premiers habitans de cette terre, par un Sacrificateur des Juifs qu'il fit venir. La crainte d'être dévorés par les lions, les fit ſe ſoumettre à quelques preceptes de la Synagogue; mais en adorant toûjours leurs Idoles, ils perſevererent dans ce culte mêlé d'idolâtrie juſqu'au tems des Apôtres, que les Samaritains reçûrent l'Evangile.

CHY

CHYLOSE. ſ. f. Terme de Medecine. Action par laquelle les alimens digerés ſe changent en chyle, Les Medecins attribuent la Chyloſe à l'action propre du ventricule. Ce mot eſt Grec χύλωσις, & vient de χυλὸς, Suc.

CHYMIE. ſ. f. Art qui enſeigne à diſſoudre les corps mixtes & à les coaguler lorſqu'ils ſont diſſouts, pour en faire des médicamens plus agreables & plus efficaces. On ſe ſert pour cela de la ſolution qui eſt une ſéparation des principes dont le corps mixte eſt compoſé, & de la coagulation, qui eſt une exſiccation ou endurciſſement de corps mixte. Il y a une autre ſorte de Chimie qui conſiſte à la tranſmutation des métaux, & à falſifier les ouvrages de la nature. C'eſt ce qu'on appelle, *Chercher la Pierre Philoſophale*. Le mot de Chimie vient de χυμὸς, qui veut dire, Suc d'une plante ou de quelque choſe qu'on preſſure.

CIB

CIBOIRE. ſ. m. Ce mot ſignifioit autrefois un Coffre, de κιβώριον, diminutif de κίβος, Coffre. *Ciboire* eſt auſſi par rapport à l'Architecture, ſelon ce que les anciens Auteurs en ont écrit, un petit dais

ou baldaquin, formé d'une voute d'ogie à quatre lunettes, & qui eſt porté ſur quatre colomnes. On s'en ſervoit autrefois pour couvrir les Autels, & on en voit encore un à Rome dans l'Egliſe de ſaint Jean de Latran.

CIC

CICERO. ſ. m. Terme d'Imprimerie. Caractère qui eſt entre le petit Romain & le ſaint Auguſtin. *Cicero neuf*, *Cicero uſé*.

CICEROLLE. ſ. f. Eſpece de pois chiches que l'on appelle en Latin *Cicera*. On dit auſſi *des Cices*.

CIE

CIEL. ſ. m. *La partie ſuperieure du monde qui environne tous les élemens*. ACAD. FR. Ce mot en termes de Marine, forme pluſieurs façons de parler. On dit *Ciel embrumé*, lorſque l'on voit l'horiſon couvert de nuages; *Ciel fin*, quand le ciel eſt clair & ſans nuages, & *gros Ciel*, quand de gros nuages paroiſſent en l'air. On dit auſſi que *le Ciel ſe hauſſe*, pour dire, qu'il s'éclaircit.

On dit en termes de Peinture *Le ciel d'un tableau*, pour dire, Le haut d'un tableau; & l'on appelle *Ciel de carriere*, le premier banc que trouvent au deſſous des terres ceux qui fouillent les carrieres. On tire de ces ciels une pierre ruſtique qui eſt propre pour fonder.

CIERGE. ſ. f. *Chandelle de cire deſtinée pour l'Egliſe*. ACAD. FR.

On appelle *Cierge d'eau*, pluſieurs jets d'eau ſur une même ligne dans un baſſin long à la tête d'un canal, ou d'une caſcade.

Il y a dans les Iſles de l'Amerique une eſpece de gros Chardon que les François nomment *Cierges*, & les Caraïbes *Akouleron*. Il croît comme un gros buiſſon touffu & heriſſé de toutes parts d'épines fort pointues & déliées. Il pouſſe en ſon milieu neuf ou dix tiges ſans branches ni feuilles, qui ſont hautes de neuf à dix piés, & cannelées comme de gros cierges. Ces tiges ſont auſſi munies d'épines piquantes comme de fines aiguilles, qui étant extrémement perçantes, ne permettent pas qu'on puiſſe toucher cette eſpece de chardon de quelque côté que ce ſoit. Le dedans ainſi que l'écorce, eſt aſſés mollaſſe & ſpongieuſe. Chaque Cierge porte en une ſaiſon de l'année, des fleurs jaunes ou violettes entre les rayes cannelées de ſa tige. A ces fleurs ſuccede un fruit en forme de groſſe figue. Il eſt aſſés délicat, & bon à manger. Les oiſeaux en ſont fort friands; mais ils ne peuvent le bequeter qu'en volant à cauſe que les aiguillons qui le conſervent de toutes parts, ne leur permettent pas de s'arrêter ni ſur le buiſſon, ni ſur les tiges. Les Indiens ont l'adreſſe d'en détacher ce fruit avec de petites perches fendues par le bout.

CIERVE. ſ. f. Vieux mot, qui a été dit autrefois pour biche. On diſoit *Cierve* au lieu de *Cerve*, comme *Chievron*, pour Chevron, & *Cerve*, étoit la femelle du Cerf.

CIEZ. ſ. m. Vieux mot. Cheveux. *La penſiez-vous voir tant viez draps depanez, & tant grande barbe, & tant ciez hurepez*.

CIG

CIGALE. ſ. f. Inſecte qui vole, & qui par ſes cris fait grand bruit à la campagne pendant tout l'Eté, Ariſtote, & Pline en comptent de deux eſpeces, dont les moindres qui viennent les premieres, demeurent les dernieres. Le contraire arrive dans les plus grandes. Il n'y a que les mâles qui chantent. Ils ont le corps presque coupé par le milieu, & les femelles l'ont tout d'une venue. Elles font leurs petits dans les terres où se reposent , & font leur couche avec une petite pointe qu'elles ont au derriere ainsi que les hanetens. Elles en percent même les cannes & les roseaux , afin d'y faire leur nid. Il y a force Cigales lorsque la saison est pluvieuse. Elles viennent d'abord comme un petit ver en terre ; & c'est de ce ver que sont formées celles qu'on nomme *Meres Cigales* , qui sont bonnes à manger avant qu'elles sortes de la coquille qui les environne. Les petits Cigalons sortent des Meres Cigales après avoir rompu leur coquille. La Cigale n'a point de bouche ; mais elle a dans l'estomac certaines pointes en forme de langue , avec lesquelles le leche la rosée. Cet estomach est creux comme un tuyau , & c'est de là que vient le chant ou le cri qu'elles font entendre. Les Cigales haïssent les lieux froids & les forêts ombrageuses. Elles ne viennent pourtant jamais où il n'y a point d'arbres , & aiment surtout les Oliviers , à cause qu'ils ne font pas grand ombrage. Dioscoride dit que les Cigales rôties & mangées , sont bonnes aux douleurs de la vessie , & Galien ajoûte que quelques-uns ordonnent trois , cinq ou sept Cigales seches avec pareil nombre de grains de poivre , contre la colique , & qu'ils les font prendre par intervalle & au fort de la maladie. D'autres se servent de leur cendre pour faire uriner, & rompre la pierre. Le mot de Cigale vient de son nom Latin *Cicada*, qu'on croit avoir été fait , *Quasi cito cadens*. Il y en a qui le font venir de κίκι, qui est le son que cet animl exprime , & de ἄδω , Je chante.

Cigale. Petit poisson d'eau douce qui ressemble à la Cigole. Il y a aussi une *Cigale de mer* , qui est un poisson du nombre des testacées. Il a cinq bras d'un côté & autant de l'autre , & la queue comme l'Ecrevisse.

CIGOGNE. s. f. Oiseau qui a le bec long & rouge , ainsi que les jambes , & le bout des aîles noir avec quelque peu des cuisses & de la tête de cette même couleur. La Cigogne est blanche dans tout le reste du corps, & à la queue courte. Elle ressemble au Heron , & tient les aîles baissées en volant. Elle mange les serpens , & on fait de cet oiseau le symbole de la reconnoissance. Son petit s'appelle *Cigognat*. On derive *Cigogne* du Latin , *Ciconia*, qu'on fait venir de *Cicur* , Apprivoisé , à cause de son naturel doux , qui la rend facile à s'apprivoiser ou *quasi Cicania* , du son que cet oiseau fait avec son bec.

CIGUE. s. f. Herbe fort commune , dont l'odeur est très-puante , qui croît le long des murailles des Villes & des Châteaux , & qui est semblable à la ferule. Sa tige est nouée & grande comme celle du fenouil. Elle jette de petites branches à sa cime, & elle a ses fleurs blanchâtres , & une graine plus blanche que n'est celle de l'Anis. Sa racine est creuse , & fort peu profonde en terre. Cette herbe est si froide , que Dioscoride la met au rang des poisons froids. Elle excite des vertiges , obscurcit la vûe , cause des hoquets , stupefie les sens & toutes les parties du corps; & si on ne soulage promptement celui qui en a pris , par des remedes échauffans , & en lui procurant le dévoyement par haut & par bas , il meurt en fort peu de tems. Ce fut le poison que l'on donna à Socrate. Elle en est un pour l'oye , & un aliment pour l'étourneau. On s'en sert pourtant exterieurement dans la tumeur & dans les inflammations de la rate. Outre le nom de *Cigue* , on lui

donne celui de *Segue* ou *Cocue* en François, & on l'appelle *Cicuta* en Latin , *Quasi cacuta* à cause des nœuds cachés qu'elle a comme la canne.

C I L

CILIAIRE. adj. Terme de Medecine. On appelle *Interstice* ou *ligament Ciliaire*, certaine partie de l'œil, qui sert à soûtenir le cristallin , & qui est forte comme le cil des paupieres. Ce mot vient du Latin *Ciliaris* , Qui ressemble aux cils.

CILICE. s. m. *Tissu de poil de chevre , de cuir de cheval , ou de quelque autre poil rude & piquant , que l'on porte sur la chair par mortification*. ACAD. FR. C'étoit parmi les Hebreux une robe de deuil & de penitence. Les Septante Interpretes l'ont appellée *Sac* , & la Version Latin l'a nommée *Cilice*. La couleur noire étant naturellement triste , il y a sujet de croire que ces Sacs ou Cilices étoient noirs, cette couleur convenant mieux au deuil & à la mortification que toute autre. Ces robes de penitens étoient nommées Sacs , à cause qu'elles étoient étroites comme un Sac ; & on les nommoit Cilices du lieu , où l'étoffe dont elles étoient faites avoit été inventée ; c'est-à-dire , des anciens peuples de Cilicie, qui en portoient , sur-tout les Soldats & les Matelots. C'étoit l'habit de la plûpart de ceux que l'on appelloit *Ascetes* ; c'est-à-dire , qui ayant renoncé au monde , s'exerçoient dans des actions de penitence. Ils portoient cette sorte de Cilice sur la chair , & ne le quittoient ni jour ni nuit , afin de mater leur corps , & d'être moins endormis. Il semble que sous ce nom on doit comprendre toutes sortes d'étoffes grossieres , dont le poil qui passe est rude & piquante.

CILLER. v. a. Fermer , clorre. *Il ne se dit que des yeux & des paupieres quand on les ferme pour peu de tems*. ACAD. FR.

Ciller. Terme de Fauconnerie. Coudre les cils d'un oiseau de proye , afin que ne voyant point il ne soit point sujet à se débattre.

C I M

CIMAISE. s. f. Terme d'Architecture. Membre d'une Corniche.

CIMBALE. s. f. Terme d'Organiste. Jeu armonieux qu'on mêle avec le plein jeu.

CIMENT. s. m. *Poudre faite de tuile battue & pilée, dont on se sert dans les bâtimens*. ACAD. FR. Ce mot vient du Latin *Camentum* , fait de *Cadere*, Frapper. M. Felibien nous apprend que ce que les anciens Architectes nommoient *Camentum*, ne s'entend pas de notre Ciment à faire du mortier qui est de la tuile cassée , mais de leur maniere de maçonner , & de la qualité de la pierre qu'ils employoient , comme lorsqu'on remplit des voutes & des murs avec du moêlon & du blocage.

Ciment en termes de Chimie , est une poudre composée pour purifier l'or par cementation. Il est , ou commun , ou Royal. Le vulgaire se fait de la farine de briques , sel préparé , salpêtre & vert de gris ; le Royal , de farine de briques , sel armoniac, gomme & sel commun.

Les Orfevres & ceux qui mettent en œuvre , appellent *Ciment* , un composé de brique , de poix resine , & de cire , dont on se sert pour ciseler.

CIMETERRE. s. m. C'est , selon Nicod , une façon d'épée à la maniere des Turcs , a un tranchant & un dos large , courte & courbe contre la pointe. Il dit que Charlemagne en ses Lettres closes

ses à Offbas Roi des Merciens , rend ce mot par *Gladius Hunscus* , à cause que les Huns portoient cette sorte d'épée. Nic. Gilles l'appelle *Badelaire*.

CIMIER. s. m. La piece de chair qui se leve le long du dos & des reins de l'animal depuis les côtes jusqu'à la queue. Le cimier du cerf avec les cuisses est le droit du Roi à la chasse. On appelle *Cimier de bœuf* , une partie de la cuisse qui contient plusieurs tranches , & dont chaque tranche contient trois morceaux qui ont divers noms. Le derriere de Cimier est contenu depuis les tranches jusques à la queue.

On appelle *Cimier* , en termes de Blason , la partie la plus élevée dans les ornemens de l'Ecu , & qui est au dessus ou à la cime du casque , d'où est venu le mot de *Cimier*. Celui de France est une Fleur de lis quarrée. On s'est servi plus souvent de Cimiers de plumes que d'autres. La plûpart sont faits d'une masse de plumets d'Autruche ou de Heron , & on appelloit ces touffes de plumes dans les anciens Tournois *Plumails* ou *Plumarts*. Elles se mettoient dans des tuyaux sur de hauts bonnets. Les Cimiers se faisoient aussi de cuir bouilli , de carton , de parchemin, peints & vernis , quelquefois d'acier ou de bois , & fort souvent une piece de Blason , comme un aigle ou une fleur de lis , y étoit representée ; mais jamais ni pal , ni fasce , ni aucune des pieces qu'on nomme honorables. Il étoit permis d'en changer , quand on vouloir , à cause que dans le Blason il tenoit seulement lieu d'ornement & de devise.

CIMOLIE. s. f. Sorte de terre dont parle Dioscoride. Il y en a de deux sortes , l'une blanche , & l'autre qui tire sur le purpurin. La meilleure est celle qui est naturellement grasse & froide à toucher. Toutes deux détrempées dans du vinaigre , sont propres à resoudre les oreillons , & toutes autres petites tumeurs. Les brulures du feu ne produiront aucunes vessies , si on a eu soin de les en enduire incontinent. Cette terre est bonne aussi à reperculer les apostumes , & tous les amas d'humeurs qui viennent au corps.

CIN

CINDRE, s. m. Vieux mot , qui signifioit un Instrument de Charpentier , & qui venoit de *Centrum*.

CINCELIER. s. m. Vieux mot. Dais. *Quand Judith vit Holofernes gesir en son lit dessous un Cincelier qui étoit de saphirs & d'emeraudes.* On a dit aussi *Cuicelier.*

CINCENELLE. s. f. Corde de grosseur moyenne ou Espece de petit cable , dont les Bateliers se servent à remonter leurs bateaux , & à d'autres usages.

CINEFACTION. s. m. Terme de Chimie. Calcination par laquelle un corps mixte est réduit en cendres à feu violent. Ce mot vient du Latin *Cinis* , Cendre. Cette cendre est appellée *Chaux* dans les métaux.

CINEFIER. v. a. Réduire un corps mixte en cendres.

CINERATION. s. f. Reduction du bois ou d'autres corps combustibles en cendres. Il faut remarquer que la Cineration ne se fait que par le feu avec le secours de l'air , puisque le bois dont on aura tiré toute l'humidité par la distillation , ne se convertit jamais en cendre , mais en charbon.

CINGLAGE. s. m. Terme de Marine. Le chemin qu'un Vaisseau fait en vingt - quatre heures. Il se dit aussi du loyer des gens de Marine.

Tome I.

CINGLEAU. s. m. Terme d'Architecture , Espece de cordeau qui sert pour trouver & pour décrire la diminution des colomnes.

CINGLER. v. n. Terme de Marine. Faire route , conduire un Vaisseau sur l'eau , aller ou courir à toutes voiles.

CINNABRE. s. m. Couleur rouge. Vermillon. Dioscoride dit que c'est se tromper que de croire que le Cinnabre & le Vermillon soient la même chose , puisqu'en Espagne on fait le Vermillon d'une certaine pierre mêlée avec un sable blanc comme l'argent , & que le Cinabre s'apporte d'Afrique , & en si petite quantité , qu'à peine les Peintres en peuvent-ils recouvrer pour ombrager leurs peintures. Il a les mêmes propriétés que la pierre hæmatite , étant fort bon employé dans les medicamens oculaires , & même plus que l'Hæmatite , à cause qu'il est plus astringent , & qu'il étanche le sang. Il est extrêmement chargé de couleur ; ce qui a donné lieu à plusieurs de l'appeller *Sang de dragon*. Matthiole avoue qu'il ne peut déterminer ce que c'est que le Cinnabre de Dioscoride. Pline dit que ce n'est autre chose que le sang d'un Dragon , tué par la pesanteur d'un Elephant qui va mourir , & qui mêle son sang parmi celui du Dragon. Il est certain que le Cinnabre dont les Peintres & les Apothicaires se servent , est fort different de celui de Dioscoride. Il y en a de naturel , & c'est celui que la nature compose de beaucoup de Mercure , de quelque portion de souffre pur , & de terre ; tout cela uni ensemble de telle maniere , qu'il s'en fait un corps compacte d'une très-belle couleur rouge. Il se trouve dans les veines des mines d'argent , & sa couleur est plus ou moins haute , selon la pureté du mineral , & selon le lieu où sont ces mines. On en apporte de Hongrie , de Transsylvanie , & de plusieurs endroits d'Allemagne ; mais le plus beau se trouve dans la Carinthie , & on le doit preferer à tous les autres. On s'en sert comme d'un très-bon remede dans les maladies causées par une abondance de serositez acres. Il corrige & les fait transpirer par les pores. Il est bon aussi dans les maladies Veneriennes , étant mêlé avec quelques-autres specifiques. Il y a un autre Cinnabre que vendent les Epiciers , & dont les Peintres se servent. C'est ce qu'on appelle *Vermillon*. Il est artificiel , & pour le faire , il ne faut que prendre trois onces de souffre commun & quatre onces de vif-argent. On les mêle ensemble , on en laisse brûler quelque peu le souffre , en sorte que la poudre demeure noire. On le sublime ensuite une fois ou deux , & on trouve un *Cinnabre artificiel* , pesant , & entremêlé de certaines lignes , dont les unes sont rouges & les autres brillantes comme l'argent. C'est une chose surprenante , que le Mercure qui est blanc , & le souffre qui est jaune , produisent un troisiéme corps qui soit rouge. Cela prouve bien la doctrine des couleurs du sçavant Boyle & des Modernes , sçavoir que les couleurs dépendent de la tissure des corps , qui reçoit & brise les rayons solaires. Il y en a qui preparent un *Cinnabre bleu*. Ils prennent pour cela deux parties de souffre , trois de Mercure vif & un de sel armoniac. Tout cela étant mêlé & sublimé ensemble , donnent un corps bleu , au lieu que le Mercure avec le souffre commun donne un corps rouge. Il n'est pas sûr d'ordonner le Cinnabre naturel pour prendre interieurement , à cause du souffre arsenical qui se joint ordinairement à toutes les mines. L'artificiel est beaucoup plus sûr , & au moins on ne doit user du naturel , qu'après l'avoir dépouillé de sa malignité en le sublimant , ou en brûlant de l'esprit de vin dessus. On corrige le Cinnabre lorfqu'on le fublime plufieurs fois , parce que l'efprit arfenical s'envole dans la fublimation, & que ce qu'il y a de nuifible fe fépare avec les feces. Si on n'a pas le rems ou l'occafion de le fublimer, on le met bouillir plufieurs fois dans l'eau , on digere avec de l'efprit de vin la partie la plus pure qui furnage , & on y met le feu ; ce qui fait avoir un Cinnabre naturel affés pur. Quelques-uns font un *Cinnabre artificiel folaire* , en fublimant un amalgame d'or & de Mercure , avec du fouffre commun. Il y a auffi un *Cinnabre d'antimoine*. Le Mercure vif que l'efprit de fel a quitté, fort en partie avec le beurre d'antimoine , & il fe joint en partie avec le fouffre ; & ces deux derniers font enfemble un corps compofé , qui eft ce qu'on appelle *Cinnabre d'antimoine*, à caufe de fa couleur. Les bons Medecins ne mettent en ufage ce Cinnabre d'antimoine, qu'après qu'il a été fublimé plufieurs fois , & qu'étant parfaitement rouge, il a dépouillé toutes fes impuretés avec le Mercure fuperflu. C'eft un excellent remede pour les parties nerveufes , & il n'a point fon pareil dans les maladies convulfives. *Cinnabre* vient de κιννάβαρι, qu'Hefichius dit être une forte de couleur appellée communément κιννάβαρι. D'autres le font venir de κιννάβαρι, Odeur que rendent les boucs, à caufe qu'au rapport de Matthiole , lorfqu'on tire de terre une certaine efpece de Cinnabre foffile , il jette une odeur fi infupportable, qu'on en feroit infecté fi on ne fe bouchoit le nez.

CINNAMI. f. m. Mot Arabe dont fe fert Mefué , & par lequel il entend la cannelle groffiere, comme il entend la fine par celui d'Archemi.

CINNAMOME. f. m. Arbriffeau dont la principale vertu confifte en fon écorce, & qui eft different de la Cannelle. Diofcoride compte cinq efpeces de Cinnamome , qui prennent leurs noms des lieux où ils croiffent. Il parle d'une autre efpece qui eft comme du bois qui produit fes verges longues & roides , & d'une odeur beaucoup moindre que celles du vrai Cinnamome, & dit que tout le Cinnamome en general eft chaud , remollitif , digeftif & maturatif. Matthiole avoue que quelque recherche qu'il ait faite , il n'a jamais pû trouver de vrai Cinnamome. Il étoit fi rare dès le tems de Galien , que l'on n'en voyoit qu'aux cabinets des Empereurs, où on le gardoit avec grand foin. Il y en a , dit-il , de fix efpeces auffi differentes entr'elles , qu'une bonne Cannelle eft differente d'une autre ; de forte qu'une bonne Cannelle & bien choifie , vaut un petit Cinnamome. Sa vertu n'eft pas de durée ; & quand le Cinnamome a trente ans , il ne l'a pas telle qu'il l'avoit d'abord. Les marques du Cinnamome font de fentir très-bon. Il a une odeur fi grande qu'on ne la peut expliquer. Quoiqu'il fe montre fort chaud quand on le goûte , il n'eft ni fâcheux, ni mordant à la bouche. Sa couleur eft comme fi l'on mêloit du noir & du blanc avec du lait. Tous les Cinnamomes font comme un petit arbriffeau , produifant d'une feule racine les uns fix verges , les autres fept , ou plus ou moins. Elles n'ont pas toutes la même longueur, & les plus grandes ne paffent point un demi-pié Romain. Leur proprieté eft prefque femblable à la bonne & fine cannelle. Matthiole croit que le Cinnamome a manqué en Arabie , comme le Baume en Judée ; & il s'appuye de l'autorité de Pline , qui dit qu'autrefois la livre de Cinnamome étoit à mille deniers , mais que le prix en étoit crû de moitié par le dégât des Barbares qui avoient brûlé toutes les forêts. Ariftote en parlant du Cinnamome , rapporte qu'il y avoit en Arabie un Oifeau nommé *Cinnamomus* , qu'on difoit faire fon nid dans des arbres fort hauts, avec

des verges ou branches de Cinnamomes , & que pour avoir ce nid les gens du Pays l'abattoient avec des fléches plombées. Solin nomme cet Oifeau *Cinnamulgus*. Theophrafte parle de la difference & diverfité des Cinnamomes , tout autrement que Diofcoride. Il dit qu'après qu'on l'a cueilli , on le met en cinq parties ; que le meilleur eft celui qui eft le plus proche de la cime ; que le fecond eft celui qu'on coupe enfuite , & qu'on le coupe plus court; que le troifiéme & le quatriéme font ceux que l'on coupe après le fecond ; que le cinquiéme , qu'on eftime moins que tous les autres à caufe qu'il a peu d'écorce, eft celui qui eft le plus proche de la racine ; que d'autres tiennent que le Cinnamome jette plufieurs rameaux , & qu'ils en établiffent deux efpeces en difant que l'un eft noir , & que l'autre eft blanc. Fuchfius dit que parmi les caiffes que l'on nous apporte de Cafle & de Cannelle , il ne doute point qu'il n'y ait du Cinnamome , à quoi Matthiole eft entierement contraire , fi ce n'eft que le rapport étant fort grand entre ces deux plantes, on trouve quelquefois des verges de Cannelle de fi grande odeur , qu'elles font tout-à-fait femblables au Cinnamome , quoique ce foit de la vraie Cannelle ; il ajoûte que l'autorité de Galien , qui dit que le Cinnamome vient quelquefois de la Cannelle , aux arbres de laquelle il y a des branches entieres d'où fortent de petits rameaux de Cinnamome , a donné lieu à plufieurs de croire que le Cinnamome & la Cannelle croiffent en une même plante , laquelle étant encore petite produiroit le Cinnamome, & produiroit la Cannelle ayant atteint fa grandeur ; mais que le même Galien ayant dit que la Cannelle fe transforme en Cinnamome , & non pas le Cinnamome en Cannelle , leur opinion eft mal fondée.

CINQUAIN. f. m. Ancien ordre de bataille , qui confifte à ranger cinq bataillons de telle maniere, qu'en formant trois lignes , elles faffent une avantgarde , un corps de bataille , & une arriere-garde ce qui arrivera , fi de cinq Bataillons qu feront fur une ligne , on fait marcher le fecond & le quatriéme à l'avant-garde , & le troifiéme à l'arriere-garde. Le premier & le cinquiéme demeurant fur leur terrain, feront le corps de bataille. Chaque Bataillon doit avoir enfuite un Efcadron à fa droite , & un à fa gauche. On peut ranger dans ce même ordre jufqu'à vingt Bataillons , & en former quatre Cinquains.

CINQUENELLE. f. f. Terme d'Artillerie. On appelle *Cinquenelle* , tous les longs Cordages d'Artillerie. Quelques-uns difent auffi *Cincenelle* , qui eft une efpece de petit cable.

CINTRAGE. f. m. On appelle *Cintrage* , en termes de mer , toutes les cordes qui ceignent , qui lient & qui entourent quelque chofe.

CINTRE. f. m. Cherche. Toute piece de bois courbe qui a la figure d'un arc , & qui fert tant aux combles qu'aux planchers. On appelle *Cintre furmonté* , celui qui a fon centre plus haut que le diametre du demi-cercle , & *Cintre furbaiffé* , celui dont le trait eft une demi-ellipfe ; ce qui le rend plus bas que le demi-cercle. *Cintre rampant*, eft un Cintre tracé au fimbleau par des points cherchés, fuivant le rampant d'un arc-boutant ou d'un efcalier ; & *Cintre de charpente* , eft un affemblage de pieces de bois de charpente pour bâtir de grandes voutes , & foûtenir les pierres , en attendant que l'on y mette les clefs pour les fermer.

CINTRE. F E. adj. Terme de Blafon. Il fe dit du globe ou Monde Imperial entouré d'un cercle , & d'un demi-cercle en forme de Cintre. *D'azur au globe* *d'or cintré & croisé de gueules.*

CINTRER. v. n. Commencer à faire les voutes, ou établir les cintres de charpente pour commencer à bander les arcs. *Cintrer*, est aussi arrondir plus ou moins en arc.

C I O

CIONIA. s. f. C'est, selon Dioscoride, l'Entredeux des pourpres & des porcelaines, autour duquel leur coquille est entortillée & clouée comme avec de petits clous. Sa cendre est plus brûlante que celle des Pourpres.

C I P

CIPOLLINI. s. m. Nom que les Indiens donnent à une sorte de marbre, dont la couleur tire sur le vert par de grandes veines plus ou moins fortes. Ce marbre sert à faire des pilastres, de grandes tables, & d'autres ouvrages; mais il n'est pas propre pour des statues. Il se trouve dans les montagnes de Carrare, & en d'autres lieux.

C I R

CIRAGE. s. m. Les Peintres appellent *Tableau de cirage*, un Tableau peint d'une seule couleur en forme de Camayeu, tirant sur la couleur de cire jaune.

CIRCEA. s. f. Herbe qui a ses feuilles semblables au Solanum des jardins, & qui produit plusieurs petites branches & quantité de fleurs moins & petites. Elle croît parmi les rochers & dans les lieux exposés au vent & au soleil. Sa graine est semblable au Millet, & est enfermée dans de petites gousses faites en maniere de cornet. Sa racine est blanche, odorante, chaude, mi-partie en trois ou quatre, & de la longueur d'un demi-pié. Cette racine en infusion de vin attire l'arrierefait dans l'accouchement, & sa graine prise avec un bouillon fait venir le lait aux Nourrices. Voilà ce qu'en dit Dioscoride; Galien & Pline en parlent aussi.

CIRCIUM. s. m. Plante qui jette une seule tige faite en triangle & de deux coudées de haut. La cime en est ronde & piquante, & il y a plusieurs petites têtes rouges au dessus, qui se resolvent & tombent en bourre. Le Circium est garni d'épines molles, disposées par intervalles dans les angles. Ses feuilles ressemblent à la Buglose, mais elles sont plus longues, blanchâtres, un peu velues & épineuses aux extrémités. Il en produit par en bas qui ont la figure d'une rose. Dioscoride dit que, selon Andreas, sa racine appliquée sur la partie malade, appaise les douleurs des varices. C'est du Grec κιρσός, que cette plante a tiré son nom, κιρσός voulant dire ce que les Latins appellent *Varix*, c'est-à-dire, cette sorte de maladie dans laquelle les cuisses & les jambes se lâchent, en se remplissant d'un gros sang mélancolique. Plusieurs Modernes veulent que le *Circium* soit la Buglose commune : ce que Matthiole ne peut approuver.

CIRCOMCELLIONS. s. f. Secte de Donatistes qui eurent Maxide & Faser pour leurs premiers Chefs, & qui s'éleverent en Afrique dans le quatriéme siecle. Ils prirent ce nom à cause qu'ils rodoient autour des maisons dans les Villes & Bourgades, donnant la liberté aux Esclaves, sans avoir le consentement de leurs Patrons, & dispensant ceux qui devoient, de payer les sommes dûes. Les bâtons qu'ils porterent au commencement & qu'ils ap-

pelloient *Bâtons d'Israël*, faisoient allusion à ceux que la Loi ordonnoit de tenir en main dans la ceremonie établie pour manger l'Agneau Paschal. Depuis ils attaquerent les Catholiques par toutes sortes de voies, & s'abandonnant à un faux zele de Martyre, pour se donner la mort à eux-mêmes, les uns se jetterent dans le feu, ou se précipiterent, & les autres se couperent la gorge; ce qui obligea leurs Evêques, qui ne pouvoient arrêter cette sorte de fureur à se servir de l'autorité des Magistrats pour la reprimer. Comme ils faisoient leurs courses aux jours des marchés publics, on envoya un jour des soldats contre eux & en tuerent plusieurs, & ceux-là furent honorés par les autres comme étant de vrais Martyrs. On les appelle aussi *Circellions* & *Scotopites*.

CIRCONCISION. s. f. Ceremonie de la Religion Judaïque; par laquelle on coupe le prepuce aux enfans mâles, ce qui se fait le huitiéme jour, & non pas plûtôt : mais on peut differer si l'enfant est foible ou infirme. La nuit qui precede le jour de cette ceremonie, tous ceux de la maison veillent l'enfant qu'on doit circoncire, & on prend d'ordinaire des parents, gens mariez, pour parrain & pour marraine. Le parrain le tient pendant qu'on le circoncit, & la marraine le porte à la Synagogue & le rapporte. On choisit indifferemment qui on veut pour être le Circonciseur. C'est un titre fort considerable chés les Juifs, & si le pere de l'enfant est de ceux qui l'ont, il peut circoncire son propre fils. On prepare dès le matin deux sieges avec des carreaux dans la Synagogue, l'un pour le parrain, & l'autre pour le Prophéte Elie, qu'ils croient assister invisiblement à toutes les Circoncisions. Le Circonciseur vient avec un plat, où sont le rasoir, les poudres astringentes, le linge, de la charpie & de l'huile rosat. On chante quelque Cantique, en attendant la marraine, qui apporte l'enfant accompagnée d'une troupe de femmes, mais aucune ne passe la porte de la Synagogue. Le parrain reçoit l'enfant d'elle, & en même tems les Assistans, qui sont toûjours en grand nombre, commencent à crier, *Le bien venu*. Le parrain étant assis accommode l'enfant sur ses genoux, après quoi celui qui le doit circoncire, dit en prenant le rasoir, *Beni sois-tu, Seigneur, par qui la Circoncision nous a été commandée*, & aussi-tôt il coupe la grosse peau du prepuce, puis avec les ongles il déchire une autre peau plus délicate qui reste; & continuant son action, il succe deux ou trois fois le sang qui abonde, & le rend dans une tasse de vin. Cela fait, il met sur la playe du sang de dragon, de la poudre de corail, & autre chose, afin d'étancher le sang. il y ajoûte une autre compresse d'huile rosat, prend une tasse de vin, & après l'avoir beni, il dit une autre benediction à l'enfant, en lui imposant le nom que le pere souhaite. En même tems il lui mouille les levres du même vin où il a rendu le sang succé. La ceremonie finit par le Pseaume 128. qu'on dit, & ensuite la marraine reprend l'enfant, qui est gueri ordinairement en vingt-quatre heures.

La Circoncision est aussi observée parmi les Turcs, mais ils ne la croient pas d'une necessité si absolue, qu'ils ne puissent être sauvés sans cela. C'est ce qui est cause qu'ils ne circoncisent leurs enfans que dans leur septiéme ou huitiéme année. Ils leur font prononcer ces paroles. *La Hilla, Heilla, Mahomet resul Alla.* Ce qui signifie *Il n'y a point d'autre Dieu que le seul Dieu, & Mahomet envoyé de Dieu.* Ils ne circoncisent point leurs filles & leur font seulement proferer ces paroles en leur faifant hauffer le pouce. Les mêmes ceremonies qu'obfervent les Juifs, font obfervées à leur Circoncifion, fi ce n'eft qu'après avoir coupé le prepuce, ils ne déchirent point la peau. Lorfqu'il arrive qu'un Juif fe rend Turc, ils ne le font point circoncire de nouveau, ils ne font que lui faire hauffer le pouce, & prononcer *Iffa hao* ; ce qui veut dire que Jesus eft veritable

Les Perfans croient la Circoncifion fi neceffaire que fans cela perfonne ne peut prendre la qualité de Mufulman. Les femmes parmi eux fe font circoncire depuis neuf ans jufqu'à quinze, & les hommes à treize, auquel tems Ifmaël fut circoncis, parce qu'ils croient que fon pere l'aimoit mieux qu'Ifaac. Les uns fe font circoncire dans leurs maifons, & les autres dans la Mofquée. Ces derniers y vont accompagnés de leurs parens & de leurs amis. Le Hedgi qui les attend à l'entrée, les aide à defcendre de cheval, & les benit. Enfuite après quelques prieres faites à fa mode il leur découvre le prepuce & le coupe, après quoi il applique fur la playe une poudre compofée de fel & de noyaux de dattes; ce qui étant fait, il l'enveloppe avec du coton. Les Affiftans leur font des préfens pour marquer leur joie, & les faluent du nom de Mufulman. Si la ceremonie fe fait dans le logis, elle eft fuivie d'un grand feftin, à l'exemple d'Abraham, qui en fit un quand Ifaac fut fevré. Après cela on mene le jeune homme par la Ville comme en triomphe; on le baigne pour le nettoyer de fes pechés, & on lui donne un Turban de foye blanche qui le fait connoître pour Catechumene, & faluer de tous ceux qui le rencontrent.

CIRCONSCRIRE. v. a. Terme de Geometrie. Décrire une figure rectiligne autour d'un cercle, ou un corps folide autour d'une Sphere, enforte que toutes les lignes droites de la figure rectiligne foient des tangentes du cercle, ou que tous les plans du corps folide touchent la Sphere. Ainfi on dit qu'un triangle, un quarré, &c. font *circonfcrits* à un cercle, quand tous leurs côtés le touchent. A *circonfcrit* on oppofe *infcrit*. Voyez INSCRIRE.

CIRCONVALLATION. f. f. On appelle *Lignes de Circonvallation*, des Retranchemens qu'on fait autour d'une Place, pour en affurer les quartiers contre le fecours des Affiegés. Ce font des Lignes flanquées de la longueur de la portée du moufquet, ou par des redents & d'autres petits travaux ou par des forts de campagne qu'on fait aux Poftes les plus éminens. La profondeur du foffé eft à peu près de fept piés, & la largeur par en haut de douze. Il faut prendre garde à ne faire jamais paffer la Ligne de Circonvallation au pié d'une hauteur à caufe que fi l'Ennemi vient à occuper cette hauteur il y logera du canon, & commandera la Ligne. Ce mot vient de la Prépofition latine *Circum*, Autour, & de *Vallum*, Rempart.

CIRCONVOLUTION. f. f. On appelle *Circonvolution*, les tours de la Volute Ionique & de la Colomne torfe. Ce mot vient du Latin, *Circumvolvere*, Tourner à l'entour.

CIRCUIT. f. m. Terme de Geometrie. Contour d'une figure, fomme de toutes les lignes qui terminent une figure. A *Circuit* s'oppofe *Aire*, qui eft l'efpace renfermé dans les lignes qui terminent la figure. On a l'Aire par la multiplication de quelques lignes, (Voyez PARALLELOGRAMME) & le Circuit par une fimple addition. Un Parallelogramme qui a cinq piés de longueur, & fix de largeur, a pour Aire trente piés quarrés, produits de cinq par fix, & pour circuit vingt-deux piés de long, fomme des quatre lignes qui l'enferment. Circuit eft la

même chofe que *Perimetre*, & les figures dont les circuits font égaux s'appellent *Ifoperimetres*. Voyez ISOPERIMETRE.

CIRCULATION. f. f. Terme de Chimie, Operation par laquelle une liqueur purgée de fes qualités elementaires, telles que font les eaux, les efprits & les huiles diftillées, eft exaltée dans le Pelican, où étant renfermée par la fignature hermatique, & enfevelie au ventre de cheval ou fon vicaire, par l'évaporation & condenfation fouvent réiterée, elle acquiert une perfection & un épurement fort confiderable. La circulation eft une des plus importantes operations de la Chimie. Elle fe fait au feu de lampe, ou au fumier, ou au Soleil, & veut une chaleur qui foit continuée plufieurs jours.

On appelle *Circulation*, en termes de Medecine, le Mouvement que fait le fang, en paffant par le cœur plufieurs fois par jour, & allant de là jufqu'aux extrémités du corps des animaux. Tous les Medecins demeurent d'accord prefentement de la Circulation du fang, qu'ils avoient ignorée jufqu'en l'année 1628. qu'elle fut découverte en Angleterre par Harvée, Docteur moderne. Quelques-uns tiennent que Fra-Paolo l'avoit découverte avant lui, auffi-bien que les valvules des veines ; mais que la crainte de l'Inquifition ne lui ayant pas permis d'en parler, il fit part du livre qu'il en avoit fait à Aquapendente, qui après fa mort communiqua ce fecret à Harvée qui étudioit fous lui à Padoue, & qui étant de retour en Angleterre, le publia comme l'ayant trouvé le premier.

On fe fert auffi du terme de *Circulation*, en parlant du fuc des plantes. On en a fait l'experience par le moyen des ligatures, fur quelques-unes de celles qui en ont le plus, comme fur le Tithimale. M. Perrault, Medecin, propofa pour la premiere fois en 1667. la Circulation de la feve des Plantes à l'Académie des Sciences.

CIRCULATOIRE. adj. On appelle en Chimie *Vaiffeaux circulatoires*, Ceux dont on fe fert à diftiller par circulation. Le Pelican & les Jumeaux font du nombre des Vaiffeaux circulatoires.

CIRCULER. v. a Faire une operation dans un vaiffeau circulatoire dans lequel la même vapeur que le feu éleve en l'air, retombe en bas, pour remonter & être diftillée plufieurs fois, en forte qu'elle foit réduite en fes parties les plus fubtiles. On circule des matieres liquides par un feu propre pour cela, tantôt pour volatifer les fels fixes, tantôt pour fixer les efprits volatils. *Circuler*, fe dit auffi en Medecine, du mouvement du fang qui paffe plufieurs fois dans le cœur, d'où par le moyen des veines & des arteres il eft porté jufqu'aux extrémités du corps, & revient de là au cœur. On tient auffi que le fuc des Plantes circule depuis le tronc jufqu'aux feuilles.

CIRE. f. f. Excrement de l'abeille, qui fe forme de la partie la plus craffe des fleurs qui lui fervent de nourriture. La bonne Cire doit être rouffâtre, graffe, nette, de bonne odeur, & fentir le miel. La blanche eft la meilleure après celle-là, étant graffe de foi fans être mêlée. La jaune eft rendue blanche par ablution, & en l'expofant quelque tems au Soleil, & à l'humidité de la nuit. Il y a, felon Diofcoride, un autre moyen de la blanchir avec de l'eau de mer & un peu de nitre, mais cette maniere n'eft plus en ufage. La Cire devient verte, noire & rouge, par le mélange du verdet pour la verte, de quelque papier brûlé pour la noire, & de l'orcanette pour la rouge. Sa fubftance eft craffe & emplaftique. Elle ramollit & digere, & eft la matiere des autres médicamens échauffans ou rafraîchiffans avec lefquels on la mêle. Le mot de *Cire* vient du Grec κηρὸς, qui veut dire la même chofe.

Cire vierge. Diofcoride dit que la Cire vierge eft celle qu'on trouve à l'entrée des ruches, que la meilleure eft jaune, odorante & fentant le Storax, qu'elle eft ductile dans fa ficcité, & fe peut filer comme le maftic. Selon Matthiole, la Cire vierge n'eft pas proprement Cire, mais comme un fondement pour défendre l'entrée des ruches & les garantir du froid. Elle eft de matiere plus épaiffe, étant compofée de fleurs, & d'une odeur forte; en forte qu'on l'emploie fouvent pour le galbanum. On l'appelle *Propolis*, c'eft-à-dire, qui eft à l'entrée de la Ville de πρὸ, Devant, & de πόλις, Ville.

Cire d'Efpagne. Compofition d'une gomme colorée, qui découle de certains arbres des Indes, affés femblables à notre Prunier, & que les fourmis ailées ramaffent pour l'aller enfuite attacher aux troncs & aux branches de ces mêmes arbres. Cette gomme eft ordinairement rouge.

CIROËNE. f. m. Terme de Chirurgie. Efpece d'oignement à emplâtre, compofé de drogues refolutives, comme fafran, myrrhe & aloës, incorporées avec de la cire & des gommes telles que Galbanum, Sagapenum, Ammoniac, & le tout détrempé avec du vin. Nicod dit que Ciroëne eft un mot compofé du Grec κηρὸς, Cire, & de οἶνος, Vin; fi on n'aime mieux le faire venir de κηρότριψις, Je mêle, & de οἶνος, à caufe que les drogues qui entrent dans cette forte d'emplâtre, fe détrempent avec du vin.

CIRON. f. m. Efpece de petit ver rond & blanc, qui s'engendre d'une humeur acre & adufte en divers endroits du corps, mais principalement en la main, & qui fe fe traînant fous le cuir, ronge & caufe une grande démangeaifon & gratelle. Quelques-uns font venir ce mot de χεὶρ, Main, à caufe que ces petits vers s'attachent plus aux mains qu'à aucune autre partie; ce que Nicod ne peut approuver.

CIRQUE. f. m. Les Grecs appelloient *Cirque*, un lieu deftiné pour les jeux publics. Il étoit en rond, & ils lui donnoient le nom de κίρκος. C'étoit chés les Latins une grande place longue, qui étoit entrée par un bout, & entourée de portiques & de plufieurs rangs de fieges par degrés. Au milieu étoit une efpece de banquette avec des obelifques, des ftatues & des bornes à chaque bout. Ce lieu fervoit pour les courfes des chariots attelés de deux chevaux ou de quatre, qu'on appelloit *Biges* ou *Quadriges*, & pour les diverfes chaffes. Il y a encore des veftiges de Cirques à Rome, à Nîmes, à Angers & en d'autres lieux. Les fpectacles que l'on y donnoit au Peuple faifoit la paffion des Romains.

CIRSOCELE. f. f. Terme de Medecine. Hernie varriqueufe. La partie affectée font les veines fpermatiques, répandues fur les tefticules, où elles forment diverfes anaftomofes & divarications, que l'on appelle les *Vaiffeaux pampiniformes*, ou le *Corps variqueux*. Quand le fang trop épais & trop groffier s'arrête dans ces replis, les veines fe dilatent & fe relâchent en un endroit plus, & en l'autre moins. C'eft delà vient que ces tumeurs inégales & variqueufes. Ce mot vient du Grec κιρσὸς, Varice, & de κήλη, Hergne, tumeur.

CIS

CISAILLES. f. f. p. Sorte de Cifeaux dont les Serruriers fe fervent pour couper le fer qui eft tenve &

mince. On appelle auffi *Cifailles*, les reftes d'une lame d'argent dont on a enlevé des flans pour faire des pieces de monnoye, c'eft-à-dire, le fuperflu qui refte dans cette lame, & qui fe trouve entre les ronds. On refond ces Cifailles en lame pour continuer le travail, & employer toute la matiere.

CISAILLER. v. a. Couper une piece de monnoye altérée, afin d'empêcher qu'elle ne demeure dans le commerce.

CISEAU. f. m. *Ferrement tranchant par une des extrêmités & fervant à travailler le bois & la pierre.* ACAD. FR. Il y a des Cifeaux de differentes fortes & grandeurs felon les differens Artifans qui en ont befoin. Il y en a pour les Charpentiers qu'ils nomment *Cifeaux à planches*, & d'autres pour ébaucher les mortaifes qui s'appellent *Ebauchoirs*, ceux-là ont un manche de bois avec des viroles par les deux bouts. Il y a des *Cifeaux à marteline*, qui ont plufieurs pointes & qui fervent aux Sculpteurs. Des Cifeaux des Menuifiers les uns font *à deux bifeaux*, & les autres font appellés *Cifeaux de lumiere*. Ils fe fervent de ces derniers pour percer les bois des Guillaumes & Rabots, & pour y mettre les fers. Les Serruriers ont auffi divers Cifeaux, *des Cifeaux à froid*, pour couper de petites pieces de fer à froid; des *Cifeaux ou Tranches*, pour fendre à chaud les barres de fer; des *Cifeaux ou Tranches percées*, pour couper les fiches ou couplets & autres petites pieces de fer à chaud; *des Cifeaux à fiches*, pour ferrer les fiches dans le bois; *des Cifeaux à tailler limes*, & d'autres à lever. Il y a auffi *des Cifeaux en pierres*, & des *Cifeaux ou Cifelets*, qui fervent à relever les écuffons, les targettes, & autres pieces fur le plomb.

Quand on a fondu quelque piece d'argent ou d'or l'Orfévre la repare, la recherche avec le *Cifelet*. Il y en a de plufieurs fortes; comme Traçoirs, Poinçons, Bouterolles.

CISELURE. f. f. Ce que les Tailleurs de pierre font avec le cifeau & le maillet, lorfqu'ils commencent à tailler une pierre. On dit, *Relever les Cifelures*, pour dire, Faire un petit bord autour du parement d'une pierre dure pour la dreffer. Les Cifelures fervent auffi pour diftinguer des compartimens de Ruftique fur les paremens des pierres dures.

Il y a des ouvrages d'Orfévrerie qu'on nomme de *Cifelure* ou *étampés*, & dans la Serrurerie, *Cifelure* fe dit de tout ouvrage de tole embouttie au Cifeau.

CISOIR. f. m. Efpece de Cifeau dont les Orfévres fe fervent, & qui eft propre à couper l'or & l'argent.

CISSOÏDE. f. f. Terme de Géometrie. La Ciffoïde eft une ligne courbe dont voici la generation. De l'extrêmité du diametre d'un demi cercle donné, on tire à tous les points de ce demi cercle des cordes depuis la plus grande jufqu'à la plus petite qui foit poffible. De l'autre extrêmité de ce même diametre, on tire une tangente indéfinie, & on prolonge toutes les cordes au-dehors du cercle jufqu'à cette tangente. La corde la moins éloignée du diametre du demi-cercle, eft celle dont la partie comprife entre la circonference exterieure du cercle & la tangente, eft la plus petite, & cette partie augmente toûjours dans les autres cordes à mefure qu'elles s'éloignent de la premiere. On prend fur toutes les cordes à commencer à leur origine commune une quantité égale à cette partie prolongée, & comprife au-dehors du cercle entre le cercle & la tangente, & par tous les points que cette quantité détermine fur toutes les cordes on fait paffer une courie qu'on appelle *Ciſſoïde*. La tangente du demi cercle tirée ſur l'extrèmité du diametre oppoſée à celle d'où part la Ciſſoïde, eſt une aſymptote de la Ciſſoïde, c'eſt-à-dire, que ces deux lignes prolongées à l'infini ne ſe peuvent jamais rencontrer, quoiqu'elles s'approchent toûjours de plus en plus; & c'eſt apparemment delà que la Ciſſoïde a pris ſon nom, car en s'approchant de ſon aſymptote, elle ſe courbe de façon qu'il ſemble repreſenter une feuille de Lierre. χισσὸς en Grec veut dire, *Lierre*. L'eſpace compris entre le diametre du demi-cercle generateur, la Ciſſoïde & l'aſymptote, quoiqu'infini, puiſque la Ciſſoïde & l'aſymptote ne ſe rencontrant pas, il ne ſe ferme point, n'eſt cependant que triple de l'eſpace que contient le demi-cercle generateur.

CISTEAUX. ſ. m. Ordre Religieux, inſtitué en 1098. par Robert Abbé de Moleſme dans le Dioceſe de Langres. Ce fut lui qui fit bâtir la premiere Abbaye de ce nom dans le Dioceſe de Chalons. Les liberalités d'Othon I. Duc de Bourgogne y contribuerent, & il fut appuyé de deux Prélats dans cette entrepriſe, qui furent Gautier de Chalon, & Hugues de Lyon. Ce dernier étant Legat du S. Siege, approuva l'Inſtitut de Robert, qui fit Alberic Abbé de Cîteaux. Etienne, qui lui ſucceda dix ans après, reçût S. Bernard & ſes Compagnons, & alors cet Ordre devint ſi puiſſant, qu'il gouverna preſque toute l'Europe pendant plus d'un ſiecle, non ſeulement au ſpirituel, mais encore au temporel. C'eſt un rejetton de celui de S. Benoît. Il a donné quatre Papes à l'Egliſe, pluſieurs Cardinaux & Evèques, & quantité d'Ecrivains celebres. L'Abbé de Cîteaux, General de l'Ordre, eſt Conſeiller né au Parlement de Bourgogne. On croit que le mot de *Cîteaux* eſt venu du grand nombre de Cîternes qu'on avoit creuſées au lieu, où la premiere Abbaye a été bâtie.

CISTERNE. ſ. f. Lieu ſoûterrain & voûté, où l'on reſerve les eaux de pluie pour s'en ſervir au défaut des naturelles. Le fond en eſt pavé & couvert de ſable. La Cîterne de Conſtantinople eſt une des plus conſiderables qui ſe voyent. Ses voutes portent ſur deux rangs de deux cens douze piliers chacun. Les piliers ſont de deux piés de diametre, & plantés circulairement & en rayons qui tendent à celui qui eſt au centre. Les Cîternes ont à côté de petits lieux voutés qu'on appelle *Cîterneaux*, & où l'eau s'épure avant que d'entrer dans la Cîterne. Ce mot vient de *Cis terram*, comme qui diroit, Dans terre. D'autres le dérivent de *Ciſta*, Panier d'oſier, parce que la Cîterne conſerve les eaux de pluie qu'elle reçoit, comme un panier conſerve le pain qu'on met dedans.

CISTRE. ſ. m. Inſtrument de Muſique fort commun en Italie compoſé d'un manche plus long que celui d'un lut, & qui eſt diviſé en dix-huit touches. Il a quatre rangs de cordes, qui ſont d'ordinaire de laiton, & chaque rang en a trois accordées à l'uniſſon à l'exception du ſecond rang qui n'a que deux cordes. Elles ſe touchent avec un petit bout de plume, & ſont attachées au bout de la table à un endroit appellé *Le peigne*. Le Chevalet de cet Inſtrument eſt auprès de la roſe, & ſes touches ſont de petites lames de laiton fort déliées. Les Italiens l'appellent *Cythara*. Il y a auſſi des Ciſtres à ſix rangs de cordes.

CISTUS. ſ. m. Petit Arbriſſeau, branchu & feuillu, qui croît dans les lieux pierreux & ſecs. Quelques-uns l'appellent *Citharum* ou *Ciſſarum*. Il y a le Ciſtus mâle & le Ciſtus femelle. Le mâle a ſes feuilles rondes, crêpes, velues, blanches & âpres, &

ſa fleur ſemblable à celle du Grenadier. Celle de la femelle eſt blanche, & elle a ſes feuilles longuettes & ſemblables aux feuilles de ſauge; ce qui fait que les Payſans d'autour de Padoue la nomment *Sauge ſauvage*. Le Ciſtus eſt aſtringent, & l'hypociſtis croît auprès de ſes racines.

CIT

CITOLE. ſ. f. Vieux mot qui a ſignifié un Inſtrument de Muſique, & que Borel croit venir de *Cythara*.

CITRIN. ſ. m. Certaine couleur jaune que les Chimiſtes prétendent donner au métal pour faire de l'or. Ils l'appellent autrement *La grande teinture minerale*.

CITRON. ſ. m. Fruit du Citronnier, qui eſt un arbre toûjours vert, & auſſi grand que l'Oranger & le Limonnier. Ses feüilles ſont preſque ſemblables à celles de l'Oranger, & pleines de trous ſi petits, qu'à peine les peut-on appercevoir. Ses branches ſont ſouples & épineuſes. Le Citronnier jette une fleur rougeâtre en maniere de panier, de laquelle ſort quelque petite capillaure. Il porte des Citrons en tout tems, & pendant que les uns tombent pour être mûrs, les autres ſe mûriſſent, & en même-tems il en eſt d'autres qui ſortent. Leur écorce à force ridée & bonne odeur, & ce qui eſt dedans eſt aigre & plein de jus. Il ſort delà une graine comme un grain d'orge, mais plus grande & plus groſſe, & couverte d'une écorce dure; ſon gout eſt amer. Du tems de Theophraſte on ne mangeoit point encore de Citrons, on s'en ſervoit ſeulement pour faire ſentir bon les habillemens, & on uſoit au lieu de contrepoiſon, à quoi la graine du Citron eſt fort propre. Athenæus dit que deux criminels qu'on menoit au parc des bêtes venimeuſes, auſquelles ils devoient être livrés, en ayant mangé par le chemin, furent mordus des ſerpents, ſans que leurs morſures les fiſſent mourir. On ſçut que tout le contrepoiſon qu'ils avoient pris étoit un Citron qu'on leur avoit donné par hazard. Ils étoient encore livrés le lendemain aux Serpents. L'un à qui on avoit fait exprès manger du Citron, échapa de nouveau de leurs morſures, & l'autre à qui l'on n'en donna point, mourut ſur le champ. Matthiole dit que les Citrons ſont bons aux maladies cauſées de mélancolie, & que leur graine priſe en breuvage, ou appliquée, eſt un ſingulier remede pour les piquures des Scorpions.

CITRONAT. ſ. m. Couverture faite de peau de Citron coupée en filets longs & menus, & que l'on aſſemble pour en faire une eſpece de rocher. On appelle auſſi *Citronat*, une ſorte de dragée dans laquelle on enferme un petit morceau de l'écorce d'un Citron.

CITROUILLE. ſ. f. Plante dont la tige traîne par terre. Sa fleur eſt jaune, & ſon fruit, qui eſt une eſpece de Concombre, ſurpaſſant toutes les autres en groſſeur, eſt froid & humide, rond peſant, & couvert d'une écorce liſſe. Elle eſt verte du côté qui eſt à l'air, & blanche de celui qu'elle poſe à terre.

CIV

CIVADE. ſ. f. Poiſſon d'étang de mer, qui a le corps moucheté avec pluſieurs petits piés. Il eſt de têt mou & grand comme un doigt, & couvert d'une maniere de croûte. Sa chair qui eſt douce, eſt rouge lorſqu'elle eſt cuite.

CIVADIERE. ſ. f. Terme de Marine. Nom que l'on donne à la voile du mât de beaupré, & qui ſert plus à ſoûtenir le Navire & à le dreſſer par le haut qu'à le pouſſer en avant. Comme elle eſt fort inclinée, elle a deux gros trous, afin que s'il lui arrive de toucher la mer, l'eau qu'elle reçoit se puisse écouler au même instant. Quelques-uns écrivent *Sivadiere.*

CIVE. s. f. Espece d'ognon qui ne vient qu'en tasse, & ne grossit point en terre comme les ognons ordinaires. On en fait des bordures. La Civette est une espece de Cive fort déliée, on l'appelle Civette d'Angleterre.

CIVES. s. f. p. Petites pieces de verre de forme ronde, dont les Anciens faisoient leurs vitres. On les assembloit avec des morceaux de plomb refendus des deux côtés, pour empêcher que le vent ni l'eau ne pussent entrer. C'est ainsi que les premieres vitres de verre blanc ont été faites. On en voit encore aujourd'hui en Allemagne.

CIVETTE. s. f. Animal qu'on trouve dans les pays étrangers, & qui est gros à peu près comme un Renard. Il a d'ordinaire vingt pouces de long, sa queue qui en a dix, est noire par dessus, & mêlée d'un peu de blanc par dessous. Son nés, son ventre & le dessous de sa gorge sont noirs aussi bien que ses piés qui sont courts, & qui aboutissent en cinq doigts & un ergot, avec des ongles noirs, seulement un peu pointus, sans être crochus. La Civette a son poil fort court sur la tête, & fort long par tout le reste du corps. Il est épais sur son dos de quatre pouces & demi. Ce poil est dur & rude, & entremêlé d'un autre plus doux & plus court, frisé comme de la laine, & qui est gris brun. Le grand poil est de trois couleurs, & forme des taches & des bandes, les unes blanches, les autres roussâtres, & les autres noires. Ses oreilles, noires par dehors, bordées de blanc, & blanches par dedans, sont moins pointues, & plus petites que celles d'un Chat. Le dessus de sa tête jusques aux oreilles est gris, & on lui voit sur le col quatre bandes noires sur un fond fort blanc. Ses yeux sont enfermés dans deux taches noires, & on tient qu'ils éclairent la nuit comme ceux des Chats. La Civette a des dents canines, & souvent rompues, ce qui vient de ce qu'en mordant les barreaux de la cage où on l'enferme, elle se les rompt par l'effort qu'elle fait pour les briser.

Civette. Liqueur épaisse ou condensée qu'on ramasse avec une cueiller d'argent ou de corne proche les testicules de la Civette. La poche, où est le receptacle de cette liqueur est au-dessous de l'anus, elle a deux pouces & demi de large, & trois de long. On prendroit d'abord cette poche ou bourse pour la matrice de cet animal, à cause d'une large fente & des lévres épaisses qu'elle a. Elle est grosse comme un petit œuf; & quand on la touche, on sent que c'est un corps charnu comme le cœur. Lorsqu'on l'a ouverte avec les doigts, on y trouve deux tuyaux qui ressemblent aux narines, & qui aboutissent à deux concavités aussi grosses que des amandes. C'est l'endroit où se ramasse la Civette, & d'où on la tire. Pour en avoir davantage, on met cet animal en colere. Elle est liquide, & même d'une odeur assés fâcheuse lorsqu'on la ramasse, mais en l'exposant sous jours à l'air, elle se condense, & prend une odeur très-agreable. La Civette s'appelle *Zibethum* en Latin, & ce mot vient de l'Arabe *Zibed* ou *Zebed*, qui veut dire Ecume, cette liqueur étant écumeuse & blanche en sortant, & perdant sa blancheur après qu'on l'a exposée à l'air.

Civette. Petite herbe odoriferante que l'on met dans la salade.

CLA

CLAIR, RE. adj. *Eclatant, lumineux, qui jette, qui*

répand la lumiere. ACAD. FR. Ce mot se prend substantivement en termes de Peinture, & se dit des parties qui réfléchissent plus de lumiere, & qui sont composées de couleurs plus hautes & plus voyantes; de sorte qu'on ne fait pas voir moins de science à bien ménager les chairs & les teintes d'un tableau, que les enfoncemens & les ombres. On dit qu'un Peintre entend bien le *Clair obscur*, pour dire, qu'il débrouille & détache bien ses figures par le moyen des ombres & de la lumiere. On appelle aussi *Dessein de clair obscur*, Un dessein qui n'est lavé que d'une seule couleur, ou qui a les ombres d'une couleur brune, & les jours rehaussés de blanc. *Clair obscur*, se dit encore de certaines estampes de deux couleurs qu'on tire à deux fois, & des peintures ou tableaux qui sont de deux couleurs. On dit quelquefois *le Clair obscur d'un tableau*, pour faire entendre la maniere dont on a traité les jours & les ombres, & avec laquelle le Peintre a répandu la lumiere sur tous les corps.

CLAIRE. *Sainte Claire.* Ordre Religieux de Filles. C'est le second des trois qui furent fondés par saint François vers l'an 1212. Le Pape Innocent III. & ensuite Honoré III. le confirmerent. Il prit le nom de *Sainte Claire*, à cause de Sainte Claire d'Assise, qui en fut la premiere Superieure, & même la premiere des Religieuses. On les divisa en *Damianites*, qui suivent l'ancienne discipline de leur Institut, & prirent leur nom de l'Eglise de S. Damien d'Assise, où elles s'établirent du tems de S. François, & en *Urbanistes*, qui retiennent la mitigation de la Regle, appellée ainsi à cause que ce fut le Pape Urbain IV. qui la mitigea.

CLAIREVOYE. s. f. On appelle ainsi l'espacement trop large des solives d'un plancher, ou des poteaux d'une cloison. On le dit aussi des chevrons d'un comble qui n'est pas assés peuplé.

CLAIRIERE. s. f. Lieu dans une forêt où les arbres sont peu touffus, ou qui est dégarni d'arbres, où les Chasseurs se postent au-devant des chiens. On dit en quelques lieux Un bel éparé.

CLAIRON. s. m. Sorte de trompette qui a le tuyau plus étroit que la trompette ordinaire, & qui rend un son plus aigu. Voici de quelle sorte en parle Nicod. *Clairon est une maniere de trompette qui sonne le grêle. Selon ce, on dit, Clairons & Trompettes, car la Trompette sonne le gros. Par cette raison le Clairon est la Trompette qui a le tuyau plus étroit, & est ce que l'Espagnol dit Clarin, & en plurier Clarines. On voit toutefois qu'un Trompette claironné & trompe d'une même trompette, quand il renforce son vent, ou ne s'efforce tant à outrance. Mais le Clairon anciennement, ainsi qu'en usent encore les Moresques & les Portugais qui le tiennent d'eux, servoit comme de dessus à plusieurs Trompettes sonnant en taille ou basse contre, & étoit de tuyau plus étroit que les Trompettes ès Galeres, ès tournois, ès entrées des Rois, en divers mots & signes de commandement en une armée, & ès aubades des Villes. On oyt encore ces accords de Clairons & Trompettes, mais s'est par effort du vent du Trompette le plus souvent, & non par difference d'instrument. Il dit encore, que ni le Clairon ni la Trompette ne sont en une armée de terre que pour la Cavalerie, & en une armée de mer que pour les gens portés sur Vaisseaux de mer longs ou ronds, lesquels on ne peut dire pleinement être gens de pié.* M. Menage dit que *Clairon* vient de l'Italien *Clarone*, fait de *Clarus*, à cause de ce son aigu & clair qu'il rend.

Clairon. Est aussi un jeu d'orgues harmonieux qui represente le bruit d'un Cornet. Ce jeu est long de quatre piés , & accordé à l'octave de la Trompette. Il se termine comme elle par enhaut , en s'élargissant par l'endroit appellé le Pavillon.

On appelle *Clairon*, Une espece de cloche faite d'une lame de cuivre avec un petit batail de fer , qu'on attache au col des Chevaux & des Vaches pour les envoyer en pâture , afin de les retrouver plus facilement , quand il est nuit.

CLAM. s. m. Vieux mot. Plainte. C'est delà qu'est venu , *Clameur de Haro*, qui est une plainte ou reclamation de l'aide du Prince contre l'oppression de quelqu'un. Elle est introduite par le titre second de la Coûtume de Normandie. On y dit encore , *Clamer un heritage* , pour dire , Le retirer par droit lignager ou autrement. On disoit autrefois *Clamer* , pour dire , Appeller , & l'on trouve dans Froissard , qu'*On clame ainsi* , pour dire , qu'On nomme ainsi. *Clamer* a aussi signifié , Declarer à haute voix , publier. *Le Roi fit délivrer tous les prisonniers , & clama quittes leurs forfaits pour quelconque méfait que ce fut.*

CLAMESI. s. m. Sorte de petit acier commun, qui est le moindre en prix, & qui se vend par carreaux ou billes , de quatre pouces de long ou environ.

CLAMP. s. m. Terme de Marine. Piece de bois qu'on applique contre un mât ou contre une vergue pour les fortifier & empêcher que le bois n'éclate. *Clamp*, est aussi une petite piece de bois en forme de rouet qu'on met au lieu de poulie dans une mortoise. On appelle *Clamp de mât* , une longue mortoise qui est dans le haut d'un mât de hune, & où il y a un demi-rond fait du même mât sur lequel passe l'Itaque.

CLANCULAIRES. s. m. Sorte d'Anabaptistes qui croyent qu'ils peuvent cacher leur Religion lorsqu'on les interroge , & qu'il suffit qu'ils sçachent ce qu'ils croyent en particulier sans qu'ils le confessent publiquement. Ils s'assemblent dans leurs maisons ou dans des jardins ; ce qui les a fait nommer aussi *Jardiniers*. Le mot de *Clanculaire* , vient du Latin *Clanculum* , En cachette.

CLAPET. s. m. Espece de petite soûpape plate , qui se leve & qui se ferme par le moyen d'une simple charniere. On la fait de fer ou de cuivre.

Clapet de pompe. Soûpape de cuivre clouée à la chopinette de la pompe d'un Vaisseau. Elle sert à attirer l'eau du fond. On appelle aussi *Clapets* , les petits morceaux de cuir qu'on met au lieu de maugeres devant les dalots des petits Vaisseaux.

CLAPONNIER. adj. Vieux mot , dont on s'est servi en appellant *Cheval claponnier* , Un cheval qui avoit les paturons longs , effilés & trop plians. Ce mot n'est que pour les bœufs. On disoit aussi *Clamponnier*.

CLAQUE. s. m. Gros Oiseau , de bon goût, de la grosseur d'un Mauvis & à peu près de même plumage.

CLAQUEBOIS. s. m. Instrument de Musique assés grossier , dont le coffre est parallelogramme , & qui a dix-sept touches sur son clavier. Il est composé d'un semblable nombre de bâtons , dont le premier est cinq fois plus petit que le dernier. Les autres diminuent à proportion.

CLAQUET. s. m. Petite piece de bois qui sert à la tremie d'un moulin. Elle fait beaucoup de bruit , & est dans une perpetuelle agitation. On l'appelle aussi *Cliquet* , & *Traquet*. Il sert à marquer quand le grain est prêt à manquer dans la tremie ; & à le faire couler dans les meules par le Boîstier.

CLARINE', E'E. adj. Terme de Blason. Il se dit des animaux qui ont au cou des sonnettes , comme les

vaches & les brebis. *D'azur au belier paissant d'argent , accolé & clariné d'or.* Ce mot de *Clariné* , vient de ce que la sonnette rend un son clair.

CLAS. s. m. Vieux mot. Son de cloche pour les morts. Borel le fait venir du Grec κλάω , Je pleure.

CLASSE. s. f. Division de tous les Pilotes & Matelots des Provinces Maritimes du Royaume , qui ont été enrôlés , & qu'on a distribués en trois , quatre & cinq parties ; dont chacune est appellée *Classe* , pour servir alternativement sur les Vaisseaux de Sa Majesté. Le dernier enrôlement fut distribué en trois Classes, suivant l'Edit donné à Nanci en 1673. Dans une Sentence d'ordre des biens d'un homme saisi, ou qui a abandonné ses biens à ses creanciers, on fait plusieurs classes pour partager la perte suivant les Hypotheques. Il est de la premiere; de la seconde classe. Ceux de la premiere perdent deux sols pour livres. Ceux de la seconde classe perdront trois sols.

CLATIR. v. n. Terme de Fauconnerie. On dit qu'*Un Chien, clatit* , quand en poursuivant une perdrix ou un oiseau , il fait un cri qui redouble , comme pour avertir qu'il a besoin de secours. On dit aussi *Glatir*.

CLAVEAU. s. m. Maladie qui vient aux Brebis en forme de petits boutons , & qui les feroit mourir si on negligeoit de les bien penser. Borel dit que *Claveau, clavet* & *clavelée*, qui veulent dire la même chose , viennent de *Clades* , perte , dommage , selon quelques-uns ; mais qu'il croit qu'ils sont formés du mot de Languedoc *Clavel* , qui signifie un clou , parce que les bêtes qui meurent de cette sorte de peste , sont couvertes de taches , comme de clous , qui est une espece de pourpre qu'on appelle *Lou tac.*

Claveau. Terme d'Architecture. L'une des pierres en forme de coin , qui sert à fermer une platebande. *Claveau à crossette* , est celui dont la tête retourne avec les assises de niveau pour faire liaison.

CLAVESSIN. s. m. Instrument de Musique fort harmonieux, dont les cordes sont de laiton. Il a d'ordinaire deux piés trois pouces de larges vers le Clavier, & n'a pas tant de large à l'autre bout. Sa longueur est de cinq piés trois pouces. Le Clavessin a quatre chevalets , dont il y en a deux qui sont droits ; les deux autres sont appellés *Chevalets à crocs* , à cause de leur figure. On joue de cet Instrument en touchant un clavier. Ses touches font mouvoir de petits sautereaux qui frappent un double rang de cordes qui sont tendues sur la table. Il y a des Clavessins à un seul clavier. D'autres en ont deux , & quelquefois jusqu'à trois. On appelle aussi *Clavessin* , un Instrument de Musique quarré , qui a deux Claviers à chaque bout. On y joint quelquefois un orgue , & l'on dit Clavessin organisé.

CLAVETTE. s. f. Morceau de fer qui passe au travers d'une cheville de fer ou d'un boulon , & qui sert à l'arrêter. On appelle aussi *Clavettes*, ce qu'on met dans les trous de la barre de bois qui est audessus des jumelles d'un tour , & qu'on a percée exprès pour cela en quelques endroits. Ces Clavettes soûtiennent les pieces qu'on trouve qui ont trop de portée. En termes d'Imprimerie , on nomme *Clavettes* , ce qui sert aux Imprimeurs à monter & à descendre le grand sommier de leurs presses. Ce sont aussi deux petites plaques de fer à tête, qui servent à emmancher un Brochoir avec des cloux rivés : il n'y a gueres que les Maréchaux & les Vinaigriers qui s'en servent.

CLAVICULE. s. f. Terme de Medecine. On appelle ainsi deux petits os qui ferment la poitrine par enhaut ,

enhaut, & on leur a donné ce nom du Latin *Clavis* , Clef , à caufe qu'ils font comme la clef du Thorax. Ces Clavicules ont la figure d'une S , & font comme deux demi-cercles joints enfemble , étant caves en-dedans & voûtées en-dehors. Il n'y a que l'homme & le finge qui en ayent. Elles fervent à affermir l'omoplate avec le fternon & le bras.

CLAVIER. f. m. Rang de touches de certains Inftrumens de Mufique, comme l'Orgue, le Claveffin , l'Epinette , qui font mifes felon l'ordre de la Mufique, & qui entrent dans le corps de l'Inftrument. Il y a plufieurs Claviers dans les grandes Orgues, l'un pour faire jouer le pofitif, l'autre le grand corps ; un autre pour le petit cornet , & un quatriéme pour le cornet à l'écho. Le Clavier entier a quarante-huit touches ; les autres en ont feulement une partie qui joue , & le refte n'y eft que pour l'ornement. Il y a auffi un *Clavier de pedales*. Il eft ordinairement compofé de vingt-huit touches. *Clavier*, vient du Latin *Clavis* , Clef , à caufe qu'il contient toutes les clefs de la Mufique.

CLAUSOIR. f. m. Le plus petit carreau qui ferme une affife dans un mur continu , ou entre deux piedroits.

GLAYE. f. f. Ouvrage de Vanier , qui eft plat & fait d'ofier, long de quatre ou cinq piés , & un peu moins large ; tout cela felon les chofes pour lefquelles on en peut avoir befoin. Il y a des *Clayes à claires voies* & des *Clayes ferrées*. Celles des atteliers , qui fervent à paffer le fable , afin d'en féparer les cailloux , font faites d'un bois plus groffier. On appelle auffi *Claye*, ce qui fert aux Bergers pour enfermer leurs troupeaux quand ils parquent. *Claye* en ce fens , femble venir de *Claudere* , Enfermer.

Clayes au pluriel , fe dit des branches entrelaffés étroitement les unes avec les autres , dont on fe fert à couvrir des traverfes & des logemens. On les charge de terre , & par ce moyen on fe garantit des feux d'artifice & des pierres que les ennemis peuvent jetter.

Claye eft auffi une groffe échelle de Charpente, qu'on attache au cul d'une charette , & fur laquelle un cheval conduit par le bourreau , traîne par la Ville ceux qui ont été tués en duel , ou qui fe font défaits eux-mêmes par defefpoir.

CLAYON. f. m. Ouvrage d'ofier fait en rond , fur lequel les Patiffiers font porter leurs pains benits , & leurs autres patifferies. On appelle *Clayon à fromage* , un petit cerceau au travers duquel font plufieurs brins d'ofier entrelaffés. On dit quelquefois *Cliffe*.

CLAYONNAGE. f. m. On dit *Faire un clayonnage* , pour dire , Affurer fur des clayes faites de menues perches , la terre d'un gafon en glacis , qui fans cela s'ébouleroit par le pié.

CLE

CLECHE', E'E. adj. Terme de Blafon. Il fe dit de ce qui eft ouvert à jour , en forte que la piece qui charge l'Ecu , paroiffe comme fi elle étoit chargée d'une autre piece femblable , de même émail que le champ de l'Ecu, ou comme fi on voyoit le champ à travers fes fentes. *D'azur à trois crois clechées d'or*. Le Pere Meneftrier dit , que l'on fe fert du mot de *Cleché*, en parlant des arrondiffemens de la Croix de Touloufe , qui a fes quatre extrêmités faites en maniere d'anneaux de clefs. *D'azur à la croix vuidée, clechée & pommetée d'or*.

CLEF. f. f. *Inftrument fait exprès pour ouvrir & fermer une ferrure*. ACAD. FR.
Tome I.

Clef fe dit en termes d'Architecture , de la pierre du milieu qui ferme un arc , un arceau , ou une voute , & qui eft differente felon les ordres. C'eft une fimple pierre en faillie au Dorique & au Tofcan. On la taille de nervures en maniere de confoles avec enroulemens à l'Ionique , & dans le Corinthien & le Compofite , c'eft une confole a des ornemens de fculpture , des enroulemens & feuillages.

On appelle *Clef paffante*, celle qui en traverfant l'architrave , & même la frife , fait un boffage qui en interrompt la continuité. *Clef pendante & faillante* , eft la derniere pierre qui ferme un berceau de voute , & qui dans fa longueur excede le nu de la douelle. *Clef en boffage* , eft celle où l'on peut tailler de la fculpture , & qui a plus de faillie que les vouffoirs ; & *Clef à croffettes* , eft celle qui eft potencée par enhaut avec deux croffettes , & font liaifon dans un cours d'affife. On appelle *Clef de poutre* , une cheville de fer qu'on met au bout de la poutre pour la tenir plus ferme dans le mur ; & dans ce fens on dit , *Armer une poutre de clefs ou bandes de fer*. On appelle dans une Tour *Clefs de poupée* , les morceaux de bois qu'on fait entrer à coups de maillet dans les mortoifes qui font au bout des poupées au-deffous des membrures, afin qu'elles foient dans plus fermes.

On appelle *Clef* en Charpenterie , la piece de bois qui eft arcboutée par deux charges pour fortifier une poutre ; & *Clef* en Menuiferie , eft un tenon que l'on fait entrer dans deux mortoifes , & qui fert à affembler les panneaux.

Le mot de *Clef* en parlant de Navires , eft employé à divers ufages. On dit *Clef de mât de hune* , pour dire , Le bout d'une groffe barre de fer ou de bois qui entre dans une mortoife au bout d'enbas du mât de hune , & qui fert à le foûtenir debout. *Clef des étains* , eft une piece de bois qui tient les étains à l'eftambot ; & *Clef de pierrier* , eft une clef de fer faite en façon de goupille , qui tient la boîte du pierrier où elle doit être. La *Clef de pompe*, eft une maniere de cheville de bois quarrée, par le moyen de laquelle la brinquebale eft tenue fujette avec la pompe. *Clef*, fe dit auffi d'un bout de cable qui tient un Vaiffeau fur les côtés quand on veut le mettre à l'eau ; & l'on appelle *Clef du guindas*, une piece de bordage qu'eft entaillée en rond , & qui tient un des bouts du guindas fur les coittes. On appelle *Demi-clef* , un nœud fait d'une corde fur une autre corde , ou fur autre chofe.

Clef. Terme de Mufique. Marque qui fe met au commencement de chaque ligne du livre de Mufique ; & qui avertit du ton fur lequel il faut commencer le chant. Il y a trois Clefs dans la Mufique, celle *F ut fa* , celle de *C fol ut fa* , & celle de *G re fol ut*. Ces trois lettres G C & F , font appellées *Clefs* , parce que dans les notes qui les fuivent , fe rencontrent les Ut qui commencent & ouvrent le chant. L'ufage de la Clef eft de faire connoître en quel fiege de l'échelle Muficale qu'on appelle *Game* , fe trouve l'une de ces trois lettres C , G & F, laquelle étant fixe, fixe auffi toutes les autres.

On appelle en termes de Venerie *Clefs de meute* , les meilleurs chiens qui fervent à redreffer & à conduire les autres.

Clef eft auffi un terme de Blafon , & on dit *Clefs en pal ou en fautoir* , *couchées* ou *adoffées* , felon que les pannetons font difpofés.

Les Cordonniers nomment *Clef de forme* , un morceau de bois qu'ils fourrent dans une forme brifée pour allonger un foulier ; & *Clef d'embouchoir* , un autre morceau de bois qu'ils mettent

G g

dans l'embouchoir quand ils veulent élargir des bottes.

Clef d'une lampe, c'est ce qui porte la mèche.

CLEMATIS. f. f. Plante medicinale, dont il y a de deux fortes, l'une froide, feche & aftringente, qui n'est autre chose que la *Vinca pervinca*, en François *Pervenche*, & l'autre très-chaude & très-acre, appellée *Vitta alba*, & en François *Liferon*. Voyez PERVENCHE & LISERON.

CLEMATITE. f. f. Sorte de Sarafine qui produit ses branches minces, & toutes garnies de feuilles rondes, semblables à celles de la petite Joubarbe. Ses fleurs ressemblent à celles de la Rue, & elle a ses racines longues, minces & couvertes d'une écorce épaisse & odorante. Matthiole dit qu'elle est fort rare & que peu de gens la connoissent.

CLEMENTINES. f. f. p. On appelle ainsi la partie du Droit Canon, qui est composée des Constitutions du Pape Clement V.

CLENCHE. f. f. Terme de Serrurier. Le loquet ou le battant d'une porte. Borel dit que le mot d'*Esclenche* pourroit bien venir delà, à cause qu'elle s'emboîte comme un loquet. On dit aussi *Clinche*.

CLEPSYDRE. f. f. Horloge d'eau. Instrument ayant dans le fond un petit trou, par lequel l'eau qu'il contient coule peu à peu, en sorte qu'elle mesure un certain espace de tems jusqu'à ce qu'elle soit entierement écoulée. Les Egyptiens s'en servoient pour mesurer le cour du Soleil. Ce mot est Grec κλεψύδρα, & vient de κλέπτειν, Cacher, & de ύδωρ, Eau.

CLERAGRE. f. f. Maladie des Oiseaux de proye. Elle leur vient aux ailes & aux pennages.

CLERC. f. m. Ce mot a signifié autrefois Sçavant, ce qui a fait dire à Villon.

Soit Clercs, Marchands, ou gens d'Eglise.

On appelloit aussi *Clerc* en ce tems-là, un jeune Gentilhomme, qui étant novice de Chevalerie, apprenoit les exercices militaires, d'où cette façon de parler nous est demeurée : *Il en parle comme un Clerc d'armes*, pour dire, Comme un homme qui n'a pas encore d'experience dans le métier de la guerre. Aujourd'hui on appelle *Clercs*, tous ceux qui sont de l'Etat Ecclesiastique, depuis ceux qui ont seulement la tonsure, jusqu'aux Prélats. *Clercs de Chapelle* dans les Maisons Royales, sont ceux qui servent à la Messe, & prennent le soin de décorer la Chapelle. On connoît par les vieux titres que le nom de *Clerc* a été donné à plusieurs petits Officiers des mêmes Maisons Royales, & qu'on a dit *Clercs de cuisine*, *Clercs d'Ecurie*, *de Panneterie*, *d'Echansonnerie*, & même *Clercs de livrées de la Maison du Roi*. Il n'est demeuré que le *Clerc d'Officier*. Cet Officier est l'un de ceux qui suivent les plats que l'on sert devant le Roi, & qui a soin de ce qui se fait dans l'Office.

Clerc, en termes de Palais, se dit d'une espece de Commis ou de Scribe, qui sert à écrire chés les gens de Justice ou de Pratique. Il se dit aussi de ceux qui sont commis pour faire les affaires & les courses necessaires dans une Communauté.

On appelle en terme de Marine *Clerc de guet*, celui dont la fonction est d'assembler le guet sur les Ports de mer & sur les Côtes, & qui en fait le rapport à l'Amirauté.

CLERCELIER. f. m. Vieux mot, qui se trouve employé pour dire, Geolier.

CLERGEON. f. m. Aprenti qui commence, soit pour la Clericature, soit pour la pratique.

CLERGERESSE. adj. fem. Vieux mot, que l'on trouve dans la signification de Sçavante. *Femme*

Clergeresse. Il vient de κλῆρος, en Latin *Clerus*, Clergé ; parce qu'autrefois ceux qui embrassoient la Clericature étoient presque les seules gens qui étudioient. Cela étoit cause que comme les actes se passoient en langue Latine, la plûpart des Prêtres étoient Notaires, & avoient soin d'acquerir des revenus à l'Eglise, dont ils augmentoient les biens plus qu'ils ne font à present, qu'ils ne manient pas les affaires.

CLERGIE. f. f. Vieux mot. Science, doctrine.

Li chaperons partis, longue robe vergie,
Sont li aornement dont bobande Clergie.

On a dit aussi *Clergisse*.

CLINCART. f. m. Nom que l'on donne à certains bateaux plats de Suede & de Danemarck.

CLINOPODIUM. f. m. Plante haute d'un pié & demi, qui produit force rejettons, & dont les feuilles sont semblables au Serpollet. Ses fleurs sont comparties par intervalles comme celles d'un Marrube, & ressemblent à un pié de lit. Le Clinopodium croît aux lieux pierreux. Selon Dioscoride, la décoction de son jus prise en breuvage, est bonne aux spasmes, aux rompures, à ceux qui ne peuvent uriner que goute à goute, & aux piquûres des serpents. Matthiole dit que les Herboristes montrent deux plantes pour le Clinopodium, dont l'une a ses feuilles assés semblables au Serpollet, quoiqu'un peu plus larges ; ses tiges quadrangulaires, minces & velues, & des fleurs purpurines qui les environnent ; que l'autre a ses feuilles longues, dentelées & pointues au bout, & ses fleurs parmi ses feuilles tirant sur le purpurin, comme celles du Grenadier sauvage, & qu'il ne peut croire qu'aucune des deux soit le vrai Clinopodium, n'ayant trouvé ni dans l'une ni dans l'autre les qualités que lui donne Galien, qui dit que le Clinopodium a une vertu chaude ; que toutefois il ne brûle point, & qu'il a une substance composée de parties si subtiles, qu'on peut dire qu'il est chaud & sec au troisiéme degré. Il a pris son nom de κλίνη, Lit, & de πούς, Pié, à cause de la ressemblance des feuilles de cette plante à un pié de lit.

CLIQUART. f. m. Sorte de pierre, la meilleure de toutes celles qui se trouvent aux environs de Paris, & que l'on nomme autrement *Bas appareil*. M. Felibien dit qu'on la tiroit autrefois des carrieres du Fauxbourg saint Jacques, & que la carriere en est finie. Il s'en trouve encore qu'on appelle *Cliquart doux*.

CLIQUET. f. m. Piece de Moulin, qui fait un grand bruit quand le moulin tourne, & qui sert à faire écouler peu à peu le grain de la tremie sous les meules. Quelques-uns appellent aussi *Cliquet*, la partie du loquet qui sert à fermer la porte.

CLIQUETTE. f. f. Instrument fait de deux os, ou de deux morceaux de bois, que l'on met entre les doigts, & dont on fait du bruit en les battant les uns contre les autres. On dient que l'on obligeoit les anciens Ladres à porter des Cliquettes, afin qu'en faisant cette sorte de bruit, ils empêchassent qu'on n'approchât d'eux. On dit aussi Castagnettes.

CLISSE. f. m. Petit doublage de bois de cédre fort mince, pour radouber les canots.

Clisse d'osier, c'est ce dont les Patissiers, Rotisseurs, &c. se servent pour porter leur marchandise & la mettre en vente.

CLITORIS. f. m. Terme d'Anatomie. Petite caroncule qui est au haut & entre les lévres de la matrice. Elle a deux ligamens, quatre petits muscles, & une glande couverte d'une peau fort déliée. Ce mot vient du Grec κλειτορίς, qui signifie en Latin *Pudenda mulieris.*

CLO

CLOCHE. f. f. *Instrument fait de métal, creux par dedans, ouvert par en bas, auquel il y a un battant qui la fait sonner.* ACAD. FR. Les Cloches sont particulierement faites pour appeller les Fideles à l'Eglise. On les suspend sur une grosse charpente de bois appellée *Mouton,* dans laquelle leurs anses sont enclavées. La partie la plus haute d'une Cloche se nomme *Cerveau,* & on appelle *Fausseures,* les traits ou les courbures de l'endroit où elle s'élargit. On donne le nom de *Pinces* aux bords où le battant frappe. La matiere dont se font les Cloches est un métal composé de vingt livres d'étain sur cent de rosette. Les Fondeurs ont une échelle campanoire, qui sert à connoître & à mesurer leur grandeur ou épaisseur, leur poids & leur son. On a observé qu'on entend de plus loin les Cloches dans les plaines, que sur les montagnes, & que celles que l'on sonne dans les vallées, s'entendent encore de plus loin que celles des plaines. On fait une cérémonie pour la benediction des Cloches, que plusieurs appellent Baptême. Elle est pourtant condamnée dans les Capitulaires de Charlemagne, où se trouve le mot de *Cloca* ou *Closa,* dans la signification de Cloche, d'où M. Ménage le fait venir. D'autres le dérivent du Latin *Clangor,* Son de trompette, parce que c'étoit au son de la cloche que l'on publioit le jeûne, qui est une marque de penitence. D'autres le tirent du Grec καλεῖν, Appeller, ou de κλάζειν, Sonner avec la bouche. Selon du Cange, il vient du Saxon *Clugga,* & selon d'autres de *Cochlea,* Coquille de Limaçon, à cause de sa figure.

Cloche, se dit aussi de certains vaisseaux & ustensilles qui ont la figure d'une Cloche; & les Jardiniers appellent *Cloches de verre,* ce qu'ils mettent sur les melons pour les garantir des injures de l'air. Il y a des *Cloches de fer,* pour faire cuire des fruits dessous, en faisant rougir ces Cloches.

On appelle aussi *Cloches* les Vessies pleines de serosités qui viennent aux mains & aux piés par trop de travail, ou à d'autres parties qui ont souffert du feu.

CLOCHEMAN. f. m. Vieux mot. Ecclesiastique dont l'office étoit de sonner les cloches; ce qui étoit établi sur-tout dans les Cathedrales. Par corruption on a dit *Clocman,* & ce nom est encore en usage dans l'Eglise d'Amiens.

On a aussi appellé *Clocheman,* un Mouton qui porte une clochette au cou.

CLOCHETTE. f. f. *Petite cloche qui se peut porter à la main.* ACAD. FR.

On appelle *Clochettes,* en termes d'Architecture, de petits Corps coniques qu'on met au droit des Triglyphes au-dessous de la Corniche Dorique.

Clochette. Fleur de couleur jaune tirant sur le blanc.

CLOFYF. f. m. Oiseau d'Afrique qui est noir & de la grosseur d'un Etourneau, & qui se trouve au Pays des Negres. Ils croyent que son chant prédit les bons & mauvais évenemens, & cette superstition leur fait des impressions si fortes, que lorsqu'ils vont à la chasse, ou qu'ils font quelque voyage, s'il arrive qu'ils l'entendent chanter d'une certaine maniere qu'ils expliquent en mauvaise part, ils abandonnent leur entreprise, ou remettent à l'executer

Tome I.

une autre fois. Si la maniere dont cet Oiseau chante leur semble d'un bon présage, ils poursuivent leur dessein, se tenant sûrs du succès. La fatalité qu'ils croient attachée à cet Oiseau, est cause que lorsqu'ils veulent prédire à quelqu'un une mort funeste, ils disent que l'*Oiseau Clofyf a chanté sur eux.* Il se nourrit de fourmis.

CLOISON. f. f. *Rang de poteaux espacés environ à quinze ou dix-huit pouces,* & qui étant remplis de panneaux partagent les pieces d'un appartement. Il y en a de simples & de recouvertes. Les *Cloisons simples* sont des Cloisons à bois apparent, & qui sont maçonnées & enduites d'après les poteaux, au lieu que les *Cloisons recouvertes* sont lattées & enduites de plâtre, ou lambrissées. Celles qu'on appelle *Cloisons creuses,* n'ont point de maçonnerie entre les poteaux, & sont recouvertes de lambris de plâtre, afin d'empêcher le bruit & la charge quand elles portent à faux. Il y a encore des *Cloisons d'ais,* & des *Cloisons de menuiserie.* L'une est faite avec des ais de bateau, & lambrissée de chaque côté; l'autre est faite de planches à languettes posées en coulisse. La *Cloison à jour,* est celle qui est faite de barreaux de bois tournés ou quarrés, qui ne vont qu'à une certaine hauteur. Les Serruriers appellent *Cloison de serrure,* la Plaque de fer qui enferme les ressorts d'une serrure. Ce mot vient du Latin *Claudere,* Fermer.

CLOP. adj. Vieux mot, qui signifioit Boiteux, d'où est venu *Clopiner.* On a dit aussi *Clopper,* pour *Boiter.*

CLOPORTE. f. f. Sorte de petit insecte qui a plusieurs piés; ce qui le fait appeller *Millepeda,* & qui se met en rond, cul & tête ensemble si-tôt qu'on le touche. Il s'engendre sous les pierres & dans les murailles, & aime à se retirer sous les vaisseaux où l'on tient l'eau. Galien les estime un grand remede pour les douleurs de tête inveterées, lorsqu'elles sont cuites en huile, & Dioscoride dit que si on les prend en breuvage avec du vin, elles servent à la jaunisse & à la difficulté d'uriner. On tient que leur cendre brise la pierre. *Cloporte* vient de *Clausiporcea* ou *Porcellio;* d'où vient qu'on a appellé ces insectes *Porcelets,* parce qu'ils ont toûjours passé pour tenir quelque chose du pourceau. Il y a aussi des Cloportes de mer, appellées *Aselli marini.* Elles se trouvent dans les eaux salées, & les Pêcheurs disent qu'elles font mourir les Perches, en s'insinuant dans leurs mâchoires.

CLOSEAU. f. m. Petit jardin de Paysan, clos de hayes, où il seme du chanvre ou des herbes potageres. On dit aussi *Closerie,* qui veut dire encore *petite Metairie,* où il n'y a point de harnois pour faire les terres, en de certains lieux, sur-tout en Anjou.

CLOSTURIER. f. m. Vanier qui ne fait que de la besogne battue. Ce mot n'est en usage que parmi les Vaniers, en parlant de Vanerie. Il vient de *Clorre,* qui est un terme dont ils se servent en disant, *Clorre une corbeille, un van, une hotte,* pour dire, Serrer l'osier ou le fer à clorre.

CLOTOIR. f. m. Outil de Vanier, dont il se sert pour faire des Vanettes.

CLOU. f. m. Petit morceau de metal pointu, qui sert à divers usages. Il y a des *Clous à double pointe,* pour ferrer les portes. On les retourne à droit & à gauche après qu'on les a chassés à travers le bois, & ces clous se font de differentes façons par la tête. On en fait de quarrés, à lozange, en pointe de diamant, en tête de potiron, à tête ronde cannelée, à tête ronde avec des roses, à tête en façon de fleur de lis, &c. Il y a auffi des clous à viz fervant aux ferrures. *Les Clous de poids & de fiches*, font des clous qui ont depuis un pouce de longueur jufqu'à vingt-fept, & de largeur depuis une ligne jufqu'à douze. Il s'en trouve dans les Magafins du Roi pour tout ce qui eft neceffaire dans la Marine, foit pour joindre des mâts de plufieurs pieces, foit pour affembler les pieces du gouvernail, & autres ufages. *Les clous de ferrure de gouvernail & de penture de fabords*, font de trois fortes de longueurs, l'une de trente livres le millier, l'autre de cinquante-fix livres, & l'autre de cent. Il y a des *Clous de double carvelle*, des *Clous de carvelle*, & d'autres de *demi-carvelle*. Les premiers ont cinq pouces de long, trois lignes de large, & pefent cent livres le millier. Les feconds n'en pefent que cinquante-fix, & ont quatre pouces de long, & une ligne & demie de large. Le millier des autres pefe trente livres, & ils ont trois pouces de long, & deux lignes & demie de large. *Les Clous de fabords* font à tête de diamant. On s'en fert à doubler les mantelets des fabords, & le millier pefe trente livres, ainfi que le millier des *Clous de doublage*, qui font des clous gros & courts. Il y a auffi des *Clous de double tillac*, qui ont deux pouces un quart de long, & une ligne un quart de large; des *Clous de tillac*, larges d'une ligne & longs d'un pouce & demi, & des *Clous de demi-tillac*, qui ont quinze lignes de longs & trois quarts de ligne de large. Le millier des premiers pefe dix livres, celui des feconds en pefe fix, & le millier des derniers n'en pefe que quatre. *Les Clous à river* n'ont point de pointe, & font gros & courts. Ils fervent à joindre les bouts de cercles de fer enfemble, & pefent trente livres le millier. Celui des *Clous de liffe* n'en pefe que dix-fept. Les deux ont fix lignes de long & une ligne & demie de large. *Les Clous de Maugere* ont la tête fort large & plate, & un pouce de large. Le millier pefe quatre livres, de même que le *Clou de plomb*, qui a un pouce de long, & une ligne de large.

Clous. Certains nœuds que les Marbriers trouvent dans le marbre en le travaillant. Ce font des duretés femblables aux nœuds qui font dans le bois, & qui ne font pas moins difficiles à tailler que le Porphyre. On ne les peut façonner qu'avec la Marteline.

Clou de girofle. Fruit d'un arbre appellé *Caryophyllum*, qui croît aux Ifles Moluques, & qui s'endurcit & devient noir par l'ardeur des rayons du Soleil. Garcias du Jardin dit que les clous de girofle font les fleurs de cet arbre, qui fortent en façon de clou au bout de fes branches. Pour les bien choifir, il faut prendre ceux qui ont une odeur agreable, & qui étant preffés rendent une humidité huileufe. Ils font cephaliques, cardiaques, ftomachiques, recréent les efprits, & étant pulverifés ils font bons à mettre dans les fternutatoires, & même dans les gargarifmes.

CLOUE', E'E. part. Terme de Blafon. Il fe dit d'un collier de chien & des fers à cheval dont les clous paroiffent d'un autre émail. *D'or à trois fers de cheval de gueules clonés d'or.*

CLOUERE. f. f. Petite enclume percée à recevoir la lame des clous pour en fraper la tête, qu'elle foutient & en faire les lames égales.

CLOUTIER. f. m. Artifan qui fait des clous. On dit auffi *Clouterie*, pour dire, Commerce de Cloutier, trafic de clous.

CLOUVA. f. m. Certain Oifeau qu'on trouve à la Chine & en plufieurs autres endroits de l'Inde, & qui eft dreffé à prendre du poiffon. Il a une gor-

ge au-deffous du bec, où il engorge le poiffon, qu'il avaleroit, fans un anneau qu'on lui met pour lui ferrer le cou lorfqu'on le laiffe aller hors de la barque où eft le Pêcheur. Si-tôt qu'il y eft rentré, on lui ferre le cou; ce qui lui fait rendre le poiffon: après quoi on le maltraite pour l'obliger à fe reponger, afin qu'il en prenne un autre. On croit que c'eft le même que le Toucan: on en a vû à Verfailles.

CLOUVIERE. f. f. Piece de fer percée, dont les Serruriers fe fervent à former les têtes des clous, des viz & autres pieces. Il y en a de rondes, de longues, de barlongues, & de differentes groffeurs. On les appelle auffi *Clovieres*, *Cloveres* & *Cloutieres*.

CLOYE. Vieux mot. Claye.

Le Chevalier, quoiqu'on die,
Fut apointé fur une cloye,
Pour mener pendre droite voye.

CLU

CLUPEA. f. f. Poiffon du Fleuve Araris, que Bochard dit avoir été ainfi appellé du mot Phenicien *C alab*, qui veut dire *Changer*, à caufe que ce poiffon change de couleur felon la Lune.

CLUSE. f. f. On appelle ainfi en termes de Fauconnerie, le Cri dont fe fert le Fauconnier pour parler à fes Chiens après que l'Oifeau a remis la Perdrix dans le buiffon; ce qui a fait dire, *Clufer la Perdrix*.

CLY

CLYSSUS. f. m. Terme de Chimie. Compofition faite par le mêlange des fels, des efprits & des huiles, qui exempte les corps aufquels on applique ce remede, des nuifances que ces trois principes ont accoûtumé d'apporter étant pris féparément: car les fels rongent, émeuvent les efprits, & montent à la tête, & les huiles s'attachent à l'eftomac. On compofe le Clyffus avec parties égales d'antimoine & de nitre & la moitié de foufre. Le tout étant diftillé donne un efprit acide agreable, & excellent pour rafraîchir dans les fiévres & dans les maladies aigues. Il agit en précipitant. On tire avec ce Clyffus les teintures de plufieurs végétaux qui font d'une très-belle couleur. Il y a auffi un *Clyffus d'antimoine*, lorfqu'on diftille la mine d'antimoine feule & brute dans une retorte, on en retire une liqueur ou un efprit acide, qu'on appelle *Vinaigre d'antimoine*, & qui eft proprement l'efprit de fon foufre mineral. Si on ajoûte un vehicu'e falin à cette mine d'antimoine, on en retirera beaucoup plus de vinaigre que l'on ne fait fans ce vehicule, & par l'addition du foufre & du nitre, on en prépare un efprit acide, qu'on nomme ordinairement *Clyffus d'antimoine*.

CLYSTERE. f. m. Médicament liquide qui fe jette par l'anus dans les inteftins, & qui eft fait de quelque liqueur, comme petit lait, bouillon ou décoction d'herbes. On y ajoûte le miel ou le fucre ou quelque médicament purgatif. Les uns font fimples, faits d'une feule liqueur, & les autres compofés. Ces derniers font ceux où l'on fait entrer plufieurs chofes mêlées enfemble. Il y en a d'émollients, de purgatifs, de carminatifs, d'aftringents, de rafraîchiffans, d'anodins, de nourriffans, & de deterfifs. Les Clyfteres fe faifoient anciennement d'une livre d'eau miellée, de trois onces d'huile, & de trois dragmes de fel. Ce mot vient de κλύζω, Laver.

CNE

CNEORON. f. m. Plante dont Theophrafte dit qu'il y a de deux fortes, le blanc & le noir. Le blanc a fes feuilles longues comme celles de l'Olivier, & le noir les a charnues & femblables aux feuilles de Tamarix. Ils ont tous deux leur racine grande & profonde en terre, & il en fort plufieurs rameaux rampans, gros, branchus & fouples. Le blanc s'étend davantage fur terre, & eft odorant. Le noir n'a aucune odeur. Anguillarius croit que la Lavande foit le Cneoron blanc, & le Romarin, le noir : mais Matthiole prétend qu'il fe trompe, & décrit une plante qu'il a découverte aux montagnes de Bohéme, & qui eft tout-à-fait femblable au Cneoron blanc.

COA

COAGULATION. f. f. Terme de Chimie. Operation par laquelle les chofes molles & liquides font rendues folides par privation de leur humidité, par le moyen de l'exhalation de la décoction, de la congelation & de la fixation. Il y a deux fortes de Coagulations, une froide & une chaude : car plufieurs chofes fe diffoudent au chaud, & fe coagulent au froid, comme les fels effentiels & le nitre qui fe fondent dans l'eau chaude, & fe coagulent & criftalifent au froid. D'autres fe fondent au froid, & fe coagulent au chaud. Tels font les fels lixivieux des cendres des plantes qui fe fondent au chaud. Cette difference vient de la prefence ou de l'abfence des efprits. Les fels qui en donnent beaucoup dans la diftillation, fe fondent au chaud & fe coagulent au froid, comme l'alun, le vitriol, le nitre & le fel commun. Les autres font le contraire.

COAILLE. f. f. Vieux mot. Groffe laine. Quelques-uns le font venir de *πόκος*, Peau de brebis. Borel croit qu'il vient de *Queue*, qu'anciennement on écrivoit *Quoue*; de forte que la plus mauvaife laine étant aux queues des moutons, on l'a appellée *Quoaille*. & on a écrit *Coaille*.

COAILLER. v. n. Terme de Chaffe. On dit que *Les chiens coaillent*, quand ils quètent la queue haute fur de vieilles ou nouvelles voies.

COATI. f. m. Animal qui a le mufeau long d'un pié & rond à peu près comme la trompe d'un Elephant, dont il n'a que la mobilité, puifqu'il reffemble beaucoup davantage à un groin de pourceau. Il y en a de deux efpeces. L'un appellé fimplement *Coati*, a tout le poil du corps rond, & l'autre appellé *Coati mondi*, n'a que la gorge & le ventre de cette couleur. Le premier eft la femelle. Cet Animal a accoûtumé de ronger fa queue.

COATL. f. m. Grand Arbriffeau de la Nouvelle Efpagne, qui atteint fouvent la grandeur d'un arbre. Son tronc eft gros & fans nœuds, comme le Poirier. Ses feuilles reffemblent à celles des Chiches, mais elles font plus petites, & affés femblables à celles de Rue, quoiqu'un peu plus grandes. Ses fleurs font petites, longues, jaunes, & difpofées en forme d'épi. Cette plante eft froide & humide. Son bois donne à l'eau une teinture de bleu, & cette eau étant bûe, nettoye & refrigere les reins & la veffie, & tempere l'acrimonie de l'urine.

COB

COBES. f. f. Terme de Marine. Bouts de cordes qui font jointes à la ralingue de la voile, & dont la longueur ne paffe pas un pié & demi. On les appelle autrement *Ancettes*, & elles fervent en ce qu'on y paffe d'autres cordes nommées *Pattes de boulines*.

COBIR. v. a. Vieux mot. Confire.

COBTER. v. n. Vieux mot dont on fe fervoit pour dire *Heurter*. Il vient de *κόπτω*, Frapper. On a dit auffi *Cop*, au lieu de *Coup*.

COC

COCA. f. m. Plante du Perou haute d'une aune, ayant fes feuilles molles, d'un vert pâle, & un peu plus grandes que celles du Myrte. Ces feuilles ont comme une autre feuille tracée au milieu de femblable forme. Son fruit eft affemblé par grappes, ainfi que celui du Myrte, rougeâtre quand il mûrit, & de la même groffeur. Il eft noirâtre étant parfaitement mûr, & c'eft alors qu'il faut cueillir l'herbe. Quand on l'a cueillie, on la met dans des corbeilles & autres vaiffeaux pour la faire fecher, afin qu'elle fe conferve mieux, & qu'on la puiffe transporter en d'autres places : car d'une montagne à l'autre on en fait trafic, & on la change pour des habits, du bétail, & autres chofes, parce qu'on s'en fert au lieu de monnoye.

COCAIGNE. f. f. On appelle *Cocaigne* en Languedoc, un petit Pain de paftel, avant qu'il foit réduit en poudre & vendu aux Teinturiers. Ceux du Pays en font grand trafic; & comme il ne vient que dans des terres fort fertiles, & qu'on en fait cinq ou fix recoltes par an, ce qui eft d'un grand revenu pour les proprietaires de ces terres, quelques-uns ont appellé le haut Languedoc *Pays de Cocaigne*. On le dit de même de tous les lieux où tout eft en abondance, fans qu'il en coûte beaucoup.

COCAMBE. f. m. Arbre de l'Ifle de Madagafcar, dont le bois eft noir & fort tortu. Il croît dans des lieux pierreux, porte peu de feuilles, & eft tout garni d'épines. Sa fleur rend une odeur fort agreable, & fon bois étant allumé fait fentir la même odeur. Quelques-uns de ces arbres ont un tronc, & des branches fort épaiffes.

COCATRIX. f. m. Efpece de Bafilic qui s'engendre dans les puits & les cavernes. On l'appelle *Bafilicus Regulus*, en Latin.

COCCUS. f. m. Arbriffeau qui porte la graine d'écarlate. Borel qui en parle, dit que c'eft une efpece d'*Ilex* bas, dont le bas Languedoc abonde. On amaffe ces petites graines, où il fe forme de petits vers. C'eft delà qu'eft venu le nom de *Vermillon*, qu'on a donné à cette couleur.

COCCYX. f. m. Terme de Medecine, Os Cartilagineux, qui eft à l'extrêmité de l'os facré, & qui affermit l'inteftin droit, & le col de la veffie & de la matrice. On lui a donné ce nom, à caufe que fa figure eft comme un bec de coucou, qu'on appelle en Grec *κόκκυξ*.

COCHENILLE. f. f. Ver gris qui vient des Indes, & qui étant mis dans l'eau fait une teinture fort rouge. Cette Cochenille eft d'un fort grand trafic. On appelle auffi *Cochenille*, la graine dont il eft parlé dans le mot *Coccus*. Elle eft groffe comme un petit pois, pleine d'un fuc rouge qui croît au pié, & fouvent au milieu de l'arbre. Il en croît beaucoup en Provence, Languedoc & Dauphiné, & on la cueille dans les mois de Mai & de Juin. On appelle *Cochenille Campeffiane*, ou *Sylveftre*, Une forte de Cochenille qu'on emploie dans les couleurs cramoifies, où il entre du fauve comme le pourpre, le colombin, la penfée, l'amaranthe & le violet. M. Menage fait venir ce mot de *Coccinula*, diminutif de *Coccus*.

COCHIZ-TLAPOTL. f. m. Grand arbre difforme qui fe trouve aux Indes Occidentales dans la Province Yzalcos. Il a fes feuilles d'Oranger, rares & ternes par intervalles ; fon tronc bigarré de certaines marques blanches ; fes fleurs blanches & petites, & fon fruit prefque de la même forme qu'un coing, & quelquefois de même groffeur. Les Efpagnols l'appellent *Zapote blanco*. Ce fruit eft bon à manger, & d'un fort bon goût ; il a un os qui eft un venin mortel.

COCHLEARIA. f. f. Plante qui croît dans les lieux marécageux, arrofés d'eau, & remplis d'ombrage. Il y en a de deux fortes ; l'une appellée *Cochlearia Batava*, qui a fes feuilles un peu rondes, & l'autre *Cochlearia Britannica*, qui les a caves. Comme leur figure reprefente une cueiller, on a nommé cette plante *Cochlearia*. On ne fe fert que des feuilles, fur-tout quand elles font recentes, à caufe que le fel volatil dont elles abondent, & dans lequel refide leur principale vertu, fe diffipe à mefure qu'elles fechent. Elles font aperitives, refiftent à la pourriture, & ont une vertu fpecifique pour une maladie appellée *Stomacace*, à laquelle les Allemans font fujets. On s'en fert exterieurement en gargarifme pour la pourriture des gencives, & dans le bain pour la guerifon des membres perclus.

COCHON. f. m. Animal domeftique à quatre piés, qui eft blanc ou noir, qui a les yeux petits & enfoncés dans la tête, le poil rude, le ventre grand & un peu pendant, le grouin, & le devant de la tête plat, la queue longue & retortillée, avec de grandes foyes fur le dos. Il vit de glands, d'orge, de fon, & aime à fe veautrer dans la fange. On tient qu'il haït l'Elephant, la Salamandre, le Loup, la Belette & les Scorpions. M. Ménage fait venir ce mot de *Ciacco*, qui veut dire la même chofe.

Cochon d'Inde. Petit animal à quatre piés, qui grogne comme un Cochon, & qui eft ordinairement blanc & roux. Il a le grouin aigu, les dents fort petites, auffi-bien que les oreilles qu'il a rondes. Il a le poil fort fin. Il n'a point de queue, & eft un peu moins grand qu'un Lapin. Il vit d'herbes, & voit court, & mange dès qu'il vient au monde. On trouve une efpece particuliere de Cochons dans l'Amerique. Ils ont un évent fur les reins comme un nombril, & la chair en eft auffi bonne & auffi faine que celle de nos porcs fangliers.

Il y a une forte de poiffon qui n'excede pas la longueur d'un pié, & qu'on pêche fort communement aux Antilles de l'Amerique. On l'appelle *Cochon de mer*, à caufe que lorfqu'il eft pris il gronde comme un Cochon. Il donne bien de l'exercice avant qu'on le prenne, car il a l'adreffe de ronger toutes les amorces, & on tire cent fois la ligne que l'on trouve l'hameçon dépouillé autant de fois. Il eft très-particulier dans fa forme. Il femble que ce foient trois cartons pointus appliqués les uns contre les autres en maniere de triangle, dont le haut n'aboutit pas tout à coup jufques à la gueule. Au deffus, il y a un petit creux où font les yeux. Leur prunelle eft bleue & environnée d'un cercle jaune. De deffous les yeux fort un petit bec qui fait fa gueule, dans laquelle il y a deux rangs de petites dents. Tout fon corps eft couvert d'une peau grife, jaune, & toute parfemée de petites étoiles dorées, ce qui le fait paroître dans l'eau auffi beau que la Dorade. Il n'y a prefque rien à manger dans ce poiffon qu'un petit moignon de queue, qui eft à la fin de ce triangle, & auffi dur que s'il étoit de carton.

COCHONNET. f. m. Balle, ou pierre que l'on fait fervir de but lorfqu'on joue à la boule en fe promenant. On la jette au hazard à chaque fois, plus ou moins loin, & elle fert toûjours de but en quelque lieu qu'on la jette.

COCO. f. m. Fruit du Cocotier. Il eft de la groffeur d'un œuf d'Autruche, & a fon brou auffi verd que celui de nos noix ordinaires. Quand ce brou eft fec, il fe convertit en filaffe dont les Indiens font le *Cairo*, c'eft-à-dire, une maniere de chanvre qui leur fert à faire leurs cordes pour lier le bois de leurs Navires & pour les cables. Cette écorce filaffeufe, qui eft épaiffe d'un pouce, envelope une noix qui n'eft pas tout à fait ronde, mais qui tient un peu du triangle. Son extrêmité eft barbue, & a trois petits trous ronds de la largeur d'une lentille. La coque de cette noix eft noire & dure comme de la corne, & l'on en fait des taffes, des cueillers, & d'autres meubles. Au-dedans eft une fubftance folide, épaiffe d'un doigt, comme celle des amandes qui fe forment, mais d'un goût plus favoureux, en forte qu'il n'y a noyau ni amande au monde qui conforte & nourriffe davantage. On tient que cette fubftance fe forme d'une certaine liqueur, qu'on trouve dans cette noix avant qu'elle foit mûre, & qui eft fort douce & rafraichiffante. Elle a pourtant quelque degré de chaleur qui la rend propre à provoquer les urines, & à fortifier l'eftomac. Cette liqueur eft dans fa perfection lorfque le fruit n'eft qu'à demi mûr, & la fubftance blanche n'a atteint fa fienne, que quand il eft parvenu à fon entiere maturité. Les Indiens pi'ent la noix, & en tirent du lait qu'ils mangent, & qu'ils employent à toutes fortes d'ufages comme nous faifons le lait de Vache. Il n'y a que les pauvres gens qui mangent le fruit, parce qu'ordinairement on le fait fecher pour en tirer de l'huile qui eft fort bonne à manger, qui a fon ufage dans la Medecine, & que l'on brûle auffi dans les lampes. Ce fruit étant confervé dans le brou, fe convertit peu à peu en une efpece de pomme que le tems fait devenir jaune, & qui eft bonne à manger. Quand les Indiens en veulent tirer du vin, ils en ôtent la fleur, & y attachent un pot de terre bien bouché & luté de terre à potier, afin d'empêcher que l'air n'y entre. Ils fçavent en combien de jours le pot fe remplit d'une liqueur, qu'ils nomment *Sura*, & qui a le goût & les mêmes qualités que le petit lait. En faifant bouillir cette liqueur, ils en font du *Terry* qui leur fert de vin. Ils en font auffi de fort bon vinaigre en l'expofant au Soleil, & de très-forte eau de vie en la faifant paffer à l'alembic. Ils trouvent auffi moyen d'en faire du fucre qu'ils appellent *Iagra* ; mais comme ils en ont affés de blanc, & que celui-là eft brun, ils l'eftiment peu. Les Portugais, en y mêlant des raifins au Soleil & quelques autres drogues avec du fucre, en font un breuvage qui a le goût & la force du vin d'Espagne.

COCOTIER. f. Arbre des Indes qui porte le Coco, & qui eft une efpece de Palmier, le plus beau de tous, parce qu'il eft chargé d'un plus grand nombre de feuilles beaucoup plus belles que celles des autres. Son tronc n'a pas un pié d'épaiffeur, & n'a fes branches qu'à l'extrêmité, où elles s'étendent comme celles du Dattier. Son fruit ne vient point aux branches, mais au-deffous au tronc même, en bouquets qui ont dix ou douze noix. Sa fleur reffemble à celle du Châtaignier, & cet arbre ne vient que fur les bords des rivieres, & près de la mer, dans une terre fablonneufe, où il croît fi haut qu'à la referve des Indiens qui y grimpent avec une agilité inconcevable, il n'y a perfonne qui voulût entreprendre d'y monter. Il eft extrêmement commun dans les Indes; & bien que son bois soit spongieux, on s'en sert à tant de choses, qu'il n'y a point d'arbre qui ait un usage si general. Dans les Isles des Maldives, les habitans en font des Navires avec lequel ils passent la mer, sans qu'ils y employent que ce qui vient du Cocotier. Ils font leurs cables du brou qui envelope le fruit, & les feuilles leur servent au lieu de papier. Ils en couvrent aussi leurs maisons, & en font des parasols, des éventails, des nattes, des tentes, & des chapeaux qui sont fort commodes en été, parce qu'ils sont très-legers. Le dedans de l'arbre est fort estimé. C'est une moëlle blanche, aussi déliée que notre papier, & pliée en cinquante ou soixante plis comme en autant de feuilles. Ils l'appellent *Olla*, & les personnes considerables la recherchent avec soin, pour s'en servir au lieu de papier. Ils en font de gros avec l'écorce, & l'employent à enveloper leurs marchandises. C'est ce qui a fait dire à Pyrard dans son Traité des Animaux, arbres & fruits des Indes Orientales, que les Peuples de ces pays-là trouvent dans le seul Cocotier, non seulement leur pain, leur breuvage le plus délicieux, leur vêtement, leur huile, leur baume, leur miel, & des remedes pour rétablir leur santé lorsqu'elle est alterée; mais encore les materiaux necessaires pour bâtir des maisons & des Navires qui leur servent à entretenir commerce avec leurs voisins; de sorte que l'on en voit qui ne sont faits & chargés que de Coco, ayant reçu de cet arbre merveilleux, planches, chevilles, cordages, voiles, cables, ancres, huiles, vin, confiture, sucre & autres choses.

COE

COEFFICIENT. s. m. On sous-entend *terme*. Dans les Equations d'Algebre, (Voyez EQUATION.) on ne compte pour differens termes que ceux où l'*Inconnue*, a differens degrés. Elle est seule dans le premier terme qui est celui où elle a le degré plus élevé, mais dans les autres termes où elle est à un degré moins élevé, elle se mêle avec des grandeurs connues, & alors ces grandeurs connues s'appellent *Coëfficients*, *Coëfficients du second terme*, si elles entrent dans le second terme de l'Equation, qui est celui où l'inconnue ne baisse encore que d'un degré, *Coëfficients du troisiéme terme*, si elles entrent dans le terme où l'inconnue baisse de deux degrés, &c. Voyez DEGRE'.

COEUR. s. m. *Partie noble de l'Animal dans laquelle reside le principe de la vie.* ACAD. FR. Sa figure est pyramidale & ressemble à une pomme de pin. Toute la base du Cœur, qui est sa partie superieure, laquelle étant large aboutit à une pointe, est environnée d'une veine & d'une artere avec quelques nerfs fort menus qui sont de la sixiéme conjugaison. Il est revêtu d'une tunique particuliere pour le tenir plus ferme, & cette tunique est couverte de graisse. C'est ce qu'on appelle le *Pericarde*. La situation du cœur est au milieu du thorax, encore que la pointe s'avance un peu vers son côté gauche & sur le devant de la poitrine. Sa chair qui est dure, épaisse & solide, est entretissue de toutes les trois sortes de fibres qui font le principe de son mouvement. Par ses fibres droites, il fait sa diastole, & tire le sang en son ventricule droit. Les obliques le font jouir de ce qu'il a tiré, & les transversales font qu'il est serré de toutes parts, lui font faire sa systole qui pousse le sang dans les poumons par la veine arterieuse. Il est presque tout rond dans sa diastole, à cause que ses extrémités se rident, que sa pointe s'approche de sa base, & que ses côtés se dilatent.

Le contraire arrive dans sa systole, qui fait qu'il devient plus long & plus étroit. Le cœur a deux cavités ou ventricules. Le ventricule droit appelé *Sanguin* & *veineux* par quelques-uns, semble être fait pour les poumons seulement, puisqu'il ne se trouve point dans les animaux qui sont sans poumons. On nomme le gauche *Arterieux*, & *aéré*, à cause qu'il contient en soi l'air ou l'esprit vital qu'il pousse dans les arteres. Le *septum medium* sépare ces deux ventricules. Aux deux côtés il y a des épiphyses membraneuses qui ont la figure d'une oreille, ce qui leur en fait donner le nom. La droite est au-devant de l'entrée de la veine cave; & la gauche, à l'orifice de l'artere veineuse. Le Cœur a quatre gros vaisseaux en sa base. La veine cave, & la veine arterieuse ont l'orifice au ventricule droit. L'artere veineuse & l'aorte qui sont les deux autres gros vaisseaux sont au ventricule gauche. Des valvades ou petites portes en forme de soûpapes, qui se trouvent dans ces vaisseaux, en permettent d'un côté l'entrée aux humeurs, & de l'autre elles en empêchent le retour. Six de ces petites valvules sont au ventricule droit, trois à l'orifice de la veine cave ouvertes par dehors & fermées par dedans, & trois à l'orifice de la veine arterieuse. Ces dernieres sont ouvertes & fermées en un sens contraire. Le ventricule gauche a cinq valvules ou membranes, trois à l'orifice de la grande artere fermées par dehors & ouvertes par dedans, & deux à l'artere veineuse: celles-là s'ouvrent & se ferment aussi dans un sens contraire. C'est par ces canaux que se fait la circulation du sang, qui reprend sa chaleur dans le cœur, qui est le plus chaud de toutes les entrailles, parce qu'en circulant il y passe plusieurs fois par jour. Les Liévres, les Cerfs, les Bellettes, & autres Animaux timides ont le cœur plus gros que les courageux. Il s'est trouvé quelques animaux qui avoient un double cœur, & d'autres qui n'en avoient point. On lit dans le Journal d'Angleterre, que les vers à soye ont une chaine de cœurs qui leur tient tout le long du corps. On prétend que le safran cause une si grande dilatation de cœur, qu'un même Mulet n'en sçauroit porter bien loin une charge.

On appelle *Cœur*, dans les verges de plomb qui servent à enfermer des pieces de verre, & qui sont fendues des deux côtés, Le milieu qui demeure solide, *Cœur de la verge*.

Cœur, chés les Botanistes, est le fond ou le milieu de la fleur. Il y en a de grenés, & ceux-là sont composés de plusieurs filets, qui ont au bout de petits grains attachés, comme dans les tulippes & les lis, qui ne sont pas une graine, puisqu'ils se resolvent en poudre. Les autres sont appellés *Cœurs fleuris*, tels que ceux du souci, & autres, qu'on nomme ordinairement *Estamines*, à cause qu'on les croit composés de filets simples que l'on considere *quasi stamina*. *Cœur*, vient du Latin *Cor*, du Grec καρ, dont par contraction on a fait κηρ.

On appelle en terme de Manége, *Cheval de deux Cœurs*, un Cheval qui n'obéit pas volontiers aux aides du Cavalier, & qui ne manie que par contrainte.

Cœur de Pigeon, c'est une espece de cerise. En quelques lieux on lui donne le nom de Bigarreau.

COF

COFFIN. s. m. Petit panier fait d'osier qui est haut & rond, avec un couvercle & une anse, & qu'on fait servir à divers usages. Il peut venir de l'Espagnol

Cophino, qui veut dire un Cabas de figues.

COFFRE. f. m. *Sorte de meuble , propre à ferrer & à enfermer des hardes , de l'argent &c. & qui s'ouvre en levant le couvercle.* ACAD. FR.

On appelle *Coffre de bord* , dans un Navire , un Coffre de bois dont l'assiete est plus large que le haut , & où les gens de Marine mettent ce qu'ils portent à la mer. On appelle *Coffres à gargousses* , des retranchemens de planches , faits dans les soutes aux poudres,& où l'on met les gargousses après qu'on les a remplies.

Coffre , en termes de guerre , est un logement creusé dans un fossé sec , auquel on donne quinze à dix-huit piés de largeur , & qui n'est profond que de six à sept. On le couvre de soliveaux qu'on éleve de deux piés au dessus du plan du fossé , & cette petite élevation tient lieu d'un parapet qui a des embrasures.Les Assiegés se servent des Coffres,pour repousser les Assiegeans lorsqu'ils veulent passer le fossé. Il n'y a que la longueur qui le distingue de la Caponniere , qui n'a pas aussi tant de largeur. Du Cange fait venir le mot de *Coffre* de l'Anglois *Coffr*, ou de *Cofferum* , qui a signifié la même chose dans la basse Latinité.

On appelle *Coffre de Lut* , *Coffre de Clavessin*, *d'Epinette* , Le corps , & l'assemblage des parties qui le composent. Chés les Imprimeurs , *Coffre de presse* , est le bois où le marbre est enchassé.

Coffre , en termes de Chasse , est le corps du Cerf, du Daim , du Chevreuil , quand on en a fait la curée.

COFFRETIER. f. m. Celui qui fait ou qui vend des Coffres. Il y a des *Coffretiers malletiers*, & des *Coffretiers bahutiers*. Les premiers font des coffres d'armée, des valises, des malles , des fourreaux de pistolets , & les autres qui sont d'un corps different, ne font que des coffres, dont on se sert ordinairement dans le ménage.

COG

COGNAC. f. m. Mot dont on se sert en plusieurs endroits , pour signifier l'embouchûre d'une riviere en une autre. Ainsi on appelle *Cognac* , la jonction de plusieurs ruisseaux dans la Charante.

COGNITION. f. f. Vieux mot. Connoisseur.

COGNON. f. m. Mot qui se trouve dans le vieux langage , & qui veut dire ce que nous entendons presentement par *Boucon* , lorsque nous disons, *Donner le Boucon* ,pour dire , *Empoisonner*.

Pire es que le cruel Neron ,
Neronissime est ton Cognon.

COH

COHERENCE. f. f. Terme dogmatique. On dit que *Des propositions n'ont aucune Coherence* , pour dire qu'Elles n'ont aucune liaison , aucune convenance les unes avec les autres. Ce mot vient du Latin *Coherere* , Avoir de la liaison avec quelque chose.

COHIER. f. m. Vieux mot. C'est , selon Nicod , une des deux especes de Chêne dont la feuille est plus longue & plus large , & le gland plus court que de l'autre espece , appellée du nom general , *Chêne*. Les *Bucherons* , dit-il , *estiment que s'est la femelle du Chêne. Ainsi le gland du Cohier est plus court & va atiné sur sa coque , laquelle est plus martelée de rousseur , que n'est celle du gland du Chêne , & a son nom particulier , Drysle , & n'est si bon pour la poisson que le gland de chêne.*

COHOBATION. f. f. Terme de Chimie. Distillation reïterée , en sorte que la liqueur distillée est dere-

chef mêlée avec les feces & ensuite distillée. Elle se fait pour mêler exactement toutes les feces du mixte ; & afin de rendre les choses fixes & attachées aux feces volatiles , & les choses volatiles fixes.

COHOBER. v. a. Terme de Chimie. Faire digerer à feu lent deux liqueurs ensemble , ou bien un suc avec la matiere dont il a été extrait ; ce qui se fait , ou pour mieux ouvrir les corps , & pour les volatiliser , ou pour fixer les esprits. On la reïtere plus ou moins selon les matieres & l'intention de l'Artiste.

COHORTE. f. f. C'étoit chés les Romains un corps d'Infanterie composé de cinq à six cens hommes , qui étoient divisés en trois manipules ou compagnies que commandoit un Tribun. Cet Officier étoit ce qu'on appelle aujourd'hui *Mestre de Camp*.

COI

COIGNASSE. f. f. Coing sauvage. Il est plus revêche , plus petit , & moins jaune que le coing ordinaire.

COIGNASSIER. f. m. Arbre qui porte les Coings & qui est presque semblable au pommier commun, à l'exception de ses feuilles , qu'il a plus étroites , lissées , charneuses , plus dures , & plus blanches à l'envers. Il jette une fleur blanche qui sort au Printems , & qui est comme la rose sauvage , au milieu de cinq feuilles qui l'environnent. Il ne devient jamais fort grand à cause de la pesanteur de son fruit , qui fait pancher ses branches vers terre. Matthiole connoît trois sortes de Coins , sçavoir , les *Coins plats* , qui sont compartis par coins, de couleur d'or , cotonnez au dessus , & qui sont meilleurs & plus odorans que les autres ; les *Poires de Coins* , qui sont de grands Coins , tirant plûtôt à la poire qu'à la pomme , & dont la chair l'emporte sur celle des autres Coins , quoique ceux-ci soient moindres en force , en odeur & en couleur ; les *Coins bâtards* , qui croissent aux Coigniers ou Coignassiers , entés en un Poire-coin , ou un Poire-coin enté dans un Coignier. Ces derniers sont plus gros que les Pommes-coin , & moindres que les Poires-coin , & tirent aux uns & aux autres pour la forme & la vertu. Tous les Coins, & sur-tout les Pommes de coin , sont fort requis en Medecine , & le cotignac , la gelée & le syrop qu'on en fait , restreignent & fortifient l'estomac , appaisent le vomissement , & arrêtent le flux de ventre ; de sorte qu'ils sont utiles dans la diarrhée, dans la dyssenterie & dans le Cholera morbus. Les Coins pris avant le repas resserrent , & après le repas ils aident à la digestion , & rabattent les vapeurs qui montent au cerveau. On tient que si une femme prête d'accoucher , mange souvent des Coins , l'enfant qu'elle aura , sera plein d'esprit & industrieux. On les appelle en Latin *Mala cotonea*, à cause de leur coton , & *Mala Cydonia* , parce que ce fut de Cydon , Ville de Candie, que l'on apporta les premieres Pommes de coin en Italie.

COIGNE'E. f. f. Outil de fer aceré , plat & tranchant en forme de hache. Toutes les Coignées ont un manche de bois pour les tenir , & il y en a de grandes & de petites pour les Charpentiers. Les grandes leur servent , pour équarrir & assembler le bois ; & les petites qui sont à grand manche , pour abattre le bois sur le pié , & ébaucher les pieces , afin de les équarrir. Il y a d'autres Coignées, appellées par quelques-uns *Epaules de mouton* , à cause de leur grandeur ; & d'autres que l'on appelle *Petits hacheteaux*.

COIN.

COIN. f. m. Morceau de bois ou de fer, qui a une tête & un taillant, & dont on se sert pour fendre le fer ou le bois. On met assés communément le coin au nombre des Machines qui multiplient les forces, (Voyez MACHINE,) & on le rapporte au *Plan incliné*, parce qu'il est fait d'un ou de deux plans inclinés, (Voyez PLAN,) & en effet, si l'on considere la partie que le coin doit séparer d'avec une autre, & la resistance quelle apporte à cette séparation, comme un poids l'ouverture qui s'est faire entre elle par le moyen du coin, comme la ligne que ce poids a parcourue, & la longueur dont le coin est entré dans le corps que l'on fend, comme le chemin qu'a fait la puissance, il se trouvera necessairement que la puissance a fait plus de chemin, que le poids, & que par consequent, elle a été multipliée, ce qui est le principe general des Machines Voyez. MACHINE, & MOUVEMENT. Cependant il est plus sûr de ne considerer le coin que comme un instrument qui facilite la division des corps, & non pas comme une Machine qui augmente les forces.

Il y a des coins de bois que l'on employe à servir de cale, lorsqu'on pose les pierres d'un bâtiment. Il y en a d'autres qui ne sont que pour serrer & presser, dont les Imprimeurs, les Menuisiers, & les Tonneliers se servent.

Coin, est aussi une espece de Dé coupé diagonalement suivant le rampant d'un escalier. Il sert à porter par enbas des colomnes de niveau, & à racheter par enhaut la pente de l'entablement qui soûtient un berceau rampant.

Coin, en termes de Doreur sur tranche, est un petit ornement autour des bouquets qui sont sur le dos des livres reliés en veau. C'est aussi un petit fer figuré qui a un manche de bois, & qui sert à pousser les coins sur le dos des mêmes livres.

Les Tailleurs appellent *Coin*, la piece d'un bas qui est en pointe, & qui prend depuis la cheville du pié, & s'étend jusques sous la plante des piés, & *Coin*, chés les Cordonniers, est un petit morceau de bois pour hausser le cou du pié des souliers lorsqu'ils sont sur la forme.

Coin. Terme de Monnoye. Morceau de fer trempé & gravé, qui sert à marquer les monnoyes, les jettons & les médailles. *Coin*, est aussi la marque qu'on met sur la vaisselle d'argent ou d'étain.

On appelle en termes de mer, *Coins de mât*, certains coins de bois, qu'on fait de bouts de jumelles. Ils tiennent de leur rondeur & de leur concavité & servent à resserrer le mât lorsqu'il est trop au large dans l'étambrai du pont.

On appelle *Coins de mire*, des pieces de bois, épaisses d'un côté de deux à trois pouces, & de l'autre d'un demi-pouce ou d'un pouce tout au plus, & qui ont un pié de longueur ou environ, & six à huit pouces de largeur. Les coins de mire ont un manche du côté le plus épais, & servent à élever les canons jusqu'au point que l'on desire quand on veut pointer.

Coins, Terme de manége. On appelle ainsi quatre dents qui poussent à un cheval, lorsqu'il a quatre ans & demi. Elles sont entre les mitoyernes & les crocs, deux dessus & deux dessous à chaque côté de la machoire. On appelle aussi *Coins*, les extrémités des quatre lignes de la volte, lorsqu'on travaille en quarré.

COINT, TE. adj. Vieux mot, qui signifioit Beau, galant, ajusté, propre.

  Si scet si cointe robe faire,
  Que de couleurs y a cent paires.

On disoit aussi *Choint* & *Cointie*, pour Gentillesse. *Tome I.*

se. *Robe découpée par cointie.* On dit de là, *Se cointoyer*, pour dire, S'ajuster proprement, & *Cointerie*, pour, Affeterie. Du Cange dérive *Coint* de *Comptus*. D'autres le font venir de *Cultus.*

COIRÉAUX. f. m. p. Vieux mot, qui signifioit, des Bœufs engraissés. On le trouve dans Rabelais.

COITE. f. f. Vieux mot, qui a signifié une Saye ou robe. Il signifioit aussi un Lit de plume; mais il ne se dit plus que rarement, & seulement des lits de pauvres gens, qui n'ayant pas moyen d'enfermer la plume de leurs lits dans du coutil, n'y mettent que de la toile. Il a été dit par les Anciens tant des lits de plumes que des matelats. Selon Nicod. *Coite*, vient du Grec κοιτ̀ν, Lit. M. Ménage le derive de *Culcita*, pour lequel on a dit par corruption *Culcitra.*

Coites, en termes de Marine, sont deux longues pieces de bois qu'on met paralleles sous un Vaisseau pour le porter quand on le veut tirer du Chantier pour le mettre à l'eau. On appelle *Coites de Guindas*, des pieces de bordage de quatorze ou seize pouces, qui appuyent les bouts du guindas, & sur lesquelles ils tournent.

COL

COL. f. m. Passage dans les montagnes de Dauphiné, &c. *Le Col d'Exiles*, *de Fenestrelles.*

COLACHON. f. m. Instrument de Musique, qui a la forme d'un Lut, mais dont le manche est beaucoup plus long. Cet Instrument qui a quatre ou cinq piés de longueur, est fort commun en Italie, & n'a que deux ou trois cordes.

COLARIN. f. m. Frise du Chapiteau de la colomne Toscane, & de la colomne Dorique. *Colarin* est aussi le haut du vif de la colomne, & l'endroit qui est le moins large près le Chapiteau.

COLCHIQUE. f. f. Fleur de couleur vineuse, qui fleurit en Automne.

COLCOTHAR. f. m. Terme de Chimie, que Paracelse a fait tout exprès pour signifier la Tête-morte du Vitriol seul, restant après la distillation de l'esprit & de l'huile. Quand ce Colcothar a été distillé exactement, il paroît noir, & il n'y reste rien. S'il paroît brun on verse de l'eau chaude dessus, & on en tire à la lessive le Vitriol qu'on laisse cristaliser, qui a la faculté de faire vomir. Angelus Sala qui en fait beaucoup d'estime, le nomme *Manne vomitive de Vitriol.* Sa dose est d'un scrupule & demi-dragme; mais on ne doit user de ce sel pour faire vomir qu'avec circonspection, à cause qu'il tient du cuivre qui affoiblit l'estomac.

COLCHICON. f. m. Sorte de bulbe sauvage, qui en Automne jette une fleur blanchâtre, semblable à celle du safran. Sa tige qui est haute d'un palme, produit une graine rougeâtre; le dehors de sa racine est roux, tirant sur le noir, & le dedans est blanc & tendre. Cette racine est pleine de lait, & a un goût doux, & étouffe la personne qui en mange, comme font les Champignons. C'est ce qu'en dit Dioscoride; à quoi Matthiole ajoûte que le Colchicon est si venimeux, qu'il fait mourir en moins d'un jour celui qui en mange, ce qui lui a fait prendre le nom d'*Ephemerum.*

COLE. f. f. Vieux mot employé pour Pituite. Il a aussi signifié, Desir, disposition où l'on peut être. *Alors fut mis dans une cole d'apprendre.* On s'en sert encore bassement dans ce sens; & l'on dit: *Si vous avez obtenu cela de lui, il falloit qu'il fût en bonne cole*, pour dire, Dans une disposition bien favorable. On dit encore aujourd'hui fort bassement, *Donner d'une cole*, pour dire, Se tirer d'affaire par quelque mensonge.

H b

COLE'E. f. f. Vieux mot. Coup d'épée fur le col.

Pas reçoevent tel colée,
Tons Chevaliers qui ceint épée.

COLERA - MORBUS. f. m. Terme de Medecine, Epanchement de bile fubit, qui caufe un grand devoyement par haut & par bas. Cette maladie qui eft extrémement dangereufe, procede d'une continuelle indigeftion de viandes, & eft appellée ainfi à caufe que la matiere eft jettée inceffamment hors des inteftins, que les Grecs nomment χολὴς, ce qui leur a fait appeller cette forte de mal, χολίερα. Il faudroit écrire fuivant ce mot *Cholera morbus*.

COLERET. f. m. Sorte de filet que deux hommes traînent en mer, auffi avant que la force de l'eau leur permet d'y tenir pié. Il eft d'ufage fur les côtes de Normandie.

COLIBRI. f. m. Le plus petit & le plus joli de tous les oifeaux. Il s'en trouve communément de deux fortes dans toutes les Antilles. Le plus petit n'a que la groffeur du bout du doigt. Toutes les grandes plumes de fes aîles & celles de fa queue font noires, & tout le refte de fon corps, & le deffus de fes aîles eft d'un vert brun, rehauffé d'un certain luftre qui égale celui du velours & du fatin. Il a fur la tête une petite hupe de vert naiffant, enrichi d'un furdoré, qui étant expofé au Soleil, brille comme s'il avoit une petite étoile au milieu du front. Son bec eft tout noir, droit, fort menu, & de la longueur d'une petite épingle. L'autre qui eft le plus gros, n'a pourtant que la moitié de la groffeur d'un Roiteler. Il a les aîles & la queue comme le premier, & les plumes de deffus le dos de couleur d'azur. Il ne porte point de hupe fur fa tête; qui en récompenfe eft couverte, ainfi que toute la gorge, jufqu'à la moitié du ventre, d'un certain velouté cramoifi changeant, qui felon qu'il eft expofé à differens jours, fait montre de mille belles couleurs, dont il n'y en a aucune qu'on puiffe déterminer. Celui-ci a le bec fort long, & fait en bec de corbin. Tous deux ont la tête fort petite, & deux petits yeux ronds & noirs, comme petits grains de jayet. Les femelles des premiers font fans hupe fur la tête; & celles des feconds n'ont point l'ornement de la tête ni du ventre. Si-tôt que le Soleil eft levé, on voit voltiger autour des fleurs fans jamais pofer leurs piés deffus; & fourrer leurs petites langues jufqu'au centre de la fleur, d'où ils tirent le miel & leur nourriture. Cette langue eft compofée de deux petits filets, & toute femblable à celle d'une vipere. Il y en a qui affurent qu'ils demeurent une partie de l'année attachés à un arbre par le bec, comme s'ils étoient fans vie. On les tire quelquefois à coups de fufil, qu'on charge de fable au lieu de plomb; mais cela les dépouille de leur plumage, & leur ôte beaucoup de leur luftre. Quand on veut les prendre vifs on fait une petite verge de rofeau fort déliée, de la longueur de deux piés, & on l'attache à une baguette qui en a dix ou douze. On englume enfuite la petite verge d'une forte de glu plus ténace que celle de France, qui fe tire d'un lait qu'on tire de l'incifion d'un arbre que les François nomment *Bois de foye*, & qui s'épaiffit à force de le remuer fur la main. Après cela on fe cache fous un arbre fleuri; & pendant que ces petits oifeaux voltigent & font occupés à fuccer les fleurs, on n'a pas de peine à les toucher avec le bout de la verge à laquelle ils demeurent attachés. Ils meurent prefque auffi-tôt qu'ils font pris. On les élève petits en les nourriffant d'eau fucrée, & on en a vû un

fi fort ennemi d'un Perroquet qui étoit dans le logis, qu'il le venoit combattre & bequeter en volant; le brouiffement de fon vol l'épouvantoit, & le Perroquet ne fçavoit fouvent où fe mettre. D'ordinaire ils font leurs nids fur les petites branches d'un Oranger ou d'un Citronnier, ou fur les foibles fcions des Grenadiers, & affés fouvent dans les Cafes, fur le moindre fêtu replié qui pend de la couverture. Le mâle va chercher les materiaux, qui font du coton qu'il cueille lui-même fur les arbres, de la plus fine mouffe des forêts, & de petites écorces de gommiers. La femelle qui bâtit le nid, commence à revêtir de coton le fêtu ou la branche fur lequel elle doit le faire, & cela de la largeur d'un pouce. Elle éleve là-deffus un petit rond de coton de la hauteur d'un doigt, après quoi elle remue prefque poil à poil avec fon bec & fes petits piés le coton que lui apporte le mâle, puis elle en forme fon nid, qui n'eft pas plus grand que la moitié de la coque d'un œuf de pigeon, & en polit la bordure avec fa gorge & le dedans avec fa queue. Elle travaille enfuite au dehors de ce petit édifice, qu'elle revêt de mouffe & de petites écorces de gommiers. Elle colle tout fort proprement autour de fon nid, afin que les injures du tems ne lui puiffent nuire. Tout ce petit édifice étant achevé, elle pond deux œufs, qui ne font gueres p'us gros que de petits pois, & qui font blancs comme de la neige; le mâle & la femelle les couvent alternativement pendant dix à douze jours, au bout defquels paroiffent les deux petits, n'étant pas plus gros que des moucherons. On croit que la bechée que la mere leur apporte, ne confifte qu'à leur faire fuccer fa langue, qui doit être toute emmiellée du fuc qu'elle tire des fleurs.

COLISE'E. f. m. Magnifique Amphitheatre que Vefpafien fit bâtir dans Rome, & dont on voit encore aujourd'hui des reftes. Il fut dedié par fon fils Titus. Autrefois on y voyoit des ftatues qui reprefentoient toutes les Provinces de l'Empire, & au milieu étoit celle de Rome, tenant à la main une pomme d'or. Philander prétend qu'on a dit *Colifæum*, comme fi on eût voulu dire, *Coloffæum*, à caufe du Coloffe de Neron qui étoit proche de là.

COLLE. f. f. Ce qui fert à attacher, à joindre fur du papier, fur du bois, &c. Il y en a que l'on fait de rognures de peau de gans ou de parchemin, & qui fert pour peindre à détrempe.

Colle forte, eft celle qui fe fait de cuirs de bœufs, de vaches & autres animaux à quatre piés. Quelques-uns l'appellent *Xylocolla*, de ξύλον, Bois, & de κόλλα, Colle, à caufe que l'on s'en fert fort fouvent pour coller le bois. Diofcoride dit que fi on la détrempe en vinaigre, elle ôte les gratelles & feux volages qui font fur la peau, & qu'étant détrempée avec de l'eau chaude, elle empêche qu'il ne s'éleve des veffies fur une partie qui auroit été brûlée du feu.

Colle de Poiffon. Colle qui fe fait de toutes fortes de poiffons gluans, comme la morue. Diofcoride dit que celle qui vient de la mer Pontique eft la meilleure; qu'elle eft gluante, un peu âpre, fans être trop rude, qu'elle fe défait aifément, & qu'elle eft bonne aux emplâtres qu'on ordonne pour la tête, & dans les médicamens préparés pour la gratelle, ou qu'on fait pour dérider & étendre la peau du vifage. Galien parle de la Colle des Relieurs de livres, qui eft faite de fleur de farine, & de garum, & dit qu'elle eft emplaftique & maturative en quelque partie du corps qu'on l'applique.

Colle à miel, ou *Bature*. Cette colle fert pour dorer, & se fait en mêlant du miel avec de l'eau de colle & un peu de vinaigre. Le tout se détrempe ensemble, & l'on en fait une couche qui demeure grasse & glutineuse, à cause du miel qui aspire l'or & qui s'attache fortement au corps sur lequel on le met. M. Felibien dit que cette maniere de dorer n'est bonne que pour donner des hachures sur des tableaux à détrempe & à fraisque, & pour faire des filets sur du stuc. Il en donne pour raison, que si on en couchoit de grands fonds, l'or se jerseroit & se fendroit, à cause que lorsque la colle vient à secher, le miel se retire, & les feuilles d'or se cassant, il se fait plusieurs petites fentes.

Colle à pierre. Dioscoride qui parle de cette colle, dit qu'on s'en sert à rejoindre les pierres & qu'elle se fait de marbre & de colle de Taureau. Il ajoûte qu'appliquée avec une éprouvette toute rouge, elle déplie les poils contraires qui incommodent les yeux.

COLLET. s. m. *Cette partie de l'habit qui est à l'entour du cou.* ACAD. FR.

Collet, est aussi un terme d'Artillerie, & veut dire dans un canon la partie la plus amoindrie entre le boulet & l'astragal. Elle n'a que deux pouces d'épaisseur.

Collet de penture, est parmi les Serruriers, l'Endroit qui est proche le repli où le gond entre; & en termes d'Orfevre. *Collet de Chandelier*, est la partie qui s'éleve sur le pié du chandelier.

On appelle *Collet de marche*, La partie la plus étroite d'une machine tournante, par laquelle cette marche tient au noyau de l'escalier.

Collet d'étai, se dit en termes de mer, d'un tour que fait l'étai sur le ton du mât.

Collet de poche, de violon, se dit de la partie de ces instrumens qui est faite en crosse, & qui est au bout du manche. On appelle aussi *Collet de hotte*, La partie la plus haute du dos de la hote; *Collet de forme de soulier*, La partie de la forme qui répond immediatement au talon, & *Collet de tombereau*, La partie du devant du tombereau qui s'éleve au dessus des gisans. On appelle encore *Collet*, dans une cassolette, ou dans quelques autres ouvrages, le Cordon ou ornement que l'on met en divers endroits de la piece fabriquée. Il est quelquefois ouvragé, godronné & renversé.

COLLETIQUES. s. m. Medicamens qui agglutinent & qui conjoignent les parties separées d'une playe ou d'un ulcere, pour les rétablir dans leur union naturelle. Ils dessechent au second degré, ce qui leur fait tenir le milieu entre les sarcotiques qui dessechent seulement au premier, & entre les épulotiques qui dessechent au troisiéme. Quand on emploie ces sortes de medicamens dans des playes encore sanglantes, on les appelle *Enaimes, Traumatiques & Symphytiques.* Ce mot vient du Grec κολλητικα, qui veut dire, Collet.

COLLIER. s. m. *Rangée de perles ou de grains d'ambre enfilés, que les Dames portent au cou pour se parer.* ACAD. FR.

On appelle dans l'Architecture, *Colliers de perles* ou *Colliers d'olives*, certains petits Ornemens qu'on place au dessous des oves.

Collier d'étai, Bout de grosse corde semblable à l'étai. L'usage du Collier d'étai est d'embrasser le haut de l'étrave, & d'aller le joindre au grand étai, où il est tenu par une ride. On appelle *Collier du ton*, un Lien de fer fait en demi-cercle, qui avec le ton sert à tenir les mârs de perroquet & de hune.

COLLIQUATION. s. f. Terme de Pharmacie. Mélange de deux substances solides, que l'on rend
Tome I.

liquides par la fusion ou par la dissolution. Ce mot vient de *Cum*, Avec, & de *Liquare*, Liquefier.

COLLYRE. s. m. Medicament propre pour les maladies des yeux. Il y en a de deux sortes. Les liquides sont faits d'eaux distillées, de sucs, ou de décoction de plantes, de mucilages & de blancs d'œufs, à quoi l'on ajoute quelquefois des poudres fort déliées. On en distille quelques gontes au coin des yeux, & cela à froid, quand on a dessein de repercuter; & si on veut déterger, on les distille tiedement. Il y a des *Collyres secs*, & ceux-là se font de semences, de fleurs & d'autres parties de plantes, dont on fait une poudre extrêmement déliée, qu'on réduit ensuite en forme de trochisque par le moyen de quelque liqueur. On les passe par dessus la pierre avant que de s'en servir, afin de les pulveriser encore davantage; aprés quoi on les souffle tout secs dans les yeux. Les *Collyres liquides* sont de plusieurs sortes. Les uns repercutent, & sont bons au commencement de la fluxion. Les autres qui digerent se font de resolutifs & de chalastiques, & on les emploie dans la vigueur & au déclin de la fluxion. Il en est d'autres dont l'usage est excellent quand elle s'accroît, & ceux-là sont composés de repercussifs & de resolutifs mêlés ensemble; & enfin il y en a de plus dessechans, & ceux-là sont propres à déterger & à dessecher en ulcere. Ils se font d'antimoine lavé, d'aloës aussi lavé, d'encens brûlé & lavé, de ceruse, de myrrhe & de tuthie. Aprés qu'on les a broyés, on les met dans un mucilage de gomme tragacanthe, tiré dans l'eau rose. Ce mot vient du Grec κολλυριον, qui veut dire la même chose, & que quelques-uns forment de κωλυω τι ρειν, parce que les Collyres empêchent la fluxion des yeux, ou de κιλος, Mutilé, tronqué, & de ουρα, Queue, à cause que ce medicament à la forme d'une queue tronquée, d'où vient qu'on l'appelle aussi en Grec κολλυριον.

COLLYRIDIENS. s. m. Heretiques qui s'éleverent vers la fin du quatriéme siecle, & dont l'erreur commença dans l'Arabie. Ils regardoient la Vierge comme une Déesse, & la voulant honorer, ils lui offroient des gâteaux, & employoient le ministere des femmes dans les sacrifices qu'ils lui faisoient. C'est de là qu'ils ont été appellés Collyridiens, κολλυρα, en Grec, signifiant une sorte de Pain que l'on donnoit aux enfans.

COLOCASIE. s. f. Plante fort commune chés les Egyptiens, des racines de laquelle ils font du potage. Elle a cela de particulier, qu'elle n'a ni fleur, ni fruit en Egypte, qui est son pays naturel, & qu'ailleurs elle porte l'un & l'autre. Cela vient apparemment à cause que le limon du Nil engraissant trop la terre, & s'attachant à la racine, ou ne montant pas plus haut que les feuilles, la racine tire tout le suc, de sorte qu'il n'en reste point pour les fleurs & pour les fruits; ce qui n'arrive point lorsque cette plante est transplantée en quelque autre lieu, où la terre étant plus maigre, la racine diminue beaucoup, parce que le suc qu'elle attire est plus leger, & qu'il peut monter en haut plus facilement.

COLOMBAGE. s. m. Rang de colomnes ou de solives posées à plomb dans une cloison ou murasse faite de Charpente.

COLOMBE. s. f. La femelle du Pigeon. Sorte de volatile qui se nourrit de toutes sortes de grains, & qui est fort chaude & fort feconde. Cet Oiseau est d'un grand usage pour la Medecine. Voyez PIGEON.

Colombe. Terme de Charpenterie. Solive que l'on pose à plomb dans une sabliere pour faire des cloi-

Hhij

fons, des maifons & des granges de charpente. *Colombe*, eft auffi un terme de Tonneliers, qui nomment ainfi une Piece de bois quarrée, montée fur quatre piés, & au milieu de laquelle eft un fer qui fert à joindre les fonds & à les raboter.

Colombe. Ordre Militaire que Henri I. Roi de Caftille, ou Henri III. fon fils inftitua fur la fin du quatorziéme fiecle. Celui de ces deux Princes qui en fut l'auteur, fit faire plufieurs colliers d'or, qu'il diftribua à fes Favoris, & dont il fe para lui-même un jour de la Pentecôte, leur donnant auffi à chacun un livre illuminé, où étoient contenus les Statuts de l'Ordre. Les Colliers étoient enchaî-nez de rayons de Soleil ondoyant en pointe, & il y avoit au bout une Colombe émaillée de blanc, les yeux & le bec de gueules. Cet Ordre fut abo-li peu de tems après.

On appelloit autrefois *Etofe à colombeaux*, cer-taine Etofe figurée en forme de colombes.

COLOMBIER. f. m. Terme d'Imprimerie. Efpace trop grand que les Compofiteurs laiffent quelque-fois entre les mots.

On appelle *Colombiers*, en termes de Marine, deux Pièces de bois endentées dont on fe fert lorf-qu'on veut mettre quelque Bâtiment à l'eau.

COLOMNADE. f. m. Periftyle de figure circulaire. On appelle *Colomnade polyftyle*, Celle qui a des co-lomnes en fi grand nombre, qu'on ne les fçauroit compter d'un feul afpeĉt. Le mot *Polyftyle* veut dire, Ayant plufieurs colomnes, de πολλὺ, Beau-coup, & de ςυλος, Colomnes.

COLOMNAISON. f. f. Mot qui a été employé par M. Blondel pour fignifier une Ordonnance de Co-lomnes.

COLOMNE. f. f. Sorte de Pillier de forme ron-de, qui fert à foûtenir ou à orner un bâtiment, & qui eft compofé d'une bafe, d'un fuft & d'un chapiteau. La difference des ordres fait la difference des colomnes. La Tofcane qui eft la plus courte & la plus fimple, a fept diametres de hauteur. La Dorique en a huit, & fon chapiteau & fa bafe font un peu plus riches de moulures. La Colomne Ioni-que a neuf diametres, & fon chapiteau a des volutes. C'eft en quoi elle differe des autres auffi bien que par fa bafe qui lui eft particuliere. La Co-rinthienne eft la plus riche de toutes. Deux rangs de de feuilles font l'ornement de fon chapiteau avec des caulicoles, d'où fortent de petites volutes. Elle a dix diametres, ainfi que la Compofite, qui a fon chapiteau comme la Corinthienne, avec les volu-tes angulaires de l'Ionique. Le fameux Temple que Diane avoit à Ephefe, étoit orné de cent vingt-fept colomnes, toutes d'une piece, & hautes de foixante piés. Ce mot vient de *Columen*, qui figni-fie, Une piece de bois pofée à plomb pour foû-tenir le faîte d'un bâtiment.

Colomne, fe dit auffi d'une conftruction faite en forme ronde, & qui eft feparée d'un bâtiment, foit qu'elle foit d'une ou de plufieurs pierres. Cette forte de Colomne eft un monument pour quelque action dont on veut que la pofterité garde la me-moire. La Colomne de Trajan eft un ouvrage de Sculpture qui eft admiré des curieux.

Colomne d'eau. Terme de Fontainier. On entend par là la quantité d'eau qui entre dans le tuyau montant d'une pompe. On appelle auffi *Colomne d'eau*, une Colomne dont un gros jet d'eau forme le fuft. Ce jet fortant impetueufement de la bafe, va frapper dans le tambour du chapiteau qui eft creux, & en retombant il fait l'effet d'une colom-ne de criftal liquide. *Colomne Hydraulique*, eft cel-le dont des napes d'eau forment le fuft, & le font

paroître de criftal. Ces napes d'eau tombent de ceintures de fer ou de bronze en maniere de ban-des, à diftances égales, par le moyen d'un tuyau montant dans fon milieu. On appelle pareillement *Colomne hydraulique*, Celle du haut de laquelle fort un jet que le chapiteau reçoit, & d'où l'eau re-tombe enfuite par une rigole qui eft revêtue de glaçons, & qui tourne en fpirale autour du fuft.

Colomne. Terme de guerre. Longue file des trou-pes & des bagages d'une armée qui eft en marche. On en fait plufieurs divifions pour marcher en même tems & vers le même endroit par des in-tervalles affés éloignés, afin d'éviter la confufion. On dit, *Marcher en colomnes*, pour dire, Faire une longue file en marchant, au lieu de faire un grand front. On dit auffi fur mer, *Marcher en co-lomne*, pour dire, Marcher les uns derriere les au-tres fur la même ligne ; ce qu'on ne peut faire fans beaucoup de peine, à moins que le vent ne foit en pouppe ou largue.

On appelle *Colomne de table*, Une piece de bois tournée ou torfe, qui aide à porter le deffus d'une table ; & *Colomne de lit*, Une piece de bois tour-née, haute d'environ fept ou huit piés qui pofant à terre aide à foutenir le fond d'un lit.

Colomne, en termes d'Imprimerie ; fe dit quand les lignes ne font pas de toute la largeur de la pa-ge, qui eft divifée en deux parties. Les Diĉtion-naires font toûjours imprimés par colomnes.

COLON f. m. Terme d'Anatomie. Le fecond des gros boyaux, qui va depuis le rein droit jufqu'à la cavité du foye, & qui s'attachant de là au fond du ventricule, & portant fur la rate, eft lié au rein gauche, puis retournant en arriere, il fait deux tours comme une S, & aboutit au commencement de l'os facré, de forte qu'il enferme prefque tous les boyaux grêles. Il eft entre le *Cæcum* & le *Rec-tum*, & les excremens s'arrêtent & fe figurent dans fes replis. On l'appelle autrement *Boyan culier*. Ce mot eft Grec, & on dit κωλον, ou κόλον, comme fi on difoit κοιλον, Creux, à caufe de la grande cavité de cet inteftin. D'autres le font venir de κωλύειν Retarder, parce que les excremens demeu-rent quelque tems dans les cellules.

COLONEL. f. m. Officier d'armée qui commande un Regiment d'Infanterie. Il y avoit autrefois un *Colonel General de l'Infanterie Françoife*, dont l'au-torité étoit très-vafte. Cette Charge étant demeu-rée vacante par la mort de M. le Duc d'Epernon, le Roi la fupprima par fon Ordonnance du 28. Juillet 1661. & il ne refta plus en France d'autre Colonel General d'Infanterie que celui des Suiffes & Grifons, que M. le Duc du Maine commande aujourd'hui. Par cette même Ordonnance le Roi affeĉta le titre de *Colonel* aux Chefs des Regimens de l'Infanterie Françoife, qui jufques là avoient pris la qualité de *Meftre de Camp*, laquelle fut attribuée aux Chefs des Regimens de la Cavalerie Legere. Le premier Officier General de cette mê-me Cavalerie n'a pas laiffé de garder le titre de *Colonel General*. Le Regiment des Cravates, quoi-que Cavalerie, eft auffi commandé par un Co-lonel, mais c'eft parce que ce Corps eft confidé-ré comme étranger. Les Regimens des Dragons ont pareillement des Colonels, étant reputés Corps d'Infanterie. Le *Colonel General des Dragons*, eft celui qui commande tous les Officiers de ces mê-mes Corps.

COLONELLE. f. f. On appelle *Compagnie Colonelle*, ou abfolument *La Colonelle*, la premiere Compa-gnie d'un Regiment d'Infanterie, qui porte le Dra-peau blanc.

COLOPHONE. f. f. Subftance de nature oleagineüfe , aride & friable , & qui tire fur le jaune. Elle eft compofée des reftes des refines & des pommes de fapin , qu'épaiffit la coction , & que le froid endurcit. Elle a pris ce nom de la ville de Colophone , d'où on l'apportoit autrefois. On doit choifir celle qui eft luifante & odorante , & qui pouffe une fumée prefque femblable à celle de l'encens , lorfqu'on la jette fur des charbons allumés. Ses qualités font d'être glutinative & farcotique. Elle amollit & on l'emploie très-commodément dans les emplâtres , à caufe qu'elle fe diffout dans les chofes graffes & huileufes. La Colophone fert auffi à frotter le crin des archets de violon. Cela y fait comme autant de dents de fcie ; de forte que ces dents touchant fur la corde , la font mieux fautiller & trembler. La plûpart difent Colofane.

COLOQUINTE. f. f. Plante , dont les farmens & les feuilles rampent à terre , & font femblables au Concombre des jardins. Son fruit eft amaffé comme une boule de moyenne groffeur , & a une amertume fort vehemente. On le cueille ordinairement quand il commence à pâlir. La meilleure Coloquinte eft la femelle , & doit être blanche, legere , polie , non trouée & très-amere. Matthiole dit que quoiqu'on en faffe des medicamens pour la guerifon de diverses maladies , elle eft fort contraire au cœur , au foye & à l'eftomac , qu'elle ronge les inteftins , & met le défordre par tout le corps , à moins qu'on ne la corrige , partie par des corroboratifs , & partie par des lenitifs vifqueux. Il la tient propre à attirer les excremens & fuperfluités flegmatiques groffes & vifqueufes qui font dans les plus profondes parties du corps , & à purger le cerveau , les nerfs , les mufcles , la poitrine & le poumon. On n'en doit donner qu'à ceux qui font robuftes quand elle eft bien préparée , & non aux enfans , aux vieillards & aux femmes groffes. On la reduit en trochifques , appellés Trochifces alhandal ; ce qu'on fait en la coupant fort menu , & en la broyant dans une mortier frotté d'huile d'amandes douces , après quoi on y ajoûte le maftic , & la gomme tragaganthe. Coloquinte vient du Grec κολοκύνθη , & on croit qu'elle eft appellée ainfi , de κοιλίαν κινεῖν , Remuer le ventre ; ce qui eft l'effet de cette courge fauvage.

COLORANT , ANTE. adj. Ce mot n'eft gueres en ufage que parmi les Teinturiers qui diftinguent les drogues dont ils fe fervent en Colorantes & non Colorantes. Les Colorantes du grand & bon teint, c'eft-à-dire , qui donnent la belle couleur , font les paftels d'auragis & albigeois, vouede, indigo, paftel , & graine d'écarlate , cochenille , mefteque & refqualle pour les étoffes de prix. Il y d'autres drogues colorantes pour les petites étoffes. Les non-colorantes font celles que l'on emploie à difpofer les étofes , & à tirer la couleur de l'ingredient colorant, comme l'alun , le criftal de tartre , l'arfenic , le reagal , le falpêtre , le fel commun , le fel armoniac , le fel gemme , l'agaric , l'efprit de vin & autres.

COLORISATION. f. f. Terme de Pharmacie. Il fe dit des divers changemens de couleur qui arrivent aux fubftances en plufieurs operations de la nature ou de l'art par les fermentations , coctions ou calcinations. On voit , lorfque l'on calcine le vitriol , que fa verdeur naturelle fe diffipant peu à peu , il devient blanchâtre , jaunâtre ou rougeâtre. De rougeâtre il devient rouge ; & c'eft ce qui fait le Calcanthum , & enfin en preffant davantage le feu , il tire fur le noir ; ce que l'on appelle Colcothar. L'antimoine devient gris dans la calcination,

& enfuite blanc en la préparation du verre.

COLORIER. v. a. Terme de Peinture. Employer des couleurs & les mêler agreablement pour executer un deffein de tableau.

COLORIS. f. m. Maniere d'appliquer & de mêler les couleurs pour faire un tableau , en obfervant l'amitié ou l'antipathie qui eft entre elles. M. Felibien remarque que quand on dit que Le Coloris d'un ouvrage eft beau , cela s'entend plus particulierement des tableaux d'hiftoire , & qu'il faut dire d'un payfage qu'Il eft bien naturel & bien entendu , & non pas que le Coloris en eft beau , le mot de Coloris ayant plus de rapport aux carnations qu'à toute autre chofe.

COLORISTE. f. m. Peintre qui entend bien le coloris. Bon Colorifte.

COLOSSAL , ALE. adj. On appelle Colomne coloffale , une Colomne d'une grandeur fi extraordinaire , que ne pouvant entrer dans une ordonnance d'Architecture , on eft obligé de l'élever feule au milieu de quelque Place. Telle eft la Colomne Trajane. La Colomne Antonine de marbre bleu eft encore plus grande que la Trajane. Elle a foixante-huit piés jufques fur le chapiteau , outre fept piés de fon piédeftal qui fe trouvent enterrés au-deffous du rès de chauffée.

COLOSSE. f. m. Figure qui reprefente la grandeur démefurée d'un Geant. Le Coloffe de Rhodes éto t une ftatue d'Apollon. Chares difciple du celebre Lyfippus, qui employa douze ans à le faire , lui avoit donné foixante & dix coudées de hauteur ; comme elle étoit au Port de Rhodes , les Navires paffoient à pleines voiles entre fes jambes. Un tremblement de terre le renverfa cinquante-fix ans après qu'il eut été élevé , & neuf cens chameaux furent chargés du cuivre dont ce Coloffe étoit compofé.

Coloffe , fe dit auffi d'un bâtiment quand il eft d'une grandeur extraordinaire , comme étoient les Pyramides d'Egypte & les anciens Amphitheatres. Ce mot eft Grec κολοσσος , qui il eft formé de κολος , qui eft pris pour Grand , & de ὄσσος , Oeil , à caufe qu'un Coloffe trouble la vûe par fa grandeur , en forte que l'œil ne le peut confiderer entier à la fois.

COLOSTRE. f. m. Terme de Medecine. Lait caillé dans les mammelles des femmes. Coloftre , eft auffi la maladie qui a ce lait caillé leur caufe.

COLTIE. f. m. On appelle le Coltie d'un Vaiffeau , Un retranchement qui fe fait au bout du Château d'avant , & qui defcend jufques fur la plate-forme.

COLURES. f. m. Terme de Geographie. Il fe dit des deux grands cercles qui paffent par les poles du monde , dont l'un fert à marquer les équinoxes en coupant l'Equateur & le Zodiaque aux premiers degrés du Belier , & de la Balance , & dont l'autre marque les folftices en coupant le Zodiaque , aux points du Cancre & du Capricorne. Les Colures partagent le Zodiaque en quatre parties égales qui font les quatre faifons de l'année. Le Colure des folftices paffe par les poles du Zodiaque , & mefure la plus grande déclinaifon du Soleil. Les Auteurs difent communément que κόλουρος , veut dire , tronqués , de κόλος , Tronque , & de οὐρά , Queue , parce que les Colures ne paroiffent jamais entiers fur notre horifon. Mais on ne comprend point ce qu'ils ont en cela de particulier , les Colures font de grands cercles , qu'il n'y a point de grand cercle qui ne foit toûjours coupé en deux parties égales par quelque horifon que ce foit. Il eft vrai que dans la fphére oblique un Colure étant perpendiculaire à l'horifon, l'autre le coupe fort obliquement , & fi obliquement qu'il peut paroître ne pas avoir fa moitié entiere fur l'horifon , principalement dans une fphére peu oblique, telle qu'étoit celle des Grecs qui nous ont donné presque tous les termes des Sciences, mais enfin cette idée n'est gueres exacte ni gueres mathematique.

COLX. f. m. Vieux mot. Coups.

Miux voil vivre & sofrir les colx.

COLYBES. f. m. Nom que les Grecs ont donné à un certain amas de legumes & de grains qu'ils sont cuire pour les offrir en l'honneur des Saints & pour les Morts. Ils s'adressent à Dieu dans de certaines prieres faites exprès pour cela, & disent qu'ils lui offrent ces Colybes pour sa gloire, & en l'honneur d'un tel Saint, & pour la memoire des Morts. Le mot Grec κόλυβα, signifie du Froment cuit.

*COLYTEA. f. m. Arbre different du *Colutea*, qui veut dire l'arbre, appellé *Baguenaudier*. Le Colytea, selon le rapport de Theophraste, croît auprès du Mont Ida. Il est fort feuillu, jette force branches, & produit plusieurs ailes ou ailerons. Il a les feuilles semblables au Laurier à larges feuilles, mais plus larges & plus rondes, ce qui les fait approcher des feuilles d'orme, quoiqu'elles soient plus longuettes. Le dessus en est vert, & le dessous blanc & veneux. Son écorce est âpre comme celle de la vigne, & ses racines qui sont grosses & éparpillées au commencement, sont aussi recoquillées & fort jaunes. Cet arbre n'est pas commun, & on tient qu'il ne porte ni fleur ni fruit.

COM

COMANS. f. m. Vieux mot. Commandement.

Qui ont sçû faire mes Comans.

On a dit aussi, *Je Comans*, pour, Je commence.

Comment je veil que ce Romans,
Soit appellé que je comans.

COMBATABLE. adj. Vieux mot. Combattant, vaillant.

Achilles le preux combatable,
Avoit été si destinés,
Qu'il ne pooit être affinés,
Fors par la plante seulement.

COMBE. f. f. Vieux mot. Vallée comme on en rencontre quelquefois dans les forêts & ailleurs, entre deux montagnes, où les voleurs font leurs brigandages.

COMBINAISON. f. f. Disposition de plusieurs choses dont on détermine la multitude, prises une à une, ou deux à deux, trois à trois, &c. ou de toutes ces manieres ensemble, autant de fois qu'elles y peuvent être prises. Ainsi toutes les conjonctions possibles des sept Planetes, soit qu'il n'y en ait que deux en conjonction, soit qu'il y en ait trois, ou quatre, &c. jusqu'à sept, montent au nombre de 120. & si l'on ajoûtoit seulement une huitiéme Planete le nombre de toutes les conjonctions possibles ou combinaisons seroit 247. Plus le nombre des choses que l'on combine est grand, plus une seule chose ajoûtée augmente le nombre des combinaisons. On trouve par les regles des combinaisons combien on peut former de mots avec les vingt-quatre lettres de l'alphabet, le nombre de tous ces mots comprend 34. chiffres, ce qui est un nombre prodigieux, où sont renfermés avec tous les mots de toutes les Langues du monde, une infinité de mots qui ne sont d'aucune Langue. Une vingt-cinquième lettre augmenteroit ce nombre jusqu'à un point presque incroyable.

COMBLAN. f. m. Grosse corde qui sert à traîner le canon. Sa pesanteur est d'environ soixante livres, sa longueur de quatorze à quinze toises, & sa grosseur d'un peu plus de quatre pouces. On dit aussi *Combleau*.

COMBLE. f. m. Charpenterie en pente, qui est garnie de tuile ou d'ardoise, & qui couvre une maison. Il y en a de plusieurs sortes. *Le Comble pointu*, que l'on nomme autrement *à deux égoûts*, est celui dont la plus belle proportion est un triangle equilateral par son profil, & le *Comble à croupe*, est à deux arêtiers, & avec un ou deux poinçons. Celui qu'on appelle *Comble à pignon*, est soûtenu d'un mur de pignon en face, & le *Comble coupé* ou *brisé*, autrement *à la Mansarde*, à cause qu'on en doit l'invention à un fameux Architecte du nom de Mansard, est celui qui est composé du vrai Comble qui est roide, & du faux qui est couché. Il y a des *Combles de pavillon*, qui sont à deux croupes, & à un ou deux, & même à quatre poinçons; des *Combles en dome*, qui ont leur contour cintré & leur plan quarré, & des *Combles à terrasse*, qui sont coupés quarrément à une certaine hauteur, au lieu de terminer à un faîte, & couverts d'une terrasse qui est quelquefois avec gardefou. Il y a encore des *Combles ronds* & des *Combles plats*. Les ronds sont ceux qui ont le profil en pente droite & le plan rond ou ovale. Le *Comble à l'Imperiale*, a le contour fait comme un talon renversé; & l'on appelle *Comble entrapeté* ou *entrapesé*, celui que l'on coupe pour diminuer la largeur de sa base. Il est couvert d'une terrasse de plomb un peu élevée vers le milieu, où d'espace en espace il y a des trapes qu'on leve, afin que des pieces interposées, qui sans cela seroient tout à fait obscures, puissent recevoir du jour. *Comble en patte d'oye*, est une espece d'auvent à pans & à deux ou trois arêtiers, qui sert à couvrir un puits dans une cour; & l'on appelle *Comble à potence*, une sorte d'apentis fait de plusieurs demifermes d'assemblages; le tout adossé contre quelque mur qui le porte.

COMBLETTE. f. f. Terme dont se servent les Chasseurs en parlant de la fente du pié d'un Cerf.

COMBRIERE. f. f. Sorte de filet dont on se sert en Provence pour prendre des Thons, & d'autres poissons de cette grandeur.

COMBUGER. v. a. Terme de mer. On dit *Combuger des futailles*, pour dire, Les remplir d'eau afin de les imbiber.

COMETE. f. f. Corps lumineux qui paroît quelquefois entre les Astres sous differente grandeur. Le corps des Cometes est accompagné ordinairement de certains rayons de lumiere qui s'affoiblissent en s'éloignant, & qui suivent toûjours cette regle. Si le Soleil est à peu près en opposition avec la Comete ces rayons se répandent également autour d'elle; & s'il arrive que le Soleil soit dans un autre aspect, ils se portent seulement vers la partie du Ciel qui est opposée à cet astre; de sorte que si le Soleil est oriental au respect de la Comete, elle paroît darder ses rayons du côté de l'Occident; & s'il est occidental, elle les jette vers l'Orient; & lorsqu'ils se jettent ainsi vers un seul côté, ils se font voir fort longs, & paroissent quelquefois occuper la douziéme partie du circuit du Ciel. Lorsqu'on voit une Comete darder ses rayons vers l'endroit où son mouvement propre semble l'éloigner, ces rayons s'appellent une *Barbe*. Quand ils s'étendent vers la partie du Ciel, d'où son mouvement propre semble l'éloigner, on les appelle une *Queue*; & s'ils se répandent également à la ronde, ils s'appellent une *Chevelure*. C'est delà qu'on dit *Comete barbue, Comete caudée*, & *Comete chevelue*. Il n'y a rien de certain ni pour la partie du Ciel où elles commencent à se faire voir, ni pour la durée de leur apparition. Il y a seulement à remarquer qu'un peu avant qu'une Comete cesse de paroître entierement, on voit sa grandeur apparente diminuer tous les jours, & même sa lumiere s'éteindre petit à petit. Les anciens Philosophes ont prétendu qu'une Comete n'étoit autre chose qu'un amas de très-grand nombre de petites étoiles ; que leur petitesse, qui est extrême en comparaison de leur distance de la terre, empêchoit de voir ordinairement, & que les inégalités de leurs mouvemens les faisant quelquefois rencontrer dans quelque endroit du Ciel où leur concours les rendoit visibles, elles formoient ce qu'on appelle Comete, & que la Comete cessoit de paroître lorsque chacune de ces étoiles continuant de se mouvoir selon sa détermination particuliere, elles se séparoient les unes des autres. Aristote a cru que les Cometes étoient certains feux produits par des exhalaisons qui s'élevant de la terre s'allumoient dans la plus haute region de l'air, qu'il estime être beaucoup plus basse que la Lune. Cependant les Astronomes, qui ont vécu depuis deux cens ans, ayant voulu mesurer la distance qu'il y avoit de la terre aux Cometes qu'ils ont vûë de leur tems, ont trouvé qu'elles devoient être au-dessus de la Lune. Les Philosophes modernes voulant expliquer la nature des Cometes, sur ce qu'on a observé que les Cieux sont fluides, & que les Astres ne sont pas exempts de generation & de corruption, ont cru que veritablement les Cometes s'engendroient de nouveau, mais que ces generations se faisoient dans les Cieux mêmes, bien loin au-dessus de la Lune entre les Astres. Il y en a qui ont repris l'ancienne opinion de Seneque, qui vouloit que les Cometes fussent de veritables Astres, comme Saturne, Jupiter, & les autres Planetes, qu'elles eussent leurs mouvemens reglés, & que lorsqu'elles venoient à passer à la portée de notre vûë, elles nous devinssent visibles ; & au contraire, invisibles, lorsqu'elles s'éloignoient. Descartes, qui sçavoit qu'il y a un très grand nombre d'étoiles fixes, outre celles que la vûë découvre ; & pensant que quelques-unes d'entr'elles pouvoient bien quitter le lieu où elles étoient dans le monde, de même qu'il est très-probable que quelques-unes de celles que les Anciens ont vûës & que nous ne voyons plus, ont quitté le leur, a conjecturé que ce que nous appellons Comete, n'est autre chose qu'une de ces étoiles, qui s'étant peu à peu couverte de taches jusqu'à perdre toute sa lumiere, n'avoit pû garder la situation qu'elle avoit auparavant, entre plusieurs autres dont les tourbillons l'avoient entraînée, & lui avoient imprimé un mouvement si proportionné à la grandeur & à la solidité de sa masse, qu'il l'avoit fait passer assés près du Ciel de Saturne, où la lumiere qu'elle avoit alors reçûë du Soleil, nous l'avoit rendue visible. Il y en a qui prétendent que la même Comete revient de tems en tems ; de sorte que celle qui parut en 1664. doit être la même qu'on avoit vûë en 1618. quarante-six ans auparavant, & encore plusieurs autres fois, en remontant de quarante-six ans en quarante-six ans, ce qu'ils prouvent en comparant les tems où les histoires nous marquent qu'il a paru des Cometes. Ainsi comptant plusieurs apparitions des Cometes semblables à celle de l'année 1664. ils concluent que ç'a été la même Comete, qu'elle a toûjours fait la même chose par le passé, & qu'elle paroîtra toûjours de la même sorte à l'avenir. Le chemin que les Cometes parcourent, n'est pas toûjours égal. Les unes traversent quelquefois une bien plus grande partie du Ciel que les autres ; mais quelque étenduë qu'elles en parcourent, on n'en a point remarqué, ou fort peu, qui ayent décrit sous le firmament plus de la moitié d'un grand cercle, c'est-à-dire, qui ayent traversé plus de la moitié du Ciel.

On appelle Comete, en termes de Blason, une Etoile à queue ondoyante ou flamboyante, qu'ordinairement on peint à seize rais. Elle a l'épithete de herissée, quand de petits traits font qu'entre les rais il paroît de la lumiere. Les Etoiles à seize rais, qui n'ont ni chevelure ni queue, sont aussi quelquefois nommées Cometes. Ce mot vient de κόμη, Chevelure, qui a fait κομήτης, Qui a une longue chevelure.

COMETE', E'E. adj. Terme de Blason. On dit Face cometée, pour dire, Qui a un rayon ondoyant tel que celui de la Comete caudée. Les Pals cometés sont distinguées des pays flamboyans, en ce que les Cometés sont mouvans du chef, & les flamboyans le sont de la pointe en haut.

COMICES. s. m. On appelloit ainsi parmi les Romains les Assemblées du Peuple, lorsqu'il se rendoit au Champ de Mars pour élire des Magistrats, ou pour y traiter de ce qui étoit le plus important à la Republique. Les jours choisis pour ces Assemblées étoient appellés Jours Comitiaux. On a dit autrefois Comitial, pour dire, Le haut mal, du Latin Morbus comitialis.

COMITE'. s. m. Terme dont on se sert pour signifier une Assemblée de Commissaires du Parlement d'Angleterre, ou des Parlemens d'Ecosse & d'Irlande. Ces Commissaires sont choisis par l'une des deux Chambres de chacun de ces Parlemens, pour examiner & rediger par écrit des propositions à faire au Parlement, soit pour l'administration de la Justice, de la Police ou des Finances, soit pour faire les impositions extraordinaires qui sont jugées necessaires pour les interêts de l'Etat. Tous les Commissaires qui forment le Comité, sont membres de la Chambre qui les choisit. Ainsi on dit Comité de la Chambre des Seigneurs, Comité de la Chambre des Communes. Quelquefois toute la Chambre se tourne en Grand Comité. C'est lorsque tous les Députés qui composent une des deux Chambres, travaillent à examiner les propositions qui lui sont faites par l'Orateur de la même Chambre pour en former ce qu'ils appellent Bill, sur lequel Bill les deux Chambres déliberent ensuite durant trois séances differentes pour être reçû ou rejetté à la pluralité des voix.

COMMA. s. m. Terme de Grammaire. Ce mot est purement Grec, & vient de κόμμα, Couper. Il signifie une sorte de ponctuation composée de deux points l'un sur l'autre, que quelques-uns mettent souvent avant la particule mais, au milieu d'une periode.

Comma est aussi un terme de Musique ; & on entend par là environ la dixième partie d'un ton, ou l'intervalle par lequel un demi-ton ou un ton parfait surpasse l'imparfait. On ne s'en sert que dans la theorie de la Musique, pour faire voir la justesse des Consonances. Chaque ton mineur contient dix Comma.

Il y a au Pays des Noirs en Afrique, un Oiseau d'un fort beau plumage, que l'on appelle Comma. Il a le cou vert, les ailes rouges & la queue noire.

COMMANDES. s. f. p. Petites cordes de merlin, dont les garçons de Navires sont toûjours munis à la ceinture, afin de s'en pouvoir servir au besoin. Elles servent à ferler les voiles & à renforcer les autres manœuvres.

COMMANDEMENT. s. m. Terme de Guerre. Hauteur de terrain qui découvre & bat quelque poste. On dit qu'Une Place est exposée à plusieurs

Commandemens, pour dire, qu'Elle est commandée de divers endroits. Il y a de trois sortes de Commandemens. Toute hauteur qui est opposée à la face d'un poste, & qui le bat pardevant, s'appelle *Commandement de front*. Celle qui le découvre & qui le bat par derriere, s'appelle *Commandement de revers*; & enfin la hauteur qui bat & qui nettoye, d'un seul coup toute la longueur d'une ligne droite, s'appelle *Commandement de courtine* ou *d'enfilade*.

On dit *Commandement de l'exercice*, pour signifier les paroles que prononce l'Officier qui fait faire l'exercice, afin d'exprimer les mouvemens qu'il ordonne au Bataillon. *Faites silence*, & *écoutez les Commandemens*.

COMMANDITE. s. f. Terme de Négoce. Il se dit d'une espece de Societé qui se fait entre Marchands, dont l'un prête seulement son argent sans qu'il fasse aucune fonction d'associé. Il se joint toûjours avec la préposition *en*. *Societé en commandite*. *Associé en commandite*.

COMMENCAILLE. s. f. Vieux mot. Commencement.

COMMENSURABLE. adj. Terme de Géometrie. Il se dit de deux quantités qu'on peut mesurer par une mesure commune, en telle sorte que cette même mesure étant appliquée à l'une & à l'autre, ne laisse dans l'une ni dans l'autre aucune partie de reste. Tous les nombres sont commensurables entre eux, parce qu'ils sont tous mesurés exactement & sans reste par l'unité repetée. Aussi le rapport de toutes les grandeurs commensurables, s'appelle *raison de nombre à nombre*, & en effet elle peut être exprimée par des nombres. Voyez INCOMMENSURABLE.

COMMIS. s. m. Dans la Congregation de S. Maur, c'est un Laïque, qui s'est donné volontairement à une Maison, pour travailler sous les ordres du Prieur ou Procureur. Furetiere & ses Scholiastes ne devoient pas se contenter de dire que les Religieux de Cluni & de S. Vincent ont leurs causes commises au Grand Conseil, puisque presque toutes les Congregations ont cet avantage.

COMMISE. s. f. Terme de Jurisprudence feodale. Confiscation d'un fief. *La dénegation faite à un Seigneur par un vassal de tenir un fief mouvant de lui, emporte la commise de plein droit*. Ce mot vient de *Commissum*, qui signifie, Confiscation.

COMMISSURES. s. f. p. Ce mot qui se trouve dans les écrits des Architectes pour signifier les joints des pierres. *Commissures de pentes* & *joints d'engraissement*, c'est lorsque les joints des pierres ne sont pas tirés à plomb; ce que l'on fait, afin qu'une frise, corniche ou architrave, faite de plusieurs pieces, ait plus de force.

COMMUNAISON. s. f. Vieux mot. La Communion, la Cene. L'on a dit aussi *Communalement*, pour dire, En commun, ensemble, & *Communaux*, pour, Public; d'où vient que l'on dit encore en Languedoc, *Lou communal*, pour signifier un pré ou quelque autre lieu public appartenant à la Ville.

COMMUNICANS. s. m. Secte d'Anabaptistes du seiziéme siecle. La communauté de femmes & d'enfans qu'ils y pratiquoient brutalement, à l'exemple des Nicolaïtes, fit qu'on leur donna ce nom.

COMPAGNE. s. f. On appelle *Compagne*, dans une Galere, la Chambre du Majordome.

COMPAGNIE. s. f. Nom collectif. Il se dit de plusieurs personnes assemblées en un même lieu.

On appelle en termes de Guerre, *Compagnie de Cavalerie*, *Compagnie d'Infanterie*, Un petit corps de gens de guerre qui sont commandés par un Capitaine, & dont le nombre est tantôt plus grand, tantôt plus petit. Une Compagnie de Cavalerie est de quarante à cinquante Maîtres. Les Compagnies d'Infanterie, qui étoient de cent hommes en 1669. furent réduites à cinquante en 1671. les Officiers non compris. Elles ont toûjours les deux tiers de leurs hommes armés de mousquets, & l'autre tiers de piques. Les Compagnies appellées *Compagnies d'Ordonnance*, sont celles qui n'entrent jamais en corps de Regiment, & qui consistent en Gendarmes & Chevaulegers, tant du Roi que de la Reine, de Monseigneur le Dauphin & de Monsieur. Autrefois les Compagnies de Gendarmes étoient composées de gens armés de toutes pieces, & de cinquante Gentilshommes. On appelle *Compagnie des Gardes*, les quatre Compagnies des Gardes à cheval qui ont l'honneur de servir auprès du Roi; & *Compagnie aux Gardes*, les Compagnies d'Infanterie dont le Regiment des Gardes François est composé. La *Compagnie Colonelle*, est la premiere Compagnie d'un Regiment d'Infanterie; & on dit *Compagnie en second*, en parlant d'une Compagnie de Cavalerie tirée d'une autre Compagnie qui étoit trop nombreuse. Quoiqu'elle ait ses Officiers particuliers, elle ne laisse pas d'escadronner avec celle dont elle a été détachée. Les *Compagnies franches* sont celles qui ne sont pas en corps de Regiment, & qui prennent l'ordre de leur Capitaine, comme les Compagnies de Cavalerie & d'Infanterie le prennent de leur Colonel ou de leur Mestre de Camp. Après que la paix eut été conclue en 1668. le Roi ordonna que toutes les Compagnies de Cavalerie qui demeureroient sur pié, les Troupes étant reformées, auroient le titre de *Compagnies franches*. Il y en a d'un ancien établissement, comme celles des Suisses qui sont à la solde du Roi.

Compagnie, en termes de Négoce ou d'affaires, se dit d'une Societé de Marchands qui se fait pour établir quelque grand négoce ou de gens d'affaires, pour prendre les Fermes du Roi. La Compagnie des Indes Orientales, qui commença en Hollande en 1602. fit d'abord un fond de six millions six cens mille livres, dont elle équipa quatorze Vaisseaux. On appelle *Compagnie de Navires*, ou autrement *Conserve*, les Vaisseaux qui sont obligés de s'attendre les uns les autres pour faire une flotte, & de se défendre reciproquement pendant un voyage.

Compagnie. Terme de Chasse. On le dit en general d'une troupe de bêtes noires qui vont ensemble. On appelle un Sanglier d'un an, *Bête de compagnie*, & l'on dit qu'*Il sort de compagnie*, quand il en a deux. On dit aussi, *Compagnie de Perdrix*, en parlant de plusieurs Perdrix qui volent ensemble.

CAMPAIN. s. m. Mot du vieux langage. Compagnon.

Mais me dit, Compains, or soyez
Sûr, & *ne vous émayez.*

Ce mot veut dire, Mangeant même pain, & vient de *Cum*, Avec, & de *Panis*, Pain.

COMPARAGER. v. a. Vieux mot. Comparer.

COMPARER. v. a. Vieux mot. Acheter, du Latin *Comparare*, Acquerir. Ainsi on a dit autrefois, *Je te le ferai bien comparer*, ou bien, *Cherement comparer*, pour dire, Je t'en ferai repentir. On a dit aussi, *Compere*, dans le même sens.

Tel n'en peut mais qui trop compere.

Les Espagnols disent *Comprare*, pour dire, Acheter, & les Italiens *Comperare*.

COMPARSE. s. f. Terme de Carrousel. Entrée que fait

fait une Quadrille dans la carriere, dont elle fait le tour pour se faire voir aux spectateurs, mesurer la lice, & se rendre ensuite au poste qui lui est marqué.

COMPARTIMENT. s. m. Disposition de figures regulieres formées de lignes droites ou courbes & paralleles, & qui sont divisées avec symmetrie pour les lambris, les platfonds de plâtre, de bois, & pour les pavemens de pierre dure, de marbre, de mosaïque. On appelle *Compartimens polygones*, les Compartimens formés de figures regulieres & repetées qui peuvent être comprises dans un cercle. On dit *Compartiment de rues*, quand on parle de la distribution reguliere des rues, isles & quartiers de quelque Ville. Le *Compartiment des tuiles*, est un Arrangement de tuiles, blanches, rouges & vernissées, qu'on fait avec symmetrie, pour rendre agreable la couverture d'un comble. On appelle *Compartiment d'un platfond*, differens Panneaux qu'on sépare par des cadres, ou par d'autres ornemens; & *Compartimens de vitres*, les differentes figures qu'on donne aux panneaux des vitres, soit blanches, soit peintes. On appelle aussi *Compartimens de parterre*, les diverses Pieces dont un Parterre est composé. Ces Compartimens se font ordinairement par des bordures de bouis.

COMPAS. s. m. Instrument de métal dont on se sert à tracer des cercles, & à prendre des mesures. Il y en a de differentes sortes, parmi lesquelles le *Compas droit*, est de plus grand usage. Les Sculpteurs & les Graveurs se servent du *Compas courbé*, c'est-à-dire, qui a ses deux branches courbes l'une contre l'autre; les uns pour mesurer les grosseurs d'un corps rond, à cause que le Compas courbe en embrasse les parties; ce que ne peut faire celui qui est à jambes droites; & les autres pour trouver le veritable endroit d'une planche qu'ils veulent repousser & graver. On appelle *Compas d'Appareilleur*, & communément *Fausse Equerre*, celui qui sert à tracer les épures & les pierres. Il a chaque branche plate & droite, & longue d'environ deux piés. Le *Compas à pointes changeantes*, est celui dont l'une des jambes se démonte pour y appliquer des porte-crayons, des coupe-pieces, des plumes à écrire, des pointes en roulette pour marquer des lignes ponctuées, &c. & l'on appelle *Compas de division*, celui qui s'ouvre & se ferme autant que l'on veut; ce qui se fait par le moyen d'une vis tarodée de deux grosseurs, l'une plus déliée que l'autre, & traversant deux petits cylindres mobiles dans le milieu de ses branches. Avec cette sorte de Compas on divise une ligne en autant de parties qu'on fait faire de mouvemens à la vis. Le *Compas à quart de cercle*, est celui qui a une portion de cercle attachée vers le milieu d'une de ses jambes, & concentrique à la tête, & l'autre jambe librement traversée par cette portion de cercle, en sorte que par le moyen d'une vis qui la serre dessus, elle s'y arrête aux endroits qu'on veut. On se sert de ce compas pour arrêter une mesure qu'on veut repeter plus d'une fois. Il y a aussi un *Compas de reduction*, c'est celui qui ayant deux branches croisées & mouvantes sur un centre fixe, forme quatre jambes, dont les deux petites qui sont opposées aux deux plus grandes, servent à réduire à la moitié, au tiers ou au quart, selon la longueur proportionnée à ces jambes, toute mesurée capable de la plus grande ouverture. Ce compas est bien plus sûr que le *Compas de reduction universel*, où la moindre alteration qui arrive aux jambes, soit courbure ou émonssure, fait que les divisions marquées dessus pour arrêter le clou, ne se trouvent

plus justes. On se sert d'un *Compas à trois branches* ou *trois jambes*, pour prendre des angles. C'est celui qui en a une troisiéme attachée au milieu de sa tête, dans laquelle elle a deux mouvemens qui servent à l'éloigner ou à l'approcher de tout sens des deux autres branches, pour rapporter toutes sortes de triangles sur un plan.

On appelle *Compas à verge* ou *à trusquin*, celui qui a une verge quarrée comme celle d'un trusquin de menuisier. Deux boîtes, dont chacune porte une pointe, glissent sur cette verge, & par le moyen d'une vis on les arrête où l'on veut. Le *Compas Elliptique* a une verge comme ce dernier compas. À l'une de ses deux extrêmités est une pointe à tracer, & à l'autre sont deux boîtes arrêtées à vis, qu'on peut éloigner ou approcher l'une de l'autre pour tracer l'ovale plus ou moins allongée. Ces deux boîtes ont chacune un pivot qui entre juste dans deux coulisses qui se coupent à angle droit dans une croix qui sert de pié au compas, & qu'on doit fixer & arrêter à l'endroit où l'on veut tracer par les quatre pointes qui sont aux extrêmités. Ces deux pivots n'agissent dans leurs coulisses que pour changer continuellement la longueur de la verge du Compas, afin de tracer la ligne elliptique. Le *Compas d'épaisseur*, qu'on appelle aussi *Double Compas*, sert à prendre de certaines épaisseurs, comme celle d'un vase dont les bords seroient plus épais que son milieu. L'éloignement des deux pointes qui n'embrassent pas le vase, fait connoître cette épaisseur. Ce compas est fait de deux branches en S, qui sont arrêtées par leur milieu. Etant fermées elles font un 8 de chifre, & quand elles sont ouvertes elles font un X. Le *Compas de proportion* est composé de deux regles de cuivre qui s'ouvrent & se ferment sur un centre. Ces regles ont trois sortes de lignes tracées sur leurs faces de chaque côté. De l'un sont celles des parties égales pour diviser les lignes droites, celle des plans pour diviser & mesurer des surfaces, & celle des polygones pour l'inscription des figures regulieres dans le centre; & de l'autre sont la ligne des cordes, celle des solides & celle des métaux; l'une pour mesurer, décrire & diviser des angles; l'autre pour mesurer & diviser des corps, & la troisiéme pour connoître la proportion de la pesanteur des métaux.

Les Jouailliers appellent *Compas*, certain Morceau de bois, comme le fût d'un rabot fendu par-dessus jusqu'à la moitié de sa longueur, avec lequel ils mesurent les pierres lorsqu'ils les taillent. Il y a une petite regle de laiton dans cette fente, & une cheville la fait tenir par un bout dans le milieu du rabot, en sorte que cette regle se meut comme une équerre pliante. Elle sert à prendre les angles des pierres que l'on pose sur le fût à mesure qu'on les taille.

Compas, est aussi chés les Cordonniers certain Instrument ou regle avec quoi ils prennent la mesure du pié de la personne qui leur commande des souliers. Il est marqué de plusieurs divisions qu'on appelle *Points*.

Compas de mer, ou *Compas de route*. Instrument fait d'un carton mince, coupé en rond & divisé en trente-deux parties égales qui representent l'horison avec les trente-deux Vents. Il a dans son centre un cone concave de laiton avec une aiguille en lozange de fer ou d'acier, cloué au-dessous du carton, & touché d'une pierre d'aimant. On met tout cela sur un pivot, puis dans une boîte que couvre une vitre, & que l'on renferme dans une autre boîte , qui fert à foûtenir un ou deux cercles de cuivre ou de laiton.Ces cercles,qu'on appelle *Balanciers* , tiennent horifontalement le compas , nommé autrement *Bouffole.* Il y a auffi un *Compas de variation,*qui outre tout ce qu'on vient de dire,a un cercle divifé en trois cens foixante degrés , avec un fil qui traverfe par deffus la vitre,paffant au-deffus du centre , & tombant perpendiculaire le long de la boîte d'un côté & d'autre. Elle eft ouverte en cet endroit-là avec une vitre , pour aider à obferver la variation de l'aimant. On appelle *Compas démonté* , Celui dont la rofe eft hors de deffus le pivot , & *Compas mort* , eft une Bouffole qui a perdu la vertu qu'elle avoit reçue de l'aimant. On dit *Compas renverfé* , en parlant d'une Bouffole qui eft fufpendue , en forte qu'on la voit par le deffous, comme on voit une autre Bouffole par le deffus. Les Pilotes appellent *Compas de carte* , un Compas qui s'ouvre en le preffant du côté de la tête. Il leur fert à compaffer les cartes maritimes.

Compas de Tonnelier. Inftrument de bois , dont le haut eft rond & le bas pointu. Il s'ouvre & fe ferme avec une vis pour marquer les fonds de leurs tonneaux. Les vis en font tournées , les unes à droit , les autres à gauche , afin que le Compas fe puiffe ouvrir ou fermer des deux côtés. Ceux des Sculpteurs font courbés par des charnieres.

COMPASSER. v. a. On dit en termes de mer, *Compaffer la carte* , pour dire , Trouver la pointe du compas où peut être le Vaiffeau. On dit auffi en termes de Relieur, *Compaffer un livre,* pour dire , Mefurer un livre avec le Compas pour le bien rogner.

COMPITALES. f. m. Fêtes que celebroient les Romains en l'honneur de leurs Dieux domeftiques,appellées ainfi de *Compita* , Carrefours , à caufe qu'ils les celebroient dans les Carrefours. Ce fut *Servius Tullius*, fixiéme Roi des Romains , qui en fut l'Inftituteur. Il ordonna que les Efclaves en feroient la cérémonie avec les Sacrificateurs; ce qui les faifoit jouir d'une efpece de liberté pendant ce tems-là. L'Oracle ayant confulté fur ces facrifices par Tarquin le Superbe, la réponfe fut qu'il falloit offrir des têtes aux Dieux Lares & à leur mere Manie. Cela fut caufe que pendant quelques années on eut l'inhumanité de leur immoler de petits enfans. Junius Brutus Conful au lieu de la tête de ces petits malheureux , leur fit prefenter des têtes de pavots. Ces Fêtes ayant été difcontinuées , Augufte les fit rétablir , & par fon ordre on les celebra deux fois l'année.

COMPLANT. f. m. Terme d'Agriculture. Arbres que l'on plante en quelque endroit. *Un Complant de vignes* , *un Complant de Maronniers d'Inde*. On dit , *Donner une terre à complant* , pour dire , La donner à quelqu'un moyennant certaines redevances , pour la planter en vignes ou autres arbres, & la cultiver.

COMPLEMENT. f. m. Terme de Geometrie. On appelle *Complement* , ce qui étant ajoûté à une grandeur comme à un arc , à un angle , à une figure , la fait arriver jufqu'à une certaine mefure déterminée. Ainfi quatre-vingt-dix degrés étant le terme où les angles ceffent d'être aigus, on appellera *Complement d'un angle aigu* , quel qu'il foit l'arc & le nombre de degrés qui lui manque pour aller jufqu'à quatre-vingt-dix degrés. Si l'on prend cent quatre-vingts degrés ou le demi-cercle pour le terme des arcs & des angles , ce qui manquera à un angle foit aigu , foit obtus , pour être égal à cent quatre-vingts degrés , fera fon complément. Quelquefois même on appelle Complément d'un angle obtus , ce dont il

excede quatre-vingt-dix degrés , quoique ce ne foit pas là l'idée précife de Complément. Ce mot s'applique encore en d'autres rencontres , où il a toûjours le même fens en matiere de Sinus , (Voyez SINUS ,) au lieu de dire le Sinus du Complément d'un angle , on dit quelquefois le *Sinus Complement.*

On appelle en termes de Fortification *Complément de la courtine* , la partie du côté interieur qui eft compofée de la courtine & de la demi-gorge.

COMPONE , E'E. adj. Terme de Blafon, qui fignifie Compofé. Il fe dit des bordures , bandes , faffces , fautoirs , & autres pieces honorables de l'Ecu , qui font compofées de pieces quarrées d'émaux alternés , comme une tire d'echiquier. On appelle *ompon* , chaque piece de la componure, dont l'une doit être de métal , & l'autre de couleur. *De gueules à la bande componée d'argent & d'azur. D'azur à la bande componée d'or , & de gueules de cinq pieces ou compons.*

COMPONENDE. f. f. Office de Cour de Rome,qui dépend du Dataire , & où toutes les Supliques reçûes & fignées , qui doivent payer quelques droits au Pape , parce qu'elles contiennent quelque grace particuliere , font envoyées. C'eft ce qu'on appelle *Componende.* On convient de ces droits avec l'Officier qui les reçoit , & on les lui paye avant qu'il en délivre l'expedition.

COMPOSITE. adj. On dit *Ordre Compofite* , *Colomne Compofite* , *Chapiteau Compofite.* Les Romains ont placé l'Ordre Compofite au-deffus du Corinthien , & l'ont ajoûté aux autres ordres , pour faire voir qu'ils étoient les Maîtres de toutes les autres Nations , & qu'il ne fut inventé qu'après qu'Augufte eut donné la paix à toute la terre. Il a quelque chofe de l'Ionique , comme du Corinthien , & eft encore plus orné que ce dernier , auquel on le fait femblable dans toutes les mefures & dans tous les membres,hormis que le Chapiteau n'a que quatre volutes , qui occupent tout l'efpace que les volutes & les caulicoles rempliffent dans l'ordre Corinthien. Il a outre cela l'ove & le fufarole , qui font des parties propres à l'Ionique. Les Colomnes Compofites ont d'ordinaire dix diametres de haut , comme les Corinthiennes.

COMPOSITEUR. f. m. Terme d'Imprimerie. Ce nom eft donné , non feulement à celui qui arrange les lettres pour faire les mots, dont les formes à imprimer font remplies ; mais encore à la petite regle de cuivre fur laquelle le Compofiteur applique les lettres dont il fait les lignes. On dit auffi *Compofteur.*

On appelle *Compofiteurs*, en termes de Mufique , ceux qui fçavent la partie de Mufique pratique nommée *Baffe continue.* C'eft celle qui va fans interruption depuis le commencement d'un ouvrage de Mufique jufqu'à la fin , & qui fert ordinairement pour les Inftrumens qui accompagnent la voix.

COMPOSITION. f. f. Terme de Peinture. Partie de la Peinture qui comprend la diftribution des figures dans un tableau , le choix des attitudes , les accommodemens des draperies , la convenance des ornemens , la fituation des lieux, les bâtimens, les payfages , les diverfes expreffions des mouvemens du corps & des paffions de l'ame , & tout ce que l'imagination fe peut former , & qu'on ne peut imiter fur le naturel. *Compofition*, fe dit auffi en termes d'Imprimerie de l'arrangement des lettres.

On appelle *Compofition* , en termes de Geometrie , l'Art de rechercher la verité ou la démonftration , la poffibilité ou l'impoffibilité d'une propofition par des raisonnemens tirés des principes, jusqu'à ce qu'on soit venu à la derniere proposition, appellée *Conclusion*, à cause qu'elle finit ce que l'on veut démontrer.

COMPOST. ſ. m. Terme d'Almanach. Le Compoſt eſt compoſé du Cycle ſolaire, du nombre d'or, ou de l'Epacte, de la lettre Dominicale, & de l'Indiction Romaine. On a dit autrefois *Compoſt*, pour dire, Une compoſition, un recueil d'ouvrage.

COMPRESSE. ſ. f. Petit linge plié en quatre & mouillé pour mettre ſur la ſaignée.

COMPRESSIBILITE'. ſ. f. Terme dogmatique. Qualité d'un corps qui ſe peut reſſerrer & comprimer. *La compreſſibilité de l'air.*

COMPRESSIBLE. adj. Qui ſe peut reſſerrer & comprimer. *L'eau n'eſt point compreſſible.*

COMPUT. ſ. m. Terme de Chronologie. Il n'eſt en uſage que quand on parle des ſuppurations de tems, qui ſervent à regler le Calendrier, & les Fêtes de l'Egliſe, ainſi que les Calendes, Nones, Ides, Biſſexte, &c.

COMTE. ſ. m. Homme noble qui poſſede une terre érigée ſous le titre de Comté. Ce mot vient du Latin *Comes*, qui accompagne, & on appelle les Comtes *Comites*, parce qu'anciennement tous les Comtes étoient Juges, & que la Juſtice s'adminiſtrant à la Cour, ces Juges accompagnoient toûjours l'Empereur. Enſuite on donna ce nom à ceux qui rendoient la juſtice dans les Villes & Provinces, parce que les principaux qu'on y envoyoit étoient tirés de la ſuite des Empereurs. Il y avoit un Chef de la Juſtice de l'Empire, qu'on appelloit *Comte Palatin*, comme étant toûjours au Palais au côté du Prince. Tous les appels s'addreſſoient à lui, & il décidoit avec l'Empereur de toutes les affaires importantes. Les abus que commettoient les ſimples Comtes dans les Provinces ayant obligé d'y remedier, on y envoya des Comtes Palatins pour empêcher toute ſorte d'injuſtice; & ces Comtes Palatins ſe ſervant adroitement de la negligence des Empereurs, s'approprierent les Provinces de Saxe, de Baviere, de Franconie & du Rhin; mais quoique ces quatre Principautés ayent eu la qualité de Palatinat, il n'y a plus que la derniere qui jouiſſe de ce titre. Il y a eu autrefois des *Comtes d'Office*, & des *Comtes de Dignité*. Les uns étoient élevés aux Charges ſans aucun égard à leur naiſſance, & les autres n'étoient gueres inferieurs aux Ducs. On prétend même qu'ils ont été plus grands que les Ducs, & un Hiſtoriographe Eſpagnol qui l'aſſure, tâche de le prouver en ce qu'on trouve des Conciles tenus à Tolede, où quelques-uns de ceux qui les ont ſouſcrits ſe qualifient *Comites Proceres* & *Comites Duces*. Sa raiſon eſt que ceux qui ont pluſieurs titres ſont preceder toûjours le plus grand; mais elle eſt détruite par les Cardinaux qui en ſignant prennent le titre de *Diacre-Cardinal, Prêtre-Cardinal, Evêque-Cardinal.* Etienne Paſquier dit qu'il y avoit autant, & même plus de Comtes que de Villes dans les Gaules quand les François s'en rendirent maîtres; & que pour ôter tout ſujet de plainte aux Peuples conquis, ils y conſerverent toutes les Charges que les Romains y avoient introduites. Les Loix de Charlemagne & de Louis le Débonnaire ſon fils, ſont pleines de l'ordre que doivent tenir les Comtes dans l'adminiſtration de la Juſtice; ce qui fait voir qu'ils n'étoient pas alors élevés dans une dignité ſi éminente qu'ils ſont aujourd'hui. Ce qui les a rendus ſi puiſſans en Allemagne, c'eſt qu'encore que les Empereurs euſſent le pouvoir de les priver de leurs charges, ils les en laiſſoient pourtant jouir ordinairement toute leur

Tome I.

vie, & même s'ils avoient des fils capables de leu ſucceder, ils les preferoient à tout autre. Ils faiſoient plus; afin qu'ils puſſent vaquer à tout ce qu l'adminiſtration de la Juſtice demandoit d'eux, & défendre le Peuple quand il en ſeroit beſoin, ils leur donnoient des fiefs dans le territoire de leur Juriſdiction; ce qui leur facilita les moyens de s'approprier le reſte, & de le transferer à leurs heritiers. On croit que ce fut ſous les Deſcendans de Charlemagne que les Comtes rendirent leurs Comtés hereditaires. Ils ont preſentement ſéance dans les Aſſemblées de l'Empire immediatement après les Princes, & ſont diſtingués en quatre bancs, ſçavoir, de Wetteravie, de Suabe, de Franconie, & de Weſtphalie. Chaque banc a une voix & un Directeur qui la donne ſi-tôt que les Princes & les Prélats ont parlé. Quand ils s'aſſemblent en particulier chacun a ſa voix, & étant tombés d'accord d'une reſolution, chaque banc choiſit un Comte de ſon corps, qui expoſe le ſentiment de l'Aſſemblée, lorſqu'il s'agit de donner les ſuffrages; & en cette action comme aux ſéances, les bancs de Wetteravie & de Suabe s'entreprecedent & s'entreſuivent alternativement. Il n'y a que les Comtes qui ſont Etats de l'Empire, qui ayent ſéance aux Aſſemblées generales, & ceux-là ſont comme de petits Souverains, & rendent peu de devoirs à l'Empereur. Pluſieurs d'entr'eux ſont battre monnoye, & ont d'autres avantages qui les approchent du rang des Princes; de ſorte que les Electeurs mêmes ne ſe méſallient point en épouſant de telles Comteſſes. Quelques-uns ne laiſſent pas d'avoir auſſi fief de quelque Prince particulier, à l'égard duquel ils ſont Vaſſaux, & obligés de lui rendre quelque devoir, comme les Comtes de Schuartebourg & les Comtes de Waldeck qui ont fief, les uns des Ducs de Saxe, & les autres du Lantgrave de Heſſe.

CON

CONARD. adj. Vieux mot. Sot, impertinent, ridicule. On a dit auſſi *Conardie*, pour, Sottiſe, impertinence.

CONCASSER. v. a. Terme de Pharmacie. Caſſer avec un marteau, avec un pilon, des bois, des racines ou autres choſes dures, afin que le ſuc & la vertu s'en tirent plus aiſément dans les infuſions ou coctions qu'on en fait enſuite. Quand on fait de l'encre la noix de galle ne doit être que concaſſée.

CONCATENATION. ſ. f. Terme de Philoſophie, qui veut dire Enchaînement. *La concatenation des Cauſes ſecondes.* Il vient du Latin *Catena*, Chaine.

CONCEPTION. ſ. f. Il y a ſous ce nom un Ordre Religieux de Filles, qu'une Portugaiſe, appellée Beatrix de Sylva, a fondé. Le Pape Innocent VIII. qui l'approuva en 1489. à la priere d'Iſabelle, Reine de Caſtille, lui donna la Regle de Cîteaux, & le ſoûmit à l'Ordinaire. La mort de Beatrix étant arrivée, ſes Compagnes ſuivirent les Regles de ſainte Claire, mais ſans changer leurs habits & ſans prendre un autre nom que celui de la Conception immaculée. Ces Religieuſes furent tirées en 1511. de la domination des Religieux de Cîteaux par le Pape Jules II. qui en donna la conduite aux Franciſcains.

La *Conception* eſt auſſi un Ordre militaire, qui a été fondé de nouveau, & à ajoûté à celui de la Milice Chrétienne, par Ferdinand Duc de Mantoue, Charles de Gonzague Duc de Nevers, &c. Le Pape Urbain VIII. l'ayant confirmé en 1624. donna la Croix au Duc de Nevers.

CONCHILE. adj. On appelle en termes de Geomé-

Ii ij

trie *Ligne Conchile*, Une ligne courbe , qui s'approche toûjours d'une ligne droite , sur laquelle elle est inclinée, & qui ne la coupe jamais. On l'a décrit en tirant deux lignes à angles droits, sur l'une desquelles on choisit un point pour centre, d'où l'on tire une infinité de lignes ou rayons qui coupent la transversale , après quoi on prend sur chacune de ces lignes ou rayons des parties égales, à commencer au-delà de l'intersection de la ligne transversale, & alors on a plusieurs points marqués par lesquels si l'on décrit une ligne , elle s'appellera *Conchile* , & approchera toûjours de la ligne droite transversale , sans que jamais elle puisse la couper. C'est la même chose que la *Conchoïde.* Voyez CONCHOIDE.

CONCHIERRE. s. m. Vieux mot , qui a signifié Poltron.

Ls traîtres , li Conchieres.

CONCHOIDE. s. f. Terme de Geometrie. Espece de ligne courbe , dont Nicomede , Geometre de l'antiquité , est l'inventeur. On imagine un cercle dont le diametre est perpendiculaire à une ligne droite qu'on nomme *Regle* ou *Directrice.* On prolonge à discretion le diametre jusqu'à un point qu'on nomme *Pole.* Ensuite on fait mouvoir le cercle generateur sur la directrice, de sorte que son centre ne la quitte jamais, & dans le même-tems diametre prolongé , qui part de ce point fixe , nommé *Pole*, suit le cercle & s'allonge toûjours autant qu'il est necessaire pour le suivre. Comme il coupe toûjours le cercle en de nouveaux points, tant au-dessus qu'au-dessous de la directrice, il trace deux lignes courbes , qu'on appelle *Conchoïde superieure & Conchoïde inferieure* qui ont toutes deux le même Pole & la même directrice , & dont la premiere va toûjours en descendant vers la directrice, & la seconde toûjours en s'élevant vers elle, sans que ni l'une ni l'autre la puisse jamais rencontrer, ce qui fait que la directrice est aussi leur asymptote commune. On se sert de la Conchoïde pour tracer le contour d'une colonne. Ce mot vient de κόγχη, Coquille , parce que les deux conchoïdes étant plus éloignées l'une de l'autre, & pour ainsi dire plus enflées , à l'endroit de leur Pole, elles vont toûjours en s'approchant & en s'applatissant , ce qui fait à peu près la figure des deux écailles d'une huître.

CONCILE. s. m. Assemblée d'Ecclesiastiques legitimement convoqués pour regler ce qui regarde la foi & en expliquer les mysteres. Il y a des *Conciles generaux* , & des *Conciles particuliers.* Ces derniers sont de deux sortes ; ou Provinciaux , dont les uns sont celebrés par les Primats ou les Patriarches, & les autres par les Evêques d'une Province sur la convocation de l'Archevêque ; ou d'un seul Diocese , & ce sont les Assemblées que chaque Evêque est obligé de faire de tous les Ecclesiastiques qui sont sous sa dépendance , afin que la bonne discipline soit entretenue dans son Clergé. On les appelle autrement *Synodes.* Les *Conciles Provinciaux* , sous lesquels on doit comprendre les Nationnaux, ne peuvent se convoquer en France que de trois ans en trois ans du consentement du Roi , & on ne reçoit leurs décisions , que par rapport aux Conciles dont ils confirment les Canons sur les articles de foi. Les *Conciles generaux* sont convoqués par le Pape, qui y préside en personne ou par un Legat , & composés de tous les Evêques , & autres Prélats de la Chrétienté , qui ont droit d'y assister. Ils tiennent leur puissance immediatement de Dieu ; & quand ils sont une fois assemblés , ils ne décident rien sur les choses de la foi , & en ce qui regarde l'heresie , & la reformation generale de l'Eglise , qui ne soit une loi pour tous les Fideles , à laquelle le Pape

même ne se peut dispenser de se soûmettre. Il y a eu huit Conciles Generaux en Orient, deux à Nicée, Ville de Bithinie dans l'Asie Mineure ; le premier , en l'an 325. où Arius Prêtre d'Alexandrie, qui avoit nié la consubstantialité du Fils de Dieu avec son Pere, fut condamné par trois cens dix-huit Evêques : & l'autre en 787. où trois cens cinquante Evêques condamnerent la doctrine des Iconoclastes. Quatre à Constantinople ; le premier en 381. sous le Pontificat de Damase , pendant que Theodose étoit Empereur , & il fut convoqué pour confirmer la doctrine du Concile de Nicée, pour confondre l'heresie de Macedonius qui nioit la Divinité du saint Esprit ; celle de Photinus qui osoit soûtenir que JESUS-CHRIST n'étoit qu'un homme comme les autres ; & enfin le blaspheme de Sabellius qui n'admettoit qu'une seule Personne en Dieu. Dans le second Concile de Constantinople assemblé en 553. sous le Pontificat du Pape Vigile, & l'Empire de Justinien , on condamna les Heresies de Nestorius , d'Eurichès & d'Origene , ainsi que les Ecrits de Theodore de Mopsueste, de Theodoret de Cyr contre saint Cyrille d'Alexandrie, & l'Epître d'Ibas d'Edesse. La croyance des Monothelites fut condamnée dans le troisiéme Concile commencé le 7. Novembre 680. & dont l'Assemblée qui étoit de deux cens quatre-vingt-neuf Prélats, fut conclue le 16. Septembre de l'année suivante. On convoqua le quatriéme Concile de Constantinople contre le faux Patriarche Photius sous le Pape Adrien II. & il fut tenu l'an 869. Les deux autres Conciles Generaux sont celui d'Ephese , Ville d'Ionie en Asie , & celui de Chalcedoine , Ville de Bithinie , aussi en Asie. Celui d'Ephese fut tenu l'an 431. & saint Cyrille y présida au nom du Pape Celestin , à la tête de deux cens Prélats , qui condamnerent l'Heresie de Nestorius , Patriarche de Constantinople , les erreurs de Pelage, & quantité d'autres. Celle d'Eutychès , qui ne vouloit reconnoître qu'une seule nature en JESUS-CHRIST, fut reprouvée par tous les Peres du Concile de Chalcedoine , assemblés au nombre de six cens trente-six. Il fut tenu en 451. & le Pape S. Leon envoya pour Legats Peschasin , Evêque de Lylibée en Sicile ; Licentius , Evêque d'Ascoli ; Julien, Evêque de Coos , & Boniface Prêtre. Les Grecs s'étant séparés des Latins , il y eut des Conciles en Occident ; & s'étant depuis réunis par l'entremise des François & des Venitiens, ils se trouverent aux Conciles de Lyon & de Florence ; mais enfin le renouvellement qu'ils firent de leur ancien Schisme , fut cause qu'on ne reçût plus aux Conciles generaux que les François , les Italiens , les Espagnols, les Anglois & les Allemans. On en tint quatre dans S. Jean de Latran , ancienne Eglise de Rome , où les Papes avoient autrefois leur Siege, deux à Lyon, un à Vienne en Allemagne , un à Pise en Italie , un à Constance dans la Province de Suabe sur le Rhin, un à Bâle en Suisse , un à Trente dans le Comté de Tirol , & un à Florence , Ville capitale du Duc de ce nom. Toutes les Eglises ne reçoivent pas ces derniers indistinctement, encore qu'ils soient generaux. On a reçû en France celui de Trente pour les dogmes de la foi ; mais en ce qui regarde la discipline , nous n'avons point voulu déroger aux anciens préceptes des premiers Conciles , & c'est ce que l'on appelle , *Les libertés de l'Eglise Gallicane.*

CONCLAVE. s. m. Le lieu où s'assemblent les Cardinaux pour l'élection d'un Pape. ACAD. FR. Quoique le Conclave ne soit attaché à aucun lieu particulier , & qu'il dépende de la volonté des Cardinaux qui après la mort du Pape peuvent se renfermer en tel endroit qu'il leur plaît pour élire son Succeſſeur ; ils ne laiſſent pas de mettre en délibération en quel lieu le Conclave ſe tiendra, ce qu'ils font ſeulement par formalité , puiſque depuis quelque tems le Palais du Vatican ſert toûjours à cette fonction , comme étant le plus commode , ſoit à cauſe de ſa grandeur, de l'abondance des eaux, de ſes grandes cours & galeries , ſoit pour la facilité qu'il y a de le garder , & pour la grande place qui eſt devant , ſoit enfin pour la commodité de l'adoration du Pape , qui ſe fait toûjours à ſaint Pierre. On bâtit dans un grand appartement de ce Palais autant de petites cellules qu'il y a de Cardinaux. On les fait d'ais de ſapin , avec un retranchement dans chacun pour ceux qui s'y enferment avec eux afin de les ſervir , & qu'on nomme Conclaviſtes. Ces cellules ſe tirent au ſort, & lorſqu'il y en a pluſieurs dans une même ſalle , ou dans une galerie , on laiſſe une petite ruelle entre chacune. On en fait de même dans des chambres que ſépare une cloiſon d'ais , & ce qui reſte de vuide ſert aux Conclaviſtes. Ces cellules ſont garnies au-dehors de ſerge verte ou de camelot verd , & il n'y a que celles des Cardinaux qui ſont creatures du défunt Pape , ou qui lui doivent leur promotion , qui ſoient couvertes d'une étoffe de couleur violette obſcure. On employe à les bâtir les neuf jours qui ſont deſtinés à faire les obſeques du Pape , & pendant ce tems chacun a la liberté d'aller voir le Conclave. Elles reçoivent le jour d'une galerie qui regne entre les cellules , & les fenêtres du Palais , & chaque Cardinal fait mettre ſes armes ſur la porte de la ſienne. Le matin du dixiéme jour après la mort du Pape, ſes obſeques étant faites, les Cardinaux aſſiſtent à une Meſſe du ſaint Eſprit, & ſe rendent enſuite proceſſionnellement deux à deux , au Conclave, où ils s'aſſemblent tous les jours matin & ſoir à la Chapelle pour faire le Scrutin, après avoir fait écrire leurs ſuffrages dans un bulletin qu'ils mettent dans un Calice poſé ſur l'Autel. Ces bulletins ou billets étant donnés , deux Cardinaux qui ſont députés à l'ouverture, liſent tout haut les noms qu'ils y trouvent , & tiennent compte du nombre des voix. Chaque Bulletin contient le nom du Cardinal , le nom de celui qu'il élit pour être Pape, & il y a un mot joint à tout cela. Le nom du Cardinal eſt écrit ſur un pli du papier & enfermé ſous un nouveau cachet choiſi pour cet uſage par le Cardinal. Le nom du Pape élû eſt écrit par un Conclaviſte ſous un autre pli ſans aucun cachet , & on met le mot par dehors en maniere de deſſus de lettre. Quand un même Cardinal ſe trouve avoir les deux tiers de voix, on ôte le cachet pour ſçavoir le nom de celui qui l'a élû , afin que le nouveau Pape apprenne qui ſont ceux qui ont donné leurs ſuffrages pour ſon exaltation. L'utilité qu'on tire du mot , c'eſt de pouvoir connoître , lorſque l'on vient à l'Accès que chaque Cardinal y a nommé un autre que celui qu'il a nommé dans le Scrutin , ce qui eſt une loi , parce qu'à l'Accès il n'eſt pas permis de donner ſa voix à celui à qui on l'a donnée dans le Scrutin ; & quand on voit ſous un même mot deux billets où differentes perſonnes ſont nommées, on connoît avec certitude qu'on a ſatisfait à cette loi. On vient à l'Accès , lorſqu'il n'y a aucun Cardinal en qui les deux tiers des voix ayent encouru dans le Scrutin. C'eſt un eſſai pour voir ſi celui qui a eu le plus de voix dans le Scrutin pourra arriver aux deux tiers par le moyen de l'Accès. Si cette voie ne réuſſit pas , on prend celle d'Inſpiration. C'eſt une declaration ouverte & comme une conſpiration de pluſieurs Cardinaux , à crier en même-tems un tel Cardinal

pour Pape. Cette voix s'éleve d'abord par un ou deux des Chefs du parti, lorſqu'ils ſe peuvent tenir aſſûrés d'un aſſez grand nombre de ſuffrages pour ne douter pas qu'ils ne l'emportent. Le reſte des Cardinaux ſe voit alors forcé de s'y rendre , pour ne ſe pas attirer l'indignation du Pape qui ſeroit élû malgré eux. Si à la fin du Scrutin & de l'Accès, il n'y a pas aſſez de voix pour rendre valide une élection, on brûle tous les bulletins , afin que l'on ne puiſſe ſçavoir les noms de ceux qui ont donné leurs ſuffrages. Chaque Cardinal ne peut avoir avec lui que deux Domeſtiques pendant le Conclave , ou trois tout au plus , ſi c'eſt un Cardinal Prince , ou quelqu'autre à qui des raiſons particulieres faſſent accorder ce Privilege. Les Conclaviſtes vont prendre le boire & le manger que les Officiers leur font paſſer du dehors par un tour qui eſt commun à tous les Cardinaux du même quartier.

CONCOMBRE. ſ. m. Plante qui vient dans les jardins ſur des couches , & dont le fruit qui eſt long & jaune ſe mange en potage, en ſalade & en fricaſſée. Sa tige eſt ſarmenteuſe & rampante, & ſa feuille ſemblable à la coloquinte medicinale , rude & inciſée à l'entour. On ne ſe ſert gueres en Medecine que de ſa ſemence , qui eſt l'une des quatre ſemences froides majeures. Elle eſt rafraîchiſſante , & a la propriété de déterger , d'ouvrir & de provoquer les urines , ce qui la fait employer dans les emulſions pleuretiques, nephretiques, phrenetiques & autres. Le Concombre eſt froid & humide , difficile à digerer ; & par conſequent fort nuiſible à l'eſtomac , ſi ceux qui en mangent n'ont ſoin de le faire aſſaiſonner de poivre, & de clous de girofle , & autres correctifs chauds. Il y a un Concombre ſauvage, que les Apothicaires appellent Cucumer aſininus. Il croît aux lieux ſablonneux , & parmi le moiſon & les vieilles ruines des maiſons. Il a ſes feuilles ſemblables au Concombre des jardins , mais plus rudes & plus velues. Elles ſont blanchâtres à l'envers , & comparties de fortes veines attachées au reſte à de longues , groſſes & âpres queues. Ses feuilles ſont jaunes & faites en façon d'étoile, & ſortent par toute la tige de la concavité des ailes. Au deſſous , eſt le fruit qui dans ſa maturité eſt auſſi gros, & même quelquefois plus gros qu'un œuf, & long comme un gland longuet. Les Apothicaires en font l'Elaterium. Ce fruit eſt velu , épineux , & blanchit quand il mûrit. Il eſt de telle nature , que de ſoi-même , ou en le touchant , il laiſſe ſa queue , & s'en ſépare avec une impetuoſité qui lui fait jetter un jus , & une graine noire & mûre. Ses ſarmens ſe traînent par terre , & ſont épineux en les maniant. Sa racine eſt blanche, ſucculente, épaiſſe, & fort amere comme toute la Plante. Il y en a qui s'en ſervent en Medecine , & qui en tirent le ſuc ſur la fin du Printems, mais c'eſt rarement ; & pour ſon fruit, il eſt d'un fort grand uſage. Voyez ELATERIUM. On dérive le mot Latin Cucumis , qui veut dire ,Concombre , à curvatura, quaſi curvimer.

CONCORDAT. ſ. m. Tranſaction, accord , convention , principalement en matieres Eccleſiaſtiques. ACAD. FR. D'ordinaire on entend par Concordat , le Traité que le Roi François I. fit en 1516. avec le Pape Leon X. pour abolir la Pragmatique Sanction. Ce Prince étant paſſé en Italie l'année précedente pour ſe rendre maître du Duché de Milan dont les droits lui étoient inconteſtables , fut averti que le Pape & le Concile de Latran avoient décerné une citation peremptoire & finale contre lui & contre le Clergé de France , pour declarer les raiſons qu'ils pouvoient avoir pour refuſer d'abolir la Pragmatique.François I. ayant refolu de traiter avec le Pape, lui fit entendre fa volonté, & il y eut entr'eux une entrevûe à Boulogne, le 11. Decembre 1515. après laquelle le Roi retourna à Milan, & laiffa fon Chancelier pour convenir des conditions du Traité avec les Cardinaux d'Ancone & Santiquatro nommés par le Pape. Il fut conclu le 16. Août 1516. & il contient à peu près les mêmes fujets que la Pragmatique Sanction, mais avec plufieurs changemens. C'eft ce qu'on appelle le *Concordat.* François I. étant à Paris, le Nonce du Pape lui remit entre les mains deux livres écrits en parchemin, qui étoient fignés & fcellés en plomb. L'un étoit couvert de damas blanc, c'étoit le Concordat que le Concile de Latran avoit ratifié. L'autre qui étoit couvert de drap d'or, étoit l'acte de la révocation de la Pragmatique. Les armes du Pape & du Roi étoient fur l'un & fur l'autre.

On appelle *Concordat Germanique*, ou *Concordat d'Allemagne*, l'Accord qui fut fait en 1448. entre le Pape Nicolas V. & l'Empereur Frideric III. Les Papes Clement VII. & Gregoire XIII. le confirmerent enfuite. Il contient quatre parties, dans la premiere defquelles le Pape fe referve le droit de conferer à tous les Benefices vacans en Cour de Rome & à deux journées de la même Ville, Seculiers ou Reguliers, quoique la coûtume fût d'y pourvoir par élection, fans excepter ceux des Cardinaux & des Officiers du faint Siege. La feconde partie regarde les élections que le Pape doit confirmer à l'égard des Eglifes Metropolitaines & Cathedrales & des Monafteres fujets immediatement au faint Siege; qui ont droit d'élection Canonique; & la troifiéme eft touchant les Benefices collatifs qui doivent être conferés alternativement; fçavoir par le Pape pendant les mois de Janvier, Mars, Mai, Juillet, Septembre & Novembre, & par les Collateurs ordinaires, pendant les mois de Février, Avril, Juin, Août, Octobre & Decembre. Il eft parlé des Annates & du payement qu'on en doit faire, dans la derniere partie du Concordat Germanique, que l'Empereur Maximilien ordonna en 1518. que l'on recevroit à Liege.

CONCORDOIS. f. m. Secte d'Heretiques, tombés dans les mêmes erreurs que les Albanois & les Bagnolois, qui en rejettant l'ancien Teftament & une partie du nouveau, foûtenoient que le monde avoit été de toute éternité, & que Dieu ne créoit point de nouvelles ames.

CONCOURS. f. m. Difpute, qui fe fait à Rome, &c. pour obtenir les Benefices vacans. Quelques Evêques de France l'ont introduit : il n'a gueres fubfifté.

CONCRET. f. m. Il fe dit en Philofophie. Terme qui exprime en même-tems une qualité, & le fujet auquel elle eft attachée. Rond eft un Concret, & rondeur eft un abftract. Quand on dit *Concret* & *Abftract*, on foufentend *terme*. Voyez A B S-T R A C T.

CONCRETATION. f. f. Terme dogmatique. On s'en fert pour faire entendre l'action par laquelle les corps mols fe rendent plus durs. Il ne fe dit pas feulement de l'enduciffement, mais encore de l'épaiffiffement, & de la coagulation.

CONCUELLIR. v. a. Vieux mot. Diriger. *Car il convient à celui qui a toute hiftoire, qu'il concueille l'entendement à ordonner fa parole.*

CONDE'. f. m. Terme dont on fe fert en plufieurs endroits, pour dire Conflant. Il fe dit de la jonction de l'Haifne dans l'Efcaut.

CONDENSER. v. a. Rendre un corps plus folide. L'experience fait voir que dans les grandes gelées

il faut dégeler les Haches, les Scies, &c. finon elles caffent.

CONDISI. f. m. Herbe que Diofcoride dit être fort connue & propre à laver, & à amolir les laines, Sa racine eft forte & provoque les urines. Quand on en prend une cueillerée avec le miel, elle eft bonne à la toux, à la difficulté de refpirer, & à ceux qui font travaillés du foye. Prife avec le panais fauvage & la racine de cappres, elle rompt la pierre, & la fait fortir avec l'urine. Matthiole croit que la connoiffance de cette herbe s'eft perdue, depuis que l'on a trouvé d'autres moyens de laver la laine. Les Grecs l'appellent *στρύχι*, & les Arabes *Condifi*, qui eft le nom que lui donnent auffi les Apothicaires. Selon Pline, elle teint tout ce qu'on cuit avec elle, & produit fes feuilles femblables à celles de l'Olivier. Elles font épineufes, & fa fleur eft agreable & fans nulle odeur. Cette herbe ne porte point de graine, & a fa tige velue. Sa racine eft grande & groffe, & on la découpe pour s'en fervir.

CONDIT. f. m. Terme de Pharmacie Il fe dit de toutes fortes de confitures, foit au fucre, foit au miel. Il y a un Condit ftomachal, purgatif & corroboratif. La difference qu'il y a de ce Condit avec les Opiates, c'eft qu'on y fait entrer plus de fucre, de conferve & de fyrop & moins de poudre. Ce mot vient du Latin *Condire*, Affaifonner.

CONDORMANS. Heretiques qui furent découverts en Allemagne vers l'an 1233. & qu'on a nommés ainfi à caufe qu'ils dormoient tous enfemble fans diftinction de fexe ni d'âge. On lit dans une Chronique de Flandre, que dans une Synagogue qu'ils avoient près de Cologne, ils adoroient une Image de Lucifer qui répondoit à tout ce qu'ils demandoient, & qui fut brifée en mille pieces, le S. Sacrement y ajant été porté dans un Ciboire. On a auffi nommé *Condormans*, dans le dernier fiecle, une fecte d'Anabaptiftes, qui fous pretexte de nouvelle charité évangelique, faifoient coucher dans une même chambre les perfonnes de different fexe.

CONDUIT. f. m. *Tuyau, canal par lequel coule & paffe quelque chofe de liquide, de l'eau, de l'air, &c.* ACAD. FR. Il fe dit en termes de Medecine des veines, arteres & autres vaiffeaux par où paffent les humeurs, les efprits, &c. pour fe communiquer dans le corps; & on appelle *Conduit Pecquet*, Une nouvelle découverte faite en 1667. par un Medecin de ce nom. Elle eft le fondement d'une opinion nouvelle touchant la fanguification, & fait voir que le Chile monte jufqu'aux veines foufclavieres, & defcend par l'émulgente droit dans les lombaires, & fe dans le tronc de la veine-cave. Ceux qui en voudront fçavoir les particularités, les trouveront dans les Lettres qui ont été inferées dans les Memoires de l'Académie des Sciences; & dans le Journal des Sçavans de la même année.

CONDUITE. f. f. On appelle *Conduite d'eau*, Une fuite de tuyaux arrangés, de forte qu'ils conduifent l'eau d'un lieu à un autre. Elle prend fon nom de fon diametre, & on dit, *Conduite de fer ou de plomb de tant de pouces fur tant de toifes de longueur.* Celle de fer eft faite de tuyaux de fer fendu par tronçons, chacun ayant trois piés de longueur, & celle de plomb eft faite de plufieurs tuyaux de plomb ; moulés de long & emboîtés avec des nœuds de foudure. On appelle *Conduite de poterie*, celle qui eft faite de tuyaux de terre ou de grais cuit. Les morceaux qui ont trois à quatre piés de longueur, & qui font larges de quatre à fix pouces, s'encaftrent les uns dans les autres, &

& on les recouvre de maftic à leur jointure fur l'out-
let. Comme cette Conduite eft verniffé par dedans, ce qui empêche le limon de s'y attacher,
c'eft la meilleure de toutes pour les bonnes eaux. Il
y a encore une *Conduite de tuyaux de bois*. On la
fait le plus fouvent de tiges de bois d'aune ou d'orme, qu'on creufe de leur longueur, & qu'on recouvre de poix aux jointures, après qu'elles ont été
emboîtées l'une dans l'autre.

CONDYLE. f. m. Les Medecins appellent *Condyle*:
les Nœuds ou Jointures des doigts. Ce mot eft
Grec, *κόνδυλος*, & il fignifie la même chofe.

CONDYLOME. f. m. Excrefcence. C'eft encore un
terme de Medecine, en Grec *κονδύλωμα*, & il fignifie plus particulierement les rugofités ou excrefcences de chairs ridées qui viennent aux mufcles
du fiege ou au col de la matrice. Elles forment plufieurs replis ferrés les uns contre les autres, fur-
tout quand ils font enflammés & endurcis.

CONE. f. m. Terme de Geometrie. Corps folide produit par une ligne droite dont une extrêmité étant
immobile, l'autre fe meut autour de la circonference d'un cercle, dans le plan duquel elle ne
peut être comprife. Cette ligne s'appelle le *côté
du Cone*, & fon extrêmité immobile en eft la pointe, ou le fommet. Le cercle que l'autre extrêmité
a parcouru eft *la Bafe*, & la ligne qui joint le
fommet au centre de la bafe, eft *l'Axe du Cone*. Si
l'Axe eft perpendiculaire au plan de la bafe, le
Cone eft *droit* ou *ifofcele*, parce qu'en ce cas il a
fes côtés égaux, & il eft *oblique* ou *fcalene*, c'eft-
à-dire, ayant fes côtés inegaux, fi l'Axe eft incliné à la bafe. On peut imaginer que la ligne qui
forme le Cone eft immobile, non point par fon
extrêmité, mais par fon milieu, & que ces deux
extrêmités parcourent la circonference de deux cercles égaux & paralleles. Alors il fe forme deux
Cones oppofés qui ont un fommet commun.

Comme le cercle eft un Polygone infini (Voyez
CERCLE & POLYGONE,) on peut prendre le
Cone pour une Pyramide dont la bafe eft un Polygone infini, (Voyez PYRAMIDE,) & dont par
confequent la fuperficie n'a plus d'angles. Et puifque toute Pyramide eft le tiers d'un Prifme de
même bafe & de même hauteur, le Cone doit auffi
être le tiers d'un *Cylindre* de même bafe & de même hauteur. (Voyez CYLINDRE.) Ce mot vient
de *κῶνος*, qui veut dire une Figure qui de large
fe termine en pointe. Il veut dire auffi Pomme de
Pin; mete du cirque, toupie dont les enfans jouent,
parce que toutes ces chofes ont cette figure.

CONFALON. f. m. Confrairie de Seculiers, dits Penitens, que quelques Citoyens Romains inftituerent d'abord; à quoi on tient qu'une infpiration
de la Vierge les porta. Ils reçurent une forme particuliere de prieres que leur prefcrivit faint Bonaventure vers l'an 1264. Cette Societé fut confirmée en 1576. par le Pape Gregoire XIII. qui lui
donna plufieurs privileges, & qu'il érigea trois ans
après en Archiconfrairie, en lui permettant de s'ag-
greger d'autres Confrairies. Ce même Pape lui donna en 1583. le foin de délivrer les Chrétiens efclaves; & les quêtes ne fuffifant pas, Sixte V. fixa
un revenu pour cela. La Compagnie des Penitens
du Confalon de Lyon eft agregée à celle de Rome. On y a vû fouvent le Roi Henri III. paroître en fimple Confrere. Il aimoit ces exercices; &
c'eft ce qui a fait donner à ◼ Societé le nom de
Royale. Ce Prince en établit une à Paris, & la
dédia au myftere de l'Annonciation en 1583. Il en
fut Recteur, & en fit Maurice du Peira, Chevalier
de Saint Michel, Vicerecteur. On le vit affifter

avec fon habit de Penitent à une Proceffion, où
le Cardinal de Guife portoit la Croix. Le Duc
de Mayenne fon Frere y étoit Maître des Ceremonies.

CONFECTION. f. f. Terme de Pharmacie. Remede qui eft de confiftance d'Electuaire folide. Il y
a cinq Electuaires qui portent le nom de Confection, dont trois font corroboratifs, & deux Purgatifs. Les deux purgatifs font *La grande Confection Hamech*, & *La petite Confection Hamech*, appellée ainfi d'un Medecin Arabe fort ancien, qui
eft auteur de l'une & de l'autre, & qui fe nommoit Hamech. Les Ingrediens qu'on fait entrer dans
la grande font le fuc de fume-terre, les raifins de
damas, lesmirabolans citrins, chepules & Indiens,
tant en infufion qu'en poudre, les prunes douces,
l'épithyme, la rhubarbe, l'agaric, la coloquinte,
la fleur de violette, le fené, l'abfynthe, les femences d'anis & de fenouil, les fommités du thym, les
tamarins, les rofes rouges, le fucre, la manne, la
caffe, &c. Cette Confection purge l'une & l'autre
bile & la pituite falée, & eft fort propre à toutes les
maladies qui en proviennent.

La petite *Confection Hamech* eft compofée de raifins de Damas, de myrabolans Indiens, de myrabolans chepules, de prunes, de jujubes, d'épithyme, de febeftes, de femence de fume-terre, d'abfynthe pontique, de thym, de calament, d'agaric, de ftoechas Arabique, de bedegar, de reglifle,
de chamædris, de racine de bugloffe, de femence
d'anis, de fcamonée, &c. Elle purge la mélancolie, les humeurs aduftes, & eft propre au vertige,
aux dartres, à la galle & au cancer. Les trois Confections corroboratives font celles d'alkermes, celle
d'hyacinthe & l'anacardine. La *Confection d'alkermes* a pris fon nom de fa bafe, qui eft la foye crue
teinte au fuc de kermes. Il y entre dix Ingrediens,
qui font le fuc de pommes odorantes, l'eau rofe, la
cannelle, l'ambre gris, le bois d'aloès, la pierre d'a-
zur, les perles, les feuilles d'or & le mufc. Elle eft
extrêmement cordiale, & remedie à la palpitation du cœur & à la fyncope. On tient auffi qu'-
elle foulage ceux qui après la langueur caufée par
de longues maladies, commencent à rétablir leurs
forces.

La *Confection d'hyacinthe* a la même vertu que la
Confection d'alkermes. L'auteur en eft incertain.
Elle eft compofée de vingt-neuf Ingrediens, dont
la pierre d'hyacinthe eft la bafe; ce qui lui en a
fait prendre le nom. Les autres drogues font le
corail rouge, le bol d'Armenie, la terre figillée,
les racines de dictam & de tormentille, les grains
de kermes, la femence de citron, les rofes rouges,
le faffran, la myrrhe, tous les fantaux, l'os du cœur
de cerf, la corne de cerf brûlée, les femences d'o-
feille & de pourpier, les pierres de faphir, l'émeraude, la topafe, la foye crue, l'ambre gris, le
mufc, le camphre, & les feuilles d'or & d'argent.

La *Confection anacardine* tire fon nom des anacardes qui en font la bafe. Les Ingrediens qui la
compofent font le poivre noir, le poivre long, les
myrabolans chepules, les emblicus, les bellirinues,
les Indiens, le caftoreum, le cyperus, les anacardes, le coftus blanc, le burungi, les bayes de laurier avec le beure de vache. Cette Confection purifie le fang, & eft propre aux maladies froides du
tout le bas ventre & du cerveau. Bauderon enfeigne comment il faut faire le mélange de toutes ces
Confections.

CONFE'S. adj. Vieux mot. Confeffé.
 Il voudroit moult eftre confès.
 Il eft un Chapelain ci prés.

On a dit aussi *déconfés*, en parlant d'un Homme qui mouroit sans Confession.

CONFESSION. f. f. On dit *Confession d'un Saint*, pour dire, Sa Sepulture, le Lieu où l'on honore ses Reliques.

CONFESSIONISTES. f. m. Lutheriens ainsi appellés de la profession de Foi qu'ils presenterent en 1530. à l'Empereur Charles-Quint, étant à Ausbourg.

CONFIGURATION. f. f. Forme exterieure, ou surface qui bornant les corps, leur donne une figure particuliere. On appelle *Configuration des Planetes*. Une certaine distance qu'elles ont entre elles dans le Zodiaque, par laquelle les Astrologues prétendent qu'elles s'aident ou s'empêchent les unes les autres.

CONFORTEMAIN. f. m. Commission qu'un Seigneur qui avoit saisi le fief de son Vassal, obtenoit du Roi, ou du Seigneur superieur & immediat, pour empêcher ce Vassal de faire aucune entreprise contre la main mise en saisie feodale. Cet usage est abrogé.

CONGE. f. m. Terme d'Architecture. Quart de rond creux ou cavet, par le moyen duquel un membre se retire de l'autre.

CONGEABLE. adj. On appelle dans quelques Coûtumes *Domaine congeable*, Celui dont le possesseur est obligé de se désaisir à la volonté du Seigneur dont il est tenu. Il faut pour cela que les ameliorations lui soient rendues.

CONGELATION. f. f. Operation qu'on pratique sur les métaux, les mineraux & les sels. La Congelation s'en fait en les purifiant par la violence du feu de fusion, & en les exposant ensuite à l'air froid.

CONGELER. v. a. Laisser rendurcir par le froid les corps que le feu avoit fondus ou liquefiés auparavant. Il ne se dit pas seulement des métaux, mineraux & sels, mais encore des graisses des animaux, & des gommes, raisines & baumes des vegetaux. On les liquefie par le feu, & quand leurs parties grossieres en sont séparées, ces graisses, gommes, resines & baumes se congelent en les exposant à l'air froid.

CONGRE. f. m. Poisson long & cartilagineux, qui a la chair dure, & dont la peau est semblable à celle de l'anguille.

CONILLE. f. m. On appelle *Conille*, dans une Galere, Un espace sous couverte qui touche au côté ou flanc de la Galere.

CONJONCTION. f. f. Terme d'Astronomie. Rencontre de deux planetes en une même ligne droite à l'égard d'un certain lieu de la terre, de sorte qu'elles sont unies dans le même lieu du Zodiaque. On dit *Conjonction apparente*, quand la ligne droite tirée par les centres des deux Planetes qui sont conjointes, ne passe pas le centre de la terre, & *Conjonction vraie*, quand cette même ligne étant prolongée passe aussi par le centre de la terre. On divise aussi les Conjonctions en *grandes* & *très-grandes*, par rapport à ce qu'elles sont plus ou moins rares. Ainsi la Conjonction de Jupiter & de Saturne, qui arrive de vingt ans en vingt ans n'est que *grande*, mais celle des trois Planetes superieures, Saturne, Jupiter, & Mars, qui n'arrivent qu'une fois en vingt-cinq ans, est *très-grande*.

CONIQUE. adj. Qui a la figure d'un Cone, & en ce sens on dit *Cadran Conique*, & *Miroir Conique*. Il signifie aussi, Qui fait partie d'un Cone, ou qui appartient au Cone. On appelle *Superficie Conique*, une Surface produite par le mouvement de la ligne droite qui produit le Cone; & *Section Conique*, la

Section d'un Cone par un plan. Voyez SECTION.

CONJURER. ou *Exorciser*. v. a. On dit Conjurer des chenilles, Furetiere avoit dit Excommunier dans sa premiere édition. Il y a dans les Rituels des prieres speciales pour cela, qui ont souvent leur effet. Il y a un Mandement très-beau sur ce sujet dans le Recueil de ceux de M. Arnaud, Evêque d'Angers.

CONNETABLE. f. m. Officier dont la dignité est venue des Goths, & qui étoit la seconde après le Roi, comme qui auroit dit *Grand Ecuyer*. Les derniers Empereurs des Romains ont eu des Comtes d'étable, *Comites stabuli*, & ils passerent aux premiers Rois de France, avec charge des chevaux & de l'écurie du Roi. Leur emploi s'étant ensuite étendu dans les armées, ils devinrent Officiers de la Couronne, sans qu'ils fussent au dessus des Chambellans & des Chanceliers. Ils souscrivoient ensemble les Chartres & autres Ordonnances Royales. Insensiblement le Connétable commença à s'élever par dessus tous, & sa personne devint si privilegiée, qu'on ne pouvoit l'offenser par voie de fait, sans que celle du Roi s'en trouvât blessée. On nommoit les Connétables après les Princes du sang pendant que les Souverains étoient mineurs; & Froget de Chalon, qui fut Connétable sous Louis le Gros, avoit un commandement si absolu dans les armées, que tous ceux qui étoient au Camp, lui obéissoient après le Roi. Ce fut un sujet à Bertrand du Guesclin de refuser cette Charge, sur ce qu'il ne croyoit pas qu'il lui dût appartenir de commander aux Freres, Neveux, & Cousins du Roi. Le Connétable avoit la garde de l'épée du Roi, qu'il recevoit toute nue, & dont il étoit tenu de lui faire hommage lige. Il regloit toutes les choses de la guerre, soit pour le butin & pour la punition des crimes, soit pour la reddition des Places. Il y avoit pour cela un Prévôt, appellé *Prévôt de la Connétablerie*. Cette Charge a été toujours possédée par des personnes très-considerables. Anne de Montmorenci, qui en étoit pourvû étant mort en 1567. des blessures qu'il avoit reçües en la bataille de S. Denys, elle vaqua jusqu'en 1593. que le Roi Henri IV. la donna à Henri fils d'Anne. Il mourut en 1614. & le feu Roi Louis XIII. ne la donna qu'en 1621. à Charles d'Albert Duc de Lunes, qui mourut la même année. Ce Prince en gratifia l'année suivante François de Bonne Duc de Lesdiguieres mort en 1626. & enfin il la supprima par un Edit rendu en 1627. Le Connétable étoit Chef souverain après le Roi des Armées de France, & les fonctions en ont été réunies aux Charges des Maréchaux de France.

On appelle *Connétables*, dans l'Artillerie, certains Officiers qui ont soin de faire distribuer aux Canonniers dans les batteries la poudre, les boulets, & tout ce qui est de quelque usage au service du canon.

Le mot de *Connétable* se trouve employé dans les livres anciens pour un Chef de gens de guerre. *Hector l'en ot fait Connétable de gens de pié*; & on disoit *Connétablie*, pour dire, Une Compagnie de Soldats *Belles Connétablies de Soudoyers armez*. On appelloit aussi *Connétables*, de simples Maîtres d'Hôtel.

> *Amis, allez as Connétables,*
> *Et dites qu'ils mettent les tables.*

CONNOISSANCE. f. f. *Imagination qu'on a de quelque chose; de quelque personne*. ACAD. FR.

Il est bon de rapporter ce que Nicod a dit sur ce mot. Cognoissance signifie ores *notion & notice de quelque chose*, & ores és anciens Romans se trouve usurpé *pé pour Pannonceau , Pannon , Etendard , Banniere ou Enseigne , où étoit peint le Blason d'aucun Seigneur, ou Chevalier, laquelle il portoit ou faisoit porter à la guerre , ou pour par icelle être recognu en la mêlée , & lorsqu'il avoit la visiere baissée , ou à ce que sa trompe & suite fût par icelle recognue tout ainsi qu'en une armée ou en une bataille. Les Compagnies des Capitaines sont cognues par leurs Enseignes , & ores signifie Confession par scedule , ou bien la scedule même par laquelle celui qui la signe recognoit être tenu envers aucun de quelque chose. Guaguin au Traité des Heros : Cesar ordonna douze Chevaliers anciens prudhommes , ayans moult veu en batailles & en armes , qui fussent hardis ou seroit hardi ou lâche en combattant , & pour les cognoitre ordonna aux combatteurs armes de couleur & de métail à mettre sur eux pour les mieux cognoitre en besoignant entre les ennemis chacun selon sa vaillance. Et peu avant : Alexandre le Grand pour exhausser le nom de vaillance de ses Chefs de guerre , & autres grands Seigneurs victorieux combatteurs , afin qu'ils eussent plus grand & noble vouloir hardiment & courage dessus leurs ennemis , ordonna leur donner bannieres , pannons & tunicles , appellées à present Cottes d'armes. Desquels deux passages resulte une des raisons de cette signification dudit mot Cognoissance.*

Connoissance , en termes de Chasse , se dit des vestiges , pistes ou autres indices qui font connoitre le lieu où l'on peut trouver la bête. On dit d'un Cerf , qu'Il a quelque connoissance , pour dire , qu'Il a quelque marque qui le peut faire distinguer des autres.

Connoissance , se dit aussi en termes de Marine, de tout ce qui peut faire connoitre au Pilote le parage où il est arrivé , soit par les marques qui sont à terre , rochers , montagnes , herbes ou oiseaux , soit par les vents & les courants qui peuvent regner en ces lieux-là dans de certaines saisons, soit enfin que l'on distingue le fond d'un parage par le nombre des brasses de sa profondeur , où par la qualité de son sable , gros ou délié , blanc , rouge , ou grisâtre , & quelquefois de coquillage ou de pierre. Ainsi l'on dit , Avoir connoissance d'une terre , d'un pays , pour dire , Voir les choses qui doivent faire reconnoitre cette terre , ce pays.

CONNOISSEMENT. s. m. Terme de Marine, Reconnoissance par écrit que donne le Maître ou le Patron d'un Vaisseau de la quantité & de la qualité des marchandises qui ont été chargées dans son bord. Chacun des Particuliers à qui appartiennent ces marchandises , prend un connoissement pour sa sûreté.

CONOIDAL , ale. adj. Terme de Geometrie. Qui appartient au Conoide. Voyez CONOIDE. On appelle Superficie Conoidale, la surface d'un Conoïde; & on dit Superficie Conoïdale parabolique, ou hyperbolique , ou elliptique , selon qu'elle est la surface d'un Conoïde parabolique ou hyperbolique , ou elleptique.

CONOIDE. s. m. Terme de Geometrie. Solide produit par la circonvolution entiere d'une section conique autour de son axe. Voyez SECTION. Quand la circonvolution entiere d'une parabole autour de son axe le produit , on l'appelle Conoïde parabolique ou paraboloïde ; & quand c'est la circonvolution entiere d'une hyperbole autour de son axe qui le produit , il est appellé Conoïde hyperbolique. Celui que produit le mouvement achevé d'une ellipse autour de l'un de ses deux axes , se nomme Conoïde elliptique , où simplement Spheroïde ; & on l'appelle Spheroïde oblong , ou Spheroïde plat , selon qu'il est produit par la circonvolution entiere

Tome I.

---

d'une ellipse autour de son grand axe , ou autour de son petit axe.

CONONITES. s. m. Secte d'Heretiques du sixiéme siecle appellés ainsi d'un certain Conon d'Alexandrie , dont ils suivoient les extravagantes opinions. Ce Conon inventa les erreurs qui ont été reconnues dans les Sectes des Severiens , des Theodosiens & des Tritheites.

CONROI, & CONROIT. s. m. Vieux mot qui a signifié Troupe , suite , train , comme en ces exemples , Quand orent fet lor fis conrois de lor Chevaliers. La Royne ou plus de cent Dames en son conroi A tant issioient li conroy fors de la Ville On trouve ce même mot dans la signification de Projet , dessein. Je vous conseille pour le mieux que vous preniez autre conroi. Il a aussi signifié Ordre. Sans tenir voie ne conroi. On a dit encore , Des autres tous c'est le conroit , pour dire , C'est le principal, le plus considerable.

CONSAULX. s. m. Mot du vieux langage , qui a signifié Conseil & Consul ou Echevin.

CONSEIL. s. m. Assemblée de personnes notables ou Officiers pour déliberer sur les affaires publiques. Le Conseil privé du Roi , a succedé à l'Assemblée du Parlement , qui n'a pas toûjours été sedentaire , & qui suivoit autrefois les Rois. Il est divisé presentement en Conseil d'Etat , en Conseil des Finances & en Conseil des Parties. Le Conseil d'Etat , est celui où l'on traite les affaires qui sont dévolues au Conseil du Roi. M. le Chancelier y préside , & il est composé de douze Conseillers d'Etat ordinaires , & d'un pareil nombre Semestres, de trois Conseillers d'Eglise & de trois d'Epée , du Contrôleur general des Finances & de deux Intendans des Finances. Le Conseil des Finances , est divisé en un Conseil ordinaire & en un Conseil Royal. Le Conseil ordinaire des Finances est composé des mêmes personnes , & l'on n'y traite que des affaires qui regardent les finances de sa Majesté. C'est un Secretaire du Conseil , qui en signe les Arrêts. Le Conseil Royal des Finances connoît des affaires les plus importantes des Finances que sont reservées par le Reglement. Il fut établi en 1681. & il est composé du Chancelier , du Contrôleur General , & de trois Conseillers d'Etat que nomme le Roi. Le Conseil des Parties est composé des mêmes Conseillers d'Etat , & c'est celui où l'on juge les affaires qui surviennent entre des particuliers , comme sont les évocations. Les Requêtes qu'on y presente sont adressées au Roi , & à Nosseigneurs de son Conseil , & commencent par , Sire , N... remontre très-humblement à votre Majesté. Il y a aussi Un Conseil d'enhaut , & c'est celui où l'on traite les affaires dont il plaît au Roi de prendre connoissance en personne. Un Secretaire d'Etat en signe les Arrêts en commandement. Le Conseil de guerre & de Marine , sont des Conseils secrets que le Roi tient avec ses Ministres. On y délibere de ce qui regarde la guerre tant sur terre que sur mer , & le Roi y appelle quelquefois les Princes & les plus considerables Officiers de ses armées. On appelle Conseil des dépêches , Un autre Conseil particulier qui se tient dans la Chambre du Roi. Les Ministres & les Secretaires d'Etat y assistent , & les matieres qui s'y traitent , sont l'instruction des Ambassadeurs , l'expedition des affaires étrangeres , & les ordres qu'on veut envoyer dans les Provinces. Le Conseil de conscience , est celui qu'on tient pour les affaires Ecclesiastiques.

On appelle Grand Conseil , Une Jurisdiction superieure établie en 1492. par Charles VIII. en Jurisdiction particuliere. Le Chancelier de France y

K k

preside ; mais il est rare qu'il aille y prendre seance comme premier President. Il est composé de deux Semestres , à chacun desquels il y a quatre Presidens qui sont Maîtres des Requêtes , & vingt-sept Conseillers. Le Roi a créé depuis peu un premier President du grand Conseil. Ce Conseil connoît des differends qui arrivent pour les titres des Evêchés , Abbayes , & autres Benefices de la nomination du Roi : à l'exception de ceux qui sont conferés en Regale. Il a aussi attribution particuliere des Causes & Procès de quelques Ordres , comme de celui de Cluni , & regle les contestations qui naissent entre les Prevôts des Marchands & les Juges ordinaires ; même entre les Juges Royaux dont les appellations ressortissent en diverses Cours Superieures. Il connoît encore des differends des Presidiaux avec le Parlement pour les Causes presidiales , de conflits de Jurisdiction , de portions congruës , de quelques Bulles & Provisions du Pape , & des appellations des Sentences renduës par le grand Prevôt de l'Hôtel ou son Lieutenant.

Conseil de guerre , se dit de l'Assemblée des Chefs d'une Armée ou d'une Flotte , pour maintenir en vigueur les loix militaires , ou pour prendre une resolution selon les occasions qui se presentent , soit pour entreprendre quelque Siege , soit pour faire retraite ou donner bataille. *Conseil de Guerre* , se dit encore de l'Assemblée des Officiers d'un Regiment ou d'un Vaisseau , pour y juger les affaires des soldats qui ont commis quelque crime.

Conseil de construction. Terme de mer. Conseil composé des principaux Officiers de la Marine , de l'Amiral , des Vice-Amiraux , des Lieutenans , Intendans & Commissaires Generaux , des Chefs d'Escadre , & des Capitaines de Ports , qui déliberent avec les Charpentiers , sur le radoub des Vaisseaux , & sur ceux que l'on construit dans les Arsenaux de Marine.

CONSENS. s. m. Terme qui n'est en usage que dans la Chancellerie Romaine. On appelle *Jour du Consens* , celui où la resignation d'un Benefice est admise en Cour de Rome , après que le Correspondant du Banquier a rempli & signé la Procuration qu'on lui a envoyée avec le serment ordinaire , dont il est fait mention sur le dos du titre que l'on expedie en consequence.

CONSERVE. s. f. Espece de Confiture qui se fait des fleurs , des feuilles & autres parties de certaines plantes , & que l'on appelle ainsi à cause qu'elles conservent les plantes & leurs parties , sans que leur odeur ni leur vertu diminuent. Il y en a de liquide & de seche. La *Conserve liquide* se fait avec des fleurs qui ne pouvant souffrir de coctions , à cause de la tenuité de leur substance , sont contuses toutes recentes , & mêlées avec deux ou trois fois autant pesant de sucre blanc pulverisé ; après quoi on les expose au soleil pendant quelques jours. On en peut faire aussi avec des feuilles & des racines coupées & contuses. La *Conserve seche* se fait de fleurs seches , mises en poudre , & mêlées parmi le sucre , après qu'il est cuit convenablement. Il y en a de rafraîchissantes ; sçavoir celle de rose tant liquide que seche. Elle corrige l'intemperie chaude , restraint & arrête les fluxions , & fortifie le cœur , l'estomac & tous les visceres. Celle de violette tant seche que liquide , tempere l'ardeur de la bile , lâche le ventre & étanche la soif. Celle de fleurs de chicorée desopile le foye. Celle de fleurs de Nenuphar diminuë la chaleur de la fievre & de toutes les parties , & concilie le sommeil. Il y a aussi des Conserves échauffantes , & ce sont celle de feuilles de Myrrhe , qui fortifie l'estomac ; celle des Capil-

laires , qui remedie aux incommodités du poumon & de la poitrine ; celle de Melisse qui fortifie le cerveau , le cœur , l'estomac & la memoire , provoque les mois & dissipe la tristesse ; celle de fleurs de Tussilage qui sert aux maux du poumon ; toutes celles de fleurs de Romarin , de Bethoine , de Sauge & de Stoëchas , qui dissipe les humeurs phlegmatiques , & qui est bonne pour les maladies froides du cerveau ; & celle de fleur de Pivoine , qui est un remede pour l'epilepsie. La Conserve de fleurs de Buglose est temperée , aussi bien que celle de fleurs de Bourrache , & on se sert de l'une & de l'autre pour fortifier le cœur , & réjouir les melancoliques. Il s'en trouve aussi de toutes sortes de racines , écorces , feuilles , & fleurs ; mais plûtôt des fleurs & des feuilles que des autres parties des plantes. On en fait d'Euphraise avec les fleurs pour fortifier la vûe ; d'Hyssope pour attenuer les humeurs crasses de la poitrine ; de fleurs de Sureau pour l'hydropisie ; de Marjolaine pour les maladies froides du cerveau , & pour les obstructions de la matrice & du foye ; d'Asplenium ou de fleurs de Genest pour la rate ; de fleur de Pêcher & de feuilles d'absynthe pour faire mourir les vers ; de fleurs de Souci , pour réjouir le cœur ; de Fumeterre , pour l'icteras noir & jaune ; des fleurs de Pavot blanc , pour faire dormir ; d'Oseille & de Tamarins , pour éteindre la chaleur qui cause la soif ; de fleurs de Citron , & de tous les cardiaques pour les maladies malignes ; de *Primula veris* , pour celle des nerfs , & de *Lychnis coronaria* , pour faciliter l'accouchement.

Conserve. Terme de mer. Vaisseau de guerre qui en conduit de Marchands. *Ce Vaisseau Marchand auroit peri sans sa conserve qui le secourut*. On dit, *Aller de conserve* , ou *Aler de flotte* , pour dire, Aller de compagnie. Les Navires chargés de marchandises de prix , sont obligés de *Faire conserve* , c'est-à-dire , De s'attendre les uns les autres , & ne doivent point partir sans être du moins quatre ensemble.

Conserves au pluriel , est un terme d'optique, qui se dit d'une certaine espece de Lunettes , qui sans grossir les objets , & dissipant seulement la trop grande lumiere , servent aux gens avancés en âge pour conserver leur vûe.

Conserve , se dit aussi des reservoirs où l'on garde l'eau pour la distribuer par des aqueducs.

Conserve. Terme de fortification. Pieces triangulaires paralleles aux bastions qu'elles couvrent entre le fossé & la contrescarpe , & qui ne different des demi-lunes qu'en ce qu'elles sont plus longues & moins larges. Ces Conserves que l'on appelle autrement *Contregardes* , ont leur rempart , leur parapet , leur fossé & leur chemin couvert , & sont seulement défendues per des ravelins qui couvrent les courtines.

CONSIDENCE. s. f. Terme dogmatique. Il se dit de l'affaissement de l'abaissement des choses qui sont appuyées les unes sur les autres. C'est par confidence que les parties de l'eau qui sont élevées dans les vagues , s'abaissent pour revenir à leur niveau.

CONSIGNER. v. a. Terme de guerre. Confier le mot du guet à une Sentinelle , on l'appelle *a Consigne. Il m'a été consigné de ne laisser passer qui que ce soit. Consigner un prisonnier* , le donner en garde.

CONSISTOIRE. s. m. Assemblée où le Pape preside , & qu'il tient quand il lui plaît de la convoquer. Il y a des Consistoires publics & d'autres secrets. Le *Consistoire public* , est celui où l'on donne le

Chapeau aux Cardinaux,& où entre tout le monde.
Il se tient dans la gran'Salle du Palais Apostolique de saint Pierre , & l'on y reçoit les Princes & les Ambassadeurs des Rois. On y traite d'ordinaire toutes les affaires qui regardent la Religion. Le Pape y preside sous un dais , & est assis sur un trône fort élevé couvert d'écarlate , & sur un siege de drap d'or , avec une étole au col , pour marque de son autorité. Les Cardinaux sont assis à ses côtés revêtus de chapes violettes ; ceux qui sont Prêtres & Evêques à sa droite , & les Diacres-Cardinaux à sa gauche. Ils parlent debout suivant l'ordre de leur reception , la tête découverte, sans calote ni gans. S'il en arrive quelqu'un quand le Consistoire est commencé, il salue le Pape au milieu de la salle , puis il se tourne vers les Cardinaux qui se levent pour lui rendre son salut. Les Ambassadeurs des Couronnes parlent debout & la tête nue. Ceux de Malte , de Boulogne & de Ferrare ont les deux genoux en terre. Les Prélats Protonotaires , Auditeurs de la Rotte , & autres Officiers sont assis sur les degrés du Trône , & les Avocats Fiscaux & Consistoriaux sont derriere les Cardinaux-Evêques. On plaide là les Causes Judiciaires devant le Pape Le *Consistoire secret* se tient en une chambre plus secrette , où le Pape n'a qu'un siege élevé de deux degrés. Il n'y a que les Cardinaux qui soient de ce Consistoire. Le Pape recueille leurs opinions, ce qui s'appelle *Sentences*. Toutes les Bulles d'Evêchés où d'Abbayes que l'on expedie passent par le Consistoire. On y crée aussi les Cardinaux. Le mot Latin *Consistorium* , a été fait *à consistente fortitudine* , comme étant un lieu où l'on s'arrête , *Locus ubi consistitur*. On l'a dit d'abord de celui où le Prince venoit donner Audience après qu'il étoit sorti de sa chambre ; & on l'a dit ensuite generalement de tous les lieux où il tenoit Conseil. On a aussi nommé *Consistoire* , le lieu où les Prélats & les Prêtres s'assembloient sur les affaires survenantes ; & enfin on l'a appliqué à l'assemblée des Cardinaux.

Consistoire , veut dire aussi parmi les Prétendus-Reformés , un Conseil ou Assemblée composée des Ministres & Anciens de leur Eglise. Ce Consistoire se tient en la maison du Ministre ou dans le Temple , & on n'y peut rendre aucun Jugement qu'on ne soit du moins au nombre de sept. S'il s'y trouve plusieurs Ministres, celui qui est en semaine pour prêcher, preside , recueille les voix & prononce les arrêts. Il s'assemble une fois ou deux la semaine , pour ouir les plaintes que les Anciens rapportent des choses qui se sont passées en leur quartier.

CONSOLE. s. f. Piece d'Architecture , qui est en saillie , & qui sert à soûtenir une corniche ou à porter des figures , des bustes, des vases ou autres choses. La *Console* qu'on appelle *avec enroulement* , a des volutes en haut & en bas, & les enroulemens de celle qu'on nomme *Console arasée* , en affleurent les côtés. Il y en a de gravées qui ont des glyphes & des plates qui sont en maniere de corbeau avec des glyphes & des goutes. On appelle *Console renversée*, toute Console qui a son plus grand enroulement en bas , servant d'adoucissement dans les ornemens. *Console coudée*, celle dont quelque angle ou partie droite interrompt le contour en ligne courbe. *Console rampante*, celle qui suit la pente d'un fronton pointu ou circulaire , pour en soutenir les corniches ; & *Console en encorbellement* , celle qui sert à porter les balcons & les menianes , & qui est differente du corbeau par les enroulemens & nervures. *Consoles adossées*, se dit d'un petit enroulement de serrurerie en façon de doubles consoles.
Tome I.

Cu mot vient de *Consolider*. On appelle *Console* dans un Navire , la partie d'une piece de bois qui est coupée en diminuant par le bout.

CONSOLIDATION. s. f. Terme de Medecine. Réunion des lévres d'une playe , quand elle commence à se cicatriser.

CONSOLIDE. s. f. Plante medicinale dont il y a de deux especes. La grande , que Dioscoride appelle *Symphytum Petraeum* , croît aux lieux pierreux , & a ses branches petites, menues & semblables à celles d'Origan. Elle a aussi ses cimes & ses feuilles comme le thim , & sa racine longue, roussâtre & de la grosseur d'un doigt. Toute cette plante est dure comme le bois. Elle est odorante & douce au goût, & émeut la salive. Sa décoction faite en eau miellée & prise en breuvage , purge les superfluités de la poitrine ; & quand le *Symphytum* , est pris avec de l'eau simple , il est bon à ceux qui crachent le sang , & aux maladies des reins. Le même Dioscoride parle d'un autre Symphytum , que quelques-uns appellent *Pectos*. Ses tiges sont hautes de deux coudées, grosses , legeres , anguleuses , creuses & vuides , comme celles du Laiteron , & tout autour sans long intervalle , sortent plusieurs feuilles l'une après l'autre , étroites, longues , velues , & qui approchent de celles de la Buglose. La graine sort d'autour des tiges , & les tiges & les feuilles ont une certaine bourre âpre qui cause de la démangeaison à celui qui la manie. Ses racines sont gluantes & pâteuses, noires en dehors & blanches en dedans. Ces racines broyées & bûes, servent aux rompures & aux crachemens de sang. La *petite Consolide* , que les Allemans nomment *Prunella* , & les Latins *Solidago minor* , est décrite par Matthiole. Ses tiges sont quadrangulaires , velues & de la longueur d'un empan. Ses feuilles rudes & raboteuses , ressemblent à celles de la Menthe , ses fleurs, qu'elle produit au bout de ses tiges en maniere d'épi , sont purpurines & quelquefois blanches. Sa racine est capilleuse comme celle du Plantain. Il y a une troisiéme espece de Consolide , appellée *Symphytum maculatum*, qu'on croit excellente pour remedier aux incommodités du poumon ; ce qui la fait appeler *Pulmonaria*. Elle a sur ses feuilles quantité de petites taches blanches. La *Consolide* que l'on appelle *Consolida regalis* , est une plante qui n'a qu'une tige , & qui croît parmi les blés. Elle pousse de petites branches menues , longues & comparties comme celles de la Nielle sauvage. Ses fleurs de couleur d'écarlate violette , approchent de la Violette de Mars , & produisent d'un côté une corne qui recourbe en-dessus , & qui est faite en forme d'éperon à la genette. Sa graine qu'elle porte en petites gousses, est semblable à celle de la Nielle. L'eau que l'on distille de ses fleurs est fort singuliere pour les nuages des yeux,& prise en breuvage ou appliquée , elle appaise toutes les inflammations du dedans & du dehors. Le jus de la plante est encore plus efficace pour cela.

CONSOMPTION. s. f. Sorte de maladie de langueur , pendant laquelle tout l'humide radical se desseche , ce qui cause enfin la mort.

CONSONANCE. s. f. Terme de Musique. Certain intervalle entre deux sons qui flattent l'oreille lorsqu'on les entend en même-temps. Il y a des Consonances parfaites & des Consonances imparfaites. Les *Parfaites* sont , l'octave , la quinte & la quarte ; & les *imparfaites* , la tierce & la sixte, majeures & mineures. Dans la pratique on prend quelquefois la quarte pour dissonance. Quelques-uns mettent l'unisson qui est fait par des cordes d'un même ton , au nombre des Consonances; & d'autres ne le veulent pas recevoir au nombre des intervalles, à caufe qu'effectivement il n'en a point.

Les Phyficiens conjecturent que l'agrément des Confonances vient de ce que les petites fecouffes qu'elles impriment à l'air, & à l'organe de l'ouie, font *commenfurables*. Par exemple : fi deux fons s'accordent de façon que le plus aigu donne deux coups pendant que l'autre en donne un, ou trois pendant que l'autre en donne deux, ou quatre pendant que l'autre en donne trois, &c. on peut juger avec quelque apparence que l'ame fe plaît à cette uniformité, & que ces fons-là font les Confonances. Mais fi deux fons ne finiffent & ne recommencent jamais enfemble les coups qu'ils portent à l'organe, fi pendant que l'un en porte deux, l'autre en porte un avec quelque fraction de plus, qui empêche leurs chûtes de fe rencontrer, & les rende *incommenfurables*, du moins fenfiblement, il y a lieu de croire que l'ame en eft bleffée, & que c'eft-là ce qui fait les *Diffonances*. Voyez DISSONANCE.

CONSTELLATION. f. f. Amas de plufieurs Etoiles fixes vifibles, dont l'ordre & la difpofition femble reprefenter quelque chofe. Les Anciens ont divifé le Ciel en quarante-huit Conftellations, qu'ils ont nommées *Afterifmes*. De ces Conftellations, compofées de mille vingt-deux Etoiles vifibles, il y a les douze Signes du Zodiaque, vingt & une Conftellations à l'on Septentrion & quinze autres à fon Midi. Les Modernes y en ont ajoûté douze, qu'ils ont obfervées vers le Pole Antarctique. Quoique les Conftellations foient inégales entr'elles, les unes plus courtes, les autres plus longues, les Aftronomes n'ont pas laiffé de donner trente degrés à chaque figne du Zodiaque, en concevant qu'un figne en eft la douziéme partie.

CONSTRICTION. f. f. Terme dogmatique. Action par laquelle une chofe fe ferre, fe lie, & fe rétrecit. *La conftriction des parties fait la condenfation.*

CONSTRUCTION. f. f. On appelle en termes d'Architecture, *Conftruction de piece de trait*, le développement des lignes rallongées du plan par rapport au profil d'une piece de trait.

CONSUL. f. m. Nom que les Romains donnerent à leurs premiers Magiftrats, après qu'ils eurent chaffé Tarquin le Superbe, leur dernier Roi, l'an 3545. du monde, & le 244. de la fondation de la Ville. Ils les regardoient comme les Chefs du Confeil, & les nommerent ainfi *à Confulendo*. Lucius Junius Brutus, & Tarquinius Collatinus furent les premiers Confuls. Ces Magiftrats, dont la puiffance ne duroit qu'un an, étoient les Chefs du Senat. Ils regloient les affaires de la République, & avoient la conduite des Armées. Ils firent obferver les Loix Royales pendant dix-fept années, & principalement celles de Servius, qui avoient été abrogées; & elles ne cefferent d'ètre en force qu'après que Brutus, Tribun du Peuple, en eut fait publier une qui les fupprima. Cette dignité fut abolie par l'Empereur Juftinien, l'an du falut 541. L'Empereur Juftin, voulant s'acquerir les bonnes graces du Peuple, la rétablit vingt-cinq ans après, & fe créa lui-même Conful, mais fon deffein demeura fans fuite.

Le nom de *Conful* eft auffi donné à certains Juges qui font élûs entre les Marchands & toutes autres perfonnes qui fe mêlent du négoce, pour y trouver du profit, afin de leur rendre gratuitement la juftice. Ils connoiffent des Lettres de Change & des Billets à ordre & au porteur, qui courent dans

le commerce. Le Roi Charles IX. par fon Edit du mois de Novembre 1563. créa un Juge & quatre Confuls à Paris, à l'*inftar* des Juges de la Confervation de Lyon.

Conful, eft auffi dans quelques Villes de France, fur-tout en Provence & en Languedoc,ce qu'on appelle *Echevin* en d'autres.

On appelle auffi *Conful*, un Officier établi en vertu d'une Commiffion du Roi dans toutes les Echelles du Levant, ou autres Villes de commerce. Sa fonction eft de faciliter le négoce & de proteger les Marchands de la nation. Aucun Acte expedié en pays étranger ne peut faire foi en France,que quand le Conful l'a legalifé.

Conful, dans le vieux langage fignifioit, *Confeiller*; ce qui a fait dire à Froiffard, *Le Roi & fes Confuls en furent contens.*

CONTACT. f. m. Terme dogmatique. Action par laquelle deux corps fe touchent. *Quand deux globes font parfaitement fpheriques, le contact ne s'en fait qu'en un point.*

CONTAUT. f. m. Terme de Marine. Ce qui eft au-deffus de l'enceinte appellée *Cordon*. Il eft épais de trois pouces outre la fourure, & haut de treize ou quatorze pouces, & va en diminuant depuis le milieu vers les extrêmités de la proue & de la pouppe.

CONSUIVIR. v. a. Mot du vieux langage, qui fignifioit, Atteindre, attraper.
Et fi je puis confuivir
Le Cerf qui s'y fait fuir.

CONTENDRE. v. n. Vieux mot. Débattre, du Latin *Contendere*. On difoit auffi *Contencer* & *contencier*, ainfi que *Contens*, pour dire, Débat.Il ne nous eft refté de ce vieux mot que *Contentieux* & *Contention*.

CONTEOURS. f. m. p. Vieux mot, pour dire, Faifeurs de Contes & de Romans. On difoit auffi *Conteors*, & ils ne differoient des *Trouveres*,qui étoient des Poëtes de même-tems,qu'en ce que les Trouveres faifoient leurs compofitions en rimes, & les Conteours faifoient en profe.

CONTINENT. f. m. Grande étendue de la terre, qu'aucune mer n'interrompt ni ne fépare. Il y a deux grands Continens, l'ancien & le nouveau. L'ancien comprend l'Europe, l'Afie & l'Afrique. On l'appelle auffi *Continent fuperieur & Oriental*, à caufe que felon l'opinion du vulgaire il occupe la partie fuperieure du globe Oriental, ce qui fait que dans la Mappemonde il eft mis à l'Orient du premier Meridien. On lui donne encore le nom de *Continent Ptolomaïque*, du nom du fameux Ptolomée Alexandrin, celui de tous les anciens Geographes qui en a donné la plus exacte defcription. Le *nouveau Continent*, appellé ainfi de ce qu'il ne nous eft connu que depuis la découverte de l'Amerique, eft auffi nommé *Continent inferieur*, à caufe que le vulgaire le croit au-deffous du nôtre. C'eft ce que nous appellons autrement *Le nouveau Monde*. On l'appelle auffi *Le Continent des Indes Occidentales*, parce qu'il eft à l'Occident de l'Europe; & *Continent de l'Amerique*, du nom d'Americ Vefpufe Florentin qui l'a découverte.

CONTOBABDITES. f. m. Heretiques du fixiéme fiecle, qui fuivoient les erreurs des Theodofiens, fans fe vouloir foûmettre aux Prélats.

CONTOUR. f. m. Extrèmité d'une figure, Ligne qui décrit & environne quelque corps, & par le moyen de laquelle on en marque la forme. *Le Contour d'une colonne ou d'un dôme*. On dit en parlant d'un ouvrage de peinture ou de fculpture, que *Les Contours en font beaux & bien prononcés*, quand les membres des figures font deſſinés avec art , pour repreſenter un beau naturel.

CONTOURNE', E'E. part. Terme de Blaſon. Il ſe dit des Animaux ou de leurs têtes tournées vers la gauche de l'Ecu. De gueules au lion d'or, la tête contournée.

CONTOURNER. v. a. Terme de Peinture. Faire les contours d'une figure , en la marquant avec des traits & des lignes.

CONTRACTURE. ſ. f. Terme d'Architecture. Rétreciſſement qui ſe fait dans la partie ſuperieure de la colomne. On dit auſſi Diminution & Retraite.

CONTRARIER. v. a. On dit en termes de mer , qu'On a été contrarié par le vent , pour dire que Le vent a été long-tems contraire à la route qu'on prenoit.

CONTRASTE. ſubſt. m. Terme de Peintres & de Sculpteurs. Ils s'en ſervent pour exprimer la diverſité des actions qui paroiſſent dans leurs figures, & la varieté qui doit être dans la poſition & les mouvemens des membres du corps, & en general dans toutes les attitudes.

CONTRASTER. v. a. Varier les actions & les diſpoſitions des figures. On dit dans ce ſens , qu'Une figure eſt bien contraſtée , pour dire , que Dans ſon attitude les membres ſont oppoſés les uns aux autres, qu'ils ſe croiſent, ou qu'ils ſe portent de differens côtés. C'eſt auſſi un terme d'Architecture,& l'on dit Contraſter une façade , pour dire, Y mêler alternativement des frontons cintrans & triangulaires , ou la varier d'une autre maniere. Ce mot vient du Latin Contra ſtare, Etre à l'encontre.

CONTREABLE. adj. Mot du vieux langage. Contraire.

CONTA-YERVA. ſ. f. Racine plus petite que celle de l'Iris , & qui vient d'Eſpagne. Elle a le goût aromatique accompagné de quelque acrimonie , & ſon odeur approche de celle que rendent les feuilles de figuier. Elle reſiſte à toutes les corruptions de l'eſtomac , & eſt un puiſſant alexitere contre toutes ſortes de venins. Son nom , qui veut dire Contrepoiſon , le dénote , les Eſpagnols appellent Yerva , l'ellebore blanc. Cette racine croît dans une Province du Perou. Il y a une eſpece de Contra-Yerva qui croît dans la Virginie , & qu'on appelle Viperine Virginienne. Elle eſt fort aromatique , & on l'emploie en Angleterre contre les poiſons.

CONTRE-AMIRAL. ſ. m. Officier qui tient le troiſiéme rang dans la Marine étrangere. Ce n'eſt qu'une ſimple qualité où il n'y a point de Contre-Amiral fixe. Celui à qui l'on donne ce nom commande l'Arriere-garde , ou la derniere Diviſion d'une armée. C'eſt le plus ancien des Chefs-d'Eſcadre qui porte le Pavillon de Contre-Amiral , & il ne ſubſiſte pendant un armement conſiderable où l'on emploie les Officiers Generaux. Ce Pavillon de Contre-Amiral eſt blanc , & s'arbore à l'artimon. La figure en eſt quarrée.

CONTRE-APPEL. ſ. m. Terme d'Eſcrime. On appelle ainſi le Contraire de l'Appel , lorſqu'oppoſant fineſſe on fait un mouvement tout oppoſé à celui de l'ennemi, en ſorte que s'il fait un appel d'engagement à l'épée par le dedans, on lui en fait un contraire par le dehors.

CONTRE-APPROCHES. ſ. f. p. Terme de guerre. Chemins dans terre que les Aſſiegés font pour interrompre les approches des Ennemis.

CONTREBANDE. ſ. f. On appelle Marchandiſes de Contrebande , Toutes celles qui ſont vendues ou tranſportées contre les défenſes d'en négocier fai-

tes par le Prince. Quand elles ſont chargées dans un Vaiſſeau contre les Loix de l'Etat, on les tient de bonne priſe. Contrebande , veut dire , Contre le ban , la proclamation , la défenſe faite par un cri ſolemnel.

CONTREBANDE', E'E. adj. Terme de Blaſon. Il ſe dit d'une piece dont les bandes ſont oppoſées. Parti & contrebandé d'or & de gueules.

CONTREBARRE', E'E. adj. Terme de Blaſon. Il ſe dit d'une piece dont les barres ſont oppoſées. Parti & contrebarré d'or & de gueules.

CONTREBAS, & Contre-haut. Termes qui dans l'art de bâtir, veulent dire, Du bas en haut & du haut en bas, de quelque hauteur que ce puiſſe être.

CONTRE-BATTERIE. ſ. f. Batterie qu'un parti oppoſe à celle de ſon Ennemi. On appelle ſur-tout Contre-batterie , Celle qu'on fait pour démonter le canon des Ennemis.

CONTREBOUTER. v. a. Contretenir la pouſſée d'un arc ou d'une plate-bande avec un pilier ou une étaye. C'eſt la même choſe qu'Arc-bouter.

CONTREBRETESSE', E'E. adj. Il ſe dit en termes de Blaſon, dans le même ſens que Contre-barré , c'eſt-à-dire, d'une piece dont les breteſſes ſont oppoſées. D'azur au pal contrebreteſſé d'or.

CONTRECARENE. ſ. f. Terme de Marine. Piece de bois oppoſée au-deſſus à la carene.

CONTRECART. ſ. m. Terme de Blaſon. Parties d'un Ecu contrecartelé.

CONTRECARTELE', E'E. adj. Terme de Blaſon. On appelle , Ecu contrecartelé , quand un des quartiers de ſon écartelúre eſt derechef écartelé.

CONTRECARTELER. v. a. Diviſer en quatre un des quartiers d'un Ecu déja écartelé. Il y a des Ecus contrecartelés qui ont juſqu'à ſeize & vingt écarts.

CONTRECHASSIS. ſ. m. Chaſſis de verre ou de papier colé , que l'on met pendant l'hiver devant un chaſſis ordinaire.

CONTRECHIQUETE', E'E. adj. Terme de Blaſon. Faſcé d'argent & de gueules à la bordure contrechiquetée de même.

CONTRECOEUR. ſ. m. La partie de la cheminée qui s'étend entre les deux jambes, & qui prend depuis l'atre juſqu'au commencement du tuyau. Elle doit être de tuileau ou de brique. On appelle auſſi , Contrecœur, la Plaque de fer qu'on met au milieu de la cheminée , tant pour conſerver le mur , que pour repercuter la chaleur.

CONTRECOMPONE', E'E. adj. Terme de Blaſon. On dit , Faſcé d'or & de ſable , à la bordure contrecomponée de même ; c'eſt-à-dire , que l'Ecu étant faſcé d'or & de ſable , & la bordure componée de même , les compons d'or répondent aux faſces de ſable , & les compons de ſable aux faſces d'or.

CONTRECOTE', E'E. adj. Terme de Blaſon. Coupé de gueules & de ſable, au tronc contrecoté d'or.

CONTREFANON. ſ. m. Terme de mer. On appelle Contrefanons , & autrement Cargueboulines, des Cordes qu'on amarre au milieu du côté de la voile vers les pattes de la bouline, pour trouſſer & racourcir les côtés de la voile.

CONTREFASCE', E'E. adj. Terme de Blaſon. Il ſe dit des pieces dont les faſces ſont oppoſées. Contrefaſcé de ſable & d'argent de trois pieces.

CONTREFICHE. ſ. f. Piece de bois qui appuye contre une autre, comme pour l'étayer.

CONTREFLAMBANT, ANTE. adj. Terme de Blaſon. D'argent à un bâton de gueules , flambant & contreflambant de dix pieces de même.

CONTREFLEURE', E'E. adj. Terme de Blaſon. Il ſe

dit d'un Ecu dont les fleurons font alternés & oppofés, en forte que la couleur répond au métal. *D'or au double trecheur fleuré & contrefleuré de finople.*

CONTREFORTS. f. m. p. Terme de fortification. Portions de murailles perpendiculairement jointes à la principale, & en diftance de vingt ou trente piés les unes des autres. Elles entrent auffi avant que l'on veut dans le terreplein, mais on ne s'en fert plus gueres que dans les grandes élevations.

CONTREFRUIT. f. m. Effet contraire du Fruit. Le fruit en termes d'Architecture eft une petite diminution du bas en haut d'un mur. Le dedans en eft à plomb, & cette diminution caufe par dehors une inclinaifon qui eft peu fenfible. Quelquefois on donne du Contrefruit en-dedans, comme aux encoignures & aux murs de face & de pignon, quand ils portent des fouches de cheminée, afin que le double fruit les faffe mieux refifter à la charge.

CONTREFUGUE. f. f. Terme de Mufique. La Fugue étant une imitation du chant dans les parties qui femblent fe fuir l'une l'autre par des progrès femblables, lorfque cette imitation fe fait à contre-fens, & que les progrès font contraires, cela s'appelle une *Contrefugue.*

CONTREGARDE. f. m. Officier de la monnoye qui tient le regiftre des matieres qu'on y apporte pour fondre.

CONTREGARDES. f. f. p. Longues lifieres de terre qu'on pratique fur le bord de la contrefcarpe du grand foffé d'une place. C'eft la même chofe que *Conferves.*

CONTREHACHER. v. n. Terme d'art de deffiner. C'eft dans un deffein où l'on a fait avec la plume des ombres & des teintes par les lignes les plus égales & les plus paralleles qui fe puiffent faire, en paffer de fecondes quarrément & diagonalement afin de rendre les ombres plus fortes.

CONTREHASTIER. f. m. Les Contrehaftiers font de grands Chenets de cuifine, garnis de plufieurs crampons fur lefquels on peut mettre plufieurs broches de viande tout à la fois pour les rôtir.

CONTREHERMINE. f. f. Terme de Blafon. Champ de fable moucheté d'argent. C'eft le contraire de l'Hermine, où le champ eft d'argent, & la moucheture de fable.

CONTREJAUGER. v. a. On dit *Contrejauger les affemblages de Charpenterie*, pour les mefurer; ce qui fe fait en transferant la largeur d'une mortoife fur l'endroit d'une piece de bois où doit être le tenon, afin qu'à prendre de l'about à la gorge, le tenon foit égal à la mortoife.

CONTREISSANT, ANTE. adj. Terme de Blafon. Il fe dit de deux animaux adoffés, & dont la tête & les piés de devant fortent d'une piece de l'écu. *D'azur au Chevron d'or à deux Lions adoffés & contreiffans des flancs du chevron de même.*

CONTREJUMELLES. f. f. p. Pavés qui fe joignent deux à deux dans le milieu des pavés des rues, & qui font liaifon avec les morces & les caniveaux.

CONTRELATTE. f. f. Tringle de bois mince & large que l'on met de haut en bas entre les chevrons d'un comble pour entretenir les lattes. Les contre-lattes dont on fe fert pour la tuile font moins larges que pour l'ardoife, & fe font de bois fendu par éclats minces, ce qui les fait appeller *Contrelattes de fente.* Celles qu'on emploie pour les ardoifes font refendues à la fcie, & les nomme *Contrelattes de fciage.* Dans les bons édifices on met quatre chevrons fous-latte, qui a quatre piés deux pouces de long &

une contrelatte entre deux. On met cinq chevrons fans contrelatte.

CONTRELATTER. v. a. Couvrir de lattes un pan ou une cloifon devant & derriere, pour l'enduire enfuite de plâtre ou de mortier.

CONTRELATTOIR. f. m. Outil dont fe fervent les Couvreurs pour foûtenir les lattes en clouant deffus.

CONTRELIGNE. f. f. Foffé bordé d'un parapet, qui couvre les Affiegeans du côté de la place, & qui met les quartiers de l'armée à couvert de l'infulte des forties. C'eft ce qu'on appelle autrement *Contrevallation.*

CONTREMAISTRE. f. m. Terme de Marine. Officier de Vaiffeau qui a infpection fur les agrés, fur la manœuvre de l'avant, fur l'arenage, & fur le travail du Cabeftan. On l'appelle auffi *Boffeman*, parce qu'il a foin de boffer les cables. Il eft l'Aide du Patron ou Maître dont il fait executer les ordres, tant de nuit que de jour.

CONTREMANCHE, ÉE. adj. Terme de Blafon. *Parti, coupé, & contremanché de fable & d'argent de l'un en l'autre.*

CONTREMARCHE. f. f. On dit en termes de mer, *Faire la Contremarche*, quand tous les Vaiffeaux d'une armée ou d'une divifion qui font en ligne, vont derriere le dernier jufqu'à un certain lieu pour revirer ou changer de bord.

CONTREMARQUE, ÉE. adj. Terme de Manége. On appelle *Cheval contremarqué*, celui dont un Maréchal ou un Maquignon a voulu déguifer l'âge, en lui faifant avec le burin une fauffe marque dans le creux de la dent pour imiter le germe de féve, ce qui le fait paroître n'avoir que fix ans.

CONTREMINE. f. f. Terme de Guerre. Voute fous terre pratiquée tout autour d'une place dans l'épaiffeur de la muraille, ayant trois piés de largeur & fix de hauteur. Cette forte de Contremine eft aujourd'hui rejettée à caufe de la commodité toute prête que le Mineur y trouvoit pour faire fa mine. Aujourd'hui c'eft un puits avec des rameaux qu'on fait dans le rempart du baftion jufqu'à ce qu'on entende travailler le Mineur, & qu'on évente la mine.

CONTREMUR. f. m. Petit mur qui fortifie un mut mitoyen contre lequel on l'applique, afin que le voifin ne reçoive aucun dommage des conftructions qu'on peut faire proche. Le Contremur pour les terres jectiffes eft plus ou moins épais, felon qu'elles font plus ou moins exhauffées.

CONTRE-ONGLE. Terme de Chaffe. On le dit pour fignifier Au rebours, lorfqu'en méjugeant des allures d'un Cerf, on a pris le talon pour la pince.

CONTREPALE, ÉE. adj. Terme de Blafon. Il fe dit de l'écu où un pal eft oppofé à un autre pal, enforte qu'ils font alternés, & que la couleur répond au métal. *Contrepalé de gueules & de fable, à la fafce d'or.*

CONTREPARTIE. f. f. Terme de Mufique. Il fe dit d'une partie oppofée à une autre. *La baffe eft la contrepartie du deffus.*

CONTREPASSANT, ANTE. adj. Terme de Blafon. Il fe dit des animaux, dont l'un paffe d'un côté, & l'autre de l'autre. *A deux Ecureuils de gueules l'un fur l'autre, l'un paffant, & l'autre contrepaffant.*

CONTREPENTE. f. f. On appelle *Contrepente* dans le canal d'un ruiffeau de rue ou d'un aqueduc, l'interruption du niveau de pente, qui fait que les eaux s'étendent ou reftent dormantes, foit qu'on ait mal conduit le niveau, soit que l'affaissement du terrein en soit la cause.

CONTREPOIDS. s. m. Terme de Manége. Certaine liberté d'action & d'affiette du Cavalier, qui demeurant également sur les étriers dans le milieu de la selle, donne à propos les aides au Cheval, & ne panche point son corps plus d'un côté que de l'autre.

On appelle *Contrepoids de tournebroche*, une grosse pierre qui avec le balancier sert à regler le tournebroche.

Contrepoids, est aussi une movenne perche bien plantée qu'un danseur de corde tient avec ses mains en dansant, afin de pouvoir contrebalancer le poids de son corps. Elle est longue de neuf ou dix piés, & garnie de fer par les deux bouts.

CONTREPOINÇON. s. m. Outil rond & qui est de fer. Il sert aux Serruriers pour contrepercer les trous & river les pieces. Ils en ont aussi de barlongs & de quarrés pour contrepercer les trous qui sont de même figure.

CONTREPOINT. s. m. Terme de Musique. Il y a *le Contrepoint simple*, qui se fait note contre note, en sorte qu'une note de la basse répond toûjours à une note de dessus. On appelle *Contrepoint figuré ou diminué*, la composition de Musique où l'on se sert de notes de differentes parties, & où plusieurs notes d'une partie répondent à une seule de l'autre qui est chantée dans la même note. Cela fait la pleine Musique au lieu que le Contrepoint simple n'est qu'un faux bourdon. On se servoit autrefois de points au lieu de notes, & c'est ce qui a fait dire *Contrepoint*.

CONTREPOSE', E'E. adj. Terme de Blason. Il se dit de ce qui est posé l'un sur l'autre de haut en bas d'un sens different, comme de deux dards, dont le fer de l'un a sa pointe en haut, & celui de l'autre l'a en bas. *De gueules à deux fers de dards triangulaires contreposés en pal d'or*.

CONTREPOSEUR. s. m. Terme de Tailleur de pierre. Celui qui aide au poseur, c'est à-dire, a l'Ouvrier qui reçoit la pierre de la grue, pour la mettre en place d'alignement & à demeure.

CONTREPOTENCE', E'E. adj. Il se dit de plusieurs potences mises de suite; l'une le bois qui traverse en haut, & l'autre en bas. *De gueules à la fasce potencée & contrepotencée d'argent, remplie de sable*.

CONTREQUEUE *d'aronde*. s. f. Terme de Fortification. Dehors ou ravelin fait en tenaille simple, & qui est plus large vers sa gorge que vers la campagne.

CONTREQUILLE. s. f. La plus grosse & la plus longue piece de bois qui soit dans le fond de cale d'un Vaisseau, & qui étant posée sur toutes les varangues, les lie avec la quille. C'est la même chose que *Carlingue*.

CONTRERAMPANT, ANTE. adj. Terme de Blason. Il se dit de deux Animaux qui rampent l'un tourné vers l'autre. *D'azur à deux Griffons d'or contre-rampans à un arbre de sinople*.

CONTRERETABLE. s. m. On appelle *Contreretable* dans l'Architecture de bois, de pierre ou de marbre qui fait la décoration d'un Autel, le fond en forme de lambris où l'on met un tableau ou un bas relief & contre lequel le Tabernacle est adossé avec ses gradins.

CONTRESANGLOTS. s. m. p. Petites courroyes de cuir qu'on cloue aux arçons d'une selle, pour y attacher les sangles du Cheval.

CONTRESCARPE. s. f. Terme de Fortification. Ligne qui termine le fossé du côté de la campagne, ou talus qui soûtient la terre du chemin couvert. Là Contrescarpe comprend quelquefois le chemin couvert & le glacis.

CONTRESPALIER. s. m. Petit treillage à hauteur d'appui à quatre ou six piés de l'espalier, garni d'arbres fruitiers nains ou de seps de vigne, & entretenu par des chevrons que l'on met debout de six en six piés.

CONTRESPREUVE. s. f. Terme de Graveur. Estampe imprimée sur une autre épreuve fraîchement tirée. Comme par la contrespreuve on a la figure du même sens qu'elle est gravée, elle sert à faire voir s'il n'y a point à retoucher à la planche.

CONTRESPREUVER. v. n. Passer un dessein sous une presse à Graveur, après l'avoir un peu mouillé avec une éponge, ainsi que le papier blanc qui doit servir à la contrespreuve.

CONTRE TAMBORD. s. m. Terme de Marine, Piece coubre triangulaire qui lie l'estambord sur la quille.

CONTRESTER. v. n. Vieux mot qui sest dit pour, S'opposer, être contre. On a dit aussi *Contrestant*, pour Nonobstant.

CONTRESTRAVE. s. f. Piece de bois courbe, posée au-dessus de la quille & de l'estrave pour faire liaison conjointement.

CONTRETEMS. s. m. Terme de Manege. Cadence interrompue du Cheval, soit par sa malice, soit par la faute du Cavalier qui le monte; ce qui arrive, ou parce que le Cavalier seconde mal les aides de la bride par les aides du talon, ou parce que le Cheval continue ses ruades, au lieu de lever le devant. *Contretems* est aussi un terme d'escrime, & il se dit quand deux personnes s'allongent en même-tems ce qui produit le coup fourré, ou quand l'un prend un tems que l'autre lui a presenté à dessein par un tems faux qui est hors de la mesure, afin de prendre le dessus ou le dessous, ou de quarter selon qu'il en trouvera l'occasion.

CONTRETERRASSE. s. f. Terrasse élevée au-dessus d'une autre terrasse, pour quelque élévation de parterre ou raccommodement de terrain.

CONTRETIRER. v. a. Prendre les mêmes traits d'un dessein ou d'un tableau. On se sert d'ordinaire pour cela d'une toile de soye ou d'un papier huilé qu'on applique contre le tableau, & sur lequel on marque avec le crayon les mêmes traits qu'on voit au travers de ce papier. On se sert aussi de plusieurs matieres claires & minces, comme verre, talc, vessies de pourceau, boyaux de bœuf, &c. pour contretirer les ouvrages qui sont de grandeur moyenne.

CONTREVAIRE', E'E. adj. Terme de Blason. Il se dit des fourrures, dont les pots sont mis base contre base, métal contre métal, & couleur contre couleur. *Vairé & contrevairé de quatre tires à la fasce d'or*.

CONTREVALLATION. s. f. Terme de fortification. Fossé que l'on fait autour d'une place qu'on assiege, pour empêcher les forties de la garnison. C'est la même chose que *Contreligne*.

CONTREVENT. s. m. On appelle *Contrevents* des pieces de bois posées en contrefiche aux grands combles pour entretenir & contreventer du haut d'une ferme au bas de l'autre; & pour empêcher que les grands vents ne fassent aller les fermes & les chevrons de part & d'autre. *Contrevent* se dit aussi des fenêtres aux grands volets qu'on met en dehors, pour tenir les lieux plus clos, & empêcher que les vitres ne soient endommagées par le vent. On appelle encore *Contrevents*, de fausses pieces de fer qu'on met au derriere d'une porte.

CONTREVENTER. v. n. Mettre des pieces de bois obliquement pour contrebouter , & pour empêcher le mouvement que peut causer la violence des vents.

CONTREUVE. f. f. Vieux mot qui signifioit , Un conte inventé , une fable faite à plaisir. On a dit aussi *Controuvaille* dans le même sens.

CONTUNDANT , ANTE. adj. Terme dont se servent les Chirurgiens , lorsque dans leurs rapports ils parlent d'instrumens qui froissent & qui ne coupent pas, comme sont les bâtons & les marteaux. *Cette blessure a été faite avec un instrument contundant.*

CONVENANCER. v. a. Vieux mot. Faire paction , demeurer d'accord par stipulation ou autrement d'une chose qui est disputée entre les parties. *Delà vient* , dit Nicod , *qu'en aucuns anciens Romans , on trouve ces manieres de parler*, Ils ont ainsi convenancé , *Et* Convenancer une Fille ou Femme à futur mariage , *c'est-à-dire Fiancer ; car on appelle aussi* Convenances, *les articles convenus & accordés en un Traité de mariage*, Et Convenancer une Fille à quelqu'un pour femme , *C'est la lui promettre & accorder à femme future.* On a dit aussi *Convenance* , pour Promesse , pacte ; & *Tenir le Convant* ou *Convent* , pour dire , Faire la chose que l'on étoit convenu de faire.

CONVENANT , ou *Convenant Juré.* f. m. Ce mot s'est dit autrefois pour Paction ; sur quoi le même Nicod ajoûte. *Il s'est prins en Amadis pour la chose promise.* *Amadis eût voulu être mort , non pour le mauvais traitement qu'on lui faisoit, mais pour le Convenant que la Dame de Gantasi leur vouloit faire promettre , laquelle signification être telle en ce lieu , se montre assés par le precedent pourparlé de ladite Dame avec Amadis ; car* Convenant *proprement comme il en use après audit chapitre , & ailleurs audit livre , c'est la promesse stipulée , dont l'effet est la chose promise.*

* On appelle *Convenant* , une Confederation qui fut faite en Ecosse l'an 1638. dans le dessein de faire recevoir une nouvelle Liturgie , & de changer les ceremonies de la Religion. Il y avoit trois chefs principaux dans ce Convenant. Le premier étoit pour obliger ceux à qui on le vouloit faire recevoir , de renouveller le serment qui avoit été fait par leurs Ancêtres de défendre la prétendue pureté de la Religion , & les droits du Roi contre l'Eglise de Rome , & de s'attacher inviolablement à la Confession de Foi dressée en 1580. & que les Etats Generaux d'Ecosse avoient confirmée l'année suivante. Le second chef de ce même Convenant , contenoit un précis de tout ce qui avoit été arrêté par les Etats Generaux pour la conservation de la Religion Reformée à leur maniere , tant pour la doctrine que pour ce qui regardoit la discipline. Et le troisiéme , imposoit une obligation de ne plus approuver le Gouvernement Ecclesiastique par les Evêques , & de ne rien souffrir de ce qui ne seroit pas selon leur Confession de Foi. Charles I. qui regnoit alors en Angleterre , rejetta ce Convenant , comme téméraire , & capable de porter ses Sujets à la revolte. Ceux qui étoient du parti continuerent leur ligue ; & enfin les Etats d'Angleterre , reçurent & signerent le Convenant en 1643. afin d'établir l'uniformité dans les trois Royaumes d'Angleterre , d'Ecosse & d'Irlande. Le Convenant que le Roi permit en 1638. fut appellé *le Convenant du Roi*, mais il fut fait avec de certaines restrictions , que les plus rigides Confederés refuserent d'accepter.

CONVERGENCE. f. f. Terme d'Optique. Disposition que deux rayons de lumiere ont à s'unir. Voyez CONVERGENTS.

CONVERGENTS. adj. m. p. On appelle en terme d'Optique *Rayons Convergents* ceux qui tendent de l'objet vers l'œil en s'approchant toûjours l'un de l'autre , & étant disposés à s'unir. Les rayons qui partent des deux extrêmités d'un objet plus grand que la prunelle , arrivent à l'œil convergents. Ceux qui sont partis d'un même point , & qui ont passé par un seul verre convexe , arrivent convergens aussi. Aux rayons convergens on oppose les *Divergens.* Voyez DIVERGENS. Ces mots viennent du Latin *Divergere* & *Convergere.*

CONVERSION. f. m, Transmutation., changement. *Conversion* , en termes de guerre , est un mouvement militaire qui fait tourner la tête d'un bataillon où étoit le flanc. Le quart de Conversion se fait à droit ou à gauche. S'il se fait à droit , l'aile gauche part la premiere & décrit des quarts de cercles autour du Serrefile , qui est à l'angle de l'aile droite , comme le centre autour duquel les autres soldats tournent. Si le quart de Conversion se fait à gauche , ce qui arrive souvent à un Escadron de Cavalerie , il faut que l'aile droite parte la premiere. On appelle tout cela , *Quart de tour* , ou *Premiere Conversion.* On peut faire neanmoins le demi tour de Conversion & le tour entier , & alors le demi cercle qui se décrit en continuant le quart de tour , est appellé *Demi-tour* & *Seconde Conversion.* Les trois quarts de Cercle qui se décrivent en continuant le demi-tour , sont appellés *Trois quarts de tours* , ou *Troisiéme Conversion.*

On dit en termes d'Arithmetique , *Proportion par Conversion de raison.* C'est la comparaison de l'antecedent à la difference de l'antecedent & du consequent dans deux raisons égales. Ainsi comme il y a même raison de 2 à 3 , que de 8 à 12 , on conclut qu'il y a même raison de 2 à 1 , que de 8 à 4.

CONVERSO. f. m. Terme de Marine. La partie du tillac d'enhaut qui est entre le mât de bourset & le grand mât. C'est le lieu où l'on se visite les uns les autres , & où l'on fait conversation. Ce mot est venu de Portugal.

CONVICIER. v. a. Vieux mot. Dire des injures à quelqu'un.

CONVIER. v. n. Vieux mot , qui signifioit manger ensemble, de *Cum* , Avec ; & de *Vivere* , Vivre.

CONYSA. f. f. Plante dont il y a de deux sorte La grande est de la hauteur de deux coudées , & a sa tige plus grosse & plus branchue que la petite , & ses feuilles plus menues & plus étroites. La petite les a grasses , velues , & semblables à l'Olivier , comme la grande , mais sa tige n'a seulement qu'un pié de hauteur. Toutes deux portent du fruit quoiqu'elles soient fort tardives à germer & à fleurir. La Conysa mâle , qui est la plus grande , a son odeur plus puante. On l'appelle l'*Herbe aux puces* , à cause qu'elle fait mourir en la semant dans une chambre, Dioscoride dit que ses feuilles enduites sont un singulier remede contre les morsures des serpens , & pour toutes sortes de tumeurs & de playes , & que la petite Conysa enduite & appliqué , appaise les douleurs de tête. Il parle d'une autre espece de Conysa qui a sa tige plus grosse & plus molle , & dont les feuilles sont d'une moyenne grandeur entre la grande & la petite. Elle croît aux lieux humides , n'est point grasse comme les deux autres , & à moins de vertu, quoiqu'elle soit beaucoup plus puante.

COO

COORDES. f. f. Vieux mot. Citrouilles.

COP

COP. f. m. Vieux mot. Coup. On a dit auffi *Copter* ou *cobter*, pour dire, Frapper, du Grec κόπτειν, qui veut dire la même chofe.

COPAL. f. m. Refine blanche & tranfparente, que les Mexicains appellent ainfi par excellence, du nom commun qu'ils donnent à toutes les Refines odorantes, dont ils diftinguent les differentes efpeces par un furnom particulier. Celle-ci diftille d'un Arbre dont les feuilles font femblables à celles du chêne, mais plus longues. Le fruit en eft rond, de couleur rougeâtre, & de même goût que la Refine, qui coule quelquefois d'elle-même, & quelquefois lorfque l'Arbre eft incifé.

COPALXOCOTL. f. m. Arbre de la Nouvelle Efpagne, que les Sauvages appellent auffi *Pompoqua*. Il a les feuilles femblables à celles des Cerifiers, & porte un fruit qui reffemble à de petites pommes. Elles font douces, mais aftringentes; & diftillent une certaine falive fort glutineufe, laquelle étant appliquée guerit la fiévre & les déjections fanguinolentes. Les Efpagnols appellent ce fruit *Cerife gommeufe*. Le bois de cet Arbre fe coupe aifément, fans qu'il fe fende jamais. Il n'eft pas fujet aux vers, & approche de la fenteur & de la faveur du Copal.

COPARTAGEANT, ANTE. adj. Terme relatif de Pratique. Celui qui partage quelque chofe avec un autre. *Les Copartageans dans une fucceffion.*

COPERMUTANT. adj. Terme relatif de matiere Beneficiale. Celui qui permute un Benefice avec un autre. *L'un des Copermutans.*

COPHTES. f. m. Chrétiens Schifmatiques d'Egypte, qui fuivent les erreurs de Diofcotus & d'Eutichès, & qui dépendent d'un Patriarche appellé Patriarche d'Alexandrie, qui demeure au grand Monaftere de faint Macaire, à vingt lieues du Caire, près le Nil. On les nomme *Cophtes* ou *Cophites*, non pas à caufe de leur Profeffion, mais parce que les Égyptiens font appellés *Copti* dans le Thalmud. Cette nation eft très-ignorante, & la plus grande partie de leurs Prêtres fçait à peine lire. Ils jeûnent tous les Mercredis & les Vendredis, & ont les Quatre-Tems quatre fois l'année. Ils ne baptifent les enfans s'ils n'ont quatre jours; & incontinent après le baptême qu'ils font par triple immerfion, prononçant à chacune les paroles qui font la forme de ce Sacrement, ils leur donnent la Cene, & en même-tems tous les faints Ordres qui font au-deffous de la Prêtrife. Leurs parens promettent pour eux chafteté jufqu'à feize ans, & d'obferver tous leurs jeûnes. Ils adminiftrent la Cene avec du pain levé & fous les deux efpeces. Ils rejettent l'article du Symbole de Nicée, qui dit que le Saint-Efprit procede du Fils, & condamnent le Concile de Chalcedoine. Ils lifent publiquement l'Evangile de Nicodeme, rejettent les Prieres pour les Morts & le Purgatoire, & n'adminiftrent aux malades ni la Cene ni l'Extrême-Onction. Il n'y a que dans les Villes, où ils gardent les Dimanches & les jours de Fêtes, & ils marient fans difpenfe dans le fecond degré. Ils tiennent que l'Eglife Romaine eft heretique, & fe fervent de la langue Chaldaïque pour dire la Meffe. Ils demeurent affis fur un carreau, d'où ils ne fe levent que pour faire la confecration; & font en cela con-

Tome I.

formes à l'Eglife Latine, puifqu'ils croyent la prefence réelle au faint Sacrement, & la tranffubftantiation. Après qu'ils ont confacré on diftribue un petit morceau de pain à tous ceux qui font prefers. Ils portent des aubes de fatin blanc dans cette cérémonie, & font tous marqués fur le front ou fur la main du figne de la Croix, qu'on leur imprime avec un fer chaud. Ils font en poffeffion de la Maifon où ils prétendent que Notre-Seigneur, la Vierge & faint Jofeph ont demeuré fept ans en Egypte, dans une petite Ville qui n'eft qu'à une lieue du grand Caire. Ils y ont une petite Eglife avec deux Autels, & plufieurs Monafteres en Egypte & dans la Thebaïde, où ils vivent dans une grande indigence. Les lieux qu'ils occupent font fi mal propres, qu'ils n'ont bien fouvent fur leur Autel qu'une petite piece de fatin, fur laquelle ils confacrent. Il y a dans Jerufalem quelques Familles de Cophtes, qui ont une Paroiffe & une petite Chapelle dans l'Eglife du faint Sepulcre.

COPROPRIETAIRE. f. m. Terme de Pratique. Celui qui poffede par indivis la propriété d'une maifon ou d'une terre.

COQ

COQ. f. m. Oifeau domeftique qui a une barbe fous la gorge & une crête fur la tête. C'eft le mâle de la poule. Quelques-uns font venir ce mot de *Coccus* ou *Cochenille*, à caufe que fa crête eft rouge; ou de ce qu'en Breton *Coq*, fignifie rouge. M. Ménage croit qu'il a été fait de *Cloccus* ou *Clocitare*. On tient que le Coq eft ennemi du Lion. Il y a un *Coq de bois*, qui eft un oifeau plus gros que le faifand. Il a les fourcils très-rouges, & fes plumes font noirâtres, luifantes & changeantes. Le *Coq fauvage*, eft une efpece de Faifand particulier qui fe trouve dans les Pays Septentrionaux.

Coq d'Inde. Gros oifeau qui eft domeftique, & qui nous a été apporté des Indes Occidentales. Il y a un *Coq Indien*, fort different de celui qu'on nomme Coq d'Inde. Il a été apporté d'Afrique, & a fon plumage noir, à la referve du dos, dont les plumes vers la racine font de couleur de gris de noyer, & quelque peu blanche. Les Voyageurs parlent d'un *Coq du Brefil* qui eft tout vert, & qui a fur la tête une crête ou panache de plumes noires.

Coq. Terme d'Horlogeur. Piece vuidée qui tient le balancier fur la platine de la Montre.

On appelle en termes de Mer *Coq du Vaiffeau*, le Cuifinier de l'équipage.

Coq. Plante fibreufe qui eft toûjours verte, & qui fe plaît dans la terre feche & maigre.

COQUARDEAU. f. m. Vieux mot. Galant, difeur de douceurs.

 S'un Coquardeau,
 Qui foit nouviau,
 Tombe en leurs mains,
 C'eft un oifeau,
 Pris au gluau,
 Ne plus, ne moins.

COQUARDIE. f. f. Vieux mot. Avanture.

 Devers la Leve en Picardie,
 Avint une grand'Coquardie.

COQUART. f. m. Vieux mot. Jafeur, conteur. Il a été pris auffi pour un homme qui contrequarre les autres.

COQUE. f. f. Terme de Mer. Faux pli qui fe fait à une corde qui eft trop torfe, ou qu'on n'a pas pris foin de détordre.

L l

Coque de Levant, Graine femblable aux bayes de Laurier , laquelle mife en poudre & apprêtçe enivre le poiffon & en fait mourir la plus grande partie. L'ufage en eft défendu.

Coque , en parlant de ver à foye , eft ce qui le couvre & l'enferme.

COQUELICOT. f. m. Fleur d'un rouge très-vif, qui croît dans les blés en maniere de pavot fimple , & qui eft en effet une efpece de pavot fauvage. Il a de l'ufage dans la Medecine , & on en fait des fyrops. Voyez PAVOT rouge.

COQUELUCHE. f. f. Vieux mot. Mal épidemi-que , qui eut grand cours en 1557. & qui fit mourir un grand nombre de perfonnes. On en trouve la defcription dans Valeriola Medecin. *Coqueluche* , felon Rabelais , veut dire , Capuchon de Moine. Borel dit que c'eft delà qu'eft venu le mot de Lan-guedoc , *Coucuruche* , qui fignifie , La pointe & la fommité de quelque chofe. On a dit auffi *Coque-lucher* , pour dire , Etre atteint du mal appellé *Co-queluche*.

> *Pareillement m'avertis fi tous ceux*
> *De ton quartier ont été fi touffeux ,*
> *Comme deçà on va coqueluchant.*

COQUERELLES. f. f. Terme de Blafon. Le Pere Menêtrier dit que ce font les bourfes de l'Al-kakengue , qui eft une efpece de morelle qui porte des bayes dans des follicules , qui reffemblent à des veffies enflées ; ce qui le fait appeller *Solanum Vef-carum*.

COQUES. f. f. p. On appelle *Coques* , en termes de Serrurerie , de petites pieces de fer qui fervent à conduire la pene d'une ferrure , & dans lefquelles entre l'auberon.

COQUESIGRUE. f. f. Poiffon Maritime que les An-ciens appelloient *Clyfter* , parce qu'on tient qu'il fe donne des clyfteres avec de l'eau de la mer. Com-me cela paroît fabuleux , il y a grande apparence que c'eft delà qu'eft venu le mot de *Coquefigrue*,dont fe fervent quelques-uns pour fignifier ce qui eft fri-vole , chimeriqué.

COQUET. f. m. Sorte de petit bateau qu'on amene de Normandie à Paris. On dit *Coqueter* , en parlant d'un homme qui avec un aviron miene un bateau par fon arriere.

C'eft auffi un petit morceau de bois , qui tient une fufée dans les Moulins à foye.

COQUILLAGE. f. m. Arrangement de diffe-rentes coquilles , dont on forme des compartimens de voutes & de lambris. On en fait auffi divers or-nemens de grotes & de baffins de fontaines dans les jardins.

COQUILLE. f. f. Ornement de Sculpture qui fe met au cu-de-four d'une niche. Ce mot eft imité des conques marines. Ce mot vient du Latin *Cochlea* , Limaçon. *Coquilles doubles* , font celles qui ont deux ou trois lévres. *Coquille* , fe dit auffi d'un petit ornement qu'on taille fur le contour d'un quart de rond , & en general les Ouvriers donnent le nom de *Coquille* à deux morceaux de métal pareils , abourisen relief pour être foudés enfemble , comme font les deux moitiés d'une fleur de lis ou d'une boule.

On appelle *Coquille d'efcalier* , dans un efcalier à vis de pierre , Le deffous des marches qui tournent en limaçon & portent leur délardement ; & dans un efcalier de bois , foit qu'il foit rond ou quarré , la *Coquille* eft le deffous des marches délardées,lattées & ravalées de plâtre.

On appelle *Coquille de baffin* , ou *Baffin en coquil-le* , Un baffin fait en conque , & dont l'eau tombe par gargouilles ou par napes.

Coquille, eft auffi un certain outil que les Lapidai-res mettent au bout des tenailles dont ils fe fervent pour tailler le diamant.

Coquille , eft encore un petit morceau de fer en forme de coquille dans un loquet , & il fert à faire ouvrir la porte en mettant le doigt deffus.

Les Medecins appellent *Petite Coquille*, Le creux de dedans l'oreille. *Coquille* , fe dit auffi d'une fe-conde cavité qui eft dans l'oreille au-delà du tam-bour. C'eft ce que d'autres nomment *le Baffin*. Elle contient un air naturel & interne , qui fert à l'ouïe , parce qu'il reçoit fans peine l'impreffion de l'air de dehors.

Coquille , a été auffi autrefois une forte de coiffu-re pour les femmes.

> *Demoifelles pour paroitre gentilles*
> *Portent ennuit de fi juftes coquilles ,*
> *Qu'il femble advis qu'elles foient décoiffées.*

Borel prétend que c'eft delà que le nom de *Coquil-liere* a été donné à une rue de Paris , apparemment à caufe qu'on y débitoit cette forte de coiffure.

Coquille. Ce font des coupeaux de Menuifier par le travail du rabot feuilleter. L'on fait des rapés de vin avec des coquilles de bois de Hêtre ou Fou-teau.

COQUINE. f. f. Mot du vieux langage qui fignifioit un Pot. Borel fait venir delà le nom de *Coquin* qu'on donne à un miferable , comme voulant di-re , Qui a befoin d'aller dans les cuifines d'autrui pour vivre. On a dit auffi *Coquelle* , dans le même fens.

GOQUIOLE. f. f. Petite herbe qui croît entre les blés , fur-tout parmi l'orge & l'efpeautre. Elle a fes feuilles comme le froment , mais moins fer-mes , & un tuyau fort menu , à la cime duquel elle jette deux ou trois grains rouges , dont l'écorce & la figure reffemblent à l'orge , mais qui font pour-tant plus courtes , plus enflées & plus cannelées , & qui ont beaucoup de barbe , mince , longue & pointue. Galien dit que felon ce que le goût de la Coquiole fait connoître , elle a une vertu refoluti-ve , & qu'elle eft propre à guerir les fiftules des yeux & les flegmons endurcis.

COR

COR. f. m. Inftrument en demi-cercle avec deux trous, & fait ordinairement de métal. On s'en fert à la chaffe , & on en fonne en foufflant. Nicod dit que le Cor d'un Veneur n'eft pas la trompe d'airain dont on fe fert aujourd'hui , mais un Cor d'yvoire ou de corne : car , ajoûte-t'il , *les anciens Veneurs n'ufoient fi ce n'eft de cors , comme fe peut connoître par les anciens livres , dont procedent ces manieres de parler entre Veneurs* , Corne requête , en graillant un long mot. *Toutefois au fecond livre d'A-madis fe lit* : Car il étoit fuivi par une meute de chiens courans , faifant grand devoir de lui faire rendre les abbois , & à ce faire les incitoit une trom-pe d'yvoire , laquelle l'on oyoit fonner après la bête. *Mais des Effards, Reducteur dudit Romant* , a repre-*fenté l'ufage de fon tems,qui étoit & eft de trompes au lieu de cors , & a retenu la matiere dont les Cors étoient communément faits, difant, Trompe d'yvoire, ores que toutes trompes foient faites dairain.*

Il y a un *Cor de mer*. C'eft une coquille rude par dehors , & unie & blanche par dedans. Elle eft lar-ge par le milieu , & va en pointe ; ce qui la rend propre à recevoir la bouche de celui qui veut corner.

Cor , en termes de Chaffe , fe dit des Chevillûres qui fortent du marrein de la tête des Cerfs fur chaque branche au-deſſus du ſurandouiller. *Un Cerf dix cors.*

CORADOUX. ſ. m. Terme de Marine. L'Eſpace qui eſt entre deux ponts. On dit auſſi *Couradoux.*

CORAIL. ſ. m. Arbriſſeau de mer qui s'endurcit & ſe congele ſi-tôt qu'il eſt hors de l'eau, comme s'il étoit ſurpris de l'air. C'eſt le ſentiment de Dioſcoride. Quelques-uns l'ont crû une eſpece de bitume, & d'autres une ſorte de pierre. Il y en a qui prétendent que le Corail tienne du végétal & du minéral. Comme cette plante, qui eſt fort molle dans l'eau, devient ſi ſolide lorſqu'elle eſt à l'air, il y a grande apparence qu'elle ſe nourrit comme la pierre. Quand le Corail eſt dans l'eau, qui eſt ſon lieu naturel, l'ame végétative dont il eſt formé le maintient dans la molleſſe qu'il doit avoir comme plante, & cette ame végétative lui manquant à l'air, les diſpoſitions que le ſuc pierreux dont il a toûjours été nourri lui ont donnée, lui font acquerir facilement la forme de pierre. C'eſt ce qui l'a fait appeller *Lithodendrum* par les Grecs, du mot λίθος, Pierre, & de δένδρον, Arbre. Il y a pourtant des Auteurs qui tiennent qu'il eſt toûjours dur, tant dans la mer que dehors. Il ſe trouve proche des Iſles d'Hyeres, & il eſt par branches, qu'on arrache avec des crochets en forme d'ancre, & qu'on coupe enſuite en grains. Il s'en rencontre de rouge, de blanc & de noir: mais quand on l'ordonne dans la Medecine, ſans que la couleur ſoit ſpecifiée, on emploie le rouge qui eſt le meilleur de tous, principalement s'il eſt de belle couleur, un peu odorant, poli, compacte, bien ramifié, fort peu caverneux, & facile à rompre. Le blanc eſt plus ſpongieux, caverneux & leger. Le noir eſt le moindre. On l'appelloit anciennement *Antipathes.* Il eſt de couleur d'ébene, denſe & poli. Ceux qui ſe trouvent d'une autre couleur n'ont aucun uſage, & on leur donne abuſivement le nom de *Corail.* Les Indiens n'eſtiment pas moins les grains de Corail, que nous eſtimons les perles des Indes. Cela vient de ce que leurs Devins leur ont fait entendre, que quand on en porte, on eſt à couvert de tous dangers. Tous les Coraux ſont rafraîchiſſans & deſſechans, font mourir les vers, purifient le ſang, & reſiſtent puiſſamment aux venins & à la peſte, ſur-tout le rouge, que l'on fait entrer dans la confection d'hyacinthe. Les Chimiſtes le préparent diverſement, & en tirent la teinture & le ſel. La teinture de Corail a les mêmes qualitez que le Corail même, & ſe prend dans des eaux diſtillées & autres liqueurs. On ſe ſert du ſel de Corail pour purifier la maſſe du ſang, & on le donne dans des maladies qui viennent de mélancolie. On en fait auſſi un magiſtere excellent pour la gueriſon des maux internes; & quoiqu'il ſerve aux mêmes uſages que le ſel, on en doit donner juſqu'à une drachme, parce qu'il opere avec même force.

Il y a un *Corail artificiel,* qu'on fait avec du cinabre broyé. On en fait une couche ſur quelque branche de bois bien ſeche & bien ſeche, imbue auparavant de colle de gand; après quoi on le polit, puis on y met pour vernis une couche de blanc d'œuf.

On trouve en pluſieurs Iſles de l'Amerique un petit Arbriſſeau, que l'on appelle *Bois de Corail,* à cauſe qu'il porte une graine rouge comme du Corail. Elle croît par bouquets aux extrémitez de ſes branches. Ces petits grains ont une petite marque noire à l'un des bouts, qui les défigure, & leur fait perdre beaucoup de leur prix. On s'en ſert à faire des braſſelets.

CORAILLE, ou *Couraille.* ſ. f. Mot employé pour

Cœur dans le vieux langage. *Si li treſperſe la couraille.* C'eſt la douleur qui li détrenche la couraille. *Couralment,* ſe diſoit alors pour, Cordialement. *De mi qui l'ai aimai couralment.* On a dit auſſi *Corée,* pour Cœur & entrailles.

L'odeur de la plus ſavourée M'entra juſques à la corée.

CORALINE. ſ. f. Mouſſe marine, grêle, menue, chevelue & ſans tige. Elle s'attache aux rochers de la mer, aux coquilles des poiſſons, & au corail même, d'où elle a tiré le nom de *Coraline.* Celle-là eſt la meilleure. La rouge eſt enſuite la plus eſtimée, c'eſt-à-dire, celle qu'on trouve attachée aux rochers. Il y en a de cendrée, dont on ne tient aucun compte. Les Anciens n'ont point connu la propriété de la Coraline, qui eſt de faire mourir les vers des enfans, étant priſe en poudre. Matthiole dit en avoir vû jetter plus de cent à un enfant qui en avoit pris une drachme.

Coraline. Eſpece de Chaloupe legere dont on ſe ſert au Levant pour la pêche du corail.

CORBEAU. ſ. m. Oiſeau noir qui eſt aſſez gros, & qui a le bec pointu. Il vit de charogne. Il y a auſſi un *Corbeau de mer.* C'eſt un poiſſon qui a le ventre blanc, les côtez rouges, & la tête grande, & dont le dos eſt d'un bleu obſcur.

Corbeau. Terme d'Architecture. Groſſe conſole, ayant plus de ſaillie que de hauteur, comme la derniere pierre d'une jambe ſous poutre. Elle ſert à ſoulager la portée d'une poutre, ou à ſoûtenir par encorbellement un arc double de voute qui n'a pas des doſſerets de fond. On les appelle ſouvent *Corbelets,* comme pour ſoûtenir de fauſſes ſablieres contre un mur. Il y en a en conſole avec des canaux & goutes, & même des aigles. On appelle *Corbeau de fer,* un Morceau de fer quarré qui ſert à porter les ſablieres d'un plancher. Il ne doit entrer dans un mur mitoyen qu'à mi-mur, & il faut qu'il ſoit ſcellé avec des tuileaux & du plâtre.

CORBEILLE. ſ. f. Morceau de Sculpture fait en forme de panier rempli de fruits ou de fleurs, ſoit qu'on le mette ſur la tête de quelque figure Cariatide, ſoit qu'il termine quelque décoration en Architecture. On fait auſſi de ces ſortes de Corbeilles en bas relief.

CORBEILLIER. ſ. m. Officier du Chapitre de l'Egliſe d'Angers, qui autrefois diſtribuoit le pain de Chapitre. A preſent ils officient aux Fêtes doubles & ſont quatre. Le grand Corbeillier eſt le chef du bas chœur, c'eſt le Curé du Chapitre. Le Breviaire de ceux qui décedent lui appartient.

CORBILLON. ſ. m. Terme de Navigation. Eſpece de demi-barillet, qui a plus de largeur par le haut que par le bas, & où l'on tient le biſcuit qu'on donne à chaque repas pour un plat de l'Equipage.

CORBIN. ſ. m. Vieux mot qui ſignifioit autrefois Corbeau. On a dit, *Corbiner,* pour Dérober, attraper par tromperie.

On il corbinent Evêchés.

On a dit auſſi, *Corbineurs,* pour, Trompeurs, par alluſion à la fable du Renard qui trompa le Corbeau.

CORBONDIER. ſ. m. Ancien Inſtrument de Muſique, dont on ſonnoit dans les grandes réjouiſſances. Il étoit de la nature du cor. Ce mot eſt tout-à-fait hors d'uſage.

CORDAGE. ſ. m. Nom que l'on donne à toutes les cordes qui ſont employées dans les agrès d'un Vaiſſeau. On appelle *Cordage étuvé,* Celui qu'on a mis dans un lieu fort chaud, où il a reſſué & jeté toute ſon humeur aqueuſe; & *Cordage goudronné,* Celui que l'on a paſſé dans un goudron chaud. Il y a un *Cordage goudronné en fil*, & un autre *goudronné en étuve*. Le premier eſt fait de fil de caret, que l'on avoit goudronné avant que de l'employer ; & l'autre eſt un Cordage paſſé dans un goudron chaud, après qu'il eſt ſorti de l'étuve. Le *Cordage blanc*, eſt un Cordage que l'on n'a pas goudronné ; & le *Cordage refait*, eſt celui qu'on a fait de cordes qui avoient déja ſervi.

CORDAGER. v. n. Terme de Cordier, uſité ſur mer. Faire du cordage.

CORDE. ſ. f. *Tortis ordinairement de chanvre*. On en fait auſſi de cotton, de laine, de ſoye, d'écorce *d'arbres, de poil, de jonc, de boyaux, & autres matieres ployantes & flexibles*. ACAD. FR. Les Cordes des Inſtrumens de Muſique ſont le plus ſouvent de boyau de Mouton, celles de Bouc ſont les meilleures, & quelquefois de fil d'archal. Par ce mot de *Corde*, outre ſa ſignification naturelle, on entend auſſi le ſon qu'on tire d'un Inſtrument, & même de ceux qui n'ont point de cordes. On emploie auſſi quelquefois ce même mot pour ſignifier un accord ; & en ce ſens quand on dit qu'*Il y a de belles Cordes dans une piece*, on veut faire entendre qu'il y a de beaux accords. On appelle *Corde finale*, la corde par laquelle on finit une piece. Elle eſt appellée autrement *Note du mode*, parce que c'eſt elle qui donne, le nom au mode. Ainſi quand on finit par *F ut fa*, on dit que la piece eſt en *F ut fa*, c'eſt-à-dire, dans le mode ou dans le ton de *F ut fa*. On appelle la quinte au-deſſus, *Corde dominante*, & la tierce *Corde mediante*. C'eſt ſur ces trois cordes que ſe font les principales cadences des modes de *B mol*. Dans les modes de *B quarre*, on les fait ſeulement ſur la dominante & ſur la finale.

En termes de Géometrie, on appelle *Corde* une ligne tirée dans un cercle d'un point de la circonference à un autre. Selon cette définition les diametres pourroient être appellés *Cordes*, cependant on ne donne communément ce nom qu'aux lignes qui ne paſſent point par le centre. La *Corde* priſe en ce dernier ſens coupe donc une circonference en deux arcs inégaux, & elle eſt appellée *Corde de ces arcs*, quoique plus ordinairement on ne donne la Corde qu'au plus petit arc qu'elle ſoûtient. On dit la *Corde de trente, ou de ſoixante degrés*, &c. pour dire la Corde d'un arc de trente, ou ſoixante degrés, &c.

On appelle en termes de Marine, *Corde de retenue*, une corde dont l'uſage eſt de retenir un peſant fardeau, lorſqu'on l'embarque. *Cordes de défenſe*, ſont de groſſes cordes mêlées enſemble, qu'on fait pendre le long des flancs d'un Vaiſſeau. Elles ſervent à le conſerver quand il eſt à l'ancre auprès de pluſieurs bâtimens, qui par leur choc le pourroient incommoder.

CORDE', E'E. adj. Terme de Blaſon. Il ſe dit des luts, violons & autres Inſtrumens ſemblables, quand les cordes ſont d'un different émail. Il ſe dit auſſi des arcs à tirer. *D'azur à une harpe cordée d'or*.

CORDE'E. ſ. f. Ficelle de ſix ou ſept braſſes ou plus à laquelle on attache d'eſpace en eſpace pluſieurs petits hameçons avec quelque appât pour prendre des Anguilles, &c.

CORDELIERE. ſ. f. Sorte de petit collier de ſoye noire, diſtingué par de petits nœuds, que les femmes mettent quelquefois à leur cou. C'eſt auſſi en termes de Blaſon, un petit Filet plein de nœuds que mettent les veuves & les filles en maniere de cordon pour entourer l'Ecu de leurs armes.

Cordeliere. Terme d'Architecture. Petit liteau qui ſe met ſous les patenôtres.

Cordeliere, eſt auſſi un Ordre de Chevalerie qu'inſtitua Anne de Bretagne, lorſqu'elle fut veuve du Roi Charles VIII. Elle mit cet Ordre autour de ſes Armes en forme d'écharpe ; & on tient qu'elle voulut imiter en cela le Duc de Bretagne ſon Pere, appellé François, qui en mit un pareil autour des ſiennes, à cauſe qu'il reveroit particulierement S. François d'Aſſiſe. Cet Ordre avoit pour Deviſe, *j'ai le corps délié*, par alluſion au mot *Cordeliere* ; & cette Reine en fit porter le Collier à ſes Dames d'honneur, les exhortant à mener une vie ſainte.

CORDELIERS. ſ. m. Religieux habillés de gros drap gris, avec un petit capuce & un manteau de la même étofe. Ils portent ſur leur robe une groſſe ceinture de corde avec des nœuds. Saint François d'Aſſiſe eſt le Patriarche de cet Ordre, qu'il fonda dans les premieres années du treiziéme ſiecle. Il fut approuvé par le Pape Innocent III. en 1210. confirmé par le Pape Honoré III. en 1215. & les autres Papes lui ont accordé pluſieurs Privileges. Ses Religieux furent appellés d'abord *Pauvres Mineurs*, par oppoſition aux Heretiques Vaudois, ſurnommés *Pauvres de Lyon*. On les appella depuis *Freres Mineurs*, parce qu'ils crûrent que garder le nom de *Pauvres*, c'étoit ſe glorifier de la pauvreté qu'ils embraſſoient. On tient qu'ils repouſſerent les Barbares dans la guerre que S. Louis entreprit contre les Infideles, & que ce Prince ayant demandé leur nom, on lui répondit que c'étoient des hommes de corde liés. Quelques-uns veulent que ce ſoit delà qu'ils ont eu le nom de *Cordeliers*. Cet Ordre a donné quatre Papes à l'Egliſe, & grand nombre de Cardinaux & d'Evêques. Il eſt rapporté que dans le premier Chapitre General que tint S. François en 1219. il s'y trouva plus de cinq mille Religieux ; ce qui fait voir combien il avoit multiplié en fort peu d'années. Il a eu de fort grands Hommes, S. Antoine de Padoue, S. Bonaventure, Jean Scot, que l'on ſurnomme le Docteur Subtil, & pluſieurs autres. Il y a auſſi des Religieuſes Cordelieres, qui ont la même ceinture de corde.

CORDELLE. ſ. f. Corde de moyenne groſſeur qui ſert à haler un Vaiſſeau d'un lieu à un autre. C'eſt auſſi la Corde avec laquelle on conduit une chaloupe de terre à un Navire qui eſt dans un Port, ou que l'on paſſe du côté d'une riviere à l'autre.

CORDOANIER. ſ. m. Vieux mot qui ſe diſoit pour, Cordonnier, à cauſe du *Cordouan*, Eſpece de cuir venu de Cordoue en Eſpagne, dont on fait le deſſus des ſouliers.

CORDON. ſ. m. *Une des parties ou branches dont la corde eſt compoſée*. ACAD. FR.

Cordon, en termes de Fortification, eſt une bande de pierre arrondie en-dehors, qui ſe met entre la muraille qui eſt en talus & le parapet qui eſt à plomb, afin que cette difference n'ait rien qui choque la vûe. Les Cordons ne ſervent que d'ornemens, & regnent tout autour de la place. On n'en fait qu'aux ouvrages de Maçonnerie, & on met des fraiſes à ceux de terre.

On appelle *Cordon* dans une Galere, la hauteur de l'enceinte. Elle eſt d'environ trois pouces, & embraſſe tout le corps de la Galere.

CORGIE. ſ. f. Vieux mot. Verge ou ſangle de cuir. *En ſa main droite une Corgie*. On diſoit auſſi *Courgie*. C'eſt delà qu'on a dit, *une Eſcourgée*.

CORIANDRE. ſ. m. Herbe aſſés commune, dont la tige eſt branchue & mince, & haute d'un palme & demi. Ses feuilles d'embas reſſemblent à celles de *Capillus Veneris*, & ſont plus minces &

entaillées plus menu à sa tige & à ses branches. Sa fleur est blanchâtre, & il en sort une graine ronde & ridée en façon de grappe. Lorsque cette graine est seche, elle est odorante & sert à plusieurs usages. On la couvre de sucre, & elle fait bonne bouche après le repas. Toute la plante a une mauvaise odeur & sent la punaise. Dioscoride dit que le Coriandre est froid, & Galien veut qu'il soit composé de qualités contraires, étant fort amer en son essence qui le rend subtil, & terrestre en ses parties, & qu'il ait d'ailleurs une humidité aqueuse, tiede & moderement chaude, avec un peu d'astriction. On ne se sert que de la semence dans la Medecine. Plusieurs, tant Grecs qu'Arabes, & Dioscoride même, ont dit que le Coriandre trouble le sens, & quelques-uns, que son jus pris en breuvage fait mourir la personne qui le prend; mais Matthiole qui d'abord approuvoit ceux qui en défendoient l'usage, avoue qu'il a changé d'opinion, & dit que si on en use moderement, le Coriandre, outre les autres proprietés qu'il a, fortifie l'estomac, aide à la digestion, fait sortir tous excremens, réjouit le cœur, aiguise l'entendement, & vivifie les esprits. On ne doit jamais employer sa graine en Medecine qu'on ne l'ait détrempée auparavant, trois jours entiers dans le vinaigre. Les Auteurs font Coriandre masculin, quand ils parlent de la plante. Il est feminin quand on parle de la graine. De la Coriandre. Grosse, petite Coriandre. Ce mot vient de κόρις, Punaise, à cause de la mauvaise odeur de cette herbe.

CORION. s. m. Vieux mot. Attache de cuir, du Latin Corium, Cuir. On lit dans le troisième volume de Froissard: Faisoit porter devant lui son pennon pleinement de France & d'Angleterre, & ventilloit au vent par une maniere étrange, car les Corions en descendoient presque en terre.

CORIS. s. m. Plante qui ne passe point la hauteur d'un palme, & qui a ses feuilles comme la bruyere, moindres pourtant & plus grasses. Ses fleurs sont jaunes, & ses branches qui sont roussâtres, jettent une bonne odeur. Dioscoride dit que sa graine bue en vin est bonne aux sciatiques & aux spasmes qui font retirer les nerfs, & la tête en arriere. Il dit aussi que quelques-uns l'appellent Hypericum, mais Matthiole y trouve de la difference dans sa tige & dans ses feuilles.

CORLIEU. s. m. Espece d'oiseau, qui a le bec long & courbe, & les jambes longues. Son plumage est gris avec des taches rouges & noires. On dit aussi Corlis & Courlis. Cet oiseau a pris son nom du cri qu'il pousse.

CORMIERE. s. f. Terme de Marine. La derniere piece de bois au plus haut d'un Vaisseau, laquelle étant assemblée avec le bout superieur de l'etambord, forme le bout de la pouppe.

CORMIER. s. m. Grand arbre qui porte des Cormes. Il y en a de deux sortes, tant pour les Cormiers domestiques, que pour les sauvages. Les domestiques se connoissent en la diversité de leurs fruits, qui sont ronds dans les uns, & d'un jus odoriferant & doux; & ovales dans les autres, âpres, desagreables au goût, d'une couleur un peu pâle & rousse aux côtés, & n'étant pas de si bonne odeur. Le tronc de l'un & de l'autre est droit & long, & leurs branches tendent en haut. Ils ont leurs feuilles comme le frêne, un peu plus étroites, blanchâtres d'un côté & dentelées tout autour. Leurs fleurs sont blanches, & leurs fruits viennent comme les raisins, y en ayant plusieurs sur la même queue. Leur racine est grosse, épaisse & profonde. Quant au Cormier sauvage, l'un est

proprement appellé Sauvage, & n'est guères different du domestique que par son fruit, qui vient comme un fuseau de couleur jaune-rousse, presque d'une même grosseur & grandeur; mais d'un goût fort different. Pline appelle l'autre Torminal. Il a ses feuilles semblables à celles de vigne, fermes & lissées, & son fruit longuet, âpre, rond, aigre au goût & attaché à une longue queue. On en fait les fusts & moulures des outils de Menuisiers.

Il y a dans les Isles de l'Amerique une espece de Cormier fort different de celui qu'on voit en France. Il est d'une hauteur excessive, & fort beau à voir, ayant quantité de belles feuilles & plusieurs branches qui les accompagnent. Il porte un fruit agreable, & rond comme une cerise. Ce fruit est de couleur jaune, tacheté de petites marques rouges, & il tombe de lui-même lorsqu'il a atteint sa maturité. Les oiseaux en sont frians. Il a le goût de la Corme; & c'est ce qui a fait donner le nom de Cormier à l'arbre.

CORMORAN. s. m. Oiseau aquatique, qui est presque fait comme un corbeau. Au dessous du col qu'il a fort long, ses plumes sont blanches & bordées de noir. Son ventre est couvert du même plumage, qui est noir ailleurs ou gris fort brun, & verdâtre par les ailes. Il a un duvet gris, & fort fin, comme les Cignes sous les grandes plumes; celles de la tête & du col sont épaisses & menues comme de la frange. Son bec est crochu & pointu, long de trois pouces, noir par le dessus, & gris & rougeâtre par ses côtés. Ses yeux sont petits, & ses piés courts. Il les a luisans & noirs, & couverts d'écailles. Les doigts en sont joints par des membranes ou toiles picotées comme du chagrin. Il en a quatre, dont le plus grand a cinq os, celui d'après quatre, le troisième trois, & le quatrième deux. Aristote dit que c'est le seul des Plongeons qui se perche sur les arbres. La largeur de son gosier est cause qu'il peut avaler d'assés gros poissons, & pour le faire plus commodément, il les jette en l'air, afin de les recevoir par la tête dans son bec. On lui met un anneau de fer au bas du col quand on s'en sert pour la pêche; & par ce moyen on lui fait rendre le poisson qui n'a pû passer. Sa peau étant preparée n'est pas moins bonne que celle du Vautour pour échauffer l'estomac. M. Ménage derive Cormoran de Corvus marinus, Corbeau marin, à cause que les anciens Gaulois disoient More, au lieu de Mer.

CORNALINE. s. f. Sorte de pierre precieuse fort luisante & polie, & que l'on appelle Onyx en Latin, du Grec ὄνυξ, Ongle, à cause que l'on y voit dans cette pierre une sorte de blancheur semblable à celle qui se remarque dans l'ongle. On fait des cachets & des bracelets de Cornaline, dont il y a de deux sortes, l'une blanche & l'autre rouge tirant sur l'orange. On peut peindre en émail sur la Cornaline, comme sur une plaque d'or, parce qu'elle souffre la violence du feu. Les plus grands morceaux que l'on en trouve, n'ont que trois pouces de haut. On l'appelle aussi Corneole.

CORNARTISTES. s. m. Heretiques qui nioient le peché originel. Ils prirent leur nom de Theodore Cornart, Calviniste, dont ils suivoient les erreurs. Il étoit Secretaire des Etats de Hollande, & mourut en 1595.

CORNAILLER. v. n. Terme qui n'a d'usage que parmi les Charpentiers. Ils disent qu'un Tenon cornaille dans une mortoise, pour dire, qu'il n'entre pas quarrément, & qu'il n'a pas été dégauchi.

CORNE. s. f. Partie dure qui sort de la tête de quel-

L l iij

ques animaux pour défense & pour ornement. ACAD.
FR. On appelle en termes d'Architecture *Cornes*
dans un Chapiteau , les quatre coins du tailloir , &
Corne de Belier , un Ouvrage qui fert de volute aux
chapiteaux, tant de l'Ordre Ionique , que du Compofite. *Cornes d'abaque* , font les encoignures à pan
coupé du tailloir d'un chapiteau de Sculpture. On
dit , *Corne de Bœuf*, ou *Corne de Vache* , pour dire,
La moitié d'un biais paflé. Il y a auffi un ornement
de Sculpture , que l'on appelle *Corne d'abondance* ,
à caufe qu'il reprefente la Corne de la Chevre A-
malthée , avec des fruits & des fleurs qui en fortent.

On dit en termes de Mer, *Corne de vergue*, pour
fignifier une concavité en forme de croiflant, qui
eft au bout de la vergue d'une chaloupe. On dit
auffi *Corne à amorcer*. C'eft une groffe Corne de
Bœuf qu'on remplit de poudre fine pour amorcer
les canons. Elle eft garnie de liege ou d'un autre
bois.

Corne de Cheval. Efpece d'ongle qui regne autour
du fabot, ce qui le fait auffi appeller *Corne du fabot*. Il a l'épaiffeur du doigt , & environne la fole
& le petit pié. Lorfque l'on ferre un Cheval , on
broche les clous du fer à la corne , fans que le fer
appuye fur la fole. On dit, *Donner un coup de corne*,
pour dire, Saigner un Cheval dans le Palais , au milieu du troifiéme au quatriéme fillon de la machoire fuperieure. On fe fert de cette maniere de parler à caufe que cette faignée fe fait avec une Corne
de Cerf ou de Chevreuil qui a le bout fox aigu &
affilé. *Corne* , en termes de Chaffe, fe prend pour
la tête du Chevreuil.

On appelle , en termes de Fortification , *Ouvrage à corne* , un Dehors dont la tête eft fortifiée de
deux demi-baftions ou épaulemens. Ces épaulemens font joints par une courtine , & fermés de
côté par deux aîles paralleles l'une à l'autre , & qui
fe vont terminer à la gorge de l'ouvrage.

Corne Ducale , Bonnet qui a une pointe arrondie
fur le derriere,& que porte le Doge de Venife,pour
marque de fa Dignité.

Corne de Cerf. Herbe longuette qui fe traîne par
terre , & qui a fes feuilles fendues & partagées. Elle
croît fur les remparts , & proche des grands chemins dans les lieux maigres. On la cuit comme
une herbe potagere. Sa racine eft déliée & aftringente , & bonne à manger contre les fluxions de
l'eftomac. Les Italiens lui donnent le nom de *Serpentine* , à caufe que bûe en vin , elle eft un remede fingulier contre les morfures des ferpens &
de toutes autres bêtes venimeufes , de quoi Matthiole affure avoir fait l'experience.

Les bêtes à corne n'ont point de dents à la machoire fuperieure ; mais feulement un os qui leur
en tient lieu.

Vin-corné,Mauvaife odeur, qui tient de celle d'u-
ne corne pourrie , les vins blancs y font plus fujets
que les rouges.

CORNE'E f. f. La feconde Tunique de l'œil. Elle
eft dure & tranfparente , & on lui donne ce nom
à caufe de la reffemblance qu'elle a avec une feuille de corne fort mince , & qu'elle fe leve par écailles comme de la corne.

CORNEILLE. f. f. Oifeau de plumage noir, qui eft
plus petit que le Corbeau , & qui croaffe de même. Il vit auffi de charogne & fon nid fur le
haut des arbres. On le trouve particulierement le
long des rivages , des rivieres & des mers. Il vit
fort long-tems , & l'on tient qu'il a l'adreffe de
porter des noix en l'air, & de les laiffer enfuite
tomber fur des pierres pour les cafer. On appelle

Corneille emmantelée , celle qui eft en partie noire , & en partie grife. Il fe trouve encore une
autre efpece de Corneille , appellée en Latin *Mo-
nedula* , à caufe qu'elle aime à dérober la monnoye. Elle eft picottée de blanc , extrêmement gou-
lue , & vit de grain.

CORNEMUSE. f. f. Inftrument ruftique , dont fe
fervent les Bergers pour fe divertir. Il eft à vent
& à anche , & diftingué en deux parties. L'une eft
une peau ordinairement de mouton. Elle s'enfle
ainfi qu'un balon par le moyen d'un portevent
enté fur cette peau , & bouché par une foûpape.
L'autre partie confifte en trois chalumeaux , dont
on nomme l'un le gros bourdon , l'autre le petit
bourdon , & dont le troifiéme eft fait à anche. On
en joue en ferrant la peau fous le bras quand elle
eft enflée, & en ouvrant ou fermant avec les doigts
les trous dont il eft percé. Ils font au nombre de
huit. La peau de la Cornemufe eft d'ordinaire large de dix pouces , & longue d'un pié & demi. Le
petit bourdon en a un de long , le portevent fix
pouces , le chalumeau treize, en y comprenant l'anche , & ils fe brifent & fe divifent par les nœuds ,
afin qu'on puiffe les porter plus aifément.

CORNEOLE. f. f. Plante qui a fes tiges & fes feuilles comme le lin , mais un peu plus grande. Sa
fleur eft jaune , & fa graine eft contenue en certaines gouffes comme le geneft. Elle croît parmi
les prés , & n'a point d'aftriction au goût. Les Teinturiers en font leur verd , après avoir baigné leurs
draps dans la guefde. Ruellius prend la Corneole
pour la Lyfimachia , mais Matthiole fait voir qu'il
fe trompe.

CORNET. f. m. Sorte d'inftrument de Mufique à
vent , qui va en courbant tant foit peu , & qui eft
d'ordinaire percé de fept trous. *Cornet* fe dit auffi
de tout petit Cor fait de corne , qui fert à augmenter le cri ou fon de la voix. *Cornet de poftillon* , *cornet de Vacher*.

Cornet à bouquin. Efpece de grande flute à fept
trous dont le feptiéme eft inutile. On s'en fert dans
un lieu vafte pour foutenir un grand Chœur. Il y
en a de tout droits & de courbés. Les uns font faits
d'une feule piece de bois de Cormier ou de Prunier,
& les autres font de deux pieces. Le deffus a deux
piés de longueur ; la bafe en a quatre. Le diametre de fa pate eft d'un pouce , celui de fon bocal
d'une ligne , & celui de chaque trou de quatre lignes. Il a l'étendue d'une octave.

On voit aux Antilles de gros coquillages , qui font
tournés par le bout en forme de vis , & que l'on
appelle *Cornets de mer*. Les uns font auffi blancs
que l'yvoire , & les autres font enrichis par dedans
d'un gris de perle fort luifant , & par dehors de plufieurs vives couleurs , qui quelquefois fe terminent
en écailles ou fe répandent en maniere d'ondes qui
fe pouffent & flottent les unes fur les autres , depuis le bord de la large ouverture de deffus jufques
à la pointe entortillée où elles meurent. En perçant ces Cornets par le petit bout , on en fait une
efpece d'inftrument de Mufique , qui rend un fon
fort aigu & penetrant , & qui étant pouffé par les
diverfes finuofités de ce coquillage , fe fait entendre de loin , ainfi que feroit celui d'un Clairon ,
mais pour les faire jouer , il y a du fecret à bien
compaffer le fouffle qu'il faut.

On appelle auffi *Cornet* , un des principaux jeux
de l'orgue. Il y a le grand & petit Cornet. Le grand
a cinq tuyaux fur touche , & dix-neuf touches par-
lantes fans les diéfes. Le petit n'a que dix-neuf touches qui jouent , & on l'appelle *Cornet féparé* , à
caufe que c'eft un jeu qui a un troifiéme clavier ,

séparé de celui du positif, & du grand corps de l'orgue. Il a cinq tuyaux de marche, dont le premier est bouché & a cheminée d'un pié de long; & le second, long aussi d'un pié, mais ouvert. Le troisiéme est d'environ huit pouces & demi, le quatriéme d'un demi-pié, & le dernier de cinq pouces ouverts. On les accompagne du prestant & du bourdon, & cela fait sept tuyaux. Le *Cornet d'Echo*, est un autre jeu, qui a un quatriéme clavier separé dans les grandes orgues. Il a, comme le petit cornet, cinq tuyaux sur marche, & dixneuf touches qui jouent.

Cornet de pourpre. Espece de pourpre ou de poisson qui sert aux teintures.

On appelle en termes de Mer, *Cornet d'épice*, certaine broche de fer dont on se sert pour épicer une corde.

CORNETIER. s. m. Artisan qui refend les cornes des Bœufs tués, & qui les redresse avec des fers chauds & autres instrumens, pour les vendre à ceux qui font des peignes & des patenôtres.

CORNETTE. s. m. Officier de Cavalerie, qui est créé par le Roi pour porter l'étendart dans chaque Compagnie de Chevaux-legers, & dans chaque Compagnie de Dragons. Les Mousquetaires du Roi ont un Cornette & un Enseigne, & les Gendarmes ont un Guidon, au lieu d'un Cornette. Comme le Cornete est d'ordinaire le troisiéme Officier de la Compagnie: il la commande quand le Capitaine & le Lieutenant ne s'y trouvent point. S'il y a un Sous-Lieutenant, c'est lui qui precede. Le Cornette a son poste à la tête de l'Escadron dans un combat, & il le prend entre le troisiéme & le quatriéme rang dans une marche. Le Roi supprima les Cornettes en 1668. n'ayant retenu sur pié que celui de la Compagnie du Colonel general de la Cavalerie legere, & celui de la Compagnie du Mestre de Camp general, & Sa Majesté les rétablit en 1672.

CORNETTE. s. f. C'étoit autrefois le devant d'un chaperon ou bourrelet qu'on entortilloit sur la fontaine de la tête, & on l'appelloit ainsi, de ce qu'après avoir fait tous ces tours, les bouts formoient sur la tête deux manieres de petites cornes. Presentement la Cornette est une marque de Magistrature, & on la porte pendante des deux côtés des épaules, & le chaperon par derriere. C'est l'usage des Consuls en diverses Villes. On appelle aussi *Cornette*, une large bande d'étoffe de soye que les Docteurs en Droit portoient autrefois autour du cou, & qui pendoit jusqu'à terre. Quelques Professeurs en portent encore au College Royal.

Cornette. Terme de Marine. Pavillon quarré & blanc, qui marque la qualité ou le caractere du Chef d'Escadre. Il le porte au grand mât quand il a le commandement en chef, & ne le porte qu'au mât d'artimon quand il est en corps d'armée. La Cornette doit être fendue par le milieu des deux tiers de sa hauteur, & son battant doit avoir quatre fois celle du guindant.

Cornette. Sorte de fer qui a huit ou neuf piés de longueur, trois pouces de large, & qui est épais de quatre à cinq lignes.

C'est aussi une grande plaque de fer de dix-huit ou vingt livres, forgée au bout d'une barre pour en faire un soc de charrüe.

Cornette. Terme de Fauconnerie. La houpe, ou le tiroit de dessus le chaperon de l'Oiseau.

Cornette. Sorte de fleur sauvage, semblable à la violette, & qui croît parmi les blés mûrs. Il y a aussi de la *Cornette cultivée*, & celle-là est simple, double, violette, incarnate, panachée, &c.

CORNICHE. s. f. La troisiéme & la plus haute partie de l'entablement. Ce mot vient du Latin *Coronis*, qui veut dire Couronnement; & on donne le nom de *Corniche* à toute saillie profilée, qui couronne un corps. Elle est differente selon la difference des ordres. La Toscane est sans ornement, & celle de toutes qui a le moins de moulure. La Dorique est ornée de denticules comme l'Ionique, qui a aussi quelquefois ses moulûres taillées d'ornemens. La Corinthienne est celle de toutes qui a le plus de moulûres, fort souvent taillées, & des modillons, & même quelquefois des denticules. La Composite a des denticules & ses moulûres taillées avec des canaux sous son platfond. On appelle *Corniche d'appartement* toute saillie qui sert à soutenir le platfond ou le cintre d'un appartement, & à couronner le lambris de revêtement s'il y en a. *La corniche de couronnement*, est la derniere d'une façade; sur laquelle pose le chêneau d'un comble. Il y a encore diverses sortes de Corniches, l'une *Architravée*, qui est confondue avec l'architrave, & dont on supprime la frise; l'autre *Mutilée*, dont la saillie est coupée au droit du larmier, ou coupée en platebande avec une cymaise; l'autre *Continue*, c'est à-dire, qu'aucun corps n'interrompt dans son étendue & ses retours, & qui rentre dans elle-même; & l'autre *Coupée* ou *Interrompue*, qui ne regne pas de suite à cause de quelque corps qui l'interrompt dans son cours. *La Corniche en chamfrain*, est sans moulûres, & *la Corniche volante*, est toute corniche de menuiserie chamfrainée par derriere, & qui est faite pour couronner un lambris, & former les quadres des renfoncemens de sofite. On appelle *Corniche de placard*, celle qui couronne la décoration d'une porte ou d'une croisée de menuiserie; *Corniche circulaire*, celle du dedans ou du dehors de la tour d'un dome; *Corniche rampante*, la Corniche d'un fronton pointu, & *Corniche cintrée*, celle qui dans son élevation est retournée en cintre ou en arcade.

CORNIER, ERE. adj. Terme d'Architecture. On appelle *Pilastre Cornier*, un Pilastre qui est dans l'angle, ou qui fait l'encoignure d'un bâtiment ou de quelque chambre; & *Poteaux Corniers*, les grandes Pieces de bois qui sont dans les angles des panneaux de Charpenterie. Ce mot se dit aussi des gros arbres qu'on choisit par autorité de Justice, & qui servent à marquer les bornes des coupes & ventes des bois taillis & de ceux de haute futaye. On les nomme *Piés Corniers*, & ils sont ordinairement dans les angles des plans & figures que font les Arpenteurs de ces coupes.

Corniers, se prend au pluriel substantivement, & les Selliers donnent ce nom aux quatre quenouilles dont l'Imperiale d'un carosse est soutenue.

CORNIERE. s. f. Jointure de deux pentes de toit dans l'angle de deux corps de logis qui sont joints ensemble.

On appelle en termes de Charpenterie, *Jointure Corniere*, le Canal de plomb ou de tuile qui est le long d'un angle de deux toits ou bâtimens.

Corniere, est aussi un terme de Blason, & veut dire, Une anse de pot; qui a pris ce nom à cause qu'elle a succedé aux cornes ou anses que l'on mettoit anciennement aux angles des Autels, des tables, des cofres & autres choses, pour les porter plus facilement.

CORNOUILLER. s. m. Arbre dur qui porte un fruit longuet en façon d'olives. Ce fruit, que l'on appelle *Cornouille*, est vert au commencement, & en mûrissant il devient rouge. Il y a un Cornouiller mâle & un Cornouiller femelle. Le mâle est haut de douze coudées, & a la feuille comme l'Amandier, mais plus épaisse & plus grasse. Son écorce est déliée & veneuse, & son tronc massif & fort épais. Son bois est sans moële, & ferme comme une corne, ce qui l'a fait aussi appeler *Cornier*. Le Cornouiller femelle n'a pas le tronc si épais que le mâle, & jette beaucoup de petites branches. Il a de la moële dans son bois qui est plus tendre que l'autre. Tous les deux ont leurs nœuds & germes compartis comme l'*Agnus castus*. Le Cornouiller fleurit & porte son fruit comme l'olivier, c'est-à-dire, plusieurs cornouilles en un seul pendant. Leur noyau est semblable à celui des olives, doux à goûter, & l'odeur en est fort bonne. Il faut prendre garde à ne pas mettre des ruches de mouches à miel auprès de cet arbre: car si elles goûtent sa fleur, elles prennent un flux de ventre dont elles meurent. Cette fleur est mousse & de couleur d'or. Les feuilles du Cornouiller sont fort dessiccatives, & propres à souder les grandes playes, surtout en ceux qui ont la chair dure. Elles sont contraires aux corps délicats, & aux petites playes, à cause qu'elles les étendent & dessechent trop.

CORNUAU. s. m. Mauvais poisson, qui monte en Loire en très-grande quantité à même-tems que l'Alose, & si semblable qu'on peut y être trompé, si ce n'est qu'il est plus court. Les Paysans & Artisans en mangent pendant toute la saison.

CORNUE. s. f. Vaisseau chimique de verre, ou matras lutté, enduit de terre, de l'épaisseur d'un pouce, qui a un col recourbé, auquel on joint un recipient que l'on met dans l'eau. On appelle aussi ce Vaisseau *Retorte*, dont on s'en sert pour distiller les matieres qui n'envoient pas facilement leurs vapeurs en haut.

COROLITIQUE. adj. On appelle *Colomne corolitique*, une Colomne qui est ornée de feuillages & de fleurs, tournées en ligne spirale autour de son fût, ou par couronnes, ou par festons. Les Anciens s'en servoient pour élever des statues, & ces statues étoient appelées *Corolitiques*, du mot *Corolla*, Couronne. Ces sortes de colomnes conviennent aux Arcs de triomphe pour les entrées publiques, & aux décorations de Theatre.

COROLLAIRE. s. m. Annotation qu'on fait sur quelque proposition démontrée, par laquelle on fait des inductions, ou bien l'on en tire d'autres verités ou consequences qui s'en ensuivent necessairement & clairement, sans qu'il soit besoin d'employer de nouvelles preuves. On se sert souvent de corollaires dans les Mathematiques, ils sont comme attachés aux theoremes aux problèmes dont ils naissent, & plus un theoreme ou problème est démontré d'une maniere universelle & facile, plus il a coûtume de produire de corollaires. Ce mot est Latin, & vient de *Corolla*, fait de *Corona*.

CORONAL. ALE. adj. Terme de Medecine. On appelle l'os du front, *Os Coronal* & *Veine Coronale*, Celle qui sortant du tronc ascendant de la veine-cave, entoure en maniere de couronne toute la substance du cœur, & le nourrit par plusieurs rameaux. Ce que l'on appelle *Suture Coronale*, est l'emboîture anterieure du crane, ou des os de la tête, qui part des temples, & prend son chemin vers le sommet de la tête. Cette suture a le nom de *Coronale*, à cause que c'est en cet endroit-là que l'on pose les couronnes.

COROSOL. s. m. Fruit de la grosseur d'un melon, qui se trouve dans les Antilles, & qui est un peu pointu & recourbé par le bout d'en-bas. Il a l'écorce verte, lissée & assés épaisse, & il semble que l'on ait pris plaisir à tracer de petites écailles dessus avec une plume & de l'ancre. Au milieu de chacune de ces écailles il y a une petite pointe de mê-

me matiere que l'écorce. Ce fruit est attaché au tronc, aussi-bien qu'aux branches. Toute la chair est d'une blancheur de neige, quoiqu'elle soit un peu filasseuse. Elle se fond dans la bouche, & se resout en une eau qui a le goût de la pêche. Il est relevé que par une petite aigreur fort agreable, & qui rafraîchit extrêmement. C'est un des plus excellens fruits de toutes ces Isles. On y trouve plusieurs graines noires, lissées & marquées de petites vênes d'or, grosses & longues comme des fleurs de Bresil. L'arbrisseau qui le porte est tout semblable au Laurier, tant pour sa grandeur, que pour ses feuilles. Les François l'ont appelé *Corrosol*, à cause qu'il a été apporté d'une Isle de ce même nom, qui est habitée par les Hollandois.

COROT. s. m. Vieux mot. Couroux.

COROZA. s. m. Poisson furieux qui se trouve dans la mer qui est entre le Cap de Comori, les Bastes de Chilao & l'Isle de Zeilan, & que l'on appelle *La Pescaria delle perle*, à cause de la pêche des perles qui s'y fait pendant les mois de Mars & d'Avril. Ce poisson a deux rangs de dents affilés & fort longues autour de sa langue, avec lesquelles il coupe le bras & la cuisse d'un homme aussi net que le couteau le mieux tranchant. Les P'ongeurs se servent de Magiciens pour se mettre à couvert de ce danger, si l'on s'en rapporte à Vincent le Blanc. Il dit qu'un Pêcheur étant un jour tout prêt d'être dévoré par un Coroza qui venoit à lui la gueule ouverte, le Magicien qui étoit present commença à crier tout haut: *Tervas*, c'est-à-dire, Sort ou charme, & aussi-tôt le poisson tourna de l'autre côté. Mais le Pêcheur ayant reçu une épée, il en donna quelques coups à ce poisson, qui s'enfuit, laissant la mer teinte de son sang. Le soir, quand les Magiciens se retirent, ils rompent leur charme, afin que pendant la nuit personne ne se hazarde à cette pêche.

CORPORIFIER. v. a. Terme de Chimie. Faire que les esprits prennent corps. La Corporification se fait souvent avec les esprits acides qu'on met ou avec des sels fixes, ou avec des terres acides. Si on met de fort vinaigre, ou quelque esprit acide sur des perles ou sur du corail, ce corail ou ces perles retiendront l'acidité que contenoient les liqueurs, & cette acidité se fixera avec ces corps. De même, si on met de l'esprit de nitre ou de l'eau forte avec le sel fixe de tartre, le dernier retiendra si étroitement le premier, qu'on fera des deux un bon salpêtre. On dit aussi *Corporiser* & *Corporisation*.

CORPS. s. m. *Ce qui est composé de matiere & de forme*. ACAD. FR. Il se dit, à l'égard des animaux, de ce qui est opposé à l'ame, & plus particulierement du tronc du corps à l'égard de l'homme, c'est-à-dire, de cette partie qui est comprise depuis le col jusqu'au haut des cuisses, & qui comprend une grande cavité remplie de plusieurs choses bien différentes. Le haut de cette cavité est appellé le ventre superieur, ou la poitrine, & comprend les poumons, qui sont divisés en plusieurs lobes, & semblent entourer une taye qu'on nomme le Pericarde. Cette taye forme une maniere de poche au dedans de laquelle est le cœur qui nage dans une liqueur qui differe peu de ce que nous paroît l'urine. Au-dessous des poumons & du cœur, à l'endroit où le ventre superieur se termine, est le diaphragme, qui est une membrane assés épaisse, par laquelle le ventre superieur est separé du inferieur. Elle est située de telle sorte, que lorsque l'homme est debout, elle se trouve comme de niveau, panchant presque également de chaque côté. Le foye est

eſt du côté droit au-deſſous du diaphragme. La bourſe du fiel eſt dans ſa partie inferieure, & la rate eſt du côté gauche. Entre l'un & l'autre, c'eſt-à-dire, entre le foye & la rate eſt le ventricule, où tout ce qu'on boit & mange eſt reçu, y étant porté par un canal nommé l'oeſophage ou le goſier, qui eſt couché le long des vertebres. Le ventricule eſt percé à ſon entrée & à ſa ſortie, tant pour recevoir les viandes, que pour leur en permettre l'iſſue. L'ouverture de la ſortie eſt appellée le Pilote, & c'eſt delà que commencent les inteſtins, qui après pluſieurs détours ſe terminent à la partie baſſe par où les excremens groſſiers ſe vuident. Il n'y a proprement qu'un ſeul inteſtin, dont la premiere partie, qui touche immediatement le ventricule, s'appelle le Duodenum, la ſuivante le Jejunum, la troiſiéme l'Ileum, la quatriéme le Colon, & celle qu'on pourroit nommer la cinquiéme & la derniere le Rectum, mais entre la troiſiéme & la quatriéme il y a un bout de boyau fermé par le fond comme un cu de ſac, qu'on appelle le Cœcum. Cela eſt cauſe que l'on compte ſix inteſtins, les trois premiers nommés grêles & menus, & les autres bien plus gros. Il ſemble d'abord que tous ces inteſtins flottent dans le corps ſans aucune attache ; mais on connoît en les maniant qu'ils ſont attachés à une certaine taye appellée le Meſentere, laquelle eſt attachée aux vertebres. Le bas ventre contient encore les deux reins ou rognons qui ſont auſſi attachés aux vertebres, & la veſſie qui eſt le reſervoir de l'urine.

Les Maîtres en fait d'Armes diviſent le corps en trois parties, la haute, la moyenne & la baſſe. La premiere comprend la tête, la gorge & les épaules ; la ſeconde, la poitrine, l'eſtomac & le ventre ; la ſuperieure & la derniere eſt le ventre inferieur, & au deſſous juſqu'aux cuiſſes.

On dit en termes de Manége, qu'Un cheval a du corps, pour dire qu'Il a beaucoup de boyau. On dit auſſi de certaines nourritures, qu'Elles ſont bon corps à un cheval, pour dire, qu'Elles le rendent ſain & lui donnent de la vigueur, & qu'Un cheval a fait corps neuf, pour dire, qu'Il a été bien purgé, qu'on l'a mis en herbe.

On appelle en termes de Chymie, Corps ſulfureux, Une graiſſe très-inflammable, telle qu'il s'en trouve particulierement dans le ſouphre crud, d'où elle tire ſon nom. La graiſſe ſulphureuſe ne ſe trouve jamais ſeule ; elle eſt toûjours incorporée avec diverſes autres particules, & ſe coagule ſur-tout avec l'acide qui ne manque jamais de ſe rencontrer dans tous les corps ſulphureux, où ſes pointes ſont cachées & temperées par la partie ſulphureuſe. Il y a des Chymiſtes qui ont donné aux metaux un corps, une ame & un eſprit, entendant le ſel par le mot de Corps, le ſouphre par celui d'Ame, & le Mercure par celui d'Eſprit ; ce dernier pour lier & maintenir les deux autres. Il ne faut pas cependant s'imaginer que le Mercure, le ſouphre & le ſel ſoient des parties qui conſtituent eſſentiellement le corps des metaux, & comme y étant avant la diſſolution : car quoiqu'on puiſſe tirer artificielement un ſouphre inflammable des metaux, ainſi que du Mercure vif, ſçavoir le Mercure des corps, & même un ſel parfait & vitriolique, on ne doit pas croire pour cela qu'ils exiſtaſſent avant la tranſmutation qui leur eſt arrivée dans les operations de Chymie, & ſont de nouvelles productions de l'art, leſquelles n'étoient point auparavant. C'eſt là la raiſonnement que le ſçavant Ettmuler fait là-deſſus.

On appelle en termes de Chirurgie, Corps étran-
Tome I.

gers, Tout ce qui eſt entré ou venu de dehors dans une playe ou dans un ulcere, comme le plomb, la bourre, une écharde, & autres choſes qu'il faut retirer, à cauſe qu'elles empêchent la gueriſon de la playe, juſqu'à ce qu'on les en ait fait ſortir.

On appelle en termes de Guerre, Corps de Bataille, la ſeconde Ligne d'une Armée, qui eſt éloignée de la premiere d'environ cent cinquante pas, & Corps de reſerve ou Arriere-garde, la troiſiéme Ligne, qui eſt toûjours la plus foible, & preſque toûjours à trois cens pas de la ſeconde. Le poſte du General eſt à l'un ou à l'autre de ces Corps, afin d'être en état d'envoyer des Troupes à la charge, ſelon qu'il voit être neceſſaire de les faire ſoûtenir les unes des autres. Le Corps de garde, eſt un poſte quelquefois couvert, & quelquefois découvert. On y met les Gens de guerre, que d'autres viennent relever de temps en temps, afin de veiller tour à tour à la conſervation d'un poſte plus conſiderable. Outre la ſignification du poſte, le mot de Corps de garde veut dire encore, Les Troupes qui l'occupent On appelle Corps de garde avancez, Cavalerie ou Infanterie, de petits Corps de garde, qui prenant leur poſte à la tête d'un Campement, en aſſurent les quartiers. On les poſte auſſi ſur les avenues d'une Place, afin d'obſerver tout ce qui s'offre à leur vûe. Les Corps de garde de Cavalerie ſont au dehors de la ligne, lorſque les quartiers d'un Camp ſont déja retranchés, & chaque quartiera non ſeulement ſon grand Corps de garde, qui eſt le plus proche de la ligne & toûjours à la [?] de la même ligne, ſi l'embarras du terrain n'y met pas d'obſtacle, mais encore ſon petit Corps de garde, qui eſt plus avancé, & a ſon poſte, s'il ſe peut à la vûe du grand. On poſte la vedette au delà du petit, pour aſſurer tous les deux.

On appelle Les ſix vieux Corps, Picardie, Piémont, Champagne, Navarre, Normandie & la Marine, qui ſont ſix Regimens de la plus ancienne creation, & le Six petits vieux Corps, ſix autres Regimens qui furent créés après la creation des ſix vieux Corps. Le nom de ceux-là n'eſt point fixé, parce qu'ils prennent toûjours celui des Colonels qui les commandent. Le Corps de bataille, dans une Armée navale, eſt preſque toûjours la diviſion des Commandans, laquelle fait le milieu de la ligne ; & Corps de garde d'un Vaiſſeau, eſt d'ordinaire la partie qui ſe trouve ſous le gaillard de l'arriere.

On appelle Corps de Ville, les Officiers de la Ville, qui ſont le Prevôt des Marchands à Paris & à Lyon, & ailleurs, le Maire, les Echevins, les Conſeillers de Ville & le Procureur du Roi.

On dit à Paris, Les ſix corps des Marchands, Ce ſont les Merciers, les Foureurs, les Epiciers, les Drapiers, les Bonnetiers & les Orfevres.

On appelle en termes de Statique, Corps homogenes, Ceux qui ne contiennent qu'une matiere uniforme, & qui eſt également peſante par tout ; & Corps heterogenes, Ceux qui ſont compoſez de matieres diverſes en peſanteur.

On appelle, en termes de Geometrie, Corps regulier, Celui dont tous les angles, tous les côtés & tous les plans qui compoſent la ſurface, ſont ſemblables & égaux ; & Corps irregulier, un Solide que des ſurfaces égales & ſemblables ne terminent pas.

Corps ſimple, en termes de Coſmographie, ſe dit des quatre Elemens & des Corps celeſtes qui ne ſont

Mm

point mêlés d'autres Corps ; & *Corps mixte* , se dit de ceux qui sont formés du mêlange des Elemens qui leur servent de matiere seconde. Il y en a de parfaits & d'imparfaits. Les parfaits sont des corps animés comme les hommes , les bêtes , les Plantes , où les Elemens sont transformés par un mêlange parfait , & les imparfaits sont des Corps inanimés, comme les meteores, les metaux, les mineraux, dont la forme n'est pas differente de celle des Elemens.

On dit dans la Mecanique, *Corps flexible à ressort* , & *Corps flexible sans ressort*. Le premier est celui qui lorsqu'il a changé de figure par le choc ou par le pressement d'un autre corps , reprend de soi-même la premiere figure qu'il avoit , comme un balon plein d'air bien pressé , ou une corde de boyau tendue fermement. Le corps flexible sans ressort est celui qui conserve la figure que lui a fait prendre ce même choc ou pressement d'un autre corps , comme la cire , ou la terre glaise mediocrement imbibée d'eau.

Corps. Terme d'Architecture. Toute partie qui par sa saillie excede le nud du mur , & qui sert de champ à quelque ornement. *Corps de fond* , est celui qui porte dès le bas d'un bâtiment avec empatemens & retraite.

Dans un bâtiment que l'on habite, *Corps de logis simple*, est celui qui n'enferme qu'une piece entre les murs de face; & *Corps de logis double*, Celui dont un mur de refend ou une cloison partage l'espace du dedans.

On appelle *Corps de pompe* , La partie du tuyau d'une pompe qui a plus de largeur que le reste. C'est où le piston agit pour élever l'eau par aspiration , ou la refouler par compression.

On appelle *Corps mort* , en termes de mer , Une piece de bois qu'on a mise de travers dans la terre, & à laquelle tient une chaîne qui sert à amarrer les Vaisseaux.

CORRECT. adj. On appelle en termes de Peinture , *Dessein correct* , un Dessein dont toutes les parties sont bien arrêtées.

CORRECTEUR. s. m. Nom que l'on donne dans plusieurs Couvents au Superieur qui les gouverne. Il est maître de la discipline des Religieux.

On appelle *Correcteurs des Comptes*, les Officiers qui marchent entre les Maîtres & les Auditeurs. Ce sont eux qui verifient les comptes rendus à la Chambre.

On appelle aussi *Correcteur* , en termes d'Imprimerie , Celui qui lit les premieres épreuves d'un livre , pour observer les fautes que le Compositeur y a laissé glisser en composant.

CORRECTION. s. f. *Action par laquelle on corrige. Il se dit des choses morales & politiques.* ACAD. FR.

Correction , en termes de Pharmacie , est une Preparation du medicament , par laquelle on lui retranche quelque qualité facheuse ou nuisible. Il y a une Correction palliative , & une Correction veritable. La *Correction palliative* , est celle qui diminue simplement la malignité d'un remede , sans la lui ôter , comme lorsqu'on mêle des aromates aux purgatifs comme correctifs , le mastich & le gingembre au turbith , le fenouil au jalap , le cumin à la coloquinte , la zedoaire à la scamonée, les amandes douces & le safran à l'euphorbe. La *veritable Correction* consiste dans la fermentation qui renverse entierement la tissure du mixte ; ce qui la fait nommer la Clef qui ouvre la porte aux poisons qui sont renfermés dans les vegetaux , sur-tout dans les purgatifs , ou dans la preparation avec des sels alkalis. Cette Correction est encore meilleure que

celle qui se fait par la fermentation. Ainsi la coloquinte à laquelle la fermentation laisse quelque malignité qui cause des tranchées, cesse de l'avoir lorsqu'elle a été corrigée avec des sels alkalis , qui doivent êtres fixes ou volatilisés; mais comme il y en a beaucoup à qui la methode de volatiliser les sels fixes n'est pas connue, on peut faire ces Corrections avec l'esprit de vin tartarisé. La *Correction de l'Opium* consiste à faire que de narcotique il devienne anodin , sûr , innocent & salutaire dans la plûpart des maladies. On le joint au cinabre ou à l'antimoine fixe dans celles qui sont malignes , & aux sels volatils d'ambre & de corne de Cerf dans celles que l'on appelle Chroniques. Les Purgatifs deviennent souvent diateriques ou diaphoretiques par la Correction; ou s'ils conservent encore quelque chose de leur vertu purgative , ils sont si bien radoucis, qu'ils operent sûrement & avec promptitude, sans picoter l'estomac ni trancher les intestins.

On appelle en termes de mer , *Corrections de quartier* , les Methodes par lesquelles on corrige les regles de la navigation.

CORRELAIRE. s. m. Vieux mot. Salaire , loyer.

CORRIDORE. s. m. Allée entre un ou deux rangs de chambres dégagées l'une de l'autre. Ce mot vient de l'Italien *Corridore* , Galerie.

On appelle *Corridor de Bastion* , Un chemin sur le bord du fossé en dehors , faisant tout le tour des fortifications d'une Place , & large pour l'ordinaire de trois ou quatre toises. C'est la même chose que *Chemin couvert*.

CORRIGIOLE. s. f. Plante , dont il y a de deux sortes , la Corrigiole mâle qui jette plusieurs branches menues, tendres & nouées, & qui porte sa graine sous chaque feuille ; ce qui lui fait donner le nom de Mâle , & la Corrigiole femelle , qui ne produit qu'une tige semblable au Roseau. C'est la même chose que *Centinode.* On l'a appelée *Corrigiole* , du Latin *Corrigia*, Courroye , à cause qu'elle est si longue & si pliante , qu'on en pourroit faire une courroye.

CORRIVAL. s. m. Vieux mot relatif. Il a signifié dans son origine, Celui qui tiroit de l'eau d'une même source qu'un autre , qui la conduisant par un même canal pour la faire venir sur ses terres , avoit souvent pour cela des differends avec lui. Ce mot vient de la preposition Latine *Cum* , Avec , & de *Rivus* , Ruisseau. On a depuis étendu sa signification , pour dire , Ceux qui ayant les mêmes prétentions pour la gloire , couroient dans la même lice , ou qui aimant une même femme , avoient de frequens sujets de se quereller. On ne dit plus aujourdhui que *Rival*.

CORRODER. v. a. Terme de Chimie , Calciner un corps mixte par des choses corrosives.

CORROMPRE. v. a. *Gâter* , *changer en mal.* ACAD. FR. On dit en termes de Corroyeur , *Corrompre la vache* , pour dire , Faire venir le grain à un cuir de vache par le moyen de la pommelle.

CORROMPTION. s. f. Vieux mot. Corruption.

CORROR. v. n. Mot du vieux langage , pour dire, Tomber. On trouve dans Villehardouin. *Se laist corror* , pour Se laisser tomber. Ce mot vient du Latin *Corruere*.

CORROSION. s. f. Espece de calcination qui se fait par le feu potentiel , des corrosifs. Il y a cinq sortes de Corrosion , l'amalgation , la precipitation , la stratification , la cementation & la fumigation.

CORROY. s. m. Terre glaise , dont on garnit le fond & les côtés des bassins de fontaines , des reservoirs, des canaux , afin qu'ils retiennent l'eau, il faut que cette terre soit bien paîtrie pour être corroi. On appelle aussi *Corroi*, certaine épaisseur de terre qui se met entre un puits & le contremur d'une fosse d'aisance, pour empêcher que l'eau ne soit corrompue. On dit aussi *Courroi* & *Conroi*.

Corros, dans le vieux langage, se trouve employé pour Escadron. On a appellé *Chevaliers de Courroi*, des Chevaliers qui étoient bien équipés, comme s'étant préparés pour l'occasion où ils devoient se trouver, à cause que *Corroi* ou *Courroi*, signifie aussi la derniere preparation que l'on donne aux cuirs ; ce qui a fait étendre ce mot à toutes sortes de preparations. C'est ce qui a fait dire à du Cange, qu'il vient de *Corrodium* ou *Corredinm*, qui vouloit dire autrefois, Un repas préparé pour des Seigneurs quand on sçavoit qu'ils devoient passer sur les terres de leurs Vassaux.

CORROYER. v. a. Bien paîtrir le sable & la chaux avec de l'eau par le moyen du rabot, afin d'en faire du mortier. Les Grecs employoient jusqu'à dix hommes à chaque bassin, pour faire corroyer & raboter long-tems le mortier, & il devenoit par là tellement dur, qu'on faisoit des tables avec les morceaux des enduits qui tomboient d'une muraille. On dit aussi *Corroyer*, *Conroyer* & *Courroyer*, pour dire, Paîtrir & battre au pilon de la terre g'aise, afin d'en faire un Corroi. On dit *Corroyer le fer*, pour dire, Battre à chaud du fer qui est prêt à fondre, afin qu'étant condensé, il soit moins sujet à se casser. On dit aussi *Corroyer le bois*, pour dire, En ôter la superficie par feuilles en le rabotant après qu'il est biné. C'est par là que les Menuisiers commencent à travailler les planches avec la varlope ou demi varlope.

CORRUDA. s. f. Asperge sauvage fort commune qui vient dans les lieux pierreux & secs, & même parmi les hayes & dans les endroits où il y a force petits arbrisseaux plantés. Elle a une tige dure comme le bois, blanchâtre, avec de petites feuilles dures & piquantes. Dioscoride dit que la décoction de ses racines prise en breuvage, est bonne à la difficulté d'urine, à la jaunisse, aux douleurs de re ns & aux sciatiques.

CORRUPTIBLES. s. m. Secte d'Eutychiens qui parurent dans le sixième siecle. Ils pretendoient que la chair de JESUS-CHRIST eût été corruptible & sujette aux passions.

CORS. adj. Vieux mot. Court, petit.
La verté de l' istoire si com li Rois la fit,
Un Clerc de Châteaudun, Lambert lis cors l'écrit.

CORSAGE. s. m. Il se dit de la taille d'un cheval.

CORSET. s. m. Corps de Jupe, garni de baleines pour soutenir la taille. Depuis qu'on a introduit les Robbes abbatues, les femmes ne portent plus de Corset.

CORTUSA. s. f. Plante appellée ainsi par Matthiole, du nom de celui qui l'a trouvée, qui s'appelloit Cortusus, & qui n'en a pû voir que dans la Vailée de Stagna, qui est du terroir Vicentin en Italie. Ses feuilles sont semblables aux feuilles de vigne, moindres pourtant, rondeletes, âpres, d'un goût astringent, & attachées à de longues queues. Elle a ses tiges droites, minces & sans feuilles, & qui à leur cime portent des fleurs purpurines par dehors, jaunes par dedans, & remplies de petits poils ou filets pareillement jaunes. Cette plante vient aux lieux ombrageux en terre blanchâtre. Il y en a qui jettent des fleurs violettes, & quelques-unes dont les fleurs sont blanches. Ceux qui en ont fait l'experience, assurent qu'elle est singuliere

Tome I.

pour soulager les douleurs des nerfs & des jointures, en laissant long tems ses fleurs au soleil en infusion d'huile d'amandes fraîches, & d'autant d'huile rosat. Il faut s'en servir quand elle est encore tiede. Toute la plante étant fraîche a une odeur agreable & forte, semblable à celle des rayons des mouches à miel. Elle ne sent rien quand elle est seche.

CORYBANTIER. v. n. Mot dont Rabelais s'est servi, pour dire, Dormir les yeux ouverts.

CORYDALIS. s. m. Sorte de fumeterre que Galien dit être bon à la colique. Matthiole croit que c'est la plante que quelques-uns nomment *Split*. Elle a ses feuilles semblables à celles du Coriandre, mais un peu moindres, & force racines, minces, longues & blanchâtres. Ses tiges sont minces, branchues & avec des feuilles, & ces fleurs en forme de petits ciseaux. Toute la plante, ou fraîche mangée, ou reduite en poudre lorsqu'elle est seche, est un excellent remede contre la colique.

CORYPHE'E. s. m. Terme dont on se sert quelquefois pour signifier, celui qui doit être regardé comme le chef d'une secte, le plus excellent, le plus renommé parmi ceux qui ont embrassé quelque doctrine. Ce mot vient de *κορυφὴ*, qui veut dire, Le sommet de la tête, & qui a fait *κορυφαιος*, Le principal, le plus élevé.

COS

COS. s. m. Terme qui se trouve dans les Livres de voyage. Mesure de chemin qui peut répondre à une demi-lieue de France. Elle est d'usage partoutes les Indes. On dit aussi *Cosse*.

COSAQUES. s. m. p. Milice de Pologne, qui a été d'abord composée des Volontaires des Frontieres de Russie, de Podolie & autres Provinces. Ils s'attroupoient pour pirater sur la mer Noire, où ils faisoient de fort grands butins. Ils ont pillé même des Villes entieres dans l'Anatolie où ils descendoient, & la mauvaise saison arrivant, ils se retiroient chacun chés soi, jusqu'à ce que le Printems revenu, leur donnât lieu de recommencer leurs courses. Etienne Battori étant parvenu à la Couronne de Pologne en 1576. forma un Corps de Milice de ces Coureurs, à qui il donna pour Place d'armes la Ville & le Territoire de Trethymrovv sur le Boristhene, ne doutant point que ce ne fût une sûre garde pour la frontiere de Russie & de Podolie, où les Tartares venoient faire leurs ravages. Il leur accorda divers privileges, & leur crea un General avec des Officiers subalternes. La frontiere fut tellement assurée par là, que tout le pays desert au-de-là des Villes de Braclavv, Bar & Riovie, commença à se peupler; mais abusant de leurs forces, qui les rendoient trop puissans, ils se revolterent sous leur General Jean Podkovva, qui eut la tête coupée. Cette revolte ayant été suivie de plusieurs autres, on revoqua tous leurs privileges; & enfin on supprima leur Milice. Ce changement apporta un grand dommage aux Polonois par les courses des Tartares ; ce qui obligea le Roi Ladislas Sigismond, qui vouloit faire la guerre aux Turcs, à rétablir les Cosaques. Ils se sont encore révoltés de tems à autre malgré les Traités de Paix qu'on a pû faire avec eux. Ils habitent l'Ukraine, & on appelle ceux-là *Cosaques Zaporouski*, à la difference de ceux qui sont sur le Don & en Moscovie. Ils ont tiré ce nom de *Porobi*, mot Russien, qui veut dire, Roche à cause que le Boristhene, où ils passent quand ils vont faire leurs courses dans la mer Noire, en est tout traversé, en sorte que s'entretenant elles font comme une digue au milieu du lit de ce fleuve. Ils ne laiſſent pas de ſe tirer de ces Rochers dans de petits bateaux, & par de là les Porohis, Ils ont des Iſles où ils ſerrent tout le butin qu'ils font. Il y a une de ces Iſles, environnée de plus de dix mille autres, les unes à ſec, les autres marécageuſes, & toutes couvertes de roſeaux, ce qui empêche de diſcerner les canaux qui les ſéparent. C'eſt dans ces détours que les Coſaques font leurs retraites, & qu'ils gardent le treſor de l'armée, appellée par eux, *Skarbnita VVoysko-vva*. Le nom de Coſaque leur a été donné à cauſe qu'ils ſont tellement agiles, qu'ils vont dans les lieux du plus difficile accès. Il vient de *Koſa*, qui en Polonois veut dire *Chevre*.

COSCOMA. ſ. m. Arbre qui ſe trouve dans le Royaume de Monomotapa, & qui porte un fruit ſemblable aux Pommes d'Amour, tirant ſur le violet. Il eſt de bon goût; mais ſi on le prend en quantité, il purge avec une telle violence, qu'il fait vuider juſqu'au ſang, & enfin mourir.

COSEIGNEUR. ſ. m. Terme de Pratique. Celui qui poſſede un fief, une terre avec un autre, ſoit par indivis, ou n'en poſſedant qu'une partie ſéparée.

COSME. ſ. f. Vieux mot. Chevelure.

Et tant avoit blonde la Coſme.

Il vient du Latin *Coma*.

COSMETIQUE. adj. Les Medecins appellent *Compoſition Coſmetique*, les remedes & les fards qui ſervent à embellir le viſage. Ce mot vient du Grec κόσμησις, Orner.

COSMIQUE. adj. Terme d'Aſtronomie. Il ſe dit du lever du coucher d'un Aſtre, qui arrive au lever du Soleil, & lorſque le monde ſemble renaître. Il vient de κόσμος, Monde. Un Aſtre oppoſé au Soleil à un coucher Coſmique, & un lever *Acronyque*. Un Aſtre qui ſuit le Soleil, ſe leve coſmiquement. Voyez ACRONYQUE & HELIAQUE.

COSMOLABE. ſ. m. Inſtrument de Mathematique, dont on ſe ſert pour prendre les meſures du monde, tant du Ciel que de la terre. Ce mot vient de κόσμος, Monde, & de λαμβάνειν, Prendre.

COSSE. ſ. f. *Enveloppe de certaines legumes, comme pois, feves, lentilles, veſſes,* &c ACAD. FR.

On appelle *Coſſe*, en termes de Marine, un anneau de fer cannelé que l'on garnit de petits cordages, comme d'une eſpece de fourrure, pour empêcher que les gros cordages ne ſe coupent, quand on les fait paſſer au travers de cet anneau. Quelques-uns l'appellent *Goſſe* ou *Delot*.

COSSE DE GENESTE. ſ. m. Ordre de Chevalerie qu'inſtitua ſaint Louis, l'an 1234. en ſe mariant avec Marguerite de Provence. Il fut appellé ainſi à cauſe que le Collier que porterent ceux à qui l'on donna cet Ordre, étoit compoſé de Coſſes de geneſtes, entrelaſſées de Fleurs de lis d'or, & renfermées dans des loſanges cléchées avec une Croix fleurdeliſée au bout. Le Roi le reçût lui-même des mains de Gautier, Evêque de Paris, & il y fit ajoûter ces paroles pour deviſe: *Exaltat humiles.*

Coſſe. Meſure de chemin dont on ſe ſert dans toutes les Indes. La Coſſe commune eſt de deux mille quatre cens ou de deux mille cinq cens pas Géometriques, pareille à celle de France.

COSSIQUE. adj. Terme d'Algebre. On appelle *Nombres Coſſiques* les nombres d'une progreſſion Géometrique, (Voyez PROGRESSION,) laquelle commence par une *racine* qui fait, enſuite un *quarré*, enſuite un *cube*, un *quarré-quarré*, & ainſi de ſuite à l'infini en paſſant par tous les *Degrés*, ou *Puiſſances*. Voyez DEGRE' & PUISSANCE. Quelques-uns diſent que *Coſa* en Italien veut dire *Algebre*, & que delà vient Coſſique. Ce

mot n'eſt plus gueres en uſage.

COSTAL, ou *Côteau*. ſ. m. On trouve ces mots dans le vieux langage, pour ſignifier Auprès.

COSTE. ſ. f. *Os courbé qui prend de l'épine du dos juſqu'à la poitrine.* ACAD. FR. Les côtes ont leur articulation du côté du dos avec les vertebres, & pardevant avec le cartilage du ſternon. Il y en a ſept en haut appellées *Vraies côtes*, qui ont une parfaite articulation avec le ſternon. Les cinq d'en bas qu'on appelle *Fauſſes côtes*, n'arrivent pas juſqu'à l'os de la poitrine; mais comme ſi elles n'étoient que commencées, elles aboutiſſent en cartilages qui s'entretiennent comme s'ils étoient collés enſemble. Leur figure eſt faite en arc. Les plus hautes ont plus de largeur que les plus baſſes. Elles ſont d'os du côté des vertebres, & de celui du ſternon elles aboutiſſent en cartilage.

Les gens de Marine appelles *Côtes*, les terres, les rivages & les rochers du bord de la mer. On dit dans ce ſens que *La Côte eſt ſaine*, pour dire, qu'Il n'y a point de rochers ni de bancs de ſable aux environs. On appelle *Côte en écore*, une Côte taillée en précipice. On dit que *La côte court*, pour dire qu'Elle regarde & eſt oppoſée. *D'un tel Cap à un tel lieu, la Côte court cinq lieues Nord-nord-Oueſt*, c'eſt-à-dire, qu'Elle s'avance & regne vers Nord-nord-Oueſt.

On appelle *Côtes* ou *Membres de Marine*, les pieces qui ſont jointes à la quille, & qui montent juſqu'au plarbord.

On appelle *Côte de lut*, une des pieces qui en compoſent le corps dans toute ſon étendue; & *Côte de Melon*, Un morceau de Melon en forme de côte.

Côtes, ſont dans l'Architecture, les liſtels, qui ſur le fût d'une colomne cannelée en ſéparent les cannelures. On appelle *Côtes de dome*, les ſaillies qui excedent le nû de la convexité d'un dome, & qui la partagent également, en ſorte qu'elles répondent à plomb aux jambages de la tour, & ſe terminent à la lanterne. Il y en a de ſimples en façon de platebandes, & d'autres ornées de moulures. Elles ſe font de bois ou de brique, & on les couvre de plomb ou de bronze. *Les Côtes de coupe*, ſont des ſaillies qui ſéparent en parties égales la douelle d'une voute ſpherique. On les fait de ſtuc ou de pierre, & on les orne de moulures avec des ravalemens. On dit auſſi *Côtes de pierre* ou *de marbre*. Ce n'eſt autre choſe dans l'incruſtation, que les plus étroits & plus longs morceaux qui ſont beaucoup plus épais que les ſimples tranches.

COSTE'. ſ. m. *La partie droite ou gauche d'un animal, depuis l'aiſſelle juſqu'à la hanche.* ACAD. FR.

On appelle en termes de Marine *Côté de Vaiſſeau*, le flan du Vaiſſeau. Ainſi on dit *Donner le côté*, pour dire, Preſenter le flanc. On dit qu'*Un Vaiſſeau a un faux côté*, pour dire, qu'Il a un côté plus fort que l'autre. On dit *Mettre le Vaiſſeau côté à travers*, pour dire, Mettre le vent ſur les voiles de l'avant, & laiſſer porter le grand hunier, en ſorte que le Vaiſſeau preſente le côté au vent. On dit encore que *L'on a mis côté en travers*, quand le Vaiſſeau preſente le côté à une Foreterreſſe qu'on veut canonner.

COSTIER. adj. On appelle en termes de Mer *Pilotes Coſtiers*, ceux qui ont une grande connoiſſance des Côtes, des Rades, des Ports, des Rivages. On leur a donné ce nom pour les diſtinguer de ceux qui gouvernent les Vaiſſeaux en pleine mer, en prenant la hauteur des aſtres, & qu'on appelle *Hauturiers*.

COSTIERES. ſ. f. Terme de Jardinage. On

homme *Costieres*, les planches qui font le long des murailles. *Les fleurs communes se mettent dans les costieres.* On difoit autrefois *De costiere*, pour dire, A côté.

COSTON. f. m. Terme de Marine. Piece de bois dont on fe fert à fortifier un mât, auquel on le joint étroitement.

COSTUS. f. m. Racine épaiffe & bien nourrie, qui eft groffe environ comme le pouce. Sa couleur eft d'un blanc qui tire fur celle du bouis. Cette racine eft odorante & aromatique, & a le goût mêlé de quelque douceur, & de quelque amertume avec un peu d'acrimonie. Diofcoride dit que l'excellent Coftus vient d'Arabie, & eft blanc, leger & fort odorant; que celui des Indes tient le fecond rang, étant leger, plein & noir comme la ferule; & que celui de Syrie qui perce le nés avec fon odeur, & qui eft pefant & de couleur de bouis, eft mis après les deux autres. Quelques Modernes font perfuadés que tous les Coftus ont été la racine d'une même plante qui naît en divers endroits du monde,& qu'il a pû arriver que le Coftus croiffant en differens lieux d'un même Pays, ait pris diverfité de forme & de couleur de la terre qui l'a produit.Il y a un *Coftus corticofus*, fort aromatique & affés approchant du goût & des qualités du vrai Coftus, qu'on met en fa place dans la compofition de la Theriaque,quand on ne peut faire autrement; mais comme ce n'eft que l'écorce d'un arbre, qui n'a pas la force du vrai Coftus, il faut autant que l'on peut employer le vrai. Cette écorce eft grife & raboteufe, blanche en-dedans, toute pleine de fiffures en-dehors, & reffemble affés pour la forme à la Cannelle,quoiqu'elle foit un peu plus épaiffe. Le vrai Coftus eft chaud, ftomachique, hepatique, & hyfterique. Galien dit qu'il a une qualité mêlée d'une petite amertume, jointe à une chaleur & une mordacité fi grande qu'il eft exulcere, & qu'ainfi on en oint avec huile ceux qui ont la fiévre avant que les friffons & l'accès leur viennent; qu'il eft bon auffi aux sciatiques & paralyfies, & en toutes les parties qu'il faut échauffer, ou quand on veut tirer quelque humeur. On s'en fert auffi à provoquer les urines, & dans la fuppreffion des mois. Le *Coftus Indicus*, eft le bois & la racine d'un arbre qui reffemble au fureau tant en fa grandeur, qu'en fa fleur & en l'odeur. Les Malais l'appellent *Pucho*, & les Arabes *Coft* ou *Caft*.

COT

COTELLE. f. f. Vieux mot, fignifiant la même chofe que *Cote*, que Borel dit venir par fyncope de *Crocota*, Robe ancienne de femmes.

Et d'avoir fans délier bourfe,
Des fourrures pour nos cotelles.

Il ajoûte que c'étoit auffi une efpece d'habit ou de jufte-au-corps pour les hommes, & il allegue ces deux vers pour le prouver.

Jafon ne peut refourrer fa Cotelle,
De la toifon dont il fut Conquefteur.

Il y en a qui font venir *Cotelle*, de χιτών, Tunique; & les autres de *Cutis*, Peau.

COTEREL. f. m. Sorte d'arme ancienne, comme il fe trouve dans un vieux Poëte, qui dit :

Si le convient armer,
Pour la terre garder,
Coterel & haunet,
Et macue & guilet.

COTHURNE. f. m. Sorte de patin élevé par des femelles de liege,dont les anciens Acteurs fe fervoient dans la reprefentation des Tragedies.Cette chauffu-

re couvroit le gras de la jambe, & faifoit paroître la taille plus belle. Ce mot a été tranfporté au figuré; & on dit *Chauffer le Cothurne*, pour dire, S'appliquer à faire des Vers pompeux & dignes de la Tragedie.

COTICE. f. f. Terme de Blafon. Bande diminuée qui côtoye une autre bande, & qui n'occupe que la quatrième ou cinquiéme partie de l'écu. Il y en a deux ordinairement qui côtoyent cette autre bande. On appelle auffi *Cotices*, les bandes qui paffent le nombre de huit dans les armoiries.

COTICE', E'E. adj. Ce mot fe dit du champ de l'écu, quand il eft rempli de dix bandes de couleurs alternées. *Coticé d'argent & d'azur.*

COTINUS. f. m. Arbriffeau qui produit plufieurs rejettons minces & rougeâtres, avec force feuilles faites comme les feuilles de Terebynthe, fi ce n'eft qu'elles font plus rondes & plus larges, d'une odeur forte qui approche de la galle. Il croît à la hauteur de trois ou quatre coudées; & fa tige groffe environ comme le bras de l'homme. Son bois eft fi jaune, qu'il fert ordinairement aux Teinturiers pour teindre leurs draps en cette couleur. Il jette au bout de fes branches comme un amas de plumes fait en bouquet, & de couleur blanche tirant fur le roux, où font des gouffes longuettes, femblables à celles de Millepertuis, qui contiennent la graine. Pline dit que le Cotinus fe trouve au Mont Apennin, & que la beauté de fa couleur eft fort eftimée. Il eft extrêmement reftrictif, & la décoction de fes feuilles eft finguliere aux ulceres de la langue & aux fluxions du gofier, fi on s'en lave la bouche.

COTON. f. m. Petite plante, felon Pline, qui croît dans la haute Egypte du côté de l'Arabie, & qui porte fon fruit femblable aux noifettes barbues. Au-dedans fe trouve une maniere de laine ou bourre qu'on file, très-blanche & très-délicate. Les Sacrificateurs d'Egypte en faifoient faire des robes par fingularité. Matthiole ajoûte que l'herbe du Coton fe feme en Chypre, en Candie, en Sicile, & même en la Pouille;& que comme elle y croît en abondance, les gens du Pays en font grand trafic. Le Coton eft chaud & fec, & étant brûlé, il eft fingulier pour étancher le fang d'une playe. Le dedans de fa graine eft bon à la toux & à ceux qui ont difficulté d'uriner. On en tire une huile par expreffion, qui efface les lentilles & toutes les taches de vifage. On appelle cette plante en Latin *Goffipium*. M.Ménage dérive *Coton* du Latin *Cotonea*, qui fignifie la petite mouffe femblable au coton qui vient fur les coins. Nicod dit que les Arabes l'appellent *Colum*, ou *Bombafum*, & que c'eft delà qu'on a fait Coton & Bombafin. On trouve des Cotonniers dans toutes les Antilles. C'eft un arbriffeau qui croît en buiffon, & que les Sauvages appellent *Manoulou Akecha*. Il vient de la hauteur d'un Pêcher, & fes rameaux, qui s'étendent au large, font fort chargés de feuilles un peu plus petites que celles du Sycomore, & prefque de même figure. Il porte une fleur de la grandeur d'une rofe, qui eft foûtenue par le bas fur trois petites feuilles vertes & piquantes qui l'enferrent. Cette fleur eft compofée de cinq feuilles d'un jaune doré qui ont dans leur fond de petites lignes de pourpre & un bouton jaune entouré de petits filamens de même couleur. Les fleurs font fuivies d'un fruit de figure ovale, & de la groffeur d'une petite noix avec fa coque. Quand il eft mûr, il eft tout noir par dehors, & s'en trouve en trois endrois, qui font voir la blancheur du coton qu'il reffere fous cette rude couverture. Chaque fruit, qui fe gon-

M m iij

fie à la chaleur fur la groffeur d'un œuf de poule , contient fept grains noirs auffi gros que des lupins , qui font la femence de l'arbre. Ils font attachés enfemble , & le dedans en eft blanc , oleagineux & de bon goût. On a remarqué que les fleurs de cet arbriffeau envelopées dans fes feuilles , étant cuites fous la braife, rendent une huile rouffe & vifqueufe qui guerit les vieux ulceres en fort peu de tems. La graine du même arbriffeau énivre les Perroquets , & on l'emploie fort utilement contre le flux de fang , & même contre les venins. Il y a une autre efpece de Cotonnier qui rampe fur terre comme la vigne qui n'a point d'appui. Celle-ci produit le Coton le plus fin , & qu'on eftime le plus.

COTONINE. Albâtre Cotonine , pierre précieufe , efpece d'Agathe , commune en Italie. Il y en a un beau Tabernacle aux Carmelites de Lyon , fait à Florence en 1684. & donné par M. de Villeroi.

COTTE. f. f. *La partie de l'habillement des femmes pliffée par le haut , qui defcend depuis la ceinture jufqu'à terre.* ACAD. FR.

On appelle *Cotte d'armes* , un petit Manteau qui defcendoit jufques fur le nombril, que mettoient autrefois les Chevaliers fur leurs armes , tant à la guerre , que dans les tournois. Il étoit ouvert par les côtés avec des manches courtes , & quelquefois fourré d'hermines & de vair , fur lequel s'appliquoient les Armoiries du Chevalier brodées en or & en argent , & avec de l'étain battu émaillé de couleurs. C'eft delà qu'eft venue la regle du Blafon, de ne point mettre couleur fur couleur ni métal fur métal. Ces Cottes d'armes étoient volantes & fouvent diverfifiées de plufieurs bandes de diverfes couleurs , alternées & mifes en divers fens comme les Drapeaux font encore aujourd'hui écartelés, ondés & vivrés. On appelloit ces fortes d'habits *Divifes* , à caufe qu'ils étoient compofés de plufieurs pieces divifées & coufues enfemble ; ce qui a donné les mots de Fafce , pal , chevron , bande , croix , fautoir & autres , dont les pieces honorables de l'Ecu ont été faites depuis. Les Herauts d'armes portent encore aujourd'hui ce vêtement des anciens Chevaliers, que Nicod dit être appellé autrement *Tunique ;* fur quoi il rapporte ces mots de Guaguin au couronnement du Roi d'armes. *Montjoye portera la Tunique ou Cotte d'armes du Roi , en la poitrine de laquelle fera fichée une couronne d'or , chargée de fines pierres précieufes , où fera feulement émaillé le Blafon du Roi.*

On appelle *Cotte de maille* , ou *Jacque de maille* , une Armure faite en maniere de chemife , & tiffue de mailles ou petits anneaux de fer.

COTTEREAUX. f. m. Sorte de bandits & de pillards , fortis de la fource corrompue des Henriciens & des Petrobrufciens qui fe louoient dans le Languedoc & dans la Gafcogne à ceux qui avoient befoin d'eux pour fe venger de leurs ennemis. Ils ravageoient quelquefois tout le Pays pour leur compte ; & comme ils faifoient un carnage , ils ne s'en prenoient pas feulement aux biens , mais aux perfonnes & à la vie , & ils n'épargnoient ni fexe , ni âge. Ils marchoient armés de bâtons ferrés & de correts, d'où l'on croit que le nom de *Cottereaux* leur fut donné. On les appelloit auffi *Triaverdins* , & il y en avoir qui fe nommoient *Brabançons* , *Arragonnois* , *Navarrois* & *Bafques* , parce qu'ils venoient de ces Pays-là. Ils ne profeffoient aucune Religion , mais ils affiftoient les Heretiques , pour avoir fujet de piller les Clercs & les Eglifes. Le Concile General de Latran , qui fe tint en 1179. excommunia les uns & les autres , défendit de les in-

humer en terre-fainte , & exhorta les Catholiques de leur courir fus , de fe faifir de leurs biens , & de mettre leurs perfonnes en fervitude, accordant à ceux qui prendroient les armes contre eux des Indulgences ou relaxations de penitence , à proportion de leurs fervices, & felon la difcretion des Evêques. Ce font les termes dont fe fert Mezerai. Ceux de Berri s'étant affemblés en 1183. avec l'aide de quelques Troupes que le Roi Philippe Augufte leur donna , les taillerent en pieces , & en laifferent fept mille fur la place. *Cottereaux* , s'eft dit dans le vieux langage pour , Affociés.

COTTÉRIE. f. f. Mot de Coûtume , qui fe dit des focietés de Villageois qui demeurent enfemble , pour tenir quelques heritages d'un Seigneur. Ces heritages font dits *Tenus en cotterie.* On appelle auffi *Cotterie* , un Heritage chargé d'une redevance roturiere. Il fe dit encore d'un Juré ou d'un Maître de Confrairie à l'égard de celui qui eft en même charge. Un Juré ne peut aller tout feul en vifite , il faut qu'il attende fa cotterie. On donne ce même nom à une troupe ou focieté de gens qui fe voient familierement. *Ce n'eft pas là fa cotterie. Il eft d'une telle cotterie.*

COTTIER, ERE. adj. On dit *Lieu cottier* , ou *tenu cottierement* , *Tenancier cottier* , *Terre cottiere* , par oppofition aux hommes de fief, & à une Terre noble tenue à fief & à cens.

COTTIR. v. n. Vieux mot. Heurter.

Li fleus la battent & la heurtent ,
Et maintefois tant y cottiffent ,

pour dire , Les flots y battent tant quelquefois. On fait venir ce mot du Grec, κόπτω, Frapper.

COTYLE. f. f. Terme de Medecine. Cavité d'un os, dans laquelle un autre os eft emboîté. Ce mot eft Grec, κοτύλη.

COTYLEDON. f. m. Terme de Medecine, dont on fe fert en parlant de l'orifice des veines hypogaftriques ou umbilicales, qui entrent dans le corps ou dans le col de la matrice. Ce mot eft encore Grec, κοτυληδών, Cavité. On appelle auffi *Cotyledons* , des Vaiffeaux enflés comme des bouts de mammelle.

Cotyledon. Plante qui a fes feuilles faites & tournées en maniere de coupe ou de godet. Elles font creufes , & du milieu fortent de petites tiges qui portent fa graine. Sa racine eft ronde comme une olive. Cette plante s'appelle en Latin *Umbilicus Veneris* , ou *Acetabulum.* Diofcoride qui en fait la defcription, parle d'une autre efpece d'*Umbilicus Veneris* , ou *Cotyledon*, qui a fes feuilles larges, dentelées , graffes & faites en maniere d'efpatule. On le nomme *Cotyledon folio Serrato* , femblable au Cedum. Elles ont un goût aftringent, & font fort épaiffes & entaffées vers la racine , comme en la grande joubarbe. Sa tige eft menue , & produit des fleurs & une graine femblables à celles de Millepertuis. Galien dit que le Cotyledon a une temperature humide froidâtre conjointe à quelque petite aftriction ; ce qui le rend refrigeratif , repercuffif , abfterfif & refolutif ; qu'appliqué exterieurement en forme de cataplafme , il eft fingulier aux ardeurs de l'eftomac , & que felon quelques-uns , quand on mange fes feuilles & fa racine , elles rompent la pierre & font uriner.

COU

COUARD, ARDE. adj. Poltron. On difoit autrefois *Couardie* , pour *Couardife* , Lâcheté , poltronnerie. On a dit auffi *Couarder* , pour , Craindre.

Si commença à couarder.

Tous ces mots viennent de *Coue*, dont on se servoit pour dire Queue, à cause que les Animaux qui craignent, portent la queüe entre les jambes.

COUCHE. s. f. Terme de Peinture. On appelle *Couche de couleur*, Une impression, une étendue de couleur à huile ou à détrempe. On dit qu'*Il faut donner deux couches de couleur à un platfond*. On dit aussi simplement, *Donner la derniere couche à un Tableau*.

Couche de ciment, Espece d'enduit de chaux & de ciment épais d'environ un demi-pouce. On se sert du tranchant de la ruelle pour le rayer & le picoter à sec; après quoi on repasse de la même sorte jusqu'à cinq ou six autres enduits, pour faire le corroi d'un canal d'aqueduc. Tous ces enduits se font successivement.

Couche, en termes de Tireur d'or, est une feuille d'or ou d'argent qu'on met autour du bâton que l'on veut dorer ou argenter. Parmi les Doreurs sur cuir, c'est une composition d'eau & de blanc d'œuf, qu'on pose sur le cuir avant que de le dorer.

Couche, est aussi un terme de Chimie, & il se dit des lits differents de differentes matieres qu'on met alternativement les unes après les autres, pour les faire fondre ou imbiber.

Couche. Terme de Charpenterie. Piece de bois qui se met sous une étaye qui sert de patin. On l'appelle ainsi à cause qu'elle est couchée de plat. Elle est quelquefois élevée à plomb pour arrêter un étresillon ou un étançon.

Couche, se dit aussi parmi les Tanneurs. Ce sont quatre ou cinq cuirs qu'on met sur le chevalet, afin d'en faire sortir la grosse ordure avec la quiosse.

Couche. Terme d'Arquebusier. La partie du fust d'un fusil ou d'un mousquet qui est au bout du canon qu'on appuye auprès de l'épaule. On l'appelle ainsi à cause qu'on la couche auprès de la joüe quand on veut tirer. *Couche de fusil, couche de mousquet*.

Couche. Terme de Jardinage. Planche de terre élevée & couverte du fumier, pour mettre à l'abri du froid les fruits ou legumes tendres & sujets à la gelée.

COUCHE', E'E. adj. Terme de Blason. Il se dit du Chien, du Lion, & autres animaux. *D'or au Cerf couché de gueules*.

COUCHER. v. a. Terme de Peinture. Etendre la couleur. *Il y a de l'habileté à sçavoir bien coucher les couleurs*. On dit aussi dans ce même sens d'étendre & d'enduire, *Coucher une feuille d'or, coucher de l'émail, coucher du vernis*.

On dit en termes de Manége, qu'*Un cheval se couche sur les voltes*, pour dire, qu'En maniant d'un côté, il a le corps plié & courbé comme s'il alloit de l'autre.

COUCHER. s. m. *Le tems pendant lequel on se couche*. ACAD. FR. On dit en termes d'Astronomie, *le Coucher des signes*, pour dire, La descension des signes. On dit aussi *Coucher Astronomique*; ce qui signifie, Le tems que les signes du Zodiaque demeurent à se coucher sous l'horison. Il y a le Coucher veritable & le Coucher apparent d'une Etoile. Le *Coucher veritable*, c'est quand l'Etoile commence à se cacher au-dessous de l'horison. Si elle se couche dans le tems que le Soleil se leve, les Poëtes appellent ce Coucher *Cosmique*, & si elle se couche avec le Soleil, ils l'appellent *Achronique*. Le *Coucher apparent*, c'est lorsqu'une Etoile qu'on voyoit sur l'horison, à cause que le Soleil en étoit plus éloigné, cesse d'y être vûë, soit que cela arrive le matin ou le soir. Les Poëtes appellent ce coucher, *Coucher Heliaque, Coucher Solaire*.

COUCHIS. s. m. La forme de sable qu'on met sur les madriers d'un pont pour y asseoir le pavé. Elle doit avoir l'épaisseur d'un pié ou environ. On appelle aussi *Couchis*, les pieces de bois qui sont au-dessus d'un pont, & les madriers avec les terres & le pavé qui sont le dessus de ce même pont.

COUCHOIR. s. m. Terme de Doreur. Petit morceau de bois qui lui sert à prendre les tranches d'or pour faire les bords des Livres.

COUCOU. s. m. Oiseau de la grosseur d'un Ramier, qui chante au Printems, & que l'on dit aller pondre au nid des autres Oiseaux. Il est d'un gris clair, ou d'un gris brun, & a le palais d'un orangé très-vif. Quelques-uns reconnoissent deux sortes de Coucou, l'un grand qui fait ses œufs dans le nid des Pigeons ramiers, & l'autre dans celui du hochequeue. On tient qu'il ne vit que quatre ou cinq ans. Il a pris son nom du cri qu'il exprime. En Latin *Cuculus*, en Grec κόκκυξ. Cet Oiseau est une espece d'Esprevier, mais timide, & qui a dégeneré.

COUDE. s. m. *La partie exterieure du pli du bras*. ACAD. FR. *Coude*, en termes de Manége, se dit de la jointure qui est au train de devant du Cheval, & qui assemble le bout de l'épaule avec l'extremité du bras. Ce mot vient du Latin *Cubitus*. On appelle dans une bride *Coude de la branche*, la partie de la branche, qui prend naissance au bas de l'arc du banquet, & qui en forme un autre au-dessous. Il prend plus ou moins de tour, selon qu'on veut affoiblir ou fortifier la branche. Plusieurs Ouvriers emploient ce mot, pour signifier ce qui fait un angle ou un retour, soit par lignes droites, soit par lignes courbes. *Coude d'une équerre, coude d'un Valet de menuiserie. Coude de la branche d'un mors de Cheval*. On dit d'une barre de fer, ou d'une branche, *qu'Elle fait coude*, pour dire, qu'elle est ployée. On appelle *Coude d'un mur*, l'angle obtus qu'il fait dans sa continuité. *Coude de conduite*, est dans le tournant d'une conduite de fer un gros bout de tuyau de plomb coudé & fondu d'une piece, ou qui est soudé de deux coquilles. Il sert à raccorder des tuyaux à bride ou à manchon.

COUDE', E'E. adj. Ployé. *Piece de fer coudée*.

COUDE'E. s. f. Mesure, prise depuis le coude jusqu'à l'extremité de la main. Les Anciens s'en servoient beaucoup, & en avoient de trois sortes. La grande Coudée étoit de neuf piés, ce qui revenoit à peu près à huit piés deux pouces de notre pié de Roi. La moyenne parmi eux étoit de deux piés, & la petite d'un pié & demi, & faisoient environ, l'une un pié dix pouces, & l'autre un pié & demi moins que notre pié & demi de Roi.

COUDELATE. s. f. Terme de Marine. On appelle *Coudelates*, des pieces de bois qui sont plus épaisses par les extremités que par le milieu. Elles servent à recevoir la Tapiere, qui est une longue piece de bois de quatre pouces en quarré.

COUDRAN. s. m. Composition de certaines herbes mêlées de plusieurs ingrediens, dont les Bâteliers de Paris se servent pour empêcher que les cordes ne se pourrissent.

COUDRANNER. v. a. Tremper, & passer plusieurs fois une corde dans le Coudran. On appelle, *Coudranneur*, celui qui coudranne les cordes.

COUDRER. v. a. C'est, selon Nicod, en termes de Tanneurs, apprêter le cuir en tan; *Ce qui se fait*, dit-il, *mettant les cuirs pelés dans le Coudroir, qui est un tinou fait de plâtre ou de bois, & illec les abbreuvant avec eau chaude où y a du tan par l'espace d'un mois, peu plus, peu moins, & au parti delà les mettant dans des fosses en terre à gueule baye avec force tan, esquelles les menus cuirs sont tenus par quatre mois, & les gros par six, tant qu'ils soient bien tanés, c'est-à-dire, outrés de tan, ce qui les affermit & rend durs.*

COUDRIER. f. m. Arbrisseau qui n'est jamais guéres haut, & qui dès sa racine jette plusieurs petits troncs, au bout desquels sortent ses rameaux, ayant leurs verges fort feuillues & assés longuettes. Son bois n'a point de nœuds. Ses feuilles sont semblables à celles de l'aune, mais plus larges, plus madrées, minces, & découpées à l'entour. Il est revêtu d'une écorce mince & marquetée de taches blanches. Sa racine est profonde en terre, & forte & ferme sans être grosse. Il ne jette point de fleur, mais seulement quelques flocs; ce qui arrive en Automne quand les feuilles tombent. Ces flocs ont du rapport au poivre long, & s'ôtent vers le Printems lorsque cet arbre commence à jetter ses feuilles. Alors selon le nombre des flocs, sortent d'une même queue autant de petites pellicules, dont chacune contient au-dedans son fruit qui est appellé *Noisette*, ou *Aveline*. La pellicule de dessus est verte, & fort molle vers ses extrémités, ayant une maniere de barbe. Il y en a pourtant qui n'en ont point, & dont la pellicule qui envelope le fruit est si courte, que la partie de devant demeure toute découverte. D'abord le noyau est fort mince, mais se renforçant peu à peu, il nourrit au-dedans une moëlle blanche. Il y a de deux sortes de Coudrier, le domestique qu'on cultive, & qui porte des noisettes franches, rouges dedans, & le sauvage qui les donne petites & vient de soi-même & sans culture. On ne se sert en Medecine que de la moyenne écorce du Coudrier sauvage pour rompre la pierre. Matthiole dit que les Paysans assûrent, que si on frappe un Serpent avec une verge de Coudrier, il en demeurera tout étourdi, s'il n'en meurt pas, ce qu'il trouve vraisemblable, à cause que la noisette prise avec des figues & de la rue est bonne contre les poisons, & les morsures des bêtes venimeuses. Le mot de *Coudrier*, vient du Latin *Corylus*. On dit aussi *Coudre*.

On trouve dans l'Isle de la Guadeloupe un Arbre que les Habitans nomment *Condrier*, à cause qu'il jette dès sa racine plusieurs branches qui s'étendent comme font celles de cet arbrisseau. Ses feuilles sont semblables à celles du Laurier Pin, rudes par dessous, & lissées par dessus. A l'extrémité de ses branches il porte de petites queues longues comme le doigt, fort menues, & toutes environnées de petits fruits blancs & rouges, fort délicats & de la grosseur des groseilles rouges, dont ils ont presque le goût. Ses feuilles ont une vertu merveilleuse pour la guerison des vieux ulceres. Le dessus de ces feuilles les nettoye, les rend vermeilles, & mange les chairs baveuses; & quand ils sont en cet état, le dessous de la même feuille acheve en fort peu de tems de les guerir.

COUE'. f. f. Vieux mot. *Queue*.

COUE', E'E. Vieux terme de Chasse. Il se dit des animaux à qui on n'a point ôté la queue. Nicod donne pour exemple de ce mot *Anglois Coué, lequel sobriquet*, ajoûte-t'il, *est donné à celle Nation, parce que, comme Nicolle Gilles écrit en la vie du Roi Clotaire II. l'an 599. à saint Augustin, que le Pape Gregoire avoit envoyé en Angleterre pour y prêcher l'Evangile, par ceux du pays de Doroceftre, furent par mocquerie attachées à ses habillemens des reynetes ou grenouilles, dont par punition divine, ceux qui depuis sont nés en cette Province de Doro-*

ceftre, ont une queue par derriere, & sont appellés Anglois coués, mais les Histoires ni d'Angleterre, ni la Chronique dudit Pape Gregoire premier de ce nom, ni la Legende dudit saint Augustin n'en parlent aucunement; & Polydore Virgile au 4. livre de son Histoire Angloise, dit que saint Augustin & Miletus, ou Melitus, comme dit Platine, tous deux Moines envoyés par Sa Sainteté par devers Athelbert, Roi en partie d'Angleterre, executerent paisiblement leur legation.

Jean Struys rapporte dans ses Voyages, qu'avant que d'avoir vû l'Isle de Formosa, il avoit souvent oüi dire, sans l'avoir pû croire, qu'il y avoit des hommes à longues queues comme des bêtes, mais que ses yeux lui avoient fait voir qu'on avoit dit vrai. Un jour qu'elques-uns d'entr'eux se promenant, un de leurs Ministres qui étoit de la compagnie s'en éloigna pour quelque necessité naturelle. Les autres qui s'étoient un peu avancés, surpris de ce qu'il ne venoit point les joindre, après l'avoir attendu inutilement, retournerent sur leurs pas, & allant au lieu où ils croyoient qu'il dût être, ils l'y trouverent sans vie, & dans un état qui leur fit connoître qu'il avoit été tué. En cherchant le meurtrier, ils découvrirent un homme, qui écumoit, hurloit, & faisoit comprendre par ses menaces qu'il étoit dangereux de l'approcher. On l'entoura, & on s'en saisit. Il avoüa que c'étoit lui qui avoit commis le meurtre, sans qu'on le pût obliger à dire pourquoi. Il fut condamné à être brûlé, & on l'attacha à un poteau, où ayant demeuré quelques heures avant l'execution, tous ceux qui étoient presens lui virent une queue longue de plus d'un pié, & toute couverte d'un poil roux, & fort semblable à celle d'un Bœuf. Ce malheureux voyant l'étonnement que causoit sa queue, dit que ce défaut, si c'en étoit un, venoit du climat, & que tous ceux de la partie meridionale de cette Isle dont il étoit, avoient des queues comme lui.

COUET. f. m. Terme de Marine. On appelle *Couets*, quatre grosses cordes qu'on amarre aux voiles, deux aux deux points d'enbas de la grande voile, & les deux autres aux deux points d'enbas de la misaine. La grosseur des Couets passe de beaucoup celle des écoutes qui sont amarrées aux mêmes points, & leur manœuvre est bien differente. Des deux Couets & des deux écoutes qui sont au vent, les écoutes sont larguées & les deux Couets halés, & c'est tout le contraire, des Couets & des écoutes qui sont sous le vent.

COUETTE. f. f. Morceau de fer ou de cuivre creusé en rond, & dans lequel tourne le pivot d'une porte, ou de l'arbre de quelque machine. On le nomme aussi *Grenouille & Crapaudine*.

COUETTEUX. adj. Vieux mot. *Convoiteux*.

COUILLARD. f. m. Vieux terme de Marine, qui signifie la corde qui tient la grande voile à la grande étaque du grand mât. On appelloit autrefois *Couillards*, des pierriers ou anciennes machines de guerre dont on se servoit pour jetter des pierres.

COUIN. f. m. Sorte de chariot des anciens Anglois & Gaulois. Comme on s'en servoit dans les combats & qu'il étoit armé, on croit qu'il étoit du nombre de ces chariots garnis de couteaux & de rasoirs qui faisoient de grands ravages en passant dans une armée. Le Cocher de cette sorte de char s'appelloit *Covinarius*.

COUINE. f. f. Vieux mot qui s'est dit d'une suite de personnes, & qui vient de Queue.

On a dit aussi, *Convine*.

La

La verras-tu offrir, Dames à grand convive,
Autres si bien parées ou mieux comme une Royne.

COULAGE. f. m. Perte ou diminution de vin, lors-qu'on le soûtire ou transporte.

COULE. f. f. Terme de Bernardin, & de quelques autres Religieux. Il y a une coule blanche & une noire. La blanche est un habit fort ample, & qui a de grandes manches, dont le Religieux se sert dans les cérémonies, & quand il assiste à l'Office. La coule noire est un autre habit fort ample, dont il ne se sert que quand il sort de son Monastere, & qu'il marche par les rues.

COULE'E. f. f. Terme de Marine. L'évidure qu'il y a depuis le gros d'un Vaisseau jusqu'à l'estambord.

COULER. v. n. Fluer. Il se dit des choses liquides *qui suivent leurs pentes.* ACAD. FR. *Couler,* parmi les Fondeurs de métal, signifie fondre pour jetter en mou'e. Couler l'étain, le cuivre. On dit, *Couler en plomb,* pour dire, Remplir de plomb les joints des dales de pierre. On dit encore, *Couler en plomb,* quand on scelle des crampons de fer.

On dit en termes de Mer, qu'*Un Vaisseau coule bas d'eau,* pour dire, qu'il y entre plus d'eau qu'on n'en peut jetter dehors.

COULEUR. f. f. *Qualité qui par le moyen de la lumiere rend les corps visibles.* ACAD. FR. Toute couleur est une lumiere modifiée & alterée. Le moindre changement que puissent apporter à la lumiere les corps qui la réfléchissent, est qu'ils l'affoiblissent en la réfléchissant, & que l'inégalité de leurs surfaces écarte & dissipe de tous côtés des rayons qui étoient tombés parallelles. Cette simple modification de la lumiere est *la blancheur;* & par consequent *la noirceur,* qui lui est opposée, doit consister en ce que les corps noirs amortissent le mouvement de la lumiere, & absorbent en eux-mêmes la plûpart des rayons qui leur viennent. Ainsi le noir est plûtôt une privation de lumiere qu'une couleur, & le blanc n'étant point proprement une alteration, mais un simple affoiblissement de la lumiere, ne peut gueres passer pour une couleur. Les vraies couleurs sont *le rouge, le jaune, le bleu, le violet,* & toutes les autres qui sont composées de ces couleurs *primitives* diversement mêlées ensemble. Si on prend un prisme triangulaire de verre, dont on couvre une des fasces d'un corps opaque, à l'exception d'un endroit de trois ou quatre lignes de diametre par où on laisse entrer des rayons du Soleil, on verra sur un papier que l'on mettra de l'autre côté du prisme, à quatre ou cinq piés, ces quatre couleurs ainsi disposées, du rouge, du jaune, du bleu & du violet. En considerant les refractions arrivées dans le prisme, & qui sont necessairement la cause de ces couleurs, on trouve que si l'on prend par un seul rayon toute la lumiere qui a passé par le prisme, & s'y est rompue, le rouge est marqué par les filets de ce rayon qui sont à la convexité de la courbure de la refraction, & qui se sont rompus du côté opposé à l'ombre causée par le corps opaque, & que ceux qui sont à la concavité de cette même courbure, & qui se sont rompus du côté de l'ombre, font le violet. Ensuite on peut prouver que les petites boules qui composent les rayons de la convexité, & tournent du côté opposé à l'ombre, doivent avoir plus de mouvement circulaire que de droit, & que celles qui composent les rayons de la concavité, & tournent du côté de l'ombre doivent avoir plus de mouvement droit que de circulaire, ce qui sera la nature du rouge, & du violet. Pour le jaune & le bleu, l'un sera un rouge plus foible, & l'autre un violet diminué, & les deux couleurs principales & opposées seront le rouge & le violet. Il est certain

Tome I.

que le verd n'est qu'un mêlange du bleu & du jaune, & cela se voit par le même prisme, quand on fait en sorte que le jaune & le bleu entrent l'un dans l'autre : car alors on voit du verd. Il paroît donc que ce sont les refractions, aidées des ombres, qui font toutes les vraies couleurs, en donnant aux petites boules qui forment les rayons un mouvement differemment composé du droit & du circulaire, ce qui admet une infinité des combinaisons differentes, qui feront autant de couleurs. Reste à appliquer les refractions aux couleurs des corps solides que la lumiere ne pénétre pas. Mais il est très-vraisemblable qu'elle pénétre une petite partie très-délicate & très-legere de leur surface, & qu'ensuite rencontrant des parties plus solides, elle ne va pas plus avant, & se réfléchit, essuyant encore une petite refraction pour sortir tout-à-fait de la surface de ce corps, & c'est par ces deux refractions, qu'elle prend une couleur, comme font les rayons qui passent par le prisme & souffrent aussi deux refractions. Il n'est pas impossible non plus qu'il y ait telle réflexion toute simple, produite par le ressort des corps solides & peut-être de la lumiere, qui fasse l'effet des deux refractions, & modifie les rayons comme elles auroient fait. Il semble communément que les couleurs produites par le prisme sur le papier, ne soient qu'*apparentes* & *passageres,* au lieu de celle d'une étoffe, par exemple, passent pour *réelles* & *fixes* ; mais toute la difference est qu'au prisme, peut être facilement séparé du papier, au lieu que les petits prismes imperceptibles, ou d'autres figures equivalentes qui sont sur la surface de l'étoffe, & y produisent des refractions, n'en peuvent pas être si aisément séparées, ce qui fait paroître les couleurs qu'elles causent, plus fixes & plus réelles. On appelle *Couleurs simples,* celles dont les Peintres & les Enlumineurs se servent. Elles viennent des végétaux & ne souffrent point le feu. Il y en a d'autres qui le souffrent. Celles-là se tirent des metaux, & sont seules propres à faire l'émail. Les couleurs se distinguent aussi par les Peintres en *Couleurs legeres,* qui sont toutes comprises sous le blanc, & en *Couleurs pesantes* & terrestres que le noir comprend. Ils appellent encore *Couleurs rompues,* celles qu'on n'employe pas toutes simples, mais celles que l'on éteint, & dont on diminue la force par le mêlange d'une autre, ce qui sert beaucoup pour l'union & l'accord qui doit être dans toutes celles qui composent un tableau. Quand on dit, *que les Couleurs d'un tableau sont bonnes,* on veut faire entendre, que la rencontre des unes auprès des autres en est bonne, & non pas que les Couleurs sont d'une matiere plus exquise qu'à l'ordinaire.

On met l'acier en couleur en le limant d'abord & le polissant avec des limes sourdes, après quoi on le brunit avec le brunissoir. Quand l'ouvrage est bien poli, on prend des cendres chaudes, passées par le sas auparavant, & on y met cet ouvrage, que l'on y laisse chauffer. Il paroît premierement de couleur d'or, ensuite de couleur sanguine, puis violet, bleu, & après de couleur d'eau, qui est celle qu'on demande. Alors il faut l'ôter promptement avec de petites pincettes.

Couleur. Terme de Blason. Ce mot sert à faire une des principales désignations des pieces de l'écu. On n'admet que cinq Couleurs, Gueules, Azur, Sinople, le Sable, & le Pourpre qui est mêlangé d'azur & de gueules. On ne doit point mettre couleur sur couleur, non plus que métal sur métal.

Les Fleuristes appellent absolument *Couleurs,* les tulippes qui ne sont que d'une seule couleur sans aucun mêlange.

COULEVRE'E. ſ. f. Plante rampante ayant ſes feuilles ſemblables à la vigne, mais moindres, anguleuſes, âpres & raboteuſes. Elle jette pluſieurs petits ſermans, tendres & velus, qui montant ſur les hayes & les arbriſſeaux, s'y entortillent avec leurs tendons. Elle a des fleurs blaffardes & faites en forme d'étoiles qui ſont diſpoſées par grappes. Son fruit eſt vineux, & compoſé de grains qui reſſemblent à ceux de la morelle, & qui ſe changent de verds en rouges, & quelquefois en noirs lorſqu'ils viennent à mûrir. Sa graine faite en rond & pourtant pointue au bout, eſt comme ſubmergée dans les grains parmi un jus viſqueux. Sa racine eſt grande & groſſe plus que la cuiſſe d'un homme, ayant une coudée de longueur, & étant ſéparée vers ſa queue. Elle eſt pleine de verrues vers ſa tête, cendrée dehors, & blanche dedans, pulpeuſe, vineuſe, & d'un goût amer, & quelque peu âpre, mais fort aſtringent, avec un jus gluant & d'une odeur forte. On l'appelle en Latin *Bryonia*, *Vitis alba*, *Viticella*, *Pſilothrum*. Matthiole dit que le jus qui ſe tire de la racine pilée évacue les flegmes, attire l'urine retenue, nettoye le cerveau, la poitrine, & les nerfs de toutes ſuperfluités flegmatiques & pourries, déſopile les entrailles, purge la gravelle qui eſt aux reins, & eſt fort propre aux vertigineux, & à ceux qui ont le haut mal. Il y a auſſi une Coulevrée noire, dont les feuilles ſont ſemblables au lierre, & tirent à celles du Smilax, quoique plus grandes. Elle pouſſe des ſarmens comme l'autre, & ces ſarmens s'agraffent auſſi ſur les arbres avec leurs tendons. Son fruit ſe tient l'un avec l'autre en façon de grappe. Il eſt verd au commencement, & devient noir lorſqu'il eſt tout à fait mûr. Sa racine eſt noire en dehors, & de couleur de bouis au-dedans. Les premiers bourgeons ou tendons qu'elle produit au Printems, ſe mangent cuits en ſalade comme les aſperges, mais ils ne ſont pas de ſi bon goût.

COULEVRINE. ſ. f. Piece d'Artillerie qui a le même uſage que le canon, & qui n'en eſt differente qu'en ce qu'elle eſt plus longue, & par conſequent plus propre à incommoder de loin. Quoiqu'elle ſoit moins peſante, ſa longueur ne laiſſe pas de la rendre plus incommode. On a coûtume de la placer ſur un cavalier. Son calibre eſt de quatre pouces, dix lignes de diametre, & ſon boulet peſe ſeize livres ou environ. On a appellé *Coulevriniers*, certains ſoldats anciens.

COULEUVRE. ſ. f. Sorte de Serpent, long environ de trois quartiers, & marqueté de gris ſur le dos. La Couleuvre a la tête plate, les dents venimeuſes, & la queue pointue. Dans l'Eté, elle ſe dépouille de la peau comme le Serpent. Il y a dans les Iſles Françoiſes de l'Amerique trois ſortes de Couleuvres, dont les unes n'ont jamais plus de deux piés ou deux piés & demi de longueur. Elles ne ſont gueres plus groſſes que le pouce, & fuyent toûjours devant ceux qui en approchent. Les habitans du Pays marchent deſſus fort ſouvent nuds piés, ſans qu'elles leur faſſent aucun mal. On les prend même à la main ſans aucun danger. On en voit d'autres plus grandes, qui ont quelquefois cinq ou ſix piés de longueur, la peau de deſſus le dos toute marquetée de noir & de jaune, & le ventre griſâtre mêlé auſſi de jaune. Elles ont un regard affreux qui fait quelquefois rebrouſſer chemin aux plus hardis, & repairent ordinairement, dans les lieux ſecs, montagneux, pierreux, & arides. On emploie leur peau à faire des baudriers. Les Couleuvres qui ſont la troiſiéme eſpece de celles qui ſe trouvent dans ces Iſles, ſont plus groſſes

& plus longues que les deux autres; & bien loin de fuir, elles pourſuivent opiniâtrement ceux qui oſent les frapper. Les unes & les autres vivent de petits lezards, de petits oiſeaux, de ravets & de grenouilles. L'Iſle de la Dominique en produit une autre ſorte. Celles-là ne ſont jamais plus groſſes que le bras, & ont pourtant dix ou douze piés de long. Elles ſe jettent d'ordinaire ſur les poules, s'entortillent autour en un moment, & ſans les mordre ni les piquer, elles les ſerrent avec tant de force qu'elles les font mourir, & les avalent enſuite ſans les mâcher. Leurs piquûres ne ſont pas moins de mal que celles des Scorpions, mais elles ne ſont pas mortelles. Il ſe trouve aux Moluques des Couleuvres qui ſont fort à craindre. Elles ont trente-deux piés de longueur, & ſe pendent aux branches des arbres, d'où ſe lançant ſur les hommes & ſur les bêtes fauves, elles leur font d'abord trois ou quatre tours autour du corps, après quoi elles leur caſſent les os & les dévorent. Le mot de *Couleuvre*, vient du Latin *Coluber*.

COULIS. ſ. m. Plâtre gâché clair, dont on ſe ſert à remplir les joints des pierres & à les ficher.

COULISSE. ſ. f. Canal fait de bois ou autrement, dans lequel on fait aller & venir un chaſſis, une fenêtre ou autre choſe. Quand on fait des écluſes on ſe ſert de planches qui entrent l'une dans l'autre, en rainure & en couliſſe. Cela s'appelle *Mâle* & *Femelle*,

   Couliſſe dans le Blaſon, ſe dit d'une Tour & d'un Château, qui ont la herſe ou la couliſſe à la porte.

   Couliſſe de Galée. Terme d'Imprimerie. Piece de bois ſur laquelle le Compoſiteur arrange ſes lignes.

COULOIR. ſ. m. Terme de Marin. Paſſage qui conduit dans les chambres d'un Vaiſſeau.

COULOIRE. ſ. f. Vaiſſeau troué qui ſert à faire paſſer une liqueur. Petit panier ovale qu'on met ſous l'ance d'une cuve, lorſqu'on en tire le vin.

   Couloire, eſt auſſi une Ardoiſe large & épaiſſe qui ſe baiſſe & ſe hauſſe entre deux chevrons pour donner du jour dans des galetas.

COUP. ſ. m. *Impreſſion que fait un corps ſur un autre en le frappant*. ACAD. FR. Ce mot s'emploie dans la Marine en pluſieurs manieres de parler. *Coup de partance*, eſt un coup de canon ſans bale, qui ſe tire par l'ordre du Commandant pour donner avis que l'on va partir. *Coup de vent*, eſt l'orage ou le gros tems qui ſurvient, quelque longue durée qu'il puiſſe avoir. *Coup de mer*, eſt le coup qu'un Vaiſſeau reçoit d'une vague de la mer. On dit *Donner un coup de gouvernail*, pour dire, Pouſſer le gouvernail avec viteſſe à tribord ou à baſbord. On dit auſſi *Avoir des coups de canons à l'eau*, pour dire, Les recevoir dans la partie du Vaiſſeau que l'eau couvre; & *Avoir des coups de canons en bois*, pour dire, Les recevoir dans la partie du Vaiſſeau qui eſt hors de l'eau.

   Les Maçons appellent *Coup de crochet*, Une petite cavité qu'ils font avec un crochet; ce qui dégage les moulures de plâtre. Ils diſent auſſi qu'*Un mur prend coup*, pour dire, qu'il n'eſt plus à plomb & qu'il menace de chûte.

   Prendre coup, ſe dit auſſi d'un oiſeau en termes de Fauconnerie, lorſqu'il heurte trop rudement ſur ſa proye.

COUPE. ſ. f. La partie concave d'une voute ſpherique appellée par les Italiens *Cupola*, d'où nous eſt venu le mot de *Coupole*. La Coupe d'un dome eſt appellée *Tholus*, par Vitruve; & quelques-uns la prennent pour le dome même. On appelle auſſi *Coupe*, un morceau de Sculpture en forme de vaſe, plus large que haut. On lui donne un pié, & on s'en sert pour couronner quelque décoration. On dit, en parlant de l'inclination des joints des voussoirs d'un arc, *Donner plus ou moins de coupe*, pour dire, Rendre cette inclinaison plus ou moins forte. On le dit de même des clavaux d'une platebande.

Coupe de fontaine, est une maniere de petit baffin qu'on met au milieu d'un grand fur une tige ou un pié, & qui reçoit le jet d'eau qui forme une nappe en retombant. Ce petit baffin est fait de marbre ou de pierre.

COUPE'. f. m. Terme de danfe. On dit, *Faire un coupé en danfant*, pour dire, Se jetter fur un pié, & paffer l'autre devant ou derriere.

COUPE', E'E. adj. Terme de Blafon. Il fe dit de l'Ecu partagé par le milieu horizontalement en deux parties égales. On le dit auffi des têtes de loups, de fangliers & autres animaux & oifeaux, & même de leurs piés & autres membres qui font coupés net. *D'or au lion coupé d'azur & de gueules*. On dit *Coupé de l'un en l'autre*, quand fur un Ecu ainfi coupé il y a un animal, ou quelque autre piece ou meuble brochant fur le tout, qui eft pareillement coupé, en forte que l'émail du Chef fe trouve en la pointe, & que reciproquement l'émail d'en bas fe rencontre en haut.

COUPEAU. f. m. Epitete que l'on donnoit autrefois à celui qui enduroit que fa femme ne lui gardât pas fidele. Quelques-uns prétendent que cela vienne : *Quod fua uxoris copiam faceret*. Pafquier dérive *Coupeau de Coupe*, qui fignifioit autrefois *Infidelité* ; ce qui a fait dire, *Ta femme t'a fait Coupe*, avant qu'on ait dit, *Ta femme t'a fait Coupeau*. ●

COUPECERCLE. f. m. Inftrument qui fert à couper circulairement le carton que l'on emploie à faire des Spheres, & autres pieces qui fervent à l'Aftronomie & à la Géometrie. Les Compas qui font à quatre pointes en ont toûjours une tranchante, & celle-là s'appelle le *Coupe cercle*.

COUPEGORGE. f. m. Terme de Marine. La partie inferieure d'un Vaiffeau qui regarde l'eau. Elle eft formée par des pieces de bois recourbées en arc, qui s'élevent au-delà de l'eftrave, & viennent regner fous l'éperon. Ces pieces de bois s'appellent *Courbes de gorge*, à caufe que la gorge du Vaiffeau en eft formée ; & les Matelots ont dit delà par corruption, *Coupe gorge*. Ils difent auffi *Gorgere*.

COUPELLE. f. f. Petit vaiffeau plat & peu creux, compofé de cendres de farment & d'os de piés de mouton, calcinés & bien leffivés, pour en féparer les fels, qui feroient peiller la matiere des effais d'or ou d'argent qu'on y veut faire. On bat bien le tout enfemble, enfuite de quoi on met dans l'endroit où le creux a été fait, une goutte de liqueur qu'on n'a faite auparavant, & qui n'eft rien autre chofe que de l'eau dans laquelle on a délayé de la machoire de brochet ou de la corne de cerf calcinée. Cela fait une maniere de vernis blanc dans le creux de la Coupelle, afin que la matiere de l'effai y puiffe être plus nettement, & que le bouton de l'effai s'en détache avec plus de facilité. On appelle *Argent de Coupelle*, Un argent très-fin qui a paffé par l'effai ; ce qui fe fait de cette maniere. Quand la Coupelle a été bien recuite dans la mouffle d'un fourneau, où l'on a fait un feu de charbon en forme de reverbere, on y met un morceau de plomb en façon de balle, dont on proportionne la pefanteur à la quantité & à la qualité de l'argent de l'effai ; c'eft-à-dire, huit parties de plomb fur une d'argent. On laiffe fondre & chauffer le plomb jufqu'à ce qu'il foit bien clair. On

Tome I.

prend alors la matiere de l'effai avec de petites pincettes pour la porter dans la Coupelle, & on ferme les regiftres qui font au devant du fourneau, en forte qu'il y refte une ouverture pour laiffer évacuer une partie des fumées du plomb, qui fe rabattant fur la matiere la feroient noyer, de maniere qu'il en demeureroit & en feroit imbibér une partie dans la Coupelle. Quand la matiere y a été mife, on la laiffe bouillir jufqu'à ce qu'elle ait paru de couleur d'opale, & qu'elle ait été fixée au fond en forme de bouton. L'effai étant paffé, pour lequel il faut environ une demi-heure, on ouvre ces regiftres, & ferme ceux du bas du fourneau, afin d'arrêter la grande ardeur du feu, & de laiffer refroidir les Coupelles. On en détache les boutons, qu'on nettoye exactement du côté qu'ils y étoient attachés. Après cela on pefe châque bouton avec les mêmes balances où l'on avoit mis d'abord la matiere dont on avoit à faire l'effai, & en obfervant la différence & la diminution du poids de cette pefée, & de celle qu'on fait du bouton après l'effai ; cette différence de poids établit une preuve fûre de l'impureté de l'alliage qui a été chaffée par l'action du feu & celle du plomb. Cet argent ainfi paffé par l'effai, & que l'on appelle *Argent de Coupelle*, eft après cela très-fin ; c'eft-à-dire, à onze deniers vingt-trois grains. Ce qui fait qu'on fait toûjours les effais tant d'or que d'argent avec du plomb ; c'eft que lorfque les Coupelles en ont été imbibées ; & de la plus grande partie de l'alliage impur, qui étoit mêlé avec l'or ou l'argent, le refte du plomb, s'évapore, & enleve en fumée en s'évaporant le refte de l'alliage impur, en forte que l'or ou l'argent demeurent purs & affinés dans les Coupelles, parce qu'ils font les feuls des métaux qui puiffent refifter à l'action du plomb. On dit, *Charger la Coupelle*, pour dire, Jetter dans la Coupelle les matieres qu'on veut affiner, après que le plomb y a bouilli quelque tems. Ces Coupelles d'affinage, font compofées de cendres, bien leffivées, deffalées, féches, battues & tamifées. On les appelle autrement *Caffe* ou *Cendrée*.

Coupelle. Terme de mer. Efpece de pelle de fer-blanc ou de cuivre. Elle fert aux Canonniers pour manier la poudre, quand ils en veulent emplir les gargouffes.

COUPELLER. v. a. Terme de Monnoye. Faire paffer de l'or & de l'argent par la coupelle.

COUPER. v. a. *Trancher, feparer, divifer un corps continu avec quelque chofe de tranchant*. ACAD. FR. On emploie ce terme en différentes fignifications dans l'art de bâtir. On dit, *Couper les pierres*, pour dire, Les tailler de toutes fortes de façons pour l'ufage qu'on en veut faire ; *Couper le plâtre*, pour dire, Faire les moulures de plâtre à la main & à l'outil ; *Bien couper le bois*, pour dire, Le bien tailler, en forte qu'il foit coupé tendrement, & qu'il n'y paroiffe ni fecherefle ni dureté ; ce qui doit être dans les beaux Ouvrages de fculpture & de menuiferie. Quand on l'y emploie, il faut que le bois ait été coupé plus de dix années auparavant. Il vaut mieux auffi, quand on ne feroit qu'une feule figure, qu'elle foit faite de plufieurs pieces de bois, que d'un feul morceau, à caufe qu'une piece entiere de gros bois peut n'être pas feche dans le cœur, quoiqu'elle paroiffe l'être par dehors. On dit auffi, *Bien couper le cuivre*, pour dire, Bien graver au burin, en forte que les traits de burin foient hardis & gravés également felon le fort & le foible.

Couper les lames en flauc. C'eft, en termes de Monnoye, prendre des lames, foit d'or, d'argent

ou de cuivre, quand elles font à peu près de l'é-
paiffeur des efpeces à fabriquer, & en couper des
morceaux avec des coupoirs. Ces morceaux qui font
de la grandeur, de l'épaiffeur, de la rondeur, &
à peu près du poids des efpèces qu'on veut fabriquer, font toûjours appellés *Flaons* ou *flans*, jufqu'à
ce qu'on y ait empreint l'effigie du Roi.

Couper. Terme de Chaffe. On dit qu'*Un chien
coupe*, lorfqu'il quitte la voie de la bête qu'il chaffe, & la va chercher en coupant les devants pour
prendre fon avantage.

Couper, eft aufli un terme de Tailleur & de Cordonnier, & on dit *Couper l'étoffe*, ou *le cuir*, pour
dire, Les trailler felon les regles de ces deux métiers. On dit aufli, *Couper*, en termes de mefurage,
c'eft, quand la mefure eft pleine, racler le deffus
avec le racloire.

Couper, en termes de danfe, c'eft Faire un
coupé.

On dit, *Couper un cheval*, pour dire, Le rendre inhabile à la generation. On dit qu'*Un cheval fe coupe*, pour dire qu'Il s'entretaille & s'emporte le boulet. Cela arrive quand le côté de l'un
de fes fers choque & entame le boulet. On dit
encore, en termes de Manège, *Couper le rond*,
couper la volte, pour dire, Faire un changement de
main, quand un cheval travaille fur les voltes d'une
pifte.

COUPEROSE. f. f. Suc mineral concret qui femble formé d'une exhalaifon fulphureufe, mais mêlé
avec une grande humidité que le froid a congelée.
C'eft le Vitriol dont Matthiole dit qu'il fe trouve
de deux fortes en Tofcane, & même en beaucoup
d'endroits d'Allemagne; l'un mineral, qui fe congele de lui-même dans les veines de la terre, &
qu'on appelle communément *Copperofe*, & l'autre
artificiel, dont les Teinturiers fe fervent; ce qui la
fait appeller *Atramentum futorium*, à caufe qu'il
fert à teindre les peaux que les Cordonniers emploient. Il ajoûte que l'artificiel eft quelquefois
meilleur, & quelquefois moindre que la Couperofe naturelle dont il fe fait; ce qui vient de la diverfe temperature des lieux; que le Vitriol Romain
quoiqu'il ne foit pas trop chargé de couleur, eft le
meilleur de tous; que celui de Chypre, que les
Anciens ont mis au premier rang, ne va qu'après
le Romain, & que celui d'Allemagne eft le moindre. Il dit encore que quelques-uns ont cru que la
Couperofe tenoit du foufre, du fer, du bronze, &
même de l'alun, du nitre & du fel, à caufe de fon
goût piquant, aftringent & âpre. Il y en a qui dérivent *Couperofe de Capri rofa*, à caufe qu'on la
tire des mines de cuivre rouge, qu'on appelle aufli
Rofette en Latin *Chalcanthum*, du Grec, χάλκανθος
quafi χαλκὰ ἄνθος, Fleur d'airain.

COUPLE. f. m. Terme de Marine. On appelle
Couples, Les côtes ou membres d'un Navire, qui
étant égaux de deux en deux, croiffent ou décroif-
fent également, à mefure qu'ils s'éloignent de la
principale côte.

On dit en de certains lieux, *Couple de bœufs*, pour
fignifier Arpent, & ce mot veut dire la valeur de
cent mefures quarrées de celles qui font en ufage
dans le pays.

Couple. Terme de Blafon. Bâton d'un demi-pié
avec deux attaches, dont on fe fert pour coupler
les chiens.

COUPLE', E E adj. Il fe dit dans le Blafon des
chiens de chaffe liés enfemble. Il fe dit aufli de
quelques fruits. *D'argent au chevron de gueules accompagné de trois glands & de trois olives de finople,
un gland & une olive couplés & liés de gueules.*

COUPLET. f. f. On appelle *Couplets* ou *Fiches à doubles nœuds*, ou *Charnieres*, deux Pieces de fer jointes enfemble avec charnieres & rivûres. Les Couplets fervent de pentures pour des portes & des fenêtres. Les fenêtres & les croifées fe ferrent avec
des couplets qui portent leurs paumelles recourbées en équerre. Ils font ordinairement polis &
étamés, & l'on s'en fert quand les fenêtres font
arafées, que les guichets affleurent les chaflis à
verre par le dedans.

COUPOIR. f. m. Inftrument de fer en forme d'em-
porte-pièce, avec lequel on coupe des morceaux, des lames d'or, d'argent ou de cuivre, pour
en faire des flans. Le Coupoir qui eft coupé quarrément par en bas, ne peut rien faire dans les monnoyes; il faut pour bien trancher, qu'il foit coupé
tant foit peu en pié de biche, & d'une maniere
prefque imperceptible.

COUPOLE. f. f. Le haut du Dome d'une Eglife ronde. C'eft la même chofe que *Coupe*. On l'appelle
ainfi à caufe qu'elle eft faite en forme de coupe
renverfée.

COUPURE. f. f. Terme de Fortification. Retranchement formé par les deux faces ou tenailles d'un
angle rentrant dans le corps d'un ouvrage dont
on veut difputer le terrein pié à pié, après que les
premieres défenfes ont été rompues.

COURADOUX. f. m. Terme de Marine. L'efpace
qui eft entre deux ponts. *Couradoux*, dans une
Galere, eft le lieu où les Soldats couchent à côté
des apoftis. On dit aufli *Courroir*.

COURANT. f. m. Mouvement impetueux des eaux
qui courent en certains endroits, & fe portent vers
de rumbs de vent particuliers.

On appelle dans l'Architecture, *Courant de comble*, La continuité d'un comble qui a plufieurs fois
autant de longueur qu'il a de largeur.

Courant, ante. adj. Terme de Blafon. Il fe dit de
tout animal qui court. *D'azur à une bande d'or
acoftée de deux Cerfs courans de même.*

COURANTE. f. f. Air de Mufique en trible double,
qui fe commence toûjours en levant, & dont il
faut que la premiere partie ne paffe jamais le nombre de fix mefures. La feconde en doit avoir deux
plus que la premiere.

Courante, eft aufli une forte de danfe compofée
d'un tems, d'un pas, d'un balancement & d'un
coupé. Elle fe danfe toûjours à deux perfonnes fur
l'air de Mufique qui a ce même nom. Il y a des
Courantes fimple: & des *Courantes figurées.*

COURAU. f. m. Petit bateau de la rivière de Garonne. Il fert à charger les grands bateaux.

COURBARIL. f. m. Sorte d'arbre, l'un des plus gros,
des plus hauts & des plus beaux des Ifles de l'A-
merique. Il a fon écorce grife & fon bois maflif &
rouge. Ses feuilles font d'une moyenne grandeur,
fort près les unes des autres, & deux fur chaque
petite queuë; ce qui les fait paroître comme un
pié de chevre divifé. Cet arbre porte quantité de
fruits larges de quatre doigts, longs comme la main
& épais d'un pouce. Leur écorce eft tannée, rude
& dure comme du bois. Tout le dedans de ce fruit
eft rempli d'une certaine farine fibreufe de couleur de pain d'épice & de même goût. Il y a dans
cette farine deux ou trois noyaux, qui font prefque aufli gros que des amandes, fort durs, & d'une
couleur de pourpre. On a trouvé à quelques-uns
de ces arbres des morceaux de gomme gros comme le poing, mais duré, tranfparente & claire comme de l'ambre, qui ne fe diffout ni à l'eau ni à
l'huile. Cette gomme eft de bonne odeur, &
quand on la brûle, elle exhale une fumée aufli

agreable que celle de l'ambre eſt puante. On ſe
ſert ordinairement du bois de cet arbre pour faire
les rouleaux des moulins à ſucre. C'eſt quand il
eſt vieux qu'il rend de la gomme. Quelques Indiens en forment des boutons de differentes figures, dont ils font des bracelets, des colliers & des
pendans d'oreille, qui ſont beaux, luiſans & ſen-
rent fort bon.

COURBATON. ſ. m. Terme de mer. On appelle
Courbatons, des Pieces de charpenterie qui ſont
preſque courbées à angle droit. Elles ſervent à
joindre les membres des côtés du haut des Vaiſſeaux à ceux du dedans. Elles ont auſſi d'autres uſages, comme de lier les allonges aux barots. On
donne le même nom de Courbatons à pluſieurs pieces de bois longues & menues, miſes autour des
hunes des Vaiſſeaux en maniere de rayons, & qui
ſervent à lier enſemble le fond, les cercles & les
garites. On appelle Courbaton de Beaupré, une Piece de bois qui fait un angle aigu avec la tête du
mât, au bout duquel eſt un petit chouquet, où l'on
paſſe le perroquet de beaupré.

COURBATU. adj. Terme de Manege. On appelle
Cheval courbatu, Celui qui a été ſurmené, & qui
qui n'a pas la reſpiration libre. il peut être courbatu ſans avoir été ſurmené, & cela arrive de ce
qu'il a quelquefois les parties interieures trop é-
chauffées, ou le ſang plein d'humeurs étrangeres.

COURBATUEE. ſ. f. Terme de Manege. Battement
du flanc d'un cheval, qui fait un mouvement preſque pareil à celui que cauſe la fievre.

COURBE. ſ. f. Terme de Geometrie. On dit abſolument une Courbe, pour dire, une ligne courbe. La
generation des courbes, le calcul des courbes. Les
Courbes ſe forment par des mouvemens de points
ou de lignes, & de ces mouvemens on en peut imaginer une infinité, & même une infinité d'eſpeces
differentes dont chacune aura une infinité de differences particulieres.

Courbe. Terme de Charpenterie. Pièce de bois
coupée en arc. On s'en ſert pour faire les cintres & les toits des domes ronds. On appelle Courbes de platfond, Pluſieurs de ces pieces qui dans une
piece d'appartement forment les cintres d'un platfond au deſſus d'une corniche, & on appelle Courbe
rampante, le Limon d'un eſcalier de bois à vis,
lorſqu'il eſt bien dégauchi ſelon ſa cherche rampante. Courbes rallongées, ſont les Eſſeliers qui ſont
ſous les areſtiers & ſous les coyers.

Courbes, en termes de Marine, ſont des pieces
de bois beaucoup plus groſſes que les courbatons
dont elles ont la figure. On dit Courbes d'arcaſſe, &
Courbes de contr'arcaſſe. Les premieres ſont des pieces de liaiſon aſſemblées dans chacun des angles de
la pouppe, d'un bout contre la liſſe de hourdi, &
en retour contre les membres du Vaiſſeau, & les
autres ſont des pieces de bois poſées en fond de
cale. Celles-ci ſont arcboutées par en haut contre
l'arcaſſe, & attachées du bout d'en bas ſur les membres du Vaiſſeau.

On appelle ſur les rivieres, Courbe de chevaux,
deux chevaux accouplés qui tirent les bateaux avec
une corde pour les remonter. Il faut quelquefois
pour cela juſqu'à douze Courbes de chevaux.

Courbe. Terme de Manege. Tumeur dure & calleuſe qui vient en longueur au dedans du jaret d'un
cheval.

Courbe, eſt auſſi une piece de bois taillée à la
hache & non à la ſcie laquelle étant preſque à l'é-
querre attache le fond & le bord. Un bateau à
cinq on ſept liens de Courbe.

COURBE', e'e. adj. Terme de Blaſon. Il ſe dit de
la ſituation naturelle des dauphins & des bars, & des
faſces un peu voutées en arc. D'azur au Dauphin
courbé d'argent.

COURBET. ſ. m. Terme de Bourrelier. On appelle
ainſi des parties du fût d'un bas qui ſont elevées &
faites en maniere d'arcade, poſant ſur d'autres parties que l'on appelle Aubes.

COURBETTE. ſ. f. Terme de Manege. Action d'un
cheval qui s'éleve en l'air. Ce ſont des ſauts d'une
hauteur mediocre, qu'il fait en portant d'abord
les deux piés de devant en l'air, & en faiſant ſuivre les deux piés de derriere avec une égale cadence,
en ſorte que les hanches rebattent enſemble, après
que les piés de devant ont touché terre par des repriſes continuées & réglées. On dit qu'Un cheval
bat la poudre à courbettes, quand il les hâte trop
& les fait trop baſſes. On dit, Faire la croix à courbettes, pour dire, Faire cette ſorte d'air ou de ſaut
d'une haleine, en avant, en arriere & ſur les
côtés, comme une figure de croix.

COURBURE. ſ. f. Inclinaiſon d'une ligne en arc. On
appelle auſſi Courbure, le Revers d'une feuille de
Chapiteau.

COURCE. ſ. m. Terme de Vigneron. Il ſe dit du bois
qu'on laiſſe à la Taille.

COURCER, ſe courcer. v. n. p. Mot du Vieux langage. Se fâcher, ſe courroucer.
　　　Quand vers eux ſe cource forment.

COURCIVE. ſ. f. Terme de Marine. C'eſt dans de
certains petits Bâtimens qui ne ſont point pontés,
Un demi-pont que l'on fait de l'avant à l'arriere
de chaque côté. On appelle auſſi Courcives, de
longues & fortes Pieces de bois, qui de l'avant
le tour d'un Vaiſſeau en dedans, lui ſervent de
liaiſon.

COURCON. ſ. m. Sorte de fer qui eſt par gros morceaux depuis deux juſqu'à quatre piés de long, &
qui a deux pouces & demi en quarré.

COURE'E. ſ. f. Compoſition dont on frotte les Vaiſſeaux qu'on met à l'eau, ou dans leſquels on s'apprête à faire un voyage de long cours. Elle eſt faite de reſine, de ſoufre, de ſuif & de verre briſé,
& ſert à garantir le bordage des vers qui s'engendrent dans le bois. On dit, Donner la courée à un
Navire, pour dire, Lui donner le ſuif. On dit auſſi
Conroi.

COURET. ſ. m. Sorte de compoſition qui ſe fait de
brai, de ſoufre, de ſuif & d'huile & dont on ſe
ſert pour frotter les parties du Vaiſſeau qui entrent
dans l'eau.

COURGE. ſ. f. Sorte de plante rampante, qui eſt de
la nature des citrouilles. Elle a ſes feuilles ſemblables au lierre, fort grandes & un peu blanches, &
des verges & ſcions ſarmenteux & anguleux, qui
lui ſervent à s'éléver à ce qu'elle trouve, à monter ſur les arbres & à s'y entortiller. Ses fleurs ſont
blanches & groſſes, & faites preſque en forme d'é-
toiles; mais il n'en eſt guéres qui en portent. Matthiole dit qu'il y en a de trois ſortes, de longues,
de rondes & de plates; mais que la diverſité de leur
figure ne leur donne point de diverſes qualités. Les
graines qui ſont le plus près du col, produiſent les
grandes Courges; les rondes viennent des graines qui ſont au milieu, & les graines qui ſont aux
côtés, font venir les Courges groſſes, courtes &
plates. Celles-là ſont propres à tenir du vin, de
l'huile & autres liqueurs. Pour avoir de groſſes
Courges, on doit planter la graine ſans deſſus deſſous. Celles que l'on veut garder pour en avoir de
la graine, doivent être des premieres venues. Il
faut les laiſſer dans la plante juſqu'à l'hiver, &
les mettre enſuite ſecher au Soleil ou à la fumée;

N n iij

jufqu'à ce qu'elles foient tout à fait feches. On a remarqué que fi on remplit d'eau un vaiffeau qui ait la bouche large & grande, & qu'on le mette à cinq ou fix doigts près d'une Courge, il ne fe paffe pas vingt-quatre heures fans que la Courge s'abaiffe, & s'approche de l'eau. Il y a d'autres Courges, qu'on appelle *Courges d'Inde*, à caufe que les premieres graines en ont été apportées des Indes Occidentales. Leurs feuilles font plus grandes que celles de nos Courges de jardin, plus fermes, àpres & attachées à une queue roide. Leur farment eft gros, anguleux, âpre & velu. Leur fleur eft grande, de couleur d'or & femblable à celle du lis. Elles ont une groffe graine comme les amandes. Diofcoride dit que la Courge eft bonne à manger; que crue, pilée & enduite, elle appaife les tumeurs & apoftumes, & que fes raclures appliquées fur le front des petits enfans, leur ôtent les ardeurs & les chaleurs de la tête, & qu'elles font bonnes aux inflammations des yeux.

Courge. Maniere de corbeau de fer ou de pierre, fur lequel eft porté le faux manteau des cheminées anciennes.

COURGIE. f. f. Vieux mot qui veut dire, Fouet, & qui eft la même chofe que *Corgie*.

　　A or & d'or fu li bâtons,
　　Où la courgie étoit noée.

COURIR. v. n. *Aller de viteffe & avec impetuofité.* ACAD. FR. Il fignifie en termes de Marine, Faire route, gouverner. On dit fur mer quand on apperçoit un Vaiffeau de loin, *Où court ce Vaiffeau,* pour dire, Quelle route tient-il? Si l'on répond : *Il court à l'autre bord*, on fait entendre, qu'il fait une route contraire à celle qu'on tient. On dir, *Courir une bordée*, pour dire, Conduire un Vaiffeau à ftribord ou à bas bord, jufqu'à un revirement. On dit auffi, *Courir Nord*, ou par quelque autre aire de vent, pour dire, Aller au Nord, cingler par le rumb de vent qu'on nomme. On appelle, *Courir en longitude*, quand on cingle de l'Eft à l'Oueft, ou au contraire ; & *Courir en latitude*, quand on cingle du Nord au Sud, ou du Sud au Nord. Lorfqu'on dit au Pilote, ou au Timonnier, *Fais courir*, c'eft un ordre qu'on lui donne, afin qu'il faffe porter plein les voiles, ou qu'il n'aille pas au plus près du vent. On dit qu'*Un Vaiffeau court fur fon ancre*, lorfque le Vaiffeau eft porté par le vent, ou entraîné par le courant de la mer, du côté où fon ancre eft mouillée.

COURLIEU. f. m. Oifeau aquatique, qui a le bec long & courbé. Voyez CORLIEU. On dit auffi *Courlis*.

COURONNE. f. f. *Un tour de branches, de fleurs, ou chofes femblables, qui fe met fur la tête de quelqu'un pour marque d'honneur, ou pour ornement,* ACAD. FR. Les Romains fe fervoient de diverfes fortes de Couronnes pour recompenfer ceux qui avoient fignalé leur courage & leur valeur par quelque grande action. Celui qui avoit fait lever le fiege de quelque Place, recevoit une Couronne faite avec de l'herbe verte qui avoit cru dans la Ville affiegée, & cette Couronne s'appelloit *Obfdionale*, du Latin *Obfideo*, Affieger Un Citoyen qui avoit fauvé la vie à un autre Citoyen en tuant fon ennemi étoit honoré de la *Couronne Civique*, appellée ainfi de *Civis*, Citoyen, & la recevoit des mains du General de l'Armée. Elle étoit faite de branches & de feuilles de chêne. *La Couronne Caftrenfe* ou *Vallaire*, appellée ainfi de *Caftra*, le Camp, ou de *Vallum*, Rempart, étoit la récompenfe de celui qui étoit entré le premier dans le Camp des Ennemis. Elle fe faifoit d'or, & fa figu-

re reprefentoit une paliffade forcée. Celui qui avoit monté le premier fur les murailles d'une Ville affiegée, obtenoit la *Couronne Murale*, appellée ainfi de *Murus*, Mur. Le cercle de cette Couronne, que l'on faifoit d'or, étoit élevé en maniere de creneaux de muraille. La *Couronne Navale*, que l'on appelloit auffi de *Navis*, Navire, étoit d'or, & il y avoit de petits éperons de Navire du même métal, qui l'environnoient. On la donnoit à celui qui dans un combat naval avoit fauté le premier fur le bord d'un Vaiffeau ennemi.

Couronne. Terme de Blafon. Reprefentation des Couronnes qu'on met pour timbre aux Armoiries, afin de marquer la dignité des perfonnes qui emploient cet ornement. Celle de l'Empereur eft un Bonnet cintré & fommé d'une Croix avec un demi-cercle d'or, qui porte la figure du monde. Elle laiffe voir ce Bonnet entr'ouvert fur les deux côtés de fon cintre, & à deux pendans par le bas, ainfi que la Mitre d'un Evêque. La Couronne du Roi de France, eft un cercle de huit fleurs de lis, cintrées de fix diadèmes, qui ferment ce cercle avec une double fleur de lis au deffus. Charles VIII. eft le premier Roi de France qui l'ait portée fermée. Celle du Dauphin n'eft que de quatre diadèmes, & celles des enfans de France font ouvertes par le haut, & ont feulement les huit fleurs de lis. La Couronne du Roi d'Efpagne eft rehauffée de grands trefles refendus, & couverts de diadèmes qui aboutiffent à un globe furmonté d'une Croix. Philippe. II. eft le premier Roi d'Efpagne qui l'ait portée fermée, & il ne l'a fait que comme Fils d'Empereur. La Couronne d'Angleterre eft rehauffée de quatre Croix comme celle de Malte, entre lefquelles font quatre fleurs de lis. Elle eft couverte de quatre diadèmes, qui aboutiffent à un petit globe furmontant une même Croix. La plûpart des autres Rois ont leurs Couronnes compofées de hauts fleurons ou de grands trefles. Elles font auffi fermées de quatre, de fix ou de huit diadèmes, & fommées d'un globe croifé. Le Duc de Savoye à fa Couronne fermée de deux demi-cercles couverts de perles. C'eft en qualité de Roi de Chypre qu'il la porte ainfi. Elle a au deffus un globe furmonté de la Croix de faint Maurice, qui eft treflée. La Couronne du Duc de Florence eft ouverte avec deux fleurs de lis épanouies qui la rehauffent, & des pointes & rayons aigus, à la maniere de celles des anciens Empereurs qu'on appelle *Couronnes rayonnées* ou *à pointes*. Elles en avoient douze, qu'on dit qui reprefentoient les douze mois de l'année. Les Seigneurs qui ont des Terres en Principauté, portent auffi la Couronne à l'antique ; c'eft-à-dire, un cercle d'or rehauffé de douze pointes. La Couronne des Archiducs n'a qu'un feul demi-cercle en ceinture, garni de perles, qui porte un globe croifé. Elle eft relevée de huit hauts fleurons qui enferment un Bonnet rond d'écarlate. Les Electeurs de l'Empire ont pour Couronne une efpece de Bonnet qui eft rouge & rettrouffé d'hermines, avec un diadème d'un demi-cercle, fommé d'un globe furmonté d'une croix d'or. La Couronne Ducale eft toute de fleurons à fleurs d'ache & de perfil. Celle des Marquis, moitié perles & moitié fleurons alternés, & celle des Comtes, de perles fur un cercle d'or. Les Vicomtes ont leur Couronne compofée de neuf perles, de trois en trois, entaffées l'une fur l'autre ; & les Barons une efpece de Bonnet avec tortis, ou des tours de perles en bande fur le cercle. Les Couronnes des Vidames font d'or, & garnies de perles. Quatre Croix parées les rehauffent ; ce qui marque que la vûe qu'on a eue en les érigeant, a été de les rendre les appuis de l'Eglise. Il y a aussi des Ecus d'armoirie chargés de Couronnes. Celui de Suede est chargé de trois, qui marquent la Suede, la Norvege & le Danemark. La Ville de Cologne porte aussi trois Couronnes dans son Ecu, à cause de trois Rois que l'on prétend y être enterrés.

On dit *Couronne de tête*, pour dire, La partie de la tête, qui est située entre le devant & le derriere. Cela vient de ce que c'est-là que l'on porte la Couronne.

Couronne. Terme de Physique. Meteore, cercle brillant & coloré qui environne le Soleil ou la Lune jusqu'à une certaine étendue. Ceux qu'on observe le plus communément, ont quatre ou cinq degrés de diametre, & on les appelle simplement *Couronnes*, ou bien ils ont jusqu'à quarante-cinq degrés de diametre, & on les appelle *grandes Couronnes*. L'astre est toujours à leur centre, & quand même il n'est pas de figure ronde, ce qui arrive toujours à la Lune, hors de l'opposition, la Couronne ne laisse pas d'être parfaitement circulaire. C'est ainsi que l'on voit autour de la flâme d'une chandelle une couronne qui n'en prend point la figure longue; mais qui se forme parfaitement en cercle. Toutes les couronnes des astres sont colorées, dans les petites, le bleu est en-dedans, & le rouge en-dehors, & c'est le contraire dans les grandes. Comme ce Meteore ne paroît que dans un tems serain, on ne peut supposer autre chose dans l'air que de petites parcelles de glace très-déliées, répandues entre l'astre & notre œil, qui font parvenir à nous par refraction des rayons de l'astre qui n'y seroient pas venus directement, & le colorent en les rompant. Voyez COULEUR. Au-delà d'un certain angle, la refraction causée par ces parcelles de glace ne peut faire venir de rayons à nos yeux, & c'est ce qui limite l'étendue des couronnes, & leur donne toujours une figure circulaire, indépendamment de la figure du corps lumineux. La grandeur de cet angle dépend du plus ou du moins d'obliquité de l'incidence des rayons sur ces parcelles de glace, de leur figure, de leur plus ou moins de convexité, de la quantité de rangs qu'il y en a les unes au-dessus des autres, car si un rayon traverse plusieurs parcelles de suite, il se courbe beaucoup davantage. Ainsi il doit y avoir des couronnes de plusieurs grandeurs differentes, & si celles qu'on a observées le plus souvent, ont été de quatre ou cinq degrés ou de quarante-cinq de diametre, cela vient peut-être de ce que les petites couronnes se sont formées dans des parcelles de nege presque entierement plates, & qui faisoient de fort petites refractions, & que ces mêmes parcelles lorsqu'elles sont fondues à demi par le chaud & ensuite soudainement regelées par le froid deviennent glace, & passent sans milieu d'une très-petite convexité à une assez considerable, ce qui leur fait faire de fort petites, ou de grandes refractions. Quant aux couleurs des couronnes. Voyez COULEUR. Quant à la disposition des couleurs, elle dépend de l'ordre où viennent les rayons, eu égard à la convexité, & à la concavité de la courbure des refractions.

Couronne. Terme d'Architecture. La partie plate, & la plus avancée de la corniche qu'on nomme larmier. On appelle *Couronne de pieu*, La tête d'un pieu, qui est quelquefois garnie d'un cercle de fer; ce qui empêche qu'en battant le pieu avec le mouton pour l'enfoncer, il ne s'éclate sous la violence des coups.

On appelle en termes de Fortification, *Ouvrages à couronne*, des pieces avancées vers la campagne pour gagner quelque éminence. On les appel-

le aussi *Ouvrages couronnés*. Ils sont composés d'une gorge spatieuse, & de deux ailes qui tombent sur la contrescarpe, à l'endroit des faces d'un bastion; en sorte qu'ils en sont défendus, & presentent du côté de la campagne un bastion entier, entre deux demi bastions, dont les faces se regardent. Ces ouvrages ont aussi leurs demi-lunes, & on ne les fait que pour occuper quelque grand terrain.

Couronne. Terme de Manége. Partie la plus basse du paturon d'un cheval, qui regne le long du sabot, & qui se distingue par le poil, qui en joint & couvre le haut.

Couronne. Terme de Fauconnerie. Duvet qui couronne le bec de l'oiseau, à l'endroit où il se joint à la tête.

On appelle *Couronne de lampe*, la partie d'une lampe d'Eglise qui porte le verre.

On appelle *Couronne foudroyante*, Une couronne remplie de feux d'artifices, dont on se sert dans les Sieges.

Couronne. Terme de Papetier. Papier qui est marqué d'une Couronne. *Acheter de la Couronne.*

Couronne Imperiale. Fleur Printaniere qui fleurit rouge ou jaune. Elle a une odeur désagreable, & porte sur le haut de sa tige plusieurs petites cloches en maniere de couronnes.

COURONNÉ, E'E. adj. Terme de Blason. Il se dit des lions, des casques & autres choses qui ont couronne. *De sable au lion d'argent couronné d'or.*

On appelle en termes de Manége, *Cheval couronné*, un cheval qui par chûte ou autrement s'est si fort blessé aux genoux, que le poil en est tombé. Les chevaux couronnés sont difficiles à vendre, à cause qu'on les soupçonne d'être sujets à tomber sur les genoux.

On dit en termes d'Architecture, qu'*Une moulure est couronnée*, pour dire, qu'Elle a un filet au-dessus; qu'*Une table*, ou qu'*un placard est couronné*, pour dire, qu'Il est terminé par une corniche; & quand une niche est couverte d'un chapiteau, on dit de même qu'*Elle est couronnée*,

Les Jardiniers appellent *Arbres couronnés*, les arbres qui étant sur leur retour, commencent à ne plus pousser de bois qu'à l'extrémité de leurs branches.

COURONNEMENT. s. m. Terme d'Architecture. Tout ce qui fait & termine le haut d'un ouvrage. On appelle *Couronnement de voute*, Le plus haut du voussoir d'une voute, en le prenant au vif de sa clef; & *Couronnement de fer*, Un grand morceau de Serrurerie à jour, dont on orne le dessus d'une porte de clôture de Chœur d'Eglise, ou celui d'une porte de Jardin. On le fait d'enroulemens & de feuillages avec des armes, chiffres ou devises. On dit aussi *Couronnement d'une serrure*, en parlant de l'ornement qui se met au-dessus de l'ouverture, & sur l'écusson. On appelle *Couronnement*, dans un Vaisseau, un ornement que l'on place dans le plus haut de la pouppe.

COURONNER. v. a. Terme d'Architecture. Terminer un ouvrage avec quelque amortissement.

COURONNURE. s. f. Terme de Chasse. Il se dit de sept ou huit menus cors rangés au sommet de la tête d'un Cerf en maniere de couronne.

COURREAU. s. m. Vieux mot, qui a signifié une barre, une coulisse. Marot a dit dans ses Pseaumes.

D'avoir jusqu'aux courreaux rompu d'airain les portes.

COURROY. COURROYER. Voyez CORROY & CORROYER.

COURS. s. m. *Flux, mouvement de quelque chose de liquide.* ACAD. FR. On appelle en termes d'Architecture, *Cours d'assise*, un rang continu de pierres de niveau, qu'aucune ouverture n'interrompt. Ces pierres doivent être de même hauteur dans toute la longueur d'une façade.

Cours de pannes, se dit d'un ou de plusieurs rangs de pannes les uns sur les autres. On met de chaque côté d'une couverture autant de cours de pannes qu'on croit qu'il en est besoin pour la portée des chevrons. On dit aussi *Cours de plinthe*. C'est la continuité d'une plinthe de pierre ou de plâtre dans un mur de face. Elle sert à marquer la séparation des étages.

Cours. Terme de Mer. Route que fait un Vaisseau. On dit, *Faire le cours*, *armer des Vaisseaux en cours*, pour dire, Mettre en mer des Vaisseaux armés en guerre, afin de combattre les Corsaires.

COURSE. s. f. *Action, mouvement de celui qui court.* ACAD. FR. On dit en termes de Serrurerie, *Donner course à un pene*, pour dire, Le faire sortir & avancer.

COURSIE. s. f. Terme de Marine. Passage qui est entre les bancs des Forçats sur une Galere. Il est large d'un pié & demi, & regne depuis la proue jusques à la poupe. Nicod en parle en ces termes. *Coursie est l'allée du large de deux ou trois ais en une Galere qui va de proue à poupe entre les deux rangs des bancs des Forçaires, tant pour le promener du Comite quand ils voguent, & foueter à coups de nerf de bœuf ceux qui ne tirent à l'aviron comme ils doivent, que pour faire le guet par tout sur iceux Forçaires, qu'ils ne se deschaînent ou fassent quelque conspiration, que pour l'aller ordinaire de tous ceux qui sont en la Galere passant d'un bout d'icelle à l'autre.*

COURSIER. s. m. Gros canon d'une Galere qui est logé sur l'avant. Il tire par dessus l'éperon, & est ordinairement de fonte verte. On fait aussi des Chaloupes qui ont des Coursiers, c'est-à-dire, un lieu à l'avant & au milieu du Vaisseau, où l'on met une piece de canon en baterie.

COURSIERE. s. f. C'est encore un terme de Marine. Il se dit d'un pontlevis, qui sert pour le combat, & qui se tient couvert depuis le gaillard jusques au château de proue. On l'appelle *Pont de Coursiere*. Voici la description qu'en fait Nicod. *Coursiere ou Pont de Coursiere en fait de Navires s'entend ainsi. Depuis le gaillart jusques au grand mât, y a un pont de bois, au milieu duquel est le cabestan. Un pié & demi au-dessus de ce pont y a un autre pont de barreaux assis au long des Turpots sur deux serres, & devant ledit mât y a un traversin qui porte deux ailoures allans le long du Navire jusques au château de l'avant, entre lesquelles la largeur de trois piés & demi y a une couverture à panneaux, chacun d'iceux ayant trois barreaux. Tout ceci ainsi clos, couvert & équippé est appellé Coursiere ou Pont de Coursiere, & ce pont est levis & pont de guerre qu'on peut lever quand on vent.*

COURTAGE. s. m. Mot qui a signifié autrefois Honneurs & respects. Il y en a qui veulent que ce mot vienne de ce que celui qui le rend s'abaisse devant la personne qui les reçoit, & se rend court en quelque façon.

COURTAUD. s. m. Instrument à anche & à vent, qui sert de basse aux musettes. Il a la figure d'un gros bâton, & est percé tout de son long par deux trous qui se communiquent. Le vent descend d'abord par ces trous, & remonte ensuite, à cause que cet instrument est bouché par en bas. C'est une maniere de basson, mais raccourci.

COURT-BOUTON. s. m. Cheville de bois à demiéquerre, qui sert à lier les bœufs avec un Omblet ou anneau de bois tortillé au bout du timon.

COURTIL. s. m. C'est la même chose que *Cortil*, qui a signifié autrefois un petit jardin. *Courtil*, se dit encore presentement d'une cour qui n'est fermée que de hayes ou de fossés. On le dit aussi des bassecours où l'on fait le ménage de la campagne.

COURTINE. s. f. Terme de Fortification. Front de la muraille d'une Place forte entre deux bastions. C'est l'endroit le mieux flanqué, & cela est cause que l'assiegeant y conduit fort rarement son attaque. Du Cange fait venir ce mot du Latin *Cortina*, comme qui diroit *minor Cortis*, petite cour de paysan entourée de murs.

Courtine, s'est dit autrefois des rideaux d'un lit, mais il est vieux presentement en ce sens, & n'est plus en usage que pour l'Eglise, en parlant des rideaux qui sont des deux côtés d'un Autel.

Courtine. Terme de Marine. Filet qu'on tend sur les sables que la mer couvre & découvre dans le tems de son flux & de son reflux. On s'en sert beaucoup sur les côtes de Normandie.

COURT-JOINTE'. adj. Terme de Manége. On appelle *Cheval court-jointé*, Un Cheval qui a le paturon court, ce qui le rend sujet à être droit sur les jambes. Hors du Manége, les Chevaux courtjointés fatiguent mieux que ceux qui sont longjointés.

On appelle aussi en termes de Fauconnerie, *Oiseau Court-jointé*, celui dont les jambes sont de mediocre longueur.

COURTOIS, OISE. adj. *Civil, gracieux, tant en ses discours qu'en son accueil & en toutes ses actions.* ACAD. FR. On trouve dans le vieux langage, *Lances courtoises*, & *Courtois roquets*, surquoi Nicod dit. *Courtois roquets, lances courtoises sont dits par translation, les Roquets & les lances, dont les pointes & fers sont rabbatus, moussés & non esmolus desquels on combat soit en lice ou en behourd, pour plaisir, & dédaire soi & les Dames.*

COURVETTE. s. f. Terme de Marine. Espece de barque longue qui va à voiles & à rames. Elle n'a qu'un mât & un petit trinquet, & il y en a ordinairement à la suite d'une Armée navale. On s'en sert pour envoyer à la découverte, & pour porter des nouvelles.

COUS, ou *Coyer*. s. m. Pierre à aiguiser (vient de *Cotis*.) On appelle aussi *Coyer* le Sabot percé, qui distille de l'eau sur la pierre.

COUSIN. s. m. Petit insecte volant, fort incommode par le bruit qu'il mene, & encore plus par les piquûres qu'il fait. Les Cousins n'ont point de cou non plus que les mouches, & ont six grandes jambes avec une trompe qu'ils allongent & retirent. C'est par le moyen de cette trompe qu'ils sucent le sang des animaux, & les autres liqueurs dont ils se nourrissent. On ne s'en peut garantir dans les lieux où ils abondent, qu'en mettant du papier sous les bas. Leur aiguillon n'est point assés fort pour le percer.

COUSSIN. s. m. *Sorte de sac cousu de tous les côtés & rempli de plume, ou de bourre, ou de crin, pour s'appuyer, ou pour s'asseoir dessus.* ACAD. FR. On appelle en termes de Marine, *Coussin de canon*, Un gros billot de bois posé dans le derriere de l'affut & qui en soûtient la culasse. On dit aussi *Chevet de canon*. *Coussin d'amure*, est un tissu de bitort, qu'on met sur le plat-bord du Vaisseau à l'endroit où porte la ralingue de la voile, afin d'empêcher qu'elle ne se coupe. On donne aussi le même nom de *Coussin*, à un semblable tissu qu'on met sur les cercles des hunes, & sur le mât de beaupré. On l'emploie au même usage.

Coussin.

Couſſin. Terme de Doreur ſur cuir. Petit ais couvert d'une peau de veau, ſur laquelle on coupe les tranches d'or. Il y à du poil de Cerf ſous cette peau.

COUSSINET. ſ. m. Petit Couſſin. *Couſſinet*, ſe dit en termes d'Architecture, d'un ornement du chapiteau Ionique. Il eſt entre l'abaque, & l'ove, & ſert à former les volures. On l'appelle ainſi à cauſe qu'il repreſente comme un oreiller preſſé par ſa charge, & qui eſt roulé & attaché à une courroye. *Couſſinet*, eſt auſſi la premiere aſſiſe qui porte la rampe des piedroits des voutes rampantes.

Couſſinet. Terme de Doreur. Morceau de bois bien uni, ſur lequel eſt poſé un lit de crin ou de bourre, & par deſſus une peau de mouton ou de veau bien tendue, & attachée avec de petits clous. Un morceau de parchemin qui a ſix doigts de hauteur, entoure ce Couſſinet de deux côtés, ce qui empêche le vent de jetter à terre l'or qu'on met deſſus. *Couſſinet*, ſe dit auſſi d'une maniere de petit Couſſin de cuir rempli de ſable, ſur lequel les Graveurs en cuivre appuyent leur cuivre en travaillant.

COUSTANGE. ſ. f. Vieux mot. Coût. On a dit, *Faire Couſtange à un autre*, pour dire, Lui cauſer de la dépenſe.

COUSTIERES. ſ. f. p. Gros cordages dont les mârs d'une Galere ſont ſoûtenus, & qui lui ſervent de haubans. Il y en a cinq à chaque côté de l'arbre de meſtre, & trois au trinquet.

C'eſt auſſi un Fer battu & refendu d'environ un pouce de large & deux ou trois lignes d'épaiſſeur.

COUSTILLE. ſ. f. Mot du vieux langage, qui ſignifioit une épée, ou long poignard. On l'appelloit ainſi, ou de *Couſtel*, que l'on diſoit pour coûteau, ou parce qu'on portoit les Couſtilles ſur le côté. On appelloit *Couſtilliers*, ceux qui portoient la Couſtille d'un homme d'armes, & qui ſe tenoient près de lui. *Les Couſtilliers & guiſarmiers ſe partirent.* C'eſt delà qu'on dit encore, *Donner une Couſtillade*, pour dire, Faire une balaffre, ſur-tout au viſage.

COUSU, UE. adj. Terme de Blaſon. Il ſe dit du chef quand il eſt de couleur ſur couleur, ou de métal ſur métal. *De gueules au Lion d'or, au chef couſu d'azur.*

COUTEAU. ſ. m. *Morceau de fer & d'acier tranchant d'un ſeul côté, qui ſert d'ordinaire à couper du pain, de la viande, & pluſieurs autres choſes.* ACAD. FR. C'eſt une uſtencile propre à divers métiers. Il y a des *Couteaux à ſie*, des *Couteaux à chapiteau*, dont les Charpentiers ſe ſervent, & d'autres pour les Plombiers. Les Vitriers ſe ſervent d'*un Couteau à mettre en plomb*, qui eſt d'un pouce & demi de taillant, & qui coupe par la pointe. Ils en ont un autre qu'ils appellent *Couteau à racoutrer.* C'eſt avec quoi ils rabattent le plomb.

Couteau de pié. Outil dont les Cordohniers ſe ſervent à couper le cuir, arrondi en demi cercle, & ſon manche eſt fait en poignée.

Couteau de chaleur. Terme de Manége. Morceau d'une faulx à couper l'herbe. Il a environ la longueur d'un pié, & ne coupe qu'd'un côté. Cette ſorte de Couteau eſt mince, & n'eſt large que de trois à quatre doigts. On s'en ſert pour rabattre la ſueur des Chevaux; ce qui ſe fait en le coulant doucement ſur leur poil.

Couteau de feu. Inſtrument de Maréchal en forme de Couteau. Il eſt de fer ou de cuivre, long d'un pié, épais par le dos, & mince de l'autre côté. Quand les chevaux ont quelque partie malade, il ſert à y donner le feu, après qu'on l'a fait chauffer dans la forge.

Tome I.

COUTELAS. ſ. m. Sorte d'épée courte & large. C'eſt en termes de Marine, ce qu'on appelle autrement, *Bonnette à étui*, c'eſt-à-dire de petites voiles qu'on attache de beau tems à côté des grandes.

COUTRE. ſ. m. Groſſe plaque de fer tranchante large de trois bons doigts, & longue d'environ deux piés & demi, qui eſt attachée à un des côtés de la charrue, & qui fend & partage la terre quand on la laboure. On écrivoit autrefois *Coultre*. Nicod le dérive du Latin *Culter*. Le Coutre differe du ſoc, qui eſt une autre groſſe piece de fer, qui commence l'ouverture de la terre, d'où l'on a fait *Couteau*, piece de fer proche le coutre de la charrue.

Coutre, eſt une eſpece de Hache longue & étroite, emmanchée de côté, qui ſert à fendre de la latte.

COUTURE. ſ. f. Maniere d'accommoder le plomb ſur les couvertures. Les Plombiers couvrent quelquefois ſans ſouder les tables de plomb, mais ſeulement avec des coutures, c'eſt-à-dire que le plomb eſt retourné l'un ſur l'autre, & attaché avec de bons clouds; cela empêche qu'il ne ſe caſſe par l'exceſſive chaleur, ou par le trop grand froid.

Couture. Terme de Mer. Diſtance qui ſe trouve entre deux bordages, & dans laquelle on a calfaté. On dit, *Couture ouverte*, quand l'étoupe qu'avoit miſe le calfat entre deux bordages, eſt ſortie.

COUVERT, ERTE. adj. Terme de Blaſon. Il ſe dit d'une tour qui a un comble. *De gueules à la tour couverte d'or.*

COUVERTE. ſ. f. Terme de Mer, dont ſe ſervent les Levantins pour ſignifier Pont ou tillac. Ils diſent qu'*Un Vaiſſeau porte couverte*, pour dire, qu'Il a un pont.

On appelle, *Couverte de l'iſoſcele de prone*, Un certain eſpace qui regne vers l'arbre du trinquet, & vers les rambades. C'eſt delà qu'on jette en mer les ancres à quatre bras que l'on appelle *Riſſons.* On y charge auſſi l'artillerie.

COUVERTURE. ſ. f. Terme de l'art de bâtir. Toit d'une maiſon. Ce mot ne s'emploie pas ſeulement, pour ſignifier Le plomb, l'ardoiſe, la tuile, & tout ce qui ſert à couvrir le comble d'une maiſon, mais le comble même. Les Couvertures des maiſons étoient toutes plates dans les premiers ſiecles; & comme elles ne garantiſſoient pas de l'eau ni des neges, on les éleva depuis en faîtes; & l'on exhauſſa plus ou moins les combles ſelon les divers climats. On appelle *Couverture à claire voie*, celle où les tuiles ſont éloignées les unes des autres, comme aux apentis qui ne doivent pas ſubſiſter long-tems. Il entre beaucoup moins de tuile dans cette ſorte de Couverture que dans la Couverture ordinaire.

COUVIVER. v. a. Vieux mot. Flater.

COUVRECHEF. ſ. m. Coiffure dont les femmes de Village ſe ſervent en pluſieurs Provinces, comme en Normandie, en Picardie & en Champagne. Elle eſt faite d'une toile longue, empeſée, qui leur pend ſur les épaules, & dont le haut entoure leur tête.

COUVREFEU. ſ. m. Morceau de fer ou de cuivre jaune ou rouge, haut d'un pié & demi & large de deux. Il eſt fait en forme de voute, & on le met devant le feu quand la viande eſt à la broche. On s'en ſert auſſi pour couvrir le feu, & le conſerver la nuit.

On appelle ainſi la Cloche qui ſonne à ſept, huit ou neuf heures, & en Latin *Igniteginm.*

COY

COYAU. ſ. m. Petite piece de bois entaillée ſur la

O o

roue d'un moulin. Elle sert à soûtenir les petites planches sur lesquelles tombe l'eau qui fait tourner la roue. On appelle aussi *Coyaux*, en termes de Charpenterie, de petits bouts de chevrons qui soûtiennent & conduisent la Couverture d'une maison jusques au bord de l'entablement, ce qui facilite l'écoulement des eaux, en formant l'avance de l'égoût du comble.

COYER. s. m. Terme de Charpenterie. Piece de bois qui sert à la couverture d'un bâtiment. Elle est assemblée par un bout dans l'arrêtier, & par l'autre, au goûsset de l'enrayeure.

CRA

CRABE. s. f. Sorte d'Ecrevisse dont se nourrissent les habitans des Antilles. Il y en a de violettes & de blanches. Ces dernieres sont trois fois plus grandes que les autres. Il semble que tout le corps de cet animal ne soit composé que de deux mains tronquées par le milieu, & rejointes ensemble. On y voit quatre doigts des deux côtés, avec deux mordans qui servent comme de pouces. Le reste du corps est couvert d'une écaille de la largeur de la main. Elle est relevée en bosse, & sur le devant sont enchassés deux petits yeux longs & gros comme des grains d'orge, fort transparents & solides. Un peu au-dessous est la gueule couverte de quelques barbillons, sous lesquels il y a deux dents larges comme la moitié de l'ongle, fort tranchantes & d'une grande blancheur. Elles sont aux deux côtés, & s'entrejoignent comme des fers de ciseaux. C'est avec quoi elles coupent les feuilles, les fruits & les bois pourris, qui sont leur nourriture ordinaire. Toute cette écaille est remplie d'une certaine liqueur épaisse, grasse & fibreuse, au milieu de laquelle est ce que les Habitans appellent le fiel de ces animaux, à cause de son amertume. Ce n'est pourtant que leur estomac où tout ce qu'ils mangent se digere. Il est gros deux fois comme le pouce, & composé d'une membrane assés déliée, & étendue par deux petits cartilages. Au-dessous de leur corps, est une maniere de plastron fait de diverses écailles ajustées comme les tassettes d'un corselet, sous lequel sont cinq ou six barbillons de chaque côté. Il y a un petit pertuis large comme le tuyau d'une plume, par où les Crabes vuident leurs excremens. Il sort immediatement de l'estomac, & passant par le milieu de ce plastron, il vient se terminer à sa fin. Elles n'ont point de sang, & jettent seulement une eau claire quand on les blesse, cette eau se caille & s'épaissit comme la gelée. C'est une chose merveilleuse de les voir descendre de la montagne au mois d'Avril & pendant les premieres pluyes. Elles sortent toutes alors des creux des arbres, des souches pourries, & de tous les trous qu'elles se sont faits; & la terre en est tellement couverte, qu'on ne peut presque faire un pas sans en écraser quelqu'une. Elles marchent fort lentement toute la nuit, & le jour quand il pleut, & s'exposent fort rarement au soleil, n'y ayant rien qui leur soit plus contraire que la chaleur. Elles sont comme des bataillons fort serrés, longs d'une lieue ou d'une lieue & demie, & larges de quarante ou cinquante pas. Si pendant leur marche dans un jour de pluie, elles rencontrent un lieu sans abri, & que le soleil commence à paroître, elles s'arrêtent toutes à la lisiere du bois, & attendent la nuit pour passer l'endroit qui est découvert. Que si quelqu'un s'approche du gros, & leur donne l'épouvante, elles font une retraite confuse & à reculons, presentant leurs deux mordans, qui serrent

jusqu'à emporter la piece, & sont jetter les hauts cris à celui qu'elles attrapent. Elles frappent de tems en tems ces mordans l'un contre l'autre, & sont tant de bruit & un si étrange cliquetis en s'entreheurtant de leurs écailles, qu'on ne le peut comparer qu'à celui que font les corselets & les tassettes d'un Regiment de Suisses qui marche. Quand la pluie cesse pendant leur descente, elles font une alte generale, & chacune se retire où elle peut, sous des arbres creux ou sous des racines. Les habitans profitent de la necessité où elles sont de s'arrêter, & il n'y a point de case où l'on n'en tue plus de cent par jour. On jette alors tous les corps, & on se contente d'un amas de petits œufs presque imperceptibles, dont elles ont gros comme le pouce à chaque côté de l'estomac. Ces œufs sont fort nourrissans, & de très-bon goût. L'interruption des pluies fait dans certaines années, qu'elles sont deux ou trois mois à venir jusqu'à la mer, où si-tôt qu'elles sont arrivées, elles se laissent couvrir deux ou trois fois des premieres vagues qui battent la rive, & se retirent incontinent pour aller chercher où se reposer. Cependant les œufs grossissent, sortent du corps, & s'attachent aux barbillons qui sont sous le plaitron. Il y en a pour l'ordinaire l'épaisseur d'un gros œuf de poule, qui sont semblables à la rogue des harencs. Comme ils ont alors perdu beaucoup de leur goût, on ne les estime plus. Quelques jours après elles retournent toutes se baigner dans la mer, où elles secouent leurs œufs. De petits poissons, que les Sauvages nomment *Titiri*, en dévorent à l'instant plus des deux tiers, & ceux qui échapent éclosent sur le sable, en sorte qu'on voit les petites Crabes gagner la montagne par milliers. Toutes les Crabes, grandes & petites, viennent une fois tous les ans se baigner dans la mer, & elles y arrivent en huit ou dix jours quand le tems est pluvieux. Après qu'elles sont sorties de leur second bain, elles sont si foibles qu'elles ont peine à marcher. Elles deviennent maigres, & leur chair change de couleur; ce qui est cause qu'une partie demeure quelque tems à se rengraisser dans le plat pays, & ne retourne pas si-tôt aux montagnes. Elles s'accouplent toutes lorsqu'elles se sont baignées, & s'étant remises dans leur embonpoint, elles sont des trous dans terre qu'elles ont l'adresse de boucher si bien qu'il n'y sçauroit entrer d'air. Là elles se dépouillent de leurs anciennes écailles, & de la carcasse de leurs os, inséparables de la même écaille. Elles ne font aucune rupture, & laissent cette carcasse si entiere, qu'il est impossible de connoître par où elles sont sorties. Elles demeurent près de leur écaille sans nul mouvement; & pendant qu'elles sont dans cet état, on les appelle *Crabes boursieres*. Elles n'ont point d'amertume dans l'estomac, & sont grasses & fort pleines, ce qui les rend un manger délicieux. Elles ne sont revêtues pour lors que d'une peau extrêmement délicate, qui s'endurcit peu à peu, & se forme en écaille. Elles ont en ce tems-là quatre pierres de la grosseur d'une féve de Bresil, fort blanches & attachées au-dessous de l'estomac. Ces pierres se fondent à mesure que l'écaille s'endurcit, & se dissipent entierement quand elle a atteint sa perfection. On assure qu'elles font jetter le gravier des reins; mais elles sont fort désagreables à prendre.

Il y a aussi dans les Antilles des *Crabes de mer*, semblables aux Cancres qu'on voit aux Côtes de France, de Hollande & d'Angleterre. On y en voit sur-tout de deux sortes, aussi particulieres en leurs formes qu'en leurs qualités. La premiere est une espece de petit Canere quarré, large d'environ deux pouces, dont les deux mordans sont fort aigus & fort frêles, aussi-bien que toute l'écaille & toutes les autres parties de son corps. Ses yeux sont luisans, & faits comme ceux des Crabes des montagnes. C'est de cette sorte de Crabes qu'on écrit qu'elles ont l'industrie d'épier les Huîtres & les Moules que la marée amene. Elles attendent qu'elles ouvrent leurs coquilles, & y jettent un petit caillou qui les empêche de se refermer; ce qui fait qu'elles les mangent plus facilement. Une de ces Crabes brisée & dissoute dans le vin, est un antidote merveilleux contre les venins. Leurs coquilles, dont on trouve quantité sur les rochers qui sont le long du rivage de la mer, sont diversifiées de blanc & de rouge, & sont admirées de tous ceux qui les regardent. Les autres Crabes de mer qu'on trouve dans les mêmes Isles, ne sont pas plus grandes qu'un écu blanc, & sont couvertes d'une coquille qui leur cache tout le corps. Ce qu'elles ont de particulier, c'est une queue fort pointue, longue comme le petit doigt, & semblable à la lame des Stilets d'Italie. Elles ont sous leur écaille cinq petits piés qui sont autant de mordans, dont elles pincent & serrent assés fort. Si elles piquent quelqu'un de leur queue, elles lui font ressentir la même douleur que s'il avoit été piqué d'un Scorpion. Le remede y est donné par l'animal même qu'il ne faut qu'écraser sur la piquûre.

CRABIER. s. m. Espece de Heron, dont il y a de deux sortes dans les isles de l'Amerique. Le premier differe fort peu d'un Heron; mais on y a remarqué une chose fort particuliere, qui est que dans la substance de la peau du ventre, il y a quatre taches jaunes, larges d'un pouce & longues des deux, & deux autres semblables dans les deux cuisses. Celles-là sont plus épaisses & ameres comme le fiel. Il faut avoir de sès couper si on ne veut perdre l'oiseau & la viande avec laquelle il auroit bouilli. Il lui communique si bien son amertume qu'il est impossible d'en manger. L'autre qui un très-bel oiseau qui a le col deux ou trois pouces plus long que le corps. Ses ailes finissent avec la queue. Il est monté sur des jambes longues & menues comme celles des Herons. Son bec est long d'un pié, droit, menu & jaune tirant sur le vert. Sa tête est comme un chaperon noir, & porte sur le sommet une belle arête de plume de couleur d'ardoise, au-dessous de laquelle pendent en arriere en forme de pennaches, deux autres plumes, longues de huit à dix pouces, fines & déliées comme les aigrettes, aussi de couleur d'ardoise. Ses yeux sont larges, clairs comme du cristal, & environnés d'un cercle doré. Il a au bas du col cinq ou six aigrettes blanches, qui sont prétieuses & rares, à cause qu'il n'y a que ceux qui sont fort vieux qui en ont. Tout le reste de cet oiseau est couvert de ces belles plumes fines de couleur d'ardoise, comme celles qui lui servent de pennaches. Celles de ses ailes sont presque de même couleur. Sa chair est aussi bonne que celle des autres Herons, mais celui-là n'est pas si commun. On les appelle *Crabiers* l'un & l'autre, à cause qu'ils vivent ordinairement de Crabes.

CRAC. s. m. Terme de Fauconnerie. Il se dit d'un certain mal qui vient aux Faucons.

CRACHOIR. s. m. Espece de petit auge de bois rempli de chaux vive, où crachent les Religieux pendant qu'ils disent l'Office à l'Eglise. On le met devant les chaises ou bancs où ils sont assis.

CRAIE. s. f. Vaisseau Suedois ou Danois. Cette sorte de bâtiment porte trois mâts, & n'a point de mât dehune.

Tome I.

CRAMPE. s. f. Espece de goutte ou d'engourdissement, qui fait retirer ou étendre le cou, les bras, & les jambes avec douleur. Cette sorte de convulsion, qui ne dure pas, est causée par une vapeur crasse & lente qui est entre les membranes des muscles. Le mot de *Crampe*, vient de l'Allemand *Krampff*, qui veut dire la même chose. *Crampe* se dit aussi d'un certain engourdissement qui arrive au jarret des chevaux, & qui leur fait traîner la jambe au sortir de l'écurie. Il se dissipe quand ils ont un peu marché.

CRAMPON. s. m. Morceau de fer ou de bronze que l'on coule en plomb, & qui sert à retenir les pierres & les marbres. On en fait à crochet & à queue d'aronde. On appelle *Crampon de fermeture*, un Morceau de fer plié en quatre, qu'on attache dans la piece du milieu d'une croisée de fenêtre. On pousse dedans le verrouil des targettes qui sont attachées sur le chassis de la vitre. Les Selliers appellent aussi *Crampon*, un petit Morceau de cuir en forme d'anneau, qu'ils mettent sur le devant d'une selle, & où l'on attache les fourreaux des pistolets. *Crampon de penture*, est, dans les portes cocheres, une Piece de fer qui passe par dessus le collet d'une bande ou barre de fer, & qui traversant la porte, est rivé sur le bois par l'autre côté.

CRAMPONE', e'e. adj. Terme de Blason. Il se dit des croix & autres pieces dont les extrémités sont recourbées comme celles d'un fer cramponné, ou qui ont une demi potence. *Croix cramponnée, macle cramponnée.*

CRAN. s. m. Terme de Manége. Replis de la bouche du cheval. Ce sont des inégalités de chair en maniere de sillons dans le palais du cheval, qui vont en travers d'un des côtés de la machoire à l'autre. Quand un cheval a la bouche échauffée, on lui donne un coup de corne au troisiéme cran, ou au quatriéme, pour le saigner.

On dit, en termes de Marine, *Mettre un Vaisseau en cran*, pour dire, Donner le radoub à un Bâtiment, le mettre en carène.

CRANCELIN. s. m. Terme de Blason. Il se dit d'une portion de couronne posée en bande à travers un Ecu, qui se termine à ses deux extrémités, tant du côté du chef que de la pointe. On dit aussi *Cancerlin.*

CRANEQUIN. s. m. Instrument ou bandage dont on se servoit anciennement pour armer les arbalètes, & qu'on appelloit autrement *Pié de biche.* Ceux qui portoient ces sortes d'arbalètes, que l'on fit d'abord de bois, puis de corne, & enfin d'acier, s'appelloient *Cranequiniers.*

CRAPAUD. s. m. Animal venimeux qui ressemble à la grenouille. Il y en a de plusieurs sortes: mais ceux qu'on appelle *Reines vertes*, & que les Latins appellent *Rubeta*, parce qu'ils se nourrissent dans les buissons, & les Grecs φρῦνος, sont plus dangereux que ceux des marais. Quand ils sont grands, ils ont la peau si dure & si épaisse, que les Paysans ont peine à les percer avec leurs bâtons, quelque aigus qu'ils soient. Ils jettent leur venin par leur urine, & se gonflent pour cela, afin de le faire aller plus loin ou sur les herbes ou sur les bêtes qui paissent. Outre le venin de leur urine, leur bave n'est pas moins venimeuse que le napellus. Leur sang est aussi mortel, de même que la poudre qu'on en fait. Quoique les Crapauds ayent point de dents, ils ne laissent pas d'empoisonner la partie qu'ils mordent avec leurs babines, qui sont âpres & rudes. On tient qu'ils forcent les petits oiseaux & les belettes à se venir jetter dans leur gueule.

CRAPAUDAILLE. s. m. Mot qui se prononce ainsi

par corruption, au lieu de *Crespodaille*. C'est un crêpe fort délié, dont on fait les coifes des femmes & les voiles des Religieuses.

CRAPAUDINE. s. f. Pierre précieuse qu'on appelle ainsi à cause qu'elle se trouve dans la tête des crapaux. On tient qu'elle resiste aux venins.

Crapaudine. Piece de métal, de fer ou de cuivre, dans laquelle entre le pivot d'une porte, ou de l'arbre de quelque machine, & qui les fait tourner en rond. On la nomme aussi *Grenouille* & *Couette*.

Crapaudine, se dit encore d'une crevasse causée par les éponges du fer des piés de derriere d'un cheval, lorsqu'elles donnent sur la couronne de l'autre pié de derriere.

CRAQUELIN. s. m. Sorte de patisserie fort seche, dont Nicod parle en ces termes. *Craquelin est une espece de fouasse ou gâteau usité en Picardie, qui est faite de fine fleur de farine de froment pêtrie avec des moyeux d'œuf & eaue, & est fort legier & brisable à la dent, dont du craquer quand on en mange il peut avoir prins le nom.*

CRATÆOGONUM. s. m. Plante que quelques-uns appellent *Crataeonum*, & qui a ses feuilles semblables au Melamhyrum. Elle est fort acre, & croît la plûpart aux lieux ombrageux & garnis d'arbres. Sa graine ressemble au Millet, & sa racine a plusieurs tuyaux compartis en divers nœuds. Voilà ce qu'en a écrit Dioscoride. Matthiole, après avoir dit que quelques Simplistes prennent pour Crataeogonum, une Espece de Persicaria, ajoûte qu'il n'est pas de leur sentiment, & que quoiqu'il n'ait jamais trouvé aucune herbe qui s'y puisse rapporter, il ne veut pas inferer delà que le Crataeogonum ne croisse point en Italie, cette herbe ayant été si obscurement décrite, qu'il est difficile de la remarquer.

CRAVAN. s. m. Sorte de petit coquillage désagreable & vilain, que le tems forme sous les Vaisseaux qui ont fait de longs voyages sur mer.

CRAVATE. s. m. On appelle *Cravates* ou *Croates*, des Cavaliers en corps de Regiment que commande un Colonel. Ils vont reconnoître l'Ennemi, & insulter ses quartiers, & servent d'enfans perdus le jour d'une bataille.

Cravate. Cheval qui porte ordinairement l'encolûre haute, & qui tend le nés en branlant la tête. On l'appelle *Cravate* ou *Croate*, à cause que ces sortes de chevaux nous sont amenés de Croatie, frontiere de Hongrie.

CRAYE. s. f. Sorte de terre assés dure, & d'une grande blancheur. Les Latins l'ont nommée *Creta*, à cause qu'il s'en trouve quantité dans l'Isle de Crete, aujourd'hui Candie. On en connoît de trois sortes, la blanche, la verdâtre & la noire, mais il n'y a que la blanche dont on se serve dans la Medecine. Elle est desseichante, détersive & emplastique; & étant appliquée au-dehors, elle desseche & cicatrise les playes & les ulceres. On s'en sert aussi quelquefois interieurement contre les ardeurs de l'estomac.

Dioscoride parle d'une *Craye rouge*, qu'il dit être de moindre efficace & tout puis le Boli Armeni commun. La meilleure croît en Egypte & autour de Carthage, & est frêle & aisée à rompre. On en trouve aussi aux Espagnes Occidentales. Celle-là est faite d'ocre brulée & convertie en craye rouge. Matthiole dit que les Anciens ont appellé la Craye rouge, *Rubrica fabrilis*, à cause que les Charpentiers en teignoient leur cordage pour tracer & marquer au juste ce qu'il falloit retrancher des pieces de bois qu'ils équarrissoient. Il avoue pourtant qu'il ne sçait si la craye rouge, dont nos

Charpentiers se servent presentement, est la vraie *Rubrica fabrilis* de Dioscoride.

CRAYON. s. m. Petit morceau de pierre tendre qu'on aiguise en pointe, & dont on se sert pour dessiner. Ils sont, ou de craye blanche pour rehausser, ou de pierre noire pour ombrer, ou de sanguine. On doit les tenir dans un lieu humide, si l'on veut empêcher qu'ils ne durcissent. On dit, *Le premier crayon d'un tableau*, pour dire, l'Esquisse, le premier dessein.

CRE

CREANCE. s. f. Filiere ou ficelle dont on se sert pour retenir un Oiseau qui n'est pas encore bien assûré. On appelle aussi *Oiseau de peu de creance*, Celui qui est sujet à s'esforer & à se perdre.

On applique aussi, en termes de Chasse, le mot de *Creance* aux chiens qui sont plus adroits & qui obéissent mieux que les autres, & on les appelle *Chiens de bonne creance.*

Entre les differentes significations que Nicod donne au mot de *Creance*, il dit qu'il signifie l'Essai des viandes, & qu'ainsi on dit, *Faire la creance du Roi*, pour dire, Faire l'essai de ce qu'il boit & de ce qu'il mange. Il ajoûte que l'Italien dit *Credenza*, & *Fare la credenza*, dans la même signification, & qu'il appelle *Credentiere*, Celui qui fait l'essai.

CREANTER. v. a. Vieux mot qu'on trouve dans la signification de Promettre. *Et je vous jure & vous creante.* On a dit aussi, *Creancer* dans le même sens, & *Creand* & *Crand*, pour, Caution, serment.

CRECERELLE. s. f. Sorte d'Oiseau de rapine, de couleur fauve, & semé de taches noires. Il a le bec bleu & la queue longue, marquetée aussi de noir. Ses jambes sont hautes & jaunes, & ses quatre doigts de même couleur. Les grosses plumes de ses ailes sont ordinairement noires, & il fait son nid dans de vieilles tours. On tient qu'il défend les pigeons des autres oiseaux de proye. Les souris, les mulots & les lezards qu'il trouve par les champs, sont sa nourriture. La Crecerelle a un cri fort déplaisant, & quelques-uns dérivent ce mot de *Querquedula* ou *Querquerella*, à cause que *Querquerum* chés les Anciens signifioit un cri lamentable. Saumaise le fait venir de *Crepitacella*, à cause du bruit que la Crecerelle fait en volant. M. Ménage le tire de *Crecarella*, fait de κρὶξ, Oiseau qui a le bec fort aigu, & qui aime le combat. Il pourroit aussi venir de κρίκω, que Galien explique par, Son odieux, ou de κρίκλος, qui se prend chés Hesiode pour, Lamentation.

CRECHE. s. f. *La mangeoire des bœufs, des brebis & autres animaux semblables.* ACAD. FR.

On appelle *Creche*, en termes de construction de Pont, Une espece d'éperon qu'on borde d'un fil de pieux, & que l'on remplit de maçonnerie devant & derriere des avantbecs de la pile d'un pont de pierre. *Creche d'aval, creche d'amont.* Comme l'eau dégravoye davantage à la queue d'une pile, celle d'aval doit avoir plus de longueur que celle d'amont. La *Creche de pourtour* doit environner toute une pile, & on la fait en maniere de bâtardeau avec un fil de pieux à six piés de distance, resepés trois piés au-dessus du lit de la riviere. Ces pieux doivent être liernés, moisés, retenus avec des tirans, scellés au corps de la pile, & remplis d'une forte maçonnerie de quartiers de pierre, afin d'empêcher l'eau de dégravoyer & déchausser le pilotis.

CREDENCE. s. f. Buffet ou table sur laquelle on

met les verres. Il se dit aussi du lieu où l'on a coûtume de serrer les vivres.

CREMAILLERE. s. f. Fer plat & délié qui a environ trois doigts de largeur, avec des dents presque tout du long. Il est recourbé au bout d'en bas, & on le pend à un gros crampon au haut du contrecœur de la cheminée. Il sert à y pendre des chauderons & des marmites sur le feu.

On appelle aussi *Cremaillere*, certaines Garnitures de fer qui sont en travers derriere les portes des grandes maisons, & qui servent à les ouvrir autant & si peu qu'on veut, par le moyen d'une barre qu'on fiche dans leurs divers crans.

Cremaillere, se dit aussi des fers que l'on met aux chaises de commodité, & qui servent à en hausser ou baisser le dossier, selon qu'on le trouve plus commode, & en general on appelle *Cremailleres*, les Crans qui sont en plusieurs machines & ressorts. Nicod fait venir ce mot du Grec κρεμάω, Je suspens. M. Ménage le dérive de *Cramacularia*, qu'il dit qu'on trouve dans les Capitulaires de Charlemagne. On dit aussi *Cremillere*.

CREMASTERE. adj. Terme de Medecine. Il y a deux muscles que l'on appelle *Muscles cremasteres*, à cause qu'ils tiennent les testicules suspendus. Quelques-uns en reconnoissent aussi à la matrice. Ce sont des fibres charnues par lesquelles elle est attachée au peritoine. *Cremastre* vient du Grec κρεμάω, Suspendre.

CREME. s. f. La partie grasse du lait, dont on fait le beure, & qui est de consistance liquide. Elle cuit & digere, & est temperée & adoucissante. Quelques-uns s'en servent pour en oindre le visage de ceux qui sont attaqués de la petite verole. Elle est bonne aussi pour les enfans tourmentés de galle avec inflammation.

Creme de tartre. Ce n'est autre chose que le tartre que l'action du feu a purifié. Il y a deux manieres de le faire, la lotion simple & la dissolution. La Creme de tartre est bonne dans les maladies mélancoliques, & on s'en sert avant qu'on emploie les purgatifs, à cause qu'elle digere & prépare les matieres pour être évacuées plus facilement. On a remarqué qu'elle n'est point propre à ceux qui sont sujets aux douleurs de tête que cause la chaleur des hypocondres, si on la dissout seule dans un bouillon, comme on le fait ordinairement. Elle ne purge presque point par elle-même : mais étant mêlée avec des purgatifs, sur-tout avec le sené, elle aiguise leur qualité purgative.

Creme de tisane. Décoction d'orge mondé faite en quantité proportionnée d'eau. On l'y laisse jusqu'à ce qu'elle ait attiré la premiere substance de l'orge qui sort quand l'orge se creve. Elle est détersive, laxative & refrigerative, & on lui donne le nom de *Creme*, à cause que la substance qui est au-dessus est la plus subtile.

CREMIR. v. a. Vieux mot. Craindre.

Si doit-on de paour fremir,
Et le puissant Juge cremir.

On a dit aussi, *Cremer. Or est cils morts que tant cremoient ceux de Troye.* On trouve encore, *Cremeteux*, pour dire, Craintif, & *Cremeur*, pour, Crainte.

CRENEAU. s. m. Petite ouverture à jour au parapet des murailles des Villes, qui est d'intervalle en intervalle, & par laquelle on a la liberté de regarder ou de tirer. M. Ménage dérive ce mot de *Crenellum*, diminutif de *Crena*, qui veut dire, Fente; & Fauchet dit qu'il vient de *Cran*, qui signifie une Hoche. Comme c'est une espece de fenêtre quarrée, qui sert aux Soldats à mettre le fusil ou la

mousquet quand on veut tirer pour défendre la Place, du Cange le fait venir de *Quarnellus*. C'est ce qui a fait dire à Nicod, que quelques uns écrivent & prononcent *Quarneaux*, au lieu de *Creneaux*, parce que, dit-il, telles entaillures sont peut-être en figure quarrée.

CRENELE', e'e. adj. Terme de Blason. Il se dit des tours, châteaux, bandes, fasces & autres pieces à creneaux. *D'argent à la fasce crenelée de gueules.*

CRENEURE. s. f. Vieux mot. Coupure par dentelles, selon Nicod, ou bien, *Entaille façonnée en creneaux, qui est quarrée, & non pyramidale, comme des dents de souris que les Lingeres font aux bords des mouchoirs, collets & manchettes : mais plus usité est Crenelüre, de Crenel.*

CRENQUENIERS. s. m. p. On appelloit ainsi autrefois certains Officiers qui pouvoient faire execution.

CREOISON. s. f. Mot du vieux langage qui signifioit Création & Creatures. *Dieu crea toute creoison.*

CREPUSCULE. s. m. La premiere lumiere qui paroît à l'Orient avant le lever du Soleil, & celle qui paroît à l'Occident après que le Soleil est couché. Elle commence le matin, ou cesse le soir lorsque le Soleil est à dix-huit degrés au-dessous de l'horison. L'*Atmosphere* est la cause des crepuscules, parce qu'elle nous envoye par refraction des rayons qui ne seroient pas venus directement à nous, car étant plus épaisse que la matiere étherée qui est au-dessus, elle rompt les rayons en les approchant de la perpendiculoire, (Voyez R E-F R A C T I O N,) & comme cette perpendiculaire est une ligne tirée au centre de la terre, l'Atmosphere fait tomber sur une certaine partie de la terre des rayons qui n'y étoient pas destinés. S'il n'y avoit point d'Atmosphere, il est certain que nous ne verrions aucune lumiere ni avant le lever ni après le coucher du Soleil, & que nous passerions tout d'un coup des pures tenebres au plein jour, & du plein jour aux pures tenebres. Le Crepuscule est très-court dans la Sphere droite; il est plus long dans l'oblique, à cause que le Soleil monte & descend perpendiculairement dans la droite, & obliquement dans l'oblique. Cela est cause que l'arc qui est entre le point du commencement du Crepuscule & celui du lever du Soleil, est plus court dans la droite, & par consequent il demande moins de tems pour être parcouru que dans l'oblique. Comme cet arc est plus long l'été que l'hiver, le Crepuscule d'été est aussi plus long que celui d'hiver.

CREQUIER. s. m. Sorte de prunier sauvage, qui croît dans les hayes de Picardie, & qui porte un fruit qu'on appelle *Creque.* Il y en a pourtant qui croyent que le Crequier soit un arbre imaginaire. La Maison de Crequi en porte un dans ses Armes, où il est representé avec sept branches disposées en forme de chandelier, & qui portent de petits fruits comme des capres. Le Pere Menêtrier dit que le Crequier est un cerisier sauvage, qui ayant été assés mal representé en un tems où les Graveurs & les Peintres n'étoient pas habiles, a toûjours retenu depuis la même figure en Armoiries.

CRESPINETTE. s. f. Sorte de coiffure dont on s'est servi autrefois.

Et par dessous la crespinette
Une couronne d'or pourtraite.

CRESPIR. v. a. Employer le plâtre ou mortier avec un balai sans passer la truelle par dessus. On fait venir ce mot de *Crispare*, Friser.

On dit en termes de Couroyeur, *Crespir un cuir*,

pour dire, Prendre un cuir lorſqu'il eſt ſorti de l'eau, & lui faire venir le grain.

CRESSON. ſ. m. Herbe qui croît dans les ruiſſeaux des fontaines, & toûjours accompagnée de la berle. Le Creſſon, que l'on appelle en Latin *Creſcio* ou *Siſymbrium aquaticum*, jette au commencement ſes feuilles rondes, & ces feuilles venant à croître, ſont déchiquetées comme celles de la roquette. Il a l'odeur & la ſaveur du Creſſon alenois, que l'on nomme *Cardamum* ; & c'eſt ce qui fait qu'on lui donne auſſi le nom de *Cardamine*. Le Creſſon échauffe & provoque à uriner. Dioſcoride dit que ſi on l'applique la nuit ſur le viſage, il en ôte les lentilles, & toutes ſortes d'autres taches.

Creſſon, eſt auſſi une ſorte de fleur double, panachée tirant ſur le violet.

CRESTE. ſ. f. *Certaine chair rouge & ordinairement dentelée, qui vient ſur la tête des cocqs, des poules, & de quelques autres oiſeaux qui approchent de cette eſpece.* ACAD. FR.

On appelle *Crêtes*, les Cueillies ou areſtieres de plâtre dont les tuiles faîſtieres ſont ſcellées.

Les Marchands de blé diſent ſur les ports, *Mettre le blé en crête*, pour dire, Remuer un tas de blé dans un bateau, & l'élever en forme de pyramidale.

Crête marine. Herbe branchue & feuillue de tous côtés, qui croît aux lieux maritimes & pierreux, à la hauteur d'une coudée. Ses feuilles ſont graſſes & blanchâtres comme celles du pourpier, quoique plus larges & plus longues. Elles viennent en grand nombre, & ont un goût ſalé. Leur fleur eſt blanche, & leur graine, qui eſt comme celle du romarin, odorante, molle & ronde, ſe rompt quand elle eſt ſechée, & a au-dedans un noyau ſemblable au grain de froment. Cette herbe, qu'on nomme autrement *Baſſile*, jette trois ou quatre racines de la groſſeur d'un doigt. Cuites en vin avec la graine & les feuilles, & priſes en breuvage, elles ſervent aux difficultés d'urine, provoquent les mois, & gueriſſent la jauniſſe.

CRESTE', E'E. Terme de Blaſon. Il ſe dit des cocqs, à cauſe qu'ils ont une crête. *D'azur au coq d'argent crêté & barbelé de gueules.*

CRESTEAUX. ſ. m. p. Ce mot ſe diſoit autrefois au lieu de *Creneaux*, & on les nommoit ainſi à cauſe qu'ils étoient à pointes par intervalles, comme les crêtes des cocqs.

CREVASSE. ſ. f. *La fente qui ſe fait d'une choſe qui creve.* ACAD. FR. On appelle *Crevaſſe*, dans les chevaux, certaine Fente qui ſe fait aux paturons, & d'où il ſort une eau rouſſe & puante.

CREVETE. ſ. f. Eſpece de petite Ecreviſſe, dont la pêche ſe fait ſur les côtes de l'Ocean avec un petit filet attaché à un bâton fourchu, que les Pêcheurs pouſſent ſur les ſables devant eux.

CREUSET. ſ. m. Vaſe de terre glaiſe cuite & fort ſeche, qui eſt en forme de pyramide, & dont les Orſévres & les Chimiſtes ſe ſervent pour fondre & calciner l'or, l'argent & les métaux. On fait auſſi des creuſets qui ont beaucoup de capacité pour les fourneaux des Verriers. Du Cange dérive ce mot de *Cruſelinum*, qui a été employé dans la baſſe Latinité pour un petit Vaiſſeau à boire.

CREUX. ſ. m. Cavité. On appelle, en termes de Marine, le *Creux d'un Vaiſſeau*, Ce qu'un Bâtiment a de hauteur depuis le deſſous du fond juſque ſur la quille.

On dit en termes de Muſique, qu'*Un homme a un beau creux de voix*, pour dire, qu'Il a une voix qui deſcend fort bas.

CRI. ſ. m. *Voix haute & pouſſée avec effort.* ACAD. FR. Il ſe dit auſſi d'un cri nature : de pluſieurs animaux, comme de la panthere, du leopard, du tigre, du loup cervier, du liévre, du lapin & du chevreuil.

On appelle *Cri*, en termes de Blaſon, un certain mot qui ſert de Deviſe, & qu'on met au cimier des Armes. Le cri de la famille autrefois appartenoit toûjours à l'aîné, & ſi les puînés le prenoient, il falloit qu'ils y ajoûtaſſent le nom de leur Seigneurie. Anciennement aucun n'étoit reconnu pour Gentilhomme de nom, d'armes & de cri, que celui qui avoit droit de lever banniere. Ainſi les Bannerets faiſoient le cri dans les batailles, & il y avoit autant de cris dans une Armée, qu'il y avoit de Bannieres. Ces Cris étoient des Cris particuliers, outre leſquels il y en avoit un general pour toute l'Armée. C'étoit celui du Roi, s'il s'y trouvoit en perſonne, ou celui du General. L'ancien Cri des Rois de France étoit *Montjoie S. Denys*. Dans les Tournois les Herauts d'armes faiſoient le Cri, quand les Chevaliers étoient prêts d'entrer en lice. Voici ce que Nicod a rapporté là-deſſus. *Cri de joûte, tournois ou batailles eſt la proclamation qu'un Herant ou Roi d'Armes fait des titres, honneurs & Blaſon de l'Aſſaillant, quand il vient ſur les remparts pour faire armes, & s'éprouver contre le Tenant-Jean le Maire au premier des Illuſtrations de Gaule, ch. 141. parlant de Heliocan, Aſſaillant au pas tenu par Hector. Après qu'il ſe fut acquitté vers les Dames, & que Idæus, le ſouverain Roi des Herauts, à tout ſa riche cotte-d'armes eut épilogué ſes titres en ſes Blaſons. Et au chapitre 141. parlant de Paris auſſi aſſaillant en ce pas.* Lors Idæus le Roi d'Armes, qui ne ſçavoit autrement ſon nom, ſinon qu'il l'avoit ouï renommer Gentilhomme, ſe print à écrier en cette maniere : *Or eſt venu l'Ecuyer incognu, portant d'argent à un chef d'or par artifice de blaſon, veut faire armes pour honneur acquerir.* A ce cri le Prince Hector ſortit devant ſa tente. *En tels cris on ne donnoit à nul champion venant ſur les rangs le titre de Preux, ains de Fils de Preux ſant plus, ſi de tel pere il étoit venu. Jean Petit en ſon Plaidoye juſtificatif du Duc de Bourgogne, touchant le meurtre par lui perpetré en la perſonne de Loys de France, Duc d'Orleans, conché au livre 1. chap. 39. de Monſtrelet. Il n'eſt ſi bon Chevalier au monde qui ne puiſſe faire une faute ſi grande, que tous les biens par lui faits auparavant en ſeront anichilés, & pour ce on ne crie aux joûtes ne aux batailles, Aux Preux ; mais on crie bien, Aux fils de Preux, après le decès de ſon pere : car nul Chevalier ne peut être jugé preux, ſi ce n'eſt après ſon trépaſſement.*

CRIBLE. ſ. m. *Inſtrument compoſé ordinairement d'une peau percée de pluſieurs petits trous, propre à ſeparer le bon grain d'avec le mauvais, & d'avec les erdures.* ACAD. FR. Il y a des *Cribles à piſ* dans les greniers. Ils ſont compoſés d'une grande auge élevée, dans laquelle on verſe le grain, qui en coulant ſur de petites planchettes de bois, & ſur pluſieurs rangs de fil d'archal, s'évente & ſe nettoye, pendant que la poudre & les ordures coulent le long d'une peau qui eſt au derriere. On ſe ſert d'un *Crible de main* dans les écuries, pour nettoyer l'avoine toutes les fois qu'on la donne aux chevaux. Ce Crible eſt compoſé d'un grand cercle de bois qui a trois doigts de largeur, & d'une peau de parchemin, où il y a par tout des trous de differente figure.

CRIBLER. v. a. Terme de Pharmacie. Separer ce qui eſt net & bien délié d'avec ce qui eſt groſſier & ſale. La difference qu'il y a entre cribler & couler, c'eſt que couler appartient aux choſes liquides, & cribler aux ſeches. On crible ſouvent pour pouvoir mieux mêler celles qui ſont bien menuës. Après que l'on a criblé, ce qui reſte pour n'avoir pû paſſer par le crible, ſe remet dans le mortier, & on le pile encore une fois; après quoi on paſſe en un crible groſſier & clair ce qu'on veut qui ſoit groſſier. Il a fallu pour cela inventer diverſes ſortes de cribles. Les uns ſe font avec des écorces de rillet coupées menu, quoiqu'également. On les entrelaſſe en façon de treillis, & cette ſorte de crible eſt propre à cribler les ſcieures de gaïac, & les matieres dont les Teinturiers ſe ſervent. Il y en a d'autres qu'on fait de crins de cheval, diſpoſés en maniere de treillis, & tendus de part & d'autre avec deux cercles de bois. Quand on veut nettoyer les legumes, & ôter les autres graines qui y ſont mêlées, on ſe ſert de cribles faits comme ceux dans leſquels on crible le froment & l'orge. La bonne ſemence demeure, à cauſe qu'étant plus groſſe que les autres petites graines, elle ne peut paſſer par les trous.

CRIC. ſ. m. Inſtrument de grande utilité pour lever toutes ſortes de fardeaux. Il eſt compoſé d'une roue dentée qui ſe meut avec une manivelle, & qui fait élever une groſſe barre de fer auſſi dentée, lorſque les dents de la roue entrent dans celles de la barre. La boîte où le tout eſt enfermé, eſt auſſi de fer. Les Charrons ſe ſervent de cet inſtrument. On s'en ſert auſſi à l'Artillerie.

CRIE'E. ſ. f. Proclamation en Juſtice pour vendre des biens. ACAD. FR. Il ſe dit plus particulierement des quatre publications qui ſe font à la porte des Egliſes Paroiſſiales, des immeubles dont la vente eſt pourſuivie en Juſtice. On les appelle autrement Les quatre quatorzaines, parce qu'il faut qu'il y ait quatorze jours d'intervalle entre chacune. On dit, Certification de Criées, & on appelle Certificateurs de Criées, Ceux qui atteſtent que les Criées ont été faites dans les regles. On appelle Pourſuivant Criées, Celui ſous le nom duquel ſe font toutes les procedures d'un Decret; & quand on dit d'un bien, qu'- Il eſt en crié, on veut dire, qu'il eſt ſaiſi réellement.

CRIEUR. ſ. m. Officier public qui va publier par les carrefours les ordres & les reglemens de la Juſtice. Quand le Juré Crieur fait un cri public; il eſt aſſiſté de trois Trompettes.

On appelle Crieurs de corps & de vin, les Jurés & Officiers de Ville, établis autrefois pour annoncer le vin qui étoit à vendre, les enfans, les papiers & autres choſes perdues, afin qu'on pût les recouvrer. Leur fonction eſt preſentement réduite à faire les ceremonies des enterremens. Nicod en parle en ces termes: Crieurs des Trépaſſés ſont ceux qui étant vêtus de robes longues, noires, & portant bonnets en deuil avec chacun une cloche pendante en la main, & portant les Armes du Trepaſſé peintes en papier, attachées à leurs robes devant & derriere, vont criant & publiant par les Carrefours de la Ville le decès du Trepaſſé, l'heure & le lieu de ſon enterrement, & faiſant preſque une publique ſemonce, tant de convoi que de prieres pour le Trepaſſé. Il y en a le nombre de vingt-quatre à Paris, leſquels à ce faire ne peuvent être andit nombre de vingt-quatre, ſi ce n'eſt qu'ils crient le Roi ou la Royne decedés: car pour crier quelque autre perſonne que ce ſoit, tant ſoit-elle de grande autorité, ils ne peuvent être pour le plus que au nombre de vingt-trois, au deſſous duquel qui plus en prend pour le cri, & plus eſt honorablement crié; & vont après au con marchant en

pareil habit devant le cerceuil & biere du corps, ſonnant & branlant leurſdites clochettes,

CRIMNUM. ſ. m. La plus groſſe farine de l'épeautre & du froment, dont on fait la bouillie. Dioſcoride dit qu'elle eſt fort nourriſſante, & qu'elle reſſerre le ventre, ſi l'épeautre dont elle eſt faite a été rôtie auparavant. Pline nous apprend que les Anciens ont vécu long-tems du Crimnum, dont ils faiſoient de la bouillie. Le mot Grec κρίμνον, ſignifie la même choſe, c'eſt-à-dire, la plus groſſe farine paſſée par le crible.

CRIN. ſ. m. Les faiſeurs de luth nomment Crin d'archet, le Crin qu'on frotte avec de la Colofane, & dont les Joueurs de violon & de viole ſe ſervent pour faire reſonner leurs inſtrumens.

CRINIERE. ſ. f. Racine du crin qui eſt ſur le haut & le long du cou & entre les deux oreilles du cheval. Il ſe dit auſſi du poil qui eſt ſur le cou des lions.

Criniere, eſt auſſi une toile ou couverture de cheval qui accompagne le capataçon, & que l'on met ſur ces crins depuis le haut de la tête juſques au ſurfaix.

CRINON. ſ. m. Nom que l'on donne à certains petits vers, qui étant ſous la peau des enfans, les amaigriſſent, en ſorte que quoiqu'ils tettent & dorment bien, ils ne peuvent profiter; ce qui fait dire à beaucoup de meres que leurs enfans ſont enſorcelés. Les Crinons paroiſſent aux yeux en forme de gros cheveux courts, ou de ſoye de Sanglier, lorſqu'on les a retirés en frottant la peau de miel dans un lieu chaud, & que le froid les fait retirer. Le Microſcope les fait voir de couleur de cendre, ayant deux longues cornes, les yeux ronds & grands, la queue longue & velue au bout, & en un mot horrible à voir. Ils occupent ordinairement les parties muſculeuſes du dos, des épaules, du gras de la jambe au deſſous de l'épiderme, & cauſent une demangeaiſon continuelle & fâcheuſe à la ſurpeau, qui eſt très-ſenſible, & des inquiétudes, des cris & des inſomnies aux enfans, qui s'amaigriſſent & deviennent enfin comme en charte. Les enfans foibles & délicats y ſont les plus ſujets. C'eſt, ſelon la conjecture de Horſtius, la ſuppreſſion de l'inſenſible transpiration qui les engendre. Si la matiere eſt temperée, peu acre, douce & graſſe, elle ſe pourrit dans la retention, & les ſemences qui conſiſtent dans des atomes imperceptibles aux ſens juſqu'alors cachés & étouffés, ſe mettant en liberté, rempliſſent les deſſeins de la nature, & ſe changent en petits animaux. On les découvre, & on guerit l'enfant en le mettant dans un bain, où on le frotte bien avec du miel. Les Crinons ſortent avec la ſueur en forme de gros poils noirs, qu'il eſt facile de racler & d'arracher avec un raſoir ou une croûte de pain, tandis qu'ils montrent la tête. Quelques femmes, au lieu de ce bain, mettent les enfans juſques au cou dans une leſſive, où elles font bouillir de la fiente de poule, & les y laiſſent ſuer, en excitant les Crinons avec leurs mains enduites de miel. Si-tôt qu'ils paroiſſent, elles les raclent de la même ſorte; & qu'il faut continuer deux ou trois jours, juſqu'à ce que l'on n'en voye plus ſortir. On les appelle Comedones, du verbe Latin Comedere, Manger, à cauſe de la maigreur des enfans dont ils mangent la nourriture, ou Crinones, de Crinis, Cheveu, parce qu'ils ſortent d'ordinaire par les pores de la peau en forme de cheveux courts ou de poils noirs.

CRIOLE. ſ. m. Nom que les Eſpagnols donnent à leurs enfans qui ſont nés aux Indes.

CRIQUE. ſ. f. Eſpece de petit Port fait ſans aucun

art le long des côtes, où de petits bâtimens trouvent retraite pendant la tempête.

CRISSER. v. n. Faire un bruit aigre avec les dents en les serrant & les grinçant fortement.

CRISTAL. f. m. Pline a cru avec les Anciens que le Cristal étoit glace, & qu'il s'engendroit dans les lieux où il y a des neges continuelles ; ce qui lui a fait donner le nom de Cristal, à cause que le mot grec κρύσαλλος, signifie Glace, de κρύος, froid, Matthiole refute son opinion, & tient qu'il est engendré des veines de la terre de la même humeur que le beril & le diamant, puisqu'on en trouve en Espagne, en Allemagne, en Scythie, en Chypre & en d'autres lieux, dans des carrieres de Marbre & d'autres pierres, & même en plusieurs mines de divers métaux. Pour le Cristal qui est attaché aux rochers inaccessibles, il dit qu'il ne doute point qu'il ne soit engendré d'une humeur fort purifiée dans les veines de la terre, qui s'est convertie en pierre, & que par succession de tems, à force de pluyes & d'inondations d'eaux qui eminent toûjours la terre, ce Cristal ne soit demeuré à découvert. Ce qui confirme le plus que le Cristal n'est point de Glace, mais une humeur minerale, c'est qu'il va toûjours au fond de l'eau, au lieu que la glace nage dessus. Il est fait à six angles qui sont si lisses, si polis & si unis que les Lapidaires n'en sçauroient faire de pareils. On l'appelle *Cristal de roche* quand il est net, sans tares, pailles, atomes, petits nuages, & autres imperfections. Le burin couvre ces défauts en le gravant, mais le Cristal net est bien plus beau sans gravûre. Entre les presens dont Livia, Femme d'Auguste, enrichit le Capitole, elle y fit porter une piece de Cristal qui pesoit cent cinquante livres. Le Cristal a une vertu astringente ; ce qui fait qu'on le donne à boire pour la dyssenterie bien pulverisé dans de gros vin. On faisoit anciennement une boule de Cristal avec laquelle les Medecins cauterisoient ceux qui craignoient le feu & le cautere actuel. Ils la mettoient directement contre les rayons du soleil, & par le moyen de leur reverberation, ils cauterisoient la partie sur laquelle il falloit faire l'operation.

Cristal de tartre. C'est la même chose que *Creme de Tartre.* Il se fait du Tartre mis en eau que l'on filtre & cristalise. Il y en a qui ne prennent que ce qui se gele sur la superficie de l'eau, qui est la veritable creme ; mais le cristal n'est pas d'autre nature, si ce n'est qu'il a moins d'acidité.

On appelle *Cristal d'alun*, de l'alun preparé d'une certaine maniere pour la fievre. On le calcine dans un pot de terre, & on verse du vinaigre sur la calcination lorsqu'elle est encore rouge. L'alun se dissout par ce moyen. On filtre la dissolution, puis on la laisse évaporer à la cave, où il se forme de beaux cristaux, dont l'usage est fort celebre. La dose est d'un scrupule.

Il y a certains Cristaux qu'on appelle *Cristaux laxatifs de Jupiter*, qui sont fort utiles dans l'hydropisie des femmes. La dose en est de trois grains. On les prepare en prenant ce que l'on veut de mine de Jupiter en poudre, qu'on dissout dans de l'esprit de nitre, ou dans du vinaigre animé par l'esprit du nitre. On filtre la dissolution ; qu'on laisse évaporer comme il est requis, & on la met en lieu frais pour faire former les Cristaux. Cette preparation se fait encore d'une autre maniere. On verse deux livres d'esprit de vitriol bien rectifié, sur une livre de mine d'étain avec le double d'eau de fontaine. Après la dissolution & l'évaporation selon qu'elle se doit faire, il se forme de beaux cristaux,

qui sont très-bons pour purger doucement les eaux des hydropiques par les selles.

Il y a aussi des *Cristaux purgatifs de Lune*, que l'on appelle autrement *Argent purgatif.* La preparation s'en fait en dissolvant l'argent dans l'eau forte ou l'esprit de nitre. On fait évaporer la dissolution au feu de sable en remuant toûjours, afin que l'esprit de nitre s'évapore egalement. La matiere se coagule en cristaux. Si on en touche la peau, ils y laissent une tache qui dure ordinairement plusieurs semaines. Quatre grains de ces Cristaux réduits en forme de pilules avec de la mie de pain, poussent puissamment les eaux des hydropiques, & se donnent salutairement dans la Cakexie, & dans les affections caterreuses. Etmuller qui en parle ainsi, dit qu'ils ont beaucoup de succès en Angleterre, mais qu'il faut observer que ce remede relâche l'état tonique du ventricule, & qu'il seroit bon par consequent d'y ajoûter du Mars pour le maintenir ou le rétablir.

Cristal mineral. Medicament Chimique fait avec une demi-livre de Nitre depuré, qu'on fait fondre dans un creuset ; après quoi on y jette peu à peu une demi-once de fleur de soufre. Quand elles sont exhalées, on met le Nitre dans un bassin en l'y étendant comme une plaque, & cette plaque se garde sechement, soit entiere ou par morceaux dans un vase bien bouché.

CRISTALLIN, adj. m. Terme d'Astronomie. Après qu'on eut découvert que le Firmament & les Etoiles fixes,(Voyez FIXES) avoient un mouvement propre d'Occident en Orient, & que par consequent le Firmament eût cessé d'être le premier Mobile, (Voyez MOBILE) & que l'on n'eût laissé au Firmament que son mouvement propre, sur les Poles du Zodiaque, comme ce mouvement paroissoit inegal, tantôt plus vîte, tantôt moins, on crut que pour expliquer cette inégalité, il falloit supposer au dessus du Firmament & au dessous du premier Mobile, un Ciel qui eût un balancement d'Orient en Occident, & d'Occident en Orient, autour des Poles du Zodiaque. Quand le balancement se faisoit d'Orient en Occident, comme il s'opposoit au mouvement du Firmament d'Occident en Orient, il se retardoit. Quand le balancement étoit d'Occident en Orient, il favorisoit & hâtoit le mouvement du Firmament. Le Ciel qui avoit ces deux balancemens fut appelé *Cristallin*, parce qu'il devoit être solide & transparent. Depuis comme on observa que la déclinaison de l'Ecliptique changeoit, (Voyez DECLINAISON) & que quelquefois l'Ecliptique étoit plus éloigné de l'Equateur vers le Septentrion & le Midi, quelquefois moins, on imagina encore un Cristallin au dessus du premier & au dessous du premier Mobile, qui fut encore reculé. Ce second Cristallin avoit un balancement du Midi au Septentrion, & du Septentrion au Midi, qu'il imprimoit au Firmament, & par lequel l'Ecliptique qui est dans le Firmament, tantôt s'approchoit de l'Equateur, tantôt s'en éloignoit, & devenoit plus ou moins Septentrional & Meridional à son égard. Tous ces balancemens ont été appellés aussi *mouvemens de Libration ou de Trepidation.*

Cristallin. Terme d'Anatomie ou d'Optique. On appelle *humeur Cristalline*, l'une des trois humeurs de l'œil. Voyez OEIL. Les rayons à leur premiere entrée dans l'œil, trouvent l'*humeur aqueuse* qui est plus dense que l'air, & où par consequent ils souffrent une refraction. Voyez REFRACTION. Ensuite ils tombent dans le Cristallin plus dense par l'humeur aqueuse ; enfin ils passent dans l'*humeur vitrée*,

vitrée, & ce font autant de refractions differentes, mais on ne confidere ordinairement que celle qui fe fait dans le Criftallin , parce qu'elle eft la plus grande , tant à caufe que le Criftallin eft plus épais que les autres humeurs , qu'à caufe qu'il a une figure plus convexe & plus propre par confequent à caufer une grande refraction. On fuppofe donc que toutes les refractions de l'œil dépendent du Criftallin , & que c'eft lui qui recevant les rayons partis d'un feul point de l'objet , les raffemble fur un feul point de la Reûne, ce qui fait toute la *netteté* de la vifion. Voyez VISION. Le Criftallin peut manquer en deux manieres à produire cette netteté ou diftinction dans la vifion. S'il eft trop convexe , il fera de trop grandes refractions , & les rayons feront réunis avant que d'avoir atteint la retine ; s'il n'eft pas affés convexe , c'eft-à-dire , trop plat, il fera des refractions trop foibles , & les rayons atteindront la retine avant que d'être réunis. Le premier défaut eft plus ordinaire aux jeunes gens, & en general c'eft le défaut de tous ceux qui ont la vûë courte , c'eft-à-dire , qui ne peuvent voir que les objets proches , parce que les rayons de ces objets étant fort divergens, (Voyez DIVERGENS,) ils donnent lieu au Criftallin qui eft fort convexe de faire de grandes refractions. Le fecond défaut eft celui de la plûpart des vieillards qui voyent mieux de loin que de près , parce que leur Criftallin étant aplati , il faut de moindres refractions , & ne peut reunir jufte fur la retine que des rayons peu divergens , tels que font ceux qui partent d'un point éloigné. Comme nous fommes deftinés à voir des objets differemment éloignés , la nature nous a donné le moyen de mouvoir nos yeux de forte qu'ils devinffent plus longs ou plus larges , c'eft-à-dire , que le Criftallin s'arrondît ou s'aplatît , felon qu'on voudroit voir un objet plus proche ou plus éloigné ; mais cela ne va qu'à un certain point, & l'art a été d'un plus grand fecours. On a trouvé pour ceux qui ont le criftallin trop convexe , des verres concaves qui écartent, les rayons , & pour ceux qui ont le criftallin trop plat, des verres convexes qui rapprochent les rayons, (Voyez VERRE & FOYER) de forte que quand les rayons ayant paffé par ces verres arrivent à l'œil, ils ont acquis la divergence qui leur manquoit , ou perdu celle qu'ils avoient de trop , par rapport à ces deux fortes d'yeux.

CRISTALLISATION. f. f. Terme de Chymie. Operation par laquelle de certaines matieres fe mettent en forme de Criftaux. Ainfi ayant fait une *diffolution* d'argent par l'efprit de nitre , fi l'on fait évaporer une partie du phlegme , & qu'on laiffe refroidir ce qui refte , il fe forme des efpeces de criftaux, qui ne font apparemment que les Acides du nitre , unis avec les petites particules de l'argent. Cela s'appelle *Criftallifation.*

CRISTALLISER. v. a. Terme de Chymie. Reduire en Criftaux le Nitre, les Sels , les Vitriols & autres que l'on a diffous auparavant , filtrés, depurés & évaporés jufqu'à la pellicule. Etant expofés enfuite à l'air froid où les fels fe congelent peu à peu, ils paroiffent criftallins & diaphanes , à caufe qu'ils retiennent quelque portion de l'eau avec laquelle on les a diffous ; mais la moindre chaleur du foleil en les privant de cette eau , leur ôte leur tranfparence.

CRO

CROC. f. m. Harpon , main de fer. On appelle en termes de mer , *Croc de pouppe*, Un crochet de fer
Tome I.

qui eft le long d'une longue verge. On s'en fert à retirer l'appareil de la pompe quand on y veut racommoder quelque chofe. Le *Croc de candelette*, eft un grand croc de fer avec lequel on prend l'ancre qui eft hors de l'eau pour la remettre en fa place. On appelle *Crocs de Palans* , deux crocs de fer qui font mis à chaque bout d'une corde fort courte. On met cette corde au bout du palan quand on a quelque chofe à embarquer. Les Crocs de palans de canon , font auffi des crocs de fer mis à chaque bout de ces palans. Leur ufage eft de croquer à l'erfe de l'affuft!, ou à un autre croc qui eft à chaque côté du fabord. Il y a auffi des *Crocs de Palanquins*, qui prennent ce nom de la manœuvre où ils fervent.

Croc, Perche de Batelier. Elle a de longueur neuf ou dix piés , & a un bout qui touche jufqu'au fond de l'eau , une pointe de fer avec un crochet.

Croc. Terme de Manege. On appelle *Crocs*, quatre dents qu'ont les chevaux au delà des coins , & qui leur viennent à trois ans ou à trois ans & demi , & même quelquefois à quatre. Elles font fituées fur les barres où elles pouffent à chaque côté des machoires , deux deffus & deux deffous, fans qu'aucune dent de lait ait auparavant pouffé à leur place. On les nomme auffi *Crochets.*

Crocs de Chien. Arbre des Antilles de l'Amerique, appellé ainfi à caufe qu'il accroche les chiens lorfqu'ils vont à la chaffe , & les arrête tout court. Il n'eft pas fort gros , mais fes branches fe traînent jufques fur les arbres les plus hauts. Il eft tout armé de petites épines faites en forme de crochets, & a de petites feuilles en fort petit nombre , affés femblables à celles du Prunier. Le fruit de cet arbre eft jaune , & gros comme de petites prunelles.

CROCE', E'E. adj. Vieux mot. Qui eft de couleur de fafran, de *Crocus* , Safran.

CROCHET. f. m. Outil fervant à differens Ouvriers Le *Crochet de fer*, avec lequel les Menuifiers arrêtent & tiennent le bois fur leur établie , eft un morceau de fer à plufieurs dents , contre lequel ils pouffent le bois , qui fe trouvant arrêté fous ce crochet , ne peut reculer quand on le travaille. Le Crochet eft emboîté dans un morceau de bois qu'on hauffe & qu'on baiffe , felon le befoin qu'on en peut avoir. Il y a un autre Crochet qu'ils nomment *Sergent*. Les Serruriers fe fervent d'autres Crochets pour tenir les pieces en travaillant.

Crochets de retraite. On appelle ainfi dans l'affuft d'un canon , des fers crochus qui fervent à rainer la piece. L'ufage des plus élevés , eft de la faire avancer , & on la fait reculer par le moyen de ceux qui font les plus abaiffés.

Crochets de chefneau. On appelle ainfi dans des couvertures des crochets de fer qui fervent à foûtenir les enfaîtemens & les chefneaux. Ce font des fers plats . coudés , & que l'on attache fur l'entablement.

Crochet, fe dit auffi d'une partie du trumeau de bœuf qui eft coupée du côté du pié.

Crochet , Terme d'Imprimerie. Ce font des traits ou lignes recourbées par les deux bouts , qui fervent à lier quelques articles pour les faire lire enfemble avant que d'aller à des fubdivifions qui fe mettent à côté avec de pareils crochets, plus ou moins grands , felon l'étendue de ces fubdivifions. Ils font d'un fort grand ufage dans les Genealogies, & dans les traités que l'on difpofe en forme de tables.

CROCHU , UE. adj. Qui eft recourbé, fait en crochet. Ce mot n'eft plus gueres en ufage. On appelle

Pp

en termes de Manege , *Chéval crochu* , Un Chéval qui a les jarrets trop près l'un de l'autre. Ces fortes de chevaux ont accoûtumé d'être affés bons.

CROCODILE. f. m. Animal amphibie qui vit fur terre & dans l'eau, long de quinze coudées, felon Ariftote , & de dix-huit , felon Pline. Il s'en trouve dans le fleuve du Gange , autour de Bengala , dans le Niger , & en quelques autres Rivieres de l'Afie & de l'Amerique ; mais les plus grands viennent du Nil , & s'épandent de là dans toutes les autres Rivieres de l'Ethiopie qui s'y embouchent. Cet animal fe jettant fur terre , où il s'avance quelquefois plus d'une heue , y fait un grand dégât de bétail , fur-tout de brebis qu'il dévore entierement. Il a les yeux grands & la prunelle petite , l'épine du dos compofée de foixante vertebres , les piés armés de griffes pointues & crochues , & la queue à proportion du refte du corps. Sa langue eft fi fort enveloppée & fi difficile à difcerner, qu'il femble qu'il n'en ait point. Cela vient de ce qu'il fe nourrit dans l'eau auffi bien que fur la terre , & que les poiffons ne montrent point de langue fi on ne les met bien à l'envers. Il a de longues dents qui lui fortent de la gueule. Les Anciens ont écrit que c'étoit le feul animal qui remuoit la machoire de deffus & non celle de deffous ; ce qui reparoit le defavantage qu'il a de ne pouvoir rien prendre ni retenir de fes pates; mais on n'en demeure pas d'accord. Son corps eft couvert d'écailles que les fleches & les traits ont peine à percer, fi ce n'eft fous le ventre où il n'a point la peau dure. Il court en avant auffi vite qu'une mule ; mais il a de peine à fe tourner à caufe de la dureté de l'épine du dos , & cela eft caufe qu'on peut l'éviter en fuyant, & en tournoyant tantôt d'un côté , & tantôt de l'autre , fans aller jamais tout droit. Il peut fubfifter quatre mois fans prendre de nourriture , & a de coûtume de fe plaindre , & de pouffer des gemiffemens comme une perfonne lorfqu'il a faim. Il fe nourrit de poiffon ; de brebis , de chevres , & même de chair humaine lorfqu'on s'en laiffe furprendre. Il eft rapporté dans quelques Voyages , qu'un Crocodile ayant été pris , on lui trouva dans le corps trois petits enfans. Il ne fait point de petits , mais la femelle pond d'ordinaire foixante œufs , gros comme les œufs d'une oye , & les couve pendant foixante jours jufqu'à ce que le fruit foit entierement formé. Quelques-uns veulent qu'elle cache fes œufs dans le fable , & que la chaleur du foleil les couve. Il eft furprenant que d'un fi foible commencement cet animal parvienne à une telle grandeur, qu'on en trouve qui foient longs de trente piés , puifqu'il n'eft gros que comme un lezard en fortant de l'œuf. Il vit fort long-tems , & eft l'ennemi du Bufle , du Tygre, de l'Epervier, du Cochon de mer , du Dauphin , du Scorpion & de l'homme ; mais fur-tout de l'Ichneumon qui écrafe fes œufs , & qui fe fourant dans fa gueule quand il dort , tâche de lui devorer les entrailles. Il eft ami du Pourceau & du Roitelet. On voit fort fouvent quantité de Pourceaux paître fans aucun danger le long du Nil où le Crocodile fe tient le plus. Quant au Roitelet , il s'approche de cet animal lorfqu'il le voit faoul, & qu'il eft couché la gueule encore pleine de chair, ou de poiffon , & l'invitant à baailler , il lui nettoye les dents. D'autres difent qu'il mange les vers qui fe forment entre les dents par la quantité de poiffon ou de chair qu'il mange, & qu'après qu'il l'a délivré de ces infectes , le Crocodile tâche d'engloutir le Roitelet , mais que ce petit oifeau lui faifant fentir les piquûres d'un aiguillon qu'il a fur la tête, le contraint d'ouvrir fa gueule , & recou-

vre ainfi fa liberté. On prend les Crocodiles avec des hameçons attachés à une corde fort déliée faite de cannes , en y mettant pour appât quelque mechante brebis. Le Crocodile l'avale goulument , & fait des cris & des gemiffemens incroyables quand il fe voit pris. Sa chair eft blanche , a une fort bonne odeur , & fent le chapon. Il y en a dans l'Ifle de Bantam qu'on apprivoife pour les engraiffer & les manger. On appelle les Crocodiles *Caymans* dans les Indes. Vincent le Blanc parle d'un de ces Caymans qu'un Prince avoit nourri petit , & qu'il gardoit dans un refervoir d'eau près de la mer. Il l'avoit apprivoifé en lui donnant à manger avec fa main , & ce Crocodile étoit devenu fi grand que ce Prince montoit deffus , & fe faifoit porter en terre ferme , qui en étoit environ à trois cens pas. Les Habitans du Gouvernement d'Apollopolites étoient autrefois obligés en vertu d'une certaine loi , de manger de la chair du Crocodile, à caufe que la Fille de Pfammenitus Roi d'Egypte avoit été devorée par un de ces animaux. Strabon rapporte que dans la Ville d'Arfinoë on adoroit autrefois ce monftre , & qu'on le nourriffoit de pain , de viande & de vin , dans la penfée d'appaifer par là, ceux qui étoient en grand nombre dans le lac de Meri , & qui faifoient beaucoup de dégât parmi les hommes & le bétail. Tout au contraire , on rendoit des honneurs divins à l'Ichneumon dans la Ville d'Heraclée , à caufe qu'il eft l'ennemi du Crocodile. Pline dit qu'il y en a de deux efpeces , le grand Crocodile , & une autre forte qui eft beaucoup plus petite. Ces petits Crocodiles vivent fur la terre feulement , & fe nourriffent des plus odorantes fleurs qu'ils puiffent trouver ; ce qui fait fort eftimer leurs inteftins par leur bonne odeur. On en fait un medicament que l'on appelle *Crocodilaa.* Etant appliqué avec du jus de poreaux, il eft fingulier contre les fuffufions & les cataractes des yeux , & pour les éblouiffemens de la vûe. Le fang des deux Crocodiles aiguife auffi la vûe , & guerit les cicatrices des yeux fi on les en frote. Quelques-uns font venir le mot de *Crocodile* , de πρόκη , Safran ; & de δειλία Craindre , à caufe que le Crocodile haït le fafran , & craint fon odeur.

CROCODILIUM. f. m. Plante qui croît dans les forêts , & qui eft femblable à la Chardonnette. Elle a une graine ronde, aigue, odorante , & bonne aux difficultés d'uriner. Sa racine eft longue, legere , un peu large , & d'odeur forte comme celle du creffon alenois. Etant cuite dans de l'eau , & prife en breuvage , elle fait fortir le fang par le nés en abondance Quelques-uns croyent que la Chardonnette foit le vrai Crocodilium , & d'autres tiennent que c'eft l'Eryngium Marin , mais Matthiole fait voir que cela ne fçauroit être.

CROCOMAGMA. f. m. Ce qui fort des drogues de l'onguent de fafran , quand on les épreint pour les reduire en trochifques. Celui qui eft pefant & noir , qui eft odorant & fent la myrrhe , eft le meilleur. Il doit être poli & un peu amer ; & ne point tenir du bois. Lorfqu'il eft mouillé , il rend la couleur de fafran , & quand on le mâche , il jaunit les dents & la langue. Il eft bon pour les éblouiffemens des yeux , & provoque l'urine , étant chaud, refolutif & remollitif. Ce mot vient de πρόκη , Safran , & de μάγμα , qui fignifie , Ce qui demeure d'épais de quelque matiere qu'on a épreinte.

CROCUS. f. m. Petite fleur , dont il y en a de jaunes & de violettes , & que l'on cultive dans les jardins. On appelle en Chymie *Crocus Martis,* le fer preparé spagyraquement. On l'appelle ainsi à cause de la couleur qui tient du safran, & de l'acier ou du fer que l'on attribuë à Mars. Il y a deux sortes de *Crocus Martis*, l'astringent, qui est un excellent corroboratif aux maladies où la faculté retentrice est débilitée & relâchée, comme à celle de l'estomac, au flux hepatique & autres évacuations immodérées des mois, fleurs blanches & hemorroïdes, & l'aperitif, qui est propre aux grandes obstructions du mesentere, du foye & de la rate, qui causent les pâles couleurs.

CROISADE. f. f. *Ligue sainte dans laquelle on prend la marque de la Croix sur ses habits, pour aller faire la guerre aux Infideles ou aux Heretiques.* ACAD. FR. Il y a eu huit Croisades, dont la premiere se fit sur la fin du onziéme siecle. Le Pape Urbain II. voulant rompre les desseins des Infideles, qui se preparoient à étendre leurs conquêtes dans l'Empire d'Occident, convoqua un Concile à Plaisance en 1095. & ensuite un autre à Clermont en Auvergne, où il présida lui-même, faisant un discours si touchant dans la Place publique, qu'une infinité de personnes qui entendirent la proposition qu'il faisoit de la Guerre Sainte, s'écrierent comme de concert, *Dieu le veut, Dieu le veut.* Ce fut la Devise de l'Armée. Le Pape voulut qu'elle fût portée sur les Drapeaux, qu'elle servît de cri aux soldats, & que ceux qui prendroient les armes portassent une Croix rouge sur l'épaule droite. Les Princes qui se croiserent furent, Hugues le Grand Comte de Vermandois & Frere de Philippe I. Roi de France, Robert, Duc de Normandie, Robert, Comte de Flandre, Raimond, Comte de Toulouse, Godefroi, Duc de Bouillon, & plusieurs autres. La Ville de Jerusalem ayant été prise en 1099. Godefroi de Bouillon en fut élû Roi, & la Croisade finit par la fameuse bataille d'Ascalon, que les Chrétiens gagnerent contre le Sultan d'Egypte.

La seconde Croisade fut resolue en 1144. par Louis VII. Roi de France, qui forma le dessein d'aller lui-même donner secours aux Chrétiens, sur qui Sanguin, Prince Turc, avoit pris la Ville d'Edesse. Il partit vers la mi-Juin de l'année 1147. après que S. Bernard eut été le Prédicateur de cette Croisade, & marcha vers Antioche, d'où il se rendit en Jerusalem. Baudouin III. qui en étoit Roi, l'y reçut avec des honneurs extraordinaires. On assiegea Damas en Syrie; mais la trahison des Syriens, qui firent attaquer la Ville par l'endroit le mieux fortifié, après avoir fait croire que c'étoit le plus foible, mit les François & les Allemans dans la necessité de lever le siege; & Louis VII. étant demeuré inutilement en Jerusalem jusqu'après Pâque de l'année 1149. retourna en France, où il avoit laissé l'Abbé Suger Regent du Royaume.

Saladin, Soudan d'Egypte, ayant pris la Ville de Jerusalem vers la fin de l'année 1187. on parla de la troisiéme Croisade, & il fut resolu dans une entrevuë qui se fit pour traiter la Paix entre Philippe Auguste, Roi de France, & Henri II. Roi d'Angleterre, dans la plaine de Gisors, qu'ils s'uniroient pour entreprendre la Guerre Sainte contre Saladin. Tous les grands Seigneurs de France, d'Angleterre & de Flandre, qui se trouverent à cette Assemblée, arrêterent que pour se distinguer les uns des autres, les François prendroient une Croix rouge, que celle des Anglois seroit blanche, & que les Flamans en auroient une verte. Plusieurs Croisés étant arrivés devant Acre ou Ptolemaïde, que Gui de Lusignan, Roi de Jerusalem, assiegeoit depuis deux ans, on donna un assaut general par

Tome I.

mer & par terre. L'entreprise n'eut point de succès; & après cela les Chrétiens ne purent faire autre chose que de se défendre dans leurs retranchemens contre les sorties des Assiegés jusqu'à l'arrivée des Rois de France & d'Angleterre. Philippe Auguste se rendit devant Ptolemaïde la veille de Pâque de l'année 1191. où il attendit Richard Cœur de Lion, Roi d'Angleterre, qui avoit succedé à son Pere Henri. Les forces de ces deux Rois étant jointes, on pressa le Siege, & la Ville se rendit le 12. Juillet 1191. Philippe Auguste qui étoit malade, s'en retourna après cette conquête, laissant une partie de son armée en Syrie, sous le commandement du Duc de Bourgogne.

La quatriéme Croisade fut entreprise en 1195. après la mort de Saladin, par l'Empereur Henri VI. qui mit sur pié trois grandes Armées. La premiere prit son chemin par terre, & étant arrivée à Constantinople, elle passa à Antioche, & vint delà à Ptolemaïde. La seconde fut une Armée de mer, qui ayant côtoyé les Pays-Bas, l'Angleterre, la France & l'Espagne, continua son voyage jusqu'au Port de Ptolemaïde. La troisiéme, que l'Empereur conduisoit, passa en Sicile, où il en fit embarquer une grande partie, qui arriva à Ptolemaïde en peu de jours. Les Chrétiens gagnerent plusieurs batailles, & prirent un bon nombre de Villes sur les Infidelles; mais la nouvelle de la mort de l'Empereur ayant été reçuë en 1198. les Princes Croisés s'en retournerent promptement en Allemagne.

Le Pape Innocent III. fit publier la cinquiéme Croisade en la même année. Thibaud, Comte de Champagne, & Louis Comte de Blois & de Chartres, furent les premiers qui prirent la Croix l'année suivante. Baudouin, Comte de Flandre & de Hainaut, s'engagea aussi dans la Guerre Sainte, ainsi que quantité de Seigneurs François & Flamans. Il fut resolu que le voyage se feroit par mer. La République de Venise promit de fournir des Vaisseaux, & le Marquis Boniface de Montferrat, parent du Roi Philippe Auguste, ayant été élû Chef de la Croisade, les Princes Croisés partirent vers la Pentecôte en 1202. mais elle se termina à reprendre Zara Ville de la Dalmatie, qui s'étoit revoltée contre les Venitiens, & à rétablir le Prince Alexis sur le Trône de Constantinople, que son oncle Alexis l'Ange avoit usurpé. Quelques-uns des Confederés ne laisserent pas de se séparer des autres pour aller dans la Palestine, où ils tâcherent inutilement de faire la conquête de la Terre-Sainte. La peste ayant fait périr une partie des Croisés, les autres furent contraints de reprendre le chemin de l'Europe.

La Ville de Damiette fut prise en 1219. dans la sixiéme Croisade, & attribuée au Royaume de Jerusalem. L'armée y ayant passé l'hiver, plusieurs des Croisés s'en retournerent chés-eux. Au mois de Juillet 1221. leur Armée s'étant mise en marche pour aller vers Babylone, à trente lieues de Damiette, où étoit Meledin, Soudan d'Egypte, elle fut obligée à mi-chemin de s'arrêter à la rencontre, & d'accepter une Tréve pour huit ans, à condition de lui remettre Damiette. L'Empereur Frederic fit le voyage de la Terre-Sainte en 1228. & l'année suivante il conclut avec le Soudan une Tréve pour dix ans, à condition que la Ville de Jerusalem, & celles de Bethléem, de Nazareth, de Thoron, & de Sidon lui seroient cedées, sans pourtant ôter aux Sarasins la liberté de faire tous les exercices de leur Loi dans le Temple de Jerusalem. Dans une grande Assemblée qui se tint à

Spolette en 1238. & qui avoit été convoquée par le Pape Gregoire IX. il fut resolu qu'on recommenceroit la guerre dans la Palestine en 1239. qui étoit le tems où la Tréve devoit expirer. Thibaud V. Comte de Champagne & Roi de Navarre, fut le Chef des Princes Croisés ; mais le Pape ayant été obligé de publier dans ce même-tems une Croisade en faveur de Baudouin II. Empereur de Constantinople, que Varace Empereur des Grecs, & Azen, Roi des Bulgares, attaquoient, la plûpart des Croisés pour la Terre-Sainte, prirent parti pour Constantinople, & au lieu d'une grande Croisade qui eût pû avoir beaucoup de succès, soit dans la Palestine, soit dans la Grece, il s'en forma deux qui n'eurent aucune suite avantageuse ni en Grece ni en Syrie.

La septiéme Croisade fut celle où Saint Louis passa dans la Terre-Sainte. Il s'embarqua à Aiguesmorte le 15. Août 1248. & parut à la vûe de Damiette vers les Fêtes de la Pentecôte de l'année suivante. Il prit cette Ville-là en fort peu de tems, & resolut d'aller droit à Babylone, mais après plusieurs batailles données contre les Sarasins, qu'il trouva campés près de Massore, la peste s'étant mise dans le Camp des Chrétiens, il fut obligé de faire retraite, dans laquelle les Infidelles le poursuivirent. Il se fit un très-grand massacre des Chrétiens, & le Roi fut fait prisonnier en 1250. avec les Seigneurs de l'Armée. On fit alors une Tréve pour dix ans. Les conditions furent, que les Chrétiens ne seroient point troublés dans la possession des Places qu'ils tenoient dans la Palestine & dans la Syrie, que le Roi payeroit huit cens mille besans d'or pour la rançon de tous les Prisonniers, & qu'il rendroit Damiette pour la sienne. Le Roi ayant recouvré sa liberté passa en Syrie, & ayant mis toutes les Places maritimes en bon état, il revint en France en 1254.

Le Roi Saint Louis prit encore la Croix pour la huitiéme Croisade. Il s'embarqua à Aiguesmorte au commencement de Juillet 1270. accompagné du Prince Philippe son fils aîné, & l'Armée Chrétienne étant arrivée à Cagliari dans l'Isle de Sardaigne, on y resolut l'entreprise de Tunis en Afrique. La Flote ayant paru à la vûe de Tunis & de Carthage le 10. du même mois, on se rendit maître d'abord du Port de Carthage, & ensuite de la Tour & du Château ; mais on ne voulut point assieger la Ville que le Roi de Sicile ne fût arrivé. Il ne vint qu'un mois après le Roi de France. Ce retardement fut cause que comme on manquoit d'eau douce, & qu'on étoit au fort de l'été, la dyssenterie & les fiévres aigues firent un fort grand ravage dans l'Armée, qui se trouva dans une extrême désolation par la mort de Saint Louis qui arriva le 25. d'Août. Charles, Roi de Sicile, pria le Roi Philippe le Hardi, son fils & son successeur, d'achever cette Guerre commencée. On s'avança vers Tunis, & plusieurs combats furent donnés contre les Mores. Comme ils eurent toûjours du désavantage, le Roi de Tunis fit demander une Tréve, qui lui fut accordée pour dix ans, après quoi les deux Rois s'en retournerent, l'un en France, & l'autre en Sicile. Depuis ce tems-là, il ne s'est fait aucune Croisade.

Croisade. Terme de Marine. Constellation qui est vers le Pole antarctique. Elle est composée de quatre étoiles disposées en croix, & on s'en sert au-delà de la ligne pour discerner le Pole, comme on fait ici par les gardes de la petite Ourse.

CROISAT. s. m. Sorte de monnoye d'argent qu'on fabrique à Genes, & qui d'un côté est marquée d'une Croix, & de l'autre d'une Image de la Vierge. Elle vaut environ un écu & demi de notre monnoie.

CROISE', E'E. adj. Terme de Blason. Il se dit du Globe Imperial & des Bannieres où il y a une Croix. *D'azur à trois besans d'argent croisés de gueules.*

CROISE'E. s. f. On appelle *Croisée*, non seulement la baye d'une fenêtre, mais la menuiserie en forme de croix, qu'on met dans les Bayes des murs, où l'on en veut faire. *Croisée partagée*, est celle qui est à plusieurs jours, à quatre, à six ou à huit. *Croisée d'Eglise*, se dit de la representation de croix qui se fait dans la voute d'une grande Eglise, quand les ailes sont élevées au milieu aussi haut que le chœur & la nef. On appelle aussi *Croisée d'ogives*, les nervûres qui prenant naissance des branches, se croisent diagonalement dans les voutes Gothiques.

Croisée, en termes de Tisserand, est un entrelassement de fils bien serrés ensemble.

On appelle sur mer *Croisée de l'ancre*, la partie de l'ancre qui en fait la croix. Les deux pates sont soudées dessus, & elle est soudée au bout de la verge.

CROISER. v. a. Partager une Baye ou une ouverture en plusieurs panneaux. On dit aussi *Croiser*, pour dire, Faire traverser une rue, ou une allée de jardin sur une autre.

Croiser. Terme de mer. Faire des traverses & des courses dans un certain espace de mer, pour empêcher les Corsaires de piller les Bâtimens marchands, & de faire des descentes.

Croiser, est aussi un terme de Tisserand, & veut dire, Serrer la toile. Les Vaniers se servent aussi du mot de *Croicer*, pour dire, Mettre les osiers les uns sur les autres en travaillant.

Croiser. Mot du vieux langage. Tourmenter. On disoit aussi *Croicer*, de *Cruciare*.

CROISETTE. s. f. Petite Croix. Terme de Blason. Il y a des Ecus semés de Croisettes. Les fasces & autres pieces honorables sont quelquefois chargées ou accompagnées de Croisettes.

CROISETTE', E'E. adj. On appelle *Croix croisettée*, celle qui aboutit en Croisettes.

CROISE'S. s. m. p. Certains Pelerins qui alloient en grand nombre contre les Turcs ou contre les Albigeois, & qu'on appelloit ainsi à cause qu'ils portoient une Croix sur leur habit. Le Pape leur promettoit remission generale de tous leurs pechés, & même pour leurs familles, ce qui faisoit extrêmement grossir ces armées.

CROISIERE. s. f. Etendue de mer où les Vaisseaux vont croiser & faire des courses. On appelle *Bonne Croisiere*, un endroit favorable où les Vaisseaux de guerre peuvent en attendre d'autres, & l'on dit *Etre en croisiere*, pour dire, Etre dans un bon parage pour croiser.

CROISILLON. s. m. Morceau de pierre ou de bois qui sépare en deux une croisée. On appelle *Croisillons de moderne*, les nervûres de pierre par lesquelles les panneaux des vitraux Gothiques sont séparés ; & *Croisillons de Chassis*, les morceaux de petits bois croisés que l'on met à un chassis de verre, afin d'en séparer les carreaux. *Croisillon*, se dit aussi d'une demi-croisée.

CROISSANCES. s. f. Certaines herbes congelées que l'on prend sur les rochers & dans la mer, & dont on se sert pour orner les grotes. Il y en a de Crête de Coq qu'on appelle *Croissances des Indes*, qui font un très-bel effet.

CROISSANT. s. m. *La figure de la Nouvelle Lune*

jusqu'à son premier Quartier. ACAD. FR.

Croiffant, en termes de Luthier, se dit des enfoncemens en forme de demi-cercles, qu'on fait aux côtés des Violons & des Violes.

On appelle *Croiffans*, en termes de Taillandier, de petites pieces de fer poli, qu'on scelle au-dedans des jambages des cheminées. Elles ont la figure d'un *Croiffant*, & leur usage est de tenir la pele, les pincettes & les tenailles.

Croiffant, se dit aussi d'un Instrument tranchant dont les Jardiniers se servent à tondre leurs palissades. Il est fait en arc.

On appelle en termes de Blason *Croiffant montant*, Celui qui a ses pointes tournées en haut vers le chef; & *Croiffans adoffés*, Ceux dont les pointes regardent les flancs de l'Ecu, & qui ont leurs parties les plus grosses & les plus pleines à l'opposite l'une de l'autre. Celui qui a ses pointes au rebours du montant, s'appelle *Croiffant renversé*, ou *Croiffant couché*; les *Croiffans tournés*, se posent de la même sorte que les adoffés, & il n'y a point d'autre difference, sinon qu'ils tournent toutes leurs pointes d'un même côté vers le flanc dextre de l'Ecu, soit en fasce, soit en bande. Les *Croiffans contournés* au contraire, ont leurs pointes vers le côté gauche de l'Ecu. Il y a aussi des *Croiffans* que l'on appelle *Croiffans affrontés* ou *appointés*. Ceux-là ont leur assiette contraire à celle des adoffés, leurs pointes se regardant, & étant contraires les unes aux autres.

Croiffant. Ordre de Chevalerie qui fut institué à Angers, en 1448. ou 1464. par René d'Anjou, dit le Bon, Roi de Sicile, Duc d'Anjou, & Comte de Provence. Cet Ordre avoit pour symbole un Croiffant d'or, sur lequel le mot *Loz*, étoit gravé au burin, & puis à émail d'or rouge, pour faire entendre qu'en croiffant en gloire & en vertu on acquiert de la louange. On y attachoit autant de bouts d'aiguillettes d'or, émaillés d'or, que chaque Chevalier avoit fait de belles actions; de sorte qu'on jugeoit de sa valeur par le nombre de ces petites branches pendantes. L'Ordre étoit composé de trente-six Chevaliers, d'autres disent de cinquante, qui portoient un manteau de velours cramoisi rouge, & un mantelet de velours blanc, avec la doublure & soutane de la même sorte, & sous le bras droit un Croiffant d'or, qui pendoit d'une chaîne aussi d'or, & qui étoit attaché sur le haut de la manche. Cet Ordre étoit aussi appellé *L'Ordre d'Anjou*, du nom de René d'Anjou son Fondateur, qui en étoit le Chef.

Les armes des Chevaliers sont dans la croisée droite de l'Eglise Cathedrale d'Angers qu'on appelle *la Chapelle des Chevaliers*. Voyez Favin, *Theatre d'Honneur*, Tom. I p. 805. & la Colombiere, Tom. I. qui marque les Statuts de cet Ordre, qui n'a gueres subsisté.

CROISSIER. v. n. Vieux mot, qui a signifié se Croiser; c'est-à-dire, Mettre une Croix sur son habit, pour marquer qu'on va faire la guerre aux Infidelles.

CROISSIR. v. n. Se rompre. Vieux mot, d'où sont venus en Languedoc *Crouiffi* & *s'écrouiffi*, pour dire, Craqueter en se rompant.

CROIX. f. f. *Espece de gibet où l'on attachoit autrefois les criminels pour les faire mourir.* ACAD. FR. Lipse a fait un long traité sur les figures des Croix qui ont été differentes, selon les tems & la diversité des Nations. La Croix, c'est-à-dire, l'instrument sur lequel on faisoit mourir ceux que l'on avoit condamnés, n'a été d'abord qu'un pal de bois tout droit sur lequel on les attachoit, ou

avec des cordes par les bras ou par les jambes, ou en leur perçant les mains & les piés avec des cloux. Quand les Croix ont commencé à être composées de deux pieces de bois, on en a fait de trois sortes; l'une en maniere de sautoir, qui étoit faite comme un X, & c'est celle que l'on appelle aujourd'hui *Croix de saint André*. L'une des deux pieces de l'autre sorte de Croix étoit toute droite, & au bout de celle-là, il y en avoit une précisément en travers, ce qui represente un T. La troisiéme sorte de Croix étoit faite de telle maniere, qu'à un peu de distance du bout de la piece de bois qui étoit droite, il y en avoit une en travers, & c'est celle où tout le monde convient que le Fils de Dieu expira pour nos pechés. On en voit la figure dans toutes nos Eglises. Les Juifs & les Payens ont mis en usage le supplice de la Croix, avec cette difference, que les premiers avoient coûtume d'ôter de dessus la Croix les corps de ceux qui avoient expiré, & les enterroient, au lieu que les Gentils les laissoient pourrir sur la Croix.

On appelle en termes de Charpenterie *Croix de saint André*, un assemblage de pieces de bois qui sont inclinées l'une vers l'autre, & qui se coupent diagonalement. On s'en sert pour arcbouter les pieces d'un pan de charpente, ainsi que dans les clochers, combles & autres charpentes massives. On appelle en Armoiries *Croix de saint André* ou *Croix Bourguignonne*, une croix qui n'est ni à plomb ni à angles droits, & dont il y a deux pointes qui reposent sur la ligne horisontale.

La *Croix de Toulouse*, qu'on met entre les Armoiries que l'on prétend être descendues du Ciel, est une Croix vuidée, treflée & pommetée d'or; c'est-à-dire, qu'elle paroit creuse, & qu'elle a pour chef aux extrêmités quatre petits quarrés, & à chacun trois pommettes.

On appelle *Croix à degrés*, Une Croix haussée, dont le pié est posé sur de la maçonnerie en forme de degrés, comme sont celles des grands chemins. *Croix enferrée de quatre degrés*, se dit lorsqu'à chaque bout de ses branches il y a trois degrés figurés, comme à celui qui lui sert de marchepié.

Les Pilotes appellent *Croix Géometrique*, Un Instrument composé d'un long bâton & d'un autre plus court mis en croix, dont ils se servent pour mesurer les hauteurs. C'est ce qu'ils appellent autrement *Arbalestrelle* & *Bâton de Jacob*.

Les Vitriers appellent *Croix de Malte*, *Croix de Lorraine*, certaines pieces de vitres qui representent ces sortes de croix. La Croix de Lorraine est double comme les Croix Patriarchales, & a deux travers, chacun à l'endroit de chaque tiers du montant, celui d'enbas étant un peu plus long que l'autre.

On appelle en matiere de Cadrans *Croix Gnomonique*, Une Croix dont chaque bras montre reciproquement par son ombre, les heures qui sont marquées sur la surface de l'autre.

On dit en termes de Manége, *Faire la Croix à courbettes*, *faire la Croix à balotades*, quand un cheval fait ces sortes de sauts tout d'une haleine, soit en avant, soit en arriere ou aux côtés; on les nomme ainsi à cause qu'ils forment une figure de croix.

Croix de Jerusalem. Sorte de fleur, qui porte ses feuilles grandes & larges, tirant sur le couleur de feu, & qui fleurit en Juillet.

CROLIS. f. m. Vieux mot. Fondriere. Il vient de *Crouler*, qui se dit d'une terre qui n'est pas ferme, qui s'enfonce sous les piés.

CROLLER. v. n. Terme de Fauconnerie. Efmeutir. Il fe dit des oifeaux qui fe vuident par le bas.

CROMORNE. f. m. Jeu de l'orgue accordé à l'uniffon de la trompette. Il a quatre piés depuis fon noyau jufqu'au fommet, & le premier demi-pié va en élargiffant jufqu'à cinq pouces ; après quoi il continue tout droit, ayant un pouce & demi en diametre. On donne auffi le nom de Cromorne aux tuyaux qui font longs, & qui ne s'élargiffent point par en haut.

CRONE. f. m. Tour ronde & baffe fur le bord d'un port de mer ou de riviere avec un chapiteau qui tourne fur un pivot. Il eft fait comme celui d'un moulin à vent, & a un bec, qui fert à charger & à décharger les marchandifes des Vaiffeaux. Cela fe fait par l'aide d'une roue à tambour qui eft en-dedans, & des cordages.

CROQUER. v. a. Terme de Marine. Accrocher. On a dit, Croquer le croc de palan, pour dire, Le paffer dans l'arganeau de l'ancre, afin de le remettre au boffoir.

CROQUET. f. m. Petit pain d'épice fort délié & fort cuit. On l'appelle ainfi à caufe qu'il croque fous la dent quand on le mange.

CROSSETTES. f. f. On appelle ainfi en termes de bâtiment, des Retours que l'on fait faire par en haut aux chambranles ou bandeaux des portes & des fenêtres. On les nomme auffi Oreilles & Oreillons.

On appelle Croffette de couverture, des Plâtres de couverture à côté des lucarnes.

CROTAPHITE. adj. Terme de Medecine. On appelle Mufcle crotaphite, le Mufcle temporal qui fait mouvoir la machoire inferieure. Il vient du Grec κρόταφος, qui fignifie la temple; ce qui fait qu'on dit, κροταφίκοι μύες, Mufculi temporales.

CROUBE. adj. Vieux mot. Courbé.
Car moult croubes & moult crochues
Avoit les mains icelle Image.

CROUCHAUT. f. m. Terme de Charpenterie. Pieces de bois pofées fur le chef d'un bateau, qui fervent à faire la rondeur & la diminution du devant.

CROULIERES. f. f. Terres qui ne font pas fermes fous les piés, fables mouvans où le pié enfonce. On appelloit autrefois Crouliere, une Fondriere, une orniere profonde.

CROUPADE. f. f. Terme de Manége. Saut plus relevé que ceux des courbettes, & qui tient le devant & le derriere d'un cheval dans une égale hauteur. Il faut pour cela qu'il trouffe fes jambes de derriere fous le ventre, fans s'éparer en allongeant les jambes, & fans faire voir fes fers. Cheval qui fe prefente à croupades, qui manie à hautes croupades.

CROUPE. f. f. Extrêmité des reins au-deffus des hanches du cheval. On dit en termes de Manége, Gagner la croupe, pour dire, Faire un demi tour pour prendre fon ennemi en croupe. On dit pour les voltes & le galop, Sans que la croupe échape, pour dire, Sans que la croupe forte de la volte ou de la pifte du galop.

Croupe. L'un des bouts de la couverture d'un bâtiment, qui eft coupé obliquement en pavillon.

On appelle Croupe d'Eglife, la partie arrondie du chevet d'une Eglife, en le confiderant par le dehors.

CROUPE'. adj. Vieux mot. Epais, de l'Allemand Grub. C'eft delà qu'eft venu Croupe de cheval, & Croupion.

CROUPIER. f. m. Celui qui eft de part au jeu avec quelqu'un qui tient la carte ou le dé. ACAD. FR.

On appelle auffi Croupier, Celui qui eft affocié fecrettement en quelque Traité, en quelque ferme qui eft mife & regie fous le nom d'un autre, & dont il partage le gain ou la perte à proportion de fes avances. Croupier, eft encore en Jurifprudence canonique, un Confidentiaire qui prête fon nom à celui qui difpute un Benefice.

CROUPIERE. f. f. Corde qui tient un Vaiffeau arrêté par fon arriere. On la nomme auffi Croupias, & on dit, Mouiller en croupiere, ou en croupe, pour dire, Jetter une ancre du côté de la pouppe. Cette ancre maintient celles de l'avant, & empêche que le Vaiffeau ne fe tourmente. Elle fert auffi à lui faire toûjours prefenter un même côté.

CROYE. f. f. Terme de Fauconnerie. Efpece de gravelle qui caufe de l'obftruction dans la veffie des Oifeaux de proye.

CRU

CRU. f. m. Terme de Fauconnerie. Le creux du buiffon, c'eft-à-dire, le milieu du buiffon où fe met la Perdrix, pour fe pouvoir garantir des chiens.

CRUCIATA. f. f. Petite plante qui croît dans les lieux non cultivés, & qui a de grands rapports avec la Gentiane. Elle produit une tige ronde, & haute d'une paume, & quelquefois plus, & elle eft compartie également par nœuds depuis le pié jufqu'à fa cime, qui eft rouffâtre. Il fort de chaque nœud deux feuilles en façon d'ailes. Ces feuilles font graffettes, longues, & femblables à celles de Saponaria, & à la cime de fa tige font des fleurs rouges qui en environnent le fommet. Sa racine eft blanche, longue, fort amere au goût, & pertuifée en plufieurs endroits en façon de croix ; ce qui lui a fait donner le nom de Cruciata. Il y a encore deux autres plantes de la même efpece, dont la moindre a plufieurs racines minces, déliées & blanchâtres, plufieurs tiges qui traînent prefque toûjours par terre, & des fleurs celeftes purpurines. Quelques Modernes font grand cas tant des racines de ces deux petites plantes, que de celles de Cruciata, contre la pefte & contre les morfures des bêtes venimeufes. Matthiole dit qu'il fçait par experience, qu'en les pilant & les appliquant fur le ventre en façon d'emplâtre, elles font mourir les vers.

CRUCIFERE. adj. On appelle Colomne crucifere, toute colomne de quelque ordre ou de quelque figure qu'elle foit, qui porte une Croix, & qui eft pofée fur un piedeftal ou fur des degrés, pour fervir de monument de pieté dans les Cimetieres, devant les Eglifes, fur les grands chemins, ou dans les Places publiques.

On a appellé certains Moines Cruciferes ou Porteurs de Croix, qui avoient été établis par Cyriatus, Evêque de Jerufalem, en memoire de la Croix, trouvée par la fage conduite d'Helene. Ils devoient toûjours porter une Croix en leur main quand ils fortoient. Ils furent rétablis ou confirmés par le Pape Innocent III. en 1115. & vinrent trente ans après en Angleterre, où ils eurent leur premier Couvent à Colchefter.

CRUDELITE'. f. f. Mot venu du Latin Crudelitas, qu'on employoit autrefois pour Cruauté. On difoit auffi Cruex, & crueux & crueusement, pour, Cruel & Cruellement.

CRURAL, ALE. adj. Terme de Medecine. On appelle Veine crurale, certain Vaiffeau qui vient de la veine-cave, par un des rameaux iliaques, dans les cuiffes. On appelle auffi Mufcle crural, le Mufcle qui fait mouvoir la cuisse. Ce mot vient du Latin *Crus*, Cuisse.

CRY

CRYPTOPORTIQUE. f. m. Lieu souterrain & voûté, arc pris par sous œuvre dans un vieux mur & au-dessous du rés de chaussée. *Cryptoportique*, se dit aussi de la Décoration de l'entrée d'une grote. Il vient du Grec κρύπτη, Voute souterraine, & du Latin *Porticus*, Portique.

CUA

CUATI. f. m. Animal du Bresil, grand comme un liévre, qui a le poil court & tacheté, les oreilles petites & aigues, & la tête petite, avec un museau qui s'allonge dès les yeux. Il est long de plus d'un pié; & rond à la maniere d'un bâton. Sa gueule est si petite, qu'on a peine à y mettre le petit doigt. Cet Animal, qui est de couleur brune, & qui monte sur les arbres comme un Singe, met ses quatre piés ensemble quand il est pris, & roule ou tombe d'un côté ou d'autre, sans qu'on le puisse faire lever, si ce n'est en lui montrant des fourmis, dont il se nourrit dans les forêts. On le peut apprivoiser: mais il est si malicieux & si gourmand, qu'on ne le peut supporter. On l'appelle aussi *Coati*.

CUB

CUBE. f. m. Terme de Géometrie. Corps solide dont la longueur, la largeur, & la hauteur ou profondeur sont égales. Ce mot vient du Grec κύβος, qui signifie la même chose. On l'appelle aussi Hexaèdre, parce qu'il est composé de six faces quarrées égales. Voyez HEXAEDRE.

Le cube ayant ses trois dimentions égales, on trouve sa solidité en multipliant un nombre par lui-même ce qui fait un quarré, & ce quarré par sa racine. Ainsi pour mesurer un cube qui auroit 2. piés en tout sens, on diroit 2. fois 2. font 4. & 4. fois 2. font 8. & 8. piés cubes seroient la solidité ou le contenu de ce cube, delà vient qu'en Arithmetique & en Algebre, tous les nombres quarrés multipliés par leur racine s'appellent *nombres cubes* ou *cubiques*, tels sont, 1. 8. 27. 64. &c. dont les racines cubiques sont, 1. 2. 3. 4. &c. Voyez DEGRE' & PUISSANCE. Par cette suite de racines & des nombres cubiques, on voit qu'un cube étant donné, il est aisé d'en trouver un 8. fois plus grand, 27. fois plus grand, &c. car on n'a qu'à doubler ou qu'à tripler la racine du cube donné, mais il n'est pas si aisé de trouver un cube double d'un cube donné, car encore 1. & 2. racine d'un cube octuple du premier, il n'y a aucun nombre rational. Il en va de même d'un cube triple, quadruple d'un autre, &c. c'est ce Problême qu'on a appellé la *Duplication du Cube*, & qui a tant exercé les Anciens.

CUBEBE. f. f. Petit fruit aromatique qu'on nous apporte de l'Isle de Java, où les habitans font bouillir les Cubebes avant que de les vendre, afin d'en faire mourir le germe, & d'empêcher par là qu'on ne les transplante. Il y a grande contestation là-dessus entre les Auteurs. Les uns assûrent que c'est une espece de poivre, & qu'elles ont du rapport avec le poivre noir. Selon Theophraste, c'est le poivre rond. Selon Sylvius, c'est le fruit du Brusc, & selon d'autres, c'est celui d'*Agnus Castus*. Cesalpinus prétend que ce soit le fruit du veritable Amomum, & d'autres le prennent pour le Carpesium de Galien, qui est une espece de phu; ce que Mat-

thiole rejette, disant qu'il a pris garde aux Cubebes des Apothicaires, & qu'elles n'ont aucune saveur du phu. Il ajoûte que comme on nous les apporte du Levant, il ne sçauroit dire ni quel fruit c'est, ni quel arbre le produit, mais que ce sont des grains odorans, qui proviennent sur leur plante en façon de grappe, comme le Lierre produit ses Corymbes, & qu'ils rendent une bonne odeur au goût, accompagnée de quelque amertume & acrimonie. Scroderus, Auteur Moderne, dit que c'est le fruit d'un arbre fait à peu près comme le pommier; & qui a ses feuilles semblables à celles du poivre, quoique plus étroites. Les Cubebes viennent en grappe de raisin, & sont semblables en forme & en grosseur au poivre rond. Elles sont pourtant un peu plus petites, & ont de petites queües qu'il faut couper, quand on fait entrer les Cubebes dans quelque composition considerable. Elles sont aperitives, attenuent, discutent, fortifient tous les visceres, surtout, le cerveau, provoquent à uriner, & brisent les pierres.

CUBIQUE. adj. Qui a la figure d'un Cube. *Pié Cubique*, *Toise Cubique*. Quand on multiplie le quarré par sa racine quarrée, qu'on appelle *Premier nombre*; le produit s'appelle *Nombre Cubique* ou *Cube du premier nombre*, lequel est nommé *Racine Cubique du produit*.

CUC

CUCA. f. m. Arbrisseau du Perou, de la hauteur d'un homme, & aussi gros que la vigne, que les Indiens cultivent avec grand soin, & qu'ils appuyent sur des échalas. Le Cuca a peu de branches, mais beaucoup de feuilles extrêmement déliées qu'on cueille trois fois par an. Elles sont larges d'un pouce, & semblables à celles de l'arbousier, mais plus minces quatre fois. Quoique leur odeur ne soit pas fort agreable, elle ne laisse pas d'être bonne. On fait secher ces feuilles, & en les tenant dans la bouche sans les avaler, elles fortifient tellement le corps, que les Ouvriers qui en ont ainsi dans la bouche, peuvent travailler un jour entier sans manger. Elles guerissent les vieilles blessures, & les ulceres où les vers commencent à se mettre, & affermissent les dents dont elles guerissent aussi la douleur.

CUCIOFERA. f. f. Plante dont Theophraste fait mention, & qu'il dit être semblable à la palme en tronc & en feuilles. La palme ne fait pourtant qu'un seul tronc, & cette plante étant un peu élevée de terre se divise en deux troncs, qui en font chacun deux autres, & produisent ensuite beaucoup de petites branches. Son fruit est assés gros pour remplir la main, rond, doux, & de bon goût, sans être amassé en grappe comme celui du Palmier. Il est jaunâtre comme un coing auquel il ressemble assés, excepté qu'il n'est pas cotonné & que sa chair est nerveuse. Matthiole qui en a vû, dit que son noyau est gros comme une noix, de forme quadrangulaire, large dessous, pointu au bout, & de même couleur que les coquilles d'aveline, & couvert d'une autre plus grande coquille qui est dure & velue, de couleur rousse noirâtre. Ce noyau ressemble au marbre en couleur & le passe en dureté, ayant une concavité au-dedans pour mettre une noisette sauvage avec sa coquille.

CUCULE. f. f. Borel dit que c'est un ancien habit des Gaulois; & selon Bochart, un Capuchon. C'étoit aussi autrefois une espece de Cappe, dont les Voyageurs se servoient, qu'on appelloit autrement *Coule goule* ou *gule*. Ce nom de *Coule* a depuis passé

aux Moines , pour signifier leur Froc & leur Cappe
ou Chappe.

CUCURBITE. s. f. Terme de Chimie. Vaisseau
de verre ou de terre , dans lequel on met les matieres qu'on veut distiller. Il peut être aussi d'étain ,
ou de cuivre étamé. On ajuste un alembic ou chapiteau de verre sur cette sorte de Vaisseau, avec son
bec pour les distillations. Ce mot est Latin, *Cu-
curbita*.

CUCURMA, s. m. Racine étrangere qu'on croit
être le Souchet que l'on apporte des Indes , & que
l'on appelle *Cyperus long* , autrement *Terra merita*.
Elle ressemble au Gingembre dont elle a presque
l'odeur. Elle est un peu amere , & quand on la mâche elle rend une couleur de safran. Elle teint
aussi de cette même couleur toutes les choses parmi lesquelles on la mêle , & a les mêmes qualités que le Souchet rond.

CUE

CUEILLE. s. f. Terme de Marine. L'une des bandes
de toile dont une voile est composée.

CUEILLETTE. s. f. Amas de diverses marchandises
que le Maître d'un Vaisseau reçoit de plusieurs particuliers pour en faire le chargement.

CUEILLIE. s. f. Bande de plâtre que les Maçons tirent de part & d'autre pour dresser un enduit. Ils
étendent leur plâtre tout à plat entre ces bandes qui
ont autant d'épaisseur que l'enduit en doit avoir. La
Cueillie sert aussi à faire les angles.

CUEILLIR. v. a. Terme de Maçonnerie. On dit ,
Cueillir une porte , *une fenêtre* , pour dire, Faire la
Cueillie d'une porte, d'une fenêtre. On dit, qu'*Une
porte ou une croisée est cueillie en plâtre* , quand sur
le mur simplement hourdi on fait une petite bordure de plâtre qu'on applique avec la regle , afin
qu'elle serve de niveau pour enduire le tableau de
la porte ou de la croisée.

CUI

CUIDER. v. n. Mot du vieux langage , qui signi-
fioit Croire, penser.
On a dit aussi *Cuder*.
Au plus prud'homme qu'elle cude ,
Qui à bien faire met étude.
Borel dit que le mot *Cuider* vient de *Cogitare*.

CUIDEREAUX. s. f. p. Vieux mot. Amans. On
trouve dans Villon ,
A Cuidereaux d'amour transis ,

CUILLIER. s. f. *Ustensile de table dont on se sert
ordinairement pour manger le potage.* ACAD. FR.
Les Plombiers ont deux sortes de Cuillier , dont ils
appellent l'une *Cuillier à puiser* , & l'autre *Cuillier
percée*. Ils se servent de l'une pour prendre le plomb
quand il est fondu & le charbon tout ensemble , &
pour le verser dans la poële qui doit contenir tout ce
qu'on veut jetter dans le moule. La Cuillier percée
est celle avec laquelle ils ôtent le charbon & le nettoyent. Ce mot vient du Latin *Cochleare*.
Cuillier de Pompe. Terme de Marine. Instrument
de fer aceré & coupant , dont on se sert pour creuser les pompes. On appelle *Cuilliers pour le Canon*,
des feuilles de cuivre arrondies & ouvertes au tiers.
El'es sont de differentes grosseurs, & servent à retirer la gargousse de dedans un canon. Il y a aussi la
Cuillier à bras. Elle est de fer & fort grande , & on
s'en sert à prendre le brai chaud dans le pot.
Cuillier. Oiseau semblable au Heron à l'exception du bec qu'il a fait en Cuillier ; ce qui lui en a
fait donner le nom. On appelle aussi *Cuillier* , une

Coquille longue , ou poisson à têt dur.

CUILLIERON. s. m. La partie creuse de la Cuillier
qui est attachée au manche. Il y en a en ovale, d'autres ronds , & d'autres avec un bec.

CUIR. s. m. La peau de l'animal. On appelle en termes de Marine , *Cuirs verds* , certains Cuirs qui ne
sont point apprêtés, & que la crainte du feu fait mettre sur les écoutilles de la sainte Barbe.

CUIRASSE. s. f. Arme défensive qui couvre le corps
du soldat par devant & par derriere, depuis les é-
paules jusqu'à la ceinture. Cette armure est faite
d'une lame de fer fort battu. Quelques-uns dérivent ce mot de *Cuir* , ou du Latin *Coriaceus* ,
Qui est fait de Cuir, à cause qu'anciennement les armes défensives se faisoient de cuir.

CUIRIE. s. f. Vieux mot qui a signifié un Colet de
cuir , ou un coletin de buffle.
Une Cuirie après li a li Ross vétie.

CUISANCON. s. f. Vieux mot. Danger , fâcherie.

CUISSE. s. f. *Partie du corps d'un animal depuis la
hanche jusqu'au jaret.* ACAD. FR. Les Serruriers
appellent *Cuisse de grenouille* , Certains anneaux de
clef limés & arrondis de telle maniere que ce qui
touche la tige soit plus menu que le milieu de l'anneau. Cet anneau est partagé avec la lime par une
espece de ciselure , qui forme comme les deux
cuisses.
Cuisse de triglyphe. On appelle ainsi dans le triglyphe la Côte qui est entre deux gravures. On dit ,
Cuisse de Galere, en parlant de deux pieces de bois
qui servent à soutenir à côté l'éperon qui s'avance
hors de la Galere à la pointe du Tabourin.

CUISSE Madame. s. f. Sorte de poire.

CUITE. On a dit *A Cuite* , dans le vieux langage ,
pour dire, A force. *Brochent à cuite d'éperon*.

CUIVRE. s. m. Métal imparfait , rouge & terrestre , qui a peu de sel & peu de Mercure , mais beaucoup de soufre ; ce qui se connoît en ce qu'il en a
l'odeur quand on le brûle , & qu'il resiste beaucoup
moins au feu que les autres métaux. Les Latins l'appellent *Cuprum* , qu'on prétend être un mot corrompu de *Cyprium* , à cause que le meilleur se tire
de l'Isle de Cypre. Les Chymistes l'appellent *Venus*,
& se fondent pour cela sur le rapport qu'il a avec la
Planete qui porte ce nom. Ils le purifient en le réduisant en lames , & le coupant en pieces proportionnées au creuset , après quoi ils font une poudre grossiere , composée de trois parties de pierre ponce , &
d'une partie de sel de verre. Ils ont un creuset bien
fort où ils stratifient ces lames qu'ils mettent dans
un feu de fusion fort violent , & commencent &
finissent par la poudre. La pierre ponce demeure
au dessus & suce une partie du soufre terrestre &
impur du Cuivre qui se fond , & qui se trouve au
fond du creuset. Cette operation se réitere deux ou
trois fois. Le Cuivre se calcine en *Crocus*, ainsi que
le fer. Il faut pour cela le reduire en limaille , le
mettre sur une tuile bordée , & le tenir sept ou huit
jours au feu de reverbere. On peut le calciner encore autrement en le mettant en lames , & le
stratifiant avec du soufre en poudre , dans un pot
qui puisse resister au feu. Ce pot doit avoir son couvercle percé d'un trou au milieu par où le soufre se
puisse exhaler. Quand il est ainsi brûlé on l'appelle
Æs ustum. Le cuivre fournit plus de remedes que
le fer pour les maladies externes ; mais il entre
beaucoup moins dans les remedes internes à cause
de sa qualité vomitive , & de sa grande amertume
qui se corrige difficilement.

CUIVRETTE. s. f. Petite anche de cuivre qu'on
applique sur les Bassons ou Hautbois quand ils sont
trop

trop longs pour les pouvoir emboucher commodement.

CUL

CUL. f. m. On appelle en termes d'Architecture, *Cul de lampe*, Certains ornemens de Menuiserie qui ont la figure de l'extrémité d'une lampe, & qu'on met aux voutes & aux planchers.

On dit en termes de mer *Mettre cul en vent*, pour dire, Mettre le vent en poupe, soit sans voile ou autrement, lorsqu'un gros vent force de le faire.

Cul de port. Terme qui s'emploie pour signifier de certains nœuds qu'on fait à des bouts de corde. Il y en a de doubles & de simples.

Cul de sac. Les Ameriquains appellent ainsi un Havre qui n'a point été fait exprès pour recevoir des Vaisseaux.

Cul blanc. Petit oiseau fort bon à manger, qui frequente les rivieres. Il a le plumage gris par dessus, & blanc par dessous, & la queue blanche & un peu mêlée.

Cul d'âne. Espece de poisson, que l'on appelle autrement *Ortie de mer.*

CULASSE. f. f. La partie du canon qui est la plus renfermée & la plus basse. Elle est composée entre des tourbillons & les extrêmités de la piece. Les autres armes à feu ont aussi une culasse, & c'est par là qu'on demonte les mousquets.

CULATTE. f. f. La partie qui est au delà de la lumiere, de l'ame ou du noyau du canon. Elle aboutit à un gros bouton rond de métal.

CULE'E. f. f. Grosse masse de pierre qui soûtient la voute de la derniere arche d'un pont, & toute sa poussée. On dit aussi *Butée.*

On dit en termes de mer qu'*Un Vaisseau donne des culées*, lorsqu'ayant touché sur la terre, sur la roche ou sur le sable, il donne des coups de sa quille contre le fond.

CULER. v. n. Terme de mer. Aller en arriere. *Cule*, terme de Commandement, pour dire, Recule.

CULERON. f. m. Les Selliers appellent *Culeron*, la partie de la croupiere qui est faite en rond, & sur laquelle pose la queue du cheval.

CULIERE. f. f. Pierre plate creusée en rond ou en ovale, & qui n'a pas grande profondeur. Elle a une goulette pour y recevoir l'eau d'un tuyau de descente.

ULOT. f. m. Petit rond qui forme la plus basse extrémité d'une lampe d'Eglise. C'est aussi un petit ornement de Sculpture en maniere de tigerte, d'où des rameaux de feuillages sortent. Le Culot se taille de bas relief dans les frises & grotesques, & il sert de petit cul de lampe pour porter quelque bijou dans un cabinet.

Culot. Terme de Chimie & de Fonte. Morceau de metal fondu qui se trouve au fond du creuset, & qui retenant la figure de ce Creuset, est rond, & un peu pointu par en bas.

CUM

CUMIN. f. m. Plante dont il y a de deux sortes, le Cumin qu'on seme, & le Sauvage. Le premier appellé en Latin *Cuminum* ou *Cyminum Sativum*, a des feuilles presque semblables au fenouil, & ne produit qu'une tige dont il sort beaucoup de branches. Il a encore rapport au fenouil, en ce qu'il jette sa fleur de même, c'est-à-dire, en maniere de bouquet. Il porte force graine, & a sa racine blan-

Tome I.

châtre & presque à fleur de terre. Il croît dans les lieux chauds & fangeux, & rend pâles ceux qui s'en frottent, ou qui en boivent. Le Cumin sauvage, appellé *Cuminum sylvestre*, est une herbe branchue & petite, qui produit ses tiges grêles & de la hauteur d'un palme, avec quatre ou cinq feuilles fort menues, dentelées en façon de scie, & déchiquetées comme celles du Cerfeuil. A la cime de ses branches il pousse cinq ou six petits boutons ronds, au dedans desquels est une graine écaillée, & plus acre au goût que celle du Cumin qu'on seme. Cette graine bûe en eau est bonne contre les ventosités & les tranchées, & si on la boit avec du vin, elle est singuliere contre les bêtes venimeuses. Dioscoride parle encore d'une autre espece de Cumin sauvage assés semblable au Cumin privé. Il a une corne à chacune de ses fleurs, & au dedans de la corne est une graine semblable à la nielle, & qui est fort bonne à ceux qui ne peuvent uriner que goutte à goutte, ou qui pissent le sang caillé avec l'urine. Ceux qui s'en servent ne doivent pas oublier de boire après cela de la graine d'ache bouillie. Gallien dit qu'on se sert de la graine de Cumin comme on fait de celles d'anis, de ligusticum, de carvi & de persil, & qu'étant aussi chaude que ces autres graines, elle provoque l'urine & resout toutes sortes de ventosités.

CUN

CUNETTE. f. f. Terme de Fortification. Petit fossé qui est au milieu du grand, & que l'on tient rempli d'eau ou de bourbe, si on peut avec des hayes vives & des buissons tout au long, afin de pouvoir se garantir des surprises. On le nommoit autrefois *Lacunette.*

CUNTUR. f. m. Oiseau de proye du Perou, d'une grandeur extraordinaire, & qui n'a aucunes serres comme les Aigles. Il est tacheté de noir & de blanc comme les Pies, & porte une crête faite en façon de rasoir, & differente de celle du Coq en ce qu'elle n'est point dentelée, & qu'elle est sans pointe. Ses piés ressemblent à ceux des poules, & sont sans ongles crochus. Il fait un si grand bruit en volant, que ceux qui l'entendent quand il fond à terre, en sont étourdis. Il a un bec très-fort & très-dur, avec quoi il perce le cuir d'un bœuf, en sorte que quand ils sont deux à l'attaquer, ils l'abattent & le mangent. Il y en a de si grands, qu'à les mesurer d'une pointe de l'aîle à l'autre, on les trouve longs de cinq à six aunes. Les Espagnols nomment cet Oiseau *Condor*. Ce nom est commun à d'autres oiseaux qui sont semblables à l'Aigle, & qui se voyent dans la region de Sophala, des Cafres & de Monomotapa jusqu'au Royaume d'Angola. Ils ont des plumes longues de vingt-huit palmes & larges de trois. Elles sont noires, & ont leur tuyau blanc, gros comme le bras, & long de cinq palmes. Il y en a qui du haut d'une aîle jusqu'à l'autre ont trente piés d'étendue, & qui emportent des vaches & autre betail. Ils sont aussi grands que deux élefans joints ensemble. La serre d'oiseau qu'on garde dans le Tresor de la Sainte Chapelle fait voir qu'il y en a d'une grandeur excessive.

CUP

CUPAYBA. f. m. Arbre du Bresil, semblable au figuier. Il est haut, gros & droit, & quand on incise son écorce, il rend une grande quantité d'huile fort claire, telle que celle que l'on tire des olives

Q q

Cette huile est principalement estimée pour guerir les playes, & ôter les cicatrices. Le bois de cet arbre est inutile.

CUR

CURACE. s. f. Plante qui croît auprès des eaux dormantes, & qui a sa tige nouée & ferme avec quelques concavités, d'où sortent ces feuilles. Elles sont semblables à celles de la menthe, mais plus grandes, plus molles & plus blanches, quelquefois barrées de rouge, & ont le goût fort comme le poivre, sans être odorantes. Sa semence tient & croît au bout de certains petits tendons qui sont près des feuilles, & pend en forme de grape. On l'appelle en Latin *Hydropiper*, ou *Piper aquaticum*, à cause des lieux aquatiques où elle croît d'ordinaire, & de son goût qui tient beaucoup de celui du poivre. Elle n'est pas neanmoins si chaude. L'herbe verte appliquée avec sa graine en forme de cataplasme, fait mûrir & resoudre toute meurtrissure, & les apostumes dures.

CURE. s. f. Terme de Fauconnerie. Remede en forme de petites boules d'étoupe, de coton ou de plumes que les Fauconniers donnent à leurs Oiseaux, pour dessecher leur flegme. On dit, *Armer les cures de l'oiseau*, pour dire, Mettre un peu de chair auprès des cures afin de les faire avaler plus facilement. On dit aussi qu'*Un oiseau tient sa cure*, pour dire, que la Pillule opere comme on le souhaite.

CUREE. s. f. Terme de Venerie. Repas qu'on fait faire aux chiens & aux oiseaux après qu'ils ont pris quelque gibier. Borel remarque que l'on disoit autrefois *Cuirée*, à cause que la curée se fait dans le cuir des bêtes. La *Curée chaude*, est une partie de la bête qu'ils ont prise quand on la leur donne sur le champ, & la *Curée froide* est celle qu'on leur prépare d'ailleurs, & qui se fait ordinairement de morceaux de pain trempés au sang de la bête, qu'on met sur sa peau avec la cervelle, le col, ou autres morceaux de chair.

CURE-PIE' s. m. Instrument de fer qui est crochu d'un côté, & plat & pointu de l'autre. Sa longueur est de cinq ou six pouces. Les Palefreniers s'en servent pour ôter la terre & le sable qui peuvent être enfermés dans le dedans des piés d'un cheval qui a travaillé au Manege.

CURER. v. n. Terme de Venerie. On dit qu'*Un oiseau a curé*, pour dire, qu'il a rendu ses cures.

CURETTE. s. f. Terme de Chirurgie. Instrument d'argent dont on se sert quand on veut faire l'extraction d'une pierre, & sonder s'il y en a d'autres. On s'en sert aussi pour recueillir & amasser le sable, le sang coagulé, & autres choses étrangeres qui peuvent être demeurées dans la vessie, après qu'on en a tiré la pierre.

Curette, est aussi un terme de Marine, & il se dit d'un petit fer plat & court, qui est emmanché de dix à douze piés de long, & dont on se sert pour nettoyer la pompe du Vaisseau.

Curette, se dit encore d'un petit Instrument qui a un manche de bois & des dents de fer, & dont ceux qui font les couvertures se servent pour curer les chardons remplis de laine.

CURIAUX. s. m. p. Vieux mot, qui se disoit autrefois pour Courtisans, du Latin *Curia*, Cour. On disoit aussi, *Vie Curiale*, pour dire Vie de Courtisan.

CURMI. s. m. Sorte de breuvage fait d'orge & de froment trempés dans de l'eau, & qui ne differe

du Zythum qu'en la maniere de les faire cuire plus ou moins. Dioscoride dit que le Curmi, qu'on appelle aussi *Corma*, cause des douleurs de tête, qu'il engendre de mauvaises humeurs, & qu'il est nuisible aux nerfs.

CURES. s. m. Vieux mot qu'on a dit pour signifier des Chariots. Il vient du Latin *Currus*.

CURUCUCU. s. m. Serpent du Bresil qui est fort à craindre. Il a quelquefois quinze piés de longueur, & son venin est principalement dans la tête. Cela est cause que quand les Sauvages l'ont arrêté, ils la lui coupent aussi-tôt & l'enterrent.

CURVILIGNE. adj. Terme de Geometrie. Qui est terminé, formé par des lignes courbes. Ainsi on dit *Figure curviligne*, *Angle curviligne*. Ce mot s'oppose à *rectiligne*, & à *mixtiligne* ou mixte. Quelquefois on confond *Curviligne* & *mixte*. Ainsi quoique l'angle de la tangente & du cercle soit proprement mixte, on peut l'appeller Curviligne.

CURUPICAIBA. s. m. Arbre qui se trouve dans le Bresil, & dont la feuille rend une certaine liqueur de lait semblable à celui des figues. C'est un singulier remede pour les playes & les pustules. Son écorce étant incisée distille une maniere de glu dont les Sauvages se servent quand ils veulent prendre des oiseaux.

CURURYYVA. s. m. Serpent le plus beau & le plus long qui se nourrisse dans les rivieres du Bresil. Il s'en trouve assés souvent qui ont vingt-cinq & trente piés de longueur. Ce serpent a une chaîne sur le dos, qui court depuis le derriere de la tête jusqu'au bout de la queue, & qui est de differentes couleurs. Il a des dents de chien, & s'il peut attraper hommes ou bêtes, il les dévore tout entiers. Les Sauvages en racontent une chose qui ne paroît pas croyable. Ils disent que lorsqu'il s'est bien rempli, il pourrit sur terre le ventre en haut de sorte que les corbeaux & autres oiseaux carnassiers viennent en manger la chair, n'y laissant que le squelette. La chair lui revient ensuite, & il reprend de nouveau sa forme, sa longueur & sa grosseur, parce que l'esprit vital est dans sa tête, & que cette tête demeure long-tems cachée dans la boue, d'où les Sauvages qui sçavent cela, la tirent pour la tuer lorsqu'ils ont trouvé le squelette de ce serpent. Il dort si profondément quand il est saoul, qu'ils lui coupent quelquefois une partie de la queue, sans qu'il se réveille.

CURUTZETI. s. m. Herbe qui croît aux Indes Occidentales dans la Province de Mechoacan. Ses feuilles sont moyennement deliées & assés semblables à la vigne, vertes en la partie de dessus, & rudes dessous. Ses tiges sont hautes d'une coudée, polies & ployables. Ses fleurs sont blondes comme des cheveux, & il en naît des semences noires fort menues. Cette herbe a beaucoup de racines longues & déliées comme l'hellebore blanc. Elles sont d'un goût acre qui sent doucement le musc, chaudes & seches au troisiéme degré. La poudre de ces racines prise avec du vin ou avec de l'eau de buglose ou de citron au poids d'une drachme, appaise les douleurs nephritiques, nettoye les reins, fortifie l'estomac lorsqu'il est débilité par les causes froides, ouvre les obstructions, aide la matrice & chasse les vents. C'est un excellent antidote contre les venins.

CUS

CUSCUTE. s. f. Espece de plante qui naît & qui s'envelope autour des orties, du lin & du houblon. La Cuscute est abstersive, & a une certaine astric-

tion qui fortifie les parties interieures. Elle defopile le foye & la rate, & evacue le humeurs phlegmatiques & bilieuses qui sont dans les veines. Elle
est singuliere aux fiévres des petits enfans, pourvû
qu'ils n'en fassent pas un long usage, & qu'on la
corrige en y ajoûtant quelque peu d'anis.

CUSOS. f. m. Sorte d'animal qui ressemble à un lapin, & qui se trouve dans les Isles des Moluques.
Il se tient dans les arbres, & vit seulement de fruit.
Son poil est épais, frisé & rude, d'une couleur entre le gris & le rouge. Il a les yeux ronds & vifs,
les piés petits & la queue si forte, qu'il s'en sert
pour se pendre aux arbres, afin d'atteindre plus facilement aux fruits.

CUSTODE. f. f. Terme de Seiller. La partie garnie
de crin qui est à chaque côté du fond d'un carosse-
se, & sur laquelle on peut appuyer le corps & la
tête. *Custode*, se dit aussi du cuir qui couvre des
fourreaux de pistolet, & qui empêche que la pluye
ne tombe dessus. On l'appelle plus communément *Chaperon*.

Custode. f. m. Religieux qui parmi les Capucins
& les Recolets fait l'office du Provincial dans le
tems qu'il est absent.

CUSTODIE. f. f. La Partie d'une Province de
Capucin, Recolet & Cordelier.

CUT

CUTICULE. f. f. Terme de Medecine. Petite peau
qui couvre le cuir, & qu'on appelle aussi *Epiderme*.

CUV

CUVETTE. f. f. Vaisseau de plomb pour recevoir
l'eau des chêneaux qui sont autour des couvertures, & d'où cette eau tombe ensuite dans des
tuyaux ou canaux de plomb. Il y a des chêneaux
de goutiere avec des Cuvettes quarrées ou à entonnoir. Les pieces de fer qui supportent & accol-
lent les Cuvettes s'appellent *Fers de Cuvettes*. Celles qui sont à entonnoir, sont dans les angles rentrans. Il y a d'autres *Cuvettes faites en hotte*, &
qui se mettent contre les murs de face.

CYC

CYCLAMEN. f. m. Plante qui a ses feuilles semblables au lierre. Elles sont rougeâtres & de diverses couleurs, avec plusieurs taches & marques blanchâtres dessus & dessous. Sa tige est nue, sans aucunes feuilles, & longue de quatre doigts. Elle a
ses fleurs purpurines & rouges, & qui tirent sur la
couleur de rose. Sa racine est plate & noire & a la
figure d'une rave. Dioscoride parle encore d'une
autre sorte de Cyclamen. Celui ci a ses tiges nouées,
& grosserres, & qui s'entortillent aux arbres voisins, comme fait la vigne. Sa fleur est blanche &
odorante, & son fruit semblable aux grains du
lierre. Ses feuilles sont aussi semblables à celles du
lierre; ce qui fait appeller *Cissophyllos* & *Cissan-
themos*, de κισσὸς, Lierre, de φύλλον & d'ἄνθεμον,
Fleur. Il est un peu fort, piquant au goût, visqueux & gluant à la langue. Sa racine est inutile. Il
croît dans les lieux âpres & rudes. Matthiole dit
sur le témoignage de Mesué, que le Cyclamen clis-
terisé, ou pris en breuvage, purge avec grande
operation les humeurs phlegmatiques, visqueuses
& gluantes, & ôte soudain les tranchées de la colique causées par l'abondance des phlegmes. Il dit
encore que l'eau de ses racines distillées en alembic
& tirée par les narrines, est bonne à étancher le

Tome I.

sang qui en sort, & que prise en breuvage au poids
de six onces, avec une once de sucre fin, elle arrête le sang qui distille de la poitrine, du ventricule & du foye, & conglutine les parties nobles,
Le mot de *Cyclamen* vient de κύκλος, Cercle à
cause que sa racine est ample & ronde comme un
cercle.

CYCLAMOR. f. m. Terme de Blason. Il se dit d'une
maniere de bordure appellée *Orle rond* par quelques-uns. *D'argent à un cercle ou cyclamor de gueules.* Ce mot vient de ce que le Cyclamor represente la bordure d'or d'une robe que les Grecs nomment κυκλάς, à cause de sa rondeur, comme ils
ont nommé *Cyclades*, certaines Isles qui paroissent
rondes.

CYCLE. f. m. Terme d'Astrologie. Suite de nombres
disposés de telle façon qu'ils se succedent les uns
aux autres, & que le premier revient après le dernier, & recommence une nouvelle circulation toute pareille à la premiere.

Les deux principaux Cycles sont le *Lunaire* &
le *Solaire*.

Après que des 11. jours de difference qui sont
entre l'Année lunaire & la solaire, (Voyez EPA-
CTE.) on a fait en 3. ans un mois *Embolismique* ou
Intercalaire, (Voyez EMBOLISMIQUE,) il reste encore 3. jours qui empêchent que l'année lunaire & la solaire ne s'accordent au bout de trois
autres années, on fait encore un autre mois Embolismique, & il reste 6. jours de difference ou
d'Epacte. Tous ces restes qui demeurent après le
mois Embolismique fait, & qui empêchent toujours l'égalité des deux années, font enfin un mois
en 19. ans, & ce mois est le septiéme que l'on
intercale dans cet espace de 19. ans; car on en
a intercalé naturellement 6. pendant 19. ans, &
sans ces restes des mois Embolismiques on n'auroit intercalé le septiéme qu'à la 21. année. Cette intercalation surnumeraire étant faite, il ne
reste plus de difference entre les deux années solaire & lunaire, ainsi au bout de 19. ans elles
recommencent ensemble, & les Nouvelles &
Pleines lunes, & par consequent toutes les Eclipses
se retrouvent à peu près aux mêmes points où elles avoient été. Cette Periode de 19. ans s'appelle *Cycle lunaire*. Méton Athenien en fut l'inventeur, & comme à cause de la grande utilité qu'on
lui trouvoit, elle étoit écrite en lettres d'or dans
les Calendriers, on l'appella *Nombre d'or*. Cependant comme il s'en faut une heure & quelques
minutes qu'un Cycle lunaire ne soit tout-à-fait juste, & ne remette une parfaite égalité entre le Soleil & la Lune, & que cette difference accumu-
lée pendant plusieurs Cycles devient à la fin très-
considerable, on ne se sert plus gueres du nombre
d'Or, & l'on se contente de connoître par l'E-
pacte la difference de l'année solaire & de la lunaire. Voyez EPACTE. Le Cycle solaire est
le Cycle de 19. ans, au bout duquel une même
lettre revient à être la Lettre Dominicale. Voyez
LETTRES. Ce Cycle n'est point appelé solaire
par aucun rapport qu'il ait au mouvement du Soleil, mais seulement parce qu'il sert à trouver
les Dimanches que l'on a cru qui répondoient au
Soleil dans le partage qu'on a fait des 7. jours
de la Semaine aux 7. Planetes.

Il y a un troisiéme Cycle considerable dans la
Chronologie qui est celui de l'indiction. Voyez
INDICTION.

On peut faire remonter aussi haut que l'on voû-
dra ces trois Cycles & tous les autres qu'on voudra imaginer, de sorte que sçachant l'année de la

creation du monde, on trouvera le quantiéme elle étoit du Cycle folaire ou du lunaire, ou de celui de l'Indiction ; de même l'on trouve que l'année de la naiffance de Jesus-Christ qui eft le commencement de notre Ere vulgaire, on auroit dû compter 10. de Cycle folaire ; 2. du lunaire ; 4. d'Indiction. Si l'on avoit compté 1.de chacun de ces 3. Cycles, il eft clair que pour trouver combien il faudroit compter dans une année de l'Ere vulgaire. Par exemple , en 1695. il ne faudroit que divifer 1695. ou par 28. ou par 19. ou par 15. felon le Cycle dont on voudroit avoir l'année, le quotient de la divifion marqueroit combien de fois ce Cycle auroit fait fa révolution depuis Jesus-Christ, le refidu, s'il y en avoit un, marqueroit l'année de ce Cycle que nous aurions, & s'il n'y avoit point de refidu, ce feroit à dire que nous aurions la dernière année du Cycle ; mais parce que l'on ne comptoit 1. d'aucun de ces 3. Cycles à la naiffance de Jesus-Christ , il faut ajoûter aux années de l'Ere vulgaire ce que l'on comptoit de plus que 1. Par exemple , pour voir combien nous aurons de Cycle folaire cette année, il faut ajoûter 9. à 1695. pour le Cycle lunaire, il faut ajoûter 1. pour l'Indiction , 3. & puis faire la divifion.

CYCLOIDE. f. f. Terme de Geometrie. Si un cercle dont le diametre eft perpendiculaire à une ligne droite , fe meut fur cette ligne ; en forte que l'extrêmité fuperieure de fon diametre defcende , & s'abaiffe toûjours vers elle, & à la fin la rencontre , la ligne courbe que cette extrêmité de ce diametre décrit en defcendant s'appelle *Cycloide* ou *Roulette.* C'eft la ligne que décrit en l'air un clou qui eft au haut d'une roue qui roule jufqu'à ce qu'il touche la terre. La Cycloide donne des égalités de tous les arcs d'un cercle avec des lignes droites, & fa bafe eft égale à la circonference du cercle *Generateur.* L'efpace qu'elle comprend eft triple de celui de ce même cercle. Ce mot vient de κύκλος , Cercle, parce qu'elle tient beaucoup du cercle.

CYG

CYGNE. f. m. Gros oifeau aquatique qui a le cou fort long & compofé de vingt-huit vertebres. Il eft tout blanc , excepté quand il eft jeune. Son bec eft petit , courbé , émouffé au bout , de couleur rouge, & noir auprès de la tête. Ses piés font marquez de differentes couleurs, noirs , blancs & rouges. Il eft agreable à voir , tenant fon col élevé & droit. Il vit fort long-tems , & fe nourrit d'herbes, d'œufs de poiffon & de grain. Il hait l'aigle , le tonnerre & les ferpens. On tient que fa peau appliquée fur l'eftomac aide à la digeftion. Les Poëtes veulent que le Cygne chante, mais ce ne foit que quand il fe voit prêt à mourir. Ils difent qu'alors fon chant eft mélodieux.

Cygne. Ordre de Chevalerie de Cleves. On tient que Beatrix , fille unique de Theodoric ou Thierri Duc de Cleves , étant devenue heritiere de fes Etats vers l'an 711. fut obligée de fe retirer dans un Château appellé Neufbourg, pour fe garantir de la perfecution de fes voifins qui vouloient la dépouiller de fes biens, & qu'ayant été fecourue par un Chevalier nommé Elie , elle l'époufa, & inftitua enfuite l'Ordre du Cygne , à caufe qu'il avoit un Cygne peint fur fon bouclier.

CYL

CYLINDRE. f. m. Terme de Geometrie. Corps fo-

lide produit par le mouvement d'une ligne droite autour de deux cercles égaux & paralleles. Ces deux cercles font *les bafes du Cylindre,* & la ligne qui fe meut alentour , en eft le *Corps.* Celle qui joint les centres de ces deux cercles eft l'*axe du Cylindre.* Si l'axe eft perpendiculaire au plan des cercles, le Cylindre eft *droit,* & il eft *oblique* ou *incliné,* fi l'axe l'eft au plan des cercles. Dans les Cylindres droits la *hauteur* eft égale à l'axe, dans les obliques, c'eft une perpendiculaire tirée entre les deux bafes.

Le cercle étant un polygone infini, (Voyez CERCLE & POLYGONE.) on confidere ce Cylindre comme un *Prifme* dont les deux plans oppofés , égaux & paralleles font deux obliques infinis , & par là on reduit les Cylindres à la mefure & aux proportions des Prifmes. Voyez PRISME. Pour mefurer la folidité d'un Cylindre , on multiplie donc fa hauteur par fa bafe , les hauteurs & les bafes *reciproques* font des Cylindres égaux,&c.

CYLINDRIQUE. adj. Qui appartient au Cylindre. On appelle *Superficie cylindrique ,* Celle qui eft formée par le mouvement de la ligne , qui tourne autour des deux bafes du Cylindre. On dit *Colomne Cylindrique ,* en parlant de celle qui n'a ni renflement ni diminution , comme les Piliers Gothiques.

CYM

CYMAISE. f. m. Terme d'Architecture. Membre dont la moitié eft convexe & l'autre eft concave , appellé ainfi du Grec κυμάτιον , qui fignifie une petite Onde , à caufe qu'il eft taillé d'une figure ondoyante. Il y a de deux fortes de Cymaifes , l'une droite , & l'autre renverfée. On appelle *Doucine* ou *gueule droite,* Celle dont la partie la plus avancée eft concave , & *Talon* ou *gueule renverfée ,* Celle qui a fa partie la plus avancée convexe. La *Cymaife Tofcane* eft un ove ou quart de rond ; la *Dorique* un Caver , & la *Lefbienne* fe prend pour un talon, felon Vitruve.

CYMBALE. f. f. Inftrument de mufique dont les gueux fe fervent pour accompagner la vielle. Il confifte en un fil d'acier de forme triangulaire. Il a cinq anneaux paffés dedans , qu'on touche & que l'on promene de la main gauche dans ce triangle avec une verge de fer , tandis qu'on fe foutient de la droite avec un anneau, pour lui laiffer la liberté de fon mouvement.

Il y a auffi deux jeux de l'Orgue que l'on appelle *Cymbale.* La groffe a trois tuyaux fur marche. Le premier , eft long d'un pié & ouvert , le fecond de huit pouces & demi , & le troifiéme de demi-pié. La feconde Cymbale a deux tuyaux furmarche. Le premier , long de deux piés , eft ouvert , & le fecond eft de quatre pouces.

CYMBALIUM. f. m. Efpece d'*Umbilicus Veneris.* Cette plante a les feuilles graffes & faites en maniere de cuillier. Elles font fort épaiffes , & entaffées vers la racine , en forte qu'elles reprefentent le rond de l'œil , ainfi qu'on voit en la grande joubarbe. Sa tige eft menue , & fes fleurs & fa graine font femblables à celles du millepertuis. Sa racine eft affés groffiere. Le Cymbalium a les mêmes proprietés que l'*Umbilicus Veneris.*

CYN

CYNIQUES. f. m. p. Secte de Philofophes qui a eu fon nom du lieu où Antifthenes , qui en fut l'Inftituteur faifoit fes leçons. Ce lieu étoit fort peu éloigné de l'une des portes d'Athenes , qu'on appelloit *Cynofarges,* c'eft-à-dire , des Chiens. D'au-

tres veulent que la vie trop libre, & comme cani-
ee, que pratiquoient les Cyniques, les ait fait
nommer ainſi. Ils ſe mocquoient de laMuſique,de la
Geometrie, de l'Aſtrologie, & même de la Dialectique & de la Phyſique, pour ne cultiver que la
Morale, & cette Morale étoit aſſés extraordinaire,
puiſqu'en poſant pour fondement, Que tous les
biens appartiennent à Dieu, & que l'homme ſage
eſt ſon image & ſon ami, ils concluoient que cet
homme ſage ſe pouvoit ſervir de tout ce qui eſt
dans le monde comme d'une choſe qui étoit à lui,
parce qu'il n'y a rien qui ne doive être commun
entre amis. Ils regardoient encore comme indifferentes pluſieurs actions deshonnêtes & pleines de
ſaleté; & prétendant que toutes les actions naturelles étoient bonnes par elles-mêmes, ils ne
croyoient point devoir avoir honte de les faire publiquement. Ils avoient d'ailleurs une maniere d'a-
gir extrêmement aigre, & vouloient qu'un homme
commençât à étudier la ſageſſe par un fort grand
mépris de lui-même; de ſorte que pour l'accoûtumer à ce mépris, il y avoit plus d'inſultes que de
remontrances dans leurs ſuite. Diogene diſciple
d'Antiſthenes, Menippe, Oneſicrate, Monime de
Syracuſe, Crates de Thebes, Hyparchia ſa femme, & pluſieurs autres ſe ſont diſtingués dans cette Secte.

CYNOCEPHALE. ſ. m. Animal fabuleux que les
Egyptiens ont tenu pour Dieu, & qu'ils ont eu
en grande veneration ſous le nom d'Anubis. Ils lui
donnoient la tête d'un chien; ce qui l'a fait appeller ainſi. On a trouvé, ſelon Pline, des hommes
dans l'Ethiopie, que l'on nommoit auſſi Cynoce-
phales, parce qu'ils avoient la tête de chien. Ils
ne vivoient que de lait.

CYNOGLOSSE. ſ. m. Plante qui a les feuilles velues, couchées par terre, & ſemblables au grand
plantain, mais plus petites & plus étroites. Elle n'a
aucune tige, & croît aux lieux ſablonneux. Il y a
un autre Cynogloſſe, qui eſt le Lingua canis, ou
Langue de Chien des Apothicaires. Ils s'en ſervent
au lieu de Cynogloſſe, & cette plante a pluſieurs
tiges qui ont quelquefois plus d'une coudée de
haut. Elles produiſent à la cime pluſieurs rameaux
qui portent des fleurs rouges ſemblables à celles
de l'Echium, après quoi ſurviennent certains petits glouterons fort induſtrieuſement compoſés, qui
s'attachent aux habits de ceux qui paſſent. On ſe
ſert particulierement de la racine de cette plante.
Cette racine reſſemble en couleur & en groſſeur à
celle du Symphitum, & jette une odeur aſſoupiſ-
ſante, dont l'uſage eſt merveilleux pour les fluxions
acres & tenues. Elle ſert de baſe aux pillules
de Cynogloſſe, qui ſont excellentes pour concilier
le ſommeil, ôter les fluxions & appaiſer la toux;
& pour cela, après qu'on l'a fait ſecher, on la
broye avec la ſemence de Juſquiame, & enfin les
autres Simples ſéparément. Le mot de Cynogloſſe
vient du Grec γλῶσσα, qui ſignifie Langue, comme
qui diroit, κυνὸς λῶσσα, Langue de chien.

CYNOCRAMBE. ſ. m. Arbriſſeau qui jette de
grands ſarmens puants, pliables comme l'oſier &
fort difficiles à rompre. Sa feuille eſt ſemblable à
celle du lierre, mais plus molle & plus pointue au
bout, & a une odeur peſante & fâcheuſe. Le jus
qu'elle rend eſt jaune. Il produit des gouſſes comme la fêve, longues d'un doigt & faites en façon
de veſſie. Au-dedans de ces gouſſes eſt une graine
dure, petite & noire. Dioſcoride qui en fait cette
deſcription, ajoûte que ſes feuilles incorporées en
graiſſe, font mourir les chiens, les loups, les re-

nards & les pantheres, s'il arrive qu'ils en mangent. Quelques-uns appellent cette plante Mercuriale mâle ſauvage, à cauſe qu'elle reſſemble fort
au mâle de la vraie Mercuriale. Priſe en breuvage,
elle lâche le ventre, & évacue le phlegme, la bile & les autres ſeroſités. Ce mot vient du Grec
κράμβη, Chou, comme qui diroit κυνὸς κράμβη, Chou
de chien. Galien dit qu'il y en a qui l'appellent
κυνόκραμβον, à cauſe qu'il fait mourir les chiens ſubi-
tement, de μόρος, qui veut dire quelquefois la
mort.

CYNOSORCHIS. ſ. m. Plante qui a ſes feuilles
ſemblables à l'Olivier lorſqu'il eſt encore tendre, tant celles qui environnent ſa tige, qui eſt
haute d'un palme, que celles qui ſont éparpillées
ſur terre. Ses fleurs ſont rouges. Le Cynoſorchis
croît aux lieux ſablonneux & pierreux, & produit
des racines bulbeuſes, longuettes, étroites comme
une olive, & doubles. La plus haute de ſes deux
bulbes eſt pleine & charnue, & la plus baſſe eſt
plus molle & plus ridée. Ses racines étant cuites
ſe mangent comme on fait les bulbes. On tient
que la plus groſſe racine mangée par les hommes,
fait qu'ils engendrent des mâles, & que l'autre
mangée par les femmes fait engendrer les femelles.
Il y a une autre eſpece de Cynoſorchis ſurnommé Serapias, dont les feuilles ſont ſemblables à
celles du porreau. Elles ſont pourtant plus larges,
longues & graſſes, & ſortent toutes repliſſées des
concavités de la tige. Ses fleurs ſont preſque rouges, & ſes racines ſemblables à l'autre Cynoſorchis, dont elles ont auſſi les qualités. Etant enduites, elles reſolvent toutes ſortes de tumeurs, mondifient les ulceres, gueriſſent les fiſtules, & appaiſent les inflammations. Seches, elles repriment les
ulceres corroſifs, & ſont un fort bon remede pour
les ulceres pourris & malins qui arrivent en la bouche. Galien parlant de la premiere eſpece de Cynoſorchis, dit qu'Orchis & Cynoſorchis ſont une même herbe; que ſa racine double & bulbeuſe eſt
chaude & humide & douce à manger; que la plus
groſſe ayant beaucoup d'humidité ſuperflue provoque à l'amour, ſi on la prend en breuvage; & que
la petite étant de temperature plus chaude & plus ſeche, refroidit ceux qui en uſent. Le mot de Cynoſorchis vient du Grec ὄρχις, Teſticule, comme qui diroit κυνὸς ὄρχις, Teſticule de chien.

CYNOSURE. ſ. f. Terme d'Aſtronomie. Conſtellation la plus voiſine de notre Pole. Elle a ſept
étoiles, dont il y en a quatre diſpoſées en quarré
comme les roues d'un chariot. Les trois autres ſont
en long & repreſentent un timon; ce qui eſt cauſe
que les Payſans appellent cette Conſtellation Le
Chariot. C'eſt la petite Ourſe. Les Grecs l'ont appellée Cynoſure; de κυνὸς, Chien, & de ὀυρὰ, Queue,
comme qui diroit, Queue de chien.

CYP

CYPHI. ſ. m. Parfum mixtionné & dédié au Service
divin, dont les Prêtres d'Egypte avoient accoû-
mé de ſe ſervir. On fait des Trochiſques de Cyphi, & l'uſage en eſt bon en Medecine. Ils ſont
excellens contre les venins, contre la peſte, contre
les maladies froides du cerveau & contre les fluxions qui tombent ſur la poitrine; ce qui eſt cauſe
qu'on les fait entrer dans la compoſition du Mi-
tridat. Outre le miel, treize Ingrediens compoſent
cette ſorte de trochiſques, ſçavoir les raiſins damas, la myrrhe, la cannelle, la terebenthine, le
ſchoënant, le bdellium, la canne odorante, la caſ-

sta lignea, le spicnard, le safran, les grains de genévre, le souchet & l'aspalath. Le mot de *Cyphi* est étranger, & signifie Odorant. Il n'est ni Grec ni Latin.

CYPRE'S. s. m. Arbre fort connu, dont il y a deux especes, le mâle & la femelle. Celle-ci croît toûjours en pointe, & le Cyprès mâle a ses branches plus épandues. Ses feuilles sont plus longues & plus vertes que celles du Savinier qui porte du fruit. Celui du Cyprès est semblable au fruit de la Meleze, mais plus serré, plus gros, plus dur & plus beau. Il en porte trois fois l'an, & on le cueille dans les mois de Janvier, Mai & Septembre. Il y a dans ce fruit une graine si petite, qu'à peine l'œil la peut-il appercevoir. Les fourmis en sont friandes; & delà vient que l'on voit peu de Cyprès où il n'y ait quelque fourmiliere au pié. Le Cyprès est toûjours vert, & son bois est fort massif & de bonne odeur, presque comme le santal. Il n'est jamais ni pourri, ni vermoulu, non plus que celui du cedre, de l'ébene, de l'if, du bouis, de l'olivier & du lotus sauvage. C'est ce qui obligeoit les Anciens à faire leurs statues de bois de Cyprès, afin qu'elles durassent toûjours, comme étoit la statue de Jupiter au Capitole. Ils avoient dédié cet arbre à Pluton, & on le mettoit devant les maisons où il y avoit un mort; ce qui leur faisoit croire que l'ombre du Cyprès portoit malheur. Il sort des resines de son tronc presque semblables à la terebenthine, mais en fort petite quantité. Il croît beaucoup de Cyprès en Candie & au Mont Ida, nâturellement & sans cultiver la terre, quoiqu'on ait peine à les élever ailleurs. Ils haïssent les rivieres, les étangs & autres lieux aquatiques, & meurent incontinent si on les y plante. Ils meurent aussi si on leur met du fumier au pié. On tient que toute semence & graine, mêlée avec des feuilles de Cyprès pilées, n'est jamais rongée ni mangée des vers, & qu'il n'y a aucune longueur de tems qui puisse diminuer l'odeur de son bois. Quelques-uns appellent *Petit Cyprès*, l'Auronne femelle, à cause du grand rapport de cette herbe avec le Cyprès en plusieurs choses. Le fruit du Cyprès est astringent, & ses noyaux réduits en poudre appaisent la douleur des dents. On s'en sert en toutes sortes de flux, diarrhée, dyssenterie & autres. On les appelle *Coni nuces*, & *pillulæ cupressi*. M. Callard de la Duquerie fait venir *Cyprès* du jeune Cypare ou Cyparisse changé en Cyprès, ou *παρὰ τὸ κύειν παρίσου*, à cause que cet arbre produit également ses branches & son fruit.

CYR

CYRENE'ENS, ou *Cyreniaques*. s. m. p. Secte de Philosophes qui n'estimoient la vertu qu'autant qu'elle pouvoit servir à la volupté. Ils méprisoient la Physique, & plusieurs d'entre eux rejettoient aussi la Dialectique. Ils eurent Aristippe pour Fondateur. Il étoit disciple de Socrate, & de la Ville de Cyrene; ce qui les fit appeller *Cyreniens*. Outre sa fille Areta, Aristippe eut plusieurs disciples, parmi lesquels fut Hegesias, qui representoit si vivement les calamités qui accompagnent la vie, que la plûpart de ses Auditeurs, après l'avoir entendu,

se donnoient volontairement la mort, afin de s'en garantir; ce qui fut cause qu'un des Ptolomées lui défendit d'approfondir davantage cette matiere en public. Il fut le Chef de la Secte des Cyreniens que l'on appella *Hegesiaques*.

CYT

CYTINUS. s. m. Terme de Pharmacie. Nom que l'on donne à la fleur du Grenadier domestique, comme on donne celui de *Balaustium* à la fleur du Grenadier sauvage. Elle est stomachique & épulotique; & comme elle repercute & restreint, on s'en sert pour arrêter le sang & toutes sortes de fluxions. Ce mot est Grec, *κύτινος*, & signifie la même chose.

CYTISUS. s. m. Arbrisseau blanc comme le Rhamnus, dont les branches sont longues d'une coudée, & quelquefois plus. Il produit ses feuilles semblables à celles du senegré, ou de cette espece de lotus qui ressemble au triolet. Elles sont toutefois moindres, & ont la côte du dos élevée en maniere de dos d'âne. Broyées entre les doigts elles sentent la roquette, & ont le goût des chiches fraîches. Galien dit qu'elles ont une vertu resolutive jointe à une aquolité temperée. Etant pilées & incorporées avec du pain, elles sont bonnes à resoudre les enflûres & les tumeurs qui commencent à venir, en les appliquant en forme de cataplasme. Columella marque que l'on doit avoir du Cytisus dans les Métairies, parce qu'il est singulierement bon aux poules, aux mouches à miel, aux chévres, & à toute sorte de menu betail, pour les engraisser bientôt, & faire abonder le lait aux brebis, outre que sa pâture est verte huit mois durant, & bonne étant seche. Cet arbrisseau ayant été premierement découvert en l'Isle de Cythnos, d'où apparemment il a pris son nom, que quelques-uns écrivent *Cythisus*, fut transporté delà aux autres Isles Cyclades, qui en peuplerent toutes les Villes de Grece. Il ne craint ni chaud ni froid, ni grêle ni neige. C'est ce qu'en dit Pline.

CYZ

CYZICENES. s. f. p. Nom que les Grecs donnoient à de magnifiques Salles où ils avoient accoûtumé de manger, & qu'ils appelloient ainsi de Cysique, Ville renommée par la beauté de ses édifices, & situéé dans une Isle de la Propontide de même nom. Elles étoient sur les jardins & exposées au Septentrion.

CZA

CZAR. s. m. Nom ou titre d'honneur que prend le Grand Duc de Moscovie. Il vient de César ou Empereur, ce Souverain prétendant être descendu d'Auguste. On prononce *Tzar*, ou *Zaar* dans le pays. Le premier qui ait pris le titre de Czar, a été Basile, fils de Jean Basilide. Ce fut lui qui vers l'an 1470. commença à faire parler de la puissance des Moscovites. Les Grands Ducs de Moscovie ont aussi pris l'Aigle, pour l'ajoûter à leurs Armes.

D

DAB DAC

D ABBLE'E. ſ. f. Vieux mot. Cueillette, ſelon Nicod, qui en donne pour exemple *Bonne dabblée de vin.* Il doute ſi on ne veut point dire *Deſbléa.*

DABUH. ſ. m. Sorte d'animal qui naît en Afrique, & qui a des piés & des mains comme un homme. Il eſt de la grandeur d'un loup & en a preſque la forme. Il tire les corps morts des ſepulcres & les mange, & le ſon des trompettes & des cymbales lui plaît tant que ce n'eſt qu'en jouant de ces inſtrumens qu'on le peut prendre.

DAC

DACTYLE. ſ. m. Pié ou meſure d'un vers Latin. Il eſt compoſé de trois ſyllabes, dont la premiere doit être longue, & les deux autres breves. Ce mot eſt Grec δάκτυλος, & veut dire, Doigt. On appelle auſſi *Dactyle,* le fruit du Palmier ; mais plus communément *Datte.* On appelloit autrefois le Palmier *Dadier,* comme ſi on eût dit *Dattier,* qui porte des Dattes.

DACTYLONOMIE. ſ. f. Terme d'Arithmetique. Science de nombrer par les doigts ; ce qui ſe fait en donnant 1. au pouce de la main gauche, 2. à l'index, 3. au doigt du milieu, 4. à l'annulaire, 5. au petit doigt, & continuant par le petit doigt de la main droite, en ſorte que le pouce de la même main aura 10. après quoi on commence à compter ſur la droite, & on finit à la gauche. Ce mot vient du Grec δάκτυλος, Doigt, & de νέμειν, Diſtribuer.

DAG

DAGON. ſ. m. Nom qui fut donné à une certaine Idole des Philiſtins. Cette Idole tomba devant l'Arche d'Alliance que l'on avoit poſée dans le Temple, où les Idolâtres s'acquittoient du culte qu'ils croyoient devoir à cette fauſſe Divinité.

DAGORNE. ſ. f. Vache à qui on a rompu une corne.

DAGUE. ſ. f. Eſpece de poignard. *Dague,* dit Nicod, *eſt une maniere de courte épée, d'un tiers preſque de la dûe longueur d'une épée qu'on porte d'ordinaire, non avec pendants de ceinture à épée, ni pendant du côté gauche pour les droitiers ainſi qu'on fait l'épée, ains attachée droite à la ceinture du côté droit ou ſur les reins, laquelle ores eſt large & à pointe d'eſpée, ores eſt façonnée a deux areſtes entre les trenchans & a pointe plus aigue. Telle auſſi la portoient ceux qui étoient peſamment armés ès Camps & Armées des Romains, comme il ſe voit ès Arcs triomphaux d'iceux, à ce qu'on ne prenne pas le mot Latin Semiſpatha, qui veut dire, Dague, ne pour la Mandouſſiane qui eſt plus courte que l'eſpée & plus longue que la dague, ne pour le contelas, dont les* bandoliers & autres de leur qualité uſent apreſent. La dague ſe pourroit auſſi nommer poignard, combien que le poignard ſoit & plus court, & moins chargé de matiere, en ce que celui qui la porte à tous propos, l'empoigne, ores par contenance, ores pour ſe faire craindre, ores pour frapper. L'Allemand dit Dagen, & l'Eſpagnol & l'Italien Daga. Dagues en pluriel ſe prennent en fait de venerie, pour la premiere tête que le Cerf porte qui eſt à ſon deuxiéme an, laquelle n'eſt ramée ne chevillée, ains de deux cornichons ſans antoûlliers, chevillures ne eſpois, leſquels ſont à la façon de deux dagues ou poignards, à cauſe dequoi ſont appellés Dagues, dont les gardes ſont les meules, leſquelles gardes le Cerf quand il mue caché dans la terre, étans de ſi grande vertu contre le poiſon, qu'elles équipollent à la Licorne.

On dit auſſi quelquefois en termes de Chaſſe, *Dagues de Sanglier,* pour dire, Les défenſes d'un Sanglier.

Dague, eſt auſſi un Couteau de bois à daguer le lin : c'eſt-à-dire, quand il eſt broyé à en ôter les plus gros bois.

DAGUER. v. n. Terme de Fauconnerie. Aller à tire d'aile & de toute la force de l'oiſeau. On dit auſſi *Daguer,* pour dire, Travailler diligemment des pointes des ailes.

DAGUET. ſ. m. Jeune Cerf qui eſt à ſa ſeconde année, & qui pouſſe & porte ſon premier bois.

DAI

DAILLOT. ſ. m. Terme de Marine. On appelle *Daillots* ou *Andaillots,* des anneaux avec leſquels on amarre la voile qu'on met dans le beau tems ſur les étais. Ces anneaux font le même effet ſur l'étai, que font les garcettes ſur la vergue.

DAIM. ſ. m. Bête fauve & ſauvage, qui eſt un peu plus grande que le Chevreuil, & qui a quelque rapport avec le Cerf. Le Daim eſt pourtant moins gros, & de pelage plus blanc. Son bois eſt plus plat que celui du Cerf. Il porte plus de cors ſur ſa tête, qui eſt ordinairement paumée, & à ſes cornes tournées en avant. Sa venaiſon eſt plus friande que celle du Cerf. C'eſt un animal fort vîte. Il y a des Daims mâles & des Daims femelles. Ce mot a été fait du Latin *Dama,* que quelques-uns font venir de δίμα, Crainte, qui vient de δίδω, Je crains, à cauſe que le Daim eſt fort timide.

DAINE. ſ. f. Vieux mot, qui a ſignifié un Daim.

DAINTIER. ſ. m. Terme de Venerie. Il ſe dit des teſticules des Cerfs.

DAIS. ſ. m. Eſpece de poile fait en forme de ciel de lit avec un doſſier pendant, que l'on tend dans l'appartement des Princes, des Ducs, &c. ACAD. FR. Il y a des Dais portatifs ſur quatre colomnes, ſous leſquels on porte le ſaint Sacrement, & que l'on preſente aux Rois & aux Reines lorſqu'ils font leur entrée en cérémonie dans quelque Ville, aux Evêques dans leurs viſites ; & aux Seigneurs de Paroiſſe à leur premiere entrée. Furetiere & ſes Scholiaftes difent mal-à-propos que la raifon pourquoi il y en a un au Châtelet, eft parce que le Roi eft Prévôt de Paris. On appelle *Haut Dais*, un lieu élevé où les Rois donnent leurs Audiences, & où ils fe tiennent dans les cérémonies publiques, foit qu'il y ait un Dais au-deffus, foit qu'il n'y en ait point. Selon M. Ménage, qui fait venir *Dais* de *Doffum*, fait de *Dorfum*, d'où l'on a fait *Dois* & enfuite *Dais*, on a appellé ainfi une table entourée de bancs à dos, & couverte par en haut pour garantir de la poudre du plancher. Cette forte de Dais étoit en ufage dès le tems des Romains. *Dais*, a dit Nicod, *qu'on écrit Dez & Dées, monofyllabe comme feel, eft un poile quarré à pendants par cortine par devant & aux côtés, & à grand doffier dévalant bien bas par derriere, frangé par tout, qu'on met, ou fur la table des Rois & des Princes Souverains, où ils prennent leurs repas, ou fur leurs Trônes Royaux; & ce par grandeur, plufque pour obvier à la cheute de la pouffiere. Auffi n'eft-il licite en ufer à autres qu'aux Princes Souverains. Combien que felon l'ufage d'aujourd'hui Dais foit autre chofe que Poile, neanmoins il femble que nos Meffeurs ont appellé Poile, ce que nous appellons Dais, comme fe voit en Maugift d'Aigremont, où il eft efcrit : Adonc la Pucelle Yfanne qui étoit fœur de ladite Dame, print un Poile qui là étoit, & le coupa par le milieu, & dedans enveloppa les deux petits enfans ; car il eft indubitable que l'Auteur n'entend parler d'un Poile qu'on porte à quatre bâtons fur la perfonne d'un Roi ou Prince Souverain à fa premiere entrée ès Villes de leur obéiffance, ains d'un Dais fufpendu, qui eft ordinaire ès Maifons des Rois.*

D A L

DÁLLE. f. f. On appelle *Dalles*, les pierres dures débitées par tranches de peu d'épaiffeur, avec lefquelles on couvre le toit des grands édifices, & d'où l'eau s'écoule par les têtes de lion & par les gargouilles taillées fur la plus haute corniche des murs. *Dalles à joints recouverts*, font celles qui étant feuillées avec une moulure en forme d'ourlet en recouvrement, fervent de couverture.

Dalle, eft auffi une grande pierre de liais comme celles qui font élevées dans les cuifines, & qui fervent à laver la vaiffelle. On appelle *Dalle*, une pierre dure qui fert à aiguifer les faux à faucher.

Dalle. Petit auge dans un Brulot, qui fert à conduire la poudre jufqu'aux chofes combuftibles.

DALMATIQUE. f. f. *Le vêtement que portent les Diacres & Soûdiacres par deffus l'Aube quand ils fervent le Prêtre à la Meffe.* ACAD. FR. Selon du Cange, les Empereurs & les Rois étoient vêtus d'une Dalmatique dans leurs facres & autres grandes Cérémonies. Le Pape Zacharie avoit accoûtumé de porter la Dalmatique fous fa Chafuble, & les Evêques en portent encore. C'étoit un ornement Sacerdotal, blanc, moucheté de pourpre, qui avoit été un habit militaire auparavant. La Dalmatique, dont le Pape Sylveftre a introduit l'ufage dans l'Eglife, differoit de celle d'aprefent, en ce qu'elle étoit faite en forme de Croix, ayant du côté droit des manches larges, & de grandes franges du côté gauche. Ifidore & Papias veulent qu'on ait appellé cet ornement *Dalmatique*, à caufe que l'ufage en eft venu originairement de Dalmatie. C'eft ce que Nicod a dit auffi en ces termes : *Dalmatique eft une efpece de vêtement Sacerdotal à la Grecque, defcendant jufqu'aux talons, ainfi dit parce que les Dalmatiens & les Sclavons l'ont au premier mis en ufage, & tiffu de laine & moucheture*

de pourpre à l'étoffe dont ils faifoient faire telle maniere d'habit. Nicole Giles en fes Annales, parlant du Roi Charles le Chauve : Il contemnoit de vivre & foi habiller à la maniere des François, & fe gouvernoit à la maniere des Gregeois. Il avoit volontiers vêtue une grande Dalmatique qui lui venoit jufques aux talons, & avoit la tête enveloppée d'un couvrechef de foye, ainfi qu'on peind le Grand Soudan de Babylone, & portoit une Couronne deffus, & toûjours avoit à fon côté un grand Badelaire Turquois. *Dalmatique eft auffi appellé l'un des vêtemens defquels eft myfterieufement ufé en la celebration de la Meffe, qui eft faite à manches larges en maniere de Croix, mis en avant par le Pape Sylveftre, au lieu de Colcob qui étoit fans manches.*

DALOT. f. m. Ouverture de deux ou trois pouces de diametre, faite dans la longueur d'un bout de bois, placé au côté du Vaiffeau pour l'écoulement des eaux de la pluie & des vagues. Ceux que l'on fait fur les ponts d'enhaut, font de plufieurs pieces, & ordinairement on les fait quarrés. On dit auffi *Dailon* & *Dalon*.

D A M

DAM. f. m. Vieux mot, qu'on difoit au lieu de *Dom*, venu de *Dominus*, pour fignifier Seigneur. *Et dit, Dam Roi, s'il vous plaifoit.* On difoit auffi *Dant*, *Dant Chevalier, fi vos venez*.

DAMAGE. f. m. Vieux mot, dont on s'eft fervi pour dire, Dommage. On a dit auffi *Damagent*, pour Dommageable.

DAME. f. f. On appelle *Dames*, dans un canal que l'on creufe certaines digues du terrain même, qui étant laiffées d'efpace en efpace, y font entrer l'eau comme on le juge à propos, & empêchent qu'elle ne puiffe gagner les Travailleurs. On donne le même nom de *Dames*, à certaines petites langues de terre qui font couvertes de leur gazon, & qu'on laiffe de diftance en diftance. Elles fervent de témoins dans la fouille des terres, afin d'en toifer les cubes.

DAME-JANE. f. f. Les Matelots appellent ainfi une groffe bouteille de verre, couverte de natte. Elle tient ordinairement la douzième partie d'une barrique.

DAMER. v. n. Terme d'Architecte. Donner un demi pié de pente.

C'eft auffi fouler également la charge d'un mortier à bombe.

DAMIANISTES. f. m. p. Sorte d'Heretiques qui s'éleverent dans le fixiéme fiecle, & qui fuivoient les erreurs des Acephales.

DAMNER. v. a. Ce mot fignifioit autrefois *Condamner. Meuble eft le Châtel à ceux qui font damnés. Se aucun damné fe aërd à une croix fichée en terre.* On difoit auffi *Damnement* & *Damnation*, pour Condamnation.

DAMOISEL. f. m. Vieux mot. Gentilhomme. *Damoifel ou Damoifeau*, dit Nicod, *étoit anciennement appellé le Gentilhomme, qui n'étoit encores Chevalier. Au troifiéme livre d'Amadie, Chapitre 3. Damoifel & Ecuyer font arrivés à Novandel, demandant Chevalerie, lequel l'ayant reçue n'eft plus appellé de tels titres, ains feulement du titre de Chevalier. En Maugift d'Aigremont. Et quand veint après dîner les Chevaliers & Damoifeaux s'en allerent tous armer. Or eft-il dit auparavant. Et furent Chevaliers & Ecuyers moult honorablement habillés, & s'étant affis à table, chacun felon fon degré furent très-bien fervis.*

DAMOISELLE. f. f. *C'eft proprement & felon l'ancien*

rien usage du mot, comme Nicod dit encore, *une Gentilfemme n'ayant titre de Dame, & est le feminin de Damoisel, qui signifioit Gentilhomme n'étant Chevalier. Mais apresent par Damoiselle est entendue toute femme qui porte coquille, attours & chaperon pendant de velours, n'étant femme de Chevalier, Comte, Marquis, ou de plus éminent titre.*

On appelle parmi les Paveurs *Damoiselle* ou *Demoiselle*, une piece de bois haute de cinq piés, ronde & ferrée par les deux bouts. Elle a deux anses aux deux côtés pour la manier, & l'élever un peu en l'air, afin qu'en la faisant ensuite tomber sur les pavés, elle les enfonce plus avant.

DAN

DANCHE', E'E. adj. Terme de Blason. Il se dit du chef, de la fasce, de la bande & du parti coupé, tranché & écartelé, quand ils se terminent en pointe en forme de dents. *De sable à trois fasces danchées par le bas d'or.*

DANGER. f. m. Péril, risque. On appelle *Dangers* sur mer, les rochers, les bancs de sable ou de vase cachés sous l'eau, ausquels un Vaisseau ne peut toucher en passant dessus sans en être incommodé. On appelle ces sortes de dangers, *Dangers naturels*, pour les distinguer de ceux qui sont appellés *Dangers civils*, & autrement *Dangers de la Seigneurie ou risques de terre.* Ce sont les défenses, les Douanes & les exactions, que les Seigneurs des lieux pratiquent sur les Marchands & sur ceux qui font naufrage.

On dit qu'*Un bois est sujet au tiers & danger*, pour dire, qu'il faut qu'il paye un droit qui consiste au tiers de la vente, & au tiers du lieu que l'on préleve d'abord au profit du Roi. Il y a des bois qui sont sujets au tiers sans danger, & d'autres au danger sans tiers. En general, tout ce qui est de Droit étroit & sujet à confiscation se nomme *Danger.* C'est ce qui a fait appeller *Fief de danger*, un Fief dont on ne pouvoit prendre possession avant que d'avoir fait foi & hommage au Seigneur, à peine de commise.

DANSE. f. f. *Mouvement du corps qui se fait en cadence à pas mesurés, & ordinairement au son des Instrumens.* ACAD. FR. Il y a deux sortes de Danse, l'une appellée *Danse par haut*, qui consiste dans les gambades & les caprioles que font les Baladins, & l'autre appellée *Danse par bas.* Celle-là se fait à terre & d'une maniere modeste. Bochart dérive le mot de *Danse* de l'Arabe *Tahza*, qui veut dire la même chose ; & d'autres le font venir de l'Allemand *Dantz*, qui a cette même signification. Les Anciens ont eu trois sortes de Danses, l'une appellée *Eumelie*, qui étoit grave, comme nos Pavanes, l'autre, *Cordax*, qui étoit gaye comme le sont nos Gaillardes & nos Gavotes, & une troisiéme qui étoit entremêlée de gravité & de gayeté. Celle-là étoit semblable à nos Branfles. On appelle *Danse pyrrhique*, ou *Danse armée*, une Danse que Neoptolemus, Fils d'Achille, enseigna à ceux de Crete, pour s'en servir à la guerre.

DANSEUR. f. m. Celui qui danse. On appelle *Danseurs de corde*, Ceux qui avec contrepoids ou sans contrepoids, dansent sur une corde tendue & élevée à sept ou huit piés de terre. Les Danseurs de corde n'ont pas été inconnus aux Anciens. Ils les nommoient *Schœnobates*, χοινος de , Corde, & de *βαινω*, Celui qui marche ; & il y en avoit de quatre sortes. Les uns voltigeoient autour d'une corde, & s'y suspendoient par les piés ou par le cou. Les autres appuyés sur l'estomac sur une cor-

Tome I.

de, qui étoit tendue de haut en bas, d'un bout d'une grande salle jusqu'à l'autre, s'y laissoient glisser, en tenant leurs bras & leurs mains étendues sans toucher à rien, ce qui s'appelloit *Voler.* D'autres couroient sur une corde tendue en droite ligne, & quelques-uns y faisoient des sauts & differens tours. Nous lisons dans Suetone, que du tems de l'Empereur Galba, on a vû des Elephans marcher sur la corde, & qu'un Chevalier Romain a paru sur la corde, monté sur un de ces animaux en presence de Neron. Cependant on n'a jamais compris dans les Jeux publics les spectacles des Danseurs de corde.

DANTE. f. m. Animal gros comme un petit bœuf, & qui court d'une fort grande vitesse. Il est blanchâtre, a les jambes courtes & les ongles des piés noirs & fendus, les oreilles semblables à celles des Chévres, le cou fort long & une corne façonnée au milieu de la tête, qui se courbe en rond comme un anneau. Cet animal se trouve en Afrique. Sa chair est très-bonne, & l'on fait de belles rondaches de sa peau ; il y en a que les fléches ne peuvent percer.

DANZEL. f. m. Vieux mot, qu'on a dit pour Damoiseau, nom qu'on donnoit autrefois aux jeunes gens de grande maison.

DAR

DARD. f. m. *Sorte de trait de bois dur, qui est ferré au bout, & propre à être lancé.* ACAD. FR.

Dard, est aussi une machine qui consiste en une baguette de quatre ou cinq piés de long, ailée d'un bout & ferrée de l'autre d'un fer pointu, au milieu de laquelle on fait un trou où l'on passe une pointe de fer déliée & longue de trois à quatre pouces. Sur cette espece de croix on bâtit un feu d'artifice en forme d'ovale tout le long de la baguette, & le feu est composé d'estoupin, roche à feu, cire & huile de petrol, le tout couvert d'une toile goudronnée. A chaque côté de cette toile & en haut sont deux méches faites de même matiere, ou de l'étoupin où l'on met le feu, lorsqu'on jette la machine. Elle ne sert pas seulement à la mettre où elle s'attache, mais encore à éclairer pour voir les travaux des Assiegeans.

On appelle *Dard*, en termes de Jardinage, Espece de faux plus étroite que les ordinaires. C'est aussi un petit brin droit & rond en forme de dard, qui est au milieu du calice de certaines fleurs. *Le dard d'un lis. Dardus*, se trouve aussi dans la même signification chés quelques Auteurs Latins, & c'est de-là que M. Ménage le fait venir. D'autres le tirent du mot *Arc* précédé de l'article *de.* Borel veut qu'il vienne du Grec *άρδις*, qui signifie la pointe d'un trait, d'une fléche.

Dard. Petit poisson de riviere. Il est blanc, long comme un harenc, & va fort vîte dans l'eau. Il est fort sain ; ce qui a fait dire, *Sain comme un dard.*

DARDANIER. f. m. Vieux mot. Usurier, qui cache le blé & recele autres provisions en attendant la cherté. Ce sont les termes de Nicod.

DARRIER. adj. Vieux mot. Dernier.

DARSE. f. f. La partie d'un Port de mer la plus avancée dans la Ville. Elle sert à retenir les Galeres & autres bâtimens de mer, & est fermée d'une chaine. Elle est aussi appellée *Darsine* sur la Mediterranée, mais sur l'Ocean on appelle *Paradis, Bassin, Chambre*, les lieux retirés du Port, où les Vaisseaux sont en plus grande sûreté.

DARTRE. f. f. Mot, qui outre le mal qui vient sur

R r

la peau en forme de gratelle, fignifie un ulcere de la largeur de la main ou environ, qui d'ordinaire fe fait à la croupe du cheval, & quelquefois à l'encolûre ou à la tête. Il vient d'un fang bilieux qui lui confume & mange la peau; ce qui lui caufe une fi forte démangeaifon, qu'il ne fçauroit s'empêcher d'augmenter l'ulcere en fe frottant.

DAT

DATAIRE. f. m. Officier très-confiderable dans la Chancellerie de Rome. C'eft toûjours un Prélat qui eft pourvû de cette Charge. Quand elle eft exercée par un Cardinal, on l'appelle *Prodataire*. Tous les Benefices vacans paffent par fes mains à l'exception des Confiftoriaux, & il les confere de plein droit. Ce mot vient de ce que le Dataire mettoit autrefois la date à toutes les Suppliques.

DATERIE. f. f. Office du Dataire. *Un tel Prélat a été pourvû de la Daterie.* Il fignifie auffi le lieu où le Dataire exerce fa Jurifdiction. *Cette Supplique a paffé par la Daterie.* Trois Officiers compofent la Daterie. Le Dataire ou Prodataire, le Sous-Dataire & le Préfet des vacances *per obitum.*

DATIVE. adj. f. Terme de Droit. On dit *Tutelle dative*, Quand le Teftateur a nommé par fon teftament un Tuteur à fes Enfans. Ces fortes de tutelles ne font point en ufage en France.

DATTE. f. m. Fruit du Palmier qu'on cueille ordinairement en Automne, un peu avant qu'il foit mûr. Il eft femblable au Myrobolan Arabefque, furnommé *Pomas*, verd en couleur, & tient de l'odeur du Coing. Quand on le laiffe pleinement mûrir, il devient roux & a un noyau dur, longue & fendu par embas. Les Dattes de Judée font les meilleures de toutes. Pline dit que les Parthes, Indiens, & autres Peuples du Levant, font du vin de Dattes fraîchement cueillies, & que le Palmier femelle ne rapporte point de fruit s'il n'eft planté auprès du Palmier mâle. Selon Theophrafte, il y a plufieurs fortes de Dattes, les unes fort groffes, & rondes comme des pommes, & les autres petites comme des pois chiches. Elles different auffi en couleur, & il s'en trouve de blanches, de noires & de rouffâtres, les unes fans os ou noyau, les autres qui l'ont fort dur, & quelques-unes qui l'ont mol & tendre. Matthiole dit qu'il y a une autre forte de Dattes, que les Apothicaires fuivant les Arabes appellent *Tamarindos*, & les Grecs *Oxyphœnix*, à caufe de leur âpreté. Comme les Arabes nomment les Dattes *Tamar*, Tamarindos ne fignifie autre chofe que Dattes d'Inde. Elles croiffent en certaines plantes qui ont leurs feuilles longues & pointues, & affés femblables à celles du Saulx. D'autres veulent que le Tamarindos foit le fruit du Palmier fauvage; ce que Matthiole ne croit pas, à caufe qu'aucun Ancien n'a fait mention des Tamarindos. Les Dattes font aftringentes, fur-tout quand elles ne font pas mûres. Elles fortifient l'enfant au ventre de la mere, appaifent toutes fortes de flux de ventre, & font un fort bon remede pour les incommodités des reins & de la veffie. Ce qu'elles ont de mauvais, c'eft qu'on les digere difficilement, qu'elles bleffent le cerveau, & engendrent un fang mélancolique. Les noyaux des Dattes font auffi d'ufage en Medecine. Ils font aftringens, & lorfqu'on les a brûlés & réduits en cendres, ils fervent pour nettoyer & blanchir les dents.

DATURA. f. f. Sorte de fleur qui fleurit en Août, & dont l'odeur eft fort agreable.

DAU

DAU

DAUBER. v. C'eft larder au gros lard du veau, du mouton, & les mettre en fauffe de haut goût. *Un gigot à la Daube.* Le Dictionaire Univerfel le confond avec un Gigot à la Royale, qu'on fait bouillir dans une marmite avec du vin, du lard & des épices.

DAUCUS. f. m. Sorte de Panais fauvage. Diofcoride en admet de trois efpeces. Il y en a un qui croît en Candie, & dont fes feuilles font femblables au fenouil, mais moindres & plus menues. Il a fa tige de la hauteur d'un palme, & fa fleur eft blanche, auffi-bien que fa graine, qui d'ailleurs eft forte, velue, & de bonne odeur quand on la mâche. Sa racine eft de la groffeur d'un doigt & de la longueur d'un bon palme. Il croît aux lieux pierreux & expofés au Soleil. La feconde efpece de Daucus reffemble au Perfil fauvage. Il eft extrêmement odorant, aromatique & brûlant au goût. Le meilleur croît en Candie. La troifiéme efpece porte fes feuilles femblables au Coriandre. Ses fleurs font blanches, & ce Daucus a la tête & la graine femblables à celle d'Aneth, & comme un bouquet de fleurs, tel que celui du Panais. Sa graine eft longuette comme celle du Cumin. On choifit celle qui eft menue, blanche, velue, acre au goût, & d'une fort douce odeur. Elle provoque les mois, appaife les fuffocations de matrice, & jette la pierre hors des reins & de la veffie. Galien dit que cette graine a une vertu vehemente à échauffer, & qu'étant appliquée exterieurement, elle eft fort propre à refoudre par la tranfpiration des pores. Il ajoûte que l'herbe a la même vertu que la graine, quoiqu'elle ne foit pas fi efficace dans fes operations, à caufe de fon aquofité.

DAUGREBOT. f. m. Efpece de Quaiche dont les Hollandois fe fervent pour la pêche, fur le Dogrebanc. Il y a un refervoir dans le fond de cale de ces Bâtimens.

DAVID. f. m. Nom que donnent quelques Menuifiers à une barre de fer quarrée qui a un crochet en bas, & un autre qui monte & defcend le long de la barre. C'eft ce qu'on appelle plus communément *Sergent.*

DAVIER. f. m. Inftrument de Chirurgie. Il eft fait en forme de tenailles, & fert à arracher les dents. Ses pointes font fourchues, & entrent l'une dans l'autre.

C'eft auffi un terme de Menuiferie & de Tonnelerie. Inftrument, compofé d'une barre de fer longue à difcretion de trois ou quatre piés plus ou moins avec un crochet au bout, & une main mouvante d'un bout à l'autre, pour ferrer des pieces & les affembler, pour les coler, pour retenir les derniers cercles foit en tonnelant, foit en rebattant.

DAUPHIN. f. m. Poiffon de mer couvert d'un cuir liffe & fans poil, & qui a le dos un peu en voute. Son mufeau eft rond & long, & la fente de fa gueule longue avec de petites dents aigues. Il eft agreable à voir, & d'une couleur qui change felon les divers mouvemens qu'il fait. Il a la langue charnue, fortant dehors, & un peu découpée à l'entour, le ventre blanc & le dos noir, avec trois nageoires, l'une au milieu du dos, & les deux autres au milieu du ventre. Sa chair eft femblable à celle d'un bœuf ou d'un pourceau. On tient que les Dauphins aiment les hommes, & c'eft ce qui a donné lieu aux Poëtes de feindre qu'un Dauphin avoit reçû Arion fur fon dos, quand les Matelots le jetterent dans la mer. Ce mot vient du Grec δλφαξ , petit Pourceau.

Dauphin. Titre que portent les Fils aînés des Rois de France pendant la vie de leurs Peres , à cause du Dauphiné qui fut donné en 1343. au Roi Philippe de Valois , à cette condition , par Humbert II. Dauphin de Viennois. Philippe de Valois en investit alors son petit-fils Charles , depuis Roi de France sous le nom de Charles V. Charles VI. qui fut Dauphin avant que de parvenir à la Couronne , eut cinq Fils , tous Dauphins l'un après l'autre , & depuis Charles premier Dauphin jusqu'à present , on compte vingt Fils aînés de nos Rois qui ont été appellés *Dauphins.*

On dit dans le Blason, *Dauphins vifs*, & *Dauphins pâmés.* Le Dauphin vif a la gueule close, & un œil , des dents & les barbes , crêtes & oreilles d'émail different. Le Dauphin pâmé a la gueule beante , comme évanoui ou expirant , & il est d'un seul émail. On dit que *Les Dauphins sont couchés*, quand ils ont la queue & la tête tournées vers la pointe de l'Ecu.

DE'

DE'. s. m. Corps également quarré dans les six faces qui le composent. On appelle *Dé*, en termes d'Architecture , la Partie qui est entre la base des Piédestaux & leur corniche , à cause qu'elle a souvent la forme d'un dé. Ce mot se dit encore des petits cubes de pierre dure , dans lesquels les barreaux montans des berceaux & cabinets de treillage sont scellés. On y scelle aussi les poteaux des hangards.

Dé, se dit aussi d'un petit morceau d'argent ou de cuivre qui est arrondi & rempli de petits trous , & que l'on se met au bout du doigt , afin de pousser le cu de l'aiguille quand on coud. En ce sens on le fait venir de *Digitalis.*

Les Vitriers appellent certaines pieces de vitres , *du Dé.* M. Ménage dérive *Dez* de *Dati*, qu'on a dit par corruption de *Dadi*, venu de *Dando.* Du Cange croit qu'il vient du vieux Gaulois *Jus de Dé*, qui vouloit dire , Jugement de la Providence , à cause qu'on se sert quelquefois de dés pour certaines choses qu'on veut laisser juger au hazard. On disoit autrefois *Juisium*, pour , *Judicium*, & les Poëtes ont dit *Dé*, pour , *Dieu.*

DEA

DEARTUER. v. a. Vieux mot. Diviser , anatomiser. Il vient du Latin *Artus* qui veut dire , Membre , comme qui diroit , Démembrer.

DEAUTE'. s. m. Vieux mot. Remede , ou Récompense.

Si tu te tiens en loyalté ,
Je te donrai tel deauté ,
Que tes pleurs te guerira.

DEAUX. Vieux mot dont on s'est servi pour dire Dieu. On a dit aussi *Dex* & *Diex.*

DEB

DEBACLE. s. f. Action par laquelle on débarrasse les Ports. On dit , *Faire la débacle*, pour dire , Retirer les Vaisseaux vuides qui sont dans les Ports , afin que les en ayant débarrassés , on puisse faire approcher du rivage ceux qui ont encore leur charge. On appelle aussi *Débacle*, La rupture des glaces qui arrive tout à coup après qu'une riviere a été prise long-tems. On dit aussi *Débaclage.*

DEBACLER. v. a. Débarrasser un Port. Il est aussi

neutre , & se dit des rivieres dont les glaces viennent à se rompre tout à coup. *La riviere a débaclé cette nuit.*

DEBACLEUR. s. m. Officier de Ville qui donne ses ordres sur le Port , quand il faut faire retirer les Vaisseaux vuides pour faire approcher ceux qui sont chargés.

DEBALLER. v. a. Ouvrir une balle. Furetiere & ses Scholiastes disent mal-à-propos que quand la Foire est finie , *il faut déballer* ou remballer.

DEBARCADOUR. s. m. Terme de Marine. Lieu établi pour débarquer ce qui est dans un Vaisseau , ou transporter quelque chose avec plus de facilité du Vaisseau à terre.

DEBARETER. v. a. Vieux mot. Décoifer , mettre en desordre.

Onc mes ne put être matés ,
Ne vaincus , ne debaretés.
En nulle guerre , en nul estour.

DEBARRE'E. adj. On dit d'un lut , ou de quelque autre instrument de musique , qu'*Il est debarré*, pour dire , que ce qui en soûtenoit la table ne la soûtient plus.

DEBILLER. v. a. Détacher les chevaux qui tirent les bateaux sur les rivieres. On est obligé de debiller quand on trouve un pont.

DEBITER. v. a. Scier de la pierre pour en faire des dales ou du carreau. Les Menuisiers disent aussi *Debiter le bois*, lorsqu'après avoir refendu les pieces , ils les coupent de longueur avec une scie à debiter. Ils disent encore , *Debiter le bois*, quand ils mesurent les pieces avec la regle & le compas, & qu'ils marquent les grandeurs dont ils ont besoin avec la pierre blanche ou la pierre noire.

On dit aussi , en termes de Marine, *Debiter le cable*, pour dire , Détacher un tour que le cable fait sur la bitte.

DEBITIS. s. m. Terme de Chancellerie. Mandement general ou compulsoire qu'on obtenoit autrefois à la Chancellerie Royale , pour contraindre les débiteurs par saisie , vente & exploitation de leurs biens , à payer à l'Impetrant ce qu'ils lui devoient. Ces sortes de lettres ne sont plus presentement en usage.

DEBLAI. s. m. Transport des terres que l'on a fouillées pour construire les murailles de revêtement d'un rempart ou d'une terrasse.

DEBORD. s. m. Ce qui se passe au-delà du bord. Il se dit , en termes de monnoye , de la Saillie qui est hors les bords des flans des monnoyes.

DEBORDER. v. n. On dit d'un Vaisseau , qu'*Il se déborde*, pour dire , qu'il se dégage du bord d'un autre Vaisseau qui s'y étoit attaché avec le grapin , & qui évite l'insulte d'un abordage. On dit , *Déborde*, quand on commande à une Chaloupe de s'éloigner d'un plus gros Vaisseau.

Déborder. Terme de Plombier. *Déborder des tables de plomb*, c'est les rendre unies & dressées en les coupant des deux côtés avec des planes.

DEBORDOIR. s. m. Outil rond servant aux Plombiers.

DEBOSSER. v. a. Terme de Marine. On dit , *Débosser le cable*, pour dire , Démarer la bosse qui tient le cable.

DEBOUILLIR. v. a. Terme de Teinturier. Eprouver la bonté ou la fausseté d'une teinture ; ce qui se fait en faisant bouillir des échantillons d'étofe pendant une demi-heure dans des eaux sures avec un poids égal d'alun & de tartre , ou du savon, ou du jus de citron ; & alors les couleurs changent. On voit aussi par le Débouilli si les étofes ont été bien engalées & noircies. On fait des demi-Dé-

R r ij

bouillis & des quarts de Débouillis , en mettant moins pesant d'alun & de tartre , ou en les faisant bouillir moins de tems. On fait Débouillir les étoffes de soye pour les reteindre , & elles reprennent leur premiere blancheur , excepté les cramoisis.

DEBOUQUEMENT. f. m. Terme dont on se sert dans les Isles de l'Amerique , pour dire , la Sortie d'un Vaisseau hors des bouches ou canaux qui séparent ces Isles l'une de l'autre.

DEBOUQUER. v. n. Sortie des bouches ou canaux qui séparent les Isles, ou qui font le trajet des mêmes Isles & du Continent.

DEBOUT. adv. D'une maniere droite , sur les piés : On dit du bois qui n'est point coupé dans les forêts, qu'*Il est debout.* On dit aussi,que *du Bétail passe debout dans une Ville,*pour dire, qu'il ne fait qu'y passer sans y coucher , & qu'on n'en doit point exiger les droits d'entrée.

Debout, Terme de Blason, Il se dit des animaux qu'on represente tout droits , & qui sont posés sur les deux piés de derriere.

On dit en termes de Marine, *Etre debout au vent,* pour dire, Presenter l'avant du Navire du côté que vient le vent.

DEBREDOUILLE. Terme de Joueurs de Trictrac. Oter la Débredouille. Cela se fait en gagnant quelques points après celui qui en a déja marqué , en sorte qu'il ne peut gagner de suite les douze points qu'il faut avoir pour marquer deux trous au lieu d'un.

DEBRIDE'E. f. f. Prix qu'on paye à l'Hôtellerie pour un cheval, lorsqu'on n'y s'y arrête que le tems de son dîner. *Voilà une belle Debridée* , dit-on d'une folle entreprise.

DEC

DECALQUER. v. a. Terme de Peintre & de Graveur. Tirer une contrépreuve d'un dessein. On pose pour cela un papier blanc dessus , & on le frotte avec quelque chose de dur , afin de lui faire recevoir l'impression.

DECAGONE. f. m. Terme de Géometrie. Figure qui a dix angles & dix côtés.

On appelle aussi un *Decagone* , en termes de Fortification, une Place fortifiée par dix Bastions. Ce mot vient du Grec *δέκα*, Dix , & de *γωνία* , Angle.

DECAMERON. f. m. Ouvrage où sont contenues les actions ou les entretiens de dix journées de *δέκα,* Dix, & de *ἡμέρα*, Journée.

DECANAT. f. m. Mot dont on se sert dans quelques Provinces, pour signifier ou le Benefice Doyenné, ou la maison & même pour marquer les deux.

DECANTATION. f. f. Terme de Chimie. Action par laquelle on verse quelque liqueur , en baissant doucement le vaisseau par son goulet ou *cantus.* C'est de *Cantus* que l'on a formé ce mot.

DECASTYLE. f. m. Qui a dix colomnes de face. Ce mot est fait de *δέκα* , Dix , & de *στῦλος* , Colomne.

DECEMVIRS. f. m. Magistrats de Rome qui veilloient à faire observer les Loix des douze Tables , composées l'an 303. de Rome des Loix étrangeres que les Ambassadeurs des Romains avoient vû observer à Athenes, & dans les autres Villes de la Grece, qui leur avoient paru les mieux policées. Ces Magistrats furent nommés Decemvirs , du mot Latin *Decem,* qui signifie Dix ; & de *Vir* , qui veut dire Homme , à cause que le pouvoir de faire observer les Loix fut attribué à dix personnes ensemble. Ils furent chassés trois ans après pour s'être mal acquittés de leur devoir ; ce qui arriva à cause d'Ap-

pius Claudius , qui se fit adjuger Virginie , fille de Virginius , pour esclave ; ce qui obligea son pere de la tuer de sa propre main pour lui épargner la honte de l'esclavage.

DECEPTE. f. f. Vieux mot qu'on a dit pour Tromperie. Il vient du Latin *Decipere* , Tromper. *Certes, voici bien grand decepte.*

DECERCLE', E'E. adj. Vieux mot qui a signifié , rompu , dont le bord est défait. *Maint hiaume y avoit decerclé.*

DECERNER. v. Veut dire ordinairement , Ordonner & quelquefois Délivrer. *Un Notaire décerne Acte d'une declaration.*

DECHASSER. v. a. Terme de Tourneurs. Ils disent , *Dechasser une clef de bois* , pour dire , La faire sortir.

DECHEOIR. v. n. Terme de Marine. Sortir de sa route, dériver. Le mouvement des courans qui ont plus de force en de certains tems qu'ils n'en ont en d'autres , & la variation de l'aiguille aimantée , font plus ou moins décheoir un Vaisseau.

DECHET. f. m. Terme de Marine. Divisement du cours d'un Vaisseau qui ne porte pas sa route , qui va de côté ou qui s'abbat. Il est de la prudence d'un bon Pilote de donner plus ou moins de déchet à la route ; pour quoi M. Guillet donne pour exemple , que si un Vaisseau veut faire voile au Nord, & qu'il soit dans un parage où l'aiguille Nord est de cinq à six degrés , & que les Courans portent aussi au Nord-est , il faudra que ce Vaisseau pour faire le Nord , & s'empêcher de décheoir , gouverne au Nordouest, afin que sa route vaille Nord. Que s'il navigeoit à l'Estavec les mêmes suppositions , il faudroit qu'il portât le Cap au Nordest, afin que sa route valût Est : mais si l'aiguille varioit d'un côté , & que les courans portassent d'un autre , en sorte que ce qui seroit donné de déchet par les courans , fût ôté par la variation , il faudroit balancer judicieusement toutes choses, en récompensant un déchet par l'autre.

En recueillant les menues dixmes le surnumeraire au-delà du nombre prescrit se compte pour l'année suivante. De dix-huit agneaux on en prend un , il en reste cinq de déchet.

C'est aussi un terme de Cirier. *Voilà de la cire si grasse que sur un cent il en reste dans la fondriere dix de déchet. Il y a bien du déchet dans la cire de Barbarie , peu dans celle de Bretagne & de Poitou.*

Ce terme est fort usité chés presque tous les Ouvriers.

DECINTRER. v. a. Terme de Maçonnerie. Demonter un cintre de charpente , ôter les cintres sur lesquels une voute a été construite.

DECINTROIR. f. m. Sorte de marteau dont se servent les Maçons. Il a deux taillans , mais tournés en divers sens.

DECLINAISON. f. f. Terme de Marine. Quoique generalement l'aiguille aimantée se tourne précisément au Nord, & se mette dans le plan du Meridien du lieu où elle est , il y a plusieurs endroits où elle s'en détourne soit vers l'Orient , soit vers l'Occident , & ce détour que l'on mesure par des degrés de l'horison, s'appelle *la déclinaison de l'aimant* ou *de l'aiguille.* La déclinaison n'est pas égale dans tous les lieux où elle se fait, ni dans le même lieu en differens tems. Elle va sur le grand banc jusqu'à 22. degrés, 30'. & à Paris elle n'est presentement que de 5. ou 6. degrés vers l'Ouest ; elle étoit d'autant de degrés vers l'Est en 1600. & il n'y en avoit point du tout vers l'an 1660. *Variation* est la même chose.

Déclinaison, se dit aussi du Soleil & des autres

Aftres, & fignifie l'éloignement où ils font de l'E-
quateur. Ainfi on dit, qu'*On peut fçavoir chaque
jour la déclinaifon du Soleil*, pour dire, qu'On peut
fçavoir de combien de degrés le Soleil eft éloigné
de l'Equateur. Cet éloignement fe mesure fur les
cercles de Déclinaifon tirés à l'Equateur par fes Poles, & qui par confequent font les mêmes que des
Meridiens. L'arc d'un de ces cercles compris entre
l'Equateur, & l'Aftre eft fa déclinaison. La *latitude
aftronomique* eft la diftance des aftres à l'égard de
l'Ecliptique, comme la déclinaison eft leur diftance
à l'égard de l'Equateur.

On dit encore en termes de Gnomonique, que
*la Déclinaifon d'un mur, d'un cadran vertical eft de
tant de degrés*, pour dire, qu'il s'en manque tant
de degrés que ce mur, ce cadran ne regarde directement un des points cardinaux de l'horison.

DECLINER. v. n. Terme de Marine. Il fe dit de
l'aiguille de la bouffole, quand ne tendant pas
au point du Nord, elle s'en écarte à droit ou à gauche. *L'aiguille decline de tant de degrés*, *l'aiman ne
decline pas toûjours de même en un même endroit de
la terre.*

Decliner, fe dit auffi du Soleil, ou de quelqu'autre Aftre quand il s'éloigne de l'Equateur en-deçà
ou en-delà.

Decliner, eft encore un terme de Gnomonique,
& il fe dit des lignes & des furfaces qui s'éloignent
des points cardinaux du Ciel. Un Cadran vertical
décline de tant de degrés d'Orient, du Couchant,
quand il s'en manque tant de degrés qu'il ne
regarde directement l'Orient ou l'Occident. On
dit de même qu'un mur ou la surface fur laquelle
il eft décrit décline de pareil nombre de degrés.

DECLICQ. f. m. Machine propre à enfoncer des
pieux. Sorte de Belier d'une certaine extraordinaire qu'on éleve avec un tour entre deux ou quatre pieces de bois, longues de vingt-cinq ou trente
piés. Quand ce Belier eft monté en haut, on tire
une petite corde qui détache un declicq, & fait tomber le Mouton fur la tête du pieu.

DECLIQUER. v. n. Vieux mot. Caqueter, dé-
goifer.

Que tu m'orras bien decliquer.

Il a fignifié auffi Reciter.

Et decliqua fes Comedies plaifantes.

DECOCTION. f. f. Terme de Chymie. Operation
par laquelle les chofes liquides font réduites à une
confiftance plus folide.

DECOLEMENT. f. m. Terme de Charpenterie. On
dit, *Faire un décolement à un tenon*, pour dire, En
couper une partie du côté de l'épaulement, afin qu'é-
tant moins large on ne voye pas la mortoife, cette
mortoife demeurant cachée par l'endroit de la piece
où l'on a fait le décolement.

DECOMBRE. f. m. On appelle *Décombre d'un bâtiment*, les pierres & menus plâtras de nulle valeur,
qui demeurent après qu'on a démoli un bâtiment.
On appelle auffi *Décombres*, ce qu'on tire de deffus
une carriere pour trouver la bonne pierre. Du Cange dit fur le mot de *Combri*, qu'on l'a dit premierement des bois & des arbres coupés dans les forêts
qui empêchent que le paffage n'y foit libre, qu'en
fuite le bois du faîtage d'un toit a été appellé *Combres*, & que delà on a appellé *Decombres* les vieux
bois d'un toit démoli, ce qui s'eft étendu depuis aux
autres materiaux des démolitions.

DECOMBRER. v. a. Enlever les gravois d'un Atelier. On dit, *Décombrer un égout, un tuyau*, &c.
pour dire, Oter les ordures qui bouchent un égout,
un tuyau, &c. On dit auffi *Décombrer un bâtardeau*,
pour dire, Le dégravoyer afin d'y mettre un cor-

roi de terre glaife, & *Décombrer une carriere*, pour
dire, L'ouvrir, la fouiller, & en ôter le deffus afin
de trouver la bonne partie.

* *Décombrer*, en vieux langage, a fignifié Découvrir. *Il a fes oreilles décombrées.*

DECOMPTE. f. m. Supputation que l'on fait avec
un Soldat, un Ouvrier, & autres gens à qui on a
avancé quelque chofe fur leur folde ou fur leurs
journées, pour regler avec eux ce qu'il refte à leur
payer. *Le décompte fait, il lui reft dû encore telle
fomme.*

DECORATION. f. f. Terme d'Architecture. Il fe
dit de toute faillie & de tous les ornemens qui em-
belliffent le dehors & le dedans d'un bâtiment. On
appelle *Décoration de jardin*, toutes les parties qui
compofent la varieté, & qui font que l'aspect en
plaît aux yeux.

DECORIR. v. n. Vieux mot. Couler. On a dit auffi
Décorer dans le même fens.

DECOUDRE. v. a. *Défaire la coûture, féparer deux
chofes qui étoient attachées enfemble.* ACAD. FR. *Découdre*, eft auffi un terme de Chaffe, & fe dit des
playes que font les Sangliers avec leurs défenfes, en
déchirant le ventre d'un Chien.

Découdre. Terme de Marine. Déclouer quelques
pieces du bordage ou du ferrage. Cela fe fait pour
voir ce qu'il peut y avoir de défectueux fous ces
pieces.

DECOUPE', E E. adj. Terme de Blafon. Il fe dit du
papillonné & des lambrequins qui font découpés
à feuilles d'Acanthe. *De gueules découpé d'argent.*

DECOUPURE. f. f. On appelle *Découpures*, certaines taches ou défauts qui fe trouvent dans le fer.
Ce font de petites fentes qui vont au travers des
barres.

DECOUSURE. f. f. Terme de Chaffe. Il fe dit
quand un Sanglier a bleffé un Chien avec fes défenfes.

DECREPITATION. f. f. Terme de Chymie. Calcination du fel qui fe connoît être faite quand le
fel ne pete plus.

DECREUSER. v. a. Terme de Teinture. Préparer
les foyes d'une certaine maniere; c'eft-à-dire, en les
faifant cuire avec du favon blanc, & en les dégor-
geant enfuite dans la riviere, après quoi on les met
dans un bain d'alun tout à froid.

DECROUTER. v. a. Terme de Venerie. On dit
d'un Cerf, qu'*Il va décroûter fa tête*, quand il va
au frayoir.

DECUSSATION. f. f. Terme d'Optique. Le point
où fe croifent des rayons, des lignes, en forte que
ceux qui étoient d'un côté paffent de l'autre, &
ceux qui étoient en haut vont en embas. Avant que
les rayons de la lumiere s'aillent peindre en la retine, il s'en fait une décuffation dans le criftalli. Ce
mot eft Latin, & vient de *decuffare* qui a le même
fens. *Decuffare* vient de *Decuffis*, qui fignifie *Decem affes* ou *denarium*, & comme les dix affes ou
decuffis fe reprefentoit par la figure d'un X. *decuffare* a pris delà le fens de *croifer*, mettre en figure
d'X.

DED

DEDANS. adv. On dit en termes de Mer, *Mettre
les voiles dedans*, pour dire, Les plier & les ferrer,
pour naviger à fec, à mâts & à cordes.

On dit en termes de Manége, *Mettre un Cheval
dedans*, pour dire, Le dreffer, le mettre dans la
main & dans les talons. On dit auffi, *Paffeger un
Cheval la tête & les hanches dedans*, pour dire,

Porter un Cheval de biais ou de côté fur deux lignes paralleles au pas ou au trot; en forte que quand il fait une volte, fes épaules marquent une pifte dans le tems qu'il en trace une autre par fes hanches, & qu'en pliant le col, il tourne un peu la tête au-dedans de la volte, & regarde le chemin qu'il va faire.

On dit en termes de Fauconnerie, *Mettre un oifeau dedans*, pour dire, L'appliquer actuellement à la chaffe.

DEDUYER. v. n. Vieux mot. Se recréer, prendre plaifir à faire quelque chofe.

Si vaut mieux, ce me femble, qu'en taire me déduye,
Que je par trop parler ce que j'ai fait détruye.

DEE

DEERNE. f. f. Vieux mot. Fille, fervante.

DEF

DEFAILLANCE. f. f. Terme de Chymie. Extraction qui fe fait par defcenfion froide des chaux impures ou des fels mis en un lieu frais & humide, afin qu'ils fe puiffent refoudre & liquefier. Elle eft de deux fortes. En l'une tout fe liquefie, fçavoir quand les fels font bien épurés; en l'autre le pur fel coule & laiffe le marc impur. Cette forte d'operation s'appelle autrement *Delique.*

DEFAIX. Vieux mot qui a fignifié Défenfe, ou lieu défendu, fuivant ce qui fe trouve dans le Coûtumier d'Anjou, art. 171. 192. du Maine, art. 190. *Si le fujet pêche ès lieux defaix de fon Seigneur.*

DEFENDU. us. adj. On dit en termes de Blafon, qu'*Un Sanglier eft défendu d'une telle couleur ou d'un tel métal*, pour dire, que Sa Défenfe ou fa dent de deffous, eft d'un autre émail que fon corps.

DEFENS. Terme des Eaux & Forêts. Il fe dit des bois dont on a défendu la coupe, afin de la referver pour quelque occafion importante. On dit auffi qu'*Un bois eft en défens ou en défenfe*, pour dire, qu'il eft trop jeune pour y laiffer les beftiaux.

DEFENSE. f. f. Refiftance qu'on fait à ceux qui attaquent. On appelle en termes de Fortification, *Ligne de défenfe*, celle qui flanque un baftion, & qui eft tirée du flanc qui lui eft oppofé. C'eft proprement le chemin que font les bales tirées de l'angle, qui fait le flanc avec la courtine jufqu'à la pointe du baftion oppofé. Il y a une ligne de défenfe fichante, & une autre que l'on appelle rafante. *La ligne de d'fenfe fichante*, eft une ligne tirée de l'angle de la courtine jufqu'à l'angle du baftion oppofé, fans toucher la face de ce même baftion, & il n'y en a jamais de fichante, qu'il n'y en ait auffi une rafante. *La ligne de défenfe rafante*, eft une ligne qui partant de l'angle, rafe parallelement la face du baftion oppofé.

On appelle, *Défenfes d'une Place*, Les parapets, les flancs, les cafemates, ou les fauffes-brayes qui couvrent & défendent les poftes qui leur font oppofés. On dit, qu'*Une redoute eft en défenfe*, pour dire, qu'Elle eft en état de fe défendre & de refifter.

On dit, en termes de Blafon, qu'*Un Herißon eft en défenfe*, pour dire, qu'il eft roulé & en peloton, comme il a coûtume de fe rouler, afin d'empêcher qu'on ne le prenne.

Défenfe. Late en forme de croix que les Couvreurs pendent au bout d'une corde quand ils travaillent à la couverture de quelque maifon, pour avertir ceux qui paffent de ne s'en point approcher.

Défenfes. Terme de Marine. Bouts de mâts, de cables, ou de cordes, qu'on laiffe pendre le long des côtés des Vaiffeaux lorfqu'ils font dans les Ports, afin d'empêcher qu'ils ne fe touchent l'un l'autre. On appelle, *Défenfes pour Chaloupes*, des pieces de bois endentées deux à deux, ou trois à trois fur les précintes du Vaiffeau, & qui fervent à conferver les Chaloupes contre les précintes & les cheviles de fer à tête ronde, quand on les embarque & quand il faut les remettre en mer. On appelle auffi fur mer *Défenfes*, de longues perches avec lefquelles on empêche dans un combat l'abordage d'un brulot. On s'en fert encore pour s'oppofer dans un mouillage à l'abordage de deux Vaiffeaux que le vent fait dériver l'un fur l'autre. C'eft auffi une longue piece de bois garnie par le bout d'un crampon de fer, par le moyen de laquelle les Matelots éloignant l'ancre du Navire quand ils la levent, de peur que l'avant du bordage n'en demeure endommagé.

Défenfes, en termes de Chaffe, fe dit des deux grandes dents d'embas, dont le Sanglier fe fert pour fe défendre. *Défenfes*, fe dit auffi, des groffes dents du Cheval marin & de l'Elephant. Celles du Cheval marin font fort grandes, & fervent à guerir les hemorroides.

DEFEQUER. v. a. Terme de Chymie. Oter les feces ou impuretés des corps, c'eft-à-dire, Séparer le plus pur & le plus fubtil d'un corps d'avec les feces, le marc ou la lie, par le moyen de la diftillation, ou de quelqu'autre operation Chymique.

DEFERENT. On fous-entend *cercle*. Terme d'Aftronomie. On appelle ainfi le cercle qui eft précifément au milieu de la largeur de l'Excentrique, (Voyez EXCENTRIQUE) & qui *porte* toujours le centre de l'Epicycle, d'où il a pris fon nom de *Deferent*. Voyez EPICYCLE. Souvent l'Excentrique même ne s'appelle que *Déferent*, & à proprement parler eft le même cercle.

On appelle *Déferens*, les Vaiffeaux qui conduifent la femence dans les veficules feminatoires.

DEFERLER. v. a. Terme de Marine. Mettre hors les voiles & les déployer pour s'en fervir. On dit auffi *Defreler*.

DEFICIT. Terme purement Latin, qui ne fe dit en pratique que dans cette phrafe, *Eftre en deficit*, pour dire, Manquer, ce qui fe met à côté des articles d'un inventaire, où l'on fait mention d'une piece produite qui ne s'y trouve pas effectivement.

DEFIE. f. m. On appelle en termes de Marine, *le Défié du vent*, l'avertiffement qu'on donne à celui qui gouverne, afin qu'il ne prenne pas vent devant ou qu'il ne mette pas en talingue.

DEFIER. v. n. Terme de Marine. Prendre garde, & empêcher que quelque chofe n'arrive.

DEFINAILLE. f. f. Vieux mot. Fin, mort. On a dit auffi *Définer*, pour Finir, Mourir. Ainfi l'on trouve dans une vieille traduction des Metamorphofes d'Ovide.

Hector eft mors & definés
Qui laidement fu traynés
Entour les grands muriax de Troye.

DEFINITEUR. f. m. Terme de Couvent. Religieux, qui eft Affeffeur ou Confeiller d'un General ou d'un Superieur en de certains Monafteres. On appelle *Définiteur General*, Celui qui donne avis au General, & qui avec les autres Définiteurs Generaux, regle & gouverne les affaires de l'Ordre. Le Définiteur Provincial, eft le Confeiller du Provincial.

DEFINITION. f. f. On appelle ainfi parmi les Capucins, le lieu où s'assemblent les Définiteurs pour les affaires de l'Ordre.

DEFINITOIRE. f. m. Terme d'Augustin. Lieu où s'assemblent les neuf principaux Officiers d'un Chapitre general ou provincial. *Cette affaire a été reglée au Définitoire.* C'est l'Assemblée de ces neuf principaux Officiers. *Le Définitoire a décidé de cela.*

DEFLIS. adj. Vieux mot. Las.

DEFLORAISON. f. m. Vieux mot qui a été dit au lieu de *Defloration.* Perte de Virginité.

DEFONCER. v. On dit qu'un Plancher est défoncé, quand les soliveaux ou terrasses ont tombé; & Défoncer un tonneau pour ôter la lie.

DEFORS. Vieux mot. Dehors.

DEFOYS. f. m. Vieux mot. Défense. On a dit aussi *Defaix*, qui a signifié encore Défendu.

DEFRUCTU. f. m. Ce que fournit celui qui prête sa table à ceux qui font apporter chacun leur plat pour quelque repas, & qui consiste au linge, salades, dessert, & autres menues dépenses. Ce mot est entierement tiré du Latin.

Voyez une belle Dissertation d'un Chanoine d'Auxerre sur l'origine de ce mot dans le Mercure de . . . . 1726. Celui à qui on annonçoit l'Antienne *De fructu ventris tui.* pendant l'Octave de Noël étoit obligé de payer le souper.

DEFRUITER. v. n. On a dit des arbres dans le vieux langage, *Se défruiter*, pour dire, Se dépouiller de ses fruits.

C'est l'arbre qui tôt se défruite.

DEFUNER. v. a. Terme de Marine. On dit, *Défuner le mât*, pour dire, Le dégarnit de son étai & de sa manœuvre.

DEG

DEGAUCHIR. v. a. Dresser une pierre ou une piece de bois, & en ôter ce qu'il y a de trop en quelques endroits pour la rendre unie & droite, en sorte qu'elle ne soit plus gauche, c'est-à-dire, faire que ses angles ou côtés répondent à la place où elle doit être mise.

DEGLAVIER. v. a. Vieux mot. Faire mourir par le glaive.

Et le ferons déglavier,
Ou par autre mort devier.

Il a signifié aussi Tirer une épée hors du fourreau.

DEGORGEOIR. f. m. Gros fil de fer dont les Canonniers se servent pour ouvrir ou dégorger la lumiere des canons.

DEGLUTITION. f. f. Terme de Medecine. Il se dit de l'aliment préparé dans la bouche, lorsqu'il se distribue au ventricule. La déglutition se fait quand la langue pousse l'aliment vers la partie superieure de l'Oesophage, où étant il est poussé en bas par le Sphincter qui se rétressit & bouche la petite fente du Larynx. Les fibres nerveuses qui revêtent les tuniques de l'Oesophage, & se resserrent successivement par leur mouvement peristaltique, continuent l'impulsion de l'aliment jusqu'à ce qu'il soit descendu dans l'estomac. Cette action qui se fait par les muscles & les fibres nerveuses, & qui est spontanée ou animale au commencement, est naturelle dans la suite. La déglutition peut être blessée par le vice de l'Oesophage, quand les trois paires de muscles qui forment la gorge, s'élargissant, sont relâchés avec le Sphincter par la paralysie, ou quand la tunique musculeuse est attaquée du même mal. Cela arrive aussi quand l'Oesophage est trop rétressi par les tumeurs qui lui sont propres, ou par celles des parties voisines, ou par la contraction trop

étroite de ses fibres. La déglutition est encore blessée par l'obstruction de l'Oesophage, quand ce qu'on avale demeure attaché au détroit de la gorge ou à l'entrée de l'Oesophage, ou par la faute de l'orifice superieur du ventricule lorsqu'il refuse d'admettre les alimens qui sont descendus par le canal de l'Oesophage, parce qu'étant irrité par quelque occasion il se ferme & se resserre, ou enfin par dépravation, quand on avale facilement les solides, & qu'on a de la peine à avaler les liquides, ou au contraire. Il est certain que dans tous les dégoûts, & particulierement dans la nausée, la déglutition est fort difficile, parce que la constriction du ventricule est cause que les morceaux ne descendent point, & s'arrêtent dans l'Oesophage. Ce mot vient du Latin *Deglutire.* Avaler gloutonnement.

DEGORGER. v. a. Terme de Manége. On dit, *Dégorger un Cheval*, pour dire, Lui faire dissiper une ensure en le promenant.

Dégorger du poisson. C'est le mettre dans des bateaux pour lui faire prendre l'eau de la riviere, afin de lui ôter certain goût de boue qu'il a contracté dans les étangs.

Les Teinturiers se servent aussi du mot de *Dégorger*, pour dire, Laver dans la riviere les laines, soyes & étoffes qu'on fait cuire avec du savon blanc ou autre graisse, ou que l'on fait tremper dans l'alun, afin d'en faire sortir ce qu'il y a de reste de la terre de dégrais & les mettre à l'eau chaude. Quand le dégrais n'est pas bon, l'étoffe ne prend pas bien la teinture, & au contraire elle prend beaucoup de poussiere.

On dit aussi chés les Menuisiers *Dégorger* la lumiere d'un rabot, quand elle est gorgée de copeaux.

DEGRADATION. f. f. Terme de Palais. Dommage, deterioration qu'on fait dans des terres, dans des bois, dans des bâtimens. *Dégradation* est aussi un Terme d'Eglise, & signifie la Censure par laquelle un Ecclesiastique qui a commis quelque faute considerable, est privé pour toûjours de l'exercice de son Ordre & du benefice Ecclesiastique. *Dégradation*, se dit encore en parlant des Nobles qu'on dépouille de la qualité qui les ennoblit. Autrefois elle se faisoit avec des ceremonies bien particulieres. On assembloit environ trente Chevaliers sans reproche, devant lesquels un Roi ou Héraut d'armes, un Gentilhomme qui avoit rendu une Place, sans l'avoir défendue comme il devoit, étoit accusé de trahison & de foi mentie. Les Juges assistés des Rois, Héros & poursuivans d'armes étoient placés sur un échafaut, & on en dressoit un autre, sur lequel montoit le Chevalier condamné armé de toutes pieces, avec son écu planté devant lui sur un pieu. Cet écu étoit renversé & avoit la pointe en haut. A côté de lui il y avoit douze Prêtres en surplis, qui chantoient les Vigiles des Morts, & ils s'arrêtoient à la fin de chaque Pseaume. Pendant cette pause les Officiers d'armes dépouilloient le condamné de quelque piece de ses armes en commençant par le heaume, & ils continuoient jusqu'à ce qu'ils l'en eussent entierement dépouillés. Ensuite ils prenoient un marteau avec lequel ils brisoient l'écu en trois pieces, ce qui étoit suivi d'une certaine quantité d'eau chaude que renversoit le Roi d'armes sur la tête du condamné. Après cela, les Juges prenoient des habits de deuil, & s'en alloient à l'Eglise. On attachoit une corde sous les aisselles du Degradé & c'étoit avec cette corde qu'on le descendoit de l'échaffaut, pour le mettre sur une civiere que l'on couvroit d'un drap mortuaire. Les Prêtres étant à l'Eglife y chantoient encore quelques Prieres pour les Morts, après quoi le condamné étoit livré au Juge Royal, & à l'Executeur de la haute Juſtice. Cela fut pratiqué du tems de François I. contre le Capitaine Fangel, pour avoir rendu Fontarabie par intelligence. La Colombiere, *Theat. d'honneur, p. 572.*

DEGRADER. v. a. Terme de Peinture. Menager le fort & le foible des jours, des ombres & des teintes, ſelon les divers degrés de l'éloignement.

On dit, *Degrader un mur*, pour dire, Abbatre un mur par le pié. On appelle *Bâtiment degradé*, un bâtiment devenu inhabitable par le peu de ſoin que l'on a pris d'en entretenir les couvertures, & d'y faire faire les reparations qu'il falloit. *Mur degradé*, eſt celui dont le crépi eſt tombé, & dont les moilons ſont ſans liaiſon.

DEGRAVOYEMENT. ſ. m. Ce que fait l'eau courante, lorſqu'en bouillonnant toûjours elle déchauſſe des pilotis de leur terrein. On dit *Dégravoyer*, dans le même ſens.

DEGRE' ſ. m. Terme d'Architecture. Eſcalier, montée d'un bâtiment, ſoit dans œuvre, ſoit hors d'œuvre. *Degré* ſe dit en termes de Fauconnerie, de l'endroit où l'oiſeau, durant qu'il s'éleve en l'air, tourne la tête, & prend une nouvelle carriere. Cette nouvelle carriere s'appelle ſecond ou troiſiéme degré, juſqu'à ce qu'on le perde tout-à-fait de vûe, ce qui eſt le quatriéme degré.

Degré. Terme de Geometrie. Diviſion qu'on fait ſur les cercles pour ſervir de meſure. Tout cercle ſe diviſe en trois cens ſoixante degrés, & par conſequent les degrés d'un grand cercle ſont proportionnés à ceux d'un petit. On a pris ce nombre de trois cens ſoixante pour la diviſion du cercle, parce qu'il a beaucoup de diviſeurs differens, 2. 3. 4. 5. 6. 8. 9. 10. 12. 15. 18. 20. 24. 30. 36. 40. 45. 60., &c.

On appelle auſſi *Degrés* les Diviſions des lignes qui ſe font ſur pluſieurs inſtrumens de Mathematique, ſur l'arbalète ou le bâton de Jacob. On s'en ſert encore ſur les Thermometres & Barometres; à marquer par les diviſions qui ſont ſur la table qui les ſupporte, les degrés de chaleur & de peſanteur des corps liquides.

Degrés eſt auſſi un terme de Geographie, & on appelle *Degré de longitude*, Une portion de terre entre deux Meridiens. Cette même portion de terre entre deux paralleles, eſt appellée *Degré de latitude*, voyez LONGITUDE & LATITUDE.

On appelle auſſi *Degrés* en Algebre les dimentions d'une grandeur, ſoit nombre, ſoit ligne. Une grandeur ſimple & que l'on ne conſidere point comme formée par une multiplication eſt une grandeur *du premier degré*, ſi on la multiplie par elle-même, ce qui fait ſon quarré, elle eſt *du ſecond degré*, ſi on la cube, c'eſt *le troiſiéme degré*, & ainſi de ſuite à l'infini, en multipliant toûjours les nouveaux produits par cette premiere grandeur qu'on appelle Racine, voyez RACINE. Comme on exprime les grandeurs par des lettres; (Voyez ALGEBRE) & qu'une lettre qui ſeroit par exemple *a*, multipliée dix fois par elle-même tiendroit trop de place ſi on l'écrivoit dix fois, on ne l'écrit qu'une, & on met à côté le nombre du degré auquel elle eſt élevée. Degré eſt la même choſe que puiſſance, voyez PUISSANCE.

Un nombre peut être multiplié par lui-même autant de fois que l'on voudra, & il s'augmente & s'éleve toûjours réellement, mais une ligne ne peut être réellement être que quarrée ou cubée, après quoi il n'y a plus de dimenſions veritables, & quand on l'éle-

ve au delà du troiſiéme degré, ce n'eſt que par ſuppoſition, & l'on ne prétend pas pour cela qu'il y ait de pareilles dimenſions dans la nature.

On dit en termes de Chymie, *Donner le feu par degrés*, lorſqu'on ouvre ou qu'on ferme les regiſtres que l'on fait exprès dans les fourneaux pour augmenter ou diminuer la violence du feu. Les qualités elementaires ſe diviſent en huit parties appellées *Degrés* ſelon les Phyſiciens. Les Medecins ne les diviſent qu'en quatre; & ils diſent *Chaud & ſec au ſecond* ou *au troiſiéme degré*, pour dire, Une certaine extention de chaleur ou de ſechereſſe.

On dit en termes de Muſique *Degrés conjoints* & *Degrés disjoints*. Quand les notes montent ou deſcendent par des ſecondes, elles procedent par degrés conjoints, & elles montent ou deſcendent par degrés disjoints, en procedant par tout autre intervalle.

DEGRE'ER. v. a. On dit qu'*Un Vaiſſeau a été degréé ou deſagréé*, pour dire, qu'il a perdu les cordes de ſa manœuvre & le reſte de ſes agrés. On le dit auſſi d'un bâtiment qui n'en a perdu qu'une partie.

DEGREVANCE. ſ. f. Vieux mot. Dommage, préjudice.

    Car riches geans ont puiſſance.
    De faire aide & degrevance.

DEGROSSER. v. a. Terme de Tireur d'or. On dit *Degroſſer l'or*, *degroſſer l'argent*, pour dire, Le faire paſſer par les filieres, le faire plus petit.

DEGROSSI. ſ. m. Sorte de machine dont on ſe ſert dans les monnoyes, & dans laquelle on fait paſſer entre deux rouleaux les lames dont on doit faire des monnoyes, afin de les rendre plus unies & plus étendues.

DEGROSSIR. v. a. On dit, *Dégroſſir un bloc de marbre* ou *de pierre*, pour dire, en ôter le ſuperflu à grands coups d'une forte maſſe, & avec une pointe affutée de court; en faire la premiere ébauche pour l'équarrir, ou pour y tailler de la Sculpture.

DEH

DEHAIT. ſ. m. Vieux mot. Triſteſſe, chagrin. On trouve dans Villon, *Mais adonc il y a grand dehait*, pour dire, Il y a un grand ennui, grande fâcherie. On a dit auſſi *Dehaité*, *deshaité*, & *déhaité*, pour dire, Fâché, languiſſant, chagrin.

    Qui n'a pitié du point où mon cœur eſt traité.
    Et que ſouvent tient dehaité.

DEHET. adj. Vieux mot. Gaillard, qui ſe porte bien.

    Monté ſur belle haquenée,
    Et penſez que j'étois dehet.

On diſoit autrefois *Dehez*, pour, Malheur, & *Daudehez*, pour, Mauvaiſe rencontre.

DEHORS. ſ. m. Terme de Fortification. Ouvrage fortifié hors l'enceinte d'une Place, & qui lui ſert de défenſe, comme les ravelins & demi-lunes, les ouvrages à corne & à couronne, & autres.

DEI

DEJECTION. ſ. f. Terme de Medecine. Il ſe dit des excremens, les Medecins ayant accoutumé de juger de la qualité des maladies par les Dejections des malades.

Dejection, eſt auſſi un terme de l'Aſtrologie judiciaire, & il ſe dit des Planetes lorſqu'elles ſont dans leur détriment, & que l'oppoſition de quelques autres diminue leur force.

On appelle *Dejection*, en termes d'Aſtronomie, le

le Signe oppofé à celui où une Planette , lorfqu'elle y eft , a plus de vertu & plus d'influences.

DEJOUER. v. n. On dit en termes de Mer , qu'*Un pavillon , qu'une girouette défoue* , pour dire qu'Un pavillon , qu'une girouette voltige au gré du vent.

DEISTES. f. m. Secte iffue du Lutheranifme d'Allemagne , & dont on tient que Georgius Pauli , Miniftre de Cracovie , a été le Chef. Elle commença à infecter la Pologne en 1564. & s'eft répandue enfuite en plufieurs endroits de l'Allemagne & de la Hongrie. Les erreurs des Deiftes ont beaucoup de conformité avec les Calviniftes , les Lutheriens, & les Anabaptiftes. Ils établiffent pour principaux articles de leur doctrine que le Pere , le Fils , & le S. Efprit ne font point trois Perfonnes , y ayant une nature commune à tous trois & non une effence. Ils difent qu'il n'y a qu'un Dieu , & que le Fils & le S. Efprit , ne font point ce vrai Dieu; mais le Pere feulement ; que l'Effence divine n'eft ni ne fera vûe en foi , ni des Anges ni des hommes ; que le mauvais Ange n'a jamais été que méchant , l'ayant été dès le moment de fa creation ; que le Diable n'a jamais eu dequoi demeurer en état parfait , ni Adam en état d'innocence ; que l'entendement humain eft éternel , à caufe , difent-ils , que fa caufe eft immuable & qu'il eft fans matiere; que tous ceux qui pechent conformément leur volonté au vouloir & bon plaifir de Dieu , ce qui fait que leur volonté eft telle que Dieu veut qu'elle foit ; que la force de la tentation contraignant l'homme à connoître la femme d'autrui , il n'eft point coupable d'adultere , & ainfi des autres tentations ; que Dieu eft caufe de toutes les circonftances de l'action , & abfolument auteur de tous les pechés avant qu'on les commette ; que le corps corrompu ne reffufcite point par lui-même , & qu'il ne faut point avoir foin de fa fepulture. Les Deiftes font appellés autrement *Tritheiftes* ou *Trinitaires*. Ils difent encore que l'ame que la mort a féparée du corps n'endure point le feu corporel , & que Dieu étant Efprit , il ne le faut invoquer & adorer que de cœur , & non pas vocalement.

DEL

DELAISSEMENT. f. m. Acte par lequel un Marchand qui a affuré des Marchandifes fur quelque Vaiffeau , dénonce la perte du Vaiffeau à l'Affûreur , & le lui delaiffe , abandonnant tous les effets fur lefquels l'affurance a été faite , avec fommation de lui payer la fomme affurée.

DELARDE' , e e adj. On appelle dans un degré , *Marches delardées* , Celles dont on a coupé le deffous obliquement , & qui portent leur delardement pour former une coquille d'efcalier.

DELARDEMENT. f. m. On dit , qu'*Une marche d'Efcalier porte fon delardement* , Quand elle a été dimaigrie en chamfrain par deffous.

DELARDER. v. n. Terme de Charpenterie. Rabattre en chamfrain les arrêtes d'une piece de bois. Quand on en abat une ou deux des arrêtes , on dit *Delarder les arrêtiers* , & quand on en ôte en creux, on dit , *Delarder en creux*.

Delarder , eft auffi un terme de Maçonnerie , & fignifie , Piquer le lit d'une pierre avec la pointe du marteau , & demaigrir ce qu'on en doit pofer en recouvrement. *Delarder* s'emploie auffi pour dire , Couper le deffous d'une marche de pierre obliquement.

DELAVER. v. a. Terme de Teinture. Il eft peu en ufage hors le participe , & il ne fe dit que des couleurs trop blafardes dans lefquelles on a mis trop

Tome I.

d'eau. Ainfi on dit qu'*Un bleu eft trop delavé* , pour dire , qu'il n'eft point affés vif.

DELEALTE. f. f. Vieux mot. Deloyauté.

Cil étoit plein de cruauté ,
Si fit par fa deleauté.

DELECTABLETE'. f. f. Vieux mot. Joie. On a dit dans le même fens. *Delitableté* , & *delitieux* & *delitieux* , pour , Délicieux , agreable.

DELESTAGE. f. m. Terme de Marine. Décharge qui fe fait du left d'un Vaiffeau. Le deleftage fe fait ordinairement tous les deux ans , & il y a des lieux marqués pour cela hors des Rades & des Ports , où il eft important que la mer ne rapporte pas le left dont les bâtimens ont été déchargés , parce qu'il pourroit combler les entrées & les canaux des rivieres.

DELESTER. v. a. Tirer le left du Vaiffeau , & le jetter dans l'endroit marqué par le reglement.

DELESTEUR. f. m. Commis prépofé pour ce qui regarde le deleftage.

DELEZ. adv. Vieux mot. Auprès , à côté , derriere.

Delez la haye que je n'ofe ,
Paffer pour aller à la rofe.

DELIBERE'. f. m. Terme de Pratique. Efpece d'appointement qui fe rend à l'Audience , quand la Cour veut voir les pieces pour avoir plus de connoiffance de la verité , & ordonne qu'il en fera deliberé fur le regiftre , & que les Parties mettront leurs doffiers entre les mains d'un Rapporteur , pour les juger fans aucune autre inftruction. *Ce Confeiller a rapporté aujourd'hui un Procès , & plufieurs Deliberez.*

DELIBERER. v. a. On dit en termes de Manege , *Deliberer un cheval* , pour dire , L'accoûtumer , le déterminer , le bien refoudre à de certains airs , au pas , au trot , au manège de guerre , au terre à terre , &c. *Ce Cheval n'eft pas encore bien deliberé.*

DELICOTER. v. n. On dit d'un cheval , qu'*Il fe délicote* , pour dire , qu'Il eft fujet à défaire fon licol.

DELIT. f. m. On appelle en termes d'Eaux & Forefts , *Arbres de délit* , les arbres qui ont été coupez en cachete ou contre les Reglemens , & qui font fujets à confifcation & amende.

Délit , eft auffi un terme de Maçons , & ils difent , *Mettre une pierre en délit* , pour dire , La pofer hors de fon lit , ne la mettre pas de plat , & comme elle croît dans la carriere.

DELITER. v. a. On dit *Deliter une pierre* , pour dire , La pofer dans un bâtiment en un fens contraire à celui qu'elle avoit dans la carriere où elle étoit fur fon lit naturel. On dit auffi qu'*Une pierre fe délite* , pour dire , qu'Elle fe fend par feuilles ; ce qui arrive quand on tie la met pas de plat. la plûpart des pierres fe formant dans les carrieres de telle forte qu'il femble que ce foient comme des feuillets d'un livre , mis les uns fur les autres. Cela eft caufe que fi les pierres ne font pas pofées fur leur lit , tous ces feuillets qui fe trouvent de champ , s'écartent & fe délitent.

DELIVRANCE. f. f. On dit en termes de Monnoye , *faire la délivrance* , pour dire , Donner permiffion d'expofer les monnoyes en public , ce que font les Officiers quand ils les ont bien examinées. Les Gardes répondent de la jufteffe du poids , & les Effayeurs de la bonté du titre. On dreffe un acte de cette Délivrance , & c'eft le premier jugement qu'on fait des efpeces.

On fe fert de ce mot à l'égard d'une femme en couches , foit par rapport à l'arriere-faix , ou quand elle n'a pas été heureufement délivrée. *J'ai*

S f

reçû toute la *délivrance* , dit une Matrone à un mari.

DELIVRE. f. f. Ce mot se dit à la Campagne, de l'arriere-faix d'une vache, après qu'elle a fait son veau.

On dit en termes de Fauconnerie, qu'*Un oiseau est fort à délivre* , pour dire, qu'il n'a point de corsage, & qu'il est presque sans chair comme le Héron.

DELOI. f. m. Vieux mot. Peché contre l'obeïssance que l'on doit aux Loix , soit divines, soit humaines,

> *Tous ceux qui auront par déloi,*
> *Relenqui la divine loi.*

DELOIR. v. a. Vieux mot. Retarder, dilayer.

DELOT. f. m. Terme de Marine. Espece d'anneau de fer concave, qu'on met dans une boucle de corde, pour empêcher que celle qui entre dedans ne la coupe. C'est la même chose que *Cosse*.

DELOYER. v. a. Vieux mot. Délier.

DELPHINIUM. f. m. Plante qui croît aux lieux âpres, & qui sont à l'abri du Soleil. Elle n'a qu'une racine, & produit certains rejettons, longs d'un pié & demi & plus, qui portent de petites feuilles longues, minces & déchiquetées, & qui representent la forme d'un Dauphin, dont cette herbe a pris son nom. Sa fleur est rouge & semblable à celle du Violier blanc. Elle porte en certaines gousses une graine, comme du Milet, qui a une vertu singuliere contre les piquûres des Scorpions. On tient que si on leur presente cette herbe, ils deviennent tout perclus, & n'ont nulle force. Dioscoride qui décrit ainsi cette herbe, ajoûte qu'il y a une autre sorte de Delphinium appellé *Buccinum* , par les Romains. Il est semblable au premier, excepté qu'il a ses feuilles & ses branches plus grêles, & quoiqu'il ait les mêmes proprietés, il agit moins fortement dans ses operations. Le Delphinium est inconnu à Matthiole, qui croit que le chapitre où Dioscoride en parle, est un chapitre ajoûté, qui n'est point de lui. Il refute ceux qui prennent la *Consolida regia* pour le vrai Delphinium.

DELS. adj. Vieux mot qui a été employé pour Deux.

DELTOIDE. adj. Terme de Medecine on appelle *Muscle deltoïde* , un muscle qui fait mouvoir les bras en haut. On l'a appellé ainsi à cause qu'il a la figure d'un *dura Δ*.

DELUTER. v. a. Terme de Chymie. Oter le lut d'un Vaisseau luté.

DEM

DEMAYENE. f. m. Vieux mot dont on s'est servi pour dire, Domaine. *Vous avez en vos gardes & en votre demayene.* On dit aussi *Demaine* ou *demoine*, dans le même sens.

> *Translater de Rome en Egypte*
> *La Seigneurie & le demoine.*
> *Ainsi pensoit la femme Antoine.*

DEMAIGREMENT. f. m. Vieux mot. Seigneurie.

DEMAIGRIR v. a. Les Tailleurs de pierre disent *Demaigrir une pierre* , pour dire, Oter de son lit ou de son joint en dedans pour la mieux ficher. *Demaigrir* , se dit aussi en Charpentier pour dire, Rendre plus aigu, diminuer un tenon, & tailler une piece de bois en angle aigu.

DEMAIGRISSEMENT. f. m. Terme de Tailleur de pierre & de Charpentier. L'endroit où l'on a demaigri une pierre ou une piece de bois.

DEMARER. v. n. Terme de Marine. On dit qu'*Un Vaisseau demare*, pour dire, qu'Après que l'on a levé ou coupé ses amares, il commence à faire route. Il y a apparence que ce mot vient des amares ou cordages qui attachent un Vaisseau, & que l'on ôte quand on veut qu'il parte. Quelques-uns font ce verbe actif, & disent, *Demarer un Vaisseau*, & *Demarer un Canon*, pour dire, Larguer toutes les amares qui arrêtent un Vaisseau, détacher les palans qui tiennent une piece de canon. On dit aussi, qu'*Un Vaisseau s'est démaré*; pour dire, que Les amares qui le tenoient dans le Port se sont rompues. On le dit également des Bateaux sur les rivieres.

DEMARQUER. v. a. On dit Demarquer le vin & autres boissons. Les Commis aux Aides demarquent les tonneaux, quand les Marchands ont payé le droit. On dit aussi Commis à la démarque.

DEMEMBRE'. E'E. adj. Terme de Blason. Il se dit non seulement des oiseaux qui sont sans piés & sans cuisses; mais aussi du lion & des autres animaux dont les membres sont separés.

DEMENTER. v. n. On a dit, *Se dementer*, dans le vieux langage, pour dire, Se tourmenter, s'affliger de quelque chose, & en perdre presque le sens de chagrin, du Latin *Mens*, Entendement, & de la particule *de*

> *Ainsi comme me démentoye.*

DEMENTIERS. adverbe de tems. Vieux mot qui a signifié *Cependant*. On a dit aussi, *Endementiers*, pour dire la même chose.

DEMESLER. v. a. Terme de Foulon. Tirer de la pile l'étoffe, & la remettre & fouler à l'eau chaude quand elle est dégraissée.

DEMEURER. v. n. Terme de Marine. Il se dit des situations ou gisemens des côtes ou des parages de la mer, selon qu'ils paroissent à ceux qui navigent. *Nous fîmes voile d'un tel côté, & les montagnes d'une telle Isle nous demeurerent au Sud, à l'Ouest.*

DEMI. f. m. On dit chez les Maîtres en fait d'Armes, *Attaquer par le demi, par le quart, & par le diametre du cercle, de droit à gauche & de haut en bas, au contraire.* Les mouvemens par le demi sont de primé en tierce, de tierce en quinte; de seconde en quatre.

DEMI-BASTION. f. m. Travail composé d'une face & d'un flanc. Il se met d'ordinaire à la tête d'une queue d'Yronde ou d'une Couronne.

DEMI-CLEF. f. m. Terme de Marine. Nœud que l'on fait d'une corde sur une autre corde, ou sur quelque autre chose.

DEMIDITON. f. m. On appelle ainsi, en termes de Musique, la Tierce mineure qui a ses termes comme 6. à 5.

DEMI-FILE. f. f. Rang du bataillon, qui commence la derniere moitié de sa hauteur, & qui suit le serre-demi-file.

DEMI-GORGE. f. f. Ligne qui va du flanc ou de l'angle de la Courtine au centre du Bastion.

DEMI-LUNE. f. f. Terme de Fortification. Dehors qui n'a que deux faces. Ces deux faces forment ensemble un angle saillant qui est flanqué par quelque partie de la Place & des autres Bastions. Les Demi-Lunes étoient proprement dans l'origine de la Fortification, celles qui étoient à la pointe des Bastions, où le fossé étant arrondi, a été cause qu'on les a nommées ainsi.

DEMI-QUART. f. m. Sorte de mesure. Moitié d'un quart. *C'est aussi*, ajoûte Nicod , *depuis l'Ordonnance du Roi Henri III. une espece de monnoye* d'argent coignée en la pile à l'écuffon de France, timbré de Couronne fleuronnée, & Imperiale, & en l'autre face à la croix florencée, valant sept sols six deniers tournois, qui font la huitième partie de soixante sols tournois faisant la valeur de l'écu sol de France, pour laquelle raison il a le nom de Demi-quart, & porte en sa pile le chiffre du nombre ottonaire.

DEMI-QUEUE. s. f. Espèce de tonneau de vin dont ceux d'Orléans, d'Anjou & du Maine se servent, contenant vingt-sept septiers, à huit pintes le septier, deux chopines la pinte, deux-demi-septiers la chopine, & deux poissons le demi-septier. Il se prend tant pour le fust sans vin, que pour cette mesure & quantité de vin sans fust. Les quatre demi-queues valent trois muids de vin au fust & jauge de Paris.

DEMI-TON. s. m. Moitié d'un ton. Il y a dans la Musique un demi-ton majeur & un demi-ton mineur. La diese enharmonique est la différence de l'un & de l'autre.

DEMI-VOL. s. m. Terme de Blason. Il se dit d'une aîle seule d'un oiseau. Il n'est point besoin d'en marquer l'espèce, mais il faut que les bouts des plumes en soient tournés vers le flanc senestre.

DEMOCRATIE. s. f. Sorte de gouvernement où tout se fait par l'autorité du peuple. La Democratie a été très-florissante dans les Republiques de Rome & d'Athenes. Ce mot vient de δῆμος, Peuple, & de κρατεῖν, Dominer.

DEMOCRATIQUE. adj. Qui appartient au gouvernement populaire.

DEMOISELLE. s. f. Pièce de bois haute de trois ou quatre piés que les Paveurs empoignent par deux manieres d'anse qu'elle a au milieu, & qu'ils élèvent en l'air pour la faire tomber avec plus de force sur les pavés qu'il faut enfoncer. Elle est ronde & ferrée par les deux bouts. On dit aussi Damoiselle. Voyez HIE.

Demoiselle, est encore un Ustencile qu'on met dans le lit d'un vieillard pour lui échauffer les piés. C'est un cylindre creux, dans lequel est un fer chaud enveloppé dans des linges, pour conserver long-tems sa chaleur. On l'appelle encore Un Moine. C'est aussi une Bouteille d'étain où l'on met de l'eau chaude.

Demoiselle. Sorte d'oiseau de Numidie d'un plumage gris plombé, ayant sur sa tête des plumes longues d'un pouce & demi, élevées en forme de crête, & d'autres plumes aux côtés & au derriere, qui sont noires & plus courtes. Cet oiseau a un trait de plumes blanches au coin de chaque œil, qui passe pour appendice, & qui lui forme de grandes oreilles de plumes, faites de fibres déliées, & longues comme celles que les aigrettes ont sur le dos. Il a des plumes noires encore plus déliées que l'aigrette au devant du cou. La maniere dont elles lui pendent sur l'estomac, les fait regarder comme un ornement. De grandes écailles couvrent ses jambes par devant; elles sont plus petites par derrière. Il a des ongles noirs & mediocrement crochus, & la plante du pié picotée comme du chagrin. Quelques-uns veulent que ce soit l'oiseau qu'Aristote a nommé ὄρνις ἡ ταξιὰ τὰ ὅσα πτερύγια ἔχει, à cause qu'il a des aîles à la tête. Il imite tout ce qu'il voit faire aux hommes; ce qui a fait qu'Athenée l'a nommé Anthropoïde, c'est-à-dire, ayant la figure humaine. Voici de quelle adresse on tient que les Chasseurs se servent pour prendre ces sortes d'oiseaux. Ils ont des bassins pleins d'eau, & se lavent les yeux de cette eau en leur présence. En se retirant ils en laissent qui sont pleins de glu; & ces oiseaux qui les veulent imiter, se collent les yeux avec cette glu.

Demoiselle. Sorte de petit insecte, qui a deux yeux si gros, qu'ils font presque toute sa tête, & quatre aîles admirables qui le font tourner avec une très-grande vitesse. Non seulement il prend sa proye en l'air, mais en volant il s'y joint avec sa femelle. Il a deux cornes & deux dents renfermées en dedans, avec lesquelles il pince très-fort. Ses œufs ressemblent à ceux des poissons. Il les jette dans l'eau, & l'on en voit sortir une infinité de vers à six piés. Il s'en forme ensuite un ver volant, qui étoit auparavant rampant & nageant. Chacune de ses six jambes est composée de six parties velues par tout. A l'extrémité sont deux ongles ou serres. Quatre boutons sortent du lieu où la poitrine s'unit avec son ventre qui se divise en dix anneaux. Ces boutons s'enflent, & renferment ses aîles, comme les boutons des Plantes renferment les fleurs. Cet insecte s'appelle en Latin Perla, ou Libella, Il y en a de plusieurs sortes.

DEMONSTRATION. s. f. Preuve évidente & convainquante, c'est-à-dire, un ou plusieurs argumens par lesquels on démontre clairement & invinciblement quelque proposition. Une Démonstration, selon les regles de Mathematique, a ordinairement trois parties, qui sont l'explication, la preparation & la conclusion; & on s'en sert pour convaincre l'esprit, que la proposition qu'on fait est vraie ou fausse, possible ou impossible. Il y a une Démonstration affirmative, & une Démonstration negative. La premiere est celle qui par des positions affirmatives & évidentes par dépendance l'une de l'autre, finit par ce qu'elle veut démontrer, & l'autre est celle par laquelle on fait connoître qu'il faut necessairement qu'une chose soit telle, parce que si elle étoit autrement, il s'en ensuivroit quelque absurdité. Cette Démonstration negative est aussi appellée Démonstration à l'impossible.

DEMOR. s. m. Vieux mot. Delai, retardement. Sans démor, pour dire, Sans delai. On disoit aussi autrefois Demoroison, dans le même sens.

Et je croi qu'après s'oroison
Ne puet faire demoroison.

Ces mots venoient du Latin Mora, Retardement.

DEMPTER. v. a. Vieux mot que l'on a dit pour Dompter.

Cuidez-vous donc qu'amour consente.
Qua refroigne & que dempte,
Le cuer qui est tresfout quittes.

DEN

DENCHE', E'E. adj. Terme de Blason. Qui a de petites dents. D'argent à la croix denchée de gueules, Voyez DANCHE'.

DENERAL. s. m. Terme de Monnoye. Sorte de poids dont les Ouvriers & les Tailleresses sont obligés de se servir pour ajuster les flancs des pieces juste des especes qu'on doit fabriquer. Les Juges Gardes sont de même obligés de s'en servir pour Peser les especes nouvellement monnoyées avant que d'en faire la délivrance au Maitre. Chaque Deneral doit être étalonné sur le fort de l'espece, en sorte le trebuchant y soit compris.

DENIER. s. m. Anciennement en France, le mot de Deniers a été pris pour toute piece de monnoye, en sorte qu'une piece monnoyée d'or ou d'argent étoit appellée Denier d'or, denier d'argent. La premiere différence qu'on a faire de ces deniers d'or, a été prise de ce qu'on y marquoit, & l'on a dit Florins d'or & Moutons d'or, à cause des fleurs de lis ou des moutons que l'on y voyoit marqués. Les moutons d'or étoient une monnoye des Comtes de Toulouse, qui portoient un mouton dans leurs Armes. Il y a eu des *Deniers tournois* & des *deniers parisis*. Ces deniers valoient un quart plus que les premiers. Il faut remarquer sur cela, qu'autrefois les Archevêques & les principaux Barons avoient le privilege de faire battre des monnoyes, qui n'étoient que de billon ou monnoye de cuivre, qu'on appelloit *Monnoye noire*, au lieu que celle que faisoient battre les Rois n'étoit que d'or & d'argent. On appelloit celle-ci *Monnoye Royale* ; & parce que toute sorte de monnoye étoit appellée *Denier*, on donnoit le nom de *Deniers Royaux* à cette monnoye Royale, & ce nom s'est conservé. L'autre monnoye que faisoient battre les Archevêques, & qui n'étoit point proportionnée à la valeur de l'or & de l'argent, s'appelloit *Tournoise*, à cause que l'Archevêque de Tours étoit celui qui en faisoit battre davantage, & que sa monnoye étoit la plus ordinaire pour ce qui étoit du petit commerce. Ainsi le nom de *Tournois* étoit donné à toute la monnoye qui n'étoit point Royale, & qui étoit plus foible, & la Royale étoit nommé *Parisis*, afin que le nom de la principale Ville où les Rois la faisoient battre, la fît distinguer de celle que l'on appelloit *Tournoise*, parce qu'elle étoit battue à Tours. Nos Rois ayant ôté ce privilege aux Archevêques & aux Barons, firent battre des monnoyes dans leurs Villes au même titre qu'ils avoient fait jusques-là, mais sous le seul nom & la seule marque des Rois de France ; en sorte que toute la petite & foible monnoye a conservé ce nom de *Tournois*, en quelque Ville qu'on l'ait battue. Il n'est demeuré de *Paris* que le nom seul & l'usage, sans qu'aucune espece de monnoye la porte ; & comme il n'y en a point d'une livre parisis, aussi n'y en a-t-il jamais en aucune d'un denier parisis. Cela n'a eu lieu qu'aux Contrats de rentes & dans le stile ordinaire du Palais, où pour retenir la valeur ancienne, qui répondoit par proportion à celle de l'or, on a conservé le nom des livres, sols & deniers Parisis. Il faut encore observer, que parce que les Bourgeois de Paris ne donnoient jamais leurs maisons à louage, ni leurs terres en rente, sans stipuler que le payement en seroit fait en monnoye qui fût à la valeur de la monnoye forte & non affoiblie, on donna en même tems le nom de *Bourgeois* à cette monnoye forte, de sorte que *Denier parisis*, *denier forte monnoye*, *denier à valeur d'or*, *denier d'or à valeur d'or*, *denier d'or simplement*, & *denier Bourgeois*, sont de la même valeur, & doivent toûjours être pris pour un quart plus que l'autre monnoye, ou noire, ou de billon, qui n'est pas proportionnée à la valeur de l'or. Il y a eu vers l'an 1308. des *Deniers d'or à la chaise*, *à la masse*, & *à la Reine*. Les premiers valoient vingt-cinq sols, les seconds vingt-deux sols six deniers, & les derniers seize sols huit deniers. En l'an 1348. il y eut des *Deniers blancs* appellés *Gros*, qui valoient quinze deniers. Quelques-uns tirent le mot de *Denier* du Latin *Æneus*, Qui est de cuivre, à cause que nos deniers, qui valent la moitié d'un double, sont faits de cuivre.

Denier, en termes de Monnoyeurs, se prend en plusieurs manieres. On appelle *Denier de poids*, La vingt quatriéme partie de l'once & la 192. du marc. Il pese vingt-quatre grains. *Denier de fin* ou *de loi*, est un terme dont on se sert ordinairement pour marquer les degrés de bonté de l'argent. C'en est le titre, comme *Carat* est celui de l'or. Ces degrés sont fixés à douze ; & quand on dit que l'*Argent est*

à douze deniers, on entend qu'il est au suprême degré de bonté. On a employé ces divers degrés pour en marquer l'alliage. Ainsi, quand on dit *De l'argent à onze deniers douze grains*, on veut dire, De l'argent qui a perdu douze grains de sa bonté interieure par le mêlange d'une vingt-quatriéme portion de cuivre. On appelle *Denier de boiste*, Une piece d'or que les Gardes sont obligés de prendre de quatre cens, quand ils font la délivrance. Ils sont aussi obligés d'en prendre une d'argent sans aucun choix de soixante & douze marcs, & ces pieces sont mises dans une boîte qui ferme à trois clefs, & dont l'ancien Garde, l'Essayeur & le Maître doivent avoir chacun une. On les emboîte, afin qu'elles servent dans la suite au jugement que la Cour des Monnoyes doit faire des especes qui ont été fabriquées & délivrées au Maître. On appelle encore *Deniers courans*, les Especes nouvellement fabriquées, & que le Maître a exposées dans le commerce après qu'on lui en a fait la délivrance. On peut connoître les divers emplois du mot de *Denier*, en fait de monnoye, en supposant que le Roi en eût fait battre une à dix deniers de cours, un denier de poids, cinq deniers d'alloi, & quatre-vingts deniers de taille. Ce seroit une monnoye dont chaque piece vaudroit dix deniers tournois, comme étoient les Carolus. Son poids seroit d'un denier, c'est-à-dire, de la vingt-quatriéme partie d'une once. Elle auroit cinq deniers d'argent fin allié avec sept deniers de cuivre ; & il y en auroit quatre-vingts pieces au marc.

On appelle en Angleterre, *Denier de S. Pierre*, une Imposition d'un denier sur chaque maison, pour être payé au Pape par forme d'offrande, de redevance ou d'aumône. Le Roi Ina l'établit en l'an 740. & on l'appelle encore à present *Rome-peni*, ou *Romescoth*.

DENOMINATEUR. f. m. Terme d'Arithmetique. Toute fraction étant exprimée par deux nombres, le second s'appelle *Dénominateur*. Ainsi dans ces fractions $\frac{1}{2}$, $\frac{2}{3}$, 3. & 5. sont les Dénominateurs. Voyez FRACTION.

DENOY. f. m. Vieux mot. Refus.

DENQUI. Vieux mot qui signifioit *Delà*.

DENT. *Petit os qui tient à la mâchoire de l'animal, & qui lui sert à mâcher.* ACAD. FR. Ce mot se dit de plusieurs choses faites par art qui ressemblent à des dents. *Les dents d'une scie, d'une horloge, d'une lime.* On dit aussi, *Les dents d'un peigne, d'une roue de moulin, d'une herse, d'un râteau.*

Dent de passement. Pointes d'ouvrages qui sont sur les bords du passement. On les appelle aussi *Engrelures*.

Dent de chien. Les Sculpteurs appellent ainsi un Couteau fendu par le bout, qui se divise en deux pointes ; ce qui le fait appeller autrement *Doublepointe*. Les Doreurs appellent aussi *Dent de chien*, ou *Dent de loup*, un Instrument qui a la pointe courbée, & dont ils se servent, quand l'or est bien sec, à le brunir dans les lieux où ils jugent qu'il est à propos de le faire, pour mieux dégager, faire sortir & paroître toutes les parties de l'ouvrage. Il leur sert aussi avant que de brunir à enfoncer tout l'or dans les creux, où l'on a oublié de l'enfoncer avec le pinceau.

Dent de loup. Especes de gros clous qui servent à attacher les poteaux des cloisons.

DENTALE. adj. f. Il ne se dit gueres que de certaines lettres que les Hebreux appellent *Lettres dentales*, à cause qu'elles se prononcent avec l'aide des dents.

DENTALIUM. f. m. Petite coquille, dans laquelle un petit vermiſſeau a de coûtume de loger, y entrant & en ſortant quand bon lui ſemble. Elle eſt longuette, ronde & blanche, courbée, pointue au-dehors & fort polie au-dedans. Elle a les proprietés des autres coquilles de poiſſon, qui eſt de deſſecher, de provoquer la ſueur & de déterger, ſi on les prend interieurement pulveriſées toutes crues ou calcinées ; & de nettoyer & blanchir les dents, ſi on les applique exterieurement.

DENTARIA. ſ. f. Quelques-uns nomment la Sanicle, *Dentaria major*, à cauſe que ſes racines ont quelque forme de dent. Il y a une autre plante appellée *Dentaria major*, qui croît au commencement du Printems dans les forêts & aux autres lieux où les rayons du Soleil ne donnent point. Elle vient ſans feuilles ; ce qui l'a fait nommer ἄφυλλος par quelques-uns. Ses tiges ſont hautes d'un palme, tendres, frêles, pleines de jus, & ſemblables à celles d'Orobanche. Depuis le milieu juſques à leur cime, il en ſort des fleurs velues & purpurines, blanchâtres, accompagnées de petites feuilles preſque ſans couleur qui produiſent de petits boutons où eſt contenue une graine ſemblable à celle de pavot. Sa racine eſt blanche, grande, pleine de jus, frêle, & toute écaillée, ayant un goût acre mêlé d'amertume.

DENTE', E'E. adj. Terme de Blaſon. Il ſe dit des dents des animaux.

DENTE'E. ſ. f. Terme de Chaſſe. Coup ou atteinte des défenſes d'un Sanglier, qui éventre les chiens & les chevaux.

DENTELE', E'E. adj. Terme de Blaſon. Il ſe dit de la croix, de la bande & autres pieces qui ſont bordées de dents plus aigues & plus petites que les denchées. *D'azur à la croix dentelé d'argent.*

DENTICULE. ſ. f. Terme d'Architecture. Membre de la corniche Ionique & de la corniche Corinthienne qui eſt quarré & recoupé par pluſieurs entailles en forme d'un rang de dents. On appelle *Denticules en guillochis*, Celles qui ſont faites d'une petite platte-bande continue, & qui retournent d'équerre par en haut & par en bas. On dit auſſi *Dentelet*.

DENTIFRICE. ſ. m. Remede avec lequel on ſe frote les dents. Il y en a de ſecs & d'humides. Les derniers ſont tirés par diſtillation d'herbes deſſechantes, & de médicamens aſtringens ; & pour les autres, il y en a quelques-uns en maniere d'opiate, ou de poudre ſeche groſſierement dépayſée, comme coraux, pierre ponce, du ſel, de l'alun, coquilles d'œufs, d'eſcargots ou d'écreviſſes, corne de cerf, os de ſeche ou de racines cuites avec alun ; & ſechées au four. Ce mot eſt Latin, & vient de *Dens*, Dent, & de *Fricare*, Froter.

DEP

DEPARTEMENT. ſ. m. Terme d'Architecture. Premiere partie du Devis, qui conſiſte dans l'ordonnance & deſcription des membres, chambres & parties dont eſt compoſé un bâtiment, en un plus grand ou plus petit nombre de pieces, ſelon leurs grandeurs, ſuivant la difference des perſonnes qui les doivent occuper.

DEPASSER. v. a. On dit en termes de Mer *Dépaſſer un Vaiſſeau*, pour dire, Aller plus vîte que ce Vaiſſeau, & le laiſſer de l'arriere. On dit auſſi *Dépaſſer le tournevire*, pour dire, Le changer de côté. On dit encore *Dépaſſer*, pour dire, Paſſer contre ſon intention au-delà de quelque endroit d'une Côte, où l'on vouloit donner fond.

DEPENDANT. adj. Terme de Marine, qui ne s'em-

ploie qu'avec les verbes *tomber* & *venir*. On dit qu'*Un Vaiſſeau tombe en dépendant*, pour dire, qu'il s'approche à petites voiles, & fait vent arriere pour arriver ; & l'on dit qu'*Il vient en dépendant*, pour dire, qu'il eſt au vent d'un autre Vaiſſeau, & qu'afin de le reconnoître, il s'en approche peu à peu en tenant toûjours le vent.

DEPERDITION. ſ. f. Terme dont les Chirurgiens ſe ſervent ordinairement dans leurs rapports. Ils diſent d'une plaie, qu'*Il y a déperdition*, quand ils y trouvent la chair entamée.

DEPLANTOIR. ſ. m. Outil dont les Jardiniers ſe ſervent à déplanter ou à replanter leurs Tulippes & autres plantes.

DEPORT. ſ. m. Droit que quelques Evêques ont eu de certains Dioceſes, de jouir pendant un an du revenu des Cures qui vaquent par mort, en les faiſant deſſervir. Ils en jouiſſent auſſi pendant le litige, quand elles ſont conteſtées. *Déport* ſe dit auſſi en matiere Feodale. C'eſt la premiere année de jouiſſance d'un Fief ouvert, qui appartient au Seigneur.

On dit quelquefois au Palais, *Amende payable ſans déport*, pour dire, Amende qu'il faut payer ſur le champ, & ſans ſortir delà.

Déport eſt auſſi un mot du vieux langage, & l'on a dit, *A grand déport*, pour dire, Fort vîte, à grande hâte.

Par mer nagent à grand déport.

DEPOST. ſ. m. Terme de Médecin. Epaiſſeur & mare qu'on voit au fond des urines. *Le dépôt de l'urine.*

DEPREDATION. ſ. f. Terme de Palais. Pillage qui ſe fait dans une ſucceſſion ou diſtribution de deniers. Il vient de la particule Latine *de*, & de *Præda*, Proye, butin. On dit auſſi *Dépredé*, & ce mot ſe trouve dans l'ordonnance de la Marine, en parlant des marchandiſes que l'on a pillées dans un Vaiſſeau.

DEPRESSION. ſ. f. Terme de Phyſique. Abaiſſement, ſerrement qui arrive à un corps qui eſt ſerré & comprimé par un autre.

DEPRI. ſ. m. Terme de Finance. Déclaration qu'il faut aller faire au Bureau des Aides, du lieu d'où l'on veut faire tranſporter ſon vin, pour le vendre ailleurs en ſe ſoumettant d'en venir payer le gros, ſelon le prix qu'on l'aura vendu. Ce mot s'étend aux autres déclarations qu'on fait aux Bureaux, des autres marchandiſes qu'on tranſporte, pour en devoir payer les droits de Douane, ou des beſtiaux que l'on fait paſſer debout dans les Villes, ſans rien payer pour l'entrée. On fait venir le mot de *Depris* de *Deprecari*, à cauſe qu'on va prier le Fermier de permettre le tranſport. Il y en a qui le tirent de *Profiteri*, Déclarer, avouer, à cauſe qu'en Latin on appelle *Merces profeſſa*. Les marchandiſes qui ont été ainſi déclarées.

Depris, eſt auſſi un terme de Juriſprudence feodale, & ſignifie la déclaration qu'on fait au Seigneur, de l'acquiſition d'un heritage mouvant de lui, dont on paye les droits Seigneuriaux lui ſont dûs.

DEPROPRIEMENT. ſ. m. Terme de l'Ordre de Malte. Il ſignifie le Teſtament du Grand Maître ou des Chevaliers.

DEPSER. v. a. Vieux mot. Parer ou fouler les draps. Il vient du Grec δέψω, qui veut dire, Peau, ſelon Suidas, ou du verbe δέψω, J'amollis, à la maniere de ceux qui amolliſſent le cuir.

DEPUTAIRE. adj. Vieux mot. Sorte d'injure.

Fuyez d'ici ; gent députaire.

S ſ iij

DEQ

DEQUEURIR. v. n. Vieux mot. Découler. On disoit *Dequeurt*, pour dire, Découle.

DER

DERADER. v. n. Terme de Marine. On dit qu'*Un Vaisseau a déradé*, pour dire, que Le gros tems l'a forcé de quitter la Rade où il étoit mouillé, & à entrainer son ancre avec lui.

DERANGER. v. a. On dit en termes de Mer, *Déranger la bonnete*, pour dire, La déboutonner du corps de la voile.

DERAYURE. s. f. Terme de Laboureur. Raye qui sépare les sillons. C'est la derniere que l'on fait lorsqu'on laboure.

DERIVATION. s. f. Terme de Marine. Sortir hors de sa route. *Canal de dérivation*, est celui par où l'on conduit, & où l'on amasse des eaux, pour les porter & les conduire dans un reservoir.

    Dérivation est aussi un terme de Medecine, & signifie la saignée qui se fait en quelque endroit, proche la partie où est l'inflammation. On l'appelle ainsi parce que dans cette saignée on ouvre les veines par lesquelles le sang arrêté doit naturellement s'en retourner. Ainsi dans l'esquinancie, la saignée des ranules, c'est-à-dire, des veines de dessous la langue, est une Dérivation, parce que c'est par elles que le sang arrêté autour de la gorge doit être repris & reporté au cœur.

DERIVE. s. f. Biaisement du cours d'un Vaisseau qui ne porte pas à route. Détour de son vrai chemin, que la violence des vents, des courans ou de la marée le contraint de faire. On dit qu'*Il y a belle dérive*, pour dire, qu'Un Vaisseau est en un lieu assés éloigné des Côtes, pour n'avoir rien à craindre à la cape ou lorsqu'il dérive. On dit *Avoir un quart de dérive*, pour dire, Perdre un quart de vent sur la route qu'on veut faire. On dit aussi que *La dérive vaut la route*, pour dire, que Le détour que prend le Vaisseau porte au chemin qu'il veut faire ; & on dit, par demande, *Que veut la dérive*, quand on veut sçavoir à quel air de vent la dérive porte.

    Dérive, se dit encore, non seulement de la quantité de brasses que celui qui sonde trouve entre le lieu où l'on a jetté le plomb, & celui où est le Vaisseau : mais aussi d'un assemblage de planches faites exprès, que les Navigateurs du Nord mettent au côté de leurs petits bâtimens, afin d'empêcher qu'ils ne dérivent.

DERIVER. v. n. Sortir de sa route par la violence des vents, des courans, ou de la marée. On dit d'un Vaisseau, qu'*Il se laisse dériver*, pour dire, qu'Il s'abandonne au gré des vents & des vagues.

    Dériver, signifie aussi, Tirer l'eau d'une source, pour la conduire dans quelque canal.

DERME. s. m. Terme de Medecine. Le cuir ou la peau de l'homme. C'est la plus ample & la plus épaisse de toutes les membranes. Ce mot vient de δέρμα, Cuir, peau, tiré de δέρω, Ecorcher.

DEROBÉ. adj. On appelle en termes de Manége, *Pié dérobé*, le pié d'un cheval, qui à force de marcher pié nud, a usé toute sa corne, en sorte qu'on ne peut plus le ferrer qu'avec grande peine.

DEROBEMENT. s. m. Terme de Maçon. Voute faite par dérobement, ou avec panneaux, se dit de deux manieres de couper les pierres pour former les arcs.

DEROBER. v. a. On dit en termes de Marine, *Dérober le vent*, lorsqu'un Vaisseau étant au vent

d'un autre, l'empêche de recevoir le vent dans ses voiles.

DEROCHER. v. a. Terme de Fauconnerie. Il se dit des grands oiseaux, qui en poursuivant les bêtes à quatre piés, les contraignent à se précipiter de la pointe des rochers, afin de ne pas tomber dans leurs serres. On dit aussi *Déroquer*, & ce dernier mot a signifié autrefois Abattre, faire tomber. *Déroquer une maison, déroquer un homme.*

DEROMPRE. v. a. Il se dit d'un oiseau de proye qui fond sur un autre, & qui rompt son vol & l'étourdit, en lui donnant un si grand coup de ses cuisses & de ses serres, qu'il le meurtrit & le fait tomber à terre tout brisé.

DEROS. adj. On trouve ce mot dans le vieux langage, pour dire, *Rompus*. Il vient de *Ruptus*, comme si on disoit *Dérouts*. On a dit aussi *Doëroups*.

DEROYER. v. a. Vieux mot. Dévoyer, mettre hors de sa route. *Déroyé*, qui s'est égaré, qui a perdu sa route. On appelloit aussi les foux *Déroyés*, parce qu'ils ne suivent pas les chemins accoûtumés, & qu'ils courent par les champs. Ce mot est composé de la particule *de* & de *roye*, Orniere, sentier.

    On a dit aussi *Se déroyer*, pour dire, Se mettre en déroute. *Les Gregeois qui trop se déroyent.*

DEROYS. s. m. Déconfiture, desordre.
    Jusqu'à Cologne fu, là il fit maint derois.

DERRAAIN. adj. Dernier. Vieux mot. On a dit *Derrain*, *derrenier*, & *defrein*.

DERS. s. m. Vieux mot. Ciel ou dais tendu sur la table du Roi. On a dit aussi *Derselet*, pour signifier la même chose.

DERU. s. m. Vieux mot, qu'on a dit pour signifier un Chêne. Il vient du Grec δρῦς, qui veut dire la même chose.

DERVE', e's. adj. Vieux mot. Fol, sot, impertinent. *Elle corut comme dervée*. On a dit aussi *Derver*, pour dire, Devenir fou, du Latin *Deviare*, Se dévoyer ; & *Derverie*, pour, Folie.
    Onques mes à Jor de cest monde
    Ne fut tel derverie faite.

DES

DESACOINTIE'. Mot du vieux langage, qui a été dit, pour signifier Qui est moins ami que de coûtume.

DESAFFOURCHER. v. n. Terme de Marine. Lever l'ancre d'affourche, & la rapporter à bord.

DESAISE. s. m. Vieux mot. Incommodité, malaise.

DESAMPARER. v. a. On dit en termes de Marine, *Desamparer un Vaisseau*, pour dire, Le démâter, ruiner ses manœuvres, & le mettre hors de service en lui ôtant ses agrés.

DESARME', e's. adj. Terme de Blason. Il se dit de l'Aigle qui n'a point d'ongles.

DESARMEMENT. s. m. Terme de Marine. Licentiement de l'équipage d'un Vaisseau, & le transport de ses agrés dans un magasin.

DESARMER. v. a. On dit en termes de Marine, *Désarmer un Vaisseau*, pour dire, Le dégarnir, lui ôter son artillerie & son équipage, & mettre ses agreils dans le magasin, en sorte qu'il demeure inutile dans le port. On dit, *Désarmer un canon*, pour dire, En ôter le boulet.

    On dit aussi en termes de Manége, *Désarmer les lévres d'un Cheval*, pour dire, Les tenir sujettes & hors de dessus la barre, lorsqu'elles sont assés grosses pour la couvrir, & qu'elles lui ôtent le vrai appui de la bouche, ce que font les grosses lévres, qui en foûtenant le mords , empêchent que le Cheval ne fe fente fur la barre.

DESARNIR. v. a. Vieux mot. Defenharnacher.

DESBUCHER. v. n. Terme de Venerie, qui fe dit du gros gibier , quand il fort du bois où il s'étoit retiré , ou qu'il fort du buiffon dont il avoit fait fon fort.

DESCALANGE'. Vieux mot. Borel dit que felon Ragueau il fignifie , Qui eft hors de prifon , mais qu'il croit qu'il veut dire , Rétabli en fon honneur , quand celui qui a noirci un homme par quelque accufation , fe trouve obligé de fe dédire , & de declarer qu'il le reconnoît pour homme de bien.

DESCENDRE. v. n. *Etre porté , fe mouvoir , paffer de haut en bas.* ACAD. FR.

On emploie le verbe *Defcendre* activement en termes de mer , & l'on dit *Defcendre un Vaiffeau* , pour dire , Le faire fortir de la riviere ou du port.

On dit en termes de Guerre , *Defcendre la tranchée* , pour dire , Defcendre de la garde de la tranchée ; ce qui fe fait quand les Troupes qui l'avoient montée fe retirent , & cedent la place à d'autres.

On dit *Defcendre un tut ou quelque autre inftrument d'un ton* , pour dire , En relâcher les cordes , & accorder l'Inftrument fur un ton plus bas.

DESCENSION. f. f. Terme d'Aftronomie. Voyez ASCENSION.

DESCENTE. f. f. *Mouvement de ce lui qui defcend ou de ce qui eft defcendu.* ACAD. FR.

On appelle *Defcentes* en termes de Guerre , les enfoncemens , les tailladés qu'on fait par des fappes , dans les terres de la contrefcarpe , au-deffous du chemin couvert. Comme les feux d'artifice leur pourroient nuire , on en empêche l'effet en les couvrant de clayes & de madriers avec des terres deffus. On fait les *Defcentes* à fleur d'eau aux foffés pleins d'eau , après quoi on comble le foffé avec des fafcines bien affermies & chargées de terre. On pouffe les fappes jufqu'au fond pour les foffés fecs , & on y fait des traverfes , foit qu'on vueille s'y loger ou favorifer le Mineur.

Les Imagers appellent *Defcente de Croix* , Une Eftampe qui reprefente la maniere dont le Sauveur du Monde fut defcendu de la Croix.

Defcente , fe dit en termes de Medecine , d'une maladie que l'on appelle autrement *Hernie.* Ce n'eft autre chofe que la Defcente d'un boyau dans le fcroton.

Les Plombiers appellent *Defcente* , un tuyau de plomb , mis dans une cour le long du mur , par où defcend l'eau qui tombe des chêneaux.

Defcente en termes d'Architecture , eft une voûte rampante qui couvre une rampe d'efcalier. Il fe dit auffi de la rampe même. On appelle *Defcente biaife* , celle qui eft de côté dans un mur , & dont les piédroits de l'entrée ne font pas d'équerre avec le mur de face.

Defcente , eft encore un terme de Fauconnerie , & il fe dit de l'oifeau qui fond impetueufement fur le gibier.

DESCHARGE. f. f. Terme de Charpenterie. Piece de bois que l'on pofe de travers dans l'affemblage d'une cloifon ou d'un pan de bois afin de foûtenir la charge.

Les Serruriers appellent *Décharge* , une groffe barre pofée obliquement dans une porte de fer en forme de traverfe. Elle fert à entretenir les barreaux , & empêche que le chaffis ne puiffe fortir de fon équerre.

On appelle *Décharge d'eau* dans un Jardin , le baffin où les eaux fe rendent après qu'on a fait jouer

les fontaines. *Décharge d'eau* , fe dit auffi de deux tuyaux dans un baffin de fontaine. L'un a une foupape , & fert à faire écouler l'eau qui eft dans le fond. L'autre eft foudé , & au bord du même baffin , & fon ufage eft de regler la fuperficie de l'eau à une certaine hauteur.

DESCHARGEOIR. f. m. Terme de Tifferand. Piece de bois ronde , autour de laquelle on roule la befogne qu'on leve de deffus la poitriniere.

DESCHARGER. v. a. *Oter la charge , le fardeau qu'une perfonne , qu'une chofe portoit.* ACAD. FR.

On dit en termes de Charpenterie *Décharger une poutre* , pour dire , Soulager une poutre par des poinçons & des forces , ou autres moyens , quand elle a trop de portée.

On dit en termes de Mer *Décharger les voiles* , pour dire , Oter le vent de deffus les voiles pour les mettre dedans.

DESCHARGEUR. f. m. Officier de Ville , qui eft commis fur les Ports pour décharger les Vaiffeaux qui y arrivent. On appelle *Déchargeurs de vin* , des Tonneliers qui font prépofés à mettre à terre les pieces de vin que les Bourgeois ont achetées dans quelque bateau. Ils fe fervent pour cela de groffes pieces de bois qu'ils nomment *Chemin.* Il y a auffi des *Déchargeurs d'Artillerie.* Ils font du nombre des Officiers qui vont à la fuite de l'Artillerie.

DESCHAUSSE', E'E. adj. On appelle *Déchauffés* , Certains Religieux qui vivent dans une reforme plus étroite, & qui ne portent point de chauffes. *Auguftins Déchauffés , Carmes Déchauffés* ,

On dit qu'*Un Bâtiment eft déchauffé* , lorfqu'on voit quelqu'une de fes fondations dégradée. On dit de même d'une pile de pont , qu'*Elle eft déchauffée* , quand il n'y a plus de terre par le haut entre les pieux , & que l'eau a dégravoyé fous pilotage.

DESCHAUSSER. v. a. Oter la chauffure des piés & des jambes. On dit , en termes de Jardinage , *Déchauffer un arbre* , pour dire , Le labourer au pié pour y mettre du fumier , ou en changer la terre , afin qu'il rapporte plus de fruit.

Déchauffer. Terme de Rotiffeur. Faire revenir la volaille fur le gril , & en ôter la plus groffe peau qui eft fur fes piés.

DESCHAUSSOIR. f. m. Terme de Chirurgie. Fer pointu & taillant qui fert à féparer les gencives & à déchauffer les dents gâtées pour les arracher plus facilement.

DESCHAUSSURES. f. f. Terme de Venerie. Il fe dit du lieu où le loup a gratté , où il s'eft déchauffé , & où il gît.

DESCIQUA. adv. Vieux mot , qui fignifie Jufques à , fuivant cet exemple :

Treftot l'a porfendu defciqua la corde.

DESCOMBRER. v. a. Vieux mot que Nicod dit être compofé de *Des* & de *Combrer* , pour fignifier , Mettre à délivrance une chofe où empêchement a été donné ; comme fi on difoit , Oter le combre , ou encombre , ou empêchement. *Et par confequent* , ajoûte-t'il , *eft prins auffi pour garantir & en cette fignification étoit ufité envers les Notaires même du pays de Normandie ès contrats où garantie étoit promife.* Et a promis garantir & décombrer le fief que lui vendu , envers tous , de tous troubles & empêchemens quelconques. Ainfi Bref de mariage encombré, *qui eft à faire defcombrer l'encombre y foit ou mis.*

DESCOUPLE. f. m. Terme de Chaffe. Le Defcouple eft quand on lâche & defcouple les chiens après la bête au laiffer courre , ou au reais. Fouillous parlant des chiens gris : *Au partir du defcou-*

ple ils les doivent piquer le plus froidement qu'ils pourront avec peu de bruit, à cause qu'ils sont ardents & outrepassent les routes ou voies de la bête qu'ils courent.

DESCOURABLE. adj. Vieux mot. Qui s'échape aisément du lieu où il a été mis. Il se trouve au figuré dans un Traité des Amortissemens francs & nouveaux acquêts, & l'Auteur l'y emploie en parlant de la memoire, pour dire, Labile. *La memoire de l'homme est fort fluxible & descourable.*

DESCOUVERTE. s. f. On dit en termes de Marine, *Etre à la découverte,* pour dire, Etre de garde ou en sentinelle au haut du mât.

DESCROIS. s. m. Vieux mot qui s'est dit dans la Marine, pour, Détroit de mer. Borel en donne pour exemple *Descrois de Maroc,* qui vouloit dire, Détroit de Gibraltar.

DESCRUER. v. a. Terme de Teinture. On dit, *Descruer le fil écru,* pour dire, Le lessiver avec bonnes cendres, & le laver en eau tiede avant que de le teindre.

DESENEURER. v. a. Vieux mot. Rendre quelqu'un malheureux, lui ôter son bonheur.
Que les hommes en bon verse,
Et les deseneure & greve.

DESERGOTER. v. a. Terme de Manége. On dit, *Desergoter un cheval,* pour dire, Fendre l'argot d'un cheval jusqu'au vif avec un bistouri, pour en arracher une vessie pleine d'eau que l'argot couvre. Cette operation qu'on fait quelquefois aux quatre jambes d'un cheval, empêche qu'il n'y vienne des eaux & autres ordures.

DESERTER. v. a. On dit, en termes de mer, *Deserter quelqu'un,* pour dire, Ne le vouloir point ramener dans le Vaisseau, & le laisser malgré lui dans un pays étranger.
On dit abusivement, *Deserter un morceau de terre,* pour dire, Le défricher. Cela vient de *Dessarter,* pour, Essarter.

DESERTION. s. f. Terme de Palais. Il se dit de la negligence qu'on a de relever dans les trois mois un appel que l'on a interjetté. *On ne doit point laisser tomber un appel en desertion, si on ne veut en être déchu.*

DESERVIR. v. a. Vieux mot. Meriter. *Il te fera porter les peines que bien as deservies.*

DESESPERANCE. s. f. Vieux mot, qui a été dit pour Perte d'espoir.
Plaine d'angoisse & de pesance
De duel & de desesperance.

DESEVRER. Vieux mot. Rompre, quitter.
Ainsi la paix fut pourparlée,
Et la bataille desevrée.
Ce mot est venu du Latin *Deserere,* Abandonner. Borel veut que *Sevrer un Enfant* vienne delà. On trouve ce même mot dans la signification de Separer.
Non ques pour ce mon cuer ne fu partis
Ne desevrez de ma douce ennemie.

DESGIGLER. v. a. Vieux mot. Borel dit qu'il croit que *Desgigler* veuille dire, Deshabiller.

DESGOURDELI. Mot du vieux langage qui se trouve dans la signification d'Habile.

DESHERENCE. s. f. Terme de Pratique. Droit qu'a le Seigneur de fief de se mettre en possession des biens vacans du défunt à qui ce fief a appartenu, lorsqu'on ne voit point d'heritiers qui le reclament.

DESIRIER. s. m. Vieux mot, qui a été dit pour, Desir.

DESJUGIER. v. a. Vieux mot. Juger.

DESLOER. v. a. Vieux mot. Blâmer.

DESOPILATIF. adj. Terme de Medecine. Il se dit d'un remede qui amollit, qui resoud, & qui ôte les obstructions.

DESOPILER. v. a. Oter les obstructions que les mauvaises humeurs qui se sont arrêtées dans quelque conduit du corps de l'homme ont pû y causer.

DESOPILATION. s. f. Action de desopiler.

DESOR. Vieux mot. Dorénavant. *Desor en bel accueil garder.* On a dit aussi *Desore,* pour dire, Par dessus; & *Aldesor,* pour dire, A l'étroit.

DESPENSIER. s. m. Terme de Couvent. Religieux qui a soin de la dépense, qui distribue le pain & le vin aux autres Religieux. Il y a aussi un Office de Dépensiere dans les Communautés des Religieuses.

DESPOTE. s. m. Titre d'honneur qu'on donne aux Princes de Valaquie, & à quelques autres Princes voisins. Il vient du Grec δεσπότης, qui veut dire, Maître, Seigneur. *Despote,* étoit une dignité dans la Cour des Empereurs d'Orient. Ils se sont eux-mêmes quelquefois donné ce titre, & on le trouve sur les monnoyes d'Alexis, & de Manuel Comnene.

DESPOTIQUE. adj. Qui tient du Maître. *Autorité despotique, gouvernement despotique.*

DESPOTIQUEMENT. adv. D'une maniere despotique, & qui sent le maître. *Gouverner despotiquement.*

DESPOUILLE. s. f. Terme d'Ouvriers. On dit qu'*Une chose est taillée en dépouille,* pour dire, qu'Elle va en augmentant vers le talon ou le manche.

DESPOUILLER. v. a. Terme de Sculpteur, & de Mouleur en plâtre. On dit, *Dépouiller une figure moulée,* pour dire, Oter toutes les pieces du moule qui environnent cette figure, & qui ont servi à la former.

DESPUMATION. s. f. Terme de Pharmacie. Action par laquelle on ôte l'écume qui surnage aux médicamens; on se sert pour cela d'une cuillier ou d'une plume.

DESPUMER. v. a. Oter l'écume d'un médicament, ou toute autre ordure & impureté que la force du feu sépare de sa substance.

DESPUTOISON. s. f. Vieux mot. Dispute.

DESRENEMENT. s. m. Vieux mot. Sentence, arbitrage.
Ains dit, puisque par jugement
Vouler faire desrenement
D'avoir, &c.

DESRENER. v. a. Vieux mot. Se purger, se justifier d'un crime dont on est accusé. *Ce mot,* dit Nicod, *est usité au Coûtumier de Normandie, comme au titre de Haro.* A ce cri doivent issir tous ceux qui l'ont oui; autrement sont tenus à l'amende au Prince, ou s'en desrener qu'ils n'ont pas oui le cri s'ils en sont accusés. *C'est se purger par serment, & autrement par enquête. Ce mot peut venir de Rehen, qui signifie Otage & gage de paix. Aussi le droit des Normands les astreint à gager & pleger, comme si l'on disoit Desherener, c'est-à-dire, Desostager, retirer son ôtage & son gage, par se dûement purger de crime imposé, jusques à la declaration de l'innocence duquel, le gage ou plege demeurent au pouvoir de justice.*

DESRESON. s. f. Vieux mot. Tort, injure, ce qui est contraire à la raison. On a dit aussi *Desroison.* Ce mot a formé *déraisonnable.*

DESRUNER. v. a. Vieux mot. Renverser une chose bien agencée.

DESSECHER. v. a. Terme de Pharmacie. Consumer l'humidité des médicamens, qui étant nuisible ou superflue

superflue, y cauſeroit de la pourriture, & empêchant qu'on ne les pût mettre en poudre ﬀuſque-
roit, & ſurmonteroit la chaleur.

DESSEIN. ſ. m. Partie de la Peinture, qui a pour
objet la figure des corps que l'on repreſente, & que
l'on fait voir tels qu'ils paroiſſent ſimplement avec
des lignes. Le *Deſſein baché*, eſt celui dont des lignes ſenſibles & le plus ſouvent croiſées expriment
les ombres. On les trace avec la plume, le crayon,
ou le burin. On appelle *Deſſein eſtampé*, celui dont
les ombres ſont faites avec du crayon frotté, en
ſorte qu'on n'y voye aucunes lignes. Les grains du
crayon paroiſſent dans le *Deſſein gravé*. Ce crayon
n'eſt point frotté. Il y a auſſi un *Deſſein au trait*. Il
eſt tracé au crayon ou à l'encre & n'a aucune ombre. Le *Deſſein lavé*, eſt celui où les ombres ſont
faites au pinceau avec le biſtre où l'encre de la Chine, & le *Deſſein coloré*, eſt celui où ſont employées
quelques couleurs à peu près ſemblables à celles
qu'on doit employer dans l'original. *Deſſeins arrêtés*, ſont ceux dont les contours des figures ſont
achevés.

DESSERTE. Vieux mot. Ce qu'on a merité par ſes
actions bonnes ou mauvaiſes.

Tu es ſi bon que ſelon leurs deſſertes ,
Point ne leur veux donner le châtiment.

On dit auſſi *Deſſervir*, dans le même ſens.

C'eſt bien droit qui mauvez ſert ,
Mauvais guerredon en deſſert.

DESSEURE. Vieux mot dont on s'eſt ſervi pour dire,
Deſſous.

DESSOIVER. Vieux mot. Déſalterer, étancher
la ſoif.

DESSICATIF, IVE. adj. Terme de Medecine.
Qui a la force de deſſecher. Il y a un onguent deſſi-
ſiccatif, qu'on appelle *Deſſicativum rubrum* , qui
refrigere , fortifie , arrête les fluxions , reſout &
conſume les humeurs ſuperflues, & deſſeche les ulceres.

DESSINATEUR. ſ. m. Celui qui dans l'Architecture deſſine & met au net les plans, les profils & les élevations des bâtimens ſur les meſures
qu'on lui a données, ou que l'on a laiſſées à ſon
choix. On donne ce même nom à celui qui fait
des ornemens pour des ouvrages de toute autre
ſorte.

DESSUS. ſ. m. La partie la plus haute du chant. On
fait quelquefois deux deſſus, dont l'un s'appelle *Le
premier deſſus*, & l'autre *Le ſecond deſſus.*

On dit, en termes de Marine, qu'*Un Vaiſſeau a
gagné le deſſus du vent* , pour dire, qu'il a pris l'a-
vantage du vent.

DESTOR. ſ. m. Vieux mot. Obſtacle, trouble, empêchement. On a dit auſſi *Deſtourbement* & *deſtour-
bier* dans cette ſignification. & *Deſtourber*, pour ,
Détourner, du Latin *Diſturbium, diſturbare.*

DESTOURNER. v. a. Eloigner , écarter , tourner
ailleurs. On dit *Détourner* , en termes de Chaſſe,
pour dire, Faire tout ce qu'il faut pour être aſſuré
qu'un cerf, un ſanglier, ou quelque autre bête
eſt dans le buiſſon autour duquel on fait les enceintes.

DESVERTOILE'. adj. Vieux mot. Ouvert. Borel dit
qu'il vient de *Vertoil* , qui ſignifioit autrefois le loquet d'un huis , du Latin *Verticillum.*

DESTRIER. ſ. m. Vieux mot. Grand cheval de guerre , qu'on a auſſi nommé *Courſier*, ou Cheval de
lance ou de ſervice. Selon Monſtrelet, ces ſortes de
chevaux s'appelloient encore *Courtauts* , *doubles
Courtauts* , & *Courſerots*. Le mot *Deſtrier* a été fait
de *Dextrier*, venu du Latin *Dextrarius*, à cauſe
qu'on le menoit en main, *Ad dexteram*. Borel, qui

Tome I.

donne cette étymologie, dit que le Deſtrier ou Cheval d'armes n'étoit pas la même choſe que le Pale-
froi , qui n'étoit qu'un ſimple cheval.

C'eſt auſſi un gros Marteau dont ſe ſervent les
Forgerons pendant que d'autres frappent à deux
mains avec de plus gros. Le Maître tient la piece
avec la main gauche , & ſon Deſtrier de la droite.

DESTROIS. adj. Vieux mot. Triſte , abattu , mélancolique. On dit auſſi *Deſtreins*. C'eſt delà qu'on
a dit auſſi *Détreſſe*, pour dire, Angoiſſe , extrémité
fâcheuſe. *Etre en grand' détreſſe*. Villehardouin a
employé *Détreſſe* , pour , Diſette.

DESTROIT. ſ. m. Bras de mer qui ſépare deux terres fermes, & en general tout lieu étroit où l'on
paſſe difficilement , ſoit ſur la mer & ſur les rivieres , ſoit en pays de montagnes. Il ſe dit auſſi des
Iſthmes ou Langues de terre, qui étant entre deux
mers en empêchent la communication. *Le Détroit
de Corinthe.*

DESTRUIMENT. ſ. m. Vieux mot. Deſtruction.

DESVIER. Mot du vieux langage qui a ſignifié s'E-
garer.

DESVOYER. v. a. Terme de Charpenterie. On
dit *Deſvoyer une ligne* ou *une piece d'aſſemblage* ,
pour dire, La détourner , la mettre hors de l'équerre de ſon plan. On dit auſſi *Deſvoyer un tenon* , lorſqu'on trouve dans le bois quelque nœud ou autre
choſe qui oblige à le détourner. *Deſvoyer*, ſe dit
encore d'une chauſſe d'aiſance ou d'un tuyau , ſoit
de deſcente ou de cheminée, lorſqu'on les détourne de leur aplomb.

DET

DETACHE', E'E. adj. On dit d'un tableau , que
Ses figures ſont bien détachées , lorſqu'elles ſont
bien dégagées l'une de l'autre , & ſans aucune confuſion , en ſorte qu'elles ſemblent être de relief.

On appelle, en termes de Fortification , *Pieces
détachées* , Les œuvres qui ſont ſéparées du corps
de la Place , demi-lunes , ravelins , ouvrages à corne , & baſtions même.

DETACHEMENT. ſ. Terme de guerre. Corps particulier de gens de guerre qu'on tire d'un plus grand
corps ou de pluſieurs autres , ſoit pour employer
aux attaques d'un ſiege , ſoit pour faire tenir
la campagne. D'ordinaire les Détachemens que l'on
commande pour les attaques d'un ſiege , ſont moins
forts que ceux qu'on fait marcher en campagne , &
qui quelquefois ſont des camps volans, peu differens d'une armée.

DETALINGUER. v. n. Terme de Marine. Oter les
cables d'un ancre.

DETERGER. v. a. Terme de Medecine. Nettoyer ,
mondifier , emporter les humeurs ſales & corrompues.

DETERSIFS. ſ. m. p. Médicamens qui ont la faculté
d'entraîner les humeurs lentes & glutineuſes, adhe-
rentes au corps. Tels ſont le *Centaurium minus*, l'a-
grimoine, le chamædris, l'hyſſope , l'aurone, l'orge, le ſuc de limons, les racines de capres, le nitre,
le miel, le ſucre, le petit lait & autres. Ils ſont compoſés d'une matiere chaude, amere & ſalée au goût,
& qui eſt un peu deſſicative.

DETINE'E. ſ. f. Vieux mot que Borel croit avoir
ſignifié Permiſſion. Selon l'exemple qu'il en rapporte, il ſemble ſignifier Voie licite.

Iſſue ſuis par detinée ,
Et non mie par ribaudie.

DETONATION. ſ. f. Terme de Chymie. Action
que font les mineraux qui en commençant à s'é-
chauffer dans les creuſets , petent avec grand bruit,

T t

lorſque l'humidité qui y étoit renfermée s'en é-
chape.

DETONNER. v. n. Chaſſer le ſoufre impur & volatil des mineraux, en conſervant leur ſoufre fixe &
interne. On ſe ſert du ſalpêtre pour cette operation, en préparant l'antimoine & autres.

DETRAIGNER. v. n. p. Vieux mot. On a dit autrefois, Se détraigner de quelqu'un, pour dire, Se retirer de la ſocieté de quelqu'un, ne le plus tant frequenter. Or ne me ſçûs tant détraigner de lui, ſi
comme je vouloie.

DE TRAIRE. v. n. Vieux mot. Médire, détracter,
du Latin Detrahere.

DETREMPE. ſ. f. Terme de Peinture. Enduit de
couleurs détrempées avec de l'eau & de la colle,
ou bien avec de l'eau & des jaunes d'œufs battus
avec de petites branches de figuier, dont le lait ſe
mêle avec les œufs. Lorſque l'on peint en détrempe, toutes les couleurs ſont propres, à l'exception du blanc de chaux, qui ne ſert que pour la
fraîſque : mais on doit toûjours employer l'azur &
l'outremer avec de la colle faite de peaux de gands
ou de parchemin, à cauſe que les jaunes d'œufs
font verdir les couleurs bleues ; ce que la gomme
ni la colle ne font pas, ſoit que l'on travaille contre des murailles qui doivent être bien ſéches,
ſoit ſur des planches de bois. Avant qu'on y applique les couleurs, il eſt bon de leur donner deux
couches de colle toute chaude. On peur ne détremper ces couleurs qu'avec de la colle, la compoſition que l'on fait avec des œufs & du lait de
figuier n'étant que pour retoucher plus commodément, ſans avoir beſoin du feu, qui eſt neceſſaire
pour tenir la colle chaude. Quand on veut peindre
ſur de la toile, on en choiſit une qui ſoit vieille,
uſée à demi, & bien unie. On l'imprime de blanc
de craie ou de plâtre broyé avec de la colle de
gans ; & lorſque cette imprimure eſt ſéche, on
paſſe encore une couche de la même colle par
deſſus. Ce ſont les termes de M. Felibien, qui enſeigne la maniere dont il faut broyer toutes les couleurs.

DETENTE. ſ. f. On dit d'une Arme à feu, où la
coche de la noix tient trop, que la Detente eſt rude ou lente.

DE'TOUPER. v. On dit Détouper des terres, pour
dire, Oter les épines qui les cloſent, comme on
dit auſſi, Etouper, pour les clorre.

DETRIEZ. Vieux mot. Par derriere.

DETURPER. v. a. Vieux mot. Salir.

DEV

DEVANTURE. ſ. f. Le devant d'un ſiege d'aiſance, de pierre ou de plâtre, d'un appui ou d'une
mangeoire d'écurie. On appelle Devantures, des
plâtres de couverture que l'on met au haut des
tours, ou bien au-devant des ſouches de cheminée,
pour raccorder les ardoiſes ou les tuiles.

DEVELOPEMENT. ſ. m. Les Architectes appellent
Développement de deſſein, la Repreſentation de tous
les profils, de toutes les faces & parties d'un
deſſein de bâtiment. On dit, Faire le dévelope-
ment d'une piece de trait, pour dire, Se ſervir des
lignes de l'eſpure pour en lever les différens panneaux.

DEVELOPER. v. a. Oter l'envelope de quelque choſe, déployer une choſe envelopée. ACAD. FR.
  Développer, ſignifie, en termes d'Artiſan, Rapporter ſur un plan toutes les differentes faces d'une
pierre, & même les parties d'une voute. Il ſignifie
auſſi Dégroſſir du bois ou de la pierre, afin de leur

donner la taille ou la diſpoſition neceſſaire pour les
placer, ou en faire quelque ouvrage.

DEVELOPE'E, on ſous-entend Sigue, terme de Géometrie. Voyez EVOLUTION.

DEVENER. v. a. Vieux mot. Dévider du fil ſur un
devidoir.

DEVER, ou deſver. v. n. Vieux mot. Enrager, perdre le ſens, du Latin Deviare. C'eſt de-là qu'eſt
venu Endever, qui eſt encore dans la bouche du
petit peuple, pour dire, Enrager. Devé a auſſi été
dit pour, Fol.
  Si j'euſſe largeſſe blâmée,
  L'on me tiendroit bien pour devée.

DEVENTER. v. a. Terme de Marine. On dit Deventer les voiles, pour dire, Braſſer au vent, afin
d'empêcher que les voiles ne portent.

DEVERS. ſ. m. Terme de Charpentier. Le gauche
d'une piece de bois. On dit, Piquer, ou marquer du
bois ſuivant ſon devers, pour dire, Suivant ſon gau-
chiſſement, ſuivant ſa pente.

DEVERSER. v. a. On dit, Deverſer une piece de bois,
pour dire, La pancher, l'incliner. On appelle Bois
deverſé, du bois qui eſt gauche.

DEUGIES. Vieux mot. Joues ou gencives. Borel dit
que ce mot ſemble auſſi vouloir dire Maniables, ſuivant ces vers d'un Poëte ancien,
  Armes legieres & deugies
  En Egypte furent forgies.

DEVIATION. ſ. f. Terme d'Aſtronomie. Il ſe dit du
Déferent ou de l'Excentrique de Venus, ou de Mercure, qui ne gardant pas toûjours une même inclinaiſon à l'écliptique, comme font les trois Planetes
ſuperieures, s'approche quelquefois de l'Ecliptique, & quelquefois s'en éloigne. C'eſt ce qu'on appelle Deviation. La plus grande Deviation eſt de
ſeize minutes dans Mercure, & elle eſt ſeulement de
dix dans Venus.

DEVIDER. v. n. Terme de Manége. On dit qu'Un
cheval devide, pour dire, qu'Au lieu d'aller de
deux piſtes, comme il doit aller, il tâche de n'aller
que d'une. Cela ſe fait quand maniant ſur les voltes, ſes épaules vont trop vite, & que la croupe ne
ſuit pas ; ce qui arrive par la reſiſtance qu'il fait en
ſe défendant contre les talons, ou parce que le cavalier hâte trop la main.

DEVIE. ſ. f. Vieux mot. Trépas. Un ancien Poëte a
dit en parlant de Dieu.
  Qui peut tout & ſoûtient, & gouverne & chevit,
  Veille garder nos cœurs juſques à la devie.
  On a dit auſſi Devier, pour dire, Mourir, perdre la vie, de la particule de & du mot Vie. Et de-
via, ſi que perçevit les Anges qui l'emporterent à la
Majeſté du Ciel avec ſon Pere. On a dit auſſi Devié,
pour dire, Forcené, comme étant hors de la voie,
du Latin Deviare.

DEVIS. ſ. m. Qualité, ordre & diſpoſition des ouvrages d'Architecture. Quand on reçoit ces ouvrages on examine s'ils ſont conformes au Devis.

DEVISANCE. ſ. f. Vieux mot. On a dit La devi-
ſance des armes d'Achille, pour dire, Le blaſon
de ſes armes.

DEVISE. ſ. f. Terme de Blaſon. Il ſe dit en general
des chiffres, des caracteres, des rebus, & des ſen-
tences en peu de mots, qui par figure ou par alluſion, avec les noms des perſonnes ou des familles,
en font connoître la nobleſſe ou les qualités. Les
Deviſes des Armes ſe mettent dans des rouleaux ou
liſtons tout autour des armoiries ou bien en cimier,
& quelquefois aux côtés ou au-deſſous. Les Deviſes des Ordres ſe mettent ſur leurs Colliers. Ce
mot ſe dit auſſi de la diviſion de quelques pieces
honorables de l'écu. Quand une faſce n'a que la

troifiéme partie de fa largeur ordinaire , elle s'appelle Fafce en Devife ou Devife feulement , & un écu n'en doit avoir qu'une. Ce mot vient de ce que la Devife fervoit à divifer , & à féparer les gens & les partis , par les paroles ou fentences particulieres que prenoient les anciens Chevaliers pour fe faire remarquer. Enfuite on a pofé les Devifes fur les écus , & c'eft delà que font venues infenfiblement les Armoiries.

Devife , eft auffi un ornement de Sculpture en bas relief. Il fert d'attribut , & eft compofé de figures & de paroles.

On a autrefois appellé Devife , les robes de deux couleurs , comme font celles des Maires & Echevins , & des Huiffiers & Bedeaux des Villes , des Paroiffes , & des Communautés de Marchands. Ce nom étoit donné à ces Robes , à caufe qu'elles étoient divifées en deux couleurs. Le mot de Devife , pour Divifion , fe trouve dans le vieux langage , & on difoit , Faire fa Devife , pour dire , Faire fon teftament , c'eft-à-dire , la divifion de fes biens. Il fignifioit auffi volonté.

Lorf fera Diex à fa devife.

DEVOIR. f. m. On appelle en termes de Chaffe Devoir de l'Oifeau , la portion , ou curée du gibier qui eft dûe à l'oifeau qui l'a pris.

DEX

DEX. f. m. Mot du vieux langage , qui a été dit pour Dieu.

Vie fans fin Dex li concente.

On difoit auffi Diex.

DEXTRE. adj. Terme de Blafon. On y dit Le côté dextre & le côté feneftre , & non pas le droit & le gauche.

DEXTRIBORD. f. m. Terme de Marine. Le côté du Vaiffeau qui eft à la main droite de celui qui étant à la pouppe , fait face vers la prouë. On l'appelle autrement Stribord & Tribord ; fur la Mediterranée , Eftribord , & fur l'Ocean Tienbord.

DEXTROCHERE. f. m. Terme de Blafon. Il fe dit du bras droit avec la main , qui eft peint dans un écu , quelquefois tout nud , & quelquefois garni d'un fanon. Ce mot vient de Dextrocherium , qui fignifioit un Bracelet qu'on portoit principalement au poignet droit , ce qui faifoit appeller ces fortes de bracelets Dextrocheres. On a dit auffi Deftrocheres. On appelloit autrefois ainfi le fanon ou manipule des Prêtres.

DIA

DIABETE'S. f. m. Terme dont on fe fert dans les hydrauliques. Il fe dit d'un fyphon , dont les deux branches font enfermées l'une dans l'autre. Il vient du mot Grec διαϐήτης , dont Columelle fe fert pour dire Syphon.

Diabetés , eft auffi un terme de Medecine , & fe dit d'une maladie qu'on divife en deux efpeces , fçavoir en veritable Diabetés , & en faux Diabetés. Le veritable Diabetés , eft celui où la boiffon eft renduë fans être changée , & c'eft particulierement à cette forte de maladie que convient le nom de Diabetés , qui vient du Grec διαϐαίνειν , Paffer vite ; c'eft-à-dire , que le Diabetés eft une maladie dans laquelle la boiffon paffe vîte au travers du corps , en forte que bien fouvent la couleur , l'odeur & la faveur de ce qu'on a bû , font encore fenfibles dans les urines ; ce que Bartolin écrit être arrivé à un Diabetique , qui rendoit le vin qu'il bûvoit , fans que les voies urinaires en euffent

Tome I.

changé l'odeur , la faveur ni la couleur. On a obfervé un Diabetés dans lequel le lait d'amandes fortoit avec l'urine , tel qu'on l'avoit avalé , & Horftius parle d'un autre , où le vin & les émulfions des femences ordinaires étoient renduës fans nul changement. On a même vû des grains d'anis & de coriandre , des grains de figues & des hachûtes de racine de perfil , fortir entieres par les urines. La caufe de cette maladie ne peut être que la trop grande relaxation & ouverture des voies par où la liqueur de la boiffon eft portée des premieres voies aux reins ou aux lieux urinaires. Ettmuller dit que le Pylore y peut concourir étant relâché , & qu'il laiffe échapper la boiffon comme trop fluide avant qu'elle foit parfaitement alterée. Il ajoute , qu'à la verité ce font des chemins encore inconnus , mais que la chofe ne peut fe faire autrement , les femences de coriandre & d'anis ne pouvant circuler ni être portées par tout avec le fang. Le faux Diabetés eft un flux immoderé d'urine , qui arrive lorfqu'il en fort plus que la matiere qu'on a bûe ou le ferum du fang ne demandent. On a vû un homme qui urinoit tous les jours plus de quatre pots , quoiqu'il ne bût que chopine. Dans les obfervations de Tulpius , il eft parlé d'un Diabetique qui ne bûvoit point , & qui faifoit chaque jour fix livres d'urine. Schenkius dit qu'une jeune fille urinoit plus qu'elle ne bûvoit , & les Actes d'Angleterre rapportent que durant plufieurs femaines , un homme fit jufqu'à douze livres d'urine. La caufe de cette forte de maladie eft difficile à trouver. Comme elle eft accompagnée d'une foif extrême , d'un abattement de forces , & de la maigreur de tout le corps , Ettmuller croit que la maffe du fang , fa partie chyleufe nourriciere , la rofée même & le fuc alimentaire , la graiffe enfin fe diffoudent , fe liquefient & dégenerent en cette liqueur aqueufe , qui fort par les voies urinaires , & que la caufe de cette fufion & de l'urine abondante eft l'acrimonie falée du ferum du fang , qui refout par fon âpreté , attenue , & fond l'aliment chyleux du corps & la graiffe qui en dépend.

DIABLE. f. m. Demon , efprit malin , mauvais Ange. A c a d. Fr. Il y a aux Indes un oifeau nocturne , que les Habitans ont appellé Diable , à caufe de fa laideur. Il eft fort rare , & on ne le peut voir que de nuit en volant. S'il arrive qu'il paroiffe quelquefois de jour , il fort fi brufquement de fon trou , qu'il épouvante ce qui le regardent. Il repaire dans les plus hautes montagnes , & fe territ en des trous qu'il fait dans la terre , où il pond fes œufs , les y couve & y éleve fes petits. Les Chaffeurs difent que fa chair eft fort délicate , que fa forme approche fort de celle du Canard , qu'il a la vûë affreufe , & que fon plumage eft mêlé de blanc & de noir. Il ne defcend jamais que de nuit des montagnes où il repaire , & en volant il pouffe un cri fort lugubre & fort effroyable.

Les Pêcheurs des Côtes de l'Amerique prennent quelquefois un monftre que fa figure hideufe fait appeller Diable de mer. Il eft long à peu près de quatre piés & gros à proportion , & porte un boffe fur le dos , couverte d'aiguillons femblables à ceux d'un Heriffon. Sa peau eft dure , inégale , raboteufe comme celle des chiens de mer , & de couleur noire. Il a la tête plate & relevée par deffus de plufieurs petites boffes , entre lefquelles on voit deux yeux noirs qui font fort petits. Sa gueule qui eft démefurément fenduë , eft armée de plufieurs dents très-perçantes , dont il y en a deux rangs annelées comme celles d'un Sanglier. Il a quatre nageoires , & une queuë affés large , fourchuë par le

T r ij

bout. Ce qui lui a fait donner principalement le
nom de *Diable*, ce sont deux petites cornes noires
affés pointues, qu'il a au-deffus des yeux, & qui fe
recoquillent fur fon dos, comme celles des Beliers.
Outre que ce monftre eft d'une laideur affreufe, fa
chair eft un vrai poifon, & caufe des vomiffemens
étranges & des défaillances, qui feroient bientôt
mourir, fi une prife de quelque excellent contrepoifon ne les arrêtoit. Ce dangereux animal n'eft
recherché que des Curieux, qui font bien aifes d'a-
voir fa dépouille dans leurs cabinets.

Il y a une autre forte de *Diables de mer*, qui ne
font pas moins hideux que celui-ci, quoique la
figure en foit differente. Les plus grands n'ont
qu'un pié ou environ depuis la tête jufqu'à la queue.
Ils ont prefque autant de largeur ; mais quand ils
veulent, ils s'enflent d'une telle forte, qu'ils paroiffent ronds comme une boule. Leur gueule eft affés
fendue, & armée de plufieurs petites dents fort
pointues, & au lieu de langue, ils n'ont qu'un petit os qui eft extrêmement dur. Leurs yeux font
très-étincellans, mais fi petits & fi enfoncés qu'on
a de la peine à difcerner la prunelle. Entre ces
yeux eft une petite corne qui rebrouffe en arriere,
& au-devant de laquelle il y a un filet un peu plus
grand qu'un petit bouton terminé. Outre leur
queue qui eft comme le bout d'une rame, ils ont
deux empennures, l'une fur le dos, qu'ils portent
relevée & droite, & l'autre fous le ventre. Ils ont
auffi deux nageoires qui répondent de chaque côté
du milieu du ventre, & qui font terminées en forme de petites pattes qui ont chacune huit doigts,
munis d'ongles affés piquans. Leur peau eft rude &
heriffée par tout comme celle du Requiem, hormis
fous le ventre. Elle eft d'un rouge obfcur & marquetée de taches noires qui font comme des ondes.
Leur chair n'eft pas bonne à manger.

On trouve dans l'Ifle de Formofa un certain animal que les Hollandois appellent *Diable de Tayo-
ven*. On ne fçait pourquoi ils l'ont nommé *Diable*, fi ce n'eft à caufe de fes griffes qu'il a fort aigues ; car loin de faire du mal à perfonne, quand
on l'attaque il fe laiffe plûtôt tuer que de fe défendre. Il eft long comme une aune, large d'environ vingt pouces, écaillé comme un poiffon, & fi
timide, fur-tout à l'égard de l'homme, que s'il ne
peut l'éviter qu'en fe cachant dans la terre, il y fait
un trou, où il fe retranche comme dans un fort. Si
on le furprend avant qu'il ait le tems de s'y mettre,
il s'entortille dans fes écailles & prend la forme
d'un peloton. Il ne fe nourrit que de fourmis, qui
vont d'elles-mêmes fur fa langue, quand la faim le
preffe de la tirer.

DIABROSIS. f. m. Terme de Medecine. On appelle *Diabrofis*, la folution de continuité & lefion
des petites bouches qui font aux extrêmités des petites veines & arteres, cette folution de continuité fe fait par des Inftrumens aigus, foit de pointe, foit de taille, ou par des humeurs acres &
corrofives, qui rongent les extrêmités des vaiffeaux ou les tuniques mêmes. Ce mot eft Grec
διάβρωσις, & eft formé de la prépofition διὰ, Par,
& de βρῶσις, Manger. On l'appelle autrement
Diærefe.

DIACARTAMI. f. m. Terme de Pharmacie. Electuaire folide purgatif, où l'on fait entrer dix ingrediens, fans y comprendre le fucre. Il a pris fon
nom de la moëlle du Cartame qui eft l'un de ces
ingrediens, quoique le Turbith en foit la bafe. Les
autres font la manne, le gingembre, le diagrede,
les hermodactes, la poudre du diarracagant froid,
le miel rofat coulé, le fucre candi & la chair de

coings. Il eft fort propre à purger la bile & la pituite,
& par confequent on s'en peut fervir dans les fiévres pituiteufes & compliquées.

DIACHYLON. f. m. Emplâtre compofé de fucs
vifqueux, qui a pris fon nom de fa bafe, qui font
les mucilages appellés par les derniers Grecs χυλοί,
& par les Latins *Succus* ou *Mucilage*. Il y a le
Diachylon blanc ou *commun*, qui eft un emplâtre
compofé de litharge d'or, & de mucilage tiré
des racines d'Althæa, & des femences de fenegré &
de lin, avec de l'huile, qui doit être vieille & commune. Les Grecs l'appellent πεντεφάρμακον, comme
étant compofé de cinq ingrediens. Ce Diachylon
commun amollit & foulage les fcirrhes du foye,
de la rate, du ventricule & des autres parties. Le
Diachylon qu'on appelle *Ireatum*, eft la maffe du
Diachylon blanc, dans laquelle, tandis qu'elle
eft encore chaude, on met une quantité fuffifante de poudre d'Iris de Florence, ce qui l'a fait
furnommer *Ireatum*. Il attire plus puiffamment que
l'autre, incife & refout. Il y a encore le Diachylon, qu'on appelle *Diachylum magnum*, tant pour
fa vertu, qu'à caufe qu'il reçoit un plus grand
nombre d'ingrediens que le fimple. Cet emplâtre eft compofé de litharge d'or très-fubtilement
pulverifée, d'huile d'Iris, de Camomille & d'Aneth,
de Terebenthine, de Refine de pin, de Cire jaune,
de Mucilages de femences de Lin & de Senegré,
de Figues recentes & graffes, de Raifins de Damas,
d'Ictyocolle, de fuc d'Iris, de Squille & d'Oefipe.
Il amollit les fcirrhes, & refout les inflations. La
maffe entiere du *Diachylum magnum* étant cuite &
encore chaude, on y ajoûte & l'on y diffout les
gommes d'Ammoniac & de Galbanum fondues
avec du vin, & coulées & cuites jufqu'à l'épaiffeur
du miel, & cela fait le Diachylon appellé *Gumma-
tum* ou *Diachylum cum gummis*.

DIACODIUM. f. m. Médicament qui fe fait de têtes
de Pavot blanc & noir. Il faut qu'elles foient de
moyenne groffeur, fans être ni trop feches ni trop
humides, on les fait tremper fur les cendres chaudes pendant vingt-quatre heures, fi elles font fort
humides, & deux jours entiers, fi elles font fort feches, pour les faire jufqu'à ce qu'elles fe flé-
triffent, afin d'en mieux tirer le fuc, dans l'expreffion duquel il faut diffoudre la moitié pefant
de vin cuit, ou autant pefant de penide & de fucre.
On le fait cuire enfuite à petit feu clair & fans fumée, en confiftance de lohoc, & on le garde pour
s'en fervir au befoin. C'eft-là le Diacodium fimple.
Le compofé fe fait en jettant dans chaque livre du
fimple, une poudre faite d'acacia, d'hypociftis, de
myrrhe, de faffran & de balauftes. On y en met
une demi-drachme de chacun avec une demi-once
de trochifques de Ramich. Le Diacodium eft anodin
& narcotique, & arrête les fluxions qui tombent fur
les poumons, fur-tout lorfque l'humeur eft tenue. Ce mot eft fait de διὰ, Par, & de κώδια, Petite cloche, à caufe qu'il eft fait de têtes de Pavot,
qui reprefentent les petites cloches fonnantes des
enfans.

DIACONISSE. f. f. Mot qui eft prefentement
hors d'ufage, & dont on s'eft fervi autrefois du
tems de la primitive Eglife. On donnoit ce nom
à certaines femmes devotes qui fe confacroient au
fervice de l'Eglife & des Pauvres, & qui rendoient
aux autres femmes des fervices qu'elles ne pouvoient
avec bienféance recevoir des Diacres. Elles étoient
établies dans leur miniftere par l'impofition des
mains.

DIACOUSTIQUE. Terme de Mufique. C'eft la
confideration de la proprieté de la refraction des

sans selon qu'ils passent par differens mediums.

DIACRE. s. m. Ministre qui sert à l'Autel. Les Diacres ont le premier degré d'honneur après les Prêtres & furent institués au nombre de sept par les Apôtres. Ce nombre s'est conservé long-tems dans quelques Eglises, & il n'y en avoit qu'un à Rome sous le Pape Sylvestre. Depuis on en fit sept, ensuite quatorze & enfin dix-huit, & ils furent appellés *Cardinaux Diacres*, pour les distinguer des autres. Ils avoient soin des rentes de toute l'Eglise, des aumônes des fideles, & des necessités Ecclesiastiques. Ceux qui en faisoient la Collecte, s'appelloient Sous-Diacres. Cela dura jusqu'à Constantin. L'Archidiacre étoit le premier des Diacres. Depuis que leur nombre eut été multiplié, il en demeura sept à Rome, distribués en sept regions, suivant les sept regions de la Ville, & ils chantoient l'Evangile devant le Pape, quand il venoit celebrer la Messe dans quelque Eglise de leur region. On les appelloit *Diacres Cardinaux*, ce qui ne vouloit dire autre chose que principaux Diacres. Ils étoient chargés du soin des rentes papales. Le mot de *Diacre*, vient du Grec διάκονος, Servir, exercer quelque ministere.

Le Dictionaire Universel avance faux, lorsqu'il dit que les Diacres d'honneur ne font aucune fonction ; car ils chantent l'Evangile, mais ils ne le portent point à baiser ; ils donnent l'encens au Chœur à l'Offertoire, & servent le Célébrant en tout.

DIADEME. s. m. C'étoit autrefois une bande de toile fort blanche dont on ceignoit la tête des Rois. Ils en étoient si jaloux, qu'ils défendoient à toutes sortes de personnes de porter aucun bandeau. Le bandeau Royal étoit d'ordinaire un simple tissu de toile, de laine, ou de soye, mais quelquefois il étoit de broderie d'or chargé de perles & de pierreries. Aujourd'hui on se sert du mot de Diademe en general, pour signifier la Couronne d'un Souverain.

Diademe, dans le Blason, se dit d'une maniere de cercle, qui se nomme proprement Diademe, & qu'on voit quelquefois sur les têtes de l'Aigle éployée. Il se dit aussi du Bandeau, dont les têtes de More sont ceintes sur les écus, & qu'on appelle autrement *Tortil*, & des cintres ou cercles d'or qui servent à fermer les Couronnes des Souverains, & à porter la fleur de lis double ou le globe croisé, qui leur tient lieu de cimier. Ce mot vient du Grec διαδέω, Lier, ceindre.

DIAGREDE. s. m. Scammonée preparée qu'on fait entrer dans un coing. Les Chymistes l'appellent *Diagrydium sulphuratum*, à cause que la préparation qu'ils en font est avec du souffre. Le mot *Diagrydium*, a été fait par corruption de δάκρυον, Petite larme.

DIAGNOSTIC. adj. Terme de Medecine. On appelle *Symptomes Diagnostics*, ceux qui font juger de la nature & des causes des maladies. Le mot vient du Grec διαγνῶσις, Avoir l'indication de quelque chose, en acquerir la connoissance par certains indices.

DIAGONALE. adj. Terme de Mathematique. On appelle *Ligne Diagonale*, une Ligne droite tirée dans une figure rectiligne d'un angle à l'angle opposé. *La Diagonale d'un Parallelogramme d'un quarré.* Le quarré de la diagonale d'un quarré, est double du quarré dont elle est diagonale ; ainsi quand on a un quarré, il ne faut pour avoir un quarré double, que quarrer sa Diagonale. Ce mot s'applique aussi aux corps solides. *La Diagonale d'un pa-*

rallelepipede, *d'un cube.* Il vient de διά, Par, & de γωνία Angle.

DIALTHÆA. s. m. Onguent qui prend son nom de la racine de guimauve qu'on met d'abord dans sa composition, & que les Grecs nomment *Althea*. On y fait encore entrer, sans l'huile & la cire, les semences de fenegré & de lin, & la squille, dont on tire le mucilage, la resine, le galbanum, la terebenthine, la colophone, & la gomme de lierre. Cet onguent échauffe, adoucit, humecte & digere. Il est bon pour les nerfs endurcis, & corrige la trop grande sicité. Il chasse l'intemperie froide, & remedie à la pleuresie, & autres incommodités que causent les humeurs crues qui adherent aux muscles.

DIAMANT. s. m. La plus pure, la plus transparente, & la plus dure des pierres precieuses., que Pline dit naître dans l'or & hors de l'or. Le Diamant Indique ressemble en couleur au cristal transparent. Il est gros comme une noisette, & pointu en forme de poire ayant six angles à chaque côté. Sa carriere est une roche de cristal, ou une mine d'or. Les blaffards, pâles & demi-bâtards naissent dans les mines de fer & d'airain. Le Diamant Arabique est moins gros que le premier. Il y en a de quatre sortes qui naissent dans l'or. L'un appellé *Cenchron* ou *Cenchrites*, qui est de la grosseur d'un grain de milet ; un autre qui est semblable à la semence de concombre, & que l'on appelle *Philippique*, à cause qu'il est de Macedoine ; un autre qui est de couleur d'airain, & qu'on nomme *Cyprius*, parce qu'on l'a trouvé dans l'Isle de Cypre, & un autre appellé *Syderites*, qui pese plus que les autres, & qui est luisant comme un fer poli. Ces deux derniers ne retiennent que le nom de Diamant, & ne peuvent être comparés aux autres. Le Diamant, brut & sortant de la carriere, est comme un gros grain de sel qui est crasseux & terrestre. Sa glace est cachée sous une vilaine croûte, & sous une écaille grisâtre. On décharge les Diamans de cette crasse en les frottant l'un contre l'autre, & la poudre qui en sort est celle dont on se sert pour le polir sur le polissoir, & sur la roue de fin acier. On appelle *Diamant foible*, celui qui n'est point épais, & *Diamant gendarmeux*, celui qui n'est pas net. Les défauts des Diamans se nomment *Points* & *Gendarmes*. Les points sont de petits grains blancs & noirs ; les gendarmes sont des grands en façon de glace. On les taille à facettes ou à lozange pour en couvrir l'imperfection, & afin de leur donner plus d'éclat, on met de la teinture dessous. Cette teinture de Diamant se fait avec de la fumée de chandelle amassée au fond d'un bassin & empâtée avec de l'huile de mastic blanc. C'est dans une terre sablonneuse que viennent les Diamans. Il y a plusieurs roches qui ont des veines larges environ d'un doigt. Les mineurs en tirent le sable avec des fers crochus, & parmi ce sable après qu'on l'a bien lavé, se trouvent les Diamans. La plus belle mine qui les produise est dans les terres du grand Mogol, à cent huit milles de Masulitapan. Le hazard la fit trouver à un Berger, qui ayant donné du pied contre une pierre, où il crut voir quelque chose de brillant, la vendit pour un peu de ris sans la connoître. Il y a trente mille hommes qui y travaillent, & le Roi en retire trois cens mille pagodes, outre tous les Diamans au dessus de dix carats qu'il se reserve. Le Diamant taille les autres pierres, & se taille aussi soi-même. Il y a differentes opinions sur les qualités du Diamant. Les uns veulent qu'il soit froid & sec au quatrième degré ; & les autres disent qu'il est chaud & sec, sur ce qu'on le mêle dans des medicamens qui ont une vertu cauſtique & brûlante. On tient qu'il rend le poiſon de nul effet , & qu'il diſſipe les mouvemens & agitations d'eſprit cauſées par des viſions. On a obſervé que le Diamant , s'il n'eſt pas ſuffiſamment pulveriſé , ne manque point à donner la dyſſenterie ; à cauſe que ſes petites pointes corrodent & offenſent neceſſairement les inteſtins , puiſque le verre qui eſt moins dur , le fait lorſqu'il eſt mal alcooliſé. Quelques Auteurs prétendent que le Diamant mis auprès de l'aimant l'empêche d'attirer le fer , ou que ſi l'aimant l'a attiré , le Diamant retire le fer auſſi-tôt. Il y en a qui veulent que ce mot Diamant , ſoit venu par corruption du Grec ἀδάμας , les Grecs ayant appellé ainſi le Diamant de la particule privative , & de δάμαω , Je dompte , à cauſe que ſa grande dureté ſemble le rendre indomptable. Les Anciens étoient perſuadés que le Diamant reſiſte au fer , & au feu. Il eſt vrai qu'il reſiſte au feu le plus violent ; mais il ſe briſe à coups de marteau. C'eſt auſſi une erreur de croire ce qu'ont écrit quelques-uns , qu'il s'amollit par le moyen du ſang de bouc tout chaud & tout recent , ſur-tout ſi le bouc a bû du vin auparavant ; & s'il a mangé du perſil , ou du ſeſeli de montagne. On appelle Diamant d'Alençon , de faux Diamans qui croiſſent à deux lieues de la Ville en un Village appellé Hertré , dans un terroir ſablonneux & plein de roches. Le ſable en eſt fort luiſant , & les pierres en ſont fort dures & griſes. Il y a de ces ſortes de Diamans , qui ſont ſi nets , & qui brillent tellement que des Lapidaires n'ont pû s'empêcher d'y être trompés. Il y a auſſi des Diamans factices , que l'on appelle Diamans du Temple. Les Vitriers ſe ſervent d'un Diamant fin pour couper le verre.

DIAMANTAIRE. ſ. m. Ouvrier qui taille les Diamans. Lapidaire qui en fait trafic.

DIAMARGARITON. ſ. m. Il y en a de deux ſortes , le ſimple & le compoſé. Ce dernier eſt du nombre des poudres aromatiques. Le Diamargariton ſimple eſt un Electuaire ſolide qui n'eſt compoſé de perles fines broyées très-ſubtilement ſur le porphyre. Il y entre auſſi du ſucre blanc diſſout dans de l'eau roſe ou de bugloſe , & cuit en conſiſtance de ſucre roſat. Il remedie aux fievres ardentes , & ſur tout aux maladies qui ſont accompagnées de flux de ventre. Il vient de μάργαρον , qui ſignifie une Perle.

DIAMETRE. ſ. m. Terme de Geometrie. On appelle Diametre d'un cercle , Une ligne droite tirée par le centre du cercle , & qui le diviſant en deux parties égales , eſt terminée à la circonference de côté & d'autre , & Diametre d'une Sphere , une ligne droite , tirée de même par le centre de la Sphere , & terminée à ſa ſurface de part & d'autre. Dans les trois Sections coniques le mot de Diametre ſe prend quelquefois un peu differemment , & il y en a de differentes eſpeces , de déterminés , d'indeterminés , de Conjugués. Voyez PARABOLE , HYPERBOLE , & ELLIPSE.

On appelle en termes d'Architecture , Diametre de colomne , Celui d'où l'on tire le module pour meſurer les autres parties d'une colomne , en la prenant au deſſus de la baſe. Il y a auſſi le Diametre du renflement , & le Diametre de la diminution. L'un ſe prend au tiers d'enbas du fût , & l'autre ſe meſure au plus haut du fût. Quoique le Diametre d'un quarré ſoit en Mathematique , la ligne qui le coupe en deux d'un angle à un autre , quand on dit en Architecture le Diametre d'un pilaſtre , on entend la largeur d'un des côtés. Ce mot vient de δια , Entre , & de μέτρον , Meſure.

On dit en Aſtronomie Diametre apparent d'une Planete Plus les Planetes ſont éloignées , plus elles paroiſſent petites , & par conſequent auſſi leurs Diametres , que l'on appelle par cette raiſon Apparens. Ainſi quoique le Soleil ſoit près de ſix mille fois plus grand que la Lune , & ſon vrai Diametre dix-huit fois plus grand que celui de la Lune , cependant comme la Lune eſt beaucoup plus proche de nous , leurs Diametres apparens ſont à peu près égaux. Pour avoir une meſure commune de ces differens Diametres apparens , on voit quel nombre de degrés ou de minutes ils ſoutendroient dans un grand cercle celeſte , tel que l'Equateur ou l'Ecliptique. Le Diametre du Soleil tel qu'il nous paroît n'y ſoutendroit qu'un arc de 30. minutes , ou un demi-degré , & par conſequent on dit que le diametre apparent du Soleil eſt de 30. minutes.

Le Diametre apparent de chaque planete change ſelon qu'elle eſt plus ou moins éloignée de la terre. Le plus grand Diametre apparent du Soleil eſt de près de 34. minutes , & le plus petit de plus de 31. Le plus grand Diametre apparent de la Lune eſt de 35. minutes , & le plus petit de près de 28.

On meſure de même le Diametre de l'Ombre de la terre , où la Lune tombe pour connoître la grandeur de l'Eclipſe. Voyez ECLIPSE.

DIAMORUM. ſ. m. Compoſition qui ſe fait des ſucs purifiés de mûres ſauvages , & de mûres domeſtiques. On y ajoûte le miel écumé qu'on fait cuire enſemble en maniere de ſyrop. Quelques-uns veulent que le vin cuit ſoit encore ajoûté à cette compoſition , & d'autres ſont d'une opinion contraire. Le Diamorum en gargariſme eſt bon pour les ulceres corroſifs de la bouche & du palais , pour les maux de dents & pour les gencives gâtées. Ce mot a été fait de μῶρον , Mûre.

DIANUCUM. ſ. m. Compoſition qui ſe fait du ſuc de noix vertes , tiré dans le mois de Juin & dépuré. On le fait cuire avec le miel écumé en conſiſtance de ſirop. Il y a un Dianucum compoſé , qui n'eſt pourtant autre choſe que le ſimple , auquel on ajoûte , tel que ce Gallien enſeigne , & qu'on juge être neceſſaire ſelon les quatre tems du mal. Le Diacorum a plus de vertu que le Diamorum pour les fluxions acres & tenues qui tombent du cerveau ſur la trachée artere , ſur les poumons & ſur la poitrine. Il eſt propre à ceux qui ſont de temperament humide , & par conſequent aux femmes & aux enfans. Ce mot a été fait de Nux , Noix.

DIAPALMA. ſ. m. Eſpece d'onguent dont ſe ſervent les Chirurgiens à faire de grandes emplâtres. Il eſt compoſé de chalcitis , ou à ſon défaut de vitriol Romain , de vieille aronge de porc , & de litharge d'or. Il reſout les fluxions inveterées , & arrête les recentes. On lui a donné le nom de Diapalma , à cauſe que durant ſa cuite on ſe doit ſervir de l'eſpatule de Palmier recente pour la remuer. Dans les lieux où le palmier ne ſe trouve point , on doit ſe ſervir du neſlier , ou de quelque autre arbre aſtringent , comme le chêne , le prunier ſauvage & le liguſtre , pourvû que l'on ait ſoin de couper le bout de l'eſpatule trois ou quatre fois pendant la cuite , pour lui donner plus d'aſtriction.

DIAPASME. ſ. m. Poudre de ſenteur dont on ſaupoudre tout le corps , ou quelque partie. Ce mot vient du Grec διαπάσσω , qui ſignifie Arroſer.

DIAPASON. ſ. m. Terme de Muſique , dont la plûpart des Auteurs ſe ſont ſervis pour expliquer l'octave des Grecs , auſſi-bien que les quintes , quartes , tierces & ſixiémes. Le Diapaſon a ſon intervalle du son grave au son aigu en proportion double, & contient sept intervalles, dont il y a trois tons majeurs, deux mineurs, & deux demi-tons majeurs & autant de mineurs. Ce mot vient du genitif feminin pluriel de πᾶσῶν; qui veut dire, Tout, & l'on entend quelque mot, tel que celui de χορδῶν, Corde, δ ἀ χασῶν, comme si on disoit, Qui passe par tous les tons, par toutes les cordes.

Les faiseurs d'Instrumens appellent aussi Diapason, une Regle & mesure qu'ils ont pour marquer & couper les tuyaux de leurs orgues, & pour percer les trous de leurs flûtes & hautbois en la juste proportion qu'il faut pour faire des tons & des demi-tons. Il y a aussi un Diapason des trompettes. Il sert de mesure pour les differentes grandeurs qu'il leur faut donner pour faire leurs quatre parties de la Musique. Le Diapason des saquebutes & des serpens fait connoître combien il les faut allonger ou racourcir, pour descendre ou pour monter d'un ton ou d'un intervalle.

L'échelle campanaire des Fondeurs à aussi le nom de Diapason. C'est par elle qu'ils connoissent la grandeur, l'épaisseur, & le poids de leurs cloches.

DIAPEDESIS. s. m. Terme de Medecine. Ejection de sang par les petits pores des vaisseaux. Il paroît peu vrai-semblable à quelques Medecins, que dans le Diapedesis il y ait une telle tenuité de sang, qu'il puisse exuder sans nulle ouverture au travers des tuniques des vaisseaux, celles des veines étant assés épaisses & assés fortes, & celles des arteres beaucoup plus; ce qui fait juger qu'il n'est pas possible qu'il passe rien au travers. Ce mot est Grec, διαπίδησις, formé de διὰ, Par, & de πηδῶ, Je bondis, je saute.

DIAPENTE. s. m. Intervalle de Musique, qui est la seconde des consonances, & qui compose une octave avec le diatessaron. Ce mot vient de πέντε, Cinq. Aussi l'appelle-t-on Quinte.

DIAPHOENIC. s. m. Terme de Pharmacie. Electuaire mol purgatif, dont le turbith est la base. On lui a donné ce nom à cause que les dattes, qui sont les fruits du palmier, y sont mises d'abord, & que les Grecs nomment le palmier φοῖνιξ. Les grediens qu'on y fait encore entrer, sont la scamonée, les amandes douces, le gingembre, les penides, la cannelle, les semences d'anis & de fenouil, & de Daucus Creticus, le poivre long, le macis, les feuilles seches de rue, le bois d'aloés & le petit galanga. Le Diaphœnic évacue doucement la bile & la pituite; ce qui le rend propre aux fievres compliquées, aux douleurs d'estomac & à la colique.

DIAPHORETIQUES. s. m. p. Médicamens qui par une chaleur plus grande que celle des areotiques ou rarefactifs, dissipent insensiblement ce qui est impacte à la partie, en convertissant la matiere en vapeurs, & en la mettant dehors par insensible transpiration. Il y en a de simples, comme l'asphodele, la brioine, l'origan, l'oignon, la squille, l'iris, le cyclamen, l'aristoloche, & quantité d'autres. Les Diaphoretiques composés sont les huiles d'amandes ameres, de castor, de scorpions, de nard, de genevre, de laurier, d'euphorbe, d'iris, de rue, de tartre, de briques & de petrole; les onguents d'Agrippa, de Martiatum, aregon & enulatum, l'emplâtre de vigo, l'oxycroceum, & le diapalma dissout dans une huile propre à digerer.

Il y a aussi un Diaphoretique d'antimoine, qui se fait en prenant de l'antimoine préparé, & le mettant dans un pot de terre ou mortier de fonte entre les charbons ardens, avec autant pesant de nitre pu-

rifié, pulverisé grossierement. On embrase cette matiere avec un charbon allumé; & comme elle prend feu aussi-tôt, on doit la remuer avec une verge de fer jusqu'à ce qu'elle soit entierement embrasée. On retire alors le mortier du feu, & on pulverise la matiere en l'édulcorant deux ou trois fois avec de l'eau tiede, & en la filtrant sur du papier gris. Cette operation continuée deux ou trois fois donne un très-excellent Antimoine diaphoretique, que l'on nomme ainsi, à cause qu'il est fort bon pour provoquer les sueurs. Ce mot est Grec, διαφορετικὰ, & fait de διὰ, & de φέρω, Porter.

DIAPHRAGME. s. m. Terme de Medecine. Muscle nerveux, par lequel la poitrine est séparée d'avec le bas ventre. Sa figure est ronde, & represente parfaitement celle du poisson appellé Raye. Tout son corps est composé de deux cercles, l'un membraneux, & l'autre charneux, de deux veines, de deux arteres & de deux nerfs. Sa situation est oblique, parce qu'il va de l'os de la poitrine par les extrêmités des côtes à la region des lombes. Il est percé en deux endroits pour faire passage à l'estomac & à la veine-cave montante. Ce muscle, qui est mi-parti, fait deux actions. Il se lâche dans l'une, qui est l'aspiration, & il se bande dans l'autre, qui est l'expiration. On le trouve toûjours bandé dans un animal mort. On tient qu'un homme à qui on a traversé le Diaphragme d'un coup d'épée, meurt en riant. On donne aussi le nom de Diaphragme au cartilage qui est au milieu du nés, & qui fait la séparation des deux narines. Ce mot vient du Grec διαφράσσω, qui signifie, Servir comme de cloison entre deux choses. Aussi les Latins appellent le Diaphragme, Septum.

Diaphragme, est aussi un terme d'Optique, & il se dit de ces manieres de planchers qui traversent les tuyaux des grandes lunettes, & qui sont percés par le milieu.

DIAPHRAGMATIQUE. adj. Les Medecins appellent Veine diaphragmatique, la premiere Veine qui sort du tronc ascendant de la veine-cave, qui passe par le corps du diaphragme, & qui jette ses rameaux au mediatin & au pericarde. Ils l'appellent aussi Phrenetique, à cause que le diaphragme s'appelloit Phrenes, avant qu'on l'eût nommé Diaphragme. Ce mot de Phrenes venoit de φρὴν, Entendement, parce que ce muscle n'est pas si-tôt surpris d'inflammation, que l'on tombe en phrenesie.

DIAPRE', E'E. adj. Terme de Blason. Il se dit des fasces, paux & autres pieces bigarrées de differentes couleurs. D'argent à la fasce d'azur diaprée d'or. Du Cange dit que le mot Diapré vient du Latin Diasprum, qui étoit une piece d'étoffe prétieuse & de broderie, dont le nom s'est étendu à tout ce qui est diversifié de couleurs.

DIAPRUNUM. s. m. Terme de Pharmacie. Electuaire mol purgatif, dont la poulpe des prunes de Damas est la base. C'est d'où il a pris son nom. Les autres Ingrediens qui le composent sont les santaux, blanc & rouge, les thamarins, la rhubarbe, les violes recemment dessechées, le spode, la casse, les semences de pourpier, d'intybe & de Berberis, les roses rouges, la gomme tragacanthe, le suc de reglisse, & les quatre semences froides. Nicolaus Myrepsus est l'Auteur de cet Electuaire. Il est fort bon pour les fiévres continues & intermittentes causées de bile, & pour les maladies du poumon, de la poitrine, des reins & de la vessie. On fait le Diaprunum composé, ou solutif, en ajoûtant le diagrede au Diaprunum simple; ce qui lui fait purger la bile plus puissamment.

DIARRHE'E. s. f. Maladie provenant en general de

la maffe du fang, qui par la fermentation fe décharge de fes excremens dans les inteftins. Il y a une Diarrhée pimiteufe, une Diarrhée fereufe, une autre bilieufe, & une autre purulente, felon la diverfité des excremens. Toutes les autres efpeces de Diarrhées arrivent, lorfque la maffe du fang fe fépare de fes excremens par la fermentation, & la purulente vient toûjours de la ruption de quelque abcès. L'habitude du corps fait beaucoup à la Diarrhée. C'eft ce qui fait que ceux qui tranfpirent peu y font fujets, à caufe que ce qui eft retenu fe précipite en embas. Ainfi ceux qui ont les pores ouverts ne vont pas fi fouvent à la felle que ceux qui ont le cuir épais. Les alimens faciles à fermenter caufent la Diarrhée, ou elle vient par le mouvement interne de la nature. Elle vient auffi d'une caufe externe, quand au commencement des maladies la maffe du fang eft dans une grande effervefcence & dans un gonflement qui la liquefie, ou par un mouvement de crife, lorfque dans les maladies durables la matiere cuite, ou les excremens de la maffe du fang, après avoir été féparés & précipités par la fermentation, fe philtrent par les lieux convenables, & font rejettés tous à la fois. La Diarrhée eft fouvent periodique, revenant tous les trois mois, & quelquefois même tous les mois. Ce qu'il y a de fort furprenant, c'eft que l'on a vû fortir des os dans de certaines Diarrhées. On a obfervé une chofe fort finguliere dans une Diarrhée fereufe qui venoit de la tête, ou plûtôt de la maffe du fang. Toutes les fois qu'elle s'arrêtoit, une infinité de poux naiffoient à la tête, & ces poux difparoiffoient auffi-tôt qu'elle couloit. Le mot de *Diarrhée* eft Grec, & vient de διὰ, Par, & de ῥέω, Couler.

DIARTHROSE. f. f. Terme d'Anatomie. Jointure des os un peu relâchée, dans laquelle le mouvement eft manifefte. En Grec διάρθρωσις, fait de διὰ & de ἄρθρον, qui veut dire, Jointure, affemblage naturel des os.

DIASEBESTEN. f. m. Electuaire mol purgatif, appellé ainfi à caufe des poulpes de febeftes qu'on y met d'abord. Les autres Ingrediens qui le compofent, font les poulpes de prunes feches & de tamarins tirées dans une livre d'eau de violette, le diaprum fimple, les fucs d'iris & d'anguria, les penides, le fuc de mercuriale, la poudre de graine de violettes, le diagrede & les quatre femences froides. Cet Electuaire eft propre dans les fiévres intermittentes & les continues. Il en modere l'acrimonie, appaife la foif, & chaffe les humeurs acres par les urines.

DIASENNA. f. m. Autre Electuaire mol purgatif, qu'on a appellé ainfi à caufe du fené qui en eft la bafe. On y fait entrer la pierre d'azur lavée & non brûlée, les cloux de girofle, le poivre noir, les avelines rôties, le fucre candi, le cardamome, les fleurs de romarin, les feuilles de girofle, ou du malabathrum des Grecs, la fuye un peu torrefiée, le fafran, le poivre long, le zedoaire, le gingembre, la pierre d'Armenie lavée, la canelle, le galanga *minor*, la femence de bafilic & le nard Indique. Le Diafenna foulage les mélancoliques & les rateleux, & fert de remede à toutes les maladies qui viennent de l'atrabile.

DIASTOLE. f. f. L'un des mouvemens du pouls, auquel on en donne deux, l'un d'expanfion, qui eft la Diaftole, quoique proprement il n'ait que celui de conftriction, lorfque le double mufcle du cœur fe raccourcit fuivant fes fibres, & pouffe dehors ce qu'il y a dans le cœur. Ainfi la diaftole ou dilatation eft plûtôt une paffion du cœur qu'une

action, puifque l'on peut dire que le cœur fouffre lorfqu'il eft dilaté & diftendu par le fang bouillonnant & en effervefcence. L'impulfion eft entretenue dans les arteres, qui ont leur conftriction & leur dilatation contraires à celles du cœur, dans la contraction duquel le fang fe jette avec impetuofité dans les arteres, & les dilate; & dans le temps que le cœur eft vuide, & qu'il s'étend par le nouveau fang qui s'y jette, l'impulfion fe rallentit dans les arteres qui reviennent par leur fyftole propre. Ce mot eft Grec, διαβολὴ, & vient de διὰ & de βάλλω, Envoyer, à caufe que les ventricules du cœur fe refferrent & fe dilatent pour recevoir & en faire fortir le fang qui circule, & paffe des veines dans les arteres.

DIASTYLE. f. m. Sorte d'édifice, où les colomnes font éloignées les unes des autres de la largeur de trois diametres de leur groffeur; efpace de trois diametres entre deux colomnes, de διὰ, Entre, & de φύλος, Colomne.

DIATESSARON. f. m. Terme de Mufique. Intervalle compofé d'un ton majeur, d'un ton mineur & d'un demi-ton majeur. Sa proportion eft de trois à quatre. On dit, *La quarte*, dans la pratique de la Mufique. Ce mot eft fait de διὰ & de τέσσαρες, Quatre.

Il y a une forte de Theriaque appellée *Diateffaron*, à caufe qu'elle eft compofée de quatre Ingrediens, qui font la racine d'ariftoloche, celle de gentiane, la myrrhe & les bayes de laurier. Cet antidote eft bon pour les maladies froides, tant du cerveau que de l'eftomac. C'eft auffi un remede contre la piquûre du fcorpion, & le poifon avalé.

DIATONIQUE. adj. On appelle *Mufique diatonique*, la Mufique ordinaire qui procede par des tons differens, foit en montant, foit en defcendant. Elle contient feulement les deux tons majeur & mineur, & le demi-ton majeur. Ce mot vient de διάτονος, Etendre. Le τὸ διάτονον, parmi les Grecs, eft un genre de modulation.

DIATRAGACANTH. f. m. Sorte d'Electuaire, appellé ainfi à caufe qu'il a de la gomme diatragacanthe pour bafe. On fait une poudre de Diatragacanth froid, qui eft propre à tous les vices de la poitrine & des poumons, à la peripneumonie, pleurefie, phtifie, à la toux chaude, aux fiévres & à l'âpreté du gofier & de la trachée artere.

DIC

DICTAME. f. m. Herbe particuliere à l'Ifle de Candie, & qui a des vertus admirables pour plufieurs chofes. Elle eft rare, à caufe que le lieu où elle croît eft fort peu. Cette herbe eft liffée, pleine d'acrimonie & femblable au pouliot. Ses branches font plus menues & plus grêles. Ses feuilles qui font couvertes d'un certain cotton épais, ont une vertu finguliere pour délivrer promptement les femmes qui font en travail d'enfant. Le Dictame de Crete ou de Candie porte des fleurs violettes tirant fur le rouge, après lefquelles la femence fuit. Diofcoride dit que les chévres en mangeant de cette herbe, font fortir les fléches dont elles ont été percées, & fe gueriffent. Il y a un *Dictame bâtard* qui a les mêmes proprietés que l'autre, quoiqu'il n'ait pas tant de force dans fes operations. Il a fes feuilles de même, & produit fes branches plus petites. La force du Dictame fe connoît au goût: car il échauffe foudain, & fa chaleur va toûjours en augmentant. Theophrafte parle d'un autre *Dictame* qui a les feuilles femblables au Sifymbrium, & des proprietés differentes. Les proprietés du vrai *Dictame*,

tame, & même du Dictame bâtard, que quelques-
uns tiennent aussi bon que l'autre, sont d'être cardiaque & alexipharmaque, & d'avoir une faculté
aperitive, détersive & attractive. Les Grecs l'appellent δίκταμνε, & quelques-uns le font venir de
τίκτειν, Enfanter, à cause que ses feuilles bûes
avec de l'eau facilitent l'enfantement. D'autres disent qu'il a pris son nom de Dicta, montagne de
Crete, où il vient en abondance. Le commun, appellé Dictame blanc par le vulgaire, n'est autre chose que la Fraxinelle.

DICTATEUR. s. m. Souverain Magistrat parmi
les Romains, qui d'ordinaire étoit nommé par les
Consuls, quand la République étoit en quelque
danger. Le premier qui ait porté ce titre a été Titus Lartius Flavus, & cet honneur lui fut déferé
l'an 256. de Rome, en reconnoissance de ce qu'il
avoit appaisé une sédition. Il fit Spurius Cassius
General de la Cavalerie, pour agir sous ses ordres.
Quoique ces Magistrats n'eussent accoûtumé d'e-
xercer leur souveraineté que pendant six mois,
Sylla & Jules César n'ont pas laissé de prendre le
nom de Dictateurs perpetuels. Le Dictateur avoit
une puissance absolue, & ne dépendoit que de lui-
même, & dès qu'il étoit élu, le pouvoir de tous
les autres Magistrats cessoit, à l'exception de celui
des Tribuns du Peuple. Cet avantage le mettoit au-
dessus des Consuls, qui ne pouvoient executer quantité de choses sans l'autorité du Sénat. Ils ne faisoient d'ailleurs porter devant eux que douze haches, & le Dictateur en avoit vingt-quatre.

DID

DIDACTIQUE. adj. Qui est propre à enseigner, qui
sert à apprendre. Il est aussi substantif. Dans le Didactique. Ce mot vient du Grec διδάσκειν, Enseigner, qui a fait διδακτικός.

DIDEAU. s. m. Terme de Pêche. Grand filet qui
sert à barrer les rivieres, afin d'arrêter tout ce qui
passe.

DIE

DIESE. s. f. Terme de Musique. Division d'un ton
au-dessous d'un demi-ton; intervalle composé d'un
demi ton mineur ou imparfait. Quand on place des
demi-tons où il devroit y avoir des tons, ou qu'on
met un ton où il devroit n'y avoir qu'un demi-ton,
cela s'appelle Diese. Ce mot vient du Grec δίεσις,
Division, séparation.

Diese ou Diesis, se dit aussi en termes d'Imprimerie, & signifie la marque de la Diese, qui est
une croix de S. André en sautoir.

DIETE. s. f. Regime de vivre qui regle le boire & le
manger. ACAD. FR. Ce mot vient du Grec δίαιτα,
qui veut dire la même chose.

Diete, se dit aussi, d'une Assemblée des Etats ou
Cercles de l'Empire, ou de l'une de la Pologne, dans laquelle les affaires publiques sont mises en délibe-
ration. L'Empereur seul peut provoquer les Dietes
en Allemagne, mais il faut qu'il ait le consentement des Electeurs, sans lequel les conclusions qu'on
y prendroit seroient nulles. Lorsqu'il a obtenu ce
consentement, il n'assemble pas la Diete par une
Ordonnance generale, mais par des Lettres qu'il
adresse en particulier à chacun de ceux qui sont
obligés de s'y trouver, sans qu'il use de commandement, mais seulement d'exhortation & de priere.
Quant au lieu où les Dietes doivent être tenues,
Constantin II. ordonna que ce seroit tous les ans,
& perpetuellement à Arles. Cependant Charlema-
Tom. I.

gne & ses Successeurs en ont celebré en pleine campagne ou dans des villages. Friderig I. celebra une
Diete à Roncalis sur le Pô, proche de Plaisance.
Maximilien celebra sa premiere Assemblée à Ausbourg en 1566. Ferdinand III. à Ratisbonne en
1641. & Leopol I. dans le même lieu en 1664.
L'Empereur appelle à la Diete tous les Etats de l'Empire; sur quoi il faut remarquer, qu'il y appelle
les Princes Ecclesiastiques après leur election, avant
même qu'ils ayent leurs Bulles du Pape, & en la
place des jeunes Princes, les Tuteurs par qui leurs
Etats sont administrés. Aux lieux où l'on observe
le droit de primogeniture, comme en Autriche,
Baviere, Brunswic, Holstein, Hesse, Wittem-
bourg, Baden, Monbeliard, Meklebourg, & quelques autres, il appelle seulement les Princes re-
gnans, & aux lieux où l'on partage également les
Principautés, il y appelle tous ceux qui y ont séance, comme à l'égard des Ducs de Weimar, d'Al-
tembourg & de Gotta, qui ont tous des voix pour
leurs Principautés particulieres. Si tous les biens
des Princes partagés n'ont qu'une voix, comme la
Principauté d'Anhalt, tous les Seigneurs députent
ensemble. L'Empereur y appelle aussi des personnes qui n'y ont point de séance, comme le Comte
de Papenheim, qui s'y trouve toûjours pour y faire sa charge de Vicemaréchal, dont les fonctions
consistent à choisir & à distribuer les logis aux
Princes. Il doit aussi avoir soin de la sûreté publique & faire que toutes les choses necessaires à
l'Assemblée y soient apportées. Il fait sçavoir aux
autres Etats le jour & l'heure qu'ils se doivent trouver à la proposition & aux consultations où il recueille les voix. Les Princes de la Maison d'Autriche & le Duc de Lorraine qui sont appellés aux
Dietes, n'y vont que quand il leur plaît; mais tous
les autres Seigneurs & Etats, tant Ecclesiastiques
que Seculiers, ayant droit de séance, y doivent aller en personne, à moins que la vieillesse, une maladie ou quelqu'autre obstacle ne leur tienne lieu
d'excuse. En ce cas, il leur est permis d'y envoyer
leurs Ambassadeurs. Les Abbesses & les Villes y envoyent leurs Députés. Les Etats qui y vont en personne, se presentent à l'Empereur, s'il est present,
& à ses Commissaires, quand il est absent, & font
sçavoir au Chancelier de Mayence, & au Vicemaréchal qu'ils sont arrivés, afin qu'on ait soin de les
avertir du jour & de l'heure du Conseil. Les Ambassadeurs & les Députés ne se presentent qu'à l'E-
lecteur de Mayence, entre les mains de qui ils con-
signent leur plein pouvoir. L'Empereur arrive ordinairement le premier au lieu où la Diete se tient,
afin qu'il paroisse que tous les autres Princes le vont
trouver. Le jour choisi pour en faire l'ouverture, les
Electeurs, les Princes & les Ambassadeurs vont au
logis de Sa Majesté Imperiale; & lorsqu'elle sort
pour aller au lieu destiné pour l'Assemblée, tous les
Ambassadeurs des absents & les Princes presents
marchent les premiers, deux à deux, ou trois à trois
en fort bel ordre. Après eux, l'Electeur de Tréves
marche seul, suivi en droite ligne de celui de Saxe
qui porte l'épée nue, & qui a à ses côtés l'Electeur
de Baviere portant la pomme Imperiale, & celui de
Brandebourg qui tient le Sceptre d'or. Ces Electeurs
precedent immediatement l'Empereur, qui a à son
côté droit l'Electeur de Mayence, & à son côté
gauche celui de Cologne. L'Empereur est suivi du
Roi de Bohême qui marche seul devant l'Impe-
ratrice lorsqu'elle s'y trouve, & après elle tous les
Princes Ecclesiastiques dans le même ordre que les
Seculiers. L'Empereur étant dans la salle, s'assied
en un trône élevé sur un échaffaut couvert de riches

tapifleries. Les Electeurs s'affeyent un degré plus bas , fçavoir l'Archevêque de Mayence , celui de Cologne & le Duc de Baviere à la main droite ; le Duc de Saxe le Marquis de Brandebourg, & le Comte Palatin à la gauche. Le Roi de Bohême quand il eſt preſent , ce qui eſt rare , eſt le premier à main gauche , & l'Electeur de Tréves a ſa place vis-à-vis de l'Empereur. Quelques-uns tiennent que lorſqu'il y a un Roi des Romains , l'Electeur de Tréves s'aſſied où le Roi de Bohême doit avoir ſa place , & le Roi des Romains où la Bulle d'or ordonne que l'Electeur de Tréves ſoit aſſis. D'autres diſent que les Electeurs de Mayence, le Roi de Bohême & le Palatin occupent la main droite ; ceux de Cologne, de Saxe & de Brandebourg la gauche, & qu'ils laiſſent l'Electeur de Tréves à l'opoſite de l'Empereur. Les autres Princes & les Prélats , les Comtes & les Barons ſont un degré plus bas que les Electeurs , les Eccleſiaſtiques prenant la droite , & les Seculiers la gauche. Quoique le Vicemaréchal de Papenheim aſſigne à chacun ſa place, il arrive tant de differends pour la préſéance, qu'il y en a peu qui ne proteſtent qu'on leur fait tort, & qu'ils devroient être aſſis avant quelques-uns de ceux qui les precedent. Les Comtes & Barons de l'Empire ſont diſtingués en quatre Directoires ; ſçavoir de Weteravie, de Souabe, de Franconie, & de Weſtphalie. Les Comtes de Weteravie & de Souabe alternent en leur ſéance. Chacun ayant pris ſa place, un Conſeiller de l'Empereur ou un Prince à qui cette charge a été donnée , ſe leve , & ayant ſalué la Compagnie , il le remercie de ce que ſatisfaiſant aux exhortations de l'Empereur, tous ces Princes & Seigneurs ont bien voulu s'aſſembler, après quoi l'Empereur les prie en peu de mots de vouloir contribuer de toutes leurs forces au bien que la Patrie attend de leur Aſſemblée. Enſuite , la propoſition eſt lûe par un Secretaire , & ne contient ordinairement que les points que l'Empereur a touchés en convoquant les Etats. La lecture faite, les Electeurs, les Princes & les Ambaſſadeurs ſe levent ; & ayant un peu parlé enſemble , l'un d'eux répond à l'Empereur au nom de tous , que la propoſition qui vient de leur être faite, leur a fait connoître l'importance des affaires qui l'ont obligé à convoquer l'Aſſemblée, qu'ils le remercient très-humblement du ſoin qu'il a toûjours eu du bien public, & qu'ils n'oublieront rien de tout ce qu'on doit attendre d'eux , le ſuppliant de vouloir tenir leurs perſonnes & leurs biens ſous ſa protection , afin qu'ils ſoient en état de délibérer plus mûrement. L'Empereur commande qu'on leur donne à tous une copie de la propoſition , afin qu'ils donnent leurs avis ſur chaque point , & les ayant aſſûrés de ſa bienveillance , il retourne chés-lui dans le même ordre qu'il en eſt venu. L'Electeur de l'Empire ayant conſulté entr'eux , & pris pour cela le tems neceſſaire , l'Electeur de Mayence envoye un billet à celui de Saxe , qui en envoye un autre au Vicemaréchal de l'Empire, auquel il ordonne d'avertir tous ceux qui ont ſéance, qu'ils ayent à ſe trouver le lendemain à telle heure au lieu deſtiné pour l'Aſſemblée. L'ordre eſt auſſi-tôt donné aux Etats, qui s'aſſemblent chacun en ſa claſſe. Il y en a trois ; la premiere , des Electeurs ; la ſeconde , des Princes, tant Eccleſiaſtiques que Seculiers, des Abbés , des Comtes & des Barons ; & la troiſiéme , des Villes Imperiales ou immediates. Les Electeurs étant aſſemblés, celui de Mayence s'aſſied au haut bout , ceux de Tréves & de Cologne alternativement à ſa droite & à ſa gauche, ceux de Baviere & de Brandebourg toûjours à la droite, & le Palatin toûjours

à la gauche. Le même Electeur de Mayence recueille les voix , demandant d'abord à celui de Tréves quel eſt ſon avis, enſuite à ceux de Baviere, de Saxe & de Brandebourg, & enfin au Comte Palatin ; après quoi l'Electeur de Saxe demande à celui de Mayence quel eſt ſon ſuffrage. Dans la ſeconde claſſe, qui ſe diſtingue en deux bancs, les Archevêques, Evêques , Abbés & Abbeſſes qui ont qualité de Prince , le Grand Maître de l'Ordre Teutonique & les Princes Seculiers ont chacun une voix. Il y en a même qui en ont pluſieurs ſelon le nombre des Seigneuries immediates , auſquelles ce droit eſt attaché. Ainſi le Roi de Suede en a trois, une pour Bremen , & les deux autres pour Verden , & pour la Pomeranie. Les autres Prélats tous enſemble en ont deux, & les Comtes avec les Barons en ont quatre. Lorſqu'on recueille les voix , l'Archiduc d'Autriche qui eſt au premier banc parle le premier , & après lui le Duc de Baviere. L'Archevêque de Saltzbourg donne ſon ſuffrage le troiſiéme ; après quoi on paſſe au ſecond banc où ſont tous les Princes Seculiers , les Comtes & les Barons. Le Duc de Magdebourg y parle le quatriéme , & ainſi conſecutivement juſqu'à ce que l'on parvienne aux Prélats qui n'ont pas titre de Prince. Alors ceux que le Corps a choiſis donnent deux voix , & les Comtes en donnent quatre. La troiſiéme claſſe, qui eſt celle des Villes, eſt auſſi diſtinguée en deux bancs. Entre les Villes du Rhin, le Député de Cologne tient le premier rang , & celui de Ratiſbonne le tient parmi celles de Souabe. La Ville où l'Aſſemblée generale ſe tient , a le Directoire , c'eſt-à-dire , que le Député de cette Ville-là eſt aſſis proche d'une table avec quelques Sénateurs, & un Greffier ou Regiſtrateur de chaque banc. C'eſt lui qui recueille les voix , demandant premierement l'avis du Député de Cologne , puis de celui de Ratiſbonne ; après quoi il retourne au banc du Rhin & delà à celui de Souabe , continuant juſques à la fin de cette ſorte. Les affaires qui ſont traitées aux Dietes regardent la Religion ou la police ; & comme les Catholiques étant en plus grand nombre ont plus de voix que les Proteſtans , lorſque quelque point de Religion eſt à décider, on a jugé neceſſaire pour le repos de l'Empire , afin que le ſcrupule de conſcience ne violente pas la juſtice, de prendre un nombre égal de perſonnes de chaque parti. Quant à la maniere dont les concluſions ſe prennent , quand les Electeurs en ont pris une , ils l'envoyent au Collège des Princes qui l'approuvent ou la rejettent en tout ou en partie , & qui renvoyent leurs avis aux Electeurs. Les Electeurs font là-deſſus une nouvelle délibération qu'ils renvoyent aux Princes, les priant de bien examiner leurs raiſons. S'ils y acquieſcent, l'affaire eſt finie : s'ils perſeverent à être d'un ſentiment oppoſé , on appelle les Députés des Villes , qui ſe rangent quelquefois du parti des Electeurs , & quelquefois de celui des Princes. Il arrive aſſés ſouvent, que ne s'accordant ni avec les uns ni avec les autres , ils prennent de nouvelles concluſions, auſquelles les Electeurs & les Princes répondent & tâchent de les attirer à leur ſentiment. Ces contrarietés font la longueur des Dietes. L'Empereur alors les exhorte à s'accorder , ce qui eſt cauſe que chacun relâche un peu de ſon opinion , & convient en tout ou en partie du point conteſté. Quand les reſolutions ont été formées du conſentement de tous les Etats, on les redige par écrit , & on les ſigne avant que de les publier. Elles étoient autrefois ſignées par l'Empereur ſeul , ou par le Roi des Romains en ſon abſence. Depuis on y ajoûta le ſeing & le ſceau de deux Electeurs, de deux Princes, d'un Abbé, d'un Comte, & du Député de la Ville où l'on avoit tenu l'Assemblée. Presentement l'Acte, que l'on appelle *Recez* étant écrit en parchemin, on applique au bas le sceau de l'Empereur sur deux cordons qui se partagent, l'un à droite & l'autre à gauche. Sur celui qui est à droite, on imprime le cachet de l'Electeur de Mayence, ou d'un autre Electeur Ecclesiastique, s'il n'est pas present. Au bas du même cachet, l'on imprime celui du premier Prince Ecclesiastique qui se trouve present & celui d'un des Prélats. A la gauche du scel Imperial, le premier Electeur seculier fait appliquer son sceau vis-à-vis de celui de l'Electeur de Mayence, puis le Duc de Baviere, un Comte de Weteravie ou de Souabe alternativement, & enfin on réunit les cordons, & on applique le cachet de la Ville où s'est tenue la Diete. Cela étant fait, l'Electeur de Mayence lit l'Acte publiquement. On en fait deux Originaux signés & scellés de même; dont l'un est mis à la Chancellerie de l'Empire, dont cet Electeur a la garde; & l'autre dans la Chancellerie de l'Empereur. On en envoie aussi une copie à la Chambre de Spire. Ces Actes sont toûjours écrits en Allemand, afin que tous les Sujets de l'Empire les entendent, & suivant un Edit fait par l'Empereur Rodolphe en 1274. ils ne peuvent être en une autre langue. Toutes ces formalités sont si necessaires, que c'est seulement par là que l'Acte a pouvoir de Loi.

Les affaires pressantes qui surviennent en Pologne en font grand nombre, font cause que souvent on y tient la Diete generale tous les ans, quoique selon les Loix du Pays elle ne se doive tenir que tous les deux ans, & seulement pendant quinze jours, mais d'ordinaire elle est prolongée jusqu'à six semaines. Warsovie étant comme le centre de ce Royaume a toûjours été estimé le lieu le plus commode pour le convoquer. Cependant elle s'est tenüe en plusieurs autres Villes, & sur-tout les Lithuaniens prétendent avoir un droit d'alternative qui les fait presser souvent pour la faire tenir chés-eux. Le Roi en choisit le tems, dont il avertit toutes les Provinces par ses Envoyés, leur faisant connoître en même-tems le sujet des déliberations qui s'y doivent faire. Quand il y a interregne, c'est à l'Archevêque de Gnesne que cette fonction appartient. On tient des Dietes particulieres dans les Provinces six semaines avant la generale, & trois Députés choisis parmi les Gentilshommes qui s'y sont trouvés, y portent les resolutions que l'on y a prises.

La Diete generale se tient en Suisse deux fois chaque année, à la fin de Juin & au commencement de Decembre. C'est Zurich, qui en qualité de premier Canton, a droit de la convoquer. Les Cantons Catholiques & les Cantons Protestans, tiennent aussi des Dietes particulieres. Les Catholiques à Lucerne, & c'est au Canton qui porte ce nom que la convocation en appartient. Zurich convoque l'Assemblée des Protestans, & la Diete se tient à Arau. Le tems de ces Dietes particulieres n'est point préfix, & on ne les tient que selon que les affaires se trouvent pressantes.

Diete, en Chancellerie Romaine, se dit du chemin que l'on peut faire en un jour. La journée ou *Diete commune*, est de trente mille pas géometriques.

DIFFERENCE. s. f. Terme de Mathematique. Ce qui fait l'inégalité de deux grandeurs, la partie dont la plus grande excede la plus petite. Par consequent, la grande moins la petite, est toûjours la

Tome I.

difference. La difference de 10. & de 6. c'est 10. moins 6. c'est-à-dire 4. Le rapport de deux grandeurs considerées selon leur difference, fait leur *raison arithmetique*, (Voyez RAISON,) & l'égalité de ces raisons fait *la proportion arithmetique.* Voyez PROPORTION.

DIFFERENTIEL. adj. *Calcul differentiel.* Dans des recherches difficiles de Géometrie comme dans celles de la *rectification* ou *de la quadrature des courbes, des centres de gravité,* &c. on a souvent besoin de considerer des *grandeurs infiniment* ou *indefiniment petites*, qui ne laissent pas d'avoir entre elles des rapports réels. Ces grandeurs sont les *differences* de certaines autres grandeurs déterminées, & c'est pourquoi l'on appelle *Calcul differentiel* le calcul que l'on fait pour les découvrir; mais après les avoir découvertes, il faut trouver les sommes que composent une infinité de ces grandeurs infiniment petites, & c'est ce qu'on appelle le *Calcul integral* qui s'oppose au differentiel, car de cette infinité de grandeurs infiniment petites fournies par le Calcul differentiel, le Calcul integral est composé des grandeurs entieres, finies, & déterminées, ce qui étoit l'objet de la recherche. Le Calcul ordinaire de l'Algebre n'est que le calcul des grandeurs finies, au lieu que le differentiel & l'integral sont le calcul des infinis.

DIG

DIGASTRIQUE. adj. Terme de Medecine. Il se dit d'un muscle qui a deux ventres, comme celui de l'os hyoide; c'est-à-dire qui est d'abord gros & charneux, puis menu & nerveux, & de nouveau ventru & charneux. Ce mot vient de *δις*, Deux fois, & de *γαςὴρ*, Ventre.

DIGERER. v. a. Terme de Chymie. Mettre dans un pot des sucs ou matieres pilées & écrasées pour être échauffées par un feu doux, c'est-à-dire, qui rende une chaleur moderée, & qui approche de celle de l'estomach, qui nous fait cuire les substances crues, mûrir & adoucir les acerbes & les âpres, séparer les pures d'avec les impures, & tirer le suc ou la meilleure partie de chaque corps.

DIGESTIF, IVE. adj. *Qui aide à la digestion.* ACAD. FR. On appelle *Digestifs*, en termes de Chirurgie, des médicamens que l'on applique pour engendrer du pus dans une plaie, & pour ôter par suppuration ce qu'il y a de meurtri ou d'extravasé, ou pour tirer dehors le corps étranger, ou enfin pour donner par une cure lente, le tems de faire les autres choses que la plaie demande. Ces Digestifs sont ordinairement composés de terebenthine & de jaunes d'œufs qui en font la base, ausquels on ajoûte un peu de miel avec de la myrrhe ou du baume du Perou, de la gomme élemi, ou autre chose semblable, afin d'empêcher les parties nerveuses de se corrompre. Les Digestifs sont huileux, temperés, & approchent de la nature des vulneraires balsamiques, corrigeant comme eux l'acide vicieux des playes inveterées, de peur qu'étant irrité par les veritables mondificatifs qui sont trop acres, il ne fasse une effervescence & ne rende la playe plus fâcheuse. D'ailleurs les Digestifs arrêtent le progrès & l'accroissement de l'acide dans la plaie, & font que ce qu'il y a de vicieux fermentant de soi-même, & venant à suppuration, peut être séparé & poussé au-dehors. Les Digestifs sont l'huile rosat & le mastich, le beurre frais, le beurre de Mai, les jaunes d'œufs, la gomme élemi, la terebenthine, l'encens, la farine de froment, d'orge, de fenugrec & autres semblables. Pour faire un liniment digeſtif , on prend une once de terebenthine , un jaune d'œuf , deux drachmes de miel roſat , une drachme d'huile de mille-pertuis , le tout bien mêlé enſemble. On fait auſſi un onguent digeſtif avec une once de terebenthine , demi-once de miel , deux drachmes de ſuc d'ache , de la farine d'orge & de fenugrec , une drachme & demie de chacune , un peu de myrrhe , le tout mêlé ſelon l'art.

DIGESTION. ſ. f. Terme de Chymie. Operation qui fait que les choſes ſont perfectionnées par la chaleur dans du feu digeſtif. Cette perfection conſiſte , ou en la conſomption de l'humeur ſuperflue , ou en la ſolution des parties trop ſeches par la maceration. La Digeſtion Chymique ſe fait ordinairement avec addition de quelque menſtrue convenable à la matiere , & n'eſt differente de la maceration , qu'en ce que celle-ci ſe fait à froid , & que la digeſtion ne ſçauroit ſe faire que par le moyen de la chaleur. La digeſtion ſe fait tant des plantes que des métaux , & même des mineraux.

DIGLYPHE. ſ. m. Qui a deux gravûres. On appelle Diglyphe en Architecture , un triglyphe imparfait , ou une conſole ou corbeau qui a deux canaux ronds ou en angles. Ce mot vient de δις , Deux fois , & de γλύφειν , Graver.

DIGNITE'. ſ. f. Office Eccleſiaſtique , qui donne prééminence avec fonction. Il y a des Cathedrales où toutes les Dignités portent la Robbe rouge ; d'autres où il n'y a que la premiere Dignité , comme le Doyen de Saint Gatien de Tours. Furetiere & ſon Scholiaſte mal-à-propos diſent-ils que les Officiaux & les Prévôts ſont des Dignités , qui ont Juriſdiction ſur les Chanoines , puiſque les Officiaux ne ſont point du Chapitre , & que les Prévôts ne ſont que des Perſonats , s'ils ne ſont la premiere Dignité.

DIGON. ſ. m. Bâton qui porte un pendant , une flâme , ou banderolle arborée au bout d'une vergue.

DIL

DILATOIRE. adj. Terme de Palais. Qui demande du délai. On appelle Exceptions dilatoires , des défenſes imparfaites qu'on fait à deſſein de reculer le jugement d'un procès.

DILIGENCE. ſ. f. *On dit d'un tableau , qu'Il eſt fait avec diligence , pour dire , qu'il eſt bien fini , & qu'il a été fait avec tout le ſoin qui pouvoit le rendre correct.

On appelle Diligence , certaines commodités de bateaux ou de carroſſes bien attelés , dont on ſe ſert pour aller en peu de jours aux lieux pour leſquels elles ont été établies. Prendre la diligence , aller par la diligence.

DIM

DIMINUISER. v. a. Mot du vieux langage. Diminuer.

DIMINUTION. ſ. f. Amoindriſſement , rabais , retranchement d'une partie de quelque choſe. ACAD.FR. C'eſt auſſi un terme d'Architecture , & il ſignifie , le Rétreciſſement d'une colomne. On dit auſſi Contracture. Ce rétreciſſement ſe fait depuis le tiers de la colomne juſques au haut de ſon fuſt.

On dit en termes de Palais , Mettre ſes diminutions ſur une déclaration de dépens , pour dire , Y mettre ſes débats ſur chaque article que l'on veut diminuer , avant qu'ils ſoient taxés par le tiers.

Diminution , ſe dit auſſi en Muſique , de quelques mots qui doivent faire des tons & des mouvemens

précipités dans l'eſpace d'une cadence , quand on trouve pluſieurs notes noires crochues & doubles crochues , qui toutes enſemble ne doivent valoir qu'une note blanche , à laquelle elles répondent.

DIN

DINANDERIE. ſ. f. Marchandiſe de cuivre jaune , comme poëlons , chauderons , platines , & chenets , qui fait partie de celles que vendent les Quinqualiers. On a fait ce mot de la Ville de Dinant dans le Liege , qui eſt un Pays abondant en calamine , dont le mélange avec la roſette fait le cuivre jaune , ce qui fait que les Marchands ont nommé Dinanderie , tout le cuivre jaune qui eſt envoyé de Dinant dans toute l'Europe. Les Chauderonniers ſont appellés Dinandiers en beaucoup de lieux.

DINTIERS. ſ. m. Nom que l'on donne aux roignons du Cerf.

DIO

DIOPTRIQUE. ſ. f. Science qui enſeigne la troiſiéme partie de l'optique ou de la viſion. Voyez OPTIQUE & VISION. Elle explique tous les effets de la refraction qui arrive quand un rayon ſe rompt en changeant de milieu plus rare ou plus denſe. Voyez REFRACTION. Ainſi tout ce qui regarde les lunettes appartient à la Dioptrique. Ce mot vient de διοπτρα , qui veut dire un Inſtrument Geometrique propre à meſurer des hauteurs , & qui a des pinnules au travers deſquelles on regarde l'objet pour avoir la ligne droite qui va de lui à l'œil. διοπτρα eſt compoſé de δια , au travers , & de οπτομαι. Je vois.

DIP

DIPHRYGES. ſ. m. Marc de bronze. Dioſcoride en marque de trois eſpeces , celui qui eſt naturel & mineral , & qui ſe trouve ſeulement en Chypre. C'eſt le limon de certaine mine qu'on fait ſecher au Soleil , & que l'on brûle à feu de ſarment. La ſeconde ſorte de Diphryges eſt comme le marc & la cendre du cuivre fondu , qui ſe trouve au fond de la fournaiſe après que le cuivre eſt écoulé. Le troiſiéme Diphryges eſt celui qui ſe fait du Marcaſſite , ou de la pierre pyrite brûlée. Le meilleur de tous pour la Medecine eſt celui du marc fondu. Galien dit qu'il a une aſtriction moyenne , & une moyenne acrimonie , ce qui le rend propre à guerir les ulceres malins , & difficiles à cicatriſer. Ce mot vient de δις , Deux fois , & de φρύγειν , Rôtir.

DIPSAS. ſ. m. Sorte de Serpent , qui par ſa morſure cauſe une tumeur lâche & flaſque , & une alteration ſi grande que rien ne peut l'appaiſer. Quelques-uns l'appellent Cauſus , du Grec καυσος , qui ſignifie , Ardeur exceſſive , à cauſe que ceux qui en ſont mordus tombent dans des fiévres ardentes qui les font crever à force de boire. D'autres le nomment Preſter , de πρηςω , Qui brûle , qui enflame. Outre l'extrême alteration qu'il cauſe , d'où il a pris le nom de Dipſas , de δίψα , Soif , il produit les mêmes accidens que la vipere. Ce Serpent ſe trouve en Afrique , & plus ordinairement aux lieux maritimes qu'ailleurs. Sa tête eſt fort petite , & il eſt marqueté par tout le corps de taches rouges & noires. Il a une coudée de long , & va toûjours en amenuiſant vers la queue.

DIPTERE. ſ. m. Nom que les Anciens donnoient aux temples que deux rangs de colomnes entouroient, à cause que ces deux rangs faisoient deux portiques qu'ils appelloient *Ailes*. Ce mot est formé de *dis*, Deux fois, & de *πτεςòν*, Aile.

DIRECT, ECTE. adj. En termes d'Astronomie, on donne le nom de *Directes* aux Planetes lorsqu'elles paroissent se mouvoir selon la suite des signes, du Belier dans le Taureau, dans les Gemeaux, &c. toutes les Planetes, horsmis la Lune & le Soleil, après avoir été Directes deviennent *Stationnaires* & *Retrogrades*. Voyez STATIONNAIRE & RE-TROGRADE. *Vûe directe*, se dit en termes d'Optique, par opposition à une vûe qui se fait par *réflexion* ou par *refraction*, (Voyez OPTIQUE & VISION,) & on appelle en termes d'Arithmetique *la regle de trois directe*, celle qui est opposée à l'inverse. Voyez PROPORTION & RECIPRO-QUE.

DIRECTE. s. f. Terme de Pratique. Seigneurie immediate de laquelle un heritage dépend. On dit, qu'*Une terre est en la directe du Seigneur*, pour dire, que C'est à lui que l'on doit payer les lots & ventes.

DIRECTION. s. f. Assemblée de divers creanciers qui se fait de concert afin d'éviter les frais qui se feroient en justice si on discutoit les biens d'un débiteur. On y fait les ventes à l'amiable, ainsi que la distribution des sommes qui en reviennent.

Direction. Terme d'Astronomie. Mouvement d'une Planete, lorsqu'elle est *directe*, c'est-à-dire, qu'elle se meut suivant l'ordre des signes. Voyez DI-RECT. *Direction* s'oppose à *Station* & *Retrogradation*. Voyez ces mots.

Direction, est aussi un terme d'Astrologie judiciaire, & veut dire, Le calcul que les Astrologues font pour découvrir en quel tems doit arriver un accident notable, qui menace la personne dont ils tirent l'horoscope. On fait les Directions des principaux points du Ciel & des Astres comme de l'ascendant, le milieu du Ciel, du Soleil, de la Lune, & de la partie de fortune. On en fait aussi des Planetes & des Etoiles fixes.

En Méchanique, on dit *Centre de Direction*, & *Ligne de Direction*. Quand un corps se meut ou fait effort pour se mouvoir vers un certain côté, les parties ou les points dont il est composé n'y pouvant pas tous arriver précisément, ils ramassent leurs differentes impressions sur un même point de ce corps, qui se trouve chargé de tout ce qu'il y a d'action & de mouvement dans le corps entier, en sorte que si le reste du corps étoit aneanti, ce point seul continueroit de se mouvoir vers le même côté précisément où étoit la détermination du mouvement, & avec la force du corps entier. Ce point s'appelle *Centre de Direction*, & la ligne qui le joint avec le point où il tend, *Ligne de Direction*. En general toute ligne par laquelle un corps agit soit en tirant, soit en poussant, &c. s'appelle *Ligne de Direction*.

DIRIGER. v. a. On dit en termes de Mathematique, qu'*Un cordeau dirige le rayon visuel*, *dirige une ligne droite*, pour dire, qu'Il les fait observer ou mirer un point directement opposé.

DIS

DISCEPTATION. s. f. Terme Scolastique. Il se dit d'une dispute qui se fait par écrit ou de vive voix sur une question que l'on entreprend de discuter.

DISCRIME. s. m. Vieux mot. Danger, du Latin *Discrimen*, qui veut dire la même chose.

DISGREGATION. s. f. Terme d'Optique. Action par laquelle certains objets semblent écarter & dissiper les rayons visuels. On a dit dans l'ancienne

Philosophie que *le blanc cause la disgregation de la vûe*, comme s'il paroit de l'œil vers les objets des rayons que le blanc séparât & dispersât plus que les objets d'une autre couleur. La verité est que le blanc fatigue plus la vûe qu'aucune autre couleur, parce qu'il n'y en a aucune où la lumiere soit si peu alterée & si peu affoiblie. Delà vient qu'on perd quelquefois la vûe sur des montagnes toutes couvertes de neige. Voyez COULEUR.

DISME. s. f. La dixième partie des fruits d'un heritage, ou autre portion qui en approche, & qui est differente selon l'usage des lieux. Il y a une Disme Royale ou Seigneuriale que l'on appelle *Champart* en certains endroits. Il y en a une autre Ecclesiastique, c'est celle qui est dûe naturellement aux Curés. On appelle *Grosses dimes*, celles des gros fruits, comme blés, vins & autres. Les *menues Dimes* ou autrement *Dimes vertes*, sont celles des pois, feves & autres legumes qu'on recueille dans les jardins, clos & closeaux ; & les *Dimes novales*, sont celles des terres nouvellement défrichées.

On appelle *Dimes infeodées*, les Dîmes qui sont alienées aux Seigneurs Ecclesiastiques ou temporels, & qu'ils ont unies à leurs fiefs. Le Juge Seculier connoit de ces sortes de Dîmes. On a appellé *Dime Saladine*, certaine Dîme qu'un Concile de Paris établit en l'an 1188. sous le regne de Philippe Auguste. Elle prit ce nom à cause qu'elle fut faite pour le secours de la Terre-Sainte, que Saladin avoit envahie.

DISMERIE. s. f. Etendue d'un territoire sur lequel on a droit de dîmer.

DISMIER. s. m. C'est un Journalier, qui court là Dîme, qui la compte & la recueille.

DISPARATE. s. f. Chose dite ou faite mal à propos. *Faire*, *dire des disparates*. Ce mot est Espagnol, & veut dire la même chose en cette langue.

DISPENSAIRE. s. m. Les Medecins donnent ce nom aux Auteurs qui ont écrit de la préparation des remedes. Il a quelquefois servi de titre à des Livres de Pharmacie.

DISPENSATION. s. v. Terme de Pharmacie. Disposition & arrangement de plusieurs Médicamens simples ou composés, que l'on a choisis, & préparés avec soin, & qui ont été ensuite pesés chacun selon la dose requise. On dit, *Dispenser la Theriaque*, pour dire, La préparer.

DISQUE. s. m. Terme d'Astronomie. Le corps du Soleil ou de la Lune, tel qu'il paroit à nos yeux. Il se divise en douze parties qu'on appelle *Doigts*, & c'est par là qu'on peut mesurer la grandeur d'une Eclipse, qu'on dit être de tant de doigts, de tant de parties du Disque du Soleil ou de la Lune. On l'a appellé ainsi, à cause que le corps du Soleil ou de la Lune nous paroit avoir la ressemblance d'un Disque, sorte de palet qui servoit aux jeux & aux exercices des Anciens. C'étoit un rond de metal ou de pierre large d'un pié, qu'on jettoit en l'air, pour faire paroitre sa force & son adresse. Les Grecs l'appelloient *δίσκος*, du verbe *δικεῖν*, Jetter.

On dit aussi *Disque*, en termes d'Optique, & ce mot s'emploie quand on parle de la grandeur des verres de lunettes, & de la largeur de leurs ouvertures, quelque figure qu'ils puissent avoir.

DISQUISITION. s. f. Terme Dogmatique. Examen serieux que l'on fait de quelque affaire, avec toute l'exactitude que l'on y peut apporter. Ce mot vient du Latin *Disquirere*, Examiner, approfondir.

DISSIMILAIRE. adj. Terme d'Anatomie. Qui n'est pas de même nature ou de même espece. Les parties du corps se divisent en parties similaires & dissimilaires. L'action de la partie similaire est naturelle , & confiste seulement en la nutrition. L'action de la partie dissimilaire est animale , & gît au-dehors.

DISSOLUTION. s. f. Terme de Physique & de Chymie. Réduction des corps compactes ou épais en matieres liquides ou coulantes , par le moyen de quelque liqueur, qui a causé une *fermentation* dans ces corps. Voyez FERMENTATION. La liqueur qui dissout un corps s'appelle *Dissolvant* ou *Menstrue*, (Voyez MENSTRUE,) & comme elle doit contenir les *Acides* qui sont précisément convenables aux *Alkali* de ce corps , (Voyez ACIDE & ALKALI,) il s'ensuit que differens corps ont differens dissolvans. L'Or se dissout par l'Eau Regale , l'Argent par l'Eau forte , par l'Esprit de Nitre , &c. Ces dissolutions ne different en Chymie des extractions que du plus au moins , la dissolution resolvant le corps totalement en ses premieres particules , & l'extraction ne tirant que la partie la plus noble d'un corps sans le resoudre entierement. Ainsi une lessive avec le sel de tartre resout l'aloës en ses plus petites particules , & l'eau simple ne fait qu'en extraire la partie mucilagineuse.

DISSONANCE. s. f. Terme de Musique. Intervalle de deux sons , qui étant entendus en même-tems blessent l'oreille. Les Dissonances sont la seconde & la septiéme avec leurs repliques , & tous les faux intervalles. Voyez CONSONANCE.

DISSONENT. s. m. Vieux mot qui signifioit autrefois , Murmure , bruit que fait un ruisseau qui coule.

Cil fleves court si joliement ,
Et meine si grand dissonent.

DISTILLATION. s. f. Terme de Chymie. Extraction qui se fait de la partie la plus subtile du suc, par le moyen de la chaleur. Celle que l'on fait *Per ascensum*, est une operation par laquelle la force du feu pousse les vapeurs du corps mixte en haut. On l'appelle *Sublimation* quand elle est seche , & c'est la distillation ordinaire *Per ascensum*, lorsqu'elle est vuide. Celle-ci est double , droite & oblique ; droite quand la vapeur s'éleve droit en haut , & tombe dans le recipient ; & oblique , lorsqu'elle va de côté dans les vaisseaux courbés , comme cornues ou retortes. Il y a une autre Distillation qu'on appelle *Per descensum*. C'est une operation chaude ou froide , par laquelle les vapeurs ou liqueurs descendent en bas. Elle est chaude quand c'est le feu qui les pousse en bas, & elle est froide quand elles descendent sans l'aide de la chaleur ; ce qui arrive dans la défaillance & dans la filtration. On se sert de trois sortes de chaleur pour la Distillation , de celle du Soleil , dans les Pays chauds ; ce qui se fait en mettant un vaisseau de verre , rempli des choses qu'on veut distiller , sur le sable chaud, avec un recipient qu'on y attache ; de celle qui provient de la pourriture lorsqu'on met dans le fumier ou dans le marc de raisins ce même vaisseau de verre , rempli de ce qu'on veut distiller , & de celle du feu , qui non seulement est la plus commode , mais aussi la plus usitée de toutes.

DISTORSION. s. f. On dit dans la Medecine *Distorsion de bouche*, & elle arrive quand il n'y a que les muscles d'un côté du visage qui souffrent convulsion ou relaxation , & que la bouche se tourne d'un seul côté. Alors la partie saine se retirant vers la partie malade dans la convulsion , & la partie relâchée tombant sur la saine dans la paralysie , elles font ce qui est appellé proprement la *Distorsion de la bouche*, dans laquelle un des yeux ne se peut pas bien fermer ni le malade souffler. Quand

il veut cracher , il ne peut cracher que d'un côté , & si on le fait rire , ou qu'on l'oblige à prononcer la lettre O , on s'apperçoit aisément qu'il ne remue qu'un côté de la bouche.

DISTRICT. s. m. Terme de Jurisprudence. Ressort. étendue de la Jurisdiction d'un Juge. Ce mot a été fait de *Districtus*.

DIT

DITHYRAMBE. s. m. Sorte d'Hymne dont on tient qu'un nommé Dithyrambus qui étoit de Thebes a inventé la maniere. D'autres disent qu'on a donné ce nom à cet Hymne , à cause qu'il étoit fait à l'honneur du Dieu Bacchus , que les Grecs ont appellé *Dithyrambe*, ou parce qu'il avoit été nourri dans un antre qui avoit deux ouvertures ; ce qui s'appelle en Grec διθυρος. Qui a deux portes , ou de δις θυρας βαινειν , c'est-à-dire , Sortir deux fois dehors , suivant la Fable , qui veut que Bacchus soit venu deux fois au monde. Les Anciens ont appellé aussi *Dithyrambes*, les vers où l'on négligeoit d'observer les regles & les mesures ordinaires.

DITON. s. m. Intervalle de Musique qui comprend deux tons. La proportion des tons qui forment le Diton est de quatre à cinq , & celle du semiditon est de cinq à six.

DITRIGLYPHE. s. m. Espace de deux Triglyphes sur une entre colomne Dorique. Ce mot vient de δις , Deux fois , & de τριγλυφος , Qui a trois gravûres.

DITTEREL. s. m. Vieux mot. Opuscule. On a dit aussi *Dittelet*, pour , Petit discours.

Or veut ici monsot son dittelet finer.

DIV

DIVAN. s. m. Nom que l'on donne en Turquie à une façon d'Estrade élevée de terre d'un demi-pié ou d'un pié , qui est dans toutes les salles & chambres des Palais des particuliers. Cette Estrade est couverte d'un riche tapis avec quantité de coussins en broderie , appuyés contre les murailles C'est sur ces divans que les Maîtres des Palais se reposent & reçoivent leurs visites.

Divan, se prend aussi pour le Conseil & Assemblée qui se fait en certains jours dans une Salle destinée pour cela en la seconde Cour du Serrail, pour déliberer de plusieurs affaires. Les Officiers qui composent le Divan sont le Grand-Visir , les six autres Visirs , les deux Cadilesquers de Romanie & de Natolie , qui sont les grands Juges & Intendans des Armées , les trois Tefterdars ou Tresoriers Generaux , le Nissangibachi , grand Chancelier , & le Nerangi , qui est comme un Secretaire d'Etat , avec quelques Greffiers ou Notaires. Ils se rendent tous quatre fois chaque semaine à la salle du Divan , & ils y demeurent jusqu'à midi.

DIVERGENCE. s. f. Terme d'Optique. Disposition de deux rayons qui vont de l'objet à l'œil en s'écartant toûjours l'un de l'autre. Voyez DIVERGENTS.

DIVERGENTS. adj. m. p. On appelle en termes d'Optique *Rayons divergents*, ceux qui vont de l'objet à l'œil en s'écartant toûjours l'un de l'autre. Les rayons qui partent d'un même point se font divergents , & le font d'autant plus que l'objet est plus proche. Plus l'objet est éloigné & moins la divergence des rayons d'un de ses points est grande , & enfin il peut être à égale distance que les rayons partis d'un seul point , quoique mathematiquement divergents, sont physiquement paral-

leles, parce que leur divergence eſt inſenſible. C'eſt
ainſi que l'on prend le plus ſouvent pour rayons
paralleles, ceux qui ſont partis d'un même point
du Soleil. Voyez CONVERGENTS.

DIVIDENDE. ſ. m. Terme d'Arithmetique. Nombre
à diviſer, voyez DIVISER. Si le Diviſeur eſt l'u-
nité, le *Quotient* eſt égal au dividende, ſi 12.
eſt diviſé par 1. le quotient eſt 12. Si le Diviſeur
eſt plus grand que l'unité, le quotient eſt plus
petit que le dividende, ce qui eſt le cas le plus
ordinaire, 12. diviſé par 3. donne 4. plus petit que
12. Si le Diviſeur eſt plus petit que l'unité, le quotient eſt plus grand que le Dividende, 12. par ½
donne pour quotient 24. car ſi l'unité eſt 12. fois
dans 12. la moitié de l'unité y eſt 24. fois. Il eſt
clair que le produit du Diviſeur par le quotient eſt
toûjours égal au Dividende, car le Dividende n'eſt
que le Diviſeur pris un certain nombre de fois que
le quotient exprime. Une fois 12. ou 3. fois 4. ou
24. fois ¼ tout cela eſt égal à 12.

DIVIS. adj. Terme du Palais. Il eſt oppoſé à Indivis.
On dit que *Des Coheritiers poſſedent une maiſon par
divis*, pour dire, que Chacun y a ſa part marquée,
& ſon appartement ſéparé.

DIVISE. ſ. f. Terme de Blaſon. Il ſe dit de la faſce,
de la bande, & autres pieces qui n'ont que la moitié de leur largeur, & on les appelle *Faſce ou bande en diviſé. De gueules à deux chevrons d'argent,
ſommés d'une diviſe de même.*

DIVISER. v. a. Terme d'Arithmetique. Trouver combien de fois un nombre eſt contenu dans un autre,
3. par exemple dans 12. 5. dans 20. &c. Le nombre que l'on diviſe, par exemple 12. 20. s'appelle
le *Dividende*, celui par lequel on le diviſe, qui eſt
3. ou 5. s'appelle *le Diviſeur*, & le nombre que
l'on cherche, qui eſt 4. dans nos deux exemples,
s'appelle *Quotient*, parce qu'il exprime combien de
fois *quoties*, le Diviſeur eſt dans le Dividende.

Tout nombre entier exprime le rapport de lui-
même à l'unité, & combien de fois il le contient,
ainſi tout quotient contient l'unité autant de fois
que le dividende contient le diviſeur, & chercher un quotient, c'eſt chercher un nombre qui ait
à l'unité ſe même rapport qu'a le dividende au Diviſeur. 12. diviſé par 3. eſt égal à 4. ou ce qui eſt
la même choſe, égal au rapport de 4. à 1. Ainſi
une Diviſion eſt une expreſſion plus ſimple du rapport qu'ont enſemble le dividende & le diviſeur,
& c'eſt la même choſe que ſi on réduiſoit une fraction à ſes moindres termes. Voyez FRACTION.
C'eſt pourquoi on peut confondre ces trois choſes
rapport ou raiſon, *Diviſion*, *fraction*. Le rapport de
12. à 3. ou 12. diviſé par 3. ou 12/3 qui eſt une fraction, tout cela eſt la même choſe. Il n'importe à
une *raiſon* que le plus grand terme ſoit le premier
ou le ſecond l'*antecedent* ou le *conſequent*; mais une
raiſon dont le plus grand terme eſt le premier, eſt
plus proprement une diviſion qu'une fraction, &
une raiſon dont le plus petit terme eſt le premier
eſt plus proprement une fraction qu'une diviſion.
12/3 eſt auſſi bien une raiſon que 12/3 mais 3/12 eſt proprement une fraction, & 12/3 eſt proprement une
diviſion.

DIVISEUR. ſ. m. Terme d'Arithmetique. Nombre
qui en a cauſé un autre. Voyez DIVISEUR. On
cherche dans toute diviſion combien de fois le Diviſeur eſt contenu dans le *dividende*, & il eſt clair
que plus le Diviſeur eſt petit, plus il y eſt contenu
de fois, & plus il donne un grand *quotient*. Voyez
QUOTIENT. Si le Diviſeur eſt l'unité, il donne
le dividende pour quotient, & ſi le Diviſeur eſt
égal au dividende, il donne pour quotient l'unité.

12. diviſé par 1. eſt 12. & 12. par 12. eſt 1.

DIVISION. ſ. f. Terme d'Arithmetique. Regle ou
operation par laquelle on connoît combien de fois
un nombre eſt renfermé dans un autre, voyez DI-
VISER. Toute Diviſion *a un dividende, un diviſeur,
& un quotient.* Voyez ces mots. La Diviſion défait
ce qu'avoit fait la multiplication. En multipliant 3.
par 4. on a 12. en diviſant 12 par 3. on a 4.

Diviſion, en termes de guerre, eſt une partie d'un
Regiment ou d'un Bataillon qui marche ou défile.
Elle eſt ordinairement compoſée de ſix files, dont
chacune eſt diſtinguée l'une de l'autre. Les Lieutenans marchent à la tête de chaque Diviſion de
Mouſquetaires, & les Sous-Lieutenans ou Enſeignes
vont à la tête de chaque file ou diviſion de Piquiers.

Diviſion, ſe dit, en termes de Marine, d'une certaine quantité de Vaiſſeaux d'une Armée navale, qui
ſont ſous le commandement d'un Officier general.
Les Vaiſſeaux pour une bataille navale ſe rangent
ordinairement en trois lignes, ſuivant les trois diviſions qu'on a coûtume d'en faire.

Diviſion. Terme d'Imprimerie. Petit tiret qui
étant mis au bout des lignes de quelques pages d'un
livre imprimé, fait connoître que les ſyllabes qui
finiſſent ces lignes ne ſont qu'une partie d'un mot,
dont le reſte eſt dans le commencement de la ligne ſuivante. On appelle auſſi *Diviſion*, le même
Tiret qui ſe met au milieu d'une ligne, entre deux
mots qui ont de la liaiſon, & qui ne doivent être
regardés que comme un ſeul mot, comme ſont,
Contre-batterie, *Porte-manteau*.

On dit, en termes de Palais, *Renoncer au benefice
de diviſion & de diſcuſſion*, quand deux perſonnes
s'obligent ſolidairement, en ſorte qu'ils veulent
bien ſouffrir la contrainte, comme ſi leurs biens
n'étoient point diviſés de ceux qu'ils cautionnent.

DIVORCE. ſ. m. Furetiere & ſes Scholiaſtes diſent
que le Divorce eſt une diſſolution entiere du Mariage, une rupture du lien. Ce n'eſt qu'un accident
dans le Mariage. L'indiſſolubilité eſt de l'eſſence.
Il n'y a de difference à cet égard de l'ancienne Loi
à la nouvelle, qu'en ce qu'il étoit ceremonie dans
l'ancienne, & qu'il eſt Sacrement dans la nouvelle.

DIURETIQUES. ſ. m. Medicamens qui provoquent
les urines. Il y en a de deux ſortes. Les uns ſont
tels par eux-mêmes, & penetrent facilement juſques dans les veines, où ils fondent les humeurs
& ſeparent les groſſieres d'avec les ténues, comme
les racines d'ache, de fenouil & de chiendent, les
capillaires, les bayes de genevre, le cerfeuil, les
cubebes, l'abſynthe & autres ſemblables. Il y en a
qui ne ſont diuretiques que par accident, c'eſt-à-
dire, qu'ils provoquent les urines, ou en fourniſ-
ſant une grande abondance de matiere aqueuſe,
comme font la chair & la graine de courges & de
concombres, les fraiſes, &c. ou en nettoyant &
detergeant les humeurs qui ſont dans les reins,
comme le petit lait & l'orge. Ce mot vient du verbe διυρέω, Piſſer.

Les veritables Diuretiques ſont ceux qui font
uriner beaucoup ou ſouvent, ſans fournir aucune
matiere aqueuſe; & il y en a de cinq ſortes, par
rapport à leur tiſſure naturelle. Les premiers ſont
acides, & l'eſprit de ſel, le ſuc de citron, le tartre
& les ſels doux ſont de ce nombre. Les ſeconds
ſont alcalis, ſoit fixes, ſoit volatiles, comme le ſel
de tartre, celui de geneſt & de tiges de feves, les
leſſives de cendres ſels, le ſel volatile de ſuccin,
l'eſprit de ſel armoniac ou d'urine, & celui de
vers de terre. Les troiſiémes ſont ſalés & ſpeciale-

ment urineux , tant volatiles que fixes, comme le nitre , les cloportes, les efcarbots, le fuc de vers de terre , les vegetaux nitreux, tels que le chardon benit & la fume-terre. Les quatriémes , qui font teftacées , fourniffent par la calcination une efpece de chaux , comme les yeux d'écreviffes, les coques d'œufs , les écreviffes calcinées & autres. Les cinquiémes font fulphureux ou huileux, & entre ceuxlà font le maci , le genevrier , la terebenthine & le fafran. Si l'on confidere en general la maniere d'operer de tous ces diuretiques, on connoît que c'eft la faveur falée , ou acre,ou temperée & huileufe,qui fert d'aiguillon aux reins , laquelle fait leur principale vertu. Quoiqu'il y ait des Diuretiques qui n'ont pas cette faveur, comme les acides & les alcalis, on peut dire qu'ils s'alterent dans les premieres voies, & qu'ils y acquierent une faveur plus ou moins falée qui les rend diuretiques.

DIURNE. adj. Terme d'Aftronomie. Qui appartient au jour. On appelle *Arc Diurne du Soleil* , la partie d'un parallele que le Soleil décrit , élevée au deffus de l'horifon , ou ce qui eft le même , l'efpace que le Soleil parcourt depuis fon lever jufqu'à fon coucher. Dans notre Sphere les arcs diurnes des paralleles feptentrionaux font plus grands que les arcs nocturnes , ce qui fait les jours d'Eté plus grands que les nuits. Le mot de diurne a auffi un autrefens où il ne s'oppofe pas à *nocturne* , mais à *annuel*. Ainfi par oppofition au *mouvement annuel* , par lequel le Soleil parcourt en un an tout le Zodiaque , on appelle *Mouvement diurne* , fon mouvement de 22. heures, qui fait la nuit auffi bien que le jour. De là l'on a appliqué le mouvement diurne & le mouvement annuel à toutes les planetes , qui font deux revolutions , l'une autour du Zodiaque , ce qui fait leur année , & l'autre autour d'elles-mêmes & fur leur propre axe , ce qui leur donne fucceffivement le jour & la nuit. Le mouvement annuel de Jupiter , par exemple eft de 12. ans , & fon mouvement diurne de 10. heures , de forte que fes années fans doute font plus longues que les nôtres , & fes jours plus de la moitié plus courts.

DI

DIZEAU. f. m. Amas de dix gerbes mifes enfemble. On doit laiffer fur le champ les gerbes rangées par dizeaux , jufqu'à ce que le dîmeur foit venu prendre celles qui appartiennent au Curé ou autres.

DOC

DOCTRINE. f. f. Sçavoir , érudition. On appelle *Peres de la Doctrine Chrétienne* , Une Congregation de Clercs Reguliers qui a eu pour Fondateur le Pere Céfar de Bus , natif de Cavaillon en Provence. La fin qu'il eut dans cet établiffement , fut de catechifer le peuple & d'imiter les Apôtres dans la maniere d'enfeigner les myfteres de la Foi. Cette Congregation fut approuvée par le Pape Clement VIII. & par Paul V. qui en 1616. permit à ceux qui la compofoient de faire des vœux. Il unit leur Compagnie à celle des Clercs Reguliers de Somafque , afin qu'ils ne fiffent enfemble qu'un feul corps religieux fous un même General. Les Prêtres de la Doctrine Chrétienne ont été défunis des autres en 1647. par un Bref du Pape Innocent X. & ils font prefentement une Congregation particuliere fous un General François. Ils ont trois Provinces en France , celle d'Avignon qui a fept maifons & dix Colleges , celle de Paris qui a quatre Maifons & trois Colleges , & celle de Touloufe qui a quatre Maifons & treize Colleges. On appelle ces Prêtres *Doctrinaires*.

DOD

DODECAEDRE. f. m. Terme de Geometrie. L'un des cinq corps reguliers compofé de douze faces ou pentagones égaux. Ce mot eft fait de δώδεκα, Douze , & de ἕδρα , Siege , bafe.

DODECAGONE. f. m. Terme de Geometrie. Figure qui a douze angles & douze côtés. Mot fait de δώδεκα, Douze, & de γωνία , Angle. On appelle *Dodecagone* , en termes de Fortification , une Place qui a douze Baftions.

DODECATEMORIE. f. f. Terme d'Aftronomie. On appelle *Dodecatemories* , les trente Degrés que les Aftronomes donnent à chaque figne du Zodiaque , en concevant qu'un figne en eft la douziéme partie : parce que fi on divife 360. par 30. il vient 10. de même que fi on divife 360. par 12. il vient 30. Ce mot eft Grec , δωδεκατημόριον, & eft fait de δώδεκα Douze , & de μόριον , Partie , particule.

DOG

DOGAT. f. m. Dignité du Doge de Venife ou de Genes. Il fe prend auffi pour le tems qu'on a poffedé cette dignité. *Pendant le Dogat d'un tel.*

DOGE. f. m. Magiftrat électif qui eft le Chef du Confeil ou de la Republique de Venife, ou de Genes. On élit tous les deux ans un Doge nouveau à Genes: mais le Doge de Venife eft perpetuel. C'étoit autrefois le fouverain Chef de la République , mais aujourd'hui il ne peut rien faire fans la participation du Senat.Il eft le Chef de tous les Confeils , & répond en termes generaux aux Ambaffadeurs au nom de la Republique. Les Lettres de creance qu'elle envoie , font écrites à fon nom , mais elles font fignées par un des Secretaires de l'Etat , & non de fa main. La monnoye qui fe bat n'eft pas à fon coin , quoiqu'elle foit fous fon nom. Il a plufieurs privileges , comme de nommer aux Benefices de l'Eglife de S. Marc ; & il ne peut fortir de Venife , fi quelque caufe importante n'oblige le Senat à lui en accorder la permiffion. Le mot de *Doge* vient du Latin *Dux* , qui veut dire Chef , & *Dogat* de *Ducatus*.

DOGNOYER. v. a. Vieux mot. S'ébattre.

DOGUES *d'amure*. Torme de Marine. On appelle ainfi deux trous qui fervent à amurer les couets de la grand'voile. L'un eft à ftribord , & l'autre à basbord , & tous deux dans le plat-bord à l'avant du grand Mât.

DOI

DOIGNER. v. a. Vieux mot. Donner. *Demande que tu veux que je te doigne.*

DOIGT. f. m. Partie de la main ou du pié de l'homme. ACAD. FR. Ce mot ne fe dit pas feulement de l'homme, mais de plufieurs animaux. *Doigt d'oifeau de proye , doigt de canard , doigt de grenouille, doigt de finge , doigt de crocodile.*

Doigt. Ancienne mefure Romaine. Elle faifoit neuf lignes du pouce de Roi.

Doigt , en termes d'Aftronomie , fe dit de chacune des douze parties en quoi on divife le corps du Soleil ou de la Lune. Ainfi on dit , qu'*Une eclypfe eft de dix doigts* , pour dire , que Le corps de la Lune ou du Soleil eft obfcurci en dix de fes parties.

DOIGTIER. f. m. Morceau de cuir ou de linge qui fert

fert à couvrir un doigt où eft venu un mal qui oblige à le penfer.

DOIS. f. m. Vieux mot qui fe trouve en plufieurs fignifications. Dans celle de Conduite, venant de *Ductus :*

    Les oreilles font voye & dois,
    Par où vient jufqu'au cuer la voix.

Dans celle de Dais ou de fiege, *Sur le chief du dois s'apoya,* & dans celle du Dé à jouer.

DOITE. f. f. Terme de Tifferan, pour marquer la groffeur du fil. *Ces deux écheveaux ne font pas d'une même doite.*

DOITE'E. f. f. Petite quantité de fil. Une aiguillée pour regler la groffeur du fil, afin de faire filer également plufieurs fileufes.

DOL

DOLOIRE. f. f. Inftrnment de Tonnelier qui tient le milieu entre la hache & la ferpe. Il a un tranchant long, & fort aigu, & un manche pefant qui lui fert de contrepoids. Les Tonneliers s'en fervent pour unir & applanir le bois, & pour tailler les cerceaux.

    Doloire ou *Douloire,* dans le Blafon, est une hache fans manche.

    Doloire, eft auffi, en termes de Chirurgie, une forte de bandage fimple & inégal.

DOLOSER. v. n. Vieux mot qui s'eft dit pour Plaindre.

    Qu'elle t'oye bien doloser.

On a dit auffi, *Se douloufer,* pour, Se plaindre, & le mot de *Dol,* a été employé pour, Deuil, douleur, fâcherie.

DOM

DOM. f. m. Titre d'honneur emprunté des Efpagnols qui le rr ettent devant les noms propres des perfonnes confiderables. *Dom Pedro, Dom Juan,* pour fignifier, Sieur ou Seigneur. On s'en fert en France lorfqu'on parle de certains Religieux, comme Chartreux, Bernardins, Feuillans & autres. *Dom Pierre, Dom Laurent.* Ce mot s'eft fait de *Domnus,* abregé de *Dominus.* On tient que le titre de *Dom* fut donné d'abord au Pape feul, puis aux Evêques & aux Abbés, & qu'enfin il a été ufurpé par les fimples Moines, qui prirent le titre de *Domnus,* comme voulant dire, *Minor dominus,* & marquer par là que le nom de *Dominus* n'appartient qu'à Dieu. Fleuri, *Difcours fur l'Hiftoire Ecclefiaftique.*

    Lettre Dominicale. Terme de Chronologie. C'eft la lettre qui marque le Dimanche pendant toute l'année. Par la réformation du Calendrier Gregorien, la lettre Dominicale de l'année 1582. qui étoit G. fut changée en C.

DOMBOCH. f. m. Arbre qui croît au Royaume de Quoja, pays des Noirs. Il porte un fruit qui reffemble aux nefles, & qui eft bon à manger. Son écorce prife dans quelque liqueur excite le vomiffement. Les Habitans fe fervent du bois de cet arbre pour faire des canots. Il eft rougeâtre, & d'une couleur qui approche de celle du bois de Brefil.

DOMANIER. adj. Mot de coutume. *Le Seigneur Domanier,* eft le Seigneur Jufticier, & on appelle *Droits domaniers,* les droits qui concernent le Domaine.

DOMAINE. f. m. Bien, fond, heritage. Quelquefois *Domaine,* fe dit d'un droit Seigneurial fans propriété; & en matiere de Seigneurie, celui qui paye le cens a le *Domaine utile de la terre,* comme

    Tome I.

le Seigneur à qui le cens eft payé en a le *Domaine direct.* On appelle *Domaine* en plufieurs Coûtumes le fief dominant, où le Vaffal doit la foi & eft hommageable. *Domaine immuable,* ou *domaine fieffé,* fe dit des cens & rentes feigneuriales qui n'augmentent ni ne diminuent jamais. *Domaine muable,* eft le revenu des fermes, qui augmente ou diminue felon les années ou felon les baux; & *Domaine congeable,* eft celui qu'un Seigneur a donné gratuitement, & dans lequel il peut rentrer toutes les fois qu'il lui plaît. Le mot de *Domaine,* felon M. Ménage, vient de *Domanium,* qui a été dit pour *Dominium.*

DOME. f. m. Couverture ronde & élevée fur le toit d'une Eglife. C'eft ce que les Italiens nomment *Cupola :* car parmi eux le mot de *Domo* defigne particulierement une Eglife Cathedrale. On appelle *Dome furbaiffé,* Celui qui a fon contours beaucoup au deffous du demi-cercle, & *Dome furmonté,* Celui qui eft formé en demi-fpheroïde, à caufe de fa grande élevation; ce qui le fait paroître à la vûe, de la figure la plus parfaite, qui eft la fpherique. *Le Dome à pans,* eft celui dont le plan eft octogone par dedans & par dehors, ou bien qui ne l'eft que par dehors. On appelle *Dome de treillage,* la couverture d'un pavillon ou d'un falon de treillage. dont le plan eft rond, quarré ou à pans, & qui ordinairement a fon contour circulaire. *Dome* vient du Grec *δώμα,* Toit, couverture, fait par contraction de *δέμημα,* qui vient de *δέμειν,* Bâtir, élever.

    On dit qu'un falon, qu'une galerie eft *voutée en dome,* pour dire que les planchers n'en font point plats, mais qu'ils font voutés en maniere de berceau.

    Dome, eft auffi un terme d'Orfevres, qui donnnt ce nom à la partie fuperieure ou couverture des encenfoirs, caffolettes & autres ouvrages de même nature.

    Dome, chez les Chymiftes, eft la couverture ronde des fourneaux de reverbere.

DOMESCHE. adj. Vieux mot. Domeftique. *Oifeaux privez, bêtes domefches.*

DOMIFIER. v. a Terme d'Aftrologie. Divifer le Ciel en douze maifons, afin de dreffer un theme celefte ou un horofcope par le moyen de fix grands cercles appellez *Cercles de pofition.* Les Auteurs ne s'accordent pas fur la maniere de domifier.

DOMINANT. Terme ufité chez les Cordeliers, qui ont dans chaque Province un ancien Provincial, qu'ils appellent *Pere Dominant,* qui gouverne defpotiquement, fait les Provinciaux, les Définiteurs, les Cuftodes, les Gardiens, donne des obédiences pour aller au loin ou pour revenir.

DOMINATEUR. adj. Les Aftrologues appellent *Dominateur,* l'Aftre qui a le plus de degrés de puiffance dans un horofcope. Ils l'appellent auffi *Signe dominant.*

DOMINATION. f. f. On appelle *Domination,* en termes de Theologie, les Efprits du quatrième ordre de la nature Angelique, en commençant à compter par les Seraphins. Ces Efprits dominent fur les hommes, & fur les Anges des Ordres inferieurs.

DOMINICAINS. f. m. Ordre Religieux très-celebre qui a pris fon nom de faint Dominique, Gentilhomme Efpagnol & Chanoine d'Ofma, qui en a été le Fondateur. Il fut approuvé par le Pape Innocent III. en 1215. & confirmé l'année fuivante par fon fucceffeur Honoré III. fous la Regle de faint Auguftin, & fous des Conftitutions particulieres du même faint Dominique. Cet Ordre a donné à l'Eglife trois ou quatre Papes, plufieurs Cardinaux,

                                    X x

un grand nombre de Prelats & d'illuftres Ecrivains. Les Dominicains font ce qu'on appelle autrement *Freres Prêcheurs*. On les a nommés *Jacobins* en France, à caufe qu'ils ont eu leur premier Couvent de Paris à la rue faint Jacques. Les Dominicaines ou Religieufes de fainte Catherine de Sienne fuivent le même Inftitut.

DOMINO. f. m. Piece de drap que les Prêtres portent pendant l'hiver. Elle leur couvre la tête, leur ferre le vifage, & leur defcend jufqu'au deffous des épaules, & même jufqu'aux talons.

DOMINIQUE. f. m. Saint Dominique eft un Ordre Militaire qu'établit ce Saint contre les Albigeois. On tient que les Chevaliers de cet Ordre portent une Croix blanche & noire fleurdelifée. Les Chevaliers de cet Ordre furent appellés les Gendarmes de JESUS-CHRIST, ou Freres de la Milice de faint Dominique, dont ils fuivirent depuis la troifiéme Regle.

DOMINOTIER. f. m. Ouvrier qui fait du papier marbré, & d'autre papier de toutes fortes de couleurs, & qui imprime de plufieurs fortes de figures. Le Peuple les appelloit autrefois *Figures de Domino*, ce qui a fait le nom de *Dominotier*, dont on appelle l'ouvrage *Dominoterie*.

DON

DONATISTES. f. m. Heretiques du quatrième fiecle, qui fuivoient les erreurs de Donat. Evêque Schifmatique de Carthage. Ils difoient que le Saint Efprit étoit moindre que le Fils, & le Fils moindre que le Pere. Ils rebaptifoient ceux qu'ils avoient pervertis, & fouloient aux piés l'Euchariftie & le faint Crême. Ils faifoient mourir ceux qui s'étoient confacrez au fervice de Dieu, & profanoient les Vafes facrez. Ils fe diviferent en plufieurs fectes tout ce que l'on fit alors contr'eux n'ayant fervi qu'à les animer encore davantage. Saint Auguftin n'a rien oublié pour les convaincre fur leurs fentimens opiniâtres.

DONDAINE. f. f. Ancienne machine de guerre dont on fe fervoit pour jetter de groffes pierres de figure ronde. Borel dit que c'eft de là qu'on a appellé *Groffe dondon*, une femme groffe & courte. Il veut auffi que *Bedaine*, qui fignifie un gros ventre, vienne de ce même mot.

DONGAH. f. m. Grand arbre qui croît en Afrique, le long de la Côte du Royaume de Quoja. Son fruit eft femblable à une noix, & d'une écorce verte par deffus. La coquille & le dedans en eft rond, & d'auffi bon goût que les cerneaux.

DONGER. v. a. Vieux mot Donner.

Si la doit avoir fans chalonge,
Cuidez vous bien que le vous donge ?

DONJON. f. m. La partie la plus élevée d'un Château bâti à l'antique, d'où l'on découvre de loin. Il fe prend d'ordinaire pour une grande tour ou reduit d'un Château, où l'on peut faire retraire en cas de befoin. Il fe dit auffi de tous les lieux élevez au haut des maifons, qui font comme de petits cabinets, où l'on peut jouir d'une belle vûe & prendre l'air. Fauchet derive ce mot de *Domicilium*, à caufe que le Donjon étant la partie la plus forte du Château, le Seigneur en faifoit fon logement. M. Ménage le fait venir de *Deminionus*, employé en cette fignification dans les titres anciens. Selon du Cange, on a appellé *Donjon*, un Château bâti *In duno aut in colle*, & les Auteurs de la baffe Latinité l'ont nommé *Dunjo, dungeo, dongion, domeio & domnio*.

DONJONNE', N. N. adj. Terme de Blafon. Il fe dit

des Tours & des Châteaux qui ont des Tourelles. *De gueules à la tour donjonnée de trois pieces d'or.*

DONNER. v. a. *Faire don, faire prefent, gratifier quelqu'un de quelque chofe.* ACAD. FR.

On dit en termes de Marine qu'*Un Vaiffeau peut donner une ou plufieurs voiles à un autre Vaiffeau*, pour dire, que Quoiqu'il eût moins de cette voile ou de ces voiles au vent, il ne laifferoit pas d'aller auffi vîte que cet autre Vaiffeau. On dit auffi *Donner vent devant*, pour dire, Mettre le vent fur les voiles afin de faire enfuite courir le Navire à un autre air de vent. *Donner à la côte*, fe dit pour Aller échouer à une terre, & *Donner dedans*, pour Entrer dans une Rade, dans une Riviere, dans un Havre.

On dit en termes de Manege, *Donner la main, donner la bride*, pour dire, Lâcher la bride.

Donner du cul au banc, ne faire qu'entrer & fortir, comme font les Docteurs de Sorbonne aux prifes de Bonnet, & les Bacheliers aux Thefes où ils n'argumentent pas.

DONOISON. f. m. Vieux mot, qui a été dit pour Donation dans la plûpart des Coûtumes, fur-tout dans celle d'Anjou.

DONTE. f. f. Terme de Luthier. Il fe dit du corps ou ventre d'un Luth, ou autre Inftrument femblable, qui eft fait d'écliffes taillées, & ployées en côtes de melon, & qui font collées fur le taffeau.

DONTFOE. f. m. Sorte de Cameleon qui fe trouve au Pays des Negres. Ils le regardent comme un animal de mauvais augure, & quand ils voyent un de ces animaux, ils fe perfuadent que quelqu'un de leurs parens mourra, ou s'il eft abfent ils croyent qu'il eft mort, & qu'ils ne le reverront jamais.

DOR

DORADE. f. f. Poiffon de mer qui frequente les rivages, & qui entre quelquefois dans les étangs. Il a le corps large & plat, & couvert d'écailles moyennes de differentes couleurs. Le ventre de ce poiffon eft de couleur de lait, & les côtés de couleur d'argent. Son dos eft entre bleu & noir, & fa queue eft longue & large. La Dorade qui fe trouve fort communément vers les Antilles, eft prefque comme une Alofe, & a environ quatre piés & demi de longueur. Toute la peau de fon dos eft d'un verd doré, tout parfemé de petites étoiles d'afur, & de petites écailles d'or dont l'agencement fait plaifir à voir. Elle a tout le ventre gris & couvert des mêmes petites écailles dorées. Tout le mufle eft verd & tout furdoré, & aux deux côtés de la tête font deux gros yeux ronds, dorés & brillants. Ce poiffon paffe pour un des meilleurs de la mer. Il a pris le nom de *Dorade* de fes écailles dorées, qui le font nommer *Aurata* en Latin.

Les Aftronomes appellent *Dorade*, une conftellation qui a été nouvellement découverte du côté du Pole antartique. Elle eft compofée de fept étoiles peu confiderables, & ne paroît point fur notre horifon.

DORE'E. f. f. Terme de Chaffe. Les fumées des Cerfs qui font jaunes.

DORELOT. f. m. Vieux mot. Un homme qui fe délicate, qui a trop de foin de lui. *Un fin mignon, un dorelot.*

DORER. v. a. Appliquer de l'or fur quelque corps. On peut dorer une figure de deux manieres, ou d'or en feuilles, ou d'or moulu. On dore d'or en feuilles les grands ouvrages, pour lefquels on cherche à épargner la dépenfe. On prend de petites limes & autres outils avec quoi on gratte la figure pour la rendre fraîche & nette, on la chauffe enfuite, & l'on couche une feuille d'or deſſus. Cela ſe réitere juſqu'à quatre fois. On dore d'or moulu les petits ouvrages, & c'eſt la plus excellente façon de dorer. On prend une portion du meilleur or, & ſept autres de Mercure, que les Fondeurs appellent *Argent*, en cette ſorte de travail. Après qu'on les a bien incorporez, on fait chauffer la figure, puis on la couvre de cette compoſition qui la blanchit. On la rechauffe ſur le feu, ce qui fait que le Mercure s'exhalant elle demeure dorée. On dore auſſi à colle & à huile. On appelle *Dorer à petits fers*, quand on fait des armes ou compartimens avec pluſieurs fers qui ſe rapportent les uns aux autres, comme font les Doreurs de livres.

Dorer, eſt auſſi un terme de Patiſſier, & on dit *Dorer un gâteau, dorer un pâté*, pour dire, Mettre de la dorure ſur la pâte.

Dorer, en termes de Marine, ſignifie encore Donner le ſuif à un Vaiſſeau.

DORIQUE. adj. Terme d'Architecture. *L'Ordre Dorique, une colomne Dorique*. L'Ordre Dorique ſe met entre le Toſcan & l'Ionique, & c'eſt le ſecond des Ordres d'Architecture.

DORMANT, ANTE. adj. Qui dort. Ce mot ſe dit de pluſieurs choſes qu'on laiſſe ſans mouvement. On appelle *Pont dormant*, une ſorte de Pont qui ne ſe leve point; & *Eau dormante*, une eau qui n'a point de cours, comme celle d'un foſſé ou d'un marais. *Verre dormant*, eſt un droit de prendre du jour ſur l'heritage de ſon voiſin, par une ouverture où il y a un verre ſcellé en plâtre. Cette maniere de fenêtre, qui n'eſt ſoufferte que par ſervitude, doit être à la hauteur de neuf piés au-deſſus du rès de chauſſée du premier étage, & ne ſe doit point ouvrir. *Chaſſis dormant*, eſt un Chaſſis qu'on ne leve point; & *Pêne dormant*, eſt la ſerrure qui ne ſe ferme point toute ſeule, & dont on eſt obligé de pouſſer le pêne avec la clef, où il n'y a pas de demitour.

Dormants. Terme de Marine. Bouts ou branches toûjours fixes de quelques cordages qui manœuvrent ſouvent. On appelle *Le Dormant d'une manœuvre*, la partie de cette même manœuvre, qui dans le maniement qu'on en fait ſelon le beſoin où l'on ſe trouve, ne va point juſqu'à la poulie ſur laquelle elle eſt paſſée. M. Collart de la Duquerie, remarque ſur le mot *Dormire, Dormir*, que l'on a dit d'abord *Dormire*, du mot Grec δίρμα, qui veut dire, Peau, à cauſe que les Anciens dormoient couchéz ſur des peaux.

DOROIR. ſ. m. Terme de Patiſſier. Petite broſſe dont on ſe ſert pour mettre la dorure ſur un gâteau ou ſur quelque autre ſorte de patiſſerie.

DORONICUM. ſ. m. Petite racine jaunâtre au-dehors & blanche au-dedans. Elle eſt douce au goût, & reſſemble à la canne odorante, tant par ſa couleur que dans ſa forme. De toute la plante qui croît en Autriche, dans la Suiſſe & dans la Styrie, il n'y a gueres que la racine dont on ſe ſerve. On la fait entrer dans la poudre Diambra, & dans celle de l'électuaire *De Gemmis*. Elle eſt bonne dans le vertige, dans les maladies malignes, & dans la morſure des bêtes venimeuſes. Quelques-unscroyent que le Doronicum eſt une eſpece d'Aconit Pardaliaches, & Matthiole aſſûre avoir éprouvé que le Doronicum commun eſt mortel. Cependant les Modernes prétendent ſçavoir par experience que cette plante, loin d'être contraire à la nature, lui eſt extrêmement favorable.

Tome I.

DORURE. ſ. f. *Or fort mince appliqué ſur la ſuperficie de quelque ouvrage.* ACAD. FR. Les Patiſſiers appellent *Dorure*, des blancs & des jaunes d'œufs bien battus enſemble, avec quoi ils dorent le deſſus des pieces de patiſſerie. La dorure pendant le Carême ſe fait d'œufs de brochet détrempés avec un peu d'eau.

DORYCNIUM. ſ. m. Herbe fort branchue, qui croit parmi les rochers aux lieux maritimes, qui a ſes feuilles ſemblables en forme & en couleur à celles de l'olivier. Elles ſont pourtant plus petites, plus fermes & fort âpres. Ses branches n'ont pas la hauteur d'une coudée. Le Dorycnium a ſa fleur blanche, & produit à ſa cime des gouſſes ſemblables à celles des chiches. Ces gouſſes ſont rondes & épaiſſes, & contiennent cinq ou ſix grains gros comme le grain du petit Orobus. Sa racine eſt longue d'une coudée, & de la groſſeur d'un doigt. Dioſcoride & Galien parlent du Dorycnium de la même ſorte. Il a une aquoſité froide qui le rend de la nature de la Mandragore & du Pavot. Si on en boit peu, il fait dormir; ſi on en prend trop, il fait mourir.

DOS

DOS. ſ. m. Là partie de derriere le corps de l'homme, qui prend depuis le cou juſqu'aux reins. C'eſt ſelon les Medecins, la ſeconde diviſion de l'épine qui contient douze vertebres, ſituées entre celles du col & celles du rable, & où les côtes ſont attachées. M. Ménage fait venir *Dos*, de *Doſſum*, qui a été dit pour *Dorſum*.

On dit *Dos de peigne*, & on appelle *Peigne à dos*, un peigne de bouis qui n'a point de champ.

On dit en termes de Manége *Monter un cheval à dos*, ou *à dos nud*, pour dire, Le monter à poil, ſans qu'il ait de ſelle.

Dos. Mot du vieux langage, qu'on a dit pour *Deux*.

> *Qui aime ſans tricherie,*
> *Ne penſe n'a trois n'a dos;*
> *D'une ſeule eſt deſiros;*
> *Cil que loyalx amour lie.*

DOSD'ASNE. ſ. m. Il ſe dit d'un corps ayant deux ſurfaces inclinées l'une vers l'autre, qui aboutiſſent en pointes comme un faux comble.

On appelle auſſi *Dosd'âne*, en termes de Marine, Une ouverture que l'on fait en demi-cercle à quelques Vaiſſeaux, afin de couvrir le paſſage du bout de la manuelle.

DOSER. v. a. Terme de Medecine. On dit, *Doſer un médicament*, pour dire, Y mettre la doſe, la quantité de divers ingrediens qu'on y juge convenables.

DOSITHE'ENS. ſ. m. L'une des quatre branches de la ſecte des Samaritains, appellés ainſi de Doſithée qui en fut le Fondateur, & qui n'ayant pû obtenir parmi les Juifs le rang d'honneur qui l'avoit flaté, ſe rangea du côté des Samaritains que l'on regardoit en ce tems-là comme heretiques. Il inventa une nouvelle ſecte, n'ayant pas voulu ſuivre entierement la leur, & mourut dans une caverne qu'il choiſit pour ſa retraite, & où il continua trop long-tems la ridicule abſtinence qu'il s'impoſa. Les Doſithéens ne mangeoient rien de tout ce qui avoit eu vie, & obſervoient le Sabath avec une ſuperſtition qui les faiſoit demeurer juſqu'au lendemain dans la même place & dans la même poſture où ils ſe trouvoient quand ce jour les ſurprenoit. On a auſſi appellé *Doſithéens* quelques Diſciples de Simon le Magicien.

DOSNOYER. v. n. Vieux mot. Passer le tems agreablement, folâtrer.

Met toute s'entente & sa cure,
A déduire & à dosnoyer.

DOSSE. s. f. Terme de Maçon. Grosse planche avec
laquelle on soûtient les terres & autres ouvrages en
travaillant aux murs.

On appelle *Dosses*, des pieces de bois refendues,
épaisses & assez larges. On donne ce même nom
aux ais de bateau, & proprement les Charpentiers
& les Menuisiers appellent *Dosses*, des planches
qui sont sciées d'un côté, & qui de l'autre ont
presque toûjours l'écorce de l'arbre. *Dosse flache*,
est dans un arbre que l'on équarrit, la premiere
planche qui s'enleve, & où d'un côté l'on voit
l'écorce.

DOSSERET. s. f. Terme d'Architecture. Petit
pilastre saillant, qui sert à soûtenir les voutes d'a-
rêtes dans une cave ou quelque autre lieu. Il y a
aussi des Demi-dosserets.

DOSSIER. s. m. Partie d'un banc, d'une œuvre
d'Eglise, d'une chaire de Prédicateur, ou autre ouvrage de Menuiserie contre laquelle on s'adosse. Il
se dit aussi de la partie qui sert de fond à un buffet,
& on appelle *Dossier de lit*, les planches qui soûtiennent le chevet. On le dit encore de l'étoffe
qui le couvre, ainsi que du fond d'un carrosse contre lequel on s'appuye le dos.

On appelle *Dossier de hote*, la partie que celui qui
porte une hote met contre son dos.

On appelle aussi *Dossier*, en termes de Palais,
une Liasse de pieces attachées ensemble avec un tiret de parchemin. *Les parties ont mis leurs dossiers*
sur le bureau.

On appelle en Medecine, *le grand Dossier*, Un
des muscles qui font mouvoir le bras en bas.

DOSSIERE. s. f. Morceau de cuir large & épais,
qu'on met sur la selle d'un limonier de charette, &
dans quoi on fait entrer les limons afin de les tenir
en état.

DOU

DOUBLAGE. s. m. Second bordage, ou revêtement de planches qu'on met par dehors aux Vaisseaux qui vont vers la ligne. Ces planches ont d'ordinaire l'épaisseur d'un pouce & demi, & on les fait
ou de chêne ou de sapin. Le doublage retarde la
course & la coulée d'un Vaisseau, mais aussi il le
conserve en empêchant que les vers qui s'engendrent dans ces mers-là ne le criblent par ses fonds.

On appelle *Doublage* en matiere de fiefs, le double des devoirs que le Vassal est obligé de payer à
son Seigneur, quand il marie sa fille aînée noblement, ou en d'autres occasions importantes, comme d'être fait prisonnier de guerre.

DOUBLE. adj. Qui augmente une fois autant en
valeur ou en grosseur. On appelle *Double bidet*,
Un bidet qui est de taille plus haute que les bidets
ordinaires.

Les Sculpteurs en marbre nomment *Double pointe*, Un outil de fer bien aceré qui a une double pointe, & dont ils se servent pour ôter moins de matiere, après qu'ils ont dégrossi le bloc de marbre, avec
un autre outil de fer aceré qu'ils appellent *Pointe*.

Les Vitriers nomment *Double borne*, certaine piece de vitre où la borne est double.

DOUBLE', e'e. adj. Terme de Mathematique. Il ne
se dit qu'en cette phrase, *raison doublée*, qui est très-
differente de la *raison double*. Voyez RAISON.

DOUBLEAU. s. m. Terme d'Architecture. On
appelle *Doubleaux*, les arcs qui étant posés direc-

tement d'un pilier à un autre, forment les voutes,
& séparent les croisées d'ogives. Les Charpentiers
appellent aussi *Doubleaux*, les fortes solives des planchers, comme sont celles qui portent les chevê-
tres.

DOUBLEMENT. s. m. Terme de guerre. On appelle *Doublement de bataillon*, Un mouvement de
soldats qui de deux rangs n'en font qu'un, ce qui
diminue la hauteur des hommes du bataillon, &
en augmente le front, ou qui de deux files n'en font
qu'une; ce qui au contraire diminue le front des
hommes du bataillon pour en augmenter la hauteur.

Doublement, en termes de Finances, est la derniere enchere qui se fait dans la huitaine après l'adjudication des fermes & domaines du Roi. Cette
enchere est le double du tiercement, & doit contenir neuf fois l'enchere courante, qui est une somme
certaine fixée par le Conseil à proportion de la ferme qu'on adjuge. Ainsi l'enchere courante étant
par exemple de quinze mille francs, il faut que le
doublement soit de cent trente-cinq mille livres,
laquelle somme contient neuf fois celle de quinze
mille livres, & moyennant cette enchere, celui
qui l'a faite est mis en la place du premier Adjudi-
cataire. Le doublement dans les autres affaires n'est
que la moitié du prix de l'adjudication dont l'enchere doit être faite.

DOUBLER. v. a. *Mettre le double, mettre une fois*
autant. ACAD. FR. On dit en termes de Marine,
Doubler un Vaisseau, pour dire, Donner à un Vaisseau un revêtement de planches. On dit aussi, qu'*Un*
Vaisseau a doublé un cap, doublé une pointe, pour
dire, qu'il a passé au-delà d'un cap, d'une pointe de
terre.

Doubler. Terme de Guerre. On dit, *Doubler les*
rangs, pour dire, Faire entrer le second rang dans
le premier; & *Doubler les files*, pour dire, Mettre
deux files l'une avec l'autre.

On dit en termes de Manége, qu'*Un Cheval*
double des reins, pour dire, qu'il saute plusieurs fois
de suite afin de jetter à bas celui qui le monte.

DOUBLET. s. m. Terme de Trictrac. Ce mot se dit
lorsqu'en jettant les deux dés hors du cornet, on les
amene marqués des mêmes points, c'est-à-dire, deux
as, deux deux, deux trois, &c.

Doublet, est aussi une fausse pierrerie faite de cristaux taillés joints ensemble par du mastic coloré par
art, ou par quelque petite feuille de la même pierre, ou teinte d'une autre matiere.

DOUBLETTE. s. f. L'un des jeux de l'orgue, qui est
ouvert, & de deux piés, accordé à la vingt-deuxiéme de la montre.

DOUBLON. s. m. Monnoye d'Espagne ou double
pistole qui a valu divers prix en divers tems. *Doublon*, est aussi une faute d'Imprimerie, & il se dit
de celles que font les Ouvriers, quand ils composent deux fois une ou plusieurs lignes.

DOUCAIN. s. m. Sorte de Pommier, qui approche
fort de celui de Paradis.

DOUCETTE. s. f. Espece d'herbe qu'on mange en
salade. On dit aussi *boursette* ou *mache*.

DOUCINE. s. f. Terme d'Architecture. Ornement
de la plus haute partie de la corniche. C'est une
moulure faite en forme d'onde, moitié convexe,
& moitié concave. On l'appelle aussi *Gueule droite*.
Lorsqu'elle fait un effet contraire, on la nomme
Gueule renversée.

DOUELLE. s. f. Terme de Maçon. Parement interieur d'une voute, la partie courbe du dedans d'un
voussoir. On appelle *Doüelle* ou *doële interieure du*
voussoir, & quelquefois *Intrados*, Le côté qui est

creux & qui doit servir à former le cintre de la voute. Le côté opposé qui fait le dessus de la voute, s'appelle *Douelle exterieure*, ou *Extrados*. Ce mot vient du Latin *Dolinm*, Tonneau.

DOUGE. s. f. Ce mot n'est en usage que dans les lieux où il y a des eaux minerales, & on dit, *Donner la douge*, pour dire, Epancher ces eaux sur la partie affectée pour la guerir. Elle se donne principalement sur la tête & sur l'estomac ; ce qui se fait pendant douze ou quinze jours quand l'eau est fort chaude, & pendant vingt ou vingt-cinq jours quand elle ne l'est gueres. M. Ménage fait venir ce mot de l'Italien *Doccia*, Tuyau. On dit aussi *Docche*.

DOUGE', E'E. adj. Vieux mot. Fin, délié.

    Le corps est droit, gent & dougé.

M. Ménage remarque que l'on dit aussi, *Du fil dougé*, &, *De la toile dougée*.

DOUILLE. s. f. Terme d'Armurier. Fer creux qu'on met au talon ou au bout d'en bas d'une pique, d'une halebarde ou autre arme semblable, ou au bout de la baguette d'une arme à feu. Il se dit aussi du creux où l'on met la chandelle dans une lanterne ou dans un chandelier.

    On appelle *Douille de la croix*, le Creux où l'on fait entrer le bâton, lorsqu'on veut mettre la croix sur son pié pour la porter en procession.

DOULOIR. v. n. Vieux mot qui a été employé autrefois pour, Avoir douleur. *De mes playes moult me dolly*, pour dire, Je sentis beaucoup de douleur de mes playes. Il signifioit aussi, Se plaindre.

    Femme se plaent, femme se deult,
    Femme pleure quand elle veut.

On a dit encore, *Se doulouser*, pour dire, s'Affliger, se contrister.

    Homme, ne te doulouse tant.

DOUROU. s. m. Plante de l'Isle de Madagascar, qui croît en forme d'un panache, & dont les feuilles ont deux piés de largeur & sont longues d'une toise. Il s'en trouve même qui ont plus de huit & dix piés de long, sans compter la tige, qui est quelquefois de la longueur de deux piés. Son fruit, appellé *Voadorou*, à cause que *Voa* signifie Fruit, en langage du Pays, vient en forme d'une grape, longue comme l'épi du blé de Turquie. Elle est enfermée dans une écorce fort dure, & chaque grain ou baye est comme un gros pois environné d'une chair bleue, dont on fait de l'huile. Les bayes servent à faire de la farine pour manger avec du lait. Les Habitans de cette Isle ont toûjours de ce fruit dans la bouche avec du Betel & un peu de chaux qu'ils mâchent pour la santé & afin d'avoir l'haleine douce. Les feuilles vertes de cette plante leur servent de nate, d'assiette & de gobelet. On les nomme *Rates* quand elles sont seches, & les tiges s'appellent *Falafes*. On en bâtit les murailles des maisons.

DOUTANCE. s. f. Vieux mot. Doute.

DOUTER. v. a. Mot dont on s'est servi autrefois pour dire, Redouter.

    Et sont portez, prisez, doutez.

DOUVAIN. s. m. Terme de Marchand. Bois à faire des douves & des barils.

DOUVE. s. f. Piece de bois merrain, réduite en un petit ais dolé qui aide à faire le corps d'une futaille, & qui prend depuis le haut jusqu'au bas. Du Cange dit que *Douve* vient de *Doga*, qui signifie chés les Grecs un Vaisseau ou tonneau. D'autres le dérivent de l'Allemand *Danb*.

    On dit, *Douve d'un fossé*, pour écouler l'eau, & ce même mot de *Douve*, est pris quelquefois pour le fossé d'un Château. Il se dit encore du mur d'un bassin de fontaine, quand il n'est que d'une ou de

deux assises, comme il est presque toûjours.

    Douve. Herbe qui croît dans les prés & qui fait mourir les moutons qui en mangent. Ils ne la digerent point, & on la trouve toute entiere dans leur ventre.

DOUZE. Terme numéral indeclinable. On appelle en termes de Librairie, *Un Livre in douze*, ou absolument *Un in douze*, un Livre dont chaque feuille a douze feuillets & vingt-quatre pages.

DRA

DRAGAN. s. m. Terme de Marine. La partie de derriere la pouppe qui en fait l'extrêmité, & qui porte la Devise des Galeres.

DRAGEOIR. s. m. Boîte ordinairement d'argent dans laquelle on sert de la dragée à la fin du repas.

    Drageoir, s'est dit autrefois d'une tasse large & platte de vermeil doré, montée sur un pié, dans laquelle on presentoit des dragées dans les céromonies de nôces & de baptêmes. Les Crieurs d'enterrement s'en servent encore, & c'est où ils mettent ce qu'ils vont presenter aux Prêtres, afin qu'ils le donnent à l'offrande.

    Drageoir. Petit vaisseau de fer blanc, dont se servent les Orfévres, les Plombiers, les Vitriers, à mettre du borax, de la resine en poudre pour la mettre sur la soudure afin qu'elle coule.

DRAGEON. s. m. Terme de Jardinage. Tendre bouton ou bourgeon qui pousse aux arbres & aux plantes.

DRAGME. s. f. Sorte de monnoie des Juifs, qui d'un côté avoit une harpe, & de l'autre une grappe de raisin.

DRAGOMAN. s. m. Mot qui s'est rendu presque general en Orient, pour signifier un Interprete, qui sçachant parler la langue des Orientaux & celle des Occidentaux, sert à faciliter entre eux le commerce. Les Auteurs de la basse Latinité, comme le marque du Cange, pour signifier un Interprete des Langues étrangeres, se sont servis des mots de *Dragumanus*, *drogamandus*, *drogmandus*, *drogemannus*, *Turquingens*, & *Turquemanus*. C'est delà que sont venus les mots de *Truchement* & de *Dragoman*.

DRAGON. s. m. Sorte de serpent qui naît dans les Indes & dans l'Afrique, & qui est grand selon les Pays. Il y en a de dix & douze coudées, d'autres de quinze, & même de plus. Il est de couleur noire, rousse ou cendrée, à l'exception du dessous du ventre qu'il a d'une couleur tirant sur le verd. Il pousse d'affreux & longs sifflemens, & l'on tient qu'il a l'ouye subtile & la vûe fort bonne. Il supporté fort long-tems la faim, & est ennemi de l'éléphant & de l'aigle. On tient même que l'aigle lui cause une si grande frayeur, que lorsqu'il l'entend voler, il s'enfuit dans sa caverne. Ceux qui ont parlé de ce monstrueux serpent, disent qu'il y en a d'ailés, d'autres qui ont des crêtes, & d'autres qui tiennent beaucoup des cochons. On veut même qu'il y en ait qui ont quelque chose de l'homme, les uns ayant deux piés seulement, & d'autres plusieurs semblables aux piés des oyes. Quelques-uns prétendent que cet animal n'a point de venin, & que c'est par sa morsure qu'il tue : mais en general on le tient très-venimeux. Le mot de *Dragon* vient du Grec δέρκω, Voir, à cause que le Dragon a la vûe subtile, ou de δέρκ, qui signifie Oeil, regard, à cause que ses regards épouvantent.

    Dragon de mer. Grand animal qui ressemble à un serpent & dont les ailes n'ont que la grandeur qu'il lui faut pour nager. Il a beaucoup de force, & est fi leger, qu'il traverse un grand efpace de mer en fort peu de tems. Il eft fi venimeux, qu'il fait mourir tous les poiffons & autres animaux qu'il peut mordre. Lorfqu'il fe fent pris & tiré à bord, il fait promptement une foffe avec fon mufeau, & fe cache dans le fable.

Dragon. Conftellation celefte qui eft vers le Pole Arctique. On appelle, en termes d'Aftronomie, *La tête & la queue du Dragon*, les deux points diametralement oppofés où le cercle du mouvement propre de la Lune coupe l'Ecliptique. C'eft la même chofe que les *Nœuds* de la Lune, Voyez NOEUDS & LATITUDE. La tête du Dragon eft le *Nœud afcendant* de la Lune, par où elle paffe de la partie Meridionale de l'Ecliptique vers la Septentrionale, & la Queue du Dragon eft le point oppofé ou *Nœud defcendant* par où elle paffe du Septentrion au Midi. L'efpace que comprennent entre eux le cercle de la Lune & l'Ecliptique de part & d'autre, eft ce qu'on appelle *Ventre du Dragon*, d'une reffemblance très-imparfaite de cet efpace qui va toûjours en croiffant jufqu'au quatre-vingt-dixiéme degré, à l'enflure du ventre d'un Dragon.

On appelle auffi *Dragon*, un Meteore qui femble en imiter la figure. Il fe forme de quelques nuées enflâmées qui jettent quelques étincelles & qui ont divers plis.

Les Mariniers qui navigent fous la Ligne, appellent *Dragons*, de gros Tourbillons d'eau que l'on y trouve fouvent, & qui briferoient ou feroient couler à fond les Vaiffeaux qui pafferoient par deffus. Ils appellent auffi *Dragon de vent*, un Orage violent & fubit, qui d'ordinaire défempare les Vaiffeaux & ruine les manœuvres.

Dragon volant, eft un nom qu'on a donné à une ancienne Couleuvrine extraordinaire. Elle avoit trente-neuf calibres de long, & tiroit trente-deux livres de balle.

On appelle *Dragons volans*, certaines fufées qu'on fait voler fur des cordes, & qui font ornées de figures de Dragons. Il y a de fimples qui ne font remplies des matieres qui les compofent que jufqu'au milieu, en forte que quand le feu eft fini en cet endroit, & qu'il s'allume l'autre bout de la fufée, elle produit en retrogradant un effet fort agreable à la vûe. On voit quelquefois en l'air certains feux qui ont un mouvement auffi prompt que celui d'une fufée, & qu'on appelle *Dragons ardens*.

Dragon renverfé. Ordre de Chevalerie que l'Empereur Sigifmond inftitua quelque tems après qu'on eut celebré le Concile de Conftance. Ce qu'il eut en vûe en l'établiffant, fut l'anatheme contre les erreurs de Jean Hus & de Jerôme de Prague, & la condamnation de leurs perfonnes. Le dragon vaincu reprefentoit le triomphe qu'avoit remporté l'Eglife fur ces heretiques. Les Chevaliers de cet Ordre, que l'on eftima beaucoup en Italie & en Allemagne, portoient ordinairement une croix fleurdelifée de vert. Aux jours de folemnité, qui étoient pour eux des jours de cérémonie, ils avoient un manteau d'écarlate, avec une double chaîne d'or fur un mantelet de foye verte. Un Dragon renverfé & aux ailes abbatues pendoit au bout de la chaîne, & ces ailes étoient émaillées de differentes couleurs, pour faire entendre que l'herefie employe differens appas pour féduire les Fideles.

Dragons. Terme de guerre. Cavaliers qui combattent à pié & à cheval, & qui dans de grandes attaques, ou dans une bataille, tiennent lieu d'enfans perdus. Ils vont les premiers à la charge, & dans un campement ils ont toûjours leur terrain à la tête des camps ou fur les ailes des quartiers,

afin de les couvrir en fe mettant fous les armes les premiers. Les Dragons font reputés du corps de l'Infanterie, avec laquelle ils ont cela de commun, qu'ils ont des Colonels & des Sergens. Ils ont auffi des Cornetes comme la Cavalerie.

On appelle, en termes de Medecine, *Dragon mitigé*, un Remede très-doux qui fe fait en ajoûtant du mercure vif au mercure fublimé. Ce mercure vif écarte & défunit les fels corrofifs, & par ce moyen la vertu corrofive du mercure fublimé fe perd. La dofe eft d'un fcrupule avec l'extrait d'ellebore noir, ou quelque autre purgatif, dans la verole, la lépre, l'hydropifie & les caterres qu'il guerit parfaitement.

DRAGONNE', E'E. adj. Terme de Blafon. Il fe dit des animaux qui font peints avec une queue de dragon. *D'or au lion dragonné de gueules,*

DRAGONNEAU. f. m. Animal femblable à un ver long & large qui fe meut entre cuir & chair. Il vient aux jambes., & quelquefois aux mufcles du bras. C'eft ce qu'on difent quelques Medecins. Ceux qui habitent les Pays chauds font fort fujets à avoir cet animal, qui paroît fur-tout fous la peau des côtes. On l'a nommé *Dragonneau*, à caufe qu'il a la figure & la tortuofité d'un petit ferpent.

DRAGUE. f. f. Sorte de pinceau dont les Vitriers fe fervent pour marquer le verre fur le carreau ou la table. Ce pinceau eft un poil de chévre qui a la longueur d'un doigt. On l'attache dans une plume avec un manche, & on le trempe dans le blanc broyé pour marquer les pieces.

Drague. Pelle de fer plate par le devant, & ayant un rebord de trois côtés. Elle a un long manche de bois, & eft emmanchée à l'équerre comme une branche, & fert à tirer le fable des rivieres, à curer les puits & à tirer les immondices & ordures de quelque endroit.

Drague. Terme de Marine. Gros cordage dont les Canonniers fe fervent fur les Vaiffeaux pour arrêter le recul des pieces quand elles tirent. On s'en fert auffi pour pêcher, une ancre ou quelque autre chofe dans la mer. On appelle *Dragues d'avirons*, un Paquet de trois avirons.

Drague, eft auffi un nom que l'on donne à l'orge cuite qui demeure dans le braffin après qu'on en a tiré la biere. On donne de cette drague ou orge cuite aux chevaux en divers lieux.

DRAGUER. v. a. Nettoyer le fond d'un canal ou d'une riviere avec la pelle ou beche de fer qui s'appelle *Drague.*

Draguer. Terme de Marine. Chercher une ancre perdue avec le gros cordage qu'on appelle *Dragut.* On attache cette Drague par fes deux bouts aux côtes de deux chaloupes qui fe prefentent le flanc, & qui font à quelque diftance l'une de l'autre. Au milieu de la drague font fufpendus des boulets de canon, ou quelque autre chofe qui pefe beaucoup, ce qui la fait enfoncer jufqu'au fond de la mer, en forte que les deux chaloupes voguant en avant, entraînent la drague qui rafe ce fond ; ce qui fait que fi elle rencontre l'ancre que l'on cherche, elle l'accroche & fait connoître l'endroit où elle eft.

DRANET f. m. Sorte de filet que deux hommes traînent dans la mer, auffi avant que la hauteur de l'eau leur permet d'y entrer. On s'en fert fur les Côtes de Normandie, & on l'appelle autrement *Coleret.*

DRAPEAU. f. m. Linge ufé, ou vieux morceau d'étoffes qu'on ramaffe pour les moulins à Papier.

DRAPER. v. a. Terme de Peinture. On dit, *Draper une figure*, pour dire, La vêtir, lui donner les ornemens qui lui conviennent. *Figure bien drapée.*

DRAPERIE. f. m. Mot dont les Peintres fe fervent,

& qui fignifie toutes fortes de vêtemens dont ils couvrent les figures d'un tableau. *Draperies bien mifes*, *draperies bien entendues*. Les Sculpteurs fe fervent du même mot, & difent, qu'*Un morceau de draperie eft bien difpofé*, qu'*Une draperie eft bien jettée*.

DRAPIER. f. m. Mot du vieux langage, qui fe trouve dans la fignification de Railleur, de bailleur de brocards, d'homme qui pince en raillant. Borel dit que ce mot vient de ce qu'on pince les draps, & que l'on a dit delà *Draper quelqu'un*, pour dire, Railler, critiquer quelqu'un.

DRAVE. f. f. Plante haute d'une coudée, & qui a fes branches menues, avec des feuilles deçà & delà qui font femblables à celles de Lepidium, mais plus molles & plus blanches. Elle produit à fa cime un bouquet de fleurs blanches comme le fureau. Là Drave eft mife entre les efpeces de Nafitort pour fa grande acrimonie.

DRE

DREGE. f. f. Terme de Marine. Filet dont on fe fert fur les côtes de l'Ocean pour la pêche des turbots, folles, barbues & autres poiffons délicats.

DRESSE. f. f. Terme de Cordonnier. On dit, *Mettre une dreffe*, pour dire, Mettre un morceau de cuir entre les deux femelles d'un foulier, pour le redreffer quand il tourne.

DRESSER. v. a. *Lever, tenir droit, faire tenir droit*. ACAD. FR. On dit, en termes de Maçonnerie, *Dreffer d'alignement*, pour dire, Lever un mur au cordeau; & *Dreffer au niveau*, pour dire, Unir, applanir le terrain d'un parterre de jardin. On dit auffi, *Dreffer une pierre*, pour dire, l'Equarrir; & on dit que *Des pierres de taille font dreffées à la regle*, pour dire, que Les paremens en font bien mis, & qu'ils font élevés à plomb les uns fur les autres.

On dit, *Dreffer*, en termes de Charpenterie, pour dire, Tringler au cordeau une piece de bois pour l'équarrir. Les Menuifiers difent auffi, *Dreffer*, pour dire, Ebaucher & applanir le bois. *Dreffer une paliffade*, c'eft en termes de Jardinier, Tondre une paliffade avec une faucille à grand manche.

Dreffer, eft auffi un terme de Chaffe, & on dit qu'*Un chien dreffé & va le droit*, pour dire, qu'Il fuit la vraie route de la bête.

DRESSOIR. f. m. Outil de fer creux de deux ou trois pouces avec lequel les Filaffiers redreffent les dents du Seran.

DRI

DRISSE. f. f. Terme de Marine. Cordage qui fert à iffer & à amener une vergue. On appelle *Driffe de pavillon*, la petite corde qui fert à l'arborer & à l'amener.

DRO

DROGUERIE. f. f. Terme de mer. Il fe dit de la pêche & de la préparation du harenc.

DROGUIER. f. m. On appelle ainfi le buffet d'un Naturalifte curieux. Il eft divifé en plufieurs tiroirs, & il y a dans chacun une drogue différente marquée par fon étiquete.

DROIT, DROITE. adj. *Qui n'eft pas courbé, qui ne panche de côté ni d'autre*. ACAD. FR. On dit en termes de Manége, qu'*Un cheval eft droit fur fes jambes*, pour dire que Le devant du boulet tombe à plomb fur la couronne, & que le canon ou le pa-

turon font en droite ligne. On dit auffi, qu'*On garantit un cheval droit, chaud & froid*; pour dire qu'On garantit qu'il ne boite point ni quand il eft échauffé, ni après qu'on l'a monté, & qu'il a eu le tems de fe refroidir. On dit encore, *Promener un cheval par le droit, le guider droit, le faire partir & aller par le droit*, pour dire, qu'Il va fur une ligne droite, fans fe jetter de côté, ni fe traverfer.

DROIT. f. m. Terme de Chaffe. La partie de la bête défaite qui appartient aux Veneurs & aux chiens. Le pié droit du cerf eft le Droit du Maître de la chaffe; & le Droit des chiens, ce qu'on leur abandonne de la bête, & dont on leur fait curée. On dit auffi, *Le droit de l'oifeau*, en termes de Fauconnerie, lorfqu'on paît l'oifeau de ce qu'il a volé, comme la tête, la cuiffe, le cœur & le foye de la perdrix, & ainfi d'un autre oifeau.

On appelle en termes de Marine, *Droit de Varech*, Tout ce que les Seigneurs des fiefs voifins de la mer des côtes de Normandie prétendent fur les effets qu'elle pouffe fur fon rivage, foit de fon cru, foit qu'il vienne d'un naufrage & d'un débris de Vaiffeau. Le *Droit d'ancrage*, eft un droit qui eft dû au Prince ou à l'Amiral.

Droit. Terme de Pratique. On dit *Etre à droit*, pour dire, Comparoître en Jugement pour y être interrogé, & *Prendre droit par les charges*, pour dire, S'en rapporter aux témoins fans préjudice du droit des parties. On appelle *Appointement en droit*, le reglement qu'on donne aux parties pour écrire & produire en premiere inftance ou fur quelque queftion de droit, & *Appointement à ouir droit*, eft le reglement donné en matiere criminelle après la confrontation pour ouir le Jugement. On dit auffi, qu'*On a fait droit fur le tout*, pour dire, qu'On a prononcé fur chaque demande.

DROITURE. f. f. Terme dont on fe fert en matiere de fiefs pour fignifier le droit que les nouveaux acquereurs doivent aux Seigneurs feodaux & cenfuels. Ainfi on dit, qu'*Un Vaffal releve droiture*, pour dire, qu'il leve fon fief de fon Seigneur, & qu'il lui en paye les droits. On dit auffi *Droiturer*, pour, Relever droiture.

On dit en termes de Mer, qu'*Un Vaiffeau va en droiture, qu'il fait fa route en droiture*, pour dire, qu'Il ne mouille dans aucun des Ports qui font à côté de la traverfée qu'il fait, & ne fe détourne point de fa route droite.

DROMADAIRE. f. m. Efpece de Chameau, mais plus petit, & qui va plus vîte que les Chameaux ordinaires. Il n'eft pas propre à porter & ne fert que de monture. Sa legereté eft telle qu'il fait trente-cinq ou quarante lieues en un jour, & continue pendant dix ou douze jours à marcher avec la même vîteffe par les deferts de l'Afrique. Il a pris fon nom de *Dromadaire*, du Grec δρόμος, qui veut dire, Courfe.

DRONTE. f. m. Oifeau des Indes, qui quoiqu'il ait de petites ailes ne vole jamais; étant fi gras qu'il peut à peine marcher.

DROPAX. f. m. Sorte de Médicament dont il y a de deux fortes, le fimple & le compofé. Le Dropax fimple fe fait de quatre ou cinq parties de poix où l'on fe mêle une d'huile. Son ufage eft de réchauffer ou de fortifier en l'appliquant fur la partie refroidie, ou affoiblie. On s'en fert auffi pour attirer le fang à une partie extenuée. Le Dropax compofé fe fait avec de la poix, de l'huile fimple ou compofée, comme celle de cire, & de la poudre de pyrethre, poivre, femences carminatives, foufre, &c. le tout proportionné felon la dofe requife. Il faut l'étendre fur la peau, & l'appliquer

chaud sur la partie , comme si on faisoit une emplâtre. Il sert à divers usages. Si l'on veut exciter
de la chaleur , on y ajoûte du galbanum , & il desseche si on y joint de nitre , du sel & du soufre.
Quand on y ajoûte de l'Euphorbe & des Cantharides , il passe moins pour Dropax que pour un
Vesicatoire. Il arrache aussi le poil en y mêlant de
la Colophane , ce qui lui a fait donner le nom de
Dropax , du Grec ἕλκω , qui veut dire Cueillir ,
arracher , comme on arrache les fruits des arbres en
les cueillant.

DROSSE. s. f. Terme de Marine. Il se dit des cordes ou palans qui servent à approcher ou à reculer
une pièce de canon de son sabord. Les deux bouts
de la Drosse tiennent de deux côtés à deux boucles,
en sorte que la pièce de canon ne peut reculer que
jusqu'à demi tillac. Drosse, se dit aussi d'un cordage
qui serre le racage de la vergue d'artimon , ou d'autres vergues , quand il s'y trouve.

DROUINE. s. f. Terme de Chaudronnier. Sorte
de havresac où les Chaudronniers de campagne
mettent leurs outils , & qu'ils portent derriere leur
dos , ce qui les fait appeller Drouineurs , à la difference des Chaudronniers de Ville qui ne travaillent
que dans leurs boutiques.

DRU

DRU. s. m. Vieux mot. Ami , favori , galand ,
amoureux.

> Or seron bon ami & dru ,
> Seconq raison m'avez vaincu.

On a dit aussi Drus au singulier.

> Là regrete chacun son ami & son drus.

DRUE. s. f. Vieux mot. Amie , amante. Comme Agamemnon fit de Chryseis s'amie & sa drüe. Borel dit
que ce mot vient de Drave, & de Travv, qui signifient foi en Allemand , & que c'est delà qu'est venu celui de Treve. Druerie a été dit aussi pour
amitié.

> Par Druerie & par solas
> Dior s'amie sast chapel
> De roses que moult si fut bel.

On a dit aussi Aimer druement , pour dire , Aimer fortement.

DRUYDES. s. m. Prêtres , Juges & Philosophes des
anciens Gaulois , qui avoient une grande connoissance de l'Astrologie , de la Geographie , de la Geometrie , mais sur-tout de la politique , ce qui les rendoit les arbitres de toutes sortes d'affaires , tant des
publiques que de celles des particuliers. Ils enseignoient aux Peuples les cérémonies qu'ils devoient
observer en matiere de religion , & avoient une veneration singuliere pour le Chesne à cause qu'il porte le Gui. Ils le cueilloient au commencement de
leur année ecclesiastique , & c'étoit toûjours avec
des marques d'un respect extraordinaire. Un d'entr'eux vêtu de blanc le coupoit avec une faux d'or ,
& lorsque ce gui tomboit , on le recevoit dans un
saye blanc. Ces cérémonies superstitieuses étoient
suivies d'un sacrifice de deux Taureaux blancs , que
l'on n'avoit jamais mis au joug , & ensuite on faisoit un grand festin. Les Druydes se persuadoient
que le Gui pris en breuvage étoit un remede contre
toutes sortes de poisons , & qu'il donnoit une plus
grande fécondité aux animaux. On tient que les
Druydes prirent leur nom du Grec ὄρυς , Chêne. Borel dit que quelques-uns le dérivent de Dry , mot
Saxon qui veut dire Magicien. D'autres prétendent
que son origine est Hebraïque , & que comme ces
Prêtres s'appliquoient à la contemplation des ouvrages de la nature, on les nomma Druydes du mot He-

breu Drussim , ou Drissin Contemplateur. Ceux
dont tout l'emploi étoit de contempler les choses
divines s'appelloient Eubages,& ceux qui servoient
actuellement aux autels, étoient ,nommés Semno-
thées. Pline dit qu'ils ne croyoient point de moyen
plus sûr pour réussir dans tous leurs desseins , &
pour s'acquerir l'amitié des grands , que de se servir
des œufs de Serpent. Ils ne sacrifioient pas seulement des animaux , mais encore des hommes. Ils
croyoient la Metempsicose,& on est étonné que la
fameuse These de Besiers en ait voulu faire des
Carmes. Quorum si vitam diligenter inspexeris re-
peries veros fuisse Carmelitas.

DRY

DRYADES. s. f. Prophétesses des Gaules qui ayant
appris la science des Druydes, ont fait plusieurs pré-
dictions à des Empereurs Romains. Diocletien apprit de l'une d'elles, qu'il parviendroit à l'Empire,
après qu'il auroit fait mourir un Sanglier , ce qui se
trouva veritable , puisqu'il devint Empereur quand
il eut tué Aper. Le mot Aper , signifie Sanglier en
Latin. Les Payens ont nommé Dryades , les fausses
Divinités qu'ils croyoient avoir choisi leur demeure dans les bois , & se cacher sous les écorces des
Chênes , de ὄρυς , Chêne.

DRYINUS. s. m. Espece de Serpent , qui est blanc
& fuligineux par le dos , & qui a la tête semblable
à celle d'une hydre. Dans tous les lieux où il est , il
rend une puanteur pareille à la puanteur des tanne-
ries où l'on accommode les cuirs. Il mord d'ordinaire au pié ou au talon , & ceux qui en sont mordus, deviennent tout défigurés & secs , & meurent
en grande langueur, exhalant de tout leur corps
une puanteur insupportable. D'autres qui en sont
mordus béellent comme des brebis , vomissent une
matiere semblable au fiel & quelquefois rouge , &
ne peuvent uriner qu'avec grande peine.Tous leurs
membres leur tremblent , & ils sanglottent presque
incessamment. C'est ce qu'en dit Nicander. Ce
Serpent a été nommé Dryinus , de ὄρυς , Chêne ,
à cause qu'il se nourrit parmi les racines de cet arbre. Quelques Auteurs ont écrit que le Serpent
Dryinus est gras, qu'il est long de deux coudées, &
qu'il est couvert par tout le corps d'écailles fort dures. On peut se servir contre les morsures des mêmes remedes qui sont bons contre les morsures des
viperes.

DRYLLE. s. f. Chêne femelle. Quelques-uns ne
prennent ce mot que pour le gland de cet arbre.

DRYOPTERIS. s. f. Sorte de feugere , qui, selon
Dioscoride , croît parmi la mousse des vieux chênes ; les déchiquetures de ses feuilles sont beaucoup
moindres que celles des feuilles de la feugere. Ses
racines sont velues & entortillées ensemble, & ont
un goût âpre, tirant sur le doux. Selon Matthiole
qui en a trouvé souvent qui n'étoit point attachée
aux chênes , elle croît aussi dans les lieux humides
& parmi les buissons. Galien dit qu'elle est corrosive , & bonne à faire tomber le poil. Le mot de
Dryopteris , vient de ὄρυς , Chêne , & de πτερόν ,
Aile , à cause que ses feuilles representent des ailes
d'oiseau.

DUB

DUBITATION. s. f. Terme dogmatique. C'est
une figure de Rhetorique dont un Orateur se sert ,
lorsque voulant prévenir les objections qu'on lui
peut faire , il feint de douter de la proposition dont
il a dessein de faire la preuve.

DUC

DUC

DUC. f. m. *Qui eſt revêtu d'une dignité au-deſſus de celle de Comte & de Marquis.* ACAD. FR. Il y avoit autrefois de grandes cérémonies à faire un Duc. Nicod en parle en ces termes : *Duc eſt celui lequel eſt fait tel de Marquis ou Comte qu'il étoit, quand il a quatre Comtés ou quatre Baronnies pour chacune Comté, & une Ville Cité ; & la cérémonie eſt telle qu'à faire un Roi, horſmis quant à l'onction. L'Empereur ou ſon Roi après la Meſſe celebrée par un Prélat, l'enchapelle d'un Chapellet d'or, garni de pierres précieuſes, & donnera nom au Duché de la Cité plus riche dudit futur Duc ; & ce, preſens pluſieurs Prélats, Princes, Ducs, Marquis, Comtes, Barons, Chevaliers, Bannerets & Ecuyers qui s'y pourroient trouver, Dames & Damoiſelles, avec feſtins, joûtes & tournois. Duc de France, étoit anciennement le nom de la dignité & fonction qui par après fut appellée Maire du Palais, & correſpond à celui qu'on a depuis nommé & fait-on encore, Connétable,* Nic. Gilles en Loys Quatriéme. Aucunes Chroniques dient que Hue Capet fut le premier Duc ou Comte de Paris, & pour la grande vaillance qui étoit en lui, ledit Roi Loys le feit Duc de France, autrement dit, *Maire du Palais.*

Le titre de Duc eſt fort ancien, mais il n'a pas toûjours été dans une ſi grande conſideration qu'il eſt à preſent. Les Romains diſtinguoient par ce nom les Officiers de guerre, à cauſe qu'ils conduiſoient les ſoldats au combat. Par ſucceſſion de tems, les affaires ayant obligé les Empereurs d'avoir des hommes experimentés au fait de la guerre pour garder leurs Provinces frontieres, ils y envoyoient de leurs Ducs. Le premier de ces Gouverneurs qui ait porté le titre de Duc, a été celui de la Marche Rhetique. C'eſt un Pays ſitué entre l'Allemagne & l'Italie, & qu'on appelle preſentement Pays des Griſons. Pluſieurs Gouverneurs tant des autres Provinces que des frontieres de l'Empire, eurent enſuite le même avantage ; & comme l'ambition les porta à ſe rendre enfin les Maîtres des mêmes Provinces dont ils avoient le Gouvernement, les Ducs s'agrandirent de l'affoibliſſement de leur Chef. Il n'y en a point en Allemagne qui ne ſoit Prince & allié à des Rois. Les Princes de Pologne, de Hongrie & de Bohéme, qui ont preſentement le titre de Rois, ont porté pendant pluſieurs ſiecles, la ſimple qualité de Duc, & quelques Provinces d'Eſpagne ont été gouvernées par les Ducs mille ans avant la venue de notre Seigneur, en ſorte que quand les Carthaginois & enſuite les Romains attaquerent ce Pays, ces mêmes Ducs qui y étoient Souverains & indépendans, le défendirent vigoureuſement.

Duc. Sorte d'oiſeau de rapine Quelques Auteurs en diſtinguent de deux ſortes, le grand & le petit Duc. Ce dernier n'eſt qu'uue maniere de hibou ou de chathuan. Le grand Duc, eſt un oiſeau de nuit grand comme un Aigle. Sa couleur eſt rouſſe & marquée de noir. Il a des plumes en forme de cornes aux deux côtés de la tête, la queue courte, le bec crochu & les yeux jaunes.

DUCAT. f. m. Sorte de monnoye d'or de Pays étranger, qui a eu cours en France & qui avoit d'un côté la tête du Prince qui l'avoit fait battre, & de l'autre les armes du même Prince ou de la République. Le Ducat du tems de François I. valoit ordinairement quarante-ſix ſols & quelques deniers. Il y avoit auſſi un *double Ducat,* Eſpece d'or d'Eſpagne, qui valoit ſix livres quatre ſols du tems du Roi Henri III. La

Tome I.

tête de Ferdinand & d'Eliſabeth étoit d'un côté avec cette legende, *Ferdinandus & Eliſabetha Regina,* & de l'autre, *Sub umbra alarum tuarum,* avec un Ecuſſon couronné où étoient des armes. Il y eut ſous Louis XIII. un *Ducat à deux têtes,* d'Eſpagne & de Flandre. Il avoit pour legende d'un côté *Deus & fortitudo noſtra,* & de l'autre une Aigle au-deſſus d'un Ecuſſon couronné. Cette ſorte de double Ducat peſoit cinq deniers ſix grains, & valoit dix livres. Quelques-uns qui avoient deux têtes comme les autres changeoient de legende, & on y liſoit ces mots, *Quos Deus conjunxit, homo non ſeparet.* Le Ducat eſt aujourd'hui une monnoye d'or & d'argent, battue dans les terres d'un Duc. Celle qui eſt d'or vaut environ deux écus, & celle qui eſt d'argent en vaut la moitié. On ne compte que par Ducats dans la Chancellerie de Rome, & il faut payer l'annate à moins qu'on n'exprime dans les ſignatures, qu'un Benefice ne vaut pas le revenu vingt-quatre Ducats.

DUCATON. f. m. Eſpece d'argent du Pays étranger, qui a eu cours en France ſous le Regne du Roi. Elle étoit grande comme un écu blanc, & valoit ordinairement trois livres ſept ſols, pourvû qu'elle peſât une once un denier. Le Ducaton avoit d'un côté la tête du Prince qui l'avoit fait battre, avec ſes armes de l'autre. Il y avoit auſſi des demi-Ducatons.

DUCTILE. adj. Terme de Phyſique, & de Chymie. Il ne ſe dit gueres que des métaux ; & quand on dit que *L'or eſt ductile,* on entend que l'or eſt un métal qui ſe peut étendre, ſoit pour le battre en feüilles, ſoit pour le tirer en fil. On dit auſſi *La ductilité des métaux.* Ce mot vient du Latin *Ducere,* Mener.

DUE

DUEL. f. m. *Combat ſingulier, combat aſſigné d'homme à homme.* ACAD. FR. Le Roi a fait des Edits ſi rigoureux contre les Duels, qu'ils ſont entierement abolis ; mais autrefois ils étoient permis pour défendre ou accuſer en Juſtice dans les cas, dont il étoit impoſſible d'avoir des preuves qui ſatisfiſſent. Comme tous les differends des Nobles ſe vuidoient ordinairement par cette voie, les Eccleſiaſtiques, les Prêtres & les Moines même n'en étoient pas diſpenſés. Il eſt vrai qu'ils donnoient des gens qui ſe battoient en leur place, afin qu'ils ne s'expoſaſſent point à être ſouillés de ſang. Il n'y avoit que les femmes, les malades & ceux qui étoient au-deſſous de vingt & un ans, & au-deſſus de ſoixante, qui s'en puſſent exempter. Selon la coûtume ancienne, quand on avoit quelque droit douteux à ſoûtenir en matieres criminelles, & quelquefois en civiles, on faiſoit entrer en champ clos deux Champions, par autorité des Juges ordinaires. La forme de cette ſorte de combat étoit, que l'Accuſé & l'Accuſateur jettoient des gages en Juſtice de part & d'autre. Le Juge levoit premierement celui du défendeur & enſuite le gage du demandeur, après quoi on les mettoit tous deux en priſon, ou en ſûre garde, & c'étoit au Seigneur haut Juſticier à leur fournir des armes ſortables. Ceux qui combattoient à pié, avoient ſeulement le bouclier & l'épée, & les Chevaliers venoient armés de toutes pieces auſſi bien que leurs chevaux. Le jour aſſigné pour le combat étant venu, ils choiſiſſoient devant le Juge quatre Chevaliers pour garder le camp, & faiſoient pluſieurs cérémonies, prieres, ſermens & oraiſons.

Celui des Combattans qui étoit vaincu, soit qu'il fût l'accusateur ou l'accusé, étoit puni de mort, ou au moins d'une mutilation de membres. On le traînoit hors du camp d'une manière ignominieuse, & ensuite on le pendoit ou brûloit, selon que le cas étoit atroce. Le Concile qui fut tenu à Valence en 855. sous le Roi Lothaire, condamna l'usage de ces combats; & non seulement on excommunia celui qui avoit tué son ennemi, mais on déclara le corps mort indigne de sepulture. Saint Louis n'oublia rien pour empêcher les Duels en France, mais son Ordonnance ne fut suivie que sur ses terres. Philippe le Bel, son petit-fils, défendit tous ces gages de bataille, & le dernier combat de cette nature qui ait été fameux, fut fait en 1547. en présence de Henri II. Ce fut entre Jarnac & la Chataigneraye. On fait venir le mot de *Duel*, du Latin *Duellum*, que les Auteurs de la basse Latinité ont employé, comme qui diroit *Duorum bellum*, un combat de deux personnes.

DUL

DULCIFIER. v. a. Terme de Chymie. Oter les sels de quelques corps & les rendre doux.

DULCINISTES. f. m. Heretiques qui donnerent dans les erreurs de Dulcin, au commencement du quatorziéme siecle, & qu'on appella ainsi de son nom. Il disoit qu'il venoit prêcher le regne du Saint-Esprit, dont il se faisoit le chef, & qui étoit un troisiéme regne, parce, disoit-il, que celui du Pere avoit duré depuis la naissance du monde jusqu'à celle de JESUS-CHRIST, & que le regne du Fils ayant alors commencé, avoit fini en l'an 1300. Il se moquoit des Papes ainsi que des Ecclesiastiques, & commettoit les abominations les plus execrables sous un faux voile de charité. Il eut grand nombre de sectateurs, & ayant été pris dans les montagnes des Alpes, il fut brûlé par ordre de Clement V. Les Dulcinistes étoient proprement des Vaudois.

DUN

DUNES. f. f. p. Bords de la mer élevés, qui l'empêchent de s'épandre dans les terres. Ce sont quelquefois de simples hauteurs ou côteaux de sable, quelquefois des levées faites au bord de la mer, & quelquefois des rochers escarpés. Ce mot est venu de *Dun* ou *Dum*, qui en ancien Gaulois vouloit dire, Lieu éminent, mont, forteresse. Borel le fait venir de l'Arabe *Tun*, qui signifie, Colline, lieu élevé.

DUNETTE. f. f. Le plus haut étage de l'arriere d'un Vaisseau, où sont logés ordinairement les Officiers subalternes, ainsi que le Maître & le Pilote du Navire. On ne fait des Dunettes qu'aux Vaisseaux dont la quille a près de quatre-vingts piés.

DUO

DUO. f. m. Composition de Musique qui est faite pour être chantée à deux.

DUP

DUPLICATION. f. f. Terme d'Arithmetique & de Géométrie. *Duplication par deux d'une quantité discrete ou continue.* Il se dit principalement de la Duplication du cube. (Voyez CUBE,) problème fameux, cherché depuis si long-tems par tout ce qu'il y a de Géométres. On ne le sçauroit resoudre qu'en trouvant

deux lignes moyennes continuellement proportionnelles entre la racine du cube donné, & le double de cette racine, car ces quatre lignes étant en *proportion Géométrique continue*, la racine du cube donné dont on cherche le double, les deux moyennes proportionnelles trouvées, & le double de la racine du cube donné, le cube fait sur la premiere ligne, & le cube fait sur la seconde seront entr'eux, comme la premiere ligne, & la quatriéme, or ces deux lignes sont comme une & deux par la supposition.

DUR

DURACINE. f. f. Espece de pêche que Pline dit être la plus estimée de toutes. Matthiole dit qu'on la nomme *Duracine*, non pas pour avoir le noyau plus dur, mais parce qu'elle a le goût meilleur, & la chair plus ferme que les autres pêches.

DURION. f. m. Fruit fort estimé, qui croît aux Indes sur un assés grand arbre, d'un bois fort & massif, couvert d'une grosse écorce cendrée avec beaucoup de branches chargées de ces fruits. Ses fleurs qu'on appelle *Buna*, sont blanches & un peu jaunâtres, & ses feuilles dentelées, vertes, pâles par dedans & vertes, brunes par dehors. Les Chinois appellent cet arbre *Batan*. Son fruit qui est de la grosseur d'un melon, est couvert d'une écorce pâle, garnie de force aiguillons courts, gros & piquans. Cette écorce est verte par dehors, & cannelée en long comme un melon, mais par dedans il y a quatre manieres de petites cellules en long, dans chacune desquelles sont plusieurs creux qui contiennent un fruit blanc comme la creme, gros comme un œuf de poule, & qui est d'un meilleur goût que ce que les Espagnols appellent *Manjar blanco*, mais moins tendre & moins visqueux. Quand cette blancheur manque aux Durions, c'est parce que la pluie ou le mauvais tems les a gâtés, ce qui les fait devenir jaunâtres. S'il n'y a que trois pommes dans chaque cellule, ce sont les meilleures. S'il y en a cinq, ou que les cellules soient crevassées, on ne les estime point. Chaque pomme produit ordinairement vingt Durions, dans chacun desquels est un noyau semblable à un noyau de pêche un peu long. Ce noyau est d'un goût fade, & rend la langue âpre comme font les nefles vertes, ce qui empêche qu'on ne le mange. Quant au fruit, il est chaud & humide, & pour le manger, il faut le presser legerement avec le pié, afin de l'ouvrir sans être piqué des épines qui l'entourent. Il semble à ceux qui n'en ont jamais goûté, qu'ils flairent d'abord des oignons pourris; mais quand ils ont commencé à en manger, ils en trouvent le goût meilleur que celui des autres fruits. Il y a une telle antipatie entre le Durion & le Betel, que si on met quelques feuilles de celui-ci dans un Navire chargé de Durions, ils se pourrissent tous en fort peu de tems. Les Siamois appellent ce fruit *Tourrien*.

DUU

DUUM-VIR. f. m. Magistrat de la République de Rome, qu'on nommoit ainsi à cause qu'on en élisoit deux à la fois. Les premiers Duum-virs furent créés sous le regne de Tarquin le Superbe, qui leur confia la garde des livres de la Sybille. Ils y cherchèrent un remede en 356. de la fondation de la Ville, pendant une grande peste qui la désola; & ce furent eux, selon Tite-Live, qui ordonnerent le premier banquet sacré. Il y avoit de plusieurs sortes de Duum-virs, les uns pour ce qui regardoit les choses sacrées, les autres pour la marine, & d'autres qui n'étoient que comme des Juges inferieurs.

DUX

DUX. f. m. Vieux mot, qui a été employé dans la signification de Berger.

Là s'affit Pan le Dux des bêtes,
Et tint un freftel de rofiaux,
Si chameloit li danziaux.

DUY

DUY. f. m. Arbre du Pays des Noirs, qui porte des pommes bonnes à manger. Il est d'une hauteur & d'une épaisseur mediocre.

DYN

DYNASTIE. f. f. Lignée ou suite des Rois qui ont regné l'un après l'autre dans un Royaume. Les Dynasties des Egyptiens sont estimées fabuleuses. Ce mot vient de δύναμαι, Pouvoir, avoir puissance.

DYS

DYSENTERIE. f. f. Terme de Medecine. Flux de ventre qui fait jetter du sang, & qui vient de l'ulceration des intestins avec de grandes coliques ou tranchées. La vraie Dysenterie fait jetter par bas des raclûres de boyaux comme de petites peaux avec du sang ou de la sanie. Il y a une maladie, où le sang coule par le bas sans que les intestins soient blessés & sans qu'on sente aucune tranchée. Elle n'est appellée qu'improprement *Dysenterie*. Ce mot vient de δὺς, qui marque une malignité d'humeurs, & de ἔντερον, Intestin. Les Medecins connoissent de trois sortes de Dysenterie, la premiere quand le sang dans l'état naturel, mais surabondant dans tout le corps, se répand par l'orifice des veines qui aboutissent aux intestins. Elle est differente du flux des hemorroides, dans lequel il n'y a que les veines du fondement qui soient ouvertes; au lieu que dans la Dysenterie, les veines sont ouvertes dans toute la longueur & dans toutes les anfractuosités des intestins, excepté à l'anus. Cette maladie est ordinaire à ceux à qui on a coupé un pié ou un bras, ou qui souffrent la suppression de quelques grandes évacuations accoûtumées; ce qui fait que les femmes &

les rateleux en sont souvent travaillés. La seconde espece de Dysenterie, est le flux de sang, qu'on attribue à la foiblesse du foye. Quand on fait du sang tenu, aqueux & semblable à des lavûres des chairs, cela s'appelle ordinairement *Flux hepatique*. La troisiéme espece a retenu le nom de *Dysenterie*, & c'est proprement un flux de sang avec des tranchées. Il arrive quand les intestins sont corrodés, excoriés, & souvent exulcerés, & que le sang qui sort avec de grandes tranchées, est mêlé d'un mucilage blanchâtre, & d'une matiere purulente. Il y a aussi une *Dysenterie* appellée *Benigne*, parce que le plus souvent elle est sans fievre, sans contagion, & qu'elle ne regne point plus en un lieu qu'en un autre, au lieu que la *Dysenterie*, que l'on appelle *Maligne*, est le plus souvent jointe à une fievre pestilentielle, & qu'elle est épidemique, ravageant des Provinces entieres, & se multipliant par une contagion manifeste.

DYSPEPSIE. f. f. Terme de Medecine. Difficulté de digerer, de la particule δὺς, Difficilement, avec peine, & de πέπτω, Cuire.

DYSPNE'E. f. f. Terme de Medecine. Difficulté de respirer. La Dyspnée a trois degrés, sçavoir, la courte haleine, l'asthme & l'orthopnée. Ce dernier mot vient du Grec ὀρθὸς, Droit, parce que ceux qui ont cette maladie, ne sçauroient respirer que debout, les bras élevés & la poitrine étendue. En general la cause de tous ces degrés est le vice du mouvement d'expansion & de constriction des poumons, qui étant empêché, ôte la respiration & cause des inquiétudes, des resserremens & la suffocation. *Dyspnée* est un mot Grec δύσπνοια, & est fait de δὺς, Malaisément, & de πνέω, Je respire.

DYSURIE. f. f. Terme de Medecine. Difficulté d'uriner, de δὺς, Malaisément, & de οὖρον, Urine. La Dysurie fait souffrir de grandes douleurs aux malades par les efforts qu'ils font en pissant; & comme cette douleur leur cause une sensation de chaleur, on appelle communément ce mal *Ardeur d'urine*. En effet, il semble que l'urine brûle l'uretere en passant. Cette maladie differe de la strangurie, en ce que l'urine y sort aussi goutte à goutte, mais sans interruption & en la quantité requise, & qu'on ne ressent de la douleur qu'en pissant, & non devant ni après comme dans la strangurie. La cause la plus frequente de la Dysurie, est l'excoriation ou exulceration de la vessie, ou de son col, ou du canal urinaire, parce que l'urine qui lave ces parties excoriées ou exulcerées, leur cause en passant une très-vive douleur. Le calcul qui exulcere ou offense la vessie de quelque autre sorte, cause pareillement des Dysuries opiniâtres.

E

EAU

EAU

EAU. f. f. *Element humide &*
froid. A c a d. Fr. En general on diftingue l'eau en
eau naturelle & en eau artificielle telle qu'eft l'eau diftillée. L'eau naturelle n'eft
autre chofe que l'eau élementaire, dont on fe fert
à plufieurs ufages. Celle de
fontaine paffe pour la meilleure de toutes par fa
pureté, étant comme coulée à travers la terre, ou
par un canal, fi ce n'eft que le canal foit de plomb ;
car alors elle perd de fa bonté à caufe de la cerufe que le plomb produit. Quelques-uns eftiment
l'eau de pluye meilleure que toutes les autres, parce qu'elle eft plus legere, & qu'elle fe fait moins
fentir à la langue, mais quoiqu'elle foit plus faine,
le Soleil attirant toûjours en haut ce qui eft le plus
fubtil, elle contracte de mauvaifes qualités des rivieres, des étangs, des marais & de la mer, d'où
elle eft tirée, outre qu'il s'y mêle des exhalaifons
putrides des lieux infectés, & des corps morts qui
s'élevent de la terre en l'air ; ce qui fait qu'elle fe
corrompt plûtôt qu'aucune autre, & caufe prefque auffi-tôt la toux & le rhume. Il y en a qui preferent l'eau de la rofée de Mai à toutes les autres
eaux, à caufe qu'elle les furpaffe en fubtilité. Elle
eft en effet plus penetrative, étant compofée d'un
fel plus acre, & d'une liqueur plus volatile. L'eau
de puits eft la moindre, étant plus crue, & fouvent
plus pefante que celle de fontaine, à moins qu'elle ne forte de vives fources. Celle de riviere eft plus
digerée que l'eau de pluye, à caufe des rayons du
Soleil où elle eft expofée;mais pour s'en fervir il faut
la laiffer raffeoir quelque tems, afin que le limon
qu'elle a contracté, ou par la diverfité des eaux qui
y affluent de tous côtés & qui la troublent, ou
par les ordures qui tombent dedans, defcendent peu
a peu au fond du vaiffeau, après quoi elle devient
plus claire, plus nette & plus faine. Les eaux de
neige & de glace dont la menue fubftance eft fortie à mefure que l'eau s'eft congelée, font à rejetter comme très mauvaifes & pernicieufes, auffi-
bien que les eaux d'étang & de marais, qui étant
dormantes ou coulant fort lentement, font impures & bourbeufes. La boiffon d'eau froide, ordonnée en tems & lieu, guerit les fievres ardentes,
& on fe fert très-fouvent de bains d'eau froide ou
d'eau tiede pour beaucoup de maladies. L'eau eft
bonne à ceux qui ont befoin d'être rafraichis, &
elle eft nuifible aux autres, à caufe qu'en refroidif-
fantl'eftomac,elle empêche qu'on ne digere les viandes. Elle condenfe étant froide, & fi elle eft tiede, elle rarefie.

Les *Eaux minerales* font en ufage dans la Pharmacie auffi bien que l'eau commune, & on s'en
fert pour faire une décoction, & même une infufion, quand on veut augmenter la force des medicamens qu'on fait bouillir ou que l'on fait infufer.
Toute eau minerale a les mêmes proprietés, que le

mineral ou le metal dont elle participe. Il y a auffi
des eaux minerales artificielles, que l'on fait pour
fuppléer au défaut des naturelles ; ce qui ne fe fait
qu'à l'égard de celles qui font froides, ferrées, ou
vitriolées. Le trop de vivacité & de chaleur des eaux
minerales qui font chaudes, fulphurées ou bitumi-
neufes, fait que l'on ne peut fuppléer à leur défaut.

Les eaux qu'on appelle *Diftillées*, ne font que
la liqueur que l'on tire des plantes recentes par le
moyen de la diftillation. Il y en a de fimples qui
ne font tirées que d'un feul medicament, fçavoir,

Les *Eaux Alexiteres*, qui refiftent aux venins
& à la pefte. Ce font celles d'angelique, de fcorzo-
nere, de lierre, de genevre, de fcordium, de bafilic, de tormentille,de gentiane, de noix vertes,de
rue, de citrons, d'oranges, &c. Elles font auffi
cordiales.

Les *Eaux Cardiaques*, qui font propres à fortifier le cœur. Celles d'endives, de chicorée, de
buglofe, & de bourrache font du nombre. Quelques Auteurs y ajoûtent les eaux de nenuphar, de
chardon benit, de *morfus diaboli*, d'ulmaria, de
fouci, d'ofeille, de fcabieufe & d'oxytriphillum.

Les *Eaux Cephaliques*, qui fervent à fortifier le
cerveau. Ce font celles de rofmarin, de marjolaine, de fauge, de pivoine & de jafmin, de rofes, de fariette, de *primula veris*, de bafilic, de
betoine, de meliffe, de fleurs d'oranges, de fleurs
de narciffes, de calament, d'œillets, de ftoechas,
&c.

Les *Eaux Hépatiques*, dont on fe fert pour fortifier le foye. Ce font celles de fonchus, de capillaires, de pourpier, de chicorée, de fumeterre,
d'ageranum, de cicerbite, d'agrimoine,de rofesblan-
ches, &c.

Les *Eaux Hifteriques*, qui font propres à fortifier la matrice, & à remedier à toutes les incommodités. Ce font celles d'ariftoloche, de matricaire, de meliffe, d'hyffope, de fenouil, de fabine,
d'armoife, d'ache, de pouliot, &c.

Les *Eaux Nephritiques*, qui outre qu'elles fortifient les reins, font évacuer par les urines les humeurs qui caufent les obftructions. Ce font celles
de chevrefeuille, de parietaire, de melons, de concombres, de raves, de valeriane, de feves, de
mauve, d'ononis, d'alkenge & autres.

Les *Eaux Ophtalmiques*, qui remedient aux incommodités des yeux. On fe fert pour cela de celles d'euphraife, de fenouil, d'anagallis, de vervai-
ne, de morelle, de rue, de plantin, de chelidoine
& de rofes.

Les *Eaux Pectorales*. Ce font celles qui fortifient la poitrine, comme les eaux de marrube, de
violette, d'hiffope, de ruffilage, de pavot erratique, de fcabieufe, de capillaire, de buglofe, d'ortie & de borrache.

Les *Eaux Spleniques*. Elles fortifient la rate ; &
ce font celles de tamaris, de cufcute, de feo'open-
de, de thym, de fleurs de genêt & de muguet; de

houblon, d'hæmionitis & de pommes de rénette.

Les *Eaux ſtomachiques* , qui ſervent à fortifier l'eſtomac , comme celles de roſes rouges de menthe , des balauſtes recentes & autres.

On appelle *Eaux ſpecifiques* , celles qui ont une vertu particuliere pour certaines maladies comme celle d'ulmaria pour provoquer la ſueur , celle de pourpier pour faire mourir les vers ; & *Eaux Coſmetiques* , toutes les eaux odoriferantes , comme celles de fleurs d'orange & de roſes qui contentent l'odorat , ou qui ſont propres à l'ornement , c'eſt-à-dire , qui ſont propres à donner une couleur vermeille à la peau , en ôtant toute la craſſe qui pourroit être deſſus , ou à effacer les rides du viſage. Ce ſont celles qu'on tire des fleurs de feves , de ſureau de lis , de blancs d'œufs , de miel , de chair de melons , de fleur de guimauve.

Les *Eaux diſtillées compoſées* , ſont celles qu'on tire par diſtillation de pluſieurs medicamens mêlés enſemble , comme l'eau de cannelle , l'eau clarette , l'eau theriacale & autres. L'*Eau de cannelle* provoque les mois , facilite l'accouchement , & fait ſortir l'arriere-faix. Elle ſe fait de cannelle , d'eau roſe & de vin blanc. Après que l'on a broyé groſſierement la cannelle , on mêle le tout enſemble , & on la laiſſe tremper deux fois vingt-quatre heures dans un vaiſſeau bien bouché. Enſuite on diſtille ce mêlange ſur les cendres chaudes , & on en tire l'eau. On fait l'*Eau clarette* , d'eau de vie, de roſe , de ſucre & de cannelle que l'on mêle enſemble , après quoi on paſſe la liqueur deux ou trois fois à travers la manche. Elle réjouit le cœur & diſſipe toutes les matieres flatulentes. L'*Eau theriacale* eſt une eau diſtillée compoſée de theriaque & d'eaux cardiaques & cephaliques , à quoi on ajoûte quelquefois du mithridat & quelques racines & ſemences échauffantes. Elle éteint toute qualité peſtilente & veneneuſe , remede à la ſyncope , à la lethargie , à l'épilepſie , à l'apoplexie & à la paralyſie , & s'employe utilement dans toutes les maladies du cerveau & des nerfs.

Il y a auſſi des eaux diſtillées compoſées externes dont l'eau alumineuſe , l'eau de chaux & l'eau phagedenique ſont du nombre. L'*Eau alumineuſe* , appellée ainſi à cauſe de l'alun qu'elle a pour baſe, eſt une eau compoſée de pluſieurs ſucs, comme de plantain , de pourpier , & de verjus , parmi leſquels on met de d'alun de roche & des blancs d'œufs. Après que l'on a battu le tout enſemble , on le diſtille ſelon les regles de l'art. Cette eau déterge & appaiſe les inflammations & toutes les incommoditez du cuir. Elle eſt bonne à effacer la noirceur & à ôter l'âpreté qui eſt ſur la langue de ceux qui ont une fievre ardente , quand on l'applique deſſus. Elle eſt bonne auſſi à temperer la chaleur étrangere. L'*Eau de chaux* s'employe aux ulceres coroſifs , chancreux & difficiles à cicatriſer. Elle ſe fait en prenant deux livres de bonne chaux vive bien calcinée & faite nouvellement, qu'on met dans une grande terrine , & ſur leſquelles on verſe peu à peu dix livres d'eau de pluye. On les laiſſe enſemble pendant deux jours , en les remuant ſouvent. Après qu'on a bien laiſſé raſſeoir la chaux , on verſe par inclination l'eau qui ſurnage , & c'eſt ce qu'on appelle *Eau de chaux*. L'*Eau phagedenique* ſe fait d'environ dix livres d'eau de chaux qu'on met dans une grande bouteille de verre , & à laquelle on ajoûte une once de ſublimé corroſif en poudre , qui ne manque point à deſcendre au fond. L'uſage de cette eau lorſqu'elle eſt raſſiſe , c'eſt de mondifier les playes, & d'en conſumer la ſuperfluité , principalement pour les gangrenes , & en ce cas on peut y ajoû-

ter ſur le champ de l'eſprit de vin. Le mot de *Phagedenique* vient du Grec φαγεδαινα , ou φαγιδαινα , qui veut dire , Ulcere qui mange les chairs voiſines. du verbe φαγειν , Manger.

On appelle *Eau forte* , un Compoſé d'eſprits de nitre & de vitriol , d'orpiment , d'alun , de fleur d'airain , &c. que l'on a tirés par un feu de reverbere dans un fourneau où la flâme eſt déterminée à reverberer ſur les matieres par le chapiteau qui eſt au deſſus. On a donné le nom de *Forte* à cette eau à cauſe de la force qu'elle a de diſſoudre tous les metaux , à l'exception de l'or. On l'appelle auſſi *Eau de ſeparation*.

L'*Eau regale* eſt de l'eau forte , à laquelle on a ajoûté une diſſolution de ſel armoniac dans l'eſprit de nitre. Alors l'eau forte regaliſée de cette maniere ne ſçauroit plus penetrer l'argent , ni le diſſoudre , à cauſe que l'addition du ſel armoniac ayant groſſi les particules du nitre , elles ne ſont plu que gliſſer ſur les pores de l'argent qui ſont trop étroits pour y entrer , au lieu qu'elles s'introduiſent aiſément dans ceux de l'or qui ſont aſſés larges ; ce qui fait que l'on appelle cette eau , *Eau regale* , parce qu'elle eſt en état de diſſoudre l'or que l'on appelle le Roi des metaux. On la nomme auſſi *Eau de depart*.

Il y a une maniere de retirer l'argent des eaux fortes qui ont ſervi aux departs qui produit l'*Eau ſimple* & l'*Eau repaſſée*. On met l'eau forte dans un matras dont on fait entrer le col dans un alembic. On les lutte bien enſemble , & on fait diſtiller l'eau forte dans un récipient. Quand la diſtillation eſt environ au tiers , on retire l'eau qui a été diſtillée , & c'eſt cette eau qu'on appelle *Eau ſimple* , parce qu'elle ne contient que des phlegmes. On remet enſuite le recipient pour achever cette diſtillation , laquelle étant faite , l'eau qui a été diſtillée s'appelle *Eau repaſſée* , & eſt alors en état de ſervir de derniere eau pour perfectionner d'autres departs. On peut retirer l'argent des eaux fortes d'une autre maniere ; ce qui ſe fait en verſant l'eau dans des terrines de grais , & en y mettant ſept ou huit fois autant d'eau de riviere pour éteindre l'eau forte & faire qu'elle ſoit moins corroſive. Cette eau s'appelle *Eau éteinte*.

L'*Eau ſeconde* eſt encore de l'eau forte , qui après avoir ſervi à la diſſolution de quelques metaux , & avoir reçu quelque portion d'eau , eſt ainſi rendue plus foible , & par conſequent propre à l'uſage de la Medecine pour l'exterieur; encore ne doit-on s'en ſervir qu'avec de grandes circonſpections pour des ulceres malins. C'eſt un poiſon ſi preſent que qui en prendroit au dedans ne pourroit trouver aucun remede pour s'empêcher de mourir.

L'*Eau Philoſophique* ſe fait avec du ſalpêtre & du ſel armoniac , & l'*Eau Stiptique* avec une diſſolution de vitriol ou de colcotar qui reſte dans la cornue après qu'on en a tiré l'eſprit , & que l'on mêle avec de l'alun brûlé & du ſucre candi. On prend trente grains de chacune de ces drogues , qu'on mêle avec demi-once d'urine de jeune homme , autant d'eau roſe & deux onces d'eau de plantain. On l'applique exterieurement. C'eſt une eau fort aſtringente.

On appelle *Eau Imperiale* , l'Eau diſtillée de noix muſcades , cloux de giroſle , écorce de citron, feuilles de laurier , d'hiſſope , de thim , de marjolaine , de ſauge , de roſmarin , de lavande , de fleurs d'orange , &c. L'*Eau de la Reine de Hongrie* ſe fait de deux livres de roſmarin cueillies le matin & dans un tems ſec , & miſes dans une cucurbite que l'on doit couvrir d'un alembic aveugle , en luttant bien les jointures , après que l'on a versé sur les fleurs de rosmarin trois livres de bonne eau de vie. On les fait digerer au bain vaporeux par une chaleur lente pendant vingt-quatre heures, ou bien au Soleil durant trois jours. On ôte ensuite l'alembic aveugle , & on met un alembic à bec en sa place, en luttant bien les jointures , & en distillant au bain-marie tout ce qui peut monter. Cette eau a eu le nom d'*Eau de la Reine de Hongrie* , à cause qu'une Reine de Hongrie en reçût des soulagemens extraordinaires , étant âgée de soixante-douze ans. Elle fortifie le cœur , tirée par le nez , ou prise par la bouche, ou bien si l'on s'en frotte les temples & les sutures. Elle aide à la digestion , & dissipe les coliques. Elle a encore d'excellentes qualités pour la paralysie, apoplexie , goutes , douleurs froides, brûlures, défaillances & palpitations de cœur.

L'*Eau de vie* est du vin qu'on fait distiller dans un matras au bain-marie sur à petit feu de flâme , & qu'on reduit à peu près à la sixième partie. On fait passer le col du matras en serpentant dans un tonneau d'eau froide, ou qu'il n'y en a point assés. On en fait de cidre , de biere , d'hidromel , mais le trafic n'en est pas permis.

On dit en termes de mer , *Haute eau* , quand la marée est haute & pleine après son montant , & *Basse eau* ou *Morte eau* quand la mer a refoulé & qu'elle s'est retiré. On dit aussi , *Le vif de l'eau* , pour dire , La haute eau d'une marée. On dit , *Il y a de l'eau , il n'y a pas d'eau* , pour dire , qu'il se trouve assés de profondeur pour y mener un Vaisseau , ou qu'il n'y en a point assés. *Même eau* , Signifie , Même profondeur. On dit que l'eau *est changée* , pour dire , qu'Elle a changé de couleur, soit que cela vienne de ce qu'on approche des terres, ou d'une autre cause. Le commun des Matelots disent , *L'eau est maigre en cet endroit* , pour dire , qu'Il n'y a pas grande profondeur. On dit qu'*Un Vaisseau est sur l'eau d'un autre* , pour dire qu'il en est proche & qu'il fait sa même route. On dit qu'*Un Vaisseau fait eau* , pour dire que l'eau y entre par quelque ouverture. On dit , *Faire de l'eau* , pour dire , Faire la provision d'eau douce. On dit qu'*Un Navire prend douze piés d'eau* , qu'*Il tire quinze piés d'eau* , pour dire , qu'Il lui faut dix piés , quinze piés d'eau pour être à flot. On dit qu'*Un Vaisseau a reçû deux coups à l'eau* , qu'*Il est percé de deux coups à l'eau* , pour dire , qu'Il a reçû deux coups , & qu'il a été percé de deux coups par les parties du bordage qui enfoncent en l'eau.

On appelle aussi en termes de Marine *Eau Somache* , l'Eau salée, c'est-à-dire, l'eau de la mer ; & on dit , *Eau du Vaisseau* , pour dire , La trace qui paroît en l'eau après que le Navire a passé. On donne quelquefois ce même nom au cours & au chemin même que fait le navire.

On appelle *Mauvaises eaux* , dans un cheval, certaines Suppurations d'humeurs malignes & puantes qui sortent de ses paturons & de ses boulets. C'est moins des jambes de devant que de celles de derriere.

FBA

EBALAÇON. s. m. Vieux terme de Manege. On a dit qu'*Un cheval avoit des ébalaçons* , pour dire , qu'Il donnoit l'estrapade à celui qui le montoit.

EBANDIR. v. n. Vieux mot qui a été dit pour Ebaudir , se divertir. On a dit aussi *Ebandisse* , mais dans le sens de Hardiesse.

Ebandisse fait gagner souvent.

EBAROUI. adj. Terme de Marine , dont se servent quelques-uns qui disent, *Un Vaisseau ébaroui* , pour dire , Un Vaisseau qui s'est desseché au vent ou au

soleil , & dont les coutures se sont ouvertes.

EBAUCHE. s. f. Premier forme que l'on donne à quelque ouvrage , comme celle que les Tailleurs de pierres donnent à un quartier de pierre ou à un bloc de marbre avec le ciseau , après qu'il est dégrossi à la scie suivant un modele. On appelle aussi *Ebauche* , un grand Modele de cire ou de terre qu'on dispose avec les mains , & qu'on heurte grossierement avec l'ébauchoir avant que de le terminer pour y regler les proportions & les drapperies. Ce mot vient de l'Italien *Ebozzo* , qui se prend dans la même signification.

EBAUCHE'E , E'E. adj. On appelle *Marbre ébauché* , Celui qui est approché avec le ciseau pour l'Architecture , ou travaillé à la double pointe pour la Sculpture.

EBAUCHER. v. a. Terme de Peinture. Donner la premiere forme aux figures d'un tableau , & y mettre les premieres couleurs. Les Sculpteurs disent , *Ebaucher une figure* , pour dire , Travailler de cire ou de terre ou d'autre matiere. *Ebaucher* , en termes de Charpenterie , se dit d'une piece de bois qui est tracée suivant une cherche , lorsqu'on la dresse avec la scie ou la coignée avant que de la laver à la besaigue. Les Menuisiers disent , *Ebaucher le bois* , pour dire , Le dégrossir avec le fermoir à coups de maillet ou de marteau. *Ebaucher le chanvre* , parmi les Cordiers , c'est nettoyer le chanvre en le passant par l'ébauchoir.

EBAUCHOIR. s. m. Sorte de ciseau dont les Charpentiers & Charrons se servent pour ébaucher les mortoises. Il a un manche de bois avec des viroles par les deux bouts. *Ebauchoir* , est aussi un outil de bois ou d'yvoire dont se servent les Sculpteurs pour travailler , soit de terre, soit de cire. Ils ont de deux sortes d'ébauchoirs. L'un est tout uni par chaque bout , & l'autre à des dents par un bout. Celui-là ne fait que dégrossir en ôtant la terre ou la cire , & laisse sur l'ouverture les traits qu'on nomme *Bretures*. Les ouvriers qui travaillent de stuc ont aussi un Ebauchoir. Il est de fer. L'ébauchoir des Cordiers est un gros seran au travers duquel ils font passer le chanvre pour l'ébaucher.

EBE

EBE. s. f. Terme de Marine. Reflux de la marée qui s'en va. On l'appelle aussi *Jussant*. Du Cange dit qu'*Ebba* est un mot de la basse Latinité. C'est d'où *Ebe* a été fait.

EBENE. s. f. Bois noir sans aucunes veines, poli & lissé comme une corne brunie. Dioscoride dit que le meilleur vient d'Ethiopie, & qu'en le rompant il est massif , mordant , aigu & astringent au goût : qu'étant mis sur du charbon vif, il rend un agreable parfum; que si étant frais il est presenté au feu, il s'allume incontinent à cause de sa graisse , & qu'il devient roux quand on le frotte sur une pierre. Il ajoûte qu'il y a une autre espece d'Ebene qui vient des Indes , qui a des veines blanches tirant un peu sur le roux. Elle est marquetée en plusieurs endroits , & beaucoup moindre que l'Ebene d'Ethiopie. Les Indiens employent ce bois pour faire les statues de leurs Dieux & les sceptres de leurs Rois. Pausanias rapporte qu'il a ouï dire à un Cyprien qui avoit grande connoissance des herbes & étoit fort experimenté en Medecine, que l'Ebenier ne produisoit ni feuilles ni fruit , même qu'il ni jettoit aucun tronc ni branche , & qu'il ne consistoit qu'en racines cachées sous terre que les Ethiopiens arrachoient , sur-tout ceux qui en sçavoient l'endroit. Agricola parle d'une Ebene minerale qui se

trouve à Hildesheim dans une terre alumineuse
qu'il y a. Ses feuilles, dit-il, sont noires, & ne
portent point de fruit. Cette Ebene est polie comme une corne brunie, solide, mais legere, Plusieurs croyent que le Guayac que l'on apporte des
Indes, soit une espece d'Ebene, ce que Matthiole,
n'ose ni nier ni assurer, n'ayant lû dans aucun Auteur, tant ancien que moderne, quelles sont les
fleurs, le fruit & les feuilles de l'Ebene. Il est vrai,
dit-il, que le Guayac est entierement semblable à
l'Ebene, excepté que l'Ebene est parfaitement noire, & que le Guayac tire un peu sur le blanc.
Pline dit, aussi-bien que Dioscoride, que les ra-
cures d'Ebene sont bonnes pour le mal des yeux,
Quant à Galien, lorsqu'il parle de l'Ebene, il dit
que c'est une espece de bois qui mis en poudre se
fond en l'eau, comme font certaines pierres; qu'il
est chaud, abstersif & fort subtil, & qu'on le mêle
dans tous les medicamens qu'on ordonne pour les
yeux & pour les vieux ulceres, pustules & fluxions
qui tombent dessus. Quelques-uns font venir le mot
d'*Ebene* de l'Hebreu *Eben*, qui veut dire Pierre, à
cause que la dureté de ce bois approche de celle
des pierres.

EBE

EBETUDE. s. f. Vieux mot qui vient du Latin *Hebes,*
Obtus, Pesanteur d'esprit, Sottise.
  Nous sommes si pleins d'ebetude,
  Et si lourdeaux en notre cas.

EBI

EBIONITES. s. m. Sectateurs de l'heresiarque Ebion,
dont la principale des erreurs étoit que le Fils de Dieu
n'étoit qu'un pur homme, engendré comme les autres. Il vivoit dans le premier siecle, vers l'an 72. & se
déclarant contre la virginité, il vouloit que chacun
se mariât sans limiter le nombre de femmes. Il rejettoit l'usage des viandes, & s'attachoit presque à
toutes les ceremonies de l'ancienne Loi, n'employant que de l'eau pour l'Eucharistie. Il n'avoit
aucun respect pour les Livres canoniques, & se
moquoit de tout le nouveau Testament, sans se
servir que de l'Evangile de saint Matthieu, qu'il
n'avoit pas laissé dans sa pureté, l'ayant corrompu
en plusieurs endroits.

EBO

EBOELER. v. a. Vieux mot. Eventrer.
  Et cil qui chassent les destranchent,
  Et les chevaux lor eboellent.

EBORE'. Vieux mot qui se trouve dans la signification d'*Elabouré.*

EBOUSINER. v. a. On dit, *Ebousiner une pierre,*
pour dire, En ôter ce qu'on appelle le tendre ou
la moye, & l'atteindre jusqu'au vif avec la pointe
du marteau.

EBR

EBRBUHARIS. s. m. Ordre de Religieux Turcs institué par Ebrbuhar, qui passe pour saint parmi eux,
& auquel Sultan Bajazet dédia une mosquée qu'il
fit bâtir à Constantinople avec un Couvent. Cet
Ebrbuhar ayant choisi pour le seconder Ahhullad,
Ilahi & Vefa, Prédicateurs & Superieurs d'autres
Couvents, sortit avec eux pour travailler à l'avancement de leur doctrine dans l'Europe. Leurs actions étoient pleines de douceur, de gravité & de

silence, & ils s'appliquoient uniquement aux choses
de pieté, sans s'arrêter aux devotions superstitieuses. La plûpart de ces pauvres Ebrbuharis jeûnent
le Lundi & le Jeudi, & ne mangent, non plus
que ceux qui ont de la devotion pour leur Ordre,
aucune viande qui ait l'odeur forte ou desagreable,
ne songeant qu'à acquerir par l'abstinence, par leurs
bonnes œuvres, par la meditation continuelle
des choses divines, & par des prieres qu'ils font incessamment à Dieu afin d'obtenir misericorde, une
sainte disposition pour être faits participans de la
gloire celeste. Cependant ils ne laissent pas de passer pour heretiques parmi la plûpart des Turcs, à
cause qu'ils se dispensent d'aller en pelerinage à la
Meque. Ce qui fait qu'ils ne tiennent pas que ce
voyage leur soit necessaire, c'est qu'ils prétendent
que leur pureté d'ame & leurs transports Seraphi-
ques, qui les élevent au-dessus des autres, leur
rendent ce saint lieu de la Meque aussi present dans
eurs cellules, que s'ils y étoient en effet.

EBRILLADE. s. f. Terme de Manege. Coup de bride que donne le cavalier à un cheval qui refuse de
tourner. L'Ebrillade se donne en secouant une res-
ne, & differe en cela de la sacade qui se fait par
la secousse de toutes les deux.

EBROUER. v. n. On dit en termes de Manege, qu'*Un
cheval s'ebroue*, pour dire, qu'il fait un espece
de ronflement ou de reniflement pour se dégager de
quelque humeur qui est dans ses naseaux, & qui
ne lui laissent point prendre son haleine. Ce ronflement marque qu'un cheval est plein de feu.

EBUARD. s. m. Gros coin de bois dur, sec & recuit,
dont on se sert à fendre le bois dans les forêts.

ECA

ECAFER. v. a. Terme de Vanier. On dit, *Ecafer
l'oser*, pour dire, Oter la moitié de l'oser pour
ourdir.

ECAILLE. s. f. Petite partie de forme ronde & de substance semblable en quelque façon à celle de la corne,
qui est attachée à la peau de certains poissons & de
quelques insectes, comme sont le dragon, le crocodile,
ACAD. FR. On appelle *Ecaille de bronze*, Ce qui
tombe du cuivre ou du bronze, quand on le met
en œuvre & qu'on le forge. Celle qui sort des clous
dont on use aux forges, & que l'on appelle *Helite*
du Grec ἧλος, Clou, est la meilleure de toutes, à
cause que l'airain dont on fait les clous, n'ayant
jamais été employé, n'est pas purifié comme celui
qui a été battu & forgé; de sorte qu'il est impossible qu'il ne rende ses écailles plus grosses & plus
fortes que ne fait le bronze dont on fait les vases
& autres ouvrages exquis, qui a souvent passé par
le feu. Cette écaille est astringente, attenuante,
repercussive, & corrosive. Elle reprime les ulceres
corrosifs, & fait cicatriser les autres sortes d'ulceres. On la met aux medicamens qu'on fait pour les
yeux, & en consumant l'âpreté des paupieres, elle
desseche toutes sortes de fluxions & caterres. L'é-
caille de fer qui tombe des tranchans ou points de
glaive quand on les forge, que l'on appelle *esquime*,
a les mêmes proprietés que celle de bronze, mais
elle est plus astringente, & celle d'acier encore davantage. Ainsi ces deux dernieres sont plus propres
pour les ulceres malins.

  Ecaille, se dit aussi des éclats de marbre qui sortent lorsqu'on taille un bloc. Il y a aussi une *Ecaille
d'acier* dans la monnoie. On la met sous le quarré,
& elle sert à le hausser plus ou moins, selon qu'il est
necessaire pour faire marquer davantage la medaille ou les monnoies dans les endroits où elles n'au-

roient point été marquées. On appelle *Ecaille de mer*, une pierre dure avec laquelle on broye les couleurs.

Ecailles, en termes d'Architecture, sont de petits ornemens qu'on taille sur les moulures rondes. On les fait en maniere d'écailles de poisson couchées les unes sur les autres. Il y a aussi des couvertures d'ardoise qu'on fait en écailles.

ECAILLONS. f. m. Terme dont on se servoit autrefois pour signifier dans un cheval ce qu'on appelle aujourd'hui *Crocs* ou *Crochets*.

ECART. f. m. Terme de Marine. Jonction, aboutissement de deux pieces de bois, sçavoir de deux bordages ou de deux precintes entaillées. On dit, *Ecart simple*, quand les deux pieces de bois ne font seulement que se toucher ; & lorsqu'elles sont endentées l'une sur l'autre, l'on dit, *Ecart double*.

Ecart, est aussi un terme de danse, & signifie un Pas qui se fait en avançant un pied & en le rapprochant de l'autre. Pour cela on baisse la pointe du pied & on leve le talon.

Ecart, en termes de Blason, se dit de chaque quartier d'un Ecu divisé en quatre. On met au premier & au quatriéme Ecart les Armes principales de la Maison, & celles des alliances se mettent au second & au troisiéme.

ECARTELER. v. a. Terme de Blason. Diviser l'Ecu en quatre quartiers. Cela arrive quand l'Ecu est parti & coupé. *Il porte écartelé d'azur & d'argent.*

ECARTELURE. f. f. Division de l'Ecu écartelé. Quand elle se fait par une croix, le premier & le second écart ou quartier sont ceux d'en haut, & les deux autres sont les quartiers d'en bas, en commençant à compter par le côté droit. Si elle se fait par un sautoir, ou par le tranché & taillé, le chef & la pointe sont le premier & le second écart ou quartier, le flanc droit fait le troisiéme, & le gauche fait le quatriéme.

ECAVESSADE. f. f. Terme de Manege. Secousse de cavesson pour faire obéïr un cheval.

ECC

ECCHYMOSE. f. f. Terme de Medecine. Suffusion de sang, ou sang qui s'arrête entre cuir & chair & dans les muscles, où il arrive par quelque effort ou contusion, quoiqu'il n'y paroisse ni ouverture ni plaie. La matiere des Ecchymoses est la même que celle de l'inflammation. Le sang épanché se corrompt d'abord, & se coagulant ensuite se met en grumeaux ; de sorte que de rouge qu'il étoit au commencement, il devient insensiblement violet, livide & jaune, jusqu'à ce qu'étant resout entierement, il se dissipe peu à peu. Quand il ne peut se dissiper, il se convertit en pus par la fermentation, & se vuide par l'ouverture de l'abscès. Si cela ne se fait pas, le sang se corrompt & engendre la gangrenne. Le premier arrive dans les contusions legeres, le second dans les plus fortes, & le troisiéme dans les très-fortes, lorsque les parties charnues & nerveuses sont déchirées. Si ces parties nerveuses sont meurtries & affectées d'une Ecchymose, ce qui se connoît si la partie malade est voisine des articles, & par la douleur très-vive qui ne pourroit être si grande ailleurs, il faut s'appliquer à resoudre & à dissiper au plûtôt ce qu'il y a eu d'extravasé dans la contusion, à cause du danger qu'il y a que la matiere ne se corrompe & ne se pourrisse, & que les parties nerveuses & les tendons ne fassent la même chose, & ne se gangrenent. Le mot d'*Ecchymose* vient du Grec ἐγχυμόω, Tirer le suc, reduire en suc, ou d'ἔγχυμος, qui est la mème chose

que ἔγχυλος, Qui a du suc, qui est plein de suc.

ECCOPROTIQUES. f. m. Medicamens fort benins, & qui ne purgent ordinairement que les matieres fecales, comme sont les lavemens purement émolliens, où il n'entre que de simples malactiques. Ce mot est fait de la particule grecque ἐκ, & de κόπρος, Excrement fecal de l'homme.

ECH

ECHALLIER. f. m. Sorte de haie faite de fagots liés ensemble qui clôt un champ & qui empêche les bestiaux d'y entrer.

ECHALOTE. f. f. Racine bulbeuse fort commune qui tient non-seulement de l'odeur de l'ail, quoiqu'elle l'ait bien plus douce, mais encore de ses qualités & proprietés. Elle a moins d'usage pour la Medecine que pour les ragoûts. On l'appelloit autrefois *Eschaloigne*. Ce mot vient de son nom Latin *Ascalonia*, qui lui a été donné d'Ascalon, Ville de Judée, autour de laquelle apparemment il y avoit abondance de cette sorte d'oignon.

Echalote. Terme d'Organiste. Petite lame de laiton, tremblante & mobile, qui sert de languette & de couvercle aux tuyaux d'anche. Elle s'ouvre & se ferme par le moyen d'un fil de fer qu'on appelle *Rasette*.

ECHAMPEAU. f. m. Bout de menue ligne où l'on attache l'hameçon pour pêcher de la morue.

ECHAMPIR. v. a. Terme de Peinture. Contourner une figure, un feuillage, ou quelqu'autre ornement, en separant les contours d'avec le fond. On dit aussi *Réchampir*.

ECHANTILLON. f. m. Petit morceau d'étoffe qui sert de montre de toute la piece. Les Teinturiers appellent *Echantillons*, douze morceaux de drap de Valogne ou de Berri, qu'on garde au Bureau des Maîtres, pour éprouver si les autres sont de bon teint. Ces douze morceaux ont chacun une demi-aune de long, & sont de differente couleur, sçavoir en noir de garence, minime, rouge de garence, couleur de Prince, écarlate rouge, rose seche, incarnat, colombin, couleur de rose, vert gai, bleu turquin & violet. Il y a aussi quatre Echantillons pour les ratines, sçavoir d'écarlate rouge, noir de garence, rouge cramoisi, & couleur de pensée. Ces Echantillons ont la marque des Drapiers & des Teinturiers, & ils sont coupés en deux, afin qu'il en demeure un morceau dans chaque Bureau. Nicod fait venir ce mot de *Chanteau*, & M. Ménage le derive de *Cantilio* diminutif de *Cantus*, Morceau.

On appelle *Echantillon*, en termes de Chevalier de l'arquebuse, la Marque qu'on prend pour preuve de quelque bon coup que l'on a fait en tirant au jeu de l'arquebuse.

On dit, *Du pavé d'échantillon, des thuiles d'échantillon*, pour dire, Du pavé, des tuiles de même grandeur. On dit aussi, *Des pieces de bois d'échantillon*, pour dire, Des pieces de bois qui sont de même grosseur.

Echantillon, signifie aussi la mesure dont on garde l'étalon dans un Hôtel de Ville, ou dans quelque Jurisdiction, & qui sert de regle pour faire les pieces de bois à bâtir, le pavé, le carreau, l'ardoise, les tuiles, suivant ce qui est prescrit par les Ordonnances.

ECHANTILLONNER. v. a. On dit, *Echantillonner un poids, une mesure*, pour dire, Les conferer avec leur matrice originelle.

ECHAPPE'E. f. f. Largeur assez grande dans une allée ou une remise, afin que les charrois y tournent

nent facilement. Il fe dit auffi du paffage que l'on referve derriere les chevaux dans une écurie. On appelle encore *Echappée*, l'efpace qu'on ménage audeffous de la rampe d'un efcalier pour y paffer aifément & defcendre dans une cave.

Echappée, en termes de Peinture, fe dit d'une vûe dans un payfage ou un tableau, d'une perfpective en lointain qui femble fe dérober aux yeux.

ECHAPPER. v. n. On dit en termes de Manege, *Laiffer échapper*, *faire échapper un cheval de la main*, pour dire, Le faire partir de la main, le pouffer à toute bride. On faifoit autrefois ce verbe actif, & on difoit, *Echappez votre cheval de la main*, pour, Faites échapper.

ECHARBOT. f. m. Plante qui croît auprès des rivieres, & qui a de larges feuilles qui tiennent à une longue queue, & qui cachent fes épines. Sa graine eft fort dure, & fa tige plus groffe en haut que par bas. Elle a des filamens en forme d'épics. On la nomme autrement *Châtaigne d'eau*, & en Latin *Tribulus aquaticus*. Il y en a une autre terreftre, que l'on appelle *Tribulus filveftris*. Elle a des épines dures & fortes, & croît parmi les mafures.

ECHARNER. v. a. Terme de Tanneur. On dit, *Echarner un cuir*, pour dire, En ôter la chair avec le couteau tranchant & le couteau rond.

ECHARPE. f. f. Piece de bois ou de fer qui foûtient la roue d'une poulie, & qui porte le boulon.

ECHARPES, en termes de Maçonnerie, font des cordages avec lefquels les Maçons retiennent & conduifent les engins quand ils veulent lever des fardeaux. On appelle auffi *Echarpes*, les petits Cordages qui paffent à travers l'œil de la louve, & qui accolent le fardeau que l'on veut enlever.

Echarpes, fe dit encore en termes d'Architecture. Ce font des efpeces de ceintures ou courroies mifes aux côtés des chapiteaux des colonnes Ioniques, avec quoi les couffinets des volutes femblent être ferrés. On les nomme autrement *Ceintures* ou *Baudriers*.

ECHARPER. v. a. Terme de Charpenterie. Faire plufieurs tours avec un petit cordage autour d'un fardeau qu'on veut lever afin d'y attacher une écharpe, au bout de laquelle eft une poulie où l'on paffe le cable.

ECHARS, ARSE. adj. On appelle en termes de Marine, *Vents échars*, un Vent qui eft peu favorable, & qui faute d'un rumb à l'autre. On dit auffi que *Le vent écharfe*, pour dire, qu'Il eft foible & inconftant.

ECHARSETE'. f. f. Terme de Monnoïe. Defectuofité d'une piece de monnoie pour n'être pas du titre requis. Il y a deux fortes d'écharfeté; l'une dans le reméde de loi, lequel n'eft autre chofe qu'une permiffion accordée par le Roi aux Maîtres de fes Monnoies de tenir la bonté interieure des efpeces d'or & d'argent plus écharfe au moindre que le titre ordonné, par exemple, vingt & un carats trois quarts pour les louis d'or, au lieu de vingt-deux carats, qui eft le quart de carat de remede que l'Ordonnance permet, & dix deniers vingt-deux grains pour les louis d'argent, au lieu d'onze deniers qui font deux grains de remedes. Quand le Maître n'excede pas cette écharfeté, cela s'appelle *Echarfeté de loi dans le remede*. L'autre écharfeté s'appelle *Hors du remede*, lorfqu'il a excedé le remede qui lui eft permis par l'Ordonnance, & alors il eft condamné à la reftitution de l'écharfeté hors du remede, & à l'amende, & même à de plus grandes peines, fuivant la quantité de l'écharfeté hors du remede permis.

   Tome I.

ECHASSES. f. f. p. Morceaux de bois plats en forme de regle, fur lefquels on fait des entailles pour marquer en l'un des côtés la longueur, & en l'autre la largeur des pierres lorfqu'on les taille.

On appelle *Echaffes d'échafaut*, de grandes Perches debout dont fe fervent les Maçons pour faire porter d'autres pieces de bois qu'ils nomment Boulins, & qu'ils mettent dans les murs pour fervir à s'échafauder. Ils appellent ces perches ou pieces de bois *Bailliveaux*, quand plufieurs boulins y font attachés les uns audeffus des autres.

ECHAUDOIR. f. m. Lieu pavé au rez de chauffée, où il y a de grandes chaudieres, dans lefquelles les Bouchers font cuire les abatis de leurs viandes. Les Megiffiers & les Teinturiers donnent auffi le nom d'*Echaudoir* aux lieux & aux vaiffeaux où ils échaudent & dégraiffent leurs laines.

ECHELER. v. a. Vieux mot qui a été dit pour Efcalader.

ECHELETTE. f. f. Sorte de petite échelle qu'on attache de long à chaque côté du bât d'une bête de fomme, pour y accrocher du foin, de la paille, & autre chofe.

ECHELIER. f. m. Piece de bois qui eft traverfée de longues & groffes chevilles, & qui fert à monter au haut des grues, des engins & des eftrapades. On l'appelle autrement *Rancher*, & les chevilles ou échelons, *Ranches*. On s'en fert auffi pour defcendre dans une carriere.

ECHELLE. f. f. *Deux pieces de bois en long*, *traverfées & jointes d'efpace en efpace par d'autres pieces plus petites*, *pour monter à une muraille*, *à un arbre*, &c. ACAD. FR.

On appelle *Echelle*, en termes de Geometrie, une ligne droite divifée en parties égales, qui reprefente des piés, des toifes, ou telle autre mefure qu'on veut. On fe fert d'une échelle lorfqu'on décrit un plan fur le papier. On appelle *Echelle de lieues*, cette même Ligne droite, divifée en un certain nombre de parties égales qui reprefentent des lieues, des milles, ou autres diftances itineraires que l'on cherche fur la carte.

Echelle, eft auffi un terme d'Architecture, & fignifie une Ligne qu'on met au bas des deffeins pour en faire la mefure. Elle fe divife en parties égales, que l'on appelle Degrés, & qui ont valeur de modules, toifes, pieds, &c. L'*Echelle de reduction*, eft celle qui fert pour réduire un deffein de grand en petit, ou tout au contraire. On appelle en perfpective, *Echelle de front*, une Divifion de parties égales fur la ligne horifontale, pareille à celle de la ligne de terre. Il y a une autre divifion de parties inegales fur une ligne de côté depuis la ligne de terre jufqu'au point de vûe; & celle-là s'appelle *Echelle fuyante*.

On appelle *Echelle campanale*, une Regle dont fe fervent les Fondeurs pour proportionner la longueur, la largeur & l'épaiffeur d'une cloche à fon poids, & pareillement celle de fon batail, afin de lui faire rendre un certain fon.

Echelle, en termes de Teinturiers, fe dit d'un certain nombre d'étages qu'ils donnent à la clarté & à la profondeur des couleurs.

Echelle, Inftrument de Mufique, compofé de douze bâtons enfilés enfemble, & feparés l'un de l'autre par des grains de chapelet. Le plus grand de ces bâtons a dix pouces, & ils vont toûjours en diminuant jufqu'au plus petit qui n'en a que trois. Cet inftrument eft groffier, & l'on en joue avec un bâton qui a une de fes extremités tournée en boule.

ECHENILLE', E'E. adj. On dit, *Grais ou moilon échenillé*, pour dire, Piqué avec le marteau à deux pointes.

                                            Z z

ECHENO. ſ. m. Terme de Fondeur. Baſſin ſolide-
ment fait de bonne terre bien battue , & qui doit
être bien ſec. Les Fondeurs font ce baſſin audeſſus
du moule de leurs figures , & c'eſt où le metal tombe d'abord , pour couler de-là dans le moule. *Echeno* vient du vieux mot François *Echenau* , qui vouloit dire Tuyau , canal ; d'où vient qu'on a dit , *Conduire une fontaine par échenaux.*

ECHIFRE. ſ. m. On appelle *Echifre* , ou *Parpain d'é-
chifre* , Un mur rampant par le haut , qui porte les
marches d'un eſcalier , ce qui lui a fait donner ce
nom , à cauſe que pour les poſer , on les chiffre le
long de ce mur , ſur lequel on poſe la rampe. On
appelle *Echifre de bois* , Un aſſemblage triangulaire , qui eſt compoſé d'un patin , d'un ou de pluſieurs potelets & de deux noyaux , avec limon , appui & baluſtres.

ECHINE. ſ. f. Terme d'Architecture. Membre ou
ornement qui eſt au haut du Chapiteau de la colonne Ionique. Ce mot vient du Grec ιχινος , qui ſe
prend quelquefois pour la coque d'une châtaigne.
Les Modernes ont mis ce même ornement dans les
corniches Ioniques , Corinthiennes & Compoſites ,
à cauſe qu'il reſſemble à des châtaignes ouvertes ,
& arrangées les unes auprès des autres. On a
appellé auſſi *Echine* , ce même membre , quoiqu'il
ne ſoit pas taillé , & alors on lui donne encore le
nom de *Quart de rond.*

ECHIQUETÉ', E'E. adj. Terme de Blaſon. Il ſe dit
de l'écu , pourvu qu'il ait au moins vingt quarreaux ,
Echiqueté d'argent & d'azur. Il ſe dit auſſi des pieces principales , mais il faut qu'elles ſoient au
moins échiquetées de deux tires. *De gueules à trois
faſces échiquetées d'argent & d'azur de deux tires.*
On dit encore *Echiqueté* de quelques animaux ,
comme des Aigles & des Lions , quand ils ſont
compoſés de pieces quarrées alternées , comme celles des Echiquiers. *D'argent au Lion échiqueté d'or
& de ſable.*

ECHO. ſ. m. Terme de Phyſique. Reflexion du ſon.
Voyez SON. L'Echo eſt à l'égard du ſon , ce qu'un
miroir eſt à l'égard de la lumiere & des objets viſi-
bles. A proprement parler , nous n'entendons point
de ſon ſans écho : car nous ſommes de toutes parts
environnés de corps qui reflechiſſent les ſons , &
comme ces reflexions ſont extrêmement promptes ,
elles ſe joignent aux ſons directs , & arrivent en
même-tems à l'oreille. Il eſt certain que ſans cela
tous les ſons nous paroîtroient beaucoup plus foibles: Mais quand les corps reflechiſſans ſont tellement ſitués , que les reflexions qu'ils cauſent arrivent à l'oreille un peu plus tard que les ſons directs , alors ces reflexions qu'on entend ſeparé-
ment , & qui d'ordinaire ne rendent que la fin des
ſons , parce que le reſte s'eſt confondu avec les
ſons directs , s'appellent *Echos.* Plus le corps reflechiſſant eſt éloigné , & la reflexion tardive , plus la
repetition eſt longue , plus , par ex. l'écho repete
de ſyllabes. Quant un écho paroît repeter pluſieurs
fois de ſuite , ce ſont réellement pluſieurs échos
differemment éloignés. Il faut pour la netteté de
cette reflexion que le corps reflechiſſant ſoit aſſés
poli , & faſſe les angles de reflexions égaux à ceux
d'incidence. Autrement des reflexions ſans ordre
& confuſes ne rendroient pas des ſons diſtincts &
articulés. Il en va à proportion comme des Miroirs.
Voyez MIROIR. La figure des corps reflechiſſans
y ſert encore. Les voutes , ſur-tout les *Elliptiques*
ou *Paraboliques* y ſont très-propres , parce que
l'Ellipſe & la parabole ont des *foyers.* Les ſons partis du foyer d'une Ellipſe ſe raſſemblent par reflexion dans l'autre comme des rayons , & c'eſt en

quoi conſiſte tout l'artifice de ces chambres , où ce
qu'on dit tout bas à un bout eſt entendu très-claire-
ment à l'autre bout , ſans être entendu dans tout
l'eſpace d'entre deux. Le mot d'*Echo* vient du Grec
ιχος , ſon.

ECHOME. ſ. m. Terme de Marine. Cheville de bois
ou de fer , qui va en amenuiſant par les deux bouts ,
& dont la longueur eſt d'un pié ou environ. On
l'appelle auſſi *Tolet.* Cette cheville ſert à tenir dans
un même endroit la rame du Matelot qui nage. Ce
mot vient d'ιχω , qui veut dire , Ce qui retient , ce
par où deux choſes ſont attachées l'une à l'autre
comme par un nœud , peut-être d'ιχμαι , Je ſuis retenu.

ECHOPPE. ſ. f. Pointe d'acier dont ſe ſervent les
Graveurs lorſqu'ils gravent ſur le cuivre à l'eau forte. On appellent auſſi *Echoppes* , Certains ciſeaux
avec leſquels les Serruriers gravent en relief quelque choſe de groſſier ; & on dit *Echopper* , pour dire , Travailler avec des Echoppes.

ECL

ECLABOTER. v. Vieux mot. Couvrir de boue. C'eſt
delà que nous eſt venu *Eclabouſſer* , qu'on a compoſé d'*éclat* , & de *boue.*

ECLAIR. ſ. m. *Eclat de lumiere ſubit & de peu de durée. Il ſe dit principalement de cet éclat de lumiere
qui précede le tonnerre.* ACAD. FR. L'éclair eſt une
lumiere lancée & répandue dans l'air par la flamme
de la foudre , dont la matiere inflammable ſemble
n'être autre choſe que de certaines exhalaiſons graſſes , ſulphureuſes , bitumineuſes & nitreuſes , détachées & élevées en l'air par la force de la chaleur
ſouterraine & par celle du Soleil. On compare la
flamme de ces ſortes d'exhalaiſons à celle qui ſe fait
de poudre dans un canon , laquelle lance & répand
de tous côtés la lumiere qui eſt ſuivie d'un grand
bruit. De même la flamme des exhalaiſons qui forment l'éclair , envoye & répand de toutes parts une
lumiere , que quelque grand murmure ou éclat eſt
tout prêt de ſuivre. La difficulté eſt de ſçavoir ,
comment ces exhalaiſons s'enflamment. Les ſentimens ſont partagés là-deſſus. Il y en a qui diſent
que cette inflammation vient du frottement , &
du choc mutuel des nues , de la même ſorte que
deux pierres frottées l'une contre l'autre produiſent
des étincelles de feu. D'autres veulent qu'une exhalaiſon de la nature de celles dont la flamme de la
foudre eſt formée , ſe trouvant enfermée & agitée
diverſement par la maſſe des nues qui l'environnent & qui la retiennent , vient enfin à s'enflammer , en ſorte que la nue ſe rompant , elle eſt
pouſſée dehors par expreſſion , comme un noyau
que l'on preſſe entre ſes doigts. Quelques-uns ſe
ſont imaginé que la chûte impetueuſe d'une nue
entiere ſur une autre nue plus baſſe enflammoit
l'exhalaiſon , & que l'air qui ſe trouvoit pris avec
cette exhalaiſon entre la nue de deſſus & la nue
de deſſous , ſortant & s'échappant avec violence
par quelque paſſage aſſés étroit , s'enflammoit , &
faiſoit le grand bruit que l'on entendoit après l'é-
clair. Quelques autres attribuent l'inflammation au
ſeul mélange de quelques ſels acides avec des matieres graſſes & ſulphureuſes , comme l'on voit qu'-
en verſant ſeulement du vinaigre ſur de la chaux vive , il en ſort tout-à-coup du feu. L'opinion la plus
probable paroît être celle de ceux qui croyent que
l'inflammation & par conſequent l'Eclair , ſe peuvent faire , & ſe font effectivement en pluſieurs de
ces manieres , ſelon la diverſe diſpoſition des nues ,
des vents & de la matiere.

ECLAIRCIE. f. f. Terme de Marine. Endroit clair qui paroît au Ciel dans un tems de brume.

ECLAIRCIR. v. a. Rendre clair. Il fignifie, en termes de Jardinage, Arracher des plantes où il y en a trop grand nombre, couper certains bois qui ne peuvent profiter.

ECLAIRE. f. f. Plante dont il y a de deux fortes, la grande & la petite *Eclaire*. La grande, que l'on appelle *Hirundinaria*, eft une plante dont la tige eft mince & grefle, & haute d'une coudée. Elle a fes branches toutes garnies de feuilles femblables à la grenouillette, mais plus tendres & plus bleues, & auprès de chaque feuille elle produit une fleur femblable au violier blanc. L'Eclaire jette un lait jaune qui eft mordant, aigu, un peu amer, & puant. Elle a de petites goufles minces & faires en pointe, qui approchent fort de celles du pavot cornu. Au dedans eft une graine plus groffe que la graine de pavot. Sa racine eft feule & fimple par le haut, mais par le bas elle pouffe plufieurs petites racines jaunes. On ne fe fert guere que de fes feuilles en Medecine.

La *Petite Eclaire* croît aux lieux marécageux, & on ne la trouve qu'au Printems. C'eft une petite herbe qui jette fes feuilles depuis fa racine fans aucune tige. Elles font femblables à celles du lierre, mais moindres, plus rondes, molles & graflettes. Elle porte une fleur jaune qui tient à une queue mince, & produit plufieurs racines qui fortent d'un même durillon, & qui font amaflées comme des grains de blé qui font en monceau ; ce qui la fait appeller par quelques-uns *Froment fauvage*. Quelques-unes de ces racines s'étendent en longueur. Cette herbe eft nommée *Ficaria* & *Scrofularia minor*, à caufe que fa racine eft compofée de petits durillons qui reffemblent aux glandules ou écrouelles, que les Grecs nomment *Scrofules*. Voyez CHELIDOINE.

ECLIPSE. f. f. *Il fe dit de l'obfcurciffement du Soleil à notre égard par l'interpofition du corps de la Lune, ou de l'obfcurciffement de la Lune en foi par l'interpofition de la terre.* ACAD. FR. L'Eclipfe du Soleil n'eft pas une vraie Eclipfe, parce que le Soleil ne perd rien de fa lumiere, & que la terre en eft feulement privée par l'interpofition de la Lune. Ainfi pour une Eclipfe de Soleil il faut que la Lune foit entre le Soleil & la Terre, ce qui ne peut arriver que dans les *Conjonctions* ou *Nouvelles Lunes*, (Voyez CONJONCTION & LUNE,) & même dans toutes les Nouvelles Lunes il n'y a pas d'Eclipfe de Soleil, parce que comme le Soleil eft toujours dans l'Ecliptique, & que les autres Planetes s'en écartent tantôt plus, tantôt moins, (Voyez LATITUDE, & NOEUD,) il peut arriver que la Lune dans fa conjonction avec le Soleil, eft aflés loin de l'Ecliptique pour ne pas paffer directement entre le Soleil & nous, mais un peu à côté du Soleil. Il faut donc que les deux Aftres foient enfemble ou à la Tête ou à la Queue du Dragon, ou du moins très-proche. Voyez DRAGON. Comme c'eft par fon mouvement propre d'Occident en Orient, que la Lune rencontre le Soleil dans l'Ecliptique, il eft clair que la Lune doit d'abord rencontrer le bord Occidental du Soleil, & que c'eft par là que l'Eclipfe doit commencer. L'Eclipfe eft *partiale* quand la Lune ne cache qu'une partie du Soleil, & elle eft *totale* quand elle le cache tout entier. La Lune étant fix mille fois plus petite que le Soleil, ne feroit pas capable de nous le cacher tout entier, fi ce n'étoit qu'elle eft beaucoup plus proche de nous & par là fon *Diametre apparent* peut quelquefois égaler & même furpaffer le Diametre apparent

Tome I.

du Soleil, car les Diametres apparens changent fuivant le different éloignement des Planetes, ils font plus petits dans un plus grand éloignement. Ainfi lorfque la Lune dans fon plus petit éloignement ou *Perigée*, où fon Diametre apparent eft le plus grand, rencontre le Soleil dans fon *Apogée* où fon Diametre apparent eft le plus petit, l'Eclipfe du Soleil peut être totale. Voyez DIAMETRE. Comme les Diametres des deux Planetes font peu differens, l'Eclipfe folaire totale ne peut prefque pas être autre que *Centrale*, c'eft-à-dire, que les Centres des deux Planetes doivent être dans la même ligne qui paffe par nos yeux. Quand l'Eclipfe Centrale n'eft pas totale, ce qui arrive quand le Diametre apparent de la Lune eft moindre que celui du Soleil, le Soleil ne paroît que comme un bord lumineux qui eft autour de la Lune. Une Eclipfe de Soleil quoique Totale ne peut être *Univerfelle* ou *Générale*, c'eft-à-dire, pour toute la Terre. Car la Lune étant beaucoup plus petite que le Soleil qui l'éclaire, fon Ombre fe termine en pointe, & ne fçauroit couvrir qu'une certaine partie de la terre qui eft directement fous fon difque. Ceux qui font hors delà, & dont la vûe peut paffer entre le Soleil & la Lune ne voyent point d'Eclipfe,

L'Eclipfe de la Lune eft une vraie Eclipfe, car la Lune perd veritablement toute fa lumiere qu'elle reçoit du Soleil quand elle tombe dans l'ombre de la terre. Elle n'y peut tomber que quand la terre eft directement entre la Lune & le Soleil, c'eft-à-dire, quand la Lune eft *Pleine* ou *en Oppofition*. Voyez OPPOSITION & LUNE. Encore la Lune ne tombe-t'elle pas dans l'ombre de la terre toutes les fois qu'elle eft pleine, parce que comme le Soleil eft toujours dans l'Ecliptique, l'Axe de l'Ombre de la terre y eft toujours auffi dans le point diametralement oppofé au Soleil, & fi la Lune eft alors aflés éloignée de l'Ecliptique vers le Midi ou le Septentrion, elle ne tombe point dans l'ombre. Ainfi pour être éclipfée il faut qu'elle foit dans un de fes *Nœuds*, ou du moins qu'elle ait peu de *Latitude*. Voyez NOEUD, LATITUDE & DRAGON. Comme la Lune rencontre l'Ombre de la terre par fon mouvement propre d'Occident en Orient, elle la rencontre d'abord par fon bord Oriental. L'Eclipfe eft *totale* fi tout fon difque eft plongé dans l'ombre, finon elle n'eft que *Partiale*. La terre étant beaucoup plus petite que le Soleil, fon ombre fe termine en pointe, & par confequent la Lune qui ne rencontre cette ombre que vers fa pointe, & qui ne laiffe pas d'en être quelquefois entierement enveloppée, doit être beaucoup plus petite que la Terre. Deux caufes peuvent faire que la Lune rencontre l'ombre dans un endroit plus ou moins épais, & par confequent qu'elle y féjourne plus ou moins. 1°. Quand le Soleil eft plus éloigné de la Terre, il en éclaire une plus petite partie, & par conféquent l'ombre eft plus longue & plus épaiffe. 2°. Quand la Lune eft plus proche de la terre elle tombe dans un endroit de l'ombre plus épais. Ainfi les plus longues Eclipfes de Lune doivent être celles qui arrivent le Soleil étant dans l'Apogée, & la Lune dans le Perigée. Voyez APOGE'E & PERIGE'E. L'Eclipfe de Lune eft *Centrale*, quand le centre de la Lune paffe par l'Axe de l'ombre, qui eft toujours une ligne tirée du centre du Soleil par le centre de la terre. Entre les Eclipfes Totales de Lune, les Centrales font les plus longues. On appelle *Eclipfe de Lune horifontale*, celle qui fe fait le Soleil & la Lune étant fur l'horifon. Ce Phénomene paroîtroit d'abord impoffible, parce que dans l'Eclipfe de Lune, ces deux Planetes étant diametralement oppo-

fés, fi l'une eft fur l'horifon ; l'autre doit être deffous. Mais il eft vrai auffi qu'alors le Soleil eft réellement fous l'horifon, mais qu'il paroît encore au-
deffus par l'effet de la refraction qui éleve fon image. Voyez REFRACTION. La premiere chûte de
la Lune dans l'ombre s'appelle, *Immerfion*, & le
commencement de fa fortie s'appelle *Emerfion*. Mais
le commencement précis tant de l'Immerfion que de
l'Emerfion eft très-difficile à difcerner, parce que
l'ombre de la terre n'eft pas terminée nettement, &
que les confins de l'ombre & de la lumiere font
douteux, & tiennent de l'un & de l'autre. C'eft ce
qu'on appelle *Penombre*.

Pour mefurer la quantité des Eclipfes tant de
Soleil que de Lune, on divife l'un & l'autre Difque
en douze parties, qu'on appelle *Doigts*. Ainfi on dit
que la Lune ou le Soleil font éclipfés feulement de
trois doigts, de fix, &c. pour dire qu'il n'y a que
cette partie de leur Difque qui foit éclipfée.

En comparant les Eclipfes du Soleil & de la Lune, on trouve que les Eclipfes de Lune doivent arriver plus fouvent que celles de Soleil, parce que
le globe de la terre étant beaucoup plus grand que
celui de la Lune, il eft bien plus aifé que la terre
dérobe le Soleil à la Lune, qu'il ne l'eft que la Lune le dérobe à la terre. Il eft difficile que la Lune
ne foit éclipfée une fois en fix mois, parce que les
Nœuds de la Lune étant deux points de l'Ecliptic-
que, la Lune paffe par chacun en fix mois, & il eft
difficile que la Lune ne foit dans le nœud oppofé, ou
affés près pour être éclipfée. Cependant il fe paffe
quelquefois des années entieres fans éclipfe de Lune. De plus on voit qu'une Eclipfe de Soleil doit
être plus courte qu'une Eclipfe de Lune. La plus
longue Eclipfe de Soleil ne peut être que de deux
heures, parce que le Diametre apparent du Soleil
étant de 30. minutes, à peu près, qui font un demi
degré, & le Diametre apparent de la Lune à peu
près égal, d'ailleurs la Lune parcourant à peu près
douze degrés par jour, c'eft-à-dire, un demi degré
par heure, il eft évident que quand le bord oriental de la Lune a attrapé le bord Occidental du Soleil, ce qui eft le commencement de l'Eclipfe, il doit
employer une heure à fe joindre au bord Oriental,
puifque cette diftance vaut un demi degré, car on
fuppofe l'Eclipfe centrale, & c'eft là le milieu de
l'Eclipfe, & par confequent il y a encore une heure
jufqu'à la fin. Mais une Eclipfe de Lune peut être
de quatre heures, parce que le plus grand Diametre de l'ombre de la terre, où la Lune puiffe
tomber, pouvant être de 1. degré & demi, & par
confequent l'axe de l'ombre étant éloigné de part &
d'autre de 45. minutes, quand le bord Oriental de la Lune a attrapé l'ombre, il lui faut une heure & demie pour faire les 45. minutes qui font jufqu'à l'Axe ; & le bord Oriental de la Lune étant
parvenu à l'Axe de l'ombre, comme de ce bord au
centre de la Lune il y a 15. minutes, il faut encore
une demi-heure, afin que le centre de la Lune arrive
à l'Axe de l'ombre, ce qui fait deux heures, & c'eft
le milieu de l'Eclipfe.

Pour trouver la longitude Geographique, c'eft-
à-dire de combien un lieu eft plus Oriental ou plus
Occidental qu'un autre, (Voyez LONGITUDE,)
on fe fert des Eclipfes de Lune. La chûte de la Lune dans l'ombre étant réelle & vraie, il ne fe peut
qu'elle ne foit vûe au même inftant par tous ceux
qui la peuvent voir, & ceux qui dans cet inftant là
comptent par exemple huit heures du foir, font affu-
rément plus occidentaux que ceux qui en comptent
neuf, cette difference d'une heure entr'eux vaut
15. degrés de longitude. Ainfi du refte, & par con-

féquent il n'eft queftion que de fçavoir à quelle
heure précifément la même Eclipfe, ou plûtôt le
même point d'une Eclipfe a été vû en differens lieux
de la terre. Les Eclipfes du Soleil ne peuvent fervir
à cet ufage, parce que fon obfcurciffement par le
corps de la Lune n'eft qu'une apparence qui fe montre plûtôt aux Occidentaux & plus tard aux Orientaux, & qui même n'eft point du tout vûe par quelques-uns, tandis qu'elle eft vûe par d'autres. Le
mot d'Eclipfe vient de ἐκλείπω, *Défaillir, manquer.*

ECLIPTIQUE. f. f. Grand Cercle qui tient précifément le milieu de la largeur du Zodiaque. Le Soleil eft toûjours fous ce cercle, mais les autres Planetes s'en écartent, & le coupent en deux points
oppofés, qu'on appelle *Nœuds.* Voyez NOEUDS.
Leur diftance de l'Ecliptique eft leur latitude. Voyez
LATITUDE & ZODIAQUE. Souvent on con-
fond l'Ecliptique & le Zodiaque, quand il n'eft pas
queftion de confiderer la latitude des Planetes.
L'Ecliptique a été ainfi nommée, parce que les Eclipfes de Soleil ou de Lune n'arrivent que quand la
Lune eft dans l'Ecliptique auffi bien que le Soleil,
ou du moins affés proche. Voyez ECLIPSE.

ECLISSE. f. f. Bois de fente qui fe fait dans les
forêts, ou de chêne, ou d'un autre bois, & qui
fert à faire des minots, des feaux & autres mefures.
Les Vaniers appellent *Ecliffe*, un Ofier fendu &
plané, qui leur fert à bander un moule de panier ;
& parmi les Lutiers *Ecliffe* fe dit des côtes d'un
luth. Le bois d'un tambour d'enfant eft auffi nommé *Eclisse.* Il fe dit encore d'un petit moule ou rond
de fapin, dans lequel on fait des fromages. Ce
rond a un fond d'ofier par lequel le lait clair s'écoule. On appelle auffi *Ecliffes*, les petits ais de bois qui
fervent à former les plis des foufflets. *Eclisse*, eft
encore, parmi les Chirurgiens, un petit ais délié
qu'ils appliquent pour foûtenir un membre où il y a
eu fracture.

ECLUSE. f. f. Ouvrage de Maçonnerie & de Charpenterie fait pour foûtenir & pour élever les eaux.
Il fe dit plus particulierement d'une efpece de Canal qui eft enfermé entre deux portes. Ces fortes
d'Eclufes confervent l'eau dans les navigations artificielles, & rendent le paffage des bateaux auffi aifé
lorfqu'ils montent, que quand ils defcendent. Ce
mot vient d'*Excludere*, Exclure, empêcher. Il y a
Eclufe à tambour, & une autre *à vannes.* La premiere eft celle qui s'emplit & qui fe vuide par le
moyen de deux canaux voûtés, creufés dans les
jouillieres des portes, dont l'entrée s'ouvre & fe ferme par une vanne à couliffe. L'Eclufe à vannes s'emplit & fe vuide par des vannes à couliffe qu'on pratique dans l'affemblage même des portes. On appelle *Eclufe à éperon*, Celle dont les portes qui ont
deux ventaux fe joignent en avantbec du côté d'a-
mont l'eau. Les portes de l'Eclufe, que l'on appelle
Eclufe quarrée, n'ont qu'un feul ventail, & elles fe
ferment quarrément.

On appelle *Eclufes* en Flandre plufieurs ais gros,
grands & forts affemblés avec de fortes bandes de
fer. Ils fervent à retenir l'eau qui inonderoit les
terres qui font plus baffes, fi elle n'étoit ainfi arrêtée. On leve ces Eclufes quand il eft befoin de les
noyer.

Eclufe. Terme de Meunier. Petite digue qui fert
à amaffer l'eau d'un ruiffeau ou d'une fontaine,
pour la faire tomber enfuite fur la roue d'un moulin.

ECLUSE'E. f. f. Ce mot ne fignifie pas feulement
l'eau qui eft contenue & qui coule dans une Eclufe depuis qu'on l'ouvre jufqu'à ce qu'on la referme,
mais encore un demi train de bois propre à paffer
dans une Eclufe.

ECOBANS. f. m. p. Terme de Marine. Grands trous qui font pofés de part & d'autre fur l'avant du Navire. On les appelle auffi *Ecubiers*. C'est par ces trous qu'on paffe les cables quand on veut mouiller.

ECOFRAI. f. m. Sorte de table fur laquelle les Cordonniers, Selliers, Bourreliers & autres taillent & préparent leur befogne. Quelques-uns difent *Ecofroi*.

ECOINCON. f. m. Pierre qui dans le piédroit d'une porte ou d'une croifée, fait l'encoignûre de l'embrafure. Quand le piédroit ne fait pas parpain, cette pierre eft jointe avec le lanci.

ECOLE. f. f. *Lieu où l'on enfeigne les Lettres & les Sciences*. ACAD. FR. Il fe dit en termes de mer, d'une Académie établie dans un département pour apprendre aux jeunes Officiers & aux Gardes de Marine ce qu'il faut qu'ils fçachent. On appelle auffi *Ecole*, un Vaiffeau que le Roi fait armer pour l'inftruction des mêmes Gardes de Marine.

Ecole, eft auffi un terme de Manége, & fe dit de la leçon & du travail, tant du cavalier que du cheval. On dit qu'*Un cheval a de l'école*, qu'*Il fournit bien à l'école*, qu'*Il va un pas d'école*, pour dire, qu'Il a été bien dreffé, & qu'il manie jufte.

ECOLLETE', E'E. adj. Les Orfévres appellent *Ecolletés*, Certains ouvrages ou vaiffeaux échancrés, arrondis & étrecis, & qui ne font pas taillés à pans.

ECOPE. f. f. Terme de Chirurgien. Divifion des parties charnues, par laquelle on tranche & coupe une partie gangrenée ou chancreufe.

Ecope, eft auffi une efpece de pelle un peu creufe qui a un rebord de chaque côté, & avec laquelle on vuide l'eau qui entre dans les bateaux fur les rivieres. Du Cange dit que ce mot vient de *Scopa* ou *Afcopa*, Vaiffeau portatif où l'on met de l'eau.

ECORCE. f. f. *Peau d'un arbre ou d'une plante boifeufe*. ACAD. FR. Diofcoride, parlant de l'*écorce d'encens*, dit que la meilleure eft celle qui eft maffive, graffe, odorante, polie, liffée & qui n'eft point cartilagineufe. On la fophiftique en y mêlant de l'écorce de Pin ou de celle de fa pomme : mais le feu en fait découvrir la fraude, les autres écorces ne jettant qu'une fumée fans odeur & fans nulle flâme ; au lieu que celle d'encens s'enflâme auffi-tôt, & rend un parfum très-agreable, Elle fe brûle, & a les mêmes proprietés que l'encens. Prife en breuvage, elle eft bonne à ceux qui crachent le fang. Elle remedie auffi aux cicatrices des yeux & aux ulceres ords & concaves. Selon Galien l'écorce d'encens eft évidemment aftringente, & par confequent fort deficative. Elle eft compofée de parties plus groffes que n'eft l'encens ; ce qui la rend moins aigue, & la fait ordonner à ceux qui crachent le fang, aux foibleffes & fluxions d'eftomac & aux écorchemens de boyaux, en la mêlant, non feulement aux médicamens qui s'appliquent par dehors, mais auffi à ceux qu'on prend par dedans.

ECORCHE', E'E. adj. Terme de Blafon. Il fe dit des loups de gueules ou de couleur rouge.

ECORCHER. v. a. Parmi ceux qui jettent des figures de bronze, on dit, *Ecorcher une figure de terre* ou *de cire qui doit fervir de noyau*, pour dire, La ratiffer pour la diminuer & ôter de fa groffeur.

ECORCIER. f. m. Bâtiment conftruit auprès d'un moulin à tan pour fervir de magafin à mettre les écorces de chêne, qu'on ne doit point laiffer à la pluie, à caufe que le fel s'en détacheroit ; ce qui leur feroit perdre toute leur vertu.

ECORE. f. f. Terme de Marine. Côte efcarpée. On appelle *Côte en écore*, une Côte qui eft taillée en précipice & à plomb. Il n'y a point d'Ecores plus celebres que celles du banc de Terre-Neuve.

On appelle auffi *Ecores*, les Etayes qui foûtiennent un Navire tandis qu'on le conftruit ou qu'on le refait.

ECORNURE. f. f. Terme de Maçon. Eclat qui fe fait à l'arête de la pierre lorfqu'on la taille, qu'on la monte, ou qu'on la pofe.

ECOT. f. m. Terme des Eaux & Forêts. Tronc ou groffe branche d'arbre où l'on a laiffé les bouts des branches qu'on en a coupées, ce qui fait que la taille n'en eft pas unie. On a étendu ce mot pour fignifier ce que chacun doit payer pour fa part d'un repas, à caufe qu'on le marquoit fur des tailles.

Ecot, s'emploie auffi dans le Blafon, & s'entend également d'une groffe branche d'arbre où font demeurés les bouts des menues branches coupées. *D'argent à trois écots droits de finople*.

ECOTARD. f. m. Terme de Marine. Groffe piece de bois qu'on met en rebord & en faillie fur les côtés du bordage le long des ceintes du Vaiffeau, pour foûtenir les hautbans, & les rejetter plus au large, en forte qu'ils ne portent point contre le bordage. On l'appelle auffi *Porte-haubans*.

ECOTE', E'E. f. f. Terme de Blafon. Il fe dit des troncs & des branches d'arbres dont on a coupé les menues branches. *D'azur à la bande écotée d'or*. On appelle *Croix écotée*, Une croix dont le montant & les branches ont plufieurs chicots ou nœuds. On le dit auffi d'un cheval dont l'écot d'une fouche a parié le pié.

ECOUET. f. m. Terme de Marine. Groffe corde qui va en diminuant par un bout. Elle fert à amurer la voile de mifaine & la grande voile. Il y a des Ecouets qui n'étant point amurez, font oppofés à ceux du vent. Voyez COUETS.

ECOUFLE. f. f. Efpece de milan qui vole fans bruit & qui entrecoupe l'air prefque fans battre l'aile. Il ne fe branche prefque jamais, & n'a point de peine à voler entre deux airs. On l'appelle en Latin *Milvus*.

ECOUTE. f. f. Tribunes à jaloufies, au travers defquelles ceux qui ne veulent pas qu'on les voye dans les Ecoles publiques, écoutent ce qui s'y dit pendant les actes.

ECOUTES. Terme de Marine. Cordages qui font deux branches, & qui font frappées aux coins des voiles pour les tenir dans une fituation qui faffe recevoir le vent. On appelle *Grandes Ecoutes*, Celles qui fervent à bander la grande voile. Il en eft de même des *Ecoutes de mifaine*, & des *Ecoutes des perroquets*. On appelle *Ecoutes d'artimon*, Celle qui en borde la voile à la poupe. Les *Ecoutes de hunes* bordent les huniers, & les *Ecoutes de fivadiere* fervent à border la voile du mât de beaupré. L'*Ecoute des bonnettes en étui*, eft ce qu'on appelle *Fauffe écoute*. On dit auffi *Haler fur les écoutes*, pour dire, Bander les écoutes ; & *Aller entre deux écoutes*, pour dire, Aller vent en poupe. On dit auffi, *Avoir les écoutes largues*, quand les Ecoutes ne font point halées, & que le vent eft favorable, quoiqu'on ne l'ait pas en poupe. On dit encore, *Naviguer l'écoute à la main*, lorfqu'étant par un gros tems dans une chaloupe, on eft contraint de tenir l'Ecoute pour la larguer felon qu'il en eft befoin.

ECOUTE', E'E. adj. On appelle en termes de Ma-

Z z iij

nége, *Pas écouté*, un Pas d'école d'un Cheval, un pas racourci qui écoute les talons, & qui ne se jette sur l'un ni sur l'autre. On appelle aussi *Cheval écouteux*, un Cheval qui saute au lieu d'aller en avant, & qui ne partant pas de la main franchement, ne fournit pas ce qu'on lui demande. On dit autrement, *Cheval retenu*.

ECOUTILLE. s. f. Ouverture quarrée dans le tillac pour descendre sous le fond. Elle est faite en forme de trappe, & bordée par les hiloires. On dit, *Fermer les écoutilles*, pour dire, Fermer le fond de cale du Vaisseau. Il y a ordinairement quatre Ecoutilles, la grande Ecoutille, celle de la fosse aux cables, celle des vivres, & celle des soutes. La premiere est entre le mât de misaine & le grand mât ; la seconde, entre le mât de misaine & la proue ; la troisiéme, entre le grand mât & l'artimon ; & la derniere, entre l'artimon & la pouppe.

Ecoutille à huit pans, se dit de plusieurs petites pieces de bois plates, qu'on assemble de telle maniere qu'elles ont la figure d'un octogone. On couvre cette écoutille d'une braye, & elle sert à couvrir l'étambrai de chaque mât sur le pont.

ECOUTILLON. s. m. On appelle *Ecoutillons*, des diminutifs d'écoutilles que l'on fait dans les paneaux, c'est-à-dire, dans les trapes ou portes qui ferment les écoutilles.

ECOUVILLON. s. m. Instrument propre à nettoyer un canon. On le fait proportionné à la longueur de la piece, & il sert à le rafraîchir lorsqu'elle a tiré. Cet instrument est composé d'une hampe & de deux boëtes de bois avec un morceau de peau de mouton & de la laine autour de l'une des boëtes pour nettoyer le dedans des pieces d'artillerie.

On appelle aussi *Ecouvillon*, Une sorte de balai avec lequel les Boulangers & les Patissiers nettoyent leur four après que la braise en est ôtée.

ECOUVILLONNER. v. a. Se servir de l'Ecouvillon pour nettoyer une piece d'artillerie. On dit de même, *Ecouvillonner le four*.

ECP

ECPHRACTIQUES. s. m. Médicamens qui ont la vertu de déboucher les conduits, ce qu'ils font par leur humeur lente & visqueuse qui emporte tout ce qui cause de l'obstruction. Si elle est causée par une humeur visqueuse & gluante, il faut se servir d'un Ecphractique qui attenue & incise. S'il s'y rencontre quelque dureté, il faut y joindre une qualité emolliente. Ces médicamens sont l'auronne, l'aristoloche, le *Centaurium minus*, le *Sigillum Salomonis*, l'écorce de tamaris, l'absynthe, le chamædris, le suc de limon, l'iris, les racines de capres, l'hyssope, l'agrimoine, le nitre, le miel, le sucre, le lait clair, la scolopendre, & autres. Le mot d'*Ecphractique* est Grec, & vient d'ἐκφράσσω, qui veut dire, Délivrer l'obstruction.

ECR

ECREVICE. s. f. Poisson testacée qui naît aux rivieres qui coulent des montagnes, & dans les eaux fraiches. Il a le corps rond, la tête large, courte & pointue avec quatre cornes par devant. L'Ecrevisse ne nage point avec ses piés qu'elle a au nombre de quatre de chaque côté avec deux bras fourchus, mais elle se sert de sa queue qui est composée de cinq ailes, pour frapper & pousser l'eau. Elle emploie ce même mouvement à marcher sur terre ; & c'est ce qui fait qu'elle va à reculons. Elle n'a point de paupieres, ce qui lui est

commun avec beaucoup de poissons, & a seulement trois dents placées au fond de son ventricule. Les Ecrevices ont deux pierres rondes & blanches dans la tête qu'on estime bonnes pour la gravelle, mais on ne les trouve que quand elles posent leurs écailles. Il y a aussi une *Ecrevice de mer*. C'est un poisson rouge, & semé de petites taches qui ne differe de l'Ecrevice d'eau douce que par sa grandeur. Nicod fait venir ce mot de l'Allemand *Crebs*, ou du Latin *Carabus*. M. Ménage le dérive de *Scarabisca*, fait de *Scarabus*, qu'on a dit pour *Carabus*, ou de l'Anglois *Crab-fish*, qui signifie Ecrevice. On l'appelle en Latin *Astacus*, *Cancer*. Sa chair est froide & humide. Etant pilée & appliquée ensuite sur les reins ou ailleurs en forme de cataplasme, elle appaise la chaleur qui y peut être & diminue les douleurs. On se sert de l'Ecrevice entiere broyée & réduite comme en onguent pour en oindre l'anus pendant les douleurs des hemorroides. L'Ecrevice réduite en cendre & prise avec de la racine de Gentiane, & autres semblables, resiste à toutes sortes de venins, & particulierement à celui que cause la morsure d'un Chien enragé. Elle est bonne aussi pour nettoyer & blanchir les dents ; mais pour tout cela il faut prendre des Ecrevices de riviere. Celles qui se trouvent ou dans les marais ou dans les petits ruisseaux, sont à rejetter, à cause qu'elles sont nourries de bourbe.

ECREVICES. Sortes d'armes anciennes. C'étoient des cuirasses faites de lames de fer, mises les unes sur les autres à la maniere des écailles d'Ecrevices.

ECRILLE. s. f. Cloture faite de barres posées de travers pour empêcher le poisson de sortir des étangs par les décharges.

ECRIVAIN. s. m. Maître qui enseigne à écrire, & en general celui qui écrit. Il y a un *Ecrivain* dans chaque Galere, & c'est celui qui tient compte de tout ce qui y entre ou qui en sort. Il a un Registre de tous les Forçats, & doit sçavoir à quoi ils employent ce qui leur est commis à chacun selon sa charge. Il reçoit tout ce qui peut être necessaire pour le radoub de la Galere, & fait un Journal des Ouvriers qui y travaillent & des journées qu'ils y employent. Il a soin de faire embarquer les vituailles dont on peut avoir besoin pendant une Campagne pour la subsistance de l'équipage, & il les fait distribuer selon les ordres qu'il reçoit.

On appelle *Ecrivain du Roi*, un Officier que commet Sa Majesté, non seulement pour les consommations qui se font dans un Vaisseau ; mais encore pour tenir Registre de tout ce qui y entre, & de ce qui en sort. Il sert dans les Magasins du Roi ainsi que sur les Vaisseaux, & tenant compte de ce qui reste dans les uns ou dans les autres, il le rend à l'Intendant ou au Commissaire General. Il y a aussi un *Ecrivain principal*. C'est un Officier qui tient le milieu entre le Commissaire & l'Ecrivain du Roi.

ECROUELLE. s. f. *Tumeur pituiteuse & maligne, qui vient aux parties glanduleuses, mais plus ordinairement à la gorge.* ACAD. FR. C'est en general une affection commune aux glandes internes & externes. Quelques Auteurs soûtiennent que jamais on ne remarque d'Ecrouelles dans les autres parties, du moins si elles viennent d'une cause interne, que les glandes du mesentere ne soient auparavant scrofuleuses. Les Ecrouelles viennent des obstructions, quand les humeurs crues s'arrêtent dans les petits pores des visceres, & dans les vaisseaux capillaires des parties ; ce qui fait des humeurs dans les visceres, lesquels s'enflent peu à peu comme des éponges. Enfin les humeurs visqueuses s'endurcissent successivement par le moyen de l'acide qui ne tend qu'à les coaguler, ce qui engendre des humeurs dures & resistantes au toucher, qu'on appelle *Scirres*, dans les parties sanguines, & *Ecrouelles* dans les glandes. Celles du col sont quelquefois pendantes & paroissent en dehors. Quelquefois elles sont embarrassées avec les parties voisines. Les Ecrouelles sont dures ou toutes blanches & semblables aux autres parties & sans douleur, & alors on les nomme *Vraies & legitimes*, ou bien elles sont douloureuses, piquantes & livides, & elles sont appellées *Fausses* ou *bâtardes*. L'abondance de l'acide vitié & corrompu les rend chancreuses. Les legitimes sont benignes. Les bâtardes ont beaucoup de malignité, & on ne doit jamais y toucher pour les guerir. Quand on ne peut resoudre ni amollir les Ecrouelles, il faut les mener à suppuration, à quoi elles tendent quelquefois d'elles-mêmes. On ne doit pas ouvrir la tumeur aussi-tôt que la suppuration est achevée. Il faut laisser l'abcès fermé autant que l'on peut, afin que la plus grande partie de la glande scrophuleuse se change en pus. Quand les glandes sont pendantes, elles doivent être liées & serrées peu à peu avec un fil ou un crin de cheval, afin que s'étant flétries, elles tombent d'elles-mêmes. Lorsqu'elles sont renfermées dans leurs propres tuniques, les resolutifs & les suppuratifs étant alors inutiles, il faut que le Chirurgien fasse l'operation, & cela de telle sorte qu'il extirpe toute la membrane, s'il ne se trouve point de grands vaisseaux ou des nerfs qui aboutissent à la glande. Il y a des remedes internes à joindre à ceux-ci qui sont externes. Le mot d'Ecrouelle vient du Latin *Scropha*, Truye Les Grecs appellent ce mal χοιρὰς, de χοῖρος, Pourceau, à cause que les pourceaux sont sujets à avoir de ces tumeurs sous la gorge.

ECROUI. adj. Terme de monnoye. Il se dit de l'or, de l'argent & du cuivre, quand on l'a battu longtems à froid, en sorte qu'il fasse ressort. On le dit aussi des pieces de monnoyes durcies à la sortie du moulin, & qu'il faut faire recuire.

ECROUISSEMENT. s. m. Terme de Monnoie. Endurcissement qui arrive aux pieces monnoyées par la forte compression qu'elles ont soufferte en les marquant. *Ecrouissement*, se dit aussi chés les Artisans de tous les métaux qu'on a fortement battus à froid.

ECT

ECTYPE. s. f. Terme de Medailliste. Empreinte d'un cachet ou d'une medaille. C'est aussi une copie figurée d'une inscription, ou de quelque autre monument antique. Ce mot vient d'ἐκτυπόω, Exprimer, former.

ECU

ECU. s. m. Ancienne arme défensive, que la Gendarmerie qui combattoit avec la lance, portoit autrefois au bras. Elle étoit faite en forme de Bouclier leger, & l'on y peignoit des armoiries & des devises, lorsqu'on paroissoit dans les tournois avec cette sorte d'arme. Ce mot vient du Grec Σκῦτος, Cuir, d'où l'on a fait le Latin *Scutum*, à cause que les premiers boucliers ont été faits de cuir. Les Ecus on Boucliers des anciens Gaulois étoient si gros que tout le corps en étoit couvert; ce qui obligeoit à les faire porter devant soi. Ils avoient deux anses de cuir par dedans, & l'on y passoit le bras gauche pour s'en servir à parer les dards.

On appelle *Ecu*, en termes de Blason, le champ où l'on pose les pieces & les meubles des armoiries. Sa figure est quarrée, à l'exception du côté d'en-bas qui est un peu arrondi, & qui a une maniere de pointe au milieu. L'Ecu antique étoit couché avec le casque assis sur l'angle senestre, & sa figure la plus ordinaire étoit triangulaire, un peu arrondie aux côtés. L'Ecu en banniere des Seigneurs Bannerets étoit quarré. Il y a eu quelques anciens Ecus échancrés à droit pour servir d'arrêts à la lance, d'autres en haut pour être facilement accollés, & d'autres aux deux côtés, pour le reposer sur les bras. Les Italiens, & sur-tout les Ecclesiastiques, se servent plus d'*Ecu* ovale. Les Espagnols le portent arrondi en bas, & les Allemans de differentes façons en cartouche. Les Ecus partis ou accollés sont ceux des femmes mariées, & l'Ecu des filles est posé en losange.

ECUAGE. s. m. Terme de Coûtume. C'est un droit au service de Chevalier qui est appellé *Servitium scuti* dans les vieux titres. Il se dit aussi du droit que l'on paye pour s'éxempter du service, ou pour faire servir un autre en sa place.

ECUBIER. s. m. On appelle *Ecubiers*, en termes de mer, des trous ronds qu'on fait aux deux côtés de l'avant du Vaisseau, pour passer les cables quand on veut mouiller.

ECUELLE. s. f. Piece de vaisselle d'argent, d'étain, de bois, de terre, &c. sans rebord, qui sert à mettre du bouillon, du potage. ACAD. FR. On appelle, *Ecuelle*, en termes de mer, certaine plaque de fer sur laquelle tourne le pivot du cabestan. Nicod dérive le mot d'*Ecuelle*, qui est proprement un ustencile de table, de *Scutella*, à cause qu'elle est creusée en forme de bouclier. Borel le fait venir d'*Esculus*, sorte de chêne, à cause que les premieres Ecuelles ont été faites de chêne, qui est moins sujet à se fendre que les autres bois. D'autres veulent qu'il vienne de *Scudel*, qui signifie Ecuelle en langue Celtique.

ECUISSER. v. a. Il se dit des Arbres qu'on éclate en les abbatant.

ECUME. s. f. *Espece de mousse blanchâtre qui surnage sur l'eau ou sur quelque autre liqueur agitée ou échauffée.* ACAD. FR.

Ecume de mer. Pline dit qu'il y en a de quatre sorte, l'une cendrée, épaisse & d'odeur âpre, l'autre molle & douce, & qui a l'odeur de la mousse de la mer; la troisième, faite en façon d'un ver blanc; & la derniere plus trouée, & semblable à une éponge pourrie. Il est de l'opinion de ceux qui croyent qu'elle est faite des nids des oiseaux que l'on appelle *Alcyons*, & que c'est de-là qu'on l'a nommée *Alcyonium*, mais Matthiole prefere le sentiment des autres qui tiennent, que le nom d'Alcyonium lui est venu de ce que les Alcyons font leurs nids sur l'amas de cette écume qui flotte sur la mer, & qui vient de son limon. Dioscoride parle de cinq écumes de mer. La premiere est épaisse, verte, âpre au goût, faite en maniere d'éponge, d'odeur fâcheuse, pesante & sentant le poisson. La seconde, est semblable aussi à une éponge trouée, caverneuse, legere, & approche de l'odeur de la mousse de la mer. Ces deux premieres sont bonnes pour les dartres, feux volages & gratelles & propres à embellir la peau. La troisième qui est faite comme des petits vers, & plus rouge que les autres, est bonne pour ceux qui ont peine à uriner. Elle est bonne aussi au mal de reins, au mal de rate, à l'hydropisie & à la gravelle. La quatriéme ressemble à la laine grasse. Elle est fort legere, a plusieurs concavités, & les mêmes proprietés & vertus que la troifiéme. Elle eft feulement un peu plus foible en fes operations. La cinquiéme n'a aucune odeur, & elle eft faite en façon de champignons. C'eft la plus chande de toutes. On s'en fert pour brûler le poil, & blanchir les dents. On la lave pour la preparer comme on fait la calamine, & on la met dans un pot de terre crue avec du fel. La bouche du pot étant bien bouchée, on le met au fourneau, & quand le pot eft bien cuit, on tire l'écume de mer brûlée que l'on garde pour s'en fervir au befoin.

Ecume d'argent. Galien dit que cette écume eft proprement appellée ἐλκύσμα, & qu'on la met en certaines emplâtres deficatives. On en trouve à grands monceaux audevant des forges & des fourneaux où l'on cuit les mines. Elle reffemble fort à l'émail, & l'on auroit peine à difcerner l'un de l'autre. La diverfité des mines fait que l'écume d'argent eft de diverfes couleurs. Elle fe rencontre pourtant noire pour la plûpart, & marquée de certaines lignes bleues & vertes. On en trouve auffi de vertes entierement, & d'autres qui font toutes bleues.

Ecume de plomb. Cette écume fe fait feulement aux fourneaux où l'on fond la mine de plomb. Lorfque le plomb eft fondu, les Fondeurs le font écouler hors du fourneau où bon leur femble, & quand il eft pris & encore tout chaud, ils verfent de l'eau claire deffus pour lui faire jetter fon écume, qui eft fort maffive, mal-aifée à rompre, jaunâtre & luifante comme verre. Elle a les mêmes proprietés que le plomb brûlé, qui eft un fort bon remede pour les ulceres corrofifs, & de difficile guerifon. Elle eft toutefois plus aftringente.

ECUMER. v. n. Terme de Fauconnerie. Il fe dit quand l'oifeau paffe par deffus le leurre ou la proie fans s'arrêter, ou quand il épie le gibier que les chiens levent pour courir deffus. *Ecumer la remife*, fe dit quand l'oifeau paffe fur la perdrix qu'il a pouffée dans le buiffon.

ECUREUIL. f. m. Petit animal fauvage, qui eft roux & fort leger, & prefque toûjours en mouvement. Il a une grande & groffe queue en comparaifon du corps, & il la porte le plus fouvent haute, & relevée fur le dos. Pline dit qu'elle lui fert de maifon & de couverture, & que ces animaux font conoître de quel côté le vent doit venir, en garniffant leurs trous de ce côté-là, & faifant l'ouverture de l'autre côté. Il y en a de differentes couleurs felon les pays. Ceux de Laponie font roux pendant tout l'été, & deviennent gris l'hiver. Quand l'Ecureuil veut paffer une riviere, il fe met fur une écorce, & fa queue lui fert de voile. Il s'en couvre auffi pour moins fentir l'ardeur du Soleil. On l'appelle *Sciurus* en Latin, & l'on fait venir ce mot de *Sciurolus*, diminutif de *Sciurus*, du Grec Σκίουρος, Qui fe fait de l'ombre avec fa queue.

ECUSSON. f. m. Terme de Blafon. Il fe dit particulierement d'un petit Ecu quand on en charge un plus grand.

Ecuffon. Terme de Serrurier. Petite plaque de fer qu'on met fur les portes des chambres & des bahuts vis-à-vis des ferrures, & au travers de laquelle entre la clef. Il fe dit de toutes les platines qui ornent les heurtoirs, les boucles, les boutons & les entrées des ferrures.

Ecuffon eft auffi une maniere d'ente fort commune aux Jardiniers. C'eft un morceau que l'on coupe au long de la pelure d'un arbre de l'année, qu'on greffe & qu'on lie avec de la filaffe. *Enter en écuffon.*

On appelle *Ecuffons*, en termes de Medecine, des fachets piqués où l'on enferme plufieurs poudres & remedes qu'on mêle avec du coton entre deux toiles. Ces toiles réprefentent un Ecuffon affez grand pour couvrir l'eftomac fur lequel on les applique. On donne auffi quelquefois le nom d'*Ecuffons* à des emplâtres ftomachiques, qu'on étend fur une peau de chevreau couverte d'un taffetas, & qui eft façonnée en écuffon.

ECUSSONNER. v. a. Terme de Jardinage. On dit *Ecuffonner un arbre*, pour dire, En ouvrir l'écorce d'une maniere qui reffemble à un petit Ecu, pour y inferer l'ente fort proprement.

ECUYER. f. m. Titre qui marque la qualité de Gentilhomme. C'étoit autrefois une dignité fort confiderable, & qui venant immediatement après celle de Chevalier, étoit un degré pour y parvenir. Cela étoit caufe que les Chevaliers faifoient ordinairement leurs fils Ecuyers, afin qu'enfuite ils s'y puffent élever en faifant quelque action genereufe. Cette qualité ne fe donnoit qu'aux perfonnes d'une noble extraction. Leur emploi confiftoit à porter l'Ecu & l'Epée devant les Chevaliers; mais il y avoit entre les Ecuyers des differences notables, ceux qui étoient Ecuyers des Rois & des Princes Souverains, étant au-deffus des Ecuyers qui n'étoient qu'à de fimples Chevaliers. Ainfi la Charge de Connétable établie pour porter l'Ecu & l'épée des Rois, étoit comme la premiere Dignité du Royaume, & elle n'a jamais été donnée qu'à de très-grands hommes. Celle de *Grand Ecuyer* de France, en eft un démembrement, & cela paroît en ce qu'il porte comme lui deux épées à côté de l'Ecu de fes armes, avec cette difference qu'elles font dans un fourreau de velours, femé de fleurs de lis, avec une ceinture autour; au lieu que les deux épées de Connétable étoient nues. Le Grand Ecuyer, qu'on appelle abfolument *Monfieur le Grand*, difpofe de prefque toutes les Charges vacantes de la grande & de la petite Ecurie du Roi, & commande à la grande Ecurie & aux Pages de fa Majefté, qui y apprennent leurs exercices. Le *Premier Ecuyer*, appellé abfolument *Monfieur le Premier*, eft celui qui commande à la petite Ecurie, & aux Pages du Roi qui y font. Il y a fous lui des Ecuyers de quartier, qui aident au Roi à monter à cheval & à en defcendre, & qui le fuivent à cheval chez les Princes & les grands Seigneurs. Il y en a d'autres qui difpofent de toute l'Ecurie, & qui commandent à la Livrée. Le *Grand Ecuyer tranchant*, eft un Officier qui fert aux grandes ceremonies, & qui fait les mêmes chofes que l'Ecuyer tranchant. Celui-ci eft un Gentilhomme fervant, qui fait l'effai fur le couvert du Roi, qui lui découvre & prefente les plats, qui lui change d'affiette & de ferviete à chaque fervice, & qui coupe les viandes, fi ce n'eft qu'il plaife au Roi de les couper quelquefois lui-même. Celui qu'on appelle *Ecuyer de bouche*, eft un Officier qui range les plats fur la table de l'Office avant qu'on les ferve au Roi, & qui prefente deux effais au Maître d'Hotel. On appelle *Ecuyer de Cuifine*, Un des premiers Officiers de la Cuifine d'un grand Seigneur. On appelle auffi chez le Roi & dans les Maifons Royales *Ecuyer Cavalcadour*, Celui qui commande l'Ecurie des chevaux qui fervent à fa perfonne. L'Officier que l'on appelle *Ecuyer* chez les Princeffes & les Dames d'un haut rang, ne commande pas feulement à leur Ecurie, mais il leur donne la main pour leur aider à marcher, ce qui les fait appeller *Ecuyer de main*. Ce mot s'eft étendu à tous ceux qui donnent la main aux Dames,

mes, foit en qualité de domeſtiques, ſoit par ſimple honnêteté. Le nom d'*Ecuyer* ſe donne à celui qui tient une Académie où les jeunes Gentilshommes apprennent à monter à cheval, & à faire leurs exercices. Quelques-uns dérivent le mot d'*Ecuyer* d'*Equus*, Cheval. Borel dit, qu'ils ſe trompent en confondant la qualité d'Ecuyer avec celles d'Equier & d'Eſcayer. On appelloit *Equiers*, dit-il, ceux qui avoient l'Intendance des Ecuries des grands Seigneurs; mais le nom de nos Ecuyers, vient de l'Ecu ou Bouclier qu'ils portoient à la guerre, & celui d'*Eſcu*, vient de *Scutica*, c'eſt-à-dire, Courroie de cuir, parce qu'on attachoit les Ecus avec des courroies & qu'on les couvroit de cuir. Il y a encore, ajoûte-t'il, une troiſiéme ſorte d'Ecuyers, qui étoient les Ecuyers tranchans qui coupent les viandes à la table des Rois & des Princes. Il croit que ceux-ci étoient appellés *Eſcayers*, & que par abus on les a appellés *Ecuyers*, à cauſe de la conformité des noms, que les Lecteurs des vieux Livres ont crû qu'il y avoit faute en ceux où il y avoit *Eſcayer*, & ont cru le bien corriger en mettant Eſcuyer. Ce qui le confirme en cette penſée, eſt leur nom Latin, car ils ſont appellés, *Sectores eſcarii*, ou *Menſarii*, & *Eſcaria ſectura præfecti*, ce qui vient du mot *Eſca*, Viande. La qualité d'Ecuyer eſt devenue fort commune en France, mais en Angleterre on n'appelle encore *Ecuyers* que les Aînés des Barons, & les Cadets des Comtes.

Ecuyer. Terme de Chaſſe. Jeune Cerf qui accompagne & ſuit un vieux Cerf.

Les Vignerons nomment auſſi *Ecuyer*, Un faux bourgeon qui croît au pié d'un ſep de vigne.

E D I

EDILE. ſ. m. Officier de Rome qui avoit ſoin des Edifices publics, comme le marque le mot *Ædes*, Maiſon, édifice, d'où il vient. Il falloit paſſer par cette charge pour arriver à une autre plus conſiderable. Les Ediles dont le ſoin n'alloit d'abord qu'aux maiſons, reglerent enſuite la police de la Ville, & c'étoit à eux à prendre garde, que les ſpectacles & les jeux publics, qui étoient fort ordinaires, ne cauſaſſent aucun déſordre. Ces Magiſtrats furent premierement tirés au nombre de deux d'entre le peuple; & enfin on en prit deux autres dans les familles Patriciennes. On appelloit ces derniers *Curules*, à cauſe que pour marque de leur dignité, ils avoient droit de ſe mettre ſur un petit chariot dont le ſiege étoit d'yvoire, & qui étoit appellé *Curule* par les Romains.

E D U

EDULCORER. v. a. Terme de Chymie. Rendre doux en ôtant par des lotions réiterées d'eau froide, les ſels qui ſe trouvent dans les précipités du Mercure, & des autres qui ont été diſſous par la force de ces mêmes ſels qu'il a fallu y mêler afin d'en venir à bout. Ce mot vient de *Dulcis*, ou de *Dulcorare*, Rendre doux.

E F F

EFFARE', e'e. adj. Terme de Blaſon. Il ſe dit d'un Cheval qui eſt levé ſur ſes piés. *D'azur au Cheval effaré d'argent.*

EFFERVESCENCE. ſ. f. Bouillonnement qui ſe fait par la premiere action de la chaleur. *Efferveſcence* ſe dit en Chymie, lorſque l'acide & l'al-

Tome I.

cali concourent enſemble. Comme ces deux ſels ne ſe joignent jamais ſans agitation, s'ils ſont purs, ſans être mêlés avec d'autres particules, ils font l'effervescence à cauſe qu'ils ſe touchent de plus près, & agiſſent l'un ſur l'autre bien plus efficacement, ce qui n'eſt pas lorſqu'ils ſont mêlés avec d'autres particules. Ainſi il n'y a que les ſels purs, ſçavoir l'acide & l'alcali qui faſſent effervescence; de ſorte que ſi on mêle de l'eſprit de vitriol avec de l'huile diſtillée de terebenthine, il ſe fera une effervescence très-violente avec une chaleur extrême, à cauſe du ſel volatil huileux de l'huile de terebenthine qui combat avec l'acide du vitriol. L'huile de tartre par défaillance verſée ſur du ſel où l'acide eſt fortement concentré, excite une grande effervescence, de même que l'eau ſimple verſée ſur la chaux vive fait effervescence à cauſe de l'urineux qui attaque l'acide. Outre les alcalis manifeſtes, certains corps terreſtres abſorbent l'acide, ſoit qu'ils contiennent un alcali occulte, ou qu'ils n'en contiennent pas; & quand on les mêle avec des acides, ils font une douce effervescence. Le corail fait effervescence avec le ſuc de citron ou de limon, la craie avec des acides, & le marbre même avec l'eſprit de ſel. La corne de cerf, la dent de ſanglier, les yeux d'écreviſſes, la nacre, tous les coquillages & teſtacées font effervescence avec les acides, à cauſe d'un alcali volatil qu'ils renferment, & qui ſe manifeſte dans la diſtillation. Les Effervescences ſont chaudes quand l'acide combat avec des ſels fixes tirés des corps ſulphureux, ou avec des ſels volatils huileux, & elles ſont froides, ou ſans chaleur quand un ſel volatil pur combat avec un acide pur; de ſorte que l'eſprit de ſel ammoniac, ou l'eſprit d'urine, combat avec l'eſprit de ſel ſans chaleur; & ce qui fait que ces ſels font effervescence enſemble, c'eſt la conformation mecanique de leurs particules, qui venant à nager enſemble, & à ſe mêler dans un ſujet fluide, ſe heurtent l'une l'autre à cauſe de la diverſité & de l'inégalité de leurs figures, l'acide corrodant l'alcali, & l'alcali abſorbant l'acide, juſqu'à ce que ces deux ſels ſe trouvent en ſituation égale, & qu'ils s'uniſſent.

EFFET. ſ. m. On appelle en termes de Manege, *Effet de la main*; les aides, les mouvemens de la main qui ſont employés pour conduire un Cheval, en ſe ſervant de la bride, ſoit qu'on veuille le changer de main à droite ou à gauche; ſoit qu'on ait à le pouſſer en avant, ou à le tirer en arriere.

EFFILE', e'e. On appelle en termes de Chaſſe *Chiens effilez*, des Chiens qui ont couru avec trop d'ardeur.

On appelle auſſi *Cheval effilé*, un Cheval qui a l'encolure déliée.

EFFLUXION. ſ. f. Terme de Medecine. Il ſe dit des vuidanges que font les femmes d'un *Fœtus* qui eſt encore imparfait, c'eſt-à-dire, qui ſort dans les premiers jours qui ſuivent la conception: car il faut que le fœtus ait trois mois avant que l'on puiſſe dire qu'il y ait eu avortement.

EFFOEL. ſ. m. Vieux mot. Augmentation que le beſtail a faite dans la bergerie. Ce mot à été fait *Exfolium*, à cauſe que l'on nourrit les brebis d'herbes & de feuilles d'arbres.

EFFORT. ſ. m. On dit en termes de Manege, qu'*Un Cheval a un effort de hanche, un effort d'épaule*, pour dire, qu'il a fait un effort de hanche, d'épaule, qui lui a cauſé quelque extenſion de nerfs ou du relâchement dans les muſcles.

EFFOUAGE. ſ. m. Vieux mot. Certaine ſomme que chaque feu ou famille doit payer.

A a e

EFFREOUR. f. m. Vieux mot. Effroi , frayeur.

EFFRONTEZ. f. m. Nom que quelques-uns ont donné à de certains heretiques , qui fe difoient Chrétiens . prétendant que s'être raclé. le front avec un fer jufques à l'effufion du fang & y avoir enfuite appliqué de l'huile , c'étoit avoir reçû le baptême. Cela les fit nommer *Effrontez*. Ils difoient que le faint Efprit n'étoit autre chofe qu'une infpiration qu'on fentoit dans l'ame , & qu'il y avoit de l'Idolatrie à l'adorer. Ils s'éleverent vers l'an 1534.

EFFRAYE. f. f. Vieux mot, qui a été dit pour Frefaye efpece d'oifeau de nuit de mauvais augure.

EFFRAYE', z'e. adj. Terme de Blafon. Il fe dit d'un Cheval lorfqu'on le peint dans une action rampante. Du Cange fait venir ce mot d'*Effractus*, qui a été dit au même fens dans la baffe Latinité.

EFFUMER. v. a. Terme de Peinture. Peindre une chofe legerement.

EGA

EGAIL. f. m. Terme de Chaffe. Rofée du matin. On dit , quand on va au bois , que *les Chiens en veulent bien dans l'égail.* Les Chiens d'égail ne valent rien dans le haut du jour , & tout au contraire les Chiens du haut du jour ne valent rien dans l'égail.

EGALE', e'e. adj. Terme de Fauconnerie. On appelle *Oifeau égalé* , un Oifeau qui porte des mouchetures blanches fur fon dos , qu'on nomme *Egalures.*

EGALISER v. a. Vieux mot qui n'a plus d'ufage qu'au Palais pour fignifier , Rendre les partages égaux. On dit auffi *Egalifation* , pour dire , Supplément de partages.

EGALITE'. f. f. *Conformité , reffemblance . proportion , rapport entre chofes pareilles.* A c a d. F r. *Egalité* , en termes d'Algebre , fignifie la comparaifon de deux grandeurs égales en effet & en lettres. De l'équation on vient à l'égalité en changeant une lettre inconnue en une autre , par laquelle les deux membres de l'équation foient rendus égaux. On appelle , *Simple égalité,* quand dans la folution d'un probleme en nombres qu'on veut rendre rationnelle , on a une puiffance à égaler au quarré ou à une autre puiffance plus élevée. Si on a deux ou trois puiffances à égaler chacune au quarré , cela s'appelle *Double égalité* , ou *Triple égalité.*

EGAROTE'. adj. On appelle *Cheval égaroté* , en termes de Manege , un Cheval qui eft bleffé au garot. Ces fortes de bleffures fe gueriffent difficilement.

EGL

EGLANTIER. f. m. Sorte de ronce qui a les branches garnies d'épines & de feuilles larges. C'eft une plante de moyenne grandeur entre l'arbre & l'arbriffeau. Elle porte des rofes fauvages , femblables à celles de damas. Son fruit qu'on appelle *Gratecul* , eft long & tout plein de graine. Galien dit que les feuilles de ronce , fes tendrons , fes fleurs , fon fruit , fa racine , font manifeftement aftringens, avec cette attention que les feuilles furtout quand elles commencent à venir , ont une grande aquofité , ainfi que les germes , & bien peu d'aftriction , & qu'en les mâchant elles gueriffent toutes fortes d'ulceres de la bouche , & font propres à fouder les playes. Quant à fon fruit ; il ajoûte , qu'il a un fuc modérément chaud. On le fait fecher & verd & mûr pour le garder , parce qu'alors il eft plus defficatif qu'étant recent. Sa fleur a

la même propriété que fon fruit fans être mûr , & l'un & l'autre font un fingulier remede pour les dyfenteries , flux de ventre & crachement de fang. Sa racine , outre fon aftriction , eft penetrante, ce qui la rend propre à rompre , & a diminuer les pierres des reins. L'Eglantier s'appelle *Caniruhus* en Latin , & en Grec κυνόϛατος , de κυνος , Chien, & de φατος φButiffon , ronce.

EGLANTINE. f. f. Fleur de l'Eglantier. Dans les Jeux floraux qui font établis à Touloufe , il y a pour l'un des prix une Eglantine d'argent.

EGLEGME. f. m. Medicament un peu plus épais que le miel , qu'on fait pour remedier aux incommodités du poumon , & de la trachée artere. Ce mot eft fait de la particule *in* , & de λειχειν , Lecher, à caufe que ce medicament fe prend en lechant , ce qui fait qu'il coule plus doucement , & qu'il entre infenfiblement dans le poumon. L'Eglegme de pavot eft bon pour incraffer les humeurs fubtiles , & celui de *Caulibus* , & de fquille pour incifer & pour déterger. Il y en a qui font propres à d'autres ufages , comme à confolider des ulceres. Les Medecins appellent ordinairement ce medicament *Lohoc,* qui eft le nom que lui donnent les Arabes. En Latin *Linctus.*

EGLISE. f. f. Lieu deftiné pour le Service divin , C'eft , eu égard à l'Architecture , un grand Vaiffeau long , qui a un Chœur , une Nef , des Chapelles , &c. L'Eglife de faint Pierre de Rome , eft appellée , *Eglife Pontificale* , comme étant celle du Pape. *Eglife Patriarchale* , eft celle où il y a un Patriarche. On appelle , *Eglife Metropolitaine* , ou *Primatiale* , celle où il y a un Archevêque ; *Cathédrale* ou *Epifcopale* , celle où il y a un Evêque ; *Collegiale* , celle que deffervent des Chanoines ; *Paroiffiale* , celle qui eft deffervie par un Curé , & dans laquelle il y a des Fonts ; autrefois on la nommoit *Cardinale.* Quand à caufe de la trop grande étendue d'une Eglife Paroiffiale on lui en donne une autre pour aide , on l'appelle *Succurfale.* Celle que l'on nomme *Eglife Conventuelle* , eft l'Eglife d'une Abbaye , d'un Prieuré , ou d'un Monaftere , où les Religieux font le fervice. Ce mot vient du Grec Εκκλησια , Affemblée , lieu où l'on harangue.

On appelle , quant au bâtiment , *Eglife fimple* , une Eglife qui n'a que la Nef & le Chœur , & *Eglife à bas côtés* celle qui a un rang de portiques en façon de galeries voutées avec des Chapelles en fon pourtour. Il y en a qui font à doubles bas côtés, c'eft-à-dire , qui ont deux rangs de galeries dans leur pourtour. Il y a auffi des Eglifes qui font en *Croix grecque* , & d'autres *en Croix latine.* Les premieres font ainfi nommées à caufe que la longueur de leur croifée étant égale à la longueur de la Nef, elles ont la figure de la Croix des Grecs. Les autres font celles dont la Nef eft plus longue que la croifée. Celles dont le plan eft d'un cercle parfait, font appellées *Eglifes en rotonde.* La difference qu'il y a entre *Eglife fouterraine* , & *Eglife baffe* , qui font toutes deux fous une autre Eglife , c'eft que la fouterraine eft beaucoup plus baffe que le rez de chauffée , au lieu que l'Eglife baffe eft précifément au rez de chauffée.

EGO

EGOGER. v. a. Les Taneurs difent , *Egoger un veau,* pour dire , Oter avec un couteau tranchant les extrémitez fuperflues d'un veau du côté de la queue & les oreilles.

EGOHINE. f. f. Terme d'Artifan. Scie à main qui a

une poignée , pour tailler les branches d'arbres
& les couper afin d'enter en fente. Les Armuriers
en ont en forme de rape pour polir le bois.

EGOUST. f. m. Terme de Couvreur. Tuiles ou ardoises qui débordent au deſſus de l'entablement ;
extrémités du bas d'un comble , où les tuiles qui
avancent jettent les eaux loin du mur de face. Il
ſe dit encore du paſſage par où s'écoulent les immondices ; & c'eſt quelquefois une ſervitude où un
voiſin eſt aſſujetti. Il ſignifie auſſi l'endroit d'une
rue ou d'un quartier où toutes les eaux ſe vont
rendre.

EGR

EGRATIGNE', E'E. adj. On dit , en termes de Peinture , Deſſein égratigné , & cela ſe dit , d'une maniere de peindre de blanc & de noir que les Italiens nomment Sgraffito , ce qui ſe fait en détrempant du mortier de chaux & de ſable à l'ordinaire,
auquel de la paille brûlée qu'on y mêle donne une
couleur noirâtre. Après qu'on a fait un enduit
bien uni de ce mortier , on le couvre d'une couche de blanc de chaux , ou d'un enduit bien blanc
& bien poli , puis on ponce les cartons deſſus pour
deſſiner ce qu'on veut , & pour le graver enſuite
avec un fer pointu. Ce fer découvrant le blanc de
chaux qui cache le premier enduit compoſé de noir,
fait paroître l'ouvrage comme ſi on l'avoit deſſiné
à la plume & avec du noir. Lorſqu'il eſt achevé on
paſſe une teinte d'eau un peu obſcure ſur tout le
blanc qui ſert de fond , ce qui détache davantage
les figures , & fait qu'elles paroiſſent comme celles
qu'on lave ſur du papier. Quand on ne repreſente
que quelques groteſques ou feuillages , on ne fait
qu'ombrer le fond avec cette eau auprès des contours qui doivent porter ombre.

EGRILLOIR. f. m. Grille que l'on fait en fichant &
liant pluſieurs pieux enſemble , & qu'on met dans
les petites rivieres ou au deſſous d'un étang , pour
en laiſſer ſortir l'eau , ſans que le poiſſon en puiſſe ſortir.

EGRISER. v. a. Terme de Lapidaire. Oter d'un
Diamant ce qu'il a de brut & d'imparfait. Le Diamant qui eſt la plus dure de toutes les pierres pre-
cieuſes ne pouvant ſe tailler que par lui-même , &
par ſa propre matiere , on commence par en maſti-
quer deux encore bruts au bout de deux bâtons aſſez gros afin de les pouvoir tenir fermes dans la
main. On frotte ces deux Diamans l'un contre l'autre pour leur donner telle forme qu'on deſire , &
c'eſt ce qui s'appelle Egriſer.

EGRISOIR f. m. Boîte où tombe la poudre qui ſort
des deux Diamans bruts qu'on égriſe. On l'appelle auſſi Greſoir. On ſe ſert de cette poudre
pour tailler enſuite & polir les Diamans.

EGRUGEOIR. f. m. Petit vaiſſeau rond & de bois
où l'on briſe le ſel pour ſervir ſur la table.

EHO

EHOUPER. v. a. Terme des Eaux & Forêts. Oter
les houpes , les cimes des arbres.

EIC

EICETES. f. m. Heretiques du ſeptiéme ſiecle , qui
profeſſoient la vie Monaſtique. Sur ce qu'il eſt dit
dans l'Exode , que Moyſe & les Enfans d'Iſraël
avoient chanté un Cantique à la louange du Seigneur , après qu'ils eurent paſſé la mer Rouge où
leurs Ennemis perirent , ils étoient perſuadés qu'il
Tomi I.

falloit chanter & danſer pour bien loüer Dieu , &
comme Marie la Propheteſſe , ſœur d'Aaron , avoit
pris un tambour en ſa main dans la même occaſion,
& que toutes les femmes avoient fait la même
choſe , & témoigné leur joie par des danſes , ils
tâchoient , pour mieux imiter cette conduite , d'attirer chés eux des femmes qui faiſoient auſſi publiquement profeſſion de la vie Monaſtique.

EICOSAEDRE. f. m. Terme de Geometrie. Le dernier des cinq corps reguliers. Il a vingt faces égales , compoſées de vingt triangles équilateraux. Ce
mot eſt fait de ἴκοσι , Vingt , & de ἕδρα , Siege , baſe.

EIN

EINS. Vieux mot. Jamais.

EIS

EISSIR , ou ISSIR. v. n. Vieux mot. Sortir. Il nous
en eſt demeuré Iſſu , pour dire , Deſcendu , en termes de genealogie , & Iſſue , Sortie.

ELA

ELABOURE', E'E. adj. On dit , que Ce que font
certains Artiſans eſt bien élabouré , pour dire , qu'ils
ne font rien que de bien fini. Ce terme eſt particulier chés les Medecins , qui diſent que Du ſang
eſt bien élabouré , pour dire , qu'il a toutes les conditions requiſes.

ELAGUER. v. a. Terme de Jardinier. Elaguer un
arbre , c'eſt en retrancher les branches ſuperflues
qui l'empêchent de profiter , en couper les branches baſſes & qui embarraſſent , & pour le mettre
de haute tige.

ELAISER. v. a. Terme de Monnoye. Il ſe dit de la
ſeptiéme façon qu'on donne aux monnoyes que
l'on fabrique au marteau. On penetre moins la
piece qu'on ne fait à la cinquiéme façon , que l'on
appelle Flatter. On ne fait que la redreſſer du chauf-
ſage , & cela ſe fait deux fois ſur l'enclume avec
le flattoir.

ELAN. f. m. Animal ſauvage , qui naît vers le Pole
aux pays Septentrionaux. Sa couleur tire ſur un
jaune obſcur mêlé de gris cendré ; & pour ſa groſſeur & ſa hauteur , il eſt à peu prés comme un Cheval bien gras de moyenne taille. Il a la tête longue & menue ſi on la compare au reſte du corps ,
la bouche large , les dents mediocres , les oreilles
larges & longues , les épaules fort velues , la babine de deſſous fort groſſe & qui s'avance. Son pié
eſt fourchu , & ſa peau ſi dure qu'elle reſiſte aux
coups d'eſtoc & de taille. Il baiſſe la tête quand il
marche , & a les jambes tout d'une venuë , de
ſorte que ne pouvant ſe plier , il eſt obligé de s'appuyer contre un arbre quand il veut dormir. Ses
cornes ſont fort émouſſées. Le mâle en a deux extrémement larges , longues de deux piés ou environ. La femelle n'en a point. L'Elan ſupporte la
faim , & s'apprivoiſe aiſément. Quand il eſt chaſſé,
il s'enfuit vers les lieux où il peut trouver de l'eau.
Il en avale , & la rejette ſur les Chiens qui le
pourſuivent. Sa grande force eſt à la corne du pié.
S'il en frape un Chien ou un Loup , il le jette mort
par terre. On l'appelle en Latin Ungula alces , du
mot ἄλκη , qui veut dire , Force. Elle a une proprieté ſpecifique contre l'épilepſie. Il la faut choiſir,
dure , polie à la partie exterieure , fourchue , &
plûtôt du pié droit de derriere que d'aucun des
autres piés. On prononce Elan , quoique quelques-
uns écrivent Elland ou Ellend. Pour prendre cet

aniimal , qui a la figure de Chevre ou de Cerf , mais plus pleine & plus grande , en épie l'occafion qu'il tombe du mal caduc à quoi il eft fort fujet , & l'on s'en faifit avant qu'il puifle reprendre affez de force pour porter fon pié dans fon oreille , ce qui le guerit incontinent. Les Allemans lui ont donné le nom d'*Ellend*, qui veut dire *Mifere* , en leur langue , à caufe du malheur qu'il a de tomber fouvent du mal caduc.

ELANCE' , E'E. adj. Terme de Blafon. Il fe dit du Cerf couvert. *D'azur au Cerf élancé d'or.*

ELANCEMENT. f. m. On appelle en termes de Marine *Elancement* ou autrement *Quefte* , la longueur d'un Vaiffeau qui excede celle de la quille.

ELAPHOBOSCUM. f. m. Plante qui eft compartie par nœuds , & femblable à celle du fenouil ou du romarin. Ses feuilles font fort longues , déchiquetées alentour , un peu rudes & âpres , & de la largeur de deux doigts. Il fort plufieurs branches de la tige , avec des bouquets chargés de graine , qui reffemble à l'Aneth en toutes chofes. Sa racine eft de la groffeur d'un doigt , & longue de trois. Elle eft blanche & douce , & bonne à manger , ainfi que fa tige quand elle eft encore tendre. Ses fleurs font rouffâtres. Diofcoride dit que fa graine prife en breuvage eft un bon remede contre les morfures des ferpens, dont les biches fe guerifent mangeant de cette herbe. C'eft ce qui l'a fait appeller *Elaphobofcum* , de ἔλαφος , Cerf , & de βόσκω , Paître. Quelques-uns l'appellent en Latin *Gratia Dei.*

ELARGIR. v. a. Rendre plus large. On dit en termes de Manége , *Elargir un Cheval* , pour dire , Lui faire gagner du terrain , lui en faire embraffer un plus grand que celui qu'il occupoit , quand travaillant fur un rond , ou maniant fur les voltes , il s'approche trop du centre.

On dit en termes de Marine , qu'*Un Vaiffeau s'élargit* , pour dire , qu'il prend ou donne la chaffe.

On a dit autrefois *Elargir* , pour dire , Donner largement. *Elargir fon bien aux Pauvres.* Il vient en ce fens du Latin *Elargiri* , diftribuer , donner.

ELASTIQUE. adj. de tout genre. Qui fait reffort ; qui après avoir été bandé ou contraint , comme la corde d'un arc , fait un effort en fe remettant en liberté. Il vient de ἐλαύνω , Celui qui pouffe.

ELATERIUM. f. f. Suc tiré du fruit des Concombres fauvages. Diofcoride enfeigne comment on tire ce fuc , & dit qu'il n'eft bon à purger que depuis deux ans jufqu'à dix , mais prefentement il n'eft plus en ufage. Ses proprietés lorfqu'on l'applique font de provoquer les mois. Galien qui nous l'apprend , ajoûte qu'il eft legerement chaud , & extremement amer , & qu'il fait mourir l'enfant dans le ventre de la mere. Ce mot vient de ἐλαύνω , fait de ἐλάω , Je repouffe. Furetiere a tort de dire que c'eft un poifon : il n'a de mauvaife qualité que d'être d'un goût amer. Ses fcholiaftes ont évité la faute.

ELATINE. f. m. Plante qui croît dans les terres labourées , & parmi les blés , & dont les feuilles font velues , & femblables à celles d'Helxine , mais moindres & plus rondes. Elle produit cinq ou fix menues branches , longues d'un palme , qui fortant directement de la racine , font chargées de feuilles & ont un goût aftringent. Ses feuilles pilées & appliquées avec griotte feche , font bonnes pour les fluxions & inflammations des yeux ; & fa décoction prife en bouillon arrête la diffenterie. Le nom de cette herbe eft Grec ἐλατίνη. Galien la tient mediocrement refrigerative & aftringente.

ELC

ELCESAITES. f. m. Heretiques qui fuivoient les erreurs d'un faux Prophete appellé Elci ou Elxée. Ils avoient un livre qu'ils prétendoient leur avoir été envoyé du Ciel , avec promeffe que ceux qui l'entendroient lire , auroient une remiffion des pechés toute autre que celle que JESUS-CHRIST a donnée. Selon eux il étoit permis de renier la foi de bouche, pourvû qu'on la confervât de cœur , & il y avoit un Chrift en terre different du CHRIST qui étoit au Ciel. Ils enfeignoient que ce Chrift avoit été formé premierement en Adam , & pouffoient leurs rêveries jufqu'à dire que le Saint-Efprit étoit fa fœur, qu'ils avoient tous deux des corps , & vingt-quatre milles de large , & quatre-vingt feize de hauteur. Ils marchoient piés nuds , adoroient l eau, ne vouloient rien manger qui eût eu vie , & par le moyen de la magie ils tâchoient de mettre en credit leurs impoftures. On les appelle auffi *Sampfeens*. Ils s'éleverent au commencement du troifiéme fiecle , & furent prefque auffi-tôt diffipés.

ELE

ELECTEUR. f. m. Celui qui a droit d'élire. Il fe dit plus particulierement de ceux qui élifent l'Empereur , & qui font Princes fouverains & les principaux Membres de l'Empire. Le nombre en a été incertain jufqu'à Frideric II. & après ce tems on le réduifit à fept , fçavoir trois Ecclefiaftiques , qui furent les Archevêques de Mayence , de Treves & de Cologne , & quatre Seculiers , le Roi de Bohême , le Duc de Saxe , le Marquis de Brandebourg & le Prince Palatin du Rhin. En l'année 1623. l'Empereur Ferdinand I. transfera la dignité Electorale de Frideric V. Comte Palatin , qui avoit ofé accepter la Couronne de Bohême , à Maximilien Duc de Baviere. Par la paix de Weftphalie , conclue à Munfter en 1648. on créa un huitiéme Electeur en faveur de Charles-Louis fils de Frideric V. Comte Palatin , à condition que fi la branche Guillelmine , qui eft celle du Duc de Baviere , vient à manquer , il n'y aura plus de huitiéme Electeur , la branche Palatine devant rentrer dans fon ancien Electorat, & jouir des Etats qui en dépendent. La femme d'un Electeur eft appellée *Electrice*. En 1698. l'Empereur Leopold créa un neuviéme Electeur , qui eft le Duc de Hanover ou l'Electeur de Brunfwick, fous le titre de Porte-Enfeigne de l'Empire. Le feu Roi Louis XIV. l'a reconnu pour tel par la paix de Raftat.

La dignité de l'Electeur eft très-relevée. Ceux de Mayence , de Tréves de Cologne font Archevêques & Archichanceliers tout enfemble , le premier en Allemagne , le fecond en France & au Royaume d'Arles , & le troifiéme en Italie. Les deux derniers ne font Archichanceliers que de nom , depuis que les Empereurs ont perdu par prefcription , ou autrement , le droit qu'ils avoient en une partie de la France & de l'Italie. Cette Charge rend l'Electeur de Mayence très-confiderable. Elle met entre fes mains les Archives de l'Empire , & le fait dépofitaire des Loix univerfelles. Il y a auffi des Charges très-importantes qui font affectées aux cinq Electeurs feculiers. Le Roi de Bohême eft Grand Echanfon , le Duc de Baviere Grand-Maître , le Duc de Saxe Grand Maréchal ou Connétable , le Marquis de Brandebourg Grand Chambellan , & le Prince Palatin Sur-Intendant des Finances de l'Empire. Quelques-uns veulent que les

Electeurs ayent été inftituées après la mort de l'Empereur Othon III. & d'autres difent que ç'a été feulement du tems de Rodolphe de Habfpourg. Cette diverfité d'opinions paroît être venue de deux chofes que l'on obfervoit anciennement à la premiere, de ce que les Empereurs, même ceux de la Maifon de Charlemagne, voulant déclarer leur fucceffeur, demandoient à ceux qui s'affembloient pour cela, s'il leur étoit agréable, & cette demande, qui requeroit leur confentement en quelque forte, fembloit tenir des élections ordinaires. La feconde opinion eft venue de ce que de tout tems les Etats de l'Empire voulant mettre un Prince fur le Trône Imperial, avoient grand égard au fang, & élifoient prefque toûjours le plus proche de l'Empereur mort. L'Empire étant devenu électif, les Princes tant Seculiers qu'Ecclefiaftiques, les Seigneurs, les Prelats, les Villes, & enfin tous les Etats de l'Empire acquirent le droit d'élire les Empereurs. Les moindres en furent exclus par fucceffion de tems & la confufion que caufoit ce grand nombre d'Electeurs, les fit réduire à un fort petit. Alors ceux qui exerçoient les Charges les plus éminentes à la Cour Imperiale, en exclurent tous les autres, & ils furent confirmés dans la poffeffion de droit par le Reglement que l'Empereur Charles IV. en fit en 1356. en fon Ordonnance, appellée la Bulle d'or. Quoique la dignité Electorale foit très-grande, ayant parlé du rang que leurs Ambaffadeurs doivent avoir à la Cour Imperiale dans la derniere capitulation, qui fut préfentée à l'Empereur Leopold en 1658. ils demeurerent d'accord qu'ils marcheroient lors que l'Ambaffadeur d'Efpagne n'avoit fait mettre à la tête du traité que les noms des Ambaffadeurs des Têtes Couronnées, fans faire mention de ceux des Envoyés des Electeurs, il fit reparer cette omiffion & rendre à ces Princes l'honneur qui leur étoit dû. *Negot. de Jeannin part. I. p. 262. édit. de Hollande.* On lit dans l'Hiftoire, que le dernier Duc de Bourgogne du fang Royal de France, demanda de preceder les Electeurs au Concile de Bâle; ce qui lui fut accordé. Le même Duc ayant voulu conferver ce privilege aux Dietes, ne put l'obtenir; & après un long débat, il accepta l'offre qu'on lui fit de lui donner un fiege feparé des autres. Le Roi d'Efpagne, qui reprefente aujourd'hui le Duc de Bourgogne aux Affemblées de l'Empire, n'a au banc des Ecclefiaftiques que la troifiéme place, & ne parle que le cinquiéme quand on recueille les voix. Le Roi de Bohême, lorfqu'il n'avoit que la qualité de Duc, étoit le dernier des Electeurs, & ayant obtenu le titre de Roi, il commença à preceder fes Collegues, parce qu'on ne crut pas raifonnable qu'une perfonne Royale & couronnée cedât à de fimples Electeurs. Quand on élut l'Empereur Leopold le Roi de Bohême fe trouva une feule fois à l'Affemblée, & il marqua la difference qu'on mettoit entre lui & les autres Electeurs, qui n'avoient que des chaifes de velours rouge cramoifi, la fienne étant de drap d'or.

ELECTION. f. f. Choix. On appelle *Election*, en termes de Pharmacie, la Partie qui enfeigne à difcerner les bons medicamens d'avec les mauvais. Les bons font ceux qui operent doucement & fans caufer d'incommoditez. Tels font dans les purgatifs la rhubarbe, la caffe & la manne. Les Medicamens que l'on appelle *Infalubres*, font ceux dans toute l'efpece defquels il n'y a rien qui ne foit

mauvais, comme l'euphorbe, le mezereon & la làthyris. Il y en a auffi qui étant bons par eux-mêmes, font rendus mauvais par accident, comme la fcammonée d'Inde, l'agaric noire & autres. Pour faire l'élection des Medicamens, il faut confiderer leur fubftance, leur temperament, leurs qualitez fecondes, leurs acceffoires, leur quantité & leur forme.

On dit en termes de Palais, *Faire élection de domicile*, pour dire, Defigner un lieu où l'on agrée que toutes fortes de fignifications foient faites par la partie adverfe, touchant les Contrats ou tels autres Actes qu'on aura paffés.

Election. Tribunal où les Elus rendent la Juftice, & où ils jugent les differends qui furviennent pour les Tailles en premiere inftance. Il fe dit auffi du territoire fur lequel ces mêmes Juges exercent cette Jurifdiction.

ELECTUAIRE. f. m. Terme de Pharmacie. Medicament de confiftance moyenne entre les opiates, les confections & les lenitifs, & que l'on appelle ainfi à caufe que l'on doit choifir avec grand foin les parties qui le compofent. On connoît deux fortes d'Electuaires, les folides & les mols; & tant dans les uns que dans les autres, il y en a d'alteratifs, de corroboratifs & de purgatifs. On fait les Electuaires, non-feulement pour avoir des remedes toûjours prêts contre les maladies internes, mais encore pour conferver plus long-tems la qualité des fimples. Ce medicament eft compofé de poudres aromatiques, de miel, de fucre, ou de quelques autres Ingrediens qui peuvent tenir leur place, comme les penides, le rob, la mive & la manne. Les Electuaires folides ne fe font jamais qu'avec le fucre. Les Apoticaires doivent avoir en tout tems dans leurs boutiques quatre Electuaires mols tout au moins, fçavoir le catholicum, le diaphœnix, le diaprun & le lenitif; & trois folides, le *de citro folutif*, le diacarthami & le *de fucco*. Il eft fait mention de beaucoup d'autres dans les Difpenfaires.

ELEGIR. v. a. Terme de Menuiferie. Pouffer à la main une moulure, un panneau, une languette dans un morceau de bois.

ELEMI. f. m. Gomme qui fort de l'olivier. C'eft ce qu'en difent les Apoticaires. Matthiole veut que ce foit une refine, à caufe que l'Elemi approché du feu fe fond comme les autres refines, au lieu qu'on diffout les gommes avec du vin & du vinaigre.

ELEPHANT. f. m. Le plus grand & le plus fort de tous les animaux à quatre piés. Il a peu de poil, & ce poil eft femblable à celui des buffes, ainfi que fon cuir, qui eft noir, épais & dur à percer, quoiqu'il femble doux quand on le touche. Il a la tête groffe & le col court, & la largeur de fes oreilles eft de deux palmes. Son nez, qui lui fert de mains, & avec quoi il prend tout ce qu'on lui donne, eft long & creux comme une groffe trompette, & va jufqu'à terre. Il eft fait d'un gros cartilage qui lui prend entre les dents, & s'appelle trompe. Les coups qu'il en donne font fi violents qu'il fuffit d'un feul pour tuer un cheval ou un chameau. L'Elephant fe foumet volontiers à l'homme & ne lui fait point de mal, à moins qu'on ne l'ait mis en colere : car alors s'il peut attraper quelqu'un avec fa trompe, il le jette fi haut en l'air que s'il ne meurt pas, il tombe au moins tout froiffé. Sa bouche eft fort près de fon eftomac, & affez femblable à la gueule du pourceau. Deux fort grandes dents courbes par le bas en fortent du côté de la machoire fuperieure. Ses piés font ronds, tout couverts de durillons , & larges de deux ou trois palmes , avec cinq ongles autour en maniere de coquilles de faint Michel. Ses jambes font groffes & puiffantes , & jointes comme celles des autres animaux à quatre piés , quoiqu'on ait écrit que les Elephans les avoient tout d'une venue , & compofez d'un feul os. Sa queue eft femblable à celle des bufles , & longue à peu près de trois palmes. Cet animal eft fauvage, & cependant on l'apprivoife aifément. Il obéit à fon gouverneur, dont il entend le langage, & fe met à genoux pour fe laiffer monter fur fon dos. Il y en a qui font hauts de feize palmes. Ils vivent à la campagne de fruits & de feuilles , & font fi amoureux de leur liberté , qu'ils ne peuvent endurer ni arrêt ni bride. Ils ont le pié fûr & le pas fi grand , que l'homme le plus leger ne peut aller plus vîte en courant. On tient que les Elephans font trois milles par heure. Ariftote dit que leur Mere de Rama , fameux Docteur dans fes Indes, engendrer & à concevoir qu'à vingt ans. Il ne touche jamais qu'une femelle , & s'en abftient même lorfqu'il connoît qu'elle eft pleine. On ne peut fçavoir combien de tems elle porte , puifqu'il ne la couvre jamais qu'en fecret. Les uns difent dixhuit mois , les autres deux ans , & les autres trois. Les femelles fentent de grandes douleurs, comme les femmes, quand elles font leurs petits , & en étant délivrées , elles les lechent , & les laiffent aller : car ils voyent & marchent fi-tôt qu'ils font nés. Ils vivent jufqu'à deux cens ans , & font dans la force de leur âge à foixante & dix. Ils craignent le froid , & aiment à fe promener auprès des rivieres , où ils entrent quelquefois comme fait le bufle. Ils tiennent beaucoup de l'homme pour l'intelligence , & font prudens & religieux , dont les Arabes rendent témoignage. Ils difent qu'à chaque nouvelle lunaifon ils les voyent venir en troupe fe laver dans les rivieres, & qu'ayant fait ils fe mettent à genoux comme pour rendre honneur à la Lune ; après quoi ils retournent dans leurs forêts , les deux plus vieux à la tête & à la queue. On les prend en divers pieges. On fait quelquefois un creux couvert de clayes & d'un peu de terre : & fi l'Elephant fauvage qui y tombe s'en peut tirer , il arrache une branche d'arbre avec fa trompe, & s'en fert pour fonder le terrain en fe retirant , & voir s'il eft ferme. On en prend auffi avec des barricades faites dans les lieux étroits où il y a une femelle en chaleur qui les appelle. Quand l'Elephant qui la fuit fe trouve enfermé , il jette des cris épouvantables;mais avec de longues pointes on le force malgré lui d'entrer dans une maniere de cachot,où on lui lie les jambes ; & en cinq ou fix jours la femelle qui eft domeftique , le rend traitable. Les Rois Indiens logent leurs Elephans dans des lieux tout peints de feuillages , & on les fert dans de la vaiffelle d'or. Ces animaux font fort propres, & on écrit qu'un de ceux qui en ont foin ayant un jour apporté de l'eau à un Elephant dans un vaiffeau fale, l'Elephant le regarda d'un air dédaigneux , & mettant fa trompe dans fa bouche , tira de fon corps une eau chaude & puante dont il le couvrit. Celui-ci lui ayant donné de fon bâton fur la tête , l'Elephant fenfible à un tel outrage, le tua d'un coup de trompe. Vincent le Blanc rapporte comme témoin , qu'étant auprès du Roi de Pegu , qui avoit ordonné qu'on lui fît venir fon Telanzin , forte de littiere couverte à quatre roues , & qui avoit fort loué deux Elephants qu'il montroit au Prince de Souac , comme étant deux des plus forts & des plus adroits animaux de cette efpece , il vit l'un d'eux partir auffi-tôt , & revenir peu de tems après, portant

cette littiere avec tout fon attirail entre fes dents , qu'il mit doucement à terre, comme fi c'eût été une chofe de peu de poids. Au Royaume de Tunquin il y a un Elephant que l'on dreffe à faire les fonctions de bourreau. Si une femme eft convaincue d'adultere , on la livre à cet animal , qui la ferre , & la jette par terre avec tant de violence , qu'il l'étouffe , & la fait mourir dans un tourment incroyable. S'il voit qu'elle donne encore des marques de vie , il la foule aux piés , jufqu'à ce qu'il l'ait écrafée & mife en pieces. L'Elephant blanc eft fort eftimé parmi les Rois d'Orient ; & pour l'avoir, il y a eu une longue guerre entre le Roi de Siam & celui de Pegu , qui a coûté la vie à plus de fix cens mille hommes. Le Roi qui porte le titre de l'Elephant blanc fe tient au-deffus des autres Rois. On rapporte cette eftime & cette veneration particuliere pour l'Elephant blanc à un fonge de la Mere de Rama , fameux Docteur dans fes Indes , qui lorfqu'elle étoit groffe de lui , vit en dormant un Elephant blanc , qui prenoit naiffance dans fa bouche , & qui lui fortit enfin par le côté gauche.

Elephant. Ordre de Chevalerie de Danemarx , appellé ainfi à caufe que les Chevaliers qui y font reçûs portent un collier où pend un Elephant d'or émaillé de blanc , mis fur une terraffe de finople émaillée de fleurs. Cet animal a fur le dos un château d'argent maçonné de fable. On tient que Chriftierne I. établit cet Ordre en 1478. lorfqu'il maria fon Fils. Il n'eft conferé par les Rois de Danemark qu'au jour qu'ils font couronnés.

ELEPHANTIASIS. f. f. Maladie ainfi nommée à caufe qu'elle rend la peau femblable au cuir de l'Elephant , en Grec ελεφαντιασις & ιλεφας. C'eft une efpece de lépre , qui rend les bras & les jambes de ceux qui en font atteints, groffes & tubereufes.

ELEVATION. f. f. Reprefentation ou image de la façade d'un Bâtiment dans le deffein qu'on en fait. On l'appelle autrement *Orthographie*. En perfpective , on appelle *Elevation* la peinture ou defcription d'un bâtiment , dont les parties reculées paroiffent en racourci.

ELEVATOIRE. f. m. Inftrument de Chirurgie, dont il y en a de dentelés , & d'autres à trois piés. Les Chirurgiens s'en fervent pour élever des os , comme ceux des fractures de la tête qui ont été enfoncés à coup de maffe.

ELEVER. v. a. *Hauffer , mettre plus haut , rendre plus haut*. ACAD. FR. On dit en termes de Mer , qu'*Un Vaiffeau s'éleve*,pour dire,qu'il court au large , & qu'il s'éloigne d'un mouillage ou de la côte.

E L I

ELIMER. v. a. Terme de Fauconnerie. Purger un oifeau , & le mettre en état de voler au fortir de la mue.

ELINGUE. f. f. Terme de Marine. Corde qui à chacun de fes bouts a un nœud coulant.On s'en fert à entourer les fardeaux qu'on veut tirer d'un Vaiffeau, ou mettre dedans. On appelle *Elingue à patte*, celle qui n'a point de nœuds coulans , mais deux pattes de fer. On fe fert de celle-là pour tirer du fond de cale les futailles pleines.

ELINGUET. f. m. Terme de Marine. Piece de bois d'une moyenne groffeur , qui tourne horifontalement fur le pont du Vaiffeau. Elle a d'ordinaire deux piés ou un pié &demi de longueur , & fert à arrêter le cabeftan , ou à empêcher qu'il ne dévire. On nomme auffi *Elinguet*, Une petite piece de bois droit, qui a le même ufage pour les virevaux qu'ont les autres Elinguets à l'égard des Cabeſtans.

ELIXATION. ſubſt. fem. C'eſt, en termes de Pharmacie, la préparation d'un médicament qu'on fait bouillir dans quelque liqueur étrangere. Elle ſe fait pour diſſiper l'humeur excrementeuſe & ſuperfluë, comme aux fruits, pour reprimer quelque mauvaiſe qualité, ou en affoiblir une violente, pour transferer une vertu, comme la ſcammonée cuite dans le ſirop roſat ; pour amollir les médicamens, les endurcir, les épaiſſir, les conſerver, ou mêler pluſieurs enſemble ; pour ſéparer une vertu de l'autre, comme l'acrimonie à la racine d'Aron, & pour ôter les ſaletés & ordures. Il y a trois ſortes d'Elixations, la legere pour les médicamens de ſubſtance rare, ou qui ont la vertu foible & à la ſuperficie ; la mediocre pour ceux qui ſont de moyenne ſubſtance, & la forte pour les ſolides, & qui ont la vertu au profond. Ce mot vient du Latin *Lixa*, par lequel les Anciens ont entendu de l'*Eau cuite*.

ELIXIR. ſ. m. Liqueur ſpiritueuſe deſtinée à des uſages internes, & qui contient la plus pure ſubſtance des mixtes choiſis, qui lui a été communiquée par infuſion & maceration. On appelle *Elixir de proprieté*, un Remede qu'a inventé Paracelſe. Il eſt compoſé d'eſprits & de ſoufre, d'aloës, de myrrhe, de ſafran, & autres, diſſous par un puiſſant diſſolvant qu'on nomme *Alkaëſt*.

Elixir, eſt auſſi un terme de Chymie, & veut dire la ſubſtance la plus ſubtile, interne & ſpecifique de chaque corps, qui en eſt comme l'eſſence. C'eſt ce qu'on appelle autrement *Quinte-eſſence*. Selon M. Ménage, ce mot vient de l'Arabe *Elixir*, Fraction, à cauſe que l'Elixir a la force de rompre les métaux en les diſſolvant. D'autres le font venir d'*Alechſtro*, autre mot Arabe qui veut dire une Extraction artificielle de quelque eſſence. Il y en a qui le font venir des mots Grecs ἔλαιον, Huile, & εἴρειν, Tirer, extraire, comme qui diroit, Une extraction d'huile, qui eſt la partie eſſentielle des mixtes. M. Callard de la Duquerie dit qu'il vient d'ἕλκειν, à cauſe que c'eſt un extrait par art chymique de la plus pure ſubſtance ; & d'autres le dérivent d'ἀλέξειν, Donner ſecours, parce que l'on en reçoit de fort utiles des Elixires.

ELL

ELLEBORE. ſ. m. Plante qui croît aux montagnes & aux lieux âpres, & dont il y a de deux ſortes, le blanc & le noir. L'Ellebore blanc, que les Latins appellent *Veratrum album*, a les feuilles tirant ſur le rouge & ſemblables au plantain ou à la bête ſauvage, mais plus courtes & plus noires. Sa tige eſt creuſe & longue de quatre doigts. Quand cette tige commence à ſecher, elle dépouille certaines pellicules dont elle eſt enveloppée. Il jette pluſieurs racines menuës qui partent d'une petite tête longuette, comme ſont les racines d'oignon. Le meilleur eſt celui qui eſt blanc, charnu, mediocrement grand, qui ne rend aucune poudre quand on le rompt, qui a une moëlle fort tenuë, & qui n'eſt ni trop ardent ni brûlant au goût. L'Ellebore noir, appellé *Melampodium*, a ſes feuilles vertes & ſemblables à celles du Plane, mais plus petites, un peu âpres, noires & chiquetées en pluſieurs endroits. Ses fleurs, qui ſont d'un rouge tirant ſur le blanc, tiennent l'une à l'autre en façon de grappes. Il a ſes racines noires & menuës, & attachées à une petite tête qui reſſemble à un oignon. Dioſcoride dit que le vin qui vient d'un

ſep de vigne auprès duquel l'Ellebore noir a été planté, a une vertu laxative. Il eſt dangereux à arracher ; ce que les Payens ne faiſoient qu'avec de grandes cérémonies. Ils prioient Apollon & Eſculape, & prenoient garde qu'il n'y eût en l'air ni Milan ni Aigle, leur ſuperſtition allant juſqu'à leur faire croire, que ſi un Aigle ou quelque Milan voyoit le creux d'où l'Ellebore noir avoit été pris, celui qui l'auroit tiré n'éviteroit point d'en mourir preſque auſſi-tôt. Ceux qui l'arrachent ont accoûtumé de manger des aux & de boire du vin pur auparavant, pour ſe garantir de ſes vapeurs. L'Ellebore noir fait mourir les bœufs, les chevaux & les pourceaux ; ce que ne fait pas l'Ellebore blanc. Quelques-uns tirent ce mot de βορὰ, qui veut dire, Le manger, & ſur-tout celui des bêtes. Tous les Medecins preferent le noir au blanc, contre le ſentiment d'Hipocrate ; & quand on s'en ſert, il faut choiſir celui qui a les racines fort tenuës & déliées, qui eſt plein, acre au goût, de couleur fort noire, & qui n'eſt point trop deſſeché. Il purge la mélancolie ; & comme il excite des convulſions, il ne ſe donne qu'à ceux qui ſont robuſtes & forts.

ELLIPSE. ſ. f. Terme de Géometrie Ovale. Ligne qui ſe forme de la ſection d'un Cone droit par un plan non parallele à ſa baſe. *Voyez* SECTION. A l'Ellipſe répond le *Cercle* qui eſt formé de la ſection d'un Cone par un plan parallele à la baſe. Comme un plan parallele à un autre eſt unique, & qu'au contraire il peut y avoir une infinité de plans non paralleles, parce que tous leurs angles ſeront differens, delà vient qu'il n'y a qu'une eſpece de cercle, & qu'il y a une infinité d'eſpeces differentes d'Ellipſes toûjours plus differentes du cercle à l'infini. Les lignes de l'Ellipſe ſont des lignes tirées par le centre & terminées de côté & d'autre à la circonference. *Les Axes de l'Ellipſe* ou le *grand Axe* & le *petit Axe*, ſont le plus grand & le plus petit Diametre qu'on puiſſe tirer dans l'Ellipſe. On appelle *Diametres conjugués l'un à l'autre*, ou ſimplement Diametres conjugués, les Diametres qui ſont paralleles aux *Ordonnées* l'un de l'autre. Il eſt évident que les deux Axes ſont *Conjugués*. *Voyez* ORDONNE'ES. On conſidere auſſi dans l'Ellipſe le *Parametre*, & les *Foyers*. *Voyez* PARAMETRE & FOYER. On appelle *figure d'un Diametre*, le Rectangle ſous ce Diametre & le Parametre.

ELM

ELME. ſ. m. On dit ſur mer, *Feu S. Elme*, en parlant d'une exhalaiſon ſeche & ſubtile qu'on voit courir ſur la ſurface de la mer. Lorſque la chaleur de l'air s'enflâme, elle voltige & s'attache ſur les Vaiſſeaux qui navigent. Si c'eſt aux manœuvres & aux mâts, les Matelots croyent que ce feu ſera ſuivi d'un calme profond, puiſqu'il n'y a dans l'air aucun vent qui le diſſipe ; & s'ils le voyent voltiger, c'eſt ſelon eux, le préſage d'un gros tems.

ELO

ELOIGNEMENT. ſ. m. *Action par laquelle on éloigne*. Diſtance. ACAD. FR.

Eloignement, en termes de Peinture, ſignifie la partie du tableau qui eſt en perſpective, & qui ſe voit en lointain. *Il y a beaucoup de choſes à remarquer dans l'éloignement de ce tableau*.

ELOISE. ſ. f. Mot du vieux langage, qui ſignifie un Eclair. Il vient du Latin *Elucere*, Briller, éclater.

ELONGATION. f. f. Terme d'Aftronomie. On appelle *Elongation de deux Planetes*, La difference qui eft entre le mouvement de la plus vîte & le mouvement de la plus tardive. Ainfi il y a autant de fortes d'élongations que de mouvemens. L'élongation *vraie* eft la difference entre le *vrai* mouvement de deux Planetes, & l'élongation *moyenne* eft la difference entre leurs *moyens* mouvemens. On peut dire *élongation diurne* ou *horaire*, par rapport au mouvement diurne ou horaire.

ELU

ELU. f. m. Officier Royal fubalterne non lettré. C'eft lui qui juge en premiere inftance des differends qui furviennent pour l'affiette des Tailles, & de ce qui regarde les autres Impofitions qui ont rapport aux Aides & aux Gabelles. Ces fortes d'Officiers ont été nommés *Elus*, à caufe que dans l'origine on les choififfoit pour impofer les Tailles fur les Paroiffes.

EMA

EMAIL. f. m. Efpece de verre coloré dont la matiere fondamentale eft de l'étain & du plomb en parties calcinées au feu de reverbere. On y ajoûte des couleurs métalliques, telles qu'on les veut donner. Le *Crocus* de Mars eft pour le jaune, & l'*Æs uftum* pour le vert. Il y a une forte de peinture qui fe fait fur les métaux avec des émaux recuits & fondus. Autrefois tous les ouvrages d'émail fur l'or, l'argent & le cuivre fe faifoient feulement, pour l'ordinaire, d'émaux clairs & tranfparens; prefentement on en a d'épais & d'opaques, & on a trouvé le fecret d'en compofer toutes les couleurs dont on fe fert. Lorfque l'on emploie les Emaux clairs, on ne fait que les broyer avec de l'eau, parce qu'ils ne peuvent fouffrir l'huile comme les épais. On les couche à plat bordés du métal fur quoi on les met. Le cuivre qui reçoit tous les émaux épais, ne fçauroit fouffrir les tranfparens. L'or reçoit parfaitement les opaques & les clairs, mais ils ne s'accommodent pas également bien fur l'argent. Il n'y a des clairs que l'aigue-marine, l'azur, le vert & le pourpre qui faffent un bel effet. Les Emaux clairs mis fur un bas or plombent & deviennent louches. L'émail rouge doit être fort dur pour être de bon ufage. Celui qui eft tendre & qui fe brûle aifément, devient fale & comme cendreux. Les beaux rouges clairs fe font avec de l'or calciné, de la rouille d'ancre de fer, de l'orpiment, de l'or calciné que l'on prépare & que l'on met avec proportion dans le fondant qui fe fait avec du criftal ou du caillou, ou de l'agathe, ou la chalcedoine, du fable & de la fonde, ou du fel de verre. Voilà une partie de ce que M. Felibien en dit dans fon excellent Traité de la Peinture.

Email. Terme de Blafon. Il fe dit de la diverfité de couleurs & de metaux dont un Ecu eft chargé. Les métaux font Or & Argent, & les couleurs font Azur, Gueules, Sinople, Pourpre & Sable. Ces fept émaux font reprefentés fur les tailles douces par le moyen des hachures. L'Or eft poinnillé, & l'Argent tout blanc. L'Azur, qui eft bleu, eft reprefenté par des traits tirés horifontalement; le Gueules, qui eft rouge, par des traits perpendiculaires; le Sinople, qui eft vert, par des traits diagonaux de droit à gauche; le pourpre dont on fe fert pour les raifins, pour les mûres & pour quelques autres fruits, par des traits diagonaux de gauche à droit; & le Sable, qui eft noir, par des traits croifés. Les

Emaux de Blafon font venus des anciens Jeux du Cirque, qui ont paffé aux Tournois, où le blanc, le rouge, le bleu & le verd diftinguoient les Quadrilles les unes des autres. Domitien, au rapport de Suetone, y en ajoûta une cinquième vêtue d'or, & une fixième habillée de pourpre. Le Sable eft venu des Chevaliers qui portoient le deuil. M. Ménage fait venir *Email* de l'Italien *Smalto* & *Smaltare*. D'autres le dérivent de l'Hebreu *Hefmal*, ancienne Efpece d'émail compofé d'or & d'argent, dont les Latins ont fait *Maltha* & *Smaltum*. Pline parle de *Maltha*, forte de Maftic ou de ciment. *Smaltum* étoit un ouvrage de pieces rapportées.

EMANCHE', ε'ε. adj. Terme de Blafon. Il fe dit des partitions de l'Ecu, où les pieces font enclavées l'une dans l'autre en forme de longs triangles pyramidaux. *Parti, émanché d'argent & de gueules.*

EMB

EMBARDER. v. n. Terme de Marine. On dit, *Embarde bafbord ou tribord, Embardée au large*, lorfqu'étant auprès d'un Navire avec une chaloupe, on fe jette de côté ou d'autre pour s'en éloigner. On dit auffi *Embarder*, quand on oblige un Vaiffeau qui eft à l'ancre, à fe jetter d'un côté ou d'autre en lui faifant fentir fon gouvernail.

EMBARRER. v. n. Terme de Manége. On dit qu'*Un cheval s'embarre*, qu'*Un cheval eft embarré*, pour dire, qu'Il a les jambes embarraffées dans la barre qu'on met dans une écurie pour féparer un cheval d'un autre, & empêcher qu'ils ne fe battent.

EMBASEMENT. f. m. Efpece de bafe continue en forme de large retraite au pié d'un bâtiment.

EMBATAGE. f. m. Terme de Maréchal. Action d'appliquer des bandes de fer fur les roues. Nicod en parle en ces termes. *Embatage eft un mot ufité en ferrures ou bandages de roues de harnois, & fignifie l'application que le Maréchal fait des bandes de fer, qui font ces larges plaques de fer clouées à gros clouds qu'on appelle Clouds à bande, fur & tout autour d'icelles roues. Ce mot eft ainfi prins à caufe de la batterie & pattouquis des marteaux d'iceux Maréchaux fichants & coignants les clouds à bande fur lefdites roues, & tient beaucoup de l'onomatopoée. Ainfi dit-on, il lui eft dû l'embatage des roues.*

EMBATONNE', ε'ε. adj. Terme de Blafon. On dit qu'*Une colomne eft cannelée & embâtonnée*, pour dire, que Ses cannelures font remplies de figures de bâtons jufqu'à une certaine partie de fon fuft. On a dit autrefois en parlant de gens qui avoient fait quelque fédition, qu'*Ils étoient venus armés & embâtonnés*, pour dire, qu'Ils étoient venus avec des bâtons; ce qui n'exclut pas les bâtons à feu.

EMBATTRE. v. a. Terme de Maréchal. Appliquer des bandes de fer fur les roues; ce qui fe fait en les frappant toutes rouges avec des marteaux, & les faifant tenir fur le bois avec de gros clous.

Embattre, felon Nicod, a auffi fignifié, Arriver en quelque lieu, à deffein, ou par hazard. Il en donne ces exemples. *Ils commencerent à brocher leurs chevaux & eux embattre dans la plus grande preffe*, c'eft-a-dire, Se jetter, fe fourrer dans la preffe. *Qui font ces gens qu'ainfi fe font embattus en ces pays*, pour dire, Ces gens qui s'y font jettés, qui y font entrés; &, *Il lui embattit l'épée jufqu'au foye*, pour dire, Il lui fourra l'épée jufqu'au foye.

EMBAUCHER. v. a. Vieux mot qui n'a plus d'ufage que chés quelques Artifans, pour dire, Introduire un Compagnon dans une Boutique, & lui faire donner de la befogne. Borel dit que c'eft de là que vient

vient *Débaucher*, & que l'un & l'autre pourroit venir de *Boge* ou *Bange*, qui a signifié autrefois Demeure ; d'où vient qu'on a appellé *Tolostoboges*, les Habitans de Toulouse. L'embauche des Compagnons leur coûte beaucoup par un grand abus, & se fait selon des reglemens reçus entre eux, & qui n'ont jamais été autorisés.

EMBAUCHEUR. s. m. Celui qui se mêle d'introduire un Compagnon dans une Boutique. Il se dit quelquefois de celui qui mene des gens à un Capitaine pour s'enrôler dans sa Compagnie.

EMBAUMEMENT. s. m. Action d'embaumer un corps mort. L'Embaumement a été particulierement en usage parmi les Egyptiens. Herodote dit qu'après que le deuil étoit passé on portoit le corps à des Embaumeurs, qui faisoient voir plusieurs portraits des corps embaumés, & demandoient de quelle maniere on vouloit qu'ils embaumassent le mort. Lorsqu'on étoit convenu du prix, les Embaumeurs commençoient par tirer la cervelle hors du crane avec un fer crochu qu'ils mettoient dans les narines ; & après l'avoir tirée, ils l'arrosoient de liqueurs propres pour cela. Ensuite ils fendoient le ventre avec un caillou d'Ethiopie fort aigu, & en tiroient les entrailles, qu'ils lavoient avec du vin de Phenicie, les parsemant de drogues pilées. Ils embaumoient la cavité du ventre, de myrrhe, de cannelle & d'autres épiceries, & ayant recousu le corps, on le mettoit dans le sel pendant soixantedix jours. Après ce tems on lavoit encore le corps & on l'enveloppoit de petites bandes de soye, enduites d'une gomme dont se servent les Egyptiens au lieu de colle. Le corps ayant été rendu aux parents, on faisoit faire un homme de bois creux par dedans, & après qu'on y avoit mis le mort, on le posoit de cette maniere dans le tombeau contre la muraille. Ceux qui n'avoient pas assés de bien pour faire cette dépense, remplissoient une seringue de gomme de cedre, & s'en servoient pour jetter la drogue dans le ventre par le fondement, laissant ensuite le corps dans le sel pendant plusieurs jours. Quand ils s'en avoient tiré, ils lui faisoient sortir la gomme de cedre qui entraînoit les entrailles & les boyaux qui en avoient été embaumés. Le sel rongeoit la chair de telle sorte, qu'il ne restoit que les os avec la peau. Cela fait, le corps étoit rendu aux parents. Il y avoit un troisiéme embaumement pour le petit peuple. On ne faisoit que laver le ventre & mettre tremper le corps dans le sel pendant soixante-dix jours, après quoi on l'enterroit. L'asphalte dont on s'est servi pour embaumer est fort restringent. Il pénetre jusques dans les os qu'il retire, & dont il change la situation naturelle ; de sorte que de grands corps, après qu'ils sont embaumés, ne paroissent que des corps de petits enfans. L'embaumement aussi-bien que l'usage des Hieroglyphes, commença en Egypte avant que Cambise Roi de Perse en fût rendu maître. Il ne s'y fut pas plûtôt rendu absolu, qu'il abolit les cérémonies des Egyptiens, bannit ou fit mourir leurs Prêtres, & introduisit dans ce Royaume le culte & les coûtumes de Perse. Ce fut en ce tems-là que la maniere d'embaumer se perdit avec l'art des Inscriptions. Les Prêtres seuls en sçavoient le secret, & il ne leur étoit pas permis de l'enseigner aux Laïques. Ce qui portoit les Egyptiens à vouloir garantir les corps de corruption, c'est qu'ils étoient persuadés que le monde retourneroit en son premier état après le cours de trente mille ans. Ils croyoient encore que le regne de sept Dieux, Patrons de l'Egypte, finissoit tous les sept mille ans, & remontoit du dernier au premier ; ce qui de-

Tome I.

voit durer quarante-neuf mille ans ; après quoi viendroit le repos de toutes choses ; c'est-à-dire, que dans l'espace de sept mille ans, & après que l'ame auroit plusieurs fois changé de corps, elle reviendroit dans le premier qu'elle avoit laissé dans le tombeau sous la protection des Dieux, pour être élevée à une plus haute sphere celeste, jusqu'à ce que les ayant toutes traversées, elle fût réunie à son idée pour être éternellement heûreuse. Comme d'ailleurs ils croyoient que les ames ne retourneroient point dans des corps pourris, corrompus ou réduits en cendres, ils avoient grand soin de les embaumer, & de les mettre sous la garde de plusieurs sortes de Divinités, afin qu'à chaque espace de sept mille ans elles retournassent en leurs premiers corps ; & qu'après le cours de trente mille années, quand toutes les metempsycoses seroient accomplies, elles fussent réunies à leurs idées, sans être plus sujettes à aucun changement.

EMBEGUACA. s. f. Sorte d'herbe du Bresil, qui a quelquefois des racines longues de plus de trente coudées. Comme leur écorce est dure, on en tord des cercles de navire extrêmement forts, qui reverdissent sous l'eau. Cette écorce étant pilée & mise sur des charbons ardens, jette une fumée qui arrête le flux de sang, principalement aux femmes.

EMBELLE. s. f. Partie d'un Vaisseau comprise depuis le grand mât jusqu'au dogue d'amure, ou depuis la herpe du grand mât jusqu'à celle de l'avant.

EMBERGUER. v. a. Vieux mot. Couvrir. Borel dit qu'il a été fait du Latin *Apricare*, d'où nous est venu Abri.

EMBESOGNER. v. a. Vieux mot qui veut dire, Occuper à quelque besogne. Quelques-uns disent encore, *Un homme embesogné*, pour dire, Un homme occupé, qui a toûjours quelque affaire.

EMBLER. v. a. Vieux mot qui a été dit pour Dérober, emporter avec violence, du Latin *Involare*, que Servius dit avoir été fait de *Vola*, Paume de la main. Nicod le fait venir du Grec ἐμβάλλειν, Entrer avec violence.

Embler, est aussi un terme de Chasse, lorsqu'aux allures d'une bête les piés de derriere surpassent de quatre doigts les piés de devant, ce que l'on remarque à celles des cerfs.

EMBLEYER. v. a. Vieux mot. On a dit autrefois *Embléer*, pour Embaver, semer une terre en blé, venant du Latin *Imbladare*. Ce mot a fait *Emblayer* autre vieux mot, qui s'est dit d'une chose quand elle occupoit si fort, qu'on ne pouvoit trouver le tems de faire aucune autre affaire.

EMBODINURE. s. f. Terme de Marine. On appelle *Embodinure*, plusieurs menus bouts de corde, dont l'arganeau de l'ancre est environné. On le fait pour empêcher que le cable ne se gâte contre le fer.

EMBOIRE. v. n. Terme de Peinture. Il se dit des couleurs à huile qui s'étendent sur la toile ; ce qui les rend mates. Ainsi on dit qu'*Un Tableau est embu*, pour dire, Que la couleur n'en paroît pas bien, qu'il y a un certain mat qui empêche que l'on n'en discerne toutes les touches, & qu'il a perdu son lustre. Pour peindre contre une muraille, il faut quand elle est bien seche, y donner deux ou trois couches d'huile toute bouillante, autant de fois qu'on le juge necessaire, jusqu'à ce qu'on voye que l'enduit demeure gras, & qu'il n'emboit plus. On dit aussi *S'emboire*. *Quand il y a trop d'huile dans les couleurs, elles sont plus sujettes à s'emboire*. Ce mot vient du Latin *Imbibere*.

Emboire est aussi actif, & l'on dit *Emboire un*

Bb

moule de plâtre, pour dire, Le frotter d'huile, & ensuite de cire fondue, qu'on met dans toutes les petites pieces du moule, afin que l'ouvrage de cire qu'on y veut jetter, soit plus parfait & plus beau.

EMBOLISME. s. m. Terme de Chronologie. C'est la même chose qu'*Intercalation*. Ce mot vient de ἐμβολισμός, dont le primitif est ἐμβάλλειν, jetter dedans. Intercaler en Chronologie, c'est ajoûter quelque chose à un compte, à une supputation du Calendrier, pour produire une égalité que l'on cherche. On veut égaler ou un calcul *civil* & *politique* à un mouvement céleste, ou deux mouvemens celestes ensemble. Par exemple, le cours annuel du Soleil étant de 365. jours, 5. heures, 49'. il est impossible que dans l'usage civil, on commence une seconde année à 5.heures 49'. du 366.ième. jour. Il faut donc en reglant l'année civile negliger les fractions, & ces fractions negligées la rendent à la longue fort differente de l'année Astronomique. Pour remettre l'égalité entre elles, on attend que les heures, & minutes negligées ayent produit un jour, & on ajoûte ce jour à l'année civile, ce qui est *intercaler*, & cette operation s'appelle *Intercalation* ou *Embolisme*. (Voyez CALENDRIER.) De même le cours du Soleil étant de 11. jours plus long que 12. mois Synodiques de laLune, (Voyez EPACTE & CYCLE,)ces 11. jours produisent en 3. ans, 33. jours dont on en prend 30. pour ajoûter un mois aux 12. dont l'Année Lunaire est ordinairement composée. Ce treiziéme mois s'appelle *Embolismique* ou *Intercalaire*, & en le repetant plusieurs fois on parvient enfin à égaler les mouvemens du Soleil & de la Lune, & à les faire revenir aux mêmes points. Voyez CYCLE.

EMBOLISMIQUE. adj. Intercalaire. Le jour que l'on compose des 5. heures 49'. restant de l'Année Astronomique, & que l'on ajoûte à chaque quatriéme année, est un jour *Embolismique*. Voyez CALENDRIER.) De même c'est un mois Embolismique que celui qu'on ajoûte à chaque troisiéme année Lunaire, & qui est composé des 11. jours de l'Epacte repetés. (Voyez EPACTE & CYCLE.) On appelle aussi quelquefois *Année Embolismique*,celle dans laquelle il se fait un Embolisme,quel qu'il soit, car il ne se fait jamais un Embolisme d'année, mais seulement de jour ou de mois. On oppose à l'Année l'Embolismique ou Intercalaire l'*Année commune*, dans laquelle il ne se fait point d'intercalation.

EMBORDURER. v. a. Mettre une bordure à un tableau.

EMBOSSURE. s. f. Terme de Marine. Nœud que l'on fait sur une manœuvre, & auquel on ajoûte un amarrage.

EMBOUCHE', E'E. adj. Terme de Blason. Il se dit du bout d'un cornet, d'une trompe & d'une trompette qu'on met dans la bouche pour en sonner, quand ce bout est d'un émail different du corps.

EMBOUCHOIR. s. m. Terme de Cordonnier. Instrument qui sert à élargir des bottes. Il est fait de deux morceaux de bois en forme de jambe. On y chasse un coin qui fait élargir le cuir.

EMBOUCHURE. s. f. Fer que l'on met dans la bouche du cheval pour le tenir sujette. Ce fer se forge de differentes façons. Il y a des Embouchures à canon simple, d'autres à canon montant, & d'autres à berges, à pas d'âne, à olives, à écaches, avec liberté ou sans liberté de langue; mais toûjours proportionnées à la bouche du cheval, selon qu'il l'a plus ou moins fendue ou sensible. Le mors est pris fort souvent pour l'embouchure, quoiqu'en general il signifie toutes les pieces de fer dont la bri-

de est composée.

On dit *Embouchure de canon*, pour dire, l'Ouverture du canon par où l'on met le boulet & la poudre. On appelle *Embouchure de trompette, de flûte, de flageolet*, la partie de ces instrumens que celui qui en veut jouer met dans sa bouche. Les Chauderonniers & les Potiers appellent aussi *Embouchure de marmite, embouchure de fourneau*, l'entrée d'un fourneau, d'une marmite.

EMBOUCLE', E'E. adj. Terme de Blason. Il se dit des pieces garnies d'une boucle, comme sont les colliers des levriers.

EMBOUQUER. v. n. Terme de Marine. Quand on entre dans les Isles des Antilles, cela s'appelle *Embouquer*.

EMBOURRER. v. a. Terme de Tapissier. On dit *Embourrer une chaise*, pour dire, La garnir de bourre & couvrir de toile.

EMBOURRURE. s. f. Garniture de bourre, & couverture de toile mise sur la bourre d'une chaise. On a payé tant pour l'embourrure de six chaises. Toile d'embourrure

EMBOUTE', E'E. Terme de blason. Il se dit non seulement des pieces qui ont un cercle ou une virole d'argent en leur extrémité, mais encore des manches de marteau, quand les bouts en sont garnis d'émail different.

EMBOUTIR. v. a. Terme d'Orfevre. Former & travailler l'argent sur une petite machine qu'on appelle *Etampe*.

EMBRANCHEMENT.s.m.Piece de bois qui fait partie de la charpente des couvertures. Elle sert de petit entrait dans l'empanon & le coyer.

EMBRAQUER. v. a. Terme de Marine. Mettre ou tirer une corde dans un Vaisseau à force de bras.

EMBRASER. v. a. Terme d'Architecture. Elargir en dedans la baye d'une porte, ou d'une croisée, ce qui se fait depuis la feuilleure jusqu'au parpain du mur, & rend les angles du dedans obtus. On dit aussi *Ebraser*.

EMBRASSE', E'E. adj. Terme de Blason. Il se dit d'un Ecu parti ou coupé, ou tranché d'une seule émanchure, qui s'étend d'un flanc à l'autre. D'argent embrassé de gueules.

EMBRASSER. v. a. *Serrer, étreindre avec les deux bras*. ACAD. FR. C'est aussi un terme de Manege ; & on dit qu'*Un cheval embrasse la volte*, quand de l'endroit où il a posé les piés de devant jusqu'à celui où il les pose de nouveau, il embrasse à peu près l'espace d'un pié & demi. Le contraire d'embrasser la volte, est *Battre la poudre*, qui se dit quand un cheval pose ses piés de devant auprès de l'endroit d'où il vient de les lever.

EMBRASSURE. s. f. Assemblage à queue d'aronde de quatre chevrons chevillés, qu'on met au dessus du larmier d'une souche de cheminée de plâtre, afin d'empêcher qu'elle ne s'éclate. On nomme aussi *Embrassure*, une barre de fer méplat, qu'on employe au même usage, & qui est coudée & boulonnée.

EMBRASURE. s. f. Terme d'Architecture. Elargissement qui se fait dans les murailles pour donner plus de jour & plus de commodité aux fenêtres & aux portes. *Embrasure* se dit aussi de l'obliquité que l'on donne au mur qui tient lieu d'appui aux abajours & aux soupiraux. On dit aussi *Ebrasement* & *Embrasement*.

Embrasure. Terme de Guerre. Ouverture d'un parapet, où l'on pointe le canon pour le tirer dans le fossé ou dans la campagne. Les embrasures sont d'ordinaire éloignées de douze piés l'une de l'autre , & chacune eſt ouverte par dehors de ſix à ſept piés , & environ de trois par dedans. Leur élevation ſur ſa plateforme , eſt de trois piés du côté du canon , & d'un pié & demi du côté de la campagne. C'eſt ce qu'on nomme auſſi *Canonniere.*

On appelle *Embraſure de fourneau* , la partie du fourneau , où paſſe le col de la cornue.

EMBREVEMENT. ſ. m. Maniere d'entailler une piece de bois , afin d'empêcher qu'une autre piece jointe & aſſemblée contre la premiere , ne ſe hauſſe ni ſe baiſſe.

EMBRICONER. v. a. Vieux mot. Tromper , décevoir. Un ancien Poëte a dit que l'amour ,

> *Le plus meſurable enivre ,*
> *Et le plus ſage embricone.*

Il a été auſſi employé pour mettre en pieces. On a dit encore *Abriconer.*

EMBROCHIE'. adj. Vieux mot. Caché, affublé. *Si encontra un Chevalier & Dames toutes embrochiées en lor chapes qui lor penitence feſoient.*

EMBROCATION. ſ. f. Terme de Pharmacie , Medicament liquide , huile , décoction , ou autre liqueur , dont on arroſe quelque partie du corps , en la frottant à meſure que la liqueur tombe. Ce mot vient du Grec ἐμβροχὴ , Irrigation qui ſe fait en trempant du linge dans quelque liqueur , de βρίχιν , Pleuvoir , arroſer.

EMBRONCHIER. v. n. Vieux mot. Tomber en faiſant quelque faux pas.

EMBROUILLER. v. a. *Mettre de la confuſion , de l'obſcurité.* ACAD. FR. On dit en termes de Marine , *Embrouiller les voiles* , pour dire , Ferler les voiles , les joindre enſemble.

EMBRUME', EE. adj. Terme de Marine. On appelle *Tems embrumé* , un tems de brouillards , pendant lequel on a peine à ſe connoître , & *Terre embrumée* , une terre couverte de brouillard. Ce mot vient de *Brume* , Brouillard de mer , du Latin *Bruma* , qui veut dire , Toute ſorte de brouillards.

EMBRUNCHER. v. a. On a dit *S'embruncher* ou *s'embrunger* , dans le vieux langage , pour dire ; Se couvrir , s'affubler. *Il couvrit ſa face , & s'embruncha ;* & ailleurs , *Si s'embruncha dans ſon chaperon.*

C'eſt auſſi un terme de Charpenterie. C'eſt engager des pieces de bois les unes ſur les autres.

EMBRYON. ſ. m. Terme de Medecine. Fœtus, commencemens de formation du corps de l'animal dans le ventre de la mere , avant qu'il ait reçu tous les lineamens & toutes les diſpoſitions des parties dont il a beſoin pour être animé. Ce mot eſt Grec ἔμβρυον , de la particule ἐν , & de βρύειν , Germer , ſourdre

EMBU , UE. adj. Terme de Peinture. Quand les couleurs ſont bien empâtées , avant que de vernir un tableau , la détrempe paroît plus embue que la peinture à huile.

EMBUCHEMENT. ſ. m. Vieux mot. Abouchement, pourparler. On l'a employé auſſi pour Embuche , trahiſon. Borel dit qu'il vient de *Boſc* , Bois , forêt où ſe cachent les ſoldats , comme qui diroit *Emboſche.*

E M E

EMENDER. v. a. Vieux mot. Corriger. Dans les Arrêts on dit *Emendant.*

EMERAUDE. ſ. f. Pierre precieuſe du plus beau verd qui ſe voye. Elle eſt fort agreable à la vûe , & d'une matiere extrêmement pure , mais moins

Tome I.

ſolide que l'Hyacinthe , le Saphir & l'Amethyſte. Il y en a pourtant de ſi dures qu'on ne les ſçauroit graver. Ce ſont celles de Tartarie & d'Egypte. Quelques-uns comptent douze ſortes d'Emeraudes, dont les unes ſe trouvent dans les fentes des rochers , & les autres aux mines de bronze ; mais en general on ne connoît que l'Orientale & l'Occidentale. La premiere eſt plus eſtimée que l'autre , étant plus belle & plus transparente , mais l'Occidentale l'emporte en groſſeur. L'Emeraude faite en table , montre les objets comme un miroir. On dit que Neron en avoit une dans laquelle il voyoit les combats des Gladiateurs. Cette pierre a la vertu de reſiſter aux venins. Elle preſerve de l'épilepſie , fortifie la vûe , & guerit la lepre. On l'appelle en Latin *Smaragdus* , du Grec σμάραγδος , ou μάραγδος , fait du verbe μαραγίζειν , Reluire , qui a été dit pour μαρμαίρειν

EMERIL. ſ. m. Pierre metallique rouge & quelquefois griſe , qui ſert à polir & à brunir l'or. Les Vitriers s'en ſervent pour couper le verre , & elle eſt bonne à tailler le marbre & les pierreries , à la reſerve du diamant. Cette pierre eſt dure & fort peſante , & on la trouve particulierement dans les mines de cuivre , de fer & d'or. L'Emeril ſe réduit en une poudre impalpable dans l'eau de vie ou dans l'eſprit de vin. Quand il eſt fondu avec le plomb & le fer , il les endurcit. Il augmente même la couleur & le poids de l'or , & le fait devenir rouge. En Latin *Smiris* ou *Smyris* , du Grec σμίρις , ou σμύριης , Nettoyer , polir.

On appelle auſſi *Emeril* , Certaines duretés qui ſe trouvent dans le marbre blanc , & qui viennent d'un mélange de cuivre ou d'autre métal qui s'y rencontre. Elles y font de petites taches noires en quelques endroits.

On appelle *Putée d'Emeril* , ce que l'on ôte de deſſus les roues qui ont ſervi à tailler des pierreries.

EMERILLON. ſ. m. Oiſeau de poing , & le plus petit de tous les oiſeaux de Fauconnerie. Il eſt gros comme un pigeon , vif , hardi , fort bigarré , & reſſemble au faucon pour la couleur. Cet oiſeau eſt fort plaiſant au vol de la corneille & de l'aſſouette hupée. On l'appelle en Latin *Varius accipiter* , & en Grec σμίκλος ἱέραξ. Les Habitans des Antilles ont dans leurs Iſles un *Emerillon* qu'ils nomment *Gri-gri* , à cauſe du cri qu'il jette , & qu'ils expriment par ces deux ſyllabes. C'eſt un petit oiſeau de proye qui n'eſt pas plus gros qu'une grive. Toutes ſes plumes de deſſus le dos & des aîles ſont rouſſes tachetées de noir , & il a le deſſous du ventre blanc moucheté d'hermine , il eſt armé de bec & de griffes à proportion de ſa grandeur , & ne fait la chaſſe qu'aux petits lezards & aux ſauterelles qui ſont ſur les arbres , quelquefois aux petits poulets qu'il trouve tout nouvellement éclos. La poule lui donne la chaſſe , & ſe défend contre lui. Les Habitans en mangent , mais il a fort peu de graiſſe.

Emerillon , eſt auſſi une eſpece de canon mediocre , qui a de longueur trente-ſept calibres. Il tire dix onces de fer , ou quinze onces de plomb , & ſe charge de quinze onces de poudre fine. Il y a un Emerillon bâtard , & un Emerillon extraordinaire.

Emerillon. Terme de Cordier. Morceau de bois en forme de ſifflet , ayant au bout un crochet de fer , qui ſert à cabler la ficelle & autre cordage.

EMERSION. ſ. f. Terme d'Aſtronomie. Il ſe dit quand une étoile commence à paroître , étant sortie des rayons du Soleil, qui empêchoient qu'elle ne fût vûe auparavant. L'Emerſion eſt alors la même choſe que le *lever Heliaque*. Voyez HELIAQUE. Ce mot ſe dit auſſi d'une Planete qui ſort de l'ombre d'un corps qui l'avoit éclipſée. L'*Emerſion de la Lune commence à telle heure*. Voyez ECLIPSE. A emerſion s'oppoſe immerſion. Voyez IMMERSION.

EMETIQUES. ſ. m. Medicamens, qui étant pris intérieurement font ſortir par la bouche, les mauvaiſes humeurs qui ſont renfermées dans l'eſtomac. Les uns ont une proprieté particuliere qui provoque à vomir, comme la moyenne écorce du noyer, la graine de rave & d'atroche, la noix vomique, l'aſarum, & les fleurs & les feuilles de geneſte. Les autres contribuent à exciter le vomiſſement, ou en nageant dans le ventricule, ou par la relaxation de ſon orifice ſuperieur. Si l'on prend de l'eau tiede en quantité, elle produit cet effet, auſſi bien que les bouillons gras, la tiſanne avec du miel, & l'huile commune avec de l'eau & du beurre. Ce mot vient du Grec *ἔμετος*, Vomiſſement.

EMEUTIR. v. n. Terme de Fauconnerie. On dit d'un oiſeau de proye, qu'*Il émeutit*, pour dire, qu'il ſe décharge le ventre; & on appelle *Emeus*, ce que vuident ces ſortes d'oiſeaux.

EMI

EMIR. ſ. m. Nom de dignité que les Turcs & les Saraſins donnent à ceux qu'ils croyent deſcendus de Mahomet. Il n'y a que les Emirs qui ayent droit de porter le Turban vert, & ils ſont en grande veneration parmi ces peuples.

EMM.

EMMANCHE', E'E. adj. Terme de Blaſon. Il ſe dit des haches, des faux, des marteaux & des autres choſes qui ont un manche. *D'azur à trois faux d'argent, emmanchées d'or*. Furetiere & ſes Scholiaſtes diſent que quand on emmanche une faux à rebours, c'eſt une arme fort dangereuſe, liſez *à revers*.

EMMARINER. v. a. Terme de Marine. On dit, *Emmariner un Vaiſſeau*, pour dire, Mettre du monde deſſus pour le faire aller en mer. On appelle *Gens emmarinés*, Ceux qui par de longs voyages ſe ſont accoûtumés à la mer.

EMMIELER. v. a. Terme de Marine dont l'uſage n'eſt pas general. Quelques-uns diſent *Emmieler un étai*, pour dire, Remplir le vuide qui eſt le long des tourons des cordes dont l'étai eſt compoſé.

EMMIELLURE. ſ. f. Onguent que les Maréchaux appliquent ſur les enflures & ſur les foulures des chevaux. Il eſt fait d'un mélange de miel, de graiſſe, de terebenthine & d'autres drogues, & on en frote les parties incommodées.

EMMORTOISER. ou *Emmortaiſer*. v. a. Faire entrer dans une mortoiſe le bout d'une piece de bois ou de fer, diminué quarrément environ du tiers de ſon épaiſſeur.

EMMUSELE', E'E. adj. Terme de Blaſon. Il ſe dit des ours, des chameaux, mulets, & autres animaux auſquels on lie le muſeau, pour empêcher qu'ils ne mordent ou ne mangent. *D'argent à une tête d'ours de ſable, emmuſelée de gueules*.

EMO

EMOLLIENS. ſ. m. Terme de Pharmacie. Medica-

mens qui amolliſſent les duretés du bas ventre, ou des tumeurs ou enflures. Les émolliens ſont chauds, comme l'Akthæa, les racines de lis, les mauves. Ce mot vient d'*Emollire*, Amollir, qui veut dire en Pharmacie, Rendre un medicament plus mol qu'il n'étoit, en le rechauffant, ou en y mêlant quelque choſe qui ſoit humide.

EMOLOGUER. v. a. Mot du vieux langage. Approuver.

EMONCTOIRE. ſ. f. Terme de Medecine. Glande qui ſert à décharger les humeurs ſuperflues du corps. Les parotides ſont les émonctoires du cerveau. Le ventre & les inteſtins ſont l'émonctoire de la premiere digeſtion; les reins & la veſſie urinaire, l'émonctoire de la ſeconde digeſtion, & l'inſenſible tranſpiration eſt deſtinée pour être l'émonctoire de la troiſiéme digeſtion, & pour chaſſer par la circonference du corps, ce qui s'engendre d'heterogene, & de vicieux dans la nutrition. On fait venir ce mot du Latin *Mucus*, Excrement qui ſort du nez.

EMOUSSE', E'E. adj. Il ſe dit des fers dont la pointe eſt rebouchée. *De gueules à trois fers de lances émouſſés d'argent*.

EMOUSSER. v. a. On dit en termes de Guerre, *Emouſſer les angles d'un Bataillon*, pour dire, En retrancher les quatre encoignûres, en ſorte que les chefs de files & les ſerrefiles des angles ſoient diſpoſés de telle maniere, qu'ils forment un angle obtus & émouſſé, approchant d'une ſeule ligne droite. Cette diſpoſition fait que le Bataillon quarré devient octogone, ce qui donne moyen de faire feu de tous côtés, & de preſenter les armes par tout.

EMP

EMPANON. ſ. m. Terme de Charpenterie. Chevron de croupe ou de long pan. Il tient par en haut aux arreſtiers, & par en bas ſur les ſablieres ou plates formes. Les Charrons nomment *Empanons*, deux pieces de bois du train de derriere d'un carroſſe, qui étant attachées aux deux côtés de la fleche, paſſent ſur l'eſſieu, & débordent hors du train.

EMPARAGER. v. a. Vieux mot. Mettre dans un rang égal à celui qu'on a. On diſoit autrefois. *Emparager une Fille*, pour dire, La marier noblement & ſans dérogeance.

EMPARLIER. ſ. m. Vieux mot, qui ſe trouve dans la ſignification d'Avocat. On a dit auſſi *Parlier* & *Aparlier*, & on diſoit encore *Emparlé*, pour Eloquent.

EMPASME. ſ. m. Poudre qu'on répand ſur tout le corps, pour cauſer de la démangeaiſon à la peau. Il vient du Grec, *ἐμπασμός*, Arroſer.

EMPASTELER. v. a. Terme de Teinture. Faire prendre le bleu aux laines & aux étoffes par le moyen du paſtel ou de la gueſde.

EMPASTER. v. a. Terme de Peinture. Les Peintres appellent *Bien empâter*, Coucher les couleurs ſans precipitation, les mettre épaiſſes, & couvrir & recouvrir pluſieurs fois les carnations. Ainſi on dit qu'*Un tableau eſt bien empâté de couleur*, pour dire, qu'il eſt bien nourri de couleurs, qu'elles ſont miſes épaiſſes & couchées uniment.

EMPATEMENT. ſ. m. Ce qui ſert de pié à quelque choſe. On appelle *Empatement de muraille*, la partie la plus baſſe du mur. Sa largeur doit être proportionnée à l'épaiſſeur & à la hauteur que l'on veut donner à la muraille. C'en eſt la baſe, le fondement. On dit auſſi l'*Empatement d'une grue*. Ce ſont les pieces de bois ſur leſquelles elle eſt élevée.

Empatement. Terme de Fortification. La bafe ou le pié qui foutient un rempart ou une muraille , & qui empêche qu'elle ne s'éboule.

EMPATER. v. a. Les Charons difent , *Empater des rais* , pour dire , Faire les pates des rais des roues.

EMPATURE. f. f. Terme de Marine. On appelle *Empatures* dans un Vaiffeau , la jonction de deux pieces de bois mifes à côté l'une de l'autre.

EMPAUMER. v. a. Terme de Venerie. On dit , *Empaumer la voie,* pour dire , Suivre la pifte, être dans la droite voie de quelque gibier. Il fignifie auffi Tromper. *Ce pauvre miferable s'eft laiffé empaumer.*

EMPAUMURE. f. f. Terme de Chaffe. Le haut de la tête d'un vieux cerf ou d'un vieux chevreuil , qui eft large & renverfée , & où il y a plufieurs andouillers.

Empaumure , eft auffi un terme de Gantier, & fe dit de la partie du gand qui prend depuis la fente des doigts jufqu'au pouce. Elle eft appellée ainfi , parce qu'elle couvre toute la paume de la main.

EMPEIGNE , f. f. Petite piece de cuir qui tient dans un foulier depuis le col du pié jufqu'au bout. *L'Empeigne avance trop & me bleffe.*

EMPELOTE' , E'E. adj. Terme de Fauconnerie. On appelle *Oifeau empeloté* , Un oifeau qui ne fçauroit digerer ce qu'il avale.

EMPENELE. f. f. Terme de Marine. Petite ancre que l'on mouille au devant d'une groffe. Il y a un petit cable qui la tient , & ce cable eft frappé à la groffe ancre , afin que le Vaiffeau foit plus en état de refifter à la force du vent.

EMPENNE' , E'E. adj. Vieux mot, qui veut dire , Aîlé , du Latin *Penna* , Aîle. On le difoit autrefois des fleches , au bout defquelles on mettoit des plumes pour les conduire en l'air , & les faire aller plus vîte. On le dit encore dans le Blafon , d'un dard ou d'un javelot qui a fes aîlerons ou pennes. *D'azur à un arc d'or, chargé de trois fleches d'argent empennées d'or.*

EMPENRE. v. a. Apprendre.

EMPEREUR. f. m. *Monarque, Chef Souverain d'un Empire.* ACAD. FR. Les Romains donnoient le nom d'*Imperator* , à tous leurs Generaux d'armée , & ce nom venoit d'*Imperare* , Commander, mais ils appelloient ainfi particulierement un General d'Armée , que les foldats avoient falué de ce nom par leurs acclamations , après qu'il avoit mis quelque Ville confiderable fous la domination de la Republique , ou gagné quelque Bataille , où dix mille hommes avoient été tués du côté des ennemis. Il étoit après cela honoré du même titre par un decret du Senat. Le Peuple Romain nomma Céfar Empereur, pour marquer la puiffance fouveraine que lui accordoit la Republique ; & c'eft dans ce dernier fens qu'on a appellé auffi Augufte Empereur, tous fes fucceffeurs ayant eu le même nom. Aujourd'hui nous entendons par ce nom celui qui eft Chef de l'Empire d'Allemagne. Sa dignité eft fi grande & fon pouvoir va fi loin, qu'il a celui d'ériger des Principautés en Royaémes. Ainfi l'an 1601. l'Empereur Henri III. fit un Royaume du Duché de Pologne , & en 1086. Henri IV. en fit de même à l'égard de la Boheme. Charles le Brave , Duc de Bourgogne , pria l'Empereur Frederic III. de lui donner le titre de Roi , mais il ne put l'obtenir. L'Empire étant électif , on élit un Empereur , quand il demeure fans Chef , ou par la mort de celui qui poffedoit cette dignité , ou par la démiffion volontaire qu'il en a fait , ou lorfque fa méchante conduite le ren-

dant digne d'en être privé , on procede à une nouvelle élection. Elle devroit fe faire à Francfort , où la plûpart des Empereurs ont été élûs ; mais le lieu n'eft pas certain quoique la Bulle d'or en ait expreffement ordonné. L'Electeur de Saxe a contefté autrefois l'élection de Ferdinand I. pour avoir été faite à Cologne. Cependant avant lui Henri II. avoir été élu à Mayence , Henri III. à Aix , Henri V. à Cologne , Lothaire II. à Mayence , & depuis lui Maximilien & Rodolphe II. & Ferdinand III. ont reçû cet honneur à Ratifbone , & Ferdinand IV. à Aufbourg. Les Electeurs peuvent fe nommer eux-même dans l'élection d'un Empereur ; & Sigifmond de Luxembourg , Roi de Bohême , étant en l'Affemblée pour élire un fucceffeur à Robert de Baviere , parla le premier felon la coûtume , & fe nomma ; en difant , qu'il ne connoiffoit perfonne plus digne de l'Empire que lui. Les autres Electeurs touchés de fa noble hardieffe , lui donnerent unanimement leurs voix. Il faut pourtant obferver que les Electeurs Ecclefiaftiques n'ont point de voix paffive dans ces Affemblées d'élections , & qu'ils ne peuvent fe nommer eux-mêmes , parce que l'on a jugé qu'une même main ne pouvoit porter la croffe & l'épée. Les Electeurs ne peuvent mettre fur le Trône Imperial qu'une perfonne de famille illuftre , à caufe que devant être le Chef de plufieurs Princes qui reffemblent à des Rois , ils ne verroient pas fans déplaifir la Couronne fur une tête moindre que la leur , & auroient peine à recevoir leurs fiefs d'une perfonne qui leur cederoit en grandeur de naiffance. Ils s'attachent auffi toûjours à élire un Prince riche , & cela vient de ce que les Empereurs ont aliené prefque tous les droits de l'Empire , qui apportoit fix millions d'or ou dix-huit millions de livres de revenu avant le tems de Rodolphe de Habfpourg. Si l'Empereur meurt avant qu'on lui ait donné un fucceffeur par l'élection d'un Roi des Romains , les Vicaires de l'Empire font fçavoir cette mort aux Etats qui reconnoiffent leur Vicariat. Autrefois il y avoit trois Vicaires en Orient , trois en Occident , un en Afrique , & un en Efpagne. Prefentement il n'y en a que deux , qui font les Electeurs Palatin du Rhin & de Saxe, dont la dignité vient de la Charge de Grand-Maître qu'ils avoient fous les Empereurs Carlovingiens. Lorfque l'Empire eft vacant , le premier gouverne le Rhin , la Franconie , la Souabe & la Baviere jufqu'aux Alpes , & l'autre tout le pays où les loix Saxonnes font obfervées ; mais ce droit ceffe s'il y a un Roi des Romains , parce qu'il eft Empereur fi-tôt que l'autre Empereur eft mort. L'élection étant faite , celui fur qui le choix eft tombé prend les noms de Céfar & d'Augufte , & pour faire voir l'éclat de la Majefté Imperiale , il dîne en cérémonie. Alors celui des Electeurs Ecclefiaftiques qui eft le plus ancien Prêtre , benit la table en la prefence des deux autres. Un peu après celui de Mayence prefente au nouvel Empereur les Seaux de l'Empire dans un baffin d'argent , & l'Empereur les lui rend pour le confirmer dans fa Charge d'Archichancelier. Le Marquis de Brandebourg lui donne à laver, le Duc de Saxe monte à cheval , & s'étant approché d'un grand monceau d'avoine, il en prend un peu dans un picotin d'argent , & donne l'avoine & le vafe au Comte de Papenheim. Le Duc de Baviere met le premier plat fur la table , & le Roi de Bohême porte à boire à l'Empereur dans un grand gobelet de vermeil doré , fans avoir la Couronne en tête s'il ne veut. Les vaiffeaux que les Electeurs employent dans cette cérémonie , font tous & toûjours d'un certain poids & d'un prix fixé ; & appartiennent à leurs Vicaires qui font leur charge, & non pas à leurs Ambassadeurs, s'ils ne s'y peuvent trouver en personne. Les Vicaires des Electeurs font les Seigneurs & Comtes de Limbourg, de Walpourg, Papenheim & de Hohemzolleren pour les quatre anciens, & celui de Zinzendorf pour le nouveau. Ce dernier Electeur ne fert pas l'Empereur à table ; mais il commence à jetter au Peuple les pieces d'or & d'argent qui fe battent d'ordinaire pour cette cérémonie, après quoi il en laisse faire la diftribution à fon Vicaire, qui doit avoir de ces pieces jufqu'à une certaine fomme qui égale à peu près la valeur des vafes qu'on donne aux autres Vicaires. Aucun des Electeurs Eccleffiaftiques n'a de Vicaire, que celui de Mayence, qui a un Vice-chancelier en la Chambre Imperiale de Spire. Il y a deux Couronnes en Allemagne, qui fervent au Couronnement de l'Empereur. L'une pefe quatorze livres, & elle eft gardée à Nuremberg ; l'autre n'eft pas fi pefante, & fe garde à Aix. L'une & l'autre eft de fin or. L'Electeur de Cologne a long-tems couronné les Empereurs : & n'y en ayant point eu de Prêtre durant près d'un fiecle, celui de Mayence faifoit l'Office ; ce qui caufa de la difpute entre ces deux Electeurs au facre de Ferdinand IV. Celui de Cologne fe trouvant Prêtre, prétendit que c'étoit à lui à couronner l'Empereur. Celui de Mayence alleguant la poffeffion de fes prédeceffeurs, demanda qu'on l'y maintînt, & en effet ce fut lui qui fit l'office. Ces deux Electeurs ont affoupi ce differend par l'accord qu'ils firent pendant leur féjour à Francfort, quand l'Empereur Leopold y fut élu. Chacun de ces Princes facrera l'Empereur, quand la cérémonie fe fera fur les terres de fon Diocefe, & fi on la fait ailleurs, ils jouiront alternativement de cet honneur. Le Diademe des anciens Empereurs étoit des bandelettes blanches, avec lefquelles on lioit la tête des Rois. C'eft prefentement une Couronne que la Bulle d'or appelle *Infula*. C'étoit le Roi de Bohéme qui la porroit ordinairement : mais l'Empereur d'aujourd'hui étant Roi de Bohême avant que d'être Empereur, cet honneur fut accordé à l'Electeur Palatin. Celui de Baviere porte la pomme d'or, celui de Saxe la Couronne, & celui de Brandebourg l'épée. Le Manteau Imperial eft grêlé de pierreries. Il fe ferme avec une boucle d'or vers la poitrine, & reffemble à la chape des Evêques.

EMPESER. v. a. *Accommoder & dreffer fe linge avec de l'empois.* ACAD. FR. On dit en termes de Marine *Empefer la voile*, pour dire, Jetter de l'eau deffus quand fa toile eft fi claire par les cueilles du milieu, que le vent paffe au travers. Son tiffu fe refferre par l'eau qu'on y jette, & cela fait que la voile prend mieux le vent.

EMPETRUM. f. m. Plante, qui, felon Diofcoride, étant prife en breuvage avec un bouillon, ou en eau miellée, évacue le flegme, la colere & les aquofités. Il dit qu'elle croît aux montagnes & lieux maritimes, qu'elle a un goût falé, & plus d'amertume dans ce qui eft le plus près de terre. Galien, en parlant de l'Empetrum, dit auffi qu'il ne fert qu'à évacuer le phlegme & la colere, & qu'il peut être employé par tout où l'on ordonne les chofes falées.

EMPHRACTIQUES. f. m. Medicamens qui font un effet contraire à celui des Ecphractiques, qui débouchent. Ceux-ci rempliffent les pores par leur vifcofité, & les bouchent par leur lenteur, ce qui les fait regarder comme emplaftiques. Ce mot vient du Grec εμφρασσω, Boucher.

EMPHYTEOSE. f. f. Bail d'heritage à longues années, & qui emporte une efpece d'alienation. Tout Bail qui excede neuf années jufqu'à quatre-vingt-dix-neuf, eft emphyteotique. Ce mot vient de εμφυτευσις, qui veut dire ce que nous appellons Amelioration, du Grec εμφυτευσις, Planter dans, parce que c'eft un Contrat par lequel on donne fon fond pour un fort long-tems, à la charge par le preneur de le cultiver pour le rendre en meilleur état.

EMPIERIER. v. n. Vieux mot. Empirer.

EMPIETER. v. a. Terme d'Autourferie. On dit qu'*Un autour empiete la proie*, pour dire, qu'il l'enleve, qu'il la tient avec fes ferres. C'eft de-là que dans le Blafon *Empietant*, fe dit d'un autour ou d'un faucon, qui eft fur fa proie. *D'azur au faucon d'or, empietant une perdrix.*

EMPIRANCE. f. f. Terme de Monnoie. Diminution ou affoibliffement qui fe fait dans les monnoies, foit pour le titre, le poids ou la taille, foit pour la proportion, le prix de l'expofition & celui de la matiere. Il y a plufieurs fortes d'empirance. Elle fe fait en diminuant le poids des efpeces d'or ou d'argent, ou leur bonté interieure, en furhauffant également le cours de l'une & de l'autre des bonnes efpeces d'or & d'argent, en furchargeant de traite exceffive les efpeces d'or feulement, ou celles d'argent, ou bien les unes & les autres enfemble : en s'éloignant beaucoup de la proportion reçue entre tous les voifins, ou en la chargeant fouvent par le furhauffement du prix de l'une des bonnes efpeces fans toucher à l'autre, & enfin en faifant fabriquer une fi grande quantité d'efpeces de bas billon ou de cuivre, qu'on foit obligé de les faire entrer dans le commerce, & de les recevoir en fommes notables au lieu des bonnes efpeces d'or & d'argent.

Empirance, eft auffi un terme de Marine, & il fe dit du dechet, corruption ou diminution qui arrive aux marchandifes que la tempête ou quelque autre accident contraint de jetter de côté & d'autre dans le Vaiffeau.

EMPLASSEMENT. f. m. Terme qui fe dit quand on décharge le fel dans les greniers des Gabelles. Les Officiers qui font obligés de veiller à ces greniers, doivent fe trouver à l'emplaffement & au mefurage des fels. L'Auteur du Dictionaire univerfel croit que pour une maifon, il faut écrire *Emplacement*, ne faudroit-il pas mieux dire, *Applacement*.

EMPLASTIQUES. f. m. p. Terme de Pharmacie. Medicamens qui par leur fubftance enduifent & bouchent les conduits du corps : ce qui fait qu'on les confond avec les emphractiques. Ils font compofés de racines d'althæa & de lis, de bol, de gomme arabique, de cerufe, d'amidon, de gomme de traganth, de terre figillée, de farine de froment, de fromage frais, de blanc d'œuf, & autres. Ce mot vient d'εμπλασσω, Boucher, mettre en maffe.

EMPLASTRE. f. f. Les Medecins le font mafculin. Medicament de fubftance folide & glutineufe, compofé de diverfes fortes de fimples amaffés en un corps, pour être appliqué exterieurement. On a inventé les emplâtres pour avoir un medicament qui fejournât plus que les cerats fur la partie offenfée, & qui confervât plus long-tems fa vertu. Il y en a de glutinatifs, de refolutifs, d'aftringents, de remollitifs, felon leurs diverfes qualités, & d'autres qu'on appelle cephaliques, fpleniques, ftomachiques, hyfteriques, felon les parties où ces emplâtres font propres. Parmi un grand nombre d'emplâtres qui ont divers noms, il y en a un que l'on appelle *Emplâtre divin*, à caufe des rares vertus qu'il a pour la guerifon des vieux ulceres. Il déterge & abforbe leur pourriture, engendre de la chair nouvelle, & les cicatrife. Les ingrediens qui entrent dans cette emplâtre, font l'ariftoloche longue, le bdellium, le maftic, la myrrhe, l'ammoniaque, l'oliban, la pierre d'aimant, le verder, le galbanum & l'opoponax. Sa couleur eft quelquefois rouge & quelquefois verte; ce qui dépend du verdet, qui étant cuit le fait rouge, & qui le fait vert quand il n'eft pas cuit.

EMPLOYE'. f. m. On dit des Gardes de Gabelles & des Commis aux Aides, c'eft un Employé.

EMPLOI. f. m. Terme de Palais. Induction d'une piece que l'on a produite ailleurs. C'eft auffi un terme de comptable; & lorfqu'en rendant fes comptes il a employé deux fois la même partie, on dit, qu'*Un faux & double emploi ne fe couvre jamais.*

EMPOIGNE', E'E. adj. Terme de Blafon. Il fe dit des fleches & autres chofes de figure longue, quand au milieu de l'Ecu il y en a plufieurs affemblées & croifées, l'une en pal, & les autres en fautoir. *D'or à la branche d'azur, chargée de trois étoiles d'or, & empoignée par une pate de lion de fable, mouvante du flanc dextre de l'écu.*

EMPORTE-PIECE. f. m. Terme de Cordonnier. Fer aigu & tranchant dont les Cordonniers fe fervent pour découper & emporter le cuir lorfqu'ils percent des fouliers. Quelques autres Artifans, comme les Découpeurs & faifeurs de mouches & de cartes à jouer, ont auffi des Emporte-pieces.

EMPOULETE. f. f. Terme de Marine. Affemblage de deux phioles faites en poires, & jointes l'une à l'autre par un col qui eft fort étroit, & qui fert à faire paffer du fable très-délié de la phiole de deffus dans celle d'en bas. La quantité de ce fable eft mefurée pour déterminer l'efpace d'une demi-heure.

EMPRENDRE. v. a. Vieux mot qu'on a dit pour Entreprendre. On a dit auffi *Emprife*, pour Entreprife.

Veuilles tes emprifes parfaire,
Telles que tu demandes.

EMPRES. adv. Vieux mot qui a été dit pour, Enfuite. On a dit auffi *Empreuf*, pour, En bref.

EMPRUNTER. v. a. Terme d'Arithmetique. Ce mot s'employe quand il faut fouftraire un grand nombre d'un plus petit. On emprunte alors une dizaine d'un caractère voifin, dont la valeur eft diminuée d'autant.

On dit, en matieres d'orgues, qu'*Un tuyau emprunte*, quand le fommier n'étant pas fermé entierement, eft caufe que le vent qui doit aller dans un tuyau, va dans l'autre.

EMPROSTHOTONOS. f. m. Terme de Medecine. L'une des trois efpeces fameufes de la convulfion tonique; c'eft-à-dire, la convulfion des mufcles maftoides qui tiennent le menton attaché fur la poitrine. Ce mot eft Grec ιμπροσθότονος, compofé de ιμπροσθεν, Devant, & de τόνος, qui felon Celfe, fignifie l'imbecillité & la roideur d'un membre qui devient immobile.

EMPYÉME. f. m. Terme de Medecine. Epanchement de fang hors de fes vaiffeaux & ramaffé dans quelque cavité ou ventre du corps. Les caufes de l'épanchement du fang, de fa coagulation & de fa fuppuration font particulierement externes, fçavoir les playes faites à pointes, la chûte d'en haut où les parties fe rompent, fe tordent violemment ou fe froiffent, en forte que le fang s'échape par les vaiffeaux ouverts, & tombe dans les cavités du corps. Le fang épanché fe corrompt bientôt, & la putrefaction qu'il contracte eft fuivie d'un acide

qui le coagule & l'épaiffit en grumeaux. Le fang en cet état commence fucceffivement à fermenter, en tant que l'acide coagulant concourt avec le fel volatile qui abonde dans le fang, lefquels fermentent & combattant enfemble le corrompent & s'uniffent en un troifiéme falé, qui eft un corps blanc, falé & épais, qu'on appelle *Pus.* D'un abfcès il fe fait fouvent un Empyeme, lorfque le premier fe rompt & que le pus tombe en dedans dans une cavité, au lieu de fortir en dehors. On ouvre quelquefois ces parties, & cette action fe nomme l'*Operation de l'Empyeme.* Ainfi l'Empyeme s'engendre de deux manieres, ou du fang épanché & fuppuré dans une cavité, dont une playe qui perce le thorax fert d'exemple par le fang qui y tombe abondamment & s'y change en pus, ou du fang qui caufe l'inflammation de quelque partie, & y produit une apofthume, qui venant à fe vuider dans une cavité du corps, y engendre l'Empyeme. La pleurefie en fournit l'exemple, quand le poumon fuppurant, & l'abfcès fe vuidant dans le thorax, y forme l'Empyeme. Les Medecins appellent *Empyeme bâtard*, Une humeur fereufe & pituiteufe, qui s'étant rendue à la poitrine par quelque conduit, & s'y pourriffant, degenere en une matiere qui reffemble au pus. Ce mot vient du Grec ιμπύιμα, Engendrer du pus, de la particule ιν, & de πύον, Sang pourri.

EMPYREUME. f. m. Terme de Medecine & de Chymie. Chaleur étrangere qui imprime le feu & qui demeure fur la partie brûlée. Qualité qui demeure aux corps qu'on a préparés avec le feu, & qui fe connoît à l'odorat & au goût. Ce mot eft Grec, ιμπύρευμα, & felon Hefichius il fignifie proprement des Charbons couverts de cendre, qu'on laiffe exprès pour allumer le feu. Il vient d'ιμπυρεύιιν, Allumer, enflamer.

EMU

EMULGENT, ENTE. adj. Terme de Medecine. On appelle *Veine émulgente*, le plus large & le plus gros des cinq rameaux Iliaques, qui part du tronc afcendant de la veine cave, & paffe par les reins ou rognons, qui lui tirent fon humeur fereufe. Cette veine eft double de deux côtés, & quelquefois triple.

EMULSION. f. f. Terme de Medecine. Remede liquide & agreable, dont la couleur & la confiftance approchent fort de celle du lait. C'eft d'où il a pris fon nom, *Emulgere* voulant dire, Tirer du lait en preffant la mammelle de la vache. Cette efpece de julep fe fait d'amandes douces, de femences froides & autres qu'on pile dans un mortier, & que l'on diffout enfuite dans les eaux diftillées ou dans des décoctions legeres, qu'on edulcore avec du fyrop ou du fucre, après qu'on les a paffées & exprimées.

EN

EN. Particule, qui a été employée dans le vieux langage pour, On; comme, *L'en dit*, pour, L'on dit.

Mais avant que rien en commence.

Borel remarque qu'on employoit autrefois le mot *En* devant le nom propre des hommes, comme on fait aujourd'hui, Monfieur; & qu'on parle encore ainfi dans certaines Villes, où l'on dit, *En Jean*, *en Pierre.* Il ajoûte qu'on mettoit *Na* devant ceux des femmes, & qu'on difoit, *Na Jeanne*, *na Caterine*; d'où vient, pourfuit-il, que quand on ne fçait pas le nom propre de quelque perfonne , on met un N. capitale. *N....Gouſſier.*

E N A

ENARTHROSE. ſ. f. Terme d'Anatomie. Il ſe dit quand la tête de l'os étant longuette , la cavité qui la reçoit ſe trouve fort creuſe. Ce mot vient de la particule *ir* , & de *ἄρθρον* , Jointure.

E N B

ENBAIE. ſ. f. Vieux mot qui a été dit pour une eſpece de jouſte.

Ou il euſt fait pour ſa vie.
Mainte jouſte , mainte enbaïe.

E N C

ENCABANEMENT. Terme de conſtruction de Vaiſſeau. On appelle ainſi la partie du côté d'un Navire , qui rentre depuis la ligne du fort juſques au plat-bord.

ENCÆNIE. ſ. f. Fête que celebroient les Juifs tous les ans le 25. de leur neuvième mois , à l'honneur de la Dedicace du Temple que fit Judas Machabée , qui le puriſia & le rétablit l'an 3889. du monde. Cela arriva trois ans après qu'Antiochus Epiphanes l'eut pillé. Il eſt fait mention de cette Fête dans l'Evangile de ſaint Jean. Le mot d'Encænie vient du Grec *καινὸς* , Nouveau : & ſelon la remarque de ſaint Auguſtin, nous faiſons des Encænies chaque fois que nous offrons quelque choſe de nouveau à Dieu.

ENCAFATRAHE. ſ. m. Blois plein de veines , d'une couleur verte , qui ſe trouve dans l'Iſle de Madagaſcar. Il a l'odeur des roſes , auſſi-bien que le *Lignum Rhodium* , & eſt bon aux maux de cœur & aux défaillances , ſi on l'applique deſſus , ou au creux de l'eſtomac , après l'avoir broyé avec de l'eau ſur une pierre.

ENCAN. Vente publique de meubles. Furetiere & ſes Copiſtes , diſent qu'on ne les peut plus revendiquer , il falloit ajoûter , *après les huit jours de recouſſe.*

ENCANTHIS. ſ. m. Terme de Medecine. Glandule ſituée au coin de l'œil par où ſortent les larmes. Il vient du Grec *κανθὸς* , Coin de l'œil.

ENCAPPE'. E'x. adj. On dit , en termes de mer , *Etre encappé* , pour dire , Etre entre les Caps. Cela ſe dit par exemple , lorſqu'on revient de la mer , & qu'on ſe croit entre les Caps de Finiſterre & d'Oueſſant.

ENCASTELE'. E'x. Terme de Manege. On appelle *Cheval encaſtelé* , Un cheval qui a le talon étroit , & dont la fourchette n'a pas ſon étenduë naturelle , étant trop ſerrée à cauſe que les deux côtés s'approchent de trop près.

ENCASTELURE. ſ. f. Douleur que ſent le cheval au pied de devant , & qui l'oblige ſouvent de boiter. Cette douleur eſt cauſée par la ſechereſſe & l'étreciſſement de la corne des quartiers qui reſſerre les deux côtés du talon.

ENCASTILLAGE. ſ. m. Ce qui ſe voit d'un Navire depuis l'eau juſqu'au haut du bois.

ENCASTRER. v. a. Enchaſſer une pierre dans une autre par feüillure ou par entaille. On le dit auſſi d'un crampon que l'on enchaſſe de ſon epaiſſeur dans deux pierres pour les joindre. Ce mot vient de l'Italien *Incaſtrare* , qui ſignifie Joindre , enchaſſer. *Encaſtrement* , ſe dit de l'action d'enchaſſer , *Faire un encaſtrement.*

ENCEINTE. ſ. f. Terme de Chaſſe. On dit , *Faire une enceinte* , pour dire , Tendre des toiles , ou poſter des chiens ou des chaſſeurs autour d'un lieu où l'on veut chaſſer. On dit auſſi , *Faire ſes enceintes* , pour dire , Faire divers ronds autour des plus fraîches voies & allures de la bête , pour s'aſſurer où elles aboutiſſent , afin de juger delà en quel endroit elle peut être embuchée.

ENCEINTURER. v. a. Mot du vieux langage qui a été dit pour Engroſſer , rendre enceinte.

ENCENS. ſ. m. Suc odoriferant qu'on tire par inciſion du tronc d'un arbre qui croît particulierement dans la Region de Saba , Province de l'Arabie Heureuſe. Il en croît auſſi aux Indes. Matthiole dit que quoique les anciens Romains ayent fait pluſieurs guerres en Arabie , il n'a vû aucun Auteur Latin qui ait décrit l'arbre de l'encens , que les Grecs ne s'accordent point entre eux touchant ſa figure , & que neanmoins Theophraſte avoit écrit , qu'un Arbre d'encens , venu ſur Sardes près d'un certain Temple , avoit ſes feüilles ſemblables au Laurier. Il rapporte en ces termes ce qu'il a tiré là-deſſus de Pline & du même Theophraſte. L'encens croît en Arabie aux environs d'une Ville de Saba. Cette plage eſt ſituée contre le Levant , & inacceſſible naturellement , ayant du côté droit de grands écueils de la mer qui la fortifient , & de hauts rochers des autres côtés. La longueur des forêts qui produiſent l'encens eſt de cent mille pas , & la largeur de cinquante. Elles confinent aux Minéens qui habitent un autre territoire où l'encens s'apporte par un chemin fort étroit. Delà vient que quelques-uns ont appellé l'encens *Minæum* , à cauſe que les Minéens furent les premiers qui trouverent l'invention de tirer ce ſuc de l'arbre, pour en trafiquer , comme ils font encore ; de ſorte qu'il n'étoit permis qu'à eux ſeuls de voir les arbres d'encens , & même cette permiſſion n'étoit pas donnée à tous , mais à trois cens familles ſeulement , qui avoient droit de cueillir l'encens ; & les Peuples voiſins les appelloient Maiſons ſacrées pour cette raiſon. Il y en a qui rapportent que l'encens eſt commun à tous les Minéens , & qu'il ſe ſepare entre eux tous les ans. L'encens ſe cueilloit ſeulement aux jours caniculaires & dans les plus grandes chaleurs de l'année , en inciſant l'écorce de l'arbre , parce qu'il ſe trouvoit alors plus humide ; mais l'avarice a fait depuis inciſer les arbres en hiver , afin de recueillir l'encens qui en diſtilleroit au commencement du Printems. La liqueur qui ſort de l'arbre tombe ſur de petites clayes de palmiers qui ſont deſſous , ſelon la commodité des lieux. C'eſt-là l'encens le plus pur & le plus luiſant. En d'autres endroits on applanit la terre autour des arbres en maniere de pavé , & celui qui tombe de cette ſorte a moins de vertu & eſt plus peſant. On tient que l'encens qui provient des jeunes arbres eſt plus blanc que celui des vieux. L'encens qu'on cueille au Printems eſt roux , & n'eſt pas ſi bon que le premier. Il y a de l'encens mâle qu'on appelle *Olibanum* , parce qu'on le recueille ſur des arbres qui croiſſent ſur une montagne nommée *Oliban.* Il eſt rond naturellement , blanc tirant ſur le jaune , & gras au-dedans. On le préfere à l'Encens femelle , qui eſt plus reſineux , plus jaune , plus mol & qui s'enflâme plus facilement. On appelle *Manne d'encens* , La mie ou farine qu'on ramaſſe dans les ſacs où l'encens a été mis & porté , & qui vient des graines qui ſe froiſſent les unes contre les autres. On emploie cette farine , auſſi-bien que l'encens impur , dans les parfums & dans les onguens. Quant à l'encens , il eſt anodin , & reſſerre quelque peu. On s'en
ſert

sert aussi pour appaiser toute sorte de douleur, en le broyant avec un blanc d'œuf, & l'appliquant sur la partie affectée.

ENCENTRER. v. a. Vieux mot, qui veut dire Enter un arbre, du Grec *ἐνκεντρίζειν*, Enter.

ENCENQUETA. s. f. Vieux mot. Aveuglement. Il vient de *Cæcitas*, Aveuglement, ou de *Cæcutire*, Avoir les yeux éblouis, ne voir pas bien.

ENCERCHEUR. Vieux mot. Celui qui épie.

ENCHAIR. v. n. Vieux mot. Se prosterner. Il vient de *Cadere*, Choir, & on lit dans Villehardouin, *Que nos enchaïssions as piés.*

ENCHANBADER. v. a. Vieux mot qui a été dit pour, Enjamber, comme si on eût dit, *Encambader*, du mot de *Cambe*, qui signifie Jambe en Languedoc.

ENCHAUCER. v. n. Vieux mot. Donner la chasse.

ENCHAUSSE'. E'E. adj. Terme de Blason. Il se dit de l'écu quand il est taillé depuis le milieu d'un de ses côtés, en tirant vers la pointe du côté opposé. *D'argent enchaussé d'azur.* Il y a des écus enchaussés à dextre, & d'autres à senestre, suivant le côté où la taille commence.

ENCHAUSSER. v. a. Terme de Jardiniers. On dit *Enchausser le Celeri*, *les Cardons*, pour les faire blanchir ; *les Artichaux*, pour les garantir de la gelée.

C'est aussi un terme de Charron. Enchausser une roue, c'est y mettre des rayons.

ENCHE. s. f. Vieux mot. Canal de pressoir. On ne se sert point d'un autre terme en Anjou.

ENCHEOIR. v. n. On trouve dans Froissard. *Encheoir en grace*, pour dire, Se mettre en grace.

ENCHEPER. v. a. Vieux mot. Mettre dans les ceps.

ENCHERSER. v. a. Vieux mot. Rechercher.

ENCHEVAUCHURE. s. f. Terme d'Artisan. Jonction de quelque partie avec une autre, soit qu'elle se fasse par recouvrement ou par feuillure. Ainsi on dit l'*Enchevauchure d'une plateforme* ou *d'une dale sur une autre*, & on a coûtume de la faire par feuillure de la demi-épaisseur du bois ou de la pierre. C'est par enchevauchure que les ardoises & les tuiles se couvrent les unes les autres.

ENCHEVESTRURE. s. f. Terme de Charpenterie. On appelle *Enchevestrure*, les deux solives qui terminent la longueur des cheminées. Le chevestre en termine la largeur, & soûtient les solivaux qui s'emmanchent dedans avec des tenons.

Enchevestrure, se dit aussi en termes de Manége, de l'excoriation dans le pâturon du cheval, qui lui arrive par la longe du licol où il se prend, & qui s'y accroche, lorsqu'il veut se gratter le col avec les piés de derriere.

ENCHIFERNE'. E'E. adj. Vieux mot. Barbouillé.

Si ne fut aucun forcenez,
Qui fut d'amour enchifernez.

On dit *Enchifrené* dans un autre sens, & on entend par un *Homme enchifrené*, Celui qui a le cerveau engagé, & plein d'une pituite dont il a peine à se décharger.

ENCIS. s. m. Vieux terme de Coûtume. Meurtre d'une femme enceinte, ou de son fruit, tandis qu'il est encore dans son ventre.

ENCLAVE. s. m. Portion de place qui forme un angle ou pan, & qui anticipant sur un autre par quelque droit, de quelque maniere qu'on l'ait acquis, en diminue la superficie. On dit aussi qu'*Un tuyau de cheminée ou une cage d'escalier dérobé fait enclavés dans une chambre*, pour dire, que Ce tuyau, cette cage d'escalier, diminue la grandeur de cette chambre par l'avance qu'elle y fait.

ENCLAVE'. E'E. adj. Terme de Blason. Il se dit d'un écu parti, lorsque l'une des portions entre dans l'autre en forme quarrée, comme un tenon de Menuiserie. *Parti enclavé d'argent en gueules à senestre.*

ENCLAVER. v. a. Terme de Charpenterie. Arrêter une piece de bois avec une clavette. On dit aussi *Enclaver les solives d'un plancher*, pour dire, Les encastrer, les faire entrer dans les entailles d'une poutre.

Les Tailleurs de pierre se servent du même mot, & ils disent *Enclaver une pierre*, pour dire, La mettre en liaison après coup avec d'autres, quoique de differente hauteur.

ENCLINER. v. a. Vieux mot. Saluer. *Et je les encline tres toutes.*

ENCLOS. OSE. adj. Enfermé. Il se dit dans le Blason du lion d'Ecosse. Ce Royaume porte, *D'or au lion de gueules, enclos dans un double trecheur fleuré & contrefleuré de même.*

ENCLOTIR. v. n. Terme de Chasse. On dit que *Les chiens ont fait enclotir un lapin*, pour dire, qu'Ils l'ont fait entrer en terre.

ENCLOTURE. s. f. Terme de Brodeur. Le bord qui est tout autour de la broderie, de quelque façon qu'il soit ouvragé.

ENCLUME. s. f. Masse de fer que l'on pose sur un gros billot de bois, & sur laquelle les Maréchaux, les Serruriers, & autres Ouvriers de cette sorte, battent le fer pour le façonner.

On appelle aussi *Enclume*, Certain outil dont se servent les Couvreurs pour couper l'ardoise.

En termes d'Anatomie, on donne le nom d'*Enclume*, à un petit os qui en a la forme. Il est dans l'oreille interieure, & reçoit les impressions & les coups d'un autre que l'on appelle *Marteau*, qui servent au sentiment de l'ouïe.

ENCOCHE'. E'E. adj. Terme de Blason. Il se dit d'un trait qui est sur un arc. *Coupé d'or & de gueules à deux arcs tendus, & encochés de l'un en l'autre.*

ENCOLLER. v. a. Terme de Doreur. On dit, *Encoller le bois*, dont on veut se servir pour dorer, ce qui se fait en y appliquant une ou plusieurs couches de la colle qu'on a préparée pour cet usage. On la prend toute bouillante, à cause qu'elle pénétre mieux. Si elle est trop forte on y met un peu d'eau pour l'affoiblir, & avec une brosse de poil de sanglier, on couche la colle en adoucissant, si c'est un ouvrage uni. S'il y a de la sculpture, on met la colle en tapant avec la brosse, ce qui s'appelle *Encoller*.

ENCOMBRE. s. m. Vieux mot qui a signifié proprement les ruines d'une maison qui empêchoient de la rebâtir, & qui s'est dit au figuré pour Malheur, de même qu'*Encombrier*. Le verbe *Encombrer*, signifioit, Embarasser une rue, un passage, de gravois, de pierres & autres choses, & on appelloit figurement *Un homme encombré*, Un homme qui se trouvoit accablé d'affaires, de même qu'on disoit au propre *Un puits encombré*, pour dire, Un puits rempli de gravois & d'autres ordures. On disoit aussi *Encombrement* au figuré, pour dire, *Accablement d'affliction*, & ce mot est demeuré en usage au propre dans la Marine, pour dire, L'embarras que cause dans un Vaisseau la cargaison des marchandises ; de sorte que par une Ordonnance du Roi, il est défendu à tous Commandans sur ses Vaisseaux de Guerre d'y embarquer, à cause que cet encombrement c'est-à-dire, le trop grand poids de ces marchandises, les rend plus pesante pour la navigation, & moins propres au combat. Borel dit que ce mot vient de *Combrus*, Abatis ou monceau de bois, & que *Combrus*, a été fait de *Cumulus*, Comble, monceau.

ENCOMMENCER. v. a. Mot de Pratique, qui a la même signification que commencer, & dont l'usage n'est gueres qu'au participe, en parlant d'une chose dont quelque partie a été déja faite. *Il a été ordonné que l'on poursuivroit l'execution encommencée.*

ENCOQUER. v. a. Terme de Marine. Faire couler une boucle de cordage, ou quelque anneau de fer le long d'une vergue pour l'y attacher. *Encoquure* se dit de l'enfilement qui fait entrer le bout de la vergue dans cette boucle, afin d'y suspendre une poulie ou un boutehors.

ENCORNAIL. s. m. Terme de Marine. Trou, ou mortoise qui se pratique dans l'épaisseur du sommet d'un mât, le long duquel court la vergue par le moyen d'un rouet de poulie, dont l'encornail est garni, & on passe un cordage qui saisit le milieu de cette vergue.

ENCORNÉ, E'E. adj. Terme de Manége. On appelle *Javart encorné*, Un javart qui vient sous la corne du cheval, à la difference du javart nerveux qui vient sur le nerf.

ENCRAINE', E'E. adj. Terme de Manége qui est presentement hors d'usage. On a dit autrefois *Cheval encrainé*, pour Cheval égaroté.

ENCRATISTES. s. m. Heretiques sortis de Tatien, Disciple de Saint Justin Martyr, qui s'éleverent dans le deuxiéme siecle. Ils suivoient les dogmes de cet Heresiarque, qui ayant vécu long-tems comme un homme d'une grande pieté & d'un sçavoir éminent, tomba dans l'erreur après la mort de son Maître. Il ne se servoit que de l'eau dans le sacrifice, & ne permettoit à ses Disciples ni l'usage de la chair, ni celui du vin. Il croyoit qu'Adam étoit damné, & regardant le mariage comme une chose qu'on ne pouvoit assés détester, il prétendoit qu'on ne pouvoit mener une vie pure, si on n'observoit la virginité. Ces sortes d'erreurs parurent si ridicules, qu'elles eurent peu de suite. Le nom d'*Encratistes* fut donné à ceux qui les embrasserent, du Grec ἐγκρατεῖς, Etre continent. On les nomma aussi *Continens*.

ENCRE. s. m. Composition faite avec du vitriol, de la noix de galle & de la gomme, pour écrire.

L'*Encre* d'Imprimerie se fait avec de l'huile de noix ou de lin, de la terebentine & du noir de fumée, qu'on fait bouillir ensemble.

L'*Encre* de la Chine est un bâton solide qu'on délaye avec de l'eau pour faire des pastels.

ENCROUE', E'E. adj. On appelle *Arbre encroué*, en termes d'Eaux & Forêts, un arbre qui est tombé sur un autre lorsqu'on l'abattoit, & qui s'est embarassé dans ses branches.

On a dit autrefois *Encroué & encroé*, pour dire, Crucifié, mis en croix.

ENCORBELLEMENT. s. m. On appelle ainsi plusieurs pierres en saillie les unes sur les autres, en maniere de corbeaux pour porter des avances, comme on le voit à des ponts ou à des entablemens.

ENCULASSER. v. a. Terme d'Arquebusier. Mettre la culasse à un canon d'arme à feu.

ENCUVER. v. a. Terme dont se servent les Tanneurs & les Blanchisseurs, pour dire, Mettre dans la cuve, ranger dans le cuvier. *Encuver des veaux, cuver le linge que l'on veut blanchir.* Ils disent aussi *Encuvement*, pour dire, L'action d'encuver.

ENCYCLOPEDIE. s. f. Enchainement de toutes les sciences ensemble. Ce mot est fait de la particule ἐν, de κύκλος, Cercle, & de παιδεία, Chaine qui arrête par les piés.

ENDECASYLLABE. s. m. Vers composé d'onze syllabes, dont il y a plusieurs exemples chés les Latins. Les Vers Italiens n'ont la plûpart que ce même nombre de syllabes. Ce mot vient du Grec ἕνδεκα, Onze.

ENDEMENTIERS. adj. Vieux mot. Cependant.

Et prist treves endementiers,
Entre dix jours & vint entiers.

On a dit aussi *Endementre* & *Endremente*. Borel dit qu'il vient de *Inde & interim*, d'où est venu l'Italien *Mentre*, Pendant que. *In questo mentre*, Sur ces entrefaites.

ENDENTE', E'E. adj. Terme de Blason. Il se dit d'un pal, d'une fasce, & autres pieces de triangles, alternés de divers émaux. *Tranché, endenté d'or & d'azur.* On appelle *Croix endentée*, celle dont les branches sont terminées en façon de croix ancrée, & qui a une pointe comme un fer de lance entre les deux crochets.

ENDEVER. v. n. Mot du bas peuple, qui veut dire, Etre fâché, avoir grand dépit. Il signifioit autrefois être forcené; & Borel le fait venir d'*Indeviare*, S'égarer de sa voie, ou d'*Indivare*, Etre épris de fureur divine, comme il arrivoit aux Sybilles, & à ceux à qui on faisoit rendre les oracles.

ENDIVE. s. f. Espece de chicorée. Il y en a une sauvage, & une autre de jardin, qu'on distingue aussi en deux especes. L'une a sa feuille large & semblable à la laitue; l'autre l'a étroite & amere au goût. Quelques-uns ont nommé *Scariole*, cette derniere, ce que Matthiole n'approuve pas. Il dit qu'il y a une troisiéme espece d'Endive de jardins, qui a ses feuilles grandes, frisées tout autour & crenelées. Sa tige est plus haute que les autres, plus grosse, plus tendre & fort recherchée pour la salade. Les semences de chicorée & d'endive sont mises au rang des quatre semences froides mineures. *Endive*, vient de ἴντυβον, qui a fait *Indivium* & *Indivia*, ou de *Endovia*, parce que l'Endive croît par tout.

ENDOLOMER. v. a. Vieux mot. Assommer. On s'en sert encore à Toulouse, suivant ce vers,

Lous espauris, engrune, endolome, moussegue;

Ce qui veut dire, *Il les épouvante, met en pieces, assomme & mord.*

ENDOYER. v. a. Vieux mot. Montrer au doigt. Il est fait d'*Indigitare*, parce qu'autrefois on disoit, *Le doi*, pour, Le doigt.

ENDRACHENDRACH. s. m. Nom que les Habitans de l'Isle de Madagascar donnent à un grand arbre dont le bois est jaune, & qui a l'odeur du santal. Ce nom dans leur langue signifie Durée sans fin, & ils l'ont nommé ainsi à cause qu'il est pesant, dur comme du fer, & qu'il reçoit aussi peu d'alteration sous terre que le marbre.

ENDROIT. adv. Vieux mot qui, selon Nicod, a signifié, Environ.

ENDUIRE. v. n. Terme de Fauconnerie. Il se dit d'un Oiseau qui digere bien sa chair.

ENDUIT. s. m. Composition faite avec de la chaux & du ciment, ou du sable, ou avec du plâtre ou du stuc, & dont on se sert pour blanchir un mur. Le sable employé aussi-tôt qu'on l'a tiré de terre, ne fait pas un bon enduit, à cause que faisant secher le mortier trop promptement, il arrive delà que les enduits se crevassent. C'est tout le contraire aux gros ouvrages de maçonnerie. Si le sable a été trop long-tems à l'air, le Soleil & la Lune l'alterent, en forte que la pluie le diſſout, & le change preſque en terre. Il eſt ainſi de la chaux éteinte depuis peu, qui fait des crevaſſes aux enduits.

Il y a auſſi des Enduits pour la peinture. L'Enduit pour peindre à fraiſque ſe fait avec du ſable de riviere bien paſſé au ſas, ou d'autre bon ſable détrempé avec de la chaux vieille éteinte. Quelques-uns le paſſent, de peur qu'il n'y ait de petites pierres ; ce qui arrive ſouvent lorſque la chaux n'eſt pas bonne, & qu'elle n'eſt pas aſſés cuite & aſſés éteinte. L'Enduit pour peindre à huile ſur une muraille, ſe fait avec de la chaux & de la poudre de marbre, ou du ciment fait de tuiles bien battues. On le frotte avec la truelle pour le rendre bien uni, & on l'imbibe d'huile de lin avec une groſſe broſſe. Enſuite on prepare une compoſition de poix grecque, de maſtic & de gros vernis que l'on fait bouillir enſemble dans un pot de terre ; puis avec une broſſe on en couvre la muraille, qu'on frotte avec la truelle chaude, afin d'unir & d'étendre mieux cette matiere. D'autres font leur Enduit avec du mortier de chaux, du ciment de tuile & du ſable ; & quand ils le voyent bien ſec, ils font un ſecond Enduit avec de la chaux, du ciment bien ſaſſé, & du macheſer ou écume de fer, autant de l'un que de l'autre. Tout cela étant bien battu & incorporé enſemble avec des blancs d'œuf & de l'huile de lin, il s'en fait un Enduit ſi ferme, qu'on ne peut rien faire de meilleur. Il faut prendre garde ſeulement de ne pas quitter l'Enduit quand la matiere y eſt tout fraîchement miſe. Il faut auſſi avoir ſoin de la bien étendre avec la truelle, juſqu'à ce que le mur en ſoit tout couvert & poli ; ſans quoi l'Enduit ſe fendroit en pluſieurs endroits. C'eſt en ces termes qu'en parle le ſçavant M. Felibien. Le mot d'*Enduit* vient du Latin *Inducere*.

Enduit, enduite. Vieux mot. Accoûtumé. *Enduit à mal faire.*

ENE

ENERGIQUES. ſ. m. p. On a appellé ainſi certains Sacramentaires du ſeizieme ſiecle, parce qu'ils diſoient que l'Euchariſtie étoit ; mais le corps, mais l'énergie & la vertu de J E S U S-C H R I S T, & comme l'inveſtiture d'un heritage. Ils étoient diſciples de Calvin & de Melanchthon. Le mot d'*Energie*, qui leur a donné le nom d'*Energiques*, vient du Grec ἐνέργεια, Efficacité, vertu qui agit en quelque choſe, fait d'ἐν & ἔργον, Oeuvre, acte.

ENERVER. v. a. Terme de Manége. On énerve un cheval, en lui coupant deux tendons qu'il a au côté de la tête, cinq pouces, ou environ, au-deſſous des yeux. Ces tendons s'aſſemblent en un au bout du nés, & en font le mouvement. Ce qui oblige à énerver un cheval, c'eſt pour lui deſſecher la tête, & la rendre plus menue.

ENF

ENFAISTEAUX. ſ. m. p. Sorte de tuiles en demicanal, que l'on met au haut d'une couverture de maiſon pour coûvrir le faîte. C'eſt la même choſe que *Faitieres*.

ENFAISTEMENT. ſ. m. Table de plomb qui ſe met ſur le faîte des maiſons couvertes d'ardoiſe. Il y a des Enfaîtemens de plomb avec bourſeaux, bavettes & membrons, & au bas du toit on met des chêneaux de goutiere ou à godets pour jetter les eaux, ou bien des chêneaux avec des cuvettes quarrées

Tome I.

ou à entonnoir & des deſcentes, le tout de plomb. Des crochets de fer ſoûtiennent & arrêtent les enfaîtemens & les chêneaux, & le nombre des crochets égale toûjours celui des chevrons. On appelle *Enfaîtement jour*, celui qui a encore des ornemens de plomb évidés, qui forment une eſpece de baluſtrade ſur le faîte du comble.

ENFAISTER. v. a. Couvrir de plomb le haut du toit d'une maiſon couverte d'ardoiſe. On dit auſſi *Enfaiter*, pour dire, Arrêter des tuiles faîtieres avec des crêtes ſur le haut des toits des maiſons qui ſont couvertes de tuiles.

ENFANÇON. ſ. m. Mot que l'on a dit autrefois pour ſignifier, Un petit enfant.

ENFANTEMENT. ſ. m. Furetiere & ſes Scholiaſtes appellent *Enfantement legitime*, celui qui vient juſtement à ſon terme, & *illegitime*, celui qui vient plûtôt ou plus tard. On dit le premier des femmes mariées, & le ſecond des perſonnes non mariées, comme leurs enfans.

ENFANTURE. ſ. f. Vieux mot que Coquillard a employé dans la ſignification de Groſſeſſe.

ENFEIR. v. a. Vieux mot. Enchanter. Il eſt compoſé de *Fée*, & de la particule *En*.

ENFER. ſ. m. Terme de Chymie. Vaiſſeau de verre double, dont le col eſt long & diſpoſé en maniere d'entonnoir. Sa pointe a une ouverture fort étroite qui entre bien avant dans le corps d'un autre vaiſſeau dont le fond doit être fort large & fort plat. On lui a donné le nom d'*Enfer*, à cauſe qu'il n'en ſort rien de ce qu'on y a fait une fois entrer.

ENFERM. adj. Vieux mot. Malade. On a dit auſſi *Enfermeté*, pour Ladrerie, & plus generalement pour Maladie, des mots Latins *Infirmus* & *Infirmitas*.

ENFICELER. v. a. Les Chapeliers diſent *Enficeler un chapeau*, pour dire, Le ſerrer avec une ficelle.

ENFILADE. ſ. f. Terme de guerre. Situation de terrain qui découvre un poſte ſelon toute la longueur d'une ligne droite. On dit qu'*Une tranchée eſt pouſſée hors d'enfilade*, pour dire, que Ses retours ſont conduits en ſerpentant.

ENFILE'. ᴇ́ᴇ. Terme de Blaſon. Il ſe dit des couronnes, annelets & autres choſes rondes ou ouvertes, quand elles ſont paſſées dans des faſces, bandes, lances, &c. *D'azur à trois couronnes d'or enfilées dans une bande d'azur.* On dit auſſi *Enfilant. D'azur à la lance d'or, enfilant une bague de courſe d'argent.*

ENFILER. v. a. Terme de guerre. Battre & nettoyer toute l'étendue d'une ligne droite.

ENFLECHURES. ſ. f. p. Terme de Marine. Petites cordes qui ſont le long des hautbans en maniere d'échelons. Elles ſervent à monter aux hunes, & au haut des mâts.

ENFLEUME. ſ. f. Vieux mot. Enflure.

ENFONCER. v. a. *Mettre à fond, preſſer vers le fond.* Acad. Fr. Ce mot en termes de Potier d'étain, ſignifie, Faire plus creux. *Enfoncer un plat*, & en termes de Tonnelier, il veut dire, Mettre un fond à un Vaiſſeau. *Enfoncer une futaille.*

Enfoncer. Terme de Fauconnerie. On dit, qu'*Un Oiſeau enfonce*, lorſqu'en fondant ſur une perdrix il la pouſſe juſqu'à ſa remiſe.

ENFONCURE. ſ. f. Les Tonneliers appellent ainſi toutes les pieces du fond, de quelque Vaiſſeau que ce puiſſe être.

ENFORESTE'. adj. Vieux mot. Enfoncé dans une forêt.

ENFORMER. v. a. Terme de Chapelier & de Bonnetier. *Enformer un chapeau*, c'eſt mettre un cha-

peau fur la forme ; & *Enformer un bas*, c'eſt le mettre dans la forme.

ENFOURCHEMENT. f. m. Terme d'Architecte.
On appelle *Enfourchemens*, Les premieres retombées des angles des voutes d'arrête, dont les vouſſoirs ſont à branches. *Branches des enfourchemens.*

ENFOURCHURE. f. f. Terme de Chaſſe. Il ſe dit
de la tête d'un cerf, dont l'extrêmité du bois ſe termine en fourche ou en deux pointes. Cette tête faite
ainſi s'appelle *Tête enfourchie.*

ENFREIR. v. a. Vieux mot. Effrayer.

ENG

ENGAGE'. f. m. Terme de Marine. Celui qui voulant paſſer aux Indes pour s'y établir, s'oblige de
ſervir durant trois ans la perſonne qui le défrayera
dans le voyage. Les Hollandois exigent des Engagés ſept ans de ſervice pour leur paſſage aux Indes
Orientales, & les Anglois en demandent cinq pour
les paſſer aux Barbades. En France les Engagés n'en
donnent que trois pour aller aux Iſles ; ce qui les
fait appeller , *Les trente-ſix mois.*

ENGAGEMENT. f. m. Terme d'Eſcrime. L'Engagement de l'épée eſt une attaque du jeu compoſé,
quand avec ſon épée on aſſujettit le demi-fort ou le
foible de l'épée de l'ennemi, afin d'être maître de
la ligne droite, & de l'empêcher d'agir qu'en un
ou pluſieurs tems. On doit commencer tous engagemens du demi-fort de l'épée au foible de
celle de l'ennemi, en gliſſant inſenſiblement le fort
en avant. Il y en a quatre principaux, qui ſe peuvent appliquer aux quatre parades generales, l'un
de quarte haute, & l'autre de quarte baſſe en
dedans, & les deux autres de ſeconde haute &
baſſe en dehors. Il s'en fait auſſi par le cercle entier, par le demi & par le quart, contre toutes ſortes de gardes, hautes & baſſes, pour pouſſer, parer
& déſarmer.

ENGAGNE. f. f. Vieux mot. Tromperie, de l'Eſpagnol *Enganno*, qui veut dire la même choſe.
Ne me pouvez plus faire engagnes.

ENGALLER. v. a. Terme de Teinturier. Teindre ou
préparer une étoffe avec la noix de galle. Le rodoul
& le fouic ſont deux autres Ingrediens qui ſervent
auſſi à engaller, & qui ſont compris ſous les mots de
galle & d'engallage.

ENGARANT. f. m. Terme de Marine. Quand une
corde chargée d'un peſant fardeau a fait un ou pluſieurs tours autour d'un mât ou de quelque autre
piece de bois, & qu'on la retient afin d'empêcher la
force de la charge, cela s'appelle *Engarant.*

ENGARBARDE'. E'E. adj. Vieux mot. Souillé, con-
taminé.

ENGER. v. a. Vieux mot. Remplir. Borel dit que
c'eſt delà qu'on a fait *Engeance* qui veut dire le plus
ſouvent quelque choſe de mauvais dont on eſt rempli. Quelques-uns pourtant veulent venir *Enger* du Latin *Ingignere*, Produire, engendrer ; & *Engeance* de
Gens, ou de *Genus.*

ENGIEN. f. m. Vieux mot. Eſprit.
Hom qui raiſon as & engien,
I cheſte ſemblance retien.
On a dit auſſi *Engin* dans la même ſignification.
Eſlevocs nos engins & nos affections.
Ces mots viennent du Latin *Ingenium*, Eſprit.

ENGIGNEMENT. f. m. Vieux mot. Fineſſe. On a
dit auſſi *Engigner*, pour, Tromper, duper.
Je ne me tiens pas engigniez.
On diſoit encore *Enginer* dans le même ſens.
Par tel parti, qu'amours qui gens engine.

ENGINIERE. f. m. Vieux mot. Trompeur. Il a ſignifié auſſi *Ingenieur*, comme en cet exemple. *Li
engignieres qui ont l'engin bâti.*

ENGIN. f. m. Machine dont on ſe ſert pour élever
des fardeaux. Elle eſt compoſée d'un fauconneau ou
étourneau avec la ſellette & les liens poſés au haut
du poinçon, qui eſt une longue piece de bois aſſemblée par le bout d'en bas à tenon & à mortoiſe dans
ce qu'on appelle la Sole aſſemblée à la fourchette.
Ce poinçon eſt appuyé par le rancher & par deux
bras ou liens en contre-fiche. Les liens poſés
par en bas aux deux extrêmités de la ſole, & par
en haut dans un boſſage qui eſt un peu plus bas
que la ſellette. Le rancher, ou autrement échelier,
eſt aſſemblé par en bas dans une mortoiſe au bout
de la fourchette, & par en haut dans le même boſſage où les bras ſont arrêtés. Ce rancher a un tenon
qui paſſe tout au travers d'une mortoiſe, & au-delà du boſſage du poinçon où une cheville l'arrête.
Les bras & le rancher ſont encore liés & arrêtés aux
poinçons avec des moïſes aſſemblées avec des tenons & mortoiſes, & des chevilles couliſſes qu'on
met & qu'on ôte quand on veut. On met plus ou
moins de moïſes les unes ſur les autres, ſelon que
l'engin eſt haut. Le rancher eſt garni de chevilles de
bois qui paſſent au travers & qui ſervent d'échelons
pour monter au haut de l'engin & pour y mettre la
ſellette, le fauconneau, les poulies & le cable. Il y
a une jambette emmortoiſée par un bout dans la
fourchette, & par l'autre bout dans le rancher. Un
des bouts du treuil paſſe dans cette jambette, & le
poinçon ſoûtient l'autre.

Les Meuniers appellent *Engin*, une eſpece de
Machine ſur deux roues, qui leur ſert à tirer le moulin à vent. *Engin*, eſt auſſi une ſorte de Tourniquet
au haut du moulin pour tirer les ſacs de blé.

On appelle *Engins de guerre*, les Beliers, ba-
liſtes & autres machines dont on ſe ſert pour battre
& prendre les Places, & en general on donne le
nom d'*Engin* à tous les outils qui ſervent à faire quelque rupture. Ce mot dans ce ſens vient encore d'*Ingenium*, parce qu'il faut avoir de l'eſprit pour inventer les machines qui augmentent les forces mouvantes.

ENGIRONNER. v. a. Vieux mot. Environner. Il
vient de *Girare*, Se tourner.

ENGLANTE'. E'E. adj. Terme de Blaſon. Il ſe dit
d'un écu chargé d'un chêne, dont le gland eſt d'un
autre émail que l'arbre. *D'argent au chêne de ſinople
englanté d'or.*

ENGLINCELER. v. a. Vieux mot. Mettre en
peloton.

ENGOMBRER. v. n. On a dit autrefois, *s'Engombrer*, pour dire, Succomber, s'embarraſſer. *Et s'en-
gombroit de la peſanteur de la targe.* Il vient de l'Italien *Ingombrare*, Cauſer de l'empêchement.

ENGORGER. v. a. Terme de Plombier. On dit, *Engorger un tuyau*, *Tuyau engorgé*, pour dire, Remplir d'ordure un tuyau, Tuyau que l'on a rempli
d'ordure.

On dit, qu'*Un cheval a les jambes engorgées*,
pour dire, qu'Il les a pleines de méchantes humeurs.

ENGOULE'. E'E. adj. Terme de Blaſon. Il ſe dit des
bandes, croix, ſautoirs & autres pieces, dont les
extrêmités entrent dans la gueule d'un lion, d'un
dragon, d'un leopard. *D'azur à la bande d'or engou-
lée de deux têtes de lion auſſi d'or.* Dans les anciennes
Armoiries des Ducs de Savoye, le caſque eſt engou-
lé par des muſles de lion.

ENGRAIGNER. v. a. Vieux mot qui ſe trouve dans
le Roman de la Roſe. *Se l'ire jalouſe engraigne*,

pour dire , Si elle entre dans la fureur que cause la jaloufie.

ENGRAISSEMENT. f. m. Les Charpentiers difent , *Joindre du bois par engraiffement* , pour dire , l'Affembler à force , en forte que les tenons ne laiffent aucun vuide dans les mortoifes.

ENGRAISSER. v. a. Faire devenir gras. Les Charpentiers difent, *Engraiffer l'arête d'une piece de bois*, pour dire , l'Elargir & la faire abattre.

ENGREGER. v. a. Vieux mot. Excommunier.

ENGRELE', E'E. adj. Terme de Blafon. Il fe dit des pieces honorables de l'écu , qui font bordées de petites dents fort menues, dont les côtés s'arrondiffent un peu. *De gueules à la croix engrelée d'or.* Quelques-uns font venir ce mot de *Gracilis* , Menu , à caufe que les engrélures font minces & délicates.

ENGRENER. v. a. On dit en termes de Marine, *Engrener la pompe*, pour dire, Attirer dans la pompe ce qui refte au fond du Vaiffeau, afin de mettre ce refte dehors.

Les Horlogers , & ceux qui font des Machines , difent auffi , *Engrener* , en parlant des dents d'une roue qui entrent dans fon pignon , ou dans les dents de quelque autre roue.

ENGRENGIR. v. a. Vieux mot. Aggrandir.

ENGRI. f. m. Sorte de Tygre de la baffe Ethiopie , qui a cela de particulier , qu'il n'attaque jamais les hommes blancs. Ainfi s'il rencontre un Negre avec un Européen , il fe jettera feulement fur le Negre. Pour dépeupler le pays de ces animaux feroces , le Roi de Congo met leur vie à prix , & fait récompenfer celui qui en apportant la peau d'un Engri , donne par là une preuve qu'il l'a tué ; mais il faut que les poils de fa mouftache y foient encore attachés. C'est un poifon fi fubtil , à ce que difent les Ethiopiens , que qui en mangeroit , tomberoit auffi-tôt en phrenefie.

ENGRIETE'. f. f. Vieux mot. Jaloufie , envie.

ENGROISSIER. v. n. Vieux mot. Groffir.

Li prift la vois a efpoiffier ,
Et la parole à engroiffier.

ENGROUTER. v. a. Vieux mot. Enfoncer.

Les ex ot ou chief engroutez ;

Ce qui veut dire , Les yeux eut en la tête enfoncés.

ENGUAMBA. f. m. Arbre moyen des Indes Occidentales.qui fe trouve dans la Province de Mechoacan. Il a fes feuilles larges & concaves, diftinguées de petits nerfs , en partie jaunes & en partie rouges. Ses fleurs pendent par bouquets , & font de couleur verdâtre. Le fruit en eft noir & plein de grains. On en tire une huile jaune , fort bonne pour refoudre les humeurs , & utile pour les playes.

ENGUENNER. v. a. Vieux mot. Tromper.

Mais comment le paillard m'enguenne.

On a dit auffi *Enguigner*, dans le même fens ; ce qui vient de l'Italien *Ingannare* , ou de l'Efpagnol *Engannar* , qui fignifie la même chofe.

ENGUICHE', E'E. adj. Terme de Blafon. Il fe dit du cor & des trompes,dont l'embouchure eft d'un émail different. *D'azur à la fafce d'argent , chargé d'un cor de chaffe de finople , enguiché d'or*.

ENGUICHURE. f. f. Terme de Chaffe. Cordons attachés par trois anneaux aux cors de chaffe. Ces cordons fervent à les porter , & s'étreciffent ou s'élargiffent à proportion de la corpulence du piqueur.

ENGYSCOPE. f. m. Terme d'Optique. Inftrument qui groffiffant les objets , fert à faire découvrir de près les petites chofes. Ce mot eft fait du Grec ιγγυς , Près , proche , & de σκοπεω , Je vois , je regarde.

ENHARMONIQUE. adj. On donne ce nom au dernier des trois genres de Mufique qui abonde en diefes , qui font les moindres divifions fenfibles du ton. On les marque fur la tablature en maniere de fautoir. La Diefe enharmonique eft la difference du demi-ton majeur & du mineur.

ENHATIR. v. a. Vieux mot. Percer d'une lance. *Il fut trouvé enhâti* , du Latin *Hafta* , Lance , javelot. On a dit auffi *Etre enhâti* , pour dire , Avoir hâte. *Il étoit enhâti de foler fur eux*.

ENHENDE', E'E. adj. Terme de Blafon. On appelle *Croix enhendée* , celle dont le pié eft enhendé, c'eft-à-dire , refendu , du mot Efpagnol *Enhendido* , qui veut dire la même chofe. Ces croix à refente font communes en Allemagne.

ENHERBER. v. a. Vieux mot. Empoifonner. Il vient de ce qu'ordinairement les venins fe tirent des herbes , comme étant plus faciles à trouver.

Sous gift le frais ferpent en herbe ,
Fuyez , enfans , car il enherbe.

ENHERDURE. f. f. Vieux mot. Poignée d'épée.

Si la tint par exherdure ,
Si la mit fuere arriere.

ENHUILE', E'E. adj. On appelloit autrefois *Enhuilé* , celui qui avoit reçû l'Extrême-onction , à caufe des huiles que l'on applique dans ce Sacrement.

ENJABLER. v. a. Terme de Tonnelier. Mettre les fonds des tonneaux , des cuves & autres vaiffeaux ronds dans leurs jables. *Enjabler une cuve*.

ENJALER. v. a. On dit en termes de Marine , *Enjaler une ancre* , pour dire , Y attacher deux pieces de bois , qu'on appelle *Jas* , étroitement empattées enfemble vers l'arganeau. Elles fervent à contrebalancer dans l'eau la patte de l'ancre , pour la faire tomber fur le bon côté. On dit auffi *Enjauler*.

ENKI. adv. Vieux mot. Ainfi. *Enks fe parti Geoffroi delà*.

ENLACEURE. f. f. On dit en termes de Charpenterie , *Faire une enlaceure* , pour dire , Percer les mortoifes & les tenons , afin d'y paffer une cheville qui arrête & faffe tenir fermes les pieces affemblées.

ENLANGAGE', E'E. adj. Vieux mot. Eloquent , qui parle bien.

ENLEVE', E'E. adj. Terme de Blafon. Il fe dit des pieces qui paroiffent enlevées , comme aux Armoiries d'anglure en Champagne , qui font d'or à pieces enlevées à angles ou en croiffans de gueules , foûtenant des grêlots d'argent dont tout l'écu eft femé.

ENLIER. v. a. Terme de maçonnerie. Joindre & engager des pierres & des briques enfemble lorfqu'on éleve des murs. Il faut pour cela que les unes foient pofées fur leur largeur , & les autres fur leur longueur , afin qu'elles faffent liaifon avec le rempliffage.

ENLIGNER. v. a. Terme de Charpentier. On dit , *Enligner le bois* ; ce qui fe fait avec une regle ou un cordeau , pour dire , Mettre les pieces fur une même ligne.

On dit auffi *Enligner* , en termes de Librairie , & on appelle *Livre bien enligné* , un Livre dont , en quelque endroit qu'on le puiffe ouvrir , les premisres lignes de chacune des deux pages que l'on a devant les yeux, répondent si bien l'une à l'autre, qu'elles paroissent ne faire qu'une même ligne.

ENN

ENNEADECATERIDE. adj. On a appellé ainsi le Cycle Lunaire, qui est une periode ou revolution de dix neuf années, après laquelle le Soleil & la Lune repassent par les mêmes dispositions où ils se sont rencontrés auparavant ; ce qui fait que les nouvelles Lunes arrivent les mêmes mois & les mêmes jours. Ce mot vient de ἐννέα, Neuf, & de δέκα, Dix.

ENNEAGONE. s. m. Terme de Geometrie. Figure qui a neuf côtés & neuf angles. On appelle aussi en termes de Fortification, *Enneagone*, une Place qui est défendue par neuf Bastions. Ce mot est fait de ἐννέα, Neuf, & de γωνία, Angle.

ENNEMENT. adv. Vieux mot. Aussi-bien.

Ennement je ne puis aller.

On a dit aussi, *Ennement que*, pour, Quoique.

Ennement que vous le sçachez.

ENNEUR. s. m. Vieux mot. Honneur. On a dit aussi l'*Enor*.

ENNOSSER. v. a. Vieux mot. Tuer.

Celui voisse reconfonter,
Et si la male mort l'ennosse,
Je le conduis jusqu'à la fosse.

ENNOYE. s. f. Sorte de serpent qui a naturellement deux têtes, une à chaque bout, si l'on en croit Julius Solinus. Galien est de cette opinion, & dit que l'ennoye, qu'il nomme *Amphisbene*, a deux têtes que la nature lui a données par une certaine superfluité, & qu'elle est semblable à un bateau qui a deux proues & qui est pointu par les deux bouts. Matthiole ne nie pas qu'on ne puisse voir des serpens de cette sorte : mais il est du sentiment d'Aristote, qui dit qu'on voit naître peu de monstres aux especes d'animaux qui ne font qu'un petit à la fois ; mais que l'on en voit souvent en ceux qui en produisent beaucoup, & sur-tout aux poules, qui ayant plusieurs germes dans le ventre, font quelquefois des poulets jumeaux. Quand les moyeux font separés dans un œuf par une pellicule, cet œuf produit deux poulets parfaits ; mais quand ils se touchent sans qu'aucune pellicule les separe, ils engendrent un poulet monstrueux, qui n'a qu'un corps & une tête, mais qui a quatre aîles & quatre jambes, Cela vient de ce que les parties superieures s'engendrent du blanc de l'œuf avant les parties inferieures. On a vû aussi des serpens à deux têtes engendrés par cette même raison, parce que les serpens font des œufs, & en ont beaucoup au ventre. Ce raisonnement d'Aristote fait voir que ce n'est point naturellement que les Ennoyes viennent avec deux têtes ', Comme elles font pointues par chaque bout, ainsi que les vers de terre, il est difficile de connoître où est leur tête, & c'est ce qui a fait croire qu'elles en ont deux. Aëtius dit que l'on a peine à voir leurs morsures, tant elles font petites, qu'elles ne font pas mortelles, & qu'elles causent seulement une inflammation semblable aux piquûres des guêpes & des mouches à miel. On peut y remedier par les mêmes moyens dont on se sert contre les morsures des viperes. On appelle aussi ce serpent *Enni*.

ENNUBLI, IE. adj. Vieux mot Obscurci. *Tems ennubli*, pour dire, Plein de nuages, du mot Latin *Nebula*, Nuée. Il veut dire aussi, Fâché, contristé.

Dont on mols le cuer ennubli.

ENNUSURE. s. f. Terme de Plombier. Morceau de plomb qui est en forme de basque sous le bourseau & au pié des poinçons & amortissemens d'un comble.

ENNUYAUMENT. adv. Vieux mot. Ennuyeusement.

ENO

ENOINDRE. v. a. On s'est autrefois servi de ce mot pour, Oindre ; & on a dit, *Enordir*, pour, Rendre sale, salir.

ENP

ENPESER. v. n. Vieux mot. Causer de la fâcherie. *Et cela lui enpesa.*

ENQ

ENQUERRE. v. a. Vieux mot. Enquerir, interroger.

Mais on ne l'ose plus enquerre.

Son participe, *Enquis*, qui peut venir aussi d'*Enquerir*, est encore en usage dans le Palais, pour dire, interrogé. *Enquis s'il s'étoit trouvé en tel jour en un tel lieu*. On dit aussi, *Enquis de son nom, de son âge*, pour dire, Après qu'on lui eut demandé son nom, son âge.

On appelle, en termes de Blason, *Armes enquerre*, des Armes dont il faut demander la cause & l'origine, comme quand on voit metal sur metal, couleur sur couleur.

ENQUESTE. s. m. Terme de Palais. Preuve ordonnée en Justice, qui se fait en écoutant des témoins contre qui il n'y a point de reproche à faire. Leur déposition se redige par écrit. Les Enquêtes par turbes, ont été abrogées. Elles se faisoient sur des points douteux de coûtume, d'un usage qui n'étoit point fixé. On y entendoit seulement des Patriciens, & on n'y comptoit dix temoins que pour un seul. Les Chambres des Enquêtes ont été établies dans les Parlemens, pour juger les Procès par écrit, qui ont été appointés en premiere instance.

ENQUESTEUR. s. m. Officier preposé pour faire les Enquêtes, comme les Commissaires au Châtelet, qui se qualifient Commissaires Examinateurs & Enquêteurs. Les Lieutenans Generaux ont uni ces Offices à leurs Charges.

ENR

ENRAILLE'. adj. Vieux mot qu'on trouve dans la signification d'*Ouvert*.

ENRASER. v. a. Terme de Menuiserie. Mettre plusieurs pieces d'une égale hauteur. On appelle *Panneau enrasé*, Un Panneau égal en grosseur à l'assemblage. On dit plus communément *Arraser*.

ENRAYER. v. a. Les Charons disent, *Enrayer les rayes d'une roue*, pour dire, les mettre dans les mortoises des roues.

Enrayer est aussi un terme de Laboureur, & signifie, Faire la premiere raye en commençant à labourer.

ENRAYURE. s. f. La premiere raye que fait la charue en labourant.

Enrayure, est aussi un terme de Charpenterie, & on appelle ainsi tous les entraits des fermes d'assemblages. Il y a des Enrayures quarrées & des Enrayures rondes. Les dernieres servent aux domes, & les autres aux croupes des pavillons. La double

Enrayure est celle qui est au niveau du petit entrait.

ENROMANCER. v. n. Vieux mot. Faire un Roman ou une Histoire.

Par s'amor encommenceray,
L'estoire & enromenceray.

ENROULEMENT. s. m. Terme d'Architecture. Ce qui est contourné en ligne spirale. *L'enroulement d'un aileron de portail d'Eglise.*

On appelle en termes de Jardinage *Enroulemens de parterre*, des platebandes de bouis ou de gason qui sont contournées en ligne spirale.

ENROUSSI. adj. Vieux mot Endurci.

ENROYER. v. a. On s'est servi de ce mot dans le vieux langage, pour dire, *Entreprendre, commencer.*

ENS

ENS. adv. Vieux mot, qui a été dit pour *Dedans.*

Lors entrai ens sans dire mot,
Après qu'oiseuse ouvert m'ot.

Borel croit qu'on a écrit premierement *Ents*, & ensuite *Ens*, & que ce mot vient du Latin *Intus*, Dedans.

ENSABATEZ. s. m. Heretiques du douzième siecle, qui donnoient dans toutes les erreurs des Vaudois. Ils faisoient grand état d'une chaussure grossiere qu'ils nommoient *Sabates*, & par laquelle ils se faisoient distinguer. Ce fut de là qu'ils prirent le nom d'*Ensabatez.*

ENSACHER. v. a. Mot factice. Mettre dans un sac. *Ensacher du bled, des poix.*

ENSADE. s. m. Arbre qui se trouve dans l'Isle de Lovando dans la basse Ethiopie, & qui est le même que le Figuier d'Inde, que les Portugais appellent *Arbol de raiz*. Son tronc qui est fort haut, & ordinairement de trois brasses d'épaisseur, pousse des rameaux de tous côtés, & étant encore jeunes, se divisent en plusieurs branches. Quelques-unes de ces branches tombant jusqu'à terre y prennent racine, & poussent un autre tronc, d'autres branches, d'autres filamens, ceux-ci d'autres, & ainsi de suite; ensorte qu'un de ces arbres occupe quelquefois une étenduë de mille pas de circuit. Les plus hautes branches, de même que les plus basses, tiennent à la terre par ces sortes de filamens, & cela fait une touffe de bois & de feuilles que le Soleil ne sçauroit percer, & qui repousse la voix comme un écho. Les feuilles ressemblent à celles du Coignassier, & sont vertes au dehors, & blanches & lanugineuses au-dedans. Le fruit paroît lorsque la fleur est tombée, & sort d'entre les feuilles des jeunes rameaux, comme font les figues. Il est gros comme le pouce, & rouge par dedans & par dehors. Les Paysans taillent la premiere écorce de cet arbre, & en tirent une espece de chanvre dont ils font des étoffes grossieres. L'Ensade croît aussi fort bien aux environs de Goa & en d'autres endroits des Indes. On en fait des pavillons pour prendre le frais, en coupant les rejettons & les petites branches qui embarassent la terre.

ENSANGLANTE', E'E. adj. Terme de Blason. Il se dit du Pelican & des autres animaux sanglans. *D'or au Pelican d'azur avec sa pieté, le tout ensanglanté de gueules.*

ENSEIGNE. s. f. On appelle en termes de Marine, *Enseigne de pouppe*, le pavillon qui se met dessus. L'Enseigne de poupe est blanche aux Vaisseaux de Guerre, est bleuë aux Vaisseaux Marchands, avec une croix blanche qui traverse.

ENSELLE', E'E. adj. Terme de Manége. On dit, *Cheval ensellé*, pour dire, Un cheval qui est difficile à bien seller, parce qu'il a l'épine du dos fort basse. M. Guillet dit que tous les chevaux ensellés couvrent bien leur homme, & sont relevés de col & de tête.

ENSEMBLE. s. m. On appelle en termes d'Architecture, l'*Ensemble d'un bâtiment*, ce qui marque la proportion relative des parties au tout. *Ce côté de bâtiment fait un bel ensemble avec le reste.*

ENSEMBLE. adv. On dit en termes de Manége, qu'*Un cheval est bien ensemble*, pour dire, qu'En marchant il approche ses piés de derriere de ceux de devant, & que ses hanches soûtiennent en quelque façon ses épaules. On dit aussi *Mettre un cheval bien ensemble*, pour dire, Le mettre sur ses hanches.

ENSEMBLEMENT. adv. Vieux mot Pareillement, tout d'un tems. On a dit aussi *Ensement*, dans le même sens.

Et est sous la terre trouvée,
Tout ensement que la rosée.

ENSEUILLEMENT. s. m. Appui d'une fenêtre au-dessus de trois piés. *Cette fenêtre est à tant de piés d'enseuillement.*

ENSINC. v. a. Vieux mot. Ainsi. *Il est ensinc coutume en notre contrée.*

ENSIR. v. n. Vieux mot. Sortir. On a dit *Ensir fors*, pour Sortir dehors.

ENSOIGNE. s. f. Vieux mot. Marque, témoignage.

Li bon Eudes Duc de Bourgoigne,
De sa bonté laissit ensoigne.

ENSOUPLE. s. f. Terme de Tisserand. Gros morceau de bois rond autour du métier, sur quoi le Tisserand monte la chaîne pour faire de la toile. On appelle *Ensoupleau*, le rouleau opposé, sur lequel il roule sa toile à mesure qu'il la fait.

Ensouple, est aussi un terme de Brodeur, & signifie des colomnes de bois percées, au travers desquelles passent des lates, & sur quoi il travaille.

ENSUBLE. s. f. Terme de Ferandinier. Rouleau de bois tourné, autour duquel les Ferandiniers roulent leur besogne. Ce mot, ainsi que celui d'*Ensouple*, vient d'*Insubula.*

ENT

ENTABLEMENT. s. m. Terme d'Architecture. Dernier rang de pierres qui est au haut d'un bâtiment, & sur lequel la charpente de la couverture pose. Ce mot vient du Latin *Tabulatum*, Plancher, à cause qu'Entablement signifie, la saillie qui est au droit du plancher. L'Entablement dans les ordres d'Architecture, comprend l'architrave, la frise & la corniche. On dit, *Entablement recoupé*, & *Entablement de couronnement*. Le premier est celui qui fait retour par avantcorps, sur une colomne ou sur un pilastre, & l'autre se dit du tout corniche qui couronne un mur de face, & sur lequel pose le pié du comble.

ENTABLER. v. n. p. On dit en termes de Manége, qu'*Un cheval s'entable*, pour dire, qu'En maniant sur les voltes, sa croupe va avant ses épaules, au lieu que pour manier avec justesse la moitié de ses épaules doit aller avant sa croupe.

ENTAILLE. s. f. Ouverture faite en un corps qu'on taille en certain endroit, pour y en faire entrer un autre que l'on y veut joindre. On fait des Entailles quarrément, en adent & à queuë d'aronde. Ces dernieres sont plus fortes. On fait aussi des Entailles dans les incrustations de marbre ou de pierre, pour y placer les morceaux postiches.

On appelle *Entaille pour limer les scies*, un billot

de bois fendu, dans lequel les Menuiſiers font entrer le fer de leurs ſcies, quand ils veulent en limer les dents. Ils y mettent auſſi un coin de bois, afin de tenir la ſcie plus ferme dans la fente du billot.

ENTAILLURE. ſ. f. Vieux mot dont on s'eſt ſervi pour dire, Ciſeleure, ouvrage d'Orfévrerie.

ENTALANTER. v. a. Vieux mot. Faire naître un fort deſir de faire quelque choſe.

Voire qui m'as encor naguere entalanté,
De chanter un ſujet par autre non chanté.

Borel dit que ce mot vient de *Talen*, qui en Languedoc veut dire, Faim, appetit, ou d'*Ethelonté*, autre vieux mot, qui ſignifie Deſireux de quelque choſe, du Grec ἐθελοντὴς, Volontaire, qui agit de ſon bon gré.

ENTALINGUER. v. a. Terme de mer. On dit *Entalinguer un cable*, pour dire, L'amarrer à l'arganeau de l'ancre.

ENTAMER. v. a. *Faire une petite ouverture, une petite inciſion.* ACAD. FR. On dit d'un cheval en termes de Manége, qu'*Il entame le chemin*, pour dire, qu'Il commence à galoper. Ce mot qui ſignifie proprement ôter quelque partie d'une choſe entiere, vient du Latin *Entamare*, que M. Ménage dit avoir été fait de ἐνταμεῖν, Aoriſte ſecond de l'infinitif du verbe ἐντέμνειν, Couper, pour lequel Homere a dit ἐνταμεῖν.

ENTAMURE. ſ. f. *Petite ouverture, petite inciſion.* ACAD. FR. On appelle *Entamures*, les premieres pierres qu'on tire d'une carriere, qui a été nouvellement découverte.

ENTE. ſ. f. Terme de Jardinage. Petite portion d'un arbre qu'on fourre dans un autre en lui faiſant une inciſion, ſoit pour corriger le goût de ſon fruit, ſoit pour lui faire prendre un fruit different. M. Ménage dérive ce mot du Latin *Inſita*, Choſe plantée dedans; & Du Cange le fait venir d'*Inſe*, mot Allemand ou Flamand, qu'il tire d'*Inſitum*. On appelle *Ente de moulin*, Une piece de bois que des liens de fer tiennent attachée au bout de chaque volant.

ENTE', E'E. adj. Terme de Blaſon. Il ſe dit des partitions, & des faſces ou bandes qui entrent les unes dans les autres à ondes rondement. *D'or à trois faſces entées de gueules.*

ENTECHIE'. adj. Vieux mot. Entaché.

Sans faille de tous les pechez,
Dont le chetif eſt entechiez.

On a dit auſſi *Endechié*.

ENTELECHIE. ſ. m. Perfection d'une choſe. Ce mot eſt Grec ἐντελέχεια, & les Philoſophes s'en ſont ſervis pour exprimer l'ame. Il vient de ἐντελὴς, Parfait, & du verbe ἔχω, Avoir.

ENTENAI. ſ. m. Marquote de vigne entée pour transplanter.

ENTENDIS. adv. Vieux mot. Cependant.

ENTENTE. ſ. f. Terme de Peinture. On dit d'un tableau, qu'*Il eſt conduit avec beaucoup d'entente*, pour dire, que L'ordonnance en eſt bien entendue, ſoit qu'on regarde la diſpoſition du ſujet, ſoit qu'on s'attache aux expreſſions, ou qu'on s'arrête aux jours & aux ombres.

ENTENTION. ſ. f. Vieux mot. Deſſein, intention.

ENTER. v. a. Terme de Jardinage. Greffer, faire des entes. *Enter en fente*, C'eſt couper horiſontalement & également un ſauvageon, ſur lequel on met une ou pluſieurs greffes, après l'avoir fendu & paré pour emporter le trait de la ſcie.

Enter en moëlle, C'eſt placer une greffe au milieu d'un ſujet moëlleux, comme la vigne, le jaſmin d'Eſpagne.

Enter en couronne, C'eſt placer pluſieurs greffes taillées d'un ſeul côté, l'écorce en dehors entre la peau & le bois, après avoir un peu inciſé ſon écorce. Cela ſe fait au Printems pour les gros arbres, lorſque la ſéve eſt un peu montée.

Enter en approche, C'eſt percer un arbre, & paſſer dans le trou que l'on a fait une branche d'un autre arbre, comme de vigne dans les noyers. Cela ſe dit auſſi quand on approche deux branches de divers arbres d'égale groſſeur, dont l'une eſt fendue par ſon extremité, & que dans cette fente on inſere l'autre qui eſt taillée des deux côtés de figure plate.

Enter en fluſte, C'eſt enlever du ſujet qu'on veut enter un anneau de la peau, & au lieu de cette peau en placer autant d'un autre arbre de même groſſeur. Cela ſe fait au Printems, lorſque la ſéve eſt montée, & on le pratique particulierement ſur le Châtaignier & le Noyer.

Enter. Terme de Charpenterie. Joindre bout à bout & à plomb deux pieces de bois de Charpente de même groſſeur, les aſſembler, ſoit par mortoiſe & tenon, ſoit par une entaille.

Enter. Terme de Fauconnerie. Rejoindre une penne gardée à celle d'un oiſeau qui eſt froiſſée ou rompue. Il ſe dit auſſi quand on la raccommode à l'aiguille ou au tuyau.

ENTERIN, ENTERINE. adj. Vieux mot. Entier.

De fin cuer net & enterin.

Et ailleurs,

Et tout, ſoit amor bonne & fine,
Entre nous & pais enterine.

On a dit auſſi *Enteriner*, pour, Remettre en ſon entier, & *Enterineté*, pour, Integrité; comme qui auroit dit, *Entiereté*.

ENTEROCELE. ſ. f. Terme de Medecine. Deſcente de boyaux, qui eſt l'une des deux principales eſpeces de hernie, qu'on appelle autrement *Hernie du ſcrotum*. Les inteſtins ſont enveloppez entierement par le peritoine, où ils ſont pliez comme dans une bourſe. Si cette bourſe vient à ſe rompre ou à ſe relâcher en quelque endroit, il faut neceſſairement que les inteſtins tombent. Si l'omentum deſcend avec les inteſtins, ou les inteſtins ſans lui, c'eſt l'Enterocele: car quand l'omentum deſcend ſeul dans le ſcrotum, on appelle cela *Epiplocele*. Les cauſes les plus ordinaires de l'Enterocele ſont les grands exercices, les cris; ce qui fait que les enfans y ſont fort ſujets, la toux violente, le vomiſſement violent; tout cela peut cauſer ſ'Enterocele en pouſſant les inteſtins, car il y a peu de cauſes externes, ſi ce n'eſt un certain caractere d'humidité qui fait qu'un pere hernieux engendre un fils qui eſt auſſi hernieux. Hildanus en rapporte des exemples. Le mot d'*Enterocele* vient du Grec ἔντερον, Inteſtin, & de κήλη, Tumeur.

ENTERRER. v. a. Les Jardiniers diſent *Enterrer de la chicorée*, pour dire, Mettre de la chicorée dans la terre. On diſoit autrefois *Entſerrer*.

On dit ſur mer, *Enterrer les futailles*, pour dire, Les mettre en partie dans le leſt du Vaiſſeau.

On appelle en termes de Guerre *Batteries de pieces enterrées*, Une Batterie, dont la plateforme eſt au deſſus du rez de chauſſée, en ſorte que pour faire les embraſures du canon, on a beſoin de couper des terres. Cette ſorte de Batterie ſe fait pour ruiner les défenſes d'une Place.

ENTESER. v. a. Vieux mot. On diſoit autrefois *Emeſer un arc*, pour dire, Bander un arc, l'ajuſter pour le tirer.

Le

Le fort arc prist, ſi lenteſa.

ENTHIQUITES. ſ. m. Nom que l'on donna dans le premier ſiecle à certains Sectateurs de Simon le Magicien. Il n'y avoit rien de plus deteſtable que leurs ſacrifices pour les ſaletés qui s'y commettoient.

ENTHOUSIASTES. ſ. m. Nom qui fut donné aux Heretiques Maſſaliens dans le quatriéme ſiecle, à cauſe qu'ils étoient comme poſſedés du demon, qui par des illuſions leur faiſoit croire que le Saint Eſprit deſcendoit ſur eux. Quand ils étoient ſaiſis de cette manie, ils ſe mettoient à danſer, en diſant qu'ils danſoient ſur le diable. Ce mot vient du Grec ἐνθουσιαζῶ, qui ſignifie, Etre poſſedé d'une fureur fanatique.

ENTIENGIE. ſ. m. Oiſeau qui a la peau toute mouchetée de differentes couleurs, & que l'on trouve au Royaume de Congo. Il a cela d'admirable qu'il ne met jamais le pié à terre, parce qu'il meurt ſitôt qu'il la touche. Ainſi il eſt obligé de ſe tenir toûjours ſur les arbres. Il a auſſi toûjours autour de lui de petits animaux noirs, que les Habitans appellent *Embis*, & qui lui ſervent comme de gardes lorſqu'il vole. Il y en a dix qui volent devant, & un pareil nombre qui vole derriere. Si les premiers donnent dans les filets du Chaſſeur, les autres prennent la fuite, & le petit Entiengie eſt obligé de ſe rendre. Sa peau eſt ſi rare, qu'il n'y a que le ſeul Roi de Congo qui en porte, ou les Princes & les Grands Seigneurs à qui il en donne le pouvoir. Les Rois de Louango, de Caoonge & de Goy lui envoyent des Ambaſſadeurs pour obtenir cette peau comme un preſent.

ENTIER. adj. On appelle *Cheval entier*, non ſeulement un cheval qui n'a point été coupé, mais encore celui qui eſt retif, & qui reſiſte à la main pour ne point tourner.

On appelle en termes de Manege, *Mors qui tient de l'entier*, Un mors qui ne plie point dans le milieu de la liberté de la langue.

ENTIERCHIER. v. a. Vieux mot de Coûtume. Sequeſtrer, metre en main tierce. On a dit auſſi *Entierchere*, pour, Sequeſtre.

ENTITALURE. ſ. f. Vieux mot. Titre.

ENTOISER. v. a. On a dit autrefois, *Entoiſer la lance*, pour dire, Empoigner la lance.

Entoiſer. Terme de Maçon. Arranger quarrément des moilons, plâtras & autres materiaux informes, pour en meſurer les cubes, ce qui ſe fait avec le pié & la toiſe.

ENTONNOIR. Vaiſſeau qui a une pointe percée par le bas, & dont on ſe ſert pour verſer les liqueurs dans un muid ou dans une bouteille. On appelle *Entonnoir*, en termes de Medecine, certain conduit qui eſt dans le cerveau au deſſous de ſon troiſiéme ventricule, & qui ſert à le purger de ſes ſuperfluités.

ENTOR. Prépoſition. Vieux mot Autour, alentour.

ENTORNER. v. a. Vieux mot. Etourdir par quelque coup.

ENTORSE. ſ. f. On dit qu'*Un cheval s'eſt fait une entorſe*, pour dire, qu'Il s'eſt fait quelque violent effort au boulet. On dit auſſi *Memarchure*.

ENTOURNER. v. a. Vieux mot. Mettre autour, comme *Entourner un cable*, pour dire, Lui faire faire pluſieurs tours autour de quelque choſe.

ENTOURNURE. ſ. f. Terme de Tailleur. Tour ou échancture qu'un Tailleur donne à des manches.

ENTRECONTRALIER. v. a. On a dit dans le vieux langage, *s'Entrecontralier*, pour S'entrecontrarier, ſe mettre de different parti.

Laidement s'entrecontralient.

Tome I.

ENTRAFOLER. Vieux mot. *S'entrafoler* c'eſt-à-dire, Se percer l'un l'autre de coups.

Le vif deſir les morts roellent,
Qui s'entrafolent & occient.

ENTRAIT. ſ. m. Terme de Charpenterie. Piece de bois qui traverſe & qui lie deux parties oppoſées dans la couverture d'un bâtiment. Le grand Entrait eſt le premier d'un haut comble, & le petit Entrait celui de deſſus. On nomme particulierement *Entraits*, les pieces qui ſoutiennent le poinçon, & qui poſent ſur les forces. On les nomme auſſi *Tirans*. Il y a des demi-entraits qui ſervent aux combles, à un égoût & aux croupes des pavillons.

ENTRAPETE', É'E. adj. On dit, *Pignon entrapeté*, pour dire, Un bout du mur à la tête d'un comble, dont le profil eſt à quatre ou cinq pans, & non triangulaire.

ENTRAVAILLE', É'E. adj Terme de Blaſon. Il ſe dit des oiſeaux, qui ont le vol éployé avec un bâton, ou une autre choſe paſſée, entre les piés & les aîles.

ENTRAVE. ſ. f. Sorte de licol qu'on met aux piés des chevaux, afin d'empêcher qu'ils ne s'enfuyent.

ENTRAVER. v. a. Terme de Fauconnerie. On dit *Entraver un oiſeau*, pour dire, Accommoder les jets d'un oiſeau de telle ſorte, qu'il ne ſe puiſſe ôter le chaperon ni ſe découvrir.

ENTRAVON. ſ. m. Piece de cuir de la longueur de deux doigts, & tournée en rond pour entourer le paturon du cheval. On la remboure par dedans pour le garantir d'en être bleſſé. Il faut deux entravons pour faire une entrave. Une petite chaîne de fer, longue de ſept à huit pouces, les tient aſſemblés l'un avec l'autre.

ENTRECOLOMNE. ſ. f. Terme d'Architecture. Diſtance qu'il y a d'une colomne à une autre. On dit auſſi, *Entrecolomnement*.

ENTRECOUPE. ſ. f. Dégagement que deux pans coupez oppoſez font dans un carrefour étroit, afin que les charois puiſſent tournerplus facilement. On dit que l'*Entrecoupe eſt double*, les quatre encoignures d'un carrefour ſont en pan coupé. On appelle *Entrecoupe de voute*, le vuide qui reſte entre deux voutes ſpheriques l'une ſur l'autre, depuis l'extrados d'une coupe, juſqu'à la douelle d'un dôme.

ENTREDIRE. v. a. Vieux mot. Interdire. On a dit de même *Entrepreter*, pour Interpreter.

ENTREESER. v. n. p. Vieux mot. On dit *S'entreeſer*, pour dire, Se recréer, ſe divertir enſemble.

ENTREFERIR. v. a. On a dit dans le vieux langage *S'entreferir*, pour dire, Se bleſſer l'un l'autre, & *S'entrefierent*, pour S'entreblleſſent.

ENTREJOINTE. ſ. f. Vieux mot. Jointure.

ENTRELAIDIR. v. a. On a dit autrefois *S'entrelaidir*, pour, Se dire des injures l'un à l'autre.

ENTRELAS. ſ. m. Cordons joints ou mêlez enſemble, pour faire quelques nœuds ou clôtures.

Entrelas, en termes d'Architecture, eſt un ornement qu'on taille dans les friſes & ſur les moulures, & qui eſt fait de liſtels & de fleurons, qui ſont liés & croiſés les uns avec les autres. On appelle *Entrelas d'appui*, des ornemens de Sculpture à jour, qu'on fait de pierre ou de marbre, & qui tiennent quelquefois lieu de baluſtres, pour remplir les appuis évidés des balcons & des rampes d'eſcalier. On dit auſſi *Entrelas* en Serrurerie. Ce ſont des ornemens compoſés de rouleaux & de joncs coudés, qui ſervent à garnir les friſes, les pilaſtres & les bordures de fer pas divers compartimens.

ENTRELASSE', É'E adj. Terme de Blaſon. Il ſe dit

D d d

de trois croissans, de trois anneaux , & autres choses semblables , quand elles sont passées les unes dans les autres. *D'azur à trois annelets entrelassez l'un dans l'autreen triangle d'or.*

ENTREMELLEMENT. adv. Vieux mot. Pêle-mêle.

ENTREMODILLON. s. m. Espace qu'il y a d'un modillon à un autre. On dit *Entrepilastre* , dans le même sens.

ENTREMISE. s. f. Terme de Marine Petite piece de bois , qui étant posée dans un Vaisseau entre deux autres , les tient sujettes , & sert aussi à les renforcer. Il se dit encore de certaines pieces de bois mises pour le même usage entre chaque taquet ou fuseau de cabestan.

ENTREPAS. s. m. Terme de Manege. Train rompu qui a quelque chose de l'amble , sans rien tenir du pas ni du trot. Il est ordinaire aux chevaux dont les jambes sont usées , ou qui n'ont point de reins.

ENTROUVERT , ERTE. adj. On appelle *Cheval entrouvert* , un Cheval qui a l'os de l'épaule déjoint du corps par la violence de quelque effort qu'il s'est fait , soit en tombant, soit d'une autre sorte.

ENTRESAIGNE. s. f. Vieux mot. Marque.

ENTREPOST. s. m. On appelle *Lieu d'entrepôt* , un Port de mer où l'on a établi un magasin , pour y recevoir les marchandises qui doivent être transportées ailleurs. *Entrepôt* , se dit aussi d'un magasin où une Compagnie de Negocians fait mettre ses marchandises dans quelque Ville de commerce que ce soit.

ENTRETAILLE. s. f. Mouvement de danse que fait un danseur en jettant un de ses piés à la place de l'autre pié , tandis que cet autre pié est élevé en l'air en devant.

ENTRETENU , U E. adj. Terme de Blason. Il se dit de plusieurs clefs ou autres choses liées ensemble par leurs anneaux. *D'azur à deux clefs d'or entretennes par le bas.*

ENTRETOISE. s. f. Terme de Charpenterie. Piece de bois qui se met de travers dans un pan de charpente pour en entretenir d'autres. Il y a une *Entretoise croisée* , qu'on appelle ainsi à cause que c'est un assemblage en forme de croix de saint André. On la pose de niveau entre les entraits de l'enrayure d'un dome. *Entretoise* , dans une chevre , est aussi une piece de bois qui en traverse les bras, & sert à les tenir en état.

Entretoise , se dit encore d'une piece de bois qui est posée entre les flasques d'un affust de canon de marine.

On appelle *Entretoise de carrosse* , la Piece de bois qui est au milieu des moutons de derriere , & qui sert à les tenir en état.

ENTREVOUX. s. m. Terme de maçonnerie. Espace qu'il y a dans un plancher d'une solive à une autre. Les Entrevoux se font avec des ais dont cet espace est couvert , ou auec du plâtre. Ceux-là sont sujets à se détacher & à tomber. On appelle aussi *Entrevoux* , les Intervalles remplis de plâtre qui sont entre les poteaux d'une cloison.

ENTROUBLIER. v. a. Vieux mot. Troubler.

ENTRUIL. s. m. Vieux mot. L'entredeux des yeux.

ENTULE. adj. Vieux mot. Extravagant, ridicule , privé de bon sens.

Que cil vilain entule & sot ,
bien seroie fous & entules

ENV

ENVAHIE. s. f. Vieux mot. Attaque. On trouve aussi *Envayssement* , pour , Etonnement.

ENVELIOTER. v. a. Terme de Faucheur. Mettre par tas. *Envelioter du foin.*

ENVELOPE. s. f. Terme de Fortification. Elevation de terre qu'on fait quelquefois dans le fossé d'une Place , & quelquefois au delà du même fossé. On fait des envelopes quand on veut seulement couvrir des endroits foibles avec de simples lignes , sans avoir dessein de s'avancer vers la campagne ; ce qu'on ne pourroit que par des ouvrages qui demanderoient beaucoup de largeur. L'Envelope est , ou en façon d'un simple parapet , ou comme un petit rampart bordé d'un parapet. Ce mot vient du Latin *Involvere* , Envelopper.

ENVERGUER. v. a. Terme de Marine. Attacher les voiles aux antennes.

ENVERGURE. s. f. Assortiment des vergues avec les mâts & les voiles. Largeur des voiles , maniere de les enverguer.

ENVERSE. adv. Vieux mot. A l'envers.

Si l'a si roidement ferue ,
Qu'en mer l'a enverse abatue.

ENVIAL. s. m. Vieux mot. Voyage.

ENVILASSE. s. f. Espece d'ebene qu'on trouve dans l'Isle de Madagascar. Elle a peu de nœuds , & est semblable au bois de Sandraha.

ENVIS. adv. Vieux mot. A contre-cœur , à regret.

ENVOERI. s. m. Animal qui approche du cerf. Il a deux cornes , & se trouve au Royaume de Gongo.

ENVOILER. v. n. Terme de Serrurerie. Gauchir. On dit qu'*Un morceau d'acier s'envoile à la trempe* , pour dire , qu'il se courbe , qu'il gauchit.

ENVOYE' , E'E adj. Mot qui se trouve dans le vieux langage , pour dire , Mis en voie.

Car ils sont à mal faire enduits & envoyez.

ENVOISERIE. s. f. Vieux mot. Gentillesse.

Si quiert les mondaines délices ,
L'envoiserie & les noblois.

On a dit aussi *Envoisure* , pour dire , Joie , ébat, divertissement.

Cil qui leur entente & leur cure ,
Mettent en folle envoisure.

On a dit encore *Envoisié* , pour Gai , gaillard.

Car grand cosomtement portent
As envoisiez & as oiseux.

Et *Envoisiée* , pour , Gaye , qui aime à rire.

Ains est moult envoisie & gaye.

EOF

EOFS. s. m. p. On disoit autrefois *Eopfs* , pour Oeufs.

EOL

EOLIPILE. s. m. Quelques-uns le font feminin. Nom que les hydrauliques ont donné à une petite boule de cuivre ou de fer qui a une queue où est un fort petit trou pour la charger. On la chauffe pour rarefier l'air dont est remplie ; après quoi on la jette dans l'eau , & il y en entre autant qu'il en faut pour remplir le vuide que laisse l'air qui se condense subitement par la froideur de l'eau. On fait encore une fois cette boule au feu , & le vent qui en sort , a une durée & une impetuosité dont on est surpris.

EPA

EPACTE. s. f. Terme de Chronologie. L'Année lunaire *civile* , composée de 12. mois synodiques, chacun de 29. jours & demi , ne vaut que 354. jours, les fractions étant négligées, & l'Année *cum* le solaire vaut 365. jours. Voyez ANNE'E. Cette difference de 11. jours entre ces deux années eſt ce qu'on appelle *Epacte* de ἐπάγειν, *ajoûter* , parce qu'il faut ajoûter 11. jours à l'Année lunaire pour l'égaler à la ſolaire. Si le ſoleil & la lune ont commencé une année enſemble, il eſt viſible que le jour que le ſoleil finit la ſienne, la lune a déja 11. jours ſur ſa ſeconde année. Ils ne recommencent donc pas enſemble leur ſeconde revolution, & les Nouvelles & Pleines lunes ne tomberont pas dans les mêmes tems où elles avoient tombé. Les 11. jours de difference au bout de 3. ans font 33. jours, dont on prend 30. jours pour faire un treiziéme mois que l'on ajoûte au bout de la troiſiéme année. Cela s'appelle *intercaler* , & ce treiziéme mois eſt *Intercalaire* ou *Embolifmique.* Voyez EMBOLIS-MIQUE. Cette intercalation faite , il n'y a plus que trois jours de difference entre l'Année lunaire & la ſolaire, & au bout de trois ans ce ſont trente-ſix jours , dont on fait encore un mois intercalaire, & il reſte ſix jours de difference entre le ſoleil & la lune. De là vient que pour avoir l'Epacte on ajoûte tous les ans 11. jours, & que l'on retranche le nombre de 30. toutes les fois qu'il ſe trouve. C'eſt du premier de Mars que l'on commence à compter la nouvelle Epacte.

EPANIR. v. n. Vieux mot. Epanouir.

EPANORTHOSE. ſ. f. Terme de Rhetorique. Figure par laquelle on corrige ou l'on revoque ce qu'on avoit avancé auparavant. Ce mot eſt Grec ἐπανόρθωσις , & veut dire *Correction.* Il vient d'ἐπανορθόω , *Je corrige* , je remets en ſon entier, a été fait d'ὀρθὸς , Qui eſt droit & élevé.

EPARER. v. n. p. Terme de Manege. On dit qu'*Un cheval s'épare* , pour dire , qu'il détache des ruades, & noue l'aiguillette. On tient que tous les chevaux qui s'éparent ſont rudes.

EPARGNE. ſ. f. *Parſimonie* , *ménage dans la dépenſe.* ACAD. FR. On dit *Taille d'épargne* , pour dire , Une certaine maniere de graver, ou d'entailler le bois, les pierres & les métaux. On taille en épargne , lorſqu'on enleve le fond de la matiere, & qu'on épargne & qu'on ne laiſſe en relief que les parties qu'on veut qui paroiſſent à la vûe. Les Gravûres des planches en tailles de bois ſont taillées en épargne , parce que les blancs ſont enfoncés , & que les traits qui paroiſſent ſont élevés & épargnés , ce qui eſt tout le contraire de la taille douce, où les traits qui doivent paroître ſont gravés & enfoncés, & où les blancs demeurent relevés ſur la planche.

EPARGNER. v. a. *Uſer d'épargne dans la dépenſe, employer avec reſerve , ménager la dépenſe.* ACAD. FR. *Epargner* , eſt auſſi un terme de Menuiſerie, & on dit d'un Menuiſier qui pouſſe une moulure, qu'*Il épargne un filet* , lorſque par exemple, en pouſſant un quart de rond , il forme en même-tems un filet auprès.

Epargner , ſe dit auſſi en peinture , & ſignifie , Ne point toucher à quelque choſe. Ainſi on dit, qu'*Il faut coucher le ciel d'un tableau, & épargner les figures & les bâtimens* , pour dire, qu'il ne faut rien coucher deſſus.

EPARVIN. ſ. m. Sorte de maladie de cheval qui vient au bas & au-dedans du jarret, & à l'endroit où ſe joint la jambe. Il y en a de deux ſortes, l'*Eparvin de bœuf,* & l'*Eparvin ſec.* Le premier eſt une tumeur qui s'engendre par le concours des humeurs froides que le tems endurcit, & qui devient ſemblable à l'os. L'*Eparvin ſec* eſt un engourdiſſement du jarret qui provient des matieres craſſes & viſqueuſes qui l'embarraſſent. Ces matieres deſcendent des parties d'en haut, & s'arrêtent aux muſcles qui font

Tome I.

le mouvement.

EPAVE. ſ. f. Terme de Palais. *Epaves* , ſe dit proprement des bêtes épouvantées, & que l'on trouve quand elles ont fui,ſans que l'on connoiſſe à qui elles ſont. On entend auſſi par *Epaves* , toutes les choſes perdues, qui n'ayant point été reclamées dans le tems que la coûtume des lieux a établi , appartiennent au Seigneur haut Juſticier. Ce mot eſt venu de *Pavor* , Frayeur , à cauſe des bêtes épouvantées qui ſe perdent.

EPARS. ſ. m. Terme de Marine. Le bâton du pavillon.

EPAUFRURE. ſ. f. Eclat du bord du parement d'une pierre qu'un coup de têu mal donné a emporté.

EPAULE. ſ. f. *Partie* , *membre du corps qui eſt au-deſſous du chignon du cou* , *& ſe joint au bras dans l'homme* , *& à la jambe de devant dans les autres animaux.* ACAD. FR. L'os de l'épaule eſt celui qui couvre le derriere des côtes, qu'on nomme auſſi le *Palleron* , ſur-tout aux animaux. La figure du palleron eſt preſque triangulaire. Sa partie large & plate eſt appellée *Omoplatte* par les Medecins.

On dit en termes de Manége , qu'*Un cheval s'abandonne trop ſur les épaules* , pour dire , qu'il ne s'aſſied point ſur les hanches , & ne plie pas les jarrets. La marque d'un bon cheval , c'eſt d'être leger d'épaules & ſujet des hanches. On dit d'un cheval , qu'*Il a les épaules chevillées* , quand il les a engourdies & preſque ſans mouvement.

Epaule de mouton. Terme de Charpentier. Nom que donnent quelques-uns à une ſorte de grande coignée.

On appelle en termes de Marine , *Epaules d'un Vaiſſeau* , les parties du bordage qui viennent de l'éperon vers les haubans de miſaine.

On appelle en termes de guerre , *Epaule de baſtion* , la partie qui eſt à l'endroit où la face & le flanc concourent , & *Angle de l'épaule* , celui qui eſt formé par ces lignes.

EPAULE'E. ſ. f. On dit que *Les Maçons font des fondemens ou des murailles par épaulées* , quand ils ne les font pas de ſuite ni de niveau, mais à divers tems & à diverſes repriſes. On dit auſſi , *Travailler par épaulées* , pour dire, Faire un ouvrage pié à pié & par repriſes, à cauſe qu'il ne ſe peut faire tout à la fois. Cela arrive quand il faut reprendre peu à peu une muraille qui menace ruine, ou qu'on a des terres mouvantes à ſoûtenir.

EPAULEMENT. ſ. m. Terme de Charpenterie On appelle *Epaulement d'un tenon* , une partie & un des côtés du tenon , qu'on diminue moins que l'autre , afin que la piece de bois en ait plus de force.

Epaulement. Terme de Fortification. Retranchement qu'on oppoſe aux Ennemis. Travail pour ſe couvrir de côté , ſoit qu'il ſe faſſe de terres remuées , ou par des gabions , ou par des faſcines chargées de terre. On appelle auſſi *Epaulement,* un Orillon quarré que l'on faiſoit autrefois aux Baſtions ſur le flanc auprès de l'épaule, afin de couvrir le canon d'une caſemate. *Epaulement,* ſe prend encore pour un Demi-baſtion, Ce travail eſt compoſé d'une face & d'un flanc , & il ſe met en pointe à la tête d'un ouvrage à corne ou à couronne. Il ſe dit auſſi non ſeulement d'un petit flanc qu'on ajoûte aux côtés d'un ouvrage à corne , pour les défendre lorſqu'ils ont trop de longueur , mais encore des redens qu'on fait ſur une ligne droite que l'on veut fortifier.

EPAULER. v. a. Terme de guerre. Faire un épaulelement. On dit, *Epauler fon camp d'une colline, d'un marais, d'un bois, d'un rideau*, pour dire, s'En couvrir de telle forte que les ennemis ne puiffent venir de ce côté-là. On dit auffi, s'*Epauler*, pour dire, Se couvrir.

EPAULETTE. f. f. Les Couturieres appellent ainfi une petite bande de toile qu'elles mettent fur l'épaule de la chemife. Parmi les Tailleurs, c'est une couture fur l'épaule ; & les Religieufes nomment *Epaulette*, un ruban qui s'attache fur l'épaule, & qui tient au Scapulaire.

EPAULIERE. f. f. Partie de l'armure d'un cavalier, qui fert à couvrir & à défendre l'épaule.

EPAUTIER. v. a. Vieux mot. On a dit, *Epautier les arbres*, pour dire, En ôter le bois inutile.

EPE

EPEAUTRE. f. m. Efpece de froment dont Diofcoride dit qu'il y a de deux fortes ; l'un fimple, & l'autre ayant double gouffe avec deux grains dans chacune ; ce qui l'a fait nommer *dixunes*, Qui a deux grains. Matthiole met, comme lui, deux fortes d'Epeautre, qu'il dit être la *Zea* des Anciens, dont ils faifoient la fromentée, efpece de bouillie qu'ils eftimoient fort, & qu'ils nommoient *Alica*. L'Epeautre, continue-t'il, reffemble au froment, quoiqu'il ait fon tuyau plus mince & moins ferme. Son épi eft plat & uni, jettant feulement fes grains des côtés. Il a une barbe longue & menue. La plus grande des deux fortes a le tuyau large & un peu long, & fon épi, qui eft grand, jette deux grains enfermés dans deux petites gouffes qui font jointes enfemble. L'autre a fon chalumeau & fon épi plus petits, & fes grains font enfermés chacun dans fa gouffe. Galien dit que l'Epeautre eft moyenne entre l'orge & le froment, & qu'on peut juger par là de fes qualités. Il y a une autre efpece d'Epeautre que les Grecs appellent *ôuçs*. Pline en parle ainfi. Quant à cette forte d'Epeautre, que les Anciens nommoient *Arinca*, le blé en eft fort bon. Ce blé eft plus nourri & plus épais que le blé rouge & barbu qu'on appelle *Far*, & a fon épi plus grand & plus pefant. Cependant le boiffeau n'en peut pefer feize livres entieres. On le monde difficilement en Grece. Auffi le donnoit-on aux chevaux, felon ce que dit Homere. Il l'appelle *Olyra*. Ce même blé fe réduit en farine fort aifément en Egypte, & il y en vient en grande abondance.

EPE'E. f. f. *Arme offenfive & défenfive que les Gentilshommes & ceux qui font profeffion des armes portent à leur côté.* ACAD. FR. On appelle *Epée à deux mains*, une large épée qui a deux poignées. On la nomme auffi *Efpadon*. On tient à deux mains cette forte d'épée, & on la tourne avec tant d'adreffe, qu'on en eft toûjours couvert. *La main de l'Epée*, eft la main droite, en termes de Manége ; & ce qu'on appelle *Epée Romaine*, eft une marque en forme d'épi qui vient fur l'encolure du cheval près de la criniere. Cet épi eft fait de poils relevés qui forment une maniere de lame d'épée.

Epée. Terme de Cordier. Morceau de bois en façon de coutelas qui fert à battre la fangle. Il eft long de plus d'un pié, & a la largeur d'environ trois doigts.

Epée. Ordre de Chevalerie du Royaume de Chypre ; qui fut établi par Gui de Lufignan, après qu'il eut acheté l'Ifle qui porte ce nom, de Richard I. Roi d'Angleterre ; ce qui arriva fur la fin du douziéme fiecle. Le Collier de cet Ordre étoit compofé de cordons ronds de foye blanche, & lié en laqs d'amour entrelaffés de lettres *S*, fermées d'or. Une ovale où étoit une épée pendoit au bout du collier, & cette épée avoit la lame émaillée d'argent, la garde croiferée & fleurdelifée d'or, avec ces mots pour Devife, *Securitas regni*. Le Roi Gui de Lufignan donna cet Ordre à fon frere Amauri & à trois cens Barons qu'il établit. La premiere cérémonie s'en fit l'an 1195. dans l'Eglife Cathedrale de fainte Sophie de Nicofie le jour de l'Afcenfion.

Il y a un autre Ordre Militaire d'Espagne que l'on appelle *Saint Jacques de l'Epée*. Quelques Chanoines Reguliers voyant que les Pelerins qui avoient le zele d'aller vifiter les Reliques de Saint Jacques à Compoftelle, Ville Capitale du Royaume de Galice, étoient maltraités des Maures, crurent les mettre à couvert de leurs infultes en faifant bâtir divers Hôpitaux pour les recevoir. Depuis ce tems-là, treize Gentilshommes s'offrirent à les défendre ; & ce fut par là que cet Ordre commença. Il fut approuvé en 1175. par le Pape Alexandre III. & en 1198. par Innocent III. Les Chevaliers obferverent d'abord la Regle de S. Auguftin, & firent les vœux de Religion ; mais ils en furent difpenfés enfuite, & on leur permit de fe marier. Quand cet Ordre commença à s'établir, il prit pour Armes, d'or à une épée de gueules chargée en abîme d'une coquille de même. Ces mots fervoient de Devife, *Rubet enfis fanguine Arabum*. Les Armes de ce même Ordre, le plus confiderable de ceux d'Espagne, & dont le Roi eft le Grand-Maître depuis Ferdinand & Ifabelle, qui l'obtinrent du Pape Alexandre VI. font une croix en forme d'épée, le pommeau fait en cœur, & les bouts de la garde en fleur de lis. Il s'eft établi en Caftille & en Portugal.

EPERLAN. f. m. Petit poiffon de mer qui a la figuré du goujon de riviere, le corps menu & rond, avec une grande ouverture de bouche, & la chair tranfparente & qui fent la violette. Nicod dit qu'on l'a nommé *Eperlan* à caufe de fa blancheur qui imite celle des perles.

EPERON. f. m. Piece de fer compofée de deux branches qui embraffent le talon du cavalier, & d'une molete en forme d'étoile qui avance par derriere, & dont il pique le cheval. On dit en termes de Manége, qu'*Un cheval a l'éperon délicat & fin*, pour dire, qu'Il le fent bien ; qu'*Il a peur de l'éperon*, pour dire, qu'Il n'eft point fenfible à l'éperon ; qu'*Il fait l'éperon*, pour dire, qu'Il y obéit. *Répondre aux aides de l'éperon, & Connoître l'éperon*, c'eft encore y obéir. Parmi les cérémonies qu'on pratiquoit autrefois en faifant des Chevaliers, l'une des principales étoit de leur chauffer les éperons.

Eperon, en termes d'Architecture, eft un arcboutant ou appui qu'on met contre une muraille. Ce font d'autres murailles qui forment des anges faillans en dehors. On en fait auffi quelquefois qui rentrent en dedans, afin de rendre les murs plus folides.

Eperon. Terme de Marine. Affemblage de plufieurs pieces de bois qui fe terminent en pointe. C'eft la partie de l'avant d'un Vaiffeau qui s'avance la premiere en mer.

Eperon, fe dit auffi en termes de guerre, d'une fortification en angle faillant, qui fe fait, ou au milieu des courtines, ou au-devant des portes, ou fur les bords des rivieres, pour empêcher qu'on ne puiffe entrer par là dans une Place.

On appelle auffi *Eperons*, ces pointes de pierre qu'on met au-devant des piles des ponts pour les conferver & fendre l'eau. Il fe dit de même des arcs-boutans que l'on fait pour fortifier les murailles qui soûtiennent des terrasses.

EPERVIER. f. m. Sorte d'oiseau de proie qui est la femelle du Mouchet. Les marques d'un bon Epervier sont d'avoir la tête ronde, les yeux cavés avec un cerne entre vert & blanc autour de la prunelle de l'œil, le sourcil blanc, le col longuet & les épaules bossues. Il faut qu'il soit affilé vers la queue, avec des pennes pointues comme le bout d'une épée, qui soient de travers, grosses & vermeilles ou rousses, & qu'il ait la couverture noire, & la maille noire ou blanche, les piés déliés, les ongles petits & noirs, & qu'il ne soit pas trop haut assis. M. Ménage fait venir ce mot de *Sparvarius*, ou de l'Allemand *Spavver* ou *Sperber*, & d'autres le dérivent de *Sparfell*, vieux mot Celtique qui signifie Epervier. On appelle *Epervier Ramage*, l'Epervier qui a volé par les forêts, & a été maître de lui-même, & *Epervier Royal*, celui qu'on a pris au nid ; & qu'on a nourri & façonné pour giboyer à plaisir.

Epervier. Terme de Pêcheur. Sorte de filet qui s'étend par en bas en un grand rond, & qui aboutit en cone. Quand on l'a jetté étendu de cette sorte, on resserre l'ouverture par le moyen de ses nerfs. Ces nerfs sont des cordes attachées en quelques endroits de la circonference, & tout le poisson qui est dessous se trouve pris.

EPH

EPHEBE. f. m. Mot dont on s'est servi autrefois pour dire, Majeur, qui a quatorze ans. Il vient de la préposition ἐπὶ, & de, ἥβη, Puberté.

EPHEMERE. adj Terme de Medecine. On appelle *Fiévre éphemere*, un Accès qui ne dure ordinairement que vingt-quatre heures. Il y a certains arbres d'Arabie, selon les Relations, que l'on appelle *Ephemeres*, à cause qu'ils croissent tous les jours depuis l'aurore jusqu'à midi, & qu'ils disparoissent ensuite, & entrent dans les sablons.

Ephemere. f. m. Petit insecte volant qui naît à six heures du soir, & meurt à onze. Pendant ce tems-là il étend ses membres, paroît jeune, change deux fois sa peau, fait des œufs, jette des semences, vieillit & meurt. Il paroît vers la S. Jean, & Aristote qui en fait la description, l'a appelé *Ephemere*, parce qu'il ne dure qu'un seul jour. On tient toutefois qu'il ne prend cette figure d'insecte volant qu'après avoir vêcu trois ans sous celle d'un ver au bord de l'eau dans la vase ou dans des trous qu'il a lui-même l'adresse de se creuser. Il y en a de deux ou trois pouces, & les Pêcheurs en font un appât pour leurs hameçons. On a observé dans quelques-uns de ces insectes jusqu'à sept mille yeux, dont tout leur corps est semé. Ils ne s'accouplent point. La femelle jette ses œufs, que le mâle rend feconds en les couvrant de sa semence. Il ne change que pour se multiplier, & depuis qu'il est changé il ne prend plus d'aliment. Swammerdam qui a observé ce petit animal avec le microscope, & qui en a fait les dissections, dit qu'il se forme d'abord en ver, puis en nymphe, que ses ailes sont disposées d'une façon particuliere, & qu'il est aisé de distinguer le mâle d'avec la femelle. Le mot d'*Ephemere* vient de ἐπὶ, & de ἡμέρα. Jour.

EPHEMERIDES. f. m. p. Terme d'Astronomie. Table que les Astronomes ont calculées, & qui ne sont autre chose que des Journaux qui en supposant de certains commencemens de mouvemens & de tems, font connoître en quels endroits du Ciel le Soleil, la Lune & les autres Astres se rencontrent chaque jour, & en quels aspects ils sont entr'eux. Depuis qu'on a découvert quatre Satellites de Jupiter, l'illustre M. Cassini a fait des Ephemerides excellentes de leurs mouvemens.

EPHEMERUM. f. m. Dioscoride dit que quelques-uns appellent le Colchicum *Ephemerum*, & dans le chapitre qui suit celui où il en parle de cette sorte, il marque qu'il y en a qui appellent l'Ephemerum, *Flambe sauvage* ; ce qui fait que Matthiole raisonnant sur ces sortes d'Ephemerum, dit que le Colchicum est si venimeux, qu'il fait mourir en moins d'un jour celui qui en mange, & que c'est delà qu'il a pris son nom. Il declare ensuite que ce n'est autre chose que l'oignon blanc des Apothicaires, qu'ils appellent *Hermodactylus*, & il le tient fort dangereux. Il jette en Automne des fleurs semblables au Safran, & ne produit aucunes feuilles que quand le Printems approche. En ce tems-là il jette certaines bourses faites en façon de noix, au-dedans desquelles est une graine rougeâtre. Sa racine n'est pas douce alors comme en Automne, mais pleine de lait & amere. L'Ephemerum, qu'on nomme *Flambe sauvage*, a les feuilles & la tige semblables au lis. Sa racine est longue, & non pas ronde comme celle du Colchicum. Elle a la grosseur d'un doigt, & est astringente & odorante. On s'en lave la bouche pour le mal des dents, & ses feuilles sont propres à toutes tumeurs.

EPHIALTE. f. m. Terme de Medecine. Maladie de la poitrine, que l'on appelle autrement *Cochevieille*, & que les Latins nomment *Incubus*. Cette maladie n'est autre chose que la respiration empêchée & difficile qui survient quand on est couché sur le dos, en songeant qu'on a un poids sur la poitrine, & que l'on va étouffer. Cela est cause que les mélancholiques s'imaginent qu'une personne ennemie leur pese sur l'estomac. Fernel & Platerus ont établi pour la cause prochaine de l'Ephialte une humeur grossiere & pituiteuse, retenue autour de la poitrine, qui étant émue ou se gonflant, presse le diaphragme & les poumons. Ils ont ajoûté que la voix est ensuite étouffée par les vapeurs qui exhalent, & qui montant au cerveau, y troublent les esprits animaux, d'où le songe de suffocation & de pressement s'ensuit. Les Modernes mettent la cause prochaine de l'Ephialte dans tout ce qui peut empêcher le mouvement du diaphragme en enbas. Ce mouvement est blessé ou par le vice de quelque objet qui presse le diaphragme, & s'oppose à son mouvement en enbas, ou par le vice des nerfs qui servent à sa contraction. Ceux qui menent une vie reglée, ou qui songent peu, sont moins exposés à cette maladie que ceux qui ont trop d'alimens. Ainsi ce mal est familier aux enfans, à cause qu'ils mangent goulument. Il est facile de le prévenir en dormant sur le côté & la tête haute, parce que moins on est sur le dos & couché, moins le ventricule presse le diaphragme. On appelle l'Incube ou l'Ephialte, *Epilepsie nocturne* ou *Petite épilepsie*, à cause des convulsions des muscles du thorax, telles qu'elles arrivent dans tous les paroxismes épileptiques ; ce qui cause la difficulté de respirer dans l'épilepsie veritable & l'écume à la bouche. Ce mot vient du Grec ἐφάλλεσθαι, Se jetter dessus, parce que ceux qui sont atteints de ce mal, s'imaginent que quelqu'un se jette sur leur estomac pour les étouffer.

EPHOD. f. m. Habit sacerdotal qui a été en usage chés les Juifs. C'étoit une maniere d'aube ou de surplis de toile.

EPHORE. f. m. Juges dont la puissance étoit absolue,

& qui furent établis à Lacedemone par Licurgue, & felon d'autres par Chilon, ou par Theopompe. Ces Magiftrats étoient comme des Contrôleurs generaux qui s'oppofoient au trop grand pouvoir des Rois. Ils avoient celui de condamner qui que ce fût à l'amende, d'emprifonner, de chaffer un Officier quand il trahiffoit l'interêt du peuple, & de lui faire rendre compte des fonctions de fa Charge, fans attendre qu'il eût achevé fon tems de fervice. Ce mot eft Grec, ἔφορος, Infpecteur, & il vient d'ἐπὶ & d'ὁρᾷ, Voir, regarder.

E P I

E P I. f. m. *La tête du tuyau du blé dans laquelle eft le grain.* ACAD. FR.

Epi, en termes de Manége, eft une forte de frifure naturelle du poil du cheval qui fe releve fur un poil couché, & qui fe forme particulierement entre les deux yeux. On l'appelle ainfi, à caufe qu'elle a prefque la figure d'un épi de blé. On la nomme auffi *Molete*. Quelques-uns prétendent que lorfque l'épi fe trouve plus bas que les yeux, c'eft une marque que le cheval a la vûe foible. Ce mot vient du Latin *Spica*.

Epi, Terme d'Architecture. Affemblage des chevrons qui fe fait dans un comble circulaire avec des liens autour du poinçon. On appelle *Epi de faîfte*, le bout du poinçon qui paroît au-deffus du faîte d'un comble. C'eft où s'attachent les amortiffemens, foit de poterie, foit de plomb. *Soudure en épi*, eft une groffe foudure avec barures en forme d'arête de poiffon; & ce qu'on appelle *Briques en épi*, font des briques pofées diagonalement fur le côté en façon de point de Hongrie.

On appelle auffi *Epis*, des Crochets de fer qu'on met fur des baluftrades & autres endroits pour empêcher qu'on n'y paffe.

Epi. Ordre Militaire de Bretagne, que le Duc François I. inftitua. Il fut appellé ainfi à caufe d'un collier d'or fait en façon d'une couronne d'épis de blé joints les uns aux autres & entrelaffés en laqs d'amour, que les Chevaliers portoient. Au bout du collier pendoit une hermine fur un gazon d'hermines avec ces mots, *A ma vie.* C'étoit la Devife de l'Ordre de l'Hermine, que Jean V. Duc de Bretagne avoit établi ou renouvellé vers l'an 1365.

E P I C A I E. f. f. Vieux mot. Equité; adouciffement de la rigueur du Droit. Ce mot eft Grec, *ἐπιείκεια*, & fe trouve dans le Dictionaire de Nicod, auffibien que *Epicaifer*, pour dire, Statuer felon le droit & la raifon.

EPICERIE. f. m. Mot general dont on a coûtume de fe fervir, pour dire toutes fortes d'épices propres à affaifonner les viandes & les ragoûts. Il y en a de fimples comme le mufc, l'ambre-gris, le gingembre, la canelle & autres; & de compofées, comme l'aromaticum rofatum, le diamargaritum, &c. On les appelle auffi *Aromates.* Les épices étoient anciennement fi rares & fi eftimées par le défaut de commerce avec les Indes, qu'on en prefentoit aux grands Seigneurs. C'eft de-là que la coûtume eft venue d'en mettre aux Arrêts. Ce n'étoit autrefois que des dragées & des confitures que ceux qui avoient gagné quelque procès donnoient en prefent aux Juges. Elles font prefentement changées en argent, & on les paye en écus quarts de trois livres quatre fols. Cet ufage fe garde encore aux repas qui fe font dans les écoles de Theologie & de Medecine, à la fin defquels on demande le vin & les épices. Un vieil Auteur a écrit en parlant d'un feftin de l'an 1495. *Le Roi feftina les*

Ambaffadeurs, & leur fit apporter pain & vin de toutes fortes, hypocras, épices, confitures, & autres nouvelletés finguliéres.

EPICYCLE. f. m. Terme d'Aftronomie. Ce n'étoit pas affés pour expliquer les apparences des aftres dans le fiftême de Ptolomée d'avoir fuppofé des Excentriques, creufés dans les Sphéres des Planetes, (Voyez EXCENTRIQUE.) il fallut encore pour expliquer plufieurs Phénomenes des Planetes, & principalement leurs *Directions, Stations* & *Retrogradations,* (Voyez DIRECTION, STATION, & RETROGRADATION.) fuppofer des *Epicycles,* c'eft-à-dire, de petits cercles qui fe mouvoient dans l'Excentrique, à la circonference duquel ou donnoit une largeur égale au diametre de l'Epicycle. L'Epicycle fe meut en un certain tems dans cette circonference, & il décrit par fon centre au milieu de cette largeur un cercle qu'on appelle *Déferent de l'Epicycle,* parce qu'il porte toûjours le centre de l'Epicycle. La Planete eft attachée à la circonference de l'Epicycle comme une pierre à une bague, & elle fe meut fur cet Epicycle, & autour de fon centre, tandis que l'Epicycle fe meut fur la circonference de l'Excentrique, d'où il arrive que le mouvement de la Planete eft compofé de celui qu'elle a fur l'Epicycle, & de celui qu'a l'Epicycle fur l'Excentrique, & c'eft cette compofition de mouvement qui explique les Phénomenes. Le mot d'Epicycle vient de *ἐπὶ, deffus,* & *κύκλος cercle,* parce qu'il eft fur un plus grand cercle. Dans la *Theorie* du Soleil, il n'y a point d'Epicycle, toutes les autres Planetes en ont.

Tout Epicycle auffi-bien que tout Excentrique a fon *Apogée;* & fon *Perigée.* Une ligne tirée du centre de la terre par le centre de l'Epicycle, marque au haut de l'Epicycle fon Apogée, & au bas fon Perigée.

EPIDERME. f. m. Terme de Medecine. Cuticule ou petite peau qui eft par deffus le cuir de la veritable peau. Il y en a qui croyent qu'elle eft née de l'excrement de la peau. Selon Hippocrate, elle eft engendrée par la froidure, de même qu'il fe fait une petite peau fur de la bouillie & fur du fang figé. L'Epiderme eft infenfible, n'ayant ni veines, ni arteres, ni nerfs, & il ne paroît point encore d'Epiderme au fœtus. Ce mot eft Grec, & vient d'ἐπὶ, Sur, & de δέρμα, Peau.

EPIDIDYME. f. m. Terme de Medecine. Petit corps qui eft placé fur le dos de chaque tefticule, & qui eft formé de plufieurs plis & replis que font quelques-uns des petits vaiffeaux qui fervent à perfectionner la matiere de la generation, & qui fortent du corps des tefticules. L'Epididyme paroît membraneux en fa fuperficie, & par deffus il eft glanduleux & caverneux. Il fe dilate, & fert le vaiffeau déferant, puis il fe termine enfin aux veficules feminales, où la femence qui a été travaillée dans le tefticule, & perfectionnée dans l'Epididyme, eft apportée & mife en dépôt par le canal déferant. Ce mot eft Grec, *ἐπιδιδυὶς,* & formé d'ἐπὶ, Sur, & de δίδυμος, Double ou tefticule, à caufe que le tefticule eft double.

E P I E', É'E. adj. On appelle en termes de Chaffe, *Chien épié,* Celui qui a du poil au milieu du front plus grand que l'autre, en forte que les pointes de ce grand poil fe rencontrent & viennent à l'oppofite. On dit auffi que la queue d'un chien eft *Epiée,* pour dire, qu'Elle eft éparpillée par le bout en forme d'épi.

EPIEU. f. m. Sorte d'arme dont on fe fervoit autrefois. Elle avoit une hampe longue de quatre ou cinq piés, au bout de laquelle il y avoit un fer large &

pointu. On s'en sert encore quelquefois à la Chasse, & sur-tout à celle du sanglier.

EPIGASTRE'. s. m. Terme de Medecine. Partie supérieure de l'*Abdomen*. C'est la plus haute du ventre, qui va depuis le cartilage Xiphoïde presque jusqu'au nombril. On l'appelle ainsi comme étant ἐπὶ τὸ γάςρα, c'est-à-dire, sur le ventre. On appelle *Veine épigastrique*, une veine qui sort d'un des rameaux Iliaques, qui entre dans les muscles de l'épigastre, & dont une partie va en haut au nombril tout le long du muscle droit.

EPIGEONNER. v. a. Terme de Maçon. Employer le plâtre un peu serré, en sorte que sans le plaquer ni le jetter, on le leve doucement avec la main & la truelle par poignées, comme aux tuyaux & languettes de cheminées que l'on fait de plâtre pur.

EPIGLOTTE. s. f. Terme de Medecine. Couvercle du Larinx. Il est fait en forme d'une petite langue, & porte sur la fente du Larinx. Le mot qui est tout Grec ἐπιγλωττὶς, est composé de la particule ἐπὶ, Sur, & de γλῶττα, Langue; comme qui diroit Surlangue. L'Epiglotte est faite d'un cartilage mobile en forme de feuille de lierre, & elle aboutit peu à peu en pointe mousse. Cette pointe se tourne vers le palais, & la base de ce cartilage mobile, est en la partie superieure du cartilage scutiforme. C'est enfin ce qui bouche le Larinx pendant le passage des alimens. Il arrive quelquefois qu'il entre une goute de boisson dans la trachée-artere, ce qui fait tousser, s'il y entre quelque chose de solide elle fait ulcerer le poumon après quelques années. L'Epiglotte contribue aux diverses harmonies du son & à la voix, le son n'étant autre chose que le mouvement de l'air, que le tuyau de la trachée-artere produit dans les animaux. Ainsi la voix procede d'un certain mouvement imprimé à l'air dans le Larinx, par le moyen de l'Epiglotte, laquelle en pressant l'air qui sort, fait une voix aigue & subtile comme celle des femmes & des enfans, & en le laissant sortir librement, elle fait une voix grave ou sonore, ou de quelque autre genre, à quoi contribue beaucoup l'état où se trouve la trachée-artere. Plus elle est seche, plus la voix est claire, & plus elle est humectée, plus la voix est haute. De même, plus elle est grande & large, plus le son est bas & gros. C'est ce qui fait que les ours qui ont la trachée-artere fort large, ont une voix si rude & si forte, tout au contraire des Rossignols, qui ayant la trachée-artere très-étroite, ont la voix ténue & douce. La mobilité de l'Epiglotte en divers sens, fait les differens fredons & les diverses harmonies du son.

EPIGONES. s. m. Nom qui fut donné par les Grecs aux enfans de ces vaillans Capitaines, qui assiegerent inutilement la Ville de Thebes. Cette malheureuse expedition se fit en l'an du monde 2845. & dix ans après ces Fils genereux vengerent la honte que leurs Peres avoient reçue. Ils firent un grand butin, ayant Alcmeon pour Chef, & emmenerent l'aveugle Tiresias, dont la femme Manto, fut envoyée par eux à Delphes, où elle servit dans le Temple d'Apollon. Ce mot *Epigone* est Grec ἐπίγονος, & veut dire, Né après.

EPIGRAPHE. s. f. Nom que l'on donne à toutes les Inscriptions qu'on met dans les bâtimens, afin qu'elles puissent un jour faire connoître le tems où ils ont été construits, avec le nom des personnes qui les ont fait élever. Ces Inscriptions se gravent le plus souvent en anglet, sur la pierre & sur le marbre. Les Anciens se servoient de caractéres de bronze; pour celles des Arcs de Triomphe & des Temples, & ils en couloient les crampons en

plomb. Ce mot est Grec ἐπιγραφὴ, Titre, Inscription, & est fait de ἐπὶ, & de γράφω, Ecrire.

EPILEPSIE. s. f. Mal qui provient du cerveau, & qui ôte le jugement & le sentiment à celui qui en est attaqué. C'est proprement une convulsion de tout le corps, & un retirement de nerfs, qui fait que le patient tombe tout à coup, & jette force écume par la bouche. Comme tous les muscles se relâchent, il en provient un écoulement involontaire d'urine, de semence & de matiere fecale. Ce mal est causé par une abondance d'humeurs phlegmatiques corrompuës, qui remplissent en un moment les ventricules anterieurs du cerveau, lequel se retirant alors pour les chasser, tire à soi les muscles & les nerfs, ce qui cause la chûte subite du malade. L'épilepsie est differente en cela de l'apoplexie & de la syncope, qu'ôtent le mouvement en même-tems que le sentiment se perd. Ce mot vient d'ἐπιλαμβάνειν, Saisir, surprendre, par ce que ce mal saisit les sens & les surmonte. Les Latins l'ont appellé *Comitialis morbus*, parce que si quelqu'un en eût été surpris dans les Assemblées du Peuple Romain, que l'on appelloit *Comitia*, on se separoit incontinent, pour empêcher le malheur dont cet accident sembloit être le présage, si on eût continué à se tenir assemblé. On l'appelle aussi *Haut-mal*, parce qu'il saisit la tête, & *Mal caduc*, à cause qu'il fait tomber aussi-tôt celui qui l'attaque. On l'appelle encore *Mal de saint Jean*, ou simplement *Mal de Saint*, parce que la tête de saint Jean tomba à terre lorsqu'il fut décapité par l'ordre d'Herode. L'Epilepsie a ses differences. L'une est acquise & l'autre est hereditaire, c'est-à-dire, qu'elle a commencé dès l'enfance ou dans un âge plus avancé. Quelques Medecins divisent cette maladie en trois degrés. Le premier est, quand les malades n'ayant aucun sentiment ni mouvement animal, demeurent debout, assis, ou couchés par terre, sans nulle convulsion des parties externes, & agités seulement en dedans par des douleurs convulsives. On pourroit appeller plus proprement ce degré d'Epilepsie *Le Catalepsis*, qu'une veritable Epilepsie. Le second degré, c'est quand differentes secousses tourmentent le corps, sans la perte du sentiment & de la raison, ou avec quelque dépravation de ces facultés. Cela arrive souvent dans la mélancolie hypochondriaque. On a vû des gens qui déchiroient leurs habits, d'autres qui ne faisoient que courir, & d'autres qui pirouettoient durant le paroxisme. Le troisiéme degré qui est le plus ordinaire, c'est quand le malade tombe par terre, où il est secoué & tourmenté par plusieurs contorsions & agitations des membres, avec des grincemens & des craquemens de dents. En cet état, il tient ses poings serrés fortement, il a le thorax & l'abdomen courbé, l'écume à la bouche, & se mord la langue & les levres jusqu'au sang, sans aucun usage de raison. Le paroxisme passé, il revient à lui, & ne se souvient de rien.

EPIMEDIUM. s. m. Plante dont parlent Dioscoride, Pline & Galien, & que Matthiole croit étrangere, n'en ayant jamais vû en Italie. Sa tige n'est pas fort grande, & porte dix ou douze feuilles semblables à celles du lierre. Cette plante croît aux lieux humides, & ne produit ni graine ni fleur. Sa racine est noire, puante, menue & d'un goût fade. Ceux qui ont traité de l'Epimedium, disent qu'il est de temperature moyennement refrigerative, conjointe à une humidité aqueuse, ce qui fait qu'il n'a aucune qualité remarquable. On l'appelle ainsi, à cause que c'est une espece de grand trefle, de ⟨...⟩ & de ⟨...⟩, qui veut dire, Trefle.

EPINARS. f. m. p. Quelques Modernes confondent les Epinars avec les Arroches ; mais Matthiole les tient differents en la tige, aux feuilles, en la graine, en la couleur & en la faveur. Voici comment il en parle. On les seme en Août & aussi en Mars. Sept jours après on les voit paroître ayant leurs feuilles, premierement de forme triangulaire, puis en façon de flèche, & ensuite plissées depuis la queue comme l'endive. Leur racine est fort mince & chevelue, & leur tige en la hauteur d'une coudée, quelquefois plus grande & creuse au dedans. Elle jette à la cime de petites fleurs rondes, herbues, & en maniere de petites grappes. Leur graine est épineuse, & a plusieurs coins & angles. C'est ce qui leur a donné le nom d'*Epinars*, en Latin *Spinacia*, quoique quelques-uns disent que c'est une herbe potagere venue d'Espagne, & qu'à cause de cela on la devroit nommer *Epanards*, & non *Epinars*. Les Epinars refrigerent, & ont une humidité excrementeuse qui lâche le ventre & qui excitent des ventosités, si on ne les corrige par des ingrediens chauds & aromatiques. Leurs jus pris en breuvage sert contre les morsures des scorpions.

EPINÇOIR. f. m. Gros marteau court & pesant, & qui est fendu en angle par les deux bouts comme un têtu. On s'en sert particulierement à tailler du pavé.

EPINE. f. m. Sorte d'arbre qui outre ses feuilles porte des pointes fort aigues. On appelle aussi *Epine*, chaque petite pointe d'un arbre épineux.

Epine blanche. Il y a differentes opinions touchant cette Epine blanche. Les uns disent que c'est le Chardon benit, d'autres la Carline, & d'autres un Artichaut sauvage, ou une herbe piquante dont on se sert au lieu de pressure. Matthiole est du sentiment de Dioscoride, qui dit que l'Epine blanche a les feuilles semblables au Chamæleon blanc, mais plus blanches, plus étroites & quelque peu piquantes & rudes. Sa tige passe deux coudées de hauteur, & a la grosseur d'un pouce & davantage. Le dedans en est blanc & creux. A sa cime est une tête semblable à un herisson marin, plus petite & un peu longue. Ses fleurs sont purpurines ou incarnates, & sa graine est semblable au saffran bâtard, à l'exception qu'elle est plus ronde. Sa racine prise en breuvage, est bonne à ceux qui crachent le sang, ou qui sont sujets aux douleurs d'estomac & de ventre. Elle fait uriner, & on s'en sert pour les aposthumes froides. Galien s'accorde en cela avec Dioscoride. Les Arabes l'appellent *Bedegar*, qui est le nom que lui donnent les Apothicaires.

Il y a encore une *Epine Arabesque*, que les Arabes nomment *Suchaha*. Dioscoride dit qu'elle est astringente, & a la même vertu que l'Epine blanche, sa racine étant fort bonne aux crachemens, & restreignant la trop grande abondance de flux menstruel, & de tout autre. Galien qui en dit la même chose, ajoûte que sa graine est specialement bonne aux accidens de la luette, & aux inflammations & ventosités du fondement, qu'elle cicatrise les ulceres, & a une moyenne astriction qui n'est point fâcheuse. Quelques-uns veulent que l'Epine Arabesque soit l'arbre épineux qui croît en Arabie, & que l'on appelle Acacie ; mais Matthiole refute cela, & fait voir que ce sont deux plantes diverses & separées.

EPINE-VINETTE. f. f. Petit arbre qui est mis au nombre des arbrisseaux, & qui ne parvient que fort rarement & avec beaucoup de tems à la hauteur d'un vrai arbre. Il pousse dès le pié plusieurs rejettons ainsi que le coudrier, & il est tout épineux jusqu'à sa cime. Ses pointes qui poussent trois à trois d'un même lieu, & par intervalles, sont longues, menues, blanchâtres, aisées à rompre & à piler. Son écorce est blanche, polie, lissée & mince, & son bois frêle & spongieux. Cette touffe de surgeons qu'il jette, est soutenue d'une grande quantité de racines fort jaunes, & qui rampent presque à fleur de terre. Ses feuilles, qui ressemblent assés à celles du grenadier, sont plus déliées, plus larges, plus aiguës, moins pointues, & environnées tout autour de petites pointes. L'Epine-vinette pousse une fleur jaune au commencement de Mai. Cette fleur est faite en façon de grappe & sent assés bon. Son fruit qui vient après, a tout de même la figure d'une grappe. Ses grains sont longuets, & rouges quand ils ont atteint leur maturité. Ils ressemblent aux pepins d'une grenade, quoiqu'ils soient plus longs, & ont un goût âpre & très-aigu. Au dedans sont de petits noyaux fort entassés. Les Apothicaires appellent improprement, *Vin de Berberis*, le vin qu'on fait de ce fruit. Il est beaucoup plus acide que le jus de grenade. Si on en use dans les fievres malignes qui sont très-aigues, & même dans les fievres pestilentielles avec syrop violat & eau, non seulement il étanche la soif, mais il supprime & éteint toutes vapeurs malignes, coleriques & pestilentielles, & empêche qu'elles ne suffoquent ou le cœur ou le cerveau. On l'ordonne aux fluxions & devoyemens d'estomac, & il est fort bon pour plusieurs autres usages sur lesquels on n'a qu'à consulter Matthiole. Les Latins appellent l'Epinevinette, *Crespinus*, & les Grecs ἐξἀκανθα, de ἰξὸς, Aigu, acide, & de ἀκανθα, Epine.

EPINETTE. f. f. Instrument de Musique fort harmonieux, fait d'un bois poreux & resineux, dont une partie est propre à resonner, & qui a un clavier le plus souvent au milieu. Ce Clavier est composé de quarante-neuf touches, qui font autant de morceaux de bois longs & plats, arrangés selon l'ordre des tons & des demi-tons de Musique. Tandis qu'on les touche par un bout, elles font de l'autre élever un sautereau, qui par le moyen d'une pointe de plume de Corbeau dont il est armé, fait sonner les cordes, dont les trente premieres sont de laiton. Les autres plus déliées, sont d'acier ou de fil de fer, & elles sont toutes tendues sur deux chevalets collés sur la table. La figure de l'Epinette est d'un quarré long ou parallelogramme, ayant de largeur un pié & demi. On appelle *Double* ou *triple Epinette*, quand au jeu fondamental de cet instrument qu'on appelle son jeu commun, on ajoûte un semblable jeu à l'unisson, & un autre à l'octave, afin d'en tirer plus d'harmonie. Ils se jouent separément ou tous ensemble. On y joint un jeu de violes par le moyen d'un archet ou de quelques roues parallelles aux touches qui pinsent les cordes & en font durer les sons autant que l'on veut. Les petites pointes de plumes qui tirent ces sons, ressemblent à des épines, & c'est pour cela qu'on a donné le nom d'Epinette à cet instrument.

EPINGUER. v. n. Vieux mot. Trépigner.

Et espingue, sautele, & bale,
Et fiert de pié parmy la sale.

EPINIERS. f. m. p. Terme de Chasse. Bois d'épines où les bêtes noires se retirent. On appelle aussi *Epiniers*, Certains lieux qu'on fait exprès pour garantir les Lapereaux des atteintes des oiseaux de proie.

EPINIER, ERE. adj. Il n'est en usage qu'au feminin & dans cette phrase, *Moelle épiniere*. C'est ainsi que

que les Medecins nomment la moëlle qui est enfermée dans les vertebres du dos.

EPINOCHE. s. f. Vieux mot que Borel dit se trouver dans Pathelin, sans qu'il ait compris ce qu'il signifie. Quelques-uns veulent qu'on se soit servi du mot d'*Epinoches*, dans le vieux langage, pour signifier des Epinars. On nomme *Epinoche*, un petit poisson que les Latins appellent *Piscis aculeatus*. Il a sur le dos des épines ou aiguillons, qui lui servent de défense.

EPIPHONEME. s. m. Terme de Rhetorique. Figure & espece d'exclamation que l'on ajoûte après qu'on a achevé de raconter quelque chose. Ce mot est Grec ἐπιφώνημα, & vient d'ἐπιφωνέω, S'écrier, fait d'ἐπὶ, & de φωνή, Voix, son.

EPIPHORA. s. f. Terme de Medecine. Maladie qui consiste dans un continuel écoulement de larmes, qui sont tantôt âcres, & excitent par consequent de la rougeur, de l'ardeur, & du picotement, & qui tantôt sont plus douces & sans ces symptômes. La cause interne de l'Epiphora est de trois sortes. La premiere est le vice habituel de la lymphe trop acre, & d'un acide trop salé qui en rongeant & en picotant les yeux, y produit toûjours un plus grand abordement de sang & de lymphe. La seconde, est le vice des glandes relâchées, ou vitiées de quelqu'autre sorte dans leur nutrition, ou irritées lorsqu'elles pleurent continuellement ; & la troisiéme, est le manque de la caruncule lacrimale dans une maladie appellée par les Grecs ῥύας. Ce n'est rien autre chose que quand la glande situëe dans le grand coin de l'œil a été mangée ou emportée par quelque cause externe, ou bien relâchée. Les enfans sont fort sujets à ce mal, & la diete ou la suite du tems l'emporte. L'Epiphora invererée, ou qui arrive aux adultes est plus opiniâtre, & degenere souvent en fistule lacrimale. Quand la glande lacrimale manque, c'est alors que le mal est plus facheux ; car il est plus facile d'y remedier, quand elle n'est que rongée, que lorsqu'elle est coupée. Il y a aussi des causes externes pour l'Epiphora, comme les poudres qui entrent dans les yeux, les vapeurs acres de l'oignon, de l'ail & du poivre, qui sont remplies de sels volatils, qui les piquent & les rongent. Tel est encore l'air externe trop froid ou âpre, qui deseche l'œil. Toutes ces choses produisent un flux copieux & débordement de larmes. Ce mot est Grec ἐπιφορά, & vient du verbe ἐπιφέρομαι, Je suis entraîné.

EPIPLOON. s. m. Terme de Medecine. Coëfe qui est étendue sur le bas du ventricule & des intestins superieurs. C'est comme un grand sac plein de plusieurs autres petits sacs, où sont renfermés des amas de graisse. Plusieurs vaisseaux, qu'on nomme adipeux, sortent de cette membrane, & se répandent par tout le corps, où ils portent de la graisse, comme les veines & les arteres y portent du sang. L'Epiploon dans les hommes descend rarement plus bas que le nombril. Il retire sa plus grande partie vers la rate, qui se ramasse & roule comme en rouleau. Les vaisseaux qui sortent du rameau splenique pour entrer dans l'Epiploon, ont le nom d'*Epiploïques*. Celui qu'on appelle *Epiploïque posterieur*, envoie ses branches à tout le derriere de ce même Epiploon, & les rameaux qui entrent dans la partie dextre de l'Epiploon, & dans l'intestin colon, ont le nom d'*Epiploïque dextre*. Ce mot vient d'ἐπιπλέω, Surnager, à cause que cette coëfe ou membrane semble nager sur le fond du ventricule & sur les intestins.

EPISCOPAUX. s. m. Nom que prennent ceux qui font profession de la Religion dominante en An-

Tome I.

gleterre, & les appelle ainsi à cause qu'ils ont retenu les Evêques. Leur maniere de les consacrer a été prise du Pontifical Romain, qu'ils n'ont presque fait que traduire en leur langue, & leur Liturgie ou le Livre des prieres publiques, outre l'Office public, qui est presque le même que celui de l'Eglise Latine, comprend la maniere dont les Sacremens sont administrés. Le Ministre qui baptise après avoir prononcé les paroles essentielles du Baptême, fait le signe de la Croix sur le front de l'enfant. L'Evêque confere aussi la Confirmation en imposant les mains sur la tête de ceux qu'il confirme, & en recitant quelques Oraisons, après lesquelles il leur donne sa benediction. Les Episcopaux se mettent à genoux encore aujourd'hui à la communion, mais ils ont ajoûté dans une de leurs dernieres éditions de la Liturgie sous le regne du feu Roi Charles II. une apostille en maniere de rubrique, dans laquelle ils marquent qu'encore qu'ils reçoivent l'Eucharistie à genoux, ils n'adorent point.

EPISPASTIQUES. s. f. Medicamens, qui étant appliqués attirent les humeurs & les esprits du dedans du corps à la superficie. Il y en a de trois sortes ; les uns attirent moderement, les autres plus fortement, & les derniers excessivement. Ceux-ci sont chauds au quatriéme degré, & enflent le cuir qu'ils rendent rouge comme l'écarlate. Ce mot vient d'ἐπὶ, & de σπάω, Attirer. Le pyrethre, le ranuncule, l'aristoloche longue & ronde, l'ail, la moutarde, l'anemone, le levain, l'ammoniac, les oignons, la fiente d'Oye, celle de Pigeon, & les Cantharides sont du nombre des Epispastiques.

EPISSER. v. a. Terme de Marine. On dit, *Episser une corde*, pour dire, L'assembler avec une autre en entrelassant leurs fils, par le moyen du *Cornet d'épisse*, ou *Epissoir*.

EPISSOIR. s. m. Instrument pointu de fer, de bois, ou de corne, avec lequel on épisse les cordes.

EPISSURE. s. f. Entrelassement de deux bouts de corde que l'on fait au lieu d'un nœud pour plus de commodité. L'*Epissure longue* se fait avec des bouts de corde inégaux. On les met de telle sorte qu'ils puissent passer sur une poulie. Il y a aussi une *Epissure courte*. C'est celle où les deux bouts de corde qu'on veut épisser sont égaux, c'est-à-dire, coupés de même longueur.

EPISTYLE. s. f. Terme d'Architecture. Pierre ou piece de bois qui pose sur le chapiteau des colonnes. C'est le mot dont se servoient les Grecs pour signifier ce que nous appellons *Architrave*. Ce mot est fait de ἐπὶ, Sur, & de στῦλος, Colomne.

EPITASE. s. f. Terme de Medecine. Le commencement de l'accès de quelque mal quand il semble redoubler. On appelle aussi *Epitase*, la partie du poëme Dramatique, où se fait le progrès de l'action que l'on represente. Ce mot est Grec ἐπίτασις, Vehemence, & vient de ἐπιτείνω, Faire qu'une chose soit plus fortement tendue.

EPITE. s. f. Terme de Marine. Petit coin ou cheville de bois quarrée & pointue, qui étant mise dans le bout d'une autre cheville sert à la grossir.

EPITHEME. s. m. Medicament dont il y a de deux sortes, les uns cordiaux qui s'appliquent sur la region du cœur, & les autres hepatiques, qui étant appliqués sur celle du foye sont bons à le corriger de quelque intemperie. Ce mot vient de ἐπίθεμα, Je mets dessus.

EPITHYMUM. s. m. Fleur sortant du Thym, qui est le plus dur & le plus semblable à la sarriette. L'Epithymum a de petits chapiteaux menus & legers, qui tiennent à de petites queues en maniere de capillamens. Il croît au thym sans avoir aucune racine, mais sur l'appui seul qu'il a du thym, & c'est delà qu'il a pris son nom. Celui qu'on estime le meilleur est de Crete ou de Syrie, & doit avoir plusieurs filamens roussâtres, qui ne soient pas beaucoup deffechés. Il est singulierement bon aux maladies du cerveau, purgeant aisément la melancolie. Il est propre aussi pour le haut mal, pour les douleurs inveterées de tête, & pour tous les maux que causent les humeurs melancoliques.

EPITIE'. s. m. Terme de Marine. Petit retranchement de planches, dans quelque endroit du Vaisseau.

EPITOGE. s. f. Sorte de manteau que les Romains portoient sur leur robe. Ce mot est encore presentement en usage, & se dit d'une partie du vêtement des Presidens à Mortier, & de l'habit que mettent les Ecclesiastiques par dessus leurs autres habits.

EPITOIR. s. m. Terme de Marine. Instrument de fer qui sert à ouvrir le bout d'une cheville de bois, pour y pouvoir faire entrer un coin, quand il est besoin de faire renfler cette cheville.

EPL

EPLUCHER. v. a. *Nettoyer en separant avec la main les ordures, & ce qu'il y a de mauvais, de gâté. Il se dit particulierement des herbes & des graines.* ACAD. FR. Les Jardiniers disent, *Eplucher un arbre*, pour dire, En retrancher le bois mort.

Eplucher, en termes de Rubanier, c'est couper les petits fils qui sont sur de certaines besognes; & en termes de Vanier, c'est ôter & couper les brins d'osier qui restent sur les ouvrages qui sont achevés.

EPLUCHOIR. s. m. Sorte de petit couteau dont se servent les Vaniers pour nettoyer leur besogne.

EPLOYE', E'E. adj. Terme de Blason. Il se dit des oiseaux qui ont leurs ailes étendues, & particulierement de l'Aigle de l'Empire, à cause de la tête & du col qui étant ouverts & separés representent deux cols & une tête. *D'or à l'Aigle éployé de gueules.* Ce mot vient du Latin *Explicare*, Déployer, étendre.

EPO

EPODE. s. f. Sorte de Poësie Latine en forme d'Ode, où après chaque long vers, il y en a toûjours un court. C'est par cette raison que les anciens Grammairiens pensent que l'on a donné le nom d'*Epodes* au livre d'Horace qui porte ce titre. Ils disent qu'il y a un genre de Poësie où les vers sont liés l'un avec l'autre de telle maniere qu'on ne peut entendre l'un sans l'autre, & que le premier s'appelle προωδικὸς, comme se chantant d'abord; & le second ἐπωδικὸς, comme se chantant ensuite. Ainsi dans les vers Elegiaques l'hexametre est le proodique, & le pentametre l'épodique. Le mot d'*Epode* vient d'ἐπι & de ἀοιδὴ, Chanson.

EPOIGNER. v. a. Vieux mot. Exposer.

EPOINCONNER. v. a. Vieux mot. Exciter, aiguillonner quelqu'un à faire quelque chose.

EPOINTE', E'E. Terme de Manege. On appelle *Cheval épointé*, un cheval qui a fait un si grand effort de hanches, que les ligamens de l'os en ont été relâchés. On appelle aussi en termes de Chasse, *Chien épointé*, un chien qui a les os des cuisses rompus.

EPONCE. s. f. Vieux mot qui se trouve dans de certaines Coûtumes, & qui veut dire, Déguerpissement. On y trouve aussi *Eponcer*, pour, Tenir quitte, & *Exponcion*, pour, Quittance.

EPONGE. s. f. Corps leger & fort poreux, qui s'imbibe facilement de liqueur. Aristote en marque trois sortes, de claires, d'épaisses, & d'autres qu'il appelle *Achilleenes*. Cette derniere éponge est la plus déliée & la plus forte. Toutes éponges s'engendrent contre les pierres au bord de la mer, & sont nourries & entretenues de limon; ce qui se connoît en ce que quand on les prend, elles en sont toutes pleines; en quoi il est facile de voir qu'elles tirent leur nourriture de ce qui leur est attaché. Aussi les épaisses sont moins fortes que les claires, à cause que leur racine n'est pas si profonde. Quelques-uns tiennent que lesEponges ont du sentiment & que c'est par là qu'elles se retirent quand on s'en approche, en sorte qu'on ne les arrache qu'avec beaucoup de difficulté. Elles sont la même chose pendant les tempêtes, de peur que la violence de l'orage ne les déplace de l'endroit où elles sont. Ceux qui ne sont pas de ce sentiment, tiennent pour certain qu'il y a dans les Eponges de petites bêtes comme des vers qui s'y nourrissent, & que quand on a arraché les Eponges, les petits poissons qui cherchent de quoi manger sur le gravier ou parmi les rocs, avalent ces bêtes, aussi-bien que les racines des Eponges qui sont demeurées attachées aux pierres. Que si l'Eponge se rompt lorsqu'on l'arrache, la racine qui reste en engendre une autre toute entiere. Celles qui croissent au fond des gouffres profonds, & qui sont à l'abri des vents, sont plus molles que les autres. Les Eponges vives sont noirâtres avant que d'être lavées. Elles ne sont attachées ni en tout ni en partie, mais il y a entre deux certaines cavernosités & concavités vuides qui font qu'elles sont attachées par petits morceaux, & au-dessous de leurs racines il y a comme une peau étendue. Presque tous leurs conduits de dessus sont bouchés, à l'exception de quatre ou cinq par où elles se nourrissent. Il y a des Eponges mâles & des Eponges femelles, selon ce que dit Dioscoride. Les Eponges mâles sont épaisses, ont leurs trous petits & menus. Les plus dures s'appellent τράγοι, c'est-à-dire, Boucs. Les femelles ont au contraire de grands trous ronds. Quelques-uns en ajoûtent une troisiéme, qui a au dedans des pierres & quantité de cavernes. Avicenne qui parle de ces pierres, dit qu'elles sont moins chaudes que l'Eponge même. Quelquefois mais pourtant fort rarement, on trouve des noyaux en forme de pommes ou d'amandes dont on a ôté l'écorce, dans les Eponges. Ces noyaux sont bons contre les vers des petits enfans. L'Eponge brûlée & reduite en cendre, arrête tout flux de sang, & sert à cicatriser les ulceres & les plaies. Les pierres d'Eponges aussi brûlées sont bonnes à nettoyer les dents, & on s'en sert même pour rompre la pierre qui est enfermée dans la vessie.

On appelle *Eponges Pyrotechnites*, celles qui se font avec de grands champignons qui viennent sur les vieux frênes, chênes ou sapins. On les fait bouillir dans une forte lessive de salpêtre, après qu'ils ont été sechés & bien battus, & qu'on les a fait encore une fois secher au four.

Eponge. Terme de Manege. Il se dit du bout du fer d'un cheval qui répond à son talon. On fait les crampons en cet endroit.

Les Plombiers appellent *Eponges*, les extremités du chassis de la table ou moule qui leur sert à jetter les tables de plomb.

EPONTILLE. s. f. Terme de Marine. Piece de bois

qui fert à divers ufages , felon qu'elle eft longue
& groffe. Il y en a qui ont environ trois piés de longueur , & qu'on met au bout des côtes du Vaiffeau
afin d'y paffer de menues cordes. Leur ufage eft
de foûtenir les pavois & les garde-corps. On appelle *Epontillés d'entre les ponts* , celles qui font
pofées fur un des ponts du Vaiffeau pour foûtenir celui qui eft au-deffus. On les nomme auffi *Pontilles.*

EPOPE'E. f. f. Terme de Poëfie. Sujet qu'on traite
dans un Poëme Epique. Ce mot eft Grec , ἐποποιΐα
& fignifie proprement , Ouvrage de vers heroïques.
Il vient d'ἔπος , Poëme , & de ποιέιν , Faire.

EPOQUE. f. f. Tems fixe & certain d'où l'on
commence à compter les années. Les Egyptiens
appelloient *Epoque Sothique* , l'efpace de quatre années qui étoit de quatorze cens foixante jours , au
lieu que quatre de nos années en ont un de plus , à
caufe de la Biffextile qui eft compofée de trois cens
foixante & fix jours. Après avoir fait leur année de
trois , & enfuite de quatre Lunes , dont chacune
étoit le tems que la Lune employe à parcourir le
Zodiaque , ou l'efpace de vingt-huit jours ,
ils la firent de trois cens foixante , ou de douze
mois de trente jours chacun , pour les rendre égaux
avec les douze Signes du Zodiaque ; & cette maniere de fupputer fut long-tems reçue , jufqu'à ce
qu'ayant reconnu de l'erreur dans ce calcul , ils
y ajoûterent cinq jours , que l'on appella *Nifi* ,
fans prendre garde aux fix heures dont on forme un jour de quatre ans en quatre ans , pour établir l'année biffextile. Ils appellerent cette année de
trois cens foixante & cinq jours *Année civile* ;
comme ayant pour regle le cours du Soleil qu'ils adoroient comme un Dieu. Après diverfes remarques
que leur fit faire la connoiffance qu'ils avoient de
l'Aftronomie, ils conformerent entierement leur année civile au cours du Soleil en ajoûtant un jour
à la quatriéme année ; & cet ufage , très-ancien
parmi eux , a precedé l'invafion d'Alexandre le
Grand ; de forte qu'Eudoxe , qui étoit difciple de
Platon , ayant par prefent ce fecret des Prêtres Egyptiens , l'apporta dans fa patrie , & l'apprit aux Grecs. Cette Epoque s'appelloit en general l'*Année Civile & Sacerdotale* , & portoit en particulier le nom de leurs principales Divinités. Les
Coptes ou Chrétiens modernes ont quatre ou cinq
fortes de Chronologies. La premiere, que les Orientaux appellent l'*Epoque de notre Pere Abraham* , eft
depuis la creation du monde ; la feconde commence avec l'Empire des Grecs , & la troifiéme s'appelle l'*Epoque de Nabonaffar Roi des Chaldéens.* Elle
n'eft ni connue ni generalement reçue , & n'eft même en ufage que parmi les Aftrologues ; la quatriéme
, qui eft la plus commune , & dont fe fervent les
Abyffins , eft l'*Ere de Diocletien.* Elle fut introduite dans la dix-neuviéme année de fon Empire l'an
de grace 302. Les Arabes l'appellent *Tarich el-
cupti* , ou *Le calcul coptique* ; les Coptes , l'*Ere
des faints Martyrs* , ou l'*An de Grace* , & les Abyffins , *Amach Maharet* , ou l'*An de mifericorde* ,
à caufe de l'épouvantable perfecution que fouf-
frirent les Chrétiens en ce tems-là , lorfque Diocletien fit mourir quarante mille perfonnes
autour de la ville de Coptes. L'Ere des Chrétiens
eft auffi en ufage parmi les Coptes , & commence
à la naiffance de JESUS-CHRIST. Les plus confiderables Epoques de celles que l'on appelle *Sacrées*,
c'eft-à-dire , qui fe tirent des livres de la fainte
Ecriture , font la Creation , le Déluge , la Naiffance d'Abraham , la fortie que les Enfans d'Ifraël firent d'Egypte , la conftruction du Temple de
Tome I.

Salomon , le retour des Juifs de Babylone , & parmi les Epoques profanes , ce font le Deluge d'O-
gigés , les Jeux Olympiques , la fondation de Rome , l'établiffement des Confuls , l'Empire de Jules
Céfar. Le commencement de quelque Royaume
eft une Epoque pour les Nations qui y font fuje-
tes. Il s'en fait auffi des évenemens illuftres. Quand
on calcule des Tables Aftronomiques , on appelle *Epoques* le tems pris à volonté d'où l'on commence à fupputer le mouvement d'un ou de plufieurs Aftres. Ce mot eft Grec ἐποχὴ, & vient de
ἐπίχειν , *arrêter* , *borner* , parce que l'époque eft comme une *borne* que l'on met , un *point fixe* que l'on
pofe à un calcul.

EPR

EPREUVE. f. f. *Effai* , *experience qu'on fait de quelque chofe.* ACAD. FR. C'eft auffi un ter-
me d'Imprimerie , & il fignifie la premiere qui fort
de deffous la preffe , & dont on corrige les fautes,
foit de lettres , foit de mots , avant que d'en tirer
aucune autre. Les Imagers appellent auffi *Epreuve*,
la premiere Eftampe qu'ils tirent , pour voir s'il n'y
a rien à corriger dans la planche.

EPROUVETTE. f. f. Petite verge de fer que l'on
met dans un canon de fer avec les limes , lorfqu'on les chauffe pour leur donner la trempe. On
met ce canon de fer au milieu d'un paquet de plufieurs limes , & après qu'on a couvert ce paquet de
terre franche , on le met chauffer avec du charbon
de bois dans un fourneau à vent fait de briques ,
ou d'une autre forte , jufqu'à ce que les limes ayent
acquis une couleur de cerife , ou un peu plus rouge ; ce qui fait connoître l'Eprouvette que l'on tire
doucement hors du canon. *Eprouvette* fe dit auffi
d'une fonde de Chirurgien.

EPT

EPTAGONE. f. m. Terme de Geometrie. Figure qui
a fept angles & fept côtés. On appelle auffi *Eptagone*, une Place qui eft fortifiée de fept Baftions.
Ce mot vient d'ἑπτὰ, Sept , & de γωνία Angle.

EPU

EPULONS. f. m. Prêtres des Romains que les Pontifes avoient le pouvoir d'élire , pour prefider aux
feftins & aux facrifices qu'on faifoit en l'honneur
de Jupiter & des autres Dieux. Ils prenoient garde
fi l'on avoit foin de bien obferver les ceremonies
qui s'y devoient pratiquer , & quand il s'y commettoit quelque deforre , ils en donnoient avis
aux Pontifes. On inftitua les trois premiers l'an 553.
de la fondation de la Ville. Leur nombre alla jufqu'à fept du tems de Lucius Sylla Dictateur , & enfin Céfar en crea trois autres , qui firent le nombre de dix. Ils furent nommez *Epulones* , en Latin,
du mot *Epula*, Feftin , banquet.

EPULOTIQUES f. m. Medicamens qui cicatrifent
les playes & les ulceres , comme le *Primula veris*,
la poudre de la racine d'agrimoine , & fur-tout la
pierre qu'on appelle *Ofteocolle.* Ceux qu'on applique au dehors , font le tragacanth , le bol , l'aloës,
la folle farine , les noix de cyprès & l'ofteocolle.
Ce mot eft fait de la prepofition ἐπὶ , & d'ἕλος , Cicatrice , qui vient d'ὅλος , Entier , fain , parfait.

EPUR. f. f. Terme d'Architecture. Deffein fait en
grand contre une muraille ou fur des ais , pour fervir de modele à executer quelque grand ouvrage
de maçonnerie. Quand l'ouvrage eft grand , on fait

des Epures particulieres de chaque partie féparée, comme du profil d'une colomne pour la bien conſtruire.

EQU.

EQUANT. On ſouſentend *cercle.* Terme d'Aſtronomie. Comme le mouvement d'une planete dans ſon Excentrique, nous doit paroître inégal, quoiqu'égal en lui-même, les Aſtronomes ont imaginé un cercle égal au *Déferent,* (Voyez DEFERENT,) & dans le même plan, mais tiré d'un autre centre ſur lequel ils regient le mouvement égal de la Planete. De là le cercle a pris ſon nom.

EQUARRIR. v. a. Terme de Charpenterie. Dreſſer du bois, & le rendre égal de côté & d'autre. On dit auſſi, *Eſquarrir* & *eſquerir,* mais le grand uſage eſt *Equarrir.* On le dit encore d'un lieu qu'on applanit & que l'on rend d'égale hauteur. Cela ſe fait avec le cordeau.

EQUARRISSAGE. ſ. m. On dit qu'*Une piece de bois a ſix ſur huit pouces d'équarriſſage,* pour faire entendre ſes deux plus courtes dimenſions. Si elles ſont égales, c'eſt-à-dire, ſi elles ſont par exemple chacune d'un pié, on dit alors que la piece de bois a douze pouces de gros.

EQUARRISSEMENT. ſ. m. Reduction d'une piece de bois en grume à la forme quarrée. Il faut ôter pour cela ſes quatre doſſes flaches; ce qui diminue environ la moitié de ſa groſſeur. On dit, *Tracer une pierre par équarriſſement,* pour dire, En couper & retrancher, après qu'elle a été parée en tous ſes côtés, ou ſeulement en quelques-uns.

EQUARRISSOIR. ſ. m. Petite verge quarrée fort polie, pour augmenter les trous dans le cuivre ou dans l'acier.

EQUATEUR. ſ. m. L'un des grands Cercles de la Sphere. C'eſt celui ſur les poles duquel ſont tous les mouvemens celeſtes *diurnes,* ou de vingt-quatre heures, & qui a par conſequent les mêmes *poles* que ceux du monde. Voyez POLE. On l'appelle auſſi *Equinoctial,* à cauſe que le Soleil le coupant deux fois l'année, ſçavoir vers le 10. de Mars, & vers le 23. de Septembre, fait les Equinoxes, ou les nuits égales aux jours, en demeurant autant ſur l'horiſon, qu'il demeure deſſous. Il faut neceſſairement que cela arrive, parce que l'horiſon ne coupe jamais l'Equateur qu'en deux parties égales, l'une qui ſe trouve ſuperieure, & l'autre inferieure. L'Equateur eſt la meſure du tems, parce que c'eſt ſur ce cercle que ſe marque la revolution du premier Mobile. Si cette revolution eſt entiere, c'eſt-à-dire, de trois cens ſoixante dégrés, on dit que la durée ou l'eſpace du tems qui s'eſt écoulé eſt d'un jour; ſi elle eſt ſeulement de la vingt-quatriéme partie, ou de quinze dégrés, on dit que la durée eſt d'une heure.

Le Zodiaque eſt à l'égard du mouvement *propre* des Aſtres d'Occident en Orient, ce qu'eſt l'Equateur à l'égard de leur mouvement *commun* d'Orient en Occident ou de 24. heures. Ainſi ce ſont les deux principaux cercles de la Sphere, puiſqu'ils en meſurent tous les mouvemens, & la *Longitude,* & la *Latitude Geographique, la Déclinaiſon, l'Aſcenſion, l'Amplitude,* ſe prennent par rapport à l'Equateur. Voyez LONGITUDE, LATITUDE. DECLINAISON. ASCENSION. AMPLITUDE.

Ceux qui ſont ſous l'Equateur ont perpetuellement les jours égaux aux nuits, le Soleil leur eſt vertical deux fois l'année, ils ont les deux poles du monde à leur horiſon, & par conſequent il n'y a point d'étoiles fixes qu'ils ne voyent. Voyez POLE.

EQUATION. ſ. f. Terme d'Algebre. Comparaiſon que l'on fait de deux grandeurs inégales, pour les rendre égales. Ces grandeurs s'appellent *Membres de l'équation;* & comme on repreſente d'ordinaire dans l'Algebre les quantités inconnues par les dernieres lettres de l'Alphabet, quand on voit une de ces trois lettres X, Y, Z, dans une Equation, elle doit être conçue comme repreſentant une ligne inconnue, ou un nombre inconnu, c'eſt-à-dire que l'on cherche & que l'on retrouve en reduiſant l'Equation. Il y a une *Equation pure* & une *Equation compoſée.* La premiere eſt celle où l'on ne trouve par tout la lettre inconnue que dans un même degré, (Voyez DEGRE',) & l'autre eſt celle où la lettre inconnue ſe trouve mêlée par divers dégrés. On appelle *Equation ſimple,* une Equation pure où la lettre inconnue n'a qu'un dégré, ou qui n'a qu'une dimenſion; & quand cette lettre inconnue monte à deux, ou à pluſieurs dégrés, elle eſt dite *Equation de pluſieurs dimenſions.* Si elle monte au ſecond dégré, c'eſt-à-dire, au quarré, on l'appelle *Equation quarrée;* & ſi la même lettre inconnue monte au cube, qui eſt le troiſiéme dégré, c'eſt une *Equation cubique* ou *de trois dimenſions,* & ainſi de ſuite de dégré en dégré, le dégré de l'inconnue donnant toûjours le nom à l'Equation ou au *Probléme,* Voyez PROBLE'ME. Comme dans une Equation compoſée, l'inconnue à divers dégrés, tous les termes où elle a le même degré ne paſſent que pour un ſeul, Voyez TERME, & c'eſt ce que l'on appelle les *Termes de l'Equation.* Le premier eſt celui où elle a le plus haut degré qu'elle ait dans toute l'Equation, le ſecond eſt celui où elle baiſſe d'un degré & ainſi de ſuite, & le dernier terme eſt toûjours celui ou ceux où l'inconnue ne ſe trouve point; car pluſieurs termes n'en ſont qu'un ſans inconnue.

L'objet de toutes les operations que l'on fait eſt de connoître la valeur de cette inconnue en nombres ou en lignes. Cette valeur s'appelle *Racine de l'Equation.* Quelquefois la même inconnue peut avoir pluſieurs valeurs differentes, & alors l'Equation a pluſieurs racines inégales. Elles ſont ou vrayes ou fauſſes, ou imaginaires. Voyez RACINE. Une Equation ne peut avoir qu'autant de racines que l'inconnue a de dimenſions à ſon plus haut degré.

Reduire une Equation, c'eſt lui donner la forme la plus commode qu'elle puiſſe avoir pour les operations, & pour parvenir à la connoiſſance des racines. Cette reduction ſe fait en pluſieurs manieres, ſoit en changeant l'Equation en une autre plus facile, ſoit en tranſportant un ou pluſieurs termes d'un membre de l'Equation dans l'autre, ſoit en abaiſſant la lettre inconnue de quelques degrés, ſoit en diviſant tous les termes de l'Equation par une même quantité connue, ſoit en délivrant l'Equation de fractions, ſoit en la délivrant de termes irrationels. La premiere methode s'appelle *Transformation,* la ſeconde *Antitheſe,* la troiſiéme *Hypobibaſme,* la quatriéme *Paraboliſme,* la cinquiéme *Homerie,* la ſixiéme Délivrer une équation *d'Arymmetrie;* mais tous ces mots grecs ne ſont preſque plus en uſage.

Equation eſt auſſi un terme d'Aſtronomie. Il ſignifie toûjours la difference ou d'un lieu moyen au vrai, ou d'un *moyen* mouvement au *vrai;* parce que cette difference étant connue, il eſt aiſé d'égaler les deux mouvemens, ou les deux lieux. Voyez LIEU, & MOYEN. La *Proſtapherſe* qui eſt la difference du lieu moyen & du vrai eſt une eſpece d'Equation. Voyez PROSTAPHERESE.

Voici un exemple d'Equation. Le jour naturel Aftronomique étant inégal,(Voyez JOUR.) & le Soleil outre les 360. degrés pris fur l'Equateur, parcourant tantôt 54. minutes de plus, tantôt 67. on prend un nombre moyen entre ces deux qui eft 59.8.11. & on les donne au jour moyen, qui par là eft toûjours égal. Ayant le jour moyen il faut tous les jours ajoûter ou retrancher quelque chofe pour avoir le vrai jour Aftronomique, & c'eft de ces differences que l'on compofe des Tables qu'on appelle Tables d'*Equation des jours*. C'eft par elles que l'on corrige les Pendules les plus juftes, qui ayant un mouvement toujours égal, ne peuvent répondre au mouvement du Soleil qui eft toûjours inégal.

EQUERRE. f. f. Inftrument de Géometrie fait de fer, de cuivre ou de bois, qui fert à tracer & à verifier un angle droit. Il eft compofé de deux regles, dont l'une eft immobile & élevée perpendiculairement au-deffus de l'autre. Lorfque toutes les deux font mobiles par une charniere, & qu'elles fe peuvent joindre enfemble, on dit que c'eft un *Equerre pliante*, & on appelle *Fauffe Equerre*, un Inftrument femblable, dont les deux regles fe meuvent comme les jambes d'un compas, autour du clou par lequel elles font jointes. On s'en fert à mefurer & à conftruire toutes fortes d'angles aigus & obtus. Les Ouvriers en l'Art de bâtir, appellent *A l'équerre*, ce qui eft nommé *A angles droits*, par les Geometres. Divers Artifans ont des Equerres. Les Tailleurs de pierre en ont pour equarrir les pierres, & les Charpentiers, Menuifiers & Serruriers en ont auffi pour leurs ufages particuliers. Les Vitriers ont une grande Equerre d'acier, percée d'efpace en efpace, & à bifeaux en-dedans, pour mettre les panneaux à l'équerre. Les Sculpteurs mettent leur Equerre fur la tête de leurs figures pour pofer leurs plombs, & prendre les largeurs & les groffeurs.

Equerre eft auffi un lien de fer coudé, qu'on met fur les angles de la Charpenterie, pour tenir les fablieres ou poteaux corniers. On en met encore aux portes de Menuiferie afin de les rendre plus fortes. Quelques-uns difent *Equaire*. Il y en a qui font venir ce mot de l'Italien *Squadra*, qui veut dire la même chofe, ou du Latin *Quadratus*, Quarré.

EQUERUE. f. f. Terme de Marine. Nom qu'on donne dans la Manche à la jonction de deux pieces de bois mifes dans un Vaiffeau, qui en font les membres l'une à l'autre. C'eft ce qu'on appelle ailleurs *Empâture*.

EQUIANGLE. adj. Terme de Geometrie. Qui a les angles égaux. *Figure équilatere & équiangle*, qui a les côtés & les angles égaux.

EQUIDISTANT, ANTE. adj. Qui eft toûjours & en toutes fes parties également éloigné d'une autre chofe. *Les lignes paralleles font équidiftantes*. On peut dire auffi de deux chofes par rapport à une troifiéme, qu'elles en font *équidiftantes*.

EQUIGNETTE. f. f. Terme de Marine. On appelle *Equignettes*, ou *Equilles de Girouettes*, Certains petits bois qui fervent à tenir le haut & le bas des girouettes.

EQUILATERE. adj. Il fe dit d'une figure dont les côtés font égaux. Tous les Polygones reguliers font équilateres. Il y a une *hyperbole équilatere*. Voyez HYPERBOLE. On dit plus fouvent *Triangle équilateral* qu'*équilatere*.

EQUILBOQUET. f. m. Petit inftrument de bois; efpece de calibre pour verifier les mortoifes: il eft fait de deux morceaux de bois affemblés à l'équerre.

EQUIMULTIPLE. adj. Terme d'Arithmetique. On appelle *Equimultiples*, des nombres qui contiennent leurs foumultiples autant de fois, les uns que les autres. Ainfi ces deux nombres 12. & 6. font équimultiples de leurs foumultiples, 4. & 2. parce que 12. contient trois fois 4. & que 6. contient trois fois 2. qui font leurs foumultiples.

EQUINOCTIAL, ALE. adj. Qui appartient à l'Equateur. *Plan Equinoctial*, *Cadran Equinoctial*. On dit même *Cercle Equinoctial*, pour dire l'Equateur, & fimplement l'*Equinoctial*. *La ligne Equinoctiale*, ou abfolument *la ligne* eft encore la même chofe.

EQUIPAGE. f. m. Terme de Marine. Troupe des Officiers, des Soldats, des Matelots, & des Mouffes ou Valets qui fervent dans un Vaiffeau. On appelle *Equipage d'Atelier*, tout ce qui fert pour la conftruction & pour le tranfport des materiaux; c'eft-à-dire, les grues, gruaux, chévres & autres machines avec les échelles, baliveaux, doffes & cordages. Ce qu'on appelle *Equipage de pompe*, confifte en toutes les pieces avec leurs garnitures, que le bras ou l'eau qui en eft le premier mobile en font agir, comme la roue, la manivelle, le pifton & le corps de pompe.

EQUIPARER. v. a. Vieux mot. Comparer, du Latin *Equiparare*.

EQUIPE. f. f. Nombre de bateaux appartenans à un même Voiturier. *Une équipe de douze bateaux*. On dit auffi *Train*.

EQUIPE', EE. adj. Terme de Blafon. Il fe dit d'un Vaiffeau qui a fes voiles & fes cordages. *De gueules à la nef équipée d'argent*.

EQUIPEMENT. f. m. Provifion de tout ce qui eft neceffaire à la fubfiftance, auffi bien qu'à la fûreté & à la manœuvre de l'équipage d'un Vaiffeau.

EQUIPER. v. a. On dit en termes de mer *Equiper un Vaiffeau*, pour dire, Munir un Vaiffeau de fes apparaux, de fes vituailles & fes agrés.

EQUIPOLE', EE. adj. Terme de Blafon. Il fe dit de neuf quarrés mis en forme d'efchiquier dont il y en a cinq, fçavoir ceux des quatre coins & du milieu, d'un métal different de celui des quatre autres quarrés. *Cinq points d'or équipolés à quatre d'azur*.

EQUIRIES. f. f. p. Jeux publics. Les Romains les celebroient le 27. de Février. Comme Romulus les avoit inftitués en l'honneur de Mars, on y faifoit des courfes à cheval dans le Champ de Mars. Ce fut de ces courfes, c'eft-à-dire, du mot *Equus*, Cheval, qu'ils prirent leur nom.

EQUIVOQUE. adj. On appelle en Phyfique, *Generation équivoque*, Celle qui ne fe fait point par la conjonction du mâle avec la femelle, qui eft la voie ordinaire, mais par la chaleur du Soleil qui échauffe la pouffiere & la terre corrompue. Ainfi les Anciens ont cru que les mouches, les araignées, les grenouilles, & autres animaux imparfaits fe faifoient par une generation équivoque. C'eft dequoi les Modernes doutent.

ERA

ERABLE. f. m. Arbre de haute futaye, qui eft fort dur, & dont le bois eft fouvent tacheté & marqué en forme d'yeux. Il y a de l'Erable commun, qu'on appelle auffi *Erable de plaine*, qui a fon bois blanc & rempli de veines. Ce qu'on appelle *Erable de montagne*, a le bois fort dur, & fleurit jaune. On l'appelle *Acer*, en Latin.

ERASTIENS. f. m. Sorte d'Heretiques qui firent une faction pendant les troubles d'Angleterre. Ils prétendoient que l'Eglife n'eût pas le pouvoir d'excommunier. Ils prirent le nom d'*Erastiens*, d'un certain Erastus, Auteur de leur Secte.

ERC

ERCHIE. s. f. Vieux mot. Trait d'arc. On a dit aussi *Archiée*.

ERE

ERE. s. f. Terme de Chronologie. Maniere de compter les années, introduite par les Espagnols dont l'Ere est plus ancienne de trente-huit ans que l'Ere Chrétienne. C'est ce qu'on appelle autrement Epoque.

EREMODICIE. s. m. Vieux mot. Desert, du Grec ἐρημοδίκιον, fait de ἐρημία, Solitude, desert.

ERENT. Terme du vieux langage, qui a été employé pour la troisiéme personne du pluriel de l'imparfait du verbe Etre, *étoient*, du Latin *Erant*. On a dit aussi *Ere*, pour, étoit & *Ert*, pour, sera, du Latin, *erit*. *Miroër ert à toutes gens*, pour, Ce sera un miroir. *Ce nert pas bible losangere*, pour, Ce ne sera pas un livre flateur & plein de louanges.

ERESIPELE. s. f. Tumeur enflammée qui s'éleve subitement, & qui ne déborde pas beaucoup hors de la peau, mais qui ronge comme du feu, & qui se répand prodigieusement en longueur & en largeur. Elle est accompagnée d'une douleur & d'une chaleur acre & piquante, & quand on la presse avec le doigt, elle laisse une marque blanche qui redevient rouge incontinent. Plusieurs croyent que cette tumeur vient de la bile; mais elle vient bien plûtôt d'un acide subtil & volatile, qui fait une effervescence fievreuse avec le sel volatile de la masse du sang, qui descend en un certain espace de la peau où il coagule le sang dans les vaisseaux exterieurs, en sorte qu'il le dispose à faire un épanchement. Cela est cause que l'Eresipele arive plûtôt aux parties nerveuses & sanguines tout ensemble, qu'à celles qui sont seulement sanguines. Il y a quelquefois dans l'Eresipele une certaine malignité qui met les malades en danger de mort, ou si elle est moins fâcheuse, elle s'exulcere fort aisément. Quand l'Eresipele n'est pas bien traitée elle dégenere en ulceres malins, qui s'épanchent beaucoup en longueur & en largeur. Ils sont très-frequents en Italie. Les scorbutiques sont fort sujets aux Eresipeles en Allemagne; mais elles sont peu dangereuses, à moins qu'elles ne dégenerent en gangrene & en ulceres, qui le plus souvent resistent aux plus forts remedes. L'Eresipele est plus fâcheuse à la tête que dans le reste du corps, sur-tout au visage. Cette espece est d'ordinaire mortelle. On l'appelle en Latin *Erysipelas*, du Grec ἐρύω, Attirer, & de σίμος, Proche, à cause que la tumeur se forme proche le cuir. On a appellé ce mal *Eripelas*, dans le vieux langage.

EREUX, EUSE. adj. Vieux mot. Qui est sujet à être en colere, à quereller.

ERG

ERGALICE. s. f. Vieux mot. Reglisse.

ERGOT. s. m. Terme de Manége. Corne molle, & qui est grosse à peu près comme une châtaigne. Sa situation est au derriere & au bas du boulet, & le fanon la cache ordinairement.

ERI

ERIENS. s. m. Heretiques qui soûtenoient qu'il n'y avoit point de difference entre un Evêque & un Ancien; que les Evêques n'avoient point le pou-

voir de conferer l'Ordre; qu'il ne falloit pas prier pour les Morts, & qu'on ne devoit point établir de jeûnes. Ils suivoient les Encratites en ce qu'ils ne permettoient à personne de venir à la Cene, s'ils n'avoient quitté le monde pour mener une vie très-reguliere. On les nomma *Eriens*, d'Erius l'ancien, qui vivoit sous Valentinien I. trois cens quarante-neuf ans après JESUS-CHRIST.

ERISSON. s. m. Terme de Marine. Ancre à quatre bras, dont on se sert dans les Bâtimens de bas bord, & dans les Galeres. On l'appelle autrement *Rison* & *Grapin de fer*.

ERM

ERMES. adj. Vieux terme de Coûtumes, qui s'emploie avec *terres*, pour signifier des terres qui sont vacantes, en friche & abandonnées. Ce mot vient de ἔρημος, Qui est abandonné, desert.

ERMINETTE. s. f. Outil de Menuisier & de Charpentier, dont ils se servent pour aplanir & doler le bois. Il est fait en maniere de hache recourbée. M. Ménage fait venir ce mot de l'Arabe *Alermin*, qui signifie un Rabot.

ERO

EROSION. s. f. Terme de Medecine. Il se dit de l'action des humeurs acres ou acides qui mangent ou déchirent les chairs & autres substances. Ce mot vient du Latin *Erodere*, Ronger.

EROTIQUE. adj. Qui porte à l'amour. On appelle en termes de Medecine *Delire erotique*, une espece de mélancolie, qu'un veritable amour qui va jusqu'à l'excès fait contracter. Comme il y a des gens qui deviennent mélancoliques & tristes, il y en a aussi qui le deviennent à force de trop aimer. Le desir érotique se connoît par le pouls. Quoiqu'il n'y ait point de pouls amoureux, c'est-à-dire, d'une espece qui soit distinguée des autres, on ne laisse pas de reconnoître l'amour par le battement du pouls, qui est fort changeant, inégal, turbulent & déreglé. Si on parle au malade, de la personne qu'il aime, son pouls se change d'abord, demeurant plus grand, plus vîte & plus violent. Si-tôt qu'on a cessé d'en parler, le pouls se cache, se trouble & se déregle de nouveau. Ainsi par ces changemens de pouls continués au nom de la personne qui a fait naître cette violente passion, on parvient enfin à la découvrir. Les remedes qu'on doit employer pour la guerison de ce mal, sont presque les mêmes qu'on a coûtume de mettre en usage dans les autres mélancolies. On les diminue ou bien on les change selon les circonstances dont il est accompagné. Ce mot est Grec ἐρωτικὸς, de ἔρως, Amour.

ERR

ERRATIQUE. adj. Terme d'Astronomie. Qui n'est point fixe, qui est sans route certaine. On donne cette épitete aux Planetes, mais on les appelle plus communément *Errantes*.

ERRAUMENT. adv. Vieux mot. Promptement, à pas pressés.

Messire Gauvin erraument,
Vint à la Cour isnellement.

ERRE. s. f. Train, allure. On dit en termes de Marine, lorsqu'on parle d'un Vaisseau qui a été arrêté par quelque cause, qu'*Il n'a pas repris son erre*, pour dire, qu'Il ne s'est pas encore remis dans la lenteur ou dans la vitesse avec laquelle il a coûtume de passer.

ERRÉS, au pluriel, se dit en termes de Chasse, des marques des piés du cerf, des routes & voies du cerf. Ainsi on dit *Démêler, redresser les erres.* On dit aussi *Rompre les erres,* pour dire, Les effacer en marchant. On dit encore qu'*Un cerf est de hautes erres,* lorsqu'il va hors de son enceinte, ou qu'il fait de très-longues fuites après qu'il a eu le vent du trait en le détournant au matin.

Erres. Les Chasseurs appellent ainsi les parties de devant d'une bête à quatre piés en y comprenant les épaules.

ERREMENT. s. m. Terme de Pratique. La derniere procedure d'un Procès, le dernier état d'une affaire. On procede suivant les derniers Erremens, quand on veut continuer les poursuites qui ont été commencées, pourvû que l'Instance ne soit pas périe.

ERRHINES. s. f. p. Médicamens qui par leur chaleur & nitrosité, attirent dans les narines, la pituite qui est adherente aux environs des meninges du cerveau. La betoine, le tabac, la sauge, l'iris, le laurier rose, la nielle, la marjolaine, la bete, le romarin, l'hyssope & l'euphorbe sont de ce nombre. Il y a des Errhines seches & faites de poudre, qu'on appelle proprement *Sternutatoires.* Il y en a aussi de liquides, d'autres en liniment, incorporées avec de l'onguent rosat, & d'autres en pyramide solide, pour arrêter le sang des narines. Celles-ci sont composées de bol de Levant, de terre scellée, de sang humain, ou de pourceau desseché. Ce mot est Grec ἔῤῥινον, & vient de la particule ἐν, & de ῥίν, Narine.

ERS

ERS. s. m. Plante petite & grêle, que Dioscoride dit être fort connue, ayant ses feuilles étroites, & ses grains dans des gousses. Il estime fort la farine qu'on en fait. Pour cela, ajoûte-t'il, il faut prendre les grains blancs, qu'on laisse tremper dans l'eau, jusqu'à ce qu'ils soient suffisamment humectés, après quoi on les met secher & rôtir, tant que l'écorce se rompe; puis on les fait moudre & passer par un bluteau, & l'on garde cette farine pour s'en servir au besoin. Elle fait bon ventre, provoque l'urine, rend la couleur vive, mondifie les ulceres, étant appliquée avec du miel, ôte toutes taches du visage, perce les charbons, & reprime les gangrennes & duretés. Matthiole fait une plus ample description de cette plante, & dit qu'elle se traîne sur terre ayant plusieurs tiges & branches qui s'entrelassent, & qui poussent de petites feuilles longuettes, & moindres que celles de la lentille, attachées en nombre à une même queue, & sortant de côté & d'autre d'un même lieu, & cela par intervalle, y en restant une toute seule au bout. Sa fleur est petite, & tire sur le rouge, quoique, quelquefois on la voye blanche. Ses gousses sont semblables à celles des poix, excepté qu'elles sont plus courtes & plus minces. Le fruit est dedans. Il y a de deux sortes d'Ers, le blanc & le roux. Galien en ajoûte un troisiéme, sçavoir le pâle, qui tient de chacun des deux premiers. Il prefere le pâle ou rouge au blanc dans l'usage de la Medecine, contre le sentiment de Dioscoride, & dit qu'il desseche au plus haut du second degré, & échauffe au premier; mais que toutefois en tant qu'il tient de l'amer, il est incisif, abstersif & désopilatif. Matthiole fait remarquer, que quoique l'Ers se seme &

se cultive, il ne laisse pas de venir aussi sans être semé; qu'on le trouve souvent parmi les blés, & qu'étant connu de peu de personnes, on le met au rang des vesses.

ERSOIR. Vieux mot, qui a été dit pour, Hier au soir.

ERY

ERYNGIUM. s. Plante épineuse, dont les feuilles confites en sel sont bonnes à manger, lorsqu'elles sont encore tendres. Elles sont larges, âpres par les bords, & ont un goût aromatique. En croissant elles deviennent piquantes au plus haut des tiges comme des épines. A la cime de ces tiges sont plusieurs têtes rondes, environnées d'épines fortes & dures, & disposées en façon d'étoiles. Les unes sont vertes, les autres blanches, & il s'en trouve quelquefois de bleues. Sa racine est longue & large, noire au-dehors & blanche au-dedans, & de la grosseur d'un pouce. Elle est odorante & l'une des cinq racines aperitives mineures. C'est la seule partie de cette plante qui soit en usage en Medecine. Prise en breuvage, selon ce qu'en dit Dioscoride, elle provoque l'urine, & resout & chasse toutes ventosités & tranchées, & si on la boit avec du vin au poids d'une drachme avec de la graine de pastenaille, elle est bonne aux accidens du foye, aux morsures des serpens, & à ceux qui auroient été empoisonnés. Galien dit que l'Eryngium, que l'on appelle en François Panicaut, ou Chardon à cent têtes, n'est gueres plus chaud que les médicamens temperés, & qu'il a pourtant une grande siccité, qui consiste en une essence subtile & pénétrante. Il y a aussi, à ce que dit Matthiole, un Eryngium marin qui croît en grande abondance à Venise, aux rivages de la mer. Ses feuilles plus larges que celles de l'autre, sont toutes environnées de pointes. Ses racines sont aussi plus longues, plus tendres & meilleures à confire. Pline parle de l'un & de l'autre Eryngium.

ERYSIMUM. s. m. Plante qui croît près des jardins & des Villes parmi les vieilles masures, & qui a ses feuilles semblables à la roquette sauvage. Ses branches sont souples comme une corde, & à leur cime il y a de petites gousses menues, faites à cornes comme celles du senegré. Ses fleurs sont jaunes, & sa graine qui est petite & brûlante au goût, ressemble à celle du Nasitort. Cette graine réduite en loohc avec du miel, est bonne contre les fluxions & les caterres qui tombent dans la poitrine, & à ceux qui ont grande quantité de matiere purulente & fangeuse, pour la faire sortir dehors. Elle sert aussi en la même sorte à la jaunisse, aux sciatiques, & contre les venins & les poisons. L'Erysimum s'appelle autrement *Irio.* Quelques-uns l'appellent *Rapistrum* ou *Synapi sylvestre.*

ESB

ESBANOI. s. m. Vieux mot. Ebat, joie, tournoi. On a dit aussi *Esbanoye,* qui a fait *Esbanoyer,* pour dire, Divertir, recréer.

> *Quand li Roi ot mangié, s'appella Helinand,*
> *Pour li esbanoyer commanda que il chant.*

On a encore *Esbarnir* & *Esbarnoir,* dans la même signification.

ESBAUBELI. adj. Vieux mot. Surpris, enchanté.

ESBAUDIR. s. m. Vieux mot, qui vient de Bauderie, autre vieux mot qui signifie, Joie. Ainsi on a dit s'*Esbaudir,* pour Se rejouir. On trouve aussi

Esbaudi, dans la signification de , Rendu beau.
> *Le jour s'est esbaudi ,*
> *Belle est la matinée.*

ESBONNER. v. a. Vieux mot. Ordonner , ranger. On trouve en parlant de Dieu , *Qui les quatre élemens esbonnes.*

ESBOUFER. v. Vieux mot. Rire avec convulsion : il vient de Bouffe , joues enflées. On dit encore en quelques lieux *Une bouffée de vent* , pour dire , *Un tourbillon.*

ESC

ESCABELON. s. m. Terme d'Architecture. Espece de piédestal, haut de trois piés , & qui va en diminuant par le bas. Il est ordinairement de marbre & quelquefois de bois marbré ; & c'est sur cette sorte de piédestal qu'on met des bustes dans les galeries & les cabinets des Curieux.

ESCACHE. s. f. Terme de Manége. Espece de mors de cheval. C'est une embouchure qui differe du canon, en ce que le canon est rond & que l'Escache est plus en ovale. Elle est arrêtée à la branche par un chaperon qui entoure le banquet , ce qui fait que la bouche du cheval est tenue plus sujette. Ordinairement les filets sont à l'Escache.

ESCADRE. s. f. Détachement particulier de Vaisseaux de guerre. L'Officier General qui les commande est appellé *Chef d'Escadre* , & il se dit aussi bien des Galeres que des Vaisseaux. On appelle aussi *Escadre* , un des trois Corps dont l'avantgarde , le corps de bataille & l'arriere-garde sont composés dans un ordre de bataille. Chacun de ces Corps est quelquefois partagé en trois Divisions.

ESCADRON. s. m. Corps de Cavalerie rangée pour combattre, soit dans une bataille, soit dans une rencontre d'Ennemis. Il se fait depuis un nombre de cent Maîtres , jusqu'à celui de cent cinquante , & quelquefois de deux cens , qui sont toûjours rangés à trois de hauteur. M. Ménage fait venir ce mot de l'Italien *Squadrone*, tiré du Latin *Squadra*, que l'on a dit pour *Quadra.* Du Cange le dérive de *Scara*, que de la basse Latinité. On a dit *Esquierre* dans le vieux langage , & peut-être les Italiens ont-ils fait delà le mot de *Schiera* , Troupe.

ESCAFIGNON. s. m. Vieux mot. Chaussure legere telle qu'est un escarpin. Il n'a plus d'usage qu'en parlant de la mauvaise odeur qui s'exhale des piés de ceux qui ont trop marché. *Cela sent l'escafignon.* On fait venir ce mot de *Scafa*, à cause que les souliers que l'on portoit autrefois , avoient la forme d'un petit vaisseau , & une pointe qui s'avançoit fort loin au-delà du pié. Cette pointe s'appelloit *Poulaine* , à l'imitation de la poulaine des Navires.

ESCAIELLE. s. f. Vieux mot. Echelle.

ESCALBORDER. v. n. Vieux mot. Monter , parvenir.
> *L'ame escalborde derechief ,*
> *A duel , à honte & à meschief.*

ESCALE. s. f. On dit en termes de mer , *Faire escale dans un Port* , pour dire , Y mouiller , soit pour éviter la tempête ou les ennemis , soit parce qu'on y a des habitudes & communication.

ESCALIER. s. m. Montée , degré qui sert à monter à divers étages d'un bâtiment. *Le grand Escalier* , est celui par lequel on va aux plus beaux appartemens d'une maison , & qui d'ordinaire ne passe pas le premier étage. L'*Escalier secret* ou *dérobé* fait monter aux mêmes appartemens , mais sans passer par les principales pieces ; & l'*Escalier commun* sert

à deux corps de logis. Il y a un *Escalier hors d'œuvre* , & un *Escalier demi hors d'œuvre.* Le premier a sa cage en dehors du bâtiment auquel elle est attachée par un ou par deux de ses côtés, & l'autre l'a enclavée en partie dans le corps du bâtiment.

On appelle *Escalier rond* , celui qui est à vis avec un noyau & dont les marches tournantes droites ou courbes portent leur délardement , & tiennent par le colet à un cylindre. Celui qui n'a point de noyau, & dont les marches tiennent à une espece de limon en ligne spirale, s'appelle *Escalier rond suspendu.* Celui-là laisse un vuide rond dans le milieu. L'*Escalier ovale à noyau* ou *suspendu* , est semblable à l'un & à l'autre , à l'exception de son plan qui en fait la difference , à cause qu'il est ovale. Quand un Escalier a double rampe l'une sur l'autre , & que ses marches portent leur délardement , on l'appelle *Escalier rond à double vis.*

Tout Escalier qui est dans une cage quarrée, s'appelle *Escalier à vis S. Gilles quarrée* , & celui dont les marches portent sur une voute rampante sur le noyau , est appellé *Escalier à vis S. Gilles ronde.*

Quand un Escalier est droit, & que son échifre porte de fond ainsi qu'un mur de refend , on l'appelle *Escalier à deux rampes alternatives.* Lorsqu'on y monte par un perron sur un palier , d'où commencent deux rampes égales vis-à-vis l'une de l'autre , & qu'après un palier quarré ces rampes retournent pour achever de monter , c'est un *Escalier à deux rampes opposées* ; & si l'on y monte par deux rangs égaux de marches qui commencent par un même palier , & finissent par un autre , c'est un *Escalier à deux rampes paralleles.*

L'Escalier qui a sa cage ronde ou ovale , & dont la rampe sans degrés tourne en vis autour d'un mur circulaire percé d'arcades rampantes , est un *Escalier à limace* ; & on appelle *Escalier à peristyle circulaire* , celui qui a sa rampe portée sur des colonnes.

On dit aussi *Escalier cintré* , & *Escalier à repos.* Le premier a le bout formé en demi-cercle , en sorte que les colets de ses marches tournantes soient égaux ; ce qui empêche qu'il n'y ait de brisecou , & l'autre est un Escalier , dont les marches droites à deux noyaux , sont paralleles , & terminent alternativement à des paliers. L'Escalier , que l'on appelle *A quartiers tournans* , est celui qui a des quartiers tournans , soit simples ou doubles , à l'un ou aux deux bouts de ses rampes. Il y a aussi un *Escalier triangulaire.* C'est celui qui a sa cage & son noyau faits de deux triangles. Il y a encore une sorte d'Escalier que l'on appelle , *En arc de cloître à lunettes & à repos* ; & un autre , *En arc de cloître suspendu & à repos.* L'un a des paliers quarrés en retour qui sont portés par des voutes en arc de cloître , & qui rachetent des berceaux rampans , dont des arcs aussi rampans soûtiennent les retombées. Ces arcs portent sur quatre ou sur six noyaux de fond , qui laissent un vuide au milieu , & ont des lunettes en décharge opposées dans les berceaux. L'autre sorte d'Escalier en arc de cloître , qu'on appelle *Suspendu & à repos* , a ses rampes & paliers quarrés en retour , qui portent sur une demi-voute en arc de cloître.

On appelle *Escalier à jour* , non seulement un Escalier à galerie, ouvert d'un côté , ayant une balustrade sans croisées , mais encore une vis , dont les marches attachées à un noyau massif , n'ont pour toute cage qu'un appui parallele à une rampe , qui est soûtenu d'espace en espace par quelque colomne.

L'Escalier

L'*Escalier fait en fer à cheval* est une maniere de grand perron qui a son plan circulaire, & dont les marches ne sont point paralleles. Il y a des Escaliers qui ont tant de pente & de largeur dans leurs marches qu'on peut faire monter des chevaux. Ceux-là s'appellent *Escaliers à girons rampans*. Le grand Escalier Pontifical du Vatican est appellé *Escalier à peristyle droit en perspective*. Il a sa rampe entre deux rangs de colomnes qui ne sont point paralleles. Chacune de ces colomnes étant proportionnée à la grosseur de son diametre, qui est moindre d'un quart ou d'un cinquiéme dans celles d'enhaut, qu'il n'est dans celles d'en bas, qui sont beaucoup moins basses & moins serrées, le berceau rampant en maniere de canonniere, qu'elles portent, n'est point parallele à la rampe dont les girons sont égaux; & cela fait une dégradation d'objets qui donne une apparence de longueur.

ESCALIN. s. m. Petite monnoie d'argent qui vaut environ sept sols. Elle a cours aux Pays-Bas & en d'autres lieux.

ESCAMOTE. s. f. Terme de Joueur de gobelets. Petite bale de liege que l'on prend subitement entre ses doigts sans que ceux qui regardent s'en apperçoivent. Ce mot a fait *Escamoter*, qui veut dire, Prendre cette petite balle entre ses doigts pour en faire quelque tour, & delà est venu *Escamoter* au figuré, pour dire, Dérober adroitement & avec un tour de main.

ESCANDOLA. s. m. On appelle *Escandola*, dans une galere, la chambre de l'Argousin.

ESCAPE. s. f. Terme d'Architecture. Partie de la colomne qui joint le petit membre quarré en forme de listel, qui pose sur la base de la colomne, & qui fait le commencement du fust. Quelques-uns appellent aussi le listel *Escape*, & en general il se prend pour tout le fust de la colomne.

ESCARBIT. s. m. Terme de Marine. Sorte de petit vaisseau de bois creusé, qui a environ huit pouces de long, & qui est large de quatre. On y met de l'étoupe mouillée, pour tremper les feremens dont se servent les calfats quand ils travaillent.

ESCARBOT. s. m. Sorte d'insecte qui a les os en dehors & les chairs en dedans, & dont les muscles ressemblent à ceux des grands animaux qui ont du sang. La difference des cornes fait les differentes especes des Escarbots. Celui qu'on appelle *Escarbot Licorne*, en a une sur le nez qui se courbe en arc vers les épaules. Il y a des Escarbots verts & dorés fort puants. Ce sont des especes de Cantarides. Il y en a d'autres qui après avoir ramassé ensemble la tête & la poitrine, font un saut en l'air en allongeant le corps, & on les appelle *Escarbots sauterelles*. L'*Escarbot bruyant* rend un son si clair la nuit, qu'il se fait entendre de fort loin. On en voit qui ressemblent à des tortues, & d'autres qui ont la queue faite en aiguillon. On met le grillon au nombre des Escarbots, ainsi que le cerf-volant; & l'on compte jusqu'à trente-deux sortes de cet insecte, dont il y en a de longs, de courts, de ronds, de fendus, de colorés, de velus, de farineux ainsi que les papillons, & quelques-uns dont la surface du corps est inégale & parsemée d'yeux & de taches. Ce n'est que de nuit que volent la plûpart des Escarbots. Il y en a un appellé *Escarbot mouche*; qui bat des aîles avec une vitesse incroyable. M. Ménage derive ce mot de *Scarabattus*, diminutif de *Scarabaus*, qui est le nom qu'on donne en Latin à l'Escarbot.

ESCARBOUCLE. s. f. Pierre prétieuse qu'on a dit fabuleusement venir d'un Dragon. Ce n'est autre chose qu'un gros rubis ou grenat rouge brun & en-

foncé. Cette sorte de rubis tire sur le sang de bœuf, & jette beaucoup de feu, sur-tout quand il est en cabochon & chevé. L'Escarboucle jette des rayons qui brillent même la nuit dans les tenebres, & qui étincellent beaucoup davantage que ceux du rubis. On veut que cette pierre ait pris son nom du Latin *Carbunculus*, comme qui diroit, Petit charbon. Les Grecs l'appellent ἄνθραξ, qui veut dire la même chose.

Escarboucle, se dit, en termes de Blason, des Ecus chargés d'une piece divisée en huit rais, dont il y en a quatre qui se dispersent en forme de croix, & les quatre autres sont en maniere de sautoir. Quelques-uns appellent ces rais Bâtons, à cause qu'ils sont ronds & enrichis de pommettes perlées comme les bourdons des Pelerins. Une fleur de lis les borne souvent.

ESCARGOT. s. m. Espece de limaçon à coquille. Quoiqu'il y en ait de grands, de moyens, de petits, de noirs & de blancs, ils ont tous la même nature. Il n'y a nulle difference entre eux qu'autant que les lieux où ils viennent y en peuvent mettre. Ceux qui sont nourris au Soleil & de bonnes herbes, sont beaucoup meilleurs, & satisfont mieux le goût que ceux des marais & lieux ombragés qui sentent la bourbe & le limon. Pline dit qu'anciennement on étoit si friand d'Escargots, qu'on les nourrissoit dans des viviers faits exprès, où ils étoient separés espece par espece, afin que l'on connût mieux le goût que chacun devoit avoir. On avoit soin de leur donner à manger, & on les nourrissoit de toutes sortes de blés avec du vin cuit. Leur coquille est blanche comme plâtre, & les garantit du froid par sa dureté. Dioscoride dit que les Escargots de mer sont bons à l'estomac, & provoquent à vomir. Toutes les coquilles d'Escargots brûlées sont chaudes. Ainsi leur cendre appliquée nettoye les dents, mondifie la gratelle & les peaux mortes & blanches qui viennent sur le corps. Les Escargots entiers brûlés & réduits en cendre étant appliqués après avoir été incorporés en miel, guerissent les cicatrices des yeux, en ôtent les tayes & toutes les taches du visage. Si on applique les Escargots crus piles avec leurs coquilles c'est un bon remede pour les hydropiques, puisqu'ils tirent toute l'eau qui est entre cuir & chair, mais il ne faut les ôter que quand ils ont attiré toute l'humeur qui peut nuire.

ESCARLINGUE. s. f. Terme de Marine. La plus grosse & la plus longue piece de bois qui soit employée dans le fond de cale d'un Vaisseau. *Voyez* CARLINGUE.

ESCARMIE. s. f. Vieux mot. Escrime.

> *Car elle sçavoit moult de l'œuvre*
> *Qui affiert à cette escarmie.*

On a dit aussi *Escremie*.

ESCARNELE', e'e. adj. Vieux mot. Fait à creneaux.
Les tourrelles escarnelées.

ESCARPE. s. f. Pié de la muraille du rempart. Mur en talut depuis le pié d'un bâtiment jusqu'au cordon qui fait un côté de fossé. Ce mot vient de l'Italien *Scarpa*, Talut.

ESCARRE. Croute sur la chair. On guerit le farcin des chevaux avec des pierres de vitriol, qui font Escarre aux boutons & les font tomber.

ESCARRIR. v. a. Vieux mot. Disperser de côté & d'autre. On trouve aussi *Escarri*, dans la signification de, Perdu.

> *Telles choses ne sont pas ris,*
> *Voila mes amours escarris.*

ESCAVESSADE. s. f. Terme de Manege. Secousse de cavesson pour obliger le cheval à obéir.

ESCHAFAUT. f. m. Elevation pour aider aux Artisans à travailler en haut. Ceux des Maçons sont des planches appuyées sur des bouliniers.

ESCHARDER. v. a. Vieux mot. Irriter, fâcher.

Grand sens est d'amis faire,
Mais pou en fait la garde
Qui les vent escharder.

ESCHARNIR. v. a. Vieux mot. Offenser, médire.

Le sot escharnit la discipline. On a dit aussi *Paroles escharnissantes,* pour, Médisantes, & *Escharnisseur,* pour, Médisant.

ESCHARROGNEUX. adj. Vieux mot. Querelleur.

Comme vilains escharrogneux
Qui diffiment leur voisinance.

ESCHAROTIQUES. f. m. Terme de Medecine. Medicamens chauds & d'une substance fort grossiere qui n'enlevent pas seulement l'épiderme, mais qui brûlent la peau même. Ce mot est Grec, ἐσχαρωτικος & vient de ἐσχάρα, qui veut dire, la croute que fait un medicament caustique.

ESCHAUBOULEURE. f. f. Petite bube ou éleveure sur la peau. Elle vient de chaleur de foye, & on s'en guerit par la saignée.

ESCHAUCIER. v. a. Vieux mot. Chasser.

ESCHECS. f. m. p. Jeu dans lequel on se sert de petites pieces de bois tournées pour jouer sur un damier qui est divisé en soixante & quatre carreaux. Le hazard n'a point de part à ce jeu ; & comme l'adresse seule y est requise, on n'y perd que par sa faute. Ce jeu est ancien & universel, & on apprend aux filles à y jouer à la Chine, comme on leur apprend ailleurs à chanter & à danser. Il y a de chaque côté huit pieces & huit pions qui ont divers mouvemens & des regles pour marcher. *Eschec,* dit Nicod, *est un mot descendu de cestui Morisque Xeque, qu'il convient prononcer comme s'il estoit écrit Sche-de, qui vaut autant que Seigneur, Roi, Prince, comme Xeque Ismaël, & est usité au jeu des Eschecs, quand aucune piece de l'adversoire tire de droit fil sans aucun d'estourbier entre deux à nostre Roi, comme si en tel état du jeu il advertissoit le Roi de partie adverse de se couvrir, parer, ou mouvoir de place, disant Xeque, c'est-à-dire, Roi, prens garde à toi. Et quand il se tient assiegé qu'il ne peut se mouvoir, ne se couvrir qu'il ne soit en prinse, il dit Xeque mato ou mate, c'est-à-dire, Roi, je te mets à mort, qui est le gain du jeu, comme les François dient par corruption du mot, Eschec & mat, & les Italiens aussi Scacco matto. L'Espagnol approche plus dudit mot Morisque, disant Xaque.* Mais Eschecs en pluriel sont les pieces dont le jeu est composé, qui sont seize de chaque côté, assavoir le Roi la Royne, & à chacun d'eux leur Fol, selon Chevalier & leur roc, & à chaque desdites pieces son pieton ou champion, lesquelles pieces ont differentes alleures & démarches. Selon ce, on dit, Le jeu des Eschecs, &, Jouer aux Eschecs. Ce mot, selon Borel, vient du Latin *Scacchia,* & celui de son Inventeur Eschatresca, Persan, ou Chaldéen. Il ajoûte que quelques-uns attribuent ce jeu à un Diomede qui vivoit sous Alexandre. Le Roman de la Rose en fait Auteur Attalus, suivant ces vers.

Ne ne puet autrement haver.
Ce sevent tuit, large & aver,
Quar ainsi le voult Attalus,
Qui des Eschecs controuva l'us.

ESCHERPILLEUR. Vieux mot. Voleur. On appelloit ainsi les voleurs, à cause qu'ils portoient une Escharpe, appellé *Escherpe* ou *escherpete,* dans le vieux langage.

Ent entre eux tous sur leurs amours,
Et les grans gens & les menues,

Escherpettes blanches cousues.

ESCHEVER. v. n. Vieux mot. Esquiver, fuir. On a dit aussi, *Eschiver.*

Moult mis grand peine à eschiver

ESCHIEU. f. m. Vieux mot. Essieu.

ESCHIFFLES. f. f. Sorte de fortification ancienne.

ESCHILLON. f. m. Terme de Marine du Levant. Nuée noire d'où sort une longue queue, qui est une forte de meteore que les Matelots craignent davantage que la plus forte tempête. Cette queue va toûjours en diminuant, & en s'allongeant dans la mer, elle en tire l'eau comme une pompe, ensorte que l'on voit cette eau qui bouillonne tout autour, tant l'attraction paroît violente. La superstition de ceux qui craignent cette nuée, fait qu'ils piquent dans le mât un couteau à manche noir, persuadés qu'en faisant cela ils détournent l'orage.

ESCHIQUIER. f. m. *Le tablier sur lequel on joue aux eschecs, & qui est divisé en plusieurs quarrés ou cases de deux diverses couleurs.* ACAD. FR. On dit en termes de Jardinage, que *Des arbres sont plantés en eschiquier,* pour dire, qu'ils sont plantés de telle sorte, que leur figure represente plusieurs quarrés en Eschiquier.

Eschiquier, s'est dit autrefois en Normandie d'une Jurisdiction où l'on décidoit souverainement des differends qui naissoient entre les particuliers. On n'a que des connoissances incertaines & obscures de son institution. Si on en juge sur les conjectures de quelques Auteurs modernes, on la peut mettre vers l'an 515. après l'an 515. après que Raoul eut rappellé les Gaulois & les François que la fureur de la guerre avoit fait sortir de cette Province, & qui en étoient les habitans naturels, & qu'il eut remis la tranquillité dans le pays par le partage qu'il fit des terres entre eux & les Normans. Il est certain que l'Ordre de l'Eschiquier & les articles de la Coûtume n'ont été réglés entierement que sous plusieurs Regnes, & qu'à l'égard de l'Eschiquier, ce fut Philippe le Bel qui le rétablit ou confirma en 1302. Nous lisons dans les Auteurs, que ce Roi institua des Cours souveraines à Paris, à Rouen, à Troie & à Toulouse ; celles de Paris & de Toulouse sous le nom de Parlemens, celle de Rouen sous le nom d'Eschiquier, & la Cour souveraine de Troie sous celui de Grands-Jours : mais quoiqu'ils se servent du mot d'Institution, il est constant qu'il y avoit déja fort long-tems que ces Parlemens & cet Eschiquier subsistoient quand il obtint la Couronne. L'Eschiquier de Normandie étoit comme un Parlement ambulatoire. On l'assembloit tantôt à Rouen, tantôt à Caen, quelquefois à Falaise, ou en d'autres Villes, selon les ordres du Prince, sans qu'il eût aucun lieu fixe. On le convoquoit deux fois chaque année, vers Pâque & vers la saint Michel, & l'on employoit deux ou trois mois dans l'un & dans l'autre tems pour approuver ou pour reformer les Sentences que les Juges subalternes avoient données. C'étoit le Grand Sénechal de Normandie qui y présidoit, & les principaux du Clergé & de la Noblesse de la Province y étoient appellés. Ils y avoient voix déliberative, & ils étoient obligés sous peine d'amende d'y comparoître en personne. Ensuite on y appelloit les sept Grands Baillis de Normandie, sçavoir ceux de Rouen, de Caux, de Gisors, d'Evreux, de Caen, de Costentin & d'Alençon, avec les Officiers des Bailliages, & enfin les Avocats & les Procureurs, qui y devoient comparence, ainsi que les Juges, afin de *recorder de l'usance* & du stile de la Coûtume, qui n'étoit point redigée alors par écrit, du moins par autorité publique. Les guerres & les divisions qui arriverent ayant obligé nos Rois à apporter du changement dans l'administration de l'Eschiquier, ils députerent des Presidens & des Conseillers, tant Ecclesiastiques que Laïques, & des Gentilshommes distingués, pour être les Juges de cette Assemblée. Ils observoient cet ordre dans leur seance. Les Presidens & les autres Juges députés étoient sur les hauts sieges. Les Evèques, les Abbés, les Doyens & les autres Ecclesiastiques étoient à la droite des Presidens & des Députés sur des sieges de même hauteur. Les Comtes, les Barons & autres Seigneurs étoient à la gauche sur de semblables sieges. Les Baillis, les Gens du Roi, les Vicomtes & autres Officiers étoient aux deux côtés sur des sieges plus bas devant les Prélats & les Seigneurs, & les Avocats étoient derriere ces Officiers entre leurs sieges & ceux du Clergé & de la Noblesse. L'Eschiquier comprenoit un grand nombre de personnes ; & sans parler des gens de Justice de toutes les Jurisdictions de la Province, il y en entroit quatre-vingt-quinze du Corps du Clergé, & soixante-douze de celui de la Noblesse. Voici ce que rapporte Nicod sur le mot d'Eschiquier. *Eschiquier proprement prins, est le tablier, ayant soixante-quatre places dans son quarré my-parties de deux couleurs & entremêlées, qui sont les loges des eschecs rangés & marchans ; mais par translation, Eschiquier se prend pour celle Cour ancienne, non sedentaire, ne continuellement seans, à laquelle le Duc, s'il vouloit, les Prélats, les Barons & Chevaliers, les Senéchaux & Baillis, les Preud'hommes, les bons Bourgeois & sçavans Advocats de Normandie s'assembloient pour la décision des grands plaids des gens du pays ; lequel Eschiquier étoit tenu deux fois l'année, à Pâque & à Noël, tantôt en un Bailliage & Ville, tantôt en autre. A cette Assemblée les Baillis étoient tenus se presenter au commencement & premiere seance d'icelle dedans l'heure de midi du second jour des presentations au plus tard, comme celui de Rouen, Gisors, Caux, Bayeux, Caen, Costentin ; & là les Advocats & autres dudit Eschiquier assistans par jugement, étoient assis selon leurs rangs, parlant les uns aux autres, sans faire noise. Nul n'osoit s'entremettre d'y advocasser ou consulter sans serment préalablement fait de faire l'un & l'autre loyaument sans acception de personne. Autres plusieurs chefs de serment y étoient prêtés par lesdits Advocats, contenus és Ordonnances dudit Eschiquier tenu à Rouen à Pâques l'an mil trois cent quatre-vingt-six. Avoient ses seants voix deliberative, voire les Advocats mêmes, mais és causes tant seulement dont ils n'avoient été ne consultans ne plaidans devant aucun Juge inferieur, ou audit Eschiquier même, ou desquelles ils n'auroient dit & déclaré en appert ailleurs leur advis & opinion, ores que ce n'eut été en jugement, ou comme consultans en la cause. Cette Cour ou Assemblée de jugeans étoit dite Eschiquier, pour être composée de tous états & diverses qualités de personnes, comme l'est le jeu des Eschecs, & étoit le dernier ressort de la justice en Normandie, dont les dégrés inferieurs sont basse Justice, Vicomté, Bailliage. Depuis la reduction dudit pays de Normandie à la Couronne de France, ledit Eschiquier étoit appellé La Cour ; & selon ce, est écrit esdites Ordonnances que si les Advocats plaidans & consultans sçavent aucune chose être le droit du Roi, ou lui toucher en aucune maniere, ils seront tenus en advertir la Cour, c'est-à-dire l'Eschiquier. Or a été supprimé l'Eschiquier en toutes les contrées dudit pays de Normandie, hormis au Duché d'Alençon, où il est encore tenu par chacun an, & au lieu d'icelui a succedé & été établie la Cour de Parlement seant à Rouen. Anciennement les gens te-*

Tome I.

nans l'Eschiquier de Normandie s'installoient, Les Maîtres tenans l'Eschiquier au terme saint Michel ou au terme de Pâques, & de telles leurs depesches ainsi commençant, s'en trouve en datte de l'an mil trois cent dix-huit : mais par après ils se nommerent & intitulerent, Les Gens tenans l'Eschiquier. Borel dit qu'Eschiquier, pris en ce sens, c'est-à-dire, pour un lieu où s'assembloient les Commissaires envoyés des Provinces par le Roi ; vient de l'Allemand Schicken, Envoyer. On l'a rendu en Latin par Scaccarium ; ce qui a donné lieu à quelques-uns de le faire venir de l'Hebreu Schacar, Lieu public, & à d'autres du Grec σάκχαρον, Sucre ; mais on ne sçauroit trouver nul rapport entre ce Tribunal & du sucre. Le sentiment de Paul Æmile, qui veut que les Normans ayent écrit Scaccarium, pour Statarium, qui veut dire Fixe, arrêté, n'est pas non plus recevable, puisque ce Senat étoit ambulatoire. Du Cange dit que Spelmannus, Warsius & Sonnerus veulent qu'Eschiquier vienne du mot Schatz, Tresor. Il y a un Eschiquier en Angleterre que les Anglois nomment Escherquer en leur langue, & qui est une Jurisdiction où l'on traite du Domaine, des Droits & des Libertés de la Couronne. On la tient à Westminster, & le même mot se prend pour le Tresor Royal d'Angleterre, qui se tient au même lieu. Eschiquier, est aussi un terme de Blason ; & il se dit quand l'Ecu est divisé en plusieurs quarrés, dont les uns sont de métal, & les autres de couleur ; ce qui represente le tablier du jeu des Eschecs.

ESCHIVE. adj. Vieux mot. Triste.

ESCLAME. adj. Vieux mot dont on s'est servi dans le Manege pour signifier Un cheval qui n'a point de boyau. Il signifie Grèle, menu, en termes de Venerie, & en ce sens on dit, Les Cerfs sont bruns, longs, grands & esclames. On appelle en termes de Fauconnerie, Oiseau esclame, celui qui est de longueur bien seante, & non épaulu.

ESCLANDIR. v. a. Vieux mot. Scandaliser. On a dit aussi Esclander pour ; Offenser.

    Comment elle fut deffrandée,
    Et en son courage esclandée.

ESCLAVAGE. s. m. Terme de negoce. Droit qu'une Compagnie de Marchands Anglois a seule d'acheter & de vendre les marchandises à l'égard des Etrangers.

ESCLAVINE. s. f. Vieux mot. Espece d'habit long & velu que portoient les Pelerins. On s'est aussi servi de ce mot pour signifier Une grosse couverture delit.

ESCLECHE. adj. Vieux mot. Démembré.

ESCLOER. v. a. Vieux mot. Expliquer.

ESCLOPE'. adj. Terme de Blason. Il se dit d'une partition dont une piece paroît comme rompue. Taillé & esclopé en cœur d'argent sur sable.

ESCOLTER. v. a. Vieux mot. Ecouter. Les Italiens disent Ascoltare.

ESCONDRE. v. a. Vieux mot. Cacher, du Latin Abscondere. On a dit aussi Esconser, & on trouve Escons & escondit, pour, Caché.

ESCOPERCHE. s. f. Machine qui sert à élever des fardeaux. Ce mot se dit de toutes sortes de pieces de bois qui sont debout & qui ont une poulie à l'extremité, par le moyen de laquelle on éleve du bois ou des pierres. On appelle aussi Escoperche, Une solive ou autre piece de bois qui a un poulie, & dont on est quelquefois obligé de se servir en des endroits où il est impossible de placer un engin ou une grue, quoique cette piece de bois ne soit pas toûjours dressée debout, mais qu'elle soit panchée comme sur une avance de corniche ou dans une lucarne.

ESCOT. f. m. Terme de Marine. L'angle le plus bas de la voile latine qui eft triangulaire.

ESCOULOURABLE. adj. Vieux mot. Muable, changeant.

ESCOUENE. f. f. Efpece de rape qui n'eft point piquée comme les autres, ni coupée par des hachures obliques & croifées comme les limes. Les hachures qu'elle a font en travers & fort enfoncées. Les Serruriers, Tabletiers & autres Artifans s'en fervent pour raper uniment l'ivoire, le bois & le fer. On dit auffi *Efcuene*.

ESCOUP. f. m. Terme de Marine. Brin de bois d'une très-mediocre groffeur, dont on fe fert à jetter de l'eau de la mer le long du Vaiffeau pour le laver. Il eft creufé par le bout, & tient de la ligne droite & de la courbe. On appelle auffi *Efcoup*, Une forte de petite pelle creufe avec laquelle on puife & on jette l'eau qui entre dans une chaloupe ou dans un canot.

ESCOURGE'E. f. f. Marque que laiffe le coup de fouet.

ESCOURGEON. f. m. Laniere de cuir dont on fait des cordes de rouet, des liens pour les fleaux à battre le blé.

ESCRENE. f. f. Vieux mot. Petite maifon. Il fe difoit autrefois de celles que les Payfans creufent fous terre & qu'ils couvrent de fumier, & où les filles vont faire la veillée. Borel dérive ce mot de *Scrinium*, petit Côffre.

ESCRIPSEUR. f. m. Vieux mot. Ecrivain.

ESCROIX. f. m. Vieux mot. Sorte d'inftrument à fendre les pierres.

ESG

ESGRAFIGNER. v. n. Vieux mot. Ecrire peu lifiblement. C'eft proprement égratigner, piquer avec une pointe.

Toûjours le chardon & l'ortie
Puiffent égrafigner fon tombeau.

Ce mot vient de *Graphium*, Stile de fer dont les anciens fe fervoient pour écrire.

ESGUEER. v. a. Tremper du linge en grande eau, dans une eau claire, afin d'en pouvoir détacher les fels qui s'y font attachés au favonnage ou à la leffive. Quelques-uns font venir ce mot de *Gué*, comme fi on choififfoit un gué, c'eft-à-dire, un lieu où l'eau eft ordinairement claire & courante, pour tremper le linge. D'autres le dérivent d'*Aigue*, vieux mot qui a fignifié Eau, comme fi on difoit *Aigueer*.

ESL

ESLAINDE. f. f. Vieux mot. Sorte de machine à jetter des pierres.

ESLAIS, ou *Eflay*. f. f. Vieux mot. Elans, courfe, choc de Chevalier dans un Tournoi. On a dit auffi *Efleffer*, pour, Elancer.

ESLECER. v. n. On a dit dans le vieux langage, S'*efléecer* & s'*efleer*, pour, Se réjouir.

ESLECTURE. f. f. Vieux mot. Choix.

ESLOCHER. v. a. Vieux mot. Tirer de fon lieu.

ESM

ESMAY. f. m. Vieux mot. Trifteffe.

Ce fut au tems du mois de May,
Qu'on doit chaffer deuil & efmay.

On a dit auffi *Efmayer*, pour, Attrifter.

ESMARRI. adj. Vieux mot. Etonné, fâché.

ESME. f. f. Vieux mot. Intention, defir, volonté.

A fon efme.

ESMERE', E'E. Vieux mot. Emaillé.

Qui fut de fin or efmeré.

ESMIGAUX. f. m. p. Vieux mot. Bracelets & autres joyaux de toutes fortes.

ESN

ESNE. f. f. Vieux mot. Outre, forte de vaiffeau.

Sans mettre n'en preffouer, n'en efnes,
Et le miel découroit des chefnes.

ESP

ESPACE. f. m. Terme de guerre. Diftance reglée qui doit être entre les rangs & les files des foldats rangés en bataille. On le dit auffi dans l'écriture où il faut garder un efpace égal entre les lignes. On dit quelquefois, *Une Efpace* au feminin, & il fignifie Un petit plomb, une petite reglette qui fert à feparer un mot d'avec un autre.

ESPACEMENT. f. m. Terme d'Architecture. Diftance qui doit être égale entre un corps & un autre. *L'efpacement des folives d'un plancher.*

ESPACER. v. a. Obferver les diftances convenables quand on range quelque chofe. *Efpacer des folives, des poteaux.* On dit, *Efpacer tant plein que vuide*, pour dire, Laiffer les intervalles égaux aux folides.

ESPADON. f. m. Grande & large épée à deux poignées, & que l'on tient à deux mains.

Efpadon. Sorte de poiffon monftrueux qu'on trouve dans les Antilles. Il eft auffi dangereux & auffi hardi que le Requiem, auquel il reffemble affés en fa forme & en fa peau. Il a plus de ventre, & toute fa difformité eft en fa tête. Il y en a qui ont plus de huit piés de longueur, & dont le mufle en a près de quatre. De ce mufle fort un os plat & large de quatre doigts, qui eft fait comme la lame d'un efpadon, fans aucunes dents à fes côtés. C'eft ce qui lui a fait donner le nom d'*Efpadon*.

Il y a des poiffons qui ont cette lame ou défenfe longue de cinq piés, large de fix pouces par le bas, avec vingt-fept dents blanches & folides en chaque rang, & le corps gros à proportion. Ils ont tous la tête plate & hideufe, de la figure d'un cœur, & auprès des yeux deux foupiraux par où ils rejettent l'eau qu'ils ont avalée. Ils font fans écailles, couverts feulement d'une peau grife fur le dos & blanche fous le ventre, & cette peau eft auffi raboteufe qu'une lime. Ils ont fept nageoires, deux à chaque côté, deux autres fur le dos, & celle qui leur fert de queue. Quelques-uns appellent les Efpadons *Poiffons à fcie* ou *Empereurs*, à caufe qu'ils font la guerre à la baleine, & bien fouvent la bleffent à mort.

ESPALE. f. m. Terme de Marine. On appelle *Efpale* dans une Galere, un efpace proche de la pouppe, que le tabernacle fepare en deux parties, à l'oppofite des exhauffemens qui font auprès de l'éperon & de l'arbre de Trinquet, & qu'on appelle *Rambades*.

ESPALEMENT. f. m. Terme de Mefureur. Etalonnage qu'on fait des mefures en les conferant avec l'original & les matrices. Pour cela on verfe deux fois du grain de millet par la tremie dans la mefure matrice, qu'on met d'abord comble, & qu'on rafe enfuite. Lorfque la mefure qu'on apporte fe trouve être comme l'étalon, on la marque à la lettre courante de l'année. C'eft fur le pié de l'efpalement des chaudieres que les droits de biere fe payent; ce qui fe doit faire non feulement pour celles où il n'y en aura point. Les gantes ne peuvent être que de quatre pouces de hauteur.

ESPALOUCO. f. m. Animal qui se trouve au Royaume de Siam, & qui ne va que de nuit, selon ce que Vincent le Blanc en rapporte. Il dit que c'est une bête qui a la face semblable à un homme, toute repliée ; qu'elle monte sur les arbres, & fait de grands cris comme en se plaignant pour attraper quelque chose ; & que quand elle ne peut rien trouver, elle s'attache à manger la terre. Elle va fort lentement, & il s'en trouve en plusieurs endroits.

ESPARGOUTTE. f. f. Espece de plante dont la tige est dure comme du bois, & qui porte à sa cime une fleur incarnate ou jaune, disposée comme celle de cammomille en forme d'étoile. C'est de-là qu'elle a pris le nom d'*Aster* qu'on lui donne, on y joint celui d'*Atticus*, à cause qu'elle croît plus volontiers aux environs d'Athenes. Elle est bonne aux bubons & aux inflammations des aines, ce qui la fait appeller *Bubonium* ou *Inguinalis*. La tige de cette plante est environnée de feuilles longues & velues.

ESPARRE. f. f. On appelle *Esparres*, en termes de Marine, certaines gaules qu'on fait de sapin, ou d'un autre bois leger.

ESPATULE. f. m. Instrument de Chirurgien & d'Apothicaire, qui est plat & un peu large par un bout, & qui va en étrecissant vers le manche. L'Espatule des Chirurgiens est de fer, & fait une partie de leur étui. Ils s'en servent pour étendre les emplâtres sur le linge. L'Espatule des Apothicaires est de bois, & leur sert à remuer les syrops & les autres drogues qu'ils préparent.

ESPAURE. f. f. Terme de Charpenterie. On appelle *Espaures*, certaines solives qui servent à faire la levée d'un bateau foncet, ou autres.

ESPAUTIER. v. a. On a dit dans le vieux langage, *Espautier les arbres*, pour dire ; En ôter le bois inutile. On l'a dit aussi pour *Eventrer*. Borel derive ce mot du Latin *Amputare*, Couper.

ESPEONTER. v. a. Vieux mot. Épouvanter.

ESPERITABLETE'. f. f. Vieux mot. Spiritualité.

ESPLANADE. f. f. Terme de fortification. Glacis de la contrescarpe. M. Guillet dit qu'il commence à vieillir dans ce sens-là, & qu'il ne signifie plus que le terreplein qui regne entre le glacis d'une citadelle, & les premieres maisons de la Ville.

On appelle aussi *Esplanade*, les planches ou madriers sur lesquels on fait les batteries de canon. Ces planches doivent être épaisses de quatre doigts, & larges d'un pié & demi. Il faut que l'Esplanade soit élevée aussi d'un pié & demi au derriere, & qu'elle en ait trente pour le recul.

ESPOIR. f. m. Terme de Marine. Fauconneau, ou petite piece de bronze qui est montée sur le pont d'un Vaisseau, & dont on se sert pour les descentes.

ESPOIS. f. m. Terme de Venerie. Il se dit de chaque cor ou sommet de la tête d'un Cerf.

ESPONDRE. v. a. Vieux mot. Expliquer, découvrir le sens de quelque chose.

Or vos veil espondre briefment.
De ces fables l'entendement.

On a dit aussi *Espondre*, pour, Traduire.

Seignour, ains que je vous commans
D'espondre Caton en Roumans.

On trouve *Espont*, pour, Exposé, expliqué.

Que tel songe l'on a espont.

ESPONTON. f. m. Sorte d'arme, qui est une espece de demi-pique, dont on se sert particulierement sur les Vaisseaux quand on vient à l'abordage. Ce mot vient de l'Italien *Spontone*, à cause que c'est une arme aigue & pointue.

ESPRINGALLE. f. f. Ancien instrument de guerre. C'étoit une maniere de fronde, dont on se servoit pour jetter des pierres. On l'appelloit aussi *Espringarde* ; & ceux qui faisoient jouer cet instrument, étoient nommés *Espringardiens*. Ce mot vient d'*Espringaller*, qui vouloit dire Sauter, dans le vieux langage.

Je va, je vien, je saill, je vole,
J'espringalle ou je karole.

ESPRIT. f. m. *Substance vivante & incorporelle. Il se dit de Dieu, & encore des Anges & des Diables. C'est aussi une vertu, une puissance surnaturelle qui remue l'ame, qui opere dans l'ame.* ACAD. FR.

Esprit, est aussi un terme de Medecine, & les Medecins n'entendent rien autre chose par ce mot que le sang resout en une substance très-subtile & volatilisé exactement dans le cœur & dans la poitrine, tant par la fermentation continuelle du sang que par l'air que l'on respire sans intermission. Cette substance est distribuée avec le sang à toute la machine afin de la faire agir & mouvoir. Ainsi le fondement de la vie de l'animal consiste dans le sang dont les Esprits dependent dans leur generation, leur existence & leur operation, & l'essence de la vie du même animal consiste dans l'Esprit volatil, qui penetre intimement toute la machine du corps & la meut diversement. Ces Esprits, outre la vertu elastique, capable d'une très-grande expansion, ont une autre propriété qui les rend lumineux, non qu'ils soient semblables à du feu, mais à la lumiere qu'on remarque dans les vers luisans. Ils ont divers noms encore qu'ils n'ayent qu'une essence. On les nomme *Esprits vitaux*, lorsqu'ils brillent & agissent dans la masse du sang. Quand ils rayonnent & se dilatent dans le cerveau & dans les nerfs, ils sont appellés *Esprits animaux* ; & lorsqu'ils donnent la fecondité aux œufs, on les appelle *Esprits gensraux*. Les Esprits, tant ceux qui sont charriés à toutes les parties du corps sous le vehicule du sang, que ceux qui sont envoyés du cerveau à tout le corps par les nerfs, & sont dans un mouvement continuel, se nomment *Esprits influans* ; & les autres qui sont unis aux parties solides, & entrent dans leur composition, au tems de la generation & de la nutrition, sont appellés *Esprits implantés*. L'essence de ces deux sortes d'Esprits est la même. Celui qui étoit influant à l'égard du pere, & qui a donné la fecondité à la semence, est implanté dans le fils pour la plus grande partie. Celui qui flote maintenant dans le sang, & qui rayonne par tout dans les nerfs, sera implanté dans la nutrition, & inseré à la partie par la coagulation de l'aliment ; & c'est-de-là qu'il arrive que lorsque l'Esprit implanté manque, la tissure vitale du mixte se dissout, ce qui cause la gangrene dans les vivans, & la pourriture dans les morts. Les *Esprits animaux* ont été nommés ainsi de ce qu'ils sont les auteurs du sentiment & du mouvement animal. Ils ont leur premiere origine dans le cerveau, d'où par le moyen des nerfs ils sont distribués à tout le corps, suivant l'arrangement des filamens & des pores. Ces esprits constituent originellement l'ame sensitive, tant des bêtes que des hommes, l'ame raisonnable n'ayant nul commerce avec l'œconomie vitale ou animale du corps. Ils sont les premiers auteurs des actions propres des animaux ; & quoique ces actions soient diverses & distinctes, les Esprits animaux sont toutefois d'une seule espece & d'une seule essence ; & par consequent indifferens de leur nature à quelles actions ils servent. Ils sont déterminés par la dispofition organique, en forte que ceux qui font mouvoir le pié par le moyen de fes mufcles, ferviroient à faire voir s'ils étoient dans l'œil. Tout ceci eſt la doctrine du ſçavant Ettmuler.

Eſprit, en termes de Chymie, eſt une ſubſtance fluide qui participe en partie du feu, & en partie de l'eau. Ces Eſprits ſont tirés ou des vegetaux ou des animaux, ou des mineraux. Ces derniers ſont appellés *Huiles*. Des Eſprits qui ſe tirent des vegetaux, l'Eſprit de vin tient le premier lieu, comme celui du ſang humain eſt le premier parmi ceux qui ſe tirent des animaux, & celui de vitriol parmi les mineraux. Les liqueurs aqueuſes qui ſe tirent par la diſtillation s'appellent auſſi *Eſprits*, lorſqu'elles ſont imprégnées de quelques ſels, ou de quelques autres principes actifs, que la violence du feu à élevés avec elles. Si ces Eſprits excitent quelque ſentiment de chaleur ſur la langue, on les appelle *Eſprits acres*, & quand ils y font quelque eroſion, *Eſprits acres corroſifs*. Les liqueurs qui tiennent de la faveur du ſel commun, s'appellent *Eſprits ſulphurés*; & quand cette ſaveur eſt trop forte, ce ſont *Eſprits urineux*. Les liqueurs aqueuſes qui s'enflamment ſe nomment *Eſprits ardents*, & on appelle *Eſprits mixtes*, les liqueurs qui tiennent du ſulphuré, & où domine l'acide. On dit, *Tirer l'eſprit de ſoulphre, de ſel, & autres corps*, pour dire, En tirer l'eſſence ou le plus ſubtil par la diſtillation, ou de quelqu'autre maniere.

On appelle *Eſprit de vin*, Un ſel volatil, huileux, délayé par beaucoup de phlegme, ou bien une huile exaltée par la fermentation & convertie en ſon Eſprit. Ainſi l'Eſprit de vin n'eſt qu'un ſel volatil, huileux, diſſous, comme les Eſprits de tous les végétaux doués d'un ſel volatil & d'une odeur aromatique, qui par le moyen de la fermentation & du feu, fourniſſent aſſés d'eſprit, mais peu ou point d'huile. Ce qu'on appelle vulgairement *Eſprit de vin alcholiſé*, eſt l'Eſprit de vin qui eſt bien rectifié, ce qui ſe connoît lorſqu'en ayant répandu une goute, cette goute, au lieu de tomber à terre, ſe diſſipe en l'air. On le peut connoître auſſi lorſqu'en faiſant brûler de l'Eſprit de vin avec de la poudre à canon, il ſe conſume tout ſans laiſſer aucune marque. On ne doit pas confondre l'Eſprit de vin alcholiſé avec l'Eſprit de vin tartariſé. Pour mieux rectifier l'Eſprit de vin, on le diſtille ordinairement ſur du ſel de tartre bien calciné qui prend ce qu'il y a de phlegme dans l'eſprit de vin, & celui-ci prend à ſon tour quelques particules du ſel de tartre pendant la digeſtion, ce qui le rendant plus efficace, lui donne le nom d'*Eſprit de vin tartariſé*. C'eſt une quinteſſence qui ſépare tout ce qu'il y a de corroſif dans les métaux. La diſtillation de l'Eſprit de vin de Paracelſe ou ſans feu, eſt de laiſſer geler le vin au froid. Au milieu de la maſſe gelée, il ſe trouve de l'Eſprit de vin qu'on appelle *Eſprit de vin Philoſophique*. Il eſt très-pur, & préferable au vulgaire. L'*Eſprit de vin Camphré*, convient aux parties gangreneuſes. Il adoucit puiſſamment les douleurs que la goutte fait ſouffrir, & guerit les ereſipeles en diſſolvant l'acide qui les cauſe, ſur-tout ſi on le mêle avec le rob de ſureau pour en oindre les parties. L'*Eſprit volatil de tartre*, a de très-grandes vertus. Comme il renferme un alcali volatil très-pur, il abſorbe & radoucit quelque acide que ce ſoit, ce qui le rend un très-excellent remede pour le mal hypochondriaque, pour la goutte, pour la paralyſie enſuite de la colique, pour la pleureſie & l'hydropiſie, & enfin pour toutes les maladies chroniques, qu'il guerit en chaſſant leur cauſe materielle par les urines ou par les ſueurs. Quelques-

uns, pour avoir un Eſprit de tartre très-volatil, rectifient l'Eſprit de tartre ſur ſa tête morte; d'autres avec la chaux vive, & d'autres avec un alcali approprié. L'alcali fixe abſorbe par ce moyen, ce qui reſte d'acide dans l'Eſprit de tartre, & il ne monte que l'Eſprit le plus pur, & l'alcali le plus volatil qui ſe peut tirer au feu de ſable. La meilleure methode de toutes eſt de laiſſer fermenter le Mercure crud avec ſon ſel propre. Par cette conduite, on tire un Eſprit de tartre très-volatil, & d'une grande vertu en Medecine. L'*Eſprit qu'on tire des bois* par le feu, contient de l'acide & un Eſprit ardent. Si on le verſe ſur du corail, ou ſur d'autres corps terreſtres, ceux-ci prennent & retiennent la partie acide, & abandonnent dans la diſtillation la partie volatile ardente, qui eſt preſque ſemblable à de l'Eſprit de vin. L'Eſprit de bois eſt un excellent ſudorifique. Sa doſe eſt de demi-drachme à une drachme.

S. Eſprit. Ordre de Chevalerie de France que le Roi Henri III. inſtitua, & dont il ſolemniſa la fête dans l'Egliſe des Auguſtins de Paris, le premier jour de Janvier 1579. avec beaucoup de magnificence. Il s'en déclara Chef ſouverain, & en unit pour jamais la grande Maîtriſe à la Couronne de France, ſans avoir voulu aneantir l'Ordre de S. Michel, fondé par Louis XI. qui avoit été en grand honneur ſous quatre Rois, mais qui s'étoit fort avili pendant les regnes de Henri II. de François II. & de Charles IX. Ce Prince limita à cent le nombre des Chevaliers du S. Eſprit, ſans y comprendre les Eccleſiaſtiques & les Officiers de l'Ordre, ſçavoir un Chancelier, un Treſorier, un Greffier, & un Roi d'armes. Il faut que ces Chevaliers ſoient nobles de trois races. Il fut ordonné qu'ils porteroient une croix patée, chargée ſur le cœur d'une Colombe. Le Roi Henri IV. ajoûta au collier en 1598. quelques autres ornemens qui ſont des trophées d'armes d'où naiſſent des flâmes & des bouillons de feu mêlés d'H couronnées. Les Chevaliers portent un large cordon de moëre bleue, qui leur prend depuis l'épaule droite juſqu'au bas du côté gauche, où leur croix en attache les deux bouts. Ils portent un S. Eſprit en broderie ſur leur manteau ou juſte-au-corps, en memoire de l'Inſtitution de cet Ordre, qui fut établi à l'honneur du S. Eſprit, à cauſe que le Roi Henri III. avoit eu deux Couronnes le jour de la Pentecôte, celle de Pologne, & enſuite celle de France. Il nomma les Chevaliers Commandeurs, ayant deſſein d'attribuer à chacun d'eux une Commanderie ſur les Benefices, à l'exemple de l'Eſpagne; mais le Pape & le Clergé refuſerent d'y conſentir. Mezeray rapporte qu'un Auteur a dit qu'il prit le modelle de cet Ordre ſur un ſemblable, appellé auſſi du *S. Eſprit*, qui avoit été inſtitué par Louis de Tarente, Roi de Jeruſalem & de Sicile, & Comte de Provence en 1353. & dont on lui fit voir les titres de l'établiſſement lorſqu'il paſſa à Veniſe en revenant de Pologne en France. On nommoit ce même Ordre, *Au droit deſir*, & les Chevaliers portoient ſur leurs armes & ſur leurs habits ces paroles pour Deviſe, *Si Dieu plait.* Quelques-uns y ajoûtent un nœud d'or comme un témoignage d'amitié. Il y a auſſi des Hiſtoriens qui diſent qu'en 1468. le Pape Paul II. inſtitua à Rome les *Chevaliers de l'Hôpital du Saint Eſprit.* Ils portoient une croix patée blanche.

ESPURGE. ſ. f. Plante que quelques-uns appellent *Tithymalus*, la mettant au rang des Tithymales. Sa tige eſt creuſe, haute d'une coudée, & de la groſſeur d'un doigt, & produit de petites feuilles qui reſſemblent fort à celles d'amande. Elles ſont pourtant plus larges & plus liffées ; mais celles qui font au bout de ses branches font beaucoup moindres, étant faites comme celles de la farraline ou du lierre longuet. L'Efpurge porte son fruit à la cime de ses branches. Il eft rond comme une capre & féparé par trois petites bourfes. Ses grains qui font au-dedans font ronds, plus gros que ceux d'Orobus, & divifés par petites pellicules. Ils font blancs & doux au goût étant dépouillés de leur écorce. Sa racine n'eft d'aucun ufage dans la Medecine. Toute la plante eft pleine de lait comme le Tithymalus. Six ou sept de ses grains pris en maniere de pilulles, ou avec des figues, ou avec des dattes, lâchent & purgent le ventre, & évacuent les phlegmes & les aquofités, mais incontinent après il faut boire un peu d'eau froide. Son jus tiré comme celui de Tithymalus a les mêmes propriétés. On lui a donné le nom d'*Efpurge*, à cause de la faculté qu'elle a de purger. On difoit autrefois *Efpurgir*, pour purger. Les Apothicaires appellent cette plante *Catapucia*.

E S Q

ESQUERDE. f. f. Vieux mot. Buche fort petite.
ESQUERMIE. f. f. Alquimie.
ESQUIAVINE. f. f. Vêtement de Paysan ou d'Efclave dont on s'eft fervi autrefois. On tient qu'il eft encore en ufage en Espagne.

On a dit auffi *Efquiavine*, en termes de Manége, pour signifier un long & severe châtiment, qu'on faifoit fouffrir à un Cheval, afin de le rendre fouple & obéiffant.

E S Q U I F. f. m. Petit bateau ou chaloupe, deftinée pour le fervice d'un Navire ou d'une Galere. On s'en fert pour mettre les personnes à terre quand on eft arrivé à quelque Port, ou pour se fauver dans un débris de Vaiffeau. Nicod dérive *Efquif* de *Scapha*, qui vient du Grec σκάφη, Concavité d'un Navire. Les Allemans difent *Schif*, ou *Schit*, pour Navire.

E S Q U I M A N. f. m. Nom que donnent les Hollandois à l'Officier Marinier qu'on appelle *Quartier-Maitre*. C'eft celui qui a l'œil particulierement fur le fervice des pompes, & qui eft comme l'aide du Maître & du Contre-Maître d'un Vaiffeau.

ESQUINANCIE. f. f. *Sorte de maladie qui enfle la gorge & empêche la respiration.* ACAD. FR. Outre les causes communes à toutes les inflammations, l'Efquinancie vient des chofes qui ne font pas propres à être avalées, & qui s'arrêtant au paffage de l'œfophage, compriment ou refferrent la gorge par leur groffeur, & par confequent les vaiffeaux. Elle vient auffi de celles qui picotent & irritent les parties par leurs pointes; ce qui eft fuivi des contractions & convulfions des fibres & de l'inflammation. On appelle quelquefois *Efquinancie*, quoiqu'improprement, l'inflammation ou ardeur de la langue, qui a les mêmes causes que les autres inflammations, & fur-tout le froid fubitement infpiré, ou la boiffon trop froide dans une chaleur exceffive du corps; ce qui offenfe les entrées du gofier & de l'œfophage. Les parties affectées dans l'Efquinancie font la gorge, & particulierement la partie du col qui eft compofé du Pharynx, du Larynx, & des mufcles joints à ces parties. Souvent toutes ces parties font attaquées à la fois, c'eft-à-dire, le pharynx, le larynx & leurs mufcles, tant internes qu'externes, & quelquefois il n'y a que ces mufcles qui le foient, féparément ou inégalement. C'eft ce qui a fait que quelques-uns ont diftingué l'Efquinancie en quatre efpeces qui font, la fynanchie, la

pure fynanchie, la kynanchie & la parakynanchie. L'Efquinancie eft quelquefois épidemique, & Pannarolus en rapporte un exemple fingulier. Elle étoit fi contagieufe, qu'une nourrice ayant eu le doigt mordu par fon enfant qui en étoit malade, il s'éleva d'abord un charbon fur la partie qu'il avoit mordue, & la nourrice fut attaquée de la même Efquinancie. Quand l'Efquinancie eft faite, on ne fçauroit respirer qu'avec une peine extrème, & on eft prêt d'étouffer. La déglutition eft abolie; ce qui eft caufe que la liqueur qu'on tient dans la bouche, reffort par le nés, ne pouvant entrer dans l'œfophage qui eft refferré. L'Efquinancie eft exquife ou non exquife. La premiere vient du fang pur, & l'autre du fang & de la lymphe. On nomme cette dernierre *Inflammation fauffe* ou *pituiteufe*. Comme les glandes expriment beaucoup le lymphe, elle peut être compliquée avec l'exquife. Hippocrate dit que ceux en qui l'Efquinancie paffe de la gorge au poumon, meurent avant le feptiéme jour, & que s'il arrive qu'ils le paffent, ils tombent dans l'empyemé. On fait venir le mot d'*Efquinancie* du Grec ἀγχω, Suffoquer.

ESQUINE. f. f. Terme de Manége. Reins du Cheval. On appelle *Cheval d'efquine*, celui qui eft fort de reins; & *Cheval foible d'efquine*, celui qui eft fujet à broncher. On dit qu'*Un cheval manie fur l'efquine*, pour dire, qu'Il baiffe les hanches & le col, & leve les reins. On dit auffi, qu'*Il va fur l'efquine*, pour dire, qu'Il a les reins bons; & qu'*Il faute & joue de l'efquine*, pour dire, qu'Il double des reins pour incommoder celui qui le monte.

ESQUIPOT. f. m. Petite boëte de Chirurgien où l'on met l'argent de chaque barbe qui fe fait dans la boutique.

E S Q U I S S E. f. f. Légére Ebauche, ou premier crayon de quelque ouvrage dont on a conçu le deffein, & qu'on veut executer. Il fe dit particulierement en Peinture. Ce mot vient de l'Italien *Squizzo*, qui veut dire la même chofe, fait de *Squizzare*, Sortir dehors, & fair avec impetuofité, à cause que les Ouvriers font ces premiers deffeins en fort peu de tems, & par une maniere de furie d'efprit.

Efquiffe, fe dit auffi en Sculpture, & veut dire, Un petit modelle de terre ou de cire, heurté d'art avec l'ébauchoir.

ESQUISSER. v. a. On dit *Efquiffer une penfée*, pour dire, Prendre promptement le trait d'une figure fans la finir.

E S R

ESRACHIER. v. a. Vieux mot. Arracher.

E S S

ESSABOYR. v. a. Vieux mot. Réjouir.
ESSAI. f. m. *Epreuve qu'on fait de quelque chose.* ACAD. FR. On appelle *Effai* dans les Monnoyes, l'épreuve qu'on fait des matieres qu'on y apporte pour fondre, afin de les affiner, & de les mettre au titre requis. Dans les Effais qui doivent fervir au jugement des monnoyes, on prend quatorze à quinze grains d'or pour chaque effai d'or & un demi gros d'argent pour chaque effai d'argent. Pour faire celui d'argent, on fait d'abord la pefée de la matiere d'argent dont on doit faire l'effai, & on l'envelope dans un petit papier, afin qu'il ne fe perde aucune des parties impalpables qu'on eft obligé de mettre dans la balance avec de petites pinces pour faire le poids jufte de l'Effai. On fait

enfuite un feu de charbon en maniere de reverbere dans un fourneau garni de fa moufle ; & l'on met dans cette moufle plufieurs coupelles, afin de faire plufieurs Effais à la fois. On y fait bien recuire les coupelles, pour en ôter toute la fraîcheur & l'humidité, qui feroit petiller & écarter le plomb & l'Effai s'il y en reftoit. Les coupelles étant bien recuites, on y met un morceau de plomb en forme de balle. Sa pefanteur doit être proportionnée à la quantité & à la qualité de l'argent de l'Effai, c'eft-à-dire, huit parties de plomb fur une d'argent qui paroît environ à onze deniers. Quand l'argent paroit à plus bas titre, on y emploie davantage de plomb, à caufe qu'il y a plus d'impureté à chaffer. On laiffe fondre & chauffer le plomb jufqu'à ce qu'il foit bien clair. On prend alors la matiere de l'Effai avec de petites pincettes pour la porter dans la coupelle, où on la laiffe bouillir jufqu'à ce qu'elle ait paru de couleur d'opale, & qu'elle y ait été fixée au fond en maniere de bouton. Il faut environ une demi-heure pour bien chaffer & faire paffer l'Effai. Lorfqu'il eft paffé, on détache les boutons des coupelles, & on les nettoye exactement du côté qu'ils y étoient attachés. Après cela on pefe chaque bouton avec les mêmes balances & le même poids de fin, & on obferve avec foin la diminution du poids de la pefée qui a été faite avant l'Effai, & de celle qu'on fait du bouton après l'Effai, parce que c'eft cette difference du poids qui établit une preuve certaine de l'impureté de l'alliage qui a été chaffée par l'action du feu & celle du plomb. Quant à l'Effai d'or, on en pefe la matiere, comme celle d'argent ; mais on mêle avec l'or environ le double d'argent fin qui ne tienne point or ; c'eft-à-dire, où il n'y ait point d'or mêlé. On fe fert enfuite du même fourneau & de la même moufle que pour les Effais d'argent. On y fait un même feu de charbon, on y met des coupelles ; & quand ces coupelles font bien rouges & recuites, on y met du plomb de la maniere qu'il a été dit. Ce plomb étant fondû, on dit la matiere de l'Effai envelopée dans un papier au bout d'une petite pincette, pour la porter dans la coupelle, & on la laiffe bouillir jufqu'à ce qu'elle ait paru de couleur d'opale ; & qu'elle ait été fixée au fond de la coupelle en maniere de bouton. Les coupelles ayant été refroidies dans le fourneau, comme il le faut auffi pratiquer aux Effais d'argent, on en détache les boutons, qu'on nettoie exactement. Cela fait, on bat chaque bouton fur une efpece d'enclume, pour le rendre mince autant qu'il peut l'être ; & afin de l'étendre plus facilement, on le fait recuire plufieurs fois en le faifant rougir fur les charbons. Lorfque le bouton a été rendu fort mince, on le roule en maniere de cornet fans le preffer, & on le met dans un matras qui tient environ quatre cueillerées d'eau. On le met enfuite dans ce matras de l'eau forte mêlée avec un tiers & plus d'eau de riviere pour la corriger ; & le matras ayant été mis fur un feu de braife, on fait bouillir quelque tems l'eau forte, afin qu'elle fe charge de l'argent qui eft avec l'or. Quand elle ne fait plus que fremir, fans jetter de fumées rouges, on retire le matras du feu, & on en fait fortir l'eau par inclination, de forte que le cornet y demeure à fec. Alors on met de l'eau forte pure dans le matras ; ce qui acheve de féparer & de détacher l'argent que l'eau forte corrigée n'a pû diffoudre & emporter, puis on met le matras fur un pareil feu de braife. On y fait bouillir l'eau forte pendant quelque tems, & quand il ne refte plus d'argent au cornet, l'eau forte ceffe de bouillir, & il n'en fort plus que des fumées

blanches, ce qui fait connoître que l'or eft pur. On retire le matras du feu, & on en verfe l'eau forte dehors par inclination, le cornet y demeurant à fec, & même collé contre les côtés du matras, qui étant refroidi & bien égoutté, eft rempli d'eau de riviere, afin de laver le cornet. Quand il a été bien lavé, on verfe l'eau du matras le col en bas dans un creufet d'argent, de telle forte qu'on y fait couler doucement le cornet pour le conferver entier. Lorfqu'il eft à fec dans le creufet, on met ce creufet garni de fon couvercle dans la moufle, afin d'y recuire l'or, & on l'y laiffe jufqu'à ce qu'il ait paru un peu plus que couleur de cerife. On retire auffi-tôt le creufet du feu, & ayant mis le cornet dans les mêmes balances, on le pefe avec le même poids de fin, & on obferve avec foin quelle difference il y a de la pefée qui a été faite de l'or avant l'Effai, & de celle que l'on fait du cornet après l'Effai ; cette diminution du poids de la matiere établiffant, ainfi qu'à l'argent une preuve certaine de l'impureté de l'alliage qui a été chaffée. Autrefois quand on vouloit faire l'effai de quelque matiere d'argent, on en tiroit de petits morceaux d'un à deux grains avec un petit inftrument en maniere de burin ; on les mettoit fur des charbons ardens, & felon que l'argent paroiffoit blanc, on jugeoit à peu près du titre. Cela s'appelloit *Faire l'effai à la rature*, ou *à l'échoppe*, à caufe que l'inftrument avec lequel on tiroit ces petits morceaux, s'appelloit *Echoppe*. A l'égard des Effais d'or, on fe fervoit de pierres de touche & de petits morceaux d'or de differens titres éprouvés que l'on appelloit *Touchaux*. Ils étoient en maniere de ferrets d'aiguillettes affés plats, & le titre étoit marqué fur chacun. On frottoit l'efpece ou autre matiere d'or fur la pierre de touche. On y frottoit auffi les touchaux que l'on croyoit approcher le plus du titre de l'efpece ; & le titre de chacun y étant marqué, on jugeoit à peu près du titre de l'or par celui du touchaux qui en approchoit le plus. On dit, *Faire l'effai en bain*, pour dire, Tirer du creufet quelques gouttes des matieres en bain, pour en faire Effai, c'eft-à-dire, quand les matieres font entierement fondues. Pour faire les Effais des deniers de boîte, le Confeiller commis prend quatre ou cinq deniers d'or de la boîte, & fait couper de chaque denier deux morceaux de quatorze à quinze grains chacun. Cela fe fait de telle maniere, que le milleſime & les differens de la Ville, du Tailleur & du Maître étant refervés fur ce qui refte de l'efpece d'or ; après quoi le Confeiller commis fait difformer ces morceaux, afin que les Effayeurs ne puiffent connoître en quelle monnoye on a fabriqué ces deniers ; ce qui les met hors d'état de favorifer le maître. Il met enfuite ces morceaux dans des papiers pliés en cornets avec un numero particulier fur chacun, & ces cornets ainfi numerotés font mis entre les mains de chaque Effayeur. Il met le refte de chaque efpece dans un femblable cornet, & garde ce refte, qui eft appellé *Penille*, afin d'y avoir recours, en cas que la reprife en foit ordonnée. On obferve les mêmes circonftances aux Effais des deniers courants, tant d'or que d'argent, avec cette feule difference, qu'il faut que chaque morceau d'or pefe quatorze à quinze grains, & chaque morceau d'argent demi-gros, comme pour les deniers de boîte. C'eft en ces termes qu'en parle M. Boizard Confeiller en la Cour des Monnoyes dans fon excellent Traité des Monnoyes.

On appelle *Effai*, dans ce qui s'appelle Peindre fur le verre, de petits morceaux de verre que l'on met dans le fourneau quand on cuit la la peinture fur le verre.

ESSAïM. f. m. Volée d'Abeilles, qui fortent de leur ruche pour faire une nouvelle colonie dans de vieux arbres, d'où *Eſſaimer*. La coûtume d'Anjou donne un Droit de fuite au Proprietaire. (art. 13.) ſi elles ſont déja logées & ont pris leur nourriture. C'eſt une eſpave pour le Seigneur, qui a Juſtice-Fonciere immediate. (art. 14.)

ESSART. f. m. Vieux mot. Broſſaille. Il vient d'*Eſſarter*, qui a été dit pour, Emonder les arbres, d'*Exarctare*, Déraciner, qui a été fait d'*Exartus*, *Eſſartum*, ou *Aſſartum*, que du Cange dit avoir ſignifié, Forêt coupée & défrichée, dans la baſſe Latinité.

ESSAUCIER. v. a. Vieux mot. Exaucer. On a dit auſſi *Eſſauler*.

ESSAYERIE. f. f. Lieu particulier dans les Monnoyes où ſe fait l'eſſai des matieres.

ESSAYEUR. f. m. Affineur. Officier des Monnoyes qui en fait l'eſſai, & qui éprouve ſi elles ſont au titre requis par les Ordonnances. Il y a un Eſſayeur general des Monnoyes de France, ſur le rapport duquel, & ſur celui de l'Eſſayeur de la Monnoye de Paris, la Cour juge l'écharceté de toutes les eſpeces qui ont été fabriquées.

ESSE. f. f. Terme de Charretier. Cheville de fer que l'on met au bout de l'aiſſieu pour tenir la roue. On appelle *Eſſes d'affuſt*, les chevilles de fer en forme de la lettre S, qui tiennent les roues des affuſts de canon aux aiſſieux. On appelle auſſi *Eſſe de fleau de trebuchet*, *Eſſe de fleau de balance*, Un fer tortillé dans la même forme.

ESSELIER. f. m. Terme de Charpenterie. On appelle *Eſſeliers de fermes*, *Eſſeliers de croupes*, & *grands Eſſeliers*, des pieces de bois qui s'aſſemblent diagonalement à deux autres, faiſant angle obtus, à la diſtinction des liens qui ſont ſous les chevrons & les entraits, & qui font le même effet à deux pieces aſſemblées à angle droit aux arrêtiers ou aux coyers ſous leſquels ſont les Eſſeliers. Il y a auſſi les Petits Eſſeliers. Ils s'aſſemblent dans les grands, & portent des empanons pour aller joindre le grand Eſſelier.

ESSEMAGE. f. m. Vieux mot. La crue des bêtes de chaque année, comme on dit *Eſſaim*, dans les abeilles.

> *Tu me vendras, quoi qu'il advienne,*
> *Six aunes diſe l'eſſemage,*
> *De mes bêtes, & le dommage.*

On dérive ce mot d'*Eiſſir*, Sortir, & l'Eſſemage ſeroit la ſortie, & le provenu du bétail.

ESSEMER. v. n. Terme de Pêcheur. Tirer une ſeine à bord, afin d'avoir le poiſſon qu'on y a pris.

ESSENEENS. f. m. L'une des quatre ſectes des Samaritains, que les Juifs regardoient comme Heretiques, & dont Joſephe rapporte qu'un certain Judas fut Auteur. Ils vivoient dans une très-étroite union, & à force de vouloir rejetter les voluptés, ils ſe déclaroient ennemis du Mariage. Le jour du Sabat étoit obſervé parmi eux avec un ſcrupule ſi exact, qu'ils faiſoient cuire leur viande la veille, pour ſe diſpenſer d'allumer du feu en un jour qu'ils conſacroient entierement au repos. Cette exactitude s'étendoit ſur les moindres choſes, comme changer un vaiſſeau de place. Ils portoient auſſi juſqu'à l'excès le reſpect qu'ils croyoient devoir aux Anciens, & quand les plus jeunes les touchoient ils ſe faiſoient un devoir indiſpenſable de ſe purifier, comme s'ils euſſent contracté quelque ſouillure en touchant un étranger. Il y avoit une autre ſorte d'Eſſenéens ou Eſſeniens, qui ne differoient des autres qu'en l'article du Mariage, qu'ils ſe permettoient, quoiqu'avec une très-grande moderation, pour ne point contribuer à abolir la race des hommes.

ESSEOI. f. m. Vieux mot. On a appelé *Eſſeois*, les Chariots de guerre dont les anciens Gaulois ſe ſervoient. Ils étoient garnis de faucilles.

ESSERPILLER. v. a. Vieux mot. Dérober. Borel dit qu'il vient du Latin *Excerpere*; & M. Ménage le dérive d'Oter l'écharpe.

ESSETTE. f. f. Eſpece de marteau, qui a un large tranchant d'un côté, & une tête ronde de l'autre. Les Charrons, les Tonneliers, & autres Artiſans qui travaillent en bois s'en ſervent. On dérive ce mot d'*Aſcia*, Latin; ce qui fait croire à quelques-uns que l'on doit écrire *Aiſſette*.

ESSILLER. v. a. Vieux mot. Ravager, exterminer.

> *La gent & la terre eſſillée,*
> *Qui fut tondue & pereillée.*

ESSIMER. v. a. Terme de Fauconnerie. On dit *Eſſimer un faucon*, pour dire, Lui donner diverſes cures pour l'amaigrir & pour lui ôter la graiſſe exceſſive. On dit *Eſſimer l'oiſeau*, pour dire, Le mettre en état de voler, quand on le dreſſe au ſortir de la mue. Ce mot a été gardé du vieux langage, où *Eſſimer*, veut dire, Amaigrir

ESSOGNE. f. f. Terme de Coûtume, Droit Seigneurial qui eſt dû au Seigneur en certains lieux, quand quelqu'un de ſes Tenanciers meurt ſur ſa terre. C'eſt d'ordinaire le double du cens annuel que doit l'heritage.

ESSONNIER. f. m. Terme de Blaſon. Double orle qui couvre l'écu dans le ſens de la bordure. C'étoit autrefois une enceinte où l'on plaçoit les chevaux des Chevaliers, en attendant qu'ils en euſſent beſoin pour le Tournoi. Il y avoit dans cette enceinte des barres & des traverſes qui les ſéparoient les uns des autres. Ce mot vient de ζων, ou ζωνιον, Ceinture.

ESSORANT, ANTE. adj. Terme de Blaſon. Il ſe dit des oiſeaux qui n'ouvrent les ailes qu'à demi pour prendre le vent, & qui regardent le Soleil. D'*azur à l'épervier eſſorant d'argent*.

ESSORE, E. adj. Terme de Blaſon. Il ſe dit de la couverture d'une maiſon où d'une tour, quand elle eſt d'un autre émail que celui du corps du bâtiment. *De gueules à une couverture de grains de quatre pieux d'argent, eſſorée d'or*.

ESSORER, s'Essorer. v. n. p. Prendre l'eſſort. On dit qu'*Un oiſeau eſt ſujet à s'eſſorer*, pour dire, qu'Il eſt ſujet à voler au loin, qu'il a de la peine à revenir ſur le poing. *Eſſorer*, eſt auſſi actif, & on dit *Eſſorer un oiſeau*, pour dire, Le laiſſer ſecher au feu ou au Soleil.

ESSOURISSER. v. a. Terme de Manége. On dit, *Eſſouriſſer un cheval*, pour dire, Lui couper le cartilage que l'on appelle Souris. Ce cartilage eſt au dedans des naſeaux du cheval eſt cauſe qu'il s'ébroue.

ESSUI. f. m. Terme de Tanneur. Lieu où l'on met ſecher les cuirs tannez. Ce mot vient du Latin *Exſudare*, Perdre la ſueur, l'humidité.

EST

EST. f. m. L'un des quatre vents Cardinaux. C'eſt celui qui vient de l'Orient. On dit d'*Eſt à l'Oueſt*, pour dire, Du Levant au Couchant, d'Orient en Occident. *Eſt-nord-eſt*, & *Eſt-ſud-eſt*, ſont deux vents entremoyens, qui tirent leurs noms de l'Eſt & du Nord. On dit auſſi *Eſt-quart de Nord-Eſt*,

Tome I.   Ggg

& _Sud-quart de Sud - est_, & ce sont des quarts de vent.

ESTABLETE. s. f. Vieux mot. Durée.

ESTAFETE. s. f. Terme de Poste, que nous avons emprunté des Espagnols, qui appellent _Estafeta_, le Courier ordinaire qui porte les lettres. C'est parmi nous un Courier qui court avec deux guides, comme il arrive au grand ordinaire. Les Italiens disent _Staffeta_, de _Staffa_, Etrier.

ESTAGIE'. adj. en Anjou on dit _Estagier_. Vieux mot. Habitué.

ESTAINS. s. m. p. On appelle _Estains_, en termes de mer, deux pieces de bois d'une même figure, qui font portion de cercle, & donnent le rond de l'arriere d'un Vaisseau. Elles sont assemblées par les bouts d'embas à l'étambord, & par les autres à deux allonges, qui achevent la hauteur & la rondeur de la pouppe.

ESTAMOI. s. m. Instrument de Vitrier. C'est un ais sur lequel est attachée une plaque de fer où l'on fait fondre la foudure & la poix resine.

ESTANCES. s. f. p. Terme de Marine. Piliers posés tout le long des hiloires, & qui soûtiennent les barotins. Ils sont de la longueur d'entre deux ponts.

ESTANGUES. s. f. Sorte de grande tenaille dont on se sert dans les Monnoyes, pour tenir les flancs & les carreaux, quand les Ouvriers les veulent flatir.

ESTELES. s. f. Vieux mot. Coupeaux. Borel croit qu'il vient d'_Effero_, _extuli_, à cause que ce sont des enlevûres qu'on a emportées d'un gros bois.

ESTELIN ou ESTERLIN. s. m. Poids d'Orfevre qui pese vingt-huit grains & demi. C'est la vingtiéme partie d'une once. Le marc contient cent soixante Estelins ou Esterlins. On a aussi nommé _Esterlin_, une sorte de Monnoye d'argent ancienne, à cause de la figure d'une étoile qui y étoit empreinte.

ESTEMINAIRE. s. f. Terme de Marine. On appelle _Esteminaires_, Deux pieces de bois que l'on ajuste aux extrémités des madriers.

ESTEULE. s. f. La partie du tuyau de blé qui est comprise entre deux de ses nœuds. L'Epi de blé n'a de coûtume de naître qu'au bout de la trois ou quatriéme Esteule. On donne le même nom d'_Esteule_, au chaume qui reste sur le champ après que le blé a été coupé. On l'appelle _Estouble_ en de certains lieux

ESTIMATIVE. s. f. Terme dont on se sert pour signifier la connoissance que l'on prend des choses dont on ne peut approcher. Ainsi l'on dit qu'il est necessaire qu'un Ingenieur ait l'Estimative bonne pour pouvoir connoître de loin la longueur d'une courtine, ou le nombre des soldats rangés dans un Camp ennemi, ce qu'il ne peut faire s'il n'a accoûtumé fort long-tems son imagination à porter ce jugement.

ESTIME. s. f. Terme de Marine. Jugement du chemin qu'un Vaisseau peut avoir fait en certain tems, eu égard à la force du vent, à la multitude des voiles, à la maniere dont elles sont orientées, à la rapidité de l'eau qui passe à côté du Navire, & enfin à l'experience que l'on a de ce même Vaisseau. Un sage Pilote fait monter son estime plus que moins, & aime mieux se croire plus près de la côte pour avoir plus d'attention à la découvrir, & à éviter le danger d'y être jetté on se sert utilement du _blot_ pour l'estime. Voyez BLOT.

ESTIOMENE. adj. Nom que donnent quelques Medecins à des membres gangrenez. Ce mot est Grec

idiume, qui est mangé, & vient du verbe _idiu_, Devorer.

ESTIRE. s. f. Instrument de Courroyeur. Masse de fer plate & quarrée qu'on tient à la main comme si c'étoit un ceste, & qui sert pour épreindre l'eau du cuir en le courroyant.

ESTIRER. v. a. Etendre, allonger. Les Serruriers estirent le fer, quand ils l'étendent en le battant à chaud sur l'enclume. On dit qu'_Un morceau de fer est courroyé, soudé & estiré_, pour dire, qu'il est battu, rejoint & allongé.

ESTIVE. s. f. Terme de Marine. Contrepoids donné à chaque côté d'un Vaisseau pour en balancer la charge, en sorte qu'un côté ne pese pas plus que l'autre. Cela le rend plus leger & facilite son cours On dit, _Mettre une Galere en Estive_, pour dire, La mettre en assiete, & _Mettre une Galere hors d'Estive_, pour dire, Lui ôter son juste contrepoids.

ESTOCGAGE. s. m. Droit ancien qui étoit dû aux Seigneurs par ceux qui achetoient quelques biens immeubles en leurs terres.

ESTOIER. v. a. Vieux mot. Serrer, rengainer l'épée, comme qui auroit dit, _Estuyer_, Mettre en un étui. On a dit aussi _Estoyer_, pour Combattre. Ce sçavent ceux qui ont dedans Acre estoié.

ESTOIRE. s. f. Vieux mot. Histoire.

    La verté de l'estoire, si com li Rois la fit.

Villehardouin l'a employé dans la signification d'une Flote de Navires. _Il partit une Estoire de Flandres par mer com mult grant plente de bones gent armée._ On l'a pris aussi pour des vivres & autres provisions necessaires. _Il avoit Navire & Estoire._

ESTOLT. adj. Vieux mot. Rude.

    Si li donna cop si estolt.

ESTOMAC. s. m. La partie de l'animal où se fait la premiere digestion des alimens. C'est un grand vaisseau qui est au dessous du diaphragme, & qui le perce par un conduit qui va jusqu'à la bouche. La digestion de l'estomac est le principe & le fondement, tant de la santé du corps, que des maladies chroniques & autres. Les crudités de l'estomac, ou les corruptions & dépravations des alimens qu'il doit changer en chyle, sont presque infinies. On les reduit neanmoins en general à la crudité acide & à la crudité nidoreuse. L'acide surabonde dans la premiere, & manque dans la derniere; ce qui donne sujet à la putrefaction & à l'exaltation de l'alcali : de sorte que l'on peut dire qu'il n'y a point de maladies, même dans les plus éloignées, qui ne demandent qu'on ait soin de l'estomac, soit dans la cure, soit dans la preservation. Le premier vice de la retention des alimens dans l'estomac, c'est lorsqu'il est distendu par beaucoup de vents, & que ce qu'il contient est troublé. Cette affection s'appelle _Enfleure de l'estomac_, tant que les vents sont renfermés dans sa cavité, & qu'ils le gonflent. Ils s'y engendrent par une fermentation viriée de l'acide avec une matiere visqueuse, grossiere & pituiteuse. On appelle _Ardeur d'estomac_, une ébullition ou effervescence de matieres excrementeuses, accompagnée d'une douleur & ardeur d'estomac, comme s'il s'élevoit des fumées enflammées à l'œsophage. Ce mal vient d'une effervescence immoderée dans l'estomac, excitée par un acide vicié avec un salin huileux; car le salin & l'acide fermentant ensemble, produisent une chaleur d'autant plus grande qu'il y a plus d'huile & de souphre. Ainsi les personnes coleres, ou à qui la bile regorge du duodenum dans l'estomac, sont sujettes à cette affection, aussi-bien que les hypocondriaques. L'estomac n'est incommodé de soi par aucun fentiment fâcheux , mais on fent fou-vent des inquietudes , des douleurs & des pei-nes confiderables à la region comprife entre la cour-bure des fauffes côtes en devant vers le fternum. Si les malades fe plaignent d'un certain refferre-ment en cette partie , s'ils font inquiets , & qu'é-tant au lit , ils fe jettent de côté & d'autre , cela s'appelle une fimple *Inquietude de l'eftomac* , parce que cette forte d'inquietude vient toûjours de l'o-rifice gauche du ventricule ; mais fi la douleur qui fe fait fentir dans cette partie avec violence , & que les malades montrent avec le doigt , eft ren-fermée dans la côte que l'on appelle la foffette du cœur , où elle tourmente cruellement celui qui en eft atteint , elle eft appellée *Douleur de l'eftomac*. Ce mot vient du Grec ςόμαχος , qui veut dire la même chofe.

On appelle en termes de Chymie , *Eftomac d'Autruche* , les eaux fortes qui digerent & diffol-vent tout. C'eft particulierement une eau Philofo-phale qui eft propre à diffoudre tout. Elle fe fait avec l'huile Philofophale , le fublimé & la liqueur gommeufe.

ESTOMPER. v. n. Terme de Peinture. Deffiner avec des couleurs en poudre que l'on applique avec de petits rouleaux de papier , dont le bout fert com-me de pinceaux.

ESTOQUIAU. f. m. Efpece de cheville qui tient le reffort d'une ferrure. On appelle auffi *Eftoquiaux de la cloifon d'une ferrure* , certaines pieces de fer qui entretiennent la cloifon avec le plâtre.

ESTOR. f. m. Vieux mot. Choc , mêlée , combat.
Dix Chevaliers pris en l'eftor.
On a dit auffi *Eftour* dans le même fens. *L'eftour de combattans fut rude & cruel*. On a dit de même *L'eftour des vents* , pour , Choc de vents contraires. On trouve encore *Eftoux* , *eftout* & *eftoutie* , dans la fignification de Conflit , & *Eftoutoyer* , pour , Difputer.

ESTORER. v. a. Vieux mot. Créer , ordonner , arranger.
Du pooir que donné leur a,
Cil Sires qui tout eftora.

ESTORMIR. v. a. Vieux mot. Alarmer. *La Ville fut mouls eftormie*. On a dit auffi *Eftourmir* , pour Se reveiller.
Un poife concha & dormi ,
Et au point du jour s'eftormi.

ESTOUPIN. f. m. Peloton de fil de carret fur le ca-libre des canons. On s'en fert à bourrer la poudre quand on les charge.

ESTOURBEILLON. f. m. Vieux mot. Tourbillon.

ESTRAC. adj. m. Terme de Manege. On appelle *Cheval eftrac* , un cheval qui eft ferré des côtes , & qui a peu de corps , de ventre & de flanc.

ESTRACE. f. f. Vieux mot. Extraction *Li fel jayant de pute eftrace.*

ESTRADIOT. f. m. Vieux mot. On appelloit *Eftra-diots* , certaine forte de foldats , & c'eft de là , dit Borel , qu'eft venu *Eftrader* , & *Battre l'eftrade* , c'étoient foldats à cheval , comme on le connoît par ce paffage : *Que eu chacun bande y ait ung petit nombre de Couléuriniers & Arbalefiriers pour garder l'emmi que font les Gens legiers à cheval , comme Janetaires & Eftradiots en chevauchant*. Ce mot vient du Grec ςρατιώτης , Homme de guerre. On a dit auffi *Stradiot.*

ESTRAGON. f. m. Herbe longue & menue , qui eft affés odorante , & que l'on met ordinairement dans les falades.

ESTRAIN. f. m. Vieux mot. Fourrage.
Sus ung poy de chaume ou d'eftrain.
Tome I.

On a dit auffi *Eftran* , comme en ce vers en parlant d'une cabane.
L'eftran dont elle fut couverte,
Ce mot vient de *Stramen* , Paille , chaume. *Eftrain* , s'eft encore dit dans la fignification d'un vaiffeau à vin.

ESTRAMAÇON. f. m. Sorte d'arme hors d'ufage qui étoit une maniere de fabre. On appelle *Coup d'eftramaçon* , Un coup que l'on donne du tranchant d'une forte épée. M. Ménage tient *Eftramaçon* un v.eux mot Gaulois. Borel le derive de l'Alle-mand *Scram* , Efcrime ; & de-là , dit-il , vient le mot de *Maffacrer*.

ESTRANGETE'. f. f. Vieux mot. Merveille , nou-veauté d'une chofe avenue qui caufe un fort grand étonnement. On lit dans le fecond livre d'Amadis , *Le Gouverneur de l'Ifle fit plufieurs difcours des ad-ventures aux Chevaliers & Dames qui avoient éprouvé l'arc des loyaux Amans & des autres étran-getés. La raifon de la fignification de ce mot* , ajoûte Nicod , *eft parce que ce qui eft d'eftrange pays , com-me chofe inufitée , caufe admiration à ceux qui n'en eurent oncques connoiffance.*

ESTRAPADE. f. f. Supplice militaire qu'on fait fouf-frir aux foldats qui l'ont merité par quelque faute ; ce qui s'exécute en leur liant les mains derriere le dos , & en les élevant fort haut en l'air avec une corde , après quoi on les laiffe tomber jufqu'à deux ou trois piés de terre , en forte que le poids du corps leur fait difloquer les bras. On leur donne quelquefois jufqu'à trois eftrapades , felon que la faute eft grande. Il y a auffi une *Eftrapade marine*. C'eft le châtiment d'un matelot , qu'on lui fait fouf-frir en le guidant à la hauteur d'une vergue , & le laiffant enfuite tomber dans la mer , où on le plon-ge une ou plufieurs fois , felon que le porte la Sen-tence. C'eft ce qu'on appelle autrement *Donner la cale*. Le mot d'*Eftrapade* vient du vieux François *Eftreper* , qui a fignifié autrefois , Brifer , éven-trer.

Eftrapade. Terme de Manege. Défenfe d'un cheval qui refufant d'obéir , leve le devant en l'air , & pendant ce tems détache des ruades avec furie , pour tâcher de fe défaire de celui qui le monte. *Ef-trapade* eft auffi un tour de ceux qui voltigent fur la corde ; & on dit qu'ils fe donnent la fimple ou la double Eftrapade , felon qu'ils paffent une ou deux fois le corps entre leurs bras qu'ils tiennent attachés à une corde , en forte qu'ils paroiffent difloqués , comme font les bras de ceux à qui on a impofé la peine de l'Eftrapade.

ESTRAPASSER. v. a. Terme de Manege. On dit *Eftrapaffer un cheval* , pour dire , Fatiguer un che-val en lui faifant faire un trop long & trop violent manege.

ESTRAPER. v. a. Vieux mot. Scier le chaume qui demeure après le fciage des blés , dont l'inftrument , dit Nicod , qui fert à ce faire , eft appellé *Eftra-poir*. C'eft un petit faucillon emmanché d'un bâton d'environ deux piés de long.

ESTRAPONTIN. f. m. Sorte de petit fiege qu'on met au devant d'un carroffe coupé ou d'une caleche quand on y veut mener plus de monde que le fiege du fond n'en peut contenir. On appelle auffi *Eftra-pontin* , une efpece de lit que les Sauvages fufpen-dent en l'air en l'attachant à deux arbres. On s'en fert auffi dans les Vaiffeaux. On dit , *Branle.*

ESTRIBORD. f. m. Terme de Marine. C'eft la même chofe que *Stribord* , c'eft-à-dire , le côté droit du Vaiffeau , fi l'on a égard à celui qui eft affis à la poup-pe , mais il eft moins ufité.

ESTROP. f. m. Terme de Marine. Groffe corde que

l'on attache à une groſſe cheville de bois, appellée *Eſcome*. On dit auſſi *Aſtroc*.

ESTROPIE'. adj. On dit, qu'*Une figure eſt eſtropiée*, quand elle n'eſt pas bien deſſinée ou quand elle eſt mal contournée.

ESTROS. Mot du vieux langage, où l'on trouve *A eſtros*, pour dire. Soudain, tout à coup. *Je fuſſe mort tout à eſtros, s'il ne m'euſt dépendu.*

ESTROUSSE ſ. f. Terme de Pratique, dont on ſe ſert moins à Paris que dans les Provinces. Adjudication de quelques biens que l'on publie en Juſtice, comme des fruits de la recolte d'une année. On le dit auſſi des reparations ou autres ouvrages que l'on publie au rabais. On dit de même, *Se faire eſtrouſſer une maiſon*, pour dire, Se la faire adjuger en Juſtice.

ESTROUSSER. v. a. Vieux mot que Nicod dit ſignifier Deſempaqueter, délier ce qui eſt enfagoté. On l'a dit auſſi pour Vendre & délivrer au dernier Encheriſſeur, les biens pris par execution. *Eſtrouſſe*, a été dit dans le même ſens, pour la vente & délivrance des biens ſaiſis, parce que le Sergent qui enleve les meubles pris par execution, les entrouſſe & enfagote, & les vendant en inventaire par lui ou par le Juge, les détrouſſe & deſempaquete. Ce mot eſt uſité au Coutumier de Bourbonnois.

ESTUET. Mot du vieux langage, pour dire, Il faut, il convient.

Aller m'eſtuet en une affaire.

On trouve auſſi *M'eſtouvra*, pour, Il me faudra.

ESTUIRE. On trouve dans le vieux langage, *Fais à eſtuire*, pour dire, Fait exprès.

Et ſa bouche n'eſt pas vilaine,
Ains ſemble eſtre fait à eſtuire,
Pour ſolacier & pour déduire.

ESTURENT. Vieux mot, qui a été dit pour, Ils demeurerent debout, ce qui ſemble venir du Latin *Stare*, *ſteterunt*.

Cil jugleor en piez eſturent.

ESTURGEON. ſ. m. Gros poiſſon de mer, qui monte dans les rivieres. Il eſt de bon goût, & de bonne nourriture, & a le muſeau pointu, le dos bleu & élevé, & le ventre plat. Il vit de limon, & ne ſçauroit être pris qu'avec des filets, ſelon le ſentiment de quelques-uns, qui diſent qu'il ne mord point à l'hameçon. L'Eſturgeon n'a point d'arête, mais il a un cartilage tendre & de la groſſeur d'un doigt, qui en s'étendant depuis la tête juſqu'au bout de la queue, ſoûtient tout ſon corps. Differens Auteurs Latins lui ont donné divers noms *Acipenſer*, *Turcio* & *Silarus*. M. Ménage fait venir ſon nom de *Sturcio*.

ESU

ESVE. ſ. f. Vieux mot. Eau.

Deſcendoit de l'eſve claire & roide.

ESULE. ſ. f. Herbe qui jette du lait: Il y en a deux ſortes. La grande Eſule, que Dioſcoride appelle *Pitynſa*, a ſa tige nouée, & de plus d'une coudée de hauteur. Ses feuilles ſont menues & pointues, & reſſemblent à celles de peſſe. Sa graine eſt large, & tire ſur la lentille. Sa racine eſt groſſe, blanche & pleine de jus. Galien dit que la grande Eſule purge comme les Tithymales, & a les mêmes vertus. La petite Eſule jette force lait, & Dioſcoride la nomme *Peplus*. Ses feüilles ſont petites & ſemblables à celles de rue, mais plus larges. Au deſſous elle produit une petite graine ronde & moindre que celle du pavot. Cette herbe eſt fort branchue, & ſa chevelure eſt étendue en rondeur ; ce qui la fait appeller *Eſule ronde*. Elle croît aux Jardins & parmi

les vignes. En general l'Eſule purge la pituite & la bile, & ſur-tout les eaux des parties éloignées.

Eſula lacteſcit ſine lacte linaria creſcit.

ETA

ETABLAGE. ſ. m. Droit qui eſt dû en certains lieux à quelques Seigneurs, pour la permiſſion qu'ils accordent aux Marchands, d'expoſer leurs marchandiſes en vente.

ETABLE. Terme de Marine. Continuation de la quille du Navire, laquelle commence à l'endroit où la quille ceſſe d'être droite.

Etable. On dit que *Deux Vaiſſeaux s'abordent de franc-étable*, pour dire, qu'ils s'approchent en droiture pour s'enferrer par leurs éperons.

ETABLI. ſ. m. Sorte de table ſur laquelle pluſieurs Ouvriers poſent leurs outils, ordonnent & travaillent leurs ouvrages. L'Etabli des Menuiſiers eſt accompagné d'un crochet de fer dans ſa boëte, qui leur ſert à arrêter le bois. L'Etabli des Serruriers leur ſert à attacher les étaux, & à poſer les outils dont ils ont beſoin de ſe ſervir, & ainſi des autres. Nicod dérive ce mot de *Tabulatum*.

ETABLIR. v. a. Rendre ſtable. Les Maçons diſent *Etablir des pierres*, pour dire, Tracer quelque marque ſur chacune, pour lui deſtiner ſa place.

ETABLURE. ſ. f. Terme de Marine. C'eſt la même choſe que ce qu'on appelle *Etable* ou *Etrave*, c'eſt-à-dire, une piece courbe de bois fort conſiderable qui fait l'avant d'un Vaiſſeau, & ſur laquelle aboutiſſent tous les bordages & les précintes qui ſont conduites juſqu'à l'avant.

ETAGE. ſ. m. Lige-Etage. Droit de guet que les Seigneurs d'Anjou exigeoient autrefois de leurs Vaſſaux. art. 134. & 135.

ETAGER. ſ. m. On appelle ainſi dans quelques Coûtumes, des ſujets qui ſont domiciliés dans une Seigneurie.

ETAGUE. ſ. f. Terme de Marine. Manœuvre qui ſert à hiſſer les vergues de hunes au haut des maſts. On dit auſſi *Itaque*, *Etaque*, *Itacle* & *Etagle*.

ETAL. ſ. m. Terme de Marine. Gros cordage à douze tourons, qui ſert avec les haubans à tenir le mât dans ſon aſſiette, & à l'affermir contre la force du vent. On appelle *Etai de voile d'Etui*, la Manœuvre qui tient l'arc-boutant en avant. On appelle auſſi *Faux Etai*, l'Etai qui ſe met pour renforcer le grand, & pour ſervir en ſa place, s'il étoit coupé par quelque coup de canon. *Faux Etai* ſe dit encore d'une manœuvre qu'on met le long de quelques Etais pour placer les voiles d'Etai.

ETAIM. ſ. m. Métal qui a ſa couleur ſemblable à l'argent, mais qui étant formé d'une exhalaiſon moins épurée, a beaucoup plus de groſſiereté. Quoique Pline ait appelé l'Etaim du Plomb blanc, il y a une fort grande difference, non ſeulement par ſa matiere, qui eſt bien plus pure & moins humide, mais encore par les accidens qui accompagnent cette pureté de matiere. En effet, l'Etaim eſt reſonnant, plus poli, moins peſant, & d'une couleur plus argentine. Il a cela de commun avec le plomb, qu'il n'eſt point ſujet à la roüillure. Ce métal eſt compoſé d'une terre & d'un ſouphre très-pur, d'un ſel metallique, & d'un Mercure un peu plus pur & plus digeré que celui de plomb. Il s'en trouve beaucoup de mines dans le Portugal, en Galice, & ſur-tout en Angleterre. Les Chymiſtes le nomment *Mercure*, à cauſe du rapport qu'ils lui donnent avec cette Planete. Outre qu'il eſt bon pour le foye, c'eſt un remede ſpecifique pour les maladies de la matrice. Ils en tirent une huile qu'ils eftiment fort, prétendant qu'elle contribue à la guerifon des ulceres & des plaies. On appelle *Cerufe d'étaim* , une poudre blanche dont on fait le fard , qui eft nommé Blanc d'Efpagne. On trouve ordinairement de l'Etaim dans les mines d'argent & de plomb. L'*Etaim de glace* , eft un mineral fort femblable au regule d'Antimoine , & on en trouve en plufieurs endroits d'Allemagne. L'Etaim fin , nommé *Etaim d'Angleterre* ou *de Cornoailles* , à caufe que le plus fin fe tire ordinairement de ces endroits-là , étant mêlé avec deux livres de cuivre rouge , & une livre d'Etaim de glace par quintal , eft appelé *Etaim fonnant*. L'Etaim commun n'eft autre chofe qu'un melange de douze à quinze livres de plomb avec un quintal d'Etaim fin. Le mot d'*Etaim*, vient de fon nom Latin *Stannum*.

ETALAGE. f. m. Droit qu'on paye dans les foires & marchés , qui ne font pas francs , pour y étaler les marchandifes. Les Furetieriftes difent *Hoftelage* , ce qui eft contraire à l'étymologie.

ETALER. v. a. Terme de Marine. On dit *Etaler les marées* , pour dire , Mouiller pendant que la marée ou le vent fe trouve contraire à la route qu'on veut tenir , en attendant que le tems devienne plus favorable. Nicod dérive *Etaler* , qui veut dire proprement Déployer , expofer aux yeux , du Grec ςιλλιν , qui fignifie quelquefois Arranger , mettre en ordre. M. Ménage le fait venir de *Stallare*. Quelques-uns entendent par *Etaler les marées* , Se fervir du courant de la mer pour faire fa route par un vent contraire.

ETALINGUER. v. a. Terme de Mer. On dit *Etalinguer* ou *Talinguer les cables* , pour dire , Les amarer à l'arganeau de l'ancre.

ETALON. f. m. Poids fort jufte , fur lequel on ajufte tous les autres de même qualité , après quoi on les marque d'une fleur de lis. Il y a pour cet effet des Etalons de chaque forte de poids dans les Chambres des Monnoyes du Royaume , mais les originaux de tous ces Etalons font dépofés dans le cabinet de la Cour , où l'on a toûjours gardé fous trois clefs le poids de marc original. Le premier Préfident a l'une de ces clefs , le Confeiller commis à l'inftruction & au jugement des Monnoyes a l'autre , & le Greffier en Chef la troifiéme. En 1529. l'Empereur Charles - Quint envoya le general de fes monnoyes à la Chambre des Monnoyes de Paris , pour faire étalonner un poids de deux marcs , dont on fe fervoit aux monnoyes de fes Pays , ce qui fut fait fuivant les ordres de François I. Ce poids de marc qu'on trouve trop fort de vingtquatre grains par marc , fut réduit au même pié , que l'étalon ou poids original fur lequel l'Empereur l'avoit fait étalonner. C'eft fur ce même étalon & poids original , qu'on oblige les Gardes des Apothicaires & Epiciers de Paris , de faire étalonner les poids dont ils fe fervent dans leurs vifites ordinaires.

L'*Etalon* des Mefures des Seigneurs qui ont droit de Mefure , doit être au Greffe de la Jurifdiction Royale où ils reffortiffent. Les Procureurs du Roi les doivent étalonner de tems en tems pour les étimager , c'eft-à-dire , pour voir fi on ne les a point augmentées. Chez les Romains l'Etalon étoit de cuivre.

Etalon , fe dit auffi , en termes d'Eaux & Forêts , des arbuftes qu'on laiffe pouffer & monter en haut. Borel n'eft point du fentiment de ceux qui dans ce fens font venir ce mot de *Stolida* , c'eft-à-dire , *Inutilis arbor*. Il dit qu'il le tireroit plûtôt de *Stare* & de *Longus*, puifque ce font des arbres qu'on laiffe debout , afin qu'ils deviennent longs & hauts.

ETALONNEMENT. f. m. Action d'étalonner. Il eft dit dans l'Ordonnance de l'année 1540. *Voulons que toutes fortes de poids de marc à pefer & trebucher , or argent , billon , & toutes les monnoyes de noftre Royaume , foient réduits , reglés & étalonnés , ajuftés , & conformés au poids & au marc dont on ufera & jugera en la Chambre de nos Monnoyes , fans que pour faire lefdits étalonnemens , les Gardes ni autres en puiffent prendre ni exiger aucun falaire.*

ETALONNER. v. a. Marquer les mefures aux armes du Roi & de la Ville, après qu'en les confrontant avec la mefure originale , elles ont été trouvées juftes. On fait venir ce mot de *Eft talis* , comme voulant dire que le poids étalonné eft tel qu'il doit être , & conforme au poids original.

Etalonner , fe dit auffi , en termes d'Architecture , quand on reduit des mefures à pareilles diftances , longueurs & hauteurs ; ce qui fe fait en y marquant des reperes.

ETALONNEUR. f. m. Officier commis pour marquer & pour étalonner les mefures.

ETAMBORD. f. m. Terme de Marine. Piece de bois élevée & mife en faillie à l'arriere du Vaiffeau fur l'extrémité de la quille. Elle fert à foûtenir le château de pouppe , & particulierement le gouvernail qui y eft attaché. C'eft fur cette piece de bois que l'on coud tous les bordages dont les façons de l'arriere font couvertes. On divife ordinairement la hauteur de l'étambord & celle de l'étrave , afin de pouvoir connoître combien le Navire tire de piés d'eau quand il a fa charge.

ETAMBRAYES. f. m. Terme de Marine. Pieces de bois que l'on met au pié du mât dans le trou du tillac , & qui fervent à affermir le mât. *Etambraye* fe dit auffi , non feulement d'une ouverture ronde qu'on fait aux ponts d'un Vaiffeau , afin d'y paffer les mâts , mais encore de celles par où les cabeftans & les pompes paffent. On appelle encore *Etambraye* , le lieu où porte le pié du mât au fond du Vaiffeau. C'eft auffi une toile poiffée qu'on met fur le plus haut tillac tout au tour des mâts , afin d'empêcher que l'eau ne fe pourriffe. On dit autrement *Etambres* , ou *Serres de mâts.*

ETAMER. v. a. Enduire avec de l'Etaim fondu ou en menues feuilles. Quand les Serruriers veulent *Etamer en poile* des targettes , ou autres pieces qui ne font pas de relief , ils les liment & blanchiffent d'abord avec la lime , en forte qu'il n'y demeure aucune tache noire. Ils les huilent auffi-tôt après , où les ayant fait chauffer fur un peu de charbon de bois , ils les prennent avec des tenailles , & paffent par deffus de la refine bien claire & bien nette , jufqu'à ce qu'elles en foient couvertes par tous les endroits. Enfuite ils mettent vingt-cinq ou trente livres d'étaim fin dans un vaiffeau de fer fur un feu de bois ou de charbon , & l'étaim étant fondu , ils mettent les targettes ou autres pieces dedans , jufqu'à ce qu'elles ayent pris une belle couleur jaune. Si en les retirant on voit quelque endroit où l'étaim ne prenne pas , on paffe tout de nouveau de la refine fur les taches , jufqu'à ce qu'elles foient bien étamées.

ETAMINE. f. f. Morceau d'étoffe fort claire dont les Apothicaires & autres fe fervent pour paffer leurs medecines ou autres liqueurs. On dit auffi *Etamis* , & il fe dit de toutes fortes de facs déliés , faits de crin ou d'étamine.

Les Fleuriftes nomment *Etamines* , ces petites parties qui font dans les tulippes , les lis & autres fleurs autour de la graine , fufpendues fur de petits filets. Les tulippes qui ont le fond bleu & les étamines noires , font plus eftimées que les autres. Ce

G g g iij

mot vient d'*Eftamina*, petits filets.

ETAMPE. f. f. Certain outil dont les Serruriers fe fervent pour river les boutons.

C'eft auffi un Modele fur lequel on coule, on frappe de l'argent, du cuivre, pour en faire l'empreinte.

ETAMPER. v. a. Terme de Maréchal. Percer un fer de cheval. On dit *Etamper maigre*, pour dire, Faire les trous du fer près du bord; & *Etamper gras*, pour dire, Percer le fer un peu plus en dedans. On dit auffi qu'*Un maréchal étampe mal les fers*, pour dire, qu'Il encloue les chevaux fur l'enclume, en brochant les cloux dans des trous mal étampés.

ETANCHE. f. f. Ceux qui travaillent à conftruire un pont, difent *Mettre à étanche*, pour dire, Etancher; & *Mettre à étanche à bâtardeau*, pour dire, Le mettre à fec par le moyen des machines qui en tirent l'eau, afin de pouvoir fonder. M. Menage derive le mot d'*Etancher* de *Stancare*, qui a été dit dans la baffe Latinité pour *Stagnare*. Il y en a qui le font venir d'*Extinguere*.

ETANFICHE. f. f. Hauteur de plufieurs bancs de pierre qui font maffe dans une carriere.

ETANG. f. m. Grand refervoir d'eau dans un lieu bas, fermé par une chauffée ou digue, qu'on peut lâcher quand on veut, en levant l'éclufe qui arrête les eaux des fources, & les décharges des pluyes. Ordinairement les eaux des Etangs font douces, & on y met du poiffon qu'on pêche dans le befoin. La difference qu'il y a d'un Etang à un Lac, c'eft que l'Etang fe deffeche quelquefois l'Eté. On appelle *Etang de mer*, ou *Etang falé*, un Etang de certaines eaux dont la mer s'eft déchargée, & qui d'ordinaire retiennent leur fel.

ETANT. f. m. Terme des Eaux & Forêts. Il fe dit du bois qui eft en vie, debout & fur fa racine. *Il n'y a que tant d'arbres en étant dans ces dix arpens de bois.* Ce mot vient du verbe *Etre* dans la fignification de *Stare*. On difoit autrefois qu'*Un homme étoit dans fon étant*, pour dire, qu'Il étoit debout, &, *Tomber de fon étant* fignifioit, Tomber de fa hauteur.

ETAPE. f. f. Place publique où les Marchands font obligés de faire apporter leurs marchandifes pour être achetées par le peuple. *L'Etape des vins*, *grande étape*, *belle étape*. Il fe dit auffi d'un Port, d'une Ville de commerce, & dans ce fens on dit que le Port de Redon en Bretagne eft l'Etape des vins pour Rennes. M. Ménage fait venir ce mot de *Staplus*, qu'on trouve employé pour fignifier un lieu où l'on exerce la Juftice, de *Stapula*, que Boxhornius dérive de l'Allemand *Stapelen*, Mettre en un monceau; & qui fignifie auffi le droit de faire venir les denrées aux marchés pour y être débitées. Dans un des articles des Jugemens d'Oleron, *Etape* fe trouve dans la fignification de Carcan, d'Attache, de Pilori.

Etape, en termes de guerre, ne fignifie pas feulement le magafin où font les vivres que l'on deftine aux foldats qui paffent, mais auffi ce que l'on donne à un Fantaffin pour fa fubfiftance, ou à un Cavalier pour fa nourriture & celle de fon cheval.

ETAPIER. f. m. Celui qui moyennant un certain prix qu'on lui donne, s'oblige de fournir les vivres aux Gens de guerre qui paffent dans une Province. Il doit livrer les Etapes aux Majors de Cavalerie & d'Infanterie; & s'ils font abfens, au Maréchal des Logis d'une Compagnie de Cavalerie, & au Sergent d'une Compagnie d'Infanterie, avec défenfe de les payer en argent aux Soldats.

● ETAT. f. m. Etendue d'une domination. *L'Etat de l'Empire des Turcs*, *de la Republique de Venife.* La Nation Françoife eft divifée en trois fortes d'Etats, l'Etat Ecclefiaftique qui eft le Clergé, l'Etat de la Nobleffe, & le tiers Etat qui eft le Peuple.

On dit en termes de Palais, qu'*Un criminel doit fe mettre en état*, pour dire, qu'Il doit fe rendre effectivement prifonnier; & on dit qu'*Il a été interrogé en état d'ajournement perfonnel*, pour dire, Après une comparution perfonnelle au Greffe.

Etat, en matiere de Regale, fignifie ce que l'on appelle *Recreance* dans les autres Benefices. Ainfi on dit dans ce fens, qu'*On ne refufe point l'Etat au Regalifte*.

On appelle *Queftion d'Etat*, en termes de Jurifprudence, un Procès où il s'agit de fçavoir ce qu'eft veritablement une perfonne, fi elle eft libre ou efclave, legitime ou bâtarde, mariée ou Religieufe, noble ou roturiere.

Etat, eft auffi un terme de compte, & on dit que *Les comptables comptent fur un état au vrai*; ce qui eft dit par oppofition à l'Etat par eftimation qui fe faifoit autrefois au commencement de l'année, des revenus & dépenfes que l'on prévoyoit qui s'y devoient faire. On appelle *Etat final*, la clôture & l'apurement d'un compte.

On appelle *Etat Major*, en termes de guerre, un nombre particulier de quelques Officiers qui font diftingués par une plus grande folde, & aufquels on affigne une fourniture plus ample de vivres & d'uftencilles. Le Colonel, l'Aide-Major, le Maréchal des Logis, l'Aumônier, le Prévôt, le Chirurgien & le Commiffaire à la conduite font compris dans l'Etat major d'un Regiment d'Infanterie; & dans chaque Regiment de Cavalerie, le Meftre de Camp, le Major, l'Aide-Major, &c. L'Etat major de toute la Cavalerie prife enfemble eft compofé du Colonel general, du Meftre de Camp general, du Maréchal des Logis general, des Fourriers-Majors, du Prévôt general, & fes Archers, des Carabins du Colonel general, du Meftre de Camp general du, Commiffaire general & du Commiffaire à la conduite.

On appelle, en termes de Marine, *Etat d'armement*, une Lifte envoyée de la Cour, de tous les Vaiffeaux, Officiers Majors & Officiers qui font deftinés pour armer. On donne auffi ce même nom d'*Etat d'armement* à un imprimé qui marque le nombre, la qualité & les proportions des agrés, apparaux & munitions qu'on a deffein d'employer aux mêmes Vaiffeaux. On appelle *Capitaine du grand Etat*, un Capitaine de Vaiffeau qui a fa Commiffion du Roi, & *Capitaine du petit Etat*, un Capitaine de fregate legere, de galiote, de brûlot ou de flûte.

On appelle *Etat du Ciel*, en termes d'Aftronomie, la difpofition des Aftres les uns à l'égard des autres en un certain moment. C'eft ce que l'on marque lorfqu'on tire une figure celefte.

ETAU. f. m. Petite Machine dont les Serruriers & plufieurs autres Ouvriers fe fervent pour tenir & ferrer les pieces qu'ils travaillent. Elle eft compofée de deux principales pieces de fer qui s'éloignent & s'élargiffent par le moyen d'un reffort qui eft entre deux, & qui fe rapprochent & fe ferrent avec une vis. Ces deux principales pieces, dont les têtes ou extrêmités fe nomment *Machoires*, font affemblées par en bas dans une efpece de boîte de fer appelée *Jumelle*. La vis paffe au milieu des tiges, qui eft le nom que l'on donne aux deux principales pieces; entre les mâchoires & la jumelle, par un trou que l'on nomme *Oeil de l'étau*, & elle entre dans la boîte qui tient à l'autre tige où eft l'écrou, dans lequel entrent les filets de la vis qui fe tourne avec une manivelle. Il y a des Etaux solides de plus de deux cens livres pesans dans les boutiques des Serruriers & des Taillandiers pour y forger le fer. Il y a des Etaux dont les mâchoires sont en chamfrain, & d'autres appellés *Etaux à main*, ou *Tenailles à main*. Il y a encore un Etau qui sert pour travailler les pieces de rapport. Il est de bois.

L'*Etau* qui sert pour la marqueterie, & que quelques-uns appellent *Asne*, est une espece de selle à trois piés, dont la table de dessus est bordée tout autour. Au milieu de cette table sont deux morceaux de bois debout qui forment l'Etau, dont l'une des mâchoires est immobile, étant fortement arrêtée sur la selle. L'autre qui ne l'est que dans une charniere, se meut comme on veut par le moyen d'une corde qui passe au travers. Un des bouts de la corde est attaché à un morceau de bois qui s'appuie, & qui fait ressort contre cette mâchoire, quand on met le pié sur une marche qui est sous la selle où l'autre bout de la corde est attaché. Cette sorte d'Etau sert à tenir les feuilles de bois, pour les pouvoir scier & contourner avec les petites scies de marqueterie. Quelques-uns disent *Etal*. M. Ménage dérive ce mot de *Stallum*, abregé de *Stabulum*, d'où l'on a fait *Etaler* & *Installer*.

ETAYE. s. f. Terme de Blason. Petit chevron employé pour soûtenir quelque chose. Il ne doit avoir que le tiers de la largeur ordinaire du chevron.

ETE

ETEIGNOIR. s. m. Petit morceau de fer blanc tourné en cone, qu'on met au bout d'un bâton, & dont on se sert dans les Eglises pour éteindre les cierges.

ETEINDRE. v. a. *Faire mourir le feu, étouffer le feu*. ACAD. FR. On dit en termes de maçonnerie, *Eteindre de la chaux*, pour dire, La délayer avec de l'eau pour la conserver jusqu'à ce qu'on l'emploie, & empêcher qu'elle ne se gâte. On dit aussi, *Eteindre le fer*, pour dire, Lui donner une trempe par laquelle il acquiert de la dureté.

ETELON. s. m. Espece de plancher fait de plusieurs ais posés sur le terrain d'un chantier, pour y tracer la maîtresse ferme d'un bâtiment, ou tout autre assemblage de charpente.

ETENDART. s. m. On appelle sur mer *Etendart*, le Pavillon d'une Galere; & on dit *Etendart Royal*, pour dire, Le pavillon de la Reale ou principale Galere. M. Ménage dérive ce mot de l'Allemand *Stander*, qui veut dire *Stare*, d'où vient que l'on a dit autrefois *Stendard*. Du Cange le fait venir de *Standardum*, *standale*, ou *standarum*, dont on s'est servi dans la basse Latinité pour signifier la principale Enseigne d'une armée.

Etendard. Terme de Fleuriste. Les trois feuilles superieures de certaines fleurs qu'on appelle *Iris*. On les a nommées ainsi à cause qu'elles s'élevent au-dessus des autres feuilles.

ETENDEUR. adj. Les Medecins appellent *Muscles étendeurs*, ceux qui servent à étendre les autres parties du corps, comme les pouces, les bras, les jambes.

ETENDOIR. s. m. Outil dont les Imprimeurs se servent pour étendre sur des cordes les feuilles nouvellement imprimées d'un livre, & les y laisser secher. C'est une maniere de petit ais quarré attaché au bout d'un long bâton, par le moyen duquel les feuilles mises par le milieu sur cet ais sont portées sur les cordes qu'on tend le plus haut qu'on peut dans les travers d'une chambre, afin d'y laisser par tout le

passage libre.

ETENDRE. v. a. *Déployer en long & en large*. ACAD. FR. On dit en termes de Pratique, *Etendre une Ordonnance sur une requête*, quand un mot mis par le Juge au bas de cette requête, comme *Viennent*, *Soit montré*, est étendu par le Secretaire ou le Greffier, & mis au long dans le stile ordinaire.

Etendre, est aussi un terme de Manége, & quelques-uns disent, *Etendre un cheval*, pour dire, Le faire aller large.

ETERNALES. s. m. Heretiques des premiers siecles, appellés ainsi parce qu'ils croyoient qu'il n'y auroit point de changement après la resurrection, & que le monde demeureroit dans toute l'éternité comme il est presentement.

ETERNUMENT. s. m. Mouvement convulsif des muscles de la poitrine qui servent à l'expiration. Dans ce mouvement, après la suspension de l'inspiration commencée, l'air est repoussé par le nés & par la bouche avec une violence subite ou momentanée. La cause de ce mouvement convulsif est l'irritation de la membrane superieure du nés qui communique avec le nerf intercostal à raison des rameaux que celui-ci lui fournit dès son principe. Cette irritation se fait ou exterieurement par des odeurs fortes, comme par celle de la marjolaine & des roses, par des poudres qui volant en l'air, sont reçûes par l'inspiration, ou par des médicamens acres, comme le cresson & autres sternutatoires qui picotent la membrane du nés, ou interieurement par l'acrimonie de la lymphe qui humecte naturellement la membrane des narines, comme dans le coryza. Cette lymphe devient acre par sa chaleur & par son acidité, & alors elle irrite la membrane; ce qui fait éternuer. Les matieres qui sont rejettées en éternuant, viennent premierement du nés & de la gorge, parce que la membrane pituitaire y exude continuellement de la lymphe, & en second lieu de la poitrine, de la trachée artere & des bronchies des poumons.

ETESIES. s. m. p. Vents anniversaires & reguliers qui ne manquent point à souffler en certaines saisons & pendant un certain tems. Ce mot est Grec, ἐτησίαι, & vient d'ἔτος, Annuel, fait de ἔτος, Année. Quelques-uns disent *Vents etesiens*.

ETESTE, e e. adj. Terme de Blason. Il se dit d'un aigle, du poisson, ou autre animal qui est sans tête.

ETH

ETHERE'E. adj. f. Les Poëtes appellent le Ciel *La voute étherée*, *la region étherée*, du mot Grec αἰθήρ, qui veut dire le Ciel, l'air, la splendeur qui est tout autour de l'air.

ETHIQUE. s. f. Science de tout ce qui regarde les mœurs. Aristote a donné ce nom aux traités qu'il en a faits. Le mot vient du Gec ἠθικός, Moral, fait de ἦθος, Mœurs.

ETHMOIDE. adj. Les Medecins appellent *Os ethmoïde*, un os qui est situé au haut de la racine du nés, & qui sépare le cerveau d'avec la partie superieure des narines. On l'appelle ainsi à cause qu'il est troué en plusieurs endroits en façon de crible, du Grec ἠθμός, Crible, & de εἶδος, Forme, ressemblance.

ETHNOPHRONES. s. m. Heretiques du septiéme siecle, qui quoiqu'ils fissent profession du Christianisme, ne laissoient pas d'approuver les cérémonies des Payens. Ils donnoient particulierement dans l'Astrologie Judiciaire, dans les Divinations & les augures, sans s'abstenir des sortileges, des fon●●ies & autres impietés des Infidelles. Leur nom a ●●●formé de ἔθνος, Nation, & de φημίω, Penfer, avoir dans l'efprit, être d'un certain fentiment, comme qui diroit, Qui eft de même opinion que les Nations.

ETHOPE'E. f. f. Figure de Rhetorique. Defcription des mœurs & des paffions de quelque perfonne. Ce mot eft Grec, ἠθοποιΐα, Peinture des mœurs, & eft fait de ἦθος, Mœurs, pluriel de ἦθος, qui veut dire Genie, efprit, & de ποιέειν, Faire.

ETI

ETIENS. f. m. Heretiques, appellés ainfi, d'Etius Diacre, qui eut pour fucceffeur Eunomius vers l'an 351. Ils foûtenoient que les hommes pouvoient comprendre parfaitement Dieu; que le Fils n'étoit femblable au Pere ni en puiffance, ni en effence, ni en volonté; que le S. Efprit étoit créé du Fils, & que Jesus-Christ avoit pris feulement un corps humain, & non pas l'ame d'un homme. Ils prétendoient que la Loi pouvoit rendre bienheureux fans les bonnes œuvres, & cela faifoit qu'ils permettoient toutes fortes de diffolutions.

ETIER. f. m. Efpece de foffé fait par art ou naturellement, qui fe dégorge dans la mer, ou dans quelque riviere qui en eft proche. On appelle ainfi, en termes de Gabelle, le conduit qui fert à recevoir l'eau de la mer dans les marais Salans.

ETINCELANT, ante. adj. Terme de Blafon. Il fe dit des charbons d'où il fort des étincelles. On appelle Ecu étincelé, un Ecu qui eft femé d'étincelles.

ETIQUETTE. f. f. Terme dont on fe fert au Grand Confeil, & qui fe dit des Memoires & Placets qu'on donne au premier Huiffier pour appeller les Caufes à l'Audience. On appelle auffi Etiquete dans plufieurs Coûtumes, le Billet par écrit que le Sergent qui a fait des criées met à la porte de l'Auditoire & de la maifon faifie. On a dit autrefois, en termes de Pratique, Etiqueter les témoins, quand on mettoit entre les mains du Commiffaire Enquêteur un brevet ou memoire qui contenoit les témoins & les articles fur lefquels on devoit les interroger. On ne fçait pas bien l'origine de ce mot. Quelques-uns croyent que comme on écrivoit autrefois les procedures en Latin, & qu'on mettoit fur le fac pour infcription Eft hic quæftio inter, &c. les Clercs ont formé par ignorance ou par une mauvaife prononciation, Etiquer ou Etiquette.

Etiquette. Filet quarré avec lequel on prend du poiffon en l'attachant au bout d'une perche.

ETO

ETOFFE. f. f. Les Brodeurs appellent Etoffes, les foyes retorfes qui font entortillées fur la broche avec laquelle on travaille. M. Ménage dit que ce mot vient de l'Allemand Stoffe.

ETOFFE', e'e. adj. Ceux qui travaillent en fer, appellent Fer étoffé, un Fer préparé qui eft moindre que l'acier, mais meilleur que l'acier commun. On en fait les rapes & les fcies, qui font moins caffantes que l'acier & plus dures que le fer.

ETOILE. f. f. Aftre, globe lumineux qui eft au Ciel. Acad. Fr. Les Aftres font des corps denfes, divifés en Errans, appellés Planetes, & en Fixes, nommés fimplement Etoiles. Voyez FIXE. Ces Etoiles fixes gardent toûjours la même diftance en-tr'elles, comme toutes celles du firmament, que l'on diftingüe aifément par leur grandeur, leur couleur & leur fplendeur. Ptolomée & les anciens Af-

tronomes ont prétendu qu'il n'y avoit que mille vingt-deux Etoiles vifibles; mais par le moyen du Telefcope, les Modernes en ont découvert beaucoup davantage. On appelle Etoiles informes, Celles qui fe trouvent entre deux Conftellations, & qu'on voit hors des figures aufquelles fe rapportent les Etoiles voifines. Les Etoiles nebuleufes, font de petites Etoiles, qui ne fe voyent que confufément à l'œil, à caufe d'un petit nuage dont il femble qu'elles foient environnées. Celles de l'Ecreviffe, d'Orion & du Sagittaire font de ce nombre. Ainfi ces Etoiles nebuleufes ne font autre chofe qu'un amas de très-petites Etoiles, dont les petites lumieres fe joignant enfemble, forment une efpece de blancheur qui reffemble en quelque forte à celle d'un petit nuage. Telles font celles dont la voie de lait eft compofée. On divife les Etoiles en fix claffes. Celles qu'on appelle de la premiere grandeur, font, felon Alphraganus, cent huit fois plus grandes que la terre; celles de la feconde, quatre-vingt-dix fois; celles de la troifiéme, foixante & douze fois; celles de la quatriéme, cinquante-quatre fois; celles de la cinquiéme, trente-fix fois; & celles de la fixiéme, dix-huit fois. Albaregnius veut que les Etoiles de la premiere grandeur ne foient que cent deux fois plus grandes que la terre, & celles de la fixiéme grandeur feize fois. Venus eft la plus claire, & paroît la plus grande Etoile du Ciel. Quand elle va devant le Soleil, on l'appelle Etoile du Jour, & quand elle fuit le Soleil, elle eft nommée Etoile du Soir. On appelle Etoile polaire, l'Etoile qui eft dans la queue de la petite Ourfe, & on lui donne ce nom, à caufe qu'elle eft fort proche du Pole. Elle n'en eft éloignée que de deux degrés & demi ou environ. Cela fait qu'elle paroit à l'œil dans une même place, & qu'en la regardant, on eft affûré d'être tourné droit au Septentrion. On connoît facilement cette Etoile, parce qu'elle fait prefque une ligne droite avec les deux dernieres des quatre roues du chariot de David. Ainfi on dit d'un vent, que Le vent fe range à l'étoile, pour dire, qu'il fe range vers le Nord, à caufe que l'Etoile polaire eft de ce côté-là. Les gens de mer l'appellent auffi Etoile du Nord.

Etoile, eft auffi une efpece d'infecte de mer, ayant cinq branches, au milieu defquelles eft fa bouche avec cinq dents. On l'appelle ainfi à caufe qu'il a la figure d'une étoile. Il n'a qu'un bon pié de diametre, & un pouce d'épaiffeur. Sa peau eft affés dure, avec de petites boffes qui la relevent. Ce poiffon ou infecte fe promene, comme il veut, dans les eaux pendant le calme, mais auffi-tôt qu'il prévoit quelque orage, la crainte qu'il a d'être pouffé fur la terre, fait qu'il jette comme deux petites ancres de fon corps, avec lefquelles il s'accroche fi fortement contre les rochers, que toute l'agitation des flots ne l'en fçauroit détacher.

On appelle auffi Etoile, une certaine petite fleur blanche, qui vient dans les mois d'Avril & de Mai.

Etoile, eft auffi une petite marque en forme d'étoile, que les Imprimeurs mettent en quelques endroits d'un livre, pour remplir les vuides de quelques mots qu'on n'imprime pas, comme, Il garda jufqu'à la mort le fecret que M*** lui avoit confié. On met auffi cette même étoile à côté d'un mot, pour marquer qu'on le trouvera expliqué au bas de la page.

Etoile, en termes de Manége, eft une marque blanche que quelques chevaux ont fur le front.

Etoile en termes de guerre, eft un petit fort qui

à d'ordinaire depuis cinq pointes jufqu'à huit, & qui eft conftruit par angles rentrans & fortans. On donne à chacun de fes côtés depuis douze jufqu'à vingt-cinq toifes. Les redoutes quarrées qui font plûtôt conftruites & qui font le même effet, ont prefque mis les étoiles hors d'ufage.

On appelle auffi *Etoile*, un efpace rond dans un parc ou dans un jardin, qui fait une maniere de carrefour, où plufieurs allées aboutiffent, & du milieu duquel on a divers points de vûe.

Etoile, eft encore un terme ufité dans le Blafon, & l'on en charge fouvent les écus & leurs pieces honorables. Elle eft d'ordinaire de cinq rais en France. On appelle *Ecu étoilé*, un écu femé d'étoiles fans nombre.

ETOLE. f. f. Sorte de robe qui étoit plus convenable à des femmes qu'à des hommes chés les anciens Payens, & qui paffoit pour une robe d'honneur chés toutes les Nations. Les Rois-mêmes ne dédaignoient pas de s'en fervir, & ils en faifoient quelquefois la récompenfe de la vertu. On tient que l'Etole de nos Prêtres d'aujourd'hui n'eft autre chofe que les extrêmités de cette longue robe que le Grand-Prêtre portoit autrefois, & qu'elle en fait la reprefentation. C'eft une grande bande d'étoffe, longue & large, chargée de trois croix, qui prend depuis le cou jufqu'aux piés. Les Prêtres la portent fur leur aube, & la croifent fur leur eftomac quand ils celebrent la Meffe, & les Diacres la portent en écharpe, de l'épaule gauche fous le bras droit. Les Curés la mettent par deffus leur furplis, pour marque de leur fuperiorité dans leur Eglife.

ETOUBLE. f. m. Chaume. Ce qui refte de blé fur la terre, après que l'on a fait la moiffon. Il y a quelques endroits où l'on dit *Eteule*. Ce mot vient de *Stipula* ou *Stibula*. Quelques-uns le dérivent *Stabis & calamis frugum*.

ETONNER. v. Une voute mal butée s'étonne quand elle eft furchargée.

ETOUFFOIR. f. m. Terme de Boulanger. Inftrument de métal, qui a trois piés ou environ de hauteur. Il eft creux, rond, ouvert par le bas, & couvert par le haut. Les Boulangers mettent cet Inftrument fur la braife quand ils la veulent éteindre.

ETOUPER. v. a. Boucher avec de l'Etoupe. On dit en quelques lieux *Etouper les blés*, les clorre d'épines, les rendre défenfables.

ETOUPIN. f. m. Cordes de coton filé qu'on trempe dans une compofition où il entre quatre onces de poudre & autant de falpêtre, le tout bien pulverifé, & diffous dans deux livres de vinaigre ou d'urine qu'on y mêle. Quand on y a bien humecté ces cordes, on les roule toutes mouillées fur une table couverte de poudre fine, après quoi on les fait fecher à l'ombre pour s'en fervir au befoin.

ETOURNEAU. f. m. Oifeau noir, marqueté de petites taches grifes, & qui eft d'un aliment groffier. Il vit cinq ou fix ans, & on lui apprend à parler en le nourriffant dans une cage. On l'appelle *Sturnus*, en Latin.

Dans la Mécanique on appelle *Etourneau*, une forte piece de bois, qui eft pofée à angles droits au-deffus du poinçon de l'engin, & qui contient une poulie à chacun de fes deux bouts. On l'appelle auffi *Fauconneau*.

ETR

ETRANGUILLON. Poire fauvage. Furetiere a tort de dire que la plûpart du cidre fe fait avec ces Poi-

Tome I.

res. On le fait avec des Pommes ou de bonnes Poires. Dans la partie d'Anjou, que l'on appelle le Craunois, où l'on fait beaucoup de cidre, on ne connoît point l'Etranguillon. Le Dictionaire Univerfel n'a évité la faute qu'en partie. Il dit qu'on en fait du Poiré : on n'en fait que des meilleures Poires de Jardin.

ETRAPE. f. f. Petit inftrument de fer, qui fert à couper le chaume. On l'appelle auffi *Fauncillon*, & quelques-uns difent *Etraper le chaume*, pour dire, Le fcier.

ETRAQUE. f. m. Terme de Marine. Largeur d'un bordage. On appelle *Premiere étraque* ou *étraque de gabord*, un bordage qui eft entaillé dans la quille.

ETRAVE. f. f. Piece de bois courbe, qui s'ente au bout de la quille à l'avant du Vaiffeau, pour en foûtenir & former la proue. Elle eft élevée jufqu'au-deffus du deuxiéme pont, & c'eft où aboutiffent tous les bordages & toutes les préceintes qui font conduites jufqu'à l'avant. On l'appelle auffi *Etable*, *Etante* ou *Etauve*.

ETRESSIR, s'ETRESSIR. On dit en termes de Manége, qu'*Un cheval s'étreffit*, pour dire, qu'il ne va pas affés large, & qu'il perd de fon terrain en s'approchant trop du centre de la volte.

ETREIGNOIR. f. m. Les Menuifiers nomment *Etreignoirs*, deux morceaux de bois, percés de plufieurs trous, & qui font joints avec des chevilles. Ils fervent au même ufage que le fergent, pour ferrer & emboiter des portes ou autres ouvrages.

ETRENNES. f. f. p. Prefens que l'on fait le premier jour de l'année. Il y en a qui ont cru que l'origine des Etrennes venoit des Fêtes de Saturne, qui fe celebroient depuis le 17. jufqu'au 19. de Decembre, & pendant lefquelles on fe faifoit des prefens de plufieurs fortes, & particulierement de cierges & de bougies; mais il eft certain que la ceremonie des Etrennes étoit attachée aux Calendes, c'eft-à-dire, au premier jour de Janvier, qui eft le commencement de l'année. Beaucoup en rapportent l'origine au tems de Romulus, & de Tatius Roi des Sabins qui regnerent enfemble dans la Ville de Rome, l'an feptiéme de fa fondation. Tatius ayant reçû comme un bon augure des branches coupées dans la forêt de la Déeffe Strenia, qui lui furent prefentées le premier jour de l'an, autorifa la coûtume d'en offrir, & appella ces fortes de prefens *Strena*, à caufe du nom de la Déeffe, qui prefida à cette ceremonie depuis ce tems-là. Les Romains firent de ce jour-là un jour de fête, qu'ils dedierent au Dieu Janus; quoique le Peuple ne demeurât pas fans rien faire, & qu'au contraire, chacun s'employât à quelque chofe de fa profeffion, afin de n'être pas pareffeux le refte de l'année. Ce même jour, il étoit particulierement défendu de prononcer aucune parole de celles qu'on ne croyoit pas de bon augure, & chacun fe fouhaitoit reciproquement une heureufe année. Après la deftruction du Paganifme, la coûtume d'envoyer des Etrennes aux Magiftrats & aux Empereurs, continua de s'obferver comme auparavant; mais on s'eft abftenu des ceremonies payennes, qui étoient d'envoyer de la verveine ou de certaines branches d'arbres, & de mettre le jour des flambeaux allumés fur la table où l'on faifoit des feftins, & de chanter & de danfer dans les rues. On fait venir le mot d'*Etrennes* de *Strena*, qui veut dire la même chofe, & qu'on a formé du vieux mot *Strenuus*, Qui eft de bon augure, comme rapporte Nicod, rend l'étymologie de ce mot

H h h

par les nombres, *comme si celui qui donnoit ancien-*
nement les Estrennes eût dit mystiquement à celui
qui les recevoit. Une deuxiéme, voire troisiéme
année, *ou* un deuxiéme & troisiéme jour te suc-
cederont de pareils profits ; *car le nombre ter-*
naire est mystique, & le jour des Estrennes est jour
de Fête & religieux, & les Estrennes étoient de
prix. Nonius Marcellus l'étymologise à strenuitate,
qui signifie Valeur & prouesse ; *car les subjects &*
inferieurs presentoient les Estrennes à leurs Seigneurs,
comme personnes valeureuses & protecteurs d'eux.
Au tems des Druydes, les Estrennes de sainteté, étoit
le Guy du chesne. Encore dit-on en aucuns lieux du
Pays où ils residoient, Le Gui l'an neuf, *mots cor-*
rompus par ceux qui n'en sçavent l'origine, en un
seul qu'ils prononcent L'anguillanneuf.

ETRESILLON. s. m. Piece de bois que l'on met
pour contrebouter les ais ou dosses qui servent
à soutenir les terres, afin d'empêcher qu'elles ne
s'éboulent, lorsqu'on fait des fondemens ou des
voutes.

Etresillon, se dit aussi d'une piece de bois assemblée à tenon & mortoise avec deux couches, qu'on
met dans les petites rues, pour retenir à demeure
des murs qui deversent. On appelle encore *Erre-*
sillon, des morceaux de bois qui se mettent au
lieu de tampons entre des solives, pour faire tenir le mortier ou plâtre qu'on met dans les entrevous.

ETRESILLONNER. v. a. Mettre des erresillons,
retenir les terres avec des dosses, pour en empêcher l'éboulement.

ETRIER. s. m. *Pieces du harnois du cheval, servant*
à soutenir les piés du Cavalier. ACAD. FR. On
appelle *Etrier,* en termes de Charpenterie, une
barre de fer coudée quarrément aux deux endroits,
pour servir à soutenir une poutre & à l'attacher à
un poinçon, ainsi que font les boulons. L'Etrier
est d'un fer plat qui embrasse la poutre, au lieu
que le boulon est comme une cheville ronde, qui
passe au travers, & qui la soutient par le moyen
d'une grosse tête qui est au bout. Il sert aussi à arrêter les solives posées en bascule, lorsqu'un pan
de bois est en saillie sur une cour ou sur une rue.

Etrier, se dit en termes de mer, d'un des chainons des cadenes de hauban, qu'on cheville sur une
seconde precinte, afin de renforcer ces cadenes. On
appelle aussi *Etrier,* Une bande de fer faite en forme de crampon, par le moyen de laquelle on joint
une principale piece de bois avec une autre. On
donne encore le nom d'*Etriers,* à de petites cordes, dont les bouts sont joints ensemble par des é-
pissures. On ne s'en sert pas seulement pour faire
couler une vergue ou quelque autre chose au haut
des mâts, on s'en sert aussi dans les Chaloupes
pour tenir l'aviron au Tolet.

Etrier, se dit encore en termes d'Anatomie,
d'un petit os qui est dans l'oreille interieure de
l'homme, auprès de l'enclume & du marteau, qui
sont deux autres os qu'on appelle ainsi. On lui a
donné le nom d'*Etrier* à cause de sa figure triangulaire, qui étoit celle des anciens Etriers. Ce mot
vient de *Striparium,* fait de *Strepa,* ou de *Stre-*
paria, dont on s'est servi dans la basse Latinité,
pour signifier la même chose. M. Ménage dit que
Strepa, a été fait de l'Allemand *Stref,* ou du Grec
στρέφω, Selle de bois que l'on met sur un cheval.

ETRIERE. s. f. Petite bande de cuir, qui descend de
la selle le long des côtes du cheval, & qui répondant aux étriers, les tient suspendus.

ETRIF. s. f. Vieux mot. Querelle, débat de paroles.
Ce mot, dit Nicod, *est prins par metaphore de ce*
que les Chevaliers combattant l'un contre l'autre,

advantagent & affermissent les piés dans les estriers,
pour être plus roides à cheval, & plus malaisez à
abattre, & delà vient aussi qu'on dit Estriver contre
aucun, pour, Debattre fortement à lui, & alter-
quer contre aucun.

ETRISTE', E'E. adj. Terme de Chasse. On appelle *Levrier étristé,* Un levrier qui a les jarets bien
faits.

ETROIT, OITE. adj. *Qui a peu de largeur.* ACAD.
FR. C'est aussi un terme de Manege. L'Ecuyer qui
donne leçon, voulant empêcher le cheval de perdre son terrain, dit à l'Ecolier, *Etroit,* pour lui
faire entendre qu'il faut qu'il approche le talon de
dehors. On appelle *Cheval étroit de boyau,* Un
cheval étrac, c'est-à-dire, qui a les côtes plates,
serrées & racourcies. On dit *Conduire un cheval*
étroit, pour dire, Donner peu de terrain à un cheval & empêcher qu'il ne marche large dans le manege des voltes & des demi-voltes. Ce mot vient
du Latin *Strictus.*

On dit *Femme étroite,* dont les parties pour la
generation n'en sont pas capables. On peut déclarer le mariage nul en ce cas. Ce n'est pas un vice
commun.

ETROPE. s. f. Corde qui entoure un mousle de poulie dans un Vaisseau, & qui sert à l'amarrer. On appelle aussi *Etrope.* ,,une corde que l'on bande autour de l'arcasse de la poulie, non seulement pour
la renforcer ; mais pour empêcher qu'elle s'éclate.
L'étrope de marchepié, est celle qui fait le tour de
la vergue, au bout de laquelle le marchepié, passe dans une cosse. En general, les Etropes sont des
bouts de cordes épissez, à l'extrémité desquels on
a coûtume de mettre une cosse de fer, pour accrocher quelque chose, & on appelle *Etropes d'af-*
fust, des herses avec des cosses, qui sont passées
au bout du derriere du fond de l'affust d'un canon,
où l'on accroche les palans.

ETRUFFE', E'E adj. Terme de Chasse. On appelle
Chien étruffé, un Chien qui a une cuisse qui ne
prend plus de nourriture ; ce qui le fait devenir
boiteux.

ETRUFFURE. s. f. Mal qui vient à un chien quand
l'une de ses cuisses ne prend plus de nourriture,
& qu'elle se seche, soit que le nerf ait été foulé
par quelque effort, soit qu'il ait été trop serré dans
un passage.

ETU

ETUDIOLE. s. f. Petit buffet à plusieurs tiroirs posé
sur une table. Les gens d'étude s'en servent pour
y serrer leurs papiers & les divers memoires qu'ils
font.

ETUFE'E. s. f. Ragout pour les Carpes & pour les
Lamproyes, &c. avec du vin & plusieurs épiceries.

ETUVE. s. f. Lieu fermé que l'on échauffe pour y
faire suer les personnes propres qui veulent se décrasser. Il se dit aussi de certains lieux qui sont chez
les Chapeliers, ou dans les sucreries, pour y faire
secher les chapeaux ou les pains de sucre.

On appelle en Medecine, *Etuves seches,* celles
qui sont faites avec une évaporation d'air chaud &
sec. Elles échauffent tout le corps, en ouvrent les
pores, & excitent les sueurs. Cela se fait par des
grais ou des briques bien chauffées. Il y a aussi des
Etuves humides, qu'on dit avoir été inventées à
Lacedemone pour entretenir la santé. Elles sont
faites par une décoction & ébullition d'herbes dont
la vapeur se conduit par des canaux de fer blanc
dans une cuve à deux fonds, où se met celui à qui

on veut provoquer la sueur. On fait venir le mot, d'*Etuves* de *Stuba* ou *Stuffa*, dont on s'est servi dans la basse Latinité pour signifier la même chose. Il y en a qui le tirent de l'Allemand *Stuben* ou *Stub*, qui veut dire Etuve. M. Ménage veut qu'il vienne du Latin *Æstuare*, Bouillir à force de chaleur; d'autres prétendent qu'il a été fait de *Stoufa*, mot Celtique ou bas Breton, qui signifie boucher, à cause qu'il faut qu'une Etuve soit bien bouchée. Les Grecs nomment ces lieux-là *Hypocaustes*, du mot ὑπόκαυστος, qui veut dire, ce qui est échauffé par dessous, à cause des fourneaux souterrains qui servoient à échauffer leurs bains.

On appelle dans un Arcenal de Marine, *Etuve de corderie*, un lieu muni de fourneaux & de chaudieres, où l'on goudronne les cordages qui doivent servir à des Vaisseaux.

ETY

ETYMOLOGIE. s. f. Origine des mots. ; raison veritable ou vrai-semblable qui a fait donner le nom aux choses. On appelle *Etymologistes*, Ceux qui ont écrit des Etymologies. Ce mot vient de ἔτυμος, Vrai, & de λέγειν Dire.

EVA

EVACUATIFS. s. m. Terme de Medecine. Medicamens qui remedient à la cacothymie, c'est-à-dire, à la mauvaise constitution des humeurs contenues, en faisant sortir par les lieux convenables tout ce qui est vicié, incapable d'assimilation & de correction, & par consequent nuisible au corps par sa quantité, ou sa qualité. Les Medecins en évacuant par les selles, par les urines, ou par la transpiration, tout ce qui ne peut être corrigé ou assimilé, ne font que suivre la nature qui conserve toutes les humeurs contenues dans un état temperé, en égalisant par ce moyen les mouvemens fermentatifs, en ramenant dans une juste temperature ce qui n'est point temperé, & en abaissant les excès des effervescences; & le seul chyle fait tout cela naturellement.

EVACUATION. s. f. Décharge d'humeurs, d'excremens superflus. Il y a une *Evacuation spontanée*, & une *Evacuation medicale* ou *artificielle*. La premiere est tantôt naturelle simplement, comme le vomissement après l'yvresse, tantôt critique, comme la diarrhée qui vient le septiéme jour à la pleuresie & la guerit, & tantôt contre nature & symptomatique. Telle est cette même diarrhée qui arrive quand la petite verole suppure. Cete Evacuation symptomatique est d'ordinaire mortelle. L'Evacuation medicale & artificielle, est lorsque dans l'état de convalescence, & dès le commencement, on ordonne quelque purgatif pour chasser les impuretés des premieres voies. On divise l'Evacuation spontanée, & sur tout l'artificielle, en *Evacuation universelle* qui regarde tout le corps, & en *Evacuation particuliere*, qui ne regarde qu'une certaine partie particuliere. L'une comprend la purgation, la dietese, la diaphorese & la salivation. L'autre renferme la sternutation, la sputation; les clysteres & les injections pour la matrice & pour les oreilles. La suppression des Evacuations ordinaires engendre le manque d'appetit, à cause qu'alors il n'y a point d'acide dans l'estomac; ce qui arrive par le trouble & la confusion de toutes les humeurs, sur-tout dans la masse du sang, ou par l'abondance du sel volatil huileux qui se trouve dans les fievres.

Tome I.

EVANGILE. s. m. Terme qui signifie litteralement *Heureuse nouvelle*. Il est fait de ἐν, Heureusement bien, & de ἀγγέλλειν, Annoncer. Dans le langage ordinaire il se prend pour le livre qui contient la vie & la doctrine de JESUS-CHRIST, & qui a été écrit par les quatre Evangelistes. Saint Matthieu est le premier qui ait écrit l'Evangile, & ce fut en Hebreu ou en Syriaque, l'an 39. de l'Ere Chrétienne. Les anciens Peres croyent la plûpart que saint Marc écrivit son Evangile à Rome, en ayant été prié par les Chrétiens de cette Eglise, & qu'il le fit sur ce que saint Pierre lui avoit appris. Ce fut en la quarante-troisiéme année de JESUS-CHRIST qu'il entreprit ce travail. L'Evangile que nous avons de saint Luc fut écrit vers l'an 56. & contient ce qu'il avoit sçû de ceux qui en avoient été témoins. Saint Jean n'écrivit son évangile que lorsqu'il fut revenu de l'Isle de Patmos, & il l'écrivit à la priere des Evêques pour confondre Elbion & Cerinthus, qui osoient soûtenir, en parlant de JESUS-CHRIST, qu'il n'étoit qu'un homme. Ce mot est masculin dans ce sens, mais quand il signifie ce que le Prêtre dit à la Messe, pendant quoi tout le monde se tient debout par respect; il est feminin, *La premiere*, *la derniere Evangile*. On dit dit aussi *Jurer sur les saintes Evangiles*, & non pas, *sur les saints Evangiles*.

EVANOUISSON. s. m. Vieux mot. Pamoison.

EVANTILLER. v. En cas de Retrait, de Rachat, de Lots & ventes, on Evantille le Contrat, c'est-à-dire, on fait voir en détail la valeur de l'heritage & ce qui releve de chaque Seigneur pour en payer les droits au *prorata*.

EVATE'. s. m. Sorte de bois noir qui ressemble à notre ébene, & qui se trouve dans l'Abyssinie, où il est fort estimé. On en fait des plats, & par une proprieté particuliere à ce bois ces plats se rompent en pieces si-tôt que l'on met du poisson dedans.

EUB

EUBAGES. s. m. p. Prêtres des anciens Gaulois. Leur principale occupation étoit la Physique. Ils cherchoient aussi à bien connoître les astres, & travailloient à deviner les choses futures.

EUC

EUCHITES. s. m. Certains Errans qui prétendoient que pour se sauver on n'avoit besoin que de la seule priere. Ils n'admettoient parmi les Sacremens ni le mariage ni l'Ordre, & ne croyoient point qu'il fût necessaire d'être baptisé. Ils parurent sur la fin du quatriéme siecle, & le Concile d'Ephese les condamna. Il y a beaucoup d'apparence que leur nom vient de εὔχεσθαι, Faire des prieres.

EUD

EUDOXIENS. s. m. Heretiques sortis d'Eudoxe Arien, qui usurpa le siege d'Antioche en 358. & que l'Empereur Constance fit Patriarche de Constantinople en 360. Ils disoient que le Fils de Dieu st'étoit pas semblable de volonté à son Pere, & qu'il avoit été fait de rien, & suivoient les erreurs des Aëtiens.

EVE

EVENT. s. m. Terme d'Artillerie. Aisance qu'on donne au boulet pour rouler dans le calibre d'un ca-

Hh h ij

non. On appelle auffi *Events*, de petits tuyaux que les Fondeurs mettent dans leurs moules, & contre les figures qu'ils veulent jetter en metal.

Event, eft auffi l'endroit du poiffon par où il refpire, & dans les baleines ce font les ouvertures que ces monftrueux poiffons ont fur la tête, par où ils jettent cette grande quantité d'eau qui les fait appeller *Soufleurs*.

Event, fe dit encore dans l'aunage, de ce qui eft au delà de la mefure. Ainfi, *Mefurer une étoffe fans event*, c'eft, La mefurer en forte qu'il n'y ait rien par delà le jufte aunage.

EVENTE. f. f. Les Chandeliers appellent ainfi une efpece de caffette baffe, plate & fans couvercle. Elle eft divifée en plufieurs quarrés, où ils mettent de la chandelle défilée.

EVENTER. v. a. *Faire du vent fur quelque chofe.* ACAD. FR. On dit en termes de Maçonnerie & de charpenterie, *Eventer une piéce de bois*, *éventer une pierre*, pour dire, La tirer avec le cordage pendant qu'on la monte, afin d'empêcher qu'en donnant contre la muraille la piece de bois ne gâte quelque chofe, ou que la pierre ne s'écorne. *Eventer*, fignifie plus particulierement, Faire ouverture, *Eventer le tuf, la glaife. Eventer une mine.*

On dit en termes de mer, *Eventer les voiles*, pour dire, Mettre le vent dans les voiles pour faire route.

EVERDUMER. v. a. Vieux mot. Tirer le fuc d'une herbe.

EVERRER. v. a. On dit *Everrer un chien*, pour dire, Lui ôter un nerf de deffous la langue; ce qui l'empêche de mordre.

EVERTIR. v. a. Vieux mot. Abattre, renverfer. Il vient du Latin *Evertere*.

E U F

EUFISTIS. f. m. Suc des feuilles du Ciftus. On fe fert à fon défaut de l'hypociftis, dont on double la dofe, & qui a les mêmes qualités.

E V I

EVIDER. v. a. Terme de Maçonnerie. Tailler a jour un ouvrage de pierre ou de marbre, comme des entrelas. Il fe dit auffi des ouvrages de menuiferie, comme des panneaux de clôture de Chœur, d'Oeuvre, de Tribune & autres.

EVIGORER. v. a. Vieux mot. Renverfer.

EVIRE', E'E. adj. Terme de Blafon. Il fe dit d'un lion ou autre animal qui n'a point de marque par où l'on puiffe connoître de quel fexe il eft.

EVITE'E. f. f. Terme de Marine. Largeur que doit avoir un canal ou une riviere pour fournir un libre paffage aux grands Bâtimens. On dit, qu'*Une riviere n'a point affés d'évitée*, pour dire, que Faute que l'on fuit foit affez large, elle n'eft point navigable pour les grands Vaiffeaux. *Evitée*, fe dit auffi d'un efpace de mer où le Vaiffeau fe peut tourner à la longueur de fes amarres. On dit d'un Vaiffeau qu'*Il a évité*, pour dire, qu'il a changé bout pour bout à la longueur de fon cable, fans qu'il ait levé les ancres.

EVITER. v. n. Terme de Marine. *Eviter au vent*, fe dit d'un Vaiffeau, lorfqu'il prefente l'avant au lieu d'où fouffle le vent; & *Eviter à marée*, lorfqu'il le prefente au courant de la mer à la longueur de fes amarres.

E U M

EUMENIDES. f. f. p. Nom que les Anciens ont donné aux trois Furies Infernales, Megere, Alecton, & Tifiphone, dans la penfée qu'ils avoient que Jupiter fe fervoit d'elles quand il vouloit châtier les hommes. Elles avoient un Autel à Athenes, & ont été appellées *Eumenides* par antiphrafe, à caufe qu'elles font impitoyables, du Grec *ιμενης*, Qui veut du mal à quelqu'un.

E U N

EUNOMIENS. f. m. Sectateurs de l'herefiarque Eunomius, mis en 359. fur la Chaire Epifcopale de Cyzique par Eudoxe de Conftantinople, Prelat Arien. Ils croyoient, comme lui, que le Fils de Dieu n'étoit Dieu que de nom, s'étant uni à l'humanité feulement par fa vertu & fes operations, & non pas fubftantiellement. Selon eux, il n'y avoit point de crimes, quoiqu'on y perfeverât, qui puffent empêcher qu'on ne fe fauvât, pourvû que l'on eût la foi. Ils ne vouloient point qu'on honorât les Martyrs, & faifoient rebaptifer ceux que l'on avoit baptifés au nom de la Sainte Trinité; par la haine qu'ils avoient pour ce myftere.

EUNUQUES. f. m. Heretiques qui de gré ou de force rendoient tous leurs Sectateurs Eunuques. Ils faifoient un même traitement à tous les paffans qui tomboient entre leurs mains. Le mot d'*Eunuque* a été fait de *ιὸν*, Lit, & *ἔχιν*, Avoir foin, à caufe que les Empereurs fe repofoient fur des Eunuques du foin de leurs femmes & de leurs filles.

E V O

EVOHE'. Cri d'acclamation que les Bacchantes faifoient dans les Fêtes de Bacchus; en Grec *ιοῖ*, comme qui diroit, *ἰν ὰ*, Que bien foit à lui, que bien lui avienne.

EVOLUTION. f. f. Terme de Geometrie. *Signe d'évolution.* Toute ligne courbe a fa ligne d'évolution, & c'eft ainfi qu'on la conçoit. On imagine un filet qui enveloppe éxactement une courbe quelconque dans toute fon étenduë, on prend une des éxtrémités du filet, & on commence à la redreffer pour développer le filet entier d'autour de la courbe, mais on tient toûjours la partie du filet qu'on redreffe tenduë de forte qu'elle foit une tangente de la courbe, & on continuë ainfi jufqu'au bout. Ce filet qu'on redreffe de plus en plus à chaque moment, & qui touche toûjours la courbe, décrit par fon éxtrémité qui a commencé à fe déveloper une ligne courbe, que l'on appelle *Signe d'évolution* de la premiere courbe, autrement la *Dévelopée.*

Evolution. Terme de guerre. Mouvement que fait un corps de troupes, quand pour attaquer ou fe défendre avec avantage, il change de forme ou de difpofition, foit qu'il veuille gagner un autre terrain, foit qu'il cherche à conferver celui qu'il occupe. Les contremarches, les converfions & les doublemens par rangs & par files, font les parties des Evolutions.

E U P

EUPATOIRE. f. f. Plante medicinale qui ne produit qu'une tige dure comme du bois, noirâtre, droite, mince, velue, de la hauteur d'une coudée & quelquefois davantage. Elle jette plufieurs branches, & a fes feuilles noirâtres, dentelées tout à l'entour, & femblables à celles de la quinte-feuille ou du chanvre. L'Eupatoire commence à porter fa graine dès le milieu de fa tige. Elle eft veluë, pend en bas, & s'attache aux habits de ceux qui paffent, quand

EUP

elle eft feche. C'eft la defcription que Diofcoride en fait, , & c'eft l'Eupatoire des Grecs, appellée ainfi du Roi Eupator, nommé auffi Mithridate, qui la trouva. On l'appelle autrement *Aigremoine*, & en Grec ἀπατόριον & ἡπατῖτις, à caufe qu'elle remedie au foye. Il y a une plante que tous les Apothicaires prennent pour *Eupatorium*. Elle croît aux lieux humides, & a trois coudées de haut, & fes feuilles femblables à celles du chanvre, quoique plus grandes. Elles font blanchâtres, velues & ameres au goût. Sa tige eft rougeâtre, ronde, dure & velue, & il en fort plufieurs aîles & plufieurs branches. Ses fleurs font en maniere de bouquets éparpillés comme ceux d'origan, fans tenir l'un avec l'autre. La couleur en eft rouge tirant fur le blanc. Sa racine eft auffi éparpillée, & on ne s'en fert point en Medecine. Matthiole dit que l'amertume des feuilles de l'Eupatorium, qui n'eft point celui des Grecs, & la grande odeur qui eft en toute la plante, font connoître qu'elle eft aperitive & defopilative, & qu'elle eft finguliere à incifer, & à attenuer les humeurs groffes & vifqueufes.

EUPHORBE. f. m. Jus ou refine d'un arbre qui eft femblable au Ferula, qui croît en des lieux incultes & deferts. Ses premieres feuilles font velues, & lorfqu'elles font tombées, il en produit d'autres qui reffemblent à celles du pouliot marin. Le jus de cet arbre eft fort fubtil & fort penetrant, & à caufe de fa chaleur trop violente, ceux qui le tirent, entament de loin le tronc de l'arbre avec une pique ou une lance. On recueille la liqueur qui fort en abondance de l'incifion dans une peau de mouton dont on environne l'arbre. Il y a deux fortes ou efpeces de ce jus. L'une eft femblable à la farcocolle & de la groffeur de l'ers. L'autre qu'on appelle *Euphorbe vitré*, fe prend & s'épaiffit dans la peau dont eft environné l'arbre. Il faut choifir celui qui eft tranfparent, acre au goût, d'odeur mordicante, blanchâtre, leger, de la groffeur d'un ers, & qui a l'âge d'un an. Quand il eft plus frais, il a trop de violence, & mis au bout de la langue, il l'enflamme avec une telle ardeur, qu'elle a peine à fe paffer. C'eft un medicament dangereux, qu'il ne faut point ordonner fans le mêler avec d'autres qui amortiffent fon acrimonie & fa vehemence. Galien dit qu'il eft compofé de parties fubtiles & brûlantes, & qu'il eft femblable aux autres gommes. Le recent eft plus blanc que l'autre. Le vieux devient roux. Juba Roi de Lybie appella cette plante *Euphorbe*, du nom d'Euphorbius fon Medecin, frere de Mufa Medecin d'Augufte.

EUPHRAISE. f. f. Petite plante de la hauteur d'un palme, qui a de petites feuilles crêpues & dentelées tout autour, aftringentes & un peu ameres au goût. Sa tige eft menue & rouge. Ses fleurs, qui font auffi rouges, tirent fur le jaune paillet. Elle croît parmi les prés, & fleurit fur la fin de l'Eté. Fraîche ou feche, elle eft finguliere pour le mal des yeux, de quelque maniere qu'on la prenne, foit parmi les viandes, foit dans une Medecine. Au tems des vendanges on fait du vin d'Euphraife détrempée, cuite & confite au moût pendant qu'il bout. Ce vin d'Euphraife eft excellent pour la vûe. Quand il eft trop fort on le détrempe avec de l'eau de fenouil, & on y met du fucre, s'il en eft befoin, en quantité convenable. Quelques-uns font venir ce mot de ἰυφροσύνη, Joie, gaieté, à caufe que l'Euphraife prife dans du vin caufe de la joie à l'efprit, en diffipant tout ce qui trouble la vûe.

EUPSICHIENS. f. m. Heretiques du quatriéme fiecle, qui prirent le nom d'Eupfichius, qui étant Eunomien, quitta cette Secte par une queftion de la

EUR EXA 429

connoiffance de JESUS-CHRIST.

EUR

EURIPES. f. m. p. Nom que les anciens Romains donnoient à de certains jets d'eau, moins confiderables que les Gerbes & les Cafcades. Ils en faifoient des canaux de differentes matieres, & ils empruntoient ce nom d'*Euripe*, du fameux Détroit ainfi nommé entre la Bœotie & l'Ifle de Negrepont, qui chaque jour à quatre flux & reflux, & fept felon d'autres.

EURYTHMIE. f. f. Belle proportion. Il fe dit d'un je ne fçai quoi d'aifé & de commode qui a une aparence majeftueufe, & qui refulte de l'agreable & jufte proportion de tous les membres d'un corps dans l'Architecture. Ce mot eft Grec, ἰυρυθμία, & & fait de ἰυ, Bien, & de ρυθμός, Ordre, arrangement.

EUS

EUSEBIENS. f. m. Heretiques Sectateurs d'Eufebe de Nicomedie, qui infecta Conftance, & toute la famille Imperiale de l'herefie d'Arius, & qui s'étant fait élire Evêque de Conftantinople, après avoir fait exiler le faint Prélat Paul en 339. fit gloire de perfecuter les Orthodoxes, & de fe déclarer Chef de parti.

EUSTYLE. f. m. On fe fert de ce mot en parlant d'un édifice où les colomnes font bien placées, & avec une telle proportion, que chaque entrecolomnement eft de quatre modules & demi. Ce mot eft compofé de ἰυ, Bien, & de ςύλος, Colomne.

EUT

EUTICHIENS. f. m. Sectateurs de l'herefie d'Eutichès, Abbé d'un celebre Monaftere de Conftantinople, & qui vivoit dans le cinquiéme fiecle. Ils firent de grands maux aux Orthodoxes, en fuivant les opinions de cet Herefiarque, qui enfeigna d'abord que JESUS-CHRIST ne nous étoit pas confubftantiel felon la chair, parce qu'il avoit un corps celefte qui avoit paffé par le corps de la Vierge comme par un canal. Il ajoûtoit qu'il y avoit en lui deux natures avant l'union hypoftatique: mais qu'après cette union miraculeufe, il n'étoit refté qu'une nature mêlée des deux. Marcian étant parvenu à l'Empire, on tint en 451. le quatriéme Concile general à Chalcedoine, où les erreurs d'Eutichès ayant été condamnées, cet Empereur foûmit les Eutichiens aux peines où lesLoix des Empereurs affujetiffoient les Heretiques.

EX

EX. f. m. p. Vieux mot. *Li ex*, Les yeux.

EXA

EXAEDRE. f. m. Terme de Geometrie. C'eft un parallelepipede terminé par fix quarrés égaux. On l'appelle plus communément *Cube*. C'eft l'un des cinq corps reguliers. Ce mot vient du Grec ἕξ, Six, & de ἕδρα, Siege.

EXAGONE. f. m. Terme de Geometrie. Polygone regulier qui a fix côtés, du Grec ἕξ, & de γωνία, Angle.

EXALTATION. f. f. Terme d'Aftrologie. On dit qu'*Une Planete eft dans fon exaltation*, quand elle eft dans le Signe où les Aftrologues lui attribuent le

Hhh iij

plus de vertus & d'influences.

Les Chymiftes appellent *Exaltation*, l'élevation & purification des métaux à un certain degré.

EXALTER. v. a. Terme de Chymie. Elever les metaux & autres corps naturels jufqu'au degré de perfection & de pureté qu'ils peuvent fouffrir un forte qu'ils font un plus grand effet fur les corps fur lefquels on les fait agir.

EXAMEN. f. m. *Recherche exacte, foigneufe, difcuffion exacte.* ACAD. FR. Il y a eu en termes de Palais, un *Examen à futur*, jufqu'en l'an 1667. qu'il a été abrogé. C'étoit une enquête qui fe faifoit en vertu de Lettres Royaux pour avoir preuve de la verité d'un fait, en faifant entendre des témoins avant qu'on intentât un procès, ou durant le cours d'un procès, & on prenoit ainfi leur dépofition prématurement par la crainte qu'on avoit qu'ils ne s'abfentaffent ou qu'ils ne mouruffent.

Examen chez les ouvriers, eft la languette d'une balance.

EXARQUAT ou EXARCHAT. f. m. Charge & Gouvernement de l'Exarque. Il fe dit auffi de l'étendue du Pays qui relevoit autrefois de l'Exarque. Juftin le jeune commença l'Exarchat vers l'an 567. après que la plûpart des Barbares eurent été chaffés d'Italie, où ils s'étoient établis. Outre Ravenne, Ville capitale de l'Exarchat, il comprenoit Bologne, Imola, Faënce, Forli, Cifenne, Bobie, Ferrare & Adria. Aftolphe Roi des Lombards s'étant rendu maître de l'Exarchat, après qu'il eut duré cent quatre-vingt-deux ans, il lui fût ôté par Pepin le Bref, Roi de France. Un des Chapelains de ce Prince alla prendre poffeffion de toutes les Villes, & il porta enfuite les Clefs fur l'Autel de faint Pierre & faint Paul, pour faire voir que fon Maître en faifoit donation aux faints Apôtres.

EXARQUE. f. m. Vicaire de l'Empereur d'Orient, ou Prefet qu'il envoyoit en Italie, & qui demeuroit à Ravenne pour la défendre contre les Lombards, qui s'étoient rendus maîtres de ce Pays, à l'exception de Rome & de Ravenne. Il y a eu dix-huit Exarques, dont le premier a été Longin Patrice en 567. & le dernier, Eutichius, en 728.

On a auffi appellé *Exarques*, les Chefs des grands Diocefes. Ils étoient au deffus des Metropolitains, & jugeoient de ce qui étoit contentieux entre un Metropolitain & fon Ecclefiaftique. Ils tenoient des Conciles Diocefains ou Nationaux, dans lefquels ils aidoient à finir les differends qui n'avoient pû être terminés dans les Conciles Provinciaux.

EXASTYLE. f. m. Terme dont on fe fert en parlant d'un porche ou autre lieu, qui a fix colomnes de front. Ce mot eft compofé de ἓξ, Six, & de τύλος, Colomne.

EXC

EXCENTRICITE'. f. f. Terme de Geometrie. Diftance qu'il y a entre les deux centres des cercles ou des globes qui ne font point concentriques.

EXCENTRIQUE. adj. Il fe dit des Cercles & des Spheres, & fignifie, Qui a un autre centre que celui d'un autre Cercle ou d'une autre Sphere, ou un autre centre que celui que l'on fuppofe être le centre du monde. Les Planetes étant tantôt plus proches, tantôt plus éloignées de la terre, il eft clair que le cercle de leur mouvement n'a pas la terre pour centre, c'eft-à-dire, qu'il lui eft *Excentrique.* Le point de cet Excentrique le plus éloigné de la terre s'appelle *Apogée,* & le plus proche s'appelle *Perigée.* Voyez APSIDES, LONGITUDE, APOGE'E & PERIGE'E.

Dans le fiftême de Ptolomée où toutes les Planetes avoient des Orbes ou Spheres concentriques à la terre, il avoit fallu creufer dans ces Spheres des cercles Excentriques à la terre, & ces cercles étoient proprement ceux que décrivoient les Planetes. Ils avoient une largeur qui étoit déterminée par le Diametre de l'*Epicycle.* Voyez EPICYCLE.

EXCEPTION. f. f. *L'action par laquelle on excepte.* ACAD. FR. On appelle *Exception*, en termes de Palais, une Défenfe imparfaite, & que l'on fournit en attendant que l'on en ait trouvé une meilleure. *Exception* eft auffi une défenfe pertinente, fondée fur des fins de non recevoir, fur la prefcription qu'on oppofe, fur le défaut de qualité dans la perfonne qui agit. Ces Exceptions font appellées *Exceptions peremptoires*, parce qu'elles peuvent faire juger l'affaire, fans que l'on entre dans la difcuffion du droit au fond.

EXCIPER. v. n. Terme de Palais. On dit qu'*Un Procureur a excipé contre une demande,* pour dire, qu'Il a fourni des exceptions. Ce mot vient du Latin *Excipere.* On difoit autrefois *Exciper*, pour dire, Excepter.

EXCOMMUNICATION. f. f. Cenfure Ecclefiaftique, qui en punition d'un péché confiderable, fepare celui qui l'a commis de la communion des Saints, & de la participation des biens fpirituels de l'Eglife. Quand on parle abfolument de l'Excommunication, on entend l'*Excommunication majeure,* qui eft une feparation du corps des Fideles. L'*Excommunication mineure*, eft encourue par ceux qui communient avec des excommuniés d'Excommunication majeure, & elle emporte auffi la privation des Sacremens. La forme de l'Excommunication eft d'avoir des cierges allumés, & de les jetter & fouler aux piés à la fin de l'anatheme. Autrefois il falloit que les Excommuniés obtinffent dans l'année une abfolution de leur Evêque, & fatisfiffent à l'Eglife, faute de quoi les Juges feculiers les y contraignoient par la faifie de leurs biens, & par l'emprifonnement de leurs perfonnes. Ils n'avoient que quarante jours en Angleterre. On a cru longtems, & les Grecs le croyent encore, que le corps des Excommuniés ne pouvoit pourrir, s'ils n'étoient abfous, & qu'il demeuroit entier pendant plufieurs fiecles, pour fervir d'un fpectacle terrible à la pofterité. Il y a une *Excommunication de droit.* C'eft celle qui a été ordonnée par forme de Loi dans les Conciles. L'Excommunication a auffi été en ufage parmi les Juifs. Ils excluoient le malfaicteur de leurs Synagogues, & il devoit demeurer debout à la porte du Temple, pendant le fervice divin. Cette punition duroit trente jours & davantage quand il ne fongeoit pas à fe convertir, & s'il arrivoit qu'il mourût auparavant, il étoit privé des ceremonies de la fepulture accoûtumée, & on mettoit une pierre fur fa tombe, pour faire connoître qu'il meritoit d'être lapidé. Ils avoient encore un plus haut degré d'Excommunication, que faint Paul appelle un don ou une tradition à Satan. Chez les Grecs, celui qui étoit excommunié de cette forte, étoit nommé Anatheme, & il ne lui étoit point permis d'approcher du Temple. On prononçoit même des maledictions contre lui. Le plus haut degré étoit *Maran atha*, c'eft-à-dire, Le Seigneur vient, pour faire entendre que le Seigneur venoit avec vengeance contre de telles perfonnes. Ceux-ci étoient tout à fait exclus du Peuple de Dieu, ce qui étoit appellé une Excommunication ou deracinement du Peuple de Dieu, & un effacement de leurs noms du livre de vie. Ils avoient auffi une façon particuliere d'excommunier les Samaritains, ce qui fe faifoit par le son des cornets & par le chant des Levites, qui prononçoient d'abord une malediction de bouche contre eux & contre toutes les personnes qui les hantoient, faisant voir par là qu'ils ne seroient jamais du nombre des domestiques des Juifs en Israël, & qu'ils n'auroient point de part en la resurrection des Justes. Alors ils écrivoient cette malediction, & la faisoient lire & publier dans toutes les parties d'Israël. On se servoit autrefois du mot d'*Excommuniement*, sur quoi Nicod dit, *laquelle a été de tout ancienneté très-redoutée par les François, voire auparavant la reception du Christianisme, comme se voit au livre sixiéme* De bello Gallico, *de Jules-Cesar, qui recite les Druydes en leur Religion en avoir usé, & que les Excommuniés par eux n'assistoient aux sacrifices, étoient tenus pour impurs, & méchants, n'étoient reçeus ne frequentés d'aucun, ne admis à poursuivre leurs droits & actions en justice, ne même à tenir rang dans leur Pays, Etat ni Office, de la contagion desquels chacun étoit en peur & en doute.*

EXCOMPTE. s. m. Remise que fait le Porteur d'un billet de change, quand il veut avoir de l'argent avant l'écheance du billet. Il se dit aussi entre Marchands, lorsque l'on prend de la marchandise à credit pendant un certain nombre de mois, à la charge de rabattre tant sur le billet à chaque payement que l'on pourra faire, avant que le terme que l'on a pris pour payer, soit échu.

EXCRESCENCE. s. f. Terme de Chirurgie. Chair superflue qui naît en quelques endroits du corps des animaux, contre la disposition ordinaire de la nature. Les Excrescences se font par la reception, la retention & l'attachement de l'aliment prochain de la partie, à cause des pores qui sont déchirés, confus & dérangés. Il y a d'autres tumeurs qui s'engendrent de la même sorte, & parce qu'elles naissent en dehors, on les appelle *Excrescences*. Elles renferment une humeur particuliere dans une membrane propre, & ont divers noms selon la diversité de cette humeur. Ces Excrescences procedent de l'aliment de quelque partie nerveuse, membraneuse ou de quelque tendon, mais souvent d'une membrane. Cet aliment retenu en trop grande quantité & peu altéré, se change en une autre substance qu'en celle dont la partie doit être précisement nourrie. Les Excrescences se guerissent ordinairement, mais sur-tout les grosses, par l'extirpation totale qui se fait avec le fer ou le feu. On se sert plûtôt du potentiel que de l'actuel, & il faut emporter entierement la racine membraneuse de ces Excrescences, afin d'empêcher qu'elles ne reviennent. La main d'un cadavre mort d'une longue maladie, emporte les Excrescences par son simple attouchement, à cause que la peur de la mort communiquée à l'archée de l'Excrescence, la fait décroître insensiblement; ce que ne fait pas la main d'un cadavre mort violemment, parce qu'il lui reste quelque chose de vital, & de son esprit implanté.

EXCRETION. s. f. Terme de Medecine. Action de la nature lorsqu'elle pousse au dehors les mauvaises humeurs qui lui nuisent.

EXE

EXEDRE. s. f. Les Anciens appelloient *Exedres*, des lieux garnis de bancs & de sieges où les Philosophes disputoient. Quelques-uns tiennent qu'on peut aujourd'hui donner ce nom aux lieux où l'on s'assemble dans les Monasteres, & qu'on appelle Chapitres, à cause des sieges qui y sont, du mot ἕδρα, qui

veut dire Siege. D'autres entendent par *Exedre*, une grande Salle, un Cabinet de conversation, où des gens de lettres viennent conferer ensemble en de certains jours.

EXEGETIQUE. s. f. Terme d'Algebre. La maniere de trouver en nombres ou en lignes, les racines de l'équation d'un probleme, selon qu'il est de Geometrie ou d'Arithmetique. Ce mot vient du Grec ἐξηγέομαι, J'expose, j'explique.

EXERCITATION. s. f. Dissertation, Traité sur quelque matiere. Ce mot est Latin, & a été donné pour titre à plusieurs ouvrages.

EXERCITE. s. m. Vieux mot. Il est tout Latin *Exercitus*. On disoit autrefois *Exercité*, pour dire, Domination.

EXH

EXHALATION. s. f. Terme de Chymie. Operation par laquelle on fait élever & dissiper les parties les plus volatiles des substances, par le moyen de la chaleur. On ne la pratique que sur les matieres seches.

EXI

EXIGUER. v. a. Terme de Coûtume. Faire le partage des bêtes baillées à moitié ou à chepteil. Ce mot vient du verbe Latin *Exigere*, qui veut dire, Faire sortir de l'étable.

EXO

EXOINE. s. m. Vieux mot. Excuse, empêchement. On a dit aussi Essoine.

Aucuns dient pour tout Essoine.

Il signifioit aussi Punition, tourment. *Pour son amour eut tel Essoine.* On a dit aussi *Exoine*, pour Excuse. Le mot d'*Exoine*, est encore usité au Palais dans la signification d'excuse qu'on presente en Justice, quand on a une raison legitime qui empêche d'y comparoir en personne. Il se dit aussi lorsque le Seigneur mande son Vassal pour divers cas. On a dit aussi *Essoiné*, pour Absent. Les uns le dérivent de l'Allemand *Sunnis*, qui veut dire, Empêchement necessaire; les autres d'*Exidoneare* ou *Exonerare*, parce que c'est en décharger une assignation, & Du Cange le fait venir d'*Essonnia*, *Exonia* ou *Exonium*, qu'on a dit dans la basse Latinité, en la signification d'empêchement, d'excuse pour absence.

EXONIATEUR. s. m. Vieux mot. Celui qui moyennant son serment propose l'exoine, & affirme les causes d'excuse de celui qui ne peut comparoître en personne.

EXONIER. v. a. Vieux mot. Excuser quelqu'un par serment envers un Juge de sa non comparence, après qu'il a été adjourné à comparoir en personne, cette excuse étant fondée sur quelque indisposition considerable, qui ne lui permet de venir, ni à pié ni à cheval, ni de se servir d'une autre voiture. *Exonier* a été dit aussi pour indemniser, & on trouve dans quelques anciens Contrats, *Lequel Constituant promet exonier, décharger & indemniser sondit Procureur de tous dépens, dommages & interêts.* La raison de cette signification est, que comme l'Exoniateur proprement pris exempté par son exoine, du profit d'un défaut ou d'une amende l'exonié, ainsi le Constituant ou le Vendeur exempte de frais, dommages & interêts, le Procureur constitué ou le Vendeur, prenant la cause & garantie pour eux lorsque le cas y échet.

EXOTIQUE. adj. On dit dans le Dogmatique, qu'il ne faut point se servir de termes exotiques, pour dire, qu'il ne faut point employer de termes barbares & étrangers. Ce mot est Grec ἐξωτικὸς, externe, étranger, & vient de ἔξω ou ἔξωθεν, Dehors.

EXP

EXPIRATION. ſ. f. Terme de Medecine. Action par laquelle l'air est rejetté en respirant, ce qui se fait quand les poumons dilatés par l'irruption de l'air, se resserrent ensuite par la contraction des autres muscles, qui font agir le thorax & les côtes, & pour mieux se resserrer l'air est poussé dehors. Cette constriction du thorax dépend du diaphragme qui fait l'aspiration lorsqu'il agit en enbas, & l'expiration quand il agit en enhaut. Après le diaphragme, ce font les muscles intercostaux internes, qui tirent les côtes en enhaut dans l'aspiration, & élargissent de cette maniere le thorax, qu'ils retrécissent ensuite dans l'expiration en retirant les côtes en enbas. L'Expiration de l'air est blessée de quatre manieres, ou quand elle est faite avec impetuosité & peine dans l'éternument, ou quand elle se fait avec irruption & bruit dans la toux, ou quand elle est abolie entierement dans l'asthme convulsif, où les muscles qui servent à l'aspiration endurent convulsion, ou enfin quand l'air en sortant forme une voix dépravée & contre nature, la voix se faisant seulement en expirant quand l'air passe par le larynx, & jamais en aspirant.

Expiration, se dit en Chymie de toute sorte d'évaporation & de séparation qui se fait de ce qu'il y a de plus subtil dans les corps, & qui se mêle dans l'air.

EXPOSANT. ſ. m. Terme d'Arithmetique. Nombre qui expose, qui marque ce qu'est un autre, quel rapport il a à un autre, combien de fois il y est contenu, &c. car *Exposant* se dit en plusieurs sons. On appelle le *Quotient* d'une division *Exposant*, parce qu'il marque combien de fois le diviseur est contenu dans le nombre divisé. Quand on réduit une fraction à ses moindres termes, (Voyez FRACTION,) le nombre entier ou la fraction plus simple que l'on trouve, est l'*Exposant* de la premiere fraction. Ce nombre qui exprime le degré d'une *Puissance*, comme 2. exprime le degré du *quarré*, 3. celui du *cube*, &c. s'appelle l'*Exposant* de cette puissance. Voyez PUISSANCE & DEGRE'. Les Logarithmes s'appellent aussi *Exposans* des nombres qui sont en progression géometrique. Voyez LOGARITHME.

EXPOSITION. ſ. f. On dit en parlant d'un bâtiment, *Que l'exposition en est bonne, & est agreable*, pour dire, Que ceux qui l'ont bâti ont eu grand soin d'observer d'où venoient les vents & le Soleil.

EXPROVINCIAL. ſ. m. Terme de Religieux. Qui a fait son tems de Superieur de quelque Province, où il y a plusieurs Monasteres du même Ordre.

EXPURGATION. ſ. f. Terme d'Astronomie. Ce qu'on appelle *Expurgation*, & plus ordinairement

Emersion, c'est lorsque la Lune sort de l'ombre de la terre, ou quand le Soleil commence à paroître, après avoir été entierement caché par l'interposition de la Lune. Il se pourroit dire aussi des autres Planetes éclipsées, comme des Satellites de Jupiter.

EXTINCTION. ſ. f. Terme de Chymie & de Pharmacie. Il se dit des mineraux rougis au feu, que l'on éteint dans quelque liqueur, soit pour adoucir leur acrimonie, comme on fait à la tuthie, soit pour communiquer leur vertu à la liqueur, comme il arrive lorsqu'on éteint de l'acier dans de l'eau, ou des briques dans de l'huile. Tout cela se fait par extinction, ainsi que la trempe qu'on donne à l'acier, en éteignant un fer chaud dans l'eau, ou dans quelque préparation convenable.

EXTRACTION. ſ. f. Operation de Chymie par laquelle on extrait les essences, les teintures & les autres qualités des corps naturels. *Extraction* est aussi un terme d'Arithmetique & d'Algebre, & il se dit des manieres de trouver les racines d'un nombre donné, tant du quarré que des autres puissances qui viennent de la multiplication des nombres par eux-mêmes. Voyez PUISSANCE, DEGRE', & RACINE.

EXTRAIT. ſ. m. Terme de Chymie. Essence d'un mixte, tirée par son menstrue convenable, après que ce menstrue en a été séparé par évaporation, & qu'elle est réduite en consistance de miel. On l'appelle *Teinture* avant que le menstrue en soit séparé.

EXTRATEMPORA. ſ. m. Terme de Chancellerie Romaine. Indult ou grace du Pape accordée par une simple signature, par laquelle il permet de prendre la Tônsure ou les Ordres, par quelque Evêque que ce soit de la Communion Romaine, & hors le tems que portent les Loix Canoniques.

EXTRADOS. ſ. m. Terme d'Architecture. Côté du voussoir qui fait le dessus de la voute, & qui est opposé à celui qui est creux, & qui doit servir à former le cintre de la même voute.

EXTRADOSSE', E'E. adj. On appelle *Voute extradossée*, Celle dont le dehors n'est pas brut, c'est-à-dire, quand les queues des pierres en sont coupées également, ce qui rend le parement exterieur aussi uni que celui de la douelle.

EXU

EXULTER. v. n. Vieux mot. Tressaillir de joie, du Latin *Exultare*.

EZT

EZTERI. ſ. m. Pierre qui semble être une espece de jaspe verd, avec certains points de couleur de sang. On la trouve dans la nouvelle Espagne, & les Mexiquains assurent qu'en la portant liée au bras ou au cou, elle arrête toute sorte de flux de sang. Cela est cause que quand ils saignent extraordinairement, ils se mettent dans les narines de la poudre de cette pierre.

F

FAB

ABEL. f. m. Vieux mot. Difcours feint , conte , Roman en vers.

Huefpiancelles qui trouva
Cil Fabel par raifon prouva.

On a dit *Fabliau* dans le même fens , c'est-à-dire , des Compofitions & contes faits à plaifir , que faifoient les Trouveres , anciens Poëtes Provençaux.Les Chantres & Menêtriers gagnoient de l'argent en les allant chanter dans les maifons des Princes & grands Seigneurs.

Fabliau fout or molt en torfe ,
Maint deniers en ont en borfe ,
Cil qui les content & les portent.

FAC

FAÇADE. f. f. Terme d'Architecture. Partie exterieure d'un grand bâtiment qui fe prefente d'abord à la vûe. On appelle *Façade fimple* , celle qui a peu de moulures aux portes & aux croifées , & dont la décoration n'a que des ravalemens & autres grandes parties , & *Façade riche* , celle qui n'a pas feulement tous les ornemens qu'on lui peut donner dans fes portes & croifées , mais qui outre fes plinthes , corniches & autres faillies , eft enrichie de bas reliefs & de trophées, avec buftes, ftatues, & tout ce qui peut la rendre plus confiderable.

FACE. f. f. Terme d'Architecture. Membre plat qui a beaucoup de largeur & peu de faillie. Il fe dit auffi de la façade d'un bâtiment , & on dit , *Face de maifon* , pour dire , La largeur qui en paroît fur une cour , un jardin , une rue. *Cette maifon a tout de face.*

On appelle , en termes de Fortification , *Face de baftion.* La diftance qui eft comprife depuis l'angle de l'épaule jufqu'à l'angle flanqué.On dit autrement, *Pan de baftion.* On appelle auffi *Face d'une Place,* la Courtine avec les deux flancs qui font élevés deffus , & les deux pans de baftion qui fe regardent & qui flanquent l'angle de tenaille.

Face. Terme de Manége. On appelle *Cheval belle-face* , un Cheval qui a une taxe blanche qui lui defcend depuis le front jufqu'auprès du nés.

Face. Terme des Eaux & Forêts. Il fe dit du côté de l'arbre piécornier , où la marque du marteau a été appliquée , pour en tirer un alignement jufqu'à un autre femblable.

FAÇON. f. f. On appelle en termes de Marine , *Façons de Vaiffeau* , Les diminutions qu'on fait à l'avant & à l'arriere du deffous d'un Vaiffeau.

On dit , en termes de Palais , *La façon d'un Decret* , *d'un Arrêt* , *d'une Sentence* , pour dire , Ce qu'il faut payer au Greffier qui les a dreffés , outre le droit de la fignature.

On dit , en termes d'Agriculture , qu'*Une terre a été labourée de fes trois façons* , pour dire , qu'Elle eft prête à être femée en blé. On dit de même , que *La vigne a eu toutes fes façons* , pour dire que

Tome I.

FAC

Le Vigneron a fait tout ce qu'il étoit obligé de faire pour la mettre en état de bien rapporter.

FACTEUR. f. m. On appelle *Facteur d'orgues.* Celui qui en a fait toute la machine , à l'exception du buffet.

FACTION. f. f. Terme de guerre. Service du fimple Soldat que l'on met en fentinelle , & que l'on emploie à faire les patrouilles & les rondes. On dit en ce fens ; *Entrer en faction, être en faction , fortir de faction.*

Faction , fe dit auffi d'un parti qui fe forme dans un Etat & qui trouble le repos du public.On a nommé autrefois *Factions* , les Partis de ceux qui combattoient fur des chariots dans les Jeux des Cirques. Il y en avoit quatre , fçavoir *la Faction prafine ou verte* , *la Faction Venete ou bleue* , *la Faction rouge & la Faction blanche.* On ajoûta la verte & la bleue à la blanche & à la rouge , parce qu'il n'y avoit d'abord que ces deux dernieres. L'Empereur Domitien y joignit deux autres Factions , dont les combattans fe diftinguoient , les uns par des cafaques brodées d'or , & les autres par des cafaques de drap d'écarlate , mais ils ne durerent pas un fiecle. Tertulien dit que les couleurs des quatre premieres Factions qui demeurerent , & qui felon Caffiodore marquoient les quatre faifons de l'année , faifoient connoître la fuperftition des Payens qui confacroient le vert au Printems & à la terre ou à la Déeffe Cybele,le rouge à l'Eté ou à Mars, le bleu à l'Automne & au Ciel ou à la mer, & le blanc à l'Hiver & aux Zephirs. Ces quatre couleurs fignifioient auffi les quatre Elemens , felon Ifidore , le feu étant défigné par le rouge , l'eau de la mer par le bleu , l'Air par le blanc , & la Terre par le vert. Ce mot de *Faction* fut aboli , à caufe que les Empereurs en favorifant toûjours quelqu'une , comme Caligula qui fe declara pour la verte , & Virellius pour la bleue , il s'éleva enfin une fi horrible diffenfion entre ces deux Factions fous le regne de l'Empereur Juftinien , que près de quarante mille hommes furent tués pour cette querelle.

FACTIONNAIRE. f. m. Soldat que l'on met en fentinelle , & qui fait tout le détail du fervice.

FACULES. f. f. p. Nom que quelques Aftronomes ont donné aux taches qui paroiffent fur le Soleil , à caufe qu'elles paroiffent de tems en tems , & fe diffipent de même.

FAE

FAE', E'E. adj. Vieux mot, ◼◼ celé , enchanté. Il y a un Roman des Cham◼◼. On a dit auffi *Faërit* , pour Enchantement ◼◼ , pour Enchanter. Tout cela vient de *Fée*, Sybille ou Devinereffe parmi les Anciens , de φάω , Je parle.

FAG

FAGOT. f. m. Faiffeau de menu bois , de branchages , ACAD. FR. On dit , en termes de Marine , *Barque en fagot, chaloupe en fagot* , pour dire , Une barque

Iii

une chaloupe qu'on monte sur le chantier, & que l'on démonte ensuite pour la mettre dans un Vaisseau, & la monter dans les lieux où l'on en pourra avoir besoin. On dit de même, *Porter une maison en fagot*, pour dire, Porter les pieces de charpenterie qui sont necessaires à bâtir une maison, pour les assembler dans une terre étrangere, où l'on a dessein d'aller habiter. Nicod dérive *Fagot* de *Fasciculus*, parce qu'on disoit autrefois *Fascot*. Il y en a qui le font venir de *Fagus*, Fau ou Hêtre, à cause que c'est le bois qui brûle le mieux. Du Cange le tire de *Fagatum* ou *Fagotum*, de la basse Latinité, & M. Ménage veut qu'il vienne du Latin *Facotus*, qui a été fait du Grec φακός.

On appelle en termes de guerre, *Fagots ardents*, de petites Fascines faites de bois sec, qu'on trempe dans du goudron, & ausquelles on met le feu lorsqu'on veut les jetter sur les traverses ou galeries des Assiegeans. On y joint assés souvent des grenades qui font leur effet quand les fagots brûlent.

Fagot, s'est dit autrefois d'un instrument qui est hors d'usage. C'étoit une espece de grand hautbois qui se brisoit en deux parties, & qui ressembloit alors à deux morceaux de bois liés ensemble ; ce qui le faisoit appeler *Fagot*.

FAI

FAILLE. s. f. Vieux mot. Faute. On a dit autrefois, *Sans faille*, pour, Sans faillir, sans faute.
Vint contre sept couvient sans faille.

FAILLI. s. m. Marchand qui a fait faillite. *Les Faillis sont obligés de donner un état de leurs effets à leurs creanciers.*

Failli. adj. Terme de Blason. Il se dit des chevrons rompus en leurs montans. *D'azur à deux chevrons d'argent, l'un failli à dextre, l'autre à senestre.*

FAILLOISE. Terme de Marine. Il se dit de l'endroit où se couche le Soleil.

FAIM. s. f. *Desir, envie, appetit, besoin, necessité de manger.* ACAD. FR. La faim ne vient point de la suction des veines de l'estomac, ni de la chaleur du ventricule, puisque l'appetit est abbatu dans les fiévres ardentes, mais d'un acide subtil & spiritueux qui est dans le ventricule, sur-tout dans la tunique veloutée. Lorsque l'estomac est vuide & retiré, cet acide volatil corrode doucement par ses vapeurs & par son odeur stiptique acide les parois du ventricule, & particulierement l'orifice gauche qu'il picote, d'où s'ensuit la sensation qui fait l'appetit animal ou le desir des alimens. Il y a une *Faim naturelle*, qui est le picotement ou l'érosion de l'orifice gauche du ventricule par l'esprit acide volatil ; & une *Faim animale*, qui est la sensation ou perception de ce picotement & le desir des alimens qui en dépend. Les Indiens trouvent le moyen de tromper leur faim par un remede composé de feuilles de tabac & de coquillages calcinés & réduits en une masse de pilulles. Ces pilulles détruisent l'appetit, parce que d'un côté les feuilles de tabac ôtent le sentiment à l'orifice de l'estomac, & que de l'autre les coquilles calcinés absorbent & précipitent la pointe [...]de du levain de l'estomac ; ce qui suspend l'a[...]pour quelques jours. De même les Soldats fument du tabac pour tromper leur faim. Il y a une sorte d'appetit ou d'envie insatiable de manger, qu'on appelle *Faim canine*, à cause que ceux qui y sont sujets, mangent, avalent, digerent, & même rejettent les alimens comme les chiens. La faim canine differe en cela de la boulimie, qui quoiqu'elle soit aussi une faim insatiable, cause des

défaillemens qui [...]at de l'excès de la faim. La cause de cet app[...]sif dans l'une & dans l'autre, est en gener[...] acide de l'estomac devenu corrosif, qui pico[...]ortement l'orifice gauche du ventricule.

FAIM-VALLE. s. f. Sorte de maladie incurable qui vient aux chevaux, & dont parle Soleisseil.

FAINE. s. f. Fruit du hêtre. C'est une espece de gland dont on se sert à engraisser les pourceaux, comme de celui du chêne. Ce mot vient du Latin *Fagina*, fait de *Fagus*, Fau ou hêtre. On a dit autrefois *Faim* & *Faye*, pour Faine ; & *Faye*, qui s'est conservé, signifie un lieu planté de hêtres.

FAINTIS. s. f. Vieux mot. Trompeur.

FAIRE. v. a. *Produire quelque effet, soit naturel, soit artificiel, soit moral.* ACAD. FR. Ce verbe, en termes de Marine est employé fort diversement. On dit, *Faire le Nord, le Sud, l'Est-Sudest*, pour dire, Naviguer, gouverner, courir sur ces airs de vent. *Faire canal*, c'est passer une mer pour aller d'une terre à une autre ; & cette façon de parler est plus affectée aux galeres qu'aux navires. On dit, *Faire vent arriere*, pour, Prendre le vent en pouppe ; *Faire tête*, pour, Presenter le cap au vent ou au courant ; ce qui se dit d'un Vaisseau qui fait roidir son cable ; *Faire route*, pour, Courir, naviguer, *Faire droite route*, pour, Courir en droiture au parage où l'on a dessein d'aller, sans dériver si l'on peut ; *Faire plusieurs routes*, pour, Courir plusieurs bordées en louviant ; *Faire voile*, pour, Partir & faire sa route ; *Faire petites voiles*, pour, Ne porter qu'une partie de ses voiles ; *Faire servir les voiles*, pour, Mettre le vent dedans, ou les empêcher de fasier ; *Faire plus ou moins de voiles*, pour, Mettre plus ou moins de voiles au vent ; *Faire force de voiles*, pour, Porter autant de voiles qu'il en est besoin pour faire son cours avec plus de diligence ; *Faire recourir une manœuvre*, pour, La pousser où elle doit aller ; *Faire un bord, une bordée*, pour, Faire une route, soit à basbord, soit à stribord ; *Faire la parenfane*, pour, Mettre les ancres, les voiles & les manœuvres en état de faire route ; ce terme est particulier aux Levantins ; *Faire dégrat*, pour, Quitter en terre-neuve un lieu où il n'y a point de poisson, pour en aller chercher à un autre ; *Faire eau*, pour Etre gagné de l'eau qui entre dans le navire par quelque ouverture ; *Faire de l'eau, faire aiguade*, pour, se Pourvoir d'eau douce pour la provision d'un Vaisseau. On dit de même, *Faire du bois, faire du biscuit*, pour, Se fournir de bois, de biscuit ; *Faire chapelle*, pour, Revirer malgré soi, ou retourner le navire pour prendre vent ; *Faire escale*, pour, Mouiller dans un port ou dans un ancrage, & y avoir pratique & communication ; *Faire chaudiere*, pour, Apprêter à manger à l'Equipage. On dit, *Faire pavillon, faire banniere de France ou d'une autre Nation*, pour dire, Déployer le Pavillon de France ou d'une autre Nation ; & *Faire pavillon blanc*, pour dire, Déployer un Pavillon blanc, pour faire connoître dans un combat que l'on demande la paix. On le dit aussi pour faire un signal de paix quand on veut avoir pratique avec une nation suspecte. *Faire des feux*, se dit d'un Vaisseau qui étant incommodé, met des fanaux la nuit en plusieurs endroits, afin qu'étant vû de la flotte, il puisse en recevoir du secours. On dit encore, *Faire honneur à une roche*, pour dire, S'en éloigner, ne la pas approcher en passant avec un Vaisseau. *Faire la contremarche*, se dit quand les Vaisseaux d'une armée ou d'une division étant en ligne vont jusqu'à un certain lieu derriere le dernier, pour revirer ou changer de bord. Lorsque pour passer le rapide de la grande rivière de S. Laurent, on porte par terre un canot avec ce qui est dedans, parce qu'on ne peut remonter le fleuve en canot, cela s'appelle *Faire le portage*.

FAISAN. s. m. Sorte d'oiseau de la grosseur d'un chapon, & dont la chair est fort délicate. Il a le bec court, gros & crochu, la tête d'un vert changeant, l'œil entouré de petites plumes rouges, l'estomac & le ventre jaunes, & la queue longue & de diverses couleurs. Ses ailes tirent sur le gris. Cet oiseau est forestier & montagnard. On en voit de blancs qui viennent de Flandre. Le mâle a de petites cornes de plumes, & la femelle est sans crête. Elle est appellée *Faisande, Faisanne & Faisante*. On appelle *Faisandeau*, un jeune Faisan, & *Faisandiere* ou *Faisanderie*, un Clos ou lieu fermé où l'on nourrit des Faisans. Cet oiseau est appelé en Latin *Gallus sylvestris & Phasianus*.

FAISANCE. s. f. Terme qu'on employe dans la plûpart des baux des terres & heritages de la campagne. Il se dit des charges à quoi un Fermier s'oblige par delà le prix de son bail. *Faisance* signifioit autrefois Corvée.

FAISSELE. s. f. Vieux mot. Vaisseau à faire des fromages.

FAISTAGE. s. m. On appelle *Faistage de bois*, le toit & la couverture garnis de toutes les pieces qui sont necessaires à l'assemblage. *Faistage* signifie aussi la piece de bois qui fait le haut de la charpente d'un bâtiment, & où les chevrons sont arrêtés par en haut. Les Couvreurs se servent du même mot pour signifier un ais de plomb creux qu'ils mettent sur les maisons. On a appellé autrefois *Faistage*, certain droit que l'on payoit par chaque maison ou pignon. Il est appellé *Fastagium* dans les vieux Titres.

FAISTIERE. Ce mot qui est naturellement adjectif, puisqu'on dit *Tuile faistiere*, s'employe substantivement, & on dit *Une faistiere, des faistieres*, pour signifier une espece de tuile courbée & faite en demi-canal, qu'on met sur le haut des couvertures pour couvrir le faiste.

FAIT-FORT. s. m. On dit en termes de Monnoye, *Adjudication de monnoye à fait-fort*. Ce terme étoit en usage avant l'année 1647. parce qu'alors, selon ce que dit M. Boisard, le Maître de la monnoie se faisoit fort de fabriquer certaine quantité de marcs, l'or portant l'argent ; par exemple, trois mille marcs pour lesquels il se chargeoit de payer au Roi dix sols par marc pour le seigneuriage qu'il étoit tenu de payer ; quand même il n'auroit pas fabriqué les trois mille marcs, & même l'excedant des trois mille marcs, à quelque quantité qu'il pût monter, ensemble les foiblages & écharcetés sur le pié du nombre des marcs mentionnés au registre des délivrances. C'est à ce qu'on appelloit *Fait-fort*. On entend par ces termes, *L'or portant l'argent & l'argent l'or*, la quantité des marcs d'argent qu'il faut payer pour un marc d'or. Ainsi sur la proportion quinziéme, telle qu'elle est à present, si un Maître avoit fabriqué cent marcs d'or, on lui tiendroit compte de quinze cens marcs fabriqués.

FAITIS. adj. Vieux mot. Joli, beau.

Les sourcils blons & bien tretis,
Et les yeux doulces & faitis.

On a dit aussi *Faitisse*, pour Mignonne, jolie.
Sa femme mignote & Faitisse,
De peur d'enlaidir en la peine,
Refuse à devenir nourrisse.
On a dit encore *Faitis*, pour, Tout exprès.
Tome I.

Je l'ai fait faire tout faitis
Ainsi des laines de mes bêtes.
On écrivoit aussi *Fetis & Fetisse*,

FAL

FALACA. s. f. On dit dans Alger, *Donner la Falaca*, pour dire, Donner la bâtonnade, qui est une sorte de mauvais traitement qui se fait souvent aux captifs Chrétiens. Le patient est couché sur le dos, & il a les bras liés avec des cordes. En cet état, on fait passer ses piés par une piece de bois trouée en deux endroits, & longue d'environ cinq piés. Chaque bout de cette piece de bois, qu'ils appellent *Falaca*, est tenu levé en l'air par un Esclave, pendant qu'un autre Esclave frappe avec un bâton ou un nerf de bœuf sur la plante des piés du patient, & lui donne quelquefois jusqu'à deux cens coups.

FALAISE. s. f. Bord de la mer dont le terrain est escarpé & taillé en précipice. Ce mot vient de *Fates* ou *Fels* Allemand, qui veut dire Roche. D'autres le font venir de *Phalis* ou *Falis*, Tours fort élevées. On a dit aussi *Falesia* dans la basse Latinité. On disoit autrefois *Falise & Faloise*.

Li châteaux sur une faloise.

Ce mot se disoit aussi d'une roche couverte de mousse.

FALAISER. v. n. Terme de Marine. On dit que *La mer falaise*, pour dire, qu'elle vient briser sur la rive.

FALANGE. s. f. Nom que l'on donne aux Antilles à une sorte de grosse mouche, dont il s'en trouve qui ont deux trompes pareilles à celle de l'Elephant, l'une recourbée en haut, & l'autre en bas. Quelques autres ont trois cornes, une qui naît du dos, & les deux autres de la tête. Ces cornes, ainsi que le reste du corps sont noires & luisantes comme du Jayet. Il y en a quelques-unes qui ont une corne longue de quatre pouces, de la façon d'un bec de beccasse, lissée par dessus, & couverte d'un poil follet par dessous. Elle leur sort du dos & s'avance tout droit sur la tête au haut de laquelle elles ont encore une autre corne semblable à celle du cerf-volant, qui est noire comme ébene & claire comme du verre. Tout le corps est de couleur de feuille-morte, poli & damassé. Ces mouches ont la tête & le museau comme un singe, deux gros yeux jaunes & solides, une gueule fendue, & des dents en forme de petite scie.

FALCADE. s. f. Terme de Manége. Action des hanches & des jambes d'un cheval, qui se plient fort bas en coulant comme à courbettes, lorsqu'on l'arrête, ou qu'on lui fait faire un demi-arrêt.

FALCIDIE. adj. On a appellé parmi les Romains *Loi Falcidie*, une Loi qui autorisoit un pere à donner son bien à qui il vouloit, pourvû qu'il en reservât la quatriéme partie à ses legitimes heritiers. Elle prit le nom de *Falcidie* de Falcidius Tribun du Peuple Romain qui en fut l'auteur.

FALQUER. v. n. On dit, *Faire falquer un cheval*, pour dire, Le faire couler deux ou trois tems sur les hanches, en formant un arrêt ou demi-arrêt.

FALQUET. s. m. Nom que quelques-uns donnent au Hobereau, qui est un oiseau de leurre.

FALERE'. e'e. adj. Vieux mot, Enharnaché, de *Phaleratus*, qui a été fait du Grec φάλαρα, Ornemens de cheval.

FALOUR. s. f. Vieux mot. Sot. Borel dit qu'il peut venir de *Faillir*.

FAM

FAME. Vieux mot qui se dit encore au Palais. Réputation, renommée.

> *Comme maint homme & mainte-femme*
> *Qui ont bon los & bonne fame.*

FAMILIER. s. m. Nom qu'on donne à Rome aux Sergents & autres moindres Officiers de l'Inquisition, dont la fonction est de faire prendre les accusés. Il y a de grands privileges attachés à cette charge, ce qui fait que la noblesse ne dédaigne point de l'exercer. On ne peut poursuivre les Familiers en aucune autre Jurisdiction.

FAMILISTES. s. m. Heretiques, nommés autrement *la Famille d'amour* ou *de charité*, à cause de l'amour qu'ils portent à tous les hommes, quelque impies qu'ils soient, & de l'obéissance qu'ils rendent à toutes les Puissances superieures, quoiqu'elles soient fort tiranniques. Ils eurent pour leur premier Fondateur David George de Delf, qui se qualifioit lui-même le vrai David qui rétabliroit le Royaume d'Israel. Il tenoit que ni Moïse, ni aucun Prophete, ni Jesus-Christ ne pouvoient sauver le Peuple par leur doctrine, mais que la sienne étoit l'unique moyen par lequel on parvenoit à la beatitude; que si quelqu'un parloit contre sa doctrine, cela ne lui seroit pardonné ni en cette vie ni en l'autre; qu'il édifieroit la vraie Maison d'Israël, & rétabliroit le tabernacle de Dieu, non point en souffrant, mais par amour; qu'il étoit le vrai Messie, le Fils bien aimé du Pere; qu'il ne mourroit point, ou ressusciteroit s'il mourroit. Henri Nicolas d'Amsterdam son successeur, & ajoûta beaucoup d'opinions soûtenables à celles-ci. Il y a encore plusieurs autres sortes de Familistes, comme Castaliens, Grindletoniens, qui outre les erreurs de David George, & de Henri Nicolas, soûtiennent que nous ne devons pas prier pour la remission des pechés, lorsque nous sommes assûrés de l'amour de Dieu, que les impies pechent necessairement, & plusieurs choses semblables.

FAMOCANTRATON. s. m. Animal qui se trouve dans l'Isle de Madagascar, & qui est de la grosseur d'un petit lesard extraordinaire. Il a le dessus de la queue, aussi bien que le dessus & le dessous du cou jusqu'au bout de la machoire fait comme en petites parties; & à l'aide de ces petites parties, il s'attache si bien à l'écorce des arbres à l'endroit où il se met qu'il semble qu'il y soit collé, de sorte qu'on ne sçauroit découvrir de quelle maniere il s'y tient si attaché. Il a toûjours la gueule ouverte pour attraper des mouches, des araignées & autres insectes dont il se nourrit. On l'appelle *Famocantraton*, ce qui veut dire en langage du Pays, Sauteur à la poitrine, parce que si quelqu'un s'approche de l'arbre où il est, il lui saute à la poitrine, où il se tient si fortement attaché, qu'on ne l'en sçauroit ôter sans couper la peau par dessous avec un rasoir. Cela est cause que ceux du pays l'apprehendent fort.

FAN

FANAGE. s. m. Action de faner l'herbe d'un pré. Il se dit aussi du salaire de ceux qu'on employe à ce travail.

FANAL. s. m. *Espece de grosse lanterne dont les Vaisseaux se servent dans la navigation.* Acad. Fr. Lorsqu'on dit simplement *Fanal*, on entend le grand Fanal de pouppe. L'Amiral en porte trois pour se faire suivre des autres Vaisseaux de guerre. Le Vice-Amiral en porte deux, & chaque Navire de guer-

re en a un. Quand le tems est gros, tous les Vaisseaux mettent des fanaux à l'arriere pour s'empêcher de dériver l'un sur l'autre. Le *Fanal de hune*, est celui que porte à la grande hune le Vaisseau du Commandant, ou pour faire des signaux, ou pour quelqu'autre besoin. On appelle *Fanaux de combat*, ceux qui ne donnent de la lumiere que d'un côté; l'autre étant plat & sans ouverture, de sorte qu'on peut l'appliquer contre le côté du dedans du Vaisseau lorsqu'il faut donner un combat la nuit. Les *Fanaux de soute*, sont de gros falots qui servent à tenir une lampe pendant le combat, afin d'éclairer dans les soutes aux poudres. Il y a aussi de *petits Fanaux*. Ce sont ceux qu'on met aux côtés du grand Fanal à la pouppe d'un Vaisseau. *Fanal* dit: C'est une grande *lanterne*, ayant une pointe ou lampe allumée, laquelle la *Galere Capitainesse porte au haut de la pouppe*, non pour éclairer de nuit aux autres Galeres, allants de conserve, mais à ce que toutes suivent la route qu'elle tient. *Fanal* aussi se prend pour une trop plus grosse lanterne, laquelle est assise au haut d'une tour d'un port, dont la clarté sert de nuit de guide aux *Vaisseaux* flottans sur la *mer*, pour arriver à bon port, lesquelles tours les Grecs ont finalement appelé φάρος, pour être la grande tour élevée à cet effet au port d'Alexandrie appellée φάρος. Ainsi il conviendroit écrire Phanal, on par cette raison, on parce que notoirement il vient de ce verbe Grec φαίνω, dont dépend ce nom φανός, qui signifie aussi Lampe, torche; mais le François, non plus que l'Espagnol ni l'Italien, n'a la prononciation du φ des Grecs, laquelle comme abbâtardie envers lui, il la supplée improprement par la lettre F; à l'imitation duquel mot, on dit aussi en François Fanon ou Phanon, pour ladite même lanterne éclairant.

FANER. v. a. Etendre avec une fourche l'herbe d'un pré que l'on a fauché, & la remuer de tems en tems afin qu'elle seche.

FANFELUS. Vieux mot. Moqueries.

FANFRELUCHE. s. f. Chose de peu de consequence, & qui n'a qu'un faux éclat. Ce mot est populaire, & on tient qu'il s'est dit originairement des flammêches qui s'élevent en l'air quand on brûle des feuilles. Monsieur Ménage le dérive de *Fralucgre*. Jetter une lueur qui dure peu, & d'autres le font venir du Grec πομφόλυξ, Cloche d'eau. Du Cange marque qu'on a dit *Famfoluga* & *Famfoluca* dans la basse Latinité, que ces mots qui sont tirés du Saxon, signifient une chose de rien, & qu'on en a fait *Fanfreluche*.

FANION. s. m. Etendard de serge qu'un valet de chaque brigade de Cavalerie & d'Infanterie porte à la tête de sa brigade pendant la marche des bagages de l'armée. Il est de la couleur des livrés du Brigadier, & sert à regler le rang & l'ordre de la brigade, ce qui empêche qu'il n'y ait de l'embarras dans la marche des équipages. Ce mot vient de l'Italien *Gonfanone*, Banniere.

FANON. s. m. Terme de Manége. Toupet de poil gros comme du crin qui vient au derriere du boulet de plusieurs Chevaux; les Chevaux de taille legere y sont peu sujets. Il se dit aussi des barbes qui pendent des deux côtés de la gueule des baleines. On s'en sert à mettre dans le corps de jupe de femmes, & à plusieurs sortes d'ouvrages où l'on a besoin d'une matiere pliante qui fasse ressort.

Fanon. Terme de Marine. Raccourcissement du point d'une voile, lorsque voulant prendre moins de vent, on la trousse & ramasse avec des cordes que l'on appelle *Garcettes*.

Fanon se dit encore, non seulement d'un ornement facerdotal , que les Prêtres, les Diacres & les Soudiacres mettent au bras gauche en officiant, mais aussi des deux pendants qui sont au derriere de la mitre d'un Evêque, & même du bonnet ou de la couronne de l'Empereur.

Fanon. Terme de Blason. Large brasselet qui est fait comme le fanon du Prêtre , avec cette difference qu'il pend du bras droit , au lieu que le Fanon dont se servent ceux qui officient dans les Eglises, leur pend du bras gauche. C'est ce qu'on appelle *Dextrochere.*

FANSHAA. s. m. Arbre grand & haut qui croît dans l'Isle de Madagascar , & qui rend une liqueur rougeâtre long-tems après qu'on l'a abattu. Il a ses feuilles semblables à la fougere , & son bois est plein de veines & fort dur , excepté vers le milieu où il est tendre.

FANTASIEUX. adj. Vieux mot. Capricieux , Fantasque.

FAO

FAONNER. v. n. Il se dit des biches & des femelles de Chevreuil quand elles mettent bas leur fruit, appelé *Fan* ou *Faon.*

FAQ

FAQUIRS. s. m. p. Nom que l'on donne à certains Devots des Indes qui passent leur vie dans des mortifications qu'on a peine à croire. Ils vont tout nuds l'hiver & l'été, couchant sur la terre où ils étendent seulement un peu de cendre. Il y en a même qui ne se couchent ni nuit ni jour , pendant une ou plusieurs années , & n'ont pour tout appui à se soutenir qu'une corde suspenduë. D'autres tiennent leurs bras élevés si long-tems vers le Ciel qu'ils demeurent dans cette situation sans qu'ils puissent plus les abaisser. Leur jeûne est terrible , & plusieurs d'entr'eux s'enferment dans une fosse neuf ou dix jours , sans prendre le moindre aliment pour nourriture. Quand ils vont par bandes en courant de pays en pays , ils ont un Chef ou Superieur dont ils reçoivent les ordres. Ce Chef & les principaux d'entr'eux ont d'ordinaire pour habillement trois ou quatre aunes de toile de couleur d'orange , dont ils se font des manieres de ceintures. L'un des bouts de cette toile passe entre leurs cuisses pour couvrir ce que la pudeur oblige à cacher , & outre cela ils ont sur les épaules une peau de Tigre qui est attachée sous le menton. L'habit des simples Faquirs consiste en une corde qui les ceint , & à laquelle est attaché un morceau de toile qui cache ce qu'il n'est pas permis de montrer. Ils ont leurs cheveux liés en tresse autour de leur tête en maniere de turban. Chacun d'eux porte un cor de chasse dont ils sonnent quand ils arrivent en quelque lieu ou qu'ils en partent, & raclent la place où ils ont dessein de s'arrêter , avec un racloir de fer fait en forme de truelle. Ils amassent la poussiere qu'ils ont raclée , & la mettent en un monceau pour s'en faire un chevet pendant la nuit. Ils vivent des aumônes qu'on leur fait dans les quêtes où le Superieur les envoye dans les lieux voisins , separant ce qu'ils apportent en égales portions. Ce qu'ils ont de trop est distribué tous les soirs aux pauvres sans qu'ils se reservent rien pour le lendemain.

FAR

FARAILLON. s. m. Terme de Marine. Petit banc de sable que quelque passage ou fil d'eau tient séparé d'un grand banc.

FARCER. v. a. Mot du vieux langage , qui a été dit pour , Railler , se mocquer.

FARCIN. s. m. Maladie de Chevaux ou de Bœufs. C'est un venin qui corrompt le sang , & qui paroît par des boutons ou des cordes le long des veines, & même par des ulceres. On ne sçauroit guerir ces boutons qu'en faisant entrer un fer pointu & brûlant dans les ulceres. Ce mal est une vraye peste pour les Chevaux , & se communique facilement.

FARCIR. v. a. Terme de Pharmacie. Remplir quelque cavité vuide de choses de senteur ou d'autres, selon l'intention du Medecin. Ainsi on ôte le cœur de certaines racines , & on met en la place des aromatiques , comme des girofles & de la canelle qu'on a fait tremper auparavant. On farcit aussi des animaux. On tire , par exemple , les entrailles d'une Oye , & on remplit ce vuide de la chair d'un vieux Chat , & d'herbes nervales , ce qui rend de grande vertu la graisse qui en découle. On farcit de même des sachets de cotton en forme de petits bonnets que l'on applique à la tête pour la fortifier & en corriger l'intemperie froide , ce que l'on appelle *Cucupha.*

FARDES. s. f. p. Terme de Marine. Planches qu'on éleve pendant un combat sur l'endroit du plarbord qu'on nomme *la Belle* , ce qui tient lieu de pavois & de garde corps , afin de défendre le pont & d'empêcher que les ennemis ne découvrent ce qui s'y passe. On dit aussi *Fargues.*

FARDELIER. s. m. Vieux mot. Crocheteur , qui porte des fardeaux.

FARDET. s. m. Vieux mot. Fard.

Au matin va la voir ; ains qu'elle soit levée ,
Ne que de son fardet soit ointe ne fardée.

FARE. s. f. Sorte de fête de Pêcheurs qui se faisoit vers le mois de Mai , & qui a été défenduë par une Ordonnance de 1679. Les Pêcheurs s'assembloient pour la celebrer , & quelquefois même les Officiers des Forêts , & ils faisoient une fête solemnelle. On a trouvé que cette pêche dépeuploit trop les rivieres , & elle n'a plus été permise par cette raison.

FARGIER. v. a. Vieux mot. Forger.

FARINE. s. f. *Grain moulu & réduit en poudre.* ACAD. FR. Quand les Medecins mettent le mot de *Farine* seul dans leurs ordonnances ; on entend la *Farine de froment* , qui est le blé moulu & réduit en poudre , les autres farines ne s'y mettent qu'avec addition *Farine de segle* , *d'orge* , *de feve* , &c. La farine de froment est bonne pour aider à la suppuration. La *folle farine* est la plus menuë qui le vent enleve , & qui s'attache aux parois des moulins. Elle est emplastique , & appliquée sur la partie qui en a besoin , elle sert à procurer un callus.

FARRE. s. f. Vieux mot. Farine *Parmi trois glouons de farre.*

FARSANGE. s. f. Sorte de mesure de chemin qu'on exprime en Perse par ce mot , comme on l'exprime en France par Lieuës , & en Italie par Milles. La Farsange commune de Perse est de trois mille pas Geometriques.

FAS

FASCE. s. f. Terme d'Architecture. On appelle *Fasces de l'Epistyle* ou architrave , les trois bandes ou parties qui la composent. Ce mot vient du Latin *Fascia* , Bande , bandelette. Vitruve n'admet point de Fasces dans l'Ordre Toscan ni dans le Dorique.

Iii iij

Il n'a pas été imité en cela par quelques-uns.

Fasce. Terme de Blason. Piece honorable qui occupe le tiers de l'écu horisontalement par le milieu, & qui sépare le chef de la pointe.

FASCE', E'E adj. Il se dit d'un écu couvert de fasces, & des pieces divisées par longues listes. *Fasce d'argent & d'azur.* On dit *Fasce, contrefascé,* quand l'écu fascé est parti par un trait qui change l'émail des fasces, en sorte que le métal soit opposé à la couleur, & la couleur au métal. On dit dit aussi *Fascé, denché.* C'est quand toutes les fasces sont dentées, de telle façon que l'écu en soit autant plein que vuide.

FASCICULE. s. m. Terme de Pharmacie. Mesure dont se servent ordinairement les Apoticaires pour mesurer les herbes, & qui contient ce qui s'en peut enfermer entre les deux bras. Les Medecins mettent seulement la lettre F. pour la marquer dans leurs ordonnances.

FASCINE. s. m. Terme de Guerre. On appelle *Fascines,* des fagots faits de menus branchages, & qui sont plus ou moins gros selon les usages où on les destine. Les Fascines que l'on goudronne pour brûler un logement, ou quelqu'autre travail de l'ennemi, n'ont qu'un pié & demi d'épaisseur ; mais celles qui servent à faire des épaulemens, ou qu'on destine à élever des jettées ou des traverses pour le passage d'un fossé plein d'eau, ont d'ordinaire quatre piés de longueur, & deux à trois piés de diametre. On les lie par les deux bouts & par le milieu à cause qu'on y mêle quantité de terre qui les renforce & qui les rend plus solides. On dit, *Aller à la Fascine,* & *Commander des Troupes pour la Fascine.* On appelle *Fascines ardentes,* celles qui sont frottées de roche de feu & trempées de goudron. On les farcit quelquefois de grenades. Les Assiegés les jettent la nuit pour éclairer dans un poste attaqué ou menacé.

FASEOLE. s. f. Sortes de legumes de la nature des féves, qui selon Dioscoride enflent & engendrent des ventosités & sont de difficile digestion. Les Faseoles mangées vertes sont bon ventre, & sont propres pour les dévoyemens d'estomac, & pour les vomissemens. Matthiole dit qu'elles sont fort communes en Italie, & qu'il y en a de blanches, de rouges, de jaunes, & d'autres marquées de differentes couleurs. On seme les blanches par tout dans les champs, & elles ont leurs feuilles comme celles du lierre, quoiqu'un peu plus grandes, plus molles & pleines de veines. Il en sort trois d'une seule queue. Leurs fleurs sont blanches, & plus petites que celles des pois, & il en vient de petites cornes rondes en long & pointues au bout. Elles sont vertes au commencement, & blanches étant mûres. C'est là dedans que sont enfermées les Faseoles, qui ont presque la forme des roignons des bêtes à quatre piés, & qui sont blanches, excepté vers le milieu qui est un peu noir. Les Faseoles rouges, les jaunes, & celles qui sont de differentes couleurs, servent à couvrir les treillis, & à donner de l'ombre dans les jardins, s'agraffant avec leurs crochets comme fait la vigne, ce qui fait croire à quelques-uns que cette sorte de Faseoles est le smilax des jardins. Il y a dans les Antilles une sorte de Faseole qui rampe ordinairement dans les sables du bord de la mer. Ses feuilles quoique semblables à celles de nos pois, sont neanmoins trois fois plus épaisses. Elle a ses cosses longues d'un pié, & larges d'un pouce, remplies de sept ou huit feves, rondes & plates. Leur couleur est brune, & on les tient si dangereuses qu'on les laisse perdre sans les cueillir.

FASIER. v. a. Terme de Marine. On dit que *Les voiles fasient,* pour dire, que Le vent n'y donne pas bien, & que la ralingue vacille toûjours.

FASTES. s. m. p. Calendrier des anciens Romains, où ils marquoient les noms de leurs Magistrats, leurs jeux, leurs ceremonies, leurs fêtes & les jours où ils devoient travailler. Ces derniers étoient appellés *Dies fasti,* ou Jours fastes, & c'étoient ceux dans lesquels il étoit permis de poursuivre quelque affaire en Justice, & où le Preteur pouvoit dire ces trois mots. *Do, dico, addico.* On appelloit les jours de Fête, *Dies nefasti.* Le mot de *Fastes,* vient de *Fari,* Parler. On appelle, *Fastes Consulaires,* l'Histoire Chronologique de la suite des Consuls. Les Poëtes & les Orateurs nomment aussi *Fastes,* les Archives ou Registres publics où se conservent les Memoires historiques des choses les plus memorables arrivées dans chaque nation.

FAT

FAT. s. m. Vieux mot. Destin du Latin *Fatum.*
  Qui eut en soi le Fat & destinée.

FATISTE. s. m. Vieux mot. Bateleur, Poëte qui faisoit des vers pour disputer le prix des Jeux floraux, & autres. Ce mot vient du Grec φατιζω, Dire, déclarer. Borel dérive de là le mot de Fat.

FATRAS. s. m. Sorte de vers anciens où l'on repete souvent un vers comme aux Chants Royaux. On a dit aussi *Fatriser,* pour dire, Faire de ces sortes de vers. Aujourd'hui ce mot ne s'employe plus que pour signifier des bagatelles, des choses de nulle valeur, vaines, inutiles. *A quoi sert tout ce fatras de citations ?*

FATROULER. v. n. Vieux mot. S'occuper à quelque chose de neant.

FAU

FAU. s. m. Arbre de haute futaye. Dioscoride dit que le Fau & l'Yeuse sont mis au rang des chênes, & qu'ils ont tous deux la même vertu. Les feuilles du Fau sont semblables à celles de la carpie ; mais moins crêpées, plus grandes & plus lissées. Son fruit qui n'a aucune forme de gland est rond au dehors, moussu, âpre & piquant. Au dedans il y a de petits noyaux qui ont une petite peau polie & lissée, de couleur noire, tirant sur le tan en maniere de châtaignes. Il est assés savoureux au goût, mais un peu stiptique. Reduit en cendres, il sert à faire des linimens pour évacuer la pierre & la gravelle. Ce fruit est appellé *Faine.* Les Loirs s'en engraissent. Les Ecureuils en sont fort friands, ainsi que les Merles, Grives, & autres Oiseaux. La cendre du bois de Fau est caustique, brûlante & abstersive, ce qui la fait mettre au rang des Pyrotiques.

FAUBER. s. m. Terme de Marine. Sorte de balai, fait de fils de vieux cordages, avec lequel on nettoye le vaisseau. On l'appelle aussi *Escoup,* ou *Escoupe,* & l'on dit *Fauberter,* pour dire, Nettoyer avec un Faubert.

FAUBLOYER. v. n. Dire, parler, reciter du Latin *Fabulari.*

FAUCHER. v. n. Terme de Manege. On dit d'un Cheval, qu'*Il fauche,* pour dire, qu'il traîne en demi-rond une de ses jambes de devant. Cette maniere de boiter paroît plus au trot qu'au pas, & cela arrive aux Chevaux qui ont été entr'ouverts, ou qui ont fait quelque effort.

FAUCHET. s. m. Sorte de rateau ayant des dents de bois de chaque côté, & qui sert aux Faucheurs

& aux Faneufes à amaffer l'herbe fauchée & fanée pour la mettre en meulons. Les Batteurs en grange fe fervent auffi d'un Fauchet pour feparer la paille battue d'avec le blé.

FAUCHEUX. f. m. Efpece d'araignée qui marche parmi les herbes & qui a les pattes fort longues.

FAUCHON. f. m. Sorte d'épée courbe qui étoit autrefois en ufage. On l'appelloit ainfi à caufe qu'elle étoit faite en forme de faucille, ou parce qu'on en fauchoit les hommes.

> *Ou le Fauchon je te ceindrai*
> *Ou je ta vie faucherai.*

FAUCILLE. f. f. Inftrument fait en demi-cercle, qui a de petites dents plus délicates que celles des fcies, & avec lequel on fcie les bleds. Il eft mince, peu large & emmanché d'un petit manche de bois. Nicod fait venir ce mot de *Falcula* ou *Falcilla*, diminutif de *Falx*, Faux.

On appelle, en termes d'Anatomie, *Faucille de moiffonneur*, cette portion de la dure-mere qui fepare les parties de devant du cerveau. Cela vient de ce qu'elle a la forme d'une faucille.

AUCILLON. f. m. Sorte d'inftrument qui eft fait en maniere de faucille. Les menus bois taillis qui font aifez à couper avec cet inftrument, s'appellent *Bois à faucillon*.

FAUCON. f. m. Oifeau de leurre qui a le vol haut la tête noirâtre, le dos cendré & femé de plufieurs taches, & les jambes & les piés jaunes. La Fauconnerie a pris fon nom de cet Oifeau, comme du plus noble de tous les Oifeaux de proye. On appelle *Faucon Pelerin*, celui qui vient des pays Latins, & dont on ne connoît point l'aire; *Faucon gentil*, ou *de paffage*, celui qui vient des pays circonvoifins, & qui eft le plus aifé à dreffer, & *Faucon niais*, celui qui n'a jamais été à foi, parce qu'on l'a pris au nid ou dans le roc lorfqu'il étoit fort petit. Le *Faucon for*, eft un Faucon qui a encore fon premier plumage, c'eft-à-dire les pennes du premier an, & le *Faucon antenaire*, celui qui eft pris au Printems avant la mue. On dit *Faucon hagard*, pour dire, Celui qui n'eft plus for quand on le prend, & qui a mué ou changé de plumes. Le *Faucon montanier* eft brun & hardi, & fe doit entretenir entre gras & maigre. Il y a un Faucon qu'on appelle *Tagarot*, & un autre que l'on nomme *Tartaret*. Le premier eft un Oifeau fort long & floué d'une efpece particuliere, & que l'on apporte du côté d'Egypte, & l'autre eft un grand Oifeau qui vient de Tartarie, & que l'on appelle de haute maille. Les *Faucons balarins* viennent de Hongrie. Ce font des Faucons communs, petits de pennage brun, & qui ont la tête noire. Il y en a d'autres qu'on appelle *du Perou*, autrement, *Neblies*. Ils volent plus haut que la plûpart des Faucons, & ont des ferres fortes, & une couleur tirant fur le noir. Quelquesuns tiennent que le nom de Faucon a été donné à cet Oifeau, à caufe de fes ongles recourbez qui reffemblent à une faux fylveftre. D'autres dérivent ce mot à *Falcando*, à caufe que le Faucon vole en tournant en maniere de faux.

On appelle auffi *Faucon*, Une efpece de canon qui a trois pouces de diametre, & dont le boulet pefe une livre.

FAUCONNEAU. f. m. Autre efpece de canon de fix à fept piés de long, qui a deux pouces de diametre, & dont le boulet pefe treize à quatorze onces. Ces deux pieces d'artillerie font les plus aifées à être fervies, & on les appelle ordinairement *Pieces de campagne*, à caufe qu'elles fuivent toûjours l'armée, & qu'on s'en fert plûtôt que des au-

tres, pour la facilité qu'il y a de les charger promptement.

Fauconneau. Terme de Maçon. La plus haute piece de bois d'un engin à élever des fardeaux. Elle eft pofée en travers, & a une poulie à chaque bout On dit auffi *Etourneau*.

FAUCONNIER. f. m. Celui qui dreffe ou qui a le foin des Oifeaux de proye.

Grand Fauconnier, en France, eft l'Officier qui a foin de la Fauconnerie du Roi. Il prête ferment entre les mains de Sa Majefté, & pourvoit à toutes les Charges de Chefs de vol quand elles vaquent par mort. Ceux qui les ont s'en démettent fous fon agrément. Il pourvoit auffi à toutes les autres Charges de ceux qui font employés dans la Fauconnerie, & commet telles perfonnes qu'il veut pour tendre & prendre des oifeaux de proye en tous lieux, plaines & buiffons de France. Il faut que tous les Marchands Fauconniers, tant étrangers que François, lui prefentent leurs oifeaux avant qu'ils les expofent en vente, afin qu'il choififfe ceux qu'il croit neceffaires, pour les plaifirs du Roi; après quoi il leur donne permiffion de les vendre. Si le Roi veut jetter luimême un oifeau lorfqu'il eft à la chaffe, le Chef le prefente au Grand Fauconnier qui le met fur le poing de Sa Majefté. Quand la proye eft prife, le Piqueur en donne la tête à fon Chef, & le Chef la donne au Grand Fauconnier, qui la prefente de même à Sa Majefté.

On dit, en termes de Manége, *Monter à cheval en Fauconnier*, pour dire, Monter du pié droit.

FAUCRE. f. m. Vieux mot. Arrêt de la lance.

> *Ecu au col, lance fur faucre.*

Ce mot vient du Latin *Fulcrum*, Appui.

FAUDE. f. f. Vieux mot. Giron. On l'a dit auffi pour le creux d'une chaire, & *Faudiere & Faudal*, pour un Tablier de femme.

FAUDETEUIL. f. m. Vieux mot. Chaire à bras, fiege Royal. *D'autre part étoit affife fur un faudeteuil une noble Dame.* On a dit auffi *Faudefteuf*, dans la même fignification. Nicod donne une explication plus ample de ce mot. *Faudeteuil*, dit-il, *eft une efpece de chaire à doffier & à accoudoirs, ayant le fiege de fangles entrelaffées, couvertes de telle étoffe qu'on veut, laquelle fe plie pour plus commodement la porter d'un lieu à un autre; & eft chaire de parade, laquelle on tenoit autrefois auprès d'un lit de parade. Le mot lui peut être donné de celui-ci Faulde, qui fignifie Giron, dont le Languedoc ufe encore, parce que telles chaires, qui étoient de baffieges & creux, avoient le fiege malaifé & un peu creux en forme de giron. Au grand ceremonial de l'Eglife, il eft latinifé par Faldiftorium, & prins pour la chaire ou féance de refpect & d'honneur où le Cardinal qui celebre la Meffe fe repofe aux intervalles qui lui permettent fe retirer de l'Autel, & eft baillé pour accouldoir à l'Empereur étant en l'Eglife de S. Pierre pour faire fon oraifon: mais eft fans doffier & fans accouldoir, & toute rafe, & en cela differente du faudeteuil qui eft ci-deffus écrit. Et felon ladite dérivation de faulde pour Gremium, peut être cette chaire fans accouldoir & fans doffier, la façon originaire du faudeteuil, pour être le giron de l'homme, ainfi fait, qui fert d'accoudoir au Pape, quand il eft à genoux en oraifon à l'Eglife ou dans fa Chapelle.*

FAVELE. f. f. Vieux mot. Menfonge, du Latin *Fabula*.

FAUFEL. f. m. Noifette Indique dont Matthieu Sylvaticus parle en ces termes. Faufel, c'eft-à-dire, la noifette Indienne, eft femblable à la noix mufcate, excepté qu'elle eft plate d'un côté, & un peu plus élevée de l'autre, en forte qu'elle peut fe tenir debout sans pancher ni çi ni là. Elle est du reste comme la muscate, & n'a aucune odeur ni saveur. Quand elle sort on la trouve enfermée en de petites vessies, semblables à celles d'où sort la soie. On en apporte souvent parmi les autres noix qui viennent de Calecut, & je l'ai vûe moi-même dans ses coques ou vessies. La plante de cette noisette est fort semblable au Neragil, c'est-à-dire, à la noix Indienne. Elle est refrigerative & fort astringente, ce qui la rend propre à affermir les membres, & à aider aux maladies chaudes, soit qu'on la prenne en breuvage, soit qu'on l'applique en emplâtre sur quelque partie souffrante.

FAUFELUES. s. f. p. Vieux mot. Sottises, fanfreluches.

FAULDES. On appelle ainsi en termes d'Eaux & Forêts les fosses Charbonnieres où l'on fait le charbon.

FAUSSEMENT. s. m. Terme de Charpenterie. C'est la même chose que Décolement.

FAUSSURE. s. f. Terme de Fonderie. Il se dit des traits ou courbures des cloches aux endroits où elles commencent à s'élargir.

FAUTEAU. s. m. Piece de bois suspendue en l'air, & qui étant ébraplée & agitée à force de bras, est poussée contre une muraille pour l'abattre, ou contre une porte pour l'enfoncer, comme on faisoit autrefois avec des beliers.

FAUTIF, IVE. adj. Les Charpentiers appellent *Fautive*, une Piece de bois qui n'est pas quarrée, ou qui est défectueuse. *Solive fautive*, est celle qui n'est pas à vive arête,& qui a de l'aubier.Quelques-uns disent aussi *Du bois fauteur*.

FAUVE. s. m. Oiseaux des Antilles, que les François appellent ainsi à cause de la couleur de leur dos. Ils sont blancs sous le ventre, de la grosseur d'une poule d'eau, & si maigres d'ordinaire, qu'on ne les estime que pour leurs plumes. Ils ont les piés comme les cannes, le bec pointu comme les beccasses, & vivent de petits poissons. Ils se lassent facilement de voler, & s'ils apperçoivent un navire, ils viennent incontinent se poser dessus, surtout si la nuit approche, se laissant prendre sans aucune peine.

FAUVETTE. s. f. Petit oiseau gai, dont le chant est agréable, & qu'on dit qui connoît particulierement celui qui a soin de lui donner à manger. Il a pris son nom de sa couleur qui est fauve.

FAUX, AUSSE. adj. *Qui n'est pas veritable.* ACAD. FR. On dit, en termes de Manége, qu'*Un cheval est faux*, qu'*Il galope faux*, quand ayant entamé le chemin par la jambe droite de devant, ou par la gauche,il ne fait pas toûjours partir cette même jambe la premiere, en sorte qu'il se désunit, traîne les hanches & change de pié. On ne peut le remettre sur le bon pié & le bien unir de hanche, qu'en approchant le gras de la jambe, & ensuite l'éperon de dehors, c'est-à-dire, celui qui est opposé au côté par lequel il se désunit. Quelques-uns disent, *Cheval faux marqué*, pour dire, Contremarqué.

On dit d'un chien de chasse, qu'*Il appelle en faux*, quand il aboye en un lieu où les perdrix ont été, & d'où ensuite elles ont volé ailleurs.

Fausses-armes. On appelle dans le Blason *Fausses-armes*, Celles où l'on n'a point observé les principales regles de l'art, ce qui leur a fait donner le nom d'*Armes à enquerre*.

Faux-bourdon. Sorte de Musique, dans laquelle les differentes parties chantent note contre note de même que le dessus, sans avoir ni syncopes ni dividuons de crochues ou doubles crochues.

Fausse-braye. Terme de Fortification. Seconde muraille au dessous de la premiere, qui fait le tour de la place, & sert à défendre le fossé. Elle ne s'éleve que jusqu'au rez de chaussée, & a ordinairement deux ou trois toises de largeur. On la nomme autrement *Basse enceinte*.

Fausse-braye, est aussi une terrasse contenue entre le pié d'un Château & le fossé.Elle ne sert pas moins pour lui donner de l'embasement, que pour le plaisir de se promener.

Fausse-côte. Terme d'Anatomie. Une des sept côtes qui viennent de l'épine du dos, & qui bordant le diaphragme se terminent en cartilages, sans se joindre à celles du côté opposé, comme font les sept autres qui aboutissent au sternon.

Fausse-coupe. Terme de Charpentier & de Menuisier. C'est une sorte d'assemblage qui n'est ni à l'équerre, ni à onglet, & qui se trace avec la sauterelle.On dit qu'*Une plate-bande est en fausse-coupe*, quand les joints de ses claveaux fort épais ne sont à plomb qu'au parement. Ils doivent être profonds d'environ six pouces, & le reste du joint doit être incliné selon sa coupe.

Fausse-équerre. Instrument dont les Charpentiers se servent pour prendre les angles qui ne sont pas droits. La fausse-équerre des Menuisiers s'appelle aussi *Sauterelle*.

On appelle *Faux-comble*, le petit Comble qui est au dessus du brisis d'un comble à la mansarde. Il faut que sa pointe soit proportionnée à celle d'un fronton triangulaire.

On appelle en termes de mer, *Fausses lances*, des canons de bois faits autour. On les bronze, afin qu'ils ressemblent aux canons de fonte verte ou de fer cerclé, & qu'étant pris pour de vrais canons, ils servent à faire peur.

On appelle en termes de Finances, *Faux & double emploi*, Une partie employée deux fois dans un même compte sous differens noms, ou une fois sous un nom supposé.

FAX

FAX. adj. Vieux mot. Faux. *Déloyax & fax mauvais.*

FAY

FAYENCE. s. f. Sorte de poterie fort vernissée, qu'on a appellée ainsi, à cause que l'invention en est venue de Fayence, Ville d'Italie dans la Romagne. On en fait de si belles à Nevers & en Hollande, qu'on a peine quelquefois à les distinguer des porcelaines. *Fayencier*, est l'ouvrier qui fait de la Fayence, ou le Marchand qui la vend.

FEA

FEAGE. s. m. Terme de Coûtume. Heritage qui se tient en fief. *Pur Feage* ou *noble fief.*!*Bailler à feage.* On dit autrement, *Affeager*.

FEAL. adj. Vieux mot. Fidelle. C'est un terme qui s'est conservé dans les Lettres que le Roi adresse à ses Officiers. *A nos amés & feaux*. On a dit aussi *Fealté*, pour Fidelité, hommage; & *Feel*, pour Fidelle.

FEAULTE. s. m. Vieux mot. Feutre.

A chacun une grand cornette
Pour pendre à leurs chapeaux de feaultre

Il vient de *Filtrum*, Etoffe de poils colés ensemble: On a dit aussi *Feautre*.

dit qu'il pourroit bien venir de *Nympha.*

FEB

FEBRIFUGE. f. f. Terme de Medecine. Remede specifique qui chasse la fievre. Il se dit du Quinquina,
& fort ordinairement d'une sorte de poudre faite
par operation chymique, & qui est bonne pour les
fievres intermittentes.

FEC

FECIALIENS. f. m. Prêtres des Romains, que Numa
Pompilius, leur second Roi, établit avec droit de
faire la paix & de déclarer la guerre. Leur pouvoir
étoit si grand là-dessus, que leur participation étoit
necessaire pour resoudre l'une & l'autre. Si c'étoit
la paix, ils frappoient un pourceau avec anatheme,
en souhaitant que la même chose arrivât à l'infrac-
teur du Traité; & quand on vouloit déclarer la
guerre, un de ces Prêtres alloit porter sur les frontieres de l'ennemi une javeline ferrée brûlée par le
bout. Là il déclaroit la guerre en la presence au
moins de trois personnes âgées de quatorze à quinze
ans, & cela étant fait, il jettoit une fleche ou la
javeline dans les terres de ceux contre qui on vouloit entrer en guerre.

FECULE. f. f. Terme de Pharmacie. Partie farineuse
& insipide d'une racine. On ne fait pas des fecules
de toutes sortes de racines, mais seulement de
cinq, qui sont celles d'aron, d'iris, de pivoine,
de brioine, & de la grande serpentaire. On fait la
fecule de ces racines, en les arrachant au tems que
la plante commence à bourgeonner, après quoi il
faut laver avec soin cette racine, ratisser le dehors
de son écorce, la raper bien nettement, presser fortement ce qui a été rapé, puis laisser affaisser au bas
de la terrine ce qu'il y a de feculente blancheur,
jusqu'à ce que le suc soit éclairci. Alors on le retire
doucement par inclination, & on verse un peu d'eau
claire tiede pour separer une substance mucilagineuse & jaunâtre qui paroît au dessus de la farine
blanche qui est au bas; & cette separation se fait
par une agitation lente & circulaire. Ensuite on met
cette farine dans un mortier de marbre, & on l'a-
gite avec de l'eau claire jusqu'à ce qu'on la voye
dans une blancheur de lait. Cela étant, on passe
cette eau blanche dans une étamine neuve & bien
serrée, afin que ce qu'il y a de trop grossier demeure
dedans. On couvre la terrine, & on laisse rassoir
la fecule au bas. On doit réiterer la même agitation
jusqu'à trois ou quatre fois, toûjours avec de nouvelle eau; puis après que l'on a separé l'eau par une
lente & douce inclination, on couvre la terrine
d'un papier blanc, auquel on fait plusieurs petits trous
avec une aiguille, & on l'expose au Soleil jusqu'à
ce que la fecule soit seche; elle devient blanche
comme l'amidon.

FEE

FE'E. f. f. Nom que donnent tous les anciens Romans à
certaines femmes qui avoient le secret de faire des
choses si surprenantes, que le peuple étoit persuadé que c'étoit l'effet d'un pouvoir magique. Fée se
trouve aussi adjectivement, & l'on a dit *Armes fées,*
pour dire, des Armes qu'aucune lance ni aucuns
traits ne pouvoient percer. M. Ménage dérive ce
mot de *Fata,* fait de *Fateor,* qui vient du Grec
φανις. D'autres le font venir de *Fando* ou de *Fatuus,*
à cause que les propheties des Fées étoient fades ou
Fates. Nicod veut qu'il vienne de *Fatum,* Destin,
comme qui diroit, Soumis au Destin. Du Cange

Tome I.

FEG

FEGIR. v. n. Vieux mot. Se figer, se congeler.

FEI

FEINT. FEINTE. adj. *Faux, contraire à ce qui est.*
ACAD. FR. On appelle *Colomne feinte,* celle qui
par la peinture plate ou de relief sur un chassis cylindrique, imite le marbre, & dont la base est dorée
ou de couleur de bronze.

On dit *Porte-feinte,* pour dire, Une décoration
de porte de pierre ou de marbre, ou un placard de
menuiserie avec des ventaux dormans, qui est opposé ou parallele à une vraie porte, afin de garder
la symmetrie.

FEINTE. f. f. Terme d'escrime. Apparence d'un
dessein qu'on feint d'avoir de porter une botte en
un endroit, afin d'obliger son ennemi à s'en découvrir, & de lui porter le coup en un autre. Il y a des
Feintes simples, qui se font par un seul mouvement
du poignet sans bouger le pié contre celui qui s'attache trop à l'épée, soit en la battant pour pousser,
ou en l'engageant pour passer. Les *Feintes doubles*
se font par un double mouvement de poignet à la
pointe de l'épée, sans battre le pié qu'au second
tems, & une autre fois en donnant le coup. Il y a aussi
la *Feinte de deux tems* & celle *de trois.* L'une se fait
en battant une fois du pié, & la finissant du poignet & de l'épée, & encore une autre fois en donnant le coup; & l'autre par un double mouvement
du pié contre celui qui recule, & d'un autre en
donnant le coup après avoir atteint la mesure.

Feinte est aussi un terme de Musique, & se dit
d'un demi-ton. C'est la même chose que *Diese.*
On appelle aussi *Feintes,* les demi-touches qui font
sur les grandes touches d'un clavier d'orgues ou d'é-
pinette, qui marquent les feintes ou dieses.

On se sert encore de ce mot chez les Imprimeurs,
& on dit qu'*Un ouvrier a fait une feinte,* pour dire,
qu'Il n'a pas touché les formes bien également.

FEITURE. f. f. Vieux mot. Forme ou figure de quelque chose.

> *Et voit-on sans couvertures*
> *Leurs semblances & leurs feitures.*

FEIVRE. f. m. Vieux mot. Faiseur d'épées. On a
dit encore *Fevre,* & tous les deux ont signifié aussi
Maréchal.

> *As grans épées acerines*
> *Fierent comme Fevres sus enclumes.*

FEL

FEL, *Felle.* Vieux mot. Colere, cruel. Borel le dérive du Latin *Fel,* Fiel, receptacle de la bile.

> *Vilain est fel & sans pitié.*

FELIN. f. m. Terme qui est en usage parmi les Orfevres
& à la Monnoie, & qui signifie un certain Poids. Le
marc est composé de six cens quarante felins, l'once
de quatre-vingt, le gros de dix, & le felin est divisé en sept grains & un cinquiéme de grain.

FELON. adj. Vieux mot. Rebelle qui ne veut pas
reconnoître son Seigneur, ou qui viole la foi qu'il
a jurée à son Prince. Il a signifié aussi, Cruel, d'où
est venu *Felonnie* dans l'un & dans l'autre sens, &
Felonnement, pour dire, Cruellement. On a dit
aussi *Félonesse,* pour dire Cruelle; & l'on a appellé une
terre sterile, *Terre félonesse.* M. Ménage dérive ces
mots de *Felonia,* venant de *Felo* ou *Fello,* qu'on
trouve dans les Capitulaires de Charles le Chauve.

K k k

Il croit qu'il a été fait de l'Allemand *Feolen*, Faillir. D'autres le tirent du Latin *Vilania*.

FELOUQUE. f. f. Petit bâtiment fans couverte qui est en ufage fur la mer Mediterranée. Il n'eft pas plus grand qu'une chaloupe, & va à la voile & à la rame. Il a cela de particulier, qu'il peut porter fon gouvernail à l'avant ou à l'arriere, felon le befoin, à caufe que fon étrave & fon étambord font également garnis de pentures pour le foûtenir.

FEM

FEMELLES. f. f. p. Terme de Marine. Anneaux qui portent le gouvernail. On appelle *Mâles*, les fers qui entrent dans ces anneaux.

FEMORALES. f. f. Les Feüillans appellent ainfi un haut de chauffe qu'ils mettent lorfqu'ils vont à la campagne. Il vient du Latin *Femur*, Cuiffe.

FEN

FENDERIE. f. f. Il fe dit d'un lieu qui est dans les forges, & où l'on fend les gueufes que l'on y a tranfportées pour les mettre en barres, ou en tels ouvrages qu'on veut.

FENDURE. f. f. Vieux mot. Fente. On a dit auffi *Fendeffe*.

FENESTRE. f. f. Ouverture qui fe fait dans un mur de face pour donner du jour. Ce mot ne fe dit pas moins de la baye que de la croifée. On dit en Latin *Feneftra*, que l'on fait venir du Grec φαίνειν, Paroître, éclater, reluire. Il y a de diverfes fortes de Fenêtres. Celle qu'on appelle *Fenêtre droite*, eft quarré-longue en hauteur, & fa fermeture eft en platebande ou en linteau droit. La *Fenêtre cintrée* à fa fermeture en plate-bande ou en linteau droit, & la *Fenêtre bombée* l'a plus courbe, & n'eft qu'une portion d'arc. La *Fenêtre quarrée* a autant de largeur que de hauteur. La *Fenêtre ronde* a fon ouverture en cercle parfait, & la *Fenêtre ovale* eft celle dont la baye eft une ellipfe en hauteur ou en largeur. On appelle *Fenêtre mezanine*, une petite Fenêtre qui eft plus large que haute, & qui fert à éclairer un attique ou une entrefole; & *Fenêtre ébrafée*, celle dont les tableaux n'étant pas paralleles, font en embrafure par dehors, afin qu'on reçoive plus aifément la lumiere. La *Fenêtre en embrafure* a plus de largeur par dedans que par dehors; ce qui fe fait lorfque les joüées de l'épaiffeur du mur ne font point paralleles; & l'on appelle *Fenêtre biaife*, celle dont les tableaux ne font pas d'équerre avec le mur de face, quoique ces tableaux foient paralleles. Cela fe fait pour faciliter le jour qui vient de côté. La *Fenêtre rampante* a fon appui & fa fermeture en pente par quelque fujetion, & la *Fenêtre ruftique* a des boffages ou pierres de refend pour chambranle. Il y a des Fenêtres, qui outre leur chambranle font enrichies de petits pilaftres avec entablement, felon quelque ordre d'architecture; & ce font celles-là que l'on appelle *Fenêtres avec ordre*, comme on appelle *Fenêtre à balcon*, celles dont les baluftres ferment l'appui en dehors. La *Fenêtre en tribune* eft celle pui n'ayant aucun appui au milieu d'une façade, a un balcon en faillie audevant. Il y a auffi des *Fenêtres* que l'on appelle en *Tour creufe*, & d'autres en *Tour ronde*. Les premieres étant cintrées par le plan font renfoncées en dedans, & les dernieres font un effet tout contraire. Ces deux effets differens viennent des vitraux des domes, confiderés par dedans & par dehors. On appelle *Fenêtre d'encoigneure*, celle qui eft prife dans un pan coupé, & *Fenêtre dans l'angle*, celle dont le tableau eft fans doffret, à

caufe qu'elle eft trop proche de l'angle rentrant d'un bâtiment. Les *Fenêtres en abajour* font celles qui ont leur appui à cinq piés du plancher à caufe d'une fervitude, & qui font en chamfrain par dedans pour donner un plus grand jour. Les Fenêtres par lefquelles l'étage foûterrain ou des offices eft éclairé, s'appellent auffi *Fenêtre en abajour*. Les *Fenêtres feintes* ne font autre chofe qu'une décoration de croifée, qui eft d'ordinaire renfoncée de l'épaiffeur du tableau. Elles fe font ou pour orner un mur orbe, ou pour répondre à d'autres Fenêtres vraies.

Fenêtre, en termes d'Anatomie, fe dit de deux ouvertures qui fe trouvent dans l'oreille interieure, & qui percent l'os des temples. L'une eft ronde, & l'autre ovale.

Du tems que les anciens Chevaliers faifoient des Tournois, quand le jour des courfes approchoit, on expofoit les Ecus & les Bannieres des principaux tenans ou affaillans fur les Fenêtres des maifons qui étoient le plus dans le voifinage du lieu de la lice; & cela s'appelloit *Faire fenêtre*. On difoit auffi *Feneftrer les Bannieres*.

FENOÜIL. f. m. Sorte d'herbe odoriferante que les Latins appellent *Fœniculum*, & les Grecs μάραθρον. Selon Diofcoride, la décoction des cimes du Fenoüil appliquée par le bas fait uriner. Bûe avec du vin elle fert aux morfures des ferpents, & bûe avec de l'eau froide elle arrête l'envie de vomir & tempere les ardeurs de l'eftomac. On tire le jus des feüilles & des branches du Fenoüil, & ce jus étant feché au Soleil s'employe dans les medicamens qu'on prépare pour les yeux & pour éclaircir la vûe. Pline dit que les ferpents ont montré aux hommes cette vertu du Fenoüil, à caufe qu'ils dépoüillent leur vieille peau après en avoir goûté & s'être frotté les yeux de fon jus. Diofcoride parle encore d'un Fenoüil fauvage, dont la racine fent bon, & d'une autre forte de *grand Fenoüil* qui jette une longue feüille, menue & étroite, & produit une graine ronde, piquante, odorante, & qui eft femblable au coriandre. Matthiole n'a point connu cette derniere forte de Fenoüil, mais pour le Fenoüil fauvage, que quelques-uns appellent *Hippomarathrum* & *Myrfinum*, il dit qu'il a les feüilles plus grandes que l'autre, avec un goût plus mordant; qu'il eft gros comme le bras, qu'il produit fa racine blanche, & qu'il croît aux endroits pierreux & chauds.

FENTON. f. m. Terme de Serrurier. Morceau de fer pour faire des clefs & d'autres ouvrages. On prend une barre d'un fer doux & pliant qui ne foit pas dur à la lime & où il n'y a point de grain. On la caffe & on la coupe à chaud de deux ou trois piés de long. On refend les pieces en long auffi à chaud, felon que la barre eft groffe; & ces morceaux-là s'appellent *Fentons*.

On appelle auffi *Fentons*, parmi les Maçons en plâtre, les morceaux de bois qu'ils jettent dans les corps des murs où ils veulent faire des corniches de plâtre en faillie. Ils fervent à les foûtenir, & valent mieux que des chevilles de fer qui fe roüillent. Il y a encore des morceaux de fer fendus en crampons de chaque bout, qu'on nomme *Fentons*. On les fcelle dans les tuyaux & fouches de cheminées en les épiçonnant, & ils fervent à les entretenir. Les plus grands s'appellent *Fentons potencez*, à caufe qu'ils ont la forme d'une potence. Ceux-là fervent à porter les grandes corniches de plâtre ou de ftuc. Les Charpentiers donnent auffi le nom de *Fentons* aux morceaux de bois coupés de longueur avant qu'ils foient arrondis pour faire des chevilles.

FER

FER. f. m. Métal imparfait qui contient très-peu de mercure, mais beaucoup de soulphre terrestre & de sel fixe. Les Chymistes en tirent de très-excellens remedes pour diverses maladies, tout fer, ayant une faculté corroborative. C'est de-là que plusieurs eaux, telles que celles de Forges, tirent les vertus medicinales dont on voit tant d'admirables effets. Le fer se purifie par le moyen des cornes & des ongles des animaux, que l'on coupe fort menu, ou qu'on reduit en poudre grossiere. On les mêle avec du charbon de saule, de tillot, ou d'un autre bois leger, & on stratifie avec ce mélange des barres de fer dans des pots & fourneaux que l'on a fait faire exprès. Comme il y a beaucoup de sel volatil dans ces ongles & ces cornes, ce sel, au moyen du feu, pénétre par sa subtilité la substance du fer & le réduit en acier, ce qui fait voir que le fer & l'acier ne different que ce qu'en ce coupe l'acier est un fer plus pur que le fer commun, & c'est par cette raison qu'il rafraîchit davantage; mais le fer commun échauffe plus & ouvre à cause des parties sulphureuses dont il est muni, & qu'on lui fait perdre en le purifiant lorsqu'il est converti en acier. Le fer purifié est préféré dans la Medecine, mais pour en avoir des effets plus assûrés, il faut qu'il soit préparé spagyriquement, & alors il est appellé Crocus Martis, Saffran de Mars, à cause qu'il tient de la couleur du saffran, & que l'acier ou le fer est attribué à Mars. La maniere qu'observent ordinairement les Apothicaires pour le préparer, c'est de prendre de la limaille d'acier qu'ils lavent dans le vinaigre, après quoi ils la font secher au soleil ardent ou sur une tuile chaude. Cette limaille étant seche, ils la broyent tout de nouveau, après l'avoir encore lavée dans le vinaigre, & ensuite ils la font secher comme auparavant, ce qu'ils recommencent jusqu'à sept fois. L'acier qui n'est autre chose que le Fer purifié, ayant été préparé de cette sorte, a la faculté de fortifier la rate & le foye, & d'ouvrir les obstructions qui sont dans les visceres, ce qui le fait servir de remede aux pâles couleurs. Le Fer étant composé d'un sel, d'un souphre & d'une terre mal digerée & mal unie, ses parties ont de petites branches qui sont plus grosses & plus roides que celles des autres métaux, mais en moindre quantité, & comme ces branches sont fort grosses & fort roides, cela est cause qu'il obéit difficilement au marteau sans l'aide du feu, & qu'on ne le fond qu'avec peine. Il ne laisse pas d'être des moins pesans entre les métaux, parce que les branches de ses parties étant fort éloignées les unes des autres, il en est d'autant plus poreux & spongieux. C'est par cette raison qu'il est si facilement pénétré par les eaux fortes & par la rouille. L'acier doit être plus long-tems sans se rouiller que le fer, à cause que la rouille n'étant qu'une dissolution des parties, causée par l'humidité de l'air qui entre dans les pores du métal, l'acier n'étant pas aussi poreux que le fer, ses parties ne sont pas si facilement ébranlées par l'humidité.

Quant au Fer qui s'emploie dans les ouvrages, il y en a de plusieurs natures, de pliant comme l'argent; d'autre cassant, & d'autre qui est aisé à se rouiller. Ce qui le rend ainsi sujet à la rouille, c'est qu'il est composé, comme il a déja été dit d'une terre, d'un sel, & d'un souphre impurs, mal digerés & mal unis. Le fer épuré que nous appellons Acier, étoit nommé Chalybs par les anciens, de Chalybone, Ville de Syrie où l'on en fait de très-bon, quoique celui

Tome I.

de Damas l'emporte sur tous les autres, puisque les épées de Damas coupent le fer même. D'autres disent qu'ils l'ont appellé Chalybs à cause de la trempe qu'ils lui donnoient dans l'eau d'un Fleuve qui est en Espagne dans le Royaume de Galice, autrefois appellé Chalybs & aujourd'hui Cabet. Le Fer que l'on apporte à Paris est par pieces en barres de differentes longueurs & grosseurs, & pour en connoître la qualité, il faut observer si la barre est pliante sous le marteau, & s'il y a de petites veines qui aillent en long. Quand cela est, & surtout quand il n'y a point de petites fentes ou découpures qui aillent en travers, ce que l'on nomme Gersures, c'est une marque que le fer est bon, mais s'il s'y trouve des gersures, il n'y a point à douter que le fer ne soit Rouverin, c'est-à-dire, cassant à chaud, & qu'il ne donne de la peine à forger. Tout le vieux fer qui a été long-tems à l'air ou au serein, devient ordinairement Rouverin, ce qui est attribué par quelques-uns à une qualité corrosive, & mordicante qui se rencontre dans la rosée. Le fer est quelquefois dangereux dans les bâtimens lorsqu'il est mis dans la maçonnerie & dans les pierres de taille à cause qu'il se rouille, & qu'en se rouillant il s'enfle, fait casser les pierres, & rompre les murailles. C'étoit pour cela que les anciens lioient les pierres dans les grands édifices avec des crampons de cuivre. Cependant comme il est fort difficile de se passer d'employer du fer, il n'y a point d'autre remede pour le garantir de la rouille que de le bien étamer, ou de le peindre de plusieurs couches.

Le Fer a differens noms. On appelle Fer plat, celui dont les barres qu'on apporte ont neuf à dix piés de long & quelquefois plus, sur deux pouces & demi de large, & qui sont épaisses à peu prés de quatre lignes. Le Fer méplat, est celui qui est une fois plus large qu'il n'est épais, & le Fer aplati ou à la mode, celui qui n'a que trois à quatre lignes d'épaisseur sur vingt à vingt-quatre de largeur. Le Fer quarré est en barres de differentes longueurs, & de deux pouces ou environ en quarré. Le Fer quarré bâtard, a neuf piés de long & seize à dix-huit lignes en quarré, & le Fer cornette, est long de huit ou neuf piés, large de trois pouces, & épais de quatre à cinq lignes. Le Fer rond a six à sept piés de long sur neuf lignes de diametre, & le Fer de carillon, est un petit fer qui n'a que huit à neuf lignes. Le Fer de Courçon est par gros morceaux de deux, trois & quatre piés de long, & de deux pouces & demi en quarré. Il y a du Fer battu en feuilles de plusieurs largeurs & hauteurs, qu'on appelle Tole, & ce qu'on appelle Petit fer en botte, sert à faire les verges des vitres, & autres ouvrages. Fer aigre, est celui qui se casse facilement à froid, & Fer cendreux, un fer auquel on ne sçauroit donner le poli à cause de ses taches grises de couleur de cendre. Le mot de Fer n'a point de pluriel dans la signification du métal dur dont on fait tant d'instrumens.

On appelle Fer à Rouet, une piece de serrure, & Fer ou étau à main, l'instrument dont les Serruriers se servent pour faire les panetons des clefs lorsqu'ils les fendent. Ils ont d'autres fers pour ployer les coques des serrures de coffre, & pour limer ceux qui servent à faire les piés des rouets.

On appelle Fers de Cuvettes, des pieces de fer qui portent & accolent les cuvettes de plomb des gouttieres. On en met une ou deux au plus à chaque cuvette, & aux descentes on met des gaches de fer qui les tiennent fermes contre le mur.

On appelle Fers d'amortissement, des morceaux de fer que l'on met sur les poinçons qui tiennent lieu d'épis de bois aux bouts des faîtes & des couvertures en pavillon. Ces morceaux de fer servent pour les vases de plomb que l'on fait passer dedans pour orner les combles.

Les Tailleurs de pierre ont aussi leurs fers, & ils appellent *Fers Anglois*, certains outils en forme de ciseau dont ils se servent à travailler dans les angles des pierres. Ils disent *Anglois* par corruption, pour *Anglez* ou *Angulaires*, ces fers étant taillés en angles. Ils appellent aussi *Fers à retondre*, certains fers bretés, ou sans bretures dont ils se servent lorsqu'ils repassent dans les moulures pour les finir.

Les Plombiers ont des *Fers ronds*, & d'autres *petits fers en triangle* pour souder. Les Vitriers ont aussi un *Fer à souder* avec les moufletes pour le tenir. Ces moufletes sont deux morceaux de bois qui ont chacun un demi caral.

Les Doreurs appellent *Fer à retirer*, un Fer croche qui leur sert à contourner & à déboucher tous les ornemens.

Les Tourneurs ont des *Fers dentelés* par le bout & à côté pour faire des filets ou des vis & écrous. Ils ont aussi des *Fers croches* de differentes grandeurs, & ils en font forger qu'ils affutent à leur maniere selon les ouvrages qu'ils veulent tourner.

On appelle *Fer de pieu*, un morceau de fer pointu à quatre branches, dont on arme la pointe d'un pieu afilé, & *Fer de pique*, un ornement de serrurerie en forme de dard. On le met sur les grilles de fer au lieu de chardons.

On appelle *Fer maillé*, un treillis de fer dont les trous ne peuvent être que de quatre pouces en tous sens, avec un verre dormant scellé en plâtre. C'est une espece de servitude consistant en une petite fenêtre que peut ouvrir un particulier sur l'heritage de son voisin quand le mur lui appartient à lui seul.

On appelle *Fer à cheval*, une terrasse circulaire à deux rampes en pente douce. *Fer à cheval*, est aussi un terme de Fortification, & il se dit d'un ouvrage de figure ronde ou ovale, qu'on éleve dans le fossé d'une place marécageuse, ou dans des lieux bas, & qui est bordé d'un parapet. Il sert pour couvrir une porte ou pour y loger un corps de garde qui empêche les surprises.

On appelle *Fer de moulin*, le fer qui se pose au milieu de la meule comme deux ancres adossées qui sont jointes avec deux petites branches qui laissent une ouverture quarrée au milieu, ce qui le fait appeller par quelques-uns, *Croix anille* ou *Croix de moulin*.

Fer se prend en termes de mer pour le Grapin ou l'Ancre d'une Galere, & on dit *Galere sur le fer*, pour dire, Galere qui est à l'ancre. Plusieurs disent aussi *Vaisseau sur le fer*. On appelle *Fer de Girouette*, certaine verge de fer que l'on met au bout du plus haut mât, où la girouette est passée, & *Fer de chandelier de perrier*, une bande de fer qui est trouée par le haut, & que l'on applique sur un chandelier de bois, par où passe le pivot du chandelier de fer sur lequel le perrier tourne. Il y a aussi des *Fers d'arcs-boutans*. Ce sont des Fers à trois pointes qu'on met au bout d'un arc-boutant avec un pilon à grille.

Fer en termes de Blason, se dit de plusieurs sortes de fers dont on charge les écus, tels que sont les fers de lance, de javelot, de pique, de fléche & de cheval. Ces derniers sont representés pour l'ordinaire la pince en haut, & dans les places des clous sont d'une autre couleur ou d'un métal different, on les blasonne cloués.

Fer chaud. C'a été autrefois une sorte de preuve à laquelle s'exposoient ceux qui vouloient être declarés innocens des crimes dont ils étoient accusés. Elle se faisoit de differentes manieres. L'Accusé marchoit quelquefois sur douze socs de charrue ardens, & quelquefois il prenoit une barre de fer ardente en sa main, & il la jettoit deux ou trois fois dans l'espace de neuf pas. Il y avoit des occasions où ce fer chaud avoit la forme d'un gand, & celui qui vouloit justifier son innocence par un serment accompagné de cette preuve, fourroit sa main & son bras dans cette sorte de gand. On y recevoit particulierement ceux que leur âge ou quelque maladie empêchoit de se battre en duel, & même les Ecclesiastiques & les Moines. On ne faisoit point ce Jugement dans les semaines où il y avoit des fêtes, & on le permettoit également pour toutes sortes de procès, soit civils, soit criminels. C'étoit toûjours avec plusieurs cérémonies Ecclesiastiques que les loix & coûtumes de plusieurs Nations, & même les Conciles ordonnoient. Celui qui devoit faire le serment avoit un habit de laine, & jeûnoit trois jours au pain & à l'eau. Le quatriéme jour il communioit, & prenoit le fer chaud à la Messe après plusieurs oraisons & benedictions. Le Samedi suivant on lui ôtoit l'enveloppe qu'on lui avoit mise sur les piés ou sur les mains, qui étoit cachetée, afin que l'on n'y pût appliquer ni remedes, ni onguent, & il étoit tenu innocent lorsqu'on n'y voyoit nulle marque de brulure. Les Papes, les Conciles & les Princes défendirent ces sortes de Jugemens un peu avant le Regne de Saint Louis.

FER BLANC. s. m. Fer doux battu, réduit en lames déliées qu'on trempe dans de l'étain fondu après l'avoir un peu trempé dans l'eau forte, afin que la teinture s'y arrête, ce qui n'arriveroit pas s'il étoit trop poli. Celui, qui n'est pas étamé, s'appelle *Fer noir*.

On appelloit autrefois *Fer armé*, un homme armé à cru.

Ainçois en y morront dix mille fer armé.

FERE. s. f. Vieux mot. Bête sauvage, du Latin *Fera*. On a dit aussi *Ferin*, pour dire, Sauvage, cruel.

FERIE. s. f. Terme de Breviaire dont on se sert pour signifier les jours qui sont après le Dimanche, de sorte que le Lundi est la seconde Ferie. On dit, *Faire de la Ferie*, pour dire, Faire simplement l'Office de la ferie, sans aucune celebration ni de Fête ni d'Octave. On a dit autrefois *Jours feriés*, pour Jours fêtés, de *Feria*, qui signifioit Fête ou solemnité qui obligeoit à s'abstenir de tout travail, ce qui est cause que le Dimanche est compté pour la premiere Ferie. Nous avons gardé ce mot de l'usage des anciens Romains chés qui *Feria* a été dit *à feriendis victimis*. Martinus veut qu'on ait dit *Feries* comme si on avoit dit ἱεραὶ ἡμέραι, Jours sacrés.

FERIR. v. a. Vieux mot. Frapper, blesser.

Répondit tope, & puis mourut
D'une broche qui le ferut.

On l'a dit aussi dans la signification de Fraper à une porte.

Assez y fery & heurtay.

On le trouve dans le futur *Ferra*, pour Frapera, & dans le present, *Fiert* pour Frappe. *Le Dragon le fiert de sa coue.* On le trouve aussi dans le Gerondif.

S'en vient ferant des esperons

pour dire, Piquant son cheval de ses éperons.

FERLER. v. a. Terme de Marine. Plier, trousser les voiles en fagot. On dit, *Carguer les voiles*, quand on ne fait que les trousser en partie.

FERMAL, ou FERMAIL. s. m. Vieux mot. Crochet, boucle, agrafe, ou autre ornement de femme.

Fermax, çains, axiax, aumones.

pour dire, Boucles, chaines, anneaux, bourses. On

a dit aussi , *Farmail* & *Fermaillet* , pour Chaîne ou carcan d'or. On lit dans le second livre d'Amadis ; *Et laiſſant pendre ſes cheveux qui étoient les plus beaux que nature produit onc , n'avoit ſur ſon chef qu'un Fermaillet d'or enrichi de maintes pierres preſ-cieuſes.* Surquoi Nicod dit , *Et il a ce nom,parce qu'il ferme à une petite bande laquelle eſt appellée* Fermeil-le *ou* Fermaille.

Fermaux au pluriel eſt un terme de Blaſon, & ſi-gnifie , les Agrafes & fermoirs dont on s'eſt ſervi an-ciennement pour fermer des livres , & dont l'uſage a été tranſporté aux manteaux, aux chapes, aux bau-driers ou ceintures. On les a auſſi nommés *Ferma-lets* , & quelques-uns appellent *Ecu fermaillé* , un Ecu chargé de pluſieurs fermaux.

FERME. ſ. f. Terme de Charpenterie. Aſſemblage de pieces de bois, ſur leſquelles poſent les autres pieces qui portent un comble. Il eſt compoſé au moins de deux forces, d'un entrait, & d'un poinçon. Il y a des *Maîtreſſes fermes* , & d'autres qu'on ap-pelle, *Fermes de remplage.* Ces dernieres ſont eſpa-cées de deux en deux piés entre les premieres , & garnies de pareilles pieces avec cette difference que les poinçons , les entraits, & les chevrons ne ſont pas ſi forts. Elles portent quelquefois ſur les vuides , & les Maîtreſſes-fermes portent ſur les poutres. On appelle , *Ferme d'aſſemblage,* celle dont on fait les pieces de même groſſeur. Il y a auſſi une *Ferme ronde.* C'eſt un aſſemblage de pieces de bois cin-trées, qui en faiſant une avance, couvrent le poinçon d'un mur de face , ou d'un pan de bois. Les pieces de bois d'un dome , & d'un comble cintré ont auſſi le nom de *Ferme ronde.* On fait auſſi des *Demi fer-mes* , & leur uſage eſt de former les croupes d'une couverture.

On dit en termes de Manége, qu'*Un cheval ſaute de ferme à ferme,* pour dire , En la même place , ou ſans partir d'un endroit.

FERMENT. ſ. m. Terme de Phyſique. Il ſe dit pro-prement de tout ce qui peut être cauſe qu'un corps ſe gonfle par une eſpece de bouillonnement inte-rieur , & que ſes parties émues & agitées ſe ſubtili-ſent & s'attenuent. Le ferment le plus connu eſt celui qui fait enfler & aigrir la pâte. On l'appelle *le-vain,* parce qu'il la fait *s'élever.* Ce mot vient appa-remment de *fervere,* Bouillir, d'où l'on a fait *fervimen-tum, fermentum.* Tous les acides , (Voyez ACI-DE,) ſont proprement des *fermens,* quoiqu'on ne leur donne gueres ce nom, mais l'effet qu'ils pro-duiſent s'appellent toûjours *fermentation.*

FERMENTATION. ſ. f. Terme de Phyſique & de Chymie. Quand des *acides* mis en liqueur rencon-trent un corps qui contient des *alkali* proportionnés, (Voyez ACIDE & ALKALI,) ils s'y joignent par la convenance de leurs figures , & comme ils ſont fort déliés les uns & les autres , les acides ne peuvent entrer dans les alkali accompagnés d'air ou de toute autre matiere tant ſoit peu groſſiere, mais ſeule-ment de la matiere la plus ſubtile , qui ayant par elle-même un mouvement très-impetueux , le don-ne à tout ce qu'elle enveloppe, quand elle eſt ſeule à l'envelopper. Les acides violemment agités par la matiere ſubtile dans laquelle ils nagent, agitent donc avec la même force les alkali auſquels ils s'uniſſent, & par conſequent cauſent dans tout le corps qui les contient un mouvement interne , qu'on appelle *fermentation.* Delà il ſuit aſſés naturellement que la fermentation ſoit ſouvent accompagnée d'effervef-cence, & de bouillonnement, quelquefois de cha-leur , & même de feux & de flâmes, comme celle de la chaux vive & du vinaigre , ce qui arrive d'un côté à cauſe de l'extrême vîteſſe des acides, & de

l'autre , à cauſe de l'extrême reſiſtance que font les pores raboteux & inégaux du corps qui contient les alkali. Les parties du corps qui *fermente* étant en-fin entierement dérangées , il eſt *diſſous* , & il ne compoſe plus qu'une liqueur avec les acides qui ont fait la *diſſolution.* Voyez DISSOLUTION. Si on jette dans cette diſſolution quelque nouvel acide proportionné aux alkali qui y nagent , dans l'état où ils ſont alors , la fermentation recommencera. Il eſt viſible que les fermentations changeant toute la contexture du corps , y doivent produire auſſi de grands changemens , pour la couleur, la ſaveur , &c. Il y a une fermentation naturelle qui ſe paſſe dans l'eſtomac , dont l'acide combat avec le ſel volatile des alimens, & l'un & l'autre ſe change en un ſel ſalé volatil. Si cette premiere Fermen-tation eſt vitiée , & ſi le chyle ſe trouve acide en ſortant de l'eſtomac , hors duquel tout acide eſt nui-ſible , il rencontre la bile qui corrige le vice du chy-le & le change en ſel volatil. Si malgré cela le chyle demeure acide , il combattra avec le ſel vola-til de la bile dans les cellules des inteſtins , où il ex-citera beaucoup de vents.

FERMENTER. v. n. Terme de Phyſique & de Chy-mie. Il ſe dit des corps ſur leſquels des acides agiſ-ſent pour en ſéparer & en diſſoudre les parties. Voyez FERMENTATION.

FERMER. v. a. *Clorre ce qui eſt ouvert.* ACAD. FR. Ceux qui travaillent dans les bâtimens diſent , *Fer-mer un arc , une voute ,* pour dire , Y mettre la clef, afin d'achever de la bander ; *Fermer une porte ou une fenêtre en plein cintre , en plate-bande ,* pour dire , Faire un linteau droit ſur ſes piédroits , & *Fermer une aſſiſe ,* pour dire , Achever de la remplir par un clauſoir.

On dit d'un cheval en termes de Manége , qu'*Il ferme une paſſade avec juſteſſe ,* pour dire , qu'il la termine par une demi-volte dans l'ordre , enſorte qu'étant bien ſerrée & bien arrondie, elle finiſſe ſur la même ligne par laquelle il eſt parti.

FERMETTE. ſ. f. Petite ferme d'un faux comble ou d'une lucarne.

FERMETURE. ſ. f. Ce qui ſert à fermer quel-que choſe. On appelle *Fermeture de Menuiſerie,* l'Aſſemblage du dormant , du chaſſis & des ventaux d'une porte ou d'une fenêtre de menuiſerie. On appelle auſſi *Fermeture de cheminée,* Une dale de pierre où l'on fait un trou quarré long. Elle ſert pour fermer & couronner le haut d'une ſouche de cheminée. *Fermeture,* eſt auſſi un terme de Marine, & on dit, qu'*Il faut tant de bordage pour faire la Fermeture des ſabords.*

FERMOIR. ſ. m. Outil de fer aceré avec un manche de bois dont les Menuiſiers ſe ſervent. C'eſt une eſ-pece de ciſeau , & il y en a de differentes grandeurs, de grands , de petits , & à nés rond. Il y a auſſi un Fermoir appellé *Fermoir à trois dents ,* dont ſe ſer-vent les Sculpteurs.

FEROCOSSE. ſ. m. Petit arbriſſeau de l'Iſle de Ma-dagaſcar , qui produit de petits choux ronds , fort bons à manger.

FERRAGE. ſ. m. Terme de monnoie. Droit qui a été établi à cauſe que les Tailleurs particuliers ſont obli-gés de fournir les fers neceſſaires pour monnoyer les eſpeces. Ce droit de Ferrage eſt de ſeize de-niers pour marc d'or , & de huit deniers pour marc d'argent , qu'il faut que le Maître paye ſur le pié de la quantité des marcs d'or & d'argent, qui ont paſſé de net en délivrance.

FERREIS. ſ. m. p. Vieux mot. Coup d'épée.
Je fais faire les Chapleis ,
Les guerres & les ferreis.

On a dit aussi *Ferrete*, pour Epée.

FERRETIER. f. m. Marteau dont se sert un Maréchal pour ajuster les fers sur l'enclume à chaud & à froid.

FERRIERE. f. f. Sac de cuir dans lequel quand on va à la campagne, on porte tout ce qui peut être necessaire pour referrer un Cheval qui a perdu son fer en marchant.

FERRON f. m. Marchand, qui vend le fer neuf en barres ou autre échantillon.

FERSE. f. f. Terme de Marine. On appelle *Ferse de toile*, Un lé de toile, & dans ce sens, on dit.qu'*Une voile a tant de ferses*, *& chaque ferse tant de cannes*, pour dire, que La voile a tant de hauteur & tant de largeur.

FERTE'. f. f. Vieux mot. Forteresse. Pasquier dit que *Ferté* vient de Fermeté.

FERULE. f.f. Plante qui,selon Dioscoride,produit une tige qui le plus souvent passe trois coudées de haut, & dont les feuilles sont semblables au fenouil, mais plus âpres & plus larges. Il ajoûte que le Sagapenum sort de sa tige incisée par le bas. Theophraste parle amplement des Ferules, & dit qu'il n'y a autre difference entre *Ferula*, & *Ferulago*, sinon que la premiere est fort grande, & l'autre petite. L'une & l'autre, poursuit-il, ne jette qu'une seule tige, qui est compartie par nœuds, d'où de petites branches garnies de feuilles sortent les unes après les autres nœud par nœud, de telle sorte que l'une venant d'abord à droit, & ensuite l'autre à gauche, elles embrassent la tige, à la maniere de celles des cannes & des roseaux. Toutefois les branches de Ferula panchent davantage contre terre, tant à cause de leur grandeur, que parce qu'elles sont tendres & molles. Pour les feuilles elles sont grandes, fort fendues & fourchues, ce qui les rend menues comme les cheveux, Celles qui sont le plus près de terre sont les plus grandes; après celles-là les autres vont en diminuant selon qu'elles en sont éloignées. Sa fleur est jaune, & sa graine noire & semblable à l'aneth, quoique plus grande. A la cime elle se divise en branches assés grosses qui portent des fleurs & de la graine. La Ferule n'a qu'une racine qu'elle jette profondement en terre, & sa tige n'a qu'une saison. Aussi ne la produit-elle qu'a-près qu'elle a poussé ses feuilles au Printems comme font les autres herbes. Quelques-uns disent qu'en une des Isles fortunées les Ferules deviennent aussi hautes que des arbres. Il faut qu'il y en ait de bien grandes, puisque ceux de la Pouille les brûlent au lieu d'autre bois. La moëlle de Ferule verte prise en breuvage est bonne à ceux qui crachent le sang & aux fluxions de l'estomac. Prise avec du vin, elle remedie aux morsures des viperes; & quand on la tire par le nez, elle en étanche le sang. Galien est en cela du sentiment de Dioscoride, & donne à la graine de Ferule une qualité chaude & subtiliante. La Ferule que les Latins nomment *Ferula*, est appellée ναέλαξ par les Grecs.

FES

FESIERES. f. m. Vieux mot. Faiseur, Artisan.

Mes donc qu'en je n'en suis fesieres
J'en puis bien estre recetieres.

FESOLI ou **FIESOLE.** Congregation de Religieux dont le Bienheureux Charles, Fils du Comte de Montgranello a été le Fondateur. Il s'étoit retiré en solitude vers l'an 1386. dans les Montagnes des environs de Fiesole, Ville Episcopale d'Italie dans la Toscane; & comme il y fut suivi de quelques personnes qui eurent le même zele, il donna com-

mencement à cette Congregation, qui fut approuvée par le Pape Innocent VII. Deux autres Papes, sçavoir Gregoire XII. & Eugene IV. la confirmerent sous la Regle de saint Augustin. On appelle aussi ces Religieux, *les Freres mandians de saint Jérôme*.

FESTE. f. f. *Jour solemnel auquel il est défendu de travailler.* ACAD. FR. Les Juifs outre le jour du Sabat, ont beaucoup de Fêtes, comme celles de Pâque, des Semaines, du Chef de l'an, du jour du Pardon, des Tabernacles, des Lumieres & du Purim. La Fête de Pâque dure une semaine, mais les Juifs qui sont hors de Jerusalem & de son territoire la font durer huit jours, suivant l'ancienne coûtume. Les deux premiers & les deux derniers sont très-solemnels, puisqu'on ne peut ni travailler ni traiter d'affaires pendant ces jours-là; mais il est permis de toucher au feu, ce qu'on ne peut faire le jour du Sabat, d'apprêter à manger, & de transporter d'un lieu en un autre les choses dont on a besoin. Pendant les quatre autres, on ne travaille qu'à de certaines choses particulieres; mais pendant les huit jours, il est défendu de manger ou d'avoir chez soi du pain levé, & aucun levain, de sorte que dès le soir avant la veille de la Fête, qui échet d'ordinaire le 15. du mois de Nisan, répondant toujours à Avril, le maître d'une famille cherche par toute la maison s'il ne trouvera point du pain levé. Sur les onze heures du jour suivant, on brûle du pain, pour faire connoître que la défense du pain levé est commencée. Aussi-tôt après, on fait des gâteaux azymes pour les huit jours de la Fête, & on les met au four dès qu'ils sont faits afin qu'ils ne levent point, Cette Fête étant la commemoration de la sortie d'Egypte, les premiers nés des familles ont accoûtumé de jeûner la veille, en memoire de ce que la nuit suivante Dieu frappa les premiers nés d'Egypte. Le soir ils vont à la priere, & au retour ils se mettent à table, sur lequel il y a quelque morceau d'Agneau tout préparé avec des azymes, des herbes ameres, comme du celeri, de la chicorée & des laitues, & tenant des tasses de vin, ils recitent *la Hagada*, qui contient les miseres que leurs Peres souffrirent en Egypte, & les merveilles que Dieu fit pour les en délivrer. Ensuite ils recitent le Pseaume 113. & les suivans, commençant par *Alleluya*, après quoi ils soupent.

La *Fête des Semaines* ou de la Pentecôte, qui dure deux jours entiers, qu'on garde comme les Fêtes de Pâque & du Sabat, est celebrée le 6. du mois de Sinan, quarante-neuf jours après le second soir de la Pâque. On peut toucher au feu pendant ces deux jours, préparer à manger, & transporter les choses necessaires d'un lieu à un autre. Ils disent que ce fut ce jour-là que la foi fut donnée sur le mont Sinaï. Les prieres sont proportionnées à la Fête, & on lit dans le Pentateuque, le Sacrifice qui se faisoit en pareil jour avec la lecture finale dans les Prophetes & la benediction pour le Prince. L'aprèdinée il se fait une Prédication à la louange de la Loi.

La *Fête du Chef de l'an*, se celebre les deux premiers jours du mois de Tisri ou Septembre, par lequel ils commencent leur année, ils tiennent par tradition que ce jour-là Dieu juge particulierement des actions de l'année derniere, & dispose des évenemens de celle dans laquelle on va entrer. Le premier soir de l'année en sortant de la Synagogue, ils se disent les uns aux autres, *Sois écrit en bonne année*. On lit dans le Pentateuque le Sacrifice qui se faisoit ce jour-là, ce qui est suivi de la lecture des Prophetes & de la benediction pour le

Prince. Après cela on donne trente coups de cor, pour faire songer, disent-ils, au jugement de Dieu, pour intimider les pecheurs, & pour les porter à se repentir.

Après ces deux jours de Fête, on continue de se lever avant le jour, d'assister aux prieres, & de faire penitence jusqu'au dixième du même mois de Tisri, qui est le Jeûne des Pardons, ordonné dans le Levitique. Tout travail cesse pendant ce jour ainsi qu'au Sabat, & on jeûne sans boire ni manger, ce qui est accompagné de quantité de bonnes œuvres pour marquer une veritable penitence. Deux ou trois heures avant que le Soleil se couche, on va à la priere d'après midi, & on revient souper, ce repas devant finir avant le coucher du Soleil. Alors plusieurs s'habillent de blanc & de draps mortuaires. Ils ôtent leurs bas & leurs souliers, & vont ainsi à la Synagogue, qui est ce soir-là éclairée de lampes & de bougies. Là chaque Nation, selon sa coûtume, fait plusieurs prieres & confessions, ce qui dure environ trois heures, après quoi on se retire. Le lendemain dès le point du jour, ils retournent tous à la Synagogue, vêtus comme le jour precedent, & ils y demeurent en prieres jusqu'à la nuit, demandant le pardon de leurs péchés. La nuit venue, en sorte qu'on découvre les Etoiles, on sonne du même cor dont on a sonné au commencement de l'année, pour marquer que le jeûne est fini; puis ils sortent de la Synagogue & se saluent, en se souhaitant les uns aux autres une longue vie.

Le 15. de ce mois de Tisri est la Fête des Tabernacles, en memoire de ce qu'à la sortie d'Egypte ils campoient ainsi dans les Deserts. Chacun fait chez soi en un lieu découvert une cabane couverte de feuillage, tapissée à l'entour, & avec tous les ornemens qu'ils y peuvent mettre. Ils boivent & mangent dans cette cabane pendant les neuf jours que dure la Fête, & même quelques-uns y couchent. Les deux premiers jours & les deux derniers de cette Fête sont solemnels comme la Pâque, mais les autres le sont moins. Ils recitent le Sacrifice que l'on faisoit ce jour-là, après quoi ils portent des branches de mirte, de saule, de palmier & de citronnier avec leur fruit, & chantent quelques cantiques; ils font une fois le tour du petit autel ou pupitre qui est dans la Synagogue, & le septième jour ils le font sept fois, chantant seulement le Pseaume 19. avec des branches de saule. Le neuvième & dernier jour est appellé Joie pour la Loi, à cause qu'on acheve de lire tout le Pentateuque, conformément à la division qui en a été faite pour chaque semaine, & on choisit deux hommes dans la Synagogue, que l'on appelle Epoux de la Loi, dont l'un lit la fin, & l'autre la recommence aussi-tôt, ce qui est accompagné de quelques signes d'allegresse. La même chose se fait dans toutes les Synagogues, & on passe le reste du jour en joie.

La Fête des Lumieres ou de la Dedicace, commence le 25. de Chisleu ou Decembre & dure huit jours. Elle est celebrée en memoire de la victoire que les Machabées remporterent sur les Grecs. On allume une lampe le premier jour, deux le second, & ainsi en continuant jusqu'au dernier jour qu'on en allume huit. On celebre dans la même Fête l'entreprise de Judith sur Holoferne. On peut travailler pendant ces huit jours. Cette Fête est appellée Hannuca, qui signifie Exercice ou renouvellement, à cause qu'on renouvelle l'exercice du Temple qui avoit été profané.

La Fête de Purim se celebre le 14. d'Adar ou de Mars, en mémoire d'Ester, qui empêcha que le Peuple d'Israël ne fût exterminé ce jour-là par la conjuration d'Aman. Cette Fête dure deux jours, dont il n'y a que le premier qui soit solemnel. On jeûne la veille, & le premier soir on va à la Synagogue, ou après les prieres accoutumées, on fait la commemoration de cette delivrance du Peuple, & on lit tout le Livre d'Ester. Il se fait ce jour-là de grandes aumônes en public & des presents comme au jour de l'an, & il se passe en joie & en festins.

La Nouvelle Lune est encore un jour de Fête pour les Juifs. Elle répond quelquefois à deux jours, sçavoir à la fin de l'un & au commencement de l'autre. On peut travailler & faire ses affaires ce jour-là, mais les Femmes ont accoutumé de s'abstenir du travail, en memoire de ce qu'elles ne voulurent point donner leurs pendans d'oreilles & leurs joyaux pour faire le Veau d'or, mais pour construire le Temple. Le soir du Sabat qui suit le renouvellement de la Lune, ou un autre soir suivant, lorsque le Croissant est apperçu, tous les Juifs s'assemblent, & font une priere à Dieu, l'appellant le Créateur des Plantes, & le Restaurateur de la nouvelle Lune. Ensuite élevant les yeux au Ciel, ils lui demandent qu'il veuille les preserver de tous malheurs, & après avoir fait quelque commemoration de David, ils se saluent & se separent.

FESTIEMENT. s. m. Vieux mot. Festoyement, bon accueil. On a dit aussi Festier, pour, Festoyer, regaler, faire bonne chere à quelqu'un.

Ils mourroient plûtôt de faim
Qu'en cent ans ils les conviassent
Une fois, & les festiassent.

On disoit encore Festage, pour, Droit sur les festins.

FESTIVE. s. f. Vieux mot. Jour de Fête.

FESTON. s. m. Amas de fruits & de fleurs que les anciens lioient ensemble & dont ils faisoient de gros faisceaux pour orner leurs Temples, & en parer les façades & les frontispices. Les extremités de ces cordons tomboient par gros bouquets, & c'est ce que l'on imite en plusieurs endroits de l'Architecture. Non seulement on y fait des Festons de fleurs & de fruits, mais encore de plusieurs autres choses qui ont rapport au lieu & au sujet que l'on orne. Il se fait des Festons de Chasse, de Pêche, de Musique & des autres Arts que l'on represente par les attributs & les instrumens qui leur conviennent. On appelle e Feston postiche, un ornement composé de feuilles, de fleurs & de fruits veritables avec de l'oripeau & quelques papiers de couleur dont on orne l'architecture feinte des arcs de triomphe pour les entrées publiques, & l'architecture veritable des Eglises, quand on canonise ou qu'on celebre solemnellement la Fête d'un Saint.

FESTU en cul. s. m. Nom que les Matelots donnent ordinairement à un Oiseau que quelques-uns appellent Oiseau du Tropique, à cause qu'on ne le découvre qu'entre les deux Tropiques. Il n'a pas le corps plus gros qu'un pigeonneau, & va rarement à terre, si ce n'est pour couver ou appâter ses petits. Il a la tête petite, le bec gros & long comme le petit doigt, pointu & aussi rouge que le corail, & les piés de même couleur. On ne peut rien voir qui soit plus blanc que ses plumes. Il en a deux longues d'un pié & davantage qui lui servent de queue, & qui sont si unies qu'il semble que ce n'en soit qu'une. C'est de-là qu'on lui a donné le nom de Festu en cul, à cause de la ressemblance que ces plumes ont par leur longueur avec un festu. Il vole extremement haut, s'écartant fort loin des terres,

& jette un petit cri, fort clair & perçant. Les Sauvages font grand cas des deux plumes de fa queue. Ils fe les mettent dans les cheveux, ou fe les paffent dans l'entre-deux du nez pour leur fervir de mouftaches.

FET

FETARD. adj. Vieux mot. Pareffeux, qui fe refout avec peine à faire une chofe.

Car de lire je fuis fetard.

FETEMENT. adv. Vieux mot. Follement.

FETFA. f. m. On appelle ainfi parmi les Turcs la fentence que le Mufti donne contre un accufé. Ce mot eft Arabe, & fignifie la réponfe ou le jugement d'un homme fage.

FETIE. f. m. Vieux mot. Trahifon.

FEU

FEU. f. m. *Celui des quatre elemens qui eft chaud & fec.* AC AD. FR. Le Feu elementaire eft un corps lumineux fouverainement chaud & modérement fec. On peut dire auffi que c'eft une fubftance invifible qui fert à échauffer toute la nature, & à compofer les Feux groffiers qui fe tirent des corps mixtes. On le place au-deffus de l'air qu'il ne peut brûler à caufe que l'air eft trop humide. Les Chymiftes croyent qu'il y a un feu central qui cuit & produit les métaux & les minéraux. Ils nomment ce feu l'*Archée*, & en parlant de leurs operations, ils difent, *Mefurer le Feu, donner le Feu par degrés*, pour dire, Le donner plus ou moins violent, ce qui fe fait par le moyen des regiftres ou trous du fourneau qu'ils ouvrent ou ferment; on l'appelle alors *un feu gradué*.

Feu de digeftion. C'eft le fumier, qu'on nomme autrement *Ventre de Cheval*. La chaleur en eft fi grande qu'il eft impoffible de tenir la main dans le milieu d'un grand tas de fumier échauffé, ni de fouffrir dans fa main une verge de fer qu'on y aura mife quelque tems.

On appelle *Feu de bain*, celui du bain vaporeux, du bain-marie, du bain de cendre & autres bains, & *Feu nud* ou *immediat*, le Feu ordinaire qu'on applique fous le Vaiffeau.

Le *Feu de lampe*, eft un Feu moderé & égal, dont les Emailleurs fe fervent. On peut l'augmenter par la groffeur & le nombre des mèches que l'on allume.

Feu de roue. On appelle ainfi un feu allumé en rond autour d'un creufet, & qu'on en approche peu à peu également & pour l'échauffer.

Feu de fuppreffion. Lorfqu'on veut donner ce Feu, non-feulement on entoure le vaiffeau de charbons allumés, mais on l'en couvre tour-à-fait; & fi l'on voit qu'il en foit befoin, on en augmente la force.

Feu de reverbere. Le *Feu de reverbere clos* fe fait dans un fourneau, ou non feulement il frappe le Vaiffeau, mais encore il fe refléchit & le refrappe par deffus & tout autour. Il n'eft different du *Feu de reverbere ouvert*, qu'en ce que ce dernier fe fait dans un fourneau qui n'a point de couverture.

Feu d'atteinte. Feu qui fe fait pour la fufion & calcination des métaux & minéraux. On dit en termes de Vitrerie, *Donner un feu d'atteinte*, lorfqu'on allume fortement les fourneaux pour recuire des pieces de verre. On appelle auffi ce feu, *Feu de flame* ou *de fufion*. Le plus violent de tous les Feux, c'eft celui des grandes Verreries. Il fert à vitrifier les cendres des plantes, des fables, & les cailloux. On appelle *Feu Olympique*, le Feu des rayons du Soleil ramaffés avec des miroirs ardens.

On appelle en termes de Guerre, *Feu de la Courtine* ou *fecond flanc*, la portion de la courtine qui découvre la face du baftion oppofé.

Feu Gregeois. Sorte de feu d'artifice qui brûle jufques dans la mer, & dont la violence augmente dans l'eau. Son mouvement eft contraire à celui du feu naturel, ce Feu fe portant en bas à droit & à gauche felon qu'on le jette. Il eft compofé de foulphre, de naphte, de bitume, de gomme & de poix, & on ne le peut éteindre qu'avec du vinaigre mêlé d'urine & de fable, ou avec des cuirs verds. Les uns foûtiennent qu'il a été inventé par un Marcus Graccus, & les autres par un Ingenieur de Heliopolis, Ville de Syrie, appellé Gallinicus, qui s'en fervit avec tant d'adreffe dans un combat naval, qu'il brûla toute une flote ennemie fur laquelle il y avoit trente mille hommes. On a appellé ce Feu Gregeois, à caufe que les Grecs s'en font fervis les premiers.

Les Romains avoient un Feu qu'on appelloit *Feu facré*, il étoit gardé jour & nuit par les Veftales.

Feu, en termes de Marine, eft le fanal ou la lanterne que l'on allume de nuit fur la pouppe des Vaiffeaux pour regler la route lorfqu'on va de Flotte. Quand il fait gros tems, qui donne fujet de craindre qu'ils ne dérivent les uns fur les autres, ils mettent tous des Feux à l'arriere. L'Amiral en porte quatre, ce qui s'appelle *Faire fanal de quatre feux*. Le Vice-Amiral, le Contre-Amiral & le Chef d'Efcadre en ont chacun trois, & tous les autres Vaiffeaux, foit de guerre, foit Marchands, n'en portent qu'un. On dit d'un Vaiffeau, qu'*Il a fait des feux*, pour dire, qu'Ayant befoin de fecours, il a mis des fanaux en plufieurs endroits pour être vû de la Flotte. On appelle *Faux Feux*, certains fignaux que l'on fait avec des amorces de poudre, & *Feu de S. Elme*, des Feux volants qui s'attachent quelquefois fur les vergues & fur les mâts des Vaiffeaux. C'eft ce que les Anciens nommoient *Caftor & Pollux*. S'il n'en paroît qu'un, on tient cela de mauvais préfage, & on l'appelle, *Furolle*, ou *Helene*. Si l'on en voit deux, les Mariniers en marquent leur joie en les faluant avec leurs fifflets. On dit, *Faire Feu des deux bords*, pour dire, Tirer le canon des deux côtés d'un Vaiffeau. On dit, *Donner le feu à un bâtiment*, pour dire, Le mettre en état d'être brayé. Cela fe fait par les Calfateurs, qui après avoir rempli d'étoupe les jointures du bordage, allument de petits fagots faits de branches de fapin, & emmanchés au bout d'un bâton. Ils les portent tous flambans fur la partie du bordage qui a befoin d'être carénée, & quand elle eft bien chaude par le feu qu'on y a mis, ils appliquent le brai deffus.

On dit auffi, *Donner le feu à un Cheval*, pour dire, Lui appliquer un bouton, ou un couteau de feu pour le guerir du farcin ou d'une autre maladie. Ce bouton de feu eft un fer chaud, qu'on appelle *Feu actuel*, à la difference du *Potentiel*, qui eft enfermé dans les remedes cauftiques tels que les cauteres, & dans quelques mineraux ou plantes corrofives.

Feu volage. Efpece de Dartre qui s'enflame, & qui vient fur-tout au vifage. *Le feu S. Antoine*, étoit autrefois une maladie fort dangereufe, & c'eft encore aujourd'hui un mal fâcheux.

On appelle *Feux folets*, certains meteores qui paroiffent principalement dans les nuits d'Eté. Ils font

font compofés d'exhalaifons qui s'enflament. Ces Feux, que l'on appelle auffi *Feux errants*, peuvent être dits veritablement une efpece de petite flame fort tenue, formée d'une matiere un peu graffe, à caufe de l'antiperiftafe du froid de la nuit, & toutefois fans ardeur ou chaleur fenfible, comme eft prefque celle qui s'engendre d'efprit de vin, lequel eft encore mêlé de beaucoup de phlegme. Ils peuvent auffi être dits une matiere luifante fans ardeur, telle qu'eft l'humeur qui fort des poiffons qui fe pourriffent, & on pourroit concevoir cette matiere comme une exhalaifon fort tenue, qui s'étant un peu ramaffée luit dans l'air comme une efpece de petite nuée. On doit concevoir de la même forte celle qui s'eleve des Cimetieres, des lieux où naiffent les rofeaux, & des autres endroits où l'on tient que ces feux folets apparoiffent frequemment. Telle eft celle qui fe voit quelquefois comme attachée aux oreilles des Chevaux, lorfqu'après une pluie furvenue le foir ils s'échauffent en marchant, & celle qui fortant par tranfpiration des oreilles & des temples de certains hommes, paroît comme adherante autour de leur tête. Monfieur Bernier rapporte dans fon Abregé de la Philofophie de Gaffendi, que dans une nuit extraordinairement chaude, il vit certains Feux que l'on pourroit mettre au nombre des Feux errants. Ce fut entre les Ifles du Gange. Il ne faifoit pas, dit-il, un fouffle de vent. L'air étoit fi étouffant qu'à peine pouvions-nous refpirer, & les bocages qui nous entouroient étoient tellement pleins de vers luifans qu'on eût dit que ces bocages euffent été en feu. De moment en moment il s'élevoit des feux de diverfe maniere, tantôt d'un côté, & tantôt d'un autre, & il en parut deux entre autres tout à fait extraordinaires, dont l'un étoit comme un gros globe de feu, qui dura en tombant & en filant l'efpace de cinq ou fix battemens d'arteres; & le fecond qui dura plus d'un quart-d'heure, étoit comme un arbre tout enflammé.

On dit d'un Cheval, qu'*Il a du feu au flanc & au bout du nez*, pour dire, qu'Il y a des poils roux, aufquels on donne le nom de feu.

FEUCHERE, ou FEUCHIERE. f. f. Vieux mot. Fougere.

FEVE. f. f. Sorte de legume qui vient en gouffe. La tige de la plante d'où la Feve fort eft quadrangulaire, oblique, nouée, & elle produit plufieurs fleurs de couleur bigarrée, crêtées & velues, qui viennent en maniere de grappe fur une même queue. Elle jette fes rameaux inégalement, & ils ont quatre feuilles fort graffes de chaque côté. Ses premieres gouffes fortent des fleurs qui font au bas de fa tige, & elles font plus grandes, plus groffes & plus charnues que celles des autres legumes. Elles enferment des Feves toutes differentes les unes des autres & en forme & en longueur. Il y en a de grandes, de petites, de rondelettes & de ferrées, les unes blanchâtres, les autres noirâtres, & d'autres qui font un peu jaunes. La plante n'a qu'une feule racine, autour de laquelle font de petites chevelures. Matthiole parle d'une autre plante qui croît dans la Pouille, & qu'il croit qu'on peut appeller *Feve fauvage*. Elle vient à fleur de terre dans les lieux champêtres, & a force tiges, toutes quadrangulaires, & qui s'entrelacent l'une dans l'autre. Il en fort de petites gouffes fort refferrées, moindres que celles des Feves, dans lefquelles eft un fruit rond du goût de la Feve. Il eft du fentiment de ceux qui penfent que cette plante eft celle que Galien appelle *Aracus*. Il y a auffi une Feve Pontique ou d'Egypte, que quelques-uns appellent *Foloca-*

Tome I.

fia, & qui croît dans les Lacs & les marais. Theophrafte dit que fa tige eft longue de quatre coudées, & de la groffeur d'un doigt, & qu'elle eft molle comme un chalumeau, fans aucun nœud. Au dedans fort certaines crevaffes qui vont tout du long, & à fa cime elle a un chapiteau rond affés femblable aux rayons des mouches guêpes. Il y a dans chaque petite loge une Feve qui paroît par deffus fa gouffe, & le plus fouvent chaque tête porte trente Feves. Sa fleur eft de couleur de rofe; & deux fois plus grande que n'eft celle de pavot. Les feuilles nagent fur l'eau, & chacune embraffe & envelope fa feve. Si on la concaffe, l'amer qui eft dedans, & dont on fait les pilules, paroît fort entortillé. Sa racine eft fort groffe & plus que celle des cannes, & crevaffée ainfi que fa tige. On la mange crue & cuite, & elle fert de nourriture à ceux qui font voifins des marais où elle croît. Elle vient ordinairement fans être femée; & quand on la feme, on la met dans une mote de terre qu'on jette dans l'eau entortillée & envelopée de paille, afin d'empêcher que la terre ne s'enfuie. Lorfqu'elle a pris racine une fois, elle dure prefque toûjours, à caufe de la force & de la groffeur de cette racine. La plante reffemble affés aux rofeaux. Elle eft toutefois piquante & épineufe; ce qui la fait fuir des crocodiles, qui ayant la vûe courte & foible, craignent de fe bleffer les yeux à fes épines. Tout ceci eft de Theophrafte. Voici ce que Pline en dit. La Colocafia, que quelques-uns nomment κυαμὸς, c'eft-à-dire, Feve, eft fort finguliere en Egypte. On la cueille au Nil. Ses feuilles font fort larges & reffemblent à celles des gletterons ou bardanes de rivieres, & même les Egyptiens prennent tant de plaifir à ce beau prefent que le Nil leur fait, qu'entaffant & entortillant ces feuilles les unes dans les autres, ils en font diverfes fortes de vafes où ils fe plaifent à boire. Cette efpece de Feve fe feme aujourd'hui en Italie. Galien dit que fi les Feves d'Egypte furpaffent les communes en groffeur, elles font auffi plus humides, & engendrent plus d'humeurs fuperflues.

Feve. Terme de Manege. Tumeur ou enflure qui vient dans le haut de la bouche des chevaux derriere les pinces de la mâchoire fuperieure. On l'appelle auffi *Lampas*; & on dit *Germe de feve*, pour fignifier la marque noire qui leur vient dans les creux des coins. Elle s'y forme lorfqu'ils ont cinq ans ou un peu plus, & s'y conferve jufqu'à fept ou huit; ce qui fert à faire connoître l'âge du cheval.

FEUILLAGE. f. m. *Branches d'arbres couvertes de feuilles.* ACAD. FR. C'eft auffi une forte d'ornement qu'on employe dans les corniches, chapiteaux, frifes & autres membres de l'Architecture. Il y a des feuillages refendus, & d'autres qui ne le font pas. Quelques-uns reprefentent des feuilles d'Acanthe, & d'autres les feuilles de differens arbres, comme de chêne, de laurier ou d'olivier.

Furetiere & fes Coplagiaires, difent du Damas à ramage, à *feuillage*: c'eft une faute, puifque c'eft le propre de cette étoffe, qui feroit Satin, fi elle n'étoit pas figurée. Il faut dire *Damas*, ajoûtant de quelle couleur il eft.

FEUILLANTS. f. m. Ordre de Religieux vêtu d'une étoffe blanche fort belle, & qui vivent fous l'étroite obfervance de la Regle de faint Bernard. Cette Congregation, fortie de l'Ordre de Cîteaux, n'a commencé qu'en 1586. dans l'Abbaye de Feuillans à fix lieues de Touloufe, Diocefe de Rieux. Elle eut pour Auteur Jean de la Barriere qui étant Abbé Commendataire de ce lieu-là, y avoit pris

L l l

l'habit de Religieux. Sixte V. l'ayant approuvée, les Papes Clement VIII. & Paul V. lui accorderent des Superieurs particuliers. Le Roi Henri III. lui fonda un Couvent au Fauxbourg saint Honoré à côté du jardin des Thuileries, & en 1587. Jean de la Barriere, natif de Querci, y amena soixante de ses Religieux. Ils alloient alors tout-à-fait nuds piés: mais ils ont pris depuis des sandales. Ils n'ont que trois Provinces en France, & environ trente Monasteres. On les a nommés *Feuillans*, de l'Abbaye de ce nom. M. Richelet dit qu'ils ont été appellés ainsi, à cause d'une branche pleine de feuilles qu'ils ont dans leurs Armes.

FEUILLANTINES. f. f. Sorte de Religieuses qui vivent dans la même reforme que les Feuillans. Leur premier Couvent fut établi vers l'an 1590. aux environs de Toulouse, & ensuite transferé à Toulouse même. Mezerai rapporte, qu'Antoinette d'Orleans s'y jetta neuf ans après. Elle étoit veuve de Charles de Gondi, Marquis de Belle-Isle. Le Pape l'en ayant tirée pour lui donner le gouvernement de l'Abbaye de Font-Evraud, elle institua quelques années après la Congregation des Benedictines sous le nom de sainte Marie du Calvaire & de sainte Scholastique.

Feuillantine. Piece de pâtisserie entre deux abaisses. Elle est feuilletée, garnie de blanc de chapon rôti & haché, & faite en forme de tarte ou de tourte. On y fait entrer des macarons, de la crème, de l'écorce de citron hachée bien menu, du sucre & autres assaisonnemens.

FEUILLE. f. f. *Cette partie de l'arbre verte & mince qui vient ordinairement au Printems, & qui tombe au commencement de l'Automne.* ACAD. FR.

C'est aussi un terme de Blason, & il se dit des feuilles d'arbres dont un Ecu est chargé, comme de celles de chêne, de houx & autres; & l'on appelle *Feuilles de scie*, des fasces ou bandes qui ne sont denchées que d'un côté en maniere de dents de scie. L'Ecu *feuillé* est celui où il y a des fleurs soûtenues des tiges & des feuilles de leur plante; & & lorsqu'on dit *Plantes feuillées*, on entend celles qui ont leurs feuilles.

Feuille. Terme de Menuiserie. Assemblage qui fait partie d'une fermeture de boutique, ou des contrevents d'une croisée. On dit aussi *Feuille de parquet*, qui est un autre assemblage de menuiserie.

Feuilles, se dit aussi d'un ornement de sculpture. Celles dont on orne les chapiteaux, sont ordinairement d'acanthe, de persil, de laurier & d'olivier. Les deux premieres sont découpées. Celles de laurier sont refendues par trois feuilles à chaque bouquet, & celles d'olivier se font par cinq feuilles comme les doigts de la main. On appelle *Feuilles de refend*, celles dont les bords sont découpés. Les *Feuilles d'eau* sont ondées & simples. On les mêle quelquefois avec celles de refend. Il y a aussi des *Feuilles tournantes* & des *Feuilles d'angle*. Les premieres sont celles qui tournent autour d'un membre rond, & on met les autres aux coins des quadres & aux retours des plafonds de larmier. On donne le nom de *Feuilles galbées* à celles qui sont seulement ébauchées pour être refendues.

Feuille, se dit encore de l'extrémité du manche un peu étendu & arrondi des cueillers & des fourchettes où l'on a coûtume de graver des Armoiries.

On appelle *Feuille de sauge*, certaines pieces de fer qui font partie des ressorts d'une serrure. *Feuille de sauge* est aussi une espece de pioche avec quoi on remue la terre.

Les Vitriers nomment *Feuilles de laurier*, des pieces de vitre faites de maniere qu'on y voit la figure de ces feuilles.

Feuille des Benefices. Terme des Abbés de Cour. Les Jesuites ont la feuille, ou, *Tel se croyoit sur la Feuille; ses galanteries l'en ont fait ôter.*

FEUILLERET. f. m. Espece de rabot dont les Menuisiers se servent à pousser les feuillures. Le fût de cet instrument à une feuillure au bas de la lumiere, & le fer n'a que deux pouces de large.

FEUILLET. f. m. C'est l'un des ventricules où le bœuf retient la nourriture, qu'il rappelle pour ruminer.

Feuillet, chés les Menuisiers, est Une bordure très-déliée & comme aiguisée en feuille.

On dit chez les Tanneurs *Feuillet de cuir fort.*

FEUILLETAGE. f. m. Terme de Pâtissier. Pâte feuilletée.

FEUILLETE'. E'E adj. Les Pâtissiers appellent *Gâteau feuilleté*, une espece de Gâteau qui se leve par feuilles. On dit aussi *Pierre feuilletée.* C'est celle qui se délite par feuillets ou écailles à cause de la gelée.

FEUILLETTE. f. f. Sorte de mesure pour le vin qui contient douze septiers & demi. C'est la troisiéme partie du muid de Paris.

FEUILLU, UE. adj. *Qui a beaucoup de feuilles.* ACAD. FR. On appelle en termes d'Architecture, *Colomne feuillue*, une Colomne dont le fût est taillé de feuilles de refend ou d'eau qui se recouvrent en maniere d'écailles, ou comme les feuilles de la tige d'un palmier.

FEUILLURE. f. m. Bords de porte ou de fenêtre qui s'emboîtent dans les chassis. On appelle *Feuillure* en maçonnerie, l'Entaille en angle droit qui est entre le tableau & l'embrasure d'une porte ou d'une croisée pour y placer la menuiserie; & on appelle de même *Feuillure*, en menuiserie, une Entaille de demi-épaisseur sur le bord d'un dormant ou d'un guichet. Elle se fait de plusieurs façons, en chamfrain, à languette & autres. Les Feuillures des fenêtres doivent être larges, afin que les chassis qui portent les verres & les volets, puissent être forts & commodes à ouvrir.

FEUR. f. m. Vieux mot. Il se dit du taux & du prix que la police met aux dentées. *Pensez que j'en ai à tout feur.* On lit dans Nicole Gille en la Chronique du Roi Jean: *Et parce fut ordonné que toute maniere de gens du Royaume, fussent du lignage du Roi, Prelats, Religieux, Hospitaliers, Officiers, Marchands, Laboureurs ou autres qui auroient cent livres de rente ou de revenu en Benefices, ou de gages d'Offices, seroient aide au Roi de quatre livres, & au dessus & au dessous au feur l'emplage, c'est-à-dire, proportionnement.* Selon Nicod, *Feurs*, au pluriel a signifié les frais faits pour la culture & la recolte des fruits; il rapporte cet exemple de la Coûtume de Paris. *Le Seigneur feodal qui met en sa main par faute d'homme droits & devoirs non faits, le fief tenu de lui auquel a des terres emblavées par aucun Fermier ou Laboureur auquel sont baillées à ferme, icelui Seigneur feodal, s'il veut avoir les gaignages d'icelles terres, est tenu rendre au Fermier & Laboureur les feurs & semences.* On dit encore, *Au feur & à mesure*, pour dire, A proportion. On a dit aussi *Decliner feur*, pour dire, Se tirer d'une Jurisdiction. Ce mot vient de *Forum*, comme il se voit par le For l'Evêque à Paris.

FEVRE. f. m. Vieux mot. Forgeron, maréchal. C'est de là qu'est venu Orfevre. *Est-il avenant que le marteau se rebelle à son fevre.*

FEUTRAIT. adj. Vieux mot. Chaſſé de ſon pays, comme qui diroit, Tiré dehors.

FEUTRE. ſ. m. Etoffe de laine ſans tiſſure, façonnée par l'eau, le feu & le cuivre. On en fait de toutes ſortes de laines & de poils. Il y a des chapeaux, des ſouliers & des chauſſons de Feutre. M. Ménage fait venir le mot de *Faltrum* ou *Filtrum*, employez par les Auteurs de la baſſe Latinité pour Une étoffe faite de poils foulés avec du vinaigre. Du Cange dit ſur le témoignage de Pline, que cette étoffe que l'on a nommée *Filtrus*, *Filtra*, *Pheltrum*, *Philtrum*, & *Viltrum*, reſiſtoit au feu.

FIA

FIANCER. v. a. Vieux mot. Promettre, donner ſa foi.

> *Et voſtre foy me fiançaſtes,*
> *Ne ſçay comment faire l'eſaſtes.*

On la dit auſſi pour Aſſeurer, *Me fiancerent qu'ils viendroient.*

FIB

FIBRE. ſ. f. Terme de Medecine. On appelle *Fibres*, de petits filets ou fillamens, dont les membranes & les chairs ſont entretiſſues. Ils ſervent pour le mouvement & pour ſoûtenir & conſerver les parties. Toutes les parties du corps où il paroît quelque mouvement, ont leurs fibres nerveuſes, qui venant à ſe mouvoir ou à ſe racourcir, produiſent le mouvement des parties; & ſi elles viennent à ſe relâcher ou à être coupées de travers, elles aboliſſent le mouvement. Ainſi les fibres nerveuſes ſont le principal organe du mouvement, & il y a raiſon de les appeller *Fibres motrices.* Ces Fibres ſont réunies enſemble en un corps ferme où elles ſont arrangées & ſeparées. Les premieres ſont les muſcles qui reçoivent du cerveau les nerfs requis pour regler les mouvemens qui ſuivent la connoiſſance ſenſitive, & ſont excités par quelque paſſion. Les Fibres arrangées & ſeparées embraſſent circulairement les parties qu'elles meuvent, & leur mouvement eſt appellé Compreſſif. Tel eſt celui de l'eſtomac & des inteſtins. Il eſt certain que les Fibres font mouvoir les parties, en tant qu'en ſe diſtendant ou gonflant, elles deviennent plus courtes; ce qui ne peut être ſans qu'elles tirent & meuvent les parties auſquelles elles ſont attachées. Entre les cauſes du racourciſſement de ces fibres, l'une eſt l'inclination ſpontanée à ſe retirer; qu'elles reçoivent de l'extenſion puiſſante des parties auſquelles elles ſont attachées, à l'exemple des cordes qui ſe remettent d'elles-mêmes ſi-tôt qu'on les détortille. Lorſqu'on coupe un muſcle par le milieu, il ſe recoquille & replie vers chaque extrémité, laiſſant un eſpace entre deux; & les inteſtins diſtendus par les vents ou par quelque liqueur, lorſqu'il ſe fait quelque ouverture par les Fibres tranſverſales, ſe retirent d'abord d'eux-mêmes. Il paroît que cette inclination ſpontanée des Fibres à leur raccourciſſement vient de leur ſtructure mecanique, & de ce qu'étant torſes & tendues comme des cordes, elles ſont toûjours en état de ſe retirer & de revenir. On appelle *Fibres droites & longues,* les Fibres qui vont en long; *Fibres tranſverſales,* celles qui croiſent les droites ſelon leur largeur; & on les appelle *Obliques* ou *Biaiſantes,* lorſqu'elles les coupent à angles inégaux. Les Fibres ſont des parties de nature froide & ſeche. Celles qui tirent leur origine du nerf ont du ſentiment, & il y en a qui ſont inſenſibles, à cauſe qu'elles la tirent du ligament.

FIC

FIC. ſ. m. Maladie des hommes qui leur vient au fondement ou autres parties du corps. C'eſt une excreſcence de chair cauſée par la ſuperfluité des alimens.

Fic, ſe dit auſſi d'une excreſcence de chair ſpongieuſe & fibreuſe, qui venant à la fourchette ou à la ſole du cheval, fait une évacuation d'humeurs malignes, puantes; & qu'on a peine à guerir. Cette ſorte d'excreſcence vient auſſi quelquefois par tout le corps du cheval.

FICHANT, ANTE. adj. On appelle en termes de Fortification, *Ligne de défenſe fichante,* une Ligne tirée de l'angle de la courtine juſqu'à l'angle flanqué du baſtion oppoſé, ſans toucher la face du baſtion. La défenſe fichante ſuppoſe un ſecond flanc, c'eſt-à-dire, une partie de la courtine, d'où ſe tirent les coups qui ne raſent par ſeulement la face oppoſée qu'on veut défendre, mais encore qui entrent dedans.

FICHE. ſ. f. Piece de bois ou de cuivre qui ſert à attacher des portes & des volets & à faire d'autres aſſemblages de menuiſerie. Les fiches ſont compoſées de deux aîles jointes enſemble dans la charniere avec une rivûre qui paſſe au travers de ce qui forme le nœud de la Fiche.

Les Maçons appellent *Fiche,* un Outil de fer plat, long & pointu, dont ils ſe ſervent pour faire entrer le mortier dans les joints des pierres. Ils diſent communement *Fiche à ficher le mortier. Fiche* vient du Latin *Fixa.*

FICHE', E'E. adj. Qui eſt entré par la pointe. *Clou fiché.* On appelle *Pierres fichées,* celles dont le dedans des joints eſt rempli de mortier clair de coulis. *Fiché,* eſt auſſi un terme de Blaſon, & il ſe dit de ce qui a une pointe qui le rend propre à être fiché en quelque choſe. Les croix fichées ou au pié fiché y ſont fort communes. On le dit encore des croiſettes qui ont le pié aiguiſé.

FICHER. v. a. *Faire entrer par la pointe.* ACAD. FR. On dit en termes de Maçonnerie, *Ficher une pierre,* pour dire, Faire entrer du mortier deſſus avec une late, lorſque la pierre eſt poſée. On employe quelquefois moitié de mortier & moitié de plâtre clair pour ficher les pierres.

FICHEUR. ſ. m. Ouvrier qui ſert à faire entrer le mortier dans le joint des pierres.

FICHOIR. ſ. m. Petit bâton de bois fendu dont ſe ſervent les Imagers qui étalent pour faire tenir leurs images & autres choſes par le moyen d'une corde à quoi ils l'attachent.

FICHURE. ſ. f. Sorte de trident avec lequel les Pêcheurs dardent le poiſſon dans les étangs ſalés.

FID

FIDEI-JUSSEUR. ſ. m. Vieux mot du Palais. Celui qui eſt caution.

FIDEI-COMMIS. ſ. m. *Diſpoſition par laquelle un teſtateur donne à ſon heritier la jouiſſance de quelque bien, à la charge de le remettre entre les mains d'un autre dans un certain temps ou en certain cas.* ACAD. FR. Les Romains inventerent les Fideicommis, à cauſe qu'il arrivoit fort ſouvent, que lorſqu'un Citoyen mouroit, ayant des parents qui n'avoient pas comme lui la qualité de Citoyen Romain, il ne pouvoit ni les inſtituer ſes heritiers, ni même leur faire des legs, parce qu'ils ne vivoient pas ſous les mêmes Loix, ce qui l'obligeoit de s'adreſſer à quelque autre Citoyen qu'il nommoit ſon heritier, dans l'esperance qu'il remettroit à son parent les choses qu'il lui confioit, ne pouvant les laisser directement à ce parent : mais cet heritier, qui n'étoit engagé à les rendre que par la promesse secrette que l'on avoit exigée de lui, gardoit ou restituoit l'heredité à son choix. L'Empereur Auguste après avoir protegé en differentes occasions plusieurs personnes en faveur de quelques Fideicommis qui avoient été faits, & indigné d'ailleurs de la perfidie de ceux qui abusoient de la confiance que les Testateurs avoient eue en eux, voulut qu'on les contraignît d'executer ce qu'ils avoient promis par serment; de sorte que la Loi qu'il fit là-dessus étant toute pleine d'équité, fut generalement approuvée. Ainsi on établit un Préteur qui connoissoit seulement de cette matiere. Ce fut-là l'ancien droit. Par le nouveau, quand on vouloit rendre valable un Fideicommis universel, on étoit obligé d'instituer directement un heritier, que l'on prioit de remettre l'heredité à un autre, tout testament où il n'y avoit point d'heritier institué étant inutile. Comme l'on prioit souvent ces heritiers de rendre toute l'heredité, qu'ils en tirassent aucun avantage, il y en avoit beaucoup qui la refusoient, & détruisoient par-là le Fideicommis. Ce fut ce qui fit rendre un Senatusconsulte, par lequel on ordonna que celui qui seroit prié de rendre une heredité à un autre, en pourroit retenir le quart à son profit. Ce Senatusconsulte fut nommé *Pegasien.*

FIDELITE'. subst. f. Loyauté, oy. Il y a en Dannemarck un Ordre de Chevalerie que l'on appelle *Ordre de Fidelité* ou *Danefrovu.* Il est composé de dix-neuf principaux Seigneurs & Officiers du Royaume, qui doivent porter au cou une croix blanche attachée à un ruban blanc & rouge. Cette croix se porte en memoire de celle qu'on dit avoir apparu miraculeusement au Roi Valdemar II. lorsqu'il faisoit la guerre aux Payens dans la Livonie. Frederic III. Roi de Danemarck, est l'instituteur de cet Ordre, qu'il établit en 1670.

FIE

FIEBLE. adj. Vieux mot. Foible.

FIE'E. s. f. Vieux mot. Fois.

Certes j'ai en mon cœur pensé mainte fiée.

Quelques-uns font venir ce mot de l'Italien *Fiata,* qui veut dire la même chose.

FIEF. s. m. Heritage que le Vassal tient du Seigneur dont il releve, à la charge de foi & hommage, de le servir à la guerre & en d'autres occasions, ou avec quelques redevances. Les Fiefs n'étoient autrefois que passagers. On appelle *Fief dominant,* celui à qui on doit foi & hommage ; *Fief servant,* celui qui releve d'un autre Fief, ou qui n'a sous lui que des rotures ; & *Fief en nuesse* ou *de Hautbert,* celui qui releve de la Couronne nuement & immediatement. Ce dernier s'appelle aussi *Fief de nud à nud,* & on l'a autrefois appelé *Fief chevel,* comme étant en chef & dominant, & ayant d'autres Fiefs sous lui. Le Fief qui est tenu en plein hommage, ou en pairie, ou en plein lige, c'est-à-dire, où il y a Maison ou Château notable, fossés & autres marques d'ancienneté de noblesse, s'appelle *Fief noble,* & les autres Fiefs sont appelés *Ruraux & non nobles,* & quelquefois *Fiefs restraints & abregés.* On a aussi appelé *Fiefs roturiers,* des Mairies, & *Fiefs boursiers* ou *boursaux,* des Fiefs acquis de bourse roturiere.

Fief de danger, est un Fief dont on ne peut prendre possession qu'après avoir fait la foi & hommage, & qui seroit confisqué si le possesseur l'alienoit

sans en avoir eu la permission du Seigneur. *Fief en l'air,* se dit d'un Fief qui est sans Château ou sans manoir principal, où les tenanciers soient obligés de venir payer les droits. Il y a des *Fiefs à vie,* & des *Fiefs morts.* Ces derniers sont des heritages tenus à rente seche, qui ne portent point de profit de cens ni de rente fonciere.

Fief-volant, est Celui, qui n'est point attaché à une Glebe, & Celui dont les dépendances sont fort interrompues par d'autres Fiefs quelquefois de 2. de 3. de 5. ou de 6. lieux.

Il y a plus de vingt autres divisions de Fief.

On dit qu'*Un Seigneur se peut jouer de son Fief,* pour dire, qu'il a le pouvoir de le démembrer. On dit aussi que *De son domaine il fait son Fief,* quand de son plein Fief il en donne une partie à un Vassal pour en faire un arriere-fief ; & au contraire, que *De son Fief il fait son domaine,* quand il y réunit un arriere-fief, ou qu'il le retire par puissance de Fief. On donne diverses étymologies de ce mot. Les uns le dérivent de *Fœdus,* comme venant d'une alliance faite avec le Seigneur ; les autres de *Fides,* à cause de la foi qu'on doit garder à celui dont on releve. Nicod le tire de l'Allemand *Feld,* qui veut dire Champ. Il y en a qui le font venir de *Feed,* autre mot Allemand qui signifie Guerre ; du Danois *Feide,* Milice ; de *Foden,* Nourrir, ou du mot Hongrois *Feeld,* Terre. On a fait *Fief* du Latin *Fevum,* que quelques Auteurs Latins ont dit au lieu de *Feudum.*

FIEGARDS. s. m. p. Vieux mot. Places communes.

FIEL. s. m. *Humeur jaunâtre & amere au corps de l'Animal, contenue dans une petite pellicule qu'on appelle la Vessicule du fiel.* ACAD. FR. La substance de la vessie du fiel est membraneuse, couverte d'une seule tunique tissue de trois sortes de fibres. Elle a de petites veines qui viennent des rameaux de la veine-porte, & sa figure est longuette. Elle purge le foye & le sang de sa bile, laquelle est ensuite poussée dans l'intestin duodenum, afin que son acrimonie lui serve comme d'aiguillon pour le hâter de mettre les excremens dehors. Dioscoride dit que tout fiel est chaud & aigu, & qu'il y en a qui le sont plus que les autres. Galien l'appelle la plus chaude humeur qui soit aux animaux, & dit que les temperatures étant diverses en leur chair & en leur sang, elles le sont de même sorte autour de leur fiel ; qu'ainsi il faut necessairement que le fiel des animaux qui sont chauds soit fort chaud, & que la chaleur diminue à proportion de celle des animaux dont on prend le fiel ; que même dans une même espece les uns sont plus chauds que les autres; qu'on trouvera le fiel d'un taureau pressé & affamé, entierement different en couleur, en qualité & en substance, du fiel d'un autre taureau qu'on aura bien nourri & engraissé ; que le premier sera plus épais, plus noir ou vert, ou plus enfumé, & par consequent plus chaud que l'autre, & qu'en general plus un Fiel est clair & subtil, moins il est chaud. On trouve dans le Fiel de bœuf une pierre jaune, aisée à rompre, & qui a quelquefois la grosseur d'un œuf. On tient que prise en breuvage elle fait sortir la pierre & la gravelle de la vessie. Si elle est soufflée aux narines, elle éclaircit la vûe & resserre les fluxions d'eau qui tombent aux yeux. Quelques-uns la donnent à boire avec du vin contre la jaunisse. Le Fiel d'ours pris en électuaire est fort bon à ceux qui ont le haut mal. Le Fiel de la tortue est un remede pour l'esquinancie, & pour les ulceres corrosifs qui viennent en la bouche des petits enfans. Le Fiel de la chévre sauvage & celui de bouc, si l'on s'en frotte les yeux, empêche que l'on ne perde la vûe quand on en est menacé. On peut se servir du Fiel de pourceau pour toutes sortes d'ulceres. Tout cela est de Dioscoride. Le Fiel du scorpion marin est fort efficace pour faire sortir les mois & arrierefaix, & étant incorporé avec miel & huile, & appliqué de jour à autre, il a beaucoup de vertu pour les cataractes & les tayes des yeux. Le Fiel de vipere & celui du chien de mer sont très-venimeux, & c'est un poison auquel il est difficile de remedier. Le Pigeon n'a point de Fiel.

On appelle la petite Centaurée *Fiel de la terre*, à cause qu'elle est très-amer.

FIENTE. s. f. Excrement des animaux. La Fiente de l'homme n'est pas inutile dans la Medecine. Etant appliquée sur les bubons pestilentiels, elle en attire si puissamment le venin, que les malades s'en trouvent gueris. On a remarqué dans une des Isles les plus celebres des Isles Orientales un bois extrêmement venimeux, dont les playes qu'il fait ne sçauroient être gueries que par la fiente propre du blessé qu'il faut appliquer chaudement sur la blessure. On tient que la même Fiente prise interieurement fait le même effet contre une espece de lezard de l'Inde Occidentale appellé *Guarid*. Il y a aussi des animaux dont les Fientes ont de grandes vertus à cause de leur sel volatil. Celle de porc arrête toutes sortes d'hemorragies. Il faut en donner une drachme en forme de poudre ou en forme d'électuaire. Le remede de la colique & de la passion hysterique est la Fiente de cheval. On en donne le suc exprimé avec la biere ou du vin, & ce même suc est bon pour la petite verole & pour la rougeole des enfans, comme pour la pleuresie. Selon Dioscoride, la Fiente d'une vache qui se nourrit au troupeau avec les autres, appliquée lorsqu'elle est seche, adoucit les inflammations des playes. Il faut l'appliquer envelopée en feuilles, & échauffée sur des cendres chaudes. Elle appaise aussi la douleur des sciatiques, si on les en fomente, & resout les écrouelles, les apostumes larges, plates & enflâmées, & toutes sortes de maux étant appliquée avec du vinaigre. La Fiente de chien, recueillie au fort des jours caniculaires, & bûe en vin ou en eau, resserre le ventre.

A l'égard de certains animaux au lieu du mot *Fiente*, on dit, par exemple: *Crotte* de Lapin; *Houx* de Lievre; *Fumée* de Cerf, *Lesses* de Loup; *Aires* de Perdrix; *Epreinte* de la Loutre.

FIER, ERE. adj. Les Sculpteurs appellent, *Pierre fiere*, Une pierre dure qui est difficile à tailler & qui s'éclate sous le ciseau. On appelle aussi *Marbre fier*, Un marbre qui a le grain menu & qui est sujet à s'éclater, si lorsqu'on le charge on ne met dessus une matiere moins dure, comme de la pierre tendre, le marbre étant de telle nature, qu'il faut qu'il casse, ou que ce qui le touche dessus ou dessous éclate, si on ne met une lame de plomb, du mortier, ou quelque autre chose entre deux.

Fier, se dit aussi dans le Blason, & on appelle *un Lyon fier*, quand son poil est herissé.

On appelle, en termes de Chasse, *Perdrix fieres*, celles qui sont difficiles à approcher.

FIERS. s. m. Sorte de raisins que l'on appelle *Figers* en Poitou, à cause qu'ils ont la douceur des figues.

FIERTE. s. f. Chasse. On porte le jour de l'Ascension celle de S. Romain, Evêque de Rouen & le Chapelain a le Privilege de délivrer un Criminel. Ce Privilege est confirmé par un Arrêt du 15. Septembre 1672. rapporté au Journal du Parlement,

T. 3 p. 265.

FIERTE'. s. f. Terme de Blason. Il se dit des baleines dont on voit les dents.

FIERTON. s. m. Terme de Monnoye. Sorte de poids ancien qui contenoit en soi le poids du remede de l'ouvrage que l'on ordonnoit être forgé en monnoye, en sorte que le trébuchant y étoit compris.

FIERTONNEUR. s. m. Officiers qui furent créés en 1214. par Philippe le Bel en chaque Monnoye du Royaume pour visiter le matin & l'après-dînée les Officiers de chaque fournaise. Chacun d'eux étoit garni de balances pour recevoir au poids de fierton l'ouvrage qui étoit devant les ouvriers. Aujourd'hui la fonction de Fiertonneur est exercée par celui qui est commis pour verifier les flans qui ont été ajustés par les Ouvriers & les Tailleresses.

FIEVRE. s. f. Maladie provenant d'une intemperie chaude & seche du sang & des humeurs, qui commence au cœur, d'où elle est portée dans tout le corps par les veines & les arteres. Il y a ordinairement un frisson qui la précede. Les quatre humeurs forment quatre sortes de Fiévres, la sanguine, la bilieuse, la pituiteuse & la mélancolique. La *Fiévre chaude*, est une Fiévre fort aigue, allumée, particulierement en l'humeur colerique. On appelle *Synoque*, la Fiévre qui vient du sang, du Grec σύνοχος, qui veut dire, Une sorte de Fiévre continue sans redoublemens & sans accès. Elle a pourtant des remissions & des redoublemens quand elle est compliquée avec des Fiévres putrides. La Fiévre continue se divise en quatre especes, *la Synoque simple*, qui n'a qu'un même degré de chaleur depuis son commencement jusqu'à sa fin; *la quotidienne continue*, qui a tous les jours des accès ou redoublemens; *la tierce continue*, qui n'en a que de deux jours l'un; & *la quarte continue*, qui en a deux fois en quatre jours. La Fiévre dont la matiere étant hors des veines est contenue & resserrée dans les entrailles, s'appelle *Fiévre intermittente*. On appelle *Fiévre quotidienne*, celle qui prend tous les jours, & *Fiévre double quotidienne*, celle qui prend deux fois en vingt-quatre heures. L'une est causée par la pituite corrompue, & l'autre par la pourriture de la pituite qui est en deux differens foyers. La bile est la cause de la *Fiévre tierce*. Celle-là ne prend que de deux jours l'un. Il y a une *Fiévre tierce legitime* qui se fait de bile pure, & une *tierce bâtarde*, à laquelle quelqu'autre humeur est mêlée. La *Fiévre demi-tierce* participe de la tierce & de la quotidienne. Elle est engendrée partie de la bile, partie de la pituite, corrompues en divers foyers. La *Fiévre double tierce* prend deux jours consecutifs, & donne quelquefois deux redoublemens le même jour. C'est une Fiévre composée de deux tierces, & causée par une bile qui se pourrit en deux divers lieux hors des grands Vaisseaux. La *Fiévre triple tierce* donne trois accès en deux jours. Elle est causée par la bile qui se pourrit en trois differens foyers hors des grands vaisseaux. La *Fiévre quarte* vient de quatre jours en quatre jours. La legitime ne laisse deux de repos. Elle s'engendre de pure mélancolie, & la bâtarde est causée par le mêlange de quelques autres humeurs en divers foyers. La *Fiévre double quarte* fait souffrir deux jours consecutifs sans en laisser qu'un de bon, & la *Fiévre triple quarte* prend tous les jours. L'une est causée par une humeur mélancolique qui a deux divers foyers hors des grands vaisseaux, & l'autre par la mélancolie corrompue en trois differens endroits du corps aussi hors des grands vaisseaux. On appelle *Fiévres putrides* celles dont le siege est dans les humeuss, & *Fiévre confuse*, celle qu'engendrent diverses humeurs corrompues & mêlées en un même foyer. La *Fiévre éphemere*, qu'on appelle aussi *Diaire*, a son siege dans les esprits, & provient le plus souvent du vice de l'estomac. Elle n'est pas dangereuse, & dure seulement vingt-quatre heures, comme le marque son nom. La *Fiévre étique* s'attache aux parties solides, telles que sont les chairs & les os. Elle a trois degrés. Elle consume d'abord l'humidité des parties solides, puis elle dévore leur substance charneuse, & enfin elle s'attache aux os & les détruit. Elle est alors incurable. Il y a cette difference entre la *Fiévre lente* & la *Fiévre étique*, que l'étique est sans pourriture, au lieu que la Fiévre lente consume peu à peu le malade. Celle-ci provient d'obstruction & d'un feu caché qu'il ne sçauroit presque appercevoir. Quand le foye, le poumon, la rate, & autres parties necessaires à la vie se corrompent en leur substance, elle devient continue. On appelle *Fiévre symptomatique*, Une Fiévre qui survient de quelque accident, comme de frayeur ou d'une blessure, & *Fiévre erratique*, celle qu'ont les Filles par la suppression de leurs mois. Elle a pris ce nom de ce qu'elle ne garde aucun ordre, & fait sentir en même-tems le froid & le chaud. On tient qu'il n'y a personne qui meure sans Fiévre, quand même on mourroit de mort violente. Ce mot vient du Latin *Febris*, fait de *Fervere*, Bouillir. Les Grecs appellent la Fiévre πυςτος, du mot πῦρ, Feu.

F I F

FIFRE. s. m. Instrument de Musique à vent, percé par les deux bouts, & qui rend un son fort aigu. Il a six trous, & s'embouche en mettant la lévre d'en bas sur le premier. C'est une maniere de flûte d'Allemand, qui n'est en usage qu'à la guerre pour accompagner les tambours & sur-tout parmi les Suisses.

F I G

FIGUE. s. f. Sorte de fruit mol & sucré qui vient en forme de petite poire. Il y a des Figues de differentes couleurs, de blanches, de noires, de couleur de pourpre, de vertes, de roussâtres, de pâles, & d'autres qui ont diverses couleurs mêlées ensemble; leur chair est molle, garnie d'une infinité de petits grains, & du reste, elle est bonne au goût & savoureuse. Celles qui ont une peau entr'ouverte quand elles sont mûres, sont estimées les meilleures. Elles surpassent les autres en douceur & en saveur. On cueille les Figues en Automne, & on les met secher au Soleil sur des clayes, pour s'en servir à table & dans les médicamens. La Figue la plus hative est la blanche. On la nomme *Figue-fleur*, & il y en a de trois sortes, la grosse à courte queue, celle qui a une longue queue, & la petite de Marseille. Toutes les trois sont blanches par le dehors, & le dedans en est extrêmement sucré & fondant. La Figue jaune est très-grosse, un peu rouge dedans, de couleur de grenade. Elle a les pepins plus gros, & est très-bonne. La Figue violette plate n'a qu'une mediocre grosseur, mais la violette longue est très-grosse. On l'appelle *Figue d'Espagne*, & elle a beaucoup de peine à mûrir. La Figue verte est plus courte & plus petite, toûjours verte dehors, quoique très-rouge dedans. Elle est appellée *Brugeotte*. La Figue de Bourdeaux est violette, longue & menue. On la nomme l'*Angelique* ou *de Langon*. Cette sorte de Figue est des plus exquises, & le dedans

en est rouge. Les Figues fraîches l'emportent sur tous les fruits passagers sans noyau, à cause qu'elles nourrissent davantage, & ne sont pas de si mauvais suc. Elles sont pourtant venteuses, mais elles demeurent peu dans l'estomac, & passent aisément par tout le corps, ayant une grande vertu abstersive qui leur donne de faire jetter la gravelle hors des reins. Les mûres sont beaucoup meilleures que les vertes, & les seches meilleures que les recentes. Celles-là sont aperitives & lénitives, ce qui fait qu'elles lâchent le ventre & nettoyent les reins. Elles remedient aussi aux incommodités de la poitrine, mais elles nuisent extrêmement aux inflammations des entrailles. Leur suc engendre à ceux qui en usent trop long-tems, une chair spongieuse & mollasse. On les met au rang des suppuratifs, & on estime celles de Marseille les plus louables de toutes. On les tient si bonnes que dans les compositions où les dattes sont requises, on les fait suppléer à leur défaut. Leur nom Latin est *Ficus*, en Grec σῦκον.

On appelle *Figue grasse*, Une vieille ou grosse Figue qui sert à mûrir les abscès.

FIGUIER. s. m. Arbre qui porte des Figues, & dont le tronc est court & entortillé, & le bois blanc & spongieux comme celui de la vigne. Il est neanmoins visqueux & propre à faire des boucliers. Il enferme un lait astringent au goût, âpre & amer, qui peut ulcerer aisément. Ses racines sont peu enfoncées en terre, ce qui est cause que le froid lui est contraire. Sa feuille qui est attachée à une queue ronde & forte, est âpre, grande & solide comme celle de la vigne. Son fruit sort avant ses feuilles, ou quand elles commencent à germer à la cime de ses branches. Il y a le *Figuier domestique*, que l'on cultive & qui porte du fruit, & le *Figuier sauvage* qui n'en porte point, & qui croît de lui-même dans les champs. Ce dernier a son jus & son lait, plus efficace en tout & par tout que celui du domestique. On tient que le Figuier est exempt de la foudre aussi bien que le Laurier. Le suc de l'un & de l'autre est si acre & si mordicant qu'il écorche les parties du corps où l'on l'applique, ce qui le fait employer dans les vessicatoires. Dioscoride dit que l'on fait une lessive des rejetons de Figuier, que l'on doit passer & repasser afin qu'elle soit plus forte, & il ajoûté qu'elle est bonne pour brûler où il est besoin, & qu'on s'en sert aux chancres & aux gangrenes, parce qu'elle absterge & consume toutes sortes d'excrescences. On baigne une éponge dans cette lessive, & on la met ensuite sur la partie affectée.

Theophraste parle d'une sorte de Figuier des Indes, qui tous les ans laisse tomber ses branches à terre. Elles s'y recourbent, se reprennent & se rejettent de telle sorte, qu'elles semblent former une tente sous laquelle se retirent les Bergers Cela n'arrive qu'aux vieux arbres. Les branches qui regetent sont fort differentes des rameaux d'où elles sortent, étant plus blanches, plus velues & tortues. Cet arbre a ses branches de dessus & leurs cimes fort épaisses, representant une petite forêt. Du reste il est rond, & fait à arcades d'une excessive grandeur, faisant une ombre presque de deux stades. Son tronc a quelquefois soixante pas de tour, & le plus souvent quarante. Sa feuille est large comme une targe d'amazone. Il porte un fruit fort petit, & dont la grosseur ne passe point celle des poix chiches. Ce fruit est semblable à la Figue, ce qui a fait appeller cet arbre Figuier.

Ce même Arbre croît dans l'Isle de Madagascar, où on le nomme *Nounove*. Les Habitans l'appellent

Arbor de rays, c'est-à-dire, Arbre des racines, à cause qu'il prend facilement racine, par le bout de ses rameaux qui panchent & vont toucher à terre, & qui se changent continuellement en de nouveaux troncs. Ces troncs pouffent encore de nouvelles Branches vers la terre en maniere de bocage, lesquelles prenant racine deviennent ensuite de nouveaux troncs, & ainsi sans discontinuer, en sorte qu'il s'en forme quelquefois jusqu'à quarante & cinquante. Chacun s'éleve auffi haut que le maître Tronc, & souvent ils s'étendent tous ensemble tellement au large, que cent hommes se pourroient mettre à couvert du chaud & de la pluie sous un seul de ces arbres. Il est des Voyageurs qui raportent en avoir vû plusieurs aux environs du Fort-Dauphin, qui avoient produit quatre autres gros troncs, dont chacun avoit plus de deux toises de circuit, & que de chaque tronc, il en sortoit encore un autre en façon d'un bois rouffu, qui alloit toucher à terre & prendre racine à environ quatre toises l'un de l'autre. Ses feuilles sont semblables à celles du poirier. Son fruit que les Habitans appellent *Voanounove*, du mot *Voa*, qui veut dire Fruit, a le goût & la forme des Figues de Marseille. Si l'on fait des incisions sur cet arbre, il en sort comme une espece de lait. On fait des cordages de son écorce.

Il y a dans la plûpart des Isles Antilles de l'Amerique un gros arbre, que les Européens ont auffi nommé *Figuier d'Inde*, à cause qu'il porte un petit fruit sans noyau, qui a la figure & le goût à peu près des Figues de France. Ces sortes de Figues sont rouges, mêlées de verd & épineuses. L'urine qu'on rend après qu'on en a mangé, est rouge comme l'écarlate. Du reste, cet arbre ne ressemble en rien à nos Figuiers, car outre que sa feuille est d'une figure differente, & bien plus étroite, il y a des lieux où il s'en rencontre d'une groffeur si démesurée, qu'à peine plusieurs hommes pourroient embraffer son tronc, à cause que le plus souvent n'étant pas uni en sa circonference, il pouffe à ses côtés depuis sa racine jusqu'à ses branches des arêtes ou saillies qui s'avancent jusques à quatre ou cinq piés, & qui forment par ce moyen de profondes cannelures enfoncées comme des niches. Elles sont épaiffes de sept ou huit pouces, à proportion de la groffeur qu'a le tronc qu'elles entourent, & servent à faire des planches, des portes & des tables: Après qu'on les a coupées, l'écorce de l'arbre s'étend en fort peu de tems sur la bréche qu'on a faite, & la couvre si proprement qu'à peine peut-on s'appercevoir que l'on ait rien ôté de son tronc. Ses feuilles sont toutes heriffées de petites aiguilles & si l'on en plante une dans la terre, elle en produit deux autres semblables qui en pouffent chacune deux ou trois, & qui s'étendent jusques à couvrir plus de dix piés de terre en quarré. A côté de l'extrémité des feuilles croiffent de petites fleurs jaunes, qui sont suivies des fruits que porte cet arbre.

On appelle encore *Figuier* dans les mêmes Isles une plante qui croît jusqu'à la hauteur de douze ou quinze piés hors de terre, & qui a beaucoup de choses communes avec le Bananier. Sa racine est une groffe bulbe ronde, maffive & blanche, tirant un peu à la couleur de chair. Il en sort un tronc vert, poli & liffé, droit comme une fleche, gros comme la cuiffe, & qui n'a aucune feuille jusqu'à sa racine. Ce tronc est composé d'une seule écorce poreuse, & presque de même substance, que l'oignon, roulée jusqu'à sa parfaite groffeur. A sa cime viennent quinze ou vingt feuilles longues de

sept à huit piés, & larges d'un pié & demi. Elles sont tendres & frêles & rayées par le travers comme celles des Baliffiers. Il y a tout au milieu une groffe côte ou nervûre qui va depuis un bout jusqu'à l'autre. La plûpart des Habitans s'en servent au lieu de napes. De la cime de ce tronc & du milieu de toutes ses feuilles, croît une façon de tige, plus dure & plus forte que le reste de la plante. Elle est groffe comme le bras, longue de cinq ou six piés, & toute en compartimens par divers endroits. Sur huit ou dix des plus gros nœuds de la plante, il y a quelquefois jusqu'à deux cens Figues. Les habitans appellent *Regime*, cette tige chargée de son fruit. Ces Figues ont six quarres, & sont groffes comme un œuf, & longues au plus de quatre ou cinq pouces, quand elles ont atteint leur maturité. Ces arbres ne portent qu'une seule fois, & pour en avoir les fruits, on est obligé de les couper par le pié. On soutient la groffe grappe avec une fourche, de peur qu'elle ne se froiffe en tombant. Il est vrai que ces Figuiers, pouffent proche leur pié des rejettons qui produisent des fruits au bout de l'an, de sorte que quand on a coupé une de ses tiges pour avoir le Regime, la plus avancée succede en sa place, ce qui fait que l'arbre est perpetue. La chair de cette sorte de Figues est fort delicate, & plus molle que celle des abricots bien mûrs, Elles sont d'un très-bon goût, mais un peu venteufes. Quand on les ouvre, on voit une croix marquée sur chaque tronçon. Auffi quelques-uns nomment cette plante, *Figuier d'Adam*, ou *Pommier de Paradis*. Elle a sur la tige qui se termine à un pié & demi de fruit une groffe maffe de petites fleurs blanches arrangées fort près à près & à double rang, & chaque rangée de fleurs est couverte d'une grande feuille violete, faite comme une coquille un peu pointue. Ces fleurs ne viennent jamais en fruit. On les confit en vinaigre comme des capres.

FIGUERIE. f. f. Lieu où l'on tient des Figuiers en terre ou en caiffe, pour les mettre dans une serre qui en est proche.

FIGURE. f. f. *Forme exterieure d'une chose materielle.* ACAD. FR. *Figure*, se dit en termes d'Escrime des differentes gardes, ou postures du corps ou du bras où l'on se met en tirant des armes.

On appelle *Figure de plan*, Un contour circulaire soit qu'il soit à pans ou ovale, dont diverses parties réciproquement tracées augmentent la varieté d'un plan, & l'on dit, *Faire la figure d'un plan*, *d'une élevation*, *d'un profil*, pour dire, Les deffiner à vûe, afin de les mettre ensuite au net. On dit en termes de Palais dans le même sens, qu'*Un procés a été jugé sur la figure de l'Architecte* ou *de l'Arpenteur*, pour dire, Sur le plan des bâtimens deffinez par l'Architecte, ou des heritages levés par un Arpenteur.

Figure, dans la Geometrie speculative, se dit de ce qui est environné & fermé de lignes. Par consequent toute figure est rectiligne ou curviligne, ou mixte, selon qu'elle est terminée par des lignes droites ou courbes, ou par des droites & des courbes ensemble. Le triangle est la premiere & la plus simple des figures rectilignes. Les figures peuvent être égales, (Voyez AIRE) isoperimetries, semblables, reciproques, équiangles, équilateres, inscrites, circonscrites dans le cercle, &c. Voyez ces mots.

Dans les Sections coniques le mot de *Figure* signifie un rectangle d'un diametre & du parametre. Voyez PARAMETRE.

Dans la Theorie du Soleil & de la Lune, on appelle *Figure d'une éclipse de Soleil*, *Figure d'une écli-*

pse de Lune , la representation sur un plan, du commencement , du milieu , & de la fin de ses éclipses, c'est-à dire du passage de la Lune devant le Soleil par rapport à quelque lieu de la terre , pour l'éclipse de Soleil , & du passage du corps de la Lune par l'ombre de la terre , pour l'éclipse de Lune.

On appelle en termes de Catoptrique , *Figure difforme* , Une Figure irreguliere décrite par artifice sur un plan , laquelle paroît reguliere , étant vûe par reflexion sur la surface convexe d'un miroir cylindrique ou conique.

Figure parmi les Peintres , se prend d'ordinaire pour des figures humaines. Ainsi l'on dit d'un Tableau où il y a plusieurs personnages, qu'il est rempli de figures , & on dit d'un passage qu'*Il est sans Figures* , lorsqu'il n'y a que des arbres. On donne aussi le nom de *Figure* , à une statue de marbre ou de bronze.

Figuré. Terme de Geomance. Il se dit des extrémités des points , lignes ou nombres qu'on fait au hazard , & qu'on joint ensuite par un petit trait de plume pour placer les Planetes dans les Maisons du Soleil , & juger une question.

Figures , se dit aussi en termes de Mer des petites cordes qui sont en maniere d'échelons le long des haut-bans. C'est un terme de la Manche. On les appelle aussi *Enflechures* & *Figules.*

FIGURE' , E'E. adj. Terme de Blason. Il se dit non seulement du Soleil , du vent sur lequel on exprime l'image du visage humain , mais encore des tourteaux , besans & autres choses sur lesquelles paroît la même figure. *De gueules à trois besans d'or , figuré d'un visage humain d'or.*

FIL

FIL. s. m. *Ce qui se tire du chanvre, du lin , de la laine, de la soye , & autres choses semblables , & dont on fait de la toile , de l'étoffe.* ACAD. FR. On appelle *Fil d'or* , *Fil d'argent* , les parties de ces métaux qu'on façonne & qu'on étend en une longueur fort menue & deliée , en les passant par des trous appellés *Filieres* , qui sont fort étroits.

Fil d'archal. Menu fil de fer ou de laiton qu'on passe par la filiere. Ce mot vient d'*Aurichalcum , Laiton.*

Fil de Carret. Fil d'un grand usage sur la mer, pour raccommoder les manœuvres rompues. On le tire d'un des cordons de quelque vieux cable coupé par pieces. C'est un Fil de chanvre de la grosseur de deux lignes qu'un Cordier file pour en assembler plusieurs afin d'en faire des cordes. Le Fil qu'on appelle *Fil à gargousse* , est du Fil de chanvre à l'ordinaire avec lequel on coût les gargousses. Les Danois ne se servent pour cela que du Fil de laine. Le *Fil de voile* , appellé ainsi parce qu'on en coût les voiles , est un Fil gros comme le ligneul des Cordonniers. On appelle sur mer , *Fil blanc* , celui qui n'est point passé dans le goudron , & *Fil goudronné*, celui qui a été passé dans du goudron chaud. *Fil Pers* , autrement *Fil d'Epreuve* , qu'on teint avec l'indigo. *Fil vergé* de diverses couleurs.

On appelle *Fils* dans la pierre & dans le marbre, certaines petites fentes ou veines qui divisent la masse en plusieurs parties. Ces petites veines qui sont plus dures ou plus tendres que le corps de la pierre , qu'elles font effeuiller , la rendent mauvaise dans les endroits où elles se trouvent.

Fil se dit aussi du bois consideré par la longueur de sa tige , & on appelle *Bois de fil* , celui qu'on employe plus long que large. *Fil de pieux* , se dit d'un rang de pieux équarris , qu'on plante au bord d'un étang ou d'une riviere , pour conserver les chaussées d'un grand chemin. On a coûtume de l'attacher avec des chevilles de fer , ou bien il est couronné d'un chapeau que l'on arrête à tenons & à mortoises.

Fil est aussi un terme de Coutelier , & on dit , *Donner le fil à un couteau* , *à un rasoir* , pour dire, Rendre plus deliée & plus tranchante la pointe de l'alumelle qui coupe.

FILADIERE. s. f. Petit bateau à fond plat dont on se sert sur quelques rivieres.

FILANDRES. s. f. p. Herbes de mer qui en s'attachant sous un Vaisseau retardent son cours.

On appelle aussi *Filandres* , certains crêpes qui tombent en l'air , & qui s'attachent sur les voies des bêtes qu'on chasse.

Filandres , se dit encore d'une maladie d'oiseau de Fauconnerie. Ce sont des filamens de sang caillé & desseché après la rupture violente de quelques veines , qui se figent en maniere d'aiguilles , & qui lui travaillent le corps , les reins & les cuisses.

On appelle aussi *Filandres* , certains vers qui s'engendrent dans le gosier autour du cœur , du foye, & des poumons des oiseaux , & dont ils sont fort incommodés. Ces sortes de vers leur sont quelquefois necessaires quands ils sont pleins , à cause qu'ils devorent les superfluités de ces parties.

Ce sont aussi de grands Fils qu'on voit à la campagne s'attacher d'un arbre à l'autre comme des fils d'Araignée au mois d'Octobre. Les Paysans disent que c'est la marque qu'il fait bon semer.

FILARDEAU. s. m. Petit Brocheton , qui n'est bon qu'à frire , se dit aussi d'un jeune arbre de haute tige & droit.

FILARDEUX , EUSE adj. Les Maçons appellent *Pierre filardeuse* , une pierre qui n'est pas également pleine , & qui a des fils. La même chose se dit du marbre. Presque tous les marbres de couleur sont filardeux , mais particulierement le Serancolin , qui se tire en Gascogne d'un lieu appellé le Val d'Aure proche de Serancolin au pié des Pyrenées , & qui est gris , jaune , & d'un rouge couleur de sang , & aussi transparent que l'Agate en quelques endroits.

FILATRICE. s. f. Terme de Marchand. Etofe tramée de fleuret , que quelques-uns nomment *Filouselle.*

FILE. s. f. Terme de guerre. Ligne droite que font les soldats lorsqu'ils sont placés l'un devant l'autre. C'est ce qui détermine la hauteur du bataillon. Le nombre des hommes de la file est de six dans l'Infanterie , & de trois dans la Cavalerie. Les files doivent être paralleles entre elles , & également droites. On dit *Doubler les Files* , pour dire , Augmenter la hauteur du bataillon & en diminuer le front. On appelle *Chef de File* , le Soldat qui est à la tête de la File ; *Serre File* , celui qui est à la queue, & *Chef de demi-File* , celui qui est le premier quand le bataillon est divisé en deux. Si le bataillon est à huit de hauteur , il y a encore les *Quarts de File* de la tête , du milieu & de la queue. Ceux de la tête sont le premier & le second soldat de chaque File , ceux du milieu le troisiéme , le quatriéme , le cinquiéme , & le sixiéme , & ceux de la queue le septiéme , & le huitiéme.

FILER. v. a. Faire du fil. On dit en termes de Marine , *Filer les manœuvres* , pour dire , Lâcher & abandonner tous les cables qui les soutiennent , & *Filer du cable* , pour dire , Faire sortir le cable hors du Vaisseau par les écubiers , & en donner ce qu'il faut pour la commodité du mouillage. On dit aussi *Filer de l'écoute* , pour dire , La faire sortir du Vaisseau au gré du vent , & *Filer par le bout* , ou *Filer le cable bout pour bout* , pour dire , Lâcher & abandonner

abandonner tout le cable de l'ancrage, & le laisser aller à la mer faute de tems pour lever & bitter l'ancre. Quelques-uns disent encore, *Filer sur ses ancres*, pour dire, Chasser sur ses ancres, mais improprement. Filer sur ses ancres ne signifie rien autre chose que filer du cable, pour soulager l'ancre quand le tems est gros. On dit sur mer, *File bouline*, ce qui est une sorte de commandement que fait celui qui commande à la manœuvre d'un Vaisseau, afin qu'on demare, & qu'on laisse aller la bouline, quand on vire vent devant. On dit de même *File* en parlant du cable ou de l'écoute, que l'on veut faire larguer & pousser dehors.

Filer en termes de Cirier, signifie, Faire passer de la bougie par les trous des filieres, *Filer de la bougie*. Les Tonneliers disent *Filer du vin*, pour dire, Le descendre dans la cave avec des cables & un poulain.

On dit aussi en termes de Jeu, *Filer la carte*, pour dire, Tirer doucement les cartes l'une après l'autre, pour les connoître par l'œil en les donnant.

FILET. s. m. Diminutif de Fil. *Fil délié*, *petit Fil*. ACAD. FR. Les Tireurs d'or appellent *Filet*, un trait d'or où d'argent battu, & tortillé avec de la soye. Les Doreurs sur cuir disent, *Pousser des Filets*, pour dire, Faire de petits traits d'or au dessus & au dessous de chaque bouquet du dos d'un livre relié en veau, en maroquin.

Filet. Terme de Manege. Petite embouchure, ordinairement à escache, avec deux petites branches toutes droites, & une gourmette. Elle est montée d'une têtiere, & de deux longes de cuir de Hongrie. Il y a aussi un *Filet à l'Angloise*. C'est une embouchure fort menue, qui n'a point de branches, & qu'on appelle autrement *Bridon*. On dit, *Tourner un cheval au Filet*, pour dire, Lui mettre la croupe du côté de la mangeoire, & la tête entre deux pilliers, pour empêcher qu'il ne mange.

Filet. Terme d'Architecture. Petit membre quarré qui paroît dans les ornemens & dans les moulures, & que l'on appelle autrement *Listel*. Les Couvreurs nomment *Filet*, la partie de la couverture qui aboutit contre le mur, & qui est couverte de plâtre. C'est ce qui sert à retenir les dernieres tuiles ou Ardoises. On le compte pour un pié courant sur sa hauteur.

On appelle *Filet de vis*, une espece de coin qui tourne en ligne Spirale, & en tranchant de couteau, comme autour d'un cylindre pour entrer & tenir dans les écrous. Il y a de ces Filets qui sont quelquefois plûtôt quarrés que tranchans, comme dans les grands étaux des Serruriers.

On dit en termes de mer *Filet de Merlin*. Il sert à ferler les voiles dans les marticles.

Filet. Terme de Blason. Espece d'orle ou de bordure, qui ne contient en largeur que le tiers ou le quart de la bordure ordinaire. Cet orle, qui est retiré en dedans, & d'un autre émail que le champ de l'écu, regne tout autour de ses bords. Il se dit aussi d'un trait qui se tire comme la barre, de la pointe gauche du chef à travers l'écu; on le met d'ordinaire sur ceux des bâtards. On en voit pourtant en bandes, en fasces, en croix, & en autre assiette. Ce Filet ne doit avoir que le quart de la largeur de la piece. Quand cela arrive à la croix, on l'appelle *Filet en croix*.

Filet. Terme de Monnoye. C'est là même chose que le cordon qui regne autour de la circonference d'une piece.

FILEUX. s. m. p. Terme de Marine. Crochets de bois que l'on attache ordinairement au vibord pour amarrer les manœuvres. On les appelle autrement

Tome I.

Taquets. Ils sont à deux branches courbées en maniere de croissant.

FILIATION. s. f. Terme qui se dit figurément parmi les Religieux, pour marquer la dépendance des Eglises qui sont filles d'une autre. Ainsi on dit, *Cette Abbaye est de la Filiation de l'Abbaye de....*

FILIERE. s. f. Morceau de fer ou d'acier, qui est percé de plusieurs trous inégaux, par où l'on tire & l'on fait passer l'or, l'argent, le cuivre & le fer pour le réduire en fils aussi menus que l'on veut. Ces trous qui vont toûjours en diminuant, s'appellent *Pertuis*. Leur entrée est appellée *Embouchure*, & la sortie *Oeil*, & selon leurs differens usages on nomme ces morceaux ou plaques de fer, *Calibre* ou *Filiere*, ou *Ras*, ou *Pregaton*, ou *Fer à tirer*. Quand un lingot a été porté à une certaine machine appellée *Argue*, on l'y fait passer par environ quarante pertuis de la Filiere, jusqu'à ce qu'on l'ait réduit à la grosseur d'une plume à écrire, après quoi on le rapporte chez le Tireur d'or pour le dégrosser par le moyen d'un banc scellé en plâtre, qui est en maniere d'argue, que deux hommes font tourner. Là on le réduit à la grosseur d'un feret de lacet, en le faisant passer par vingt pertuis ou environ de la Filiere qu'on appelle *Ras*. Cela fait, & le fil d'or ayant été tiré sur un banc, appellé *banc à tirer*, on le fait passer par environ vingt pertuis de la Filiere nommée *Pregaton*, jusqu'à ce qu'il soit en état d'être passé par la petite Filiere appellée *Fer à tirer*. On ouvre alors un pertuis appellé *Neuf* ou *Fer à tirer*, & on y passe le fil d'or, puis on retrecît ce même pertuis avec un petit marteau sur un tas d'acier, & ensuite non seulement on le polit avec de petits poinçons d'acier fort fins, mais on le rebat & repolit de la même sorte jusqu'à ce que le fil d'or ne soit pas plus gros qu'un cheveu, en sorte qu'on puisse le filer sur de la soye. Lorsqu'il est en cet état, on l'écache entre deux rouleaux d'un petit moulin. Ils sont d'acier, fort polis & fort serrez sur leur épaisseur qui est d'un bon pouce, & ils en ont trois de diametre. On met le fil d'or entre l'un & l'autre, & l'on en tourne un avec la manivelle. Ce rouleau fait tourner l'autre, & c'est ainsi que le fil s'écache, après quoi il est en état d'être filé sur la soye, pour les differens ouvrages où l'on a dessein de l'employer. On appelle aussi *Filieres*, des morceaux d'acier bien trempez, qui sont percez de plusieurs écrous, dans lesquels on fait les vis.

Filiere de Cirier, pour faire de la Bougie filée : c'est un essai que l'on fait executer par Chef-d'œuvre à ceux qui veulent être reçûs Maitres. On y met de la Terebenthine pour l'empecher de casser.

Filieres, se dit aussi des veines & des crevasses qui se trouvent dans les carrieres, & qui interrompent les fils des pierres.

On appelle encore *Filieres*, de petites pieces de bois qui servent aux couvertures des bâtimens, & sur lesquelles portent les chevrons. La *Filiere* est parallele à la *Sabliere*. On en met deux ou trois suivant la longueur des chevrons. Elles sont posées sur des fermes & appuyées sur des chantignoles entaillées.

Filiere. Terme de Blason. Il se dit quelquefois d'un diminutif de la bordure, lorsqu'elle ne contient que la troisiéme partie de la largeur de la bordure ordinaire.

Filiere. Terme de Fauconnerie. Ficelle d'environ dix toises qu'on appelle aussi *Creance*. On la tient attachée au pié de l'oiseau dans le tems qu'on le reclame, jusqu'à ce qu'il soit assuré.

FILIPENDULA. s. f. Plante que Fuchsius & autres Modernes prennent pour l'Oenanthe de Dioscoride dont Matthiole ne demeure point d'accord. Il

M m m

dit que fa racine n'eſt pas grande , & que ſa graine n'eſt point ſemblable à celle d'arroche ; ce qui
eſt contraire à ce que l'on a écrit de l'Oenanthé ,
qui croît dans les lieux pierreux , au lieu que la
Plante nommée *Filipendula* vient dans les prez &
dans les meilleurs terroirs. Elle a une vertu lithontriptique ; ce qui eſt cauſe que quelques-uns l'appellent *Saxifrage rouge* , à cauſe qu'elle eſt de couleur verdâtre , tirant ſur le rouge. On ne ſe ſert que
de ſa racine. Les Modernes lui attribuent beaucoup de proprietés. Elle eſt fort bonne pour ceux
qui ne peuvent uriner que goutte à goutte , & pour
les douleurs de reins & la gravelle. Elle reſout toutes ventoſités de l'eſtomac & ſoulage ceux qui ſouf-
flent toûjours & qui ont l'haleine courte. C'eſt auſſi
un remede pour toutes les maladies cauſées de froidure.

FILLARET. ſ. m. Terme de Marine. On appelle
Fillarets , de gros Bâtons quarrés de quatre pouces
ou environ , qu'on met au travers de certaines pieces de bois nommées *Batayoles*.

FILLETTE. ſ. f. Petit Poiſſon qu'on jette dans les
Etangs pour les repeupler. Il y a des lieux où l'on
donne le nom de *Fillette* à une Egliſe qui ſert d'aide & de ſecours à une Paroiſſe dont l'étenduë eſt
fort grande. Ce ſecours , qu'on appelle auſſi *Anne-
xe* ou *Vicairerie* , lui eſt donné pour la commodité
du Peuple.

FILOCHE. Gros cable de Moulin , qui ſert à lever
la Meule.
Les Pêcheurs appellent ainſi Une aide , qui tient
le haut & le bas d'un filet.

FILOSELLE. ſ. f. Sorte de groſſe ſoye que vendent les Marchands de laine pour faire de la tapiſſerie.

FILOTIERES. ſ. f. On appelle ainſi dans les compartimens des vitres , les bordures d'un panneau
de forme de vitrail ou de chef-d'œuvre de vitrerie.

FILTRATION. ſ. f. Eſpece de colature qui ſe fait
avec des pieces de feutre coupées en long , par leſquelles la liqueur dégoute. Cela ſe fait lorſqu'on
veut ſeparer la portion la plus tenuë d'un medicament d'avec la plus groſſiere.

FILTRE. ſ. m. Morceau de drap mouillé ou de linge tortillé , dont on met l'un des bouts au fond du
vaſe où eſt le medicament qu'on veut paſſer par le
Filtre. On met l'autre bout dans un autre vaſe vuide qui eſt tout joignant , & il y tire comme en ſuçant & goutte à goutte le plus clair de ce qui eſt
contenu dans le premier vaſe.

FILTRER. v. a. Paſſer par le filtre. Il y a d'autres
façons de filtrer qu'avec le morceau de drap. Lorſque la matiere peſe peu , ou qu'elle eſt en petite
quantité , on ſe ſert de papier gris qui ſoit ſans colle
pour la filtrer. On appelle auſſi quelquefois *Filtrer* ,
Couler ſimplement une liqueur par une Chauſſe ,
c'eſt-à-dire , par un morceau de drap fait en pointe.
La liqueur qui coule au travers ſe clarifie , & le plus
épais demeure dans cette chauſſe.

FIM

FIMPI. ſ. m. Arbre de l'Iſle de Madagaſcar , où il
croît de la hauteur d'un olivier ; il a ſes feuilles
dentelées & un peu plus grandes que celles du
grand mirte. Elles ſont ameres , ayant à peu près
la même odeur. Son bois , qui eſt fort blanc & dur,
rend auſſi une odeur très-forte. L'écorce eſt d'un
gris cendré & a une odeur de muſc avec un goût
plus piquant que n'eſt le poivre. On la fait ſecher
au Soleil comme la canelle , & brûlée ou non , l'o-

deur qu'elle rend eſt fort agreable. C'eſt ce que les
anciens Medecins Grecs ont appellé ξυλοαλοη, c'eſt-
à-dire , Bois d'aloës. Ceux du pays l'appellent *Te-
teeh* , & les Portugais *Palo d'aguilla*.

FIN

FIN. ſ. f. Terme , borne , ce qui acheve , ce qui termine. ACAD. FR. On dit en termes de chaſſe,
qu'*Un Cerf eſt ſur ſes fins* , pour dire , ● eſt las
à force d'avoir couru , & qu'il ne p●● reſiſter
long-tems.
On appelle en termes de Palais , *Fins* , toutes
ſortes de prétentions & de demandes ; & *Fins de-
clinatoires* , les Moyens que propoſe la partie pour
ſe faire renvoyer devant ſon Juge naturel ſans qu'on
la puiſſe obliger de répondre en la Juriſdiction où
elle eſt aſſignée. On les appelle autrement *Fins de
non proceder*. On dit auſſi *Fins de non recevoir*. Ce
ſont des raiſons ●●● le défendeur allegue , afin que
le demandeur ●●● point reçû en ſa demande.
On appelle ●● termes de Méchaniques , *Vis ſans
fin* , celle dont le cylindre tourne entre deux pivots fixes. C'eſt une machine compoſée d'une roue,
dans les dents de laquelle un ou deux pas ſeulement
entrant ſucceſſivement , font qu'elle ne ceſſe point
de tourner.

FIN , FINE. adj. Délié , menu. On appelle *Or fin*,
celui qui eſt partagé en vingt-quatre degrés de bonté que l'on appelle *Carats* : mais nous n'avons point
de monnoie d'or pur ; la matiere en eſt toûjours al-
liée , c'eſt-à-dire , mêlée de differens métaux. L'*Argent fin* n'eſt diviſé qu'en douze degrés de bonté,
dont chacun s'appelle *Denier*. On dit ſubſtantive-
ment qu'*On travaille ſur le fin*,pour dire,qu'On travaille ſur un métal pur & qui n'a point de mélange.
On dit en termes de mer , qu'*Un Vaiſſeau eſt fin
de voiles* , pour dire , qu'il eſt leger à la voile , excellent voilier.

FINABLEMENT.adv.Vieux mot.Enfin,en dernier lieu.

FINAGE. ſ. m. Etenduë d'un territoire juſques aux
confins d'un autre. *L'acquiſition qu'il a faite eſt dans
le finage d'une telle Election*. On a appellé autrefois
Finage , un droit ſur les bornes , du mot *Fines* , qui
ſignifioit Limites.

FINEMENT. ſ. m. Vieux mot. Fin.

 Au finement de cet écrit
 Me nommeray par remembrance.
 Marie ay nom , ſi ſuy de France.

Cette Princeſſe que l'on appelloit , Marie , ne dé-
daignoit pas de paſſer du tems à faire des vers.

FINGART. adj. Vieux mot. On appelloit autrefois
Fingart , Un cheval retif qui reſiſte aux éperons.
C'eſt ce qu'on appelle aujourd'hui , *Cheval ra-
mingue*.

FINI , ıı. adj. On appelle *Marbre fini* , celui qui eſt
terminé avec le petit ciſeau & avec la rape qui adoucit & dont on a évidé les creux par le moyen du tre-
pan; ce qui met l'ouvrage en l'air , & dégage les
ornemens.

FINIMENT. ſ. m. Terme de Peinture. On dit , qu'*Il
y a un grand finiment à un tableau* , pour dire , qu'Il
eſt bien fini , bien achevé. Il ſe dit particulierement de la peinture en email.

FINIR. v. a. Achever , terminer. On dit en termes de
Peinture , *Finir un tableau* , pour dire , l'Achever
en toutes ſes parties. *Ce tableau eſt bien fini* , c'eſt-
à-dire , bien parfait.

FINITEUR. ſ. m. Nom que quelques-uns donnent à
l'horiſon , à cauſe qu'il termine ou finit la vuë. Le
bout de la carriere s'appelle auſſi *Finiteur* dans le
Manége.

FINITO. ſ. m. Terme de Pratique. Arrêté ou état final d'un compte. *Le Finito de ſon compte le rend redevable d'une telle ſomme.* Autrefois tous les comptes étoient en latin , *Computum* , d'où vient credit , *debet* , *allocetur* , *deducat* , *reliqua* ; *tradat* , ce mot n'eſt point Italien , comme le dit l'Auteur du Dictionaire Univerſel.

FIO

FIONOUTS. ſ. m. Plante de l'Iſle de Madagaſcar , dont les fleurs ſont jaunes & les feuilles épaiſſes. Les Habitans les appliquent ſur quelques parties de leur corps pour en faire tomber le poil. Cette herbe a l'odeur du melilot. On la brûle quand elle eſt verte , & des cendres on en fait une leſſive.

FIS

FISSURE. Terme de Chirurgie. Sorte de fracture dans un os , lorſqu'il ne fait que ſe fendre. On a ſouvent de la peine à connoître les fiſſures , ſur-tout ſi elles ſont petites. Il arrive quelquefois dans la chûte , le ſaut & la contuſion d'un membre contre une pierre , que l'os ſe fende en quelque endroit ; & ſuivant la conſtitution naturelle de la perſonne. Les vieillards ſont plus ſujets aux fractures & aux fiſſures des os , à cauſe qu'ils les ont ſecs & arides , & la douleur eſt tantôt plus & tantôt moins grande , à proportion de la Fiſſure , qu'une legere tumeur qui rougit à la ſuite du tems , fait connoître quelquefois. Quand on connoît les Fiſſures , ce ſont les plus aiſées à guerir de toutes les fractures : mais ſi on les neglige , elles traînent après ſoi un abſcès ; & quand la carie ſurvient , elles ſont ſi dangereuſes , qu'il faut extirper le membre. La contuſion profonde de la tête avec la bleſſure du crane , le fend tantôt à l'endroit de la contuſion , tantôt à l'endroit oppoſé. Le contrecoup penetre quelquefois les deux tables , quelquefois l'externe ſans l'interne , ou l'interne ſans l'externe. On diſtingue la Fiſſure de l'enfoncement du crane par pluſieurs ſymptomes , tels que ſont le vomiſſement de bile , le vertige , le ſang qui eſt ſorti par la bouche , par le nez , par les oreilles , la perte ſubite de la parole , le délire qui ſuit de près , les convulſions & autres. Outre l'inſpection oculaire par l'ouverture du crane , on en connoît la Fiſſure en appliquant ſur la tête raſe un cataplaſme de farine de féves. Il ſe ſeche à l'endroit où il n'y a point de fracture , & il demeure humide ſuivant les traces de la Fiſſure. Quand les Chirurgiens ſont dans le doute , ils font tenir au malade une corde entre ſes dents. S'il y a une Fiſſure au crane , il ſent de la douleur à l'endroit où eſt cette Fiſſure , ce qui arrive de la même ſorte , s'il ſerre bien la machoire , ou s'il caſſe un noyau de ceriſe.

FISTULE. ſ. f. *Ulcere étroit & profond.* Acad. Fr. Quand la ſanie corroſive qui s'engendre ſur les levres d'un ulcere , ſe gliſſe dans les interſtices des parties , & ronge la ſubſtance mole qui eſt contenue entre les rames ſolides des fibres , faiſant comme des clapiers au long & au large , il ſe forme un abſcès tortueux & caverneux , dont les orifices ſont endurcis & comme changés en calus par l'amas & le ſurcroît qui ſe fait de l'aliment corrompu dans les parties membraneuſes & nerveuſes de celle qui eſt affectée. C'eſt ce qu'on nomme *Fiſtule* , du Latin *Fiſtula* , Flûte , à cauſe que la Fiſtule étant une ſinuoſité profonde , étroite & calleuſe , par où découle l'humeur , reſſemble en quelque façon

Tome I.

à une flûte. Cette dureté ou calloſité qui s'engendre autour des membranes , ſur-tout aux orifices des ulceres fiſtuleux , a pour cauſe un acide vitié dans un dégré aſſés étendu , qui ride peu à peu , endurcit & reduit ces parties en calus & en cartilage qui bride toûjours les entrées des Fiſtules. Elles naiſſent particulierement aux parties glanduleuſes , & les ulceres mêmes qui ſe forment dans ces parties deviennent ſouvent fiſtuleux & creux , quand ils ne dégenerent pas en cancers. Le défaut ordinaire des Fiſtules , c'eſt d'avoir toûjours une entrée droite qui jette continuellement une ſanie acre ; ce qui les rend douloureuſes , ſi ce n'eſt que le ſentiment ſoit ôté par le calus. C'eſt par ce calus qu'on les connoît aiſément : mais il faut ſçavoir ſi elles ſont ſimples ou compoſées ; ce qui ſe remarque par la quantité de matiere qui en ſort , par la compreſſion de la partie & par la ſituation du malade : car ſi lorſqu'il eſt ſur un côté , le pus qui ſort eſt different de celui qui ſortoit quand il étoit ſur un autre , ou ſi la Fiſtule ayant diverſes entrées , la liqueur ſeringuée par l'une ne ſort point par l'autre , c'eſt une marque que cette Fiſtule eſt multipliée. Sa cure conſiſte à conſumer le calus & à conſolider enſuite l'ulcere avec des mondificatifs & des ſarcotiques convenables. Pour cela il eſt neceſſaire avant toutes choſes d'élargir l'entrée , ſans quoi il n'eſt pas poſſible de rien appliquer , ni pour conſumer le calus , ni pour nettoyer facilement la Fiſtule. On appelle *Fiſtule lachrimale* , celle qui naît au grand coin de l'œil par un abſcès ou un amas d'humeur ſemblable à du miel , qui fait ſouvent carier l'os.

FIU

FIUS. ſ. m. Vieux mot. Fils , de *Filius.* Les Payſans diſent encore *Fieux* , pour Fils.

FIX

FIXATION. ſ. f. Terme de Chymie. Operation par laquelle les choſes volatiles & qui s'évaporent endurent le feu. Elle ſe fait en quatre façons , par addition de medecine fixe , par mixtion , par ſublimation & par ciment. Cette derniere eſt une eſpece de calcination faire avec des choſes ſeches , afin de figer celles qui ſont volatiles , ſans les fondre ni les enflammer.

FIXE. adj. *Qui eſt immobile , arrêté en un certain lieu.* Acad. Fr. Les Chymiſtes appellent *Sel fixe* , lorſqu'ils tirent le ſel des vegetaux , celui qui demeure avec la matiere terreſtre ſans s'évaporer , à la diſtinction du ſel volatile qui monte en vapeur.

On appelle *Etoiles fixes* par oppoſition aux *Errantes* , ou *Planetes* , celles qui gardent toûjours entre elles la même diſpoſition , & le mêmes rapports de diſtance , telles que ſont toutes les étoiles du Firmament. Les plus anciens Aſtronomes ont crû que les Etoiles fixes étoient abſolument ſans mouvement ; mais on a découvert qu'elles ont un mouvement propre d'Occident en Orient , comme les Planetes ſur les poles du Zodiaque , & que leur longitude change , mais non pas leur latitude , c'eſt-à-dire, qu'elles s'éloignent toûjours vers l'Orient de la ſection vernale du Zodiaque d'où ſe compte leur *Longitude.* (Voyez LONGITUDE.) mais qu'elles ſe meuvent toûjours dans des cercles paralleles au Zodiaque , & que par conſequent leur latitude eſt toûjours la même. Voyez LATITUDE , & POLE. Ainſi la premiere Etoile d'Aries qui étoit au tems de Jeſus-Chriſt à 4. dégrés 43'. de la ſection vernale vers l'Orient , en eſt preſentement à près de

29. dégrés. Delà vient que tout le Zodiaque change, & qu'on a établi deux Zodiaques. Voyez ZODIAQUE. Les Etoiles fixes avancent en longitude à peu près d'un dégré en 72. ans, & que fur ce pié elles doivent achever leur periode en 15920. ans.

FIXER. v. a. Arrêter, déterminer. On dit en termes de Chymie, *Fixer le mercure*, pour dire, Arrêter fa fluidité, en forte qu'il foit folide & dur, ou malleable. On dit auffi, *Fixer lesfels volatils*.

FLA.

FLABE. f. f. Vieux mot. Fable.
FLACARGNE. f. f. Brocard.
   Malebouche qui rien n'efpargne.
   Sur chacun trouve fa flacargne.
FLACHE. f. f. Terme de Charpenterie. Ce qui paroît de l'endroit d'une pièce de bois où étoit l'écorce, après qu'elle eft équarrie, & qu'on ne fçauroit ôter fans qu'il y ait beaucoup de déchet.

On appelle auffi *Flaché*, un efpace de pavé enfoncé ou brifé par le roulement des roues des charrois & des carroffes. *Il y a plufieurs flaches à reparer dans cette rue.*

Flache a auffi fignifié autrefois un Flacon & un fourniment à poudre. Il s'eft dit encore pour *Lâche*.
FLACHEUX. adj. On appelle *Bois flacheux*, Les bois qui ne font qu'à demi battus & équarris, qui ne font pas bien quarrés ni faciles à toifer.
FLAEL. f. m. Vieux mot. Fleau, bâton à battre le blé des gerbes.
   Fourche ou Flael, ou pic, ou marc.
Il fignifioit encore, le Traverfier d'une balance. On a dit auffi *Flayel*.
FLAGELLANS. f. m. p. Nom qui fut donné dans le treiziéme fiecle à certains Penitens qui faifoient profeffion de fe donner la difcipline. On dit qu'un Hermite, appellé Rainier, voulant porter les peuples à changer de vie & à reformer leurs mœurs, commença cette fecte, environ l'an 1260. & que ceux qui le fuivirent s'étant acquis le nom de Devots, eurent un Superieur que l'on appella le General de la Devotion. Elle fe renouvella en Hongrie vers l'an 1350. & fe répandit delà en peu de tems par toute l'Europe. Les Flagellans portoient un capuchon fur la tête & une croix à la main. Ils étoient tout nuds jufqu'à la ceinture, & avoient des cordes noueufes & femées de pointes avec lefquelles ils fe fouettoient deux fois le jour, & une fois chaque nuit, après quoi ils fe profternoient en terre en forme de croix, & crioient mifericorde. Il y avoit un Chef pour chaque troupe. Cette forte de penitence fe faifoit d'abord par une veritable piété, mais grand nombre de gens de neant & de mauvaife vie, & même quelques Beguards heretiques s'étant mêlés parmi eux, ils prirent un excès d'orgueil qui les fit tomber dans l'herefie. Ils pretendoient que leur flagellation uniffoit fi bien leur fang à celui de JESUS-CHRIST, qu'il avoit même vertu, & foûtenant qu'après l'avoir faite pendant trente jours, tout peché leur étoit remis auffi-bien pour la peine que pour la coulpe, ils commencerent à ne fe plus foucier des Sacremens. Cette flagellation devoit, felon eux, l'emporter fur le martyre, & ils allerent enfin jufques à vouloir perfuader au peuple que l'Evangile avoit pris fin. Les Prélats par leurs cenfures, & les Princes par leurs édits, reprimerent enfin cette manie.
FLAGEOLET. f. m. Inftrument de Mufique à vent, ordinairement de bois ou d'ivoire. Il eft fait com-

me une flûte, excepté qu'il eft plus petit & moins gros. Il a fix trous, fans comprendre l'embouchure, la lumiere, & celui d'en bas. *Flageolet*, fe dit auffi d'un des jeux de l'orgue que l'on accorde à la vingt-neuviéme de la montre. Il eft couvert, & a un pié de tuyau.
FLAGEOLEUX. adj. Vieux mot. Conteur de fornettes & de bagatelles.
FLAMANDE. adj. fem. On appelle *Porte Flamande* Une Porte qui eft compofée de deux jambages avec un couronnement & une fermeture de grilles de fer.
FLAMANT. f. m. oifeau aquatique, qui eft rouge & blanc avec un long bec & des jambes fort hautes. Le Flamant qui fe voit dans les Antilles, & que l'on appelle auffi *Flambant*, eft gros comme une Cicogne. Ses jambes groffe environ comme les doigts, ont quinze ou feize pouces de hauteur, depuis le pié jufqu'à la premiere jointure, & depuis cette jointure jufqu'au corps, elles en ont prefque autant. Elles font toutes rouges ainfi que les piés qui font à demi marins. Cet Oifeau a le col rond & menu pour fa grandeur. Sa longueur eft d'une demi-toife. Il a la tête ronde, petite & un gros bec moitié rouge & moitié noir, qui eft long de fix ou fept pouces, & courbé en forme d'un demi-arc. Il s'en fert pour chercher au fond de l'eau des vers marins, & quelques petits poiffons dont il fait fa nourriture. Toutes fes plumes font de couleur incarnate ; & quand il vole à l'oppofite du Soleil, il paroît tout flamboyant ainfi qu'un brandon de feu, & c'eft de-là qu'il a pris fon nom. Les jeunes font beaucoup plus blancs que les vieux. Ils deviennent de couleur de rofe à mefure qu'ils croiffent, & de couleur entierement incarnate quand ils font âgés. Il y en a qui ont les aîles mêlées de plumes rouges, blanches & noires. Ces oifeaux ont un cri fi fort, qu'en les entendant, on croit ouïr le fon de quelque trompette. Ils font rares, & on n'en voit gueres que dans les falines les plus éloignées des habitans. Ils vont toûjours en bande, & pendant qu'ils barbottent dans l'eau pour y trouver de quoi fe nourrir, il y en a toûjours un qui fait le guet, ayant le col étendu ; & jettant les yeux par tout. Sitôt qu'il entend le moindre bruit ou qu'il apperçoit quelqu'un il prend l'effor, & jette un cri qui fert de fignal aux autres pour le fuivre. Ils volent en ordre comme les Grues, & la moindre bleffure qu'ils reçoivent les fait demeurer fur la place. Ils font gras, & ont la chair affés délicate, quoiqu'elle fente un peu la marine. La langue paffe fur-tout pour un très-friand morceau. Leur peau qui eft couverte d'un mol duvet, eft bonne aux mêmes ufages que celles du Cygne & du Vautour. Il y a bien de l'apparence que ces Oifeaux font de la même nature de ceux qui fe trouvent dans les Ifles du Cap Vert, & que les Portugais nomment *Flamencos*. Ils ont le corps blanc & les aîles d'un rouge vif, approchant de la couleur du feu, & font auffi grands qu'un Cygne.
FLAMBANT, ANTE. adj. Terme de Blafon. Il fe dit des paux ondés & aiguifés en forme de flammes. *D'argent à trois paux flambans de gueules.*
FLAMBART. f. m. Charbon qui n'étant pas entierement confumé, jette encore de la flâme & de la fumée. On appelle auffi *Flambart*, Certaine graiffe, qui s'emploie quelquefois pour l'enfimage des draps & des ferges.
FLAMBE. f. f. Sorte de fleur dont il y a de deux fortes, la domeftique & la fauvage. La premiere a des feuilles femblables à une épée, cannelées & pointues au bout. Sa tige eft liffée, ronde & nouée, & à fa cime fortent de petits rameaux qui portent des fleurs violettes, mêlées au dedans de differentes

couleurs. On y voit du blanc, du fauve, du jaune, du purpurin, & du bleu, & cette variété de couleurs la fait aussi appeller *Iris*, à cause qu'elle a de la ressemblance avec les couleurs de l'arc-enciel. Après ces fleurs, elle produit de petites têtes, qui ne different qu'en grosseur de celles de Gladiolus, & qui enferment une graine ronde, semblable à celle de la jugioline. Sa racine est blanchâtre, massive & nouée, & du dessous sortent beaucoup de petits capillaments, qui sont odorans, acres au goût & un peu ameres, ainsi que le reste de la racine. Il y a deux especes de Flambe sauvage. L'une qui croît la plûpart aux endroits pierreux, est entierement semblable à la domestique, excepté que ses feuilles & ses fleurs sont moindres, & ses tiges & racines plus grêles. L'autre a ses feuilles semblables au Gladiolus, mais plus longues, sa racine mince, nouée, dure comme bois, sa tige courte, sa fleur plus petite qu'aucune des autres, & sentant l'abricot. Cette fleur est composée de neuf feuilles purpurines, qui dans leur extrémité sont rayées de jaune. La Flambe a la vertu d'échauffer & est propre à guerir de la toux. Sa racine rend l'haleine bonne, & soulage le mal de dents, si on les frotte avec sa décoction. Le jus de cette racine purge la colere & le phlegme, ainsi que les eaux qui viennent entre cuir & chair. On en fait un électuaire qui est singulier pour l'hydropisie.

FLAMBEAU. f. m. *Espece de torche faite de cire & ordinairement de forme quarrée, qu'on fait porter pour éclairer dans les rues.* ACAD. FR. On appelle aussi *Flambeau*, Une sorte de machine de guerre, qui se fait de deux à trois pieces de nates entourées d'étoupes, ou de méche, le tout goudronné. On les joints ensemble par le milieu en forme d'étoile ou de croix, & on met le feu à toutes les extrémités. L'usage de ce Flambeau, c'est de faire voir ce que font les Assiegeans d'une place, lorsqu'on l'a jetté sur leurs travaux.

FLAME. f. f. Terme de Maréchal. Petit instrument de fin acier, qui sert quelquefois de bistouri. Il est composé de deux ou trois lancettes mobiles pour saigner un Cheval, & lui faire des incisions, s'il en est besoin.

Flame, se dit en termes d'Architecture, de certains ornemens qui ressemblent à des Flames.

Flame. Terme de Marine. Longue banderole qu'on arbore aux vergues & aux hunes, soit pour servir d'ornement, soit pour donner un signal. Elle est faite ordinairement d'étamine, & de la couleur qu'on veut. Les Flames sont de figure fourchue, larges par le haut, extrémement longues, & par le bas elles se terminent en pointe. C'est la marque du commandement, quand on ne porte point de pavillon aux mâts, ou pour cela la Flame est sans girouette. On appelle *Flame d'ordre*, celle que le Commandant d'une Armée ou d'une Escadre, fait arborer au haut de la vergue d'artimon. Elle fait connoître aux Officiers de chaque Vaisseau qu'il faut qu'ils aillent à l'ordre. On l'appelle aussi *Pendant*.

FLAMMEROLES. f. m. p. Feux volants, que l'on appelle sur mer *Feu saint Elme*. On les appelle aussi *Flambars* & *Furoles*.

FLAMMULA. f. f. Plante, semblable en feuilles, en fleurs & en graine, à une espece de Clematis qu'on appelle Liseron, & qui est également acre au goût. Elle ne s'envelope point parmi les hayes, au contraire elle se tient toute droite, sans qu'elle s'attache aux arbres. Elle produit plusieurs tiges rougeâtres, & qui ont deux coudées de haut. Ses feuilles qui ressemblent au smilax ont une force & une acrimonie qu'on a peine à suporter. Comme cette acrimonie est brûlante, elle lui a fait donner le nom de *Flammula*. Il y en a qui estiment fort son huile pour les sciatiques, gouttes, difficultés d'urine, & pour les pierres qui chargent les reins. Ils en oignent les parties affectées & malades. Cette huile se fait en coupant fort menu les feuilles de cette plante. On les met ensuite dans une fiole pleine d'huile rosat, qu'on a soin de bien boucher, & on les laisse cuire & comme confire au Soleil, lorsque ses rayons sont les plus ardents.

FLAN. f. m. Sorte de petite tarte faite avec du lait ou de la creme. On a dit autrefois *Flanet*. C'étoit une espece de petit gâteau. Borel observe qu'on appelloit aussi *Flandrelets*, les Tartelettes qui sont connues sous le nom de *Flans*, ce qui venoit de ce qu'elles avoient été inventées en Flandre où le lait abonde. Il croit pourtant qu'on ne les nommoit ainsi que par corruption, au lieu de *Flans de lait*.

Flan. Terme de Monnoie. Morceau, soit d'or, soit d'argent, ou de cuivre, que l'on coupe d'une lame de même métal, avec un instrument de fer en maniere d'emporte-piece, & qui se trouve de la grandeur, de l'épaisseur, de la rondeur, & à peu près du poids des especes à fabriquer. On le recuit, & on le fait bouillir dans l'eau seconde avant que de le marquer, & il est toûjours appellé *Flan* jusqu'à ce qu'on y ait empreint l'image du Prince. On disoit autrefois *Flaon*, & quelques-uns l'écrivent encore : mais presentement on prononce *Flan*.

FLANC. f. m. *La partie de l'animal qui est depuis le défaut des côtes jusqu'aux épaules.* ACAD. FR. On dit d'un cheval, qu'*Il a peu de flanc*, pour dire, qu'il a peu de corps, peu de boyau, & les côtes plattes, serrées & raccourcies ; & l'on dit tout au contraire, qu'*Il a beaucoup de flanc*, pour dire, qu'Il a les côtes amples & bien tournées.

Flanc. Terme de Fortification. Partie du bastion qui est entre la face du bastion & la courtine, & qui sert à défendre non seulement la courtine, mais aussi la face du bastion opposé. On appelle *Flancs simples*, les lignes qui vont de l'angle de l'épaule à la courtine, & qui ont la principale fonction de la défense du fossé & de la Place. Le *Flanc retiré*, qu'on appelle aussi *Flanc bas* ou *Flanc couvert*, est celui qui est pratiqué dans l'enfoncement de l'autre moitié qui aboutit à la courtine. Il est souvent composé d'orillon & de places hautes & places basses, qu'on pratique dans la demi-gorge du bastion, afin qu'elles ne soient pas vûes de la campagne, comme le sont les flancs simples, mais seulement de la contrescarpe opposée. Il y a aussi le *Flanc rasant*, & le *Flanc fichant*. Le premier est le point d'où commence la ligne de défense, & d'où le coup que l'on tire ne fait que raser la face du bastion. L'autre est celui dont les coups se fichent dans la face du bastion opposé. Le *Flanc oblique*, qu'on appelle *Second flanc* ou *Feu de la courtine*, est la portion de la courtine qui découvre & qui bat obliquement la face du bastion opposé.

On appelle *Flanc de Vaisseau*, La partie qui se presente à la vûe de l'avant à l'arriere, ou de la pouppe à la proue.

Flanc, est aussi un terme de guerre, & il se dit du côté d'un bataillon, d'une armée.

FLANCHET. f. m. Terme de Boucher. Ce que l'on coupe au bas bout du bœuf vers les cuisses, & qui fait une partie du surlonge. On appelle aussi *Flanchet*, une certaine partie de la morue.

FLANQUANT, ANTE. adj. Terme de Fortification. On appelle *Ligne de défense flanquante*, celle qui étant tirée d'un certain point de sa courtine, va raser

la face du baſtion oppoſé ; ce qui la fait auſſi appeller *Ligne de défenſe raſante.* Ce point de courtine
d'où cette ligne ſe tire en eſt l'angle même , quand
il n'y a point de ſecond flanc , & en ce cas elle doit
être de ſix vingts toiſes , & n'eſt point accompagnée
d'une ligne fichante. M. Guillet dit que c'eſt la bonne conſtruction.

FLANQUE', E'E. adj. Terme de Blaſon. Il ſe dit des
paux , arbres & de toutes les figures qui en ont
d'autres à leurs côtés. *D'azur à trois fleurs de lis
d'or en pal flanquées en arc de cercle d'argent.*

On appelle , en termes d'Architecture , *Pilaſtre
flanqué,* celui qui eſt accompagné de deux demi-
pilaſtres avec une mediocre ſaillie.

FLANQUER. v. a. Terme de Fortification. Diſpoſer
un baſtion ou autres pareils ouvrages à ſe pouvoir
défendre aiſément. *Flanquer,* ſignifie auſſi , en
termes de guerre , Découvrir & faire feu de côté ,
pour battre & pour prendre l'ennemi en flanc.

FLAREUR. ſ. f. Vieux mot. Odeur. C'eſt-là qu'eſt
venu *Fluirèr.*

FLASQUE. ſ. m. Petit vaiſſeau de cuir où les Chaſſeurs mettent de la poudre pour charger leur fuſil.
On dit plus ordinairement , *Poire à poudre,* pour
la chaſſe , & *Fourniment* pour l'armée.

On appelle auſſi *Flaſques,* les deux groſſes pieces de charpente qui compoſent les deux côtés d'un
affût de canon , & qui ſont entretenues l'une avec
l'autre de diſtance en diſtance par des entretoiſes.
Elles ſont longues de quatorze piés , & ont un pié
huit pouces de largeur.

FLATRIR. v. a. Vieux mot. Marquer d'un fer chaud.
On a dit auſſi *Flatir* & *Fleutrier. Maint en ſont
hors flati.* On marquoit autrefois les criminels d'une
lettre au front avec un fer chaud , & cela s'appelloit *Flatrer.* Aujourd'hui on dit *Flétrir,* lorſqu'on
les marque d'une fleur de lis ſur le dos. Le mot de
Flatrer n'eſt demeuré en uſage que pour les chiens ,
ſoit qu'on leur applique un fer chaud , qu'on appelle
la Clef de ſaint Hubert, au milieu du front quand
ils ont été mordus d'un chien enragé , dans la penſée que cela doit les garantir de la rage. On leur
brûle une veine ou artere.

FLATRURE. ſ. f. Terme de Chaſſe. Lieu où s'arrêtent le Lievre & le Loup , & où ils ſe mettent
ſur le ventre lorſque les chiens-courans les pourſuivent.

FLATTIR. v. a. Terme de Monnoie. Battre une piece
de monnoie ſur le tas , ſur l'enclume , avec le marteau appelé *Flattoir,* afin de lui faire prendre le
volume & l'épaiſſeur qu'elle doit avoir. C'étoit la
cinquième façon que l'on donnoit aux monnoies ,
lorſque les eſpeces étoient fabriquées au marteau ,
& quand les quarreaux avoient été flattis , on les
nommoit *Flans.* Cette ancienne maniere de les fabriquer ayant été en uſage juſqu'en 1553. Henri II.
ordonna la fabrication au moulin , qui n'ayant duré
que deux ans , fut rétablie en 1639. par Louis XIII.
pour empêcher que les eſpeces ne fuſſent rognées
ou altérées. L'Edit en fut confirmé par une Déclaration donnée en 1640. & un autre Edit de
1645. ſupprima entierement l'ancienne maniere
de fabriquer au marteau : de ſorte que l'on ne fabrique plus aucune monnoie que par la voie du
moulin.

FLATTOIR. ſ. m. Gros marteau peſant ſept ou huit
livres dont les Monnoyeurs ſe ſervent. Il eſt fait
en maniere de corne de bœuf , large par le bas du
côté qu'on frappe , & pointu de l'autre. On appelle auſſi *Flattoir,* un petit marteau dont ſe ſervent
ceux qui travaillent au métal , & particulierement
les Graveurs. Ils ſont plus petits ou plus grands,

ſelon la qualité de l'ouvrage.

FLAVELAGE. ſ. m. Vieux mot. Fables , ſornettes.

FLAVELES. ſ. m. Nom qu'on a donné autrefois à certains Oiſeaux que les Latins appellent
Rubecula.

F L E

FLEAU. ſ. m. *Inſtrument compoſé de deux bâtons
attachés l'un à l'autre avec des courroies , pour
battre le blé.* ACAD. FR. Il eſt compoſé d'un manche de quatre piés & d'un battant ou verge plate
ou ronde ſelon les lieux : ils ſont aſſemblés avec des
nerfs de bœufs & des peaux d'Anguille. On appelle auſſi *Fleau,* une grande barre de bois oſt de
fer qui ſe tourne par le moyen d'un boulon de fer
au milieu , & qui donnant ſur les deux battans ou
ventaux d'une porte cochere , ſert à la tenir fermée
ſûrement avec une ſerrure quarrée & un verrouil,
ou bien avec un moraillon par le bas.

Fleau, ſe dit auſſi d'un morceau de fer poli qui a une
aiguille au milieu & deux trous à chaque bout , &
qui ſert à ſoûlever les baſſins des balances ou du
trébuchet , lorſque l'on y peſe quelque choſe.

Fleaux, ſe dit encore de certains petits crochets
ſur leſquels les Vitriers portent les panneaux de verre auxquels ils doivent les placer.

FLEBE. adj. Vieux mot. Foible.

FLECHE. ſ. f. Trait d'arc. On ſe ſert du mot de
Fléche pour ſignifier pluſieurs ſortes de groſſes pieces de bois qui ſervent dans les machines. C'eſt dans
une grue le principal arbre qui eſt poſé à plomb, &
ſur lequel la grue tourne.

On appelle *Fléche de pont-levis,* Les pieces de
bois aſſemblées dans la bacule , auſquelles ſont attachées par les deux bouts de devant les chaînes de
fer qui ſervent à lever le pont.

Fléche, ſe dit auſſi de la piece de bois qui ſoûtient
la potence d'un minot. Il faut qu'elle ſoit contreri-
vée par deſſous ſur une platine de fer de tole.

Quelques-uns appellent *Fléche d'arbre* ou *de plante,* la tige , le trone de l'arbre.

Fléche. Terme d'Artillerie. Machine compoſée de
pluſieurs planches , que des anneaux & des barreaux lient enſemble. Elle a vingt-quatre à trente
piés de longueur , & eſt ſupportée par deux roues
miſes au milieu , dont la hauteur eſt d'un peu plus
de trois piés & la largeur de deux pouces. Elle forme une pointe d'un côté large d'un pié garnie
d'un fer pointu , & de l'autre elle garde une largeur de quatre à cinq piés , propre à pouvoir paſſer deſſus librement. La Fléche étant pouſſée avec
force contre un pont-levis qu'on aura levé , ſa
pointe qui entre dans les planches qui le compoſent , la ſoûtient de ce côté , & les roues de l'autre
ſur le terrain , s'il y en a , ou ſur le pont au-deſſus
duquel on l'a traînée. Cela étant fait , pour mieux
s'aſſûrer de la pointe à l'extrêmité de laquelle il
faut aller mettre le petard , on poſe des contrepoids ſur la largeur de l'autre extremité , afin que ſi
la pointe venoit à manquer , elle ne balançât pas
en avant pour laiſſer tomber le petard & l'Artifi-
cier dans le foſſé. Après cela on applique ce petard
contre le pont-levis à l'extrémité de la fléche , &
on y met le feu , ou par une fuſée , ou par une
traînée de poudre qu'on fait tout le long de la machine.

On appelle *Fléche de clocher,* les Chapiteau de la
cage d'un clocher qui a peu de plan & beaucoup de
hauteur , & qui termine en pointe.

Les Arpenteurs nomment *Fléche,* les piquets qu'ils
fichent en terre toutes les fois qu'ils tranſportent la

chaîne avec laquelle ils arpentent les terres. Ces piquets font faits en forme de Flèche , & le paquet qu'ils en portent s'appellent *Trousse*.

Flèche. Terme de Marine. Pièce de bois qui fort hors de la proue & qui fert à ferrer le beaupré & la fivadiere. On appelle *Flèche de l'éperon*, la partie de l'éperon comprise entre les herpes & la frise qui eſt l'ornement qui le termine au-deſſus de la gorgere. On appelle auſſi *Flèche*, dans une galère , une longue pièce de bois qui fert à ſoûtenir le tendelet , & qui regne au-deſſus de la pouppe.

Flèche, ſe dit encore du plus grand des bâtons de l'arbalète qu'on nomme *Bâton de Jacob*. On l'appelle *Flèche d'arbaleſtrille*. C'eſt un bâton qui a trois piés de longueur. Il eſt équarri à quatre faces égales où ſont marqués les degrés de latitude pour trouver la hauteur au Soleil & aux étoiles.

Flèche, eſt auſſi la partie pointue d'une lance. La lance eſt diviſée en trois parties ; les ailes & la poignée en font les deux autres.

Flèche. Terme de Géométrie. La partie d'un diametre compriſe entre une corde qui lui eſt perpendiculaire , & l'arc de cette corde. Quelques Géometres ont auſſi appellé *flèches* les *Abſciſtes*. Voyez ABSCISTE. M. Ménage fait venir le mot de *Flèche* de l'Allemand *Flits* qui veut dire la même choſe.

FLECHISSABLE. adj. Vieux mot. Ployable , ſouple.

FLECHISSEUR. adj. Terme de Medecine. Les Medecins appellent *Muſcles fléchiſſeurs*, ceux qui ſervent à fléchir quelques parties du corps, comme les muſcles des genoux , des coudes.

FLEGARD. ſ. m. Lieu public dans les coûtumes du Boulonnois.

FLEGME. ſ. m. Humidité fade & inſipide qui ſort des corps naturels par le moyen de la diſtillation. Les Medecins nomment auſſi *Flegme*, la Pituite, qui eſt une humeur froide & humide qui découle du cerveau , & l'une des quatre humeurs qu'on diſtingue dans le corps de l'homme.

FLEON. ſ. m. Vieux mot. Ruiſſeau.

> *Glorieux fleon , glorieuſe eve ,*
> *Qui lavas ce qu'Adam & Eve*
> *Ont par leur peché ordoyé.*

On diſoit ce mot , comme ſi on eût dit *Fleuvon*, de *Fluviolus*.

FLET. ſ. m. Petit poiſſon de mer qui eſt auſſi plat qu'une limande. On en voit de grands qui peſent juſqu'à 80. livres.

FLETTE. ſ. f. Petit bateau dont on ſe ſert à paſſer une riviere ou à faire des voitures de marchandiſes en petite quantité. Il y en a qui le dérivent de *Flûte*, Vaiſſeau de mer, dont ils le font un diminutif, & d'autres du mot de *Flot* corrompu.

FLEUR. ſ. f. Ce que l'arbre ou la plante pouſſent , & d'où vient le fruit ou la ſemence. ACAD. FR. Parmi les fleurs qui ſervent à garnir les pièces coupées des jardins & les platebandes des parterres , il y en a qu'on appelle *Haſtives ou Printanieres*. Ce ſont les primeveres, les hyacinthes , anemones , tulippes , jonquilles , narciſſes & autres qui fleuriſſent dans le mois de Mars & les deux ſuivans. On appelle les œillets, giroflées, marguerites, lis , campanelles, ſoleils, pavots & pluſieurs autres , *Fleurs d'Eté*, à cauſe qu'ils s'épanouiſſent dans le mois de Juin, Juillet & Août ; & les *Fleurs tardives* ſont celles des mois de Septembre & d'Octobre, comme les roſes & œillets d'Inde , les amarantes,les paſſe-velours & les ſoucis. On appelle *Fleurs vivaces*, celles qui ſubſiſtent en terre toute l'année ; *Fleurs robuſtes*, celles qui peuvent reſiſter au froid ,

& *Fleurs délicates*,celles qui craignent le froid. Les *Fleurs annuelles* ſont celles qu'il faut planter ou ſemer ſelon les ſaiſons.

Dans la Chymie on diviſe ordinairement les Fleurs en trois claſſes , dont la première contient celles qui n'ont point d'odeur , comme les fleurs de nymphée, d'antirrhinium , d'ancolie , le cyanus. L'eau que l'on en tire eſt inutile , mais on ſe ſert de leur ſuc épaiſſi. Les Fleurs qui n'ont qu'une odeur ſuperficielle & qui ſe diſſipe facilement , ſont de la ſeconde claſſe. On met de ce nombre le muguet , les roſes, l'hyacinte , le jaſmin , la violette ; & on en tire par la diſtillation peu ou point d'huile odoriferante , ſi ce n'eſt par le moyen de l'infuſion , comme en ſtratifiant des fleurs de jaſmin avec de l'huile de behen qui ſe charge de l'odeur du jaſmin : mais ces huiles ſont plûtôt coſmetiques que medicinales. La troiſiéme claſſe renferme les Fleurs odoriferantes & aromatiques , dont la vertu eſt concentrée , comme la lavande , le thin & le ſerpolet. Ces fleurs ſont nervines , & ont la même vertu que les plantes aromatiques. On en peut tirer de l'huile, & avec l'eſprit de vin elles donnent un veritable eſprit de vin aromatique.

Les Chymiſtes appellent auſſi *Fleurs*, les choſes ſublimées. Il y en a de blanches , de jaunes & de rouges, ſelon les tems qu'on employe à la ſublimation , qui eſt ou de douze ou de vingt-quatre, ou de quarante-ſix heures, ou ſelon la diſpoſition des alembics poſés les uns ſur les autres , faiſant pluſieurs étages.Ainſi on appelle *Fleurs de ſoufre*,*Fleurs d'antimoine*, les parties les plus ſubtiles du ſoufre & de l'antimoine, qui s'étant élevées par le feu, s'attachent au haut de l'alembic. La ſublimation du ſoufre eſt ſimple ou compoſée. La ſimple eſt la meilleure de toutes. Quelques-uns ajoûtent du ſel décrepité , de l'alun brûlé , de la tête morte de vitriol , afin d'empêcher que le ſoufre ne flue au feu & qu'il ne donne moins de fleurs. A l'égard de la tête morte du vitriol , il faut qu'elle ſoit bien calcinée , ſans quoi les fleurs du ſoufre ſeroient corroſives & chargées de l'acide corroſif du vitriol ; & au lieu d'être le baume des poiſons, elles en ſeroient le poiſon. On fait des Fleurs de ſoufre compoſées avec l'aloës, la myrrhe & le benjoin : mais comme il n'y a que le ſoufre pulveriſé qui monte , & que le reſte ſe brûle au fond du vaiſſeau , ces Fleurs valent peu de choſe, auſſi-bien que les Fleurs de ſoufre ſaccarines, dont le ſucre ſe brûle & les rend de mauvaiſe odeur. On fait encore des Fleurs de ſoufre corallées. Pour cela on broye du corail que l'on mêle avec le ſoufre , & on expoſe le tout au feu. On prétend que l'acide du ſoufre s'attachant au corail , en enleve les parties les plus volatiles , & qu'ainſi les Fleurs de ſoufre ſont corallées & plus efficaces. Il s'exhale , à la verité , aſſés d'acide dans la ſublimation du ſoufre pour diſſoudre le corail : mais rien du corail ne ſe ſublimant, l'operation eſt inutile. Comme le ſoufre eſt un très-bon pectoral , tous les corruptions des poumons, les abſcès & les ulceres ſe gueriſſent par ſa vertu balſamique , ainſi que ceux des reins & les autres parties ; & il n'y a rien de, meilleur pour les ulceres malins , ſur-tout des mammelles , dans les caterres , pour corriger l'acidité & l'acrimonie de la lymphe , & dans la toux qui en dépend. Les Fleurs de ſoufre préparées avec le benjoin & la myrrhe , y ſont très-bonnes, à cauſe que le benjoin égale preſque le ſoufre en bonté. Les Fleurs de ſoufre ſont la baſe de tous les remedes contre la peſte , & conviennent aux maladies des femmes, pour pouſſer les mois & faire ſortir , tant le fœtus, que l'arrierefaix. Quant à l'antimoine, on le sublime, ou seul ou avec le sel armoniac dans une cucurbite avec plusieurs alembics placés les uns sur les autres en maniere d'aludels, ou avec une retorte à long col. On doit prendre garde à bien ménager le feu, les Fleurs ne pouvant être sublimées s'il est trop foible, & la masse se fondant sans donner des Fleurs s'il est trop fort. Le meilleur est de prendre une cucurbite à long col, & d'y mettre l'antimoine pulverisé avec le triple de sable. Les Fleurs qui se sublimeront par ce moyen, seront de differentes couleurs, sçavoir celles qui s'attacheront au haut de l'alembic, blanches; celles du milieu jaunes, & celles d'en bas rouges. Les premieres sont fort malignes, & les dernieres étant les plus fixes, sont les meilleures. Toutes ces Fleurs sont les parties volatiles de l'antimoine, de sorte qu'il n'est pas sûr de s'en servir, sur-tout des blanches, à moins qu'on n'emploie des acides pour les corriger. Les rouges sublimées avec le sel armoniac sont admirables dans la cakexie & dans les autres indispositions de cette nature.

Fleurs, se dit en Architecture des ornemens qui imitent les fleurs naturelles; & l'on appelle *Fleur de Chapiteau*, un ornement de Sculpture en façon de rose, qui est au milieu de l'abaque du chapiteau Corinthien. Ce même ornement est en maniere de fleuron dans le Composite.

Fleur de la Passion. Fleur qui represente les instrumens de la Passion.

Les Taneurs appellent *Fleur de cuir*, le côté du cuir où est le poil.

On appelle en terme ● Manége, *Cheval poil fleur de pêcher*, ou *cheval poil de mille fleurs*, Un cheval qui a le poil blanc varié par tout le corps, de poil alezan & de bai. C'est la même chose que *Cheval aubere*. On estime peu ces sortes de chevaux à cause qu'ils sont fort sujets à perdre la vûe, & que d'ailleurs ils n'ont presque point de sensibilité à la bouche ni aux flancs.

On appelle en termes de Marine, *Fleurs d'un Vaisseau*, les parties du Vaisseau qui sont faites par les extrêmités ou par les empatures des varangues avec les membres courbes qui se mettent au fond, & qu'on appelle *Genoux*.

FLEURE', E'E. adj. Terme de Blason. Il se dit des bandes, bordures, orles, trécheurs, & autres pieces qui ont les bords en façon de fleurs. *D'or au chevron de gueules, au double trécheur fleuré*. On dit aussi *Fleuri*, mais c'est seulement des Rosiers, & autres plantes chargées de fleurs. *D'argent au Rosier de sinople, fleuri & boutonné de gueules*. On dit encore, *fleureté, Fleuronné, & fleurdelisé*, ce qui veut dire, Bordé ou terminé en fleur, comme une croix, un bâton.

FLEURET. s. m. *Brette, épée sans pointe & sans tranchant, au bout de laquelle il y a un bouton & dont on se sert pour apprendre à faire des armes*. ACAD. FR. On appelle aussi *Fleuret* en termes de Danse, un pas de bourrée, qui est une danse fort gaye. Ce pas est composé de trois pas joints ensemble, mais il n'y a qu'un mouvement.

Fleuret, se dit encore du coton de la soye, qui est l'envelope de la vraie soye, & signifie aussi du fil fait de la bourre de soye qu'on mêle en beaucoup d'étofes, avec de la soye ou de la laine. Il y a aussi du ruban fait du même fil, que l'on appelle *Fleuret*.

FLEURISTE. s. m. Celui qui est curieux de fleurs, qui en connoît les propriétés, & qui sçait la maniere dont il les faut cultiver.

FLEURON. s. m. Feuille ou Fleur imaginaire, dont on fait des ornemens d'Architecture, sans qu'il y ait rien d'imité des fleurs naturelles.

Fleuron. Terme d'Imprimerie. Ornement de fleurs qu'on met à la fin des chapitres d'un livre, lorsqu'il reste du blanc dans la page où ils finissent. Les Doreurs sur cuir appellent aussi *Fleuron*, de petits bouquets qu'ils poussent avec des fers sur le dos des Livres.

F L I

FLIBOT. s. m. Petite flûte de mer, qui n'est que de quatre-vingt ou cent tonneaux. Cette sorte de bâtiment a pour l'ordinaire le derriere long.

FLIBUSTIER. s. m. Nom que l'on donne aux Corsaires ou Avanturiers des Isles de l'Amerique. Ce mot vient de l'Anglois, *Flibuster*, Corsaire.

FLIC. s. m. Vieux mot. Fléche. On a dit aussi *Flis*.

FLIN. s. m. Vieux mot. Pierre de foudre.

FLIPOT. s. m. En Menuiserie ou Charpente, c'est Une piece de rapport pour cacher un défaut.

F L O

FLOCHE. s. m. Vieux mot. Morceau de haillons, chose velue. On a dit delà un *Floc*, pour dire, Une houpe.

FLON. s. m. Vieux mot. Flux de ventre.

FLORENCE', E'E. adj. Terme de Blason. Il se dit de la croix terminée en fleur de lis dans ses quatre extrêmités. *D'argent à la croix Florencée de gueules*.

FLORER. v. a. Terme de Marine. On dit *Florer un Vaisseau*, pour dire, Lui donner le suif. On dit aussi, *Lui donner le Flore*.

FLORETE', E'E. adj. Vieux mot. Peint de fleurs.

FLORIENS. s. m. Heretiques venus des Valentiens dont ils entretenoient les Disciples dans l'opinion des Æones. Ils disoient aussi que Dieu avoit faite mal & le peché, & tenoient la maniere des Juifs en la celebration de la Pâque & en leurs autres cérémonies. On les nomma *Floriens*, de Florinus ou Florianus Ancien de Rome, qui vivoit sous l'Empereur Commode.

FLORIN. s. m. Espece de monnoye, d'or & d'argent, dont la difference des Pays regle la valeur. Les anciens Florins étoient d'or pur, c'est-à-dire, d'or de vingt-quatre carats. Ils ont été appellés ainsi, ou à cause de la Ville de Florence, où on les battit premierement, ou parce qu'il y avoit une fleur marquée dessus. Le Florin d'or valoit autrefois vingt sols en France, & celui d'argent douze sols. Il y en avoit en Allemagne de trente-cinq & de quarante sols. On appelle *Florins du Rhin*, ceux qui ont été battus de l'autorité des quatre Electeurs du Rhin; sçavoir les Archevêques de Mayence, de Tréves, & de Cologne, & le Comte Palatin. Le Florin vaut seulement six sols à Genéve. En 1308. Philippe le Bel fit battre une monnoye que l'on appella *Florin*, à cause qu'il y avoit d'un côté une croix fleurdelisée. Quand le Florin est une monnoie de compte, il est ordinairement estimé vingt-cinq sols. Les Marchands de Francfort & de Nuremberg tiennent leurs livres par Florins, sols & deniers, & *Florin* est en ces lieux-là, ce que *Livre* est parmi nous.

FLORITURE. s. f. Vieux mot. Moyen de fleurir.

FLOS SOLIS. s. m. Plante que quelques-uns font passer pour le *Panacée chironium*. Elle a ses feuilles longues presque comme celles de l'hysope; produisant une fleur semblable à celle de la Quintefeuille, mais plus grande, & jaune comme or. Elle pousse plusieurs petits rejettons minces, & durs comme bois,

bois, & fa racine eft rouffarre, aftringente au goût, & dure auffi comme bois. Matthiole, qui fur ce que dit Diofcoride que les feuilles du *Panacée chironium*, font femblables à celles de la groffe marjolaine, & que fa racine a un goût fort acre, ne peut prendre le *Flos folis* pour le *Panacée chironium*, prétend que le *Flos folis* eft une efpece de *Confolida major*, à caufe qu'il eft propre à confolider les ulceres & à étancher le fang des narines. Il ajoûte que pris en breuvage, il eft fingulier à ceux qui crachent le fang, & que broyé avec fes racines, il eft fouverain aux flux de fang, en forte que par tout où il s'agit de rejoindre & de conforter, il a la même propriété que les autres fortes de fymphytum.

FLOT. f. m. Le flux de la mer qui vient de l'Ocean. On dit, *Quart de flot, demi-flot, & trois quarts de flot*, pour dire, Le quart, le demi, & les trois quarts du montant de la mer. On dit auffi, qu'*Il y a flot*, pour faire entendre que la mer commence à monter. On dit encore dans une navigation le long des côtes, qu'*Il y a deux flots contre un Jufant*, pour dire, qu'Il y a deux flux contre un reflux qui fervent ou nuifent à la route qu'on veut faire. *Mettre un bâtiment à flot*, fe dit d'un Vaiffeau que l'on releve.

Flot, eft auffi un terme de Bâtier, & fignifie une forte de houpe de laine qu'on met à la têtiere des mulets.

FLOTAISON. f. f. La partie d'un bâtiment qui eft à fleur d'eau.

FLOTANT, ANTE. adj. Terme de Blafon. Il fe dit des navires & des poiffons fur les eaux. *De gueules au navire équipé d'argent, flotant & voguant fur des ondes de même.*

FLOTE. f. f. Nombre de Vaiffeaux qui vont enfemble, foit pour faire la guerre, foit pour quelque autre entreprife. On dit, *Aller de flotte*, pour dire, Aller de compagnie. C'eft la même chofe, qu'*Aller de conferve*.

Flote, s'eft dit autrefois des chevelures ou perruques, à caufe qu'elles ondoyent comme les flots de la mer.

FLOU. Vieux mot, dont M. Felibien dit qu'on s'eft fervi autrefois pour exprimer en termes de Peinture, la tendreffe & la douceur d'un ouvrage. Il ajoûte que ce mot peut venir du Latin *Fluidus*, ou du mot *Flouet*, qui veut dire, Tendre, molet, délicat. On trouve *Floup* dans Villon, & Borel croit qu'il fignifie Flouet.

FLOUETTE. f. f. Nom que quelques-uns donnent fur mer à une girouette.

FLU

FLUM. f. m. Vieux mot. Riviere. On a dit auffi *Fluin*. Ce mot vient de *Flumen*, Fleuve.

FLUSTE. f. f. Inftrument de Mufique qu'on embouche, & qui eft percé de quelques trous, difpofés exprès dans fa longueur. On les bouche avec les doigts felon que l'on veut changer les tons. Cet inftrument qui eft fait de bois, d'ébene, d'ivoire, & de toute forte de bois dur, eft le plus fimple de tous ceux qui font à vent. Plufieurs font venir ce mot du Latin *Fiftula*. Borel eft perfuadé qu'il vient de *Flutta*, qui veut dire, une Lamproye, appellée ainfi de ce que *Fluitat in fluviis*. Sa raifon eft, qu'une Flûte eft de la longueur d'une Lamproye, & a plufieurs trous comme ce poiffon, qui en a le col garni de part & d'autre. Du Cange prétend que Flûte vient de *Flora*, que les Auteurs de la baffe Latinité ont dit dans le même fens. *La Flûte de Pan*, appellée ordinairement *Le fifflet du Chau-*

Tome I.

drounier, confifte en plufieurs tuyaux qui font joints les uns avec les autres & faits de cuivre, ou de fer blanc, ou d'une aîle d'Oye coupée. Ils font foudés enfemble & bouchés par en bas. La lumiere qu'ils ont par en haut, eft femblable à celle des Flageolets. Il y a encore deux autres fortes de Flûte. L'une n'a que le trou par où on l'embouche, outre celui de la lumiere & le trou d'en bas. Il n'y a que la differente force du vent qu'on lui donne qui leur faffe faire des fons differens. L'autre Flûte ne fait pour tout fon que celui de la bouche ou de la langue, qui parle ou qui chante en foufflant dedans. Elle augmente feulement la force & la refonance de la voix par le moyen de fa longueur & de fa capacité, & par une peau de cuir mince & déliée comme celle d'un oignon, dont on envelope le haut, par une petite boîte qui fert à la couvrir. On y ajoûte quelquefois trois trous, un par derriere, & deux par devant. Cette Flûte s'appelle auffi, *Ennuque, Flûte à l'oignon*, & *Flûte à trois trous*. Le bout de la Flûte qu'on appelle *Flûte d'Allemand*, eft bouché par un tampon, & on ne l'embouche point. On applique feulement la bouche inferieure à un trou qui en eft à la diftance de fix lignes. Cette Flûte eft longue environ d'un pié, & elle a fix trous outre celui par où on l'embouche. On appelle *Flûtes douces*, certaines Flûtes d'Angleterre qui ont un grand & un petit jeu. Le petit eft compofé de trois Flûtes, & fa baffe fert de deffus au grand jeu qui commence où finit l'autre. La grande Flûte a fept ou huit piés de haut depuis la boîte jufques à la pate.

Flûte, fe dit auffi d'une forte de Jeu d'orgue fort harmonieux, qui a quelque chofe de la Flûte. Il y a encore une *Flûte pedale* de quatre piés bouchés.

Flûte. Bâtiment de charge, qui eft fort plat de varangue, & qui a le derriere rond. On dit de tout bâtiment qui fert de magafin ou d'Hôpital à une Armée Navale, ou dont on fe fert pour transporter des Troupes, qu'*Il eft armé en Flûte* ou *équippé en Flûte*, quoiqu'il foit à cul quarré, & qu'on l'ait autrefois armé en guerre.

Flûte. f. m. Eft un inftrument de bois creufé dans fa longueur à fix piés avec une gouge, excepté le manche. On en fait auffi de fer. On s'en fert pour fonder les potées de beurre jufqu'au fonds pour les goûter. On dit : *J'ai flûté ce beurre ; il eft mauvais au milieu.*

FLUX. f. m. Agitation reglée des eaux de la mer, qui fait qu'elle fe hauffe vers fes bords, ou s'en retire. On obferve aux côtes de France que les eaux de l'Ocean paroiffent à certain tems prendre leur cours du Midi au Septentrion. Ce mouvement que l'on appelle *Le flux de la mer*, dure environ fix heures, pendant lefquelles la mer s'enfle peu à peu, & s'éleve contre les côtes, entrant même dans les bayes des rivieres dont elle force les eaux de retourner vers leur fource, en forte qu'il y en a quelques-uns où le Flux remonte plus de quarante lieues. Après ces fix heures de Flux, la mer femble demeurer dans un même état pendant un quart-d'heure. Après quoi elle prend fon cours du Septentrion au Midi dans l'efpace de fix autres heures, pendant lefquelles les eaux baiffent contre les côtes, & celles des rivieres reprennent leur pente pour retourner vers la mer. C'eft ce qu'on nomme *Reflux*. Il eft fuivi d'une efpece de repos qui dure un autre quart d'heure, & auquel fuccede un nouveau Flux & réflux. Ainfi la mer hauffe & baiffe deux fois le jour, non pas précifément à la même heure, à caufe que chaque jour fon Flux retarde de trois quarts

N n n

d'heure & de cinq minutes ; & il s'en faut ce tems-là même que la Lune ne passe tous les jours dans le Meridien à la même heure qu'elle y avoit passé le jour precedent. L'on remarque de plus, un certain accord entre la mer & la Lune, en ce qu'encore que la mer croisse tous les jours, ce n'est pourtant pas de la même quantité, mais cette crue est d'autant plus grande que la Lune approche davantage de sa conjonction ou de son opposition, & elle est d'autant moindre qu'elle approche plus des quadratures. Enfin, la mer croît beaucoup plus sensiblement aux nouvelles & pleines Lunes qui arrivent vers les équinoxes, qu'aux nouvelles & pleines Lunes de tout le reste de l'année. L'on observe à peu près la même chose dans toutes les côtes de l'Europe qui sont sur la mer Oceane ; le Flux de la mer n'est presque pas sensible entre les deux Tropiques, hors delà, il l'est d'autant plus que la côte où il se fait, est plus Septentrionale, jusqu'au 65. degré, où il cesse presque entierement. La mer Mediterranée ne paroît pas s'enfler, si ce n'est vers le fond du Golfe de Venise, sçavoir à Venise même & aux autres lieux circonvoisins. Par tout ailleurs, on n'observe qu'un simple mouvement des eaux qui glissent le long des côtes. Cela fait croire à plusieurs, qu'il n'y a ni flux ni reflux dans la Mediterranée, mais beaucoup d'autres sont persuadés qu'il n'y est pas moins reglé que sur l'Ocean, & que si on ne le remarque presque point, c'est à cause que cette mer est extrêmement creuse & profonde. En pleine mer l'eau ne s'éleve jamais que d'un pié ou deux. La mer Baltique, le Pont-Euxin ou la mer majeure, & la mer morte de l'Asie, n'ont aucun flux ni reflux. On a cherché jusqu'ici assés inutilement la cause de ce mouvement de la mer, on ne peut guere s'empêcher de le rapporter à la Lune, comme a fait *M. Descartes*, mais la *pression* qu'il a imaginée de la Lune sur les eaux, ne paroît pas tout-à-fait suffisante pour cet effet.

Flux. Terme de Medecine. Ecoulement d'humeurs qui cause des maladies differentes selon l'endroit où il se fait, & l'humeur qui en découle. Il y a des Flux de ventre de quatre sortes, qui different dans leurs noms comme dans leurs causes, sçavoir Lienterie, Celiaque, Diarrhée & Dysenterie. Le *Flux de sang* est un Flux de ventre mêlé de sang pur ; & l'on appelle *Flux hepatique*, une sorte de Flux où la foiblesse du foye causée par une intemperie froide, fait rendre des excremens semblables à une eau dans laquelle on auroit lavé de la chair fraîche. Le *Flux menstrual*, qui a eu ce nom à cause qu'il vient tous les mois, est ce qu'on appelle les purgations ordinaires des femmes. Les Medecins appellent *Flux muliebre*, ce qui est nommé populairement *Fleurs blanches*. Cet autre Flux des femmes, procede de quelque humeur corrompue, qui sort sans ordre & sans tems reglé. Cette humeur est tantôt claire & blanchâtre comme du petit lait, tantôt jaune & pâle, & quelquefois verdoyante, mais si cuisante & brûlante la plûpart du tems, qu'elle écorche presque toutes les parties qu'elle touche.

Flux de bouche. Operation de Chirurgie, qui se fait avec du mercure preparé. Ce remede qui se pratique dans les maladies veneriennes, fait vuider par la bouche toutes les humidités impures du corps.

FOC

FOCAFOCAS. s. m. Fruit de la forme & de la grosseur d'une poire de bon chrétien, qui se trouve dans l'Isle de Formosa. Il rampe à terre comme les melons, & est de couleur de pourpre, & d'un très-excellent goût.

FOCILE. s. m. Les Medecins distinguent un grand & un petit Focile dans les os du bras & de la jambe de l'homme. *Le Grand Focile* du bras droit est le plus grand des os qui s'étendent depuis le coude jusques au poignet, & le moindre est le *Petit Focile*. Dans la jambe le plus grand os que les Latins nomment *Tibia*, s'appelle *Le Grand Focile*, & le moindre, qui est l'os de l'éperon, ou de la sousgreve, est celui qu'on nomme *Le Petit Focile*.

FOE

FOESNE. s. f. Instrument de fer, propre à la pêche, dont on se sert particulierement à harponner le Marsouin & la Dorade à l'avant du Navire. La Foësne est faite en maniere de trident, & a une corde attachée à son manche pour la retirer après qu'on l'a enfoncée dans le poisson.

FOETUS. s. f. *Le fruit qui est dans le ventre de la mere. Il se dit plus particulierement de l'enfant qui est dans le ventre de la femme.* ACAD. FR. La formation du Fœtus est une des merveilles de la nature. Selon Aristote, la semence ou le sang menstrual de la femme contenant en puissance les parties, la semence du mâle survient à ce sang, comme l'ouvrier survient au bois. Il lui tient lieu de pressure, & agit sur lui d'une certaine maniere. Il est premierement enveloppé d'une certaine membrane, & des parties en puissance, il se fait des parties actuellement. Le cœur, & ensuite les autres parties se nourrissent par la voye de l'umbilic, & prennent accroissement. Hippocrate dit que quand la chair croît la distinction se fait par les esprits, & que chaque semblable est porté à son semblable, le dense au dense, le rare au rare, l'humide à l'humide. Chacun est porté à son propre lieu, & à ce dont il est sorti & qui lui fait avoir de l'affinité avec lui. Il donne pour exemple de l'eau, de la terre, du sable, & de petits fragmens de plomb très-subtils mis dans une vessie dans laquelle on vient après à souffler. Si cela se faisoit, dit-il, il arriveroit premierement que toutes les choses se mêleroient diversement avec l'eau, & ensuite qu'elles se tireroient chacune à part l'une de l'autre, le plomb vers le plomb, le sable au sable, la terre à la terre, & si on laissoit secher le tout, la vessie étant rompue, on verroit que chaque semblable se seroit retiré vers son semblable. Le même Hippocrate enseigne non seulement que la semence découle de toutes les parties du corps, mais qu'elle est animée de telle sorte, que l'ame est détachée du pere & de la mere, & que de ces deux ames partielles il en resulte l'ame totale du Fœtus. On peut entendre par là que toutes les parties qui appartenoient à la tête, se tournent & se retournent, se tirent & se distinguent de maniere qu'elles s'assemblent, & se joignent les unes avec les autres pour faire la tête, que celles qui appartenoient à la poitrine & au ventre font la même chose, & ainsi des parties des autres membres. Toutes ces parties se forment ensemble, & non point successivement. Ainsi les membres se distinguent, & croissent tous en même tems, quoique ceux qui sont naturellement les plus grands paroissent avant les autres. La raison est que la semence découlant de toutes les parties du corps ou autrement, toutes les particules ont dès le commencement une disposition particuliere à être plûtôt formées en certaines parties qu'en d'autres, & ainsi elles doivent toutes commencer d'abord à se former. Les ouvrages de l'art ne se font qu'en passant d'une partie à l'autre, mais la nature étant dans la matiere même avec ses organes ou instrumens elle peut agir fur toutes les parties comme fur une, feule. Dailleurs, fi chaque partie de l'animal fe faifoit l'une après l'autre , celles qui feroient formées les premieres , feroient un obftacle à la conformation des autres , à caufe des paffages , allongemens & infertions diverfes & fouvent reciproques des articles , & ainfi de plufieurs autres chofes de cette forte. Le cerveau , par exemple , ou la tête étant compofée de tant de veines & d'arteres qui ont commnnication avec le foye & le cœur , ne fçauroit être formée que le cœur & le foye ne fe forment auffi. Il eft certain qu'il ne s'eft encore trouvé aucun Fœtus où l'on ait pû obferver le cœur ou quelqu'autre partie formée , fans que les autres parties le fuffent ; & fi dans un Embryon de cinq ou fix jours on ne remarque que trois petites efpeces de bouteilles avec divers filamens , c'eft plûtôt une marque que la conformation fe fait en même tems , quoi que la diftinction des parties ne foit pas encore fi manifefte. La femence étant animée , il ne faut point chercher le moment où le Fœtus commence d'avoir une ame , puifqu'il n'eft jamais fans elle. Il y a grande apparence qu'il en eft du Fœtus comme d'un fruit , qui jouit de la même nourriture , de la même vie , & de la même ame que la plante tant qu'il y eft adherant , & qui en tombant emporte une portion de toute l'ame , qui eft enfuite une ame par foi. Dans tout le tems que le Fœtus eft continu avec le corps de la mere par les vaiffeaux umbilicaux , il fe nourrit , vit & poffede une portion de l'ame , de la même forte que les autres parties du corps de la mere , & lorfqu'il en eft détaché par la rupture de ces vaiffeaux , il emporte avec foi cette particule d'ame , qui eft alors une petite ame par elle-même. A l'égard de l'ame raifonnable , comme elle eft incorporelle & indivifible , & l'ouvrage immediat des mains toutes puiffantes de Dieu , elle ne découle point avec la femence , & il faut que lui qui fçache le tems auquel elle eft créée l'infufe dans le corps. Pour découvrir la methode que fuit la nature lorfqu'elle forme un animal d'un œuf , il n'y a qu'à confiderer un œuf de poule avant & durant l'incubation. Avant l'incubation , on trouve dans la tunique du jaune de l'œuf , une petite tache blanche en forme de cicatrice , & qui a de la reffemblance à une petite lentille. Durant l'incubation , la cicatrice fe dilate en certains cercles le premier jour , & le fecond jour on y obferve une certaine liqueur claire & luifante plus pur qu'aucun criftal , ce qui la fait appeller Gelée. Les deux jours fuivans , on apperçoit dans cette gelée une ligne de fang vermeil , & le point faillant au milieu de la gelée qui eft le commencement du cœur. On découvre autour de ce point quelque chofe de groffier & de blanchâtre en forme d'un petit nuage divifé en deux parties. La plus grande fait la matiere de la tête où l'on remarque quatre petites veffies , qui font le cerveau, le cervelet , & les deux yeux. L'autre partie, qui eft plus petite & au-deffous , repréfente la quille d'un vaiffeau , & donne l'épine au dos , d'où l'on voit fortir peu à peu les bras & les jambes. Enfin les vifceres s'attachent fucceffivement aux Vaiffeaux, qui renferment le fang , & font le Fœtus parfait. Dans les femmes , après le troifiéme mois de la groffeffe , & vers le commencement du quatriéme. les principales parties font achevées en ce tems-là. On dit ordinairement que les mafles font plûtôt formez que les femelles , mais on voit le contraire , par les brutes, qui font plufieurs petits de l'un & de l'autre fexe , & les mettent bas tous en même

tems & également parfaits. Il y a trois reffemblances à obferver dans la formation du Fœtus , l'une à l'égard de l'efpece , un homme engendrant un homme , l'autre pour le fexe , que le Fœtus eft mâle ou femelle , ce qui arrive , en ce que la vertu feminale du mâle ou de la femelle prend le deffus fur l'autre , & la troifiéme , quand le Fœtus refemble au pere ou à la mere , en tout ou en partie , & cela vient de l'union des deux efprits genitaux , qui venant à développer fucceffivement les vertus formatives confufes , déterminent la formation. L'œuf a deux uniques , l'une interne que l'on appelle *Amnios* , & dans laquelle le Fœtus eft formé & demeure. Il y a dans cette tunique interne une liqueur limpide , plus ou moins blanchâtre , qui n'eft ni l'urine ni la fueur du Fœtus , comme l'ont prétendu les Anciens , mais qui en eft le fuc nourricier. L'autre tunique qui eft externe , & qu'on nomme *Chorion* , enveloppe toute la conception. Si-tôt que le Fœtus eft formé , il furvient à cette tunique externe , fur-tout à l'égard de l'homme , une maffe de chair qu'on nomme l'*Arrierefaix*. Elle fe forme du fang qui s'épanche & fe coagule hors des vaiffeaux umbilicaux du Fœtus , qui s'étendent jufqu'à l'extrémité du Chorion , & ont leur infertion , tant la veine que l'artere , dans cette maffe. Outre cela la veine umbilicale jette dans le Chorion & dans l'amnios , plufieurs rameaux dont les embouchures font ouvertes dans la cavité de ces tuniques , qui eft toûjours remplie d'une humeur très-limpide. C'eft par le moyen de cette maffe que le Fœtus eft attaché à la matrice. Quand le Fœtus eft formé , il fe nourrit par la bouche en avalant l'humeur limpide & albugineufe , qui eft renfermée dans l'Amnios où elle tombe de la matrice au travers des membranes. Cette liqueur fe change en chyle dans l'eftomac & produit dans les inteftins les excremens que l'on appelle le Meconium. Le Fœtus ne fe nourrit pas feulement par la bouche , il reçoit encore par le nombril autant d'alimens qu'il en a befoin pour fa nutrition entiere. La matiere albugineufe dont on vient de parler , exude dans la matrice pour nourrir l'œuf dans lequel le Fœtus commence à fe former , & enfuite penetrant le Chorion & l'Amnios , elle fe filtre pour nourrir le Fœtus par la bouche , & étant portée d'un autre côté à l'arrierefaix , elle eft reprife par la veine umbilicale avec le fang que les arteres ont pouffé. De là elle paffe dans la veine-cave du Fœtus , & fe change fucceffivement en fang parfait. Il eft évident que le Fœtus ne vit pas de la vie de la mere , en recevant d'elle des efprits vitaux & du fang , mais qu'il vit d'une vie propre & particuliere , en fe faifant lui-même , pour fe fuftenter , du fang & des efprits avec le fuc nourricier. Ainfi le poulet dans l'œuf vit d'une vie propre , fans avoir befoin de la poule que pour en être couvé , & recevoir la chaleur requife , afin de réveiller la vertu genitale , qui eft cachée dans l'œuf. On dit que le Fœtus ne vit les premiers mois que de la vie des plantes , parce qu'il ne fait alors que fe nourrir & croître ; mais qu'il vit d'une vie animale dans les derniers mois parce qu'il fe meut , ce qui fuppofe quelque perception fenfuelle , quoiqu'en effet il dorme plûtôt dans la matrice qu'il ne veille. La matrice s'augmente à proportion que le Fœtus y devient grand Elle s'épaiffit même tellement en fe dilatant , que vers les derniers mois elle a deux doigts d'épaiffeur. Le Fœtus devenu trop grand fe contourne , & commençant par fe renverfer la tête , il tâche à fortir de fon propre mouvement. Les efforts qu'il fait font fecondés par le travail de la mere , qui dans le tems de l'inspiration pouffant le diaphragme en bas & retirant les muscles de l'abdomen & la matrice, pouffe dehors le Fœtus. C'eſt ce qui a coûtume d'arriver neuf mois après la conception, & rarement au ſeptiéme, ſi ce n'eſt un premier accouchement. D'ordinaire l'enfant qui vient à ſept mois, a quelque marque d'imperfection aux oreilles, à la bouche, ou aux doigts, à cauſe que ces parties ſont achevées les dernieres. Il arrive pourtant quelquefois que le Fœtus étant foible ou la mere âgée, l'accouchement ne ſe fait qu'après dix mois. Il ſe fait auſſi plûtôt, & même à huit. Et muller dit qu'il n'eſt pas vrai que les enfans nés à huit mois ne vivent point. Parmi pluſieurs raiſons que rapportent les Auteurs, ſur ce qui oblige le Fœtus à faire les efforts neceſſaires pour ſortir, la plus probable eſt celle de ceux qui diſent qu'il tâche à ſortir par le défaut de reſpiration, à cauſe qu'étant plongé dans les eaux, il ne ſçauroit reſpirer, ce qui fait que le ſang s'arrête en quelque façon ſans circuler dans la poitrine, & cela cauſe de l'oppreſſion au Fœtus, qui ne ſort pas plûtôt qu'il reſpire. Il y a des obſervations qui portent qu'on a entendu pleurer, & même parler des enfans dans le ventre de leur mere, mais cela reſſent la Fable. Le Fœtus ne reſpirant point, les poumons ne ſe dilatent pas; & comme le ſang dans la circulation ordinaire ne peut paſſer du ventricule droit au cœur dans le gauche, ſans que les poumons ſoient ouverts, ce qui fait que le ſang ne circule point dans le Fœtus en même tems par les deux ventricules, mais ſeulement par l'un des deux. Pour cela il y a des anaſtomoſes ſingulieres aux vaiſſeaux d'autour du cœur, & ces anaſtomoſes ſont ouvertes dans le Fœtus, & refermées dans les adultes. D'abord que le Fœtus voit le jour & commence à reſpirer, le ſang ſe jette dans les poumons pour circuler, & les anaſtomoſes ſe bouchent. Il s'enſuit de là que ſi on met dans de l'eau les poumons d'un Fœtus mort, ils ne manquent point d'aller au fond, & que ceux d'un enfant qui a vêcu nagent, à cauſe que l'air reçû dans la reſpiration les a rarefiés. On ſe ſert de cette preuve pour connoître ſi le Fœtus eſt venu mort, ou s'il a été tué depuis ſa naiſſance.

FOEUX. ſ. m. Vieux mot. Fau, Arbre que l'on appelle en Latin *Fagus*.

FOF

FOFE. ſ. m. Animal qui ſe trouve dans la Chine, & que les Habitans du Royaume de Gannan ont nommé ainſi. Il a preſque la forme humaine, les bras fort longs & le corps noir & velu. Il marche avec beaucoup de legereté & de viteſſe, & devore les hommes tout en riant.

FOI

FOIBLAGE. ſ. m. Terme de Monnoye. Permiſſion que le Roi accorde aux Maîtres de ſes Monnoyes de pouvoir tenir le marc d'eſpeces plus foible d'une certaine quantité de grains que le poids juſte. Il y a deux ſortes de Foiblage, dont l'un eſt dans le remede quand les Maîtres n'excedent pas le remede permis, qui eſt de deux felins par marc valant quatorze grains deux cinquièmes de grains aux eſpeces d'or; & d'une piece de cinq ſols ſix deniers peſant un peu plus de quarante-trois grains, à celles d'argent.

FOIE'E. ſ. f. Vieux mot. Fois. *Par trois foiées li etiat.*

FOILLU. adj. Vieux mot. Touffu, plein de feuilles.

FOISSELLE. ſ. f. Vieux mot. Inſtrument ſur lequel on fait le fromage, qu'on a auſſi appellé *Faiſſelle.*

Li ſaut à grands gors la cervelle,
Si comme fait de la foiſſelle,
Le lait quand on fait le fromage.

FOIT. ſ. m. Terme de Marine qu'on n'eſt en uſage qu'en cette phraſe, *Foit de mât*, pour dire, Une grande longueur de mât.

FOL

FOLIE. ſ. f. *Demence, alienation d'eſprit.* ACAD. FR. Lorſque la raiſon eſt abolie, cela ſe nomme *Folie* ou *Demence*, & quand elle eſt ſeulement diminuée, cette diminution s'appelle *Peſanteur d'eſprit,* ou *Stupidité.* On a obſervé que la raiſon n'eſt jamais ni abolie ni diminuée que la memoire ne le ſoit en même tems ou auparavant. Ainſi les vieillards ne ſont radoteux que parce que la memoire leur manque, & une perſonne qui n'a point de memoire demeure toûjours en enfance, parce qu'elle ne peut rien apprendre. Les plus ſages à qui une maladie ou quelque cauſe externe a fait perdre la memoire, deviennent fous. S'ils recouvrent la memoire, ils recouvrent en même tems tout leur eſprit. Il eſt impoſſible de determiner une cauſe prochaine generale de la diminution ou de l'abolition de la memoire, non ſeulement parce qu'on ne ſçait pas demonſtrativement la maniere dont les actes de memoire ſe font, mais encore à cauſe du nombre infini des cauſes éloignées qui la bleſſent ou qui l'aboliſſent. Horſtius rapporte que quelques - uns après des jeûnes extraordinaires ſont devenus fous lorſqu'ils ont commencé à manger, & qu'il a vû une abolition totale de la memoire & de la raiſon par un coup de piſtolet à l'occiput. On rapporte auſſi l'exemple d'un homme de quarante ans qui étoit devenu fou. On ouvrit ſon crane après ſa mort, & on trouva ſon cerveau ſec & dur, & même friable en la ſuperficie, avec un jaune de citron de l'épaiſſeur d'un doigt dans toute ſa circonference. Il étoit un peu plus mol vers les ventricules & ſa baſe. Les philtres ou potions amoureuſes engendrent pour l'ordinaire de frequentes manies & des pertes de memoire. Un jeune homme de quatorze ans, ſelon ce qu'écrit Henri de Heer, d'un eſprit ſi prodigieux, qu'il dictoit quatre ſortes de differens vers à quatre de ſes compagnons, & en écrivoit lui-même en même tems ſur une cinquiéme matiere differente, tomba dans une ſi grande ſtupidité après avoir pris un philtre, qu'il oublia juſqu'à ſon propre nom. Il y a des poiſons d'une certaine nature qui font auſſi perdre la memoire de toutes choſes. Les évacuations ordinaires du ſang ſupprimées étouffent pareillement la memoire. On trouve dans les Auteurs l'exemple d'une Folie ſurvenuë à une ſuppreſſion d'hemorroïdes. Cette Folie fut guerie par une longue hemorragie ſpontanée qui ſe fit entre les cuiſſes par un pore inſenſible. Salmuth a obſervé une perte de memoire jointe à une affection melancolique par la ſuppreſſion des lochies d'une accouchée. Pluſieurs malades ſont demeurés ſans memoire après une fievre aigue. Toutes ces cauſes éloignées étant connuës & examinées, doivent ſervir dans la pratique pour la varieté de la cure.

FOLIER. v. a. Vieux mot. Paſſer le tems en faiſant le fou. On a dit auſſi *Foller. Mais de foller, chanter, railler, c'eſt peu de fait.*

FOLIOT. ſ. m. Partie des reſſorts d'une ſerrure.

FOLLE. f. f. Filet à grandes mailles avec quoi on prend des Rayes & d'autres grands poiſſons plats.

*Les Portugais appellent auſſi *Folle*, une ſorte de fruit qui vient au Pays des Noirs dans les ſaiſons pluvieuſes. Il reſſemble fort aux oranges en couleur & en groſſeur, mais le ſuc en eſt plus aigu & l'écorce bien plus dure.

FOLLICULE. f. f. On appelle ainſi en termes de Medecine, La veſſie où eſt contenu le fiel.

FOLOUR. f. f. Vieux mot. Ardeur. On a dit auſſi *Foleur*.

> *D'un biaux deſir qui vieut de ma folour.*

Ce mot a ſignifié encore Folie ou Menſonge.

> *Et ſi ſçai bien que le pluſour*
> *Tenront mes ſermons à folour.*

FOLOYER. v. n, Vieux mot. S'égarer. Ce mot a fait *Foloyance*, que l'on a dit autrefois pour Folie.

> *Si ſe retraiſt de foloyance,*
> *Et vint à vraye repentance.*

FOM

FOMENTATION. f. f. Terme de Medecine. Medicament humide que l'on applique exterieurement avec une éponge ou avec du feutre qu'on trempe dans la decoction chaude de quelque liqueur, comme vin, laict, eau de vie, & autres ſemblables. La Fomentation ſe fait auſſi avec des veſſies remplies de lait, & quelquefois de la liqueur même de la Fomentation, ou avec des ſachets que l'on remplit des ingrediens de cette même fomentation. On applique le tout chaudement en reïterant par intervalles. Ainſi on appelle improprement *Fomentation*, l'application froide de quelque liqueur, comme eſt celle qu'on fait quelquefois lorſque l'on veut arrêter le ſang. Il y a auſſi une *Fomentation ſeche*. Celle-là ſe fait avec des feuilles qu'on a fait ſecher au four ou ſur le foyer, couvertes avec des cendres chaudes, comme les feuilles de ſureau, d'hieble, ou des ſachets de millet, d'avoine & autres. On ſe ſert de Fomentations pour échauffer, amollir, reſoudre, reſtraindre & fortifier. Ce mot vient du Latin *Fovere*, Entretenir la chaleur.

FON

FONC AILLES. f. f. p. Se dit d'un lit. Ce ſont les Pieces qui portent la paillaſſe.

FONCEAU. f. m. Terme de Manege. La partie d'une embouchure à canon qui la termine, & qui l'aſſemble avec le banquet.

FONCET. f. m. Sorte de bateau qui eſt l'un des plus grands dont on ſe ſerve ſur les rivieres. Il y en a qui ont juſqu'à vingt-ſept toiſes entre chef & quille. Le ſaint Jacques de Rouen, avoit quarante-ſept toiſes de long en 1688.

† *Foncet*. Terme de Serrurerie. Plaque de fer qui ſert à couvrir les rateaux & autres pieces de la ſerrure, dans leſquelles la clef tourne. On dit auſſi *Fond ſec*.

FONCIER, ERE. adj. Terme de Palais. Ce qui regarde le fond. On appelle *Charges foncieres*, les Cens & rentes qu'on doit au Seigneur, & *Rente Fonciere*, celle qu'on doit au Seigneur Foncier par un Bail à rente, & qui provient de l'alienation du fond. On appelle *Seigneur Foncier*, le Bailleur du fond, & à qui la rente eſt dûe; & *Seigneur tres-foncier*, celui qui eſt proprietaire du fond', quoiqu'il n'ait pas la juſtice. *Juſtice fonciere*, n'eſt autre choſe que ce qu'on appelle communément, *Baſſe Juſtice*, c'eſt à-dire, une Juriſdiction qui appartient au Seigneur bailleur de fond.

FOND. f. m. Terme de mer. Superficie de la terre au deſſous de l'eau. On lui donne differens noms, ſelon la diverſité des terres que l'on y trouve. On appelle *Fond de pré*, la terre au deſſous de l'eau, où il y a de l'herbe; *Fond d'aiguilles*, celle où il y a de petits coquillages de la groſſeur d'un petit ferret d'aiguillette, & qui ſe terminent en pointes, & *Fond de coquilles pourries*, celle qui eſt toute ſemé e de morceaux de petites coquilles. On appelle *Fond de ſon* pour dire, Celui dont le ſable eſt de la couleur du ſon, & *Fond vaſard*, quand le fond de l'eau eſt de vaſe. On dit, *Point de fond*, pour dire, qu'En jettant la ligne & le plomb de ſonde, on ne trouve point de fond. *Même fond*, ſe dit quand on trouve la même profondeur d'eau, ou la même terre au fond de la mer qu'on avoit déja trouvée. On dit qu'*Un fond eſt de bonne tenue*, pour dire que l'Ancrage y eſt fort bon, & que les Vaiſſeaux n'y peuvent arer; & qu'*Un fond eſt de mauvaiſe tenue*, pour dire que c'eſt un fond où le Vaiſſeau chaſſe ſur ſon ancre. On dit, *Donner fond*, pour dire, Mouiller, jetter l'ancre, & *Perdre fond*, pour dire, Arer, chaſſer ſur les pierres.

On appelle, *Fond de cale*, ce qui eſt contenu ſous le premier pont du Vaiſſeau, *Fond de voile*, le milieu du bas d'une voile, & ce qui retient le vent par le milieu; & *Fond d'affuſt*, un Aſſemblage de petits madriers dont le fond de l'affuſt d'un canon de Vaiſſeau eſt compoſé.

Fond, en termes de Peinture, ſe dit du derriere ou champ d'un tableau. Il s'employe auſſi fort ſouvent pour ſignifier la partie qui eſt au deſſous d'une autre, & dans ce ſens on dit que *Le Ciel fait fond à un arbre*, qu'*Une montagne fait fond à une maiſon ou à des figures*, & qu'*Une draperie ſert de fond à la tête ou au bras de quelque figure*.

On appelle *Fond d'ornemens*, en Architecture, le champ ſur lequel on taille ou l'on peint des ornemens. On dit auſſi *Fond de compartiment*. C'eſt la pierre ou le marbre, qui étant d'un blanc ou d'un noir pur, en reçoit d'autres de differentes couleurs; ce qui ſe fait par incruſtation, en ſorte que cette pierre ou ce marbre leur ſert de champ dans un compartiment de lambris ou de païs.

Fond de cuve, chés les Ouvriers, eſt tout ce qui eſt arrondi par les angles, & qui n'eſt pas creuſé quarrément. On appelle *Foſſé à fond de cuve*, Un foſſé ſec qui eſt eſcarpé des deux côtés.

FONDANT. f. m. Matiere qui ſert pour les émaux. Le Fondant ſe fait avec du criſtal, ou du caillou, ou de l'agathe, ou de la calcedoine, du ſable & de la ſoude ou ſel de verre.

FONDATION. f. f. Ouverture fouillée en terre, pour fonder un bâtiment. La plûpart de ceux qui ont écrit de l'Architecture ſe ſont ſervis du mot de *Fondement*, pour ôter l'équivoque de celui de *Fondation*, qui ſignifie metaphoriquement une certaine ſomme d'argent leguée pour des œuvres de pieté, quoique quelques-uns croyent qu'il eſt très-propre lorſqu'on dit, qu'*Il faut travailler aux fondations d'un bâtiment*, ou que *Les fondations d'un bâtiment ſont bien avancées*; mais lorſque l'édifice eſt achevé, ils prétendent qu'il faut dire que *Les fondemens en ſont bons*, & qu'on ne doit plus ſe ſervir du mot de *Fondation* quand le bâtiment eſt fait. On dit *Eſcarper des fondemens*, pour dire, Les élever par recoupemens ou retraites, & faire en ſorte que la diminution ſoit égale de chaque côté, afin que le milieu du mur tombe à plomb ſur le milieu du fondement.

FONDE. f. f. Terme dont on s'eſt ſervi pour ſignifier l'inſtrument à corde appellé *Fronde*, qui ſert à jetter des pierres avec plus de violence. On a dit aussi *Fondefle*. Les Anciens en avoient de fort grandes, avec lesquelles on lâchoit de grandes pierres par une machine que l'on détendoit, & qui enfonçoit les toits des maisons. Celles qui étoient à main s'appelloient *Bricoles*. Monet dit qu'il y a eu des Fondes de cuir à jetter des bales de plomb & des pierres. Les Habitans des Isles Baleares étoient si adroits à s'en servir, qu'ils ne donnoient point de pain à leurs enfans qu'ils ne l'eussent abatu par un coup de Fonde, du lieu où ils le mettoient. C'est peut-être par cette raison que ces Isles ont été appellées Baleares, du Grec βάλλειν, Jetter. Ce mot de *Fonde*, selon Borel, vient de σφενδόνη, qui veut dire la même chose.

FONDEMEMT. f. m. *L'anus, le trou par où l'animal se décharge le ventre.* ACAD. FR. L'inflammation qui arrive quelquefois au Fondement, vient d'une contusion ou percussion violente d'une cause externe, ou de l'irritation, par exemple, des choses poivrées ou vitriolées qu'on y applique, comme du papier dans lequel il y aura eu du poivre. Cette inflammation a quelquefois une cause interne. Ainsi les hemorroïdes supprimées la causent dans l'intestin rectum & au fondement. Elle est dangereuse, & quand on ne la traite pas bien, elle dégenere en abscès, & cet abscès en fistule, laquelle pénétre quelquefois dans la vessie par où les vents & les matieres fecales sortent. Ce qui fait connoître que le Fondement est enflammé, c'est la douleur avec pulsation, à cause des arteres hemorroïdales & du mouvement du sang repercuté qui excite ce sentiment. La pulsation est tantôt lente & obscure, quand l'inflammation est interne; & tantôt elle est sensible au doigt appliqué exterieurement, ou avec lequel on presse l'anus. Dans la cure on doit avoir soin de tenir le ventre ouvert, à cause que les excremens, s'ils sont retenus & endurcis, augmentent la douleur & tous les autres symptomes. Il y a divers remedes pour cette inflammation, qui se guerit aussi interieurement, comme les autres, par les sudorifiques doux & temperés. Il vient une maladie aux enfans appellée *Chûte du Fondement*, & qui est d'autant plus frequente, que la substance du rectum & de ses muscles est relâchée & flasque. Ce qui fait sortir l'anus ou l'intestin en dehors, c'est souvent un effort continuel & inutile d'aller à la selle, qui vient d'un mucilage acide & visqueux, qui enduisant l'intestin rectum, l'irrite sans cesse & cause ces efforts inutiles jusqu'à ce que l'intestin sorte. Le relâchement & la molesse des muscles du rectum causent aussi quelquefois la chûte de l'intestin, sur-tout quand on fatigue les enfans à force de suppositoires. Le rectum tombé est facile à rétablir au commencement : mais si l'air exterieur l'a alteré, on doit apprehender qu'il ne se gangrene. Si la chûte du Fondement est causée par la relaxation, il suffit de le remettre avec un linge chaud, de bien emmaillotter l'enfant & de le laisser les jambes étendues.

FONDERIE. f. f. Lieu où l'on fond les Métaux; grande cuve où l'on fond la cire, qui tombe dans l'eau sur un Moulinet & se trouve en grain : on la met ensuite sur les toiles à blanchir.

FONDIQUE. f. m. Terme de negoce. Maison commune où s'assemblent les Marchands pour traiter de leurs affaires. Il se dit aussi d'un Magasin de Negociants établi près d'un Port de mer ou dans une Ville de commerce, où l'on serre les marchandises. Ce mot vient de l'Italien *Fondaco*, & originairement des Sarrasins, qui ont appellé ce magasin ou lieu d'assemblée *Alfondiga*.

FONDIS. f. m. Espece d'abîme qui se fait sous quelque édifice, soit par un éboulement de terre mouvante, soit par quelque source d'eau qui se rencontre au-dessous des fondemens d'un bâtiment. Il se dit aussi de la terre qui fond dans une carriere, faute d'y avoir mis assés de piliers; & quand cet éboulement y a fait un trou par où l'on en peut découvrir le fond, cela s'appelle *Fondis à jour*. On dit aussi *Fontis*. Quelques-uns nomment cette ouverture, ou abîme une *Fonte*, & quelquefois une *Cloche*.

FONDOIR. f. m. Lieu où les Bouchers fondent la graisse des animaux qu'ils tuent, afin d'en faire du suif.

FONDRE. v. a. Liquefier. On dit chés les Chandeliers, *Fondre en abîme*, lorsqu'en faisant leur chandelle, ils la trempent dans un vaisseau où il y a du suif fondu, & qu'ils appellent *Abîme*.

Fondre, est aussi un verbe neutre, & on dit en termes de Fauconnerie, qu'*Un Oiseau fond ou file*, quand sa descente se fait simplement, & qu'il ne fait que se laisser aller en bas. Lorsqu'il fond sur le gibier d'un vol prompt & impetueux, on dit qu'*Il fond en randon*.

FONDRILLES. f. f. Ordures qui se rencontrent dans les eaux mal nettes ou dans les vaisseaux qu'on a mal rincés. On l'a dit originairement des sedimens qu'on trouve au fond des liqueurs rassises.

FONDU, UE. adj. On appelle *Cheval gras-fondu*, un Cheval qui est devenu forbu à cause de la graisse qui est fondue sur ses jambes.

FONGES. f. m. p. Vieux mot. Potirons.

FONTAINE. f. m. *Amas d'eau vive sortant de terre, qui se reçoit dans un bassin naturel ou fait par artifice.* ACAD. FR. Les Anciens ont expliqué diversement l'origine des Fontaines. Aristote la rapporte à un certain changement continuel d'air en eau, & soûtient que l'air humide & vaporeux dans les concavités des montagnes s'épaissit en petites gouttes; que ces gouttes distillant & s'assemblant font comme de petits ruisseaux, & que plusieurs de ces ruisseaux joints ensemble font les Fontaines, comme plusieurs Fontaines font les rivieres, & plusieurs rivieres les grands fleuves. D'autres prétendent que l'origine des Fontaines, & par consequent des fleuves, vient des pluyes; & quoiqu'ils avouent que lorsqu'il pleut l'hiver il y a une partie de ces eaux qui s'écoule sur la terre, & va se rendre dans la mer par les torrents, les rivieres & les fleuves, ils veulent neanmoins qu'une partie de ces mêmes eaux soit bûe par la terre, & que pénétrant par les fentes des rochers & des montagnes, elle soit reçuë & ramassée dans quelques-unes de leurs cavités, qui font comme des reservoirs, d'où elle coule ensuite peu à peu par quelques petites fentes, & devient enfin en sortant hors de la terre ce qu'on appelle ordinairement *Fontaine*. Quelques-uns sont d'une troisiéme opinion, & veulent que les Fontaines tirent leur origine de la mer, d'où par des conduits souterrains l'eau tend & est portée jusques aux montagnes & à tous les lieux où l'on voit des sources : mais ils ne conviennent pas entr'eux de la maniere d'expliquer comment il se peut faire que l'eau soit élevée de la mer jusqu'au haut des montagnes. Les uns tiennent que les eaux qui pénétrent dans les terres, sont élevées en vapeurs par les feux souterrains jusqu'au haut des montagnes. D'autres croyent que l'eau qui est au fond de la mer, qui entre toute dans les conduits souterrains, est si fort pressée par le grand poids de la mer qui est au-dessus, qu'elle monte & rejaillit avec beaucoup d'impetuofité tout le long du conduit, jufqu'à ce qu'elle parvienne à quelque endroit de là terre où elle trouve une ouverture pour fortir.

Quand on prend le mot de *Fontaine* pour un compofé d'Architecture & de Sculpture, les Fontaines ont differens noms felon que leur forme eft differente. *Fontaine à baffin*, eft celle qui n'a qu'un fimple baffin, avec un jet au milieu. La *Fontaine à coupe*, outre fon baffin, a une coupe d'une feule piece de pierre ou de marbre, portée fur un piédeftal. Cette coupe reçoit un jet qui s'élance du milieu & forme une nape en tombant. On appelle *Fontaine en pyramide*, celle qui eft faite de plufieurs baffins par étages en diminuant; & *Fontaine en niche*, celle qui a fon baffin & fon jet à plomb fous une arcade à jour. La *Fontaine en grote* eft en renfoncement en maniere d'antre, & la *Fontaine en bufet* eft une efpece de credence renfermée dans une baluftrade quarrée ou circulaire, où plufieurs jets de figures d'animaux & de vafes fe rendent dans un baffin élevé. On appelle *Fontaine en Portique*, Une efpece de château d'eau en maniere d'arc de triomphe à trois arcades; & *Fontaine en demi-lune*, celle dont le plan eft circulaire avec plufieurs arcades & renfoncemens en maniere d'une petite demi-lune d'eau. Il y a auffi des Fontaines aufquelles on donne l'épithete de *Statuaires*, *Ruftiques*, *Satyriques*, *Marines*, *Navales*, *Symboliques*, felon qu'elles font ornées de ftatues, de rocailles, de Termes, Faunes, Sylvains, de figures aquatiques, ou qu'elles font formées en barque, en navicelle & autres bâtimens de mer, ou qu'elles ont des attributs ou des pieces de Blafon qui font connoître celui par qui elles ont été bâties. On en voit de toutes ces fortes à Rome ou aux environs. Il y en a auffi d'*Ifolées*, qui ne font attachées à aucun des bâtimens qui les environnent, d'autres *Adoffées*, qui font attachées à quelque mur de clôture, de face ou de terraffe, & d'autres *En renfoncement*, c'eft-à-dire, qui font reculées au-delà du parement d'un mur dans un renfoncement quarré ou cintré de certaine profondeur.

Fontaine de la tête. Endroit où la future coronale & la future fagittale aboutiffent. C'eft endroit qui eft mol aux enfans, & où l'on fent battre la partie anterieure du cerveau, ne commence à fe durcir que vers la deuxiéme ou troifiéme année.

FONTI. f. m. Plante que produit l'Ifle de Madagafcar. Elle croît en forme de panache, & fes feuilles ont une toife de longueur & font larges de deux piés. Il y en a même qui ont plus de huit & dix piés fans compter la tige, longue quelquefois de deux piés.

FONTON. f. m. Oifeau que l'on voit dans la Guinée, de la groffeur à peu près d'une alouete, & qui eft d'une grande commodité pour les Habitans. Sitôt qu'il a découvert dans le bois un Buffle, un Tigre, un Elephant, un Serpent, un Effain d'abeilles & quelque autre chofe qui foit remarquable, il ne manque point de venir voler autour des gens, & il ne les quitte point jufqu'à ce qu'ils commencent à le fuivre. Après qu'ils font arrivés au lieu où eft ce qu'il veut leur faire voir, il fe perche fur un arbre, & chante de toute fa force. En cherchant tout à l'entour, ils trouvent bientôt ce qui avoit donné fujet au Fonton de les amener.

FOO

FOORAHA. f. m. Arbre qui produit un baume vert & odoriferant, & qui fe trouve dans l'Ifle de Madagafcar. C'eft un excellent remede pour toutes fortes de bleffures & de meurtriffures. Les femmes le mêlent avec leurs huiles pour s'en oindre les cheveux. Cet arbre porte un fruit qui eft affés gros.

FOR

FORAGE. f. m. Terme de Coûtumes. Droit feigneurial que le Seigneur leve fur fes Sujets lorfqu'ils vendent vin en broche, ou en détail, ou en gros. C'eft auffi un impôt fur le vin qui vient de dehors, du Latin, *Foras*.

FORBAN. f. m. Pirate, Ecumeur de mer, qui faifant pavillon de toutes manieres, attaque amis & ennemis fans diftinction. Les Forbans font traités comme des voleurs publics, lorfqu'on les peut prendre.

Forban, fe trouve auffi pour, *Exil*, dans le vieux langage, & l'on a dit *Forbanni*, pour, Banni dehors.

FORBOURS. f. m. p. Vieux mot. Fauxbourgs. On l'a dit pour *Fore-Bourg*, c'eft-à-dire, Hors du Bourg.

FORBU, UE. adj. On appelle *Cheval forbu*, un Cheval qui eft incommodé d'une forbure. Borel dit qu'on trouve ce mot dans le fens de *Fourvoyé*, & qu'il vient de *Foras* & de *via*, comme qui diroit, Hors de voie. Il ajoûte que c'eft dire que vient *Fourbe*, & qu'on a auffi nommé *Forbu*, Celui qui fe trouve mal d'avoir bû trop chaud. Plufieurs prononcent *Fourbu*.

FORBURE. f. f. Rhumatifme univerfel qui vient aux chevaux par une chaleur extraordinaire qui a pour caufe un exercice violent. Cet excès de fatigue faifant fondre les humeurs qui defcendent aux parties affoiblies, les nerfs du cheval fe bouchent, les mufcles s'enflent & les jambes fe roidiffent. Il y en a beaucoup qui difent *Fourbure*.

FORCAGE. f. m. Terme de Monnoie. Ce qu'il y a de plus que le poids permis dans les efpeces.

FORCE. f. f. Terme de Mathematique. Ce qui éleve ou foûtient un poids. On dit auffi *force mouvante*. C'eft la même chofe que *Puiffance*. (Voyez PUISSANCE & POIDS.) On ne peut augmenter la force mouvante qu'en lui donnant plus de viteffe qu'au poids, & c'eft là le principe de toute la Méchanique. (Voyez MOUVEMENT & MACHINE.) On appelle auffi quelquefois plus generalement *force* tout ce qui imprime un mouvement quel qu'il foit.

On appelle *Forces*, en termes d'Architecture, des pieces de bois que l'on met fur les tirans pour porter l'entrait & pour lui fervir de jambes. C'eft par là qu'on les nomme auffi *Jambes de forces*. Il y en a de petites qu'on appelle *Arbalêtrieres*.

On dit en termes de Marine, *Faire force de voiles*, pour dire, Porter le plus de voiles qu'on peut, afin de faire fon cours avec plus de diligence. On dit auffi *Faire force de rames*, pour dire, Redoubler les efforts des rameurs.

On dit en termes de Peinture, qu'*Un tableau a beaucoup de force & de relief*; & on dit *Forcé*, en parlant d'une figure, quand l'attitude en paroît contrainte.

FORCELE. f. f. Vieux mot. L'eftomac, la poitrine.
Le lait de chévre ne fe cuit pas fi bien en la Forcele que celui de brebis. On a dit auffi Fourcele.
Le fer li met en la fourcele
Le cuer li tranche, mort l'abat.

FORCER. v. n. Terme de Marine. On dit que *Le vent força*, qu'*Il fut forcé*, pour dire que le vent fut

· violent. On dit aussi *Forcer de voiles*, pour dire, Faire force de voiles.

FORCOIER. v. n. Exercer sa force, s'efforcer. On a dit aussi *Forche* pour , Force.

FORER. v. a. Terme de Serrurerie. Percer , faire un trou qui quelquefois ne perce pas de part en part. *Forer une clef*. Il vient du Latin *Forare* , Percer. On a dit aussi autrefois *Forer* , pour , Ravager , & on disoit *Aller forer* , pour dire , Aller à la petite guerre. En ce dernier sens , il pouvoit venir de *Furari* , Dérober.

FOREST. s. m. *Grande étendue de pays couvert de bois de haute fustaye*. ACAD. FR. Ce mot signifioit autrefois aussi bien les eaux que les bois , d'où vient qu'il y a de vieux titres qui portent *Concession de Forêts* , ce qui vouloit dire , la permission d'abattre du bois & de pêcher. Cela est cause qu'on n'a fait qu'une seule Jurisdiction des Eaux & Forêts. Du Cange dit qu'on a appellé *Foreste* , *farestia* ou *Forêt d'eau* , Un Vivier où l'on garde du poisson.

FORESTIER. s. m. Certain Officier qui étoit autrefois dans les Forêts. *Forestier* , est aussi une qualité que les François , après avoir subjugué les Gaulois , donnerent avec une partie de la Flandre aux plus braves Capitaines qui avoient aidé à la réduire à quelque sorte de Gouvernement. Le titre de *Seigneur Forestier* fut conservé jusqu'au regne de Charlemagne , & selon d'autres jusqu'à celui de Charles le Chauve , & la Flandre ayant été érigée en Comté en ce tems-là , ce titre de Forestier fut changé en celui de Comte. On appelle en Allemagne *Villes Forestieres* , quatre Villes de l'Empire qui sont dans la Forêt Noire. Ce sont , Rinfeld sur le Rhin , Valdsust, Sekinghen, & Lauffembourg, entre Constance & Bâle.

FORET. s. m. Poinçon d'acier qui sert à percer & à forer les pieces de fer. Il y en a de quarrés pour dresser les trous des clefs & d'autres avec quoi on perce le bois.

FORFAIRE. v. a. Terme de Pratique. On dit *Forfaire le douaire , corps & avoir , ou autre chose*, pour dire , Les perdre par quelque crime que l'on a commis. On trouve aussi dans les Coûtumes , *Forfaire l'amende*, pour dire , Encourir l'amende. *Forfaire son fief* , se dit quand le fief tombe en commise. M. Ménage le fait venir de *Foris facere*.

FORGE. s. m. Grand bâtiment consistant en moulins , fourneaux, angars, que l'on a coûtume d'élever près d'une forêt ou d'une riviere, pour y fondre & fabriquer le fer. *Forge* est aussi chés les Serruriers , & autres qui travaillent avec le feu , le petit fourneau où ils font chauffer leur fer pour le mettre en œuvre. Il se dit encore du lieu , ou ces mêmes Ouvriers forgent le fer. On dit aussi , *Forge d'Orfévre* , *Forge de Fondeur*.

FORGER. v. n. Terme de Manége. On dit d'un cheval, qu'*Il forge*, pour dire , qu'il avance trop les piés de derriere , ce qui est cause qu'il porte leur pince contre l'éponge des fers des piés de devant. Cela vient de ce qu'il a les reins foibles , ou de ce qu'on le laisse trop aller sur les épaules.

FORGIERRE. s. m. Vieux mot. Forgeron. On a dit de même , *Ingenierre* & *Recetierre* , pour Ingenieur & Receleur.

FORHUER. v. n. Terme de Chasse. On dit *Forhuer du cor, du cornet, du huchet, de la bouche*,pour dire , Appeller les chiens à la chasse , leur donner quelque signal.

FORHUS. s. m. Il se dit , non seulement du cri ou du son du cor que l'on fait pour l'appel des chiens , mais encore du lieu où l'on fait ce cri.

Forhus , signifie aussi une partie de la proie & des intestins du cerf qu'on donne aux chiens au bout d'une fourche émoussée.

FORJETTER. Se FORJETTER. v. n. Terme d'Architecture. On dit qu'*Un bâtiment se forjette* , pour dire , qu'il se jette en dehors , en saillie , hors l'alignement.

FORJURER. v. a. Vieux terme de Coûtume. Délaisser & abandonner le pays. On a dit aussi *Forjurer son heritage*, pour dire , Le vendre , l'aliener.

Forjurer les coupables , abjurer les coupables , *ne les pas reconnoitre* , la Loi Salique appelle cela *se de parentela tollere*. Quand un meurtre étoit commis , tous les parens du meurtri jusqu'au quatriéme degré fors les Forjureurs entroient en guerre privée contre le Meurtrier & ses parens au même degré qui ne l'avoient point forjuré.

FORLANCER. v. a. Terme de Chasse. Faire sortir une bête de son gîte.

FORLONGER. v. n. Terme de Chasse. Il se dit d'un Cerf qui s'éloigne fort des chiens. On dit aussi,qu'*Un chien chasse le Forlonge* , qu'*Il va de Forlonge*, pour dire , qu'il chasse de loin , qu'il sent de loin.

FORMARIAGE. s. m. Vieux terme de Jurisprudence coûtumiere. Il se dit d'un mariage contracté contre la loi & la coûtume , ou contre le droit des Seigneurs.

FORME. s. f. *Figure exterieure d'un corps*. ACAD. FR. Les Chapeliers appellent *Forme* , un morceau de bois assés massif , dont ils se servent pour enformer leurs chapeaux. Il est gros comme la tête de l'homme , rond par les côtés , un peu plat par le dessus, & tout-à-fait plat par le dessous. Les Cordonniers & les Bonnetiers ont aussi chacun leur Forme. Celle des premiers,est un morceau de bois qui est fait comme le pié , & celle des autres est un petit de bois de la grandeur de la jambe, qu'ils mettent dans le bas pour l'enformer.

Forme. Terme de Marine.Espace ou réduit creusé dans la terre sur le bord de l'eau , où l'on fait les Vaisseaux & où l'on met ceux qu'on veut radouber. Il est clos de muraille , afin que la mer n'y puisse entrer jusqu'à ce qu'on ait fait les œuvres vives , ou achevé le radoub.

Forme. Terme de Lutier. Modelle de Luth ou de Guitarre.

Forme. Terme de Paveur. Etendue de sable de certaine épaisseur , qu'on met avant que de poser le pavé des rues ou des ponts de pierre.

Forme de vitre. Garniture d'un grand vitrail d'Eglise, composée de plusieurs panneaux de differentes grandeurs. On les scelle en plâtre dans les croisillons de pierre des Eglises Gothiques , & dans les Eglises nouvelles , ils sont retenus avec des clavettes dans les chassis de fer des vitraux.

Forme. Terme de Chasse. Gîte d'un Liévre , qui est ordinairement entre deux sillons. Lieu où il est couché & immobile aussi le jour que la nuit.

Forme. Terme de Manége. Espece de calus qui vient au pasturon d'un cheval , & dont il est fort souvent estropié.

FORMENT. adv. Vieux mot. Grandement comme qui diroit, Fortement par abbreviation.

Et me dormoye moult Forment.

FORMERETS. s. m. p. On appelle ainsi en termes d'Architecture , les arcs qui forment les côtés des voutes faites en croix d'ogines , ou d'une autre sorte , & qui prenant d'une des branches de l'ogine, se vont joindre à l'autre. On dit aussi *Fermerets*.

FORMEZ. On appelle ainsi en termes de Fauconnerie les Femelles des oiseaux de proie , qui parce qu'elles sont plus grandes , plus fortes & plus hardies que les mâles , qu'on appelle *Tierce-lets* *telets*, donnent le nom à l'espece.

FORMI. Terme de Fauconnerie. Maladie qui prend au bec de l'oiseau de proie.

FORMICA-LEO. f. m. Petit Infecte environ de la grandeur de l'ongle de l'indice. Il a deux petites cornes qui lui servent de pinces. Son corps est de figure ovale, composé de plusieurs petits anneaux arrangez ensemble, à peu près comme le font les écailles de la queue d'une écrevisse. On en trouve quantité dans les lieux secs & sablonneux, & dans ceux qui sont exposés au Soleil; là ils se font une petite fosse ronde en forme de cone, c'est-à-dire, une petite ouverture plus large à l'entrée qu'au fond qui finit en pointe. Ce qu'il y a d'agreable c'est de les voir travailler à ce nid. Ils jettent d'abord le fable de côté & d'autre avec leurs petites cornes, & après avoir creusé cette petite fosse, ils lui donnent beaucoup de pente vers le haut, afin que le fable tienne mieux, & qu'il ne s'éboule pas si-tôt. Cette fosse est un trébuchet qu'ils tendent pour attraper d'autres infectes; car de la maniere qu'elle est construite, lorsqu'une Fourmi, ou quelqu'autre infecte vient à marcher sur le bord de ce précipice, il ne manque pas de rouler au fond, & ainsi il devient la proie du Formica-Leo, qui s'en saisit aussi-tôt, car ce petit infecte est toûjours en embuscade au fond de son trou, pour attraper tout ce qui tombe dedans. Lorsqu'il a terrassé son ennemi, il le serre avec ses cornes & le bat contre le fable. Si l'infecte qu'il tient lui échape des cornes, & qu'il gagne le haut, il lui jette tant de fable qu'il l'accable tout-à-fait. Le Formica-Leo marche à reculons, tenant toûjours sa queue baissée. On le peut garder plusieurs mois sans lui rien donner, & cela s'est vû par experience, puisqu'on en a gardé quelquefois pendant tout l'hiver, dans une petite boëte dont on avoit percé le couvercle, pour leur donner de l'air. Cet infecte quitte sa peau une fois ou deux l'année, & lorsque le tems de la mue approche, on le voit courir de côté & d'autre parmi le fable, afin que par ce frottement sa peau quitte plûtôt. Au mois de Juillet il recommence ses courses, parce que c'est le tems où il va quitter pour la derniere fois sa vieille dépouille. Ensuite se préparant pour la métamorphose qui lui doit arriver, il se bâtit une petite boule de fable qu'il tapisse en-dedans d'une toile de soye: il se couche dans ce petit tombeau, & s'y endort, & après y avoir été comme mort pendant toute la rigoureuse saison, il ressuscite au commencement du printems, sous la forme d'un nouvel animal, qui a de belles ailes, & une belle queue, ayant laissé ses cornes & sa vieille dépouille parmi le fable de son tombeau. Ce nouvel infecte est celui qu'on appelle *Demoiselle* en Latin *Libella gracilis*. Elle a quatre ailes. Sa queue est longue & menue. Ses yeux sont si gros qu'ils font presque toute la tête. Le mâle est plus beau que la femelle, ayant une queue bleue avec de petites divisions noires. La femelle a la queue cendrée. On les voit toûjours voler le long des rivieres & des ruisseaux.

FORMUER. v. a. Terme de Venerie. On dit *Formuer un oiseau*, pour dire, Lui faire passer la mue par quelque artifice.

FORPAISTRE. v. n. Terme de Venerie. On dit que *Des bêtes vont forpaitre*, pour dire, qu'Elles vont chercher leur pâture en des lieux qui sont éloignez de leur retraite ordinaire.

FORPAYSER. v. n. Terme de Chasse. On dit d'un liévre que l'on poursuit, qu'*Il Forpayse*, pour dire, qu'il fuit en des lieux fort éloignez de celui où il a accoûtumé de faire son gîte. On dit aussi que

Des bêtes Forpaysent, pour dire, qu'Elles se jettent en campagne loin des bois où elles sont ordinairement, ou qu'elles se retirent dans une forêt éloignée.

FORSEN. f. m. Vieux mot. Emportement sans raison.

Plein de Forsen & de folie.

On a dit aussi *Forsenage*, pour, Folie, extravagance. Le mot de *Forsen* vient du vieux mot *Fors* Dehors, & de *Sens*, comme qui diroit *Hors de sens*.

FORSENANT. adj. Terme de Chasse. On appelle *Forsenant*, Un chien courant qui montre de l'ardeur & de la vigueur à supporter la fatigue de la chasse, & qui ne se rompt ni pour le bruit ni pour la chaleur.

FORSENE', E'E. adj. Terme de Blason. Il se dit d'un cheval effaré.

FORT. f. m. En fait d'armes la partie de l'épée la plus proche de la garde, est appellée *Le Fort de l'épée*. On appelle aussi *Fort de pique*, Le milieu de la pique.

On appelle aussi *Fort de la balance Romaine*, Le côté qui est le moins éloigné du centre de la balance. *Le Fort d'une boule*, est le côté où le bois est plus serré, & vers lequel la boule panche toûjours.

On dit *Mettre du bois sur son fort*, quand la piece étant cambrée, on met le cambre dessous, pour resister à la charge.

Fort, se dit aussi d'un Château, d'une petite Place que la nature ou l'art a fortifiée. On appelle *Fort Royal*, celui qui a six-vingts toises pour la ligne de défense, & *Fort à étoile*, Une Redoute ou un Fortin, qui est construit par angles rentrans & fortans, & qui d'ordinaire ont depuis cinq pointes jusqu'à huit. Il y a des *Forts de campagne*, qu'on fait, ou pour garder des passages, ou pour défendre des lignes de circonvallation. L'étendue qu'on leur donne est differente aussi bien que leur figure, selon les besoins & le terrain. Il s'en trouve à bastions entiers, & d'autres qui sont seulement à demi-bastions.

Fort. Terme de Chasse. Buisson fort & épais, où les Sangliers & autres bêtes sauvages se retirent.

FORTIFICATION. f. f. Ouvrages qui se font autour d'une Place, pour la rendre plus forte & plus capable de se défendre long-tems contre les attaques des ennemis. Il y a une Fortification reguliere & une autre irreguliere. La premiere est celle qui se fait sur un polygone regulier, dont les côtés ne surpassent pas la portée du mousquet, & qui est par tout d'une égale force. La Fortification irreguliere est celle qui se fait sur un polygone irregulier, & qui n'a pas tous les angles semblables égaux, ni toutes les lignes semblables pareillement égales entre elles. On appelle aussi *Fortification irreguliere*, Celle qui se fait sur un polygone regulier, dont chaque côté surpasse la portée du mousquet. On divise encore la Fortification en *Offensive* & en *Défensive*, dont la premiere enseigne à un General d'armée l'ordre qu'il faut qu'il tienne pour la conduite de ses Troupes, & la maniere de les faire camper, d'assieger & de prendre des Places, & dont l'autre fait connoître à un Gouverneur le fort & le foible de sa Place, & toutes les choses dont il peut avoir besoin pour la défense de ses habitans. Par la *Fortification naturelle* un Ingenieur connoît les lieux qui sont fortifiés naturellement, & la *Fortification artificielle* apprend aux Ingenieurs quels ouvrages il faut ajoûter à une Place pour suppléer au défaut de la Fortification naturelle. L'ancienne represente les Places qui sont seulement environnées de simples murailles & de tours ; & la Fortification moderne les represente fortifiées avec des bastions.

FORTIFIER, v. a. On dit, *Fortifier une Place*, pour dire, La munir de tous les Ouvrages qui peuvent la mettre en état de se défendre contre les attaques des Ennemis.

On dit, en termes de Peinture, *Fortifier les teintes d'un tableau*, pour dire, Donner plus de force, soit dans le dessein, soit dans les couleurs.

FORTIN. f. m. Petit Fort fait à la hâte pour défendre un camp, & sur-tout pendant un siege.

FORTITRER. v. n. Terme de Chasse. On dit d'un Cerf qu'*Il fortitre*, pour dire, qu'il évite de passer dans les lieux où il y a des relais ou des Chiens frais atitrés pour le courre.

FORTRAIT. adj. Terme de Manége. On appelle, *Cheval fortrait*, Un Cheval que la roideur & le resserrement de deux nerfs qu'il a sous le ventre, rendent étroit de boyau, ce qui lui arrive pour avoir été surmené & outré de lassitude.

FORTUNAL. f. m. Coup de mer, tempête, orage. On dit aussi *Fortune de vent*, pour dire, Gros tems, tems pendant lequel les vents sont forcés. On appelle *Voile de fortune*, la Voile quarrée des bâtimens de bas bord, comme des Galeres & des Tartanes. Leurs voiles ordinaires sont latines ou à tiers points ; & ils ne portent la voile de fortune qu'on nomme autrement *Treou*, que pendant l'orage.

FORVESTU. f. m. Homme de neant & inconnu, qu'on habille proprement pour lui donner l'apparence d'être riche. On presente ces sortes de gens pour cautions en beaucoup d'occasions où il est necessaire d'en fournir. Les uns font venir ce mot de *Forain*, qu'on a dit pour Etranger, les autres de *Fort*, sorte de Crocheteur, du nombre de ceux que l'on appelle à Paris *les Forts*. Ce sont gens qui se rendant maîtres des Ports, empêchent que d'autres qu'eux n'y travaillent.

FORURE. f. f. Trou & ouverture d'une clef. On appelle *Clef à double forure*, Une clef qui a sa tige doublement percée par le bout.

FOS

FOSSE. f. f. *Creux dans terre, large & profond.* ACAD. FR. On appelle en termes de Marine, *Fosse aux cables*, Un réduit sous le tillac qui est destiné à les renfermer. Il est vers le mât de misaine, à l'arriere de *la Fosse à Lion*, qui est un autre réduit aussi sous le tillac, à l'avant du Vaisseau, où l'on met tous les cordages, & les choses necessaires pour les menues manœuvres qui se rechangent. *La Fosse aux mâts*, est un lieu rempli d'eau salée. On y conserve les mâts des Vaisseaux que l'on n'a point encore mis en œuvre.

Fosse, se dit aussi d'un espace de mer près des terres où les Vaisseaux peuvent mouiller à l'abri. On le dit encore de certains endroits près des bancs où il n'y a point de fond.

On appelle dans les bâtimens *Fosse d'aisance*, Un lieu voûté au-dessous de l'aire des caves d'une maison, pour y recevoir les excremens humains. *Fosse à chaux*, est un creux fouillé quarrément en terre pour y conserver la chaux éteinte, afin d'en faire du mortier, selon que les Maçons qui travaillent à un bâtiment, en peuvent avoir besoin.

Les Vignerons nomment *Fosses*, les creux qu'ils font auprès des seps, & où ils couchent du bois de la vigne qu'ils couvrent ensuite de terre pour peupler la vigne dans les tems. *Il y a eu cette année tant de Fosses dans cette vigne.*

Fosse, en termes de Potier d'étain, est une sorte de grande chaudiere où se fond l'étain. *Mettre le feu à la fosse.* La Fosse qui sert aux Plombiers pour fondre le plomb, est bâtie avec du grais & de la terre franche en forme de chaudiere bien maçonnée de plâtre tout autour. Au fond est une petite marmite de fonte qui sert à recevoir ce qui reste du plomb fondu que l'on en tire plus facilement qu'on ne feroit de la Fosse, si la marmite n'étoit pas au fond. Cette Fosse est élevée de terre, en sorte que le fond de la marmite est au niveau, & touche à l'aire du plancher. Lorsqu'on veut fondre, on l'échauffe d'abord avec de bonne braise mise dedans, afin que le plomb ne s'y attache pas & qu'il fonde plus facilement ; & quand elle est suffisamment chaude, on y met du plomb avec du charbon pêle-mêle pour le faire fondre.

Fosse, chés les Tanneurs, est une ouverture ronde en terre ou une cuve enterrée, dans laquelle ils couchent les cuirs travaillés, & où ils les couvrent de tan & les abreuvent.

FOSSE'. f. m. Creux profond de quatre ou cinq piés, & large d'autant, qu'on fait autour d'un champ ou d'un pré pour en interdire le passage aux hommes, & empêcher que les bêtes n'y entrent.

Fosse, en termes de Guerre, est un espace creusé autour d'une Place que l'on veut défendre, & dont la largeur & la profondeur dépendent des terres grasses, marécageuses ou de roche vive. Les Fossés en general peuvent avoir de largeur depuis seize toises jusqu'à vingt-deux, & de profondeur depuis quinze piés jusqu'à vingt-cinq. On appelle *Fossé sec*, celui qui est sans eau. Il doit être plus profond qu'un *Fossé plein*.

On appelle *Fossé revêtu*, celui dont l'escarpe & la contrescarpe sont revêtues d'un mur de maçonnerie en talut ; & *Fossé à fond de cuve*, celui qui a les coins de l'enfonçure arrondis.

FOSSILE. adj. Qui se trouve dans une terre que l'on a creusée. *Sel Fossile. Tous les métaux & mineraux sont fossiles.*

FOU

FOU. f. m. Vieux mot. Fau, hêtre, Arbre appellé en Latin *Fagus*.

FOU. *Fol & Folle.* adj. *Qui a perdu le sens & l'esprit.* ACAD. FR. On appelle *Fou*, au jeu des échecs, une Piece dont le mouvement est toûjours de côté. Le *Fou du Roi*, est celui qui est du côté du Roi, & le *Fou de la Reine*, celui qui est au côté de la Reine. On appelle celui qui marche toûjours sur les quarreaux blancs du tablier, le *Fou blanc* ; & celui qui marche sur les noirs le *Fou noir*.

Furetiere & ses Scholiastes disent qu'il y a plus de *Foux vendeurs* que de *Foux acheteurs*, c'est renverser l'ancien Proverbe. La plûpart des acquereurs prennent mal leurs mesures & s'exposent aux actions en declaration d'hipotheque.

Il y a un certain oiseau dans l'Amerique, qu'on appelle *Fou*, à cause que s'il voit un Navire, soit en pleine mer, soit proche de terre, il vient se percher sur quelqu'un des mâts, & quelquefois si l'on avance la main, il se met dessus & se laisse prendre. Ces oiseaux se tiennent le jour sur des rochers, d'où ils ne sortent que pour aller pêcher. Le soir, ils se retirent sur des arbres, & quand ils y sont une fois perchés, il n'y a rien qui les en puisse faire sortir. Ils se défendent pourtant le mieux qu'ils peuvent avec le bec, mais ils ne sçauroient faire de mal. Ce bec eſt comme celui d'une Grüe, piquant par le bout, & fait en ſcie par les côtés, afin que lorſqu'ils ont pris du poiſſon, il ne leur échape point. Ils reſſemblent aux Canards pour les piés, le plumage & la groſſeur, & ont tout le deſſus du dos gris brun & le ventre blanc. Leur chair ſent le marécage, & n'eſt-gueres bonne à manger. Il ſe trouve encore une autre ſorte de ces oiſeaux. Ils ſont ſemblables aux premiers par la forme, mais un peu plus gros, & auſſi blancs que des Cygnes. On les voit le long des terres, & bien qu'ils volent autour des Navires, ils ne ſe perchent point ſur les mâts.

FOUAILLE. ſ. f. Terme de Venerie. Droit qu'on fait aux Chiens, d'un Sanglier après qu'on l'a pris. On l'a appellé ainſi à cauſe que c'eſt une curée qui ſe fait ſur le feu, d'où vient que quelques-uns l'ont auſſi nommée *Cuierie*.

FOUDRE. ſ. m. & f. *Exhalaiſon enflammée qui ſort de la nue avec éclat & violence.* ACAD. FR. Les Philoſophes cherchant quelque choſe de probable ſur la matiere particuliere de la Foudre, diſent qu'entre divers corpuſcules ou eſprits calorifiques & inflammables qui s'exhalent de la terre avec les corpuſcules d'eau, il eſt indubitable que ceux de ſoufre ne s'y trouvent en abondance, non ſeulement à cauſe du nombre preſque infini de mines de ſoufre qui ſont répandues par toute la terre, & ſur-tout dans les montagnes où la Foudre s'engendre le plus ordinairement, mais parce qu'il y a une odeur de ſoufre dans tous les lieux qu'a touchés la Foudre. De plus, diſent-ils, la rapidité & la violence du feu de la Foudre, & ce grand bruit que l'on appelle *Tonnerre*, ſont connoître évidemment que les corpuſcules ou eſprits de ſalpêtre s'y trouvent auſſi. Enfin ſe coup âcre & perçant, & la ſubtilité ſurprenante de la poudre, font voir qu'il doit y avoir des eſprits vitrioliques, & qu'il ſe peut faire même qu'il y ait quelque choſe de ſel armoniac & de mercure ordinaire mêlé, ces corps ſe rencontrant abondamment dans les montagnes où la Foudre s'engendre plus ſouvent qu'ailleurs, & contribuant beaucoup à la viteſſe & à la violence de la flâme, ce qui donne lieu de croire que la matiere de la Foudre eſt compoſée des mêmes matieres qui entrent dans la compoſition de la poudre. Il faut remarquer que lorſqu'il ſe doit engendrer des Foudres & des Tonnerres, on voit que le Ciel ſe trouble en un moment, comme ſi ces ſortes de matieres étoient pouſſées par la force de quelque grande chaleur ſouterraine, & exhalées en l'air avec cette quantité de corpuſcules aqueux, qui forment ces grandes maſſes de nuées. Cela étant ſuppoſé, on peut dire que cette matiere ſulfureuſe & nitreuſe qui ſe trouve enfermée au-dedans du corps de la nue humide qui l'environne de tous côtés, & qui l'empêche de ſortir, eſt diverſement agitée & réfléchie, & que roulant enfin & ſe tournant dedans, elle emporte avec ſoi une portion de cette nue, & s'en revêt de telle maniere qu'il ſe fait comme une croûte tout autour, & comme une eſpece de peloton. Le ſoufre s'échauffant de plus en plus & le ſalpêtre étant de plus en plus agité, il arrive que comme la chaleur s'augmente à proportion & devient enfin très-forte & très-violente, toute cette matiere prend feu, rompt ſa croûte par la partie la plus foible, & ſortant avec impetuoſité, fait paroître ſur la terre ce qu'on appelle la *Foudre*. La matiere dont elle eſt formée, n'étant pas toute ramaſſée dans un ſeul endroit de la nue, mais étant répandue diverſement, cela fait qu'il ſe peut auſſi engendrer divers

pelotons de Foudre, & il arrive delà que la même nue lance divers Foudres de divers côtés & à diverſes repriſes, ſelon le lieu & le tems que la matiere ramaſſée en pelotons eſt prête, & a de la diſpoſition à être enflammée. On a peine à concevoir comment il eſt poſſible qu'un feu qui vient des nues, & qui aura entré dans une maiſon par quelque fenêtre ou par une autre ouverture qu'il aura faite dans le toit, ſaute de côté & d'autre, perce le plancher en un endroit, arrache en un autre une pierre de la muraille, renverſe quelque choſe en un autre lieu, & deſcende le long d'un degré en un autre, mais pluſieurs ſont perſuadés que ce n'eſt pas un ſeul & ſimple Foudre qui fait tout ce fracas tant de lieux differens, mais un amas de divers Foudres, dont les uns crevent dans un endroit & les autres dans un autre, comme feroit un amas de petars ou de grenades, ſelon que l'impetuoſité les porte, laiſſant leurs marques particulieres ſur tout ce qu'ils touchent. Si quelques-uns de ces Foudres touchent de certaines choſes ſans leur cauſer beaucoup de dommage, on prétend que cela vienne de ce que les pelotons ont crevé un peu loin delà, & que la force de la flâme, ou de l'air pouſſé par la flâme, n'eſt parvenue aux choſes qu'elle a touchées, qu'après s'être rallentie. Cependant lorſqu'il paroît quelque marque de brûlure, on ne peut douter que ce ne ſoit la flâme qui ait touché, mais lorſqu'on voit des animaux morts ſans qu'on y remarque rien de brûlé, il ſe peut faire que la violence de l'air qui eſt pouſſé immediatement par la flâme, les ait renverſés par terre & ſuffoqués en un moment en leur bouchant les conduits de la reſpiration. On parle de certains effets auſſi ſurprenans qu'extraordinaires de la Foudre, comme de vuider l'un d'un tonneau, ſans que le tonneau ſoit endommagé, & au contraire de briſer un tonneau ſans que le vin ſe répande; de fondre de l'or ou de l'argent dans une bourſe ſans la brûler, & d'autres ſemblables, mais ces effets ſont ſuſpects à beaucoup de Philoſophes qui ne croyent les choſes que quand ils en ſont témoins. A l'égard de la pierre de Foudre, nommée d'ordinaire *le Carreau*, quoique la matiere que la nue renferme ſe puiſſe en quelque façon condenſer, on ne peut dire vrai-ſemblablement que quand elle s'enflâme, elle ſe condenſe plûtôt qu'elle ne ſe diſſipe. Ainſi ce carreau paroît imaginaire, & s'il tombe quelquefois des pierres du Ciel, elles doivent être ſorties de la terre, & avoir été pouſſées par la force de quelque puiſſante exhalaiſon ſulphureuſe & métallique qui s'eſt enflammée. Ces pierres ſont communément de quinze ou dix-huit pouces, très-liées & de la figure d'une carpe, mais pointue des deux côtés. Le Tonnerre en feu fait les effets ſurprenants dont il eſt parlé ci-deſſus. Le Tonnerre en pierre ne fait que briſer & ne ſerpente point : il entre en terre de quatre à cinq piés.

Foudre. Sorte d'ornement de Sculpture. Il eſt fait en maniere de flâme avec des dards, & ſervoit anciennement d'attribut aux témples de Jupiter.

Foudre. Grand vaiſſeau dont on ſe ſert en Allemagne, & qui contient pluſieurs muids de vin. Ce vaiſſeau ne vuide point, & on y met toûjours du vin nouveau ſur le vieux.

FOUDRIER. v. a. Vieux mot. Foudroyer.

FOUE'E. ſ. f. Sorte de chaſſe qui ſe fait la nuit à la clarté du feu le long des hayes avec des travaux. On l'a appellée ainſi de *Focus*, Feu, qui a fait auſſi *Fouage*, Droit ſur chaque Feu, & *Fouaſſe*,

Sorte de gâteau.

FOUETTER. v. a. *Donner des coups de fouet.* ACAD. FR. On dit en termes de Maçonnerie, *Fouetter le plâtre*, pour dire, Jetter du plâtre clair avec un balai contre un mur ou une cloison pour l'enduire.

FOUEUR. f. m. Vieux mot. Fossoyeur. On trouve *Fourra*, pour Fossoyera, fouira la terre.

Celle qui par fout me fourra,
Tous vos lignages en fourra.

FOUGADE. f. f. Petit fourneau qu'on fait en forme de puits dans un lieu propre à être gagné par les Ennemis, & lorsqu'ils s'en font rendus les maîtres, on le fait jouer comme une mine par le moyen d'une saucisse. On le prépare aussi sous un Ouvrage que l'on a dessein de faire sauter, & on le charge de barils ou sacs à poudre que l'on recouvre de terre. Ce fourneau est ordinairement large de huit à dix piés, & profond de dix à douze. Plusieurs le nomment *Fougasse.*

FOUGE. f. f. Ce que le Sanglier leve avec son Boutoir. On appelle aussi *Fouge*, la paisson du Sanglier en racines qu'il a fouillées; car quand il trouve dequoi manger sans fouiller, cela s'appelle *Mangeure. Fouger*, se dit aussi de l'action du Sanglier, quand il arrache la racine des Fougeres & autres plantes.

FOUGERE. f. f. Sorte de plante qui croît ordinairement dans les bois. Il y a une Fougere mâle & une Fougere femelle. La *Fougere mâle*, selon Dioscoride, ne produit ni tige, ni fleur, ni graine, quoique les Naturalistes ayent trouvé qu'elle porte de la graine au revers de ses feuilles, mais si petite que l'on a peine à la distinguer. Ses feuilles sortent d'une queue longue d'une coudée, fort déchiquetées & arrangées deçà & delà en maniere d'ailes. Elles rendent une odeur forte. Sa racine est à fleur de terre, noire & longuette, astringente au goût, & produisant plusieurs germes. La *Fougere femelle*, a ses feuilles semblables à celles de l'autre, mais elle ne dépendent point d'une seule & simple queue. Elle a plusieurs branches, petites & hautes, & jette diverses racines, longues & recourbées, & qui sont noires tirant sur le jaune. On en trouve aussi de rouges. Les cannes plantées autour des Fougeres les font mourir, & les Fougeres font mourir les cannes quand elles sont plantées à l'entour. Pline dit que la Fougere, tant mâle que femelle, est contraire aux femmes, qui poseront leur fruit si elles en usent étant grosses, ou deviendront steriles, n'étant point enceintes. Cela vient de ce que la Fougere est astringente, comme le témoigne Galien, qui après avoir dit que sa racine fait mourir les vermines larges du corps en la buvant au poids de quatre drachmes en eau miellée, ajoûte qu'il ne faut pas s'étonner si elle fait mourir l'enfant au ventre de la mere, & si étant mort elle le fait sortir, puisqu'elle est amere, & tient quelque peu de l'astringent; qu'ainsi si on l'applique aux ulceres, elle les desseche fort sans aucune mordication. Dioscoride parle encore d'une *Fougere des Chênes*, c'est-à-dire qui croît parmi les mousses des Chênes, ce qui est cause qu'on l'appelle *Dryopteris*, de δρύς, Chêne, & de πτερὶς, Aîle, à cause qu'elle a ses feuilles tout-à-fait semblables à la Fougere, qui les a taillées en forme d'aile d'oiseau. Elles sont pourtant moins déchiquetées. Ses racines sont velues & entortillées ensemble, & ont un goût âpre tirant sur le doux. Galien leur donne une vertu corrosive qui les rend propres à faire tomber le poil. Cette Fougere croît aussi parmi les buissons & aux lieux humides. On a dit

autrefois *Feuchier*, & *Feuchiere.* Quelques-uns disent *Fengere.*

FOUGON. f. m. Mot dont les Levantins se servent pour signifier le lieu où l'on fait la cuisine dans certains petits Vaisseaux. Le Fougon des Galeres est dans le milieu des bancs.

FOUGUE. f. f. On appelle en termes de Mer, *Mât de Fougue*, le mât d'artimon, & *Vergue de fougue*, une vergue de l'artimon, dont l'usage est de border la voile du perroquet d'artimon, sans porter de voile. On dit aussi *Mât & Vergue de Foule.*

FOUIE. f. m. Petit arbrisseau, utile aux Teinturiers qui se servent de ses feuilles pour teindre en noir.

FOUILLE. f. f. Terme fort usité dans les bâtimens. Il se dit de toute ouverture fouillée en terre, soit pour les fondations d'un édifice, soit pour le lit d'une piece d'eau. *Faire une Fouille. La Fouille des terres.* On dit, *Fouille couverte*, pour dire, Le percement que l'on fait dans un massif de terre, afin d'y pratiquer le passage d'un aqueduc.

FOUILLER. v. a. *Chercher soigneusement en quelque lieu caché ou profond.* ACAD. FR. On dit en termes de Maçon, *Fouiller la terre*, pour dire, La creuser, afin d'y trouver une terre propre à une fondation de bâtiment. M. Ménage fait venir ce mot de *Fodiculare*, diminutif de *Fodicare*, & de *Fodere*, & d'autres le dérivent de *Follare*, comme qui diroit, *Manum in follem mittere*, Mettre la main dans la poche.

Fouiller. Terme de Sculpture. Evuider & tailler profondément les draperies & autres ornemens, afin de leur faire avoir plus de relief.

FOUILLOUSE. f. f. Vieux mot. Sac, poche. On trouve dans Rabelais, *Il avoit de beaux écus en fouillouse.*

FOUINE. f. f. Petit animal sauvage, fait en forme de Belette ou de Marte, qui mange les Poules, les Poulets, & les œufs, & qui fait grande guerre aux Pigeons. La Fouine est un peu plus longue qu'un Chat, & de sa même grosseur. Elle a le poil d'une couleur fauve tirant sur le noir, & le dessous de la gorge couvert de blanc. On l'appelle en Latin *Fuscina*, de son poil fauve, *à fusco pilo.* Nicod qui l'appelle, *Mustela fenaria*, prétend que l'on doit écrire *Foine*, du mot Foin, à cause que cet animal va dans les greniers, & dans les granges.

Fouine. Instrument de fer emmanché au bout d'une perche, & qui a deux ou trois fourchons fort aigus. Son usage est d'élever les gerbes de la grange sur le tas. On s'en sert aussi à percer de gros poissons qui s'endorment quelquefois sur le sable dans les eaux claires qui ont peu de profondeur, soit sur la mer, soit dans les viviers. Ce mot vient de *Fossina, Fussina*, Fourche.

FOULE. f. f. Terme de Marine. On appelle *Mât de Foule*, ou *de Fougue*, le Mât d'artimon.

FOULEES. f. f. p. Traces que laisse le Cerf en passant sur l'herbe, sur des feuilles, ou sur le sable.

FOULER. v. a. *Presser quelque chose qui cede, qui ne resiste pas beaucoup.* ACAD. FR. Les Vignerons disent *Fouler une cuve*, pour dire, Ecraser avec les piés les grapes de raisin qui ont été apportées dans une cuve.

Fouler. Terme de Chapelier. Manier le chapeau à force de bras sur la fouloire. Les Bonnetiers se servent du même mot pour dire, Manier & accommoder avec de l'eau la besogne dans la fouloire.

FOULOIR. f. m. Inftrumen: dont les Canonniers fe fervent pour nettoyer une piece de canon
lorfqu'elle a tiré. Comme le Fouloir a un bouton,
ils s'en fervent auffi à battre la charge de poudre
qu'on a mife dans la piece.

FOULOIRE. f. f. Terme de Chapelier. Table qui
va un peu en panchant fur une chaudiere pleine de
lie chaude , fur laquelle on foule les chapeaux. Fouloire , fe dit auffi chez les Bonnetiers. C'eft une forte de gros cuvier où il y a un ratelier garni de dents
de bœuf pour fouler les bas & autres chofes.

FOULON. f. m. Artifan qui foule des draps. Il y
a une herbe qu'on appelle Herbe à Foulon , à caufe
qu'elle eft fort bonne à laver & à amollir les laines. Elle a fes feuilles piquantes & épineufes ,
femblables du refte à celles de l'olivier. Sa tige ,
qui eft velue en été , eft comme celle de la ferule
ou du fenouil. Les Apothicaires l'appellent Condifi.

FOULQUE. f. m. Canard d'étang , appellé en Latin
Fulica , d'où l'on a fait Foulque , Il eft fi noir , que
quelques-uns lui donnent le nom de Diable. On
l'appelle auffi Mouette ou Poule d'eau.

FOUPIR. v. a. On dit , Foupir une étoffe , pour dire , Lui faire perdre fon luftre en la chiffonnant ,
ou à force de la manier.

FOUR. f. m. Lieu dans un fournil ou une cuifine , qui
eft à hauteur d'appui & où l'on cuit le pain ou la
patifferie. Il eft jvouté en rond , de brique ou de
tuileau,& pavé de grands quarreaux avec une bouche ou ouverture. On appelle Four banal , le Four
public de la Seigneurie où les Vaffaux font obligés de faire cuire leur pain.

   Pieces de four , fe dit de certaines pieces de patifferie , comme gâteaux , poupelins & tartes.

   Les Chymiftes appellent Four à terrine , celui où
le feu ne touche point immediatement le vaiffeau ,
mais feulement une terrine pofée fur les Labora-
toires , dans laquelle terrine eft pofé un vaiffeau ;
ce qui fe fait en trois manieres : car ou la terrine
eft vuide , ce qui s'appelle Etuve ou Bain aërien , ou
elle contient de l'eau , qui étant en petite quantité
eft appellée Bain vaporeux & Bain-marie , lorfqu'elle emplit la terrine; ou elle eft emplie de fable , de
cendre ou de limaille , & on l'appelle Four à cendre ,
à fable , à limaille.

   Fours , en termes de Marine , font des pieces de
bois triangulaire , dont l'une des extrémités eft pofée fur la troifiéme partie de la quille vers l'arriere ,
au lieu de varangue. L'autre extremité qui eft en
haut fe joint avec des tenons appellés Revers. Ces
pieces de bois font auffi appellées Sanglons.

FOURC. f. m. Mot qui s'eft dit autrefois de tout ce
qui faifoit un angle aigu. Ainfi on difoit. Le Fourc
d'un arbre , le Fourc des doigts. Les mots de Fourche & Fourcher , font venus delà , & on croit qu'on
a nommé Quarrefourc , ce qu'on appelle aujour-
d'hui Carrefour , à caufe que c'eft un lieu où quatre
rues aboutiffent , comme qui diroit , Qui a quatre
angles qui font un fourc.

FOURCATS. f. m. p. Terme de Marine. Pieces fourchues de bois qu'on pofe debout fur les fourches en
haut fur les deux bouts de la quille des Vaiffeaux
pour en donner les façons. C'eft ce qu'on appelle
autrement Fourques.

FOURCHE. f. f. Inftrument de bois ou de fer à deux
ou trois pointes au bout de fon manche , qui eft long
de trois ou quatre piés.

   On appelle en termes de Palais Fourches patibu-
laires , des Pilliers qui marquent quelle forte de juftice un Seigneur fait exercer fur fes terres. Les Seigneurs Châtelains ont des Fourches à trois pilliers.

Les Fourches à quatre piliers appartiennent aux Barons , & celles qui font à fix dénotent un Comte.
Cela eft different felon les coûtumes des lieux où
ces Fourches font dreffées.

   Fourche-fiere , Fourche qui eft de fer par un bout,
& qui a deux ou trois pointes. M. Ménage dit
que l'on trouve dans quelques Auteurs Fourche ferrée , & que Fourche-fiere a été fait de là par corruption.

FOURCHE', ou Fourchu. adj. Terme de Blafon. Il fe
dit de ce qui eft divifé en deux , & particulierement de la queue du lion renverfée de cette maniere en quelques Ecus. On appelle Croix fourchée ,
Celle dont les branches fe terminent par trois pointes qui font de ux angles entrans.

FOURCHET. f. m. Apoftume qui fe forme entre
deux doigts de la main , où il fe fait une efpece de
Fourchette.

FOURCHETE', E'E. adj. Terme de Blafon. On appelle Croix fourchetée , Celle qui a fes branche
terminées en ces fortes de Fourchettes dont on fe
fervoit pour porter un moufquet.

FOURCHETTE. f. f. On appelle Fourchette d'arbalefte , deux petits morceaux de fer en forme de
petit bâton , qui font au bout de la monture de
l'arbalefte. Au milieu de ces deux morceaux de fer
il y a un fil où l'on met un grain pour conduire
l'œil.

   Les Serruriers ont une Fourchette de fer qui leur
fert à tourner en rond ou en demi-rond à chaud
les tarieres , brequins & canons.

   Fourchette , fe dit parmi les Gantiers des petites
bandes de cuir qui font le long des doigts des
gands.

   Fourchette ; eft auffi une piece de bois qui fert
dans quelques machines , & il y en a dans les engins. On appelle encore Fourchette , l'Endroit où
les deux petites noues de la couverture d'une lucarne font jointes à celle du comble.

   Fourchette. Terme de Manége. Sorte de corne
tendre qui fait une maniere d'arrefte fur le milieu de
la fole du pié d'un cheval , & qui fe partageant
en deux branches vers les talons forme une efpece
de fourche. On dit qu'Un cheval a la fourchette
graffe , pour dire , qu'Il l'a trop groffe & trop
large.

   Fourchette , fe dit encore d'un petit os divifé en
deux pointes , qui eft entre les deux aîles des chapons & autres volailles.

FOURIERE. f. f. Bâtiment dans l'arriere-cour d'un
Palais , où l'on met par bas le bois , le charbon &
autres provifions , & où les Officiers qui les diftribuent ont leur logement au deffus.

FOURMI. f. f. Petit infecte tantôt rouge & tantôt noir ; dont il y a une quantité prodigieufe dans
les troncs des vieux chênes. On eftime la prudence des Fourmis qui les engage à faire l'été des
provifions pour fe nourrir dans l'hiver. On tient que
cet infecte vient d'un œuf qui fe change en ver. Son
corps eft compofé de douze petits anneaux ou incifions. Il a deux yeux naturellement noirs , avec
deux cornes au deffus qui font d'un châtain un peu
noir. Ses jambes , qui font au nombre de fix , lui
fortent de la poitrine , & fon bec eft fait de deux
dents qui s'étendent en dehors , & fur chacune defquelles on diftingue fept incifions , qui paroiffent
comme autant de petites dents. La Fourmi a les jambes fortes & velues , & compofées de fix parties ,
dont celle qui eft à l'extrémité eft armée de deux
pinces Son ventre eft luifant comme un miroir , parfemé de petits poils , & un peu plus roux que le refte
de fon corps. On ne peut appercevoir aucune partie

O o o iij

qui diſtingue la Fourmi maſle d'avec la femelle. Il y a pourtant une Fourmi maſle, mais elle eſt d'une autre eſpece. Elle a quatre aîles, dont les deux de devant ſont deux fois plus grandes & plus fortes que celles de derriere. Elle a ſur la tête trois petites écailles qui reſſemblent à des perles, & deux yeux beaucoup plus grands que ceux des autres Fourmis, auſſi bien que tout ſon corps, dont la couleur eſt plus noire. La Fourmi femelle, qui eſt encore plus groſſe que le maſle, a de même trois petites écailles ſur la tête. Il y a dans la Chine & dans le Tonquin des Fourmis qui volent en troupe ſur les arbres, où elles font une eſpece de gomme ou de cire, dont on compoſe la laque. Dans les Iſles de l'Amerique, outre les Fourmis noires qui ſont aſſés ſemblables à celles qu'on voit en Europe, il y a deux autres ſortes de petites Fourmis rouges, qui ne ſont gueres plus groſſes que la pointe d'une épingle. L'une de ces deux eſpeces ne mord point, & ſe niche d'ordinaire en ſi grande quantité dans des coffres où il y a du linge, qu'il en demeure ſouvent tout taché, & ſe pourrit tout-à-fait ſi on n'y prend garde. Les autres, quoique de la même forme, ſont toûjours dans les bois, & tombent de deſſus les feuilles des arbres. Celles-là mordent quand elles peuvent ſe couler dans la chemiſe d'un homme, & en mordant elles font gliſſer un certain venin qui s'étend entre cuir de la largeur de la main, & cauſe une demangeaiſon aſſés douloureuſe pour faire que l'on s'arrache la peau à force de ſe gratter. Il y en a une troiſiéme ſorte dont les morſures ſont plus ſouffrir que celles des ſcorpions, mais cela ne dure qu'une heure au plus. Elles ſont longues comme un grain d'avoine, deux fois auſſi groſſes, & ont deux petites dents comme des aiguillons d'abeilles. Les Habitans les appellent Chiens. L'induſtrie des Fourmis à conſtruire leurs logemens eſt admirable. On a obſervé en pluſieurs lieux qu'ils ſont compoſés de pluſieurs chambres, où l'on ne voit que deux ouvertures, l'une pour ſortir & l'autre pour entrer. Ces logemens, qui ſont aſſés hauts, ſont faits de terre qu'elles maçonnent avec une eau qui diſtille de leur corps, & cela tient extraordinairement. Ce qui eſt encore plus remarquable, dès le pié de l'arbre elles font un chemin couvert en forme de canal pour aller & pour venir, comme ſi elles craignoient d'être vûes. C'eſt peut-être pour ſe garantir de la pluye: car elles haïſſent tellement l'eau que dès que leurs logemens en ſont penetrés, elles les abandonnent.

FOURNAISE. ſ. f. Lieu dans les Monnoyes où les Monnoyeurs travaillent. C'eſt là qu'eſt leur banc & leur enclume, non ſeulement pour battre carreaux, mais encore pour flattir les flans & donner les autres façons de la monnoye.

FOURNEAU. ſ. m. Vaiſſeau propre à contenir du feu, principalement de charbon. Il y a des Fourneaux à chaux, à plâtre, à brique & autres poteries. Ce ſont de grandes conſtructions de brique ou de plâtre propres pour les cuire. Il y a auſſi des Fourneaux d'Orfévre & d'Affineur.

On appelle Fourneaux de forge, de grands lieux où l'on fond le fer & autres métaux, & qui ſont toûjours allumés avec du charbon de bois. Le Fourneau de Verrier eſt auſſi un lieu aſſés ample & élevé. On y cuit & façonne le verre, en y tenant un feu perpetuel de reverbere clos. Ce feu ſe fait avec du bois ſec qu'on y jette à tous momens la nuit & le jour. Il y a auſſi un Fourneau de Charbonnier. C'eſt un lieu creuſé dans terre où l'on arrange grand nombre de moyen branchage en maniere de pyramide. Après qu'on l'a bien couvert de terre, on y met de feu par une ouverture laiſſée exprès pour cela, & peu à peu le bois s'y change en charbon.

Les Chymiſtes appellent auſſi Fourneau, un vaiſſeau de terre où ils ne donnent le feu que par degrez. Il y a pour cela des trous qu'on ouvre, ou qu'on ferme, ſelon qu'il faut augmenter ou diminuer le feu. Ces trous s'appellent Regiſtres. Parmi ces Fourneaux il y en a de grands qui ſont immobiles, & d'autres qui ſont portatifs. On appelle ces derniers Catholiques, à cauſe qu'ils ſont univerſels, & que quand la matiere n'abonde pas, il n'y a point d'operations qu'on n'y puiſſe faire.

Ceux qui travaillent aux Monnoyes ont des Fourneaux à ſouffler & d'autres à vent, où ils fondent leurs matieres. Les Fourneaux à ſoufflet ont par bas un foyer dont la ſurface eſt plate avec une ouverture que l'on appelle Ventouſe. Il y a une autre ouverture à fleur du foyer, dans laquelle on paſſe le tuyau du ſoufflet, & demi-pié au deſſus ou environ, eſt une grille de fer plat en forme de croix. Elle eſt poſée de maniere qu'il eſt auſſi aiſé de l'ôter que de la mettre. Ces fourneaux ſont garnis de terre de creuſet en dedans à l'endroit où ſe mettent les creuſets, & ont huit à neuf pouces de diametre ou en quarré en ce même endroit, environ deux pouces d'eſpace autour du creuſet, & quatre à cinq au deſſus pour le couvrir de charbon. Les Fourneaux à vent ont auſſi un foyer par bas, & une ouverture au devant, mais ce foyer eſt creux en maniere de coupelle. A la hauteur de cette ouverture eſt une grille de barreaux de fer quarré fort près l'un de l'autre, qui entrent demi pié de chaque côté dans le corps du Fourneau. Ils ſont poſés ſur leur arrête, afin que la pouſſiere du charbon n'y reſte pas, & qu'à meſure que ce charbon ſe conſume, il tombe plus facilement dans le foyer. Il y a auſſi une échancrure par le haut. Elle y eſt faite, afin de charger le creuſet de matieres, & le fourneau de charbon. Cela donne auſſi plus de commodité pour retirer le creuſet du Fourneau.

Les Plombiers ont pareillement un Fourneau à étamer des tables de plomb. Celui dont les Vitriers ſe ſervent quand ils veulent cuire les couleurs, & mettre le verre au feu après qu'il eſt peint, eſt un petit Fourneau quarré de brique qui ne doit avoir que dix-huit pouces ou environ en tout ſens. On fait dans le bas, & à ſix pouces du fond, une ouverture pour mettre le feu & l'entretenir, & au deſſus dix pouces on met deux ou trois barres de fer quarré qui traverſent le Fourneau & le ſeparent en deux. On laiſſe encore au deſſus des mêmes barres & au droit de la porte d'en bas, une petite ouverture pour faire paſſer les eſſais quand on recuit la beſogne. Elle eſt haute & large d'environ deux doigts.

Fourneau, en termes de guerre, eſt une mine legere qu'on fait ſeulement dans l'épaiſſeur d'un mur ou de quelque petit travail. Sa charge eſt depuis ſoixante juſqu'à cent livres de poudre qu'on enferme dans des barils ou des ſacs. On appelle Fourneau ſuperficiel, Une petite caiſſe remplie de poudre, ou de quelques bombes, propre à être enterrée en peu de tems. On la met ſous quelque travail dont on voit que l'Ennemi veut ſe rendre maître; & quand il s'en eſt emparé, on y met le feu par le moyen d'une ſauciſſe qui répond à cette petite caiſſe.

FOURNITURE. ſ. f. Mot dont on ſe ſert pour ſignifier les petites herbes d'une ſalade.

Les Tailleurs appellent Fourniture, la ſoye, le fil, les poches & autres menues choſes qu'ils fourniſ-

FOY

ſent en faiſant un habit. *Fourniture*, en termes de Gantier , ſe dit des morceaux de cuir qui ſervent à faire les pouces , les coins & les fourchettes des fonds.

Fourniture. Terme d'Organiſte. Jeu compoſé de pluſieurs rangs de tuyaux qui ſervent à remplir & à faire entendre les orgues juſqu'aux endroits les plus é'oignés des grandes Egliſes. Ordinairement ce jeu a quatre tuyaux ſur marche. Le premier eſt ouvert & long d'un pié & demi. La longueur du ſecond eſt d'un pié , celle du troiſiéme de huit pouces & demi , & celle du quatriéme de demi-pié.

FOURQUES. ſ. f. p. Terme de Marine. Pieces de bois fourchues qu'on poſe debout ſur les extrêmi- tés de la quille d'un Vaiſſeau . On les met les bran- ches en haut vers l'endroit où le Vaiſſeau s'étrecit , auprès des varangues acculées qui font moins en- trées que ces Fourques , qu'on appelle auſſi *Fourcats;* & ce nom leur eſt donné à cauſe des deux fourches qu'elles ont.

FOURRELIER. ſ. m. Ouvrier qui fait des fourreaux de piſtolet & autres . La qualité de Maître Fourre- lier eſt donnée aux Maîtres Gainiers dans leurs Lettres.

FOURRER. v. a. *Mettre , mêler une choſe par- mi d'autres, la faire entrer parmi d'autres avec quel- que ſorte de peine.* ACAD. FR. *Fourrer* , ſe dit d'une fraude qui ſe pratique dans les monnoyes en cou- vrant un flan de cuivre ou de fer avec des lames d'or ou d'argent ſoudées par les bords. On le paſſe enſuite dans les fers pour le monnoyer. On dit dans ce ſens, *Fourrer une médaille,* on appelle *Pie- ce fourrée,* celle qui n'a que le deſſus & les bords d'or ou d'argent , & dont le dedans eſt de cuivre. M. Ménage fait venir *Fourrer* de *Furrare* , qui a été fait de *Foderare* , & qui vient de l'Allemand *Foë- ren*, qui veut dire la même choſe. D'autres le dé- rivent de *Furra* , qui ſignifie Remplir , en langue Celtique.

On dit en termes de mer , *Fourrer un cable* , pour dire , Le garnir de toile ou de petites cordes en cer- tains endroits , pour l'empêcher de s'uſer ſi-tôt.

FOURRURE. ſ. f. *Les peaux paſſées & garnies de poil dont on fourre les robes & autres choſes.* ACAD. FR. On appelle abſolument *Fourrure* , Un ſorte d'habit que portent les Docteurs & Bacheliers d'une Uni- verſité dans quelque action de cérémonie. La Four- rure qui eſt dans cet habit marque leur caractere & leur qualité.

Fourrure. Terme de Blaſon. Il y a dans les armoi- ries deux Fourrures , qui ſont des pannes ou peaux velues. L'une eſt l'Hermine , & l'autre le Vair.

Fourrure. Terme de Marine. Revêtement de plan- ches qui couvrent par dedans les membres des grands bâtimens à rames ; c'eſt ce qu'on appelle *Rombaliere*. On appelle auſſi *Fourrures* , Les fils ou cordons des vieux cables que l'on met en treſſe , & dont on enveloppe toutes les manœuvres de ſervice pour les conſerver.

FOUTEAU. ſ. m. Arbre de haute fuſtaye, qu'on appelle autrement *Fau* ou *Hêtre* , en Latin *Fagus.* Il a ſa feuille ſemblable à la carpie, à la reſerve qu'elle eſt plus grande & plus liſſée. Son bois eſt fort ſec , rempli de pluſieurs petits brillants , & il petille beaucoup dans le feu. Son fruit au-dehors eſt rond , mouſſu , âpre & piquant. Il a au-dedans de petits noyaux faits en triangle dont la peau eſt polie & liſſée , & de couleur noire tirant ſur le tan en ma- niere de châtaignes. Ce fruit qu'on appelle *Fai- ne* eſt ſavoureux au goût , mais un peu ſtypti- que. Voyez FAINE.

FOY. ſ. f. *La premiere des trois Vertus Theologales , par laquelle on croit fermement les veritès que Dieu a revelées.* ACAD. FR. On appelle *Foi* en termes de Blaſon , Deux mains jointes enſemble pour marque d'alliance , d'amitié & de fidelité. *De gueules à la Foi d'argent.*

FOYE. ſ. m. Partie noble de l'animal , ſituée en l'hy- pocondre droit ſous le diaphragme & les fauſſes côtes. Sa chair reſſemble à du ſang figé ou caillé. Il eſt de figure ronde du côté droit , & s'amenuiſe & aboutit preſque en angle aigu du côté gauche. Sa partie de deſſous eſt cave & creuſe , & la ſupe- rieure eſt gibbeuſe & ronde comme une voute. Du Laurens dit qu'on lui a donné le nom de *Foye* du mot *Foyer* à cauſe que c'eſt comme le foyer ou la cuiſine , où le ſang ſe cuit & ſe prépare. C'eſt en effet du Foye que ſort le ſang qui entre dans les grands Vaiſſeaux de la veine-porte, & de la veine- cave. Il eſt appellé *Jecur* en Latin. Quelques-uns croyent que c'eſt à cauſe qu'il eſt ſitué auprès de l'eſtomac que les anciens appelloient *Cœur* , comme qui diroit *juxta cor.* Dioſcoride dit que le Foye d'un âne rôti & mangé à jeun eſt bon pour ceux qui ont le haut mal ; que le Foye de Sanglier frais , ſe- ché , réduit en poudre , & pris en breuvage avec du vin ſert aux morſures des ſerpents & des oiſeaux; que le Foye de chien enragé rôti & mangé par ceux qui en ont été mordus , les empêche d'avoir peur de l'eau , & que le Foye de plongeon confit en ſel & pris en breuvage avec eau miellée , à la meſure de deux cueillerées fait ſortir l'arriere-faix des femmes. Matthiole ajoûte, que les plus habiles Me- decins d'Italie eſtiment le Foye de loup ſeché & ré- duit en poudre , comme étant un remede ſouverain pour les hydropiques & pour ceux qui ſont travail- lés du Foye.

Foye d'Antimoine. Les Chymiſtes pour mieux cal- ciner l'antimoine , y ajoûtent parties égales de tar- tre & de nitre. Le tout étant dans un creuſet, on y met le feu avec un charbon. Il ſe fait alors une grande détonation , & une maſſe tirant ſur le rouge qu'ils ont appellé *Foye d'antimoine.* Dans cette détonation , le ſouphre de l'antimoine s'enflâme avec le nitre , & en ſe fixant l'un & l'autre , ils for- ment un alcali. Le ſouphre de l'antimoine rend cet- te matiere rouge. Si l'on diſſout le Foye d'antimoi- ne dans de l'eau commune , il ſe précipitera au fond une poudre d'un jaune obſcur , que l'on a coû- tume d'appeller *Crocus Martis* , ou *le Saffran des métaux.*

FOYER. ſ. m. Partie de l'atre , qui eſt au-devant des jambages d'une cheminée. On la pave d'ordinaire de grand carreau quarré de terre cuite. On appelle *Foyer de marbre* , Un compartiment de divers mar- bres de couleur qu'on met au-devant des mêmes jambages ; on les incruſte ſur un fond de marbre d'une ſeule couleur , comme blanc ou noir.

Foyer ſe dit en termes de Marine , les feux que l'on allume la nuit au haut de quelque tour élevée , pour ſervir de guide aux Vaiſſeaux par leur lumiere.

Foyer eſt auſſi un terme de Geometrie , ou plûtôt de Catoptrique & de Dioptrique. Comme la réfle- xion ſe fait toûjours par un angle égal à celui d'inci- dence , (Voyez REFLEXION ,) & que la *Refrac- tion* approche ou éloigne les rayons de la perpendi- culaire , ſelon la nature du milieu où elle ſe fait , (Voyez REFRACTION ,) il arrive que les rayons qui tombent ſur quelque ligne courbe , ſoit qu'ils ſe réfléchiſſent , ſoit qu'ils la pénétrent en ſe rompant , peuvent être modifiés de sorte qu'ils s'approchent les uns des autres & prennent de la disposition des unir. Le point où ils s'uniſent effectivement , & où par conſequent ils ont plus de force que par tout ailleurs , eſt le *Foyer* de cette ligne courbe. Il faut donc conſiderer les Foyers de differentes courbes ſelon qu'ils ſe font ou par réfléxion ou par refraction.

Par réfléxion.. Des rayons paralleles à un diametre d'un cercle , tombans ſur le concave de ce cercle , ſe réfléchiſſent de ſorte qu'ils s'aſſemblent environ au quart de ce diametre. Des rayons paralleles auſſi à l'axe d'une parabole ſe réfléchiſſent au-dedans de la parabole ſur un point de l'axe éloigné du ſommet du quart du *Parametre.* Voyez PARAMETRE. Dans l'Ellipſe , de quelque point de la circonference que l'on tire ſur le grand axe , deux lignes qui priſes enſemble ſoient égales au grand axe , les deux points où elles tombent ſur cet axe ſont les deux Foyers de l'Ellipſe , & tous les rayons qui vont d'un des Foyers à la circonference , ſe réfléchiſſent delà dans l'autre Foyer. Dans l'hyperbole , tirant d'un point quelconque de ſa circonference ſur le *Diametre tranſverſal* , prolongé au-dedans des deux hyperboles oppoſées , deux lignes telles que leur difference ſoit égale au diametre tranſverſal *déterminé* , les deux points où ces deux lignes tombent au-dedans des deux hyperboles ſur ce même diametre prolongé , ſont les Foyers de chacune de ces hyperboles , & les rayons partis de divers points avec une telle *convergence* qu'ils iroient s'unir au Foyer d'une hyperbole , s'ils rencontrent en leur chemin le concave de l'hyperbole oppoſée, ſe réfléchiſſent , de ſorte qu'ils s'aſſemblent tous à ſon Foyer.

Sur quoi il faut remarquer que comme il peut y avoir des Ellipſes & des hyperboles d'une infinité d'eſpeces differentes , c'eſt la difference proportion de la diſtance de leurs Foyers , & de la longueur de leur axe qui fait leurs differentes eſpeces. Voyez ELLIPSE & HYPERBOLE. On peut changer en une infinité de manieres la proportion du grand axe de l'ellipſe à la diſtance des Foyers , & cela fait autant d'ellipſes de differente eſpece , plus ou moins ovale , mais ſi en ne changeant point cette proportion on augmente ou l'on diminue à l'infini la longueur du grand axe & de la diſtance des Foyers , on fera une infinité d'ellipſes , plus grandes ou plus petites ; mais toutes de la même eſpece. De même , la longueur de l'axe déterminé ou tranſverſal de deux hyperboles oppoſées & la diſtance de leurs Foyers , ſont deux grandeurs , dont on peut changer la proportion en une infinité de manieres , ce qui donne une infinité d'hyperboles d'eſpece differente. Mais ſi ſans changer la proportion on augmente ou qu'on diminue les grandeurs à l'infini , on aura une infinité d'hyperboles de même eſpece, mais toûjours plus grandes ou plus petites.

Pour les Foyers par refraction , il faut conſiderer la differente figure & épaiſſeur des verres , (Voyez VERRE.) car c'eſt la matiere dont on ſe ſert le plus ordinairement. Les rayons paralleles qui tombent perpendiculairement ſur un verre *plan-convexe* , après l'avoir traverſé , s'aſſemblent à la diſtance du diametre de la ſphere dont la convexité du verre eſt une portion. Les rayons paralleles tombans ſur un verre *convexe-convexe*, & de deux convexités égales , s'aſſemblent au centre de la convexité ſur laquelle ils ſont tombés. Les rayons paralleles tombans ſur un verre *concave-concave* en ſortent *divergens* , & le point d'où ils ſemblent venir s'appelle le *Foyer virtuel.*

L'hyperbole & l'ellipſe n'ont point de Foyer par refraction , à moins que ce ne ſoit une telle hyperbole & une telle ellipſe que leur axe tranſverſal & la diſtance de leurs Foyers ayent la même proportion que les ſinus des angles d'incidence , & de refraction qui ſe font dans la matiere dont on ſe veut ſervir , ſoit verre , ſoit criſtal , &c. Car ce ſont ces ſinus qui ſont la meſure des refractions. (Voyez REFRACTION.) Pour la parabole , comme elle n'a qu'un Foyer , & que pour lui en trouver un autre , il faudroit l'imaginer comme une hyperbole dont l'oppoſée fût infiniment éloignée , il eſt clair que cette hyperbole ſeroit de la proportion requiſe, & par conſequent la parabole , n'a point de Foyer. M. Deſcartes a démontré que les rayons paralleles au grand axe d'une ellipſe , rencontrant ſa ſuperficie convexe la pénétreront de ſorte qu'ils iront tous s'unir au Foyer le plus éloigné , & que dans l'hyperbole , les rayons paralleles à l'axe tranſverſal rencontrant la ſuperficie concave , s'y briſeront de ſorte qu'ils iront tous s'unir au Foyer de l'hyperbole oppoſée. On entend toûjours que cette ellipſe & cette hyperbole ſoient dans la proportion requiſe.

Foyer ſe dit encore en termes de Medecine , & ſignifie le lieu où l'on croit qu'eſt le principe & le levain de la fiévre.

FRACTION. ſ. m. Terme d'Arithmetique. Chaque nombre n'eſt que l'unité repeté un certain nombre de fois préciſément , & alors ce nombre eſt *entier* , mais ſi ce qu'on a pris pour l'unité n'eſt pas indiviſible, & qu'on ne prenne pas cette unité entiere , alors ce nombre s'appelle *rompu* ou *fraction*, & il doit neceſſairement être compoſé de deux termes dont l'un exprime en combien de parties on a diviſé l'unité , car cette diviſion eſt arbitraire , & l'autre combien de parties on prend de cette unité ainſi diviſée. Par exemple , douze degrés d'un cercle font une nombre entier , mais ſi on dit douze degrés & demi , ou un tiers , &c. ce qui s'écrit ainſi , ¹⁄₂ ¹⁄₃ &c. le degré qu'on avoit pris pour l'unité eſt diviſé en pluſieurs parties , & dans ces trois *fractions* il eſt diviſé differemment ; dans la premiere , il eſt diviſé en deux parties dont on en prend une , dans la ſeconde, il eſt diviſé en trois dont on en prend une , dans la troiſiéme , il eſt diviſé en quatre dont on en prend trois. Dans toute fraction le nombre écrit au-deſſus de la petite ligne s'appelle *Numerateur* , parce qu'il marque combien de parties on prend de l'unité diviſée , & celui qui eſt écrit au-deſſous de la petite ligne eſt le *Dénominateur* , parce qu'il marque en combien de parties l'unité a été diviſée , & qu'il donne le nom & le principal caractere à la fraction. Naturellement le Numerateur devroit toûjours être plus petit que le Dénominateur. Cependant il arrive quelquefois autrement dans la pratique , & alors ces fractions ne ſont pas de vrayes fractions. Quand le Numerateur eſt égal au Dénominateur, comme dans ³⁄₃ ⁴⁄₄ & dans toutes les autres imaginables , la fraction ne vaut jamais que l'unité. Quand le Numerateur eſt plus grand que le Dénominateur , la fraction vaut plus que l'unité , quelquefois elle vaut l'unité & une vraie fraction , quelquefois elle vaut pluſieurs unités qui font un nombre entier. Telles ſont ces fractions ⁴⁄₄ ¹²⁄₆ dont la premiere vaut ¹⁄₃ la ſeconde vaut 2.

L'eſſence d'une fraction conſiſte dans le *rapport* ou la *raiſon* que ces deux termes ont enſemble , & ſouvent ces deux termes ſont tels que l'on n'en découvre

couvre pas bien le rapport, parce que ce sont de trop grands nombres, & il seroit commode d'avoir de plus petits nombres qui eussent le même rapport. Par exemple, dans cette fraction $\frac{14}{21}$. on ne voit point d'abord quel est le rapport des deux termes, qui n'est autre cependant que celui de 2. à 3. en sorte que $\frac{2}{3}$. est une fraction précisément égale à $\frac{14}{21}$. comme il est plus commode d'operer sur de petits nombres que sur de plus grands, on commence en operant sur les fractions, par les *réduire à leurs plus petits termes*, ce qui ne change point leur valeur. Les plus petits termes ausquels une fraction se réduit sont l'*Exposant* de cette fraction. Ainsi $\frac{2}{3}$. est l'exposant de $\frac{14}{21}$. de $\frac{28}{42}$. &c. Une fraction conçue en de grands nombres, ne peut pas toûjours être réduite à de plus petits.

FRACTURE. s. m. Terme de Chirurgie. Solution de continuité qui se fait en l'os par une chose qui le froisse, brise ou écache. L'os se fracture de travers, & s'écrase quelquefois considerablement en mêmetems, ou bien en long, ce qui s'appelle *Fissure*. Il est aisé de connoître les Fractures en travers, surtout lorsque les os fracturés ont quitté leur place. Soit que la fracture vienne d'une cause externe, ou seulement d'une chûte, elle cause une douleur très-cuisante aux parties membraneuses & fibreuses qui sont couchées dessus, & cette douleur devient plus aigue lorsqu'il y a quelque éclat de l'os qui les pique. D'ailleurs le membre fracturé devient plus court, quand les muscles tirent les os séparés vers leur principe. On a remarqué que les pores naturels des parties musculeuses & nerveuses qui couvrent l'os fracturé, perdent leur figure par la contusion & le déchirement, & qu'ils sont resserrés par la douleur & par la crispation des fibres nerveuses, ce qui retarde ou arrête le cours naturel du sang & de la lymphe. Ainsi outre l'enflure ordinaire de la partie fracturée, il survient des inflammations ou des œdemes sur-tout au commencement, car quelquefois lorsqu'on les traite mal, & que les parties se corrompent par l'aliment de l'os vitié, il arrive au quatriéme ou le septiéme jour après la fracture & la remise de l'os, une inflammation qui tient de l'eresipelle, qui est tantôt simple, & n'occupe que la peau de dessus la fracture, & tantôt accompagnée d'horreur & de frisson suivis d'une fort grande chaleur. Plus les fractures faites en travers sont simples, moins elles sont dangereuses. Elles le sont beaucoup plus lorsqu'elles sont compliquées avec une playe. Les pires de toutes sont, quand les petits éclats séparés commencent à suppurer. Les os se soudent & se réunissent plus ou moins facilement selon l'âge, le temperament, & la maniere de vivre du malade. D'ordinaire on guerit les petits os depuis le septiéme jour jusqu'au quatorziéme, & les gros depuis le vingtiéme jusqu'au quarantiéme. Les os fracturés des femmes grosses se réunissent fort tard, & avec beaucoup de peine, mais ils se guerissent facilement, s'il leur arrive un accouchement naturel, & qui soit à terme.

FRAIS, FRAISCHE. adj. *Mediocrement froid, qui tempere la grande chaleur.* ACAD. FR.

On dit en termes de Manége, qu'*Un cheval a la bouche fraîche*, pour dire, qu'il jette de l'écume, ce qui est la marque d'un bon cheval.

On dit *Vent frais* en termes de Marine, pour dire, Vent favorable. On dit aussi *Beau frais, petits frais*, pour dire, Bont.vent, petit vent.

FRAISCHEUR. s. f. On dit en termes de Marine, qu'*Un batteau va en fraîcheur*, pour dire, qu'il va également.

FRAISCHIR. v. n. Terme de Marine. On dit, que *Le vent fraîchit*, pour dire, qu'il redouble, qu'il augmente, & qu'il commence à être forcé. On dit aussi dans le même sens, qu'*Il y a fraîchie*.

FRAISE. s. f. Petit fruit qui croît dans les bois & dans les jardins. Il est printanier, & fort agreable au goût. Il y a des Fraises rouges, & des Fraises blanches. Les rouges sont de deux sortes, les unes rondes, & les autres longues. La Fraise blanche, est d'ordinaire plus grosse que la rouge, & en general les Fraises de bois l'emportent sur les Fraises de jardin. La plante sur laquelle vient ce fruit, est basse & petite & seche de soi, & l'abondance de son chevelu & de ses traînées, lui fait tirer beaucoup d'humide de la terre. Ses feuilles & sa racine, sont fort propres à guerir les ulceres & les playes, & à restreindre toutes fluxions des femmes, tous flux de ventre; elles ne laissent pas de faire uriner, & sont bonnes pour la rate. La décoction de la racine & de l'herbe, prise en breuvage est un remede pour les inflammations du foye, & nettoye les reins & la vessie. Si on la tient en la bouche, comme si on vouloit se la laver, elle raffermit les gencives & les dents qui branslent, & arrête les caterres. Les Fraises sont un fruit très-sain & rafraîchissant, & servent aux estomacs chauds & chargés d'humeurs coleriques, & à étancher la soif. Les femmes se servent de l'eau de Fraise pour se rafraîchir le teint.

On appelle *Fraise* en termes de Chasse, La forme des meules & des pierrures de la tête du Cerf, du Daim, & du Chevreuil.

Fraise. Terme de Guerre. Rangée de pieux pointus qu'on fiche aux travaux de terre, entre le parapet & le rempart en dehors. Ces pieux ont six à sept piés de longueur, & on en enfonce à peu près le tiers ou la moitié dans la muraille des places de guerre. Quand les places ne sont pas revêtues, on les fiche vers le pié du parapet dans la partie exterieure du rempart; les Fraises servent à empêcher l'escalade. On appelle aussi *Fraises* ou *Fraisemens*, Les pieux qu'on met autour des piles des ponts pour les contregarder.

FRAISER. v. a. Garnir un retranchement, une demi-lune de pieux pointus. On dit aussi, *Fraiser un bataillon*, pour dire, Mettre des piquiers devant les mousquetaires d'un bataillon, ensorte que ces piquiers bordent tout le bataillon, & couvrent les mousquetaires qu'ils mettent à couvert des efforts de la cavalerie ennemie, en lui presentant la pique, lorsqu'elle veut venir à la charge dans une plaine.

Fraiser est aussi un terme de Patissier, & on dit *Fraiser la pâte*, pour dire, La bien manier.

FRAISIER. s. m. Petite plante qui porte des Fraises. Il y a un Fraisier à fleur double dont le fruit est fort petit; & un autre que l'on appelle *Capron*. Son fruit est très-gros, mais il est beaucoup plus fade que les autres Fraises.

FRAISIL. s. m. Cendre du charbon de terre qui demeure dans les forges des Serruriers, & des autres Artisans qui travaillent en fer.

FRAISQUE, ou FRESQUE. s. f. Terme de Peinture. On dit, *Une fraisque*, pour dire, Une peinture à Fraisque. Quand on peint à Fraisque on n'employe les couleurs qu'avec de l'eau, & sur un enduit fait le même jour qu'on y doit peindre, en sorte que le mortier n'en soit point encore sec.

FRAIT. adj. Vieux mot. Rompu.
    Car de la fleche qu'il ot traite
    Li ot l'eile, & la jointe fraite.

FRAMBOISE. s. f. Fruit rouge & quelquefois blanc, qui vient dans la saison de la Fraise, & qui en a presque la figure. L'odeur en est agreable, mais la Framboise est acide au goût. On l'appelle *Morum idæum*, à cause que c'est une espece de mûre sauvage qui croît sur le Mont Ida sans qu'on la cultive. Elle ne laisse pas de passer pour domestique ayant été transplantée dans les Jardins. Quoique les Framboises ayent les mêmes facultés que les mûres, elles sont plus propres à manger qu'à être employées pour l'usage de la Medecine. Elles ont pourtant une vertu cordiale & rafraîchissante.

FRAMBOISIER. f. m. Arbrisseau épineux, dont les feuilles sont plus larges & plus molles que celles des ronces qui viennent parmi les buissons. Ses verges sont rondes & frêles, & ont peu d'épines ou point. Il porte des fleurs blanches, & a une racine longue qui se traîne par terre comme la gramen.

FRAMES. Vieux mot. Javelines.

FRANC, *Franche*. adj. Libre, exempt. Le mot de *Franc* étant joint à *Fief*, fait entendre un Fief qui est tenu par une personne de franche condition, mais qui n'est pas noble, parce que le simple mot de Fief sans le faire préceder de l'épithete de *Franc*, signifie, Une terre tenue par une personne franche & noble de race. Les Bourgeois de certaines Villes, comme Paris & Rouen, peuvent tenir des Fiefs, par une concession particuliere, encore qu'ils soient roturiers. On appelle *Recherche des francs Fiefs & nouveaux acquêts*, certaine taxe qui se fait de tems en tems, sur les Roturiers, Eglises, Communautés & gens de main-morte, moyennant laquelle on les exempte de vuider leurs mains des Fiefs qu'ils tiennent, ou qu'ils ont acquis depuis peu de tems, & qui n'ont point été amortis.

On appelle *Franc-allen*, un Bien franc, qui ne doit ni cens ni service personnel. Il differe en cela du Fief qui doit un service & un hommage au Seigneur dominant. Les opinions sont fort partagées sur l'origine du mot *Allen*. On le fait venir de la particule *a* & de *Laudare*, parce que ceux qui tiennent en Franc-alleu, sont dispensés de louer, c'est-à-dire de reconnoître aucun Seigneur; de l'Hebreu *Halad*, qui veut dire *Laudare*, *quasi possessionem laudatam habere*; de *Aldiis* ou *Aldia*, qui signifie un Affranchi dans les loix des Lombards; des mots Allemans *Ohn Leiden*, Sans sujettion, de *an lodt*, Sort, ou de *Leod*, mot Saxon, Heritage populaire par opposition à Seigneurial. Plusieurs trouvent plus à propos d'en croire Galand, qui dans son traité du Franc-alleu, veut que *Leud* soit un vieux mot François d'origine Gauloise. Pasquier dit que *Lots*, & *Lotir* en sont dérivés.

Franc-Archer. Sorte de Soldats anciens qu'on exemptoit de guet, de garde & de taille, & que les Habitans des Paroisses entretenoient, à la charge qu'ils s'exerceroient à tirer de l'arc, pour être capables de servir le Roi en tems de guerre. Charles VII. établit cette Milice en 1448. & Loüis XI. son fils l'abolit pendant son regne. On a appellé *Francs-Taupins*, Une autre sorte de Soldats anciens qu'on levoit dans les Villages. M. Ménage fait venir ce mot de *Talpinus*, qui veut dire, un Mineur qui a creusé comme une taupe, à cause que l'on a donné ce nom à quelques gens de l'équipage militaire. D'autres le dérivent du Grec *ταπεινὸς* Bas, humble, vil, abjet. Ces sortes de Soldats n'étoient en effet que des bouviers, & de miserables Paysans.

Franc-Bourgeois. Terme de Coûtume. On a appellé ainsi les Habitans d'une Seigneurie, qui étant affranchis de certaines redevances envers leur Seigneur, ne pouvoient pourtant se dispenser

en plusieurs lieux d'aller aux chasses qu'il faisoit, de pêcher les étangs & même de se taxer entr'eux pour faire les frais des jugemens criminels à sa décharge, quand aucune partie civile ne se presentoit.

Francs-Devoirs. Terme de Jurisprudence feodale. Il se dit d'un Fief, dont on a changé l'hommage en devoirs, ou qui a été donné à condition d'une simple rente. On appelle aussi *Francs-Devoirs* les charges dûes à cause de l'usage des bois, de pascage, & autres privileges par ceux qui sont de condition franche & libre.

On appelle en termes de Marine *Franc-Funin*, Une longue corde plus ronde & plus arrondie que le cordage ordinaire. On se sert de cette corde, dans les rudes manœuvres, comme pour embarquer le canon, ou pour attacher des ancres contre le vent. Ce que l'on appelle *Franc-Tillac*, dans un Vaisseau, est le pont qui est élevé sur le pont de cale, & le plus proche de l'eau. Les plus gros canons sont placés tout autour du Franc-Tillac. On dit que *Deux Navires s'abordent de Franc-étable*, pour dire, qu'Ils s'approchent en droiture pour s'enferrer par leurs éperons.

Franche-verité. Terme de Coûtume. Il se dit quand le Seigneur Justicier fait informer d'office par ses Juges, sans partie civile, des délits qui ont été commis sur ses terres. On a dit autrefois *Comparoir à la Franche-Verité*, pour dire, Comparoir à l'Audience, & *Tenir verités*, pour dire, Tenir les Assises.

On appelle *Pierre-Franche*, Toute pierre parfaite dans son espece, qui ne tient ni du tendre du moilon de la carriere, ni de la dureté de son ciel.

Franc-Quartier. Terme de Blason. Le premier quartier de l'écu, qui est à la droite du côté du chef, où l'on a coûtume de mettre quelques autres armes que celles du reste de l'écu. Il est un peu moindre qu'un vrai quartier d'écartelage. *D'azur à deux mains d'or au franc quartier, échiqueté d'argent & d'azur.*

Franc-Salé. Privilege dont joüissent par concession du Roi quelques Officiers & Communautés, de prendre du sel sans payer d'impôts.

FRANC. f. m. Ce mot a signifié autrefois Une piece d'argent qui valoit vingt sols, ou le tiers d'un écu. Il y avoit des *Francs à cheval* où étoit un Cavalier, & des *Francs simples*, où un François étoit representé à pié. C'est de cette representation d'un François, soit à pié, soit à cheval, que cette monnoie avoit pris le nom de *Francs*. Sous le regne du Roi Jean, on fit des Francs, où le Roi paroissoit armé, & ayant l'épée à la main, sur un Cheval caparaçonné & fleurdelisé. Sur le revers étoit une croix fleurdelisée. Il y a eu autrefois des *Francs d'or*, valant autant qu'un écu sol d'aujourd'hui. Henri III. en fit forger d'argent, qui d'un côté avoient la tête du Roi, & de l'autre une H couronnée. Ils étoient du poids d'onze deniers deux grains. *Franc* presentement n'est qu'une monnoie de compte pour faire entendre vingt sols, mais on ne l'emploie jamais au singulier, & on ne peut pas dire *Un Franc*. On ne sçauroit dire non plus, *deux Francs, trois Francs, cinq Francs*, mais on dit fort bien, *quatre Francs, six Francs, sept Francs*, &c.

Franc du Quarreau. Sorte de jeu, qui consiste en un quarré marqué sur la terre, dans lequel on jette un palet ou quelque piece de monnoie, & celui qui approche le plus près du milieu de ce quarré, gagne ce qu'on joue.

FRANCHIR. v. a. Terme de Marine. On dit *Franchir l'eau à une pompe*, quand il en eſt entré dans le Vaiſſeau par la pluie ou par les vagues, pour dire, L'épuiſer avec la pompe. On dit auſſi abſolument, que *L'Eau franchit*, qu'*Elle ſe franchit*, pour dire, que L'eau diminue, qu'elle s'épuiſe.

FRANCHISE. ſ. f. Exemption, immunité. On appelle *Franchiſes*, certains endroits privilegiés dans quelques Villes, où les Compagnons de mêtier ont permiſſion de travailler, encore qu'ils ne ſoient pas maîtres, comme la Franchiſe du Temple à Paris. On dit, qu'*Un Apprenti a gagné ſa Franchiſe*, pour dire, qu'il eſt en paſſe d'être maître, & qu'il a fait ſes années d'apprentiſſage. On donne auſſi le nom de *Franchiſes* à pluſieurs portions de terres à la campagne. Cela vient, ſelon l'opinion de du Cange, de ce que ces terres étoient exemptes de charges, ou appartenoient à des perſonnes franches & libres.

On dit en termes de Peinture, *Franchiſe & liberté de pinceau*, lorſqu'on parle d'un travail facile, & qui eſt fait avec art.

FRANCISQUE. ſ. f. Arme ancienne & faite en façon de hache, qu'on lançoit contre l'écu. Si cette hache ne le briſoit pas, elle le faiſoit pancher ou tomber par la peſanteur du coup. Voici la deſcription que Borel fait de cette arme. Elle a un manche de fer, long de quatre pans, gros comme le bras, & creux au dedans, & à la cime une petite hache qu'on peut ôter & remettre, & qui a an derriere une forte pointe de fer pour enfoncer & percer les caſques. Il y a dans le manche un petit moulin, afin que chaque Soldat puiſſe moudre ſon blé aux heures perduës.

FRANCOLIN. ſ. m. Oiſeau gros comme un Faiſan, qui a la tête, le cou & le croupion tirant ſur le rouge avec un peu de violet & de noir. Il a la crête jaune avec une barbe de plumes ſous le cou, l'eſtomac & le ventre marqués de blanc & de noir, le bec & les jambes noires. Sa queuë eſt touffue, & les extrémités en ſont noires auſſi bien que celles de ſes ailes. Le Francolin eſt excellent à manger, & il y en a beaucoup en Barbarie auprès de Tunis. On tient qu'il eſt bon pour ceux qui ont la gravelle ou l'eſtomac foible. Cet oiſeau s'appelle en Latin *Attagen*, ou *Attagena*.

FRANGE', E'E. adj. Terme de Blaſon. Il ſe dit des gonfanons qui ont des franges, mais on doit en ſpecifier l'émail. *D'or au gonfanon de gueules, frangé de ſinople.*

FRANGIPANE. ſ. f. On appelle *Gands de Frangipane*, ſachets de frangipane, des gands ou ſachets faits de peaux auſquelles on a donné un parfum fort agreable, dont a été inventeur un Seigneur Romain de l'ancienne Maiſon des Frangipani, d'où cette ſorte de parfum a pris ſon nom.

FRANGULA. ſ. f. Plante qui croît par tout en Bohême, & que l'on appelle ainſi du mot Latin *Frangere*, Rompre, à cauſe que ſon bois eſt foible & frêle, & qu'on le rompt aiſément. Elle eſt de moyenne hauteur, & a les feuilles ſemblables au Cormier ou à la *Virga ſanguinea*. Son écorce eſt comme celle de l'aune, couverte de petites taches blanches, & ſi jaune au-deſſous que quand on la mâche, elle tache de jaune ainſi que fait la Rhubarbe. Son fruit eſt petit & fait comme un pois, & de la maniere dont il eſt diviſé en long, on diroit qu'il y en a deux joints l'un avec l'autre. De verd il devient roux, & ſe change enfin en noir lorſqu'il eſt mûr. Dans chaque fruit ſe trouvent deux os, de la groſſeur à peu près d'une lentille, & c'eſt

Tome I.

dans ces os qu'eſt le noyau. Son écorce eſt laxative & aſtringente, & propre à lâcher le ventre, & à fortifier les parties nobles de même que la rhubarbe. Cette écorce cuite avec de l'Eupatoire commun, de l'abſynthe pontique, agrimoine, cuſcute, houblon, cannelle, & racines de fenouil, d'ache & de chicorée, & donnée en breuvage au poids de cinq onces, eſt un ſouverain remede contre l'hydropiſie, l'enflure de tout le corps & la jauniſſe, mais il faut auparavant chaſſer l'humeur ſuperflue qui peut être dans l'eſtomac, & aux premieres veines du foye, ce qui ſe fait par d'autres medicamens propres pour cela. Cette décoction a une vertu merveilleuſe à reſoudre les duretés & oppilations des parties nobles & des veines. On la laiſſe repoſer deux ou trois jours juſqu'à ce qu'elle perde ſa couleur jaune, & devienne noire, car elle pourroit cauſer un dévoyement d'eſtomac, ſi on en uſoit lorſqu'elle eſt fraîche. La vertu laxative de l'écorce de Frangula qui eſt aſtringente de ſa partie de deſſus, conſiſte en la partie jaune qui eſt au-dedans. On arrache l'une & l'autre lorſque le Printems commence, & puis on les met ſecher à l'ombre, à cauſe qu'elle provoqueroit le vomiſſement, ſi on s'en ſervoit quand elle eſt verte. Tout cela eſt tiré de Matthiole.

FRAPON. ſ. m. Vieux mot. Coup.
Si fiert ſon oncle Flexipon,
Elpis li donne tel frapon
Que preſent li a fait de mort.

FRAPPE. ſ. f. Terme de Monnoie. Marque qu'on imprime ſur les eſpeces avec le marteau. *La frappe des Monnoyes.*

FRAPPER. v. a. Battre, *donner un ou pluſieurs coups*. ACAD. FR. On dit d'Une toile, qu'*On ne l'a pas bien frappée*, pour dire, qu'*Elle eſt lâche*, qu'elle n'eſt pas ſerrée, & dans le même ſens, qu'*Une tapiſſerie eſt fine & bien frappée.*

On dit, *Frapper les monnoyes*, pour dire, Leur imprimer la marque avec le marteau.

Frapper. Terme de Marine. On dit, *Frapper une manœuvre*, pour dire, l'Attacher à une des parties du Vaiſſeau, ou à quelqu'autre manœuvre. *Frapper* ſe dit ordinairement pour les manœuvres dormantes. On dit *Amarer* en parlant des autres.

Frapper. Terme de Chaſſe. On dit, *Frapper aux briſées*, quand le Veneur qui a fait ſon rapport va laiſſer courre. On dit encore, *Frapper à route*, pour dire, Oter les chiens du défaut, & les remettre à la trace de la bête.

FRAECHEUR. ſ. m. Vieux mot. Coheritier. avec ſes Freres. On a dit auſſi *Frarie*, pour Fraternité.

FRASE. ſ. f. Outil d'acier dont les Serruriers ſe ſervent pour contrepercer les pieces de fer. Il y en a de rondes, & d'autres quarrées. Les Serruriers les appellent auſſi *Fraiſes*, & diſent *Fraſer*, pour dire, Percer.

FRATICELLI. ſ. m. Sorte d'Errans qui étoient preſque tous Moines Apoſtats, & qui s'éleverent dans la Marche d'Ancone, ſur la fin du treiziéme ſiecle. Ils faiſoient des Aſſemblées nocturnes, ſous un Superieur Apoſtat comme eux, & les tenebres les favoriſant, ils abuſoient des Femmes qu'ils trouvoient moyen d'attirer chés-eux ſous prétexte de devotion. Leur vie libertine leur avoit donné quantité de ſectateurs. Ils prétendoient que comme Chrétiens ils ne devoient point ſe ſoûmettre aux Souverains. Leur Superieur qu'on appelloit Herman de Pongiloup étant mort, on déterra ſon corps pour le brûler vingt années après.

FRAXINELLE. ſ. f. Plante que les Modernes ap-

P p p ij

pellent *Dictame blanc*, & que quelques-uns nomment *Petitfrêne*, à cause qu'elle produit ses feuilles comme le frêne. Dioscoride dit qu'elle n'a été décrite par aucun Auteur ancien Grec ni Arabe, & qu'il a peine à comprendre d'où elle a pû avoir le nom de Dictame blanc. Elle est agreable à voir, d'une couleur qui tire du blanc au vermeil comme les fleurs de citron. Sa racine est blanche, sentant le bouquin & d'un goût amer. Elle tue les vers du ventre, & quelques-uns disent que d'elle-même elle sert de contrepoison contre tous venins, & même contre toutes morsures de bêtes venimeuses. Elle est bonne aussi contre la peste, & conforte l'estomac. L'eau de ses fleurs tirée par le nés est un bon remede pour les douleurs inveterées de la tête, quand elles sont causées de froideur.

FRAY. s. m. *Les œufs des poissons mêlés avec leur semence.* ACAD. FR. On appelle *Fray*, en termes de Monnoie, le frequent maniment des especes d'or ou d'argent, qui par succession de tems, fait que leur poids diminue. Cette diminution qui peut y arriver par le Fray est cause en partie qu'on y mêle quelque portion d'un autre métal, afin de les rendre plus dures.

FRAYER. v. n. Terme de Venerie. On dit, qu'*Un Cerf fraye*, pour dire, qu'Il frotte son bois contre des arbres. En se le frottant ainsi, il fait tomber par lambeaux une peau velue qui couvre une masse de chair qui en s'allongeant a formé sa tête. Quand toute cette peau est tombée, il va brunir son bois dans des terres noires ou roussâtres, ou dans les charbonnieres. *Frayer*, vient du Latin *Fricare*, Frotter.

FRE

FREGATE. s. f. Vaisseau de guerre, peu chargé de bois & qui n'est pas haut élevé sur l'eau. Ordinairement il n'a que deux ponts, & est leger à la voile. M. Guillet fait remarquer que ce mot tire son origine de la Mediterranée où l'on appelloit *Fregates*, de longs bâtimens à voiles & à rames qui portoient couverte, & dont le bord qui étoit beaucoup plus haut que celui des Galeres, avoit des ouvertures comme des sabords pour passer les rames. Il dit que l'embarras du pont & des œuvres mortes rendant ces Fregates pesantes à la voile & à la rame, a fait que peu à peu on en a negligé la construction, & que les Anglois sont les premiers qui ayent appellé *Fregates* sur l'Ocean, des bâtimens longs armés en guerre, ayant un pont beaucoup plus bas que celui des Galions & des Navires ordinaires. On appelle *Fregate legere*, Un Vaisseau de guerre, bon voilier, qui n'a qu'un pont. Il n'est ordinairement monté que depuis seize jusqu'à vingt-cinq pieces de canon. On appelle aussi *Fregate d'avis*, Un petit Vaisseau qui porte quelques paquets ou avis. Il y a des Fregates dans toutes les Places maritimes, & on s'en sert pour aller reconnoître les Vaisseaux qui veulent y aborder.

Fregate. Oiseau qui n'a pas le corps plus gros qu'une poule, & dont l'estomac est fort charnu. Il a le col moyennement long, la tête petite, deux gros yeux noirs, & la vûe aussi perçante que l'aigle. Son bec, qui est tout noir & tout droit, est assez gros, & long de six à sept pouces; le dessus en est recourbé par l'extrémité en maniere de crochet. Il a les pattes fort courtes, & deux griffes comme celles d'un vautour. Elles sont toutes noires, & ses ailes d'une grandeur si prodigieuse, qu'il y a quelquefois sept à huit piés de l'extrémité de l'une à l'autre. Cet oiseau se leve avec peine de dessus les branches; mais quand une fois il a pris son vol, il fend l'air sans se fatiguer en aucune sorte, & tient seulement ses ailes étendues sans presque les remuer. Quand la pesanteur de la pluie ou l'impetuosité des vents l'incommode, on le voit qui se guinde dans la moyenne region de l'air, & on le perd aussi-tôt de vûe. Quelque élevé qu'il puisse être, il ne laisse pas de reconnoître fort clairement les lieux où les Dorades donnent la chasse aux poissons volans. Il se précipite alors de l'air, & quand il est à dix ou douze toises de l'eau, il fait une grande caraçole, & se baissant insensiblement jusqu'à venir raser la mer au lieu où se fait la chasse, il reçoit le petit poisson en son bec ou en ses serres sitôt qu'il le voit sortir de l'eau. Il s'écarte quelquefois des terres de plus de trois cens lieues, & c'est la vitesse de son vol qui l'a fait nommer *Fregate* par les Habitans des Isles de l'Amerique. Les mâles ont toutes leurs plumes noires comme le corbeau, & une grande crête rouge comme la crête du coq, non pas sur la tête, mais sous la gorge. Cette crête ne paroît pourtant qu'à ceux qui sont vieux. Les femelles n'en ont point, mais elles ont les plumes plus blanches, sur-tout sous le ventre. Les rochers qui sont en mer & les petites Isles inhabitées servent de retraite à ces Oiseaux, qui font leurs nids dans ces lieux deserts. Leur chair n'est pas fort prisée, mais on recueille fort soigneusement leur graisse, comme un remede fort souverain pour la guerison, ou du moins pour le soulagement de la paralysie & de toutes sortes de goutes froides.

FREGATON. s. m. Bâtiment Venitien qui est coupé à coupe quarrée, & qui porte jusqu'à dix mille quintaux de charge. Il a un Beaupré, un Artimon & un Maître.

FREIN. s. m. Le mors d'une bride. On appelle aussi *Frein*, un Cerceau de brin de Châtaignier avec son écorce, qu'on cloue autour du rouet d'un moulin à vent, & qui sert à arrêter le moulin par le moyen d'une bacule.

Frein de la langue. Terme de Medecine. Il se dit du filet qui est au bout du ligament qui soûtient la langue.

On appelle *Freins*, en termes de mer, les Vagues qui après avoir frappé rudement contre les rochers, bondissent bien loin.

FREINDRE. v. a. Vieux mot. Rompre. Il vient de *Frangere*.

Que son écu lus perce & freint.
On trouve aussi *Fret*, pour dire, Rompu.
A mainte forte lance frete.

FRELAMPIER. s. m. Vieux mot qui est encore aujourd'hui dans la bouche du Peuple par une espece d'injure, pour dire, Un miserable qui se mêle de choses où il n'entend rien. Ce mot signifioit autrefois celui qui avoit soin d'allumer & d'entretenir les lampes d'une Eglise, & il se dit par corruption de *Frere lampier.* Comme cette fonction n'étoit faite que par des gens peu considerables, on a appellé *Frelampiers*, les gens de neant.

FRELATER. v. a. Ce mot s'est dit autrefois pour, Mettre dans un autre vase; & selon Nicod, *Frelater du vin*, c'étoit le tirer de dessus la lie & le transporter dans un autre vaisseau tout neuf. Il tient que l'on disoit *Fralater.* Quelques-uns font venir ce mot de *Translatus*, ou *Translatare*, Transporter; & d'autres de *Foras latum*, Porté dehors.

FRELORE', E'E. adj. Vieux mot. Gâté.

FRELUCHE. s. f. Maniere de petits fils qui volent en l'air pendant les jours les plus chauds.

FRELUQUE. f. f. Vieux mot. Monceau de cheveux.

Car aujourd'hui de deux freluques
De cheveux, d'un petit monceau,
Il semble qu'il y en ait jusques
Au collet, & plein un boisseau.

FREMAIL. f. m. Vieux mot. Agraffe. On a dit aussi *Fermail* & *Fremaillet.*

FREOUR. f. f. Vieux mot. Frayeur.

FRERAGE. f. m. Vieux termes de Coûtumes. Il se dit des partages des freres ou lignages qui viennent à une même succession.

FRERE. f. m. *Qui est engendré de même pere & de même mere, ou de l'un des deux seulement.* ACAD. FR. Frere, est aussi un nom qu'on donne aux Religieux qui ne sont pas Prêtres, ou qui ne peuvent parvenir aux Ordres. On appelle *Freres Prêcheurs,* les Religieux de S. Dominique, & *Freres Mineurs,* les Religieux de l'Ordre de S. François, qu'on appelle *Cordeliers de l'étroite Observance.*

Freres de la Charité. Sorte de Religieux fondés par le Bienheureux Jean de Dieu, natif du Diocese d'Evora en Portugal. C'étoit un homme simple, sans aucunes lettres, mais rempli de charité, & appliquant tous ses soins à assister les pauvres infirmes. Il commença cette Congregation en Espagne vers l'an 1570. Pie V. la confirma. Elle fut reformée par Clement VIII. & Paul V. l'ayant érigée en Ordre Religieux, l'astreignit aux trois vœux accoûtumés, & à un quatriéme special, qui est de servir les malades. Ces Religieux ont un habit gris avec un Scapulaire de la même étoffe, & un petit capuce.

Freres de la Rose-Croix. Chymistes & Cabalistes, qui se disoient Invisibles, & qui avoient fait entre eux une maniere de societé.

FRESANGE. Droit de port dû aux Maîtres des Eaux & Forêts.

FRESAYE. f. f. Oiseau de nuit qui est une espece de chathuan, de la grosseur d'un coq, de figure de chevêche. Il a le plumage blanc, tacheté de noir sous le ventre, une tête ronde & presque d'homme, mais affreuse, & que des plumes herissées entourent. Ses ongles & son bec sont blanchâtres & crochus, & ses jambes & ses pieds velus & couverts de plumes. Quelques-uns l'appellent *Effraye,* à cause qu'il pousse un cri effroyable. M. Ménage fait venir le mot de *Fresaye* du mot *Praesaga,* parce que cet oiseau est de mauvais augure. D'autres prétendent qu'on lui a donné ce nom à cause qu'il a au cou une maniere de fraise de plumes.

FRESLON. f. m. Sorte de grosse mouche qui est semblable à la guêpe, mais deux fois plus grosse. On l'appelle en Latin *Crabro.* Les Frêlons sont formés de corruption.

Pressus humi bellator equus Crabronis origo est.

Ils sont ennemis des abeilles & si gourmands, que lorsqu'on les coupe en deux, ils ne laissent pas de manger. Swammerdam témoigne que si l'aliment qu'ils prennent en cet état est humide, on le voit sortir incontinent par la playe en maniere de rosée.

FRESIAUX. adj. Vieux mot qui se trouve dans la signification de Beau, joli, frais.

Les Damoiselles sont fresiaux.

Ce mot doit avoir eu *Fresial* au singulier, car autrefois tous les adjectifs terminés en *al* faisoient *aux* au pluriel, tant au masculin qu'au feminin; & c'est delà qu'on a dit *Lettres Royaux,* qu'on dit encore aujourd'hui.

FRESNE. f. m. Arbre fort connu, dont Theophraste marque deux especes. L'un est grand & haut, & a un bois blanc avec de grosses veines qui lui servent de nerfs sans aucun nœud. Il est mol, tendre & madré. L'autre est plus petit, plus raboteux, plus dur & plus roux, & il ne croît pas si haut. Il jette ses feuilles comme le laurier à larges feuilles, mais plus pointues & un peu dentelées tout à l'entour. Il semble qu'un de ses rameaux soit seulement une feuille, à cause qu'avec une seule queue il porte ensemble toutes ses feuilles, qui y sont mises & attachées deux à deux & comme par nœuds & intervalles, ainsi qu'on voit au cormier. Son fruit est petit, un peu amer, & semblable aux noyaux d'amande. Le Frêne sert de contrepoison aux morsures des serpens, qui sont si ennemis de cet arbre, qu'ils n'approchent jamais de son ombre. On tient même que si on faisoit un feu dans un cerne fait de frêne, & qu'on mît un serpent dans ce rond, il se jetteroit dans le feu plûtôt que de passer par dessus le Frêne pour s'échaper. Quelques-uns appellent le petit Frêne *Ornus* & *Orneoglossum,* des mots Grecs ὄρνις, Oiseau, & γλῶσσα, Langue, à cause que la graine qu'il porte ressemble à une langue d'oiseau. L'*Orneoglossum,* selon Pline, bû avec du vin, sert au foye, aux douleurs de côté & aux hydropiques, & amaigrit peu à peu ceux qui se trouvent trop chargés de graisse.

FRESTEL. f. m. Vieux mot. Instrument où il y a sept tuyaux ensemble, coupés l'un plus long & plus gros que l'autre.

Là s'assist Pan le Duc des bestes,
Et tint un frestel de rosiaux,
Si chalumeloit les danziaux.

On a dit aussi *Frestiaux* & *Fresteler,* pour dire, Jouer du flageolet.

FRET. f. m. Terme de Marine. Somme qu'un Marchand promet pour le loyer d'un Vaisseau. On dit aussi *Fretement.* Le mot d'*Affretement* est en usage pour dire, la Convention qu'on fait pour le louage d'un Vaisseau. Ainsi, *Affreter,* signifie Prendre un Vaisseau à louage; & on dit dans ce sens, que *Le Maître frete son Navire, & que le Marchand l'affrete.*

FRETE. f. f. Cercle de fer qu'on applatit sur deux pieces de bois qu'on a dessein d'attacher ensemble, ou dont on arme la couronne d'un pieu ou d'un pilotis, afin d'empêcher qu'il ne s'éclate. On appelle aussi *Frete,* Un anneau de fer en forme de collier, qu'on met à un arbre de roue de moulin à eau, aux bas des demoiselles, & aux moyeux des roues qu'on veut tenir ferme & en état.

FRETE', E'E. adj. On appelloit autrefois *Lances fretées,* celles où l'on mettoit un cercle de fer, quand on ne combattoit pas à fer émoulu. *Freté* est aussi un terme de Blason, & se dit de l'écu, & des pieces principales, quand elles sont couvertes de bâtons croisés en sautoirs, qui laissent des espaces vuides & égaux en maniere de losanges. *D'azur à la croix d'argent fretée de gueules.*

FRETER. v. a. Garnir d'une Frete. On dit *Freter des pieux,* pour dire, Les garnir d'un cercle de fer par la tête afin de les battre mieux avec le mouton.

FRETEUR. f. m. Maître d'un Vaisseau qui le donne à louage à un Marchand.

FRI

FRIABLE. adj. Cassant, qui se peut aisément reduire en poudre. Ce qui rend un corps friable, ce sont de petites parties seches & inégalement appliquées.

les unes aux autres qui se trouvent dans ce corps, de sorte que n'étant point onctueuses ni liées ensemble, elles s'en détachent aisément.

FRIANDER. Vieux mot, qui s'est dit pour, Manger d'une maniere friande.

FRIBUST. f. m. Terme de Marine. Il est principalement en usage dans les Isles Françoises de l'Amerique, où l'on appelle ainsi un vaisseau armé en course. Le Commandant & les gens de l'équipage de ce Vaisseau sont appellés de la *Fribustiers*.

FRICTION. f. m. Terme de Chirurgie, & de Medecine. Action de frotter une partie malade avec des huiles ou quelque autre drogue pour la guerir ou la soulager.

Friction. Terme de Chymie. Coction d'un medicament qui se fait dans la poëlle avec addition d'une liqueur onctueuse, telle qu'est l'huile ou la graisse. Elle se fait sur un feu lent & moderé, & la Friction des medicamens differe en cela de la Friture de cuisine, qui veut un feu prompt & vif.

FRIGALER. v. n. Vieux mot. Se gratter, se frotter.

> *Qui pour galer & frigaler,*
> *Vient galeux, n'est-il pas bien fol?*

FRIGEFIER. Vieux mot. Refroidir.

FRIMAS. f. m. Brouillard froid & épais qui est comme une maniere de gelée blanche qui s'attache aux arbres, aux herbes & aux cheveux. Quelques-uns font venir ce mot de *Fremitus*, Fremissement, parce que le Frimas fait fremir & frissonner.

FRIOU. f. m. Terme dont ceux du Levant se servent pour signifier un canal, une passe.

FRIQUET. f. m. Sorte d'écumoire quarrée, dont on se sert pour tirer les fritures de la poële.

Friquet. Espece de petit moineau fou que les Italiens nomment *Passera matugia*. Il ne fait que fretiller sur les arbres.

FRISE. f. f. Membre d'Architecture. C'est dans tous les ordres la partie de l'entablement qui est entre l'Architrave & la corniche. Il y a une Frise qu'on lappelle *Frise lisse*, à cause qu'elle est unie & sans ornement. Celle qui est ornée a de la Sculpture continue ou par bouquets. Celle dont le contour est coupé, s'appelle *Frise bombée*. La *Frise Rustique* a son parement en maniere de bossage brut. On dit *Frises fleuronnées*, *Frises marines*, *Frises historiées*, *Frises symboliques*, selon qu'elles sont enrichies de feuilles naturelles continues ou par bouquets, ou d'anneaux de feuillages imaginaires; de chevaux & monstres marins; de bas reliefs continus representant des histoires & des sacrifices, ou enfin d'attributs du Paganisme. On appelle *Frise de placard*, celle qui est entre la corniche & le chambranle au dessus d'une porte de placard; & *Frise de lambris*, un panneau qui a beaucoup plus de longueur que de largeur dans l'assemblage d'un lambris d'appui ou de revêtement.

On appelle en termes de Jardinage, *Frise de parterre*, Une sorte de platte-bande qui est ornée de feuillages, de gazon ou de bouis dans un parterre.

Frise de fer. Terme de Serrurerie. Panneau en longueur rempli de differens ornemens. Cette Frise met à hauteur d'appui, ou au haut & au bas des portes de clôture, aux rampes d'escaliers & aux travées de barreaux de fer.

Frise de parquet, se dit non seulement des bandes qui separent les feuilles de parquet, mais encore de celles du pourtour d'un plancher qui en rachetent les biais lorsqu'il y en a.

Frise, se dit aussi, en termes de Marine, & signifie Une piece de bois plate en Sculpture, qui regne entre la coupe-gorge & la face de l'éperon. Le mot de *Frise*, selon Philander, vient de *Phrygia*, qui veut dire Un Brodeur, à cause que les ornemens de la Frise ressemblent à des broderies qui sont venues de Phrygie.

On appelle *Cheval de frise*, en termes de Fortification, Une grosse piece de bois qui est taillée à cinq ou six pans percés de part en part, & armés à chaque trou d'un piquet ferré par les deux bouts. Ce piquet déborde environ trois piés de chaque côté, & cela est cause que la piece de bois qui est longue de dix à douze piés, & qui a un pié de diametre, presente par tout des pointes, & est d'une grande utilité pour boucher une breche, un passage, & pour retrancher un camp.

FRISER. v. a. On dit en termes de mer, *Friser les sabords*, pour dire, Mettre une bande de laine autour des sabords que l'on ne calfate pas, afin d'empêcher que l'eau n'entre dans les Vaisseaux.

Friser. Terme d'Imprimerie. Cela se dit lorsque les caracteres paroissent doublement imprimés sur la feuille.

FRISONS. f. m. p. Terme de Marine. Pots de terre ou de métal dont on se sert sur les Vaisseaux pour tenir la boisson.

FRISQUE. adj. Vieux mot. Joli, gentil.

Grelete, gente, frisque & cointe.

FRISQUETTE. f. f. Terme d'Imprimerie. Maniere de chassis que les Imprimeurs mettent sur la feuille blanche, afin d'empêcher que ce qui doit demeurer blanc pour la marge de chaque page ne soit maculé.

FRITELAIRE. f. f. Sorte de plante qui fleurit en Mars. Elle porte deux feuilles en forme de petites cloches tiquetées, & ces feuilles pendent du haut de sa tige.

FRITTE. f. f. Terme de Verrerie. Cuisson des matieres dont on fait le verre, matiere bien preparée à faire du verre. Elle se fait au feu de fusion dans de grands creusets, où l'on met trois parts de caillou ou de sable blanc, sur une partie de sel alcali ou de soude, ou de fougere; ce qui fait une masse opaque, qui rend une écume sortant de la graisse ou fiel de verre, & qu'on jette hors des creusets avec des cueillers.

FRO

FROC. f. m. Sorte de grosse étoffe qui se fabrique en Beauce & en Normandie dans les Villes de Brenai & de Lisieux. Les Staturs des Drapiers veulent que les pieces de cette étoffe ayent vingt-cinq aunes de long & une demi-aune de large.

Dans le vieux langage on s'est servi des mots de *Frocs*, *Frots* & *Flots*, pour signifier des lieux rompus; & on appelle *Froqueurs*, ceux qu'on employé à reparer les chemins.

FROMAGE. f. m. Lait caillé, seché & durci. Dioscoride dit que le fromage frais qui n'est point salé, est nutritif & bon à l'estomac, & qu'étant appliqué en forme de cataplasme, il remedie aux inflammations des yeux & aux meurtrissures du corps. Les un sont meilleurs que les autres, selon la nature du lait dont ils sont faits. On convient en general que toute sorte de Fromage fait un suc grossier & est indigeste. Selon Matthiole les vieux Fromages dont on fait cas à cause qu'ils piquent à la langue, sont les pires de tous pour la santé. Ils brûlent & alterent celui qui le mange, engendrent la gravelle, oppilent le foye, resserrent le ventre, &

font un fang groffier & melancolique. D'ailleurs ils font nuifibles au cerveau, à la poitrine & aux dents, en forte que ceux qui font d'une nature delicate ne s'en doivent point permettre l'ufage. M. Ménage fait venir ce mot de *Formaticum* ou *Formage*, dérivé de *Forma*, qui eft la forme ou l'écliffe où le Fromage fe fait. On a dit autrefois *Formage* & *Fourmage*.

FROMENT. f. m. La meilleure efpece de blé qui fait la farine la plus blanche. Tout Froment a force racines menues, & n'a qu'une feuille. Il a plufieurs germes, qui pourtant ne peuvent produire aucune branche. Il eft herbeux pendant tout l'Hiver. Quand le Printems vient, fa tige s'éleve & à la troifiéme ou quatriéme efteule, l'épi en fort, enfermé dans de petites gouffes, lefquelles étant paffées il rend une fleur au quatriéme ou cinquiéme jour après & fe tient ainfi prefque autant de jours. De là vient le grain qui mûrit en quarante jours, quelquefois plûtôt, felon la diverfité des lieux. Autour de Senes, & en quelques autres endroits d'Italie, il s'eft trouvé des plantes de Froment, dont chacune a rendu vingt-quatre épis. Pline dit qu'il en fut envoyé une à Augufte Céfar, qui d'un feul grain avoit jetté près de quatre cens germes, & à Neron une autre de trois cens quarante. Elles venoient toutes deux d'Afrique. On connoît le bon Froment, lorfqu'il eft dur à rompre, maffif, pefant, de couleur d'or, fuifant, liffé, bien nourri, & net. Il a fa feuille comme le rofeau, plus étroite que l'orge. Son tuyau eft plus liffé, & n'eft pas fi frêle. Il y a auffi de la difference aux épis. Les uns font fans barbe comme en Bohême, les autres en ont, & cette derniere forte de Froment eft plus eftimée. Etant mangé cru, il engendre la vermine ronde au ventre. Maché & appliqué, il eft bon pour les morfures des chiens.

FROMENTE'E. f. f. Farine de froment dont on fait de la bouillie & autres mets. On fe fert furtout pour cette bouillie de la Farine de l'efpeautre double qui eft une efpece particuliere de froment.

FRONT. f. m. La partie du vifage qui eft depuis les fourcils jufqu'à la racine des cheveux, & qui s'étend jufqu'aux temples.

Front, en termes de perfpective, eft la projection orthographique d'un objet fur un plan parallele au tableau.

En termes d'Architecture, on appelle *Front* en general la Face de Front, appellée autrement Tête. Dans l'étendue des piédroits, on la nomme *Front des piédroits*, & dans l'étendue de l'arc qui eft fa courbure & le cintre qu'elle fait, elle eft appellée *Tête au front de l'arc*.

En termes de Fortification, le *Front d'une Place*, eft ce qui eft compris entre les pointes des deux baftions voifins, c'eft-à-dire, la courtine, & les deux baftions qui fe regardent. On l'appelle autrement *Tenaille* & *Face de Place*.

On appelle *Front de bataillon*, en termes de guerre, Le premier rang ou chef de file. Ainfi on dit qu'*Un bataillon eft fur fon front*, pour dire que Les Soldats font face vers un côté en y prefentant les armes, & qu'*Un bataillon a le front égal à fa hauteur*, pour dire, qu'Il forme un quarré.

FRONTAL. f. m. Sorte de gêne qu'employent les Soldats pour contraindre les Payfans à leur donner l'argent qu'ils peuvent avoir caché. Elle confifte en une corde, où ils font des nœuds en plufieurs endroits, & qu'ils leur appliquent fur le front, en la ferrant par derriere.

FRONTEAU. f. m. Sorte de remede fec qu'on applique fur le front avec un bandeau, pour foulager ceux qui font travaillés de maux de tête. Ce

font des rofes, des fleurs de fûreau, de betoine, marjolaine & autres, qu'on enferme dans un linge, dont on couvre enfuite le front & les temples. Il y a des Fronteaux qui fe font en liniment avec de l'onguent populeum, & de l'extrait d'opium, ou avec des pâtes, des femences & des poudres. On dit auffi *Frontal* en ce fens.

On appelle *Fronteaux*, chez les Juifs, quatre morceaux de parchemin, fur lefquels font écrits ces mots, *Ecoute Ifraël*, &c. *Et fera fi obéiffant, tu obéis* &c. *Sanctifie moi, tout premier*, &c. *Et fera quand le Seigneur te fera entrer*, &c. Ils ne fe fervent de ces Fronteaux que dans la priere du matin. Ils portent au bras deux de ces parchemins qui font roulés & les deux autres qui font fur un morceau de peau de veau dur quarré, qui a des courroyes, ils fe les mettent au milieu du front, fe ceignant la tête avec les courroyes.

Les Bourreliers appellent *Fronteau*, Un morceau de cuir qui paffe le long de la tête, & au deffus des yeux du cheval, & on dit auffi *Fronteau*, en parlant d'un morceau d'étoffe qui couvre le front des chevaux de grand deuil.

Fronteau. Terme d'Architecture. Il ne fe dit guere que d'un petit Fronton qui fe met au deffus des petites portes & des fenêtres.

Fronteau. Terme de Marine. Piece de bois plate, & ouvragée de fculpture. Elle eft auffi longue que le Vaiffeau eft large, & fert non feulement à orner les Dunettes, mais encore à arrêter ce qui eft fur les gaillards.

Fronteau. Terme d'Artillerie. On appelle *Fronteau de mire*, Une efpece de bourrelet de cuivre ou de bois, qu'on pofe autour du collet d'une piece de canon, & qui fert à la pointer jufte. Sa figure eft ronde, & il a fon diametre égal à celui de toute la piece vers la platebande. On le divife en deux également, & on lui laiffe au milieu une ouverture ronde proportionnée au collet du canon fur lequel on le pofe.

FRONTISPICE. f. m. Décoration d'Architecture de la Façade d'une Eglife. Il y en a de Gothiques, & d'Architecture antique. On le dit auffi de la face & de la principale entrée d'un grand bâtiment qui fe prefente de front aux yeux. On dit encore, Le *Frontifpice d'un livre* : pour dire, La premiere page d'un Livre, peut-être à caufe qu'ordinairement le titre y eft gravé dans quelque image qui reprefente le Frontifpice d'un Palais. Ce mot vient du Latin *Frons*, Front, & de *Afpicere*, Regarder. Le Frontifpice dans fon origine étoit feulement le pignon d'un édifice avec les deux côtés du toit qui tombent de part & d'autre. On en fait aujourd'hui un ornement, qui eft élevé au deffus des portes, des niches & des croifées.

FRONTON. f. m. Morceau d'Architecture dont on fait un ornement qui paroît élevé au deffus des portes, des croifées, des niches. Il forme quelquefois un triangle, & quelquefois une partie de cercle. Vitruve l'appelle *Faftigium*. On appelle *Fronton furmonté*, celui qui tient du pignon étant au deffus de la bonne proportion, qui eft d'avoir près du cinquiéme de la longueur de fa bafe, & celui qui eft plus bas que cette proportion eft un *Fronton furbaiffé*. Le Fronton formé d'un triangle Ifocelle, dont l'angle oppofé à la bafe eft obtus, s'appelle *Fronton triangulaire*, *pointu* ou *quarré*. Celui qui eft fait d'un arc de cercle, eft appellé *Fronton rond*, *fpherique*, ou *cintré*, & le *Fronton circulaire*, differe de ce dernier en ce que fa bafe eft le diametre du demi-cercle dont il eft formé. Le *Fronton brifé* a fes corniches coupées, ou retournées par redents ou reffauts. Le même Fronton brifé, s'il a fes corniches rampantes contournées en enroulement, s'appelle *Fronton par enroulemens*, auffi bien que le circulaire qui terminé en bas par deux enroulemens. Le fronton formé de deux enroulemens en maniere de confoles qui fe joignent, s'appelle encore *Fronton par enroulemens*. Il y a auffi un *Fronton à pans*, un *Fronton fans bafe*, & un *Fronton fans retour*. Le premier eft un Fronton dont la corniche de deffus a trois parties. La corniche de niveau eft coupée & retournée dans le fecond fur deux pilaftres pour l'exhauffement d'un arc à la place de l'entablement, & dans le troifiéme la corniche du niveau n'eft point profilée au bas des corniches rampantes. Toute corniche cintrée, qui forme un petit Fronton rond, pointu ou d'autre Figure porté par des confoles au deffus d'une croifée d'une porte ou d'une table, s'appelle auffi *Fronton fans bafe*. Le *Fronton double*, eft celui qui en couvre un plus petit dans fon tympan à caufe de quelque avant corps au milieu. Quand le tympan d'un Fronton eft évidé pour donner de la lumiere, on l'appelle *Fronton à jour*. On dit encore *Fronton Gothique* dans l'Architecture moderne. C'eft une efpece de pignon à jour en triangle équilateral, avec des rofes en trefle & de la fculpture.

Fronton. Terme de Marine. Cartouche de Menuiferie, qui eft placé fur la voute à l'arriere du Vaiffeau. On l'appelle auffi le *Dieu conduit*, où le *Miroir*, & on le charge des armes du Prince qui a fait conftruire le Navire. Quelquefois il a la figure qui a donné le nom au Vaiffeau.

FRU

FRUIT. f. m. *Ce que les arbres & les plantes portent pour la propagation de leur efpece, & pour la nourriture des hommes & des animaux*. ACAD. FR.

On appelle *Fruit*, en termes de Maçonnerie, Une petite diminution qui fe fait du bas en haut d'un mur à mefure qu'on l'éleve. Ainfi on dit, *Donner du fruit à une muraille*, pour dire, Ne la pas élever à plomb. Il y a des Maçons qui fur la hauteur de douze piés donnent à un mur un pouce & demi de Fruit.

On appelle *Fruits* dans l'Architecture, des ornemens de Sculpture qui reprefentent les Fruits naturels. On en fait des feftons & des bouquets.

FRUITE', E'E. adj. Terme de Blafon. Il fe dit d'un arbre chargé de Fruits. *D'or, au pin de finople fruité de même*.

FRUSTE. adj. Terme de Médaillifte. On appelle *Médaille frufte*, Une Médaille que le tems a tellement effacée, qu'on n'en fçauroit lire la Legende. *Frufte*, fe dit auffi d'une pierre antique dont on ne peut plus ni connoître les figures, ni lire les infcriptions.

FUE

FUEC. f. m. Vieux mot. Feu.

FUERE. f. m. Vieux mot. Fourreau d'une épée.
Si la tint par l'enberdure,
Si la mit fuere arriere.
On l'a dit auffi pour fignifier du fourage, & des chofes de peu de valeur.

FUG

FUGERE. f. f. Vieux mot. Fougere.
Voirre ne fut mie fugere,
Ni Fugere ne fut pas voirre.
FUGUE. f. f. Terme de Mufique. Imitation du chant

dans les parties qui femblent fe fuir l'une l'autre par des progrès femblables. On dit *Double Fugue*, quand on fait regner en même tems deux differentes Fugues dans les parties.

FUI

FUILS. f. m. Vieux mot. Fils.

FUIR. v. a. *Courir pour fe fauver d'un peril*. ACAD. FR. On dit en termes de Manége, qu'*Un Cheval fuit les talons*, pour dire, qu'il craint l'éperon & qu'il obéit

FUISIQUE. f. f. Vieux mot, qui a fignifié l'art de la Medecine. Les Medecins étoient autrefois appellés *Fuificiens*.

FUL

FULMINANT, ANTE. adj. Qui crie, qui fait grand bruit. *Voix fulminante*. On appelle en termes de Chymie, *Or fulminant*, de l'or calciné par l'eau forte avec lequel on mêle quelques parties de fel de tartre. On l'a appellé ainfi à caufe du grand éclat & du grand effort qu'il fait quand on l'allume. Il fait fon effort en embas, & fon bruit imite celui du tonnerre. Il y a auffi une *Poudre fulminante*, compofée ordinairement de nitre, de fel, de tartre & de fouphre commun. Elle fe fait à l'imitation de l'or fulminant.

FULMINATION. f. f. Sentence d'un Evêque, d'un Official ou d'un autre Ecclefiaftique commis par le Pape, par laquelle il eft ordonné que des Bulles feront executées.

On appelle *Fulmination*, en termes de Chymie, Un bruit violent que fait une certaine preparation de poudre appellée *Or fulminant*, qui imite le bruit de la foudre quand elle eft allumée.

FUM

FUME'E f. f. *Vapeur épaiffe fortant du feu, ou des chofes humides enflammées*. ACAD. FR. Il eft évident que la Fumée & la Flamme font la même chofe, la Fumée étant une Flamme éteinte, & la flamme une Fumée allumée. Toute la difference confifte dans la modification de la même matiere, qui étant diffoute en de très-petits corpufcules & mêlée avec affés d'air, donne la flamme, & étant moins diffoute, & moins mêlée d'air, donne la Fumée.

On appelle *Fumées*, en termes de Chaffe, la Feinte de bête fauve, comme des Cerfs, de la Biche, du Chevreuil & du Daim. On appelle *Fumées formées*, celles qui font rondes, *Fumées en troches*, celles qui ont des pointes, & *Fumées en plateaux*, celles qui font plates. On dit auffi *Fumées de Loup*, & *Fumées d'Hirondelles*. Selon Galien, les premieres font un bon remede pour la colique. Les autres font perdre la vûe, fi elles tombent chaudes fur les yeux.

FUMELE. f. f. Vieux mot. Femelle.

FUMETERRE. f. f. Herbe femblable au Coriandre, & qui eft fort tendre & fort branchue. Ses feuilles qui fortent de tous côtés en grand nombre, font d'un blanc qui tire fur le cendré. Elle produit des fleurs incarnates, & a un jus acre qui éclaircit la vûe, & qui fait pleurer. C'eft de là qu'elle a pris le nom de *Fumaria*, à caufe qu'elle fait le même effet que la fumée. Pline parle de deux fortes de Fumeterre. La premiere appellée *Pié de geline*, croît entre les murailles, & parmi les hayes. Elle a fes branches fort menues, & éparpillées,

éparpillées, & pouffe des fleurs incarnates. On emploie le jus de l'herbe verte parmi les medicamens qu'on ordonne pour les yeux. L'autre Fumeterre a les mêmes proprietés. Elle croît parmi l'orge & dans les jardins, & a ses feuilles comme le coriandre. Elles font cendrées. Elle produit aussi ses fleurs incarnates.

FUMIGATION. f. f. Terme de Medecine & de Chymie. Il se dit des choses qu'on prend en fumée ou qui se tournent en fumée. On appelle aussi *Fumigation*, Une calcination potentielle, qui se fait par la vapeur du mercure mis sur le feu, qui corrode & reduit en chaux les petites lames de metal que l'on suspend au dessus.

FUMIGER. v. a. Faire recevoir à un mixte suspendu, les vapeurs d'un mixte ou de plusieurs pour le calciner, pour le corriger, ou pour lui imprimer quelque qualité nouvelle.

FUN

FUNANBULE. f. m. Celui qui danse sur la corde. Ce mot est Latin, de *Funis*, Corde, & d'*Ambulare*, Marcher. Suetone rapporte que du tems de Galba, on vit des Elephans Funanbules dans les jeux floraux. Neron en fit paroître de même dans ceux qu'il institua en l'honneur de sa mere Agrippine.

FUNEBREUX. adj. Vieux mot. Triste, funeste.

Chasse les esprits funebreux.

FUNER. v. a. Terme de Marine. Garnir de cordage. On dit, *Funer un mât*, pour dire, Le garnir de son étai & de sa manœuvre.

FUNERAILLES. f. f. p. *Obseques & ceremonies qui se font aux Enterremens.* ACAD. FR. Toutes les Nations se sont toûjours montrées fort religieuses à rendre ces derniers devoirs aux Morts. Parmi les Romains, après avoir fermé les yeux à celui qui venoit de rendre l'ame, on l'appelloit plusieurs fois à haute voix & à diverses reprises, afin de sçavoir si ce n'étoit point quelque lethargie où il fût tombé. On lavoit ensuite son corps avec de l'eau chaude, on le frottoit de parfums, & on lui mettoit une robe blanche, puis on l'exposoit sur le pas de la porte les piés du côté de ceux qui passoient. On plantoit alors un cyprés à l'entrée de la maison, & cette ceremonie s'étant continuée pendant sept jours, le huitiéme on portoit le corps au lieu où l'on devoit le brûler. Les riches étoient portés sur un lit couvert de pourpre, & dans une biere découverte. Un joueur de flûte marchoit devant, & joüoit d'une maniere lugubre, publiant de tems en tems les loüanges du défunt. Ceux qui avoient exercé des Charges, ou qui étoient d'une ancienne Noblesse, étoient distingués des autres, en ce qu'on portoit devant leur cercueil les marques de leur Dignité, comme les faisceaux Consulaires, les Images de leurs Ancêtres qu'on élevoit sur des piques ou que l'on portoit dans des chariots, & les couronnes que leurs belles actions leur avoient fait meriter. Les Affranchis, portant le bonnet pour marque de leur liberté suivoient cette pompe & precedoient les enfans, les parens & les amis. Les fils du défunt avoient un voile sur la tête, & les filles les cheveux épars sans nulle coëffure. Ce convoi étoit mêlé de Pleureuses, dont la fonction étoit d'entonner des airs lugubres que le peuple repetoit. On les nommoit *Præfica.* Quand c'étoit quelqu'un d'une famille fort considerable, on portoit d'abord son corps dans la Place Romaine, où son Oraison funebre étoit prononcée, & de là on alloit au lieu où le bucher étoit préparé. C'étoit

Tome I.

un tas de bois de pins, d'ifs, de melefes & autres semblables arrangés l'un sur l'autre en forme d'autel. On environnoit tout le bucher de cyprés, & on y mettoit le corps vêtu de sa robe & arrosé de liqueurs précieuses, couché dans un cercueil fait exprés, le visage vers le Ciel, & ayant une piece d'argent dans la bouche. Alors les plus proches parens mettoient le feu au bucher, auquel ils tournoient le dos. Ainsi c'étoit par derriere qu'ils l'allumoient avec un flambeau, y jettant ensuite des habits, les armes & les autres choses les plus aimées du défunt. Anciennement on sacrifioit des captifs auprès du bucher; ce qui fut changé en des combats de Gladiateurs. Après que le corps étoit brûlé, les os & les cendres se lavoient avec du lait & du vin, & on les renfermoit dans une urne qui étoit portée dans le sepulcre que l'on avoit preparé pour le défunt. Devant ce sepulcre étoit un petit autel où l'on brûloit de l'encens & d'autres parfums, & cette ceremonie de Funerailles étoit terminée par un festin que l'on faisoit aux parens & aux amis. Il y avoit des corps que l'on enterroit sans les brûler, selon que le défunt l'avoit ordonné.

Parmi les Juifs, le mort est étendu dans un drap, le visage couvert & une bougie allumée auprès de la tête. On le lave avec de l'eau chaude où il y a de la camomille & des roses seches, & après lui avoir mis une chemise, des caleçons, son taled & un bonnet blanc sur la tête, on l'enferme dans un cercueil avec un linge au fond & un autre par dessus. Chacun s'assemble autour du cercueil qu'on couvre de noir, & on le porte tour à tour sur ses épaules jusqu'au cimetiere, qui est d'ordinaire un champ destiné pour cet usage, qu'ils appellent *Maison des vivans*, tenant les Morts pour vivans à cause de leurs ames. On fait alors une priere tirée du Deuteronome, puis on met un petit sac de terre sous la tête du défunt, & ayant cloué le cercueil on le met en terre, chacun en jettant dessus jusqu'à ce qu'on voye la fosse remplie. Le plus proche des parens déchire son habit en quelque endroit, & en sortant de ce Cimetiere chacun arrache deux ou trois brins de l'herbe, & en la jettant derriere soi, *Ils fleuriront de la ville, comme l'herbe de la terre.* Après cela, ils se lavent les mains, s'asseyent & se levent neuf fois en disant le Pseaume 91. & retournent au logis, où les plus proches parens du mort s'étant rendus ils se mettent à terre, ôtent leurs souliers, & boivent & mangent en cette posture. ce qu'ils font sept jours de suite, à l'exception du jour du Sabbat qu'ils vont aux prieres. Pendant ces sept jours, ils ne peuvent faire aucun travail ni poursuivre leurs affaires. Le mari & la femme ne peuvent coucher ensemble, & les sept jours expirés, ils vont à la Synagogue, où plusieurs font allumer des lampes, faire des prieres, & promettre des aumônes pour l'ame du mort, recommençant ces sortes de choses à la fin du mois & de l'année. Si c'est un Rabin ou quelque personne considerable, on fait son Oraison funebre l'un de ces jours-là.

Les Algeriens qui suivent la Loi de Mahomet, lavent aussi leurs morts avec de l'eau chaude, & y joignent du savon. Ils les revêtent d'une chemise, de caleçons blancs, d'un habit de soye & d'un turban, & les ayant mis dans la biere en cet état, ils les portent dans la fosse hors de la ville. Si c'est une personne qui soit riche, on grave les titres, ses qualités, & des sentences de l'Alcoran sur la pierre du tombeau. On ne porte point le deuil en ce pays-là. Les femmes tiennent seulement leur visage couvert d'un voile noir pendant quelques jours & les hommes font un mois fans fe rafer. On n'allume point de feu dans les maifons durant trois jours, & pendant ce tems les parens du mort vont vifiter fon tombeau, fur lequel ils mettent de petites pierres à feu qu'on trouve fur le rivage, & en les jettant ils prononcent des paroles qui veulent dire, *Lumiere de Dieu*. Les Funerailles des grands fe font en mettant le corps dans la caiffe, enveloppé de bandes, de portraits & divers autres ornemens. Des porteurs magnifiquement vêtus la chargent fur leurs épaules. Un Marabout va devant & les Domeftiques du Défunt fuivent fa biere, portant fa lance & fon fabre, ce qui eft fuivi d'un grand nombre de Chevaux & de Chameaux. La tombe eft de pierre taillée proprement, enrichie de ftatues & de creneaux.

En Mofcovie les Funerailles fe font avec beaucoup de ceremonies. Les parens & les amis du défunt s'étant rendus au logis, fe rangent autour du corps, & lui demandent pourquoi il s'eft laiffé mourir, fi fes affaires n'étoient pas en bon état, s'il manquoit des chofes neceffaires pour la vie, fi fa femme n'étoit pas affés belle & affés jeune, ou fi elle lui a manqué de fidelité ; & auffi-tôt on envoye un prefent de biere, d'eau de vie & d'hydromel au Prêtre, afin qu'il faffe des prieres pour fon ame. Le corps étant bien lavé, on le revêt d'une chemife blanche, on lui chauffe des fouliers faits de cuir de Ruffie fort delié, & on le met dans le cercueil, les bras pofés fur l'eftomac en forme de croix. On couvre ce cercueil d'un drap, & on le porte à l'Eglife, où on le laiffe huit ou dix jours, fi la faifon le permet. Pendant ce tems le Prêtre lui donne de l'encens & de l'eau benite tous les jours. Le convoi fe fait dans l'ordre qui fuit. A la tête marche un Prêtre portant l'image du Saint que le Mort a eu pour Patron à fon baptême. Quelques filles de fes plus proches parentes precedent le corps, rempliffant l'air de lamentations lugubres. Les Prêtres environnent ce corps & l'encenfent pour en éloigner les mauvais Efprits, & chantent quelques Pfeaumes. Les parens & amis fuivent chacun un cierge à la main. On découvre la biere auprès de la foffe, & l'on tient fur le défunt l'image de fon Patron ; tandis que le Prêtre fait quelques prieres, mêlées fouvent de ces paroles, *Seigneur, regarde cette ame en juftice*. Cela fait ceux du convoi prennent congé du défunt, en le baifent, ou feulement fon cercueil ; & le Prêtre s'étant approché lui met entre les doigts un billet figné du Patriarche ou du Metropolitain du lieu & du Confeffeur, qui fe vendent felon la qualité des perfonnes. Ce billet qui eft une maniere de paffeport pour le voyage de l'autre monde, eft à peu près conçû en ces termes : *Nous fouffignez Patriarche ou Metropolitain & Prêtre de cette Ville de ... reconnoiffons & certifions par ces prefentes que ... Porteur de nos lettres, a toûjours vécu parmi nous en bon Chrétien, faifant profeffion de la Religion Grecque, & que bien qu'il ait quelquefois peché il s'en eft confeffé & a reçû enfuite l'abfolution & la communion en remiffion de fes pechez. Nous reconnoiffons de plus, qu'il a reveré Dieu & fes Saints ; qu'il a fait fes prieres & qu'il a jeûné aux heures & aux jours ordonnez par l'Eglife, s'étant fi bien gouverné avec moi qui fuis fon Confeffeur, que je n'ai point eu fujet de me plaindre de lui, ni de lui refufer l'abfolution de fes pechez. En témoin de quoi nous lui avons fait expedier le prefent certificat, afin que Saint Pierre en le voyant lui ouvre la porte à la joye éternelle*. On ferme la biere fi-tôt qu'on lui a donné ce paffeport

& on le met dans la terre, le vifage tourné du côté de l'Orient. Ceux qui l'ont accompagné, font leurs devotions aux Images, & la ceremonie fe termine par un grand feftin. Le deuil des Enfans dure feulement quarante jours, pendant lefquels ils font trois autres feftins aux parens & amis du mort, fçavoir le troifiéme, le neuviéme & le vingtiéme jour après qu'on l'a enterré. Cela fe fait à l'imitation des Grecs modernes, qui prennent le quarantiéme jour au lieu du vingtiéme, à caufe que vers ce tems-là le cœur fe corrompt, comme le corps commence à pourrir vers le neuviéme, & le vifage à fe défigurer le troifiéme.

On obferve les chofes fuivantes aux Funerailles de ceux de l'Ifle de Madagafcar. Le corps du défunt étant lavé, fes plus proches parens l'ornent de menilles d'or, de pendant d'oreille, de chaînes embellies de corail, & l'enfeveliffent dans deux ou trois linges extrémement fins, après quoi il eft porté au tombeau enveloppé d'une grande nate. On rafe la barbe & les cheveux à ceux qui ont quelque rang, & pour les femmes on leur met un bonnet fur la tête. Avant la ceremonie des Funerailles, les parens, amis & efclaves du mort font des lamentations autour du corps, & cependant plufieurs femmes & filles danfent des danfes ferieufes au fon du tambour. Après avoir fait un tour, elles vont pleurer dans le logis, & enfuite reviennent danfer comme auparavant. Les hommes font auffi l'exercice des armes de tems à autre ; & parmi les lamentations qui fe font dans la maifon, on demande plufieurs fois au mort par quelle raifon, il a voulu fortir de la vie. Tout le jour s'étant paffé à faire des plaintes fur le mort, le foir on tue des bœufs dont on diftribue la chair bouillie ou rôtie à toute l'affemblée. Le lendemain on met le corps mort dans un cercueil, fait de deux troncs creufez, & très-bien joints l'un à l'autre, & on le porte ainfi au cimetiere, le mettant fix piés en terre fous une maifon bien bâtie avec un panier de ris, une boîte à tabac, un plat de terre, un petit réchaut pour brûler des parfums, un habit, & une ceinture à côté du mort. Devant la même maifon que l'on ferme enfuite, on plante une groffe pierre haute de douze ou quinze piés, & après cela on y immole des bêtes, dont on met les têtes fur des pieux autour du tombeau. On laiffe une partie de ces bêtes pour Dieu, pour le Diable & pour le Mort, auquel huit ou quinze jours après, fes parens envoyent de la viande par un efclave comme s'il vivoit encore. Les enfans viennent de tems à autre au tombeau où ils facrifient un bœuf, & demandent confeil au défunt fur tout ce qui leur fait de l'embarras.

Les ceremonies des Funerailles de ceux du Royaume de Quojas, Pays des Noirs, font particulieres. Après qu'on a lavé le corps du défunt, on le met tout droit avec des appuis pour le foutenir. On treffe fes cheveux, & on le revêt du plus bel habit qu'il peut avoir. Si c'eft un homme, on lui met un arc & des fleches dans les mains, & quand le corps eft ainfi paré, les plus proches parens du défunt viennent tirer de l'arc devant lui, pouffant une fleche auffi loin qu'ils peuvent, comme pour lui témoigner que fi quelque ennemi l'avoit tué, ils feroient tout prêts à venger fa mort. L'heure des Funerailles étant arrivée, les hommes mettent le corps fur une échelle, & le chargent fur leurs épaules, ils l'emportent dans l'un des Villages qui font au midi de la riviere de Plizoge, & l'enfeveliffent dans une foffe creufée feulement de deux ou trois piés. Enfuite on le couvre de terre, & on y jette une nate peinte par deſſus que l'on attache avec de grands cloux. Quelque tems après les amis du mort bâtiſſent une cabanne ſur ſon ſepulcre, & lui portent des viandes de tems à autre. Si c'eſt un homme d'un rang diſtingué, on prend une ou deux de ſes femmes eſclaves que l'on deſtine à l'aller ſervir en l'autre monde. On les fait demeurer auprès du corps tandis qu'on fait les aprêts, & les parens qui ſont avec elles, leur donnent des bracelets, des tours de corail, & de beaux habits, avec une ſoupe de ris, un poulet, & du tabac. Ces pauvres eſclaves jettent le reſte de leurs viandes au feu, quand l'heure de l'enterrement eſt venue, & étant arrivées au lieu du tombeau, on les étrangle & on les enſevelit avec leur Maître. Au commencement du deuil les plus chers amis du mort, s'obligent à un Jeûne par ſerment & promettent de ne point porter d'habit de couleur, mais ſeulement blanc & noir, de ne manger point de ris, de boire ſeulement de l'eau des foſſes & de ne point coucher avec leurs femmes, pendant huit ou quinze jours, & même pendant un mois. Ce terme expiré, ils vont proteſter de l'accompliſſement du vœu, après quoi on prépare un grand feſtin, à la fin duquel les parens du mort font des preſens à tous ceux qui ont jeûné à proportion du rang qu'ils tiennent.

Au Royaume de Pegu, il y a une occaſion où l'on fait des Funerailles d'un homme vivant : c'eſt quand les Jeſuites qui y ſont reçus ont fait embraſſer le Chriſtianiſme à quelque homme du Pays. Alors ſa Femme celebre ſes Funerailles, & lui fait dreſſer un tombeau, où elle fait ſes lamentations comme s'il étoit mort. Cela étant fait, elle prend le nom de veuve & peut ſe remarier avec un autre.

FUNERAIRE. adj. Qui appartient aux Funerailles. Frais Funeraires. On appelle en termes d'Architecture, Colomne Funeraire, Celle qui porte une urne où l'on ſuppoſe que les cendres de quelque perſonne morte ſont renfermées. Elle a quelquefois ſon fuſt ſemé de larmes ou de flames, ſymboles de la triſteſſe, & de l'immortalité.

FUNGUS. ſ. m. Terme de Medecine. Tumeur molle qui s'éleve autour des articles, & qui s'augmente inſenſiblement. Lorſque la peau eſt ouverte, comme elle trouve plus d'eſpace, elle prend en un moment un accroiſſement prodigieux, en forme d'un champignon. C'eſt ce qui la fait appeller Fungus, ou Champignon des articles. Il vient de la dilatation ou du déchirement des membranes ou des tendons qui ſont relâchez, ou de quelque partie nerveuſe offenſée par une contuſion, par une luxation en ſautant, ou par une cheute. C'eſt rarement que le Fungus ſe trouve hors des articles ; & on remarque qu'il eſt toûjours attaché à des membranes, à des tendons, ou à des parties ſemblables. L'humeur nourriciere ramaſſée & retenuë en eſt la cauſe. Cette humeur ſe joignant à cette graiſſe glaireuſe qui oint naturellement les articles pour faciliter le mouvement, engendre une ſubſtance molle, rare & ſpongieuſe, qui quelquefois contracte de la corruption une aridité occulte, qui fait que le Fungus étant maltraité a cquiert aiſément une malignité chancreuſe. Les Fungus croiſſent d'ordinaire ſur les membranes du cerveau plûtôt que ſur les autres parties, c'eſt-à-dire, dans les playes de la tête, lorſque l'on n'a pas tout le ſoin qu'on doit avoir de les défendre de l'air exterieur. Cette maladie eſt rare, mais la cure en eſt d'autant plus fâcheuſe que les Fungus ſont profondement enracinés dans l'article, & particulie-

Tome I.

rement dans les parties nerveuſes.

FUNIN. ſ. m. Cordage de Vaiſſeau. On dit, *Mettre un Vaiſſeau en Funin*, pour dire, L'agréer de tous ſes cordages. Les Cordiers appellent *Franc Funin*, De gros cordages, qui ſont compoſés de cinq torons tellement ſerrés, que le cordage paroît plus arrondi que le cordage ordinaire. On ſe ſert de cordes de franc Funin pour les plus rudes manœuvres.

FUR

FURET. ſ. m. Petit animal, qui n'eſt pas plus grand qu'un Ecureuil, & qui ſe nourrit plûtôt de ſang que de chair. On l'appelle ainſi à cauſe qu'il va fureter dans les trous des Lapins & des Renards pour les en faire ſortir. On le dreſſe exprès à cette ſorte de chaſſe. Il a les yeux rouges, le ventre blanc, & tout le reſte du corps couvert d'un poil dont la couleur participe du blanc & de la couleur de bois. On tient que les petits de la femelle du Furet ſont trente-trois jours ſans voir clair. Les Latins l'appellent *Furo*, *Furunculus*, *Fureotus*, *Muſtela Sylveſtris & Viverra*. On l'appelle ιϰτις en Grec.

Le Mercure eſt appellé *le Furet* en Medecine, à cauſe qu'il penetre dans les Parties les plus ſecretes & les plus ſolides du corps pour en chaſſer la corruption.

FURIEUX, EUSE. adj. Terme de Blaſon. Il ſe dit d'un taureau qui eſt élevé ſur ſes piés. *D'azur au Taureau furieux, & levé en pié d'or.*

FURIN. Terme de Marine. On dit, *Mener un vaiſſeau en Furin*, pour dire, Le mener hors du havre, & en pleine mer, ce qui ſe fait par des pilotes des lieux, qui connoiſſent les endroits où il y a du danger.

FUROLE. Vieux mot. Feu de ſaint Elme.

FURONCLE. ſ. m. Terme de Medecine. Eſpece de phlegmon aigu & pointu, accompagné d'inflammation & de douleur. Il eſt cauſé par un ſang gros & vitieux, mais qui eſt moins bouillant que celui qui fait le carboncle. On l'appelle *Furunculus* ou *Ferunculum* en Latin, ce qu'on fait venir de *Fervor*. En Grec ἀνθραξ.

FUS

FUSAIN. ſ. m. Sorte de petit arbriſſeau qui eſt propre à faire des hayes.

FUSAROLE. ſ. f. Terme d'Architecture. petit membre rond, taillé en forme de Collier & de certains grains un peu longs, ſous l'ove des chapiteaux Dorique, Ionique & Compoſite.

FUSÉ', E'E adj. On appelle *Chaux fuſée*, Celle que l'eau n'a ni amortie ni détrempée, & qui d'elle-même s'eſt reduite en poudre. Cette ſorte de chaux n'eſt propre à aucun ouvrage, à cauſe qu'aucune partie ignée ne s'y trouve plus.

FUSEAU. ſ. m. Petit morceau de bois leger, qui eſt long d'environ un demi pié, & plus gros par le milieu que par les deux bouts. On met le fil de la quenouille tout à l'entour, & on le tourne en filant. On appelle encore *Fuſeaux*, certains bâtons tournés où il y a du fil, de la ſoye, de l'or, de l'argent devidé autour, pour faire des denrelles, des guipures, & autres ouvrages. Les bâtons de la Lanterne d'un moulin s'appellent auſſi *Fuſeaux*.

On appelle en termes de Marine *Fuſeaux de Cabeſtan*, de courtes pieces de bois que l'on met au cabeſtan pour le renſler.

FUSÉE. ſ. f. Piece de feu d'artifice qui ſe lance en l'air dans les réjouiſſances publiques. Il y en a de

Courantes. Dans les Fusées que l'on appelle *Volantes*, la baguette leur sert de contrepoids pour les tenir droites en l'air. *Les Fusées à étoiles* sont celles qui ont plusieurs petits boules de poudre, & qui forment une figure d'étoile quand elles sont enflamées. On appelle *Fusées à serpenteaux*, les grosses Fusées qui en enferment un grand nombre de petites.

Fusée. Terme d'Horlogerie. Piece de montre qui est sur la grande roue, & qui sert à monter le grand ressort.

On appelle *Fusée* dans un Tournebroche, la partie du bois du tournebroche où l'on met les cordes.

Fusée. Terme de Marine. On appelle *Fusée d'aviron.* Un peloton d'étoupe goudronnée, avec un entrelassement de fil de carret, qui se fait vers le menu bout de l'aviron, ce qui l'empêche de sortir de l'étrier, & de tomber à la mer quand on le quitte le long de la chapelle. On dit aussi *Fusée de Tournevire.* C'est un entrelassement du même fil de carret. On le fait sur la Tournevire de distance en distance pour retenir les garcettes, & les empêcher de glisser le long de la corde.

Fusée. Sorte de maladie de cheval, qui lui vient de deux suros dangereux, qui se joignent ensemble de haut en bas, au-dedans du canon sur le train de devant, & qui montant quelquefois jusqu'au genouil le rendent estropié.

Fusée. Terme de Blason. Figure en forme de Fusée que quelques-uns portent dans leur écu. Les Fusées sont plus étendues en longueur que les losanges, & affilées en pointe de même que les fuseaux. On regarde la Fusée comme la marque de la droiture & de l'équité. *D'argent à cinq Fusées de gueules.* Il y en a pourtant qui prétendent que les Fusées en Blason soient des marques de flétrissure pour les maisons qui les portent. On en donne pour raison qu'après que les croisades eurent été publiées, nos Rois condamnerent les Gentilshommes qui se dispenserent d'aller à la guerre contre les Infidelles, à changer leurs armes & à charger leurs écus de Fusées, comme reconnoissant qu'ils meritoient d'être mis au nombre des femmes.

FUSELÉ, ÉE. adj. Terme de Blason. Il se dit d'une piece chargée de Fusées. *Fuselé d'argent & de gueules.*

On appelle en termes d'Architecture, *Colonne Fuselée,* Une colonne, dont le renflement étant hors de la belle proportion & trop sensible, fait qu'elle ressemble à un Fuseau.

FUSIBLE. adj. On dit d'un métal, qu'*Il est Fusible,* pour dire, qu'On le peut fondre à force de feu.

On appelle *Colonnes Fusibles,* non seulement celles qui sont de divers métaux & autres matieres Fusibles comme le verre, mais encore les Colonnes de pierre que l'on appelle Fondue dont les anciens avoient le secret, selon que quelques-uns se le persuadent.

FUSIL. s. m. Arme tout-à-fait semblable au mousquet, si ce n'est qu'on y joint un chien, qui porte une pierre, & qui s'abattant avec ressort fait feu sur le bassinet, au lieu que l'on joint un serpentin à la platine du mousquet, qui peut-être à son calibre encore plus grand, & est un peu plus pesant. Ordinairement dans chaque Compagnie d'Infanterie, il y a quatre Fusiliers, qu'on choisit entre les plus adroits de la Compagnie pour porter cette sorte d'arme, à cause du danger qu'il y a à la manier. Le Fusil se porte en bandouliere. Tous les Grenadiers en France sont armés de Fusils de même que les Dragons. Il y a dix Fusiliers dans chaque Compagnie aux Gardes, & le Grand Maître de l'Artillerie a un Regiment de Fusiliers pour la garde & le service de l'Artillerie. La balle du Fusil est du poids de vingt à la livre.

On appelle *Pistolets à Fusil,* Ceux qui ont une platine d'acier vers la culasse, qui fait du feu, en lâchant le chien sur la couverture du bassinet, ce qui les distingue des pistolets à rouet, qui étoient autrefois fort en usage. Le mot de *Fusil,* selon quelques-uns vient de *Focile* qu'on a formé de *Focus* qui signifie une Pierre à feu. On a étendu delà le nom au fer, à la platine, & à l'arme que l'on appelle Fusil. Du Cange le fait venir de *Fugillus,* & Ugutio a dit *Fugillare,* pour dire, *Ignem de petrâ fugillo extrahere.*

Fusil, chés les Bouchers, Rotisseurs & autres, est un morceau de fer arrondi en forme de quille qui leur pend de la ceinture, & dont ils se servent pour aiguiser leurs couteaux.

FUSILE. adj. Qui peut se fondre. Quelques-uns se servent de ce mot au lieu de *Fusible.* La grandeur des Obelisques qui se voyent à Rome, a fait croire qu'il y a eu autrefois des pierres fusibles.

FUSILIERE. adj. On appelle *Pierre fusiliere,* Une espece de pierre dure & seche qui tient de la nature du caillou. Il y en a de grise, & de la petite noire. On se sert de cette derniere pour les terrasses & les bassins de fontaine, & on l'appelle autrement *Pierre à Fusil.*

FUSIN. s. m. Arbre que Matthiole a connu pour être fort dangereux au bétail, & d'une puante odeur, ce qui le persuade que c'est la plante que Theophraste nomme *Evonymus,* & dont il parle en ces termes. L'Evonymus est de la grandeur du Grenadier, ayant sa feuille semblable, & molle comme celle de cet arbre, & un peu plus grande que la feuille du Laureole mâle. Il commence à pousser en Septembre, & fleurit au Printems. Sa fleur est d'une couleur semblable aux violettes blanches, de mauvaise odeur, & dangereuse à ceux qui la sentent. Son fruit avec son écorce ressemble aux gousses de la Jugeoline, excepté qu'il se sépare en quatre. Il fait mourir le bétail qui en mange, aussi bien que sa feuille, & sur-tout les chévres s'il ne leur vient quelque subit flux de ventre. Matthiole ajoûte que son bois est pâle comme le bouis, moins pesant & moins massif.

FUSION. s. f. Terme de Chymie. Fonte des métaux. *Le feu de fusion,* est un feu de reverbere. La fusion de fer ne se fait qu'avec un très-grand feu dans les forges. On dit aussi la *Fusion des sels,* lorsqu'on en fait des eaux fortes.

FUST. s. m. On appelle *Fust,* Le bois dont le corps d'une quaisse ou d'un tambour est composé. Il se dit aussi du bois d'une raquette.

Il signifie encore un instrument qui porte un couteau qu'on serre par le moyen d'une vis. Les Relieurs s'en servent à couper les feuillets des livres.

On appelle aussi *Fust,* La tige d'un trépan aussi bien que le bois d'un rabot, d'une varlope, & de divers autres outils dont les Menuisiers se servent.

Fust. Terme d'Architecture. *Fust de Colonne.* C'est le vif, le tronc & le corps de la colonne, qui est compris entre la base & le chapiteau.

On dit en termes de Marine, *Fust de girouette,* pour signifier Un bois plat comme une latte, & qui n'a de largeur que quatre doigts, où l'on coût la girouette.

FUSTAYE. s. f. Grand bois, qu'on n'a point coupé en ventes ordinaires, & qu'on a laissé croître au-dessus de quarante ans. Ces sortes de bois font partie du fond, & il n'est pas permis aux Usufruitiers de les couper. On en connoît l'âge par le nombre des cercles qui paroissent sur le pié de l'arbre quand il est coupé. *Fustaye sur taillis* ; est un bois qui a quarante ans. Depuis quarante ans jusqu'à soixante on l'appelle. *Demi-fustaye*. Depuis soixante jusqu'à six-vingts, il est *Jeune demi-fustaye*, & quand il a passé deux cens ans, il est *Haute fustaye sur le retour*. On dit *Haute & pleine fustaye*, en parlant de celle des arbres de belle venue, & qui sont pressés ; & *Fustaye basse & rabougrie*, quand les arbres sont bas & tortus, & de mauvaise venue. Borel veut que l'on ait dit, *Un bois de haute fustaye*, de ce qu'autrefois on appelloit *Fusts* des poutres, & quelquefois même la charpente d'un bâtiment qui se fait toûjours de ces sortes d'arbres. On disoit aussi *Fust ferré*, pour dire, Un bâton ferré, du Latin *Fustis*, Bâton.

FUSTE. s. f. Bâtiment de bas bord & de charge, qu'on fait aller à voiles & à rames.

FUSTER. v. a. Vieux mot. Battre à coups de bâton.

    Ceux fustent, battent, lient, pendent.

Borel dit que c'est delà que vient *Fustiger*, parce que l'on fouetta à coups de verge ou petits bâtons. Il croit aussi que le mot de *Fouet* en vient, & qu'on a écrit autrefois *Fuest*, à quoi on a ajoûté la lettre *t*, la plûpart des Nations prononçant l'*u* en *ou*. On a dit aussi *Bois fusté*, pour dire, Bois dégradé.

FUT

FUTE'E. s. f. Composition faite de poudre ou de scieure de bois avec de la colle forte, dont les Menuisiers se servent pour remplir les trous, fentes & autres défauts du bois. Quelques-uns font du mastic avec de la cire, de la resine, & de la brique pilée, & ce mastic étant moins sujet à se gerser, est meilleur que la Futée.

FUY

FUYE. s. f. Petite voliere où l'on nourrit quelques pigeons domestiques, & que l'on ferme avec un volet. Ce mot vient du Latin *Fuga*, d'où vient qu'on a dit autrefois *Fuye*, pour, Fuite.

G

GAA

AAGNERIE. f. f. Vieux mot. Pâturage. On appelloit autrefois *Gaaignages*, les Prés abondans en herbes.

Figues y eut & gaaignages,
Grands rivieres & grands
boscages.

On croit que c'est delà qu'est venu *Regain*, qui veut dire la seconde herbe des prés. Borel marque qu'on a dit *Gaaiez*, *gaans*, *gaaing*, *gasan*, *gayeng* & *gayens*, pour dire, Gain. Il semble que l'on doive entendre par ce mot de *Gain* la premiere herbe des prés, comme le Regain en est la seconde.

GAB

GAB. f. m. Vieux mot. Raillerie, moquerie.

Sur moi cherra trestous li gabs.

On a dit delà *Gaber*, pour dire, Railler. *Les enfans gaberent Elisée, lui disant, Monte, chauve.* On a dit aussi *Se gaber*, pour, Se moquer. *Vous vous êtes gabés de moi par dérisions.* Delà est encore venu ce qui se dit populairement, *Donner de la gabatine à quelqu'un*, pour dire, Lui faire en se moquant une promesse ambigue que l'on n'a pas envie de tenir. M. Ménage dit que le mot de *Gab* vient de *Gabberen*, qui en Allemand signifie Badiner.

GABAN. f. m. Sorte de manteau de feutre à long poil que l'on portoit autrefois pour se défendre contre la pluie.

A son col tourne sa cornette,
Sur son col met un grand gaban.

GABARE. f. f. Bateau plat & large dont on se sert sur quelques rivieres qui n'ont point assés de fond, & qui est propre pour le carguaison des Vaisseaux. Il a à voiles & à rames. M. Ménage le fait venir du Grec καράβιον, Nacelle, ou du Latin *Carabus*, & Borel de καράβιον, Voute.

GABARIER. f. m. Celui qui sert à conduire une gabare. Il se dit aussi d'un Portefaix que l'on emploie à charger & à décharger les navires.

GABARIT. f. m. Terme de Marine. Modele d'un Vaisseau, qui avec des pieces de bois fort minces represente la maniere dont il doit être construit, tant pour la longueur & la largeur, que pour le calibre de ses membres. On dit qu'*Un Vaisseau est d'un bon Gabarit*, pour dire, qu'il est bien coupé, & que la construction en est bonne. On appelle *Premier Gabarit*, la Varangue qui se met sous le maître bau & qui y répond, & *Second & troisiéme Gabarit*, les Modeles qui s'élevent sur les autres varangues selon leur ordre.

GABELLE. f. f. Quoique par ce mot on doive entendre en general le droit qui se leve sur toutes sortes de marchandises ; ce qui a fait dire dans les Coûtumes, *Gabelle de vin*, *gabelle de draps*, l'usage confirmé par l'Ordonnance de Henri III. veut que le droit de Gabelle soit pris pour celui qui l'impose sur le sel. Ce droit n'a pas été inconnu

GAB

chés les autres Nations ; & si l'on en croit Pline, Ancus Martius l'a établi le premier à Rome. Ce fut de cette imposition sur le sel que fit Marcus Livius dans le tems qu'il fut Censeur, qu'on lui donna le nom de *Salinator*, comme qui diroit Gabeleur. Les Empereurs Romains ont aussi tiré de grands profits des Salines, ce qui fait voir que les Rois de France n'ont point inventé l'impôt sur le sel. Les particuliers en ont eu long-tems la libre disposition, & ce fut Philippe de Valois qui en 1343. imposa le premier une sorte de tribut sur le sel. D'autres veulent que le Roi Jean en ait été l'auteur. Ce n'étoit point au commencement un tribut perpetuel, puisqu'il est porté dans l'Ordonnance de Philippe IV. de l'année 1318. *Notre intention n'est que les Gabelles & Impositions durent à toûjours, & qu'elles soient mises en notre domaine ; ainçois voudrions qu'elles fussent abbatues, & que les Prévôts & Fermiers fussent ôtés & baillés en garde à bonne & suffisante personne.* La levée qui se fit d'abord fur le sel fut très-mediocre. En 1324. Philippe le Long faisoit seulement percevoir deux deniers sur chaque minot ; & peu à peu on a augmenté ce droit selon les diverses occurrences. François I. fit d'abord vingt-quatre livres par muid, & ensuite l'impôt fut porté jusqu'à quarante-cinq. Presentement le sel se vend quarante-deux ou quarante-trois livres, suivant les Generalités. Les Officiers préposés pour juger si le sel est bien conditionné, pour prendre garde aux mesures & pour faire le procès aux Faussonniers, sont appellés Greneriers, & les appellations de leurs Sentences se relevent en la Cour des Aides. Le sel ne se distribue pas en tous lieux de la même sorte. Il y a des Greniers où la vente est volontaire, & il y en a d'impôt ; & cette vente se fait tous les ans, & s'assied comme la Taille, chaque Paroisse en prenant la quantité à laquelle elle est imposée, & la distribution s'en fait en particulier à proportion des familes. On a coûtume de faire trois Fermes des Gabelles. La premiere comprend la plus grande partie du Royaume, & s'appelle *Le grand Parti*. La seconde est celle du Lyonnois & du Languedoc, & la troisiéme celle de la Provence & du Dauphiné. Le mot de *Gabelle*, selon du Cange, vient de *Gablum*, tiré du Saxon, qui signifie Tribut, ou de *Alcavala* qui signifie Recepte en Arabe, & Gabelle en Espagnol. C'est le sentiment de M. Ménage. Ceux qui font le sel, après qu'ils l'ont essuyé, l'appelle *Sel gabellé* ou *gavellé*.

GABET. f. m. Terme de Marine dont on se sert en certains lieux de la Manche pour signifier une Girouette.

GABIE. f. f. Terme qui est en usage sur la Mediterranée pour dire la hune ou la cage qui est au haut d'un mât. L'arbre de hune s'appelle aussi *Gabie* à Marseille. Ce mot vient de l'Italien *Gabbia*, Cage.

GABIER. f. m. Terme de Marine. Matelot qui est sur la hune à faire le guet & la decouverte pendant son quart. Quelques-uns appellent auffi *Gabier* , un Matelot qui a foin de vifiter tous les matins les manœuvres du Vaiffeau, pour voir fi rien ne fe coupe, & fi tout eft en bon ordre.

GABION. f. m. Terme de guerre. Panier de cinq à fix piés de hauteur fur une largeur de quatre, tant par le haut que par le bas. On remplit ces fortes de paniers de terre pour fe couvrir contre l'Ennemi, & ils fervent tantôt de merlons pour les batteries, & tantôt de parapet à des lignes d'approche, lorfqu'on fe trouve obligé de conduire les attaques par un chemin pierreux & qui eft femé de rochers, & que l'on veut avancer extraordinairement le travail. Ils fervent auffi à faire des logemens fur quelques poftes. L'Ennemi met le feu aux Gabions par des fafcines goudronnées qu'il y attache quand il en veut rendre l'ufage inutile.

GABORDS. f. m. p. Planches d'en bas dont eft compofé le bordage exterieur d'un Navire. Ces planches forment par dehors un coude en arc concave depuis la quille jufqu'au-deffus des varangues.

GABURON. f. m. Terme de Marine. Piece de bois qui étant appliquée contre un mât, ou contre une vergue, fait que le bois n'en éclate pas. On l'appelle autrement *Clamp, Gemelle* & *jumelle*.

GABUERIBA. f. m. Arbre du Brefil qui eft fpacieux & fort eftimé des Portugais, qui appellent Baume une liqueur qu'il rend, & qui découle infenfiblement dans du coton qu'on y met après qu'on a legerement entamé l'écorce. Ce baume approche du vrai, & guerit les playes nouvelles. Il a une bonne odeur qu'il communique aux forêts où ces arbres croiffent. Leur bois eft compté entre les plus excellens pour fa dureté & fa pefanteur, & pour l'ufage qu'il a en charpenterie. Les bêtes fauvages, voulant fe guerir de quelque mal, vont à cet arbre, dont ils entament l'écorce à force de s'y frotter. Il fe trouve dans le Gouvernement du S. Efprit plus qu'en aucun autre lieu. C'eft ce qu'en rapporte Laët.

GAC

GACHE. f. f. Terme de Serrurier. Piece de fer ronde ou plate, qui eft percée, & dans laquelle on fait entrer le pêne de la ferrure lorfqu'on veut tenir la porte fermée. La Gache eft attachée au pôteau de la porte, ou fcellée au mur.

On appelle auffi *Gâches*, des Cercles de fer qui fervent à tenir ferme contre les murs les defcentes de plomb qui reçoivent l'eau des chaîneaux & des goutieres.

Gache. Terme de Patiffier. Petit inftrument de bois qui fert aux Patiffiers quand ils veulent manier leurs farces. Il eft large & délié par le bout d'en bas, & long d'un bon pié.

On a dit *Gache*, dans le vieux langage, pour dire, Aviron, & les Bateliers difent encore *Gâcher*, pour dire, Ramer, tirer un bateau avec des avirons. On dit *Gâcher du plâtre*, pour dire, Le détremper dans l'auge avec la truelle. *Gâcher*, felon Nicod, vient dans cette fignification du mot *Vaffer*, qui fignifie Eau en Allemand,

GACHETTE. f. f. Terme de Serrurier. Petit morceau de fer qui fe met fous le pêne d'une ferrure d'un tour & demi.

GACHIERES. f. f. p. Vieux mot qui a fignifié des Terres nouvellement défrichées & non femées. On les appelle aujourd'hui *Novales*. Du Cange fait venir *Gachieres* du Latin *Gafcaria*. On a dit auffi *Gacquieres*, pour dire, Sillons en femés d'un champ.

GADELLE. f. f. Sorte de petit fruit dont on fait des confitures liquides.

GAF

GAFFE. f. f. Terme de Marine. Efpece de croc de fer dont on fe fert dans une chaloupe pour s'éloigner de terre ou d'un Vaiffeau, ou pour quelque autre befoin. Ce croc a deux branches. Il y en a une droite & l'autre courbe, & fon manche eft une perche qui a dix à douze piés de long. On dit *Gaffer quelque chofe*, pour dire, l'Accrocher avec une Gaffe.

GAG

GAGATE. f. f. Sorte de pierre que Diofcoride dit qui fe trouve ordinairement en Cilicie auprès de la chûte d'un fleuve appellé *Gagas*, qui entre en la mer proche de la Ville de Plagiopolis. C'eft delà que cette pierre a été nommée *Gagate*. Elle eft noire pour la plûpart, craffeufe, croufteufe & fort legere. Elle s'allume dès qu'on l'approche du feu, jette une fumée fort noire, & fent le bitume. Matthiole ajoûte qu'on en trouve quantité en Flandre, & dans le Brabant, & que les gens du pays, faute de bois, fe chauffent de cette pierre. Il fait voir l'erreur de Fuchfius, qui prend cette pierre pour le Piffafphaltum ou pour l'ambre noir. Elle a une vertu mollitive & refolutive, & fon parfum chaffe les ferpents. Etant brûlée dans des inftrumens de verre propres pour cela, elle rend une huile qui eft bonne pour ceux qui font faifis de la rage, ou fujets au haut mal, & pour les paralytiques & les fpafmatiques.

GAGE. f. m. *Ce qu'on met entre les mains de quelqu'un pour fureté d'une dette.* ACAD. FR. On dit, en termes de Coûtume, *Prendre gage*, pour dire, Prendre ou le chapeau ou quelque piece de l'habit de celui qu'on trouve faifant dommage dans l'heritage d'autrui; ce qui donne lieu de l'accufer en Juftice pour l'obliger à reparer ce dommage. *Mort gage*, eft celui dont on laiffe jouir l'engagifte, de telle forte qu'il a le profit des fruits, fans qu'il en compte rien fur la dette. *Vif gage*, eft celui dont les fruits étant comptés fur la dette, la font diminuer à proportion de ce que l'on en perçoit. *Contre-gage*, a été autrefois une efpece de reprefailles, que quelques Seigneurs ont prétendu avoir droit de prendre pour les indemnifer du tort qu'on leur avoit fait.

Gage de combat. C'eft, felon Nicod, ce que les futurs combattans jettent à terre & relevent reciproquement, après quoi ils fe donnent à garder à un tiers pour affûrance qu'ils entreront en champ clos au jour arrêté. C'étoit ordinairement le gantelet qu'ils jettoient pour Gage, s'ils fe trouvoient alors armés; & s'ils n'étoient point armés, ils jettoient le gand de la main droite. Il rapporte cet exemple du fecond livre d'Amadis. *Lors jetta un gand; voilà*, dit-il, *mon gage, recevez-le pour votre frere, fi de tant il vous veut advouer qu'il accepte le combat que vous lui avez moyenné. Alors la Damoifelle print le gand, puis défermant d'alentour de fa tête un fermaillet d'or, dit au Roi : Sire, pour mon frere abfent j'ai accepté ce combat de lui contre ce Chevalier, en témoignage duquel vous recevrez, s'il vous plaift, ces deux gages, lefquels elle lui bailla.*

GAGER. v. a. Terme de Palais. Quand des témoins ont fait défaut fur une affignation qui leur a été faite pour venir dépoſer ce qu'ils ſçavent ſur quelque affaire, & qu'on veut les y obliger, on dit qu'*Ils ont été gagés de dix, de vingt livres*, pour dire, qu'Il a été ordonné qu'ils payeront cette ſomme, s'ils ne comparoiſſent pas au jour marqué. On appelle *Meubles gagés*, les Meubles qui ont été ſaiſis pour l'aſſurance de quelque dette. Ainſi l'on dit dans ce ſens, qu'*Il a été ordonné que des meubles, auparavant gagés & exécutés, ſeront vendus*. On dit, *Gager une amende*, pour dire, La conſigner; & *Gager & offrir le rachat au Seigneur*, pour dire, Empêcher l'effet de la ſaiſie en conſignant & en faiſant des offres réelles. On appelle *Rachat gagé*, un Rachat promis & fixé. *Gager*, eſt auſſi un terme de Notaire, & veut dire, Offrir; ce qui fait qu'on met dans beaucoup de contrats, en parlant de celui qui s'engage au payement de quelque ſomme, *Lequel promet & gage de fournir & payer la ſomme de*, &c.

GAGERIE. ſ. f. Terme de Pratique. Simple ſaiſie & arrêt de meubles que le propriétaire d'une maiſon fait ſur ſon locataire pour aſſurance des loyers qui lui ſont dûs. On ſe pourvoit auſſi quelquefois par Gagerie, pour une dette provenant d'une promeſſe qui n'eſt point reconnne. L'article 86. de la Coûtume de Paris eſt conçu en ces termes. *Il eſt loiſible à un Seigneur Cenſier en la ville & banlieue de Paris, au défaut de payement des droits de cens dont ſont chargés les heritages tenus en cenſive, de procéder par voie de ſimple Gagerie ſur les biens étans ès maiſons pour trois années d'arrerages dudit cens & au-deſſous, & eſt entendu ſimple Gagerie, quand il n'y a tranſport de biens*.

GAGNAGE. ſ. m. On dit auſſi *Gagnement*. *Gagnage*, ſe dit non ſeulement des terres labourées où les beſtiaux vont paître, mais encore des fruits des terres emblavées. *Prendre les gagnages d'une terre ſaiſie en rendant les labours & ſemences*. C'eſt en faire la recolte, en prendre les fruits. On a dit autrefois *Gaignage*, & l'on appelloit *Terre gaignable*, une Terre qui étoit fertile. Du Cange tire le mot de *Gagnage de Gagnagium ou Vvagnagium*, venant du vieux mot François *Gaaing*, Profit.

Gagnage eſt auſſi un terme d'Anjou, pour marquer les retributions des fondations. Cette *Chapelle n'eſt pas aux gagnages*. M. Arnaud Evêque d'Angers fit une Ordonnance qui défend de prendre les Gagnages en deux Egliſes. Il faut opter: on prend celle où la bourſe des Anniverſaires eſt plus forte.

Gagnage. Terme de Venerie. On dit qu'*Un Cerf va au gagnage*, pour dire, qu'il va au viandis dans les terres qui ſont chargées de grains.

GAGNER. v. n. Profiter, faire du gain. On dit, en termes de Marine, qu'*Un Vaiſſeau a gagné au vent*, pour dire, qu'Un Vaiſſeau qui étoit ſous le vent, ſe trouve au vent. On dit auſſi, qu'*On a gagné ſur un Vaiſſeau*, quand on a cinglé mieux que lui, & qu'on en a approché; & abſolument qu'*On a gagné*, pour dire, qu'On a approché de quelque choſe, ſoit contre le vent, ou contre le courant de la mer. *Gagner le vent, gagner le deſſus du vent*, c'eſt prendre l'avantage du vent ſur ſon ennemi. Il eſt actif en cette dernière phraſe.

GAGUEI. ſ. m. Arbre de la Nouvelle Eſpagne, dont le fruit a la forme d'une figue, quoiqu'il ne ſoit pas plus gros qu'une noiſette. Il eſt au-dedans entierement comme une figue blanche, plein de petits grains & d'un fort bon goût. La décoction de ſes racines humecte la langue de ceux qui ont la fièvre, adoucit la douleur de poitrine & évacue la bile & le flegme. On cuit trois onces de ſes racines avec trois livres d'eau, juſqu'à ce que la moitié ſoit conſumée.

GAI

GAIANITES. ſ. m. Heretiques de la ſecte d'Eutiches, qui ſuivirent les erreurs de Julien-d'Halicarnaſſe, Chef des Phantaſtiques, ennemis du Concile de Chalcedoine, & s'attacherent depuis aux ſentimens de Gaïan, que le peuple d'Alexandrie mit ſur le ſiege Epiſcopal dans le ſixième ſiecle; ce qui cauſa de grandes diviſions juſqu'à ce qu'il fût exilé. C'eſt de ce Gaïan que les Gaïanites ont pris leur nom. Ils ſoûtenoient que le Corps de JESUS-CHRIST avoit été incorruptible après l'union des deux natures, & qu'il n'avoit été ſujet à aucune des infirmités que la néceſſité naturelle impoſe à l'homme. Cette opinion détruiſoit entierement la verité des ſouffrances du Fils de Dieu.

GAIGNON. ſ. m. Vieux mot. Le petit d'une bête.

Là ſont les dolentes femelles,
Qui le lait ont en leurs mammelles,
Dont elles paiſſent leurs gaignons.

GAILLARD. ſ. m. Terme de Marine. Etage du Vaiſſeau qui n'occupe qu'une partie du pont. C'eſt ce qu'on appelle autrement *Château*. Il y a le *Gaillard d'avant*, qui eſt l'exhauſſement à la proue des grands Vaiſſeaux au-deſſus du dernier pont vers la miſaine, & le *Gaillard d'arriere*, qui eſt l'élévation qui regne à la poupe au-deſſus du même pont. La hauteur de l'un & de l'autre eſt à peu près de cinq piés.

GAILLARDE. ſ. f. Air de Muſique à deux tems qui a ſix meſures à chaque partie. Il faut que de trois en trois meſures il y ait une cadence ou un repos. On appelle auſſi *Gaillarde*, une eſpece de Danſe ancienne que l'on danſoit tantôt terre à terre, tantôt en cabriolant, tantôt allant le long de la ſalle & tantôt à travers. Ceux qui ont écrit de cette danſe, diſent qu'elle étoit compoſée de cinq pas & de cinq aſſiettes de piés que faiſoient les danſeurs l'un devant l'autre avec differens paſſages.

On appelle *Gaillarde*, en termes d'Imprimerie, le caractere qui eſt entre le petit Romain & le petit Texte.

GAILLARDELETTES. ſ. m. p. Nom que l'on donne ſur mer aux pavillons arborés ſur l'artimon & ſur la miſaine. On les appelle autrement *Galans*.

GAILLARDET. ſ. m. Terme de Marine. Sorte de petite girouette échancrée en maniere de cornette.

GAINE. ſ. f. Etui de couteau. *Gaine*, en termes d'Architecture, ſignifie la partie inferieure d'un Terme qui va en diminuant du haut en bas. On l'appelle ainſi à cauſe qu'il ſemble que la demi-figure qui eſt en haut ſorte du bas comme d'une gaine. Il y a une *Gaine de ſcabellon*, qui reçoit divers ornemens, & qui ſe fait de differentes manieres. On entend par là la partie rallongée qui eſt entre la baſe & le chapiteau d'un ſcabellon.

On appelle en termes de Marine, *Gaine de flame*, une maniere de Fourreau de toile dans lequel on fait paſſer le bâton de la flame. *Gaine de pavillon*, eſt une Bande de toile couſue dans toute la largeur du pavillon. Les rabans y ſont paſſés. Il y a d'autres bandes de toile par où l'on coût les girouettes aux fûts. On appelle celles-là *Gaines de girouettes*.

GAINIER. ſ. m. Ouvrier qui fait des gaines & toutes ſortes d'étuis, & qui avec du veau, du maroquin ou du chagrin, couvre des caſſettes, des écritoires, des couſteaux, & autres choſes ſemblables qu'il figure avec des fers.

GAL

GALACTITE. f. f. Sorte de pierre que Rodolphus Agricola dit fe trouver en certaines montagnes de Saxe & le long de quelques rivieres d'Allemagne. Elle eft de couleur cendrée & a un goût doux. Diofcoride dit qu'étant enduite elle eft fort propre aux ulceres & aux fluxions des yeux. Selon Pline, elle accroît le lait aux nourrices, & pendue au col des enfans elle leur fait venir la falive. On la nomme *Galactite*, à caufe que quand elle eft refolue en humeur, elle a une couleur de lait, qui eft appellé γάλα en Grec.

GALATINE. f. f. Vieux mot. Gelée à manger.
> *Et de maintes viandes tafte*
> *En poft, en roft, en fauffe, en pafte,*
> *En friture, en galatine.*

GALAUBAN. f. m. Terme de Marine. On appelle *Galaubans*, de longues cordes qui prennent du haut des mâts de hune jufques aux deux côtés du Vaiffeau. Elles fervent à tenir ces mâts. On dit auffi *Galebans* & *Galans*.

GALBANUM. f. m. Jus tiré par incifion d'une plante qui reffemble à la ferule. Elle croît dans la Syrie fur le mont Amanus, & eft à peu près de la nature de celle qui porte l'Opoponax. Le Galbanum eft chaud, brûlant, attractif & refolutif. Le bon eft cartilagineux, tirant à l'encens gras, ne retenant rien du bois, & ayant quelques graines de ferule mêlées parmi. Pour le bien choifir, il faut qu'il foit en larmes belles & pures, qu'il ait le goût acre & amer, & que l'odeur en foit forte & défagreable. Quand les larmes font recentes, leur couleur eft affés blanche & approche de celles de l'oliban, mais elles font d'une confiftance plus molle. Diofcoride dit qu'on le fophiftique en y mêlant des féves concaffées, de l'ammoniac & de la refine. Il provoque les mois & attire l'enfant hors du ventre de la mere, foit que l'on l'applique, ou que l'on s'en ferve en fuffumigation. Son odeur eft bonne à ceux qui ont le haut mal & dans les fuffocations de matrice. Si on le diffout dans le vinaigre, & que l'on y mêle du nitre, il efface les roufleurs du vifage. On s'en fert auffi avec fuccès pour remedier à la toux inveterée, à l'afthme & mêmre aux venins. On tient que fon parfum chaffe les ferpens, & qu'en s'en frottant on n'en eft jamais mordu.

GALBE. f. m. Terme d'Architecture. On dit qu'*Un membre d'architecture a beau galbe*, qu'*Il fe termine en forme de galbe*, pour dire, qu'il s'élargit doucement par en haut, de même que les feuilles d'une fleur. On le dit auffi du contour d'un dome, d'un vafe, d'un baluftre, & l'on croit que l'on a dit *Galbe*, au lieu de *Garbe*, de l'Italien *Garbo*, qui fignifie Bonne grace.

GALE. f. f. *Efpece de puftules qui viennent fur la peau, & qui font ordinairement accompagnées de demangeaifon.* ACAD. FR. Les croûtes & les ulceres que l'on connoît fous le nom de Gale blanche, d'achores & de tignes, & qui gâtent le corps, & fur-tout le vifage & la tête des enfans, viennent, felon Ettmuller, d'une lymphe qui peche en acide, & qui eft plus ou moins vifqueufe. Le lait de la mere dans le tems de la groffeffe, & celui de la nourrice depuis, en font les caufes éloignées. Ces maladies font toûjours accompagnées des tumeurs, des glandes du col & des environs de la tête. Ce qui fait que les parties de la tête y font plus fujettes que les autres, c'eft la quantité de ces glandes dont le col eft parfemé. On voit de la differen-

ce dans ces Gales de la tête. Quand la lymphe eft trop acre & trop acide, les ulceres font fales, & donnent beaucoup de fanie acre; fi la lymphe eft plus temperée & moins acre, mais plus vifqueufe, les croûtes font plus épaiffes & plus compactes, entaffées l'une fur l'autre, & tombent l'une après l'autre. Ces fortes d'élevûres ont beaucoup d'affinité avec la Gale des adultes. Elles font quelquefois contagieufes, & fe gueriffent par les mêmes remedes, particulierement par la nicotienne, par le foufre & par le mercure. Nicod dit que *Gale* vient de *Callus*, en changeant le *c* en *g*.

Gale. Vieux mot. Réjouiffance.
> *Et Dieu fçait fe on fait la gale*
> *A mener danfer ces Bourgeoifes.*

Il a été auffi employé pour, Mot plaifant; & l'on trouve dans Froiffard, *Là dit le Duc de joyeufes paroles & gales*. On a dit auffi *Galer*, pour, Se réjouir.
> *Je plains le tems de ma jeuneffe,*
> *Auquel jai plus qu'en autre tems galé.*

GALEASSE. f. f. Sorte de Vaiffeau de mer, long, de bas bord, & le plus grand de tous ceux qui font à rames. Il va auffi à voile, & porte trois mâts, artimon, meftre & mifaine, qu'il ne défarbore point; ce qui le rend different de la galere, qui n'a point d'artimon, & qui défarbore les deux autres mâts. Les Galeaffes ont des batteries de canons en certains endroits fur les côtés, & les galeres n'en portent que fur l'avant. Elles ont trente-deux bancs, à chacun defquels il y a fix ou fept Forçats, & trois batteries à proue, chacune de cinq pieces. Celles de la plus baffe font de trente-fix livres de bale. Les pieces de la feconde portent vingt-quatre livres, & celles de la troifiéme n'en portent que dix. Elles ont auffi deux batteries à pouppe, chacune de trois pieces, & chaque piece de dix-huit livres de bale.

GALE'E. f. f. Terme d'Imprimerie. Petit ais long & large d'un pié, où les Compofiteurs mettent les lignes à mefure qu'ils en ont arrangé les lettres. Il a des rebos & une couliffe. On dit, *Compofer en galée*, pour dire, Compofer tout de fuite, fans divifer ce qu'il faut de lignes pour faire une page.

GALEFRETIER. f. m. Terme de mépris dont on fe fert en parlant d'un homme de neant. Henri Etienne fait venir ce nom de *Gale* & de *Frotter*, comme fi on difoit *Galefrottier*.

GALENDE', ε'ε. adj. Vieux mot. Entortillé, ajufté, orné.
> *Belle fu & bien atornée,*
> *D'un fil d'or étoit galendée.*

GALERE. f. f. Bâtiment de bas bord, qui a ordinairement vingt à vingt-deux toifes de longueur, trois de large, & une de profondeur. Il a deux mâts & deux voiles latines, & outre deux bâtardes & deux plus petites pieces, il eft armé d'un canon appellé *Courfier*, d'une groffeur affés confiderable. Ce canon, qui eft logé fur l'avant pour tirer par deffus l'éperon, porte de bale trente-trois à trente-quatre livres. Quoique les Galeres ayent de coûtume d'aller terre à terre, elles ne laiffent pas quelquefois de faire canal. Elles vont à voiles & à rames, & ont de chaque côté vingt-cinq à trente bancs, à chacun defquels il y a cinq ou fix rameurs. On les diftingue en *Galeres fubtiles* ou *legeres*, & en *Galeres bâtardes*. Ces dernieres font nos Galeres communes, & ont la pouppe large. Les autres l'ont étroite & aigue, & font bâties à l'antique. On appelle *Galere Reale*, la principale Galere d'un Royaume indépendant. Celle de France eft diftinguée des autres par l'Etendard Royal & par trois fanaux pofés en ligne droite. Elle est destinée pour la personne du General des Galeres. La premiere des Galeres du Pape est aussi nommée *Reale*. La principale Galere des Puissances maritimes & des États Souverains qui n'ont pas titre de Royaume, aussi-bien que celle de quelques Royaumes annexés à un plus grand, est appellée *Galere Capitane*. Elle porte trois fanaux posés en ligne courbe. *La Galere Patronne* est la seconde des Galeres de France, de Toscane & de Malte : mais elle n'est que la troisième des États maritimes, qui ont une Capitane outre la Reale. C'est le Lieutenant General des Galeres qui monte en France la Galere Patronne, & elle porte deux fanaux & un étendard quarré long à l'arbre de mestre. Le mot de *Galere* vient de *Galea*, Casque, à cause qu'on en mettoit la figure sur la proue de ces Bâtimens. Il y en a pourtant qui le font venir de *Galerus*, Chapeau, sur ce que le bout de leurs mâts est taillé ordinairement en forme de chapeau. Autrefois on disoit *Galées* & *Galies*, pour, Galeres ou Navires.

Plus voile au vent ne fera la galée,
Pour trafiquer dessus la mer salée.

Les Furetieristes parlent d'une Galere de cinq étages & d'une autre qui avoit jusqu'à huit ponts : on ne peut ramer qu'à fleur d'eau, & on ne sçauroit ramer en eau vive au-dessous de la portée de la rame. Lazar. Bayf. *de re navali.*

Galere. Sorte de petit poisson qui croît jusqu'à la grosseur d'un œuf d'oye, ou quelque peu davantage, & que l'on trouve fort communément dans les Isles de l'Amerique, il flote perpetuellement sur l'eau, au gré des vents & des ondes, & quoiqu'on le frappe avec des cordes, ou qu'on le tourmente d'une autre maniere, il ne s'enfonce jamais dans la mer. Ce qui en paroît au-dessus de l'eau n'est qu'une vessie de la grosseur que l'on vient de dire, claire & transparente comme une feuille de talc bien fine, toute violette & bordée d'un filet incarnat par le haut où l'on remarque qu'elle s'étrecit. Toute cette figure ovale est plissée mollement, & comme rayée à la maniere d'une coquille. Au-dessous est une petite masse gluante, d'où sortent huit bras comme des lanieres de la longueur de la main. Il y en a quatre qui s'élevent en l'air des deux côtés pour lui servir de voiles, & les quatre autres lui tiennent lieu de rames dans l'eau pour nager. C'est ce qui lui a fait donner le nom de *Galere*. Ce poisson est fort agreable à la vûe, porte dans son corps un poison fort prompt & fort subtil, & si l'on en prend quelqu'un dans sa main, quoiqu'il soit froid au toucher, ses fibres dont elle est aussi-tôt toute engluée, font sentir un si grand feu, qu'il semble que l'on ait plongé son bras jusqu'à l'épaule dans une chaudiere d'huile bouillante. Les douleurs que ce feu cause quand on tombe le matin dans cet accident, s'augmentent toûjours jusqu'à midi, & diminuent à mesure que le soleil décline, en sorte qu'on en est entierement garanti quand il est couché. Toute la côte est quelquefois bordée de ces petites Galeres, & c'est une marque infaillible d'une prochaine tempête. Si quelqu'un marche dessus, elles pettent comme ces vessies qu'on trouve dans le corps des carpes, mais il faut bien prendre garde à n'avoir pas les piés nuds, puisqu'on ressentiroit les mêmes douleurs qu'elles causent à la main. On se sert pour les dissiper, d'eau de vie battue avec un peu d'huile de noix d'Acajou.

Galere. Espece de rabot dont les Charpentiers, & les Menuisiers se servent, pour traiter le bois suivant l'éloignement necessaire pour travailler les pieces établies à dégrossir, à ébaucher du bois rude.

GALERIE. s. f. Lieu couvert, bien plus long que large, qui est ordinairement sur les ailes d'une maison, & qui est propre à se promener. On appelle *Galerie de Peinture*, celle qui renferme des tableaux dans des panneaux d'un lambris, ou qui a une tapisserie d'étoffe ornée de tableaux, & *Galerie de Sculpture*, celle où il y a pour ornement des statues, bustes & bas reliefs tant antiques que modernes. Il y a aussi une *Galerie de pourtour*. C'est une espece de corridor, soit au-dehors, soit au-dedans d'un bâtiment, qui est souvent porté par encorbellement au-delà d'un mur de face. Cette sorte de Galerie est plus basse que l'étage dont elle sert à dégager les appartemens, afin de n'en pas ôter le jour.

Galeries, dans les Vaisseaux, sont des balcons couverts ou découverts avec appui qui font saillie hors du bordage vers l'arriere du Vaisseau. Ces balcons ne se font pas seulement pour l'ornement, mais encore pour la commodité de la chambre du Capitaine. La *Galerie du fond de cale*, est un passage qu'on fait le long du serrage de l'avant & de l'arriere des grands Vaisseaux. Ce passage a trois piés de largeur ou environ, & donne moyen aux Charpentiers de remedier aux voies d'eau que causent les coups de canon donnés à l'eau. On dit aussi *Fausse Galerie.* Ce sont des ornemens de Sculpture placés à l'arriere des côtés d'un Vaisseau pour lui faire avoir plus d'agrément.

On appelle aussi *Galerie*, une espece de Tribune continue avec balustrade, que l'on pratique dans le pourtour d'une Eglise sur les voutes des bas côtés. C'est où viennent ceux qui sont bien aises de n'être point dans la multitude. Les Eglises Grecques ont toutes de ces sortes de Galeries. Elles servent à séparer les femmes d'avec les hommes.

Galerie de tripot. Allée couverte, & qui est de la longueur du tripot. C'est le lieu où l'on regarde jouer. Selon Nicod, *Galerie* vient du verbe *Aller*, comme qui diroit *Allerie*. Du Cange le fait venir de *Galeria*, dont on se servoit pour dire, un Appartement propre & bien orné. Il y en a qui prétendent qu'il vient de *Galere*, à cause de la ressemblance que lui donne sa longueur avec cette sorte de Vaisseau.

Galerie. Terme de Fortification. Petite allée de charpente, couverte de tous côtés de fortes planches à l'épreuve du mousquet, pour passer le fossé de la face du bastion, lorsque l'artillerie du flanc opposé est démontée. Elle aboutit à l'endroit de la mine, & on y descend insensiblement du bas du glacis de l'esplanade, après l'avoir percé. On appelle aussi *Galerie*, le conduit d'une mine. C'est un chemin que l'on fait sous terre pour gagner l'endroit où l'on a dessein de faire jouer la mine.

Galerie d'eau. Espace en longueur renfermé dans un bosquet, & qui est bordé de jets d'eau dans un bassin continu. S'il y a plusieurs bassins, ils sont séparés par deux lignes paralleles.

GALERNE. s. m. Vent qui souffle entre le Septentrion & le Couchant, & que l'on appelle *Nord-Ouest.* C'est un vent très-froid, & qui fait geler les vignes.

Va tibi Galerna per quam fit sicca taberna.

GALEURE. s. m. Vieux mot. Galant, dameret.

Galeures portent escrevices,
Et velours pour être mignons.

GALIFRE. s. f. m. Vieux mot. Sorte d'injure.

De voir ainsi ce grand Galifre,
Jouer aux orgues & au pifre.

GALION. s. m. Grand Vaisseau de haut bord, qui ne va qu'à voiles, & qui a trois ou quatre ponts. On appelloit ainſi autrefois en France des Vaiſſeaux de guerre qui avoient ce nombre de ponts, mais ce nom eſt demeuré aux Vaiſſeaux d'Eſpagne, qui ſont hauts de bois, & dont on ſe ſert pour faire les voyages des Indes Occidentales.

GALIOT. ſ. m. Vieux mot. Corſaire. *La Princeſſe fut robée par Galiots*, pour dire, Fut enlevée ſur mer par des Corſaires. Nicod ajoûte en parlant de Galiot ; *Combien que ce mot ſemble être particulier à ceux qui vont exercer le cours avec Galiotes*, neanmoins ès anciens écrits il eſt uſurpé pour tout Corſaire en general, *procedant le mot par avanture de ce qu'iceux Ecumeurs de mer pour la plûpart exercent le cours avec telle eſpece de Vaiſſeau qui eſt moyen entre Fuſte & Galere.* Galiot ſe prend auſſi pour celui qui vogue à la rame en vaiſſeau conduit par avirons, ſoit-il Forçaire ou de bonne volonté. *Il ſe trouve auſſi uſurpé pour nom propre d'aucun homme*, comme Galiot de la Tour, qui eſt le nom du Seigneur de Lymeul.

GALIOTTE. ſ. f. Sorte de petite Galere, qui n'a qu'un mât, & ſeize ou vingt bancs de chaque côté, avec un ſeul homme ſur chaque rame. Elle n'eſt montée que de deux ou trois pierriers, & ſa legereté la rend fort propre à aller en courſe. On appelle auſſi *Galiotte*, Un bâtiment de grandeur moyenne, & qui eſt mâté en Heu. Il y a encore un Vaiſſeau à plate varangue & très-fort de bois qu'on appelle *Galiote*. Il n'a que des courcives ſans ponts, & on s'en ſert à porter des mortiers. On met ces mortiers en batterie ſur un faux tillac que l'on fait à fond de calle.

GALLE. ſ. f. Sorte de fruit que produit le chêne, outre le gland. C'eſt ce qu'on appelle communément *Noix de Galle*. Il y en a de deux eſpeces. La premiere appelée ὀμφακίνης, qui veut dire, Aigrete & non encore mûre, eſt petite, refroncée & ridée, comme la peau des jointures des doigts de la main. Elle eſt ferme, ſolide, non trouée, & a plus de vertu dans ſes operations, que l'autre ſorte, qui eſt pleine, polie, liſſée & percée. Toutes les Galles ſont fort aſtringentes, & étant bien pulveriſées, elles repouſſent les excreſcences de chair, & arrêtent toutes les fluxions des gencives, & même ſoudent les ulceres des lévres & de la bouche. Le noyau de Galle, mis dans le creux des dents en appaiſe la douleur ; & quand on les brûle ſur le charbon vif juſqu'à ce qu'elles s'enflâment, elles étanchent le ſang. Selon Pline, tout arbre qui porte du gland, produit auſſi la Galle. Elles commencent à venir à la mi-Avril, & ſi le tems eſt trop chaud, elles ſechent incontinent, & ne croiſſent plus. Les plus ridées ſont propres aux Foulons & aux Tanneurs. Matthiole dit que les grandes Galles ont un ſecret de la nature qui leur eſt particulier, en ce qu'elles préſagent ce qui doit arriver. En rompant celles qui ne ſont point percées, on y trouvera une mouche, un ve, ou une araignée, ce qui lui fait conclure que le chêne produit un animal en même-tems que ſon fruit. Si on trouve une mouche dans la Galle, c'eſt marque qu'il y aura guerre ; ſi c'eſt un ver, la cherté viendra ; & ſi c'eſt une araignée, il y aura de la peſte.

GALLINAZA. ſ. f. Nom que les Eſpagnols ont donné à une eſpece de Corbeau du Perou, que ceux du Pays nomment *Suyuntu*. Ces oiſeaux ſont ſi goulus & ſi carnaſſiers que vivant de corps morts, ils ſe rempliſſent de telle maniere qu'ils ne peuvent plus ſe lever de terre. Quand ils ſont preſſés des hommes, ils vomiſſent leur charge avec autant de facilité qu'ils l'ont engloutie. Leur chair ne vaut rien, & la ſeule commodité qu'on tire de ces

Tome I.

Corbeaux, c'eſt qu'ils ôtent les immondices des chemins.

GALOCHE. ſ. f. *Eſpece de mules de cuir que l'on porte par deſſus les ſouliers pour avoir plus chaud aux piés, ou pour être plus proprement.* ACAD. FR. On appelle *Galoche*, en termes de Marine, Une poulie qui a ſon mouſſle fort plat, ſur-tout d'un côté. On l'applique ſur les grandes vergues, afin d'y faire paſſer des cargues-boulines. On appelle auſſi *Galoche*, Une piece de bois en forme de demi-rond, qui ſert à porter les taquets d'écoutes. Il ſe dit encore de deux petites pieces de bois concaves qui couvrent les hulots de la foſſe aux cables.

GALOIS. ſ. m. Vieux mot. Réjouiſſance, divertiſſement.

> *J'aim' toute bourde & tout galois*
> *Tout déduit, toute druerie.*

Ce mot a été auſſi adjectif, & ſignifioit, Joli, galant.

> *Et puis s'en vont pour faire les galoiſes,*
> *Lorſque devroient vaquer en oraiſon.*

GALON. ſ. m. Terme d'Epicier. Boîte ronde qui vient de Flandre, où les Epiciers mettent du poivre de la muſcade, des graines, & autres marchandiſes pour les diſtribuer.

Galon, s'eſt dit auſſi pour Boccal, bouteille.

GALONNER. v. a. Vieux mot. Friſer.

> *Qui ſes chèveux galonne & pigne.*

On mettoit autrefois de petits rubans au bout de chaque flocon de barbe, comme les Dames en mettoient dans les boucles de leurs cheveux, & on diſoit, *Galonner ſa barbe*. Borel dit que cela ſe faiſoit auſſi avec du fil d'or, ou que l'on couvroit ſa barbe de paillettes & de limaille d'or, & que ſi on étoit trop jeune pour avoir encore de la barbe, on s'en faiſoit une fauſſe avec du fil d'or, mais que c'étoit une choſe qu'on ne pratiquoit qu'aux enterremens des Grands, afin de rendre l'action plus majeſtueuſe. Il ajoûte ſur le témoignage de Fauchet, que René Duc de Lorraine, vit le corps de Charles Duc de Bourgogne, avec une barbe d'or. On en appliquoit auſſi aux Dieux, puiſqu'il eſt rapporté que Denys le Tyran ôta le manteau de drap d'or & la barbe d'or de la ſtatue d'Eſculape, diſant qu'il faiſoit trop chaud pour porter un manteau ſi lourd, & qu'il ne ſeroit pas juſte qu'il eût une ſi lоngue barbe, & que l'on n'en donnoit point à Apollon qui étoit ſon Pere.

GALOP. ſ. m. Allure d'un Cheval qui court, & qui fait une maniere de ſaut en avant, en levant d'abord les deux jambes de devant preſque en même-tems, & enſuite les deux de derriere de la même ſorte, lorſque les deux de devant ſont prêtes de toucher à terre. On dit d'un Cheval, qu'*Il a un beau galop*, pour dire, qu'Il eſt bien enſemble, & bien ſous lui, & qu'il galoppe ſur les hanches ſans s'abandonner ſur les épaules. Il y a le *grand Galop*, que l'on appelle autrement *Galop étendu*, ou *Galop de chaſſe*, qui eſt une courſe de viteſſe & de toutes jambes. Le *petit Galop* eſt une courſe plus lente.

GALOPADE. ſ. f. Galop qui ſe fait dans les regles du Manége. On appelle *Belle Galopade*, Un Galop racourci, écouté, d'école. Cette ſorte de Galop ſe fait, lorſque le Cheval qui galoppe, eſt uni, bien racourci, bien enſemble, & bien ſous lui.

GALOPER. v. n. Courir au galop. On dit, qu'*Un Cheval galope uni, galope ſur le bon pié*, pour dire, qu'Ayant entamé le chemin par la jambe droite ou par la jambe gauche de devant, il leve & fait partir la premiere, la jambe de derriere du même côté,

& qu'il continue fa courfe dans cet ordre. On dit de même, qu'*Un Cheval galope faux, galope fur le mauvais pié*, pour dire, qu'il fe défunit, c'eft-à-dire, qu'il ne continue pas de faire partir toûjours la premiere la jambe, foit la droite, foit la gauche, par laquelle il a entamé le chemin, & qu'il ne leve pas la jambe de derriere dans le même ordre que fait un Cheval qui galope uni. On dit encore d'un Cheval, qu'*Il galope à l'Angloife*, pour dire, qu'il galope près de terre fans lever beaucoup les jambes. Les uns font venir ce mot de *Calpare* ou *Calapare*, dit par les Latins pour fignifier Courir, & les autres de *Caballicare*. Il y en a qui le dérivent du Grec καλπάζειν, qui veut dire, Preffer un Cheval qui bondit au fortir de l'écurie, fait peut-être de κάλπι, que Paufanias emploie dans la fignification d'un certain genre de courfe.

GALOPIN. f. m. On appelle ainfi le demi-feptier de vin qu'on donne aux Clercs & aux Ecoliers à leur déjeûné. Quelques-uns font venir ce mot de *Galon*, qui fignifie, Un bocal. Du Cange le dérive de *Grelo* & *Golana*, qui ont été dits dans la baffe Latinité, pour fignifier une mefure de chofes liquides.

GALVAUDER. v. a. Mot bas, dont le Peuple fe fert quelquefois pour dire, Tourmenter quelqu'un, le pourfuivre, ne lui point laiffer de repos jufqu'à ce qu'il ait fait ce qu'on veut de lui. Il y en a qui le font venir de *Caballicare*, Galoper.

GAM

GAMBAGE. f. m. Droit que payent les Braffeurs de biere. On le fait venir de l'Allemand *Cam* ou *Camba*, Brafferie. On a appellé *Cambum*, le Vaiffeau où fe fait la biere, & *Cambarin*, un Braffeur. Ce droit s'eft auffi appellé *Bicheria* & *Bercaria*.

GAMBESON. f. m. Efpece de cotte d'armes ou de grand jupon, qu'on portoit fous la cuiraffe dans l'ancienne Milice, afin d'empêcher qu'elle ne bleffât. Elle étoit de laine, ou d'un coton piqué entre deux étoffes. On difoit auffi *Cotte gamboifée*. On prétend que ce mot vient du vieux Allemand *Vambon*, ou du Saxon *Vambos*, qui veut dire, Ventre, comme fi on avoit dit *Vambafium*, c'eft-à-dire, ce qui couvre le ventre & la poitrine.

GAMELLE. f. f. Terme de Marine. Plat de bois profond & fans bord, dans lequel on met la foupe, & ce qui eft deftiné pour le repas de chaque particulier de l'équipage. On dit, *Etre à la Gamelle*, pour dire, Etre nourri des vivres que les Munitionnaires du Roi fourniffent.

GAN

GANEON. f. m. Vieux mot. Débauché, qui hante les mauvais lieux, du Latin *Ganeo*, qui veut dire la même chofe.

GANGLION. f. m. Terme de Medecine. Tumeur qui fe forme aux jambes & aux tendons. On refout les Ganglions avec les feuilles de grande Jonbarbe, dont on ôte la petite peau de dedans, pour mettre & attacher étroitement fur le mal, ce qu'il faut renouveller tous les jours foir & matin, ou avec l'eau de vie temperée fur le fuc de rue. On fait venir le mot de Ganglion du Grec γάγγλιον, Engendrer & de γλία, Glu.

GANGNIERRE. f. m. Vieux mot. Artifan, Ouvrier.

Et devenir Gangnierre, & labourer.

GANGRENE. f. f. *Extrême corruption qui fe fait en quelque partie du corps, & qui gagne inceffamment les*

parties voifines. ACAD. FR. Les caufes de la Gangrene font en general tout ce qui peut en quelque maniere arrêter la diftribution & la circulation du fang & des efprits vitaux dans les parties. C'eft ce qui eft caufe que la Gangrene furvient fi fouvent aux inflammations mal panfées, fur-tout quand l'infenfible tranfpiration a été empêchée par des emplâtres mifes avec imprudence fur la partie enflammée. Le fang extravafé croupiffant alors, fe corrompt exterieurement & communique la mortification à la partie. Lorfqu'elle eft commencée, c'eft la Gangrene, & quand elle eft confirmée c'eft le Sphacele. Cette mortification a pour caufe, l'extinction de la chaleur naturelle, qui confifte dans un acide volatil & fpiritueux qui fait la fonction de caufe efficiente dans la premiere formation de la partie. Cet acide vital fe conforme & fe repare continuellement par le fang & l'efprit vital, aufquels fe joint une falure & une acidité occulte qui abordent à la partie. Ainfi tout ce qui détruit cet acide, ainfi que tout ce qui eft capable d'en empêcher l'entretien, produit la Gangrene. Si elle s'empare de l'extrêmité des piés & des mains par une caufe interne, le mal gagnera toûjours, foit que l'on coupe les piés ou les mains, & le malade en mourra. On a obfervé par le Microfcope que la Gangrene confifte en un nombre prefque infini de petits vers qui la chair morte produit, & qui en produifent inceffamment d'autres qui corrompent les parties voifines. Ce mot vient de γράω Manger, ronger, ou de γάγγρις, Cancer.

GANGUI. f. m. Terme de Marine. Efpece de filet, dont les mailles font fort étroites. Il eft en ufage fur la Mediterranée. On l'attache à un petit bateau, & on le traîne fur les fables.

GANTE. f. f. Vieux mot. Cigogne.

GANTELE'E. f. f. Herbe qui produit forces feuilles âpres & aigues par le bout, & qui font de grandeur moyenne entre la violette de Mars & le bouillon. Sa tige eft anguleufe, un peu âpre & de la hauteur d'une coudée. Il en fort plufieurs rejettons. Sa fleur eft rouge tirant fur le blanc & odorante. Ses racines font femblables à celles de l'ellebore noir, & ont une odeur qui approche de l'odeur du cinnamome. Leur décoction défopile les conduits, & provoque les mois & les urines. Les feuilles à caufe de leur vertu aftringente, mifes en maniere de cataplafme, font bonnes aux douleurs de tête, aux inflammations des yeux, & aux fluxions & caterres. On nomme autrement cette herbe *Gands de notre Dame*, en Grec βάκχαρις. Anciennement on prenoit *Baccharis* pour une forte d'onguent, & pour une poudre faite des racines de cette herbe qui fervoit pour épandre fur les corps.

GANTELET. f. m. Morceau de cuir ou d'autre chofe dont les Chapeliers, Cordonniers, & autres artifans fe couvrent la paume de la main ou le bras, afin de travailler plus commodement. Les Relieurs fe fervent auffi d'un Gantelet, pour mieux frotter les livres quand ils font couverts.

GANTERIAS. f. m. Terme de Marine. Nom que donnent les Levantins à des pieces de bois mifes de travers l'une fur l'autre. Elles font faillie autour de chaque mât au-deffous de la hune pour la foûtenir, & même pour en fervir aux mâts qui en manquent, ce qui les fait auffi appeller *Barres de hune*.

GAP

GAP. f. m. Vieux mot. Louange. Il fignifie auffi Blâ-

me , & vient de *Gaber*. On trouve dans Perceval, *Ne le tint à Gap ne à fils*, ce que Borel con-
fesse qu'il n'entend point , à moins que *Gap* ne
veuille dire un parent.

GAR

GARANCE. f. f. Plante dont les tiges font longues, âpres, quarrées, & femblables à celles du
Grateron , mais plus roides & plus grandes. Elle a
fes feuilles difpofées autour des tiges en croix de
Bourgogne & en matiere d'étoiles , ce qui fe voit
nœud par nœud , & par certains intervalles. Sa
graine eft ronde, verte d'abord , rouge enfuite , &
quand elle eft mûre , toute noire. Sa racine eft
longue, menue & rouge , & fait uriner en grande
abondance. Il faut cependant que ceux qui en ufent
prennent tous les jours le bain. Elle eft bonne auffi
à ceux qui ont la jauniffe , aux fciatiques , & aux paralytiques , étant prife en breuvage dans de l'eau
miellée. Galien dit que cette racine eft âpre &
amere au goût , & a la vertu de faire tout ce que
peuvent operer ces deux qualités jointes enfemble ,
purgeant le foye & la rate , & faifant quelquefois
uriner jufques au fang , quelque épaiffe que foit
l'urine. Il y a auffi une *Garance fauvage* qui vient
fans être femée , ayant fes tiges moins groffes , &
fes feuilles moins grandes & moins longues que
celle que l'on cultive. La racine de l'une & de l'autre eft fort propre pour les teintures en rouge. M.
Ménage dit que *Garance* vient de *Varantia* qui a
été dit pour *Verentia* , comme qui diroit que cette
couleur eft vraie & de bon teint. En Latin *Rubia*, en
Grec ἐρυθρόδανον.

GARANT. f. m, Terme de Marine. Bout d'un cordage qui paffe par une poulie , & qui fert à quelque
amarrage. On dit , *Tenir en garant* , pour dire, Tenir une corde , qui étant chargée de quelque fardeau eft tournée deux ou trois tours autour d'un
bois , ou d'une autre chofe.

GARANTER. v. a. Vieux mot. Promettre.

GARBE. f. f. Air , apparence exterieure de quelque
chofe. Il ne fe dit guere que dans le burlefque, *Avec
fa Garbe fraîche* , & vient de l'Italien *Garbato* , Qui
a bon air , bonne mine. Autrefois on faifoit ce mot
mafculin.

 Le fot Garbe de ces Zerbins.

GARBIN. f. m. Nom que l'on donne au vent Sudoueft
fur la Mediterranée. M. Ménage le dérive de l'A-
rabe *Garbi* qui fignifie Occident.

GARBOS. f. m. Vieux mot. Sorte de poiffon.

 Carpes , Becqs , Chevennes , Truites ,
 Sont par eux prifes & détruites ,
 Dards , Gardons , Garbos , Goujons.

GARCE. f. f. Vieux mot. Fille. On dit encore en
quelques Provinces , comme en Bretagne , *Petite
garce* , pour dire , Petite fille , mais en general on
n'entend par ce mot qu'une Fille qui fe proftitue.
Gars & Garce , ont été dits autrefois pour Majeur.

 Le mâle eft gars à quatorze ans ,
 Et la femelle eft garce à douze.

Quelques-uns dérivent le mot de *Gars* , de l'Efpagnol *Varon* , Homme , & d'autres de *Garrire* , Caqueter. Borel dit que Lipfe le tire de *Garfonaftafium*,
qui veut dire un lieu à Conftantinople où l'on tient
les enfans pour les faire Eunuques , ainfi appellé de
Garfamatius , Eunuque. En Anjou on dit *Gas*.

GARCETTE. f. f. Terme de Marine. Corde faite de
fils de carret , & dont on fe fert à divers ufages. On
appelle *Maitreffe carrette* , celle qui étant au milieu
de la vergue , fert à ferler le fond de la voile. Celles
qui prennent les ris des voiles quand il y a trop de

vent, s'appellent *Garcettes de ris*. Elles font groffes.
par le milieu , & vont en amenuifant par les bouts.
On dit de même , *Garcettes de tournevire, Garcettes de voiles* , & *Garcettes de cable*. Les premieres
fervent à joindre le cable à la tournevire quand on
leve l'ancre. Celles-là font égales par tout , ce qui
n'eft pas dans les fecondes qui ont une boucle à un
bout , & vont en amenuifant de l'autre. On s'en fert
à plier les voiles. Les dernieres font de fort groffes
treffes , dont on garnit le cable fur les écubiers &
fur les gorgeres.

GARDES. f. f. p. Terme de Serrurier. Petites pointes
de fer difpofées de telle forte pour entrer dans les
fentes du paneton d'une clef , que la clef n'y tourne
plus quand on y a fait quelque changement. Ainfi,
Changer les Gardes d'une ferrure , c'eft changer ces
petites pieces de fer.

On appelle *Gardes de pefon* , des efpeces de boucles qui font attachées aux broches du pefon. Dans
la balance Romaine , il y a une *Garde forte* , & une
Garde foible. Ce font des broches de fer qui paffent
à travers la branche où eft attaché l'anneau de la balance. La Garde foible eft la plus éloignée de ce qui
en eft le centre , & la plus forte , celle qui en eft la
plus proche , & qui foûtient un plus grand poids.

Gardes. Terme de Venerie. On appelle *Gardes*
dans toutes les bêtes fauves , les os de derriere les
jambes proche les piés.

On appelle en termes de Marine , *Les Gardes* ,
Trois étoiles fituées auprès de l'étoile Polaire. Il y
en a deux qui font les dernieres du Chariot ou de
la petite Ourfe. L'autre n'appartient à aucune conftellation , & eft du nombre de celles qu'on appelle
Informes. Quand on veut prendre de nuit la hauteur
du pole arctique par le moyen de l'étoile polaire ,
on obferve de quelle façon elle eft fituée fur l'horifon au refpect de ces trois Gardes. On appelle
Gardes de Jupiter , quatre petites étoiles dont il eft
toûjours accompagné. Galilée les a découvertes le
premier. Voyez SATELLITES.

On appelle *Gardes de la Marine* , Un nombre de
jeunes Gentilshommes choifis qui fervent dans les
Navires en vertu d'un brevet du Roi. Ils y font diftribués par l'état de l'armement , pour apprendre le
métier de la mer , & parviennent à être faits enfuite
Officiers.

Garde-Côtes. Vaiffeau de guerre , qu'on fait croifer fur les côtes , pour tenir libre le commerce de la
mer contre les infultes des Corfaires , & fervir d'efcorte aux Vaiffeaux Marchands. Il a des *Capitaines
Gardes-côtes* , qui ont chacun un Lieutenant & un
Enfeigne , & qui font commis pour veiller le long
des côtes de la mer à leur confervation , & à empêcher les defcentes , dans une certaine étendue de
p ÿs qui dépend de leur Capitainerie.

On appelle *Garde-Magafin* , L'Officier d'un Arfenal de Marine , qui tient regiftre des agreils , canons , poudres , boulets , armes , & autres provifions qu'on lui met en garde.

Garde au mât , Matelot que l'on met en fentinelle au haut d'un mât.

Garde-corps. Tiffus que l'on fait avec des cordages treffés , & qu'on met fur les hauts des côtés des
Vaiffeaux de guerre pour garantir les foldats des
coups de moufquet de l'ennemi. Ces Gardes-corps
font hauts de deux piés ou de deux piés & demi , &
ont cinq à fix doigts d'épaiffeur.

Garde-Feux. Caiffes ou étuis de bois qui fervent
à mettre les gargouffes , après qu'on les a remplies
de poudre pour la charge des canons.

On appelle dans les fix Corps des Marchands,
Les Maîtres & Gardes , ceux qu'on y choifit pour

être Jurés. Ce sont eux qui font observer les reglemens établis dans chaque Communauté.

Gardes des Monnoyes. Officiers considerables qui veillent sur tout le travail qui se fait, afin qu'il se fasse selon l'Ordonnance. Ils ont soin de peser, rebuter & faire refondre les especes qui sont trop foibles de poids & d'aloi. Il y en a deux établis dans chaque Hôtel de Monnoie. Ils y sont les premiers Juges, & leurs appellations ressortissent à la Cour.

Garde-Marteau. Officier des Forêts qui garde le Marteau avec lequel on marque le bois que l'on doit couper dans les Forêts du Roi, lorsqu'on fait les ventes. Il a voix déliberative au jugement des procès, & tient le siege quand le Maître & le Lieutenant ne s'y trouvent point.

Gardes. Termes de Chasse. Ce sont les Ergots du Sanglier. Quand il est las & sur ses fins il donne des Gardes en terre, il marque les Ergots outre la fourchette.

GARDER. v. a. *Conserver, tenir une chose en lieu propre & commode pour empêcher qu'elle ne se perde, qu'elle ne se gâte.* ACAD. FR. On dit en termes de Mer *Garder un Vaisseau,* pour dire, Que des Vaisseaux de guerre en observent un autre pendant la nuit afin d'empêcher qu'il ne s'échappe. M. Ménage fait venir le mot de *Garder,* de l'Allemand *Vvarden,* qui veut dire la même chose. D'autres le dérivent du latin *Varare,* Fermer avec des barres.

GARDIEN. s. m. Celui qui garde une personne, une chose. On appelle *Gardiens,* ou *Matelots Gardiens,* des Matelots qui sont commis dans un port pour la garde des Vaisseaux, & pour veiller à la conservation des Arsenaux de Marine. On donne ce même nom à des Matelots qui sont employés à des usages particuliers, & on appelle *Gardien de la fosse à Lyon,* Celui que l'on y commande, avec ordre de fournir ce qu'on lui demandera pour le service du Vaisseau.

GARDIENNERIE. s. f. Nom que donnent quelques-uns à la chambre des Canonniers, que l'on appelle autrement *La Sainte-Barbe.*

GARDON. s. f. Petit poisson d'eau douce qui a la chair molle & peu nourrissante. Il a le corps large, le dos bleu, la tête verdâtre, les yeux grands, & le ventre blanc.

GARES. s. f. Lieux preparés sur les rivieres qui ont le canal étroit, & où se retirent les bateaux, afin que ceux qu'ils rencontrent puissent passer sans leur causer d'embarras. Saumaise veut dire le mot de *Gare,* qui est un cri que l'on fait pour avertir les passans de s'éloigner, afin d'éviter le heurt ou la chute de quelque chose, vient du Latin *Varare,* qu'il fait signifier, Traverser, & d'où l'on a fait *Guarare,* Borel dit que *Gara* & *Garau* ont été dits pour Rapide, d'où vient la riviere de Garonne, que ces mots viennent de l'Hebreu *Garaph,* qui signifie Rapide, d'où l'on a fait *Loup-garou,* & *Garre,* c'est-à-dire, Jambe. De-là est encore venu dit-il, qu'on crie, *Gare, gare,* pour dire, Otez-vous.

Gare, veut dire aussi de diverses couleurs. *Un chien Gare,* blanc & noir & autres couleurs : De-là vient le mot de *Bigarré.* Coutume de Bragerac, art. 102.

GARGETE. s. f. Vieux mot. Gosier.

GARGOUCHE. s. f. Terme de Marine. Rouleau de parchemin ou de gros papier, qu'on remplit d'autant de poudre qu'il en faut pour la charge qu'on doit donner au canon. On la tient toute prête, afin d'être plus prompt à tirer, & l'on doit proportionner chaque Gargouche au calibre de la piece. Il y en a aussi de bois & de fer blanc. On dit sur mer,

Gargousse & *Gargouche,* & ce mot a été fait par corruption de *Cartouche,* qu'on dit dans le même sens pour les canons de terre.

GARGOUILLE. s. f. Trous de petits canaux qu'on fait pour l'écoulement des eaux sur les corniches des bâtimens. On orne ces trous, par où les eaux tombent, de masques ou de têtes de lion. Au lieu de ces têtes, il y a quelquefois d'autres sortes d'animaux, ou de simples tuyaux de pierre qui tiennent lieu de goutieres. On voit de toutes ces differentes Gargouilles aux anciennes Eglises, & d'ordinaire on n'appelle ainsi que les goutieres de pierre. On appelle aussi *Gargouille,* ou Mascaron d'où il sort de l'eau à une cascade. On donne ce même nom à une petite rigole pratiquée dans un jardin, où l'eau qui sort d'un bassin coule dans une autre, en sorte qu'elle lui sert de décharge. On disoit autrefois *Gargoule.*

> *Et puis les délivre à trois goules,*
> *Qui l'ont plûtôt pris que gargoules.*

On a dit aussi *Gargouille,* pour signifier un Monstre ou quelque animal d'une figure extraordinaire ; d'où vient qu'encore aujourd'hui on appelle à Rouen *Gargouille,* la representation du Dragon, dont on tient que saint Romain, qui en étoit Archevêque, délivra la Ville. On porte cette figure dans les Processions solemnelles des Rogations, & de là porte de même dans celle qui se fait le jour de l'Ascension, pour la ceremonie du Prisonnier que l'on y délivre, de quelques crimes qu'il soit convaincu, à l'exception du vol & du guet à pens.

On appelle encore *Gargouille,* en termes d'Eperonnier, une maniere d'anneau qui est au bout de la branche de l'embouchure.

GARIMENT. s. m. Vieux mot de Coûtume. Garantie.

GARIPOT. s. m. Arbre resineux qu'on appelle autrement *Pesse* ou *Pignet.* Le fruit de cet arbre ne vaut rien.

GARITE. s. f. On appelle *Garites,* en termes de mer, des pieces de bois plates & circulaires qui entourent la hune. C'est dans ces pieces de bois qu'on passe les cadenas des haubans.

GARNEMENT. s. m. Vieux mot. Equipage. *Hardement ne vient mie de noble garnement.* On a dit aussi *Garniment de lit,* pour dire, Les rideaux d'un lit.

GARNI, IE. adj, On dit, *La Cour garnie de Pairs,* pour dire, Les Ducs & les Pairs y étant presens. Cela vient de ce que *Garni,* s'employoit autrefois pour Accompagné ; d'où vient qu'on trouve dans un ancien Poëte qui raconte une pompe funebre,

> *Puis vint Monsieur le Chancelier,*
> *Garni de Maîtres des Requêtes.*

GARNISON. s. f. Terme d'Orfevre. Pieu appliquée avec de la soudure. Quand quelques pieces montées sont dorées & le reste blanc, on dit *ciselé,* il est *doré par garnison.*

CARRAUX. s. m. p. Sorte de javelots des Anciens, propres à darder, & dont on ne se servoit point à tirer de l'arc. Borel qui cite Fauchet, ajoûte, que c'est de là que vient un Garrot de poudre, sorte de fusée que l'on jette à la main, ou bien de ce qu'elle est garrottée avec du fil ; ce qu'il trouve plus plausible. Il trouve aussi que le mot *Garreaux* pourroit avoir la même étymologie, à cause qu'il y avoit de ces javelots qui étoient attachés à une ficelle, en sorte qu'on les retiroit à soi après les avoir dardés.

GARRER. v. a. Vieux mot. On a dit, *Garrer un Vaisseau,* pour dire, Le calfeutrer. Les Bateliers disent, *Garrer un batteau,* pour dire, L'attacher ; &

Garrer un train de bois , pour dire , Le lier.

GARRON. ſ. m. Le mâle de la Perdrix.

GARROT. ſ. m. Terme de Manége. *L'endroit du cheval où le col finit & ſe joint aux épaules.* ACAD. FR. On l'appelloit autrefois *Galet.* On appelle *Garrot de l'arçon* , l'Arcade qui eſt élevée de deux ou trois doigts au deſſus du Garrot du cheval ; & *Bande de garrot* , la Bande de fer qui eſt paſſée au deſſous de la ſelle , quatre doigts au deſſus du Garrot du cheval , & qui tient en état les deux pieces bois dóht l'arçon eſt compoſé.

Garrot. Gros & fort bâton , qui eſt aſſés court , & avec lequel on ſerre les cordes qui lient les fardeaux que l'on fait porter aux chevaux & aux mulets. C'eſt auſſi un bâton qu'on jette dans les Noyers pour en abbattre les noix.

GARUM. ſ. m. Saumure de chair ou de poiſſons, ſalés. Dioſcoride qui en parle ainſi , ajoûte qu'elle eſt fort bonne pour les morſures des chiens , & qu'elle empêche les ulceres corroſifs de devenir plus grands , ſi on les en étuve. On la clyſteriſe dans les devoyemens de ventre & aux ſciatiques , afin de brûler les choſes ulcerées dans les dyſſenteries , & pour ulcerer & écorcher les parties non ulcerées en la ſciatique. Pline dit que les Anciens appelloient *Garum* , la compoſition qui ſe faiſoit des inteſtins d'un poiſſon nommé *Garon* , qu'ils faiſoient reſoudre en ſel ; ce qu'on pratiqua depuis aux inteſtins des maquereaux. Ce Garum ſervoit de ſauſſe en pluſieurs mets , & il n'y en avoit point anciennement de plus eſtimée. Ce n'eſt pourtant pas de cette ſauſſe qu'a parlé Dioſcoride , mais ſeulement de la ſauſmure en laquelle on ſale la chair & le poiſſon pour les mieux garder. On l'a nommée *Garum* , du poiſſon γάρος.

GAS

GAST. ſ. m. Vieux mot. Ravage qu'on fait dans un pays pour incommoder les ennemis. Ce mot vient de *Vaſtum* ou *Vvaſtum* , Deſtruction , d'où vient qu'on a nommé *Gaſtadours* , des gens qui faiſoient le dégât des bleds & des vignes en tems de guerre. On a dit auſſi *Vaſtadours* , du mot Latin *Vaſtator.* Preſentement *Gaſtadour* eſt un Pionnier que l'on mene à l'armée pour applanir les chemins.

GASTE. adj. Vieux mot. Sterile , inculte. *Terre gaſte & deſerte.*

GASTEAU. ſ. m. *Eſpece de patiſſerie ordinaire plate & ronde.* ACAD. FR. On appelle auſſi *Gâteau* , un morceau de cire que les abeilles font dàns leurs ruches , dont elles rempliſſent de miel tous les petits trous.

Gâteau. Terme de Sculpture. Morceau de cire ou de terre applanie , dont les Sculpteurs rempliſ-ſent les creux d'un moule où ils veulent jetter les figures , ce qu'ils font en l'incorporant avec les doigts contre la cire qui a été couchée avec le pinceau , en ſorte que tous les creux ſoient remplis également. Le mot de *Gâteau* , ſelon M. Ménage, vient de *Paſtellum* , diminutif de *Paſta* , d'où vient *Paſte.* Du Cange le dérive de *Vvaſtellus* ou *Gaſtellus* ,venant du Saxon, & qui ſe trouve dans la baſſe Latinité. Il y en a qui le tirent de *Goiſtel* , Gâteau en langue Celtique.

GASTIER. ſ. m. Vieux mot. Rageau l'employe pour un homme qui eſt commis à la garde & à la con-ſervation des vignes & autres fruits.

GASTINE. ſ. f. On appelle *Gaſtine* , en quelques Provinces , comme en Poitou & en Berri, ce que ceux de Guyenne nomment *Landes* , c'eſt-à-dire , une étendue de pays deſerte & ſterile , d'où eſt ve-nu le nom de *Gaſtinois.* Du Cange fait venir ce mot

de *Gualdus* & de *Gualtina* , mots de la baſſe Lati-nité qui veulent dire Forêt , d'où a été fait d'abord *Gandine* , & puis *Gaſtine.*

Gaſtine. Mineral qui ſe trouve toûjours en quan-tité dans les mines de fer , & qui en rend la fon-te facile.

GASTRILOQUE. ſ. m. Homme qui tire ſa voix du creux de ſon eſtomac , en ſorte qu'il ſemble qu'elle vienne de fort loin ; ce qui fait peur à ceux qui croyent aux Eſprits. Ce mot vient du Grec γαςήρ, Ventre , & du Latin *Loqui* , parler.

GASTRIQUE. adj. Les Medecins appellent *Veine gaſtrique* , Un vaiſſeau qui vient du rameau ſpleni-que , & qui entre dans la partie gibbeuſe du ven-tricule.

GASTROLATRE. ſ. m. Goulu , qui ne ſonge qu'à ſon ventre , qui en fait un Dieu , de γαςήρ, Ventre & de λατρύυω , Servir.

GASTROMANCIE. ſ. f. Divination qui ſe fait par le ventricule ,de γαςήρ , Ventre , & de μαντύια , Divination.

GASUEL. ſ. m. Oiſeau qui approche de l'Autruche pour ſa grandeur. Les Hollandois en apporterent de l'Iſle de Java en Europe en 1593. & on en a vû un autre à Verſailles , où il a été gardé quatre ans. Il avoit cinq piés & demi de long depuis le bec juſqu'aux ongles , ſa tête & le col d'un pié & demi. Le plus grand de ſes doigts étoit de cinq pouces , & l'ongle ſeul du petit , de trois pouces & demi. On auroit pris les plumes qui le couvroient pour un poil d'Ours ou de Sanglier , tant les fibres en étoient groſſes. Ces plumes étoient toutes de même eſpece , & il y en avoit de doubles de lon-gueur inégale qui alloient juſqu'à quatorze pouces. Son col reſſembloit à celui d'un coq d'Inde , en ce qu'il n'ayoit aucunes plumes. Ses aîles étoient ca-chées ſous cèlles de ſon dos , & ſi petites qu'on ne les découvroit pas ; auſſi n'avoient-elles pas trois pouces de long. Chacune de ces plumes jettoit cinq gros tuyaux ſans aucune barbe , qui étoient comme des doigts de differente longueur. Le plus long de ces tuyaux avoit onze pouces & trois lignes de dia-metre à ſa racine. L'autre extrémité n'étoit pas pointue ; mais comme rompue ou rongée. Leur cou-leur étoit d'un noir fort luiſant. Cet oiſeau étoit ſans queue , il avoit un croupion d'une groſ-ſeur extraordinaire & couvert de plumes comme le reſte. Sa tête étoit petite & avoit une crête haute de trois pouces comme un caſque , dont la circon-ference étoit formée en tranchant , auſſi luiſante & polie que de la corne. L'extrémité de ſon bec étoit fendue en trois comme au coq d'Inde , & marque-tée de deux taches vertes. Le reſte étoit de gris brun. Il avoit une troiſiéme paupiere interne , & deux appendices charnus au bas du col , ſemblables à ceux des poules. Des écailles hexagones , penta-gones & quarrées couvroient ſes jambes, qui étoient groſſes , fortes & droites. Il avoit ſes ongles noirs au dehors & blancs en dedans. Le Gaſuel avale tout ce qu'on lui preſente , quoiqu'il n'ait point de geſ-ſier , & il ſe nourrit de legumes & de pain. Ce que dit Adroandus qu'il n'a ni langue ni aîles , ne s'eſt pas trouvé veritable en celui-ci puiſqu'il avoit une langue dentelée. Il ſe ſert de ſes aîles plûtôt pour frapper que pour marcher. Il eſt appellé *Eme* dans les Indes.

GAT

GATTE. ſ. f. Terme de Marine. Retranchement que l'on fait au dedans d'un Vaiſſeau à l'avant , pour recevoir l'eau que les coups de mer font entrer par les écubiers. On l'appelle autrement *Jatte* ou *Agathe*.

On se sert aussi du mot de *Gattes*, pour signifier les planches qui sont à l'encoignure ou à l'angle commun que font le pont & le platbord d'un Vaisseau.

GAV

GAVACHE. s. m. Mot venu de l'Espagnol *Gavacho*, qui veut dire un miserable, un homme sans cœur, indigne de toute estime.

GAUCHE. adj. *Qui est opposé à droit*, & se dit dans l'homme du côté où la rate est située, qui est reputé le moins noble, & qui est ordinairement le plus foible. AC A D. FR. On dit, qu'*Une piece de bois est gauche*, pour dire, qu'elle n'est pas droite, qu'on ne l'a pas bien équarrie, & on dit de même, que *Le parement d'une pierre est gauche*, pour dire que ses côtés & ses angles ne paroissent pas sur une même ligne. Ainsi, *Pierre gauche*, est celle dont les paremens & les côtés opposés ne se bornoyent pas, à cause qu'ils ne sont pas paralleles.

GAUDE. s. f. Plante qui porte une fleur vineuse en forme de grand œillet simple. On la seme dans des terres legeres en Mars & en Septembre, & on en fait une drogue dont les Teinturiers se servent pour teindre en jaune. La Gaude la plus menue, & qui est roussette, est la meilleure.

GAUDER. v. a. Teindre quelque étoffe avec de la gaude.

GAUDEBILLAUX. s. m. p. Mot de Rabelais qui signifie de grosses tripes de bœuf gras.

GAUDINE. s. f. Vieux mot. Lande.
Cil arbres verts par ces Gaudines,
Leurs pavillons & leurs courtines
De leurs rains sur eux estendoient.

GAUDIR. v. a. Vieux mot. Se réjouir. On a dit aussi, *Un homme gaudi*, pour dire, Un homme dont on s'est moqué.

GAVELE', E'E. adj. Vieux mot. Desseché.

GAUFRE. s. f. Certaine façon que l'on donne à une étoffe, lorsqu'on y fait plusieurs figures au moyen de la presse. Cela s'est dit à cause qu'on s'y sert de fers comme les Patissiers s'en servent à faire des gaufres. Ces Gaufres de Patissiers se font avec des œufs, du sucre, du beurre & un peu de farine. De tout cela se forme une pâte que l'on fait cuire entre deux fers traillissés comme de petits carreaux. *Gaufre*, est aussi une pâte feuilletée où l'on enferme de petites tranches de fromage fin; ce qui fait dire *Gaufres au fromage*. M. Menage fait venir ce mot de *Gafrum*, dérivé de *Vvafel* ou *Vvafre*, mots Allemans, Flamans & Anglois.

GAVITEAU. s. m. Terme de Marine. Il se dit sur les côtes de Provence, d'une marque faite d'un morceau de bois attaché à l'orin, qu'on laisse flotter pour faire connoître l'endroit où l'ancre est mouillée. C'est ce qu'on appelle *bouée*, sur les côtes de l'Ocean.

GAULE. s. f. Terme de Manege. Branche de houx. *Gaule de fouet*, *Gaule longue & menue*, à laquelle outre la pointe il y a une laniere de cuir, dont on se sert pour toucher les bœufs, les chevaux.

GAULIS. s. m. Terme de Venerie. Branche d'arbre que les Veneurs sont obligés de plier ou de détourner pour pouvoir percer dans le fort d'un bois. Il y en a qui renversent l'homme de son cheval.

GAULT. s. m. Vieux mot. Forêt.
Que florissent cel pré, & cil gault sont foilli.
Borel dit que c'est de *Gault* que vient une *Gaule*, & même selon plusieurs, le pays de Gaule, qui est

le vieux nom de la France.

GAVON. s. m. Terme de Marine. Petit cabinet pratiqué dans un Vaisseau vers la pouppe. Il tire des cantanetes la lumiere qu'il reçoit.

GAVOTE. s. f. Air de Musique à deux tons. Il commence par une noire pointée, suivie d'une crochue hors de mesure, ou bien par quatre crochues, & il a deux parties, dont la premiere est de quatre mesures & se joue deux fois, ou a huit mesures sans recommencer. La seconde qui se recommence, a huit mesures.

Gavote, est aussi une espece de danse gaye, composée de trois piés & d'un pas assemblé. Les anciennes Gavotes étoient un amas de plusieurs branles doubles que les joueurs choisissoient, & dont ils faisoient une suite. Elles se dansoient par une mesure binaire, avec plusieurs petits sauts.

GAUBINET. adj. Vieux mot. Faineant.
Truandeaux, *Gaupinets*, *Flateurs*.
Borel dit que c'est de là que vient *Gaupe*, qui veut dire une femme faite & sale. D'autres veulent que *Gaupe* vienne de *Gausape*, qui signifioit autrefois une couverture dont les femmes mal propres se couvroient la tête. Borel dit pourtant que *Gausape*, veut dire un ancien habit des Gaulois.

GAUTRER. v. n. Vieux mot. Errer par la mer.

GAY

GAY, GAYE. adj. Joyeux. On appelle en termes de Blason, *Cheval gay*, un Cheval nud & sans harnois. On dit aussi *Poulain gay*, quand on le represente sur un écu, avec quelques marques de vivacité.

GAYAC. s. m. Bois qu'on nous apporte des Indes, & dont on se sert pour échauffer, rarefier, attenuer, & provoquer les sueurs & les urines. Matthiole dit que plusieurs croyent que c'est une espece d'ébene, ce qu'il n'ose nier ni assurer, n'ayant lû dans aucun Auteur ni ancien ni moderne quelles sont les feuilles, ni les fleurs, ni les fruits de l'Ebenier. Il avoue pourtant que le Gayac est entierement semblable à l'ébene, si ce n'est que l'ébene est parfaitement noir, & que le Gayac tire un peu sur le blanc. L'Arbre dont nous vient ce bois, à ce que rapportent ceux qui l'ont vû en plante, est haut comme un frêne, & gros comme un homme de moyenne taille. Sa feuille est courte & dure, & presque semblable à la feuille de plantain. Ses fleurs sont jaunes, & son fruit est de la grosseur d'une noix. Les vieux arbres ont l'écorce noire, & les jeunes l'ont jaunâtre. Il se trouve trois especes de Gayac. La premiere montré un bois massif & fort, qui étant scié ou mis en pieces est noir au dedans & blanchâtre au dehors. Il a plusieurs veines entrelassées le long du bois & qui tirent sur le tanné obscur. L'autre Gayac est moins gros & moins massif. Son noir est plus petit, & le blanc qui est en dedans plus grand. Le troisiéme, que les Italiens & les Espagnols appellent *Lignum sanctum*, à cause de ses qualités merveilleuses, sur-tout pour les maladies veneriennes, est un bois plus menu que les deux autres. Il tire sur le blanc dedans & dehors, & a le long du bois de petites veines entrelassées qui sont fort menues. Il est plus odorant, & beaucoup plus pénétrant que les deux autres. Cette difference de pesanteur, de couleur, de grandeur & de grosseur, ne doit pas faire penser que ce soient trois diverses plantes, comme quelques-uns l'ont crû. Cela vient de ce que le bois noir au dedans est plus vieux que l'autre. Ainsi le Gayac qui blanchit dedans & dehors, étant le plus succulent & le plus
jeune

jeune de tous , est aussi le plus odorant , le plus amer & le plus aigu , & fortifie davantage les personnes malades. Le plus noir & le plus gros est celui que l'on estime le moins , comme étant vieux & cassé ; car il en est des plantes ainsi que des animaux. Elles deviennent seches en vieillissant , ce que l'on remarque aux troncs des vieux arbres , où il y a beaucoup plus de noir qu'à ceux qui sont d'un âge moyen , cette noirceur étant un signe de privation d'humidité naturelle.

GAYAVE. s. f. Espece de Grenade douce qui se trouve dans la basse Ethiopie , & que les Chinois nomment *Cieuco*. Les Gayaves renferment plusieurs grains , & sont bonnes à manger , mais il n'est pas sain d'en prendre beaucoup, à cause qu'elles rafraîchissent trop. Le Bengo en est presque tout bordé sur ses rives.

GAYER. v. a. Vieux mot. Abreuver.
Tantôt après on veut tirer
De l'eau , pour gayer les Chevaux.

GAYVE. adj. On appelle *Choses gayves* , dans la Coûtume de Normandie , les épaves & choses égarées que personne ne reclame ; & l'on disoit autrefois *Gayver* , pour dire , Délaisser , abandonner. Du Cange fait venir ce mot de *Vaivium* , qui a été dit dans la basse Latinité en la même signification.

GAZ

GAZELLE. s. f. Animal à quatre piés , qui est fort commun en Orient. La Gazelle est de la grandeur & de la forme d'un Daim. Son poil est fort court , & de couleur fauve , à la reserve de celui du ventre & de l'estomac qui est blanc. Sous ce poil est un cuir noir fort luisant. Elle a les oreilles grandes , pelées & noires en dedans , les yeux grands & noirs , & le nez camus ; ce qui se trouve particulierement aux mâles qui ont les cornes plus grandes que les femelles. Ces cornes sont noires & creuses , grosses par le bas , droites & pointues , mais un peu recourbées au bout. Cet animal a le pié fendu , & muni en son extrémité de deux grands ongles que joint une petite peau. C'est une espece de Chevre sauvage. On en voyoit un fort grand nombre en Egypte du côté d'Alexandrie. Elles courent ordinairement par troupes au travers des bois , & les Habitans en tuent quantité à coups de mousquet. Leur queue ressemble à celle des Chameaux , & les femelles y ont au bout un long poil qui est fait comme du crin. Leurs piés de devant sont plus courts que ceux de derriere & ressemblent à ceux des Lievres. Leur voix n'a rien qui soit different de celle de nos Chevres ordinaires. Elles ont le cou fort long & noir , & n'ont point de barbe. Elles courent en rase campagne avec une vitesse étonnante , & montent avec plus de rapidité qu'elles ne descendent. Selon du Gange on a appelé *Gazele* , un cheval de Sarasins, qui étoit fort prompt à la course. Ce mot vient de l'Arabe *Algazel* , qui veut dire , Chevre.

GEA

GEAI. s. m. Oiseau qui est à peu près de la grosseur d'un Pigeon , & à qui on peut apprendre à parler. Il a la tête & le cou de couleur rouge mêlée de vert, & les aîles mêlées de bleu & de blanc , de noir & de gris. On tient qu'il est sujet à l'épilepsie. Il contrefait le chien , le chat , la poule , & plusieurs autres oiseaux. Il se plaît à dérober , & cherche les lieux les plus secrets pour cacher ce qu'il a pris. On l'appelle *Ricard* en quelques lieux.

Tome I.

G E•B

GEBECIER. v. n. vieux mot qu'on trouve dans le sens de s'exposer.
Il se lairroit ainçois par membres detrencher
Qu'il osast au peché gebecier.

GEG

GEGO. s. m. Sortes de prunes qui croissent à de grands arbres sur les bords du Bengo dans un des Royaumes de la basse Ethiopie. Elles ont un gros noyau & peu de chair , & la peau d'un verd jaunâtre. On en donne à manger aux malades , comme étant fort saines , quoiqu'elles soient si aigres qu'elles agacent les dents.

GEH

GEHINE. s. f. Vieux mot. Gêne. On a dit aussi autrefois *Gehir*, ce qui signifioit , Parler , y étant contraint par les tourmens.
En un trou de terrere
Li bontent erramment
Ses deux pols , puis les congnent
Moult angoisseusement ;
Pour li faire gehir
La détreignent forment.

GEI

GEINDRE. s. m. Les Boulangers appellent ainsi leur maître garçon qui gouverne la boutique en leur absence.

GEL

GELASIN. s. m. Nom que donnent les Medecins à une fossette fort agreable que le ris forme au milieu des joues de quelques personnes. Ce mot vient du Grec γελάω , Je ris.

GELE'E. s. f. *Froid excessif qui glace , qui penetre les corps*. ACAD. FR. Ce qu'on appelle proprement *Gelée* , n'est autre chose que des goutes de rosée que la froideur de l'air fait geler legerement. Comme la matiere de la pluie devient grêle ou neige par la froideur de la region superieure , de même la matiere de la rosée devient Gelée par la froideur de la nuit , c'est-à-dire , par celle des nuits d'Hiver , la rosée des nuits du Printems , de l'Eté & de l'Automne , qui est temperée , pouvant bien resserrer & rassembler les goutes sensibles les corpuscules d'eau qui sont répandus par l'air , mais n'étant pas assès forte pour faire cette congelation & pour engendrer cette espece de neige & de grêle , qu'on nomme souvent *Gelée* , & quelquefois *Frimats*.

On appelle aussi *Gelée* , Un suc de viande congelé & clarifié. Il se fait ordinairement de piés de veau bien lavés & bien blanchis , de rouelle de veau & de chapon qu'on passe au travers d'un gros linge quand ils sont bien cuits , & qu'on dégraisse autant que l'on peut. On y met ensuite une chopine du meilleur vin blanc avec du sucre , un morceau de canelle & deux cloux de giroffle que l'on fait bouillir avec toutes ces choses jusqu'à ce qu'elles ayent de la consistance. Cela s'appelle *Gelée* , & c'est ce que l'on donne aux malades qui ne peuvent digerer une nourriture plus solide. Il y a aussi une *Gelée de poisson*. Ce sont des poissons qu'on vuide , qu'on dégraisse & qu'on fait bouillir , & dont on passe le bouillon par une étamine ; après quoi on le met dans fon pot , avec du fucre , & plufieurs autres ingrediens.

Les Confituriers appellent *Gelée* , certaine compofition qu'ils font avec du jus de certains fruits & avec du fucre , comme la Gelée de grofeilles , de verjus , de cerifes , &c.

La *Gelée* que les Medecins obfervent çà & là dans le ferum du fang , eft autre chofe que le chyle non affimilé , mais détrempé de beaucoup de liqueur. Ils appellent auffi *Gelée* , certaine liqueur claire & luifante qu'on remarque le fecond jour durant l'incubation dans la cicatrice qui eft une petite tache blanche en forme de cercle qu'on trouve dans la tunique du jaune d'un œuf , & qui fe dilate & s'étend en certains cercles dès le premier jour de l'incubation.

GELINE. f. f. Poularde. Les Gelines affranchies , ne pondent plus & engraiffent beaucoup , il en eft comme des chapons.

GELINOTE. f. f. Jeune poule , tendre & graffe. Celles qu'on appelle *Gelinotes de bois* , font des poules fauvages , qu'on trouve aux forêts d'Ardennes. Elles ont le deffus du dos gris , le deffous de la gorge & du ventre blanc , le bec court , rond & noir , le cou femblable à celui d'une Faifande , les groffes plumes des aîles marquetées , les jambes courtes , & couvertes de plumes jufqu'à la moitié , & la queue comme celle d'une perdrix. La chair de ces oifeaux eft très-délicate. Il y a auffi des *Gelinotes d'eau*. Elles font moitié poules & moitié cannes , & differentes tant pour le plumage que pour la grandeur.

GELOSER. v. a. Vieux mot. Defirer. On l'a dit auffi pour , Eftre jaloux.

GEM

GEME. f. f. Vieux mot. Pierre précieufe. On a dit auffi *Gemé* , pour dire , Couvert de pierreries , du Latin *Gemma* , qui fignifie la même chofe.

GEMEAU. f. m. Les Medecins appellent *Gemeaux* quatre mufcles des cuiffes , qui font partie des fix abducteurs , & ils leur ont donné ce nom à caufe de l'entiere reffemblance qu'il y a entr'eux. Il y a auffi deux mufcles dans la jambe que l'on appelle *Gemeaux*.

GEMELLE. f. m. Terme de Marine. Piece de bois dont on fortifie un mât , pour empêcher qu'il n'éclate. *Mât Gemellé* , eft celui qui eft fortifié par des Gemelles. On l'appelle auffi *Mât afûté*.

GEMINE'. E'E. adj. Terme de Palais. On appelle *Arrêts geminés* , *Commandemens geminés* , des Arrêts , des Commandemens réïterés plufieurs fois , du Latin *Geminare* , Doubler.

GEMISSEMENT. f. m. Bruit que font quelques corps quand le frottement en eft rude , ce qui arrive aux bateaux , navires , manœuvres , &c.

Gemuit fub pondere cymba. Virgil.

GEN

GENAUX. f. m. Vieux mot. Faifeurs d'horofcope. Ce mot vient de *Genethliaci*.

GENEALOGIQUE. adj. Qui appartient à la Genealogie. *Arbre genealogique* , *table genealogique*. On appelle *Colomne genealogique* , Une colomne qui a fon fût en forme d'arbre genealogique , & qui porte aux branches qui l'entourent les chifres , armes , médailles ou portraits d'une famille.

GENERAL. ALE. adj. Univerfel. On appelle en termes de Judicature , *Lieutenant General* , celui qui préfide dans un Préfidial ou dans une Juftice Roya-

le en l'abfence , du Prévôt , du Bailli , ou Sénéchal. Outre le Lieutenant General Civil , il y a un Lieutenant General Criminel , & un Lieutenant General de Police dans les grands refforts. Le Procureur General eft celui fous le nom duquel fe plaident dans les Cours fuperieures toutes les caufes où le Roi a interêt. C'eft lui qui conferve les interêts du Public , des Mineurs , des Communautés & des Eglifes , & l'Officier qui porte la parole pour lui a le nom d'*Avocat General*.

On appelloit autrefois *Generaux* , les Officiers de la Cour des Aides , & on dit encore *Generaux des Monnoies* , pour dire , les Confeillers de la Cour des Monnoies. On voit par une Ordonnance de Charles Dauphin Regent en France du 27. Janvier 1359. qu'il y avoit alors feulement huit Generaux Maîtres des Monnoies , dont fix refidoient à Paris , & deux alternativement dans les Provinces en qualité de Commiffaires. On appelloit les Generaux Provinciaux , *Generaux fubfidiaires* , dans le tems qu'ils ne connoiffoient que fubfidiairement aux Generaux Maîtres des Monnoies , des matieres & affaires dont ils leur renvoyoient la connoiffance. Henri II. qui érigea cette Chambre en Cour fuperieure en 1551. créa un Préfident & trois Generaux de robbe longue , qui avec un autre Préfident & deux Confeillers auffi de robbe longue faifoient en tout treize Juges. Ce nombre a été beaucoup augmenté depuis par nos Rois , & ces Officiers s'appellent prefentement plûtôt Confeillers que Generaux des Monnoies. Il y a une feconde Cour des Monnoies à Lyon.

On appelle *Concile General* , un Concile où l'on convoque tous les Evêques de la Chrétienté , & *Etats Generaux* , ceux où les trois Etats font affemblés , qui font le Clergé , la Nobleffe , & le tiers-Etat.

Les Ordres Religieux appellent *Chapitre General* , celui où tous les Chefs des Communautés & des maifons font appellés.

On appelle *Lieutenant General d'armée* , le premier Officier qui commande une armée , quand il ne s'y trouve ni Princes ni Maréchaux de France. Les *Officiers Generaux* , font ceux qui commandent un corps compofé de plufieurs Regimens de Cavalerie & d'Infanterie.

GENERAL. f. m. Religieux qui eft chef de tout un Ordre , & qui a droit de vifiter toutes les Maifons établies dans l'Europe fous la même Regle , ou Chef d'une Congregation particuliere. *General de fainte Genevieve* , *de faint Maur* , *de Feuillent* , *de faint Vannes*.

On appelle *General d'Armée* , celui qui commande une armée en chef , fans recevoir d'ordres , que de fon feul Souverain. Tous les Maréchaux de France font naturellement *Generaux d'Armée* , & ne perdent point ce nom lorfqu'ils fervent fous le Roi , ou fous quelque Prince de la Maifon Royale. On appelle auffi *General des Galeres* , celui qui commande les Galeres.

GENERALE. f. f. Battement de tambour qui fe fait pour avertir toute l'Infanterie d'une Armée , qu'elle ait à marcher.

GENERALISSIME. f. m. General qui eft au deffus des autres Generaux. On donne ce nom à un Prince qui commande une Armée où il y a des Maréchaux de France.

GENERATEUR. TRICE. adj. Terme de Mathematique. Toutes les fois que l'on forme des lignes ou des nombres par des mouvemens d'autres lignes , ou par des operations fur d'autres nombres fixes & déterminés , ces nombres & ces lignes s'appellent

Generateurs , & *Generatrices* à l'égard de tout ce qui en resulte. La Cycloïde étant formée par un cercle qui se meut en même-tems circulairement & en ligne droite ; ce cercle est appellé *Cercle Generateur* à l'égard de la Cycloïde , & l'on dit que l'espace compris entre la Cycloïde & sa base est triple de celui du *Cercle Generateur*. Ce mot s'emploie dans toutes les occasions pareilles. De même en Arithmetique , on peut appeller dans les nombres *Polygones* , *nombres Generateurs* , ceux qui composent la progression Arithmetique dont la somme fait le Polygone. Voyez POLYGONE.

GENERATION. s. f. Terme de Mathematique. Il se dit de la formation des lignes courbes produites par le mouvement de quelques autres lignes , soit droites , soit courbes. *La Generation de la Cycloïde , de la Spirale , de la Cissoïde , de la Conchoïde , &c.* car on n'a d'ordinaire les lignes courbes que par des mouvemens composés , que l'on imagine dans d'autres lignes *Generatrices*. On dit aussi *Generation* en parlant de solides. Ainsi l'on dit , *Generation du Cone , du Cylindre* , &c. c'est-à-dire , la formation ou production de ces corps par de certains mouvemens de lignes. Voyez ces mots.

GENEST. s. m. Arbrisseau qui jette de grandes verges sans feuilles qui sont fermes & difficiles à rompre , & dont on se sert à lier la vigne. Il produit une graine semblable à la lentille , & qui vient dans des gousses. Ses fleurs ressemblent à celles du violier jaune. Elles ont une vertu merveilleuse pour lever les obstructions de la rate & du foie , pour faire uriner & rompre la pierre. Matthiole met de la difference entre le Genêt & la Geneste. Il dit que le vrai Genêt que l'on appelle *Spartum* , & qui est celui de Dioscoride , est un arbrisseau qui ne jette point de feuilles , & dont les fleurs sont semblables au Violier , & que la Geneste produit de longues feuilles presque comme les feuilles de lin , ayant ses fleurs jaunes , faites en croissant comme les gousses de pois ; mais encore qu'il soit persuadé que ce sont deux plantes diverses , il croit qu'on les peut estimer d'un même genre , à cause de la grande affinité qu'elles ont ensemble. Mesué dit que la Geneste est un arbre de montagne , dont le tronc produit plusieurs verges droites & souples & fort mal-aisées à rompre. Ses fleurs sont jaunes , faites en croissant avec certaines gousses semblables à celles d'Orobus , au dedans desquelles est une graine semblable à la lentille & mise par intervalles. Cette graine prise en breuvage est fort vehemente à évacuer le phlegme , & à attirer les humeurs qui sont aux jointures. Elle est aussi extremement efficace à purger les excremens & les superfluités des reins , à faire uriner , à rompre les pierres tant des reins que de la vessie , & à empêcher qu'il ne s'y amasse du limon. Galien dit que le jus des verges de Genêt , ont une vertu fort attractive. Les verges du Genêt commun sont propres à faire des balais , & il y en a un qu'on appelle *Genêt blanc* , à cause qu'il a ses feuilles blanches. On fait des capres des boutons de Genêt que l'on confit au sel & au vinaigre comme les capres de Gennes , on en fait aussi de capucines & de boutons de violettes doubles.

GENESTROLLE. s. f. Sorte de plante dont les Teinturiers se servent à teindre en jaune. Elle vient naturellement sans qu'on la cultive.

GENET. s. m. Espece de Cheval qui vient d'Espagne , & dont la taille est petite , mais bien proportionnée. Ce mot vient de *Gineta* , qui en Espagnol , signifie un Cavalier. Borel croit que les *Genetaires* , Soldats anciens dont parle Philippe de Commines , ont été nommés ainsi à cause qu'ils étoient montés sur des Genets d'Espagne.

GENETHLIAQUE. s. m. Celui qui par le moyen des astres qui ont présidé à la naissance de quelqu'un dresse une horoscope. Ce mot est Grec , *venethliakos* , & on appelle *Poëme Genethliaque* , des vers qui sont faits sur la naissance d'un Prince , à qui on promet par prédiction de grands avantages sur les ennemis qu'il pourra avoir.

GENETIN. s. m. Sorte de vin blanc qu'on apporte d'Orleans.

GENETTE. s. f. Mords à la Turque dont on fait la gourmette d'une piece. Cette gourmette dans laquelle on fait passer le menton du Cheval quand on le bride , est faite comme un grand anneau , mis & arrêté au haut de la liberté de la langue. On dit , *Porter les jambes à la Genette* , pour dire , Les porter raccourcies , en sorte que l'éperon porte vis-à-vis les flancs du Cheval. Cette maniere est fort en usage chez les Espagnols.

Genette , Sorte d'animal dont la peau servoit autrefois de fourrure ; d'où vient que les Chevaliers d'un certain Ordre militaire à qui on donna ce nom , portoient des colliers d'or à trois chainons entrelacés de roses , & au bout des chainons une Genette d'or sur une terrasse parsemée de fleurs. On attribue l'institution de cet Ordre à Charles-Martel , qui après qu'il eut défait l'Armée d'Abderame , trouva un fort grand nombre de fourrures de Genette , avec plusieurs de ces animaux en vie. On tient que pour conserver la memoire des grands avantages qu'il venoit de remporter , il fit seize Chevaliers de la Genette.

GENEVRE. s. m. Arbre toûjours vert , dont les feuilles sont petites , dures , étroites , minces & piquantes. Il est d'une moyenne grandeur , & a son bois roux & odorant. Il s'aime dans les montagnes & porte son fruit deux ans. Ce fruit , rond & vert au commencement , est noir & odoriferant lorsqu'il est mûr. Quelques-uns appellent cet arbre *Genevrier*. Dioscoride parle de deux sortes de Genevre , l'un grand , l'autre petit , & qui sont tous deux de qualité aigue. Matthiole ajoute qu'on les trouve l'un & l'autre en plusieurs endroits d'Italie , & qu'en l'Evêché de Siene , il y a des Genevres domestiques , grands comme de hauts arbres , & qui produisent leur fruit plus gros & plus doux que les Genevres sauvages. Ils ont la feuille pointue comme le Romarin couronné , mais un peu plus courte. Le bois de Genevre dure plus de cent ans sans se corrompre ; ce qui fut cause , au rapport de Pline , qu'Annibal voulut que les poutres du Temple de Diane d'Ephese fussent de Genevre. Les Alchymistes prétendent qu'un charbon de Genevre allumé & couvert de cendres du même bois , gardera son feu un an entier. Le Genevre produit une gomme semblable au mastic , qu'on appelle *Sandaracha* & *Vernis*. Elle est blanche quand on la cueille , & avec le tems elle devient rousse. Le Genevre échauffe , provoque l'urine , & chasse les Serpens par son parfum. Dioscoride qui en parle ainsi , dit encore , qu'on trouve quelquefois des grains de Genevre gros comme des noix , & d'autres en forme d'avelines , qui sont ronds , odorants , doux à mâcher , & un peu amers. Ils sont bons à l'éstomac étant chauds & astringens. L'arbre s'appelle en Latin *Juniperus* ; en Grec *arkeuthos*.

GENGLEOUR. s. m. Vieux mot. Violon ou Menêtrier. On a dit aussi *Gengleresse* , pour Menêtrier.

GENGLER. v. a. Vieux mot. Mépriser.

GENGLERCEMENT. adv. Vieux mot. Opiniâtrement.

GENIE. f. m. Sorte de Divinité chés les Anciens, laquelle ils faifoient préfider à toutes chofes. Non feulement ils donnoient un Genie à chaque homme en particulier, mais encore à chaque Fontaine, aux arbres, & aux contrées. Caligula & quelques autres Empereurs puniffoient de mort ceux qui refufoient de jurer par leur Genie. Ce mot n'étant plus employé parmi les Chrétiens, que pour fignifier un certain efprit naturel qui nous donne de la pente à une chofe, on reprefente les Genies dans les ornemens d'Architecture, fous la figure d'enfans aîlés, à qui on donne des attributs qui marquent les vertus & les paffions. Il s'en fait de bas-relief qui font par groupes. Il y en a qu'on appelle *Genies fleuronnés*. Ce font ceux dont la partie inferieure termine en naiffance de feuillage.

GENIPA. f. m. Arbre des Antilles, fort haut & fort droit, & qui eft de differentes groffeurs felon les lieux où il croît. Ses branches qui s'étendent fort au large, & qui fe recourbent près de terre, fortent du tronc par étages comme celles du fapin, & font un ombrage agreable, étant chargées de feuilles longues d'un demi pié, & large comme la main. L'extrémité de fes rameaux pouffe cinq ou fix fleurs blanches pareilles à celles du Narciffe, & qui font de bonne odeur. Il y a dans le milieu quelques excrefcences jaunes. Ses fruits font gros comme des œufs d'oye, & d'une chair affés ferme le long de l'écorce, mais molaffes dans le milieu, & tout remplis d'une infinité de graines plates. Ils font d'un goût aigrelet, & d'une odeur affés agreable, mais on les méprife à caufe qu'ils noirciffent la bouche de ceux qui en mangent, tout ce que touche le jus qu'on en tire étant d'une couleur noire qui ne s'efface que neuf jours après. Dans le tems que ce fruit tombe, les pourceaux, les perroquets & autres oifeaux qui s'en nourriffent, ont la chair entierement violette. Il fait en tombant un bruit pareil à celui d'un coup d'arme à feu. Cela vient de ce que certains vents qui font contenus en de petites pellicules dont la femence eft couverte, étant excités par la chûte, fe font ouverture avec violence. Le bois du Genipa eft blanc, dur, & facile à mettre en œuvre étant frais coupé. On en fait des planches qui fe noirciffent dans l'eau, & l'on s'en fert ordinairement pour faire des afûts de fufil & de moufquet.

GENOU. f. m. Terme de Marine. Piece de bois courbe qu'on place en divers endroits quand on conftruit un Navire. *Les Genoux de fond*, font des membres courbes qui font une partie du fond du bâtiment. On les empâte avec les varangues & les premieres allonges. *Genoux de revers*, font pareillement des membres courbes. On place ceux-là aux extrémitez audeffus des fourcas & des varangues les plus acculées.

C'eft auffi une efpece de charniere mobile pour monter des inftrumens de Mathematiques. Voyez GENOUILLERE.

GENOUFRIERE. f. f. Vieux mot. Oeillet de giroflée.

GENOUILLERE. f. f. Ce mot fe dit non feulement de la partie de la botte dont le genouil eft couvert & de celle de l'armure qui couvre les genoux d'un homme armé de pié en cap, mais encore d'un morceau de chapeau que les Couvreurs & quelques autres Ouvriers fe mettent fur les genoux pendant qu'ils travaillent. Il fe dit de même d'une peau de liévre dont on s'envelope le genouil quand on y a froid.

Genouillere. Terme de Mathematique. Ce qu'on met au haut du pié qui foûtient les Inftrumens dont fe fervent ceux qui veulent faire des obfervations. On met une Genouillere à un graphiometre, à une lunette d'approche, & à d'autres Inftrumens de même nature. Elle eft faite d'un morceau de cuivre, ordinairement de forme fpherique, & enfermée dans un demi-globe concave où elle eft mobile en tout fens, foit verticalement, foit horifontalement. Le mouvement des anciennes Genouilleres étoit horifontal dans les unes, & vertical dans les autres. Auffi elles fe faifoient avec deux fortes de charniere.

On appelle *Genouilleres*, des Pieces de bois, qui portent la pouquerie d'un moulin.

GENOUILLET. f. m. Plante qui croît aux montagnes & collines, & qui produit une tige liffée & ronde, ayant quelquefois plus d'une coudée de hauteur. Ses feuilles font femblables à celles du laurier, mais plus larges, & comparties de beaucoup plus de veines, fermes & inégales. Leur goût un peu aftringent, eft comme celui du coing ou de la grenade. Ses fleurs font blanches, & fortent trois pour queue du même lieu que les feuilles. Sa racine eft de la groffeur d'un doigt, blanche, molle, longue, maffive, & pleine de nœuds, ce qui lui a donné le nom de *Genouillet*, en grec πολυγόνατον. Cette racine enduite, eft un fingulier remede pour les plaies. Elle eft auffi très-bonne appliquée fur le vifage, pour en enlever toutes les taches.

GENOUILLEUX, EUSE. adj. Les Fleuriftes appellent *Plantes genouilleufes*, celles qui ont des fibres & des racines épaiffes qui demeurent à fleur de terre, qui ne font point unies, mais qui étant de plufieurs pieces, ne laiffent pas de fe trouver jointes enfemble à la maniere du genouil, qui joint la cuiffe à la jambe.

GENOUILLON. On a dit, *A genouillon* dans le vieux langage, pour dire, A genoux.

GENS. adj. Vieux mot. Gentil. Joli. On a dit auffi *Gent* & au feminin *Gente*.

GENS. f. m. p. Peuples, Nations. *Le droit des Gens*. Il fe dit auffi de plufieurs perfonnes qui font un corps. *Les Gens d'Eglife*, *les Gens de guerre*.

On appelle *Gens du Roi*, les Avocats & Procureurs generaux dans les Cours fuperieures. On donne auffi ce même nom aux Avocats & Procureurs du Roi dans les Prefidiaux & autres Sieges inferieurs.

Gens de main-morte. On appelle ainfi les Monafteres, les Sociétés, & les Communautés qui ne meurent point, & qui fe renouvellent toûjours.

GENTIANE. f. f. Plante qui croît fur la cime des Montagnes aux lieux ombrageux & aquatiques. Sa tige qui eft haute de deux coudées, & de la groffeur du doigt, eft creufe, polie, liffée, diftinguée par nœuds, & produit de grandes feuilles par intervalles. Celles qui font près de fa racine font rougeâtres, & femblables aux feuilles de noyer ou de plantain, & celles d'en haut, depuis le milieu de la tige font un peu déchiquetées. Sa fleur eft jaune, & fa graine large, legere, bourrue, & prefque femblable à celle du Spondylium. Sa racine eft groffe, longue, amere, & reffemble à celle de la Sarrafine longue. Sa couleur eft jaune dedans & dehors, & fa fubftance vifqueufe. Comme cette racine eft extrêmement amere, Galien dit qu'il ne faut pas s'étonner des proprietés qu'elle a pour attenuer, purger, abfterger, mondifier & defoppiler. Elle eft finguliere contre les morfures des fcorpions, tue les vers, empêche la pourriture, & dompte toutes fortes de venins. La Gentiane doit fon nom à Gentius Roi d'Illyrie, qui le premier en a connu les vertus.

Il y a une autre petite plante que Matthiole croit qu'on peut appeler *Petite Gentiane*, à cause des rapports qu'elle a avec cette plante. Quelques-uns la nomment *Cruciata*. Voyez CRUCIATA.

GENTILHOMME. f. m. Homme noble d'extraction. On appelle *Gentilhomme de nom & d'Armes*, celui qui porte le nom de quelque Province, Bourg, Château, Seigneurie ou Fief noble, qui ont des armes particulieres, quoiqu'il ne soit point Seigneur de ces terres. C'est le sentiment de quelques-uns. D'autres prétendent que celui qui porte un nom & des armes connues, sans pouvoir pourtant justifier les seize quartiers, soit *Gentilhomme de nom & d'armes*.

On appelle *Premier Gentilhomme de la Chambre du Roi*, Celui qui est Maître de sa Chambre durant une année. C'est un des premiers Officiers de la Cour. Il y en a quatre qui servent chacun par année. Ce sont eux qui donnent l'ordre à l'Huissier pour les personnes à qui il doit permettre l'entrée. En l'absence du premier Chambellan, ils ont l'honneur de donner la chemise au Roi, si ce n'est qu'il se trouve un Prince du Sang dans la Chambre.

Gentilhomme ordinaire de la Maison du Roi. Ils furent créés par Henri III. au nombre de quarante-huit, & Henri le Grand les reduisit à vingt-quatre. Il y en a eu deux de plus sous le Regne de Louis XIII. Ils doivent se trouver auprès de la Personne du Roi dont ils reçoivent les ordres, soit pour porter ses volontés aux Parlemens & aux Provinces, soit pour aller complimenter les Rois & les Princes souverains, sur quelque avantage ou quelque perte. Sa Majesté se sert aussi de ses Gentilshommes ordinaires, quand elle veut faire l'honneur aux Princes & aux grands Seigneurs de son Royaume de les envoyer visiter, ou de leur faire porter quelque marque d'honneur de sa part.

Gentilhomme servant. Celui qui sert le Roi, les Princes du Sang, & les Souverains quand Sa Majesté les traite. Ils sont au nombre de trente-six, servent toûjours l'épée au côté, & font alternativement la fonction de Panetier, d'Echanson, & d'Ecuyer tranchant.

Gentilhomme au bec de Corbin. Ceux que l'on appelle ainsi n'ont été d'abord que cent, & on les institua pour une plus sûre & plus honorable garde. On en ajoûta ensuite cent autres, & à chaque Compagnie son Capitaine & son Lieutenant, mais quoiqu'il y en ait deux cens depuis plusieurs regnes ils ont gardé leur ancien nom, & on les appelle encore aujourd'hui *Les Cent Gentilshommes.* Ils marchent deux à deux devant le Roi aux jours de ceremonie, & portent avec l'épée au côté, le bec de corbin à la main. Ils doivent dans un jour de bataille se tenir auprès de la Personne de sa Majesté. On a dit *Gentishoms* dans le vieux langage. Les uns tiennent que *Gentilhomme* vient de *Gentilis homo*, qui s'est dit chés les Romains d'une race de gens nobles de même nom, nés de parens libres, & dont les ancêtres n'avoient point été esclaves. Les autres le font venir de *Gentil*, ou Payen, à cause que dans le tems que les anciens François conquirent la Gaule, les originaires qui étoient déja Chrétiens les appellerent *Gentils.*

GEO

GEODES. f. Sorte de petite pierre que Matthiole dit être ronde, creuse au dedans, d'une couleur qui approche du fer enrouillé, & pleine d'une terre presque de même couleur. Elle se trouve en Bohême, Misnie & Saxe. Dioscoride en parle comme d'une pierre astringente & dessicative, & qui est propre à resoudre toutes les fumées des yeux. Son nom vient du Grec *yn* Terre.

GEODESIE. f. f. Partie de la Geometrie, qui apprend à mesurer les surfaces, & ce que contiennent toutes sortes de figures planes. Le mot vient des mots Grecs *yn* Terre, & *dains* Separer, diviser.

GEORGE. f. m. Nom propre, qu'on employe dans ce proverbe, *Laissez faire à George, c'est un homme d'âge*, ce qui se disoit, à ce qu'on tient, du tems que le Cardinal George d'Amboise étoit dans le Ministere, pour marquer qu'il se falloit rapporter de tout à sa sagesse & à sa conduite.

Il y a plusieurs Ordres militaires du nom de *Saint George*. Le plus ancien fut fondé en Arragon vers l'an 1201. sous le nom des *Chevaliers de saint George d'Alfama*. L'Antipape Benoît XIII. que l'on y reconnoissoit pour legitime Pontife, incorpora l'Ordre de ces Chevaliers à celui de Montesa. Frederic IV. Empereur, & premier Archiduc d'Autriche, établit un Ordre militaire de ce même nom, l'an 1470. les Chevaliers qu'on y recevoit portoient la cotte d'armes blanche, avec la croix rouge pleine. L'écu de leurs armes étoit d'argent à la croix de gueules. On dit qu'ils étoient obligés par leurs statuts, de garantir les Frontieres de la Hongrie & de la Bohême des ravages qu'y venoient faire les Turcs. Frederic ne se contenta pas de donner le titre de Prince au premier Grand-Maître de cet Ordre, mais il lui remit, tant pour les siens que pour lui, la Ville de Milestadt dans la Carinthie, où un College de Chanoines Reguliers de Saint Augustin fut aussi fondé, sous la direction de l'Evêque choisi toûjours de leur corps. Cet Ordre étant tombé dans un grand relâchement, Maximilien II. songea à le rétablir, mais ce dessein fut rompu par la longueur des guerres civiles que la Religion excita.

La Republique de Genes a un Ordre Militaire que l'on appelle aussi de *Saint George*. Les Chevaliers de cet Ordre portent à leur cou une chaine d'or, mais hors la laquelle pend une croix d'or émaillée de rouge. Cette même croix est en broderie à leurs manteaux. Laurent Justinien, Patriarche de Venise, établit en 1407. des *Chanoines Reguliers de saint George*, que l'on appela aussi *Apostoliques*. Gregoire XII. les confirma. Ils portoient un surplis par dessus leurs habits, & une cappe noire, mais hors le cloître ils avoient un manteau noir & un chapeau noir. Il y a encore deux Ordres de ce nom, l'un qui porte du blanc, & l'autre du bleu. Ils ne mangent point de viande s'ils ne sont malades, & ne sont point obligés par vœux à leur profession.

GEORGIENS. f. m. Sorte de Chrétiens Schismatiques du Levant qu'on met entre les Melchites. Ils ne reconnoissent point le Patriarche de Constantinople, ayant un propre Metropolitain qui demeure dans le Cloître de sainte Catherine sur la montagne de Sinaï. Ils ont saint George pour leur Patron, & en portent l'Image en leurs Enseignes. Quelques-uns tiennent que c'est de son nom qu'ils ont été appellés Georgiens, à cause qu'il les instruisit des Mysteres du Christianisme : mais il est certain qu'ils avoient ce nom avant que saint George fût né, & Valdianus croit qu'ils le prirent du labourage où ils s'adonnoient entierement. Quoiqu'ils reçoivent le Baptême & qu'ils croyent en Ju-

Sss iij

sus-Christ, suivant la Religion & les Ceremonies des Grecs, ils vivent presque à la maniere des Tartares dont ils font voisins, & se glorifient de la memoire de plus de vingt mille Martyrs qui ont souffert pour la foi dans la derniere persecution de Sapores, Roi de Perse. Ils sont soumis pour le temporel, ou au Grand Seigneur, ou au Sophi, selon le pays qu'ils habitent. Ils ont la moitié du Calvaire où ils font leur Office, c'est-à-dire, ceux qui y vont en pelerinage, car avant le regne de Soliman, l'Ordre seul de saint François possedoit tous les lieux de la Terre-Sainte; mais quand il fit son entrée dans Jerusalem en l'année 1517. les Georgiens lui ayant fait leur plainte de ce que les Religieux Romains possedoient tous les Lieux Saints, sans que les Prêtres des pays du Levant qui étoient ses Sujets, en eussent aucune partie pour satisfaire leur devotion, cet Empereur ordonna que tous ces Saints Lieux seroient partagés entre les Nations Chrétiennes. Ainsi chacune de celles du Levant y a quelque chose.

GER

GERANIUM. s. m. Plante dont Dioscoride marque deux especes. L'une a ses feuilles semblables à la Passe-fleur, mais avec des déchiquetures plus grandes & plus profondes. Sa racine est ronde & douce à manger. Prise avec du vin au poids d'une drachme, elle resout les enflures de la matrice. L'autre Geranium est inutile dans la Medecine. Il a ses branches hautes d'un pié & demi, menues & velues, sur le haut desquelles il produit de petits rejettons qui poussent certains petits boutons faits en maniere de tête de grues avec le bec. Ses feuilles approchent fort de celles des mauves. Pline parle d'une troisiéme espece de Geranium, que quelques-uns appellent Myrrhis. Il ressemble à la cigue. Toutefois sa tige est moindre. Elle est ronde & de bonne odeur, & il a ses feuilles plus menues. Matthiole parle encore de trois autres sortes de Geranium, outre lesquelles il dit qu'il en a vû un dans plusieurs jardins qui avoit ses feuilles rondes & grandes comme des feuilles de mauve, déchiquetées tout à l'entour ainsi que celles de la seconde espece de Geranium; qu'il avoit son fruit semblable à de petites têtes de grue, & que quelques Herboristes, qui en font grand cas, en le donnant en breuvage pour souder les plaies qui sont dans le corps, l'appellent Momordica, & d'autres Balsamina. Il croit que cette Momordica ou Balsamina, est la seconde espece de Geranium décrite par Dioscoride, à cause qu'elle a ses feuilles assés approchantes de la mauve. Cette herbe a pris son nom du Grec γέρανος, Grue, à cause que le haut de sa racine represente le bec de cet oiseau. Aussi la nomme-t-on en François Bec de grue, ou de cigogne, ou Herbe-Robert.

GERBE. s. f. Faisceau de blé coupé. ACAD. FR. On appelle en termes de Fontenier, Gerbe d'eau, un Faisceau de plusieurs petits jets d'eau qui ne s'élevent pas fort haut, & qui tous ensemble forment une maniere de gerbe.

GERFAUT. s. m. Celui de tous les oiseaux de rapine qui a le plus de force après l'Aigle. Il est de couleur fauve, fier, hardi, & plus grand que le Vautour. Son bec & ses jambes sont de couleur bleue, & il a les griffes ouvertes & les doigts longs. On l'appelle en Latin Gerofalco, du Grec γύρος, Cercle, comme qui diroit Faucon qui tourne en volant. Quelques-uns veulent qu'on dise aussi en Latin Gero falco, du Grec ίερος, Sacré.

GERION. s. m. Il y a eu un Ordre Militaire qu'on appelloit De saint Gerion. Il n'y avoit que les Gentilshommes Allemans qui étoient reçûs au nombre des Chevaliers de cet Ordre. Ils avoient un habit blanc, avec la croix pleine de sable dessus, & on leur faisoit suivre la regle de saint Augustin. On tient que l'Empereur Frideric Barberousse en fut l'Instituteur dans la Palestine.

GERMANDRE'E. s. m. Herbe qui croît de la hauteur d'un palme aux lieux âpres & pierreux. Elle a les feuilles petites, ameres, semblables à celles de chêne & déchiquetées de la même sorte. Ses fleurs sont petites, purpurines & d'une odeur agreable. Elles sortent tout le long & autour de la tige parmi les feuilles. L'herbe fraiche cuite en eau, en prenant sa décoction en breuvage, est bonne à la toux, aux duretés de la rate, aux difficultés d'uriner & & aux hydropisies qui commencent à venir. En Italie on lui donne le nom de Quercivola, à l'imitation des Grecs qui l'appellent Chamædris, qui veut dire en bas Chêne, de χαμαὶ, A terre, & de δρῦς, Chêne. Quelques-uns l'appellent aussi Herbe des fievres, à cause que sa décoction bûe pendant un certain nombre de jours, est bonne à chasser les fievres tierces. Les Toscans en font grand cas comme étant un préservatif contre la peste si on la mange à jeun en maniere de salade. Les Latins l'appellent Trissago, & quelques-uns Teucrium, à cause de la ressemblance qu'elle a avec cette herbe.

Il y a une autre sorte de Germandrée qui a aussi ses feuilles semblables aux feuilles de chêne, mais plus rudes & plus minces que celles de la premiere, noirâtres & en plus grand nombre. Ses tiges sont hautes d'un palme & demi, quarrées, minces & dures comme du bois. Elles jettent force branches, d'où par intervalles sortent des fleurs purpurines parmi les feuilles. Sa racine est blanchâtre & fort divisée. Cette plante est agreable à voir. Elle est toutefois amere & a une odeur de resine. Matthiole la tient fort semblable à l'autre, non seulement en tiges, fleurs & feuilles, mais encore en goût & proprietés. Galien dit que la Germandrée abonde en amertume, & qu'elle a aussi quelque acrimonie; & qu'ainsi il ne faut pas s'étonner si elle mollifie la rate, si elle émeut l'urine, si elle subtilise les humeurs visqueuses, si elle mondifie & nettoye les oppilations des entrailles.

GERMINATION. s. f. Terme de Physique. Action par laquelle les plantes germent dans la terre.

GERRE. s. m. Vieux mot. Genre.

GERSA. s. f. Drogue ou espece de ceruse faite de la racine de la Serpentaire. A son défaut on en fait de la racine d'Arum. Matthiole dit que les Dames font de l'eau de ces dernieres racines, pour se dérider & nettoyer le visage, & pour s'embellir la peau; ce que fait aussi le jus des mêmes racines étant seché au Soleil, & que les femmes d'Italie appellent Gersa. Il ajoûte qu'il est aussi blanc que la plus fine ceruse ou le Blanc d'Espagne, & qu'il rend la chair fort blanche & luisante. On fait cette drogue avec la racine de la grande Serpentaire, qu'il faut bien laver & nettoyer, & après qu'on l'a sechée, on la pulverise bien subtilement dans un mortier de pierre, puis l'ayant enfermée dans un pot de terre vernissé, on l'arrose avec de l'eau rose, & on la fait encore secher au Soleil entre deux linges. Ensuite on la met en poudre, & on l'arrose derechef d'eau rose. Tout ceci ayant été réiteré trois ou quatre fois, on arrose cette poudre d'excellent vin, & on en fait des Trochisques dont on sesert pour la Gerſa, après qu'ils ont été mis ſecher à l'ombre.

ERSE. ſ. f. Petite vermine qui ronge les livres & les habits. Quelques-uns croyent que c'eſt delà que vient le mot de *Gerſer*, qui veut dire, Faire une petite crevaſſe ou fente à la peau, à cauſe que cette petite eſpece de ver en fait en quelque façon à ce qu'elle ronge. On l'appelle *Teredo* en Latin.

GERSEAU. ſ. m. Terme de Marine. Corde dont le mouffle de la poulie eſt entouré, & qui ſert à l'amarer. On la nomme autrement *Etrope* ou *Herſe de poulie.*

GERSER. v. n. p. On dit que *Du bois ſe gerſe*, pour dire que, Du bois ſe fend; ce qui arrive à cauſe de ſa grande humidité. On appelle *Bois gerſé, Enduit gerſé*, du Bois qui s'eſt fendu, un Enduit où il y a des crevaſſes.

GERSURE. ſ. f. Tache, défaut qui ſe trouve dans le fer. Les Gerſures ſont de petites fentes ou découpures qui vont en travers des barres.

GERZEAU. Mauvaiſe herbe, qui vient dans les blés au mois de Juin, croît en peu de tems & abbat l'épi. Elle a la feuille comme la Lentille.

GES

GESINE. ſ. f. Vieux mot. Etat d'une femme qui eſt en couche. Quand on a débauché une fille, on paye les frais de ſa Geſine & l'on eſt obligé de ſe charger de l'enfant.

GESIR. v. n. Vieux mot. Etre giſant. On l'a dit pour, Accoucher.

Je ſuis groſſe d'enfant, & ſi ne puis geſir.

GESNE, ou GEHENNE. ſ. f. Torture, Queſtion.

GESNER. v. Quand on eſpalie des arbres, il ne faut gêner le bois que le moins qu'on peut: les branches gênées pouſſent de mauvais jets qu'on appelle, *Branches gourmandes.*

GESOLE. ſ. f. Terme de Marine. Réduit en maniere d'armoire, placé vers le mât d'artimon devant le poſte du Timonnier. Il eſt fait avec des planches aſſemblées par des chevilles de bois, & il n'y a point de ferrement, parce que le fer pourroit ôter la direction naturelle de l'aiguille aimantée qu'on y ferme avec la lumiere & l'horloge. On l'appelle autrement *Habitacle.* Il y en a deux dans les grands Vaiſſeaux, l'un pour le Pilote, & l'autre pour le Timonnier.

GET

GETTEIS. ſ. m. Vieux mot. Aſſaut qui ſe faiſoit à coups de pierre qu'on jettoit à coups de fondes, mangoneaux & autres machines anciennes.

Lors commence li getteis,

GEZ

GEZE. ſ. m. Angle rentrant qui eſt entre deux combles & qui ſert de goutiere aux deux. On dit auſſi *Noue.* Les Couvreurs taillent de l'ardoiſe fort étroite pour les Gezes ſi le Bourgeois refuſe d'en fournir de plomb.

GIB

GIBBEUX. adj. Boſſu, élevé. On appelle, en termes de Medecine, *Partie gibbeuſe du foye*, celle d'où ſort la veine-cave. On donne auſſi l'épithete de *Gibbeuſe* à l'extrêmité du tour de l'oreille qui eſt enfoncé du devant au-dedans.

GIBECER. v. n. Vieux mot. Prendre le plaiſir de la chaſſe.

Tant que un ſoul Chevalier vit,
Qui gibeçoit d'un Eſpervier.

Ce mot vient de *Gibier*, Chaſſe, qui ſelon M. Ménage vient du Latin *Cibarium.* C'eſt delà auſſi qu'eſt venu *Gibeciere*, grande Bourſe ou ſac où l'on met le gibier qu'on prend à la chaſſe. Quelques-uns pourtant font venir *Gibeciere* du Grec κίψκρα, Poche ou petit ſac, ou de κίψμα, qui veut dire, Vaſe à boire, prétendant que l'on a dit autrefois *Gybbaciere.*

GIBELINS. ſ. m. Ceux d'une grande faction qui s'oppoſerent aux Guelfes, & dont les differends avec eux déſolerent l'Italie pendant deux ou trois ſiecles. Cette faction commença dans le tems que la concurrence de deux Papes Innocent II. & Anaclet fit prendre les armes. Ce fut dans le douziéme ſiecle. Roger, Comte de Naples & de Sicile, prit les interêts de l'Antipape Anaclet. L'Empereur Conrad III. qui ſoûtenoit Innocent, mena une armée d'Allemans en Italie, où le Prince Henri ſon petit fils le ſuivit. Roger attira Guelfe, Duc de Baviere, pour défendre ſes Etats, & oppoſer à Conrad des troupes de la même Nation. Le Prince Henri avoit été élevé dans un Bourg d'Allemagne qu'on appelloit *Gibelin*, & dont le ſéjour lui plaiſoit fort; & un jour que les armées étoient en preſence, les Bavarois animés par la vûe de leur Prince, ayant crié *Hie guelff*, les Troupes de l'Empereur que commandoit alors Henri, pour flater la paſſion que ce jeune Prince avoit pour le nom d'un lieu qu'il cheriſſoit, crierent de leur côté *Hie gibelin*, & le noms de *Guelfes* & de *Gibelins* furent donnés de cette maniere à ceux qui étoient de l'un ou de l'autre parti. Quelques-uns les font venir de deux mots Allemans, dont l'un ſignifie Porter la foi, & l'autre Porter la guerre; & ils viennent, ſelon d'autres, de deux freres, appellés *Gibel* & *Guelfe*, dont l'aîné prit le parti du Pape Gregoire IX. dans une ſédition qui s'excita à Piſtoye, Ville de la Toſcane, & l'autre celui de l'Empereur Frideric II. vers l'an 1228. Tout cela fait voir que l'origine de ces deux noms n'eſt pas bien certaine.

GIBELOT. ſ. m. Terme de Marine. Piece de bois faite comme une courbe. Son uſage eſt de lier l'aiguille de l'éperon à l'étrave d'un Vaiſſeau.

GIBOYA. ſ. m. Le plus grand de tous les ſerpens du Breſil. Il a quatre piés qui lui ſervent à marcher, & il eſt quelquefois long de vingt piés, fort beau à voir, & ſi gros qu'on lui a vû engloutir un cerf entier. Il n'a nul venin, & même ſes dents ſont fort petites pour la grandeur de ſon corps. Quand il veut ſurprendre les bêtes ſauvages, il ſe tient à l'envers auprès des ſentiers, & ſe jettant tout d'un coup ſur celles qui paſſent, il les entortille de telle ſorte, qu'il leur froiſſe tous les os, après quoi, à force de les mâcher, il les amollit aſſés pour les avaler toutes entieres.

GIBOYER. v. Chaſſer. Giboyer un Liévre, un Lapin quand on l'a tué, c'eſt paſſer les jarets l'un dans l'autre pour le pendre à la ceinture.

GIE

GIETS. ſ. m. p. Vieux mot. Liens, attaches. *Ils les attachent aux perches où les giets ſe lâchent.* Il s'eſt dit auſſi au figuré.

Je ſuis liée
Des giets d'amour & allièe.

On a dit auſſi *Gets.*

GIEUX. ſ. m. Vieux mot dont on s'eſt ſervi pour dire, Jeu.

Sa bataille n'eſt mie gieux.

On a dit aussi *Gien*, pour dire, Juif.

GIG

GIGOTE. s. f. Terme de Manége. On appelle *Branche à la gigote*, Une manière de branche dont la base est ronde.

GIGOTE', E'E. adj. On appelle *Un cheval bien gigoté*, quand il a les cuisses fournies, c'est-à-dire, quand elles sont proportionnées à la rondeur de sa croupe. *Un cheval mal gigoté*, est celui qui les a maigres & sans proportion à la largeur de sa croupe.

Gigoté, est aussi un terme de Chasse, & on appelle *Lévrier gigoté*, celui qui a les os des hanches éloignés & les gigots courts & gros. On appelle de même *Chien gigoté*, celui qui a les hanches larges & les cuisses rondes.

Gigoté, se dit aussi d'un jet de bois qui pousse sur une taille de mauvaise venue, c'est presque la même chose que rabougri.

GIGUE. s. f. Vieux mot. Cuisse. Borel dit qu'il vient du Grec ισχιον, d'où a été fait aussi, *Gigot*.

Gigue. Air de Musique qui a trois tems, qui se joue fort vîte, & dont ordinairement les mesures commencent par une note pointée. C'est par une crochue en levant que commence la *Gigue à la Françoise*, & elle a deux tems. M. Ménage est persuadé que le mot de *Gigue* vient de l'Italien *Giga*, Instrument de musique dont parle Dante.

GIL

GILBERTINS. s. m. Ordre de Moines qui fut établi en 1118. Il eut pour Instituteur Gilbert de Lincolnshire qui bâtit en peu de tems treize Cloîtres, & prescrivit à ses Religieux des Loix tirées des Regles de S. Augustin & de S. Benoît. Le Pape Eugene III. confirma cet Ordre, dont le Cloître principal fut à Sempringhan en Lincolnshire, lieu de la naissance de Gilbert. Il y avoit dans ce Cloître sept cens Moines & onze cens Religieuses.

GILET. s. m. Petite veste sans manche, de laine en hiver & de futaine en été.

GIM

GIMBELETTE. s. f. Sorte de petite patisserie ronde, où il entre des œufs, du sucre, de l'ambre & du musc.

GIN

GINDANT. s. m. Terme de Marine. On dit qu'*Une voile a vingt aunes de gindant*, pour dire, qu'Elle a vingt aunes de hauteur ou de longueur.

GINGEMBRE. s. m. Plante qui croît non seulement aux Indes Orientales, mais encore aux Occidentales, où les nouveaux Habitans de ce pays-là l'ont transportée. Ses racines se répandent non en profondeur, mais en largeur, étant couchées entre deux terres, comme une main qui a plusieurs doigts étendus aux environs. Elles sont pleines de nœuds, petites comme celles du souchet, blanches, odorantes, & ont presque le goût du poivre. Ses feuilles ressemblent à celles des roseaux, qui meurent & reverdissent deux ou trois fois l'an. Les plus grandes ne se font pas plus que l'herbe des prés. Quand elles sont seches, c'est le tems de cueillir les racines. Il y en a qui pesent jusqu'à une livre. On apporte en Europe du Gingembre de Calecut, Ville fort marchande aux Indes, & non seulement du Gingembre sec, mais du vert confit

dans le sucre ou en un certain miel que les Habitans tirent de certaines gousses qu'ils pressurent. Celui là est beaucoup meilleur que le Gingembre confit de Venise, qui se fait de racines de Gingembre seches. Quoique cette plante porte quelques graines, on ne s'en sert point pour la cultiver, mais l'on replante les petites racines; & s'il arrive que l'on n'en ait pas assés, on divise la grosse patte ou maîtresse racine en morceaux que l'on replante par rangs dans de petites rigoles qu'on couvre ensuite de terre, & en trois mois le Gingembre vient à maturité. Il est bon à l'estomac & aide à la digestion. Il échauffe fort, mais non pas d'abord autant que le poivre qui est de parties plus subtiles, au lieu que le Gingembre est composé d'une substance grosse & indigeste, qui n'est ni terrestre ni seche, mais humide & aqueuse; ce qui fait que sa chaleur dure plus long-tems.

GINGEOLE. s. f. Espece de fruit qui prend son nom de l'arbre qui le produit, & que l'on appelle *Gingeolier*.

GINGIDIUM. s. m. Petite herbe semblable à la Pastenade sauvage, mais plus amère, que Dioscoride dit que quelques-uns appellent *Lepidium*, & qui croît abondamment en Cilicie & en Syrie. Sa racine est blanche & un peu amere. Cette herbe, que l'on mange crue & cuite, est fort bonne à l'estomac, & provoque à uriner. Quelques-uns veulent que ce soit ce qu'on nomme communément Cerfeuil : mais Matthiole soûtient qu'il n'en est rien, & il en fait la description suivante. Le Gingidium n'est guere different des panets, & neanmoins il est plus amer, ayant une tige branchue, ronde, de la longueur d'un demi-pié, ridée, noirâtre, nouée, & à la cime de petites têtes qui jettent de petites feuilles à l'entour. De ces têtes sort une graine qui venant à maturité fait resserrer les bouquets. Sa racine est blanchâtre, de la longueur d'un paume de main, & d'un goût un peu amer. Il y en a aussi qui veulent que la plante qu'on appelle *Visnaga*, soit le vrai Gingidium.

GINGLYME. s. f. Terme d'Anatomie. Il se dit de la jointure de deux os, comme ceux des vertebres & des genoux, lorsque se recevant reciproquement, ils ne laissent pas d'être mobiles l'un dans l'autre. Ce mot vient de γιγγλυμος, Gond d'une porte.

GINGUET. s. m. Terme de Marine. Morceau de bois attaché au tillac, & qui est mobile par un bout. Son usage est d'arrêter le cabestan, après qu'on a levé l'ancre ou quelque fardeau.

GIP

GIPON. s. m. Terme de Corroyeur & de Cordonnier. Sorte de houpe de frange dont ces Artisans se servent pour cirer. *Gipon*, signifie Pourpoint dans le vieux langage.

GIR

GIRAFE. s. f. Animal farouche qui se trouve en Afrique, & qui se retire dans les lieux les plus secrets, en sorte qu'on ne le voit presque point. Il est de la grandeur d'un veau, & sa tête est faite comme celle d'une biche. Il a le col fort menu, & à peu près de la longueur d'une toise, & les oreilles fendues. Ses piés sont aussi fendus. Ceux de derrier sont beaucoup plus courts que ceux de devant ; ce qui le force d'écarter les jambes quand il veut boire. Sa queue est ronde & ne passe point les jarets. La Girafe a le poil entre noir & blanc, &
on

on tient qu'elle est engendrée d'animaux de differentes especes. Quelques-uns veulent que ce soit le Cameleopard : mais cela ne sçauroit être, puisque le Cameleopard est plus haut qu'un Elephant.

GIRANDE. s. f. Terme de Fontenier. On appelle *Girande d'eau*, un Faisceau de plusieurs jets qui s'élevent avec impetuosité, & qui en s'élevant font un bruit pareil au bruit du tonnerre ; ce qui se fait par le moyen des vents enfermés. Ils imitent aussi la pluye & la neige.

GIRASOL. s. m. Pierre precieuse qui est une espece d'Opale. Elle a un feu enfermé qui semble se promener au dedans, & qu'elle jette dehors selon qu'on la tourne. Ce feu est comme la prunelle de l'œil. Elle semble contredarder le soleil, en lui renvoyant ses rayons, mais un peu blafards.

GIRAUPIAIGARA. s. f. Sorte de couleuvre du Bresil, noire, longue, & qui a la poitrine jaunâtre. Ces Couleuvres montent avec beaucoup de vitesse au haut des arbres, & y détruisent les nids des oiseaux. *Giraupiaigara*, est un mot qui signifie dans la langue du pays, Gourmande d'œufs.

GIROFLE. s. m. Fruit d'un arbre qui croît au Levant en de certaines Isles de la mer des Indes. Le tronc de cet arbre est semblable à celui du bouis, & on le prendroit pour le même bois. Ses feuilles ressemblent à celles de l'arbre de la cannelle, si ce n'est qu'elles sont plus rondes. Son fruit est petit & de couleur noire roussâtre. Il a une tête comme un clou, & cette tête jette quatre petites dents en dehors, qui font une forme d'étoile divisée en croix de S. André. Au milieu est un petit point qui sert presque de nombril. Pour choisir ces fruits, il faut prendre ceux dont l'odeur est agreable, & qui rendent une humidité huileuse lorsqu'ils sont pressés. Les Girofles échauffent & attenuent au troisiéme degré, & sont aperitifs, incisifs & confortatifs. Ils sont bons pour le foye refroidi, & on en donne en breuvage avec grand succès aux hydropiques, dans le tems même que l'eau est épandue par le corps. On appelle le clou de Girofle *Caryophyllon*, des mots Grecs κάρυον & φύλλον, dont l'un veut dire Noix, & l'autre Feuille.

GIROFLE'E. s. f. Fleur qui rend une odeur fort agreable, & que l'on cultive dans les jardins. Le Giroflier qui la produit, a ses feuilles longues comme celles de barbebouc, plus courtes pourtant, plus grosses, & plus charnues, courbes, & qui aboutissent en pointe. Il a force petites tiges, nouées, lissées, rondes, & hautes d'une coudée. Elles en jettent trois ou quatre à la cime, au bout desquelles est un bouton un peu long, & dentelé par dessus en forme de scie. C'est d'où sort la fleur qui a l'odeur du girofle. Il y a des Giroflées simples, & des Giroflées doubles, & de diverses couleurs, de safranées, de couleur de chair & de purpurines, & de blanches. Il en est aussi de plusieurs couleurs, mais elles deviennent telles par artifice, en y mêlant des graines de toutes especes. Elles ont grand nombre de feuilles ainsi que les roses. On voit aussi d'autres sortes de Giroflées qui viennent d'elles-mêmes. Les unes ont leurs fleurs jaunes comme l'or, & les autres blanches, mais plus petites & sans être feuillues. Celles-là n'ont point l'odeur des œillets, & viennent dans les lieux secs & non cultivés. Les fleurs de Giroflier en décoction de betoine ou marjolaine, & sur-tout les purpurines, sont bonnes à tous défauts de cœur, aux vertiginositées à l'épilepsie, aux paralysies & aux spasmes. La Giroflée a pris son nom du Girofle dont elle a l'odeur. Nicod veut pourtant qu'il vienne du Grec γυρόφυλλος, fait de γύρος, Cercle, & de φύλλον, Feuille, à cause

Tome I.

que la Giroflée croît en rond par le moyen de ses feuilles.

GIRON. s. m. Terme d'Architecture. Largeur de la marche d'un escalier. Lieu où l'on pose le pié en montant ou descendant. Il y a un *Giron droit* & un *Giron triangulaire*. Le premier est contenu entre deux lignes paralleles pour les marches droites ou courbes, & l'autre va en s'élargissant depuis le colet, par lequel la marche tient au noyau en sorte que cette marche est plus large par un bout qu'elle n'est par l'autre. On appelle *Giron rampant*, celui qui est le plus large, & fait de maniere qu'il est aisé d'en monter les marches, à cause de sa grande pente.

Giron. Terme de Blason. Figure triangulaire qui finit en pointe au centre de l'écu, à la façon d'une marche d'escalier à vis.

GIRONNE', E'E. adj. Il se dit dans le Blason, de l'écu divisé en plusieurs parties triangulaires, dont les pointes s'unissent à l'abîme de l'écu. *Gironné d'or & d'azur de douze pieces*. Quand il y a huit ou dix Girons, ils sont alternativement de métal & de couleur.

Gironné. Terme d'Architecture. On appelle *Marches gironnées*, celles des quartiers tournans des escaliers ronds ou ovales.

GIRONNER. v. a. Terme d'Orfevre. Donner la rondeur à un ouvrage. Le mot de Giron, vient du Grec γύρος, Tour, cercle.

GIROUETTE. s. f. Petite plaque de fer blanc qui se meut sur un pivot. On la met au haut des tours & des pavillons, & en tournant elle fait connoître d'où vient le vent. Ce mot vient de γυρέω, Je fais tourner en rond.

Girouette, en termes de Marine est une petite piece de toile ou d'étamine, qu'on met au haut des mâts des Vaisseaux, beaucoup plus petite que les Pavillons. Ces sortes de Girouettes servent au même usage que les Girouettes de terre. Celles qu'on appelle *Girouettes quarrées*, sont faites de plusieurs cueilles, & ont la figure d'un quarré long. Les *Girouettes à l'Angloise*, sont longues & étroites, & les *Girouettes Flamandes* sont échancrées par dedans en maniere de cornette. Leur couleur est rouge, blanc & bleu. Chaque Chaloupe a sa Girouette.

GIROYER. v. a. Vieux mot. Tournoyer.

G I S

GISANT, ANTE. adj. Qui est détenu au lit par maladie. On appelle en termes d'Eaux & Forêts, *Bois gisant*, du Bois abattu, & qu'on a laissé couché sur la terre.

GISANT. s. m. Les Charrons appellent *Gisant*, Quatre pieces de bois en maniere de soliveau qui tiennent les ais d'un tombereau.

GISARMES. s. f. Sorte d'armes anciennes. On a dit aussi *Guisarmes*. On trouve dans un Arrêt donné contre Jacques Cueur sous le regne de Charles VII. un article conçu en ces termes. *Comme aussi auroit fait present de beaucoup d'armes aux Turcs, sçavoir, Crenequins, guisarmes, haches, voulges, couleurines, jaserans, & autres habillemens de guerre*.

GISEMENT. s. m. Terme commun sur la mer. Il se dit de la situation des côtes & des parages, selon les rumbs de vent qui régnent en droiture de l'un à l'autre. On se sert des termes *Gist* & *Gisent*, pour signifier ces Gisemens. Ainsi on dit qu'*Une terre gist Nord & Sud*, pour dire, qu'Elle est opposée à une autre, & que *Deux Isles*

Ttt

gisent entre elles Est Ouest, à la distance d'un certain nombre de lieues, pour dire, que l'une est à l'Est & l'autre à l'Ouest.

GISTE. f. m. Terme de Boucher. Le bas de la cuisse du bœuf. On le sépare en trois parties qui sont le bas de Giste, la levée, & le Giste à l'os.

Giste, se dit aussi de la meule d'un moulin qui est immobile, & au dessous de celle qui tourne & qui écrase le grain.

GIV

GIVRE. f. f. Grosse couleuvre à la queue tortillée. Il ne se dit guere qu'en termes de Blason. On dit *Givre rampante*, quand elle est en fasce. On dit aussi *Guivre*.

GIVRE', é'e. adj. On appelle en termes de Blason, *Croix givrée*, une Croix qui est terminée en tête de Givres. Quelques-uns dérivent ce mot d'*Anguis*, Serpens, & d'autres le font venir de *Vivre*, en changeant la lettre v. en g, & *Vivre* de *Vipera*.

GLA

GLACE. f. f. *Eau congelée & endurcie par le froid.* ACAD. FR. Les Philosophes qui parlent de la maniere dont la Glace se forme disent qu'elle n'est pas une simple eau condensée comme on le pense ordinairement, mais qu'il doit survenir des corps étrangers tels que sont principalement les corpuscules de nitre, qui en resserrant les corpuscules d'eau, lui ôtent sa fluidité, & la rendent ferme & solide.

On appelle *Glace*, un Verre poli, qui par le moyen du tain, sert dans les appartemens à reflechir la lumiere, à representer fidelement & à multiplier les objets. Ce verre est dispersé par miroirs ou par panneaux, & l'on en fait des lambris de revêtement. On a trouvé depuis peu de tems le secret d'en fondre & polir de plus de huit piés de haut. Ce qu'on appelle *Glace de carrosse*, est aussi un Verre poli, mais sans tain. Il est de la grandeur d'un panneau de vitre.

Glace, en termes de Patissier, est du sucre & du blanc d'œuf battu ensemble qu'on coule sur le biscuit, quand il est dans le moule. Les Confiseurs ont aussi leur Glace. C'est du sucre cuit ou en poudre que l'on mêle sur des fruits avec un peu de blanc d'œuf & du citron.

GLACER. v. a. Les Tailleurs & les Couturieres disent *Glacer une doublure*, pour dire, La coudre de telle sorte avec l'étoffe qu'elles tiennent toutes deux ensemble, uniment & proprement, & passer de faux fils pour régler l'égalité de la doublure & de l'étoffe.

On dit en termes de Broderie, quand on veut ombrager un ouvrage d'or & d'argent, qu'*On le glace & l'émaille avec de la soye*.

GLACEUX, e u s e. adj. Terme de Jouaillier. On dit, que *Des pierreries sont glaceuses*, pour dire, qu'Elles ont une maniere de petit nuage, qui les brouille, & qui empêche qu'elles ne paroissent nettes & diaphanes.

GLACIS. f. m. Terme de Fortification. Pente adoucie. Il se dit plus particulierement de celle qui regne depuis le parapet du chemin couvert jusqu'au rez de chaussée du côté de la campagne.

Glacis. Terme de Tailleur. On dit, *Passer un glacis*, pour dire, Faire un rang de points, qui fasse tenir la doublure uniment avec l'étoffe.

On appelle *Glacis de corniche*, Une pente peu

sensible sur la cimaise d'une corniche. Cette sorte de Glacis donne une grande facilité pour faire écouler les eaux de pluye.

GLAÇON. f. m. Morceau de glace. On appelle *Glaçons*, des ornemens de Sculpture qui representent des glaçons naturels. On les fait de pierre ou de marbre, & on les met aux bords des bassins de fontaine, & aux panneaux & tables des grottes.

GLACOYER. v. n. Vieux mot. Glisser.

Le coup chout jus en glacoyant,
Si ne lui greva de noyant.

Borel fait venir ce mot de *Glace*, à cause qu'on glisse en marchant dessus.

GLADIATEUR. f. m. Nom que les Payens ont donné à certains Esclaves qui combattoient avec des épées nues sur le theatre de Rome, afin de donner du plaisir au Peuple. Le vainqueur recevoit pour récompense ou de l'argent, ou une couronne de Lentisque, ou une palme entourée de branches de Lentisque. Quelquefois on lui accordoit une exemption de combattre, ce qu'on lui faisoit en lui mettant à la main un fleuret de bois qu'ils nommoient *Rudis*. Quelquefois aussi on lui donnoit un bonnet qui étoit la marque de la liberté. La cruelle coûtume des combats des Gladiateurs fut entierement abolie par Theodoric Roi des Ostrogots en Italie vers l'an de JESUS-CHRIST 500. Ce mot vient du Latin *Gladius*, Epée.

Il y a eu un Ordre de Gladiateurs qui fut établi en Livonie, vers le tems que les Teutoniques commencerent à Jerusalem en 1204. On les appella ainsi à cause qu'ils portoient sur leur manteau deux épées rouges en façon de croix. Albert, Evêque de Riga, commença cet Ordre, & accorda la troisiéme partie du revenu de ses Eglises pour leur entretien. Ils avoient un habit blanc où étoient tissues deux épées sanglantes en forme de croix, pour laisser connoître leur résolution à faire la guerre contre les Payens, qu'ils convertirent à la foi, non seulement dans Riga, mais en la plûpart des autres Places de Livonie. Le Pape Innocent leur donna tout le Pays qu'ils y purent conquerir. La regle qu'ils observoient, étoit la même que celle des Templiers, mais par le conseil du Pape, les Cruciferes & les Gladiateurs se sont mêlés dans l'Ordre des Teutoniques.

GLAIEUL. f. m. Herbe qui croît dans les prés & parmi les blés. Elle a ses feuilles comme la flambe, mais plus courtes, plus étroites, & faites en pointe. Elles sont rayées depuis le fond jusques à la cime, de certaines veines ou nerfs. Sa tige est pleine de jus, & de la hauteur d'une coudée. Le Glaieul produit ses fleurs fort bien compassées, & mises par ordre les unes après les autres. Elles sont incarnates, & fort semblables aux fleurs de la flambe, quoique moindres de beaucoup, & toutes d'une couleur. Sa graine est ronde, & il a deux racines l'une sur l'autre, qui sont blanchâtres, charnues, rondes, plates, & couvertes de certains filamens noirs jusqu'au fer le rouge comme les racines de saffran. Galien dit que la racine de Glaieul, & même celle de dessus, est attractive, resolutive & desficative. On en tire le suc par expression quand il est encore recent. On le purifie ensuite, & on s'en sert comme d'un excellent hydragogue. Sa dose est depuis une drachme jusqu'à trois. On l'appelle en Latin *Gladiolus*, en Grec ξιφίον, de ξίφος, Epée, à cause que ses feuilles en ont la figure.

GLAIRE. f. m. Humeur visqueuse & gluante, qui ne se détache & ne se vuide qu'avec peine. On vuide quelquefois des glaires par les urines, & c'est une marque des attaques de la pierre. On appelle aussi

Glaire, le blanc d'un œuf, ce qui fait que M. Ménage dérive ce mot de *Clarum ovi*. D'autres le font venir de *Glarea*, qui parmi les Medecins veut dire *Glaire*.

Il se dit aussi des chairs & des fruits dont la consistance n'est pas ferme. Ainsi les amandes n'ont que de la Glaire au dedans, quand elles sont encore vertes.

L'eau qui se trouve dans les diamans imparfaits & qui ne commencent qu'à se former, est aussi appellée *Glaire*.

Les Les Relieurs appellent *Glaire*, une colle déliée & luisante qu'on fait avec du blanc d'œuf, & qu'ils employent sur la couverture de leurs livres.

GLAIRER. v. a. Les Relieurs disent *Glairer un Livre*, pour dire, En frotter la couverture avec une éponge pleine de glaire.

GLAISE. s. f. Terre grasse qui étant pastrie & cuite, sert à faire des tuiles, des carreaux, des enfaîtemens, & autres ouvrages de poterie. On s'en sert aussi pour retenir l'eau des reservoirs & des bâtardeaux, qui ne sçauroit passer à travers quand on a pris soin de la bien fouler.

GLAISER. v. a. Faire un corroi de glaise bien pastrie & bien battue au pilon. Pâquier dit que le mot de *Glaise*, vient de *Galba*, vieux mot qui a signifié Gras.

GLAND. s. m. Fruit du Chêne, & de plusieurs autres arbres que Dioscoride a compris sous le nom general de *ègus*, qui s'entend non seulement du Chêne, mais de l'Yeuse, du Fau, du Hêtre, & de quelques autres. Le Gland est fait en forme de noyau, & à sa figure oblongue. Il a une maniere de petite coquille dans laquelle il est attaché à l'arbre. Galien dit que toutes les parties du chêne sont astringentes, mais qu'il y a plus de stipticité en l'écorce moyenne qui touche le bois, & en celle qui est sous la couverture de la chair du Gland qu'en aucune autre, & qu'ainsi elle est fort bonne pour restreindre les fluxions immoderées des femmes, les crachemens & les flux de sang, & autres flux de ventre qui durent trop. Tous Glands broyés, frais & appliqués appaisent les inflammations, & avec de l'oing salé ils guerissent les ulceres malins. Leur décoction sert de préservatif contre les venins. Dioscoride dit que les Glands de l'Yeuse ont plus de vertu que ceux du Chêne. Leur petite coquille à quoi ils demeurent attachés, a les qualités du gland, mais elle est plus restrictive & plus astringente.

Gland de terre. Herbe qui croît en abondance en Hollande, & qui a plusieurs tiges qui s'attachent aux haies. Ses feuilles sont petites & étroites. Elle a ses fleurs rouges & de bonne odeur, après lesquelles viennent de petites siliques. La racine de cette herbe bouillie dans le vin arrête le flux de sang. Elle est aussi fort utile pour les plaies, lorsqu'on l'applique dessus, étant mise en poudre.

Gland de mer. Sorte de petit poisson à test dur, appellé ainsi à cause de sa figure qui est semblable à celle du Gland. Il est couvert de deux coquilles.

GLANDE. s. f. Terme de Medecine. Amas de vaisseaux & de nerfs fort petits sans mélange d'aucune autre substance, chair ou parenchyme. Ainsi les Glandes sont toutes construites de divers vaisseaux & des liqueurs qu'ils contiennent. Le corps est tout parsemé de Glandes, auxquelles le sang est porté par les arteres. Les unes on appelle *Conglomerées*, sont composées de plusieurs petites Glandes ou petits grains. Elles servent à préparer certaine liqueur qu'elles déchargent dans des cavités pour des usages particuliers. Il y en a d'autres que l'on nomme *Conglobées*, qui ont une matiere continue & une superficie pleine. Celles-là filtrent aussi quelque liqueur qu'elles renvoyent au sang par des vaisseaux nommés Lymphatiques, à cause de la lymphe qui est la liqueur qu'ils portent. Les petits vaisseaux qui servent à la construction des Glandes, sont repliés circulairement comme de petits intestins, & parsemés d'autres petits vaisseaux rouges, sçavoir de petites veines & de petites arteres. Les Glandes, soit conglobées, soit conglomerées, reçoivent trois sortes de sucs, sçavoir les esprits animaux par les nerfs, une humeur aqueuse, & en même-tems un suc acide par les arteres; & ces trois choses jointes ensemble constituent la liqueur des Glandes conglomerées, comme du pancreas, des machoires, &c. & par consequent celles des Glandes conglobées, puisqu'elles sont construites de la même sorte.

GLANNE, ou GLAINE. s. f. C'est ce que les Vicaires en certaines Paroisses vont chercher chez chaque Laboureur quelque tems après la récolte. Je n'ai point vû ce mot dans Nicot, ni dans Borel, ni dans aucun autre Dictionaire, ce qui me fait juger que c'est une invention assés moderne, qui peu à peu se tournera en droit, & que la Dixme Ecclesiastique ne s'est peut-être établie que de la sorte.

GLAS. s. m. Son d'une cloche qu'on tinte, lorsqu'une personne est à l'agonie, ou vient d'expirer, afin de faire souvenir qu'il faut prier Dieu pour elle. Quelques-uns font venir ce mot de *Classicum*, qui a signifié autrefois le son de toutes les cloches d'un clocher qu'on sonnoit ensemble, d'autres de *Clamor*, & de *Clades*. On a dit *Sonner à glas*, pour marquer une sorte de sonnerie opposée au carillon. On a dit aussi, *Un grand Glas de chiens*, pour dire, Un grand bruit de chiens. C'est peut-être de-là qu'est venu *Glapir*.

GLAU. s. m. Vieux mot. Glayeul.

La feuille ls glau, de douleur.
Et li ram perdent lor couleur.

On a dit aussi *Glay*.

GLAUCIUM. s. m. Suc d'une herbe qui croît auprès d'Hierapolis en Syrie. Elle a ses feuilles presque semblables au pavot cornu, plus grasses pourtant & éparpillées en terre, ayant une fort méchante odeur & un goût amer. Les gens du pays font secher ces feuilles dans des fours à demi chauds, après quoi ils les brisent, & en tirent un suc jaune, qui est fort bon dans les medicamens qu'on ordonne pour les yeux. Galien dit que le Glaucium est astringent, & si refrigeratif, que lui seul peut guerir les eresipeles pourvû qu'elles ne soient point trop enflamées. Il est composé de substance terrestre & aqueuse, étant l'une & l'autre moderément froides comme le peut être l'eau de fontaine. Les Apothicaires, suivant les Arabes appellent ordinairement le Glaucium *Memithé*. Il y en a bien qui le contrefont, & qui supposent du jus d'esclere en sa place. On lui a donné le nom de *Glaucium*, de *γλαυκος*, Bleu, à cause qu'il porte des fleurs bleues.

GLAUCOMA. s. m. Terme de Medecine. Maladie des yeux qui arrive lorsque l'humeur cristalline se change en une couleur azurée. Ceux qui en sont atteints n'apperçoivent alors aucune lumiere. Le mot est tout Grec, *γλαυκωμα* & vient aussi de *γλαυκος*, Bleu.

GLAUX. s. m. Plante qui a ses feuilles semblables au Cytisus ou à la lentille, blanches vers le dos, & vertes dessus. Il produit directement dès sa racine cinq ou fix menus rameaux de la hauteur d'un palme. Ses fleurs font rouges, & femblables à celles du Violier, quoique plus petites. Le Glaux, felon Diofcoride & Pline, croît le long de la mer, fur quoi Matthiole dit qu'il n'y en a jamais vû, ni même entendu qu'un autre y en ait trouvé, fi ce n'eft qu'on veuille fuivre l'opinion de Ruellius, qui prend pour Glaux une certaine herbe fort branchue qui a les feuilles longues & difpofées par ordre de chaque côté, ainfi que les chiches bleues vers le dos, & vertes deffus. Sa fleur eft rouge & petite & porte fes gouffes rondes. Quelques-uns l'appellent *Galaga* ou *Ruta Capraria*, & les Tofcans, *Lavanefe* ou *Lavamani*, parce que les Payfans trouvant cette herbe le long des ruiffeaux s'en fervent pour ôter la terre qu'ils ont entre les doigts, comme ils feroient avec du favon; mais comme les tiges de cette herbe paffent deux coudées de haut, & que d'ailleurs la Galega fe trouve aux lieux aquatiques, fur le bord des foffés parmi les montagnes & prefque par tout, il la croit une herbe differente du Glaux, & ajoûte que les Modernes en font grand cas contre la pefte, & contre les morfures des bêtes venimeufes, mangeant l'herbe feule, & l'appliquant au dehors. Galien parlant du Glaux, dit que cette herbe eft bonne à faire venir le lait, & qu'il faut qu'elle foit de temperature chaude & humide. C'eft de-la qu'elle a pris le nom de γλὺξ ou γλαὺξ par fyncope de γάλεξ, fait de γάλα, Lait, à caufe que cette herbe donne grande abondance de lait aux nourrices.

G L E

GLEBE. f. m. Terme de Chymie. Motte de terre dans laquelle eft enfermé quelque Mineral ou métal.

C'eft auffi un terme de Droit. Le Patronage réel peut être vendu avec le Glebe; les Serfs étoient *addicti Gleba.*

GLETTE. f. f. Terme de Monnoie. Impureté des matieres qui a coulé de la coupelle d'affinage, laquelle impureté n'eft autre chofe que le plomb, le cuivre, & les autres métaux impurs qui étoient mêlés avec l'argent. C'eft ce qu'on appelle autrement *Litarge.*

G L I

GLIC. f. m. Sorte de Jeu des anciens.
Ils ne hobent de leurs maifons
La jouent en toutes faifons.
Au Trinc, au plus prés du couteau
Aux dez, au Glic, aux belles tables.

GLICEAU. f. m. Vieux mot. Peloton de fil. On a dit de la *Englinceler*, pour dire, Mettre en peloton.

GLISSADE. f. f. Terme de Maître d'exercice Militaire. On dit, *Faire une gliffade avec la pique*, pour dire, Faire un mouvement de la pique en avant ou en arriere.

G L O

GLOBE. f. m. Solide qui eft produit par le mouvement achevé d'un demi cercle autour de fon diametre. On appelle *Globe celefte*, Un inftrument de Mathematique où font décrites les étoiles fixes du Firmament, contenues en quarante-huit conftellations, & *Globe terreftre*, Un autre Inftrument de Mathematique où font reprefentées les diverfes regions de la terre, felon la fituation qu'elles ont à

l'égard du Ciel. Ces deux Globes qui fe trouvent dans toutes les belles Bibliotheques, font foûtenus de deux cercles dont l'un marque l'horifon, & l'autre le Meridien. On reprefente la terre par un Globe, à caufe que fa fuperficie eft fpherique. Les Phyficiens le prouvent par l'effort de toutes fes parties qui fe preffent également de tous côtés pour s'approcher de leur centre, & les Aftronomes le démonftrent, fur ce que ceux qui vont vers le Septentrion ou vers le Midi, découvrent toûjours de plus en plus de nouvelles parties du Ciel d'un côté, à mefure qu'ils en perdent de l'autre, & que le Pole vifible leur devient plus élevé d'un côté, & plus bas ou plus proche de l'horifon de l'autre. La terre n'eft pas confiderée par les Geographes comme un élement fimple, mais comme un Globe compofé de terre & d'eau, lefquels font enfemble un corps Spherique que l'on nomme alors *Globe Terraqué.*

On donne ce même nom de *Globe*, à un verre de forme circulaire, monté fur un pié, qu'on met fur la corniche d'une cheminée, pour reprefenter en petit les objets qui font dans une falle ou dans une chambre.

GLOSSOCOME. f. m. Nom qui a été donné par quelques-uns à une machine compofée de plufieurs roues dentées, garnies de leurs pignons. On s'en fert à élever des fardeaux d'un fort grand poids.

Gloffocome. Terme de Chirurgie. Certaine machine creufe & oblongue, faite en maniere de coffre, dont on fe fert pour remettre les cuiffes & les jambes difloquées. Ce mot eft Grec γλωσσόκομον de γλῶσσαν Langue, & de κομέω, Avoir foin, panfer. C'eft auffi en cette langue une Biere où fe met le corps d'un mort.

GLOTTE. f. f. Terme d'Anatomie. Fente qui eft au devant du gofier des animaux, & qui leur fert à former leur voix, de γλῶσσα, Langue.

GLOUON. f. m. Vieux mot. Sorte de mefure.
Parmy trois glouons de farre.

GLOUT, GLOUTE. adj. Vieux mot. Glouton, gourmand.
Charybdis, comme avide & gloute
Les barges deveure, & tranfgloute.

G L U

GLU. f. f. *Compofition vifqueufe & tenace avec laquelle on prend les oifeaux.* ACAD. FR. On en garnit auffi les feps de vignes pour empêcher que les premiers bourgeons ne foient rongés de chenilles, qui rencontrant cette compofition y demeurent prifes & y meurent. Elle fe fait non feulement des grains du gui de chêne, en les concaffant; & les faifant cuire dans de l'eau après qu'on les a lavés, mais encore des racines de certains arbriffeaux, comme font le houx & la viorne. On enterre les écorces de ces racines dans une foffe qu'on fait en un lieu humide, & après qu'elles y ont pourri pendant quelques jours, on les pile jufqu'à ce qu'elles deviennent vifqueufes & gluantes. Enfuite on les lave dans de l'eau chaude, en les démêlant fort avec les mains. Il y a des lieux où l'on fait la Glu avec des racines de Guimauves. On en fait auffi en Surie de prunes de Sebeften, & on l'appelle *Glu de damas.*

On donne encore le nom de *Glu* à une certaine humeur qui vient fur l'écorce des arbres, & qui fe fechant au Soleil, forme des manieres de poireaux.

Furetiere dit que la Glu de Cerifier & de Pommier, est ce qu'on appelle la *Gomme Arabique*, il se trompe; il y a beaucoup de difference. Ses Scholiastes ont évité la faute. Elle sort d'un arbre, qui croît en Egypte, espece de Cassier.

GLUI. s. m. Grosse paille de ségle, dont les maisons & les granges des paysans sont couvertes en plusieurs Provinces. On se sert aussi de Glui pour lier les gerbes dans la moisson. Quelques-uns sont venir ce mot de *Gelima*, mot de la basse latinité, qui a signifié une Gerbe de *Gena*, Genouil, & de *Ligare*, Lier, à cause qu'on la lie avec les genoux & les mains. Et d'autres le dérivent du Flamand *Gheluys*, Botte de paille.

GLUTINATIFS. s. m. Medicamens qui agglutinent & conjoignent les parties separées d'un ulcere ou d'une plaie, pour les rétablir dans leur union naturelle. Ils tiennent le milieu entre les sarcotiques qui dessechent seulement au premier degré, & les epulotiques.

GNA

GNAPHALIUM. s. m. Plante, dont Dioscoride ne dit autre chose, sinon que quelques-uns usent de ses feuilles qui sont molles & blanches, au lieu de cotton, & qu'étant prises en breuvage avec de gros vin, elles sont fort bonnes à la dysenterie. Matthiole avoue que sur ce peu de paroles, il est difficile de conjecturer quelle herbe c'est que le Gnaphalium, aucun Auteur, ni même Pline n'en ayant rien dit de plus. Ce mot vient de γνάφω, Carder, à cause qu'il semble que ses feuilles soient couvertes de coton.

GNO

GNOMON. s. m. Terme de Mathematique. Ce mot est Grec γνώμων, qui indique, qui regle, & il conserve cette idée dans toutes les acceptions qu'on lui donne en Mathematique. Il signifie d'abord le *style* d'un Cadran qui marque les heures par son ombre. Voyez STYLE, & QUADRAN. Il signifie aussi une espece de style ou d'aiguille mobile que l'on met au centre d'un petit cercle polaire sur le meridien d'un globe. Le mouvement de cette aiguille dépend de celui de l'axe, quand l'axe fait un tour, l'aiguille en fait un aussi sur son cercle, & comme les heures y sont marquées, elle fait voir en combien d'heures se fait une certaine partie de la revolution du globe sur son axe.

En Geometrie, le mot de Gnomon s'emploie aussi. On tire deux paralleles aux deux côtés d'un parallelogramme par un point quelconque de sa diagonale. Il se forme au dedans du parallelogramme quatre parallelogrammes plus petits, dont il y en a deux coupés par la diagonale, & deux qui ne le sont point. Que l'on prenne un de ceux qui en sont coupés avec les deux qui ne le sont point, cette figure s'appelle *Gnomon*, parce qu'elle represente une équerre, & que γνώμων signifie Une équerre qui fait connoître l'angle droit.

En Arithmetique, on appelle *Gnomons*, les nombres ou progression Arithmetique, dont on forme les nombres *Polygones*, & ce nom leur vient apparemment de ce que ce sont eux qui reglent & font connoître par leur differente proportion la difference espece du Polygone qu'ils forment. Voyez POLYGONE.

GNOMONIQUE. s. f. Partie des Mathematiques. Science qui enseigne à faire des Quadrans soir au Soleil soit à la Lune. Voyez QUADRAN. Ce mot vient de *Gnomon*.

GNOSIMAQUES. s. m. Heretiques du VII. siecle, qui condamnoient toutes les belles connoissances, prétendant qu'elles étoient inutiles à l'homme, dont Dieu ne demande que des actions de religion & de vertu. Ce nom leur a été donné de γνώσις, Connoissance, & de μάχη, Combattre.

GNOSTIQUES. s. m. Heretiques descendus des Nicolaïtes, & dont il y a eu differentes sectes sous differens noms. Ils croyoient que l'ame est la substance de Dieu, & niant la Divinité de JESUS-CHRIST par l'union hypostatique, ils disoient seulement que Dieu avoit habité en lui. La profession qu'ils faisoient des Sciences, qui leur a fait prendre le nom de *Gnostiques*, n'empêchoit point qu'ils ne s'addonnassent à toutes sortes d'ordures & de saletés. Ils prétendoient même que les plus illegitimes voluptés du corps fussent bonnes & saintes. La nuit étoit le tems de leurs assemblées, où ils commettoient ce qu'on ne peut lire qu'avec horreur dans saint Epiphane. Une femme nommée Marcelline, se servit de son esprit & de sa beauté pour introduire à Rome cette detestable Secte vers l'an 167. Elle faisoit des dogmes de Religion de tout ce que les voluptés ont de plus brutal, & seduisit beaucoup de fideles par cette dangereuse amorce.

GOB

GOBE. s. f. Morceau empoisonné. On tient que les Bergers en mettent dans les champs où viennent paître les moutons de ceux à qui ils veulent du mal. On se sert aussi de *Gobes* pour faire mourir les renards & autres bêtes.

Gobe. adj. Vieux mot. Vain, orgueilleux.

> *La terre mesme se orgueille*
> *Pour sa rousée qui la mouille,*
> *Et oublie la pouvreté*
> *Où elle a tout hiver Esté.*
> *Lors devient la terre si gobe,*
> *Que veut avoir nouvelle robe.*

GOBEAU. s. m. Vieux mot. Coupe.

GOBELET. s. m. Petite tige par le moyen de laquelle le gland, la faine, les noisettes, & autres fruits, de même nature sont attachés aux arbres qui les produisent. On la nomme ainsi à cause qu'elle a la figure d'une petite coupe. Il se dit aussi de quelques fleurs.

GOBEMOUCHE. s. m. Sorte de lezard, le plus petit des reptiles des Antilles. Il a la figure de ceux que l'on appelle en Latin *Stelliones*, & n'est gueré plus gros que le doigt, mais un peu plus long. Il prend volontiers la couleur des choses sur lesquelles il s'arrête davantage. Ceux qui vivent autour des jeunes palmes sont entierement verts comme les feuilles de cet arbre, & ceux qui courent sur les orangers sont jaunes comme leur fruit. Les femelles sont un tiers plus petites que les mâles, & la plûpart grises. Les Caraïbes les appellent *Oulteoma*, & les François *Gobemouches*, à cause qu'ils en font leur nourriture ordinaire, & qu'ils les poursuivent avec tant d'avidité, qu'on en voit se précipiter du haut des arbres pour les attrapper. Ces animaux sont très-familiers, & entrent dans toutes les chambres des Habitans, où ils ne font aucun mal. Ils se mettent comme en sentinelle sur quelque planche, ou sur quelque autre meuble, sans se remuer; & si-tôt que quelque mouche approche du lieu où ils sont tapis, ils sautent brusquement dessus & l'engloutissent. Ils montent même le plus souvent sur la table pendant que l'on mange, & s'ils en découvrent quelqu'une, ils la vont prendre jusque sur l'assiete & sur les mains de ceux qui y sont assis. S'ils la voyent voler en l'air, ils la suivent par tout de l'œil, & ne la quittent point de vûe, faisant de leur tête autant de differentes postures que la mouche prend de places differentes. Ils sont si nets & leur peau est si polie, qu'ils ne donnent aucun dégoût pour avoir passé sur quelque viande. Ils se perpetuent par de petits œufs qu'ils font gros comme des pois. Ils les couvrent d'un peu de terre, & les laissent ensuite couver au Soleil.

GOBERGE. s. f. Perche coupée de longueur dont les Menuisiers se servent pour tenir leur besogne en presse sur l'établie, quand leurs feuilles de bois sont plaquées, jointes & collées, jusqu'à ce que la colle soit bien seche. Un des bouts de la Goberge est posé contre le plancher, & l'autre est appuyé fermement sur la besogne avec une cale en coin, entre l'ouvrage & la Goberge, pour le faire mieux tenir. On se sert aussi de Goberges dans les ouvrages de marqueterie.

Les Tapissiers appellent encore *Goberges*, de petits ais de bois larges de quatre ou cinq pouces, qui sont liés avec la sangle, & qu'on étend sur un bois de lit pour porter la paillasse & les matelas.

GOBETER. v. n. Terme de Maçon. Jetter du plâtre ou du mortier avec la truelle, & passer la main dessus, afin qu'il entre dans les joints d'un mur qui n'est que hourdé.

GOBISSON. s. m. Vieux mot. Vêtement long qui descendoit jusqu'aux jambes, maniere de grand juste-au-corps.

Et tout ainsi comme fait est
De pontures se gobisson,
Pourquoi pourpoint l'appelle-t-on :

On a dit aussi *Gobeson* & *Gambeson.* Borel croit que c'est parce qu'il alloit jusqu'aux jambes.

GOC

GOCE'S, & GOCET. Borel qui rapporte ces deux vers de Perceval,

Le lit fut sur gocés assis,
Et li gocet sur quatre roues,

dit qu'il n'entend point ces deux mots, si ce n'est que l'Auteur veuille parler des petits chiens dont on mettoit la figure sous les lits, sous les chenets & autres choses, d'où le mot de *Chevet* est venu. Il ajoûte qu'en Languedoc *Gous* & *Gousset* veulent dire, un Chien.

GOD

GODE. s. f. Mot du vieux langage, qui signifie une Brebis qui ne vaut plus rien à cause de sa vieillesse.

GODDENOT. s. m. Petit morceau de bois qui se démonte à vis, & qui a la figure d'un Marmouzet. Les joueurs de gobelets s'en servent pour amuser le petit peuple.

C'est aussi un terme de Debauché. Quand un de la compagnie l'a prononcé, il faut se tenir dans la même posture, comme si l'on étoit pétrifié, jusqu'à ce que le Goddenot soit levé en frappant sur la table.

GODET. s. m. *Sorte de vase à boire qui n'a ni piés ni anse.* ACAD. FR. M. Ménage fait venir ce mot de *Guttetus*, diminutif de *Guttus*, qui se disoit anciennement pour signifier une Aiguiere. Les Auteurs de la basse Latinité ont dit *Gotetus.* Les Peintres & les Enlumineurs appellent *Godet* un petit

vaisseau rond où ils mettent de l'huile.

* *Godet.* Terme de Fondeur. Coupe de cire de quatre pouces de haut & autant de diametre, par où le metal coule dans les moules lorsqu'une figure est jettée en bronze.

On appelle *Godets de plomb*, des especes de petites gouttieres qu'on met au bout des chêneaux, pour jetter l'eau quand il n'y a point de descente.

On appelle aussi *Godets*, les Vaisseaux qui sont sur les roues hydrauliques, & qui puisent l'eau pour l'élever.

Godet. Terme de Maçon. Ouverture pour couler les joints montans & autres joints de pierre, lorsqu'elles sont tellement serrées qu'on ne peut ficher.

Les Jardiniers appellent *Godets*, en de certaines fleurs, ce qui les contient. L'hyacinthe a un godet.

GODINE. s. f. Vieux mot. Faineante, femme de mauvaise vie. On a dit aussi *Godinette.* Ce mot vient de Gode.

GODRON. Terme d'Architecture. Ornement qu'on taille sur des moulures. Les Godrons sont relevés en forme d'œufs, mais plus allongés, & la largeur du bas & du haut est quelquefois inégale. Il y en a de fleuronnés de diverses sortes, & d'autres creusés comme le dedans d'un noyau.

GOE

GOEMON. s. m. Terme de Marine. Certaines herbes qui croissent au fond de la mer, & qu'elle en arrache en de certains tems. On s'en sert à fumer les champs & les vignes quand elle les a poussées vers les côtes.

GOES. s. m. Espece de gros raisin qui lâche le ventre, & que l'on appelle autrement *Gouet*: Il vient souvent sur des treilles, & n'est appellé *Gouet* que dans sa maturité. Si on le presse avant qu'il soit mûr, c'est du verjus.

GOF

GOF. adj. Vieux mot. Mouillé. On a dit aussi *Goffe*, pour dire, Grossier, enflé ; & on appelloit un *Habit goffe*, un habit gros & velu.

GOG

GOGUE. Ragoût ancien, qui étoit une sorte de boudin fait avec des herbes, du lard, des œufs, du fromage, où l'on mêloit des épices & du sang frais de mouton ; & tout cela se cuisoit dans la panse du mouton.

GOI

GOITRE. s. m. Excrescence de chair à la gorge qui n'est point douloureuse & ne décroît jamais naturellement.

GOL

GOLFE. s. m. Grand bras de mer qui se jette entre deux terres. Tels sont le Golfe de Venise, & le Golfe Adriatique entre l'Asie & l'Afrique. Quand les Golfes ont une fort grande étendue, ils prennent le nom de Mers ; & il y en a de deux sortes, sçavoir les *Golfes propres*, qui sont comme separés d'avec la mer, parce qu'ils n'ont communication avec elle que par un ou plusieurs Détroits, s'insinuant dans les terres qui les environnent presque de tous côtés ; & les *Golfes impropres*, qui ont une ouverture très-large vers la mer dont ils font partie. Ils conservent alors le nom de *Golfe*, comme ceux de Bengala & de faint Thomas fur les côtes de notre Continent , & les Golfes de Panama , & de faint Laurent dans l'Amerique. Lo Golfe eft plus grand que la Baye, dont il differe en ce que la bouche de la baye a plus de largeur que d'enfoncement, & il differe auffi de l'Anfe, dont l'enfoncement & le ventre font prefque égaux.

GOLFICHE. f. f. Sorte de coquille qu'on emploie dans les ouvrages de rocaille. Elle a un éclat de nacre quand elle eft entierement entrouverte. On l'appelle auffi *Gotfiche*. Elle eft percée de plufieurs troux, & à deux ou trois pouces de long. Rondelet l'appelle *Oreille de mer*, d'autres *Oreille d'Ours*.

GOLIS. f. m. Bois de dix-huit à vingt ans. On appelle auffi *Golis*, les Arbres de ces fortes de bois.

GOLUNGO. f. m. Efpece de Daim de la baffe Ethiopie. Il eft gros comme un mouton, & a la peau rouffâtre, mouchetée de blanc & deux cornes fort pointues. Les Habitans de Congo & une partie de ceux d'Ambondes tiennent par une tradition fort ancienne que la chair de cet animal eft une chofe facrée ; de forte qu'ils aimeroient mieux mourir, non feulement que d'en manger, mais que de rien manger dans le pot où on l'a fait cuire. Ils ne voudroient pas non plus toucher les inftrumens dont on s'eft fervi pour le tuer, ni allumer du feu dans l'endroit où l'on a préparé cette viande. On a tâché plufieurs fois inutilement de leur ôter cette fuperftition de l'efprit.

GOM

GOMME. f. f. Liqueur aqueufe & gluante qui fe congele fur les plantes qui la produifent, On appelle *Gomme Arabique*, celle qui vient en Egypte fur le même arbre épineux qui produit le fruit dont on tire l'Acacia. C'eft l'opinion la plus commune, quoiqu'il y en ait qui croyent que cette Gomme & l'Acacia viennent de differens arbres. La Gomme Arabique, pour être bonne, doit être claire, transparente, pure & nette, gluante à la bouche & d'un goût prefque infipide. Il faut auffi qu'elle foit d'une fubftance maffive & polie, de couleur blanche tirant un peu fur le vert, & entortillée de forte qu'elle ait comme la forme d'un ver. C'eft pour cela qu'on met d'ordinaire dans les Ordonnances, *Gummi Arabicum vermiculatum*. Elle a la faculté d'incraffer, de boucher les pores, d'émouffer la pointe & l'acrimonie des médicamens trop violens, d'adoucir la toux, & d'être employée utilement dans les collyres. Toutes les gommes font chaudes & feches, émollientes & difcuffives.

Gomme-refine. Liqueur qui fe congele fur certains arbres & qui tient de la gomme & de la refine, comme le camphre, le maftic & le ftorax. Il y a une *Gomme-refine irreguliere*, & celle-là eft une liqueur qui retenant de la nature de la gomme & de celle de la refine, fe diffout mal aifément dans l'humidité aqueufe ou huileufe, comme la myrre & le bdellium.

Gomme-gutte. Gomme purgative que quelques-uns appellent *Gutta gamba*, & qui par fa violence produiroit de pernicieux effets fi on la donnoit en trop grande quantité ou mal à propos. Les Modernes l'employent depuis quatre drachmes jufqu'à fept, & on s'en fert auffi quelquefois au lieu de

fcammonée pour aiguifer les médicamens qui purgent trop lentement. La *Gomme-gutte* fait une couleur jaune dont fe fervent ceux qui peignent en miniature. On y emploie auffi de la *Gomme Arabique* &, de la *Gomme adragante* : mais ces Gommes étant fans couleur ne fervent qu'à faire tenir les couleurs fur le papier ou fur le velin. Gomme vient de *kómmi*, mot étranger qui a été ufurpé par les Grecs pour fignifier la même chofe. En Latin *Gummi*, indéclinable au fingulier.

GOMMIER. f. m. Arbre d'où fort de la Gomme, & dont il fe trouve de deux fortes dans la Guadeloupe, le *Gommier blanc*, & le *Gommier rouge*. Le premier eft un des plus hauts & des plus gros arbres de cette Ifle. Il a les feuilles fort femblables au laurier, mais deux fois plus groffes. Son bois eft blanc, gommeux, dur, traverfé, fort, & par conféquent difficile à mettre en œuvre. On en fait des canots auffi beaux & auffi grands que ceux qui font d'Acajou. La Gomme Elemi coule de cet arbre fi abondamment, qu'on y en trouve quelquefois au pié plus de vingt livres. Elle eft blanche comme neige, & plufieurs Habitans la brûlent au lieu d'huile. On en fait auffi de petites emplâtres qu'on applique toutes chaudes fur les temples au lieu de maftic pour guerir le mal de dents. Le *Gommier rouge*, eft un arbre entierement inutile. Il a fes feuilles affés femblables à celles de l'Acajou, & l'écorce rouge d'où fort une gomme, qui eft à peu près comme la Terebenthine, fans être d'aucun ufage. Son bois, qui eft extrêmement tendre, fe pourrit en peu de tems.

GOMPHOSE. f. f. Terme d'Anatomie. Efpece de jointure des os lorfqu'ils font immobiles & emboîtés l'un dans l'autre comme les dents fe font dans les machoires ; du Grec γόμφωσις, fait de γόμφος, qui veut dire un Clou.

GON

GONDOLE. f. f. Petite barque plate & longue qui ne va qu'avec des rames. L'ufage en eft particulier fur les canaux de Venife. Il vient de l'Italien *Gondola*.

On appelle auffi *Gondole*, un petit Vaiffeau à boire, qui n'a ni piés ni anfes, & qui eft étroit & long. Ce nom lui a été donné, parce qu'il reffemble aux Gondoles de Venife.

GONDOLIER. f. m. Celui qui mene les Gondoles à Venife.

GONELLE. f. f. Vieux mot. Cafaque. Il a auffi fignifié un Cotillon de femme, & Borel le dérive du Latin *Guna*, fait du Grec γυνή, Femme. Les Gonelles étoient des cottes longues jufqu'au gras des jambes, fans manches, faites de foye, & blafonnées des Armes des Chevaliers. C'eft delà que Geoffroi, Fils de Foulques le Bon, Grand Sénéchal de France, eut le furnom de *Grifegonelle*.

GONFANON. f. m. Sorte de Banniere. C'étoit autrefois un Etendard Royal, comme les pennons, mais les uns & les autres pafferent aux particuliers. Les Rois les portoient quelquefois eux-mêmes au bout de leurs lances près du fer.

Moult fi fieft au col la lance au gonfanon.
Gonfanon ou *Gouffenon*, car on difoit l'un & l'autre auffi bien que *Gonfanon*, fignifioit un linge ou un drapeau ; d'où vient qu'on appelle encore une Enfeigne *Drapeau*, parce qu'au commencement on les faifoit de drap. On écrivoit auffi *Confanon*.

Le confanon eft mis au vent
Pour défenfe aux affauts.

On appelle *Gonfalon*, *Confanon* ou *Gonfanon*, en

termes de Blafon, une Banniere d'Eglife faite de plufieurs fanons ou pieces pendantes. On appelle la Compagnie des Penitens blancs d'Italie & de quelques endroits de France, *Societas Confalonis*, à caufe qu'elle marche fous un Etendard.

GONFANONIER. f. m. Celui qui porte l'etendard de l'Eglife. On dit auffi *Gonfalonier*. C'étoit le nom que l'on donnoit aux Magiftrats de Florence dans le tems que cette Ville n'avoit point de Souverains, & cela venoit de ce qu'ils avoient feuls le pouvoir de lever des Troupes fous l'Etendard de la Republique. On difoit auffi autrefois *Gonfalonier*, & l'on trouve dans Froiffard, *Faifoit l'Evêque de Nordvich devant lui porter les Armes de l'Eglife, la Banniere de S. Pierre, comme Gonfalonier du Pape, & en fon pennon étoient fes Armes.*

GONNE. f. f. Terme de Marine. Vaiffeau plus grand d'un quart qu'un baril, dans lequel on met de la biere ou d'autres liqueurs.

GONORRHE'E. f. f. Terme de Medecine. Flux de femence qui fe fait involontairement & fans aucune penfée qui porte à le provoquer, En Grec γονόρροια, de γόνος, Semence, de ρέω, Couler.

GOR

GORD. f. m. Conftruction qui fe fait avec des pieux qu'on fiche dans une riviere, afin d'y étendre des filets. Il faut prendre garde que les Gords ne nuifent point à la navigation. On a dit auffi *Gors* & *Guort*. On fait venir ce mot de *Gurges*, Goufre.

GORE. f. f. Vieux mot. Truye. M. Ménage dérive ce mot de *Gorettus*, qu'il dit que les Latins ont fait du Grec χοῖρος, Pourceau.

GORET. f. m. Terme de Marine. Balai plat fait entre deux planches & emmanché d'une longue perche. On s'en fert à nettoyer la partie du Vaiffeau que couvre l'eau.

GORETER. v. a. Nettoyer avec un goret la partie qu'un Navire cache dans l'eau.

GORGE. f. f. *La partie du col qui eft au-deffous du menton.* ACAD. FR. On appelle, en termes de Fauconnerie, le Sachet fuperieur de l'oifeau que l'on nomme *Poche* ailleurs. On appelle *Gorge chaude*, la Viande chaude qu'on donne aux oifeaux, du gibier même qu'ils viennent de prendre. On dit qu'*On a donné groffe gorge à un oifeau*, pour dire, qu'On lui a donné de la viande groffiere, & non pas trempée dans l'eau. On dit auffi *Enduire & digerer la gorge d'un oifeau.*

On dit en termes de Chaffe, qu'*Un chien a belle gorge*, pour dire, qu'Il crie bien, & qu'il a la voix groffe & forte.

Gorge. Terme d'Architecture. La plus étroite partie du chapiteau Dorique & du chapiteau Tofcan. On l'appelle auffi *Gorgerin* & *Colarin.* Elle eft entre l'aftragale du haut du fuft de la colomne, & les annelets. *Gorge*, eft auffi une efpece de moulure concave, qui eft plus large, & non fi profonde qu'une fcotie. Elle fert aux cadres, chambranles & autres parties d'Architecture.

On appelle *Gorge de cheminée*, La partie qui eft depuis le chambranle jufques fous le couronnement du manteau. Il y en a de differentes fortes; les unes droites & à plomb, d'autres en adouciffement ou congé; & d'autres en baluftre ou cloche.

Gorge. Terme de Fortification. Entrée qconduit dans le terreplein d'un ouvrage. La Gorge d'un baftion n'eft autre chofe que la prolongation des courtines depuis leur angle avec le flanc jufqu'au centre du baftion où elles fe rencontrent. Quand le baftion eft plat, fa gorge eft une ligne droite qui détermine la diftance comprife entre deux flancs; & la *Gorge d'un ravelin* ou *d'une demi-lune*, eft l'efpace qui eft compris entre les extrêmités de leurs deux faces du côté de la Place. Dans tous les autres dehors on appelle *Gorge*, l'Intervalle qui eft entre leurs ailes du côté du grand foffé. On fait toutes les Gorges fans parapet, à caufe que s'il y en avoit un, les Affiegeans qui fe feroient rendus maîtres d'un ouvrage, pourroient s'en fervir pour fe garantir du feu de la Place; & on fe contente de les fortifier avec une paliffade, pour empêcher les furprifes. La *Demi-gorge* eft la partie du polygone, depuis le flanc jufqu'au centre du baftion.

Gorge, en termes d'Imager, eft un morceau de bois de menuiferie qu'on met au-deffus des Cartes de Geographie, ou des Images fur toile.

Gorges, en termes de Potier d'étain, eft la partie d'une pinte, d'une chopine ou autre vaiffeau depuis fon couvercle jufqu'à l'endroit où elle commence à être plus large. On appelle auffi *Gorge*, dans un baffin à barbe, l'Ouverture ronde où ceux qui fe font rafer mettent le cou.

Gorge, dans un mortier, fe dit de l'Efpace étreci de la piece qui fépare la chambre de la volée.

Gorge, fe dit auffi des Entrées qui fe rencontrent en des Pays qui font ferrés de montagnes.

Gorge de pigeon. Terme d'Epronnier. Sorte d'embouchure. On appelle auffi *Gorge de pigeon*, certaines Couleurs dans un taffetas qui changent felon qu'elles font expofées diverfement au Soleil, & qui par ce changement font le même effet que la gorge du pigeon.

GORGE', E'E. adj. Terme de Fauconnerie. On dit d'un oifeau, qu'*Il s'eft gorgé*, pour dire qu'Il s'eft pû.

Gorgé. Terme de Manége. On dit qu'*Un cheval a le boulet gorgé, les jambes gorgées*, pour dire, qu'Il a le boulet enflé, les jambes enflées, par les mauvaifes humeurs dont elles font pleines.

Gorgé, eft auffi un terme de Blafon, & il fe dit de la gorge & du col du paon, du cygne, & autres oifeaux de même nature, lorfqu'ils font d'un autre émail.

GORGE'E. f. f. Terme de Fauconnerie. On dit, qu'*Il faut donner bonne gorgée à un oifeau*, pour dire, qu'Il lui faut donner une bonne portion du gibier qu'il a pris; ce qui fe doit faire fur-tout quand cet oifeau commence à voler.

GORGER. v. a. Terme de Manége. On dit que *Les mauvaifes eaux ont gorgé les jambes d'un cheval*, pour dire, que Ces eaux les lui ont enflées.

GORGERE. f. f. Terme de Marine. Piece de bois recourbée en arc, qui s'éleve au-delà de l'étrave, & vient regner fous l'éperon d'un navire du côté de l'eau. On l'appelle auffi *Coupe-gorge.*

Gorgere, fe difoit anciennement du linge qui fervoit aux femmes à couvrir leur gorge.

Que d'empoifer elles s'amufent.
Leurs gorgeres & colleretes.

GORGERIN. f. m. On appelloit ainfi dans le vieux langage la partie d'une armure qui couvre la gorge lorfqu'on eft armé de toutes pieces. C'eft ce qu'on appelle prefentement *Hauffecou*. On a dit auffi *Gorgiere.*

Gorgerin, eft la même chofe que *Gorge* dans le chapiteau Dorique & Tofcan.

GORGIAS, ASE. adj. Vieux mot. Vain, luxurieux. Il fe difoit auffi d'une femme graffe, de bonne mine, & qui fe prefentoit bien.

Helas! ami, & penfes-tu pourtant,
Se ne fuis belle & gorgiafe autant

Que

Que ceste-là que maintenant cheris.

Il y a eu une sorte de danse qu'on appelloit *Gorgiase*, & ce mot aussi bien que *Gorgiaise*, signifioit encore une chose plaisante & bouffonne. *Gorgiaseté* se disoit aussi pour, Vanité, luxe.

GORRE. s. f. Vieux mot. Pompe, du Grec γαῦρος, Vain, superbe, d'où a été fait *Se gorrer*, pour dire, Se vanter.

> *Là longuement ne te gorras*
> *A gloire & à duel ne morras.*

On a dit aussi *Gorrier*, pour dire, Glorieux, mignon, vêtu à la mode, à cause que Gorres au pluriel vouloit dire, Rubans.

> *Gorriers, mignons, hantans banquets*
> *Gentils, fringant & dorelos.*

On a dit *Gorriere* au feminin dans le même sens.

> *Etre gorriere, & faire la poupine.*

GORT. s. m. Vieux mot. Flux.

> *Quand le sang commence à grand gort*
> *Issir par les playes au mort.*

GOS

GOSIER. s. m. *La partie interieure de la gorge par où les alimens passent de la bouche à l'estomac.* ACAD. FR.

Il y a dans les Antilles un oiseau qu'on appelle *Grand Gosier*, à cause que sous son col pend un Gosier si démesurément ample & vaste, qu'il peut contenir un grand seau d'eau. Cet oiseau, que quelques-uns appellent *Pelican d'eau*, a la tête grosse deux fois comme la tête d'une Oye, lui étant d'ailleurs semblable pour les pattes, le corps, la queue & les ailes. Cette tête est voutée, & couverte d'un plumage blanc & ras qui le fait paroître de loin comme s'il étoit pelé & chauve. Les deux côtés en sont plats, & c'est où sont enfoncés deux petits yeux si perçans qu'étant très-avide de poisson, il le découvre d'assés loin en mer & dans plus d'une brasse de profondeur. Il a le bec long, de deux pouces de largeur, tout gris, & rayé depuis un bout jusqu'à l'autre. Le dessous est composé de deux petits osselets, pliables, qui, quoique bien joints par le bout, sont neanmoins séparés jusqu'à la tête, aux deux côtés de laquelle ils s'emboitent comme les mantibules. La peau du dessous son col est fort épaisse, sans plumes, toute grise & souple, en sorte qu'on la peut étendre encore plus que le chameau. Elle est douce comme du satin, & se vient joindre aux deux osselets, ce qui fait que le dessous du bec de l'oiseau, sert comme de cercle pour ouvrir & former l'entrée de son grand Gosier. La couleur de ses plumes est d'un gris cendré. Quoiqu'il ait les piés plats & marins comme ceux d'une Oye, il ne laisse pas de se brancher & se nicher sur les arbres. Ces oiseaux vont ordinairement en troupes, & dès que le jour paroît, ils rasent l'eau en volant le long de la côte, jusqu'à ce qu'ils ayent découvert un lieu, où il y ait beaucoup de poisson, qui est leur unique nourriture. Lorsqu'ils l'ont trouvé, ils s'élevent une pique ou deux en l'air, & chacun d'eux choisissant sa proie, ils serrent les ailes, roidissent le col, dressent le bec, & se laissant tomber la tête devant, ils engloutissent le poisson qu'ils ont déja dévoré des yeux, & ils le mettent dans leur goufre de Gosier. Cela fait, ils se relevent, quoiqu'avec assés de peine, & continuent à se replonger, jusqu'à ce qu'ils ayent rempli leur sac. Quand ils sont bien saouls, ils vont se poser sur quelque pointe de rocher au-dessus de l'eau, & s'y tiennent jusqu'au soir, songeurs & mélancoliques,

Tome I.

les yeux fichés dans la mer, sans branfler non plus que s'ils n'avoient aucun sentiment. Le soir venu, ils retournent à la chasse comme le matin, après quoi ils se retirent dans de petites Isles qui leur servent de retraite. Ils ont le cœur extrêmement gros, la chair baveuse, & sentant si fort le marécage, qu'il est impossible d'en manger sans se faire violence. Leurs os sont blancs, luisans, presque transparens, tout creux & sans moële. Les Sauvages en font des sifflets, & on ne se sert pas moins de leur peau, que de celle du Flaman, pour en faire des fourrures.

GOSSE. s. f. Terme de Marine. Anneau de fer coudé, que l'on garnit de petits cordages, pour empêcher que les gros cordages qui passent au travers, ne se coupent en entrant dedans.

GOT

GOTHIQUE. adj. Qui est fait à la maniere des Goths. Toutes les anciennes Cathedrales sont d'une Architecture Gothique. On appelle *Colomne Gothique*, dans un bâtiment Gothique, tout pilier rond qui est trop court ou trop menu pour sa hauteur, & qui quelquefois a jusqu'à vingt diametres sans diminution ni renflement. Ainsi il est fait sans regles, & n'a rien qui approche des proportions antiques. On dit aussi *Fronton Gothique*. C'est dans l'Architecture moderne, Une espece de pignon à jour en triangle équilateral, avec des roses en trefle & de la Sculpture.

GOU

GOUDRAN. s. m. Terme de Guerre. Petite fascine trempée dans la poix noire, cire neuve & colofane, dont on se sert pour mettre le feu aux traverses & aux galeries. On l'appelle aussi *Goudron*. On le fait venir du mot Arabe *Kitran*, qui veut dire de la poix, & qui garde son article chés les Espagnols, *Alquitran*.

GOUDRON. s. m. Composition noire & liquide dont on se sert pour boucher les jointures du bordage d'un Vaisseau, pour arrêter les voies d'eau, & pour donner le radoub. Elle se fait de poix noire qu'on mêle avec du suif, & des étoupes. On en imbibe aussi le bois & les cordages des vaisseaux, afin qu'ils resistent à l'eau, au vent, & à l'ardeur du Soleil.

GOUESMON. s. m. Nom que l'on donne sur les côtes de Bretagne à une herbe qui croît en mer sur les rochers, & que la mer ayant arrachée en montant, jette sur ses bords. On l'appelle *Sart* sur les côtes du Pays d'Aunis, & *Varech* sur celles de Normandie.

GOUGE. s. f. Vieux mot, qui autrefois a signifié simplement une Femme ou une Fille.

> *Tellement que sur toutes Gouges*
> *Elle semblera la plus franche.*

Aujourd'hui c'est un terme injurieux, & on entend par là une Femme de mauvaise vie qui se prostitue à des Soldats.

Gouge. Outil de fer qui a un manche de bois, & dont on se sert pour travailler en Sculpture. Il est taillant par le bout, & fait en forme de demi canal. Les Plombiers & les Menuisiers se servent aussi de Gouges. On fait venir ce mot de *Guria*, mot Gaulois.

On dit aussi, *Gouges de serrure*, & il doit y en avoir de tous les ressorts de fer qu'on y met, pour les faire sortir hors du bord de la serrure de la longueur qu'on desire.

Vuu

GOUJAT. f. m. Ce mot ne se dit pas seulement d'un valet de Soldat, mais encore de celui qui dans les atteliers porte le mortier avec l'oiseau. Borel dit qu'il vient de *Gouge*, qui a été pris anciennement, pour Fille ou Servante, & qui a fait aussi le mot de *Goujon*, dont on se sert en Bearn pour dire Fils.

GOUJON. f. m. Cheville de fer à pointe perdue. Les Charons appellent aussi *Goujon* Un morceau de bois rond qu'ils mettent dans les trous des jantes, afin qu'elles tiennent ensemble.

   Goujon. Sorte de petit poisson de mer ou de rivière, qui ressemble à l'éperlan. Il est couvert de petites écailles, & a la chair molle, & sans beaucoup de goût. On l'appelle en Latin *Gobio*, qui a fait Goujon. Les Furetieristes disent que c'est un Poisson blanc : erreur, il est gris ; il engendre l'Anguille.

GOUJURE. f. f. Terme de Marine. Entaille faite autour d'une poulie, afin d'encocher l'étrope. Il se dit aussi de celle qu'on fait autour d'un cap de mouton, où les haubans passent. On appelle *Goujure de chouquet*, L'entaille qu'on fait à chaque bout, par où passe la grande Itaque.

GOULET. f. m. On appelle ainsi dans une bombe le trou où l'on introduit la fusée. On l'appelle aussi *Goulot*. C'est un espace qui est entre les deux anses.

GOULETTE. f. f. Petit canal taillé sur des tablettes de pierre ou de marbre que l'on pose en pente pour le jet des eaux. De petits bassins en coquille interrompent ce canal d'espace en espace, & de ces bassins sortent des bouillons d'eau, ou par des chûtes dans les cascades & autres endroits.

GOULOTE. f. f. Petite rigole par le moyen de laquelle les eaux de pluie s'écoulent facilement par les gargouilles. On la taille sur la cimaise d'une Corniche.

GOULOUSER. v. a. Vieux mot. Desirer ardemment, convoiter.
   Eurichus quand il vit l'Epousée
   Tant belle, si l'a goulousée.

GOULU. f. m. Animal sauvage, qui se trouve en assés grand nombre dans la Laponie. On l'a appelé ainsi à cause qu'il mange beaucoup. Il ne vit que de charogne, & il en mange tant qu'il devient gros comme un tambour. Il a la tête ronde, les dents fortes & aigues comme celles des loups, le museau d'un chat, le corps large, la queue d'un renard, & les piés courts comme ceux des loutres. Quelques-uns aussi sont persuadés que c'en est une espece, parce que le Goulu ne demeure pas seulement sur la terre, mais qu'il vit encore sous l'eau. Il est neanmoins beaucoup plus grand. Sa peau est extrêmement noire, & couverte d'un poil qui renvoye une certaine blancheur luisante comme les satins de Damas à fleurs. Quelques Auteurs comparent ces peaux à celles des Martres zibelines. Celles-ci ont pourtant le poil plus doux & délicat. Les Lapons qui vont à la chasse des Goulus, prennent le tems que cet Animal passe avec effort entre deux arbres pour rendre ce qu'il a mangé, & alors ils le percent aisément à coups de fléche. On le prend encore avec deux pieces de bois & une ficelle fort déliée entre deux, afin que pour peu qu'il touche à cette ficelle il puisse en être étranglé.

GOUPIL. f. m. Vieux mot, qui signifioit autrefois Renard, d'où vient qu'on a dit en maniere de proverbe. *A Goupil endormi rien ne lui chet en la gueule*, Borel fait venir ce mot du Grec ἀλώπηξ qui veut dire aussi Renard.

GOUPILLE. f. f. Sorte de petite clavette. C'est une petite piece de fer ou de laiton plate, qui est faite en forme de languette, & que l'on met dans les ouvertures des heurtoirs, & des chevilles de fer pour les tenir fermes. Il y en a de simples, il y en a de doubles, dont on sépare les pointes pour les assurer.

   On appelle aussi *Goupille* en termes d'Arquebusier, une petite pointe qui passe au travers du tenon, & qui tient le canon de l'arme à feu, ferme dans le fust.

   Les Charretiers appellent encore *Goupille*, Un cuir tortillé ou autre chose semblable, que l'on met au bout de l'esse de l'essieu, afin d'empêcher qu'elle ne sorte.

   Goupille, se dit aussi de deux cordages mis en croix de saint André, du derriere d'une charrette à une autre, lorsque l'on traîne des poutres qu'on tient suspendues sous les deux charrettes.

GOUPILLON. f. m. Maniere d'aspergès. Bâton, long environ d'un pié & demi, au travers duquel on passe plusieurs brins de poil qui y demeurent attachés, & qui servent à nettoyer le fond des pots & autres vaisseaux où la main ne peut aller. *Goupillon*, a été dit du vieux mot *Goupil*, signifiant un Renard, à cause de quelque ressemblance qu'on y peut trouver avec la queue de cet animal, ou parce qu'on employoit autrefois une vraie queue de renard pour servir de Goupillon.

GOURD, GOURDE. adj. Borel dit que ce mot lui semble avoir signifié autrefois, Propre, bien mis, & il en apporte cet exemple.
   Pour entretenir les plus Gourds
   Les plus frisques, les plus peignez.
Il croit aussi que *Gourd*, a signifié Pesant, endormi. M. Ménage qui l'explique pour Fat, le fait venir de *Gurdus*.

GOURGANNES. f. f. Sorte de petites féves de marais qui sont douces.

GOURMETTE. f. m. Terme de Marine. Valet de Navire qu'on employe dedans & dehors à toute sorte de travail. Ses fonctions sont de nettoyer le Vaisseau, d'aller sur les cordes, & de tirer à la pompe.

   On donne aussi le nom de *Gourmette*, à un Garde que les Marchands mettent sur les batteaux où ils ont leurs marchandises, afin de veiller à leur conservation.

GOURNABLE. f. m. Terme de Marine. On appelle ainsi, Certaines chevilles de bois, qui ne sont point façonnées, & dont on se sert pour attacher les planches du bordage avec les genoux, & autres membres d'un Vaisseau.

GOURNABLER. v. a. On dit en termes de Marine, *Gournabler un Vaisseau*, pour dire, Mettre des chevilles pour la construction du bordage d'un Vaisseau.

GOURT. f. m. Vieux mot. Gré.

GOUSSAUT. adj. Terme de Manége. On appelle *Cheval Goussaut*, Un cheval qui est court de reins, & qui a les épaules grosses, & l'encolure épaisse & charnue.

GOUSSE. f. f. Envelope qui couvre plusieurs sortes de legumes, comme des pois & des féves. *Gousse d'ail*, se dit d'une partie de la tête de l'ail.

   On appelle *Gousses* en termes d'Architecture, Certains fruits qui servent d'ornement au chapiteau Ionique, & qui passent par dessus la volute. Ce sont comme des écosses de féves, & il y en a trois à chaque volute, partant de la même tige.

GOUSSET. f. m. L'odeur qui sort quelquefois des aisselles. Il se dit aussi de l'aisselle même. ACAD. FR.
   Les Coûturieres en linge appellent *Gousset*, Un

morceau de toile en quarré, qui fert à faire tenir le corps de la chemife avec la manche & qui eft tout contre l'aiffelle.

Gouffet fe dit encore d'une maniere de petit fachet qu'on attache à la ceinture du haut de chauffe par dedans, & où l'on met de l'argent ou une bourfe.

Gouffet. Terme de Charpenterie. Pièce de bois qu'on met dans les enrayeures d'un entrant à l'autre. Les Gouffets y font pofés diagonalement, & fervent à affembler les coyers avec les tirans & plateformes, & à lier dans une ferme une forcé avec un entrait.

Gouffet, fe dit auffi de plufieurs petites pieces de fer de tole, qui étant efpacées également au fond d'un minot, fervent à le tenir ferme.

Les Menuifiers appellent *Gouffet*, Un petit bout d'ais chantourné que l'on met fous une planche pour la foûtenir.

Gouffet, eft auffi une piece de bois qui a d'ordinaire trois piés de long, & dix pouces fur fix d'équarriffure. Elle eft échancrée, & on l'attache avec des chevilles contre une muraille, pour lui faire foûtenir quelque autre piece de bois.

Gouffet. Terme de Blafon. Piece irréguliere faite en façon de pupitre, appellée ainfi, à caufe qu'elle imite en quelque forte le Gouffet d'Architecture : ce Gouffet prend en haut des deux angles du chef de l'écu, & après avoir continué quelque tems ces angles inclinés, il forme un pal qui fe termine à la pointe.

Gouffet. Terme de Marine. Morceau de bois percé au milieu afin de laiffer paffer la barre du gouvernail d'un Vaiffeau qui fait tourner & arrêter le timon. Au bout font deux Tourillons, qui entrent dans deux barotins du deuxiéme pont.

GOUTTE. f. f. *Petite partie d'une chofe liquide,* ACAD. FR. On appelle *Goutte*, dans les Relations qu'on fait de l'Egypte, Une certaine rofée qui tombe en ce pays-là vers le mois de Juin, & qui vient un peu avant l'accroiffement du Nil au pays de Sud à fept ou huit journées du Caire. Ce font des vents du Nord & du Ponant qui la caufent, en y portant des nuages de la Mediterranée. Elle eft fi fubtile qu'elle pénetre le verre, en forte que du fable qu'on enferme dans une bouteille bien bouchée en eft humecté. On connoît cette forte de rofée à du coton que l'on met dans une boëte fur une fenêtre. Ce coton devient humide lorfque la goutte eft tombée, & auffi-tôt, toutes les Maladies ceffent, & on peut communiquer fans aucun péril, même avec ceux qui font atteints de la pefte.

GOUTTES, en termes d'Architecture, fe dit de certains petits corps en forme de clochettes, qui font fous la platebande au droit de chaque Triglyphe dans l'ordre Dorique. Les Architectes leur donnent le nom de *Gouttes* à caufe qu'ils reprefentent les Gouttes d'eau, qui ayant coulé le long des Triglyphes, pendent encore fous la platebande. Il y a auffi dix-huit de ces gouttes fous le plafond du larmier au droit des Triglyphes. M. Felibien, lorfqu'il en parle, dit que la différence qui fe trouve entre les unes & les autres, c'eft que quelquefois les premieres font quarrées & en piramides, & que les dernieres font toûjours coniques.

Goutte. Maladie fort douloureufe que caufe la fluxion d'une humeur acre fur les jointures. On appelle *Goutte fciatique*, celle qui vient à la jointure des cuiffes au tronc du corps, à l'endroit de l'os que l'on appelle *iſchion*, & on dit, qu'*Un homme eft mort d'une Goutte remontée*, pour dire, que La nature manquant de force pour pouffer la fluxion

Tome I.

fur les parties exterieures, elle s'eft jettée fur les parties nobles, ce qui a été fuivie de la mort. *La Goutte crampe*, eft une efpece d'engourdiffement, qui fait étendre ou retirer le cou, les bras, & les jambes avec une douleur affés violente, mais qui dure peu. Cette forte de convulfion eft caufée par une vapeur craffe & lente, qui eft entre les membranes des mufcles.

La *Goutte* a plufieurs noms particuliers fuivant la différence des articles. Aux piés on l'appelle *Podagra*, aux genoux *Gonagra*, aux mains *Chiragra*, aux dents *Odontalgie*, & à l'articulation de la cuiffe, *Sciatique*, comme il vient d'être expliqué. Outre ces parties elle occupe quelquefois les épaules, les vertebres du col, & le fternum. Cette maladie a coûtume de venir par paroxifmes, hors lefquels les malades fe trouvent en bon état à moins que la *Goutte* ne foit bien inveterée. Quand l'accès approche, le ventre devient pareffeux. On fent je ne fçai quoi de fâcheux vers la poitrine, & il y a un fentiment de tenfion aux articles. La douleur vient enfuite, & commence dans le *Podagra* par le gros orteil d'un pié, d'où elle paffe au gros orteil de l'autre pié, & le mal à force de revenir & de faire chemin, occupe peu à peu les autres parties, comme les genoux, & les bras. La douleur de la *Goutte* eft de trois fortes, ou avec picotement, ou avec déchirement, ou avec pulfation. Elle eft plus ou moins étendue, & accompagnée quelquefois d'une humeur érefipelateufe fi la *Goutte* eft chaude, ce qui fait qu'elle eft fuivie de fymptomes plus cruels, mais avec des paroxifmes moins longs que la *Goutte*, nommée vigilairement Froide, où les douleurs font plus legeres, & la tumeur plus ou moins œdemateufe. La *Goutte* eft produite par l'odeur de l'acide morbifique goûteux, étroitement mariée avec l'efprit influant génital du Pere. On tient qu'elle fe guerit par les paffions violentes & durables de l'ame, comme par une confternation fubite, par une grande colere, ou par un long chagrin, ce qu'on a vû arriver aux riches auffi-bien qu'aux pauvres. Cela vient de ce que le trouble de l'ame & le mouvement ou l'altération des efprits éteint ou du moins altere le ferment goûteux, principalement dans l'eftomac, qui préfide aux autres digeftions, & les altere neceffairement.

On appelle *goutte fereine*, Certaine affection, par laquelle les rayons vifuels qui viennent de dehors, frappent directement la retine, fans que la vifion fe faffe, quoiqu'il n'y ait aucun vice apparent dans l'œil. Les fignes de la *Goutte fereine*, font qu'il n'y a rien contre nature dans l'œil, & que cependant on ne voit pas. La vûe baiffe naturellement aux vieillards, & la relaxation de la retine les rend quelquefois aveugles. En general toute forte de Goutte fereine eft difficile à guerir. On a remarqué que le *Nyctalopia*, qui eft une maladie, où l'on voit bien le jour, peu le foir, & point du tout la nuit, reçoit guerifon fort rarement.

GOUTTE-ROSE. f. f. Maladie qui vient au nés, aux joues, & fouvent par tout le vifage. Elle eft caufée par de certaines humeurs falées & aduftes, & quelquefois accompagnée de tumeur ; quelquefois auffi avec des puftules & des croûtes.

GOUTTIERE. f. f. Canal de bois refendu diagonalement, qui eft creufé le plus fouvent en angle droit. Il fert à recueillir les eaux de pluie qui tombent des toits. Il y a auffi des Gouttieres de plomb dont les plus riches font ambouties de moulures, & ornées de feuilles moulées. Les unes & les autres ne doivent avoir que trois piés de faillie au delà du nud du mur. On les nomme quelquefois *Gargouilles*, principalement la partie qui fort au dehors ; comme celles qui font de pierre. Il s'en fait de celles-là en maniere de demi vafe coupé en longueur. Tous les bâtimens Gothiques ont des Goutieres formées de chimeres, de harpies & autres femblables animaux aufquels l'imagination feule a donné l'être. Du Cange fait venir ce mot de l'Allemand *Gote*. Les Auteurs de la baffe Latinité en ont fait *Gota*, & les François, *Goute* & *Gouttiere*.

GOUTTIERES. Terme de Marine. Longues pieces de bois qui ont affés d'épaiffeur, & qu'on fait regner le long du pont, tout autour du Vaiffeau en dedans. C'eft dans ces pieces de bois que font percés les delots par où l'eau d'entre les ponts trouve à s'écouler. On appelle auffi *Gouttiere*, Certain endroit dans le bois d'un bâtiment au travers duquel l'eau paffe.

Gouttiere en termes de Relieur, eft un creux fur la tranche d'un livre quand il eft rogné.

Gouttieres fe dit encore en termes de Venerie. Ce font certaines raies creufes le long des perches ou du Marrein de la tête du Cerf, du Daim ou Chevreuil.

GOUVERNAIL. f. m. Terme de Marine. *Piece de bois attachée au derriere d'un navire, & qui fert à le gouverner, & à le faire aller du côté qu'on veut*. ACAD. FR. Cette piece de bois, qui eft longue, plate & large, fe met fur des pentures à l'arriere du Vaiffeau le long de l'étambord, & portant dans l'eau elle divife les vagues & les jette à droit & à gauche par le mouvement qu'elle reçoit de la barre du Timonnier.

GOUVERNEMENT. f. m. Terme de Marine. Conduite d'un Vaiffeau. On dit que *Le fuccès d'un voyage dépend du bon gouvernement du Pilote*, pour dire, qu'il dépend de fa conduite & du foin qu'il prend de bien faire faire les manœuvres.

GOUVERNER. v. a. Terme de Marine. Tenir le timon & porter le cap fur le rumb de vent que l'on veut fuivre. On dit *Gouverner au Nord*, & *Gouverner Nord*, pour dire, faire route au Nord. On dit auffi *Gouverner fur l'ancre*, pour dire, Virer le Vaiffeau en levant l'ancre, & porter le cap fur la bouée, pour faire venir le cap plus droiturier aux écubiers & au cabeftan.

GOUVERNEUR. f. m. Terme de Marine. Timonnier, celui qui tient la barre du gouvernail pour conduire le Vaiffeau pendant fon quart.

Gouverneur. Sorte de petit poiffon de la groffeur d'un goujon, qu'on dit ne point quitter la baleine. Il lui fert de conducteur, & fe met dans fa gueule quand il veut fe repofer & dormir.

GOUYAVIER, ou GOYAVIER. f. m. Arbre qui croît dans les Antilles, & dont l'écorce eft fi déliée qu'il femble n'en point avoir. Il pouffe plufieurs rejettons de fa racine, & fi l'on n'a foin de les couper, elles font un bois fort épais fur toute la bonne terre voifine. Ses branches qui font fort épaiffes & fort touffues, occupent beaucoup de place. Ses feuilles approchent de celles du Laurier, quoiqu'elles ne foient ni fi vertes ni fi feches. Elles font un peu cotonneufes par deffous, & traverfées de petites veines. Cet arbre porte deux fois l'an de petites fleurs blanches qui rendent une odeur affés agréable, & ces fleurs font fuivies d'une grande quantité de fruits qui mûriffent en une nuit, & qu'il faut cueillir le même jour qu'ils font mûrs, & fi l'on veut empêcher qu'ils ne fe paffent. La chair en eft encore plus molle que celle de la pêche bien mûre, & les plus gros n'arrivent jamais à la groffeur

d'un œuf d'oye. Ce fruit que l'on appelle *Goyave*, eft orné au deffus d'un petit bouquet en forme de couronne, & fa chair eft toute remplie de petits pepins comme la Grenade. Il fe trouve des Goyaves qui ont la chair blanche, celles-là font plus petites & de meilleur goût que les autres. Il y en a auffi de fures, de douces, & d'aigres comme les pommes, & plus on en mange, plus on trouve ce fruit bon. Il eft fort aftringent avant qu'il foit mûr, & lorfqu'il a atteint fa maturité, il eft jaune comme de l'or, & pour la plûpart de couleur de rofe par dedans. Il fert au flux de fang, & refferre le ventre quand il eft vert, & a un effet contraire s'il eft mangé mûr. Les fomentations des feuilles bouillies de cet arbre font défenfler les jambes des hydropiques. On fe fert auffi des jeunes rejettons, & l'on en fait un fyrop qui eft merveilleux pour les dyfenteries.

GOY

GOY. f. m. Mot corrompu de *Got*, qui veut dire, Dieu. C'eft de-là que font venus les jurons de *Morgoy* & de *Vertugoy*.

GOYE. f. f. Vieux mot. Epée.

GOYERE. f. f. Vieux mot. Sorte de tarte. *Faifant tartes, flans & goyeres*.

GRA

GRAAL. f. m. Vieux mot. Vaiffeau de terre, terrine. On montre à Genes avec beaucoup de ceremonie & de veneration un plat précieux qu'on dit qui fervit à la Cene de Notre-Seigneur. Il eft appellé le *faint Graal*. On difoit auffi *Greal*. Il y a un ancien roman qui a pour titre, *La Conquête du Saingreal*, c'eft-à-dire, du faint Vafe où Jofeph recueillit le fang qui fortit des plaies de JESUS-CHRIST dans le tems qu'il lavoit fon corps pour l'embaumer à la maniere des Juifs. Il eft ainfi appellé de *Sang Real*, ou *Royal*, ou de *Sang agréable*, à caufe que ce précieux Sang nous a rachetés. C'eft le fentiment de Borel, qui rapporte ce paffage. *Et ils diftrent & porrons dire du veffeil que nos veimes, & coman le clameront nos, qui tant nos grée. Cil qui li voudront clamerne mettre nom à nos efciens, le clameront le Greal qui tant agrée, & quant cil l'oyent, fi dient, bien doit avoir nom cift veffeaux graal*. Il rapporte cet autre paffage pour faire connoître qu'on entendoit Vaiffeau par *Graal*. *Et quand le premier més fut apporté, fi iffi le graal fors d'une chambre, & les dignes Reliques avenc ; & fi-tôt comme Perceval le vit, qui moult en avoit grand defir de fçavoir, fi dit : Sire, je vos prie que vous me dies que l'en fert de ceft veffel que ceft vallet porte*.

GRABEAU. f. m. Terme de Pharmacie. Morceau rompu de quelque drogue ou épicerie.

GRACIABLE. adj. Vieux mot. Terme de Chancellerie. On dit qu'*Un crime eft graciable*, pour dire, qu'il eft de nature à meriter des Lettres de grace.

GRACIER. v. a. Vieux mot. Remercier.

GRACILITE'. f. f. Qualité d'une voix grêle, telle qu'elle eft ordinairement dans les châtrés & dans les femmes.

GRADATION. f. f. Terme de Chymie. Operation qui appartient particulierement aux metaux. C'eft une exaltation à un plus haut degré de bonté, par le moyen de laquelle le poids, la couleur & la confiftance font menés à un dégré plus excellent qu'ils n'étoient auparavant.

On dit en termes de Peinture, *Gradation* ou *di-*

minution de teintes , quand on ménage le fort & le foible des jours , des ombres & des teintes , selon les divers degrés d'éloignement.

Gradation , en termes d'Architecture , veut dire la Disposition de plusieurs parties par degrés avec symmetrie , qui forment une maniere d'Amphitheatre , en sorte que les corps de devant n'ayent rien qui nuisent à ceux de derriere.

GRADINE. s. f. Outil de fer aceré , fait en forme de ciseau , dont se servent les Sculpteurs. Il est plat & tranchant , & a trois dents ou deux hoches , mais il n'est pas si fort que la pointe.

GRADUÉ. s. m. Celui qui a pris ses degrés en quelque Faculté ou Université celebre , afin d'obtenir quelque Benefice. Il y a des *Gradués simples* , & des *Gradués nommés*. Les premiers sont ceux qui n'étant que Gradués peuvent avoir les Benefices qui vaquent aux mois de faveur , sçavoir Avril & Octobre ; & les Gradués nommés sont les Gradués qui ont obtenu des Lettres de nomination sur de certains Collateurs. Il n'y a que ces derniers qui puissent obtenir les Benefices vacans aux mois de rigueur , qui sont ceux de Janvier & de Juillet. Il faut dix années d'étude pour les Gradués Docteurs en Theologie , sept pour les Docteurs en Droit Canon ou Civil , ou en Medecine , & cinq pour les Bacheliers en Droit Canon ou Civil , ou Maîtres és Arts. Les Nobles sont gradués , quand ils ont étudié trois ans en Droit Canon ou Civil.

Gradué. adj. On appelle en Chymie , *Feu gradué*, un Feu que l'on donne par degrés ; & en Geometrie *Cercle gradué* , un Cercle divisé en trois cens soixante degrés.

GRAFIGNER. v. a. Egratigner. Il ne se dit guere que des chats. Nicod derive ce mot de l'Hebreu *Garaph* , qui signifie , Prendre à force.

GRAFION. s. m. Vieux mot. Sorte de guigne qui approche du bigarreau.

GRAILLER. v. n. Terme de Venerie. Sonner du cor sur un ton clair ou enroué , afin de faire revenir les chiens.

GRAIN. s. m. *Segle , froment , orge & avoine. Il comprend le tuyau , l'épi & la semence qui est dedans.* ACAD. FR. Il se dit aussi des petits corps ou fruits que portent les arbres & les plantes , & qui d'ordinaire leur servent de semence, soit que ce grain vienne en pepins , en gousse ou en grappe. On appelle *gros Grains* , les blés qui servent à la nourriture de l'homme ; & qui se sement en Automne ; & *Menus Grains* , Ceux qui servent à nourrir les animaux , comme l'orge , l'avoine , les pois & les vesses que l'on ne seme qu'en Mars.

On appelle *Grain* , le plus petit des poids que l'on employe à péser les choses precieuses. Un Grain est la vingt-quatriéme partie d'un denier , & il y a quatre cens quatre-vingts grains à l'once.

Grain , se dit aussi du plus petit des poids dont on se serve en Medecine. Il en faut trois pour faire une obole , vingt pour faire un scrupule , & soixante pour faire une drachme. Ce Grain s'entend d'un grain d'orge bien nourri , mediocrement gros , & qui n'est point trop sec.

Grain , est aussi un petit morceau de fer , qu'un Armurier , Serrurier , ou Maréchal soude dans un petit défaut pour le remplir.

Grain d'orge , en termes de Geometrie , est la douzième partie d'un pouce , qu'on appelle autrement *Ligne* . & en termes d'Imprimerie ce sont de petites notes rondes ou en losange , qui valent la moitié d'une mesure dans le plein-chant.

Grain. s. m. Terme de Marine. Nuage qui passe en fort peu de tems , mais qui donne du vent & de la pluie. Il ruine plus ou moins la manœuvre du Vaisseau , qui en demeure quelquefois désemparé , selon qu'il est plus ou moins violent. On appelle *Grain pesant* , ou *Grain qui pese* , Celui qui est accompagné d'un gros vent.

Grain d'orge. s. m. Outil d'Artisan. Il y en a de plusieurs façons. Les Menuisiers en ont a fûr. Ce sont des especes de mouchettes dont ils se servent pour atteindre & pour dégager une baguette ou autres moulures ; ce qui les fait appeller *Mouchettes à grains d'orge*. Ils nomment aussi *Grains d'orge*, des outils à manche , tels que les ciseaux que les Tourneurs appellent biseaux. Les *Grains d'orge des Tourneurs* ont la pointe en forme d'un triangle ; & c'est en quoi ils sont differens des autres. Le *Grain d'orge des Serruriers* est un Fer quarré dont ils se servent pour percer la pierre dure où le ciseau ne sçauroit entrer.

On appelle aussi *Grain d'orge* , Une petite cavité entre les moulures de menuiserie pour les dégager , & on l'a nommée ainsi à cause qu'elle se fait avec un fer de rabot qui porte ce nom.

Grain , est aussi une sorte d'adverbe negatif , & il s'est dit autrefois pour , Nullement. *Cet homme-là n'est grain niais*.

GRAINDRE. adj. Vieux mot. Plus grand.

Tort avoit qui le vouloit plaindre.
Car il n'est nulle force graindre.

On dit aussi *Greigneur*.

GRAINES. s. f. *La semence des herbes & de quelques arbres*. ACAD. FR. On appelle *Graines* , en termes d'Architecture , de petits boutons d'une grosseur inégale qu'on met au bout des rameaux de feuillages. Ce sont des ornemens de Sculpture. On employe aussi ces ornemens dans la serrurerie , & dans la broderie d'un parterre.

GRAIRIE. s. f. Terme des Eaux & Forêts. Partie d'un bois qui est possedé en commun. On appelle aussi *Grairie* , Un droit qui se perçoit sur les bois & forêts lorsque la vente s'en fait.

GRAIS. s. m. Pierre dure dont on fait le pavé : il y en a de tendre qu'on met en poudre pour travailler le marbre.

On fait quantité de beaux ouvrages de grais piqué , & on les appelle *Ouvrages de Graisserie* : aux Galeries du Louvre on les appelle *Rustiques* , quand il y a quelque figure outre la pointe simple du marteau.

GRAISSET. s. m. Sorte de Grenouille verte tirant sur le jaune gris qui vit sur terre & dans les buissons. Elle tient du crapaut , & porte les yeux avancés en forme de cornes. Les Latins l'appellent *Rubeta* , de *Rubus* , Buisson.

GRAMEN. s. m. On donne ce nom à toute sorte d'herbe qui croît sans semer dans les cours & sur les terres ; d'où vient que l'on appelloit parmi les Romains *Corona graminea* , une Couronne obsidionale , à cause qu'on la faisoit de la premiere petite herbe qui se trouvoit dans le camp. On entend ordinairement le Chiendent par le mot de *Gramen*. Voyez CHIENDENT.

GRAMMENT. adv. Vieux mot. Grandement.

GRAMS. adj. Vieux mot. Marri , Fâché.

Et quand il la oy , s'en fut grams & iriez.

GRANCE. s. f. Vieux mot. Grange.

Mesons & grances & estables
Molt riches & molt Conestables.

Le mot de *Grance* a été fait des grains qu'on y serre.

GRANDAT. s. m. Qualité très-considerable en Espagne , qui donne à ceux qui en jouissent le privilege de se couvrir devant le Roi. Il y a quelquefois plusieurs Grandats dans une maison. On dit aussi *Grandesse*, mot dont on se servoit autrefois pour dire Grandeur.

GRANDEUR. s. f. Terme de Mathematique. Tout ce qui est susceptible de plus & de moins, d'augmentation & de diminution. La Grandeur est l'objet general des Mathematiques. On regarde zero comme un terme au-dessus duquel immediatement la grandeur commence à être Grandeur, & au-dessous duquel elle cesse de l'être. Plus une quantité s'éleve au-dessus du zero, plus elle est grande, plus elle s'abaisse au-dessous, plus elle est éloignée d'être quelque chose. Ainsi comme au-dessus de zero, l'on met, 1, 2, 3, & toute la suite infinie des nombres, on conçoit au-dessous de zero, moins 1, moins 2, moins 3, &c. à l'infini, c'est-à-dire, tous les nombres retranchés, & pour ainsi dire, anéantis, selon leur ordre naturel, ensorte que moins 1, n'est pas si éloigné d'être quelque chose que moins 2., car qui ajoûteroit 2, à moins 1, feroit 1, car il passeroit zero d'un degré; mais qui ajoûteroit 2, à moins 1, ne passeroit point zero. Les Grandeurs au-dessus de zero s'appellent *positives* ou *vraies*, celles qui sont au-dessous s'appellent *negatives* ou *fausses*. Les premieres ont toûjours le signe de plus, & les autres le signe de moins. Voyez SIGNE. Il est fort necessaire dans l'Algebre de les bien distinguer.

GRANGIER. s. m. Métayer, qui recueille les grains & les serre dans la grange.

GRANIT. s. m. Sorte de pierre très-dure, rude & mal polie, qu'on appelle ainsi à cause qu'elle a quantité de petites taches qui sont formées de plusieurs grains de sable condensés. Il s'en trouve en Egypte d'une grandeur prodigieuse. Elles sont presque aussi dures que le Porphyre, & ont de petites taches grises, verdâtres sur un blanc sale. Les Egyptiens s'en servoient pour éterniser la memoire des grands hommes, ce qu'ils faisoient en marquant leurs actions par des caracteres qu'ils prenoient soin de faire graver sur les aiguilles ou les pyramides que l'on élevoit sur leurs tombeaux. On voit des colomnes de cette pierre, qui ont plus de quarante piés de hauteur. On apporte aussi d'Egypte une autre pierre appellée *Granit violet*, à cause qu'elle est tachetée de violet & de blanc. Il y a un *Granit d'Italie*, qui a de petites taches un peu verdâtres. Il est moins dur que celui d'Egypte, & sur-tout quand on le travaille dans la carriere, où il est beaucoup plus tendre & plus facile à tailler que lorsqu'il en est dehors. Il y a encore un *Granit vert*, qui est une espece de serpentin mêlé de plus petites taches vertes & blanches. Le *Granit de Dauphiné*, dont on a retrouvé la carriere depuis peu de tems, est une espece de caillou fort dur. On appelle toutes ces sortes de Granit, *Marbre granitelle*.

GRANULATION. s. f. Terme de Chymie. Operation par laquelle on réduit les métaux en grenailles. On les jette pour cela dans l'eau froide lorsqu'ils sont en fusion.

GRANULER. v. a. Verser peu à peu dans l'eau froide quelque métal fondu, pour l'y faire congeler en grains, & en le divisant, le rendre plus propre à être dissout.

GRAP. s. m. Vieux mot. Sorte d'outil d'Artisan.

GRAPHOMETRE. s. m. Instrument de Mathematique, composé d'un demi cercle divisé en cent quatre-vingts degrés avec une alhidade, des pinnules & une boussole au milieu. On le pose sur un pié fixe, & qui tourne par le moyen d'un genou, & il sert à prendre toutes sortes d'angles,

à mesurer des hauteurs, & à lever des plans. Ce mot est composé de γράφω, J'écris, & de μέτρον, Mesure.

GRAPIN. s. m. Terme de Marine. Petit ancre qui a cinq pattes. On s'en sert pour tenir une chaloupe sur le rivage ou en quelqu'autre endroit. On appelle *Grapin à main*, Un croc qu'on peut manier & qu'on jette avec la main de dessus les haubans & le beaupré sur un Vaisseau ennemi qu'on veut accrocher, ce qui le fait appeller aussi *Grapin d'abordage*. Ceux que l'on appelle *Grapins de brûlots*, ont des crochets au lieu de pattes. On les met au bout du beaupré & des vergues des brûlots, pour accrocher le Navire où l'on veut mettre le feu.

GRAPPE. s. f. *Amas de plusieurs grains qui viennent comme par bouquets au sep de la vigne, & même à quelques autres plantes ou arbrisseaux.* ACAD. FR.

On appelle, *Grappe de mer*, Une sorte d'insecte marin, appellé ainsi à cause de quelque ressemblance qu'il a avec une grappe de raisin.

Grappe. Terme de Manege. Sorte de gale qui vient sur le nerf des jambes de derriere d'un Cheval. Elle vient fort rarement sur le nerf du canon; c'est presque toûjours entre le pâturon & le jarret.

GRAS, GRASSE. adj. Terme de Charpentier & de Maçon. Qui a trop d'épaisseur. Ils disent, que *le joint d'un tenon de quelque pierre est trop gras* pour dire, que Le tenon est trop épais pour sa mortoise, que la pierre est trop forte pour la place qu'elle doit remplir, & qu'il en faut diminuer l'épaisseur, ce qu'ils appellent *Démaigrir*. Les Maçons disent aussi qu'*Un mortier est trop gras*, pour dire, qu'il y a trop de chaux à proportion du sable.

Furetiere dit que les Medecins appellent le Gras-double *Le Livre*, parce qu'il a plusieurs feuillets: Il se trompe. Le Gras-double est pris dans la grande pense & non point du Livre dans lequel il n'y a point de graisse. Le Dictionaire Universel ne l'a pas copié en cela.

GRAS-FONDURE. s. f. Terme de Manege. Maladie qui arrive à un Cheval, & qui est causée par la fermentation de la pituite & des humeurs impures qui se dégorgent dans les boyaux. Il n'y a que les Chevaux gras qui y soient sujets, quand on les échauffe trop durant l'Eté. La graisse se fond dans leur corps & les étouffe.

GRASSELER. v. a. Vieux mot. Remercier, caresser.

GRAT. s. m. Mot qui n'est usité qu'à la campagne, & qui se dit du lieu où les poules gratent pour trouver des vers & des insectes dans la terre.

GRATE-BOESSE. s. f. Espece de brosse de fil de laiton, avec quoi on nettoie les lames d'or & d'argent à la sortie de la fonte.

GRATE-CUL. s. m. Petit fruit rouge & acide que l'Eglantier produit, & qui sert à resserrer. On donne ce même nom au bouton qui contient la graine des roses après que les feuilles en sont tombées.

GRATER. v. a. *Passer les ongles ou quelque chose de semblable un peu fort, & à plusieurs reprises sur l'endroit où il démange.* ACAD. FR.

On dit en termes de Marine, *Grater un Vaisseau*, pour dire, Le nettoyer par dehors par ses ponts & par ses mâts, & en purger le bois en raclant le vieux goudron.

GRATERON. s. m. Plante qui vient proche les haies, & parmi les buissons, & qui s'accroche aux plantes voisines, & aux arbrisseaux. Elle est quelquefois haute de plufieurs coudées , & a fes tiges foibles , quarrées & pliantes. Ses feuilles font étroites , mifes par intervalles , & arrangées en rond en façon d'étoile , comme on voit en la garence. Elle a une petite fleur blanche , & fa graine dure , ronde , creufe & faite comme un nombril , ce qui la fait appeller *ωφαλόωχρις*. Son fruit eft femblable à une grande olive , rond & épineux comme celui du plane. Diofcoride dit que les Bergers fe fervent de cette herbe pour paffer leur lait , que le fuc de fa graine , de fes branches & de fes feuilles pris en breuvage eft fingulier aux morfures des viperes & aux piquures des araignées que l'on appelle Phalanges ; qu'étant diftillé dans les oreilles il en guerit les douleurs , & que l'herbe broyée & incorporée dans l'axonge de porc eft bonne à refoudre les écrouelles. Matthiole ajoûte que quelques-uns en font grand cas pour fouder les plaies fraîches , & pour guerir les fentes & crevaffes des paupieres ; que l'eau que l'on en diftille fert pour la dyfenterie , & que la farine de l'herbe feche refferre les plaies & guerit les ulceres. On l'appelle auffi Glouteron ; en Latin *Afpergula* ou *Afperula* , & en Grec *ἀπαρίνη* , & *φιλάνθρωπος* , comme qui diroit , Amie de l'homme , à caufe qu'elle s'attache aux vêtemens des paffans.

GRATICULER. v. a. M. Felibien qui explique ce mot , dit que *Graticuler une toile pour peindre deffus* , c'eft la divifer par petits quarreaux ou autrement , afin qu'en formant de pareils quarrés fur le tableau ou deffein qu'on veut copier , on puiffe difpofer plus facilement tout le fujet , en proportionner mieux les figures , & reduire plus aifément le tout de grand en petit , ou de petit en grand. Il ajoûte que l'on fe fert quelquefois d'un chaffis divifé par quarreaux qu'on applique fur le tableau pour n'avoir pas la peine d'y tracer tant de traits. On fait auffi le deffein des étoffes figurées fur du papier Graticulé exprès à la preffe d'Imprimerie. Ce mot vient de l'Italien *Graticola* , qui veut dire , un Gril.

GRATIOLE. f. f. Herbe haute de plus d'un bon palme , qui croît dans les lieux humides & marécageux. Les Apothicaires l'appellent *Gratia-Dei*. Sa tige eft quarrée , & elle a fes feuilles femblables à celles de l'hyffope , plus larges pourtant & plus longues. Sa fleur qui eft blanc tirant fur le blanc fort d'entre les feuilles qui environnent la tige. Toute l'herbe eft amere femblable à la petite centaurée. On ne la trouve en pais qu'aux jardins des Herboriftes. Sa décoction purge doucement , & l'herbe guerit les plaies étant mife en poudre.

GRATOIR. f. m. Outil qui fert aux Sculpteurs , aux Plombiers & aux Maçons pour grater leur Ouvrage. Le Gratoir dont fe fervent les Graveurs en cuivre , eft l'un des bouts d'un outil d'acier long environ de fix pouces. Ce bout que l'on appelle *Gratoir* , eft formé en triangle , & tranchant des trois côtés. On s'en fert pour ratiffer fur le cuivre quand il le faut. On appelle *Bruniffoir* , l'autre bout du même outil.

GRATOIRE. f. f. Outil de Serrurerie. Il y en a de rondes , de demi-rondes & d'autres figures , & elles fervent aux Serruriers à dreffer & à arrondir les anneaux des clefs , & autres pieces de relief.

GRAVE. f. f. Quand on dit , *la Grave* , en Terre Neuve , on entend le rivage de la mer où les Pêcheurs font fecher au foleil les morues , & autres poiffons qu'ils veulent vendre fecs.

GRAVELLE. f. f. Vieux mot. Sable. *Le Peuple d'If-*

raël étoit en grand nombre , comme de gravelle de mer.

GRAVELE'E. f. f. Cendre faite de tartre brûlé. Elle eft entierement pyrotique , le tartre n'ayant point fon pareil pour déterger. Il purge & nettoye les chofes fales , les excrefcences de chair , & découvre la chair vive. La Gravelée eft d'un grand ufage pour les Teinturiers & les Blanchiffeurs.

GRAVITE'. f. f. Poids. Impreffion que fait un corps pefant fur un plus leger. On appelle en termes de Méchanique , *Centre de gravité* , le Point qui le divife en deux parties d'une égale pefanteur , en forte que s'il étoit fufpendu par-là , il ne pancheroit d'aucun côté. Le centre de Gravité eft une efpece à l'égard du *Centre de Direction* , qui eft une dénomination plus generale. Voyez DIRECTION.

GRAVEURE. f. f. Art du Graveur. La Graveure en cuivre a les traits enfoncés dans la planche ; celle qui eft en bois les a relevés , ce qui s'appelle *Graveure d'Epargne*.

GRAVURE. f. f. Terme de Cordonnier. Raie qu'on fait autour de la femelle du foulier où l'on doit coucher le point.

GRE

GREANTER. v. a. Vieux mot. Remercier.

GRE'E. f. f. Vieux mot. Accord. On a dit auffi *Gréer* , pour fignifier , Promettre.

GREGE. adj. Les Marchands appellent *Soyes greges* , les foies telles qu'elles peuvent être quand elles fortent de deffus le cocon.

GREGEOIS. adj. On appelle *Feu Gregeois* , Un certain feu d'artifice dont les anciens fe font fervis dans la guerre pour le jetter fur leurs ennemis, avant qu'on eût inventé la poudre à canon.

GREGORIEN. adj. On dit dans l'Eglife , *Chant Gregorien* , pour dire , Le plein chant , celui dont on fe fert ordinairement. L'invention de ce chant eft attribuée au Pape Gregoire I. & il en a pris fon nom.

GREIGNEUR. adj. Vieux mot. Meilleur , de *Grandior*.

Mais de cette ne de celuy
Ne vous veut faire greigneur profe,
Car en eux nul bien ne repofe,
On a dit auffi *Greignor.*
Et qui eft de greignor vertu.

GREILLETS. f. m. p. Vieux mot. Pendant d'oreille. Ce mot c'eft auffi pour fignifier de petits boutons , & des fonnettes.

GREINS. adv. Vieux mot. Grandement.

GRELIN. f. m. Terme de Marine. Le plus petit des cables d'un Navire. On le fait fervir d'affourche à l'ancre. *Grelins d'Epire* , Cordage amarré bout à bout.

GREMIAL. f. m. Sorte de toilette ou tapis de foye qu'on met fur les genoux d'un Evêque , lorfqu'étant revêtu de fes habits Pontificaux , il demeure affis pendant une partie de l'Office. *Gremial* vient de *Gremium* , Giron.

GREMIL. f. m. Plante qui croît dans les lieux âpres & fort expofés à l'air. Elle a fes feuilles femblables à l'Olivier , mais plus longues , plus larges & plus molles. Celles qui font au bas de la tige font couchées par terre. Ses tiges font droites , grêles , roides , dures comme bois , & de la groffeur du jonc poinu. Au haut , il y a comme des rejettons mipartis , & éparpillés en deux. Entre fes feuilles eft une petite graine ronde , & dure comme la pierre , ce qui a fait que les Grecs l'ont appellée *λιθόσπερμον* , comme qui diroit , Semence de pierre , & de *λίθος* ,

Pierre, & de *rapax*, Semence. Cette graine bûë avec du vin blanc eſt propre à rompre la pierre. Matthiole dit que tous les Modernes & Apothicaires nomment le Gremil *Milium ſolis*, mais qu'ils devroient dire *Milium ſoler*, à cauſe que, ſelon Serapion, cette herbe croît en grande abondance aux montagnes de Soler. Il en met de deux eſpeces, celui qu'on vient de décrire qui eſt le grand, & un autre, appellé *petit Gremil*, qui ne rampe point par terre, mais qui preſque en maniere d'arbriſſeau jerte ſes tiges branchues, & garnies de feuilles, comme au grand, mais moindres & plus fermes, au haut deſquelles ſort une fleur, & de là une graine blanche & luiſante comme les Marguerites longuettes, en figure de Milet, d'où elle eſt auſſi appellée *Milium ſoler*. Deux dragmes de graine de petit Gremil priſes en breuvage dans du lait de femme, ſont ſingulieres pour celles qui ſont travaillées du mal d'enfant.

GRENADE. ſ. f. Fruit de Grenadier, couvert d'une aſſés groſſe écorce, qui eſt jaune par dedans & rougeâtre par dehors. Il eſt plein d'une infinité de grains anguleux & rouges qui cachent un petit noyau, & qui ſont diſtingués & ſeparés par de petites pellicules jaunes qui s'entrelaſſent l'une dans l'autre. Le jus de ces grains eſt comme du vin. Ce fruit a la rondeur d'une pomme, & une maniere de couronne ſur la tête. Pline met cinq eſpeces de Grenades; ſçavoir, de douces, d'aigres, de bruſques, de goût moyen, & de vineuſes, mais Dioſcoride les réduit à trois faiſant des bruſques & des aigres une même eſpece, & une autre des vineuſes & de celles qui ſont de moyen goût, les douces étant une eſpece à part. Ces dernieres ſont meilleures à l'eſtomac que les autres, quoiqu'elles y cauſent quelques chaleurs & ventoſités, ce qui les fait défendre dans la fievre. Les aigres ſont aſtrictives & fort bonnes aux ardeurs de l'eſtomac. Elles reſſerrent & provoquent à uriner. Les vineuſes ſont de moyenne qualité entre les aigres & les douces.

Grenade, ſe dit auſſi de la fleur du Grenadier. Celui qui porte du fruit a ſa fleur ſimple, & dans les Grenadiers qui n'en portent point, les uns ont la fleur ſimple, & les autres doubles. Il y a un Grenadier ſauvage dont la fleur s'appelle *Balauſtium*. Elle eſt ſemblable à celle des Grenadiers domeſtiques. Il s'en trouve de pluſieurs eſpeces, de blanches, de rouſſes & d'incarnates. Son jus eſt aſtringent, & ſe fait comme celui d'hypociſtis, dont il a toutes les mêmes vertus.

Grenade. Terme de guerre. Petite boule creuſe en dedans faite quelquefois de fer ou de fer blanc, & quelquefois de verre, de bois ou de carton. On remplit cette cavité d'étoupes & de poudre, & on lui fait prendre feu par le moyen d'une fuſée miſe à ſa lumiere. La Grenade a deux pouces & demi de diametre. Elle ſe jette à la main dans des poſtes où les Soldats ſont preſſés, mais il faut bien prendre garde à ne la pas tenir long-tems, quand le feu a pris à la fuſée. On appelle, *Grenades borgnes* ou *aveugles*, celles qu'il n'eſt point neceſſaire d'allumer pour les jetter avec le mortier, mais qui s'enflament ſi-tôt qu'elles tombent ſur quelque objet dur & arrêté. Les Grenades ont pris leur nom de ce qu'elles ſont remplies de grains de poudre, comme les fruits appellés *Grenades* le ſont de pepins.

GRENADIER. ſ. m. Soldat qui porte une gibeciere pleine de Grenades pour les jetter contre l'ennemi. Il y a dix Grenadiers dans chaque Compagnie du Regiment des Gardes. Celles des autres Re-

gimens d'Infanterie en ont quatre ou cinq chacune. Le Roi a fait depuis quelque tems une Compagnie de deux cens Grenadiers à cheval, qui par là ſont en état de ſervir plus promptement lorſque l'occaſion eſt preſſante.

Grenadier. Arbre qui n'eſt guere grand ni haut, & qui a ſes feuilles ſemblables à l'olive. Elles ſont extrêmement vertes, groſſettes, pendues à une queue rouge, & diſtinguées par de petites veines de même couleur qui y ſont entrelaſſées. Il a ſes branches fort ſouples, mais piquantes & épineuſes. Il y a des Grenadiers qui portent ſeulement des fleurs ſans aucun fruit; & d'autres, dont le fruit vient après les fleurs. Cet arbre a été appellé ainſi, ou à cauſe de la multitude des grains qui ſont dans les pommes de Grenade, ou parce qu'il croît quantité de Grenadiers au Royaume de Grenade qui eſt en Eſpagne.

GRENADIERE. ſ. f. Terme de guerre. Gibeciere où les Grenadiers mettent leurs Grenades.

GRENADILLE. ſ. f. Fruit d'une plante des Antilles qui rampe comme le lierre, & dont la feuille eſt ſemblable à celle de la folle vigne à cinq feuilles. Sa fleur eſt compoſée d'une petite coupe comme celle d'un calice, contenant environ un demi-verre. Du haut de cette coupe, environ à l'épaiſſeur d'un quart d'écu de la bordure, ſortent cinq ou ſix petites feuilles blanches larges d'un pouce, qui ſe terminent en pointe, & immediatement au deſſus de ſes feuilles tout autour de la coupe, il y a une couronne de petites pointes de la même ſubſtance de la fleur, longues comme des fers d'aiguillettes, blanches, toutes rayées, & avec un peu de mélange de couleur de pourpre. Du milieu de cette fleur s'éleve une petite colomne, ſur laquelle il y a une petite maſſue qui eſt appellée le marteau de la fleur, & ſur le haut du marteau, on voit trois clouds admirablement bien faits. Cinq pointes blanches s'elevent du fond de la coupe, autour de la petite colomne, & portent cinq petites languettes ſemblables à celles qui naiſſent au milieu des lis. C'eſt ce que l'on compare dans cette fleur aux cinq playes du Sauveur du monde, afin d'y trouver tout le myſtere de ſa Paſſion, auſſi l'a-t-on appellée *Fleur de la Paſſion*. L'odeur qu'elle exhale eſt très-agreable, & ſe fait ſentir à quarante pas. Lorſque la fleur vient à ſe flétrir, il ſe forme un fruit du marteau ou de la petite maſſue, qui en deux mois atteint ſa perfection. Il devient de la forme d'une poire, & de la groſſeur du plus gros œuf. Son écorce eſt fort épaiſſe, tellement dure, qu'on a de la peine à la rompre avec les mains. Au milieu du fruit, il y a environ cent petites graines groſſes comme les pepins d'une pomme, & arrangées de telle maniere qu'elles ont la forme du corps humain. On ne les caſſe que fort difficilement avec les dents. Chaque graine eſt enfermée dans une petite bourſe faite d'une peau fort délicate, & ces bourſes, qui ſont aſſés grandes pour contenir quatre ou cinq de ces graines, ſont remplies d'une liqueur fort aigre avant que le fruit ſoit mûr, mais fort agreable ſi-tôt qu'il a ſa maturité. L'aigreur de ce fruit dégoûte d'abord ceux qui en mangent, mais rien ne paroît meilleur après qu'on s'y eſt accoûtumé.

GRENAILLE. ſ. f. Métal réduit en petits grains. Quand les métaux ſont en bain, après qu'on les a bien braſſés avec le braſſoir ordinaire, on retire le creuſet du fourneau, & enſuite on verſe la matiere par inclination dans un baquet plein d'eau commune, & on remue l'eau avec un bâton juſqu'au fond du baquet pour empêcher les goutes des métaux de s'attacher les unes aux autres, & les réduire re en grains fort menus , ce qui s'appelle *Grenaille.* Plus ils font menus , & mieux le départ s'en fait. On dit aussi de la cire , qu'*Elle eft en grenaille ,* quand on la réduit en menus grains pour la faire blanchir.

GRENAT. f. m. *Sorte de pierre précieufe qui approche du rubis , mais qui a moins de dureté & d'éclat.* ACAD. FR. Le plus beau de tous les Grenats eft le Grenat furien. Il eft d'une couleur violette mêlée de pourpre. Il y a des Grenats Orientaux , & d'autres Occidentaux. Les premiers viennent du Royaume de Calecut , de Cambaye , d'Egypte & autres lieux , & font d'ordinaire de couleur tirant fur le noir comme d'un fang melancolique , quelquefois d'une couleur d'hyacinthe , & quelquefois tirant fur la couleur de la violette. Ces derniers font les plus beaux , & on les appelle *Grenats de la roche.* Les Occidentaux viennent tous d'Efpagne , & font un peu plus gros que les Orientaux , d'une couleur moins chargée , & qui approche d'une flambe brillante. Il en vient auffi de Bohême qui font plus petits , d'un rouge jaunâtre , & qui ne perdent point leur couleur dans le feu. Comme ces pierres ſe trouvent répandues çà & là comme des grains ſans aucune matiere qui les contienne , on dit qu'elles ont pris de là le nom de *Grenats.* D'autres veulent que ce foit à caufe de leur reffemblance avec les grains d'une Grenade. On prefere les Orientaux aux autres quand on en peut recouvrer de vrais , parce que leur matiere doit être plus pure , comme ayant été digerée par une chaleur plus grande & plus efficace. A leur défaut on choifit ceux de Bohême , le mêlange des parties de leur matiere devant être fort parfait , puifque la couleur rouge y eft tellement empreinte que le feu ne ſçauroit effacer. Les Grenats ont fa faculté de deffecher , de remedier à la palpitation du cœur, de refifter aux venins & d'arrêter les crachemens de fang. Il y en a qui leur donnent les mêmes vertus lorfqu'ils font pendus au col.

GRENETIS. f. m. Petit cordon en forme de grains qui enferme les legendes de chaque efpece de monnoye. On appelle auffi *Grenetis* , une forte de poinçon bien acéré & bien trempé , dont on fe fert à tailler & à marquer ces petits grains.

GRENIER. f. m. *Logement par haut où l'on ferre les grains.* ACAD. FR. On dit en termes de Marine , *Mettre en grenier , embarquer en grenier* , pour dire, Embarquer du blé , du fel, des legumes, au fond de cale fans les embaler. Ce mot vient du Latin *Granarium.*

GRENOILLETTE. f. f. Plante fort commune & fort connue , dont Diofcoride décrit quatre efpeces, & que l'on appelle auffi Ranoncule de fon nom latin *Ranunculus.*

GRENON. f. m. Mouftache.

Et n'avoit barbe ne grenon ,
Se petits peux folages non.

GRENOUILLE. f. f. Animal couvert de peau , qui vit dans l'eau & fur la terre. La Grenouille a quatre piés , & elle s'en fert ou pour nager , ou pour marcher en fautelant. Il y en a de plufieurs fortes qui font differentes entre elles en groffeur , en couleur & en proprietés. Celles qui viennent de la corruption de la terre , ne vivent guere , & ne font d'aucun ufage. Il y en a qui fe nourriffent dans les buiffons & les arbriffeaux qu'on appelle *Raines vertes* , & d'autres parmi les joncs & les rofeaux ; ces deux efpeces font venimeufes. Celles qu'on mange viennent aux rivieres, lacs, & marais. Elles font cendrées ou vertes , & naiffent felon l'ordre de la

Tome I.

nature. Pline dit que les Grenouilles font leurs petits comme une miette de chair noire qui n'a que les yeux & la queue pour marque de Raine. Leurs piés fe forment enfuite , & ceux de derriere fe font de leur queue qui fe fend. Pource qu'il ajoûte que lorfqu'elles ont fix mois elles fe refolvent en limon, & reffufcitent aux premieres pluyes du printems , Matthiole dit que cela eft contraire à l'experience, puifqu'on en voit toute l'année aux marais maritimes qui ne gelent point , & qu'il faut que Pline entende parler de celles qui s'engendrent , dans les pluyes d'été de la corruption de la terre & de l'eau, & qui en effet fe refolvent en limon. Selon Svvammerdan la Grenouille a pour fon principe un œuf, enveloppé d'une membrane dont elle fe dépouille comme font les infectes , & ne commence à manger qu'après qu'elle s'en eft dépouillée. Ses jambes croiffent & pouffent au dehors comme des boutons de fleurs hors de leur tige ; après quoi elle devient un animal parfait. Elle a deux dents canines , mobiles & couchées de même que les viperes , & ces dents fe relevent quand elle veut mordre. Le mâle a trois petites veffies proche de la tête qui lui font particulieres , & une partie interieure du pié de devant quatre fois plus groffe que la femelle. Parmi les Grenouilles venimeufes il y en a une efpece appellée *Verdier*, qui ne croaffe point , & qui monte fur les bras. Le venin de cette forte de Grenouille eft fi dangereux , que fi un bœuf le mâche feulement avec les herbes , il en perd les dents. On dit que pour faire taire les Grenouilles il ne faut que tenir une chandelle allumée fur le rivage , ou jetter dans l'eau un pot où a été enfermé un ferpent d'eau. Les Grenouilles qu'on employe pour l'ufage de la Medecine doivent être de riviere ou d'étang, vertes, bien nourries , graffes , & prifes toutes vives quand la lune eft dans fon plein. Diofcoride dit que cuites en huile & en fel , elles fervent de prefervatif contre tous venins , & contre les piquûres des ferpens , fi on les mange, & qu'on avale leur décoction. Leur cendre appliquée arrête , & étanche tout flux de fang. Leur chair eft blanche & dure étant fraîche , & devient tendre quand elle eft gardée.

Grenouille. Terme de Medecine. Petite humeur, faite d'une matiere pituireufe , froide & humide, graffe , vifqueufe , & qui tombe du cerveau. Elle vient fous la langue , & ôte la liberté de parler.

Grenouille. Terme d'Artifan. Fer creux dans lequel tourne le pivot d'une porte ou d'une éclufe , & qu'on appelle autrement *Crapaudine.* C'eft auffi chés les Imprimeurs la partie de leurs preffes qui entre au fommet de la platine.

GRE'S. f. m. p. Les Chaffeurs appellent *Grés* , les groffes dents d'enhaut d'un fanglier , qui frayent contre fes grandes dents d'enbas que l'on appelle *Défenfes.*

GRESIL. f. m. Petite grêle ou brouée qui brûle & gâte les vignes. Ce qu'on appelle *Grefil* ou *Greifil* chés les Marchands eft du verre caffé , d'où vient qu'on nomme *Verre grefillé* , du Verre qu'on a mis en poudre avec le grefoir. On dit auffi *Grefillé* , de tout ce qui fe rouffit ou fe racourcit au feu.

GRESILLER. v. n. On dit que *Du fer grefille* , qu'*Il fe grefille* , quand en le chauffant il devient comme par petits grumeaux.

GRESLE. adj. Long & menu. On appelle en termes d'Architecture *Colonne grêle* , celle qui pour être trop menue , a plus de hauteur que l'Ordre qu'elle reprefente. Les Colonnes de la plus haute proportion font auffi appellées *Colonnes grêle.*

On appelle *Pilaftres grêles* , Un Pilaftre qui der-

X x x

riere une Colonne est plus étroit que sa proportion, à cause qu'il n'a de largeur parallele que le diametre de la diminution de la colomne, ce qui lui fait éviter un ressaut dans l'entablement. *Pilastre grêle*, se dit encore de celui qui a de hauteur plus de diametre que le caractere de son Ordre.

Gresle. s. m. Vieux mot, qui se trouve dans ces vers de Perceval.

Mi Sire Rex a fait sonner,
Un gresle pour l'eve donner.

Borel dit qu'il semble entendre un Valet pour donner à laver les mains. Il pourroit aussi entendre une clochette.

GRESLE. s. f. *Eau congelée & condensée dans la nue par le froid, & qui tombe par grains.* ACAD. FR. Tous les Anciens demeurent d'accord que la Grêle est une espece de glace qui demande un plus grand froid que la neige ; mais les uns ont cru que les petites gouttes ou masses d'eau se geloient & s'endurcissoient chacune à part, & qu'elles tomboient lorsqu'elles étoient gelées. D'autres se sont imaginés que les nues entieres se geloient, & qu'elles se divisoient ensuite en divers petits fragmens, ce qui est une opinion assés peu probable. Aristote prétend que la Grêle ne s'engendre pas loin de la terre, & Anaxagore veut qu'elle ne se puisse engendrer que dans la plus haute region de l'air, comme étant celle où regne la grande froideur qui est necessaire pour former la Grêle ; sur-tout dans l'Eté qui est le tems où les Grêles sont plus frequentes, & où l'air le plus proche de la terre est le plus chaud. D'ailleurs les pierres de Grêle sont d'autant plus grandes, plus fortement gelées ou plus dures & plus solides, que l'air inferieur est plus chaud, comme si le froid de la region superieure étoit alors devenu très-grand. Il semble que la Grêle se fasse au moment que la vapeur se forme & s'épaissit en eau, c'est-à-dire, quand le froid est tel, que non seulement il forme de grandes gouttes, mais qu'il les gele & les endurcit en glace. Il peut arriver que les pierres de Grêle étant une fois engendrées, & commençant à tomber s'augmentent & se grossissent, à cause qu'ayant été engendrées dans la partie superieure de la nue, & tombant lentement, elles peuvent dans le tems même qu'elles descendent, se joindre avec de la vapeur qu'elles rencontrent. C'est par là que quelques-unes se peuvent faire très-grosses, & que non seulement elles sont inégales en grosseur, mais encore de figures irregulieres. La diversité du vent, de la vapeur, de la froideur, de la chûte, de la rencontre, ou de quelque autre circonstance, contribue à cette irrégularité. Elles tombent neanmoins assés souvent en grains ronds, parce qu'elles s'approchent de la figure ronde, parce qu'elles s'arrondissent en tombant, comme de l'eau qui tombe d'une haute goutiere, l'extrémité de leurs angles se coupant tout autour dans la longueur de leur chûte.

On appelle *Grêle* en termes de Medecine, Une petite humeur mobile, ronde & lucide comme un grain de Grêle qui vient aux paupieres. En Latin, *Grando* & en Grec χαλάζιον.

GRESLE', E'E. adj. On appelle en termes de Blason, *Couronnes grêlées,* Celles qui sont chargées d'un rang de perles grosses & rondes, comme les couronnes des Comtes & des Marquis.

GRESLIER. s. m. Piece de campagne qu'on charge de feraille, bidons, balles, qui fond comme une grêle sur l'ennemi.

GRESLON. s. m. Gros grain de Grêle.

GRESOIR. s. m. Instrument de fer dont les Vitriers se servent pour égruger les pointes ou extrémités

d'un morceau de verre quand on a peine à le faire entrer dans le plomb. Il a une petite fente à ses deux bouts comme celle d'une clef. Il y en a d'une seconde espece qui a une demi-douzaine de dents de chaque côté aux deux pointes.

Gresoir, est aussi une sorte de boëte où les lapidaires reçoivent la poudre qui tombe de deux pierres brutes qu'ils frottent l'une contre l'autre pour les égriser & les polir. Ils se servent ensuite de cette poudre pour tailler & polir les diamans. Cette boëte s'appelle aussi *Egrisoir.*

Gresoir est aussi un petit vaisseau où les Orfevres mettent le borax en poudre pour les soudures, & les Vitriers de la resine.

GREVAINE. adj. Vieux mot. Fâcheux, affligeant.

Ta départie m'a été trop grevaine.

GREVANCE. s. f. Vieux mot. Tort, Fâcherie.

GREVE. s. f. Il a été dit pour peril dans le vieux langage, & a aussi signifié, selon Borel, Une parure de cheveux ancienne. Il veut dire aujourd'hui un lieu sablonneux au bord de la mer ou d'une riviere. Du Cange le fait venir de *Greva,* que les Auteurs de la basse Latinité ont employé, pour dire, Le sable de la mer.

C'est aussi un banc de sable dans la Loire ou le Cours de l'eau change souvent & qui incommode de la Navigation.

GREVEUX, EUSE. adj. Vieux mot. Pesant.

Trop t'en pourroit mesavenir
De prendre si greveuse charge.

Il a signifié aussi, Fâcheux, mal agreable.

Car molt y a greveux affaire,
Com ilen porront à chef traire.

GREUGE. Vieux mot. Dommage.

GRI

GRIBANE. s. f. Sorte de barque ordinairement bâtie, à solle, & qui est depuis jusqu'à soixante tonneaux. On se sert de ce bâtiment pour naviger en marchandise aux côtes de Normandie. Il porte un grand mât, un hunier, une misaine sans hunier & un beaupré. Il a ses vergues longues. On les met de biais comme celles d'artimon.

GRIBOUILLE. s. m. On a appelé autrefois *Gribouille,* Un vendeur de petits meubles. Borel fait venir ce mot du Grec γρυτοδόχης fait de γρύτη ou γρυτάρια. Choses frivoles, & de πωλῶ Je vends, d'où est venu *Gribouillette,* terme populaire qui veut dire un jeu d'enfans, où l'un d'eux jette une chose de peu d'importance, & l'abandonne à celui qui la pourra attraper.

GRIE. adj. Vieux mot. Fâcheux, incommode.

Lors te viendront les avantures.
Qui aux Amans sont gries & dures.

GRIESCHE. adj. Vieux mot Grecque. C'est de là qu'on a dit une *Pie griesche,* & de l'*Ortie griesche.* On s'en est aussi servi pour dire, Sauvage, du Grec ἀγρία. On a dit encore *Grieu & Griet,* pour dire, Grec, comme *Grieve,* a signifié la Grece ou une femme Grecque. On trouve cette inscription à un ancien Tableau. *La prins d'Eleyne par Paris fils à Priam qui a meuré fusia mains hommes, tant ès Griets comme ès Troyens,* pour dire, La Prise d'Helene par Paris fils de Priam qui mena à mort quantité d'hommes, tant des Grecs que des Troyens. Quelques-uns dérivent le mot de Griesche d'*Agresis.*

GRIET. adj. Vieux mot. Fâché, lesé, grevé.

GRIFAIGNE. adj. Vieux mot. Cruel.

Se l'ire jalousie engraigne,
Elle est moult fiere & moult grifaigne.

GRIFFE. ſ. f. *Ongle crochu & pointu de certains ani-*
maux, tels que le tygre, le lion, le chat, &c. ou d'un
oiseau de proie, comme l'épervier, le faucon, &c. ACAD.
FR. Ceux qui ont ſoin d'examiner les ſaumons de
plomb lorſqu'ils arrivent, appellent ainſi la marque
qu'ils mettent à ceux qu'ils trouvent de moindre
bonté. Cette marque eſt un crochet, & plus le
plomb leur paroît défectueux, plus il y ſont de
Griffes ou de crochets. Quand ils les trouvent extraordinairement aigre & mauvais, ils l'écornent par
quelque endroit du ſaumon. Les piés d'une marmite ou d'un chenet ſont auſſi appellés *Griffes* parmi les
Orfévres.

Griffe. Terme de Serrurerie. Outil de fer en forme d'une S, dont les Serruriers ſe ſervent pour tracer les pannetons des clefs.

GRIFFER. v. a. Terme de Fauconnerie. Prendre avec
la griffe. Ce mot a formé *Griffade*, qui ſe dit de la
playe que fait un oiſeau avec ſes ſerres.

GRIFFON. ſ. m. Oiſeau de proie qui reſſemble à
l'Aigle, & que les Grecs ont appellé γύψ. On appelle auſſi *Griffon*, un Animal fabuleux auquel on donne quatre piés, des ailes blanches & un bec d'Aigle. On le fait reſſembler au lion par le derriere,
& l'on veut qu'il ait le flanc rouge & le dos noir. Cet
animal, à ce que l'on prétend, eſt fort ennemi des
chevaux, & veille avec ſoin à garder l'argent & les
treſors que l'on tire de la terre. On le voit repré-
ſenté particulierement dans les friſes de l'Architecture antique.

Griffon. Terme de Chaſſe. Eſpece de Chiens qui
viennent d'Italie & de Piémont. Ils chaſſent le nés
en haut, & arrêtent tout.

Dans le Blaſon, le *Griffon* eſt repreſenté moitié aigle & moitié lion, ayant la tête, le poitrail & les
deux jambes garnies de griffes comme un aigle. On
lui donne de grandes ailes, & le derriere eſt
en forme de lion avec des pattes, des ongles &
une queue. On le repreſente ordinairement rampant.

Griffon. Inſtrument des Tireurs d'or, qui eſt une
lime plate dentée par les bords. Ils s'en ſervent pour
canneler le lingot de cuivre qu'ils argentent,
pour faire de faux fils d'argent, en le tirant par la filiere.

GRIGNON. ſ. m. Terme de Marine. Biſcuit qui eſt
par morceaux, & non en galettes.

GRILLE. ſ. f. *Pluſieurs barreaux de bois ou de fer,*
ſe traverſant les uns les autres pour empêcher qu'on
ne paſſe par une fenêtre ou par une autre ouverture.
ACAD. FR. On appelle *Grille de fer*, dans les
cours & les Jardins des Hôtels, toute Clôture de
fer qui eſt enrichie d'enroulemens, moutons, pilaſtres & couronnemens. Les *Grilles de croiſées* ſont
faites de barreaux de fer qu'entretiennent des traverſes. On les met aux croiſées du rés de chauſſée
pour mettre les lieux en ſûreté contre les voleurs ;
& celles que l'on appelle *Grilles à mi-mur*, ſont
ſcellées dans les tableaux des fenêtres. Il y a des
Grilles en ſaillie, appellées ainſi parce qu'elles s'a-
vancent en dehors, & des *Grilles doubles*, qui ſont
redoublées.

On appelle *Grille*, dans une Egliſe de Couvent
de Filles, un Treillis de fer maillé de trois à quatre
pouces de jour. Ce treillis ſépare le Chœur des Religieuſes d'avec la nef de leur Egliſe.
Elles en ont de la même ſorte dans leurs Parloirs,
& il y en a que l'on appelle *Grilles herſées*, à cauſe
qu'elles ont des pointes en dehors, comme une herſe. On en met auſſi de bois dans quelques Couvents.

Grille, ſe dit encore d'un Aſſemblage de groſſes
Tome I.

& longues pieces de bois qui ſe creuſent quarrément, & qui ſont eſpacées tant plein que vuide. Il y
a des entailles à queue d'aronde qui les entretiennent, & on les établit de niveau ſur un terrain qui
ne doit pas être éventé par le pilotage pour fonder
deſſus. C'eſt de cette maniere qu'on a conſtruit quelques ponts.

Grille de feu. On appelle ainſi trois ou quatre
chenets attachés enſemble à quelque diſtance l'un
de l'autre avec une barre de fer. On les met entre
deux autres chenets pour ſoûtenir les tiſons & faire
mieux brûler le bois qu'on poſe deſſus.

Ceux qui jettent en moule ont une *Grille de fer*,
ſur laquelle ils élevent leurs figures. Elle eſt environ de trois ou quatre pouces plus large que la baſe de la figure qu'ils veulent faire. Ils élevent ſur
le milieu de cette grille une ou pluſieurs barres de
fer contournées ſelon l'attitude de leur figure, &
percées d'eſpace en eſpace pour y paſſer des verges de fer de telle longueur qu'ils le jugent neceſſaire, afin de maintenir le noyau de ce qu'ils veulent
jetter.

Grille. Terme de tripot. Eſpece de fenêtre quarrée qui eſt au bout du toit hors du ſervice, & élevée à deux piés de terre.

Grille. Terme de Chancellerie. Paraphe en forme
de grille que les Secretaires du Roi, qui ont à ſigner
quelques Lettres, mettent au-devant des paraffes
particuliers dont ils ſe ſervent dans les actes qu'ils
paſſent pour leurs affaires.

Grille. Terme de Blaſon. Il ſe dit de certains barreaux qui ſont en la viſiere d'une heaume, qui empêchent que les yeux du Chevalier ne ſoient offen-
ſés. On appelle auſſi *Grille*, une Porte couliſſe &
grillée, qu'on peint quelquefois ſur les Ecus.

GRILLET. ſ. m. Terme de Blaſon. Sonnette ronde
que l'on met au col des petits chiens & aux jambes des oiſeaux de proie. On l'appelle auſſi *Gril-
lot*. Ce mot a fait l'adjectif *Grilleté*, qui ſe dit des
oiſeaux de proie qui ont des ſonnettes aux piés.
D'azur au faucon d'argent perché & grilleté de même.

GRILLON. ſ. m. *Petit inſecte qui eſt une eſpece de*
cigale, aimant les lieux chauds, & faiſant un bruit
aigu & perçant. ACAD. FR. Cet inſecte eſt noir,
& a la figure d'un haneton. Il ſe retire aſſés ordinairement dans les fours, & creuſe la terre deſſe-
chée. Pline le met au nombre des eſcarbots, à cauſe qu'il a le corps couvert d'une croûte & ſes ailes
comme dans un fourreau. Quelques-uns veulent
que *Grillon* ait été fait du Grec χοῖρος, Pourceau,
à cauſe que ſon chant ou cri n'eſt pas moins deſ-
agreable à proportion que le ſon du pourceau. On
trouve auſſi des Grillons dans les champs, & entre
ces animaux le ſeul mâle chante. Il rend un ſon
fort importun de ſes ailes. Il y a des campagnes qui
en ſont quelquefois toutes couvertes. Dès la moindre choſe qu'ils voyent branler, ils ſe retirent au
fond de leurs trous. Les Renards en ſont friands.

On appelle Grillons les Cordes, dont on ſerre les
jambes des accuſés mis à la torture.

GRILLOTALPA. ſ. m. Inſecte, l'un des plus grands
& des plus voraces. Il vient d'un œuf & d'un ver
comme les autres, & a quatre boutons ſur le dos où
il renferme ſes ailes.

GRIMPEREAU. ſ. m. Oiſeau qui ne vole guere, &
qui eſt appellé ainſi à cauſe qu'il grimpe ſur les arbres de branche en branche.

GRINGOLE', E'E. adj. Terme de Blaſon. Il ſe
dit des croix, fers de moulin & autres choſes de
même nature qui ſe terminent en tête de ſerpens.
On appelloit autrefois ces ſerpens *Gargouilles*,
& on a dit enſuite *Gringole* par corruption, d'où

eſt venu *Gringolé*. *De gueules à la croix d'hermine, anchrée & gringolée d'or*. On a dit dans quelques Provinces, *Gringoler* & *Dégringoler*, pour dire, Deſcendre vîte d'un eſcalier, comme fait l'eau qui tombe des gargouilles ou gringoles.

GRIOTTE. ſ. f. Sorte de ceriſe à courte queue qui eſt un peu aigre, & plus groſſe que les autres. Quelques-uns font venir ce mot du Grec ἀγριῶτις, qu'ils prétendent marquer l'acidité de ce fruit, de ἄγριος, Sauvage. Il y a pourtant des Griottes, douces. On appelle *Griottier*, l'Arbre qui porte cette ſorte de ceriſe.

On appelle auſſi *Griotte*, l'Orge frais & nouveau, rôti mediocrement & que l'on fait moudre enſuite. C'eſt toute la préparation que Galien y demande. Les Grecs, ſelon Pline, faiſoient la Griotte de differentes manieres. Ils arroſoient l'orge qu'ils laiſſoient ſecher pendant une nuit, & le lendemain ils le fricaſſoient, après quoi ils en faiſoient de la farine. Quelques-uns l'arroſoient encore d'eau s'ils le trouvoient trop rôti, & le ſechoient avant que de le moudre. D'autres prenoient de l'orge cueilli fraîchement & battu, & l'ayant arroſé d'eau, ils le piloient dans un mortier, puis ils le lavoient en des corbeilles, & l'ayant fait ſecher au Soleil, ils le piloient encore une fois, le nettoyoient & le faiſoient moudre. De quelque façon qu'ils préparaſſent la Griotte, ils mettoient ſur vingt livres d'orge, trois livres de graine de lin, demi-livre de coriandre & environ deux livres de ſel. Quand le tout avoit été fricaſſé, ils le faiſoient moudre enſemble. Galien dit que la Griotte d'orge eſt plus deſſicative que l'orge même.

GRIP. ſ. m. On appelloit ainſi autrefois un petit Bâtiment que l'on équipoit pour aller en courſe, tel qu'eſt aujourd'hui le Brigantin.

GRIPAUME. ſ. f. Plante qui eſt preſque ſemblable à l'ortie, ſi ce n'eſt qu'elle a les feuilles d'en bas plus rondes & déchiquetées comme celles du ranuncule. Sa tige, qui eſt quarrée, les fleurs ſont rouges tirant ſur le blanc, & telles que celles de l'ortie puante, quoique plus petites. Elles ſortent du pié des feuilles & environnent la tige comme au marrube. De ſa racine, qui eſt rouge & blaffarde, ſortent pluſieurs autres petites racines. Cette herbe croît par tout le long des chemins & des hayes & autour des murailles des Villes, & eſt fort amere au goût. Quelques-uns l'appellent *Marrube mâle*, d'autres *Meliſſe ſauvage*, & il y en a qui lui donnent le nom de *Cardiaque*, à cauſe de la vertu particuliere qu'elle a de remedier aux maladies du cœur. Elle eſt bonne auſſi aux ſpaſmes, aux paralyſies & aux opilations qui viennent de cauſes froides. Elle évacue les phlegmes qui ſont dans la poitrine, fait mourir les vers, & étant réduite en poudre & bûe avec du vin, elle eſt ſinguliere aux femmes qui ſont en travail pour faciliter l'accouchement. On l'appelle auſſi *Agripaume*, en Latin, *Agria palma* & *Cardiaca*.

GRIS, GRISE. adj. *Qui eſt de couleur mêlée plus ou moins de blanc & de noir*. ACAD. FR. Ce mot ſignifioit autrefois Froid & noirâtre; d'où vient que l'on dit encore qu'*Il fait un tems gris*, ou abſolument qu'*Il fait gris*, pour dire que le Tems eſt couvert & froid. Borel fait venir ce mot du Grec κρύος, Froid. Il dit auſſi qu'anciennement il y avoit des étoffes qu'on appelloit de ce nom, & il en donne pour exemple ces deux vers de Pathelin.

J'ai du gris de Prince,
En voulez-vous, ou du gris d'aumure?

Il paroît par ces autres vers qu'on appelloit *Gris*,

les Animaux dont la peau ſervoit à faire des fourrures.

Li autre conroyent li pianx
D'Ecurieux, de Gris & de Vairs,
Pour moy forrer en tems divers.

GRISAILLE. ſ. f. Peinture de couleur de pierre ou de marbre blanc. Elle ſe fait de blanc & de noir, & on l'emploie ſur le verre.

GRISARD. ſ. m. Vieux mot qui, ſelon Nicod, a ſignifié un Blereau.

GRISON. ſ. m. Gros grès, ou Pierre longue & excellente dont on ſe ſert à bâtir dans les lieux où il abonde. On en fait auſſi des Auges dans les Baſſecours, des Marches d'eſcalier.

GRIVE. ſ. f. Petit oiſeau de couleur plombée, & dont le plumage eſt mêlé de noir & de blanc. Il eſt fort bon à manger dans la ſaiſon des vendanges, à cauſe qu'il s'engraiſſe de raiſins. Il y en a de trois ſortes, *la petite Grive*, *la Grive commune*, de la groſſeur environ d'un merle, & la *groſſe Grive*, qui eſt un peu moins groſſe qu'un geai. On l'appelle *Turdus* en Latin. La chair de la Grive eſt de bon ſuc, & nourrit beaucoup.

GRO

GROBIS. ſ. m. Vieux mot. Gros Seigneur.

Pour ceindre Millours & Grobis.

Borel dit que c'eſt delà qu'on a dit, *Faire le ramina grobis*, par corruption de, *Domine grobis*.

GROCER. v. a. Vieux mot. Gronder.

Et ſe gens encontre moy grocent,
Qui ſe tormentent & corrocent.

GROFFES. ſ. m. Vieux mot. Sorte de dard ancien.

GROIGNETTE. ſ. f. Vieux mot. Sorte d'éto ffede drap, de fourrure.

Se vous voulez de tortes bannes,
Par ma foi j'en ai de bien fines,
Ou ſe voulez de groignettes.

GROLLE. ſ. f. Vieux mot dont on s'eſt ſervi pour ſignifier une Corneille. On a dit auſſi *Graule*, *Graille*, & *Agraille*; & Borel fait venir tout cela de *Garrula*.

GRONCIER. v. a. Vieux mot. Gronder.

GRONDEUR. ſ. m. Poiſſon qui ſe trouve dans les petites rivieres des Iſles de l'Amerique, & que l'on appelle ainſi, à cauſe que lorſqu'il eſt pris, il gronde à la maniere d'un petit cochon. Il eſt le premier à ſauter hors des rivieres quand on y lave les racines briſées du bois à enyvrer le poiſſon. Celui-ci eſt preſque tout ſemblable à une Breme. Il en a le goût, mais il eſt plus épais & plus charnu.

GRONNET. adj. Vieux mot qui ſe trouve dans Coquillard, & qui ſemble ſignifier, Propre, Bienfait. *Un corps feitis, ſade & gronnet.*

GROS. ſ. m. Monnoie qui a cours chés les Saxons, Sileſiens, Bohêmes & Polonois. On dit qu'elle a été du poids des drachmes Attiques & des vieux deniers Romains. *Gros*, eſt auſſi une monnoie d'argent de Lorraine qui vaut environ onze deniers de France. *Gros*, eſt encore une monnoie de compte à Cologne, à Anvers, à Amſterdam & autres lieux, comme ſont les francs en France. La livre de Gros vaut ſix livres, comme le ſou vaut ſix ſous; & c'eſt ſur ce pié-là que les Marchands tiennent leurs livres. Saint Louis étant revenu d'Egypte fit battre à Tours une ſorte de monnoie à onze deniers de fin. C'étoient des ſous qui en valoient ſix des autres qui étoient noirs, plus petits & plus chargés de billon; & on les nomma ainſi, parce qu'ils pefoient la huitiéme partie d'une once , qu'on appelle *Gros.*

GROS-BEC. f. m. Sorte de petit oifeau , appellé ainfi à caufe de fon bec qu'il a fort gros. Il a le cou gris & la tête d'un jaune tirant fur le rouge , & reffemble affés au Pinfon dans tout le refte. On l'appelle en Latin *Fringilla roftratas.* Le Gros-bec des Antilles a toute la forme d'un moineau , mais il a les plumes verdâtres. Comme il a le bec fort dur , il entame l'écorce des Bananes , qui eft extrêmement dure avant qu'elles ayent atteint leur maturité , & tous les autres oifeaux l'accompagnent pour manger enfuite le dedans du fruit.

GROSEILLE. f. f. *Efpece de petit fruit bon à manger , mais un peu acide.* ACAD. FR. Les Grofeilles ne font point entaffées en façon de grappes , mais féparées les unes des autres. Elles font rondes & velues , fur-tout les fauvages , du refte remplies d'un jus vineux qui eft brufc , aigre , aftringent , & femblable en tout au verjus. Elles font vertes avant leur maturité , & changent enfuite de couleur & de goût , devenant jaunes & douces. Les pepins qui font dedans font frêles & tendres , & fe mangent avec le fruit. C'eft ce qu'on dit Marthiole. Les Grofeilles vertes qui jauniffent en mûriffant , font de deux fortes , les unes longues & les autres rondes , dont celles-ci font plus groffes & fervent dans les fauces au lieu de verjus. Il y a encore deux efpeces de Grofeilles dont le bois eft épineux , l'une violette & l'autre rouge. Celle de Holl'ande fait qu'on méprife les autres. On appelle *Grofeille perlée ,* une Grofeille blanche commune , à caufe qu'elle imite la rondeur & la blancheur des perles. M. Ménage fait venir *Grofeille de Groffularium.*

GROSELIER. f. m. Plante épineufe que Matthiole croit avoir été inconnue aux Anciens. Elle eft petite , fort branchue , & a fes feuilles femblables à celles de l'ache ou de l'aubefpine , & fes rejettons blanchâtres & épineux. Il y en a de deux fortes , l'une domeftique & l'autre fauvage , & toutes deux ont une fleur blanche & quelquefois purpurine. On dit *Grofelier blanc & Grofelier rouge ,* felon que leur fruit eft rouge ou blanc. Les Apothicaires confifent le fuc des Grofeilles rouges , & l'appellent *Rob de ribes* ou *Rob ribium.*

GROSSIER. f. m. Marchand Groffier , qui vend toutes fortes de menues Marchandifes , qu'on appelle *Camelotterie.*

GROTE. f. f. Antre , caverne. Ce mot vient de κρύπτη , qui veut dire un lieu vouté & fecret , de κρύπτειν , Cacher. On appelle auffi *Grote ,* un Bâtiment dont l'Architecture eft ruftique par dehors , & qui au-dedans eft orné de coquillages & de jets d'eau. Quand le dedans en eft feint brut par des rocailles , petrifications & plantes fauvages , on l'appelle *Grotte fatirique.* Les Eglifes fouterraines font appellées *Grotes* en Italie.

GROTESQUE. f. f. M. Felibien définit ce mot par *Maniere licentieufe de reprefenter en peinture ou de relief des hommes & des bêtes qui ont quelque chofe de chimerique , & qui d'ordinaire n'en ont que la tête & une partie du corps , dont le refte fe termine en feuillages , rainceaux ou autrement.* Il dit qu'on a nommé *Grotefques ,* ces fortes d'ouvrages , à caufe que l'ufage en eft venu de ceux qu'on a trouvés dans les grottes & dans les lieux fouterrains , & que Jean da Udine & Morto da Feltro ont été les premiers qui ont remis en ufage cette forte de travail des Anciens , qui n'eft qu'un pur caprice de l'efprit de l'Ouvrier.

GROUER. v. n. Vieux mot dont on fe fervoit autrefois , en difant que *Le vent avoit fait grouer les pommes ,* pour dire , qu'il les avoit fait tomber.

GROUETEUX , EUSE. adj. Ceux qui ont traité de la maniere de cultiver les arbres , ont appellé *Fond Groueteux ,* un Fond pierreux.

GROUPADE. f. f. Terme de Manége. Saut qui tient le devant & le derriere d'un Cheval dans une égale hauteur , & qui fe fait lorfqu'il ne fépare point en allongeant les jambes , & qu'il trouffe celles de derriere fous le ventre. Ce mot eft impropre , & s'eft dit par corruption de *Croupades.*

GROUPE. f. m. Terme de Peinture. *Affemblage de plufieurs corps les uns auprès des autres.* ACAD. FR. On dit , *Un groupe de trois ou quatre figures ,* lorfqu'elles fe joignent. Il fe dit également des ouvrages de Sculpture. On s'en fert auffi en Architecture ; & on appelle *Groupes de colomnes ,* Plufieurs colomnes accouplées.

GROUPER. v. a. Joindre plufieurs corps enfemble. Les Architectes difent , *Grouper des colomnes ,* pour dire , Difpofer des colomnes par trois ou quatre. Le mot de *Groupe ,* vient de l'Italien *Groppo ,* ou *Gruppo ,* Nœud.

GROUSSER. v. n. Vieux mot. Murmurer , gronder.

> *Je retournerai , qui qu'en grouffe ,*
> *Par foi , dit res je n'en grous mie.*

GROUX. adj. Vieux mot. Gros.

GRU

GRU. f. m. Vieux mot. Fruits fauvages qui fe trouvent dans les forêts , comme la faine , le gland , les pommes & poires fauvages qu'afferme le Gruyer fous le nom de *Gru ,* pour fervir de nourriture aux cochons & à d'autres beftiaux qui en font friands.

GRUAU. f. m. Farine d'avoine , ou d'orge , que l'on fait fecher au four , & dont on fépare le fon fans bluteau , après qu'on l'a fait moudre en certains moulins qu'on fait exprès pour cela. Du Cange fait venir ce mot de *Gruellum ,* diminutif de *Grutum ,* qui s'eft dit de la bouillie qu'on faifoit avec de l'eau & toute forte de farine. On a dit *Gruel ,* dans le vieux langage , & ce même mot fe difoit de toute autre chofe pilée groffierement , ce que Borel fait venir de γρυ , mot Grec qui fignifie non feulement une forte de petite monnoie , mais encore l'ordure qui s'amaffe fous les ongles , & en general tout ce qui eft de très-petite valeur. On appelle auffi *Gruau ,* du gros pain bis de Boulanger , fait d'une farine où l'on a laiffé le fon.

Gruau. Le petit de l'oifeau , appellé *Grue.*

Gruau. Machine dont on fe fert pour élever les pierres & les pieces de Charpenterie. Le Gruau ne differe de l'engin , qu'en ce que la piece de bois qu'on appelle l'*Etourneau ,* eft fort longue , & pofée de bas en haut.

GRUE. f. f. *Sorte d'oifeau de paffage qui vole fort haut & par bandes.* ACAD. FR. La Grue a le cou fort long. Sa couleur eft grife , & le mâle a la tête rouge. On dit que les Grues volent en troupes rangées en triangle , & que quand elles font à terre , il y en a une qui fe tient feulement fur un pié pour faire la fentinelle. Il y a auffi une *Grue de mer.* C'eft une forte de poiffon qui a quelque chofe de la Grue terreftre. M. Ménage tire ce mot de *Grua ,* qu'on a dit pour *Grue.*

Grue. Machine avec une roue , qu'on employe à lever les pierres lorfqu'on bâtit. Elle eft compofée d'une groffe piece de bois , qui fert de poinçon par en haut , & qui eft pofée fur le milieu de deux pieces de bois mifes en croix , & affemblées avec entretoifes. Cette groffe piece de bois que l'on appelle *Arbre ,* eft appuyée par huit liens en contrefiche , assemblés par le bas dans l'extrêmité des autres pieces de bois , nommées *Racineaux* , & par le haut contre l'arbre avec tenons & mortoises, avec abouts. L'Echelier qui est la principale piece de bois qui porte & sert à lever les fardeaux , est posé sur un pivot de fer qui est au bout du poinçon. Il est assemblé avec plusieurs moises à des liens montans , & il y a des pieces de bois appellées soupentes , attachées à la grande moise d'en bas & à l'Echelier , qui servent à porter la roue & le treuil, autour duquel se devide le cable qui passe dans des poulies qui sont au bout des moises , & à l'extrêmité de l'echelier. Cet Echelier est garni de chevilles pour y monter , & tourne sur le pivot autour de l'arbre & de son pié , ainsi que les moises , les liens , les soupentes , la roue & le treuil.

On appelle aussi *Grue* , un instrument de supplice dont on se sert dans les corps de garde des Villes de guerre. Il est composé de deux morceaux de fer plats & larges chacun de trois doigts , & qui ont environ un doigt d'épaisseur. Ils sont faits en forme de bec de Grue par le bas , ce qui a pû faire donner le nom de Grue à cet instrument , & par le haut en maniere de carcan , avec des menotes de côté & d'autre. Il y en a qui croyent qu'il a pris son nom de ce que les Soldats que l'on condamne à être à la Grue , y étant debout , font ce qui s'appelle *le pié de Grue.*

GRUERIE. s. f. Maison située près d'une forêt , & composée de logemens pour quelques Officiers de chasse , qui y tiennent leur Jurisdiction , & jugent en premiere instance des moindres délits commis dans les bois selon les rapports qui leur en sont faits. Cette Jurisdiction est subalterne à l'égard des Maîtres particuliers des Eaux & Forêts qui sont dans les Villes.

Gruerie , se dit aussi , d'un droit de moitié que le Roi prend sur quelques forêts de son Royaume. Chopin veut que ce mot ne s'entende que d'une Jurisdiction que le Roi a sur les bois des Particuliers , dans lesquels il établit des Juges & des gardes pour leur conservation , ce qui fait qu'il n'est point permis aux Maîtres de les faire couper , si ce n'est avec les solemnités requises pour les bois qui sont en tiers & en danger.

GRUGER. v. a. Terme de Sculpteur. On dit , *Gruger le marbre* , ou *le meurtrir* , pour dire , Travailler avec la marteline. C'est un petit marteau qui a un bout fait en pointe , & dont l'autre bout a des dents de bon acier , forgées quarrément pour avoir plus de force. Les Sculpteurs s'en servent dans les endroits , où ils ne peuvent s'aider des deux mains , pour travailler avec le ciseau & la masse.

GRUME. Terme des Eaux & Forêts , qui ne se dit que joint avec *Bois* , & la proposition *en*. *Bois en grume*. C'est un bois qui n'est point équarri , & à qui on a laissé encore son écorce. *Gruma* , selon Ugotio , est la croûte, que forment les vapeurs du vin , & qui s'attache aux douves d'un muid en dedans. C'est de là que l'on a fait *Grume & Grumeleux.*

GRUMELEUX , EUSE. adj. On appelle , *Bois grumeleux* , du Bois qui est âpre & rude à la manier.

GRURIE. s. f. Petite Jurisdiction sur les bois. En 1700.on fit un Edit pour obliger les Seigneurs de racheter les Gruries pour les faire exercer par leurs Officiers.

GRUYER. s. m. Officier subalterne , qu'on appelle quelquefois *Verdier* , nom qui vient selon du Cange de l'Allemand *Gruen* , qui veut dire *Viridis* , d'où l'on a fait *Viridarius* & *Verdier*. Les Gruyers jugent en premiere instance des malversations qui se commettent dans les forêts , & sont établis dans la campagne en des lieux éloignés des Maîtrises. Ils peuvent juger jusqu'à la concurrence de six livres , & l'appel de leurs Sentences se releve par devant les Maîtres Particuliers. Ce mot , selon quelques-uns , vient de *Gru* , Fruit des arbres des Forêts , & selon Nicod de *Apis* , Chêne , comme qui diroit , *Dryer*.

Gruyer. adj. On appelle en termes de Fauconnerie , *Faucon Gruyer* , Un oiseau dressé à voler la Grue.

GUA

GUAHEX. s. m. Animal de couleur de Châtaigne obscure, un peu moins grand qu'un petit Bœuf, & ayant des cornes fort noires & fort pointues. Il se trouve en Afrique , & marche avec beaucoup de vîtesse. Sa chair est fort bonne.

GUAINUMU. s. m. Gros Cancre du Bresil , qui a la gueule si large que le pié d'un homme entre dedans. Il est fort bon à manger ; & comme il se tient dans des trous auprès du rivage , il est plûtôt animal terrestre qu'aquatique. Pendant le tonnerre , ces Cancres sortent hors de leurs cavernes,& font un tel bruit entr'eux , que les Sauvages qui sont fort craintifs en prennent l'épouvante , s'imaginant que leurs ennemis sont venus.

GUAIRO. s. m. Sorte de cri que l'on fait à la chasse des Perdrix , afin d'avertir le Fauconnier quand on voit qu'elles partent, qu'il ait à lâcher l'oiseau.

GUANABO. s. m. Arbre des Indes Occidentales qui est fort haut & fort beau , & qui porte un fruit gros comme la tête d'un homme. Ce fruit a l'écorce déliée , & il est couvert d'écailles plates & unies. La chair en est blanche au-dedans , tendre & douce , & se dissout en eau , comme si c'étoit de la crème , mais elle est mêlée de plusieurs noyaux qui blessent les dents & les gencives. Il est fort rafraîchissant , ce qui fait qu'on le mange avec plaisir dans les chaleurs de l'Eté.

GUAO. s. m. Arbre qui se trouve aux Indes Occidentales dans l'Isle de S. Jean *Porto rico*. Il porte des feuilles rouges , velues , & qui ne tombent jamais. Elles sont épaisses , & ont de petites veines de couleur de feu. Son fruit est vert , & ressemble en grosseur & en forme à celui de l'arboisier. Le suc de cet arbre est extrêmement caustique , ce qui fait que les animaux qui s'y frottent perdent leur poil. La même chose arrive aux hommes aussi bien qu'aux bêtes quand ils s'endorment dessous. On transporte de son bois en Europe pour sa couleur non commune qui imite la verdeur du Calchante,& on a coûtume d'en faire des quenouilles de châlit , à cause que l'on croit ce bois ennemi des punaises ; mais ceux qui s'appliquent à le mettre en œuvre , en ont le visage enflé , ainsi que les mains , quand ils le touchent , & cette enflûre ne se dissipe qu'après quelques jours. Les Mexiquains , qui ont une fort grande quantité de ces arbres , les appellent *Thetlatian*.

GUARA. s. m. Oiseau du Bresil , de la grosseur d'une Pie , avec un long bec recourbé devant , & de longs piés. Quand il est éclos nouvellement , il est noir. En commençant à voler , il a son plumage d'un beau blanc , & peu à peu , il rougit jusqu'à ce qu'avec l'âge il devienne de couleur de pourpre,qui est la couleur qu'il garde ensuite. Il niche dans les maisons , & vit de poisson , de chair , & autres viandes , toûjours trempées dans de l'eau. Les Sauvages l'estiment fort à cause que ses plumes leur servent à composer leurs couronnes & leurs autres ornemens. Ces oiseaux volent par bandes, & c'est quelque chose de fort agreable à voir, que de les considerer quand le Soleil darde ses rayons sur eux.

GUARAL. s. m. Insecte qu'on trouve dans les Deserts de Lybie, & qui est semblable à la Tarantule.

GUARAQUIMYA. s. m. Arbrisseau qui croît dans le Bresil, & qui ressemble au myrte de Portugal. Outre beaucoup de proprietés fort remarquables, on donne cette vertu particuliere à sa semence, qu'étant mangée elle fait sortir aussi-tôt les vers des intestins.

GUARDER. v. a. Vieux mot. Regarder. *Lors guarda devant lui, & vit ses armes.*

GUAYNOMBI. s. m. Sorte d'oiseaux du Bresil qui sont les plus petits de tous les oiseaux. Il y en a que les Sauvages appellent *Guaraciaba*, Rayons du Soleil, & d'autres *Guaracigaba*, Cheveux du Soleil. Les Habitans des Antilles les nomment *Renatos*, parce qu'ils croyent qu'ils dorment six mois, & qu'au Printems ils reprennent comme une nouvelle naissance. Oviedo dit que les Espagnols les appellent *Tominejos*, à cause que quand on met un de ces oiseaux avec son nid dans un trébuchet à peser l'or, il ne pese que deux *Tominos*, c'est-à-dire vingt-quatre grains. Ce petit oiseau est d'une beauté admirable. De quelque côté qu'on tourne les plumes de sa tête & de son col, elles representent une varieté surprenante de belles couleurs; & sur-tout une couleur de feu qui brille beaucoup plus que l'or. Il a le reste du corps grisâtre, le bec long, & la langue deux fois aussi longue que le bec. Il vole fort vîte, & fait en volant un certain bruit qui imite celui que font les abeilles. De Lery & Thenet qui en ont écrit lui donnent un chant fort doux, & disent que les Sauvages lui donnent le nom de *Guamanbuch*, & Charles de l'Ecluse qui en a vû un dont il a fait la description, en parle en ces termes. Ce petit oiseau étoit long de trois pouces, depuis la pointe du bec jusqu'au bout des plumes de sa queue; c'est-à-dire, que sa tête avec tout le bec avoit un pouce & demi de long, & que les ailes qui s'étendoient presque jusques au bout de la queue avoient la même longueur. Son dos avoit à peine un pouce de large. Il étoit d'un gris cendré brun ainsi que ses ailes. Il avoit le ventre gris, les plumes de la queue d'un rouge obscur,& le bout en étoit noir. Celles de la tête, du col & du gosier étoit mêlées d'une couleur d'or, de rouge & de jaune; & quand on les exposoit au Soleil, il n'y avoit rien de plus beau à voir que cette varieté de couleurs, selon qu'on tournoit la tête de cet oiseau. Il avoit le bec noir, délié & fort aigu, les piés très-menus & noirs, & divisés en quatre orteils comme les autres oiseaux.

GUE

GUELLES. s. m. Terme d'armoirie. Mot qu'on a dit autrefois pour *Gueules*, Couleur rouge, appellée ainsi de la gueule des animaux.
D'anciens guelles & d'argent,
Qui contre le Soleil resplent,
Une bande y ont ouvrée.

GUENAUT. s. m. Vieux mot, qui a été dit pour Gueux, fait de *Queux*, Cuisinier, à cause, dit Borel, que les Gueux suivent ordinairement la cuisine.

GUENCHE. s. f. Vieux mot. Détour, subtilité.
Li onziéme qui plus savoit
De guenches & detroesteon re

D'assaus de guerre & d'estours
Li contretint un poi de temps.
On a dit aussi *Guenchir*, & *Guencher*, pour Tourner.
Autre si com Oisel s'enfuit davant Faucon,
Guenchissent entor lui les Parens Ganelon.

GUENON. s. f. Singe femelle. Il ne se dit guere que d'un petit Singe.

GUERITE. s. f. Petit logement où l'on peut être à couvert des injures du tems dans les forteresses, & qui sert de retraite la nuit aux sentinelles qui gardent la Place. Il est fait tantôt de bois & tantôt de pierre, & on en met ordinairement trois à chaque bastion, à l'angle flanqué, & aux deux angles de l'épaule, sur les portes, & au milieu des courtines lorsqu'elles sont longues. On fait venir *Guerite* de *Vvaren* mot Allemand, qui veut dire, Conserver.

Guerite, se dit aussi d'un petit donjon élevé audessus d'un bâtiment, & d'où l'on peut découvrir de loin.

On appelle, *Guerites de Galere*, des pieces de bois qui se vont inserer dans la fléche, qui est comme la clef de la pouppe, laquelle s'avance un peu plus audehors que les bandins, & porte au-dessus une figure en relief qui regarde vers la proue; cette figure est un Lion, une Aigle, ou quelqu'autre animal, & l'on y place à l'extrémité les armes du Roi.

GUERLANDE. s. f. Terme de Marine. On appelle *Guerlandes*, De grosses pieces de bois tournées en cintre, que l'on applique en-dedans devant du Vaisseau, pour le lier & entretenir le bordage.

GUERLIN. s. m. Terme de Marine. Cordage, qui sert à touer un Vaisseau, & qu'on jette aux bâtimens qui veulent venir à bord d'un autre.

GUERMENTER. v. n. Vieux mot. Se lamenter, se plaindre.
Forment me mis à guermenter,
Par quel art, & par quel engin
Je püsse entrer en ce jardin.
On a dit aussi *Guementer*.

GUERNON. s. m. Vieux mot. Moustache. *Li autre ni barbe ni guernon n'avoient.* On a dit aussi *Grenon* dans le même sens.

GUERPIR. v. a. Vieux mot. Quitter, délaisser. Il s'est dit principalement d'une terre délaissée, faute d'en pouvoir payer la rente.
Si qu'après eux n'ont rien guerpi.
Si j'ai trouvé aucun ept
Je l'ai gland moult volontiers.
Du Cange dérive ce mot du Saxon *Vverpen*, d'où l'on a dit en Latin *Verpire*, Laisser, & delà sont venus ses composés *Déguerpir* & *Degrepir*.

GUESDE. s. f. Herbe assés semblable au plantain si ce n'est que ses feuilles sont plus grosses & plus noires. Sa tige est haute de deux coudées. Il y a une *Guesde sauvage*, dont les feuilles sont semblables à celles de la laitue. Ses tiges sont aussi plus déliées & plus branchues, & tirent un peu sur le rouge. A leur cime sont plusieurs petites vessies en forme de langues dans lesquelles sa semence est contenue. Les fleurs qu'elle porte sont jaunes & petites. La Guesde s'appelle autrement *Pastel*, en Latin *Glastum*, en Grec ἰσάτις. Voici en quels termes Galien parle de l'un & de l'autre. Le Pastel cultivé, dont les Teinturiers se servent pour teindre leurs draps, desseche fort sans pourtant aucune mordication, car il est amer & astringent, mais le sauvage a une acrimonie apparente, & au goût & en ses operations, de sorte qu'il est plus dessiccatif que le Pastel cultivé, & resiste avec plus d'efficace aux pourritures humides.

GUESDER. v. a. Preparer les étoffes avec de la guesde.

GUESPE. f. f. *Grosse mouche presque semblable à une abeille, & qui a un aiguillon, & fait de mauvais miel.* ACAD. FR. Du Cange fait venir ce mot du latin *Vespa* ou *Guespa.* Les Guespes incommodent fort les habitans de la Guadeloupe. Elles y sont deux fois plus longues que les mouches à miel, grises, & rayées de jaune. Elles composent une petite gaufre de la grandeur de la main, en maniere de rayon de miel, où il n'y a pourtant que les petites Guespes. Elles se forment chacune dans sa petite case, & toutes les grandes sont par dessus. Il y en a une partie qui couve les petits, tandis que les autres travaillent pour aggrandir la ruche. Cette ruche est attachée par de petits filets faits de la même matiere, à des branches d'arbres, & courtines de couvertures de maisons qui sont fort basses dans toutes ces Isles, & tout en est tellement rempli, surtout le long des rivieres, qu'on est fort sujet à sentir leur aiguillon, qu'elles ne manquent point d'enfoncer dans la chair jusques au gros bout, si on s'en approche un peu trop près. Ces piquûres causent une fort grande douleur, & sont suivies d'une enflure qui dure trois ou quatre jours. Le remede le plus prompt, c'est d'appliquer l'allumelle d'un couteau toute froide sur la piquûre. On trouve quelquefois de ces ruches qui pendent aux branches des arbres, comme des fruits, & qui sont plus grosses que la tête d'un homme. Le gros bout en pend en bas, & elles ont la figure d'une poire grise. Toute leur écorce est faite de la cire dont les Guespes font leur petite gaufre, & le dedans est divisé par trois gaufres rondes, semblables à celles de nos Abeilles. Le Pere du Tertre, Jacobin, témoigne en avoir vû de cette structure dans l'Isle de la Grenade. Pendant les grandes pluyes la plûpart de ces Guespes se retirent dans la terre, & dans les creux d'arbres, où elles demeurent cachées durant deux ou trois mois.

GUETTE. f. f. Terme de Charpenterie. Poteau incliné qui sert de décharge pour revêtir & conventer un pan de bois. Il forme une croix de saint André, lorsqu'il est croisé avec deux guettrons de sa grosseur.

GUETTRON f. m. Petite Guette. Les Guettrons se mettent ordinairement sous les appuis des croisées, aux exhaussemens, sous les sablieres d'entablement, sur les linteaux des portes dans les cloisons de dedans, & aux joints des lucarnes.

GUEULE. f. f. *C'est dans la plûpart des animaux à quatre piés & dans les poissons ce qu'en l'homme on appelle Bouche.* ACAD. FR. On appelle en termes d'Architecture *Gueule droite.* La partie la plus avancée de la cymaise, & qui est concave. C'est un membre dont le contour est fait comme une S. On l'appelle aussi *Doucine.* Le contraire de la Gueule droite se voit dans la *Gueule renversée,* puisque le contour en est fait comme une S renversée. Elle a sa partie la plus avancée convexe, & on la nomme autrement *Talon.*

On dit en termes de Chasse, qu'*Au bout de cinq mois un chien a fait sa gueule,* pour dire, qu'Il a été bien nourri avec du lait, & qu'il commence a avoir de la vigueur. On dit aussi, qu'*Il chasse de gueule,* pour dire, qu'Il aboye & appelle lorsqu'il est sur les voies.

GUEULES. f. m. Terme de Blason. Nom de la couleur rouge que nomment les Orientaux *Gul* & *Ghiul.* Elle est tellement noble, que par les Loix anciennes il n'étoit permis de porter de Gueules dans ses armes qu'aux Princes & à ceux qui en avoient permission. Le Gueules se fait remarquer

dans les écus gravés par des traits tirés perpendiculairement. Quelques-uns font venir ce mot de certaines genus rouges qu'on nommoit autrefois *Gueules.* Nicod veut que Gueules se soit dit du rouge, à cause que les Gueules des animaux sont ordinairement de cette couleur.

GUEUSE. f. f. Grande piece de fer en forme triangulaire, de dix ou douze piés de long & plus, sur dix ou douze pouces de large en chaque face, & qui pese seize ou dix-huit cens livres & davantage. Elle tire son nom du moule où on la jette qu'on appelle *Gueuse,* & qui est fait en forme d'une goutiere. Après la premiere fonte des Gueuses, on les porte à la forge ou à la fonderie, ou on les forge, & se fend avec l'aide des Moulins qui remuent un puissant fardeau.

GUEUSETTE. f. f. Terme de Cordonnier. Sorte de méchant godet cassé où se met le rouge ou le noir dont les Cordonniers se servent pour rendre le talon des souliers qu'ils font rouges ou noirs.

GUEUX. f. m. Mandiant, qui demande l'aumône. Le nom de *Gueux* fut donné aux grands de Flandre qui se revolterent contre Philippe II. Roi d'Espagne sous le gouvernement de Marguerite d. Parme, & on l'affecta tellement aux Heretiques, qu'il vouloit dire dans les Pays-Bas ce que l'on entend en France par le nom de *Huguenots.* Cela vient de ce que le Comte de Barlemont dit un jour à la Gouvernante, lorsqu'elle lui parloit des grands Seigneurs qui se revoltoient, qu'*Elle n'avoit rien à craindre de ces Gueux.* Le rapport qui leur en fut fait, mit tellement en colere le Comte de Culembourg, & tous ceux de la Confederation, qu'ils résolurent de donner le nom de *Gueux* à leur Parti. Ils prirent tous de grands verres à la main, & crierent avec un applaudissement general, *Vivent les Gueux.* Sur la fin d'un repas qu'ils firent ensemble, Brederole s'étant attaché au cou une besace qu'il avoit trouvée par hazard dans le lieu où ils étoient, leva en sa main une écuelle de bois pleine de vin, but à tous les assistans, & ayant ensuite donné sa besace & son écuelle à celui qui étoit le plus proche de lui, elles passerent ainsi tour à tour de l'un à l'autre. Ils pousserent cette licence plus loin, & durant les jours suivans ils parurent dans la Ville revêtus de gros drap gris. Quelques-uns portoient à leurs chapeaux de petites bouteilles de bois, d'autres des écuelles de bois & des gobelets, meubles ordinaires des Gueux, & la plûpart avoient au col une médaille, qui fut de cire ou de bois au commencement, & d'or ou d'argent depuis. L'Image du Roi Philippe II. y étoit gravée d'un côté avec ces paroles Françoises à l'entour, *Fideles au Roi,* & au revers il y avoit une besace suspendue par deux mains entrelassées avec ces mots, *Jusqu'à la besace.*

GUI

GUIDE. f. m. *Celui ou celle qui conduit une personne & l'accompagne pour lui enseigner le chemin.* ACAD. FR. On appelle *Guide,* en termes de musique, la partie qui commence le Fugue, à cause que les autres la suivent, soit à l'unisson, à la quarte, à la quinte ou à l'octave.

Guide, est aussi un terme de Menuisier, & signifie un certain Morceau de bois qui est un fust sans fer, que les Menuisiers appliquent contre un rabot ou un autre outil à fust, lorsqu'ils veulent recaler ou pousser quelque feuillure. Ordinairement

ment il y en a aux bouvets , & ils se reculent & s'approchent plus ou moins du bouvet , selon qu'il est necessaire.

GUIDES. s. f. Longes de cuir ou cordons de soye dont se servent les Cochers pour conduire leurs Chevaux.

GUIDEAU. s. m. Terme de Marine. Filet qui s'attache à deux pieux plantés aux embouchures des rivières sur les côtes de l'Ocean.

GUIDON. s. m. *Petite Enseigne d'une Compagnie de Gendarmes. Il se prend aussi pour l'Officier qui porte le Guidon.* ACAD. FR.

Guidon. Terme d'Arquebusier. Petit bouton de métal que l'on met au bout d'une arme à feu , & qui sert à conduire l'œil de celui qui doit tirer.

Guidon. Terme de Musicien. Marque faite en forme d'*F*, qu'on met à la fin de chaque ligne dans les livres de Musique , & qui fait connoître le degré où la première note de la ligne suivante doit être placée.

GUIE. s. m. Vieux mot. Guide. On a dit aussi *Guier* , pour Guidet, & *Guieor* , pour , Celui qui guide.

GUIGE. s. f. Vieux mot. Anse par laquelle on pendoit l'Ecu.

Et l'Ecu par le guige pend.

GUIGNARD. s. m. Petit oiseau de passage qui vient vers les vendanges & qui mange des raisins. Il est fort gras & fort délicat , & n'est environ que de la grosseur d'un merle.

GUIGNAUX. s. m. p. Terme de Charpenterie. Pieces de bois qui s'assemblent dans la charpente d'un toit & sur les chevrons , & qui en laissant un passage à la fumée , font le même effet dans des couvertures que les Chevestres dans les planchers.

GUIGNE. s. f. Sorte de cerise précoce qui vient dans le tems des fraises. Elle est grosse , douce & moins ronde que la cerise & ne differe des bigarreaux qu'en ce que sa chair est moins ferme. Il y a des *Guignes rouges* & des *Guignes blanches*. Ceux qui font venir leur nom de Guienne , Province , les ont appellées *Cerasa Aquitanica.* Monet qui fait venir le mot de Guignes de *Guines* en Picardie appelle ce fruit *Cerasum Olivarium.* On le greffe sur des Merisiers que l'on trouve dans les bois , & l'arbre qui le porte s'appelle *Guignier.*

GUIGNE', E'E. adj. Vieux mot. Déguisé , contrefait.

Le corps ot de belle estature ,
Lonc & droit , gresle & aligné ,
N'avoit pas fardé ne guigné.

GUIGNES-ROTES. Vieux mot. Instrument de Musique.

GUIGNOLE. s. f. Terme de monnoye. Petite late percée qui sert à suspendre les petites balances. Ce mot a été fait par corruption de *Guindole.*

GUILLAUME. s. m. Outil de Menuisier , qui est une espece de rabot dont il y a de plusieurs sortes, suivant les ouvrages. *Le Guillaume à ébaucher ,* le *Guillaume à platte-bande ,* pour les panneaux ; le *Guillaume à recaler* ou *à reculer ,* qui a moins de jour dans la lumiere que n'en ont les autres , & le *Guillaume debout ,* appellé ainsi à cause que le fer est debout.

Les Serruriers appellent *Petit Guillaume ,* un certain Outil dont ils se servent pour ôter du bois des croisées & des fenêtres , quand les guichets sont trop justes.

Tome I.

GUILLE. s. f. Vieux mot. Tromperie.

La fu li Quens de Tancarville ,
En lui not ne barat ne guille.

On a dit aussi *Guillon* , pour Trompeur, & *Guiller* , pour , Tromper.

Adez, dient Dame , on vous veut guiller.

GUILLEDIN. s. m. Cheval d'Angleterre qui est hongre & extrémement vîte dans sa course ; ce qui fait qu'on a de coutume de se servir de Guilledins dans les courses qui se font pour les prix. *To gelde* en Anglois a signifié Châtrer , d'où l'on a fait *Gelding* , pour dire un cheval hongre , & de là *Guilledin.*

GUILLELMITES, ou GUILLEMITES. s. m. Congrégation de Religieux , plus connus sous le nom de *Blancs-manteaux.* Ils suivoient la Regle de saint Augustin , & on tient que cette Congregation fut gouvernée par le Bienheureux Jean le Bon de Mantoue , après que saint Guillaume l'eut fondée. Quelques-uns prétendent que ce fut Guillaume X. Duc d'Aquitaine , qui l'établit.

GUILLEMET. s. m. Terme d'Imprimerie. Petite virgule double qui se met à la marge , à côté de toutes les lignes de quelque discours fait , qu'on veut marquer n'être pas de celui qui est auteur du reste du livre. On s'en sert aussi pour marquer quelque sentence.

GUILLOCHIS. s. m. Terme d'Architecture. Ornement fait de filets que l'on entrelasse en plusieurs manieres , & dont on fait differens quarrés. C'est une imitation des Anciens. On appelle *Guillochis de parterre ,* des Compartimens quarrés faits de gazon ou de bouis dans des parterres.

GUILLOT. s. m. Mot bas & populaire dont on se sert en parlant des gros vers qui s'engendrent dans les fromages.

GUIMAUVE. s. f. Espece de mauve sauvage , dont les feüilles rondes comme le cyclamen ont un certain coton blanc. Elle produit ses tiges hautes de deux coudées. Ses fleurs tirent à la rose & sa racine est visqueuse & blanche au dedans. On l'appelle *Althea ,* à cause des grandes proprietés qu'elle a , du Grec ἄλθω , Guerir , remedier. C'est la description que Dioscoride en fait. Theophraste dit que les feuilles de Guimauve sont plus grandes & plus velues que celles des mauves , & ses tiges sont molles , & ses fleurs jaunes ; que sa racine est pleine de nerfs & de veines , & que son fruit ressemble au fruit de la mauve ; sur quoi Matthiole témoigne qu'il n'a jamais vû de Guimauve dont la fleur fût jaune. Dioscoride parle aussi d'une Guimauve sauvage , qu'il nomme *Bimauve.* Ses feüilles sont déchiquetées & approchent de celles de la verbene. Elle produit trois ou quatre tiges qui ont l'écorce comme le chanvre. Sa fleur est petite & semblable à la rose. Elle pousse cinq ou six racines blanches & larges , longues fort souvent d'une coudée. Cette racine prise en breuvage est bonne aux dyssenteries. On appelle cette sorte de Guimauve *Alcea ,* du Grec ἄλκη , Force , secours , en Latin *Bismalva ,* & on se sert de ses racines au défaut de celle de Guimauve pour mollifier & resoudre les apostumes & tumeurs. Elle croît parmi les champs , & le long des hayes , des fossés & des grands chemins. La racine & les feüilles de la Guimauve sont emollientes , & sa graine est bonne pour rompre la pierre.

GUIMAUX. s. m. p. Prés que l'on fauche deux fois l'année en Poitou. Ce mot vient du Latin *Bimus.*

Y y y

GUIMBERGES. f. m. Quelques-uns ont nommé ainſi certains ornemens de mauvais goût aux culs de lampes des voutes Gothiques.

GUIMPLE. f. f. Vieux mot dont on s'eſt ſervi pour ſignifier un Bandeau ou une cornette de femme.

Une guimple de Mireploye,
Qui moult fu belle & deliée,
Adonc à ſa playe liée.

Quelques-uns croyent que *Guimple* vient de *Vinculum*, Lien, à cauſe qu'on en lie la tête. C'eſt de là que l'on a fait le mot de *Guimpe*, partie de l'habit d'une Religieuſe, faite d'une toile fine qui couvre la gorge, & qui s'attache des deux côtés de la tête.

GUINDAGE. f. m. Terme de Marine. Mouvement qui ſe fait dans un Vaiſſeau pour la charge des marchandiſes qu'on leve en haut pour les y mettre; ou pour la décharge de ces mêmes marchandiſes, quand on les en veut tirer.

GUINDANT. f. m. On appelle, en termes de mer, *le guindant d'un Pavillon*, La hauteur qui regne le long du bâton d'un pavillon. On dit auſſi, qu'*Une voile a tant d'aunes de guindant*, quand on en veut expliquer la hauteur ou la longueur.

GUINDAS. f. m. Machine compoſée de trois pieces de bois pointes enſemble, & dont l'uſage eſt d'élever de gros fardeaux. Il y a une pouſſe attachée à une corde qui paſſe autour d'un rouleau que l'on fait tourner avec des leviers.

GUINDEAU. f. m. Machine de bois en forme d'eſſieu, qui ſe met ſur le tillac à l'avant des Bâtimens qui ſont au deſſous de trois cens tonneaux, & à l'arriere de leur miſaine. Il a à ſes extrémités deux pieces de bois, ſur leſquelles la longueur de la machine eſt horiſontalement poſée. Deux barres paſſées au travers de l'eſſieu, & que l'on conduit à force de bras, la faiſant tourner, font filer des cables autour de ce même eſſieu, ſelon qu'il eſt neceſſaire pour élever des fardeaux, ou pour tirer l'ancre.

GUINDER. v. a. Terme de Marine. Tirer & lever en haut; ce qui fait nommer *Guindage*, le Mouvement des fardeaux qu'on hauſſe & qu'on baiſſe.

GUINDERESSE. f. f. Terme de Marine. Cordage dont on ſe ſert à amener un mât ou une voile.

GUINDES. Vieux mot. Atours des femmes.

GUINDRE. f. m. Petit Métier dont ſe ſervent ceux qui doublent les ſoyes que leur donnent les Manufacturiers après qu'elles ont été filées. Ces ſoyes retournent enſuite entre les mains du Moulinier.

GUINE. f. f. Sorte de ceriſe qui eſt la même choſe que *Guigne*. Borel écrit *Guiſnes*, & dit que ce ſont celles que les Latins ont appellées *Ceraſa Aquitanica*, de *Guyenne*, Province qui en abonde.

GUIORANT, ANTE. adj. Il ſe dit du cri naturel que font les rats & les ſouris. *Les ſouris ont une voix guiorante.*

GUIRANHEANGETA. f. m. Oiſeau du Breſil, de la groſſeur d'un Pinſon, qui a le dos & les aîles bleues, la poitrine & le ventre jaune, avec une couronne jaune ſur la tête. Il a la voix ſi flexible, qu'il la changent en mille façons, il n'y a preſque point d'autres oiſeaux dont il n'imite le chant. Il s'en trouve de pluſieurs eſpeces, & la douceur de leur chant fait qu'on les nourrit en cage.

GUIRAPANGA. f. m. Oiſeau tout blanc qu'on trouve dans le Breſil. Quoi qu'il ſoit petit, ſa voix eſt ſi éclatante, qu'on l'entend preſque d'une demi-lieue loin, comme ſi c'étoit une clochette.

GUIRATINGA. f. m. Oiſeau du Breſil qui vit en mer, & qui eſt de la grandeur d'une Grue. Il a ſes plumes blanches, le bec long & pointu de couleur jaune, & les jambes longues d'un rouge jaunâtre. Son col eſt couvert de plumes ſi belles & ſi fines, qu'elles égalent celles de l'Autruche.

GUIRATONTEON. f. m. Oiſeau du Breſil, fort ſujet au mal caduc, & couvert de plumes blanches & fort belles.

GUIRLANDE. f. f. Ornement de tête qui eſt fait en maniere de couronne. Ce mot vient de *Ghirlanda*, dont on s'eſt ſervi dans la baſſe Latinité. *Guirlande*, en termes d'Architecture, eſt une eſpece de petit feſton. Il eſt formé de bouquets, tous auſſi gros l'un que l'autre, & l'on en fait des chûtes, non ſeulement dans les ravalemens des montans & des pilaſtres, mais auſſi dans les friſes & les panneaux des compartimens.

Guirlande. Terme de Chaudronnier. Ornement de métal qui conſiſte en une petite bande façonnée autour du bord du pavillon de la trompette, du cor & de la trompe.

GUISARMES. f. f. Sorte d'armes anciennes.

Qui prennent haches & guiſarmes.

On a dit auſſi *Giſarmes*.

GUISPON. f. m. Eſpece de gros pinceau ou broſſe dont on ſe ſert à ſuivre le fond d'un Bâtiment.

GUITARE. f. f. Inſtrument ſimple qui nous eſt venu d'Eſpagne. On le tient dans les bras comme le lut. Il a le dos plat, & eſt fait d'un bois propre à reſonner, avec cinq rangs de corde, une table embellie de ſa roſe & un manche. On le touche en battant les cordes avec le bout des doigts. On en pinſe auſſi les cordes. Il y a grande apparence que le mot de *Guitare* a été fait du Grec κιθάρα.

GUITERNE. f. f. Terme de Marine. Sorte d'arc-boutant qui tient les antennes d'une machine à mâter avec ſon mât.

GUITRAN. f. f. Eſpece de bitume ou de poix qui ſert à enduire les Navires.

GUIVRE. f. f. Groſſe couleuvre ou ſerpent qui a la queue tortillée. On ne le dit gueres qu'en termes de Blaſon. C'eſt la même choſe que *Givre* & *Vuivre*; & l'on dit de même également *Guivré* & *Vuivré*.

GUL

GULPE. f. m. Terme de Blaſon. Tourteau de pourpre qui tient le milieu entre le beſant qui eſt toûjours de métal, & le tourteau qui eſt toûjours de couleur. Celui-ci eſt nommé *Gulpe*, à cauſe qu'il eſt de pourpre, & que le pourpre eſt pris tantôt pour couleur, tantôt pour métal.

GUM

GUMÈNE. f. f. Terme de Marine. Cables des grapins qui ſervent au mouillage. Les Italiens appellent *Gomena*, le Cable d'une ancre; & on dit de même *Gumene*, en termes de Blaſon, pour ſignifier la corde d'une ancre, ſoit qu'elle ſoit d'un même émail que l'autre, ou d'un émail different. *D'azur à l'ancre d'or, la gumene de gueules.* On dit auſſi *Gume.*

GUR

GURLET. f. m. Têtu à Limofin. On dit auffi *Grelet.*

GUS

GUSES. f. f. Termes de Blafon dont on fe fert en parlant des tourteaux de couleur fanguine ou de laque.

GUSTATION. f. f. Terme de Medecine. Ce qui donne le fentiment du goût. Le principal organe du goût, font certains petits corps nerveux & ronds, placés immediatement fous la membrane qui revêt la langue. Les nerfs diftribués à la langue, font plufieurs rameaux qui fe terminent en de petites fibres, qui étant arrivées vers la furface de la langue au deffous de la membrane qui l'enveloppe, forment ces petits corps ronds qui reffemblent à de petits moufferons. Ces petits corps qu'on appelle *Mammelons*, à caufe de leur figure; étant picorés par les particules falines des alimens, delayées par la falive & par la mafication, il fe fait un certain mouvement & une certaine vibration dans leurs fibres, qui étant communiquée au cerveau par le moyen des efprits animaux, fait le goût, & fa perception eft ce qui s'appelle *Guftation.* Le goût eft agreable quand le mouvement des mammelons eft doux, & il eft defagreable quand il eft violent & qu'il bleffe les fibres des mammelons.

GUT

GUTTURAL, ALE. adj. On appelle *Lettres gutturales*, certaines Lettres des Hebreux qu'on prononce du gofier. On le dit auffi de quelques lettres de la langue Efpagnole. Ce mot vient du Latin *Guttur*, gofier.

GUY

GUY. f. m. Plante qui n'eft point arbre de foi, mais qui croît fur un autre arbre, comme fur les chênes, les yeufes, les heftres, les chataigniers, les poiriers, pommiers & autres. Elle eft fans racines, ayant fes feuilles un peu longues & d'un verd tirant fur le jaune. Le meilleur eft celui qui croît fur les chênes, & dont les grains font ronds, blancs & luifans, ce qui fait que quand les Medecins ordonnent le Gui dans leurs compofitions, ils mettent toûjours *Vifcum quernum* ou *quercinum*, Selon Diofcoride le bon Gui doit être frais, vert au dedans & creux au dehors, fans être ni âpre ni farineux. Il eft remollitif, attractif, refolutif, & fait maturer toutes duretés & apoftumes, & même celles qui viennent derriere les oreilles, étant delayé avec de la refine & autant de cire. Le Gui des pins, fapins, amandiers, poiriers & pommiers demeure toûjours vert: mais celui qui croît aux chênes, rouvres & châtaigniers, perd fes feuilles quand l'hiver vient. Theophrafte, qui en veut rendre raifon, dit qu'il ne faut pas s'étonner qu'il y ait du Gui qui demeure toûjours vert, & l'autre non, puifque le Gui qui fe rencontre fur les arbres qui font toûjours verts, trouve dequoi s'y nourrir; ce qui n'arrive pas à celui qui vient fur des arbres qui perdent leurs feuilles; à quoi Matthiole oppofe que le Gui qui croît aux amandiers, poiriers & pommiers, demeure vert toute l'année en Italie, quoique ces arbres foient dépouillés de leurs feuilles pendant l'hiver; ce qui fait voir qu'il

Tome I.

doit y avoir une autre raifon de cette diverfité. Il dit auffi que plufieurs font grand état de la poudre du Gui de chêne, & affurent que quantité de perfonnes ont été gueries du haut mal pour l'avoir bû. Il ajoûte qu'il fçait par experience, que le Gui qu'on trouve au poirier fauvage, étant broyé avec fes feuilles & fes branches & de la graiffe de chapon, eft fingulier à ceux qui ont les membres retirés. Galien dit que le Gui tient beaucoup de l'air & d'une certaine aquofité chaude, & peu du terreftre, d'où vient qu'il abonde plus en acrimonie qu'en amertume; que fes operations répondent à fes qualités, & qu'il atire puiffamment les humeurs qui font au profond du corps, refolvant & démêlant, non feulement celles qui font fubtiles, mais auffi les humeurs groffes & vifqueufes.

Gui. Terme de Marine. Piece de bois ronde de moyenne groffeur. C'eft à cette piece que l'on amare le bas de la voile d'une chaloupe & de quelques autres petits Vaiffeaux.

GUYABO. f. m. Nom que les Efpagnols donnent à un arbre qui fe trouve dans la Nouvelle Efpagne, & que les Habitans nomment *Xalcocotl.* Il eft grand, & a les feuilles d'oranger, mais moins de branches, plus éparfes, & avec des feuilles moins vertes, & dont la forme approche davantage de celles du laurier, fi ce n'eft qu'elles font plus larges & plus épaiffes, avec des veines plus groffes. Il y en a de deux efpeces, dont chacun porte des fruits qui reffemblent à des pommes. Les uns font ronds & ont la chair rouge; les autres font longs & ont la chair blanche, & tous les deux ont l'écorce verte ou jaune quand ils font mûrs. Comme alors ils ne font pas de fi bon goût, à caufe qu'ils font gâtés des vers; on les cueille verts le plus fouvent. Au dedans font folides & comme divifés en quatre parties, dans lefquelles font contenus certains petits grains fort durs. Au fommet le fruit a une couronne de petites feuilles qui tombent facilement.

GUYAVA. f. m. Arbre de moyenne grandeur qui fe trouve dans la Province de Panama aux Indes Occidentales. Ses branches font étendues, & fa feuille eft comme celle du laurier, mais plus épaiffe & plus large. Sa fleur qui eft blanche, reffemble à celle de l'oranger, mais elle a plus de fenteur. Il porte un fruit femblable à nos pommes, vert d'abord & jaune doré quand il eft mûr, Sa poulpe eft blanche au dedans & quelquefois incarnate. Etant coupé, on y voit quatre concavités ou petits vafes dans lefquels la femence eft contenue. Elle eft femblable à celle des nefles, fort dure, de couleur brune, toute d'os, & n'a ni moëlle ni goût. On a coûtume d'en manger le fruit après en avoir ôté l'écorce. Il eft fort agreable au palais & de facile concoction. On l'eftime froid; ce qui le fait donner aux fievreux cuir en la braife. Il aftreint quand il eft vert, mais mûr, il lâche le ventre.

GYM

GYMNOSOPHISTES. f. m. Philofophes Indiens appellés ainfi à caufe qu'ils alloient nuds, de γυμνος, Nud, & de σοφιστης, Sage, docte. Ils croyoient la metempfycofe, & mettoient le bonheur de l'homme au mépris des biens de la fortune. Ces Gymnofophiftes étoient divifés en deux fectes, en Brachmanes & Gemmanes, & ils fe glorifioient de pouvoir guider les Rois & de donner de fages confeils aux Magiftrats. Quelques-

Yyy ij

uns d'entre eux fuyoient les hommes pour aller dans les deserts contempler avec plus d'application ce que la nature a de plus merveilleux & de plus surprenant. On les appelloit *Holibiens*, & on tient qu'ils n'avoient pour toute retraite que les creux des chênes.

GYN

GYNÆCE'E. f. m. Lieu séparé & particulier chez les Anciens dans une maison, où les femmes se retiroient pour n'être point vûes des hommes. Ce mot vient du Grec γυνη, Femme.

GYP

GYP. f. m. Sorte de pierre transparente qu'on trouve parmi celles de plâtre. Elle se délite par feuilles comme le talc, & on en fait un plâtre fort fin qui sert à contrefaire le marbre. Il faut pour cela le mêler avec de la chaux & du blanc d'œuf. Cette composition reçoit le poli, & on en fait des aires de plancher qui sont d'une bonne consistance. On dit aussi *Gypse*, du Latin *Gypsum*, venu du Grec γυψος, qu signifie Toute sorte de plâtre en general.

GYPSEUX, EUSE. adj. Terme de Medecine. On appelle *Goutte gypseuse*, une Goutte qui est nouée, & qui paroît dans les articles comme une metiere blanche & seche en forme de plâtre.

H

HABAANS, f. m. p. Vieux mot, qui a été dit de ceux qui aſpiroient à quelque choſe, comme s'ils euſſent été beans ou aboyans après.

HABASCON. f. m. Racine chaude qui croît dans la Virginie, de la forme &de la grandeur d'une Paſtenade. On ne peut la manger ſeule , mais elle n'eſt pas mauvaiſe quand elle eſt cuire avec d'autres viandes.

HABBE. f. m. Vieux mot. Havre.

HABDALA. f. m. Sorte de cérémonie que font les Juifs pour finir le jour du Sabath , & qui conſiſte en ce que chacun étant de retour de la priere , ce qui ſe fait lorſque la nuit eſt venue , & qu'on a pû découvrir quelques étoiles , on allume un flambeau ou une lampe. Alors le Maître du logis prend du vin & des épiceries de bonne odeur. Il les benit,les ſent pour commencer la ſemaine avec plaiſir , & ſouhaite que tout réüſſiſſe heureuſement dans la ſemaine où l'on entre. Enſuite il benit la clarté du feu dont on ne s'eſt point encore ſervi , & ſonge à commencer à travailler. Toute cette cérémonie s'appelle *Habdala* , qui veut dire *Diſtinction* , pour donner des marques que le jour du Sabath eſt fini , & qu'il eſt alors ſéparé de celui du travail qui commence. Les Juifs en ſe ſaluant ce ſoir-là , ne diſent pas *Bon ſoir* , mais *Dieu vous donne une bonne ſemaine.*

HABERGE'. adj. Vieux mot. Logé.

HABILLE', E'E. adj. Terme de Blaſon. Il ne ſe dit que des figures d'homme & de femme , couvertes de leurs habits. On dit auſſi , *Un Navire d'or habillé d'argent* , pour dire , qu'Il a ſes voiles & ſes agreils.

HABILLER. v. a. *Vêtir , mettre un habit à quˊun.* ACAD. FR. On dit en termes de Cordier , *Habiller du chanvre* , pour dire , Paſſer le chanvre par les ſerans. Parmi les Potiers , *Habiller un pot* , C'eſt mettre des piés & une anſe à un Vaiſſeau de terre.

HABITACLE. f. m. Terme de Marine. Eſpece d'armoire à un ou deux étages devant le poſte du Timonnier vers le mât d'Artimon. On n'y fait entrer aucun ferrement , à cauſe qu'on enferme dans cette armoire le compas de route , & que l'aiguille en étant aimantée , le fer en pourroit ôter la direction naturelle. Ce ſont ſeulement des chevilles de bois qui en aſſemblent , & en ſoûtiennent les planches. Il y a deux Habitacles dans les grands Vaiſſeaux. L'un eſt pour le Timonnier , & l'autre pour le Pilote.

HABITAGE. f. m. Vieux mot. Habitation. On a dit auſſi *Habitacle* , & *Habitent* , pour , Habitant.

HAC

HACHE. f. f. Outil de fer tranchant , qui ſert aux Charpentiers & à pluſieurs autres Ouvriers pour fendre & couper le bois. Il a un manche court , & ſon fer eſt large & aigu. M. Ménage dérive ce mot de *Aſcia.* D'autres le font venir de *Hoechen*, mot Allemand , & quelques-uns de *Haszin*, mot Ethiopique , qui veut dire Fer. Les Magiſtrats de Rome avoient un certain nombre de Haches entourées d'un Faiſceau de verges pour marque de leur dignité , ce qui eſt nommé dans le Blaſon *Hache Conſulaire.* On appelle *Hache Danoiſe* , Une hache d'armes d'argent , dont le manche eſt arrondi ou ployé d'or.

Hache-d'armes. Inſtrument dont ſe ſervoient les anciens hommes d'armes après qu'ils avoient briſé leurs lances. Le manche en eſt tout de fer , & cette arme eſt taillée d'un côté en forme de hache , & de l'autre preſque toûjours en marteau. Les anciens Maréchaux de France en accôtoient leurs écus.

Hache-d'armes , ſe dit d'une Hache qui coupe d'un côté , & qui eſt pointue de l'autre. C'eſt de cette hache que ſe ſert un Matelot lorſqu'il va à l'abordage.

On dit en termes d'Imprimerie , qu'*Un livre eſt imprimé en hache* , Lorſqu'il y a des gloſes qui commencent à la marge d'un caractere plus menu que celui du corps du livre , & que ces gloſes étant trop longues , ſont imprimées en retournant dans la page ſous le texte.

Les Arpenteurs de terre ſe ſervent auſſi du mot de *Hache* , en parlant des heritages qu'ils trouvent entés les uns dans les autres à la maniere de la hache d'Imprimerie.

HACHEMENS. f. m. Terme de Blaſon. Il ſe dit des liens de pennaches à divers nœuds & lacets , & à longs bouts voltigeans en l'air. Les Allemans en lient leurs Lambrequins qui doivent être des mêmes émaux. On dit auſſi *Hanchemens* , & on y met une *h* par corruption , puiſque l'on devroit écrire *Achemens* , qui ſont les lambrequins ou chaperons d'étoffe découpés qui envelopent le caſque & l'écu , & qui ſont ordinairement des mêmes émaux que les armoiries.

HACHER. v. a. *Couper en petits morceaux.* ACAD. FR. On dit en termes de Maçon. *Hacher le plâtre* , pour dire , Couper le plâtre avec la hachette , pour faire un enduit ou un creſpi. On dit auſſi en Charpenterie , *Hacher* , pour dire , Faire des hoches avec la hache , pour hourder une cloiſon , ou un plancher ruiné & tamponné.

On dit encore *Hacher une pierre* , pour dire , Unir le parement d'une pierre dure avec la hache , du marteau à deux layes. Cela ſe fait après qu'on en a relevé les ciſelures , pour la layer enſuite & la traverſer s'il en eſt beſoin.

Hacher , eſt auſſi un terme de Deſſinateur & de Graveur , & l'on dit *Hacher avec la plume , ou avec le crayon* , pour dire , Faire les traits de telle maniere qu'ils ſoient croiſés les uns ſur les autres.

HACHEREAU. f. m. Sorte de petite coignée.

HACHETTE. f. f. Outil de Maçon fait en forme de Marteau & de petite hache pour cogner & hacher le plâtre. Les Charpentiers , Tonneliers , & autres ont auſſi une *Hachette* , qui eſt un marteau tranchant d'un côté. La *Hachette* des Couvreurs leur sert à dresser les lates ; ils l'appellent aussi *Assetto*.

HACHIE'. Vieux mot. Tourment.

N'auroye dolor ne hachié.

HACHOIR. s. m. Petite table de chêne fort épaisse sur laquelle on hache la viande avec un couperet.

HACHURE. s. f. Les Graveurs appellent *Hachures*, Des traits de plumes ou de burin croisés les uns sur les autres pour faire des ombres. Les Hachures dans le Blason servent à faire distinguer les émaux dans les écus qui ne sont point enluminés. Les traits tirés horisontalement marquent l'azur. S'ils sont perpendiculaires, ils marquent le gueules ou rouge. Quand ils sont diagonaux de droit à gauche, ils representent le sinople ou le verd, & étant diagonaux de gauche à droit, ils font entendre le pourpre. La Hachure en pal contrehachée en fasce, veut dire le sable.

HAG

HAGADA. s. f. Sorte de Relation que les Juifs recitent le soir de la veille de leur Pâque, au retour de la priere. Ils se mettent à table sur laquelle il doit y avoir quelque morceau d'Agneau tout préparé avec des azymes, des herbes ameres, comme du celeri, de la chicorée ou des laitues, & tenant des tasses de vin, ils recitent cette *Hagada*, qui contient les miseres que leurs Peres endurerent en Egypte, & les merveilles que Dieu fit pour les en délivrer.

HAI

HAIN. s. m. Terme dont on se sert quelquefois sur mer, pour dire, Hameçon,

HAINEUX. s. m. Vieux mot. Ennemi, celui qui nous hait.

HAIT. s. m. Vieux mot. Volonté, desir, consentement. *Si j'aime & sers la belle de son bon hait.* De ce mot est venu celui de *Souhait*, & tous deux selon M. Ménage, viennent de l'Allemand *Geheit*, qui a la même signification. On a dit aussi *Haiter*, pour dire, Avoir à gré.

HAITE. s. f. Vieux mot. Santé. On a dit delà *Haitié*, pour signifier, Sain, qui a bon courage. *Nul n'est si joyeux & haitié.*

HAL

HALAGE. s. m. Travail qui se fait pour tirer un Vaisseau, un bateau, ou autre chose.

Halage, se dit aussi d'un certain droit qui se leve sur les marchandises qui s'étalent dans les hales & les Foires.

HALBERGE. s. m. Vieux mot. Auberge, Hôtellerie.

HALCI. adj. Vieux mot. Haussé.

HALEINE. s. f. Souffle, respiration. *L'air attiré & repoussé par les poulmons.* ACAD. FR.

On dit d'un Cheval qui s'ébroue, qu'*Il est maître de son haleine*, pour dire, qu'Il a beaucoup d'haleine, à cause que cela est ordinaire aux Chevaux qui s'ébrouent. On dit aussi, qu'*Un Cheval est gros d'haleine*, pour dire, qu'Il a les conduits de la respiration trop étroits, ce qui est cause qu'il souffre extraordinairement en galoppant, quoiqu'il ne soit pas poussif.

HALEMENT. s. m. Terme de Charpenterie. Nœud qu'on fait avec le cable à une pièce de bois qu'on veut élever.

HALER. v. a. Tirer à force de bras & avec une corde. ACAD. FR. Les Charpentiers disent, *Haler* une pièce de bois, pour dire, Lier un cable à une pièce de bois, en y faisant un nœud pour l'enlever, Ils disent aussi *Haler*, pour dire, Ranger les cables de part & d'autre en les tirant, quand ils ne sont pas chargés. Nicod fait venir ce mot de l'Hebreu *Hala*, qui veut dire, Monter, enlever.

Haler. Terme de Marine. Peser sur un cable ou une manœuvre aussi fortement qu'on peut pour la bander & roidir. Les Matelots à qui on ordonne de donner la secousse à un cordage, concertent le tems de cette secousse pour la faire ensemble, après un mot prononcé par le Contre-Maître. *Haler*, signifie aussi, Tirer un bateau avec une corde.

On dit *Haler sur un Vaisseau qu'on rencontre*, pour dire, Faire un grand cri à la rencontre d'un Vaisseau, & demander le Qui vive. *Haler*, s'emploie aussi pour dire, Lâcher, faire couler la corde d'un Navire, d'un Bateau.

On dit, *Haler la bouline*, pour dire, Tirer la manœuvre de ce nom, pour faire roidir la ralingue qui fait le côté de la voile vers le vent. On dit de même, *Haler la grande bouline, haler la bouline du grand Hunier, haler les boulines des perroquets.* Et on dit *Hale*, en nommant le nom de chacune dans le commandement que l'on fait pour faire haler toutes ces manœuvres.

On appelle par raillerie les nouveaux Matelots des *Haleboulines*, pour dire, qu'Ils sont novices, & qu'ils ignorent les manœuvres malaisées.

Les Matelots disent, *Haler le vent*, pour dire, Cingler le plus près qu'on peut vers l'endroit d'où vient le vent.

HALE A BORD. s. f. Corde qui sert à la Chaloupe pour s'approcher du Vaisseau, quand elle est amarrée de l'arriere.

HALIMUS. s. m. Arbrisseau propre à faire des hayes, qui croît sans épines, & qui a ses feuilles semblables à celles de l'Olivier, mais plus larges. Elles sont bonnes à manger quand elles sont cuites. Sa racine prise en eau miellée au poids d'une drachme, appaise les tranchées de ventre, & fait venir beaucoup de lait aux nourrices. Pline dit que les Auteurs sont de differente opinion sur cette description de Dioscoride ; les uns tenant que l'Halimus est un arbrisseau, & les autres assurant que c'est une herbe salée qui croît près de la marine, & qui se mange. Solin dit que l'Halimus est ordinaire en Candie, qu'il a une si grande vertu, que si on l'attint seulement de la dent, il fait perdre la faim. Les Arabes l'appellent *Molochia* & *Arroches de mer*; & quand Serapion en parle, il dit que ceux qui la vont vendre à Babylone, la lient par petits faisceaux, & crient par la ville, *Molochia, Molochia*; ce qui fait connoître que les Arabes sont persuadés que l'Halimus est une herbe, & non pas un arbrisseau. Surquoi Matthiole dit que peut-être c'est l'herbe que Pline dit être salée & maritime. Galien appelle pourtant l'Halimus un arbrisseau ainsi que Dioscoride, & dit que les Ciliciens en tirent un grand profit, vivant des germes de cette plante quand ils sont tendres & verts, & en faisant provision pour toute l'année. Le mot Grec ἄλιμος, veut dire, Marin, & quand on l'écrit avec un esprit doux ἄλιμος, il signifie, Qui n'a point de faim.

HALLEBRAN. s. m. Jeune Canard sauvage. Ce mot est fait de ἅλς, La mer, & de βρένθος, Canard.

HALLIER. s. m. Le Gardien d'une halle, celui qui a soin de la fermer, & d'y tenir en sûreté les marchandises que l'on y laisse.

HALO. Terme de Physique. Meteore qui paroît autour du Soleil, & qu'on appelle autrement *Couron-*

ne. Voyez COURONNE. On fait venir ce mot du Grec ἄλως, qui veut dire, une Aire où l'on bat le blé, parce qu'anciennement ces aires étoient rondes, ce qui a fait transporter leur nom aux Couronnes des Astres.

HALOT. f. m. On appelle *Halots*, en termes de Chasse, certains trous dans les garennes où le gibier se retire.

HAM

HAMAC. f. m. Sorte de lit de coton, dont il est parlé dans plusieurs relations de voyages. Il consiste en une grande mante ou couverture, dont on fait un grand trafic en toutes les Isles Occidentales. Ceux qui s'en veulent servir le suspendent à deux arbres, & se garantissent ainsi des bêtes farouches & des insectes. Les Caraibes qui les travaillent, le font avec de grandes cérémonies, & mettent des paquets de cendre au bout du mètier, ayant la superstition de croire que s'ils manquoient à le faire, leur Hamac seroit aussi-tôt usé. Quand ils ont un Hamac neuf, ils s'imaginent qu'il pourriroit s'ils mangeoient des figues, & même ils n'osent manger d'un poisson qui a de bonnes dents, persuadés que cela seroit cause que leur Hamac seroit percé en fort peu de tems. On en a apporté en France où il y a des gens qui s'en servent.

HAMEIDE. f. Terme de Blason. Fasce de trois pieces alaisées qui ne touchent point les bords de l'écu. Hameides, selon le Pere Menêtrier, sont trois chantiers ou longues pieces de bois en forme de fasces alaisées, qui se mettent sous les tonneaux qu'on nomme *Hames*, aux Pays-Bas, ce qui a fait le mot d'*Hameïdes*, une famille de Flandre qui porte ces chantiers pour armoiries par allusion à son nom, en ayant introduit l'usage dans le Blason. Il ajoûte qu'*Hameïde*, est encore une Barriere en ce païs-là, où les maisons de bois traversées se nomment *Hames*, d'où vient le nom de *Hameau*, à cause des maisons de village bâties de cette sorte, & des barrieres dont les chemins sont fermés en Suisse & en Allemagne sur les avenues de ces Hameaux. Il y en a d'autres qui croyent qu'Hameïde vient de la maison de ce nom en Angleterre, qui porte pour armes une étoffe découpée en trois pieces en forme de fasce, qui en laisse voir une autre par ses ouvertures, qui est d'une couleur differente & mise au-dessous. On dit aussi *Hamade* & *Hamaïde*.

HAMPE. f. f. Bois où est attaché le fer d'une halebarde, & qui lui sert de manche. Il se dit aussi de celui qui en sert à plusieurs autres choses, & ce mot s'est fait par corruption de *Hante*. La Hampe d'un pinceau se dit parmi les Peintres, pour dire, Le manche. M. Ménage fait venir ce mot du Latin *Ames*, Bâton, fust, auquel on a ajoûté une aspiration. D'autres le font venir de *Hant habe*, qui en Allemand signifie toute sorte de bâtons, & qui est composé de *Hand*, Main, & de *Haben*, Avoir.

On appelle en termes de Marine, *Hampe d'écouvillon*, *de refouloir*. Une espece de perche où l'écouvillon, où le refouloir est emmanché.

Hampe. Terme de Venerie. Poitrine du Cerf. Les Bouchers appellent *Hampes*, les deux parties du poumon du Bœuf, qui des deux côtés couvrent le foye & la rate, & qu'on ne retranche pas aux fressures de veau & de mouton, mais seulement à celles de bœuf.

HAN

HANCHE. f. f. *La partie du corps de l'homme, dans* laquelle le haut de la cuisse est emboîté. Apud Fr. Dans les Chevaux, *Hanche*, se dit du train de derriere depuis les reins jusques au jarret.

On appelle en terme de Marine, *Hanche*, la partie du bordage d'un Vaisseau, qui paroit en dehors depuis le grand cabestan jusqu'à l'arcasse, au-dessous des galeries qui sont sur les flancs.

HANEPEL. f. m. Vieux mot. Sorte d'ornement de Femme.

HANETON. f. m. Insecte en forme de grosse mouche, qui a de grandes ailes jaunes, & qui paroit sur les arbres vers le mois de Mai. On tient que quand on voit quantité de Hanetons, c'est une marque que les biens de la terre doivent être en abondance. Ils vivent de feuilles & d'herbes, & ont le cou noir ainsi que le dessous du ventre & la tête, avec six grands piés, & deux cornes qui sont houpées au bout, & une petite queue noire & pointue.

HANOUARDS. f. Vieux mot. Porteurs de sel. Du tems du Roi Jean il y a eu des Officiers de ce nom. Ils dépendoient de la Ville, lorsque la Gabelle n'étoit pas encore établie en France.

HANSE. f. f. Vieux mot. Société & Compagnie de Marchands. On dit encore aujourd'hui *la Hanse Teutonique*. C'est une Société de Marchands de plusieurs Villes libres d'Allemagne & du Nord, qui par l'alliance qu'ils ont faite entr'eux, se sont fait une communication reciproque de leurs privileges. Elle fut nommée d'abord *Aena se Steden* ; ce qui signifie Villes sur mer. On a dit delà par abbreviation, *Hansée*, & les François qui ont prononcé *Hanse*, ont entendu par ce mot, Alliance ou Compagnie, ce qui a fait dire autrefois, *Chasser quelqu'un de la hanse*, pour dire, L'exclurre d'une compagnie. Ce mot, selon Besoldus, vient de *Hanci*, qui en vieux Allemand signifie, Un homme qui surpasse les autres en biens &. en ancienneté de noblesse, pour marquer l'avantage que ces Villes ont sur les autres Villes par leurs alliances, & par leur commerce.

Hanse, s'est dit aussi de certaines impositions que l'on avoit établies en quelques endroits sur des marchandises à peages.

HANSIERE. f. f. Terme de Marine. Gros cordage qu'on jette aux Chaloupes, & aux bâtimens qui veulent venir à bord d'un Vaisseau. C'est aussi le cordage qui sert à la toue de quelque Vaisseau pour le remorquer. On appelle encore *Hansiere*, le Cable de la plus petite ancre, & celui dont on amarre l'esquif. La corde qui pend du col de ceux qui halent ou tirent, se nomme *Collier de Hansiere*.

HANTE. f. f. Arme ancienne. C'est aussi le manche d'une hache antique ou d'une halebarde. Il y a eu autrefois des piques ou longs bâtons, qu'on appelloit *Hantes*, du Latin *Hasta*, Javelot ou lance.

HAP

HAPPELOPIN. f. m. Vieux terme de Chasse, qui s'est dit autrefois d'un chien âpre à la curée.

HAQ

HAQUET. f. m. Mot qui a signifié autrefois un petit cheval.

Et pansez, le petit haquet,
Et lui faites bien sa littiere.

HAR

HARDE. f. f. Terme de Venerie. Troupe de bêtes

fauves ramaſſées enſemble. Les Cerfs ſe mettent ordinairement les uns avec les autres dans les Hardes ſelon la difference de l'âge, en ſorte que les Daquets ſe mettent avec les Dacquets, les jeunes Cerfs avec leurs ſemblables, les Cerfs de dix cors jeunement, & les Cerfs de dix cors, de la même ſorte, ne ſe ſéparant qu'au Printems pour prendre buiſſons & faire leurs têtes, ſoit qu'ils ſoient enfermés dans les parcs ou en liberté. On dit auſſi *Harde* en Fauconnerie, des oiſeaux qui vont en troupes.

HARDE'ES. ſ. f. Terme de Chaſſe. Ruptures & fracas de bois que font les Cerfs dans les jeunes tailles, ce qui n'arrive guere qu'aux Biches, qui viandent gourmandement.

HARDEMENT. ſ. m. Vieux mot. Hardieſſe, courage.

Me donnoit cœur & hardement.

HARDER. v. a. Terme de Chaſſe. On dit *Harder les chiens*, pour dire, Les mettre chacun dans ſa force pour aller en meute ou aux relais.

HARDERIC. ſ. m. Eſpece de mineral qui ſert à faire des couleurs pour peindre ſur le verre. On l'appelle autrement *Ferrette d'Eſpagne*. Quoique ce ſoit un mineral, le harderic ſe peut faire avec de la limaille de fer & du ſoufre que l'on ſtratifie dans un creuſet couvert, qu'il faut renverſer, & mettre au feu de roue pendant cinq ou ſix heures.

HARDI. ſ. m. Monnoie qui valoit trois deniers, & qui fut nommée ainſi par Philippe le Hardi qui la fit battre; d'où vient qu'on appelle encore preſentement trois deniers un *Liard*, ce qui vient de *Lihardis*, c'eſt-à-dire, de ce même Philippe qu'on appelloit *Li hardis*.

HARDIER. v. n. On a dit autrefois, *Se hardier*, pour dire, s'Enhardir; & *Hardoyer*, pour dire, Attaquer, charger de coups.

HARENG. ſ. m. Petit poiſſon de mer qui ſe pêche dans la ſaiſon du Printems & dans l'Automne, & qu'on trouve en groſſes troupes en la mer du Nord. Il a le dos bleu & le ventre blanc & large, & eſt de la taille du dard ou du gardon. On tient qu'il meurt dès le moment qu'il eſt hors de l'eau. Comme c'eſt un poiſſon de paſſage, on en permet la pêche dans toutes ſortes de jours, ſans diſtinction de Dimanches ni de Fêtes. On appelle *Hareng frais*, ou *Hareng blanc*, celui qu'on mange auſſitôt qu'on l'a pêché, par oppoſition à celui qu'on ſale pour le garder. *Hareng pec*, eſt celui qu'on mange cru après qu'on l'a deſſalé, & laiſſé égouter, & *Hareng ſaur* ou *ſauret*, celui qu'on a fait ſecher à la cheminée, & que les femmes qui le vendent par les rues en le criant, appellent de l'*Appetit*.

HARMALE. ſ. f. Sorte d'herbe qui croît en Egypte. C'eſt une eſpece de rue, dont les Arabes, les Turcs & les Egyptiens ſe ſervent à pluſieurs uſages, & particulierement à ſe parfumer le matin, dans la croyance que ce parfum a la vertu de chaſſer les malins eſprits. Cette herbe produit pluſieurs branches d'une ſeule racine, & a ſes feuilles plus minces & beaucoup plus grandes que celles de la Rue domeſtique, elle eſt forte en odeur. Ses fleurs ſont blanches: & il en ſort au bout des tiges de petites têtes qui ſont plus groſſes que celles de la Rue commune, & munies de petites feuilles minces & poinues, au-dedans deſquelles eſt une petite graine rouſſâtre & amere au goût, qui eſt en uſage en Medecine. Ceux de Surie la nomment *Beſaſan*, & ceux de Cappadoce *Moli*, à cauſe qu'elle a quelque conformité avec le Moli, ayant la racine noir & la fleur blanche.

HARIBOURRAS. ſ. m. Vieux mot. Fatras.

HARIER. v. n. Vieux mot. Arriver.
Rien ne m'eût ſçû de ce lors harier.

HARO. ſ. m. Cri qu'on fait en Normandie, en vertu duquel celui qui rencontre ſa partie l'oblige de le ſuivre devant le Juge, & ils demeurent tous deux en arrêt juſqu'à ce que le Juge ait prononcé ſur leur differend du moins par proviſion. On interjette le Haro non ſeulement pour crime, mais auſſi pour prétentions d'heritages, de meubles, & même en matiere beneficiale. Ce mot vient de *Raoul*, qui fut premier Duc de Normandie, au commencement du dixiéme ſiecle, & qui ſe montra ſi exact dans l'adminiſtration de la Juſtice, que les opprimés, s'écrioient après ſa mort. *Ah Raoul*, ce qui mit ſon nom dans une fort grande veneration parmi les Peuples; en ſorte que tous ceux qui le reclamoient, forçoient leurs Parties à venir devant les Juges, & cette coûtume devint une loi qu'aucun changement d'Etat n'a pû l'abolir. C'eſt ce qu'on appelle *Clameur de Haro*. D'autres prétendent que dès le vivant de ce Prince on crioit, *A Raoul*, qui étoit la même choſe que, *Je t'aſſigne à comparoir devant Raoul*, parce qu'il rendoit lui-même la juſtice à ſes Sujets. On ne peut donner une plus forte preuve du pouvoir de cette Loi, que ce qui arriva en 1087. quand le corps de Guillaume le Conquerant, Duc de Normandie & Roi d'Angleterre, fut tranſporté à Caën pour être inhumé dans l'Abbaye de S. Etienne que ce Monarque avoit fait bâtir. Il y fut accompagné par le Prince Henri, ſon troiſiéme fils, & par un grand nombre de Prélats & de Seigneurs. L'Evêque d'Evreux fit ſon Eloge funebre, & il l'eut à peine achevé, que le fils d'un Maréchal, nommé Aſſelin, commença à dire tout haut, qu'il declaroit devant Dieu que la terre où l'on alloit inhumer le corps de Guillaume étoit un champ que ce Prince avoit uſurpé ſur ſon Pere, y ayant fait bâtir l'Abbaye ſans le payer: qu'il reclamoit ce fonds, comme lui appartenant legitimement, & qu'il défendoit en vertu d'une clameur de Haro, que l'on enterrât le corps dans ſon heritage. Le Prince Henri ne voulant point employer l'autorité, fit demander s'il y avoit quelque fondement à ce qu'alleguoit cet homme, & ayant appris la verité, il ordonna ſon champ lui fût payé, & l'on acheva les funerailles de ſon Pere. Il y en a qui croyent que *Haro* vient de *Harouenna*, vieux mot François qui ſignifioit le Lieu où l'on rendoit la Juſtice. Borel rapporte que d'autres le dérivent de *Harold*, Roi de Danemarck, qui en 826. fut fait Grand Conſervateur de la Juſtice à Mayence, & d'autres du Danois *Aaran*, qui ſignifie *Aide-moi*, cri que firent les Normans en s'enfuyant devant un Roi de Danemarck, qui ſe fit depuis Duc de Normandie. Il ajoûte qu'on diſoit auſſi *Hary*, & en donne pour exemple,

En tous les lieux où vous venez,
Vous rapportez hary, hary,
C'eſt pour l'amour de mon mari.

Haro, ſe dit auſſi d'un droit qui appartient au Seigneur Haut-Juſticier, de faire payer l'amende ſur ceux qui ayant entendu crier Haro, ne ſe ſont pas ſaiſis de celui ſur lequel on l'a crié, tous les voiſins étant obligés de ſortir pour prêter main-forte ſur ce cri.

HARPAIL. ſ. m. Terme de Chaſſe. Il a la même ſignification que *Harde*, & veut dire, Une troupe de bêtes fauves.

HARPE. ſ. f. Inſtrument de muſique fort harmonieux de figure triangulaire, qui eſt compoſé d'un clavier & d'une table, & qu'on tient debout entre
les

les jambes pour en jouer. Le corps qui fait le côté droit, est fait de huit pans de bois sur lesquels la table est posée, & cette table a deux ouvertures qui sont en forme de trefle. La Harpe a soixante & dix-huit cordes en trois rangs. Ces cordes sont de laiton, & il y en a vingt-neuf dans le premier rang qui ont quatre octaves. Le second rang fait les demi-tons. Le troisiéme est à l'unisson du premier, & on appelle cette Harpe triple. Deux rangs de chevilles, attachées par l'autre bout à trois rangs de chevilles posées sur le côté superieur, appellé Clavier, servent à tenir les cordes fermes dans leurs trous. La Harpe se touche à vuide des deux mains de la même façon en pinsant les cordes, & son accord est semblable à celui de l'épinette. M. Ménage fait venir ce mot du Latin *Harpa*, ou de l'Allemand *Herp* ou *Harpff*.

Harpe en termes de Venerie, veut dire, La griffe d'un chien.

HARPE', n'e. adj. On appelle en termes de chasse *Levrier harpé*, Un levrier qui a le devant & les deux côtés fort ovales & peu dev entre.

HARPEAU. s. m. Terme de Marine. Ancre à quatre bras dont on se sert dans un combat naval pour venir à l'abordage, ou pour se jetter sur le pont du Vaisseau que l'on insulte. C'est la même chose que *Grapin*, & on l'appelle encore autrement, *Rissan* ou *Herisson*.

HARPEGEMENT. s. m. Terme de musique. Certaine maniere délicate de toucher l'orgue, le clavessin, le luth & autres instrumens; ce qui se fait lorsqu'en touchant un accord avec trois doigts, ils s'appliquent successivement sur les touches ou sur les cordes avec tant de promptitude, qu'il n'y paroît aucun intervalle qui change la mesure.

HARPER. v. n. Terme de Manège. On dit, qu'*Un cheval harpe d'une jambe*, pour dire, qu'il leve une des deux jambes du train de derriere plus haut que l'autre précipitamment, & qu'ainsi il plie le jarret, & l'on dit qu'*Il harpe des deux jambes*, pour dire, qu'il leve à la fois toutes les deux jambes du train de derriere, & qu'il les hausse en même-tems avec précipitation, comme s'il manioit à courbettes.

HARPES. s. f. p. Terme de Maçonnerie. Pierres qu'on laisse sortir hors d'un mur, pour faire liaison avec une autre muraille que l'on peut construire dans la suite. On donne ce même nom de *Harpes*, aux pierres qui ont plus de largeur que les carreaux dans les chaînes, jambes-boutisses, pour servir de liaison avec le reste de la maçonnerie d'un mur. On les appelle autrement *Pierres d'attente*, & lorsqu'on les laisse pour former une voute, on les appelle *Naissance*.

Harpes se dit aussi des crocs ou mains de fer qui servent à attacher une piece avec une autre, autrement *Harpins* & *Harpons*.

HARPIE. s. f. Terme d'Architecture. Oiseau fabuleux qu'on voit dans l'Architecture Gothique aux gargouilles, encorbellemens & culs de lampe. Il est representé avec la tête & le sein d'une fille, & on lui donne des aîles de chauve-souris, avec de grandes griffes & une queue de Dragon.

HARPON. s. m. Terme d'Architecture. Morceau de fer par lequel les pans de bois se tiennent sont tenus. Il y en a de droits & de condés, & ils sont aussi d'usage dans la maçonnerie. Il y en avoit de cuivre chés les Anciens, qui les couloient en plomb pour lier les pierres.

Harpon est aussi un grand Javelot forgé de fer battu qu'on attache à une corde, & par le moyen

Tome I.

duquel on prend les baleines. Ce javelot est long de cinq à six piés, & a la pointe acerée tranchante & triangulaire en forme de flèche. Dans le bout d'enhaut est un anneau où est attachée une corde qu'on laisse filer si-tôt que l'on a blessé la bête, qui ne manque point d'aller se tapir à fond. Au bout de la corde tient une courge seche qui suit la baleine, & qui sert d'indice.

Harpon. Terme de Marine. Fer tranchant que l'on met au bout des vergues, & qui a la forme d'une S. On s'en sert pour couper à l'abordage les cables de l'ennemi. C'est aussi Une scie de Menuisier à refendre le bois sur l'Etabli.

HARPONNEUR. s. m. Celui qui est choisi parmi les Pêcheurs, lorsqu'ils vont à la pêche des baleines, pour jetter le harpon, qu'il lance de toute sa force sur la tête de la bête, ensorte qu'il perce le cuir & le lard, & qu'il entre fort avant dans la chair. La baleine cale à fond quand elle se sent blessée, & quand elle revient en haut pour respirer, le Harponneur la blesse tout de nouveau, après quoi les autres pêcheurs l'approchant par les côtés, lui poussent sous les bras ou nageoires une longue lance ferrée dans la poitrine à travers les intestins. Alors la Baleine, qui est aux abois flotte sur son lard, & les Pêcheurs la poussent à terre, en la touant comme l'on fait un Vaisseau.

HAS

HASE. s. f. La femelle d'un lapin ou d'un liévre, qui porte ou qui a porté. M. Ménage fait venir ce mot de l'Allemand *Hase*, qui veut dire un Liévre mâle ou femelle, ou de *Hazaz*, mot Arabe qui signifie aussi Liévre.

HAST. s. m. Vieux mot, venu du Latin *Hasta*, qui a signifié autrefois toute sorte d'arme offensive ayant un long manche, & d'où l'on a dit *Haste*, pour dire, une Broche.

Rôtissent tous dedans beau haste.

Il y a grande apparence que c'est delà qu'on appelle encore aujourd'hui *Contrehastiers*, de gros chenets de cuisine qui portent les broches.

HASTE. s. f. Piece de bois longue, arrondie & semblable à une lance, qui porte l'Etendard Royal dans la Galère Réale. La Haste est attachée par des bandes de fer au bord de l'espale vers la guerite à la main droite de la chambre de pouppe.

HASTEREAU. s. m. Vieux mot. Sorte de petite piece de four.

Hastereaux & salmigondins,
Soulsisses, cervelas, boudins.

HASTEREL. s. m. Vieux mot. La nuque du col.

Ses belles treces blondes, chieres,
Et tout le hasterel derrières.

HASTEUR. s. m. Officier de la cuisine de la bouche du Roi. Il a soin du rôt & de livrer les viandes rôties. Il y en a qui veulent qu'on lui ait donné ce nom du vieux mot *Haste*, qui a signifié Broche.

HASTIER. s. m. Chenet à plusieurs crans où l'on met plusieurs broches tout à la fois les unes sur les autres.

HASTILLE. s. f. Terme dont on se sert à la campagne dans quelques Provinces, & qui signifie Une cotelette, ou Un morceau de cochon propre à rôtir, dont on accompagne le boudin qu'on envoie à ses amis quand on a tué un de ces animaux. Ce mot peut venir de ce que le morceau qu'on envoie doit être bon à mettre au hâtier ou à la broche.

HASTIVEAU. s. m. Nom que donnent quelques-uns à une poire hâtive qui est en maturité avant les autres , & à certains raiſins hâtifs.

HASTIVETE'. ſ. f. Vieux mot. Diligence. Il s'eſt dit auſſi de l'avance de maturité dans les fruits.

HAT

HATUTE. ſ. f. Vieux mot. Allechement, amorce.

Et pour la propagation
Des hommes & des bêtes brutes ,
Entre les autres hatutes
Y mit le délit pour mieux plaire.

HAV

HAVAGE. ſ. m. Vieux mot. Droit de percevoir ſur les grains que l'on apporte aux marchés pour les débiter autant que l'on en peut prendre une fois avec la main. Il peut venir du vieux mot *Haver*, qui a été dit pour , Prendre. Ce droit à Paris appartient au Bourreau : quand celui d'Angers a fait office, c'eſt-à-dire quelque execution, il prend double Havage.

HAUBAN. ſ. m. Terme de Marine. Gros cordage à trois tourons avec lequel on ſoûtient les mâts d'un Vaiſſeau à ſtribord & à baſbord. Les grands Haubans ſont ceux des grands mâts. On appelle *Haubans de Beaupré & de Fougue*, Des manœuvres qui étant frappées à leurs mâts ſoûtiennent leurs vergues, ſans tenir les mâts comme les autres Haubans. Ceux que l'on appelle *Haubans de voiles d'étui*, ne ſont autre choſe que la manœuvre qui tient l'arcboutant en avant lorſque l'on met ces ſortes de voiles. Les cordages dont on ſe ſert pour ſaiſir la chaloupe, quand elle eſt ſur le pont du Vaiſſeau, s'appellent auſſi *Haubans*.

Hauban. Terme de Maçonnerie. Cordage qu'on attache à un engin pour le tenir en état, & l'empêcher d'être emporté par le faix, lorſqu'on met une pierre ſur le tas, ou qu'on leve quelque autre fardeau.

HAUBANER. v. a. Attacher le hauban d'un engin, ou de quelque machine ſemblable,à une groſſe pierre ou à un piquet, pour l'arrêter & le tenir ferme quand on éleve un fardeau.

HAUBER. ſ. m. Vieux mot qui , ſelon Fauchet, a ſignifié une chemiſe ou cotte de maille qui étoit à manches & à gorgerin.

Cils eſcus peints & entailliez ,
Ne cils haubers menus mailliez.

On l'a auſſi pris pour le ſeul armet ou coiffe de maille , & l'on n'écrivoit pas ſeulement *Hauber*, mais encore *Hauberg* & *Haubert*.

Et ſon haubert a endoſſé.

Quelques-uns font venir ce mot du Latin *Albus*, Blanc, d'où a été dit l'Aube d'un Prêtre. *Haubergeon* ou *Haubrejon*, a été la diminutif de *Hauber*.

Pluſieurs raiſins precedent d'un bourjon ,
Et maille à maille fait-on le hauberjon.

Hauber, eſt auſſi un terme de Juriſprudence feodale, & veut dire un plein Fief avec Juſtice, mouvant immediatement de la Couronne, ou d'un Prince jouiſſant des droits de la Souveraineté. C'eſt delà qu'on a dit *Fief de Hauber*, pour dire , Un Fief tenu immediatement du Roi, appellé ainſi du *Haut-Ber*, c'eſt-à-dire, de la cuiraſſe que le Vaſſal portoit à l'armée. D'autres diſent que *Haut-Ber*, ſignifioit Haut Baron, à cauſe que les Barons relevoient immediatement du Roi, & étoient les premiers Seigneurs ; ce qui ſe juſtifie , en ce qu'on trouve dans les anciens Hiſtoriens, *Le Roi & ſes Barons.*

HAUBERGIER. ſ. m. Celui qui tenant un fief de haubert, étoit autrefois obligé d'accompagner ſon Seigneur à la guerre.

HAVENEAU. ſ. m. Petit filet monté ſur un cerceau pour prendre le poiſſon dans les baſcules.

HAVER. v. a. Vieux mot. Prendre.

Ne ne puet autrement haver ,
Ce ſoevent tuit , large & aver.

HAVET. ſ. m. Vieux mot. Crochet.

HAULSAIRE. adj. Vieux mot. Superbe , hautain.

HAUNET. ſ. m. Sorte d'arme antique.

Si le convient armer
Pour la terre garder ,
Coterel & haunet
Et macuë & guilet.

HAVRE. ſ. m. Lieu ſur le rivage de la mer, où les Vaiſſeaux qui arrivent, peuvent être en ſûreté. Il ſignifie plus particulierement un Port, fermé d'une chaîne, & qui a ſouvent un mole ou une jettée. On appelle *Havre de barre*, un Port où l'on ne ſçauroit entrer que par la haute marée, à cauſe que l'entrée en eſt fermée par quelque banc de ſable ou de roches. Le *Havre d'entrée*, ou autrement , *de toute marée*, eſt un Port où il y a aſſés de fond pour y pouvoir entrer en tout tems , ſoit de haute ou de baſſe mer. *Havre*, ſelon Bochard, vient de *Habar*, mot Hebreu qui veut dire , S'aſſocier ; & ſelon d'autres , de l'Allemand *Hafen*, Port. Du Cange le tire de *Habulum*, qui dans la baſſe Latinité ſignifie un Port, qu'on appelloit autrefois *Hable* ou *Haule*. Il ajoûte qu'*Habulum* vient d'*Habala*, mot Arabe qui veut dire Lier , attacher , ou de *Hable*, Cable , à cauſe qu'on arrête les navires dans un port avec des cables.

HAVRESAC. ſ. m. Sorte de ſac que les Soldats qui vont à l'armée portent ſur leur dos, & où ils mettent ce qui leur eſt le plus neceſſaire.

HAUSSIER. ſ. m. Grand bateau ſur la riviere de Loire.

HAUSSE. ſ. f. Morceau de cuir que les Cordonniers mettent ſur les formes quand ils montent une paire de ſouliers. Il ſe dit auſſi de celui qu'ils mettent à un côté d'un ſoulier ou d'une botte, pour le rendre égal à l'autre qui s'eſt moins uſé.

Les Lutiers appellent *Hauſſe d'archet*, Un petit morceau de bois qu'ils mettent ſous l'archet de la viole ou du violon.

Hauſſe. Terme d'Imprimerie. Papier que l'on colle ſur le grand timpan , afin que l'impreſſion vienne également.

HAUSSE-COU. ſ. m. Sorte de petite plaque, ordinairement de cuivre doré, que les Officiers d'Infanterie portent au-deſſous du cou,& qui leur ſert d'ornement pour les diſtinguer. C'étoit autrefois une piece de fer fort grande par devant, & ſouvent ornée & ciſelée. Comme elle tournoit auſſi derriere, elle couvroit les épaules.

HAUSSE', ſz. adj. Terme de Blaſon. Il ſe dit du chevron & de la faſce, quand ils ſont plus haut que leur ſituation ordinaire. *D'azur à une roue d'or , & une faſce hauſſée de même.*

HAUSSE-PIE'. ſ. m. Terme de Fauconnerie. On donne ce nom au premier des Oiſeaux qui attaque le heron dans ſon vol.

HAUSSER. v. a. Elever. On dit en termes de Marine , *Hauſſer un Vaiſſeau*, pour dire , qu'en donnant chaſſe de loin à un navire, dont on n'a pû découvrir d'abord que les voiles , on s'en approche inſenſiblement , en ſorte qu'on peut reconnoître ſon bordage & ſa fabrique. On dit auſſi, *Hauſſer un lut , les cordes d'un lut*, pour dire , l'Elever d'un ou de pluſieurs tons.

HAUSSOIRES. f. m. p. Palettes de bois, qui retiennent l'eau aux éclufes des Moulins, & qu'on leve quand on veut.

HAUSTE. f. f. Vieux mot. Bois de lance, du Latin *Hafta*.

HAUT, HAUTE. adj. *Elevé, eu égard à ce qui eft plus bas.* ACAD. FR. Ce mot fe joint avec plufieurs fubftantifs, & fait avec eux comme autant de mots particuliers.

Haute-mer. On dit qu'*Un Vaiffeau eft en haute-mer*, pour dire, qu'il eft extrêmement éloigné des terres; & on appelle *Haute eau*, le vif de l'eau qui arrive de douze heures en douze heures. On l'appelle auffi *Haute marée*, quoiqu'à proprement parler la haute marée ne fe doive dire que de cet accroiffement de marée qui paroît extraordinaire à chaque nouvelle & pleine Lune, & qui l'eft encore davantage vers le tems des Solftices & des Equinoxes.

On appelle *Haute-fomme*, fur la mer, tout ce qui s'emploie au nom de tous les Intereffés pour l'avantage de l'entreprife qui a été faite, fans que cela regarde le corps du navire, les loyers des hommes ou les victuailles. C'eft au maître du navire à fournir le tiers de la Haute-fomme, & les Marchands doivent fournir les deux autres.

Haut-bord. On appelle *Vaiffeaux de Haut-bord*, les grands Bâtimens dont on fe fert pour naviger fur l'Ocean, à la difference des Galeres & des Vaiffeaux plats. On dit abfolument, *Les hauts du Vaiffeau*, par oppofition à ce qu'on appelle *Les Bas*. Les Hauts font les châteaux, les mâts & toutes les autres parties qui font fur les ponts d'enhaut.

Haut & bas Appareil, en Maçonnerie, fe dit des pierres felon la hauteur dont on les taille. *Pierre du haut Appareil*.

Haute-Fuftaye. Bois qu'on a laiffé parvenir à fa plus haute croiffance. On appelle *Bois de haut revenu*, Celui qui a l'âge de quarante ans.

Hautes-armes. On dit, *Faire l'exercice des hautes-armes*, pour dire, Faire l'exercice de la pique, du moufquet, du drapeau. Celui de l'épée s'appelle *Efcrime*; & dans l'efcrime il y a des *Gardes hautes*, comme il y en a de moyennes & de baffes, felon qu'elles couvrent les parties du corps.

Haute-contre. Terme de Mufique. Efpece de fecond deffus, qui à l'égard du deffus fait le même effet que la baffe-taille à l'égard de la baffe. On appelle auffi *Haute-contre*, le Muficien qui chante cette partie.

Hautes-payes. Termes de guerre. Les plus bas Officiers, comme les Sergens, Caporaux & Anfpeffades dans l'Infanterie, & les fous-Brigadiers dans la Cavalerie, à qui l'on donne une folde extraordinaire par gratification, pour les obliger d'avoir l'œil avec plus d'exactitude fur le fervice des Soldats dont on leur donne à obferver la conduite.

Hautes-couleurs, ou *Couleurs-hautes*, fe dit en peinture & en teinture, du rouge, du nacarat, du bleu, du jaune, & de toutes celles qui font voyantes & claires.

Haute-lice. La plus belle de toutes les tapifferies des Manufactures. Elle differe de la baffe-lice, en ce que les chaînes en font difpofées perpendiculairement, au lieu qu'elles le font horizontalement dans la baffe-lice. On la fait fur un métier où l'on attache de grandes chaînes de laine bien preffées, & autour de ces chaînes on applique les laines qui conviennent le plus au fujet que l'on a deffein de reprefenter.

Haute-volerie. On appelle ainfi en Fauconnerie celle du heron, du milan, du canard, de la grue, &c.

Tome I.

Haut-mal. Terme de Medecine. Epilepfie. C'eft ce que le peuple appelle *Mal caduc* ou *Mal de faint Jean*. Il eft appellé ainfi, à caufe que le cerveau eft attaqué, & que ceux qui en font atteints tombent de leur mal.

Haute-Juftice. Jurifdiction qui eft au-deffus de celle qu'on appelle Moyenne & baffe Juftice, & où le Seigneur Haut-Jufticier a droit de faire informer des crimes, & de juger à m

HAUTAIN, AINE. adj. Terme de Fauconnerie. On appelle *Faucon hautain*, un Faucon qui vole fort haut, & qui a de belles ailes.

HAUTBOIS. f. m. Inftrument de Mufique à anche & à vent, qui a plufieurs trous & qui eft femblable à une flûte douce. Le Deffus a deux piés de long. La Taille qui n'a que fept trous defcend d'une quinte plus bas, étant fonnée à vuide & à trous ouverts. La Baffe en a onze avec plufieurs boëtes ou clefs pour les ouvrir ou fermer. Sa longueur eft de cinq piés. On appelle auffi *Hautbois*, celui qui joue de cet inftrument.

HAUTEUR. f. f. *Etendue d'un corps en tant qu'il eft haut.* ACAD. FR. On dit en termes d'Architecture, qu'*Un bâtiment eft arrivé à hauteur*, qu'il eft prêt à recevoir la couverture, & que les dernieres arafes ont été pofées. On appelle *Hauteur d'appui*, trois piés de haut, & par *Hauteur de marche*, on entend fix pouces.

Hauteur, en termes de Geometrie, eft la ligne qui mefure l'élévation d'un corps fur l'horifon, & par confequent il faut qu'elle foit toûjours menée perpendiculairement du point le plus élevé de ce corps au point ou au plan le plus bas. Telle eft la hauteur d'un Cone, d'un Cylindre, d'une Pyramide, &c. Sa hauteur eft geometriquement la même chofe que la profondeur, & eft la troifiéme dimenfion des corps folides, car il n'importe qu'ils foient élevés fur l'horifon ou abaiffés au-deffous. On ne laiffe pas cependant d'appliquer le mot de hauteur à de fimples furfaces. *La hauteur d'un parallelogramme, d'un triangle*, font des lignes menées perpendiculairement du point ou de la ligne que l'on y conçoit comme la plus élevée, fur la ligne la plus baffe, qu'on appelle *bafe*. Les parallelogrammes qui ont la même bafe & la même hauteur font égaux, & par confequent les triangles auffi, qui font des moitiés de parallelogrammes.

Hauteur eft auffi un terme d'Aftronomie; & fignifie la quantité dont un cercle, ou un point d'un cercle, ou un aftre eft élevé fur l'horifon. *La hauteur de l'Equateur* eft l'arc d'un Meridien compris entre l'horifon & le point le plus élevé de l'Equateur. La hauteur d'un aftre eft l'arc d'un Azimuth compris entre l'horifon & cet aftre. Voyez AZIMUTH. Car il faut que toutes les hauteurs foient toûjours prifes fur des cercles perpendiculaires à l'horifon. *La hauteur du Pole* eft l'arc du Meridien compris entre le Pole & l'horifon. C'eft la même chofe que la *Latitude*. Voyez LATITUDE.

En termes de Marine quand on dit fimplement *hauteur*, on entend fouvent la *hauteur du Pole*. On dit dans ce fens *naviguer par la hauteur de tant de degrés*, pour dire, à tant de degrés de hauteur du Pole, ou de latitude. Mais quelquefois auffi par le mot de *hauteur* fimplement, on entend la *hauteur du Soleil ou de quelque autre aftre*. On ne cherche cette hauteur que pour avoir celle du Pole, car quand on a la hauteur Meridienne du Soleil, on fçait par les tables combien il eft éloigné de l'Equateur ce jour-là, & par confequent on a la hauteur de l'Equateur fur l'horifon où l'on eft, celle du Pole qui eft le complement de celle de l'Equateur. On dit *Prendre hauteur par devant*, pour dire, Avoir l'inftrument du côté de l'Aftre en la prenant, & *Prendre hauteur par derriere*, pour dire, Avoir l'inftrument oppofé à l'Aftre. Il n'y a que la hauteur de l'Etoile polaire qui fe peut prendre hors du Meridien par le moyen des Gardes. Celles des autres Aftres ne fe prend que quand ils font au cercle de midi, ce qui fait qu'on dit, *Il y aura hauteur*, pour dire, Il y aura du Soleil à midi qui permettra de la prendre, & *Il n'y aura pas hauteur*, pour dire, qu'il y a du brouillard, & que le Ciel eft trop couvert de nuées, pour trouver la hauteur par les inftrumens. On dit de même, qu'*On a en bonne hauteur*, pour dire, que le Ciel étoit dégagé de tous brouillards, & qu'on a pris la hauteur avec juftelle.

Hauteur. Terme de Guerre. Longueur d'un Efcadron, ou d'un Bataillon, depuis la tête jufques à fa queue. Les Efcadrons n'ont que trois hommes de hauteur, & les Bataillons en ont fix. La Hauteur du Bataillon étoit autrefois de huit, mais on en a connu l'incommodité.

On appelle dans un Vaiffeau, *Hauteur d'entre deux ponts*, l'Efpace qui fe trouve entre les deux tillacs.

HAUTISME. adj. Vieux mot. Très-haut. C'eft une fyncope du fuperlatif Latin *Altiffimus*.

HAUTURIER. f. m. Terme de Marine. Pilote qui connoît l'ufage de l'Aftrolabe, & qui s'applique à faire les obfervations des hauteurs du Soleil & du pole.

HAY

HAY. f. m. Animal grand comme un chien qu'on trouve dans le Brefil. Il a la face d'une guenon, & fort approchante du vifage d'un enfant, le ventre pendant comme une Truye pleine, une longue queue, & les piés velus à la maniere des Ours avec de longs ongles fort aigus, ce qui fait que les Sauvages qui font nuds, ne fe jouent pas bien volontiers avec cet animal, quoiqu'il s'apprivoife avec affés de facilité. Il eft pourtant fort farouche quand il vit dans les Forêts. La plûpart tiennent qu'il vit de vent comme le Cameleon, parce qu'on ne lui voit manger aucune chofe qui foit ni dans les maifons ni dans les bois. Il y a grande apparence qu'il fe nourrit des feuilles d'un certain arbre nommé *Anabut*, puifqu'on le trouve fort fouvent à fon fommet. Thevot qui en parle l'appelle *Haüt*, ou *Haüthi*.

HAYE. f. f. Clôture d'un champ ou d'un jardin qui fe fait avec des branches d'arbres qu'on entrelaffe les unes dans les autres, afin d'empêcher que les hommes & les beftiaux n'y paffent. On appelle *Haye vive*, Celle qui eft faite d'arbres vifs & qui ont racine, & *Haye morte*, Celle qu'on fait de fagots & de branches feches. On fait venir ce mot du Latin *Haia*, que M. Ménage dit avoir été fait de l'Allemand *Hag* ou *Haag*, qui fignifie Clôture ou enceinte. D'autres veulent qu'il vienne de *Claye*, comme étant une clôture faite de branches entrelaffées.

Haye. Terme de Laboureur. Morceau de bois rond, long de cinq piés, & gros de neuf à dix pouces de tour. Il fait le corps de la charrue dont on fe fert pour labourer la terre.

Haye. Terme de Guerre. Difpofition de Soldats rangés fur une ligne droite l'un à côté de l'autre. On dit, *Se mettre en haye*, pour dire, Se mettre fur un rang, & *Faire une double haye*, pour dire, Se mettre fur deux rangs l'un oppofé à l'autre. *Border la haye*, fe dit d'une maniere de tirer qu'on fait pratiquer aux Moufquetaires lorfqu'il n'y a point de piquiers qui les foûtiennent. Des trois files qui font commandées pour faire feu fur la Cavalerie, la premiere tire à genoux dans les piés des chevaux, la feconde fe panche, & tire à la bote ou au poitrail par deffus l'épaule des premiers, & la troifiéme tire debout fur les Cavaliers mêmes.

Haye. Terme de Marine. Banc, ou chaîne de pierre qui eft fous l'eau ou à fleur d'eau.

HAYVE. f. f. Petite éminence de fer que font les Serruriers fur le panneton des clefs pour les portes benardes, afin d'empêcher qu'elles ne paffent de part en part de la ferrure.

HEA

HEAR. f. m. Vieux mot. Heritier. On dit encore *Hoir*, en termes de pratique.

HEAUME. f. m. Sorte de cafque pefant que les anciens Chevaliers portoient fur la tête, foit à la guerre, foit dans les Tournois. Il couvroit tout le vifage, & il n'y avoit qu'une ouverture à l'endroit des yeux, garnie de grilles & de treillis, & qui fervoit de vifiere. On en voit de differentes figures, de fort anciens en bronze, & d'autres qui ont des infcriptions Gothiques, Arabes & Mofcovites. L'ufage en étoit fi grand que l'on crioit autrefois *As heaumes*, comme on crie aujourd'hui Aux armes. Ce paffage en fert de preuve. *Et li garçon & li herant, fi-tôt comme fe furent ordené s'efcrierent as heaumes*. Tantôt veiffiz defcendre d'une part & d'autre Chevaliers. Les Heaumes ayant été depuis mieux formés, on les nomma *Bourguignotes*, à caufe des Bourguignons qui les avoient inventés, & puis *Armets*, & *Salades*, du Latin *Calatus*, Gravé, parce qu'on y gravoit & cifeloit les figures des têtes & les dépouilles des animaux qu'on avoit vaincus. M. Ménage fait venir ce mot de *Helmus*, fait de l'Allemand *Helm*. On a dit autrefois *Elme* & *Helme*.

Heaume. Terme de Marine. Timon d'un Vaiffeau. C'eft un manche attaché au Gouvernail, ou une grande barre, que celui qui gouverne manie comme il le juge néceffaire.

HEAUMERIE. f. f. Mot qui s'eft dit du lieu où l'on faifoit & vendoit des heaumes, pendant que cette forte d'arme défenfive étoit en ufage. On a dit auffi *Heaumier*, pour dire, Celui qui faifoit des Heaumes. Les Armuriers prennent encore le titre de *Heaumiers*, dans les lettres qu'on leur donne.

HEB

HEBDOMADIER. f. m. Celui qui dans un Chapitre, ou dans un Couvent, dit à fon tour les Antiennes & les Oraifons, & officie dans le Service pendant toute une femaine. Dans les Chapitres où il y a des Officiers, comme Maires Chapelains, Corbeliers, &c. qui font l'Office, le Chanoine Hebdomadier fe doit trouver affidument pendant fa femaine pour veiller à la décence de l'Office, remarquer les fautes & abfences des Officiers. Il a la nomination des Benefices aufquels le Chapitre prefente *Collegialiter*. Quelques-uns difent *Hebdomadaire*, quoique ce mot foit plus fouvent adjectif, & qu'on dife les *nouvelles Hebdomadaires*, pour dire, Les nouvelles qui fe publient toutes les femai-

nes. L'un & l'autre vient du Grec ἱδομὰς, qui veut dire, Une femaine, un efpace de fept jours, de ἱπlὰ ἐ Sept.

HEBERGE. f. f. Vieux mot. Logement. Il eft employé dans la Coûtume de Paris, où l'on s'en fert pour exprimer la hauteur ou l'étenduë d'un heritage par refpect à des heritages voifins. On a dit aufli *Hebergement* & *Heberiage*, & delà s'eft formé le verbe *Heberger*, ou *Hebergier*, pour dire, Loger.

Ufages eft en Normandie
Que qui hebergiez eft, qu'il die
Fable ou chanfon à l'hôteffe.

On dit en termes de Coûtume, S'*heberger*, pour dire, S'adoffer fur & contre un mur mitoyen. Le mot vient de l'Allemand *Herbergen*, Loger. On a dit aufli *Herbergier* & *Herberger*, que Borel dérive de *Hereberga*, Logis ou Château en ancien Allemand. Il dit pourtant fur le mot Heberger qu'il vient de *Burgus*, Bourg, & celui-ci de ὑἱργος, Tour, d'où vient *Auberge.*

HEC

HECATOMBE. f. f. Sacrifice de cent bêtes de même efpece que les anciens Grecs & Romains faifoient faire fur cent autels par cent Sacrificateurs. Selon l'étymologie l'Hecatombe devoit être de cent Bœufs, du Grec ἑκατὸν, Cent, & de βἒς, Bœuf. D'autres entendent par ἑκατόμβη, un facrifice fait de ἑκατὸν βἒων, c'eft-à-dire, de cent piés, dans lequel on immoloit feulement vingt-cinq bêtes à quatre piés.

HECTIQUE. adj. Terme de Medecine. On appelle *Fiévre hectique*, une forte de fiévre, qui ne refide point dans les efprits, & dans les humeurs comme la plûpart des autres fiévres, & qui eft prefque incurable, parce que s'attachant aux parties folides, elle confume le corps & le mine peu à peu. Ce mot eft Grec ἑκτικὸς, & vient de ἕξις, qui veut dire ce que les Latins nomment *Habitus*, Qualité qu'on a peine à féparer du fujet. On appelle aufli *Ectique*, celui qui a cette fiévre, ou qui eft dans une maigreur extraordinaire. La plûpart prononcent *Etique.*

HED

HEDYCHROUM. Sorte d'onguent, dont Galien fait mention. La compofition s'en fait de dix-huit ingrediens, fans y comprendre le vin, & ces ingrediens font le Schoënant, le Coftus, le Celamus aromaticus, la Canelle, le Phu, le Malabathrum, l'Opobalfame, la Myrrhe, la Caffia lignea, le Safran, le Nard Indique, l'Amome, le Xylobalfame, le Maium, l'Afpalath, l'Amaracus, l'Afarum, & le Maftich. Ils entrent tous dans la Theriaque, à l'exception des fix derniers. Cette compofition eft appellée *Magma Hedycroï*, par où l'on n'entend autre chofe que les trochifques d'Hedychroum. On s'en fervoit anciennement pour en faire des parfuns à caufe de leur odeur agreable. Ils font bons contre la pefte & contre les maladies où il y a du venin. Ce mot vient du Grec ἡδὺς, Doux, agreable, & de χρόα, Couleur.

HEDYSARUM. f. m. Herbe fort branchuë, qui a fes feuilles femblables aux chiches, & que l'on appelle ainfi du Grec ἡδὺς, Agreable, à caufe de fa bonne odeur. Elle porte une graine rouffe renfermée dans des gouffes recourbées en maniere de cornet, & qui reffemblent à une hache tranchante des deux côtés, ce qui l'a fait appeler πελεκῖνος par les Grecs de πέλεκυς, Hache, & *Securidaca* par les

Latins. Elle eft amere au goût, & bonne à l'eftomac, prife en breuvage. Elle defopile les parties nobles & interieures, ce que font aufli les branches de cette plante. Matthiole décrit deux fortes d'Hedyfarum, l'un grand, & l'autre petit. Le grand à fes feuilles femblables aux chiches, & il en jette onze tout à la fois d'une même queuë. Ses tiges font minces & fouples, fes fleurs purpurines & claires, rouffâtres, comme celles des pois, d'où fortent de petites gouffes cornuës & pointuës à la cime, qui contiennent une graine rouffâtre d'un goût amer, & faite en façon de hache, Il n'a qu'une feule racine blanche & capilleufe. Le petit Hedyfarum differe du grand, en ce que fes tiges, branches, & autres parties font moindres, aufli bien que fes feuilles qui font en plus grand nombre. Il produit des fleurs prefque femblables, mais petites, & il en fort de petites cornes rondes, pointuës à la cime, qui deviennent rouffes à leur maturité, & qui portent une graine femblable à l'autre, mais moindre & plus mince. Sa racine eft grêle, blanche, longue & profonde en terre. La farine de fa graine nettoye les ulceres pourris, & fait partir les lentilles feux volages, dartres & autres taches du vifage, étant incorporée en miel, & appliquée.

HEG

HEGIRE. f. f. Terme de Chronologie. Epoque dont les Arabes & les Turcs fe fervent pour compter. Ils commencent cette Epoque du jour que Mahomet fut obligé de s'enfuir, étant pourfuivi pour fa mauvaife doctrine, ce qui arriva le Vendredi 16. Juillet l'an de JESUS-CHRIST 622. fous le regne de l'Empereur Heraclius. Le mot d'*Hegire*, veut dire, Fuite.

HEL

HELER. v. n. Terme de Marine. On dit *Heler fur un Vaiffeau qu'on rencontre*, pour dire, Faire un grand cri, & demander le Qui vive.

HELIAQUE. adj. Terme d'Aftronomie. Le lever d'un Aftre eft appellé *Heliaque*, lorfqu'après avoir été quelque tems trop proche du Soleil pour pouvoir être apperçû, il commence à en être à une diftance, où l'on le découvre, foit qu'il fe foit éloigné du Soleil, ou que le Soleil fe foit éloigné de lui. De même le coucher de cet Aftre eft *Heliaque* lorfqu'il entre dans les rayons du Soleil où l'on ceffe de le voir, Il faut ordinairement aux Planetes un éloignement de tout un figne ou de trente degrés pour fe lever Heliaquement, à l'exception de la Lune qui n'a befoin que d'un éloignement de dix-fept degrés. Ce mot eft Grec ἡλιακὸς Solaire, & vient de ἥλιος, Soleil, Voyez ACRONIQUE & COSMIQUE.

HELICE. f. f. Terme d'Architecture. On appelle *Helices*, les petites volutes ou caulicoles, qui fe rencontrent fous les rofes du tailloir du Chapiteau de la Colomne Corinthienne, Quand elles font tortillées enfemble, on les appelle *Helices entrelaffées.* Ce mot vient du Grec ἕλιξ, Sorte de lierre dont la tige fe tortille, comme fait celle de la vigne.

Helice, fe dit en termes de Medecine, de tout le circuit de l'oreille de l'homme, ce qui fait appeler *Anthelice*, la partie qui lui eft oppofée, dans le milieu de laquelle eft la cavité appellée μῆλχη.

Helice, Conftellation du Ciel, nommée communément *la grande Ourfe*. On l'appelle *Helice*, du Grec ἱλίσσω, Tourner, à caufe qu'on la voit toû-

Z z z iij

jours tourner autour du pole dans un petit cercle. Ptolomée lui donne trente-cinq étoiles, dont il y en a vingt-sept qui composent sa figure, & huit qui sont au dehors. Le Peuple l'appelle *le Chariot*, à cause de sept Etoiles principales que l'on y remarque de la seconde grandeur, & qui sont en forme de Chariot.

Helice, est aussi un mot adjectif, & on appelle *Ligne helice*, Une ligne qui tournant en vis autour d'un cylindre, est toûjours également éloignée de son axe. On appelle *Escalier en helice*, Un escalier composé de marches gironnées, attachées les unes sur les autres autour d'une piece de bois, ou d'une pierre cylindrique qui sert de noyau.

HELICHRYSON. s. m. Plante qui croît abondamment en Toscane dans les lieux non cultivés & aux côteaux secs, & qui jette une tige droite, unie, dure comme le bois, & haute environ d'une coudée. Ses feuilles sont par intervalles, & semblables à l'Auronne. Elle produit des fleurs jaunes comme l'or, & disposées en maniere de corymbe, ainsi qu'on en voit en la millefeuille, & en l'Ageraton. Elles gardent long-tems leur couleur, lorsqu'elles sont seches. Dioscoride dit qu'étant bûes en vin, elles sont bonnes aux piquûres des Serpens, aux sciatiques, aux ruptures, & à ceux qui ne peuvent uriner que goute à goute. Ce mot vient de ἥλιος, Soleil, & de χρυσὸς, Or, à cause de la couleur de ses fleurs.

HELIOSCOPE. s. m. Terme d'Optique. Lunette à longue vûe dont on se sert pour observer le Soleil. Elle est faite de verres colorés, afin d'empêcher que l'on ne soit ébloui par sa trop grande lumiere. Ce mot vient de ἥλιος, Soleil, & de σκοπέω, Je contemple. Je regarde.

HELIOTROPE. s. m. Herbe qui a sa fleur jaune representant le Soleil, dont on dit qu'elle suit toûjours le cours, se tournant vers lui de jour & de nuit, & même dans le tems couvert. Dioscoride décrit un grand & un petit Heliotropium. Le grand a sa fleur recourbée comme d'un Scorpion, ce qui a fait que les Grecs l'ont appellée σκορπίουρος. Cette fleur qui vient à sa cime est blanche ou roussâtre. Ses feuilles sont different de celles du Basilic, qu'en ce qu'elles sont plus grandes, plus vëlues & plus blanches. Il jette dès sa racine quatre ou cinq surgeons qui ont plusieurs ailes & concavités. Sa racine est menue, & inutile dans la Medecine. On dit que quatre de ses grains guerissent de la fievre quarte si on les boit une heure avant l'accès. La même chose de la fievre tierce si on en boit trois grains. Ce mot vient de ἥλιος, Soleil, & de τρέπειν, Tourner, à cause que la fleur de l'Heliotrope se tourne toûjours vers le Soleil. Les Apothicaires l'appellent *Verrucaria*, à cause que cette herbe est propre à ôter les porreaux & les verues. Le petit Heliotropium croît dans les endroits marécageux, & près des étangs. Il a ses feuilles semblables à l'autre, mais plus rondes. Sa graine est aussi ronde, & pend comme ces verues pendantes appellées ἀκροχορδόνες.

Heliotrope, Pierre precieuse de couleur verdâtre & rayée de veines rouges. Elle est appellée ainsi, si l'on en veut croire Pline, à cause que si on la jette dans un vase rempli d'eau, les rayons du Soleil qui y tombent paroissent être de couleur de sang. Hors de l'eau, elle represente l'image du Soleil. On en trouve dans les Indes, dans l'Ethiopie, dans l'Allemagne & dans la Bohême. Il y en a qui l'appellent *Jaspe Oriental*, à cause des taches de sang dont elle est marquée.

HELT. s. m. Vieux mot. Poignée, pommeau d'une épée.

HELXINE. s. f. Herbe fort rare, selon Pline, & qu'il met au nombre de celles qui sont piquantes. Il dit qu'elle ne croît qu'en certains Pays, que sa racine est feuillue, & que du milieu il y en sort comme une pomme enveloppée de sa feuille. Tout au dessus de cette, elle jette une gomme qui a fort bon goût, & que l'on appelle *Mastic acanthique*. L'Helxine de Dioscoride est la parietaire, fort differente de celle de Pline. Il y a une autre *Helxine*, surnommée *Cissampelos*, de κισσὸς Lierre, & de ἄμπελος Vigne, qui a ses feuilles semblables au Lierre, mais moindres, & qui produit des sarmens minces avec lesquels elle agraffe tout ce qu'elle rencontre, d'où lui est venu le nom d'Helxine, en Grec ἑλξίνη de ἕλκειν, Tirer. Elle croît parmi les hayes, & dans les prés & les vignes. Le jus de ses feuilles pris en breuvage, lâche le ventre. Galien dit que l'*Helxine Cissampelos* a une vertu digestive & resolutive.

HEM

HEMATITE. s. f. Pierre qui ne croît pas seulement en Egypte, comme dit Dioscoride, mais aussi en Allemagne & en Bohême. La bonne Hematite, est friable, fort noire, naturellement unie, n'a ni crasse ni veine, & est rouge comme sang quand on la rompt, ce qui la fait appeller *Pierre sanguine*. Agricola dit qu'il s'en rencontre de plusieurs couleurs, de noire, de rousse, & de celle qui est comme basanée & enrouillée. Matthiole rapporte que dans la Bohême, il y a une vallée qui en est tellement remplie qu'on en fait quantité de fer. Il ajoûte que ceux qui dorent le fer n'en viennent pas aisément à bout sans pierre Hematite, qu'ils en affermissent, & même polissent les feuilles d'or qu'ils mettent dessus. Elle a pris son nom du Grec αἷμα, Sang, à cause que soit qu'on la porte, soit qu'on la prenne interieurement, elle a la vertu d'étancher le sang. Elle est astringente & epulotique.

HEMATOSE. s. f. Terme de Medecine. Sanguification. Action naturelle par laquelle la sanguification se fait, lorsque le Chile se convertit en sang.

HEMEROBAPTISTES. s. m. Secte qui étoit parmi les Juifs. On les appelloit ainsi des mots Grecs, ἡμέρα Jour, & de βαπτίζειν, Laver, à cause des ablutions que se faisoient tous les jours en quelque tems ce fût ceux dont cette Secte étoit composée. C'étoit en cela qu'ils mettoient la sainteté, niant la resurrection des Morts avec les Saducéens, & suivant d'ailleurs, les Pharisiens dans toutes leurs opinions.

HEMEROCALLE. s. f. Plante dont la fleur est jaune, & qui a ses feuilles & sa tige semblables au lis & vertes comme un porreau. Ses fleurs qui sortent du haut de sa tige, sont comparties à la maniere du lis, & fort pâles, quand elles commencent à s'ouvrir. Sa racine est grosse, & à plusieurs côtes & bulbes. L'*Hemerocalle* tire son nom du Grec ἡμέρα Jour, & de κάλλος Beauté, à cause qu'elle ne conserve son éclatique pendant un jour. Elle croît non seulement parmi les près & les blés, mais dans les montagnes & les collines, & a beaucoup de proprietés que marque Dioscoride. Ses feuilles broyées & appliquées adoucissent les inflammations des mammelles des nouvelles accouchées, & servent à toutes les apostumes des yeux, & si on met ses feuilles & sa racine sur quelque brûlure c'est un singulier remede. Il y a aussi une plante de jardin qu'on appelle *Hemerocalle*. Ses fleurs sont rouges & recoquillées comme celles des Martagons. On en voit de blanches, de gris-

de-lin rouge, & de-gris-de-lin pâle.

HEMICYCLE. f. m. Demi cercle, du Grec ἡμικύκλιον, à Demi & de κύκλος Cercle. Il y a deux demi cercles dans les cartes que l'on fait du monde, l'un appellé *Hemicycle septentrional*, & l'autre *Hemicycle meridional*.

Hemicycle, en termes d'Architecture, se dit du trait d'un arc ou d'une voute formée d'un demi-cercle parfait. Ce demi-cercle ou Hemicycle se divise en autant de voussoirs qu'on veut, pourvû que le nombre en soit impair. Cela se fait afin que les joints ne se trouvant pas dans le milieu de la voute, il y ait dans ce milieu un Voussoir qui ferme & qui entretienne tous les autres. On appellent aussi *Hemicycle* le panneau ou la cherche de bois qui sert à bâtir & à conduire les arcs.

HEMINE. f. f. Vaisseau servant de mesure chez les anciens, & qui contenoit la moitié du septier Romain. C'étoit aussi une mesure de froment qui contenoit environ deux bichets. Ce mot est Grec ἡμίνα.

HÉMIONITE. f. f. Plante que quelques-uns nomment *Splenium*, & qui a ses feuilles faites en croissant, & semblables au Dracunculus. Elle ne jette ni tige, ni fleur, ni graine, & produit plusieurs racines menues & amassées ensemble. Elle croît aux lieux pierreux, & a un goût âpre. Dioscoride qui en parle ainsi, ajoûte que bûe en vinaigre, elle consume la rate. Ce mot est Grec ἡμιόνιτις.

HEMISPHERE. f. f. La moitié d'un Globe ou Sphere. L'Equateur divise le Monde en deux Hemispheres, dont l'un depuis la Ligne jusqu'au Pole Arctique, est appellé *Hemisphere Septentrional*. L'autre depuis la même Ligne jusqu'au Pole Antarctique, a le nom d'*Hemisphere Meridional*. Le meridien divise le Ciel en deux Hemispheres, l'un appellé *Hemisphere ascendant* ou *Oriental*, & l'autre *Hemisphere descendant* ou *Occidental*. Ce mot vient de ἡμισυ Demi, & de σφαῖρα, Globe. Le mot ἡμισυ peperd toûjours sa derniere sillabe dans les composés.

HEMISTICHE. f. m. La moitié d'un vers François de douze syllabes qui doit avoir son repos dans la sixiéme. Dans ce vers

Impatiens desirs d'une juste vengeance,

ces six premiers syllabes *Impatiens desirs* font l'hemistiche. Ce mot vient de ἡμισυ, & de στίχος Ordre, rang.

HEMOPTYSIE. f. f. Terme de Medecine. Crachement de sang, qui est distingué du vomissement de sang. Ce que les Medecins nomment particulierement Hemoptysie, c'est lorsque le sang est rejetté par la bouche en toussant & des organes de la respiration. Il sort alors des arteres des poumons ou des arteres de la trachée artere, qui tirent leur origine de l'aorte. La partie affectée dans cette sorte de mal, est tantôt la partie superieure du larynx & sa cavité, tantôt le milieu du conduit de la trachée artere, & quelquefois ses extrémités annulaires & le poumon même. L'Hemoptysie est le plus souvent accompagnée de la toux, lorsque le poumon est attaqué, ou les rameaux profonds de la trachée artere. Il peut aussi y avoir une forte Hemoptysie sans toux. Quand la partie superieure de la trachée artere est seule affectée, le sang sort alors après un crachement plus ou moins leger. Les trois principales causes & les plus frequentes de l'Hemoptysie sont la ruption de quelque vaisseau dans le poumon causée par des cris violens, par une distention ou un effort du corps en portant quelque gros fardeau, par une chûte ou par une toux vehemente ; la suppression de quelque évacuation ordinaire, principa-

lement des parties inferieures du corps, on enfin l'érosion des vaisseaux du poumon ; ou par les choses externes reçües dans l'inspiration, ou par l'esprit des eaux fortes, ou par des causes internes. comme la lymphe trop acide, salée & corrosive. Cette derniere espece d'Hemoptysie laisse après soi le vomica & la phtysie, ou l'ulcere du poumon. Skenkius rapporte l'exemple d'une personne qui ayant avalé des sangsues en bûvant, ces sangsues s'arreterent dans la gorge, succerent le sang & lui engendrerent l'Hemoptysie : mais cela est rare. L'Hemoptysie est tantôt indolente, & tantôt plus ou moins douloureuse, avec constriction des poûmons, pesanteur obtuse, ou avec corrosion qui irrite diversement la trachée artere, suivant la diversité des causes. Ce mot vient de αἷμα Sang, & de πτύω, Cracher.

HEMORRAGIE. f. f. Terme de Medecine. Nom qui convient en general à toute sorte de flux de sang hors du corps, mais qu'on attribue particulierement à l'éruption du sang par les narines. Les petites arteres qui aboutissent au nez, excitent cette Hemorragie. Les vaisseaux d'où ce sang découle, sont plûtôt des productions du rameau arteriel de la carotide interne, qui envoye plusieurs ramifications autour des productions mammillaires, & quelques-unes à la membrane superieure glanduleuse des narines par lesquelles ramifications la matiere de la lymphe qui doit être filtrée, par cette tissure glanduleuse, est apportée avec le sang : de sorte que les orifices de ces arteres étant ouverts, & relâchés naturellement par la continuelle humectation de la lymphe, l'Hemorragie du nez arrive facilement. Il y a des saignemens de nez très-abondans, qui vont quelquefois jusqu'à plusieurs livres, même jusqu'à quatre, sans abatre les forces. Fernel rapporte qu'on en a vû de huit ou dix livres, avec un grand abattement des forces, mais sans en perdre la vie. Le sang qui sort des narines en petite quantité, & goute à goute, est de mauvais augure quand il arrive dans une maladie, & sur-tout le quatriéme jour, à moins qu'il n'ait quelque cause externe, ou quelque humeur qui le fasse sortir, ou qui en l'épaississant ou le retenant empeche ce flux dès le commencement. Il y a aussi une Hemorragie de gencives. Le sang en sort quelquefois très-abondamment, & cette Hemorragie est tantôt critique & tantôt periodique. Hemorragie vient du Grec ἥμα, *Fluo* je coule. Il semble qu'on devroit écrire *Aimorragie*, à cause du Grec αἷμα, *Sanguis*, Sang.

HEMORRHOIDALE. f. f. Sorte d'herbe que M. Callard de la Duquerie dit être appellée ainsi de ce qu'elle a ses racines semblables aux hemorrhoïdes, dont elle est aussi le remede. Il ajoûte qu'il y en a qui l'appellent *La petite Chelidoine*.

Hemorrhoidale. adj. On appelle, en termes de Medecine, *Veines hemorrhoidales* les veines du fondement dans lesquelles coule le sang mélancolique qui cause les hemorroïdes internes. Elles sortent du rameau mesenterique qui rampe par les extrémités du colon, & par la longueur de l'intestin droit jusqu'à l'anus qu'il embrasse en rond.

HEMORRHOIDES. f. f. p. Maladie qu'une abondance de sang melancolique, qui se jette sur les parties, cause au fondement. Il y a des Hemorrhoïdes internes & des Hemorrhoïdes externes. Il y en a aussi d'ouvertes & d'autres fermées.

HEMORRHOISSE. f. f. femme qui a une perte de sang. Il est parlé dans l'Evangile de l'Hemorrhoisse guerie par Notre-Seigneur. Tous ces quatre derniers mots ont été formés des mêmes mots

Grecs qui ont fait le nom du Serpent Hemorrhous.

HEMORRHOUS. f. m. Sorte de ferpent qui fe tient
dans les fentes des rochers qui vont en precipice, & qui eft appellé ainfi, de αἷμα, Sang, & de
ῥέω, Couler, à caufe que ceux qui en font mordus
meurent ordinairement après avoir perdu leur fang
par la bouche, par le nez, & par tout le corps. Voici de quelle maniere en parle Aëtius. Les ferpens
Hemorrhous, ou Hemorrois, ont trois palmes de
longueur, la queue fort menue, & les yeux étincelans comme feu. Ils fe traînent droit & lentement,
& comme ils font tout couverts d'écailles dures &
âpres, ces écailles font un grand bruit quand ils
marchent. Ils font d'une couleur de fablon, & ont
tout le corps moucheté de taches noires & blanches.
Le mâle s'appuye fur les parties qui font auprès de
fon ventre, & étend le col en fe traînant, & la femelle s'appuye fur fon ventre & fur le haut de fa
queue. La playe que fait leur morfure, eft rouge,
noire & meurtrie, & il en fort feulement quelque
aquofité d'abord. Ceux qu'a mordus ce ferpent, fentent beaucoup de douleur en l'eftomac, & ont
grande peine à refpirer. Après cela ils perdent leur
fang par le nez, & par la playe, & s'ils ont quelques cicatrices fur le corps, il n'en eft aucune qui
ne s'ouvre. Ce font les accidens que caufe l'Hemorrhous mâle. La femelle fait couler le fang par les
coins des yeux, par les gencives, par les racines
des ongles, & en general par tout le corps. Elle
fait auffi tomber les dents, & les gencives deviennent toutes pourries. Le remede à ces fortes de morfures, c'eft d'employer auffi-tôt les medicamens
qui ont la vertu d'étancher le fang, & d'appliquer
fur la playe des cataplafmes faits de feuilles de vignes cuites, broyées, & incorporées en miel; &
avant qu'on piffe le fang, il faut manger des aux
en abondance, & boire beaucoup de vin bien trempé d'eau, & vomir enfuite, après quoi on doit
prendre de la theriaque, & manger force poiffon
cuit dans l'huile avec des aux.

HEN

HENAP. f. m. Vieux mot. Une Coupe. On a dit
auffi *Henas*.

HENDEUX. adj. Vieux mot. Enragé.

> *Qui pour fous & hendeux les tiennent.*

Borel dit que c'eft de là que vient le mot d'*En-
deve.*

HENECHEN. f. m. Herbe qui croît aux Indes Occidentales dans le territoire de Panama. Elle a fes
feuilles femblables au chardon, mais plus étroites
& plus longues que celles du Cabvia, qui eft une
autre herbe dont les feuilles reffemblent auffi au
chardon. Les Sauvages font du fil affés beau &
affés fort de l'une & de l'autre de ces herbes, mais
celui du Henechen eft plus fin. Ils font rouir ces
herbes fous l'eau des ruiffeaux pendant quelques
jours, après quoi les ayant tirées de l'eau, ils les
font fecher au Soleil, les froiffent avec un bâton,
jufqu'à ce qu'il n'y demeure que le feul brin comme au lin, & enfin ils le filent ou en tordent des
cordes.

HENEPE'E. f. f. Vieux mot formé de *Henap*, Coupe ou taffe.

> *Ne de buens parifis une grand henepée.*

Borel entend par ce vers une coupe pleine d'argent, & d'autres l'expliquent par une grande poignée de doniers.

HENNER. v. a Vieux mot. Incommoder.

HEPATIQUE. adj. Terme de Medecine. Qui concerne le foye. On dit, *Rameau hepatique*, pour
dire, Un rameau qui vient du foye; & on appelle
Flux hepatique, Un flux qui eft caufé par le foye.
La *Veine hepatique* eft celle qu'on appelle autrement *Bafilique* ou *Jecoraire*. Ce mot eft Grec, ἡπα-
τικὸς, & vient de ἧπαρ, Foye.

On appelle en Chiromance, *Ligne hepatique*, Une
ligne remarquable dont toute la paume de la main
eft traverfée. Elle commence dans l'efpace qui eft
entre le pouce & le doigt indice.

Hepatique. f. m. Sorte de petite fleur de jardin.
Elle fleurit violet ou rouge, & il y en a de doubles & de fimples.

Hepatique. Sorte d'herbe qui croît & s'attache
fur les pierres nues qui font fouvent arrofées d'eau
ou de rofée. Elle eft en forme de mouffe. Ses feuilles font graffetes, cartilagineufes & étroites par le
bas. Elles ont trois ou quatre déchiquetures, & vont
toûjours en élargiffant. Cette herbe jette directement dès fa racine de petites tiges menues, au bout
defquelles font de petits chapiteaux faits en maniere d'étoiles. Pline en marque de deux fortes, l'une
qui croît aux endroits pierreux, jettant une feule
tige qui produit de longues feuilles & pendantes
contre le bas. Celle-là broyée & appliquée avec du
miel efface les cicatrices. L'autre croît & eft attachée aux pierres comme la mouffe. Cette derniere
étanche le fang étant diftillée dans les playes, &
reprime toutes apoftumes. Elle guerit ceux qui ont
la jauniffe, s'ils s'en frottent la bouche & la langue avec du miel: mail il faut les baigner en eau falée, les frotter d'huile d'amendes, & empêcher
qu'ils ne mangent ni herbes ni fruits. L'Hepatique eft appellée par les Grecs λειχὴν, à caufe que
λειχῆνας ῥεγνύειν, c'eft-à-dire, qu'elle arrête & guerit
les dartres.

On appelle *Hepatique rouge*, des Criftaux de tartre rouge qu'on trouve dans les boutiques des Apothicaires. Cet Hepatique rouge eft fort bon pour
corriger les grandes chaleurs que l'on reffent en
Eté, pour éteindre l'ardeur & la foif des fiévres
tierces & pour diffiper l'yvreffe.

HEPATITE. f. m. Sorte de Pierre precieufe que
Pline dit avoir été appellée ainfi du Grec ἧπαρ,
Foye, à caufe qu'elle a la couleur & la figure du
foye.

HEPTAGONE. f. f. Terme de Geometrie. Figure à
fept Angles & fept côtés. En termes de Fortification on appelle *Heptagone*, une Place fortifiée de
fept Baftions, du Grec ἑπτὰ, Sept, & γωνία, Angle.
On dit auffi *Eptagone*.

HER

HERALDIQUE. adj. Qui concerne le Heraut. On
appelle *Art heraldique*, *Science heraldique*, la
Science qui traite des Blafons & des anciens Jeux
& Fêtes des Chevaliers; on lui a donné ce nom
à caufe que la principale fonction des Herauts
étoit de regler ces Jeux & de fe trouver aux
Tournois & Joûtes, où ils tenoient regiftre des
noms & blafons des Chevaliers qui s'y prefen-
toient.

HERAUT. f. m. Officier qui fert aux ceremonies.
Les Herauts font au nombre de vingt-huit, dont
le premier, qui eft Roi d'Armes, fe nomme *Mont-
joye S. Denys*. Les autres portent le titre de differentes Provinces, fçavoir de Bourgogne, d'Alençon,

çon , de Bretagne , de Poitou , d'Artois , d'Angoulême , de Berri , de Guienne , de Picardie , de Champagne , d'Orleans , de Provence , d'Anjou , de Valois , de Languedoc , de Toulouse , d'Auvergne , de Normandie , de Lyonnois , de Dauphiné , de Bresse , de Navarre , de Perigord , de Saintonge , de Touraine , de Bourbonnois & d'Alsace. Leur fonction est d'aller dénoncer la guerre & sommer les Villes de se rendre , & de publier la paix. Ils assistent aux mariages des Rois & des Reines , aux ceremonies des Chevaliers du S. Esprit , aux festins Royaux , & aux baptêmes des Enfans de France ils distribuent des pieces d'or & d'argent. Ils marchent devant le Roi lorsqu'il va à l'offrande le jour de son Sacre , & se trouvent aux Sermens solemnels , aux Etats generaux , aux Juremens de paix , aux renouvellemens d'alliance & aux Pompes funebres , des Rois , des Reines , des Princes & des Princesses du Sang. Dans toutes ces ceremonies ils sont revêtus de leurs cottes d'armes chargées devant & derriere de trois fleurs de lis d'or , & autant sur chaque manche où le nom de leur Province est écrit en broderie d'or. Ils portent une toque de velours noir , ornée d'un cordon d'or , & ont des brodequins pour les ceremonies de paix , & des bottes pour celles de guerre. Quand il s'agit de quelque pompe funebre où ils soient obligés de se trouver , ils mettent par dessus leurs cottes d'armes une longue robe de deuil traînante , & tiennent un bâton qu'ils appellent *Caducée* , & qui est couvert de velours violet , & semé de fleurs de lis d'or en broderie. Ils portent aussi la médaille du Roi pendue à leur col. Le Roi d'armes Mont-joye S. Denys met une Couronne Royale au dessus de ses fleurs de lis. Dans les obseques des Rois il y a toûjours deux Herauts d'armes qui se trouvent jour & nuit au pié du lit de parade où est le corps du Prince défunt , ou son effigie en cire. Ils presentent le goupillon aux Princes , Prélats & autres qui viennent jetter de l'eau benite. L'origine des Herauts est fort ancienne. Les Grecs les ont nommés κήρυκες & εἰρηνοφύλακες , c'est-à-dire , Gardiens de la paix , & les Romains *Feciales*. Ils avoient chés eux le pouvoir de déclarer la paix ou la guerre. Le principal emploi des Herauts étoit autrefois de dresser des armoiries , des genealogies & des preuves de noblesse. Ils étoient Surintendans des armes & conservateurs des honneurs de la guerre , en sorte qu'ils avoient droit d'ôter les Armoiries à ceux que leur lâcheté ou leur trahison avoient fait meriter qu'on les degradât de noblesse. Ils avoient aussi celui de corriger tous les abus & les usurpations des couronnes , casques , timbres & supports , & la connoissance des differends qui survenoient entre les Nobles pour l'antiquité de leurs races & pour leurs préeminences leur appartenoit. Ils alloient même dans les Provinces faire des enquêtes touchant la noblesse , & on étoit obligé de leur communiquer tous les vieux Titres des Archives du Royaume. Ils annonçoient la guerre ou la paix chez les Princes étrangers , & leurs personnes n'étoient pas moins inviolables que celle des Ambassadeurs. C'étoit une des fonctions de leur Charge de publier les Joustes & les Tournois , de convier à y venir , de signifier les cartels , de marquer la lice où le combat devoit être fait , de rappeller tant les assaillans que les tenans , & de partager également le Soleil entre ceux qui combattoient à outrance. Quand il y avoit guerre , ils avoient soin de marquer aux Chevaliers & aux Capitaines le jour où la bataille se devoit donner , & ils y assistoient en haut appareil devant le grand Etendard. Pendant le choc ,

Tome I.

ils se retiroient sur quelque lieu élevé , d'où ils pouvoient voir plus aisément les actions de valeur que chacun faisoit , afin d'en pouvoir rendre compte au Roi. C'étoit à eux à faire le dénombrement des morts , à relever les Enseignes , à redemander les Prisonniers , à sommer les Villes de se rendre ; & quand il s'étoit fait quelque capitulation , ils marchoient devant le Gouverneur qui avoit capitulé pour assurer sa personne. Ils étoient aussi les principaux juges des récompenses dûes à ceux qui avoient combattu avec le plus de valeur , & les dépouilles des vaincus étoient partagées selon leurs avis. Il falloit avoir exercé sept ans la Charge de Poursuivant d'armes , pour obtenir celle de Heraut , que l'on ne pouvoit quitter que pour être Roi d'Armes , ou pour monter à la dignité de Chevalier. Il y avoit une cérémonie particuliere pour baptiser les Herauts , & c'étoit le Roi qui la faisoit avec une coupe d'or pleine de vin qu'il leur versoit sur la tête , en les nommant Herauts du titre qu'ils devoient prendre. Borel est de l'opinion de Fauchet sur l'étymologie de ce mot , & veut qu'il vienne ou de l'Allemand *Heralt* , Sergent d'armes ou vieux Gendarme , ou de *Here* , qui signifioit autrefois un Camp ou une Armée. Du Cange le dérive de l'Anglois *Here* , ou de l'Allemand *Heer* , Armée , & de *Ald* , Serviteur , à cause que les Herauts avoient grande fonction dans les Armées. Ragueau dit que Heraut a été pris pour celui qui portoit la parole de la part du Prince , & qu'il vient du Latin *Herus* , Maître.

HERBE. s. f. *Espece de plante dont la substance est molle , tendre & non boiseuse , & qui s'éleve de terre en brin ou en feuille.* ACAD. FR. Ce mot vient du Latin *Herba* , que quelques-uns dérivent d'*Aruum* , Champ , & d'autres du Grec φέρβω , Paître , nourrir. Il y en a qui le dérivent du Syriaque *Hesba* , ou de l'Hebreu *Hesebb* , qui veulent dire la même chose dans l'une & dans l'autre langue.

Herbe de chat. Plante que l'on a nommée ainsi à cause que les chats l'aiment. Ses feuilles sont moindres que celles d'ortie ou de melisse , & un peu blanchâtres. Sa tige qui est quarrée & haute de deux coudées , pousse force branches quadrangulaires. Ses fleurs sont blanches & sortent par rondeaux , à l'exception de celles qui sont à la cime de la tige , & qui sortent en forme d'épi. Sa racine est fort fibreuse & capilleuse , & a une odeur pénétrante qui fait mal à la tête , & un goût chaud & brûlant avec une grande amertume. Cette herbe croît le long des chemins & aux lieux humides , & a la même vertu chaude & dessicative que le Calament. Elle est sur-tout singuliere à toutes douleurs de tête , de poitrine , d'estomac & de matrice , quand elles proviennent de ventosités & d'excremens phlegmatiques. Les femmes steriles qui mangent de cette herbe deviennent fécondes , principalement si leur sterilité provient de froideur , à cause de la merveilleuse qualité qu'elle a pour échauffer la matrice. Son jus distillé dans les narines en tire l'humeur pituiteuse & aiguïse la vûe.

Herbe aux Puces. Plante menue comme foin , qui jette ses branches de la hauteur d'un palme. Elle a ses feuilles semblables au Coronopus , mais plus longues & vélues. Sa chevelure commence à sortir du milieu de sa tige , & à deux ou trois petites têtes à la cime qui sont amassées , au-dedans desquelles il y a une graine noire , dure & semblable à une puce ; ce qui lui a fait prendre le nom d'*Herbe à Puces.* Elle croît parmi les champs & aux lieux non cultivés , & a une vertu refrigerative &

Aaa

propre à mollifier & à épaissir. Matthiole parle d'u-
ne seconde espece d'Herbe à puces qui est beaucoup plus sarmenteuse & plus feuillue, & qui a ses
feuilles plus longues, plus étroites & en plus grand
nombre, velues, blanches & entortillées l'une parmi l'autre. Ses boutons sont semblables à la premiere espece que décrit Dioscoride, si ce n'est qu'ils
sont en plus grande quantité & plus petites.
Leur graine est semblable à l'autre. Sa racine a
force branches & est toute pleine de capillatures.
Les Apothicaires se servent de la graine dans la
composition des mucilages qu'ils font pour refroidir les inflammations & pour restreindre les caters-
res chauds. Les Medecins s'en servent aussi pour
désalterer & pour adoucir l'âpreté de la langue &
du gosier dans les fiévres chaudes & aiguës, & pour
lâcher le ventre.

Herbe-Paris. Plante qui ne produit qu'une seule
tige ronde, haûte d'un pié & demi. Du milieu de
cette tige sortent quatre feuilles disposées en croix
de Bourgogne, & fort semblables à celles de *Virga
sanguinea.* A la cime de la même tige sont quatre
autres petites feuilles, disposées aussi en croix, au
milieu desquelles est une petite boule rouge & pleine de vin. Cette boule renferme force graine
petite & blanche, qui est singuliere contre tous
poisons. Sa racine est menue & pâle, & divisée en plusieurs capillatures. On l'appelle autrement *Raisin de Renard,* en Latin *Uva versa,* ou *Uva
vulpina.*

Herbe de musc. Plante qui porte sa tige assés haut,
& qui vient des Antilles. Elle croît toûjours
touffue, comme un petit buisson sans épines, &
a ses feuilles dures & assés longues. Ses fleurs sont
jaunes, en forme de calice & de clochette, &
agreables à voir. Elles se forment après en un
bouton assés gros, qui étant mûr devient d'un
blanc satiné en-dedans, & de couleur de musc
en-dehors. La graine que renferme ce bouton est
aussi de la même couleur brune, & sent parfaitement le musc quand elle est nouvellement cueillie. Elle en conserve l'odeur fort long-tems si on la
tient en lieu sec & dans un vaisseau où elle ne s'é-
vente pas. C'est delà qu'elle a pris le nom d'*Herbe
de musc.*

On trouve aussi dans les Antilles plusieurs especes
d'*Herbes toûjours vives.* Les unes croissent sur le
tronc des vieux arbres, comme le Gui sur les chênes; les autres en terre & sur des rochers. Elles ont
tant d'humidité naturelle, que bien qu'elles soient
attachées & suspendues sans racine en haut dans les
lieux où l'on prend soin de les conserver par ornement & pour réjouir la vûë, elles ne perdent rien
de leur vert.

Herbe. Terme de Manége. Verd qu'on donne à
un cheval qui a été malade, pour le rétablir. Il se
dit particulierement de l'orge en vert; & cela s'appelle *Mettre un cheval à l'herbe.* On dit aussi *Donner de l'herbe à un cheval,* pour dire, Le récompen-
ser en lui donnant un peu d'herbe fraîche, après
qu'il a bien manié, & qu'il a satisfait son Cavalier.
On dit, en parlant de l'âge d'un cheval, qu'*Il prend-
dra trois ans, quatre ans aux herbes,* pour dire, qu'il
aura cet âge la au Printems.

HERBEILLER. v. n. Terme de Chasse. On dit d'un
Sanglier, qu'*Il herbeille,* pour dire, qu'il broute
l'herbe.

HERBER. v. a. Terme de Maréchal. On dit *Herber
un cheval,* pour dire, Lui mettre au milieu du poitrail un morceau de racine d'ellebore, pour le guerir du mal de tête ou de l'avantcœur, en faisant enfler ou suppurer la partie; de même aux bœufs &

aux vaches au bout de la queue & aux oreilles, d'où
vient qu'on appelle en certains endroits *Herbe à
piquer.*

HERBERGE. s. f. Vieux mot. Loge, demeure. On
a dit aussi *Herbergier,* pour dire, Loger d'*Hereberga,* Château, en vieux Allemand.

HERBIER. s. m. Le premier des ventricules du bœuf
& des autres animaux qui ruminent, appellé ainsi à
cause qu'il reçoit l'herbe qu'ils paissent.

Herbier, est aussi un terme de Fauconnerie, &
signifie le canal du col de l'oiseau par où il tire sa
respiration.

HERCER. v. a. Vieux mot. Déchirer.
Ceux fustent, battent, lient, pendent,
Heurtent, hersent, écorchent, foulent.

HERCOTECTONIQUE. s. f. Partie de l'Architecture militaire, qui travaille à la munition. Ce mot
vient du Grec ἕρκος, Clôture, & de τεκτων, Art qui
apprend à bâtir.

HERE. s. m. Sorte de jeu où chaque joueur ne prend
qu'une carte qu'il peut changer avec celle de son
voisin, si ce n'est qu'il se rencontre un Roi qui
l'arrête. Celui à qui la plus basse carte demeure
dans chaque coup, met une marque au jeu; & le
joueur qui a encore quelques marques quand tous
les autres en manquent, gagne la partie. On appelle aussi *Here,* dans ce jeu, l'as qui étant la plus
basse carte fait perdre celui à qui elle demeure
dans la main.

Here. Vieux mot. Camp, armée. On a dit delà
Heriban ou *Herisban,* pour dire, Arriere-ban, c'est-
à-dire, *Heri bannus,* Clameur du Seigneur, du Maî-
tre. On disoit aussi, *Riereban,* pour, Arriere-ban.
O lui pris flamens à mort riere
Raoul de Neele son frere,
Cil ne sont pas le riereban,
Si c'est Godefroi de Brebant.

HEREMITAINE. s. f. Vieux mot. Hermitage.

HERESE. s. f. Vieux mot. Doute, opinion, qui ne
s'accorde point à l'opinion commune.
Si tu y vois parfondement
Sans herese confondement.
Ce mot vient du Grec αἵρεσις, Division, secte.

HERESENT. s. m. Vieux mot. Désertion d'armée,
du mot *Here,* qui a signifié Camp.

HEREVIS. s. m. Sorte de Religieux Turcs qui ont
un Monastere à Constantinople, & qui vivent dans
une grande profession de pauvreté. Ils ont pris leur
nom d'un Santon de grande réputation qu'on appelle Herevi, & qui demeuroit à Pruse, qui étoit
alors le siege de l'Empire, du tems d'Orchanus,
second Roi des Turcs. C'étoit un homme très-
sçavant dans la Chymie, & qui donnoit de l'or au
lieu d'aspres à ceux qui entroient dans son Ordre,
& qui professoient sa Religion. Il portoit une veste
verte, gardoit une fort grande sobrieté, raccom-
modoit ses habits lui-même, & préparoit ses viandes pour son Couvent. Il donna de grands fonds à
des Mosquées, & fonda plusieurs Maisons de charité au grand Caire & à Babylone. Son tombeau est
à Pruse, où il est visité par un nombre infini de Pelerins, & enrichi des liberalités de ceux qui ont de
la veneration pour sa memoire. Ces Religieux sont
appellés aussi *Hizrevis.*

HERIGOTE', E'E. adj. Terme de Chasse. Il se dit d'un
chien qui a une marque aux jambes de derriere.
Cette marque, qu'on appelle *Herigoture,* est un bon
signe, quand il n'y en a pas plusieurs.

HERISSER. HERISSONNER. v. a. C'est Récrepir,
recouvrir, & ragréer un mur de mortier ou de plâtre. Les Entrepreneurs sont obligés de *Herisser* les
murs quoiqu'il n'en soit pas parlé dans le marché.

Lorsqu'un mur est de pierres à paremens, on se garde bien de le *herisser*.

HERISSON. s. m. Petit animal long environ de huit pouces, qui a la bouche semblable à celle du liévre, & dont les oreilles ressemblent à celles de l'homme. Il a quatre dents, & sur son dos & ses flancs sont des piquans, en partie blancs & en partie noirs, qu'il baisse & qu'il leve quand il veut. Matthiole en marque deux especes, dont la difference ne se connoît qu'au museau, les uns l'ayant fait comme un pourceau, & les autres ayant un nés comme un chien. Ils sortent rarement de leurs tanieres, si ce n'est la nuit. Ils vivent parmi les ronces & les buissons, & mangent des fruits & des racines. Lorsque les raisins commencent à être mûrs, ils vont aux vignes, & s'attachant aux grappes qu'ils trouvent à fleur de terre, ils les égratignent avec leurs pattes qui ont cinq doigts & des ongles longs, pointus & creux. Ensuite ils se mettent en une boule, & se roulant sur les grains de raisin qu'ils ont détachés des grappes, ils les attachent à leurs pointes pour les emporter au lieu où ils se retirent. Ils emportent de la même sorte les pommes & les poires sauvages que le vent a abbatues, ou qui sont tombées d'elles-mêmes pour être mûres. Quand un Herisson sent les chiens, il se met en rond, afin que ne trouvant de tous côtés que des pointes & des épines, ils cessent de l'attaquer. Pour l'obliger à se remettre dans son sens naturel, il le faut arroser d'eau, & ses pointes se rabatent aussi-tôt. Il est de temperature froide, & abonde en excremens, dont ses épines sont entretenues. Sa chair étant fort stiptique, terrestre & de difficile digestion, est meilleure en medecine qu'à manger, à cause du peu de nourriture qu'elle donne.

Il y a aussi un *Herisson de mer*. Matthiole dit qu'il en a vû de tout noirs & d'autres rouges & purpurins, qu'il croit être l'espece qu'Aristote appelle *Echinometres*, à cause qu'ils étoient beaucoup plus grands que les autres. Il ajoûte qu'il y en a une autre sorte. Ceux-là sont petits & bons à ceux qui ne peuvent uriner que goute à goute. Ils ont leurs pointes ou épines longues & dures, & ils ne se vivent que dans les gouffres & les eaux profondes. Le corps du Herisson est fait comme un four, étant fort épais devant & derriere, & fenestré comme une lanterne dont on a ôté la corne. Il est couvert d'une écaille toute entassée de pointes, qui lui tiennent lieu de piés; car voulant aller d'un lieu à l'autre, il s'appuie sur ces pointes, ce que l'on connoît en ce qu'elles se trouvent entortillées aux herbes qui sont au fond de la mer. Ce qui lui sert de tête est contre terre, & la partie par où il fiente est dessus. Tous les Herissons ont cinq dent creuses au dedans, entre lesquelles il y a un petit morceau de chair qui leur sert de langue, à laquelle le gosier est attaché, & ensuite le ventre qui est divisé en cinq parties, qui paroissent plusieurs ventres, chacune étant remplie d'excremens séparée, & toutes ne laissant pas de dépendre d'un seul ventricule. On tient que ces sortes de poissons présagent la tempête, & que quand ils la sentent prête à venir, ils s'assemblent & se couvrent de pierres pour se rendre plus pesans. Selon Galien, la cendre des Herissons, tant terrestres que marins, est abstersive, resolutive, & attractive; de sorte que quelques-uns s'en servent pour mondifier les sales ulceres, & ôter les excrescences de la chair. La cendre du Herisson terrestre est employée quelquefois pour rompre la pierre.

On trouve aussi le long de toutes les côtes des Indes Occidentales diverses sortes de *Herissons de*
Tome I.

mer, que les Habitans nomment autrement *Poissons armés*. Il y en a qui sont gros comme un balon, presque tout ronds, & n'ayant qu'un petit moignon de queue qui fait qu'ils different d'une boule. Ce poisson n'a point de tête, mais il a les yeux & la queue attachés au ventre. Au lieu de dents, il a deux petites pierres blanches fort dures, & larges d'un pouce. Ce sont comme deux petites meules, dont il se sert, pour moudre, casser & écraser les cancres de mer, & les petits coquillages, dont il fait sa nourriture. Il est tout armé de petites pointes grosses & longues comme des fers d'aiguillette & aussi pointues que des aiguilles, qu'il dresse, baisse & traverse, selon le besoin qu'il en peut avoir. On prend ce poisson en lui jettant une ligne au bout de laquelle est un petit ameçon d'acier couvert d'un morceau de cancre de mer. Quand il l'a avalé, & qu'en voulant fuir il se sent arrêté par le Pêcheur qui tire la ligne, il entre dans une rage, qui lui fait herisser toutes ses pointes, en sorte que l'ayant tiré à terre, il est impossible de le prendre par aucune partie de son corps. Ainsi on est obligé de le porter un peu loin du rivage avec le bout de la ligne, & il expire là peu de tems après. Dans tout le corps de cet animal, qui est quelquefois plus gros qu'un boisseau, il n'y a pas plus à manger qu'à un petit maquereau. On lui trouve dans le ventre une maniere de bourse remplie de vent, dont on fait la colle la plus forte & la plus tenace qui se puisse faire. Les autres Herissons de mer, ou poissons armés de ces côtes, ne different de celui-ci qu'en la situation ou en la longueur de leurs pointes. Il y en a qui les ont plus courtes, d'autres plus menues, & d'autres en forme de grandes étoiles.

Herisson. Terme de Méchanique. Roue dentelée de plusieurs chevilles de bois, fichées dans la circonference de la roue.

Herisson. Terme de Guerre. Barriere faite d'une poutre qu'on arme de quantité de pointes de fer, & qui est portée & balancée par le milieu, sur un pivot autour duquel elle tourne. On la met aux portes & sur-tout aux guichets des Villes, & elle sert à ouvrir ou à fermer le passage selon qu'il est necessaire.

Herisson. Terme de Menuisier. Morceau de bois de cinq ou six piés de long, & qui a deux ou trois branches. On y met la Vaisselle qu'on a lavée afin de la laisser égouter.

C'est aussi un Glacis qu'on fait de pierre devant la porte d'un Moulin.

HERISSONNE', E'E. adj. Terme de Blason. Il ne se dit que d'un chat, quand il est ramassé & accroupi.

HERISSONNER. v. a. Voyez HERISSER.

HERISTAL. s. m. Vieux mot. Logis, demeure, habitation.

HERITEZ. s. m. p. Vieux mot. Heretiques. Il a signifié aussi heritages.

> *Qui maintes fois par leurs flavelles,*
> *Ont aux Varlets & aux pucelles*
> *Leurs droits heritez tollus.*

HERMAPHRODITE. s. m. Celui qui a les deux sexes, qui a tout ensemble la nature de l'homme, & la nature de la Femme. C'est ce que les Grecs appellent ἀνδρογύνε. Il y a aussi des Femmes Hermaphrodites. Ce mot vient du Grec ... Mercure, & ἀφροδίτη, Venus, comme qui diroit, Mêlé de Mercure & de Venus, c'est-à-dire, qui tient du mâle & de la femelle.

HERMETIQUE. adj. Terme de Chymie. On appelle *Science hermetique*, la Chymie en laquelle a excellé Hermes, Philosophe Egyptien, que quelques-uns ont fait vivre du tems de Ninus , & qui pour avoir approfondi les merveilles de la nature, a merité le surnom de *Trimegiste*, qui veut dire, Trois fois grand. On appelle aussi *Sceau hermetique* , une maniere si exacte de boucher les Vaisseaux dont on se sert pour les operations chymiques, que les esprits les plus délicats ne s'en puissent exhaler. Il faut pour cela fondre à la lampe le bout du col du matras , & le tortiller avec des pincettes faites exprès. Ainsi on dit qu'*Un Vaisseau est scellé hermetiquement* , quand il est bouché de cette maniere.

On appelle *Colomne hermetique* , Une sorte de colomne , qui est une espece de pilastre en maniere de terme , ayant une tête d'homme au lieu de chapiteau. C'est ce qui la fait appeller *Hermetique* , à cause que les Anciens y mettoient la tête de Mercure , que les Grecs nomment *Hermes*.

HERMIARIA. s. f. Plante qui a pris son nom des proprietés qu'elle a pour guerir la Hergne. M. de Meuve , qui en parle dans son Dictionnaire Pharmaceutique , dit qu'outre cela elle est propre à provoquer les urines & à rompre la pierre qui est dans les veines & la vessie; qu'on s'en sert aussi pour la guerison des playes & des ulceres, & qu'on la nomme autrement *Herba Turca*, ou *Herba cancri minor*, *millegrana* , ou *empetrum*. On ne se sert que de ses feuilles.

HERMINE. s. f. Animal qui se trouve dans les pays froids, en Bretagne & au bas Anjou, & dont la peau est très-blanche. Ce n'est autre chose , tant pour sa figure, que pour sa nature, qu'une Belette blanche qui a au bout de sa queue une petite pointe extrêmement noire, qui se met au bas des Aumusses des Chanoines, dont on fourre les manteaux des Pairs & les chapperons des Docteurs. Cette petite bête n'est blanche que pendant l'Hiver , lorsqu'elle est assiegée de tous côtés du froid, & des neges. Sur la fin du mois de Mai, sa peau reprend sa premiere couleur de roux clair & de verd de mer, de même que celle des autres belettes, & c'est le tems où cet animal s'accouple. L'Hermine prend les souris de la même sorte que fait la Belette. Quelques-uns veulent qu'on lui ait donné ce nom à cause que sa peau étant une fort belle fourrure , on en fait grand trafic en Armenie où ces animaux se trouvent en abondance; & comme les Armeniens ont été appellés autrefois *Hermines*, ainsi que témoigne Villehardouin , qui dit le *Sire des Hermines* , pour dire , le Roi des Armeniens, ces Peuples ont appellé cet animal de leur nom.

Hermine. Terme de Blason. La premiere des deux fourrures qui y sont en usage, dont la seconde est le Vair. C'est un champ d'argent semé de petites pointes de sable en forme de triangles.

Hermine. Ordre de Chevalerie que Jean V. dit le Vaillant , Duc de Bretagne, institua ou renouvella vers l'an 1365. Il l'appella ainsi à cause des Colliers d'or chargés d'Hermines que portoient les Chevaliers avec cette Devise *A ma vie*. Depuis ce tems-là , la Bretagne porta d'Hermines dans les armes, au lieu de trois gerbes que les anciens Ducs portoient.

HERMINETTE. s. f. Outil qui sert à planir & à doler le bois , & particulierement le courbe.

HERMITE. s. m. *Solitaire , qui s'est retiré dans un desert pour y servir Dieu.* ACAD. FR. Ce mot est Grec ἐρημίτης, & vient de ἐρημία, Solitude, lieu desert. On appelle les Religieux Augustins , *Hermites de S. Augustin*, à la difference des Chanoines Reguliers de ce même Ordre , qui suivent des regles differentes, & portent un habit particulier. Les Hie-

ronimites sont aussi appellés *Hermites de S. Jerôme. Les Hermites de S. Paul* , sont des Religieux habillés de blanc qui vont déchaussés , & qui vivent sous la Regle de S. Augustin. Il n'y en a point en France. Il y a une espece de coquillage qu'on appelle *Bernard l'Hermite*.

HERMODACTE. s. m. Plante dont les feuilles sont de la longueur de deux palmes , & ressemblent à celles du porreau ou de l'Afrodille , quoique plus étroites. Elle en a près de sa racine qui sont plus courtes. Du milieu de ses feuilles sort une tige déliée & verte , qui porte à la cîme une petite tête longuette en forme de poire , comme celle du *Colchicum ephemerum*, mais moindre. Elle a quatre racines qui sortent d'un même endroit, & qui sont semblables aux doigts de la main , ayant même au bout une maniere d'ongles blancs , ce qui la fait appeller par les Grecs ἱπποδάκτυλος, de δάκτυλος , Doigt. Le reste de ses racines est de couleur pâle roussâtre , sans capillature , si ce n'est celle qui sort au-dessus de leur issue. C'est la seule partie de cette plante qui soit en usage dans la Medecine, & qui porte absolument le nom d'Hermodacte. Pour les bien choisir , il faut prendre les Hermodactes qui sont blancs , gros , ronds , pleins , pesans & durs , sans carie. Ils sont bons à tirer la pituite crasse des jointures, & à la faire jetter dehors par le bas ventre, lorsqu'ils sont pris depuis une drachme jusqu'à deux dans une décoction convenable , mais leur humidité flatueuse & excrementeuse pouvant nuire à l'estomac, on s'en sert fort peu séparément, & on les corrige en partie par le gingembre, & en partie par les Myrobolans qui fortifient l'estomac, & qui les font descendre au plûtôt dans les intestins.

HERODIENS. s. m. Secte de Juifs qui étoient persuadés que l'ancien Herode étoit le Messie, que les Prophetes avoient annoncé. Ce qui leur avoit donné cette croyance étoit que le sceptre avoit défailli en la Tribu de Juda quand cet Herode étoit parvenu à la Royauté.

HERON. s. m. Grand oiseau aquatique & sauvage , qui est en butte à tous les oiseaux de proie. Il a le col long , un grand bec, les jambes hautes & la queue courte. Il y a des Herons blancs , d'autres cendrés , & d'autres crêtés avec une aigrette sur la tête. Le Heron vit de poisson , & on l'appelle en Latin *Ardea* , fait selon quelques-uns d'*Arduus* , Difficile , haut , *Quasi ardua petens* , c'est-à-dire , Prenant l'essor & volant fort haut.

Outre les Herons communs, on en trouve de deux autres sortes dans les Antilles , dont les premiers different fort peu du Heron commun, si ce n'est en une chose très-particuliere qu'on a remarquée dans ces oiseaux. Ils ont tous dans la substance de la peau du ventre quatre taches jaunes, larges d'un pouce , & longues de deux, & deux autres semblables aux deux cuisses , mais plus épaisses , & ameres comme le fiel. Il faut avoir soin de les couper , cette amertume étant d'une telle force que si on faisoit bouillir un de ces oiseaux avec d'autre viande, il seroit impossible d'en manger. La seconde espece de ces Herons est un très-bel oiseau. Il a la forme du corps plus longue que celle des autres , & le col deux ou trois pouces plus long que le corps. Il est monté sur des jambes longues & menues comme celles du Heron , & ses ailes finissent avec sa queue. Son bec est long d'un pié , menu , droit & jaune, tirant sur le verd. Sa tête enchaperonnée de noir porte sur le sommet une belle arrete de plumes de couleur d'ardoise, au-dessous de laquelle pendent en arriere en forme de pennaches, deux autres plumes de même couleur, longues de huit à dix pouces, fines & déliées comme des aigrettes. Ses yeux sont larges, clairs comme du cristal, & environnés d'un cercle doré. Au bas de son col sont cinq ou six fort belles aigrettes, il n'y a que ceux qui sont fort vieux qui en ayent, & l'on n'en même que les femelles n'en ont point. Tout le dos de cet oiseau est couvert de plumes fines de couleur d'ardoise comme celles qui lui servent de pennaches, & les plumes de ses ailes sont de la même couleur. Sa chair est aussi bonne que celle des autres Herons; mais cet oiseau n'est pas si commun. C'est la description qu'en fait le Pere du Tertre, Jacobin. Ces oiseaux vivent ordinairement de crabes, ce qui fait que les habitans les nomment *Crabiers*.

HERONNIER, IERE. adj. On appelle *Faucon Heronnier*, celui qui est dressé à la chasse du Heron. On appelle aussi *Oiseau heronnier*, Un oiseau qui est sec, vite, & aussi peu chargé de cuisine que le Heron, qui a la cuisse essuyée, l'aile seche & ferme, & le corps bien cousu dans sa peau.

HERPE. s. m. Terme de Marine. Il se dit de la coupe d'une lisse qui se trouve à l'avant & à l'arriere du haut des côtés d'un Navire. On y met un ornement de Sculpture, & cet ornement est aussi appellé *Herpe*, ainsi que ceux qu'on met sur les côtés du retranchement qui se fait au bout du château d'avant, qu'on appelle *Herpe d'éperon*, la Belle est aussi terminée par quatre Herpes qui sont au platbord. Il y en a deux à stribord, & deux à bas bord. Ce sont des pieces de bois taillées en balustres.

Herpes. Terme de Medecine. Inflammation qui par une longue suite de Bourgeons qui errent çà & là, & qui rongent & dévorent le cuir, y cause une fort grande âpreté. C'est une espece de dartre. Il y a des *Herpes miliaires*, & d'autres qu'on appelle *corrosives*, à cause que ces boutons ulcerent le cuir. Les premieres ont le nom de miliaires, de ce qu'elles font lever sous l'épiderme de petits boutons qui ne sont que de la grosseur d'un grain de mil. Ce mot est Grec ἕρπης, & vient du verbe ἕρπω, Ramper.

On appelle *Herpes marines*, toutes les richesses que la mer tire de son sein, & qu'elle jette naturellement sur ses bords. L'ambre-gris en Guienne, l'ambre jaune sur l'Ocean Germanique, & le Corail rouge, noir & blanc sur la côte de Barbarie, sont de ce nombre, & on les peut appeller *Epaves de mer*. Ce mot vient du vieux Gaulois *Harpir*, Prendre.

HERPE'. adj. Terme de Chasse. On appelle *Chien herpé, bien herpé*, Un chien qui a le jarret droit, ce qui est une bonne qualité.

HERPER. v. n. Mot qui se trouve dans le vieux langage, & qui signifie ce qu'on dit quand on dit que les cheveux herissent. On a dit aussi *Heruper*, de *Horripilare*.

HERSE. s. f. Instrument dont les Laboureurs se servent pour renverser les terres sur la semence nouvellement jettée dans un champ, afin d'empêcher que les oiseaux ne la mangent. Il est fait en treillis, de pieces de bois qui se croisent, & qui ont des pointes ou grosses chevilles en chaque intersection, propres non seulement à couvrir de terre les grains qu'on y a jettés, mais encore à fendre les motes & à les casser. C'est ce que les Anciens appelloient *Cratis occatoria*, qui étoit un Instrument à peu près semblable avec lequel ils brisoient les motes de terre qui auroient pû empêcher le blé de pousser. On remarquoit que de cent grains qu'on semoit, il en demeuroit cinquante étouffés sous les motes aux

pays où cet Instrument n'étoit pas connu, de sorte qu'un Ancien ayant été accusé de magie, à cause que son champ portoit beaucoup plus de fruits que ceux de ses voisins, porta aux Juges cette Herse, en leur disant : Voilà la magie dont je me sers pour attirer le blé des champs de mes voisins dans le mien. Ce mot vient d'*Herpices*, dont parle Festus dans la même signification, & on a dit *Herces* par contradiction.

Herse, se prend aussi pour une barriere qu'on met devant les logis, & on appelle en termes de Fortification *Herse Sarrasine*, Une contreporte faite en treillis avec des pointes de fer par le bas. Elle est après le pont-levis & la porte d'une place de guerre, & elle est suspendue à une corde. On la laisse tomber lorsque le petard a enfoncé la premiere porte. On le fait aussi pour se garantir de quelque surprise.

On appelle aussi *Herse*, Une sorte de porte coulisse d'où plusieurs morceaux de fer pointus sortent en maniere de dents.

Herse. Terme de Parcheminier. Sorte de chassis assés grand qui est avec des chevilles, & sur lequel on étend le parchemin en cosse pour le raturer.

On appelle aussi *Herse* dans les Eglises, des pieces de bois où l'on pose des chandeliers ou des cierges, lorsqu'on y veut mettre beaucoup de luminaire, comme il se pratique dans les Chapelles ardentes. On donne ce nom particulièrement aux Chandeliers triangulaires qu'on pose devant la representation du corps du défunt, & qui ont ordinairement quinze chevilles ou pointes, sur lesquelles on met même nombre de cierges.

Herse. Terme de Marine. Bout de corde épissée qui sert à divers usages. C'est ce qu'on appelle autrement *Etrope* ou *Gerseau*. *Herse de poulie*, est celle qui entoure le mousle ou la poulie, & qui sert à l'amarrer aux endroits où l'on a besoin de s'en servir. *Herses d'affust* sont des Herses avec des manieres d'anneaux concaves appellés *Delots* ou *Cosses*, & ces Herses sont posées au bout du derriere du fond de l'affust d'un canon où l'on accroche les Palans. La corde qui joint le Gouvernail à l'Etambor d'un Navire, s'appelle *Herse de Gouvernail*.

HERSE', E'E. adj. Terme de Blason. Il se dit d'une porte dont la Herse ou coulisse est abbatuë.

HERSER. v. a. Terme de Laboureur. Faire passer la herse sur un champ, afin d'en rompre les motes, & de recouvrir les grains qu'on y a semés. On disoit autrefois *Hercher*.

HERSILLIERES. s. f. p. Terme de Marine. Pieces de bois courbes qu'on met au bout des plats-bords d'un Navire ou d'un bateau, qui sont sur l'avant & sur l'arriere pour les fermer.

HES

HESCHE. s. f. Espece de barriere dont on garnit les côtés d'une charette pour charroyer librement sans occuper les roues.

HESE. s. f. Vieux mot. Clôture, ou barriere des cours des Métairies.

HESHUSIENS. s. m. Heretiques qui donnerent dans l'Arrianisme, & d'autres erreurs que Tilman Heshusius, Ministre Protestant d'Allemagne, soûtint par divers Traités qu'il publia dans le seizième siecle, pour avoir la gloire de se faire chef de parti.

HESTOUDEAU. s. m. Gros poulet, qui n'est pas encore chapon, & qu'on appelle en Latin *Pullaster*.

HESTRE. s. m. Arbre haut dont le tronc est droit

& fans nœuds, & qui a fes bránches en rond. Ses feuilles font groffes, un peu larges, & femblables à la carpie, fi ce n'eft qu'elles font plus grandes, plus liffées & moins crêpées. Le Hêtre eft mis au rang des chênes, quoique fon fruit qui eft une forte de noyau triangulaire qu'on appelle *Faine*, n'ait aucune forme de gland. Le bois de cet arbre, appellé autrement *Fau* ou *Fouteau*, eft fort, blanchâtre, & fec, & petille dans le feu. Quand il eft fendu on y voit plufieurs petites parties poiies & luifantes. Ses feuilles mâchées fervent beaucoup à fortifier les gencives, & la cendre de fon bois a la même vertu que celle du chêne. Elle eft cauftique, brûlante, abfterfive, & on la met au rang des Pyrotiques.

HET

HETER. v. a. Vieux mot. Louer, careffer. On l'a peut-être dit au lieu de *Haiter* qui a fignifié Avoir agreable, d'où eft venu *Souhaiter*.

HETEROCLITE. adj. Terme de Grammaire. Qui s'éloigne de la commune maniere de décliner & de conjuguer. Il n'a d'ufage qu'en parlant des noms & des verbes qui ne fuivent pas les regles communes de la Grammaire, & vient du Grec ἕτερος Autre, & de κλίνω, Se détourner.

HETERODOXE. f. m. Celui qui fuit une opinion contraire à celle de l'Eglife Catholique. Ce mot eft Grec, ἑτερόδοξος, & fignifie, Celui qui n'eft point de l'opinion d'un autre, de ἕτερος Autre, different, & de δόξα Opinion.

HETEROGENE. adj. Terme de Philofophie. Qui eft d'une autre efpece, d'un autre Genre, de ἕτερος Autre, & de γίνος Genre. Il eft oppofé à Homogene.

HETEROSCIENS. f. m. p. Terme dont les Geographes fe fervent en parlant de ceux qui habitent les zones temperées. Ils les appellent ainfi, à caufe que le Soleil étant toûjours à leur égard ou Meridional ou Septentrional, leurs ombres meridiennes ne vont jamais que d'un feul côté. Ce mot eft compofé de ἕτερος Autre, & de σκιά, Ombre. Les peuples qui font en-deçà de la ligne ont les ombres du côté du Nord, & ceux qui habitent au-delà les ont du côté du Sud. Voyez AMPHISCIENS, & PERICIENS.

HETICH. f. m. Sorte de racine qui fe trouve en grande abondance au Brefil. Ces racines font le plus fouvent de la groffeur de deux poings. Quoiqu'elles paroiffent être d'une même efpece lorfqu'elles font nouvellement arrachées de terre, toutefois parce qu'étant cuites il y en a de violettes, d'autres jaunes, & d'autres blanches, quelques-uns croyent qu'elles font de trois efpeces. Etant cuites fous les cendres, principalement les jaunes, elles égalent nos meilleures poires. Leurs feuilles qui rampent à terre à la maniere du Lierre terreftre, reffemblent à celles de concombre, ou aux plus larges feuilles des épinars. Elles different pourtant en couleur, & cette couleur approche plus de celle de la vigne blanche. Comme elles n'ont point de femence, les femmes fauvages qui ont le foin de ces chofes, coupent ces racines par morceaux qu'elles plantent, & qui peu de tems après produifent autant de groffes racines. C'eft le principal mets de cette contrée, & l'on en trouve par tout, ce qui fait penfer qu'elles croiffent d'elles-mêmes.

HEU

HEU. f. m. Bâtiment qui tire peu d'eau, & qui eft plat de varangue. Il eft du port de trois cens tonneaux, & d'un grand ufage pour les Hollandois, Flamands & Anglois. Il n'a qu'un mât, dont le fommet jette en faillie du côté de la poupe une longue piece de bois, & cette piece de bois & le mât n'ont qu'une même voile, qui court de haut en bas de l'un à l'autre. Un gros étui qui eft auffi avec une voile, foûtient le mât qui porte une vergue de foule. M. Ménage fait venir ce mot du Grec ὁλκάς qui fignifie un Vaiffeau de charge. Les Allemans l'appellent *Hulec*, & les Anglois *Hulke*.

HEUDRIR, SE HEUDRIR. v. n. p. Il fe dit du linge fale qui fe pourrit, faute d'être mis à l'air quand on le garde trop long-tems fans le blanchir, foit par oubli, foit par negligence. On dit auffi que *Du fruit fe heudrit*, quand il fe gâte pour être trop preffé dans un panier, où lorfqu'étant tombé de deffus l'arbre, il prend un commencement de pourriture. Ce mot vieillit, s'il n'eft vieux.

HEURE. f. f. *Certain efpace de tems qui fait la vingt-quatriéme partie du jour naturel.* ACAD. FR. L'heure eft une partie *aliquote* du jour & par confequent ce qui fe dit des jours fe doit entendre des Heures à proportion. Voyez JOUR. Les Heures du *jour Artificiel* doivent donc être fort inégales, non pas celles d'un même jour, mais celles de deux jours differens comparées entr'elles, car dans notre fphere oblique la douziéme partie d'un jour *Artificiel*, pris au folftice d'Ete, doit être bien plus grande que la douziéme partie du jour du folftice d'hiver. Ces Heures font appellées par cette raifon *Inégales & Temporaires*, on les nomme auffi *Antiques* ou *Judaïques*, parce que les Juifs & d'autres Peuples anciens, comme les Grecs, s'en font fervis. Les Heures du *jour Naturel Aftronomique* font auffi inégales à proprement parler, mais leur inégalité eft fi petite qu'elle n'eft d'ordinaire comptée pour rien. Comme le commencement *du jour Civil* peut être differemment fixé, les Heures en ont reçû differens noms. Ainfi on appelle *Heures Babiloniques* celles du jour que l'on compte depuis le lever du Soleil, *Heures Italiques* celles du jour qui commence à fon coucher, & *Heures Françoifes* celles du jour qui commence à midi ou à minuit.

Heure fe dit auffi d'une certaine mefure de chemin chés beaucoup de Nations. *Il y a tant d'heures de cette Ville-là à une autre*, pour dire, Il faut employer tant d'heures à faire ce chemin, ce qui fe rapporte à une grande lieue de France.

HEURT. f. m. *Choc, coup donné en heurtant contre quelque chofe.* ACAD. FR.

Heurt fe dit dans une rue, dans une chauffée, ou dans un pont de pierre, de l'endroit le plus élevé d'après lequel on donne la pente à droit & à gauche, afin que les eaux, qu'on ne fçauroit faire aller d'un même côté; ayent leur écoulement libre.

HEURTEQUIN. f. m. Terme d'Artillerie. Ce font deux morceaux de fer battu, qui fe placent fur l'effieu d'affût à l'extrémité de la fufée le gros bout eft en-dedans.

HEURTES. f. f. Terme de Blafon. Tourteaux d'azur, appellés ainfi par quelques-uns afin de les diftinguer des tourteaux d'autres couleurs.

HEURTOIR. f. m. Efpece de marteau, fait en forme de confole renverfée que l'on met à une porte, & qui fert à y frapper.

HEUSE. f. f. Terme qui fe dit fur mer d'un pifton ou de la partie mobile de la pompe.

Heufe. Mot qui fe trouve dans le vieux langage pour fignifier une forte de chauffure.

HEX

HEXACHORDE. f. m. Intervalle de Mufique, confonance que l'on appelle fixiéme. Il y a l'*Hexachorde majeur*, & l'*Hexachorde mineur*. Le majeur eft compofé de deux tons majeurs, de deux tons mineurs, & d'un demi ton majeur, qui font cinq intervalles, & le mineur a deux tons majeurs, un ton mineur, & deux demi tons majeurs. La proportion en nombres de l'un eft de trois à cinq, & celle de l'autre eft de cinq à huit. Ce mot eft fait de *ἓξ* Six, & de *χορδὴ* Corde.

HEXAGONE. f. m. Terme de Géometrie. Figure, qui a fix angles, en Grec *ἑξάγωνος*, de *ἓξ* Six, & de *γωνία*, Angle.

HEXAMETRE. adj. On appelle *Vers hexametre*, Un vers Grec ou Latin, compofé de fix piés appellés *Dactyles* & *Spondées*, dont le dernier doit être un fpondée, & le penultiéme un dactyle, avec une cenfure au fecond ou troifiéme pié. Ce mot eft fait de *ἓξ* Six, & de *μέτρον* Mefure.

HIA

HIALME. f. m. Vieux mot. Heaume.

HIATUS. f. m. Mot Latin, qui fignifie l'ouverture de la bouche & que les Poëtes ont rendu François, pour fignifier un défaut qui fe trouve dans un Vers où l'on fait entrer une fyllabe compofée feulement d'un *e* feminin, fans qu'il fuive un mot commençant par une voyelle qui en faffe l'élifion, comme en ce Vers,

La joye que je fens ne fe peut exprimer.

L'Hiatus eft dans le mot *joye*, qu'on ne fçauroit foûtenir pour faire la mefure du Vers, fans violenter la prononciation d'une maniere défagreable. Il n'y auroit point d'*Hiatus* dans le Vers fi on mettoit,

Ma joye en vous voyant ne fe peut exprimer.

à caufe que l'*e* feminin qui finit *joye* eft mangé par le mot *en* qui le fuit. On dit auffi, qu'il y a un *Hiatus dans une Piece de Theatre*, lorfqu'il s'y trouve une Scene de quelque Acte qui n'eft point liée avec l'autre, c'eft-à-dire, quand les Acteurs nouveaux entrent fur le Theatre fans qu'il y demeure aucun de ceux de la Scene précédente.

HIB

HIBOU. f. m. Oifeau nocturne, qui haït la lumiere du Soleil & que l'on tient de mauvais augure. Sa couleur eft fauve, & il a comme une couronne de plume qui lui entoure le deffus des yeux, & qui lui prenant par les deux côtés de la tête qu'il a femblable à celle d'un chat, & par le deffous de la gorge, fait une maniere de collier. Ses yeux font enfoncés & noirs, fes ongles crochus, & les jambes couvertes de plumes. Le deffous de fon ventre eft blanc, marqué de taches noires, & il a le dos moucheté de taches blanches & le bec blanc. Il pouffe un cri lugubre & affreux, & a tous les autres Oifeaux pour ennemis. Les Hibous font de differente grandeur. Il y en a de grands comme des Chapons, de moyens comme des Ramiers, & de petits comme des Pigeons. Ils prennent les Souris comme font les Chats, ce qui les a fait appeller *Chathuants*, en Latin *Noctua*, à caufe que cet Oifeau ne voit que la nuit.

HIC

HICARD. f. m. Oifeau de riviere, gros comme une

Oye: On en voit en Canada.

HID

HIDEUR. f. f. Vieux mot. Difformité, ce qu'une chofe horrible a de hideux.

HIDROTIQUES. f. m. Medicamens fudorifiques qui en penetrant jufqu'aux plus profondes parties du corps ont la vertu d'incifer, & d'attenuer les humeurs, de forte qu'ils entraînent avec eux tout ce qu'ils rencontrent & le pouffent à la fuperficie. La Tormentille, le Chardon benit, la Zodoaria, le Gajac, l'Angelique, la Pimpernelle & autres, font de ce nombre. Ce mot eft Grec *ἱδρωτικὸς*, & vient de *ἱδρὼς*, Sueur.

HIE

HIE. f. f. Piece de bois longue de cinq ou fix piés, dont fe fervent les paveurs. Elle eft ronde, & ferrée par chaque bout, & à deux manieres d'anfes aux côtés vers le milieu pour l'élever & la laiffer retomber fur le pavé qu'on veut enfoncer. Cet inftrument s'appelle auffi *Demoifelle*.

Hie. Se dit encore d'un billot de bois, qui fert à enfoncer des pieux en terre lorfqu'on fait des pilotis; c'eft dans les Engins ce qu'on appelle *Moutous* aux fonnettes. C'eft encore une efpece de petite Chevre pour monter des fardeaux.

HIEBLE. f. f. Plante qui eft plûtôt une herbe qu'un arbre. Sa tige eft quarrée & noire, & fes feuilles qui font puantes & dentelées tout à l'entour reffemblent à celles de l'Amandier. Elles font pourtant plus longues, & difpofées par certains intervalles en maniere d'ailes. Sa racine eft longue & groffe comme le doigt: & en general cette plante eft fi femblable au fureau, tant pour fes fleurs & fa graine, que pour fes proprietés, que les Grecs l'ont appelé *Chamaacte*, comme qui diroit Petit fureau, de *χαμαὶ* Aterre, & de *ἀκτὴ*, Sureau. Les Latins le nomment *Ebulus*. Sa graine, fa moyenne écorce, & le fuc de fes racines, de fes feuilles & de fes fruits purgent doucement les ferofités, & l'on s'en fert dans l'hydropifie, & dans toutes les maladies qui en proviennent. Ses feuilles broyées & appliquées fur les jointures, adouciffent les douleurs des Gouttes, & diffipent les humeurs aqueufes en quelque lieu qu'elles fe forment. Galien dit, que l'Hieble a une vertu defficcative, conglutinative, & refolutive de même que le fureau, ce qui eft caufe qu'on peut fubftituer l'un à l'autre. Plufieurs écrivent. *Teble.*

HIEMENT. f. m. Terme de Charpentier. Mouvement involontaire d'un affemblage de pieces de bois, que caufe quelque violent effort des vents ou le branle de groffes cloches. On appelle auffi *Hiement*, le bruit que fait une machine en élevant un pefant fardeau. Ce mot fe dit encore de la maniere de battre les pieux avec la Hie pour les enfoncer, ce qui fe fait en la guindant, & la laiffant enfuite tomber.

HIER. v. a. Terme de Maçon & de Paveur. Enfoncer des pierres ou des pavez avec la Hie.

HIERACIUM. f. m. Plante dont il y a deux fortes, le *grand Hieracium*, qui a fa tige âpre, rougeâtre, piquante & creufe, & dont les feuilles font par intervalles, & un peu déchiquetées. Il eft fort femblable à la laitue; & n'a comme elle qu'une feule racine qui eft droite. Le *petit Hieracium*, reffemble à la chicorée, fi ce n'eft que fes feuilles font un peu plus âpres. Il a quantité de racines, & tous deux ont leurs fleurs jaunes qui fe convertiffent enfin en bourre. Elles fortent de certaines têtes longues dans le grand, qui font rondes dans le petit. Pline les met au rang des laitues fauvages, & dit que cette herbe s'appelle *Hieracium*, du Grec *ίεραξ*, Epervier, à caufe que ces oifeaux fe guériffent du mal des yeux, & s'éclairciffent la vûe par le moyen du jus de cette herbe, en l'égratignant avec les ongles. Diofcoride rapporte que l'Hieracium eft refrigeratif & quelque peu aftringent, & qu'é-tant appliqué il remedie aux chaleurs & aux in-flammations de l'eftomac. L'herbe enduite avec fa racine, eft fort bonne contre les piquûres des Scorpions. On l'appelle ordinairement *Herbe à l'E-pervier.*

HIERE. f. f. On appelle, *Hiere picre de Galien*, Une compofition purgative que Galien a décrite dans fa Méthode, mais qu'il n'a pas inventée. Elle eft faite de canelle choifie, de Xilobalfame, de ra-cine d'Afarum, de Saffran, d'Aloës non lavé, de miel écumé. On ne s'en fert jamais par la bouche, à caufe de fon exceffive amertume, mais feulement dans les lavemens où fa dofe eft depuis une demi-once jufqu'à une once & demie. Elle atténue les humeurs craffes, elle ouvre, déterge & évacue la bile & la pituite impactes dans la premiere region, & remedie à toutes les incommodités qui viennent de crudité. On l'appelle *Hiere picre*, du Grec *ίεράς*, Saint, facré, à caufe des rares vertus qu'elle a pour diffiper plufieurs maladies, de *αλφος*, Amer, par-ce que l'Aloës qui en eft la bafe, & que l'on y met en très-grande quantité, la rend extraordinairement amere. Il y a une autre Hiere qu'on appelle *Hiere Diacolocynthidos de Pacchius*, à caufe que la Co-loquinthe en eft la bafe, & que Pacchius d'Antio-che l'a éprouvée avec un heureux fuccès en plufieurs maladies fâcheufes. Il y entre quinze ingrediens outre le Miel, fçavoir la Coloquinte, l'Oppopo-nax, l'Ariftoloche ronde, l'Agaric, la graine de Perfil, le Saffran, le Sagapenum, le Marrube, le Polium, la Canelle, le Chamædrys, le Spic nard, le Poivre blanc, le Stoëchas Arabique & la Myrrhe. On ne la donne qu'à ceux qui font d'une forte complexion, & feulement dans les maladies re-belles qui proviennent d'humeurs froides. Son ufa-ge le plus fréquent eft dans les lavemens. Elle eft propre à évacuer de chaque partie du corps, toutes humeurs craffes & lentes, pituiteufes, mé-lancoliques & bilieufes.

HIERONIMITES. f. m. Sorte de Religieux qu'on appelle autrement *Hermites de faint Hierôme*. Il y en a en Efpagne. Ils font habillés d'un gris tanné, & fuivent la Regle de faint Auguftin.

HIERÉS. f. f. Vieux mot. Lierre.

HIEU. Mot qui fe trouve dans le vieux langage, où il fignifie *Lui ou Elle. Si envoya un Meffager à l'en-contre, hieu, qui lui dit.* Dans un autre endroit *Donc envoyerent-ils a hieu les plus gros de la Cité.*

HIL

HILLIERS. Vieux mot. Les Flancs, du Latin *Ilia. Les os par les Hilliers li faillent.*

HILOIRES. f. f. Terme de Marine. Longues pieces de bois qui font arrondies, & qui dans un Vaiffeau foutiennent les Caillebotis, & les écou-tilles.

HIN

HINGUET. f. m. Terme de Marine. Morceau de bois qui fert à arrêter le Cabeftan, après qu'on a levé l'ancre ou quelque fardeau. Il eft attaché au tillac, & mobile par un bout. Ce mot a été fait

par corruption de celui de *Ginguet*, qui veut dire la même chofe.

HIP

HIPPOCENTAURE. f. m. Sotte de monftre qu'on a feint être moitié homme & moitié cheval, & dont il eft parlé dans la Cyropædie de Xenophon. Ce mot vient de *ίππος*, Cheval, & de *κένταυρος*, Cen-taure. Ce nom de Centaure, felon le témoigna-ge de Servius, fut donné aux Gardes d'un cer-tain Roi de Theffalie, *παρὰ τὸ κεντεῖν τὰς ταύρους*, de ce qu'étant montés fur des chevaux, ils ramenoient les bœufs du Roi en les piquant avec des aiguil-lons; & ce qui a donné lieu aux Poëtes de feindre des Hippocentaures, vient de ce que certains Peu-ples de Theffalie, en courant legerement fur des chevaux, fembloient ne faire qu'un même corps de l'homme & du cheval.

HIPPODROME. f. m. Lieu fpacieux où l'on difpu-te le prix de la courfe des chevaux, de *ίππος*, Che-val, & de *δρόμος*, Courfe.

HIPPOGLOSSUM. f. m. Herbe qui produit force rejettons, & qui a fes feuilles piquantes & femb-les au brufcus. Elle croît ordinairement dans les Alpes de la Ligurie & dans les montagnes rem-plies de forêts. On l'appelle en Latin *Lingua equi-na*, qui eft la fignification du mot Grec *ίππόγλωσσον*, fait de *ίππος*, Cheval, & de *γλῶσσα*, Langue. On l'appelle auffi *Biflingua*, à caufe de certaines ma-nieres de langues qui fortent d'entre fes feuilles. Cette herbe eft hyfterique & provoque les mois, de forte que l'on s'en fert pour remedier aux in-commodités de la matrice. Quelques-uns l'em-ployent pour cela en faifant fecher fes feuilles ou fa racine, & après les avoir mifes en poudre, ils en donnent une cueillerée dans du bouillon ou dans du vin blanc. L'Hippogloffum s'appelle auffi *Lin-gua pagagia*, ou *Bonifacia.*

HIPPOGRIFE. f. m. Animal fabuleux que le Poë-me de l'Ariofte a rendu celebre. On lui donne des ailes, & on le fait en partie cheval & en partie griffon.

HIPPOLADATHUM. f. m. Plante qui croît dans les montagnes auffi-bien que dans les marais, & fur-tout dans les lieux où féjourne le beftail pour engraiffer le terroir. Il eft tout-à-fait femb-le à la rhubarbe des jardins. Ce mot ne veut dire autre chofe que le plus grand Lapathum, parce que fouvent *ίππος*, en Grec a la vertu d'augmenter dans les mots qui en font compofés. Voici ce que dit Galien lorfqu'il parle des Lapathes. Le Lapa-thum a une vertu moderément refolutive ; mais l'Oxylapathum ou le Lapathum aigu l'a mêlée. Leur graine eft aftringente, & guerit les dyfenteries & les flux de ventre, & particulierement le *Lapathum acutum*. Quant à l'Hippolapathum qui croît aux ma-rais, il a les mêmes propriétés que les autres, mais il ne fait pas fi grande operation.

HIPPOMANE. f. m. Sorte d'herbe appellée ainfi de *ίππος*, Cheval, & de *μανία*, Fureur, à caufe que les chevaux qui en mangent font agités de fureur. On appelle auffi *Hippomanes*, un certain Venin que l'on fait entrer dans les compofitions des filtres qui forcent d'aimer. Pline dit que l'*Hippomanes* eft une caroncule noire qui eft à la tête du poulain, que la mere lui mange fi-tôt qu'il eft né.

HIPPOPHAES. f. m. Herbe large & épaiffe de tous côtés, qui croît aux lieux maritimes, & qui jette quantité de branches. Ses feuilles reffemblent à celles de l'olivier, fi ce n'eft qu'elles font plus longues & plus molles, & d'entre ces feuilles on voit

HIP

voit fortir certaines épines blanches , feches & faites à angles , & qui font difposées par intervalles. Ses fleurs font en grappe , & femblables aux corymbes de lierre , mais plus petites & plus rondes, d'un blanc tirant fur le rouge. Sa racine eft groffe, tendre , amere au goût & pleine de lait. On tire le jus de l'herbe & de la racine , comme on fait de la Thapfia. Le jus entier & fans être mêlé purge par le bas les phlegmes , les aquofités & la colere , pris au poids d'une obole;mais étant incorporé avec la racine d'Orobus,il en faut prendre quatre oboles avec eau miellée. On feche toute l'herbe avec fes racines , & on la pile enfuite pour la garder. C'eft ce que Diofcoride en dit.

HIPPOPHÆSTUM. f. m. Herbe piquante & petite , qui croît aux mêmes lieux que l'Hippophaës, & dont les Foulons fe fervent. Elle ne jette ni tige ni fleur , & produit feulement de petites têtes creufes & fans fubftance. Ses feuilles font petites & piquantes , & fes racines tendres & maffives. Leur jus, pris au poids de trois oboles en eau miellée ; évacue les aquofités & les flegmes. Cette purgation eft bonne particulierement pour le haut mal & pour le défaut des nerfs.

HIPPOPOTAME. f. m. Cheval de riviere qui fe trouve dans le Nil , dans l'Indus & dans les autres grandes rivieres. Les Ethiopiens l'appellent *Bihas* , & ceux du Royaume d'Amara, *Gomar*. Son nom eft formé de ἵππος, Cheval , & de ποταμὸς, Fleuve. Les Grecs qui l'ont appellé ainfi , n'avoient vû que fa tête qui reffemble affés à la tête d'un cheval. Il n'a rien de femblable à cet animal dans tout le refte , n'ayant point du tout de poil , & fa peau étant au contraire fort unie. Il a le pié fourché comme un bœuf , & eft deux fois plus gros. Sa queue eft courte , & fes dents font des dents de fanglier , mais moins tranchantes. Il y a grand nombre d'Hippopotames dans le lac de Tfanic , où ils renverfent les petites barques pour manger les hommes qui font dedans ; ce qui rend la navigation de ce Lac fort dangereufe.Ils broutent fouvent les campagnes voifines , & on les fait fuir en leur faifant voir du feu dont ils ont grand'peur. Les Peuples des environs vont à la chaffe & à la pêche de cet animal , & fa chair leur fert de nourriture. Sa peau eft extrêmement épaiffe & bonne à divers ufages. Elle eft propre même pour faire des Boucliers. Matthiole dit que le premier qui ait fait voir des Hippopotames à Rome , a été Marcus Scaurus , qui étant Edile , y en amena un vivant & cinq crocodiles. Il ajoûte qu'il femble que cet animal ait étudié en Medecine , puifque fe fentant chargé d'humeurs , il fe promene fur le rivage du Nil , cherchant des rofeaux , & lorfqu'il en trouve un tronçon affés aigu & pointu , il s'appuye deffus , & fait fi bien qu'il s'ouvre une certaine veine de la cuiffe. Il jette dehors fes humeurs fuperflues par cette faignée ; & lorfqu'il connoît qu'il s'eft déchargé d'affés de fang, il referme la playe avec du limon.

HIPPOSELINUM. f. m. Plante qui eft femblable à celle qu'on appelle *Levifticum* , foit par la grandeur de fes feuilles , ou par fes tiges & fes branches , & autres particularités , mais differente par fa fleur & par fa graine. Quelques-uns croyent que ce foit le laferpitum , & d'autres la libanotis de Theophrafte , qui porte du fruit, mais Matthiole n'eft point de ce fentiment. Ce n'eft proprement que ce qu'on appelle en Latin *Apium majus* , de ἵππος , qui eft un mot qui augmente, & de σέλινον , Ache.

HIR

HIRARA. f. f. Animal du Brefil qui reffemble beaucoup à l'Hyene , que l'on appelle aujourd'hui Civette. Il y en a quelques-unes blanches , d'autres noires & d'autres brunes. Elles vivent toutes feulement de miel , qu'elles fçavent tirer fort adroitement en fouiffant au deffous des ruches qu'elles rencontrent , jufqu'à ce qu'il y ait un grand paffage d'ouvert. Elles y menent alors leurs petits, & en tirent le miel , dont elles ne mangent point qu'elles ne les en voyent raffafiés.

HIRAVERIE. f. f. Vieux mot. Haillon , méchant habit. On a dit auffi *Hirandie* , dans le même fens.

HIRETE'. f. f. Vieux mot. Heredité , heritage.

HIRONDELLE. f. f. Petit oifeau noir qui a quelques taches blanches , qu'on voit au Printems & pendant l'Eté. Pline dit qu'il vient d'Afrique , & qu'il paffe la mer tous les ans pour venir aux lieux où il connoît que le chaud commence. Il y en a plufieurs qui croyent que s'il difparoît en Automne , ce n'eft pas qu'il aille chercher des pays chauds au delà des mers , mais feulement parce qu'il fe cache dans des trous pendant l'Hiver pour éviter la rigueur du froid. Aldroandus affure que plufieurs Hirondelles fe cachent dans la glace , où elles fe confervent jufqu'au Printems , & que reprenant leur premiere vigueur en cette faifon , elles volent comme elles faifoient auparavant. Un voyageur affure qu'en un certain village de Mofcovie on lui apporta un grande piece de glace où il y avoit plufieurs Hirondelles gelées & qu'on croyoit mortes. Il la mit auprès d'un poële , & à mefure qu'elle fe fondoit , les Hirondelles fentant la chaleur , fe ranimerent & prirent le vol comme fi elles n'euffent été qu'endormies. Ce qu'il y a de furprenant , c'eft que les Regions chaudes ont beaucoup moins d'Hirondelles que les froides. Diofcoride dit que fi on fend les premiers petits de ces oifeaux dans le croiffant de la Lune , on trouvera dans leurs ventres plufieurs pierres , dont il en faut prendre deux , l'une de differentes couleurs , & l'autre d'une feule. Ces pierres mifes dans une peau de cerf ou de geniffe avant qu'elles ayent touché la terre , & liées au bras ou au col , font bonnes à ceux qui ont le haut mal. Les Hirondelles mangées ne font pas moins propres à éclaircir la vûe que les Bequefigues. Leur cendre brûlée dans un pot de terre & appliquée avec du miel , a la même proprieté. Ce font elles qui ont fait connoître la vertu de l'Eclere , nommée par les Grecs χελιδόνια , de χελιδὼν , Hirondelle , à caufe que par le moyen de cette herbe elles gueriffent la vûe de leurs petits , & la leur rendent même quand on leur a crevé les yeux tout exprès. Leurs fumées font un effet contraire , puifque fi elles tombent encore chaudes fur un œil , elles le font perdre ; ce qui eft connu par l'exemple de Tobie qui en devint aveugle. Le mot d'Hirondelle vient du Latin *Hirundo*. Quelques-uns le dérivent du Grec εἴρω , Parler, dire , parce que les Hirondelles ne ceffent prefque point de gazouiller.

Il y a une *Hirondelle de mer*. C'eft un poiffon qu'on a appellé ainfi , à caufe qu'il a de grandes nageoires femblables aux ailes des Hirondelles. Sa tête eft quarrée & dure , & tout fon corps eft couvert d'écailles dures & tachetées.

HIS

HISTRION. f. m. Mot qui a été fait François du

Latin *Histrio*, Farceur, boufon. On donne ce nom en general à tous ceux qui montent sur le theatre pour divertir le public, & il est donné odieusement. Festus dit que *Histrion* a été fait d'*Histrie*, nom de Pays, à cause que les premiers santeurs ou danseurs qui se donnerent en spectacle pour de l'argent, en étoient venus. D'autres veulent qu'il vienne d'*Hister*, qui chés les Toscans signifioit un Sauteur.

HIV

HIVOURAE. f. m. Arbre du Bresil qui a son écorce épaisse d'un demi-doigt, & d'un goust fort agreable, sur-tout quand elle vient d'être ôtée de l'arbre. Elle est argentine au dehors, rougeâtre au dedans, & rend une humeur de lait d'un goust salé, mais qui approche de la reglisse. Le Hivourae ne porte qu'une fois tous les cinq ans, & son fruit ressemble presque à une moyenne prune dorée. Au dedans il contient un petit noyau doux & delicat qui réjouit le goust des malades.

HOB

HOBER. v. n. Vieux mot qui joint à la negative, vouloit dire, Ne bouger, ne point partir d'un lieu.

Tire-t'en près, & ne t'en hobe.

On l'a dit aussi sans negative pour, Partir, s'en aller.

Ainsi que d'ici je hobe
Vous me payerez pour abreger.

HOBEREAU. f. m. Oiseau de leurre qui vole fort haut, & qui est le plus petit après l'émerillon. Il a le haut de la tête entre noir & fauve, les plumes de dessus les yeux noires & le bec bleu. Il est marqueté sous le ventre, & a le dos & la queuë noirâtres, & les jambes & les doigts jaunes. Il est bon à prendre les petits oiseaux. Borel dit qu'on l'appelle ainsi à cause qu'il ne bouge d'un même lieu pendant un certain espace de tems, se tenant suspendu en l'air, pour se purger de ses mauvaises plumes. *Hobereau*, selon M. Ménage, vient d'*Umberellus* diminutif d'*Umber*, qui a été dit pour *Spurius.*

HOBIN. f. m. Sorte de cheval dont Philippe de Commines fait mention en ces termes, lorsqu'il parle du Roi Louis XI. *Audit lieu de Beaujeu il reçeut lettres comme la Duchesse d'Austriche estoit morte d'une cheute de cheval : car elle chevauchoit un hobin ardent ; il la fit choir, & tomba sur une grande piece de bois.* Ce mot, selon M. Ménage, vient de l'Italien *Ubino.* Dans le haras du Duc de Mantouë, il y a une race de chevaux qu'on appelle *Ubins*, & qui vont l'amblé naturellement.

HOBO. f. m. Arbre des Indes Occidentales dans la nouvelle Grenade, il est grand & tond, & son écorce, ainsi que ses rejetons, guerit les tumeurs & les plaies des jambes. Ses feuilles buës avec de l'eau lâchent le ventre.

HOC

HOC. f. m. Sorte de jeu, où l'on jouë ordinairement à trois, chacun ayant douze cartes. On l'appelle ainsi à cause qu'il y en a six qui sont hoc, c'est-à-dire, au dessus desquelles on n'en sçauroit jouer d'autres. Ces six cartes sont les quatre Rois, la Dame de pique & le valet de carreau.

On met des marques au point, au fredon & à la sequence.

HOCA. f. m. Jeu composé de trente points marqués de suite sur une table. On se sert de trente petites boules pour y jouer, & dans chaque boule est enfermé un morceau de parchemin où il y a un chifre. On remue ces boules dans un sac, & l'on en tire une, dont on fait sortir le billet que l'on déplie devant tout le monde. Ce billet marque ce que l'on a gagné ou perdu.

HOCHEBOS. f. m. Sorte de Soldats anciens, comme qui diroit *Hochebois*, Remuans la pique. Il a signifié aussi la pique même, & une sorte de barque.

HOCHEPIED. f. m. Oiseau que l'on jette seul après le heron pour le faire monter.

HOCHEQUEUE. f. m. Petit oiseau qui a le bec noir & bienfait, qui est marqueté de noir & de blanc, & que l'on appelle ainsi à cause qu'il remue toûjours la queue. On l'appelle aussi *Battequeue, Battemare, Bergeronnette & Lavandiere.*

HOCHET. f. m. Morceau d'argent, ou d'or, de la grosseur à peu près du petit doigt, au bout duquel on enchasse une dent d'ivoire ou de cristal, que l'on garnit de trois ou quatre sonnettes pour amuser un enfant qui est encore au maillot. Les enfans le mettent aussi dans leur bouche quand les dents commencent à leur venir.

HOD

HODER. v. a. Vieux mot. Incommoder, fatiguer, lasser. On fait venir ce mot de ἱδὸς, Chemin.

HOE

HOE. f. f. Vieux mot. Hoyau, bêche.

HOF

HOFMANISTES. f. m. Heretiques qui enseignent que Dieu prit chair de lui-même ; ce qui est contraire à l'Ecriture, qui dit que JESUS-CHRIST est né d'une femme. Ils refusent le pardon à ceux qui sont retombés dans le peché, & affoiblissent ainsi la grace de Dieu, qui veut que nous nous convertissions pour nous pardonner.

HOI

HOIRIN. f. m. Terme de Marine. Morceau de bois ou de lierre qui flotte sur l'eau & marque l'endroit où l'ancre est mouillée dans quelque port, ou laissée dans une rade. C'est quelquefois un baril relié de fer, & la même chose que ce qu'on appelle *Balise* ou *Bouée.*

HOL

HOLANDER. v. a. Les Marchands Papetiers se servent de ce mot, & ils disent, *Holander les plumes*, pour dire, Les préparer & les mettre en état qu'on en puisse écrire après, qu'elles ont été arrachées des ailes de l'oye.

HOLLI. f. m. Nom que les Sauvages de la nouvelle Espagne donnent à une résine qui vient d'un arbre qu'ils appellent *Holquahuitl.* On y trouve deux especes de cet arbre. L'un qui a le tronc poli & roux, & plein de grandes feuilles, est de poulpe lente & visqueuse. Ses fleurs sont blanches, & il porte de grosses boules rondes de couleur rougeâtre, attachées au tronc, remplies de fruits blancs à la façon des noisettes. Ces fruits sont d'un goût amer couvert d'une pellicule brune. L'autre a ses feuilles semblables à celles de l'oranger, mais un peu plus grandes. L'écorce de l'un & de l'autre étant incisée, rend une resine qui est au commencement de couleur de lait, brune ensuite, & enfin noire. Les Sauvages qui l'amassent en des balles rondes, s'en oignent la peau, & l'ayant cuite avec certains vers appellés par eux *Aain*, & formée en pilules, ils l'avalent pour se rendre plus agiles, & pour s'acquerir l'adresse de ployer & de tourner leurs membres vers toutes les parties. On tient que les feuilles de cet arbre, étant seches & broyées, tuent les Lions, les Tigres, & autres bêtes sauvages.

HOLOGRAPHE. adj. On appelle *Testament holographe*, Un testament entierement écrit de la main du Testateur. Il est valable en France, sans qu'il soit besoin d'aucune autre formalité, pourvû qu'il soit signé de lui. Ce mot est Grec, composé d'ὅλος, Entier, & de γράφω, Ecrire.

HOLOMETRE. s. m. Instrument de Mathematique, composé de trois bandes ou regles mobiles, avec lesquelles on prend toutes sortes de mesures tant au Ciel que sur la terre. Ce mot vient de ὅλος, Entier, & de μετρῶ, Mesurer.

HOM

HOM. s. m. Vieux mot, dont on se servoit autrefois pour, Homme.

But & mangea com mortels hom
Par maint miracle & par raison.

C'est de cet ancien mot *Hom*, qu'on a fait *On*, qui a tant d'usage en notre langue, *On dit*, *on fait*, comme si on disoit, *Homme dit*, *homme fait*. C'est de-là aussi qu'est venu *Besson*, fait de *Bis hom*. On a dit aussi *Hommée*, pour dire, La journée d'un homme.

HOMAR. s. m. Grosse écrevisse de mer. Il y en a de deux sortes; les uns ont deux gros mordans plus longs & plus larges que la main, & beaucoup plus forts que ceux des crabes. Les autres ont seulement deux grands barbillons, longs comme le bras, & herissés de la même sorte que les piés des crabes communs. Les uns & les autres croissent jusqu'à une grandeur fort extraordinaire, ensorte que l'on en voit qui ont près de trois piés de longueur. Leur chair est blanche & fort savoureuse, mais un peu dure & indigeste. Il y en a quantité dans les Antilles, où les Insulaires les prennent la nuit, à la clarté de la Lune ou d'un flambeau, dans les lieux pierreux, & d'où la mer s'étant retirée, y laisse de petites fosses pleines d'eau. Ils les enfilent avec une fourche de fer, ou les coupent en deux avec quelque coutelas.

HOMELIE. s. f. Assemblée qui se fait pour conferer. C'est ce que ce mot a signifié d'abord du Grec ὁμιλία, qui veut dire la même chose, & qui vient de ὅμιλος, en Latin *Cœtus*, *concio*, ce qui fait dire à quelques-uns *Homilie*, & c'est comme il faudroit dire, mais il semble que l'usage l'ait emporté pour *Homelie*. Il s'est dit des exhortations qu'on faisoit au peuple, qu'on interrogeoit comme dans une conference. Il est à remarquer que toutes les Homelies des Peres Grecs & Latins sont faites par des Evêques, & qu'il ne s'en trouve point de Tertullien, & autres sçavans hommes des premiers siecles, à cause que dans ce tems-là il n'y avoit que les Evêques qui prêchassent, ce privilege n'ayant été accordé aux Prêtres que vers le sixième siecle. Si Origene & saint Augustin ont prêché comme
Tome I.

Prêtres, ils ne l'ont fait que par une permission particuliere.

HOMICIDER. v. a. Vieux mot. Tuer un homme, de *Homo*, Homme, & de *Cœdere*, Fraper, tuer.

HOMMAGE'. adj. Qui est tenu en hommage. *Heritage hommagé*, *terre hommagée*.

HOMOCENTRIQUE. adj. Terme d'Astronomie. Il se dit de plusieurs cercles qui ont même centre, du Grec ὁμὸς, *ensemble*, & de κέντρον, Centre.

HOMOGENE. adj. Terme de Philosophie. Similaire, ou de semblable nature. *Parties homogenes*, de ὁμὸς, Semblable, & de γένος, Genre.

HOMOLOGUE. Terme de Geometrie. Quand deux plans ou deux solides sont *semblables*, c'est-à-dire, lorsque la raison de chaque côté de l'un correspondant à chaque côté de l'autre est toûjours la même. Voyez SEMBLABLE. Les côtés de l'un & de l'autre qui se répondent & qui sont en même raison, sont appellés *Homologues*, du Grec ὁμόλογος, *Conforme*, dans deux parallelogrammes semblables, les deux côtés qui sont la longueur sont *homologues* dans deux triangles semblables, les côtés homologues sont ceux qui servent de base aux angles égaux.

HOMOCIONISTES. s. m. On appella ainsi dans le quatriéme siecle les sectateurs de l'Heresiarque Photinus. Saint Augustin rapporte qu'ils ne reconnoissoient point la nature divine en JESUS-CHRIST, mais seulement la nature humaine.

HOMONYME. adj. Terme de Logique. Qui a même nom, quoique de differente nature, de ὁμὸς, & de ὄνομα, que les Æoliens disent pour ὄνυμα, Nom. *Termes homonymes*.

HON

HONGNER. v. n. Vieux mot. Gronder.

Et dit que la Femme noiseuse
N'est oncques de hongner oiseuse.

On a dit aussi *Hongue*, pour gronderie, & *Hongneux*, pour Grondeur.

HONGNETTE. s. f. Sorte de ciseau pointu & quarré dont se servent particulierement les Sculpteurs en marbre.

HONNEUR. s. m. Les Furetieristes confondent les Conseillers d'*honneur* avec les Conseillers *Honoraires* ou *Veterans*. Les premiers sont des Officiers ou en titre ou qui ont des places ausquelles cette qualité est attachée. Les seconds sont d'anciens Officiers, qui ont servi un tems competent, & qui ont obtenu & fait enregistrer des lettres de veterance.

HONNIR. v. a. Vieux mot. Deshonorer, mépriser. Ce mot n'est demeuré en usage que dans cette devise de l'Ordre de la Jarretiere d'Angleterre. *Honni soit qui mal y pense.*

HONNITS-ANCAZON. s. m. Petit arbrisseau qui croît dans l'Isle de Madagascar. La fleur qu'il produit rend une odeur pareille à celle du jasmin, mais elle est beaucoup plus grande & plus blanche, la tige qui la soûtient est blanche, & longue de plus de six pouces.

HONTAGE. s. m. Vieux mot. Opprobre, infamie. On a dit aussi *Hontager* & *Hontir*, pour, Deshonorer.

HOQ

HOQUALLA. s. m. Grand Arbre qui se trouve au Royaume de Quojas, Pays des Noirs. Il porte des gousses d'un pié & demi de long, avec des feves plates par dedans. Les Medecins emploient souvent l'écorce & les feuilles de cette plante, & on fait une lessive de la peau des feves reduite en cendres.

HOQUET. s. m. Mouvement convulsif du diaphragme, lorsque dans l'inspiration il se retire avec impetuosité. Ainsi le diaphragme se retirant en embas, pousse le ventricule & l'abdomen devant, & produit cette inspiration subite. On met d'ordinaire le Hoquet au nombre des maladies de l'estomac ; mais on prétend qu'on n'a pas raison, puisque Galien établit lui-même que le Hoquet est à l'estomac ce que la convulsion est aux nerfs. Entre plusieurs raisons qu'il y a de montrer que le Hoquet vient de la convulsion ou contraction des fibres du diaphragme en embas, c'est qu'en tout tems nous pouvons contrefaire le Hoquet ; & comme c'est en inspirant qu'il se fait, cela fait voir que le muscle affecté est celui qui peut modifier l'inspiration comme on le veut. Or il n'y a aucun muscle auquel cela convienne qu'au diaphragme. On sçait d'ailleurs que le Hoquet se guerit en continuant l'inspiration & en retenant l'expiration le plus longtems que l'on peut. Si c'étoit le mouvement de l'estomac, l'inspiration augmenteroit bien plûtôt le mal qu'elle ne le gueriroit, puisqu'en inspirant, le diaphragme comprime l'estomac, ce qui irriteroit plûtôt ce viscere à faire le Hoquet, que de le soulager. L'éternuement survenant au Hoquet, a coûtume de le guerir, à cause que le diaphragme secoué par une forte expiration, chasse ce qui l'irritoit, ou qui irritoit l'estomac. On sçait encore que les passions, comme la terreur & la crainte, font passer le Hoquet. Cela vient de ce que les esprits animaux étant occupés d'un objet plus fort, ne vaquent plus au Hoquet. On peut joindre à tout cela, que l'inflammation du foie cause le Hoquet sans que le foie y ait part, à cause que le foie enflammé cesse point d'irriter le diaphragme. On tient le Hoquet pour un signe dangereux dans les maladies aigues, telles que sont les fievres ardentes, & la dysenterie, parce qu'il présage les convulsions épileptiques, qui sont ordinairement mortelles dans ces affections. On peut se servir de l'opium, de la semence d'anis & de son huile, du castoreum, de la theriaque, pour la guerison du Hoquet. Quand il est opiniâtre dans une personne robuste, & qu'il dure quelques semaines, même quelques mois, le vomissement le peut emporter. On rapporte qu'une femme eut pendant deux ans un Hoquet si violent qu'on la croyoit possedée du diable.

HOR

HORAIRE. adj. Terme de Gnomonique. On appelle Cercles horaires, les lignes qui marquent chaque heure sur les quadrans du soleil, soit qu'elles soient droites ou courbes. On peut les appeller Cercles, quand même elles sont droites, parce qu'elles sont les representations ou projections des cercles meridiens sur le plan du quadran. Voyez QUADRAN. On dit aussi lignes horaires. La principale est la Meridienne, ou celle qui marque midi, & dans les Quadrans Verticaux, Orientaux, ou Occidentaux qui ne peuvent avoir de Meridienne, la principale est la ligne de 6. heures. On appelle Angle Horaire, l'angle que fait une ligne horaire avec la meridienne au centre du Quadran. Voyez CENTRE.

HORAME. s. m. Grand arbre de l'isle de Madagascar qui produit une gomme que les Apothicaires connoissent sous le nom Americain de Tacamaha-

ca. Il est d'ordinaire de la grandeur du Peuplier, chargé de feuilles longues & étroites, & de fruits de la grosseur d'une grosse noix ou d'une prune. Ces fruits sont épais & resineux. Le bois de cet arbre est propre à faire des planches pour la construction des Barques & des grands Vaisseaux.

HORDE. s. f. Terme de Voyageur. Troupe de peuples errans comme sont les Arabes & les Tartares, qui n'ayant ni Villes ni habitations fixes, courent l'Asie & l'Afrique, & demeurent sur des chariots ou sous des tentes dans tous les lieux où ils vont.

HORE'E. s. f. Vieux mot. Pluie. On l'a appellée ainsi, à cause qu'elle ne dure ordinairement qu'environ une heure.

HORION. s. m. Vieux mot. Tassée ou verrée de vin.

Donnez-moi à boire un horion,
Oyez-nous, Maître Aliborum.

Il a signifié aussi un Casque, & c'est de-là qu'on a dit, Donner un Horion, pour dire, Donner un rude coup sur la tête, à cause que c'est comme qui appliqueroit un casque sur la tête pour la coifer.

HORISON. s. m. Terme d'Astronomie & de Geographie. Un des grands cercles de la Sphere qui la coupe en deux également, qui détermine la moitié que nous voyons, & celle que nous ne voyons pas, qui marque le lever & le coucher des Astres. Il y a autant d'Horisons que de lieux differens, & les Poles d'un Horison sont le Zenith & le Nadir du lieu dont il est Horison. Voyez ZENITH & NADIR. Comme le Zenith & le Nadir sont toûjours dans le Meridien, & que les points du vrai lever & du vrai coucher, qui sont les Poles du Meridien, sont dans l'Horison, il s'ensuit que l'Horison & le Meridien se coupent à angles droits. Voyez POLE. De même l'Horison coupe l'Equateur à angles droits quand il a ses poles dans l'Équateur, c'est-à-dire, quand le Zenith & le Nadir de ceux dont il est Horison sont dans l'Equateur, ce qui n'est que pour ceux qui sont sous l'Equateur, & alors les Poles de l'Equateur qui sont au haut du Monde, sont aussi dans l'Horison. C'est qu'on appelle Horison droit, & Sphere droite. Voyez SPHERE. Hors de-là, le Zenith & le Nadir n'étant plus dans l'Equateur, ni les Poles du Monde dans l'Horison, l'Horison & l'Equateur se coupent obliquement, & c'est qu'on appelle Horison ou Sphere oblique. Enfin à 90. degrés de l'Equateur où le Zenith & le Nadir sont les Poles du Monde ou de l'Equateur, il faut que l'Equateur & l'Horison deviennent le même cercle, ou ce qui est la même chose, soient paralleles. C'est-là l'Horison ou la Sphere parallele.

On divise generalement l'Horison en Horison sensible & rationel. Le sensible est celui qui borne effectivement notre vûe, le rationel est celui que l'on conçoit qui passe précisément par le milieu de la Sphere. Notre vûe est très-bornée sur la terre, il s'en faut bien que nous en voyions la moitié, & il y a presque tout le demi-diametre de la terre de difference entre l'Horison sensible & l'Horison rationel. Cette difference disparoît à l'égard des corps celestes à cause de leur prodigieuse distance, sans cela ils seroient à l'Horison rationel quelque tems avant que d'être à l'Horison sensible, c'est-à-dire, avant que nous les puissions appercevoir. Il n'y a tout au plus que la Lune en qui l'on puisse remarquer qu'elle parvient à l'Horison sensible un peu plus tard qu'au rationel. Horison vient de ὁρίζω, terminer, ὅρος, terme.

On dit en termes de Marine, que l'Horison est

fin, pour dire, qu'Il est net & sans nüage; & au contraire, on dit que l'*Horison est gras*, pour dire, qu'Il est embrouillé.

HORISONTAL. adj. Parallele à l'horison. On appelle en Gnomonique *Quadran horisontal*, celui qui est décrit sur un plan qui n'est point incliné à l'horison. Voyez QUADRAN. Et en Astronomie, *Astre horisontal*, est celui qui est sur le bord de l'horison.

On appelle dans un tableau *Ligne horisontale*, celle où est le point de vûe, auquel toutes les autres lignes des côtés doivent aboutir pour mettre les corps en perspective. Voyez PERSPECTIVE.

Horisontal, en termes d'Architecture, se dit du rez de chaussée, qui est de niveau avec la cour, la rue, le terrain de la campagne, & en ce sens on dit, qu'*Un appartement est horisontal*, pour dire, qu'Il est bâti sur le niveau.

HORLOGE. s. f. Machine composée de roues, de ressorts, d'un balancier, & d'autres choses pour sonner les heures. On appelle *Horloge à pendule*. Celle qui est reglée par les vibrations d'un *Pendule*, & *Horloge d'eau*, Une machine dont on se servoit autrefois pour marquer les heures par le moyen de l'eau, qui en coulant faisoit tourner les parties de la machine, & l'aiguille du cadran. L'*Horloge solaire*, en termes de Gnomonique, est la representation qu'on fait des cercles de la sphere sur un plan, où l'ombre d'un stile qui parcourt ces cercles, marque les heures. Voyez QUADRAN.

On appelle *Horloge*, en termes de Marine, l'espace d'une demi-heure, mesuré par un sable delié qui passe d'une phiole en l'autre pendant ce tems dans l'instrument appellé *Empoulette*, ou *Poudrier*, qui est un assemblage de deux petits verres joints ensemble par un col fort étroit, dont l'un est plein de ce sable qui s'écoule dans l'autre. Ainsi pour dire qu'il y a deux heures, on dit qu'*Il y a quatre Horloges*. On appelle *Horloge d'un quart*, Une horloge de sable qui dure tout le tems que dure un quart, c'est-à-dire, trois heures & demie, ou quatre heures. On dit que l'*Horloge dort*, pour dire, que Le sable s'arrête. On dit aussi, que l'*Horloge moud*, pour dire, que l'Horloge passe.

HORMINUM. s. m. Plante qui a ses feuilles semblables au Marrube, plus grandes pourtant & plus rudes, & dont la tige est quarrée, & de la hauteur d'une demi-coudée. Autour de ses tiges & proche l'endroit d'où sortent ses feuilles, sont de petits vases tournés vers terre & faits en forme de gousses, qui enferment une graine noire & longue. L'*Horminum sauvage* a ses feuilles presque semblables à la sauge, une tige d'un pié de haut, âpre, quarrée, un peu velue & cannelée, la fleur tirant sur le pourpre, & jettant vers terre plusieurs petites gousses, dans lesquelles il y a une graine, semblable à peu près à celle de Galliticum. Fuchsius & Ruellius prennent l'herbe odorante appellée par quelques-uns *Sclarea*, par d'autres *Matrisalvia*, & par les François *Orvalle*, pour l'Horminum des jardins, & Matthiole fait voir qu'ils se trompent, avouant pourtant qu'on la pourroit appeller *Le grand ou odorant Horminum*, Dioscoride dit que la graine d'Horminum appliquée avec du miel nettoie les taies des yeux, & qu'enduite avec de l'eau, elle resout toutes sortes de tumeurs, & est propre à tirer hors du corps les épines & les tronçons qui y seroient demeurés. Il ajoûte que l'Horminum sauvage a de plus grandes vertus, & qu'on le met parmi les onguents, principalement en l'onguent *Glencinum*.

HOROPTERE. s. m. Terme d'Optique. Ligne droite tirée par le point de concours des deux axes optiques dans l'objet parallelement à celle qui joint les centres des deux yeux ou des deux prunelles. Ce mot vient de ὁράω, *je vois*, & de αἰλίο, *aile*, peut-être parce que les deux axes optiques unis dans un point de l'objet, & delà s'écartant pour aboutir, l'un au centre d'un œil, l'autre au centre de l'autre, font en quelque sorte la figure de deux ailes.

HORTOLAGE. s. m. La partie d'un Jardin potager, qui est occupée par des couches, & par des carreaux de legumes & de plantes basses, du Latin *Hortus*, Jardin.

HOS.

HOSPITALIERS. s. m. Religieux que le Pape Innocent III. a établis pour retirer les pauvres Pelerins, les Voyageurs & Enfans trouvés. Ils sont habillés de noir comme les Prêtres, & ont une croix blanche sur leur robe & leur manteau. Il y a à Paris des Religieuses de l'Ordre de saint Augustin, que l'on appelle *Hospitalieres de la Charité de Notre-Dame*. Elles portent l'habit de saint François avec le Scapulaire blanc à l'honneur de la Vierge, & le voile noir. Ces Religieuses font veu d'hospitalité, outre les trois vœux ordinaires, & ont au chœur un manteau gris brun semblable à leur habit. Il y en a d'autres qui sont aussi de l'Ordre de saint Augustin, & qui font les mêmes vœux. On les appelle *Hospitalieres de la Misericorde de Jesus*. Pendant l'Eté, elles n'ont qu'une robe blanche avec une guimpe, & un rochet de fine toile de lin. L'Hiver, lorsqu'elles font au chœur, ou qu'on porte l'Extrême-Onction à quelque pauvre malade de l'Hôpital, elles mettent un grand manteau noir par dessus leur rochet. C'est M. l'Archevêque de Paris qui les gouverne.

HOSPODAR. s. m. Nom de dignité qu'on donne au Prince ou Seigneur de la Valaquie.

HOSTELER. v. a. Vieux mot. Loger quelqu'un.

Sa Femme, Euridice appellée,
Estoit en Enfer hostelée.

HOSTELIER. s. m. Religieux qui dans les grandes Abbayes, a soin de recevoir, & de nourrir les hôtes qui passent, & qui demandent à prendre un jour de repos ou à passer une nuit.

HOT

HOTTE. s. f. On appelle *Hotte de cheminée*, la pente du dedans d'une cheminée. Elle commence de dessus la barre qui porte sur les jambages, & va finir contre le haut du plancher.

HOU

HOUACHE. s. Nom que donnent quelques-uns à la trace que fait un Vaisseau dans la mer. On dit aussi *Houage*. C'est ce qu'on appelle autrement *Sillage*.

HOUBLON. s. m. Herbe que l'on cultive avec soin en Allemagne, Bohême, Pologne, & autres Régions Septentrionales, dont ceux du pays se servent dans la composition de la biere où il faut necessairement qu'il entre des follicules ou bourses de Houblon. Il y en a de deux especes, l'un qui se cultive dans les champs où on l'appuie avec des échalas comme on fait la vigne; l'autre qui vient de soi-même autour des haies & des buissons, & qui ne differe du premier qu'en ce qu'il n'est pas si grand. Le Houblon des champs grimpe sur les arbres , & est propre à faire des treilles. Ses feuilles ressemblent à celles de la vigne , & ont tantôt trois incisures à l'entour , & tantôt cinq. Elles sont inégales du reste , & rudes comme celles de concombre. Il a ses sarmens longs , âpres , velus , & quelque peu épineux , & ses fleurs blafardes d'où il sort force petites bourses entassées , & qui pendent en manière de raisin. La couleur en est jaunâtre , & elles enferment une graine noire & amère. Ses fleurs , bourses & racines sont chaudes , aperitives , dessiccatives , mondificatives & repurgatives. On l'appelle en Latin *Lupulus* ou *lupus salictarius*. Le jeune Houblon est d'un suc fort louable , & purifie tellement le sang , qu'il préfère de la galle si on le mange avec un peu de vinaigre , mais il ne faut pas en user avec excès , parce qu'il charge la tête. Ses fleurs sont bonnes pour les obstructions de la rate & du foye , & sa racine & sa graine servent de remede pour tuer les vers.

HOUE. s. f. Outil dont les Vignerons se servent pour remuer la terre. Il a un manche de bois , & un fer plat & large ou fourchu. M. Ménage fait venir ce mot de *Upupa* , à cause que cet instrument ressemble à la tête d'une hupe. D'autres le dérivent de *Hauve* mot Allemand qui veut dire la même chose. On a dit autrefois *Houel*.

Si faut aussi avoir la cresche
Fourche , flaël , van & houel.

Houe. Espece de rabot , dont on se sert dans les atteliers pour détremper le mortier.

HOUGUINES. s. f. Vieux mot. Armes de fer servant à couvrir les bras , les cuisses & les jambes.

HOÜILLE. s. f. Terre grasse & noire , qui sert de charbon de terre aux Forgerons , & que du Cange appelle en Latin *Bulla* ou *Hylla* , ce qui vient d'un mot Saxon qui signifie Charbon.

HOULE. s. f. Terme de Marine. Vagues qui se poussent les unes contre les autres quand la mer est agitée. C'est ce qu'on appelle autrement *Lames*.

Houle , se dit aussi chés les Quincailliers , des marmites ou Vaisseaux à mettre sur le feu , du Latin *Olla* , Pot , marmite.

HOULETTE. s. f. Mot qui ne se dit pas seulement du bâton de Berger , au bout duquel est une plaque de fer creusée , pour jetter dans celles des moutons , mais encore d'un instrument de Jardinier qui a un fer pointu , & un manche de bois , de la longueur à peu près d'un pié , qui sert à lever les oignons des fleurs , & autres menues plantes.

HOVO. s. Grand Arbre vert des Indes Occidentales, qui se trouve dans le territoire de Panama. Ses bourgeons rendent une eau qui est de fort bonne odeur , & l'on fait des bains de son écorce pour ouvrir les pores de la peau. Sa racine étant entamée , il en coule une liqueur en abondance & fort bonne à boire. Son fruit est brun & petit , & a quelque peu de chair autour d'un noyau entierement d'os , & ennemi des gencives à cause de sa rudesse. Ce fruit est sain & de facile concoction. Il y en a qui appellent cet arbre *Horio*. Son ombre est si saine , que les Espagnols ont accoûtumé de dormir dessous.

HOUPE. s. f. Flocon , sorte de bouquet de laine , de soye qui sert d'ornement. Acad. Fr. On appelle *Houpe*, Le petit plumage que quelques oiseaux portent sur la tête.

Houpe , se dit aussi de ce qui est sur les bonnets quarrés ; cet usage d'en mettre est moderne. Les Anciens n'en ont point. Il y a des Universités où les Houpes sont de differentes couleurs , selon la difference des Facultés.

On appelle aussi *Houpe* , L'extrémité d'une plan-

te en bouquet à cause de la ressemblance qu'elle a avec le bouquet de laine ou de soye qu'on appelle *Houpe.*

HOUPE'E. s. f. Terme de Marine. Elevation de la vague ou de la lame de la mer. On dit bassement, *Prendre la houpée* , pour dire , Se servir du tems que la vague s'éleve , pour s'embarquer d'une chaloupe dans un gros Vaisseau quand la mer est agitée.

HOUPIER. s. m. Arbre ébranché auquel on n'a laissé que les petites branches du sommet qui y forment une manière de houpe. On appelle aussi *Houpiers* , Les têtes des gros arbres , dont l'ordonnance permet de faire des cendres, à cause que dans la coupée on ne les peut façonner en bois de moule.

HOURAILLIS. s. m. Terme de Chasse. Méchante meute , où il y a des chiens galeux , & d'autres maigres ou estropiés qui ne peuvent être d'aucun usage.

HOURCE. s. f. Terme de Marine. Corde qui tient bas-bord & tribord la vergue d'artimon. Elle ne sert jamais que du côté du vent.

HOURDAGE. s. f. Maçonnerie grossiere.

HOURDEBILLER. v. a. Vieux mot. Secouer.

HOURDEIS. s. m. Vieux mot. Barricade , Boulevart ou autre sorte de fortification.

Ceux dedans qu'eurent apporté
Trois estepes d'un roilleis ,
Si en firent un hourdeis.

HOURDER. v. a. Maçonner grossierement des moilons avec du mortier ou du plâtre sans y mettre d'enduit. On appelle aussi *Hourder* , Faire l'aire d'un plancher avec des lattes.

Hourder. Vieux mot. On a dit autrefois *Se hourder* , pour , Se fâcher.

Sçavez-vous pourquoi je me hourde.

HOURDI. Terme de Marine. Le dernier des baux de l'arriere d'un Vaisseau , qui fait l'affermissement de la pouppe. On dit plus ordinairement *Lisse de hourdi.*

HOURDOYER. v. a. Vieux mot. Renforcer. Il a signifié aussi , Border , doubler quelque chose.

HOURET. s. m. Mauvais chien de chasse *Houret galeux.*

HOURQUE. s. f. Vaisseau leger & plat de varangue , dont les Hollandois se servent. Son bordage est rond , & il porte des mâts & des voiles de même qu'un Heu , avec un bout de beaupré & une espece de sivadiere. Il y a de cinquante & de soixante tonneaux qui font le voyage des Indes Orientales , n'ayant que cinq ou six Matelots pour les conduire. Les plus grandes ne vont que jusqu'à deux cens. Ce bâtiment est très-bon à louvoyer. On l'appelle aussi *Oncre.*

HOURVARI. s. m. Terme de Chasse. Cri que l'on fait pour obliger les chiens à retourner , quand ils sont hors des voies. M. Ménage fait venir ce mot du bas Allemand *Hervveer*, qui veut dire. En-deçà. C'est le cri dont se servent les Chasseurs Allemans dans une pareille occasion.

Hourvari se dit aussi par certaines gens de Marine d'un vent qui vient tous les soirs de terre dans quelques-unes des Isles de l'Amerique, & qui est accompagné de pluie & de tonnerre.

HOUSE. s. m. Vieux mot , qui a signifié des botines qui se fermoient avec des boucles & des courroyes , à cause qu'elles étoient fendues d'un bout à l'autre. On a dit aussi *Houseaux* , de l'Allemand *Hose*, sorte de chaussure de fatigue , & c'est delà qu'est venu le mot de *Triquehouse.*

Souliers à las , aussi houseaux
Ayez souvent frez & nouveaux
Et qu'ils soient beaux & fetis.

On a encore dit *Houſé*, pour , Botté.

Et ſont houſez ·parmi la Ville ,
Pour dire qu'ils ont des chevaux.

HOUSSAGE. ſ. m. Terme de Charpenterie. Clôture , ou fermeture d'un moulin à vent. Elle ſe fait d'aix à couteaux & de bardeaux.

HOUSSE. ſ. f. *Couverture de cheval qu'on met ſous la ſelle.* ACAD. FR. On appelle *Houſſe de carroſſe,* La couverture de velours ou d'écarlate que les Princeſſes & les Ducheſſes font mettre ſur l'imperiale de leur carroſſe. On dit dans le même ſens , *Carroſſe houſſé.*

Houſſe ſe dit encore de la garniture de ſerge qui couvre & entoure quelque beau lit qui merite d'être conſervé. Cette Houſſe ſe met auſſi quelquefois au lieu de rideaux d'étoffe de ſoye ou autres , mais il n'y a guere que les perſonnes du commun qui s'en ſervent.

HOUSSE', ɛ'ɛ. adj. Terme de Blaſon. Il ſe dit d'un cheval qui a ſa houſſe.

HOUSSETTE. ſ. f. Vieux mot , qui a ſignifié autrefois une maniere de brodequins ou de bas de chauſſes , & que l'on emploie encore aujourd'hui dans le Blaſon , pour ſignifier la même choſe.

On appelle *Houſſettes* , certaines Serrures qui ſervent pour des coffres , & qui ſe ferment par la chute du couvercle.

HOUSSIERES. ſ. f. p. Endroit d'une forêt qui eſt tout rempli d'arbriſſeaux , comme le houx & autres de même nature. C'eſt ce qu'on appelle en Latin *Virgultetum.*

HOUSSU , ɛ. adj. Vieux mot. Epais , touffu.

Et avoient les crins fort houſſus.

HOUX. ſ. m. Arbriſſeau toûjours vert que Matthiole dit être une plante arborée , montant juſqu'à la hauteur de l'aubeſpine. Ses feuilles ſont ſemblables à celles du laurier, mais épineuſes à l'entour , fermes & charnues. Ses branches ſont ſouples, pliables & couvertes d'une double écorce , dont l'exterieure eſt verte , & celle de deſſous pâle. Il a ſon fruit pareil à celui du cedre. Il eſt rond & rouge , & a au-dedans un noyau d'aſſés bon goût quand on le mâche. Le bois du Houx eſt dur & peſant , & va au fond de l'eau. La fomentation de la décoction de ſes racines eſt ſinguliere pour les nodoſités des jointures qui auroient été diſloquées ; elle les ramollit & reſout , diſſipe les humeurs & ſonde les os rompus. Pline dit que ſi on jette contre quelque animal que ce ſoit un bâton de Houx , qui n'ait pas été juſqu'à lui, le bâton tombé à terre ſe roulera & s'approchera de l'animal contre qui il aura été jetté. Les mots de *Houſſer* & de *Houſſine*, ſont venus du Houx, & ſelon M. Ménage, *Houx* vient du Grec ἰὄς, Aigu , à cauſe que ſes feuilles ſont piquantes.

HU

HU. ſ. m. Vieux mot. Sorte de Chaſſe.

Les prennent mieux qu'aux greſillons
Au bray , au hu, au trébuchet.

On a dit auſſi *Hu* , pour ſignifier Un cri ; & *A un hu*, pour dire , Tout d'une voix. C'eſt delà qu'eſt venu le mot de *Huée* , qui ſe dit du cri de la multitude qui crie après celui qui a fait ou dit quelque choſe de ridicule.

HUB

HUBIR. v. n. Vieux mot. Venir à bout , chevir.

HUC

HUCHE. ſ. f. Vieux mot. Couvrechef, voile. *La Veronique avoit ſemblance d'homme en ſa huche.*

Huche , ſe dit aujourd'hui d'un grand coffre de bois , dans lequel les Payſans paîtriſſent leur pain , & où ils le mettent quand ils l'ont tiré du four.

On appelle *Huche de moulin* , Une maniere de coffre ou de bois ſans couvercle , où tombe la farine moulue lorſqu'elle ſort de deſſous la meule. Il ſe dit auſſi en quelques lieux de la trémie où ſe met le grain pour le faire tomber petit à petit ſur la meule.

Huche , eſt auſſi un terme de Marine , & on appelle *Navire en huche* , Celui qui a la pouppe fort haute.

HUCHER. v. a. Vieux mot. Appeller en criant.

Vôtre feu Pere
En paſſant huchoit bien , Compere ,
Maret a dit ,
Lors huchera & terre & ciel luiſant,
Pour juger là tout ſon peuple , en diſant.
M. Ménage fait venir ce mot par corruption de *Vocare*, appeller. Du Cange le dérive du Latin *Huccus*, Cri violent , fait d'*Hucciare* , qui a été dit dans la baſſe Latinité. Borel dit que le mot Picard *Veucher*, qui veut dire , Crier , eſt venu delà.

HUCHET. ſ. m. Petit cor de Chaſſeur qui ſert à appeller les chiens & les lévriers à la chaſſe. Il vieillit. On a dit auſſi *Huguet.*

HUCQUE. ſ. f. Vieux mot. Sorte de robe.

Charlot a une verte hucque.

HUE

HUET. ſ. m. Sorte de hibou grand comme un coq , dont le plumage eſt cendré & tavelé de noir. Il a un gros bec verdâtre , les yeux noirs , les piés emplumés , les ongles crochus , & de longues ailes. On l'appelle auſſi *Hnot* ou *Hulot* , en Latin *Vlula.*

HUG

HUGUENOT. ſ. m. On a appellé *Huguenots*, en France, ceux qui ſuivent les fauſſes opinions de Calvin ; & l'on rapporte differentes étymologies de ce nom. Les uns le font venir de Jean Hus, dont les Calviniſtes ont embraſſé les erreurs ; & les autres de Hugues Capet , dont les Huguenots défendoient le droit qu'avoit ſa lignée à la Couronne, contre le parti de ceux de la Maiſon de Guiſe, qui ſe prétendoient deſcendus de Charlemagne. Il y en a qui le tirent d'un Hugues heretique Sacramentaire , qui enſeigna la même doctrine ſous le regne du Roi Charles VI. & quelques autres le dérivent de certains mutins de Suiſſe nommés *Henſquenaux*, ou d'*Eidgnoſſen*, autre mot Suiſſe qui veut dire *Alliés en la foi*: & qui eſt compoſé d'*Eid*, Foi , & de *Gnoſſen*, Aſſocié. Il y a eu une petite monnoie valant une maille, & portoit le nom de *Huguenote*, du tems de Hugues Capet , & quelques-uns prétendent que c'eſt delà qu'on a nommé les Calviniſtes *Huguenots* , comme ne valant pas une maille. D'autres ont crû qu'on leur a donné ce nom d'une harangue de leurs Députés , qui l'ayant commencée par ces mots , *Huc nos venimus*, donnerent lieu aux Courtiſans qui n'entendoient point le Latin , de ſe dire les uns aux autres que c'étoient des gens qui venoient de *Huc nos.* Paſquier rapporte que le menu Peuple de Tours étoit perſuadé qu'un lutin , appellé *Le Roi Hugon*, couroit toutes les nuits par la Ville , & que comme les Prétendus Reformés ne sortoient jamais que de nuit pour faire leurs prieres, on les nomma delà *Huguenots*, comme étant disciples du Roi Hugon. D'autres disent que ce fut à cause qu'ils tenoient leurs Assemblées proche la porte Hugon.

HUGUENOTE. s. f. Marmite de terre ou de métal qui n'a point de piés, & qu'on met ordinairement sur un fourneau, pour faire cuire sans bruit ce qui est dedans. Ce mot vient de ce que les Huguenots s'en sont servis pour faire cuire leurs viandes les jours défendus, afin d'éviter le scandale.

On appelle *Oeufs à la huguenote*, des œufs qu'on fait cuire avec du jus de mouton.

HUI

HUI. Vieux mot. Aujourd'hui. On a dit aussi *Huimes*.

HUILE. s. f. *Liqueur grasse & onctueuse qui se tire presque de toutes sortes de choses.* ACAD. FR. En Pharmacie, quand on employe simplement le mot d'Huile dans les compositions, on entend l'*huile d'olive*, & en general on appelle *Huile*, toute liqueur grasse & sulphurée, tenant de la nature du feu, à cause qu'elle ressemble au suc des olives, soit qu'on l'ait tirée de quelque mineral, vegetal ou animal, soit qu'elle vienne de certains arbres par elle-même la chaleur du Soleil l'attirant du dedans au dehors, comme le baume de Judée, soit enfin que la chaleur qui est enfermée dans les entrailles de la terre, la fasse sortir naturellement des pierres & des rochers, comme l'huile de Petreol qui brûle dans l'eau & qui est fort inflammable. Les Medecins font ce mot masculin, & disent que parmi les huiles simples artificiels les uns se font par expression, comme l'huile d'olives commun, fait d'olives mûres, l'huile d'olives omphacin fait d'olives vertes, l'huile d'amandes douces ou ameres, l'huile de noix, l'huile laurin & autres, ou par distillation. Ces huiles se tirent de certains bois, herbes, semences, aromates, gommes, resines, mineraux, métaux, terres, pierres, & de certaines choses qui viennent des animaux, comme le miel, la cire, le beure, la graisse, le sang humain & les coques d'œufs. Il y a aussi des huiles composées par infusion, & cette composition se fait des racines, des feuilles, des fleurs & des semences d'un ou de plusieurs simples que l'on expose long-tems au Soleil, ou que l'on fait cuire sur le feu, après les avoir infusés dans l'huile commun, jusqu'à ce que leur vertu ait pû se communiquer à l'huile, après quoi on les exprime, & on les met dans des pots de verre ou de terre vernissés, pour s'en servir selon le besoin. Ces huiles font de plusieurs sortes. Il y en a de chaudes, de froides, d'aperitives, de chalastiques & de diaphoretiques, d'autres qui en rafraîchissant humectent, & font lenirives; d'autres qui en rafraîchissant aussi, font astringentes, & d'autres enfin qui font bien plus froides. Ce sont les narcotiques & les hypnotiques, Dans la distillation du tartre l'esprit est suivi de l'*Huile de tartre puante*, qui n'est rien autre chose qu'un alcali concentré par un acide graisseux. Cette Huile rectifiée & clarifiée sur la corne de cerf brûlée, est un excellent sudorifique. La sueur est procurée puissamment par deux ou trois gouttes dans les maladies malignes, où le malade a de la peine à suer; & ces mêmes gouttes font un secours fort present dans la colique & dans la passion hysterique. Cette Huile est bonne exterieurement pour les douleurs de la goute & pour le

calcul des reins. Elle guerit & mondifie avec succès les bubons pestilentiels; & quand on y ajoûte de l'esprit de vin, sa puanteur se change en odeur de romarin. L'*Huile des bois* est aussi un puissant sudorifique. Elle convient aux ulceres, aux bubons pestilentiels & à plusieurs autres maux. L'Huile que l'on tire des animaux, toute desagreable qu'elle est, n'est pas non plus à rejetter. On la rectifie plusieurs fois sur la tête morte, pour en ôter de son acidité & pour corriger son odeur & sa saveur; ce qui la rend salutaire pour oindre les parties dans la paralysie & dans le tremblement, & pour frotter les humeurs dures & scirrheuses. Trois ou quatre gouttes prises interieurement, poussent puissamment par les sueurs.

On apporte de Gelisco, Province de la Nouvelle Espagne, une certaine Huile que les Espagnols appellent *Huile de figuier d'enfer.* Les Indiens la tirent d'un arbre semblable au Ricinum en son fruit & en ses feuilles mais qui croît plus haut. Ils broyent la semence, & la font bouillir en l'eau, après quoi ils amassent avec une cueillier l'huile qui flotte dessus. Elle a de grandes vertus, guerissant toutes les maladies qui proviennent d'humeurs froides. Elle dissout toutes sortes de tumeurs, dissipe les vents, & principalement celui du ventre; ce qui la rend fort utile dans toutes les especes d'hydropisie, lorsqu'après en avoir frotté le ventre, on en prend quelques goutes par la bouche, ou dans du vin, ou dans quelque autre liqueur commode. Elle delivre le ventricule des humeurs froides & des vents, & est fort bonne contre les douleurs de la colique, si l'on en oint les parties affectées & que l'on en prenne quelques goutes. Cette Huile a aussi la propriété d'amollir le ventre aux enfans quand on l'en frotte, & d'en faire sortir les vers, si on leur en donne à boire une ou deux goutes avec du lait ou du bouillon gras.

On appelle *Huile vierge*, Celle qui est épreinte de l'olive ou des noix fraîches, & qui n'est ni pressée, ni chauffée.

HUISSERIE. s. f. Toutes les pieces de bois dont l'ouverture d'une porte est formée. Il se dit aussi de l'assemblage du linteau & des poteaux d'une porte, du vieux mot *Huis*, Porte, qui vient du latin *Ostium*, qu'on a écrit autrefois *Hostium*.

HUITZITZIL. s. m. Petit Oiseau, appellé ainsi par les Mexicains. Il n'est pas plus gros qu'un Papillon, & a le bec long, & les plumes fort déliées, & d'une beauté incroyable, dont ceux du Pays ont l'industrie de composer des portraits de même que s'ils étoient peints avec des couleurs. Cet Oiseau vit de la rosée qui est dans les fleurs à la façon des Abeilles. Quand les fleurs se sechent, il fiche son bec dans le tronc des arbres, & il y demeure ainsi attaché pendant six mois, aussi immobile que s'il étoit mort, jusqu'à ce que les pluyes revenant, fassent changer de face à la terre.

HUITZPACOTLI. s. m. Arbrisseau qui traîne par terre, & qui se trouve dans le Mexique. Ses feuilles finissent en trois pointes, & il porte des fleurs rouges & menues, jointes ensemble au bout de ses branches, d'où il naît des fruits qui ressemblent aux noisettes, soit pour la forme, soit pour la grandeur, avec trois noyaux blancs au dedans. Cet Arbre fleurit & porte du fruit presque tous les mois. On tient que cinq de ces fruits ou six pour ceux qui sont plus robustes, après qu'on en a ôté une certaine peau qui les couvre, purgent puissamment le phlegme & la bile, soit par les selles soit par le vomissement. C'est un remede si sûr

qu'en

qu'en prenant un peu de viande , sa force cesse
d'agir aussi-tôt.

HUISTRE. f. f. Poisson de mer, qui se nourrit entre
deux écailles & qu'on mange tout en vie. Les
Huîtres jettent leur frai dans le mois de Mai,
après quoi elles sont malades & ne sont entierement
gueries que vers le mois d'Août. Les petites
Huîtres qui se forment du frai qu'elles jettent,
commencent à avoir de l'écaille dans vingt-quatre
heures. Il y a des Huîtres dans quelques-unes des
Isles du Cul-de-sac de la Guadeloupe, qui ne sont
pas plus grandes que les petites Huîtres d'Angleterre,
c'est-à-dire, larges comme un écu blanc. On
les trouve attachées à des arcades & sur les branches
des Paretuviers qui trempent dans la mer, où
la semence des Huîtres se répand lorsqu'elles
frayent. Il y a beaucoup d'apparence que cette semence
s'attache à ces branches, de sorte que s'y
formant elles y grossissent, & sont rafraîchies deux
fois le jour par le flux & le reflux, leur pesanteur,
par succession de tems, faisant pancher les branches
dans l'eau. On en voit de deux sortes dans la
Guadeloupe. La premiere, à l'exception de sa petitesse,
est fort semblable aux nôtres, mais plus
délicate & de meilleur goût. La seconde est toute
plate, & a une petite houpe de poil dans le milieu
comme un petit Barbillon. Ces Huîtres sont tellement
acres qu'il est impossible d'en manger. Il y a
dans la Chine de petites Huîtres qu'on seme dans
les campagnes couvertes d'eau. Cela se fait par des
morceaux de quelques-unes qu'on casse, & que
l'on y jette comme si c'étoit de la semence. Ces
morceaux jettés en produisent d'autres de très-bon
goût. M. Ménage veut que l'on ait dit anciennement
Oistres, ce qui est venu du Grec ὄςρεα,
Poisson couvert d'un test dur.

HUIVRE. f. m. Vieux mot. Sorte de Serpent, de
l'Italien Huivara.

Mais mors plus fiere que Huivre.

HUL

HULOT. f. m. Terme de Marine. Ouverture où
est mis le Moulinet de la manuelle. Il se dit aussi
des ouvertures qu'on fait dans le paneau de la fosse
des cables.

HUM

HUMBLESSE. f. f. Vieux mot. Humilité. On a dit
aussi, *Humlesse.*

HUMECTATION. f. f. Terme de Pharmacie. Preparation
d'un medicament, qui se fait lorsqu'on
le laisse tremper quelque tems dans l'eau, soit
pour l'amollir s'il est trop sec, soit pour le monder,
ou pour empêcher que ses plus subtiles parties
ne se dissipent.

HUMERAL. adj. Terme de Medecine. On appelle
Muscle humeral, Celui qui fait mouvoir le bras
en haut, autrement *Deltoïde* ou *Epomis*. Ce mot
vient du Latin *Humerus*, Epaule.

HUMIER. adj. Vieux mot. Usufructuaire, du latin
Humus, Terre.

HUMILIEZ. f. m. Ordre Religieux, dont l'établissement
est venu de quelques Gentilshommes de
Milan, qui ayant extrêmement souffert dans la
captivité où les retint l'Empereur Conrad, ou selon
d'autres, Frederic Barberousse, connurent si
bien la vanité des choses du monde, que lorsqu'ils
se virent en liberté, ils formerent une espece de
Communauté, où ils vêcurent ensemble en suivant
la Regle de saint Benoît. Cette Congregation
Tome I.

tion fut approuvée du Saint Siege sur la fin du douziéme
siecle, mais enfin saint Charles de Boromée
qui s'en étoit fait le Protecteur, ayant remarqué
que le tems & les grands biens qu'ils avoient acquis,
y avoient produit un si grand relâchement
qu'il n'y avoit qu'environ cent soixante & dix Religieux
pour près de cent Monasteres, crut qu'il
étoit de son zele d'y mettre quelque reforme. Les
Superieurs se trouverent blessés par là, à cause qu'ils
usoient de leurs Benefices, quoique Reguliers,
comme s'ils n'eussent été que Beneficiers simples,
n'épargnerent rien pour l'obliger à laisser les choses
dans leur ancien état, & n'ayant pû l'obtenir, il
y en eut trois qui oserent attenter à la vie de saint
Charles, & lui faisant tirer un coup d'arquebuse,
par un Jerôme Donat qu'on surnommoit Farina.
Le Pape Pie V. en fut extrêmement irrité, & cela
fut cause qu'il abolit cet Ordre en 1570.

Il y a aussi quelques Heretiques qui ont pris le
nom d'*Humiliez*. Ils s'éleverent sous le Pape Innocent
III. & furent condamnés par ce Pontife.

HUN

HUNE. f. f. Terme de Marine. Assemblage de plusieurs
planches de bois mises en rond au haut des
grands mâts, & soutenues par des barres. Cette espece
de cage ou de guerite ronde en saillie sert à
porter un Matelot pour découvrir de loin, & à serrer
les Huniers. Le Gabier se poste ordinairement
sur la Hune du grand mât ou sur celle de son perroquet.
Cette Hune est élevée en rond & en forme
de balcon, environ à huit piés du bout du grand
mât, & peut quelquefois contenir trente & quarante
hommes. La plûpart des grands Vaisseaux
n'ont que quatre Hunes, qui sont celles du grand
mât, de misaine, de beaupré & d'artimon, mais
quoiqu'il n'y ait que des barres aux brisures qui
sont aux autres mâts, ces barres ne laissent pas de
s'appeler *Hunes*.

HUNE. Grosse piece de bois à laquelle une cloche
est attachée & qui sert à la mettre en branle, quand
on a besoin de la sonner, ce qui se fait par deux
tourillons qui la terminent.

HUNIER. f. m. Voile qui se met à un mât de Hune.
On appelle *grand Hunier*, celle que porte le
grand mât de Hune, & *petit Hunier*, Celle qui
est enverguée au mât de misaine. Le nom de *Hunier*,
se donne aussi au mât qui porte la Hune.

On dit *Hunier à mi-mât*, quand la vergue qui
tient la voile du Hunier n'est issée qu'à la moitié
du mât, & *Avoir les Huniers dehors*, pour dire,
Les avoir au vent pour le recevoir. On dit aussi,
Mettre le vent sur les Huniers, pour dire, Mettre
les voiles des Huniers de telle sorte que le vent ne
fasse que les friser, & ne les remplisse point.

On dit encore, *Amener les huniers sur le ton*,
pour dire, Baisser les voiles jusqu'à la partie du
mât qui se trouve entre la Hune & le chouquet, ce
qui est les amener au plus bas. On se donne ordinairement
un signal sur mer, *En issant & amenant
ses Huniers*, ce qui veut dire, En haussant & baissant
les voiles des grand mâts de Hune & du mât
de Hune d'avant.

HUP

HUPPE. f. f. Oiseau agreable à voir, & qui est à
peu près de la grosseur d'une grive. Il a le bec noir,
long & délié, un peu crochu, les jambes courtes,
de couleur de plomb, & les aîles noires, traversées
de lignes blanches. Sa tête est pointue, & ornée

Cccc

d'une maniere d'aigrette faite de vingt-six plumes d'une inegale longueur. Son estomac est roux ainsi que la partie de son col qui est proche de la tête, mais il l'a cendrée vers le dos, qui est aussi de couleur cendrée avec quelques taches blanches jusques à sa queue qu'il a longue de six doigts. Cette queue est composée de dix plumes, & il y a une large ligne blanche qui la coupe de travers. Ce mot de *Huppe*, vient du latin *Upupa*, qui signifie cet Oiseau en Grec ἔποψ.

HUR

HUREPEPE', adj. Vieux mot. Herissé.
> *L'Hermitage vint hideux & hurepez.*

On dit aussi, *Huriché*, dans la même signification.
> *Les cheveux à tous huricbez,*
> *Les yex crues, en parson glicez,*
> *Vis pale, banlevres sarcbies.*

HUS

HUSSART. s. m. Sorte de Cavalier habillé de peaux de Tygre & ayant force plumes. Les Hussarts sont une milice, dont on se sert en Hongrie & en Pologne, pour repousser la Cavalerie Ottomane.

HUSSITES. s. m. Heretiques de Bohême, appellés ainsi de Jean Hus Bohémien, qui soûtenoit publiquement la Doctrine de VViclef. Ils prétendoient que saint Pierre n'avoit jamais été le Chef de l'Eglise, qu'ils disoient n'être composée que des Elûs. Selon eux le Pape étoit dépendant de l'Empereur, sans être ni le Lieutenant de JESUS-CHRIST, ni le Successeur de saint Pierre. Les Evêques, en mettant entre les mains du bras seculier ceux qui ne leur obéïssoient pas, ne meritoient que le nom de meurtriers. Ils disoient encore, que l'obéïssance Canonique étoit une invention humaine; que les Prêtres, quoiqu'excommuniés, devoient prêcher, & que les suspensions, excommunications & défenses avoient été inventées pour maintenir l'orgueil du Clergé. Cette Secte qui se partagea en plusieurs autres perdit presque toute la Bohême, quoique pour couper racine aux maux qu'elle produisoit, on eût brûlé vif Jean Hus avec Jerôme de Prague en 1415. par Ordonnance du Concile de Constance. Il y a presentement peu de ces Heretiques en Bohême. Ceux que l'on y trouve encore, se moquent des Obseques & des Prieres pour les Morts, & tiennent que le diable a inventé les Religions des quatre Mendians. Ils n'admettent ni la Confirmation, ni l'Extreme-Onction pour Sacremens de l'Eglise, & s'accordent en beaucoup de choses avec les Calvinistes, touchant la Confession & le Baptême.

HUT

HUTER. v. a. Terme de Marine. On dit *Huter les vergues*, pour dire, Amener les yergues dans un gros tems jusqu'à la moitié du mât, & les mettre en croix de saint André, afin que les voiles qu'elles portent prenant moins de vent, le vaisseau soit moins sujet à se tourmenter.

HUTIN. Vieux mot. Dispute, combat, choc. On a dit aussi *Hutiner*, pour, Harceler.

HUTITES. s. m. Heretiques qui ont pris leur nom de Jean Hutus dont ils ont suivi les opinions. C'étoit une secte d'Antilutheriens. Ils se croyoient réellement les Enfans d'Israël, qui étoient venus pour détruire entierement les Chananéens. Ils présen-

doient entre autres erreurs, que le jour du jugement n'étoit pas fort éloigné, & ils disoient qu'on devoit s'y préparer en mangeant & en bûvant.

HUTLA. s. m. Petite bête qui se trouve aux Indes Occidentales, dans l'Isle appellée *Hispaniola*. Elle est assés semblable à nos lapins, quoique plus petite. Ses oreilles sont aussi plus courtes, & elle a une queue de taupe.

HUZ

HUZ. s. m. Vieux mot. Crierie.

HYA

HYADES. s. f. Constellation composée de sept étoiles, qui sont dans la tête du Taureau, & dont la principale en est l'œil gauche. Ce mot est Grec ὑάδις, & elles ont été appellées ainsi du verbe ὕειν, Pleuvoir, à cause qu'il pleut ordinairement vers le tems des équinoxes, qui est à peu près celui de leur lever, soit cosmique, soit acronyque. Leur lever cosmique est au Printems, l'acronyque en Automne. Ces étoiles sont fameuses chés les Poëtes.

HYALOIDE. adj. Terme de Medecine. Il se dit de la sixiéme tunique de l'œil, que l'on appelle autrement *Vitrée*, à cause que de toutes parts elle enferme l'humeur vitrée qui est dans le fond de l'œil. Ce mot vient du Grec ὕαλος Verre.

HYD

HYDATIDES. s. f. Les Medecins appellent ainsi de grosses vessies pleines d'eau qui se forment en diverses parties du corps, du Grec ὕδωρ Eau. Les Hydatides des visceres, & sur-tout du foye & de la rate, sont les avancourieres ou les compagnes de l'hydropisie particuliere. Elles sont frequentes aux poumons & au foye. Ce qui fait que ces visceres sont les plus sujets aux Hydatides, c'est qu'il y a un grand nombre de vaisseaux lymphatiques qui rampent sur leur surface, lesquels deviennent fort apparents, quand l'amas de l'humeur ou des eaux qu'ils contiennent les distend, ces Hydatides ou vesicules remplies d'eau n'étant autre chose que les vaisseaux lymphatiques où le cours de la lymphe est arrêté. La lymphe ne pouvant passer outre, ni retourner en arriere, à cause des valvules dont abondent ces vaisseaux, gonflent les entre-deux qui representent des vesicules pleines d'eau, & s'il arrive que quelqu'une de ces petites vesicules se rompe, la lymphe qui en sort se trouve retenue par la membrane mince, dont le viscere & les vaisseaux lymphatiques sont revêtus. Cela fait de plus grosses vessies, quelquefois de la grosseur d'une aveline, qui durent jusqu'à ce que la membrane venant à se rompre, la lymphe se répande dans la cavité, & y produise l'hydropisie.

HYDRAGOGUE. s. m. Medicament qui purge les eaux & les serosités appellé ainsi de ὕδωρ Eau, & de ἄγειν Amener, tirer. Le plus doux des Hydragogues est le suc des roses pâles. Celui d'hieble tiré de la racine contuse, attire puissamment les eaux des hydropiques, s'il est donné jusqu'à une once avec du sucre & de la cannelle. La coction diminue beaucoup la qualité qu'il a de purger. Ses grains confits produisent le même effet, ainsi que sa graine donnée jusqu'à une drachme avec du vin blanc. Le suc de la racine d'Iris est plus fort, ce qui fait qu'on ne le donne que jusqu'à une once avec une décoction de raisins damas, du sucre &

de la cannelle, encore ne doit-il être donné qu'à des gens robustes. Si on donne la racine seche de l'Iris dans du petit lait jusqu'à une drachme ou deux, elle a la même vertu. Il y a plusieurs autres Hydragogues qui ne sont propres ni aux enfans, ni aux vieillards, ni aux femmes grosses, ni à ceux qui ont quelque maladie aigue, mais seulement aux personnes qui ont de la force, & qui souffrent une longue maladie dans un tems froid. Ces Hydragogues sont le ricinus, la petite catapuce, la racine de cyclamen, celle d'Asarum & d'Aristoloche longue, l'esula, la chamælea, la laureola, & autres.

HYDRARGYRE. s. m. Vif argent. C'est le nom que les Chymistes donnent au mercure, à cause qu'il est liquide & qu'il coule, comme si c'étoit de l'eau d'argent, de ὕδωρ Eau, & ἄργυρη Argent.

HYDRAULIQUE. s. f. Science qui enseigne l'art de conduire les eaux, & le moyen de les élever, soit pour les rendre jaillissantes, soit pour d'autres usages. Ce mot vient du Grec ὕδωρ, eau, & αὐλὸς, flûte, tuyau, parce que l'on conduit l'eau par des tuyaux.

Il y a des Colomnes qu'on appelle *Colomnes Hydrauliques*. Ce sont celles du haut desquelles sort un jet auquel le chapiteau sert de coupe. L'eau retombe delà par une rigole revêtue de glaçons, & qui tourne en spirale autour du fût. On appelle aussi *Colomne Hydraulique*, celle dont le fût est formé de napes d'eau, ce qui le fait paroître de crystal. Ces napes d'eau tombent de ceintures de fer ou de bronze en maniere de bandes, à distance égales, par le moyen d'un tuyau montant dans son milieu.

HYDRE. s. f. Sorte de serpent qu'on appelle ainsi de ὕδωρ à cause qu'il se nourrit dans l'eau. Les latins l'appellent *Natrix*, Nageuse. Quand ce serpent sort de l'eau pour chercher à vivre sur la terre, il devient plus venimeux, & il s'appelle alors *Chersydrus*, comme qui diroit *Hydre terrestre*, de χέρσος, Terre. Nicander dit qu'il est semblable à l'aspic. Sa morsure est dangereuse, & cause des accidens très-fâcheux, enflûres, inflammations, douleurs ardentes, meurtrissures, plaies fangeuses, resolutions des membres, vomissemens coleriques & puans. On en meurt en trois jours, après avoir souffert un mouvement désordonné dans tout le corps. Les remedes ordinaires sont la Theriaque & le Mithridat. Quand l'Hydre se trouve dans quelque marais tari, elle fait grande guerre aux Grenouilles, & lorsqu'elle manque d'eau elle se jette en terre, toute fangeuse, & tâche de se remettre au soleil en tirant la langue de la grande alteration qu'elle a. Aetius dit aussi qu'elle se charge alors de venin, & qu'elle ressemble aux petits aspics, excepté que les aspics ont le col plus gros. D'Ablancour rapporte que dans les deserts de la Lybie, on trouve quantité de serpens appellés *Hydres*, qui sont de petites couleuvres très-venimeuses, ayant le col extrémement délié, ainsi que la queue.

Hydre. Dragon qui a deux piés & sept têtes, selon Jonston, avec une grande ouverture de gueule, & la queue une fois aussi grande que le corps. Il est sur le dos d'une couleur entre verd & jaune, & il a le dessous du ventre blanc. Il dit que cette Hydre tue de son soufle. C'est apparemment la description de l'Hydre que les Poëtes feignent avoir été défaite par Hercule, & dont on ne pouvoit point couper une tête sans qu'il en revint plusieurs autres en sa place.

Hydre. Terme d'Astronomie. Constellation composée de vingt-cinq étoiles, que l'on s'est imaginé qui formoient au Ciel la figure d'une Hydre. D'autres lui en donnent vingt-neuf.

HYDRELEON. s. m. L'Hydreleon n'est autre chose que de l'huile commune que l'on mêle avec de l'eau, comme le marque le mot Grec ὑδρέλαιον, fait de ὕδωρ, Eau, & de ἔλαιον, Huile.

HYDROCELE. s. f. Tumeur aqueuse des membranes qui environnent les Testicules. Elle se forme par une fluxion de serosités. Ce mot est Grec ὑδροκήλη, en Latin, *Hernia aquosa*, ou *Ramex aquosus*, & il est formé de ὕδωρ, Eau, & de κήλη, Tumeur. On doit distinguer l'Hydrocele par le vice propre des intestins, de l'Hydrocele de l'hydropisie qui arrive quand les eaux ramassées dans l'abdomen des hydropiques tombent successivement dans le scrotum par les productions du peritoine. L'autre se fait par l'obstruction des vaisseaux lymphatiques des testicules qui s'enflant peu à peu à mesure que la lymphe s'accumule, se rompent enfin & répandent la lymphe dans les membranes externes des testicules, où se fait la tumeur aqueuse. Lorsque ces membranes se relâchent & se rompent, la lymphe descend dans le scrotum, où elle produit une tumeur aqueuse, qui est encore appellée fort improprement *Hydrocele*.

HYDROCEPHALE. s. f. Maladie rare qui vient d'un amas d'eau autour de la tête ou dans la tête. Il y en a de trois sortes; la premiere, quand l'eau se ramasse entre les parties entamées & le crane; la seconde, quand l'eau se ramasse entre le crane & le cerveau, dessus ou dessous les meninges, & alors la tête n'est pas si mole ni si obéissante, à moins qu'on ne presse fort, parce que les os resistent. Le front est comme jetté en dehors, & les yeux paroissent dans leurs cavités, ou ne peuvent demeurer qu'à peine dans leurs orbites. Les larmes frequentes & les assoupissemens de tous les sens se rencontrent. La troisiéme espece d'Hydrocephale, est quand l'eau se ramasse entre les ventricules du cerveau & se distend. Les deux premieres especes sont assés frequentes, & en general cette maladie est plus ordinaire aux Enfans qu'aux adultes, ce qui vient de leur mauvaise situation dans la matrice, le Fœtus étant souvent appuyé par la tête sur l'os pubis de la mere, & demeurant quelquefois plusieurs semaines dans cette situation, qui peut causer l'Hydrocephale en rompant les vaisseaux lymphatiques. D'ailleurs les enfans ayant les os de la tête tendre, ces os s'ouvrent aisément à cause que les sutures ne sont pas encore fermes, ce qui produit l'Hydrocephale, ou du moins n'empêche point que l'eau ne s'amasse, au lieu que dans les adultes les os du crane sont durs & fortement joints par les sutures, ce qui ne leur permet pas de s'écarter, & de faire place à l'eau. On a vû une fille de sept ans attaquée d'une Hydrocephale, les eaux sortirent par les sutures dilatées, & en partie par d'autres trous. On a remarqué dans une autre fille, âgée de vingt-deux ans, une Hydrocephale qui s'abaissoit insensiblement, & revenoit periodiquement un mois après. L'Hydrocephale externe ou qui est sur le crane se guerit facilement, & on en a guerit un homme qui avoit la tête de la grosseur de celle d'un bœuf. L'interne est très-difficile à cause que la lethargie ou l'apoplexie surviennent qui emportent le malade, les eaux d'entre le crane & le cerveau se vuidant fort rarement. Le mot *Hydrocephale* est Grec, & formé de ὕδωρ, Eau, & de κεφαλή, Tête.

HYDROGRAPHIE. s. f. Science qui a pour objet la description de la Mer, de ses côtes, des bancs, des bastes, des rochers , des embouchures des rivieres , &c ou simplement des rivieres & des lacs de chaque pays. On la peut regarder ou comme opposée à la Geographie , ou comme en faisant une partie. Ce mot vient de ὕδωρ , *eau* , & de γράφειν , *décrire*.

On fait des cartes *Hydrographiques* , comme on en fait de Geographiques. Celles qui representent la mer , s'appellent *Cartes marines* , & sont d'une usage indispensable pour la navigation , les rumbs de vent y sont marqués , & l'on place des *roses*, (Voyez ROSE,) à tous les endroits où l'on a coûtume sur mer de rencontrer des vents nouveaux. Ce que les Cartes Marines ont de plus particulier , c'est que les Meridiens y sont paralleles , parce que deux vaisseaux qui font leur course au Nord , décrivent aussi-bien des lignes paralleles que s'ils couroient à l'Est. Mais ce parallelisme des Meridiens qui est contre la nature de la Sphere , fait que dans les Cartes marines les degrés de longitude ne diminuent pas en s'éloignant de l'Equateur , comme ils devroient faire. Cette erreur n'est pas considerable dans des cartes qui representent peu de pays , & des pays peu éloignés de l'Equateur , où la diminution des degrés de longitude n'est pas encore fort sensible. Ces Cartes s'appellent *Plattes* , où au *point commun*. Mais dans celles qui representent de grandes distances , il faut remedier à l'erreur. Pour cela , on augmente en s'éloignant de l'Equateur , les degrés de latitude autant que ceux de longitude devroient diminuer , ces latitudes sont nommées *Croissantes* , & on les prend pour mesure & pour échelle de la Carte , en sorte que pour mesurer en milles la distance des deux lieux qui sont sur cette carte éloignés d'un degré de longitude , & placés par exemple , sous le XXX. parallele on prend le XXX. degré de ces *latitudes croissantes*. On l'applique à ces deux lieux , & comme il est plus grand que le degré de longitude qui les separe , on voit que ce degré ne vaut pas 60. milles, comme les degrés de longitude pris sous l'Equateur , & les degrés de latitude qui ont tous cette même valeur de 60. mi les quoiqu'on les fasse à dessein inégaux en longueur sur cette carte. La diminution de la valeur des degrés de longitude pris sous les paralleles par rapport à ceux de l'Equateur se fait selon une certaine proportion de longitude , & on fait croître les latitudes en degré en degré selon cette même proportion. Les Cartes où ces latitudes servent d'échelles , s'appellent *reduites* ou *au point reduit* , & *naviguer par le reduit* ou *sur le rond* , c'est naviguer par le moyen de ces sortes de Cartes , au lieu que *naviguer sur le plat* , c'est se servir des Cartes plattes , ou les degrés de latitude sont égaux à ceux de longitude.

Il y a encore des Cartes Marines qu'on appelle *de distance* , ou *par route & distance*. On n'y met ni longitudes ni latitudes , mais seulement une échelle des lieues avec les rumbs de vent , de sorte que sçachant le chemin qu'on a fait , & le rumb de vent qu'on a tenu depuis le lieu du départ , on sçait le lieu où l'on est. Mais ces Cartes sont d'un usage très-borné , & ne servent que pour de petites navigations sur la Mediterranée.

HYDROMANCIE. s. f. Sorte de divination qui se fait par l'eau , & que Varron dit avoir été inventée par les Perses , de μαντεία , Divination.

HYDROMEL. s. m. L'Hydromel , selon Dioscoride, se fait en prenant les deux parts d'eau bouillie & cuite au Soleil avant les Jours Caniculaires , avec une part de Melomeli fait de pommes de coings. Il lui donne les mêmes vertus qu'au Melomeli. Dans la Médecine , il y a de deux sortes d'Hydro-

mel , le simple & le composé. Le simple est une portion de miel blanc que l'on fait cuire avec huit fois autant d'eau , & que l'on écume fort soigneusement. Il est bon pour les maladies froides de la poitrine , du cerveau , & des nerfs , à cause qu'il déterge & qu'il incise. Il appaise les douleurs de la colique , empêche que la pierre ne s'engendre , & sert à lâcher le ventre , mais il est contraire au bilieux , & à ceux qui ont la fiévre. Il y faut mettre plus d'eau en Eté que dans aucun autre tems. Si l'on y ajoûte de la cannelle , du gingembre ou de la sauge , comme on le rend plus aromatique , il est aussi plus propre pour les maladies froides. L'Hydromel composé se fait de quatre ou cinq fois autant d'eau que de miel , qu'on fait cuire ensemble en l'écumant avec soin , & que l'on expose ensuite au Soleil. Il est merveilleux pour toutes sortes de maladies froides. On l'appelle aussi *Hydromel vineux* , à cause qu'il est plus puissant & plus fort que l'autre , & qu'on le prendroit au goût & à la couleur pour de bon vin étranger.

HYDROPARASTES. s. m. Heretiques que l'on appelloit ainsi du Grec ὕδωρ , Eau , à cause qu'ils rejettoient le vin pour ne se servir que d'eau dans le Sacrifice de la Messe. C'est la même chose que les Aquariens , qui ont pris ce nom du latin *Aqua* , Eau.

HYDROPHOBIE. s. f. Terme de Medecine. Frayeur de l'eau qui arrivent à ceux qui ayant été mordus de chiens enragés , tombent dans la rage. Ce mot est Grec ὑδροφοβία , de ὕδωρ , Eau , & de φόβος , Crainte , terreur. On doute que l'Hydrophobie vienne seulement des morsures des chiens enragés , à cause que plusieurs Auteurs ont observé des Hydrophobies par d'autres causes. Sanchez en rapporte un exemple dans une fiévre continue. Le malade ne pouvoit voir l'eau ni aucune boisson , ni même les bouillons , sans avoir des convulsions au col. Il reconnoissoit qu'il ne pouvoit vivre sans boire , mais si-tôt qu'on lui presentoit le gobelet , il étoit saisi d'un si grand frisson que tout son corps en trembloit avec des convulsions & des sueurs. Il mourut le cinquième jour. On rapporte encore d'autres exemples d'Hydrophobie , sans morsure d'aucun animal enragé ; ce qui n'empêche pas Ettmuller de douter qu'il n'y ait eu quelque chose de la part de ces animaux qui ait precedé ; tout le monde sçachant que l'attouchement seul d'un animal enragé donne l'Hydrophobie , quoiqu'elle soit souvent dix ans & plus sans paroître.

HYDROPIPER. s. m. Sorte de plante que Ruellius veut faire passer pour l'Eupatorium des Apothicaires ; ce que Matthiole refute , en faisant voir que l'Hydropiper de Dioscoride a sa tige nouée & ferme , & sa graine forte qui vient en façon de grappe ou d'épi auprès de ses feuilles , au lieu que l'Eupatoire commun a une tige haute & toute d'une venue , sans qu'on y voye de graine auprès de ses feuilles en façon d'épi , mais seulement à la cime un bouquet de fleurs incarnates semblables à celles de l'Origan sauvage. L'Hydropiper , en Grec , ὑδροπέπερις , de πέπερι , Poivre , est ce qu'on appelle en François *Curage*.

HYDROPISIE. s. f. Maladie causée par une tumeur contre nature , qui occupe quelquefois tout le corps , & qui n'occupe quelquefois que les jambes ou le ventre. Elle vient d'une eau qui se coule entre cuir & chair , quand le foie cesse de faire ses fonctions , & qu'il lui arrive un grand refroidissement , soit par son propre vice , soit par la communication des autres parties , qui sont cause que la sanguification est dépravée. Il y a une Hydropisie causée par les vents qu'Hippocrate appelle

HYP

Hydropifie feche, quoiqu'elle ne foit pas, fans mélange d'humeurs. Les Grecs appellent *τυμπανίτης*, ou *τυμπανίας*, celui à qui l'Hydropifie a caufé l'enflûre de ventre, parce qu'alors il l'a tellement tendu, que fi on le frappe il refonne comme un tambourin, nommé en Grec *τύμπανον*. Le mot d'Hydropifie, vient de *ὑδρωπικός*, ou *ὕδρωψ*, Hydropique, fait de *ὕδωρ* Eau, & de *ὤψ*, Vifage, afpect.

HYDROPOTE. f. m. Les Medecins nomment *Hydropotes*, ceux qui ne boivent que de l'eau, du Grec, *πότης*, Bûveur, celui qui boit.

HYE

HYENE. f. f. Animal farouche fort immonde, qui ne vit que de charogne, & qui tire les corps morts hors de la terre pour s'en nourrir. Il a quatre piés, & on le tient du genre des chiens. Il reffemble au loup par fa grande voracité, & a le dos heriffé de poils femblables à ceux d'un cochon. C'eft de là qu'il a pris le nom d'Hyene, en Grec *ὗαινα* de *ὗς* Pourceau. Pline dit qu'il fe trouve quantité d'Hyenes en Afrique, que cet animal eft une année mâle & une autre année femelle, que fes yeux changent fouvent de couleur, & qu'on en tire des pierres precieufes appellées *Hienia*. Ariftote dit que l'ombre de l'Hyene rend les chiens muets, que cet animal a l'adreffe d'imiter les hommes dans leur parole, & qu'il les nomme par leurs noms pour les attirer & les devorer. Il y a auffi felon Pline un poiffon qu'on appelle *Hyene*.

HYG

HYGROMETRE. f. m. Inftrument qui a été inventé en Angleterre, & dont on fe fert quand on veut connoître la fechereffe ou l'humidité de l'air. Il eft compofé de deux petits ais de bois fort déliés, qui fe meuvent dans une coulice, s'enflant ou fe retirant felon que l'air eft fec ou humide. Leur mouvement caufe celui d'une aiguille qui eft au milieu, & qui marque dans un cadran les degrés de fechereffe ou d'humidité. Ce mot d'*Hygrometre*, vient du Grec *ὑγρός*, Humide, & de *μετρέω*, Mefurer. On dit auffi *Hygrofcope*. Emmanuel Magnan en a inventé un autre, qui eft fait avec un feul brin de l'épi d'avoine fauvage parfaitement mûr. fur quoi on met un index. On fe peut encore fervir pour connoître ces deux qualités de l'air, de la gouffe d'une veffe fauvage, qui fe redreffe felon ce qu'il a d'humidité ou de fechereffe.

HYM

HYMEN. f. m. Ce mot eft d'un grand ufage parmi les Poëtes, qui s'en fervent pour fignifier le mariage. Ils difent auffi *Hymenée*, & en font une Divinité qu'ils prétendent préfider aux nôces.

Hymen. Petite peau dont les fleurs des jardins qui font encore en bouton, fe trouvent envelopées. Elle eft particulierement dans les rofes, & ne fe rompt que lorfque la fleur s'épanouit. Ce mot vient du Grec *ὑμήν*, qui veut dire, Une membrane, une pellicule ; d'où vient que Galien appelle *ὑμήν*, la membrane ou tunicule de l'œil. Les autres appellent de même *ὑμένες*, Les membranes dont le Fœtus eft envelopé.

HYO

HYOIDE. adj. Terme de Medecine. On appelle *Os hyoide*, un os qui fe trouve à la racine de la langue, & on lui a donné ce nom à caufe qu'il a la figure de la lettre Grecque *υ*.

HYPECOON. f. m. Herbe qui croît dans les terres labourées & parmi les blés, & dont les feuilles font un peu plus grandes que celles de la rue, & les tiges veines petites & tendres. Ses fleurs font jaunâtres & un peu rouges du côté du pié, & du milieu de ces fleurs, il fort un petit floc agréable à voir, & qui eft auffi jaune que l'or. Lorfqu'il vient à défleurir, il produit de petits boutons ou de petites têtes qui ont une couverture fort menue, au dedans defquelles il y a une graine noire, âpre, & qui approche fort de celle de la nielle. Galien dit qu'il s'en faut peu que l'Hypecoon ne foit auffi froid que le pavot, & Diofcoride lui attribue les mêmes propriétés qu'à l'Opium.

HYPERBOLE. f. f. Terme de Geometrie. Ligne courbe, formée par la fection d'un Cone par un plan non parallele à un côté déterminé. Voyez SECTION. Comme la parabole eft formée par un plan parallele à ce côté déterminé, & qu'un plan parallele eft unique, il n'y a qu'une efpece de parabole, mais il y a une infinité d'efpeces d'Hyperboles differentes ; parce qu'il peut y avoir une infinité de plans differens non paralleles à un autre. De plus fi l'on imagine un fecond cone égal au premier, pofé fur le premier, & ayant le même fommet, il faut que le plan coupant qui forme l'Hyperbole, étant non parallele à un côté déterminé du premier cone, aille fi on le prolonge, rencontrer ce même côté prolongé dans le fecond cone, & y forme une feconde Hyperbole égale à la premiere & de la même efpece, mais placée à contre-fens. C'eft ce qu'on appelle les Hyperboles oppofées. Le fommet de chacune eft fon point le plus élevé dans la furface du cone où elle eft formée. La ligne qui va du fommet d'une Hyperbole à celui de l'Hyperbole oppofée s'appelle l'*Axe* des deux Hyperboles, & le point du milieu de cette ligne eft leur centre. Toutes les lignes qui paffent par ce centre font des *Diametres*. Les diametres tirés par ce Centre, de forte qu'ils vont rencontrer les deux Hyperboles oppofées, font appellés *Diametres déterminés*, parce que leur longueur eft bornée là. Ceux qui ne peuvent jamais rencontrer les Hyperboles, font *indéterminés*. Mais il faut remarquer que les diametres déterminés deviennent indéterminés, quand du point où ils rencontrent les Hyperboles on les prolonge au dedans ; parce qu'alors ils n'ont plus rien qui les borne, l'Hyperbole pouvant être prolongée à l'infini du côté de la bafe du cone, ainfi que la parabole. Voyez PARABOLE. On appelle *Diametres conjugués*, comme dans l'Ellipfe, ceux qui font paralleles aux ordonnées l'un de l'autre. Voyez ORDONNE'ES. L'Axe qui mefure les deux diftances des deux fommets s'appelle auffi *Diametre tranfverfal*, & pour axe conjugué un diametre indéterminé qui lui eft perpendiculaire, & qui de tous les diametres indéterminés eft le plus éloigné des deux Hyperboles. L'Hyperbole a auffi fon *Parametre & fon foyer*. Voyez PARAMETRE & FOYER. Elle a auffi des *Afymptotes*. Voyez ASYMPTOTE.

On appelle *Hyperbole Equilatere*, celles dont les Parametres font égaux aux diametres, & dont par cette raifon les Afymptotes font enfemble un angle droit.

HYPERBOLIQUE. adj. Les Geometres appellent, *Figure hyperbolique miroir hyperbolique*, Une figure qui eft taillée en hyperbolique, un miroir qui dans fa fuperficie eft coupé par une Hyperbole.

HYPERTHYRON. f. m. Table large qu'on met

C C c c iij

aux portes Doriques au deſſus du chambranle, en forme de friſe. Ce mot eſt entierement Grec, ὑπέρθυρα, & ſignifie, Ce qui eſt au-deſſus de la porte, de la prépoſition ὑπὲρ, Sur, & de θυρὶς, Porte.

HYPETRE. ſ. m. Edifice dont le dedans eſt à découvert, comme étoit le Temple de Jupiter Olympien à Athenes, qui étoit avec dix colomnes de front, & qui en avoit deux rangs en ſon pourtour exterieur, & un dans l'interieur. Ce mot vient du Grec ὑπαιθρον ou ὑπαιθρος, Qui eſt à l'air.

HYPNOTIQUES. ſ. m. Terme de Pharmacie. Medicamens dont on ſe ſert pour faire dormir. Ce mot eſt Grec, ὑπνωτικὸς, Qui endort, de ὑπνος, Sommeil.

HYPOCAUSTE. ſ. m. Fourneau ſouterrain qui ſervoit à échauffer l'eau des bains chés les Anciens. On le dit encore aujourd'hui de ce qui échauffe les étuves. Ce mot eſt Grec, ὑπόκαυσις, & eſt formé de la prépoſition ὑπὸ, Sous, & de καίειν, Brûler.

HYPOCHONDRE. ſ. m. Terme d'Anatomie. *La partie du ventre au-deſſous des côtes, au côté droit ou au côté gauche.* ACAD. FR. Le foye eſt ſitué preſque tout entier en l'hypochondre droit, & la rate eſt à gauche avec la plus grande partie du ventricule ou de l'eſtomac. Ce mot eſt Grec, ὑποχόνδριον, & veut dire, Qui eſt ſous les cartilages, de la prépoſition ὑπὸ, Sous, & de χόνδρος, Cartilage.

HYPOCHONDRIAQUE. adj. Qui eſt travaillé des vapeurs & des fumées qui s'élevent des hypochondres, & qui troublent le cerveau. On appelle *Mal hypochondriaque*, une Maladie qui a ſon foyer dans le ventricule rempli d'une matiere acide, viſqueuſe. Comme les hypochondres comprennent la region du corps depuis les cartilages inferieurs des côtes juſqu'aux Illes avec les muſcles & les viſceres internes, les Barbares appellent cette maladie *Mirachiale*, parce qu'en general les Arabes nomment l'abdomen *Mirach.* Elle a pluſieurs noms. Les Chymiſtes la nomment *Le Tartre des hypochondres*, en égard à la cauſe morbifique. Diocles & Ætius l'appellent *Affection venteuſe*; Barbette, *la Mere du ſcorbut*; Hippocrate, *la Maladie ſeche*, & vulgairement elle eſt appellée *Melancolie hypochondriaque*, non que la melancolie ſurvienne toûjours à ceux qui en ſont atteints, mais parce que la plûpart y ſont ſujets. Les Allemans diſent que c'eſt la maladie des gens d'étude, à cauſe qu'ils compriment continuellement l'abdomen en écrivant; ce qui ôte la liberté au diaphragme & retarde la circulation des humeurs. L'*Affection hypochondriaque* eſt une douleur avec peſanteur & conſtriction au ventricule, au diaphragme & à tout le meſentere, qui dépend de la convulſion des nerfs de ces parties, par la viſcoſité acide des humeurs qui picotent les premieres voies, & ſur tout les parties nerveuſes du ventricule. La *Douleur hypochondriaque* eſt celle qui ſe fait ſentir particulierement, & ſouvent à l'ypochondre gauche ſous les fauſſes côtes. C'eſt une douleur cruelle, piquante & perçante, qu'on a coûtume d'attribuer à la rate, parce que toutes les douleurs qu'on reſſent en cet endroit ſont priſes pour des ſignes du mal de rate. Cependant cette douleur appartient aux inteſtins, en partie au jejunum, mais le plus ſouvent au colon. Le ſcorbut eſt le plus haut degré de l'affection hypochondriaque, qui ſemble avoir été inconnu aux anciens. Les plus ſenſés ſont pourtant perſuadés qu'ils la connoiſſoient, mais qu'elle étoit accompagnée de ſymptomes plus legers. Comme on augmente la peine à proportion

du crime, de même à meſure que la débauche & le mépris du bon regime croiſſent, les maladies regnent aujourd'hui avec plus de fureur qu'elles ne faiſoient dans les premiers tems; & cela eſt cauſe que les deſcriptions des Anciens ſont plus douces que les nôtres, quoique les maladies ſoient les mêmes. Ainſi il y en a qui prétendent qu'Hippocrate ait décrit cette maladie ſous le nom de *Groſſe rate*, & d'autres veulent que ce ſoit le *Stomacacé* & le *Scelotyrbe* de Pline, qui regnoit en ſon tems dans les armées d'Allemagne.

HYPOCISTIS. ſ. m. Sorte de rejetton qui croît auprès des racines du ciſtus, & qui eſt fait preſque comme un potiron, & de la forme de l'Orobanche. Sa couleur eſt jaunâtre, mêlée d'interſtices obſcurs qui forment des manieres de nœuds, & à peu près comme aux racines des nymphes. On voit quelquefois de ces rejettons qui ſont de la groſſeur de trois pouces, & même gros comme la main. Ils s'élevent en forme ronde & longue, mais un peu plus gros vers le haut, & font à leur ſommité comme une fleur de Grenade. Dioſcoride dit qu'il y a de trois ſortes d'Hypociſtis, de roux, de vert & de blanc, & qu'on en tire le jus comme on fait celui de l'Acacia, dont l'Hypociſtis a les proprietés, quoiqu'un peu plus deſſicatif & aſtringent. Il rend par expreſſion un ſuc noirâtre & fort acide, qu'il eſt neceſſaire de bien depurer, après quoi il le faut cuir dans un vaiſſeau de terre bien verni juſqu'à la conſiſtance d'un extrait un peu ſolide. C'eſt l'Hypociſtis que l'on fait entrer dans la theriaque. Galien dit qu'il eſt beaucoup plus aſtringent que les feuilles du ciſtus; ce qui le rend un remede ſouverain pour toutes ſortes de fluxions, crachemens de ſang, dyſenteries, ou trop grande abondance des fleurs des femmes. Il ajoûte qu'il eſt très-propre à fortifier quelque partie du corps débilitée par une trop grande aquoſité & humidité, & que c'eſt par cette raiſon qu'on l'employe dans les Epithemes qui ſervent à l'eſtomac, au foye & aux antidotes qu'on fait de chair de vipere. Matthiole avertit que l'Hypociſtis dont les Apothicaires ont accoûtumé de ſe ſervir, eſt le jus de Barbe-de-Bouc ſeché au Soleil, qui eſt une erreur venue de ce que les Arabes appellent le ciſtus, *Hirci-barbula*. Cela eſt cauſe que ceux qui ont pris le *Hirci-barbula* des Arabes pour le Tragopogon de Dioſcoride, qui eſt notre Barbe-de-bouc, & qui ont tiré de là l'Hypociſtis, ſe ſont abuſés. Ce mot vient de la prépoſition ὑπὸ, Sous, & de κίσος, Ciſtus, & veut dire, Germe qui provient des racines de Ciſtus.

HYPOCRAS. ſ. m. Breuvage fait avec du vin, du ſucre & de la cannelle. Quelques-uns y mêlent encore d'autres ingrediens. On le purifie en le paſſant pluſieurs fois par un filtre qu'on appelle *Chauſſe d'Hypocras*; & ceux qui le veulent parfumer mettent dans la chauſſe un grain d'ambre gris ou de muſc. Cette chauſſe eſt une piece de drap ou d'étamine faite en pointe. On fait auſſi de l'Hypocras de cidre & de biere, & on en fait même d'eau. Ce mot vient de ὑπὸ, Sous, & de κρᾶσις, Mixtion, mélange.

HYPOGASTRE. ſ. m. Terme d'Anatomie. La partie inferieure du bas ventre. Elle commence deux ou trois doigts au-deſſous du nombril, & va juſqu'à l'os pubis. Ce mot eſt Grec, ὑπογάστριον, & eſt compoſé de ὑπὸ & de γαστὴρ, Ventre.

HYPOMOCHLION. ſ. m. Terme des Mechaniques. Point qui ſoûtient le levier, & ſur lequel il fait ſon effort, quand on le baiſſe ou quand on le leve. Ce mot eſt tout Grec, ὑπομόχλιον, & eſt compoſé de ὑπὸ, Sous, & de μοχλὸς, Levier, barre.

HYPOTENUSE. f. f. Terme de Geometrie. On appelle *Hypotenuse*, dans un triangle, le plus grand côté opposé à un angle droit ou obtus : plus communément c'est le côté opposé à un angle droit. Ce mot est Grec, ὑποτείνουσα, & c'est le feminin du participe ὑποτείνων, qui vient du verbe ὑποτείνω, en Latin *Subtendere*; d'où vient qu'on l'appelle aussi *Ligne subtendante* ou *soutendante*, le mot de γραμμη, Ligne, étant sous-entendu. La principale proprieté de l'Hypotenuse, est que son quarré est égal aux quarrés des deux autres côtés du triangle rectangle.

HYPOTHEQUE. f. f. Terme de Pratique. Charge imposée sur les biens du débiteur pour sûreté d'une dette. Il y a trois sortes d'Hypotheque, la Conventionnelle, celle qui vient de la loi & qu'on appelle *Legale*, & l'Hypotheque judiciaire. La *Conventionnelle* se contracte par le consentement reciproque du débiteur & du créancier, & celle-là est generale ou speciale; generale quand tous les biens du débiteur sont affectés à la dette, & speciale quand un certain heritage est specifié dans le contrat. L'*Hypotheque legale* & necessaire, qui est tacite à l'égard des contractans, est expresse selon la loi. C'est celle que font acquerir les Ordonnances & les Coûtumes, suivant lesquelles les Mineurs & les Pupilles ont hypotheque sur les biens de leurs curateurs ou de leurs Tuteurs du jour de l'Acte de Tutelle, & les femmes sur les biens de leurs maris. Elle s'étend même sur les meubles, par le privilege qu'ont les Proprietaires de faire saisir dans leurs maisons tout ce qu'ils y trouvent pour être payés des loyers qui leur sont dûs. L'*Hypotheque judiciaire* est celle qu'établit le Magistrat, & qui est acquise au créancier, quand son débiteur reconnoît en Justice qu'il doit une somme dont il a fait promesse sous signature privée, & qu'il intervient une Sentence qui l'oblige à la payer. Ce mot est Grec, ὑποθήκη, Gage, matiere sujette, & vient du verbe ὑποτίθημι, Je f ûmets, je rends sujet.

Hypotheque. Composition de jus de cerises, de sucre, de clou & de cannelle, que les vendeurs d'eau de vie distribuent en gros & en détail. Ce mot est nouveau, & n'est en usage que depuis fort peu de tems.

HYPOTRACHELION. f. m. Terme de Medecine. La partie inferieure du col, de ὑπὸ; Sous, & de τράχηλος, Col. Ce mot est pris dans Vitruve pour le haut de la colomne, & l'endroit le plus menu qui touche au chapiteau. M. Felibien remarque que l'Hypotrachelion, selon Balde, signifie aussi l'endroit du chapiteau des colomnes Toscanes & Doriques, qui est entre l'eschine & l'astragale. Il dit qu'on le nomme aussi *Collier, gorge, gorgerin*, & que quelques-uns l'appellent, *la Frise du chapiteau*.

HYPOTYPOSE. f. f. Figure de Rhetorique qui consiste à faire la description d'une chose d'une maniere si vive, qu'il semble qu'on la represente aux yeux. Ce mot est Grec ὑποτύπωσις, & est composé de ὑπὸ, & de τύπος, Figure, image, effigie.

HYPSISTAIRES. f. m. Heretiques, que quelques-uns croyent avoir été appellés ainsi à cause qu'ayant fait un mélange du Paganisme & de la Religion des Juifs, ils adoroient le feu avec les Payens, sous le nom Grec ὕψιστος, Très haut, très-excellent. Ils parurent dans le quatriéme siecle, & imiterent les Juifs en ce qu'ils observerent le Sabat & l'abstinence legale des viandes.

HYS

HYSSOPE. f. m. Herbe dont il y a de deux sortes, l'Hyssope des jardins & l'Hyssope des montagnes. Matthiole fait connoître que ceux qui doutent que notre Hyssope soit le vrai Hyssope décrit par Dioscoride, s'abusent, & il en donne des raisons solides. Après avoir dit que l'Hyssope des montagnes croît abondamment en Gorice au Mont Salvatin, & qu'il est entierement semblable à celui des jardins par ses feuilles, ses fleurs & ses branches, quoiqu'il n'ait pas tant d'acrimonie, & que sa feuille soit plus amere au goût & un peu plus rude, il ajoûte que l'un & l'autre Hyssope est un arbrisseau qui jette force surgeons d'une seule racine dure comme du bois, & de la hauteur d'un pié & demi, que par intervalles il pousse d'un côté & d'autre de toute sa tige des feuilles longuettes, dures, odorantes, chaudes & un peu ameres pour le goût, que sa fleur sort du sommet de cette tige, de couleur celeste & en maniere d'épi, & que sa racine est extrêmement dure & fort bien garnie. Cette plante étant composée de parties subtiles à la vertu d'inciser, d'attenuer & de nettoyer. Elle est singuliere contre les morsures des serpens, si on la broye avec du sel & du cumin, & qu'on l'applique avec du miel sur la plaie. Oinre avec de l'huile elle fait mourir la vermine de la tête, & en appaise toutes les démangeaisons. De quelque maniere qu'on la donne, c'est un remede pour l'épilepsie, mais il est plus efficace si on le prend en pillules. On fait de l'huile avec les fleurs & les feuilles de l'Hyssope, & cette huile sert à fortifier les nerfs débilités par froideur, quand on s'en frotte. On dit en Grec, ὕσσωπος, & quelques-uns veulent que le mot d'*Hyssope* vienne de l'Hebreu *Ezob*.

HYSTERIQUE. adj. Terme de Medecine qui se dit dans cette phrase, *Passion hysterique*. C'est la plus commune & la plus cruelle de toutes les maladies qui arrivent aux femmes par le vice de la matrice; ce qui la fait aussi appeller *Suffocation de la matrice*, d'un de ses plus puissans symptomes, sçavoir le resserrement de la poitrine & la difficulté de respirer. Elle est quelquefois si grande, que celles qui la ressentent demeurent comme étouffées pendant quelque tems sans sentiment & sans mouvement. Une femme au rapport de Lindanus, est demeurée six heures comme morte, sans respiration & sans aucun pouls sensible. On en a vû demeurer en cet état des jours entiers, & revenir lorsqu'on étoit prêt de les enterrer. Ce mal attaque indifferemment tant les filles que les femmes, les jeunes avant qu'elles soient en âge d'avoir leurs mois, & les vieilles après les avoir perdus. Les symptomes ne sont pas pareils dans toutes, les unes en ayant moins; les autres plus, & avec plus ou moins de violence, D'ordinaire les douleurs & les troubles de l'abdomen commencent, & les inquietudes de la poitrine & la difficulté de respirer suivent. Il y a des femmes qui tombent dans cette passion toutes les fois qu'elles se mettent en colere; ce qui fait voir que les grandes passions, le chagrin & les méchantes nouvelles qui troublent l'ame, excitent ces paroxismes dans les femmes qui y sont sujettes. Les odeurs fortes, comme celle du castoreum, de la fumée des cornes & des plumes, approchées du nez ou senties, sont très-efficaces, soit pour faire revenir de l'accès, soit pour appaiser le paroxisme. Les bonnes odeurs produisent souvent l'accès, & il n'y a rien de plus nuisible à certaines femmes que celle des roses. On voit tous les jours des filles aimer des odeurs qu'elles ne peuvent souffrir étant femmes sans danger de tomber dans un paroxisme hysterique; ou si elles peuvent les souffrir, quoique femmes, elles en reçoivent de grandes incommodités lorsqu'elles font groffes ; ce qui dure pendant tout le tems de la groffeffe & de l'accouchement. Lorfqu'on recherche la caufe prochaine de l'affection hyfterique, chacun en accufe la matrice, qui étant remplie de fang, de femence & d'autres humeurs corrompues, fecoue les ordures qu'elle contient, & d'où fortent des vapeurs puantes & malignes qui s'élevant en forme de fumée penetrent la machine de notre corps qui eft toute poreufe, & attaquant le genre nerveux & le cœur, produifent tous les fymptomes qui accompagnent cette paffion ; mais les hommes qui n'ont point de matrice y font fujets auffi-bien que les femmes. Ces hommes font toûjours hypochondriaques, & reffentent non-feulement la boule dans l'abdomen, laquelle on prétend être faite dans les femmes par l'élevation de la matrice ; mais auffi la conftriction & l'étranglement de la gorge. Ainfi les plus habiles conviennent que la paffion hyfterique eft une maladie hypochondriaque violente qui procede, tant du vice de l'eftomac dont elle eft fouvent accompagnée, que du vice de la lymphe pancreatique. Les femmes y font plus fujettes que les hommes, à caufe de la tiffure plus foible, plus delicate & plus tendre de leurs nerfs, &

par conféquent des efprits animaux plus prompts & plus faciles à fe déregler par leur rarefaction. Les femmes hyfteriques font fort fujettes au vertige, & la prétendue fuffocation de matrice commence fouvent par des éblouiffemens aufquels fe joint le vertige dans le fort du paroxifme. Il y en a même beaucoup qui ne fçauroient parler dans la paffion hyfterique, à caufe de la convulfion des mufcles du Larinx qu'elles prennent pour une corde qui les étrangle.

On appelle communement *Hyfteriques*, certains medicamens propres à remedier aux incommodités de la matrice. Il y en a de trois fortes, les uns qui évacuent la matrice en chaffant dehors toute impureté ; les autres qui étant aftringents, arrêtent fon flux immoderé, & d'autres qui la fortifient en confervant fa temperature & fa chaleur naturelle. Les Latins appellent les premiers *Menfes moventia* ; les autres, *Menfes fiftentia* ; & les derniers, *Uterum corroborantia*. Ce mot vient du Grec ὑϛέρα, dont les Medecins fe font fervis pour fignifier les lieux naturels des femmes, comme tenant le dernier rang parmi les vifceres.

J

A. Adverbe. Vieux mot. Maintenant, déja.

JAA

JAAIA. f. m Arbriſſeau qu'on trouve au Royaume de Quoja, Pays des Noirs, & que les Hollandois appellent *Mangelaar.* Il croît dans les lieux marécageux, & ſur le bord des rivieres, & a tant de rameaux & tant de racines qui ſortent toutes de terre, qu'on a peine à dire lequel de ces rameaux eſt le tronc, & quelle racine eſt la principale; la plûpart ſont dans l'eau, & on y trouve ordinairement pluſieurs huîtres attachées.

JAB

JABLE. f. m. Terme de Tonnelier. Petite entaille, ou petit creux qui ſe fait aux douves, à cinq ou ſix doigts du bout, pour y faire entrer les fonds d'une cuve, d'un poinçon, d'une barique, ou autre vaiſſeau.

JABLER. v. a. Faire des Jables, *Jabler les douves d'un muid.*

JABLOIRE. f. f. Outil de Menuiſier, dont il ſe ſert à faire des Jables.

JABUTICABA. f. m. Arbre droit & grand qui croît au Breſil. Il porte des fruits ſi abondamment & ſi fort ſerrés enſemble depuis le bas du pié juſques au ſommet, qu'on a peine à voir le tronc de l'arbre. Ce fruit eſt rond, noir, de la groſſeur d'un petit limon, d'un ſuc doux comme celui des raiſins mûrs, d'un temperament fort ſain, & très-bon pour ceux qui ont la fiévre. Il ſe trouve un grand nombre de ces arbres dans le territoire du gouvernement de ſaint Vincent.

JAC

JACA. f. f. Fruit de l'Iſle de Java, qui a la forme & la groſſeur d'une citrouille, ſi ce n'eſt qu'il eſt vert, & que ſon écorce eſt épaiſſe & raboteuſe. Il a au-dedans des noyaux, dont les amandes cuites dans la braiſe, ſont fort bonnes à manger & ont la vertu d'arrêter le flux de ventre. L'arbre qui produit ce fruit eſt fort grand, mais comme ſes branches ſont trop foibles pour le porter, il en charge ſon tronc où le fruit s'attache au ſortir de la terre. Son écorce devient dure & noire, lorſqu'il eſt dans ſon entiere maturité, & rend une odeur fort agreable. Le fruit même change fort ſouvent de goût, prenant tantôt celui du melon, tantôt celui de la pêche, quelquefois celui du miel, & une autre fois celui du citron doux, mais il eſt de ſi difficile digeſtion, qu'on le rend le plus ſouvent comme on l'a pris. Son noyau eſt plus gros qu'une datte, & engendre des vents dans le corps de ceux qui les mangent verts, mais étant cuits, ils n'ont rien qui ſoit nuiſible.

Tome I.

JACAPUCAYA. f. m. Grand arbre qui croît au Breſil, & qui porte un fruit ſemblable à un Calice, avec un couvercle qui s'ouvre de ſoi-même quand le fruit eſt mûr. Au-dedans il contient quelques châtaignes tout à fait ſemblables aux myrobolans. Si quelqu'un en mange beaucoup de crues, tout le poil du corps lui tombe, mais étant cuites elles ne font aucun mal. Le bois de l'arbre eſt fort dur, & n'eſt point ſujet à ſe pourrir, ce qui fait que les Portugais s'en ſervent ordinairement à faire des eſſieux pour les moulins où ils font le ſucre.

JACE'E. f. f. Plante dont Matthiole parle en ces termes. Aux mois de Mai & de Juin, on trouve des fleurs fort agreables à voir, qui ſont rouges au-deſſus, blanches au milieu, jaunes au-deſſous, & faites en maniere de violettes de Mars, ſans avoir aucune odeur. Les feuilles de la plante qui les porte ſont rondes d'abord & dentelées à l'entour, & s'étendent en longueur lorſqu'elles viennent à croître. Ses tiges faites en triangle, ſont un peu creuſes, crenelées, comparties également par certains nœuds, & de leurs cavités ſortent de petits rameaux qui portent la fleur. Quelques-uns nomment cette Plante, *Jacca,* d'autres l'appellent *Herba Trinitatis,* ou *Viola tricolor,* à cauſe des trois couleurs de ſa fleur. On ne ſçait pourtant ſi c'eſt la *Jacea,* que quelques Modernes eſtiment tant pour les deſcentes des boyaux, quoiqu'il y en ait qui l'aſſûrent, & qui lui donnent les mêmes proprietés qu'au *Symphitum.* D'autres prétendent qu'elle ſoit fort bonne à ceux, qui ont peine à reſpirer, aux inflammations du poumon, à la gratelle, & pour ôter les taches du viſage. Il y en a de deux eſpeces, l'une grande, l'autre petite. Les fleurs de cette derniere ſont moindres, & n'ont que deux couleurs étant ſeulement bleues & blanches, ou jaunes & blanchâtres. L'une & l'autre eſt un remede ſingulier pour les tranchées des petits Enfans, & ſur-tout leur eau priſe en breuvage.

JACENCE. f. f. Vieux mot. Jacinte. On a dit auſſi *Jacente.*

JACENT, ENTE. adj. Terme de Palais, qui ne ſe dit guere qu'au feminin, *Succeſſion jacente,* pour dire, Succeſſion abandonnée, & pour laquelle perſonne n'a voulu prendre le nom d'heritier. Ce mot vient du Latin *Jacere,* Etre par terre.

JACHAL. f. m. Animal dont il eſt parlé dans quelques voyages, & qu'on croit être des Chiens qui changent leur premiere nature dans un autre air. On les voit par troupes dans la Perſe. Ils font des trous dans les mutailles des maiſons pour y entrer, & ouvrent les ſepulcres pour en tirer les corps morts, qu'ils dévorent enſuite comme des Vautours.

JACHERIE. f. f. Vieux mot. Terres en friche. Borel fait venir ce mot de *Vaquer,* & dit qu'on appelle auſſi ces terres *Vacheries,* à cauſe des Vaches qu'on y mene paître.

JACINTHE. f. f. Fleur Printaniere, qui eſt odorante, & qui a la figure d'un petit godet. Il y en a de rouges, de bleues, de violettes, & de blanches.

DDdd

Celle qu'on appelle, *Jacinthe orientale*, fleurit blanc, a un grand godet, & sent fort bon. Les Poëtes difent que cette fleur a été produite par le fang d'un fort beau jeune homme, aimé d'Apollon, qu'on appelloit *Hyacinthe*, & que c'eſt delà qu'elle a pris fon nom. Diofcoride parle d'une Jacinthe qu'on nomme autrement *Vuciet*. C'eſt une plante de couleur verte, haute d'un palme, & qui a fa tige liffée & plus menue que le petit doigt, & fes feuilles comme le bulbe. Dès le milieu de cette tige, elle jette une chevelure toute garnie de fleurs rouges, qui en müriſſant ſe recourbent contre terre, & durent long-tems avant que de ſe flétrir. Ses racines font bulbeuſes. Les Toſcans nomment cette plante *Oignon de chien*. Sa graine eſt legerement abfterfive & aftringente. Auffi étant priſe avec du vin, elle eſt bonne à ceux qui ont la jauniffe, & deſſicative preſque au troifiéme degré, étant d'ailleurs auffi chaude que froide. Quelques-uns prononcent & écrivent *Hyacinthe*.

Jacinthe. Pierre précieuſe, qui par fon feu femble tenir du rubis. Elle en diffère pourtant en ce que fa couleur eſt moins chargée; elle reſſemble auſſi à l'Amethyſte, tirant quelque peu ſur le violet. La différence eſt, ſelon Pline, que cette couleur violette eſt bien plus legere dans la Jacinthe, que dans l'Amethyſte, & que ſe preſentant d'abord aux yeux, elle ſe diffipe incontinent. Il y a de quatre fortes de Jacinthe. La premiere qui eſt faite d'une matiere parfaitement digerée, tire ſur la couleur du Grenat, & on la nomme *Jacinthe la belle*. La feconde eſt d'un jaune doré, la troifiéme d'un jaune de citron, & la quatriéme eſt entierement ſemblable à l'ambre, fi ce n'eſt qu'elle n'attire point la paille. Cette derniere eſt peu diaphane, & n'a preſque point d'éclat; ce qui fait connoître qu'elle eſt de matiere impure. Il y en a encore une blanche, mais c'eſt la moindre de toutes, & elle ne merite pas le nom de Jacinthe. Toutes ces fortes de Pierres font Orientales, apportées de Canator, Calecut ou Cambaïe, ou Occidentales venant des confins de la Sileſie & de la Bohême. Celles-là font moindres que les autres.

La pierre de Jacinthe a donné le nom à un Electuaire qu'on appelle *Confection d'Hyacinthe*, à cauſe qu'elle y eſt miſe au commencement. Outre cette pierre on fait entrer dans cette confection, le corail rouge, le bol d'Armenie, la terre figillée, les femences de citron, d'oſeille, de pourpier, les racines de dictame, de tormentille, tous les fantaux, la myrrhe, les grains de Kermes, les roſes rouges, le fafran, de la rafure d'ivoire, l'os du cœur de cerf, la corne de cerf brûlée, les pierres de ſaphir, de topaſe, & d'émeraude, les perles fines, la foye crue, les feuilles d'or & d'argent, le camphre, le muſc & l'ambre gris. On ſe ſert fouvent de cet electuaire, au lieu de la confection d'Alkermes, & il n'a pas moins de vertu, étant ſi cordial qu'il remedie à la palpitation du cœur, à la fincope, & à la triſteſſe naturelle. Il eſt auſſi propre à foulager ceux qui de longues maladies laiſſent languiſſans, & qui commencent à ſe rétablir.

JACOBEE. f. f. Sorte de plante boiſeuſe qui fleurit fort blanc.

JACOBINS. f. m. Religieux fondés par faint Dominique, & qu'on appelle autrement *Dominicains*, ou *Freres Prêcheurs*. C'eſt l'un des quatre Corps Mendians. Ils ont une robe de ſerge blanche avec un Scapulaire de même couleur, & par deſſus une chape ayant un chaperon noir. Ils ont pris le nom de *Jacobins*, à cauſe de leur principal Couvent qui eſt à Paris au haut de la rue S. Jacques. Lorſ-

qu'ils vinrent s'y établir, c'étoit un Hôpital des Pelerins de S. Jacques. Il y a auſſi des Religieuſes Jacobines qui ſuivent la même Regle de S. Dominique.

Les Cuiſiniers appellent *Soupe à la Jacobine*, Une forte de potage qu'ils font avec de la chair de perdrix & de chapons rôtis & déſoſſés. Ils la hachent bien menu avec du bouillon d'amande qu'ils verſent fur du pain bien mitonné & ſur un lit de fromage, & de ce hachis, & des œufs.

JACOBITES. f. m. Heretiques, ainſi appellés d'un certain Jacob Syrien, qui vivoit du tems de Pelage II. & de l'Empereur Maurice, & qui ayant ramaſſé les opinions d'Eutiches, de Dioſcore, & de quelques autres errans, en forma une creance qu'il fit recevoir à ſes ſectateurs. Les Jacobites qui furent du nombre, reconnoiſſoient autrefois deux Patriarches, dont l'un demeuroit en la Meſopotamie, & l'autre au Monaſtere de Gifran, près la Ville de Mordin, qui eſt fituée fur une montagne extrêmement haute. Preſentement ils n'ont plus qu'un Patriarche, qui eſt celui de Gifran. Il demeure dans la Ville de Caramit, & a fous lui un Metropolitain en Jeruſalem, & un autre à Muſali, des Archevêques à Damas, à Orfe, à Saur, à Caramit, & en Chipre, & des Evêques diſperſés dans ces Provinces, avec pluſieurs Couvens de l'Ordre de Saint Antoine. Les Jacobites font le ſervice en Chaldéen, & parlent Armenien, Turc & Arabe, mais leurs Prêtres diſent la Meſſe en langue Hebraïque, & croyent la preſence réelle & la tranſubſtantiation du Pain au Corps de JESUS-CHRIST, comme font les Catholiques. Le pain qu'ils confacrent eſt ſans levain, & ils donnent la communion au Peuple & aux petits Enfans ſous les deux eſpeces. Ils obſervent la Circonciſion, après laquelle ils conferent le Sacrement de Baptême, ce qu'ils font en appliquant un fer chaud ſur le front de ceux qui le reçoivent, à cauſe de ces paroles de S. Jean-Baptiſte que rapporte Saint Matthieu, *Il vous baptiſera dans le Saint-Eſprit & dans le feu*. Ils ne ſe ſervent que du doigt index pour faire le ſigne de la Croix, afin de marquer, qu'ils ne croyent point la Trinité des perſonnes en Dieu. Ils ont été longtems à n'admettre qu'une nature en JESUS-CHRIST, mais preſentement ils en reconnoiſſent deux avec l'Egliſe Latine. Ils ne ſuivent point la coûtume univerſelle des Chrétiens du Levant, & mangent de la chair & du lait le Mercredi & le Vendredi au foir, après que le Soleil eſt couché, prétendant que le terme de l'abſtinence foit fini, le Jeudi & le Samedi devant commencer lorſque le jour eſt failli. Ils obſervent le Carême, & hors ce tems-là ils mangent de la viande toute l'année. Ils nient le Purgatoire, rejettent les prieres pour les morts & la Confeſſion auriculaire, & diſent que les Anges font faits de feu & de lumiere, & que les ames des juſtes demeurent ſur la terre juſques au jour de la reſurrection. Ils condamnent Eutiches comme Heretique, & reverent Dioſcorus & Jacobus le Syrien, comme des Saints. Quelques Arabes qui demeurent aux mêmes lieux qu'habitent les Jacobites, ſe ſont unis avec eux, & on les appelle *Kemp-Simit*, ce qui veut dire *Solaires*, à cauſe qu'entre pluſieurs fuperſtitions ils adorent le Soleil.

JACOBUS. f. m. Eſpece de Monnoie d'or, qui a eu cours autrefois en Angleterre, où elle valoit quatorze livres dix fols.

JACOIT. Vieux mot, qui s'eſt toûjours joint avec *que*, pour ſignifier *quoique*, *combien que*.

JACQUE. f. f. Vieux mot. Petite caſaque que les Cavaliers portoient autrefois ſur leurs armes & cuiraſſes. Elle étoit faite de cotton ou de ſoye contrepointée entre deux étoffes legeres. On en faisoit aussi de drap d'or & d'argent. Le mot de *Jaquette* est venu delà. Pontanus dérive ce mot de l'Allemand *Iach*.

JACQUERIE. s. f. Nom qui fut donné à une Troupe de Paysans revoltés, dont le Chef s'appelloit Caillet. Cette sedition arriva en 1358. pendant que le Roi Jean étoit prisonnier en Angleterre, & commença dans le Beauvoisis. Voici ce que dit Mezerai en parlant de cette sedition qu'il qualifie de fureur. *On la nomma la Jaquerie, parce que les Gentilshommes, lorsqu'ils pilloient le Paysan l'appelloient par raillerie Jacques bon homme. Si les Villes se fussent jointes à ces rustres, c'étoit fait de la Noblesse & de l'Etat Monarchique aussi-bien qu'en Suisse, mais pas une ne leur ouvrit les portes, de crainte d'être pillée. Ils en tenterent plusieurs inutilement, ruïnerent tous les petits Châteaux du Pays, entr'autres celui de Beaumont sur Oise, & se rendirent maîtres de Senlis; mais du reste ils commirent tant de cruautés plus que brutales, que la Noblesse de tous les partis, François, Anglois & Navarrois, se rallia contr'eux. Le Roi de Navarre défit la Troupe de Caillet, qui ayant été pris, eut la tête tranchée. Le Dauphin en mit en pieces plus de vingt mille, & ce soulevement s'accoisa tout d'un coup.*

JACULATOIRE, adj. Terme de Devotion. Il ne se se joint qu'avec ce mot *Oraison*, & on appelle *Oraison jaculatoire*, Une priere courte, frequente & pleine de ferveur *&* l'amour qui se fait par elans vers Dieu. ACA.

On appelle en termes d'Hydraulique, *Fontaines jaculatoires*, Celles qui font des jets d'eau élevés en l'air, soit par la force des pompes & autres machines, soit par la compression que fait naturellement le poids des eaux qui ont leur source plus haute.

JAD

JADE. s. m. Pierre verdâtre tirant sur la couleur d'olive, & fort estimée des Turcs & des Polonois, à cause de sa dureté, qui passe celle du Porphyre, du Jaspe & de l'Agathe, qu'on ne peut tailler que par le moyen de la poudre de diamant. Ils en embellissent la poignée de leurs sabres qu'ils font graver & remplir d'or fin, & en ornent de même toutes sortes d'ouvrages. Quelques-uns tiennent qu'on se garantit de la colique nephretique, en s'appliquant du Jade sur les reins. On dit aussi que cette pierre étant ainsi appliquée, a grande vertu contre la gravelle, les maux de reins, la pierre, & l'épilesie.

JAG

JAGLIAU. s. m. Vieux mot. Glayeul.

Tant com jaspe surmonte l'or,
Et li lis la fleur du Jagliau,
Et rose fraiche Proencian.

JAGOARUCU. s. m. Animal qui aboye à la maniere d'un chien. Aussi ces animaux passent-ils pour les chiens des habitans du Bresil. Ils vivent de fruits & de proye & sont fort mordans. Leur couleur est mêlée de brun & de blanc, & ils ont la queue fort velue.

JAGONCES. s. f. Vieux mot. Sorte de pierre precieuse, qu'on a aussi appellée, *Jargones.*

Rubis y eut, Saphirs, Jagonces.

JAGUACINI. s. f. m. Animal du Bresil qui est de la
    Tome I.

grandeur d'un Renard, & à peu près de même couleur. Les Jaguacini vivent principalement de cancres & d'écrevices, & même de cannes de sucre, dont ils font souvent un grand dégât. C'est d'ailleurs un animal qui n'est point nuisible, fort endormi, & qu'on prend facilement.

JAI

JAIANS. s. m. Vieux mot. Geant. On a écrit aussi *Jayans.*

JAIET. s. m. Mineral, ou piece fossile fort noire, legere, fragile, qui est combustible, & qui lorsqu'on la brûle rend une odeur qui tient du souffre. Elle se fait d'un suc lapidifique & bitumineux dans la terre, comme le charbon, ; mais le Jaïet s'écaille & reçoit un beau poli. On le travaille comme l'ambre, & il en a la plûpart des qualités.

JAIS. s. m. C'est la même chose que le Jaïet, en le prenant pour la pierre noire luisante qu'on trouve dans quelques mines, mais il se dit aussi d'une sorte de verre qui se fait dans les verreries, & qui imite le Jais mineral. On le tire en de longs filets creux que l'on coupe ensuite, ou qu'on forme comme on veut. On lui donne telle couleur qu'on souhaite, mais on le fait ordinairement blanc ou noir, & on s'en sert dans les broderies & dans les garnitures de deuil.

JAK

JAKHALS. s. m. Animal qui ressemble à un Renard, & qui se trouve dans la basse Ethiopie. On dit qu'il a l'odorat extrêmement fin, & que comme il découvre la proye de fort loin, le lion qui le mene avec soi la prend, & lui en fait part.

JAL

JALAGE. s. m. Droit sur le vin vendu en détail. Ce mot vient de *Jale*, qui signifie Une maniere de jatte ou vaisseau à mesurer le vin.

JALAP. s. m. Terme de Pharmacie. Racine purgative qui nous est venue des Indes, & qui est moins grosse que le mechoacan, de couleur plus obscure en dehors & en dedans, & de substance plus pesante & plus compacte. Elle a plus ou moins de vertu, selon qu'elle participe plus ou moins de vertu, selon qu'elle participe plus ou moins de resine. Le Jalap pour être bon, doit avoir des cercles noirâtres, depuis le centre jusqu'à la circonference. Il faut aussi qu'il soit massif & serré, luisant au dedans lorsqu'on le rompt, & qu'il ne jette point de poussiere, ce qui seroit une marque de cane.

JALE. s. f. Espece de Jatte. Ce mot, selon du Cange, vient de *Jalo* ou *Galo*, qui chez les Anglois est une mesure des liquides, contenant huit pintes du Pays.

JALET. s. m. Trait ou pierre que l'on jette avec un arc, qui est appellé par cette raison, *Arbaleste à Jalet*. On la charge avec une pierre ronde telle qu'on en trouve dans les embouchures des rivieres. Ces pierres se nomment aujourd'hui *Gallet*. Ce mot vient du Grec ἰάλλειν, Jetter avec roideur, si l'on n'aime mieux le tirer de *Jaculum*, Trait, dard.

JALONS. s. m. p. Perches qui sont blanchies par les bouts, & dont on se sert quand on veut donner des alignemens pour un bâtiment, un jardin, une avenue.

JALONNER. v. a. Planter des Jalons par intervalles pour bornoyer & faire l'operation de l'alignement.

JALOUSE', E. adj. On appelle *Fenêtre jalousée*, Une fenêtre faite de petites tringles de bois croisées diagonalement, en sorte qu'elles laissent les manieres de losanges vuides, par lesquelles on peut voir sans être vû.

JALOUSIE. f. f. Fenêtre où il y a un treillis de bois percé à jour, au travers duquel on voit sans que l'on soit vû.

On appelle aussi *Jalousie* dans les Confessionnaux, un petit Ouvrage à jour fait de petites tringles de bois croisées, par le vuide desquelles les paroles du Penitent vont à l'oreille du Confesseur. Il se dit encore de certains treillis de bois où l'on voit à des Jubés de quelques Maisons Religieuses, & par où l'on va quelquefois entendre la Messe, sans être vû.

JALOUX, OUSE. adj. Terme de Marine de Levant. On appelle *Bâtiment jaloux*, Celui qui roule, & qui se tourmente trop, en danger de se renverser, faute d'être lesté comme il faut. On appelle aussi *Vaisseau jaloux*, Un Vaisseau qui a le côté foible.

JAM

JAMBE. f. f. *Partie du corps de l'animal, qui est depuis le genou jusqu'au pied.* ACAD. FR. La Jambe a deux os, dont le plus grand appellé en Latin *Tibia*, se nomme *le grand Focile*. Le moindre que les Latins nomment *Fibula*, s'appelle *le petit Focile*, *l'os de l'éperon*, ou *de la sous-greve*. On appelle *Gras de la Jambe*, la partie charnue qui est au haut & au derriere de la Jambe. C'est ce que les Medecins nomment autrement, *le mollet* ou *le pommeau de la Jambe*, en Latin *Sura*. La partie anterieure & décharnée se nomme *la greve*, ou *le devant de la Jambe*. Quelques-uns l'appellent *l'épine*, à cause qu'elle est aigue.

Quoi que par le mot de *Jambe*, on entende ordinairement dans un Cheval la partie du train de derriere qui est comprise entre le jarret & le boulet, à cause que les Jambes de devant ont plusieurs parties, à chacune desquelles on donne un nom different, on ne laisse pas de confondre l'un & l'autre, & de dire, *les quatre jambes*. On entend pourtant celles de devant lorsqu'on dit, qu'*Un Cheval n'a point de Jambes*, qui est la même chose que si on disoit, qu'Il a les Jambes ruinées. On dit que *la Jambe mollit à un Cheval*, pour dire, qu'Il bronche, & qu'*Un Cheval cherche sa cinquiéme Jambe*, pour dire, qu'Il commence à être ras, & qu'Il charge la main du Cavalier en s'appuyant sur la bride. On dit encore d'un Cheval, qu'*Il est droit sur les Jambes*, pour faire entendre que le devant du boulet tombe à plomb sur la couronne, & que le canon & le paturon sont en ligne droite. Quand on dit, qu'*Un Cheval connoit les Jambes*, qu'*Il répond*, *obéit aux Jambes*, qu'*Il prend les aides des Jambes*, cela s'entend des Jambes du Cavalier, selon l'aide qu'il donne au Cheval, en lui approchant plus ou moins le gras de la Jambe contre le flanc. M. Ménage dit que le nom de *Jambe* vient de *Campa*, qu'on a dit pour *Crus*, & dont les Italiens ont fait *Gamba*, d'où nous est venu *Gambade*.

Jambe. Partie d'un compas. On dit qu'*Un compas a deux jambes*, pour dire, qu'Il a deux piés, deux pointes. Il y a des compas à trois jambes. On appelle *Jambes de compas de proportion*, dans cet instrument de Mathematique, deux Lames de laiton ou de quelque autre matiere solide, dont les extremités sont jointes ensemble par une charniere autour de laquelle elles sont mobiles.

Jambe. Terme de Maçonnerie. Espece de chaine de carreaux & de boutisses, qui sert à porter les murs d'un bâtiment.

Jambe étriere, est une maçonnerie faite de pierres de taille engagées par leurs queues dans un mur de refend mitoyen, en sorte qu'elles font un ou deux tableaux & paremens, & *Jambe boutisse*, est celle qui est à la tête d'un mur mitoyen, & qui commençant du dessus de l'étage du rez de chaussée, fait liaison avec deux murs de face. Elle ne differe de la jambe étriere, qu'en ce que les côtés des pierres ne font point de tableau. Quand elle porte deux retombées, on l'appelle *Jambe boutisse mitoyenne*. Celle qui porte deux poitrails sur deux faces d'un bâtiment, est appellée *Jambes d'encognure*. Il y a aussi une *Jambe souspendue*. C'est une chaîne de pierre de taille, qui consiste en une file de pierres mises les unes sur les autres en liaison pour porter des poutres.

On appelle *Jambes de force*, en termes de Charpenterie, deux grosses pieces de bois, ordinairement de dix pouces en quarré. On les entaille sur les poutres, & on les joint par un entrait pour faire une ferme qui soutienne les pannes & autres pieces qui forment le toit & la couverture. Elles s'assemblent par en haut dans le bossage du poinçon.

IAMBE. f. m. Ce mot est de trois syllabes, & la lettre *I* n'y est point consonne. Pié d'un vers Grec & Latin, composé de deux syllabes dont la premiere doit être breve & l'autre longue.

JAMBETTE. f. f. Sorte de petit couteau qui est sans ressort, & dont le fer se re●●● dans le manche, en sorte qu'on le peut porter ●●● la poche sans avoir besoin d'étui.

Jambette. Terme de Charpenterie. Petits poteaux posez sur les blochets, & dont les chevrons sont soutenus. Il y a aussi de ces petits poteaux ou jambettes qu'on pose sur les entraits, & qui soutiennent les arbalestriers.

IAMBIQUE. adj. La lettre *I* qui commence ce mot est voyelle; ce qui le fait de quatre syllabes. Les Grecs & les Latins appellent *Vers iambiques*, un vers composé de six piés, dont le dernier est toûjours un Iambe, & le cinquiéme un Spondée ou un Anapeste. Le second & le quatriéme sont aussi ordinairement un Iambe ou un Anapeste.

JAN

JANACA. f. m. Animal terrestre qui se trouve dans l'Afrique au Pays des Noirs. Il est de la grosseur d'un cheval, mais il n'est pas ni si long ni si maigre. Son col est long & roussâtre & moucheté de blanc. Il fait de grands sauts, & a des cornes qui sont aussi longues que celles des bœufs, avec des vessies au côté. Ces vessies sont d'un grand usage pour les devins & les faiseurs de prodiges, qui les enflent, & qui mugissant par leur moyen, font passer leurs paroles pour des oracles.

JANDIROBA. f. f. Herbe du Bresil qui embrasse les arbres à la maniere du lierre. Elle est grosse comme un doigt, & porte un fruit rond semblable au coin. Il est rempli d'une chair blanche, & a au dedans trois féves qui donnent une huile jaune, laquelle sert aux douleurs & aux maux de membres provenans de froid.

JANGLE. f. f. Vieux mot. Cri.

N'estaindre une parole sengle
Que il a mene par sa jangle.

Il a signifié encore Médisance.

Com cil qui en toute sa vie
Venoit en jangle & en envie.

On a dit aussi *Jangler*, pour, Crier, blâmer, &

Jangleur & Jangleresse, pour, Causeur & causeuse. *Les femmes sont jangleresses de leur nature, & aiment à babiller.*

JANIPABA. f. m. Arbre très-beau & d'un verd fort agreable qui se trouve dans le Bresil, & qui a cela de particulier qu'il change tous les mois de feuilles, qui ne sont pas beaucoup differentes de celles du noyer. Il porte un fruit semblable à l'oranger pour sa forme, qui a le goût de pomme de coing & une proprieté singuliere contre la dyssenterie. Le suc de ce fruit est blanc d'abord, & quand on s'en est frotté le corps, il noircit en peu de tems d'une telle sorte, que les Sauvages s'en servent au lieu d'ancre, s'en marquant la peau de certaines lignes. Il faut pour cela que le fruit ne soit pas mûr. Cette couleur noire a coûtume de durer neuf jours, après quoi elle s'efface. On tient qu'elle constipe & endurcit fort la peau.

JANISSAIRE. f. m. Soldats de l'Infanterie des Turcs. M. Ménage après Vossius dérive ce mot de *Genizeri*, qui veut dire en Turc *Nouveaux hommes* ou *Soldats*. Aussi les Janissaires qui font la plus considerable force de l'Empire Ottoman, sont-ils appellés, *La nouvelle Milice*, quoiqu'ils tirent leur origine d'Ottoman Premier, qui après avoir reçu de très-grands services de l'élite de ses plus vaillans soldats, ordonna qu'ils seroient toûjours près de sa personne, soit en guerre, soit en paix. Il mourut à Pruse en 1327. & les Janissaires n'ont été particulierement en éclat que depuis le regne d'Amrath III. qui étant monté au Trône en 1575. leur ordonna cinquante Sultanins par tête, haussa leurs gages, donna place de Janissaire à tous leurs enfans si-tôt qu'ils seroient en âge de porter les armes, & sçachant de qu'elle importance cette Milice étoit à l'Etat, il en augmenta le nombre de deux mille pour mieux appuyé dans les occasions de la guerre. Autrefois cette Milice n'étoit composée que d'enfans de Chrétiens de l'Europe, ceux d'Asie en ayant toûjours été exempts après qu'ils avoient été instruits dans la Religion Mahometane, mais encore que cela ne se pratique plus depuis quelque tems, il faut neanmoins que ceux qu'on choisit pour devenir Janissaires fassent leur apprentissage avant que d'être enrôlés, & on les appelle *Agiamoglans*. Leur chef, nommé Stambol Agassi, prend soin de les occuper à toutes sortes d'exercices penibles, & qui peuvent endurcir le corps au travail, comme à porter des fardeaux pesans, à couper & à fendre du bois, à souffrir le chaud & le froid, & à être souples, obéïssans, vigilans & patiens. Quand on les enrôle, il y a qui n'ont d'abord qu'une Aspre de paye par jour. D'autres en ont quatre, ou cinq, & quelques-uns sept & demi. La plus haute paye d'un Janissaire va seulement jusqu'à douze, lorsqu'il s'est acquis la faveur des Officiers. Les Janissaires n'étoient au commencement que six ou sept mille, & aujourd'hui il y en a vingt mille effectifs. Ils monteroient jusques à plus de cent mille, si on y vouloit comprendre tous ceux qui prennent ce titre, car les grands privileges dont ils jouïssent dans tout l'Empire Ottoman, portent quantité de gens qui veulent s'exempter de payer des taxes, & se décharger de quelques devoirs publics, à gagner par argent les Officiers qui les protegent & les font passer pour Janissaires; ceux-là ne reçoivent point de paye du Prince, & tous leurs avantages se bornent à ces Privileges qui sont assés grands. Le corps des vrais Janissaires est si puissant par l'union qui est entre eux, & qui les fait s'entre-appeller Freres, qu'ils font tout ce qu'ils veulent n'y ayant aucun ordre de Milice dans le monde

qu'on respecte tant, ensorte que rien ne pourroit sauver la vie à un homme qui auroit levé la main sur un Janissaire à l'exception de leurs Officiers. Cela est cause que comme personne n'ose les toucher, & qu'ils peuvent battre toute sorte de monde, pourvû que ce soit avec justice, les Ambassadeurs & les Consuls en font toûjours marcher quelqu'un devant eux, & même quand un Franc veut aller par la Ville ou à la campagne, sans crainte d'être maltraité, il en prend quelqu'un avec lui, qui moyennant quelques âpres va au devant avec un bâton attaché à sa main, dont il frappe ceux qui regarderoient le Franc de travers. Leur habit n'est pas different de celui des autres Turcs, mais ils se coifent d'une autre maniere, se couvrant la tête d'une coifure qui pend par derriere, & qui est faite comme une manche de casaque, dans le bout de laquelle ils ont leur tête. L'autre bout descend par derriere sur leurs épaules comme un grand chaperon. Ils ont sur le front un cone long de demi-pié attaché à cette coifure, & ce cone est d'argent doré & garni de pierreries fausses. C'est-là leur coifure de ceremonie, & elle est appellée *Zercola*. Dans l'ordinaire ils se coifent d'un bonnet de laine avec un ruban entortillé d'une façon qui leur est particuliere. Ils ont de très-beaux reglemens entr'eux, & sont divisés en plusieurs chambres qu'ils occupent, soit à Constantinople, soit ailleurs. L'ordre y est si beau en toutes choses, & si exactement observé, qu'ils vivent moins en Soldats qu'en Religieux. Ils sont trente, quarante ou cinquante en chaque chambre, & cela s'appelle une chambrée, autrement *Oda*. Chaque chambrée a trois Officiers, un Oda Pachi ou Chef de la chambre, un Tchorbagi ou Capitaine, & un Vixil Hardge, qui veut dire le Dépensier. Au dessus d'eux est le Kiaia Bei, ou Lieutenant General des Janissaires, & par dessus lui est l'Aga, dont le pouvoir est très-grand & qui peut venir devant le Grand Seigneur les bras libres, au lieu que tous les Grands de la Porte, & même le Grand Visir, n'osent y paroître que les bras croisés & les mains l'une sur l'autre devant l'estomac, pour marque d'une plus profonde soumission. Les Janissaires n'ont que des moustaches, sans porter de barbe, qui est une marque de servitude, & ils ne la laissent croître que quand ils sont dispensés d'aller à la guerre, ou qu'ils sont pourvûs de quelque Charge, ce qui fait voir alors qu'ils sont libres. Les Janissaires se prennent parmi les Agiamoglans, & toute la ceremonie qu'on fait pour les recevoir, c'est de les appeller par leur nom en presence du Commissaire qui les enrôle sur le registre du Grand Seigneur. Quand ils viennent, ils marchent les uns après les autres, les plus âgés les premiers, & chacun tenant le bas de la veste de son compagnon. Dès que leur nom est enregistré, ils courent de toute leur force vers leur Odabachi, qui leur donne à tous un coup derriere l'oreille, à mesure qu'ils passent devant lui, pour faire connoître le pouvoir qu'il a sur eux. Outre leur paye ordinaire, ils sont nourris aux dépens du Grand Seigneur, & il y a des heures reglées où on leur donne à chacun du ris, quatre onces deux gros de chair, & huit onces quatre gros de pain. Le Sultan leur donne aussi tous les ans un juste-au-corps de drap à chacun. Le soin qu'on a de leur fournir toutes leurs necessités les rend fiers & insolens, & prêts à exciter des seditions quand le moindre mécontentement reçu de leurs Officiers a pû les aigrir. Ils sont obligés de se trouver au nombre de quatre ou cinq cens tous les Samedis, Dimanches, Lundis & Mardis, dans l'Assemblée publique du Divan, où ils accompagnent leur Aga, & c'est là d'ordinaire qu'ils commencent à faire éclater leur ressentiment. Ces jours-là on a de coûtume de leur donner à manger de la cuisine du Grand Seigneur. S'ils n'ont point de plainte à faire, ils dînent paisiblement; s'ils ne font pas satisfaits, ils poussent les plats du pié, ils les renversent, & ces actions sont presque toûjours suivies de discours plus insolens. Le Sultan & les principaux Ministres qui connoissent combien les suites de ces sortes de mutineries sont à craindre, ne manquent jamais de les appaiser d'abord, ou par de belles promesses, ou en leur donnant quelque legere satisfaction. Quand on en punit quelqu'un, ce n'est jamais en public. L'Aga s'informe de quelle chambre est celui de qui on se plaint, & le livre entre les mains de l'Odabachi, qui le fait étrangler la nuit, & jetter ensuite dans la mer envelopé dans un sac lorsqu'il trouve qu'il a merité la mort; & quand la faute est legere, on lui donne seulement des coups de bâton sous les piés. Cela se pratique de la même sorte pour tous les gens de guerre de l'Empire Turc, qu'il n'est pas permis de battre ni de faire mourir publiquement. Les Janissaires se marient fort rarement, à cause qu'ils en sont moins estimés, & que cela les empêche de devenir Odabachi.

On appelle *Janissaires* à Rome, certains Officiers qui sont du troisième banc au College de la Chancellerie Romaine, après les Scripteurs & les Abbreviateurs. Ce sont des especes de Reviseurs & de Correcteurs de Bulles, à qui on paye pour cela quelque droit sur les Annates.

JANNICE. s. f. Vieux mot. Jaunisse.

Et sembloit avoir la jannice.

Ce mot est venu de *Jannir*, qui se disoit pour, Jaunir.

L'avoient fait ainsi jannir.

JANSENISME. s. m. Doctrine touchant la Grace, que plusieurs Sçavans Theologiens prétendent mal à propos être fondée sur les sentimens de S. Augustin, ramassés dans un ouvrage de Cornelius Jansenius Evêque d'Ypre, qu'il a intitulé *Augustinus*. C'est du nom de ce Prélat qu'on a nommé *Jansenistes* ceux qui ont suivi certaines opinions que l'on y trouve, & que les Papes Alexandre VII. Innocent X. & Clement IX. ont condamnées. Jansenius, né en 1585. à Leerdam, petit lieu dans la Hollande, fut Docteur de l'Université de Louvain, où Sa Majesté Catholique le fit Professeur de l'Ecriture-Sainte. Il fut fait Evêque d'Ypre en 1635. & remplit les devoirs d'Evêque avec beaucoup d'application & d'exactitude. Il mourut trois ans après, c'est-à-dire, le premier jour de Mai 1638. en soûmettant par son testament tous ses Ouvrages au saint Siege.

JANTE. s. f. Piece de bois de charronnage qui est courbée & qui fait une partie du cercle d'une roue de carrosse ou de charrette. C'est sur ces pieces de bois qu'est attaché le bandage avec de gros clous. Nicod fait venir le mot de *Jante* du Grec καυθὸς, qui signifie le fer qui est appliqué sur les roues des chariots.

JANTILLE. s. f. Gros ais qu'on applique autour des Jantes & des aubes de la roue d'un moulin, pour recevoir l'eau qui tombe, & faire que la roue ait un mouvement plus prompt. On éleve aussi les eaux avec la Jantille par le moyen des roues qu'on dispose pour cela.

JANTILLER. v. a. On dit *Jantiller la roue d'un moulin*, pour dire, Y mettre de la jantille.

JAQ

JAQUEMAR. s. m. Terme d'horloge. *Figure de fer ou de fonte, representant un homme armé, laquelle on met d'ordinaire sur le haut d'une tour, pour frapper les heures avec un marteau sur la cloche de l'horloge.* ACAD. FR.

Borel dit qu'on appelle aussi *Jaquemar*, autrement *Quintaine*, un homme de bois planté en terre, auquel on tire au blanc. Le nom de *Jaquemar* a été donné à cette figure, à cause que l'ouvrier qui l'a inventée s'appelloit *Jacques Marc*.

Jaquemar. Terme de Monnoyeur. Ressort qui est au bas de la vis du balancier, & qui sert à la faire relever quand elle a pincé l'espece.

JAR

JARARACA. s. f. Espece de couleuvre du Bresil, de couleur noirâtre, qui excede rarement la longueur d'une demi-coudée. Elle a des veines apparentes à la tête à la façon des viperes, & siffle de la même sorte. Il y en a qui sont longues de dix palmes & que l'on appelle *Jararacucu*. Leurs dents où est leur plus dangereux venin, sont assés longues & cachées dans leur gueule. Ce venin est de couleur jaune, tellement puissant, qu'il tue les hommes les plus robustes en vingt-quatre heures. Leurs morsures ont un doigt de profondeur, & ces sortes de couleuvres font beaucoup de petits à la fois. On en a ouvert qui portoient treize matrices. On en trouve encore de deux autres especes, l'une appellée *Jarareoaypitinga*, c'est-à-dire, Serpent qui a la queue plus blanche que brune. Elle est aussi venimeuse que la vipere, dont elle ne differe pas beaucoup ni en la couleur, ni en la forme. L'autre est brune ou cendrée, & s'appelle *Jararacapeba*. Elle a sur le ventre & sur le dos une ligne rouge qui lui court en maniere de chaînette.

JARCE'. E'E. adj. Vieux mot. Fendu, felé.

JARDIN. s. m. Nom que donnent quelques-uns au balcon d'un Vaisseau.

JARDINER. v. a. Terme de Fauconnerie. On dit, *Jardiner un Autour*, pour dire, l'Exposer le matin au Soleil ou dans un jardin sur la barre ou sur la perche.

JARDINEUX, EUSE. adj. Terme de Jouaillier. On appelle *Emeraude jardineuse*, Celle dont le vert n'est pas d'une suite, qui a quelque ombre qui la rend mal nette, des nuées & veines à travers des poils, des brouillards, un air brun entrecoupant & entreluisant, un éclat engourdi, foible & plein de crasse.

JARDON. s. m. Terme de Manége. Tumeur calleuse qui se forme aux jambes de derriere d'un cheval. Le *Jardon*, que l'on appelle aussi *Jarde*, differe de l'éparvin, en ce qu'il vient au-dehors du jarret, & que l'éparvin vient en-dedans. Cette tumeur est causée par une matiere visqueuse qui faute de chaleur pour se resoudre, presse les nerfs & les tendons qui font le mouvement du cheval; ce qui le rend fort souvent boiteux, & presque toûjours étroit de boyaux. Quelques-uns appellent aussi *Jardon*, l'endroit du cheval où vient cette maladie.

JARGONELLE. s. f. Sorte de poire longuette, qui est bonne à cuire, & qui vient au commencement de l'Automne.

JARGUERIE. s. f. Vieux mot. Ivroye.

JARLOT. s. m. Terme de Marine. Entaille faite dans la quille, dans l'Etrave, & dans l'Etambor d'un bâtiment, pour y faire entrer une petite partie du bordage qui couvre les membres. C'est ce qu'on appelle autrement *Rablure*.

JARRE. f. f. Grand Vaisseau de terre qui sert sur la mer à conserver de l'eau douce. On dit aussi *Giarre*. On met ordinairement ces sortes de grandes cruches dans les Galeries du Vaisseau.

Jarre. Terme de Meunier à eau. Espece de futaille dans laquelle tombe le son.

Jarre. Terme de Chapelier. Poil qui sort du Castor, & de la Vigogne.

JARRET. f. m. *La partie du corps humain qui est sous le genou.* ACAD. FR. Selon du Cange ce mot vient de *Garettum* qui a été dit dans la basse Latinité, ou de l'Italien *Garretto.* Borel le fait venir de *Jerech*, qu'il dit signifier en Hebreu la Jambe. Le Jarret dans un cheval est la jointure du train de derriere qui assemble la cuisse avec la jambe.

Jarret. Terme d'Architecture. On dit qu'*Il y a des Jarrets dans une voute*, pour dire, qu'*Elle n'est pas égale dans sa rondeur*, soit dans le pendentif, soit dans les arcs. On dit aussi en d'autres ouvrages, *Cela fait le Jarret*, pour dire, qu'il y a de l'inégalité ou quelque bosse.

JARRETER. v. n. Terme d'Architecture. Quand dans une ligne droite ou courbe, il y a un angle ou une onde, qui en ôte l'égalité du contour, on dit que *Cette ligne Jarrette*, & cela se dit aussi des voutes & des arcades qui ont ce défaut dans la courbure de leur douelle.

JARRETIER, IERE. adj. On a appellé *Cheval Jarretier*, Un cheval dont les Jarrets étoient trop près l'un de l'autre. Ce mot n'est presque plus en usage, & l'on dit *Cheval crochu*.

Les Medecins nomment *Veine Jarretiere*, Une grosse veine que font deux Rameaux de la crurale. Ces deux rameaux s'unissant ensemble, descendent par plusieurs rejettons le long du Jarret dans le gras de la jambe, & jusqu'au talon.

JARS. f. m. Nom que l'on donne au mâle de l'oye.

JARTIERE. f. f. *Sorte de ruban, de courroye, de tissu, dont on lie les bas au-dessus ou au-dessous du Jarret.* ACAD. FR.

Jartiere. Ordre de Chevalerie d'Angleterre, que le Roi Edouard III. institua en faveur de la Comtesse de Salisbery dont il étoit amoureux. Cette Comtesse dansant un jour dans un bal, laissa tomber sa Jartiere qui étoit bleue, & ce Prince l'ayant ramassée, fit remarquer son amour par cette action, qui donna sujet de rire à ses Courtisans. Elle fit voir du dépit de cet incident, & le Roi qui la vouloit appaiser, ayant dit en langage de ce tems, *Honni soit qui mal y pense*, pour témoigner qu'il n'avoit point eu de mauvais dessein, ajoûta qu'il donneroit tant d'éclat à cette Jartiere, que ceux qui avoient osé s'en moquer, s'estimeroient fort heureux d'en porter une de même. Cela arriva en 1345. ou selon d'autres en 1350. Quelques jours après il institua l'Ordre de la Jartiere sous les auspices de saint George, qui est reconnu par les Anglois pour le protecteur de l'Angleterre. Il fixa les Chevaliers au nombre de quarante, & leur donna à chacun une Jartiere bleue couverte d'émail pour attacher à la jambe gauche, & un manteau de velours violet doublé de damas blanc sur lequel est une croix rouge dans un écu d'argent. Les mêmes paroles qu'il avoit dites le jour du bal, *Honni soit qui mal y pense*, furent la Devise de cet Ordre.

JAS

JAS. f. m. Terme de Marine. Assemblage de deux pieces de bois de même figure & de même échantillon, empattées ensemble fort étroitement vers l'arganeau de l'ancre, afin que quand on la jette en mer, ces pieces de bois qui flotent alors entre deux eaux, la soûtiennent, & empêchent qu'elle ne se couche sur le sable, ce qui est cause qu'une des partes de l'ancre, s'enfourche dans le terrain & mord le fond pour arrêter le Vaisseau.

JASERON. f. m. Vieux mot. Cotte de maille, ou Haubert.

> *Sans prendre armes ne harnois,*
> *Fors seulement mon Jaseron.*

On a dit aussi *Jaseran. Accusé d'avoir fait present au Turc de beaucoup d'armes, sçavoir Crenequins, Guis-armes, Haches, Voulge, Coulevrins, Jaserans, & autres habillemens de guerre.* Voici ce que Nicod dit du Jaseran. *Sorte d'habillement de guerre, fait de grosses & larges mailles de fer lasées & jointes étroitement de couche ensemble,* Jean le Maire le fait different d'avec le Jaquet & le Haubert; mais d'autant qu'il dit que le Jaquet étoit rempli de cotton; & que depuis il a été fait de mailles de fer, on peut juger que le Jaseran soit le même habillement de guerre qu'on nomme à present Jaques de maille. Jean le Maire Liv. 1. chap. 40. Et avoit pour ceux six cottes de Maille, jadis appellés Jaserans toutes de fin or. On appelle Jaseran aussi, la chaîne d'or ou d'argent qui est de telles grosses mailles conchées & serrées, dont les femmes font souvent des brasselets.

JASMIN. f. m. Sorte d'arbuste qui croit & monte aisément comme la vigne, & qui produit des fleurs odorantes. Sa racine pousse de petites branches fort tendres, longues, vertes & visqueuses, de chaque rejetton desquelles sortent sept feuilles longuettes & pointues par le bout, comme au lentisque, molles & fort verdoyantes. Ses fleurs viennent au bout de la tige, en forme d'un petit lis, & sont de fort bonne odeur, & de diverses couleurs. Elles se rendent de la graine qu'en de certains lieux, & cette graine ressemble au lupin. Matthiole qui en parle de cette sorte, dit qu'il n'y a pas seulement des Jasmins blancs, mais encore des Jasmins jaunes, & d'autres bleus, que leurs fleurs tant seches que fraiches ôtent les lentilles & les taches du visage; qu'on en fait une huile appellée *Huile de sambac*, laquelle il ne faut pas confondre avec l'huile Sambucine ou Sambacine, comme a fait Jean de Vigo, Chirurgien très-renommé de son tems, à cause de la proximité des noms, & que cette huile est fort propre à toutes affections causées de froideur. Les Arabes qui en leur langue vulgaire appellent cette plante *Zambach*, ou *Sambach*, ont voulu imiter les Grecs en l'appellant aussi *Jesimin*, qui veut dire, Violette, à cause que les fleurs du Jasmin sont odorantes & blanches comme celles du Violier blanc, car les Grecs appellent ἴασμε & ἰάσμινον χρῶμα, Un onguent fait de fleurs de violier blanc jettées dans de l'huile de Sesame.

Il croît dans les Antilles, le long des rivieres & dans les lieux humides, une sorte de Jasmin, qui ne s'accorde avec celui que l'on voit en France, qu'en la façon de ses fleurs, & en son odeur. L'Arbrisseau qui les porte, est plus gros que le bras, haut d'une pique, & a ses feuilles semblables à l'oranger. Aux extrémités de ses branches, il y a de petits cyons longs comme le bras, en maniere de petits joncs recourbés. On y trouve encore un autre Arbrisseau que les habitans appellent *Jasmin commun*, quoiqu'il n'y ait guere de rapport. Il porte de petites fleurs blanches, étoilées, & qui sentent parfaitement bon.

JASPE. f. m. Pierre qui approche fort de la nature

de l'Agathe , & qui à cause de sa beauté peut tenir
rang en quelque façon entre les pierres précieuses.
Elle est formée d'une matiere assez impure , ce qui
l'empêche d'être diaphane , & par consequent la
fait differer de l'émeraude. Elle est verte ordinairement , & Galien ne parle que de celle qui est de
cette couleur. Outre le Jaspe qui ressemble à l'émeraude, Dioscoride parle de plusieurs autres dont l'un
se rapporte à la couleur du Ciel , & l'autre au cristal. Il dit qu'on en trouve d'enfumé qu'on appelle
καπνίας , un autre qui a certaines lignes luisantes &
blanches, appellé *Assyrien* , un autre que l'on nomme *τερμινθίζων* , qui retire à la Tourmentine , & enfin un autre qui a la couleur de la pierre nommée
Calais. Tous Jaspes, continue Dioscoride , étant
pendus au col , servent de preservatifs & de contre-
charmes , & donnent une prompte délivrance aux
femmes qui sont en travail d'enfant , si on les attache au-dehors de la cuisse. Matthiole dit qu'outre
ces sortes de Jaspes il y en a de fort azuré , & de
vert & blanc , comme s'il étoit tacheté de lait ;
un autre qui est tout verd comme pourpre , ainsi que
celui qui croît en Phrygie : un autre incarnat &
comme semé de fleurs , tel que celui qu'on tire
des cavernes du Mont Ida ; de rouge azuré, de rouge noir , de blanc marqueté de taches rouges ; d'autres madrés comme Cassidoines , ou bien qui sont
jaspe d'un côté , & cassidoines de l'autre , & que
l'on appelle *Jasponix* , & d'autres rouges d'un côté ,
& vert de l'autre, étant clairs seulement du côté
qu'ils sont verts. En general, le Jaspe est divisé en
Oriental , apporté de Perse, Syrie , Phrygie, Cappadoce , & autres lieux de l'Asie , & en Occidental
qui se trouve aux Indes , en divers lieux de l'Amerique , & même en Bohême. Le Jaspe a la vertu
d'arrêter le sang.

Jaspe. Terme de Relieurs. Verd & vermillon. Ils
disent *Jasper* , pour dire , Jetter du Jaspe avec un
pinceau sur le cuir & sur la tranche du Livre, & *Jas-
pure*, selon eux est la même chose.

JASPE', E'E. adj. On appelle *Marbre jaspé* , Un marbre qui est de differentes couleurs.

J A T

JATTE. s. f. Vaisseau plat de bois , creusé qui sert à
plusieurs usages , à la cuisine & ailleurs. Les Relieurs
appellent *Jatte* , Une sorte de grande écuelle de
bois où ils mettent leur colle. Ce mot vient du
Latin *Gabbata* , qui veut dire , Une grande é-
cuelle.

Jatte. Terme de Marine. Enceinte de planches
mises vers l'avant du Vaisseau , & qui servent à recevoir l'eau , qui entre par les écubiers lorsqu'elle
est poussée par un coup de mer.

JATTER. v. a. Vieux mot. Vanter, du Latin *Jacta-
re*, qui a fait aussi *Jactance* , Vanterie.

J A V

JAVAR. s. m. *Sorte de maladie qui vient aux chevaux au bas de la jambe*. ACAD. FR. C'est une
tumeur contenue entre cuir & chair , & qui d'ordinaire se forme au-dessous du boulet ou du pâturon.
On appelle *Javar nerveux* , Celui qui vient sur le
nerf, & *Javar encorné* , Celui qui se forme sous la
corne. Ce dernier oblige le plus souvent à desfoler
un cheval.

JAVARIS. s. m. Sorte de pourceau sauvage qui se
trouve dans l'Isle de Tabago , & en quelques autres Isles de l'Amerique, ainsi qu'au Bresil. Les Javaris sont presque semblables en tout à nos Sangliers ,

si ce n'est qu'ils ont peu de lard, les oreilles courtes ,
presque point de queue , & qu'ils portent leur nombril sur le dos. Il y en a de tout noirs & d'autres qui
ont quelques taches blanches. Leur grognement est
aussi beaucoup plus fort que celui de nos Pourceaux
domestiques. Il n'est pas facile de les prendre , à
cause de l'évent qu'ils ont sur le dos,& qui leur donnant la facilité de respirer & de rafraîchir leurs poulmons , les rend presque infatigables à la course.
Quand les chiens qui les poursuivent les forcent de
s'arrêter , ils ont fort à craindre leurs défenses , qui
sont si tranchantes & si pointues qu'elles déchirent
tous ceux qui osent s'en approcher. Cette venaison
est d'assez bon goût.

JAVEAU. s. m. Terme des Eaux & Forêts. On
donne le nom de Javeau à toute l'Isle qui est faite
nouvellement , soit par alluvion , ou par un amas de
sable & de limon.

JAVELOT. s. m. Sorte de Dard que lançoit la Cavalerie Romaine avant que de mettre la main à l'é-
pée. M. Ménage fait venir ce mot de *Capulotus*, diminutif de *Capulus* , comme si le Javelot étoit tout
manche , à cause qu'il se dardoit en le tenant par le
milieu. Du Cange le dérive du Latin *Jaculari* , Lancer, & témoigne que dans la basse Latinité, on a dit,
Gaveloces , pour , *Spicula*.

Javelot. Terme de Moissonneur. Brassée d'avoine
fauchée & ramassée avec le faucher.

JAUGE. s. f. *La juste mesure que doit avoir un Vaisseau qui doit contenir quelque liqueur , ou quelques
grains*. ACAD. FR.

Du Cange dérive le mot de *Jauge* de *Galo* , d'où
on a fait aussi *Jalo* , sorte de Mesure chés les Anglois , ou de *Gagga* , que l'on a dit dans la basse Latinité dans le même sens. Nicod parle de cette mesure en ces termes. *Aux Ordonnances du Roi François sur le fait des Jauges des vins François & de
Bourgogne , Mesure & Jauge sont équivoques ,
comme la queue à la mesure & Jauge de Paris , est
de cinquante-quatre septiers , & le muid de trente-
six , si que jauge est la mesure de la capacité arrêtée
par Ordonnance , dont chacun lesdites fustailles doit
être , & prendre se pourroit pour l'étalon de la fustail-
le à vin, vinaigre & autres brenvages si étalony est
en cela. Selon ce en ladite Ordonnance est dit, Mesure
& Jauge de Paris , & Mesure & Jauge de Bourgogne , c'est l'étalon des fustailles Françoises & des
fustailles de Bourgogne , qu'on dit autrement le Fust
& Jauge de Paris: & en ceste mesure un bâton desBre-
sil ou d'autre bois marqué , avec lequel on jauge &
mesure les fustailles par le fonds , & par la longueur
des douves d'icelles.*

Jauge. Terme de Charpentier. Petite Regle de
bois dont les Charpentiers se servent pour tracer
leurs ouvrages , & pour couper sur le trait.

On appelle aussi, *Jauge*, dans une tranchée qu'on
fait pour fonder , Un bâton étalonné de la profondeur & largeur qu'on doit lui donner , pour la continuer également dans sa longueur.

Jauge. Terme de Fontainier. Grosseur d'une Conduite d'eau , ou d'un Ajutage. On dit qu'*Un Ajutage à tant de pouces de Jauge*, pour dire,qu'il donne
tant de pouces d'eau.

Jauge se dit aussi, De l'instrument dont on se
sert pour jauger l'eau. Cette Jauge est ordinairement une boîte de bois quarrée, bien assemblée,
goudronnée, & percée par devant d'autant de trous
d'un pouce de diametre qu'on juge à peu près que la
source doit faire d'eau. Comme à mesure qu'elle
s'emplit & se vuide, elle en demeure également
chargée, en bouchant quelques-uns de ses trous,
& n'en laissant que ce qu'il en faut pour conserver
son

son égalité, le nombre des trous fait connoître combien de pouces d'eau sortent de la source.

JAUGEAGE. s. m. Droit que font payer les Officiers Jaugeurs, pour la jauge des vaisseaux.

JAUGER. v. a. Mesurer un Vaisseau, voir s'il est de la mesure qu'il doit être. ACAD. FR.

Jauger, Est aussi reporter une Mesure égale à une autre & la reperer.

On dit Jauger une pierre, pour dire, Regarder si elle est de mesure égale, faire un des côtés égal en figure, & parallele à l'autre.

Jauger. Terme de Fontainier. Connoître par le moyen de la Jauge la quantité d'eau qui sort d'une source vive ou d'une conduite. On peut aussi Jauger l'eau avec la pendule, mais l'operation qui est trop speculative n'en est pas aisée à pratiquer.

JAUGEUR. s. m. Officier de Ville qui a titre & pouvoir de Jauger. Chaque Jaugeur doit avoir sa marque particuliere qu'il imprime sur le vaisseau avec sa rouanne. Il y met la lettre B, si la Jauge est bonne, la lettre M, si elle est plus foible, & la lettre P, si elle est plus forte qu'elle ne doit être. Il ajoûte une chifre qui marque le nombre des pintes qui s'y trouvent de moins ou de plus.

JAUMIERE. s. f. Terme de Marine. Petite ouverture faite à la pouppe d'un Vaisseau proche l'étambord. C'est par où le timon vient répondre au gouvernail pour le faire jouer.

JAUNE. s. m. Couleur dont les Peintres se servent. Il y a le Jaune obscur, qui est une terre naturelle. Elle se prend aux ruisseaux des mines de fer, & reçoit une belle couleur étant calcinée.

Jaune de Naples. Espece de crasse qui s'amasse autour des mines de souffre. Quoique l'on s'en serve à fraisque, sa couleur n'est pas si bonne que celle qui se fait de terre, ou d'ocre jaune avec du blanc.

JAUNISSE. s. f. Terme de Medecine. Mouvement de la nature qu'engendre la masse du sang précipitée par la fermentation dans la peau, à laquelle elle donne une couleur jaune. La Jaunisse a autant d'especes que le corps se teint de differentes couleurs, qui ne font qu'une même maladie. Skenxius rapporte l'exemple d'une Jaunisse surprenante, avec l'obstruction des mois, qui change oit successivement de quatre couleurs. Outre la Jaunisse jaune & la noire, quelques-uns ont observé une Jaunisse verte avec des symptomes violents. Plusieurs tiennent que la bile étant ramassée comme un excrement dans la vesicule du fiel, l'obstruction de la vesicule ou le vice du foye cause la Jaunisse jaune, parce que la bile qui est un excrement qui se doit philtrer par le foye, ne se purge pas comme il faut par les vaisseaux propres pour cela; mais Etmuller se declare entierement contre cette doctrine, & dit que l'on ne sçauroit nier que la Jaunisse, sur tout la jaune, ne se rencontre souvent sans que le cours de la bile vers les intestins soit empêché & sans que le foye manque de philtrer la bile, puisqu'il y a beaucoup de malades Icteriques, qui ont non seulement le ventre bien libre, mais même les matieres fecales jaunes à l'ordinaire. On fait mention d'une femme grosse qui eut la Jaunisse pour s'être mise en colere. Elle avoit cela de particulier, qu'elle étoit fort peu jaune étant au lit, & beaucoup étant levée. Cette affection suit les maladies convulsives des intestins, sur-tout des grêles. Elle succede à un accouchement difficile, à la passion hysterique & à la colique. On a des exemples que les morsures des bêtes venimeuses, & même certains poisons, causent la Jaunisse. On a remarqué une Jaunisse jaune causée par la morsure d'une araignée, &

les Anciens ont observé qu'elle survenoit presque toûjours à celle de la vipere. La tristesse est une des principales causes éloignées de la Jaunisse. La cause prochaine est l'éloignement de la bile & du suc pancreatique de leur état naturel, & leur alteration vitiée, qui sépare mal le chyle, le teint de même & déprave toute la masse du sang. Etmuller tient pour constant que la Jaunisse noire ne vient point de l'obstruction, ni de l'affection de la rate, puisque l'on voit des Jaunisses où les selles sont tout-à-fait blanches, ce qui marque plûtôt le défaut de bile que le vice de la rate, & en raisonnant sur la veritable maniere dont la Jaunisse se fait, il dit que les particules éterogenes ramassées dans la masse du sang comme la lie dans le moût, en sont séparées par la fermentation, & acquierent diverses couleurs étrangeres; qu'en cet état elles sont poussées par les urines ou recoignées necessairement dans les parties solides ausquelles elles communiquent leur couleur. La Jaunisse se fait assés connoître par la couleur de tout le corps & sur-tout du blanc des yeux, parce que ce blanc est une espece de tissu admirable, tissu de plusieurs arteres très-fines & très-délicates, comme on le voit dans l'inflammation des yeux où elles sont plus apparentes. Ainsi le suc vitié, précipité dans l'œil, & s'arrêtant dans les vaisseaux capillaires qu'il a pénétrés, teint plus sensiblement qu'aucune autre partie le blanc de l'œil, qui n'est pas si coloré naturellement. Il y a d'autres marques generales de la Jaunisse. Ce sont les lassitudes de tous les membres, les maux de têtes vehemens, les douleurs avec pesanteur à la region des lombes, les vertiges & les tournoyemens de tête, les inquietudes de la poitrine, & les respirations difficiles. Tout est trouvé amer dans la Jaunisse, ce qui vient du vice de la salive, qui se mêle dans la mastication avec les choses qu'on mâche, & frapant en même tems l'organe, fait l'impression d'une saveur vitiée & dépravée, qu'on attribue aux choses mâchées. On dit que la Jaunisse qui survient dans les fievres avant le septiéme jour, est perilleuse, mais cela ne se trouve pas vrai. Celle qui survient le trois, le quatre, ou le septiéme jour est heureuse. Celle qui arrive le premier, le deux, le six, ou le huitiéme jour, n'est pas mauvaise d'elle-même, mais elle n'est point sûre, & les malades meurent souvent. Ce symptome est fréquent en Italie, & rare ailleurs.

JAUSIR. v. n. Vieux mot. Joüir.

Ja d'autre amours non jausirai,
Sieu non jau dest amour de luench.

JAUTERAU. s. m. Terme de Marine. On appelle Jautereaux, Des pieces de bois courbes qu'on met en dehors de l'avant du Vaisseau & qui servent à soûtenir l'éperon. On donne ce même nom de Jautreaux, à deux pieces de bois semblables que l'on coût au haut des mâts de chaque côté, & qui servent à soûtenir les barres de hune.

IBI

IBIBOHOCA. s. m. Serpent du Bresil, qui se meut plus lentement que les autres, & qui est le plus venimeux de tous. Il est fort beau, ayant la tête & tout le corps tacheté de rouge, de noir & de bleu.

IBIRACUA. s. m. Serpent du Bresil, dont le venin est si vehement, que celui qui en est mordu jette le sang par les yeux, les oreilles, les narines, le gosier, & enfin par toutes les parties basses de son corps, en sorte que comme il le jette avec une très-grande abondance, il meurt aussi-tôt si on n'y apporte promptement le remede necessaire.

IBIRAPITANGA. f. m. Arbre le plus celebre de tout le Bresil. Il est semblable à nos chênes en grandeur & en quantité de branches, & quelquefois si gros qu'à peine trois hommes le peuvent, ils embrasser. Ses feuilles ressemblent à celles du bouis, & il ne porte aucun fruit. Le dehors de son écorce est de couleur grise. Son bois est fort dur & rouge; nullement humide, mais d'une nature seche, de sorte qu'il rend fort peu de fumée étant allumé. Il teint si fort que même ses cendres ayant été mises un jour par mégarde dans une lessive, teignirent le linge d'un rouge qu'il ne perdit point, quelque chose qu'on pût faire.

IBIS. f. m. Oiseau qui est singulier à l'Egypte. Il ressemble à la Cigogne par son pié, & par ses jambes maigres. Il y a un Ibis blanc, qui a la tête comme le Corbeau aquatique, le bec pointu, crochu, & épais d'un pouce vers la tête. Quand il la met dans ses ailes, il forme la figure d'un triangle. Plutarque dit, qu'il pese deux drachmes si-tôt qu'il est né, & que son cœur est extrêmement grand par rapport au reste de son corps. Selon Elien, ses boyaux ont quatre-vingt-seize coudées de longueur, & sont fort serrés pendant la nouvelle Lune. Cet Oiseau aime tellement l'Egypte qu'il se laisse mourir de faim, si on le transporte ailleurs. L'Ibis noir, ne se rencontre qu'auprès de Damiette. Ces Oiseaux se nourrissent de Serpens, d'Escargots & de Sauterelles, & sont ennemis des Serpens volans que les vents d'Occident amenent des Deserts de Lybie, & qu'ils vont attendre au passage sur les Frontieres d'Egypte, volant même au-devant de ces Serpens la gueule beante pour les engloutir. On dit que Moyse ayant à traverser des campagnes pleines de ces sortes de Serpens, dans son expedition contre les Egyptiens, fit porter avec lui quantité de ces Oiseaux dans des cages de papier. La crainte qu'ils ont des chats, fait qu'ils bâtissent leur nid sur les Palmiers les plus hauts. Quelques-uns croyent que le Basilic se forme de l'œuf de l'Ibis, à cause que les alimens dont il se nourrit, rendent sa semence venimeuse. Elien veut que ses plumes & ses œufs ayent la vertu de faire que le Crocodile demeure sans mouvement. L'Ibis a cela de particulier qu'il ne boit jamais de l'eau qui soit trouble; c'est par-là que les Prêtres Egyptiens se purifioient ordinairement avec de l'eau où cet Oiseau avoit bû. Il se purifie lui-même avant que de s'aller coucher, & on dit qu'il a montré aux hommes le secret des lavemens, à cause que lorsqu'il veut aller du ventre, il se seringue le fondement avec son bec rempli d'eau salée.

ICA

ICAQUE. f. m. Sorte de petit Prunier qui croît aux Antilles en forme de buisson. Ses branches sont chargées en tout tems de petites feuilles longuettes & ornées deux deux l'an d'une infinité de belles fleurs blanches ou violettes qui sont suivies d'un petit fruit rond de la grosseur d'une prune de damas. Ce fruit étant mûr devient blanc ou violet comme étoit sa fleur. Il est fort doux & tellement aimé de certains Peuples près du Golfe d'Hondures, qui s'en nourrissent, qu'on le nomme Icaques. Pour empêcher leurs voisins à qui ces fruits manquent, d'y venir faire dégat lorsqu'ils ont atteint leur maturité, ils tiennent pendant ce tems-là aux avenues de leur terre des corps de garde composés de l'élite de leurs meilleurs soldats, qui les repoussent vivement avec la fléche & la massue quand ils se presentent.

ICH

ICHNEUMON. f. m. Animal qui naît en Egypte, & que Bellonius nomme Rat des Indes. Il y en a d'autres qui l'appellent Loutre Egyptien. Il est grand comme un chat, dont il a la langue, les dents & les genitoires, & couvert d'un poil moucheté de blanc, de jaune & de cendré, & aussi rude que celui d'un loup. Son grouin est de pourceau, & il s'en sert à fouiller la terre. Il a les oreilles courtes & rondes, les jambes noires avec cinq griffes aux piés de derriere. Sa queue est longue & épaisse autour des reins. On lui voit au-dehors du fondement une entrée fort large & toute velue. Elle s'ouvre lorsqu'il fait chaud, & qu'il a le derriere bouché; ce qui a donné lieu à quelques-uns de dire que cet animal est hermaphrodite. Les Ichneumons se laissent apprivoiser aux environs d'Alexandrie, & se nourrissent de serpens, de lesards, de limaçons, de rats, de cameleons, de grenouilles & d'autres animaux de même nature. Ils sont ennemis du crocodile, dont ils brisent les œufs par tout où ils en rencontrent. Ils se fourrent même dans son ventre quand il dort, & lui vont ronger le foye. Cet animal ne sçauroit souffrir le vent, & dès qu'il le sent souffler, il se refugie dans sa caverne. Il fait autant de petits qu'une chienne, & se garantit du froid en s'exerçant à sauter. Quelquefois on le voit s'enveloper comme un herisson. Il est fort hardi, & se dresse lorsqu'il apperçoit quelque autre animal. Il attaque de gros chiens, des chevaux, des chameaux même, & assomme un chat de trois coups de patte. Il n'a pas si-tôt apperçu sa proie, que le levant sur les piés de derriere, il se traîne doucement sur terre, jusqu'à ce que d'un plein saut il puisse se jetter sur son ennemi. Il haït fort l'aspic, & quand il le veut combattre, il a l'adresse de se veautrer dans la boue, ou de se plonger dans l'eau, & de se rouler ensuite dans la poussiere, qu'il laisse secher au Soleil, afin de s'en faire une espece de cuirasse. Le nom Ichneumon lui est donné du Grec ἰχνευω, Chercher, épier, à cause qu'il cherche le crocodile & l'aspic pour les tuer.

ICHNOGRAPHIE. f. f. Description du plan geometral d'un bâtiment. Voyez PERSPECTIVE. Trace que laisseroit sur la terre un bâtiment, s'il étoit rasé à rés de chaussée. C'est ce qu'on appelle autrement Section horisontale. Ce mot est Grec, ἰχνογραφία, & vient de ἰχνος, Trace, vestige, & de γραφὴ, Description.

ICHTHYOPAGE. On appelle ainsi tout animal qui vit de poisson. Ce mot est Grec, ἰχθυοφάγος, de ἰχθὺς, Poisson, & de φάγομαι, Je mange.

ICI

ICIL, & ICEL. Vieux mots. Celui-ci & Cette. On a dit aussi Icem pour Cela, & Icest pour, Ce. Ceux qui n'ont point la facilité de bien tourner une periode, disent encore quelquefois Icelui & Icelle, & les employent comme pronoms relatifs: Les vertus d'icelui, d'icelle, pour dire, Ses vertus.

ICO

ICONOCLASTES. f. m. Heretiques du huitiéme siecle qui s'éleverent contre les Images du Sauveur du monde, de la Vierge & de tous les Saints, dont l'erreur eut pour auteurs un Juif & un Sarrasin. Ce dernier persuada à l'Empereur Leon Isaurique de faire abbatre toutes les Images des Egli-

fes, & Conſtantin Copronime ſon fils & ſon ſuc-
ceſſeur, ſe porta à des cruautés inouies contre tous
ceux qui les reveroient. Leon IV. qui en 775. ſucceda à Conſtantin, ſuivit les mêmes erreurs, &
laiſſa Conſtantin ſon fils ſous la conduite de l'Im-
peratrice Irene ſa mere. Le ſecond Concile de Nicée ſe tint de ſon tems, & l'on y lut tous les paſſages des Peres ſur ce ſujet depuis les Apôtres.
Après les avoir examinés, il fut ordonné que les
Images de JESUS-CHRIST & des Saints ſeroient
rétablies, afin que leur repreſentation portât les
hommes à les imiter dans leurs vertus. Le même
Concile définit qu'on auroit de la veneration pour
les Reliques des Saints, que tous ceux qui ne leur
rendroient pas les honneurs qui leur ſont dûs, ſeroient excommuniés, & dépoſés s'ils étoient Evêques. Le mot d'*Iconoclaſte* vient de εἰκών, Image, &
de κλάω, Je romps. On appelle auſſi ces Heretiques
Briſes-Images & *Iconomaques*, du Grec μαχία, Je
combats.

ICONOLOGIE. ſ. f. Interpretation des Images,
Monumens anciens & emblémes. Ce mot vient de
εἰκών, Image, & de λόγος, Diſcours. L'Iconologie
eſt fort neceſſaire aux Poëtes, aux Peintres & aux
faiſeurs de Balets. Ce qu'elle a de particulier, c'eſt
de peindre les choſes purement morales ſous la figure des perſonnes vivantes;ce qu'elle fait en perſoni-
fiant la Gloire, la Victoire, la Vertu, la Pieté,
la Renommée, la Haine, la Vengeance, & enfin
tout ce qui eſt connu ſous le nom de paſſion.

ICOSAEDRE. ſ. m. Terme de Geometrie. On appelle *Icoſaëdre*, un Solide contenu ſous vingt triangles équilateraux égaux entre eux, c'eſt l'un des
cinq corps reguliers. Ce mot vient du Grec εἴκοσι,
Vingt, & de ἕδρα, Siege.

ICT

ICTERE. ſ. m. Terme de Medecine. Débordement
de bile par tout le corps, appellé en Latin *Aurugo*,
ou *Morbus Regius*. Il y en a de trois ſortes, dont
la jauniſſe en eſt une. Elle eſt engendrée par la bile
jaune, par l'intemperie du foye, ou par l'obſtruction de la veſſie du fiel. La bile noire cauſe la ſeconde qui eſt noirâtre, & vient de l'indiſpoſition
de la rate, ou de l'oppilation de la veine-porte,
ou de la veine ſp'enique. La troiſiéme provient du
mélange de la bile & de la melancolie. Elle tire
ſur le verd, & eſt ordinaire aux filles qui ont les
pâles couleurs. Ce mot eſt Grec, ἴκτερος, & vient de
ἰκτὶς, Animal que les Latins nomment *Viverra*,
Qui a les yeux de couleur d'or, qui eſt la couleur
de la peau de ceux qui ont la jauniſſe.

    Pline parle d'un oiſeau appellé *Ictere* à cauſe de
ſa couleur. Il dit que celui qui le regarde ayant la
jauniſſe, en eſt gueri, & que l'oiſeau meurt.

ICTERIQUE. adj. Qui a la jauniſſe. Les Medecins
appellent *Remedes icteriques*, ceux qui ſont propres
à guerir de ce mal.

IDE

IDENTITE'. ſ. f. Terme de Philoſophie. Qualité
par laquelle deux choſes ſont faites de même nature, & quelquefois les mêmes, du Latin, *Idem*,
Le même.

IDES. ſ. f. p. Terme du Comput Eccleſiaſtique, dont
les anciens Romains ſe ſervoient dans leur Calendrier, pour diſtinguer certains jours de chaque
mois. Cette façon de compter eſt demeurée en uſage dans la Chancellerie Romaine. Le jour des Ides
eſt le quinziéme des mois de Mars, de Mai, de
Tome I.

Juillet & d'Octobre ; & dans tous les autres mois,
c'eſt le treiziéme. Les Ides commencent dès le lendemain du jour des Nones, & durent huit jours ;
de ſorte que les Nones de Janvier étant le cinquiéme de ce mois, il faudra dater le ſixiéme de Janvier, *Octavo Idus Januarii*, c'eſt-à-dire, huit jours
avant les Ides de Janvier, qui doivent être le 13.
L'onziéme de Janvier il faudra dater, *Tertio Idus*,
le troiſiéme jour avant les Ides ; le douziéme, *Pridie Idus*, le jour avant les Ides ; & le treiziéme,
Idibus Januarii, le jour des Ides de Janvier. Si c'eſt
dans les mois de Mars, de Mai, de Juillet & d'Octobre où le jour des Nones n'eſt que le 7. les Ides
ne doivent commencer que le huitiéme jour de ces
mêmes mois, à cauſe que le jour qui leur eſt propre
n'eſt que le 15. Pour trouver ſans peine le jour que
marquent ces dates d'Ides de la Chancellerie Romaine, il ne faut que compter combien il y a de
jours depuis la date juſqu'au 13. ou 15. du mois
que tombent les Ides, ſelon qu'elles ſont au 13. ou
au 15. en y ajoûtant une unité ; & cela fait le jour
de la date. Par exemple ſi la lettre eſt datée, *quinto
Idus Januarii*, c'eſt-à-dire, le cinquiéme jour avant
les Ides de Janvier, joignez une unité à 15. qui eſt
le jour des Ides, vous aurez quatorze. Otez-en
cinq, il reſtera neuf, & le cinquiéme avant les
Ides eſt juſtement le neuviéme jour de Janvier. Si la
lettre eſt datée, *quinto Idus Julii*, qui eſt un mois
où le jour des Ides eſt le quinziéme, joignez une
unité à 15. vous aurez ſeize. Otez-en cinq, il reſtera onze, & le cinquiéme avant les Ides dans ce
mois eſt juſtement l'onziéme jour de Juillet. Il faut
obſerver la même choſe quand on veut ſe ſervir en
écrivant de cette ſorte de date. Si c'eſt, par exemple, le 9. de Juillet, depuis neuf juſqu'à ſeize, il
y a ſept jours. Ainſi il faut dater, *ſeptimo Idus Julii*, le ſeptiéme jour avant les Ides de Juillet. On
dérive le mot d'*Ides* de l'ancien mot Toſcan, *Idua-
re*, Diviſer.

IDI

IDIOPATHIE. ſ. f. Terme de Medecine. Maladie
qui eſt particuliere à quelque partie du corps ſans
aucune dépendance avec tout le reſte. Ce mot eſt
Grec, ἰδιοπάθεια, & vient de ἴδιος, Propre, ſpecial,
particulier, & de πάθος, Paſſion, affection.

IDIOTISME. ſ. m. On appelle ainſi, en termes de
Grammaire, l'Inflexion de quelque verbe, ou la
conſtruction particuliere de quelque phraſe, qui
n'étant pas ſelon la regle generale de la langue, eſt
en uſage dans quelque Province, du Grec ἴδιος,
Propre.

IDO

IDOINE. adj. Vieux mot qui a gardé encore quelque
uſage parmi les gens de Pratique. Propre, convenable, du Latin *Idoneus*.

JEC

JECORAIRE. adj. Les Medecins nomment *Veine
jecoraire*, une Veine qui naît du rameau axillaire,
& qui va au milieu du pli du coude. On la nomme
autrement *Baſilique*. Le nom de *jecoraire* lui vient
de *Jecur*, Foye.

JECTIGATION. ſ. f. Terme de Medecine. Sorte de
de treſſaillement ou tremblottement qu'on ſent au
pouls d'un malade, & qui fait connoître que le cerveau, qui eſt l'origine des nerfs, eſt attaqué &
menacé de convulſion.

JECTISSE. adj. On appelle *Terres jectisses*, des Terres qu'on a remuées d'un endroit pour les jetter en un autre. On appelle aussi *Pierres jectisses*, toutes les Pierres que l'on peut jetter avec la main, comme les gros & menus cailloux qui servent à affermir les airs des grands chemins, & à paver les grottes, les bassins & les fontaines. Ces pierres étant sciées entrent dans les ouvrages de rapport & de mosaïque.

JEJ

JEJUNUM. s. m. Terme de Medecine. Boyau qui joint le duodenum, & que l'on appelle *le Jeûneur* & *l'affamé*, à cause qu'on le trouve bien plus vuide que les autres, lorsque l'on fait des anatomies. C'est-là où les boyaux commencent à se tortiller.

JEN

JENGREURE. s. f. Vieux mot. Les genitoires.
Il a fait grand tort à nature,
De li tollir sa jengreure.

JENNE. adj. Vieux mot. Jeune. On a dit aussi *Joëne* dans le même sens.

JEQ

JEQUITINGUACU. s. m. Arbre du Bresil qui porte un fruit semblable à une fraise, dans lequel au lieu de semence, est enfermée une féve dure, ronde, noire & reluisante comme du Jayet. Elle a l'écorce fort amere, & nettoye mieux que ne pourroit faire le meilleur savon. Laët qui parle du Jequitinguacu dans sa Description des Indes Occidentales, ajoûte qu'au dedans du pays dans les lieux secs & arides, il croît auprès de la baye de tous les Saints un arbre fort singulier. Il est grand & spatieux, & a dans ses branches des creux fort profonds, remplis, tant en été qu'en hiver, d'une humeur aqueuse qui ne regorge ni ne diminue jamais, quelque quantité que l'on en puise; de sorte qu'elle est comme une fontaine qui ne tarit point. Cinq cens hommes se peuvent loger sous cet arbre, s'y laver à leur aise, & y boire de cette eau qui est toûjours claire & de bon goût.

JER

JEREPEMONGA. s. m. Serpent marin du Bresil, qui se tient souvent sous l'eau sans faire aucun mouvement. Tous les animaux qui le touchent se collent si fortement à sa peau, qu'à peine les en peut-on arracher. Il en fait sa nourriture. Il sort quelquefois de la mer sur le rivage, où il s'entortille. S'il arrive que quelqu'un y porte la main pour le prendre, elle s'y attache; & s'il en approche l'autre croyant s'en débarasser, elle y demeure pareillement attachée. Alors ce serpent s'étend de la longueur, & retournant dans la mer, emporte sa prise, dont il se repaît.

JERONIMITES. s. m. Congregation de Religieux qui ont été établis en Italie & en Espagne. Leur Institut fut confirmé en 1373. sous la Regle de saint Augustin par le Pape Gregoire XI. Le Chef de cet Ordre est à Lupiana, Diocese de Tolede. La Congregation de saint Isidore, dont le Monastere est à Seville, & qui fut fondée par un Religieux Espagnol, nommé Lupo d'Olmedo, lui appartient, aussi-bien que les Monasteres de saint Laurent à l'Escurial; & de saint Just, fameux par la re-

traite que l'Empereur Charles-Quint y fit, après qu'il se fut dépouillé de ses Etats, & qu'il eut donné la Couronne d'Espagne à Philippe II. son fils. On appelle aussi ces Religieux, *Hermites de saint Jerôme*.

IERT. Vieux mot que l'on trouve dans la signification du Latin *Erit*, Il sera, il y aura.
Miroirs iert à toutes gens.
Perceval l'employe dans ce vers, pour dire, *Sembler*.
Vous dites ce que bon vous iert.

JES

JESSIR. v. n. Vieux mot. Sortir. On a dit aussi *Issir*, du Latin *Exire*.

JESUATES. s. m. Ordre de Religieux qui fut fondé en 1367. par Jean Colomban de Sienne. Le Pape Urbain V. ayant approuvé cet Institut, d'autres Papes lui accorderent ensuite de beaux privileges. Cet Ordre fut aboli en 1668. par le Pape Clement IX. Ces Religieux, que l'on appelloit aussi *Clercs Apostoliques*, faisoient les trois veux de Religion. Ils marchoient déchaussés, & portoient une robe blanche, & par dessus, un manteau de couleur minime, avec un capuce blanc.

JESUITES. s. m. Ordre de Religieux, nommés autrement *De la Compagnie de Jesus*, & qui ont été appellés *Clercs Reguliers* par le Concile de Trente. Cette Compagnie fut établie en 1534. par saint Ignace de Loyola qui en est le Fondateur, & le Pape Paul III. la confirma. Elle a obtenu des Privileges très-considerables de plusieurs autres Papes, & les services qu'elle a rendus à l'Eglise, l'ont mise dans une très-grande reputation. Aussi a-t'elle fourni quantité d'excellens hommes pour l'avancement des belles lettres, & plus encore pour celui de la Religion Catholique. Outre les trois vœux de Religion qu'on fait ordinairement, les Jesuites en font un quatriéme au Pape pour les Missions. Le zele que saint François Xavier y a fait paroître, lui a fait meriter le nom d'Apôtre des Indes. Leur General est perpetuel, & reside à Rome. Il a quatre Assistans Generaux, dont l'un est d'Italie, l'autre de France, & les deux autres d'Allemagne & d'Espagne. Ces Assistans n'ont que la voix consultative, & n'ont point la décisive.

JET

JET. s. m. *La longueur de l'espace qu'on peut jetter quelque chose.* ACAD. FR. Il se dit aussi du mouvement d'un corps poussé avec violence, comme le jet de la pierre. Ce mot vient du Latin, *Jactus*.

Jet, dans les arbres & dans les plantes se dit des bourgeons & des sions que la nature produit.

On dit, que *Les Abeilles ont fait un nouveau jet*, pour dire, qu'Elles ont fait un nouvel essaim, ce qu'elles font tous les ans. On met ce nouvel essaim dans une autre ruche.

Jet de Fontaine. Petit filet d'eau que jette la fontaine. On appelle *Jet d'eau*, Une fontaine qui s'élance à plomb, & dont la grosseur est déterminée par le tuyau hors duquel elle jaillit.

Jet. Terme de Fondeur. Endroit fait en entonnoir, qui est à un des bouts d'un moule à faire des tuyaux de plomb, & par lequel on y verse le plomb fondu. Les Fondeurs en bronze appellent aussi *jets*, des tuyaux de cire, de la grosseur environ d'un pouce de diametre pour les figures grandes comme nature, & que l'on fait dans des moules de plâtre de telle grandeur qu'on veut, après quoi on les coupe de la longueur de quatre ou cinq pouces ou environ. Il y en a de moindres qui doivent servir pour les events. On arrange ceux dont on se doit servir pour les Jets, les uns au-deſſus des autres à cinq ou ſix pouces de diſtance en droite ligne le long de la figure, & quelquefois plus près lorſqu'il y a des draperies, & qu'il eſt beſoin de beaucoup de matiere, & quand ces tuyaux ſont appliqués & ſoudés avec de la cire contre la Figure, en ſorte que le bout qui n'eſt pas ſoudé releve en haut, on a un grand tuyau d'égale groſſeur qui s'attache contre les extremités de ces petits tuyaux, & qui prend depuis le bas de la figure juſqu'au haut. Tous ces tuyaux grands & petits ſervent pour le Jet de la matiere, & l'on en fait ainſi trois ou quatre autour d'une Figure ſelon ſa grandeur & ſa diſpoſition. C'eſt en ces termes que M. Felibien s'en explique. On dit auſſi Un beau Jet, en parlant d'une Figure qui a été bien jettée.

Jet. Terme de Marine. On appelle Jet de voiles, l'appareil complet de toutes les voiles d'un Vaiſſeau. On dit, Faire le Jet, quand le gros tems oblige de jetter dans la mer une partie de la charge d'un Vaiſſeau pour l'empêcher d'un prompt naufrage. Il y a des reglemens qui déterminent ce que chacun en particulier doit ſouffrir de cette perte.

On dit à la pêche, Un jet de filet, pour dire, Un coup de filet.

Jet. Terme de Fauconnerie. Petite entrave qu'on met aux piés de l'oiſeau, ou l'attache d'envoi ou de retenue d'un oiſeau de proie. Quelques-uns écrivent Getz, qui, ſelon M. Ménage, vient de Giez, vieux mot François qui veut dire, Lien, attache.

JETTE'E. ſ. f. Mur d'un quai, ou d'un Mole de port, fait pour arrêter l'impetuoſité des vagues. On le conſtruit de gros quartiers de pierres, ou de caiſſons remplis de materiaux que l'on jette dans la mer ſans aucun ordre, quand il n'eſt pas poſſible de fonder à ſec en faiſant des bâtardeaux.

JETTER. v. a. Pouſſer, lancer une choſe loin de ſoi avec quelque violence. ACAD. FR. On dit en termes de Venerie, qu'Un Cerf jette ſa tête, pour dire, qu'il mue, que ſon bois tombe, & on dit en termes de Fauconnerie, Jetter un oiſeau du poing, pour dire, Donner l'oiſeau après la proie qui fuit.

Jetter. Terme de Fonderie. Faire couler le métal ou une autre choſe liquefiée dans le moule qu'on a préparé pour cela.

JEU

JEU. ſ. m. Recréation, paſſe-tems, action gaie & folâtre, par laquelle on ſe divertit, on ſe réjouit. ACAD. FR.

Jeu, ſe dit en eſcrime tant pour le fleuret que pour les hautes armes, de la maniere de les manier & d'en faire l'exercice. Il y a chez les Maîtres en fait d'armes, le Jeu ſimple, le Jeu compoſé, & le Jeu coulant. Le Jeu ſimple, eſt celui qui ſe fait avec viteſſe ſur une ligne qui doit avoir pour objet dans l'offenſive tout ce qu'on peut entreprendre en pouſſant ou en paſſant d'un point à l'autre dans un ſeul tems à la partie la plus découverte de l'ennemi en quelque ſorte de garde que ce puiſſe être. Il faut ſeulement parer & repouſſer les coups que l'ennemi porte dans la défenſive ſimple. Le Jeu compoſé comprend dans la défenſive les appels, les feintes, les demi-coups, les engagemens & battemens de l'épée, & enfin tout ce qui peut tromper l'ennemi en l'obligeant de découvrir la partie qu'on cherche à ſurprendre par fineſſe, ne l'ayant pû faire par la

force ni par la viteſſe du Jeu ſimple. Dans la défenſive, il faut ſeulement porter en parant. Le Jeu coulant, c'eſt quand on gagne la meſure en coulant ou traînant le pié gauche après le droit contre celui qui recule ou qui pare, ou qui a une épée plus courte. Quand on éleve l'épée au-deſſus de celle de ſon ennemi, en baiſſant le poignet & le pommeau, ſoit en pouſſant, preſſant, faiſant feinte ou appel, cela s'appelle le Jeu de la pointe de l'épée.

On appelle en termes de Muſique, Un Jeu de Violes, de Hautbois, ou de Muſettes, les Inſtrumens qui ſont les quatre parties qui ſont neceſſaires pour un concert. On appelle auſſi Jeu d'Orgues, la machine qui compoſe l'Orgue, tant le grand buffet que le poſitif.

Jeu au pluriel ſe dit des ſpectacles publics, comme étoient chés les Anciens les courſes, les luttes, & les combats des Gladiateurs. Les Jeux Olympiques ont été fort fameux parmi les Grecs. On les celebroit de quatre ans en quatre ans vers le ſolſtice d'Eté dans l'Elide, ſur les bords du Fleuve Alphée, proche du temple de Jupiter ſurnommé Olympien. Ces Jeux furent d'abord inſtitués par Hercule, & ce fut Iphitus qui les rétablit quatre cens quarante ans après leur premiere inſtitution. Les Jeux Pythiens, furent établis pour honorer Apollon, qui ayant tué le ſerpent Python, prit le nom de Pythien. La courſe, le jet du palet, la lutte, & le combat à coups de poings, & avec des armes, étoient les exercices de ces Jeux. Les Vainqueurs remportoient des couronnes de laurier avec quelques-unes des fruits qui avoient été offerts dans le Temple d'Apollon. Les Romains ont auſſi celebré des Jeux en l'honneur d'Apollon, & ils étoient appellés Ludi Apollinares. On y ſacrifioit un Bœuf & deux Chevres, dont on doroit les cornes. Le peuple aſſiſtoit à cette ceremonie avec une couronne de laurier ſur la tête, & l'on faiſoit des feſtins au devant des portes dans la rue. Une peſte ſurvint, & dont on crut ne pouvoir être délivré qu'en fixant à un certain jour ces Jeux Apollinaires qui n'en avoient point encore d'arrêté, fut cauſe qu'on les fixa au ſixiéme de Juillet l'an 543. de la fondation de la ville. Selon Tite-Live, ils furent inſtitués ſur un écrit qu'on trouva d'un Devin appellé Marc, qui conſeilloit aux Romains de vouer des Jeux à Apollon, s'ils vouloient toûjours être victorieux de leurs ennemis. Les plus celebres Jeux, parmi les Romains, ont été ceux qu'ils appelloient Ludi Circenſes, Jeux du Cirque. Ils ſe celebroient avec beaucoup de dépenſe dans le grand Ciaque de Rome, & le premier exercice étoit le combat à coups de poing, ou avec des ceſtes, qui étoient des gantelets garnis de fer. On y joignoit le combat contre les bêtes & celui des Gladiateurs, ce qui ne ſe faiſoit que par les Eſclaves ſeuls. Pluſieurs exercices ſuccedoient à ce premier, ſçavoir la courſe qui ſe faiſoit dans la lice qu'on appelloit Stade, le ſaut ou en plein champ, ou d'un lieu bas à un lieu élevé, ou d'un lieu élevé à un lieu bas; le jeu du palet, des fleches, des dards, la courſe de cheval, le combat ſur des chariots, & enfin la naumachie dans laquelle on repreſentoit une bataille navale ſur un lac ou ſur un fleuve. Il y a eu auſſi des Jeux appellés Megaloſiens. On les celebroit à Rome ſur le theatre en l'honneur de Cybele, Mere des Dieux. On y faiſoit des feſtins avec modeſtie & frugalité, & les Dames Romaines y danſoient devant l'autel de cette Déeſſe. Les Magiſtrats venoient avec leur robe de pourpre dans cette fête, pendant laquelle il n'étoit pas permis aux Eſclaves de paroître. Le Peuple Romain a auffi celebré des Jeux, qu'on nommoit *Jeux Plebeiens*. On les faifoit dans le Cirque pendant trois jours. Quelques-uns veulent qu'ils ayent été inftituez pour témoigner par une fête publique la joie que le Peuple avoit, de ce que les Rois ayant été chaffés de Rome, il avoit commencé alors à jouir de fa liberté. D'autres difent que le Peuple Romain les celebra en memoire de la paix qu'il fit avec les Senateurs, après qu'il fut rentré dans la ville, d'où il s'étoit retiré fur le mont Aventin. On a appellé *Jeux feculaires*, ceux qu'on celebroit à Rome à la fin de chaque fiecle. Valerius Publicola Conful les inftitua pour la premiere fois l'an 245. de la fondation de la Ville. L'an 580. de cette même fondation, les Romains inftituerent les *Jeux Floraux*, en faveur de la Déeffe Flore. Les Femmes débauchées s'y faifoient voir toutes nues fur le theâtre pendant le jour, & elles couroient la nuit par la Ville avec des flambeaux, danfant au fon des trompettes, & chantant des chanfons lafcives. On appel'e aujourd'hui *Jeux Floraux* à Toulou'e, certains Jeux où l'on donne des prix à ceux qui ont le mieux réuffi à faire des vers fur un fujet propofé. Leur nom vient de ce que les prix étoient des fleurs d'argent. C'eft au mois de Mai que ces Jeux fe font. Il y a encore aujourd'hui des *Jeux de Cannes*, & des courfes de Taureaux en Efpagne. Ce font des efpeces de Jeux publics comme ont été les Joûtes & les Tournois. Conftantin fut le premier, qui après avoir été baptifé defendit les Jeux fanglans de l'amphitheâtre. Les Romains avoient auffi établi des *Jeux funebres* à l'honneur des Morts, & pour appaifer les Manes. On dit que Junius Brutus, premier Conful de Rome, introduifit l'ufage de ces Jeux funebres, pour honorer les funerailles de fon pere, & cet ufage dura jufques au tems de Theodoric, Roi des Oftrogots en Italie; par qui il fut aboli entierement vers l'an 500. du Sauveur du monde, à caufe de l'horreur qu'on eut des combats cruels des Gladiateurs qui fe battoient auprès du bucher pendant la ceremonie des funerailles. On faifoit autrefois des facrifices de captifs que l'on immoloit aux Manes, & on aima mieux condamner ces Efclaves à ces fortes de combats où le Vainqueur pouvoit conferver fa vie, que de les égorger comme l'on faifoit auparavant. Il y a eu encore chés les Romains des Jeux que l'on appelloit *Jeux Cereaux*, & qu'on f ifoit en l'honneur de la Déeffe Cerés. Ils duroient huit jours. Pendant ce tems, les Dames Romaines avoient des habits blancs & reprefentoient Cerés qui cherchoit fa fille avec un flambeau. Les Romains qui étoient prefens à cette ceremonie, prenoient auffi une robe blanche. On fit d'abord des combats à cheval dans ces Jeux qui fe celebroient dans le grand Cirque le 11. d'Avril, & enfuite les Ediles changerent ces combats à cheval en des combats de Gladiateurs.

Jeu. Terme de Charpenterie. Il fe dit d'une piece de bois d'environ treize piés de long & de quinze pouces de groffeur. C'eft où pofe & tourne l'arbre d'un moulin à vent du côté de la tête où font les volans.

On appelle en termes de Marine, *Jeu de voiles*, le nombre de voiles dont un vaiffeau doit être garni. On l'appelle auffi *Jet de voiles*, & on dit *Faire jeu parti*, quand une de deux perfonnes qui ont part à un Vaiffeau veut rompre la fociété, & demande en Jugement qu'on faffe eftimer les parts, ou que l'on ordonne que le tout demeure à celui qui voudra faire la condition de l'autre plus avantageufe. On fait venir ce mot de *Jus partium*.

JEUSNEUR. f. m. Qui jeûne beaucoup. Les Mede-

cins donnent le nom de *Jeûneur* au fecond des inteftins grêles qui eft entre le duodenum & l'ileum. Il occupe prefque toute la region du nombril, & avec fes circonvolations, il va jufqu'aux flancs. Ils l'appellent auffi *Jejunum* ou l'*Affamé*, à caufe que dans les anatomies, on le trouve toûjours moins plein que les autres.

JEUVAISON. f. f. Vieux mot. Jeuneffe.

JEX

JEX. f. m. p. Vieux mot. Yeux.
> *Et lancelot jufqu'à l'entrée*
> *Des jex & du cuer la convoye,*
> *Mes as jex fuy corte la joye.*

IF

IF. f. m. Arbre de la grandeur du fapin, qui a fes feuilles de couleur verd brun & toûjours verdoyantes, & qui porte des bayes rouges, douces, & pleines de fuc comme fait le houx. Ceux qui mangent de cette graine font auffi-tôt attaquez de fievre & de flux de ventre, avec une certaine inflammation & ardeur de fang & des efprits vitaux. Son bois eft rougeâtre & plein de veines, & malaifé à pourrir. Voici comme en parle Theophrafte. Il n'y a qu'une efpece d'If. C'eft une plante qui croît aifément, & qui reffemble au fapin, excepté qu'elle a plus d'ailes & de rameaux. Ses feuilles font femblables à celles du fapin, mais fon bois eft plus gras & plus tendre. Les Ifs d'Arcadie ont leur bois noir ou rouge, mais ceux qui croiffent au Mont Ida font fort roux, & reffemblent au bois de cedre, ce qui fait que l'If d'Ida eft fouvent vendu pour du cedre. Quand on a écorché cette forte d'If, on diroit de fon bois que ce n'eft que vrai cœur de bois. Quant à fon écorce, elle a l'âpreté & la couleur de celle du cedre. Ses racines font grêles & courtes, & prefque à fleur de terre. Cette efpece d'If ne fe trouve pas ordinairement au mont Ida, mais en Macedoine & en Arcadie, où il porte un fruit rond & en grande quantité. Ce fruit eft rouge, tendre à manier, & un peu plus gros qu'une feve. On dit que les feuilles font mourir les bêtes chevalines qui en mangent, & que fi ce font bêtes qui ruminent, elles ne leur nuifent point. Il y a des gens qui mangent de fon fruit fans qu'il leur faffe aucun mal, & qui le trouvent d'un bon goût. Matthiole dit au contraire que le fruit de l'If eft fort dommageable à ceux qui en mangent. Celui du mâle eft fort dangereux & fes grains fervent de poifon en Efpagne. L'experience a fait voir que le vin qu'on y apportoit de France dans des tonneaux faits de bois d'If étoit venimeux. Seftius affure qu'il l'eft tellement en Arcadie, qu'il fait mourir ceux qui mangent ou boivent, ou qui dorment à fon ombre. Le parfum de fes feuilles fait mourir les rats; & fi l'on veut bien en croire Pline, l'If ne fera aucun mal fi on le plante un clou d'airain dans l'arbre. Quelques-uns croyent que les venins qu'on appelle *Toxica*, ont pris leur nom de *Taxus*, If, comme fi on avoit dit *Taxica*, & que pour empoifonner les fleches on les eût autrefois frottées du fuc d'If, mais le mot de τοξικὸν, Poifon, vient de τόξον, Fleche, à caufe que les Barbares empoifonnoient ordinairement leurs fleches. Diofcoride dit que les oifeaux qui fe paiffent des grains de l'If qui croît en Italie, deviennent noirs, & que cet arbre eft fi venimeux autour de Narbonne qu'il rend malades ceux qui dorment ou fe rafraîchiffent à fon ombre, & quelquefois leur caufe la mort. Il dit dans un autre endroit que l'If, nommé par quelques-uns *Tithymale*, & que les Latins appellent *Taxus*, cause une froideur generale par tout le corps, qu'il étouffe la personne & la fait mourir soudain, & que les remedes propres à la cigue, lui sont bons.

I G B

IGBUCAMICI. s. m. Arbre dont le fruit ressemble à une pomme de coin. Ce fruit est rempli de petits grains qu'on prétend être un remede sûr contre la dysenterie. Cet arbre croît au Bresil, & est fort commun dans le gouvernement de saint Vincent.

I G C

IGCIEGA. s. m. Arbre du Bresil qui produit une espece de mastic d'une odeur fort agreable. Son écorce pilée rend une liqueur, qui sert d'encens étant congelée, & que l'on applique heureusement en forme d'emplâtre contre les affections froides. Il y en a une autre espece qu'on nomme *Iztaieica*, c'est-à-dire, Mastic dure comme une pierre. Sa resine est si transparente qu'elle semble presque être de verre. Les Sauvages s'en servent communément à blanchir leurs vaisseaux de terre.

I G N

IGNEL. adj. Vieux mot. On a dit, *Parler ignel*, pour dire, Langage coulant.

IGNIAME. s. m. Sorte de racine qu'on trouve dans les Antilles, & qui est une espece de Patate. Les tiges en sont pourtant bien plus fortes, & poussent une façon d'épi de fleurs jaunâtres qui portent quelque graine. Elles sont quarrées, & rampent non seulement sur la terre, mais encore sur les haies, & même elles s'attachent aux arbres. Leurs feuilles qui viennent deux à deux sur de petites queues quarrées, laissant toûjours une grande distance entre elles & celles qui suivent, sont plus grandes & plus fortes que celles des Patates, & d'un verd plus brun & plus luisant en forme de cœur. Les racines des Igniames ou Injames, sont aussi beaucoup plus grosses, & poussent de petites racines de la grosse masse des chevelures. Leurs tiges se repliant contre terre y produisent des racines qui sont de couleur cendrée tirant sur le jaune. Elles servent de nourriture aux Negres, qui en font autant de cas que des Patates, quoique moins bonnes. Lorsque l'on coupe leurs tiges, elles pleurent fort long-tems, & plus abondamment que la vigne. Ces mêmes racines, appellées *Ignames* par les Hollandois, se trouvent aussi au Pays des Noirs. Il y en a de si grosses qu'elles pesent neuf ou dix livres. Elles sont blanches & farineuses par dedans, & on les mange au lieu de pain quand elles sont cuites.

IGNITION. s. f. Terme de Chymie. Application du feu aux métaux jusqu'à ce qu'ils deviennent rouges avant que de fondre, comme au fer. Le plomb & l'étain qui se fondent trop facilement, ne peuvent souffrir l'Ignition, mais le cuivre, ainsi que l'or & l'argent, le soufre.

I G U

IGUANA. s. m. Animal amphibie qui se trouve en plusieurs endroits de l'Amerique. Il est de la forme d'un lezard & a sa peau en partie de couleur cendrée, en partie brune, & toute couverte de petites écailles, plus grandes proche de la tête, & plus petites sous le ventre. Sa queue est fort longue, environnée des mêmes écailles, disposée par ordre. Cet animal a comme des dents de scie tout le long du dos depuis la tête presque jusques au bout de la queue, avec une grande gueule & plusieurs dents petites & aigues en l'une & l'autre machoire. Il a les yeux grands & à demi clos, deux nazeaux presque au bout de la machoire haute, deux trous derriere la tête, semblables aux oreilles des poissons, une peau qui lui pend sous la gorge jusqu'à la poitrine, quatre jambes, les deux de devant plus menues & plus courtes que les autres, ayant chacune cinq doigts, dont quelques-uns ont deux jointures les deux autres trois ou quatre, tous munis d'ongles noirs & fort aigus. C'est un animal paisible, & qui supporte fort long-tems la faim. Il pond quarante ou cinquante œufs ronds, gros comme une noix, d'une écaille fort déliée, contenant un aubin & un moyeu d'aussi bon goût que la chair de l'animal. Les Sauvages & les Espagnols en vivent & les prisent fort. Ils portent leurs œufs en terre, proche des rivieres & des lacs. Selon ce qu'en écrit François Ximenes, on trouve quelquefois en la tête de cet animal de petites pierres qui diminuent & font sortir la pierre des reins, étant prises au poids d'une drachme avec une liqueur convenable, ou même liées au corps.

IGUARUCU. s. m. Animal amphibie qu'on trouve dans le Bresil & d'ordinaire dans la riviere de Saint François & de Paraqua. Il est ennemi de l'homme & de la grandeur d'un bœuf, ayant les dents longues d'un quart de pié.

I L

IL. Pronom. On disoit autrefois *Il*, pour lui, comme *Devant il*, pour, Devant lui.
    Compagnons sommes il & gie,
    C'est-à-dire, Lui & moi.

I L E

ILEON. s. m. Terme de Medecine. Le troisiéme & dernier des intestins grêles. Il est le plus long de tous, & on lui donne ce nom du Grec *iolú*, Tourner, à cause qu'il est entortillé en plusieurs touts & retours; d'où vient que l'on appelle en Latin *Ileus morbus*, le mal qu'on nomme vulgairement *Miserere*. La situation de l'Ileon est au dessous du nombril entre le jeûneur & le borgne, vers les hanches de part & d'autre. *Ilien* se dit encore de la partie de l'os anonyme qui est au bas de l'épine, à cause que l'intestin qui porte ce nom en est soûtenu.

I L I

ILIAQUE. adj. Terme de Medecine. On appelle *Veine* ou *Vaisseau Iliaque*, Un Vaisseau qui est un des rameaux du tronc descendant de la veine-cave qui arrose les flancs, & qui se divise en d'autres souches. On appelle aussi *Iliaque*, la colique du Miserere, qui vient d'une obstruction des intestins grêles, qui bouchant le passage aux excremens, fait que le malade les rend par la bouche en vomissant.

I L L

ILLEC. adv. de lieu. Vieux mot qu'on a dit du Latin *Illic*, pour dire, ce lieu-là. On a dit aussi *Illeuc*, *Iluec* & *Illecques*.

Pour les Poiſſons qui vont nageant illecques.
Petits, moyens, & de bien grands avecques.

ILLIRICAINS. ſ. m. Heretiques qui ſuivent les erreurs qui ont été publiées dans le ſeizième Siecle, par Mathias Trancowitz que l'on ſurnomma *Illiricus*, à cauſe qu'il étoit d'Albone en Illirie, & c'eſt de là que ſes Sectateurs ont été nommés *Illiricains*. Ce Mathias embraſſa la doctrine de Luther. Il rejettoit entierement la neceſſité des bonnes œuvres, & fut accuſé de renouveller l'Arianiſme. Il s'oppoſa à Melanchthon, & aux autres qui avoient changé quelque choſe à la confeſſion d'Ausbourg, & qu'on appella *Hots Lutheriens*, au lieu que Mathias & tous ceux qui ſe mirent de ſon parti furent nommés *Rigides Lutheriens*. On les appella encore *Flacciens*, à cauſe du ſurnom de *Flaccus* ou *Flaccius* qu'il avoit auſſi.

ILLUMINATION. ſ. f. Decoration de Figures peintes ſur du papier ou ſur de la toile, derriere leſquelles on allume la nuit beaucoup de lumieres, qui leur fait faire un effet très-agreable. Il y en a de differentes manieres & de diverſes couleurs ſelon l'importance de la Fête.

ILLUMINEZ. ſ. m. Heretiques qui s'éleverent en Eſpagne en 1575. Entre autres erreurs qu'ils ſoutenoient, ils pretendoient que l'union que leur donnoit avec Dieu l'Oraiſon mentale, les mettoit dans un état ſi parfait que les bonnes œuvres & les Sacremens de l'Egliſe leur étoient inutiles, enſorte qu'ils ne commettoient pas même un peché veniel en s'abandonnant aux plus infames commerces. Ils prenoient le nom d'*Alumbrados*, qui en Eſpagnol veut dire Eclairés. Les Auteurs de ces erreurs deteſtables ayant été punis d'abord à Cordoue, cette Secte demeura comme aſſoupie juſqu'en 1623. qu'elle fut renouvellée avec plus de force dans le Dioceſe de Seville. Sept des Auteurs ayant été brûlés par Sentence de l'Inquiſiteur General d'Eſpagne, on força leurs diſciples à changer de ſentimens, ou à ſortir du Royaume.

IMM

IMMANENT. adj. Terme de logique. Les Philoſophes reconnoiſſent des *Actions immanentes*, par oppoſition aux actions tranſitoires. Ce mot vient du Latin *Manere*, Demeurer.

IMMERSIF, IVE. adj. On appelle *Calcination immerſive*, l'épreuve qui ſe fait de l'or dans de l'eau forte, lorſqu'on le purifie par l'Incart.

IMMERSION. ſ. f. Action par laquelle on plonge dans l'eau ou dans une autre liqueur. On appelle en termes de Pharmacie, *Immerſion*, la preparation qu'on fait d'un medicament, quand pour lui ôter quelque mauvais goût, ou quelque vertu, on le laiſſe tremper quelque tems dans l'eau.

Immerſion eſt auſſi le commencement d'une Eclypſe de Lune, c'eſt-à-dire, le moment où la lune commence à être obſcurcie & entrer dans l'ombre de la terre. On emploie auſſi ce terme par extenſion en parlant du commencement d'une éclypſe de Soleil. On dit auſſi *Immerſion*, quand une étoile eſt ſi proche du Soleil, que ſes rayons, dans leſquels elle ſe trouve enveloppée, empêchent qu'on ne la voye.

IMMORTELLE. ſ. f. Fleur blanche, jaune ou gris-de-lin en forme de tige, & qui a ſes feuilles velues par deſſous.

IMP

IMPANATION. ſ. f. Terme qu'ont employé les Theologiens pour expliquer l'erreur des Lutheriens qui croyent qu'après que le Prêtre a prononcé les paroles de la conſecration, le pain ne ſe change point, & qu'il demeure, ce qui eſt tout-à-fait contraire à la doctrine de l'Egliſe Catholique, qui eſt que le Corps de JESUS-CHRIST n'eſt point dans le pain, & que les ſeules eſpeces demeurent. Ce mot vient du Latin *Panis*, Pain.

IMPASTATION. ſ. f. Terme de Maçonnerie. Mélange de pluſieurs matieres, ſtuc ou pierre de differentes couleurs & conſiſtances, que l'on pairit les unes avec les autres, & qu'on lie enſemble avec quelque ciment ou maſtic que l'air fait durcir. Quelques-uns croyent que beaucoup d'ouvrages des anciens, comme les Obeliſques, & les groſſes Colomnes qui nous reſtent d'eux, ont été faites par Impaſtation.

IMPENSE. ſ. f. Terme de palais. Depenſe que l'on a faite pour ameliorer un bâtiment ou un heritage, dont il faut que celui qui y veut rentrer, rembourſer l'acquereur de bonne foi.

IMPERATEUR. ſ. m. Vieux mot. Commandant en guerre.

Qui ſous un même Imperateur militent.

IMPERATORIA. ſ. f. Plante qui ſe trouve en abondance en Italie, aux hautes Montagnes du val Ananie, au deſſus de Trente. Ses feuilles qui ſont ſemblables au ſpondilium ou panais ſauvage, mais moindres & près de terre, ſont roides, velues & âpres. Elle jette une tige de deux coudées de haut, rougeâtre, ronde & velue, à la cime de laquelle viennent les bouquets de fleurs blanches, qui portent une graine piquante & odorante comme celle deſ Siler Montanum. Sa racine eſt aſſés courte, & moyennement groſſe, ridée, dure, & de ſubſtance comme de bois, noire en dehors, & tirant en dedans ſur le verd. Elle a un goût mordant & piquant, & eſt odorante & un peu amere, ce qui fait juger que cette racine eſt chaude au troiſiéme degré complet, & ſeche au ſecond. Elle provoque l'urine & les mois, & eſt ſinguliere à reſoudre les ventoſités de l'eſtomac, des inteſtins, & de la matrice. Cuire en gros vin elle remedie au mal de dents, & ſi on la boit en vin, elle eſt très-bonne pour les étouffemens de là Mere & pour faire avoir des enfans aux Femmes qui ont froideur empêche de concevoir. Mâchée, elle purge efficacement le phlegme du cerveau, & pulveriſée & bue ſouvent en vin, elle previent les maladies qui viennent de cauſes froides, & par conſequent elle ſert aux ſpaſmes & au mal caduc. On tient qu'elle guerit de la fiévre quarte, ſi demi-heure avant l'accès, on prend une cueillerée de cette poudre avec du vin pur. Elle fortifie tous les ſens, fait bonne haleine, & ſert de remede à la peſte, & preſque contre toutes ſortes de poiſons & de morſures de bêtes venimeuſes. Elle n'eſt pas moins propre pour ceux qui ont courte haleine, pour les opilations, les hydropiques, & pour les perſonnes travaillées de la rate. En general elle échauffe toutes les parties du corps que quelque froidure occupe, de ſorte que tant de proprietés ont fait dire à Matthiole, qu'il ne faut pas s'étonner ſi cette herbe a merité le nom d'*Imperatoria*, comme devant être reſervée pour les Empereurs & pour les Rois. On la nomme autrement *Aſtrentia* & *Oſtrutium*.

IMPERFECTIONS. ſ. f. Terme de Librairie. Feuilles imprimées qui demeurent inutiles, à cauſe que toutes les feuilles dont un livre, eſt compoſé n'ont pas été tirées à un nombre égal, ce qui arrive toûjours, le papier n'étant jamais compté ſi juſte qu'il n'y n'y ait des mains de vingt quatre & de vingt-trois feuilles au lieu de vingt-cinq. On se sert d'imperfections pour envelopper les Livres dont on fait des paquets pour les Provinces.

IMPERIAL. adj. Ce qui appartient à l'Empire. *Trône Imperial.* On appelle *Villes Imperiales*, Certaines Villes libres en Allemagne, comme Hambourg & Francfort, qui ayant un Gouvernement particulier sous des Magistrats, qu'elles élisent tels qu'il leur plaît, doivent seulement quelque reconnoissance à l'Empereur.

On appelle *Pierre Imperiale*, Une pierre qu'on fait pour les dents, il y entre du salpêtre, de l'alun de roche, & un peu de soufre bien pulverisé. On fait cuire tout cela dans un creuset, & ensuite on en fait un gargarisme avec une décoction de fenouil & d'orge.

On appelle *Eau Imperiale*, de l'eau distillée de noix muscades, écorce de citron, cloux de girofle, feuilles de laurier, d'hissope, de thim, de marjolaine, de sauge, de rosmarin, de lavande & autres.

IMPERIALE. s. f. Fleur rouge ou jaune, qui a sa tige fort haute, & qui tient de la tulippe. Elle pousse en haut quatre ou cinq fleurs, dont les feuilles se renversent en forme de cloche, & lui servent de couronne.

Il y a une sorte de prune qu'on appelle *Imperiale.* Elle est fort grosse, de couleur violette, & d'une figure oblongue.

Imperiale. Le haut d'un carrosse. Il se dit aussi du fond des lits d'ange en housse.

Imperiale. Terme d'Architecture. Espece de dôme ou de couverture dont le haut est en pointe, & qui s'élargissant par en bas, represente la figure de deux S. qui se joignent en haut, & qui s'éloignent en bas.

IMPERITIE. s. f. Terme Dogmatique. Ignorance de l'art qu'on professe. Un Chirurgien est condamné en Justice en des dommages & interêts, quand par son Imperitie il a estropié ceux qu'il s'est mêlé de panser.

IMPLANTATION. s. m. Il y a dans la Medecine certaines cures qui se font par transplantation, c'est quand les maladies passent d'un sujet à un autre sujet, qui en devient malade ou non, la maladie se guerissant par l'accroissement ou par la corruption de ce dernier. Cette transplantation se fait par un certain milieu ou moyen appellé pour cela l'*Aiman*, & elle est de cinq sortes dont l'une est l'*implantation*, qui se fait en mettant les plantes avec les racines, ou les racines seules dans une terre préparée pour cela & arrosée. Il est même avantageux que les racines ne reçoivent aucune autre humidité que les lavûres de la partie malade. Si avant que la maladie ait une entiere guerison, la mauvaise qualité contractée delà fait mourir les plantes, il en faut planter d'autres dans la même terre, ou dans une autre semblable.

IMPORTABLE. adj. Vieux mot, que Nicod dit avoir été employé pour, Qui ne se peut porter ou tolerer, comme en cette phrase. *Il est atteint d'une douleur importable.*

IMPOSER. v. a. *Mettre dessus*, & *en ce sens il ne se dit guere au propre qu'en cette phrase, Imposer les mains.* ACAD. FR.

Imposer en termes d'Imprimerie, signifie, Mettre sur un marbre autant de pages qu'une forme contient, autour desquelles l'on met des bois, que l'on appelle garnitures, & ensuite l'on serre le tout avec des coins dans un chassis de fer, en sorte qu'il ne tombe aucune lettre des pages.

IMPOSITION. s. f. L'une des sortes de transplantation qui se font pour la cure de certaines maladies. On prend le plus que l'on peut de la Mumie

Tome I.

ou de l'excrement de la partie malade ou de tous les deux ensemble, pour les placer dans un arbre ou dans une plante entre l'écorce & le bois, recouvrant & enduisant le tout avec du limon. Au lieu de cela, il y en a qui font un trou de tariere dans le bois pour placer l'aiman, après quoi ils bouchent le trou avec un tampon du même bois, & mettent du limon par dessus. Si on desire un effet durable, on doit choisir un arbre de longue durée, comme le chêne. Si on le veut prompt il faut prendre un arbre qui croisse promptement, & en ce dernier cas on doit retirer l'aiman, c'est-à-dire, ce qui sert de milieu à la transplantation, si-tôt que l'effet s'est ensuivi, à cause que la trop grande alteration de l'esprit pourroit apporter de préjudice au malade. Ce que l'on appelle ici *Mumie*, est la portion de l'esprit vital qui fait ces effets. Les aimans qu'on croit les plus propres vehicules de la Mumie sont la siente humaine, la chair humaine desséchée & le sang d'un homme sain. La préparation de ce sang se fait de cette maniere. Quand il est grumelé ou coagulé, on verse par inclination la liqueur sereuse qui surnage, & on laisse secher le sang à l'ombre, en l'humectant de la liqueur séparée, & en le laissant secher successivement jusqu'à ce que toute la liqueur soit imbibée. La chair humaine desséchée, se garde long-tems, & lorsqu'on l'a appliquée sur la region du cœur, elle attire avec tant de vehemence qu'il faut l'ôter peu de tems après. On la doit prendre d'un corps mort de mort violente, & s'il est possible, avant qu'il soit refroidi. On fait aussi un Aiman avec une bonne quantité de la siente d'un homme sain & de son urine, le tout mêlé jusqu'à la consistance de bouillir. On y ajoûte le plus qu'on peut de sueur de personnes saines, que l'on ramasse avec une éponge ou avec un linge. Le tout ayant été bien seché dans un lieu net, ou y met encore du sang nouvellement tiré, après quoi on mêle bien le tout, & on le fait secher pour l'usage. Ces Aimans sont rapportés par Boulton.

IMPOSTE. s. f. Terme d'Architecture. Petite corniche qui contient un jambage, piédroit ou allette, & sur laquelle commence un arc qu'elle sépare de d'avec le piédroit. L'Imposte est differente selon les ordres. Ce n'est qu'une plinthe dans le Toscan, & elle a deux faces couronnées dans le Dorique, & dans l'Ionique un larmier au-dessus de ses deux faces. Il y a larmier, frise, & autres moulures qui peuvent être taillées, dans le Corinthien & le Composite. Ce mot vient de l'Italien *Imposte*, Mis dessus. Vitruve appelle les Impostes *Incube*. L'*Imposte coupée*, est celle qui est interrompue par des corps comme par des Colomnes & par des pilastres, dont elle excede le nud, ce qui ne fait pas un fort bel effet. Celle qui est courbe par son plan, ou qui ne se profile pas sur le piédroit d'une arcade, mais qui lui sert de bandeau, & retourne en archivolte, s'appelle *Imposte cintrée.* Il y en a une autre qu'on appelle *Imposte mutilée.* Cette derniere a sa saillie diminuée pour ne pas exceder le nud d'un pilastre ou d'un dosseret.

IMPREGNATION. s. f. Terme de Chymie. Action par laquelle une liqueur s'imbibe du suc ou des petites parties d'un autre corps dont en même-tems elle reçoit la vertu.

IMPREGNER. Il se met ordinairement avec le pronom personnel, ce qui rend ce verbe neutre passif. *S'impregner*, c'est tirer le suc ou quelque substance d'un autre corps par le moyen de l'humidité.

IMPRESCRIPTIBLE. adj. Terme de Pratique. Qui ne peut être prescrit. *Cens Imprescriptible. Servitu-*

Ffff

des *Imprescriptibles*.

IMPRESSE. adj. Terme Dogmatique. On dit , *Es- peces Impresses*, pour signifier des especes qui ont fait quelque Impression sur notre esprit, sur nos sens, sur notre memoire.

IMPRESSEUR. s. m. Vieux mot. Imprimeur.

IMPRIMER. v. a. Faire une empreinte sur un corps par le moyen d'un plus dur qu'on presse dessus. On dit en ce sens, *Imprimer un cachet, une marque sur une monnoie. Imprimer un sceau.* Il signifie particulierement, Empreindre sur du papier, sur du parchemin, ou sur du velin, avec des caractères & de l'ancre.

Imprimer. Terme de Teinturier. Faire des fleurs & autres agrémens sur quelque étoffe, sur de la toile, sur de la futaine. Cela se fait avec des planches de differentes figures.

Imprimer. Terme de peinture. Mettre une ou deux couches de colle, ou d'une premiere couleur sur une toile, pour servir de fond à celles que l'on y doit mettre ensuite afin de faire un tableau. Il se dit aussi dans l'art de bâtir, lorsqu'on peint d'une ou de plusieurs couches d'une même couleur, les ouvrages de Charpenterie, de Menuiserie & de Serrurerie, qui sont au-dedans ou au-dehors des bâtimens.

IMPRIMERIE. s. f. Tous les outils & instrumens, caractères, casses, chassis, presses & autres choses qui servent à Imprimer. Ce mot signifie aussi le lieu où l'on Imprime. *L'Imprimerie du Louvre.* L'Art d'Imprimer, qu'on appelle aussi *Imprimerie*, fut inventé vers le milieu du quinzième siecle, & les uns en attribuent l'Invention à Jean Fauste Bourgeois de Mayence, & à Pierre Scheffer son gendre, qui ne pouvant faire la dépense qui étoit nécessaire pour réussir dans cette entreprise, y associerent Jean Guttemberg, Gentilhomme de la même Ville de Mayence. D'autres veulent que ce Jean Guttemberg ait été Chevalier Allemand de la Ville de Strasbourg, qui ayant formé le projet de l'Imprimerie, alla à Mayence, où il entra en société avec Jean Fauste, & Pierre Scheffer. Il y en a qui soûtiennent que Jean Mentel, Bourgeois de Strasbourg, a été l'Inventeur de cet Art, & qu'il fut trahi par Jean Gansfleisch son valet, qui ayant communiqué son secret à Jean Guttemberg, se retira avec lui à Mayence où ils s'associerent avec Fauste & Scheffer. Ils assûrent que l'Empereur Frederic III. voulant faire honneur à ce Jean Mentel, lui donna pour armes un champ de gueules au lion couronné d'or, accollé d'un rouleau, voltigeant d'azur. Si l'on s'en rapporte à ce que publient les Hollandois, l'invention de cet Art est dûe à Laurent Coster, Bourgeois de Harlem dans le Comté de Hollande, auquel Jean Fauste qui demeuroit chés-lui, enleva les caractères pendant la Messe de minuit, & se retira à Mayence. Les Celestins de Paris ont dans leur Bibliotheque un Livre intitulé *Speculum salutis*, imprimé par ce Coster, mais il ne paroît pas que cette impression ait été faite avec des caractères séparés. Il y a sujet de croire qu'il s'est servi seulement de planches gravées. Les premiers Livres imprimés que l'on ait vûs en Europe sont un Durandus *De ritibus Ecclesiæ*, de l'année 1461. & une Bible qui fut achevée d'imprimer en 1462. par Jean Fauste & Pierre Scheffer. Jean Fauste en apporta à Paris plusieurs exemplaires, dont il y en avoit beaucoup en velin, ornées de grandes lettres & de vignettes d'or faites à la main, & comme d'ailleurs l'impression de cette Bible étoit tout-à-fait semblable à l'écriture, il les vendit extrêmement cher, comme autant de manuscrits. Cepen-

dant comme il en avoit apporté grand nombre, l'égalité de l'écriture ayant paru impossible dans tant de volumes par les voies naturelles, on le soupçonna de Magie, & l'accusation qu'on lui fit devant le Juge, l'obligea de quitter Paris & de retourner à Mayence. Cette Bible se trouve dans plusieurs Bibliotheques de Paris. Nicolas Janson qui s'établit à Venise en 1486. est le premier qui ait commencé à polir & à embellir l'Imprimerie. Alde Manuce inventa le caractère Italique dans la même Ville vers l'an 1495. & eut la gloire d'être le premier qui imprima le Grec & l'Hebreu.

IMPRIMEURE. s. f. Terme de Peintre. Enduit d'une toile pour la rendre propre à peindre. L'Imprimeure se fait de deux ou trois couches de colle, ou d'une premiere couleur. On donne aussi le nom d'*Imprimeure*, aux figures que l'on peint sur la toile ou sur une étoffe.

IMPROBABLE. adj. Terme dogmatique dont se servent quelques-uns pour signifier, Qui ne peut être prouvé, à cause du défaut de vrai-semblance. On appelle en matiere de Religion *Verités improbables*, Celles qui sont au-dessus de la raison.

IMPUBERE. s. m. Terme de Droit. Celui ou celle qui n'a pas atteint l'âge de puberté. Il faut quatorze ans pour les garçons, & douze pour les filles. Ce mot est aussi adjectif. *Enfant Impubere.*

INA

INANITION. s. f. Terme de Medecine. Il se dit de l'état où est un estomac vuide, & qui a besoin de nourriture.

INAUGURATION. s. f. Terme de Cérémonie Ecclesiastique. Il se dit de celle qui se fait au sacre d'un Empereur, d'un Roi, d'un Prélat. Ce mot vient du Latin *Inaugurare*, qui veut dire, Dédier un Temple, élever quelqu'un au Sacerdoce, après que l'on a pris les Augures. Cela est pris des cérémonies des Romains lorsqu'ils entroient au College des Augures.

INC

INCAMERATION. s. f. Terme de la Chancellerie Apostolique. Union de quelque terre, droit ou revenu au Domaine du Pape.

INCAMERER. v. a. Unir quelque terre, droit ou revenu au Domaine du Pape, à la Chambre Apostolique. Ce mot vient de *Camera*, Chambre.

INCANTATION. s. f. Terme dont on se sert pour signifier les Paroles que prononcent, & les Cérémonies que font les Magiciens pour évoquer les demons.

INCART. s. m. Terme de Chymie. Purification de l'or par le moyen de l'argent & de l'eau forte. Elle se fait en mêlant de l'or avec de l'argent en grenaille. On les jette l'un & l'autre dans de l'eau forte, & comme cette eau dissout l'argent, l'or demeure au fond en poudre noire. Après qu'on a lavé la chaux d'or, on la fait rougir dans un creuset, qui donne un or net haut en couleur & fort épuré. On dit aussi *Incartation*, & on appelle ainsi cette purification, à cause qu'on mêle trois fois autant pesant d'argent de coupelle, de sorte que l'or ne fait que le quart de ce mêlange.

INCESTUEUX. adj. On a appelé ainsi dans l'onzième siecle, ceux qui prétendirent que le Mariage au quatriéme degré de consanguinité étoit permis, quoique l'Eglise l'eût défendu dans les saints Canons. On tint à Rome deux Conciles en 1065. où ils furent condamnés sous le Pontificat d'Alexandre II.

INCIDENCE. f. f. Terme de Geometrie, Chûte d'une ligne, d'un rayon, d'un corps fur un autre. L'Incidence d'une perpendiculaire fur une autre ligne, fait deux angles droits. L'Incidence oblique d'une ligne en fait un aigu, & l'autre obtus. On appelle *angle d'incidence* l'angle que fait un rayon ou un autre corps par fa chûte fur une ligne ou fur un plan. L'angle de *reflexion* eft égal à celui d'incidence. Voyez REFLEXION. Plus l'incidence d'un rayon eft oblique, plus fa refraction eft grande. Voyez REFRACTION. On appelle en matiere de refractions *axe d'incidence*, une perpendiculaire tirée fur le milieu où fe fait la refraction, par rapport à laquelle on mefure l'obliquité de la chûte des rayons. Ce mot vient du Latin *Cadere*, Tomber.

INCINERATION. f. f. Terme de Chymie. Reduction des Végétaux en cendres. Il faut les faire brûler doucement. Ce mot vient du Latin *Cinis*, Cendre.

INCISOIRE. adj. Les Medecins appellent *Dents Incifoires*, les dents tranchantes qui font fur le devant de la bouche, du Latin *Cadere*, Couper.

INCLINAISON. f. f. Terme de Geometrie. On appelle *Inclinaifon de deux lignes*, La rencontre de deux lignes qui fe coupent, & *Inclinaifon de deux plans*, l'angle aigu de deux lignes droites tirées dans chaque plan par un même point de leur fection commune, & perpendiculaire à cette même fection commune. L'*Inclinaifon d'une ligne droite à un plan*, eft l'angle aigu que cette ligne droite fait avec une autre ligne droite tirée dans ce plan par le point où la ligne Inclinée le coupe, & par le point où il eft aufſi coupé par une perpendiculaire, tirée de quelque point que ce foit de la ligne Inclinée.

Dans la Gnomonique l'*Inclinaifon d'un plan*, eft l'angle qu'un plan non parallele à l'horifon fait avec le plan de ce grand cercle. Voyez QUADRAN.

L'*Inclinaifon d'un rayon*, dans la Dioptrique, eft l'angle que fait ce rayon avec l'axe d'Incidence dans le premier milieu au point où il rencontre le fecond. Voyez INCIDENCE. L'Incidence eft l'angle du rayon avec le plan fur lequel il tombe, & l'inclinaifon eft l'angle de ce même rayon avec l'*axe d'Incidence*. Ces deux angles font le complément l'un de l'autre.

En termes d'Aftronomie, & dans le fyftême de Copernic, on appelle *Inclinaifon de l'axe de la terre*, l'angle dont cet axe eft incliné fur le plan de l'écliptique. Cet angle eft de 23. degrés qui eft l'éloignement de l'Equateur & de l'écliptique, & la terre fe meut de fortefur le plan de l'écliptique que fon axe fait toûjours ce même angle, Ainfi l'écliptique eft toûjours vûe coupant l'Equateur fous un angle de 23. degrés à peu près. Il eft vrai cependant que cet angle doit changer par un mouvement trèslent de l'axe de la terre, qui fe redreſſant & enfuite s'abaiſſant un peu fur le plan de l'écliptique décrit par fes deux poles deux petits cercles, ce qui fait que la diftance de l'écliptique & de l'Equateur augmente ou diminue un peu, qu'ils font vûs fe couper en des points nouveaux, & que par confequent toutes les étoiles fixes ont un mouvement en *longitude* ou d'Occident en Orient. Voyez FIXES.

INCLINATION. f. f. Terme de Chymie, & de Medecine. On dit, *Verfer par inclination*, pour dire, Laiſſer couler la liqueur d'un vaiſſeau en le panchant doucement, pour ne pas troubler le fediment qu'on veut conferver au fond.

INCOMMENSURABLE. adj. Terme de Geometrie. Il fe dit des quantités qui ne peuvent être mefurées exactement & fans refte par aucune mefure

Tome I.

commune. Le côté d'un quarré & fa Diagonale font incommenfurables,parce qne de routes les afiquotes infinies qui mefurent chacune de ces lignes en particulier fans refte, il n'y en a aucune qui puiſſe auſſi mefurer l'autre fans refte. En un mot, elles n'ont nulle aliquote commune. Voyez ALIQUOTE. Il ne peut y avoir de grandeurs incommenfurables entre les nombres, (Voyez COMMENSURABLE,) mais feulement entre les lignes. Tout nombre quarré a une racine, (Voyez QUARRE',) mais les autres nombres n'en peuvent avoir. Cependant on en imagine quelquefois une, comme la racine quarrée de 3. de 5. de 6.&c. qui ne fe peut exprimer par aucun nombre, qu'on appelle fimplement racine de 3. de 5. &c. Voyez RACINE. Ces racines s'appellent *Nombres irrationels*, & font incommenfurables avec tous les nombres.

Des grandeurs incommenfurables au premier degré, Voyez DEGRE', font quelquefois commenfurables au fecond, ou au troifiéme, &c. ou ce qui eft la même chofe *commenfurables en puiſſance*, *en feconde*, *en troifiéme puiſſance*, &c. (Voyez PUISSANCE,) c'eft-à-dire, qu'il fe peut faire que les quarrés ou les cubes, &c. de deux grandeurs incommenfurables foient commenfurables. Ainfi la racine de 2. & le nombre de 3. font incommenfurables, mais leurs quarrés 2. & 9. font commenfurables, puifque ce font deux nombres. La Diagonale & le côté, quoiqu'incommenfurables l'un à l'autre, font commenfurables en puiſſance, parce que le quarré de la Diagonale eft double de celui du côté, ce qui eft une raifon de nombre à nombre.

INCONNUE. adj. f. Terme d'Algebre. On fousentend *Lettre* ou *Grandeur*. Comme l'Algebre opere par des Lettres qui reprefentent des grandeurs, (Voyez ALGEBRE,) & que pour refoudre les queftions propofées on cherche la valeur de quelque grandeur inconnue, en la comparant à celles qui font connues par la queftion; on appelle l'*Inconnue* la Lettre qui reprefente cette grandeur inconnue que l'on cherche, & quand après les operations neceſſaires, l'Inconnue feule & dégagée de toute autre grandeur fe trouve égale à quelques grandeurs connues, le Problême eft refolu. Il y a d'ordinaire plufieurs inconnues dans la queftion, & on les réduit à une feule, quand cela eft poſſible, ce qui s'appelle, *Faire évanouir* les autres. On obferve dans la pratique de marquer les inconnues par des dernieres Lettres de l'Alphabet, & les grandeurs connues par les premieres, afin de les pouvoir diftinguer les unes d'avec les autres d'un feul coup d'œil.

INCORPORATION. f. f. Terme de Pharmacie. Mêlange, jonction d'un corps avec un autre. Quand on a paîtri certaines drogues enfemble, il les faut laiſſer infufer jufqu'à une pleine Incorporation.

INCRUSTATION. f. f. Ornement d'Architecture qui fe fait de pierre dure & polie, dont on revêt un mur de maçonnerie, en appliquant cette pierre dans les entailles qu'on y a faites exprès pour cela.On fait auſſi des Incruftations de marbre.

INCRUSTER. v. a. Orner un bâtiment d'Incruftations, en appliquant des marbres ou des pierres polies & brillantes dans les entailles des murs. On appelle auſſi *Incrufter*, Remettre une pierre en la place d'une autre qui s'eft écornée fous le trop grand poids, & qu'il a fallu hacher.

INCUBATION. f. f. Action de la Poule qui fe met & demeure fur fes œufs pour les couver.

INCUBE. f. m. Sorte de Demon qu'on dit qui fe

revêt de la figure d'un homme pour abuser d'une femme.

Incube, est aussi une Maladie que le vulgaire appelle *Le Cochemar*, & qui est causée par une oppression d'estomac qui ne laisse presque point la liberté de la respiration. C'est pour l'ordinaire pendant la nuit qu'on en est surpris. Les enfans & les grosses personnes y sont plus sujets que les autres. Ceux qui en sont travaillés ont les sens endormis & hebetés, sans pourtant les perdre entierement, & s'imaginent qu'il y a quelqu'un qui pese sur eux avec violence. Ce mot vient d'*Incubare*, Presser quelque chose en se couchant dessus. La cause prochaine de l'Incube est tout ce qui peut empêcher le mouvement du diaphragme en embas, car le diaphragme est le premier attaqué, & ensuite les autres muscles de l'inspiration le sont. Ce mouvement du diaphragme est blessé, ou par le vice de quelque objet qui pressant le diaphragme, s'oppose à son mouvement en embas, ou par le vice des nerfs qui servent à sa contraction. Ce qui presse le diaphragme, ou du moins qui lui ôte la liberté de se mouvoir, c'est l'estomac lorsqu'il est rempli d'une matiere visqueuse & mucilagineuse qui fermente avec l'acide & qui dégenere en vents, ou lorsqu'il est rempli de trop d'alimens ou de quelque autre chose que ce soit dont il puisse être gonflé. On peut dire que l'Incube est une épilepsie en dormant. Les symptomes sont les mêmes, sçavoir la respiration laborieuse, & la voix inarticulée, quoique ces symptomes soient plus legers dans l'Incube que dans l'épilepsie. Skenxius rapporte l'exemple d'un Prêtre qui croyoit voir & toucher une vieille qui étoit sur lui, & Forestus raconte de lui-même, qu'il croyoit avoir sur son estomac un chien noir, malgré sa femme qui lui disoit que c'étoit un songe : les Hypochondriaques sont sujets à ce mal, sur-tout lorsqu'ils inclinent à la mélancolie hypochondriaque. Les vers qui resident dans l'abdomen, causent aussi l'Incube aux enfans. Ceux qui se trouvent surpris de ce mal soûpirent & se plaignent, rendent un son inarticulé & rauque, demeurent immobiles, répondent peu ou point à ceux qui les interrogent, & s'éveillent subitement avec des inquietudes & une grande lassitude. Ce mal s'appelle autrement Ephialtes. Voyez EPHIALTES.

IND

INDAGUE. adj. Vieux mot. Mal mis, mal vêtu, décontenancé. Cela s'est dit proprement de ceux qui sortent sans avoir une Dague à leur côté, laquelle étoit autrefois un ornement, d'où vient qu'on nommoit *Indague* celui qui n'en avoit point, comme étant sans grace & sans contenance.

INDE. s. m. Il y a deux especes d'Inde, au rapport de Dioscoride. L'un croît naturellement, & est comme une écume qui sort des roseaux d'Inde quand ils germent, & l'autre qui se fait des teintures d'écarlate. C'est une teinture rouge qui nage sur les chaudieres des teintures, que les Teinturiers écument & font secher. Le meilleur Inde est celui qui boit son humeur, & qui est azuré & lissé. On le met au rang des médicamens legerement astringens, & qui rompent toutes Inflammations & tumeurs, il mondifie & reprime les ulceres, & toute la superfluité de chair qui y vient. Matthiole ajoûte, à ce que dit Dioscoride, qu'il ne croit pas que nous ayons encore l'Inde naturel qui vient comme une écume sur les roseaux Indiens quand ils germent, & que l'Inde dont usent les Peintres, & que les

Apothicaires vendent ordinairement, se fait de l'écume de pastel que les Teinturiers écument en leurs chaudieres. M. Felibien nous apprend que l'Inde que l'on emploie aujourd'hui, se fait de deux manieres. L'une du suc d'une herbe que les Grecs nomment ἰσάτις, les Latins *Guastum*, & les François *Guesde* : & l'autre de l'herbe que l'on appelle *Indigo*, qui croît dans la Province de Guamala, & qui est de grand usage parmi les Teinturiers.

Inde. Sorte de bois dont la décoction est fort rouge. On a remarqué que si l'on en met dans deux bouteilles, & qu'on mette un peu de poudre d'alun dans l'une, elle conservera fort long-tems un beau rouge clair, au lieu que celle où il n'y aura point de cette poudre, deviendra jaune en moins de vingt-quatre heures, & à la fin prendra la noirceur de l'encre.

Il y a dans les Isles de l'Amerique un arbre qui croît excessivement gros quand il est dans des lieux humides & en bonne terre, & qu'on appelle *Bois d'Inde*. Il a l'écorce jaunâtre, mince, fort seche, astringente au goût, & si polie, qu'il semble que l'on voit du bois dépouillé de son écorce. Ses feuilles sont presque semblables à celles du laurier, mais un peu plus souples & plus rondes. Elles sentent le clou de girofle, & ont un goût de cannelle piquant, astringent, & qui laisse dans la bouche une petite amertume assés agreable. Les Habitans, & même les Sauvages, en mettent dans toutes leurs sauces. Ce bois est le plus plein, le plus massif & le plus pesant de tous les bois du pays ; aussi coule-t'il à fond comme du plomb. L'aubier de cet arbre est de couleur de chair, & le cœur tout violet. Il se polit comme du marbre & ne pourrit point. Son tronc prend de profondes racines, & s'éleve fort droit. Il fleurit une fois l'an au tems des pluyes, & sa bonne senteur reside particulierement en ses feuilles, dont la figure est semblable à celles du Goyavier. Quand on les manie, elles parfument les mains d'une senteur plus douce que celle du laurier. On s'en sert dans les bains qu'ordonnent les Medecins, pour fortifier les nerfs foulés, & pour dessecher l'enflûre qui reste aux jambes de ceux qui ont été travaillés de fievres malignes.

INDEMNITE' s. f. Terme de Fiefs. Droit qu'on est obligé de payer au Seigneur féodal quand un fief est acquis par l'Eglise, ou par une Communauté. Ce droit lui est dû pour le dédommager des pertes qu'il souffre, en ce que le changement de Vassal n'ayant plus de lieu, puisque le fief est tombé en main-morte, il ne pourra plus en tirer aucun fruit.

INDEPENDANS. s. m. Heretiques d'Angleterre, ainsi nommés à cause qu'ils veulent que chaque particuliere Assemblée soit gouvernée par ses propres loix, sans qu'elle dépende d'aucune autre dans les affaires Ecclesiastiques. Ils estiment leur communion, assemblée dans des lieux particuliers, beaucoup plus que celles qui se font dans les Eglises, & tiennent qu'il n'est besoin ni de science, ni de degrés dans les Ecoles, ni de la prédication de l'Evangile, & que vouloir que les Ministres soient entretenus par le moyen de la dixme, c'est une opinion superstitieuse & judaïque. Ils se déclarent contre les formulaires des prieres, & sur-tout contre l'Oraison Dominicale, qu'ils regardent comme une extinction de l'esprit. Ils donnent aux personnes particulieres, qui ne sont ni Souverains ni Ministres, la puissance d'établir des Assemblées, d'élire, de confirmer, de déposseder, d'éxiler, & enfin de déterminer de toutes les affaires Ecclesiastiques, permettant même d'en traiter aux femmes , aufquelles ils remettent la puiffance des clefs en quelques endroits. Ils permettent auffi aux perfonnes particulieres d'adminiftrer les Sacremens , & aux Souverains de faire la fonction de Miniftres pour marier, & autorifent le divorce pour des caufes fort legeres. L'Indépendance paffe parmi eux pour le commencement du Royaume de JESUS-CHRIST, qui doit durer mille ans fur la terre , & ils font confifter une grande religion aux noms, ne voulant point entendre parler des noms anciens de l'Eglife, des tems de l'année & des jours de la femaine. Tout homme qui a du talent dans cette Secte , a pouvoir de prêcher & de prier, & en prêchant ils ne veulent s'affujettir à aucun texte. Quelques-uns d'entre eux ne peuvent fouffrir ni que les femmes chantent des Pfeaumes , ni que l'on en chante dans les afflictions publiques. Ils refufent de baptifer les petits enfans , à moins qu'ils ne foient de leur Affemblée , & ne les regardent point comme membres de leur Eglife , avant qu'ils foient entrés dans leur alliance. Ils confentent que leur Miniftre prenne feance aux Cours Civiles, & donne fa voix pour élire un Souverain , & condamnent les procedures violentes en matiere de Religion , ne voulant point que la peur du châtiment contraigne les confcience. Ils communient entre eux tous les Dimanches en plufieurs places, & ne veulent communier avec perfonne qui foit des Eglifes reformées. Pendant qu'ils communient il n'y a ni exhortation , ni chant , ni lecture. Ils font affis à table , ou n'ont point du tout de table ; & pour éviter toute apparence de fuperftition , ils font couverts pendant le tems de l'adminiftration de leur Cene , avant laquelle ils ne font rien pour s'y préparer. Quant à leur doctrine , ils enfeignent que l'Efprit de Dieu habite perfonnellement dans tous les Bienheureux ; que leurs revelations font d'une auffi grande autorité que l'Ecriture-Sainte ; que la Loi n'eft point la regle de notre vie ; qu'étant tous fous l'alliance de la grace, aucun d'eux ne doit être inquieté pour l'amour ou à caufe de fes pechés; que les Chrétiens ne doivent point être preffés pour confiderer attentivement les faints exercices; que les ames meurent avec les corps; que tous les Saints ont deux corps fur la terre ; que JESUS-CHRIST ne s'eft point uni avec notre corps charnel, mais avec le nouveau corps, à la maniere que fon Humanité s'eft unie avec fa Divinité ; que fon humanité n'eft pas au Ciel , & qu'il n'a point d'autre corps que fon Affemblée. Toutes les Eglifes reformées leur femblent profanes & impures, excepté eux-mêmes. Ce qui leur a fait abandonner l'Eglife d'Angleterre , c'eft , à ce qu'ils difent , qu'ils ne remarquent pas les fignes de grace en chacun de fes membres; que plufieurs d'entre ceux de cette Eglife font profeffion exterieurement de la croyance de JESUS-CHRIST , fans avoir l'efprit de Dieu au dedans d'eux , & enfin qu'ils en reçoivent plufieurs dans leur Affemblée, qui ne feront pas fauvés. Il y a auffi des Independans en Hollande , qui font fortis des Brouniftes, & dont les fentimens particuliers touchant le gouvernement de l'Eglife font , que chaque Congregation particuliere a radicalement & effentiellement en elle-même tout ce qui lui eft neceffaire pour fa conduite , & toute la jurifdiction & puiffance Ecclefiaftique ; qu'elle n'eft fujette ni à une ni à plufieurs Eglifes, & qu'il n'y en a aucune qui ait pouvoir fur une autre , quelle qu'elle foit; que chacune ne dépend que d'elle feule , & que l'affemblée des Synodes eft inutile. Ils difent pourtant

que fi on en tient , on doit confiderer ce qui s'y refout comme des confeils d'hommes fages & prudens , & non comme des Arrêts aufquels on foit obligé de déferer. Ils conviennent qu'une ou plufieurs Eglifes en peuvent aider une autre , foit par leurs confeils , foit par leur fecours , & la reprendre même lorfque l'on voit qu'elle peche , non par le droit d'une autorité fuperieure qui donne pouvoir de l'excommunier ; mais comme égale , qui fait connoître qu'elle ne fçauroit avoir aucune communion avec cette Eglife qui a peché , & qui ne vit pas felon les commandemens de JESUS-CHRIST. Ils s'accordent d'ailleurs en tout pour la doctrine avec les Indépendans d'Angleterre.

INDEX. f. m. Le fecond doigt de la main , celui qui eft après le pouce. On l'appelle ainfi , du Latin *Indicare*, Montrer , indiquer , à caufe qu'on fe fert de celui là quand on veut montrer quelque chofe avec le doigt.

Index. Terme d'Aftronomie. Stile qui tourne avec le globe dans un petit cercle attaché fur le Meridien vers le Pole arctique. On l'appelle auffi γνώμων , mot grec qui fignifie proprement l'Aiguille qui montre les heures par fon ombre. Le mot *Index* s'emploie auffi dans cette fignification.

INDICATIF, IVE. adj. Qui indique , qui fait connoître quelque chofe. On appelle *Colomne indicative*, une Colomne qui fert à marquer les marées le long des côtes maritimes de l'Ocean. Il y en a une de marbre au grand Caire , où les débordemens du Nil font marqués par des reperes , & s'ils font confiderables, comme quand l'eau monte jufqu'à vingt trois piés.

INDICATION. f. f. Signe qui indique quelque chofe , qui démontre ce qui eft à faire. *Indication* fe dit auffi de l'invention d'un remede propre pour guerir une maladie par la connoiffance qu'on a de la qualité de ce remede. Ce qui conduit le Medecin à le trouver s'appelle la chofe Indicante. L'Indication par rapport à la démonftration de cette chofe indicante , tend ou à conferver une chofe naturelle , ce qui la fait appeller *Indication vitale* , ou à éloigner une chofe contre nature ou la maladie , & on la nomme *Indication curative* ; ou à éloigner la caufe morbifique , & celle-ci eft appellée *Indication préfervative*.

INDICTION. f. f. Terme de Chronologie. On appelle *Indiction Romaine* , la maniere de compter qui étoit en ufage parmi les Romains , & qui contient une revolution de quinze années. On s'en fert encore dans les Bulles & les Refcriptions Apoftoliques. Comme en 1582. qui fut le tems où l'on reforma le Calendrier, on comptoit la dixiéme année de l'Indiction qu'on avoit commencée, en trouvera celle de l'Indiction courante , en commençant à compter depuis l'année où l'on eft , & en retranchant le nombre de quinze autant de fois qu'on le pourra jufqu'à cette année 1582. Quelques-uns tiennent que cette revolution de quinze années a été établie par l'Empereur Conftantin , qui ordonna que l'on compteroit par Indictions , fans plus compter par Olympiades ; mais on ignore pourquoi ce Cycle a été enfermé dans l'efpace de quinze ans , & pourquoi on l'a appellé *Indiction*.

INDIGETES. f. m. Nom que les Anciens donnoient à ceux qui par de grandes actions de valeur avoient merité d'être mis au nombre des Dieux.

INDIGO. f. m. Teinture violette , de laquelle on tire la matiere d'une plante qui eft une efpece de faint-foin , dont le tronc vient affés gros , & croît en arbriffeau lorfqu'on ne le coupe pas. Elle ne s'éleve de terre qu'environ à la hauteur de deux piés

& demi , & fe divife en divers rameaux qui font tous chargés de petites feuilles , grandes comme l'ongle du petit doigt, épaiffes , d'un vert fort brun par deffous, & argentées par deffus. Elle fleurit rouge , & porte de petites gouffes de la groffeur & de la longueur d'un fer d'aiguillette , & toutes remplies d'une graine de couleur d'olive. Pour cultiver cette plante , on prend foin d'abord de bien nettoyer la terre , après quoi on feme une pincée de la graine dans de petits trous à un pié l'un de l'autre. On la couvre de deux doigts de terre, & fi c'eft par un tems de pluie qui eft le plus propre pour cela , elle leve en quatre jours, & en trois mois elle eft en état d'être coupée. Après la premiere coupe la fouche pouffe tout de nouveau , mais avec plus d'abondance, puifque d'un feul pié il en fort plufieurs rameaux , qui au bout de fix femaines peuvent encore être coupés. Quand cette plante a atteint fa maturité , c'eft-à-dire, avant qu'elle foit en fleur , on la coupe avec des couteaux faits en faucille , & on la met en faifceaux , après quoi on la jette dans une cuve appellée *Trempoire*, où l'ayant arrangée , on la foule avec les piés. On met enfuite de grands chaffis par deffus , que l'on arrête avec une groffe piece de bois qui eft au travers de la trempoire , afin que l'eau que l'on doit mettre dedans puiffe furnager. Cela fait , on ouvre le robinet du baffin & on laiffe couler l'eau du baffin jufqu'à la fuperficie de l'herbe , qui fe fermente , s'échauffe & fait bouillir l'eau de même que le raifin qu'on a jetté dans la cuve. C'eft par cette ébullition que l'eau tire la teinture vifqueufe dont fe fait l'Indigo. Il y a un certain point auquel il faut déboucher le robinet de la trempoire pour faire couler cette eau dans la batterie. Au-deffus de la batterie eft un gros rouleau de bois à fix faces , & de fes deux bouts fortent deux pointes de fer paffées fur deux moutons de même matiere. A deux des faces de deffous de ce rouleau, il y a fix fceaux attachés en pyramides & qui font percés de trous de tariere. Un homme eft là qui ne ceffe point de le remuer ; ce qui eft caufe que lorfque les fceaux fe levent d'un côté , les autres fe baiffent. Cela fe fait fans difcontinuation , jufqu'à ce que l'eau change de couleur & devienne d'un beau bleu celefte. Il faut alors s'arrêter. En battant cette liqueur on jette quelques cueillerées d'huile dans l'eau , pour l'empêcher de brouer & de mouffer. Il faut prendre bien le tems que l'eau change de couleur & que le grain fe forme , pour ne pas perdre fur la quantité & la qualité. Si on ceffe trop de battre , le grain qui n'eft pas formé demeurant dans l'eau , il s'en perd beaucoup ; & fi on le bat trop long-tems , il fe diffout & fe remêle , & la marchandife qui doit avoir une couleur bleue , devient noire comme du charbon. La trempoire ou batterie ayant été bien faite , on voit en un quart d'heure couler tout l'Indigo au fond de la batterie , comme de la lie de vin. Tout étant bien repofé , on laiffe couler l'eau par plufieurs canelles les unes fur les autres , & lorfqu'on la voit fe mêler & fe noircir , on la reçoit dans des baquets , & on la vuide dans des facs de toiles faits en forme de chauffe à clarifier. L'eau s'étant toute écoulée , l'Indigo demeure feule dans les facs , d'où on le vuide , lorfqu'ils ne dégouttent plus ○ dans de petits caiffons de bois qui font quarrés, & qui ont un pouce de bord. C'eft là qu'on le fait fecher. Si-tôt qu'il eft pris, & qu'il commence à fe fendre , on le taille en tablettes , & lorfqu'il fe détache de foi-même du caiffon , on le retourne , afin qu'il feche de l'autre côté. S'il refte encore quelque humidité quand il fort du caiffon , on le

laiffe fecher au grenier , & on l'y garde en monceaux comme on fait le blé. L'eau la plus douce & la plus legere eft la meilleure pour faire de bon Indigo. Celui-là doit flotter fur l'eau comme le bois. L'Indigo qui nage entre deux eaux eft moins bon , & celui qui va au fond ne vaut rien. Cette plante exhale une odeur fi défagreable & fi mauvaife, qu'on dit qu'elle a fait mourir des François & des Negres avant qu'ils y fuffent accoûtumés. L'Indigo qui fe fabrique dans les Indes Occidentales de la maniere que l'on vient de l'expliquer , eft appellé *Inde-platte*. Il y en a un autre qui fe fait aux Indes Orientales, & que l'on nomme *Gatimalo*. C'eft le plus beau , le plus fin & le plus cher.

INDUISSES. f. f. p. Vieux mot. Inductions à faire quelque chofe.

INDULT. f. m. *Octroi du Pape , par lequel il accorde quelque grace , particulierement une grace expectative pour avoir un benefice.* A C A D. F R. L'*Indult des Rois* , eft le pouvoir que leur donnent les Papes de nommer aux Benefices Confiftoriaux, foit par quelque Concordat,ou par un privilege particulier. Il y a auffi l'*Indult des Cardinaux*. C'eft le droit de pouvoir tenir des Benefices reguliers de même que des Benefices feculiers , de pouvoir conferer en commande ou de la continuer , & de ne pouvoir être prévenus dans les fix mois pour conferer les Benefices qui font à leur nomination. On appelle plus communément *Indult* , le privilege que le Pape a accordé aux Confeillers du Parlement de Paris, & aux Maîtres des Requêtes de pouvoir obtenir le Benefice vacant où chaque Collateur a droit de nommer. On donne pareillement le nom d'*Indult* à plufieurs graces que le Pape accorde , telles que font celles qu'on obtient pour manger de la viande aux jours défendus , pour fe difpenfer de montrer fa lettre de tonfure , pour entrer dans un autre Ordre que celui où l'on a fait profeffion , pour prendre les Ordres en trois jours de tems , & autres.

Lorfqu'il y a concours pour un Benefice , on préfere les Indultaires aux Gradués , à caufe que leur droit eft plus ancien. On ne peut donner plus d'un Indultaire au Collateur ou au Patron , & on n'en charge que d'un feul pendant la vie de chaque Roi, les Communautés & les Chapitres qui ne meurent point. Le Pape Clement IX. accorda trois chofes aux Indultaires par des Bulles d'ampliation du mois de Mars 1667. l'une qu'on ne fçauroit les forcer d'accepter des Benefices qui ayent charge d'ame ; l'autre qu'ils ne font pas obligés de fe contenter d'un Benefice au-deffous de fix cens livres; & la derniere qu'ils peuvent être pourvûs en commande de benefices reguliers. Cela s'obferve très-exactement en leur faveur. Lofqu'on veut avoir un Benefice en confequence d'un indult, on doit obtenir des lettres de nomination du Roi , les faire enregiftrer au Parlement, infinuer ou notifier au Collateur , fur lequel Sa Majefté a nommé ; & fi après cela le titre vient à vaquer , il faut que l'Indultaire le requiere dans les fix mois. Que s'il arrive que l'Ordinaire refufe de le pourvoir , il peut s'adreffer à l'Abbé de faint Denys , à celui de faint Germain des Prés , ou au grand Archidiacre de l'Eglife de Paris.

I N E

INESCATION. f. f. Sorte de tranfplantation qui fe fait pour la cure de certaines maladies. Elle confifte à faire manger à quelque animal l'aiman ou la mumie, laquelle s'affimile & s'unit dans lui & s'y approprie ; ce qui corrige la qualité vicieuse de l'esprit malade , & redonne la santé au corps duquel la mumie a été tirée. Si l'animal meurt avant que cela arrive, il faut choisir un autre animal & lui redonner de la même mumie. En ce cas on doit prendre du sang bien putréfié ou bien fermenté du malade, qui vaut mieux pour cela qu'aucune autre partie. Le sang , le pus, l'urine & la transpiration emportent toûjours avec soi quelque portion de l'esprit vital , qui entretient leur union avec le tout, même lors du sujet ; & quand ces choses servent de milieu ou d'aimant pour la transplantation, c'est à cause des esprits vitaux qui y restent attachés.

INF

INFERNAUX, f. m. Nom qui fut donné dans le seizième siecle à ceux qui suivirent les opinions de Nicolas Gallus & de Jacques Smidellin. Ils soûtenoient que quand Jesus-Christ descendit aux Enfers, il alla au même lieu où les damnés souffrent, & qu'il y endura les mêmes tourmens.

INFLAMMATION. f. f. Terme de Medecine. Tumeur produite par le sang , qui abordant incessamment sans s'écouler à proportion, s'arrête dans quelque partie où il se ramasse. Ainsi la cause prochaine de toutes les inflammations est le sang qui déborde, parce que son retour est empêché. Supposé , par exemple , qu'à chaque battement du cœur, il arrive une demi-drachme de sang à chaque partie, d'où il n'en revienne qu'un scrupule, il en reste demi-scrupule qui déborde , & à chaque pulsation la quantité du sang s'augmentant toûjours, produit necessairement une Inflammation. Comme le sang qui cause l'inflammation est rouge & chaud , il faut que la partie soit de même chaude & rouge, & le sang venant toûjours sans s'en retourner, la partie se distend , & la douleur suit la distension. L'épaisseur & la coagulation du sang sont pour l'ordinaire les causes universelles des Inflammations. Les signes sont la tumeur , la rougeur, la chaleur & la douleur. L'Inflammation en general se dissipe, ou suppure , ou degenere en scirrhe ou en gangrene. La dissipation est la meilleure maniere , & après elle la suppuration lorsque l'Inflammation se change en abscès. L'Inflammation où l'acide abonde & prédomine, & qui degenere en scirrhe est mauvaise , à cause de la tumeur qui est opiniâtre , & que l'on ne peut guerir que très-difficilement. La plus dangereuse de toutes est celle qui arrive par le mouvement du sang absolument arrêté dans la partie, & qui degenere en gangrene. La décoction de l'herbe ou de la racine de chiendent est salutaire dans l'Inflammation de la luette, pour laquelle le chennevi legerement cuit dans de l'oxycrat est un très-bon gargarisme. L'*Inflammation du ventricule* a les mêmes causes que les autres Inflammations en general, & sur-tout les choses acres ou vitiées qu'on avale. Elle est accompagnée de symptomes très-violens , ce qui la rend un mal terrible , fort aigu & souvent desesperé quand dans le commencement les forces sont abattues. L'*Inflammation des intestins* , a du rapport à celle du ventricule. Outre les causes communes qui les enflamment, ils sont enflammés tantôt par le misereré , tantôt par une hernie, & tantôt par une contusion externe. Cette Inflammation se connoît en ce qu'on apperçoit au lieu enflammé une tumeur ronde & resistante, à cause que les intestins paroissent entortillés & durs comme une corde. On sent une douleur vehemente au

même endroit. Le ventre est non seulement constipé, mais encore souvent retiré. On rejette la matiere fecale par la bouche comme dans le misereré ; la fievre est aigue , & les tranchées des intestins vont en montant. Les symptomes sont plus doux quand l'Inflammation est aux gros intestins ; mais ils sont plus grands & plus dangereux , quand ce sont les intestins grêles qui sont affligés , & alors la douleur & la chaleur occupent le milieu du ventre. L'*Inflammation du fondement* est causée par une violente percussion d'une cause externe , ou par l'irritation des choses poivrées ou vitriolées qu'on y applique. Les hemorrhoides supprimées produisent aussi fort souvent l'Inflammation dans le testin rectum ou au fondement. Cette inflammation se connoît par la douleur avec pulsation , à cause des arteres hemorrhoidales & du mouvement du sang repercuté qui excite ce sentiment. La pulsation est tantôt lente & obscure, quand l'Inflammation est interne, & tantôt sensible au doigt qu'on applique exterieurement ou avec lequel on presse l'anus. Le mesentere est bien plus sujet aux inflammations que les autres parties, à cause qu'il a une infinité de vaisseaux qui portent le sang , & un nombre prodigieux de petites glandes. Il s'enflamme quelquefois seul , & quelquefois les intestins s'enflamment aussi. La dysenterie & la hernie en sont les deux causes principales. Dans cette Inflammation on sent un poids à l'abdomen. La chaleur occupe le nombril & la poitrine , quand le malade se tourne, & il y a une douleur avec pulsation enfoncée dans l'abdomen , & une espece de tension au-dessous du ventricule au fond de l'abdomen sans beaucoup de dureté. Dans l'Inflammation du nombril la tumeur est moins enfoncée , & la fievre qui s'y joint est differente selon la diversité de la partie enflammée. Il n'y a point d'inflammations plus frequentes que celles dont les parties internes de la poitrine sont affligées. Elles viennent toutes d'une certaine acidité du sang , & sont comprises sous le nom general de *Pleuropneumonie*, qui prend divers noms ensuite. L'inflammation des poumons , c'est-à-dire , des deux lobes , est ce qu'on appelle *Peripneumonie*, & s'il n'y a que la moitié du poumon qui soit enflammée , on la nomme *Pleuresie*. L'Inflammation du foye s'appelle *Hepatites* , & celles des reins *Nephretique*. L'*Inflammation de la vessie urinaire*, a rarement des causes internes , mais les externes sont très-frequentes. Ce sont les contusions & les coups violens reçus à la region du pubis. Elle succede particulierement à la taille de la pierre mal faite ou mal traitée. Les signes sont l'ardeur , la tumeur & la douleur à la region du pubis & de la vessie qui s'augmentent par le moindre attouchement. On la connoît encore par la suppression d'urine dans la vessie , par la fievre aigue qui a plus ou moins de violence suivant l'Inflammation, par les insomnies & par les delires. Cette Inflammation est rare, à cause que la vessie a des vaisseaux fort déliés ; mais elle est si dangereuse, que les malades en meurent souvent le quatriéme ou le septiéme jour. L'Inflammation des membranes du cerveau est appellée *Phrenesie* par les modernes, & l'Inflammation des yeux *Ophtalmie*. Il y a aussi une *Inflammation des oreilles*, qui vient quelquefois d'elle-même par une cause interne. Elle produit une ardeur extrême dans l'oreille & une douleur vehemente & continue avec pulsation. Souvent on y remarque de la rougeur au dehors, selon que l'Inflammation est plus ou moins profonde. Elle s'étend jusqu'aux joues & aux temples quand elle est grande, & plus elle est enfoncée, plus la pulsation eſt vive auſſi-bien que la douleur. Alors la fievre , le délire , & même les mouvemens convulſifs ſurviennent. Cette Inflammation ſe diſſipe , ou dégenere en abſcès qui laiſſe après ſoi un ulcere. Bartholin rapporte une choſe fort extraordinaire d'un abſcès à l'oreille. Il en ſortit une dent avec le pus ſans qu'il en manquât aucune à la machoire. Horſtius parle d'un abſcès d'oreille qui cauſa la migraine. Les *Inflammations ereſpelateuſes* viennent d'un acide occulte mêlé avec le ſang même ſans excès , qui fait que le ſang ſe grumele , ſoit que la lymphe trop acide , ſoit que quelqu'autre choſe d'externe le lui communique.

INFUSION. ſ. f. Terme de Pharmacie. Preparation par laquelle un medicament eſt mis tremper pendant quelque tems dans une liqueur qui lui convient , ſoit qu'il ſoit entier , découpé ou pulveriſé. Il y a de deux ſortes d'Infuſion , l'une qu'on appelle *Propre* , lorſqu'on fait infuſer un medicament dur & ſolide dans une liqueur qui enſuite ſe ſepare. L'autre Infuſion ſe nomme *Impropre*. C'eſt lorſque le medicament étant mol , ou reduit en poudre , ſe mêle avec la liqueur. On fait infuſer les medicamens pour en corriger quelque qualité nuiſible , pour leur faire acquerir une nouvelle vertu , pour rendre une vertu plus douce , ou ſeparer l'une de l'autre.

ING

INGENU. adj. *Naif , ſimple , franc , ſans déguiſement.* ACAD. FR. Les Romains appelloient *Ingenus*, ceux qui n'avoient jamais été ſous le joug de la ſervitude. On les diſtinguoit par-là des Affranchis, qui étant nés eſclaves ne devoient leur liberté qu'au don que leur Patron leur en avoit fait. On étoit Ingenu , ſoit que l'on fût né de deux perſonnes affranchies, ou d'un Ingenu & d'un affranchi. On l'étoit auſſi, quoique l'on fût né d'un pere eſclave , pourvû que la mere fût libre. Il y avoit plus , & non ſeulement un enfant étoit libre , quoique ſa mere fût eſclave dans le tems de la conception , pourvû qu'elle eût été affranchie avant qu'elle l'eut mis au monde : mais ſi elle étoit libre dans le tems qu'elle avoit conçû , en ſe vendant pendant ſa groſſeſſe , elle ne pouvoit préjudicier à la liberté de ſon fruit par ce changement d'état. Ainſi ſon enfant quoiqu'il naquît d'une eſclave , ne laiſſoit pas d'être libre. Si un Ingenu ignorant ſon état devenoit eſclave , & qu'on l'affranchit enſuite , l'affranchiſſement ne nuiſoit point à ſa liberté. Les Ingenus parmi les Romains , étoient diſtingués à peu près des eſclaves affranchis , comme les Nobles le ſont parmi nous des Roturiers , ce qui obligeoit ces affranchis à ſoûtenir beaucoup de charges , dont les Ingenus étoient exempts.

INH

INHERENCE. ſ. f. Terme de Philoſophie. Il ſe dit de la jonction de l'accident avec la ſubſtance.

INJ

INJECTION. ſ. f. Terme de Pharmacie. Medicament liquide qu'on jette dans la veſſie , dans la matrice , dans les plaies , & autres endroits ſemblables. Il eſt fait d'une liqueur convenable au mal qu'on veut ſoulager , & l'Injection ſe fait depuis une demi-once juſqu'à deux. Il y en a pour appaiſer les douleurs , pour faire ſortir la pierre , pour

provoquer les mois ou les arrêter , & d'autres pour les ulceres , ſoit qu'on les veuille déterger , deſſecher , ou conglutiner.

INIQUIDENCE. ſ. f. Vieux mot. Iniquité.

INITIAL , LE. adj. Terme qui ſe dit des lettres qui commencent un nom propre , ou le premier mot d'un livre , , d'un chapitre , d'un article , d'une periode , & qui ſont toûjours capitales, ou majuſcules. *A Initial , F Initiale.* Ce mot vient du Latin *Initium* , Commencement.

INO

INOFFICIEUX , EUSE. adj. Terme de Droit. On appelle *Diſpoſition inofficieuſe* , celle d'un pere qui desherite ſon fils ſans aucune cauſe legitime. On dit auſſi *Inofficioſité* , & ce mot ſignifie , Tout ce qui eſt fait contre le devoir.

INQ

INQUANT. ſ. m. Vieux mot. Vente qui ſe faiſoit en public par autorité de Juge. Ce mot venoit du Latin , *In quantum* , pour dire , A combien ? Comme qui auroit dit , Quel prix mettez-vous à cela ? On diſoit auſſi *Inquanter* , pour dire , Vendre à l'encan.

INQUES. Prepoſition. Vieux mot. Juſque.

INQUIETATION. ſ. f. Terme de Pratique. Trouble , empêchement. La preſcription s'acquiert par une jouiſſance de trente ans ſans trouble & ſans inquietation.

INQUISITION. ſ. f. Juriſdiction Eccleſiaſtique établie en Eſpagne contre ceux qui ont de mauvais ſentimens de la Religion Catholique , ou qui font profeſſion du Judaïſme. Cette Juriſdiction connoît auſſi d'autres crimes , comme de la Magie; & quoiqu'elle ait été reçuë en Italie où elle eſt moins ſevere qu'en Eſpagne , on n'a point voulu la ſouffrir en France. Elle eſt plus rigide en Portugal , & dans tous les lieux qui dépendent de cette Couronne , qu'en aucun autre ; & il n'y a rien de plus cruel que la maniere dont elle s'exerce à Goa dans les Indes Orientales. Quand un homme eſt arrêté , on lui demande ſon nom , ſa profeſſion , ou ſa qualité ; & ſur l'aſſurance qu'on lui donne que tous ſes biens lui ſeront rendus s'il eſt innocent , on l'oblige d'en faire une declaration. On n'y punit d'une peine temporelle qui aille à la mort que ceux qui ſont tenus manifeſtement convaincus , & il faut ſept temoins contre chaque particulier pour le faire condamner. Quelque énorme que ſoit le crime dont il eſt reputé convaincu , l'Inquiſition , que l'on appelle autrement *le Saint Office* , ſe contente de l'excommunication & de la confiſcation des biens ; & quant aux peines corporelles que la Juſtice laïque lui peut impoſer , il en eſt quitte pour demeurer d'accord de ſon crime. Le Saint Office , qui intercede pour lui , ſuſpend le bras ſeculier , & obtient ſa grace , ſi ce n'eſt qu'il y retombe. Cela paroît plein de charité : mais ce qu'il y a de bien terrible , non ſeulement on ne confronte jamais les témoins , contre leſquels on ne reçoit aucun reproche , quoiqu'ils ſoient notoirement indignes de dépoſer , mais on admet pour témoins toutes ſortes de perſonnes , même celles qui ſont intereſſées de la vie à la condamnation de l'accuſé , c'eſt-à-dire , ceux qui ne dépoſent que dans la torture , & qui ne peuvent ſe ſauver qu'en avouant ce qu'ils n'ont pas fait. On comprend dans ce nombre de ſept le coupable prétendu , qui ne pouvant ſouffrir la rigueur de la queſtion ſe trouve obligé ,

pour

pour s'en délivrer, de se confesser coupable. On lui laisse deviner & ce qu'il a fait, & qui sont ceux qui l'accusent, & s'il ne dit rien parce qu'il est innocent, & qu'il ne croit point avoir d'ennemi, il est resserré comme auparavant dans une loge étroite & sans lumiere, où il est laissé encore quelques mois sans qu'on l'interroge. C'est à l'égard des crimes qu'on peut commettre sans avoir un ou plusieurs complices, comme la Sodomie & le Judaïsme, que les procedures du Saint Office sont les plus étranges. Après qu'un accusé a été appellé plusieurs fois à l'audience, quoiqu'il ait toûjours persisté à dire qu'il est innocent, le tems de la condamnation approchant, ce qui s'appelle *Auto da Fé*, on lui déclare que comme convaincu negatif, c'est-à-dire, qui n'avoue pas, il sera livré au bras seculier pour être brûlé selon les loix. On lui signifie son Arrêt de mort le Vendredi qui precede le Dimanche de la sortie, & un Huissier de la Justice lui jette un cordon sur les mains ; & si avant le Dimanche l'apprehension du supplice le porte à se déclarer coupable, il s'exempte de la mort en demandant misericorde, tant pour les crimes dont on lui dit que l'accusent ses témoins, que pour son opiniâtreté à ne les avoir pas voulu confesser d'abord. Cet aveu qu'on fait toûjours passer pour sincere, fait trouver de la justice à la confiscation des biens du coupable prétendu. Il y a quelquefois jusqu'à cent cinquante ou deux cens personnes condamnées dans un *Auto da Fé*, à qui l'on porte le matin dans leurs cachots une veste dont les manches viennent jusques au poignet, & un caleçon qui leur descend sur les talons, le tout de toile noire rayée de blanc. Ensuite on les vient prendre pour les mener dans une longue galerie, où on les fait arranger debout contre la muraille. On leur donne à chacun un cierge de cire jaune avec un habit fait en Dalmatique ou grand Scapulaire qu'ils appellent *Sanbenito*. Il est de toile jaune avec une croix de saint André peinte en rouge devant & derriere. On donne ces sortes de Scapulaires à ceux qui ont commis ou qui passent pour avoir commis des crimes contre la Foi, soit Juifs, Mahometans, Sorciers ou Heretiques qui ont été Catholiques auparavant. Ceux qu'on tient pour convaincus, & qui persistent à nier les crimes dont on les accuse, ou qui sont relaps, portent une autre espece de Scapulaire dont le fond est gris, & que l'on appelle *Samarra*. On y voit le portrait du patient devant & derriere, posé sur des tisons embrasés avec des flammes qui s'élevent, & des Demons tout autour. Leurs noms & leurs crimes sont écrits au bas du portrait. Ceux qui s'accusent avant leur sortie, quoiqu'après leur Sentence prononcée, & qui ne sont point relaps, portent sur leur Samarra des flammes renversées la pointe en bas. Les plus coupables d'entre ceux qu'on accuse de magie, ont des bonnets de carton élevés en pointe comme un pain de sucre, & couverts de diables & de flammes avec un écriteau où est ce mot *Feiticero*, Sorcier. Ces bonnets sont appellés *Carochas*. La Procession se fait par les plus grandes rues de la Ville, & commence par la Communauté des Dominicains, qui ont ce privilege à cause que saint Dominique leur Fondateur l'a été aussi de l'Inquisition. Ils sont précedés par la banniere du Saint Office, dans laquelle l'Image de ce Saint est representée en broderie, tenant d'une main un glaive, & de l'autre une branche d'olivier, avec cette inscription *Justitia & misericordia*. Ces Religieux sont suivis des prisonniers qui marchent l'un après l'autre un cierge à la main, & ayant chacun son parrain à son côté. On arrive ainsi dans l'E-

glise préparée pour la celebration de l'*Auto da Fé*, & dont le grand Autel est paré de noir. Aux deux côtés sont deux manieres de trône, l'un à droite pour l'Inquisiteur & ses Conseillers, l'autre à gauche pour le Viceroi & sa Cour. Le Roi & la Reine assistent en Espagne à ces funestes ceremonies d'Actes de foi. L'Inquisition ne borne pas son pouvoir sur les vivans ou sur ceux qui sont morts dans ses prisons. Elle fait encore le procès à des gens morts plusieurs années avant que d'avoir été accusés, lorsqu'après leur mort on leur impute quelque crime considerable. On les déterre en ce cas, & on porte à cette Procession des Statues qui les representent, attachées chacune au bout d'une longue perche, & accompagnées d'autant de cassettes portées par des hommes, & qui sont remplies de leurs ossemens. Comme on ne les accuse après leur mort que pour donner lieu à la confiscation de leurs biens, on les tient toûjours pour convaincus, & on ne manque pas d'en dépouiller avec soin ceux qui ont recueilli leur succession. Les Criminels ayant pris leurs postes dans l'Eglise à côté de leurs parrains, on leur fait un sermon d'une demi-heure, après lequel deux Lecteurs montent en chaire, où ils lisent publiquement les procès de ceux à qui l'Inquisition sauve la vie, & leur signifient les peines ausquelles ils ont été condamnés. Cela fait, l'Inquisiteur quitte son siege pour se revêtir d'une aube & d'une étole, & va au milieu de l'Eglise, accompagné d'environ vingt Prêtres qui ont une houssine à la main. Là, après diverses prieres, on absout ces malheureux de l'excommunication que l'on prétend qu'ils ont encourue, moyennant un coup que ces Prêtres donnent à chacun sur son habit. Cette ceremonie achevée, on fait venir ceux qui doivent mourir. On lit leurs procès, qui sont toûjours terminés par ces paroles, que le Saint Office ne pouvant leur faire grace à cause de leur rechûte ou de leur impénitence, les livre à regret à la Justice seculiere qu'elle prie instamment d'user pour eux de clemence, & que si une peine de mort leur est imposée, ce soit au moins sans effusion de sang. L'Alcaide du S. Office leur donne alors un petit coup sur la poitrine, pour marque qu'ils en sont abandonnés, & aussi-tôt un Huissier de la Justice seculiere s'approche d'eux & en prend possession. On les mene sur le bord de la riviere, où l'on a eu soin de preparer les buchers, & où le Viceroi s'est rendu accompagné de sa Cour. On leur demande en quelle Religion ils veulent mourir, sans leur dire un mot de leur procès que l'on suppose toûjours avoir été bien instruit ; & dès qu'ils ont satisfait à cette unique demande, l'Executeur les attache à des poteaux, & les étrangle s'ils meurent Chrétiens. Ils sont brulés vifs quand ils persistent dans le Judaïsme ou dans l'heresie. Le lendemain on porte dans les Eglises des Dominicains les portraits de ceux qu'on a fait mourir. On y represente seulement leur tête, posée sur des tisons embrasés. On met au bas leur nom, celui de leur pere & de leur pays, & la qualité du crime, avec l'année, le mois & le jour que l'execution a été faite.

INS

INSCRIPTION. s. f. On appelle, *Inscription en faux*, en Termes de pratique, Une declaration qu'on fait inscrire sur le registre d'un Greffe de la Jurisdiction où les poursuites se font. Cet acte par lequel on maintient que le titre de la demande est faux, contrefait ou alteré, doit contenir la qualité de la piece & fa date. Si c'eft contre une Lettre mif-five , ou une promeffe privée qu'on forme l'infcrip-tion , il fuffit que le demandeur fourniffe les moyens de faux , mais fi c'eft contre une groffe ou une minute , il eft obligé de faire ordonner , à l'e-gard de la minute que le Greffier ou le Notaire, en-tre les mains de qui elle eft en dépôt , la rapporte-ront. S'il y a preuve de la fauffeté contre le défen-deur , il doit être puni de mort , fuivant l'Edit de 1680. rendu contre les Fauffaires. Quand l'Infcrip-tion fe trouve calomnieufe , le demandeur eft con-damné à trois cens livres d'amende dans les Cours Superieures , & à celle de fix vingts livres quand on a pourfuivi le procès pardevant les Juges qui y ref-fortiffent immediatement.

INSCRIRE. v. a. Terme de Geometrie. Decrire une figure rectiligne dans un cercle ou un corps folide dans une Sphere , en forte que tous les angles de la figure plane foient dans la circonference du cer-cle , ou que tous les angles folides du corps abou-tiffent à la furface concave de la Sphere. Un trian-gle dont les trois angles font dans la circonferen-ce d'un cercle eft *infcrit* dans ce cercle. On dit la même chofe d'un quarré , d'un pentagone , en-fin de tout polygone. Les polygones *femblables* inf-crits dans les cercles font entre eux en raifon dou-blée des rayons de ces cercles. A *Infcrit* on oppo-fe *Circonfcrit.* Voyez CIRCONSCRIRE.

INSECTE. f. m. *Petit animal imparfait , qui n'a pas fes parties bien diftinctes.* Ac. Ad. Fr. Plufieurs tien-nent que c'eft une erreur de croire que les Infectes foient des animaux imparfaits , & pretendent que la transformation de la chenille & autres Infectes femblables en papillon , eft chimerique , tous les membres du papillon étant enfermés fous la peau ou nymphe de la chenille. Ainfi felon eux , tout le changement qui arrive aux Infectes , n'eft qu'une nymphe , dans laquelle l'animal , papillon ou ver, eft enfermé , comme une fleur eft dans fon bou-ton. Ils difent que loin que ces animaux foient im-parfaits , ils ont plus de parties que les autres , comme l'araignée qui a huit yeux , la mouche qui a une trompe comme un Elephant , & la puce qui eft fournie d'un reffort qui l'éleve en l'air deux cens fois plus haut que fon corps. On a connu par les obfervations qne l'on a faites , qu'il n'y a point d'herbe ni de plante qui n'ait fes Infectes particu-liers & differens , c'eft-à-dire , fon ver, fa chenille, ou fon papillon. Les Infectes qu'on a plongés un moment dans l'huile meurent auffi-tôt , à caufe que l'huile bouche les ouvertures qu'ont leurs bran-chies en dehors , qui leur fervent d'un petit pou-mon pour refpirer. On ne peut diftinguer le mâle d'avec la femelle dans les Infectes , tant qu'ils ont la forme de ver ou de chenille , & pendant ce tems ils ne s'accouplent jamais. On appelle auffi *Infectes,* les animaux qui vivent , après qu'on les a coupés en plufieurs parties. Tels font les lezards , les vipe-res , les ferpens , & même la grenouille qui vit fans cœur & fans tête. On veut que le mot d'*Infecte* ait été fait . comme fi on difoit , Coupé en cercle , à caufe que le corps des Infectes eft compofé de plufieurs anneaux , qui font des efpeces d'incifion, comme il fe voit dans les vers & les chenilles.

INSEMINATION. f. f. On appelle ainfi la premie-re des cinq fortes de transplantation qui fe font pour la cure de certaines maladies. Elle fe fait quand l'aiman empreigné de la mumie ou de l'ef-prit vital détaché du corps , eft mêlé avec de la terre graffe dans quoi on feme la graine de quel-que plante appropriée à la maladie. Il faut prendre foin de l'arrofer de tems en tems avec l'eau dont

on a lavé le membre malade , & même tout le corps & la maladie diminuera à mefure qu'on verra croî-tre la plante. Quand la mumie qui empreigne l'ai-man eft d'une perfonne faine , la plante s'em-preigne pareillement de fon efprit vital , & fert à plufieurs fecrets finguliers , & fur-tout à la compo-fition des philtres , mais chaque plante ayant fa ver-tu particuliere , il faut bien choifir celles qui con-viennent à l'intention qu'on a , parce que l'efprit vital opere d'une maniere dans le chardon , & d'une autre dans l'Angelique. C'eft ainfi qu'Ettmuller en parle. Il ajôute que par le moyen des transplanta-tions , l'archée ou l'efprit vital paffe du fujet mala-de dans un autre , où les idées morbifiques de l'ar-chée font effacées par voie de pacification , ou par la representation d'autres idées contraires , ou par la corruption entiere , la deftruction , & l'extinction tant des idées que de l'archée , pendant quoi il s'excite dans l'archée du fujet malade des idées femblables qui le calment & le font jouir d'un re-pos parfait , d'où s'enfuit la guerifon de la maladie.

INSENSIF. adj. Vieux mot. Infenfible.

INSERTION. f. f. Terme de Medecine. Engagement d'une partie dans une autre , comme l'Infertion d'un os qui veut dire l'endroit où le tendon s'at-tache à un os. Les Medecins appellent auffi *in-fertion* , Une efpece de fomentation humide , faite avec des herbes , fur lefquelles on fait affeoir le malade.

Infertion , veut dire auffi l'action par laquelle on infere , & l'on dit en termes de Chirurgie , *Faire l'Infertion d'une fonde , d'une cannule dans une playe,* pour dire , Inferer , faire entrer doucement la fon-de dans une playe.

On appelle en Grammaire , *Infertion d'une lettre dans un mot ou d'un mot dans un acte ,* Une lettre qu'on met de plus dans un mot , ou un mot que l'on ajoûte à un acte.

On dit auffi dans l'Agriculture , l'*Infertion d'une ente dans une fente d'arbre.* Ce mot vient du Latin *Inferere* , Planter dans , faire entrer une chofe dans une autre.

INSINUATION. f. f. Terme de Pratique. Infcrip-tion fur un regiftre , d'un acte que l'on veut ren-dre public , afin d'empêcher la fraude. L'Infinua-tion n'a été connue dans la Jurifprudence Françoi-fe que depuis qu'on a jugé par experience que la retention de l'Ufufruit & les autres manieres de donner par une tradition imaginaire, étoient nuifi-bles aux creanciers & à ceux qui pouvoient avoir des droits fur les chofes données. Toutes donations entre-vifs font fujettes à infinuation , même celles qui fe trouvent écrites dans un teftament. La loi ayant inventé les Infinuations en faveur des crean-ciers & des heritiers , le Donateur & le Donataire ne peuvent y déroger par aucune convention , de forte qu'il n'y a que les Donations faites par le Roi ou au Roi , qui en foient exemptes. Les Mi-neurs y font obligés comme les autres , & on y comprend auffi l'Eglife & les Hôpitaux. Le tems prefcrit pour l'Infinuation des contrats , fe compte du jour de leur date. Que fi on laiffe paffer les qua-tre mois , la donation ne laiffe pas de fubfifter fans un nouveau confentement , même à l'égard de l'heritier , pourvû que ce foit du vivant du Dona-teur. En ce cas les creanciers qui auroient contracté entre la donation & cette Infinuation , feroient preferés au donataire.

INSOLATION. f. f. Terme de Pharmacie. Prepa-ration des remedes ou des fruits , qu'on expofe pour cela aux plus ardens rayons du Soleil , pour les cuire , les fecher , ou les aigrir. Ce mot vient du

Latin *Infolare*, Mettre au Soleil.

INSOLITE. adj. Vieux mot. Qui est contre l'usage, contre la coûtume. On dit encore au Palais, *Procedure Infolite*, pour signifier une procedure qui est hors des regles, & que l'on n'a point accoûtumé de faire. Ce mot vient de *Souloir*, que l'on difoit autrefois, pour, Avoir de coûtume, du Latin *Solere*.

INSOMNIE. f. f. *Indifpofition qui confifte à ne pouvoir dormir.* A c A D. F R. Ceux qui raifonnent fur l'Infomnie difent que c'eft un mouvement continuel & exceffif des efprits animaux dans les organes internes ou externes de la machine du corps, ce qui fait que les efprits reçoivent promptement les impreffions des objets fenfibles, & que fuivant l'efpece du mouvement reçu dans l'organe, ils le continuent dans le cerveau & fourniffent à l'ame raifonnable differentes occafions de raifonner. Ce flux exceffif & continuel des efprits a deux caufes ; l'une eft l'objet fenfible qui frappe l'organe avec trop de force. Alors les efprits animaux font neceffairement agités & émus puiffamment ; & comme ces émotions qui fe continuent jufqu'au cerveau par les nerfs, donnent le même mouvement au cerveau, il faut de neceffité que l'animal veille. Ainfi un grand cri, les douleurs, les maux de tête, les tranchées du ventre & la toux caufent l'infomnie. L'ame raifonnable, quand elle eft occupée de foins & de meditations, y a auffi quelque part, puifqu'agiffant par le miniftere des efprits animaux, les foins & les meditations qui agitent ces efprits ne peuvent manquer de produire l'infomnie. Les veilles opiniâtres des melancoliques font de ce nombre. On en a vû qui ont paffé jufques à quatorze jours, & même trois ou quatre femaines, fans pouvoir dormir. L'autre caufe, eft le vice même de ces efprits animaux qui les difpofent à des mouvemens précipités ou opiniâtres, comme leur trop grande chaleur & celle de tout le cerveau dans les fievres ardentes. Les efprits étant alors agités rapidement dans le cerveau, caufent l'infomnie. De là vient que l'on s'y trouve beaucoup plus fujet en Eté & dans la jeuneffe. Outre les paffions de l'ame telles, que l'amour, la crainte, la terreur & la colere, pendant lefquelles les efprits agités par un mouvement continuel entretiennent les veilles, les longs jeûnes font la même chofe, à caufe, que le défaut d'alimens fubtilife les efprits animaux & deffeche le cerveau. Enfin l'Infomnie eft un fymptome fort ordinaire aux vieillards. Les pores du cerveau ayant été ouverts ou trop élargis, par le paffage continuel des efprits depuis un fort grand nombre d'années, qu'ils y paffent & repaffent trop facilement, cela eft caufe que quoique ces efprits foient d'ailleurs tranquilles, ils ne laiffent pas de. tenir en vieillards éveillés par leur mouvement perpetuel. Les Infomnies font plus dangereufes dans l'age de confiftance & aux femmes qu'elles ne le font dans la jeuneffe & aux hommes. On en a vû de quarante-cinq nuits de fuite, & Sxenkius parle de l'Infomnie d'un mélancolique qui fut quatorze mois fans dormir. Ces fortes de veilles degenerent fouvent en démence. Dans les enfans les Infomnies font d'ordinaire la fuite de quelque autre maladie. Elles furviennent à l'éruption difficile des dents, aux vers, ou aux tranchées, ou fuccedent aux crudités de l'eftomac qui rendent la nuit inquiete, & qui interrompent le fommeil.

INSPIRATION. f. f. Terme de Medecine. Action du poumon par laquelle il attire l'air du dehors au dedans. L'air attiré par l'Infpiration eft fi neceffaire pour difpofer le fang à recevoir fa derniere per-

Tome I.

fection dans le ventricule gauche du cœur, que fans cela il eft impoffible qu'il s'engendre un fang parfait. Ainfi le fang y paffe pour y être volatifé & fubtilifé en efprits vitaux, & l'alteration qu'il reçoit de l'impreffion de l'air confifte à ce que l'air fe mêle avec le fang pour le volatifer, & à feconder fa volatifation dans le ventricule gauche du cœur, afin qu'il s'y change en fang parfait & vital, & en efprits vitaux extrêmement volatils. Il y a du ventricule droit du cœur au ventricul gauche, un trajet par où le fang eft altéré. C'eft le parenchyme veficulaire des poumons. Afin que le fang y puiffe paffer plus facilement, ce parenchyme fe ploye & fe déploye par la difpofition de plufieurs veficules membraneufes qui le compofent, & qui fe gonflent & s'affaiffent aifément. Quand le fang doit paffer par les poumons il eft neceffaire qu'ils s'étendent, fans quoi il feroit impoffible que les vaiffeaux affaiffés reçuffent le fang ; mais cette dilatation doit être conçue de telle maniere que les poumons fe rempliffent, parce qu'ils font dilatés, & non pas qu'ils fe dilatent, à caufe qu'ils font remplis, c'eft-à-dire, que l'air entrant dans les poumons les dilate & les diftend, & qu'ils ne font point diftendus avant qu'ils ayent reçu l'air. Cette irruption de l'air fe fait par le mouvement du thorax & de l'abdomen. Le premier fe fait en enhaut & en dehors. Le dernier fe fait auffi en dehors, mais en enbas. Pendant cela, l'air d'alentour pouffé en dedans par la gorge & la trachée artere, fe jette dans les poumons & les dilate. C'eft ce qu'on appelle l'*Infpiration*, laquelle eft bleffée, ou par abolition, en ceffant entierement comme dans la fuffocation, ou quand elle n'eft pas fuffifante & qu'elle eft par confequent plus frequente qu'elle ne doit être, ou enfin quand elle fe fait avec peine & avec difficulté.

INSTANCE. f. f. Terme de Palais. Procès où il y a demande & défenfe ; Different pendant en Juftice. On appelle *Peremption d'Inftance*, Une fin de non recevoir, qu'on propofe contre celui qui après la conteftation en caufe qui forme l'Inftance pardevant quelques Juges que ce foit, demeure trois ans fans faire aucunes pourfuites. En ce cas la peremption eft acquife, & on regarde comme inutiles les procedures qui ont été faites d'abord, & qui auroient interrompu la prefcription, fi la conteftation n'avoit point été liée. On appelle *Reprife d'Inftance*, l'Acte par lequel un heritier, ou tout autre qui a droit, fe prefente pour continuer les pourfuites de l'Inftance qui a été commencée par quelque predeceffeur, ou par une perfonne que la mort aura empêché de la pourfuivre. Proprement & dans un fens plus étroit, ce mot d'*Inftance*, fe prend pour les caufes d'appel qui n'ont pû être jugées à l'Audience des Cours Superieures, foit pour les difficultés qui s'y font trouvées dans le tems qu'on a plaidé, foit qu'on n'ait pas eu le tems de les faire plaider, ce qui les fait appointer fur le rôle.

INSTAURATION. f. f. Retabliffement d'un Temple, d'une Religion. L'*Inftauration du Temple de Jerufalem*. Les Etymologiftes tirent ce mot d'*Inftaurum*, qu'ils difent fignifier proprement tout ce qui eft neceffaire pour l'exploitation d'une terre, d'une ferme, comme les beftiaux, les harnois & autres chofes. Ils ajoûtent que ce mot a été tranfporté de là à tous les vaiffeaux & ornemens dont on peut avoir befoin, foit pour orner une Eglife, foit pour garnir une Sacriftie, & qu'enfin on l'a employé pour fignifier le rétabliffement de l'Eglife même.

INSTITOIRE. f. m. Terme de Marchand. Action qui

eſt donnée contre le maître pour raiſon de ce qui s'eſt fait en ſon nom par le Commis. Ce mot vient du Latin *Inſtitor*, Facteur, c'eſt-à-dire, celui qui eſt prépoſé pour aider un Marchand dans ſon commerce. Comme celui qui en commet un autre pour ſes affaires, répond de l'adminiſtration, cela a fait nommer *Inſtitoire*, l'action qui eſt permiſe contre lui. C'eſt par la même raiſon que l'on appelle *Inſtitrix*, la femme d'un Marchand, parce qu'elle ne lui ſert que de Commis, quand elle n'eſt pas Marchande publique.

INSTITUTAIRE. ſ. f. Terme d'école de Droit. Regent de Droit Civil & Canon, qui enſeigne les Inſtitutes, c'eſt-à-dire, qui explique ce qui eſt contenu dans le livre, qui eſt l'abregé de la Juriſprudence Romaine, & qu'on appelle les *Inſtitutes de Juſtinien*, à cauſe que cet abregé a été fait du tems de cet Empereur. Ce fut Tribonien qui en prit le ſoin par ſes ordres.

INSULE. ſ. f. Vieux mot. Iſle, du Latin *Inſula*, d'où l'on a fait *Inſulaire*, Celui qui habite dans une Iſle.

INT

INTEGUMENT. ſ. m. Terme d'Anatomie. Il ſe dit des peaux ou membranes qui couvrent les parties du dedans du corps. Ainſi les tuniques de l'œil & autres ſemblables s'appellent *Integumens*, du Latin *Integumentum*, qui ſe prend pour toute ſorte de couverture.

INTELLECTION. ſ. f. Terme de Philoſophie. Action par laquelle l'entendement comprend, conçoit une choſe.

INTENDIT. ſ. m. Terme de Palais. Il ſe dit des Ecritures qu'on fournit en des procès où il s'agit ſeulement des faits que l'on articule, & dont on ſe ſoumet de faire la preuve. Il ſe diſoit autrefois pour *Intention*.

Prions pour le Prince ſuſdit,
Et enſuivons ſon intendit.

INTENS. adj. Attentif.

INTENSION. ſ. f. Terme de Phyſique. Le plus haut degré où puiſſent monter de certaines qualités. On dit que *Le froid eſt dans ſa plus grande intenſion*, pour dire, qu'il ne peut être plus grand, & que *La fievre eſt dans ſa plus grande intenſion*, pour dire, qu'Elle eſt dans ſon plus haut degré de chaleur. Ce mot vient du Latin *Intendere*, Etendre.

INTENTIONEL ELLE. adj. Terme de Philoſophie. On appelle *Eſpeces intentionnelles*, ſelon la doctrine des anciens, de petits atomes qui ſortent des objets pour frapper les ſens.

INTERCEDENT. adj. Terme de Medecine. On appelle *Pouls intercedent* Un pouls qui paroît & diſparoît, & dont le mouvement eſt fort déreglé.

INTERCEPTE'E. adj f. On ſous-entend *Ligne*. Terme de Geometrie. C'eſt la même choſe qu'Abſciſte. Voyez ABSCISTE.

INTERCOSTAL, A L E. adj. Terme de Medecine. Qui eſt entre les côtes. Les muſcles intercoſtaux ſont onze muſcles qui ſervent au mouvement du thorax, & qui paſſent entre les côtes. Le quatriéme rameau de la veine-cave eſt appellé *Aſcendant intercoſtal*, & *Veine intercoſtale*, à cauſe qu'il nourrit trois ou quatre des entredeux des plus hautes côtes.

INTERDICTION. ſ. f. Terme de Pratique. *Défenſe par Sentence ou Arrêt à un Officier, de faire aucune fonction de ſa Charge, ou à une Cour de*

Juger. ACAD. FR. Autrefois un Officier étoit interdit de plein droit ſur la ſimple accuſation, mais aujourd'hui il faut que l'interdiction ſoit prononcée expreſſément par une Sentence, ou tacitement, quand il y a un decret d'ajournement perſonnel ou de priſe de corps contre l'Officier. Par le Droit Romain on donnoit des Curateurs aux furieux & aux prodigues, quoi que Majeurs de vingt-cinq ans. Les parens du côté paternel furent choiſis au commencement pour en faire la fonction, & depuis à leur défaut le Preteur à Rome, & les Preſidens ou Gouverneurs dans les Provinces, eurent le pouvoir, ſans s'aſſujettir à aucune enquête, de nommer des Curateurs à ceux qui étoient connus incapables de gouverner leurs affaires. En France, ſi-tôt qu'un homme a l'eſprit troublé, il eſt interdit de plein droit, ſans qu'il faille une Sentence d'interdiction, à cauſe qu'on eſt aſſés averti par l'égarement de ſon eſprit, qu'il ne ſçauroit contracter valablement. Pour les prodigues, il eſt neceſſaire qu'ils ſoient declarés tels en juſtice avec toutes les ſolemnités requiſes. L'effet qui reſulte de l'interdiction eſt que l'interdit ne ſçauroit aliener. Même l'alienation que fait un prodigue après l'action intentée & avant qu'il y ait jugement rendu, eſt toûjours declarée nulle, à moins que la bonne foi du creancier, ou de l'acquereur, ne ſoit évidente, ou l'acquiſition à titre onereux. L'interdiction du furieux & de l'imbecile ceſſe dès qu'il n'y a plus de cauſe, mais celle du prodigue devant être prononcée par un Jugement qui la confirme ne ſçauroit être levée qu'en connoiſſance de cauſe. Ce mot vient du Latin *Interdictio*, Prohibition, défenſe.

INTERJECTION. ſ. f. Terme de Pratique. On appelle *Interjection d'appel*. L'action par laquelle on declare que l'on ſe porte appellant d'une Sentence. On dit auſſi *Interjetter un appel*, pour dire, Appeller d'une Sentence.

INTERIMISTES. ſ. m. Sorte de Lutheriens qui ne ſuivent pas la pure doctrine de Luther, mais qui ont eté tolerés par l'Edit & par l'*Interim* de l'Empereur Charles-Quint, qui fut une proviſion & ſurſeance accordée en 1548. juſqu'à ce que le Concile eût prononcé ſur les differens ſurvenus en la Religion, laquelle s'eſt étendue depuis dans une partie de l'Allemagne, comme au pays de Saxe, & en pluſieurs Villes Imperiales vers le Septentrion, au Marquiſat de Brandebourg, & en quelques autres lieux. Cette Secte a retenu pluſieurs choſes de l'antiquité, comme on le voit dans leur livre qui a pour titre, *Kirchnordnung*, ce qui veut dire, Ordonnances de l'Egliſe, où les formes & les ceremonies de leurs Meſſes ſont redigées ſous une nouvelle reformation. Le Celebrant eſt revêtu d'un ſurplis & d'une chappe, aſſiſté de deux Diacres, dont l'un dit l'Epitre, & l'autre l'Evangile, en quelques lieux en Latin, & en d'autres en langue vulgaire. Il s'approche de l'Autel & dit le *Confiteor* en flechiſſant les genoux, puis il dit l'Introite & autres prieres après l'Epitre & l'Evangile que diſent les deux Diacres, il dit la Preface en langue Latine, le *Sanctus*, le *Pater noſter*, & conſacre & communie comme les Catholiques, entremêlant pluſieurs oraiſons en langue vulgaire; mais il n'éleve point la ſainte Hoſtie, les Lutheriens étant perſuadés que le corps de JESUS-CHRIST y eſt ſeulement pour être mangé, & non pour y être adoré, ſi ce n'eſt de celui qui le reçoit. Etant à la conſecration, il prononce les mêmes paroles que nos Prêtres, & il tient l'hoſtie & le calice comme eux. Quand le Miniſtre ou le peuple communie, on a la liberté de demeurer aſſis & couvert. Les Oraiſons étant achevées, l'Officiant se tourne vers le peuple, & fait un signe de croix pour donner la benediction que tout le monde reçoit à genoux. Cette Messe ne se dit qu'une fois le jour dans une même Eglise. Ceux qui demandent à faire la Cene, se mettent à genoux, au pié de l'autel, & l'Officiant, après avoir fait la benediction, leur met l'hostie dans la bouche, & le Diacre leur presente le calice avec le vin consacré. Jamais on ne dit la Messe que quelqu'un ne communie, Luther s'étant opiniâtré là-dessus, & ayant detesté les Messes privées. Dans toutes les Eglises, & même dans celles de la campagne, les calices sont d'or massif, plus grands que ceux des Catholiques. Tout le monde se cotise pour l'achapt de ces vases sacrés, que les Lutheriens n'ont pas profanés pendant les guerres, comme les Calvinistes ont fait en France. Ils regardent comme une épargne basse & honteuse d'avoir des calices de vermeil doré. Leurs autels sont chargés de cierges, comme les nôtres, ou de lampes ardentes pendant le service. Ils disent leurs Vêpres en langue Latine. Leurs Temples ne different en rien des Eglises Catholiques. Le Chœur est séparé de la nef, & dans ce Chœur est le grand Autel, & les figures des douze Apôtres. Il y a aussi diverses Chapelles, des lieux d'Oraison & des fonts pour le Baptême. Ils ont des orgues dans quelques-uns, & n'entrent jamais dans un de ces Temples, qu'ils ne se mettent à genoux en se tournant vers le grand Autel. Leurs carrefours sont remplis de croix, & leurs campagnes de petites Eglises pour donner lieu aux passans d'y aller prier. Ils n'ont point voulu avoir d'Evêques, mais en sa place ils ont établi un Superintendant, qui a sous lui plusieurs Paroisses, dont chacune a son Curé, qu'ils nomment *Pfarher*, & les Diacres appellés *Helfers* en leur langue, c'est-à-dire, Coadjuteurs. Ce Superintendant jouit de quelque revenu, & a jurisdiction sur tous les autres.

INTERLOQUER. v. a. Terme de Pratique. Ordonner qu'une chose sera prouvée ou verifiée entre les Parties avant qu'on prononce sur le principal. Ainsi le fond n'est jamais jugé par un jugement interlocutoire. On ne fait qu'ordonner une instruction pour parvenir à la connoissance de ce qui doit servir d'éclaircissement. Ces sortes de Jugemens n'étant que préparatoires, les Loix reprouvent les appellations que l'on interjette des Sentences interlocutoires, à peine de l'amande appellée, *Præjudicialis multa*. Ce mot vient du Latin *Interloqui*, Prendre la parole dans une conversation en interrompant un autre qui parle.

INTERNELLE. adj Vieux mot. Interne.

INTERNONCE. s. m. Agent de la Cour de Rome, qui a soin de faire les affaires du Pape dans une Cour étrangere pendant le tems qu'il n'y a point de Nonce en titre.

INTERPELLER. v. a. Terme de Droit. Interroger, faire une question ou une demande, à laquelle on somme la partie de répondre.

INTEROSSEUX. adj. Terme de Medecine, On appelle *Muscles interosseux*, les Muscles qui amenent les doigts de la main vers le pouce, qui sont au nombre de six, & ceux qui servent au mouvemens des articles des piés, il y en a huit.

INTERPOS. s. m. Vieux mot. Relâché.

INTERSECTION. s. f Terme de Geometrie. Point où deux lignes, ou deux cercles se coupent l'un l'autre. *L'Intersection de l'Ecliptique & de l'Equateur*.

INTERSTICE. s. m. Terme de Droit. Intervalle, espace de tems. Ce mot est Latin, *Interstitium*, qui signifie la même chose, & qui est fait de la proposition *Inter*, Entre, & de *Stare*, Etre.

On appelle en Medecine *Interstices ciliaires*, De petits filamens qui sont faits comme les cils ou le poil de la paupiere, & qui servent à soutenir le cristallin de l'œil.

INTERVALLE. s. m. *Distance, espace qu'il y a d'un lieu ou d'un tems à un autre*. ACAD. FR.

On appelle en termes de Musique, *Intervalle harmonique*, La distance d'un son grave à un son aigu.

INTERVENIR. v. n. Terme de Palais. Se rendre partie incidemment dans un procès pendant entre un Demandeur & un Défendeur. Ceux qui interviennent ainsi, s'appellent *Parties intervenantes*, & on appelle *Intervention*, l'action par laquelle on se rend partie. Ce mot d'*Intervention* se dit aussi lorsque quelqu'un veut bien souscrire un Contrat, quoiqu'il ne soit pas des principaux Contractans.

INTESTAT. s. m. Celui dont la succession n'est point partagée en consequence d'un testament. On peut mourir *Ab intestat* de fait ou de droit; de fait, quand on meurt sans faire de testament, & de droit, quand les dispositions du testament qu'on a fait ne sont pas legitimes.

INTIME', E'E. Terme de Palais. Celui ou celle qui ayant gagné son procès, est ajourné devant un Juge superieur par celui qui l'a perdu. Ce mot vient du Latin *Intimare*, Denoncer, & on a conservé ce nom au Défendeur en cas d'appel, à cause qu'autrefois l'Appellant qui est proprement le Demandeur, ajournoit le Juge même pour l'obliger à venir soûtenir ce qu'il avoit jugé, & qu'il intimoit la partie, c'est-à-dire, qu'il lui déclaroit qu'il se portoit Appellant. Il y a deux cas où l'on peut être déclaré *follement Intimé*; l'un quand on prend un Juge à partie, & qu'il se trouve qu'il n'a point prévariqué, & l'autre quand on assigne celui qui ne doit pas être partie dans un procès. On doit vuider les folles intimations par l'avis d'un ancien Avocat, dont les Parties ou les Procureurs conviennent, & elles entraînent toûjours les dépens.

INTONATION. s. f. Partie de la Musique qui regarde la diversité des tons. On dit aussi, en termes d'Eglise, que *Les Chantres ont fait l'Intonation d'un Te Deum*, pour dire, qu'ils ont commencé à l'entonner.

INTRANT. s. m. Terme de l'Université de Paris, Celui qui est choisi par sa Nation pour nommer le Recteur, & qui en recueille les voix. Les quatre Nations dont l'Université est composée ont chacune leur Intrant, & quand il s'agit d'élire un Recteur ces quatre Intrans se retirent en particulier pour le choisir. S'ils ont peine à s'accorder sur ce choix, le Recteur qui est prêt à sortir de charge, entre avec eux pour les faire pancher de côté ou d'autre, en donnant sa voix à l'un des partis quand le nombre en est égal, si ce n'est qu'ils déliberassent de continuer le même Recteur.

INTROITE. s. m. Le premier motet qu'entonnent les Chantres pour commencer à chanter une Messe haute, ou la premiere priere particuliere de la Fête que le Prêtre dit après qu'il est monté à l'Autel. L'usage de dire des Antiennes pour l'Introïte de la Messe a été introduit par le Pape Celestin.

INTUITIF, IVE. adj. Terme dogmatique. Il se dit d'une vision ou connoissance claire & certaine d'une chose, telle que l'ont de la Majesté de Dieu les Bienheureux qui sont dans la gloire. Cette connoissance s'appelle *Intuitive*, du verbe *Intueri*, Regarder, considerer.

INV

INVALIDE. adj. Bleſſé, eſtropié, qui ne peut plus ſervir à la guerre, pour y avoir perdu un bras ou une jambe. Le Roi a fait bâtir un Hôtel magnifique au bout du Fauxbourg S. Germain à Paris, qu'on appelle Les Invalides, pour y loger & nourrir tous les Officiers & Soldats qui ont été eſtropiés à ſon ſervice. Il fut fondé en 1669. & on commença à le bâtir en 1671. Ils ont chacun un juſte-au-corps bleu, & on a ſoin de les nettoyer & de les blanchir. On les nourrit aux dépens du Roi, & ils mangent dans de grandes ſales où ſont peintes les victoires de Sa Majeſté. Il y a dans cet Hôtel un Gouverneur, un Major & d'autres Officiers, & non ſeulement on y fait garde, mais on y obſervé les mêmes choſes que dans les Places de guerre. Le Roi eſt en relief ſur le haut de la porte avec pluſieurs trophées d'armes & autres ornemens dont la façade de l'édifice eſt embellie. On y a bâti une très-belle Egliſe où le Service divin eſt celebré, & les Invalides ſont inſtruits avec grand ſoin de tout ce qui regarde les devoirs de vrai Chrétien par les Peres de la Miſſion. Quand quelqu'un d'eux merite d'être puni, on le met ſur le chevalet ou à la grue.

INVENTAIRE. ſ. f. Rôle, état, dénombrement par écrit contenant par articles les biens, les meubles d'une perſonne, d'une maiſon. ACAD. FR.

Inventaire. Terme de Vanier. Maniere de grand panier plat que certaines femmes attachent à leur ceinture, & ſur quoi elles mettent du fruit, du poiſſon & autres marchandiſes qu'elles vont crier par les rues pour les revendre. Elles font ce mot feminin, quoiqu'il ſoit maſculin dans toutes les autres ſignifications. Inventaire trop chargée.

INVESTIR. v. a. Conferer à quelqu'un le titre d'un fief, le mettre en poſſeſſion d'une Dignité, d'un Benefice.

Inveſtir. Terme de guerre. Se ſaiſir des avenues d'une Place, & diſtribuer des troupes dans les poſtes les plus importans, en attendant que le reſte de l'armée ſoit arrivé avec de l'artillerie, & que l'on ſoit en état d'ouvrir la tranchée pour former le ſiege.

Inveſtir. Terme de Marine, dont on ſe ſert au Levant, & qui veut dire, Toucher à terre, échouer, ſoit à deſſein, ſoit qu'on s'y trouve forcé par l'orage.

INVISIBLES. ſ. m. Nom qu'on a donné à quelques rigides Confeſſioniſtes, qui tenoient que l'Aſſemblée de JESUS-CHRIST n'eſt point viſible. On a auſſi nommé Inviſibles les Freres de la Roſe-Croix.

INVITATOIRE. ſ. m. Terme d'Egliſe. Verſet qui excite à adorer & à louer Dieu. On appelle Invitatoire, le Pſeaume Venite exultemus, qu'on dit au commencement de Matines, & dont le dernier verſet ſe change ſelon la qualité des jours & des fêtes. L'Invitatoire du Commun ou du Propre des Saints eſt ce verſet different qu'on y ajoûte.

JOC

JOCONDITE'. ſ. f. Vieux mot. Joye, allegreſſe, du Latin, Jucunditas.

    C'eſt jocondité,
    De voir ci planté
    Fruits à grand' largeſſe.

JOE

JOE'E. ſ. f. Vieux mot. Soufflet. Ce mot a été fait de Joë, qui a été dit autrefois pour Joüe.

JOESDE, ou JOHESDI. Vieux mot. Jeudi.

JOI

JOIANS. adj. Vieux mot. Joyeux. On a dit auſſi Joyeux & Joyaux.

JOINDRE. Terme de Tonnelier. On dit Joindre un fond de tonneau, pour dire, l'unir en le paſſant ſur le fer de la colombe. Les Cordonniers ſe ſervent auſſi du mot Joindre, pour ſignifier, Coudre une choſe avec une autre. Joindre une paire d'empeigne.

JOINT. ſ. m. Terme d'Architecture. Intervalle qui eſt entre les pierres, & qu'on remplit de plâtre, de ciment, ou de mortier. Les joints de lit, ſont de niveau, & les joints montans à plomb. On appelle Joints quarrés, ceux qui ſont d'équerre en leurs retours; joints en coupe, ceux qui ſont inclinés & tracés d'après un centre, & Joints de tête, ou de face, les Joints qui ſont en rayons au parement, & qui ſéparent les vouſſoirs & les claveaux. Ceux qu'on nomme Joints de douelle, ſont ſur l'épaiſſeur d'un arc, ou ſur la longueur du dedans d'une voute. Il y a encore les Joints ouverts, les Joints ſerrés, & les Joints refaits. Les premiers ſont ceux qui ſont hauts & faciles à ficher, à cauſe de l'épaiſſeur de leurs cales, ou qui ſe ſont écartés, ſoit par mal façon, ſoit parce que le bâtiment s'eſt plus affaiſſé d'un côté que d'autre. Les autres ſont ceux qu'on eſt obligé d'ouvrir avec le couteau à ſcie à meſure que le bâtiment prend ſa charge, à cauſe qu'ils ſont trop étroits, & les derniers ſont ceux qui n'étant ni à plomb, ni de niveau obligent à les retailler de lit & de Joint ſur le tas. On dit auſſi, Joint de recouvrement, & Joint recouvert. Le premier ſe fait par le recouvrement d'une marche ſur une autre, & le ſecond eſt le recouvrement qui ſe fait de deux dales de pierre, par le moyen d'une maniere d'ourlet, qui n'en laiſſe point découvrir le Joint. Le recouvrement de deux pierres l'une ſur l'autre par une entaille de leur demi épaiſſeur, eſt ce qu'on appelle Joint feuillé. Quand le Joint eſt plus ouvert que l'angle droit, on lui donne le nom de Joint gras, & le contraire s'appelle Joint maigre. Le Joint à onglet, eſt celui qui ſe fait de la diagonale d'un retour d'équerre.

JOINTE'E. ſ. f. Ce que l'on peut mettre de grain dans les deux mains quand on les joint enſemble pour faire un creux. Mettre une jointée de froment dans la mangeoire d'un cheval.

JOINTIS. adv. ou prép. Vieux mot. Joignant.

JOINTIVE. adj. Qui joint. Il n'a d'uſage qu'en cette phraſe, Lattes jointives. Ce ſont des lattes qui dans une couverture d'ardoiſe, ou dans une cloiſon que l'on contrelatte, touchent les unes contre les autres.

JOINTOYE, E'E. adj. On appelle Pierres jointoyées, Celles qui ont le dehors des joints bouché & ragrée de mortier ſerré, de ciment ou bien de plâtre.

JOINTOYER. v. a. Terme d'Architecture. Remplir les ouvertures des joints de pierre avec du mortier qui ſoit à peu près de même couleur. Cela ſe fait lorſqu'un bâtiment a pris ſa charge.

JOINTURE. ſ. f. Terme de Cordonnier. Couture qui joint les deux quartiers d'un ſoulier.

JOL

JOLIER. v. n. Vieux mot. Etre de bonne humeur, rire, ſe divertir.

    Ee n'a deſir ne talent
    De danſer ne de jolier,
    Ne ſe puet amollier.

JONC. ſ. m. Plante qui vient dans les lieux marécageux, & qui au lieu de feuilles porte des tuyaux
ronds, droits, menus & ſans nœuds. Leur hauteur
eſt environ d'une coudée & demie. Ils ſont verts,
luiſans & pleins de moëlle blanche. Dioſcoride dit
qu'il y a des joncs liſſes, & d'autres pointus, &
que de cette derniere eſpece les uns ſont ſteriles &
les autres portent une graine noire & ronde, & ont
le tuyau plus épais & plus charnu. Il parle encore
d'une troiſième eſpece de Jonc plus âpre & plus
charnu que les autres, & qui produit ſon fruit à la
cime. Les Grecs l'appellent ſchænus. La graine de l'un
& de l'autre, rôtie & bûe dans du vin trempé reſſerre le ventre & reſtreint les fluxions rouges des femmes. Galien ajoûte qu'elle provoque à dormir. Matthiole dit qu'il croît en Bohême une ſorte de Jonc
qui porte de fort belles fleurs, & qui a la même proprieté que les autres.

JONCHERIE. ſ. f. Vieux mot. Tromperie.

> *La ſcience eſt folle parole,*
> *Les grands juremens menteries,*
> *Et ſtatuts ce ſont Joncheries.*

JONCO. ſ. m. Eſpece de vaiſſeau fort leger, dont
on ſe ſert dans les Indes Orientales, & le long des
côtes de la Chine.

JONE. adj. Vieux mot. Jeune.

> *Il ert biaux & Jones aſſez.*

JONGLER. v. n. Vieux mot. Faire des ſubtilités &
des tours de paſſe-paſſe pour amuſer & pour divertir le peuple.

> *Jongler, gaudir & bateler.*

Ce mot vient de *Jocari*, Jouer, plaiſanter.

JONGLEUR. ſ. m. Bateleur, qui fait des tours de
paſſe-paſſe, du Latin *Joculator*. Il s'eſt dit auſſi autrefois pour Railleur, Moqueur.

> *Pour certain ce ſont vrais Jongleurs.*

Il a ſignifié auſſi, Ménétrier, Joueur d'Inſtrumens.

> *Là étoient Harpeurs, Flûteurs,*
> *Et de moult d'Inſtrumens Jongleurs.*

On a dit encore *Jongleour* & *Jugleour.*

> *Quand les tables ôtées furent*
> *Cil Jugleour en pieds eſturent.*

On appelloit autrefois *Jongleurs*, les Poëtes qui
ne faiſoient que de petits Poëmes, dont ils alloient
divertir les Grands en les recitant pendant leurs repas, ou avec la voix, ou avec des inſtrumens de
muſique. Ils accompagnoient ces recits de geſticu-
lations bouffonnes & ridicules, & quelquefois on
leur donnoit des habits après qu'ils avoient long-
tems diverti ceux chés qui ils alloient chanter leurs
vers, comme on le voit par ceux-ci.

> *S'appartient à ces Jongleours*
> *Et à ces autres Chanteours*
> *Qu'ils ayent de ces Chevaliers*
> *Les robes, car c'eſt lor meſtiers.*

IONIQUE. adj. On appelle Ordre Ionique, l'un
des cinq Ordres de l'Architecture, & il tire ſon
nom de l'Ionie, Province d'Aſie. Les colomnes avec
le chapiteau & la baſe ont neuf diametres de la colomne priſe en bas. Elles n'avoient que huit modules ou diametres de haut quand on inventa cet Ordre, & les Anciens voulant le rendre plus agreable
que le Dorique, augmenterent leur hauteur en y
ajoûtant une baſe. L'entablement a une cinquiéme
partie de la hauteur de la colomne, dont la baſe a un
demi diametre, & le chapiteau a un peu plus du
tiers. Le chapiteau eſt principalement compoſé de
volutes qui le rendent different de tous les autres

Ordres. Les *Colonnes Ioniques*, ſont ordinairement cannelées de vingt-quatre canneleures. Il y en a,
comme le témoigne M. Felibien, qui ne ſont creuſes
& concaves que juſqu'à la troiſième partie du bas
de la colonne, & cette troiſième partie a ſes canneleures remplies de baguettes ou bâtons ronds, à la
difference du ſurplus du haut qui demeure ſtrié &
cannelé en creux & entierement vuide. Le piédeſtal
de cet Ordre a de haut deux diametres, & deux
tiers ou environ.

On appelle *Dialecte Ionique*, dans la Langue Grecque, Une maniere de parler, qui eſt particuliere
aux Ioniens.

JONQUILLE. ſ. f. Sorte de fleur dont l'odeur eſt
agreable, & qui vient ſur une tige comme les
Narciſſes. Elle fleurit en Mars, & il y en a de blanches & de jaunes. On appelle *Gants de Jonquilles.*
Des gants parfumés avec cette fleur.

JOQ

JOQUES. ſ. m. Secte de Bramines qui ſe trouvent
au Royaume de Narſingue. Ils vivent d'aumônes &
dans de grandes auſterités, voyageant dans les Indes en façon de pelerins, & s'abſtenant de tous
plaiſirs charnels, juſques à un certain tems, après
lequel étant devenus abſolus, c'eſt-à-dire, exempts
de toutes loix, & incapables de tout peché, ils s'a-
bandonnent aux ſaletés les plus déteſtables, & ne
ſe refuſent rien de ce que leurs ſens demandent. Ils
ont un Chef qui jouit d'un grand revenu qu'il diſ-
tribue, & qui envoie pluſieurs Joques prêcher
leurs folies en de certains tems.

JOR

JOR. ſ. m. Vieux mot. Jour. On ſe ſervoit anciennement d'un cornet pour avertir que le jour étoit
venu.

> *Vous me viſte ainſi que la guette*
> *Eut l'aube du Jor cornée.*

On a dit auſſi *Journoyer*, pour dire, Faire des Journées dans un voyage.

JOS

JOSTE. Prépoſition. Vieux mot. Auprès, du Latin *juxta.*

JOT

JOTTE. ſ. f. Herbe que l'on met dans le potage, &
qui eſt une eſpece de bette.

JOU

JOUBARBE. ſ. f. Eſpece d'herbe froide qui reſſemble en quelque façon à l'artichaut, & dont il y a
de deux ſortes. La *Grande Joubarbe* eſt appellée
par les Grecs ἀείζωον, & par les Latins, *Semper-
vivum*, à cauſe de ſes feuilles qu'on voit toûjours
vertes. Elles ſont graſſes, charnues & longues comme le pouce. Elle a ſes tiges hautes d'une coudée,
& quelquefois plus, graſſes, vertes, fenduës comme le Tithymale appellé *Characia*, & de la groſſeur
du pouce. Les feuilles qui ſont à la cime de la tige,
ſont faites en maniere de langue. Les plus baſſes ſe
recourbent contre terre, & celles de deſſus qui ſont
dreſſées & entaſſées l'une dans l'autre, font une
forme circulaire qui approche de celle de l'œil. Elle
croît aux montagnes & parmi les tuiles & les pierres plates. La *Petite Joubarbe*, qu'on appelle *Sedum*

ou *Semper-vivum minus; Vermicularis, cauda muris, Craffula minor ; faba inverfa & fabaria*, croît parmi les pierres , les murailles & les mazures , & jette d'un feule racine plufieurs tiges menues & toutes couvertes de feuilles minces , graffes & pointues. Les feuilles de l'une & de l'autre font bonnes au feu faint Antoine, aux ulceres corrofifs, aux inflammations des yeux , aux brulûres du feu & aux podagres. Diofcoride fait mention d'une troifiéme efpece de Joubarbe, dont les feuilles font petites, épaiffes, velues , & prefque femblables aux feuilles du pourpier. Il dit qu'elle croît parmi les rochers , & qu'elle a une vertu chaude, acre & ulcerative. Matthiole prétend qu'il y a deux efpeces de petite Joubarbe, dont l'une eft celle de Diofcoride, qui a fes feuilles groffettes , longues & clair femées, & qui produit plufieurs tiges minces, à la cime defquelles il y a des fleurs vertes, blanchâtres, difpofées en manière de bouquet éparpillé , & l'autre qui jette plus de feuilles , qui font auffi plus courtes & plus étroites, avec des fleurs jaunes difpofées de même forte. Les Modernes appellent la dernière *Mâle*, & l'autre *Femelle*. Quand Galien parle des propriétés de la Joubarbe, il dit que la grande & la petite font legerement defficcatives, & mediocrement aftringentes; qu'elles n'ont pas grande apparence d'autres qualités à caufe qu'elles abondent en aquofité, & qu'étant extrêmement refrigeratives parce qu'elles font froides au troifiéme degré , elles ont une vertu propre pour les erefipelles, hergnes & phlegmons engendrés de fluxions chaudes. Quelques-uns écrivent *Jombarbe* , & on tient que ce mot vient de *Jovis barba* ou *Jovis herba*.

JOUE. f. f. *Partie du vifage de l'homme , qui eft au-deffous des temples & des yeux, & qui s'étend jufques au menton.* ACAD. FR.

On appelle en termes de balancier *Joues de pefon*, Certaines manières de petites plaques qui font de part & d'autre fur les broches du pefon.

JOUE'E. f. f. Les Ouvriers appellent *Jouées*, dans la baie d'une porte ou d'une croifée , les côtés tant de l'embrafure que du tableau. *Jouée*, fe dit auffi de la facilité ou aifance avec laquelle les fenêtres & les portes jouent. On appelle auffi *Jouées de lucarne*, Les côtés d'une lucarne, dont les panneaux font remplis de plâtre , & *Jouées d'abajour*, Les côtés rampans d'un abajour fuivant fon talut. Le mot de *Jouée* , s'applique encore à un foupirail.

JOUETS. f. m. p. Terme de Marine. Plaques de fer de diverfes longueurs, dont l'ufage eft different fuivant l'emploi qu'on en fait. On appelle *Jouets de pompe* , Ceux qui font cloués aux côtés des fourches de la potence d'une pompe , au travers de laquelle on fait paffer les chevilles qui fervent à tenir la bringuebale , & ceux qui empêchent l'effieu des poulies, d'entailler le fep, font appellés *Jouets de fep de driffe.*

JOUG. f. m. Piece de bois qui traverfe par deffus le front & par deffus le col des bœufs, & à laquelle on les attache lorfqu'on les veut faire travailler. *Joug*, fe dit auffi du fommet ou du fleau de la balance. Ce mot vient du Latin *Jugum*, fait du Grec ζυγὸς, qui fignifie la même chofe.

On appelle en terme de Marine *Joug de pouppe* , L'extrémité de la Galere qui eft féparée du col de la pouppe, & *Joug de la Proue*, L'extrémité féparée du col de la proue.

JOVIERES. f. f. p. Les Charpentiers appellent ainfi deux morceaux de bois qui s'appliquent quarrément contre quelque autre piece de bois plus grande, & qui étant relevés & moins hauts par les extrémités , ont une ouverture dans le milieu pour y faire paffer le bout d'un treuil ou d'un moulinet. On appelle *Jovieres* ou *Jovillieres*, dans une éclufe, Les deux côtés du Canal par où l'eau paffe.

JOVINIANISTES. f. m. Heretiques qui foûtenoient avec les Stoiciens que tous les pechés étoient femblables, que l'on ne pouvoit pecher après le baptême , que le jeûne , & les autres œuvres de Penitence étoient inutiles , que le Celibat n'étoit pas à préferer à l'état du mariage , que la Chair de JE-SUS-CHRIST étoit fantaftique & non pas une vraie Chair , & que la Mere du Sauveur du Monde n'étoit pas demeurée Vierge après qu'elle eut enfanté. Ils furent ainfi appellés de Jovinien , Moine d'un Monaftere qui étoit gouverné par faint Ambroife dans un Fauxbourg de Milan. Ses erreurs dont il infecta quelques libertins qui le fuivirent, ayant été condamnées dans un Concile que ce faint Prélat tint à Milan en 390. l'Empereur Theodofe bannit Jovinien & fes Compagnons, fans qu'il s'éloignât beaucoup de Rome , & enfin l'Empereur Honorius, le relegua dans une Ifle où il mourut miferablement.

JOUR. f. m. Durée d'un tour entier du Soleil autour de la terre. C'eft ce qu'on appelle *Jour naturel* ou *Solaire*. Cette durée eft de vingt-quatre heures. Le jour *artificiel* eft la durée du tems que le Soleil eft fur l'horifon , & cette durée eft inégale dans la fphere oblique felon les lieux & les faifons. Voyez SPHERE. On fuppofe communément les jours naturels égaux , mais à les prendre précifément , ils ne le font pas. Quand un point de l'Equateur auquel le Soleil répondoit eft revenu au Meridien , ce qu'il eft précifément vingt-quatre heures , le Soleil n'y eft pas encore revenu , parce que fon mouvement propre l'a fait avancer vers l'Orient d'un degré ou environ. Ainfi il faut ajoûter aux vingt-quatre heures le tems dont le Soleil a befoin de revenir au Meridien , & c'eft-là le *Jour Aftronomique*. Le tems que le Soleil employe de plus que les vingt-quatre heures eft inégal par deux raifons. 1°. Son mouvement propre eft plus lent dans l'Apogée que dans le *Perigée*. Voyez APOGE'E & PERI-GE'E, & par confequent il fait tantôt un plus grand arc du Zodiaque, tantôt un plus petit. 2°. L'obliquité du Zodiaque à l'égard de l'Equateur fait qu'à des arcs égaux du Zodiaque , pris à des diftances inégales de l'Equateur, il ne répond pas des arcs égaux de l'Equateur. Or c'eft l'Equateur qui eft la mefure du tems, & il arrive delà que quand même le Soleil fait des arcs égaux dans le Zodiaque , il peut ne les faire pas en des tems égaux.

Le *jour Civil* eft le jour Naturel de vingt-quatre heures , dont le commencement eft differemment déterminé felon l'ufage de chaque peuple. Les Babyloniens le commençoient au lever du Soleil , ce qui eft encore aujourd'hui pratiqué par ceux de Nuremberg. Les Italiens le commencent au coucher du Soleil , les Aftronomes à midi , & les Catholiques Romains à minuit.

Les Jours appellés *Jours Caniculaires* , font des Jours extrêmement chauds, qui durent depuis le 24. de Juillet jufqu'au 24. d'Août. Ils font appellés ainfi du grand Chien , qui porte en fa gueule la plus grande des étoiles appellée *Canicule* , qui fe leve & fe couche avec le Soleil pendant ce tems-là. On appelle *Jours Alcyoniens* , les fept Jours qui précedent ou qui fuivent le folftice d'hiver, pendant lefquels on tient que la mer eft calme, afin que les Alcyons puiffent bâtir leur nid fur fes bords. Les Romains ont appellé *Jours Comitiaux* , certains Jours dans lefquels le Peuple s'affembloit au champ de Mars pour l'élection des Magiftrats, ou pour y traiter des affaires

affaires les plus importantes de la République. Ce nom de *Comitiaux* venoit de leurs assemblées qu'ils nommoient *Comitia.*

Jour. f. m. Terme de Charpentier. Vuide qu'on laisse entre les pieces de bois pour empêcher qu'elles ne s'échauffent.

On dit le *Jour d'une porte* ou *d'une fenêtre*, pour dire, Son ouverture.

Jours au pluriel, est un terme de peinture, & on dit *Les Jours*, pour dire, Les parties éclairées. On considere dans une peinture, les Jours que le Peintre y a observés, comme *Les Jours simples & naturels*, les *Jours de reflais* ou *refléchis*. Lorsqu'un tableau n'est pas bien éclairé par la lumiere qu'il reçoit de la fenêtre, on dit qu'*Il est mis dans un faux Jour.*

JOURNAL. f. m. Terme de Marine. Registre que tient un Pilote de tout ce qui est arrivé à son Vaisseau jour par jour, & d'heure en heure, & où il marque les rumbs, les vents, les hauteurs, les tourmentes & autres choses, qui peuvent servir à faire son estime, & son pointage.

JOVENTE. f. f. Vieux mot. Jeunesse. On a dit aussi *Jouvante* & *Jouvance.*

 Nous aimerons & chanterons
 En nos Jouvances.

On a dit encore *Jonete*, pour signifier la même chose.

 J'ay nom Jouete la legere,
 La giberesse, la coursiere,
 La sauteresse, l'assaillant.
 Qui tout danger ne prise un gant.

JOUTEREAUX. f. m. p. Terme de Marine. Pieces de bois que l'on fait entrer dans la construction de l'éperon d'un Vaisseau, & qui répondent d'une herpe à l'autre de haut en bas. On les met parallèles au-dessous du porte-vergue, pour faire l'assemblage des herpes.

JOUXTE. Préposit. Vieux mot qui vient du Latin *Juxta*, Proche, selon, suivant, & qui est encore en usage parmi les Imprimeurs, qui disent, *Jouxte la copie imprimée en tel lieu*, pour dire, Suivant l'édition qui a déja été faite en telle ville. On le fait substantif dans la Pratique, & il ne se dit que des heritages. Quand on donne une declaration aux Seigneurs, il faut que les bouts & jouxtes soient bien marqués, c'est-à-dire, les tenans & aboutissans.

IRA

IRACAHA. f. m. Grand Arbre des Indes Occidentales, qui se trouve dans l'Isle de Maragnan. Il a ses branches épaisses au sommet, & son fruit de la forme d'une poire, ayant l'écorce jaunâtre. Sa chair est d'un fort bon goût & de bonne nourriture. Les feuilles de cet arbre sont presque semblables à celles du figuier.

IRI

IRIE', E'E. adj. Vieux mot. Irrité, courroucé. On a dit aussi *Iror*, pour dire, Colere, I*restre*, pour dire, Etre en colere, & *Iriéement*, adverbe. *Dire une chose iriéement*, pour, La dire en colere.

IRIS. f. f. *Meteore qu'on appelle vulgairement l'Arc-en-ciel.* ACAD. FR. Si l'on a bien conçu la maniere dont se forment par le prisme de verre, le rouge, le jaune, le vert, le bleu, & le violet, (Voyez COULEUR,) il ne sera pas difficile d'entendre comment se font les couleurs de l'Iris. Une goutte de pluie tient ici lieu du prisme. Un rayon du Soleil entrant dans cette goutte s'y rompt d'abord, ensuite allant frapper la concavité de la goutte, il peut rencontrer

une partie solide & se réfléchir, & sortir enfin de la goutte dans l'air par une seconde refraction. Alors il vient vers l'œil, que l'on suppose tourné vers la goutte, en sorte que le dos du spectateur soit du côté du Soleil. Quand on calcule quels angles font les rayons après deux refractions, & une réfléxion entre deux, avec une ligne tirée du centre du Soleil par le centre de l'œil, on trouve qu'ils ne peuvent venir à l'œil sous un angle plus grand que de 42. degrés, qu'il en vient sous tous les angles d'entre 41. & 42. degrés, & qu'il s'en faut beaucoup qu'il n'en vienne sous tous les angles au-dessous. D'où l'on conclut, que puisqu'il ne vient point du tout de rayons au-dessus de 42. degrés, & qu'il en vient très-peu au-dessous de 41. c'est comme s'il y avoit de l'ombre de part & d'autre, quoiqu'un peu plus forte d'un côté, que les rayons étant en grande quantité depuis 41. jusqu'à 42. degrés, & leurs refractions se faisant précisément comme dans le prisme, ils doivent produire des couleurs, du rouge à la convexité de la courbure, où les petites boules de lumiere tournent du côté opposé à l'ombre, du violet, à la concavité, où les boules tournent du côté de l'ombre, du jaune & du bleu entre deux, & quelquefois du vert formé de ce jaune & de ce bleu. On conclut encore que ces couleurs doivent toûjours avoir une certaine largeur déterminée d'un degré à peu près, puisque tous les rayons efficaces viennent entre 41. & 42. degrés, que le rouge doit être mieux terminé que le violet, puisqu'au-dessus de 42. où se fait le rouge, il ne vient absolument aucun rayon, & qu'il en vient quelques-uns au-dessous de 41. où se fait le violet, que l'Arc-en-ciel doit être en demi-cercle, parce que les rayons sortis de toutes les goutes de pluie, & faisant avec la ligne tirée du centre du Soleil par l'œil les angles d'entre 41. & 42. degrés font la base d'un cone dont cette ligne est l'axe, & le sommet dans l'œil, que quand le Soleil est horisontal, & qu'il fait un arc-en-ciel, alors son axe est horisontal, son centre est à son horison, & son élevation est de 42. degrés qui est la plus grande qu'il puisse avoir, que si le Soleil est élevé sur l'horison, l'axe de l'arc-en-ciel s'incline sur l'horison, son centre s'abaisse au-dessous, il ne paroît plus un demi-cercle entier, & il manque à son élevation de 42. degrés autant de degrés que le Soleil en a, qu'enfin quand le Soleil a plus de 42. degrés d'élevation, il ne peut paroître d'Iris.

Il peut se former encore un autre arc-en-ciel, élevé de 52. degrés, & qu'on appelle *extérieur*, parce qu'il paroît quelquefois avec le premier & l'enferme. Il est produit par des rayons qui entre les deux refractions dans les gouttes de pluie ont souffert deux réfléxions, au lieu que les rayons du premier arc en-ciel n'en avoient souffert qu'une, aussi les couleurs du premier sont-elles plus vives. Les couleurs du second sont renversées à l'égard de celles du premier, & le rouge y est en bas, parce que les rayons qui sont propres à le produire viennent sous le plus grand angle qui est de 51. au-dessous duquel il n'en vient aucun. Il en vient quelques-uns, mais en fort petit nombre, & par consequent inefficaces, au-dessus de 52. mais c'est entre 51. & 52. que viennent tous les efficaces. Du reste, il faut raisonner de ces deux arcs-en-ciels de la même façon.

M. Bernier assure qu'il a vû un *Arc-en-ciel Lunaire* deux jours de suite sur le Gange dans les Indes, la Lune n'étant pas encore entierement pleine. Il ajoute qu'il doute que ces Arcs-en-ciels fussent diversifiés de couleurs, tant elles étoient foibles, &

qu'ils lui parurent seulement blancs, mais que ce meteore étonna fort deux Pilotes Portugais & tous les Mariniers du Navire qui n'avoient jamais rien vû de semblable. Selon Aristote, l'Arc-en-ciel Lunaire, qu'il dit être tout-à-fait blanc, & n'arriver que de long-tems en long-tems, & en un seul jour du mois, sçavoir à la Pleine-Lune, n'a-point été observé par les Anciens, & n'a été vû de son tems que deux fois ; ce qui est contraire à ce que rapportent Gemma qui l'a vû diversifié de couleurs, Snellius qui l'a vû deux fois en deux ans, & Albertus qui l'a vû sans que la Lune fût pleine.

Iris. Fleur marécageuse, changeante dans sa couleur & dans ses feuilles, & qui est d'ordinaire bleue, blanche ou jaune. On l'appelle ainsi à cause qu'elle imite en quelque façon les couleurs de l'Arc-en ciel, nommé *Iris* par les Poëtes. Cette fleur est differente selon les lieux. L'*Iris bulbeuse,* qui fleurit en Mai, a ordinairement neuf feuilles en chaque fleur. On appelle *Iris d'Angleterre,* l'Iris jaune & variée, & celle-là fleurit en Mai. L'*Iris de Portugal,* fleurit bleue ou blanche, & l'*Iris de Perse,* est une fleur précoce qui fleurit sur la fin de Février, & dont la racine est insipide & bulbeuse en maniere de petire poire. Sa tige est d'un verd blaffard, blanche par le bas, d'un bleu lavé par le haut. Sa fleur qui a neuf feuilles, six grandes & trois petites, est blanche avec quelque teinture de bleu & rayée d'orangé & d'un violet fort enfoncé. Il y a aussi une *Iris d'Illyrie* & une *Iris de Florence.* Matthiole distingue l'Iris, appellée autrement *Flambe,* en domestique & en sauvage. La domestique croît par tout dans les jardins, & a ses feuilles semblables à une épée, cannelées au reste, & pointues au bout. Sa tige est lisse, ronde & nouée, & à sa cime sortent de petits rameaux, qui portent des fleurs de couleur de violette entremêlées au dedans de differentes couleurs. Après ces fleurs cette Iris produit de petites têtes qui ne different qu'en grosseur de celles du Gladiolus. Au dedans est une graine ronde semblable à celle de la Jugioline ; ce qui fait connoître l'erreur de ceux qui prétendent que la flambe ne porte aucune graine. Sa racine est blanchâtre, massive & nouée. Du dessous de cette racine se jette quantité de petits capillamens, comme on en voit en la grande Valerienne. Ils sont odorans, âcres au goût & un peu ameres, ainsi que le reste de la racine. Il y a deux especes de l'Iris ou Flambe sauvage. L'une qui croît pour la plûpart dans les lieux pierreux, est semblable en tout à la domestique, excepté que ses feuilles & ses fleurs sont moindres, & ses tiges & racines plus grêles. L'autre a ses feuilles semblables au gladiolus, mais plus longues. Sa racine est mince, nouée, dure comme bois, roussâtre & sans odeur. Sa tige est courte, & sa fleur plus petite qu'aucune des autres, & sentant l'abricot. Elle est composée de neuf feuilles purpurines, qui dans leur extrémité de dessus sont rayées de jaune. Quelques-uns tiennent que c'est la vraie Iris d'Illyrie. La meilleure est celle qui a les racines fort courtes, massives, difficiles à rompre, de couleur roussâtre, ameres au goût, qui ont une odeur franche, sans sentir le moisi, & qui font éternuer quand on les pile. Dioscoride dit que l'Iris resout & attenue les humeurs que l'on a peine à cracher à cause de leur grosseur, & que prise en breuvage avec de l'eau mielée au poids d'une drachme, elle purge la colere & les gros phlegmes, fait dormir, & est fort bonne aux tranchées de ventre. On tire une eau de sa fleur, qui est propre aux hydropiques. Sa racine est odo-

riferante, & après qu'on l'a broyée, on la mêle avec de la poudre, & c'est ce qu'on appelle *Poudre d'Iris.*

Iris, Sorte de pierre que l'on met au rang des précieuses, quoiqu'elle soit d'une valeur mediocre. Sa couleur est un gris de lin fort transparent dans lequel il paroît du rouge. Pline dit que quand on l'expose aux rayons du Soleil à couvert ou dans une chambre, elle jette contre la muraille un lustre & une lumiere de differentes couleurs. Ce lustre est semblable à celui de l'Arc-en-ciel, & s'éparpille çà & là à cause des angles de cette pierre.

Iris, Terme de Medecine. Cercle qui est autour de la prunelle de l'œil, sur une peau ou tunique qu'on appelle *Rhagoide* ou *Uvée.* Il est de differentes couleurs, tantôt noir, tantôt bleu & tantôt verd.

I R R

IRRATIONEL, ELLE. adj. Terme de Mathematiques. Tous les nombres ou *racines sourdes,* (Voyez RACINE & RAISON) & toutes les lignes incommensurables, (Voyez INCOMMENSURABLES,) sont des *grandeurs irrationelles,* c'est-à-dire, que leur raison à des grandeurs *rationelles* n'est point de nombre à nombre, ou ne peut être exprimée par des nombres. La raison de la racine quarrée de 8.ou de la racine cubique de 4. à quelque nombre que ce soit, ne peut être exprimée par nombres, ainsi ces racines sont irrationelles. De même la diagonale est irrationelle à l'égard du côté de son quarré, parce que sa raison à ce côté ne peut être exprimée par aucuns nombres.

Des grandeurs qu'on appelle irrationelles, parce qu'elles le sont à l'égard de certaines autres grandeurs, peuvent être *rationelles* entre elles. Par exemple. La racine quarrée de 3. & la racine quarrée de 12. sont irrationelles, parce qu'en effet elles sont incommensurables à tous les nombres possibles, (Voyez INCOMMENSURABLE) mais elles sont *rationelles commensurables,* car 3. & 12. étant pris pour des quarrés, l'un est quadruple de l'autre, & par conséquent leurs racines sont comme 1. à 2. (Voyez QUARRE',) ce qui est une raison de nombre à nombre. Mais les racines quarrées de 3. & de 15. sont irrationelles non seulement à tous les nombres, mais entre elles, parce que 3. & 15. étant pris pour des quarrés, ils sont entre eux comme 1. & 5. dont les racines sont 1. & racine de 5. qui n'est pas un nombre.

IRRORATION. s. f. Sorte de transplantation pour la cure de certaines maladies. L'Irroration consiste à arroser tous les jours les plantes ou les arbres avec l'urine, les sueurs, les selles, les lavûres du membre du malade, ou de tout le corps, séparément ou conjointement jusqu'à la guerison entiere de la maladie. Après qu'on a arrosé, il faut aussi-tôt jetter de la terre nouvelle dessus, afin d'empêcher que l'air ne dissipe la vertu de la mumie.

I S C

ISCHIADIQUE. adj. Les Medecins appellent *Veines Ischiadiques,* deux veines du pié, dont la grande passe par les muscles du pommeau de la jambe, & se perd enfin en dix rejettons. Ce mot est Grec, ισχιαδικος, & vient de ισχιον, Cuisse. On dit aussi *Ischiaque.*

ISCHION. s. m. Terme de Medecine. On appelle ainsi la derniere partie de l'os anonyme qui est au bas de l'épine du dos, & dans lequel il y a une profonde cavité qu'on nomme *Emboîture*, pour recevoir la tête de l'os de la cuisse. Ce mot est Grec, & on appelle au pluriel *ιχια*, Les parties charnûes qui sont de chaque côté de l'os sacré.

ISCHURIE. s. f. Terme de Medecine: Suppression d'urine. Cette maladie, si on la considere en general, dépend ou du vice des reins qui ne philtrent point, ou du vice de la vessie qui ne jette point l'urine dehors. Ce qui empêche les reins de philtrer l'urine ; est ou dans le sang, quand la masse & le serum sont tellement disposés & entremêlés, qu'ils ne peuvent passer par les petits pores des reins, où par consequent l'urine ne peut être bien philtrée, ou bien dans les reins des vices des nerfs de ces parties qui ne soûtiennent point les pores fibreux dans la tension requise ; ce qui est cause que les nerfs & leurs pores se relâchant, tombent & se flétrissent, & alors à cause de leur laxité & de leur chûte, il se philtre peu de chose ou rien du tout du sang. Bartholin remarque une suppression d'urine mortelle causée par le vice des reins, dans une paralysie de toutes les parties inferieures du corps depuis le diaphragme, avec lesquelles les reins se trouverent pareillement paralytiques, & contracterent une atonie qui les rendit flasques & mols, ainsi que leurs pores ou canaux, & ils ne pouvoient rendre aucune urine. Il y a dans Hechstererus un autre exemple d'une Ischurie mortelle par le refroidissement des reins, pour y avoir appliqué un marbre froid, qui fit tomber le malade dans une entiere Ischurie, en leur causant la paralysie; car les nerfs paralytiques ne purent plus rien philtrer par leurs canaux & leurs potes. On connoît que c'est le vice des reins qui a supprimé l'urine, quand il n'y a point dans la vessie, en sorte que ni le catheter ni la suction n'en font point sortir. Cette suppression d'urine est un mal fort dangereux, & celle qui arrive par le vice des reins, s'est beaucoup plus que par le vice de la vessie. On en meurt si on ne rend de l'urine avant le septiéme jour. On en peut pourtant guerir, si pendant la suppression il arrive une sueur copieuse qui évacue beaucoup le serum. On l'a vû dans une personne qui eut une suppression de six mois, & ne laissa pas de vivre, parce qu'elle suoit tous les jours par le ventre autour du nombril. L'Ischurie par le vice de la vessie arrive quand le sentiment de la vessie est engourdi & ne ressent point l'irritation, ou quand la vessie ne sçauroit faire de contractions, pour pousser l'urine, ou enfin à cause que le canal par où doit passer l'urine est trop retresii & comme fermé. Le sentiment de la vessie est engourdi lorsque les nerfs qui lui donnent le sentiment, sont affligés de paralysie ou de stupeur ; & la vessie ne sçauroit faire de contraction quand le ressort de ses fibres toniques est blessé par la relaxation ou par la trop grande distention qui l'empêche de revenir. Enfin le conduit urinaire se retressit par les tumeurs qui se font à sa base. Les plus ordinaires sont les tumeurs des prostrates situées au col de la vessie. La retention totale de l'urine dans la maladie, & sans douleur est un signe que la mort est proche. Elle arrive ordinairement l'onzieme jour. L'Ischurie par la paralysie est d'autant plus dangereuse, qu'elle est plus rebelle. Ce mot est Grec, *ισχυσία*, & il est formé du verbe *ισχω*, Comprimer, & de *ουρον*, Urine.

ISN

ISNEL, ELLE. adj. Vieux mot. Vif. prompt & leger

Tome I.

Il vient de l'Allemand *Snel*, qui signifie la même chose, & il faisoit *Isniaus* au pluriel. On a dit aussi *Isnel le pas* pour dire, Promtement.

Le corps fit mettre isnel le pas.
Dedans un char sur son écu.

ISO

ISOMERIE. s. f. Terme d'Algebre. La maniere de délivrer une équation de fractions, qui sont toûjours incommodes dans le calcul. Cela se fait en reduisant en même denomination toutes les fractions, & en multipliant chaque membre de l'équation par le dénominateur commun. Voyez EQUATION. Ce mot vient de *ίσος*, Egal, & de *μέρος*, Partie.

ISOPERIMETRE. adj. Terme de Geometrie. On appelle *Figures isoperimetres*, Celles qui ont un pourtour, un circuit égal. Voyez CIRCUIT. Les figures sont égales quand leurs aires sont égales, (Voyez AIRE & PARALLELOGRAMME,) mais elles ne sont pas pour cela *isoperimetres*. Deux parallelogrammes dont l'un a 5. & 6. pour côtés, & l'autre 3. & 10. sont égaux, car l'aire de chacun est de 30. mais ils ne sont pas Isoperimetres, le premier a 22. de circuit, & le second 26. Si un cercle est isoperimetre à un autre figure, son aire est toûjours plus grande. Ce mot est Grec *ίσος*, Egal, *περίμετρος*, Circuit.

ISOPYRON. s. m. Plante qui ressemble fort à la phaseole, dont quelques-uns lui donnent le nom. Sa feuille qui est semblable à celle d'anis, se retord à la maniere des tendons de vigne. A la cime de sa tige sont de petits chapiteaux menus, & pleins d'une graine qui a le goût du Melanthium. Comme au rapport de Dioscoride le Melanthium produit une graine qui est bonne mêlée parmi le pain, c'est apparemment de là que l'*Isopyron* a tiré son nom du Grec *ίσος*, Pareil, semblable, & de *πυρός*, Froment. Sa graine bûe avec de l'eau miellée est un remede pour la toux, & pour toutes autres défectuosités de la poitrine. Elle est propre aussi à ceux qui sont travaillés du Foye, ou qui crachent le sang.

ISOSCELE. adj. On appelle en termes de Geometrie *Triangle isoscele*, un Triangle qui a ses deux côtés égaux, & dont par consequent les deux angles sont égaux sur la base. Ce mot est Grec, *ισοσκελής*, & est composé de *ίσος* & de *σκέλος*, Jambe.

ISS

ISSANT, ANTE. adj. Terme de Blason. Il se dit des lions, aigles & autres animaux qui se mettent sur le haut de l'écu, & dont il ne paroît que la tête & bien peu du corps. *De vair au chef de gueules, au lion issant d'or.* Il se dit aussi des mêmes animaux qui sortent d'une maison ou de quelque bois.

ISSAS. s. m. Terme de Marine. Corde qui sert à hausser &, à baisser une vergue ou un pavillon. On l'appelle autrement *Drisse* & *Guinderesse*.

ISSER. v. a. Terme de Marine. Tirer en haut. On dit, *Isser une vergue*, pour dire, La faire monter au haut du mât.

ISSIR. v. a. Vieux mot. Sortir. Il n'est plus en usage qu'au participe en parlant de Genealogie : *Issu d'une telle maison*, pour dire, Sorti, venu, descendu d'une telle maison. On trouve *Is* dans les vieux livres, pour, Il sort, & *Istroit*, pour, Sortiroit.

IST

ISTHME. f. m. Terme de Geographie. *Petite langue de terre qui joint deux terres & qui separe deux mers.* ACAD. FR. Ce mot eſt Grec, ἰσθμὸς, & ſe dit en Medecine de la partie étroite de la gorge qui eſt ſituée entre les deux amygdales. On l'appelle ainſi à cauſe de la reſſemblance qu'elle a avec un Iſthme de terre.

ITA

ITAGLE. f. m. Terme de Marine. Cordage qu'on amarre par le bout d'en haut au milieu d'une vergue contre les racages & qu'on amarre à la driſſe par le bout d'en bas. C'eſt par le moyen de ce cordage que la vergue coule le long du mât.

ITAL, ALE. adj. Vieux mot. Tel.

Si que plus clair eſt que criſtal,
Pour vrai le fait en eſt ital.

On a dit auſſi *Itels*, pour, *Tels*.

ITALIQUE. adj. Terme d'Imprimerie. Sorte de caractere couché ou bâtard de chaque corps de lettre, dont on ſe ſert pour exprimer quelque ſentence, quelque paſſage, d'un caractere different de celui du corps du livre.

ITE

ITERATO. Terme de pratique. Un *Arrêt d'Iterato*, eſt celui qui ſe donne pour les contraintes par corps après les quatre mois. Cet Arrêt ordonne qu'il ſera fait un iteratif commandement à la partie de payer dans la quinzaine ce que contient une premiere condamnation ; & faute d'y ſatisfaire, on l'y contraint par l'empriſonnement de ſa perſonne.

ITI

ITICUCU. f. m. Sorte de racine du Breſil, ſemblable à celle de Méchoacan, de la longueur d'un reſort, mais un peu plus groſſe. Elle a la qualité de purger, & on la prend broyée avec du vin contre les fievres, & auſſi bouillie avec une poule. Les habitans ont coûtume de la confire avec du ſucre ; mais on tient qu'elle a le défaut de cauſer la ſoif.

ITINERAIRE. f. m. Deſcription que fait un voyageur de toutes les choſes les plus remarquables qu'il a obſervées pendant ſon voyage, & de toutes les ſingularités qu'il a vûës dans les villes, montagnes, forêts, & autres lieux où il a paſſé, ſoit pour les mœurs des peuples, ſoit pour les animaux & les plantes. On appelle *Itineraire*, en termes d'Egliſe, les prieres que doit faire un voyageur au commencement de ſon voyage, & ſur-tout un Eccleſiaſtique.

Itineraire. adj. On appelle, *Colomne itineraire,* Celle qui étant à pans, & poſée dans le carrefour d'un grand chemin a des inſcriptions gravées ſur chacun de ſes pans, leſquelles enſeignent les diverſes routes que l'on peut tenir.

JUB

JUBILÉ. f. m. *Indulgence pleniere accordée par le Pape à tous les fideles.* ACAD. FR. La ſolemnité du Jubilé fut établie en 1300. en faveur de ceux qui iroient *ad limina Apoſtolorum*, & elle ne ſe celebra

JUB

que de cent ans en cent ans, juſques au Pontificat de Clement VI. qui ordonna que ce ſeroit de cinquante ans en cinquante ans. Urbain VI. ayant encore trouvé ce terme trop long, voulut qu'on le celebrât trois fois en cent ans, c'eſt-à-dire, tous les trente, trois ans, & enfin Sixte V. le fixa à vingt-cinq ans, ce qui s'eſt toûjours pratiqué depuis. La ceremonie qu'on obſerve pour l'ouverture du Jubilé reglé qu'on appelle l'*Année ſainte*, ſe fait de cette maniere. Cette année commence la veille de Noël aux premieres Vêpres, avant leſquelles le Pape implore publiquement l'aſſiſtance du Saint Eſprit dans la Chapelle de Sixte, après quoi il eſt porté pontificalement à la grande porte de ſon Palais, où l'attendent trois Cardinaux qui ont reçu le Bref avec la benediction, pour aller ouvrir les portes ſaintes aux Egliſes de ſaint Jean de Latran, de ſaint Paul hors des murs, & de ſainte Marie Majeure, tandis que ſa Sainteté va à celle de ſaint Pierre pour faire ouverture de la porte Sabine qui eſt murée, & qui ne s'ouvre que dans cette occaſion. Elle s'y rend marchant proceſſionnellement par la Place Vaticane, précedée du Clergé ſeculier & regulier, des autres Cardinaux & Prelats, tous en pontifical, des Ambaſſadeurs, des Princes, du Senat Romain, de quantité de Seigneurs, & d'une multitude infinie de peuple. Etant arrivée devant le Portail de l'Egliſe de ſaint Pierre, elle monte ſur un trône préparé, & après quelques prieres & Pſeaumes chantés, elle en deſcend, s'approche de la porte Sabine, & y donne trois coups avec un marteau d'argent. Cette porte qu'on a diſpoſée auparavant de telle maniere qu'elle ne tient preſque à rien, eſt renverſée fort facilement, & miſe auſſi-tôt en pieces par le peuple qui en recueille avec ſoin juſques aux moindres parcelles. Cela étant fait, le Pape entre à pié dans cette Egliſe, où il entonne le *Te Deum*, & s'étant fait remettre dans ſon Siege, & conduire devant l'Autel des Saints Apôtres, il y chante les Vêpres avec beaucoup de ſolemnité. Les trois Cardinaux que le Pape a envoyés aux trois autres portes ſaintes, les ouvrent pendant ce tems avec les mêmes ceremonies. Dans tout le tems de l'année ſainte, il vient à Rome un nombre infini de peuples de tous les endroits de l'Europe. On voit quelquefois des Troupes de Pelerins de mille hommes, & de ſix cens femmes chacune, marchant en bel ordre ſous les étendards de leurs compagnies, les hommes couverts de ſacs gris ou autre couleur, avec des bourdons à la main, la tête nue, leurs chapeaux gris derriere le dos & les ſandales aux piés à l'Apoſtolique, & les Femmes vêtues auſſi en Pelerines, & couvertes de voiles blancs. La veille de Noël de l'année ſuivante, auquel jour finit l'Année ſainte, le Pape revêtu pontificalement ſe rend du Palais Vatican en l'Egliſe de ſaint Pierre, où après avoir entendu les Vêpres, il va proceſſionnellement avec le Sacré College & le Clergé, au portail de la même Egliſe. Après quelques Oraiſons, il deſcend deux fois de ſon trône, & s'approchant de la Porte Sainte, il y met chaque fois trois briques, qu'un pareil nombre de Cardinaux lui preſente avec de la chaux, dans huit plats, quatre dorés, & quatre argentés. Il retourne enſuite dans ſon Siege, où il fait encore quelques Oraiſons, tandis que les quatre Cardinaux Penitenciers s'occupent à éteindre les cierges, & ſix Maîtres Maçons en robes rouges à murer la porte. Avant qu'ils achevent, ſa Sainteté deſcend encore de ſon trône, & met au milieu de la porte trois boîtes de fer, dans leſquelles ſont quantité de medailles d'or, d'argent & d'autre métal, portant ſon effigie &

ses armes, après quoi on acheve de fermer cette porte de saint Pierre, ce qui se fait de la même sorte aux trois autres portes saintes. Les Papes accordent souvent des Jubilés dans un autre tems pour des besoins extraordinaires, & même chaque Pape a coûtume d'en accorder un après son exaltation au Pontificat.

Les Juifs celebroient leur Jubilé de cinquante ans en cinquante ans. Il en est parlé dans le Levitique, où il leur est ordonné de compter sept semaines d'années qui font quarante-neuf ans, & de sanctifier la cinquantiéme, dans laquelle chacun devoit rentrer en la possession de son bien, ce qui étoit cause que les achats qui se faisoient chez les Juifs, étoient seulement jusques à l'année du Jubilé. Il étoit défendu de cultiver & de semer la terre dans cette année, & on étoit obligé de la laisser reposer. Tout cela fut pratiqué très-exactement jusqu'à la captivité des Juifs en Babylone, & ils ne l'observerent plus à leur retour. Les uns font venir *Jubilé* de *Jobel*, qui en Hebreu signifie Cinquante, ce qui a rapport au Jubilé qui ne se faisoit que la cinquantiéme année. D'autres le dérivent de *Jouel*, Corne de bouc, à cause que le Jubilé étoit annoncé avec cette corne. Les serviteurs étoient remis en liberté dans cette année, que l'on appelloit *Année Sabbatique*, & on restituoit les heritages que l'on avoit achetés.

JUC

JUC. s. m. Terme dont on se sert à la campagne, pour signifier le lieu où les poules & autres volailles vont dormir la nuit sur une perche. On l'appelle aussi *Juchoir*. M. Menage les fait venir de *Jugum*, & Jucher de *Jugare*. On dit, *Joc* en quelques lieux, & *Jocher*.

JUCA. s. m. Sorte de plante qui croît dans les Isles de l'Amerique, & qui peut être mise au nombre des Pites sauvages, à cause qu'on tire de chacune de ses feuilles un écheveau de fil délié comme de la soie, de même que l'on en tire des pites. Cette plante approche fort de la forme de l'Ananas, mais ses feuilles ne sont pas dentelées ni le quart si grandes, & elles sont plus pointues.

JUD

JUDAIQUE. adj. Les Medecins nomment *Pierre Judaïque*, une pierre dont ils se servent pour rompre la pierre de la vessie. On l'appelle *Judaïque*, à cause qu'elle croît en Judée. Elle est blanche, faite en maniere de gland, & a de certaines lignes si bien disposées qu'il semble qu'elles ayent été comparties au tour. Lorsqu'elle est dissoute, elle n'a selon le goût aucune qualité apparente, mais étant défaite sur une pierre à la grosseur d'un poix chiche en façon de collyre, & prise en breuvage avec trois cyathes d'eau chaude, elle est fort bonne pour la suppression d'urine, & pour rompre la pierre de la vessie. Voila ce qu'en dit Dioscoride. Matthiole ajoûte qu'il l'a employée inutilement pour les pierres de la vessie, mais il demeure d'accord qu'elle est singuliere pour celles des reins. On dit en Chronologie, *Heures Judaïques*. Voyez HEURE.

IVE

IVE MUSQUE'E. s. f. Herbe qui rampe & se courbe contre terre, & dont les feuilles sont semblables à la petite Joubarbe, mais plus menues de

beaucoup, plus grasses & cotonnées. Il y en a un si grand nombre qu'elles sont comme entaillées autour des branches. Elles ont la forme & l'odeur du pin, ce qui fait que l'on appelle cette herbe *Chamæpitys*. Petit pin, de χαμαι, qui veut dire, A terre, & de πιτυς, Pin. Ses fleurs qui reluisent par toute la tige, sont jaunes, petites & minces, & ses racines longues d'un palme avec des capillaires. Elle a un goût amer, accompagné d'un peu d'acrimonie, & croît aux lieux sablonneux & maigres, & principalement dans les landes. Cette herbe est chaude, incisive, abstersive & mondificative. Dioscoride dit que ses feuilles prises en breuvage pendant sept jours guerissent de la jaunisse, que continuées durant quarante jours, elles sont très-bonnes pour les sciatiques, & qu'on les ordonne particulierement aux difficultés d'urine, aux défectuosités du foye & des reins, & pour les tranchées du ventre. Il parle de deux autres especes d'Ive, dont l'une produit ses branches fort menues, recourbées en maniere d'ancre, & de la hauteur d'une coudée. Elle a ses feuilles semblables à la premiere, & porte une graine noire & ses fleurs blanches; l'autre est le mâle. Cette troisiéme espece est petite, & a ses feuilles menues, blanches & rudes, sa tige âpre & blanche, & ses fleurs jaunes. Elle porte sa graine auprès de ses aîles. Ces deux dernieres ont aussi l'odeur du pin, & les mêmes proprietés que l'Ive musquée, mais elles sont moins efficaces dans leurs operations.

JUG

JUGAL. adj. Les Medecins nomment *Os jugal*, Un os conglutiné de deux apophyses qui s'assemblent entre l'œil & l'oreille, l'une de l'os de la temple, l'autre de l'os qui fait le petit angle de l'œil. Il est bossu par dehors, cave par dedans, & grêle au milieu. On l'appelle *Jugumentum* en Latin, & ζυγωμα en Grec, du verbe ζυγοω, Joindre.

JUGEUR. s. m. Nom que l'on donna, dans le tems de l'institution du Parlement, aux Conseillers de la grand'Chambre, à cause que toute leur fonction étoit de juger. Ceux de la Chambre des Enquêtes étoient destinés pour les rapports. Ce mot n'est plus du tout en usage.

JUGIOLINE. s. f. Plante que l'on appelle autrement *Sesame*, & qui sert de nourriture comme le Millet, mais que Dioscoride dit être dommageable à l'estomac, & rendre l'haleine mauvaise s'il en demeure quelque peu entre les dents quand on l'a mâché. Il ajoûte que le Sesame étant enduit, resout la dureté & grosseur des nerfs, & qu'il est bon aux meurtrissures des oreilles, aux brûlures du feu, aux inflammations & coliques, & aux piquûres du Serpent Ceraste. Le Sesame, selon Theophraste, a sa tige semblable à celle du Millet, mais plus haute & plus grosse. Ses feuilles sont rouges, & ses fleurs vertes & de couleur d'herbe. Sa graine enfermée dans de petits vases comme le pavot. Pline dit qu'il fut premierement apporté des Indes, où il assure qu'on en fait grand état, à cause de l'huile que l'on tire de sa graine, qui ne sert pas seulement pour brûler, mais aussi pour assaisonner les viandes, ce qui oblige les Indiens à semer & à cultiver soigneusement cette plante.

JUGULAIRE. adj. Les Medecins nomment *Veines jugulaires*, Celles qui naissent du rameau auxiliaire après qu'il est monté par dessus les clavicules. Il y en a deux, l'une externe & l'autre interne, & elles distribuent plusieurs rameaux à la gorge, au

larynx, à la langue, & aux autres parties de la
tête.

JUI

JUIFS. f. m. Peuple aveuglé, obstiné, qui se vante
d'être la semence d'Abraham, & se glorifie du sceau
de la Circoncision qui lui a été donné, & qui ne
voulant point reconnoître JESUS-CHRIST pour le
Messie, l'attend toûjours. Les Juifs sont dispersés à
Rome, Venise, Vvorms, Mets, Francfort auprès
du Mein, Amsterdam, & en plusieurs Places de Pologne, de Boheme, &c. & ils y ont leurs Synagogues, où ils ont accoûtumé de prier ensemble,
& d'entendre la lecture de la loi. Ils y entrent avec
grande reverence après s'être lavés & avoir gratté
leurs souliers à un fer qui est ferme devant chaque
Synagogue. Ils s'inclinent devant l'Arche où leur
loi est conservée, & sont obligés à un certain nombre de prieres qu'ils doivent lire dans leurs livres.
Ceux qui ne peuvent lire prêtent l'oreille attentivement, & disent *Amen* quoiqu'ils n'entendent pas
ce qu'on lit, leur Lithurgie étant en ancien Hebreu
que fort peu d'entre eux entendent. Ils prononcent
plusieurs courtes benedictions qui sont suivies de
quelques courtes prieres, & parce qu'ils ne peuvent
sacrifier comme étant bannis de Jerusalem, qui est
le lieu ordonné pour le Sacrifice, ils lisent la loi,
qui en fait mention, avec quelque declaration touchant cette loi, tirée du Talmud qu'ils n'entendent pas. Ils prient pour le rétablissement de Jerusalem, & pour leur retour en pays-là qu'ils attendent tous les jours, & quand ils chantent ou
prononcent ces paroles, *Ecoutez, Israël, le Seigneur
notre Dieu est un seul Dieu*, ils tournent la tête vers
les quatre coins du monde, voulant marquer que
Dieu est Roi par tout, & sautent trois fois en prononçant celles-ci, *Saint, Saint, Saint est le Seigneur
de Sabbaoth, toute la terre est pleine de sa Sainteté.* Ils
tiennent que celui qui parle lorsqu'il prient, man-
gera des charbons ardents quand il sera mort, &
disent une execrable priere contre tous les Chrétiens, & contre les Juifs qui sont baptisés. Ils prient
debout & retroussés, ayant la vûe du côté de Jerusalem, & mettent la main sur leur cœur en bai-
sant leur tête. Ils sortent de la Synagogue à reculons, ayant toûjours les yeux tournés du côté de
l'Arche, & ils sortent doucement pour ne paroître
pas las de prier. C'est faire un grand peché, selon
eux, que de tousser, bailler, ou cracher pendant
qu'on prie. Sur les cinq heures après midi, le Por-
tier de la Synagogue les vient avertir de se trouver
à la priere du soir. Lorsqu'ils sont venus ils commencent leurs prieres par ces paroles, *Bienheureux
sont ceux qui demeurent en ta maison.* Le Lecteur
ayant chanté ou lû quelques Pseaumes, & la moitié de la priere qu'ils nomment *Kaddesh*, & toute la
Synagogue ayant dit dix-huit prieres selon le nombre des os qui sont au dos de l'homme, il quitte
son pupitre, & se jette à genoux devant l'Arche,
mettant sa main gauche sous sa face, à cause de ces
paroles de l'Ecriture, *Sa main gauche est sous ma
tête*, le peuple fait la même chose, & ils disent
le sixiéme Pseaume, ayant les yeux couverts &
abaissés vers la terre. Leurs prieres du soir étant
achevées, ils attendent un peu, & commencent
celles de la nuit, pour ne pas revenir après souper
à la Synagogue. S'il arrive que quelqu'un ait un
differend avec son prochain, il prend le livre de la
Liturgie & le ferme, en frappant dessus avec ses
mains, pour faire connoître qu'il ne veut plus prier
avant qu'il se soit reconcilié avec celui qu'il croit

lui vouloir du mal. Quant à leur maniere d'observer le Sabbath, ils préparent le Vendredi tout ce
qu'ils doivent manger & boire le Samedi, à cause
que Moïse avoit commandé aux Israëlites d'amasser
le sixiéme jour autant de manne qu'il leur en faudroit pour le Septiéme. S'il y a plus de travail que
les domestiques n'en peuvent faire le Sabbath, les
Maîtres, de quelque qualité qu'ils soient,
doivent leur aider, autrement ce seroit violer un
jour si saint. Ils lavent leur tête, leurs mains, &
leurs piés, & coupent leurs ongles en commençant
au quatriéme doigt de la main gauche. Il faut brûler
ou enterrer ces rognures & ne pas marcher dessus.
Ils changent d'habits, aiguisent leurs couteaux, &
nettoyent tout en leurs maisons, les hommes ayant
soin de raser leur barbe, & les femmes de peigner
leur tête. Ce sont elles qui allument leur lumiere
du Sabbat avant que le Soleil se couche, à cause
que la premiere femme, en désobéïssant à Dieu, a
éteint la lumiere des hommes. Leurs tables demeurent couvertes pendant tout le jour du Sabbat, &
ils ont accoûtumé de l'allonger en y ajoûtant une
partie de celui du travail, afin que les ames puissent avoir quelque liberté dans le Purgatoire, où
ils croyent qu'elles se rafraîchissent dans l'eau pendant ce tems-là. Ils commencent cette Fête avec
du vin consacré & deux pains, en memoire de la
double portion de manne qu'on amassoit avant le
Sabbat. Il y a sept hommes qui leur lisent sept de
leurs chapitres dans leur Synagogue. Ces hommes
entrent par une porte & sortent par une autre. Ils
prient pour les ames de ceux qui ont violé le Sabbat, lesquelles étant dans l'enfer sont tellement
soulagées par là, qu'elles se peuvent tourner d'un
côté sur l'autre. Leur service Divin ne dure pas plus
de six heures, ce qui se rapporte à notre midi, &
après cette heure là, leur loi leur défend de jeûner & de prier. Après midi ils parlent de leurs
affaires du monde, & retournent le soir à leur
Synagogue. Ils finissent leur Sabbat avec des Cantiques, & prient qu'Elie veuille hâter sa course,
afin qu'il leur puisse donner connoissance de celle
du Messie. Alors un des plus riches allume une torche, & prenant d'une main une boëte d'argent
pleine d'épiceries, & une coupe pleine de vin
de l'autre, il donne plusieurs benedictions à
Dieu à cause des bienfaits de la lumiere, du vin,
& des épiceries. Ils font encore quelques ridicules
cris, & commencent la semaine. Quelques-uns
lavent leurs yeux & leur face avec ce vin consacré,
les autres en arrosent leurs maisons contre toutes
sortes de sortileges, & ils sentent les épiceries pour
ne pas s'évanouir quand une de leurs ames se separe, car ils croyent en avoir deux pendant le Sabbath. Si un Juif étoit surpris en un jour si saint
parmi eux dans quelque voyage, il faut qu'il s'arrête au lieu où il est, fût-il au milieu d'une campagne ou d'un bois, & même en danger du plus
fâcheux accident. Ils prennent grand soin de nettoyer leurs maisons, & de bien laver leurs meubles
trois jours avant la celebration de la Pâque. La
nuit avant qu'elle arrive, ils balient par tout dans
leurs maisons, & cherchent dans tous les coins avec
des chandelles de cire les miettes de pain levé que
les souris peuvent avoir emportées, & qu'ils gardent jusqu'au lendemain pour les brûler. S'ils n'en
trouvent point, ils en jettent un peu en bas tout
exprès, afin de n'avoir pas travaillé & prié en vain.
Ils ont grande attention à moudre & à paîtrir leurs
pains sans levain. Le blé doit être moulu trois fois
avant qu'on le cuise, & il faut que la meule de
moulin soit bien nettoyée de toutes les farines d'au-

paravant. L'eau dont on se sert est apportée dans des vaisseaux consacrés & couverts, environ lorsque le soleil se couche. Le maître de la maison doit lui-même puiser l'eau. La façon de ces pains est ronde, & ils sont pleins de trous afin que l'air y entre, & qu'ils n'enflent point. Il est défendu de mettre dans la farine autre chose que de l'eau. Ils dînent à dix ou onze heures, mais fort mediocrement, afin d'avoir plus d'appetit à manger le soir leur pain sans levain, ils vont auparavant à leur Synagogue chanter & prier. Les femmes seules gardent la maison pour couvrir la table, pour pendre les tapisseries aux murailles, & pour orner leurs buffets, de plats & autres choses précieuses, ce qu'ils font pour rappeller le souvenir des richesses qui étoient dans le Temple quand il fut pillé & détruit. Chaque Maître de famille a une chaise d'honneur où il est assis comme sur un trône pour faire voir que presentement les Juifs sont délivrés de la servitude d'Egypte; les plus pauvres sont aussi assis dans leurs chaises. Quand la nuit commence à s'approcher, ils sortent de la Synagogue, & se retirent chés eux. Là ils découvrent un plat où sont trois gâteaux. Celui de dessus represente le grand Prêtre, celui du milieu les Levites, & le dernier le peuple d'Israël. Il y a deux autres plats dans l'un desquels est un quartier d'Agneau rôti avec un œuf dur, & dans l'autre de la bouillie épaisse, faite de divers fruits, & préparée avec du vin, & sur-tout avec de la cannelle, representant la paille & les tuiles en Egypte. Dans un autre plat sont des laitues, du pourpier, du cyprés, des raves, & semblables herbes, avec du vinaigre dans un autre pour representer les herbes sures avec lesquelles on mangeoit autrefois l'Agneau. Chacun a un verre de vin. Le gâteau du milieu est rompu en deux morceaux, dont le Maître en cache un dans une serviette pour montrer comment les Israëlites s'enfuirent d'Egypte avec leur pain sans levain. Il prend ensuite l'autre morceau, & dit, *Ainsi étoit le pain d'oppression que mangeoient nos Peres en Egypte. Nous sommes maintenant ici, l'année prochaine nous serons en Canaan.* On porte le plat aux gâteaux auprès des enfans, afin qu'ils demandent ce que c'est, & quand les gâteaux ont été remis, ils chantent un Cantique de leur délivrance, & boivent un autre verre de vin en s'accoudant sur leurs chaises. Alors on mange un peu de ces gâteaux avec action de graces, & quelques-unes des herbes trempées dans le vinaigre, & à la fin on rompt le dernier gâteau, & on mange encore quelques herbes. Leurs mariages se font dehors, soit dans la rue, ou dans une cour. L'Epoux porte autour de son cou un habit de crin, dont le Rabbin du lieu met le bout sur la tête de l'Epouse, à l'exemple de Ruth, qui souhaita qu'on la couvrît du bord du vêtement de Booz. Le Rabbin prend un verre plein de vin sur lequel il prononce quelques benedictions, louant Dieu de cette alliance, & le donne à l'époux & à l'épouse afin qu'ils le boivent. Ensuite il prend un anneau d'or de l'époux, & après avoir demandé à ceux qui sont presens, s'il est bon & digne du prix qui en est payé, il le met à un des doigts de l'épouse, & pour lors on lit en public le traité de mariage. Le Rabbin prend de nouveau un verre de vin sur lequel il prie, & le presente encore à l'épouse & à l'époux pour en goûter. L'Epoux prend le verre & le jette contre la muraille, en memoire de la destruction de Jerusalem. Ils sont mariés dehors afin que tournant les yeux du côté du Ciel ils puissent penser à multiplier comme les étoiles. Outre leurs principales femmes, les Juifs en ont encore quelques autres, qui ne reçoivent

aucuns presens du mari, & qui n'ont aucun écri de mariage. Aussi leurs enfans ne peuvent-ils heriter. Quand un mari est las de sa femme, il prend trois témoins, en présence desquels il lui donne un petit papier environ de douze lignes, qui contient la liberté où il la laisse de disposer d'elle à sa volonté, mais elle ne peut se remarier que trois mois après, s'il veut sçavoir si elle n'est point grosse. La femme peut aussi donner une lettre de divorce à son mari. Quand un homme meurt sans laisser d'enfans, & qu'il a un Frere, sa veuve est au pouvoir de ce frere, de sorte qu'elle se presente avec cinq témoins devant le souverain Rabbin, s'il y a trois mois que son mari est mort, si le frere de ce mari est encore jeune, & si elle le juge propre à la generation. Ensuite le Rabbin demande au frere si la femme presente a été femme de son frere, s'il veut l'épouser, ou permettre qu'on lui ôte son soulier. S'il déclare qu'il ne veut point en faire sa femme, on apporte un soulier qu'on met à son pié droit nud, & alors la femme vient & dit, *Mon beau-frere ne veut point susciter la semence de son frere,* après quoi elle se baisse, tire son soulier, & dit en crachant au visage, *Il ira ainsi avec celui qui ne veut point bâtir la maison de son frere.* C'est de cette sorte qu'ils sont separés. Quand quelqu'un meurt, un de ses parens déchire un petit morceau de son habit, à cause que Jacob déchira ses vêtemens quand on lui apprit la mort de Joseph. On étend le mort par terre dans un drap le visage couvert, avec une bougie allumée du côté de la tête, & après qu'on l'a lavé avec de l'eau chaude où il y a de la camomille & des roses seches, on lui met une chemise, des caleçons, son taled, & un bonnet blanc sur la tête, & en cet état il est mis dans un cercueil fait exprès avec un linge au fond & un autre par dessus. On couvre le cercueil de noir & on le porte hors du logis. Alors tout le monde s'assemble, & chacun le porte tour à tour sur ses épaules. Les parens en deuil suivent de près en pleurant. Le corps est conduit de cette sorte au cimetiere, qui d'ordinaire est un champ destiné pour cet usage. On y fait une priere tirée du Deuteronome, puis on lui met un petit sac de terre sous la tête, & on cloue le cercueil qu'on met en terre, & que l'on couvre aussi-tôt, tous ceux qui assistent à cette ceremonie jettent de la terre tour à tour, jusqu'à ce que la fosse soit remplie. Lorsque l'on sort de ce lieu, chacun arrache de l'herbe deux ou trois fois, & dit en la jettant derriere soi, *Ils fleuriront de la Ville, comme l'herbe de la terre.* Cela étant fait, ils se lavent les mains, s'asseient & se levent neuf fois en disant le Pseaume 91. après quoi ils retournent au logis, où les plus proches parens du mort étant arrivés, se mettent à table, ôtent leurs souliers, & boivent & mangent en cette posture, ce qu'ils font sept jours de suite, en exceptant seulement celui du Sabbat qu'ils vont aux prieres, accompagnés & consolés de leurs amis plus que dans les autres jours. Pendant ce tems, ils ne peuvent faire aucun travail ni entreprendre d'affaires, & la femme & le mari ne peuvent coucher ensemble. Après sept jours, ils vont à la Synagogue, où plusieurs font allumer des lampes, font faire des prieres, & promettent des aumônes pour soulager l'ame du défunt.

JUISE. s. m. Vieux mot. Jugement.

Au corps qui resusciteront
Pour venir au jour de juise.

JUJUBE. s. f. Fruit d'un arbre que quelques-uns nomment *Jujubier,* & que Matthiole dit être plus petit que le prunier. Il a sa racine entortillée, &

fon écorce à peu près raboteufe comme celle de la vigne. Son bois approche de celui d'onycantha , & fes racines font fermes & épaiſſes. Il a force épines longues , liſſées , fermes & pointues , de couleur noire rouſſe , ainſi que ſes branches , d'où ſortent des manieres de petits roſeaux paſſes , fort minces & tendres , ſouples & pliables , ayant douze doigts de longueur ou plus. Cet arbre jette ſes feuilles de côté & d'autre par certains intervalles , comme font le freſne & le cormier. Elles ſont longuettes , peu grandes, fermes comme celles de la pervanche, & un peu dentelées à l'entour. Du même lieu d'où ſortent ces feuilles , il vient des fleurs mouſſues & blanchâtres, qui rendent un fruit pareil à l'olive , avec un noyau ſemblable. Ce fruit eſt verd au commencement , puis quelque peu blanc , & quand il eſt mûr , il devient roux. Sa chair eſt alors douce & ſavoureuſe , quoiqu'elle ſoit rude & âpre avant ſa maturité. Les Jujubes pour être bonnes , doivent être graſſes , recentes , longuettes , charnues, ſucculentes , rougeâtres au dehors & blanchâtres au dedans , peſantes de ſaveur , douces , délicates , & exemptes de pourriture. Galien qui les appelle *Serica* , dit qu'il ne ſçauroit aſſurer quelles en ſont les propriétés pour chaſſer les maladies ou conſerver la ſanté , à cauſe que les femmes & les jeunes enfans les cueillent toutes & les mangent. Il croit pourtant qu'elles donnent peu de nourriture, & que la digeſtion en eſt difficile. Dioſcoride n'en a point parlé , mais Avicenne qui les croit auſſi mal-aiſées à digerer , ajoûte qu'elles ſont bonnes aux incommodités de la poitrine & du poumon , & même aux maladies des reins & de la veſſie. On les cueille ſur la fin de Septembre,& après les avoir miſes quelques jours au Soleil en liaſſes & poignées , on les pend au plancher , d'où on les tire enſuite pour les garder en de petites caiſſes , juſqu'à ce qu'on en ait beſoin pour quelque uſage de medecine. On les appelle *Zizypha* ou *Serica*.

JUL

JULE. ſ. m. Petite monnoie qui vaut environ cinq ou ſix ſols. Elle eſt en uſage en Italie , où l'on ne compte que par ducats & par Jules.

JULEP. ſ. m. Sorte de potion douce & agreable qu'on donne aux malades , qui ſe fait de quatre ou cinq onces d'eaux diſtillées , & d'une once de ſyrop. Il y en a de pluſieurs ſortes , de cordiaux , de rafraîchiſſans , de ſomniferes, & d'autres qui arrêtent les caterres. On ſe ſervoit autrefois de deux Juleps ſemblables , qui étoient en grande vogue , le Violet & le Roſat , appellé Alexandrin. Il n'y a plus que le dernier qui ſoit en uſage. Il ſe fait de parties égales de ſucre & d'eau que l'on mêle enſemble , & que l'on fait cuire convenablement. On s'en ſert fort dans le flux de ventre , pour donner tout à la fois une legere aſtriction & une ſaveur agreable. Ce Julep s'appelle en Latin , *Julepus roſatus* ou *Alexandrinus*. On dit auſſi en Latin *Julapium*. Ce mot vient de l'Arabe *Julep* ou *Gilep.*

JULIEN. Il y a un Ordre Militaire , appellé de ſaint Julien du Poirier , qui fut établi dans le Royaume de Leon en 1179. & approuvé par les Papes Alexandre III. Luce III. & Innocent III. Ferdinand II. s'en rendit le Protecteur , & Gomez Fernandez en fut le premier Grand-Maître. Les premieres armes des Chevaliers étoient d'or à la Croix fleurdeliſée de ſinople , chargée en cœur d'un écu d'or au poirier de ſinople. Après qu'Alphonſe Roi de Leon , eut pris la Ville d'Alcan-

tara ſur les Maures , il la donna au Grand-Maître de Calatrava , qui enſuite la donna au Grand-Maître de ſaint Julien du Poirier. Les Chevaliers de cet Ordre ſe nommerent eux-mêmes Chevaliers d'Alcantara , & abandonnant leurs premieres armes, ils porterent la Croix verte de fleurs de lis ſur leur poitrine. Ils vivoient ſous l'ordre de ſaint Benoît , & firent premierement vœu de chaſteté ; mais le Pape Paul IV. les releva de ce vœu, & leur permit de ſe marier. Enfin la Charge de Grand-Maître de cet Ordre , fut unie à la Couronne de Caſtille par le Pape Alexandre VI. en faveur de Ferdinand Roi d'Arragon , & de la Reine Iſabelle ſa femme.

JULIEN , ENNE. adj. On appelle *Ans Juliens* , les années compoſées de 365. jours , avec un jour qui s'intercale de quatre en quatre ans , ſelon la reforme du Calendrier faite par *Jules Céſar*. Voyez CALENDRIER. *La Periode Julienne*,eſt ainſi appellée, parce qu'elle eſt compoſée d'années *Juliennes*.Voyez PERIODE.

JUM

JUMARS. ſ. f. Bête de charge engendrée d'un Taureau & d'une Jument. Elle a le muſle & la queue de Vache , les reins larges , le pié de cheval , des eſpeces de cornes naiſſantes. Elle eſt extrêmement forte & capable de porter 700. ou 810. livres. Il y en a d'engendrée d'un Taureau & d'une âneſſe.

JUMEAU , JUMELLE. adj. *Il ſe dit de deux enfans qui ſont de même ventrée.* ACAD. FR. On appelle *Jumeaux* ou *Gemeaux* , Un des ſignes du Zodiaque. C'eſt une conſtellation qui contient vingt-cinq étoiles , & trente ou trente-deux , ſelon quelques-uns. Il y en a trois principales , l'une de la ſeconde grandeur dans Caſtor , & deux dans Pollux de la quatriéme.

Jumeaux. Terme de Chymie. Il ſe dit de deux Alembics poſés l'un auprès de l'autre , de telle maniere que le bec de chacun des deux entre dans le ventre de l'autre. C'eſt avec ces deux alembics ainſi poſés que l'on diſtille par circulation.

JUMELÉ , E'E. adj. Terme de Blaſon. Il ſe dit d'un ſautoir , d'une bande , d'une faſce , d'un chevron de deux Jumelles. *D'argent à deux ondes Jumelées, ou une Jumelle ondée d'azur en bande.*

Jumelé , eſt auſſi un terme de mer , & on appelle *Mât Jumelé* , Un mât renforcé par des Jumelles, ce qui ſe fait quand le mât qui eſt toûjours d'une piéce depuis ſon pié juſques à ſa hune , n'a pas ſa groſſeur proportionnée à ſa hauteur. On dit auſſi, *Mât gemellé.*

JUMELLE. ſ. f. Eſpece de boîte de fer qui aſſemble par les bas les deux parties d'un étau. On appelle *Jumelles*, dans un preſſoir , Deux groſſes pieces de bois qui ſont à plomb , & qui en ſoûtiennent l'arbre à la tête, Deux moyennes Jumelles le maintiennent au milieu. Les Imprimeurs appellent auſſi *Jumelle*, Une groſſe piéce de bois qui eſt à chaque côté d'une preſſe. On dit encore , *Jumelle d'une ſerrure* , C'eſt une des pieces des reſſorts. Il entre auſſi deux Jumelles dans la compoſition du Tour ordinaire. Elles ſont faites de deux membranes de bon bois, longues & groſſes comme il plaît à l'ouvrier. Ces Jumelles ſont poſées de niveau , diſtantes l'une de l'autre de trois à quatre pouces ſelon la groſſeur des poupées que l'on doit mettre entre deux , & aſſemblées par les bouts ſur des pieces de bois debout, qui ont environ quatre piés de haut , & qui en ſont les jambages. Une partie des poupées qui eſt entaillée ſe met entre les deux membrures, & le reſte qui
eſt

eft la tête de la poupée, & qui eft coupé quarrément de la largeur entiere de l'une & de l'autre, pofe folidement deffus.

Jumelle. Terme de Blafon. Efpèce de fafce double ou de fafce en devife, dont on charge le milieu de l'écu, & que l'on fépare par une diftance égale à la largeur de la pièce. Quand il n'y en a qu'une, on la met au milieu de l'écu, mais quand il y en a plufieurs, on les fépare par des intervalles plus larges que celui qui eft entre les deux pièces qui compofent la Jumelle. Ces Jumelles doivent feulement avoir la cinquième partie de la largeur qu'ont les fafces.

Jumelles. Terme de Marine. Longues pièces de bois de fapin qui font arrondies & creufées, & que l'on attache autour d'un mât avec de gros cables, quand on a befoin de le renforcer.

JUMENT. f. f. La femelle d'un Cheval que l'on nomme auffi *Cavale.* Les Tartares vivent la plûpart de lait de Jumens, & les Nogais, Peuples de Tartarie, en font des fromages. Quelques-uns font venir le mot de *Jument,* du Latin, *Juvare,* Aider; & d'autres de *Jugum,* Joug, à caufe qu'on accouple ces animaux pour tirer la charrue & autres efpèces de chariots.

On appelle auffi *Jument,* Une machine dont on fe fervoit autrefois pour faire la monnoie au moulin, & on l'a nommée ainfi à caufe qu'on la faifoit mouvoir avec une ument. C'eft parmi les faux Monnoyeurs, Un ftrument particulier, qui eft en forme de fers de aufres, & qui fert à faire & à marquer l'efpèce en un même-tems.

JUN

JUNIPAP. f. m. Grand arbre branchu, qui a les feuilles comme le chêne, mais deux fois plus grandes. Les fleurs en font blanches, & fon fruit eft auffi rond qu'une pomme. Il eft amer quand il n'eft pas mûr, & jaune dedans & dehors, & de fort bon goût, lorfqu'il a atteint fa maturité. Cet arbre croît au Brefil, & plufieurs le confondent avec le Janipaba.

JUPITER. f. m. L'une des Planetes fupérieures, (Voyez PLANETE,) & qui eft entre Mars & Saturne. Jupiter eft 81. fois plus gros que la terre, il fait le tour du Zodiaque environ en 12. ans. Sa plus grande diftance de la terre eft de 143000. demi diametres de la terre, & la plus petite de 87000. il a 4. Satellites qui tournent autour de lui. Voyez SATELLITE. On voit fur fon difque avec la Lunette des efpèces de bandes paralleles, qui reffemblent aux Zones que nous imaginons fur le globe terreftre.

JUR

JURANDE. f. f. Charge qui fe donne par élection dans les corps des Artifans à deux ou quatre des Anciens, & dont le rems ne dure qu'un an ou deux. Ceux à qui elle eft donnée ont foin des affaires de la Communauté, font recevoir les Apprentis & les Maîtres, empêchent les entreprifes qui fe peuvent faire fur les Statuts & Reglemens du Mêtier, & préfident aux Affemblées.

JURAT. f. m. On appelle *Jurats* à Bourdeaux, & en quelques autres Villes de Gafcogne, ceux que l'on nomme *Confuls* & *Echevins* en d'autres Provinces.

JUS

JUS. adv. Vieux mot. En bas. *Vint pour nos fauver Tome I.*

en ceft mont ça Jus en terre. Ce mot vient de *Jufum,* que les Auteurs de la baffe Latinité ont dit pour *Deorfum.* Les Italiens difent *Giu,* pour fignifier, En bas.

JUSANT. f. m. Quelques-uns écrivent *Juffant.* Reflux de la marée quand la mer refoule. On dit, *Deux Jufants contre un flot,* pour dire, Que dans une navigation on a deux reflus contre un flux.

JUSQUIAME. f. m. Herbe fort branchue qui jette de groffes tiges, & dont les feuilles font larges, longues, déchiquetées, noires & velues. Ses fleurs fortent par ordre d'un feul côté de la tige. Elles font femblables à des fleurs de Grenadier, & environnées de petits écuffons, pleins d'une graine qui approche de celle du pavot. Diofcoride qui en fait cette defcription, dit qu'il y a trois efpèces de Jufquiame; que le premier porte une graine noire, & a fes fleurs rougeâtres, fes feuilles femblables au lifet, & fes vafes durs & piquants, & que le fecond a une graine femblable à celle d'Eryfimum, fes fleurs jaunes & fes feuilles & gouffes plus fimples. Ces deux fortes rendent la perfonne affoupie, & font perdre la raifon, ce qui les fait rejetter en Medecine. Le troifiéme eft gras, bourru & tendre & à fa graine blanche ainfi que fes fleurs. Il croît aux lieux maritimes, & parmi les mafures & ruines des maifons. Il eft en ufage à caufe qu'il eft moins violent que les autres. Matthiole parle d'une autre efpèce de Jufquiame, dont les tiges font d'une coudée & demie de haut, rondes, branchues & couvertes d'un petit coton. Cette plante a les feuilles grandes, graffes, pleines d'un petit poil, molles, & qui reffemblent à celles du Solan dormitif, avec une odeur auffi forte. Ses fleurs font jaunes, & femblables à celles du Jufquiame. Il en fort de petites têtes rondelettes, qui ont leur bouche couverte d'un couvercle prefque femblable avec une couronne tout autour. Ces têtes enferment une graine rouffâtre. Sa racine eft blanche, groffe comme le doïgt, longue d'un empan, & fort munie de capillatures. Le Jufquiame qui a la graine noire eft entierement reprouvé en Medecine. Les Latins l'appellent *Altercum* ou *Herba Appollinaris*, & les Grecs ὑοσκύαμος, Féve de Pourceau, à caufe que les Sangliers qui mangent de cette graine tombent en paralyfie, s'ils ne fe vont guerir auffi-tôt, en allant manger des écreviffes dans les ruiffeaux & dans les rivieres. Galien dit en parlant du Jufquiame, que celui qui a la graine noire provoque à dormir, & trouble l'entendement; que celui qui a la graine un peu rouffe, a prefque la même propriété que l'autre; que l'un & l'autre font dangereux & venimeux, mais que celui qui a la fleur & la graine blanche, eft fort bon en Medecine, & refrigeratif au troifiéme degré.

JUSTE. f. f. Vieux mot qui a fignifié une pinte, d'où vient qu'on appelle encore à Montauban, *une Jufte,* la mefure du vin qui répond à ce qu'une pinte en peut contenir. Il y a eu auffi quelque ouvrage d'or que l'on a appellé *Jufte.*

    Sa Jufte étoit moult bonne & chiere,
    Tout étoit d'or noblement faite.

JUSTISER. v. a. Vieux mot. Executer à mort. Fauchet veut qu'il ait fignifié *Commander.*

JUT

JUT. On trouve ce mot dans le vieux langage, pour dire, Il coucha.

    Meffire Gauvin celle nuit :
    Jut les famie à grand déduit.

Iiii

On trouve aussi *Jurent* au pluriel, pour dire ; Ils coucherent.

Cette nuit jurent dui & dui.

JUV

JUVEIGNEUR. f. m. Vieux terme de Coûtume. Cadet, Frere puîné. Ce mot a été fait de *Juvenior* qu'on a dit pour *Junior*.

JUVENCE. f. f. Jeuneffe. Vieux mot. *Li Rois ton aïol fu guaris de l'enfermeté qu'il a, & fut revenu en fa juvente:*

JUX

JUXTAPOSITION. f. f. Terme dogmatique. Il se dit des corps naturels qui s'accroiffent en se joignant, & s'attachent aux voifins.

JYN

JYNGUER. v. n. Vieux mot. Vouloir jouer, folâtrer. Ce mot vient du Grec ἰνγξ, qui veut dire, Amorce pour l'amour ; pour les plaifirs,

K

KAD

KADRIS. f. m. Sorte de Religieux Turcs, appellés ainfi de leur Fondateur Abdul Kadri Ghilani, que fa fageffe & fon abftinence avoient mis en grande réputation. Il naquit en l'Hegire de Mahomet 561. & mourut en l'année 657. Son tombeau eft hors des portes de Babylone, où vont en pelerinage la plûpart de ceux qui font profeffion de fon Ordre. Leur noviciat eft un noviciat de jeûne & d'abftinence qu'ils font obligés de faire par degrés. Ainfi lorfqu'ils y entrent, on leur donne un petit fouet de bois de faule, qui pefe quatre cens drachmes étant frais cueilli. Ils le portent péndu à leur ceinture, & reglent chaque jour la nourriture qu'ils prennent felon le poids de ce fouet, de forte que leur portion de pain diminue à mefure qu'il fe deffeche & qu'il devient plus leger. Outre les Prieres ordinaires des Turcs qu'ils font cinq fois le jour, il y a obligation pour les Kadris de paffer la nuit entiere, ou au moins la meilleure partie, à tourner en rond au fon d'une petite flûte, en prononçant fans ceffe le mot *Hai*, qui fignifie Vivant, & qui eft l'un des attributs de Dieu. Ils fe prennent tous par la main, & repetent fi fouvent ce mot & tournent en rond avec tant de vehemence que la plûpart tombent fur la place comme morts & fans aucun mouvement, ce qu'ils font à l'imitation de leur Maître, qui dans ce violent exercice s'ouvroit les veines de la poitrine d'où il jailliffoit du fang qui marquoit le mot *Hai*, contre la muraille. Ceux qui font affés robuftes pour y pouvoir refifter prennent ceux qui font tombés, & les emportent dans une chambre où ils fe couchent jufqu'à ce que leurs efprits foient revenus. Ils danfent ainfi tous les Vendredis la nuit, & afin de pouvoir achever cette ridicule danfe avec plus de force & de vigueur, ils obtiennent affés fouvent permiffion de leur Superieur, de s'enyvrer ou de s'étourdir avec de l'eau de vie, de l'opium & autres drogues femblables. Chacun d'eux eft obligé de faire une fois l'année une retraite particuliere de quarante jours dans une petite cellule où perfonne ne les voit. Ils s'appliquent pendant ce tems-là à la meditation, & à obferver les fonges qu'ils font dont ils rendent compte enfuite au Superieur qui les explique à fa mode, & qui prétend pouvoir deviner par-là les chofes futures. Ils peuvent fe marier, & on les fait fortir du Couvent quand cela arrive. Il leur eft permis de porter tel habit qu'ils veulent, mais pour fe faire connoître ils y mettent des boutons noirs. Ceux qui vivent dans le Couvent ont toûjours les piés nuds, & ne fe rafent, ni ne fe couvrent la tête. Ils portent une couverture blanche d'un drap fort gros, & font ordinairement affis comme les autres Religieux Mahometans, la tête baiffée & le nés fur la poitrine. Ils difent qu'ils fe tiennent en cette pofture afin de n'avoir point de diftractions lorfqu'ils meditent, n'étant point frappés dans cette fituation par les objets charnels. Les Superieurs du Couvent de cet Ordre, enfeignent

Tome I.

à leurs Difciples une certaine Priere qu'ils leur difent tout bas à l'oreille, afin qu'elle ne foit entendue de perfonne. Ils font obligés de la dire & de la repeter fans intermiffion, fi ce n'eft aux heures deftinées à fatisfaire aux befoins de la nature, & ils affûrent que fa vertu eft fi grande que par le moyen de cette Priere, ils jouiffent de la vûe de Dieu. Ils ont un Couvent à Tophana dans Conftantinople. Ils racontent d'Abdul Kadri Ghilani leur Maître, qu'étant allé à Babylone pour y demeurer, les Santons de cette Ville-là allerent au-devant de lui, l'un d'eux tenant à fa main un plat rempli d'eau, afin de lui faire entendre, que comme l'on ne pouvoit rien mettre de plus dans ce plat, qui étoit plein jufqu'au bord, leur Ville étoit fi pleine d'hommes fçavans & de Religieux, qu'il n'y avoit point de place pour lui. Il leva d'abord les mains au Ciel, & enfuite fe baiffant il ramaffa une feuille de rofe qui étoit à terre, & la mit dans un plat où étoit l'eau, leur faifant voir qu'elle y trouvoit place, quoiqu'il fût tout plein. Cela parut fi ingenieux à ces groffiers Babyloniens qu'ils le regarderent comme un prodige de fageffe, & le menerent en triomphe dans leur Ville, où ils le firent Superieur de tous leurs Ordres Religieux.

KAE

KAEL. f. m. Arbre haut & épais, qui croît au Païs des Noirs, & dont on emploie l'écorce & les feuilles dans des remedes. Son bois eft fi dur que l'on en fait des canots, qui refiftent fort longtems à l'eau, & ne fe pourriffent pas facilement.

KAENE. f. f. Vieux mot. Chaîne. On a dit auffi, *Enkaëné*, pour, Enchaîné.

Velus étoit com leus, u ours enkaenez.

KAI

KAIR. v. n. Vieux mot. Tomber, du Latin *Cadere.* On a dit auffi, *Dekair*, pour dire, Déchoir.

Quand il virent par mefeftance
Le Royaume enfi dekair.

KAL

KALENDERIS. f. m. Ordre de Religieux Turcs appellés ainfi d'un certain Santon qu'on nommoit Kalenderi, & qui proferoit fans ceffe le nom de Dieu au fon de fa flûte, n'ayant point d'autre diveriffement jour & nuit que cette mufique, dont les tons, qu'il accompagnoit ordinairement de larmes & de foûpirs, étoient triftes & mélancoliques. Il alloit la tête nue, le corps plein de playes, & n'avoit point de chemife, n'étant couvert que d'une peau de bête fauvage fur les épaules. Il avoit à fa ceinture quelque pierre bien polie, & dés pierres fauffes à fes bras au lieu de rubis & de diamans. Les Kalenderis fes difciples, prétendent par une voïe toute oppofée à la fienne, être bons Religieux, quoiqu'ils s'abandonnent publiquement au libertinage. Ils vivent fans fouci & fans embarras d'efprit, & difent ordinairement entre eux, *Aujourd'hui est à nous, demain est à lui, qui sçait qui en jouira?* Sur cette maxime, ils ne perdent nulle occasion de se donner du plaisir, employant tout le tems à boire & à manger. Pour satisfaire à leur gourmandise, ils vendent les pierres de leur ceinture, leurs pendans d'oreilles & leurs bracelets. Ils croyent la taverne aussi sainte que la Mosquée, & disent qu'on sert aussi bien Dieu dans la débauche que dans les jeûnes & mortifications. Quand ils sont chés des gens riches, ils cherchent à se rendre agreables par leurs contes à tous ceux de la maison, afin qu'on leur fasse bonne chere. Les Turcs prétendent que si les Chrétiens se rendirent maîtres de Jerusalem en l'année six cent quinze de Mahomet, ce fut parce que le Chef de cet Ordre, qui avoit beaucoup de part au gouvernement de la Ville, étoit yvre lorsque l'assaut fut donné.

KALI. s. m. Plante appellée ainsi par les Arabes, laquelle quand elle commence à sortir de terre, jette une feuille ronde presque semblable à celle de la petite Joubarbe. Venant à croître, elle pousse une tige nouée, qui un peu après croît à la longueur d'un doigt, & lorsqu'elle est devenue plus grande, elle produit de ses nœuds des feuilles grosses, graffes, & creuses au milieu, & qui de leur pié qui est assés gros, viennent toûjours en pointe. Après que cette plante est parvenue à la grandeur qu'elle doit avoir, les feuilles qui sont à la cime de ses tiges, se trouvent minces, petites, rouges, & du milieu de ses feuilles sortent de petites boules rondes, où une petite graine est enfermée. Ses tiges sont rousses & graffes, & toute la plante a un goût salé, comme le fenouil marin. Les Verriers se servent de ses cendres pour faire des verres, & de la décoction du Kali on fait le sel appellé *Alkali*, par les Arabes. Quelques-uns croyent que ce soit la seconde espece d'Anthyllis de Dioscoride, mais Matthiole fait voir qu'ils se trompent. On trouve aussi en Egypte une sorte de Kali qui lui est particuliere. Ses feuilles ressemblent à celles du Cyprès, à la reserve qu'elles sont plus longues. Elle n'a qu'une tige courbe, qui en produit deux ou trois autres plus minces & plus droites. A la cime de chacune est un rameau de quatre ou cinq feuilles. Cette plante sechée au Soleil, & réduite en cendres, sert à faire des glaces de Venise, du Savon & autres choses. On dit que la poudre ou le jus pris avec du bouillon, est excellente pour les phlegmes, & pour le foye échauffé.

KAO

KAOUANE. s. f. Espece de Tortue qui ne differe de celles que l'on appelle *Tortues franches,* qu'en ce qu'elle a la tête beaucoup plus grosse à proportion du corps. Il y en a d'une grosseur si démesurée que la seule écaille de dessus a environ quatre piés & demi de longueur & quatre de large. Cet animal est stupide, pesant, sourd & sans cervelle, n'en ayant pas plus gros qu'une petite féve dans toute la tête, quoiqu'elle soit aussi grosse que celle d'un Veau, mais aussi il a la vûe admirable. La Kaouane est plus méchante que les autres Tortues, & se défend des pattes & de la gueule, lorsqu'on veut la prendre & la tourner. Elle est peu estimée à cause de sa chair noire qui sent la marine, & qui est d'un mauvais goût. Ceux qui la vont pêcher aux Isles du Cayeman, la mêlent avec la Tortue franche pour en avoir le débit, mais elle lui communique une mauvaise saveur. L'huile qu'on en tire est acre, & n'est bonne qu'à brûler. Quelque tems

après que la grande écaille de la Kaouane est dépouillée, & que les cartilages commencent à se pourrir, il se détache de dessus huit feuilles beaucoup plus grandes que celles de la Tortue appellée *Caret*, mais plus minces, & marbrées de blanc & de noir. On en garnit la plûpart des grands miroirs.

KAR

KARABE'. s. m. Quelques-uns veulent que ce soit la gomme du Peuplier, mais la plus commune opinion est que le mot de Karabé n'est autre chose que le nom que les Arabes donnent à l'Ambre jaune. Selon Avicenne Karabé signifie en Langue Persienne *Tirepaille,* ce qui est le propre de l'Ambre, & non de la Gomme du Peuplier. Galien, Ægineta & Actuarius font assés connoître qu'ils prennent le Karabé pour l'Ambre, puisqu'ils appellent *Trochisques d'ambre,* ces masses astringentes que les Arabes appellent *Trochisques de Karabé.*

KARAT. s. m. Nom de Poids, qui a été jugé propre pour exprimer le titre & la bonté de l'or, qui est au suprême degré, lorsqu'il est à vingt-quatre Karats. Chaque Karat est composé de trente-deux trente-deuxiémes, & se divise en demi, en quarts, en huitiéme, en seiziéme & en trente-deuxiéme. Quand on dit en parlant de l'or qu'il est à vingt Karats, on entend un or qui a perdu quatre degrés de sa bonté interieure, & dans lequel un sixiéme de cuivre ou d'argent a été mêlé. Le *Karat de fin,* est un vingt-quatriéme degré de bonté de quelque portion d'or que ce soit, & *le Karat de prix,* est la vingt-quatriéme partie de la valeur d'un marc d'or fin. Quant au *Karat de poids,* ce n'est autre chose qu'un petit poids dont les Orfévres & les Jouailliers se servent pour peser les perles & les pierres précieuses. Ce poids pese quatre grains, & chaque grain se divise en demi, en quarts, en huitiémes, &c. C'est sur ce pié qu'on donne le prix aux pierres qu'on pese.

KARATAS. s. m. Sorte de plante sauvage dont il y a de deux ou trois sortes que la nature a fait croître dans toute l'Amerique pour suppléer au défaut du chanvre & du lin. La principale est assés commune dans les terres sablonneuses, & même sur les rochers des Antilles. Ses feuilles croissent en rond de même que celles des Ananas ou de l'Aloës, & comme elles se terminent toutes en pointes triangulaires, elles sont piquantes comme des aiguilles. Sa racine ressemble à un gros oignon filasseux. Ses feuilles occupent quelquefois dix ou douze piés de terre en rondeur, & quand la plante a deux ou trois ans, elle pousse du milieu de ces mêmes feuilles une tige droite comme une fléche, plus grosse que la jambe, & haute de vingt à vingt-cinq piés, sur laquelle il y a en quelques endroits de petites feuilles triangulaires. Le haut de cette tige se divise en plusieurs petits rameaux, portant de petits boutons qui s'épanouissent en fleurs blanches étoilées. Avant que les boutons de ces fleurs soient ouverts, ils sont remplis d'un fort beau coton dont on peut se servir utilement. On fait bouillir les feuilles de cette plante, & l'on en tire du fil qui est fort grand usage à faire des toiles, des rets pour la pêche & des lits pendans. Sa racine & ses feuilles broyées & lavées dans une riviere jettent un suc qui étourdit si fort le poisson qu'on peut le prendre facilement à la main. Cette grande tige qui en fait le tronc étant sechée, brûle comme une méche ensouffrée, à cause qu'elle est toute spongieuse, & si on la frotte rudement avec un bois plus dur, elle s'enflâme & se consume.

Il y a une autre espece de Karatas plus rare, & il s'en trouve sur les rochers de Grenadins. Les feuilles en sont deux fois plus grandes & plus longues, toutes armées de piquans sur les bords, & l'on en peut tirer du fil aussi bon que celui de ce Karatas commun, mais comme ordinairement cette plante croît dans des deserts pierreux où il ne se trouve guere d'eau douce, la soif y fait courir ceux qui passent, à cause que ses feuilles sont disposées de telle maniere que se fermant en bas comme un verre, on y trouve quelquefois une pinte d'eau fraîche, très claire & très-saine.

Il se trouve encore une plante dans tous les bois de ces mêmes Isles que les Habitans aussi-bien que les Sauvages nomment *Karatas*. Elle a ses feuilles assés semblables à celles de l'Ananas, mais trois ou quatre fois plus longues, plus minces, plus seches, & armées des deux côtés de petits crocs épineux. Son fruit est gros & long comme le doigt, fait en pyramide à triangle en forme d'un gros cloud. L'écorce en est blanche & velue, mais veneneuse, brûlant & faisant élever la bouche. La chair de ce fruit est blanche comme celle d'une pomme, mais un peu plus tendre. Il y a dans le milieu cinq ou six petites graines, comme de petites lentilles. Elles sont blanches au commencement & rouges quand le fruit est mûr. Ce fruit a le goût d'une pomme de renette, relevé par une petite aigreur qui le rend fort agréable. Il en croît quelquefois trois ou quatre cens dans le cœur d'une seule plante. Ils sont tout contre terre, serrés & pressés l'un contre l'autre la pointe en bas, & fleurissent violet. On en fait de fort bonnes confitures après qu'on a dépouillé le fruit de son écorce. Il rafraîchit & desaltere beaucoup. Une cueillerée de son suc mêlée avec un peu de sucre fait sortir les vers, mais il est fort dangereux aux femmes enceintes.

KAROUATA. s. f. Plante qui croît aux Indes Occidentales dans l'Isle de Marignan, & qui est fort semblable à l'Ananas. Elle produit des feuilles longues d'une brasse, & larges de deux pouces, épaisses & épineuses de côté d'autre. Au milieu de ces feuilles sort une tête, à laquelle naissent, à deux palmes de terre ou environ, cinquante fruits, & quelquefois beaucoup davantage, de la longueur d'un doigt, entassés ensemble de la forme d'une pyramide triangulaire, jaunâtres dehors & dedans, agreables au palais, & d'un fort bon goût. Cette plante commence à mettre son fruit dehors après les pluies. Il est plein d'une matiere spongieuse, & de plusieurs grains & menue semence; le suc en est aigre doux. Si on en mange beaucoup il fait saigner les gencives & la langue, & est fort bon contre le scorbut & dans les fievres.

KER

KERME'S. s. m. Fruit d'un Arbrisseau qui produit force branches, ausquelles est attachée la graine dont on teint en écarlate. Les Latins appellent cet Arbrisseau *Ilex*. Cette graine n'est pourtant pas proprement le fruit de l'Yeuse, mais un excrement & comme une salive rouge & luisante, enfermée dans une petite vessie qui vient sous la feuille, l'Arbrisseau ne portant pas seulement de cette graine, mais aussi du gland, & cessant de donner de cette graine lorsque le gland est devenu trop vieil & trop noir. C'est ce qui oblige à couper quelques-unes de ses branches afin qu'il en pousse de nou-

velles. Cette graine se trouve dans la Crete, ainsi qu'en plusieurs lieux de l'Espagne, & même dans la Gaule Narbonnoise. Pour être bonne il faut qu'elle soit recente, compacte, pleine, un peu amere au goût, de couleur de pourpre & remplie d'un suc de couleur de sang. Elle est astringente, échauffe & desseche, & rétablit les esprits vitaux. Elle dissipe les vapeurs noires & malignes, facilite l'accouchement, remedie aux nerfs coupés, & fait sortir la petite verole. Galien parlant de la graine d'écarlate qui est le Kermés, dit qu'elle a une vertu astringente & amere, ce qui la rend dessicative sans mordication, & qu'ainsi elle est fort bonne aux grandes plaies & particulierement aux nerfs coupés.

KERUA. s. m. Nom que les Arabes & les Apothicaires donnent au *Ricinus*, appellé autrement *Palma Christi*, ou *Cataputia major*. C'est une herbe qui devient de la hauteur d'un petit Figuier. Elle a ses feuilles comme le Plane, mais plus grandes, plus lissées, & plus noires. Sa graine étant mûre tombe avec je ne sçai quelle impetuosité. Lorsqu'elle est pelée, elle ressemble aux Tiquets, petites bêtes qui s'attachent aux chiens, aux bœufs & aux vaches, & qui ne les quittent point qu'elles ne soient gonflées de leur sang. Cet Animal que l'on appelle *Ricinus* en Latin, a fait appeller cette graine *Ricinus*. On en fait de l'huile, qui est bonne pour éclairer, & pour les emplâtres. Trente de ses grains bien émondés, pilés & pris en breuvage, purgent par le bas & par le haut les phlegmes, la colere & les aquosités, mais Dioscoride témoigne que cette purgation est fort fâcheuse à cause qu'elle renverse entierement l'estomac. Voyez CATAPUCE.

KIE

KIEDER. s. m. Oiseau de Forêt qui se trouve dans la Laponie, & qui est une sorte de Faisan ou grand coq sauvage dont la femelle est d'une couleur mêlée du cendré & du jaune, qui toutefois tire plus sur le cendré. Olaüs Magnus en parle de cette sorte. Dans les Pays Septentrionaux il y a des coqs sauvages aussi gros que des Faisans, mais qui ont la queue beaucoup plus courte, & qui sont noirs par tout le corps, avec quelques plumes blanches & luisantes au bout des aîles & de la queue. Les mâles ont la crête rouge & haute, les femelles l'ont basse & pendante, & sont toutes grises. Ils portent leur crête aux deux côtés sur les yeux, & non sur le haut de la tête comme nos coqs domestiques.

KIO

KIOSQUE. s. m. Petit pavillon isolé, & ouvert de tous côtés, où se retirent les Levantins quand ils ont envie de prendre le frais. Il y en a à Constantinople qui sont dorés & pavés de carreaux de porcelaine. La plûpart ont vûe sur la Propontide & sur le canal de la mer Noire.

KNI

KNIPER. s. m. Espece de Pic qui naît particulierement dans la Laponie. Il a le dos noir, ainsi que la tête & la plus grande partie de ses aîles, l'estomac & le ventre blanc, le bec rouge, fort long, & armé de dents. Il a aussi les piés rouges & fort courts, avec une petite peau entre les doigts comme les autres oiseaux de riviere.

KOL

KOLACH. f. m. Arbre qui croît au Pays des Noirs, & qui pouffent d'affes hautes branches, Ses fruits font faits à peu près comme des prunes, & font fort bons à manger.

KYN

KYNANCHIE. f. f. Terme de Medecine. Efpece d'Efquinancie, qui arrive quand l'inflammation eft aux parties internes du larynx. Les Malades fe fentent tellement preffés dans la Kynanchie qu'ils font contraints de tirer inceffamment la langue à la maniere des chiens. C'eft de-là que vient ce mot κυνὸς, fignifiant Chien en Grec, & ἄγχειν, Suffoquer.

KYNOCEPHALE. f. m. Efpece de finge qu'on trouve en Egypte, & qui eft plus gros, plus fort & plus fauvage que les autres Singes. Il a les dents plus fortes & plus ferrées que celles des chiens. Son nom eft Grec & veut dire *Tête de chien*, de κυνὸς Chien, & de κεφαλὴ Tête. On tient que cet Animal piffe douze fois le jour & autant la nuit au tems de l'Equinoxe.

L

LAB

ABIALE. adj. f. Terme de Palais. On appelle *Offres Labiales*, des Offres qui se font seulement de bouche. On le dit aussi de celles qu'on fait par écrit, quand il n'y point de deniers effectifs offerts. On dit encore *Lettres Labiales* parmi les Grammairiens. Ce sont celles qui se prononcent des levres, à la difference des lettres dentales & gutturales, dont les unes se prononcent des dents, & les autres du gosier. Ce mot vient du Latin *Labium*, Levre.

LABOUR. f. m. On dit des terres en *Labour*, & non pas en *Labeur*, comme disent les Furetieristes.

LABOURER. v. a. *Remuer la terre avec la charrüe, la bêche, la houe.* ACAD. FR. On dit en termes de Marine, qu'*Un Vaisseau laboure*, pour dire, qu'il passe par un lieu où il y a peu d'eau, & qu'il y touche la terre. On dit aussi qu'*Une ancre laboure*, pour dire, que L'ancre ayant été jettée dans un fond qui n'est pas bon pour l'ancrage, elle ne peut enfoncer ni s'y tenir ferme.

On dit en termes de Plombier, *Labourer le sable*, pour dire, Mouiller & remuer avec un bâton le sable qui est dans le chassis autour du moule.

LABURNUM. f. m. Sorte d'arbre dont Pline parle en ces termes. Le Cyprés, le Noyer, le Châtaignier, ni le Laburnum ne s'aiment point auprès des eaux. Quant au Laburnum, il croit aux hautes Montagnes, & n'est pas connu de chacun. Son bois est blanc & fort dur, & sa fleur a une coudée de haut. Jamais les mouches ne s'approchent de cette fleur. Quelques-uns prennent une seconde espece d'Anagyris qui se trouve en Italie, & que ceux de Trente nomment *Eghelo*, pour le Laburnum de Pline, mais Matthiole fait connoître leur erreur par plusieurs raisons.

LABYRINTHE. f. m. Lieu qui est coupé de tant de chemins qui rentrent les uns dans les autres, qu'il est presque impossible d'en sortir. On appelle *Labyrinthe de pavé*, Une espece de compartiment de pavé que forment des platebandes droites ou courbes. Ces platebandes par de differens retours, laissent des espaces qui representent en quelque façon les divers sentiers des anciens Labyrinthés. Ce mot est Grec λαβύρινθος, & M. Callard de la Duquerie le dérive de ανερίν μη λαύειν δίρμε de ce qu'il n'a point de portes.

Labyrinthe. Terme d'Anatomie. Troisiéme cavité qui est dans l'oreille interieure de l'homme. On l'appelle ainsi à cause qu'étant faite comme une coquille d'escargot, elle a plusieurs trous cachés, qui sont autant de chambrettes.

LAC

LACERET. f. m. Outil de Charpentier & d'autres ouvriers qui travaillent en bois. C'est ce qu'on appelle autrement *Petite tariere*.

LAD

LACERON. f. m. Laime sauvage qui sert de nourriture aux Lapins, & qu'on appelle plus communément *Lasteron*.

LACET. f. m. Morceau de fer rond, & en forme de broche qui traverse & entretient les charnieres des couplets & des fiches. Les Serruriers l'appellent aussi *Rivûre*.

LACIER. v. a. Vieux mot. Attacher, du Latin *Laqueus*, qui a fait Laqs.

LACRIMATOIRE. f. m. Les anciens appelloient ainsi une petite phiole dans laquelle on recueilloit les larmes versées pour un défunt, & qu'on enfermoit dans son tombeau. Il vient du Latin *Lacrima*, Larme, ce qui a fait dire autrefois *Lacrime*.

LAD

LADANUM. f. m. Liqueur, resineuse qui découle des feuilles d'une espece de Cistus appellé *Ledum*. Ces feuilles ont je ne sçai quoi de gras au printems, & comme les chevres & les boucs se plaisent à les brouter, la graisse qui est dessus s'attache facilement à leurs barbes & coule jusques au poil de leurs cuisses & de leurs jambes. Ensuite les gens du Pays prennent soin de peigner ces animaux pour en retirer cette graisse qu'ils fondent & coulent pour la garder & la rediger en masse. D'autres raclent la graisse qui est sur-tout l'arbrisseau, & en font le Ladanum en forme de petites boules. Le meilleur est celui dont la couleur est verdâtre, qui est gommeux & resineux, net de tout sable & gravier, & qui se ramollit aisément. On en trouve peu presentement qui ne soit sophistiqué. Il est anastomatique & suppuratif, & a la vertu d'amollir & d'incraster. Il en vient de fort bon de Chypre. Le moins estimé est celui de la Lybie & d'Arabie. Le Ladanum s'emploie aux emplâtres qui se préparent pour conforter l'estomac, & mangé en pillules au poids d'une drachme deux heures après le repas, il aide à la digestion. On en mêle parmi les senteurs, & on en tire une huile fort odorante. Elle se fait d'une livre de Ladanum qu'on met en petits morceaux & qu'on jette ensuite dans un chauderon en y ajoutant six onces d'eau rose, & quatre d'amandes douces. On fait cuire le tout à petit feu pendant une heure & demie, après quoi on le fait couler jusqu'à ce que l'huile soit devenue claire.

LADRE. f. m. Qui est infecté de lepre. On appelle *Ladres blancs*, Les lepreux, qui ayant encore la face belle & le cuir lisse ne donnent au dehors aucune marque du mal dont le dedans est atteint. Ceux que l'on appelle *Ladres verds*, sont des Ladres confirmés ayant beaucoup de boutons qui poussent au dehors. Ces boutons sont extrêmement durs, la base en est verte & la pointe blanche. Borel fait venir ce mot de *Lasre*, & celui-ci de *Lazare*, à cause que le Lazare étoit tout couvert d'ulceres. On appelle *Cochon Ladre*, Un cochon qui a fous la langue de petits grains blancs, & la chair pleine de ces grains.

On appelle en termes de Manege *Cheval Ladre*, Un cheval qui a des marques blanches autour de l'œil, & au bout du nez. On a de la peine à les difcerner fur un poil blanc. Les chevaux qui ont ces marques, ne laiffent pas d'être fenfibles à l'éperon, & ils ne doivent pas être moins eftimés pour cela.

Ladre, eft auffi un terme de Chaffe, & il fe dit d'un liévre qui habite dans des lieux marécageux.

LAG

LAGUE. f. f. Terme de Marine. *La lague d'un Vaiffeau*, fe dit de l'endroit par où il paffe.

LAGOPUS. f. m. Herbe, qui, felon Diofcoride, croît parmi les blés, & qui étant bûe en eau fi on a la fiévre, & en vin fi on ne l'a pas, refferre le ventre. Matthiole dit que Diofcoride a paffé fi legerement fur cet article, qu'il eft prefque impoffible de deviner laquelle entre tant d'herbes qui croiffent parmi les blés, doit être choifie pour le Lagopus. Quelques-uns croyent que c'eft une efpece de trefle dont les têtes reprefentent le pié d'un liévre, d'où cette herbe a pris fon nom λαγωος voulant dire en Grec Lievre, & πῶς, Pié.

LAI

LAI, LAÏE. adj. Laïque. On appelle *Cour Laie*, Une Juftice temporelle & feculiere, *Confeiller Lai*, Un Confeiller qui n'a point de Clericature, & *Patron Lai*, Un Patron laïque qui a fondé quelque Benefice en fe refervant le Patronnage, & fans le confentement duquel le Benefice ne peut être refigné.

Lai, fe dit encore de certains Religieux qui font feulement vœu d'obéïffance, & de ftabilité dans un Couvent, & qui renonçant à avoir jamais la qualité de Pere, s'emploient à faire les œuvres ferviles de la maifon. On appelle auffi *Sœur Laie*, Une Religieufe qui n'eft point fille de Chœur.

On appelloit autrefois *Moine Lai*, Un Soldat eftropié qui avoit un brevet du Roi pour demeurer dans un Monaftere de fondation Royale, & à qui les Religieux étoient obligés de fournir une portion Monachale pour fa fubfiftance. Cette portion a été convertie depuis en une penfion de cinquante écus par an, & on la paye aujourd'hui à l'Hôtel des Invalides.

LAIANS. Vieux mot. Là dedans.

LAICOCEPHALES. f. m. On a appellé ainfi, les Schifmatiques Anglois, qui pour éviter la prifon, & la confifcation de biens, dont ils étoient menacés, fe trouvoient obligés de confeffer que le Roi du Pays étoit le chef de l'Eglife.

LAIDANGER. v. a. Vieux mot. Dire des injures. On a dit auffi *Laidoirer*, *Ledoier* & *Loidoirer* dans le même fens, & *Laidure*, pour, Injure.

Et luy ont dit trop de Laidures.

LAIE. f. f. Terme de Foreftier. Route coupée dans une Forêt. Il fignifioit autrefois la Forêt même, & c'eft de-là qu'eft venu le nom de faint Germain en Laie.

Laie. Terme de Tailleur de Pierre. Marteau bretté & dentelé. On appella auffi *Laies*, les raies ou bretures, que cette forte de marteau fait paroître fur une pierre taillée.

LAIER. v. a. Faire des routes dans une Forêt. *Laier*, fe dit auffi, pour, Marquer les baliveaux que l'on ne veut pas couper.

Laier. Terme de Maçon. Tailler une pierre avec la Laie.

LAIEUR. f. m. Celui qui fait les Laies. Il fe dit auffi de celui qui marque le bois qu'on veut laier.

LAIGNE. f. m. Vieux mot. Bois, du Latin *Lignum*.

LAIN. adj. Vieux mot. Lent.

LAIS. f. m. Ce mot s'eft dit autrefois pour Ambaffade & pour Leg. C'eft en terme de Forêt, Un jeune Baliveau de l'âge du bois, qu'on laiffe quand on coupe le taillis, afin qu'il croiffe en haute fûtaie. On en doit laiffer vingt-fix par arpent, fuivant ce que porte l'Ordonnance.

Lais, a été auffi adjectif, & fignifioit, Qui eft du peuple, qui n'a nul degré, du Grec λαος, Peuple. C'eft de-là qu'on trouve dans Vigenere, *Li Laie gens*, pour dire, Les Lais, Le petit peuple. On l'a dit auffi pour Laid, Mauvais.

Et puis aurons vin qui n'eft mie lais.

LAISANT. adj. Vieux mot. Qui ne veut rien faire, qui ne veut avoir aucune peine.

Penfez-vous que je foy Laifant
Et que vous porterez le fais.

LAISSE. f. f. Vieux mot. Chanfon.

Ia tant n'auront mantel ne cote deframée,
Que la premiere Laiffe ne foit bien efcoutée.

LAISSE'ES. f. f. Terme de Chaffe. Fiente d'un Sanglier, d'un Loup, & autres bêtes noires.

LAISSER-COURRE. f. m. On appelle en termes de Chaffe, le *Laiffer-Courre*, le Lieu deftiné pour lâcher les chiens. Se trouver au *Laiffer-courre*.

LAIT. f. m. *Liqueur blanche qui fe forme dans les mammelles de la Femme pour la nourriture de l'Enfant, ou dans les animaux femelles pour la nourriture de leurs petits*. ACAD. FR. La matiere dont fe forme le lait dans les femmes, eft le chyle qui eft porté aux mammelles & à la matrice par des chemins qu'on n'a point encore connus. L'opinion qui paroît la plus probable, eft que le chyle diftribué par les arteres dans tout le corps avec le fang auquel il n'eft point encore affimilé, s'en fepare en fe filtrant par les colatoires appropriés, & étant retenu dans les mammelles, il y prend proprement le nom de Lait. Le fecond ou le troifiéme jour après l'accouchement, les mammelles commencent à fe gonfler, & il s'y engendre un Lait aqueux & fereux, qu'on appelle *Coloftrum*, jufqu'au quatriéme jour que la fievre de Lait furvient, & que le Lait prend dans les mammelles une confiftance plus épaiffe & naturelle.

Lait virginal. Compofition faite avec de l'efprit de vin où l'on fait infufer du corail, du benjoin, du borax, avec des cloux de girofle, de la cannelle, du mufc & de l'ambre, ce qui la rend propre à blanchir l'eau. Elle eft bonne à fe laver le vifage.

LAITANCE. f. f. *Cette partie des entrailles des poiffons mâles, qui eft de fubftance blanche & molle, & qui reffemble à du lait*. ACAD. FR. On appelle *Laitance de chaux*, la Liqueur claire & blanche que l'on tire de la chaux, quand on l'éteint. C'eft une chaux qui étant détrempée fort clairement, reffemble à du lait. On s'en fert à blanchir des murailles, des plafonds & autres chofes, furtout dans les lieux où il n'y a point de plâtre. On dit auffi *Lait de chaux*.

LAITERON. Efpece d'Endive, dont il y a de trois

trois sortes , l'un rude & âpre au toucher , l'autre , tendre , mol & bon à manger , & le troi- siéme , tendre , & fait comme un fruit , ayant ses feuilles larges qui compatissent la tige branchue. Matthiole ne connoît point ce dernier , mais il dit que des deux autres l'un est raboteux & l'autre lis- sé , & que leurs feuilles sont plissées comme celles de la chicorée ; que neanmoins le Laiteron rabo- teux les a frisées, âpres , piquantes , & qui tirent sur le rouge , & que le lisse ne les a point épineu- ses. Tous les Laiterons ont leur tige de la hauteur d'une coudée , creuse au dedans , molle , frêle , pleine d'un suc de couleur de lait , & c'est de-là qu'ils ont pris leur nom. Ils portent au bout de leur tige une fleur jaune , presque semblable à celle du Senecion , & qui s'évanouit en l'air en fort peu de tems. Le Laiteron que les Grecs nomment σόγκος, est hepathique , stomachique , & nephritique , & il attenue la bile crasse. Son suc a la faculté de faire venir le lait aux femmes avec abondance. On s'en sert dans les fievres bilieuses.

LAITEUX , EUSE. On appelle *Plantes laiteuses* , certaines plantes qui rendent un suc semblable à du lait.

Il y a dans les Antilles , en plusieurs endroits principalement sur les roches & dans les lieux secs & pierreux , un arbre que les habitans appellent *Arbre laiteux* , à cause que quand on l'incise il rend plus de lait que ne feroit une bonne vache. On tient que ce lait est caustique & dangereux. L'arbre est si tendre , qu'on casse ses branches en le branlant , ainsi elles sautent toutes en pieces si l'on y donne un coup de bâton. Il croît gros com- me la jambe , fort égal depuis le bas jusqu'à sa cime , & haut de deux piques. L'extrémité de ses branches qui sont fort courtes , est plus grosse que le milieu. Il porte au bout de chaque branche une vingtaine de fleurs blanches d'assés bonne odeur , & qui ressemblent à celles du jasmin. Elles sont beaucoup plus grandes , à leur chûte quinze ou vingt feuilles croissent au même endroit , longues de deux piés , & larges de quatre doigts , qui finis- sent en pointe , ensorte qu'on les prendroit pour des lames de poignard.

Les Lapidaires appellent *Turquoise laiteuse* , celle dont la couleur n'est pas belle.

LAITIER. s. m. Espece d'écume qui sort des four- neaux à faire le fer. Elle vient des terres & des craies qu'on met pour aider à la fonte de la mine.

LAITON. s. m. Métal factice qui se fait avec du cui- vre rouge , qu'on appelle *Cuivre de rosette* , quand il est pur , & qui devient jaune , lorsqu'il a été fondu avec la calamine , laquelle est un mineral qui ne sert qu'à donner la teinture jaune au cuivre rouge , à en augmenter le poids , & à le rendre plus solide & plus compacte. On écrit aussi *Leton*. Les uns le font venir du Flamand *Latoën* , & les au- tres de l'Anglois *Latten*. Il y en a qui le dérivent du Latin *Electum* , comme étant un métal choisi & fait exprès.

LAITUE. s. f. Herbe qui est cultivée dans les jardins , & qui tient le premier rang entre les herbes pota- geres. On s'en sert aussi dans les salades. Ses feuil- les rafraîchissent , humectent & empêchent les son- ges fâcheux. Sa semence est bonne pour remedier à l'ardeur d'urine , pour appaiser la soif & faire dormir. Il y a une autre Laitue appellée *Sauvage* , qui ressemble à la Laitue domestique , non seule- ment en fleurs & en feuilles , mais aussi en graine. Toute la difference qui s'y trouve , c'est qu'elle est amere au goût , & toute pleine de lait. On

Tome I.

tient que ce lait est bon aux hydropiques , qu'il net- toie la maille de l'œil , & qu'il en chasse les brouil- lards & les éblouissemens lorsqu'il est mêlé avec du lait de femme. Il y a encore une espece de Lai- tue fort estimée , qu'on appelle *Laitue Romaine*. Elle est plus tendre & plus blanche que les autres , & même lorsqu'on l'envelope de terre jusques à la cime. Sa tige est pleine de lait , branchue , & mu- nie de feuilles , qui vont en aiguisant , & qui étant vieilles deviennent ameres. Ses fleurs sont jaunes , & avec le tems s'évanouissent en l'air. Sa graine est longuette , pointue , blanche & quelquefois noire. Ces sortes de Laitues sortent quatre ou cinq jours après qu'elles ont été semées ; & quand elles sont sorties on peut les transporter d'un lieu à un autre.

LAM

LAMANAGE. s. f. Terme de Marine. Travail des Mariniers qui conduisent les Vaisseaux quand ils sortent d'un port , ou quand ils y entrent.

LAMANEUR. s. m. Pilote qui residant dans un port dont il connoît les entrées & les issues , con- duit les Vaisseaux qui ont besoin d'y entrer ou d'en sortir , & leur fait éviter tous les dangers du para- ge. Il y a aussi des Lamaneurs pour les rivieres ; ils conduisent les Vaisseaux dans leurs embouchures ; & comme les bancs & les syrtes y changent de place presque tous les ans par la force de l'Ocean & des eaux d'amont , on a besoin d'y avoir de sem- blables guides. Ils ont un salaire reglé pour cela par l'Ordonnance qui les condamne au fouet si leur manque de sçavoir fait échoner un Vaisseau ; & s'ils le font par malice , ils sont pendus à un mât. On les appelle aussi *Locmans* ou *Lomens* , du mot *Lomen* , Guide. Quelques-uns prétendent que l'on ait dit *Lamaneur* , comme *Laborans manu* , Tra- vaillant de la main , à cause que ces sortes de Pi- lotes se servent souvent de crocs , de harpins , de cordes & d'avirons pour faire passer le Vaisseau par les endroits qui sont sans danger. D'autres le font venir de *Loman* , qui en bas Breton signifie Maître de Navire.

LAMANTIN. s. m. Poisson entierement inconnu en Europe , & dont il y a un grand nombre dans la riviere des Amazones , qui est à la partie meri- dionale de l'Amerique. Il vient avec l'âge à une telle grandeur , qu'on en a vû qui avoient jusqu'à dix-huit piés de long , & sept de grosseur au mi- lieu du corps. Il a la tête comme celle d'une taupe , & son museau ne differe en rien de celui d'un bœuf. Ses yeux sont semblables à ceux d'un porc , & ses mâchoires à celles d'un cheval. Il n'a point de dents devant , mais seulement une callosité dure comme un os avec quoi il pince l'herbe. Il a trente deux dents molaires aux côtés des deux mâchoi- res , & est sans oreilles , mais en leur place , il a deux petits pertuis où à peine pourroit-on fourrer le doigt. Il entend si clair par ces pertuis que la subtilité de son ouie supplée suffisamment au défaut de sa vûe qu'il a très-foible , ses yeux ayant peu d'humeur & point d'iris , & ses nerfs optiques étant très-petits. Cet animal est sans langue. Il a sa tra- chée-artere , & son œsophage comme les a une vache , & le poumon , le cœur , le foye , la pan- se , les boyaux , la rate , le diaphragme , le me- diastin , & le mesentere comme la torme. Son sang n'est ni chaud ni froid , & ne se fige jamais. Au défaut de sa tête , il a sous le ventre deux pe- tites pates en forme de mains , chacune ayant qua- tre doigts fort courts & onglés ; ce qui a fait que les Efpagnols l'ont appellé *Manati*. Il appetiffe tout d'un coup depuis le nombril , & ce qui refte de fon corps , eft ce qui forme fa queue , laquelle eft faite en pelle de four. Elle eft large d'un pié & demi , épaiffe de cinq à fix pouces , toute compofée de graiffe & de nerfs , & revêtue de la même peau de fon corps , qui eft de couleur brune , ridée en quelques endroits , & parfemée fort clairement d'un poil de couleur d'ardoife , & fort femblable à celui du loup marin. Cette peau qui eft plus épaiffe que celle d'un bœuf lui tient lieu d'écailles. Quand elle eft feche , elle s'endurcit de telle forte qu'elle peut fervir de rondache impénetrable aux fleches des Indiens , ce qui fait que quelques Sauvages allant au combat s'en couvrent le corps pour parer les traits de leurs ennemis. La chair du Lamantin a le goût de celle du veau , mais elle eft beaucoup plus ferme , & couverte en plufieurs endroits d'un lard qui a trois ou quatre doigts d'épais , & qui eft fort bon à larder , & à faire tout ce que l'on fait de celui d'un porc. Sa tête renferme quatre pierres , deux groffes & deux petites , aufquelles on attribue la vertu de faire diffoudre la pierre dans la veffie , & jetter dehors le gravier des reins ; mais comme ce remede fait de grandes violences à l'eftomac par le vomiffement exceffif qu'il caufe , l'ufage en eft dangereux. Ce poiffon vit d'une petite herbe qui croît auprès des roches & fur les baffes qui ne font couvertes que d'une braffe d'eau de mer ou environ. Il paît cette herbe comme le bœuf fait celle des prés ; & après qu'il s'eft faoulé de cette pâture , il va chercher une riviere d'eau douce , où il boit & s'abreuve deux fois le jour. Lorfqu'il a bien bû & bien mangé , il s'endore le mufle à demi hors de l'eau , ce qui le fait connoître de loin par les Pêcheurs , qui fe mettent trois ou quatre au plus dans un petit canot , que celui qui eft fur l'arriere , fait avancer auffi vîte que s'il étoit pouffé d'un petit vent & à demi-voile , en remuant la pelle de fon aviron dans l'eau à droit & à gauche. Celui qui doit darder l'animal eft tout droit au devant du canot fur une petite planche , tenant à la main maniere de pique qu'ils appellent *Vare* , dont le bout eft emboîté dans un javelot ou harpon de fer. Il y en a un autre dans le milieu du canot , dont le foin eft de difpofer la ligne qui eft attachée au Harpon , & de la faire filer quand on a frappé le Lamantin. Lorfque le canot en eft à trois ou quatre pas , fans que perfonne ait parlé de crainte de l'éveiller , parce qu'il a l'ouie très-fubtile , le Vareur darde fon coup de toute fa force , & lui enfonce le harpon le plus qu'il peut dans la chair. Le Lamantin qui fe fent frappé bondit , & fait écumer la mer par tout où il paffe , jufqu'à ce qu'ayant perdu la plus grande partie de fon fang , il eft obligé de s'arrêter. Alors le Vareur tirant fa ligne pour s'en approcher , lui darde un fecond coup de harpon qui le réduit à l'extrémité , de forte que les pêcheurs quant ils veulent , s'il eft trop grand pour le pouvoir embarquer dans leur canot. Si c'eft une femelle qui ait des petits , on eft affuré de les avoir , parce qu'ils fentent leur mere , & ne font que tournoyer autour du canot jufqu'à ce qu'on les ait pris. Quelques-uns difent qu'elles en ont deux tout à la fois , & d'autres qu'elle n'en ont qu'un. Après qu'elles l'ont produit , elles le portent toûjours avec elles , le tenant entre les deux pates qu'elles ont , & l'alaitent dans la mer , comme une vache allaite fon veau fur terre. Elles ont deux mammelles entierement femblables en fituation , en grandeur , groffeur , figure & fubftance , à celles des femmes noi-

res. La chair de cet animal , qui eft courte , vermeille , appetiffante , & entremêlée de graiffe , fait une bonne partie de la nourriture des Habitans de la Guadaloupe , de faint Chriftophe , de la Martinique , & des autres Ifles voifines , où l'on en apporte tous les ans de la Terre-Ferme plufieurs Navires chargés. La livre s'y vend une livre & demie de petun.

LAMBDOIDE. adj. Terme d'Anatomie. On appelle *Lambdoide* , la troifiéme future vraie du crane , & cette epithete lui eft donnée à caufe que cette future reprefente la lettre nommée par les Grecs λάμβδα.

LAMBEAU. f. m. *Morceau , piece d'une étoffe déchirée.* ACAD. FR. M. Ménage fait venir ce mot de *Lamina* , dont on a fait *Lamba* , & *Lambellum* , ou de *Limbus* , qui veut dire la même chofe. Borel croit qu'il vient de *Flambe* , comme Oriflamme Banniere de France.

Lambeau. Terme de Chaffe. Peau velue du bois d'un Cerf , que cet animal dépouille en de certains tems.

Lambeau. Terme de Chapelier , Morceau de toile fur quoi on donne la forme au chapeau.

Lambeau ou Lambel. Termes de Blafon. Sorte de brifure , la plus noble de toutes. Le Lambeau fe forme par un filet qu'on met d'ordinaire au milieu & le long du chef de l'écu , & qui n'en touche point les extrémités. Sa largeur doit être de la neuviéme partie du chef. Il eft garni de pendans qui reffemblent au fer d'une coignée. Quand il y en a plus de trois , on eft obligé d'en fpecifier le nombre. On en met quelquefois jufques à fix dans les écus des cadets. Le Pere Meneftrier dit que *Lambel* & *Lambrequins* , font des mots venus de *Labels* & de *Labeaux* , que l'on difoit autrefois au lieu de Lambeaux ; que ces Labels étoient anciennement des rubans en forme d'Aiguillettes que les jeunes gens portoient au cou , comme aujourd'hui l'on y porte des cravates ; que ces rubans s'attachoient au col du heaume , & que lorfqu'il étoit placé fur l'écu , il en couvroit la partie la plus haute , ce qui fervoit à diftinguer les enfans de leurs peres , à caufe qu'il n'y avoit que les jeunes qui n'étoient pas encore mariés qui les portaffent ; que c'eft de-là qu'eft venu l'ufage d'en faire les brifures & les marques de diftinction , & que les Etrangers qui n'ont pas eu cet ufage , lui ont donné divers noms , les Italiens l'ayant nommé *Raftello* , Rateau , quelque Allemans *Brucken* , Ponts , & quelques Auteurs l'ayant pris pour des gouttes d'Architecture , dont on lui donne aujourd'hui communément la figure. *Lambeau* , dit Nicod , *fignifie une petite piece détaillée , foit de drap , velours ou autre étoffe , qui ne tient que de peu à autre chofe. La defcente de ce mot femble être de Lamberare , Mettre en pieces , mais en fait d'armoiries , Lambeau eft une efpece de brifure , laquelle , comme Toifon d'or , Roi d'armes du Duc de Bourgogne , a laiffé par écrit , ne peut eftre portée en efcu , que par les fils aifnez feulement ; de forte , comme il dit , que fi à un pere furvivent deux fils , le puifné ne peut prendre les Lambeaux , parce que fon aifné fe peut marier , & avoir un fils auquel les Lambeaux appartiennent. Quant au Lambel ou Lamban , il eft toûjours mis au chef de l'efcu , par travers d'icelui , à trois billettes pendans , comme il fe voit en l'efcu d'Orleans , & plufieurs autres. Aucuns tirent ce mot de Lemnifci , qui font petites bandelettes de la naifve couleur de la laine dont elles font faites , qui anciennement pendoient du cercle ou diademe des Couronnes , comme dit Feftus.*

LAMBIQUER. v. a. Vieux mot. Diſtiller.

Toute l'humeur qu'un Amant martyré
Peut lambiquer ſous l'ardeur d'une flame.

LAMBIS. ſ. m. Grand Limaçon qui ſe trouve dans les mers des Iſles de l'Amerique. Sa coque eſt ſi prodigieuſement groſſe, qu'on en voit qui peſent plus de ſix livres. Il ſemble que ce ſoit une petite roche, tant elle eſt rude & relevée en pluſieurs endroits par de petites boſſes ou pointes, hautes d'un pouce, & de la groſſeur du doigt. Elles ſont ouvertes par deſſous, & faites d'un côté comme un lambeau de bord de chapeau. Tout le dedans eſt poli & luiſant, & d'une couleur de chair fort vive. Les Sauvages les rompent par morceaux, & a force de les aiguiſer ſur des roches, ils en font de petites lames plates, & longues comme le doigt, & après les avoir percées, ils les pendent à leur col, ce qui leur paroît un ornement precieux. Dans cette coque eſt renfermé un gros Limaçon, qui tire une langue pointue & longue d'un demi pié, dont il leche ſa bave & le bord de cette coque. C'eſt apparemment du Latin *Lambere*, Lecher, qu'il a été appellé *Lambis*. Sa chair eſt ſi dure qu'on n'en peut manger à quelque ſauſſe qu'on la puiſſe mettre. Les Sauvages qui la font cuire avec de l'eau de marine pour l'amollir, ne laiſſent pas d'en manger aſſés ſouvent. Sa coque étant calcinée & mêlée avec du ſable de riviere, on en compoſe un ciment qui reſiſte à la pluye & à toutes les injures du tems. Ce Lambis s'entonne auſſi comme un cor de chaſſe, & s'entend de loin, ce qui eſt cauſe que les Habitans s'en ſervent pour appeller leurs gens aux repas.

LAMBOURDE. ſ. f. Terme de Charpenterie. Piece de bois de ſciage qui a trois pouces en quarté, que l'on met ſur les planchers pour y attacher des ais, ou du parquet. On appelle auſſi *Lambourdes* des Pieces de bois qui ſont aux côtés des poutres, & où il y a des entailles pour poſer des ſolives.

Il y a une pierre qu'on appelle *Pierre de Lambourde*. Cette pierre eſt tendre comme le ſaint Leu & ſe trouve près d'Arcueil. Elle porte depuis vingt pouces juſqu'à cinq piés; mais on la délite.

LAMBREQUIN. ſ. m. Terme de Blaſon. Les Lambrequins ſont des volets d'étoffe découpés qui deſcendent du caſque. Ils coëffent & embraſſent l'écu pour lui ſervir d'ornement. Quelques-uns diſent *Lamequin*, d'autres *Lambequin*, & il y en a qui croyent que le mot de *Lambrequins* eſt venu de ce qu'ils pendoient en lambeaux, & étoient tout hachés des coups qu'ils avoient reçus dans les batailles. Ceux qui ſont formés de feuillages, entremêlés les uns dans les autres, ſont tenus plus nobles que ceux qui ſont compoſés de plumes naturelles. Le fond & le gros du corps des Lambrequins doivent être de l'émail du fond & du champ de l'écu; mais c'eſt de ces autres émaux qu'on en doit faire les bords. Les Lambrequins étoient l'ancienne couverture des caſques, comme la cotte d'armes étoit celle du reſte de l'armure. Cette ſorte de couverture preſervoit les caſques de la pluye & de la poudre, & c'étoit par là que les Chevaliers étoient reconnus dans la mêlée. On les faiſoit d'étoffe, & ils ſervoient à ſoutenir & à lier les cimiers qu'on faiſoit de plumes. Comme ils reſſembloient en quelque façon à des feuilles d'Acanthe, quelques-uns les ont appellés *Feuillards*. On les a mis quelquefois ſur le caſque en forme de bonnet élevé comme celui du Doge de Veniſe, & leur origine vient des anciens chaperons qui ſervoient de coëffure aux hommes auſſi bien qu'aux femmes.

LAMBRIS. ſ. m. Mot general qui ſignifie toutes ſortes de Platfonds, & les Ouvrages de menuiſerie dont on revêt les murailles. Ainſi quand on dit qu'une chambre eſt toute lambriſſée, on veut dire, Qu'elle eſt toute revêtue de bois par le haut & par les côtés. M. Felibien obſerve, que lorſqu'on attache les Lambris contre les poutres ou ſolives, il faut laiſſer de petits trous afin que le vent y paſſe & qu'il empêche que le bois ne s'échauffe étant l'un contre l'autre, ce qui ſe fait pour prevenir les accidens qui peuvent arriver par les Lambris attachés aux planchers contre les ſolives ou poutres, que la peſanteur du bois fait affaiſſer & arrener, & même ſe gâter & ſe corrompre ſans que l'on s'en apperçoive. On appelle auſſi *Lambris*, Un enduit de plâtre auſſi ſur des lattes jointives, clouées ſur les bois des cloiſons & des platfonds. Quelques-uns ſont venir ce mot du Latin *Ambrices*, Lattes. D'autres le derivent d'*Imbrex*, Tuille. L'aſſemblage par panneaux, montans ou pilaſtres de menuiſerie, dont on couvre les murs d'une chambre ou d'une ſalle, en tout ou en partie ſeulement, eſt appellé *Lambris de menuiſerie*. Celui qui n'a que deux ou trois piés de hauteur dans le pourtour d'une piece, & dans les embraſures des croiſées, s'appelle *Lambris d'appui*, & on dit *Lambris de revêtement*, pour dire, Celui qui eſt depuis le bas juſqu'en haut. Quand il ne paſſe pas la hauteur de l'attique d'une cheminée en ſorte qu'on met de la tapiſſerie au-deſſus, il eſt appellé *Lambris de demi-revêtement*.

On appelle *Lambris de marbre*, Un revêtement par compartiment de diverſes ſortes de marbre, qui eſt ou araſé, ou avec des ſaillies; & *Lambris feint*, Celui qui eſt peint par compartimens de couleur de bois ou de marbre.

LAMBRUSQUE. ſ. f. Eſpece de vigne ſauvage qui eſt toûjours verte. Il y en a de deux ſortes, l'une qui ne rend jamais ſon fruit mûr & qui jette une fleur que l'on appelle *Oenanthé*; l'autre qui rend ſon fruit mûr. Ce fruit eſt fait de petits raiſins noirs & aſtringens. Dioſcoride qui en parle ainſi, ajoûte que ſes feuilles, tendons & ſarmens ont la même proprieté que ceux de la vigne cultivée.

LAME. ſ. f. Petite plaque de metal, déliée à peu près comme un jetton, ou une autre petite piece de monnoie. On appelle auſſi *Lame*, la matiere d'or ou d'argent qui ſe jette dans des chaſſis qu'on diſpoſe pour cela avec du ſable preparé & bien battu. On fait venir le mot de *Lame* du Grec λαμψη, participe de ἔλάω, qui veut dire en Latin, *Ductile opus facio*.

On appelle en Architecture *Lame de plomb*, Un morceau de plomb mince & battu qu'on met entre les tambours d'une colomne, ſous les baſes ou les chapiteaux de pierre ou de marbre poſés à ſec ſans mortier, afin d'empêcher qu'ils ne s'éclatent.

Lame. Terme de Rubanier. Eſpece de petites lattes, qui en ſoutenant les marches, ſe baiſſent & ſe hauſſent comme elles à meſure qu'on remue les piés.

Lame, ſignifie auſſi la partie du métier de Tiſſerant qui ſert à hauſſer & à baiſſer l'étain pour faire courir la navette à travers.

Lame. Terme de Marine. Vagues de la mer qu'elle pouſſe les unes contre les autres quand elle eſt bien agitée. On dit que *La lame vient de l'avant*, *de l'arriere*, que *La lame prend par le travers*, pour dire, que le vent pouſſe la mer de l'un de ces côtés.

LAMÉ', E'E. adj. Terme de Manufacture. *Drap broché & lamé d'or & d'argent*.

LAMIE. ſ. f. Monſtre marin qui eſt d'une ſi prodigieuse grandeur, qu'on a trouvé des hommes entiers dans son estomac. C'est le plus goulu de tous les poissons. Il lui faut peu de tems pour digerer. Il a les dents âpres, grosses & aigues, découpées comme une scie, & de figure triangulaire. Elles sont disposées par six rangs, dont le premier paroît hors la gueule. Celles du second sont droites & les autres courbées en dedans. Ce poisson est une masse si pesante, qu'une charette tirée par deux chevaux ne peut le traîner qu'à peine. Les Lamies sont nommées *Chiens de mer* par quelques-uns.

On a donné ce même nom de *Lamies* à une certaine espece de démons ou de Sorciers qu'on a prétendu qui devoroient les enfans. On le fait venir d'un mot Hebreu qui est interpreté pour un Démon femme qui dévore les enfans, & de là on a appellé *Lamie* le Monstre marin qui porte ce nom, à cause qu'il dévore les petits des autres poissons. Il y en a qui veulent qu'une Lamie soit un animal ayant un visage de femme & toute la partie inferieure d'un cheval.

LAMINOIR. s. m. Terme de Monnoie. Machine composée de deux rouleaux d'acier en forme de cylindre, épais d'environ deux pouces, & en ayant quatre de diametre, entre lesquels on fait passer les lames d'or ou d'argent, & on leur donne l'épaisseur dans laquelle l'espece doit être fabriquée. Ces rouleaux sont fort serrez sur leur épaisseur, enclavés le milieu dans des branches de fer quarré, & tournés par les roues d'un moulin que les chevaux font tourner.

LAMPAS. s. m. Terme de Manege. Enflure qui vient dans le haut de la bouche des chevaux, derriere les pinces de la machoire superieure. On appelle aussi cette tumeur *Feve*.

LAMPASSE', e'e. adj. Terme de Blason. Il se dit de la langue des lions & autres animaux, lorsqu'elle paroît hors de leur gueule, & que l'émail en est different de celui du corps de l'animal. *De gueules au lion d'hermines, armé, lampassé & couronné d'or.*

LAMPE. s. f. *Vase où l'on met de l'huile avec de la meche pour éclairer.* ACAD. FR. Le Pere Kirker enseigne la maniere de preparer des lampes qui jettent une lumiere disposée de telle sorte, qu'elle fait paroître les visages de ceux qui sont presens, noirs, livides, rouges, ou de telle autre couleur que l'on veut. Dans les voutes de l'ancienne Memphis on trouve des *Lampes ardentes* faites de craye cuite en forme d'homme, de chien, de taureau, d'épervier, de serpent, ou d'autres sortes d'animaux. On en a vû qui avoient trois ou quatre lumignons, & d'autres qui en avoient dix ou douze. Ces Lampes brûloient toûjours, ainsi que témoignent les Arabes & les Naturalistes. En 1401. un Paysan déterra proche du Tibre à quelque distance de Rome, une Lampe de Pallas, qui avoit brûlé plus de deux mille ans, comme on le voit par l'inscription, sans que rien eût pû l'éteindre. La flâme s'en éteignit si-tôt qu'on eut fait un petit trou dans la terre. Du tems du Pape Paul III. on trouva hors de la ville de Rome sur la Voie Appie, une de ces Lampes ardentes. Elle étoit dans le tombeau de Tullia, fille de Ciceron, avec ces mots, *Tulliola filia mea.* Cette Lampe qui avoit brûlé pendant tant de siecles, s'éteignit si-tôt qu'elle sentit l'air. Selon l'opinion de plusieurs Sçavans, il y a des choses qui entretiennent le feu, & qui ne se consument point étant allumées, comme la pierre d'Asbeste, d'Amiante; & ce doit être par ces sortes de matieres que ces Lampes n'ont point cessé de brûler. On convient

que le lumignon d'Asbeste est incorruptible, & le Pere Kirker assure qu'il en a vû brûler deux ans dans sa lampe sans aucun dechet. La seule difficulté est de pouvoir bien tirer une huile de l'Asbeste ou de l'Amiante. Il est certain, selon ce qu'en disent plusieurs Arabes & de très-celebres Ecrivains, que les Egyptiens ont eu dans leurs tombes des lampes inextinguibles, qui étoient sans huile d'Asbeste, & dont Schianga, fameux Arabe, rapporte que l'artifice étoit tel. Il y a plusieurs veines de bitume & d'huile de pierre dans l'Egypte. Les Habitans qui s'en apperçurent, firent des canaux souterrains depuis ces veines jusques à leurs tombes; & en mettant une lampe garnie d'un lumignon inextinguible, qui communiquoit à ce canal, il arrivoit que le lumignon ne se consumant point, & l'huile coulant sans cesse, la lampe une fois allumée ne s'étei gnoit point. D'autres croyent que l'air enfermé contracte par succession de tems, & par le mélange des corps grossiers qui s'évaporent, un certain degré d'épaisseur & de consistance, qui fait qu'aussi-tôt qu'un air frais entre, il prend facilement feu par une opposition des qualités contraires. On voit quelquefois briller ces sortes de flammes sur les cimetieres & sur les marais, d'où s'élevent quantité d'exhalaisons épaisses; & ceux qui travaillent aux montagnes, assurent qu'on n'ouvre presque jamais de nouvelles cavernes, qu'on n'en voye sortir de ces feux volages. On rapporte que dans la ville de Fez il y a une Mosquée où sont neuf cens lampes de bronze que l'on a soin d'allumer toutes les nuits. On en voit une à Mexique de huit cens mille écus. Elle est chés les Dominicains, & porte trois cens branches avec leurs bobeches, & cent petites lampes de divers desseins.

On appelle *Cul de lampe*, Un ornement qu'on voit d'ordinaire aux clefs des voutes. Il se fait pour finir & terminer le dessous de quelque ouvrage. On donne ce même nom de *Cul de lampe* à de certains ornemens que l'on grave pour mettre à la fin d'un cuivre quand les ornemens se terminent par en bas en diminuant.

Les Imprimeurs appellent aussi *Cul de lampe*, Une espece de vignette dont ils se servent pour remplir le blanc des pages qui sont la fin d'un chapitre ou d'un livre.

Feu de lampe. Terme de Chymie. Feu doux & lent d'une lampe qui est allumée sous quelque vaisseau.

LAMPETIENS. s. m. Heretiques qui enseignoient qu'il ne devoit point y avoir de difference d'habits entre les personnes Religieuses. Ils approuvoient quelques dogmes des Ariens, & en general ils rejettoient presque toutes sortes de creance. Lampetius leur auteur qui leur a donné son nom, semoit ses erreurs dans le septiéme siecle.

LAMPION. s. m. Sorte de cul de lampe de terre où l'on met de l'huile ou de la graisse pour brûler. On appelle aussi *Lampion*, un Vase de cristal ou de verre, que l'on suspend au milieu des lampes d'Eglise entre le panache & le culot. C'est où l'on met l'huile avec la meche.

LAMPROYE. s. f. Poisson de mer cartilagineux qui ressemble à une anguille, & qui entre dans les rivieres lorsque le Printems commence. La Lamproye a le ventre blanc, la peau lisse, & le dos semé de taches blanches & bleues. Elle n'a point d'os, & sa chair est molle & gluante. On appelle *Lamproye cordée*, Celle qui a passé sa saison, & qui est devenue dure. Quelques-uns font venir le mot de Lamproye *à lambendis petris*, & d'autres de *Nampreda*, qui est le nom qu'a eu ce poisson chés les vieux Gaulois. M. Ménage le dérive du Latin *Lampetra* , qui a été dit pour *Murena* , qui signifie Lamproye.

Il y a aussi une Lamproye de riviere. C'est un petit poisson qui vit d'eau & de fange , & qui n'est que de la grandeur d'un doigt , ou d'un gros ver de terre.

LAMPSANA. f. m. Matthiole est du sentiment de Pline , qui tient que le Lampsana est une espece de chou sauvage , haut d'un pié ayant ses feuilles velues & semblables à celles des navets , si ce n'est qu'il jette ses fleurs blanches. M. Callard de la Duquerie dit que selon Dodonæus c'est une maniere de laiteron , en Grec λαμψάνη de λαμπάζεω Evacuer , à cause que cette herbe frottée avec de l'huile fait partir les taches.

LAN

LANCE. f. f. *Arme d'haft ou à long bois , qui a un fer pointu , & est fort grosse vers la poignée.* ACAD. FR. Borel derive ce mot de l'Hebreu *Lanth* , qui signifie la même chose , & dit que les Lances furent d'abord appellées simplement , *Bois par excellence* , & puis *Bourdons* & *Bourdonasses* ; mais que celles-ci étoient grosses & creuses , d'où est venu le mot de *Bourde* , Bâton qui est gros au bout, dont se servent les infirmes.

On appelle , en termes de Manège , *Main de la lance* , La main droite du Cavalier , & *Pié de la lance* , Le pié du cheval hors du montoir de derriere , à cause que du tems qu'il y avoit des Compagnies de Lanciers , le tronçon de la lance répondoit à ce pié-là , lorsqu'elle étoit à l'arrêt. Aujourd'hui on ne se sert plus de Lances que pour les courses de bagues ; mais autrefois il y avoit des combats de Lance à outrance , à fer émoulu , & d'autres par divertissement pour montrer sa force & son adresse ; & l'on disoit , *Faire un coup de lance , briser la lance , faire voler la lance en éclats.* Quand une Lance avoit son fer émoussé , & non pointu , avec un anneau au bout , on l'appelloit *Lance courtoise , frettée & mornée.* Voici ce que dit Nicod sur le mot de Lance. *Piece des armes offensives que l'homme d'armes porte , laquelle est de bois en longueur de douze à quinze piés , peu plus , peu moins , grosse à l'empoignure & au bas bout , & allant en amenuisant jusques au haut bout , qui est la pointe d'icelle revêtue d'un fer émolu. Elle est portée par l'homme d'armes , droite sur la cuisse , étant rangé en bataille , & couchée sous l'aisselle en arrêt au combat , en Latin* Lancea , *duquel mot il vient , & tous deux du Grec* λόγχη. Lance *aussi se prend pour l'homme d'armes portant la Lance , comme ,* Il a une Compagnie de cent Lances , *c'est-à-dire, de cent hommes d'armes : Et en cette signification , une Lance contient le nombre de cinq chevaux , dont les deux pour le moins doivent être chevaux d'armes & de service , le tiers est pour le coustiller , & les deux autres pour deux archers , qui est ce qu'on appelloit anciennement* Lance fournie , *sans deux autres chevaux de moindre taille pour envoyer au fourrage , & servir de sommiers à porter le bagage. De cette signification aussi procede cette phrase irronique ,* Ha la bonne Lance , ô la hardie Lance , *quand on reproche à quelqu'un sa couardise & sa poltronnie. En matiere de successions Lance en la loi des Anglois , Vverinois ou Thuringeois , au Chapitre des Alluds , est prins pour ligne masculine , tout ainsi que Fuseau , & envers nous Quenouille pour ligne feminine , disant icelle loi , l'horie être passée de la* Lance au Fuseau , *c'est-à-dire , être tombée en quenouille.*

On dit qu'*Un cheval a le coup de lance* , pour dire qu'il a une marque au col ou près de l'épaule , comme s'il avoit été percé d'un coup de lance. Cette marque , qui est toûjours le préjugé de l'excellence d'un cheval , est figurée par une espece de trou ou d'enfoncement , & se trouve à quelques chevaux d'Espagne & de Turquie.

On appelle *Lance d'étendard* , lance de drapeau , Le bâton où est attaché l'étendard.

On dit aussi *Lance d'eau.* C'est un jet d'eau d'un seul ajustage , & dont la grosseur n'est pas proportionnée à la hauteur.

Lance. Sorte d'outil dont se servent les Ouvriers qui travaillent au stuc. Ils l'appellent aussi *Espatule.*

LANCER. v. a. Terme de Chasse. Faire partir la bête du lieu où elle a coûtume de se retirer , comme le cerf de la reposée , le loup du liteau , le lièvre du gîte , le sanglier de la bauge.

On dit , en termes de Marine , *Lancer une manœuvre* , pour dire , Amarrer une manœuvre en la tournant autour d'un bois , mis exprès pour cét usage. On dit aussi d'un Vaisseau à la voile , qu'*Il lance bâbord ou stribord* , lorsque ne faisant pas sa route droite , il se jette d'un côté ou d'autre , soit que le Timonnier gouverne mal , soit par quelque autre raison.

LANCETTE. f. f. Instrument de Chirurgie propre à saigner. Il est composé d'une chasse & d'une lame d'acier fort pointue. On s'en sert aussi pour les scarifications & pour ouvrir un abscès.

LANCI. f. m. Terme de Maçonnerie. On appelle *Lancis* , dans le jambage d'une porte ou d'une croisée , les deux Pierres plus longues que le piédroit , qui est d'une piece. Le Lanci qui est au parement , est appellé *Lanci du tableau* , & celui qui est en-dedans du mur , *Lanci de l'écoinçon.*

LANCIER. f. m. On appelloit ainsi autrefois un Gendarme ou Cavalier qui se servoit d'une lance pour combattre.

LANÇOIR. f. m. Terme de Meûnier. C'est la pale qui arrête l'eau du moulin. On la leve quand on veut le faire moudre , ou faire écouler l'eau du biés.

LANDAN. f. m. Arbre qui se trouve dans les Isles appellées Moluques , & qui croît jusqu'à la hauteur de vingt piés. Ses feuilles ressemblent à celles du Coco , excepté qu'elles sont plus petites. Cét arbre est si gros qu'à peine un homme peut-il l'embrasser. On le coupe neanmoins fort aisément avec un couteau , à cause qu'il n'est composé que d'écorce & de moëlle. L'écorce a un pouce d'épaisseur ou environ , & pour la moëlle on en fait du pain. Elle est faite comme du bois vermoulu , & on la pourroit manger au sortir de l'arbre , en ôtant les veines de bois que l'on y trouve mêlées. Les Habitans après avoir coupé l'arbre , le fendent par le milieu en cylindre , & hachent la moëlle jusqu'à ce qu'elle soit réduite en poudre à peu près comme la farine. Ensuite ils la mettent dans un sas qu'ils font de l'écorce du même arbre , & ce sas est mis sur une cuvette faite de ses feuilles. A mesure qu'il est plein ils l'arrosent d'eau , & l'eau en dégageant la farine d'avec les veines du bois , tombe toute blanche & épaisse comme du lait , dans cette cuvette , au haut de laquelle est une rigole par où elle dégorge en laissant son marc au fond. Ce marc qu'ils nomment *Sagu* , leur sert de farine , & c'est en effet de la farine quand il est sec. Ils la cuisent dans des formes de terre qu'ils font rougir au feu , ensorte qu'en y mettant la farine elle devient pâte , & se cuit en un moment. Cela se fait avec tant de

promptitude qu'un homme seul pourroit en trois
ou quatre heures faire autant de pain qu'il en faut
pour nourrir cent personnes pendant tout un jour.
Ils tirent de ce même Arbre une liqueur aussi
agreable à boire que le vin , & qu'ils appellent
Tuach. Quand les feuilles sont encore jeunes , elles
sont couvertes d'une espece de coton , dont ils font
des étoffes,& lorsque ces feuilles sont plus grandes,
ils en couvrent leurs maisons. Les grosses veines de
ces mêmes feuilles leur servent de perches pour bâtir,& les plus petites sont façon de chanvre avec
quoi ils font de fort bonnes cordes.

LANDE. f. f. Terre sablonneuse & sterile qui n'est
pas propre au labour. Ce mot vient de *Landt* , qui
en Allemand signifie Terre ou Pays.

LANDGRAVE. f. m. Prince ou Seigneur Allemand
qui possede une Seigneurie appellée *Landgraviat.*
Ce mot vient de *Land* , Terre , & de *Graven* , qui
signifioit Juge ; ce que les Latins appelloient *Comes,*
à cause que c'étoit autrefois ces Juges qui rendoient
la justice à la Cour, & cela les obligeoit d'accompagner toûjours l'Empereur.

LANDI. f. m. Salaire ou present que les Ecoliers
donnoient tous les ans à leur Maître en reconnoissance de la peine qu'il avoit prise à les enseigner. Ce present consistoit en quelques écus d'or
qu'on fichoit dans un citron , & qu'on mettoit dans
un verre de cristal. D'autres disent que cet argent se
donnoit au Recteur de l'Université de Paris , &
qu'on le mettoit dans une bourse commune pour
fournir aux frais qu'il faisoit lorsqu'il alloit en cérémonie à S. Denys au tems de la Foire , qui a été appellée *La Foire du Landi.* Il y avoit toûjours un grand
nombre d'Ecoliers qui l'accompagnoient. Ce droit
de Landi a été aboli par un Reglement de la Cour.
Ce mot vient de ces mots Latins *Annus dictus* , ou
de *Indictum* , qui signifioit une Foire , *Ferie indicta.*
Du Cange est pour *Indictum.* Quelques-uns écrivent *Landit.*

LANDIE. f. f. Terme de Medecine. C'est ce qu'on
appelle autrement Nymphes ou Dames des eaux,
qui sont de petits ailerons ou parties molles & spon-
gieuses qui sortent & avancent hors les lévres de la
matrice. Quelques-uns font venir ce mot de *Len-
dica.*

LANDON. f. m. Vieux mot. Petite lande ou pâturage.

Si comme bêtes sans landon ,
Sans pastour & sans conduiseur.

LANERET. f. m. Sorte d'oiseau de proie qui est plus
petit que le Faucon. C'est le mâle du lanier. On l'appelle en Latin , *Tertiarius , Asterias.*

LANGE. f. m. *Morceau d'étoffe , dont on envelope les
enfans au maillot.* ACAD. FR.
Les Imprimeurs de Taille douce appellent *Lange*
Un morceau de drap qui sert à presser la feuille qui
est sur la planche gravée. Il se dit encore d'un morceau de drap fait en quarré que mettent les Carton-
niers sur les formes gravées. Borel fait venir *Lange*
de *Linge* ou *Lanage.* On disoit autrefois *En Langes,*
pour dire , En chemise.

Dames faisant leurs peintures ,
Alloient piés nuds & en langes.

LANGOUSTE. f. f. Petit Insecte ailé & fort en
jambes , qui vole par la campagne & qui dépeuple
les blés. On l'appelle autrement *Sauterelle* , & en
Latin *Locusta.* Il y en a de plusieurs sortes dans les
Antilles , dont les unes ne sont remarquables que
parce qu'elles sont une fois plus grandes que celles
qu'on voit ici dans les blés. Leur couleur est verte
ou rousse. On les trouve ordinairement sur les arbres qui ont les feuilles un peu tendres , comme

sur les Gommiers blancs. Parmi ces Langoustes il y
en a une espece fort hideuse , & en même..tems
fort dangereuse. Celle-là est grosse comme le tuyau
d'une plume d'oye , longue de six à sept pouces ,
& divisée en neuf ou dix sections ou jointures,dont
la premiere divise le corps d'avec la tête qui est
presque ronde , & qui a deux petits yeux qui s'é-
lancent au-dehors comme ceux des Crabes , avec
deux longs poils qui lui tiennent lieu de cornes.
Tout le corps , qui est parsemé de petites excrescences , grosses à peu près comme des pointes d'épingles , va toûjours en amenuisant jusques à la queue,
qui est encore divisée en trois nœuds. Au bout de
ces nœuds sont une maniere de fourreau , qui couvre un petit aiguillon , dont la piqueure , cause par tout le corps un fremissement ou tremblement , qui passe en fort peu de tems , & qui s'appaise sur l'heure lorsqu'on frotte l'endroit piqué
avec de l'huile de palme. Cette bête a six grands
piés , comme ceux des Sauterelles , deux à la premiere jointure , qui divise la tête d'avec le corps ,
deux autres à la seconde , & les deux dernieres à la
quatriéme. Elle ne pique personne , si ce n'est
qu'on la serre en la touchant. Il y en a une autre
presque semblable , mais la moitié plus petite , &
sans aiguillon.

Langouste. Poisson qui n'a point de sang , & qui
est couvert d'un têt mou , ayant deux longues cornes
garnies d'aiguillons devant les yeux , & deux autres
au-dessus plus déliées & plus courtes. Il a le dos rude & plein d'aiguillons , deux piés de chaque côté ,
la queue comme les écrevices , & il se dépouille de
sa couverture de même que le Serpent se dépouille
de sa peau.

Il y a aussi une espece de *Langouste de mer* , que
Dioscoride nomme *Hippocampus* , & ce nom lui
est donné , selon quelques-uns du mot de Chenilles
que les Grecs appellent *Campes* , & dont elle a presque la figure, comme voulant dire, grande Chenille,
le mot de ιππος , ne servant quelquefois qu'à augmenter dans la composition d'un mot , comme dans
Hipposelinum, qui veut dire , *Apium majus.* D'autres disent que cette Langouste est ce petit poisson ,
ou plûtôt monstre de mer , appellé *Dragon* , ou
Cheval marin , qui ne vaut rien à manger , & qu'on
nomme *Hippocampus* , de ιππος Cheval , & de
καμπη , Pli , à cause qu'il a le col & la tête d'un
Cheval. Voici la description qu'en fait Matthiole.
Il est long de la largeur de six doigts. Il a le bec
long & creux comme un flageolet , les yeux ronds ,
deux arêtes sur les cils qui se changent en cheveux
lorsqu'il est en mer , & le front sans aucun poil. Le
devant de la tête & le dessus du col sont velus , ce
qui ne se voit qu'aux vifs , car dès qu'ils sont morts,
tout ce poil tombe. Il porte au dos une espece d'aile , dont il se sert pour nager. Son ventre est blanchâtre , gros & enflé. La femelle est encore plus
ventrue , & a sous le ventre une issue pour produire
ses œufs , outre une fendasse qui lui est commune
avec le mâle pour jetter ses excremens. Sa queue
est quarrée & recourbée en maniere de crochet , &
tout son corps comparti & formé de petits cercles
cartilagineux & pointus. On lui voit depuis la tête
jusques à la queue deux rangs d'arêtes mi-parties ,
ayant leurs lignes fort droites , & qui se répondent également , en sorte que le col même n'en
est pas divisé , & que celles qui l'environnent se
rapportent aux autres , & continuent dans leur proportion jusqu'au bout. Galien dit que la cendre
de cette bête est bonne pour faire renaître le
poil , si on la mêle , ou avec de la poix fondue ,
ou avec du sein de pourceau , ou avec de l'onguent

de grosse marjolaine. C'est aussi le sentiment de Dioscoride.

LANGUE. s. f. *Cette partie charnue & mobile qui est dans la bouche de l'animal, & qui est le principal organe du goût, de la parole.* ACAD. FR. La Langue est soutenue au fond de la bouche par un os que l'on appelle Hyoide, & qui est composé de trois pieces aux hommes, & de neuf, dans les animaux qui ruminent. Il a quatre apophyses, deux inferieures & deux superieures, les premieres l'attachent aux ailes du cartilage Thyroide, & les autres le tiennent attaché aux apophyses Styloides par le moyen des ligamens. Six muscles, dont il y en a trois de chaque côté, font faire tous les mouvemens de la Langue. Le premier, qui est le *Genioglosse*, s'attache à la partie inferieure & moyenne du menton, & va s'inserer à la racine de la Langue qu'il fait sortir de la bouche en agissant. Le second qu'on appelle *Basiglosse*, prend de la partie superieure de la base de l'os hyoide, & s'insere à la racine de la Langue auprès du premier. C'est ce second muscle qui abaisse la Langue en agissant. Le troisiéme la tire à côté en s'attachant à sa partie laterale. Il prend de l'opophyse Styloide, & se nomme *Styloglosse*. La Langue est couverte de trois membranes, de trois sortes de vaisseaux & de quantité de plants de fibres qui la traversent. La premiere de ces trois membranes est très-mince. C'est la plus extérieure, & on la peut regarder comme l'epiderme qui couvre tout le corps, & qui défend les papilles nerveuses qui sont dessous, des approches de l'air. La seconde, qui est bien plus dense, est percée comme un crible, ce qui la fait appeller *Raiseau*. La troisiéme est composée d'un grand nombre de papilles nerveuses qui passent à travers la membrane reticulaire, & qui viennent aboutir à la premiere qui reçoit toutes ces papilles dans des étuis. Ce sont ces petites papilles qui sont ébranlées à l'occasion des sels contenus dans les alimens & qui nous font la sensation du goût plus ou moins forte selon la qualité des sels. Le Lion, animal très-carnassier, a la Langue toute herissée de pointes qui regardent le fond de la gueule. Ainsi lorsqu'il l'applique sur quelque corps un peu tendre, il emporte le morceau. La Langue du Loup cervier est toute semblable, avec cette difference neanmoins, que les pointes depuis l'extrêmité jusqu'au milieu sont fort aigues & fort dures regardant le fond de la gueule, & que celles qui sont depuis la racine jusques au milieu, sont tournées à l'opposite, plus mousses & moins dures. Les pointes pyramidales, dont le Chat a la Langue toute herissée, en font la rudesse. Ces pointes sont des élevations qui sont sur la Langue de tous les animaux, servent à faire que l'aliment y séjourne quelque tems, & qu'il soit davantage pénétré par la lymphe qui se trouve dans la bouche. Elles servent aussi à faire la dissolution des sels que les alimens contiennent. D'ailleurs elles défendent ces petites papilles de l'approche des corps durs, sans quoi le frequent attouchement contre ces mêmes corps les auroit rendues calleuses, ce qui auroit privé l'animal de cette sensation. La Langue a trois genres de vaisseaux, sçavoir, des branches de la carotide externe qui lui porte le sang pour sa nourriture; des veines qui rapportent le residu du sang dans les jugulaires, & que l'on nomme *Ranules*, & pour troisiéme genre de vaisseaux, le nerf. Elle en reçoit un rameau très-considerable qui vient de la troisiéme branche de la cinquiéme paire, un de la huitiéme & un autre de la neuviéme. Ils vont se perdre tous trois dans sa substance, & forment les

papilles nerveuses dont on a parlé. Il se trouve quantité de glandes & beaucoup de graisse à sa base, & c'est ce qui rend les Langues de bœuf si délicates. La substance de la Langue est composée de plusieurs plans de fibres qui se croisent presque en tout sens. Sous la Langue est une membrane fort fine, appellée *Filet*. Elle est quelquefois attachée à la gencive interieurement, & c'est ce qui empêche les enfans de teter, à cause que la Langue est le principal instrument pour cette action, qui se fait en portant son extrêmité sous le mammelon, & la lévre superieure dessus, & pressant par secousses obliques la liqueur qu'il contient, de sortir & de rayonner dans la bouche. Tout ceci est de M. Drouin Maître Chirurgien do l'Hôpital General. Ceux qui voudront sçavoir pourquoi les saveurs sont differentes, en trouveront la raison en lisant la description qu'il fait de la structure de la Langue. Les Serpents ont la Langue mince & à trois fourchons branslans & fort longs. Les Lezards l'ont fourchue & velue; & les Veaux marins l'ont double. Le mot de *Langue*, a été fait du Latin *Lingua*, que Varron dérive de *Ligare*, à cause que la Langue est comme liée dans l'enclos des dents. Il y en a qui font venir *Langue* de *Lingere*, lescher.

On appelle *Langue*, les huit Nations dont l'Ordre des Chevaliers de Malte est composée. Il y en a trois pour le Royaume de France, *la Langue de Provence, la Langue d'Auvergne, & la Langue de France;* deux pour l'Espagne, *la Langue d'Arragon, & la Langue de Castille.* Les trois autres Langues sont pour l'Italie, pour l'Allemagne & pour l'Angleterre.

Langue de Bœuf. Plante dont les feuilles & les fleurs sont d'usage en Medecine, & la racine plus qu'aucune autre partie de la Plante. On l'appelle autrement Buglose. Voyez BUGLOSE.

Il y a aussi un outil de Maçon qu'on nomme *Langue de bœuf.* On appelloit autrefois Langue de bœuf, Une espece de halebarde, dont le fer étoit en forme de Langue de bœuf.

Langue de Cerf. Plante que l'on appelle en Latin *Lingua cervina*, & qui est selon quelques-uns le scolopendre commun. Elle croît ordinairement dans les forêts, & dans les lieux fort couverts & ne porte ni fleur ni semence. Ses feuilles sont plus longues & plus vertes que celles de l'oseille, & ne laissent pas de leur ressembler.

Langue de Bouc. Sorte de Buglose sauvage, dont les feuilles sont menues, rudes, grasses & rougeâtres. Elle a plusieurs tiges menues & de petites feuilles noires, sur-tout à la cime. Les fleurs sont rouges, & on y trouve des grains semblables à une tête de Vipere, ce qui l'a fait nommer par les Grecs Ἐχιον, du mot Ἐχις, qui veut dire Vipere mâle. La racine de cette plante est noirâtre.

Langue de Cheval. Plante dont les feuilles sont piquantes & semblables au mirte sauvage, & qui produit à sa cime certaines Langues qui sortent de ses feuilles. Voyez HIPPOGLOSSUM.

Langue de Chien. Plante qui est sans tige, & dont les feuilles sont couchées par terre & semblables à celles du grand Plantain. Voyez CYNOGLOSSUM.

Langue de Serpent. Herbe vulneraire, de la racine de laquelle sort une petite tige qui porte au bout une petite Langue pâle comme celle d'un serpent. On la met au rang des serpentines, & les Grecs la nomment *Ophioglossum*, de ὄφις Serpent & de γλῶσσα Langue.

Langue. Terme de Vitrier. Fente qui se fait sur le verre lorsqu'on le coupe. On se sert presentement d'un diamant fin pour couper le verre , mais autrefois on n'employoit pour cela que l'émeril , & comme il ne pouvoit pas couper les plats ou tables de verre épais , on se servoit d'une verge de fer rouge , ce qui se fait encore quelquefois. On la pose contre le verre que l'on veut couper , & en mouillant seulement le bout du doigt avec de la salive qu'on met sur l'endroit où la verge a touché ; il s'y forme une Langue , c'est-à-dire , une fente que l'on conduit où l'on veut avec cette verge rouge.

LANGUE', e'e. adj. Terme de Blason. Il se dit de la langue des Aigles , quand elle est d'un autre émail que le corps de cet Oiseau. D'or à l'aigle au vol abaissé , langué , & membré de gueules.

LANGUETTE. s. f. Petite sous-pape à ressort qui sert à ouvrir & à fermer les trous de quelque instrument à vent. C'est aussi en termes d'Organiste la partie du tuyau qui est taillée en biseau , ou en talus , qui sert à couper , & à fendre le vent qui entre dedans. Languette , se dit encore d'une petite lame de laiton , plate , mobile & tremblante , qui couvre le concave du demi cylindre des tuyaux à anche.

On appelle Languette de balon , Un petit morceau de bois rond percé des deux côtés , auquel on attache la vessie , & par lequel on soufle dans le balon.

Languette. Terme de Potier d'étain. Morceau d'étain gros comme le doigt , qui est au milieu du couvercle d'une pinte. Il est enchassé à l'anse , & on leve le couvercle en mettant le doigt dessus.

Languette. Terme d'Orfévre. Petit morceau d'argent laissé exprès en saillie , & hors d'œuvre aux ouvrages d'Orfévrerie , & que l'Affineur retranche & éprouve par le feu avant que de les contremarquer du poinçon de la Ville.

On appelle Languettes de chausse d'aisance , des dales de pierre dure qui séparent d'une chausse d'aisance à chaque étage jusques à hauteur de devanture , ou plus bas. Il y a aussi Une Languette de puits. C'est une dale de pierre qui sous un mur mitoyen , descend plus bas que le rés de chaussée , & partage également un puits ovale entre deux proprietaires.

Languette. Terme de Medecine. Muscle du larynx , fait en forme de Languette du haut-bois , qui ouvre la luette.

LANGUEUR. s. f. Abattement , état d'une personne qui languit. ACAD. FR. La langueur que l'on remarque souvent dans les fonctions des parties & dans les forces , vient de la naissance , ou elle vient insensiblement depuis la naissance , ou elle demeure après quelque maladie. Elle est toûjours accompagnée d'un pouls tardif & petit , ou foible & languissant , rare quelquefois , intermittent & se cachant par des intervalles reglés ou non reglés. On appelle ordinairement Lassitude contre nature , L'abatement des sens tant internes qu'externes , & même du mouvement du corps , qui accompagne souvent la langueur des forces. Il y a aussi un abbatement subit des forces , qui dure peu , mais qui revient par intervalles tantôt reguliers , & tantôt irreguliers. Il a trois degrés qui sont la Lipothymie ou défaillance , la Syncope , & l'Abolition entiere du pouls pour un tems.

LANIER. s. m. Oiseau de proie , qui est bon pour le liévre & la perdrix. Il est plus petit que le Faucon , & a le bec & les piés bleus. Ses plumes sont mêlées de blanc & de noir sur l'estomac , c'est la femelle du Laneret Quelques-uns dérivent ce mot A laniandis avibus.

LANQUERRE. s. f. Peau en forme de gros & large bourlet , qui se met au-dessous des reins en maniere de ceinture , & qui soûtient un homme sur l'eau.

LANTERNE. s. f. Sorte d'ustencile de verre , de corne , de toile , ou d'une autre chose transparente , où l'on enferme la chandelle , de peur que le vent ou la pluie ne l'éteigne. ACAD. FR. On appelle Lanterne d'Eglise , Une petite Tribune , qui sert d'Oratoire dans une Eglise , & où l'on est moins distrait dans ses prieres. Elle est vitrée ou fermée de jalousies , & faite en forme de cage de menuiserie.

Lanterne de moulin , est une petite machine presque en forme de moulin , garnie de ses fuseaux , & au travers de laquelle passe un fer qui fait tourner la meule.

Lanterne , est aussi une espece de petit Dome sur un grand ou sur un comble , afin de donner du jour & de servir d'amortissement. Lanterne , se dit encore d'une cage quarrée de charpente , garnie de vitres au-dessus du comble d'un corridor de Dortoir ou d'une galerie entre deux rangs de boutiques pour l'éclairer.

On appelle Lanterne d'escalier , Une tourelle élevée au-dessus d'une plate-forme pour couvrir la cage ronde de l'escalier par où l'on y monte.

Lanterne. Terme d'Orfévre. La partie d'une crosse d'Evêque , ou d'un bâton de Chantre , qui est grosse & à jour , & qui en quelque façon represente une Lanterne.

Lanterne. Instrument de Canonnier , fait en forme d'une longue cueillier ronde , qui est attaché au bout d'un bâton. On s'en sert à mettre la poudre & la bale dans l'ame d'un canon lorsqu'on le charge sur mer.

Lanterne. Instrument d'Essayeur d'or ou d'argent. C'est une petite construction de menuiserie en forme de petit cabinet , où sont suspendus deux trébuchets ou balances très-fines. Comme il ne faut point que le moindre vent agite ces trébuchets , le dessus & les côtés du petit cabinet ou tabernacle sont fermés avec du verre.

On appelle Lanterne Magique , Une petite machine d'Optique par le moyen de laquelle on fait voir sur une muraille , lorsqu'il fait obscur , plusieurs spectres & monstres affreux , ce que l'on prend pour un effet de Magie , quand on en ignore le secret. Cette machine est composée d'un miroir parabolique qui réfléchit la lumiere d'une bougie , & cette lumiere sort par le petit trou d'un tuyau , au bout duquel est un verre de lumiere. On coule entre deux successivement plusieurs petits verres peints de differentes figures qu'on choisit toûjours les plus extraordinaires & les plus capables de donner de la frayeur. Toutes ces figures se representent en plus grand volume sur la muraille opposée.

LANUSURE. s. f. Terme d'Architecture. Piece de plomb qui est au droit des arrêtiers & sous les épis ou amortissemens. On l'appelle autrement Basque , à cause qu'elle est coupée en forme de basque.

LAP

LAPATHUM. s. m. Dioscoride dit qu'entre les especes de Lapathum , on appelle Oxylapathum , celle qui a les feuilles aigues & dures aux extrémités , & qui croît dans les marais. On l'appelle autrement Patience ou Parelle. L'autre Lapathum se seme , quoiqu'il croisse souvent de soi-même dans les jardins , & même dans les champs cultivés. Il a la feuille un peu moindre que les betes noires , & presque semblable à celle du plantain , se panchant vers

vers la terre. Sa tige est d'une coudée de haut. Elle est ridée, & jette une fleur rouge, & une petite graine noirâtre & reluisante. Sa racine est de couleur safranée, amere, & entierement semblable à l'oseille. La troisiéme espece de Lapathum est sauvage, petite, molle, & ressemble au plantain. Il y en a une quatriéme espece appellée *Oxalis* ou *Anaxyris*, qui a ses feuilles comme l'oseille sauvage. Sa tige est petite & sa graine rouge, pointue & mordante. L'herbe & la tige de tous Lapathes cuits, lâchent le ventre, & si on les applique crus avec du saffran ou de l'huile rosat, ils resolvent les Melicerides, qui sont des ulceres qui jettent une boue semblable au miel. Leurs racines prises avec du vin, guerissent la jaunisse, provoquent les mois aux femmes, rompent & diminuent les pierres de la vessie, & servent aux piqueures des Scorpions. *Lapathum* vient du Grec λαπάσσειν Amollir, évacuer.

LAPIDIFICATION. s. f. Terme de Chymie. Action par laquelle une substance est convertie en pierre. On dissout pour cela quelque métal dans un esprit corrosif, & on fait cuire la dissolution en consistance de pierre. On fait la Lapidification des métaux, des sels fixes, & des sels des plantes.

LAPIDIFIER. v. a. Réduire les métaux en pierre par le moyen de la calcination.

LAPIDIFIQUE. adj. On appelle *Suc lapidifique*, Un certain suc de la terre par lequel tous les Mineraux s'engendrent.

LAPIN. s. m. Petit Animal sauvage, qui se retire dans les bois où il creuse des terriers, mais qui s'apprivoise assés aisément. Il est gris, couleur de cendre, blanc, noir & marqueté. Il y en a dont la couleur tire sur le roux. On ne le chasse point comme le lièvre, & on le prend à l'affût. Il a les oreilles droites & une queue courte.

LAPINE. s. f. La femelle du Lapin. On l'appelle communément *Hase*. Les Lapins peuplent beaucoup, & on tient que les femelles portent tous les mois cinq ou six petits. M. Ménage fait venir ce mot de *Leporellus*, ou de *Lepinus*, diminutif de *Lepus*, Lièvre.

LAPIS. s. m. Sorte de pierre précieuse, bleue, qui est opaque, & marquetée de petits points d'or. Dioscoride dit qu'elle croît en Chypre, aux mines de bronze, & qu'on en trouve pourtant en plus grande quantité parmi les sables de la mer en certaines cavernes creusées par les flots. Le meilleur Lapis est celui qui est le plus chargé en couleur. On le trouve en morceaux quarrés ou ovales qui ont quelquefois six à sept pouces de haut. Il est plus tendre que l'Agate, & sert à orner les cabinets & autres ouvrages. Les Arabes appellent cette pierre *Lapis azuli* ou *Lapis lazuli*, d'où vient le mot d'*Azur* qui est la même chose. Les Grecs le nomment κύανος, Pierre bleue. Aussi l'azur d'outremer est-il composé de celui qui ne peut être employé. On le brûle comme le Vitriol, & on le lave de même que la calamine. Matthiole dit qu'il a grand rapport avec la pierre Armenienne, non seulement en ce que ces deux pierres croissent dans les mêmes mines : & l'une avec l'autre, mais parce qu'elles ont presque les mêmes proprietés pour évacuer les humeurs mélancoliques, de sorte que quelques Arabes les ont confondues. Toute la difference qu'il y a, c'est que le Lapis lazuli est tout marqueté de filets d'or, & que la pierre Armenienne est parsemée de verd & de noir. Pour bien choisir la pierre d'azur appellée *Lapis stellatus*, par Mesué, il faut qu'elle soit d'une couleur azurée qui devienne plus bleue en la brûlant, pesante, polie, & qu'on y voye éclater quan-

tité de petites paillettes d'or. Elle est bonne pour la vûe, & tient l'esprit gai si on la porte sur soi. Etant brûlée & lavée, elle recrée toutes les parties internes.

LAPPA. s. f. Sorte d'herbe dont il y a de deux sortes. La *Lappa major*, que Dioscoride appelle *Personata*, a les feuilles comme la courge, mais plus grandes, plus velues, plus noires & plus épaisses. Elle a sa tige blanchâtre, & n'en jette aucune quelquefois, Sa racine est blanche au-dedans, & noire au-dehors. Cette racine pilée & appliquée en façon de cataplasme, appaise les douleurs des détorses & des jointures, & ses feuilles enduites sur de vieux ulceres, y sont fort propres. La *Lappa minor* ou *Lappa Inversa*, qu'on appelle aussi *Petite Dardane*, ou *Petit Glouteron*, croît aux lieux gras & aux étangs desséchés. Sa tige est haute d'une coudée, anguleuse, grasse, & toute garnie d'ailes & de concavités. Ses feuilles sont déchiquetées & ont l'odeur du cresson alenois. Son fruit est comme une grande olive, rond, épineux, houssu, & piquant ainsi que le fruit du plane, lorsqu'il est mûr ; il s'attache aux vêtemens des passans. Sa graine est fort bonne, étant appliquée sur les tumeurs & enflûres.

LAQ

LAQUE. s. f. Espece de gomme un peu rougeâtre, dont on fait la cire d'Espagne, & qui entre dans la composition du Vernis, & sert à plusieurs autres usages. Elle se fait aux Indes par le concours d'une infinité de petits moucherons, qui s'amassent sur de petits bâtons gluans, disposés exprès pour les y faire venir, après quoi on ratisse ces bâtons. Il y en a qui croyent que la Laque se fait du suc d'un certain Arbre fort haut qui se trouve abondamment dans plusieurs endroits des Indes Orientales, comme au Pegu, à Bengala, & à Malavar, où de grandes fourmis qui sont ailées viennent tirer ce suc, qu'elles convertissent en Laque, comme les abeilles convertissent celui des plantes en miel. Cette Laque demeure congelée aux branches, en sorte qu'il s'y trouve assés souvent des ailes de fourmis. D'autres veulent que cette Laque sorte d'elle-même sans aucune incision de l'arbre, & qu'elle s'attache & s'endurcit autour des rameaux. Il y a une gomme précieuse, appellée *Laqué*, qu'on apporte de la Chine. Elle est de couleur rouge, & vient à une espece de Cerisier.

La Laque des Apothicaires, nommée par les Latins *Cancamum*, est une gomme rousse & claire, presque semblable à la myrrhe, & qui environne les rameaux d'un Arbre que nous ne connoissons pas. Matthiole dit qu'il y en a de deux especes, dont la seule difference est en la bonté, la meilleure appellée *Lacca Sumetri*, & la moindre, *Lacca Combreti*, qui peut-être, ajoûte-t'il, ont pris leurs noms des lieux d'où on les apporte, soit d'Arabie, soit d'ailleurs. On la cuit pour servir de teinture rouge aux draps, & cette teinture se nomme *Kermes*. On appelle aussi *Lacca*, ce qui reste au fond de la chaudiere où les Teinturiers teignent leurs draps. La Laque est chaude moderément selon les uns, & au second degré selon les autres. On s'en sert particulierement dans les obstructions de la rate, de la vesicule du fiel, du foye & des poumons, à cause qu'elle est incisive, attenuative, & détersive de toutes matieres crasses & visqueuses. Elle est bonne aussi dans l'hydropisie, dans la jaunisse, dans l'asthme, dans l'apostume des poumons, pour faire sortir la rougeole & la petite verole ; & peut servir de remede à toutes les maladies malignes, fur-tout à la pefte.

Outre la Laque naturelle, il y a plufieurs fortes de Laque artificielle, qui fe font de la lie & fondrée de plufieurs teintures, & fervent feulement aux Peintres. On en fait de grains de pimpernelle que l'on appelle *Chermes* ou *Chermefion*. On en fait auffi, avec de la Cochenille ou de la bourre d'écarlatte, ou avec du bois de brefil ou d'autres differens bois. Cette couleur ne fubfifte pas à l'air.

LAR

LARDER v. a. *Mettre des lardons à de la viande*. ACAD. FR. On dit en termes de Marine, *Larder la bonnette*, pour dire, Piquer une bonnette avec des bouts de fil de voile, & la larder d'étoupe, afin de s'en fervir à découvrir par où un Vaiffeau a été percé à l'eau par quelque coup de canon, quand on a peine à reconnoître où eft la voie d'eau. Pour cela, après avoir mouillé la bonnette ainfi piquée, on jette de la cendre ou de la poufliere fur ces bouts de fil, afin que prenant un peu de poids, la bonnette enfonce dans l'eau. On la defcend alors dans la mer, & on la promene à babord ou à ftribord de la quille, jufqu'à ce qu'elle fe rencontre oppofée à l'ouverture que le canon a faite dans le bordage. Sitôt que cela arrive, l'eau qui court pour y entrer, pouffe la bonnette contre le trou, & la bonnette & la voie d'eau font une efpece de gazouillement qui le fait connoître.

LARGE. f. m. Terme de Marine. On dit d'un Vaiffeau, qu'*Il eft*, qu'*il fe met*, qu'*il court au lag*, pour dire, qu'Il eft, qu'il fe met, qu'il court à la haute mer, fort loin de la terre. On dit de même, *Engager l'Ennemi au large*, pour dire, L'attirer en pleine mer. *Au large*, eft un mot que dit une fentinelle pour empêcher qu'une Chaloupe n'approche d'un Navire la nuit. On dit auffi, que *La mer vient du large*, pour dire, que C'eft le vent de la mer qui pouffe les lames, & non pas le vent de terre.

On dit en termes de Manege, *Aller large*, pour dire, Gagner le terrain & tracer un grand rond en s'éloignant du centre de la volte. On dit auffi d'un Cheval, qu'*Il va trop large*, pour dire, qu'Il ne demeure pas fujet, & qu'il s'étend fur un trop grand terrain. On conduit un cheval large lorfqu'on approche le talon de dedans.

L A R G I O N. f. f. Vieux mot. Don, Liberalité. C'eft un abregé de *Largition*, du Latin *Largitio*.

LARGUE. f. m. Terme de Marine. Haute mer. *Prendre le largue*, *tenir le largue*. On dit auffi adverbialement, qu'*Un Vaiffeau s'eft mis à la largue*, pour dire, qu'Il s'eft mis en haute mer.

On dit d'un Vaiffeau, *Aller vent largue*, pour dire; qu'Il a le vent par le travers, & qu'il cingle où il a deffein d'aller, fans que les boulines foient halées. *Vent largue*, fe dit de tous les airs de vent qui font compris entre le vent de bouline & le demi-rumb qui approche le plus du vent arriere. On l'appelle auffi *Vent de quartier*.

L A R G U E R. v. a. Terme de Marine. Lâcher de certains cordages lorfqu'ils font halés, laiffer aller les écoutes, les manœuvres. On dit auffi d'un Vaiffeau, qu'*Il a largué*, pour dire, que Les membres fe font quittés les autres, ou qu'il s'eft ouvert par quelque endroit. La même chofe fe dit d'un Vaiffeau, qui s'eft fervi d'un vent favorable pour fe tirer d'une occafion, & qui s'eft mis à la largue.

L'ARIGOT. f. m. Efpece de flûte ou de petit fla-

geolet, qui a donné lieu à un jeu entier de l'orgue. Ce jeu eft compofé de quarante-huit tuyaux ouverts, qui font un fifflement fort aigu, & dont le plus petit eft d'un pié cinq pouces.

LARME. f. f. *Goute d'eau qui fort de l'œil, & dont la caufe la plus commune eft la douleur*. ACAD. FR.

On appelle *Larmes de Cerf*, Une eau qui coule des yeux du Cerf dans deux fentes que cet animal a au-deffous. Ces larmes s'y épaififfent en forme d'onguent jaunâtre, & cet onguent eft très-fouverain pour les femmes qui ont le mal de mere. Il faut le délayer, & le prendre dans du vin blanc, ou dans de l'eau de chardon benit.

On appelle auffi *Larme de fapin*, Une liqueur qui eft amaffée entre le bois & l'écorce de cet arbre, & que l'on en fait fortir en fendant l'écorce. Elle eft femblable à la Terebentine pour l'odeur & pour le goût, mais pourtant un peu plus aigre. C'eft un remede excellent pour les playes fraîchement faites. Elle eft foude & les mondifie, & prife en breuvage, elle purge la gravelle, appaife les goutes & les fciatiques & eft finguliere pour les playes de la tête. On en met aux prefervatifs au lieu de baume.

Larmes. Terme d'Architecture. Ornemens faits en forme de clochettes, que l'on appelle autrement *Campanes*. Ils pendent fous le platfond de la corniche Dorique ainfi que de petits cones, qui font triangulaires au bas des triglyphes comme de petites pyramides.

LARMER. v. a Vieux mot. Pleurer. On a dit auffi *Larmoyer*, qu'on dit encore quelquefois, mais il n'a guere d'ufage.

LARMIER. f. m. Terme d'Architecture. Membre plat & quarré qui eft à la corniche ou deffous de la cymaife, & qui fait le plus d'avance. On lui a donné ce nom à caufe que fon ufage eft de faire écouler l'eau, & de la faire tomber loin du mur goutte à goutte, & comme par larmes.

Larmier, fe dit auffi du chaperon ou fommet d'une muraille de clôture, fait en talus pour donner l'égoût aux eaux.

On appelle *Larmier de cheminée*, Le couronnement d'une fouche de cheminée.

On dit *Larmier bombé & reglé*. C'eft le linteau cintré par le devant & droit par fon profil en dedans ou en dehors œuvre d'une porte ou d'une croifée. On a auffi *Larmier Gothique*, ou *à la moderne*. C'eft une efpece de plinthe dans les vieux murs le long d'un cours d'affife au droit d'un plancher, ou fous les appuis des croifées. Elle eft en chamfrain refouillé par deffous en canal rond, & facilite l'écoulement des eaux au-delà du mur.

Larmier, fe dit encore d'un cheval, & fignifie les parties qui font un peu au-deffus de fes yeux ou à côté.

LARMIERES. f. f. p. Terme de chaffe. On appelle ainfi deux fentes qui font au deffous des yeux du Cerf, & où coulent fes larmes, qui enfuite s'épaififfent en onguent de couleur jaune.

LARRON. f. m. Qui prend furtivement quelquechofe. *Larron*, en termes d'Ecolier, fe dit d'une petite pellicule feche & mince, qui eft dans le tuyau d'une plume, & qui boit ou dérobe l'encre quand on ne prend pas le foin de l'ôter.

Les Relieurs appellent auffi *Larrons*, certains feuillets qu'ils laiffent pliez par l'un des bouts fans y prendre garde, & qui ne fe trouvent point rognés par cet endroit-là.

LARUE. f. f. Terme de Philofophie. Il fe dit des demons de l'air, des efprits folets, ou de quelque efpece de phantômes.

LARYNX. f. m. Terme de Medecine. Le nœud de la gorge qu'on appelle d'ordinaire le couvercle & la tête de la trachée artere. C'est un organe de la respiration dont le corps est presque tout cartilagineux. Il doit être toûjours ouvert, afin que l'air qui entre & qui sort ait la liberté de passer. Il y a quatre cartilages qui le composent & par le moyen de ces cartilages, il peut aisément dilater & se restraindre, se fermer & s'ouvrir. Le Larynx qui est aussi l'organe de la voix a quatorze muscles, dans lesquels plusieurs rameaux du nerf recurrent se trouvent semés. Les canards, les Oyes & les Grues ont double Larynx. Il y en a un bas de l'âpre artere, & il consiste en un os & deux membranes qui sont à l'endroit où elle se divise en deux, pour entrer dans le poumon. Ce mot est Grec λάρυγξ, qui est pris dans la même signification en cette langue.

LAS

LASCHANGE. f. f. Vieux mot. Intervalle.

Onze semaines sans laschange.

LASCHER. Terme d'Autourserie. Ouvrir la main pour laisser partir l'autour. On dit *Lâcher le rebat*, quand on lâche l'Autour après qu'on l'a retenu dans sa premiere secousse.

LASER. f. m. Suc qui sort de la tige & de la racine du Laserpitium scarifiées. Il est flatueux, venteux, & a une vertu acre & piquante. Le bon Laser, selon Dioscoride, est celui qui est roux, transparent, tirant à la myrrhe, & qui n'est point vert comme le poreau, mais odorant, de bon goût & blanc, après qu'on l'a détrempé. Celui qui croît en Cyrene, fait suer tout le corps pour peu qu'on en goûte, & a une odeur si douce, que ceux qui l'ont dans la bouche, le sentent à peine. Celui de Surie & de Mede a une odeur plus fâcheuse. Matthiole a cru long-tems que ce jus ou cette gomme étoit le benjoin; mais il a été détrompé par une remarque de Strabon, qui dit que de son tems le Laserpitium étoit failli en Cyrene : outre que Pline rapporte que lorsqu'il vivoit il se vendoit au poids de l'argent, & que l'Empereur Neron l'estimoit si fort, qu'il le tenoit enfermé parmi les choses les plus singulieres & les plus rares. D'ailleurs Dioscoride rapporte que le Laser vient d'une plante dont la tige est semblable à la ferule, & qui ne convient pas au benjoin, parmi lequel on trouve de grosses écorces qui font connoître qu'il sort de quelque arbre. Le Laser a aussi une vertu forte & acre, & le benjoin n'a aucune acrimonie au goût. Matthiole conclut de tout cela qu'on ne peut plus recouvrir de vrai & legitime Laser.

LASERPITIUM. f. m. Plante qui produit plusieurs grosses racines, & dont la tige est aussi haute que celle de la ferule. Ses feuilles ressemblent à celles de l'Ache, & sa graine est large & feuillue. Le Laserpitium, à ce que dit Theophraste, jette sa feuille lorsque le Printems commence. C'est de quoi le menu bétail se purge & s'engraisse, & ce pâturage rend sa chair meilleure & de meilleur goût. Ensuite il produit sa tige qui ne dure qu'une saison, non plus que la tige de ferule, & qui est singuliere mangée bouillie ou rôtie sous la cendre ; elle purge universellement ceux qui continuent quarante jours à en manger. On tire deux sortes de jus de cette plante, l'un de sa tige & l'autre de sa racine, qui est couverte d'une écorce noire qu'on ôte ordinairement. Quelques-uns disent que cette racine est longue d'une coudée; que sur le milieu

Tome I.

elle produit une certaine grosseur faite en maniere de tête, de laquelle sort premierement ce qu'on appelle le lait, puis la tige qui produit le Magydaris, & ce que l'on nomme feuille. Cette feuille est la graine qui tombe au premier vent du Midi qui souffle après les jours caniculaires ; & voilà comme vient le Laserpitium, de sorte qu'il croît en un an, & en racine & en tige, ce qui arrive à bien d'autres plantes, si ce n'est qu'on veuille dire que sa graine tombée croît aussi-tôt, & que cette plante auroit cela de particulier. Quant à ce qu'on appelle *Magydaris*, il est different du Laserpitium, étant moins vehement, plus tendre & ne jettant point de gomme. Galien parlant du Laserpitium dit que sa tige, ses feuilles & sa racine sont assés chaudes ; & que neanmoins elles sont venteuses, flateuses, & par consequent de difficile digestion, que leur vertu est plus grande étant appliquées par dehors, & sur-tout le jus à cause de sa grande attraction. Les Grecs appellent le Laserpitium σίλφιον.

LASSER. v. a. On dit en termes de Marine. *Lasser une voile*, pour dire, Saisir la voile à la vergue avec un quarantenier qui passe dans les yeux de pie, ce qui se fait lorsqu'on se trouve surpris d'un gros vent, & que les garcettes sont sans rides.

LASSIERES. f. f. Vieux mot. Laqs de Chasseur.

Comme toiles, filets, rets, pieges, laqs, boyaux, Huttes, cordes, coliers, lassieres & vaiseaux.

LASTE. f. m. Terme de Marine. Nombre de deux tonneaux. Les Vaisseaux Hollandois se mesurent ordinairement par lastes, & on dit *Une flûte de deux cens lastes*, pour dire, qu'Elle est du port de quatre cens tonneaux.

LAT

LATAINE. f. f. Vieux mot. Colere.

De jalousie ne lataine.

LATANIER. f. m. Arbre des Antilles, qui sort d'une grosse mote de racines, & qui n'est jamais plus gros que la jambe. Il est presque par tout égal & se leve droit comme une fleche, quelquefois jusqu'à la hauteur de quarante ou cinquante piés. Il a tout un doigt d'épaisseur d'un bois dur comme le fer, & tout le reste est filasseux comme le cœur des palmistes. Il a environ deux piés de l'extrémité de l'arbre en haut, envelopés de trois ou quatre doubles d'une espece de canevas naturel, qui semble avoir été filé & tissu de main d'homme. De cette envelope sortent quinze ou vingt queues longues de cinq à six piés, verres & dures, & toutes semblables à des lames d'estocade. Chacune de ces queues porte une feuille qui dans son commencement est toute plissée. Elle s'ouvre avec le tems, & s'étend en rond, & à un demi-pié de l'extrémité tous les plis s'entre-separent, & font autant de pointes qu'il y a de plis dans la feuille qui a la figure d'un Soleil rayonnant. Ces feuilles étant liées par petits faisceaux servent à couvrir les cases & la peau ou écorce que l'on enleve de dessus les queues, est propre à faire des cribles, des paniers, & autres petits ouvrages. On fait aussi du bois de cet arbre, des arcs, des massues dont les Sauvages se servent au lieu d'épées. On en fait encore des zagayes, qui sont de petites lances aigues qu'ils dardent avec la main, & ils en munissent la pointe de leurs fleches, qui sont ce moyen aussi penetrantes que si elles étoient d'acier. On vuide aussi le tronc de cet arbre, & on en fait des canaux pour conduire les eaux de fontaines.

LATEBRES. f. f. Vieux mot. Cachettes, lieux retirés.

rés & fecrets, du Latin *Latebra*, qui veut dire la même chofe.

En repentailles , en latebres
Trebucha ça jus en tenebres.

LATENT, ENTE. adj. Vieux mot. Caché, qui ne paroît point aux yeux, du Latin *Latere*, Etre caché. Quelques-uns s'en fervent encore dans cette phrafe, *Vices latents d'un cheval*, comme pouffe, morve, courbature dont le vendeur eft obligé de le garantit pendant neuf jours.

LATIN. INE. adj. On appelle en termes de Mer, *Voile Latine.* Une Voile faite en triangle ou à tiers point. On l'appelle autrement *Voile à oreille de lievre.* On fe fert fort des Voiles Latines fur la Mediterranée & dans les Galeres.

LATINIER. f. m. Vieux mot. Truchement.

Alexandre l'entend fans autre Latinier,
Car de plufieurs langages s'étoit fait affaitier.

LATITER. v. a. Vieux mot. Etre caché, du Latin *Latitare*, qui veut dire la même chofe.

Qui aux buiffons fecrets fe latiterent.

Quelques-uns difent encore au Palais, *Cacher & Latiter les effets d'une fucceffion.*

LATITUDE. f. f. Terme de Geographie. Diftance comprife depuis un certain lieu jufques à la Ligne équinoctiale ; cette diftance eft toûjours égale à la hauteur du Pole fur l'horifon de ce même lieu. La Latitude eft Septentrionale, lorfque le lieu eft compris entre la ligne & le Pole Arctique, & elle eft Meridionale quand le lieu eft fitué entre la Ligne & le Pole Antarctique. La Latitude fe compte fur le Meridien de chaque lieu.

On appelle en termes d'Aftronomie *Latitude d'une Etoile*, fon éloignement de l'Ecliptique en tirant vers l'un ou l'autre Pole du Zodiaque. Cette Latitude fe compte fur un cercle tiré par l'Etoile & par les poles du Zodiaque.

Le Soleil n'a jamais de Latitude, parce qu'il ne fort jamais de l'Ecliptique. Toutes les autres planetes dérivent des cercles qui coupent l'Ecliptique en deux points oppofés, où il s'en écartant de part & d'autre augmentent toûjours de latitude, depuis un point de la fection jufqu'au 90e. degré où la Latitude eft la plus grande qu'elle puiffe être. La plus grande Latitude de la Lune n'eft pas de plus de 5. degrés. Celle de Venus eft de 3. degrés & demi, celle de Mercure de 6. degrés 16¹, de Mars, de 1. degré 50¹, de Jupiter de 1. degré 20. minutes, de Saturne de 2. degrés 30¹. Les plus grandes Latitudes des planetes varient.

Il eft évident que la Latitude Aftronomique auffi-bien que la Geographique eft ou *Septentrionale*, ou *Meridionale*, felon qu'elle eft du côté Septentrional ou Meridional de l'Ecliptique.

La Latitude tant Geographique qu'Aftronomique s'oppofe à la Longitude. Voyez LONGITUDE.

LATTE. f. m. Triangle de bois qui traverfe les chevrons, & fur laquelle les Ouvriers clouent l'ardoife, ou accrochent la tuile. La Latte pour l'ardoife, eft plus large, & de même longueur que celle qui eft pour porter la tuile. On appelle *Lattes jointives*, les Lattes que l'on cloue fi près les unes des autres qu'elles fe touchent. Les Marchands de bois nomment auffi *Lattes*, de petits morceaux de latte, qu'ils mettent entre les ais pour leur donner de l'air, afin qu'ils fe fechent & ne fe pourriffent pas.

LATTES. Terme de Meunier. Maniere d'échelons qui vont aux volans des Moulins à vent, & fur lefquels les toiles font tendues.

Lattes. Terme de Marine. Petites pieces de bois fort minces qu'on met entre les baux, les barros & barrotins d'un Vaiffeau, & qui fervent de garniture pour foûtenir le tillac. On appelle *Lattes de caillebotis*, de petites planches refciées, dont on fe fert pour couvrir les barrotins des caillebotis, & qui en font le treillis.

LATTER. v. a. Attacher des Lattes fur un comble pour leur faire porter la tuile ou l'ardoife. On Latte à claire voie, ou à Lattes jointives. Ce dernier fe dit quand les Lattes font clouées de forte qu'elles fe touchent, & on dit *Latter à claire voie*, pour dire, Mettre des Lattes fur un pan de bois pour retenir les plâtras des panneaux, & le recouvrir de plâtre.

Les Marchands de bois difent auffi *Latter* quand ils mettent de petits morceaux de Latte entre leurs ais afin d'empêcher qu'ils ne fe gâtent.

LATTIS. f. m. On dit en terme de Couvreur, faire un Lattis, pour dire, Faire une couverture de Lattes.

LAV

LAVANDE. f. f. Plante que Matthiole rapporte entre les efpeces d'Afpic, & que plufieurs appellent femelle, & l'Afpic mâle. Les feuilles du mâle qui eft l'afpic, font plus larges, plus longues, plus groffes, plus fermes, & plus blanches que celles de la femelle qui eft la Lavande. Toutefois l'une & l'autre produit beaucoup de rejettons, & eft auffi feuillue que le Rofmarin. Du milieu des feuilles fortent de petites tiges grêles, quarrées, & qui en longueur paffent douze doigts. A leur fommet eft une fleur épiée de couleur purpurine, quoique la Lavande ne produife pas les fleurs d'une fi haute couleur, & qu'elles foient plus épanouies & odorantes que ne le font celles de l'Afpic. On fe fert de ces fleurs pour faire une huile, qu'on appelle *Huile d'afpic*, par corruption pour huile de fpic, *Oleum de fpica*, la Lavande s'appellant en Latin *Spica fœmina* ou *Spica communis*. Cette plante eft de parties tenues, & d'un goût un peu acre & un peu amer. Elle eft fort cephalique & nevritique, & bonne particulierement dans les caterres, dans la paralyfie, le vertige, la lethargie, & le tremblement de membres. Elle eft propre encore à faire uriner, & à faciliter l'accouchement. On l'employe auffi exterieurement dans les leffives qu'on fait pour la tête & pour les membres, & en mafticatoire pour deffecher les caterres, & attirer les humeurs par le trou du palais, afin de les empêcher de tomber fur les poumons.

LAVANGE. f. f. Amas de neiges, qui fe détache tout à coup de quelque montagne ou d'un haut rocher, & qui groffit toûjours en roulant.

LAUDANUM. f. m. Sorte de compofition que les Chymiftes ont nommée ainfi de *Laudare*, Louer à caufe de fes excellentes qualités. C'eft proprement l'Opium, bien & dûement préparé, & corrigé avec une once de l'extrait de fafran, demi once du magiftere de perles, & de coraux faits fans corrofion ; un fcrupule de chacun, de l'huile de girofle & de Karabé, demi fcrupule de chacun ; fix grains de mufc, autant d'ambre gris, & le tout mêlé enfemble en forme d'électuaire mol. Le Laudanum ne provoque pas feulement le fommeil, mais il appaife les douleurs, & arrête les évacuations immoderées. Il eft merveilleux pour les manies, phrenefies, & pour toutes fortes de fluxions violentes, & fur-tout pour celles qui vont aux poumons ou à la poitrine. Il faut ufer de précautions en le donnant, c'eft-à-dire, faire précéder les reme des generaux & les ordinaires. Sa dose doit être de trois grains jusqu'à six ou sept. On le fait prendre ordinairement en forme de petites pillules , ou bien diffous dans quelque liqueur rafraîchissante, ou un syrop convenable.

LAVEDAN. s. m. Sorte de cheval dont il est parlé dans Rabelais. On l'a appellé ainsi du Comté de Lavedan en Gascogne , où il se trouve de fort bons chevaux.

LAVER. v. a. *Nettoyer avec de l'eau ou quelqu'autre chose de liquide.* ACAD. FR.

Les Blanchisseuses disent *Laver la lessive* , lorsqu'après avoir essangé leur linge & fait couler la lessive , elles le mettent tremper dans l'eau la derniere fois afin d'en ôter les sels qui y sont demeurés pendant que la lessive a coulé.

Laver. Terme de Chymie. Se servir d'eau pour ôter les impuretés de quelque mixte.

Laver. Terme de Peinture. Coucher les couleurs à plat sans les pointiller , soit sur le papier , soit sur le velin. On dit *Laver un dessein* , pour dire , Coucher avec un pinceau une couleur d'encre de la Chine , ou de bistre à l'eau sur un dessein passé à l'encre , afin que les ombres des saillies & des baies , & l'imitation matieres que doivent former l'ouvrage , le fassent paroître le plus naturel qu'il se peut. On dit aussi que *Des couleurs sont bien lavées,* pour dire , Que les nuances qui font les ombres sont douces , & qu'elles passent insensiblement d'une couleur à une autre. *Laver* se dit encore d'un tableau que l'on décrasse par un secret de certains artistes , afin de rendre ses couleurs aussi belles qu'elles étoient au commencement.

Laver. Terme de Charpentetie. On dit *Laver une poutre* , pour dire , En ôter une dosse avec la scie pour l'équarrir , au lieu d'en ôter avec la coignée.

LAVETON. s. f. Sorte de petite laine courte qu'on tire de dessus l'étoffe avec le chardon , & dont on se sert pour faire des matelats & autres choses. Le Laveton est toûjours de couleur grise , & sort d'une étoffe grossiere , comme le bureau & la bourrelanisse sortent d'une étoffe fine.

LAVEURE. s. f. Terme de Gantier. Composition qui se fait avec de l'eau , de l'huile , & des œufs battus ensemble, & dans laquelle on trempe la peau dont on veut faire des gands.

Laveure. Terme d'Orfévre. *Faire la Laveure* , parmi les Orfévres , c'est laver la cendre qui provient de la forge , & les ordures de la boutique où il se trouve de l'or & de l'argent , & repasser plusieurs fois ces cendres par les moulins, avec de l'eau & du vif argent pour en tirer la limaille.

LAVIS. s. m. Terme de Peinture. Toute couleur simple détrempée avec de l'eau. Pour faire un dessein avec du Lavis , les uns emploient les traits de la plume un peu de Lavis fait avec de l'encre de la Chine , où le bistre qui est de la suie bien détrempée. Les autres se servent de la pierre noire, & d'autres de la sanguine , ou de l'Inde , chacun selon son goût.

LAUREOLE. s. f. Plante dont il y a de deux sortes, la Laureole mâle , appellée *Chamedaphné* , & la Laureole femelle que l'on nomme *Daphnoides* ou bien simplement Laureole. Cette derniere croît de la hauteur d'une coudée , & a plusieurs rameaux plians , fort feuillus dès le milieu jusqu'en haut. Ses feuilles sont semblables à celles du Laurier , excepté qu'elles sont plus minces , plus molles , & difficiles à rompre. Elles brûlent incontinent la bouche & le gosier de ceux qui en goûtent. Ses fleurs sont blanches & ses grains noirs , lorsqu'ils ont at-

teint leur maturité. Sa racine n'a point du tout de vertu. Sa feuille machée comme un masticatoire , purge le cerveau , & fait éternuer, & quinze de ses grains pris en breuvage , lâchent le ventre.

La Laureole mâle , appellée *Chamedaphné* , jette certaines verges lissées , droites & minces , de la hauteur d'une coudée , & sans nulles branches. Ses feuilles ressemblent aussi à celles du Laurier , quoique plus lissées & plus vertes. Sa graine est ronde & rouge , & est attachée aux feuilles , lesquelles pilées & appliquées sur la tête en appaisent les douleurs , & moderent les ardeurs de l'estomac. Ceux qui les boivent en vin , provoque l'urine & les mois des femmes.

LAURIER. s. m. Arbre toûjours verd , qui non seulement est planté dans tous les jardins , mais qui vient de soi-même dans les forêts, principalement aux lieux maritimes , ou aux collines & montagnes exposées au soleil , & qui ont vue sur des lacs, ou sur la mer. Il a ses feuilles longuettes , larges en bas, & pointues au bout , grosses , solides , & de bonne odeur. Elles sont moins étroites dans le Laurier mâle , que dans le Laurier femelle. Cet arbre a sa fleur petite , pleine de mousse , presque semblable à celle de l'olive , blanchâtre & rendant des perles , vertes d'abord , noires quand elles sont mûres , & garnies d'un gros noyau, comme le fruit de Bruscus. On les cueille quand l'hiver commence , de même que les olives , & l'on en fait de l'huile appellée *Laurin.* Pline rapporte que Livia Drusilla étant dans son jardin , un aigle lui jetta d'en haut une poulle blanche qui portoit en son bec une branche de Laurier chargée de fruit; que l'on planta cette branche en une Maison de plaisance de l'Empereur à neuf milles de Rome , proche le Tibre , & qu'encore qu'elle n'eût point de racines, elle multiplia tellement , qu'en peu d'années il y eut en ce lieu-là une forêt de Lauriers ; que les Empereurs dans leurs triomphes se faisoient des couronnes de leurs rameaux , & qu'ensuite on les plantoit aux lieux plus éminens des collines de Rome , de sorte qu'on y voyoit plusieurs touffes & bocages de Lauriers qu'on appelloit *Laureta.* On a tenu pour certain que jamais aucun Laurier n'avoit été frappé de la foudre , ce qui obligeoit l'Empereur Tibere de porter un chapeau de Laurier quand il tonnoit. Le Laurier a la vertu de faire du feu de soi-même , & ce feu en sortira , si on en frote ensemble deux branches seches sur du soufre pulverisé. Il a aussi une proprieté fort particuliere , qui est que si on plante de ses rameaux en un champ semé de blé , toute la nielle qui le gâte s'amassera sur ces branches , & le blé en demeurera exempt. On tient que quand le Corbeau a tué le Chameleon , Bête venimeuse , il a recours au Laurier , qui lui tient lieu de contrepoison , & que les Ramiers , les Merles , & autres oiseaux se purgent avec du Laurier. Theophraste dit qu'en la mer Rouge il se trouve des Lauriers convertis en pierres. Les baies du Laurier sont un peu plus chaudes & plus seches que ses feuilles. On s'en sert pour attenuer les humeurs grossieres , & pour discuter les vents. Elles sont aussi d'usage ainsi que les feuilles dans la colique , dans la paralysie , dans les douleurs qui suivent l'accouchement , & dans les crudités d'estomac. On emploie les feuilles extérieurement contre la piquûre des Guêpes , pour amollir les tumeurs , & pour adoucir la douleur des dents par le gargarisme.

Laurier Alexandrin. Plante qui a ses feuilles semblables au Bruscus, excepté qu'elles sont plus

LLll iij

grandes, plus blanches, & plus molles. Elle fleurit blanc, & jette une graine rouge qui est de la grosseur d'un poix chiche, & qui sort d'entre les feuilles. Ses branches sont longues d'un palme & quelquefois plus, & éparpillées sur terre. Sa racine est semblable à celle du Bruscus, mais plus grosse, plus tendre & odorante. Galien dit que l'herbe du Laurier que quelques-uns appellent *Alexandrin*, est d'une temperature, qui est manifestement chaude, mordicante, & un peu amere au goût, & qu'étant prise en breuvage elle provoque les mois & l'urine.

On appelle *Laurier rose* & *Laurier cerise*, de petits arbres qu'on éleve dans des caisses. Ces arbres ont des fleurs rouges ou blanches comme des roses & des cerises.

LAY

LAY. f. m. Sorte de petit ouvrage de poësie qui se faisoit autrefois sur quelque sujet d'amour ou sur une matiere triste. Il y a de grands Lays & de petits Lays. Le grand Lay est un petit poëme composé de douze couplets de vers de differentes mesures sur deux rimes, & l'on en trouve dans Alain Chartier. Le petit Lay n'est que de seize ou de vingt vers divisés en quatre ou en cinq couplets. Molinet en a composé plusieurs. C'étoit la poësie Lyrique de nos vieux Poëtes François, & l'on prétend que les Lays ont été faits sur le modelle des vers Trochaiques que les Grecs & les Latins ont employés dans leurs Tragedies. On a nommé Lays ces sortes d'ouvrages du vieux mot *Laye*, qui signifie, Complainte, doleance.

LAYE. f. f. La Femelle du Sanglier. Quelques-uns disent qu'on lui a donné ce nom à cause qu'on la laisse pour faire des petits, & d'autres parce qu'elle est souvent parmi des arbrisseaux qu'on appelle *Lais*.

LAYETTE. f. f. Petit coffre de bois où l'on a coûtume de serrer du linge & de menues hardes. C'est aussi le tiroir d'un buffet, d'un cabinet, d'une armoire.

On appelle encore *Layettes*, de petits morceaux de bois ou d'yvoire qui servent à boucher les trous de bourdon d'une Musette, & qui sont mobiles dans ses rainures.

LAYETTIER. f. m. Artisan qui fait des Layettes & autres menus ouvrages de bois, comme boëtes & caisses, sans que ces ouvrages soient couverts de peau ou de cuir.

LAZ

LAZARE. L'Ordre de saint Lazare fut établi vers l'an 1119. & étant presque réduit au neant, le Pape Pie IV. le renouvella. Ceux qui étoient de cet Ordre portoient un habit de couleur brune avec une croix rouge devant la poitrine. Il y a eu un autre Ordre Militaire de saint Lazare, separé de ceux des Templiers, des Chevaliers Teutons & des Chevaliers de saint Jean de Jerusalem, qui fut établi par les Chrétiens Occidentaux dans le tems qu'ils étoient Maîtres de la Terre-Sainte. Les Chevaliers de cet Ordre avoient des Maisons fondées exprès où ils recevoient les Pelerins qu'ils défendoient contre les Mahometans, en les faisant conduire jusqu'aux lieux où ils n'avoient rien à craindre. On leur donna de riches possessions avec de grands privileges. Le Roi Louis VII. dit le Jeune, voyant les Chrétiens chassés de la Terre-Sainte, donna aux Chevaliers de saint Lazare la Terre de Boigni,

près Orleans, où ils garderent leurs titres & tinrent leurs assemblées. Le tems les ayant rendus fort inutiles, Innocent VIII. supprima cet Ordre, & l'unit à celui des Chevaliers de Malte. Ceux de France en ayant fait leurs plaintes au Parlement, il fut ordonné qu'il subsisteroit separé de tout autre. En 1565. le Pape Pie IV. en donna la Maîtrise à Jeannot de Castillon qui étoit son parent, & celui-ci étant mort seize ans après, le Pape Gregoire XIII. défera cet Ordre au Duc Emanuel Philibert de Savoye & à tous ses successeurs, l'unissant à celui de saint Maurice en Savoye. Tout cela n'eut aucun lieu à l'égard de la France, & Philibert de Nerestang, Capitaine des Gardes du Corps, fit si bien auprès du Roi Henri IV. qu'en 1608. il le fit Grand-Maître de l'Ordre de saint Lazare, pour lequel il obtint une Bulle fort avantageuse qui le rend par les Chevaliers de France ce que l'Ordre de saint Maurice & de saint Lazare, est pour ceux de de-là les Monts. Ils ont pouvoir de se marier, & d'avoir des pensions sur des Benefices Consistoriaux. Cet Ordre a été encore rétabli sous le regne de Louis XIV. qui lui a donné un nouvel éclat. M. le Marquis de Dangeau en a été Grand-Maître : Monsieur le Duc d'Orleans l'est presentement.

LAZARET. f. m. Bâtiment public, fait en forme d'Hôpital, où se retirent ceux qui sont attaqués de la maladie contagieuse. Il y en a un fort beau à Milan. On appelle aussi *Lazaret*, dans quelques Villes Maritimes de la Mediterranée qui sont habitées par les Chrétiens, une grande Maison bâtie hors de la Ville, où les équipages qui viennent des lieux où l'on soupçonne que regne la peste, sont mis dans des logemens isolés, & separés les uns des autres pour y faire quarantaine.

LE

LE', LE's. adj. Vieux mot. Large.
Mes or lessons les voyes lées
Et allons les estroits sentiers.
Il s'est dit aussi substantivement pour largeur. *Quel lé a ce drap? Tant qu'il a de long & de lé.* On le trouve encore dans la signification de côté. *L'écu au col, l'épée au lé.* On disoit aussi *Lez*, *D'un & d'autre lez.* Borel croit que ce mot a été corrompu, que l'on a dit au commencement *Laits*, d'où est venu *Lat*, & ensuite *Lé*, du Latin *Latus*, qui signifie Large, étant adjectif, & Côté, étant substantif. On a dit *Lés li*, pour dire, Auprès de lui. *Et je m'allous lés li seoir*, & *de lez*, pour, A côté de. *Enterré fu de lez son Pere.*

LEA

LEANS. adverbe de lieu. Vieux mot. *Là dedans.* Les Sergens disent encore par raillerie quand ils ont mis quelqu'un en prison, qu'*Ils l'ont mis Leans.*

LEB

LEBESCHE. f. m. Terme de Marine. Nom qu'on donne sur la Mediterranée au vent qui souffle entre le couchant & le midi. On le nomme Sud-Ouest sur l'Ocean.

LEC

LECTH. f. f. Terme de Marine. Mesure qui est fort en usage sur la mer du Nord. Elle contient douze barils. *Lecth*, se prend aussi pour une maniere de compter reçûe dans l'Indostan, & qui veut

dire cent mille. Ainsi un Lecth de Roupies, forte
de monnoie, signifie cent mille roupies, & deux
Lecths de pagodes, autre forte de monnoie, ce
font deux cens mille pagodes.

LED

LEDENGER. v. a. Vieux mot. Injurier.
  Et que trop durement se doute
  D'estre ledengée & battue,
  Quand arriere sera venue.
LEDUM. f. m. Arbrisseau semblable au Ciftus, &
qui a pourtant ses feuilles plus longues & plus noires. Elles font astringentes, & font les mêmes effets
que le Ciftus. Il en découle une liqueur resineuse
qu'on appelle *Ladanum*, & qui est d'un grand usage dans la Medecine. Voyez LADANUM.

LEE

LEECHE. f. f. Vieux mot. Joie.

LEG

LEGAT. f. m. Nom que l'on donne aux Ambassadeurs que le Pape envoie vers les Princes Souverains. Celui qu'on appelle *Legat à latere*, est un
Cardinal considerable, qui a la préference devant
les Princes du Sang en France, quand le Roi tient
son lit de Justice au Parlement. Il peut conferer des
Benefices sans Mandat, & legitimer des bâtards
pour en posseder, mais avant qu'il puisse faire aucune fonction Apostolique, il faut qu'il fasse verifier son pouvoir au Parlement, & quand cela n'est
point fait, il ne peut faire porter sa croix devant
lui dans le Royaume, ce qui lui est permis après la
verification, à la reserve du lieu où le Roi est en
personne. On l'appelle *Legat à latere*, à cause que
le Pape ne choisit pour cet emploi que ceux qu'il
estime davantage, & qui font toûjours à ses côtés. Le Legat appellé de *Latere*, n'est point Cardinal, quoiqu'il soit pourtant de la Legation Apostolique. Il y a aussi des *Legats nés*. Ceux-là n'ont
point de Legation, & prennent ce titre, non à cause de leur personne, mais seulement en vertu de
leur dignité. L'Archevêque d'Arles, & celui de
Reims font Legats nés.
LEGATINE. f. f. Etoffe moitié fleuret & moitié soie,
qui est de même nature que la papeline. Il y en a aussi
de moitié laine.
LEGENDE. f. f. Terme de Monnoie. Lettres qui
font marquées sur l'espece, ou proche des bords,
ou au milieu ou sur la tranche.
LEGER, LEGERE. adj. Qui ne pese guere. On
appelle en termes de Manege, *Cheval leger*, Un
cheval vîte & dispos, & quand il est déchargé
de taille, encore qu'il n'ait ni disposition ni legereté, on ne laisse pas de dire, qu'*Il est de legere taille*. Lorsqu'il a la bouche bonne, & qu'il
ne pese pas sur le mords, on dit qu'*Il est leger à la
main*. On dit de même d'un cheval de carrosse qui
craint le fouet, & qui trotte legerement, qu'*Il est
leger*.
  Leger, est aussi un terme d'Architecture, & il se
dit d'un ouvrage beaucoup percé; comme les pe-
ristyles, les portiques des Colomnes, c'est-à-dire,
des ouvrages dont la beauté de la forme consiste
dans le peu de matiere. On se sert du même terme
en sculpture, lorsqu'on veut marquer des ornemens délicats, fort recherchés, évidés & en l'air.
Leger, se dit encore des parties fort saillantes des
statues, & de leurs draperies volantes. Lorsqu'il se

dit des ouvrages, où l'épaisseur n'est pas proportionnée à la charge ou à l'étendue, comme des solives & poteaux trop foibles & trop espacés ; il est
pris alors en mauvaise part.
LEGIERS. adj. Vieux mot. Prompt, facile.

  Et moult sera legiere à faire.

LEGION. f. f. *Corps de gens de guerre dans la Milice Romaine, qui étoit composé ordinairement de cinq
à six mille hommes d'Infanterie & de quatre à cinq
cens Chevaux.* ACAD. FR. La Legion, dans le tems
de Romulus, étoit de trois mille hommes, & on
les divisoit en trois ordres de bataille. Elle étoit de
quatre mille hommes sous les Consuls, & elle fut de
cinq ou six mille hommes depuis Marius & divisée
en Cohortes, chaque Cohorte de cinq ou six cens
hommes, selon que la Legion étoit de cinq ou six
mille ; ce qui faisoit dix ou douze Cohortes dans
une Legion. Outre les Legions composées des Citoyens Romains, qui faisoient comme un Corps
séparé, il y en avoit une autre de Cavalerie & d'Infanterie qui étoit tout des Alliés, & qu'on appelloit
Extraordinaire. Les gens de pié avoient divers
noms dans les Legions Romaines. Ceux qu'on appelloit *Velites*, ce qui veut dire prompts & legers,
avoient pour armes une longue épée, une lance de
trois piés de long, & de petits boucliers ronds,
qu'ils nommoient *Parma tripedalis*. Une espece de
bonnet fait de cuir, ou de la peau de quelque animal leur couvroit la tête. Ils appelloient *Galea* cette forte de bonnet, qui ne differoit que dans la matiere de ceux qu'on nommoit *Cassis*, & qui étoient
de métal. Ces *Velites*, parmi lesquels on comprenoit ceux qui lançoient le dard, les Archers & les
Frondeurs, étoient choisis ordinairement pour suivre la Cavalerie dans les plus promptes & les plus
dangereuses entreprises, comme étant les Soldats
les plus dispos de toutes les Troupes. Il y en avoit
d'autres qu'on appelloit *Hastati, Principes & Tria-
rii*. Ils portoient un bouclier long de quatre piés &
large de deux, & avoient une longue épée à deux
tranchans & ferme de pointe, avec un casque d'airain, & sa crête de même matiere, une espece de
bottes dont le devant de la jambe étoit couvert,
deux javelines, l'une plus grande qui étoit ronde
ou quarrée, & l'autre plus petite. Leurs corselets
étoient de fer ou d'airain & de diverses façons.
Ceux qu'on appelloit *Lorica hamata*, étoient faits
de petites mailles ou par petites écailles. Les armes
de la Cavalerie étoient pour les offensives une javeline & une épée, & pour les défensives un casque, un écu & une cuirasse.
LEGUNS. f. m. Vieux mot. Legumes.

LEM

LEMBROISE'. adj. Vieux mot. Lambrissé.
LEMME. f. m. Terme de Geometrie. Proposition pré-
paratoire, qui n'est au lieu où elle est, que pour
servir de preuve à d'autres qui suivent. Ce mot est
Grec λῆμμα de λαμβάνω, je prens, proposition *qu'on
prend pour s'en servir dans la suite.*
LEMMER. f. m. Sorte de petite bête, qui est en
beaucoup de choses semblable à une souris, dont
elle differe par la couleur, étant rousse, marquetée de noir. Elle a aussi la queue fort courte & couverte de poils serrés. On trouve ces bêtes par troupes dans la Laponie, où on les appelle *Souris de montagnes* & *Lamblar*. Elles n'y paroissent pas regulierement tous les ans, mais tout d'un coup dans de
certains tems, & en telle quantité, que se répandant par tout, elles couvrent toute la terre. On a ob-

ſervé que cela arrive quand il fait orage, & qu'il pleut abondamment ; ce qui a fait croire à quelques-uns qu'elles tombent avec la pluye, ſoit que le vent les enleve, & les apporte des iſles les plus éloignées, ſoit qu'elles ſe forment dans les nuées même. D'autres diſent que l'on s'eſt perſuadé que cet animal ſe formoit en l'air d'un tems pluvieux, à cauſe qu'il n'abandonne ſon trou qu'après les pluyes, n'ayant point paru auparavant, ou parce qu'il ſe remplit d'eau, comme croit Strabon, ou qu'il croît & groſſit fort à la pluye. Ces petites bêtes ſont hardies & courageuſes, & loin que le bruit des paſſans les faſſe fuir, elles vont au devant de ceux qui les viennent attaquer, crient & jappent comme de petites chiennes, & ſans ſe ſoucier ni de bâtons ni de halebardes, ſautent & s'élancent ſur leurs ennemis en les mordant de colere. Elles ſe tiennent toûjours le long des côteaux & dans les brouſſailles, ſans entrer jamais dans les maiſons ni dans les cabannes. Ces animaux ſe font quelquefois la guerre les uns aux autres, & ſe partagent comme en deux armées rangées en bataille le long des lacs & des prés, & ces petits animaux prennent pour des preſages des guerres qui doivent arriver en Suede. S'ils les voyent venir du côté de l'Orient, ils concluent qu'ils auront la guerre avec les Ruſſiens, & s'ils remarquent qu'ils ſoient venus du côté de l'Occident, ils tiennent pour infaillible qu'ils ſeront attaqués par les Danois. Ces petites bêtes ont pour ennemis les hermines qui s'en engraiſſent, les renards qui les attaquent & les traînent dans leurs tanieres, ou quelquefois ils en gardent des milliers dont ils ſe nourriſſent, & enfin les Rennes, qui mangent auſſi de cette eſpece de Souris de montagnes, & particulierement en Eté. Outre que le grand nombre en diminue fort par là, elles ſe font auſſi mourir elles-mêmes, ou en mangeant l'herbe qui a repouſſé depuis qu'elles l'ont mangée la premiere fois, ou en montant ſur les arbres où elles ſe pendent à quelque branche fendue, ou en ſe jettant dans l'eau après s'être aſſemblées par troupes à la maniere des hirondelles quand elles veulent partir, ce qui fait qu'on les trouve ſouvent par milliers dans un même endroit mortes & entaſſées les unes ſur les autres.

LEMNIENNE. adj. f. Epithete qui ſe donne à une terre que tous les Auteurs conviennent qui ſe trouvé dans l'Iſle de Lemnos auprès d'une Ville appellée Hepheſtias, au haut d'une colline rougeâtre qui ne porte aucune plante. La terre Lemnienne, pour être bonne, outre ſa ſtipticité, doit être rouſſe comme toutes les terres medicinales, & en quelque façon aromatique, mais comme il eſt fort aiſé de lui donner ces deux qualités, il eſt comme impoſſible de s'aſſurer d'en avoir de veritable. C'eſt ce qui eſt cauſe qu'on lui ſubſtitue ordinairement le bol d'Armenie dans la compoſition de la Theriaque.

LEMURIES. ſ. f. Fêtes que celebroient les Romains le 9. Mai à l'honneur des Dieux Lemures. Cette fête duroit toûjours trois nuits, & on en laiſſoit toûjours une de repos entre-deux. La ceremonie conſiſtoit à jetter des féves dans le feu qui brûloit ſur l'autel, dans la penſée qu'on chaſſoit par là les Lemures des maiſons, ou qu'on empêchoit qu'ils n'y entraſſent. Ils donnoient ce nom aux ombres & aux fantômes des Morts, qui apparoiſſoient la nuit. Tant que duroit cette fête, les Temples étoient fermés, & on ne faiſoit aucunes nôces, dans la ſuperſtition où l'on étoit que les mariages qui ſe feroient pendant ce tems-là, ſeroient malheureux.

LENIFIER. v. a. Adoucir. Ce mot n'eſt en uſage que parmi les Medecins.

LENITIF. ſ. m. Electuaire mol, purgatif, où l'on fait entrer outre le ſucre, le ſene, le polypode, les raiſins damas, l'orge mondé, la mercuriale, la ſemence des violettes, l'adianthe noir, les ſebeſtes, les jujubes, les pommes, la regliſſe, les tamarins, la conſerve de viole, la poulpe de caſſe, & l'anis. On l'appelle Lenitif, à cauſe qu'il ouvre le ventre en adouciſſant & lenifiant, & qu'il évacue fort doucement l'une & l'autre bile. Cet Electuaire eſt fort propre aux fiévres engendrées par les humeurs corrompues, ainſi qu'à la pleureſie.

LENTICULAIRE. adj. Terme d'Optique. Il ſe dit d'un verre de lunette convexe, qui eſt plat, rond, & plus épais au milieu qu'aux bords. On l'appelle ainſi à cauſe qu'il approche de la figure d'une lentille, & même on l'appelle auſſi Lentille.

LENTILLE. ſ. f. Sorte de legume dont la plante a la feuille un peu moindre que celle de la veſce. Sa fleur eſt preſque ſemblable. Elle jette de petites gouſſes ſerrées & un peu plattes, dans leſquelles ſont les Lentilles, au nombre de trois ou quatre au plus dans chacune, rondes, preſſées & couvertes d'une petite pellicule. Il y en a de deux ſortes, de blanches & de cendrées. Les blanches ſont les plus petites & les meilleures. La fleur des cendrées eſt blanche, purpurine, & celle des autres eſt ſeulement blanche. Elles meurent, ſi on laiſſe les graterons quand il en vient auprès des Lentilles. Galien dit qu'elles ſont fort aſtringentes, & que leur chair reſſerre & deſſeche le ventre, mais que leur decoction le lâche. Etant pelées, elles perdent toute leur aſtriction & nourriſſent davantage, mais on ne les digere pas aiſément, & elles engendrent un gros ſang qui fait les humeurs melancoliques.

Il y a une Lentille de marais, que Dioſcoride dit être une mouſſe qui reſſemble à la Lentille. Sa feuille eſt ronde, petite, vient comme en grain, & a une forme de Lentille. Elle eſt attachée à de petits capillamines minces, & nage ſur les eaux dormantes, principalement ſur celles des foſſés des Villes & des Châteaux. S'il arrive que quelque inondation la tranſporte dans les eaux courantes, elle n'approche pas ſi-tôt de la rive qu'elle y prend racine, & s'étend de la même ſorte que fait le creſſon. On eſtime fort la diſtillation de cette Lentille de marais pour les inflammations des parties nobles, & pour les fiévres peſtilentielles. L'herbe fraîchement tirée de l'eau, & appliquée ſur le front, appaiſe les douleurs de tête qui proviennent de chaleur. Matthiole parle d'une autre Lentille de marais. Sa tige qui eſt anguleuſe ſe traîne ſur l'eau par intervalles, elle produit force feuilles, qui ſont rondes à la cime, & attachées quatre à quatre & en croix & des queues minces & longues. Sa graine ſort de la tige même & entre les queues des feuilles. Elle eſt amaſſée en façon de grappe, & a la forme d'une Lentille, quoique pourtant elle ne ſoit pas ſi platte. Elle eſt noirâtre, dure, épaiſſe & attachée à de longues queues.

LENTISQUE. ſ. m. Arbre fort commun en Italie, & dont on trouve beaucoup aux vieilles ruines & maſures, & en la côte de la mer Tyrrhene, tirant vers Gayette & Naples. On en voit de la grandeur d'un demi-arbre, & d'autres qui ſont petits, & qui ſans avoir un tronc fort gros, pouſſent à force des rejettons comme les coudres. Plus le Len-
uiſque

tifque eſt maſſif & a ſes feuilles épaiſſes , plus ſes branches s'abaiſſent contre terre. Les feuilles de l'un & de l'autre , reſſemblent à celles des piſtaches. Elles ſont graſſes , frêles , & d'un vert obſcur , quoiqu'elles ayent le bout & certaines petites veines rouges. Cet arbre eſt toûjours verd , & a ſon écorce rouſſâtre , pliante & gluante. Outre ſes fruits qui ſont faits en grappe , il jette de petites bourſes recourbées comme une gouſſe , & dans ces bourſes il y a une liqueur claire , qui avec le tems ſe convertit en bêtes , ſemblables à celles qui ſortent des veſſies qui croiſſent ſur les Terebinthes & les ormes. Le Lentiſque a une odeur forte , qui oblige pluſieurs à le fuir à cauſe qu'il appeſantit la tête. Le maſtic ſort du Lentiſque par le moyen des inciſions que l'on fait à ſon écorce , & le meilleur qu'on recueille eſt à Chio , Iſle de la mer Ægée où cet arbre croît en abondance plus qu'en aucun autre lieu. Matthiole dit que les Inſulaires de Chio l'ont en telle eſtime que s'il arrive que quelqu'un arrache un Lentiſque portant du maſtic , ſoit ſur ſa terre , ſoit ſur celle d'autrui , ils le condamnent à avoir la main coupée. On trouve auſſi en Candie des Lentiſques qui produiſent le maſtic , mais jaune , amer , & moindre en bonté. On ſe ſert encore de la ſemence de Lentiſque pour faire une excellente huile par expreſſion ; mais elle n'eſt pas beaucoup en uſage en France. On fait de ſon bois des cureles merveilleux , non ſeulement pour ſe nettoyer les dents , mais encore pour ſe fortifier les gencives , & ſe rendre l'haleine agreable.

LEO

LÉONIMETE'. ſ. f. Sorte de Poëſie ancienne , dont les vers riment au milieu ainſi qu'à la fin.

Seigneurs , qui en vos Livres par maiſtrie mettez Equivocations & Leonimetez.

On a dit auſſi *Leonine* , & *Leoniſme.* Paſquier croit qu'on a dit *Vers Leonins* , d'un Leoninus ou Leonius , Religieux de ſaint Victor , qui vivoit ſous Louis VII. en 1154. & qui fit pluſieurs Vers Latins rimez tant à l'hemiſtiche qu'à la fin , & même un Monorime qu'il dédia au Pape Alexandre III. l'Ecole de Salerne , Merlin , & autres , ont fait des vers en rime Leonine.

LEONTOPETALON. ſ. m. Plante , dont la tige eſt haute d'un bon palme & quelquefois plus , & qui a diverſes concavitez , dont ſortent pluſieurs aîles. Elle porte à ſa cime deux ou trois grains en certaines gouſſes , faites en maniere de chiches. Ses fleurs ſont rouges & ſemblables à celles de l'anemone , & elle a ſes feuilles comme le chou , mais déchiquetées comme celles du pavot. Sa racine eſt noire , & faite comme une rave , toute boſſue & pleine de durillons. Le Leontopetalon croît parmi les blés , & on ſe ſert principalement de ſa racine. Elle eſt reſolutive , & priſe en breuvage avec du vin , c'eſt un remede ſingulier contre les piquûres des Serpens. Ce mot vient du Grec λίων, Lion , & de πιταλον, Feuille , chés les Apothicaires *Pata leonis* , en François *Pié de Lion.*

LEONTOPODIUM. ſ. m. Petite herbe de la hauteur de deux doigts , qui produit ſes feuilles de la longueur de trois ou quatre. Elles ſont étroites & velues , mais celles qui ſont le plus près de ſa racine , ont plus de coton que les autres. Les têtes qui ſortent du bout de ſes tiges ſont comme trouées. Elle a ſes fleurs noires , & ſa racine tellement couverte de bourre , qu'on a de la peine à la trouver. Sa racine eſt petite , & on s'en ſert à réſoudre les

Tome I.

petites humeurs. Matthiole accuſe d'erreur Brunfelſius qui prend l'Alchimilla pour le Leontopodium. Ce mot vient auſſi de λίων, Lion , & de πῦς, Pié , en Latin , *Pes Leonis.*

LEOPARD. ſ. m. Animal cruel & farouche , qui a la peau marquetée de diverſes taches. Ses yeux ſont petits & blancs , le devant de ſa tête long , l'ouverture de ſa gueule grande , & ſes dents aigues. Il a les oreilles rondes , le cou long ainſi que le dos avec une grande queue & cinq griffes fort aigues aux piés de devant , & quatre à ceux de derriere. Les uns tiennent que cet animal eſt tellement ennemi de l'homme , que s'il en voit un en peinture , il ſe jette deſſus avec fureur , & le met en pieces. D'autres diſent qu'il ne fait jamais aucun mal aux hommes , ſi les hommes ne l'attaquent ; mais qu'il devore les chiens. On veut que le Leopard ſoit engendré d'un Lion & d'une Panthere , & que ſa femelle prenne le nom de Panthere.

Le Leopard a peine à ſouffrir le Tygre , quoique le Tygre ſoit moins fort que lui , & quand il ſe ſent pourſuivi , il efface ſes traces avec ſa queue afin que ſon Ennemi ne les puiſſe reconnoître. Comme ces animaux ſont cruels & dangereux , on leur tend beaucoup de pieges au Royaume de Quojas , Pays des Noirs , & lorſqu'on en a pris quelqu'un dans un des Villages où le Roi ne demeure pas , on eſt obligé de le porter au lieu de ſa reſidence. Ce qu'il y a de fort ſingulier , c'eſt que ces Negres appellant le Leopard le Roi des Forêts , ceux qui demeurent dans le Village royal vont au devant de ceux qui portent cet animal , perſuadés qu'il leur ſeroit honteux de ſouffrir , qu'un autre Roi que le leur entrât dans la place , ſans qu'ils y miſſent obſtacle. Cela produit un combat , dans lequel ſi les porteurs du Leopard ſont vaincus , il vient un homme de la part du Roi qui les introduit dans le village. Ils trouvent tout le peuple aſſemblé dans le marché où l'on écorche le Leopard. On donne la peau & les dents au Roi , & la chair que l'on fait cuire eſt diſtribuée au Peuple qui paſſe tout ce jour-là en réjouïſſance. Il n'y a que le Roi qui n'en mange point , à cauſe que nul animal ne doit manger ſon ſemblable , & que celui-ci eſt appellé Roi comme lui. Il ne veut pas même s'aſſeoir ni marcher ſur ſa peau , qu'il fait vendre incontinent. Pour les dents , il en fait preſent à ſes femmes , qui en font des colliers mêlés de corail , ou les pendent à leurs habits.

LEOPARDE'. adj. Terme de Blaſon. Il ſe dit du Lion paſſant. *D'or à trois Lions Leopardez de ſable l'un ſur l'autre.*

LEP

LEP. ſ. m. Vieux mot. Lievre mâle. On a dit auſſi *Liepe* , & *Liepvre* , de *Lepus.*

LEPIDIUM. ſ. m. Herbe qui croît ordinairement par tout , & même auprès des vieux ſepulchres & vieilles maſures , & proche les grands chemins ; aux lieux qui ne ſont point cultivés. Galien fait voir ſuivant l'autorité d'Hygienus Hipparchus , que le Lepidium & l'herbe que l'on appelle *Iberis* , eſt la même choſe. Matthiole eſt auſſi de ce ſentiment. Cette herbe eſt toûjours verte , & produit ſes feuilles ſemblables au Naſitort , mais plus grandes. L'Eté elles pendent juſqu'à ce que la rigueur du froid l'ait réduite en ſarment. Elle fleurit au Printems , & à tige haute d'une coudée , quelquefois plus & quelquefois moins. La fleur qu'elle jette eſt blanche , fort petite & de couleur chargeante. Pour ſa graine , elle eſt ſi mince que l'on a peine à la voir. Sa racine a une odeur fort aigue ; &

M M m m

qui tire à celle du Naſitort. Le Lepidium eſt propre à guerir les ſciatiques. On l'a appellé ainſi de λεπίς, Ecorce, écaille, qui vient de λέπω, Oter l'écorce, à cauſe que cette herbe a la vertu de faire partir les taches du viſage.

LEQ

LEQUEAU. Pronom relatif maſculin, qui s'eſt dit autrefois pour lequel.

> *Lequeau a perdu ſon procez,*
> *Trinlati de Grec en Francez.*

LER

LERRE. ſ. m. Vieux mot. Larron. On a dit auſſi *Lierre*, dans le même ſens.

LERRER. v. a. Vieux mot. Laiſſer. On a dit longtems, *Je Lerrai*, pour, *Je laiſſerai.*

LES

LESCHE. ſ. f. Vieux mot. Petite rêne.

LESCHERIE. ſ. f. Vieux mot. Gourmandiſe, friandiſe. Il s'eſt pris auſſi pour un lieu où l'on trouve des femmes débauchées, ce qui l'a fait appeller *Leſchierres*. On a dit auſſi ce dernier mot pour Friand.

> *Ainſi com fait li bon leſchierres,*
> *Qui des morſeauls eſt connoiſſierres.*

Leſcheur s'eſt dit dans le même ſens.

LESSE. ſ. f. Eſpece de petit cordon de ſoye, de laine, de crin, d'or ou d'argent, dont on fait pluſieurs tours, ſur la forme d'un chapeau pour la tenir en état.

Leſſe. Fiente ou excrement des Sangliers ou autres bêtes ſemblables. On appelle *Leſſes* au pluriel Les lieux où les Loups aiguiſent leurs ongles.

LESSIVE. ſ. f. *Nettoyement, blanchiſſage de linge que l'on fait dans le ménage avec l'eau chaude & la cendre.* ACAD. FR. On appelle *Leſſive*, en termes de Pharmacie, Une ſorte de medicament que l'on met au rang des fomentations. Il y a la ſimple & la compoſée. La ſimple ſe fait de cendres ſeules détrempées en eaux,& d'ordinaire on employe celles de ſerment de vigne, d'yeuſe, de tiges de feves, de chêne, de chou, de lierre, de figuier & de tithymale. La compoſée ſe fait de la ſimple, dans laquelle on diſſout ou l'on fait cuire divers ſimples, ſuivant l'uſage à quoi elle eſt deſtinée. Toute Leſſive a une faculté déterſive. On en fait quelquefois de tartre brûlé ou de chaux vive. Comme elle eſt cauſtique & très-forte, elle ſert à faire tomber le poil & à faire des cauteres.

La *Leſſive des ſcories du regule d'antimoine*, eſt tenue très-ſalutaire dans l'obſtruction des mois. Il faut en recevoir la fumée dans les parties genitales. C'eſt un remede excellent pour les lotions des ulceres malins, dont elle mondifie & déterge toutes les ordures. On s'en ſert même efficacement quand la gangrene commence. Si la partie eſt tout-à-fait gangrennée, on croit qu'en la mettant deux ou trois fois dans cette leſſive, il ſort de la partie une certaine matiere groſſiere, après quoi la gangrene ſe diſſipe. Elle eſt bonne auſſi pour les clyſteres, où elle ſert à ramollir & à purger les excremens endurcis. On l'eſtime pareillement propre à guerir la galle qui dépend d'un acide, mais il faut bien prendre garde à n'y mêler rien d'acide, à cauſe qu'elle imprimeroit ſur la peau des taches blanches, qui ſeroient long-tems à s'en aller.

Les Leſſives fortes, comme celle de chaux vive & celle de ſel de tartre, ſont des menſtrues ſalins, urineux, qui diſſoudent tous les ſouphres, & tirent même ceux des métaux. La raiſon qu'Ettmuller en donne dans ſa Chymie nouvelle raiſonnée, eſt que les leſſives conviennent radicalement avec les corps ſulphureux, à cauſe que les ſels fixes dont les Leſſives ſe font, ſe forment dans la calcination des corps du ſel volatil, & de l'acide ou ſouphre qui ſe changent en un troiſiéme ſel ſalé, & c'eſt à raiſon de ce principe ſulphureux, qu'elles agiſſent ſur les corps d'une nature ſulphureuſe. Ainſi la Leſſive de chaux vive, diſſout l'antimoine en ſouphre antimonial, & la Leſſive de ſel de tartre diſſout le ſouphre crud.

LEST. ſ. m. Terme de Marine. Ce qui ſert à faire entrer un Vaiſſeau dans l'eau, & à le tenir en aſſiette contre les coups de vent qui pourroient le renverſer. Quand on dit *Leſt*, ſans rien ajoûter, on entend ſeulement des pierres, du ſable, ou quelque autre choſe que l'on met à fond de cale. On appelle *Bon leſt*, De petits cailloux que l'on arrange aiſément, *Gros leſt*, Des quartiers de canons crevés & de groſſes pierres; *Mauvais leſt*, Tout ce qui peut fondre à fond de cale, comme du ſel, ou ce qui peut entrer dans les pompes & les engorger, comme du ſable, du gravier; *Leſt lavé*, Du leſt qu'on a lavé après qu'il a déja ſervi, pour s'en ſervir de nouveau. Ordinairement on met du Leſt neuf une fois en deux années. Il n'en faut pas également pour tous les Vaiſſeaux. Quelques-uns n'en prennent que la moitié de leur charge, d'autres le tiers, & d'autres le quart; cela dépend de la maniere dont ils ſont conſtruits. Il en faut davantage aux bâtimens que l'on fait plats de varangue, & ceux qui ſont courts de varangue, & arrondis par la carene en demandent moins à cauſe qu'ils s'enfoncent plus avant dans l'eau qui les ſoutient mieux, parce qu'elle porte autour de cette rondeur. On fait le Leſt des Vaiſſeaux de guerre, avec de petits cailloux ſans terre ni ſable, afin que le fond de cale ſoit plus propre. *Leſt* vient de l'Allemand *Laſt*, qui ſignifie Charge. On l'appelle auſſi *Balaſt* & *Quintellage*. *Balaſt* veut dire Premiere charge.

Leſt. Poids de quatre mille livres ou de deux tonneaux dans les Vaiſſeaux Flamans & Anglois. On appelle *Grand leſt*, en Suede & en Moſcovie, Un poids de douze tonneaux; & *Petit leſt*, Celui qui n'eſt que de ſix.

LESTAGE. ſ. m. Embarquement du leſt dans le Navire.

LESTER. v. a. Mettre du caillou, du ſable & autres choſes peſantes au fond d'un Vaiſſeau, pour le faire tenir droit, lorſqu'il eſt ſous les voiles.

LET

LET. ſ. m. Vieux mot. Mauvaiſe action.

> *Comment ſi m'a mon oncle ſet*
> *Si grande honte & ſi grand let.*

LETH. ſ. m. Terme de Marine dont on ſe ſert pour ſignifier une certaine quantité de harengs. L'Ordonnance regle combien il faut employer de ſel pour la ſalaiſon de chaque leth de harengs. Le leth eſt de dix mille milliers. Chaque millier eſt de dix centaines, & chaque centaine eſt de ſix vingts. On dit auſſi *Laſt* & *Leſt de harengs*.

LETHARGIE. ſ. f. Terme de Medecine. Aſſoupiſſement profond avec une fievre lente, où les malades dorment, & si on les éveille, ils retombent aussi-tôt dans cet assoupissement, en sorte qu'ils sont sans memoire, & comme stupides. La cause de la Lethargie est le trop grand engourdissement des esprits animaux, qui fait qu'ils deviennent incapables des mouvemens & des expulsions requises pour exercer les fonctions du sentiment & du mouvement. La trop grande aquosité des esprits est la cause éloignee de cet engourdissement, c'est-à-dire, lorsqu'ils sont mêlés de trop de phlegmes, trop peu subtiles & trop peu volatiles, comme il arrive à l'esprit de vin mal dephlegmé. La Lethargie est une maladie aigue qui tue en sept jours, si la matiere morbifique ne s'évacue naturellement & par crise, ou artificiellement par les selles, & que les paroxides ne paroissent le jour de crise, ou que la même matiere ne sorte par le nez abondamment en mouchant. Quand les symptomes augmentent & que la sueur froide sort, sur-tout à la tête, le signe est mortel, aussi-bien que le tremblement qui survient à la Lethargie. Lorsque la fievre & les autres symptomes diminuent, il y a beaucoup à esperer. Ce mot est Grec & formé de λήθη, Oubli, & de ἀργία, Engourdissement, paresse.

LETTERIL. s. m. Vieux mot. Pupitre.

LETTRE. s. f. *Une des figures, un des caractères de l'Alphabet.* ACAD. FR. On croit que Moïse a trouvé les Lettres Hebraïques, que les Lettres d'Attique ont été inventées par les Pheniciens, les Latines par Nicostrate, les Syriaques & les Chaldéennes par Abraham, les Egyptiennes par Isis, & les Gothiques par Gulfila Evêque des Goths.

Les Imprimeurs appellent *Lettres* les Caractères de métal qui representent les lettres de l'Alphabet, & dont ils se servent pour imprimer quelque ouvrage. Ils les distinguent en Capitales, Majuscules & Initiales pour servir aux titres & aux noms propres, & en Lettres communes de toutes sortes de grosseurs, dont le gros canon est le plus gros caractère, & la Nompareille le plus petit. Ils appellent *Lettres grises ou historiées,* Celles qui sont gravées sur du bois avec quelque ornement qu'ils employent au commencement des Livres ou des Chapitres, & qui tiennent la place des Lettres enluminées qu'on trouve dans les anciens Manuscrits.

Lettre, se dit aussi d'une Epître, d'une Missive, d'une Dépêche. Il y a des *Lettres d'Etat,* & des *Lettres de cachet,* Les premieres sont celles que le Roi accorde aux Ambassadeurs, aux Officiers d'armées, & à tous ceux que le service de l'Etat empêche de pouvoir donner ordre à leurs affaires. Elles portent surseance de toutes poursuites contre eux pendant six mois, & se renouvellent tant que le prétexte qui les fait donner subsiste. Les *Lettres de cachet* ne sont autre chose qu'un ordre du Roi, contenu dans une simple Lettre fermée de son cachet, & qui est souscrite par un Secretaire d'Etat. On appelle *Lettres patentes,* toutes sortes de Lettres ouvertes & étendues de toute la longueur du papier ou du parchemin, qui contiennent les dons & les privileges que le Roi accorde. Elles doivent être verifiées, & commencent par ces mots *A tous ceux qui ces presentes Lettres verront,* &c. On appelle *Lettres Royaux,* Toutes les Expeditions de la grande ou petite Chancellerie, comme les *Lettres de grace,* qui sont obtenues par des criminels qui avouent avoir tué, mais à leur corps défendant, les *Lettres de remission, pardon, abolition,* par lesquelles le Roi, de sa pleine autorité remet le crime au criminel qui l'avoue; les *Lettres de rescision* ou *de restitution,* qu'on obtient en la petite Chancellerie

Tome I.

rie pour faire casser des Contrats faits en minorité, & ceux dans lesquels il y a lésion énorme ou dol personnel & apparent. Ces sortes de Lettres servent à remettre les parties au même état où elles étoient avant qu'elles eussent contracté.

On appelle *Lettres de Profession,* les Vœux d'un Religieux ou d'une Religieuse, signés par eux après qu'ils les ont prononcés solemnellement & dans toutes les formes requises.

Lettre de change, se dit d'une certaine somme d'argent que l'on donne à prendre par un billet sur quelque negociant ou autre particulier, soit à vûe, soit après un certain tems, & qui s'appelle, *Tirer une Lettre de change.* On dit, *Accepter une Lettre de change,* quand celui sur qui la Lettre est tirée, met son nom au bas, pour marquer qu'il s'oblige de la payer dans son terme.

On appelle en Chronologie, *Lettres Dominicales* les 7. premieres Lettres de l'Alphabet, qui marquent les unes après les autres les Dimanches de chaque année. Le principal objet de tout le Comput Ecclesiastique, est de trouver à quel jour Pâque doit venir chaque année, car il a été reglé par le premier Concile de Nicée, que cette Fête se celebreroit le premier Dimanche après la pleine Lune de Mars. On trouve par le moyen du *Nombre d'Or* ou de l'*Epacte,* en quel jour tombe la pleine lune de Mars; mais il reste encore à sçavoir quand viendra le premier Dimanche d'après cette pleine lune. Pour trouver generalement quels jours font les Dimanches dans toute une année, on a consideré que l'année *commune* de 365. jours, contient 52. semaines & un jour, que par consequent elle finit par le même jour par où elle a commencé par un Dimanche, si elle a commencé par un Dimanche, & que l'année suivante commence par un Lundi. Si l'on donne les 7. premieres Lettres de l'Alphabet aux 7. jours de la semaine, & que l'on établisse de plus, que *A* appartiendra toûjours au premier jour d'une année quel qu'il soit, il s'ensuivra que dans les deux années dont nous venons de parler, *A* marquera le premier jour & les Dimanches de la premiere, & par consequent aussi son dernier jour. Le même *A* doit marquer aussi le dernier jour de la seconde qui est un Lundi, donc *A* après avoir marqué le Dimanche de la premiere année, marque le Lundi de la deuxiéme, le Mardi de la troisiéme, &c. On n'a qu'à prendre ces 7. Lettres en cercle, c'est-à-dire, de sorte qu'après la derniere, la premiere revienne, & l'on trouvera qu'après la premiere année où *A* marquoit le Dimanche, & étoit la *Lettre Dominicale,* c'est *G* qui le marque dans la seconde, *F* dans la troisiéme, &c. De plus, en supposant qu'un mois a toûjours le même nombre de jours dans une année que dans une autre, & *A* marquant toûjours le premier jour de Janvier quel qu'il soit, comme nous avons dit, *D* marquera toûjours le premier jour de Février quel qu'il soit aussi, *D* le premier de Mars, *G* le premier d'Avril, &c. & la Lettre qui marque le premier jour d'un mois marque aussi le 8. le 15. le 22. & le 29. Toutes ces choses supposées, il est bien aisé de trouver le Dimanche de Pâque, quand on sçait d'ailleurs quel jour vient la pleine lune d'après le 21. de Mars. Par exemple, en l'année 1695. la pleine lune d'après le 21. de Mars étoit le 30. & l'on sçait par le moyen d'une petite table que la Lettre Dominicale étoit *B,* d'où l'on a conclu que *D* étant toûjours le 1. & par consequent le 29. de Mars *E,* jour de la pleine lune de Pâque devoir être le 30. *F* le 31. *G* le 1. d'Avril, *A* le 2. *B* le 3. & par consequent ce 3. d'Avril

M M m m ij

marqué de la Lettre Dominicale , étoit le jour de
Pâque de 1695. voilà pour quel usage ont été inventées les Lettres Dominicales. Il ne faut donc
qu'avoir une table qui serve à trouver la Lettre Dominicale de chaque année , & elle seroit bien aisée à trouver même sans table , si la même lettre
revenoit au même jour de l'année au bout de 7. ans,
comme il semble qu'elle devroit faire naturellement , mais ce qui l'en empêche , ce sont les années Bissextiles. On a pû remarquer dans ce que
nous avons dit , que ce qui rend la Lettre Dominicale si utile , c'est que l'on sçait d'ailleurs , par quelle Lettre chaque mois commence toûjours , ainsi
B étant la lettre Dominicale de cette année , &
le 30. de Mars où tombe la pleine Lune étant toûjours E , parce que le premier est toûjours D , le
premier B , qui vient après le 30. Mars est necessairement le 3. Avril. Mais il est évident que tout
cela seroit dérangé , & la Lettre Dominicale absolument inutile . si les mêmes jours des mois n'a-
voient pas toûjours invariablement les mêmes Lettres , car pour sçavoir que B seroit la Lettre Dominicale de cette année , & que la pleine lune
tomberoit au 30. Mars , je n'en pourrois rien con-
clurre , si je ne sçavois de quelle Lettre est marquée ce 30. Mars. Or les années Bissextiles qui
donnent 29. jours à Février , au lieu que dans les
années communes il n'en a que 28.causent ce déran-
gement , car D étant le premier jour de Février ,
il n'est aussi le premier jour de Mars que quand Février n'a que 28. jours , mais quand il en a 29.
E deviendroit le premier jour de Mars , ce qui
dérangeroit le reste , & empêcheroit les mêmes Lettres d'être toûjours invariablement fixées
aux mêmes jours des mois. Pour prévenir ce desordre , on a arrêté que dans les années Bissextiles , l'intercalation étant faite le 25. jour de Février. (Voyez CALENDRIER,) on changera aussi-
tôt la Lettre Dominicale , dont on s'étoit servi depuis le commencement de l'année , & l'on prendra celle qui n'auroit été que pour l'année suivante , d'où il arrive necessairement que le 29. de
Février ne tombe plus au D , mais au C , & que
le D est conservé au premier de Mars. De-là vient
que les années Bissextiles ont deux Lettres Dominicales , l'une qui sert depuis le commencement de
l'année jusqu'au 25. de Février , l'autre tout le
reste de l'année. De plus il arrive delà que les
Lettres Dominicales qui feroient leur cycle en 7.ans,
s'il n'étoit interrompu par les années bissextiles , ne
le font qu'en quatre fois 7. ans , c'est-à-dire , en
28. de sorte qu'une même Lettre ne revient à
marquer les Dimanches qu'au bout de 28. ans ,
parce que pour les marquer au bout de 7. ans , il
faudroit qu'elle se trouvât la huitième dans le
Cycle , & elle ne se trouve que la septiéme , à
cause des deux Lettres qui ont été employées dans
l'année Bissextile , ce qui l'a avancée d'une place.
On fait une petite table de l'Ordre des 7. Lettres
dans le Cycle de 28. ans , & l'on y trouve quelle Lettre répond à chaque année du Cycle , & en
est la Dominicale, de sorte qu'il n'est plus question
que de sçavoir en quelle année du Cycle on est.
Voyez CYCLE.

LETTRIER. s. m. Vieux mot. Inscription.

LEV

LEVAIN. s. m. *Petit morceau de pâte aigrie , qui*
étant mêlée avec la pâte dont on veut faire le pain ,
sert à la faire lever. ACAD. FR. Les Medecins reconnoissent dans le ventricule un levain semblable
à celui des Boulangers , qui faisant lever les ali-

mens les change par le moyen de la fermentation.
Ce levain est un suc acide , volatil & spiritueux ,
ou salin & armoniacal , qui lorsqu'il est dans l'état
naturel , incise , penetre & dissout l'aliment après
qu'il a été mâché , empreigné de la salive , & plus
ou moins délayé par la boisson. Il y produit le mouvement intestin ou fermentatif , moyennant quoi
l'aliment est volatilisé , & reçoit la tissure & la qualité propre & specifique à tel sujet , sans quoi le
chile n'est propre ni à s'assimiler avec le sang , ni à
faire une bonne nutrition , mais seulement à porter
les semences de diverses maladies dans toutes les
parties du corps. Ce levain se joint aux sels volatils , dont les alimens tirés tant des vegetaux que
des animaux sont empreignés , avec lesquels il
rend la fermentation plus parfaite , & la continue
jusqu'à ce que ces mêmes alimens ayent été suffisamment brisés & changés en un suc , tantôt tirant
sur l'acide , & tantôt sur le salé volatil à proportion du sujet. Ce levain acide volatil de l'estomac
fait l'office de menstrue dans l'affaire de la digestion , en penetrant & dissolvant intimement les alimens , leur imprimant de l'acidité , détachant leurs
particules les unes des autres , & mettant en liberté
les sels qui étoient comme emprisonnés auparavant.
Il commence aussi la fermentation par son acide volatil avec les sels alcalis des alimens ; il les volati-
lise & leur donne une nature speciale. Il n'est pas
dans l'estomac en consistance d'un corps fluide ou
d'un menstrue abondant ; il y est seulement inspi-
ré , particulierement dans le tems de la digestion ,
& hors ce tems-là l'opinion de Vanhelmont est qu'il
est caché & presque insensible à l'égard de son volume dans les rides des parois de l'estomac. Ces
levains sont très-differens les uns des autres dans
les animaux , dont chaque espece a le sien. Ils ne
laissent pas de convenir tous plus ou moins en acide.
C'est qui fait que ce qu'une espece ne peut digerer , est digeré par une autre. On peut dire même
que les levains changent dans chaque individu , selon les circonstances , comme dans l'homme où le
levain varie en acrimonie , en volatilité , & en ses
autres proprietés , selon l'âge , le sexe , les alimens
& l'état de santé ou de maladie. Quant à ce qui regarde son origine , les uns disent qu'il est naturellement implanté à la substance du ventricule où il
se repare & se renouvelle toûjours ; ce que l'on prétend ne pouvoir être à cause que la digestion &
l'appetit s'en vont quelquefois & reviennent, comme dans les fievres. Ainsi le levain n'est point propre à l'estomac seul. Vanhelmont le fait venir de
la rate ; mais il se trompe , puisque les chiens déra-
tés sont encore extrêmement voraces , & digerent
très bien. C'est ce qui fait suivre aux plus sensés le
sentiment de Jean Majovv , qui dans son Traité du
Mouvement des Muscles , dit que ce levain vient
d'une certaine lymphe qui exude au travers de la
tunique glanduleuse du ventricule , qui sert de vehicule à l'esprit volatil animal , qu'un grand nombre de nerfs considerables y apporte. Voyez là-
dessus les raisonnemens d'Ettmuller , & ce qu'il
dit contre ceux qui reconnoissent pour ce levain
les restes des alimens demeurés dans les rides de
l'estomac.

LEVANT. s. m. La partie du Monde qui est à l'O-
rient. Dans notre Marine il veut dire la mer Mediterranée. *Mer du Levant , Escadre du Levant.*

LEVANTIN. adj. Qui est des pays du Levant. On
appelle dans notre Marine , *Equipage Levantin ,*
Celui qui est sur la mer Mediterranée , *Officier Le-*
vantin , un Officier qui sert sur la même mer.

LEUCACANTHA. s. f. Herbe dont Dioscoride dit

que la racine eſt ſemblable à celle du ſouchet , ſolide , bien nourrie & amere. Elle appaiſe la douleur des dents quand on la mâche. Sa décoction faite en vin & priſe en breuvage , eſt fort bonne aux
douleurs interieures des flancs & aux ſciatiques , &
ſert aux rompures & aux ſpaſmes. Ce mot eſt compoſé de λευκη , Blanche , & de ἀκανθη , Epine , comme qui diroit Epine blanche. Cependant Matthiole blâme fort Ruellius , d'avoir confondu la Leucacantha & l'Epine blanche , comme ſi c'étoit la même plante. Il dit que Dioſcoride ni Pline n'ayant
fait aucune deſcription des feuilles , de la tige , de
la fleur ni de la racine de la Leucacantha , il ſeroit
mal-aiſé entre tant de plantes épineuſes d'en choiſir
une qui repreſentât veritablement la Leucacantha ,
quoiqu'il penſe qu'il ne ſeroit pas hors de propos
de prendre pour cette plante ce chardon piquant que
l'on appelle en quelques endroits *Chardon de Notre-Dame*. Il en donne pour raiſon qu'on pourroit
l'avoir appelé *Blanche épine* , à cauſe des taches
blanches dont ſes feuilles ſont toutes ſemées , outre
que l'amertume & la dureté de ſa racine la rend en
quelque façon conforme à celle du ſouchet , quoiqu'elle ne ſoit pas ſemblable. Il ne veut point pourtant aſſurer que le chardon Notre - Dame ſoit la
vraie Leucacantha.

LEUCAS. ſ. f. Herbe dont il doit y avoir de deux
ſortes , puiſqu'au rapport de Dioſcoride , celle des
montagnes produit ſes feuilles plus larges que la
Leucas des jardins. Elle a auſſi ſa graine plus forte ,
plus fâcheuſe au goût & plus amere. Toutes ces
deux ſortes priſes en breuvage avec du vin ſont
bonnes contre toutes bêtes venimeuſes , & ſur tout
contre les venins des bêtes marines. Matthiole dit
qu'il n'oſe prendre pour Leucas une herbe qui croît
parmi les vignes , faite preſque comme la Mercuriale.

LEUCOION. ſ. m. A prendre ce mot à la lettre , il
veut dire Violette blanche , de λευκὸς , Blanc , & de
ἴον , Violette. Il y en a pourtant de trois ſortes ,
quant à la couleur , le Leucoïon blanc , le rouge &
le jaune. Ils ſont fort communs par tout , & leurs
fleurs qui ſont agréables à voir , rendent une bonne
odeur. Ils viennent tous de la hauteur d'une coudée , jettent pluſieurs branches & une tige moindre
que celle du chou , mais ils ſont differens en feuilles. Quoiqu'ils ayent tous longuettes , le Leucoïon qui a des fleurs jaunes , produit ſes feuilles
encore plus longues , plus vertes , plus pointues au
bout & en plus grande abondance , le blanc & le
purpurin les ont plus courtes , plus larges , non
pointues & blafardes deſſus & deſſous. Galien parlant de cette plante dit qu'elle eſt abſterſive , de
parties fort tenues , & que ſes fleurs poſſedent encore plus ces proprietés , particulierement lorſqu'elles ſont ſeches. Leur décoction émeut le flux men-
ſtrual , & fait ſortir l'enfant & l'arriere-faix.

LEUCOMA. ſ. m. Terme de Medecine. Petite tache blanche dans l'œil appel'ée par les Latins *Al-
bugo*. Quand il demeure une petite cicatrice dans
la partie tranſparente de la cornée , comme dans
la petite verole , & après les petits ulceres ou plaies
de la partie , cette petite cicatrice étant plus épaiſſe
que le reſte de la cornée , repreſente cette blancheur
que les Grecs nomment *Leucoma* , de λευκόω , Je
blanchis. La cure demande qu'on déterge & efface
la cicatrice.

On appelle *Leucoma* , dans le Perou , le fruit
d'un arbre ſemblable à notre châtaigne en forme
& groſſeur. Il eſt plat & blanc du même côté qu'eſt
la châtaigne. L'arbre qui le porte eſt ſpacieux , d'un
bois fort & ferme , & a ſes feuilles ſemblables à

celles du Framboiſier. Ce fruit eſt d'un fort bon
goût & temperé , & arrête le flux de ventre à cauſe
de ſa reſtriction.

LEUCOPHLEGMATIE. ſ. f. Sorte de mal qui vient
de la pituite , & qui eſt le plus haut degré de
la cachexie , laquelle s'augmentant de plus en
plus , fait que l'habitude du corps eſt extrémement
gonflée & mollaſſe par le relâchement des fibres
nerveuſes & muſculeuſes. On confond ſouvent la
Leucophlegmatie & l'Anaſarca , qui eſt une hydropiſie de tout le corps , en ce que dans la Leucophlegmatie le corps eſt plus obſcur & plus terne
qu'il ne doit être , au lieu qu'il eſt plus reſplendiſ-
ſant que le naturel dans l'Anaſarca , & que l'enfonçure faite par le preſſement du doigt , diſparoît
fort promptement , laquelle enfonçure demeure
long-tems dans la Leucophlegmatie. Ce mot eſt
Grec , λευκοφλεγματίας , & formé de λευκὸν φλέγμα , Pituite blanche.

LEUDE. ſ. m. Vieux mot. Vaſſal , ſujet. Il a ſignifié
auſſi un petit Tribut.

LEVE', ɛ́ ɛ. Terme de Blaſon. Il ſe dit des Ours en
pié. *D'or à l'Ours levé en pié de ſable.*

LEVE. ſ. f. Terme de jeu de mail. Inſtrument qui
ſert à lever la boule & à la faire paſſer dans la
paſſe. Il eſt fait en forme de cueiller , & a un long
manche.

LEVE'E ſ. f. Eſpece de quai de maçonnerie , ou de
fils de pieux , qui retient les eaux d'une riviere &
empêche qu'elle ne ſe déborde. Les Batteliers appellent *Levée* , trois ou quatre ais attachés au deſſus du rez ou du cul du bachot ou d'un bateau ſur
leſquels on peut s'aſſeoir.

LEVER. v. a. *Hauſſer , faire qu'une choſe ſoit plus
haut qu'elle n'étoit.* ACAD. FR. On dit en termes
de Manege , *Lever un cheval à caprioles , à peſades , à courbettes* , pour dire , Le faire manier de
ces diverſes façons.

On dit en termes de Marine , *Lever l'ancre,* pour
dire , La tirer du fond de l'eau , pour la remettre
en ſa place quand on veut partir. *Lever l'ancre par
les cheveux* , ſe dit quand on la tire du fond de
l'eau avec l'orin qui eſt frappé à la tête de l'ancre;
& on dit , *La lever avec la chaloupe* , quand on
l'envoie prendre par la chaloupe qui la tire par ſon
orin , & qui la rapporte à bord. On dit encore ,
Lever l'ancre à fourche avec le navire , quand on
file du gros cable & que l'on vire ſur l'autre juſqu'à
ce qu'il ſoit à bord.

On dit en termes de Geometrie , *Lever le plan
d'une Ville , d'une Province , d'un bâtiment,* pour
dire , En faire une repreſentation exacte ſur le papier avec toutes les meſures.

LEVESCHE. ſ. f. Plante qui croît aux lieux ombragés & marécageux , & qui a ſa tige haute , creuſe , ronde & toute ſemée de lignes en façon de veines. Ses feuilles ſont larges & tirent ſur le rouge.
Son feuillage eſt tout entaſſé de fleurs & reſſemble
à celui du roſmarin. Sa cime , où pluſieurs petits
boutons paroiſſent avant ſa fleur , eſt toute chargée
d'une graine noire , longuette , forte , pleine & aromatique. Sa racine eſt blanche , menue , odorante ,
& rend l'haleine agreable quand elle eſt mâchée.
Toute la plante a une qualité échauffante au troiſiéme degré , & particulierement la ſemence & la
racine : de ſorte qu'elle fortifie l'eſtomac , aide à la
digeſtion , diſſipe les vents , & remedie à la ſuffo-
cation de la matrice & à la morſure des ſerpens.
Matthiole blâme fort ceux qui prennent la Leveſche , dite en Latin , *Leviſticum* , qui n'eſt autre
choſe que l'*Hippoſelinum* , pour le Liguſticum de
Dioſcoride.

LEVIER. ſ. m. Terme de Mechanique. Une verge ou une barre que l'on ſuppoſe inflexible & ſans peſanteur étant appuyée ſur un point, deſorte qu'elle ſoit, ſi l'on veut horiſontale; ſi d'un côté de ce point l'on applique le *Poids*, & de l'autre la *Puiſſance*, (Voyez POIDS & PUISSANCE.) il eſt clair que ſi le poids l'emporte ſur la puiſſance ou la puiſſance ſur le poids, ils feront mouvoir cette verge, & ſe mouveront eux-mêmes en décrivant des arcs de cercles dont le point où la verge eſt appuyée, ſera le centre. Celui des deux, c'eſt-à-dire, du poids ou de la puiſſance, qui ſera le plus éloigné du *point d'appui*, ſera celui qui décrira le plus grand arc de cercle, parce que ſon éloignement du point d'appui que l'on ſuppoſe plus grand, eſt le rayon de ſon cercle, donc c'eſt celui qui aura le plus de viteſſe, puiſqu'il décrit ce grand arc dans le mêmetems que l'autre en décrit un plus petit. Or une force plus petite qu'un poids ne peut lui être rendue égale que par une augmentation de ſa viteſſe proportionnée à ſon plus de petiteſſe, (Voyez MACHINE & MOUVEMENT,) donc pour rendre une petite force égale à un grand poids, il ne faut que la mettre ſur cette verge à une diſtance du point d'appui d'autant plus grande que la force eſt plus petite. Là elle eſt en équilibre avec le poids, au delà, elle l'emporte toûjours. Cette verge s'appelle *Levier*, & eſt la plus ſimple de toutes les machines.

LEVIGER. v. a. Terme de Chymie. Rendre un mixte en poudre impalpable ſur le porphyre ou ſur l'écaille de mer.

LEVITE. ſ. m. Prêtre ou Sacrificateur Hebreu, que l'on a nommé ainſi parce qu'il étoit de la Tribu de Levi. On appelle auſſi *Levites*, dans l'ancienne Egliſe, les Diacres & Miniſtres de l'Autel. Outre qu'ils aidoient les Prêtres à aſſembler les dixmes, il y en avoit quelques-uns d'entre eux qui portoient le bois & l'eau pour le Tabernacle. Ils étoient diviſés ſelon les trois fils de Levi en Gerſonites, Cohathites & Merarites. Les premiers portoient les gonds & les couvertures; les ſeconds, les principales choſes du Sanctuaire, & les derniers avoient ſoin de l'ouvrage de bois.

LEVITIQUES. ſ. m. On a appellé ainſi certains Heretiques qui s'attachoient aux erreurs des Nicolaïtes & des Gnoſtiques. Saint Epiphane & ſaint Auguſtin en parlent.

LEVRAUT. ſ. m. Jeune & tendre Lievre qu'on mange rôti. On appelle auſſi *Levraut*, le plus commun des chardons qui croît ſur les bords des grands chemins. Les ânes en ſont plus friands que de tous les autres, à cauſe qu'il leur pique le palais qu'ils ont rude, de même que le ſel & le poivre le piquent aux hommes qui l'ont délicat.

LEVRE. ſ. f. *Le bord de la partie exterieure de la bouche.* ACAD. FR. Il ſe dit en termes de Manege, de la peau qui regne ſur les bords de la bouche du cheval & qui environne ſes machoires. On dit qu'*Un cheval s'arme de ſa levre*, qu'*Il ſe défend de ſes levres*, pour dire, qu'il les a ſi groſſes, qu'elles lui ôtent le ſentiment des barres en les couvrant, de ſorte que l'appui du mord en devient ſourd & trop ferme.

On appelle *Levres*, en termes de Medecine, les deux bords d'une plaie.

LEVRETER. v. n. Vieux mot. Courir, galoper. Il a été pris de la chaſſe, où quelques-uns diſent *Levreter*, pour dire, Chaſſer au lievre, & ſe ſervir de levriers pour le courre.

Levreter, ſe dit auſſi de la femelle du lievre, quand elle fait ſes petits.

LEVRETERIE. ſ. f. Methode d'élever des levriers.

LEVRETEUR. ſ. m. Celui qui a ſoin d'élever des levriers.

LEVRIER. ſ. m. *Sorte de Chien haut monté ſur jambes, qui a la tête longue & menue, & le corps fort délié, & dont on ſe ſert principalement à courre le lievre.* ACAD. FR. Il y a quatre ſortes de Levriers. Les premiers dont les Ecoſſois, Irlandois, Scythes, Tartares, & autres gens du Nord ſont fort curieux, s'emploient à courre le Loup, le Sanglier, & autres grandes bêtes, comme le Taureau ſauvage & le Buffle, on les appelle *Levriers d'attache*. Il y en a d'aſſés furieux & aſſés hardis dans la Scythie pour attaquer les Tigres & les Lions, & ceux du pays s'en ſervent à garder le bétail qui n'eſt jamais enfermé. Les ſeconds Levriers ſervent à courre le lievre, & paſſent pour les plus nobles de tous. Ce ſont les plus viſtes animaux du monde. Les meilleurs ſont en Champagne & en Picardie, à cauſe des grandes plaines de ces deux Provinces, ce qui oblige à avoir des Levriers de plus grande race, de très-grande haleine & d'une extrême viteſſe. Les Turcs en ont auſſi d'excellens dans leurs campagnes de Thrace, qui ſont d'une fort grande étendue. Les Portugais en ont de deux ſortes, les uns pour les plaines, qui ſont auſſi viſtes qu'il y en ait en Europe, & les autres pour les côtaux & pour les montagnes. Ceux-ci ſont courts rablés & gigottés & fort pleins-ſautiers, & il faut qu'ils ſoient ainſi, à cauſe qu'ils ont peu d'eſpace à courre. Les troiſiémes Francs Levriers ou *Meſtifs*, ſe trouvent en Eſpagne & en Portugal. On les croit mêlés de quelque race de Chiens courans, ou au moins de chiens qui rident naturellement. Ces ſortes de Levriers ſont néceſſaires en ce pays-là, à cauſe qu'il eſt inculte & tout rempli de brouſſailles, ce qui fait qu'ils ne vont qu'en bondiſſant après le gibier qui s'y trouve en abondance. Ils l'enveloppent en ſe courant les uns après les autres à droit & à gauche, le prennent & le rapportent. On les appelle ordinairement *Charnaigres*. Ils ſont d'une nature très-chaude, qui en leur donnant cette vivacité les empêche de devenir trop gras ni trop groſſiers. Il y a une quatriéme ſorte de Levriers qui ſont de petits Levriers d'Angleterre, dont les plus hauts ſervent ordinairement pour courre les Lapins dans les garennes ou dans quelque lieu fermé. On les y tient en leſſe proche des épinieres faites exprès, & qui ſont éloignées des trous où les lapins ſe retirent étant hors de terre. Quand on veut faire courir les petits Levriers on bat les épinieres, il ſort un Lapin qui veut regagner les trous, & dans cette petite étendue de plaine qu'il doit traverſer, les Levriers le bourrent, & ſouvent le prennent. La femelle du Levrier s'appelle *Levrette*, & ſes petits ſe nomment *Levrons*. Tandis qu'ils ſont encore ſous la mere, ſi l'on veut connoître ceux qui auront le plus de vigueur, il faut leur ouvrir la gueule, & obſerver s'ils ont le palais noir & de grandes ondes imprimées en leur palais. Quant au poil, ils riſonnés à gueule noire, ſont d'ordinaire les plus vigoureux auſſi-bien que ceux qui ont le corps marqueté de plus grandes marques. Les Levriers à long poil ſont moins frilleux, & ſoûtiennent la fatigue plus long-tems. Les meilleures marques pour ceux qui viennent d'une race courageuſe, ſont d'être tout d'une piece, d'avoir le pié ſec, l'encolûre longue, la tête longue & petite, pen de chair devant, & beaucoup derriere.

LEURRE. ſ. m. Terme de Fauconnerie. *Morceau de cuir rouge façonné en forme d'Oiſeau, dont les Fauconniers ſe ſervent pour rappeller les Oiſeaux de Fauconnerie qui ne reviennent pas tout droit ſur la* _poing._ ACAD. FR. On dit _Acharner le Leurre_, pour dire, Attacher un morceau de chair dessus, ce qu'on fait souvent, afin que l'oiseau que l'on reclame trouve de quoi paître. L'Autour & l'Espervier ne sont pas oiseaux de Leurres, mais oiseaux de poing. Ceux qu'on appelle _De Leurres_, sont le Faucon gentil pelerin, le Gerfaut-lanier, le Sacre, l'Aigle, le Faucon bâtard & l'Emerillon. On dit _Leurrer bec au vent_ ou _contre-vent_, pour tous ces oiseaux, & _Reclamer_, pour l'Espervier & l'Autour. Quelques-uns font venir Leurre de _Lorum_, Courroie, à cause que le Leurre est fait de cuir. D'autres le dérivent du Grec δόλωμα, qui veut dire, Finesse, tromperie. Nicod parle ainsi du Leurre. _C'est un instrument de Faulconnerie fait en façon de deux aîles d'Oiseau accouplées d'un cuir rouge, étant pendu à une lesse avec un esteuf ou crochet de corne au bout, servant pour assaitter & introduire l'Oiseau de Leurre qui est neuf, & lui apprendre à venir sur le Leurre, & de-là sur le poing quand il est reclamé. Oiseaux de Leurre sont ces sept manieres de Faulcons, Gentil-Pelerin, Tartare, Gerfault, Sacre, Lasnier, Tunicien, dits Faulcons de Leurre, parce que étant reclamés fondent premier sur le Leurre qui leur est jetté, & de-là viennent sur le poing. En quoi ils different de l'Esprevier & de l'Autour, parce que ces deux, sans l'entre deux du leurre, se jettent droictement sur le poing, dont ils sont appellés Oiseaux de poing, & en ce aussi que les Oiseaux de Leurre airent aux rochers & sur la mote & là fondent, là où ceux du poing airent aux arbres & là fondent._ Acharner le Leurre, _C'est mettre de la chair dessus, pour mieux faire venir l'Oiseau au reclame._ Décharner le Leurre, _C'est ôter la chair de dessus le Leurre, pour duire l'Oiseau à venir, & se paître sur le poing._

LEURRER. v. a. _Dresser un Oiseau au Leurre._ ACAD. FR. Nicod dit aussi sur ce mot. Leurrer, _est proprement introduire un Faulcon à venir sur le Leurre au reclame qui lui est fait, & le paître seulement sans s'effrayer, soit devant les gens, soit devant les chevaux; & par metaphore, c'est déniaiser un homme neuf, & le faire devenir cault & habile._ Selon ce, on dit, d'un homme grossier, qu'il n'a pas encore été _Leurré._

LEUS. s. m. Vieux mot. Lieu. On a dit aussi _Leuc_ & _Leu_.

　　Estoit plus blanc que fleur de lis
　　Li Leus ou li autres estoit.

　Leus, a aussi signifié un Loup.
　Velus estoit comme Leus, ou ours enkaesnz.

LEX

LEXIVIAL. adj. Terme de Chymie. On appelle _Sels Lexiviaux_, Les sels qui se tirent par le moyen de la lessive, ou par la frequente lotion des corps qui les contiennent. Ceux qu'on tire de la terre, des cendres, & des vegetaux sont de ce nombre.

LEZ

LEZARD. s. m. Espece de reptile à quatre pattes qui fait la guerre aux escargots. Strabon dit que dans la Morée les Lezards ont deux coudées de longueur. Pline ne donne qu'une coudée à ceux d'Arabie, mais il dit que dans la Montagne de Nisa qui est aux Indes, il s'en trouve qui sont longs de vingt-quatre piés, les uns jaunes, les autres rouges, & les autres pers. On en trouve de plusieurs

sortés dans les Isles Antilles de l'Amerique, & il y en a un entr'autres dont on fait un mets delicieux quand on sçait l'assaisonner. Il a environ cinq piés de longueur & quinze pouces de circonference. Sa peau est grise, brune & cendrée par taches, toute couverte de petites écailles, comme celles des serpens, mais un peu plus forte & plus rude. Depuis la tête jusques au bout de sa queue il a sur le dos un rang de pointes, élevées d'un pouce sur le milieu, & qui diminuent toûjours vers la queue. Ses yeux sont longs & demi ouverts. Il a deux narines au bout de la tête, & de petites dents semblables à celles d'une faucille dans ses deux machoires. On voit sous la gorge du mâle une grande peau qui lui pend jusqu'à la poitrine. Il la roidit & l'étend en sorte qu'il semble que ce soit un arête. Le sommet de sa tête est livide, & par petites bosses à peu près comme la gorge des poules d'Inde. De ses quatre pattes celles de devant sont un tiers plus menues que les deux autres & à chacune sont cinq griffes munies d'ongles fort pointus. Cet animal a tout le corps assés maigre à l'exception de ses pattes & de sa queue qui sont fort charnues. Il a une grande capacité de ventre & toute la partie interieure comme un animal parfait, un cœur mediocre, un grand foye où est attaché un gros fiel verd, très-amer, & une ratte fort longue. Depuis les côtes, le dedans de son ventre est revêtu de deux pannes d'une graisse aussi jaune que de l'or, & qui sert aux débilités des nerfs. Les mâles ont une posture hardie, un regard affreux & épouvantable, & sont un tiers plus grands & plus forts que les femelles, qui sont toutes vertes, & d'un regard craintif & plus doux. Ils s'accouplent au mois de Mars, & alors il est dangereux de s'en approcher. Le mâle pour défendre sa femelle, s'élance sur ceux qu'il croit vouloir l'attaquer. Comme il n'a point de venin, sa morsure ne met dans aucun peril, mais il ne quitte jamais ce qu'il tient serré, à moins qu'on ne lui mette le couteau dans la gorge, ou qu'on ne le frappe très-rudement par le nés. C'est au commencement du Printems qu'on leur va donner la chasse. Après qu'ils se sont repus de fleurs de Mahot, & de feuilles de Mapou qui croissent le long des rivieres, ils vont se reposer sur des branches d'arbres qui avancent un peu sur l'eau, pour en goûter la fraîcheur, en même-tems qu'ils commencent à sentir la chaleur du soleil, & alors sa stupidité est telle, que quoiqu'il soit très-subtil, & viste à la course, il entend le bruit du canot qu'il voit approcher, sans quitter la branche où il s'est mis. Il y a plus, il se laisse mettre la verge sur le dos & le laqs coulant sans s'en ébranler, & s'il arrive qu'il ait la tête trop serrée contre la branche, on n'a qu'à lui donner trois ou quatre petits coups sur la tête, il la leve incontinent, & s'ajuste lui-même le laqs dans le col; mais lorsqu'il sent qu'on le tire à bas, & que la corde lui serre trop le gosier, il embrasse promptement la branche & la serre si bien de ses griffes, qu'on ne l'en peut arracher, qu'en le saisissant par le gros de la queue, le plus près des cuisses que l'on peut, parce qu'il a les côtes disposées de telle sorte qu'il ne se peut plier qu'à moitié. Cela est cause qu'il ne sçauroit mordre celui qui le tient par cet endroit. Vers le mois de Mai les femelles descendent de la montagne, & viennent pondre leurs œufs au bord de la mer, où la plûpart des mâles les accompagnent. Ces œufs sont toûjours de nombre impair, depuis treize jusqu'à vingt-cinq, & elles les pondent tous à la fois. Ils sont tous de la grosseur des œufs de pigeon, mais un peu plus longs. Leur écaille est blanche &

auſſi ſouple que du parchemin mouillé. Tout le dedans de ces œufs eſt jaune, ſans glaire ni blanc, & on a beau les faire bouillir, ils ne durciſſent jamais, & ſur-tout quand on y a mis du beurre. Ils ſont bien meilleurs que ceux des poules, & donnent un très-bon gout à toutes ſortes de ſauces. Quand les femelles ſont au tems de pondre, elles font un trou dans le ſable, où elles ſe fourrent entierement, & après avoir pondu elles abandonnent ce trou qu'elles bouchent en ſortant, & ces œufs ſe couvent d'eux-mêmes dans la terre. On appelle ces ſortes de Lezards *Amphibies*, à cauſe qu'étant pourſuivis des chiens, ils ſe jettent au fond des rivieres pour s'en ſauver, & y demeurent long-tems. Ils ſont extrêmement difficiles à tuer, & on leur donne juſqu'à trois coups de fuſil ſans les abattre. On les fait pourtant mourir ſans aucune peine, en leur fourrant un petit bâton ou un poinçon dans les naſeaux, ou bien leur fichant un clou ſur le milieu de la tête. Ils expirent ſur le champ ſans ſe débattre, mais on les peut garder vivans pendant trois ſemaines ſans leur donner ni à manger ni à boire. Il ſuffit d'un bon Lezard pour raſſaſier quatre hommes. Les femelles ſont toûjours plus tendres, plus graſſes, & de meilleur goût que les mâles. Il y en a qui aſſurent que ces animaux ont dans leur tête de petites pierres, qui étant miſes en poudre & priſes dans quelque liqueur, diſſolvent la pierre dans la veſſie & font vuider le gravier des reins. L'Ethiopie produit des Lezards aquatiques qui ſont auſſi grands qu'un chat, mais un peu plus déliés. On les appelle *Angueb* en langage du pays, & en Italien *Caudiberbera*, parce que leur queue eſt ſi forte & aigue, qu'ils peuvent couper preſque tout d'un coup la jambe à un homme.

LEZARDE. ſ. f. Crevaſſe qui ſe fait dans un mur de maçonnerie.

LIA

LIAIS. ſ. m. Sorte de pierre très-dure, blanche, & qui approche du marbre blanc. C'eſt pour cela qu'elle reçoit une eſpece de poli avec le grès, particulierement celui de Senlis, qui ne ſe gâte ni à la gelée ni aux autres injures du tems. Il y a de differentes ſortes de Liais, ſçavoir le *Franc Liais*, & le *Liais ſurant*, ou *ferant*. Ce dernier ne brûle point au feu comme la plûpart des autres pierres, ce qui eſt cauſe qu'on en fait les atres & les jambages des cheminées. On s'en ſert auſſi pour les fours & les fourneaux. Il y a encore *le Liais roſe*, qui eſt le plus doux & reçoit un beau poli au grés. Il ſe tire vers ſaint Cloud, & on tire les deux autres d'une même carriere hors la porte S. Jacques. Toutes ces eſpeces de Liais portent depuis ſix pouces juſqu'à huit de hauteur.

LIAISON. ſ. f. *Union, jonction de deux corps enſemble.* ACAD. FR. C'eſt auſſi un terme de Fauconnerie, & il ſe dit des ongles & des ſerres des oiſeaux de proie, & de la maniere dont ils lient le gibier lorſqu'ils l'enlevent. Les oiſeaux qui ont la liaiſon crochue poſent rarement ſur les rochers, à cauſe que leurs crocs n'y peuvent prendre.

On appelle *Maçonnerie en liaiſon*, Celle où les pierres ſont poſées les unes ſur les autres, & où les joints ſont de niveau, mais de telle ſorte que le joint du ſecond lit poſe ſur le milieu de la pierre du premier.

La liaiſon de joint, n'eſt autre choſe que le mortier ou le plâtre détrempé qu'on emploie à ficher & à jointoyer les pierres. On dit, qu'*Une Liaiſon eſt à ſec*, quand les pierres en ſont poſées ſans mor-

tier, leurs lits étant polis & frotés au grés, comme on le remarque dans la conſtruction de pluſieurs bâtimens antiques, qui ont été faits des plus grands quartiers de pierre.

Les Paveurs appellent auſſi *Liaiſon de pavé*, Les pavés qui ſont diſpoſés d'un certain ſens, qui les fait reſiſter aux roues des chariots, des harnois & des carroſſes.

LIAISONNER. v. a. Terme de Maçonnerie. Arranger les pierres de telle maniere que les joints des unes portent ſur le milieu des autres. On dit auſſi *Liaiſonner*, pour dire, Remplir de mortier les joints des pierres pendant qu'elles ſont ſur les cales.

LIARD. ſ. m. Petite piece de monnoie blanche valant trois deniers, & qui avoit cours du tems de François I. Il y avoit d'un côté une croix entre deux lis & une couronne, & au revers un Dauphin avec ces mots pour legende. *Sit nomen Domini benedictum.* Par une Declaration du Roi, donnée en 1654. il fut ordonné qu'on fabriqueroit des liards de cuivre pur, & ſans aucun mêlange de fin, & on leur donna le nom de *Liards de France*, mais ils furent réduits à deux deniers quatre années après. Ils en valent trois preſentement. On fait venir le mot de Liard de ce que cette monnoie ſe fabriquoit en Guienne du tems de Philippe le Hardi, & par corruption on lui donna le nom de *Li hardi*, comme étant une monnoie ordonnée par Philippe le Hardi. On diſoit *li* pour *le* en ce tems-là.

LIARDE. adj. Vieux mot, qui ſe trouve employé dans la ſignification d'une ſorte de couleur.

Non pas morel contre morelle
Seulement, mais contre fauvelle,
Contre griſe, ou contre liarde.

LIB

LIBAGE. ſ. m. Gros moilon ou quartier de pierre mal fait dont il y a cinq ou ſix à la voye. Les Libages ſont differens des carreaux en ce qu'ils ſe font du ciel des carrieres, & qu'une pierre qui eſt vraie pierre de taille, n'eſt jamais Libage que quand on n'en peut rien faire.

LIBELLATIQUES. ſ. m. On nomma ainſi dans la primitive Egliſe, certains timides Chrétiens, qui pour mettre à couvert leurs vies & leurs biens pendant le tems de la perſecution, alloient trouver en ſecret les Magiſtrats, en preſence deſquels ils proteſtoient qu'ils renonçoient à la foi. S'ils ne le faiſoient pas par eux-mêmes, ils faiſoient faire cette renonciation par quelque perſonne interpoſée, & les Magiſtrats gagnés par argent, les voulant bien favoriſer, les diſpenſoient de la faire publiquement, comme le vouloit la Loi generale, & leur donnoient un billet qui atteſtoit que ſuivant les Edits des Empereurs, ils avoient ſacrifié aux Idoles. L'Egliſe d'Afrique ne recevoit à la communion des Fideles ceux qui venoient confeſſer ce crime, qu'après leur avoir fait faire une longue penitence.

LIBERATION. ſ. f. Terme de Juriſprudence. Décharge. On dit, qu'*Un homme a obtenu la liberation d'une ſervitude qui étoit ſur ſa maiſon ; la liberation d'une dette*, pour dire, qu'll a été déchargé de cette ſervitude, de cette dette.

LIBERATORES. ſ. m. Heretiques qui enſeignoient que JESUS-CHRIST, en deſcendant aux Enfers, avoit délivré tous les impies qui avoient cru pour lors en lui. Ce mot eſt entierement Latin.

LIBERTE'

LIBERTE'. f. f. Terme de Peinture. Facilité. On dit, qu'*Un Tableau est peint avec une grande liberté de pinceau*, pour dire, Avec beaucoup de facilité. On dit aussi, qu'il est dessiné librement, franchement. On dit dans le même sens, *Liberté, franchise de burin*.

Les Eperonniers appellent *Liberté de langue*, l'Ouverture qu'ils font au milieu de l'embouchure, & qui sert non seulement à la fortifier, mais à donner place à la langue du Cheval.

LIBERTINS. f. m. Secte d'Heretiques qui ont eu Quintin, Tailleur d'habits, pour auteur. Il étoit de Picardie, & débitoit ses erreurs vers l'an 1525. dans la Hollande & dans le Brabant. Elles étoient abominables, puisqu'il enseignoit que tout le mal ou le bien que nous faisons, nous ne le faisons pas, mais l'Esprit de Dieu qui est en nous; que le peché n'étoit qu'une opinion; qu'en punissant ou reprenant les Pecheurs, nous punissions ou reprenions Dieu même; que celui-là seul étoit regeneré qui n'avoit point de remords de conscience, & celui-là seul converti qui reconnoissoit qu'il n'avoit point fait de mal; que l'homme peut être parfait & innocent en cette vie; que la connoissance que nous avons de Jesus-Christ & de la resurrection, n'a rien de réel, & que la Religion permet de feindre. Ainsi ils vouloient que l'on se dît Catholique avec les Orthodoxes, & Lutherien avec les Lutheriens. Ils méprisoient l'Ecriture, & nommoient saint Jean un insensé, saint Matthieu un peager, saint Paul un vaisseau rompu, & saint Pierre un renieur de son maître. Il y a encore des Libertins en Hollande, qui ont chacun leur sentiment particulier. La plûpart croyent qu'il y a un seul Esprit de Dieu qui est répandu dans tous les vivans, & qui vit dans toutes les creatures, que la substance & l'immortalité de notre ame n'est que cet Esprit de Dieu; que Dieu lui-même n'est autre chose que cet Esprit; que les ames meurent avec les corps; que le peché n'est rien; que ce n'est qu'une vaine opinion qui s'évanouit pourvû qu'on n'en tienne point de compte; que le Paradis n'est qu'une chimere inventée par les Theologiens, pour porter les hommes à embrasser ce qu'on appelle vertu, & l'Enfer un pur fantôme pour les empêcher d'être heureux en faisant ce qui leur plaît; & qu'enfin les Politiques se servent de la Religion, pour obliger les peuples à se soûmettre aux Loix, & avoir par ce moyen une République bien policée, & un Etat bien reglé.

LIBOURET. f. m. Terme de Marine. Espece de ligne qui a deux ou trois petites cordes où s'attache l'hameçon. On s'en sert à pêcher des marquereaux.

LIBRATION. f. f. On appelle en Astronomie *mouvement de Libration*, un mouvement reciproque & de balancement, par lequel un Ciel va d'Orient en Occident, & ensuite d'Occident en Orient, ou du Midi au Septentrion, & du Septentrion au Midi. Ces deux sortes de *Librations* ont été attribuées aux deux Crystallins. Voyez CRYSTALLIN.

LIBRES. f. m. Heretiques qui se donnerent ce nom pour ne se pas soûmettre au gouvernement Ecclesiastique & Seculier. Ils embrasserent les erreurs des Anabaptistes, & parurent dans le dernier siecle. Ils prétendoient que l'homme fût hors d'état de pecher après qu'il avoit reçû le baptême, & croyoient qu'il n'y avoit que la chair qui pechât. Ils avoient communauté pour les femmes, & les mariages qui se contractoient entre un frere & une sœur, étoient appellés par eux mariages spirituels. Quand les maris n'étoient pas de leur secte, ils défendoient à leurs Femmes de leur obéir.

Tome I.

LICE. f. f. Terme de Cordier. Bâton qui est au haut du marchepied & qui sert lorsque le Cordier fait de la sangle. Les Rubaniers nomment *Lices* plusieurs fils soûtenus par un liceron.

LICERON. f. m. Terme de Rubanier. Petit morceau de bois plat qui soûtient les lices.

LICHARDER. v. n. Vieux mot. Prendre les meilleurs morceaux de la table.

LICITATION. f. f. Terme de Pratique. Enchere reçûe en Justice dans la vente d'un immeuble, qu'il est malaisé de partager, & dont les Coproprietaires ne veulent point jouir par indivis. Ce mot vient du Latin *Licituri*, qui veut dire, Augmenter le prix de quelque chose.

LICORNE. f. f. Sorte d'animal qui se trouve dans les montagnes de la haute Ethiopie, & qui est de couleur cendrée. La Licorne, comme elle est décrite dans Marmol, ressemble à un poulain de deux ans, excepté qu'elle a une barbe de bouc, & au milieu du front une corne de trois piés, polie, blanche & rayée de rayes jaunes. Ses piés ont de l'air de ceux de l'Elephant, & sa queue tient quelque chose de celle du sanglier. Cet animal est si fin, & court d'une si grande vitesse qu'on ne le peut prendre. On prétend que sa corne sert de contrepoison. Il y a un animal que les Ethiopiens nomment *Arvveharis*, que le Pere Jerôme Lupo Jesuite croit être la Licorne des anciens. Il est extrêmement vîte, n'a qu'une corne, & ressemble à un Chevreuil. Force habiles gens ont cru qu'il n'y avoit point de Licorne, que tout ce qu'on en disoit étoit une fable, fondés sur ce qu'on a dit qu'on ne la pouvoit prendre vivante, & qu'elle étoit composée de deux differentes natures, outre que plusieurs ne s'accordent point touchant la description de cet animal. Cependant Jean Gabriel Portugais assure avoir vû dans le Royaume de Damot, une Licorne qui avoit une belle corne blanche au front, longue d'un pié & demi. Le poil de son col & de sa queue étoit noir & court, & cet animal étoit de la forme & de la grandeur d'un cheval bai. Les Habitans témoignoient qu'il sortoit très-rarement des forêts, où il vivoit dans les endroits les plus reculés & les plus épais. Les Portugais que l'Empereur Adamat Saguet avoit relegués sur une roche du territoire de Nanin au Royaume de Goiam, ont aussi assuré avoir vû plusieurs Licornes qui paissoient dans les forêts situées au-dessous de cette roche. Vincent le Blanc rapporte qu'il a vû une Licorne dans le serrail du Roi de Pegu, dont la langue étoit toute differente de celle des autres bêtes, sçavoir fort longue & raboteuse. Sa tête ressembloit plûtôt à un Cerf qu'à un Cheval. Il ajoute qu'un Bramin lui avoit juré qu'il s'étoit trouvé à la prise d'une Licorne avec le Roi de Casubi; qu'elle étoit toute blanche & que comme cette corne comme les machoires lui pendoient, elle montroit ses dents toutes décharnées, & qu'elle se défendit avec une si grande fureur, qu'elle rompit sa corne contre les branches d'un arbre. Elle fut prise, & on la lia pour la mener au Palais du Roi, mais elle ne voulut point manger, & ne vécut que cinq jours. Louis de Bartheme raconte dans ses Voyages qu'il a vû chés le Soldan de la Meque en Arabie deux Licornes qui lui avoient été envoyées par un Roi d'Ethiopie. Elles étoient grandes comme un poulain de trente mois, de couleur obscure, & elles avoient la tête presque comme un Cerf, une corne dentrois b rasses de long, quelque peu de crin, les

N N n n

jambes menues, le pié fendu, & les ongles d'une Chévre. Quelques-uns tiennent que la force de cet animal est dans sa corne, & qu'en tombant dessus lorsqu'il se précipite du haut des rochers pour éviter les poursuites des Chasseurs, cette corne soûtient, si bien l'effort de sa chûte qu'il ne se fait point de mal.

Il y a aussi des *Licornes de mer*, & il s'en échoüa une en 1644. au rivage de l'Isle de la Tortue, voisine de celle de saint Domingue, qui étoit prodigieuse. Elle poursuivoit un poisson mediocre avec une telle impetuosité, que ne s'appercevant pas qu'elle avoit besoin de plus grande eau pour nager, elle se trouva la moitié du corps à sec sur un grand banc de sable, d'où elle ne put regagner la haute mer, & où elle fut assommée par les habitans de l'Isle. Sa longueur étoit à peu près de dix-huit piés, & sa grosseur comme une barique. Elle avoit six grandes nageoires, d'un rouge vermeil, & faites comme le bout d'une rame de galere. Il y en avoit deux placées au défaut des oüyes, & les quatre autres étoient à côté du ventre dans une égale distance. Tout le dessus étoit couvert de grandes écailles de la largeur d'un écu, & d'un bleu qui sembloit tout parsemé de paillettes d'argent. Celles qu'on lui voyoit sous le ventre étoient jaunes, & elles étoient de couleur brune, & plus serrées auprès du col, ce qui lui faisoit une espece de collier. Sa peau étoit dure & brune, & comme les Licornes de terre portent une corne au front, cette Licorne de mer en avoit une parfaitement belle au-devant de la tête, longue de plus de neuf piés. Cette corne étoit entierement droite, & depuis le front où elle étoit attachée, elle alloit toûjours en diminuant jusqu'à l'autre bout, qui étoit tellement pointu, qu'étant poussée avec force, elle auroit percé les matieres les plus dures. Le gros bout qui tenoit avec sa tête avoit seize pouces de circonference, & delà jusques aux deux tiers, cette corne étoit façonnée en ondes comme une colomne torse, excepté que ses enfonçûres alloient toûjours en amoindrissant, jusqu'à ce qu'elles fussent remplies & terminées par un adoucissement qui finissoit deux pouces au-dessus du quatriéme pié. Toute cette partie basse étoit encroustée d'un cuir cendré, & couvert par tout d'un petit poil mollet de couleur de feüille morte, & court comme du velours, mais au-dessous elle étoit extrêmement blanche. L'autre partie qui paroissoit toute nue, étoit naturellement polie, d'un noir luisant, marqueté de quelques menus filets blancs & jaunes. Cette partie étoit tellement solide, qu'à peine la lime en pouvoit faire sortir quelque menue poudre. Ce monstrueux & rare poisson n'avoit point d'oreilles élevées, mais deux grandes oüies comme les autres poissons, avec des yeux aussi gros qu'un œuf de poule, & dont la prunelle étoit d'un bleu celeste émaillé de jaune, & entourée d'un cercle vermeil qui étoit suivi d'un autre cercle fort clair, & luisant comme cristal. Quantité de dents garnissoient sa gueule, qui étoit assés fendue. Celles de devant étoient pointuées & extrêmement tranchantes, & celles de derriere dans les deux machoires, larges & relevées par petites bosses. Il avoit une langue d'une épaisseur & d'une longueur proportionnée & couverte d'une peau rude & vermeille. Ce qu'il avoit encore de particulier sur sa tête, c'étoit une maniere de couronne faite en ovale, rehaussée de deux pouces par dessus le reste du cuir, & dont les extrémités aboutissoient en pointe. Plus de trois cens personnes de l'Isle, qui mangerent de sa chair en abondance, la trouverent d'un excellent goût & fort délicate. Elle étoit entrelardée d'une graisse blanche, & étant cuite, elle se levoit par écailles ainsi que la moruë fraiche. Pour venir à bout de ce poisson, il fallut lui rompre l'échine à coups de levier. Il manioit & tournoit sa corne de toutes parts, avec une dexterité & une vitesse inconcevable, faisant des efforts prodigieux pour en percer ceux qui en voüloient à sa vie, mais le manque d'eau ne le laissoit pas en pouvoir de s'avancer. Après qu'on l'eut éventré, on trouva dans ses boyaux quantité d'écailles de poissons, ce qui fit connoître qu'il se nourrissoit de proie.

On trouve en la mer du Nord une autre espece de Licornes, que les glaces poussent souvent aux côtes d'Islande. Leur prodigieuse longueur & grosseur est cause que la plûpart des Auteurs qui en ont écrit, les mettent au rang des baleines. Leur peau est noire & dure comme celle du Lamantin, sans aucune écaille, & elles ont seulement deux nageoires aux côtés avec une grande & large empennure sur le dos, qui étant plus étroites au milieu, fait comme une double crête, qui s'éleve en une forme très-propre pour fendre les eaux commodément. A la naissance de leur dos, il y a trois trous en forme de soupiraux, par où elles vomissent en haut les eaux superflues qu'elles ont avalées. Leur tête se termine en pointe, & au côté gauche de la machoire d'enhaut, elle est munie d'une corne blanche par tout comme la dent d'un jeune Elefant. Cette corne, qui est torse en quelques endroits, & rayée par tout de petites lignes de couleur de gris de perle, s'avance quelquefois de la longueur de quinze à seize piés hors de la tête. Les lignes qu'on y remarque ne sont pas seulement en la superficie, mais elles penetrent au-dedans de la masse qui est creuse jusqu'au tiers, & par tout aussi solide que l'os le plus dur. Quelques-uns prennent cette prominence pour une dent plûtôt que pour une corne, à cause qu'elle ne sort ni du front ni du dessus de la tête comme celle des Taureaux & des Beliers, mais de la machoire d'enhaut, dans laquelle le bout en est enchassé. Ce poisson s'en sert pour combattre contre les baleines, & pour briser les glaces du Nord, dans lesquelles bien souvent il se trouve enveloppé.

LICTEUR. s. m. Sorte d'Executeur qui marchoit devant les Magistrats Romains, portant des haches enveloppées dans des faisceaux de verges. Les Licteurs furent institués par Romulus, & ils étoient toûjours prêts à délier leurs faisceaux, soit pour foüeter, soit pour trancher la tête à ceux que l'on avoit condamnés. Les Consuls ne marchoient jamais qu'ils n'en eussent douze. Les Proconsuls, & autres n'en avoient que six. Le nom de *Licteur* leur fut donné du mot *Ligare*, Lier, à cause qu'avant que d'executer les Criminels, ils leur lioient les mains & les piés.

LID

LIDE. s. m. Sorte d'ancienne machine de guerre. C'étoit une longue poutre retenuë par un contrepoids; qui étant lâché, lui faisoit jetter un tas de pierres dans les Villes assiegées. On a dit aussi *Clide*.

LIE

LIE. adj. Vieux mot. Joyeux. On a dit aussi *Lié* dans le même sens, de l'Italien *Lieto*, formé du Latin *Lætus*. C'est delà qu'est venu le mot de *Liesse*, qui veut dire, Joie.

Madame feroit moult liée
Si elle étoit bien employée.

On a dit auſſi *Liement*, pour, Joyeuſement. On s'eſt encore ſervi autrefois du mot de *Lie*, pour dire, Côté, & pour ſignifier le pronom Elle.

LIE', ʏ ᴇ. adj. Terme de Blaſon. Il ſe dit non ſeulement des cercles des tonneaux quand l'oſier qui les tient eſt d'un autre émail, mais auſſi de toutes les choſes attachées. *D'or à deux maſſes d'armes en ſautoir de ſable liées de gueules.*

LIEGE. ſ. m. Arbre ſemblable en fruit & en feuilles à l'Yeuſe, mais qui eſt moins haut. Il eſt toûjours vert, quoique Theophraſte diſe le contraire, & a une écorce fort épaiſſe. On trouve quantité de ces arbres ſur le grand chemin de Baccano à Rome, comme le témoigne Matthiole. Ils ne croiſſent pas neanmoins par toute l'Italie au rapport de Pline, & abſolument il n'y en a point en France. Il s'en trouve de deux ſortes, l'un à feuilles longues & pointues, l'autre à feuilles courtes, & faites plus en arrondiſſant. Celles-là ſont auſſi dentelées & épineuſes en quelques endroits. On en voit beaucoup de l'un dans la Romagne, & de l'autre, dans le Territoire de Piſe. Cet arbre étant dépouillé de ſon écorce, ne meurt pas comme ſont les autres arbres. Il a une ſeconde écorce qui eſt fort legere, & dont on ſe ſert pour mettre ſous des pantoufles & ſous des patins. On s'en ſert auſſi pour ſoûtenir les filets des pêcheurs ſur l'eau. Pline dit que le Liege produit un gland rare & ſpongieux qui ne vaut rien, & que ſon bois ne ſe corrompt que par un longtems. L'écorce de Liege pulveriſée, & bûe en eau chaude, a la vertu d'étancher le ſang de quelque part qu'il vienne, & la cendre de cet arbre priſe en breuvage avec du vin chaud, eſt un remede excellent pour ceux qui crachent le ſang. Quelques-uns font venir le mot de Liege du Latin, *Levis*, Leger, à cauſe que l'écorce de cet arbre eſt extrêmement leger.

LIEGER. v. a? Les Pêcheurs diſent, *Lieger un filet*, pour dire, Le garnir de morceaux de liege qui le tiennent ſuſpendu dans l'eau par le haut.

LIEN. ſ. m. *Ce qui ſert à lier une ou pluſieurs choſes.* Aᴄᴀᴅ. Fʀ. Les Charpentiers appellent *Liens*, des morceaux de bois qui ont un tenon à chaque bout, & qui étant chevillés dans les mortoiſes, entretiennent la charpenterie en tirant, de même que les Eſſeliers l'entretiennent en réſiſtant. On appelle *Liens*, dans un Engin les bras qui ſont poſés par en bas aux deux extrémités de la ſole, & par en haut dans un boſſage qui eſt un peu plus bas que la ſellette. *Les liens* dans une Grue, ſont auſſi les bras qui appuyent l'arbre. Ils ſont au nombre de huit, aſſemblés par le bas dans l'extrémité des racineaux, & par le haut contre l'arbre avec tenons & mortoiſes avec abouts.

Lien de fer. Morceau de fer méplat qui eſt coudé ou cintré. Il ſert à retenir une piece de bois dans un aſſemblage de Charpenterie, ou de Menuiſerie.

Lien de verre. Terme de Vitrier. Paquet de ſix tables de verre blanc. Chaque table a deux piés & demi de verre en quarré ou environ. Il y a vingt-cinq *Liens* à chaque balot de verre. Quand le verre eſt de couleur, le balot ne contient que douze *Liens* & demi, & il n'y a que trois tables à chaque lien. On appelle *Liens de plomb*. Le petit morceau de plomb dont eſt liée la verge de fer qui eſt le long du panneau, & qui poſe de chaque côté ſur le chaſſis.

Lien. Terme de Chapeler. Ce qui eſt au bas de
Tome I.

la forme du chapeau, & où l'on met la ficelle lorſqu'il faut l'enficeler.

LIENES. ſ. f. On appelle ainſi dans les Iſles de l'Amerique certaines eſpeces de bois qui rampent par terre, & qui s'attachant aux arbres, empêchent ſouvent qu'on ne traverſe facilement les forêts. Il y a de ces Lienes en forme de gros cables de navire, & d'autres qui portent des fleurs de differentes couleurs. On en voit même qui ſont chargées de groſſes ſiliques tannées, longues d'un pié, larges de quatre ou cinq pouces, & dures comme l'écorce du chêne. Ces ſiliques contiennent ces fruits curieux, appellés *Châtaignes de mer*, qui ont la figure d'un cœur, & dont on ſe ſert ſouvent, après les avoir vuidés de leur poulpe, pour conſerver du tabac pulveriſé, ou quelque autre poudre de ſenteur. Les Habitans appellent *Pommes de Lienes*, Un fruit qui croît ſur une ſorte de Vime, qui s'attache aux gros arbres, comme fait le lierre. Ce fruit eſt de la groſſeur d'une bale de jeu de Paume, & couvert d'une coque dure & d'une peau verte, contenant au-dedans une ſubſtance, laquelle étant mûre, a la figure & le goût de groſeille. Le Pere du Tertre parlant des Antilles, dit qu'ayant vû un certain fruit dont le dedans étoit blanc, ſolide & de même goût que les avelines, gros comme une châtaigne, & qui lui étoit aſſés ſemblable, excepté que l'écorce en étoit noire, & avoit beaucoup de rapport à celle qui couvre le pignon d'Inde, il avoit long-tems cherché l'arbre qui portoit ce fruit, & avoit enfin trouvé une plante ligneuſe & rampante par deſſus les autres arbres, qui avoit quelques feuilles vertes & polies comme celles du Laurier, mais deux fois auſſi longues, & que de cette plante pendoient des pommes jaunes, groſſes comme celles de rambour. Dans le milieu de chacune de ces pommes, appellées dans les Iſles *Pommes de Lienes* ou *de Lianes*, il y avoit quatre ou cinq de ces fruits, enfermés chacun dans une cellule particuliere, faite de la ſubſtance de cette pomme, qui n'eſt autre choſe qu'une chair ſpongieuſe & inſipide.

LIENTERIE. ſ. f. Terme de Medecine. Dévoyement dans lequel on rend les alimens comme on les a pris, ou à demi digerés. Il vient de ce que le levain de l'eſtomac manque entierement, ou eſt émouſſé, ou parce que le pylore eſt tellement relâché, & les autres parties du ventricule en mêmetems ſi fort irritées, qu'il laiſſe ſortir les alimens au lieu de les retenir. Cela arrive ſur-tout quand l'irritation de l'eſtomac eſt jointe avec la relaxation du pylore. On a vû une Lienterie très-opiniâtre qui avoit été cauſée par un ulcere du ventricule. Non ſeulement cet ulcere avoit corrompu le levain de l'eſtomac & affoibli la digeſtion, mais il irritoit inceſſamment ce viſcere & l'empêchoit de rien retenir. L'ulcere fut guéri, & par conſequent la Lienterie. L'excès de la boiſſon peut cauſer cet même en relâchant trop l'eſtomac, & particulierement le pylore, dont les fibres étant relâchées ne ſe peuvent reſſerrer ſuffiſamment pour retenir les alimens, ce qui fait qu'ils ſortent avant qu'ils ayent été digerés. La Lienterie accompagne d'ordinaire le Scorbut. Cela vient de ce que les ſcorbutiques ayant eurs gencives pleines d'ulceres, la ſalive de ces ulceres qui deſcend dans l'eſtomac lui doit cauſer de l'irritation, outre que les alimens dans la maſtication ayant été empreins de cette même ſalive, ne peuvent pas ne lui en point cauſer de leur côté, de ſorte que ces alimens paſſent outre au moindre relâchement du pylore. La Lienterie qui ſurvient à de grandes maladies aigues ou chroniques, eſt difficile à guérir à cauſe de l'abbatement des forces qu'il faudroit reparer par des alimens. Ce mot est Grec λιεντερία, de λιω, Poli, & de έντερα, Intestin.

LIER. v. a. Mot du vieux langage. Perceval l'emploie dans la signification de Laisser.

LIERNE. s. f. Terme de Charpenterie. Piece de bois qui sert à faire les planchers en galetas. Ces sortes de pieces s'assemblent sous les faîtes d'un poinçon à l'autre. On appelle *Lierne ronde*, Une piece de bois courbée selon le pourtour d'une coupole. Quand il y en a plusieurs assemblées de niveau, elles forment des cours de Liernes par étages, & reçoivent à tenons & à mortoises les chevrons courbes d'un Dôme. On dit aussi *Lierne de palée*. C'est une piece de bois, qui étant boulonnée avec les fils de pieux d'une palée, sert à les lier ensemble. On s'en sert pour le même lorsqu'on fait des bâtardeaux. Elle n'a point d'entaille pour accoler les pieux, & c'est en quoi elle est differente de la Moïse. On appelle encore *Liernes*, Certaines nervûres dans les voutes Gothiques qui sont une maniere de croix, & qui se joignent à la clef par un bout, & par l'autre aux tiercerons.

LIERNER. v. n. Terme de Charpenterie. Attacher des Liernes.

LIERRE. s. m. *Sorte de plante, qui rampe ou à terre ou contre les murailles, ou autour des arbres.* ACAD. FR. Quoiqu'il y ait plusieurs especes de Lierre en particulier, dont Theophraste fait mention, Dioscoride parle seulement de trois. L'un est blanc, l'autre noir, & le troisiéme se tient agraffé aux arbres & aux murailles. Le blanc porte son fruit blanc, & le noir le porte noir ou jaune. Cette espece s'appelle communément *Dionysia*. Quant au Lierre des murailles, il ne produit point de fruit, & a de petits tendons ou filets fort déliés. Ses feuilles sont petites & anguleuses. Tout Lierre, dit le même Dioscoride, est acre & astringent, & affoiblit & blesse les nerfs. Sa fleur prise en breuvage avec du vin deux fois chaque jour, & autant que trois doigts en peuvent tenir, est un singulier remede pour ceux qui ont la dysenterie. Matthiole, sans s'arrêter aux differentes sortes de Lierres de Theophraste, n'en connoît que deux, le grand, & le petit. Le grand, qu'il appelle Arbre, ne vient pas seulement dans les forêts, où il embrasse si bien les grands arbres qu'il les fait mourir, mais aussi aux vieux édifices, murailles & sepulcres qu'il fait enfin tomber en ruine. D'abord il jette une feuille longuette & semblable à celle du poirier, laquelle par succession de tems devient de forme triangulaire. Du reste, elle est lisse, grosse, & attachée à une longue queue, ayant un goût entremêlé d'acuité, d'aigreur & d'amertume. Le grand Lierre fleurit sur la fin de l'Automne, & ses fleurs sont moussues & pâles. L'Hiver il en sort des raisins, un peu plus grands que ceux de Troësne, & verds au commencement, puis noirs vers le mois de Janvier, quand ils ont atteint leur maturité. Le petit qu'on appelle *Helix*, est sterile, & ne monte guere sur les arbres. Il se traîne ou par terre, ou sur les pierres, hayes, ramparts ou vieilles masures, ayant toûjours sa feuille triangulaire, & marquetée de petites taches. Les Serpents aiment fort le Lierre à cause qu'ils se cachent dedans en Hiver, & qu'ils s'enretiennent par sa chaleur. Le jus des feuilles pris en gros vin est bon aux enflûres de la rate. Ceux qui ont des cauteres y mettent des feuilles de Lierre, à cause de leur proprieté particuliere à attirer l'humeur qui y distille; & que d'ailleurs elles sont fort bonnes à consolider la playe. Matthiole dit qu'en Italie les femmes en mettent de petits chapeaux sur la tête de

leurs enfans, quand ils y ont des pustules, & qu'elles en ôtent par là toute l'inflammation. Ce mot vient du Latin *Hedera*, qui veut dire Lierre. On a dit d'abord *Hierre*, & en y joignant l'article *le*, on a dit *L'hierre*, dont insensiblement on a fait *Lierre*, à quoi on a ajoûté un nouvel article, en disant *le Lierre*.

Il y a aussi un Lierre qu'on nomme *Lierre terrestre*. C'est une herbe qui se traîne fort loin par terre, par petites cordes quarrées, d'où sortent des feuilles rondes, crêpues & dentelées. Elle fleurit au mois d'Avril. Sa fleur est petite. Elle tire sur le pourpre, & sort du lieu même d'où sortent ses feuilles. Ses racines sont fort minces, & se jettent des nœuds des tiges, qui par ce moyen demeurent jointes à terre. Cette herbe vient aux lieux ombragés auprès des murailles des Villes, & quelquefois elle croît dans les jardins. Elle a un goût fort amer; ce qui lui donne une vertu purgative. Son jus mêlé avec du verd de gris est bon aux ulceres caverneux. L'huile que l'on fait du Lierre terrestre, en détrempant de ses feuilles fraîches, & le laissant long-tems secher au Soleil pendant l'Eté, est fort singuliere pour la colique; soit prise en breuvage, soit clisterisée.

LIEU. s. m. Terme d'Astronomie. Comme toutes les Planetes se meuvent sous le Zodiaque, on appelle *Lieu* d'une planete l'endroit du Zodiaque auquel nous la rapportons par une ligne tirée de notre œil par le centre de la planete, & prolongée jusqu'au Zodiaque. Il n'y a que les *Cometes* qui peuvent avoir leur lieu dans quelque autre endroit du Firmament, parce qu'elles se meuvent souvent ailleurs que sous le Zodiaque. Le *Lieu*, peut être consideré differemment. Nous ne pouvons voir les astres que de dessus la surface de la terre, & il faudroit être au centre pour les rapporter au vrai lieu qu'elles ont dans le Zodiaque. Ainsi le point du Zodiaque marqué par une ligne que l'on suppose tirée du centre de la terre à l'astre, s'appelle le *lieu veritable* de cet astre, & le point marqué par une ligne tiré de la surface de la terre, ou de notre œil à ce même astre, c'est son *lieu apparent*. Voyez PARALLAXE.

De plus, *le lieu apparent* est encore changé par les refractions, qui font paroître l'astre en un autre endroit que celui où il paroîtroit, s'il n'y avoit pas de refraction. Ce lieu que la refraction donne, s'appelle le *lieu brisé* de l'astre. Voyez REFRACTION.

Enfin comme on a distingué le mouvement des astres en *veritable* & *moyen*, on appelle encore, *lieu veritable*, le lieu du Zodiaque où aboutit la ligne du mouvement *veritable*; & *lieu moyen*, celui où aboutit la ligne du mouvement *moyen*. Voyez MOYEN.

Lieu est aussi un terme de Geometrie. Après qu'en operant par les lettres on est parvenu à une équation qui laisse plusieurs inconnues, (Voyez EQUATION, & INCONNUE) c'est une marque certaine que le problème est indéterminé & peut recevoir plusieurs solutions differentes. Voyez PROBLEME. Si on le veut résoudre par lignes, il y aura donc quelque ligne dont plusieurs points ou une infinité de points seront également propres à résoudre la question. Cette ligne s'appelle *lieu Geometrique*, ou simplement *lieu*, parce que c'est comme un espace où la question est comprise. Ainsi pour tirer de la circonference d'un cercle par son Diametre une perpendiculaire qui soit moyenne proportionnelle entre les deux parties du diametre qu'elle déterminera, toute la circonference du cercle est un *lieu*, parce que de quelque point qu'on tire cette perpendiculaire , elle fera la moyenne proportionnelle requife. Toute furface ou folide qui contient les differens points propres à réfoudre la queftion indéterminée , eft auffi un Lieu.

Le Problême s'appelle *lieu* , auffi bien que la ligne qui le refout , & l'on dit *lieu à la ligne droite, lieu au Cercle* , à la Parabole , à l'Ellipfe , à l'Hyperbole , pour dire , un problême indéterminé qui fe refout par une ligne droite , par un cercle , par une Parabole , &c.

Par les dégrés des inconnues qui reftent dans l'Equation on reconnoît à quelles lignes le problême indéterminé fe rapporte , & quelles lignes en font le lieu. Si les inconnues ne paffent point le premier dégré , le lieu fera à la ligne droite. Si elles montent jufqu'au fecond degré enfemble ou feparément , le lieu fera à l'une des quatre Sections Coniques. Si elles vont à des degrés plus hauts , les Lieux font des lignes courbes plus compofées , telles que la *Ciffoïde , la Lonchoïde , la Cycloïde* , &c. Delà vient qu'on a établi des lignes de differens genres. Les courbes qui fatisfont aux problêmes indéterminés où les inconnues montent à deux degrés , font les *lignes du premier genre* , celles qui refolvent les problêmes où les inconnues montent à quatre degrés , font du fecond genre , & ainfi de fuite , deux degrés de plus dans l'inconnue , faifant un genre dans les lignes , mais cette divifion qui eft de M. Defcartes n'eft plus guere en ufage , & l'on appelle fimplement , lignes du 1. du 2. du 3. degré , fi c'eft celles qui fatisfont aux inconnues de ce même nombre de degrés.

Quand on fçait à quelles lignes la queftion fe rapporte , l'operation par laquelle on difpofe ces lignes de forte qu'elles fatisfaffent à la queftion , s'appelle la *Conftruction* ou *Effection du lieu.*

LIEUE. f. f. *Efpace de terre , confideré dans fa longueur, fervant à mefurer le chemin & la diftance d'un lieu à l'autre , & contenant plus ou moins de pas geometriques felon le different ufage des Provinces & des Pays.* ACAD. FR. La Lieue commune de France eft de deux mille quatre cens pas geometriques , la petite de deux mille , & la grande de trois mille , & en quelques endroits de trois mille cinq cens. La Lieue commune de Suede , de Danemarck & de Suiffe , eft de cinq mille , & la lieue commune d'Efpagne d'environ trois mille quatre cens vingt-huit. M. Ménage , après Pafquier veut que *Lieue* vienne de *Leuca* , ou *leuga* , vieux mot Gaulois , & Nicod. dit qu'il femble venir du Grec λευκη , Blanche , à caufe que les intervalles des lieux étoient autrefois marqués par des pierres blanches ; d'où vient que les Latins ont dit *Ad primum , fecundum , tertium , &c. ab urbe lapidem , id eft , milliare.*

LIEVE. f. f. Extrait d'un papier terrier d'une Seigneurie , qui contient le nom des terres , des tenanciers , & la qualité de la redevance. Cette Lieve fert de mémoire au Receveur pour demander le payement des cens & rentes & autres droits Seigneuriaux. On fait quelquefois de nouveaux terriers fur les anciennes Lieves , quand les titres ont été perdus par le ravage des guerres , ou par le malheur de quelque incendie.

LIEVRE. f. f. Les Voituriers par terre appellent *Lievre* , Le cable d'une charrette , qui fert à lier deffus , les balots & autres fardeaux dont on la charge. *Lievre* , fe dit auffi en termes de Charpenterie. Ce font des pieces de bois courbes par un bout qui fervent à élever les bords d'un bateau foncer avec les clans. On appelle , en termes de mer , *Lievre de beaupré* , Plufieurs tours de cercle

qui tiennent l'aiguille de l'éperon avec le mât du beaupré.

LIEVRE. f. f. Petit animal de la taille d'un lapin , mais plus gros , qu'on chaffe avec des chiens dans les plaines. Il a le poil gris & les oreilles longues & droites. Cet animal eft extrêmement timide ; ce qui fait qu'il dort les yeux ouverts , comme fi la nature lui avoit appris à ne fe fier qu'à la viteffe de fes piés. Ariftote dit que de toutes les bêtes à quatre piés, il n'y a que le Lievre feul qui ait du poil dans la bouche & fous les piés , & qu'entre les animaux qui ont des dents deffus & deffous , & qui n'ont qu'un ventricule , il eft le feul qui ait un caillé. Ce caillé , que l'on appelle *Coagulum leporis,* eft un excellent remede contre les piquures des bêtes venimeufes. Il fert auffi à faire diffoudre le fang caillé. Archelaüs & plufieurs autres difent que tous les Lievres font hermaphrodites , & que les mâles peuvent engendrer auffi bien que les femelles. Matthiole rejette cette opinion , à laquelle l'abondance qu'on trouve de Lievres a pû donner quelque fondement. Il dit que cette abondance ne provient que de ce que les femelles cherchent les mâles fi-tôt qu'elles ont fait leurs petits ; ce qui les fait porter tous les mois ; outre que , felon le fentiment d'Ariftote , elles ne laiffent pas de retenir quoiqu'elles foient déja pleines ; de forte qu'elles ne font pas leurs petits tout à la fois comme les autres animaux , mais à divers tems , felon les differens jours qu'elles ont été couvertes. Pline dit qu'aux environs de Brilet , Therne & Cherronefe près de la Propontide , les Lievres ont double foye , & que quand ils changent de pays , un de ces foyes eft auffi-tôt confumé. Il dit auffi qu'il y a des Lievres blancs qui fe tiennent dans les Alpes & dans les montagnes , & qu'en celles d'Ananie , on y en trouve un très-grand nombre , fur tout quand elles font couvertes de neige , mais qu'ils ne font ni fi grands ni de fi bonne venaifon que les autres. Ils ne gardent cette couleur blanche qu'autant que la neige demeure fur les montagnes , & lorfqu'elle fond ils deviennent rouffâtres ; ce qui arrive de la même forte dans tous les Lievres de la Laponie & autres pays Septentrionaux , qui tous les ans changent de couleur , commençant après l'équinoxe d'Automne à pofer leur couleur grife & à blanchir quand les premieres neiges tombent. On en prend même quelques-uns vers ce tems-là qui font moitié gris & moitié blancs , mais au milieu de l'hiver ils font blancs entierement , comme fi c'étoit un foin de la nature d'empêcher que ces foibles animaux ne foient apperçus facilement au milieu des neiges par la diverfité de leur couleur ; ce qui feroit peut-être que la race en feroit exterminée par les hommes & par les bêtes fauvages. On dit que fi une femme porte fur foi les fumées d'un lievre , elle ne concevra point. La chair de cet animal eft difficile à digerer , & engendre un fang groffier , épais & melancolique. Son foye étant fec & pris en breuvage eft fort bon à ceux qui ont mal au foye. Le Lievre entier mis en un four dans un pot de terre bien bouché , jufqu'à ce qu'il foit tout-à-fait réduit en cendres , fert beaucoup aux difficultés d'urine , faifant fortir le gravier hors de la veffie comme hors des reins. La cervelle du Lievre , foit cuite ou brûlée , eft auffi fort bonne pour fortifier les nerfs.

Lievre-marin. Poiffon venimeux qui naît dans la mer & dans les étangs fangeux. On l'appelle ainfi à caufe de quelque reffemblance qu'il a avec le Lievre terreftre. Pline dit que celui qui vient dans la mer des Indes , eft venimeux feulement à le toucher , & qu'il caufe auffi-tôt un vomiffement & un dévoyement d'eſtomac; mais que celui qu'on prend dans nos mers eſt comme une piece de chair ſans os , & qu'il eſt ſemblable au lievre ſeulement en la couleur. Celui des Indes eſt plus grand de corps que le nôtre. Il a auſſi le poil plus rude , & on ne le prend jamais vif. Lorſqu'Elian décrit le Lievre marin, il le fait ſemblable à un eſcargot écorché & hors de ſa coquille. Il eſt de couleur rouſſe noirâtre ſur le dos. Sa tête eſt extremement difforme. Il y paroît d'un côté un trou par lequel il tire & retire ſi ſouvent une petite pellicule carneuſe, qu'elle ſemble lui tenir lieu d'une langue. Au milieu eſt la fente de ſa bouche qu'il a ſur le dos , comme la Seche ; mais plus petite & plus tortues. Il jette de ſa tête deux petites cornes molles , ainſi que les eſcargots. Il les a pourtant plus courtes, & eſt fait entierement comme le petit Calemar , tant pour le dedans que pour le noir. Il y en a d'une autre eſpece plus grande , qui ont un peu plus bas que la bouche deux cornes plus courtes que l'autre , & toutefois plus aigues. Ceux-là n'ont aucun os ſur le dos. Du reſte ils ſont comme la Seche , & quant au dedans comme le petit Calemar. Le Lievre marin eſt ſi dangereux, qu'il fait mourir la perſonne qui en mange. Sa ſimple vûe fait avorter les femmes enceintes. Il a une mauvaiſe & puante odeur, qui vient de ce qu'il aime à être toûjours dans la fange. Il y a , ſelon Albert le Grand, une troiſiéme ſorte de Lievre marin. Celui-là eſt de la commune groſſeur des poiſſons , & bon à manger. Il reſſemble aſſés au lievre par la tête ,& a le dos roux. Quelques-uns reprouvent cette opinion , à cauſe que le Lievre marin eſt fort difficile à digerer & qu'il rend les perſonnes ladres. Dioſcoride ne lui attribue aucune autre proprieté , que de faire tomber le poil ſi on s'en frotte ; mais Pline aſſure qu'outre cela il guerit des écrouelles , étant appliqué & ôté auſſi-tôt après. Marcellus l'Empirique dit que ſon ſang broyé avec de l'huile empêche le poil arraché de revenir , ou que s'il revient , il ſera ſi mal que venant à tomber , on ne pourra plus le faire revenir.

LIEUTENANT. ſ. m. Ce mot dans ſa ſignification generale ſignifie un Officier qui exerce en la place d'un autre. On appelle *Lieutenant Civil* à Paris , le Lieutenant du Prévôt qui eſt le Juge des Cauſes Civiles ; *Lieutenant Criminel*, Celui à qui le jugement des Cauſes criminelles appartient ; & *Lieutenant de Police*, Celui qui a ſoin de toutes les choſes qui regardent la police. Dans les Provinces le Préſident eſt appellé *Lieutenant General Civil & Criminel*. Il y a des *Lieutenans Particuliers*, tant Civils que Criminels dans tous les Préſidiaux , des Lieutenans de la Connétable , & des Eaux & Forêts de l'Amirauté , & des Lieutenans dans preſque toutes les Juſtices Royales & Subalternes. Autrefois les Baillis & Sénéchaux d'épée rendoient la juſtice eux-mêmes ; mais ils ont inſenſiblement laiſſé uſurper ce droit , par des Lieutenans qu'ils ont commis pour l'exercer en leur place. On appelle *Lieutenant Criminel de robe courte*, Un Lieutenant du Prévôt de Paris qui porte l'épée. Il connoît des cas royaux comme les Prévôts , & juge préſidialement comme eux , & quelquefois auſſi à la charge d'appel.

Lieutenant, ſe dit en termes de guerre , de pluſieurs Officiers qui ſervent dans les armées du Roi en differentes qualités. On appelle *Lieutenant General*, Un Officier qui tient le ſecond rang après le General de l'armée. Il commande une des ailes dans une bataille & un détachement ou un camp volant, quand les Troupes marchent. Il a le com-

mandement d'un quartier dans un ſiege , & s'il eſt de jour , il a celui d'une des attaques. Le *Lieutenant des Armées Navales du Roi*, eſt un Officier qui commande ſous l'Amiral. Il précede les Chefs d'Eſcadre , & leur donne l'ordre qu'ils diſtribuent enſuite aux Officiers inferieurs. Il y a auſſi un *Lieutenant General de l'Artillerie*. C'eſt celui qui ſous le Grand-Maître commande tout ce qui regarde les feux d'artifice & le canon , & qui a ſoin de choiſir les poſtes , qui ſont propres à dreſſer des batteries.

Lieutenant de Roi. Officier qui commande dans une Place en l'abſence du Gouverneur.

Lieutenant Colonel. Premier Capitaine d'un Regiment tant de Cavalerie que d'Infanterie , qui le commande en l'abſence du Colonel. Il n'y avoit des Lieutenans Colonels de Cavalerie que dans les Regimens de Cavalerie Etrangere , mais depuis quelques années , le Roi en a créé dans notre Cavalerie , où cette charge étoit ſuppléée auparavant par celle de Major. Il y a auſſi un Lieutenant Colonel dans chaque Regiment de Dragons. On appelle *Lieutenant de Cavalerie* ou *d'Infanterie*, Un Officier créé par le Roi dans chaque Compagnie de Cavalerie ou d'Infanterie , pour la commander en l'abſence du Capitaine. On appelle auſſi *Lieutenant de la Colonelle*, le ſecond Officier de la Compagnie Colonelle de chaque Regiment d'Infanterie. Le Lieutenant de la colonelle du Regiment des Gardes Françoiſes, jouit de la Commiſſion de Capitaine , & a rang du jour que ſa Commiſſion eſt datée. Tous les autres Lieutenans des Compagnies Colonelles des Regimens d'Infanterie , quand même ils n'auroient point de Commiſſion , ont rang de derniers Capitaines, non ſeulement dans le corps où ils ſont , mais auſſi à l'égard des autres Regimens d'Infanterie. On appelle *Capitaines Lieutenans*, Les Capitaines des Compagnies d'Ordonnance ou des Mouſquetaires , à cauſe que le Roi en eſt le vrai Capitaine.

Lieutenant reformé. Lieutenant dont la place a été ſupprimée , & qui ne laiſſe pas d'être entretenu à la ſuite d'une Compagnie maintenue ſur pié , dans laquelle il demeure toûjours avec l'avantage d'être conſervé dans ſon rang d'ancienneté,ce qui le met en état de monter aux charges ſelon la date de la Commiſſion qu'il a obtenue. On appelle *Lieutenant en ſecond*, Un Lieutenant dont la Compagnie a été licenciée , mais qui ſert dans une autre que l'on a tirée d'une plus nombreuſe , en ſorte que d'une ne Compagnie on en a fait deux,en faveur de quelques Officiers reformés.

LIEX. ſ. m. Vieux mot. Lieu. *De liex en liex s'arreſtant.*

LIG

LIGAMENTEUX,EUSE. adj. Terme de Fleuriſte. On appelle *Plantes Ligamenteuſes*, Celles qui ont leurs racines comme de menus cordages ou ligamens , & beaucoup plus groſſes que les fibreuſes.

LIGATURE. ſ. f. Terme d'Imprimeur. Caractere de plomb , qui joint deux lettres enſemble, comme *fi* , *ff*.

LIGE. adj. Terme de Coûtume. Il ſe dit du Vaſſal tenant une certaine ſorte de fief , qui le lie envers ſon Seigneur dominant d'une obligation plus étroite que les autres. Quelques-uns font venir ce mot de *Ligare*, & diſent qu'il vient de ce qu'on lioit le pouce au Vaſſal , ou de ce qu'on lui ferroit les mains entre celles du Seigneur lorſqu'il lui rendoit la foi & hommage , pour lui faire entendre qu'il étoit lié par ſon ſerment. D'autres le tirent de la même ſource que *Leudis* ou *Leodis* , qui ſignifioient

Loyal, *fidelle*. Fauchet le fait venir de *Leodium* ou *Leude*, Ville de Liege, habitée par les Leudes, gens obligés à suivre & à soûtenir leur Seigneur par tout. Du Cange prétend qu'on disoit autrefois *Litgium servitium*, & qu'on écrivoit *Litge*, ce qui le fait être du sentiment de ceux qui croyent que *Lige* vient de *Litis*, espece de serfs attachés de telle sorte au service de leur Maître, à cause des heritages qu'ils tenoient de lui, qu'ils ne pouvoient se dispenser de lui rendre toutes sortes de services. L'*hommage lige*, mettoit le Vassal dans l'obligation de servir son Seigneur envers tous & contre tous, excepté contre son Pere. On appelle *Seigneur lige*, Le Seigneur immediat dont on releve nuement, ligement, à ligence, ce qui veut dire, Sans moyen. On dit *Homme lige*, *hommage lige*, *fief lige*, *garde lige*, en parlant du serment qui oblige le Vassal à garder la personne ou le château du Seigneur. On a dit autrefois *Protection lige*, *puissance lige*, & *foi lige*, pour dire, Entiere, totale.

Lige, se dit aussi d'un droit de relief qui est dû au Seigneur dans une mutation de fief. Il y a des lieux où il est fixé à dix livres pour plein lige. En d'autres, ce n'est que la moitié ou le quart de cette somme, ce qui s'appelle *Demi-lige*, ou *Quart de lige*

Voici ce que Nicod dit sur *Lige*. Lige *ne se dit pas sans adjection de l'un de ces deux mots*, à sçavoir Hommage *ou* Homme. Ainsi dit-on, Tel Duc, Marquis ou Comte est homme lige du Roi, *c'est-à-dire*, *Vassal au debvoir & service d'homme lige*, & tel doit faire hommage Lige. On dit aussi, Il est homme lige de la terre du Roi. *Nicole Gilles en la vie du Roi Philippe Dieu-donné*, *dit*, les Vicomtes de Thouars & Limoges sont hommes Liges de la terre d'Angleterre, c'est-à-dire de la Couronne d'Angleterre, *& ce est dit ainsi*, *parce que les Fiefs ne meuvent point de l'homme qui est Seigneur feodal*, *ains de la Seigneurie d'icelui*, *pour laquelle raison on dit le Vassal tenir à tel hommage d'aucun Seigneur*, *à cause de tel sien Chastel ou Seigneurie*. On dit aussi, Un Vassal se faire homme lige de tel Duché ou Comté à quelque Seigneur, *quand il fait hommage lige à icelui*. Ledit Nicole Gilles en la même vie de Philippe. Artus, Comte de Bretagne, au mois de Juillet mil deux cent & deux, se fit homme lige audit Roi Philippe, des Comtés de Bretaigne, d'Anjou & de Poictou, promettant le servir envers & contre tous qui peuvent vivre & mourir.

LIGNE. s. f. Terme de Geometrie. Longueur sans largeur. C'est ce que les Ouvriers appellent un trait qui va d'un point à un autre. Les lignes droites sont les plus courtes de celles qui ont les mêmes extrêmités, & les courbes, celles qui s'écartent de leurs extrêmités. Il y a une infinité de lignes tant droites que courbes, qui ont des dénominations differentes, ou selon la differente espece dont elles sont, ou selon leurs differens usages. *Ligne horisontale*, *Ligne verticale*, *Ligne des Apsides*, *Ligne de direction*, *Ligne parabolique*, &c. Nous n'expliquerons point ici tous ces termes, qui se trouvent chacun à leur lieu, nous ne parlerons que des Lignes en tant que Lignes, & n'étant appliquées à aucun usage, ni à aucun sujet particulier.

Les Lignes droites sont toutes d'une même espece, mais les courbes sont d'une infinité d'especes differentes. On en peut imaginer autant que l'on imaginera de *mouvemens composés*, (Voyez MOUVEMENT,) ou autant qu'il peut y avoir de rapports differens entre des *Ordonnées* & *Abscisses*.

Voyez ces mots. On divise generalement les courbes en *Lignes Geometriques*, & *Lignes Méchaniques*. Les Geometriques sont celles que l'on trouve surement & précisément dans tous leurs points, les Mechaniques sont celles dont on ne trouve tous les points, ou seulement quelques points qu'en tâtonnant & à peu près. Selon cette idée, M. Descartes a appellé *Lignes Geometriques*, celles qui peuvent s'exprimer par une *Equation Algebrique* d'un degré déterminé. Cette équation s'appelle autrement *Lieu*, (Voyez LIEU,) & il a appellé *Lignes Méchaniques*, celles qui ne peuvent s'exprimer par une équation d'un degré déterminé ; mais d'autres Geometres ont fait reflexion que les Lignes que M. Descartes appelle *Méchaniques*, ne sont pas moins précises que les autres pour ne pas avoir un degré déterminé, ni par consequent moins geometriques ; car c'est précisément qui fait le *geometrique* de la Ligne, & par cette raison, ils ont mieux aimé appeller *Algebriques* les Lignes qui se rapportent à un degré déterminé, & *Transcendentales*, celles qui ne s'y rapportent pas.

M. Descartes a aussi divisé les Lignes en *Lignes du premier genre*, du second, du troisiéme, &c. selon le degré auquel elles se rapportent. Voyez LIEU.

On divise aussi les courbes en *regulieres* & *irregulieres*. Les regulieres sont celles dont la courbure se conduit toûjours d'un même sens, les irregulieres celles qui ont *un point d'inflexion*, ou elles se recourbent d'un sens contraire.

Dans la Geometrie pratique, on appelle *Ligne* la douziéme partie de la longueur d'un pouce.

Ligne, se dit en termes de guerre, de la disposition d'une armée rangée en bataille, qui fait la longueur d'une ligne droite, autant que le terrain le permet. Nos armées s'accoûtume de se mettre sur trois Lignes. La premiere est l'avant-garde qui se divise en plusieurs Bataillons & Escadrons posés sur le devant. La seconde Ligne est ce qu'on appelle le Corps de Bataille, & il faut laisser entre l'une & l'autre cent cinquante pas de terrain pour se rallier. La troisiéme Ligne est le Corps de reserve ou l'arriere-garde, & on doit laisser environ trois cens pas de distance entre cette troisiéme Ligne & la seconde.

Ligne, en termes de Fortification, signifie un trait tiré d'un point à un autre quand on travaille à faire un plan sur le papier. Il est pris sur le terrain, quelquefois pour un fossé bordé de son parapet, & quelquefois pour un arrangement de gabions ou de sacs à terre, qui s'étendent en longueur sur le terrain, afin de s'épauler ou de se couvrir contre le feu des ennemis. On appelle *Ligne de défense*, Une Ligne qui représente le cours de la balle des armes à feu, sur-tout du mousquet, selon la situation où il doit être pour défendre la face du bastion. On la distingue en *Ligne de défense fichante*, qui est une Ligne tirée de l'angle de la courtine jusqu'à l'angle flanqué du bastion opposé sans toucher la face de ce même bastion, & en *Ligne de défense rasante* ou *flanquante*. Cette derniere est une Ligne, qui étant tirée d'un certain point de sa courtine, va raser la face du bastion opposé. On appelle *Ligne d'approche*, ou *Ligne d'attaque*, Le travail que font les assiegeans, pour gagner à couvert le fossé & le corps de la place. Ce travail est de differente nature, selon la qualité du terrain où l'on s'attache. On dit encore, *Ligne de circonvallation*, & *Ligne de contrevallation*. La premiere est une Ligne ou un fossé que les Assiegeans font à la portée du canon de la place, & qui regnant autour de leur

Camp, en aſſure les quartiers contre les ſecours des Aſſiegés. L'autre eſt un foſſé bordé d'un parapet, dont les Aſſiegeans ſe couvrent du côté de la place, afin d'arrêter les ſorties que pourroit faire la garniſon. Le foſſé qui eſt vers la Place pour empêcher ces mêmes ſorties, eſt appellé *Lignes en dehors*, & celui qui eſt vers la campagne pour empêcher le ſecours, s'appelle *Lignes en dedans*. Il y a auſſi des *Lignes de communication*. Ce ſont celles qui vont d'un ouvrage à l'autre, & la *Ligne de communication*, eſt le foſſé continuel dont une circonvallation ou une contrevallation eſt entourée, & qui communique par tous les forts, redoutes & tenailles de cette même circonvallation ou contrevallation. On appelle *Ligne de baſe*, la Ligne droite qui joint les pointes de deux baſtions les plus proches.

Ligne. Terme de Marine. Diſpoſition des poſtes d'une armée Navale, le jour d'un combat. L'Avantgarde, le Corps de Bataille, & l'Arriere-garde ſe mettent ſur une même Ligne, quand les Eſcadres ou les Diviſions ſont unies. Cela ſe fait autant que l'on peut, non ſeulement pour conſerver l'avantage du vent, & afin que tous les Vaiſſeaux courent un même bord; mais parce que s'ils étoient mis par files les uns derriere les autres, ceux qui ne ſeroient point au premier rang, ne pourroient tirer leurs bordées que ſur les Vaiſſeaux de leur parti.

On appelle *Ligne du fort*, L'endroit du côté du Vaiſſeau où il eſt le plus gros, & *Ligne de l'eau*, Celui du bordage où l'eau ſe vient terminer quand le bâtiment a ſa charge, & qu'il flotte.

Ligne de ſonde. Cordeau non goudronné, & long cent à ſix vingts braſſes, auquel on attache une petite maſſe de plomb qui eſt ordinairement du poids de dix-huit livres, & qu'on fait deſcendre dans la mer pour en ſonder le fond, lorſqu'on eſt près de la terre.

Lignes d'amarrage. Petites cordes de fil goudronnées, qui ſervent à amarrer d'autres cordes. Elles arrêtent le cable dans l'arganeau, & renforcent & aſſurent les hanſieres & les manœuvres.

Ligne de foi. Petit fil d'argent le plus délié qu'on puiſſe trouver, & que l'on applique ſur le verre d'une lunette, poſée ſur un niveau, pour faire de plus juſtes obſervations, ſoit au Ciel, ſoit ſur la terre.

Ligne. Terme d'eſcrime. On dit, *Etre dans la Ligne*, *ſortir de la Ligne*, & cette Ligne eſt celle qui eſt droitement oppoſée à l'Ennemi, dans laquelle doivent être les épaules, le bras droit & l'épée, & ſur laquelle ſont auſſi poſés les piés à la diſtance de dix-huit pouces l'un de l'autre.

Ligne. Terme de Chiromance. Il ſe dit des traits ou inciſures marquées dans la main. On appelle *Ligne de vie*, ou *Ligne du cœur*, ou *Ligne de l'âge*, La Ligne qui eſt au deſſous du pouce. Celle qui paſſe par le milieu de la paume de la main, & qui la coupant en travers va juſqu'au mont de la Lune, s'appelle *Ligne hepatique*, ou *Ligne du foye*, & on appelle *Ligne menſale ou thorale*, ou *Ligne de Venus*, Celle qui va dans le même ſens, & qui lui eſt parallele. Elle prend depuis l'indice juſqu'à l'autre bout de la main.

On appelle en termes de Manege, *Ligne du banquet*, Une ligne imaginaire que les Eperonniers tirent le long du banquet en forgeant un mord. Ils prolongent cette ligne de part & d'autre de haut en bas, pour déterminer la force ou la foibleſſe qu'ils veulent donner à la branche, afin de la rendre hardie ou foible.

Ligne blanche. Terme de Medecine. Terminaiſon des muſcles de l'épigaſtre continuée depuis le cartilage ſcutiforme juſqu'à l'os pubis. Sa couleur lui a fait donner le nom de blanche, ce qui vient auſſi de ce qu'il n'y a point de parties charneuſes ni au deſſus ni au deſſous d'elle.

Ligne. Vieux mot. Cellier à tenir du bois. Il vient du Latin *Lignum*. On l'appelle encore un *Legné* en Languedoc, & l'on y dit *Un Legnas*, pour dire, *Un buche*.

LIGNER. v. n. Terme de Chaſſe. Il ſe dit d'un Loup qui couvre une Louve.

LIGNEUL. ſ. m. Eſpece de cordon dont les Cordonniers ſe ſervent à coudre la ſemelle des ſouliers. On a dit autrefois *Lignivel*, & on l'appelle encore aujourd'hui *Lignol* en Languedoc. Il eſt fait de pluſieurs fils attachés enſemble par de la poix, & on fait venir ce mot de *Lin*, à cauſe qu'on employoit anciennement du lin ou du fil fort délié à cet ouvrage.

LIGNEUX, EUSE. adj. Epithete que l'on donne à la partie ſolide des plantes ou des arbres qui forme le bois. On a remarqué que la tiſſure du corps Ligneux eſt plus ſerrée que l'écorce.

LIGUE. ſ. f. *Union, confederation de pluſieurs Princes ou Etats, pour ſe défendre ou pour attaquer*. ACAD. FR. On appelle *Ligue griſe*, Une Ligue qui a donné le nom aux Griſons, Peuples d'Allemagne dans l'ancienne Rhetie, vers les ſources du Rhin & de l'Inn, à cauſe que ceux qui l'habitoient avoient accoûtumé de porter des écharpes griſes. Ils ſe liguerent entre eux en 1471. & vingt ans après avec les Suiſſes. Ils vivent en Republique, & ſont diviſés en ſix parties, qui ſont la Ligue Griſe, la Ligue de la Maiſon de Dieu, la Ligue des Droitures, la Valtoline, & les Comtés de Ghiovena & de Bormio. On a auſſi appellé *Ligue Hereditaire*, Celle que firent les Suiſſes avec l'Archiduc Maximilien. On fait venir le mot de *Ligue* de *Liga*, qu'on a dit dans la baſſe Latinité, comme étant une confederation par laquelle un Etat eſt lié avec un autre.

LIGUSTICUM. ſ. m. Plante qui croît abondamment en Ligurie, d'où elle a tiré ſon nom, & ſur-tout au mont Apennin, voiſin des Alpes. Les gens du pays l'appellent *Panaces*, à cauſe que ſa racine qui eſt blanche & odorante eſt ſemblable à celle du Panaces Heracleotique, & qu'elle a les mêmes proprietés. Le Liguſticum croît aux montagnes âpres & autres, aux lieux ombragés, & principalement auprès de quelque ruiſſeau. Il produit une petite tige nouée, mince & ſemblable à celle d'Aneth, & qui eſt environnée de feuilles faites à peu près comme celle du Melilot. Elles ſont pourtant plus molles, & plus odorantes, & auſſi plus grêles & plus déchiquetées vers la cime de la tige; au deſſus de laquelle ſont des manieres de bouquets qui portent une graine noire, ferme, longuette, odorante, & preſque ſemblable à la graine du fenouil. Elle a un goût acre, mordant & aromatique. On ſe ſert de la graine & de la racine de cette plante dans les medicamens maturatifs, & dans ceux qui penetrent legerement. Elle eſt de bon goût, & tient lieu de poivre aux gens du pays. Le Liguſticum n'eſt point la Leyeſche. Matthiole en fait voir la difference en ce que le Liguſticum a ſes feuilles ſemblables au Melilot, & que le Leviſticum, qui eſt la Leveſche, les a comme l'Ache de marais, plus grandes pourtant & plus épaiſſes, outre qu'il jette une tige haute, groſſe, creuſe & nouée. Galien parlant du Liguſticum qu'il appelle *Libyſticum*, dit que ſa racine & ſa graine ſont

chaudes,

chaudes, ce qui les rend propres à provoquer le flux menstrual, à faire uriner, & à resoudre toutes sortes de ventositez.

LIL

LILAS. f. m. Sorte d'arbre qui porte des fleurs odoriferantes en gros bouquets. Il y a des Lilas rouges, blancs & violets, appellés ainsi selon la diversité de la couleur de leurs fleurs. Celui qu'on appelle *Lilas de Perse*, est plus petit que les autres, & a ses feuilles coupées & dentelées.

LIM

LIMACE. f. f. Machine, par le moyen de laquelle on fait monter les liqueurs en descendant. Elle est composée d'un canal qui tourne en forme de vis autour d'un cylindre, appellé Noyau. On lui donne un peu de pente, & on place l'une de ses extrêmitez dans l'eau qu'on veut élever. On peut en puiser beaucoup avec cette machine, qu'on appelle aussi *La vis d'Archimede*, mais on ne peut la faire monter bien haut, à cause de la pente que l'on donne à la machine. On en peut voir la construction dans le Vitruve de M. Perrault.

LIMAÇON. f. m. Petit insecte qui est enfermé dans une coquille & qui jetto une humeur gluante & luisante. Il a quatre cornes, deux petites & deux autres plus grandes dont il se sert pour se conduire. Le Limaçon sort d'un œuf, & il y en a de blancs, de noirs, de grands, de petits, & de moyens. Ils ont tous même nature, & la difference qui s'y trouve ne vient que des lieux où ils vivent. Ceux qui sont nourris au Soleil & de bonnes herbes, ont le goût beaucoup meilleur que les Limaçons des marais ou qui viennent dans des lieux ombragés. Ces derniers ne sentent que la bourbe & le limon. Les Limaçons à coquille s'appellent aussi *Escargots*. Pline dit qu'anciennement on en étoit si friand qu'on les nourrissoit dans des garennes ou viviers propres à cela, & qu'on les separoit espece par espece pour en mieux sçavoir le goût. Ceux qu'on nommoit *Solitans*, étoient les plus estimés de tous; on faisoit aussi grand cas de ceux d'Afrique, à cause qu'ils faisoient beaucoup de petits. On leur donnoit à manger, & on les apâtoit de toute sorte de blé cuit avec du vin. Les Limaçons paroissent en quantité après la pluie. On tient que si on coupé la tête au Limaçon, on y trouve une petite pierre qui étant liée au bras, sert de remede à la fièvre tierce. Pline dit encore, que cette pierre liée au col ou au bras des petits enfans, fait que les dents leur viennent plûtôt & plus aisément. Ce que cet insecte a de singulier, c'est qu'il rejette son excrement par le col, & qu'il respire par-là. Toutes les parties propres à la generation y sont renfermées, & chaque Limaçon est mâle & femelle tout ensemble. Ceux qui sont sans coquille s'appellent proprement *Limas*, ou *Limasses*, du Latin *Limax*. Elles rafraîchissent & humectent, incrassent, consolident, & sont très-bonnes pour les nerfs & les poumons. Cela est cause qu'on s'en sert interieurement contre la toux, la phtisie, le crachement de sang, & pour guerir la colique & les incommoditez du foye. Etant appliquées crues exterieurement, soit seules, soit avec du sang de Taureau, elles font suppurer, & ouvrent même l'Anthrax. Si on les broye avec leurs coquilles, & qu'on les applique sur quelque partie, elles ont la proprieté de tirer dehors ce qui peut être nuisible. La cendre de leur coquille, si on s'en frotte les dents,

est fort propre pour les nettoyer & pour les blanchir.

Limaçon ou *Limace*, se dit aussi de toute voute spherique, ronde ou ovale, surbaissée ou surmontee, dont les assises sont conduites en spirale, depuis les coussinets jusques à la fermeture. *Voute en Limaçon*. On appelle *Escalier en Limaçon*, Un escalier fait en forme de vis, dont les marches sont rangées autour d'un cylindre de pierre ou de bois.

LIMAIRE. f. m. Nom qu'on donne au Ton, lorsqu'il commence à grossir un peu, car on ne l'appelle *Ton*, que quand il passe un pié de grandeur.

LIMANDE. f. f. Sorte de poisson de mer. Il est plat, & à la chair molle & humide. Sa figure est à peu près celle du carrelet.

Limande. Terme de Charpenterie. Piece de bois de sciage, plate, & peu large, & qui n'est pas fort épaisse. On appelle *Limandes*, Les pieces qui servent à tenir & à lever les palles d'un moulin.

LIMBE. f. m. On appelle ainsi en termes d'Astronomie, le bord du Soleil, ou de la Lune. *Limbe superieur*, *Limbe inferieur*. Selon les Medecins botaniques, la bordure des plantes, & celle de leurs fleurs & de leurs feuilles s'appellent aussi *Limbe*.

LIMBES au pluriel se dit du *Lieu*, où, selon la commune opinion de l'Eglise, étoient les ames de ceux qui étoient morts en la grace de Dieu avant la venue de Notre Seigneur. ACAD. FR. Il signifie aussi le lieu destiné à recevoir les ames des Enfans morts sans baptême, qui n'ayant point merité l'enfer parce qu'ils n'ont point peché, ne peuvent aussi entrer en Paradis à cause du peché originel. Les saints Peres l'ont nommé *Limbes*, selon du Cange, *eo quod sit Limbus inferorum*.

LIME. f. f. Outil, *Instrument de fer ou d'acier, qui a par tout de petites pointes en forme de dents, & qui sert ordinairement à polir, ou à couper le fer.* ACAD. FR. Il y a des Limes de toutes sortes de grandeurs & de grosseurs, selon leur usage. Les Serruriers se servent de *Limes quarrées*, pour ouvrir des trous quarrés; de *Limes à dossier*, pour fendre; de *Limes rondes*, pour aggrandir des trous (on les appelle autrement, *Queues de rat*;) de *Limes demi-rondes*, pour limer les pieces en demi-rond; de *Limes triangulaires ou en tiers point*, pour faire des vis, des tarots & autres pieces, de *Limes à boutter*, pour dresser les panetons des clefs & les côtés à fendre en long.

Il y a aussi des *Limes carlettes*, des limes coutelées, des limes à potence, en ovale, en cœur; & autres figures. Ces petites Limes servent à vuider les anneaux des clefs, les écussons, les couronnemens &c. On se sert des Limes fendues par le milieu pour limer les embases, & pour épargner un filet sur les moulures, vases, balustres, & autres ouvrages. Il y a aussi des Limes qui ne sont fendues que d'un côté pour le même usage. Les *Limes faites en dos de carpe*, servent à fendre des compas; celles qui ne sont point taillées sur les côtés, à fendre & à dresser les rateaux des clefs, & les *Limes coudées*, sont propres à couper & à dresser les clouds à fiche.

On appelle *Lime douce*, Celle qui a la taille fort fine & le grain menu. Elle sert à polir & à adoucir les ouvrages. La *Lime à pignon*, est celle qui ronge les pignons. Elle est taillée comme un couteau. Celle qu'on appelle *Lime quarreau*, est quarrée & la plus grosse de toutes. La *Lime sourde*, autrement *Lime de refend*, fait l'effet d'une scie. On l'enveloppe tout à fait de plomb & le manche même, en sorte qu'on n'en laisse que la partie qui scie découverte. Elle sert à couper les plus gros barreaux de fer sans faire aucun bruit, mais il faut pour cela que ces barreaux soient aussi enveloppés de plomb, sans qu'on y laisse rien de découvert que ce qui est necessaire pour l'action de la lime.

On appelle *Limes* en terme de Chasse, les deux dents inferieures du Sanglier, que l'on appelle aussi *Dagues*, & plus communément *Défenses*.

Lime. Petit fruit rond qui est plein de jus comme un citron. Il est extrêmement doux.

Lime de la mer. Nom que donne quelques-uns à une certaine ligne qui paroît autour des côtes où la mer a laissé des herbes en se retirant.

LIMIER. s. m. Gros chien de chasse qui ne parle point, & qui sert à quêter le cerf, & autres grandes bêtes, & à les lancer hors de leur fort.

LIMON. s. m. Terme de Charpenterie. Piece de bois qui sert à porter les marches d'une montée ou d'un escalier.

Limon. Sorte de fruit semblable au citron. Il n'a pas l'écorce si grosse, & il est un peu plus long, & & plus plein de suc. Ce suc est aussi plus aigre que celui des citrons communs.

LIMONIUM. s. m. Plante qui croît aux marais & parmi les prés, & qui a ses feuilles semblables à la Bete, mais plus longues & plus menues. Elle jette ordinairement dix feuilles, & quelquefois plus. Sa tige est menue & droite, & de la hauteur du lis. Elle est chargée d'une graine rouge qui est astringente au goût. Dioscoride qui en a fait cette description, dit que sa graine pilée & prise en vin au poids d'un acetabule, est bonne aux dysenteries, & aux fluxions de l'estomac.

LIMOSINAGE. s. m. Terme de Maçon. Il se dit de toute maçonnerie qui est faite de moilon à bain de mortier, & que l'on dresse au cordeau avec des paremens brutes. On l'appelle ainsi à cause qu'on emploie ordinairement des Limosins à y travailler dans les fondations. On dit aussi *Limosinerie*.

LIMPIDE. adj. Terme dogmatique fait du Latin *Limpidus*, qui veut dire, Clair & net. Il ne se dit guere que de l'eau. Ce mot a fait celui de *Limpidité*, qui signifie la qualité de ce qui est Limpide. Il ne se dit guere aussi que de l'eau.

LIN

LIN. s. m. Vieux mot. Lignée, race.

> *Entrez, est el temple Apolin,*
> *Paris, & plusieurs de son lin.*

LIN. s. m. Sorte de plante qui jette de petites tiges rondes. Son écorce est pleine de filets dont on fait de la toile déliée. Elle a ses feuilles longues & aigues, & porte ses fleurs au haut de ses tiges. Après ses fleurs il se forme de petites têtes rondes & larges où sa graine est renfermée. Cette plante a peu de rameaux, & n'est guere haute. Il n'y a que sa graine qui soit en usage dans la Medecine. Dioscoride lui donne les proprietez du Senegré. Cuite en miel, huile, & un peu d'eau, elle mollifie & resout toutes inflammations du dedans & du dehors. Crûe, elle ôte les tachés & les rousseurs du visage, & enduite avec nitre & cendre de figuier, elle dissipe les duretés qui viennent derriere les oreilles. Sa décoction est fort utile pour lâcher le ventre. L'huile qui se fait de cette graine, est bonne aux spasmes, à mollifier les duretés des nerfs, & à rendre souples les jointures des os. C'est aussi un remede exquis dans toutes les maladies du fondement, hemorroïdes, fentes, apostumes, ou autres douleurs de cette partie. Lavée en eau de nenuphar, ou eau rose, elle est fort propre aux brûlures. Cette huile est aussi d'usage pour les Peintres, Maçons, Menuisiers, Graveurs & Serruriers. Comme elle resiste plus au feu que l'huile d'olive, on s'en sert encore pour s'éclairer.

Matthiole fait mention d'une autre plante qui a grand rapport au Lin, tant dans sa tige & ses feuilles, que dans la figure de ses fleurs, quoiqu'elle les ait de couleur d'or. Il la nomme *Lin sauvage*, tant pour ce rapport, que parce qu'on la reduit en filaces que l'on file. La décoction de cette plante avec ses fleurs resout toutes tumeurs, appaise les inflammations, adoucit les duretés des jointures, & sert à la guerison des phlegmons qui s'engendrent aux aines.

LINAIRE. s. f. Herbe qui produit plusieurs rejettons noirs, menus, pliables, & fort malaisés à rompre. Elle pousse ses feuilles quatre à quatre, cinq à cinq, & quelquefois six à six. Elles sont noires au commencement, rougeâtres ensuite, & semblables à celles du Lin, ce qui lui a fait donner le nom de *Linaire*. On l'appelle autrement *Osyris*. Elle jette quantité de fleurs dès le milieu de sa tige. Ces fleurs ressemblent à celle du Cumin sauvage de la seconde espece, excepté que les fleurs de la Linaire sont jaunâtres, & que les autres sont purpurines. La décoction de cette herbe prise en breuvage est bonne pour la jaunisse. Galien dit qu'elle a une qualité amere, & qu'elle est propre à désopiler le foye.

LINÇOIR. s. m. Terme de Charpenterie. Piece de bois qui soûtient les chevrons au droit des bées ou passages des cheminées & lucarnes.

LINEAIRE. adj. Terme de Mathematique. On appelle *Grandeurs Lineaires* celles qu'on ne suppose point être fermées par aucune multiplication, celles qui n'ont ainsi que *la ligne*, qu'une dimension, qu'un *degré*, (Voyez DEGRE'.) car les surfaces & les solides sont des grandeurs produites par des multiplications. En Algebre la même grandeur peut être lineaire, & ne l'être pas, selon qu'on la considere. Vingtquatre est une grandeur lineaire, si on la regarde comme une somme de 24 unitez, mais si on la regarde comme un produit de 3 pris 8, c'est une grandeur de deux dimensions, & elle sera de 3 dimensions, si on la regarde comme le produit de ces 3 nombres, 3, 4, 2. En fait de nombres on va à l'infini au delà des trois dimensions, mais les lignes ne peuvent pas les passer réellement.

LINGE. adj. Vieux mot. Foible.

> *Car son sens est trop nud & linge,*
> *Si me contrefait comme un singe.*

LINGOTIERE. s. f. Terme de Potier d'étaim. Moule où l'on jette l'étaim, pour en faire des Lingots. Les Vitriers appellent aussi *Lingotiere*, Le Moule dont ils se servent pour fondre le plomb qu'ils employent aux vitres. Ils y versent du plomb fondu, & le retirent ensuite par petits Lingots qu'ils font passer dans le tireplomb où il s'allonge, & forme des verges, qui étant fendues des deux côtés, servent à enfermer & à recouvrir les pieces de verre. Il n'y a que le milieu de ces verges qui demeure solide.

LINGUET. s. m. Terme de Marine. Piece de bois qu'on attache sur le tillac, & qui sert à arrêter le cabestan, ensorte qu'il ne puisse détourner ni dévirer.

LINIERE. s. f. Terre semée de graine de Lin.

LINOTE. s. f. Petit Oiseau de couleur de terre, qu'on nourrit en cage, & dont le chant est fort agreable, On l'appelle en Latin *Ligurinus*. Il y a des Linotes qui vivent cinq ou six ans. M. Ménage fait vénir ce mot de *Linaria*, à cause que les Linotes vivent de graine de Lin.

LINTEAU. f. m. Terme d'Architecture. Piece de bois qui sert à fermer le haut d'une croisée ou d'une porte sur ses piédroits. On appelle *Linteau de fer*, Une barre pour porter les claveaux d'une plate-bande. Sa grosseur doit être proportionnée à sa charge.

LIO

LION. f. m. Animal furieux, & dont la couleur tire sur le roux. Il a le devant de la tête quarré, le museau plat & gros, les yeux affreux, l'ouverture de la gueule grande, le cou gros, grand, couvert d'une criniere, & fort roide, quoiqu'il soit composé de plus d'un os. Sa langue, qu'il semblable à celle d'un chat, aussi-bien que les pattes, les dents & les yeux, est herissée d'un fort grand nombre de pointes, dont la matiere est fort dure & pareille à celle des ongles. Ces pointes sont creuses à leur base, recourbées vers le gosier, & longues de deux lignes. Il a la poitrine large, le ventre grêle, les cuisses fortes & nerveuses, cinq ongles à chaque pié de devant, & quatre à ceux de derriere, avec une grosse & grande queue. Sa vessie est fort petite, à cause qu'il boit fort peu, & ses intestins ont près de vingt-cinq piés de long. Le Lion passe pour le plus fier, le plus cruel & le plus courageux des animaux, & on le fait combattre dans les spectacles contre les plus fortes bêtes. Il apprehende le feu, & comme il y en a de furieux qui se tiennent sur le sommet des Montagnes du Pays des Caffres, & qui vont chercher leur proie au clair de la Lune, le plus souvent autour du Fort du Cap, les Gardes y allument de grands feux pour les empêcher d'en approcher. On tient que cet animal en mene avec soi un autre, appellé *Lakhals* par les Hollandois, qui ressemble à un Renard & qui ayant l'odorat extrêmement fin, découvre de loin où est la proie, & y mene le Lion, qui lui en fait part après l'avoir prise. On dit aussi qu'il craint le Coq & que son chant le fait fuir, mais on a vû le contraire par experience. Le Lion dort les yeux ouverts & remue la queue pendant qu'il dort. Il jette son urine en arriere, & s'accouple de même avec la Lionne, qui ne differe du mâle, qu'en ce qu'elle n'a point de longs poils autour du cou. Les Lions entrent en amour en hiver, & alors il est dangereux de les rencontrer. On appelle *Lionceaux* les petits de la Lionne.

Il y a aussi des *Lions marins*, & on en a vû un au Cap de bonne Esperance, auquel on donna la chasse, & que l'on tua. Il avoit dix piés de long, & quatre de large, de gros yeux affreux, des oreilles courtes, & une barbe herissée & fort épaisse. Sa tête étoit aussi grosse que celle d'un veau d'un an, & ses dents sortoient un demi pié hors de sa gueule. Son ventre touchoit presque à terre, ses jambes étoient courtes. Il se retiroit à la mer après qu'il s'étoit saoulé dans le bois.

Le Lion dans le Blason à differentes épithetes. Il est appellé pour l'ordinaire *Rampant & Ravissant*, & quand sa langue, ses ongles & une couronne qu'on lui met sur la tête, ne sont pas du même émail que le reste de son corps, on dit qu'*Il est armé*, *couronné & lampassé*. On dit aussi *Lion issant & Lion naissant*. Le premier est celui qui ne montre que la tête, le cou, les bouts des jambes & les extrêmités de la queue contre l'écu, & l'autre est celui qui ne faisant voir que le train de devant, la tê-

Tome I.

te & les deux piés, semble sortir du champ entre la face & le chef. On appelle *Lion brochant sur le tout*. Celui qui étant posé sur le champ de l'écu, chargé déja d'un autre blason, en couvre une partie. Le *Lion mort-né*, est un Lion, qui est sans dents & sans langue, & le *Lion diffamé*, celui qui n'a point de queue. *Lion Dragonné*, se dit d'un animal qui a le derriere de serpent & le devant de lion, & *Lion Leopardé*, d'un Lion passant qui montre toute la tête comme fait le Leopard.

Lion. Espece de Monnoie d'or qui valoit cinquante-trois sous neuf deniers & avoit cours en France sous le regne de François I. Elle pesoit trois deniers cinq grains, & sa figure étoit un Lion. Il y avoit pour legende, *Sit nomen Domini benedictum*.

LIONNE', E'E. adj. Terme de Blason. Il se dit du Leopard rampant. *D'or au Leopard Lionné de gueules*.

LIOUBE. f. f. Terme de Marine dont se servent quelques Charpentiers, pour signifier, L'entaille qu'il faut faire, sur ce qui est resté debout d'un mât rompu par la violence de quelque tempête, afin d'y enter un autre bout de mât qui le remette en son entier.

LIP

LIPOTHYMIE. f. f. Terme de Medecine. Affection dans laquelle, outre le pouls petit & foible plus ou moins à proportion que la Lipothymie est plus ou moins dangereuse, les sens internes & externes, & le mouvement animal, tant volontaire que naturel, sont abolis en quelque façon. La respiration même est fort obscure ou imperceptible. Ce mot est Grec λιπαθυμια, Défaillance des esprits. Il est fort important d'observer que les commencemens de la Lipothymie ressemblent à un assoupissement & à une envie de dormir. Ainsi les femmes hysteriques paroissent fort assoupies dans les grands accès quand elles vont tomber effectivement dans la Lipothymie. Celles que le travail de l'accouchement a assoupies semblent vouloir dormir, & cela vient de la Lipothymie qui les menace. Les grandes saignées & les autres évacuations excessives de sang, causent un certain assoupissement qui est le commencement de la Lipothymie.

LIPPITUDE. f. f. Maladie propre des yeux que l'on appelle autrement *Chassie*. Il y a deux especes de Lippitude, l'une sanguine, & l'autre sereuse. La premiere est l'inflammation de la conjointe, qui est la tunique exterieure de l'œil avec rougeur, ardeur, tumeur & écoulement de larmes. La seconde est une distillation continuelle & abondante de larmes, avec plus ou moins de douleur à l'œil, de picotement, d'ardeur, de rougeur. Celle-là est appellée proprement *Epiphora*. Le mot de *Lippitude* est Latin *Lippitudo*. Quelques-uns le font venir du Grec λιψ, Pierre d'où dégoutte l'eau, à cause que l'humeur dégoutte de même des yeux d'un chassieux.

LIQ

LIQUIDAMBAR. f. m. Huile, ou resine oleagineuse qui distille d'un arbre fort beau & fort haut que les Indiens nomment *Ocotsol*. Elle est composée de deux parties, l'une seche & l'autre liquide. La partie la plus liquide étant recueillie séparément ou tirée par expression, porte le nom de *Liquidambar*, qui veut dire, Ambre liquide, à cause de son odeur qui étant très-forte, est aussi très-agreable.

LIQUIDATION. f. f. Terme de Pratique. Action

O Ooo ij

par laquelle on regle à une certaine somme les dépens, les interêts, ou les dommages & interêts. On dit *Faire la liquidation des dépens*, pour dire, Arrêter au bas de la Declaration ou du Memoire la taxe des frais qu'on a été obligé de faire pendant la poursuite d'un procés.

LIS

L I S. f. m. Plante qui jette de longues feuilles toûjours verdoyantes, lissées, grasses, & semblables à celles du Pancratium. Sa tige est de la hauteur de deux coudées, ronde, droite, lissée, ferme, grasse & revêtue de feuilles depuis la racine jusques à la cime; il en sort trois ou quatre branches qui portent de petites têtes, longuettes, vertes, qui avec le tems deviennent d'une blancheur merveilleuse, & d'une excellente odeur, rendant la fleur de Lis en maniere de panier, ridée par dehors & ayant ses bords renversés. Du milieu de cette fleur s'élevent de petites languettes jaunes & poudreuses qui ont une autre odeur que la fleur, & du milieu de ces petites languettes sort un fêtu avec un bouton à sa cime de couleur verte. Sa racine est bulbeuse, blanchâtre, & toute écaillée comme la Joubarbe; ses écailles sont un peu grosses & pleines de jus. Pline qui parle amplement des Lis, dit qu'il y a une autre fleur qui lui est assés semblable que l'on appelle en Latin *Convolvulus*; qu'elle croît parmi les hayes sans aucune odeur, & sans aucuns filamens jaunes au-dedans, mais ayant seulement la blancheur du Lis, de sorte qu'il semble que ce soit le coup d'essai de la nature, lorsqu'elle a voulu former cette Fleur. Il ajoûte qu'on trouve aussi des Lis rouges que les Grecs appellent *κρίνον*, & dont quelques-uns nomment la fleur *κυπρίνον*, Rose de Chien; qu'il y a de ces Lis rouges qui produisent quelquefois deux tiges, quoiqu'ils n'ayent qu'un seul oignon, mais plus gros & plus charnu que les autres, & que pour en avoir de cette couleur, il faut au mois de Juillet, lorsque les tiges du Lis commencent à être seches, les couper avec la fleur & les mettre ensuite secher à la fumée. Vers le mois de Mars suivant, quand tous leurs nœuds & toutes leurs jointures sont dénuées, on met détremper ces tiges dans de la lie de gros vin pour leur donner la couleur, après quoi on les enterre & on les couvre de lie, ce qui les fait venir rouges. Pour faire fleurir les Lis en differentes saisons, il faut planter leurs oignons les uns plus avant en terre que les autres, & cela est cause qu'ils fleurissent en divers tems. On se sert de la racine de Lis dans les décoctions émollientes & dans les cataplasmes, soit pour amollir, soit pour faire venir quelques abscès à suppuration. Les fleurs échauffent, digerent & amollissent aussi-bien que les racines. On en fait aussi l'huile, appellée *Oleum Liliorum*, qui sert à adoucir & à digerer les humeurs qui causent de la douleur à la poitrine, à l'estomac, à la matrice, dans les reins, & dans la vessie.

Dioscoride fait aussi mention d'un Lis jaune, qui a sa tige & ses feuilles semblables au Lis & vertes comme un poreau. Ses fleurs qui sortent à trois ou quatre à la cime de la tige, sont divisées & comparties de même que celles du Lis. Quand elles commencent à s'ouvrir, elles sont fort pâles. Sa racine est grosse & bulbeuse, & a plusieurs côtes. Étant appliquée sur les brûlures, elle les soulage. Ses feuilles broyées appaisent les inflammations des mammelles des nouvelles accouchées, & servent pour toutes sortes d'apostumes d'yeux. Les Grecs l'appellent *ἡμεροκαλλὶς*, qui veut dire, Dont la beauté ne dure qu'un jour, & le peuple d'Italie lui donne le nom de *Lis sauvage*. Matthiole dit que cette sorte de Lis y croît en abondance dans les prés & parmi les blés, tant aux montagnes que dans les collines, & que ceux qui prennent le Muguet pour l'Hemerocallis se trompent fort.

On trouve dans les isles de l'Amerique deux sortes de Lis, l'un blanc & l'autre orangé. Le blanc ressemble à nos Lis pour l'oignon & pour les feuilles, au milieu desquelles l'oignon pousse une tige verte, creuse & haute d'un pié & demi, chargée de cinq ou six petites fleurs blanches, longuettes, fort délicates, & qui jusqu'au haut sont assés semblables à celles de nos Narcisses, si ce n'est que le tuyau du milieu est environné de cinq petites feuilles, & qu'il se divise en un pareil nombre d'autres fort étroites, & longues comme le doigt. Du milieu de ces fleurs qui ont une odeur fort pénétrante, & aussi agreable que celle de la Tubereuse, sortent quelques petits filets blancs longs comme le doigt, & qui ont de petites languettes jaunes. L'autre sorte de Lis produit au haut de sa tige cinq ou six fleurs comme de petites Tulipes de couleur orangé pâle à fond blanc par dedans. Les feuilles de cette derniere espece de Lis, sont beaucoup plus minces & plus délicates que celles de nos Tulipes. Ces Lis ont cinq petits filets à languettes jaunes, mais ils n'ont point de bouton comme les tulipes. Cette fleur est fort belle, mais sans nulle odeur.

Lis. Sorte de Monnoie d'or & d'argent, dont la fabrication fut ordonnée sur la fin de l'année 1655. Les Lis d'or valoient sept francs, & avoient d'un côté deux manieres d'Anges qui soûtenoient un Ecusson où étoient trois fleurs de lis, & pour legende du même côté, *Domine, elegisti Lilium tibi.* Ils avoient de l'autre côté une croix cantonnée de quatre fleurs de lis & pour legende *Ludovicus decimus quartus, Dei gratia Francia & Navarra Rex.* Ils furent décriés par une Declaration du 28. Mars 1679. Les Lis d'argent valoient vingt sols, & le Roi en défendit le cours dès l'année 1656.

Lis. Ordre militaire de Navarre, nommé autrement *Notre-Dame du Lis.* Il fut établi par Garcias IV. Roi de Navarre en 1048. dans la Ville de Nagera, en reconnoissance de ce qu'étant très-malade, il fut gueri inopinément dans le tems que l'on trouva une Image de la Vierge sortant d'une fleur de Lis. Il fit bâtir exprès une Eglise pour y placer cette Image avec un Monastere où il mit des Religieux de Cluni, après quoi, il fonda l'Ordre des Chevaliers de Sainte Marie de la Fleur de Lis, dont il se fit le Grand-Maître. Leur nombre fut de trente-huit. Ils promettoient par serment qu'ils hazarderoient leurs biens & leurs vies pour la conservation du Royaume de Navarre, d'où ils chasseroient les Maures. Ils portoient une fleur de Lis d'argent en broderie sur la poitrine, & une double chaîne d'or jointe ensemble, avec la lettre M. pour signifier *Marie.* Au bout de la chaîne pendoit une fleur de lis d'or émaillée de blanc portant la même lettre couronnée.

LISOIR. f. m. Terme de Charron. Piece de bois qui est au-dessus des essieux du carrosse, & sur laquelle posent d'autres pieces, appellées *Moutons.* On appelle *Lisoir de chariot*, La piece de bois sur laquelle pose le brancard. Il y a le Lisoir de devant, & le Lisoir de derriere.

LISSE. f. f. Terme de Marine. Assemblage de longues & grosses pieces de bois qu'on met bout à bout l'une de l'autre dans le corps du bordage d'un Vaisseau. C'est une maniere de ceinture que l'on appelle autrement *Ceinte*, *Chaîne*, *Carreau*, ou *Perceinte*, qui sert à lier les membres & les pieces de Charpenterie dont le corps du bâtiment est formé. On appelle *Lisse de Hourdi*, Une longue piece de bois, qui fait l'affermissement de la pouppe, & qui lie le haut du Vaisseau par son couronnement. On lui donne aussi le nom de *Barre d'arcasse*. Ce qu'on nomme *Lisses de porte hauban*, sont de longues pieces de bois plates que l'on fait regner le long des portes-haubans, & qui servent à tenir dans leurs places les chaines de hauban.

LISTEL. s. f. Petite bande ou espece de regle qui est dans les moûlures de l'architecture, & que les Menuisiers appellent souvent *Mouchette*. *Listel*, se dit encore de l'espace plein qui est entre les cannelures des colomnes. Ce mot vient de l'Italien *Listello*, Ceinture. On dit aussi *Listeau*.

LIT

LIT. s. m. *Meuble dont on se sert pour y coucher, pour y reposer, pour y dormir.* A c a d. F r. Les Maçons se servent du mot de *Lit*, en parlant de la situation naturelle d'une pierre quand elle est dans la carriere. Les pierres y ont deux lits. Celui de dessus s'appelle *Lit tendre*, & celui de dessous *Lit dur*. C'est ce qui oblige à renverser les pierres, & à mettre le Lit le plus dur dessus, quand on les emploie à découvrir, comme pour couvrir des terrasses, & pour faire des dales. On appelle aussi dans une muraille, *Lit de pierre*, Une assise, un étage de pierre. On appelle, *Lit de voussoir & de claveau*, Le côté qui en est caché dans les joints, & *Lit de pont de bois*, Le plancher du pont qui est composé de poutrelles & de travons avec son conchis.

On dit, *Lit de reservoir*, pour dire, Le fond d'un reservoir qui est fait de sable, de glaise, de pavé, ou de ciment & de cailloutis.

On appelle en termes de Marine, *Lit de marée*, Un courant qui se trouve en certains lieux de la mer. On dit, *Tenir le Lit du vent, être au Lit du vent*, pour dire, Cingler à six quarts de vent près du rumb d'où il vient.

LITEAU. s. m. Terme de Chasse. Lieu où le Loup se couche & se repose durant le jour.

LITHARGE. s. f. Plomb mêlé avec les vapeurs ou la crasse de l'argent. La Litharge se fait quand les Affineurs fondent l'argent avec le plomb pour l'épurer à force de soufflets. Le plomb se subtilise alors de telle sorte, qu'il surnage à l'argent & se mêle avec sa crasse; & en continuant le feu, cette crasse & le plomb se séparent à côté, & sortant par une ouverture faite exprès, ils dégenerent en Litharge étant refroidis. Les Anciens faisoient de trois sortes de Litharge, l'une appellée χρυσῖτις, à cause de sa couleur d'or; l'autre ἀργυρῖτις, à cause qu'elle paroissoit mêlée de paillettes d'argent; & la troisiéme μολυϐδῖτις, qui étoit faite de la veine du plomb cuite au feu. Aujourd'hui on n'en fait que de deux sortes; l'une appellée *Litharge d'or*, parce qu'elle paroît pleine de paillettes d'or, & l'autre, *Litharge d'argent*, à cause qu'elle semble être mêlée de petits brins d'argent. Les divers degrés de feu leur donnent cette diversité de couleur, de sorte que celle qui est plus cuite & plus digerée acquiert une couleur d'or. Elle est préferable à l'autre, & c'est de celle-là qu'on entend parler lorsqu'on dit simplement Litharge. Dioscoride dit qu'anciennement on la brûloit, après quoi on la lavoit comme on fait la calamine. Presentement, on ne fait que la broyer doucement dans un mortier, en versant de l'eau fort claire par dessus, & l'agitant ensuite. Cela fait, on la met dans un au-

tre vaisseau, où l'on verse de l'eau nouvelle, & on la remue comme auparavant. Quand cette eau est trouble, on la mêle parmi la premiere, & cela se réitere jusqu'à ce que le plomb, & les ordures demeurent au fond, & que tout ce qu'il y a de meilleur ait été tiré avec l'eau. On laisse reposer cette eau, afin qu'après l'avoir jettée, la litharge pure qui se trouve au fond soit ramassée, & on la passe par dessus afin qu'elle ne soit plus âpre à la langue. La Litharge est astringente & dessicative comme le sont toutes choses minerales, & tous medicamens de pierres & de terres. Elle rafraîchit, déterge, remplit les cavités des ulceres, & les cicatrise. Matthiole dit, après Dioscoride, que la Litharge prise par la bouche en quelque maniere que ce soit, est venineuse & fort dommageable à la personne. Il parle amplement des accidens qu'elle cause & des remedes que l'on y peut apporter. On l'appelle en Grec λιθάργυρος, de λίθος, Pierre, & de ἄργυρος, Argent. Les Vitriers se servent de Litharge d'argent, quand ils peignent sur le verre.

LITHONTRIBON. s. m. Sorte de poudre propre à briser la pierre, dont l'Auteur est incertain, & que Salernitanus décrit en son Antidotaire. Elle est composée de quarante & un ingrediens, sans le miel & le sucre, & Nicolaus Præpositus y ajoûte encore la semence d'Ameos, d'Amomum, & de Levesche avec la racine d'Iris; mais comme la plûpart des quarante & un ingrediens que nomme Salernitanus sont astringens, que quelques-uns nuisent à faire jetter la pierre dehors, & qu'il y en a d'autres qui sont trop chers & trop rares, en sorte qu'on ne les peut avoir que falsifiés, du Revon, fameux Medecin de la Faculté de Paris, rejette cette poudre, & décrit un autre Diatribon qui casse la pierre, la fait sortir, & remedie aux autres incommodités des reins & de la vessie. Il y fait entrer le sang de Bouc préparé, le sang de Liévre brûlé, les semences de *Milium solis*, d'Alkenkenge, & de Saxifrage, les racines du Cyclamen, de Souchet, d'Ononis, d'Eryngium, d'Iris de Florence, & de *Rubia tinctorum*; les coques d'œuf, les pierres d'éponge, & la tunique interieure de l'estomac d'une poule; les bayes de Genevre, la Cannelle, le Cardamome, le Macis; les semences d'Asperges, de Carvi, de Persil, de Mauve sauvage, d'Ache, de Pepons, de Melons, de Seseli, de Citron, de Coriandre, de Daucus, de Pimprenelle, & de gomme de Cerisier. Cette poudre qui provoque puissamment les urines, se doit prendre pour la pierre & la gravelle des reins avec un peu de vin blanc, ou avec de l'eau de parietaire ou de rave. Bauderon qui enseigne comment il faut faire le mélange de tous ces ingrediens, dit que cette poudre appaise les douleurs des lombes, chasse le sable des reins & de la vessie, soulage la douleur nephretique, & la difficulté d'uriner, & diminue la pierre, mais qu'on ne s'en doit servir qu'après les purgations universelles, & seulement le matin, plus ou moins selon les pays, les saisons, l'âge & le sexe. Le mot de Lithontribon, vient de λίθος, Pierre, & de τρίϐω, Broyer.

LITHONTRIPTIQUES. s. m. Médicamens qui brisent la pierre & la convertissent en gravelle. Plusieurs Medecins d'un fort grand poids doutent qu'il y ait des remedes qui puissent dissoudre & comme broyer en petites particules la pierre qui est une fois coagulée & bien endurcie. La chose est très-difficile, à cause que la pierre ou le calcul est une concretion saline salée, composée de l'acide & de l'alcali, & qui étant rassasiée de l'un & de l'autre, ne sçauroit être dissoute ni par l'acide ni par l'alcali, dè forte que fi l'on peut trouver un remede capable de brifer le calcul , il faut neceffairement qu'il foit d'une nature qui participe à l'acide & à l'alcali, afin de pénétrer dans les petits pores du calcul coagulé , où s'infinuant il diffolve les particules falines incorporées enfemble. Pour s'affûrer par l'experience, on jette un calcul dans de certaines liqueurs, afin de connoître quelle liqueur le brifera & plûtôt & mieux ; & cette liqueur étant trouvée , on croit qu'on la peut donner pour refoudre le calcul dans les reins & la veffie ; mais ce principe eft faux, puifque l'efprit de nitre qui brife prefque toûjours le calcul humain exterieurement , ne fait pas la même chofe , lorfqu'il eft pris interieurement. Cela vient de ce qu'il prend une nouvelle efficacité & une autre nature , en perdant toute fa force dans l'eftomac , par l'alteration que fe levain ftomachal lui donne , par l'alteration du fel volatile de la bile & du fuc pancreatique acide , ou tirant fur le falé ; enfin dans les reins par l'alteration de l'urine. Ainfi les remedes pour brifer la pierre , fe doivent p'ûtôt faire dans le corps humain par le mêlange des fucs differens de notre corps , que de les prétendre tels hors de notre corps. Cela fait voir que ce n'eft point la corrofiveté de ces remedes qui brife le calcul, puifqu'ils ne peuvent parvenir aux reins fans avoir été alterés,mais que cela arrive par la proportion qui eft entre les parties du calcul , & les pores du corps à diffoudre. On doit conclure delà , qu'on peut brifer le calcul dans le corps humain , fans qu'il foit befoin de corrofif, pourvû qu'on prenne le foin de préparer des liqueurs & des menftrues que l'on puiffe prendre , & qui entrant fans violence dans les pores du calcul , en diffolvent le *coagulum*.

LITHOPHAGE. f. m. Petit ver qui fe trouve dans l'ardoife , & que l'on appelle auffi du Grec λίθος , Pierre, & de φάγεσθαι , Manger, parce qu'il mange de la pierre & qu'il s'en nourrit. Il eft couvert d'une petite coquille fort tendre & fragile, qui eft de couleur cendrée & verdâtre. Cette coquille eft percée à fes deux boûts. Le ver rend fes excremens par l'un de fes trous , & il paffe fa tête & fes piés par l'autre. Ce petit infecte eft noirâtre , & il a fon corps compofé d'anneaux , avec fix piés, trois de chaque côté , qui ont chacun deux jointures qui s'articulent enfemble par charniere. On apperçoit dans les couches de l'ardoife les traces de ce ver; ces traces font les chemins qu'il fe creufe lorfque la pierre eft encore molle. C'eft avec fa tête qu'il marche, car la tirant & la faifant fortir par le petit trou qui eft au-devant de fa coquille , c'eft un point fixe qui lui fert pour avancer , tandis que le refte de fon corps s'appuie fur ces petits piés. Il a quatre machoires qui lui fervent de dents. De fa gueule fort un filet dont il bâtit fa coquille. Il a dix petits yeux de couleur noire , cinq de chaque côté , qui font rangés les uns contre les autres en forme de croiffant. On ne fçait pas quelle nouvelle forme cet infecte prend dans la fuite , mais il demeure conftant qu'il fe métamorphofe , & que c'eft dans fa coquille que fe fait ce changement. Un curieux ayant rencontré la nymphe de ce petit ver , en vit fortir plus de quarante vers , tous vivans. Ils avoient la tête noire ; leurs piés étoient fort vifibles, & leur corps étoit jaune en quelques endroits, & rouge en d'autres.

LITISPENDANCE. f. f. Terme de Pratique. Engagement d'un procès dans une Cour ou Jurifdiction. Ainfi quand on eft affigné par devant un Juge, pour une affaire qui a quelque connexité avec une autre qui eft pendante ailleurs, on propofe la Litifpendance , comme une caufe legitime d'évocation. Ce mot vient de *Lis*, Procès, & de *Pendere*, Pendre.

LIV

LIVRE. f. m. Terme de compte. Monnoie imaginaire qui fe prend en France pour vingt fols. L'origine de ce mot vient de ce qu'anciennement chés les François, la Livre étoit un poids fur lequel la taille de leur monnoie fe regloit, & on l'arrêta de vingt fols à la Livre. Elle devint dans la fuite *Livre de compte*. Ainfi on appella Livre tout ce qui valoit vingt fols. Les marchés & les contrats ont été faits, dès le tems de Charlemagne , fur le pié de cette monnoie imaginaire , quoique les fols ayent changé de poids & d'aloi. Depuis on fabriqua des pieces d'or qui valoient vingt fols, & en 1575. fous Henri II. on en fabriqua d'argent de même valeur. On les nomma *Francs*, ce qui fit que cette monnoie imaginaire devint réelle. On dit en termes de Palais, que *les Creanciers feront payés au marc la Livre ,au fou la Livre* , pour dire , qu'ils feront colloqués fur des effets mobiliaires à proportion de leur dû. On dit *Livre à livre* , en termes de Marine, pour dire , Au fou la Livre. Dans les vieux titres on appelle Soixante & douze témoins , *Une Livre de témoins* , & on a auffi appellé Soixante & douze ans , *Une Livre d'années*. La raifon eft que la Livre que l'on appelloit *Libra accidua* , étoit alors partagée en Soixante & douze fols, ou monnoie d'or.

Nicod s'eft expliqué en ces termes fur le mot de *Livre. En fait de poids commun, duquel on ufe en telles marchandifes débitées au poids , fors que de l'or & de l'argent , la Livre vaut feize onces, & fe partit en deux demi-Livres , puis en quatre quarterons , puis en huit demi-quarterons , puis en feize onces, puis en trente-deux demi-onces , puis en foixante-quatre feiz ains,puis en cent vingt-huit trefeaux,puis en deux cens cinquante-fix gros , qui s'appellent auffi demitrefeaux , puis en cinq cens douze demi-gros , qui eft en telles marchandifes la derniere efpece de poids,mais en fait d'argenterie en orfavrerie & de monnoies, la Livre, pefant neanmoins feize onces, fe partit en deux marcs,puis en feize onces, puis en fix-vingt-huit gros, puis en trois cens quatre-vingt-quatre deniers , puis en neuf mille deux cens feize grains , puis en cent dix mille cinq cens quatre-vingts & douze Karobbes , qui eft la derniere efpece de tel poids.*

Il y a de vieux titres où l'on trouve *Livre de terre* , C'eft un arpent de terre , felon quelques-uns. D'autres veulent que ce foit autant de terre qu'il en falloit pour faire le revenu d'une Livre en argent , fuivant la monnoie qui couroit alors dans le Pays.

Dans la Mechanique, l'eftimation de toutes les forces mouvantes fe réduit à la Livre , & on trouve que dans une certaine diftance du centre , une Livre contrepefe à cent autres. Il y a auffi des *Livres de legereté*. C'eft quand on enferme de l'air dans des outres ou dans des veffies , autant qu'il en eft befoin , pour contrepefer un corps qui enfonce dans l'eau , & pour le tenir en équilibre, ou plus élevé.

Livre , eft auffi une mefure du poids des corps graves que l'on pefe. Elle eft differente felon les lieux. Celle d'Avignon , de Provence & de Languedoc eft de treize onces. La Livre de Paris , eft de feize onces ; & parmi les Medecins , elle eft feulement de douze. En Bretagne elle eft de vingt-quatre onces.

LOB

LOBE. f. m. Terme de Medecine. *Piece molle & un peu plate de certaines parties des animaux , specialement du poumon & du foye.* ACAD. FR. La separation que les Lobes font d'une partie du poumon d'avec une autre , fert à le dilater , à lui faire recevoir plus d'air , & à empêcher que fa chair ne foit foulée quand on plie le dos.

Lobe , fe dit auffi de la partie de l'oreille , appellée *Tendon de l'oreille* , qui eft plus graffe & plus charnue , & qui rend au deffous de l'aileron.

On appelle *Lobes de·feves* , Les deux parties dont le corps de la feve eft compofé , & au milieu defquelles eft le germe. Toutes les autres graines jufqu'aux plus petites , fe divifent auffi en deux Lobes ou parties égales.

Lobe. Vieux mot. Mépris , moquerie.

Un Auteur qui ot nom Macrobes ,
Ne tenoit pas fonges à Lobes.

On a dit auffi *Lober* , pour , Se mocquer.

Les ames chuent & lobent
Par fauffes adulations.

LOC

LOCHE. f. m. Petit poiffon qu'on trouve dans les petites rivieres , & qui eft long environ comme un Eperlan. Il eft rond & charnu , & a le bec affés long , le corps jaunâtre , & marqué de petites taches noires. *Loche* , felon M. Menage , eft auffi une forte de Limaçon.

LOCHIES. f. f. p. Grand flux de fang qui arrive aux femmes après l'accouchement. Les Lochies font appellées par quelques-uns *Le fang des couches* ou *les vuidanges de la matrice.* Ce fang n'eft pas pur , & on voit fortir avec lui au bout de trois jours une gelée fereufe qui rend le fang aqueux , & femblable à des lavûres graffes de chair. Dans la fuite il n'y a qu'une matiere vifqueufe & une efpece de mucilage qui fort avec peu ou point de fang. Les Lochies confiftent en ces trois liqueurs , fçavoir en fang pur , qui coule ordinairement pendant trois jours avec abondance ; en lavûres de chair , qui , felon les circonftances , coulent quatre jours ou environ , & le mucilage en dure cinq , fix ou fept. La fuppreffion des Lochies eft fort dangereufe , & caufe quelquefois l'apoplexie , & on a même l'éxemple d'une accouchée , que la purgation infuffifante de fes Lochies fit tomber en phrenefie ; mais fi cette fuppreffion eft à craindre , le flux immoderé des Lochies l'eft encore plus. Il arrive fouvent après les moles ou le fœtus mort , & particulierement dans les avortemens , & dans les accouchemens avant le terme , ou même dans le tems legitime , quand l'arriere-faix eft trop fortement attaché à la matrice. Les caufes de cet excès font ; tantôt le fang trop abondant , ramaffé pendant la groffeffe dans les jeunes femmes d'un grand embonpoint ; tantôt le fang trop fereux , aqueux & fluide , & tantôt les remedes fpiritueux & falins , donnés pour avancer l'accouchement qui font difficile. Ces remedes étant agités , & fermentant enfuite avec le fang , le font fortir avec plus d'impetuofité & d'abondance. Le mot de *Lochies* eft Grec , τὰ λόχια.

LOF

LOF. Terme de Marine. Il fe dit d'une moitié du Vaiffeau , qu'une ligne tirée de proue à pouppe , diviferoit en deux parties égales , dont l'une feroit à ftribord du grand mât , & l'autre à bafbord. On dit , *Aller au Lof* , pour dire , Aller au plus près du vent ; *Tenir le Lof* , pour dire , Serrer le vent , prendre le vent de côté ; & *Etre au Lof* , pour dire , Etre fur le vent pour fe maintenir. *Au Lof* eft un terme de commandement pour mettre le gouvernail de telle forte , qu'il faffe venir le Vaiffeau vers le Lof , c'eft-à-dire , vers le vent. On dit auffi *Lof pour Lof* , pour dire , Virer vent arriere en mettant au vent un côté du Vaiffeau pour l'autre.

LOG

LOGARITHME. f. m. Terme d'Arithmetique. Dans la proportion *Arithmetique* la *fomme des extrêmes* eft égale à celle des *moyens* , comme dans la proportion *Géometrique* le *produit des extrêmes* eft égal à celui des moyens , & ce que font la multiplication & la divifion dans la proportion Géometrique , la fimple addition & la fimple fouftraction le font dans l'Arithmetique. Or il eft certain que l'addition & la fouftraction font des operations beaucoup plus aifées que la multiplication & la divifion , fur-tout dans les grands nombres ; on a donc conçû que fi l'on pouvoit reduire toutes les multiplications à de fimples additions , & les divifions à des fouftractions , on faciliteroit beaucoup les calculs. Pour cela on a imaginé de difpofer deux progreffions , l'une Arithmetique & l'autre Géometrique , l'une au deffus de l'autre , enforte que tous leurs termes fe répondiffent dans le même ordre , chacun à chacun. Alors fi on prend trois ou quatre termes tels que l'on voudra de la progreffion Arithmetique , les 3. ou 4. termes qui feront au deffous d'eux dans la progreffion Géometrique , auront les mêmes *affections* , c'eft-à-dire , que fi les premiers font en proportion Arithmetique continue ou non continue , les autres feront en proportion Géometrique , continue ou non continue , &c. Ces deux progreffions fe répondant ainfi , les termes de la progreffion Arithmetique font appellés *Expofant* ou *Logarithmes* de ceux de la progreffion Géometrique. Quand on veut trouver un quatriéme proportionnel compris dans cette progreffion Géometrique , au lieu de multiplier felon la regle de trois , les deux moyens qui font donnés , & de divifer ce produit par le premier extrême donné auffi , on va chercher dans la progreffion Arithmetique les *Logarithmes* des deux moyens Géometriques , on les met enfemble , & de cette fomme on ôte le Logarithme du premier extrême Géometrique , & ce qui refte eft le Logarithme du quatriéme proportionnel qu'on cherche , & au deffous de ce Logarithme fera ce quatriéme proportionnel. Comme dès que l'on a à multiplier ou à divifer deux termes l'un par l'autre , ils entrent dans une proportion Géometrique dont l'unité eft le premier terme , fi l'on veut multiplier , & le troifiéme fi l'on veut divifer : il s'enfuit que toute multiplication & toute divifion de deux termes compris dans une progreffion Géometrique qui commence par 1 , fe fera par la feule addition ou fouftraction des Logarithmes de ces termes , ce qui eft fans comparaifon plus court & plus facile. De même pour avoir le quarré ou le cube , &c. d'un terme de la progreffion Géometrique , on double ou l'on triple , &c. fon Logarithme , & pour une extraction de racine quarrée ou cubique , &c. on prend la moitié ou le tiers &c. du Logarithme.

Mais cette commodité ne peut s'étendre que fur les nombres compris dans la progreffion Géometrique, & il est évident qu'il y manque une infinité de nombres. Ce qui borneroit fort l'usage des Logarithmes. On a donc trouvé moyen de construire des tables de Logarithmes pour tous les nombres. On prend la progression Géométrique de 1, 10, 100,&c.& la progression Arithmetique de 00000000, ou de plus de zero encore si l'on veut, à 10000000, 20000000, &c. de sorte que zero est le Logarithme de l'unité, 10000000 celui de 10, &c. Ainsi l'on a d'abord les Logarithmes de tous les nombres de la progression Géometrique décuple ; mais pour les Logarithmes des nombres interposés, par exemple pour celui de 2, voici ce qu'on fait. Puisqu'on a déja les Logarithmes de 1 & de 10, si 2 étoit moyen proportionnel entre 1 & 10, son Logarithme seroit bien aisé à trouver, car ce seroit la moitié de la somme des Logarithmes de 1 & de 10, mais comme ni 2 ni aucun autre nombre rationel entier n'est moyen proportionnel entre 1 & 10, on multiplie 1 & 10 par un aussi grand nombre de zero que l'on a donné au Logarithme de 10, & à ces deux nombres ainsi multipliés, on cherche un moyen proportionnel. Si ce moyen proportionel que l'on trouve étoit 20000000, il est évident que son Logarithme seroit celui de 2, car 1, 2, & 10 ont toûjours la même proportion étant multipliés par un nombre égal de zero, mais le nombre qui vient est plus grand que 20000000. On cherche donc encore entre ce dernier nombre & 1, un moyen proporportionel qui approche plus de 20000000 que le premier qu'on a trouvé, & comme 20000000 ne vientpas encore, mais que seulement on en approche toûjours davantage, on réitere cette operation un grand nombre de fois, jusqu'à ce qu'enfin 20000000. viennent moyen proportionel entre deux nombres, qui sont entre 1. & 10. multipliés par 7. zero. A chaque fois qu'on a eu un nouveau moyen proportionel, on a trouvé son Logarithme par la methode que nous avons dite, & les deux nombres entre lesquels 20000000 est moyen proportionel, ayant été moyen proportionel aussi dans d'autres operations, on a eu leurs Logarithmes, & ces Logarithmes donnent aussi-tôt celui de 20000000 qui est aussi le Logarithme de 2. On trouve par la même voie le Logarithme de 3, après quoi on en trouve beaucoup d'autres très-facilement, car le Logarithme de 4 n'est que celui de 2 doublé, celui de 5 n'est que celui de 10 dont on ôte celui de 2. Le Logarithme de 6 est formé de ceux de 2 & de 3 ajoûtés ensemble, celui de 8 est formé pareillement de ceux de 2 & de 4 ajoûtés l'un à l'autre, ou de celui de 2 triplé, & celui de 3 est celui de 3 doublé. Il ne reste donc de tous les nombres interposés entre 1 & 10 que 7 dont il faut chercher le Logarithme par la voie longue & penible des moyens proportionels ; & en general il n'y a que les nombres premiers, tels que 2, 3, 7, dont il faille chercher les Logarithmes par cette voie, car les Logarithmes de tous les nombres composés à l'infini se forment de la seule addition des Logarithmes des nombres dont ils sont le produit.

Ainsi l'on a des tables des Logarithmes de tous les nombres selon leur suite naturelle, 1, 2, 3, &c. & l'on pousse ces tables aussi loin que l'on veut, & par leur moyen on ne fait que des additions & des soustractions pour quelques nombres que ce soit, au lieu de multiplications ou de divisions, car on opere sur les Logarithmes au lieu d'operer sur les nombres mêmes, & les Logarithmes qui viennent donnent dans la table les nombres dont on a besoin.

On prend de fort grands nombres pour Logarithmes, tant pour pouvoir negliger sans une erreur sensible les fractions qui se presentent souvent quand on prend la moitié ou le tiers des Logarithmes, &c. que pour approcher de plus près par de grands nombres d'une infinité de racines sourdes que l'on trouve en construisant les tables, & que l'on a besoin qui soient rationelles. Jean Neper Ecossois, Baron de Marchiston, a fait cette ingenieuse & utile découverte des Logarithmes. Ce mot vient de λόγος, raisonnement, & ἀριθμος, nombre. Maniere de conter raisonnée.

On appelle ligne Logarithmique, une courbe dont les abscisses de l'Axe sont en proportion Arithmetique, & les ordonnées en proportion Géometrique. Il y a aussi une autre espece de Courbe Logarithmique, sur laquelle prenant des parties en proportion Arithmetique, les Ordonnées sont en proportion Géometrique.

LOGEMENT. s. m. Les dedans d'un logis qu'on habite. ACAD. FR. En termes de guerre Logement se dit d'un campement que fait une armée. Il se dit aussi d'un retranchement qu'on fait pour se mettre à couvert, quand on a gagné la contrescarpe ou quelque autre poste. Logement est encore la place qu'un homme de guerre occupe chés les Bourgeois ou dans des huttes, des baraques, des casernes & des tentes. Quand les troupes campent, on donne soixante & dix piés de front & deux cens piés de hauteur, au terrain où se fait le logement d'une Compagnie de cent Maîtres, & on en donne cinquante-cinq de front, & deux cens de profondeur pour le logement d'une Compagnie de cent Fantassins. On appelle Logement d'une attaque, Le travail qu'on fait pendant les approches d'une place, dans un poste dangereux, où l'on a besoin de se couvrir contre le feu des Assiegés, soit sur un chemin couvert, soit sur une breche ou dans le fond du fossé. Cela se fait par des bariques & des gabions de terre, par des palissades, des balots de laine, des mantelets, des fascines, & enfin par tout ce qui peut couvrir des soldats qui cherchent à conserver un terrain qu'ils ont gagné.

LOGISTIQUE. s. f. On appelle ainsi la partie des regles de l'Algebre, de l'addition, soustraction &c. Ce mot vient de λογισμος, Supputation.

LOGOGRIPHE. s. m. Petite Enigme que l'on donne à deviner aux Ecoliers, & qui consiste en quelque allusion équivoque ou mutilation de mots qui leur déguise la chose signifiée. Le Logogriphe tient le milieu entre le Rebus & l'Emblême. Ce mot est fait de λόγος, Mot, parole, & de γρίφος, qui se prend pour une question enigmatique qu'on propose aux conviés dans un repas.

LOI

LOIDORER. v. a. Vieux mot. Injurier. Il vient du Grec λοιδορέω, qui signifie la même chose. On a dit aussi Loedorer.

LOIE', E'E. adj. Vieux mot. Lié.

> J'ay a nom Pierre Gentien,
> Qui sui loié de tel lien,
> Dont nus ne me peut déloier.

LOIER. Vieux mot. Loger.

LOIMIER. s. m. Vieux mot. Limier, sorte de chien.

LOIR. s. m. Sorte de petit animal qui dort pendant tout l'hiver, & qui s'engraisse dans le creux d'un arbre. Le Loir est mis au rang des Souris. Il a le museau & les oreilles aigues, la queue grande, le ventre un peu gros, & les côtés d'une couleur satire sur la couleur de cendre, & qui quelquefois est rougeâtre.

rougeâtre. Il vit de glands & de noix, & nourrit son pere & sa mere, lorsqu'étant vieux ils ne peuvent plus chercher de quoi vivre. On tient que les Loirs nourris en une même forêt s'entreconnoissent si bien, que si quelques Loirs d'une autre forêt ou d'un lieu qui soit separé par une riviere, viennent se mêler dans leur troupe, ils ne cessent point de les combattre jusqu'à ce qu'ils les ayent chassés. Ils rajeunissent en dormant pendant tout l'hiver. On en trouve en abondance dans la Carniole, la Stirie, la Carinthie, & dans les Montagnes de Goritie, où l'on en prend un grand nombre quand la faine est mûre. La chasse s'en fait la nuit en parfumant les arbres où ils ont leur gîte, ce qui leur ôte le sentiment. On les écorche, & on les sale pour les garder dans des barils ainsi qu'on fait le poisson. Leur chair est bonne pour ceux qu'on ne peut saouler. Elle est si remplie de graisse qu'elle ôte tout appetit. Elle engendre des humeurs froides & visqueuses, & est de très-difficile digestion, ce qui fut cause au rapport de Pline, que les Censeurs défendirent à Rome que l'on en servît à table. La chair du Loir écorché, cuite avec du miel dans un pot de terre neuf, où l'on met un peu de lard, est bonne pour les fievres tierces. C'est aussi un remede singulier pour les douleurs des oreilles. On dit que les excrémens du Loir guerissent de la gravelle si on les boit dans quelque liqueur, & que sa graisse fait dormir lorsqu'on s'en frotte la plante des piés.

LOIRRER. v. a. Vieux mot. Dérober.
Car amour loirre
Les cœurs, comme Faucon en loirre.
Ce dernier mot *Loirre*, veut dire, Leurre.

LOIST. Vieux mot. Il est loisible, permis. On a dit aussi *Loit*.
Qui prend à d'autre lieu provende
Loit il de luy en faire autant ?
On a dit aussi, *Loisoit*, pour, Il étoit permis, & qu'*Il loise*, pour, qu'Il soit loisible.
Ja je ne cuid que mentir m'en loise.

LOISER. Ce mot se trouve en terme de Marine dans la signification d'Eclairer.

LOM

LOMBAIRE. adj. Terme de Medecine. On appelle *Veine lombaire*, Une veine qui sort du tronc descendant de la veine cave, & qui est un des cinq rameaux iliaques. Elle a plusieurs branches, & arrose les vertebres des lombes & de la moëlle de l'épine.

LOMBES. s. m. p. Les Anatomistes appellent ainsi les cinq vertebres de la partie inferieure de l'épine du dos, situées entre les autres vertebres de la même épine du dos, & l'os sacrum. Le corps de ces cinq vertebres est plus gros que celui des autres & a force trous.

LOMBIS. s. m. Terme de Rocailleur. Grosse coquille vermeille. On l'appelle aussi *Lambis*.

LON

LONCHITIS. s. f. Dioscoride dit que c'est une plante qui croît aux lieux secs & âpres, & dont les feuilles sont semblables aux porreaux. Elles sont neanmoins rouges & plus larges. Cette plante en jette plusieurs, mais il y en a peu autour de la tige, & celles qui sont près de sa racine sont comme rompues & recourbées contre terre. Les fleurs de ses tiges sont de manieres de petits chapeaux faits en façon de masques noirs, qui tirent une langue
Tome I.

blanche contrebas. Sa graine est contenuë dans une espece de bourre, & est faite à triangle en forme de fer de lance, d'où elle a pris son nom, le mot Grec λόγχη, signifiant une lance. Sa racine ressemble au Daucus. Il y a une autre Lonchitis, appellée par quelques-uns *Lonchitis âpre*, qui a ses feuilles semblables au Cetrach, plus âpres, plus grandes, & plus déchiquetées. Matthiole ne connoît point la premiere sorte de Lonchitis, & dit que la Lonchitis âpre a sa feuille semblable à celle du Scolopendrion, mais plus longue & plus dentelée. Elle ne produit ni tiges, ni fleurs, ni graine, & vient en quelques lieux d'Italie, humides & marécageux. Galien dit que la Lonchitis qui a sa graine en façon d'un fer de lance, est propre à faire uriner, & que les feuilles vertes de celle qui les a semblables au Cetrach, sont bonnes à souder les plaies ; il dit aussi que ces feuilles étant seches & bûes en vinaigre, elles guerissent la rate endurcie.

Il y a un Arbrisseau dans les Indes nommé *Lonchitis*, dont Dioscoride dit que l'on fait le Lycium d'Inde. Cette plante est épineuse, & a ses branches droites & grandes au moins de trois coudées. Elles sont plus grosses que celles de la ronce, & sortent en quantité de la racine. L'écorce est rousse quand on la rompt, & ses feuilles sont semblables à l'olivier. On dit qu'étant cuites en vinaigre, elles guerissent les inflammations de la rate & la jaunisse. Sa graine prise en breuvage au poids de dix drachmes, purge le phlegme, & sert de contrepoison.

LONDRE. s. m. Espece de Galiote, plus forte de bois, qui est sans rambade & couradoux, & qui au lieu de château de proue de rambade, a un parapet pliant que l'on ôte quand on veut. Il y a des Londres à vingt-cinq bancs par bande. Ils sont mâtés comme les Galeres, & different des Marsilianes & des Saïques dont les voiles sont quarrées, en ce qu'ils ont des voiles latines. On ne s'en sert qu'à porter des marchandises. Ils ont pourtant une espece de parapet qui est percé en sabords, pour des pierriers ou de petites pieces de canon.

LONGE. s. f. Terme de Fauconnerie. Cordelette que l'on attache aux piés de l'oiseau, quand il n'est pas assuré.

LONGER. v. a. Terme de Chasse. On dit d'une bête, qu'*Elle longe le chemin*, pour dire, qu'Elle l'enfile. *Longer*, se dit aussi des bêtes qui menent la chasse loin.

LONGIMETRIE. s. f. Art de mesurer les longueurs, soit accessibles, comme une chaussée, ou quelque chemin, soit inaccessibles, comme un bras de mer, une riviere. Ce mot est fait du Latin *Longus*, Long, & du Grec μέτρον, Mesure.

LONG-JOINTE'. adj. Terme de Manége. *Cheval long-jointé*, est un Cheval qui a le pâturon long, effilé & pliant.

LONGITUDE. s. f. Terme de Géographie. Distance du Meridien d'un certain lieu, jusqu'au premier Meridien. Comme il n'y a point dans la nature de premier Meridien, on en fait un par une fixation arbitraire. Les François le placent à l'Isle de Fer l'une des Canaries, les Espagnols aux Açores. La distance des Meridiens à ce premier se compte sur l'Equateur ou sur les paralleles d'Occident en Orient. Les paralleles étant plus petits que l'Equateur, leurs degrés sont aussi plus petits, & si deux lieux éloignés d'un degré de longitude sous l'Equateur, sont éloignés de 60. milles, deux autres lieux distans aussi d'un degré de longitude, mais sous un parallele, sont éloignés de moins de 60. milles, & ils sont d'autant moins éloignés l'un de l'autre, que leur parallele est plus éloigné de l'Equateur ; puis-qu'enfin la longitude s'évanouit sur le Pole. La valeur des degrés de Longitude sous les paralleles par rap-port à ceux de l'Equateur diminue selon la proportion qui est entre le sinus total, & la secante de l'angle qui a autant de degrés que le parallele donne ou entre le sinus complement de cet angle , & le sinus total. Ainsi pour avoir la valeur des degrés de Longitude pris sous le 30eme. parallele , on dit , comme la secante de 30. degrés au sinus total , ou comme le sinus total au sinus complement de 30. degrés, ainsi sont 60. milles valeur d'un degré de l'Equateur au 4eme. terme, valeur d'un degré du 30eme. parallele.

Longitude , est aussi un terme d'Astronomie, & au lieu que la Longitude Géographique se prend sur l'Equateur ou sur des cercles paralleles à l'Equateur , la Longitude Astronomique se prend sur l'Ecliptique ou sur des cercles qui lui sont paralleles. Ainsi la Longitude d'un Astre est l'arc de l'Ecliptique depuis la section vernale, d'Occident en Orient , jusqu'à la section de l'Ecliptique, & d'un grand cercle tiré par les Poles du Zodiaque , & par l'astre. De-là vient que le mouvement *propre* des Astres , par lequel ils vont d'Occident en Orient, selon la suite des signes du Zodiaque est appellé *Mouvement en Longitude*. La Longitude tant Géographique qu'Astronomique s'oppose à la Latitude. Voyez LATITUDE.

Longitude a encore un autre sens en Astronomie. On tire dans l'*Excentrique* d'une planete, (voyez EXCENTRIQUE,) une ligne qui passant par le centre du monde & par celui de l'Excentrique , aboutit d'un côté à l'*Apogée* , de l'autre au *Perigée*. La partie de cette ligne qui va du centre du monde à l'Apogée, s'appelle la *plus grande Longitude* de cette Planete , l'autre partie qui va au Perigée s'appelle la *plus petite Longitude*. Cette ligne est la même que celle des Apsides. Voyez APSIDES. La ligne qui coupe perpendiculairement au centre du monde la ligne des Apsides , & se termine des deux côtés à la circonference de l'Excentrique , est la *ligne des moyennes Longitudes*, parce qu'elle represente l'éloignement moyen de la planette à la terre.

LONG-PAN. s. m. Le plus long côté d'un comble , qui a le double de sa largeur ou quelque chose de plus.

LONGUEUR. s. f. *Etendue de ce qui est long*. ACAD. FR. On dit en termes de Manege , *Passeger un Cheval de sa longueur* , pour dire , Le faire aller en rond , de deux pistes au pas ou au trop sur un terrain si étroit, qu'il manie toûjours entre deux talons , sans que la croupe échappe , en sorte que la Longueur du Cheval en soit à peu près le demi-diametre.

On dit en termes de mer , *Longueur d'un cable*, pour dire , Six vingts brasses de long. On appelle *Longueur de l'estrave à l'estambot* , La distance en ligne droite qu'il peut y avoir de l'un à l'autre.

LOO

LOOCH. s. m. Terme de Pharmatie. C'est un Medicament qui se fait pour remedier aux incommodités du poulmon & de la trachée-artere. Il est un peu plus épais que le miel , & on le prend en lechant. Les Apothicaires ont un *Looch pro clysteribus* , appellé le *Looch de casse*. C'est un Electuaire fort liquide , mais pourtant plus épais qu'aucun syrop , & qui prend son nom de ce qu'il emprunte la couleur & la vertu de la casse. Nicolaus Præpositus en est l'Auteur. On l'appelle aussi *Diacassia*. Il est

composé d'une livre de décoction de violettes , de Mauve , de Mercuriale , de Parietaire, de Bete & d'Absynthe, avec autant pesant de poulpe de casse & de miel écumé. Ce Medicament qu'on fait pour mettre dans les lavemens, est fort benin. Il purge doucement, appaise l'ardeur du mesentere , lâche le ventre , & humecte sa secheresse. On le croit pourtant venteux. C'est ce qui fait que plusieurs tirent la poulpe de la casse à la vapeur d'une décoction d'anis ou de fenouil , & que d'autres y ajoûtent un peu de canelle. Le mot de Looch est Arabe. Les Latins le rendent par celui de *Linctus* , & les Grecs par ἰλλειγμα , qui vient du verbe ἰλλειγειν, Lescher.

LOOM. s. m. Oiseau de la Laponie où il s'en trouve en grand nombre de la même espece , qui sont un peu differens les uns des autres. Son bec qu'il a fort pointu & nullement long , empêche qu'on ne le mette au rang des canards. Il vole ou nage sur l'eau, & ne peut jamais marcher sur terre , à cause qu'il a les piés tellement courts à proportion du reste du corps , & si fort sur le derriere , qu'il ne se peut soûtenir dessus, ce qui lui a fait donner le nom de *Loom* , qui dans le langage du pays signifie, Boiteux , qui ne peut marcher.

LOQ

LOQUET. s. m. *Sorte de fermeture fort simple, & qui s'ouvre en haussant*. ACAD. FR. Il se dit en termes de Marine , Des barres qui servent à fermer les écoutilles , cabannes , & autres choses semblables. M. Menage fait venir *Loquet* de *Lukuettus* , diminutif de *Lucus*.

LOR

LOR. Vieux mot. Leur.
Lor hiaumes ont en lor chief mis.
LOREINS. s. m. Vieux mot. Resnes.
Sor son Cheval donc li loreins
Valoit cent livres de Chartains.
LORES. Vieux mot. Alors.
LORIOT. s. m. Oiseau de la grandeur d'un Merle , & dont le plumage est de couleur jaune tirant sur le vert. Il vit dans les bois , & ne laisse pas de frequenter le bord des ruisseaux.
Loriot , se trouvent chés nos vieux Poëtes , dans la signification de quelque ornement de femme.
Femmes porteront des loriots
Et les hommes de grands poriaux.
LORMIER. s. m. Titre que prennent les Eperonniers & les Selliers dans leurs Lettres de Maîtrise. Il signifie, qui travaille en petites choses de fer. On disoit autrefois *Lorimier*.
LORRE'. adj. Terme de Blason. Il se dit des nageoires des poissons. *D'azur au Dauphin couronné d'or, lorré de gueules.*

LOS

LOSANGE. s. f. *Figure à quatre côtés égaux , ayant deux angles aigus, & deux autres obtus*. ACAD. FR. On appelle *Losanges curvilignes*, Celles dont des lignes courbes forment les côtés, & *Losanges de couverture* , Des tables de plomb qui sont disposées d'une maniere diagonale , & jointes à couture pour couvrir la fleche d'un clocher. On dispose quelquefois en Losange le bois qui fait la charpente des maisons. Les Vitriers appellent *Losanges*, Les carreaux de verre , dont ils font les panneaux de vitres , & qui finissent en pointe par haut & par bas.

Quelques-uns font venir le mot de *Lofange* du Grec λοξὸς, Oblique, & de γωνία, Angle. Scaliger, veut qu'il ait été dit au lieu de *Lauranges*, à cause que les Lofanges femblent imiter la figure d'une feuille de Laurier.

Lofange. Terme de Blafon. Figure de quatre pointes, dont deux font un peu plus étendues que les autres, & qui eft affife fur une de ces pointes. Les Filles portent leur écu en Lofange. Ce mot a fait *Lofangé*, qui fe dit de l'écu, & de toute figure couverte de Lofanges. *Lofangé d'or & de gueules.*

Lofange. Vieux mot, Tromperie. On s'eft fervi auffi de *Lofanger*, pour dire, Tromper. On prétend que ces mots ont été faits de l'Italien *Lufingare*, Flatter, & en ce fens il vient du vieux mot *Los*, parce que la flaterie eft une fauffe louange. On a dit auffi *Lofangier* & *Lofangeur*, pour dire, Flateur, Trompeur.

Amour eft cruel lofangier,
Tels lofangeurs tont pleins d'envie.

LOT

LOTE. f. f. Poiffon qui fe pêche dans les lacs & les rivieres, fur-tout dans l'Ifere & dans la Saone. Il a le corps rond, épais & gliffant comme la lamproie, & couvert de petites écailles tirant fur le roux & fur le brun. Sa queue eft faite en forme d'épée.

LOTION. f. f. Terme de Pharmacie. Préparation d'un Medicament dans quelque liqueur pour le purger ou de fes ordures ou de fes mauvaifes qualités. Ainfi il y a deux fortes de Lotions; l'une fuperficielle, qui ôte les faletés qui font à la fuperficie du Medicament, & l'autre interieure. Cette derniere en lave le dedans & le dehors, & en penetre toute la fubftance. On fait cette lotion non feulement pour corriger & emporter une qualité nuifible, comme à la graine d'ortie, l'acrimonie, & à la pierre d'azur ainfi qu'à la pierre Armenienne leur faculté vomitive, mais auffi pour rendre une qualité plus vigoureufe, comme à l'aloës lavé dans la decoction des aromatiques ou dans celle du Turbith, ou pour affoiblir une vertu, comme encore à l'aloës, qui purge moins quand il eft lavé dans l'eau de chicorée. Il y a plufieurs chofes à confiderer dans chaque Lotion particuliere; fi la chofe qu'on veut laver doit être pilée auparavant, fondue, ou brûlée, s'il faut que la liqueur où on lave foit de l'eau fimple ou compofée, ou tirée des animaux ou des plantes, & fi les vafes doivent être de terre, de bois, ou de verre. Il faut encore examiner s'il faut laver une feule fois comme les racines & les fleurs, ou plufieurs fois, comme les herbes, la Terebenthine, la pierre d'azur & le Pompholis, & enfin s'il faut que ce foit au Soleil comme les Metalliques, ou à l'ombre.

On appelle auffi, *Lotion*, Un remede qui tient le milieu entre le bain & la fomentation. Il y a des Lotions rafraîchiffantes & de fomniferes pour les Febricitans. Elles fe font de plufieurs feuilles, fleurs & racines bouillies, dont on lave les piés & les mains de ceux pour qui on les fait, les enveloppant dans des linges trempés en la même decoction jufqu'à ce qu'ils fe deffechent. On fait encore une Lotion avec de la cendre de farment. Elle fert pour la tête & les cheveux. Il s'en fait d'autres pour les faire croître, & pour les maladies du cuir.

LOTUS. f. m. Diofcoride parle de deux fortes de Lotus, l'un domeftique, & l'autre fauvage. Il dit que le jus du domeftique que quelques-uns appel-

Tome I.

lent *Trefle*, & qui croît dans les jardins, enduit avec du miel refout toutes fortes de tayes des yeux, & que le Lotus fauvage que l'on nomme *Petit Trefle*, & qui croît dans la Lybie en grande abondance, produit fes tiges de deux coudées de haut, & quelquefois plus, ayant plufieurs ailes. Ses feuilles reffemblent à celles du trefle des prés, & fes fleurs fortent de certaines petites têtes. Elles font de couleur celefte, & contiennent une graine femblable à celle du Senegré, excepté qu'elle eft beaucoup moindre, & qu'elle a un goût aromatique. Galien parlant de l'un & de l'autre, dit que le Lotus domeftique a une vertu moyenne pour digerer & pour deffecher, & que la graine du Lotus fauvage eft chaude au fecond degré, & quelque peu abfterfive.

Le même Diofcoride parle d'une autre efpece de Lotus qui croît en Egypte dans les champs qu'arrofe l'inondation du Nil. Il porte fon fruit en une tête comme la féve, à laquelle il eft affés femblable, quoiqu'il foit moindre & plus grêle. Ses fleurs qui font en grand nombre, & entaffées l'une près de l'autre, font blanches, & ont leurs feuilles auffi étroites que celles du lis. Elles fe ferrent, & plongent la tête en l'eau lorfque le foleil fe couche, & quand il fe leve elles commencent à s'épanouir, & à élever leur tête au deffus de l'eau. Cette tête eft groffe comme celle du pavot, & déchiquetée de la même forte. Sa graine reffemble à celle du Millet. On tient que dans le fleuve Euphrate, cette herbe plonge fi profondement fes fleurs & fes têtes jufques à minuit, qu'il eft impoffible d'y toucher avec la main, & que le jour s'approchant elle fe redreffe peu à peu, fans fe montrer neanmoins fur l'eau, qu'après que le Soleil eft levé. Alors elle épanouit fes fleurs, qu'elle a tenues profondement abaiffées dans l'eau pendant la nuit. Les Egyptiens font un grand amas de ces têtes dont ils font pourrir les gouffes, après quoi ils les lavent dans le Nil, & en feparent la graine qu'ils font fecher pour faire du pain. La racine de cette plante eft ronde & groffe comme une pomme de coing, & a une écorce noire comme la châtaigne. La chair du dedans eft blanche, & bonne à manger cuite ou crue. Si on la fait cuire fous la cendre ou bouillir dans l'eau, il s'y forme une maniere de glaire qui a les qualités du moyeu d'un œuf.

Lotus. Arbre qui croît auffi en Egypte, & dont le fruit eft fi doux & d'un goût fi agreable, qu'il fait perdre aux Etrangers qui en mangent l'envie de retourner en leur patrie, ce qui a donné lieu au proverbe Grec λωτὸν φαγεῖν, pour ceux qui fe plaifant dans un pays Etranger, perdent la memoire de celui où ils font nés. Le Lotus eft de la grandeur du poirier, & a fes feuilles toutes decoupées. Son fruit eft de la groffeur d'une féve, & de couleur de fafran. On tient que ceux qui mangent ce fruit gueriffent du mal de ventre. On a appellé *Lotophages*, Les Habitans du lieu où cet arbre croît.

LOU

LOUCHET. f. m. Sorte de hoyau dont on fe fert pour fouir la terre. Il reffemble à une pelle, & eft plat & tiré en droite ligne avec fon manche.

LOVER. v. a. Terme de Marine. On appelle *Lover un cable*, quand on met un cable en rond en maniere de cerceaux, afin de le tenir prêt à le filer pour le mouillage.

LOUIS. f. m. Piece de Monnoie d'or dont la fabrication fut ordonnée en 1640. par le Roi Louis XIII.

au titre des piſtoles d'Eſpagne pour avoir cours ſur le pié de dix livres, le double Louis, & le demi-Louis à proportion. On y éleva d'un côté la tête du Roi avec ſon nom, & de l'autre, une croix can-tonnée de quatre couronnes & de quatre fleurs de lis, avec cette Legende, *Chriſtus regnat, vincit,im-perat.* On fabriqua auſſi des Louis d'argent l'année ſuivante, les uns valant ſoixante ſols, & les autres trente, quinze, & cinq ſols. On y éleva de même la tête du Roi d'un côté, & de l'autre l'écuſſon des Armes de France, avec ces mots pour Legende, *Sit nomen Domini benedictum.* Les Louis d'or & d'argent ont été expoſés pour differens prix en di-vers tems, & on en a pluſieurs fois changé la mar-que,en ſorte que les Louis d'or ont cours aujourd'hui pour quatorze francs, & ceux d'argent pour ſoixan-te & douze ſols.

Il y a un Ordre Militaire, appellé *De ſaint Louis*, que le Roi Louis le Grand a établi en faveur de ſes Officiers de terre & de mer, & dont il s'eſt de-claré Chef Souverain, Grand Maître & Fondateur, par ſon Edit de Création du mois d'Avril 1693. en ayant uni & incorporé la Grande Maîtriſe à la Couronne, ſans qu'elle en puiſſe être jamais ſépa-rée par quelque occaſion que ce ſoit. On n'y peut être reçû que l'on n'ait ſervi avec diſtinction pendant dix années. Cet Ordre de ſaint Louis eſt compoſé de huit grands Croix, de vingt-quatre Commandeurs, & d'un nombre indéterminé de Chevaliers ſelon qu'il plaît à Sa Majeſté d'y en admettre. Dans le même tems de ſon Inſtitution, Elle en nomma cent vingt-huit, outre les grands Croix, & les Commandeurs, auſquels eſt diſtribuée tous les ans par penſions inégales la ſomme de trois cens mille livres, dont l'Ordre a été dotté en biens & revenus purement temporels. Ils portent tous une croix d'or, ſur laquelle l'Image de ſaint Louis eſt attachée, mais les grands Croix la portent atta-chée à un large ruban couleur de feu & en écharpe, & ont une croix en broderie d'or ſur le Juſte-au-corps & ſur le manteau. Les Commandeurs portent auſſi le ruban couleur de feu en écharpe, mais ſans croix en broderie d'or ſur le Juſte-au-corps ni ſur le manteau, & les ſimples Chevaliers ont ſeulement la croix d'or attachée ſur l'eſtomac avec un petit ruban couleur de feu. Il y a preſentement plus de quatre cens Chevaliers de ſaint Louis, le Roi en ayant encore nommé un fort grand nombre au mois de Février 1694. leſquels auront part aux pen-ſions, à meſure que la mort des premiers en laiſſera quelqu'une vacante. En ce cas, les grands Croix ne pourront être tirés que du nombre des Comman-deurs,ni les Commandeurs que du nombre des Che-va'iers, le tout par choix, & comme Sa Majeſté ju-gera à propos, ſans qu'elle s'oblige d'obſerver l'or-dre d'ancienneté.

LOUP. ſ. m. Animal farouche qui vit dans les bois & reſſemble à un gros mâtin. Il a les yeux bleus & étincelans, les dents rondes, inégales, aigues & ſerrées, l'ouverture de la gueule grande, & le col ſi court qu'il ne le peut remuer, ce qui l'oblige à tourner tout ſon corps quand il veut regarder de côté. Il a l'odorat exquis, & on tient que ſa cer-velle croît & décroît ſelon le cours de la Lune. Quand le loup eſt dégoûté, il ſe purge avec de l'herbe ou du blé en vert. La terre glaiſe lui ſert auſſi de remede, comme quelquefois elle lui ſert d'aliment. C'eſt le plus goulu & le plus carnaſſier des animaux. Ainſi les loups ſe mangent l'un l'au-tre quand la faim les preſſe. Ils vont à la chaſſe ſur le ſoir durant les brouillards, & s'ils ont quelque riviere à paſſer, ils la traverſent à la file ſe pre-

nant par la queue avec les dents, de peur que la force du courant ne les entraîne. Lorſqu'ils ont reçû quelque bleſſure qui les fait ſaigner, ils ſe veautrent dans la boue, & par ce moyen arrêtent leur ſang. Ils ſont gris quand ils ſont jeunes, & de-viennent blancs dans leur vieilleſſe. Le nombre des ans les rend ſujets à la goutte & à la rage. Il n'y a point de loups en Angleterre, mais les regions Septentrionales en ſont pleines, & ils y ſont beau-coup plus méchants que dans les autres pays. On leur donne le nom de *Loups blancs* dans la Laponie à cauſe que leur couleur tire davantage ſur le blanc. Ils ont auſſi le poil plus épais, plus gros & plus long. Les Rennes privés qu'ils vont attaquer, ſe défendent contre eux avec leurs cornes, & ce qu'il y a de fort ſingulier, c'eſt que le Loup qui eſt très-ſoupçonneux & très-défiant, & qui prend tout ce qu'il voit pour un piege, ayant remarqué que les Lapons ont accoûtumé d'attacher les Rennes à des pieux quand ils les veulent traire, n'approche point d'un Renne attaché ainſi avec une corde,dans l'ap-prehenſion où il eſt que quelqu'un ne ſe ſoit caché pour le tuer, mais ſi-tôt qu'il le trouve délié, il ſe jette deſſus & le dévore. Les Loups recherchent ſur tout les petits enfans & les femmes prêtes d'accou-cher, qu'ils reconnoiſſent à l'odeur, & cela eſt cauſe que les Lapons font toûjours eſcorter les femmes par quelque homme armé. Les jeunes Loups ſe peuvent forcer, mais non pas les vieux, qui ont une vigueur merveilleuſe, & qui peuvent courir trois jours & trois nuits pourvû que l'eau ne leur manque pas. Il y a des *Loups mâtins*, qui ne vivent que de charo-gne, & d'autres appellés *Loups levriers*, à cauſe de leur legereté. Ils ſont tous deux fort grands & ra-blés, & ont une gueule épouvantable & doü-range de crocs qui tranchent comme l'acier. Ils ſont plus ruſés qu'aucun animal,& vont d'ordinaire deux enſemble. Le plus fort frappe de ſa queue les por-tes des payſans pour faire ſortir les chiens, & prend la fuite auſſi-tôt, pendant que le Loup levrier eſt au guet pour les attraper dans le tems qu'ils ſortent.

Loup cervier. Animal ſauvage qui a la vûe très-bonne, ce qui l'a fait prendre par quelques-uns pour le linx. Il ne vit que du gibier qu'il ſurprend. Il habite ordinairement dans les Montagnes, & eſt plus grand qu'un Renard. Borel donne au Loup cervier la figure d'un loup tacheté comme un Leo-pard, & dit qu'anciennement on l'appelloit *Raphius*, ce que Bochart fait venir de l'Hebreu *Rhaam*, qui ſignifie Affamé. Selon Nicod, c'eſt un Chat ſauva-ge auſſi grand qu'un Leopard. Il a les piés diviſés comme les Lions, les Ours, les Tigres, & la lan-gue couverte de pointes comme celle des chats & des lions. Ses oreilles qui ſont tout-à-fait ſembla-bles à celles d'un chat, ont au haut une houpe d'un poil noir. Il a le dos roux avec des taches noi-res, & le ventre & le dedans des jambes d'un gris cendré, marquetés des mêmes taches, mais plus ſéparées & plus grandes. On a remarqué que cha-que poil eſt de trois couleurs dans ſa longueur. Sa racine eſt d'un gris brun, ſa partie du milieu preſ-que rouſſe, & ſon extrêmité blanche. Leurs eſpe-ces ſont differentes, ainſi que leur poil, ſelon les lieux d'où ils viennent.

Loup garou. Eſprit dangereux que le Peuple croit courir la nuit dans les rues ou par les champs. Ce n'eſt en effet autre choſe qu'un fou mélancolique, & quelquefois furieux qui court la nuit dans les routes, & bat tous ceux qu'il rencontre. Quel-ques-uns prétendent qu'il y ait de vrais Loups garous, ſçavoir des Loups qui ſont exrêmement furieux, & qui s'acharnant contre les hommes, ne se nourrissent plus que de chair humaine. Ils veulent aussi que le nom de *Loup garou* leur soit donné, à cause que c'est un Loup dont on a besoin de se garer.

Loup de mer. Poisson parsemé de taches, & qui est grand, gras, épais, & couvert de moyennes écailles. Il a le dos blanc & bleu, & une longue tête avec une grande ouverture de gueule. Il y a aussi un *Loup d'étang.* Sa grandeur est à peu près de trois coudées. C'est un poisson gras, & qui passe pour le meilleur de tous ceux qui entrent dans les étangs. Il y a des Voyageurs qui parlent de *Loups Marins*, les uns ayant quatre pattes & les autres deux. On en trouva un jour vingt ou vingt-cinq endormis sous des arbres assés proche de la mer, dans la petite terre de la Guadeloupe. Ils ronfloient si fort qu'on les entendoit de trente pas. Ils étoient velus, gros comme des veaux, ayant huit à dix piés de longueur, & seulement deux pattes avec lesquelles ils se trainerent vers la mer tout en grondant. On leur frappa sur le musle avec des leviers & des pinces, & le moindre coup faisoit ruisseler le sang. Ils en mouroient aussi-tôt après. Leur chair n'étoit presque que du lard qui se fondoit tout en huile. La freslure de ces animaux n'étoit pas mauvaise.

Loup. Sorte de masque de velours noir, qui sert aux femmes à leur couvrir le visage. Elles ne l'attachent point, & le tiennent seulement avec un bouton dans la bouche. Ce masque diffère des masques quarrés dont elles se servoient auparavant, & qui avoient une mentonniere, en ce qu'il prend depuis le front jusque sous le menton. Comme il a fait peur d'abord aux petits enfans, on l'a nommé *Loup.*

Les Libraires appellent *Loup*, Un instrument de bois fait en forme de triangle, dont ils se servent pour dresser les paquets de Livres quand ils sont cordés.

Loup, se dit aussi d'une espece de maladie qui vient aux jambes. C'est une tumeur, ou une maniere d'ulcere chancreux.

Les Enfans appellent *Loup*, Un petit morceau de latte, au bout duquel ils attachent une corde longue environ d'un demie aune. Ce petit morceau de latte qu'on fait tourner en l'air par le moyen de la corde, fait un certain bruit qui tient quelque chose de celui que fait un Loup en heurlant, & c'est delà qu'ils lui ont donné le nom de *Loup.*

LOUPE. s. f. *Excrescence de chair qui vient sous la peau, & qui s'éleve en rond, & s'augmente plus ou moins selon la disposition des parties où elle s'attache.* Acad. Fr. Cette excrescence se forme d'une matiere qu'envelope une petite bourse ou tunique, qui est tantôt comme du suif, tantôt comme de la bouillie ou du miel, & tantôt aussi dure qu'une pierre ou un petit os. Il croît quelquefois sur le pericrane une tumeur qui s'étend plus en large qu'en long à cause de l'épaisseur de la peau. On la nomme *Loupe taupiere* ou *Tortue.* Quand la matiere qui est contenue dans cette tumeur, est d'une nature fort acre, elle corrode le crane. Si la tumeur est située justement sur les sutures du cerveau, ensorte qu'elle paroisse tirer son origine des fibres de la dure mere qui passent par les sutures, les funestes accidens qui en sont à craindre doivent empêcher que l'on n'y touche. Si elle se trouve en un autre endroit, il faut resoudre la matiere ou la faire suppurer de quelque maniere ouvrir la tumeur suivant la coûtume, & consumer la membrane.

Loupe. Terme d'optique. Verre convexe, c'est-à-dire plus épais vers le milieu que vers les bords, qui grossit les objets. Voyez LUNETTE. Il sert aux Graveurs & aux Ouvriers pour leur faire découvrir les moindres parties des choses sur lesquelles ils travaillent quand l'ouvrage est délicat. Les Jouailliers appellent *Loupes de saphir, de rubis, & d'émeraudes*, certaine masse mal cuite & indigeste qui se trouve quelquefois en ces sortes de pierres, comme si la nature n'avoit pû les achever. On dit aussi, *Loupes des perles.* Ce sont proprement des nacres de perles, où il y a quelque endroit relevé & à demi rond, que les Lapidaires ont l'adresse de scier.

Loupe de bois. Terme d'Eaux & Forêts. Bosse ou gros nœud qui s'éleve sur l'écorce des arbres.

LOURDOIS. adj. Vieux mot. Sot, désagreable.

Plus je connois que mon parler lourdois.

LOURE. s. f. Vieux mot, que Borel dit avoir signifié autrefois une grande Musette. On l'a appellée ainsi, non pas de *Lyra*, mais à cause du son que rendoit cet Instrument. On a aussi appellé *Loureur* ou *Loureur*, celui qui en jouoit, ce qui fait appeller les hautbois en Languedoc des *Toro lores.*

LOUTRE. s. m. & f. Animal amphibie à quatre piés, qui vit d'herbes, de fruits, & principalement de poissons, qu'il attrape & prend avec adresse. Son poil est court & épais; & tire sur la couleur de châtaigne. Il a la tête & les dents presque comme un chien de chasse, & la queue ronde, grosse & qui se termine en pointe. Ses oreilles sont petites comme celles du castor, avec lequel il est confondu par quelques-uns, mais son poil n'est pas la moitié si long. Le Canada produit des Loutres d'une grandeur extraordinaire. Leurs peaux servent aux Sauvages à faire des robes, qui étant portées & engraissées de leur sueur & des graisses qu'ils manient, servent à faire de meilleurs chapeaux que ceux que l'on fait du seul poil de castor, qui étant trop sec est fort difficile à mettre en œuvre sans aucun mélange. Quelques-uns font venir le mot de *Loutre* du Grec λυτρὸν, Bain, lavoir, à cause que cet animal ne se plonge jamais que dans de l'eau douce propre à faire un bain; ce que ne fait pas le castor, qui va dans la mer & dans les rivieres.

LOUVE. s. f. Femelle d'un loup. La Louve porte seulement deux mois, & fait cinq, six ou sept petits à la fois, que l'on appelle *Cheaux* aussi-bien que *Louveteaux.* Ils sont aveugles en venant au monde, & elle les aime si éperduement, qu'elle ne les quitte point qu'ils ne voyent clair. Le loup qui l'a couverte lui apporte à manger pendant ce tems-là.

Louve. Terme de Maçon. Piece de fer taillée quarrément, mais plus large en bas qu'en haut. On s'en sert à élever les pierres de taille, en l'attachant à la corde d'une grue.

Louve. Terme de mer. Baril défoncé qu'on met sur l'une des écoutilles dans les Navires de Terreneuve. C'est par ce Baril que passent & tombent les morues, lorsqu'elles sont habillées.

Louve. Terme de Pêcheur. Sorte de filet rond, qui est une maniere de petite rafle, avec quoi on prend force poissons.

LOUVER. v. a. Terme de Maçon. On dit, *Louver une pierre*, pour dire, Y faire un trou, afin que la louve y entre, & qu'elle puisse élever la pierre.

LOUVETEAU. s. m. Le petit d'un loup qui est encore sous sa mere.

Louveteau. Terme de Maçon. Espece de coin de fer qu'on met de chaque côté d'une louve. Ces coins servent à la resserrer, & empêchent qu'elle ne puisse fortir, lorfqu'on vient à la tirer avec le cable qui eſt attaché au bout.

LOUVETER. v. n. Il ſe dit de la louve quand elle fait ſes petits.

LOUVETIER. ſ. m. Officier chés le Roi, qui a la Surintendance de la chaſſe du loup. Le Grand Louvetier de France a ſous lui un Lieutenant & un Sous-Lieutenant de la Louveterie. Il y a auſſi pluſieurs Lieutenans particuliers de Louveterie dans les Provinces.

LOUVETTE. ſ. f. C'eſt, ſelon Nicod, *Une petite beſtelette qui vit ayant la tête fichée dans le ſang des bêtes, & n'ayant point de trou par où s'en aille la viande, elle ſe creve.*

LOUVEUR. ſ. m. Ouvrier qui fait les trous dans les pierres, & qui y place les louves.

LOUVIER. v. n. Terme de Marine. Courir au plus près du vent, tantôt à ſtribord, tantôt à baſbord. Cela ſe fait pour ne pas s'éloigner de la route qu'on veut tenir, & pour maintenir un Vaiſſeau dans le parage où il eſt, quoiqu'on ait le vent contraire. Il faut pour cela porter quelque tems le cap d'un côté, & enſuite le porter de l'autre en revirant. Quand on conduit un navire ſur un air de vent, éloigné du vent de la route par un intervalle d'onze traits ou pointes de compas, cela s'appelle, *Louvier ſur onze pointes.* On dit auſſi *Louvoyer.*

LOUVIERE. ſ. f. Vieux mot. Taniere ou contrée à loups. Il a auſſi ſignifié une robe ou un manteau fait de peaux de loups.

LOX

LOXODROMIE. ſ. f. Terme de Navigation. L'Equateur qui paſſe par les Poles de tous les Meridiens, ou les paralleles à l'Equateur, coupent tous les Meridiens ſous le même angle droit. Tout autre cercle ne paſſant point par les Poles des Meridiens, ne coupe qu'un Meridien à angles droits, & tous les autres ſous differens angles aigus. Donc ſi un Vaiſſeau fait ſa courſe au Nord ou au Sud, il ne fait point d'angle avec aucun Meridien ; s'il fait ſa courſe à l'Eſt ou à l'Oueſt ſoit ſous l'Equateur, ſoit ſous un parallele, il fait un angle droit avec tous les Meridiens infinis qu'il rencontre ; mais s'il court hors de ces lignes, & qu'il décrive un cercle, il fait un angle different avec chaque Meridien qu'il rencontre à chaque inſtant, & au contraire s'il fait le même angle avec tous les Meridiens qu'il rencontre, il ne peut plus décrire un cercle, mais une autre ligne courbe qui s'éloigne de ce cercle. Or tandis qu'un Vaiſſeau ſuit le même rumb de vent, il fait le même angle avec tous les Meridiens qu'il rencontre, & par conſequent il ſe détourne à chaque moment de la ligne circulaire pour décrire cette courbe, que l'on appelle *Loxodromie*, ou ligne *Loxodromique*, de λοξος, oblique, & de ϴρμος courſe. Cette ligne reſſemble à une ſpirale, elle s'approche toûjours plus du Pole que n'auroit fait le cercle, & cependant elle n'y peut jamais arriver, puiſqu'il faudroit pour cela qu'elle ſe confondît avec un Meridien, & qu'elle ne le peut, faiſant toûjours un angle, & le même angle, avec tous les Meridiens. Dans le triangle rectangle où un des côtés de l'angle droit eſt la difference en latitude du lieu du départ à celui de l'arrivée ; l'autre, la difference en longitude, (Voyez NAVIGATION,) l'hypotenuſe eſt la ligne Loxodromique, & on la prend pour droite quoiqu'elle ſoit courbe, parce qu'on ne la prend alors que dans une très-petite étendue. Si le Vaiſſeau n'avoit couru qu'en latitude, ou qu'en longitude, il eſt clair qu'il n'y auroit point de Loxo-

dromie, c'eſt elle qui eſt proprement le chemin du Vaiſſeau, quand il eſt compoſé de latitude & de longitude. *Le triangle Loxodromique* ſe reſout ou par les ſinus, ou par les tables Loxodromiques, ou par le quartier. (Voyez NAVIGATION.) L'un droit eſt toûjours donné, & il ne faut plus qu'un angle & un côté, ou deux côtés, d'ordinaire on a l'angle du rumb, & la latitude, & ce qu'on cherche, c'eſt la longitude & la Loxodromie.

LOY

LOY. ſ. f. *Conſtitution, écrit qui ordonne ce qu'il faut faire, & qui défend ce qu'il ne faut pas faire.* ACAD. FR. Il y a une *Loi naturelle* que Dieu a inſpirée aux hommes, & que la nature leur a enſeignée par raiſon. Elle ſuffiſoit dans les premiers tems pour leur ſervir de regle, parce que vivant dans une ſimplicité exempte de toutes les paſſions qui cauſent les differends, c'étoit aſſés qu'ils cruſſent que ce qui venoit de leur travail leur appartenoit, & qu'ils devoient avoir ſoin d'élever leurs enfans. Si-tôt qu'ils commencerent à ſe rendre ſociables, ils furent contraints pour le bien commun d'établir la *Loi civile* ou *politique*, qui eſt un droit publié & commandé aux Peuples par l'autorité des Puiſſances Souveraines. Les premieres *Loix Romaines* que Romulus établit lorſqu'il ſe fut apperçû que le nombre de ſes Sujets augmentoit, furent appellées *Loix Royales* ou *Curiales*, parce qu'elles étoient émanées du Prince par le conſeil des Sénateurs qu'il avoit choiſis, & qu'elles eurent l'approbation du Peuple, qui étoit diviſé en trente Curies. Servius Tullius fit aſſembler les Loix de Romulus & de Numa Pompilius par Papirien ; & c'eſt ce qu'on appelle *Droit Papirien*, du nom qu'il portoit. Tarquin le Superbe, qui voulut avoir une puiſſance arbitraire, abrogea toutes les Loix ſans conſulter ni le Sénat ni le Peuple, & la puiſſance Royale ayant été abbatue par ſon exil, les Conſuls par qui la République étoit gouvernée, firent obſerver les Loix Royales pendant dix-ſept ans, & on ne ceſſa de s'y ſoumettre qu'après que Brutus, Tribun du Peuple, en eut fait publier une pour les ſupprimer. Alors le petit Peuple, perſecuté par les Grands, ſe retira ſur le Mont ſacré, & n'en deſcendit que lorſqu'on lui eut permis de choiſir tous les ans cinq Tribuns, auſquels cinq autres furent ajoûtés peu de tems après, avec pouvoir de le proteger contre les entrepriſes du Sénat. D'un autre côté les Sénateurs faiſoient des Loix qu'on appelloit *Senatuſconſultes*, & les Tribuns en faiſoient de leur côté, que l'on nommoit *Plebiſcites*. Pour remedier à ce déſordre, les deux Partis convinrent que l'on iroit chés les Grecs chercher des Loix en faiſoient le Droit certain & univerſel. Il y eut dix Envoyés, qui à leur retour propoſerent celles qu'ils avoient recueillies, & qui étoient compoſées en parties des Loix de Lacedemone & d'Athenes, & en partie de celles des Rois. L'approbation qu'elles reçurent obligea de les graver ſur des Tables d'airain, qu'on poſa aux endroits les plus apparens de la Place publique. L'année ſuivante ces mêmes Envoyés firent aſſembler le Peuple, & on ajoûta deux Tables aux dix premieres. C'eſt ce qu'on a appellé *Loix des douze Tables*. L'obſcurité qu'on trouva dans les termes de ces Loix ayant donné lieu à un fort grand nombre de queſtions que le ſtile ſerré des douze Tables ne décidoit point, porta le Sénat à faire des Loix qui furent approuvées par une Ordonnance que le Dictateur fit publier, que les Sénateurs recevroient auſſi les Plebiſcites. Le changement qui arriva dans la

République par l'ambition de Jule César qui rendit la Dictature perpetuelle & par celle d'Auguste qui prit le nom d'Empereur, fut cause que les Empereurs qui lui succederent, firent des Constitutions qu'ils voulurent que l'on observât dans toute l'étenduë de leur Empire. On en composa trois Codes, appellés le Gregorien, l'Hermogenien & le Theodosien, & enfin l'an du salut 529. l'Empereur Justinien les fit réduire en un volume qui fut appellé *le Code Justinien.* Quatre années après les plus belles décisions qu'on trouva dans deux mille volumes des anciens Jurisconsultes en furent tirées, & on en composa les cinquante livres du Digeste. Le même Empereur composa ensuite les quatre livres des Instituts, & fit faire une seconde édition de son Code, où il apporta quantité de changemens. C'est le Code qui nous est resté. Comme les Empereurs contraignoient les Provinces tributaires à suivre les Loix Romaines, tant que les Gaulois ont été Sujets du Peuple Romain, les Constitutions des Empereurs leur furent des Loix inviolables; mais lorsque les Francs eurent passé dans les Gaules, les Rois de la premiere Race établirent un autre Droit. Pharamond y fit publier la *Loi Salique,* qui porte qu'il n'y a que les mâles qui ayent droit de succeder en la terre Salique, à l'exclusion des femmes. Ainsi l'ancien Droit de France étoit composé d'une infinité de Loix, de Capitulaires & d'un Usage appellé *Coutume,* qui étoit particulier à chaque Province. L'étude des Loix Romaines demeurant permise, les Rois n'empêchoient point que les Juges n'y cherchassent des raisons pour décider en de certains cas ce qu'on n'avoit point encore prévû. Ces Loix Romaines ont été conservées en Languedoc, en Provence, en Dauphiné & dans le Lyonnois, où l'on suit le Droit écrit, à cause que ces Provinces ayant été les premieres conquises par les Romains, & les dernieres à obéir aux François, on n'a pas voulu troubler l'ordre gardé si long-tems dans les familles, de sorte qu'on s'est contenté d'assujettir ces Provinces aux Ordonnances sans changer leurs anciennes mœurs. On appelle *Loi Gombette,* une Loi de Gondebaud Roi des Bourguignons, qu'on a autrefois observée en France, où l'on n'en reçoit aucune qui ne soit émanée du Prince, & on appelle *Loix Ripuaires,* Un ancien Droit des François qui n'a plus d'usage. Ce qu'on appelle *Loix Ecclesiastiques,* n'est autre chose qu'une collection de préceptes tirés de la sainte Ecriture, des Conciles, des Decrets & Constitutions des Papes, des sentimens des Peres, & de l'usage reçû par tradition. Ces préceptes, dont on appelle la collection, *Droit Canonique,* établissent les regles de la Foi & de la Discipline Ecclesiastique.

Loi, en termes de Monnoie, est pris pour le titre ou le carat auquel les monnoies doivent être fabriquées. C'est ce qu'on appelle autrement, *Le fin & la bonté interieure de l'or & de l'argent.* On appelle *Remede de loi,* La permission que le Roi accorde aux Maîtres de ses Monnoies de tenir la bonté interieure des especes d'or & d'argent, moindre que le titre qui a été ordonné, par exemple, vingt-un Karats trois quarts pour les louis d'or, au lieu de vingt-deux Karats; c'est un quart de Karat de remede que l'Ordonnance permet.

LOYAL, ALE. adj. *Qui est de la condition requise par la Loi, par l'Ordonnance.* ACAD. FR. On appelle, en termes de Manége, *Cheval loyal,* Un cheval qui ne se défend point de faire les manéges qu'on lui demande, & qui emploie toute sa force pour obéir. On dit aussi d'un cheval, qu'*Il a la bouche loyale,* pour dire, qu'Il l'a excellente, & de la nature de celle que l'on nomme, *A piéine main.*

LU

LU. s. s. Vieux mot. Lumiere.

LUC

LUC. s. m. Vieux mot. Luth.

LUCARNE. s. f. Ouverture ou sorte de fenêtre que l'on pratique au-dessus de l'entablement des maisons pour donner du jour aux chambres en galetas ou aux greniers. Il y en a de diverses sortes, les unes rondes ou en ovale, appellées *en O,* les autres quarrées avec frontons au-dessus, d'autres cintrées par le haut, & d'autres couvertes quarrément. On appelle celles-là *Lucarnes Flamandes,* & celles qui portent sur les chevrons & qui sont couvertes en triangle ou en contrevent, ont le nom de *Lucarnes demoiselles.* Il y en a de couvertes en croupe de comble qu'on nomme *Lucarnes à la Capucine.* Celles qui sont fermées en portion de cercle, sont des *Lucarnes bombées;* & on appelle *Lucarne faîtiere,* Celle qui est recouverte d'une tuile faîtiere.

LUCIFERIENS. s. m. Schismatiques qui suivoient les erreurs de Lucifer, Evêque de Caralivinum en Sardine, qui vivoit au commencement du quatriéme siecle sous Julien l'Apostat. Ils enseignoient avec les Cerinthiens & Marcioniens que ce Monde avoit été fait par le diable, que les ames des hommes étoient corporelles, & qu'elles recevoient leur être par production. Ils refusoient toute sorte de reconciliation aux personnes Ecclesiastiques qui pechoient, & ne rétablissoient point les Evêques dans leur dignité, s'il arrivoit qu'ils tombassent dans quelque heresie, quoiqu'ensuite ils se fussent convertis. Ils s'accordoient en cela avec les anciens Novatiens & Meletiens. On les nomma aussi *Homonymiens,* à cause que dans leurs disputes ils se servoient du mot de chair en deux significations differentes. Ce schisme duroit encore sur la fin du regne de Theodose le Grand, & après cet Empereur on n'en trouve presque plus rien dans les Auteurs qui en ont écrit.

LUCULENTEMENT. adv. Vieux mot. Comme il faut.

LUE

LUENCH. adv. Vieux mot. Loin.
Ia d'autres amours non jausiray,
Sieu non jau dest amour de luench.

LUES. adv. Vieux mot. Aussi-tôt que, après que. Il peut venir de l'Espagnol *Luego,* Aussi-tôt, incontinent.

LUETTE. s. f. Petite glande suspenduë au palais à l'entrée de la gorge. Il y a une membrane lâche qui l'enveloppe, & dans laquelle elle est pendante comme dans une bourse, non pas couverte: car outre cela elle a sa membrane propre. Il suinte de cette petite glande une humeur salivale propre dans la membrane percée, & delà dans le palais. Quand cette humeur est visqueuse, la membrane s'encroûte & le cours de la liqueur est arrêté; ce qui produit la relaxation & la distension de la membrane. Le levain détrempé avec l'esprit de vin, & appliqué au sommet de la tête, guerit l'allongement de la Luette. Dans le même-tems on fait un gargarisme avec la décoction de fleurs de troësne, le nitre & le sel de prunelle. Dans l'inflammation de la Luette, la décoction de l'herbe ou de la racine de dent de lion est excellente.

LUG

LUG. f. m. Vieux mot. Corbeau. Bochart le fait venir de l'Arabe *Lukcha*, qui veut dire même chose.

LUI

LUISANT. f. m. Petite figure que les Rubaniers font sur un certain galon de livrée.

LUISSEL. f. m. Vieux mot. Peloton de fil. *C'est luiffel de fil à coudre.* On a dit aussi *Luiffeau* & *Luiffelet.*

LUITES. f. f. p. Terme de Chasse. Il se dit des testicules d'un Sanglier.

LUM

LUMBRICAL, A L E. adj. Les Medecins appellent *Muscles lumbricaux,* quatre Muscles qui font mouvoir les doigts de la main. Ils leur ont donné ce nom à cause qu'ils ont la forme de vers, que les Latins nomment *Lumbrics.* Il y a un pareil nombre de muscles aux piés.

LUMIERE. f. f. *Clarté, Splendeur, ce qui éclaire, ce qui rend les objets visibles.* ACAD. FR. De ce que l'on voit de plus loin sans comparaison que l'on n'entend, de ce que l'on voit avant que d'entendre, ce qui rend de l'éclat & du son en même-tems, enfin de ce que dans la machine du vuide on cesse d'entendre le timbre d'une horloge dont on est fort près, & à qui il ne manque que de l'air qu'il puisse fraper, on juge que la lumiere est posée sur une matiere beaucoup plus subtile & plus agitée que le son, & le son étant porté par l'air, & n'étant que de l'air frapé, il faut que la lumiere consiste dans le mouvement d'une matiere plus déliée & propre à une plus grande vitesse. *Descartes* prétend que cette matiere répandue dans l'air consiste en un : infinité de petits globales, & que les parties du corps lumineux, ou n'étant que de la matiere qu'il appelle *subtile* mûe avec une très-grande vitesse, ou du moins si elles font terrestres, nageant entierement dans cette matiere subtile qui leur imprime un mouvement très-vif, elles poussent de tous côtés à la ronde ces globules & leur donnent ou l'*impulsion* ou la *pression,* qui est tout ce qu'on peut appeller *lumiere du côté des objets* & des *milieux.* On peut supposer que le Soleil n'est composé que de matiere subtile, & dont toutes les parties font mûes avec une prodigieuse vitesse, mais les étincelles qui fortent d'un caillou, la flâme d'une chandelle, l'éclat d'un ver luisant ou de certain bois pourri, &c. ne font que des parties terrestres, qui par diverses circonstances particulieres ont acquis une telle vitesse, qu'il n'y a que la matiere subtile qui puisse suivre leur mouvement, & que toute autre matiere incapable de cette extreme rapidité, est chassée du petit tourbillon qu'elles forment autour d'elles. D'un autre côté cette matiere subtile qui fait la lumiere du corps lumineux, ne peut à cause de son extreme subtilité s'appliquer qu'à une matiere qui soit aussi très-déliée, elle ne trouve dans l'air que les globules qui lui foient proportionnés, & qui puissent recevoir son impression, car l'air lui-même est trop grossier pour cela, & cette action de la matiere subtile du corps lumineux sur les globules répandus dans l'air, est l'*effusion de la lumiere dans l'air.* Un corps qui par son mouvement remueroit tout ensemble, & l'air & les globules ne seroit point lumineux, il faut qu'il agisse sur les globules sans agir sur l'air, comme on ne feroit point sentir de

piquûre si on pousoit contre la main des épingles dont les pointes feroient engagées dans la surface d'un peloton, mais ce seroit autre chose si on faisoit mouvoir les épingles fans le peloton, c'est-à-dire, qu'on fît fortir leurs pointes hors de fa surface. Delà vient que le vent, ni tous les mouvemens de l'air n'interrompent ni ne traversent la lumiere. L'action de la lumiere est en ligne droite, & cette ligne s'appelle *rayon de lumiere.* C'est une suite de globules depuis le corps lumineux jusqu'à l'œil, mûs & poussés de la même façon. Quand un rayon rencontre en son chemin un corps qu'il ne traverse pas, il se réfléchit, comme font les autres corps, (Voyez REFLEXION.) s'il passe d'un milieu dans un autre, il *se rompt.* Voyez REFRACTION. La difference des milieux est dans leur ou plus ou moins d'épaisseur, & les plus denses comme le verre ou le cristal font ceux qu'elle traverse le plus facilement, parce que son chemin y est comme marqué dans les tuyaux ou dès qu'elle n'a qu'à suivre, au lieu que dans les milieux fluides comme l'air, elle trouve à chaque moment des parties qui viennent s'opposer à son passage, & qu'il faut qu'elle écarte, ce qui l'affoiblit par la communication qu'elle fait de son mouvement. Toutes les couleurs ne font que de la lumiere modifiée. (Voyez COULEUR.)

On appelle *Lumiere Originaire,* ou *Primitive,* ou *Premiere* & *Radicale,* Celle qui est dans les corps lumineux & qui éclairant d'elle-même, produit immediatement son effet. Telle est la Lumiere du Soleil & celle du feu. On appelle *Lumiere empruntée,* *Lumiere seconde,* ou *Lumiere derivée,* Celle des corps qui ne luisent pas immediatement par eux-mêmes, comme celle de la Lune & des autres Planetes qui reçoivent leur Lumiere du Soleil, ou celle des autres corps opaques qui la reçoivent du feu.

Lumiere. Dans un canon se dit du trou par où le feu se communique à la piece.

Lumiere. Terme de Faiseur d'Instrumens à vent. Trou qui est au dessus de l'embouchure de l'Instrument, comme dans les flageolets, les flûtes & les hautbois. On dit, *Lumiere d'un Tuyau d'Orgues,* pour dire, Le trou par où le vent entre.

Lumiere. Terme de Marine. Trou en chaque membre d'un Vaisseau audessus de la quille. On fait passer une corde à travers ces trous, afin d'empêcher qu'ils ne se bouchent, & pour entretenir la communication de l'eau qui est necessaire aux pompes. On appelle *Lumiere de pompe,* l'ouverture qui est au côté de la pompe, & par laquelle l'eau fort pour entrer dans la manche.

Lumiere. Terme d'Architecture. Trou dans lequel on met le mammelon d'un treuil.

Lumiere. Terme de Peinture. Il se dit des parties qui font les plus éclairées dans un tableau. C'est une habileté dans la Peinture de sçavoir bien répandre la Lumiere sur tous les corps, & en éclairer toutes les parties selon les differens degrés de Lumiere.

LUN

LUNAISON. f. f. Periode d'environ vingt-neuf jours, douze heures & quarante-quatre minutes, qui est l'espace de tems que la Lune emploie depuis l'instant de sa conjonction avec le Soleil jusqu'à l'autre conjonction. Dans cet espace de tems la Lune se change en toutes ses faces, croissante, cornue, demi-pleine, bossue, pleine, & décroît pareillement jusqu'à ce qu'elle perde entierement sa Lumiere.

LUNARIA.

LUN

LUNARIA. f. f. Petite herbe qui est presque de la hauteur d'un palme, & quelques-uns appellent *Lunaria grappue*, à cause de sa graine qui est disposée en grappe. Elle ne jette qu'une tige ronde, grêle & pliante du milieu, de laquelle sort d'un côté une branche seule faite en maniere de côte. Cette branche a sept feuilles de chaque côté, entassées l'une sur l'autre, & entre comme un croissant. Elles sont épaisses & fermes ainsi que celles du chou marin; ses fleurs sont à la cime de sa tige, & sa graine est rousse & grande. Toute la plante est singuliere à souder les playes. Elle sert à toutes rompures tant internes qu'externes, & remedie aux descentes de boyaux des petits enfans. Etant seche & réduite en poudre, elle est excellente pour les dysenteries, & pour restraindre les fleurs des femmes, tant rouges que blanches. Matthiole qui en parle ainsi l'appelle *Lunaria Minor*, & c'est sans doute à la difference d'une Plante que les Italiens appellent *Sferra cavallo*, soit parce qu'elle a la vertu de déferer à tous les chevaux qui passent par dessus, ou à cause que sa graine est faite en façon de fer à cheval. Elle est mise par les Alchymistes entre les especes de Lunaria, & appellée *Lunaria major*, par quelques-uns. Cette Plante est rare, & vient aux montagnes, ayant ses feuilles petites, semblables à la petite securidaca. Elles sont cavées à la cime en façon de cœur, & mi-parties par une ligne courbe. Elle a des gousses longuettes, plates, divisées en la partie d'embas par des incisures courbes, comme si elles étoient pleines de trous. Leur circonference est élevée de tous côtés, en façon de fer à cheval. La graine qui en sort est faite en croissant. On trouve une autre herbe, aux bords des fossés & le long des grands chemins où il y a de l'eau, à laquelle on donne encore le nom de *Lunaria minor*. Elle se traîne par terre, & produit ses branches menues comme joncs & de la longueur d'une coudée de même que la Pervenche. D'espace en espace depuis sa racine jusques à la cime, elle jette des deux côtés, le long de ses branches, des feuilles grassettes & rondes comme la monnoie, ce qui fait que quelques-uns la prennent pour *Nummularia*, mais Matthiole n'est point de leur sentiment.

LUNATIQUE. adj. On appelle en termes de Manege, *Cheval Lunatique*, Un cheval qui selon le cours de la lune a la vûe plus ou moins foible. Quoique ses yeux, qui au declin de la lune sont chargés ou troublés, s'éclaircissent quand elle est nouvelle, il ne laisse pas d'être toûjours en danger de perdre la vûe.

LUNE. f. f. *Planete qui éclaire pendant la nuit, & qui est plus proche de la terre que toutes les autres.* ACAD. FR. Son corps est spherique, dense & opaque, & n'a de lumiere que celle qu'il reçoit du Soleil. On appelle *Nouvelle Lune*, Quand la Lune est en conjonction avec le Soleil, & se rencontrant au même degré du Zodiaque, ne nous fait voir aucune lumiere, à cause qu'elle n'est éclairée que du côté que nous ne voyons pas. Ensuite par son mouvement propre d'Occident en Orient, elle commence à se dégager de dessous le Soleil, & à nous montrer une petite partie de sa moitié éclairée, & c'est là le *Croissant*. Ce Croissant ou cette partie lumineuse augmente toûjours jusqu'à la *Pleine Lune*, qui est lorsque se trouvant opposée au Soleil dont elle est éloignée alors de cent quatre-vingts degrés, qui font la moitié du Zodiaque, elle nous montre toute sa partie éclairée, & nous paroît toute lumineuse.

Ensuite elle se rapproche du Soleil, & commence à nous montrer moins de sa moitié éclairée, ce qui s'appelle le *Décours*, jusqu'à ce qu'enfin elle n'en montre plus rien du tout, & retourne à la conjonction. Le milieu qui est entre une nouvelle & une pleine, ou bien entre une pleine Lune & une nouvelle, où la lune montre précisément la moitié de sa moitié éclairée, s'appelle *Quadrature* ou *Quartier*. Ainsi il y a *premier Quartier*, & *second Quartier*.

La Lune est quarante fois plus petite que la Terre, & sa plus grande distance est de soixante-un demi diametres de la Terre, la plus petite de cinquante-trois. Elle employe près de vingt-sept jours & demi à faire le tour entier du Zodiaque. Son cours est plus inegal & plus difficile à regler que celui des autres Planetes.

Avec la lunette on voit dans la Lune des montagnes & des vallées, des endroits plus brillans que l'on croit être des terres, & d'autres moins brillans qui peuvent être des mers. On a donné des noms à tous les endroits qu'on a pû distinguer les uns des autres, & on a fait des Cartes de la description de la Lune comme de celle de la Terre. Voyez SELENOGRAPHIE.

Lune. Terme de Bâtier. Plaque de métal ronde qu'on met au devant & aux côtés de la tête des Mulets des grands Seigneurs, & où sont gravées les armes de ceux à qui ils appartiennent.

Lune. En termes de Chymie, se prend pour l'argent dont on fait diverses preparations.

Lune. Ordre Militaire, dont les Chevaliers furent établis en 1464. par René Duc d'Anjou quand il eut le Royaume de Sicile. Ils portoient une Demi-Lune d'argent sur leur bras, & s'obligeoient de n'avoir jamais entre eux aucun differend, & de se défendre les uns les autres en toutes sortes d'occasions.

Lune. Sorte de Poisson qui se trouve dans les Antilles de l'Amerique, dont il y a de deux ou trois sortes. Les uns ont ce nom à cause de la rondeur de leurs corps, ou des petites écailles qui font autant de petites Lunes jaunes sur une couleur bleue, & les autres à cause de leur queue qui se termine en croissant. Ce Poisson est presque rond, & n'a guere plus d'un pié de large, & tout au plus deux ou trois pouces d'épais. Sa chair est blanche, ferme & a le même goût que la Perche.

LUNEL. f. m. Terme de Blason. On appelle ainsi quatre Croissans appointés en forme de rose à quatre feuilles. Ils ne sont en usage qu'en Espagne.

LUNETTE. f. f. Terme d'Optique. On appelle ainsi un ou plusieurs verres taillés de telle sorte qu'ils servent à perfectionner la vision suivant les differens besoins que l'on peut avoir. Voyez VISION & VERRE. Les Lunettes communes ne sont qu'un verre convexe ou concave qui approche ou écarte les rayons, selon que l'on a le Crystallin trop plat ou trop rond. Voyez CRYSTALLIN.

Les Lunettes de nouvelle invention, dont on tient que la premiere découverte est due à *Jacques Metius* Hollandois, & que *Galilée* a perfectionnée le premier, sont des tuyaux au bout desquels on enchasse deux ou plusieurs verres.

Les Lunettes servent à voir les objets plus grands & plus distincts, ce qui dépend uniquement de ce qu'elles renvoyent sous un plus grand angle les rayons partis des extremités de l'objet, & de ce qu'elles reunissent plus exactement sur la retine les rayons partis d'un seul point. Voyez VISION. Ces deux choses sont le seul objet de toutes les

Tome I.

QQqq

differentes conftructions de lunettes, & de toutes les combinaifons qu'on peut faire de plufieurs verres, & par leur nombre plus grand ou plus petit, par leurs differentes figures, c'eft-à-dire par leurs convexités ou concavités, par l'égalité ou l'inégalité de ces convexités & concavités & par les diftances de leurs foyers.

Par le moyen de ces Lunettes, les objets trop éloignés comme les aftres, ou ceux qui font proches, mais trop petits, comme les cirons & une infinité d'autres, paroiffent plus grands & plus diftincts. Les Lunettes qui fervent au premier ufage, s'appellent *Lunettes d'approche* ou *de longue vûe*, ou fimplement, *Lunettes* ou *Telefcopes*. Celles qui fervent au fecond ufage s'appellent *Microfcopes*. Voyez MICROSCOPE.

La conftruction la plus commune des Lunettes de longue vûe, eft qu'il n'y ait que deux verres, & que l'objectif foit convexe, & l'oculaire concave. L'objectif eft d'une telle convexité qu'il difpofe les rayons partis d'un feul point de l'objet à fe reunir fur un feul point de la retine, & l'oculaire eft d'une telle concavité que les rayons partis d'un feul point, & qui lui font envoyés convergens par l'objectif, il les rend divergens comme s'ils venoient d'un point qui fût en-deçà de l'objectif, & par même moyen il donne un plus grand angle aux rayons partis des extrémités de l'objet, ce qui approche & aggrandit beaucoup l'image.

Les Lunettes font paroître l'objet renverfé quand il fe fait entre les verres un *croifement* des rayons partis des extrémités de l'objet. Si ces rayons fe croifent encore une fois entre les verres, l'image fe redreffe, s'ils fe croifent une troifiéme fois, elle redevient renverfée, & ainfi de fuite, parce qu'un croifement de rayons détruit l'effet d'un autre.

On appelle *Champ de la Lunette*, l'efpace plus ou moins grand qu'elle reprefente de fon Objet. Cela dépend de la conftruction.

On appelle l'*Iris de la lunette* des couleurs femblables à celles de l'Arc-en-ciel que l'on apperçoit vers les bords des verres, & qui font caufées par les refractions, comme celles de l'Arc-en-ciel. Voyez IRIS.

Il y a auffi des *Lunettes de multiplication* ou *Lunettes polyedres*, qui font des verres taillés à facettes. C'eft la même chofe que fi on voyoit le même objet au travers de plufieurs verres, differemment inclinés, il eft clair qu'on le verroit en plufieurs lieux, à caufe des differentes refractions que fouffriroient fur differens verres les rayons partis des mêmes points. Les faces de la Lunette de multiplication qui ne répondent pas directement à l'objet, le font voir fous des grandeurs differentes de celle du milieu, & avec des couleurs pareilles à celles que caufe le Prifme. Voyez COULEUR.

Lunettes de cheval. Terme de Manege. On appelle ainfi deux petites pieces de feutre, arrondies & concaves qu'on met fur les yeux d'un cheval qui ne veut point fe laiffer monter. *Lunette*, fe dit auffi d'un fer de cheval, dont on a retranché la partie qui eft vers le quartier du pié. Cela s'appelle *Ferrer à Lunettes*. On donne cette forte de fer aux chevaux qui ont des feimes.

Lunette. Terme d'Horloger. Partie d'une Montre dans laquelle on met le criftal.

Lunette. Terme de Menuiferie. Planche de bois percée en rond, dont on fait le fiege d'un privé. On appelle auffi *Lunette*, l'ouverture qui eft au derrier d'un foufflet, & qui fe ferme en dedans par la foupape. C'eft par cette ouverture qu'il reçoit le vent.

Lunette. Terme d'Architecture. Petite fenêtre que l'on fait dans les toits ou dans une fleche de clocher pour donner un peu d'air & de jour à la charpente. On dit, *Voutes à lunettes*, quand fur les côtés, ou dans les flancs du berceau d'une voute, on fait des ouvertures en arc, ou d'autres ouvertures qui ne vont pas jufques au haut de la voute pour y pratiquer des jours. On appelle cette forte d'ouverture *Lunette biaife*, quand elle coupe obliquement un berceau, & qui au lieu de pointes, ont un trou fort rond, contre lequel on appuie le bout de l'ouvrage, & qui au lieu de pointes, ont un trou fort rond, contre lequel on appuie le bout de l'ouvrage, & la on la nomme *Lunette rampante*, quand fon centre eft corrompu comme fous une rampe d'efcalier.

Lunette. Terme de Tourneur. Pieces de bois ou de fer qui s'enclavent comme les poupées entre les deux membrures d'un Tour, mais qui font moins épaiffes, & qui au lieu de pointes, ont un trou fort rond, contre lequel on appuie le bout de l'ouvrage, fi on ne le paffe dedans. Il a de ces Lunettes de differentes grandeurs. Elles fervent particuliérement pour des vafes que l'on veut creufer, ou pour d'autres fortes de pieces.

Lunette. Termes de Fortification. Envelopes qui fe font au devant de la Courtine, de la largeur de cinq toifes dont le parapet en a trois. On les conftruit d'ordinaire dans les foffés remplis d'eau, où elles font l'effet d'une foffe braye. Ces *Lunettes* ou enveloppes font compofées de deux faces qui forment un angle rentrant; & leur terre-plein, large feulement de douze piés, eft un peu élevé au deffus du niveau de l'eau.

LUP

LUPERCALES. f. f. p. Fêtes que les Romains avoient accoûtumé de celebrer tous les ans dans le mois de Fevrier à l'honneur de Pan dans un lieu qui lui étoit confacré au Mont Palatin, & qu'on appelloit *Lupercal*. On croit qu'elles ont été inftituées par Evandre, & que ce mot *Lupercal* a été tiré de *Lyceus*, Montagne d'Arcadie appellée ainfi de λύκος, Loup, à caufe que Pan, qu'on y reveroit, garantiffoit les troupeaux des loups. Quelques-autres veulent que Romulus les ait établies, à caufe qu'une louve l'avoit nourri en ce lieu-là. Pendant le jour que l'on celebroit ces fêtes, les Prêtres de Pan appellés *Luperques*, couroient tout nuds par la Ville, & frappoient avec une peau de chevre le ventre & le dedans de la main des femmes, qui s'imaginoient que cette ceremonie les rendoit fecondes, & les faifoit accoucher plus facilement. Servius voulant expliquer pourquoi les Luperques couroient ainfi nuds, dit que c'étoit pour imiter Romulus, qui pendant qu'il étoit attentif à cette fête avec tous ceux qui la celebroient, avoit appris que des voleurs s'étoient fervi de l'occafion & avoient emmené tout leur beftal, & que pour courir plus vîte après eux, il s'étoit dépouillé de fes habits comme toute la jeuneffe, ce qui lui avoit réuffi fi heureufement que pour en conferver la memoire, il avoit été réfolu que les Prêtres de Pan feroient nuds à l'avenir dans la fête des Lupercales.

LUPIN. f. m. Sorte de legume dont la fubftance eft dure & terreftre. Il eft bon à manger cuit après qu'on l'a fait tremper quelque tems dans l'eau pour lui faire perdre fon amertume. Il vient d'une plante qui n'a qu'une feule tige; & qui produit une feuille molle, velue, & quelque peu blanche, & divifée en fept portions. Elle a fes fleurs blanches, & des gouffes refferrées, dentelées tout à l'entour, tirant fur le blanc, & longuettes comme les gouffes des féves. Celle-ci enferme cinq ou fix grains

dans de petites pellicules. Ces grains font ronds excepté vers le milieu, de couleur blanche, jaunâtre
& d'une grande amertume. Sa racine tire quelque
peu fur le jaune, & eft fort écarquillée. Son fruit
fort du milieu de fa tige. On feme les Lupins en
Tofcane, tant pour les manger que pour engraiffer
les terres. Outre ceux qu'on feme, on y en trouve
beaucoup de fauvages, qui jettent au mois de Mai
une fleur rouge incarnate. Le Lupin eft aperitif,
lithontriptique & emplaftique. Il digere, déterge
& deffeche fans mordacité. Sa farine a auffi la vertu de deffecher.

LUS

LUSTRATIONS. f. f. Efpeces de Sacrifices qui
étoient en ufage chés les Anciens, quand ils vouloient purifier une Ville, une maifon, un champ,
ou une perfonne. Il y en avoit dont on ne pouvoit
fe difpenfer, comme les luftrations des maifons où
il étoit mort quelqu'un, ou qui avoient été infec-
tées de pefte. On faifoit tous les cinq ans, les Luftrations publiques. La victime étoit conduite trois
fois autour du Temple de la Ville ou d'un autre
lieu, & l'on y brûloit les meilleurs parfums. Les
Luftrations d'un champ avant que de couper les
blés, étoient appellées *Ambarnalia*, & celles
d'une Armée, *Armeluftria*. Il y avoit des foldats
choifis & couronnés de laurier, qui conduifoient
trois fois une Brebis, une Truye & un Taureau
autour d'une armée rangée en bataille dans le champ
de Mars, après quoi ils facrifioient à ce Dieu les
trois Victimes, ce qui étoit fuivi de grandes im-
precations contre leurs ennemis. Quand un Berger
vouloit faire la Luftration de fon troupeau, il l'ar-
rofoit avec de l'eau pure, brûloit du laurier, du
fouphre & de la fabine, & après avoir fait trois fois
le tour de fa Bergerie, il facrifioit à la Déeffe Palés,
avec du lait & du vin cuit, du gâteau & du millet.
On purifioit les Maifons particulieres avec de l'eau
& des parfums de laurier, de fabine, d'olivier &
de genievre, à quoi on a joûtoit quelquefois une
victime, qui étoit prefque toûjours un petit cochon.
Les Luftrations pour les Perfonnes fouillées, ou par
quelque crime, ou par l'infection d'un cadavre,
étoient proprement appellées *Expiations*, & on
nommoit la victime *Piacularis*. Il y avoit auffi un
jour de Luftration pour les enfans. C'étoit pour les
Filles le huitième jour après leur naiffance, & le
neuviéme pour les Garçons. Cette ceremonie fe
f.ifoit avec de l'eau pure, ou avec de la falive.

LUSTRE. f. m. Compofition dont les Pelletiers fe fervent pour rendre les manchons luifans. Ils y font entrer de l'alun de Rome, de la couperofe, & autres drogues. Les Chapeliers rendent auffi les chapeaux luifans avec une eau qu'ils appellent *luftre*.
Elle eft preparée avec du bois d'Inde, du phyllon,
de la graine de lin & du verr de gris.

LUT

LUT. f. m. Terme de Chymie. Pâte, ciment, ou
enduit qui fert, tant à bâtir des fourneaux, qu'à
mettre autour des vaiffeaux de terre ou de verre
qui ont à éprouver un feu violent. Cette forte de
ciment fe fait de terre graffe, de fable de riviere,
de fiente de cheval, de la poudre des pots à beure
caffés, de la tête morte du vitriol, du machefer,
du verre pillé, de la bourre des Tondeurs, tout
cela mêlée avec du fang de bœuf, ou de l'eau falée. On fe fert d'un autre Lut pour reparer les fen-

Tome I.

tes desvaiffeaux, ou pour luter les chapes avec les
cucurbites ou recipiens. Celui-là fe fait avec de
l'amidon cuit, ou de la colle de poiffon diffoute
dans l'efprit de vin & des fleurs de fouphre, du
maftic, & de la chaux éteinte dans du petit lait.
Ce que l'on appelle *Lut de fapience*, eft le fceau
hermetique. Il fe fait en fondant le bout d'un matras de verre au feu de lampe, & en le tortillant
avec la pincette.

LUTH. f. m. *Inftrument de Mufique du nombre de
ceux dont on joue en pinfant les cordes.* AGAD. FR.
Il eft compofé de la table, qui eft de fapin ou de
cedre; du corps, fait de neuf ou dix écliffes; du
manche qui a neuf touches marquées par des cordes de boyaux qui les divifent, & de la tête où font
les chevilles, qui étant tournées font monter les
cordes au ton qu'on veut leur donner. Elles font
attachées à un chevalet qui eft au bas de la table
& par l'autre extrémité, elles portent fur un morceau d'ivoire où il y a de petites entailles, & qui eft
au bout d'un manche. Le fon fort par une rofe qui
eft au milieu de la même table. On pinfe les cordes de la main droite, & on fe fert de la gauche
pour appuyer fur les touches. Le Luth n'a eu au
commencement que fix rangs de corde, & prefentement il en a onze.

LUTHE'E. adj. fem. Ce mot n'eft en ufage qu'en
cette phrafe. *Mandore Luthée.* C'eft celle qui ayant
plus de quatre rangs de cordes, approche le plus
près du luth.

LUTHERIENS. f. m.] Heretiques qui fuivent les
erreurs de Martin Luther, Moine Auguftin, qui
en a infecté toute l'Allemagne, & qui s'étant couché après s'être gorgé de vin & de viandes, fut
trouvé mort dans fon lit le lendemain 18. Fevrier
1546. De tous les Sacremens de l'Eglife, ils n'admettent comme lui que le Baptême & l'Euchariftie, difant même que le Baptême n'efface point
le peché & que quant à l'Euchariftie, le pain & le vin
demeurent après la confecration avec le Corps &
le Sang de JESUS-CHRIST. Les Lutheriens de
Hollande different de ceux qui font en Allemagne,
dans le Danemarck & dans la Suede, en ce qu'ils
rejettent la Confeffion auriculaire, qu'ils n'ont ni
Images ni Autels dans leurs Eglifes; que leurs Miniftres font fans habits Sacerdotaux, & qu'ils n'ont
point l'ordre de Prêtres, de Diacres, d'Archidiacres & de Super-Intendans ou Evêques, comme
ils l'ont prefque par tout ailleurs. Ils ont l'exercice
de leur Religion libre par tout le païs, & la permiffion de bâtir des Temples entre les maifons
pour fe diftinguer des Réformés. A l'égard de l'Allemagne, les Lutheriens y font de deux fortes, fçavoir les Lutheriens Puritains, qui fuivent la pure
doctrine de Luther, telle qu'il l'a établie, & les
Lutheriens de la Confeffion d'Aufbourg, qui ont
été tolerés par l'Edit de l'*Interim* de l'Empereur
Charles-Quint. Ceux-ci font les plus puiffans, cette reformation du Lutheranifme faite à Aufbourg,
ayant attiré à leur fecte plufieurs Princes & Etats
de l'Empire. Ils ont leurs Eglifes parées de même
que les autres, & les mêmes marques du Chriftianif-
me, mais ils ne celebrent pas la Meffe Lutherienne
en la forme des Interimiftes. A certaines heures, le
Pfarher ou quelque Helffer monte en chaire, revêtu de fon furplis, & après avoir prêché, il s'approche de l'Autel, puis fe tourne vers le peuple &
prie tout haut en difant quelque forme de Meffe.
Il ne porte point de chappe, ne fait dire ni Epitre
ni Evangile par les Diacres, mais il les dit lui même.
Lorfqu'il a fini fes Oraifons, il recite l'Inftitution
de la Cene en langue vulgaire, & confacre les

QQqq ij

Hosties après quoi ceux qui ont envie de communier viennent à l'Autel, où le Sur-Intendant ou Pfarher, tenant une patene d'or sur laquelle sont les petites Hosties, fait le signe de la Croix, & met une Hostie dans la bouche du premier qui se présente, en disant : *Prens, mange, ceci est le vrai Corps de Jesus-Christ, qui a été offert pour toi.* Ensuite le Diacre donne le Calice, & dit : *Prens & bois, ceci est le vrai sang de Jesus-Christ, qui a été répandu pour toi.* Ceux qui reçoivent la Communion, prient devant & après comme font les Catholiques. Lorsque quelque Fête solemnelle approche, les Prêcheurs exhortent à se preparer à la Confession, & à recevoir le Corps du Seigneur. Les Eglises sont ouvertes pour cela le jour precedent, & on trouve auprès des Autels le Sur-Intendant & les Helffers prêts à entendre les Confessions. Ceux qui se confessent parlent à l'Helffer debout. Si c'est pour s'instruire, trois ou quatre autres s'approchent de lui dans le même tems, & si c'est pour déclarer ses pechés, il parle seul, demande pardon à Dieu, & reçoit l'absolution de l'Helffer. En quelques lieux, le Penitent se met à genoux, & personne ne se marie sans s'être confessé & avoir communié. Quand quelque Malade souhaite recevoir le Sacrement, le Pfarher le va trouver, & porte une Hostie non consacrée. On le laisse seul avec lui, & quand il a entendu sa confession, on dresse une table, couverte d'une nape, sur laquelle il pose le calice & la patene. Il recite les paroles de l'Institution de la Cene devant tout le monde, qui alors a la liberté d'entrer. Chacun se met à genoux, & le Pfarher ayant consacré le pain & le vin de la même sorte qu'il fait dans le Temple, il s'approche du lit du Malade auquel il donne l'Hostie & le vin, en prononçant les paroles ordinaires, & faisant le signe de la Croix. Ils ne reservent jamais d'Hosties consacrées, sur ce que Luther a dit que hors de la communion, le corps ne peut subsister. Ils disent Vêpres en quelques lieux comme les Interimistes, & même dans le Duché de Wirtemberg, ils les chantent tous les Samedis. Ils ont aussi des orgues qui répondent alternativement au chant des Pseaumes. & des Enfans de chœur qui chantent des Motets comme dans l'Eglise Catholique. Les cloches sonnent par tout comme avant le Schisme, au point du jour, à midi, & au soir. Il y a des lieux où leur Messe se dit en Latin, & en d'autres c'est moitié Latin, & moitié langue vulgaire. Les uns élevent l'Hostie, ce que ne font pas les autres. Quelques-uns ont des Chantres au Chœur, & tout le monde chante en d'autres endroits. Les enfans, & même quelquefois les femmes, lisent l'Ecriture au pupitre. Tous les Lutheriens d'Allemagne chomment la plûpart des Fêtes désignées par leur souverain Pontife Luther ; celles de la Vierge, des Apôtres & des Martyrs. Le Jeudi Saint en est une fort grande pour eux. Ils se confessent, & communient ce jour-là, & celebrent aussi le Vendredi Saint avec une très-grande devotion, mais ils ne les chomment que suivant l'ancien Calendrier, c'est-à-dire, dix jours après nous, rejettant la reformation du Calendrier Gregorien, par l'aversion qu'ils ont pour le Pape. Quant au Baptême, ils portent les Enfans aux Fonts Baptismaux, & après que le Ministre a recité l'Institution de ce Sacrement, il absout l'Enfant qu'on lui presente du peché originel, en faisant trois fois le signe de la croix sur lui. Ils observent les ceremonies Catholiques pour le mariage, & s'abstiennent de viande les Vendredis & les Samedis. Ils gardent aussi le Carême, & tiennent leurs Cimetieres comme lieux sacrés. Aux Ob-

seques, on envoie des Chantres avec des Enfans de Chœur, qui marchent devant le corps, & chantent les Pseaumes en langue vulgaire. Plusieurs croyent le Purgatoire, & prient pour les Morts. Tous les Pfarhers & Helffers portent le surplis, & en quelques lieux des chapes dans le tems qu'ils officient, les Lutheriens ayant toûjours voulu conserver quelque ancienne coûtume de l'Eglise contre les Calvinistes qui n'ont aucune apparence ni aucune forme de Religion. Quand ces Ministres sont hors du Temple, les uns ont des habits conformes à la profession ecclesiastique ; & les autres en portent de populaires.

On a appellé *Luthero-Zuingliens*, Une secte des Disciples de Martin Bucer, qui tenant de la doctrine de Luther & de celle de Zuingle, s'accorderent ensemble sous ce nom pour ne se pas détruire les uns les autres par la diversité de leurs sentimens.

LUTTER. v. a. Terme dont se servent les Bergers, pour dire, que le Belier a couvert une Brebis.

LUX

LUXATION. s. f. Terme de Chirurgie. *Deboitement des os hors de leur jointure, de leur assiette naturelle.* ACAD. FR. La Luxation se fait d'ordinaire par un effort violent & externe, comme chûte, estrapade, question. Elle a aussi quelquefois une cause interne, & cette Luxation est ordinaire à ceux qui sont sujets à la goutte, à cause de l'acide contre nature qui s'amasse dans le corps par la faute de l'estomac. Ceux qui ont la sciatique, ont souvent cette espece de Luxation au femur, & elle leur vient d'un souphre coagulé. La Luxation est dite parfaite, quand l'os est entierement déplacé & hors de sa boëte, & on l'appelle imparfaite, quand il n'est pas tout-à-fair hors de sa cavité. La Luxation du femur est la plus difficile à guerir de toutes, à cause qu'elle ne peut arriver que par une cause extrêmement violente, l'os femur étant attaché avec un fort ligament dans la cavité de l'os de la cuisse, qui empêche, ainsi que les muscles considerables d'alentour qui forment les fesses & les cuisses, que cet os ne puisse être déboîté que par un effort très-violent. La Luxation de l'os du talon ou de la plante du pié, est très-dangereuse, à cause de sept os qui le composent & de l'abondance des tendons qui s'y rencontrent, & de l'articulation même qui s'y trouve construite de telle maniere, que si elle est une fois démise, il est malaisé de la remettre ; mais cette sorte de Luxation est rare. Il arrive quelquefois que l'os est disloqué & fracturé par une même cause externe, ce qui est un mal très-fâcheux, & qui veut en même-tems une double cure, & pour la fracture, & pour la Luxation. Cette cure se doit faire avec l'extension & la remise de l'article dans le même moment, étant impossible d'étendre le membre que la partie disloquée & fracturée ne soit remise en même-tems. Quand la Luxation des mâchoires arrive, il est malaisé de les remettre, si toutes les deux sont disloquées. S'il n'y en a qu'une, il suffit pour tout remede d'un soufflet donné.

LUZ

LUZERNE. s. f. Sorte de foin qui fleurit violet, & qu'on fauche ordinairement trois fois l'année. On seme la Luzerne presque toûjours avec le trefle, & elle est excellente pour les chevaux. On appelle aussi *Luzerne*, ou *Luyzerne*, une espece de graine jaune, qui tire fur le millet.

LUZIN. f. m. Terme de Marine. Menu cordage à deux fils, plus gros que celui que l'on appelle Merlin. On s'en fert à faire des enflechûres.

LY

LY. f. f. m. Sorte de mesure itinéraire de la Chine, qui n'a que deux cens quarante pas geometriques. Il faut dix Lys pour faire le Pu, qui en contient deux mille quatre cens.

LYC

LYCANTHROPE. f. m. C'est proprement ce que le peuple nomme *Loup Garou*, c'est-à-dire, Un fou melancolique & furieux, qui court la nuit dans les rues & dans les champs, & qui frappe tous ceux qu'il rencontre. Ce mot est composé de λύκος, Loup, & de ἄνθρωπος, Homme, comme qui diroit, Un homme loup. La maladie dont ces fortes de foux font agités, & qui leur cause une espece de hurlement, s'appelle *Lycanthropie*.

LYCE. f. f. Chienne de chasse, qui dans l'ordinaire fait deux portées tous les ans, ce qui fait que l'on appelle *Lyces portieres*, Celles qu'on nourrit dans la basse-cour afin d'avoir de leur race, sans que l'on s'en serve pour chasser. Ce mot vient de *Lycisca*, qui veut dire, Une chienne engendrée par l'accouplement d'un loup & d'une chienne, du Grec λύκος, Petite louve.

Lyce, Terme dont on s'est servi autrefois, & dont quelques-uns se servent encore presentement pour signifier, Une femme débauchée.

> *Ribaude, ordevis, pute, lyce.*

LYCE'E. f. m. Nom de la fameuse école où Aristote enseignoit la Philosophie à Athenes en se promenant, ce qui fut cause que ceux de sa secte s'appellerent *Peripateticiens*, du verbe Grec περιπατεῖν, Marcher tout autour. Cette maison, selon Pausanias, avoit été auparavant un temple consacré à Apollon, & bâti par Lycus fils de Pandion, d'où il avoit été appellé *Lycée*. Selon d'autres, c'étoit un College qui avoit été commencé par Pisistrate, & fini par Pericles. Ce Lycée étoit composé de portiques & d'arbres plantés en quinconces.

LYCHNIS. f. f. Sorte de Plante que Dioscoride dit avoir la fleur rouge & semblable à celle du violier blanc. Il parle ensuite d'une Lychnis sauvage faite entierement comme celle des jardins, & dit que la graine de l'une & de l'autre prise en breuvage avec du vin, est bonne contre les piquûres des scorpions. Matthiole dit que si Dioscoride n'a fait aucune description des tiges & des feuilles de la Lychnis, c'est apparemment parce que c'étoit une herbe fort connue en ce tems-là, non seulement à cause qu'on en faisoit des bouquets comme il le rapporte, mais encore parce qu'on avoit accoutumé de s'en servir dans les lampes au lieu de mêche. Il ajoûte qu'il a vû en Goritie & auprès de Trente, une herbe qu'il tient pour la vraie Lychnis. Elle a ses fleurs rouges & semblables au Violier sans aucune odeur, & ses feuilles cotonnées, longues & blanches. Sa tige est velue, & haute de plus d'une coudée. Il ajoûte qu'au Val d'Ananie, il a trouvé l'autre plante, qui est la Lychnis sauvage, tout à fait semblable à l'autre, sans aucune difference entre l'une & l'autre que celle des lieux où elles croissent. Il croit que les Anciens n'ayant point l'usage du coton, usoient de certaines herbes velues comme celle-ci & le bouillon, au lieu de mêche dans leurs lampes, ce qui l'a fait appeller

Lychnis, du mot λύχνος, Lampe. Pline dit qu'il y a une espece de Rose, appellée communement *Rose de Grece*, & par les Grecs ἀγρία, qui ne croît qu'aux lieux humides, grande comme la fleur du Violier, sans nulle odeur, & n'ayant jamais plus de cinq feuilles.

LYCIUM. f. m. Arbre épineux dont les branches ont au moins la longueur de trois coudées. Il a quantité de feuilles semblables à celles du bouis. Son fruit est lisse, noir, amer, massif, & semblable au poivre. Il jette beaucoup de racines qui sont courbes & d'une matiere dure, & croît en abondance en Lycie d'où il a tiré son nom. Le jus du Lycium se tire en pilant ensemble les branches & les petites racines, qu'on met ensuite pendant plusieurs jours infuser dans l'eau; après quoi on cuit le tout ensemble, puis on ôte le bois, & on fait recuire la décoction jusqu'à ce qu'elle soit épaisse comme miel. L'écume qu'on en ôte pendant qu'elle cuit, sert aux medicamens que l'on prepare pour le mal des yeux. On fait aussi le Lycium en épreignant son fruit, & faisant secher le jus au Soleil. Le meilleur est celui qui brûle, & qui étant éteint donne apparence d'une écume rouge. Il doit être roux au dehors, & noir au dedans quand on le rompt, n'avoir aucune mauvaise odeur, mais une astriction jointe à quelque amertume, & tirer à la couleur du saffran. Le Lycium des Indes est de cette sorte. Aussi est-il le plus estimé de tous. On tient qu'il se fait de l'Arbrisseau nommé *Lonchitis*. C'est en ces termes qu'en parle Dioscoride. Matthiole dit que le Lycium des Apothicaires est tout-à-fait different de celui qu'on apporte de Lycie; qu'il n'est ni roux dedans ni amer au goût, & ne brûle point quand on le présente au feu. Les uns disent que ce Lycium des boutiques est fait de grains de Troësne, les autres de grains de *Matrisslva*, & d'autres de ceux de *Virga sanguinea*. Il y en a qui croyent qu'il est fait du jus de toutes ces sortes de grains qu'on laisse secher au soleil. Galien parlant de l'Arbre appellé *Lycium*, ou *Pixacanthon*, dit qu'on en fait le Lycium, qui est un medicament liquide dont on se sert pour les meurtrissûres, pour les inflammations aigues du fondement & de la bouche, & qu'on l'applique aux oreilles fangeuses, aux ulceres pourris & malaisés à guerir, aux écorchûres de l'entre-deux des cuisses, & lorsque la peau tombe des doigts.

LYCOPSIS. f. f. Plante dont les feuilles sont semblables à la laitue, mais plus longues, plus larges, plus âpres & plus épaisses. Sa tige est longue, droite & âpre, & jette plusieurs branches après de la longueur d'une coudée, qui produisent de petites fleurs rouges. Elle croît parmi les champs, & est appellée *Anchusa* par quelques-uns. Sa racine qui est rouge & astringente, étant enduite avec de l'huile, est bonne à guerir les plaies; & avec de la farine d'orge, c'est un remede au feu S. Antoine. Si on s'en frotte avec de l'huile, elle provoque à suer. Galien met cette plante au nombre des Orchanettes, On l'appelle *Lycopsis*, de λύκος, Loup, & de ὄψις, Face, à cause que par l'âpreté de ses feuilles & de sa tige, elle semble avoir quelque rapport à la peau d'un loup.

LYM

LYMPHATIQUE. adj. Terme d'Anatomie. On appelle *Veines lymphatiques*, Certains Vaisseaux qui contiennent une espece de liqueur assez semblable à l'urine. C'est une humeur aqueuse qui s'engendre dans de petites glandes répandues dans tout le corps;

Qqqq iij

& que ces petits conduits font paſſer dans le cœur & dans les veines.

LYMPHE. ſ. f. Liqueur naturellement aqueuſe , tenue ſpiritueuſe & un peu acide , c'eſt-à-dire , empreinte d'une aigreur temperée. La matiere qui la compoſe n'eſt autre choſe que le ſerum , empreigné du ſuc nourricier des parties ſpermatiques ou nerveuſes , lequel ſe ramaſſe dans les glandes & eſt emporté de là dans le ſang par les vaiſſeaux lymphatiques. Ce ſerum reçoit dans les veines conglobées une liqueur ſubtile , volatile & acide , ou acide ſalée que Sylvius croit que le ſang arteriel y laiſſe. La Lymphe eſt portée à certaines cavités du corps pour quelques uſages particuliers , ou à la maſſe du ſang vers la veine axillaire gauche pour un uſage univerſel. On ne ſçait pas encore bien certainement quel eſt cet uſage de la Lymphe qui ſe mêle au ſang dans la veine axillaire. Comme elle ſe jette proche du cœur dans le ſang qui y revient de tout le corps , & qu'elle entre d'abord dans le ventricule droit , puis dans les poumons & le ventricule gauche , Etmuller préſume de là qu'elle ſert à reparer la vigueur vitale du ſang dans la poitrine. Selon Charleton , c'eſt pour délayer le ſang , pour le rendre plus fluide , plus propre à fermenter , & plus difficile à ſe coaguler , à cauſe que celui qui deſcend de la tête eſt dépouillé d'eſprits , & que celui qui remonte dès parties inferieures a perdu beaucoup de ſerum. La ſeparation de la Lymphe , ou ſon infuſion des glandules dans les parties , eſt vitiée dans ſa generation quand elle eſt trop copieuſe , ou trop acide , ou trop ſalée ; ce qui engendre auſſi-tôt les caterres , ou bien elle eſt vitiée dans ſon cours par les vaiſſeaux lymphatiques , ſoit que ſon état ſoit naturel , ou contre nature , & cette ſeconde dépravation de la Lymphe engendre les hydropiſies. La Lymphe qui ſuinte continuellement de la trachée arterre pour l'humecter & la rendre capable de former la voix , a ſa ſource dans les glandes qui ſont proche de la fente du Larinx ; & ſi cette Lymphe eſt trop abondante ou trop épaiſſe , la voix devient âpre. Que ſi dans une affection caterreuſe elle eſt trop acide , étant portée à la tunique interieure de la trachée-artere , il eſt impoſſible qu'elle n'en ſoit irritée & ne faſſe une toux opiniâtre. On fait venir le mot de *Lymphe* du Grec νύμφη, Nymphe , en changeant le , Grec en *l* Latine ; de ſorte que comme les Nymphes repreſentent les fontaines , ainſi l'eau qui coule eſt appellée *Lymphe.*

LYN

LYNCURIUM. ſ. m. Eſpece d'ambre qui par une proprieté particuliere attire les plumes , comme l'ambre jaune attire la paille. Matthiole fait voir qu'il y a grande difference entre le *Lyncurium* qui a la vertu de briſer la pierre , & ce que les Lapidaires appellent *Pierre de Lynx* ou *d'Once,* qui n'a aucune proprieté pour faire uriner & rompre ou diminuer la pierre des reins & de la veſſie , & que quelques-uns prétendent faire paſſer pour le vrai Lyncurium , diſant que c'eſt une pierre en laquelle ſe congele l'urine de l'Once après avoir uriné. Il refute Encelius , qui a dit que le Lyncurium jaune ſe faiſoit de l'urine de l'Once mâle , & le Lyncurium blanc de celle de l'Once femelle. Dioſcoride dit que le Lyncurium , ſorte d'Ambre qui attire les plumes , & que pour cela les Grecs appellent πτερυγο-

φορᾶ , étant bû avec de l'eau , eſt bon aux fluxions du ventre & de l'eſtomac.

LYNX. ſ. m. Animal , qui , ſelon les Anciens , a la vûe tellement ſubtile , qu'il voit à travers les murailles. Elian lui donne une houpe ſur le bout des oreilles , pareille à celle qu'a le loup cervier , que Scaliger dit être le Lynx mâle. Appian parle de deux Lynx , l'un grand qui chaſſe aux cerfs , & l'autre petit qui chaſſe aux lievres. La plûpart des Modernes eſtiment que cet animal eſt fabuleux. Cependant Jonſton ne laiſſe pas d'en faire la deſcription , & dit que le Lynx eſt une bête ſauvage qui a la tête petite , les yeux fort étincelans , la vûe admirable , l'air guai , les oreilles courtes , la barbe comme celle d'un chat , les piés fort velus , le fond du ventre blanc avec quelques taches noires , & les extrêmités du poil de deſſus le dos tirant ſur le blanc , avec des moucherures ſur tout le corps. Il ne vit que de chair de bêtes & de chats ſauvages , ſe cachant quelquefois ſur des arbres , d'où il ſe jette ſur des cerfs & autres gros animaux à quatre pies , dont il mange la cervelle & ſuce le ſang. On tient que ſi-tôt qu'il a piſſé , ſon urine ſe congele , & qu'il s'en forme une maniere de pierre luiſante que l'on a appellée *Pierre de Lynx.* Les Grecs lui ont donné le même nom de λύγξ.

LYR

LYRE. ſ. f. Inſtrument de Muſique qui ſe touche avec un archet , & qui n'eſt different de la viole que parce qu'il a ſon manche & ſes touches beaucoup plus larges. Il eſt couvert de quinze cordes , dont les deux plus groſſes ſont hors du manche. Son chevalet eſt auſſi plus long , plus bas & plus plat. On ne ſe ſert guere de cet inſtrument en France , quoiqu'il ſoit fort propre pour accompagner la voix. Le ſon en eſt extrêmement languiſſant , & ſemble exciter la devotion. La Lyre ancienne étoit preſque circulaire , & avoit un petit nombre de cordes au milieu tendues comme celles de la harpe , & que l'on pinſoit avec les doigts. Quelques uns diſent que la Lyre des Grecs a été notre guittare , & d'autres que c'étoit un inſtrument fait d'une coquille de Tortue qu'Hercule vuida & perça , après quoi il la monta de cordes de boyau. Cette ſorte de Lyre fut nommée χέλυς , & en Latin , *Teſtudo.*

LYS

LYSIMACHIA. ſ. f. Herbe dont les tiges ſont menues , branchues , hautes d'une coudée , & quelquefois plus. Elle produit ſes feuilles nœud par nœud , à les a menues & ſemblables à celles du ſaule. Le goût en eſt aſtringent , & ſa fleur eſt rouge ou jaune. Elle croît aux lieux aquatiques & marécageux. Le jus de ſes feuilles arrête les crachemens du ſang , & cliſteriſé ou pris en breuvage , il ſert aux dyſenteries. Si on bouche ſes narines de cette herbe , elle étanche le ſang du nez. Elle étanche auſſi le ſang des plaies , & comme ſon odeur eſt forte & puante , elle chaſſe les ſerpens & fait mourir les mouches. Pline dit qu'elle a pris ſon nom du Roi Lyſimachus , qui fut le premier qui s'en ſervit , & que ſa vertu eſt telle , qu'en la mettant ſur le joug des bœufs , ou d'autres bêtes attelées qui ne s'accordent pas à tirer , elle les rend paiſibles. Ruellius prend la Corneole , dont les Teinturiers font leur verd , pour la Lyſimachie ; Matthiole fait connoître qu'il ſe trompe.